제2판

STRAFRECHT BESONDERER TEIL

형법각론

박찬걸

박영사

제 2 판 머리말

형법각론 초판을 출간한 지 4년이 지났다. 그동안 법령의 변경과 판례의 축적으로 인하여 내용의 변화가 불가피하여, 다음과 같은 사항을 중점으로 하여 개정판을 출간하기에 이르렀다.

첫째, 법령의 변경 내용을 반영하였다. 우선 형법각칙 부분의 경우 2018. 10. 16. 업무상 위력 등에 의한 간음죄 및 피감호자간음죄의 법정형이 상향조정되었고, 2020. 5. 19. 미성년자 의제강간 연령기준을 13세에서 16세로 상향하되, 피해 미성년자가 13세 이상 16세 미만인 경우 19세 이상의 자에 대해서만 처벌하도록 하였고, 강간·유사강간 등의 죄를 범할 목적으로 예비·음모한 사람은 3년 이하의 징역에 처하도록 하였으며, 2020. 12. 8. 형법에 사용된 법률용어들을 알기 쉬운 우리말로 변경하고, 어순구조를 재배열하는 등 알기 쉬운 법률 문장으로 개정하였는데, 이를 모두 본서에 반영하였다. 다음으로 성폭력특례법, 아동학대특례법, 청소년성보호법 등 다수의 형사특별법의 개정 내용도 수록하였다.

둘째, 전원합의체 판결을 포함하여 2018년 이후 2021년 12월까지 선고된 판례의 내용을 모두 반영하였다. 한편 판례의 내용을 보다 이해하기 쉽게 하기 위하여 사건의 이름 부여 처리를 추가하였다.

셋째, 개별 쟁점에 대하여 이론적인 보완을 하였다. 예를 들면 인신매매죄(제289조)의 입법배경 및 인신매매방지법 제정의 내용, 강간죄(제297조)의 폭행·협박, 위계·위력에 의한 미성년자등간음·추행죄(제302조)의 행위태양, 피감호자 위계·위력간음죄(제303조)의 객체, 16세미만의 제강간등죄(제305조 제2항)의 내용, 성폭력특례법상 카메라등이용촬영죄(제14조)의 내용, 성희롱의 문제, 명예훼손죄(제307조)의 입법론, 합동절도죄(제331조 제2항)의 인정근거 및 본질, 청소년성보호법상 아동·청소년성착취물범죄(제11조)의 내용 등이 이에 해당한다.

넷째, 가독성을 높이기 위하여 문장의 단락을 최대한 구분하는 형식으로 서술체계를 변경하였다. 기본적으로 학설의 대립, 판례의 태도, 사견의 검토를 각각 구분하였고, 쟁점이나 내용이 전환되는 경우에도 단락을 구분하여 서술하였다.

이상의 사항을 본서에 반영하는 과정에서 필자의 부족함에 대한 자각을 하게 되었다. 또한 초판을 발간할 당시에도 그러하였지만 여전히 연구의 길은 무한의 연속이라는 점을 새삼 느끼게 된다. 시대의 변화에 부응하기 위해서 그리고 시대의 변화를 이끌어 내기 위해서 한시라도 노력을 게을리 하지 않을 것임을 개정판을 준비하면서 다시 한 번 다짐하는 계기가 되었다.

만남이 쉽지 않은 코로나 상황에서도 학맥을 충실히 이어나가고 있는 대구가톨릭대 정희철 교수님, 가천대 이근우 교수님, 한세대 이성대 교수님, 부경대 김혁 교수님에게 이 자리를 통하여 감사의 마음을 꼭 전하고 싶다. 끝으로 어려운 출판환경에도 불구하고 출판을 흔쾌히 수락해 주신 박영사 조성호 이사님, 장규식 차장님, 이승현 과장님께도 깊은 감사를 드린다.

2022년 1월

대구가톨릭대학교 법정대 연구실에서

박 찬 걸

머 리 말

2005년 2학기 처음 대학 강단에서 형법강의를 했던 기억이 아른거린다. 얼마나 긴장하고 떨렸던지 수업 시작 직전까지도 형법 교과서에 줄을 그어가며 혼잣말로 수업내용을 계속해서 중얼거렸던 초보강사 시절로 회상된다. 아마도 그때부터인 것 같다. 나도 언젠가는 내가 직접 쓴 형법교재로 강단에 서게 되면 얼마나 좋을까 하고 막연하게 꿈을 꾸었던 것이. 처음에는 이와 같이 무모하면서도 자그마한 소망에서 시작되었던 것이 해를 거듭할수록 점차 현실이 되어가는 과정을 겪으면서 간절함으로 변화되었는지도 모르겠다. 그렇게 10여 년이 흘러 필자의 분신과도 같은 본서가 세상의 빛을 보게 되었다.

본서는 대학의 강의교재는 물론 국가시험 대비 수험교재로 활용할 목적으로 집필되었다. 먼저 강의교재의 역할에 충실하기 위하여 학설의 대립을 소개한 후 쟁점적인 부분에 대해서는 간략하게나마 필자의 견해를 반드시 밝히고자 하였다. 이를 위하여 필자가 현재까지 발표한 100여 편의 논문 등 연구성과물을 최대한 압축하여 사견의 형태로 제시하였고, 정책적 대안의 제시는 물론 입법적인 개선방안에 대해서도 의견을 수록하였다. 다음으로 수험교재의 역할에 충실하기 위하여 2017년 12월 판례공보에 소개되어 있는 최신 판례까지 수록하고자 노력하였고, 국가시험에 있어서 판례의 비중이 상당한 점과 교과서의 전체적인 분량 관계상 핵심적인 요지만으로 압축하여 소개하였다. 판례의 소개는 되도록이면 긍정사례와 부정사례를 구분하여 일정한 판례군으로 표시하였고, 동시에 대표적인 판례에 대해서는 '○○○사건'으로 표기하여 보다 쉬운 연상이 가능하도록 하였다.

집필 과정에 내내 선학자들의 위대함과 대단함을 새삼 느끼게 되었다. 이에 비하면 현재 필자의 수준이 많이 모자람에도 불구하고 용기를 내어 출간을 함에 부끄러움이 있는 것도 사실이지만, 학계의 많은 조언과 지적을 통하여 앞으로 조금씩 더 다듬어 나갈 예정이다. 한편 본서가 대구가톨릭대학교 2017학년도 학술연구비 지원사업에 선정된 것도 막바지 집필에 큰 도움을 주었다.

이 자리를 통하여 감사의 마음을 꼭 전하고 싶은 분이 있다. 먼저 지도교수이신 한양대학교 오영근 교수님은 필자를 형법학의 세계로 초대해 주시고, 올바른 방향으로 나아갈 수 있도록 물심양면으로 도와주신 은혜로운 은사님이시다. 한양대학교 김재봉 교수님, 이은모 교수님, 정규원 교수님 또한 훌륭한 가르침을 주심에 감사드리고 싶다. 또한 어려운 출판환경에도 불구하고 출판을 흔쾌히 수락해 주신 박영사 조성호 이사님, 장규식 과장님, 이승현 대리님께도 깊은 감사를 드린다.

　　마지막으로 일한다는 핑계로 가정에 많이 소홀한 점에 대하여 항상 미안함을 느끼고 있다. 고향에서 큰아들 뒷바라지 하시느라 평생 고생만 하신 어머니 그리고 항상 곁에서 힘을 보태 준 고마운 아내와 사랑스러운 딸 채윤이, 듬직한 아들 유준이에게도 사랑한다는 말을 꼭 전하고 싶다.

2018년 1월
대구가톨릭대학교 법정대 연구실에서
박 찬 걸

차 례

제1편 개인적 법익에 관한 죄

제1장 생명과 신체에 관한 죄

제 2 장 자유에 관한 죄

제 3 장　명예·신용·업무·경매에 관한 죄

제 4 장　사생활의 평온에 관한 죄

제 5 장   재산적 법익에 관한 죄

제2편　사회적 법익에 관한 죄

제1장　공공의 안전과 평온에 관한 죄

제 2 장　공중의 건강에 관한 죄

제 4 장　선량한 풍속에 관한 죄

제 3 편　국가적 법익에 관한 죄

제 1 장　국가의 존립과 권위에 관한 죄

제2장　국가의 기능에 관한 죄

참고문헌

권오걸, 「형법각론」, 형설출판사, 2011.   (권오걸)

김선복, 「신 형법각론」, 세종출판사, 2016.   (김선복)

김성돈, 「형법각론(제 7 판)」, 성균관대학교 출판부, 2021.   (김성돈)

김성천/김형준, 「형법각론(제 5 판)」, 소진, 2015.   (김성천/김형준)

김신규, 「형법각론 강의」, 박영사, 2020.   (김신규)

김일수/서보학, 「새로쓴 형법각론(제 8 판 증보판)」, 박영사, 2016.   (김일수/서보학)

김혜정/박미숙/안경옥/원혜욱/이인영, 「형법각론(제 2 판)」, 정독, 2021.   (김혜정 외 4인)

박상기, 「형법학(제 3 판)」, 집현재, 2016.   (박상기)

배종대, 「형법각론(제12판)」, 홍문사, 2021.   (배종대)

손동권/김재윤, 「새로운 형법각론」, 율곡출판사, 2013.   (손동권/김재윤)

신동운, 「형법각론」, 법문사, 2017.   (신동운)

오영근, 「형법각론(제 6 판)」, 박영사, 2021.   (오영근)

이상돈, 「형법강론」, 박영사, 2015.   (이상돈)

이영란, 「형법학[각론강의](제 3 판)」, 형설출판사, 2013.   (이영란)

이재상/장영민/강동범, 「형법각론(제12판)」, 박영사, 2021.   (이재상/장영민/강동범)

이정원/류석준, 「형법각론」, 준커뮤니케이션즈, 2020.   (이정원/류석준)

이형국/김혜경, 「형법각론(제 2 판)」, 법문사, 2019.   (이형국/김혜경)

임 웅, 「형법각론(제12정판)」, 법문사, 2021.   (임 웅)

정성근/정준섭, 「형법강의[각론]」, 박영사, 2017.   (정성근/정준섭)

정영일, 「형법강의[각론](제 3 판)」, 학림, 2017.   (정영일)

최호진, 「형법각론강의」, 준커뮤니케이션즈, 2020.   (최호진)

법률약어

「교통사고처리 특례법」   (교통사고처리법)

「특정범죄가중처벌 등에 관한 법률」   (특정범죄가중처벌법)

「특정경제범죄가중처벌 등에 관한 법률」   (특정경제범죄가중처벌법)

「폭력행위 등 처벌에 관한 법률」   (폭력행위처벌법)

「성폭력범죄의 처벌 등에 관한 특례법」   (성폭력특례법)

「아동·청소년의 성보호에 관한 법률」   (청소년성보호법)

「아동학대범죄의 처벌 등에 관한 특례법」   (아동학대특례법)

「성매매알선 등 행위의 처벌에 관한 법률」   (성매매처벌법)

「부동산 실권리자명의 등기에 관한 법률」   (부동산실명법)

「정보통신망 이용촉진 및 정보보호 등에 관한 법률」 (정보통신망법)

제 1 편

개인적 법익에 관한 죄

제 1 장   생명과 신체에 관한 죄

제 1 절   살인의 죄

Ⅰ. 살인죄

제250조(살인)   ① 사람을 살해한 자는 사형, 무기 또는 5년 이상의 징역에 처한다.
제254조(미수범)   전4조의 미수범은 처벌한다.
제255조(예비, 음모)   제250조와 제253조의 죄를 범할 목적으로 예비 또는 음모한 자는 10년 이하의 징역에 처한다.
제256조(자격정지의 병과)   제250조, 제252조 또는 제253조의 경우에 유기징역에 처할 때에는 10년 이하의 자격정지를 병과할 수 있다.

1. 의의 및 보호법익

(1) 의 의

살인죄는 사람을 살인함으로써 성립하는 범죄이다. 본죄는 살인의 죄의 기본적 구성요건에 해당하며, 법적 성격은 즉시범·결과범에 해당한다. 외국의 경우[1]에는 모살(謀殺, murder)과 고살 (故殺, manslaughter)을 구분하여 처벌을 달리하고 있으나, 우리나라의 경우에는 이러한 구분을 하고 있지 않다. '모살'이란 고의 이외에 행위자의 특별한 동기·목적·행위방법 등으로 사람을 살해한 경우에 성립함에 반하여, 이러한 특별한 사정이 없는 경우를 고살이라고 하는데, 모살의 경우에는 고살에 비하여 중하게 처벌한다.

모살과 고살의 구별 여부와 관련하여, ① 불법과 책임의 내용에 따른 차이를 인정하여 살인죄를 유형화하는 것이 합리적이라는 점, 구별을 통하여 살인죄의 법정형에서 사형을 배제함으로써 살인죄에 대한 극형의 범위를 제한할 수 있다는 점, 중살인죄를 신설할 경우 내란목적살인죄·강도살인죄·보복목적살인죄·강간살인죄 등의 가중처벌 유형들을 별도로 둘 필요가 없다는 점, 법관의 재량에 의한 양형범위가 과도할 만큼 법정형의 폭이 넓어서는 안 된다는 점, 우리나라 형법에서도 상해의 죄에 있어서는 단순상해와 중상해를 구별하고 있다는 점 등을 논

---

1) 독일 형법 제211조 제2항('살해하려는 욕망에서나 성욕을 만족시키기 위해서거나 혹은 탐욕이나 기타 비열한 동기를 가지고 사악하거나 잔인하거나 위험한 물건으로써 범행하거나 혹은 다른 범죄를 수행하거나 은폐하기 위해 사람을 살해한 자는 모살자이다')·제212조 제1항('고살자는 모살자에 해당하지 아니한 자로 사람을 살해한 자이다'), 미국 모범형법전 제210－2조('다음의 경우는 모살이다. (1) 살해의 목적으로 혹은 고의적으로 행해진 살인, 행위자가 강도, 강간 또는 성폭력, 방화, 범죄목적 주거침입, 유괴, 중도주 등의 범행의 기수, 미수 또는 그 공범이거나 동 범죄의 기수나 미수 후 도주 중에 살해를 한 경우 과실과 (인간생명에 대한 극단적) 무관심이 추정된다')·제210－3조, 프랑스 형법 제221－1조·제221－3조·제221－4조, 오스트리아 형법 제75조·제76조, 스위스 형법 제112조, 대만 형법 제271조·제273조 등.

거로 하는 적극설[1], ② 중살인죄와 살인죄를 구별할 기준이 명확하지 않다는 점, 살인죄에 대해서만 불법과 책임을 세분화할 필요가 없다는 점, 현행법상으로도 중살인죄에 해당하는 규정이 세분화되어 있다는 점, 중살인죄에 해당하는 경우 구체적인 사정의 고려 없이 무거운 형벌을 부과하게 되어 오히려 구체적 타당성이 결여되어 형벌권이 남용된다는 점 등을 논거로 하는 소극설[2] 등의 대립이 있다.

생각건대 소극설이 타당하다. 왜냐하면 ① 행위 및 행위자의 특별한 요인은 현행 형법 및 형사특별법상의 살인과 관련한 다양한 구성요건으로 충분히 해결할 수 있다. 예를 들면 형법에는 보통살인죄 이외에도 내란목적살인죄(제88조), 현주건조물등방화치사죄(제164조 제2항), 존속살해죄(제250조 제2항), 영아살해죄(제251조), 촉탁승낙살인죄(제252조 제1항), 위계·위력살인죄(제253조), 강간등살인죄(제301조의2), 인질살해죄(제324조의4), 강도살인죄(제338조), 해상강도살인죄(제340조 제3항) 등이 규정되어 있다. 그 밖에도 특정범죄가중처벌법상 형사사건의 증인 등에 대한 보복목적 살인죄(동법 제5조의9) 및 13세 미만의 미성년자약취·유인살인죄(동법 제5조의2 제2항 제2호), 성폭력특례법상 강간등살인죄(동법 제9조 제1항), 군형법상 상관살해죄(동법 제53조 제1항) 및 초병살해죄(동법 제59조 제1항), 아동학대특례법상 아동학대살해죄(동법 제4조 제1항) 등이 규정되어 있다.[3] ② 대법원 산하 양형위원회에서 특별한 동기나 목적 등이 있는 경우에 대하여 상세하게 양형기준을 제시하고 있기 때문에 이를 법정형에서 별도로 고려할 필요가 없다. ③ 외국에서 모살과 고살의 실질적인 구별실익은 사형의 부과시 모살의 경우에 한정하여야 한다는 사형제한론에 있는데, 우리나라의 경우 실질적인 사형폐지국의 입장에 있으므로 사형제한론과 관련된 구별실익은 크게 없다고 볼 수 있다.

(2) 보호법익

본죄의 보호법익은 사람의 생명이고, 보호의 정도는 침해범이다. 본죄의 보호법익을 논함에 있어서 '절대적'[4] 생명보호의 원칙보다는 '최대한'[5] 생명보호의 원칙이 우리 형법의 태도에 부합한다. 그 이유로는 ①「형의 집행 및 수용자의 처우에 관한 법률」상 사형수에 대한 생명침해 인정, ②「호스피스·완화의료 및 임종과정에 있는 환자의 연명의료결정에 관한 법률」상 회생가능성 없는 환자에 대한 연명치료 중단의 인정[6], ③「장기 등 이식에 관한 법률」상 뇌사자

---

1) 김선복, 27면; 임 웅, 12면.
2) 김성돈, 54면; 김신규, 5면; 이재상/장영민/강동범, 11면.
3) 현행법은 '살인'과 '살해'를 혼용하고 있는데, 존속살해·영아살해·인질살해·상관살해·초병살해 등과 같이 객체가 한정되어 있는 경우에는 '살해'라는 표현을 사용하고, 객체가 한정되어 있지 않은 경우에는 '살인'이라는 표현을 사용하는 것으로 파악된다. 또한 '살인'죄의 보호법익은 생명권에 국한되지만, '살해'죄는 주된 보호법익으로 생명권 이외에 일정한 부수적 보호법익이 존재하는 것이 특징이다.
4) 김선복, 25면; 김일수/서보학, 11면; 손동권/김재윤, 5면; 오영근, 18면; 이상돈, 695면; 이영란, 20면; 이재상/장영민/강동범, 10면; 이정원/류석준, 3면; 이형국/김혜경, 6면; 정영일, 3면.
5) 김성돈, 52면; 김혜정 외 4인, 4면; 배종대, 21면; 임 웅, 10면; 정성근/정준섭, 3면.
6) 연명치료 중단과 관련하여, 대법원 2009. 5. 21. 선고 2009다17417 전원합의체 판결(세브란스병원 김할머니사건) 및 대법원 2004. 6. 24. 선고 2002도995 판결(보라매병원사건) 참조.

에 대한 생명침해 인정, ④ 전쟁 상황에서의 적군에 대한 생명침해 인정, ⑤ 정당방위 상황에서의 생명침해 인정[1], ⑥ 적법행위에 대한 기대불가능 상황에서의 생명침해 인정 등이 허용되고 있기 때문이다.

2. 객관적 구성요건

(1) 주 체

작위에 의한 살인죄가 성립하는 경우에는 피해자 이외의 모든 사람(자연인)이 주체가 되므로 비신분범에 해당한다. 하지만 부작위에 의한 살인죄가 성립하는 경우에는 주체의 요건으로 보증인적 지위를 요하므로 진정신분범이 된다. 모든 범죄는 부작위에 의하여도 충분히 발생할 수 있기 때문에 소위 신분범이라는 범죄의 분류는 해당 범죄의 작위범에 국한된 법적 성질로 파악해야 한다.

피해자는 스스로 본죄의 주체가 될 수 없기 때문에 자살의 경우는 본죄의 구성요건해당성이 없다. 그러나 자살미수자의 경우에는 상황이 다르다고 할 수 있는데, 먼저 단독으로 자살미수를 범한 경우에는 살인과 관련된 범죄는 성립하지 않겠지만, 행위태양에 따라 자살미수와 관련된 행위를 처벌하는 특별한 규정이 있는 경우에는 형사처벌의 대상이 될 수도 있다. 예를 들면 자살을 시도하기 위하여 지하철선로에 뛰어들어 지하철의 운행이 지연된 경우(기차·선박등교통방해죄), 자신의 집에서 가스폭발을 이용하여 자살을 시도하였으나 화재가 옆집으로 번진 경우(연소죄) 등이 이에 해당한다. 다음으로 2인 이상이 자살을 공모하여 그 중 1인이 자살미수에 그쳤다면, 생존자는 경우에 따라 자살방조 내지 위계에 의한 살인죄의 죄책이 문제될 수 있다.

(2) 객 체

1) 사 람

본죄의 객체는 행위자 이외의 사람(자연인), 즉 살아있는 타인을 의미하기 때문에 출생 전의 태아 또는 사망 후의 시체는 이에 해당하지 아니한다. 그러므로 태아에 대해서는 낙태죄(제269조 이하), 시체에 대해서는 시체오욕죄(제159조) 내지 시체손괴죄(제161조 제1항)의 성립 여부가 문제될 뿐이다.

한편 행위 당시 사람의 상태는 문제되지 아니한다. 그러므로 자살 도중인 자[2], 사형판결이 확정되어 집행대기 중인 자, 생존할 확률이 적은 미숙아 내지 낙태행위로 인하여 살아있는 영아[3], 인공적인 생명연장장치로 연명하고 있는 환자[4], 이미 총격을 받은 후 확인사살의 대상이

---

1) 대법원 1968. 5. 7. 선고 68도370 판결(배희칠랑사건).
2) 대법원 1948. 5. 14. 선고 4281형상38 판결(자살도중살인사건)(피해자가 자살 도중이라도 이에 가공하여 살해의 목적을 달성한 경우에는 살인죄가 된다).
3) 대법원 2005. 4. 15. 선고 2003도2780 판결(염화칼륨낙태사건)(낙태죄는 태아를 자연분만기에 앞서서 인위적으로 모체 밖으로 배출하거나 모체 안에서 살해함으로써 성립하고, 그 결과 태아가 사망하였는지 여부는 낙태죄의 성립에 영향이 없는 것이므로, 피고인이 살아서 출생한 미숙아에게 염화칼륨을 주입한 것을 낙태를 완성하기 위한 행위에 불과한 것으로 볼 수 없고, 살아서 출생한 미숙아가 정상적으로 생존할 확률이 적다고 하더라도 그 상태에

된 자[1] 등도 본죄의 객체가 된다.

2) 사람의 시기(始期)

생리적 과정으로서 사람의 출산과정을 보면 수정된 난자는 배포체(blastocyst)로 성장된 후 7일이 지나서 배아(embryo)를 형성하게 된다. 그리고 배아는 8주 정도의 배아단계를 지나 태아(fetus)단계에 도달해서 약 30주간의 기간이 지나 출산을 하게 된다. 여기서 자연분만수술의 경우 사람의 출생시기와 관련하여, ① 자궁경부의 자궁구가 열리고 태아가 태반으로부터 분리되기 시작하면서 산모의 규칙적인 진통이 있는 시기로 보는 (개방[2])진통설 또는 분만개시설[3], ② 태아의 신체 일부가 모체에서 노출되는 시기로 보는 일부노출설, ③ 태아의 신체 전부가 모체에서 완전히 노출되는 시기로 보는 전부노출설, ④ 태아가 태반에 의한 호흡을 멈추고 독립하여 폐에 의한 호흡을 하는 시기로 보는 독립호흡설 등의 대립이 있다.

이에 대하여 판례는「사람의 시기는 규칙적인 진통을 동반하면서 태아가 태반으로부터 이탈하기 시작한 때, 다시 말하여 분만이 개시된 때(소위 진통설 또는 분만개시설)라고 봄이 타당하며, 이는 제251조(영아살해)에서 분만 중의 태아도 살인죄의 객체가 된다고 규정하고 있는 점을 미루어 보아도 그 근거를 찾을 수 있는 바이니, 조산원이 분만 중인 태아를 질식사에 이르게 한 경우에는 업무상 과실치사죄가 성립한다.」라고 판시[4]하여, 분만개시설의 입장을 취하고 있다.

생각건대 분만개시설이 타당하다. 왜냐하면 영아살해죄에는 '분만 중 또는 분만 직후의 영아'라는 개념을 사용하고 있는데, '영아'는 사람의 한 형태이기 때문에 분만을 개시하면 사람으로 보아야 하기 때문이다. 이는 출산과정에서 발생할 수 있는 (의사의) 부주의로 인한 사고에 대한 경각심을 일깨워 사람의 생명을 보다 앞선 단계에서 보호하고자 한 것이다.

한편 개방진통이 시작되기 전에 행하는 제왕절개수술[5]에 의한 분만의 경우 사람의 출생시기와 관련하여, ① 복부피하지방층절개시설[6], ② 자궁절개시설[7], ③ 일부노출설[8] 등의 대립이

대한 확인이나 최소한의 의료행위도 없이 적극적으로 염화칼륨을 주입하여 미숙아를 사망에 이르게 한 피고인에게는 미숙아를 살해하려는 범의도 있었던 것으로 보아야 한다).

4) 대법원 2004. 6. 24. 선고 2002도995 판결(보라매병원사건).
1) 대법원 1980. 5. 20. 선고 80도306 판결(10·26확인사살사건).
2) 이는 분만 개시 전에 느끼는 사전진통과 분만 개시 후에 느끼는 압박진통의 중간에서 느끼는 진통을 의미한다. 진통설이라는 용어는 자연분만의 경우에 통용될 수 있지만, 제왕절개수술의 경우에는 진통을 느끼지 못하므로 진통설보다는 분만개시설이 보다 정확하고 통일적인 용어의 사용이 될 것이다(同旨 김성돈, 56면; 임 웅, 14면).
3) 김선복, 28면; 김성돈, 56면; 김성천/김형준, 9면; 김신규, 8면; 김일수/서보학, 14면; 김혜정 외 4인, 8면; 박상기, 412면; 배종대, 23면; 손동권/김재윤, 8면; 신동운, 505면; 이상돈, 697면; 이영란, 23면; 이재상/장영민/강동범, 14면; 이형국/김혜경, 11면; 임 웅, 15면; 정성근/정준섭, 5면; 정영일, 4면.
4) 대법원 1982. 10. 12. 선고 81도2621 판결(분만중태아질식사사건).
5) 동 수술은 복부피하지방절개 → 복막절개 → 자궁절개 → 양막절개 → 태아의 머리 적출 → 태반적출 → 근육종 봉합 → 피하지방층 봉합 → 피부층 봉합의 순으로 진행된다.
6) 오영근, 16면.
7) 김선복, 28면; 김성돈, 56면(자궁구가 열리고 태아가 태반으로부터 분리되기 시작하는 시점으로서 개방진통의 시기와 가장 근사한 시점인 자궁절개시가 바로 분만개시가 되는 시점으로 타당하다); 김성천/김형준, 9면; 김신규, 8면; 김일수/서보학, 14면; 김혜정 외 4인, 8면(진통설의 용어를 사용하기 보다는 분만개시설이라고 하는 것이

있다.

이에 대하여 판례는 「제왕절개 수술의 경우 '의학적으로 제왕절개 수술이 가능하였고 규범적으로 수술이 필요하였던 시기'는 판단하는 사람 및 상황에 따라 다를 수 있어 분만개시 시점, 즉 사람의 시기도 불명확하게 되므로 이 시점을 분만의 시기로 볼 수는 없다.」라고 판시[1]하여, 자궁절개시 이후로 보는 태도를 취하고 있는 듯하다.

생각건대 자궁절개시설이 타당하다. 복부피하지방층절개시점에 사람의 생명에 대한 직접적인 위험이 초래된다고 보는 것은 너무 이르기 때문에 적어도 자궁 내에서 사람이 되기 직전의 단계에 있는 태아에 대한 직접적인 위험의 초래 시점이라고 볼 수 있는 자궁절개시점이 분만개시설의 취지와 동일하기 때문이다. 다만 산모가 자연분만을 위한 진통을 시작한 이후에 문제가 발생하여 제왕절개수술을 하는 경우에는 자궁의 절개시점이 아니라 진통을 시작한 시점을 사람의 시기로 보아야 한다.

3) 사람의 종기(終期)

사람의 사망시기와 관련하여, ① 호흡이 영구히(불가역적으로) 정지한 시기로 보는 호흡종지(終止)설, ② 뇌사판정의 확실함과 신중함이 「장기 등 이식에 관한 법률」에 의하여 담보되어 있다는 점, 장기이식의 필요성과 유용성에 부응할 수 있다는 점, 뇌사에 대한 치료는 불가능하다는 점, 자연사의 경우 맥박의 종지가 있으면 약 10분 전후에 뇌사상태에 이르는 것이 일반적이라는 점, 뇌간을 포함한 전뇌의 기능이 소멸한 상태인 전뇌사 상태는 사람의 정신활동 및 인격적 생존의 상실과 신체의 유기적 기능의 상실을 나타낸다는 점 등을 논거로 하여, 뇌의 기능이 영구히 정지한 시기로 보는 (全)뇌사설[2], ③ 죽음의 인지를 전문가에게 독점시킬 수 없다는 점, 장기이식이라는 공리적 목적을 위하여 인간의 생명이 도구화될 위험성이 있다는 점 등을 논거로 하여, 심장의 고동인 맥박이 영구히 정지한 시기로 보는 맥박종지설 또는 심장사설[3], ④ 정지된 호흡이나 심장박동은 인공적으로 회복이 가능하다는 점, 동공확산은 불가역적이라는 점

진통을 수반하는 분만과 제왕절개수술에 의한 분만 모두를 포섭할 수 있는 장점을 가지고 있다); 박상기, 412면; 배종대, 23면; 손동권/김재윤, 9면; 신동운, 505면; 이상돈, 697면; 이재상/장영민/강동범, 14면; 이형국/김혜경, 11면; 임 웅, 15면; 정성근/정준섭, 5면; 정영일, 4면.

8) 이정원/류석준, 7면.

1) 대법원 2007. 6. 29. 선고 2005도3832 판결(37세임산부사건)(37세의 임산부가 출산을 위해 조산원에 입원하였는데, 당시 진통은 없었으나 분만예정일을 14일이나 넘겨 태아가 5.2kg까지 성장한 상태이어서 의학적으로 자연분만이 부적절하여 제왕절개 수술이 유일한 출산방법이었다. 그런데 조산사는 태아의 자연분만을 시도하다가 업무상의 과실로 인하여 그 태아를 사망에 이르게 하였다). 이 사건에서 임산부는 분만을 위한 규칙적인 진통이 없었으므로 진통설에 의하면 그 태아는 사람이 아니다. 또한 제왕절개수술에 의한 분만이 가능했지만 하지 않았는데, 제왕절개수술이 가능했고 또 필요했던 시점을 사람의 시기로 볼 수도 없으므로 그 태아 역시 사람이 아니다. 따라서 조산사에게 업무상 과실치사죄가 부정된다.

2) 김선복, 29면; 김신규, 10면; 김혜정 외 4인, 9면; 박상기, 413면; 손동권/김재윤, 9면; 이재상/장영민/강동범, 17면; 이정원/류석준, 9면; 이형국/김혜경, 14면; 임 웅, 17면; 정성근/정준섭, 6면. 대뇌, 소뇌, 뇌간 등 뇌의 모든 기능이 불가역적으로 소실되면 사망으로 본다. 뇌사설은 1968. 8. 9. 제22차 세계의사학회에서 채택된 Sydney선언에서 비롯되었고, 우리나라에서는 1993. 3. 4. 대한의학협회에서 전뇌사설을 취하였다.

3) 김성돈, 58면; 김일수/서보학, 15면; 오영근, 18면; 이상돈, 697면; 정영일, 6면.

등을 논거로 하여, 호흡의 종지·맥박의 종지·동공의 확산·대광반사의 소실 등의 징후를 종합적으로 고려하여 사망의 시기를 결정하는 종합판정설 또는 3징후설[1] 등의 대립이 있다.

생각건대 심장사설이 타당하다. 그 논거를 살펴보면, ① 현행법은 뇌사자를 사망한 사람으로 파악하고 있지 않다. 「장기 등 이식에 관한 법률」 제4조 제5호에 의하면 '살아있는 자'란 사람 중에서 뇌사자를 제외한 사람을 말하고, '뇌사자'란 동법에 의한 뇌사판정기준 및 뇌사판정절차에 따라 뇌 전체의 기능이 되살아 날 수 없는 상태로 정지되었다고 판정된 사람을 말한다. 또한 동법 제21조에 의하면 '뇌사자가 이 법에 따른 장기 등의 적출로 사망한 경우에는 뇌사의 원인이 된 질병 또는 행위로 인하여 사망한 것으로 본다. 뇌사자의 사망시각은 뇌사판정위원회가 뇌사판정을 한 시각으로 한다.'라고 규정하고 있는데, 이는 뇌사자도 사망할 수 있다는 의미이다. 동법은 뇌사자의 장기이식을 일정한 경우 허용하고 있는 것인데, 이는 심장사설에 입각하여 장기이식을 법령에 의한 행위로 위법성을 조각시키는 역할을 한다고 보아야 한다. 또한 뇌사자의 연고자는 가족으로, 사망한 자의 연고자는 유족으로 표현하고 있기도 하다(동법 제4조 제6호 및 제22조 제3항). 결론적으로 동법은 뇌사자를 사망한 것으로 간주하지 않기 때문에 현행법이 뇌사설을 채택한 것으로 보기는 어렵다. 또한 ② 뇌사설과 심장사설의 대립은 장기이식수술과 관련하여 문제가 되어 왔는데, 뇌사를 확정할 수 있는 신뢰할 만한 기준이나 방법이 없다는 점, ③ 장기이식을 위해 뇌사인정이 악용될 수 있다는 점, ④ 아직까지는 우리나라의 정서에 반한다는 점 등을 이유로 뇌사설을 취하는 것은 시기상조라고 판단된다.

(3) 행 위

본죄의 실행행위는 살해하는 것이다. '살해'란 고의로 사람의 생명을 자연적인 사기(死期)에 앞서 인위적으로 단절시키는 것을 말한다. 살해의 수단이나 방법에는 제한이 없으나, 살해행위로서의 사회적 정형성은 갖추고 있어야 한다. 예를 들면 처마 밑에 칼에 꽂힌 인형을 넣어 두고 타인의 사망을 기도했는데 그 타인이 사망한 경우, 그림 속의 인물에 대하여 저주하며 석궁을 쏘았는데 그 인물이 사망한 경우 등에서는 살인행위의 사회적 정형성이 없을 뿐만 아니라 형법상의 인과관계도 부정된다.

또한 작위뿐만 아니라 부작위에 의한 살해도 가능하다. 예를 들면 의사가 응급환자의 진료를 거부하여 사망하게 한 경우, 부모가 유아를 방치하여 사망하게 한 경우, 간부선원이 아닌 선장이 배에 타고 있던 승객을 구조하지 않아 사망하게 한 경우[2], 삼촌이 저수지에 빠진 어린 조

---

1) 신동운, 507면.

2) 대법원 2015. 11. 12. 선고 2015도6809 전원합의체 판결(세월호사건)(선장은 승객 등 선박공동체의 안전에 대한 총책임자로서 선박공동체가 위험에 직면할 경우 그 사실을 당국에 신고하거나 구조세력의 도움을 요청하는 등의 기본적인 조치뿐만 아니라 위기상황의 태양, 구조세력의 지원 가능성과 규모, 시기 등을 종합적으로 고려하여 실현가능한 구체적인 구조계획을 신속히 수립하고 선장의 포괄적이고 절대적인 권한을 적절히 행사하여 선박공동체 전원의 안전이 종국적으로 확보될 때까지 적극적·지속적으로 구조조치를 취할 법률상 의무가 있다. 또한 선장이나 승무원은 수난구호법 제18조 제1항 단서에 의하여 조난된 사람에 대한 구조조치의무를 부담하고, 선박의 해상여객운송사업자와 승객 사이의 여객운송계약에 따라 승객의 안전에 대하여 계약상 보호의무를 부담하므

카를 구호하지 않아 사망하게 한 경우[1] 등이 이에 해당한다.

(4) 인과관계

　본죄는 살해행위와 사망이라는 결과 사이에 인과관계를 구성요건요소로 하는 결과범에 속한다. 이러한 살인의 실행행위가 피해자의 사망이라는 결과를 발생하게 한 유일한 원인이거나 직접적인 원인이어야만 되는 것은 아니므로, 살인의 실행행위와 피해자의 사망과의 사이에 다른 사실이 개재되어 그 사실이 사망의 직접적인 원인이 되었다고 하더라도 그와 같은 사실이 통상 예견할 수 있는 것에 지나지 않는다면 살인의 실행행위와 피해자의 사망과의 사이에 인과관계가 있는 것으로 보아야 하지만[2], 형법상의 인과관계가 부정되면 미수범으로 처벌된다.

로, 모든 승무원은 선박 위험 시 서로 협력하여 조난된 승객이나 다른 승무원을 적극적으로 구조할 의무가 있다. 따라서 선박침몰 등과 같은 조난사고로 승객이나 다른 승무원들이 스스로 생명에 대한 위협에 대처할 수 없는 급박한 상황이 발생한 경우에는 선박의 운항을 지배하고 있는 선장이나 갑판 또는 선내에서 구체적인 구조행위를 지배하고 있는 선원들은 적극적인 구호활동을 통해 보호능력이 없는 승객이나 다른 승무원의 사망 결과를 방지하여야 할 작위의무가 있으므로, 법익침해의 태양과 정도 등에 따라 요구되는 개별적·구체적인 구호의무를 이행함으로써 사망의 결과를 쉽게 방지할 수 있음에도 그에 이르는 사태의 핵심적 경과를 그대로 방관하여 사망의 결과를 초래하였다면, 부작위는 작위에 의한 살인행위와 동등한 형법적 가치를 가지고, 작위의무를 이행하였다면 결과가 발생하지 않았을 것이라는 관계가 인정될 경우에는 작위를 하지 않은 부작위와 사망의 결과 사이에 인과관계가 있다). 하지만 대법원은 1등 항해사와 2등 항해사에게는 부작위에 의한 살인의 고의를 부정하였다.

1) 대법원 1992. 2. 11. 선고 91도2951 판결(저수지조카살인사건)(형법 제18조에 의하면 위험의 발생을 방지할 의무가 있거나 자기의 행위로 인하여 위험발생의 원인을 야기한 자가 그 위험발생을 방지하지 아니한 때에는 그 발생된 결과에 의하여 처벌하도록 규정되어 있는바, 형법이 금지하고 있는 법익침해의 결과발생을 방지할 법적인 작위의무를 지고 있는 자가, 그 의무를 이행함으로써 결과발생을 쉽게 방지할 수 있었음에도 불구하고 그 결과의 발생을 용인하고 이를 방관한 채 그 의무를 이행하지 아니한 경우에, 그 부작위가 작위에 의한 법익침해와 동등한 형법적 가치가 있는 것이어서 그 범죄의 실행행위로 평가될 만한 것이라면, 작위에 의한 실행행위와 동일하게 부작위범으로 처벌할 수 있다고 할 것이다. 피고인이 조카인 피해자 1(10세)과 2(8세)를 살해할 것을 마음먹고, 피해자들을 불러내어 미리 물색하여 둔 저수지로 데리고 가서 인적이 드물고 경사가 급하여 미끄러지기 쉬운 제방쪽으로 유인하여 함께 걷다가, 피해자 1로 하여금 위와 같이 가파른 물가에서 미끄러져 수심이 약 2m나 되는 저수지 물속으로 빠지게 하고, 그를 구호하지 아니한 채 앞에 걸어가고 있던 피해자 2의 소매를 잡아당겨 저수지에 빠뜨림으로써 그 자리에서 피해자들을 익사하게 한 것이라면, 소론과 같이 피해자 1이 스스로 미끄러져서 물에 빠진 것이고, 그 당시는 피고인이 살인죄의 예비단계에 있었을 뿐 아직 실행의 착수에는 이르지 아니하였다고 하더라도, 피고인은 피해자들의 숙부로서 위와 같은 익사의 위험에 대처할 보호능력이 없는 나이 어린 피해자들을 급한 경사로 인하여 미끄러지기 쉬워 위와 같은 익사의 위험이 있는 저수지로 데리고 갔던 것이므로, 피고인으로서는 피해자들이 물에 빠져 익사할 위험을 방지하고 피해자들이 물에 빠지는 경우 그들을 구호하여 주어야 할 법적인 작위의무가 있다고 보아야 할 것이고, 이와 같은 상황에서 피해자 1이 물에 빠진 후에 피고인이 살해의 범의를 가지고 그를 구호하지 아니한 채 그가 익사하는 것을 용인하고 방관한 행위(부작위)는 피고인이 그를 직접 물에 빠뜨려 익사시키는 행위와 다름없다고 형법상 평가될 만한 살인의 실행행위라고 보는 것이 상당하다).

2) 대법원 1994. 3. 22. 선고 93도3612 판결(콜라김밥사건)(피해자는 피고인들의 이 사건 범행으로 입은 자상으로 인하여 급성신부전증이 발생되어 치료를 받다가 다시 폐렴·패혈증·범발성혈액응고장애 등의 합병증이 발생하여 1993. 3. 17. 사망한 사실, 급성신부전증의 예후는 핍뇨형이나 원인질환이 중증인 경우에 더 나쁜데, 사망률은 30% 내지 60% 정도에 이르고 특히 수술이나 외상 후에 발생한 급성신부전증의 경우 사망률이 가장 높은 사실, 급성신부전증을 치료할 때에는 수분의 섭취량과 소변의 배설량을 정확하게 맞추어야 하는 사실, 피해자는 외상으로 인하여 급성신부전증이 발생하였고 또 소변량도 심하게 감소된 상태였으므로 음식과 수분의 섭취를 더욱 철저히 억제하여야 하는데, 이와 같은 사실을 모르고 콜라와 김밥 등을 함부로 먹은 탓으로 체내에 수분저류가 발생하여 위와 같은 합병증이 유발됨으로써 사망하게 된 사실 등을 인정할 수 있는바, 사실관계가 이와 같다면, 위 피고인들의 이 사건 범행이 위 피해자를 사망하게 한 직접적인 원인이 된 것은 아니지만, 그 범행으로 인하여 위 피해자에게 급성신부전증이 발생하였고 또 그 합병증으로 위 피해자의 직접사인이 된 패혈증 등이 유발된 이상, 비록 그 직접사인의 유발에 위 피해자 자신의 과실이 개재되었다고 하더라도 이와 같은 사실은 통상 예견할 수 있는

3. 주관적 구성요건

(1) 고 의

본죄에 있어서의 고의는 반드시 살해의 목적이나 계획적인 살해의 의도가 있어야 인정되는 것은 아니고, 자기의 행위로 인하여 타인의 사망의 결과를 발생시킬 만한 가능 또는 위험이 있음을 인식하거나 예견하면 족한 것이고, 그 인식이나 예견은 확정적인 것은 물론 불확정적인 것이라도 소위 미필적 고의로도 인정되는 것이다.[1] 살해행위와 사망 사이의 인과관계에 대한 인식도 요구되지만, 양자 사이에 본질적인 차이가 없는 한 정확한 인과관계를 인식해야 하는 것은 아니다.

또한 피고인이 범행 당시 살인의 범의는 없었고 단지 상해 또는 폭행의 범의만 있었을 뿐이라고 다투는 경우에 피고인에게 범행 당시 살인의 범의가 있었는지 여부는 피고인이 범행에 이르게 된 경위, 범행의 동기, 준비된 흉기의 유무·종류·용법, 공격의 부위와 반복성, 사망의 결과발생 가능성 정도 등 범행 전후의 객관적인 사정을 종합하여 판단할 수밖에 없는 것이다.[2] 이를 통하여 만약 살인의 고의가 없는 경우[3]에는 과실치사죄·상해치사죄·폭행치사죄·유기치사죄 등의 범죄 성립이 문제될 뿐이다.

판례에 의하면, ① 피고인이 피해자의 머리나 가슴 등 치명적인 부위가 아닌 허벅지나 종아리 부위 등을 20여회나 힘껏 칼로 찔러 그로 인하여 피해자가 과다실혈로 사망하게 한 경우[4], ② 강도가 베개로

것으로 인정되므로, 위 피고인들의 이 사건 범행과 위 피해자의 사망과의 사이에는 인과관계가 있다고 보지 않을 수 없다); 대법원 1982. 12. 28. 선고 82도2525 판결(패혈증사건)(진단서에는 직접사인 심장마비, 호흡부전, 중간선행사인 패혈증, 급성심부전증, 선행사인 자상, 장골 정맥파열로 되어 있으나, 망인의 경우 패혈증은 자창의 감염과 2차에 걸친 수술, 과다한 수혈 때문이며, 망인의 증상에 비추어 수술과 수혈은 불가피했다는 것이고 심부전증, 심장마비는 몸 전체의 기관의 기능이 감소되어 생긴 것이라는 것이므로 피해자가 이건 범행으로 부상한 후 1개월이 지난 후에 패혈증 등으로 사망하였다고 하더라도 그 패혈증이 자창으로 인한 과다한 출혈과 상처의 감염 등에 연유한 것인 이상 피고인의 행위와 피해자의 사망과의 사이에 인과관계의 존재를 부정할 수는 없다).

[1] 대법원 2008. 3. 27. 선고 2008도507 판결; 대법원 2001. 9. 28. 선고 2001도3997 판결; 대법원 2000. 8. 18. 선고 2000도2231 판결; 대법원 1998. 3. 24. 선고 97도3231 판결 등.

[2] 대법원 2009. 2. 26. 선고 2008도9867 판결(혜진·예슬양사건)(피고인이 사소한 이유로 성인 여성 1명을 때려 숨지게 하고, 몇 달 지나지 않아 다시 자신의 힘으로 스스로를 방어하기 힘든 여자 어린이 2명을 유인하여 강제추행한 다음 살해한 점, 그 후 이를 은폐하기 위하여 치밀한 계획 아래 사체들을 여러 토막으로 절단하고 이를 야산에 나누어 묻거나 하천에 버리는 등 그 범행수단이 잔혹하고 무자비하여 온 사회를 경악하게 만든 점, 이 사건 각 범행에 이르게 된 동기에 전혀 납득할 만한 사정이 없는 점, 피고인의 수사기관과 법정에서의 진술 태도에 비추어 피고인이 진심으로 그 잘못을 뉘우치고 있는지에 대하여 의심이 가고, 오히려 여성 및 사회를 탓하면서 자신의 행위를 합리화하려는 경향이 있으며 개선교화의 여지도 거의 없고, 또한 동일한 범행을 반복한 점에 비추어 재범의 위험성이 매우 큰 점 등을 종합적으로 고려하여 피고인에게 사형을 선고한 조치는 정당한 것이다).

[3] 대법원 1957. 5. 24. 선고 4290형상56 판결(임산물조사중추락사사건)(경찰관이 질주하는 화물자동차의 승강구에 뛰어올라 동 차에 적재되어 있는 임산물에 대한 부정성 여부를 조사하기 위하여 정차를 명함에 있어 화주가 이를 피하기 위하여 경찰관을 폭행하여 동 차로부터 추락시킨 결과 사망하게 한 경우, 위 사실만으로는 가해자가 피해자를 살해할 것을 결의하였다고 속단할 수는 없다).

[4] 대법원 2002. 10. 25. 선고 2002도4089 판결(허벅지20회사건).

피해자의 머리 부분을 약 3분간 누르던 중 피해자가 저항을 멈추고 사지가 늘어졌음에도 계속하여 누른 경우[1], ③ 건장한 체격의 군인이 키 150cm, 몸무게 42kg의 왜소한 피해자를 상대로 폭력을 행사하였고 특히 급소인 목을 15초 내지 20초 동안 세게 졸라 피해자의 설골이 부러질 정도였던 경우[2], ④ 무술교관출신으로서 인체의 급소를 잘 알고 있으면서도 무술의 방법으로 피해자의 울대를 가격하여 피해자를 사망하게 한 경우[3], ⑤ 범행의 도구로 사용된 엽총은 통상 사냥하기 직전에 총알을 장전하는 것인데도 사냥과는 전혀 관계없는 범행 당시 이미 총알이 장전되어 있었고, 실탄의 장전 유무는 탄창에 나타나는 표시에 의해서 쉽게 확인될 수 있어 총기에 실탄이 장전된 것인지 몰랐다고 하기 어려울 뿐만 아니라, 안전장치를 하지 않은 상태에서 방아쇠를 잡고 있었던 상황에서 총알이 장전되어 있는 엽총의 방아쇠를 잡고 있다가 총알이 발사되어 피해자가 사망한 경우[4], ⑥ 피해자와 말다툼을 하던 중 피해자가 피고인에게 욕설을 하고 얼굴에 침을 뱉는 등으로 모욕을 주자 이에 격분하여 그 주변 길바닥에 있던 가로 15cm, 세로 6cm, 길이 153cm(무게 7kg)의 목재를 들고 길바닥에 누워 있던 피해자의 머리(왼쪽 귀 윗부분)를 1회 때려 사망하게 한 경우[5], ⑦ 9세의 여자 어린이의 목을 감아서 졸라 실신시킨 후 그곳을 떠나버린 경우[6], ⑧ 피고인이 소란을 피우는 피해자를 말리다가 피해자가 욕하는데 격분하여 예리한 칼로 피해자의 왼쪽 가슴부분에 길이 6cm, 깊이 17cm의 상처 등이 나도록 찔러 곧바로 좌측심낭까지 절단한 경우[7], ⑨ 시위대원 3명과 같이 시내버스를 탈취한 후, 술이 취한 채 탈취한 버스를 운전하여 그때 시위대를 진압하기 위하여 차도를 차단하여 포진하고 있는 충남경찰국 기동대원을 향하여 시속 50km의 속력으로 돌진하여, 계속 같은 속도로 운행하면서 차도에서 인도 쪽으로 피하는 대원들을 따라 일부러 핸들을 우측으로 틀면서 돌진하여 위 버스 전면차체부위로 피해자들을 들이받아 쓰러뜨려 피해자를 두개골 골절 등으로 사망하게 한 경우[8], ⑩ 평소 피고인에게 고분고분하던 피해자가 반항한다고 격분하여 길이 31cm나 되는 식칼을 들고 나와 도망가는 피해자를 쫓아가서 흉대동맥, 폐 및 간부위에 자창상이 생길 정도로 가슴부위를 두 번이나 세게 찌른 경우[9], ⑪ 피고인이 과도를 소지하고 범행현장에 가게 된 동기가 살상하기 위한 계획적인 의도가 없었다고 하더라도 범행현장에서 피해자로부터 폭행을 당하자 소지하고 간 길이 30cm의 과도로 피해자를 힘껏 찔러 사망하게 한 경우[10], ⑫ 비록 순간적이나마 피해자를 살해할 것을 결심하고 피해자를 밀어서 땅에 넘어뜨리고 손으로 그 목을 졸라 실신시킨 다음 약 5 내지 6보 도망가다가 피해자가 신음소리를 내며 그 옆에 있는 군사용 개인호 안으로 굴러 떨어지자 되돌아와서 피해자가 가지고 있던 핸드백 끈을 두 겹으로 하여 그 목에 1회 감아 양손으로 힘껏 졸라 즉시 그 곳에서 그녀를 질식하게 하여 사망하게 한 경우[11], ⑬ 부엌에 있던 과도를 들고 피고인 집에서 약 2km나 떨어진 청과물조합 숙직실 앞까지 가서 그 곳에 있던 피해자의 좌측 옆구리를 1회 찌름으로써 피

1) 대법원 2002. 2. 8. 선고 2001도6425 판결.
2) 대법원 2001. 3. 9. 선고 2000도5590 판결.
3) 대법원 2000. 8. 18. 선고 2000도2231 판결(무술교관출신사건).
4) 대법원 1997. 2. 25. 선고 96도3364 판결.
5) 대법원 1998. 6. 9. 선고 98도980 판결.
6) 대법원 1994. 12. 22. 선고 94도2511 판결.
7) 대법원 1991. 10. 22. 선고 91도2174 판결.
8) 대법원 1988. 6. 14. 선고 88도692 판결.
9) 대법원 1986. 6. 10. 선고 86도783 판결.
10) 대법원 1987. 12. 8. 선고 87도2195 판결.
11) 대법원 1986. 7. 22. 선고 86도1070 판결.

해자로 하여금 병원으로 가던 중 사망에 이르게 한 경우[1]), ⑭ 길이 26cm 가량의 식칼로 피해자의 복부를 1회 찌르고 다시 약 20m 가량 도망가다가 배를 움켜쥐고 엎드려 있는 피해자를 추격하여 그의 오른쪽 옆구리를 1회 찜으로써 그 자리에서 사망에 이르게 한 경우[2]), ⑮ 브래지어로 목을 졸라서 이로 인하여 사망하게 한 경우[3]), ⑯ 피고인과 정교관계를 가졌던 피해자로부터 금품요구와 협박을 받아 오다가 피해자를 타이르던 중 반항하는 피해자를 순간적으로 살해하기로 결의하고 양손으로 피해자의 목을 졸라 질식 사망하게 한 경우[4]), ⑰ 피해자를 아파트에 유인하여 양 손목과 발목을 노끈으로 묶고 입에 반창고를 두 겹으로 붙인 다음 양손목을 묶은 노끈은 창틀에 박힌 시멘트 못에, 양발목을 묶은 노끈은 방문 손잡이에 각각 잡아매고 얼굴에 모포를 씌워 감금한 후 수차 아파트를 출입하다가 마지막 들어갔을 때 피해자가 이미 탈진 상태에 이르러 박카스를 마시지 못하고 그냥 흘려버릴 정도였고 피고인이 피해자의 얼굴에 모포를 덮어씌워 놓고 그냥 나오면서 피해자를 그대로 두면 죽을 것 같다는 생각을 한 경우[5]), ⑱ 피고인 1(병장)은 피해자가 의무반에 정식으로 전입한 직후인 2014. 3. 초순경부터 피해자가 응급실에 실려간 2014. 4. 6.까지 지속적으로 피해자를 폭행하여 왔고, 특히 2014. 4. 6. 00:00경 피해자가 '피고인 1의 아버지가 조폭이었다는 사실이 가장 감명 깊었다'는 말을 한 직후 피해자의 런닝셔츠를 2회에 걸쳐 잡아 찢기도 하는 등 그 폭행의 정도가 급격히 강해졌던 점, 피고인 1은 사건 당일인 2014. 4. 6. 16:07경부터 냉동식품을 먹는 약 25분의 짧은 시간 동안 직접 피해자의 옆구리, 복부, 가슴 부위를 약 15~18회 가량 발과 무릎 등으로 밟고 차거나 때린 것을 비롯하여, 피고인 4에게 지시하거나 피고인 3과 함께 피해자의 복부 부위를 약 20회 가량 발로 차거나 밟기도 한 점, 피고인 1은 계속된 폭행으로 인해 침상에 쓰러져 물도 제대로 마시지 못하고 옷을 입은 상태로 오줌을 싸고 의사표현도 잘 하지 못하여 피고인 2와 피고인 4에게 기대고 있던 피해자를 향하여 '꾀병 부리지 마라'고 말하며 발로 피해자의 가슴 부위를 세게 걷어차고, 이어 또다시 꾀병 부리지 말라며 추가로 폭행을 하려 하였으나 피해자의 상태를 인지하고 있던 피고인 3의 만류로 더 이상의 추가 폭행은 하지 못하였지만, 다음 날 피해자가 사망한 경우[6]) 등에 있어서는 본죄의 (미필적) 고의를 인정하고 있다.

(2) 사실의 착오

법정적 부합설[7])에 의하면 구체적 사실의 착오의 경우 방법의 착오이든 객체의 착오이든 고의를 조각하지 못하여 살인죄의 고의가 인정된다. 그러나 구체적 부합설[8])에 의하면 구체적 사실의 착오 중 객체의 착오의 경우에는 법정적 부합설과 효과가 동일하지만, 구체적 사실의

---

1) 대법원 1986. 7. 8. 선고 86도1046 판결.

2) 대법원 1986. 5. 27. 선고 86도367 판결.

3) 대법원 1984. 4. 10. 선고 84도331 판결.

4) 대법원 1983. 9. 13. 선고 83도1817 판결.

5) 대법원 1982. 11. 23. 선고 82도2024 판결(주교사사건).

6) 대법원 2015. 10. 29. 선고 2015도5355 판결(윤일병사망사건).

7) 대법원 1984. 1. 24. 선고 83도2813 판결(형수조카살해사건)(피고인이 먼저 형수를 향하여 살의를 갖고 소나무 몽둥이(길이 85cm 직경 9cm)를 양손에 집어 들고 힘껏 후려 친 가격으로 피를 흘리며 마당에 고꾸라진 동녀와 동녀의 등에 업힌 조카의 머리 부분을 위 몽둥이로 내리쳐 조카를 현장에서 두개골절 및 뇌좌상으로 사망하게 한 소위를 살인죄로 의율한 원심조처는 정당하게 긍인되며, 소위 타격의 착오가 있는 경우라고 할지라도 행위자의 살인의 범의 성립에 방해가 되지 아니한다); 同旨 대법원 1968. 8. 23. 선고 68도884 판결; 대법원 1954. 4. 27. 선고 4286형상73 판결.

8) 김성돈, 62면; 배종대, 29면.

착오 중 방법의 착오의 경우에는 인식사실의 고의(불능)미수범과 발생사실의 과실범의 상상적 경합으로 처리된다. 한편 추상적 사실의 착오의 경우에는 법정적 부합설이든 구체적 부합설이든 불문하고 인식사실의 미수범과 발생사실의 과실범의 상상적 경합으로 처리된다.

(3) 개괄적 고의 사안

'개괄적 고의 사안'이란 행위자가 두 개의 행위 중 제1행위를 통하여 구성요건적 결과를 발생시키려고 하였으나, 실제로는 제2행위에 의해 구성요건적 결과가 발생한 경우에 있어서의 고의를 말한다. 이에 대한 죄책과 관련하여, ① 행위자는 제1행위에 의해 피해자가 사망할 것이라고 인식하였고 실제로는 제2행위에 의해 피해자가 사망하였으므로 행위자가 인식했던 결과발생과정과 실제의 결과발생과정에 차이가 있지만, 이러한 차이는 본질적인 것이 아니기 때문에 발생된 결과의 고의기수책임을 진다고 하는 기수설, ② 제1행위와 제2행위는 별개의 행위이고, 사망이라는 결과발생은 제2행위에 의한 것인데, 제2행위시에 행위자에게 살인의 고의는 없었으므로 행위자에게 살인죄의 고의기수책임을 인정해서는 안 된다는 점, 고의는 항상 행위시에 존재하고 있어야 한다는 점 등을 논거로 하여, 살인미수죄와 과실치사죄의 경합범을 인정하는 미수설 등의 대립이 있다.

이에 대하여 판례는 「피해자가 피고인들의 살인의도로 행한 구타행위에 의해 직접 사망한 것이 아니라 죄적을 인멸할 목적으로 행한 매장행위에 의해 사망하게 되었다고 하더라도, 전 과정을 개괄적으로 보면 피해자의 살해라는 처음에 예견된 사실이 결국은 실현된 것으로서 피고인들은 살인죄의 죄책을 면할 수 없다.」라고 판시[1]하여, 살인기수죄의 책임을 인정하고 있다.

생각건대 개괄적 고의 사안은 법적으로 행위가 둘로 나누어져 있다는 점, 제2행위는 제1행위의 일부라고 할 수 없다는 점, 제1행위시의 고의와 제2행위시의 고의는 별개의 범죄에 대한 고의라는 점, 피해자에 대한 최종적인 결과의 발생은 제2행위에 의하여 이루어졌다는 점 등을 그 특징으로 하고 있다. 결국 개괄적 고의 사안이라는 특별한 개념을 인정할 필요는 없고, 이 사안을 사건진행과정의 착오의 한 유형으로 인정할 필요도 없다. 따라서 조기결과발생사안[2]이

---

1) 대법원 1988. 6. 28. 선고 88도650 판결(개괄적고의사건)(피고인1은 순간적으로 분노가 폭발하여 피해자를 살해하기로 마음먹고 피해자의 배 위에 올라타 돌멩이로 피해자의 가슴을 2회 내려치고, 피고인2도 이에 합세하여 돌멩이로 피해자의 머리를 2회 내려친 후 다시 피해자를 일으켜 세워 피고인2가 복부를 1회 때려 뒤로 넘어지게 하여 피해자가 뇌진탕 등으로 인하여 정신을 잃고 축 늘어지자 그가 죽은 것으로 오인하고 그 사체를 몰래 파묻어 증거를 인멸할 목적으로 피해자를 그 곳에서부터 약 150m 떨어진 개울가로 끌고 가 삽으로 웅덩이를 파고 피해자를 매장하여 피해자로 하여금 질식하여 사망에 이르게 하였다).

2) '조기결과발생사안'(반대형태의 개괄적 고의 사안)이란 행위자가 제1행위로는 결과를 발생시키기에 충분하지 않다고 생각하였으나, 실제로는 제1행위에 의해 결과가 발생한 경우를 말한다. 예를 들면 행위자가 피해자에게 폭행을 가하여 실신시킨 후에 피해자를 달려오는 KTX 열차에 던져 살해하려고 생각하고 행위를 하였으나 피해자가 KTX 열차에 던져지기 전에 이미 폭행에 의하여 사망한 경우가 이에 해당한다. 이에 대하여 실제 범행과정과 행위자가 인식한 범행과정의 차이가 비본질적인 것이므로 고의기수책임을 인정하는 견해와 살인미수죄와 과실치사죄의 경합범을 인정하는 견해 등의 대립이 있다. 생각건대 이는 살인죄의 실행의 착수 여부에 따라 죄책을 결정해야 한다. 조기결과발생사안은 피해자를 폭행할 당시에 피해자를 실신시킨 후에 살해하려는 고의가 이미 존재한 경우이다. 이 경우 살인죄의 실행의 착수시기는 폭행행위를 가한 시점이다. 따라서 행위시에 살인의 고의가 있었고 결과를 고의행위에 귀속시킬 수 있는 경우에는 행위자가 인식한 결과발생과정과 실제의 결과발생과정 사이의

나 교각살해사안[1]과 같이 범죄행위가 하나인 경우에만 사건진행과정의 착오라는 문제로 다루어야 한다. 그러므로 88도650 판결 사안의 경우, 제1행위는 살인미수죄와 과실치상죄(500만원 이하의 벌금, 구류, 과료)의 상상적 경합범, 제2행위는 시체은닉(7년 이하의 금고)미수죄와 과실치사죄(2년 이하의 금고 또는 700만원 이하의 벌금)의 상상적 경합범이며, 다시 제1행위와 제2행위의 경합관계에 있다고 파악해야 한다.

4. 위법성조각사유

(1) 정당행위

먼저 「경찰관 직무집행법」 제10조의4의 무기사용행위, 「형의 집행 및 수용자의 처우에 관한 법률」 제91조의 사형수에 대한 사형집행행위 등은 법령에 의한 행위로서 위법성이 조각된다.

다음으로 전쟁이 발생했을 경우 적군을 사살하는 행위 등은 업무로 인한 행위로서 위법성이 조각된다. 다만 전쟁 중이라고 할지라도 전투와 관계없는 사람이나 포로를 살해하는 경우에는 위법성이 조각되지 아니한다.

마지막으로 살인행위가 기타 사회상규에 위배되지 아니하는 행위로 위법성이 조각되는 경우는 소위 연명치료중단의 문제로 다루어질 수 있다는 견해[2]가 있으나, 촉탁·승낙살인죄의 위법성조각사유에서 다루는 것이 타당하다. 왜냐하면 살인행위는 피해자의 의사에 반하는 경우인 반면에, 연명치료중단은 피해자의 승낙에 의한 경우라고 평가해야 하기 때문이다. 같은 맥락에서 「장기 등 이식에 관한 법률」 제22조의 뇌사자에 대한 장기이식행위도 촉탁·승낙살인죄의 위법성조각사유에서 다루는 것이 타당하다.

(2) 정당방위

살인죄의 경우에도 정당방위의 요건이 충족되면 위법성이 조각될 수 있다.[3] 하지만 실제에 있어서는 살인죄의 위법성이 정당방위로 조각되는 경우는 극히 제한적으로 해석해야 할 것이다.

차이가 비본질적이라고 할 수 있으므로 고의살인죄의 기수가 인정된다.
1) '교각살해사안'이란 피해자를 강물에 익사시키기 위해 강물로 던졌으나 피해자가 교각에 머리를 부딪쳐 사망한 경우를 말한다. 생각건대 행위자가 인식한 결과발생과정과 실제의 결과발생과정 사이의 차이가 비본질적이라고 할 수 있으므로 살인죄의 기수가 인정된다.
2) 김신규, 18면; 김혜정 외 4인, 14면; 이영란, 30면; 이정원/류석준, 13면; 이형국/김혜경, 20면.
3) 대법원 1968. 5. 7. 선고 68도370 판결(배희칠랑사건)(피고인(상병)은 소속대의 경비병으로 복무를 하고 있는 자로서 1967. 7. 27. 오후 10시부터 동일 오후 12시까지 소속 연대장숙소 부근에서 초소근무를 하라는 명령받고 근무 중, 그 이튿날인 1967. 7. 28. 오전 1시 30분경 동소에서 다음번 초소로 근무를 하여야 할 상병 공소외인과 교대시간이 늦었다는 이유로 언쟁을 하다가 피고인이 동인을 구타하자 공소외인(22세)은 소지하고 있던 카빙소총을 피고인의 등 뒤에 겨누며 실탄을 장전하는 등 발사할 듯이 위협을 하자 피고인은 당황하여 먼저 동인을 사살하지 않으면 위험하다고 느껴 피고인은 뒤로 돌아서면서 소지하고 있던 카빙소총을 동인의 복부를 향하여 발사함으로써 동인을 사망하게 하였다는 것이다).

(3) 긴급피난

작위에 의한 살인죄의 경우에는 긴급피난의 상당성 요건을 충족시킬 수 없기 때문에 원칙적으로 위법성이 조각될 수는 없다. 하지만 경우에 따라 책임조각(이른바 면책적 긴급피난)은 가능할 수 있다. 예를 들면 등반 중 고립되거나 항해 중 조난되어 구조가 희박한 상황에서 인육으로 생명을 유지한 경우가 이에 해당할 수 있다.

한편 부작위에 의한 살인죄의 경우에는 의무의 충돌의 법리에 따라 위법성이 조각되는 경우가 있을 수 있다. 예를 들면 바다에 빠진 두 명의 자녀 가운데 하나의 구명조끼로 한 명만을 구조한 결과 나머지 한 명이 익사한 경우가 이에 해당할 수 있다. 하지만 이 역시도 현실세계에서 인정되기란 쉽지 않을 것이다.

(4) 자구행위

본죄의 객관적 정당화상황은 자구행위에서 말하는 '법정절차에 의하여 청구권을 보전하기 불능한 경우'와 무관하기 때문에 자구행위로 인하여 위법성이 조각될 수는 없다.

(5) 피해자의 승낙

피해자의 승낙은 본죄의 위법성을 조각시키지 못하고, 촉탁·승낙살인죄가 성립한다. 이 경우에 피해자의 승낙은 위법성을 조각시키는 것이 아니라 단지 형벌을 감경시켜주는 효과를 가질 뿐이다.

5. 책 임

살인죄가 성립하기 위해서는 행위자에게 책임능력[1], 기대가능성 등의 책임요소가 충족되어야만 한다. 한편 살인죄는 가장 전형적인 자연범의 일종이기 때문에 법률의 착오를 이유로 책임이 조각되는 경우는 현실적으로 불가능하다.

6. 미 수

(1) 예비·음모[2]

1) 살인예비죄

'살인예비'란 살인의 실행을 위한 심리적 준비행위 이외의 준비행위로서 실행의 착수에 이

---

1) 대법원 1996. 6. 11. 선고 96도857 판결(피고인들은 상습적으로 대마초를 흡연하는 자들로서 이 사건 각 살인범행 당시에도 대마초를 흡연하여 그로 인하여 심신이 다소 미약한 상태에 있었음은 인정되나, 이는 위 피고인들이 피해자들을 살해할 의사를 가지고 범행을 공모한 후에 대마초를 흡연하고, 위 각 범행에 이른 것으로 대마초 흡연 시에 이미 범행을 예견하고도 자의로 위와 같은 심신장애를 야기한 경우에 해당하므로, 형법 제10조 제3항에 의하여 심신장애로 인한 감경 등을 할 수 없다).

2) 형법상 개인적 법익을 침해하는 범죄 가운데 예비·음모 처벌규정을 두고 있는 것으로는, 살인·존속살해죄(제250조), 위계 등에 의한 촉탁살인죄(제253조), 약취·유인·인신매매의 죄(제287조 내지 제292조), 제297조(강간죄), 제297조의2(유사강간죄), 제299조(준강간죄), 제301조(강간등상해죄), 제305조(의제강간등), 강도죄(제333조), 특수강도죄(제334조), 준강도죄(제335조), 인질강도죄(제336조), 강도상해·살인죄(제337조), 강도살인·치사죄(제338조), 강도강간죄(제339조), 해상강도죄(제340조) 등이 있다.

르지 않은 일체의 행위를 말한다. 살인예비죄가 성립하기 위해서는 제255조에서 명문으로 요구하는 살인죄를 범할 목적 외에도 살인의 준비에 관한 고의가 있어야 하며, 나아가 실행의 착수까지에는 이르지 아니하는 살인죄의 실현을 위한 준비행위가 있어야 한다. 여기서의 준비행위는 물적인 것에 한정되지 아니하며 특별한 정형이 있는 것도 아니지만, 단순히 범행의 의사 또는 계획만으로는 그것이 있다고 할 수 없고 객관적으로 보아서 살인죄의 실현에 실질적으로 기여할 수 있는 외적 행위를 필요로 한다.[1] 하지만 살해의 대상자가 확정되지 않으면 살인죄로 의율할 수 없다.[2]

판례[3]에 의하면 살인을 예비한 자가 실행의 착수 이전에 이를 중지한 경우에는 제26조를 준용할 수 없다고 한다.[4] 하지만 살인예비의 중지에 대하여 형의 감경 또는 면제가 인정되지 않는 것은 처벌의 불균형이 발생하기 때문에 제26조를 준용하는 것이 타당하다.

한편 살인예비죄의 공동정범은 성립이 가능하며, 사람을 살해하라고 교사한 자는 피교사자의 범죄실행 결의의 유무와 관계없이 그 행위 자체가 독립하여 살인예비죄를 구성한다.[5] 하지만 살인예비죄의 방조범은 성립이 불가능한데[6], 이는 ① 예비행위는 구성요건적 정형성이 없기 때문에 예비에 대한 방조범을 처벌하면 처벌의 범위가 부당하게 넓어진다는 점, ② 기도된 교사와 달리 기도된 방조에 대해서는 처벌규정이 없다는 점, ③ 공범종속성설의 입장에서 방조범이 성립하기 위해서는 정범의 실행행위가 있어야 한다는 점 등을 그 논거로 한다.

2) 살인음모죄

'살인음모'란 살인의 실행을 위한 심리적 준비행위로서 2인 이상의 합의를 말한다. 음모가 있었다고 하기 위해서는 독립범죄의 실행을 위한 준비행위라는 것이 객관적으로 명백하게 인식되어야 하며, 범죄실행의 합의에 실질적인 위험이 있어야 한다.

---

1) 대법원 2009. 10. 29. 선고 2009도7150 판결(청부살인사건)(甲이 乙을 살해하기 위하여 丙, 丁 등을 고용하면서 그들에게 대가의 지급을 약속한 경우, 甲에게는 살인죄를 범할 목적 및 살인의 준비에 관한 고의뿐만 아니라 살인죄의 실현을 위한 준비행위를 하였음을 인정할 수 있다).

2) 대법원 1959. 9. 1. 선고 4292형상387 판결(살해의 용도에 공하기 위한 흉기를 준비하였다고 하더라도 그 흉기로서 살해할 대상자가 확정되지 아니한 경우에는 살인예비죄로 다스릴 수 없다); 대법원 1959. 7. 31. 선고 4292형상308 판결(피고인은「간첩에 당하여 불특정 다수인인 경찰관으로부터 체포 기타 방해를 받을 경우에는 이를 배제하기 위하여 무기를 휴대한」것임이 명백한바, 이 경우에 있어서의 무기 소지는 법령 제5호 위반으로 문책함은 별론이라고 할 것이나, 살인 대상이 특정되지 아니한 살인예비죄의 성립은 이를 인정할 수 없다).

3) 대법원 1999. 4. 9. 선고 99도424 판결(중지범은 범죄의 실행에 착수한 후 자의로 그 행위를 중지한 때를 말하는 것이고, 실행의 착수가 있기 전인 예비·음모의 행위를 처벌하는 경우에 있어서는 중지범의 관념은 이를 인정할 수 없다); 대법원 1991. 6. 25. 선고 91도436 판결; 대법원 1966. 7. 12. 선고 66도617 판결; 대법원 1966. 4. 21. 선고 66도152 판결.

4) 판례의 입장에 찬성하는 입장으로는 김선복, 51면; 손동권/김재윤, 32면(작량감경의 양형재량권을 통해 형의 불균형은 해소될 수 있다); 신동운, 517면.

5) 대법원 1950. 4. 18. 선고 4283형상10 판결.

6) 대법원 1979. 11. 27. 선고 79도2201 판결; 대법원 1979. 5. 22. 선고 79도552 판결; 대법원 1978. 2. 28. 선고 77도3406 판결; 대법원 1976. 5. 25. 선고 75도1549 판결.

(2) 실행의 착수시기

행위자가 살인의 고의를 가지고 타인의 생명을 위태롭게 하는 행위가 개시되면 실행의 착수를 인정할 수 있다. 한편 미수범은 범죄의 실행에 착수하여 행위를 종료하지 못하였거나 결과가 발생하지 아니한 때에 처벌받게 되므로(제25조 제1항), 미수범의 범죄행위는 행위를 종료하지 못하였거나 결과가 발생하지 아니하여 더 이상 범죄가 진행될 수 없는 때에 종료하고, 그때부터 미수범의 공소시효가 진행한다.[1]

판례에 의하면, ① 피고인이 격분하여 피해자를 살해할 것을 마음먹고 밖으로 나가 낫을 들고 피해자에게 접근한 시점[2], ② 소속 중대장을 살해할 목적으로 수류탄의 안전핀을 빼고 그 사무실로 들어간 시점[3], ③ 독약이 들어 있는 음료수를 교부한 시점[4] 등에 있어서는 살인행위의 실행의 착수를 인정하고 있다.
하지만 중앙청 내 개천절 경축식장에서 수류탄을 투척하여 대통령을 살해할 목적으로 피고인이 사직공원에서 실행담당자에게 수류탄 2개를 교부하였다고 하여도 이를 범죄실행의 착수로 볼 수는 없다.[5]

(3) 기수시기

본죄는 살인행위로 인하여 피해자에게 사망이라는 결과가 발생해야 기수가 된다.

판례에 의하면, ① 우물과 펌프에 혼입한 농약이 악취가 나서 보통의 경우 마시기가 어렵고, 그 혼입한 농약의 분량으로 보아 사람을 치사에 이르게 할 정도가 아닌 경우에는 결과발생의 가능성이 있으므로 불능미수가 되지 않고 장애미수가 된다.[6] ② 피고인이 피해자를 살해하려고 그의 목 부위와 왼쪽 가슴 부위를 칼로 수회 찔렀으나 피해자의 가슴 부위에서 많은 피가 흘러나오는 것을 발견하고 겁을 먹고 그만 두는 바람에 미수에 그친 경우에는 중지미수[7]가 되지 않고 장애미수가 된다.[8] ③ 농약의 치사추정량이 쥐에 대한 것을 인체에 대하여 추정하는 극히 일반적 추상적인 것이어서 마시는 사람의 연령·체질·영양 기타의 신체의 상황 여하에 따라 상당한 차이가 있을 수 있는 것이라면 피고인이 요구르트 한 병마다 섞은 농약 1.6cc가 그 치사량에 약간 미달한다고 하더라도 이를 마시는 경우 사망의 결과발생 가능성을 배제할 수는 없다.[9] ④ '초우뿌리'나 '부자'는 만성관절염 등에 효능이 있으나 유독성 물질을 함유하고 있어 과거 사약으로 사용된 약초로서 그 독성을 낮추지 않고 다른 약제를 혼합하지 않은 채 달인 물을 복용하면 용량 및 체질에 따라 다르나 부작용으로 사망의 결과가 발생할 가능성을 배제할 수 없는 사실을 알 수 있는바, 피고인이 원심 공동피고인 공소외 1과 공모하여 일정량 이상을 먹으면 사람

1) 대법원 2017. 7. 11. 선고 2016도14820 판결.
2) 대법원 1986. 2. 25. 선고 85도2773 판결.
3) 대법원 1970. 6. 30. 선고 70도861 판결.
4) 대법원 2007. 7. 26. 선고 2007도3687 판결.
5) 대법원 1956. 11. 30. 선고 4289형상217 판결.
6) 대법원 1973. 4. 30. 선고 73도354 판결.
7) 중지미수에 대하여 보다 자세한 논의로는 박찬걸, "중지미수의 '자의성'에 대한 비판적 검토", 법학논문집 제35집 제1호, 중앙대학교 법학연구원, 2011. 4, 145면 이하 참조.
8) 대법원 1999. 4. 13. 선고 99도640 판결.
9) 대법원 1984. 2. 28. 선고 83도3331 판결.

이 사망에 이를 수도 있는 '초우뿌리' 또는 '부자' 달인 물을 피해자(공소외 1의 남편)에게 마시게 하여 피해자를 살해하려고 하였으나 피해자가 이를 토해버림으로써 미수에 그친 행위는 불능범[1]이 아닌 살인(불능)미수죄에 해당한다.[2] ⑤ 피고인이 원심공동피고인에게 피해자를 살해하라고 하면서 준 원비-디병에 성인 남자를 죽게 하기에 족한 용량의 농약이 들어 있었고 또 피고인이 피해자 소유 승용차의 브레이크호스를 잘라 브레이크액을 유출시켜 주된 제동기능을 완전히 상실시킴으로써 그 때문에 피해자가 그 자동차를 몰고 가다가 반대차선을 따라 오던 자동차와의 충돌을 피하기 위하여 브레이크 페달을 밟았으나 전혀 제동이 되지 아니하여 사이드브레이크를 잡아 당김과 동시에 인도에 부딪치게 함으로써 겨우 위기를 모면하였다면 피고인의 위 행위는 어느 것이나 사망의 결과발생에 대한 위험성을 배제할 수 없다고 할 것이므로 피고인에게 각 살인(불능)미수죄로 다스린 것도 정당하다.[3] ⑥ 농약 유제3호는 동물에 대한 경구치사량에 있어서 LD 50이 kg당 1.590mg이라고 되어 있어서 피고인이 사용한 양(8㎖ 가량)은 그 치사량에 현저히 미달한 것으로 보이고, 형법은 범죄의 실행에 착수하여 결과가 발생하지 아니한 경우의 미수와 실행수단의 착오로 인하여 결과발생이 불가능하더라도 위험성이 있는 경우의 미수와는 구별하여 처벌하고 있으므로 원심으로서는 종자소독약 유제3호의 치사량을 좀 더 심리한 다음 피고인의 소위가 위의 어느 경우에 해당하는지를 가렸어야 할 것이다.[4]

7. 공 범

(1) 공동정범

공동정범은 2인 이상이 공동하여 죄를 범하는 것으로서, 공동정범이 성립하기 위해서는 주관적 요건으로서 공동가공의 의사와 객관적 요건으로서 공동의사에 기한 기능적 행위지배를 통한 범죄의 실행사실이 필요하고, 공동가공의 의사는 공동의 의사로 특정한 범죄행위를 하기 위하여 일체가 되어 서로 다른 사람의 행위를 이용하여 자기의 의사를 실행에 옮기는 것을 내용으로 하는 것이어야 한다. 공모자 중 구성요건에 해당하는 행위 일부를 직접 분담하여 실행하지 않은 사람도 전체 범죄에서 그가 차지하는 지위, 역할이나 범죄 경과에 대한 지배나 장악력 등을 종합해 볼 때, 단순한 공모자에 그치는 것이 아니라 범죄에 대한 본질적 기여를 통한 기능적 행위지배가 존재하는 것으로 인정되는 경우 이른바 공모공동정범으로서의 죄책을 질 수 있다.[5] 또한 공모는 반드시 사전에 이루어질 필요는 없고, 사전 모의가 없었더라도 우연히 모인 장소에서 수인이 각자 상호간의 행위를 인식하고 암묵적으로 의사의 투합·연락하에 범행에 공동가공하면 수인은 각자 공동정범의 책임을 면할 수 없다.[6]

---

1) '불능범'이란 범죄행위의 성질상 결과발생 또는 법익침해의 가능성이 절대로 있을 수 없는 경우를 말한다.
2) 대법원 2007. 7. 26. 선고 2007도3687 판결.
3) 대법원 1990. 7. 24. 선고 90도1149 판결.
4) 대법원 1984. 2. 14. 선고 83도2967 판결.
5) 대법원 2017. 1. 12. 선고 2016도15470 판결.
6) 대법원 1987. 10. 13. 선고 87도1240 판결(조폭평소대비사건)(피고인들은 대항세력인 김일국파와 이민석파를 가해한 후 그 대항세력들로부터 보복공격을 받을 것을 우려하여 각자 생선회칼, 사제대검 등을 몸에 지니고 다니고, 야구방망이, 칼 등을 차에 싣고 다니면서 이에 대비하는 한편, 여러 차례의 단체훈련을 통하여 흉기사용법 등을 익혀 왔음을 알 수 있고, 이 사건 살인의 경우에 있어서도 비록 그 싸움의 경위는 우발적으로 일어난 것이기는

(2) 교사범

교사자가 피교사자에 대하여 상해를 교사하였는데 피교사자가 이를 넘어 살인을 실행한 경우에, 일반적으로 교사자는 상해죄에 대한 교사범이 되는 것이고, 다만 이 경우 교사자에게 피해자의 사망이라는 결과에 대하여 과실 내지 예견가능성이 있는 때에는 상해치사죄의 교사범으로서의 죄책을 지울 수 있다.[1]

(3) 방조범

보호자가 의학적 권고에도 불구하고 치료를 요하는 환자의 퇴원을 간청하여 담당 전문의와 주치의가 치료중단 및 퇴원을 허용하는 조치를 취함으로써 환자를 사망에 이르게 한 경우, 담당 전문의와 주치의에게 환자의 사망이라는 결과 발생에 대한 정범의 고의는 인정되나 환자의 사망이라는 결과나 그에 이르는 사태의 핵심적 경과를 계획적으로 조종하거나 저지·촉진하는 등으로 지배하고 있었다고 보기는 어려워 공동정범의 객관적 요건인 이른바 기능적 행위지배가 흠결되어 있어 작위에 의한 살인방조죄가 성립한다.[2]

한편 제32조 제2항은 "종범의 형은 정범의 형보다 감경한다."라고 규정하고 있는데, 여기서 감경한다는 것은 법정형을 정범보다 감경한다는 것이지 선고형을 감경한다는 것이 아니므로, 종범에 대한 선고형이 정범보다 가볍지 않다고 하더라도 위법이라고 할 수는 없다.[3]

(4) 간접정범

간접정범의 형태로도 살인죄를 범할 수 있으나, 강제 또는 기망에 의하여 피해자를 자살하게 한 경우에는 살인죄의 간접정범이 아니라 자살자가 자살의 의미를 이해할 경우에는 위계·위력에 의한 살인죄가 성립한다. 하지만 자살자가 자살의 의미를 이해하지 못할 경우에는 살인죄의 직접정범이 성립한다.[4]

한편 영화 '7번방의 선물'의 내용과 같이 무고나 위증 등의 방법으로 재판을 통하여 사형을 당하게 하는 경우 살인죄가 성립할 수 있는지 여부와 관련하여, ① 형식적 진실주의가 인정되는 민사소송과 달리 법원의 직권에 의한 실체적 진실발견의무를 인정하고 있는 형사소송법상 고소인·고발인·증인 등에 의한 재판지배(우월적인 의사지배)를 인정할 수 없다는 점을 논거로 하여, 살인죄의 간접정범이 성립할 수 없다는 소극설[5], ② 법관의 착오를 유발하거나 살해위협

하나 피고인들이 싸움현장에 나와 각기 가해행위를 분담하여 실행한 이상 피고인들은 상호간 암묵적인 의사합치를 보고 이 사건 범행을 공동가공한 것이라고 보아야 할 것이다).

1) 대법원 2002. 10. 25. 선고 2002도4089 판결; 대법원 1997. 6. 24. 선고 97도1075 판결; 대법원 1993. 10. 8. 선고 93도1873 판결.

2) 대법원 2004. 6. 24. 선고 2002도995 판결(보라매병원사건).

3) 대법원 2015. 8. 27. 선고 2015도8408 판결; 대법원 2002. 12. 24. 선고 2002도5085 판결.

4) 대법원 1987. 1. 20. 선고 86도2395 판결(3세7세사건)(피고인이 7세, 3세 남짓 된 어린자식들에 대하여 함께 죽자고 권유하여 물속에 따라 들어오게 하여 결국 익사하게 하였다면 비록 피해자들을 물속에 직접 밀어서 빠뜨리지는 않았다고 하더라도 자살의 의미를 이해할 능력이 없고 피고인의 말이라면 무엇이나 복종하는 어린 자식들을 권유하여 익사하게 한 이상 살인죄의 범의는 있었음이 분명하다).

5) 김신규, 12면; 김일수/서보학, 16면; 김혜정 외 4인, 10면; 박상기, 414면; 배종대, 28면; 손동권/김재윤, 10면; 신동

등의 강요로 인하여 배후인이 재판을 지배하는 것이 가능하다는 점, 위증이 유죄판결의 결정적인 증거가 될 수 있다는 점, 소송사기처럼 법원에 대한 기망이 인정된다는 점, 경찰관이 허위의 진술서를 작성하여 검사에게 영장을 청구하고, 판사가 이에 기하여 피해자에 대한 구속영장을 발부한 경우에 대해 직권남용·감금죄의 간접정범을 인정하고 있다는 점[1] 등을 논거로 하여, 살인죄의 간접정범이 성립할 수 있다는 적극설[2] 등의 대립이 있다.

　　하지만 이에 대하여 직접적인 언급을 한 판례는 아직 없다. 생각건대 형사재판은 당사자의 주장에 구애받지 않고 실체적 진실발견을 추구하는 과정이라는 점, 다른 형사사건과 달리 사형을 선고할 정도의 사건인 경우에는 보다 신중한 판단으로 인하여 허위의 진술이 재판결과에 크게 영향을 미칠 수 없다는 점 등을 논거로 하여 살인죄의 간접정범을 부정하는 것이 타당하다.

8. 죄수 및 다른 범죄와의 관계

(1) 죄 수

　　본죄는 피해자의 수를 기준으로 죄수가 결정된다. 각 피해자를 살해하려는 의사가 별도로 성립한 것이라면 단일한 범의하의 행위라고 할 수 없기 때문에 동일한 장소에서 동일한 방법에 의하여 시간적으로 접착된 행위라고 하더라도 이를 포괄일죄라고는 할 수 없다. 그러므로 피고인이 단일한 범의로 동일한 장소에서 동일한 방법으로 시간적으로 접착된 상황에서 휴대하고 있던 권총에 실탄 6발을 장전하여 처와 자식들의 머리에 각기 1발씩 순차로 발사하여 살해하였다면, 피해자들의 수에 따라 수개의 살인죄를 구성하고[3], 피고인이 자택에서 생활고에 못 이겨 가족을 모두 죽이고 자신도 자살할 생각으로 쇠망치로 잠자고 있는 피고인의 처(30세), 장녀(5세), 장남(11세)의 차례로 동인들의 머리를 서너 차례씩 강타하여 각 그들로 하여금 두개골파열 및 뇌수일탈 등으로 즉사하게 하여 살인한 경우에는 이를 포괄일죄라고 할 수 없다.[4]

　　하지만 살해의 목적으로 동일인에게 일시와 장소를 달리하고 수차에 걸쳐 단순한 예비행위를 하거나 공격을 가하였으나 미수에 그치다가 드디어 그 목적을 달성한 경우에 그 예비행위 내지 공격행위가 동일한 의사발동에서 나왔고 그 사이에 범의의 갱신이 없는 한 각 행위가 같은 일시 장소에서 행하여졌거나 다른 장소에서 행하여 졌나를 막론하고 또 그 방법이 동일하거나 여부를 가릴 것 없이 그 살해의 목적을 달성할 때까지의 행위는 모두 실행행위의 일부로서 이를 포괄적으로 보고 단순한 한 개의 살인기수죄로 처단해야 한다.[5]

　　웅, 508면; 이재상/장영민/강동범, 19면; 이형국/김혜경, 15면; 정성근/정준섭, 7면; 정영일, 6면.
　1) 대법원 2006. 5. 25. 선고 2003도3945 판결.
　2) 김선복, 31면; 김성돈, 59면; 김성천/김형준, 19면; 이정원/류석준, 11면; 임 웅, 20면.
　3) 대법원 1991. 8. 27. 선고 91도1637 판결.
　4) 대법원 1969. 12. 30. 선고 69도2062 판결.
　5) 대법원 1965. 9. 28. 선고 65도695 판결(수차례살인시도사건).

(2) 다른 범죄와의 관계

1) 시체유기·은닉죄와의 관계

사람을 살해한 자가 그 시체를 다른 장소로 옮겨 유기하였을 때에는 별도로 시체유기죄가 성립하고, 이와 같은 시체유기를 불가벌적 사후행위로 볼 수는 없다.[1] 하지만 시체은닉은 시체의 발견을 불가능 또는 심히 곤란하게 하는 것을 구성요건으로 하고 있는데, 살인이나 강도살인 등의 목적으로 사람을 살해한 자가 그 살해의 목적을 수행함에 있어 사후 시체의 발견이 불가능 또는 심히 곤란하게 하려는 의사로 인적이 드문 장소로 피해자를 유인하거나 실신한 피해자를 끌고 가서 그곳에서 살해하고 시체를 그대로 둔 채 도주한 경우에는 비록 결과적으로 시체의 발견이 현저하게 곤란을 받게 되는 사정이 있다고 하더라도 별도로 시체은닉죄가 성립되지 아니한다.[2]

2) 내란목적살인죄와의 관계

내란목적살인죄는 국헌을 문란할 목적을 가지고 직접적인 수단으로 사람을 살해함으로써 성립하는 범죄이다. 국헌문란의 목적을 달성함에 있어 내란죄가 '폭동'을 그 수단으로 함에 비하여 내란목적살인죄는 '살인'을 그 수단으로 하는 점에서 두 죄는 엄격히 구별된다. 따라서 내란의 실행과정에서 폭동행위에 수반하여 개별적으로 발생한 살인행위는 내란행위의 한 구성요소를 이루는 것이므로 내란행위에 흡수되어 내란목적살인의 별죄를 구성하지 아니하지만, 특정인 또는 일정한 범위 내의 한정된 집단에 대한 살해가 내란의 와중에 폭동에 수반하여 일어난 것이 아니라 그것 자체가 의도적으로 실행된 경우에는 이러한 살인행위는 내란에 흡수될 수 없고 내란목적살인의 별죄를 구성한다.[3]

3) 현주건조물방화(치사)죄와의 관계

현주건조물방화치사죄는 그 전단이 규정하는 죄에 대한 일종의 가중처벌 규정으로서 과실이 있는 경우뿐만 아니라 고의가 있는 경우에도 포함된다고 볼 것이므로 사람을 살해할 목적으로 현주건조물에 방화하여 사망에 이르게 한 경우에는 현주건조물방화치사죄로 의율하여야 하고, 이와 더불어 살인죄와의 상상적 경합범으로 의율할 것은 아니다.[4] 그리고 살인죄는 일신전속적인 개인적 법익을 보호하는 범죄이므로, 불을 놓은 집에서 빠져 나오려는 피해자들을 막아 소사하게 한 행위는 1개의 행위가 수개의 죄명에 해당하는 경우라고 볼 수 없고, 위 방화행위와 살인행위는 법률상 별개의 범의에 의하여 별개의 법익을 해하는 별개의 행위라고 할 것이니, 현주건조물방화죄와 살인죄는 실체적 경합관계에 있다.[5]

---

1) 대법원 1997. 7. 25. 선고 97도1142 판결; 대법원 1984. 11. 27. 선고 84도2263 판결.
2) 대법원 1986. 6. 24. 선고 86도891 판결(숲속살해후방치사건)(피고인이 실신한 피해자를 숲속으로 끌고 들어가 살해하고 그 장소에 방치한 채 그대로 하산하였을 뿐이고 그 밖에 사체의 발견을 불가능 또는 현저하게 곤란하게 하는 어떤 행위를 한 바도 없는 이 사건에 있어 강도살인죄 이외에 별도로 사체은닉죄가 성립한다고 볼 수 없다).
3) 대법원 1997. 4. 17. 선고 96도3376 전원합의체 판결(5·18내란사건).
4) 대법원 1996. 4. 26. 선고 96도485 판결.

9. 형 벌

사형[1]은 인간의 생명 자체를 영원히 박탈하는 냉엄한 궁극의 형벌로서 문명국가의 이성적인 사법제도가 상정할 수 있는 극히 예외적인 형벌이라는 점을 감안할 때, 사형의 선고는 범행에 대한 책임의 정도와 형벌의 목적에 비추어 그것이 정당화될 수 있는 특별한 사정이 있다고 누구라도 인정할 만한 객관적인 사정이 분명히 있는 경우에만 허용되어야 하고, 따라서 사형을 선고함에 있어서는 형법 제51조가 규정한 사항을 중심으로 한 범인의 연령, 직업과 경력, 성행, 지능, 교육정도, 성장과정, 가족관계, 전과의 유무, 피해자와의 관계, 범행의 동기, 사전계획의 유무, 준비의 정도, 수단과 방법, 잔인하고 포악한 정도, 결과의 중대성, 피해자의 수와 피해감정, 범행 후의 심정과 태도, 반성과 가책의 유무, 피해회복의 정도, 재범의 우려 등 양형의 조건이 되는 모든 사항을 철저히 심리하여 위와 같은 특별한 사정이 있음을 명확하게 밝힌 후 비로소 사형의 선택 여부를 결정하여야 할 것이고, 이를 위하여 법원으로서는 마땅히 기록에 나타난 양형조건들을 평면적으로만 참작하는 것에서 더 나아가, 피고인의 주관적인 양형요소인 성행과 환경, 지능, 재범의 위험성, 개선교화 가능성 등을 심사할 수 있는 객관적인 자료를 확보하여 이를 통하여 사형선택 여부를 심사하여야 할 것은 물론이고, 피고인이 범행을 결의하고 준비하며 실행할 당시를 전후한 피고인의 정신상태나 심리상태의 변화 등에 대하여서도 정신의학이나 심리학 등 관련 분야의 전문적인 의견을 들어 보는 등 깊이 있는 심리를 하여 본 다음에 그 결과를 종합하여 양형에 나아가야 한다.[2] 이에 따라 군인인 피고인이 소속 부대의 간부나 동료 병사들의 피고인에 대한 태도를 따돌림 내지 괴롭힘이라고 생각하던 중 초소 순찰일지에서 자신의 외모를 희화화하고 모욕하는 표현이 들어 있는 그림과 낙서를 보고 충격을 받아 소초원들을 모두 살해할 의도로 수류탄을 폭발시키거나 소총을 발사하고 도주함으로써 상관 및 동료 병사 5명을 살해하고 7명에게 중상을 가하였으며, 군용물손괴·군용물절도·군무이탈 행위를 한 경우에는 사형의 선고가 정당하다.[3]

---

5) 대법원 1983. 1. 18. 선고 82도2341 판결.

1) 사형제도에 대하여 보다 자세한 논의로는 박찬걸, "사형제도의 합리적 대안에 관한 연구", 법학논총 제29집 제1호, 한양대학교 법학연구소, 2012. 3, 5면 이하; 박찬걸, "사형폐지론의 입장에서 바라본 사형제도", 한양법학 제30호, 한양법학회, 2010. 5, 349면 이하 참조.

2) 대법원 2009. 2. 26. 선고 2008도9867 판결; 대법원 2003. 6. 13. 선고 2003도924 판결.

3) 대법원 2016. 2. 19. 선고 2015도12980 전원합의체 판결(임병장사건). 2022년 현재 사형집행 대기자의 수는 총 61명이다.

Ⅱ. 존속살해죄

제250조(존속살해) ② 자기 또는 배우자의 직계존속을 살해한 자는 사형, 무기 또는 7년 이상의 징역에 처한다.
제254조(미수범) 전4조의 미수범은 처벌한다.
제255조(예비, 음모) 제250조와 제253조의 죄를 범할 목적으로 예비 또는 음모한 자는 10년 이하의 징역에 처한다.
제256조(자격정지의 병과) 제250조, 제252조 또는 제253조의 경우에 유기징역에 처할 때에는 10년 이하의 자격정지를 병과할 수 있다.

1. 의 의

존속살해죄는 자기 또는 배우자의 직계존속을 살해함으로써 성립하는 범죄이다. 본죄는 살인죄의 가중적 구성요건이며, 부진정신분범에 해당한다. 존속대상범죄[1] 가운데 가장 논란이 되는 범죄가 존속살해죄[2]인데, 존속살해죄는 1995. 12. 29. 형법 개정을 통하여 기존에 사형과 무기징역을 규정하였던 법정형에 7년 이상의 징역을 추가하여 형벌을 다소 완화하였다.[3]

이러한 존속살해죄의 법정형만을 기준으로 본다면 그 자체가 위헌이라고 하기에는 다소 무리가 있지만[4], 가중처벌규정의 필요성 여부와 관련하여, ① 존속대상범죄 가중처벌규정의 폐지를 주장하는 견해[5], ② 존치를 주장하는 견해[6] 등의 대립이 있다.

생각건대 존속살해죄의 합헌성을 인정하는 것이 곧바로 존속살해죄의 존치가 필요하다는 입장으로 연결되는 것은 아니다. 위헌성을 인정하는 입장에서는 곧바로 존속살해죄의 폐지와 연결되는 것이 논리적이라고 할 수 있지만, 합헌성을 인정하는 입장에서는 존속살해죄의 존폐문제 단계로 넘어오게 되면 존치의 입장과 폐지의 입장으로 견해가 나누어 질 수 있다. 한편 존속대상범죄에 대하여 헌법재판소는 2차례에 걸쳐서 합헌결정[7]을 내린 바 있다.

형법상 존속에 대한 범죄를 가중처벌하는 근거와 관련하여, ① 자기 또는 배우자의 직계존속을 살해한 직계비속의 패륜성으로 인해 그에 대한 비난가능성, 즉 일반범죄와 비교하여 책임이 커진다는 점, 비속의 패륜성이라고 하는 정상을 '존속'이라는 구성요건요소로 객관화하

---

1) 존속대상범죄는 첫째, 일반범죄에 비하여 형이 가중되어 있을 것, 둘째, 행위의 주체가 아닌 행위의 객체가 존속에 한정되어 있을 것이라는 요소가 필수적으로 요구된다.

2) 존속살해죄에 대하여 보다 자세한 논의로는 박찬걸, "존속대상범죄의 가중처벌규정 폐지에 관한 연구: 존속살해죄를 중심으로", 형사정책연구 제21권 제2호, 한국형사정책연구원, 2010. 6, 175면 이하 참조.

3) 이는 개정 이전의 법정형이 보통살인죄의 형벌에 비해 현저히 중하였기 때문에 평등의 원칙과 비례의 원칙에 반한다는 위헌의 문제를 입법적으로 보완한 것이다.

4) 반면에 존속살해죄 자체가 위헌이라고 파악하는 견해로는 임 웅, 34면.

5) 김선복, 36면; 김성돈, 69면; 배종대, 39면; 오영근, 31면; 이정원/류석준, 18면; 이형국/김혜경, 24면; 정성근/정준섭, 11면.

6) 김성천/김형준, 21면; 김신규, 26면; 김일수/서보학, 23면; 손동권/김재윤, 17면.

7) 헌법재판소 2013. 7. 25. 선고 2011헌바267 결정(형법 제250조 제2항 위헌소원); 헌법재판소 2002. 3. 28. 선고 2000헌바53 결정(형법 제259조 제2항(존속상해치사죄) 위헌소원).

여 도덕적 윤리를 보호한다는 합리적 근거에 기한 것이라는 점 등을 논거로 하는 책임가중
설[1], ② 존속살해죄의 주된 보호법익은 생명이지만 효를 중심으로 한 인륜관계를 부수적 보호
법익으로 파악하여 존속에 대한 존중을 사회의 기본질서로 인정해야 한다는 점, 직계존속을 살
해하면 비난가능성(책임)이 더 크다는 것도 결국은 효를 인륜의 근본으로 한 가족주의적 윤리관
을 가지고 있는 동양사회의 가치체계에서 비롯된 사회적 평가의 문제라는 점, 책임가중설에 따
르면 신분관계가 책임을 가중한다고 하면서도 다시 이 신분관계가 행위자의 고의의 인식대상
이 된다고 하는 것은 모순이라는 점, 존속대상범죄를 일률적으로 책임가중구성요건으로 보는
것은 실제에 부합하지 않는다는 점 등을 논거로 하는 불법가중설[2] 등의 대립이 있다.[3]

2. 구성요건

(1) 주 체
본죄의 주체는 피해자의 직계비속 또는 그 직계비속의 배우자이다(부진정신분범).

(2) 객 체

1) 자기의 직계존속
'자기의 직계존속'이란 자기의 부모·조부모·증조부모·고조부모·외조부모 등을 말한다. 직
계존속의 개념은 민법에 의하여 정해지는데[4], 법률상의 직계존속에 국한되고 사실상의 직계존
속은 제외된다. 친자관계라는 사실은 가족관계등록부상의 기재 여하에 의하여 좌우되는 것은
아니며 가족관계등록부상 친권자라고 등재되어 있다고 하더라도 사실에 있어서 그렇지 않은
경우에는 법률상 친자관계가 생길 수 없다.[5] 또한 직계존속은 법률상의 개념[6]으로서 사실상
혈족관계가 있는 부모관계일지라도 법적으로 인지절차를 완료하지 않으면 직계존속이라 볼 수
없고[7], 아무런 특별한 관계가 없는 타인 사이라도 일단 합법한 절차에 의하여 입양관계가 성립

---

1) 김선복, 35면; 김신규, 20면; 김혜정 외 4인, 16면; 손동권/김재윤, 16면; 이영란, 31면; 이재상/장영민/강동범, 24
면; 이형국/김혜경, 23면; 임 웅, 31면; 정성근/정준섭, 9면; 정영일, 7면; 최호진, 18면.
2) 김성돈, 68면; 김일수/서보학, 20면.
3) 존속살해죄를 불법가중구성요건이라고 한다면 甲이 乙에게 존속살해죄를 교사한 경우 불법은 연대한다는 원칙
에 의해, 甲과 乙은 각각 존속살해죄의 교사범과 정범의 죄책을 진다. 하지만 존속살해죄를 책임가중구성요건이
라고 한다면 乙은 존속살해죄의 정범이 되지만, 甲은 형법 제33조 단서의 적용을 받아 보통살인죄로 처벌된다.
4) 민법 제844조(남편의 친생자의 추정) ① 아내가 혼인 중에 임신한 자녀는 남편의 자녀로 추정한다. ② 혼인이
성립한 날부터 200일 후에 출생한 자녀는 혼인 중에 임신한 것으로 추정한다. ③ 혼인관계가 종료된 날부터 300일
이내에 출생한 자녀는 혼인 중에 임신한 것으로 추정한다.
5) 대법원 1983. 6. 28. 선고 83도996 판결(피고인은 호적부상 아버지 공소외 1, 어머니 공소외 2 사이에 태어난
친생자로 등재되어 있으나 이건 피해자인 공소외 1과 공소외 2는 1943년경 결혼하여 황해도 옹진군에서 동거하
다가 6.25사변 당시 월남한 후 공소외 1이 집을 떠나 객지로 다니면서 행상을 하는 사이에 공소외 2가 식모살이를
하면서 공소외 성명불상인과 정교관계를 맺어 피고인을 출산한 사실을 인정하고 피고인과 공소외 1과는 친자관
계가 없으므로 피고인이 공소외 1의 친자임을 전제로 한 존속상해죄는 성립될 수 없다).
6) 대법원 1980. 9. 9. 선고 80도1731 판결(혼인 외의 출생자와 生母간에는 생모의 인지나 출생신고를 기다리지 않고
자의 출생으로 당연히 법률상의 친족관계가 생기는 것이다).
7) 대법원 1970. 3. 10. 선고 69도2285 판결(혼인 외의 출생자와 父 사이에는 인지절차를 거치지 않는 한 직계존비속

한 뒤에는 직계존속이라고 할 것이다.[1] 하지만 서부모(庶父母)와 적자(嫡子; 정실(아내를 첩에 상대하여 부르는 말)이 낳은 아이), 적모(嫡母)와 서자(庶子; 본 부인이 아닌 다른 여자에게서 태어난 아이), 계부모(繼父母)와 계자녀(繼子女) 등의 사이에서는 직계존·비속관계가 인정되지 아니한다.

　　종래에는 입양의 경우 양부모뿐만 아니라 친생부모[2]도 직계존속에 포함되었다.[3] 하지만 친양자가 친생부모를 살해한 경우의 죄책과 관련하여, ① 존속살해죄가 성립한다는 견해[4], ② 보통살인죄가 성립한다는 견해[5] 등의 대립이 있다.

　　생각건대 2008. 1. 1. 도입된 친양자제도(민법 제908조의3 제2항 본문[6])에 의하면, 입양한 양자는 원칙적으로 양친과의 친족관계만 인정하고 종전의 친족관계를 종료시키고 있기 때문에 친양자가 친생부모를 살해한 경우에는 보통살인죄가 성립한다고 보아야 한다. 비록 가족관계등록부상의 기재 여하를 불문하고 친자관계를 파악해야 하는 것이 원칙이지만, 친양자의 입장에서 친생부모의 직계존속성을 부정하는 것은 피고인에게 유리한 해석이므로 보통살인죄의 성립이 타당하다.

2) 배우자의 직계존속

　　'배우자의 직계존속'[7]이란 (법률상의) 배우자의 부모·배우자의 조부모·배우자의 증조부모 등을 말한다. 배우자의 직계존속도 법률상의 직계존속에 국한되고 사실상의 직계존속은 제외됨은 물론이다.

　　다수설[8]에 의하면 법률상의 혼인관계는 사망으로 인하여 소멸하고, 배우자는 생존 중의

관계가 없다).

1) 대법원 2007. 11. 29. 선고 2007도8333 판결(당사자가 입양의 의사로 친생자 출생신고를 하고 거기에 입양의 실질적 요건이 구비되어 있다면 그 형식에 다소 잘못이 있더라도 입양의 효력이 발생하고, 이 경우의 허위의 친생자 출생신고는 법률상의 친자관계인 양친자관계를 공시하는 입양신고의 기능을 하게 되는 것이다); 대법원 1981. 10. 13. 선고 81도2466 판결(피살자(여, 55세)가 그의 문전에 버려진 영아인 피고인을 주어다 기르고 그 부(夫)와의 친생자인 것처럼 출생신고를 하였으나 입양요건을 갖추지 아니하였다면 피고인과의 사이에 모자 관계가 성립될 리 없으므로, 피고인이 동녀를 살해하였다고 하여도 존속살인죄로 처벌할 수 없다).

2) 이에 대하여 법률적인 의미에서 뿐만 아니라 사실적인 의미에서도 자기 또는 배우자의 직계존속을 살해한 경우에만 존속살해죄를 적용해야 한다는 의미에서, 입양된 자가 친생부모를 살해한 경우에는 보통살인죄가 된다는 견해로는 이상돈, 704면.

3) 대법원 1967. 1. 31. 선고 66도1483 판결(타가(他家)에 입양된 자라고 하여도 친생부모와는 자연혈족관계가 소멸되지 않으므로 직계존속관계는 그대로 유지된다).

4) 김일수/서보학, 21면; 이형국/김혜경, 26면; 정영일, 8면.

5) 김선복, 37면; 김성돈, 70면; 김혜정 외 4인, 17면; 박상기, 417면; 손동권/김재윤, 18면; 신동운, 522면; 이재상/장영민/강동범, 27면; 이정원/류석준, 19면; 정성근/정준섭, 12면; 최호진, 20면.

6) 민법 제908조의3(친양자 입양의 효력) ① 친양자는 부부의 혼인 중 출생자로 본다. ② 친양자의 입양 전의 친족 관계는 제908조의2 제1항의 청구에 의한 친양자 입양이 확정된 때에 종료한다. 다만, 부부의 일방이 그 배우자의 친생자를 단독으로 입양한 경우에 있어서의 배우자 및 그 친족과 친생자간의 친족관계는 그러하지 아니하다.

7) 배우자의 혈족(시부모, 처부모)은 민법상 인척에 불과하나, 형법은 '배우자의 직계존속'에 대해서 자기의 직계존속과 동일하게 취급하고 있다.

8) 김성돈, 70면; 김신규, 21면; 김혜정 외 4인, 17면; 박상기, 418면; 배종대, 40면; 손동권/김재윤, 19면; 이상돈, 705면; 이영란, 33면; 이재상/장영민/강동범, 27면; 이형국/김혜경, 27면; 임 웅, 35면; 정성근/정준섭, 12면; 최호진, 15면.

배우자를 말하기 때문에 배우자가 사망한 후에 그 직계존속을 살해한 경우에는 보통살인죄가 성립하는 것으로 파악한다. 다만 배우자의 신분관계는 실행행위시에 있으면 충분하기 때문에 동일한 기회에 배우자를 먼저 살해하고 이후 배우자의 직계존속을 살해한 경우에는 존속살해죄가 성립한다.

생각건대 부부 일방이 사망한 경우에는 생존 배우자가 재혼한 경우에 한하여 인척관계가 소멸되기 때문에 재혼하기 이전에는 장인, 장모, 시아버지, 시어머니 등의 관계는 소멸되지 아니한다고 보아야 한다. 따라서 재혼 이전에 배우자였던 자의 직계존속을 살해한 경우에는 존속살해죄가 성립한다고 보아야 한다.[1]

(3) 사실의 착오

1) 존속살해의 고의로 보통살인의 결과를 발생하게 한 경우

먼저 객체의 착오인 경우에는 ① 존속살해죄의 (불능)미수와 과실치사죄의 상상적 경합을 인정하는 견해, ② 보통살인죄를 인정하는 견해[2], ③ 존속살해죄의 (불능)미수와 보통살인죄의 기수의 상상적 경합을 인정하는 견해[3], ④ 구체적 부합설이나 법정적 부합설 중 구성요건부합설에 의하면 존속살해죄의 미수와 과실치사죄의 상상적 경합이 인정되지만, 법정적 부합설 중 죄질부합설에 의하면 보통살인죄의 기수를 인정하는 견해[4] 등의 대립이 있다.

생각건대 甲이 丙을 자기의 아버지 乙로 오인하고 살해한 경우에 과연 甲이 丙을 살해할 고의가 없었고 따라서 丙을 살해한 것이 아니라 치사의 결과를 초래했다고 할 수는 없을 것이다. 비록 甲에게 丙을 자기의 아버지 乙로 잘못 인식한 동기의 착오는 있었지만 현실적으로 丙을 염두에 두고 丙을 살해하였으며, 丙은 이로 인하여 사망하였다. 그러므로 丙에 대한 甲의 고의는 부정되지 아니한다. 비록 객체를 존속으로 오인하였다고 할지라도 오인된 대상도 사람인 한 그 사람에 대한 고의, 즉 보통살인의 고의는 당연히 인정된다고 보아야 한다.

다음으로 방법의 착오인 경우에는 법정적 부합설에 따르면 보통살인죄의 기수가 되지만, 구체적 부합설에 따르면 존속살해죄의 (장애)미수와 과실치사죄의 상상적 경합이 인정된다.

2) 보통살인의 고의로 존속살해의 결과를 발생하게 한 경우

먼저 객체의 착오인 경우에는 제15조 제1항("특별히 중한 죄가 되는 사실을 인식하지 못한 행위는 중한 죄로 벌하지 아니한다.")에 의하여 보통살인죄가 성립[5]한다.

---

[1] 同旨 김선복, 38면; 김일수/서보학, 22면; 신동운, 522면.

[2] 김신규, 23면; 이재상/장영민/강동범, 28면; 이형국/김혜경, 28면; 정성근/정준섭, 13면; 신동운, 522면; 정영일, 8면.

[3] 김선복, 39면; 김성돈, 71면(존속살해의 불능미수가 인정되고 형법 제15조 제1항의 해석론상 존속살해의 고의 속에는 보통살해의 고의가 당연히 포함되어 있다고 할 수 있어 보통살인죄의 기수도 인정되고 양자는 상상적 경합이 된다); 김일수/서보학, 22면; 박상기, 418면; 배종대, 41면; 손동권/김재윤, 19면; 이영란, 34면; 이정원/류석준, 20면; 임 웅, 36면.

[4] 오영근, 29면.

[5] 대법원 1977. 1. 11. 선고 76도3871 판결(제분에 이기지 못하여 식도를 휘두르는 피고인을 말리거나 그 식도를

다음으로 방법의 착오인 경우에는 법정적 부합설에 따르면 발생한 사실인 존속살해죄의 기수가 인정되지만, 제15조 제1항이 적용되어 보통살인죄로 처벌된다. 반면에 구체적 부합설에 따르면 보통살인미수죄와 과실치사죄의 상상적 경합이 된다.

3. 공 범

존속살해죄는 신분관계로 인하여 형이 가중되는 부진정신분범이기 때문에 제33조[1]가 적용된다. 직계비속이 본죄를 범하는 경우에 비신분자가 가담한 경우의 죄책과 관련하여, ① 제33조 단서를 부진정신분범의 성립과 처벌에 관한 규정이라고 파악하여, 甲과 乙이 공동으로 甲의 아버지 丙을 살해한 경우 甲은 존속살해죄의 공동정범, 乙은 보통살인죄의 공동정범이 된다는 견해[2], ② 제33조 본문이 진정신분범과 부진정신분범의 성립에 관한 규정이고, 제33조 단서는 부진정신분범의 처벌에 관한 규정이라고 파악하여, 제33조 본문에 의해서 甲과 乙은 모두 존속살해죄의 공동정범이 되지만, 제33조 단서에 의해서 乙은 보통살인죄로 처벌된다는 견해[3] 등의 대립이 있다.

이에 대하여 판례는 「實子와 더불어 남편을 살해한 처는 존속살해죄의 공동정범이다.」라고 판시[4]하여, 후자의 견해를 취하고 있다.

생각건대 존속살해죄는 신분범에 해당하기 때문에 비신분자가 단독정범의 형태로는 본죄를 범할 수 없음이 분명하다. 하지만 신분자와 공동정범의 형태로는 얼마든지 본죄를 범할 수 있으며, 이러한 경우에는 본죄의 성립을 인정하는 것이 타당하다. 다만 처벌에 있어서는 제33조 단서를 적용하여 보통살인죄로 의율해야 할 것이다.

4. 입법론

(1) 외국의 입법례

외국의 입법례를 살펴보면, ① 프랑스는 현재에도 존속살해에 대한 규정(제221−4조 제1항 제2호)을 두고 있는데, 이와 함께 미성년자살해에 대한 규정(제221−4조 제1항 제1호[5])도 동시에 두고

뺏으려고 한 그 밖의 피해자들을 닥치는 대로 찌르는 무차별 횡포를 부리던 중에 그의 父까지 찌르게 된 결과를 빚은 경우, 피고인이 칼에 찔려 쓰러진 父를 부축해 데리고 나가지 못하도록 한 일이 있다고 하여 그의 父를 살해할 의사로 식도로 찔러 살해하였다는 사실을 인정하기는 어렵다); 대법원 1960. 10. 31. 선고 4293형상494 판결(직계존속임을 인식하지 못하고 살인을 한 경우는 형법 제15조 소정의 특별히 중한 죄가 되는 사실을 인식하지 못한 행위에 해당한다).

1) 제33조(공범과 신분) 신분관계로 인하여 성립될 범죄에 가공한 행위는 신분관계가 없는 자에게도 전3조의 규정을 적용한다. 단, 신분관계로 인하여 형의 경중이 있는 경우에는 중한 형으로 벌하지 아니한다.

2) 배종대, 41면; 손동권/김재윤, 20면; 정성근/정준섭, 13면.

3) 신동운, 523면.

4) 대법원 1961. 8. 2. 선고 4294형상284 판결. 同旨 대법원 1999. 4. 27. 선고 99도883 판결; 대법원 1997. 12. 26. 선고 97도2609 판결.

5) 프랑스 형법은 피해자가 15세 미만의 미성년자인 경우에 무기징역형에 처하고 있다. 동 조항을 근거로 프랑스가 비속살해죄를 인정하고 있다고 파악하는 견해도 있으나, 엄격히 말하자면 비속살해죄가 아니라 미성년자살해

있는 것이 특징이다. 우리나라와 달리 법률상의 직계존속뿐만 아니라 사실상의 직계존속도 이에 포함하고 있다. 또한 배우자살인죄를 보통살인죄보다 더 중하게 파악하고 있다. ② 일본은 1973. 4. 4. 최고재판소에서 존속살해죄의 가중처벌을 위헌이라고 판시[1]하였다. 다수의견에 의하면 존속살해죄의 형벌이 사형 또는 무기징역으로서 두 번의 감경을 하더라도 3년 6개월 이상의 유기징역이 되어 존속살해죄에 대해서는 언제나 집행유예를 선고할 수 없게 되고 이러한 차별은 합리적 차별이라고 할 수 없다는 것이었다. 반면에 보충의견에 의하면 존속살해죄는 도덕의 견지에 서 있는 것으로 애정과 효의 발로에 맡기는 것이 상당하므로 규정 자체가 위헌이라고 판단하였다.[2] 이 후 1995. 5. 12. 존속살해죄를 포함한 모든 존속대상범죄에 관한 규정을 폐지하였다. ③ 독일은 1941년에 존속살해죄(제217조)를 삭제하여, 현재는 존속에 대한 특별한 가중처벌규정을 두고 있지 않다. 또한 독일 (구) 형법은 제223조 제2항에 존속상해죄를 두었으나 1998. 1. 26. 이를 삭제하고, 대신 보통상해죄의 법정형을 기존 3년 이하의 자유형 또는 벌금형에서 5년 이하의 자유형 또는 벌금형으로 변경하였다.

(2) 존속대상범죄 가중처벌의 타당성 여부 검토

1) 책임가중설에 대한 검토

일반적으로 직계존속을 살해한 경우에 직계비속의 패륜성이 추정된다고 할 수 있으나 이는 어디까지나 번복이 가능한 추정에 불과할 뿐 예외사례는 얼마든지 등장할 수 있고, 오히려 이러한 예외사례가 다수를 차지하고 있는데, 아래 연구보고서의 수치는 이를 방증하고 있다. 존속살해죄에 있어서 패륜에 해당하는 이욕(利慾)을 범행원인으로 하는 경우는 7.1%에 불과하고 오히려 피해자의 학대를 원인으로 하는 경우가 26.2%에 이르는 사정에 비추어 보면 국가가 존속에 의한 가정폭력에 대한 보호책을 마련하지 못하고 있다고 할 것임에도 이러한 상태에서 존속에 대한 범죄를 가중처벌하는 것은 존속에 의한 폭력을 감수할 것을 강요하는 것이다. 그 밖에도 존속살해죄의 범행이유 중 가해자의 정신이상이 36.9%, 가정불화가 10.9% 등으로 집계되고 있다.[3]

이와 같이 범죄사회학적으로 보면 현실적으로 직계존속의 패륜적 행위가 범죄를 유발하는

를 가중처벌하는 것으로 보아야 한다.

1) 日最判 1973. 4. 4, 刑集 27券 3號 265面. 昭和 48年 4月 4日 大法廷判決 昭和 45年 (あ) 第1310號 尊屬殺人被告事件. 동 사건은 아버지로부터 14세 때부터 약 15년 동안 강간당하면서 5명의 아이까지 출산한 피고인이 그 정을 모르는 청년으로부터 구혼을 받고 그 때까지의 생활을 청산하고 인간다운 생활을 시작하려는 피고인과 이를 거부하면서 종래의 관계를 유지하려는 아버지와의 사이에서 갈등이 계속되던 중 그 아버지를 살해한 것이다.

2) 특이한 점은 동 판결 후 일본 최고재판소는 존속살해죄 이외의 다른 모든 존속대상범죄에 대해서는 합헌판결을 내렸다는 것이다. 예를 들면 존속상해치사죄에 대한 日最判 1977. 9. 26, 刑集 28券 6號 329面; 日最判 1979. 2. 6, 刑集 30券 1號 1面 등이 그것이다.

3) 최인섭/김지선, 「존속범죄의 실태에 관한 연구」, 한국형사정책연구원, 1996. 12, 78~80면. 동 연구에 의하면 1986년부터 1994년까지 살인 중 존속살해가 차지하는 비율은 평균 약 6% 정도이고, 그 형량도 사형이나 무기징역형은 단 한 건도 없었다(최인섭/김지선, 39면 및 56면). 또한 대검찰청에서 발간하는 범죄분석에 따르면, 2014년에 발생한 살인 중 존속살해가 차지하는 비율은 6.4%(60건), 2015년에 발생한 살인 중 존속살해가 차지하는 비율은 5.7%(55건) 등으로 집계되고 있다.

경우가 적지 않다. 존속살해사건의 실제 사례를 보면 범죄인의 인륜을 저버리는 극악무도한 사건이 있는가 하면 직계비속의 패륜성보다는 오히려 직계존속의 패륜성이 원인이 된 사건도 적지 않다. 이는 존속살해죄의 원인과 배경이 직계비속에의 문제로만 환원될 수 없다는 사실을 보여준다.

한편 책임은 행위자가 행한 불법에 대한 비난을 그 내용으로 한다. 그러므로 비난의 내용과 정도는 행위 자체가 가지는 불법에 상응해야 한다. 행위자의 패륜적 심정반가치에 근거한 책임가중설에 의하면 개별 존속살해 사례에서 직계비속의 패륜성을 반드시 검토하고 난 후 이것이 인정되는 경우에 한해서 존속살해죄를 인정해야만 한다. 만약 패륜성이 부정된다면 존속살해죄가 아닌 보통살인죄로 의율해야 하는 것이 논리적으로 타당하다.

2) 불법가중설에 대한 검토

불법가중설에 의하면 존속대상범죄에 대한 가중처벌규정이 도덕원리를 법에 반영시켜 이를 강제한다는 비판이 있으나, 비록 법과 도덕이 준별된다 하더라도 책임판단에 있어서 윤리적 요소를 완전히 제거할 수는 없는 것이고, 법에 의하여 도덕이 강제될 수 없다고 하더라도 사회도덕의 유지를 위한 형법의 역할을 전적으로 부정할 수는 없을 뿐만 아니라, 구체적 사건의 양형에 있어서 직계존속이 피해자라는 점이 범정(犯情)의 하나로 중시되는 것이 허용되는 이상 이를 법규의 형식으로 유형화하여 형의 가중요건으로 삼는다고 하더라도 그러한 차별적 취급이 곧 합리적 근거를 결하는 것이라고 말할 수도 없다고 한다.

또한 혼인과 혈연에 의하여 형성되는 친족에 있어서는 존경과 사랑이 그 존재의 기반이라고 말할 수 있고, 이를 바탕으로 직계존속은 비속에 대하여 경제적 측면에서는 물론 정신적·육체적 측면에서 올바른 사회구성원으로 성장할 수 있도록 양육하며 보호하고 그 비속의 행위에 대하여 법률상·도의상 책임까지 부담하는 한편, 비속은 직계존속에 대하여 가족으로서의 책임분담과 존경과 보은(報恩)의 기본적 의무를 부담하게 되는데, 이는 인류가 가족을 구성하고 사회를 형성하기 시작한 이래 확립되어진 친족 내지 가족에 있어서의 자연적·보편적 윤리로서, 이러한 윤리는 가정은 물론 사회를 유지·발전시키는 기본질서를 형성하게 된다는 점에서 형법상 보호되어야 할 가치이며, 이는 배우자의 직계존속에 대하여도 마찬가지라고 한다.

생각건대 효는 원칙적으로 도덕의 영역에 속한다. 존속대상범죄를 가중처벌하는 것은 존속에 대한 비속의 도덕적 의무, 즉 효를 강요하는 것으로서 개인의 윤리문제에 직접 개입하는 결과가 된다. 친자(親子)간의 효(孝)라는 도덕을 관철하기 위한 것으로서 입법목적이 정당하다고 할 수 없고 윤리의 문제를 형벌로 강요한다는 점에서 수단의 적정성도 인정할 수 없다. 불효라는 것은 도덕적 비난의 대상이 되는 것이지 형사제재의 대상이 결코 될 수 없다.[1] 도덕을 근거

---

1) 처벌에 대한 두려움이 윤리 도덕을 지키는 주요 동기가 된다면 그것은 오히려 윤리의식의 퇴보를 의미하는 것이며 그것은 예컨대 불효를 형벌로서 다스려 효도를 강요할 때 그 효도는 이미 참 의미의 효도가 아닌 것이다(헌법재판소 1990. 9. 10. 선고 89헌마82 결정 중 김양균 재판관의 반대의견에서 발췌). 효도와 같은 도덕적 가치는 형벌의 가중으로 보호되거나 증대될 수 있는 것이 아니며 국가가 이를 강제적으로 요구해서도 안 되는 성질을

로 형벌을 가중하는 것은 법감정상 일응 설득력이 있어 보이지만 적어도 법적인 관점에서 허용될 수는 없다. 도덕적 가치는 법규범에 앞서 있는 도덕규범에 의하여 보호되어야 하고, 그렇지 않으면 사회통제체계를 파괴하는 영역침범이 발생하여 무절제한 형벌 투입의 결과를 초래하여 형법의 법치국가성이 상실된다.

3) 평등의 원칙 위배 검토

① 법률상의 직계존속 對 일반인

법률상의 직계존속의 생명을 일반인의 생명보다 중하게 보호하는 것은 평등의 원칙에 위배된다. 패륜성으로 인하여 가중처벌이 타당하다는 판례와 학설의 취지대로라면 사실상의 직계존속도 직계존속의 범위에 포함하는 것이 논리일관적이나 이러한 주장은 찾아 볼 수 없다. 또한 혼인외의 출생자가 그 생부에 의해 인지되기 이전에 그의 생부를 살해한 경우, 법률상의 직계존속이 어렸을 때 사망하여 친부모처럼 돌보아 준 사람(예를 들면 삼촌·고모·이모 등의 방계존속)을 살해한 경우 등의 경우에도 존속살해죄를 인정해야 논리적으로 모순이 없기 때문이다.

결국 생명의 가치는 유무의 문제이지 정도의 문제가 결코 되어서는 아니 된다. 즉 생명의 가치를 논함에 있어서 경중을 평가해서는 안 된다. 존속살해죄의 보호법익도 인간의 생명인 한도 내에서 보통살인죄의 보호법익과 동일하다고 볼 수 있다. 하지만 형벌에 차등을 두는 것은 근본적으로 동일한 생명의 가치를 다르게 평가한 것으로서 헌법상의 정신에도 위배된다.

② 직계존속 對 직계비속

존속살해죄는 행위의 속성이 아닌 행위자의 속성으로 형벌을 가중하는 것이므로 책임주의에 반하는데, 존속은 출생시킬 자유를 가지기 때문에 이를 근거로 형벌을 가중할 수 있지만, 비속은 출생하는 자유를 가지지 못하기 때문에 이를 기초로 형법상의 책임을 무겁게 하는 것은 사회적 신분에 의한 차별에 해당한다. 또한 현행법은 존속의 비속에 대한 범죄는 가중처벌하지 아니하면서도 '자기 또는 배우자의 직계존속'에 대한 범죄를 가중처벌하도록 함으로써 비속을 차별하고 있다. 하지만 반인륜성 내지 패륜성이라는 점에서 보면 존속살해와 비속살해는 차이가 없음에도 불구하고 존속살해만 가중처벌하는 것은 평등의 원칙에 위배된다. 왜냐하면 자기 부모를 살해한 자는 존속살해죄로 처벌되는 반면에, 자기 자식을 살해한 자는 보통살인죄로 처벌하는 것은 신분적 도덕에 의해 형벌을 달리하는 것이기 때문에 평등의 원칙에 반하기 때문이다. 만약 존속살해죄를 존치하려면 비속살해죄를 신설[1]하여 도덕의 불평등을 해소하는 것이 합당하지만 이러한 태도는 현대의 작은 형벌지향목표에 반한다.

③ 존속대상범죄 상호간 법정형 비교

현행 형법상 존속대상범죄와 일반범죄 사이의 법정형을 비교해 보면 다음과 같다.

지니고 있기 때문이다.

1) 이미 영아살해죄와 미성년자살해죄를 처벌하는 규정을 두고 있으므로 비속이 성년인 경우 일정한 요건에 따라 처벌하는 입법을 생각해 볼 수 있다.

[일반범죄와 존속대상범죄의 법정형 비교]

죄명	일반범죄	존속대상범죄
살인죄	사형, 무기 또는 5년 이상의 징역 (제250조 제1항)	사형, 무기 또는 7년 이상의 징역 (제250조 제2항)
상해죄	7년 이하의 징역, 10년 이하의 자격정지 또는 1천만원 이하의 벌금(제257조 제1항)	10년 이하의 징역 또는 1천500만원 이하의 벌금(제257조 제2항)
중상해죄	1년 이상 10년 이하의 징역 (제258조 제1항)	2년 이상 15년 이하의 유기징역 (제258조 제3항)
특수상해죄	1년 이상 10년 이하의 징역(제258조의2 제1항)	
특수중상해죄	2년 이상 20년 이하의 징역(제258조의2 제2항)	
상해치사죄	3년 이상의 유기징역(제259조 제1항)	무기 또는 5년 이상의 징역(제259조 제2항)
폭행죄	2년 이하의 징역, 500만원 이하의 벌금, 구류 또는 과료(제260조 제1항)	5년 이하의 징역 또는 700만원 이하의 벌금(제260조 제2항)
특수폭행죄	5년 이하의 징역 또는 1천만원 이하의 벌금(제261조)	
유기죄	3년 이하의 징역 또는 500만원 이하의 벌금(제271조 제1항)	10년 이하의 징역 또는 1천500만원 이하의 벌금(제271조 제2항)
중유기죄	7년 이하의 징역(제271조 제3항)	2년 이상의 유기징역(제271조 제4항)
학대죄	2년 이하의 징역 또는 500만원 이하의 벌금(제273조 제1항)	5년 이하의 징역 또는 700만원 이하의 벌금(제273조 제2항)
유기등치상죄	7년 이하의 징역(제275조 제1항)	3년 이상의 유기징역 (제275조 제2항)
유기등치사죄	3년 이상의 유기징역(제275조 제1항)	무기 또는 5년 이상의 징역(제275조 제2항)
체포감금죄	5년 이하의 징역 또는 700만원 이하의 벌금(제276조 제1항)	10년 이하의 징역 또는 1천500만원 이하의 벌금(제276조 제2항)
중체포감금죄	7년 이하의 징역(제277조 제1항)	2년 이상의 유기징역(제277조 제2항)
특수체포감금죄	그 죄에 정한 형의 2분의 1까지 가중(제278조)	
(중)체포감금치상죄	1년 이상의 유기징역(제281조 제1항)	2년 이상의 유기징역(제281조 제2항)
(중)체포감금치사죄	3년 이상의 유기징역(제281조 제1항)	무기 또는 5년 이상의 징역(제281조 제2항)
협박죄	3년 이하의 징역, 500만원 이하의 벌금, 구류 또는 과료(제283조 제1항)	5년 이하의 징역 또는 700만원 이하의 벌금(제283조 제2항)
특수협박죄	7년 이하의 징역 또는 1천만원 이하의 벌금(제284조)	

이를 검토해 보면 다음과 같은 불합리한 점이 있음을 발견할 수 있다. ① 일반범죄와 비교할 때 존속대상범죄의 가중정도가 일정한 비율에 따르지 않고 개별 범죄마다 각각 다르다. 적게는 1.4배(존속살해죄의 경우)에서 많게는 약 4배[1](존속중체포감금죄, 존속유기등치상죄의 경우)까지 다

---

[1] 2010. 4. 15. 형법 개정을 통하여 유기징역의 상한이 최고 30년으로 상향조정되었다.

양하다. 이는 일반범죄의 동일한 불법과 책임에 단지 존속이라는 신분의 요소가 가미된 범죄 사이에서도 합리적인 근거가 없이 차별취급하는 심각한 문제를 발생시키고 있다. ② 자격정지의 부과를 살펴보면, 살인의 죄·상해와 폭행의 죄·체포와 감금의 죄 등에서는 이를 인정하고 있는 반면에, 유기와 학대의 죄·협박의 죄 등에서는 인정하지 않고 있는데, 이러한 차별취급에도 합리적인 이유를 발견하기가 어렵다. ③ 특수폭행죄·특수상해죄·특수중상해죄·특수체포감금죄·특수협박죄 등의 경우에는 일반범죄와 존속대상범죄 사이에 형벌의 차이가 존재하지 아니한데, 다른 존속대상범죄와 달리 동 범죄군에 대한 형벌의 차이가 부정되는 합리적인 이유를 발견하기 어렵다. ④ 다른 개인적 범죄와의 형평성 문제도 야기되는데, 존속명예훼손죄·존속강도죄 등에 대한 가중처벌조항이 없는 것이 그 예이다.

Ⅲ. 영아살해죄

> 제251조(영아살해) 직계존속이 치욕을 은폐하기 위하거나 양육할 수 없음을 예상하거나 특히 참작할 만한 동기로 인하여 분만 중 또는 분만 직후의 영아를 살해한 때에는 10년 이하의 징역에 처한다.
> 제254조(미수범) 전4조의 미수범은 처벌한다.

1. 의의 및 입법론

(1) 의 의

영아살해죄는 직계존속이 치욕을 은폐하기 위하거나 양육할 수 없음을 예상하거나 특히 참작할 만한 동기로 인하여 분만 중 또는 분만 직후의 영아를 살해함으로써 성립하는 범죄이다. 본죄는 행위자의 특별한 동기를 고려하여 살인죄에 비하여 형이 감경된 구성요건이다(부진정신분범).

형감경의 근거와 관련하여, ① 행위의 주체에게 요구되는 특별한 주관적 동기는 초과주관적 구성요건요소로 파악되기 때문에 불법이 감경된다는 견해[1], ② 출산으로 인한 비정상적인 심리상태에 있다는 점에서 책임이 감경된다는 견해[2], ③ 일정한 동기와 상황으로 인하여 직계존속에게 적법행위의 기대가능성이 낮기 때문에 책임이 감경된다는 견해[3], ④ 책임이 감경된다는 견해는 영아살해죄의 주체를 산모에 국한하여 법문언을 부당하게 축소한다는 점, 특수한 윤리적 동기는 형사책임의 양을 정하는데 고려할 수 있다는 점 등을 논거로 하여, 양형의 요소로 파악해야 한다는 견해[4] 등의 대립이 있다.

---

1) 김성돈, 72면.
2) 김선복, 39면; 김성천/김형준, 26면; 김신규, 29면; 김일수/서보학, 23면; 박상기, 418면; 손동권/김재윤, 21면; 이영란, 34면; 이재상/장영민/강동범, 29면; 이정원/류석준, 21면; 이형국/김혜경, 29면; 임 웅, 37면; 정성근/정준섭, 14면; 정영일, 9면; 최호진, 23면.
3) 김혜정 외 4인, 19면; 오영근, 32면.
4) 이상돈, 706면.

생각건대 영아의 생명이 일반인의 생명보다 가치가 낮다고 할 수 없으므로 불법감경설은
타당하지 않다는 점, 오히려 저항할 능력조차 없는 영아를 살해하는 것은 불법이 가중된다고
보아야 한다는 점, 본죄의 주체를 산모가 아닌 직계존속으로 하고 있는 태도에 비추어 볼 때 출
산으로 인한 비정상적인 심리상태로 인해 책임이 감경된다고 볼 수는 없다는 점 등을 논거로
하여, 적어도 해석론상으로는 범행동기에 있어서 참작할 만한 사유로 인하여 책임이 감경된다
고 파악하는 것이 타당하다.

(2) 입법론

입법론적으로 본죄는 폐지되어야 할 것이다. 그 논거로는, ① 의용형법에서 영아살해죄를
규정하지 않았으나[1], 1953년 제정 형법에서 본 규정을 둔 이유는 당시 곤궁과 전쟁으로 인한
시대상황(여성들의 원하지 않은 출산)을 반영한 것이지만, 오늘날의 시대상황은 본 규정의 입법당시
와는 전혀 다르다는 점, ② 영아에 대해서만 감경적 구성요건을 두는 것은 인간의 생명에 차등
을 두고 있다는 점, ③ 영아는 보호되어야 할 사회적 약자임에도 불구하고 그렇지 못하다는 점,
④ 영아살해죄가 삭제되더라도 제250조 제1항에서 규정하고 있는 살인죄의 법정형에서 양형을
고려하여 처리할 수 있다는 점, ⑤ 구성요건 중 '특히 참작할 만한 동기로 인하여'의 범위가 너
무 광범위하다는 점, ⑥ 독일 (구) 형법 제217조에서도 영아살해죄를 규정하였지만 1998. 1. 26.
삭제하였다는 점 등을 제시할 수 있다.

2. 구성요건

(1) 주 체

본죄의 주체는 직계존속이다. 직계존속의 범위 가운데 산모에 국한되는지 여부와 관련하
여, ① 직계존속이라고 규정한 법문에 충실해야 한다는 점을 논거로 하여, 산모뿐만 아니라 모
든 직계존속을 의미한다는 견해[2], ② 존속살해죄에 대한 관계에서 직계비속에 대한 지나친 차
별을 막아야 한다는 점, 본죄의 입법취지가 분만 중 또는 분만 직후 산모의 비정상적 심신상태
로 인한 책임감경에 있다는 점 등을 논거로 하여, 산모에 국한한다는 견해[3] 등의 대립이 있다.

생각건대 본죄의 주체를 산모에 국한시키는 견해는 피고인에게 유리한 규정을 축소해석하
는 것이기 때문에 허용되지 않는 해석에 해당한다. 그러므로 본죄의 주체는 산모뿐만 아니라
모든 직계존속을 포함한다고 파악하는 것이 타당하다. 참고로 오스트리아 형법 제79조, 스위스
형법 제116조, 대만 형법 제274조 등에서는 행위의 주체를 산모에 한정하고 있다.

한편 직계존속의 범위 가운데 법률상의 직계존속에 국한되는지 여부와 관련하여, ① 법률

---

1) 본죄는 1940년 일본 형법개정가안 제337조의 영향을 받은 것이다. 하지만 이후 일본은 1961년 개정형법초안이나
    1974년 개정형법초안에서 이를 받아들이지 않았다.
2) 김성돈, 72면; 김성천/김형준, 26면; 김혜정 외 4인, 20면; 박상기, 419면; 손동권/김재윤, 21면; 신동운, 524면;
    오영근, 32면; 이형국/김혜경, 30면; 임 웅, 38면; 정성근/정준섭, 14면; 정영일, 9면; 최호진, 23면.
3) 김선복, 40면; 배종대, 43면; 이영란, 36면; 이재상/장영민/강동범, 30면; 이정원/류석준, 22면.

상의 직계존속 이외에 사실상의 직계존속도 포함된다는 견해[1], ② 직계존속의 개념은 존속살해죄와 영아살해죄에 있어서 동일하게 해석되어야 한다는 점을 논거로 하여, 법률상의 직계존속에 국한된다는 견해[2] 등의 대립이 있다.

이에 대하여 판례는「남녀가 사실상 동거한 관계가 있고 그 사이에 영아가 분만되었다고 하여도 그 남자와 영아와의 사이에 법률상 직계존속·비속의 관계가 있다고 할 수 없으므로 그 남자가 영아를 살해한 경우에는 보통살인죄에 해당한다.」라고 판시[3]하여, 법률상의 직계존속에 국한시키고 있다.

생각건대 사실상의 직계존속도 포함시키는 것이 타당하다. 왜냐하면 원칙적으로 법전상 의미의 직계존속이란 법률상의 직계존속을 의미하는 것이지만, 본죄의 경우에는 사실상의 직계존속도 포함하는 것이 피고인에게 유리한 결과를 가져오기 때문이다.

(2) 객 체

본죄의 객체는 분만 중 또는 분만 직후의 영아이다. '분만 중'이란 개방진통이 시작한 때로부터 분만이 완료될 때까지를 말하며, '분만 직후'란 분만 완료 후 분만으로 인한 비정상적인 심리상태가 계속되는 동안뿐만 아니라 사회통념상 적법행위를 기대하기 어려운 시점까지를 말한다. 영아(嬰兒)란 유아(乳兒)보다 더 어린 개념으로 젖을 먹지 못하는 갓난 아기를 의미하므로, 생후 2개월이 경과한 때에는 본죄의 객체가 되지 아니한다.[4]

(3) 주관적 구성요건

본죄가 성립하기 위해서는 영아를 살해한다는 인식 및 의사 이외에 초과주관적 구성요건 요소로서 치욕을 은폐하거나 양육할 수 없음을 예상하거나 특히 참작할 만한 동기가 있어야 한다. 만약 이러한 특별한 동기가 없는 경우에는 보통살인죄가 성립한다. 하지만 책임을 감경할 만한 객관적 사유가 없음에도 불구하고 행위자가 그러한 사유가 존재하는 것으로 오신하여 제251조의 동기를 가지고 영아를 살해한 경우에는 본죄가 성립한다.[5]

치욕은폐의 사유로는 강간으로 인한 출산, 친족간의 성관계로 인한 출산 등을 예로 들 수 있지만, 과부나 미혼여성의 출산은 이에 해당하지 아니한다.[6] 왜냐하면 태아에 대한 사회적·경제적 사유를 원인으로 한 낙태가 허용되지 않는 상황에서 사람에 대한 사회적·경제적 사유

1) 김선복, 40면; 김성돈, 72면; 김신규, 30면; 김일수/서보학, 24면; 김혜정 외 4인, 20면; 박상기, 419면; 배종대, 43면; 손동권/김재윤, 21면; 이상돈, 707면; 이재상/장영민/강동범, 29면; 이정원/류석준, 21면; 이형국/김혜경, 30면; 임 웅, 37면; 정성근/정준섭, 14면.
2) 김성천/김형준, 27면; 신동운, 525면; 정영일, 9면.
3) 대법원 1970. 3. 10. 선고 69도2285 판결(동거남영아살해사건).
4) 대구고등법원 1968. 3. 26. 선고 67노317 판결.
5) 김혜정 외 4인, 21면; 임 웅, 39면.
6) 반면에 과부나 미혼여성의 출산이 이에 해당한다는 견해로는 김선복, 41면; 김성천/김형준, 28면; 김신규, 30면; 김일수/서보학, 25면; 배종대, 43면; 손동권/김재윤, 22면(다만 치욕은폐의 목적은 입법론상 삭제하는 것이 타당하다); 신동운, 525면; 이상돈, 707면; 이영란, 36면; 이재상/장영민/강동범, 30면; 이형국/김혜경, 33면; 정성근/정준섭, 14면; 최호진, 24면.

를 원인으로 한 살인이 허용되는 것은 모순이기 때문이다. 또한 양육할 수 없음을 예상할 수 있는 사유로는 대통령령이 정하는 우생학적 사유 등을 예로 들 수 있지만, 경제적인 곤궁이나 기형아의 출산은 이에 해당하지 아니한다. 특히 참작할 만한 동기로 인한 사유로는 앞의 두 가지 이외의 사유로서, 다소 포괄적인 규정이라고 할 수 있다.

이러한 측면에서 볼 때, 본죄에서 말하는 특별한 동기는 모자보건법에서 규정하고 있는 인공임신중절사유와 대동소이하게 인정되어야 할 것이다. 특히 사회적·경제적 사유로 인한 동기는 엄격히 배제되어야 할 것이다. 다만 본죄에서 규정하고 있는 한정적인 동기 이외에 다른 참작할 만한 사유가 있는 경우에는 작량감경의 규정이 적용될 수는 있다.[1]

3. 공 범

본죄에 가공한 공범이 비신분자인 경우의 죄책과 관련하여, ① 제33조 단서를 적용하여 보통살인죄의 공범으로 처벌해야 한다는 견해[2], ② 제33조 단서는 "신분관계로 인하여 형의 경중이 있는 경우에는 중한 형으로 벌하지 아니한다."라고 규정하고 있으므로 비신분자는 항상 경한 형으로 처벌해야 하기 때문에 본죄의 공범으로 처벌해야 한다는 견해[3] 등의 대립이 있다.

생각건대 본죄는 부진정신분범에 해당하기 때문에 비신분자를 중한 형인 보통살인죄로 처벌해서는 안 된다. 그러므로 영아살해죄의 공범으로 처벌해야 한다.

Ⅳ. 촉탁·승낙에 의한 살인죄

제252조(촉탁, 승낙에 의한 살인 등) ① 사람의 촉탁 또는 승낙을 받아 그를 살해한 자는 1년 이상 10년 이하의 징역에 처한다.
제254조(미수범) 전4조의 미수범은 처벌한다.
제256조(자격정지의 병과) 제250조, 제252조 또는 제253조의 경우에 유기징역에 처할 때에는 10년 이하의 자격정지를 병과할 수 있다.

1. 의 의

촉탁·승낙에 의한 살인죄는 사람의 촉탁 또는 승낙을 받아 그를 살해함으로써 성립하는 범죄이다. 본죄(소위 '동의살인죄')는 살인죄에 비하여 형이 감경된 구성요건이다. 감경의 근거와 관련하여, ① 피해자의 의사에 근거한 생명침해이기 때문에 불법이 감경된다는 불법감경설[4],

---

1) 반면에 이를 부정하는 견해로는 김선복, 41면; 박상기, 420면; 신동운, 526면; 이상돈, 708면.
2) 김선복, 42면; 김성천/김형준, 28면; 김신규, 32면; 김일수/서보학, 26면; 김혜정 외 4인, 21면; 박상기, 419면; 배종대, 44면; 손동권/김재윤, 23면; 이영란, 37면; 이재상/장영민/강동범, 31면; 임 웅, 40면; 정성근/정준섭, 15면; 정영일, 9면.
3) 오영근, 33면.
4) 김선복, 43면; 김성돈, 74면; 김성천/김형준, 29면; 김신규, 34면; 김일수/서보학, 26면; 손동권/김재윤, 23면(위법

② 생명은 처분할 수 없는 법익이기 때문에 촉탁 또는 승낙에 의하여 불법은 감경될 수 없고, 동정이나 원조 등의 동기로 인해 책임이 감경된다는 책임감경설[1], ③ 불법 및 책임감경설[2] 등의 대립이 있다.

생각건대 불법감경설이 타당하다. 왜냐하면 피해자의 의사에 반하는 살인과 피해자의 의사에 합치하는 살인의 경우 불법의 양은 달라질 수 있기 때문이다. 한편 촉탁살인죄가 승낙살인죄보다 불법의 양이 적다고 할 수도 있다. 즉 승낙살인죄의 경우 피해자의 승낙이 있기 이전에 이미 살해의 고의가 있음을 전제로 하기 때문에 촉탁살인죄와 비교하여 그 불법의 양이 많은데, 양자를 동일한 법정형으로 두는 것은 문제가 있다. 본죄는 피해자의 승낙(제24조)이 있어도 처벌되는 '법률의 특별한 규정'에 해당한다.

2. 구성요건

(1) 객 체

본죄의 객체는 자신에 대한 살해를 촉탁 또는 승낙한 자이다. 이러한 자는 죽음의 의미를 이해할 수 있는 생명에 대한 가치판단능력과 자유로운 의사결정능력이 있어야 한다. 그러므로 유아나 심신상실자는 본죄의 객체가 될 수 없다. 한편 자기 또는 배우자의 직계존속으로부터 촉탁 내지 승낙을 받아 살해한 경우에도 본죄가 성립한다.

(2) 행 위

본죄의 실행행위는 사람의 촉탁 또는 승낙을 받아 그를 살해하는 것이다. '촉탁'이란 이미 죽음을 결심한 피해자의 부탁을 받고 가해자가 살해의 결의를 하는 것을 말한다. 하지만 술김에 죽여달라고 하는 경우, 비정상적으로 우울해진 상태에서 죽여달라고 하는 경우 등과 같이 진지하지 않은 상황에서 이루어진 촉탁은 그 효력이 인정되지 아니한다. '승낙'이란 이미 살해의 결의를 하고 있는 가해자가 피해자로부터 살해에 대한 동의를 받는 것을 말한다. 이러한 촉탁과 승낙은 명시적·직접적이어야 한다.[3] 그러므로 소극적인 의미의 묵시적 승낙은 인정되지 아니한다. 또한 촉탁과 승낙의 상대방은 반드시 특정되어 있을 필요가 없고, 불특정 다수인에 대한 것도 무방하지만, 상대방이 특정된 경우 제3자에 대해서는 본죄가 성립하지 아니한다. 한편 촉탁과 승낙은 피해자 자신이 한 것이어야지, 제3자에 의한 것이라면 살인죄가 성립한다.

살해의 촉탁을 얻는 단계만으로는 불가벌적 예비단계에 그친다. 하지만 살해의 승낙을 받

성조각까지는 불가능하고, 불법감소사유로 이해해야 한다); 신동운, 526면; 오영근, 34면; 이영란, 38면; 이재상/장영민/강동범, 32면; 이정원/류석준, 26면; 임 웅, 41면; 정성근/정준섭, 15면.

1) 배종대, 45면.

2) 김혜정 외 4인, 23면; 박상기, 420면; 이형국/김혜경, 36면; 정영일, 10면.

3) 반면에 촉탁은 명시적이어야 하지만, 승낙은 묵시적이어도 무방하다는 견해로는 김선복, 44면; 김성돈, 75면; 김성천/김형준, 31면; 김신규, 34면; 김일수/서보학, 27면; 신동운, 527면; 이영란, 39면; 이재상/장영민/강동범, 32면; 이정원/류석준, 27면; 이형국/김혜경, 38면; 임 웅, 42면; 정성근/정준섭, 16면.

은 단계는 예비의 단계를 지나 미수의 영역으로 들어오게 된다. 이 경우 자의로 중지한 경우에는 승낙살인죄의 중지미수가 성립한다. 대부분 범죄의 중지미수 효과는 형의 감경에 해당되겠지만, 이러한 경우에 있어서는 형의 면제까지도 가능할 것이다.

(3) 주관적 구성요건

본죄가 성립하기 위해서는 촉탁 또는 승낙이 있음을 인식하고 피해자를 살해한다는 점에 대한 인식과 의사를 내용으로 하는 고의가 있어야 한다. 촉탁 또는 승낙이 없음에도 불구하고 있는 것으로 오인하고 살해한 경우에는 제15조 제1항에 의하여 본죄가 성립한다.

반면에 촉탁 또는 승낙이 있음에도 불구하고 없는 것으로 오인하고 살해한 경우의 죄책과 관련하여, ① 보통살인죄가 된다는 견해[1], ② 보통살인죄의 미수와 촉탁·승낙살인죄의 상상적 경합이 된다는 견해[2], ③ 촉탁·승낙살인죄가 불법감경구성요건이라는 점을 고려하여 주관적 정당화요소가 결여된 경우의 예에 따라 보통살인죄의 불능미수가 된다는 견해[3], ④ 객체의 착오의 경우에는 보통살인죄의 미수와 촉탁·승낙살인죄의 기수의 상상적 경합이 성립하고, 방법의 착오의 경우에는 보통살인죄의 미수와 과실치사죄의 상상적 경합이 성립한다는 견해[4] 등의 대립이 있다.

생각건대 보통살인죄의 미수와 촉탁·승낙살인죄의 상상적 경합을 인정하는 것이 타당하다.

3. 위법성조각사유

「장기 등 이식에 관한 법률」 제22조의 뇌사자에 대한 장기이식행위는 법령에 의한 위법성조각사유가 된다. 한편 촉탁·승낙살인죄의 위법성조각사유로서 특히 안락사의 허용 여부가 문제될 수 있다. 이와 관련하여 연명의료에 대한 기본원칙, 연명의료결정의 관리 체계, 연명의료의 결정 및 그 이행 등에 필요한 사항을 정하여 임종과정에 있는 환자의 연명의료결정을 제도화함으로써 환자의 자기결정을 존중하고 환자의 존엄과 가치를 보장하며, 암환자에만 국한되어 있는 호스피스 서비스를 일정한 범위의 말기환자에게 확대 적용하도록 하고, 호스피스에 대한 체계적이고 종합적인 근거 법령을 마련하여 국민 모두가 인간적인 품위를 지키며 편안하게 삶을 마무리할 수 있도록 하기 위하여 「호스피스·완화의료 및 임종과정에 있는 환자의 연명의료결정에 관한 법률」이 2018. 2. 4.부터 시행되고 있다.

---

1) 김선복, 45면; 김성천/김형준, 32면; 김혜정 외 4인, 25면; 박상기, 422면; 이영란, 39면; 이재상/장영민/강동범, 33면; 이형국/김혜경, 39면; 정성근/정준섭, 17면.

2) 김성돈, 76면(제15조 제1항의 취지에 따라 큰 고의(보통살인의 고의)에는 작은 고의(촉탁·승낙살인의 고의)가 포함되어 있는 것이므로 촉탁·승낙살인죄가 인정되고, 보통살인죄의 결과가 실현되지 않았기 때문에 보통살인죄의 미수가 되고 양자는 상상적 경합이 된다); 김신규, 37면; 김일수/서보학, 28면; 이정원/류석준, 28면; 임 웅, 42면.

3) 손동권/김재윤, 25면; 오영근, 35면.

4) 배종대, 46면; 이상돈, 710면.

V. 자살교사·방조죄

> 제252조(촉탁, 승낙에 의한 살인등) ② 사람을 교사하거나 방조하여 자살하게 한 자도 제1항의 형에 처한다.
> 제254조(미수범) 전4조의 미수범은 처벌한다.
> 제256조(자격정지의 병과) 제250조, 제252조 또는 제253조의 경우에 유기징역에 처할 때에는 10년 이하의 자격정지를 병과할 수 있다.

1. 의의 및 입법론

(1) 의 의

자살교사·방조죄는 사람을 교사하거나 방조하여 자살하게 함으로써 성립하는 범죄이다. 본죄(소위 '자살관여죄')는 살인죄에 비하여 불법이 감경된 구성요건이다. 불법이 감경되는 이유는 피해자의 의사에 반하지 않는 생명침해라는 점인데, 이러한 점에서 촉탁·승낙살인죄의 법정형과 동일하다. 본죄는 총칙상의 공범규정에 대한 특칙으로서 제31조 및 제32조는 적용되지 아니한다. 즉 자살은 살인죄의 구성요건에 해당하지 아니하므로 공범종속성설에 따르게 되면 자살을 교사·방조하는 경우에도 범죄가 성립하지 아니한다. 그러나 비록 자살을 벌하지 않더라도 자살을 교사·방조하는 행위는 비난가능성이 있기 때문에 자살관여죄는 공범종속성설을 따른 특별규정이라고 볼 수 있다.[1]

(2) 입법론

입법론적으로는 자살교사죄와 자살방조죄를 동일한 법정형으로 규정하고 있는 현행법을 탈피하여, 자살교사죄에 비하여 자살방조죄의 법정형을 보다 완화하는 것이 타당하다. 또한 촉탁·승낙살인죄의 경우에는 비록 촉탁이나 승낙이 있더라도 직접 살해행위를 한다는 점에서 교사 또는 방조를 통하여 자살을 유발하거나 용이하게 해 준 공범적 성격의 행위와 불법의 정도가 다르기 때문에 촉탁·승낙살인죄에 비하여 자살교사·방조죄의 법정형을 보다 완화하는 것이 타당하다.

2. 구성요건

(1) 객 체

본죄의 객체는 행위자 이외의 자연인이다. 다만 자살의 의미를 이해하고 자유로운 의사결정능력이 있어야 한다. 따라서 자살의 의미를 이해할 능력이 없는 유아·심신상실자 등을 교사 또는 방조한 때에는 살인죄의 직접정범이 성립한다.[2] 또한 자살의 의미를 이해할 수 있는 자에

---

1) 반면에 공범독립성설에 의하면 범죄가 아닌 자살에 가공한 행위를 처벌하는 본죄는 형법이 공범독립성설을 취하고 있다는 실정법적 근거가 되고, 본죄의 교사 또는 방조는 총칙상의 교사 또는 방조와 그 내용이 같은 것이므로 제31조와 제32조의 규정은 본죄에도 적용된다고 파악한다.
2) 대법원 1987. 1. 20. 선고 86도2395 판결(3세7세사건).

대해서 위계 또는 위력으로 의사결정의 자유를 침해하여 자살하게 한 경우에는 위계·위력에 의한 살인죄가 성립한다. 자기 또는 배우자의 직계존속의 자살에 관여한 경우에도 존속살해죄가 아니라 본죄가 성립한다.

(2) 행 위

본죄의 실행행위는 교사 또는 방조하여 자살하게 하는 것이다. '자살교사'란 자살의 의사가 없는 자에게 자살을 결의하게 하는 것을 말한다. 그러므로 이미 자살할 결심을 한 사람을 교사한 경우에는 자살교사죄가 아니라 자살방조죄가 성립한다. '자살방조'란 이미 자살을 결의한 자의 자살행위를 도와주어 용이하게 실행하도록 하는 것을 말한다. 방조의 방법에는 자살도구인 총·칼 등을 빌려주거나 독약을 만들어 주거나 조언 또는 격려를 한다거나 기타 적극적·소극적·물질적·정신적 방법이 모두 포함된다.[1] 한편 타인의 자살행위 도중에 개입하여 살해의 목적을 달성한 경우에는 본죄가 아니라 살인죄가 성립한다.[2]

(3) 주관적 구성요건

자살교사의 고의는 자살자로 하여금 자살을 결의하게 한다는 인식 및 의사를 말하고, 자살방조의 고의는 자살자의 자살행위를 용이하게 한다는 인식 및 의사를 말한다. 특히 자살방조의 경우 그 방조 상대방의 구체적인 자살의 실행을 원조하여 이를 용이하게 하는 행위의 존재 및 그 점에 대한 행위자의 인식이 요구된다.

판례에 의하면, 피해자가 사건 당일 새벽에 피고인과 말다툼을 하다가 죽고 싶다 또는 같이 죽자고 하며 피고인에게 기름을 사오라는 말을 하였고, 이에 따라 피고인이 피해자에게 휘발유 1병을 사다주었는데 그 직후에 피해자가 몸에 휘발유를 뿌리고 불을 붙여 자살한 사실을 인정한 후 위와 같은 피해자의 자살경위에 피해자의 자녀문제와 고부갈등, 경제적 어려움 등으로 인한 피고인과 피해자 사이의 가정불화 등을 보태어 보면, 피고인이 이 사건 당시 피해자에게 휘발유를 사다주면 이를 이용하여 자살할 수도 있다는 것을 충분히 예상할 수 있었음에도 피해자에게 휘발유를 사다주어 피해자가 자살하도록 방조한 것이다.[3] 하지만 ① 피해자가 휘발유를 자신의 몸에 뿌리고 죽겠다고 말한 것은 乙女에게 그만큼 사랑한다는 것을 보여주기 위해서 한 행동일 뿐 실제 자살의 결의를 가지고 위와 같은 행동을 한 것은 아니고, 피해

---

1) 대법원 1992. 7. 24. 선고 92도1148 판결(유서대필사건)(피고인은 망인이 공소장에 기재된 상황에서 분신자살을 하겠다는 생각을 갖고 있음을 알고 그 실행을 용이하게 도와주겠다는 의도로 리포트 용지에 검은 색 사인펜으로 유서 2장을 작성하여 줌으로써 유서내용에 의하여 위 망인에게 그의 분신자살이 조국과 민족을 위한 행위로 미화될 것이며 사후의 장례의식을 포함한 모든 문제도 전국민족민주운동연합에서 책임진다는 것을 암시하는 방법으로 분신자살의 실행을 용이하게 도와주어 망인의 자살을 방조하였다). 하지만 동 사건은 다음과 같은 재심으로 무죄가 선고되었다. 대법원 2015. 5. 14. 선고 2014도2946 판결(유서대필재심사건)(피고인이 甲 명의의 유서를 대필하여 주는 방법으로 甲의 자살을 방조하였다는 공소사실로 유죄판결을 받아 확정되었는데, 그 후 재심이 개시된 사안에서, 국립과학수사연구소 감정인 乙이 유서와 피고인의 필적이 동일하다고 판단하는 근거로 내세우는 특징들 중 일부는 항상성 있는 특징으로 볼 수 없는 점 등 제반 사정을 종합하면 乙이 작성한 감정서 중 유서와 피고인의 필적이 동일하다는 부분은 그대로 믿기 어렵고, 나머지 증거만으로는 공소사실이 합리적 의심의 여지가 없을 정도로 충분히 증명되었다고 볼 수 없다).
2) 대법원 1948. 5. 14. 선고 4281형상38 판결(자살도중살인사건).
3) 대법원 2010. 4. 29. 선고 2010도2328 판결(휘발유제공사건).

자가 피고인이 던져준 라이터로 자신의 몸에 불을 붙인 행위로까지 나아간 것은 실제로 죽을 마음을 먹고 그 자살의사를 실행에 옮긴 것이라기보다는 충동적으로 일어난 일로 보아야 할 것이며, 피고인도 피해자의 행동을 실제 자살할 마음이 없이 乙女의 마음을 돌리려는 것이라고 받아들였을 것이어서 피해자가 실제 자살하거나 몸에 불을 붙이는 행동으로 나아갈 것을 예견하였다고 볼 수 없다.[1] ② 피고인들의 가짜 청산염 판매광고 등의 행위는 단지 금원 편취 목적의 사기행각의 일환으로 이루어진 것일 뿐 그 후 다른 경로로 입수한 청산염을 이용한 변사자들의 자살행위에 어떠한 물질적 혹은 유형적 기여도 하지 못한 점, 변사자들이 자살 관련 카페에서의 상호 교감을 통해 이미 자살을 결의하고 구체적 실행방법만을 물색하고 있던 상황인 데다가 피고인들의 판매광고가 사기행각임이 발각되기까지 하였음에 비추어 피고인들이 변사자들의 자살의 실행에 정신적 혹은 무형적으로 기여하였다고 보기도 어려운 점, 변사자들의 자살에 사용된 청산염의 효능에 대하여는 이미 자살 관련 카페의 회원들 사이에서는 주지의 사실이었던 것으로 보이는 점 등의 사정에 비추어 피고인들의 행위가 변사자들이 실행한 자살행위를 원조하여 이를 용이하게 한 방조행위에 해당한다고 보기 어렵다.[2]

3. 실행의 착수시기

본죄의 실행의 착수시기와 관련하여, ① 본죄는 자살의 공범이 아니라 독립된 범죄로서 자살의 교사·방조 그 자체를 실행행위로 보아야 하므로 행위자가 자살을 교사·방조한 때에 실행의 착수가 있다는 교사·방조시설[3], ② 교사·방조시설에 의하면 기도된 교사(제31조 제2항 및 제3항)에 한하여 살인의 예비·음모에 준하여 처벌하는 살인죄보다 중하게 처벌되어 균형이 맞지 않다는 점, 자살행위가 개시되기 전에는 아직 생명침해의 구체적 위험이 발생하지 않는다는 점, 자살을 처벌하지 않는 현행 법체계에서 교사·방조만을 기준으로 미수범을 인정하는 것은 처벌의 지나친 확장이라는 점 등을 논거로 하여, 피해자가 자살행위에 들어간 때에 본죄의 실행의 착수를 인정하는 자살행위시설[4], ③ 자살교사의 경우에는 피해자의 자살의 착수 여부를 불문하고 자살의 교사시에 실행의 착수가 인정되지만, 자살방조의 경우에는 살인죄의 기도된 방조가 불가벌인 것과의 균형상 피해자가 자살에 착수했을 때 실행의 착수가 인정된다는 이분설[5] 등의 대립이 있다.

생각건대 이분설이 타당하다. 그러므로 ① 자살의 교사를 받은 자가 자살을 시도하였으나 자살행위에 실패한 경우(제31조 제1항; 교사의 미수)에는 교사자만 미수로 처벌하고, ② 자살의 교사를 받은 자가 자살을 결심하였지만 실행에 착수하지 않은 경우(제31조 제2항[6]; 효과 없는 교사)에는

1) 대법원 2008. 9. 25. 선고 2008도6556 판결(라이터제공사건).
2) 대법원 2005. 6. 10. 선고 2005도1373 판결(가짜청산염판매광고사건).
3) 김선복, 47면; 김성돈, 78면; 김신규, 42면; 김일수/서보학, 30면; 김혜정 외 4인, 27면; 박상기, 424면; 배종대, 47면; 손동권/김재윤, 28면; 오영근, 39면; 이상돈, 713면; 이영란, 42면; 이재상/장영민/강동범, 37면; 임 웅, 46면; 정성근/정준섭, 18면; 정영일, 13면.
4) 신동운, 530면; 이정원/류석준, 30면; 이형국/김혜경, 47면.
5) 김성천/김형준, 37면; 손동권/김재윤, 28면.
6) 교사를 받은 자가 범죄의 실행을 승낙하고 실행의 착수에 이르지 아니한 때에는 교사자와 피교사자를 음모 또는

교사자만 예비·음모에 준하여 처벌하고, ③ 자살의 교사를 하였으나 피교사자가 자살을 결심하지 않은 경우(제31조 제3항[1]; 실패한 교사)에는 교사자만 예비·음모에 준하여 처벌한다. 하지만 기도된 방조의 경우에는 살인죄조차도 처벌되지 않는데, 그보다 훨씬 경한 자살방조죄에서 상대방이 자살에 착수하지 않은 경우에 미수범으로 처벌하는 것은 균형에 맞지 않기 때문에 자살방조죄의 미수범은 인정할 수 없다.

4. 죄수 및 다른 범죄와의 관계

(1) 자살교사죄와 자살방조죄와의 관계

자살을 교사한 이후에 자살을 방조한 경우에는 포괄일죄로서 자살교사죄만이 성립한다.

(2) 자살방조죄와 촉탁살인죄와의 관계

양죄는 행위자가 타인의 자살에 관여한 점에서는 동일하다. 양죄의 구별과 관련하여, ① 행위자에게 행위지배가 있으면 촉탁살인죄이고 자살자에게 행위지배가 있으면 자살방조죄라는 행위지배기준설[2], ② 자살의 주도적 역할을 행위자가 담당하면 촉탁살인죄이고 자살자가 담당하면 자살방조죄라는 주도적 역할기준설[3] 등의 대립이 있다.

생각건대 촉탁살인죄는 실질적으로 정범으로서의 행위이고, 자살방조죄는 실질적으로 공범으로서의 행위이므로 정범과 공범의 판단기준인 행위지배기준설이 타당하다. 이에 따라 피해자의 부탁을 받고 직접 살해를 한 경우에는 촉탁살인죄가 성립하지만, 피해자의 부탁을 받고 피해자가 자살하도록 독극물을 전달한 경우에는 자살방조죄가 성립한다. 하지만 양자의 법정형이 동일하기 때문에 구별의 실익은 없다.

(3) 자살교사죄와 촉탁살인죄와의 관계

자살을 교사하여 자살을 결의시킨 후 그의 촉탁을 받아 살해한 경우의 죄책과 관련하여, ① 법조경합 중 보충관계로 파악하여 촉탁살인죄만이 성립한다는 견해[4], ② 자살관여죄의 독자성을 인정하여 자살교사미수와 촉탁살인죄의 경합범이 성립한다는 견해[5] 등의 대립이 있다.

생각건대 본죄의 실질은 타인의 자살에 공범의 형식으로 가담하는 경우이므로 정범에 해당하는 촉탁살인죄가 성립하면 자살교사죄는 성립하지 않는다고 보아야 한다.

(4) 동반자살(合意同死)의 문제

동반자살을 시도하던 중 생존자가 발생한 경우의 죄책과 관련하여, ① 두 사람 모두 진심

예비에 준하여 처벌한다.

1) 교사를 받은 자가 범죄의 실행을 승낙하지 아니한 때에도 교사자에 대하여는 전항과 같다.
2) 김선복, 48면; 김성천/김형준, 36면; 김신규, 41면; 배종대, 47면; 손동권/김재윤, 29면; 이영란, 42면; 이재상/장영민/강동범, 37면; 이정원/류석준, 31면; 이형국/김혜경, 37면; 임 웅, 46면; 최호진, 30면.
3) 김성돈, 78면; 김일수/서보학, 30면; 김혜정 외 4인, 26면; 정성근/정준섭, 18면; 정영일, 12면.
4) 김선복, 48면; 김신규, 41면; 이재상/장영민/강동범, 37면; 정성근/정준섭, 18면.
5) 김일수/서보학, 31면.

으로 자살하기를 원했으나 그 중 한 사람이 생존한 경우에는 자살교사·방조죄가 성립하고, ②
두 사람 중 한 사람만 진심으로 자살하기를 원했고 나머지 한 사람은 허위로 자살을 가장하고
생존한 경우에는 위계에 의한 살인죄가 성립한다.

VI. 위계·위력에 의한 살인죄

> 제253조(위계 등에 의한 촉탁살인등) 전조의 경우에 위계 또는 위력으로써 촉탁 또는 승낙하게 하거나 자
> 살을 결의하게 한 때에는 제250조의 예에 의한다.
> 제254조(미수범) 전4조의 미수범은 처벌한다.
> 제255조(예비, 음모) 제250조와 제253조의 죄를 범할 목적으로 예비 또는 음모한 자는 10년 이하의 징역에
> 처한다.
> 제256조(자격정지의 병과) 제250조, 제252조 또는 제253조의 경우에 유기징역에 처할 때에는 10년 이하의
> 자격정지를 병과할 수 있다.

1. 의 의

위계·위력에 의한 살인죄는 촉탁·승낙살인죄 또는 자살교사죄가 성립하는 경우에 위계 또
는 위력으로써 촉탁 또는 승낙하게 하거나 자살을 결의하게 함으로써 성립하는 범죄이다. 본죄
는 외형상으로는 촉탁·승낙살인죄 또는 자살교사죄와 유사하지만 피해자의 진정한 의사에 반
한다는 점에서 살인죄와 더 유사하다. 특히 위계·위력으로써 자살하게 한 경우에는 살인죄의
간접정범에 해당하지만, 별개의 형법상 독립된 범죄로 규정한 것이다. '제250조의 예에 의한다'
라는 것은 살인죄 또는 존속살해죄로 처벌한다는 의미이다. 한 가지 주의할 점은 위계·위력으
로써 자살을 방조한 경우에는 본죄에 해당하지 않고, 단순히 자살방조죄에 해당한다는 것이다.

2. 구성요건

본죄의 실행행위는 위계 또는 위력으로 사람의 촉탁 또는 승낙을 받아 그를 살해하거나 자
살하게 하는 것이다. '위계'란 진실의 은폐·기망·유혹 등을 수단으로 하여 상대방의 부지(不知)·
착오 등을 이용하는 것을 말한다. 예를 들면 적군에게 포위당했다고 기망하여 자살하게 만든
경우, 자살할 생각이 없으면서도 같이 자살하자고 속여 상대방을 자살하게 한 경우, 몸에 좋은
약이라고 속여 독약의 음용을 승낙받고 먹이는 경우 등이 이에 해당한다.

'위력'이란 사람의 의사를 제압할 수 있는 무형적·유형적 힘을 말한다. 폭행이나 협박을 사
용한 경우뿐만 아니라 사회적·경제적·정치적 지위를 이용한 경우도 이에 해당한다. 위력자살
결의죄가 성립하기 위해서는 피해자에 대한 폭행이나 협박 등의 위력이 피해자의 항거를 불가
능하게 하여 피해자가 그 의사결정능력을 완전히 상실하거나 피해자의 항거를 현저히 곤란하
게 하여 피해자가 자살 이외의 방법을 선택하는 것이 극히 곤란한 상황에 처하여 자살에 이를
정도의 것이어야 한다. 이에 해당하는지 여부는 위력의 강약 그 자체만으로 판단할 것은 아니

며, 유형력을 행사한 당해 위력의 내용과 정도, 위력을 행사하게 된 경위, 피해자와의 관계, 자살 당시의 정황 등 구체적인 제반 사정을 종합하여 판단하여야 하고, 이 경우에 위력이 어느 정도에까지 이르렀는가는 구체적인 상황하에서 피해자의 단순한 주관이나 심리상태만에 의할 것이 아니라 사회통념에 비추어 그 행위의 내용이 일반적으로 피해자의 항거를 현저하게 곤란하게 하여 자살 이외의 방법을 선택하는 것이 극히 곤란한 상황에 처하여 자살에 이를 정도의 것이었는가는 객관적인 판단에 의하여 결정해야 한다.[1]

하지만 위력자살결의죄는 자살의 의사가 없는 사람으로 하여금 위력을 이용하여 자살하도록 결의하게 함으로써 성립되는 것이고, 그 법정형이 살인죄에 준하도록 규정되어 있음에 비추어 살인에 버금갈 정도의 죄책을 질 경우이어야 하므로, 자신의 처와 정(情)을 통한 피해자를 수일간에 걸쳐 폭행·협박하고 심하게 책임추궁을 하여 피해자가 죄책감에 괴로워하던 끝에 자살을 결의하게 되었다고 하더라도 그러한 사정만으로는 본죄가 성립되지 아니한다.[2]

제 2 절 상해와 폭행의 죄

I. 상해죄

제257조(상해, 존속상해) ① 사람의 신체를 상해한 자는 7년 이하의 징역, 10년 이하의 자격정지 또는 1천만원 이하의 벌금에 처한다.
② 자기 또는 배우자의 직계존속에 대하여 제1항의 죄를 범한 때에는 10년 이하의 징역 또는 1천500만원 이하의 벌금에 처한다.
③ 전 2항의 미수범은 처벌한다.
제264조(상습범) 상습으로 제257조, 제258조, 제258조의2, 제260조 또는 제261조의 죄를 범한 때에는 그 죄에 정한 형의 2분의 1까지 가중한다.
제265조(자격정지의 병과) 제257조 제2항, 제258조, 제258조의2, 제260조 제2항, 제261조 또는 전조의 경우에는 10년 이하의 자격정지를 병과할 수 있다.

---

1) 부산고등법원 1996. 10. 30. 선고 96노502 판결(피고인 1이 피해자를 대구에서 범행 현장까지 피해자의 의사에 반하여 강제적으로 승용차에 태워서 데려온 다음 피해자에게 남편인 피고인 2와의 불륜관계를 청산하라고 요구하자 피해자가 '죽었으면 죽었지 헤어지지는 못하겠다.'고 대답하자 피고인 1이 18ℓ 석유 2통을 피해자의 몸에 뿌리고, 1회용 가스라이터를 피해자에게 건네주면서 '죽을 자신이 있으면 죽어라.'고 말하여 어느 정도의 위력을 행사하여 피해자가 피고인 1로부터 건네받은 라이터로 자신의 몸에 불을 붙여 즉석에서 전신화염화상으로 사망한 사실을 인정할 수 있다. 그러나 피고인들에게는 피해자가 피고인 1의 집요한 불륜관계에 대한 추궁으로 육체적, 정신적으로 압박을 받은 나머지 스스로의 죄책감과 이러한 압박을 모면하고자 자살할지도 모른다고 인식하면서도 위에서 인정한 바와 같이 위력을 행사한 것이라 할 것이지만, 피고인들이 피해자에게 가한 위력의 정도는 피해자의 의사결정 능력을 완전히 상실하거나 피해자가 자살 이외의 방법을 선택하는 것이 극히 곤란한 상황에 처하여 자살에 이를 정도의 것이었다고 합리적 의심을 배제할 정도로 단정하기에는 부족하다(인정된 죄명: 폭행한 자는 자살교사죄, 석유를 사온 자는 자살방조죄).
2) 서울고등법원 1989. 2. 24. 선고 88노3543 판결.

1. 의의 및 보호법익

상해죄는 사람의 신체를 상해함으로써 성립하는 범죄이다. 본죄의 법적 성격은 결과범[1]·
즉시범이고, 폭행죄와 달리 반의사불벌죄가 아니지만, 미수범 처벌규정이 있다. 상해와 폭행은
그 자체가 독립적인 범죄가 되는 경우도 있지만, 상해는 주로 결과적 가중범에서 형벌가중요소
로 작용하기도 하고, 폭행은 주로 다른 범죄의 구성요건요소로 작용하기도 한다. 전자의 예로
강간치상죄[2]·폭행치상죄·강제추행치상죄 등이 있고, 후자의 예로 강간죄·강도죄·강요죄·공
갈죄 등이 있다.

현행 형법은 상해와 폭행을 엄격하게 구분하고 있는데[3], 양자의 구별과 관련하여, ① 두
범죄의 보호법익을 기준으로 구별하여 상해죄의 보호법익은 신체의 건강 또는 생리적 기능(내
적인 기능의 온전성)이고, 폭행죄의 보호법익은 신체의 건재(불가침성) 혹은 온전성[4](외적인 기능의 온
전성)이라고 파악하는 견해[5], ② 두 범죄의 구별은 보호법익이 아니라 보호의 정도를 기준으로
하여 결정해야 하는데, 상해죄는 침해범이고 폭행죄는 추상적 위험범이므로 신체의 온전성을
침해하거나 신체외모에 중대한 변화를 일으킨 경우에는 상해죄, 신체의 온전성에 위험만을 초
래한 때에는 폭행죄가 된다고 하여 상해죄와 폭행죄의 보호법익을 모두 신체의 온전성 또는 불
가침성으로 파악하는 견해[6], ③ 보호법익과 보호의 정도를 모두 고려하여 구별하는 견해[7] 등

---

[1] 대법원 1993. 5. 11. 선고 93도711 판결(상해죄의 성립에는 상해의 고의가 있는 행위와 이로 인하여 발생하는
인과관계 있는 상해의 결과가 있어야 하므로 이러한 행위와 그로 인한 상해의 부위와 정도가 증거에 의하여 명백
하게 확정되어야 하고 상해부위의 판시 없는 상해죄의 인정은 위법하다).

[2] 우리 판례가 강제추행상해죄와 강간상해죄를 거의 인정하지 않는 이유는 제301조의 법정형, 즉 강간치상죄와
강간상해죄 그리고 강제추행치상죄와 강제추행상해죄의 법정형이 무기 또는 5년 이상의 징역형으로 동일하기
때문에 과실치상죄와 상해죄 중 어느 범죄를 인정해도 처벌에 있어서 큰 차이를 보이지 않기 때문에, 입증이 손쉬
운 치상죄로 공소가 제기되는 현실적인 이유에 있다.

[3] 일본 형법 제208조에 의하면 폭행죄와 상해죄를 모두 규정(폭행을 가한 자가 사람을 상해함에 이르지 아니한
때에는 2년 이하의 징역이나 30만엔 이하의 벌금, 구류 또는 과료에 처한다)하고 있으나, 폭행치상죄를 규정하지
않아 상해죄를 폭행죄의 결과적 가중범으로 해석한다. 즉 폭행을 가한 자가 사람을 상해에 이르게 하지 아니한
경우가 폭행죄이고, 상해죄는 폭행치상죄와 상해죄 모두를 포함하는 개념이다. 독일 형법은 상해(제223조), 강요
(제240조), 강간(제177조), 강도(제249조) 등의 수단으로만 폭행을 규정하고 있어, 단순한 폭행에 대해서는 처벌하
는 규정이 없다.

[4] 완전성이라는 용어를 사용하기도 하지만, 신체가 완전한 사람은 없다. 온전성이란 신체를 침해받거나 위협받지
않는 있는 그대로의 상태라는 의미인데, 이것이 폭행죄의 보호법익이라고 하는 것이 더 정확하다(오영근, 43면).

[5] 김성돈, 84면; 김혜정 외 4인, 33면; 이영란, 47면; 이재상/장영민/강동범, 42면; 임 웅, 51면(상해의 문언적 의미
는 '상처를 내어 해를 입히는 것'이고, 폭행은 '난폭한 행동'을 말하기 때문에 상해는 상대방에게 무엇인가 신체적
인 실해를 끼치는 행위이고, 폭행은 상대방에게 부당한 물리적 힘을 행사하는 행위 자체를 뜻한다. 이러한 문언적
의미를 고려하여, 상해는 '타인의 신체적 건강을 훼손하는 행위'라고 정의하고, 폭행은 '타인의 신체적 안전을 해
할 유형력의 행사'라고 정의할 수 있다); 정영일, 15면. 이에 의하면 수염, 눈썹, 모발, 손톱 등을 절단하는 경우에
는 신체의 건강 또는 생리적 기능을 훼손하는 것이 아니기 때문에 상해가 될 수 없고 폭행이 될 수 있을 뿐이다.

[6] 김선복, 53면; 김성천/김형준, 54면; 김신규, 48면; 김일수/서보학, 45면; 박상기, 427면; 배종대, 51면; 신동운, 536
면; 정성근/정준섭, 21면. 이에 의하면 수염, 눈썹, 모발, 손톱 등을 절단하는 경우에는 신체의 외모에 중대한 변화
를 일으키면 상해죄가 된다고 한다.

[7] 손동권/김재윤, 33면.

의 대립이 있다.

생각건대 상해죄의 보호법익은 사람의 신체에 대한 건강 내지 생리적 기능이며[1], 보호의 정도는 침해범이고, 폭행죄의 보호법익은 사람의 신체에 대한 안전 내지 건재(온전성)이며, 보호의 정도는 추상적 위험범으로 파악해야 한다. 일반적으로 상해는 폭행을 통해 발생되는 경우가 많지만 실제로는 폭행과 상해의 구별이 법률의 규정과 같이 명확하지는 않다. 이러한 구별은 외적인 행위로 구별할 수가 없기 때문에 행위자의 고의에 의해 판단될 수밖에 없다. 여기서 주의할 점은 상해의 결과가 언제나 폭행을 그 수단으로 하지 않는다는 것이다. 예를 들면 정신적인 고통을 주어 불면증·심각한 우울증·신경성소화불량·식욕감퇴 등을 야기하는 행위, 상한 음식을 주어 배탈이 나게 하는 행위, 성병을 감염시키는 행위 등이 이에 해당한다.[2]

2. 구성요건

(1) 객 체

본죄의 객체는 행위자 이외의 타인으로서 생존하는 사람의 신체이다. 사망한 사람의 신체를 상해한 경우에는 시체오욕죄(제159조) 또는 시체손괴죄(제161조)에 해당하며, 태아에 대한 상해죄도 인정될 수 없다. 자상(自傷)의 경우는 원칙적으로 본죄의 직접정범에 해당하지 않지만, 간접정범의 형태로는 본죄를 실행할 수 있다.[3] 하지만 병역법 제86조(병역기피목적상해죄)[4], 군형법

---

[1] 대법원 1982. 12. 28. 선고 82도2588 판결(상해죄의 성립에는 상해의 고의와 신체의 완전성을 해하는 행위 및 이로 인하여 발생하는 인과관계 있는 상해의 결과가 있어야 한다). 본 판례는 신체의 완전성설을 취하고 있는 점이 특이하다.

[2] 폭행과 상해를 엄격하게 구분하는 현행법의 해석에 의하면, 대법원 1984. 12. 11. 선고 84도2324 판결(원심은 피고인이 1982. 12. 2. 11:40경 대전역과 조치원역 사이를 운행하고 있는 부산발 서울행 제42우등열차 객실에서 피해자(여, 44세)와 동석하게 됨을 기화로 그녀의 재물을 강취할 것을 마음먹고 미리 소지한 중독성이 있는 약품 명미상의 약을 오렌지쥬스에 혼입한 뒤 그녀에게 마시도록 권유하여 그녀가 이를 받아 마시고 깊은 잠에 빠져 항거불능상태에 이르자 그 곳 선반위에 놓아 둔 그녀 소유의 가방속에서 현금 500,000원을 꺼내어 이를 강취하고 이로 인하여 그녀에게 치료기간 미상의 약물중독 등의 상해를 가한 사실을 인정하고 이를 강도상해죄로 의률 처단하였다. 그러나 기록을 살펴보아도 피해자에게 과연 약물중독 등 상해가 있었는지(판시사실 중 깊은 잠에 빠져라고 표시한 부분은 상해를 뜻한 것이 아니고 항거불능상태를 말하는 것으로 풀이된다) 있었다면 그 상해와 피해자가 마셨다는 약품명 미상의 약과는 인과관계가 있는지에 관하여 아무런 심리를 한 바 없고 또 그 증거도 없다. 피해자가 약물을 탄 오렌지쥬스를 먹자마자 정신이 혼미해지고 그 후 기억을 잃었다는 진술부분이 있기는 하나 이것만으로는 약물중독상해를 인정할 자료가 되지 못한다. 그렇다면 피고인의 소위를 강도죄로 의률 처단함은 별론으로 하고 상해의 결과에 대하여는 이를 인정할 만한 증거도 없이 강도상해죄로 의률 처단한 원심의 조치는 부당하다)은 부당하다. 왜냐하면 대법원은 수면제가 든 음료수를 먹인 행위를 폭행으로 판단하고 있기 때문이다. 만약 이 사안에서 수면제가 든 쥬스를 주는 행위를 상해행위라고 본다면 상해죄와 절도죄의 경합범이 성립할 것이다.

[3] 대법원 1970. 9. 22. 선고 70도1638 판결(콧등절단사건)(피고인은 동거한 사실이 있는 피해자에게 피고인을 탈영병이라고 헌병대에 신고한 이유와 다른 남자와 정을 통한 사실들을 추궁한 바, 이를 부인하자 하숙집 뒷산으로 데리고 가 계속 부정을 추궁하면서 상대 남자를 말하자 대답을 하지 못하고 당황하던 동 여인에게 소지 중인 면도칼 1개를 주면서 '네가 네 코를 자르지 않을 때는 돌로서 죽인다'는 등 위협을 가해 자신의 생명에 위험을 느낀 동 여인은 자신의 생명을 보존하기 위하여 위 면도칼로 콧등을 길이 2.5cm, 깊이 0.56cm를 절단함으로써 동 여인에게 전치 3개월을 요하는 상처를 입혀 안면부 불구가 되게 하였다는 것으로서 이와 같이 피고인에게 피해자 여인의 상해결과에 대한 인식이 있고 또 그 여인에게 대한 협박정도가 그의 의사결정의 자유를 상실하게 함에 족한 것인 이상, 피고인은 중상해죄의 간접정범에 해당한다).

제41조 제1항(근무기피목적상해죄), 「의무경찰대 설치 및 운영에 관한 법률」 제9조 제5항(근무기피목적상해죄) 등에 의하여 예외적으로 직접정범으로 처벌되는 경우가 있다.

한편 동물은 본죄의 객체가 될 수 없고, 재물손괴죄의 성립 여부만이 문제될 뿐이다. 이와 관련하여, 동물보호법 제8조[1] 위반행위(동물학대죄)에 대하여는 2년 이하의 징역 또는 2천만원 이하의 벌금에 처하고 있는데(동물보호법 제46조 제2항 제1호), 이는 재물손괴죄의 법정형보다 낮아 실효성에 의문이 제기된다. 최근 들어 동물을 단순히 재물로 파악하는 것에 대한 회의적인 시각이 존재하는 점을 반영한 입법적인 보완이 필요하다.

(2) 행 위

본죄의 실행행위는 상해를 가하는 것이다. '상해'란 신체의 생리적 기능에 장애를 초래하는 것을 말한다.[2] 상해는 반드시 외부적인 상처가 있어야만 하는 것이 아니고, 여기서의 생리적 기능에는 육체적 기능뿐만 아니라 정신적 기능도 포함된다. 다만 모발·수염·손톱 등을 잘라내는 것 등은 상해에 해당하지 않는데, 이와 같이 신체의 외관에 중대한 변경을 가져오더라도 상해가 되지 않는 경우가 있다. 그 밖에도 태아를 살해하는 것은 임산부에 대한 상해가 되지 아니한다.[3]

---

4) 대법원 2004. 3. 25. 선고 2003도8247 판결(병역법 제86조의 구성요건은 행위자가 병역의무를 기피할 목적이나 그 의무를 감경 또는 면제받을 목적을 가지고 그 목적달성을 위하여 도망하거나 행방을 감추거나 신체손상을 하거나 사위행위를 한 경우에 충족되는 것으로서, 그 범죄의 실행행위에는 도망하거나 행방을 감추거나 신체손상을 하는 외에 병역의무의 기피 또는 감면의 목적을 가진 그 밖의 사위행위 전부가 포함되도록 규정되어 있음이 분명하고, 그 구성요건 중의 여러 행위유형들 중 도망하거나 행방을 감추거나 사위행위를 하는 경우 그 행위가 영속적인 경우이거나 일시적인 경우이거나 모두 포함되는 것이며 실제로 그 행위로써 병역의무의 기피 또는 감면의 결과가 발생하여야 하는 것도 아닌 즉성범이라 할 것이니, 그 행위 유형 중의 하나인 '신체손상'의 개념은 신체의 완전성을 해하거나 생리적 기능에 장애를 초래하는 '상해'의 개념과 일치되어야 하는 것은 아니며 병역의무의 기피 또는 감면사유에 해당되도록 신체의 변화를 인위적으로 조작하는 행위까지를 포함하는 개념이다).

1) 제8조(동물학대 등의 금지) ① 누구든지 동물에 대하여 다음 각 호의 행위를 하여서는 아니 된다.
  1. 목을 매다는 등의 잔인한 방법으로 죽음에 이르게 하는 행위
  2. 노상 등 공개된 장소에서 죽이거나 같은 종류의 다른 동물이 보는 앞에서 죽음에 이르게 하는 행위
  3. 고의로 사료 또는 물을 주지 아니하는 행위로 인하여 동물을 죽음에 이르게 하는 행위
  4. 그 밖에 수의학적 처치의 필요, 동물로 인한 사람의 생명·신체·재산의 피해 등 농림축산식품부령으로 정하는 정당한 사유 없이 죽음에 이르게 하는 행위
  ② 누구든지 동물에 대하여 다음 각 호의 학대행위를 하여서는 아니 된다.
  1. 도구·약물 등 물리적·화학적 방법을 사용하여 상해를 입히는 행위. 다만, 질병의 예방이나 치료 등 농림축산식품부령으로 정하는 경우는 제외한다.
  2. 살아 있는 상태에서 동물의 신체를 손상하거나 체액을 채취하거나 체액을 채취하기 위한 장치를 설치하는 행위. 다만, 질병의 치료 및 동물실험 등 농림축산식품부령으로 정하는 경우는 제외한다.
  3. 도박·광고·오락·유흥 등의 목적으로 동물에게 상해를 입히는 행위. 다만, 민속경기 등 농림축산식품부령으로 정하는 경우는 제외한다.
  3의2. 반려(伴侶) 목적으로 기르는 개, 고양이 등 농림축산식품부령으로 정하는 동물에게 최소한의 사육공간 제공 등 농림축산식품부령으로 정하는 사육·관리 의무를 위반하여 상해를 입히거나 질병을 유발시키는 행위
  4. 그 밖에 수의학적 처치의 필요, 동물로 인한 사람의 생명·신체·재산의 피해 등 농림축산식품부령으로 정하는 정당한 사유 없이 신체적 고통을 주거나 상해를 입히는 행위

2) 김선복, 56면; 김성돈, 87면; 김신규, 52면; 김일수/서보학, 49면; 손동권/김재윤, 37면; 신동운, 537면; 오영근, 45면; 이정원/류석준, 39면; 이형국/김혜경, 57면; 임 웅, 60면; 정성근/정준섭, 24면; 정영일, 16면.

3) 대법원 2009. 7. 9. 선고 2009도1025 판결; 대법원 2007. 6. 29. 선고 2005도3832 판결(현행 형법이 사람에 대한

상해죄·폭행치상죄·과실치상죄·강도상해죄·강도치상죄·강간상해죄·강간치상죄·강제추행치상죄 등에서 말하는 상해의 개념은 각 규정의 목적과 내용에 따라 다르게 결정된다. 상해의 인정 여부는 개별 범죄의 논의에서 중요한 기능을 함에도 불구하고 상해의 범위가 상당히 넓은 점은 큰 문제가 아닐 수 없다. 특히 강간죄의 경우가 그러하다. 실무에서는 대체로 폭행과 상해의 구별이 모호한 사안에서 상해를 인정하는 경향이 강하다.

한편 임신이 상해에 해당하는지 여부와 관련하여, 임신은 생리적 현상이지 생리적 기능을 훼손한 것이 아니므로 상해가 아니라는 견해[1]가 있지만, 수면유발의 경우에도 의사에 반하는 수면은 상해로 인정되기 때문에 임신의 경우에도 마찬가지로 이해해야 할 것이다.

판례에 의하면, ① 오랜 시간 동안의 협박과 폭행을 이기지 못하고 실신(失神)하여 범인들이 불러온 구급차 안에서야 정신을 차리게 된 경우[2], ② 그 증상이 약간의 발적과 경도의 염증이 수반된 정도에 불과하다고 하더라도 8세의 여자아이를 침대 위에 눕혀 놓고 팬티를 내린 다음 손가락을 피해자의 음부에 넣고 만진 추행행위로 인하여 그 피해자의 외음부 부위에 8일간의 치료를 요하는 염증이 발생한 경우[3], ③ 난소의 제거로 이미 임신불능상태에 있는 피해자의 자궁을 적출한 경우[4], ④ 피해자가 범행 당일 우측 두부 타박으로 인한 피하출혈, 부종 및 찰과상, 두정부와 우측 발목 타박으로 부종과 동통 소견이 있어 약 2주일간의 치료를 요한다는 내용의 상해진단서를 발급 받았고, 가해자가 범행 당시 주먹으로 머리를 1회 때리고 피해자의 발을 걸어 넘어뜨린 후 발로 가슴을 1회 걸어 차 피해자가 위와 같은 상처를 입은 경우[5], ⑤ 피해자가 강제추행 과정에서 가해자로부터 왼쪽 젖가슴을 꽉 움켜잡힘으로 인하여 왼쪽 젖가슴에 약 10일간의 치료를 요하는 좌상을 입고, 심한 압통과 약간의 종창이 있어 그 치료를 위하여 병원에서 주사를 맞고 3일간 투약을 한 경우[6], ⑥ 구토 또는 설사의 유발·질병의 감염·불안·불면증·신경쇠약·악몽·자책감·우울감정·대인관계 회피·일상생활에 대한 무관심·흥미상실·외상후 스트레스 장애 야기[7], ⑦ 보행불능·환각상태 유발·수면유발·수면장애·식욕감퇴[8] 등에 있어서는 상해를 인정하고 있다.

하지만 ① 음모를 절단하는 경우[9], ② 1주간 치료를 요하는 동전크기의 멍[10], ③ 굳이 치료를 받지 않

상해 및 과실치사상의 죄에 관한 규정과는 별도로 태아를 독립된 행위객체로 하는 낙태죄, 부동의 낙태죄, 낙태치상 및 낙태치사의 죄 등에 관한 규정을 두어 포태한 부녀의 자기낙태행위 및 제3자의 부동의 낙태행위, 낙태로 인하여 위 부녀에게 상해 또는 사망에 이르게 한 행위 등에 대하여 처벌하도록 한 점, 과실낙태행위 및 낙태미수행위에 대하여 따로 처벌규정을 두지 아니한 점 등에 비추어 보면, 우리 형법은 태아를 임산부 신체의 일부로 보거나 낙태행위가 임산부의 태아양육, 출산 기능의 침해라는 측면에서 낙태죄와는 별개로 임산부에 대한 상해죄를 구성하는 것으로 보지는 않는다고 해석된다. 따라서 태아를 사망에 이르게 하는 행위가 임산부 신체의 일부를 훼손하는 것이라거나 태아의 사망으로 인하여 그 태아를 양육, 출산하는 임산부의 생리적 기능이 침해되어 임산부에 대한 상해가 된다고 볼 수는 없다).

1) 김일수/서보학, 48면; 이상돈, 883면; 이영란, 48면; 이재상/장영민/강동범, 46면; 정성근/정준섭, 24면; 정영일, 16면.
2) 대법원 1996. 12. 10. 선고 96도2529 판결(실신상해사건).
3) 대법원 1996. 11. 22. 선고 96도1395 판결(8세외음부염증사건).
4) 대법원 1993. 7. 27. 선고 92도2345 판결(자궁적출상해사건).
5) 대법원 2002. 1. 11. 선고 2001도5925 판결(전치2주상해사건).
6) 대법원 2000. 2. 11. 선고 99도4794 판결(젖가슴움켜쥔사건).
7) 대법원 1999. 1. 26. 선고 98도3732 판결.
8) 대법원 1969. 3. 11. 선고 69도161 판결.

더라도 일상생활을 하는데 아무런 지장이 없고 시일이 경과함에 따라 자연적으로 치유될 수 있는 정도의 요추부 통증[1] 등에 있어서는 상해를 인정하지 아니한다.

(3) 인과관계

본죄는 결과범에 해당하므로 행위와 결과 사이에 인과관계가 존재하여야 기수가 된다. 상처를 진단한 의사의 진술이나 진단서의 기재는 폭행·상해 등의 사실 자체에 대한 직접증거가 되는 것은 아니고, 다른 증거에 의하여 폭행·상해의 가해행위가 인정되는 경우에 그에 대한 상해의 부위나 정도의 점에 대한 증거가 된다.[2] 그러므로 의사의 진술이나 그가 작성한 진단서는 의사로서 피해자를 진찰한 결과 외력에 의하여 상처가 있었다는 소견을 나타낸데 불과하고, 그것만으로 상해의 원인이 피고인의 폭행에 의한 것이라고 단정할 수는 없다.[3] 이러한 측면에서 뇌진탕이라는 증상은 두부의 타격으로 발생하는 만큼, 요부·흉부 등에 대한 폭행과 뇌진탕과의 사이에 인과관계가 있다고 한 조치에는 위법이 있다.[4]

(4) 주관적 구성요건

본죄가 성립하기 위해서는 생리적 기능을 훼손하는 것에 대한 인식 및 의사라는 고의가 있어야 한다. 그러므로 폭행의 고의로 상해를 가할 경우에는 폭행치상죄, 상해의 고의로 폭행을 하였으나 상해의 결과가 발생하지 않은 경우에는 상해미수죄가 성립한다.

이에 대하여 판례는「상해죄는 결과범이므로 그 성립에는 상해의 원인인 폭행에 관한 인식이 있으면 충분하고 상해를 가할 의사의 존재는 필요하지 않으나, 폭행을 가한다는 인식이 없는 행위의 결과로 피해자가 상해를 입었던 경우에는 상해죄가 성립하지 아니한다.」라고 판시[5]하고

---

9) 대법원 2000. 3. 23. 선고 99도3099 판결(음모절단사건)(강제추행치상죄에 있어서의 상해는 피해자의 신체의 건강상태가 불량하게 변경되고 생활기능에 장애가 초래되는 것을 말하는 것으로서, 신체의 외모에 변화가 생겼다고 하더라도 신체의 생리적 기능에 장애를 초래하지 아니하는 이상 상해에 해당한다고 할 수 없다. 음모는 성적 성숙함을 나타내거나 치부를 가려주는 등의 시각적·감각적인 기능 이외에 특별한 생리적 기능이 없는 것이므로, 피해자의 음모의 모근 부분을 남기고 모간 부분만을 일부 잘라냄으로써 음모의 전체적인 외관에 변형만이 생겼다면, 이로 인하여 피해자에게 수치심을 야기하기는 하겠지만, 병리적으로 보아 피해자의 신체의 건강상태가 불량하게 변경되거나 생활기능에 장애가 초래되었다고 할 수는 없을 것이므로, 그것이 폭행에 해당할 수 있음은 별론으로 하고 강제추행치상죄의 상해에 해당한다고 할 수는 없다).

10) 대법원 1996. 12. 23. 선고 96도2673 판결(동전크기기명사건).

1) 대법원 2000. 2. 25. 선고 99도3910 판결(요추부통증사건).

2) 대법원 1983. 4. 12. 선고 82도2081 판결(뺨맞고치아탈구사건)(피고인은 46세의 왜소한 부인이고 피해자는 키 171cm, 몸무게 85kg의 55세의 건강한 거구를 지닌 남자이고, 서로 얽혀 있는 상태에서 피고인이 피해자의 뺨을 2회 구타하였다 하여 곧바로 치아가 탈구된다는 것은 그 힘의 차이로 보아 쉽사리 수긍이 되지 아니하므로 원래 병약한 상태의 치아이었다는 등 특별한 사정이 없는 한 피해자의 상해가 피고인의 구타로 인한 것이라고 단정하기 어렵다).

3) 대법원 1983. 2. 8. 선고 82도3021 판결.

4) 대법원 1960. 4. 6. 선고 4292형상395 판결.

5) 대법원 2000. 7. 4. 선고 99도4341 판결; 대법원 1983. 3. 22. 선고 83도231 판결(술내기팔씨름사건)(피고인은 피해자가 경영하는 포장마차 식당에서 공소외인과 술내기 팔씨름을 하여 피고인이 이겼는데도 공소외인이 다시 한번 하자고 덤벼들자 피고인은 식탁위에 있던 식칼을 집어들고 자신의 팔뚝을 1회 그어 자해하고, 이를 제지하려고

있는데, 이러한 태도는 현행법의 체계에 비추어 볼 때 타당하지 않다. 상해죄의 고의에 관한 의용형법에서는 상해죄를 폭행죄의 결과적 가중범으로 규정하여 상해죄의 성립에 있어서 상해의 원인인 폭행의 의사만 있으면 족한 것으로 보았는데, 판례의 입장은 이러한 구시대적인 발상에 머물러 있는 것이다.

3. 위법성조각사유

(1) 피해자의 승낙

피해자의 승낙에 의한 상해행위는 위법성이 조각될 수 있다. 예를 들면 권투·유도 등 운동경기 중의 상해행위가 이에 해당한다. 하지만 피해자의 승낙은 개인적 법익을 훼손하는 경우에 법률상 이를 처분할 수 있는 사람의 승낙을 말할 뿐만 아니라 그 승낙이 윤리적·도덕적으로 사회상규에 반하는 것이 아니어야 한다.[1] 그러므로 대출금의 담보로 신체포기각서를 작성해 준 경우에는 위법성이 조각될 수 없다. 이러한 행위는 피해자의 승낙이 사회상규에 반하기 때문에 무효라고 할 수도 있고, 신체포기각서를 작성해 준 배경을 중심으로 위계·위력 등의 강압적 요소가 있었다면 유효한 승낙이라고 볼 수도 없으므로 처음부터 피해자의 승낙이 없었다고 볼 수도 있다.

(2) 의사의 치료행위

'의사의 치료행위'란 치료의 목적으로 의술의 법칙에 따라 행해지는 신체침해행위를 말한다. 이와 같은 치료행위가 상해죄에 해당하는지 여부와 관련하여, ① 치료행위에 있어서의 고의는 건강을 훼손하려는 의사가 아니라 건강을 회복·유지·증진시키려는 의사이므로 상해죄의 구성요건해당성이 부정된다는 견해[2], ② 주관적 치료목적과 객관적 의술법칙에 부합하는 한 업무로 인한 정당행위로 위법성이 조각된다는 견해[3], ③ 환자인 피해자의 승낙 또는 추정적 승낙에 의하여 위법성이 조각된다는 견해[4] 등의 대립이 있다.

이에 대하여 판례는「피고인은 개업의사로서 임부를 진찰하고 동녀로 하여금 태아를 분만하게 하려 하였으나 동녀는 골반간격이 좁아 자연분만을 할 수 없게 되자 부득이 인공분만기인 '샥숀'을 3회 반복 사용하여 동녀에게 전치 1주간의 회음부 및 질내염상을, 태아에게 전치 9일간의 두혈종상을 각 입혔는바, 이는 피고인이 의사로서의 정상의 주의의무를 해태한 나머지

피해자가 양팔로 피고인을 뒤에서 붙잡자 그 제지를 벗어나려고 식칼을 잡은 채 이를 뿌리친 잘못으로 상해를 입혔다는 것으로서 피고인에게는 폭행에 대한 인식마저 인정할 수 없다).
1) 대법원 1985. 12. 10. 선고 85도1892 판결. 이에 대하여 명백한 법률의 규정 없이 위법성조각사유를 사회상규나 윤리에 의하여 제한한다는 것은 사회상규에 의한 불법행위를 인정하는 결과를 초래한다는 견해로는 이정원/류석준, 40면.
2) 김일수/서보학, 51면; 이재상/장영민/강동범, 50면. 한편 이재상 교수는 수혈, 이식수술, 불임수술, 거세수술 등과 같은 치료유사행위는 구성요건해당성이 배제되는 것이 아니라 피해자의 승낙에 의한 행위로 파악하고 있다.
3) 김선복, 59면; 배종대, 54면.
4) 김성돈, 89면; 김혜정 외 4인, 41면; 박상기, 430면; 손동권/김재윤, 41면; 신동운, 539면; 오영근, 48면; 이영란, 51면; 이정원/류석준, 41면; 이형국/김혜경, 61면; 임 웅, 64면; 정영일, 17면.

'샥숀'을 거칠고 험하게 사용한 탓으로 산부 및 태아에 상해를 입혔음이 인정되는 바이므로 피고인의 판시 소위가 비록 의료행위를 시행함에 인한 소위라고 하더라도 정당업무의 범위를 넘은 위법행위」라고 판시[1]하여, 과거에는 업무로 인한 행위로써 위법성이 조각된다고 보고 있었지만, 최근에는 「산부인과 전문의 수련과정 2년차인 의사가 자신의 시진, 촉진결과 등을 과신한 나머지 초음파검사 등 피해자의 병증이 자궁외 임신인지, 자궁근종인지를 판별하기 위한 정밀한 진단방법을 실시하지 아니한 채 피해자의 병명을 자궁근종으로 오진하고 이에 근거하여 의학에 대한 전문지식이 없는 피해자에게 자궁적출술의 불가피성만을 강조하였을 뿐 위와 같은 진단상의 과오가 없었으면 당연히 설명받았을 자궁외 임신에 관한 내용을 설명받지 못한 피해자로부터 수술승낙을 받았다면 위 승낙은 부정확 또는 불충분한 설명을 근거로 이루어진 것으로서 수술의 위법성을 조각할 유효한 승낙이라고 볼 수 없다.」라고 판시[2]하여, 피해자의 승낙에 의한 행위로써 위법성이 조각된다고 파악하고 있다.

생각건대 의사의 치료행위를 업무로 인한 행위로 파악한다면, 해당 행위가 정당한 업무에 해당하는지 여부를 가해자측에서 판단할 수밖에 없다는 점에서 피해자 보호의 차원에서 미흡한 결과를 초래할 수 있다. 그러므로 환자의 보호를 위해서 의사의 치료행위는 위법성조각사유 가운데 피해자의 승낙 또는 추정적 승낙에 의한 행위라고 파악해야 한다. 왜냐하면 유효한 승낙이 되기 위해서는 의사의 설명의무[3]가 전제되어야 하는데, 충분한 설명의무의 입증책임은 의사에게 있기 때문이다.

---

1) 대법원 1978. 11. 14. 선고 78도2388 판결; 대법원 1976. 6. 8. 선고 76도144 판결.
2) 대법원 1993. 7. 27. 선고 92도2345 판결(자궁외임신사건). 이에 대하여 유효하지 않은 승낙에 의한 수술행위는 업무상 과실치상죄가 아니라 상해죄가 성립한다고 파악하는 견해(오영근, 48면)가 있다.
3) 의료법 제24조의2(의료행위에 관한 설명) ① 의사·치과의사 또는 한의사는 사람의 생명 또는 신체에 중대한 위해를 발생하게 할 우려가 있는 수술, 수혈, 전신마취(이하 이 조에서 "수술등"이라 한다)를 하는 경우 제2항에 따른 사항을 환자(환자가 의사결정능력이 없는 경우 환자의 법정대리인을 말한다. 이하 이 조에서 같다)에게 설명하고 서면(전자문서를 포함한다. 이하 이 조에서 같다)으로 그 동의를 받아야 한다. 다만, 설명 및 동의 절차로 인하여 수술등이 지체되면 환자의 생명이 위험하여지거나 심신상의 중대한 장애를 가져오는 경우에는 그러하지 아니하다.
② 제1항에 따라 환자에게 설명하고 동의를 받아야 하는 사항은 다음 각 호와 같다.
1. 환자에게 발생하거나 발생 가능한 증상의 진단명
2. 수술등의 필요성, 방법 및 내용
3. 환자에게 설명을 하는 의사, 치과의사 또는 한의사 및 수술등에 참여하는 주된 의사, 치과의사 또는 한의사의 성명
4. 수술등에 따라 전형적으로 발생이 예상되는 후유증 또는 부작용
5. 수술등 전후 환자가 준수하여야 할 사항
③ 환자는 의사, 치과의사 또는 한의사에게 제1항에 따른 동의서 사본의 발급을 요청할 수 있다. 이 경우 요청을 받은 의사, 치과의사 또는 한의사는 정당한 사유가 없으면 이를 거부하여서는 아니 된다.
④ 제1항에 따라 동의를 받은 사항 중 수술등의 방법 및 내용, 수술등에 참여한 주된 의사, 치과의사 또는 한의사가 변경된 경우에는 변경 사유와 내용을 환자에게 서면으로 알려야 한다.

(3) 징계행위

1) 부모의 징계행위

기존의 민법 제915조(징계권)에서는 "친권자는 그 자를 보호 또는 교양하기 위하여 필요한 징계를 할 수 있고 법원의 허가를 얻어 감화 또는 교정기관에 위탁할 수 있다."라고 규정하였고, 동조의 '필요한 징계'에는 제한된 범위 내에서의 체벌도 포함되어 있다고 해석되었다.[1] 이와 같은 친권자의 징계권 규정은 아동학대 가해자인 친권자의 항변사유로 이용되는 등 아동학대를 정당화하는데 악용될 소지가 있다는 지적에 따라 2021. 1. 26. 동조를 삭제하기에 이르렀다. 그러므로 현행법상 부모의 징계행위는 일정한 범위 내에 한하여 사회상규에 위배되지 아니하는 행위인 정당행위로서 위법성이 조각될 수 있을 뿐이다.

2) 군인의 징계행위

부하를 훈계하기 위한 것이라고 하여도 폭행행위가 훈계권의 범위를 넘었다고 보여 지고 그로 인하여 상해를 입은 이상 그 행위를 사회상규에 위배되지 아니한 행위로서 위법성이 조각된다고 할 수 없다.[2] 또한 상관인 피고인이 군내부에서 부하인 방위병들의 훈련 중에 그들에게 군인정신을 환기시키기 위하여 한 일이라고 하더라도 감금과 구타행위는 징계권 내지 훈계권의 범위를 넘어선 것으로 위법하다.[3]

하지만 평소 피해자의 행동과 성질을 알고 있는 소대장이 탈영음주를 저지른 피해자가 자신의 잘못은 아랑곳없이 신병들을 못살게 구는 행패를 야반에 저지르는 행동에 격분한 나머지 손발을 각각 한 번씩 휘둘러 써서 제지한 경우에는 위법성이 조각된다.[4]

(4) 교사의 체벌행위

1) 학설 및 판례의 입장

교사의 체벌행위에 대한 허용 여부와 관련하여, ① 기본적으로 일정한 절차와 방법에 따라 시행되는 제한적인 형태의 체벌은 허용되어야 한다는 전제 아래, 체벌행위 그 자체는 폭행죄 또는 상해죄 등의 구성요건해당성이 인정되지만, 정당행위로서 위법성이 조각된다고 하는 제한적 허용설(업무로 인한 행위로 파악하는 견해[5], 법령에 의한 행위로 파악하는 견해, 기타 사회상규에 반하지 아니하는 행위로 파악하는 견해[6]), ② 체벌의 효과는 통제와 권위에 순응하는 수동적인 인간을 양성하는 효과밖에 없다는 점, 체벌 그 자체가 회피나 무단결석과 같은 도피행동을 조장할 수 있다는 점,

---

1) 대법원 1986. 7. 8. 선고 84도2922 판결(학대죄는 자기의 보호 또는 감독을 받는 사람에게 육체적으로 고통을 주거나 정신적으로 차별대우를 하는 행위가 있음과 동시에 범죄가 완성되는 상태범 또는 즉시범이라 할 것이고 비록 수십회에 걸쳐서 계속되는 일련의 폭행행위가 있었다 하더라도 그 중 친권자로서의 징계권의 범위에 속하여 위법성이 조각되는 부분이 있다면 그 부분을 따로 떼어 무죄의 판결을 할 수 있다).
2) 대법원 1984. 6. 26. 선고 84도603 판결.
3) 대법원 1984. 6. 12. 선고 84도799 판결.
4) 대법원 1978. 4. 11. 선고 77도3149 판결.
5) 권오걸, 274면; 김일수/서보학, 66면.
6) 오영근, 49면; 임 웅, 66면.

체벌의 내재된 폭력성 때문에 그 교육적 효과가 떨어지며, 체벌 이외에 상담·격려·벌점 등의 방법이 있다는 점, 체벌에는 감정이 개입되기 쉽다는 점, 각 학생에 대하여 체벌의 균형성을 유지하기가 어렵다는 점, 체벌이라는 교육방법을 용인하는 순간 체벌은 단기적 효과가 명확한 지도방법으로 오·남용될 수밖에 없다는 점 등을 논거로 하여, 체벌은 그 수단과 목적의 비례성의 측면에서 인간의 존엄과 가치를 존중하는 헌법정신과 교육의 목적에 비추어 볼 때 폭행죄·상해죄·강요죄 등에 해당할 뿐이기 때문에 교원의 학생에 대한 체벌을 전면적으로 금지해야 한다는 전면적 금지설[1] 등의 대립이 있다.

이에 대하여 판례는 1998. 3. 1. 초·중등교육법이 시행되기 이전에는 체벌행위를 징계의 일종으로 파악하였다.[2]

판례에 의하면, ① 피고인은 피해자가 욕설을 하였는지 확인도 하지 않을 정도로 침착성과 냉정성을 잃고 있었고, 욕설을 하지 아니한 피해자는 징계의 대상학생이 아닐 것인데도 피해자를 구타하여 상해를 입혔으니 교사로서 교육상 학생을 훈계하기 위하여 한 일이라고 하더라도 이는 징계권의 범위를 일탈한 위법한 폭력행위가 된다.[3] ② 피고인이 국민학교 5학년인 피해자를 양손으로 교탁을 잡게 한 다음 길이 50cm, 직경 3cm 가량 되는 나무 지휘봉을 거꾸로 잡고 엉덩이를 두 번 때리고, 아파서 무릎을 굽히며 허리를 옆으로 트는 피해자의 엉덩이 위 허리부분을 다시 때려 6주간의 치료를 받아야 할 상해까지 입힌 것이라면 위 징계행위는 그 방법 및 정도가 교사의 징계권행사의 허용한도를 넘어선 것으로서 정당한 행위로 볼 수는 없다.[4] ③ 피고인이 피해자를 엎드러지게 한 후 몽둥이와 당구큐대로 그의 둔부를 때려 3주간의 치료를 요하는 우둔부심부혈종좌이부좌상을 입혔다면 비록 피고인이 학생주임을 맡고 있는 교사로서 제자인 피해자를 훈계하기 위한 것이었다 하더라도 이는 징계의 범위를 넘는 것으로서 제20조의 정당행위에는 해당하지 아니한다.[5] ④ 피고인은 학생들을 교육하고 학생들의 생활을 지도하는 교사로서 피해자가 교내에서 흡연을 하였을 뿐만 아니라 거짓말까지 하여 이를 훈계하고 선도하기 위한 교육 목적의 징계의 한 방법으로서 피해자를 때리게 된 것이다.[6]

이와 같이 당시 시행되던 (구) 교육법 제76조의 '징계 또는 처벌' 가운데 체벌은 징계의 일종임을 분명히 밝히고 있었으며, 당시의 판례에 의하면 체벌과 징계를 명확하게 구분하고 있지는 않았다. 또한 체벌행위의 정당화사유로서 사회상규에 위배되지 아니하는 행위[7], 업무로 인한 행위[8] 등으로 파악하여, 통일적인 해석을 하지 못하고 있었다.

1) 김선복, 60면; 손동권/김재윤, 61면; 신동운, 539면; 이재상/장영민/강동범, 63면; 정성근/정준섭, 41면.
2) 대법원 1976. 4. 27. 선고 75도115 판결.
3) 대법원 1980. 9. 9. 선고 80도762 판결.
4) 대법원 1990. 10. 30. 선고 90도1456 판결.
5) 대법원 1991. 5. 14. 선고 91도513 판결.
6) 대구지방법원 1996. 12. 27. 선고 96노170 판결.
7) 대법원 1976. 4. 27. 선고 75도115 판결.
8) 대법원 1979. 9. 11. 선고 79다522 판결.

하지만 1998. 3. 1. 초·중등교육법이 시행된 이후 대법원은 체벌행위를 징계의 일종으로 파악하던 기존의 태도를 탈피하고, 「법령에 의한 학생에 대한 징계나 학생에 대한 교육적 지도행위의 경우에는 그 행위의 위법성이 조각된다.」라고 판시[1]하여, 징계와 교육적 지도행위의 일종으로서 체벌이 명확하게 구분되는 성질의 것임을 천명함과 동시에 체벌의 위법성조각사유를 제20조의 법령에 의한 행위로 파악한다. 또한 「징계방법으로서의 체벌은 허용되지 않으며, 기타 '지도'의 방법으로서도 훈육·훈계가 원칙이고, 학생에게 신체적 고통을 가하는 체벌은 교육상 불가피한 경우에 예외적으로만 허용되는 것으로서, 교사의 체벌은 교육적 목적이 있다는 등의 일정한 요건을 갖추면 당연히 행사될 수 있는 것이 아니라, 원칙적으로 학생에 대한 체벌은 금지하되, 교육상 불가피한 예외적인 경우에 한해 학교장의 위임을 받아 학생의 기본적 인권이 존중되고 보호될 수 있는 한도 내에서만 허용되는 것이라 할 것이다. 따라서 다른 교육적 수단으로는 도저히 학생의 잘못을 교정하기 불가능하였던 경우로서 그 방법과 정도에서도 사회통념상 용인될 수 있을 만한 객관적 타당성을 갖추었던 경우에만 학교장의 위임을 받아 교사의 체벌이 예외적으로 허용된다.」라고 판시[2]하여, 제한적 허용설의 입장을 취하고 있다.

2) 검 토

1998. 3. 1. 시행된 초·중등교육법 제18조(학생의 징계) 제1항에서는 "학교의 장은 교육상 필요한 때에는 법령 및 학칙이 정하는 바에 의하여 학생을 징계하거나 기타의 방법으로 지도할 수 있다. 다만, 의무교육과정에 있는 학생을 퇴학시킬 수 없다."라고 규정하여, 징계와 지도를 구별하고 있다. 또한 동법 시행령 제31조 제1항은 "법 제18조 제1항 본문의 규정에 의하여 학교의 장이 교육상 필요하다고 인정할 때에는 학생에 대하여 다음 각 호의 1.의 징계를 할 수 있다. 1. 학교내의 봉사, 2. 사회봉사, 3. 특별교육이수, 4. 1회 10일 이내, 연간 30일 이내의 출석정지(2011. 3. 18. 개정), 5. 퇴학처분"이라고 규정하고 있다.

한편 제정 당시의 초·중등교육법 시행령 제31조 제7항에서는 "학교의 장은 법 제18조 제1항 본문의 규정에 의한 지도를 하는 때에는 교육상 불가피한 경우를 제외하고는 학생에게 신체적 고통을 가하지 아니하는 훈육, 훈계 등의 방법으로 행하여야 한다."라고 규정하고 있었지만, 2011. 3. 18. 개정을 통하여 "학교의 장은 법 제18조 제1항 본문에 따라 지도를 할 때에는 학칙으로 정하는 바에 따라 훈육·훈계 등의 방법으로 하되, 도구, 신체 등을 이용하여 학생의 신체에 고통을 가하는 방법을 사용해서는 아니 된다."라고 하여, 직접적 체벌을 원칙적으로 금지하였다.

생각건대 체벌은 일정한 절차를 거쳐 학교장의 명의로만 내려질 수 있는 징계와는 다르다. 징계는 성격상 어느 한 교사 개인이 단독으로 내릴 수 있는 처분이 아닌 것이기 때문에 징계권

---

1) 대법원 2004. 6. 10. 선고 2001도5380 판결.
2) 인천지방법원 2009. 4. 23. 선고 2009고단1010 판결. 同旨 헌법재판소 2006. 7. 27. 선고 2005헌마1189 결정; 헌법재판소 2000. 1. 27. 선고 99헌마481 결정.

은 위임이나 대리될 수 없는 것이다. 학생에 대하여 징계를 하기 위해서는 학교 내에 설치되어 있는 위원회의 논의와 징계대상자의 의견진술권 등 일정한 징계절차를 반드시 거쳐야 하고, 이후 학교장의 재가를 거친다. 그러나 체벌은 징계를 하기 위한 절차가 요구되지 아니한다. 왜냐하면 체벌은 성격상 징계보다는 가벼운 사안에 대해 행해지는 것으로, 정형적이고 엄격한 징계에 대한 사전적 경고와 예방을 그 목적으로 하기 때문이다. 판례에 의하면「교사는 학교장의 위임을 받아 교육상 필요하다고 인정할 때에는 징계를 할 수 있다.」고 하는데, 징계의 경우에는 학교장으로부터 교사에로의 위임이 불가능하다는 점에서 문제가 있다. 또한 전교생에 대한 체벌을 학교장 한 사람이 모두 행한다는 것은 현실적으로 불가능하다. 더구나 체벌상황과 당해 학생의 구체적인 성향 등에 관해 해당 교사보다 잘 파악하고 있다고 하기 어려운 학교장만이 학생지도를 한다면 그 실효성과 적절성을 기대할 수 없을 것이다. 결론적으로 징계와 지도를 구별하는 입장에서 볼 때 체벌은 지도의 한 방법에 해당하고, 그렇기 때문에 정형화되고 합의제에 해당하는 징계절차에 의하지 않고서도 체벌은 교사의 독자적인 판단하에 개별적으로 시행될 수 있는 것이다. 또한 위임권의 관점에서 판단할 때 판례와 학설이 인정하는 징계의 위임은 불가능한 것인 바, 단지 지도의 위임만이 가능할 뿐이다. 그러므로 교사는 독립적으로 다음과 같은 목적과 절차에 따라 (간접)체벌을 가할 수 있는 것이다.[1]

우선 교육적인 체벌이 되기 위해서는 한 인간으로서의 존엄성을 침해하지 않는 범위 내에서 학생의 기본적 인권인 학습권과 교사의 교수권[2]을 보장하는 차원에서 이루어져야 한다. 이를 위해서는 체벌의 목적, 동기, 과정, 방법, 결과, 효과 등이 모두 교육적이어야 한다. 체벌상황이 존재하여 체벌을 하더라도 그 정도와 방법은 교육목적에 부합하여야 한다. 교사의 폭력적 성향이나 기질로 인하여 체벌이 행사되었다면 이는 재량의 남용에 해당할 경우가 많을 것이다. 그러므로 감정에 치우치는 체벌을 사전에 방지하기 위하여 체벌대상행위의 발생시점과 체벌의 시행시점 사이에 시간적 간격을 두는 것이 필요하다.[3]

다음으로 체벌의 절차에 대하여 구체적으로 살펴보면, ① 교사는 감정에 치우친 체벌을 해서는 안 되며 체벌기준에 따라야 한다. 따라서 사전에 체벌대상행위와 그에 상응하는 체벌의 유형에 관한 체벌기준을 마련하여야 한다. ② 체벌 전에 학생에게 체벌의 목적을 알리고 훈계하여 변명과 반성의 기회를 주어 학생이 왜 잘못했는가를 명확히 인식시켜야 한다. 이와 같이 체벌의 절차를 신중하게 하도록 정한 이유는 교사가 위엄을 유지하면서도 좀 더 냉철한 마음으

---

1) 체벌행위에 대하여 보다 자세한 논의로는 박찬걸, "교원에 의한 체벌행위의 정당성과 그 허용범위", 형사정책연구 제22권 제1호, 한국형사정책연구원, 2011. 3, 39면 이하 참조.
2) 교수권을 보장하는 차원에서 대학에서 하는 것과 마찬가지로 수업태도 등을 교과 성적에 일정 부분 반영할 수 있도록 교사에게 권한을 부여하는 것도 적절한 방안이라고 판단된다.
3) 직접체벌에서는 학생의 반응에 따라 교사가 흥분할 가능성과 그에 따라 체벌이 과도하게 진행될 가능성이 있는데, 간접체벌에서는 이러한 요건을 요구함으로써 교사의 폭력적 성향이나 기질을 미연에 차단할 수 있다. 또한 직접체벌은 교사의 힘의 정도에 따라 강도가 큰 차이를 보일 수 있지만, 간접체벌은 어느 정도 객관적이기 때문에 강도의 차이가 상대적으로 적다.

로 체벌의 필요성과 정도를 헤아려 학생에게 큰 피해가 가지 않는 범위 내에서 체벌을 가하도록 하고, 학생에게는 대체벌을 요구하거나 스스로의 잘못이 무엇인지를 깨달을 수 있는 시간적인 여유를 주기 위한 것이다. ③ 체벌 전에 학생의 신체적·정신적인 상태를 점검하여, 이상 유무를 살핀 후 시행해야 한다. 체벌은 학생의 성별·연령·장소적 환경 또는 시간적 환경(용변이 급한 경우, 식사시간이 지난 경우) 등 개인적인 사정에 따라 수인할 수 있는 정도이어야 하고, 특히 견디기 어려운 정도를 강요해서는 아니 된다. 예를 들어 교실 안에서 행하는 것과 여름철의 뜨거운 날씨 또는 겨울철의 차가운 날씨 속에서 행하는 것은 학생의 신체에 미치는 영향에 차이가 있기 때문에 구체적인 사정을 고려해야 한다. ④ 체벌의 방법은 객관성, 정당성, 공정성, 일관성을 유지해야 한다. 또한 체벌의 내용과 정도가 비행에 상응해야 하는데, 이때 잘못을 저지른 학생 이외의 다른 학생에 대하여 체벌이 미치는 교육적 효과 또는 반교육적 효과에 대하여 고려해야 한다. 왜냐하면 사소한 잘못 또는 용서를 받아도 좋을 만한 잘못으로 평가될 수 있는 비행에 대하여 체벌을 가하거나 과잉체벌을 하는 경우 또는 마땅히 엄하게 다루어야 할 비행에 대하여 체벌을 가하지 않거나 과소체벌을 하는 경우에는 다른 학생들의 공감을 얻기 어렵고, 학생들의 신뢰를 저버리는 반교육적 효과를 일으킬 수 있기 때문이다. ⑤ 체벌은 '교육상 불가피한 경우'에만 행해져야 한다. '교육상 불가피한 경우'란 훈육이나 훈계 등 다른 교육적 수단으로는 교정이 불가능하여 체벌을 할 수밖에 없는 특수하고 예외적인 경우를 말한다. 따라서 다른 대체수단으로 지도할 수 있음에도 체벌을 하는 경우에는 체벌의 불가피성을 충족하기 어렵다.

(5) 기타의 경우

판례에 의하면, ① 검사가 참고인 조사를 받는 줄 알고 검찰청에 자진출석한 변호사사무실 사무장을 합리적 근거 없이 긴급체포하자 그 변호사가 이를 제지하는 과정에서 검사에게 상해를 가한 경우[1], ② 현행범인으로서의 요건을 갖추고 있었다고 인정되지 않는 상황에서 경찰관들이 동행을 거부하는 자를 체포하거나 강제로 연행하려고 하자 그 체포를 면하려고 반항하는 과정에서 경찰관에게 상해를 가한 경우[2], ③ 피해자가 피고인의 고소로 조사받는 것을 따지기 위하여 야간에 피고인의 집에 침입한 상태에서 문을 닫으려는 피고인과 열려는 피해자 사이의 실랑이가 계속되는 과정에서 문짝이 떨어져 그 앞에 있던 피해자가 넘어져 2주간의 치료를 요하는 상해를 입게 된 경우[3], ④ 피고인이 피해자로부터 며칠간에 걸쳐 집요한 괴롭힘을 당해 온데다가 피해자가 피고인이 교수로 재직하고 있는 대학교의 강의실 출입구에서 피고인의 진로를 막아서면서 피고인을 물리적으로 저지하려 하자 극도로 흥분된 상태에서 그 행패에서 벗어나기 위하여 피해자의 팔을 뿌리쳐서 피해자가 상해를 입게 된 경우[4], ⑤ 피고인이 피해자 등 부녀 수십명이 개최한 어머니회에 참석하였다가 피해자 등과 언쟁이 벌어져 회의장으로부터 퇴장하려고 하자, 피해자를 비롯한 부녀 10여명이 피고인을 둘러싸고 피고인의 다리와 옷자락 등을 잡아 못

---

1) 대법원 2006. 9. 8. 선고 2006도148 판결.
2) 대법원 2002. 5. 10. 선고 2001도300 판결.
3) 대법원 2000. 3. 10. 선고 99도4273 판결.
4) 대법원 1995. 8. 22. 선고 95도936 판결.

나가게 막으므로 피고인이 이로부터 빠져 나오려고 위 부녀들과 서로 엉켜 밀고 당기고 하던 중에 피해자가 넘어진 경우[1], ⑥ 피고인 경영의 주점에서 공소외 1 등 3인이 외상술을 마시면서 통금시간이 지나도 귀가하지 않고 피고인에게 접대부와 동침시켜 줄 것을 요구하고, 피고인이 이를 거절한데 불만을 품고 내실까지 들어와 피고인의 처가 있는 데서 소변까지 하므로 피고인이 항의하자 공소외 1은 주먹으로 피고인의 안면을 강타하고 이어 피고인을 계단 아래 주점으로 끌고 가 다른 일행 2명과 함께 집단으로 구타하자 피고인은 공소외 1을 업어치기식으로 홀 위에 넘어뜨려 그에게 전치 12일간의 상해를 입힌 경우[2], ⑦ 절도범으로 오인받은 자가 군중들로부터 무차별 구타를 당하자 이를 방위하기 위하여 야간에 소지하고 있던 손톱깎기 칼을 휘둘러 상해를 입힌 경우[3], ⑧ 압류표시를 떼어 달라고 매달리는 피해자를 피하기 위하여 이를 뿌리치고 나온 과정에서 피해자가 다소의 상처를 입은 경우[4] 등에 있어서는 위법성이 조각된다.

하지만 ① 피해어민인 피고인들이 그들의 피해보상요구에 대한 극동정유측의 무성의에 대처하기 위하여 시위 등에 이른 사정은 수긍이 가나 피고인들이 이를 관철하기 위하여 집단적인 시위를 하고, 선박의 입·출항 업무를 방해하며 이를 진압하려는 경찰관들을 대나무 사잇대 등을 들고 구타하여 상해를 입히는 등의 행위를 한 경우[5], ② 고추값 폭락으로 인한 생존대책을 강구하여 달라는 농민들의 요구가 정당하더라도 이를 관철한다는 명목으로 경운기를 동원, 철도 건널목을 점거하여 열차의 운행을 막고, 철길에서 물러날 것을 요구하는 경찰관들에게 돌을 던져 상해를 입히는 등의 시위행위를 한 경우[6], ③ 피해자가 칼을 들고 피고인을 찌르자 그 칼을 뺏어 그 칼로 반격을 가한 결과 피해자에게 상해를 입힌 경우[7] 등에 있어서는 위법성이 조각되지 아니한다.

4. 죄수 및 다른 범죄와의 관계

(1) 죄 수

본죄는 피해자의 수를 기준으로 죄수가 결정된다. 두 사람에 대하여 각기 칼을 휘둘러 한 사람을 사망에 이르게 하고, 또 한 사람에 대하여는 상처를 입게 한 경우에는 상해치사죄와 상해죄의 두 죄가 성립한다.[8] 또한 피고인이 상피고인의 체포를 면하게 하기 위해 그를 검거하려고 쫓아오는 피해자 1의 얼굴을 수도파이프로 때리고 이발용 면도칼을 휘둘러 상해를 입힌 행위와 피해자 2의 등을 이발용 면도칼로 그어 상해를 입힌 행위는 비록 같은 일시·장소에서 같은 목적으로 저지른 소행이라고 하더라도 피해자를 달리하고 있어 피해자별로 각각 별개의 죄를 구성한다.[9]

---

1) 대법원 1983. 4. 12. 선고 83도327 판결.
2) 대법원 1981. 8. 25. 선고 80도800 판결.
3) 대법원 1970. 9. 17. 선고 70도1473 판결.
4) 대법원 1985. 5. 14. 선고 85도466 판결.
5) 대법원 1991. 5. 10. 선고 91도346 판결.
6) 대법원 1989. 12. 26. 선고 89도1512 판결.
7) 대법원 1984. 1. 24. 선고 83도1873 판결.
8) 대법원 1981. 5. 26. 선고 81도811 판결.
9) 대법원 1983. 4. 26. 선고 83도524 판결.

(2) 다른 범죄와의 관계

1) 협박죄와의 관계

피고인의 협박사실행위가 피고인에게 인정된 상해사실과 같은 시간·같은 장소에서 동일한 피해자에게 가해진 경우에는 특별한 사정이 없는 한 상해의 단일범의 하에서 이루어진 하나의 폭언에 불과하여 상해죄에 포함된다.[1] 하지만 협박을 가하면서 '폭행'한 경우에는, ① 협박의 내용이 폭언('전봇대를 뽑아서 때려 버릴라!')에 불과한 수준인 경우에는 그 협박행위는 불가벌적 수반행위로서 폭행죄에 흡수되지만, ② 협박의 내용이 폭언의 수준을 초과하여 상대방으로 하여금 공포심을 유발할 정도인 경우에는 협박죄와 폭행죄의 상상적 경합을 인정해야 한다. 왜냐하면 협박죄의 법정형이 폭행죄의 법정형보다 높게 설정되어 있기 때문이다.[2]

2) 살인죄와의 관계

상해행위가 살인행위의 수단으로 이용된 경우에는 상해행위가 불가벌적 수반행위로서 살인죄에 흡수된다.

Ⅱ. 중상해죄

제258조(중상해, 존속중상해) ① 사람의 신체를 상해하여 생명에 대한 위험을 발생하게 한 자는 1년 이상 10년 이하의 징역에 처한다.
② 신체의 상해로 인하여 불구 또는 불치나 난치의 질병에 이르게 한 자도 전항의 형과 같다.
③ 자기 또는 배우자의 직계존속에 대하여 전 2항의 죄를 범한 때에는 2년 이상 15년 이하의 유기징역에 처한다.
제264조(상습범) 상습으로 제257조, 제258조, 제258조의2, 제260조 또는 제261조의 죄를 범한 때에는 그 죄에 정한 형의 2분의 1까지 가중한다.
제265조(자격정지의 병과) 제257조 제2항, 제258조, 제258조의2, 제260조 제2항, 제261조 또는 전조의 경우에는 10년 이하의 자격정지를 병과할 수 있다.

1. 의 의

중상해죄는 사람의 신체를 상해하여 생명에 대한 위험을 발생하게 하거나 신체의 상해로 인하여 불구 또는 불치나 난치의 질병에 이르게 함으로써 성립하는 범죄이다. 본죄는 상해죄와 비교하여 불법이 가중된 구성요건이다. 본죄는 결과에 대하여 과실이 있는 경우뿐만 아니라 고의가 있는 경우에도 성립하는 부진정결과적 가중범에 해당한다.[3]

---

1) 대법원 1976. 12. 14. 선고 76도3375 판결.
2) 반면에 협박죄는 불가벌적 수반행위로서 폭행죄에 흡수된다는 견해로는 이재상/장영민/강동범, 62면.
3) 반면에 진정결과적 가중범으로 파악하는 견해로는 신동운, 548면.

2. 구성요건

(1) 기본범죄

본죄가 성립하기 위해서는 우선 상해행위가 존재해야 한다. 상해의 개념과 유형에 대해서는 상해죄에서 설명한 바와 같다.

(2) 중한 결과의 발생

1) 생명에 대한 위험발생

'생명에 대한 위험발생'이란 치명상·혼수상태 등과 같이 생명에 대한 '구체적' 위험의 발생을 말한다(구체적 위험범). 예를 들면 16주간의 치료를 요하는 두개골 골절이 이에 해당한다.[1] 생명에 대한 위험이 침해로 이어질 경우에는 본죄가 아니라 상해치사죄가 성립한다.

2) 불 구

'불구'란 신체의 중요부분이 절단되거나 그 기능이 영구적 또는 일시적으로 상실되는 것을 말한다. 예를 들면 실명(失明)[2], 혀[3]·코·귀 절단, 성기 절단, 팔·다리 절단, 청력상실, 신체 내부의 장기상실[4], 신체마비, 내경동맥의 손상과 혈전에 의한 뇌경색 등으로 인한 언어장애 및 우측 반신마비[5] 등이 이에 해당한다. 하지만 이빨 2개가 부러진 경우[6], 2개월간 입원할 정도로 다리가 부러진 경우, 3주간의 치료를 요하는 우측흉부자상[7] 등은 이에 해당하지 아니한다. 불구는 일반인을 기준으로 객관적으로 판단해야 한다. 그러므로 피아니스트·속기사의 손가락, 발레리나의 발가락 등이 다른 사람에 비하여 중요부분이라고 할지라도 이에 대한 기능의 상실만으로 본죄가 성립하는 것은 아니다.

3) 불치 또는 난치의 질병

'불치 또는 난치의 질병'이란 현대의 의학수준에서 치료가 불가능하거나 완치가 어려운 질병을 말한다. 예를 들면 심각한 정신병·기억상실증·척추장애·심폐기능장애·후천성면역결핍증(AIDS)[8] 등의 유발이 이에 해당한다. 하지만 상처의 흔적이나 흉터는 질병이 아니므로 이에

---

1) 대법원 2012. 9. 13. 선고 2011도6911 판결(피고인이 2009. 8. 22. 20:20경 포항시 북구 대흥동 소재 '(상호명 생략)' 앞 인도 상에서 그곳 경비원인 피해자와 주차 문제로 시비가 되어 다투던 중 주먹으로 피해자의 좌측 턱을 1회 때려 그 충격으로 피해자가 뒤로 넘어지면서 머리를 부딪치게 함으로써 피해자에게 16주간의 치료를 요하는 두개골 골절 등의 상해를 가하여 생명에 대한 위험을 발생하게 하였다).

2) 대법원 1960. 4. 6. 선고 4292형상395 판결.

3) 부산지방법원 1965. 1. 12. 선고 64고합6813 판결.

4) 김선복, 62면; 김혜정 외 4인, 44면; 박상기, 432면; 오영근, 53면(일률적으로는 결정할 수 없고 구체적 사정에 따라 결정해야 할 것이다); 이정원/류석준, 45면; 임 웅, 68면; 정영일, 19면. 반면에 불구는 외형적 부분에 한한다고 해석해야 한다는 이유로 이를 부정하는 견해로는 김성천/김형준, 67면; 이재상/장영민/강동범, 52면.

5) 대법원 2021. 6. 10. 선고 2021도4278 판결.

6) 대법원 1960. 2. 29. 선고 4292형상413 판결.

7) 대법원 2005. 12. 9. 선고 2005도7527 판결.

8) 김성돈, 60면; 김신규, 60면; 정영일, 16면. 한편 에이즈 감염의 이전 단계라고 할 수 있는 전파매개행위에 대하여는 「후천성면역결핍증 예방법」 제19조("감염인은 혈액 또는 체액을 통하여 타인에게 전파매개행위를 하여서는

해당하지 아니한다.

(3) 주관적 구성요건

가해행위시에 중상해의 고의가 있는 경우는 물론이고 상해의 고의만 있었더라도 그 가해행위로 인하여 중상해의 결과가 발생하는 경우에는 중상해에 대한 예견가능성이 인정되는 한 중상해죄의 죄책을 진다.[1] 하지만 중상해죄의 미수범 처벌규정은 없다. 이에 중상해의 고의로 미수에 그친 자는 실무에서 상해미수죄로 처벌하고 있다. 한편 폭행의 고의로 중상해의 결과를 발생시킨 경우에는 폭행치상죄가 성립하고[2], 그 처벌은 중상해의 예에 의하여야 한다.

Ⅲ. 특수상해죄·특수중상해죄

제258조의2(특수상해) ① 단체 또는 다중의 위력을 보이거나 위험한 물건을 휴대하여 제257조 제1항 또는 제2항의 죄를 범한 때에는 1년 이상 10년 이하의 징역에 처한다.
② 단체 또는 다중의 위력을 보이거나 위험한 물건을 휴대하여 제258조의 죄를 범한 때에는 2년 이상 20년 이하의 징역에 처한다.
③ 제1항의 미수범은 처벌한다.
제264조(상습범) 상습으로 제257조, 제258조, 제258조의2, 제260조 또는 제261조의 죄를 범한 때에는 그 죄에 정한 형의 2분의 1까지 가중한다.
제265조(자격정지의 병과) 제257조 제2항, 제258조, 제258조의2, 제260조 제2항, 제261조 또는 전조의 경우에는 10년 이하의 자격정지를 병과할 수 있다.

1. 의 의

특수상해죄는 단체 또는 다중의 위력을 보이거나 위험한 물건을 휴대하여 상해죄 또는 존속상해죄를 범함으로써 성립하는 범죄이고, 특수중상해죄는 단체 또는 다중의 위력을 보이거나 위험한 물건을 휴대하여 중상해죄 또는 존속중상해죄를 범함으로써 성립하는 범죄이다. 본죄는 2016. 1. 6. 형법 개정을 통하여 신설되었다. 헌법재판소는 폭력행위처벌법 중 특수폭행죄 가중

아니 된다.")의 규정에 따라 3년 이하의 징역에 처해진다(동법 제25조 제2호).
1) 대전고등법원 1995. 4. 7. 선고 94노738 판결(피해자의 비협조적이고 무성의한 태도에 하도 화가 난 피고인이 탁자 위에 놓아두었던 가로 25.5cm 세로 35.5cm의 직사각형 모양의 결재판을 오른손에 들고 피고인의 얼굴 부분을 가격하자 피해자는 이를 인식하지 못한 상태에서 미처 피할 틈도 없이 위 결재판에 왼쪽 눈 부위를 맞아 안구가 파열되어 실명되는 중상을 입은 사실이 인정되는바, 피고인의 가격으로 인하여 피해자의 왼쪽 안구가 파열된 점에 비추어 피해자는 결재판의 날카로운 모서리 부분에 눈부위를 맞은 것으로 보이고, 상해의 부위 및 정도의 점, 피고인이 이 사건 범행에 이르게 된 경위 등을 보태어 보면, 피고인은 피해자에게 단순히 삿대질을 하였다거나, 결재판으로 피해자를 한 번 툭 치는 정도가 아니라 형법상 위법성을 띠는 유형력을 행사할 의사에 기하여 강도 높은 가격행위를 한 것으로 보이므로 피고인에게 상해의 고의가 있었음은 충분히 인정할 수 있고, 또 사람의 머리나 얼굴 부분은 외부로부터의 공격에 매우 취약하고 위험한 부분으로서 이 부분에 대한 가격으로 생명 신체에 큰 위해가 야기될 수 있음은 누구나 쉽게 예견할 수 있는 바이므로, 피고인이 피해자의 얼굴 부분을 결재판의 날카로운 모서리 부분으로 상당한 강도로 가격하였다면 가사 피해자의 왼쪽 눈 부분을 직접 겨냥하지는 아니하였다고 하더라도 이로 인하여 중상해의 결과가 발생할 수 있음을 예견하는 것이 불가능하였다고도 할 수 없다).
2) 김신규, 60면; 김일수/서보학, 54면; 김혜정 외 4인, 45면; 배종대, 58면; 정성근/정준섭, 28면; 정영일, 19면.

처벌 등 일부 규정이 형법과 동일한 구성요건을 규정하면서 법정형만 상향하고 있어 헌법의 기본원리에 위배되고 평등의 원칙에 위반된다는 이유로 각각 위헌 결정[1]을 하였다. 이에 폭력행위처벌법상의 일부 규정을 정비하고 동시에 일부 범죄를 형법에 편입하여 처벌의 공백을 방지하면서 형벌체계상의 정당성과 균형을 갖추도록 하기 위한 개정을 하였는데, 이로 인하여 형법상에 특수상해죄, 특수강요죄, 특수공갈죄 등이 신설되었다.

이와 같이 제257조 제2항의 가중적 구성요건을 규정하고 있던 (구) 폭력행위처벌법 제3조 제1항을 삭제하는 대신에 제258조의2 제1항에 신설하면서 그 법정형을 (구) 폭력행위처벌법 제3조 제1항보다 낮게 규정한 것은, 위 가중적 구성요건의 표지가 가지는 일반적인 위험성을 고려하더라도 개별 범죄의 범행 경위·구체적인 행위 태양·법익침해의 정도 등이 매우 다양함에도 일률적으로 3년 이상의 유기징역으로 가중 처벌하도록 한 종전의 형벌규정이 과중하다는 데에서 나온 반성적 조치라고 보아야 할 것이므로, 이는 제1조 제2항의 '범죄 후 법률의 변경에 의하여 형이 구법보다 경한 때'에 해당한다.[2]

2. 구성요건

본죄에서 말하는 '단체 또는 다중의 위력을 보이거나 위험한 물건을 휴대하여'와 관련된 해석은 특수폭행죄에서 설명하기로 한다.

---

1) 헌법재판소 2015. 9. 24. 선고 2014헌바154·398, 2015헌가3·9·14·18·20·21·25(병합) 결정(형법은 '위험한 물건'과 '흉기'를 구별하여 사용하고 있는데(형법 제331조 제2항 및 제334조 제2항 참조), 양자의 관계에 관하여 '흉기'가 '위험한 물건'에 포함된다거나, 양자를 엄격하게 구별하기 곤란하고 동일한 것으로 보아야 한다는 것이 일반적인 견해이다. 심판대상조항 역시 '흉기 기타 위험한 물건'이라고 규정하여 '흉기'를 위험한 물건의 한 예로 규정하고 있으므로, 심판대상조항의 '흉기'도 '위험한 물건'에 포함되는 것으로 해석된다. 그렇다면 심판대상조항의 구성요건인 '흉기 기타 위험한 물건을 휴대하여'와 형법조항들의 구성요건인 '위험한 물건을 휴대하여'는 그 의미가 동일하다고 볼 수 있다. 결국 심판대상조항은 형법조항들과 똑같은 내용의 구성요건을 규정하면서 징역형의 하한을 1년으로 올리고, 벌금형을 제외하고 있다. 일반법에 대비되는 특별법은 개념적으로 특별법의 구성요건이 일반법의 모든 구성요건을 포함하면서 그 밖의 특별한 표지까지 포함한 경우를 뜻한다. 폭력행위처벌법에서 말하는 가중처벌도 단순히 법정형만의 가중을 뜻하는 것이 아니라, 일반법 조항의 구성요건 이외에 특별한 구성요건 표지를 추가한 가중처벌의 근거를 마련하는 것을 포함한다고 해석하여야 한다. 만일 구성요건 표지의 추가 없이 법정형만을 가중하려고 한다면 일반법의 법정형을 올리면 되지 따로 특별법을 제정할 필요가 없기 때문이다. 따라서 심판대상조항이 형법조항들보다 법정형을 가중하기 위해서는 범행방법, 신분 등 별도의 가중적 구성요건의 표지를 규정하는 것이 필요하다. 하지만 심판대상조항은 그러한 표지가 전혀 없이 법적용을 오로지 검사의 기소재량에만 맡기고 있으므로, 법집행기관 스스로도 법적용에 대한 혼란을 겪을 수 있고, 이는 결과적으로 국민의 불이익으로 돌아올 수밖에 없다. 한편, 법집행기관이 이러한 사정을 피의자나 피고인의 자백을 유도하거나 상소를 포기하도록 하는 수단으로 악용할 소지도 있다. 결국 위험한 물건 휴대 폭행, 협박, 재물손괴 행위에 대하여 특별히 형을 가중할 필요가 있다는 사정이 인정된다고 할지라도, 형법조항들과 똑같은 구성요건을 규정하면서 법정형만 상향 조정한 심판대상조항은 형사특별법으로서 갖추어야 할 형벌체계상의 정당성과 균형을 잃은 것이 명백하다).

2) 대법원 2016. 1. 28. 선고 2015도17907 판결; 대법원 2016. 1. 28. 선고 2015도18280 판결.

Ⅳ. 상해치사죄·존속상해치사죄

> 제259조(상해치사) ① 사람의 신체를 상해하여 사망에 이르게 한 자는 3년 이상의 유기징역에 처한다.
> ② 자기 또는 배우자의 직계존속에 대하여 전항의 죄를 범한 때에는 무기 또는 5년 이상의 징역에 처한다.

1. 의 의

상해치사죄는 사람의 신체를 상해하여 사망에 이르게 함으로써 성립하는 범죄이고, 존속상해치사죄는 자기 또는 배우자의 직계존속의 신체를 상해하여 사망에 이르게 함으로써 성립하는 범죄이다. 본죄는 상해죄의 진정결과적 가중범이다.

2. 구성요건

(1) 기본범죄

본죄가 성립하기 위해서는 우선 상해행위가 존재해야 한다. 폭행치사죄와 상해치사죄의 법정형은 동일하기 때문에 피해자가 외상 후 사망한 경우 대부분 상해치사죄로 의율되고 있는 실정이다. 한편 상해행위가 미수에 그친 경우에도 상해치사죄의 성립을 인정할 수 있다.

(2) 중한 결과의 발생

중한 결과로써 사망의 결과가 발생하여야 한다. 본죄는 진정결과적 가중범이기 때문에 이러한 사망은 반드시 과실에 의하여 발생해야 한다.

(3) 상해행위와 사망의 결과 발생 간의 인과관계

피고인의 행위가 피해자를 사망하게 한 직접적 원인은 아니었다고 하더라도 이로부터 발생된 다른 간접적 원인이 결합되어 사망의 결과를 발생하게 한 경우라도 그 행위와 사망 사이에는 인과관계가 인정된다.[1]

판례에 의하면, ① 주먹으로 안면 등을 무수히 강타하고 양산 끝으로 두경부를 찔러 사망하게 한 경우[2], ② 안면과 흉부에 강도의 타격을 가하여 사망하게 한 경우[3], ③ 피고인이 계속 교제하기를 원하는 자신의 제의를 피해자가 거절한다는 이유로 얼굴을 주먹으로 수회 때리자 피해자는 이에 대항하여 피고인의 손가락을 깨물고 목을 할퀴게 되었고, 이에 격분한 피고인이 다시 피해자의 얼굴을 수회 때리고 발

---

1) 대법원 1982. 12. 28. 선고 82도2525 판결(패혈증사건)(진단서에는 직접사인 심장마비, 호흡부전, 중간선행사인 패혈증, 급성심부전증, 선행사인 자상, 장골 정맥파열로 되어 있으나, 망인의 경우 위와 같은 패혈증은 자창의 감염과 2차에 걸친 수술, 과다한 수혈 때문이며, 위 망인의 증상에 비추어 위와 같은 수술과 수혈은 불가피했다는 것이고 심부전증, 심장마비는 몸 전체의 기관의 기능이 감소되어 생긴 것이라는 것이므로, 피해자가 이건 범행으로 부상한 후 1개월이 지난 후에 위 패혈증 등으로 사망하였다 하더라도 그 패혈증이 위 자창으로 인한 과다한 출혈과 상처의 감염 등에 연유한 것인 이상 피고인의 행위와 피해자의 사망과의 사이에 인과관계의 존재를 부정할 수는 없다).
2) 대법원 1960. 10. 26. 선고 4293형상291 판결.
3) 대법원 1955. 6. 7. 선고 4288형상88 판결.

로 배를 수회 차는 등 폭행을 하므로 피해자는 이를 모면하기 위하여 도로 건너편의 추어탕 집으로 도
망가 도움을 요청하였으나, 피고인은 이를 뒤따라 도로를 건너간 다음 피해자의 머리카락을 잡아 흔들고
얼굴 등을 주먹으로 때리는 등 폭행을 가하였고, 이에 견디지 못한 피해자가 다시 도로를 건너 도망하자
피고인은 계속하여 쫓아가 주먹으로 피해자의 얼굴 등을 구타하는 등 폭행을 가하여 전치 10일간의 흉
부피하출혈상 등을 가하였고, 피해자가 위와 같이 계속되는 피고인의 폭행을 피하려고 다시 도로를 건너
도주하다가 차량에 치여 사망한 경우[1], ④ 피고인이 01:50경 피해자와 함께 낙산비치호텔 325호실에 투
숙한 다음 손으로 피해자의 뺨을 수회 때리고 머리를 벽쪽으로 밀어 붙이며 붙잡고 방바닥을 뒹구는 등
하다가 피해자의 어깨를 잡아 밀치고 손으로 우측 가슴부위를 수회 때리고 멱살을 잡아 피해자의 머리
를 벽에 수회 부딪치게 하고 바닥에 넘어진 피해자의 우측 가슴부위를 수회 때리고 밟아서 피해자에게
우측 흉골골절 및 우측 제2, 3, 4, 5, 6번 늑골골절상과 이로 인한 우측심장벽좌상과 심낭내출혈 등의 상
해를 가함으로써, 피해자가 바닥에 쓰러진 채 정신을 잃고 빈사상태에 빠지자, 피해자가 사망한 것으로
오인하고 피고인의 위와 같은 행위를 은폐하고 피해자가 자살한 것처럼 가장하기 위하여, 같은 날 03:10
경 피해자를 베란다로 옮긴 후 베란다 밑 약 13m 아래의 바닥으로 떨어뜨려 피해자로 하여금 현장에서
좌측 측두부 분쇄함몰골절에 의한 뇌손상 및 뇌출혈 등으로 사망에 이르게 한 경우[2], ⑤ 피고인의 강타
로 인하여 임신 7개월의 피해자가 지상에 넘어져서 4일 후에 낙태하고 위 낙태로 유발된 심근경색증으
로 죽음에 이르게 된 경우[3] 등에 있어서는 상해치사죄를 인정하고 있다.

(4) 사망에 대한 예견가능성

행위자에게는 사망의 결과 발생에 대한 예견가능성이 있어야 한다. 이러한 예견가능성이
없는 경우에는 단순상해죄가 성립할 뿐이다. 예를 들면 사람의 얼굴과 가슴에 대한 가격은 신
체기능에 중대한 지장을 초래할 수 있고 더구나 두뇌 부위에 대하여 두개골 결손을 가져올 정
도로 타격을 가할 경우에 치명적인 결과를 가져올 수 있다는 것은 누구나 예견할 수 있는 일이
라고 할 것이므로, 피고인에게 피해자의 사망의 결과에 대한 예견가능성이 있었던 것으로 인정
하여 피고인을 상해치사죄로 의율한 조치는 정당하다.[4]

3. 공 범

(1) 공동정범

과실범의 공동정범을 인정하는 행위공동설[5]에 의하면 상해치사죄의 공동정범을 긍정하
지만, 과실범의 공동정범을 부정하는 범죄공동설[6]에 의하면 상해치사죄의 공동정범이 부정

---

1) 대법원 1996. 5. 10. 선고 96도529 판결(추어탕집도로횡단사건).
2) 대법원 1994. 11. 4. 선고 94도2361 판결(낙산비치호텔사건). 하지만 이 경우에는 상해죄 또는 중상해죄와 과실치
   사죄의 경합범이라고 하는 것이 타당하다.
3) 대법원 1972. 3. 28. 선고 72도296 판결.
4) 대법원 1984. 12. 11. 선고 84도2183 판결(얼굴가슴강타사건); 대법원 1981. 3. 10. 선고 80도3321 판결.
5) 김일수/서보학, 57면; 정성근/정준섭, 33면.
6) 김선복, 66면; 김신규, 64면; 박상기, 436면; 배종대, 61면; 이재상/장영민/강동범, 56면; 임 웅, 72면.

된다.[1]

이에 대하여 판례는 「결과적 가중범인 상해치사죄의 공동정범은 폭행 기타의 신체침해 행위를 공동으로 할 의사가 있으면 성립되고 결과를 공동으로 할 의사는 필요 없으며, 여러 사람이 상해의 범의로 범행 중 한 사람이 중한 상해를 가하여 피해자가 사망에 이르게 된 경우 나머지 사람들은 사망의 결과를 예견할 수 없는 때가 아닌 한 상해치사의 죄책을 면할 수 없다.」라고 판시[2]하거나 「피고인이 다른 피고인과 공동하여 피해자의 신체를 상해하거나 피해자의 신체에 대하여 폭행을 가하는 기회에 다른 피고인이 피해자를 살해한 것이라면, 피고인이 살인의 공모를 하지 아니하였다고 하여도 상해나 폭행행위에 관하여는 인식이 있었다고 할 것이므로 그 살인행위나 치사의 결과를 예견할 수 없었다고 할 수 없는 이상 상해치사의 죄책을 면할 수 없다.」라고 판시[3]하여, 상해치사죄의 공동정범을 인정하고 있다.

생각건대 피해자의 사망에 대한 가해자의 개별적인 과실 유무를 판단하여 각 행위자별로 독립적으로 상해치사죄의 죄책을 인정하는 것이 타당하다.

(2) 교사범

피고인이 피해자를 정신을 차릴 정도로 때려주라고 교사하였다면 이는 상해에 대한 교사로 봄이 상당하다. 교사자가 피교사자에 대하여 상해를 교사하였는데 피교사자가 이를 넘어 살인을 실행한 경우에, 일반적으로 교사자는 상해죄에 대한 교사범이 되는 것이고, 다만 이 경우 교사자에게 피해자의 사망이라는 결과에 대하여 과실 내지 예견가능성이 있는 때에는 상해치사죄의 교사범으로서의 죄책을 지울 수 있다.[4]

---

1) 반면에 과실범의 공동정범을 부정하는 입장을 취하더라도 결과적 가중범의 공동정범의 성립이 가능하다는 견해로는 손동권/김재윤, 49면.

2) 대법원 2013. 4. 26. 선고 2013도1222 판결; 대법원 2000. 5. 12. 선고 2000도745 판결(은적사살인사건)(피고인은 01:55경 상근예비역으로 근무하는 친구인 공소외인으로부터 공소외인의 여동생을 강간한 피해자를 혼내주러 가자는 연락을 받고 공소외인과 함께 피해자를 만나 성산초등학교 앞에서 공소외인과 피고인은 주먹으로 피해자를 때리면서 공소외인은 소지하고 있던 부엌칼로 피해자를 위협하였으며, 그 후 피해자를 소룡초등학교로 끌고 가면서 피고인이 주변에 있던 각목으로 피해자의 머리 부분을 4회 때리고 공소외인이 위 부엌칼을 피해자의 목에 들이대면서 주먹과 발로 무수히 때려 이를 견디지 못한 피해자가 은적사 입구 방면으로 도망가자, 피고인은 공소외인의 뒤를 따라 피해자를 추격하던 중 공소외인이 떨어뜨린 위 부엌칼을 소지하게 된 다음 격분한 나머지 같은 날 02:21경 소룡초등학교 옆 골목길에서 공소외인에 의하여 붙잡힌 피해자의 좌측 흉부를 위 부엌칼로 1회 찔러 좌측흉부 자창상 등을 가하고, 이로 인하여 같은 날 04:00경 피해자로 하여금 실혈로 사망에 이르게 하였다. 결국 피고인과 공소외인의 공동가공행위로 피해자에게 상해를 가하고 이로 인하여 피해자가 사망하게 된 것이 분명하다는 이유로 피고인을 상해치사죄로 의율하였다); 대법원 1991. 5. 14. 선고 91도580 판결; 대법원 1990. 6. 26. 선고 90도765 판결; 대법원 1988. 12. 27. 선고 88도1855 판결; 대법원 1988. 9. 13. 선고 88도1046 판결; 대법원 1978. 1. 17. 선고 77도2193 판결(패싸움 중 한 사람이 칼로 찔러 상대방을 죽게 한 경우에 다른 공범자가 그 결과에 대한 인식이 없다고 하여 상해치사죄의 책임이 없다고 할 수 없다).

3) 대법원 1993. 8. 24. 선고 93도1674 판결.

4) 대법원 1997. 6. 24. 선고 97도1075 판결.

Ⅴ. 상해의 동시범 특례

> 제263조(동시범) 독립행위가 경합하여 상해의 결과를 발생하게 한 경우에 있어서 원인된 행위가 판명되지 아니한 때에는 공동정범의 예에 의한다.

1. 의 의

'상해의 동시범'[1]이란 2인 이상이 서로 의사연락 없이 각자 동일한 객체에 대해 상해행위를 하는 경우를 말한다. 원칙적으로 동시범은 공동정범의 원리가 적용되지 않아 개별책임을 진다. 즉 제19조("동시 또는 이시의 독립행위가 경합한 경우에 그 결과발생의 원인된 행위가 판명되지 아니한 때에는 각 행위를 미수범으로 처벌한다.")는 동시범의 경우에 일반적으로 적용되는 규정을 두고 있는데 반하여, 제263조는 상해의 결과를 발생시킨 경우에만 예외적으로 적용되는 것이다. 따라서 제263조가 제19조에 우선하여 적용되는데, 이는 개별책임원칙의 예외를 인정하는 것이다. 예를 들어 甲, 乙, 丙이 의사연락 없이 각자 丁을 살해하는 행위를 하였고, 세 사람 중 누군가의 행위에 의하여 丁이 사망하였지만, 그 원인된 행위가 판명되지 않은 경우에는 제19조가 적용되어 甲, 乙, 丙 모두 살인미수의 책임을 진다. 반면에 甲, 乙, 丙이 의사연락 없이 각자 丁을 상해하는 행위를 하였고, 丁이 상해를 입었으나, 그 원인된 행위가 판명되지 않은 경우에는 제263조가 적용되어 공동정범의 예에 따라 甲, 乙, 丙 모두 상해기수의 책임을 진다.

다른 범죄와 달리 상해에 있어서 동시범의 특례를 인정하는 이유와 관련하여, ① 상해죄가 일상생활에서 자주 발생하는 범죄라는 점, ② 실무적으로 2인 이상이 가담한 경우 누구의 행위에 의하여 결과가 발생하였는지 입증하기 어렵다는 점[2], ③ 상해행위에 대하여 엄벌주의를 규정함으로써 상해를 예방하려는 일반예방적 사고가 반영된 점[3], ④ 과실범의 경우 미수범 처벌이 불가능하므로 제19조의 원칙만으로는 처벌의 흠결을 메울 수 없다는 점[4] 등이 거론되고 있다.

2인 이상이 상호의사의 연락이 없이 동시에 범죄구성요건에 해당하는 행위를 하였을 때에는 원칙적으로 각인에 대하여 그 죄를 논하여야 하지만, 그 결과발생의 원인이 된 행위가 분명하지 아니한 때에는 각 행위자를 미수범으로 처벌하고(독립행위의 경합), 이 독립행위가 경합하여 특히 상해의 결과를 발생하게 한 경우에는 공동정범의 예에 따라 처단(동시범)하는 것이므로,

---

1) 일반적으로 '상해죄의 동시범'이라고 칭하고 있지만, 조문에서는 '상해의 결과를 발생하게 한 경우'에 그 적용을 인정하고 있으므로 '상해의 동시범'이라고 하는 것이 타당하다.
2) 김혜정 외 4인, 54면; 손동권/김재윤, 50면; 임 웅, 74면; 정영일, 23면. 제263조가 집단적 상해·폭행행위에 대비하기 위한 것이라고 하지만 동시범은 단독의 상해·폭행행위가 우연히 동시 또는 이시에 발생한 것이므로 집단적 행위라고 볼 수는 없다.
3) 오영근, 61면.
4) 김일수/서보학, 58면.

상호의사의 연락이 있어 공동정범이 성립한다면, 독립행위의 경합 및 동시범의 문제는 제기될 여지가 없다.[1]

2. 법적 성격 및 입법론

제263조의 법적 성격과 관련하여, ① 소송법상 피고인에게 자기 행위로 인하여 상해의 결과가 발생한 것이 아니라는 거증책임을 부과하는 규정으로 파악하는 거증책임전환설[2], ② 공동가담의 의사라는 주관적 요건이 존재하지 않은 동시범의 경우를 공동가담의 의사가 존재하는 공동정범으로 만드는 규정, 즉 공동가담의 의사를 법률상 의제하는 규정으로 파악하는 법률상책임의제설[3], ③ 원인행위가 판명되지 않으면 제263조에 따라 피고인의 행위와 상해의 결과 사이에 사실상의 인과관계가 있는 것으로 추정되지만, 피고인이 그 추정력을 깨뜨려 의심스러운 상태로 만들면 미수범을 인정하여야 한다고 파악하는 인과관계의 사실상 추정설[4], ④ 소송법상으로는 거증책임전환규정이고, 실체법상으로는 동시범을 공동정범으로 의제하여 공동정범의 범위를 확장시킨 규정으로 파악하는 이원설[5], ⑤ 피고인이 자신의 행위로 인해 결과가 발생하지 않았음을 증명하는 일응의 증거를 제출할 책임을 인정하는 규정으로 파악하는 증거제출책임설[6] 등의 대립이 있다.

이에 대하여 판례는 「공연히 사실을 적시하여 사람의 명예를 훼손한 행위가 형법 제310조의 규정에 따라서 위법성이 조각되어 처벌대상이 되지 않기 위하여는 그것이 진실한 사실로서 오로지 공공의 이익에 관한 때에 해당된다는 점을 행위자가 증명하여야 하는 것이나, 그 증명은 유죄의 인정에 있어 요구되는 것과 같이 법관으로 하여금 의심할 여지가 없을 정도의 확신을 가지게 하는 증명력을 가진 엄격한 증거에 의하여야 하는 것은 아니므로, 이때에는 전문증거에 대한 증거능력의 제한을 규정한 형사소송법 제310조의2는 적용될 여지가 없다.」라고 판시[7]하여, 거증책임전환설의 입장을 취하고 있다.

생각건대 앞에서 살펴 본 모든 학설 및 판례의 입장은 무죄추정의 원리, 의심스러울 때에는 피고인의 이익으로의 원리, 책임주의, 거증책임의 원칙 등과 같은 형사소송의 기본원리에

---

1) 대법원 1997. 11. 28. 선고 97도1740 판결.
2) 김선복, 67면; 김성천/김형준, 75면; 김신규, 67면; 김일수/서보학, 59면(제19조에 의할 때 부득이 생기는 처벌의 흠결을 피하기 위하여 과실부분에 한하여 제한적으로 인정해야 할 것이다); 김혜정 외 4인, 55면; 박상기, 438면; 이재상/장영민/강동범, 58면; 이형국/김혜경, 64면; 임 웅, 74면; 정영일, 23면.
3) 김성돈, 97면(이 규정이 인과관계의 추정을 인정하는 규정이 아니기 때문에 피고인의 유죄를 입증할 책임이 있는 검사가 원칙적으로 상해의 결과가 누구의 행위에 의한 것인지 밝혀야 한다. 여기서 원인된 행위가 판명되지 못하면 미수가 되어야 할 것이지만, 공동정범의제규정에 따라 검사는 개별행위와 결과간의 인과관계를 검토할 필요 없이 전체행위와 결과간의 인과관계만 인정되면 공동정범기수가 된다).
4) 손동권/김재윤, 53면.
5) 신동운, 543면; 정성근/정준섭, 35면.
6) 오영근, 62면; 이영란, 62면.
7) 대법원 1996. 10. 25. 선고 95도1473 판결.

정면으로 위배된다.[1] 이에 현행법상 규정되어 있는 제263조는 극히 제한된 범위 내에서만 적용되어야 하지만, 동 조항의 존치로 인하여 실무에서는 그 적용범위를 상해죄뿐만 아니라 폭행치사죄나 상해치사죄와 같은 사망의 결과를 초래한 중대범죄에 대하여도 확대하고 있어 그 폐해가 적지 않다. 결론적으로 제263조는 삭제되어야 한다.[2]

3. 적용요건

(1) 독립행위가 경합하여

'독립행위의 경합'이란 범인들간에 의사연락이 없는 2개 이상의 행위가 동일한 객체에 대하여 행해지는 것을 말한다. 만약 서로 의사의 연락이 있었다면 동시범이 아니라 공동정범의 문제가 된다. 독립행위는 반드시 같은 장소에서 이루어질 필요는 없다(장소적 근접성 불요). 예를 들면 피해자가 서울에서 부산으로 가는 KTX열차에 탑승하였는데, 대전에서 상해를 입고, 대구에서 상해를 입어도 독립행위가 경합한 것으로 볼 수 있기 때문이다.

하지만 시간적인 근접성과 관련하여, ① 제263조는 되도록이면 축소해석해야 한다는 점을 논거로 하여, 시간적인 근접성을 요한다는 적극설[3], ② 동시나 근접된 시간 내의 독립행위에 관하여서만 본조를 적용한다면 그 적용범위가 협소하다는 점, 한 대상에 대하여 폭행이나 상해를 동시나 근접된 시간 내에 수인이 상호간 독립하여 행하는 경우는 현실적으로 어렵다는 점 등을 논거로 하여, 시간적인 근접성을 요하지 않는다는 소극설[4] 등의 대립이 있다.

이에 대하여 판례는 「시간적 차이가 있는 독립된 상해행위나 폭행행위가 경합하여 사망의 결과가 일어나고 그 사망의 원인된 행위가 판명되지 않은 경우에는 공동정범의 예에 의하여 처벌할 것이므로, 2시간 남짓한 시간적 간격을 두고 피고인이 두 번째의 가해행위인 이 사건 범행을 한 후, 피해자가 사망하였고 그 사망의 원인을 알 수 없다고 보아 피고인을 폭행치사죄의 동시범으로 처벌한 원심판단은 옳다.」라고 판시[5]하여, 소극설의 입장을 취하고 있다.

---

1) 헌법재판소 2018. 3. 29. 선고 2017헌가10 결정 가운데 재판관 이진성, 재판관 김창종, 재판관 서기석, 재판관 조용호, 재판관 이선애의 반대의견(심판대상조항은 독립행위가 경합하여 상해의 결과가 발생한 경우에는 원인행위가 밝혀지지 아니한 불이익을 피고인이 부담하도록 함으로써 인과관계에 관한 입증책임을 피고인에게 전가하고 있다. 수사권을 가진 검사도 입증할 수 없는 상황에서 수사권도 없는 피고인에게 인과관계를 입증하여 상해의 결과에 대한 책임에서 벗어나라고 하는 것은 사실상 불가능한 것을 요구하는 것이다. 이에 따라 독립행위가 경합하여 상해의 결과가 발생하기만 하면 가해행위자는 사실상 상해의 결과에 대하여 책임을 부담하게 될 위험이 있고, 이는 상해의 결과에 대해 책임이 없는 사람도 원인행위가 판명되지 않는다는 이유로 자신의 행위에 대한 책임 이상의 처벌을 받게 되는 것을 의미한다. 이러한 점을 모두 고려하여 보면, 심판대상조항은 법치주의와 헌법 제10조의 취지로부터 도출되는 책임주의원칙에 반한다).
2) 同늘 김선복, 67면; 김성돈, 97면; 김신규, 66면; 배종대, 64면; 손동권/김재윤, 51면; 오영근, 64면; 이정원/류석준, 48면.
3) 김성돈, 98면; 박상기, 439면; 신동운, 543면; 임 웅, 76면; 정성근/정준섭, 36면.
4) 권오걸, 49면; 김선복, 68면; 김신규, 67면; 김일수/서보학, 59면; 배종대, 65면; 손동권/김재윤, 51면; 이재상/장영민/강동범, 58면; 정영일, 24면(본조의 제목을 동시범으로 한 것은 규정의 내용과 부합하지 못한다).
5) 대법원 2000. 7. 28. 선고 2000도2466 판결(丙은 거리에서 행인 乙과 사소한 문제로 시비를 벌이다가 힘이 센 乙로부터 구타를 당하여 부상을 입고 실신하였고, 乙은 달아났다. 이에 주위에 있던 사람들이 丙을 의자에 눕혀놓

생각건대 적극설의 입장에 의하면, 동시범 규정은 제19조의 예외규정이므로 예외규정은 엄격하게 해석하여야 하며, 공동정범이 아닌 것을 공동정범의 예로 처벌하기 위해서는 적어도 외형상으로 공동정범과 같이 볼 수 있는 정도의 행위로 한정할 필요가 있다고 한다. 하지만 이시의 상해의 독립행위가 경합하여 사망의 결과가 일어난 경우에도 그 원인된 행위가 판명되지 아니한 때에는 공동정범의 예에 의하여야 한다. 그러므로 동시범의 특례규정은 시간적 근접성의 유무와는 상관없이 인정될 수 있으며, 다만 시간적 간격이 상당한 경우에는 원인된 행위가 판명될 가능성이 크다고 보아야 한다. 적극설에 의할 경우에도 그 시간적 간격이 너무 크지 않을 것이 요구되기 때문에 두 견해의 대립은 결국은 같은 입장이라고 할 수 있다.

(2) 상해의 결과를 발생하게 한 경우에 있어서

상해의 결과를 발생하는 고의로는 상해의 고의 이외에 폭행의 고의도 해당될 수 있다. 따라서 甲은 상해의 고의로, 乙은 폭행의 고의로 丙에게 가격을 하여 상해를 입혔으나, 누구의 행위로 인하여 상해의 결과가 발생된 것인지 판명되지 않은 경우에는, 제263조가 적용되어 甲은 상해기수죄, 乙은 폭행치상죄가 성립한다. 반면에 상해의 결과를 발생하게 한 경우가 아니면 상해미수죄나 폭행죄 등이 성립할 뿐이다.

(3) 원인된 행위가 판명되지 아니한 때

상해에 있어서의 동시범은 두 사람 이상이 가해행위를 하여 상해의 결과를 가져올 경우에 그 상해가 어느 사람의 가해행위로 인한 것인지가 분명하지 않다면 가해자 모두를 공동정범으로 본다는 것이므로, 가해행위를 한 것 자체가 분명하지 않은 사람에 대하여는 동시범으로 다스릴 수 없다.[1] 또한 원인된 행위가 판명[2]되거나 특정인의 행위가 아니라는 것이 판명된 경우에도 동시범의 규정을 적용할 수 없다.

있는데, 그로부터 2시간 후에 이러한 사정을 모르는 甲은 자기의 의자에 丙이 누워있는 것을 보고 기분이 나빠 丙을 밀어 땅바닥에 떨어지게 함으로써 이미 부상하여 있던 丙으로 하여금 사망에 이르게 하였다. 그러나 그 사망의 원인된 행위가 乙의 행위인지 甲의 행위인지 판명되지 않았다); 대법원 1981. 3. 10. 선고 80도3321 판결(공동피고인은 술에 취해있던 피해자의 어깨를 주먹으로 1회 때리고 쇠스랑 자루로 머리를 2회 강타하고 가슴을 1회 밀어 땅에 넘어뜨렸고, 그 후 3시간 가량 지나서 피고인이 피해자의 멱살을 잡아 평상에 앉혀놓고 피해자의 얼굴을 2회 때리고 손으로 2, 3회 피해자의 가슴을 밀어 땅에 넘어뜨린 다음, 나일론 슬리퍼로 피해자의 얼굴을 수회 때렸는데 위와 같은 두 사람의 이시적인 상해행위로 인하여 피해자가 그로부터 6일 후에 뇌출혈을 일으켜 사망하기에 이르렀다. 원심이 피고인의 소위에 대하여 형법 제263조를 적용한 취지에서 보면 원심은 피해자의 사인이 공동피고인의 행위와 피고인의 행위 중 누구의 행위에 기인한 것인지를 판별할 수 없는 경우에 해당한다고 하여 형법 제263조의 규정에 의한 공동정범의 예에 따라 피고인에게 책임을 지우고 있는 것이라고 할 것이다).

1) 대법원 1984. 5. 15. 선고 84도488 판결.

2) 대법원 2017. 1. 25. 선고 2016도15526 판결(이태원살인사건)(피고인이 '1997. 4. 3. 21:50경 서울 용산구 이태원동에 있는 햄버거 가게 화장실에서 피해자 甲을 칼로 찔러 乙과 공모하여 甲을 살해하였다'는 내용으로 기소된 사안에서, 甲은 피고인과 乙만 있던 화장실에서 칼에 찔려 사망하였고, 피고인과 乙은 서로 상대방이 甲을 칼로 찔렀고 자신은 우연히 그 장면을 목격하였을 뿐이라고 주장하나, 범행 현장에 남아 있던 혈흔 등에 비추어 乙의 주장에는 특별한 모순이 발견되지 않은 반면 피고인의 주장에는 쉽사리 해소하기 힘든 논리적 모순이 발생하는 점, 범행 이후의 정황에 나타난 여러 사정들 역시 피고인이 甲을 칼로 찌르는 것을 목격하였다는 乙의 진술의 신빙성을 뒷받침하는 점 등 제반 사정을 종합하면, 피고인이 甲을 칼로 찔러 살해하였음이 합리적인 의심을 할 여지가 없을 정도로 충분히 증명되었다고 본 원심판단은 정당하다).

4. 적용범위

제263조에서는 '상해의 결과를 발생하게 한 경우'로 규정되어 있으므로 상해죄와 폭행치상죄는 당연히 본조의 적용을 받는다. 하지만 폭행치사죄 및 상해치사죄의 경우에는 최종적으로 상해의 결과가 발생한 것이 아니므로 이 경우에도 제263조를 적용하면 피고인에게 불리한 유추적용에 해당되어 제263조의 적용을 부정하는 것이 다수설[1]이지만, 판례는 상해치사죄[2] 및 폭행치사죄[3]의 경우에도 본조를 적용하고 있다.

생각건대 제263조는 책임원칙에 반하는 규정이기 때문에 최대한 제한해석해야 하므로 사망의 결과가 발생한 경우에는 그 적용을 배제하는 것이 타당하다. 그러므로 과실치사죄[4]·강도치사죄·강간치사죄 등의 경우에도 사망의 결과가 발생한 경우이기 때문에 본조의 적용을 받지 아니한다. 한편 제263조는 상해죄와 폭행죄에 관한 특별규정으로서 본조는 그 보호법익을 달리하는 강간치상죄[5]·강도치상죄 등에는 적용할 수 없다.

5. 효 과

'공동정범의 예에 의한다'의 의미와 관련하여, ① 각자가 동시범이 된다고 해석하는 견해[6], ② 각자가 공동정범이 된다고 해석하는 견해[7] 등의 대립이 있다.

생각건대 '공동정범의 예에 의한다'의 의미는 의사연락이 없는 독립행위의 경합의 경우에 있어서도 일정한 범죄(상해)가 발생한 경우에는 의사연락이 있는 것으로 의제한다는 것으로 보아야 한다. 제19조의 효과가 미수범으로 처벌하는 것이라는 점과 제263조가 제19조에 대한 특칙이라는 점을 염두에 두면 제263조의 법적 효과도 기수범으로 처벌하는 것이 논리적으로 바람직할지 모르지만, '공동정범의 예에 의한다'라고 규정하고 있는 취지는 공동정범의 특수성을 고려한 해석을 해야 하는 것이다. 즉 공동정범이 성립하지는 아니하지만 '부분실행 전체책임'이라는 공동정범의 법리에 따른다는 것을 의미한다. 따라서 경합된 행위가 상해인 경우에는 상해

1) 김선복, 69면; 김성돈, 98면; 김신규, 68면; 김일수/서보학, 61면; 김혜정 외 4인, 57면; 박상기, 440면; 배종대, 65면; 손동권/김재윤, 54면; 오영근, 63면; 이상돈, 726면; 이영란, 63면; 이정원/류석준, 48면; 이형국/김혜경, 65면; 임 웅, 77면; 정성근/정준섭, 35면; 정영일, 25면.
2) 대법원 1985. 5. 14. 선고 84도2118 판결; 대법원 1981. 3. 10. 선고 80도3321 판결; 대법원 1970. 6. 30. 선고 70도 991 판결.
3) 대법원 2000. 7. 28. 선고 2000도2466 판결.
4) 광주고등법원 1961. 2. 20. 선고 4293형공817 판결(확정)(이시의 독립행위가 경합하여 치사의 결과가 발생하였는데, 그 결과발생의 원인행위가 판명되지 아니한 경우 업무상 과실치사죄에는 미수범 처벌규정이 없기 때문에 형법 제19조를 적용할 수 없고, 범죄의 증명이 없는 것으로 보아 무죄를 선고하여야 한다).
5) 대법원 1984. 4. 24. 선고 84도372 판결(친구 사이인 甲과 乙은 우연히 만난 丙女와 방에서 이야기를 하다가 乙이 잠시 나가자 甲은 丙女를 강간하였다. 그 후 돌아온 乙은 甲이 화장실을 간 사이에 丙女를 강간하였다. 丙女는 이로 인하여 회음부찰과상을 입었으나 누구의 강간행위로 인한 것인지는 밝힐 수가 없었다).
6) 김일수/서보학, 60면.
7) 김성돈, 99면; 박상기, 437면; 신동운, 544면; 정성근/정준섭, 36면; 정영일, 25면.

기수죄가 되고, 폭행인 경우에는 폭행치상죄가 된다.

VI. 폭행죄

> 제260조(폭행, 존속폭행) ① 사람의 신체에 대하여 폭행을 가한 자는 2년 이하의 징역, 500만원 이하의 벌금, 구류 또는 과료에 처한다.
> ② 자기 또는 배우자의 직계존속에 대하여 제1항의 죄를 범한 때에는 5년 이하의 징역 또는 700만원 이하의 벌금에 처한다.
> ③ 제1항 및 제2항의 죄는 피해자의 명시한 의사에 반하여 공소를 제기할 수 없다.
> 제264조(상습범) 상습으로 제257조, 제258조, 제258조의2, 제260조 또는 제261조의 죄를 범한 때에는 그 죄에 정한 형의 2분의 1까지 가중한다.
> 제265조(자격정지의 병과) 제257조 제2항, 제258조, 제258조의2, 제260조 제2항, 제261조 또는 전조의 경우에는 10년 이하의 자격정지를 병과할 수 있다.

1. 의의 및 보호법익

폭행죄는 사람의 신체에 대하여 폭행을 함으로써 성립하는 범죄이다. 본죄의 보호법익은 신체의 온전성이고, 보호의 정도는 추상적 위험범이다. 본죄의 법적 성격은 거동범에 해당한다.

2. 구성요건

(1) 객 체

본죄의 객체는 사람의 신체이다. 하지만 사람이라고 하더라도 특정인의 경우에는 외국원수폭행죄(제107조 제1항), 외국사절폭행죄(제108조 제1항), 특수공무원폭행죄(제125조), 공무집행방해죄(제136조) 등을 별도로 두고 있으며, 그 밖에도 운전자폭행죄(특정범죄가중처벌법 제5조의10)[1]), 의료인폭행죄(의료법 제12조 제3항 및 제87조 제1항), 상관폭행죄(군형법 제48조), 근로자폭행죄(근로기준법 제8조 및 제107조) 등을 독립된 유형으로 규정하고 있다.

---

1) 대법원 2021. 10. 14. 선고 2021도10243 판결(버스정차중운전자폭행사건)(① 운행 중인 자동차 운전자에 대한 폭행 등의 가중처벌 규정인 특정범죄가중법 제5조의10 제1항의 '운행 중'에 '여객자동차운송사업을 위하여 사용되는 자동차를 운행하는 중 운전자가 여객의 승차·하차 등을 위하여 일시 정차한 경우를 포함한다'고 규정되어 있는 점, ② 피고인이 버스운전사인 피해자를 폭행한 시각은 귀가 승객이 몰리는 퇴근시간 무렵이었고, 피해자가 이 사건 버스를 정차한 곳은 광진경찰서 버스정류장으로서, 공중의 교통안전과 질서를 저해할 우려가 있는 장소였던 점, ③ 피고인이 이 사건 버스에 탑승할 때부터 경찰이 출동할 때까지 이 사건 버스의 승객이 적지 않았던 점, ④ 피고인은 이 사건 버스가 정차하고 2분이 채 지나지 않은 시점에 이 사건 버스 안에서 피해자를 폭행하였고 당시 피해자는 피고인만 하차하면 즉시 이 사건 버스를 출발할 예정이었는바, 피해자에게는 이 사건 버스에 관한 계속적인 운행의사가 있었던 점 등에 비추어 보면, 비록 피고인이 피해자를 폭행할 당시 이 사건 버스가 정차 중이었더라도 운행 중인 자동차 운전자에 대한 폭행에 해당된다); 대법원 2015. 3. 26. 선고 2014도13345 판결(대리운전기사폭행사건)(운행 중인 자동차의 운전자를 폭행하거나 협박하여 운전자나 승객 또는 보행자 등을 상해나 사망에 이르게 하였다면 이로써 특정범죄가중처벌법 제5조의10 제2항의 구성요건을 충족한다).

(2) 행 위

1) 학설의 입장

폭행은 '유형력의 행사'라고 할 수 있는데, 폭행의 개념에 대하여는 개별 구성요건의 보호법익에 따라 일반적으로 다음과 같이 구별하고 있다. ① '최광의의 폭행'이란 폭행의 대상이 사람 또는 물건이든 상관없이 한 지방에 있어서의 공공의 평온을 해할 정도의 일체의 유형력의 행사를 말한다. 동 유형에 속하는 범죄는 사회의 평온이 그 보호법익이다. 예를 들면 내란죄(제87조), 소요죄(제115조), 다중불해산죄(제116조) 등이 이에 해당한다. ② '광의의 폭행'이란 폭행의 대상이 사람에 대한 직접·간접적인 유형력의 행사를 말한다. 여기서 직접적인 유형력이란 직접적으로 사람의 신체에 대하여 유형력이 행사되는 경우이고, 간접적인 유형력이란 물건에 대한 유형력의 행사가 간접적으로 사람의 신체에 대하여 작용하는 경우이다. 동 유형에 속하는 범죄는 폭행당하는 사람의 구체적인 직무나 외부적 의사활동이 그 보호법익이다. 예를 들면 외국원수폭행죄(제107조 제1항), 외국사절폭행죄(제108조 제1항), 공무집행방해죄(제136조)[1], 특수도주죄(제146조), 강요죄(제324조) 등이 이에 해당한다. ③ '협의의 폭행'이란 폭행의 대상이 사람의 신체에 대한 직접·간접적인 유형력의 행사를 말한다. 동 유형에 속하는 범죄는 사람의 신체가 그 보호법익이다. 여기서 '유형력'이란 사람의 오관에 직접·간접으로 작용하여 육체적·정신적으로 고통을 줄 수 있는 광의의 물리력을 말한다. 이 점이 무형력을 수단으로 행사하는 협박죄와 구별되는 부분이다. 예를 들면 폭행죄(제260조), 직권남용·가혹행위죄(제125조) 등이 이에 해당한다. ④ '최협의의 폭행'이란 상대방의 반항을 현저히 곤란하게 하거나 불가능하게 할 정도의 유형력의 행사를 말한다. 이는 앞에서 설명한 바와 같이 폭행의 '대상'을 기준으로 정해지는 것이 아니라 폭행의 '정도'를 기준으로 정해지는 특징을 가지고 있다. 동 유형에 속하는 범죄는 사람의 의사의 활동뿐만 아니라 의사결정의 자유가 그 보호법익이다. 예를 들면 강간죄(제297조), 유사강간죄(제297조의2), 강도죄(제333조), 준강도죄(제335조) 등이 이에 해당한다.

2) 검 토

생각건대 앞에서 살펴 본 폭행의 개념에 대한 학설의 입장은 다음의 점에서 타당하지 않다. ① 구별기준의 일관성이 없다. 최광의 내지 협의까지의 폭행의 구별기준은 폭행의 대상이지만, 최협의는 폭행의 정도에 따른 구별이다. 이와 같이 다수설에 따른 폭행의 구별은 논리적인 일관성이 없으므로 폭행이라는 개념이 사용되는 구성요건의 취지·보호법익·내용·문맥 등

---

1) 대법원 1981. 3. 24. 선고 81도326 판결(공무집행방해죄에 있어서의 폭행은 공무를 집행하는 공무원에 대하여 유형력을 행사하는 행위를 말하는 것으로 그 폭행은 공무원에 직접적으로나 간접적으로 하는 것을 포함한다고 해석되며 또 동조에 규정된 협박이라 함은 사람을 공포하게 할 수 있는 해악을 고지함을 말하는 것이나 그 방법도 언어, 문서, 직접, 간접 또는 명시, 암시를 가리지 아니한다고 해석되는 바, 본건에 있어서 피고인이 순경 공소외인이 공무를 집행하고 있는 경찰관 파출소 사무실 바닥에 인분이 들어 있는 물통을 던지고 또 책상 위에 있던 재떨이에 인분을 퍼 담아 동 사무실 바닥에 던지는 행위는 동 순경 공소외인에 대한 폭행이라 할 것이며, 동 순경에 대하여 '씹할 놈들 너희가 나를 잡아 넣어, 소장 데리고 와라'고 폭언을 농한 것은 이에 불응하면 신체에 위해를 가할 것을 암시하는 협박에 해당한다).

을 고려하여 개별적으로 범위를 정해야 한다.[1] ② 최광의의 폭행의 정도는 한 지방의 평온을 해할 정도인데, 이는 최협의의 폭행의 정도보다 더 좁은 개념이므로 상호모순적이다. 소요죄에서의 폭행은 사람이나 물건 모두에 대한 유형력의 행사이므로, 폭행죄에서의 폭행이 사람의 신체에 대한 유형력의 행사라는 점과 비교해 보면 보다 넓다고 할 수 있다. 하지만 소요죄는 공공의 안전을 위험하게 할 정도를 요하는데, 폭행죄는 이러한 정도에 이를 필요가 없으므로 소요죄의 폭행이 폭행죄의 폭행개념보다 더 좁다고도 할 수 있다. ③ 제125조는 '형사피의자 또는 기타 사람에 대하여'라고 되어 있지 '사람의 신체에 대하여'라고 되어 있지 않다. 이는 협의의 폭행이 아니라 광의의 폭행인 것이다. ④ 강간죄와 강도죄의 폭행은 동일한 것이 아니다. 강도죄의 폭행은 상대방의 항거를 불가능하게 할 정도의 폭행이어야 하지만, 강간죄의 폭행은 상대방의 항거를 현저히 곤란하게 할 정도에 이르면 족하기 때문이다. 따라서 강도죄에서 말하는 폭행의 개념이 더 좁다고 할 수 있다. ⑤ 강도죄와 강간죄의 폭행은 반드시 사람의 신체에 대한 것일 필요가 없이 사람에 대한 것이면 족한 경우가 있다. 그러므로 경우에 따라서는 폭행죄의 폭행보다 그 범위가 더 넓다고도 할 수 있다. ⑥ 강제추행죄의 폭행은 최광의 내지 최협의의 폭행 가운데 어디에 해당하는지가 모호하다. 판례에 의하면 강제추행죄는 상대방에 대하여 폭행 또는 협박을 가하여 항거를 곤란하게 한 뒤에 추행행위를 하는 경우뿐만 아니라 폭행행위 자체가 추행행위라고 인정되는 경우도 포함되는 것이며, 이 경우에 있어서의 폭행은 반드시 상대방의 의사를 억압할 정도의 것임을 요하지 않고 상대방의 의사에 반하는 유형력의 행사가 있는 이상 그 힘의 대소강약을 불문한다고 한다. 이러한 해석에 의하면 강제추행죄의 폭행은 최광의부터 최협의까지의 구분 중 어디에도 속하지 않는 독자적인 위치를 점하게 된다.

3) 폭행죄에서 말하는 폭행의 유형

폭행죄에 있어서의 '폭행'이란 사람의 '신체'에 대하여 물리적 유형력을 행사하는 것을 말한다. 반드시 피해자의 신체에 접촉함을 필요로 하는 것은 아니므로 피해자에게 근접하여 욕설을 하면서 때릴 듯이 손·발이나 물건을 휘두르거나 던지는 행위를 한 경우에 직접 피해자의 신체에 접촉하지 않았다고 하여도 피해자에 대한 불법한 유형력의 행사로서 폭행에 해당한다.[2] 또한 자신의 차를 가로막는 피해자를 부딪친 것은 아니라고 하더라도, 피해자를 부딪칠 듯이 차를 조금씩 전진시키는 것을 반복하는 행위 역시 피해자에 대해 위법한 유형력을 행사한 것이라고 보아야 한다.[3] 하지만 신체에 대한 물리력의 행사가 아니라 정신적 고통을 가하거나(심리적 폭력) 생리적 기능을 훼손하는 행위는 폭행이 될 수 없고, 경우에 따라 상해에는 해당할 수가 있다. 예를 들면 성희롱·스토킹[4]·집단따돌림[5] 등은 심리적 폭력에 불과하여 폭행죄에 해당하지

---

1) 同旨 김성천/김형준, 79면; 김일수/서보학, 64면; 박상기, 442면; 배종대, 67면; 오영근, 67면.
2) 대법원 1990. 2. 13. 선고 89도1406 판결.
3) 대법원 2016. 10. 27. 선고 2016도9302 판결.
4) 참고로 2021. 10. 21.부터 시행되고 있는 「스토킹범죄의 처벌 등에 관한 법률」에 의하면, "스토킹행위"란 상대방의 의사에 반(反)하여 정당한 이유 없이 상대방 또는 그의 동거인, 가족에 대하여 가. 접근하거나 따라다니거나

아니한다. 그리고 언어에 의하여 사람에게 공포심을 일으키는 무형력의 행사는 폭행이 아니라 협박에 해당한다.

유형력에는 역학적 작용(구타, 발로 차는 행위, 밀치는 행위, 잡아당기는 행위, 얼굴에 침을 뱉는 행위, 좁은 공간에서 흉기를 휘두르는 행위, 돌을 던지는 행위, 모발이나 수염의 절단, 억지로 약을 먹이는 행위, 일시적인 자유의 구속 등), 화학적·생리학적 작용(심한 소음을 내는 행위, 계속 전화를 걸어 벨을 울리게 하는 행위, 폭언의 수차 반복[1], 고함을 질러 놀라게 하는 행위, 상대방의 의사에 반하여 최면술을 거는 행위, 거짓 소식으로 사람을 놀라게 하는 행위, 사람을 기망하여 수면제를 먹이는 행위[2], 빛·열·전기·냄새 등을 이용해서 알레르기 작용을 일으키는 행위 등) 등이 있다. 한편 본죄는 거동범이기 때문에 폭행으로 인한 신체적·정신적 고통의 여부는 죄의 성립 여부에 영향을 미치지 아니한다.

판례에 의하면, ① 단순히 눈을 부릅뜨고 '이 십팔놈아 가면 될 것 아니냐'라고 욕설을 한 경우[3], ② 단지 피고인이 피해자의 시비를 만류하면서 조용히 이야기나 하자며 그의 팔을 잡아 2, 3회 끈 경우[4], ③ 단순히 방문을 발로 몇 번 찬 경우[5], ④ 홧김에 피해자의 집 대문을 발로 찬 경우[6], ⑤ 비닐봉지에 넣어 둔 인분을 타인가의 앞마당에 던진 경우[7], ⑥ 상대방이 먼저 공격하여 부등켜 안은 경우[8], ⑦ 피

진료를 막아서는 행위, 나. 주거, 직장, 학교, 그 밖에 일상적으로 생활하는 장소 또는 그 부근에서 기다리거나 지켜보는 행위, 다. 우편·전화·팩스 또는 「정보통신망 이용촉진 및 정보보호 등에 관한 법률」 제2조 제1항 제1호의 정보통신망을 이용하여 물건이나 글·말·부호·음향·그림·영상·화상을 도달하게 하는 행위, 라. 직접 또는 제3자를 통하여 물건등을 도달하게 하거나 주거등 또는 그 부근에 물건등을 두는 행위, 마. 주거등 또는 그 부근에 놓여져 있는 물건등을 훼손하는 행위 가운데 어느 하나에 해당하는 행위를 하여 상대방에게 불안감 또는 공포심을 일으키는 것을 말하고(동법 제2조 제1호), "스토킹범죄"란 지속적 또는 반복적으로 스토킹행위를 하는 것을 말한다(동법 제2조 제2호). 그리고 스토킹범죄를 저지른 사람은 3년 이하의 징역 또는 3천만원 이하의 벌금에 처하고(동법 제18조 제1항), 흉기 또는 그 밖의 위험한 물건을 휴대하거나 이용하여 스토킹범죄를 저지른 사람은 5년 이하의 징역 또는 5천만원 이하의 벌금에 처한다(동법 제18조 제2항). 다만 동법 제18조 제1항의 죄는 피해자가 구체적으로 밝힌 의사에 반하여 공소를 제기할 수 없다(동법 제18조 제3항). 또한 제9조 제1항 제2호(피해자나 그 주거등으로부터 100미터 이내의 접근 금지) 또는 제3호(피해자에 대한 전기통신기본법 제2조 제1호)의 전기통신을 이용한 접근 금지)의 잠정조치를 이행하지 아니한 사람은 2년 이하의 징역 또는 2천만원 이하의 벌금에 처한다(동법 제20조). 한편 스토킹에 대하여 보다 자세한 논의로는 박찬걸, "최근 제정된 스토킹처벌법의 개정에 대한 소고", 형사법연구 제33권 제3호, 한국형사법학회, 2021. 9, 267면 이하; 박찬걸, "스토킹의 개념 정립 및 피해자 보호방안에 관한 연구—'지속적 괴롭힘죄'의 신설에 즈음하여—", 가천법학 제5권 제2호, 가천대학교 법학연구소, 2012. 8, 313면 이하 참조.
5) 집단따돌림에 대하여 보다 자세한 논의로는 박찬걸, "학교폭력대책법에 대한 비판적 검토", 소년보호연구 제15호, 한국소년정책학회, 2010. 12, 91면 이하 참조.
1) 대법원 1956. 12. 12. 선고 4289형상297 판결.
2) 타인에게 수면제를 주어 잠들게 한 후 재물을 절취한 경우, 이를 폭행이라고 보게 되면 강도죄가 성립하지만, 상해라고 보게 되면 상해죄와 절도죄의 경합범이 된다.
3) 대법원 2001. 3. 9. 선고 2001도277 판결.
4) 대법원 1986. 10. 14. 선고 86도1796 판결.
5) 대법원 1984. 2. 14. 선고 83도3186 판결(공소외인(다방 종업원)이 피고인을 만나주지 않는다는 이유로 녹원다방 종업원 숙소에 이르러 시정된 탁구장문과 주방문을 부수고 주방으로 들어가 '방문을 열어주지 않으면 모두 죽여버린다'고 폭언하면서 시정된 방문을 수회 발로 찬 피고인의 행위는 재물손괴죄 또는 숙소 안의 자에게 해악을 고지하여 외포하게 하는 협박죄에 해당함은 별론으로 하고, 단순히 방문을 발로 몇 번 찼다고 하여 그것이 피해자들의 신체에 대한 유형력의 행사로는 볼 수 없어 폭행죄에 해당한다고 할 수 없다).
6) 대법원 1991. 1. 29. 선고 90도2153 판결.

고인(34세)은 실내 어린이 놀이터 벽에 기대어 앉아 자신의 딸(4세)이 노는 모습을 보고 있었는데, 피해자(2세)가 다가와 딸이 가지고 놀고 있는 블록을 발로 차고 손으로 집어 들면서 쌓아놓은 블록을 무너뜨리고, 이에 딸이 울자 피고인이 피해자에게 '하지 마, 그러면 안 되는 거야'라고 말하면서 몇 차례 피해자를 제지한 사실, 그러자 피해자는 피고인의 딸을 한참 쳐다보고 있다가 갑자기 딸의 눈 쪽을 향해 오른손을 뻗었고 이를 본 피고인이 왼손을 내밀어 피해자의 행동을 제지하였는데, 이로 인해 피해자가 바닥에 넘어져 엉덩방아를 찧은 경우[1], ⑧ 통금시간이 가까운 23:30경 설계도 작성의 야간작업을 하고 있는 설계사무실에서 느닷없이 생면부지의 일행 3명이 사무실 유리문을 발로 차서 손괴하고는 그냥 가려고 하므로 동인들에게 피해변상을 받고자 그 중 1인의 가죽잠바를 잡아 사무실에 들어오게 하여 멱살을 잡고 흔든 경우[2], ⑨ 특수한 방법으로 수화자의 청각기관을 자극하여 그 수화자로 하여금 고통스럽게 느끼게 할 정도의 음향을 이용하였다는 등의 특별한 사정이 없는 상황에서 거리상 멀리 떨어져 있는 사람에게 전화기를 이용하여 전화하면서 고성을 내거나 그 전화대화를 녹음 후 듣게 하는 경우[3] 등에 있어서는 폭행죄에서 말하는 폭행에 해당하지 아니한다.

(3) 주관적 구성요건

본죄가 성립하기 위해서는 타인의 신체에 대하여 유형력을 행사한다는 사실에 대한 인식과 의사가 있어야 한다. 만약 상해의 고의로 폭행의 결과를 야기한 경우에는 상해미수죄가 성립하고, 폭행의 고의로 상해의 결과를 야기한 경우에는 폭행치상죄가 성립한다.

3. 실행의 착수시기 및 기수시기

본죄는 거동범·형식범에 해당하므로 유형력의 행사로 곧바로 기수가 된다. 폭력행위처벌법 제6조에 의하면 폭행죄의 미수범을 처벌하고 있지만, 거동범인 폭행죄의 경우 미수범은 발생할 여지가 없기 때문에 입법적 오류로 판단된다.

4. 소추조건

본죄는 반의사불벌죄이다(제260조 제3항). 처벌불원의 명시적인 의사표시가 있음에도 불구하고 검사가 공소를 제기한 경우에는 공소기각의 판결을 해야 한다(형사소송법 제327조 제6호). 여기서 처벌불원의 의사표시는 의사능력이 있는 피해자가 단독으로 할 수 있는 것이고[4], 피해자가 사망한 후 그 상속인이 피해자를 대신하여 처벌불원의 의사표시를 할 수는 없다.[5] 그러나

---

7) 대법원 1977. 2. 8. 선고 75도2673 판결(인분투척사건).

8) 대법원 1985. 10. 8. 선고 85도1915 판결; 대법원 1977. 2. 8. 선고 76도3758 판결.

1) 대법원 2014. 3. 27. 선고 2012도11204 판결(하지마그러면안되는거야사건).

2) 대법원 1975. 5. 27. 선고 75도990 판결.

3) 대법원 2003. 1. 10. 선고 2000도5716 판결(심수봉사건).

4) 대법원 2009. 11. 19. 선고 2009도6058 전원합의체 판결.

5) 대법원 2010. 5. 27. 선고 2010도2680 판결(생일빵사망사건)(속칭 '생일빵'을 한다는 명목 하에 피해자를 가격하여 사망에 이르게 한 사안에서, 폭행과 사망 간에 인과관계는 인정되지만 폭행 당시 피해자의 사망을 예견할 수 없었다는 이유로 폭행치사의 공소사실에 대하여 무죄를 선고하였다).

단순폭행죄 및 존속폭행죄가 아닌 특수폭행죄 및 상습폭행죄에는 반의사불벌죄의 적용이 없다. 또한 ① 2명 이상 공동하여 폭행을 하는 경우, ② 폭력행위처벌법을 위반하여 2회 이상 징역형을 받은 사람이 다시 폭행죄를 범하여 누범으로 처벌할 경우에는 반의사불벌죄의 규정을 적용하지 아니한다(폭력행위처벌법 제2조 제4항).

Ⅶ. 특수폭행죄

> 제261조(특수폭행) 단체 또는 다중의 위력을 보이거나 위험한 물건을 휴대하여 제260조 제1항 또는 제2항의 죄를 범한 때에는 5년 이하의 징역 또는 1천만원 이하의 벌금에 처한다.
> 제264조(상습범) 상습으로 제257조, 제258조, 제258조의2, 제260조 또는 제261조의 죄를 범한 때에는 그 죄에 정한 형의 2분의 1까지 가중한다.
> 제265조(자격정지의 병과) 제257조 제2항, 제258조, 제258조의2, 제260조 제2항, 제261조 또는 전조의 경우에는 10년 이하의 자격정지를 병과할 수 있다.

1. 의 의

특수폭행죄는 단체 또는 다중의 위력을 보이거나 위험한 물건을 휴대하여 폭행죄 또는 존속폭행죄를 범함으로써 성립하는 범죄이다. 본죄는 행위방법의 위험성으로 인하여 폭행죄와 비교하여 불법이 가중된 구성요건이다. 그러므로 폭행죄 또는 존속폭행죄와는 달리 반의사불벌죄에 해당하지 아니한다. 2인 이상이 공동하여 폭행을 한 경우에는 폭행죄와 존속폭행죄에서 정한 형의 2분의 1을 가중한다(폭력행위처벌법 제2조 제2항). 한편 2016. 1. 6. 이전 판례의 사안은 본죄를 적용한 것이 아니라 (구) 폭력행위처벌법 제3조 제1항[1]을 적용한 것이 대부분이었다.

---

1) 폭력행위처벌법 제2조(폭행 등) ② 2명 이상이 공동하여 다음 각 호의 죄를 범한 사람은 형법 각 해당 조항에서 정한 형의 2분의 1까지 가중한다.
   1. 형법 제260조 제1항(폭행), 제283조 제1항(협박), 제319조(주거침입, 퇴거불응) 또는 제366조(재물손괴 등)의 죄
   2. 형법 제260조 제2항(존속폭행), 제276조 제1항(체포, 감금), 제283조 제2항(존속협박) 또는 제324조 제1항(강요)의 죄
   3. 형법 제257조 제1항(상해)·제2항(존속상해), 제276조 제2항(존속체포, 존속감금) 또는 제350조(공갈)의 죄
   ③ 이 법(형법 각 해당 조항 및 각 해당 조항의 상습범, 특수범, 상습특수범, 각 해당 조항의 상습범의 미수범, 특수범의 미수범, 상습특수범의 미수범을 포함한다)을 위반하여 2회 이상 징역형을 받은 사람이 다시 제2항 각 호에 규정된 죄를 범하여 누범으로 처벌할 경우에는 다음 각 호의 구분에 따라 가중처벌한다.
   1. 제2항 제1호에 규정된 죄를 범한 사람: 7년 이하의 징역
   2. 제2항 제2호에 규정된 죄를 범한 사람: 1년 이상 12년 이하의 징역
   3. 제2항 제3호에 규정된 죄를 범한 사람: 2년 이상 20년 이하의 징역
   ④ 제2항과 제3항의 경우에는 형법 제260조 제3항 및 제283조 제3항을 적용하지 아니한다.
   폭력행위처벌법 제3조(집단적 폭행 등) ④ 이 법(형법 각 해당 조항 및 각 해당 조항의 상습범, 특수범, 상습특수범, 각 해당 조항의 상습범의 미수범, 특수범의 미수범, 상습특수범의 미수범을 포함한다)을 위반하여 2회 이상 징역형을 받은 사람이 다시 다음 각 호의 죄를 범하여 누범으로 처벌할 경우에는 다음 각 호의 구분에 따라 가중처벌한다.
   1. 형법 제261조(특수폭행)(제260조 제1항의 죄를 범한 경우에 한정한다), 제284조(특수협박)(제283조 제1항의 죄를 범한 경우에 한정한다), 제320조(특수주거침입) 또는 제369조 제1항(특수손괴)의 죄: 1년 이상 12년 이하의 징역
   2. 형법 제261조(특수폭행)(제260조 제2항의 죄를 범한 경우에 한정한다), 제278조(특수체포, 특수감금)(제276조

2. 구성요건

(1) 단체 또는 다중의 위력을 보이거나: 위력폭행죄

1) 단 체

'단체'란 공동의 목적 아래 최소한도의 통솔체제를 갖춘 특정·다수인에 의하여 이루어진 계속적 결합체를 말한다. 따라서 조직이 없는 집합체나 일시적인 결합체(일시적인 시위모임, 군중집회 등)는 본조에서 말하는 단체에 해당하지 아니하고, 다만 다중에 해당할 수 있을 뿐이다. 공동의 목적은 반드시 불법함을 요하지 아니하기 때문에, 범죄단체뿐만 아니라 법인·정당·노동조합·종교단체 등의 사회단체도 본죄의 단체에 해당한다. 단체의 구성원은 적어도 단체의 위력을 보일 수 있는 정도의 다수여야 한다. 하지만 그 다수가 반드시 동일한 장소에 집합하고 있을 필요가 없고, 연락을 통해서 집합이 가능하면 충분하다.

2) 다 중

'다중'이란 단체를 이루지 못한 다수인의 집합을 말한다. 그러므로 계속성·조직성·공동목적성·목적의 적법성 등이 요구되지 아니한다. 다중은 그 수로써 결정할 것이 아니라 구체적인 경우에 따라 집단적 세력을 배경으로 한 것이면 불과 3명[1] 또는 5명[2]이라도 다중에 해당한다. 다중의 여부는 남녀의 성비·조직적 훈련의 여부 등과 같은 집단구성원의 성질, 집단의 목적, 시간적·장소적 상황 등을 고려하여 규범적으로 판단해야 한다. 다만 한 지방의 평온을 해할 정도의 다수인 때에는 소요죄가 성립한다.

3) 위력을 보임

'위력'이란 단체 또는 다중의 형태로 집결한 다수 인원으로 사람의 의사를 제압할 수 있는 정도의 세력을 말한다. 즉 상대방에게 공포심을 주거나 상대방의 의사를 제압할 수 있는 유형 또는 무형의 힘을 말한다. 위력을 '보인다'라고 함은 이러한 위력을 상대방에게 인식시키는 것을 말한다.[3] 하지만 위력을 보여야 하기 때문에 상대방이 위력에 제압되어 있는 것을 이용한 경우에는 이에 해당하지 아니한다. 또한 위력을 상대방에게 인식시킴으로써 충분하고 현실적으로 상대방의 의사가 제압될 것까지 요하지는 아니한다.

한편 단체 또는 다중이 폭행 '현장'에 존재해야 하는지 여부와 관련하여, ① 적극설[4], ② 소극설[5], ③ 다중은 일시적인 다수인의 집합체에 불과하므로 이들의 일원이 폭행을 하는 경우에

제1항의 죄를 범한 경우에 한정한다), 제284조(특수협박)(제283조 제2항의 죄를 범한 경우에 한정한다) 또는 제324조 제2항(강요)의 죄: 2년 이상 20년 이하의 징역

3. 형법 제258조의2 제1항(특수상해), 제278조(특수체포, 특수감금)(제276조 제2항의 죄를 범한 경우에 한정한다) 또는 제350조의2(특수공갈)의 죄: 3년 이상 25년 이하의 징역

1) 대법원 1971. 12. 21. 선고 71도1930 판결.
2) 대법원 1961. 1. 18. 선고 4293형상896 판결(화랑파사건).
3) 대법원 2006. 2. 10. 선고 2005도174 판결.
4) 백형구, 64면.

는 현존하는 상황이 필요하다는 점을 논거로 하여, 단체는 현장에 있을 필요가 없으나 다중은 현장에 있어야 한다는 구별설[1] 등의 대립이 있다.

　　생각건대 본죄는 단체 또는 다중 '그 자체'를 보이는 것이 아니라 단체 또는 다중의 '위력'을 보이는 것이기 때문에 소극설이 타당하다. 다만 단체 또는 다중은 실제로 존재해야 한다. (구) 폭력행위처벌법 제3조 제1항에 의하면, '단체나 집단을 가장하여 위력을 보임으로써' 폭행한 경우를 처벌하고 있었지만, 2016. 1. 6. 삭제되었다.

(2) 위험한 물건을 휴대하여: 물건휴대폭행죄

1) 위험한 물건

① 기존의 입장

　　폭력행위처벌법 제3조 제1항이 삭제된 2016. 1. 6. 이전의 대법원 판결들을 살펴보면 형법상 특수폭행죄보다는 폭력행위처벌법 제3조 제1항 위반 사건과 관련하여 위험한 물건의 해당 여부가 많이 문제되었다.[2] 당시 폭력행위처벌법 제3조 제1항에는 흉기가 위험한 물건의 예시로 표현되어 있어서 판례가 흉기와 위험한 물건에 대한 각각의 정의를 내림에 있어서 위험한 물건에 보다 치중하고 있는 경향이 있었다. 즉 흉기에 대한 직접적인 정의를 내리기보다는 위험한 물건을 정의함으로써 이에 흉기가 포섭되도록 하는 형태를 취한 것인데, 이는 사실관계 판단에 있어서 피고인이 사용한 물건이 흉기이냐 아니면 위험한 물건이냐에 대한 별다른 관심이 없었다는 것을 의미한다.

　　판례[3]에 따르면 '위험한 물건'이란 흉기는 아니라고 하더라도 그 물건의 객관적인 성질이나 사용방법에 따라 널리 사람의 생명·신체(·재산[4]) 등에 해를 가하는 데 사용할 수 있는 일체의 물건을 말한다. 본래 살상용·파괴용으로 만들어진 것뿐만 아니라 다른 목적으로 만들어진 것이라고 하더라도 용법에 따라 일반인이 사실상 위험을 느낄 수 있는 물건도 그것이 사람의 생명·신체에 해를 가하는 데 사용되었다면 위험한 물건에 해당한다.[5]

---

5) 김선복, 75면; 김성돈, 106면; 김신규, 78면; 김일수/서보학, 69면; 김혜정 외 4인, 47면; 배종대, 71면; 손동권/김재윤, 63면; 오영근, 55면; 이영란, 74면; 이재상/장영민/강동범, 65면; 이정원/류석준, 53면; 이형국/김혜경, 74면; 임 웅, 87면; 정성근/정준섭, 29면; 정영일, 21면.

1) 박상기, 444면.

2) 위험한 물건에 대하여 보다 자세한 논의로는 박찬걸, "'흉기 기타 위험한 물건을 휴대하여'의 개정방안", 법학논총 제17권 제3호, 조선대학교 법학연구원, 2010. 12, 283면 이하 참조.

3) 대법원 2003. 1. 24. 선고 2002도5783 판결(자동차는 원래 살상용이나 파괴용으로 만들어진 것이 아니지만 사람의 생명 또는 신체에 위해를 가하거나 다른 사람의 재물을 손괴하는 데 사용되었다면 폭력행위처벌법 제3조 제1항의 '위험한 물건'에 해당한다); 대법원 2002. 9. 6. 선고 2002도2812 판결; 대법원 1997. 5. 30. 선고 97도597 판결; 대법원 1984. 10. 23. 선고 84도2001 판결 등 다수.

4) (구) 폭력행위처벌법 제3조 제1항의 경우에 손괴죄가 포함되어 있으므로 사람뿐만 아니라 재물의 효용을 해할 수 있는 물건도 포함되어야 했다.

5) 권오걸, 61면; 김선복, 76면; 김성돈, 107면; 김성천/김형준, 89면; 김일수/서보학, 70면; 김혜정 외 4인, 48면; 박상기, 444면; 배종대, 72면; 손동권/김재윤, 63면; 신동운, 195면; 오영근, 55면; 이영란, 75면; 이재상/장영민/강동범, 66면; 임 웅, 88면; 정성근/정준섭, 29면; 정영일, 21면.

판례에 의하면, 안전면도용칼날[1], 가위[2], 쪽가위[3], 조각도[4], 파리약 유리병[5], 마이오네즈병[6], 빈양주병[7], 깨어지지 아니한 상태의 맥주병[8], 500cc 맥주잔[9], 깨어진 병[10], 깨뜨린 2홉들이 소주병 조각[11], 깨어진 유리조각[12], 의자·당구큐대[13], 알루미늄 야구방망이[14], 사주된 동물[15], 항아리조각·부러뜨린 걸레자루[16], 곡괭이자루[17], 세멘벽돌[18], 직경 10cm 가량의 돌[19], 쌀가마 등을 운반하는데 사용되는 갈쿠리[20], 삽날 길이 21cm 가량의 야전삽[21], 전자충격기[22], 실탄이 장전되지 않은 공기총[23], 30cm의 공구[24], 길이 약 35cm이고 너비 약 9cm의 각목[25], 자동차[26], 샤프펜슬[27], 바스타액제(제초제)[28], 최루탄과 최루분말[29]

1) 대법원 1971. 4. 30. 선고 71도430 판결.
2) 대법원 1985. 3. 26. 선고 85도157 판결.
3) 대법원 1984. 1. 17. 선고 83도2900 판결.
4) 대법원 1992. 5. 12. 선고 92도381 판결.
5) 대법원 1961. 1. 18. 선고 4293형상896 판결.
6) 대법원 1984. 6. 12. 선고 84도647 판결.
7) 대법원 1997. 2. 25. 선고 96도3411 판결.
8) 대법원 1991. 12. 27. 선고 91도2527 판결.
9) 대법원 2010. 8. 19. 선고 2010도8135 판결.
10) 대법원 1991. 5. 28. 선고 91도80 판결.
11) 대법원 1986. 6. 24. 선고 86도947 판결.
12) 대법원 1982. 2. 23. 선고 81도3074 판결.
13) 대법원 1997. 2. 25. 선고 96도3346 판결.
14) 대법원 2005. 4. 28. 선고 2005도547 판결.
15) 대법원 2002. 9. 6. 선고 2002도2812 판결.
16) 대법원 1990. 6. 12. 선고 90도859 판결.
17) 대법원 1990. 1. 25. 선고 89도2245 판결.
18) 대법원 1990. 1. 23. 선고 89도2273 판결.
19) 대법원 1995. 11. 24. 선고 95도2282 판결.
20) 대법원 1986. 8. 19. 선고 86도960 판결.
21) 대법원 2001. 11. 30. 선고 2001도5268 판결.
22) 대법원 2008. 4. 24. 선고 2007도10058 판결.
23) 대법원 2002. 11. 26. 선고 2002도4586 판결(피고인이 피고인의 승용차 트렁크에서 공기총(구경 4.5㎜로 독일제인 다이아나 54)을 꺼내어 피해자를 향해 들이대고 피해자를 협박한 사실, 그 무렵 피고인은 승용차 트렁크에 공기총 실탄 474개를 공기총과 함께 보관하고 있었던 사실을 인정하고 나서, 비록 피고인이 공기총에 실탄을 장전하지 아니하였다고 하더라도 피고인은 범행 현장에서 공기총과 함께 실탄을 소지하고 있었고 피고인으로서는 언제든지 실탄을 장전하여 발사할 수도 있었던 것이므로 위 공기총이 폭력행위처벌법 제3조 제1항 소정의 '흉기 기타 위험한 물건'에 해당한다). 하지만 대법원이 공기총과 함께 주위에 실탄이 있어 언제든지 실탄을 장전하여 발사할 수도 있었다는 이유로 실탄이 장전되지 않은 공기총도 위험한 물건에 해당한다고 판시한 것은 논리적으로 문제가 있다. 만약 주위에 실탄이 없었다면 피고인이 절대적으로 총을 발사할 수 없었을 것인데, 이와 같이 실탄의 존재 여부를 기준으로 위험한 물건을 판단하는 것은 타당하지 않기 때문이다.
24) 대법원 1984. 2. 14. 선고 83도3165 판결.
25) 대법원 1985. 10. 8. 선고 85도1717 판결.
26) 대법원 2010. 11. 11. 선고 2010도10256 판결(피고인이 甲과 운전 중 발생한 시비로 한차례 다툼이 벌어진 직후 甲이 계속하여 피고인이 운전하던 자동차를 뒤따라온다고 보고 순간적으로 화가 나 甲에게 겁을 주기 위하여 자동차를 정차한 후 4 내지 5m 후진하여 甲이 승차하고 있던 자동차와 충돌한 사안에서, 본래 자동차 자체는 살상용, 파괴용 물건이 아닌 점 등을 감안하더라도, 위 충돌 당시와 같은 상황하에서는 甲은 물론 제3자라도 피고인의 자동차와 충돌하면 생명 또는 신체에 살상의 위험을 느꼈을 것이므로, 피고인이 자동차를 이용하여 甲에게 상해를 가하고, 甲의 자동차를 손괴한 행위는 폭력행위처벌법 제3조 제1항이 정한 '위험한 물건'을 휴대하여 이루어진 범죄라고 봄이 상당하다); 대법원 2001. 2. 23. 선고 2001도271 판결.

등이 위험한 물건에 해당한다.

② 검 토

㉠ 물건의 인정 여부 판단   위험한 물건을 해석함에 있어서 위험성에 대한 판단에 앞서 물건의 인정 여부를 판단하는 것이 보다 효율적이라고 할 수 있다. 왜냐하면 위험성의 개념은 물건의 개념과 비교했을 때 상대적으로 규범적이기 때문이다. 따라서 구체적인 물건의 개념을 파악한 이후에 이에 포섭되지 아니한 것은 위험성의 판단도 거칠 필요가 없다.

물건의 개념은 민법 제98조에 규정되어 있는데, '물건'이란 유체물 및 전기 기타 관리할 수 있는 자연력을 말한다. 이와 같이 물건은 원칙적으로 유체물이어야 하므로 사람의 신체 일부인 주먹이나 발은 물건이라고 할 수 없다. 그러므로 권투선수가 자신의 주먹으로 상대방의 안면부를 강타하는 행위는 단순폭행죄에 해당된다. 하지만 큰 반지를 낀 상태에 있는 자가 큰 반지로 상대방을 가격할 의도로 주먹을 휘두른 경우, 신발의 앞부분이 단단한 축구화·군화·하이힐 등으로 상대방을 가격할 의도로 발목을 찬 경우 등에서는 물건을 휴대 내지 이용하여 폭행했다고도 볼 수 있다. 즉 형식적으로는 신체의 일부를 사용한 것처럼 보이는 사안일지라도 경우에 따라 가해자의 신체의 일부와 피해자의 신체 사이에 위험한 매개물이 접합되어 있다면 실질적으로 위험한 물건을 휴대하여 범죄를 저지른 것으로 보아야 한다. 또한 물건인 이상 고체뿐만 아니라 액체[1]나 기체도 이에 해당한다. 예를 들면 끓는 물을 타인에게 퍼붓는 경우, 스프레이나 가스분사기를 얼굴에 뿌리는 경우 등이 이에 해당한다.

한편 물건의 개념을 해석할 때 주의해야 할 점은 물건을 수식하는 '휴대'라는 개념과의 연관성이다. 휴대라는 용어가 사용된다는 점은 물건이 휴대가능한 것에 한정된다는 것을 의미하기 때문에, 위험한 물건에서 말하는 '물건'이란 부동산을 제외한 동산에 국한된다. 이러한 해석에 의하면 사람의 머리를 건물의 벽이나 바위에 부딪치게 하는 행위는 물건을 휴대하였다고 할 수 없기 때문에 특수폭행죄가 아니라 단순폭행죄가 될 뿐이다. 하지만 '휴대'가 아니라 '이용'이라는 용어가 물건을 수식할 때에는 이러한 경우에도 특수폭행죄가 성립할 수 있다.

㉡ 위험성의 인정 여부 판단   위험한 물건을 해석함에 있어서 가장 중요한 문제는 위험성 유무를 어떻게 판단하는 것인가에 있다.[2] 원칙적으로 위험한 물건은 객관적인 성질에 따라 결정할 일이기 때문에 행위자의 주관적인 의도는 고려의 여지가 없다. 예를 들어 유치원에 다

---

27) 대법원 2010. 6. 10. 선고 2010도4040 판결.
28) 대법원 2002. 9. 6. 선고 2002도2812 판결.
29) 대법원 2014. 6. 12. 선고 2014도1894 판결.
 1) 대법원 2002. 9. 6. 선고 2002도2812 판결.
 2) 이에 대하여 실무에서는 위험성 여부를 판단함에 있어서 형의 가중이유, 물건의 객관적 상태, 물건에 대한 주관적 인식, 사용동기 및 사용경위, 사용방법, 가해자와 피해자와의 상대적 관계, 피해부위 및 정도, 기타 요소 등을 제시한다.

니는 예쁜 채윤이가 비눗방울 총 내지 뿅망치 등을 폭행과정에 사용하여도 객관적 위험성이 없기 때문에 위험한 물건의 휴대로 볼 수는 없다.

하지만 판례[1]는 위험한 물건의 위험성 여부는 구체적인 사안에 따라 사회통념에 비추어 그 물건을 사용하면 그 상대방이나 제3자[2]가 곧 위험성을 느낄 수 있으리라고 인정되는 물건인가의 여부에 따라 이를 판단하여야 한다고 하면서 위험한 물건을 사용하게 된 동기를 고려하는 태도를 보이고 있다. 즉 동일한 물건이라도 사용자의 의도·사용방법·상대방의 인식 등이 어떠한 것인가에 따라 위험한 물건의 해당 여부가 달라질 수 있다는 것이다.

판례에 의하면, ① 당구공으로 피해자의 머리를 툭툭 건드린 정도에 불과한 경우[3], ② 피해자가 거짓말을 하였다는 이유로 당구큐대로 피해자의 머리 부위를 3~4회 가볍게 톡톡 때린 경우[4], ③ 피해자가 먼저 식칼을 들고 나와 피고인을 찌르려다가 피고인이 이를 저지하기 위하여 그 칼을 뺏은 다음 피해자를 훈계하면서 칼의 칼자루 부분으로 피해자의 머리를 가볍게 친 경우[5], ④ 쇠파이프(길이 2m, 직경 5cm)로 머리를 구타당하면서 이에 대항하여 그 곳에 있던 각목(길이 1m, 직경 5cm)으로 상대방의 허리를 구타하여 전치 2주의 상해를 입힌 경우[6], ⑤ 피고인이 이혼 분쟁 과정에서 자신의 아들을 승낙 없이 자동차에 태우고 떠나려고 하는 피해자들 일행을 상대로 급하게 추격 또는 제지하는 과정에서 속도가 빠르지 않은 상황에서 소형자동차로 중형자동차를 충격한 경우[7], ⑥ 피고인이 술에 취하여 다수의 사람이

---

1) 대법원 2009. 3. 26. 선고 2007도3520 판결; 대법원 2008. 5. 15. 선고 2008도2074 판결; 대법원 2003. 1. 24. 선고 2002도5783 판결; 대법원 1981. 7. 28. 선고 81도1046 판결.

2) 상대방 또는 제3자 중 위험성을 느끼는 기준이 누구이냐 하는 것이 문제될 수 있다. 판례는 상대방이나 제3자 모두가 위험성을 느끼는 기준으로 파악하고 있는데, 만약 일반인(제3자)은 위험성을 느끼지 않지만 피해자(상대방)가 소심하여 위험성을 느끼는 경우 또는 일반인은 위험성을 느끼지만 피해자가 대담하여 위험성을 느끼지 못하는 경우 등과 같이 상대방과 제3자가 느끼는 위험성의 정도가 상이할 경우 과연 누구를 기준으로 위험성의 판단을 할 것인가 문제된다. 범행 당시에 피해자가 실제로 위험성을 느꼈는지 여부는 위험성 판단의 한 요소일 뿐 결정적 요소는 아니다. 그러므로 위험성의 유무는 피해자가 실제로 처하였던 구체적 상황을 기초로 하여 일반인의 입장에서 판단하여야 한다.

3) 대법원 2008. 1. 17. 선고 2007도9624 판결(피고인이 2006. 12. 21. 02:00경 당구장에서 피해자가 시끄럽게 떠든다는 이유로, 주먹으로 피해자의 얼굴 부위를 1회 때리고 그곳 당구대 위에 놓여있던 당구공으로 피해자의 머리 부위를 수회 때려, 피해자에게 치료일수 불상의 입술 부위가 터지고 머리부위가 부어오르는 상해를 가하였다는 이 사건 공소사실에 대하여, 피고인이 피해자의 얼굴을 주먹으로 가격하여 생긴 상처가 주된 상처로 보이고, 당구공으로는 피해자의 머리를 툭툭 건드린 정도에 불과한 것으로 보이는 사실을 인정한 다음, 위와 같은 사정 아래에서는 피고인이 당구공으로 피해자의 머리를 때린 행위로 인하여 사회통념상 피해자나 제3자에게 생명 또는 신체에 위험을 느끼게 하였으리라고 보여지지 아니하므로 위 당구공은 폭력행위처벌법 제3조 제1항의 '위험한 물건'에는 해당하지 아니한다).

4) 대법원 2004. 5. 14. 선고 2004도176 판결.

5) 대법원 1989. 12. 22. 선고 89도1570 판결(그와 같은 사정 아래서는 피해자가 (위와 같은 피고인의 행위에) 위험성을 느꼈으리라고는 할 수 없다).

6) 대법원 1981. 7. 28. 선고 81도1046 판결(위 각목은 그 성질상 위험한 물건이라고는 볼 수 없을 뿐만 아니라 피고인이 이를 사용하게 된 경위를 보면 그 상대방인 원심상피고인이나 일반 제3자가 그 위험성을 느낄 수 있는 정도의 물건이었다고 보여 지지 아니하므로 위 각목을 같은 법률 제3조 제1항 소정의 위험한 물건이라고는 할 수 없을 것이다). 하지만 각목은 성질상 위험한 물건임에 분명하다. 보다 정확하게 표현하자면 위험한 물건(각목)을 위험하지 않게 사용한 것이라고 보아야 할 것이다.

7) 대법원 2009. 3. 26. 선고 2007도3520 판결(피고인이 이혼 분쟁 과정에서 자신의 아들을 승낙 없이 자동차에 태우고 떠나려고 하는 피해자들 일행을 상대로 급하게 추격 또는 제지하는 과정에서 이 사건 자동차를 사용하게 된

있는 상태에서 소화기를 던지며 소란을 피운 경우[1] 등에 있어서는 특수폭행죄 내지 (구) 폭력행위처벌법 제3조 제1항의 죄의 성립을 인정하지 아니한다.

위의 판례에서 제시된 당구공·당구큐대·식칼·각목·자동차·소화기 등은 다른 판례사안의 경우에서 위험한 물건에 해당하는 것들이다. 하지만 특수한 사안에 있어서는 위험한 물건이 안 된다고 하는 판례의 취지는 객관적인 물건의 형상이나 용법이 동일하다고 하더라도 그 물건의 실제 사용방법이나 사용하게 된 동기 및 배경 등을 개별적으로 판단하고 있는 것이다. 위험한 물건의 위험성 여부는 당해 물건 자체의 성질과 형상뿐만 아니라 그 물건을 사용하여 한 폭행의 방법, 부위와 정도 및 결과, 행위자와 피해자의 관계, 행위 당시의 정황 등 여러 사정을 고려하여 사회통념에 비추어 그 물건을 사용하면 상대방이나 제3자가 곧 살상의 위험을 느낄 수 있는지 여부에 따라 판단하여야 한다는 점에서 하급심의 판단과 상급심의 판단이 상반된 결론이 나오기도 하였다.[2] 이러한 특수한 사안의 가장 대표적인 예가 피해상대방에게 일정 부분 책임이 있는 경우라고 할 수 있다. 예를 들면 피해자가 먼저 가격을 한 경우 또는 문제를 일으킨 경우에 가해자가 이를 저지하거나 문제를 해결하려고 하는 과정에서 폭행이 발생한 경우에는 위험한 물건의 휴대 내지 이용을 인정하지 않는 반면에, 가해자가 먼저 가격을 한 경우에 있어서는 대체로 위험한 물건의 휴대 내지 이용을 인정하고 있다.

이상의 점에 비추어 볼 때 판례의 입장은 '위험한 물건'을 해석함에 있어서 구성요건을 제한적으로 해석하고 있음을 알 수 있다. 즉 위험한 물건을 휴대하는 것만으로는 물건휴대폭행죄가 성립하지 않고, 위험한 물건을 '위험하게' 휴대하는 정도에 이르러야만 물건휴대폭행죄가 성

점, 이 사건 범행은 소형승용차(라노스)로 중형승용차(쏘나타)를 충격한 것이고, 충격할 당시 두 차량 모두 정차하여 있다가 막 출발하는 상태로서 차량 속도가 빠르지 않았으며 상대방 차량의 손괴 정도가 그다지 심하지 아니한 점, 이 사건 자동차의 충격으로 피해자들이 입은 상해의 정도가 비교적 경미한 점 등의 여러 사정을 종합하면, 피고인의 이 사건 자동차 운행으로 인하여 사회통념상 상대방이나 제3자가 생명 또는 신체에 위험을 느꼈다고 보기 어렵다). 동 사건에서 피고인은 손괴죄와 상해죄의 상상적 경합범으로 처벌되었다.

[1] 대법원 2010. 4. 29. 선고 2010도930 판결(소화기소란사건)(피고인이 술에 취하여 경륜장 매표소에서 행패를 부리자 피해자들을 비롯한 다수의 경륜장 직원들이 피고인을 제지하였고 이에 피고인이 경륜장 사무실로 들어가자 위 직원들이 따라 들어간 점, 피고인은 사무실 안에서도 위 직원들 5~6명이 있는 상태에서 소화기들을 던지며 소란을 피웠는데 특정인을 겨냥하여 던진 것으로는 보이지 아니하는 점, 피해자들이 상해를 입지 않은 점 등의 여러 사정을 종합하면, 피고인이 위 소화기들을 던진 행위로 인하여 사회통념상 피해자들이나 제3자가 생명 또는 신체에 위험을 느꼈던 것으로는 보기 어렵다고 판단하여 피고인에 대한 폭력행위처벌법 제3조 제1항 위반죄가 성립하지 아니한다).

[2] 대법원 1999. 11. 9. 선고 99도4146 판결(조폭금주령위반사건)(피고인이 폭행에 사용한 쇠파이프는 길이가 150cm, 지름이 7cm이고, 각목은 길이가 100cm, 굵기가 4cm 내지 5cm로서 사용방법에 따라서는 위험한 물건이 될 수도 있으나, 폭력조직의 선배가 금주령을 어긴 채 술을 마시고 길거리를 돌아다니는 후배들을 훈계한다는 명목 아래 폭행에 이른 사정, 피해자들을 엎드리게 한 다음 피해자 1인당 쇠파이프로 10대씩, 각목으로 60대씩 때리기는 하였으나 때린 부위가 엉덩이와 허벅지 사이로 한정되었고 피해자들이 특별히 반항하지 않아 다른 신체부위를 가격할 가능성도 거의 없었던 사정, 피해자들은 위와 같이 폭행당하여 피멍이 들기는 하였으나 바로 걸을 수 있었고, 2일 내지 3일 정도 약을 바르거나 약도 바르지 않은 채 일주일 또는 보름 정도 후에 자연적으로 치유된 사정 등을 참작하면, 쇠파이프나 각목은 폭행의 상대방이나 제3자가 바로 살상의 위험을 느낄 수 있을 정도의 물건으로 볼 수 없어 위 법조 소정의 '위험한 물건'에 해당하지 않는다).

립한다는 것이다. 이와 같이 위험성의 판단을 이중으로 하게 되는데, 제1단계의 위험성 판단은 위험한 '물건'이다. 여기서의 위험성은 물건을 수식하는 것으로서, 물건 그 자체가 가지고 있는 객관적인 성질의 관점에서 위험성 여부를 판단한다. 예를 들어 뿅망치, 솜방망이 등은 그 자체가 객관적으로 타인에게 살상의 결과를 발생시킬 수 없기 때문에 제1단계의 위험성 판단에서 탈락하게 된다. 다음으로 제2단계의 위험성 판단은 위험한 '휴대'이다. 여기서의 위험성은 휴대를 수식하는 것으로서, 비록 객관적으로 위험한 물건일지라도 사용의 방법, 침해의 부위, 사용의 동기, 상대방의 인식 등 여러 가지 가변요소들을 고려하여 위험성 여부를 다시 판단하게 된다. 이러한 해석은 피고인에게 유리한 것이므로 죄형법정주의에 어긋나는 해석이라고 할 수는 없다.

2) 흉기와 위험한 물건과의 관계

흉기의 개념에 대해서는 사람의 살상이나 재물의 손괴를 목적으로 제작되고 그 목적을 달성하는데 적합한 물건을 의미한다고 보는 것이 일반적이다. 이에 따르면 흉기에 해당하는 물건은 모두 위험한 물건에도 해당한다. 흉기와 위험한 물건의 관계와 관련하여, ① 흉기는 본래의 용도나 제조목적이 사람의 생명·신체를 침해하는 것임에 비하여 위험한 물건은 본래의 용도나 제조목적을 불문하고 사람의 생명·신체를 침해하는데 사용할 수 있는 물건이라는 점에서 특별 대 일반의 관계가 있다고 하여 구별된다는 견해(구별설)[1], ② 흉기와 위험한 물건은 모두 사람의 생명·신체를 침해하는데 사용할 수 있는 물건이라는 점에서 동일하므로 구별되지 않는다는 견해(불구별설)[2] 등의 대립이 있다.

생각건대 판례에 등장하는 대표적인 흉기가 칼(과도, 식칼, 횟감용(사시미) 칼 등)이다. 하지만 칼의 본래의 용도나 제조목적이 사람의 생명이나 신체를 침해하는 것이라고 말할 수는 없다. 칼은 그저 위험한 물건일 뿐이다. 그렇다면 본래의 용도나 제조목적이 사람의 생명이나 신체를 침해하는 것인 흉기(凶器)란 전혀 없는 것인가? 대표적으로 총을 흉기로 볼 수 있겠지만, 이것도 정확한 표현은 아니다. 군인이 사용하는 총은 적에 대한 살상용이기 때문에 전형적인 흉기라고 할 수 있지만, 민간인이 사용하는 총은 그렇지 않다. 살상용으로 민간인이 총을 소지하는 것은 적어도 우리나라에서는 허용되지 않는 불법이다. 민간인이 총을 소지하는 대부분의 경우는 수렵용이다. 이와 같이 동일한 총이라고 하더라도 총의 소지인이 누구인가에 따라 그 본래의 용도가 상이하다는 점을 알 수 있다. 비슷한 예가 군인용 대검(칼)이다. 군인이 소지한 칼은 흉기이지만, 민간인이 소지한 칼은 흉기가 아니다. 결론적으로 특수폭행죄에 있어서 흉기인지의 여

1) 권오걸, 62면; 김성돈, 108면; 김성천/김형준, 90면; 김신규, 80면; 김일수/서보학, 70면(모든 흉기는 다 위험한 물건이 되지만 모든 위험한 물건이 다 흉기가 되는 것은 아니다. 맥주병은 위험한 물건이지만 깨진 맥주병은 흉기가 된다); 김혜정 외 4인, 48면; 배종대, 73면; 신동운, 195면; 이형국/김혜경, 76면; 정성근/정준섭, 30면; 정영일, 21면; 최호진, 342면.
2) 김선복, 78면; 이재상/장영민/강동범, 67면; 임 웅, 88면. 하지만 불구별설은 형법전이 동일한 구성요건에서 흉기와 위험한 물건을 중복해서 규정하고 있지 않은 점을 간과하고 있다.

부는 중요하지 않은데, 그 이유는 다음과 같다.

첫째, 제261조를 보더라도 단순히 '위험한 물건'이라고만 규정되어 있지, '흉기'라는 용어는 찾아볼 수 없다. 특수폭행죄가 단순폭행죄에 비하여 불법이 가중된 이유는 '위험성'의 증폭에 있는 것이지 그 수단이 무엇이냐는 부차적인 요소에 불과하다. 따라서 흉기의 여부에 대한 구별의 실익이 전혀 없고, 오로지 그 물건의 위험성 여부를 구별하는데 초점을 맞추어야 한다.

둘째, 군형법 제50조, 성폭력특례법 제4조 등에서는 '흉기 기타 위험한 물건을 휴대하여' 또는 '흉기나 그 밖의 위험한 물건을 지닌 채'라고 규정하고 있기 때문에 '흉기가 아닌' 위험한 물건도 동일한 처벌의 대상이 된다. '흉기 기타 위험한 물건을 휴대하여'라는 문구의 체계적인 의미는 흉기를 위험한 물건의 한 예시로 보고 있는 것이다. 즉 위험한 물건이 일반개념이고 흉기는 특수개념인 셈이다.

셋째, 기존에는 위험한 물건을 휴대하여 폭행하는 경우에는 형법이 아닌 (구) 폭력행위처벌법 제3조 제1항으로 해결하였다. 하지만 2016. 1. 6. 폭력행위처벌법 제3조 제1항을 삭제하며, 형법으로 해결하고자 하는 입장을 취하면서도 '흉기'에 대해서는 이를 형법에 편입하지 아니하고, 형법에 규정되어 있는 '위험한 물건'만으로 대처하고 있는데, 이는 '흉기' 자체의 필요성이 없다고 판단한 것이다.

넷째, 위험한 물건을 휴대하는 경우는 단체 또는 다중의 위력을 보이는 경우와 함께 규정되어 있는 반면에 흉기를 휴대하는 경우는 2인 이상이 합동하는 경우와 함께 규정되어 있다. 이와 같이 양자를 대칭하여 규정하는 이유가 과연 존재하는지가 문제될 수 있다. 일반적으로 단체란 공동목적을 가진 다수인의 계속적·조직적인 결합체를 말하고, 다중이란 단체에 이르지 못한 다수인의 단순한 집합을 말한다. 그러나 위력을 보이기 위하여 단체나 다중이 현장에 현존할 필요가 없다는 점[1]에서 2인 이상이 반드시 현장에 현존할 필요가 있는 '2인 이상이 합동하여'와 구별된다. 그러므로 2인 이상이 합동하는 경우가 단체 또는 다중의 위력을 보이는 경우보다 더 중한 범죄로 파악될 여지도 없는 것은 아니다. 이는 흉기를 휴대하는 경우가 위험한 물건을 휴대하는 경우보다 더 중한 범죄로 파악될 수 있는 근거가 되기도 한다. 하지만 현실적인 위험성에 있어서 양자에 커다란 차이가 없으므로 현행법상 위험한 물건의 해석을 달리 하여야 하는 논리적 당위성은 존재하지 않는다.

결론적으로 형법 및 각종 형사특별법에서 사용되고 있는 흉기와 위험한 물건은 동의어에 지나지 아니한다. 따라서 흉기나 위험한 물건 중 하나의 용어만을 사용하는 것이 바람직한데, '위험한 물건'이라는 용어의 사용이 타당하다.

---

1) 단체나 다중의 '위력'을 보이는 것이지 단체나 다중 그 자체를 보이는 것이 아니기 때문이다.

3) 휴 대

① 학설 및 판례의 입장

'휴대하여'의 의미와 관련하여, ① 범죄현장에서 사용할 의도 아래 위험한 물건을 몸에 지니고 있는 것을 이용하는 것으로 소지보다는 좁은 개념이라고 해석하는 부착설(최협의설)[1], ② 몸 가까이 두고 쉽게 사용할 수 있는 위치에 있으면 족하지만 반드시 몸에 부착할 필요는 없다고 해석하는 소지설(협의설)[2], ③ 소지뿐만 아니라 널리 이용 또는 사용하는 경우도 포함한다고 해석하는 이용설(광의설)[3] 등의 대립이 있다.

이에 대하여 과거의 판례는 「휴대라고 함은 범행현장에서 사용할 의도 아래 위험한 물건을 몸 또는 몸 가까이에 소지하는 것을 말한다.」라고 판시[4]하여, 소지설의 입장을 취한 적도 있었지만, 최근에는 「위험한 물건을 '휴대하여'라는 말은 소지뿐만 아니라 널리 이용한다는 뜻도 포함하고 있다.」라고 판시[5]하여, 이용설의 입장을 취하고 있다.

② 검 토

휴대의 사전적 의미는 '손에 들거나 몸에 지니고 다니는' 것이다. 이러한 휴대라는 용어의 의미에 비추어 볼 때 판례가 취하고 있는 이용설은 문언의 가능한 의미를 훨씬 넓게 파악하는 개념이다. 확장해석이 모든 경우에 있어서 금지되는 것은 아니지만 휴대를 사용 또는 이용이라

---

1) 김성돈, 108면; 김혜정 외 4인, 50면; 정성근/정준섭, 31면.

2) 김신규, 81면; 손동권/김재윤, 65면; 임 웅, 89면; 정영일, 21면. 이에 의하면 손에 집어 들어야 하는 것은 아니므로, 예를 들면 맹견을 휘파람으로 불러 사주하는 경우도 휴대에 해당한다고 한다.

3) 권오걸, 63면; 김선복, 78면; 김성천/김형준, 91면(유선으로 연결된 드론을 움직이는 경우 결국 자신의 의도대로 움직이는 것인 한 휴대하는 것으로 볼 수밖에 없다); 김일수/서보학, 70면; 신동운, 196면; 이영란, 77면.

4) 대법원 1992. 5. 12. 선고 92도381 판결(자기가 기거하는 장소에 보관하였다는 것만으로는 위험한 물건의 휴대라고 할 수 없는 것이므로 …); 대법원 1990. 11. 13. 선고 90도2170 판결(장칼 2개 등 위험한 물건들을 피고인의 아파트에 보관하였다는 것만으로는 위험한 물건의 휴대라고 할 수는 없을 것이다); 대법원 1984. 1. 31. 선고 83도 2959 판결; 대법원 1982. 2. 23. 선고 81도3074 판결(위험한 물건의 휴대라고 함은 손에 드는 등 몸에 지닌 것을 말하나 이 휴대라 함은 반드시 몸에 지니고 다니는 것을 뜻한다고는 할 수 없으니 범행 현장에서 범행에서 사용할 의도 아래 이를 소지하거나 몸에 지니는 경우도 휴대라고 볼 것이므로 본건에서 피고인이 깨어진 유리조각을 들고 피해자의 얼굴에 던졌다면 이는 위험한 물건을 휴대하였다고 볼 것이다).

5) 대법원 2002. 9. 6. 선고 2002도2812 판결; 대법원 1998. 5. 29. 선고 98도1086 판결(피고인이 주유소에서 유류대금을 내지 않고 도망하려 하자 주유소 직원이 차의 창문을 잡고 차를 세우라고 소리치는데도 동인을 매단 채 약 30m 진행하다가 땅에 넘어뜨려 상해를 가한 경우 자동차도 위험한 물건에 해당하기 때문에 폭력행위처벌법 제3조 제1항이 적용된다); 대법원 1997. 5. 30. 선고 97도597 판결(위험한 물건을 '휴대하여'라는 말은 소지뿐만 아니라 널리 이용한다는 뜻도 포함하고 있다고 할 것인데, 피고인은 견인료납부를 요구하면서 피고인 운전의 캐피탈 승용차의 앞을 가로막고 있는 교통관리직원인 피해자 이영수의 다리 부분을 위 승용차 앞범퍼 부분으로 들이받고 약 1m 정도 진행하여 동인을 땅바닥에 넘어뜨려 폭행하였다는 것이므로, 피고인의 이러한 행위는 위험한 물건인 자동차를 이용하여 위 이영수를 폭행하였다고 할 것이다); 대법원 1984. 10. 23. 선고 84도2001 판결(피고인은 향토예비군설치법위반으로 피고인을 연행하려는 경찰관을 뿌리치고 도망가다가 경찰관 공소외 1의 추격을 당하자 부근에 세워두었던 승용차에 올라 타 문을 잠그고 출발하여 도주하려고 하던 중 공소외 1이 위 승용차 본넷트 위에 뛰어 올라 운전석 앞 유리창을 몸으로 막고 도주하지 못하게 하여 피고인을 체포하려고 하자 그대로 약 500m 가량을 시속 30km로 진행하다가 진행방향을 갑자기 오른쪽으로 바꾸어 공소외 1을 도로에 나가 떨어지게 하여 그로 하여금 약 6주일의 치료를 요하는 좌측 측두골골절상 및 뇌진탕등의 상해를 입게 하였다는 것이므로 피고인의 소위는 위험한 물건인 자동차를 이용하여 공소외 1의 공무집행을 방해하고 그로 인하여 공소외 1에게 상해를 입게 하였다).

고 확장하는 것은 피고인을 불리하게 처우하는 해석이므로 허용되지 아니한다. 따라서 적어도 현행법이 '휴대'라는 구성요건요소를 유지하는 한 판례의 입장은 지양되어야만 한다. 이와 관련하여 성폭력특례법이 기존의 '휴대'개념에서 탈피하여 '지닌 채'라는 개념으로 2010. 4. 15. 개정을 하였는바, '지닌 채'라는 의미도 판례에서 말하는 사용 또는 이용하는 행위까지 포섭할 수 없다는 점에서 과감한 탈피는 아니라고 보여 진다.

    생각건대 해석론적으로는 현행의 문언대로 엄격하게 규정을 바라보아야 한다는 점은 유지되어야 하지만, 입법론적으로는 현행의 문언을 그대로 유지하는 것이 형벌가중적 구성요건으로서 특수범죄를 규정한 입법취지에 과연 부합하는가라는 점에서 재고의 여지가 있다. 어떠한 범죄에 있어서 위험한 물건이 구성요건요소에 포함되어 있는 경우는 형벌가중적 구성요건에 해당한다. 본죄가 형벌을 가중하고 있는 이유는 범죄의 결과 때문이 아니라 행위의 수단과 방법이 피해자에게 중대한 법익침해를 야기할 위험이 있고 피해자의 방어기회를 제한하기 때문이다. 따라서 위험한 물건을 실제 사용하거나 적어도 상대방에게 인식하게 한 경우에는 피해자에 대한 법익침해발생가능성과 피해자의 방어기회제한가능성이 나타나 가중처벌을 할 수 있는 것이다.

    한편 위험한 물건에 대한 상대방의 인식 여부와 관련하여, ① 몸에 지니고 있음을 반드시 상대방에게 인식시켜야 한다는 견해(인식요구설), ② 문언상 위험한 물건을 '보여'라고 하지 않고 '휴대하여'라고 규정되어 있기 때문에 상대방에게 인식시킬 필요가 없다고 해석하는 견해(인식불요설)[1], ③ 상대방이 인식가능한 방법으로 몸에 지니고 있어야 하며, 상대방이 전혀 인식불가능한 방법으로 몸에 지닌 때에는 휴대라고 할 수 없다고 해석하는 견해(인식가능설)[2] 등의 대립이 있다.[3]

    이에 대하여 판례는 「범행 현장에서 범행에 사용하려는 의도 아래 흉기 등 위험한 물건을 소지하거나 몸에 지닌 이상 그 사실을 피해자가 인식하거나 실제로 범행에 사용하였을 것까지 요구되는 것은 아니라 할 것」이라고 판시[4]하여, 인식불요설의 입장을 취하고 있다.

---

[1] 김선복, 78면; 김성천/김형준, 91면; 김신규, 82면; 김일수/서보학, 71면; 김혜정 외 4인, 50면; 배종대, 73면; 손동권/김재윤, 65면; 신동운, 196면; 이영란, 77면; 이재상/장영민/강동범, 68면; 임 웅, 90면(다만 입법론상으로는 상대방에게 '보여'라고 고칠 필요가 있다); 정성근/정준섭, 31면; 정영일, 21면.

[2] 김성돈, 109면; 이형국/김혜경, 73면.

[3] 이러한 학설의 대립은 '휴대하여'의 의미와 물건의 사용방법 사이에 밀접한 연관성이 있다는 데에서 그 의의를 찾을 수 있다.

[4] 대법원 2007. 3. 30. 선고 2007도914 판결(범행 현장에서 범행에 사용하려는 의도 아래 흉기 등 위험한 물건을 소지하거나 몸에 지닌 이상 그 사실을 피해자가 인식하거나 실제로 범행에 사용하였을 것까지 요구되는 것은 아니라 할 것이다. 피고인이 처음부터 이 사건 화훼용 가위를 피해자에게 상해를 가하기 위하여 소지하고 있었던 것은 아니라 하더라도 피해자와 시비하는 과정에서 의도적으로 이를 휘둘러 피해자에게 상해를 가한 이상, 이는 폭력행위처벌법 제3조 제1항 소정의 위험한 물건을 휴대한 경우에 해당한다); 대법원 2004. 6. 11. 선고 2004도2018 판결; 대법원 2003. 1. 24. 선고 2002도5783 판결; 대법원 1984. 4. 10. 선고 84도353 판결(피고인이 폭력행위 당시 과도를 범행현장에서 호주머니 속에 지니고 있었던 이상 피해자가 그 사실을 인식하지 못하였더라도 위험한 물건을 휴대한 경우에 해당한다).

생각건대 인식불요설은 법문의 규정이 '휴대하여'라고 되어 있는 한계로 말미암아 나타나는 학설로서, 만약 법문의 규정을 다른 용어로 개정한다면 학설의 가치가 감쇄될 것이다. 이에 형벌가중적 구성요건을 규정한 입법취지를 고려할 때 인식요구설이 타당하다. 즉 상대방이 위험한 물건의 존재 그 자체를 적어도 인식하여야만 법익침해발생가능성과 방어기회제한가능성이 나타나기 때문이다. 또한 상대방에게 '보여'져서 인식이 가능하다는 의미는, 단체 또는 다중의 위력을 '보여'라고 하는 행위태양과 일치되는 효과도 나타난다.[1]

결론적으로 위험한 물건에 대한 범인의 지배가능성과 상대방의 인식가능성을 기준으로 형벌가중 여부를 판단하여야 한다. 그러므로 위험한 물건을 이용하기 위해서는 적어도 현장에 위험한 물건이 위치해 있음으로 인하여 언제든지 위험한 물건을 이용하기에 족한 상태에 있어야 할 뿐만 아니라[2] 그러한 이용가능성에 대하여 상대방이 인식하여야만 한다. 따라서 기존의 규정에 대한 입법적인 재검토를 요하는 바, '위험한 물건을 이용하여'로 개정하는 것이 타당하며, 이러한 구성요건요소를 두는 것은 다음과 같은 기존의 한계사례를 해결할 수 있다.

첫째, 왼손으로 병을 들고 오른손으로 폭행할 경우 또는 쇠파이프를 가지고 가서 주먹으로 폭행할 경우 등에서는 병이나 쇠파이프를 '휴대하여' 범한 것이 되지만, 병이나 쇠파이프를 '이용하여' 범한 것에 대해서는 의문이 있을 수 있다. 하지만 이 사례에서도 위험한 물건을 '이용하여' 범한 것이라고도 충분히 볼 수 있다. 물론 병이나 쇠파이프를 이용하여 직접 상대방에게 가격을 하지는 않았지만 다른 손에 이를 들고 있음으로 인하여 상대방으로 하여금 방어기회의 제한을 초래하였기 때문이다. 이는 실질적으로 위험한 물건을 이용하였다고 볼 수 있다.

둘째, 고정되어 있는 벽이나 바위 또는 벽에 박힌 못 등의 위험한 물건에 부딪치게 하여 상대방을 폭행하는 경우 '이용하여'라는 개념을 통해서는 충분히 가중처벌을 할 수가 있다. 이용은 물건을 그대로 두고도 그 물건의 성질을 필요에 따라 수단으로 활용하는 것을 의미하기 때문에 이러한 사례에서 위험한 물건을 이용했다고 보아도 무리가 없다. 벽에 있는 벽돌을 떼어내어 폭행하는 경우와 고정되어 있는 벽의 벽돌 부분으로 밀쳐서 폭행하는 경우는 처벌에 있어

---

1) 일본의 경우「폭력행위 등 처벌에 관한 법률」제1조(집단적 폭행·협박·손괴)에 의하면 '단체나 다중의 위력을 보이거나 단체나 다중을 가장하여 위력을 보이거나 흉기를 보이거나 수인이 공동하여 형법 제208조, 제222조 또는 제261조의 죄를 범한 자는 3년 이하의 징역 또는 30만엔 이하의 벌금에 처한다.'라고 규정하고 있어, '흉기를 (외부에) 보이는 행위'를 행위태양으로 하고 있다. 즉 단순히 휴대하는 단계에 그치지 않고, 더 나아가 휴대사실을 제3자가 인식할 수 있도록 외부에 보이는 행위까지 이르러야만 가중처벌의 대상이 된다.

2) 대법원 1994. 10. 11. 선고 94도1991 판결(폭력행위처벌법 제3조 제1항, 제2조 제1항, 형법 제319조 제1항 소정의 특수주거침입죄는 흉기 기타 위험한 물건을 휴대하여 타인의 주거나 건조물 등에 침입함으로써 성립하는 범죄이므로, 수인이 흉기를 휴대하여 타인의 건조물에 침입하기로 공모한 후 그 중 일부는 밖에서 망을 보고 나머지 일부만이 건조물 안으로 들어갔을 경우에 있어서 특수주거침입죄의 구성요건이 충족되었다고 볼 수 있는지의 여부는 직접 건조물에 들어간 범인을 기준으로 하여 그 범인이 흉기를 휴대하였다고 볼 수 있느냐의 여부에 따라 결정되어야 할 것이다. 당시 흉기가 보관되어 있던 차량은 피고인 등이 침입한 위 건물로부터 약 30 내지 50m 떨어진 거리에 있었고, 차량 안에 남아 있던 다른 피고인들은 만약의 사태에 대비하면서 차량 안에 남아서 유심히 주위의 동태를 살피다가 피고인 등이 도망치는 모습을 발견하고서는 그대로 차를 운전하여 도주한 사실을 인정할 수 있는바, 그렇다면 위 건물 안으로 들어간 피고인 등 범인들을 기준으로 할 경우에 그들이 위 건조물에 들어갈 때 30 내지 50m 떨어진 거리에 세워진 차 안에 있던 흉기를 휴대하고 있었다고는 볼 수 없을 것이다).

서 차별할 합리적인 이유가 없다.

셋째, 형사법이 위험한 '동산'이라고 쓰지 않고 위험한 '물건'이라고 표현한 것은 동산뿐만 아니라 부동산도 경우에 따라서는 가중처벌의 수단으로 작용하는 경우를 상정한 것이라고 보아야 한다. 그러나 물건에 대하여 '휴대하여'라는 수식어를 사용할 경우에는 가동성이 없는 부동산은 필연적으로 배제된다. 하지만 '이용하여'라는 수식어를 사용할 경우에는 입법자가 물건이라고 표현한 입법취지에 부합하는 해석이 가능하다.

넷째, 자동차의 경우에도 물건에 해당함은 부인할 수 없다. 기존에는 자동차를 이용한 경우과연 위험한 물건의 '휴대'에 해당하는지와 관련하여 학설의 대립이 있었으나, 자동차는 사회통념상 휴대할 수 있는 물건이라고 볼 수 없기 때문에 이를 이용하여 폭행을 가한 경우에는 특수폭행죄가 성립하지 않는다고 보는 것이 문언의 가능한 의미를 벗어나지 않는 해석이다. 하지만 자동차를 이용한 폭행을 다른 위험한 물건을 이용한 폭행과 비교하여 볼 때, 상대적으로 감경해 줄 필요성은 없기 때문에 '이용하여'라는 문언을 통하여 특수범죄로 처리하는 것이 타당하다. 한편 자동차를 사용하여 상대방을 가격하는 경우, 가해자의 의사는 폭행의 고의보다 상해의 고의로 파악하는 것이 더 바람직하므로 특수폭행죄가 아니라 2016. 1. 6. 신설된 특수상해죄로 의율하는 것이 타당하다.

다섯째, 기존에는 위험한 물건에 대한 상대방의 인식 여부와 관련하여 학설의 대립이 있었고, 인식불요설이 다수설의 위치를 차지하고 있었다. 이는 '휴대하여'라는 기존의 문언으로 말미암아 상대방에게 내어 보이지 않고 모르게 감추어서 휴대하는 경우에도 동조의 적용을 받는 것으로 이해하였기 때문이다. 하지만 형벌가중의 입법취지를 고려하면 상대방이 적어도 위험한 물건에 대한 인식을 하여야만 한다. 그러므로 상대방에게 위험한 물건을 내어 보이는 '이용'행위가 필연적으로 요구된다.

(3) 폭 행

'폭행'이란 사람의 신체에 대한 유형력의 행사를 말하는데, 이는 폭행죄에서 설명한 바와 같다.

(4) 주관적 구성요건

본죄가 성립하기 위해서는 단체 또는 다중의 위력을 보이거나 위험한 물건을 휴대한다는 인식 및 상대방에게 폭행한다는 점에 대한 고의가 있어야 한다. 위험한 물건을 휴대하였지만 그것을 인식하지 못한 채 폭행한 경우에는 제15조 제1항에 따라 단순폭행죄가 성립한다. 또한 반드시 범행 이전부터 위험한 물건을 몸에 지니고 있어야 할 필요는 없고[1], 현장에서 범행에 사용할 의사로 위험한 물건을 집어 들거나 집어 던진 경우도 포함된다. 하지만 범행과는 전혀 무관하게 우연히 위험한 물건을 소지하게 된 경우까지는 포함하는 것이 아니다.[2] 즉 사용할 의

---

1) 대법원 1984. 1. 31. 선고 83도2959 판결.
2) 대법원 2004. 6. 11. 선고 2004도2018 판결(피고인은 피해자를 강간하기 위하여 피해자의 주거 부엌에 있던 칼과

도가 있어야 하므로 이러한 의도 없이 몸에 소지한 경우에는 이용이라고 할 수 없다.[1] 그러므로 등산장비를 착용한 상태로 등산 중 시비가 붙어 폭행한 경우에는 특수폭행죄가 아니라 단순폭행죄가 성립한다.

Ⅷ. 폭행치사상죄

> 제262조(폭행치사상) 제260조와 제261조의 죄를 지어 사람을 사망이나 상해에 이르게 한 경우에는 제257조부터 제259조까지의 예에 따른다.

1. 의의 및 입법론

폭행치사상죄는 폭행죄·존속폭행죄·특수폭행죄를 지어 사람을 사망이나 상해에 이르게 함으로써 성립하는 범죄이다. 본죄는 진정결과적 가중범에 해당한다. 본죄에서 '제257조부터 제259조까지의 예에 따른다'라고 함은 폭행치사상죄가 성립한 경우에 그 처벌은 상해죄·존속상해죄·중상해죄·존속중상해죄·상해치사죄에 정한 형으로 처벌한다는 의미인데[2], 폭행의 결과적 가중범을 상해죄와 동일하게 취급하는 것은 형평성의 원칙에 위배된다. 그러므로 폭행치사상죄에 대한 독립적인 법정형을 두는 것이 타당하다. 한편 특수폭행치상죄의 경우에는 형법 제258조의2의 신설에도 불구하고 종전과 같이 형법 제257조 제1항의 예에 따라 처벌하는 것으로 해석함이 타당하다.[3]

운동화 끈을 들고 피해자가 자고 있던 방안으로 들어가서, 소리치면 죽인다며 손으로 피해자의 입을 틀어막고 운동화 끈으로 피해자의 손목을 묶어 반항을 억압한 다음 간음을 하였고, 부엌칼은 굳이 사용할 필요가 없어 이를 범행에 사용하지 않은 사실을 알 수 있는바, 그렇다면 당시 피고인의 부엌칼 휴대 사실을 피해자가 알지 못하였다고 하더라도 피고인은 '흉기 기타 위험한 물건을 휴대하여' 피해자를 강간한 것이라고 보아야 할 것이다).

1) 대법원 2008. 7. 24. 선고 2008도2794 판결; 대법원 1994. 10. 11. 선고 94도1991 판결; 대법원 1990. 11. 13. 선고 90도2170 판결; 대법원 1990. 4. 24. 선고 90도401 판결(피고인은 버섯을 채취하러 산에 가면서 칼을 휴대한 것일뿐 주거침입에 사용할 의도 아래 이를 소지한 것이 아니고 주거침입시에 이를 사용한 것도 아니다); 대법원 1985. 10. 8. 선고 85도1851 판결(청산염 2g 정도를 협박편지에 동봉 우송하여 피해자에게 도달하게 하였다는 것만으로는 … 위험한 물건의 휴대라고 할 수 없다); 대법원 1983. 9. 13. 선고 83도1323 판결(폭력행위처벌법 제7조에서 정당한 이유 없이 본법에 규정된 범죄에 공용될 우려가 있는 흉기 기타 위험한 물건을 휴대한 자를 처벌한다고 규정한 것은 흉기 기타 위험한 물건을 소지하고 있다는 사실만으로 폭력행위처벌법에 규정된 범죄에 공용될 우려가 있는 것으로 추정된다는 것이 아니다).

2) 대법원 1985. 1. 29. 선고 84도2655 판결(폭행에 대한 미필적인 고의는 있어도 상해에 대한 고의가 없어 폭행치상죄를 적용해야 함에도 법원이 상해죄를 적용한 것은 법률적용에 있어 위법이 있다고 할 것이나, 상해죄나 폭행치상죄는 동일한 장에 규정된 동일 죄질의 것이고, 그 법정형도 동일하므로 위의 잘못은 판결결과에는 아무 영향이 없다).

3) 대법원 2018. 7. 24. 선고 2018도3443 판결(2016. 1. 6. 형법 개정으로 특수상해죄가 형법 제258조의2로 신설됨에 따라 문언상으로 형법 제262조의 "제257조 내지 제259조의 예에 의한다"는 규정에 형법 제258조의2가 포함되어 특수폭행상의 경우 특수상해인 형법 제258조의2 제1항의 예에 의하여 처벌하여야 하는 것으로 해석될 여지가 생기게 되었다. 이러한 해석을 따를 경우 특수폭행치상죄의 법정형이 형법 제258조의2 제1항이 정한 "1년 이상 10년 이하의 징역"이 되어 종래와 같이 형법 제257조 제1항의 예에 의하는 것보다 상향되는 결과가 발생하게 된다. 형법 제262조는 형법 제정 당시부터 현재에 이르기까지 지금과 같은 문언과 체계를 유지하고 있는데, 종래에

2. 구성요건

본죄는 폭행과 사망 또는 상해의 결과 사이에 인과관계가 있는 이외에 사망 또는 상해의 결과에 대한 예견가능성, 즉 과실이 있어야 한다. 이러한 예견가능성의 유무는 폭행의 정도와 피해자의 대응상태 등 구체적 상황을 살펴서 엄격하게 가려야 하는데, 만연히 예견가능성의 범위를 확대해석함으로써 제15조 제2항이 결과적 가중범에 책임주의의 원칙을 조화시킨 취지를 몰각하여 과실책임의 한계를 벗어나 형사처벌을 확대하는 일은 피하여야 할 것이다.[1]

판례에 의하면, ① 통상의 일반적인 안수기도의 방식과 정도를 벗어나 환자의 신체에 비정상적이거나 과도한 유형력을 행사하고 신체의 자유를 과도하게 제압하여 환자의 신체에 상해를 입힌 경우[2], ② 안수기도행위에 수반하는 신체적 행위가 단순히 손을 얹거나 약간 누르는 정도가 아니라 그것이 지나쳐서 가슴과 배를 반복하여 누르거나 때려 그로 인하여 사망에 이른 경우[3], ③ 피고인들이 공동하여 피해자를 폭행하여 당구장 3층에 있는 화장실에 숨어 있던 피해자를 다시 폭행하려고 피고인 甲은 화장실을 지키고, 피고인 乙은 당구치는 기구로 문을 내려쳐 부수자 위협을 느낀 피해자가 화장실 창문 밖으로 숨으려다가 실족하여 떨어짐으로써 사망한 경우[4], ④ 피해자의 멱살을 잡아 흔들고 주먹으로 가슴과 얼굴을 1회씩 구타하고 멱살을 붙들고 넘어뜨리는 등 신체 여러 부위에 표피박탈, 피하출혈 등의 외상이 생길 정도로 심하게 폭행을 가함으로써 평소에 오른쪽 관상동맥폐쇄 및 심실의 허혈성심근섬유화증세 등의 심장질환을 앓고 있던 피해자의 심장에 더욱 부담을 주어 나쁜 영향을 초래하여 사망한 경우[5], ⑤ 피고인이 피해자를 2회에 걸쳐 두손으로 힘껏 밀어 땅바닥에 넘어뜨리는 폭행을 가함으로써 그 당시 심관상동맥경화 및 심근섬유화 증세등의 심장질환을 앓고 있었고 음주만취한 상태에 있던 피해자가 그 충격으로 인하여 쇼크성 심장마비로 사망한 경우[6], ⑥ 피해자의 머리를 한번 받고 경찰봉으로 때렸고 그

형법 제262조와 관련하여 일부 입법론적인 문제제기가 있기는 하였으나 결과적 가중범인 폭행치상죄와 특수폭행치상죄를 고의범인 상해죄, 중상해죄의 예에 준하여 처벌하고, 폭행치상죄와 특수폭행치상죄 사이의 행위불법의 차이를 고려하지 않고 동일한 법정형에 의하여 처벌하는 것으로 해석하여 왔다. 또한 2016. 1. 6. 형법 개정 과정에서 특수폭행치상죄의 법정형을 상향시켜야할 만한 사회적 상황의 변경이 있었다고 보기 힘들다. 이러한 상황에서, 형법 제258조의2 특수상해죄의 신설로 형법 제262조, 제261조의 특수폭행치상죄에 대하여 그 문언상 특수상해죄의 예에 의하여 처벌하는 것이 가능하게 되었다는 이유만으로 형법 제258조의2 제1항의 예에 따라 처벌할 수 있다고 한다면, 그 법정형의 차이로 인하여 종래에 벌금형을 선택할 수 있었던 경미한 사안에 대하여도 일률적으로 징역형을 선고해야 하므로 형벌체계상의 정당성과 균형을 갖추기 위함이라는 위 법 개정의 취지와 목적에 맞지 않는다. 또한 형의 경중과 행위자의 책임, 즉 형벌 사이에 비례성을 갖추어야 한다는 형사법상의 책임원칙에 반할 우려도 있으며, 법원이 해석으로 특수폭행치상에 대한 가중규정을 신설한 것과 같은 결과가 되어 죄형법정주의원칙에도 반하는 결과가 된다).

1) 대법원 1999. 12. 28. 선고 98도4181 판결(폭행치사죄는 폭행죄를 범하여 사람을 사망에 이르게 한 죄이므로 이를 유죄로 인정한 판결이유에는 피고인이 폭행의 구체적 사실이 명시되어야 할 것인데, 판결이유에서 범죄사실을 '피고인이 불상의 방법으로 피해자를 가격하여 그 충격으로 피해자가 뒤로 넘어지면서 우측 후두부가 도로 바닥에 부딪쳐 사망에 이르렀다'고 기재한 것만으로는 피고인이 범한 폭행 사실의 구체적 사실을 기재하였다고 할 수 없다).

2) 대법원 2008. 8. 21. 선고 2008도2695 판결.

3) 대법원 1994. 8. 23. 선고 94도1484 판결.

4) 대법원 1990. 10. 16. 선고 90도1786 판결.

5) 대법원 1989. 10. 13. 선고 89도556 판결.

6) 대법원 1986. 9. 9. 선고 85도2433 판결.

시간이 01:30경이었다고 하더라도 피해자는 출항시부터 머리가 아프다고 배에 누워있다 입항할 즈음 23:00경 외상성 뇌경막하 출혈로 사망한 경우[1], ⑦ 비록 의사의 수술지연 등 과실이 피해자의 사망의 공동원인이 되었다고 하더라도 피고인이 주먹으로 피해자의 복부를 1회 강타하여 장파열로 인한 복막염 으로 사망하게 한 경우[2], ⑧ 피해자가 평소 병약한 상태에 있었고 피고인의 폭행으로 그가 사망함에 있 어 지병이 또한 사망결과에 영향을 준 경우[3], ⑨ 어린아이(생후 7개월)를 업은 사람을 뒤로 밀어 넘어 트려 아래로 뒹굴게 하여 어린아이를 두개골절 등으로 사망하게 한 경우[4], ⑩ 피고인이 4. 8. 피해자의 뺨을 2회 때리고 두손으로 어깨를 잡아 땅바닥에 넘어뜨리고 머리를 세멘트벽에 부딪치게 하여서, 피해 자가 그 다음날부터 머리에 통증이 있었고 4. 16. 의사 3인에게 차례로 진료를 받을 때에 혈압이 매우 높았고 몹시 머리가 아프다고 호소하였으며 그 후 병세가 계속 악화되어 결국 4. 30. 뇌손상으로 사망한 경우[5] 등에 있어서는 본죄가 성립한다.

하지만 ① 같은 회사 직원인 甲이 같은 부서 직원 乙의 결혼 댕기풀이로 소주와 돼지고기 안주를 가지 고 와서 피해자에게 맡겨두고 간 뒤에 피고인이 창고안으로 들어와 피해자에게 '연사부에서 소주와 돼지고 기를 가져왔더냐'고 물었으나 피해자가 '소주와 김치만 가져왔더라'고 대답하자 창고 내를 뒤지다가 피해자 가 마지못해 내놓은 박스 안에 돼지고기 등이 들어있는 것을 보고 그 돼지고기를 손에 들고 '이래도 고기 가 아니냐, 너 혼자 다 먹으려고 숨겨두었다가 이제야 내놓는가'라고 소리치며 피해자의 얼굴에 대고 삿대 질을 하자 이를 피하기 위해 피해자가 뒷걸음질로 두세 발짝 물러서다가 한 시간 전에 마신 술로 취해 있 던 관계로 위 창고 내에 설치되어 바닥에 가까운 높이에서 수평으로 회전중이던 십자형 스빙기계 철받침 대(받침대 직경 98cm, 폭 12.5cm, 두께 6.5cm)에 발이 걸려 뒤로 넘어지면서 머리 부분이 시멘트 바닥에 부딪쳐 두정부좌상과 두개골골절로 소뇌와 대뇌에 지주막하출혈이 생기는 상해를 입고 뇌좌상중중 등으로 사망한 경우[6], ② 피고인의 폭행정도가 서로 시비하다가 피해자를 떠밀어 땅에 엉덩방아를 찧고 주저앉게 한 정도에 지나지 않은 것이었고, 피해자는 외관상 건강하여 전혀 병약한 흔적이 없는 자인데 사실은 관상 동맥경화 및 협착증세를 가진 특수체질자이었기 때문에 위와 같은 정도의 폭행에 의한 충격에도 심장마비 를 일으켜 사망한 경우[7], ③ 배문고등학교 교사인 피고인이 3학년 학생인 피해자가 민방공훈련에 불참하 였다는 이유를 들어 주의를 환기시킴에 있어 왼쪽 뺨을 한번 살짝 때린 사실이 있고, 이 순간 피해자가 뒤 로 넘어지면서 머리를 지면에 부딪혀 우측 측두골부위에 선상골절상을 입고 지주막하출혈 및 뇌좌상을 일 으켜 사망한 것은 사실이나, 피해자가 위와 같이 뒤로 넘어진 것은 피고인으로부터 뺨을 맞은 탓이 아니라 그 피해자의 평소의 허약상태에서 온 급격한 뇌압상승 때문이었고, 사망의 원인이 된 측두골 골절이나 뇌 좌상은 보통 사람의 두개골은 3 내지 5mm인데 비하여 피해자는 0.5mm 밖에 안 되는 비정상적인 얇은 두 개골이었고 또 뇌수종이 있었던데 연유한 것이라는 사실과, 피고인은 이 피해자가 다른 학생에 비하여 체 질이 허약함은 알고 있었으나 위와 같은 두뇌의 특별이상이 있음은 미처 알지 못하였던 경우[8] 등에 있어 서는 피고인에게 사망의 결과에 대한 예견가능성이 있었다고 보기 어려워 본죄가 성립하지 아니한다.

1) 대법원 1984. 12. 11. 선고 84도2347 판결.
2) 대법원 1984. 6. 26. 선고 84도831 판결.
3) 대법원 1979. 10. 10. 선고 79도2040 판결.
4) 대법원 1972. 11. 28. 선고 72도2201 판결.
5) 대법원 1983. 1. 18. 선고 82도697 판결.
6) 대법원 1990. 9. 25. 선고 90도1596 판결(돼지고기흔든사건).
7) 대법원 1985. 4. 3. 선고 85도303 판결.
8) 대법원 1978. 11. 28. 선고 78도1961 판결(두개골0.5mm사건).

3. 위법성조각사유

본죄는 결과적 가중범이므로 기본범죄의 위법성이 조각되면 중한 결과가 발생하더라도 본죄가 성립하지 아니한다. 예를 들면 피고인의 앞가슴을 잡고 있는 피해자의 손을 떼어내기 위하여 피해자의 손을 뿌리친 것에 불과한 경우[1], 피고인이 술에 취해서 시비하려는 피해자를 피하여 자기가 경영하는 사진관 문밖으로 나오려는 순간 피해자가 뒤따라 나오며 피고인의 오른 팔을 잡자 피고인은 좌측복도로 돌아서며 뿌리치자 술 취한 피해자가 넘어진 사실은 있으나 이것은 피고인이 위 망인을 넘어뜨리려고 한 것이 아니라 잡힌 자기 팔을 놓치게 하기 위하여 뿌리친 경우[2] 등과 같은 행위는 피해자의 불법적인 공격으로부터 벗어나기 위한 본능적인 소극적 방어행위에 지나지 아니하여 사회통념상 허용될 상당성이 있는 위법성이 결여된 행위라고 볼 여지가 있다.

IX. 상습상해·폭행죄

> 제264조(상습범) 상습으로 제257조(상해), 제258조(중상해), 제258조의2(특수상해), 제260조(폭행) 또는 제261조(특수폭행)의 죄를 범한 때에는 그 죄에 정한 형의 2분의 1까지 가중한다.
> 제265조(자격정지의 병과) 제257조 제2항, 제258조, 제258조의2, 제260조 제2항, 제261조 또는 전조의 경우에는 10년 이하의 자격정지를 병과할 수 있다.

1. 의 의

상습상해·폭행죄는 상습으로 상해·중상해·특수상해·폭행·특수폭행의 죄를 범함으로써 성립하는 범죄이다. 본죄는 상습성이라는 신분으로 인하여 형이 가중되는 신분적 가중유형으로 부진정신분범에 해당한다. 여기서 '상습성'이란 반복하여 상해·폭행행위를 하는 습벽으로서 행위의 본질을 이루는 성질이 아니고 행위자의 특성을 이루는 성질을 말한다.[3] 따라서 행위의 반복이 있는 것만으로 부족하고, 행위자가 그러한 동일한 행위반복의 습벽을 가져야 상습성을 인정할 수 있다. 또한 여기서 말하는 '상습'이란 본조에 열거된 상해 내지 폭행행위의 습벽을 말하는 것이므로, 본조에 열거되지 아니한 다른 유형의 범죄까지 고려하여 상습성의 유무를 결정하여서는 아니 된다.[4]

상습성의 유무를 판단함에 있어서는 전과가 중요한 판단자료가 되지만, 전과가 없다고 하더라도 범행의 횟수·수단·방법·동기 등 제반 사정을 참작하여 습벽이 인정되는 경우에는 상

---

1) 대법원 1987. 10. 26. 선고 87도464 판결.
2) 대법원 1980. 9. 24. 선고 80도1898 판결.
3) 대법원 1972. 6. 27. 선고 72도594 판결.
4) 대법원 2018. 4. 24. 선고 2017도21663 판결.

습성을 인정하여야 한다. 예를 들면 피고인이 2001. 11. 23.부터 2002. 3. 22.까지 사이에 직계존
속인 피해자를 2회 폭행하고, 4회 상해를 가한 것은 존속에 대한 동일한 폭력습벽의 발현에 의
한 것으로 인정되므로 그 중 법정형이 더 중한 상습존속상해죄에 나머지 행위들을 포괄시켜 하
나의 죄만이 성립하고[1], 상습존속폭행죄로 처벌되는 경우에는 제260조 제3항이 적용되지 않으
므로, 피해자의 명시한 의사에 반하여도 공소를 제기할 수 있다.[2]

한편 제264조는 상습특수상해죄를 범한 때에 제258조의2 제1항에서 정한 법정형의 단기
와 장기를 모두 가중하여 1년 6개월 이상 15년 이하의 징역에 처한다는 의미로 새겨야 한다.[3]
참고로 단순폭행죄와 비교하여 상습폭행죄는 반의사불벌죄가 아니라는 점에 유의해야 한다.[4]

2. 입법론

상습성을 책임가중사유로 인정하여 형을 가중하는 것은 ① 책임주의에 부합하지 않는다는
점, ② 단순히 형을 가중하는 것은 형사정책적 관점에서 상습범에 대한 적절한 대응책이 되지
못하고 오히려 잘못된 습벽을 개선해주거나 건전한 새로운 습관을 갖도록 이끌어 주는 것이 더
욱 효과적이라는 점, ③ 상습범의 죄수를 포괄일죄로 해석하는 판례에 따르면 경합범으로 처벌
되는 경우보다 상습범에게 특혜를 주는 부당한 결과를 초래한다는 점[5], ④ 상습성을 가지고 있
는 사람의 경우 적법행위의 기대가능성이 적기 때문에 오히려 형벌감경사유에 해당한다는 점,
⑤ 상습누범자는 상습범으로 형기의 2분의 1까지 가중된 후 다시 장기의 2배까지 가중되어 지
나친 형벌이 부과될 수 있다는 점[6], ⑥ 상습범의 잘못된 범죄습관은 행위자 개인의 문제라기보
다는 거시적인 차원에서 접근되어야 한다는 점[7] 등을 논거로 하여, 상습범 규정을 폐지하는 것
이 타당하다.

1) 대법원 2003. 2. 28. 선고 2002도7335 판결. 이에 대하여 수회의 상습범죄에 대해서는 실체적 경합을 인정하는 것이 타당하다는 견해로는 이정원/류석준, 56면.
2) 대법원 2018. 4. 24. 선고 2017도10956 판결(피고인이 상습으로 甲을 폭행하고, 어머니 乙을 존속폭행하였다는 내용으로 기소된 사안에서, 피고인에게 폭행 범행을 반복하여 저지르는 습벽이 있고 이러한 습벽에 의하여 단순폭행, 존속폭행 범행을 저지른 사실이 인정된다면 단순폭행, 존속폭행의 각 죄별로 상습성을 판단할 것이 아니라 포괄하여 그 중 법정형이 가장 중한 상습존속폭행죄만 성립할 여지가 있는데도, 이와 달리 상습폭행과 존속폭행의 2개 행위로 파악하여, 피고인에게 단순폭행의 습벽이 인정된다는 이유로 상습폭행 부분을 유죄로 인정하면서도 존속폭행의 습벽까지는 인정할 증거가 없다는 이유에서 상습존속폭행은 성립할 수 없고 존속폭행만 성립할 수 있다고 전제한 다음, 乙이 제1심 판결 선고 전에 처벌을 원하지 않는다는 의사를 밝혔다는 이유로 존속폭행 부분에 대하여 주문에서 공소기각을 선고한 원심판결에 형법 제264조, 폭행죄의 상습성, 죄수 등에 관한 법리오해의 잘못이 있다고 한 사례).
3) 대법원 2017. 6. 29. 선고 2016도18194 판결.
4) 대법원 1965. 1. 26. 선고 64도687 판결(상습존속폭행죄를 규정한 형법 제264조의 죄에는 형법 제260조 제3항은 적용된다고 볼 수 없으므로 이 죄에 대하여는 피해자의 명시한 의사에 반하여 논할 수 있다).
5) 박상기, 440면; 이재상/장영민/강동범, 70면.
6) 김성천/김형준, 74면; 오영근, 60면.
7) 손동권/김재윤, 70면.

제 3 절　과실치사상의 죄

Ⅰ. 과실치상죄

> 제266조(과실치상)　① 과실로 인하여 사람의 신체를 상해에 이르게 한 자는 500만원 이하의 벌금, 구류 또는 과료에 처한다.
> ② 제1항의 죄는 피해자의 명시한 의사에 반하여 공소를 제기할 수 없다.

1. 의의 및 보호법익

　　과실치상죄는 과실로 인하여 사람의 신체를 상해에 이르게 함으로써 성립하는 범죄이다. 형법은 원칙적으로 고의범만을 처벌하고(제13조), 예외적으로 법률의 규정이 있는 경우에 한하여 과실범을 처벌한다(제14조). 사람의 생명과 신체는 개인적 법익 중 가장 중요한 법익에 해당하기 때문에 형법은 과실에 의한 범죄의 경우도 처벌하고 있다. 또한 현대사회에서는 과실로 인하여 생명과 신체에 대한 훨씬 중대한 침해의 경우가 발생할 수 있기 때문에 처벌의 필요성이 인정된다. 과실치상죄는 결과범이기 때문에 본죄가 성립하기 위해서는 과실과 상해의 결과 사이에 인과관계가 존재해야 한다. 본죄의 보호법익은 사람의 건강 또는 생리적 기능이고, 보호의 정도는 침해범이다.

2. 구성요건

　　행위자가 정상의 주의의무를 위반하여 죄의 성립요소인 사실, 즉 상해의 결과발생에 대한 인식을 하지 못했거나(인식 없는 과실) 인식은 하였으나 결과가 발생하지 않을 것이라고 믿어버린 과실(인식 있는 과실)이 있는 경우에 본죄로 처벌된다.[1] 과실범에 있어서의 비난가능성의 지적 요소는 결과발생의 가능성에 대한 인식인데, 인식 있는 과실에는 이와 같은 인식이 있고, 인식 없는 과실에는 이에 대한 인식 자체도 없는 경우이지만, 전자에 있어서 책임이 발생함은 물론, 후자에 있어서도 그 결과발생을 인식하지 못하였다는 데에 대한 부주의, 즉 규범적 실재로서의 과실책임이 있다.[2] 본죄에서의 '주의의무'란 상해의 결과를 예견하고(결과예견의무), 이를 회피할

---

[1] 대법원 2008. 10. 23. 선고 2008도6940 판결(캐디상해사건)(골프와 같은 개인 운동경기에 참가하는 자는 자신의 행동으로 인해 다른 사람이 다칠 수도 있으므로, 경기 규칙을 준수하고 주위를 살펴 상해의 결과가 발생하는 것을 미연에 방지해야 할 주의의무가 있고, 이러한 주의의무는 경기보조원에 대하여도 마찬가지이다. 다만 운동경기에 참가하는 자가 경기규칙을 준수하는 중에 또는 그 경기의 성격상 당연히 예상되는 정도의 경미한 규칙 위반 속에 상해의 결과를 발생시킨 것으로서 사회적 상당성의 범위를 벗어나지 아니하는 행위라면 과실치상죄가 성립하지 않는다고 할 것이지만, 골프경기를 하던 중 골프공을 쳐서 아무도 예상하지 못한 자신의 등 뒤편으로 보내어 등 뒤에 있던 경기보조원(캐디)에게 상해를 입힌 경우에는 주의의무를 현저히 위반한 사회적 상당성의 범위를 벗어난 행위로서 과실치상죄가 성립한다).

[2] 대법원 1984. 2. 28. 선고 83도3007 판결.

의무를 말한다(결과회피의무). 본죄는 이러한 주의의무를 위반한 경우이다.

Ⅱ. 과실치사죄

> 제267조(과실치사) 과실로 인하여 사람을 사망에 이르게 한 자는 2년 이하의 금고 또는 700만원 이하의 벌금에 처한다.

1. 의의 및 보호법익

과실치사죄는 과실로 인하여 사람을 사망에 이르게 함으로써 성립하는 범죄이다. 본죄의 보호법익은 사람의 생명이고, 보호의 정도는 침해범이다. 본죄는 과실치상죄와는 달리 반의사불벌죄가 아니다.

2. 구성요건

본죄의 구성요건은 행위객체가 사람이라는 점과 행위결과가 사망이라는 점을 제외하면 과실치상죄에서 설명한 바와 같다.

판례에 의하면, ① 피고인이 강릉칼국수 음식점 앞 편도 2차선 도로를 피해자와 같이 무단횡단하기 위해 도로 중앙선에 서 있다가, 지나가는 차량 유무를 확인하지 아니한 채, 술에 취하여 양손을 주머니에 넣고 고개를 숙이고 서 있던 피해자의 팔을 갑자기 잡아끌고 도로를 횡단한 사실 및 그와 같이 도로를 횡단하다가 피고인과 피해자가 때마침 그 곳을 지나가던 승용차에 충격되는 교통사고가 발생하여 피해자가 사망한 경우[1], ② 피고인들이 자신들과 함께 술을 마시고 만취되어 의식이 없는 피해자를 부축하여 학교선배의 자취집에 함께 가서 촛불을 가져 오라고 하여 선배가 가져온 촛불이 켜져 있는 방안에 이불을 덮고 자고 있는 피해자를 혼자 두고 나옴에 있어 그 촛불이 피해자의 발로부터 불과 약 70 내지 80cm 밖에 떨어져 있지 않은 곳에 마분지로 된 양초갑 위에 놓여져 있음을 잘 알고 있었던 피고인들로서는 당시 촛불을 켜놓아야 할 별다른 사정이 엿보이지 아니한 상황에서 피해자를 혼자 방에 두어 화재로 인하여 피해자가 사망한 경우[2], ③ 작은방에는 재래식 아궁이가 설치되어 있고 작은방의 마루쪽 출입문 앞 방바닥에는 폭 약 3mm, 길이 약 30cm의 여러 갈래의 틈이, 아랫목을 기준으로 왼쪽 방바닥에 폭 약 2mm, 길이 약 20cm의 틈이, 오른쪽 방바닥에 폭 약 1mm, 길이 약 20cm의 틈이 나 있어 아궁이에서 올라온 연탄가스가 방바닥의 틈으로 스며 올라 올 염려가 있는 사실, 피고인은 이 사건 발생 전 임차인으로부터 작은방에서 연탄가스 냄새가 많이 나고 사람들이 두 차례나 연탄가스를 마셔 죽을 뻔하기까지 했으니 방을 고쳐달라는 요구를 받고도 아무런 조치를 취하지 아니한 사실을 알 수 있는바, 피고인이 관리하던 이 사건 가옥의 작은방에 세들어 사는 공소외인의 어머니와 딸이 아궁이에 연탄불을 피워 놓고 자던 중 방바닥의 틈 사이로 스며든 연탄가스에 중독되어 각 일산화탄소 중독으로 사망한 경우[3], ④ 바

---

1) 대법원 2002. 8. 23. 선고 2002도2800 판결(강릉칼국수앞무단횡단사건).
2) 대법원 1994. 8. 26. 선고 94도1291 판결(선배자취방촛불사건).
3) 대법원 1993. 9. 10. 선고 93도196 판결(30cm틈사건).

다에 면한 수직경사가 암반 위로 이끼가 많이 끼어 매우 미끄러운 곳에서 당시 폭풍주의보가 발효 중이어서 평소보다 높은 파도가 치고 있던 상황하에 피해자와 같은 내무반원인 피고인 등 여러 사람이 곧 전역할 병(하)사 甲을 손발을 붙잡아 헹가레를 쳐서 장난삼아 바다에 빠뜨리려고 하다가 그가 발버둥치자 동인의 발을 붙잡고 있던 피해자가 몸의 중심을 잃고 미끄러지면서 바다에 빠져 사망한 경우[1] 등에 있어서는 본죄가 성립한다.

하지만 ① 담임교사가 여자중학교 방침에 따라 학생들에게 교실청소를 시켜왔고 유리창을 청소할 때는 교실 안쪽에서 닦을 수 있는 유리창만을 닦도록 지시하였는데도 유독 피해자만이 수업시간이 끝나자마자 베란다로 넘어 갔다가 밑으로 떨어져 사망한 경우[2], ② 부엌과 창고홀로 통하는 방문이 상단부의 문틈과 벽 사이에 약 1.2cm 내지 2cm나 벌어져 있고 그 문틈과 문 자체 사이도 두 군데나 0.5cm의 틈이 있는 정도의 하자에서 임차인이 문틈으로 새어 든 연탄가스에 중독되어 사망한 경우[3], ③ 연탄아궁이가 있는 부엌에서 그 방에 출입하는 출입문에 0.5cm 정도의 틈이 생겨 연탄가스가 스며들어 그 방에 세들어 살던 자가 사망한 경우[4], ④ 임대인이 연탄아궁이의 외부 굴뚝보수공사를 마친 뒤에도 임차인이 약 1개월 동안 아무런 이상 없이 방실을 점유·사용해 오다가 사고 당일에 부엌에서 출입문과 환기창을 모두 닫아놓고 연탄아궁이에 연탄불을 피워 놓은 채 목욕을 하다가 그 연탄아궁이에서 새어나온 연탄가스의 일산화탄소에 중독되어 사망한 경우[5] 등에 있어서는 본죄가 성립하지 아니한다.

Ⅲ. 업무상 과실치사상죄

> 제268조(업무상과실·중과실 치사상) 업무상과실 또는 중대한 과실로 사람을 사망이나 상해에 이르게 한 자는 5년 이하의 금고 또는 2천만원 이하의 벌금에 처한다.

1. 의 의

업무상 과실치사상죄는 업무상 과실로 사람을 사망이나 상해에 이르게 함으로써 성립하는 범죄이다. 본죄는 업무자의 과실을 근거로 과실치사상죄에 대하여 형을 가중하는 구성요건으로 부진정신분범에 해당한다. 형가중의 근거와 관련하여, ① 업무자에게는 일반인보다 고도의 주의의무가 요구되기 때문에 불법이 가중된다는 견해(주의의무설)[6], ② 업무자와 일반인의 주의의무는 동일하지만 업무자는 고도의 주의능력이 있기 때문에 불법이 가중된다는 견해(주의능력설)[7], ③

1) 대법원 1990. 11. 13. 선고 90도2106 판결(전역헹가레사건).
2) 대법원 1989. 3. 28. 선고 89도108 판결(교실유리창청소사건).
3) 대법원 1986. 7. 8. 선고 86도383 판결(2cm틈사건); 대법원 1984. 1. 24. 선고 81도615 판결; 대법원 1985. 3. 12. 선고 84도2034 판결(0.4cm틈사건)(피해자들의 이 사건 피해의 결과는 방실의 부엌으로 통하는 문과 벽 사이에 0.4cm의 틈이 있고 그 방문과 80cm 거리에 설치된 연탄아궁이에서 문틈으로 스며든 연탄가스에 중독되어 일어난 사실임이 인정되나 이와 같은 문틈의 하자는 피해자들의 통상의 수선관리의무에 속하고 이건 사고는 피해자들의 부주의에 의하여 발생한 것이지 피고인의 과실로 인한 것이라고 볼 수 없다).
4) 대법원 1979. 8. 28. 선고 79도1570 판결(0.5cm틈사건).
5) 대법원 1985. 3. 26. 선고 84도3085 판결(밀폐목욕사건).
6) 김일수/서보학, 81면; 임 웅, 104면.
7) 김선복, 84면; 배종대, 83면; 오영근, 76면.

업무자의 주의의무는 일반인과 동일하지만 업무자는 일반인과 다른 전문적 지식이나 기술 또는 경험을 가지고 있기 때문에 일반인보다 결과발생에 대한 예견가능성이 크기 때문에 책임이 가중된다는 견해(예견가능성설)[1], ④ 업무자에게는 고도의 주의능력과 주의의무가 있기 때문에 불법 및 책임이 가중된다는 견해(결합설)[2] 등의 대립이 있다.

　　생각건대 과실범의 주의의무는 결과예견의무와 결과회피의무로 구성되어 있으므로, 주의의무설과 예견가능성설은 동일한 학설로 파악된다. 또한 주의능력은 주의의무를 전제로 하기 때문에 주의능력설과 결합설이 주의의무설과 구별되는 것도 아니다. 결국 업무자에게 주어진 주의의무가 일반인에게 주어진 주의의무보다 높다는 점에서 가중처벌의 근거를 찾아야 할 것이다.

2. 구성요건

(1) 업무의 개념

　　'업무'란 사람이 사회생활상의 지위에 기하여 계속적·반복적으로 행하는 일련의 사무를 말한다.

1) 사회생활상의 지위

　　업무는 우선적으로 사람이 사회생활상의 지위에서 행하는 사회적 활동을 할 수 있는 처지가 인정되어야 한다. 그러므로 원칙적으로 산책·식사·수면·육아·운동·세탁 등과 같이 누구나 공통적으로 행하는 개인적인 생활현상은 업무가 아니다.[3] 하지만 일반인에게는 개인적인 생활로 취급되는 행위라도 전문적으로 행하는 직업의 경우에는 업무에 해당된다. 예를 들면 보모·헬스코치·수영강사 등이 이에 해당한다. 판례에 의하면, 교도관[4], 버스차장[5], 골프장의

1) 김성돈, 116면; 김혜정 외 4인, 73면; 이영란, 87면; 이재상/장영민/강동범, 76면; 이정원/류석준, 58면; 정성근/정준섭, 46면.
2) 김신규, 91면; 박상기, 450면; 손동권/김재윤, 79면; 이형국/김혜경, 97면; 정영일, 32면.
3) 반면에 전업주부 역시 사회생활상의 지위를 인정해야 하므로 업무에 속한다는 견해로는 오영근, 75면. 오영근 교수는 다만 이러한 업무를 사람의 생명이나 신체에 위험을 초래할 수 있는 업무라고 할 수는 없다고 한다.
4) 대법원 2007. 5. 31. 선고 2006도3493 판결(피해자는 울산구치소에 수용된 이후 헛소리를 하고 구토를 하며, 하루 종일 식은땀을 흘리고 온몸을 떨면서 입에서 거품을 내는 등 전신발작을 일으키고 일회용 컵 반 분량의 피와 이물질을 토하며 바지에 대변을 보고 피오줌을 누며 수회에 걸쳐 화장실을 들락거리면서 넘어지고 혼자 중얼거리는 등 심각한 이상 징후가 계속 관찰되는 상태에 있었으므로, 이러한 상태에 대한 보고를 받은 피고인들(공휴일 도는 야간에 교도소장을 대리하는 당직간부)로서는 피해자의 상태에 대하여 상급자 또는 의무과장에게 보고하여 적절한 지시를 받아 필요한 조치를 취하고, 그것이 불가능할 경우에는 피해자를 신속히 외부 병원으로 후송하여 전문가인 의사의 진료를 받게 하는 등 적절한 조치를 취할 의무가 있음에도 불구하고, 근무자에게 피해자가 휴식을 취할 수 있도록 하고 혈압 등을 수시로 체크하도록 지시하는 조치만을 취한 채 피해자를 장기간 방치함으로써 수용자들의 생명·신체에 대한 위험을 방지하기 위해 최선의 조치를 취해야 할 주의의무를 위반한 과실이 있고, 피고인들이 피해자의 상태에 대하여 상급자 또는 의무과장에게 보고하여 적절한 지시를 받아 필요한 조치를 취하고, 그것이 불가능할 경우에는 피해자를 신속히 외부 병원으로 후송하여 전문가인 의사의 진료를 받게 하는 등 적절한 조치를 취하였다면 피해자가 사망하였을 것이라고는 볼 수 없어 피고인들이 피해자를 장기간 방치한 과실과 피해자의 사망이라는 결과 사이에 상당인과관계도 인정된다).
5) 대법원 1975. 5. 13. 선고 75도877 판결(버스의 차장은 여객의 안전에 지장이 없는 것을 확인하고 승강구의 문을

경기보조원[1], 완구상 점원[2] 등도 본죄의 주체에 해당한다.

2) 계속성·반복성

단 1회를 수행하였다고 하더라도 계속·반복할 의사가 있는 경우에는 업무에 해당된다. 따라서 승용차를 구입 첫날 운전한 경우 또는 의사가 개업 첫날 진료한 경우 등은 업무에 해당되지만, 호기심으로 1회 운전한 경우[3]는 업무에 해당하지 아니한다. 시운전의 경우 논란이 될 수 있으나, 조건부 계속성(마음에 들면 계속 운전하고, 마음에 들지 않으면 운전하지 않으려는 의사)이라는 점에서 계속성을 부정하는 것이 타당하다.

3) 사 무

사회생활을 유지하면서 종사하는 일인 이상 반드시 수입을 얻기 위한 직업이나 영업으로 할 필요는 없다. 면허의 유무나 적법한 업무일 것도 요하지 아니한다.[4] 하지만 소매치기(절도)·밀수·성매매[5] 등과 같이 사회적으로 용일될 수 없는 불법한 일은 형법상 업무에 해당하는 사무가 될 수 없다고 한다. 이러한 점에서 보면 면허가 없이 행해지는 무면허운전행위[6], 무

닫은 후에 발차의 신호를 하여야 함이 승무 중에 준수하여야 할 사항의 하나로 되어 있는데, 피고인이 피해자인 승객의 안전승차 여부를 확인하지 아니하고 승강구의 문을 닫지 않은 채 발차신호를 하여 동인에게 상해를 입게 한 소위는 업무상 과실치상죄의 구성요건을 충족하는 것이라 할 것이다).

1) 대법원 2010. 7. 22. 선고 2010도1911 판결(골프장의 경기보조원 피고인이 골프 카트에 피해자 등 승객들을 태우고 진행하기 전에 안전 손잡이를 잡도록 고지하지도 않고, 또한 승객들이 안전 손잡이를 잡았는지 확인하지도 않은 상태에서 만연히 출발하였으며, 각도 70°가 넘는 우로 굽은 길을 속도를 충분히 줄이지 않고 급하게 우회전한 업무상 과실로, 피해자를 골프 카트에서 떨어지게 하여 두개골골절, 지주막하출혈 등의 상해를 입게 하였다).

2) 대법원 1972. 5. 9. 선고 72도701 판결(피고인이 완구상 점원으로서 완구배달을 하기 위하여 자전거를 타고 소매상을 돌아 다니는 일을 하고 있었다고 한다면 그 자전거를 운전하는 업무에 종사하고 있다고 보아야 한다).

3) 대법원 1966. 5. 31. 선고 66도536 판결(호기심운전사건)(원심에 의하면 피고인은 육군 중위로서 1965. 12. 6. 18:00경 결혼 피로연에 참석하여 술을 마신 후 소속대 병장 공소외 2가 운전하던 소속대 3호, 1/4톤 차량으로 귀대 도중 익일 01:30경 제21헌병중대 소양강 검문소에 이르러, 시간외 차량운행을 단속하는 헌병에게 운전병이 동 검문소 안으로 연행되어, 운전석이 비어 있음을 보고, 과거부터 운전에 호기심을 가지고 있던 나머지, 가지고 있던 짚차용 열쇠로 그 차량을 시동하고 운행하였는데, 차량을 운전하는 자는 운행 도중 술을 먹어서는 아니 되며, 술을 먹고 만취되었을 때에는 차량운전업무에 종사하지 아니하는 등 사고 발생을 미연에 방지할 업무상 주의의무가 있음에도 불구하고, 이러한 주의의무를 태만히 하여 시속 50Km의 과속으로 진행하다가 당일 02:00경 배수로에 차량을 전복하게 함으로써 동 차량 윈도우외 25개 종목의 병기, 싯가 금 45,951원 상당의 군용에 공하는 물건을 손괴한 것이라고 판시하고, 이에 대하여 군형법 제73조 제2항, 동법 제69조를 적용 처단하였다. 그러나 피고인은 육군 중위로서, 중대 부관이며, 차량의 운전업무에 종사하는 자가 아님으로, 피고인에게 차량을 운전함에 있어서 업무상 과실이 있다고 인정하기 위하여서는 적어도 피고인이 오락을 위하여서 한다고 할지라도 반복적·계속적으로 차량의 운전을 한 사실을 필요로 한다).

4) 김성돈, 117면; 김일수/서보학, 82면; 김혜정 외 4인, 75면; 손동권/김재윤, 83면; 신동운, 568면; 오영근, 75면; 이영란, 89면; 이재상/장영민/강동범, 76면; 이정원/류석준, 59면; 이형국/김혜경, 99면; 정성근/정준섭, 48면; 정영일, 32면.

5) 이에 대하여 성매매종사자의 경우 성병의 감염 여부를 정기적으로 예방하지 않을 경우 고객에게 상해를 입힐 수 있으므로 이를 업무상의 위험에서 굳이 배제할 이유가 없다는 견해로는 김성천/김형준, 106면.

6) 대법원 1979. 9. 11. 선고 79도1250 판결; 대법원 1970. 8. 18. 선고 70도820 판결; 대법원 1961. 3. 22. 선고 4294형상5 판결(피고인은 과거 자동차조수로 약 1년 6월간 근무하였고 한국운수주식회사 대전지점 자동차수리공장에서 수리공으로서 자동차수리 전후에 그 차륜을 수시 시운전을 하였으며 본건에 있어서 운전면허 없이 본건 자동차를 운전한 사실을 인정할 수 있으므로 피고인이 면허있는 자동차 운전수가 아니라고 할지라도 피고인의 자동차운전사무는 업무상 과실치사죄에 있어서의 업무에 해당한다).

면허의료행위[1], 무면허골재채취행위[2]도 업무에 해당하지 않는 것으로 보는 것이 논리적이라고 볼 수도 있다. 왜냐하면 무면허운전행위는 도로교통법 위반이고[3], 무면허의료행위는 의료법 위반인데, 이러한 행위는 사회적으로 용인되지 아니하는 불법에 해당한다고 볼 수 있기 때문이다. 의사 아닌 자의 치료행위는 업무로 인한 행위가 아니기 때문에 위법성이 조각되지 않는데, 이를 업무상 과실치사상죄에서 업무로 보게 된다면 같은 행위를 피고인에게 불리한 규정에서는 인정하고, 피고인에게 유리한 규정에서는 부정하는 결과를 초래한다.

(2) 업무의 유형

1) 행위주체로서의 업무

진정신분범으로서의 업무는 일정한 업무자의 행위만이 범죄로 되는 경우이다. 예를 들면 허위진단서작성죄(제233조), 업무상 비밀누설죄(제317조), 업무상 과실장물죄(제364조) 등이 이에 해당된다.

부진정신분범으로서의 업무는 일정한 업무자의 행위가 형의 가중사유로 되는 경우이다. 예를 들면 업무상 실화죄(제171조), 업무상 과실폭발성물건파열죄(제173조의2 제2항), 업무상 과실교통방해죄(제189조 제2항), 업무상 과실치사상죄(제268조), 업무상 동의낙태죄(제270조), 업무상 위력에 의한 간음죄(제303조), 업무상 횡령죄 및 업무상 배임죄(제356조) 등이 이에 해당된다.

2) 보호법익으로서의 업무

보호법익으로서의 업무는 업무가 형법상 직접적인 보호의 객체가 되는 경우이다. 예를 들면 업무방해죄(제314조 제1항), 컴퓨터사용업무방해죄(제314조 제2항) 등이 이에 해당된다. 특히 업무방해죄에서의 업무는 생명·신체에 대한 위험성 수반이나 위험방지 업무일 필요가 없으며, 형법상 보호할 가치 있는 업무에 한정된다.

3) 행위방법으로서의 업무

업무 자체가 구성요건적 행위의 요소가 되는 것으로서, 아동혹사죄(제274조)가 이에 해당된다.

4) 정당행위에서의 업무

제20조에서 말하는 위법성조각사유로서의 업무는 위험한 업무에 제한될 필요가 없기 때문

---

1) 대법원 2014. 9. 4. 선고 2012도16119 판결(의사가 간호사에게 의료행위의 실시를 개별적으로 지시하거나 위임한 적이 없음에도 간호사가 주도하여 전반적인 의료행위의 실시 여부를 결정하고 간호사에 의한 의료행위의 실시과정에 의사가 지시·관여하지 아니한 경우, 의료법 제27조 제1항이 금지하는 무면허의료행위에 해당한다).

2) 대법원 1985. 6. 11. 선고 84도2527 판결(피고인은 골재채취작업 현장소장으로서 그 채취작업으로 생긴 깊이 약 2m, 길이 약 60m, 폭 약 40m 크기의 타원형 웅덩이를 메우고 하상을 정리해서 익사 등의 사고를 방지해야 할 업무상 주의의무가 있음에도 불구하고 위 웅덩이를 그대로 방치한 과실로 피해자로 하여금 강을 건너던 중 위 웅덩이에 빠져 익사하게 하였다. 골재채취허가여부는 이 사건 골재채취업무가 업무상 과실치사죄에 있어서의 업무에 해당하는 사실에 아무런 소장도 가져올 수 없으며 …).

3) 대법원 2017. 12. 28. 선고 2017도17762 판결(도로교통법상 무면허운전이 성립하기 위해서는 운전면허를 받지 않고 자동차 등을 운전한 곳이 도로교통법 제2조 제1호에서 정한 도로에 해당해야 한다. 따라서 운전면허 없이 자동차 등을 운전한 곳이 일반교통경찰권이 미치는 공공성이 있는 장소가 아니라 특정인이나 그와 관련된 용건이 있는 사람만 사용할 수 있고 자체적으로 관리되는 곳이라면 도로교통법에서 정한 '도로에서 운전'한 것이 아니므로 무면허운전으로 처벌할 수 없다).

에, 가장 넓은 의미의 업무를 의미한다. 또한 법령상 인정되는 업무 이외에 업무의 내용이 사회상규에 위배되지 않음으로써 족하기 때문에 반드시 업무 자체가 정당하거나 적법할 것을 요하지 아니한다.

(3) 업무상 과실치사상죄에서 말하는 업무의 개념 및 유형

본죄에 있어서의 '업무'란 사람의 사회생활면에 있어서의 하나의 지위로서 계속적으로 종사하는 사무를 말한다. 이에는 수행하는 직무 자체가 위험성을 갖기 때문에 안전배려를 의무의 내용으로 하는 경우는 물론 사람의 생명·신체의 위험을 방지하는 것을 의무의 내용으로 하는 업무도 포함된다. 본죄의 보호법익이 생명·신체의 건강에 있다는 점을 고려할 때, 그 성질상 생명·신체에 대하여 위험성이 있는 업무이어야 한다. 그러므로 안전배려 내지 안전관리 사무에 계속적으로 종사하여 위와 같은 지위로서의 계속성을 가지지 아니한 채 단지 건물의 소유자로서 건물을 비정기적으로 수리하거나 건물의 일부분을 임대하였다는 사정만으로는 본죄에 있어서의 '업무'로 인정될 수 없고[1], 생명·신체에 대한 위험성이 없는 업무에 종사하다가 과실로 타인에게 상해를 입힌 경우에는 (단순)과실치사상죄가 성립할 따름이다. 본죄에서 과실의 유무를 판단함에는 일반사회인이 아니라 같은 업무와 직무에 종사하는 일반적 보통인의 주의 정도를 표준으로 하여야 한다.[2] 판례에 등장하고 있는 대표적인 유형으로는 교통사고의 경우, 의료사고의 경우, 건설사고의 경우 등을 들 수 있다.

1) 교통사고의 경우

판례에 의하면, ① 버스운전사에게는 전날 밤에 주차해둔 버스를 그 다음날 아침에 출발하기에 앞서 차체 밑에 장애물이 있는지 여부를 확인하여야 할 주의의무가 있으며[3], ② 자동차를 운행하는 자는 매일 그 운행개시 전에 일상 점검의 하나로 제동장치 중 제동파이프에 기름누설이 없고 고정이 확실한 여부를 점거하여야 할 업무상 주의의무가 있으며[4], ③ 앞차를 뒤따라 운전하는 차량의 운전자로서는 앞차에 의하여 전방의 시야가 가리는 관계상 앞차의 어떠한 돌발적인 운전 또는 사고에 의하여서라도 자기 차량에 연쇄적인 사고가 일어나지 않도록 앞차와의 충분한 안전거리를 유지하고 진로 전방좌우를 잘 살펴 진로의 안전을 확인하면서 진행할 주의의무가 있으며[5], ④ 횡단보도의 보행자 신호가 녹색신호에서

---

1) 대법원 2017. 12. 5. 선고 2016도16738 판결(3층 건물의 소유자로서 건물 각 층을 임대한 피고인이, 건물 2층으로 올라가는 계단참의 전면 벽이 아크릴 소재의 창문 형태로 되어 있고 별도의 고정장치가 없는데도 안전바를 설치하는 등 낙하사고 방지를 위한 관리의무를 소홀히 함으로써, 건물 2층에서 나오던 甲이 신발을 신으려고 아크릴 벽면에 기대는 과정에서 벽면이 떨어지고 개방된 결과 약 4m 아래 1층으로 추락하여 상해를 입었다고 하여 업무상 과실치상으로 기소된 사안에서, 피고인이 건물에 대한 수선 등의 관리를 비정기적으로 하였으나 그 이상의 안전배려나 안전관리 사무에 계속적으로 종사하였다고 인정하기 어렵다고 보아 업무상 과실치상의 공소사실을 이유에서 무죄로 판단하고 축소사실인 과실치상 부분을 유죄로 인정하였다); 대법원 2009. 5. 28. 선고 2009도1040 판결(피고인이 4층 건물의 소유자로서 위 건물 2층을 임대하였다는 사정만으로 피고인에게 업무상 과실치상죄에 있어서의 '업무'에 관한 증명이 있다고 본 원심판결에는 업무상 과실치상죄에 있어서의 '업무'에 관한 법리를 오해하거나 심리를 다하지 아니한 위법이 있다).
2) 대법원 2003. 1. 10. 선고 2001도3292 판결.
3) 대법원 1988. 9. 27. 선고 88도833 판결.
4) 대법원 1985. 12. 24. 선고 85도1755 판결.

적색신호로 바뀌는 예비신호 점멸 중에도 그 횡단보도를 건너가는 보행자가 흔히 있고, 횡단 도중에 녹색신호가 적색신호로 바뀐 경우에도 그 교통신호에 따라 정지함이 없이 나머지 횡단보도를 그대로 횡단하는 보행자도 있으므로 보행자 신호가 녹색신호에서 정지신호로 바뀔 무렵 전후에 횡단보도를 통과하는 자동차 운전자는 보행자가 교통신호를 철저히 준수할 것이라는 신뢰만으로 자동차를 운전할 것이 아니라 좌우에서 이미 횡단보도에 진입한 보행자가 있는지 여부를 살펴보고 또한 그의 동태를 두루 살피면서 서행하는 등하여 그와 같은 상황에 있는 보행자의 안전을 위해 어느 때라도 정지할 수 있는 태세를 갖추고 자동차를 운전하여야 할 업무상의 주의의무가 있다.[1] 또한 ⑤ 운전자가 택시를 운전하고 제한속도가 시속 40km인 왕복 6차선 도로의 1차선을 따라 시속 약 50km로 진행하던 중, 무단횡단하던 보행자가 중앙선 부근에 서 있다가 마주 오던 차에 충격당하여 택시 앞으로 쓰러지는 것을 피하지 못하고 역과시킨 경우[2], ⑥ 정지신호를 보내오고 있는 경찰관을 발견한 피고인으로서는 마땅히 차량을 정차시켜야 하고, 만일 계속 진행하더라도 속도를 줄이고 피해자의 동태를 잘 살펴 안전하게 진행하여야 할 업무상 주의의무가 있다고 할 것인데도 불구하고 이에 위배하여 상당한 속도로 계속 진행함으로써 정차를 시키기 위하여 차체를 치는 피해자로 하여금 상해를 입힌 경우[3], ⑦ 택시 운전자인 피고인이 심야에 밀집된 주택 사이의 좁은 골목길이자 직각으로 구부러져 가파른 비탈길의 내리막에 누워 있던 피해자의 몸통 부위를 택시 바퀴로 역과하여 그 자리에서 사망에 이르게 하고 도주한 사안에서, 위 사고 당시 시각과 사고 당시 도로상황 등에 비추어 자동차 운전업무에 종사하는 피고인으로서는 평소보다 더욱 속도를 줄이고 전방 좌우를 면밀히 주시하여 안전하게 운전함으로써 사고를 미연에 방지할 주의의무가 있었는데도, 이를 게을리한 채 그다지 속도를 줄이지 아니한 상태로 만연히 진행하던 중 전방 도로에 누워 있던 피해자를 발견하지 못하여 위 사고를 일으킨 경우[4], ⑧ 피고인이 야간에 오토바이를 운전하다가 도로를 무단횡단하던 피해자를 충격하여 피해자로 하여금 도로상에 전도하게 하고, 그로부터 약 40초 내지 60초 후에 다른 사람이 운전하던 타이탄트럭이 도로 위에 전도되어 있던 피해자를 역과하여 사망하게 한 경우[5], ⑨ 운전자가 차를 세워 시동을 끄고 1단 기어가 들어가 있는 상태에서 시동열쇠를 끼워놓은 채 11세 남짓한 어린이를 조수석에 남겨두고 차에서 내려온 동안 동인이 시동열쇠를 돌리며 악셀러레이터 페달을 밟아 차량이 진행하여 사고가 발생한 경우[6], ⑩ 운전병이 운전하던 짚차의 선임 탑승자는 이 운전병의 안전운행을 감독하여야 할 책임이 있는데 오히려 운전병을 데리고 주점에 들어가서 같이 음주한 다음 운전하게 한 결과 위 운전병이 음주로 인하여 취한 탓으로 사고가 발생한 경우[7], ⑪ 야간에 고속도로에서 차량을 운전하는 자는 주간에 정상적인 날씨 아래에서 고속도로를 운행하는 것과는 달리 노면상태 및 가시거리상태 등에 따라 고속도로상의 제한최고속도 이하의 속도로 감속·서행할 주의의무가 있는데, 감속운전하지 아니한 과실로 인하여 야간에 선행사고로 인하여 전방에 정차해 있던 승용차와 그 옆에 서 있던 피해자를 충돌한 경우[8], ⑫ 자동차의 운전자가 그 운전상의 주의의무를 게을리하

5) 대법원 2001. 12. 11. 선고 2001도5055 판결.
1) 대법원 1986. 5. 27. 선고 86도549 판결.
2) 대법원 1995. 12. 26. 선고 95도715 판결.
3) 대법원 1994. 10. 14. 선고 94도2165 판결.
4) 대법원 2011. 5. 26. 선고 2010도17506 판결.
5) 대법원 1990. 5. 22. 선고 90도580 판결.
6) 대법원 1986. 7. 8. 선고 86도1048 판결.
7) 대법원 1979. 8. 21. 선고 79도1249 판결.
8) 대법원 1999. 1. 15. 선고 98도2605 판결.

여 열차건널목을 그대로 건너는 바람에 그 자동차가 열차좌측 모서리와 충돌하여 20여m쯤 열차 진행방향으로 끌려가면서 튕겨나갔고 피해자는 타고 가던 자전거에서 내려 자동차 왼쪽에서 열차가 지나가기를 기다리고 있다가 위 충돌사고로 놀라 넘어져 상처를 입은 경우[1] 등에 있어서는 업무상 과실을 인정하고 있다.

하지만 ① 내리막길에서 버스의 브레이크가 작동되지 아니하여 대형사고를 피하기 위하여 인도 턱에 버스를 부딪쳐 정차시키려고 하였으나 버스가 인도 턱을 넘어 돌진하여 보행자를 사망에 이르게 한 경우[2], ② 버스정류장에서 버스를 타려고 뛰어가던 행인끼리 충돌하여 넘어지면서 순간적으로 막 출발하려는 버스의 앞바퀴와 뒷바퀴 사이로 머리가 들어가 사고가 발생한 경우[3], ③ 피고인이 제한속도를 약간 넘어서 운행하였다고 하여도 피고인이 자기 차선을 따라 운행 중 반대방향에서 오던 차량이 좌회전 금지구역인데도 갑자기 피고인의 차량 앞을 가로질러 좌회전 진입함으로 인하여 사고가 발생한 경우[4], ④ 피고인이 편도 3차선도로의 1차선을 따라 제한시속 범위 내인 시속 40km로 운행하던 중 차도를 무단횡단하던 피해자가 도로 중앙에 서 있는 것을 발견하고 동인의 동태를 주시하면서 같은 속력으로 운행을 계속하였는데 마침 반대방향에서 1차선을 따라 진행해 오던 공동피고인 운전의 봉고차가 뒷걸음질을 치던 피해자를 들이받음으로써 피해자가 중앙선을 넘어 피고인이 운전하던 차량의 전면 바로 앞에 나가 떨어지자 피고인이 이를 피하지 못하고 다시 충격하여 피해자를 사망하게 한 경우[5], ⑤ 기관사가 열차 운행 중 사고지점 부근이 좌우 진동이 심하다는 다른 열차로부터의 연락이 있으니 주의운전을 바란다는 무전만 받고 시속 약 85km로 운행하던 중 사고지점 약 50m 앞에서 궤도가 장출되어 있는 것을 발견하고 비상제동을 걸었으나 미치지 못하여 열차가 일부 탈선한 경우[6], ⑥ 피고인이 운전자의 부탁으로 차량의 조수석에 동승한 후, 운전자의 차량운전행위를 살펴보고 잘못된 점이 있으면 이를 지적하여 교정해 주려 했던 것에 그치고 전문적인 운전교습자가 피교습자에 대하여 차량운행에 관해 모든 지시를 하는 경우와 같이 주도적 지위에서 동 차량을 운행할 의도가 있었다거나 실제로 그 같은 운행을 하였다고 보기 어려운 경우[7], ⑦ 버스를 발차하려는 순간에 운전사가 버스가 진행할 전방과 진입할 차도의 좌측을 주시하고 동시에 우측 후사경을 통하여 버스우측 뒷바퀴 밑부분까지 주시한다는 것은 사실상 불가능한 일이므로, 피해자가 발차순간에 바퀴 밑으로 들어간 경우[8], ⑧ 택시 운전수가 횡단보도가 아닌 차도를 무단횡단하는 피해자를 뒤늦게 발견하고 급정차 조치를 취하여 위 피해자와의 충돌을 사전에 예방하였다면 비록 피해자가 갑자기 급정차하는 위 택시를 보고 당황한 끝에 도로위에 넘어져 상해를 입은 경우[9] 등에 있어서는 업무상 과실을 부정하고 있다.

또한 ⑨ 고속도로를 운행하는 자동차의 운전자로서는 일반적인 경우에 고속도로를 횡단하는 보행자가 있을 것까지 예견하여 보행자와의 충돌사고를 예방하기 위하여 급정차 등의 조치를 취할 수 있도록 대비하면서 운전할 주의의무가 없고[10], ⑩ 피고인이 좌회전 금지구역에서 좌회전한 것은 잘못이나 이러한

1) 대법원 1989. 9. 12. 선고 89도866 판결.
2) 대법원 1996. 7. 9. 선고 96도1198 판결.
3) 대법원 1986. 8. 19. 선고 86도1123 판결.
4) 대법원 1980. 2. 12. 선고 79도3004 판결.
5) 대법원 1987. 9. 22. 선고 87도516 판결.
6) 대법원 1991. 12. 10. 선고 91도2044 판결.
7) 대법원 1984. 3. 13. 선고 82도3136 판결.
8) 대법원 1984. 7. 10. 선고 84도687 판결.
9) 대법원 1987. 5. 26. 선고 86도2707 판결.

경우에도 피고인으로서는 50m 후방에서 따라오던 후행차량이 중앙선을 넘어 피고인 운전차량의 좌측으로 돌진하는 등 극히 비정상적인 방법으로 진행할 것까지를 예상하여 사고발생 방지조치를 취하여야 할 업무상 주의의무가 없고[1], ⑪ 차량의 운전자로서는 횡단보도의 신호가 적색인 상태에서 반대차선상에 정지하여 있는 차량의 뒤로 보행자가 건너오지 않을 것이라고 신뢰하는 것이 당연하고 그렇지 아니할 사태까지 예상하여 그에 대한 주의의무를 다하여야 한다고는 할 수 없고[2], ⑫ 운전자가 교차로를 사고 없이 통과할 수 있는 상황에서 그렇게 인식하고 교차로에 일단 먼저 진입하였다면 특별한 사정이 없는 한 그에게 과실이 있다고 할 수 없고, 교차로에 먼저 진입한 운전자로서는 이와 교차하는 좁은 도로를 통행하는 피해자가 교통법규에 따라 적절한 행동을 취하리라고 신뢰하고 운전한다고 할 것이므로 특별한 사정이 없는 한 피해자가 자신의 진행속도보다 빠른 속도로 무모하게 교차로에 진입하여 자신이 운전하는 차량과 충격할지 모른다는 것까지 예상하고 대비하여 운전하여야 할 주의의무는 없고[3], ⑬ 안내원이 없는 시내버스의 운전사인 피고인으로서는 버스정류장에서 일단의 승객을 하차시킨 후 다른 움직임이 없으면 차를 출발시키는 것이 통례이고 특별한 사정이 없는 한 착석한 승객 중 더 내릴 손님이 있는지, 출발도중 넘어질 우려가 있는 승객은 있는지 등의 여부를 일일이 확인하여야 할 주의의무는 없고[4], ⑭ 신호등에 의하여 교통정리가 행하여지고 있는 사거리 교차로를 녹색등화에 따라 직진하는 차량의 운전자는 특별한 사정이 없는 한 다른 차량들도 교통법규를 준수하고 충돌을 피하기 위하여 적절한 조치를 취할 것으로 믿고 운전하면 족하고, 다른 차량이 신호를 위반하고 직진하는 차량의 앞을 가로질러 직진할 경우까지 예상하여 그에 따른 사고발생을 미연에 방지할 특별한 조치까지 강구할 업무상의 주의의무는 없다고 할 것이므로, 피고인이 녹색등화에 따라 사거리 교차로를 통과할 무렵 제한속도를 초과하였더라도, 신호를 무시한 채 왼쪽도로에서 사거리 교차로로 가로 질러 진행한 피해자에 대한 업무상 과실치사의 책임이 없다.[5]

2) 의료사고의 경우

의료사고에 있어서 의사의 과실을 인정하려면 결과발생을 예견할 수 있고 회피할 수 있었음에도 불구하고, 하지 못한 점을 인정할 수 있어야 할 것이다. 과실의 유무를 판단함에는 같은 업무와 직무에 종사하는 일반적 보통인의 주의 정도를 표준으로 하여야 하며, 이에는 사고 당시의 일반적인 의학의 수준과 의료환경 및 조건·의료행위의 특수성 등이 고려되어야 한다.[6]

10) 대법원 2000. 9. 5. 선고 2000도2671 판결(다만 고속도로를 무단횡단하는 보행자를 충격하여 사고를 발생시킨 경우라도 운전자가 상당한 거리에서 보행자의 무단횡단을 미리 예상할 수 있는 사정이 있었고, 그에 따라 즉시 감속하거나 급제동하는 등의 조치를 취하였다면 보행자와의 충돌을 피할 수 있었다는 등의 특별한 사정이 인정되는 경우에만 자동차 운전자의 과실이 인정될 수 있다).
1) 대법원 1996. 5. 28. 선고 95도1200 판결.
2) 대법원 1993. 2. 23. 선고 92도2077 판결.
3) 대법원 1992. 8. 18. 선고 92도934 판결.
4) 대법원 1992. 4. 28. 선고 92도56 판결.
5) 대법원 1990. 2. 9. 선고 89도1774 판결.
6) 대법원 2010. 4. 29. 선고 2009도7070 판결; 대법원 2007. 2. 22. 선고 2005도9229 판결(의사는 전문적 지식과 기능을 가지고 환자의 전적인 신뢰하에서 환자의 생명과 건강을 보호하는 것을 업으로 하는 자로서 그 의료행위를 시술하는 기회에 환자에게 위해가 미치는 것을 방지하기 위하여 최선의 조치를 취할 의무를 지고 있으므로, 의사가 다른 의사와 의료행위를 분담하는 경우에도 자신이 환자에 대하여 주된 의사의 지위에 있거나 다른 의사를

한편 간호사가 '진료의 보조'를 함에 있어서는 모든 행위 하나하나마다 항상 의사가 현장에 입회하여 일일이 지도·감독하여야 한다고 할 수는 없고, 경우에 따라서는 의사가 진료의 보조행위 현장에 입회할 필요 없이 일반적인 지도·감독을 하는 것으로 족한 경우도 있을 수 있다. 여기에 해당하는 보조행위인지 여부는 보조행위의 유형에 따라 일률적으로 결정할 수는 없고 구체적인 경우에 있어서 그 행위의 객관적인 특성상 위험이 따르거나 부작용 혹은 후유증이 있을 수 있는지, 당시의 환자 상태가 어떠한지, 간호사의 자질과 숙련도는 어느 정도인지 등의 여러 사정을 참작하여 개별적으로 결정하여야 할 것이다.

　판례에 의하면, ① 산후조리원에 입소한 신생아가 출생 후 10일 이상이 경과하도록 계속하여 수유량 및 체중이 지나치게 감소하고 잦은 설사 등의 이상증세를 보임에도 불구하고, 산후조리원의 신생아 집단 관리를 맡은 책임자가 의사나 한의사 등의 진찰을 받도록 하지 않아 신생아가 탈수 내지 괴사성 장염으로 사망한 경우에는 업무상 과실치사죄가 인정된다.[1] ② 피고인(의사)이 근무하는 병원에서는 인턴의 수가 부족하여 수혈의 경우 두 번째 이후의 혈액봉지는 인턴 대신 간호사가 교체하는 관행이 있었다고 하더라도, 위와 같이 혈액봉지가 바뀔 위험이 있는 상황에서 피고인이 그에 대한 아무런 조치도 취함이 없이 간호사에게 혈액봉지의 교체를 일임한 것이 관행에 따른 것이라는 이유만으로 정당화될 수는 없다.[2] ③ 마취환자의 마취회복업무를 담당하던 피고인 1로서는 마취환자가 수술 도중 특별한 이상이 있었는지를 확인하여 특별한 이상이 있었던 경우에는 보통 환자보다 더욱 감시를 철저히 하고 또한 마취 환자가 의식이 회복되기 전에는 호흡이 정지될 가능성이 적지 않으므로 피해자의 의식이 완전히 회복될 때까지 주위에서 관찰하거나 적어도 환자를 떠날 때는 피해자를 담당하는 간호사를 특정하여 그로 하여금 환자의 상태를 계속 주시하도록 하여 만일 이상이 발생한 경우에는 즉시 응급조치가 가능하도록 할 의무가 있다 고 할 것이라고 전제하고서, 위 피고인이 피해자가 어떤 이상증세가 일어났는지에 대하여 확인하여 회복처치에 참고하지도 않았으며 피해자에게 자발호흡이 있는 것만 확인하고는 의식이 회복되었는지 분명하지도 않은 상태에서 특정 간호사에게 확실한 인계조치나 구체적인 지시도 하지 않은 채 환자를 떠난 점을 마취의사로서의 업무상 주의의무를 해태한 것으로 판단하였다.[3]
　하지만 ① 요추 척추후궁절제 수술 도중에 수술용 메스가 부러지자 담당의사가 부러진 메스조각(3×5 mm)을 찾아 제거하기 위한 최선의 노력을 다하였으나 찾지 못하여 부러진 메스조각을 그대로 둔 채 수술부위를 봉합한 경우에는 담당의사의 과실을 인정할 수 없다.[4] ② 제왕절개분만을 함에 있어서 산모에게 수혈을 할 필요가 있을 것이라고 예상할 수 있었다는 사정이 보이지 않는 한, 산후과다출혈에 대비하여 제왕절개수술을 시행하기 전에 미리 혈액을 준비할 업무상 주의의무가 있다고 보기 어렵다.[5] ③ 피

　　사실상 지휘 감독하는 지위에 있다면, 그 의료행위의 영역이 자신의 전공과목이 아니라 다른 의사의 전공과목에 전적으로 속하거나 다른 의사에게 전적으로 위임된 것이 아닌 이상, 의사는 자신이 주로 담당하는 환자에 대하여 다른 의사가 하는 의료행위의 내용이 적절한 것인지의 여부를 확인하고 감독하여야 할 업무상 주의의무가 있고, 만약 의사가 이와 같은 업무상 주의의무를 소홀히 하여 환자에게 위해가 발생하였다면, 의사는 그에 대한 과실 책임을 면할 수 없다); 대법원 2006. 10. 26. 선고 2004도486 판결.

　1) 대법원 2007. 11. 16. 선고 2005도1796 판결.
　2) 대법원 1998. 2. 27. 선고 97도2812 판결.
　3) 대법원 1994. 4. 26. 선고 92도3283 판결.
　4) 대법원 1999. 12. 10. 선고 99도3711 판결.

해자를 감시하도록 업무를 인계받지 않은 간호사가 자기 환자의 회복처치에 전념하고 있었다면 회복실에 다른 간호사가 남아있지 않은 경우에도 다른 환자의 이상증세가 인식될 수 있는 상황에서라야 이에 대한 조치를 할 의무가 있다고 보일 뿐 회복실 내의 모든 환자에 대하여 적극적·계속적으로 주시·점검을 할 의무가 있다고 할 수 없다.[1]

3) 건설사고의 경우

판례에 의하면, ① 공사감독관이 당해 건축공사가 불법 하도급되어 무자격자에 의하여 시공되고 있는 점을 알고도 이를 묵인하였거나 그와 같은 사정을 쉽게 적발할 수가 있었음에도 직무상의 의무를 태만히 하여 무자격자로 하여금 공사를 계속하게 함으로써 붕괴사고 등의 재해가 발생한 경우[2], ② 도급계약의 경우 원칙적으로 도급인에게는 수급인의 업무와 관련하여 사고방지에 필요한 안전조치를 취할 주의의무가 없으나, 법령에 의하여 도급인에게 수급인의 업무에 관하여 구체적인 관리·감독의무 등이 부여되어 있거나 도급인이 공사의 시공이나 개별 작업에 관하여 구체적으로 지시·감독하였다는 등의 특별한 사정이 있는 경우[3], ③ 공사를 발주한 구청 소속의 현장감독 공무원인 피고인이 甲회사가 전문 건설업 면허를 소지한 乙회사의 명의를 빌려 원수급인인 丙회사로부터 콘크리트 타설공사를 하도급받아 전문 건설업 면허나 건설기술 자격이 없는 개인인 丁에게 재하도급주어 이 사건 공사를 시공하도록 한 사실을 알았거나 쉽게 알 수 있었음에도 불구하고 그 직무를 유기 또는 태만히 하여 丁의 시공방법상의 오류와 그 밖의 안전상의 잘못으로 인하여 콘크리트 타설작업 중이던 건물이 붕괴되는 사고가 발생할 때까지도 이를 적발하지 아니하였거나 적발하지 못한 잘못이 있는 경우[4], ④ 자전거 전용통로에 도시가스배관, 철도횡단흉관 압입공사를 하기 위하여 너비 약 3m, 깊이 약 1m, 길이 약 5m의 웅덩이를 파두어 야간에 그곳을 지나던 통행인이 위 웅덩이에 떨어져 상해를 입은 경우[5], ⑤ 건설업자가 토공사 및 흙막이공사의 감리업무까지 수행하기로 약정하였음에도 이에 위반하여 실질적인 감리업무를 수행할 수 있는 사람을 감리자로 파견하지 않은 상태에서, 건설기술자를 현장에 배치할 의무를 위반하여 건설기술자조차 현장에 배치하지 아니한 과실로 인하여 공사현장 인접 소방도로의 지반침하 방지를 위한 그라우팅공사 과정에서 발생한 가스폭발사고난 경우[6], ⑥ 도로공사의 현장소장은 지반의 붕괴 등에 의하여 근로자에게 위험을 미칠 우려가 있는 때에는 그 위험을 방지하기 위하여 지반을 안전한 경사로 하고 낙하의 위험이 있는 토석을 제거하거나 옹벽 및 흙막이 지보공 등을 설치하여야 함에도, 이와 같은 위험을 방지하기 위하여 필요한 조치를 취하지 아니한 업무상 과실로 인하여 근로자를 사망에 이르게 한 경우[7] 등에 있어서는 본죄가 성립한다.

하지만 ① 주택수리공사에 관하여 전문적인 지식이 없는 도급인이 주택수리공사 전문업자에게 주택수리를 의뢰하면서 공사에 관한 관리·감독 업무 또는 공사의 시공에 있어서 분야별 공사업자나 인부들에

5) 대법원 1997. 4. 8. 선고 96도3082 판결.
1) 대법원 1994. 4. 26. 선고 92도3283 판결.
2) 대법원 2010. 6. 24. 선고 2010도2615 판결.
3) 대법원 2009. 5. 28. 선고 2008도7030 판결.
4) 대법원 1995. 9. 15. 선고 95도906 판결.
5) 대법원 1986. 8. 19. 선고 86도915 판결.
6) 대법원 1997. 1. 24. 선고 96도776 판결.
7) 대법원 1991. 12. 10. 선고 91도2642 판결.

대한 구체적인 작업지시 및 감독 업무를 주택수리업자에게 일임한 경우[1], ② 시공회사의 상무이사인 현장소장이 현장에서의 공사감독을 전담하였고 사장(피고인)은 그와 같은 감독을 하게 되어 있지 않은 경우[2], ③ 지하철 공사구간 현장안전업무 담당자인 피고인이 공사현장에 인접한 기존의 횡단보도 표시선 안쪽으로 돌출된 강철빔 주위에 라바콘 3개를 설치하고 신호수 1명을 배치하였는데, 피해자가 횡단보도를 건너면서 강철빔에 부딪혀 상해를 입은 경우[3], ④ 피고인은 건설기계대여업 등을 목적으로 하는 공소외 2 주식회사의 대표이사로서, 리치스태커(컨테이너 운반용 크레인)를 공소외 3 주식회사에 임대해주었는데, 이 사건 기계의 왼쪽 뒷바퀴 볼트 2개가 빠졌다는 연락을 받고, 직원인 공소외 4에게 수리를 지시하였는데, 피해자 공소외 1은 이 사건 기계의 타이어 공기를 빼지 않은 상태에서 이 사건 작업을 하였고, 같은 날 18:20경 압축공기가 순간적으로 방출되면서 튕겨져 나온 타이어에 충격을 당하여 옆에 있던 공소외 4와 함께 사망한 경우[4], ⑤ 작업현장에 경고표시판 및 안전망의 설치 등 충돌사고에 대비한 안전조치가 취해져 있었을 뿐만 아니라 굴삭기에의 접근을 예방하기 위하여 굴삭기의 전후에 신호수까지 배치해 둔 경우[5] 등에 있어서는 본죄가 성립하지 아니한다.

4) 기타의 경우

판례에 의하면, ① 호텔의 사장 또는 영선과장인 피고인들이 오보가 잦다는 이유로 자동화재조기탐지 및 경보시설인 수신기의 지구경종스위치를 내려 끈 채 봉하고, 영업상 미관을 해친다는 이유로 각층에 설치된 갑종방화문을 열어두게 하고 옥외피난계단으로 통하는 을종방화문은 도난방지등의 이유로 고리를 끼워 피난구로서의 역할을 다하지 못하게 한 경우[6], ② 피고인이 자신이 운영하는 식품가게 앞에서 1톤 포터 화물차의 적재함에 실려 있던 토마토 상자를 하역하여 가게 안으로 운반하던 중 화물차에 적재되어 있던 토마토 상자 일부가 무너져 내리도록 방치한 과실로 가게 앞을 지나가던 피해자의 머리 위로 상자가 떨어지게 하여 골절상 등을 입게 한 경우[7], ③ 도선사는 법률에 의하여 상당히 고도의 주의의무가 부과되어, 해도에 표시된 장애물 뿐만 아니라 해도에 표시되어 있지 않고 외관상 쉽게 발견되지 않는 위험물을 포함하여 지방수역에 관한 지식을 가지고 있어야 하며 이를 활용할 의무가 있고, 더욱이 강제도선사는 전문지식이 있다고 판단하여 선임된 자이기 때문에 선박이 임의로 승선시킨 도선사보다 고도의 주의의무를 부담하고 있는 점을 고려하여 볼 때, 강제도선사인 피고인이 선택한 항로로 운항중이던 유조선이 수중암초에 충돌한 경우[8], ④ 광고업자가 건물옥상에 고정수소 2,850기압을 주입한 애드벌룬을 공중에 띄움에 있어서 당시 강풍이 불고 있었고 그곳 부근에 22,900볼트의 고압전선이 설치되어 있었다면 그 안전여부를 확인하면서 주민들에게 위험을 알려주어 주의를 환기시키고 애드벌룬이 고압선에 감겼을 때에도 안전하게 이를 제거할 방법을 강구할 업무상 주의의무가 있음에도 불구하고 이를 위반하여 사고가 난 경우[9], ⑤ 자기집 안방에서 취침하다가 일산화탄소(연탄가스) 중독으로 병원 응급실에 후

---

1) 대법원 2002. 4. 12. 선고 2000도3295 판결.
2) 대법원 1989. 11. 24. 선고 89도1618 판결.
3) 대법원 2014. 4. 10. 선고 2012도11361 판결.
4) 대법원 2015. 10. 29. 선고 2015도5545 판결.
5) 대법원 1987. 9. 22. 선고 87도1254 판결.
6) 대법원 1984. 2. 28. 선고 83도3007 판결.
7) 대법원 2009. 7. 9. 선고 2009도2390 판결.
8) 대법원 1995. 4. 11. 선고 94도3302 판결.

송되어 온 환자를 진단하여 일산화탄소 중독으로 판명하고 치료한 담당의사에게 회복된 환자가 이튿날 퇴원할 당시 자신의 병명을 문의하였는데도 의사가 아무런 요양방법을 지도하여 주지 아니하여, 환자가 일산화탄소에 중독되었던 사실을 모르고 퇴원 즉시 사고 난 자기 집 안방에서 다시 취침하다가 전신피부파열 등 일산화탄소 중독을 입은 경우[1]), ⑥ 알코올중독자를 수용하는 복지원에서 금단증세를 보이는 알코올중독자를 치료 없이 독방에 방치하였다가 자살에 이르게 한 경우[2]), ⑦ 건축자재인 철판 수백 장의 운반을 의뢰한 자가 절단면이 날카롭고 무거운 철판을 묶기에 매우 부적합한 폴리에스터 끈을 사용하여 철판 묶음 작업을 하는 등의 과실로 철판 쏠림 현상이 발생하였고, 이로 인하여 철판을 차에서 내리는 과정에서 철판이 쏟아져 내려 화물차 운전자가 사망한 경우[3]) 등에 있어서는 업무상 과실을 인정하고 있다.

하지만 ① 수영장의 경영자인 피고인이 수영장 내의 미끄럼틀에 안전요원을 배치하여 안전사고를 당하지 않도록 보살피도록 하였는데, 안전요원이 성인풀 쪽을 지키고 있는 사이에 피해자(9세)가 유아풀로 내려가는 미끄럼틀을 타고 내려가 끝부분에 다다랐을 때 다가오는 어린아이에게 부딪치지 않으려고 몸을 틀다가 미끄럼틀 손잡이에 입부분을 부딪쳐 상해를 입은 경우[4]), ② 교사가 징계의 목적으로 회초리로 학생들의 손바닥을 때리기 위해 회초리를 들어올리는 순간 이를 구경하기 위해 옆으로 고개를 돌려 일어나는 다른 학생의 눈을 찔러 그로 하여금 우안실명의 상해를 입게 한 경우[5]), ③ 甲이 처음 찜질방에 들어갈 당시 술에 만취하여 목욕장의 정상적 이용이 곤란한 상태였다고 단정하기 어려운 상황에서 찜질방 직원 몰래 후문으로 나가 술을 더 마신 다음(혈중알콜농도 0.270%) 후문으로 다시 들어와 발한실에서 잠을 자다가 사망한 경우[6]) 등에 있어서는 업무상 과실을 부정하고 있다.

3. 죄수 및 다른 범죄와의 관계

(1) 죄 수

자동차운전자가 다른 차량을 들이받아 그 차량을 손괴하고 동시에 동 차량에 타고 있던 승객에게 상해를 입힌 경우, 이는 동일한 업무상 과실로 발생한 수개의 결과로서 상상적 경합관계에 있다.[7]) 이와 같이 한 번의 교통사고로 여러 사람이 다쳤다면 포괄일죄가 아니라 1개의 행위가 수개의 죄에 해당하는 경우로서 상상적 경합범으로 처단하여야 한다.[8])

(2) 다른 범죄와의 관계

1) 도로교통법상 범죄와의 관계

자동차의 운전자가 업무상 과실에 의하여 사람을 상해에 이르게 하거나 재물을 손괴하고

---

9) 대법원 1990. 11. 13. 선고 90도1987 판결.
1) 대법원 1991. 2. 12. 선고 90도2547 판결.
2) 대법원 2005. 3. 24. 선고 2004도8137 판결.
3) 대법원 2009. 7. 23. 선고 2009도3219 판결.
4) 대법원 1992. 11. 13. 선고 92도610 판결.
5) 대법원 1985. 7. 9. 선고 84도822 판결.
6) 대법원 2010. 2. 11. 선고 2009도9807 판결.
7) 대법원 1986. 2. 11. 선고 85도2658 판결.
8) 서울고등법원 1974. 11. 21. 선고 74노1017 판결(확정).

도로교통법 소정의 구호조치 등 필요한 조치를 취하지 아니한 경우에는 업무상 과실치상죄 이외에 도로교통법 위반의 죄가 성립하고, 이는 실체적 경합범이라고 보아야 한다.[1] 또한 무면허운전을 하다가 업무상 과실치사상의 결과가 발생하면, 도로교통법상 무면허운전죄[2]와 업무상 과실치사상죄의 실체적 경합범이 성립한다.[3]

2) 위험운전치사상죄와의 관계

음주로 인한 특정범죄가중처벌법 위반(위험운전치사상)죄는 형법 제268조에서 규정하고 있는 업무상 과실치사상죄의 특례를 규정하여 가중처벌하기 위한 것이므로, 그 죄가 성립하는 때에는 차의 운전자가 형법 제268조의 죄를 범한 것을 내용으로 하는 교통사고처리법 위반죄는 그 죄에 흡수되어 별죄를 구성하지 아니한다.[4] 하지만 판례에 의하면, 음주로 인한 특정범죄가중처벌법 위반(위험운전치사상)죄와 도로교통법 위반(음주운전)죄는 입법 취지와 보호법익 및 적용영역을 달리하는 별개의 범죄이므로, 양죄가 모두 성립하는 경우 두 죄는 실체적 경합관계에 있다.[5]

3) 도주운전죄와의 관계

특정범죄가중처벌법 제5조의3 소정의 도주차량운전자에 대한 가중처벌규정[6]은 자신의 과실로 교통사고를 야기한 운전자가 그 사고로 사상을 당한 피해자를 구호하는 등의 조치를 취하지 아니하고 도주하는 행위[7]에 강한 윤리적 비난가능성이 있음을 감안하여 이를 가중처

---

1) 대법원 1991. 6. 14. 선고 91도253 판결.
2) 대법원 2017. 10. 31. 선고 2017도9230 판결(외국인인 피고인이 운전면허 없이 도로에서 자동차를 운전하였다고 하여 도로교통법 위반(무면허운전)으로 기소되었는데, 피고인은 법무부장관이 발급한 사증 없이 입국심사를 받지 않고 국내에 입국한 후 1년 이내에 자동차를 운전하였고, 운전을 하기 전에 필리핀에서 1949년 제네바에서 체결된 '도로교통에 관한 협약'에 따른 국제운전면허증을 발급받은 사안에서, 피고인이 출입국관리법에 따른 정상적인 입국심사절차를 거치지 아니하고 불법으로 입국한 이상, 비록 국제운전면허증을 발급받아 소지하고 있고 국내에 입국한 날부터 1년 이내에 자동차를 운전하였더라도, 도로교통법 제96조 제1항이 예외적으로 허용하는 국제운전면허증에 의한 운전이라고 하기 어려워 도로교통법 제152조 제1호에서 규정하는 무면허운전에 해당한다).
3) 대법원 1972. 10. 31. 선고 72도2001 판결.
4) 대법원 2008. 12. 11. 선고 2008도9182 판결.
5) 대법원 2008. 11. 13. 선고 2008도7143 판결. 이에 대하여 위험운전치사상죄는 1개의 구성요건에 음주운전행위와 업무상 과실치사상행위가 결합된 결합범으로서 도로교통법상의 음주운전죄는 이에 흡수된다는 견해(임 웅, 110면)가 있다.
6) 제5조의3(도주차량 운전자의 가중처벌) ① 도로교통법 제2조에 규정된 자동차·원동기장치자전거의 교통으로 인하여 형법 제268조의 죄를 범한 해당 차량의 운전자(이하 "사고운전자"라 한다)가 피해자를 구호하는 등 도로교통법 제54조 제1항에 따른 조치를 하지 아니하고 도주한 경우에는 다음 각 호의 구분에 따라 가중처벌한다.
  1. 피해자를 사망에 이르게 하고 도주하거나, 도주 후에 피해자가 사망한 경우에는 무기 또는 5년 이상의 징역에 처한다.
  2. 피해자를 상해에 이르게 한 경우에는 1년 이상의 유기징역 또는 500만원 이상 3천만원 이하의 벌금에 처한다.
  ② 사고운전자가 피해자를 사고 장소로부터 옮겨 유기하고 도주한 경우에는 다음 각 호의 구분에 따라 가중처벌한다.
  1. 피해자를 사망에 이르게 하고 도주하거나, 도주 후에 피해자가 사망한 경우에는 사형, 무기 또는 5년 이상의 징역에 처한다.
  2. 피해자를 상해에 이르게 한 경우에는 3년 이상의 유기징역에 처한다.

벌함으로써 교통의 안전이라는 공공의 이익의 보호뿐만 아니라 교통사고로 사상을 당한 피해자의 생명·신체의 안전이라는 개인적 법익을 보호하고자 함에도 그 입법 취지와 보호법익이 있다.[1]

여기서 '피해자를 구호하는 등 도로교통법 제50조 제1항의 규정에 의한 조치를 취하지 아니하고 도주한 때'란 사고운전자가 사고로 인하여 피해자가 사상을 당한 사실을 인식하였음에도 불구하고 '도로교통법 제50조 제1항의 규정에 의한 조치'를 취하지 아니하고 사고 장소를 이탈하여 사고를 낸 사람이 누구인지 확정될 수 없는 상태를 초래하는 경우를 말하고, '도로교통법 제50조 제1항의 규정에 의한 조치'에는 피해자나 경찰관 등 교통사고와 관계있는 사람에게 사고운전자의 신원을 밝히는 것도 포함된다.

판례에 의하면, ① 교통사고 야기자가 피해자를 병원에 데려다 준 다음 피해자나 병원 측에 아무런 인적사항을 알리지 않고 병원을 떠났다가 경찰이 피해자가 적어 놓은 차량번호를 조회하여 신원을 확인하고 연락을 취하자 2시간쯤 후에 파출소에 출석한 경우[2], ② 교통사고를 당한 3세 남짓의 어린이가 땅에 넘어져 울고 있으며 무릎에 상처가 난 것을 보았음에도 아무런 보호조치 없이 현장을 이탈한 경우[3], ③ 교회 주차장에서 사고차량 운전자가 사고차량의 운행 중 피해자에게 상해를 입히고도 구호조치 없이 도주한 경우[4], ④ 교통사고 야기자가 피해자를 병원에 후송하기는 하였으나 조사 경찰관에게 사고사실을 부인하고 자신을 목격자라고 하면서 참고인조사를 받고 귀가한 경우[5], ⑤ 사고 운전자가 그가 일으킨 교통사고로 상해를 입은 피해자에 대한 구호조치의 필요성을 인식하고 부근의 택시 기사에게 피해자를 병원으로 이송하여 줄 것을 요청하였으나 경찰관이 온 후 병원으로 가겠다는 피해자의 거부로 피해자가 병원으로 이송되지 아니한 사이에 피해자의 신고를 받은 경찰관이 사고현장에 도착하였고, 피해자의 병원이송 및 경찰관의 사고현장 도착 이전에 사고 운전자가 사고현장을 이탈한 경우[6], ⑥ 사고 운전자가

7) 대법원 1994. 11. 11. 선고 94도2349 판결(특정범죄가중처벌법 제5조의3(도주차량운전자의 가중처벌) 제1항 소정의 죄는 형법 제268조의 죄(업무상 과실치사상죄)를 범한 당해 차량의 운전자가 피해자를 구호하는 등 도로교통법 제50조 제1항의 규정에 의한 조치를 취하지 아니하고 도주한 때에 성립하는 것으로서 업무상 과실치사상죄는 위의 죄에 포함되어 있는 것이므로 위의 죄로 공소가 제기된 경우에 심리 결과 도주사실이 인정되지 아니한다고 하더라도 업무상 과실치사상의 죄가 인정되면 유죄의 판결을 하고 공소권이 없으면 공소기각의 판결을 하여야 하는 것이지 무죄의 선고를 할 것은 아니다).

1) 한편 2013. 7. 30.부터 선박교통사고 야기자의 도주운전을 가중처벌하고 있다.
특정범죄가중처벌법 제5조의12(도주선박의 선장 또는 승무원에 대한 가중처벌) 해사안전법 제2조에 따른 선박의 교통으로 인하여 형법 제268조의 죄를 범한 해당 선박의 선장 또는 승무원이 피해자를 구호하는 등 「수상에서의 수색·구조 등에 관한 법률」 제18조 제1항 단서에 따른 조치를 하지 아니하고 도주한 경우에는 다음 각 호의 구분에 따라 가중 처벌한다.
 1. 피해자를 사망에 이르게 하고 도주하거나, 도주 후에 피해자가 사망한 경우에는 무기 또는 5년 이상의 징역에 처한다.
 2. 피해자를 상해에 이르게 한 경우에는 1년 이상의 유기징역 또는 1천만원 이상 1억원 이하의 벌금에 처한다.
2) 대법원 1999. 12. 7. 선고 99도2869 판결.
3) 대법원 2002. 9. 24. 선고 2002도3190 판결.
4) 대법원 2004. 8. 30. 선고 2004도3600 판결(차의 교통으로 인한 업무상 과실치사상의 사고를 도로교통법이 정하는 도로에서의 교통사고의 경우로 제한하여 새겨야 할 아무런 근거가 없다).
5) 대법원 2003. 3. 25. 선고 2002도5748 판결.
6) 대법원 2004. 3. 12. 선고 2004도250 판결.

사고현장을 이탈하기 전에 피해자에 대하여 자신의 신원을 확인할 수 있는 자료를 제공하여 주었다고
하더라도 사고로 인하여 피해자가 사상을 당한 사실을 인식하였음에도 불구하고 피해자를 구호하는 등
의 의무를 이행하기 이전에 사고현장을 이탈한 경우[1] 등에 있어서는 도주를 인정하고 있다.

　하지만 ① 상해로 평가될 수 없을 정도의 극히 하찮은 상처로서 굳이 치료할 필요가 없는 것이어서
그로 인하여 건강상태를 침해하였다고 보기 어려운 경우[2], ② 사고 운전자가 교통사고 현장에서 경찰관
에게 동승자가 사고차량의 운전자라고 진술하거나 그에게 같은 내용의 허위신고를 하도록 하였더라도,
사고 직후 피해자가 병원으로 후송될 때까지 사고장소를 이탈하지 아니한 채 경찰관에게 위 차량이 가
해차량임을 밝히고 경찰관의 요구에 따라 동승자와 함께 조사를 받기 위해 경찰 지구대로 동행한 경
우[3], ③ 비록 경찰관서에 자신이 사고운전자임을 신고하지 아니하고 동료 운전기사로 하여금 그가 사고
운전자인 것으로 신고하게 하였다고 하더라도 사고운전자가 교통사고 후 피해자를 병원으로 후송하여
치료를 받게 하고 병원에서 피해자의 가족들에게 자신의 인적사항을 알려준 경우[4], ④ 신호대기를 위하
여 정차하고 있다가 브레이크 페달에서 발이 떨어져 차가 서행하면서 앞차의 범퍼를 경미하게 충격하자
사고차량 운전자와 동승자가 피해자에게 사과를 한 후 피해자가 양해를 한 것으로 오인하고 현장을 떠
났고, 피해자의 상해와 피해차량의 손괴가 외견상 쉽게 알 수 있는 것이 아닌 경우[5], ⑤ 사고운전자가
피해자를 구호하는 등 도로교통법 제54조 제1항에 따른 조치를 취할 필요가 있었다고 인정되지 않는 경
우[6] 등에 있어서는 도주를 부정하고 있다.

4) 교통사고처리법과의 관계

　교통사고처리법 제3조 제2항[7]에서는 자동차 운전자의 업무상 과실치'상'죄에 대하여 일정

---

1) 대법원 2002. 1. 11. 선고 2001도5369 판결.
2) 대법원 2000. 2. 25. 선고 99도3910 판결.
3) 대법원 2007. 10. 11. 선고 2007도1738 판결.
4) 대법원 2002. 2. 8. 선고 2001도4771 판결.
5) 대법원 1999. 11. 12. 선고 99도3140 판결.
6) 대법원 2014. 2. 27. 선고 2013도15885 판결.
7) 차의 교통으로 제1항의 죄 중 업무상 과실치상죄 또는 중과실치상죄와 도로교통법 제151조의 죄를 범한 운전자
　에 대하여는 피해자의 명시적인 의사에 반하여 공소를 제기할 수 없다. 다만, 차의 운전자가 제1항의 죄 중 업무
　상 과실치상죄 또는 중과실치상죄를 범하고도 피해자를 구호하는 등 도로교통법 제54조 제1항에 따른 조치를
　하지 아니하고 도주하거나 피해자를 사고 장소로부터 옮겨 유기하고 도주한 경우, 같은 죄를 범하고 도로교통법
　제44조 제2항을 위반하여 음주측정 요구에 따르지 아니한 경우(운전자가 채혈 측정을 요청하거나 동의한 경우는
　제외한다)와 다음 각 호의 어느 하나에 해당하는 행위로 인하여 같은 죄를 범한 경우에는 그러하지 아니하다.
　1. 도로교통법 제5조에 따른 신호기가 표시하는 신호 또는 교통정리를 하는 경찰공무원등의 신호를 위반하거나
　　통행금지 또는 일시정지를 내용으로 하는 안전표지가 표시하는 지시를 위반하여 운전한 경우
　2. 도로교통법 제13조 제3항을 위반하여 중앙선을 침범하거나 같은 법 제62조를 위반하여 횡단, 유턴 또는 후진한 경우
　3. 도로교통법 제17조 제1항 또는 제2항에 따른 제한속도를 시속 20km 초과하여 운전한 경우
　4. 도로교통법 제21조 제1항, 제22조, 제23조에 따른 앞지르기의 방법·금지시기·금지장소 또는 끼어들기의 금지
　　를 위반하거나 같은 법 제60조 제2항에 따른 고속도로에서의 앞지르기 방법을 위반하여 운전한 경우
　5. 도로교통법 제24조에 따른 철길건널목 통과방법을 위반하여 운전한 경우
　6. 도로교통법 제27조 제1항에 따른 횡단보도에서의 보행자 보호의무를 위반하여 운전한 경우
　7. 도로교통법 제43조, 건설기계관리법 제26조 또는 도로교통법 제96조를 위반하여 운전면허 또는 건설기계조종
　　사면허를 받지 아니하거나 국제운전면허증을 소지하지 아니하고 운전한 경우
　8. 도로교통법 제44조 제1항을 위반하여 술에 취한 상태에서 운전을 하거나 같은 법 제45조를 위반하여 약물의
　　영향으로 정상적으로 운전하지 못할 우려가 있는 상태에서 운전한 경우

한 사유를 제외하고는 반의사불벌죄로 규정하여 제한된 범위 내에서 과실범을 실질적으로 비범죄화[1]하고 있다. 또한 동법 제4조 제1항에서는 교통사고를 일으킨 차가 보험업법, 「여객자동차 운수사업법」, 「화물자동차 운수사업법」에 따른 보험 또는 공제에 가입된 경우에는 업무상과실치'상'죄를 범한 차의 운전자에 대하여 공소를 제기할 수 없다. 따라서 동법 제4조 제1항 본문은 차의 운전자에 대한 공소제기의 조건을 정한 것이다. 그리고 동법 제2조 제2호는 '교통사고'란 차의 교통으로 인하여 사람을 사상하거나 물건을 손괴하는 것을 말한다고 규정하고 있는데, 여기서 '차의 교통'은 차량을 운전하는 행위 및 그와 동일하게 평가할 수 있을 정도로 밀접하게 관련된 행위를 모두 포함한다.[2] 다만 동법 제3조 제2항 단서에 해당하는 경우 및 피해자가 신체의 상해로 인하여 생명에 대한 위험이 발생하거나 불구가 되거나 불치 또는 난치의 질병이 생긴 경우[3]에는 그러하지 아니한다.

Ⅳ. 중과실치사상죄

> 제268조(업무상과실·중과실 치사상)　업무상과실 또는 중대한 과실로 사람을 사망이나 상해에 이르게 한 자는 5년 이하의 금고 또는 2천만원 이하의 벌금에 처한다.

1. 의 의

중과실치사상죄는 중대한 과실로 사람을 사망이나 상해에 이르게 함으로써 성립하는 범죄이다. 본죄는 업무상 과실치사상죄와 마찬가지로 과실치사상죄의 가중적 구성요건이다.

---

9. 도로교통법 제13조 제1항을 위반하여 보도가 설치된 도로의 보도를 침범하거나 같은 법 제13조 제2항에 따른 보도 횡단방법을 위반하여 운전한 경우
10. 도로교통법 제39조 제3항에 따른 승객의 추락 방지의무를 위반하여 운전한 경우
11. 도로교통법 제12조 제3항에 따른 어린이 보호구역에서 같은 조 제1항에 따른 조치를 준수하고 어린이의 안전에 유의하면서 운전하여야 할 의무를 위반하여 어린이의 신체를 상해에 이르게 한 경우
12. 도로교통법 제39조 제4항을 위반하여 자동차의 화물이 떨어지지 아니하도록 필요한 조치를 하지 아니하고 운전한 경우

1) 비범죄화에 대하여 보다 자세한 논의로는 박찬걸, "비범죄화의 유형에 관한 연구", 저스티스 제117호, 한국법학원, 2010. 6, 99면 이하 참조.
2) 대법원 2017. 5. 31. 선고 2016도21034 판결(피고인 1에 대한 이 사건 공소사실은, 피고인 1이 공소외 주식회사의 작업팀장으로서 오리의 상하차 업무를 담당하면서, ○○오리농장 내 공터에서 피해자가 사육한 오리를 피고인 2가 운전한 트럭 적재함의 오리케이지에 상차하는 작업을 하였는데, 트럭이 경사진 곳에 정차하였음에도 트럭을 안전한 장소로 이동하게 하거나 오리케이지를 고정하는 줄이 풀어지지 않도록 필요한 조치를 하지 아니한 채 작업을 진행하게 한 업무상의 과실로 이 사건 사고가 발생하였다는 것이다. 즉 피고인 1은 트럭을 운전하지 아니하였을 뿐만 아니라 피고인 2가 속하지 아니한 회사의 작업팀장으로서 위 트럭의 이동·정차를 비롯한 오리의 상하차 업무 전반을 담당하면서 상하차 작업 과정에서 사고가 발생하지 않도록 필요한 조치를 제대로 하지 아니한 업무상의 과실을 이유로 기소되었으므로, 이러한 공소사실이 인정된다면 피고인 1이 담당하는 업무 및 그에 따른 주의의무와 과실의 내용이 피고인 2의 경우와 달라 피고인 1은 특례법이 적용되는 운전자라 할 수 없고 형법 제268조에서 정한 업무상 과실치상의 죄책을 진다).
3) 헌법재판소 2009. 2. 26. 선고 2005헌마764·2008헌마118 결정.

2. 구성요건

중과실은 행위자가 극히 근소한 주의를 함으로써 결과발생을 인식할 수 있었음에도 불구하고 부주의로서 이를 인식하지 못한 경우를 말하는 것으로서, 중과실인가 경과실인가의 구별은 결국 구체적인 경우에 사회통념을 고려하여 결정될 문제이다.[1]

판례에 의하면, ① 농약을 평소에 신문지에 포장하여 판매하여 온 '중조'와 같은 모양으로 포장하여 점포선반에 방치하고 가족에게 알리지 아니하여 사고가 발생한 경우[2], ② 피고인이 관리하던 주차장 출입구 문주의 하단부분에 금이 가 있어 도괴될 위험성이 있었다면 소유자에게 그 보수를 요청하는 외에 그 보수가 있을 때까지 임시적으로라도 받침대를 세우는 등 도괴를 방지하거나 그 근처에 사람이나 자동차 등의 근접을 막는 등 도괴로 인한 인명의 피해를 막도록 조치를 하지 않은 상황에서 사고가 발생한 경우[3], ③ 84세 여자 노인과 11세의 여자 아이를 상대로 안수기도를 함에 있어서 바닥에 반드시 눕혀 놓고 기도를 한 후 '마귀야 물러가라'며 큰 소리를 치면서 한 손 또는 두 손으로 그들의 배와 가슴 부분을 세게 때리고 누르는 등의 행위를 여자 노인에게는 약 20분간, 여자아이에게는 약 30분간 반복하여 그들을 사망하게 한 경우[4] 등에 있어서는 중대한 과실을 인정하고 있다.

하지만 ① 경찰관인 피고인들은 동료 경찰관인 甲 및 피해자 乙과 함께 술을 많이 마셔 취하여 있던 중 갑자기 甲이 총을 꺼내 乙과 같이 총을 번갈아 자기의 머리에 대고 쏘는 소위 '러시안 룰렛' 게임을 하다가 乙이 자신이 쏜 총에 맞아 사망한 경우[5], ② 호텔오락실 경영자가 전기보안담당자에게 아무런 통고를 하지 아니한 채 무자격 전기기술자로 하여금 전기공사를 하게 하였다고 하더라도, 보통사람과 마찬가지로 전기에 관한 전문지식이 없는 피고인이 아주 작은 주의만 기울였더라면, 공동피고인이 조인터 박스를 설치하지 아니하고 형광등을 천정에 바짝 붙여 부착시키는 등 부실하게 공사를 하거나 원심공동피고인이 전기공사사실을 통고받지 못하여 전기설비에 이상이 있는지의 여부를 점검하지 못함으로써 부실공사가 그대로 방치되고, 그로 인하여 전선의 합선에 의한 화재가 발생할 것을 쉽게 예견할 수 있었다고 보기 어려운 상황에서 화재가 발생한 경우[6] 등에 있어서는 중대한 과실을 부정하고 있다.

---

1) 대법원 1980. 10. 14. 선고 79도305 판결; 대법원 1960. 3. 9. 선고 4292형상761 판결.
2) 대법원 1961. 11. 16. 선고 4294형상312 판결.
3) 대법원 1982. 11. 23. 선고 82도2346 판결.
4) 대법원 1997. 4. 22. 선고 97도538 판결.
5) 대법원 1992. 3. 10. 선고 91도3172 판결(러시안룰렛게임사건).
6) 대법원 1989. 10. 13. 선고 89도204 판결(오락실천정화재사건).

제 4 절 낙태의 죄

I. 자기낙태죄

> 제269조(낙태) ① 부녀가 약물 기타 방법으로 낙태한 때에는 1년 이하의 징역 또는 200만원 이하의 벌금에 처한다.

1. 의의 및 보호법익

(1) 의 의

자기낙태죄는 부녀가 약물 기타 방법으로 낙태함으로써 성립하는 범죄이다. 미수범 처벌규정은 없다. 본죄의 법적 성격과 관련하여, ① 부녀라는 신분이 없는 사람이 낙태하도록 한 경우에는 형벌이 가중된다는 점을 논거로 하여 부진정신분범이라는 견해[1], ② 임부만이 주체가 된다는 점을 논거로 하여 진정신분범이라는 견해[2] 등의 대립이 있다.

생각건대 부진정신분범이 타당하다. 왜냐하면 낙태행위는 누구나 범할 수 있는데, 임부라는 신분이 개입하여 형의 감경사유로 작용하기 때문이다. 입법론적으로 '부녀'라는 용어보다는 '임부(임신한 부녀)'라는 용어가 바람직하다.

(2) 보호법익

본죄의 보호법익과 관련하여, ① 주된 보호법익은 태아의 생명이며, 부수적 보호법익은 임부의 생명과 신체의 안전이라고 파악하는 견해[3], ② 주된 보호법익은 태아의 생명이며, 부수적 보호법익은 임부의 신체라고 파악하는 견해, ③ 주된 보호법익은 태아의 생명과 신체이며, 부수적 보호법익은 임부의 생명과 신체라고 파악하는 견해[4], ④ 태아의 생명만이 유일한 보호법익이라고 파악하는 견해[5], ⑤ 태아의 생명과 신체의 안전이라고 파악하는 견해[6] 등의 대립이 있다.

생각건대 본죄의 보호법익은 태아의 생명 그 자체이며, 이외에 거론되는 법익들은 그 대상이 아니라고 판단되는데, 그 이유는 다음과 같다. ① 임부의 생명과 신체는 낙태죄의 보호법익이 될 수 없다. 제269조 제3항은 낙태치사상죄를 규정하고 있으나, 이는 낙태를 시킴으로 인하여 임부의 생명과 신체까지 침해한 경우에 결과적 가중범으로써 처벌하는 것이기 때문에, 임부의 생명과 신체가 본죄의 보호법익이라고 하는 것은 무리가 있다. 임부의 생명과 신체는 결과

1) 이영란, 104면.
2) 김성돈, 126면; 정성근/정준섭, 52면; 정영일, 36면.
3) 권오걸, 82면; 김신규, 101면; 배종대, 104면; 임 웅, 118면.
4) 김혜정 외 4인, 87면; 박상기, 456면; 정영일, 35면.
5) 김선복, 96면; 김성돈, 123면; 김성천/김형준, 41면; 김일수/서보학, 35면; 손동권/김재윤, 94면; 신동운, 579면; 이상돈, 762면; 이정원/류석준, 61면.
6) 이영란, 98면; 정성근/정준섭, 52면.

적 가중범의 결과행위에서 도출되는 보호법익이므로 '과실치사상죄'라는 독립된 범죄의 보호법익이 낙태와 관련하여 침해될 뿐 자기낙태죄 그 자체의 보호법익으로 보기에는 논리적인 비약이 크기 때문이다.[1] ② 현실에서 발생하는 거의 대부분의 낙태행위는 자기낙태죄와 동의낙태죄의 형태로 이루어지기 때문에 낙태죄의 보호정도를 침해범이라고 보아도 무방하다.[2] 낙태행위를 비범죄화하려는 대상은 임부가 동의하는 낙태행위에 국한되는 것이지 동의가 없는 낙태에 대한 것은 아니다. ③ 태아의 신체는 본죄의 보호법익이 될 수 없다. 낙태죄의 보호의 정도에 대하여 침해범설을 취한다면 태아의 사망이라는 결과가 발생해야만 범죄가 성립하게 된다. 즉 사망의 결과 발생 이전에 태아의 신체가 침해되는 수준에 이른 경우에는 불가벌인 것이다. 이러한 경우는 미수 정도의 범죄 발현형태인데, 형법은 낙태죄의 미수범을 처벌하지 않고 있으므로 태아의 신체 침해단계는 형법의 영역 밖의 문제인 셈이다. 다만 낙태죄의 보호법익과 관련하여 앞서 설명한 학설의 대립은 자기낙태죄에 국한된 것이 아니라 낙태의 죄 전반에 대한 보호법익으로서 다루는 것이 일반적이므로, 이를 자기낙태죄에 한정되어 해석하는 것에는 주의가 필요해 보인다.

(3) 정부의 개정안

헌법재판소는 2019. 4. 11. 형법상 자기낙태죄(제269조 제1항) 및 업무상 동의낙태죄(제270조 제1항)에 대하여 헌법불합치 결정[3]과 동시에 2020. 12. 31.까지를 시한으로 하는 개선입법 촉구결정을 선고하였지만, 실제 개선입법이 이루어지지 못하였다. 이에 두 조문은 2021. 1. 1.부터 그 효력을 상실한 상태인데, 2020. 11. 25. 정부가 발의한 형법 일부개정법률안에서는 두 조문을 그대로 둔 상태에서 제270조의2를 신설하는 입장을 취하고 있기 때문에 이하의 해석론은 그대로 두기로 한다. 참고로 개정안의 내용은 다음과 같다.

제270조의2(낙태의 허용요건) ① 제269조 제1항·제2항 또는 제270조 제1항의 행위가 임신 14주 이내에 의사에 의하여 의학적으로 인정된 방법으로 이루어진 때에는 처벌하지 아니한다.
② 다음 각 호의 어느 하나에 해당하는 경우로서 제269조 제1항·제2항 또는 제270조 제1항의 행위가 임신 24주 이내에 의사에 의하여 의학적으로 인정된 방법으로 이루어진 때에는 처벌하지 아니한다.
 1. 강간 또는 준강간(準強姦) 등 범죄행위로 임신된 경우
 2. 법률상 혼인할 수 없는 혈족 또는 인척 사이에 임신된 경우
 3. 다음 각 목의 요건에 모두 해당하는 경우
   가. 임신의 지속이 사회적 또는 경제적 이유로 임신한 여성을 심각한 곤경에 처하게 하거나 처하게 할
     우려가 있을 것

---

[1] 이는 강간치상·치사죄 규정이 있다고 하여도 강간 자체는 성적 자기결정권을 보호법익이라고 하는 범죄로 보아야 하는 것과 마찬가지이다.
[2] 다만 낙태의 경우에 임부의 '부동의'가 있는 경우(제270조 제2항, 제270조 제3항)에는 예외적으로 임부의 의사결정의 자유도 그 보호법익이며, 제269조 제3항의 경우에는 임부의 생명·신체도 그 보호법익이다. 이러한 점에서 보호법익을 낙태죄의 종류에 따라 구분하는 것이 타당하다.
[3] 헌법재판소 2019. 4. 11. 선고 2017헌바127 결정.

　　나. 임신한 여성이 「모자보건법」에 따른 임신의 유지·종결에 대한 상담을 받고, 그 때부터 24시간이 지
　　　났을 것
　4. 임신의 지속이 보건의학적 이유로 임신한 여성의 건강을 심각하게 해치고 있거나 해칠 우려가 있는 경우
③ 임신한 여성이 「모자보건법」에 따른 임신의 유지·종결에 대한 상담을 통하여 임신의 지속, 출산 및 양육
에 관한 충분한 정보를 얻고 숙고(熟考)한 끝에 임신을 지속할 수 없다는 자기 결정에 이른 경우에는 제2항
제3호 가목에 해당하는 것으로 추정한다.

2. 구성요건

(1) 주 체

　본죄의 주체는 부녀인데, 여기서의 부녀란 임(산)부를 말한다. 임부가 타인에게 부탁하여
낙태하게 한 경우 임부는 자기낙태죄, 타인은 (업무상) 동의낙태죄로 처벌된다. 임부가 타인과
공모하여 실행행위를 함께 한 때에는 임부는 자기낙태죄의 공동정범이 되고, 타인은 (업무상) 동
의낙태죄의 공동정범이 된다. 임부 아닌 자가 자기낙태죄의 간접정범이 될 수 있는지 여부가
문제가 될 수 있는데, 임부 이외의 자는 동의 또는 부동의 낙태죄의 주체가 될 수 있도록 규정
하고 있으므로 자기낙태죄의 간접정범은 성립할 여지가 없고, 동의낙태죄 또는 부동의낙태죄의
직접정범만이 성립할 뿐이다.

　본죄는 자수범이 아니므로 임부가 타인을 이용하여 간접정범으로 본죄를 범할 수도 있다.
예를 들면 낙태를 시도한 임부가 태아를 모체 밖으로 배출시키지 못하였으나 출혈로 생명에 위
험을 느껴 의사의 도움으로 부득이하게 낙태수술을 받고 생명을 구한 때에는 의사의 긴급피난
행위를 이용한 간접정범이 된다.[1] 또한 낙태허용사유가 없음에도 불구하고 있는 것처럼 가장
하여 의사를 기망해서 낙태를 하는 경우도 임부가 간접정범의 형태로 본죄를 범하는 경우이다.
한편 임부가 자살을 기도하였다가 낙태시킨 경우에는 낙태의 미필적 고의가 인정되므로 본죄
가 성립한다.

(2) 객 체

　본죄의 객체는 모체 내에 살아있는 태아이다. ‘태아’란 수정란이 자궁에 착상된 시점(수정
후 9일 내지 13일 사이)인 수태 후부터 분만개시 시점(태아의 종기) 이전까지 존재하는 생명체를 말한
다. 따라서 착상 이전의 배아[2]는 낙태죄의 객체가 되지 아니한다. 따라서 착상 이후의 배아인
태아만이 본죄의 객체에 해당할 수 있다. 하지만 착상된 이상 임신기간의 장단·태아의 발육정
도·생존능력 여부·임신의 원인 등은 불문하지만, 사태(死胎)는 본죄의 객체가 될 수 없다.

(3) 행 위

　본죄의 실행행위는 낙태하는 것이다. 낙태(落胎)의 개념과 관련하여, ① 태아를 자연분만기

---

[1] 김성돈, 127면.
[2] 「생명윤리 및 안전에 관한 법률」 제2조 제2호에 따르면 ‘배아’란 수정란 및 수정된 때부터 발생학적으로 모든
　기관이 형성되는 시기까지의 분열된 세포군을 말한다.

에 앞서서 인위적으로 모체 밖으로 배출하거나 태아를 모체 안에서 살해하는 것이라고 하여, 태아의 사망을 필수적 개념요소로 파악하지 않는 견해[1], ② 태아를 살해하는 것을 내용으로 하는 것이라고 하여, 태아의 사망을 필수적 개념요소로 파악하는 견해[2] 등의 대립이 있다.

이에 대하여 판례는 「낙태죄는 태아를 자연분만기에 앞서서 인위적으로 모체 밖으로 배출하거나 태아를 모체 안에서 살해함으로써 성립하고, 그 결과 태아가 사망하였는지 여부는 낙태죄의 성립에 영향이 없다.」라고 판시[3]하여, 전자의 입장을 취하고 있다.

한편 낙태의 개념에 대한 견해의 대립은 낙태죄의 보호정도에 관한 견해의 대립과 일맥상통하는 면이 있다. 즉 낙태의 개념에 관하여 '태아의 사망을 필수적 개념요소로 보지 않는 견해'는 태아의 생명이라는 법익을 보다 중시하여 자연적 분만기 이전에 태아를 모체 밖으로 배출하는 행위만으로도 태아의 생명은 위태롭게 되는 것이며, 따라서 낙태죄가 성립하기 위해서는 태아의 생명에 대한 위태화로 족하다는 위험범설[4]을 취한다. 이에 반하여 낙태의 개념에 관하여 '태아의 사망을 필수적 개념요소로 파악하는 견해'는 태아의 생명에 대한 현실적인 침해를 요구하는 침해범설[5]을 취한다. 이와 같은 학설의 대립은 태아의 생명이라는 법익을 어느 정도 보호할 것인가 하는 견해의 차이에서 비롯되는 것이다.

생각건대 자연적 분만기 이전에 생존능력이 있는 태아를 모체 밖으로 배출하는 것만으로는 낙태죄를 구성하지 않게 되고, 태아를 모체 밖으로 배출하고 이로 인하여 태아가 사망하거나 모체 내에서 태아를 고의로 살해한 후 배출한 경우에만 낙태죄의 성립을 긍정해야 한다. 사람의 생명을 보호하는 살인죄를 침해범으로 규정하고 있으면서 태아의 생명에 대하여는 위험범으로 보호의 범위를 확대해야 할 이유는 없기 때문이다. 또한 의료기술이 발전한 오늘날에는 출산시기를 앞당겨서 태아를 나오게 하는 것이 위험하지 않을 수도 있다. 이미 출생한 사람을 살해하는 행위가 '살인'이듯이 아직 태어나기 이전 상태의 태아를 살해하는 행위를 '낙태'로 이해하는 것이 더 합리적이기도 하다. 따라서 낙태죄는 침해범으로 보는 것이 타당하다. 침해범의 입장에서 다음의 경우를 살펴보기로 한다.

첫째, 언어의 용법상 낙태라는 개념은 반드시 태아의 사망을 포함하는 것은 아니라는 반

---

1) 권오걸, 82면; 김성돈, 127면; 김신규, 101면; 김일수/서보학, 37면; 김혜정 외 4인, 88면; 박상기, 455면; 배종대, 114면; 신동운, 581면; 오영근, 80면; 이영란, 98면; 이정원/류석준, 69면; 이형국/김혜경, 111면; 임 웅, 118면; 정성근/정준섭, 51면; 정영일, 37면; 최호진, 80면.

2) 김선복, 99면; 이상돈, 764면; 이재상/장영민/강동범, 89면. 이에 의하면 태아를 자연분만기에 앞서서 인위적으로 모체 밖으로 배출하는 행위 자체만으로는 낙태가 되지 않는다.

3) 대법원 2005. 4. 15. 선고 2003도2780판결.

4) 위험범설은 다시 구체적 위험범설(배종대, 104면)과 추상적 위험범설(권오걸, 83면; 김성돈, 124면; 김성천/김형준, 42면; 김신규, 102면; 김일수/서보학, 36면; 박상기, 456면; 이형국/김혜경, 115면; 임 웅, 119면; 정성근/정준섭, 52면; 정영일, 35면; 최호진, 73면)로 나누어진다. 한편 태아의 생명·신체의 안전에 대하여는 추상적 위험범, 임부의 생명·신체의 안전에 대하여는 침해범으로 보는 이원설(오영근, 80면)도 주장되고 있다.

5) 손동권/김재윤, 95면; 이재상/장영민/강동범, 90면. 한편 손동권/김재윤 교수는 자기낙태죄를 침해범으로 파악하고 있지만, 낙태의 개념으로 자연분만기에 앞서서 태아를 모체 밖으로 배출하는 경우를 포함시키고 있다.

론[1]이 있다. 하지만 언어의 용법상 낙태라는 개념에 반드시 태아의 생명에 대한 위태화를 초래
하는 경우가 포함된다고도 볼 수는 없다. 태아의 생명에 대한 위태화의 경우와 침해의 경우를
피고인의 입장에서 비교해 보면 태아의 생명에 대한 침해가 있어야만 범죄로 인정하는 것이 훨
씬 유리함을 알 수 있다. 범죄의 구성요건은 문언의 가능한 범위 내에서 해석해야 함이 원칙임
을 감안했을 때 피고인에게 불리하게 확대해석하는 경우보다는 유리하게 축소해석하는 것이
타당하므로 두 가지의 경우로 모두 해석이 가능할 경우 후자로 해석하는 것이 바람직하다.

둘째, 현행 형법이 낙태미수를 처벌하지 않는다는 반론[2]이 있다. 하지만 미수범을 처벌하
지 않는 것은 입법자의 결단으로서 미수범에 대한 가벌성의 정도를 인정하지 않는다고 볼 수
있다. 이는 태아의 생명을 더 두텁게 보호하기 위하여 태아의 생명을 침해하는 행위 이전에 위
태화를 초래하는 행위만으로도 낙태죄를 구성한다고 하는 목적론적 해석으로 볼 것이 아니라
역으로 태아의 생명에 대한 위태화를 가벌성의 영역에서 배제하고자 하는 시도라고도 볼 수 있
다. 즉 미수범을 처벌하지 않는다는 이유로 위험범이라고 해석하는 것은 타당하지 않다.

셋째, 태아를 분만기 이전에 모체 밖으로 배출하는 행위는 일반적으로 태아의 생명이나 신
체에 위험을 초래하고 제왕절개수술이야말로 낙태죄의 구성요건에 해당하지만 위법성조각 여
부가 문제되는 전형적인 행위라는 반론이 있다. 하지만 제왕절개수술을 처음부터 구성요건해당
성조차 없는 것으로 해석할 수도 있다. 어떠한 행위에 대한 형법적 평가를 할 때 일반적으로 발
생하는 대부분의 경우를 구성요건해당성 심사를 한 이후 위법성조각사유로 형법의 관점에서
배제시키는 방법보다는 법문의 의미를 실질적으로 해석하여 구성요건심사단계에서 배제하는
방법이 더 타당하다.

넷째, 판례와 같이 추상적 위험범설을 취할 경우에는 다음과 같은 모순이 발생할 수 있다.
산부인과 의사가 약물에 의한 유도분만의 방법으로 낙태시술을 하였으나 태아가 살아서 미숙
아 상태로 출생하자 그 미숙아에게 염화칼륨을 주입하여 사망하게 할 경우의 죄책이 문제될 수
있는데, 이에 대하여 판례는「낙태죄는 태아를 자연분만기에 앞서서 인위적으로 모체 밖으로
배출하거나 모체 안에서 살해함으로써 성립하고, 그 결과 태아가 사망하였는지 여부는 낙태죄
의 성립에 영향이 없는 것이므로, 피고인이 살아서 출생한 미숙아에게 염화칼륨을 주입한 것을
낙태를 완성하기 위한 행위에 불과한 것으로 볼 수 없고, 살아서 출생한 미숙아가 정상적으로
생존할 확률이 적다고 하더라도 그 상태에 대한 확인이나 최소한의 의료행위도 없이 적극적으
로 염화칼륨을 주입하여 미숙아를 사망에 이르게 한 피고인에게는 미숙아를 살해하려는 범의
도 있었던 것으로 보아야 한다.」라고 판시[3]하여, 살인죄를 인정하고 있다. 즉 추상적 위험범설
을 취하게 되면 낙태죄와 살인죄 모두를 인정하게 되는 논리적인 모순이 발생하게 된다. 이 경

1) 임 웅, 118면.
2) 권오걸, 82면; 김성돈, 124면; 임 웅, 118면; 정성근/정준섭, 52면; 정영일, 35면.
3) 대법원 2005. 4. 15. 선고 2003도2780판결(염화칼륨낙태사건).

우는 낙태행위가 미수이기 때문에 불가벌이 되고, 살인죄의 단순일죄로 처리해야 할 것이다.

다섯째, '태아의 사망을 필수적 개념요소로 보지 않는 견해'에 의하면 모체 외에서 생명을 유지할 수 있는 시기라도 자연분만기에 앞서서 인위적으로 배출하였다면 낙태죄에 해당한다고 보게 된다. 이는 부기출산(不期出産)의 경우에도 낙태죄의 구성요건에 해당한다는 부당한 결과가 초래된다. 물론 '태아의 사망을 필수적 개념요소로 보지 않는 견해'에 의하면 부기출산(不期出産)의 경우는 낙태의 의사로 행한 것이 아니므로 낙태가 아니라고 하지만 낙태죄를 태아살해의 목적범으로 이해하지 않는 한 태아를 인위적으로 모체 외에 배출하여 위험하게 한다는 인식과 의사가 있으면 낙태죄의 구성요건에 해당하기 때문이다.

여섯째, 무분별한 낙태행위의 예방을 위한 형사정책적 측면을 고려하여 추상적 위험범설을 주장하는 반론[1]이 있다. 하지만 이러한 태도는 전형적인 위험형법의 입장으로서 수용하기 곤란하다. 낙태행위가 법적으로 명백하게 금지되어 있음에도 불구하고 폭넓게 이루어진다는 것은 현행법이 현실을 제대로 반영하지 못하고 있다거나 법이 일반국민의 입장에서 규범으로서의 가치를 가지지 못하고 있다는 측면에서 재검토를 해야 하는 문제이지, 형벌이 구성요건의 전단(前段)계까지 개입할 당위성을 도출할 필요는 없다.

(4) 주관적 구성요건

낙태행위를 시도하였으나 모체 밖으로 배출시키지 못하고 태아가 생존하고 있으면 낙태미수가 성립하기 때문에 불가벌이 된다. 임신하였으나 이 사실을 모르고 낙태한 경우에는 사실의 착오로 고의가 조각된다. 임신하지 않았으나 임신한 줄 알고 오인한 상태(상상임신)에서 낙태행위를 한 경우에는 위험성이 없기 때문에 불능범이 된다. 임부의 임신사실을 알면서 임부를 살해한 경우에는 살인죄와 부동의낙태죄의 상상적 경합범으로 처벌된다.

3. 위법성조각사유

(1) 모자보건법의 의의

1973. 2. 8. 제정된 모자보건법은 형법에서 전면적으로 금지하고 있는 낙태행위에 대하여 일정한 경우에 허용하는 규정을 두고 있는 것이 특징인데, 동법 제14조(인공임신중절수술[2]의 허용한계) 제1항에 의하면 의사가 일정한 경우에 한하여 본인과 배우자(사실상의 혼인관계에 있는 자를 포함한다)[3]의 동의[4]를 얻어 인공임신중절수술을 할 수 있다. 그리하여 모자보건법 제28조(형법의

---

1) 권오걸, 83면.
2) 모자보건법 제2조 제7호에 의하면 '인공임신중절수술'이란 태아가 모체 밖에서는 생명을 유지할 수 없는 시기에 태아와 그 부속물을 인공적으로 모체 밖으로 배출시키는 수술을 말한다. 이러한 정의에 비추어 볼 때 (다수설에 따른) 낙태는 '생존가능한 시점에서의 인공적인 태아배출행위'도 포함하므로 인공임신중절수술보다 넓은 개념이다. 한편 유산이란 태아의 생존이 가능한 발육시기 이전에 임신이 종결된 것으로서 자연유산(절박유산, 불완전유산, 계류유산, 습관성유산)과 유도유산(치료적 유산, 선택적 유산)으로 구분되며 치료적 유산은 모체의 건강보호를 위해 시행되는 것, 선택적 유산은 인공유산 또는 인공임신중절이라고도 한다.
3) 다른 입법례에서는 잠재적 부(父)에게 동의를 요구하는 규정을 찾아볼 수 없다. 우리나라에서는 임부가 낙태를 원하

적용배제)는 동법의 규정에 의한 인공임신중절수술을 받은 자와 수술을 행한 자는 형법 제269조 제1항·제2항 및 동법 제270조 제1항의 규정에도 불구하고 처벌하지 아니한다고 규정하고 있다. 한편 모자보건법 시행령 제15조 제1항에 의하면 모자보건법 제14조에 따른 인공임신중절수술은 임신 24주일 이내인 사람만 할 수 있다. 참고로 2005. 9. 당시 보건복지부가 발표한「전국인공임신중절 실태조사」에 의하면 낙태시술의 96%가 임신 12주 미만에 행해지는 것으로 조사되었다.

(2) 인공임신중절의 허용사유

1) 본인이나 배우자가 대통령령으로 정하는 우생학적 또는 유전학적 정신장애나 신체질환이 있는 경우

모자보건법 시행령 제15조 제2항은 "인공임신중절수술을 할 수 있는 우생학적 또는 유전학적 정신장애나 신체질환은 연골무형성증, 낭성섬유증 및 그 밖의 유전성 질환으로서 그 질환이 태아에 미치는 위험성이 높은 질환으로 한다."라고 규정하고 있다.[1]

생각건대 모자보건법 제14조 제1항 제1호에서 말하는 '우생학적[2] 또는 유전학적 정신장애나 신체질환'의 개념은 상당히 모호하다. 물론 동법 시행령에서 연골무형성증·낭성섬유증 등을 열거하여 그 개념을 보다 자세히 규정하려고 한 의도는 보이나, '그 밖의 유전성 질환으로서 그 질환이 태아에 미치는 위험성이 높은 질환'이라는 폭넓은 예시조항을 둠으로써 구체성의 의도는 다시 원점으로 되돌아가고 말았다. 게다가 유전성은 과학적으로 확인하는 것 자체가 의심스럽기 때문에 의사가 이러한 기준을 과학적으로 확정하는 것은 거의 불가능하다고 볼 수 있다. 또한 '그 밖의'라는 표현은 해당범위를 거의 무제한으로 확대시키는 일반조항으로서 얼마든지 낙태를 허용해 주겠다는 입법자의 의지가 담겨 있는 것으로도 보인다.[3]

2) 본인이나 배우자가 대통령령으로 정하는 전염성 질환이 있는 경우

모자보건법 시행령 제15조 제3항은 "법 제14조 제1항 제2호에 따라 인공임신중절수술을 할 수 있는 전염성 질환은 풍진, 톡소플라즈마증 및 그 밖에 의학적으로 태아에 미치는 위험성이 높은 전염성 질환으로 한다."라고 규정하고 있다. 하지만 모자보건법 제14조 제1항 제2호에서 말하는 전염성 질환의 범위 또한 상당히 넓다. 제1호와 마찬가지로 '그 밖에' 의학적으로 태아

더라도 배우자의 동의가 없는 낙태행위는 모자보건법 위반에 해당한다. 이러한 배우자의 동의 여부에 가벌성이 좌우되는 법은 가부장제의 유물이라고 볼 수밖에 없다.

4) 이 경우에 배우자의 사망, 실종, 행방불명 기타 부득이한 사유로 인하여 동의를 얻을 수 없는 경우에는 본인의 동의만으로 그 수술을 행할 수 있다(모자보건법 제14조 제2항).

1) 대법원 1999. 6. 11. 선고 98다22857 판결(다운증후군은 인공임신중절사유에 해당하지 않음이 명백하여 부모가 태아가 다운증후군에 걸려 있음을 알았다고 하더라도 태아를 적법하게 낙태할 결정권을 가지고 있었다고 보기 어렵다).

2) 우생학적 사유로 인하여 기형아 등의 우려가 있다고 낙태를 하는 것에 대한 재검토가 요구된다. 독일에서는 1995년 형법 개정을 통해 우생학적 정당화사유를 폐지하였다. 우생학적 정당화사유는 일반적으로 사회적 정당화사유에 포함될 수 있을 뿐만 아니라, 장애가 생명보호의 완화사유가 될 수 없다는 이유 때문이다.

3) 배종대, 110면.

에 미치는 위험성이 높은 전염성 질환을 규정하고 있기 때문이다. 또한 본인이나 배우자가 이러한 질병에 걸렸다면 태아의 감염 여부에 상관없이 낙태를 허용하고 있는 것도 문제이다.

3) 강간 또는 준강간에 의하여 임신된 경우

모자보건법 제14조 제1항 제3호는 유사강간죄·강제추행죄·위계 및 위력간음죄·업무상 위력에 의한 간음죄 기타 형사특별법상의 일정한 성범죄 및 성매매 등에 의해 임신된 경우를 제외하고 있다. 이러한 범죄를 강간 또는 준강간과 차별할 아무런 실익이 없기 때문에 동일하게 규정해야 하겠다.

한편 강간에 의한 임신의 여부를 어떠한 방법으로 판정할 수 있는지가 문제될 수 있다. 예를 들면 여성은 강간을 당하였다고 주장하지만, 상대남성은 합의에 의한 성관계를 주장할 경우에 있어서, 강간에 의한 임신의 인정 여부가 문제될 수 있기 때문이다. 강간죄에 대한 형사재판의 판결확정시를 이에 대한 인정의 기준으로 삼는다면 피해여성에게 너무나도 가혹하다. 그렇다고 하여 강간을 주장하는 여성의 일방적인 의견만으로 이에 대한 인정을 쉽게 하는 것도 문제가 있다. 실제로 강간당하지 않았음에도 불구하고 낙태를 하기 위하여 강간을 주장하는 경우[1]에 의사가 낙태를 하여도 법위반으로 볼 수는 없을 것이며, 동법 제14조 위반에 대한 처벌규정도 없는 실정이다.

4) 법률상 혼인할 수 없는 혈족 또는 인척간에 임신된 경우

모자보건법 제14조 제1항 제4호는 근친간의 임신을 낙태허용사유로 규정하고 있다. 여기서 '근친혼'이란 8촌 이내의 혈족(친양자의 입양 전의 혈족을 포함한다) 사이(민법 제809조 제1항), 6촌 이내의 혈족의 배우자·배우자의 6촌 이내의 혈족·배우자의 4촌 이내의 혈족의 배우자인 인척이거나 이러한 인척이었던 자 사이(동법 제2항), 6촌 이내의 양부모계(양부모계)의 혈족이었던 자와 4촌 이내의 양부모계의 인척이었던 자 사이(동법 제3항)에서의 혼인을 말한다.

5) 임신의 지속이 보건의학적 이유로 모체의 건강을 심각하게 해치고 있거나 해칠 우려가 있는 경우

모자보건법 제14조 제1항 제5호에서 말하는 '임신의 지속이 보건의학적 이유로 모체의 건

---

1) 1973. 1. 22. 미국 연방대법원은 임신 후 3개월 이내의 낙태를 임부의 절대적 낙태권으로서 인정(기한방식)하면서, 모체의 생명에 대한 위험발생만을 낙태의 허용사유로 하고 있는 Texas州법을 위헌(7:2)으로 판결(Roe et al., v. N. Wade, District Attorney of Dallas County, 410 U.S. 113, 93 S,Ct. 705, 35 L.Ed.2d 147(1973))하였다. 이 당시 낙태와 관련된 州법은 천차만별이었다. 그리하여 낙태를 원하는 임부는 임신 24주까지 아무런 제한 없이 낙태를 허용해 주는 New York州, California州 등으로 가서 낙태를 하고 오는 일이 벌어졌다. 그러던 중 Texas州(낙태를 허용하고 있지 않던 州)에 살고 있던 임부 Roe가 1969년 강간으로 임신을 하게 되어 낙태를 원하였으나 돈이 없어서 낙태를 할 수 있는 곳(California州)까지 갈 수가 없었는데, 낙태를 금지하는 것은 Privacy 침해라는 이유로 州정부를 상대로 소송을 제기하였다(3년 이상 걸린 재판에서 낙태를 하면 사건이 종결되어 버리므로 Roe는 출산을 하였으나, 이후 1987년에 Roe는 강간당해서 임신하였다는 주장은 낙태를 위한 거짓말이었다고 실토하였다). 이에 Blackmann 판사는 「여자의 privacy에 대한 권리는 낙태의 가부를 결정할 정도로 광범위하다. 임신초기 3개월까지의 낙태는 비교적 안전하다. 따라서 임신 3개월까지의 낙태는 위험한 낙태수술로부터 임부를 보호한다는 이유로 州법이 개입할 여지가 없다. 인간으로서의 태아란 출산이 약속되어 있는 경우뿐이다.」라고 판시하였다.

강을 심각하게 해치고 있거나 해칠 우려가 있는 경우'란 임신의 지속이 모체의 생명과 건강에 심각한 위험을 초래하게 되어 모체의 생명과 건강만이라도 구하기 위하여 인공임신중절수술이 부득이하다고 인정되는 경우[1]를 말한다.[2] 이는 남용될 여지가 상당히 많다. 모체의 건강을 심히 해한다는 것은 모체의 육체적·정신적 건강상태를 심히 해하는 것을 말한다. 또한 해할 우려가 있는 경우도 포함하고 있으므로 미래의 건강상태도 판단의 대상이 된다. 이와 같이 '미래의 정신적인 건강상태'가 고려사항이 되는 것은 어느 정도의 사회적 정당화사유도 포함하는 것이라고 볼 여지가 있다.

낙태가 널리 행해지고 있는 이유 중의 하나가 이와 같은 모자보건법의 구조적인 모순에 기인한 것이라고 할 수 있다. 동법에는 의사가 얼마든지 합법적 낙태를 위장할 수 있을 만큼 정당화사유가 광범위하게 그리고 모호하게 규정되어 있다. 동법은 세계의 보편적 경향이라고 할 수 있는 정당화사유에 따른 해결방법을 취하고 있는 것처럼 보이지만, 실제로는 낙태를 완전히 자유화하여 형법의 낙태금지규정을 철저하게 사문화시키고 있는 것이다.[3]

6) 사회적 정당화사유방식의 도입문제

우리나라에서 행해지는 대부분의 낙태는 사회적·경제적 사유에 의한 것이지만, 모자보건법은 이를 규정하고 있지 않으며, 판례[4]도 이를 인정하고 있지 않다. 하지만 엄격한 낙태규제법은 현실적 문제해결에는 사실상 거의 도움을 주지 못하기 때문에 낙태허용의 완화방안을 모색해야 한다.[5] 구체적으로 사회적·경제적 정당화사유방식의 도입이 해결의 실마리가 될 것이다. 모자보건법이 명시하지 않은 성범죄로 인한 임신, 미성년자의 임신[6], 이혼상태에서의 임신, 내연관계에서의 임신, 양육이 현실적으로 불가능한 상태에서의 임신, 경제적 궁핍상태에서의 임신 등의 경우에도 낙태를 허용할 만한 이유가 있기 때문이다. 일각에서 사회적·경제적 사유는 그 범위가 불명확하고 넓기 때문에 이를 인정하면 거의 모든 낙태를 허용하는 결과가 된다는 비판이 있다. 그러나 사회적·경제적 사유에 해당하는 경우가 많을 것이라는 것은 그 만큼 이러한 사유를 인정할 필요성이 크다는 것을 시사한다. 임부의 불기피한 사회적 긴급상황은 다른 사유에 비하여 가벼운 것이라는 편견을 버려야 한다. 일시의 부주의로 의식이 성숙하지 못

---

1) 대법원 1976. 7. 13. 선고 75도1205 판결(임신의 지속이 모체의 건강을 해칠 우려가 현저할 뿐더러 기형아 내지 불구아를 출산할 가능성마저도 없지 않다는 판단하에 부득이 취하게 된 산부인과 의사의 낙태 수술행위는 정당행위 내지 긴급피난에 해당되어 위법성이 없는 경우에 해당된다).

2) 대법원 2005. 4. 15. 선고 2003도2780 판결.

3) 배종대, 111면; 이재상/장영민/강동범, 93면.

4) 대법원 1985. 6. 11. 선고 84도1958 판결.

5) 독일 형법 제218조a에 의하면 임신 12주 이내의 낙태는 의사와의 상담을 거칠 것과 의사가 행할 것 등의 요건을 갖춘 경우에 낙태죄의 구성요건을 부정하고(제1항), 임신 12주 이후라도 의학적 정당화사유가 있으면 위법하지 않다고 하며(제2항), 22주 이내에 임부의 동의와 상담을 거친 의사의 낙태를 형의 면제사유로 규정하고 있다(제4항). 또한 오스트리아 형법 제97조도 임신 3개월까지의 낙태는 의사와의 상담을 거친 후에 허용하고, 3개월 이후에는 의학적·우생학적 정당화사유를 허용사유로 하고 있다.

6) 오스트리아 형법 제97조 제1항 제2호에서는 임부가 수태 당시 미성년자일 경우에 낙태를 허용하고 있다.

한 어린 나이에 임신한 미혼모의 경우를 생각해 보아야 한다. 사회적 사유방식을 인정하게 되면 불법낙태는 사실상 없어질 것이다. 실정법으로 낙태를 엄격히 제한한다고 해서 법규범이 지켜지는 것이 아니라 법규범은 오히려 유명무실해지기 마련이다. 개인이 낙태를 하지 않을 수 없다고 판단하는 상황에서 처벌로써 위협하며 출산과 양육을 강제하는 것은 불합리하다. 그러므로 사회적·경제적 허용사유를 금지하는 것은 지켜질 수 없는 것을 규범적으로 강요하는 것과 마찬가지라고 할 수 있다.

4. 공 범

타인이 임부를 교사 또는 방조하여 낙태하게 한 경우에는 임부는 자기낙태죄에 해당하지만, 타인은 제33조에 의해 자기낙태죄의 교사 또는 방조범이 된다.[1] 타인이 임부와 의사를 교사하여 낙태하게 한 경우에는 임부는 자기낙태죄에 해당하고, 의사는 업무상 동의낙태죄에 해당한다. 그리고 부진정신분범에 비신분자가 가담한 경우 제33조의 단서를 적용하는 다수설에 의하면 임부에 대한 자기낙태교사죄와 의사에 대한 동의낙태교사죄의 상상적 경합범이 되고, 제33조 본문이 일단 적용된다는 판례에 의하면 임부에 대한 자기낙태교사죄와 의사에 대한 업무상 동의낙태교사죄의 상상적 경합범이 된다.

5. 입법론

우리나라에서는 그 동안 낙태가 광범위하게 행해져 왔는데, 그 이유로는 국가의 인구증가 억제정책[2]·남아선호사상·여성의 프라이버시권 보장·낙태의 자유화 추세·낙태에 대한 죄의식의 희박 및 암수화경향·여성들의 사회적 진출의 증가·기혼여성의 출산자녀 수 조절(가족계획)·태아의 장애·피임에 대한 인식의 부족·아이 기르기 힘든 환경·불법낙태에 대한 정부의 방조·낙태시술을 해야만 병원 경영이 유지되는 산부인과의 열악한 환경 등을 들 수 있다.[3] 이러

---

1) 대법원 2013. 9. 12. 선고 2012도2744 판결(약혼녀낙태교사사건)(의사인 피고인은 결혼을 전제로 교제하던 공소외인이 아이를 임신한 사실을 알게 되자 전문의 과정을 마쳐야 한다는 등의 이유를 내세우며 수회에 걸쳐 낙태를 권유한 사실, 공소외인은 피고인에게 출산이나 결혼이 피고인의 장래에 방해가 되지 않도록 최선을 다하겠다고 하면서 아이를 낳겠다고 말한 사실, 이에 피고인은 공소외인에게 출산 여부는 알아서 하되 더 이상 결혼을 진행하지 않겠다고 통보한 사실, 피고인은 그 이후에도 공소외인에게 아이에 대한 친권을 행사할 의사가 없다고 하면서 낙태를 할 병원을 물색해 주기도 한 사실, 공소외인은 피고인의 의사가 확고하다는 것을 확인하고 피고인에게 알리지 아니한 채 자신이 알아본 병원에서 낙태시술을 받은 사실 등을 알 수 있다. 피고인은 공소외인에게 직접 낙태를 권유할 당시뿐만 아니라 출산 여부는 알아서 하라고 통보한 이후에도 계속하여 낙태를 교사하였고, 공소외인은 이로 인하여 낙태를 결의·실행하게 되었다고 봄이 타당하고, 공소외인이 당초 아이를 낳을 것처럼 말한 사실이 있다고 하더라도 그러한 사정만으로 피고인의 낙태 교사행위와 공소외인의 낙태 결의 사이에 인과관계가 단절되었다고 볼 것은 아니다).
2) 이는 우리 정부가 1970년대에 표방한 정책이었지만, 현재는 저출산이 국가적인 문제로 등장하면서 저출산의 해법으로 과도한 낙태금지의 입장으로 방향이 선회되었다. 1970년대에는 인구조절정책의 일환으로 낙태를 조장했던 정부가 저출산이 문제되자 낙태마저 출산율 제고의 수단으로 이용하고 있는 것이다.
3) 낙태에 대하여 보다 자세한 논의로는 박찬걸, "낙태죄의 합리화 정책에 관한 연구", 법학논총 제27집 제1호, 한양대학교 법학연구소, 2010. 3, 199면 이하 참조.

한 낙태에 대한 찬반의 논쟁은 현행법과 현실 사이의 괴리에서 비롯된다. 즉 현행법은 낙태행위를 엄격히 금지하고 있지만, 실제로 낙태행위가 적발되어 범죄로 처벌되는 경우는 극히 드물다. 연간 행해지는 낙태의 건수는 최소 34만 6000건[1]으로 추정되고 있다.[2] 각 기관마다 발표하는 낙태의 추정치가 최대 5배 정도의 차이가 난다는 사실은 그만큼 암수의 비율이 높아 실태 파악이 제대로 이루어지지 않고 있음을 반증하는 것이다. 이와 같이 병원에서는 공공연히 낙태수술이 행해지고 있지만 실제로 낙태죄로 처벌되는 경우는 거의 없는데, 특히 자기낙태죄와 동의낙태죄로 처벌되는 경우는 전무한 실정이다.[3] 낙태죄의 유죄판결이 극히 적다는 것은 결국 낙태죄에 관한 형벌규정이 국민들의 사회윤리적인 판단을 위한 규범형성력에 거의 영향을 미치지 못한다는 것으로 보아야 한다. 따라서 형법전의 낙태죄 규정은 사문화되었다고 볼 수 있으며[4], 낙태죄는 운에 의해 좌우되는 범죄라는 오명을 씻을 수 없게 되었다.

   생각건대 낙태에 대한 범죄의식이 희박함에도 불구하고 낙태죄를 엄격하게 처벌하게 되면 암수범죄가 많아지고 이에 따라 처벌의 형평성 문제가 생겨나게 된다. 이는 국민들의 법규범에 대한 신뢰도를 상실시킬 뿐만 아니라 형벌권의 적정한 행사 자체에 대한 의구심도 들게 할 수 있다. 현실을 무시한 엄격한 규범설정은 법권위를 강화하는 작용을 하는 것이 아니라 범죄인식을 약화시키는 기능을 한다. 또한 20세기 이래 낙태에 대한 세계적인 추세는 국가마다 정도의 차이는 있으나 낙태의 자유화 방향으로 가고 있다. 대부분의 국가가 최근 40여년 동안 과거에 엄격했던 낙태금지법을 다양한 형태로 완화해 가고 있는 것은 주지의 사실이다.

   일각에서는 태아의 생명권을 존중하려는 국가적 의지를 금지규범을 통하여 공고히 해야만 선진국이자 문명국가라는 논리로 낙태죄 규정을 그대로 존치시켜야 한다고도 한다. 하지만 이는 전형적인 상징형법의 논리이며, 그 결과 그 규범은 곧 기능을 잃게 된다. 낙태입법은 현실을 고려하여 임부에게 준수가능한 입법을 제시해야만 한다. 낙태율을 낮추기 위하여는 금지규범의 강화보다는 적절한 다른 수단을 강구하는 것이 더욱 요구된다. 즉 낙태의 방지를 위해서는 낙

---

1) 2005. 9. 당시 보건복지부가 발표한 「전국 인공임신중절 실태조사」에 의하면 한해 낙태시술 추정 건수 약 34만 6000건(이 중 95.6%가 불법) 중 42% 정도에 해당하는 14만 4000여건이 미혼여성의 낙태로 나타났고, 기혼여성의 낙태도 76% 정도는 자녀를 원하지 않거나 터울 조절 때문에 이루어지는 것으로 나타났다. 우리나라 15세~44세 여성의 연간 낙태율은 1,000명당 평균 29.8명으로 법적으로는 우리나라보다 낙태를 포괄적으로 허용하는 미국 (21.1명)이나 영국(17.8명)보다 높다. 한편 하루 평균 낙태 수술은 937건이며, 연간 낙태수술 시장은 1,368억원(40만원 기준), 전국 산부인과 병의원의 80%가 낙태시술을 하는 것으로 나타났다.

2) 통계청이 발표한 우리나라의 신생아 수는 2020년 기준 272,410명(출산율 0.84명)임에 비해, 연간 낙태의 건수는 최소 35만여 명이다.

3) 1990. 2. 26세의 임부가 임신 8주째에 산부인과 전문의에게 낙태수술을 받았는데, 그 후 남편이 부인과 의사를 낙태혐의로 고소한 일이 있었다. 이에 대해 서울지검은 1990. 12. 13. '형법상 낙태죄에 해당하지만, 우리 사회의 현실여건을 고려할 때 형사처벌은 받을 필요가 없다고 판단된다. 지금까지 낙태가 공공연히 이루어져 왔고 국민들도 이에 대한 죄의식이나 낙태에 대한 윤리적·도덕적 비난가능성이 거의 없는 현실을 고려해야 한다.'는 이유로 기소유예 결정을 내리기도 하였다. 선고유예를 선고하면서 판결이유에 '… 현재 우리사회에서 현실적으로 낙태를 처벌하지 않는 관행을 참작해 선고를 유예한다.'라는 표현도 있다.

4) 헌법재판소 2012. 8. 23. 선고 2010헌바402 결정 중 재판관 이강국, 재판관 이동흡, 재판관 목영준, 재판관 송두환의 반대의견.

태문제를 단순히 방치할 것이 아니라 낙태를 제도권 속으로 끌어들이면서 줄여나가는 법정책을 지향함과 동시에 생명출산과 양육을 지원하는 사회복지제도를 확립할 필요가 있다. 결론적으로 낙태를 하기 위한 절차와 요건을 구체화하는 작업을 통해서 자기낙태죄는 비범죄화해야 한다. 왜냐하면 법은 모두 지켜야 하는 내용만을 담고 있어야 하기 때문이다. 태아의 생명을 보호하기 위해서 현재 우리가 해야 할 일은 모든 낙태를 엄격하게 금지하여 처벌하기 보다는 일정한 법적 절차를 거친 낙태를 인정하여 태아의 생명이 희생되는 경우의 수를 감소시키는 방향으로 나아가야 할 것이다.

Ⅱ. 동의낙태죄

> 제269조(낙태)　② 부녀의 촉탁 또는 승낙을 받아 낙태하게 한 자도 제1항의 형과 같다.

1. 의 의

동의낙태죄는 부녀의 촉탁 또는 승낙을 받아 낙태하게 함으로써 성립하는 범죄이다. 본죄는 자기낙태죄와 필요적 공범관계에 있으며, 피해자의 승낙이 범죄의 성립과 무관한 경우에 해당한다.

2. 구성요건

(1) 주 체

본죄의 주체는 업무상 동의낙태죄에서 열거하고 있는 의사·한의사·조산사·약제사·약종상 등을 제외한 자이다.

(2) 행 위

본죄의 실행행위는 부녀의 촉탁 또는 승낙을 받아 낙태하게 하는 것이다. '촉탁'이란 부녀가 낙태를 부탁하는 경우를 말하고, '승낙'이란 낙태에 대한 동의를 얻어내는 것을 말한다. 이러한 의사표시는 부녀의 하자 없는 의사표시에 기인해야 하기 때문에 강압·기망 등으로 인하여 의사표시에 하자가 있는 경우에는 부동의낙태죄가 성립한다. '낙태하게 하는 것'은 행위자 스스로 낙태행위를 하는 것을 말한다.

(3) 주관적 구성요건

본죄가 성립하기 위해서는 임부의 촉탁 또는 승낙사실에 대한 인식 및 낙태로 태아의 생명이 침해되는 사실에 대한 인식 및 의사가 있어야 한다.

Ⅲ. 업무상 동의낙태죄

> 제270조(의사 등의 낙태) ① 의사, 한의사, 조산사, 약제사 또는 약종상이 부녀의 촉탁 또는 승낙을 받아 낙태하게 한 때에는 2년 이하의 징역에 처한다.
> ④ 전3항의 경우에는 7년 이하의 자격정지를 병과한다.

1. 의 의

　　업무상 동의낙태죄는 의사·한의사·조산사·약제사 또는 약종상이 부녀의 촉탁 또는 승낙을 받아 낙태하게 함으로써 성립하는 범죄이다. 본죄는 동의낙태죄에 비하여 신분관계로 인하여 형이 가중되는 부진정신분범이다. 일반인에 의한 낙태가 어렵고 대부분 이러한 업무자를 통해 낙태가 행해진다는 점을 고려하여 이들의 책임을 가중한 것이므로 형벌의 가중이 반드시 불합리하다고 할 수 없다. 또한 생명의 유지와 보호·건강의 회복과 증진을 본분으로 하는 업무에 종사하는 자가 그에 반하는 부당한 낙태행위를 하였다는 점에서 일반인보다 더 무거운 책임이 있고, 실제로 낙태시술의 기능이나 낙태에 사용하는 약품 등을 알고 있는 자가 이를 남용하여 영리행위에 이르게 될 우려가 있음을 고려하여, 동의낙태죄에 대한 가중적 구성요건으로 규정함으로써 태아의 생명을 보호하고자 함에 그 입법취지가 있다.[1] 본죄와 자기낙태죄는 전체적인 구성요건의 내용상 2인 이상의 관여자가 낙태라는 동일한 목표를 향하여 서로 다른 방향에서 구성요건의 실현에 관여한다는 점에서 대향범에 해당한다.

2. 구성요건

　　본죄의 주체인 의사·한의사·조산사·약제사·약종상은 열거적인 것으로 해석해야 한다. '조산사'란 조산과 임부·해산부·산욕부 및 신생아에 대한 보건과 양호지도를 임무로 하는 자로서(의료법 제2조 제2항 제4호) 조산사 면허를 가지고 있는 자를 말하고, '약제사'는 약사의 옛말이고, '약종상'은 의약품도매상으로서 허가를 받은 자를 말한다. 이는 모두 형법 제정 당시에 사용하던 용어로써 개정이 필요하다. 특히 조산사·약사·약종상 등이 낙태수술의 전문가인가에 대해서는 회의적이다.

　　의사 등은 면허를 가지고 있어야 한다. 하지만 의사는 반드시 전문의일 필요는 없으므로 산부인과의사 이외의 의사도 본죄의 주체가 된다고 한다.[2] 하지만 피부과의사·내과의사·성형외과의사 등이 임부의 낙태수술에 대한 일반인보다 우수한 능력이나 기술을 보유하고 있는가에 대해서는 재고의 여지가 있기 때문에 산부인과의사에 국한시키는 것이 바람직하다.[3] 한편

---

1) 헌법재판소 2012. 8. 23. 선고 2010헌바402 결정.
2) 김일수/서보학, 41면; 박상기, 459면; 손동권/김재윤, 98면; 신동운, 586면; 이재상/장영민/강동범, 100면; 이형국/김혜경, 121면; 정성근/정준섭, 56면; 정영일, 38면.
3) 同旨 김선복, 106면.

치과의사·수의사·간호사 등은 본죄의 주체가 될 수 없다. 왜냐하면 치과의사·수의사·간호사 등은 법률상 용어가 의사와 구별되어 있기 때문이다. 다만 의사와 간호사가 공동으로 낙태를 행한 경우 간호사는 본죄의 공동정범이 될 수 있다.

3. 죄수 및 다른 범죄와의 관계

산부인과의사를 교사하여 낙태수술을 받은 경우 의사는 업무상 동의낙태죄[1], 임부는 자기 낙태죄의 죄책을 진다. 현행법상 조산사가 의료행위에 해당하는 낙태시술을 한 경우에는 업무상 동의낙태죄와 「보건범죄 단속에 관한 특별조치법」 제5조에 위반(부정의료업자)하게 되어 경합범으로 처벌된다.

Ⅳ. 부동의낙태죄

제270조(부동의낙태) ② 부녀의 촉탁 또는 승낙없이 낙태하게 한 자는 3년 이하의 징역에 처한다.
④ 전3항의 경우에는 7년 이하의 자격정지를 병과한다.

1. 의 의

부동의낙태죄는 부녀의 촉탁 또는 승낙 없이 낙태하게 함으로써 성립하는 범죄이다. 본죄는 부녀의 의사에 반하여 불법이 가중된 구성요건이다. 한편 성매매처벌법 제18조 제3항 제2호에 의하면 성을 파는 행위를 하였거나 할 자를 고용·관리하는 자가 그것을 이용하여 위계 또는 위력으로 낙태하게 하거나 불임시술을 받게 하면 3년 이상의 유기징역에 처한다.

2. 구성요건

본죄의 주체에는 제한이 없다. 부녀의 촉탁 또는 승낙이 없으면 족하고 반드시 본인의 명시적인 의사에 반할 것을 요하지 아니하므로 부녀 모르게 낙태시킨 때에도 본죄에 해당한다. 또한 유효하지 않은 촉탁이나 승낙에 의한 경우에도 본죄가 성립한다. 촉탁·승낙이 있다고 착오한 경우에는 본죄의 고의가 부정되고, 동의낙태죄가 성립한다.

---

1) 대법원 1985. 6. 11. 선고 84도1958 판결(인간의 생명은 잉태된 때부터 시작되는 것이고 회임된 태아는 새로운 존재와 인격의 근원으로서 존엄과 가치를 지니므로 그 자신이 이를 인식하고 있던지 또 스스로를 방어할 수 있는지에 관계없이 침해되지 않도록 보호되어야 한다고 하는 것이 헌법 아래에서 국민일반이 지니는 건전한 도의적 감정과 합치되는 바이므로 비록 모자보건법이 특별한 의학적, 우생학적 또는 윤리적 적응이 인정되는 경우에 임산부와 배우자의 동의 아래 인공임신중절수술을 허용하고 있다 하더라도 이로써 의사가 부녀의 촉탁 또는 승낙을 받으면 일체의 낙태행위가 정상적인 행위이고 형법 제270조 제1항 소정의 업무상 촉탁낙태죄에 의한 처벌을 무가치하게 되었다고 할 수는 없으며 임산부의 촉탁이 있으면 의사로서 낙태를 거절하는 것이 보통의 경우 도저히 기대할 수 없게 되었다고 할 수도 없다).

Ⅴ. 낙태치사상죄

제269조(낙태) ③ 제2항(동의낙태죄)의 죄를 범하여 부녀를 상해에 이르게 한 때에는 3년 이하의 징역에 처한다. 사망에 이르게 한 때에는 7년 이하의 징역에 처한다.
제270조(의사 등의 낙태, 부동의낙태) ③ 제1항(업무상 동의낙태죄) 또는 제2항(부동의낙태죄)의 죄를 범하여 부녀를 상해에 이르게 한 때에는 5년 이하의 징역에 처한다. 사망에 이르게 한 때에는 10년 이하의 징역에 처한다.
④ 전3항의 경우에는 7년 이하의 자격정지를 병과한다.

1. 의 의

낙태치사상죄는 동의낙태죄·업무상 동의낙태죄·부동의낙태죄 등을 범하여 부녀를 상해에 이르게 하거나 사망에 이르게 함으로써 성립하는 범죄이다. 본죄는 낙태행위 자체에서 어느 정도 수반되는 신체손상이나 신경쇠약을 넘어서는 상해의 결과가 발생해야 성립한다.

한편 본죄의 법정형은 폭행죄와 비교하여 형의 불균형이 있다. 왜냐하면 부동의낙태죄의 형(3년 이하의 징역)은 폭행죄(2년 이하의 징역)보다 중함에도 불구하고 부동의낙태죄의 결과적 가중범(5년 이하의 징역, 10년 이하의 징역)은 폭행죄의 결과적 가중범인 폭행치사상죄(7년 이하의 징역, 3년 이상의 징역)에 비해 가볍기 때문이다.

2. 구성요건

낙태가 미수에 그쳤으나 임부에 대한 치사상의 결과가 발생한 경우와 관련하여, ① 본죄는 부녀를 사상에 이르게 함으로써 완성되며 낙태행위는 기수·미수를 묻지 않는다는 견해[1], ② 본죄에서 말하는 '전항의 범죄를 범하여'는 낙태미수를 처벌하지 않는 상태에서 낙태기수만을 포함하므로 낙태는 적어도 기수에 이를 것을 요한다는 견해[2] 등의 대립이 있다.

생각건대 구성요건에서 '범하여'라는 표현은 미수를 제외하고 기수만을 의미하는 것으로 파악해야 하기 때문에 낙태행위 자체가 미수에 그쳤으나 임부에게 치사상의 결과가 발생한 경우에는 (업무상) 과실치사상죄만이 성립한다고 보아야 한다.

3. 태아상해의 문제

태아를 모체 내에서 상해한 경우에는 현행법상 처벌을 할 수 없다. 왜냐하면 상해죄나 과실치상죄는 사람의 신체를 그 객체로 하기 때문이다. 이와 같이 분만 개시 전에 태아에 대한 가해행위가 있고, 그 영향이 분만 후 신생아에게 이어져 상해 또는 사망의 결과가 발생한 소위 태

---

1) 권오걸, 90면; 김일수/서보학, 43면; 배종대, 115면; 최호진, 84면.
2) 김선복, 104면; 김성돈, 131면; 김성천/김형준, 52면; 박상기, 458면; 손동권/김재윤, 97면; 오영근, 84면; 이상돈, 768면; 이재상/장영민/강동범, 102면; 이정원/류석준, 72면; 이형국/김혜경, 125면; 임 웅, 130면; 정성근/정준섭, 57면; 정영일, 39면.

아상해 또는 태아성치사상[1] 등의 사례가 발생했을 경우 형사정책적 결함이 발생하는 것이다. 즉 현행 형법은 태아와 사람을 구별하고 있으므로 사람에 태아를 포함시키는 것은 죄형법정주의에 반하는 해석으로 허용될 수 없다.

생각건대 태아를 산모 신체의 일부분으로 보면서도 법적으로 특수한 지위를 인정할 수 있는 법리가 고안되어야 한다. 즉 입법론으로 해결할 수밖에 없는 영역의 문제인 것이다. 사람과 태아의 보호가치성은 원칙적으로 동등하다는 시각을 전제로 하되[2], 다만 태아는 아직 미완의 사람임을 전제로 발육정도에 따라 차별적으로 취급하는 방법으로 태아성치사상의 문제를 해결해야 한다.

제5절 유기와 학대의 죄

I. 유기죄

> 제271조(유기, 존속유기) ① 나이가 많거나 어림, 질병 그 밖의 사정으로 도움이 필요한 사람을 법률상 또는 계약상 보호할 의무가 있는 자가 유기한 경우에는 3년 이하의 징역 또는 500만원 이하의 벌금에 처한다. ② 자기 또는 배우자의 직계존속에 대하여 제1항의 죄를 지은 경우에는 10년 이하의 징역 또는 1천500만원 이하의 벌금에 처한다.

1. 의의 및 보호법익

(1) 의 의

유기죄는 나이가 많거나 어림, 질병 그 밖의 사정으로 도움이 필요한 사람을 법률상 또는 계약상 보호할 의무가 있는 자가 유기함으로써 성립하는 범죄이다. 우리나라의 유기죄 규정은 보호의무 있는 자의 유기만을 처벌하기 때문에(진정신분범), 보호의무가 없는 일반인의 '부작위에 의한' 긴급구조의무위반도 처벌하고 있는 소위 '나쁜 사마리안의 법[3]'을 도입하고 있는 외국의

---

1) '태아성치사상'이란 가해행위가 이루어진 시점의 행위객체는 태아이지만 가해행위에 따른 출산 이후에 나타나는 효과로서 출산된 영아에게 사망 또는 기형이나 장애발생 등과 같은 상해의 결과가 발생한 경우를 말한다. 이러한 사례는 낙태죄, 살인죄, 상해죄를 구분하고 각각의 행위객체를 태아와 사람으로 구분함으로써 발생하는 한계적 사례로서, 주로 약물부작용이나 오용 등과 같은 의료사고, 교통사고, 가정폭력사건 등에서 종종 발생하고 있다. 대부분 과실행위가 문제되지만 반드시 과실행위에 국한되는 것은 아니다. 가령 임산부에게 폭행을 가한 폭력행위가 원인이 되어 출생한 신생아에게 장애가 발생하거나 출생 후 일정시간의 경과 후 사망한 예 등이 이에 속한다.

2) 형사사건으로 태아성치사상 사례를 정면으로 다룬 예는 아니지만 기존의 견해(대구고등법원 1976. 10. 28. 선고 76나702 판결)는 태아 자신의 생명침해를 이유로 하는 손해배상청구권은 사고로 인하여 조산되었으나 정상적으로 성장하지 못하고 사망할 경우와 같이 일단 출생하여 상당한 정도로 생존한 사실이 인정되어야 한다고 하는 것과는 달리 태아와 사람의 동등한 보호가치성에 근간을 둔 민사판례(서울고등법원 2007. 3. 15. 선고 2006나56833 판결)가 있는데, 분만과정에서 의사의 과실로 인하여 태아가 사산된 사례에서 산모와 함께 사산된 태아와 관련하여서도 출산을 마친 직후에 비로소 사망한 신생아와 마찬가지로 불법행위에 따른 손해에 대한 법적 평가액을 참작하여야 한다고 판시하였다.

3) '착한 사마리안법'이란 법적 구조의무 없이 생명·신체에 대한 위험에 빠진 자를 구조해 준 사람의 과실책임을

입법례[1]와 차이가 있다. 또한 외국의 입법례[2]는 작위에 의한 유기의 경우 그 주체에 특별한 제한을 두고 있지 않는 반면에, 우리나라는 유기죄의 주체를 법률상 또는 계약상 보호할 의무가 있는 자로 제한하고 있는 특징을 보이고 있다. 한편 유기죄의 미수범은 처벌하지 아니한다.

(2) 보호법익

본죄의 보호법익은 도움이 필요한 사람(요부조자)의 생명 또는 신체에 대한 안전이다. 보호의 정도와 관련하여, ① 유기 후 타인이 구조하는 사실을 확인하고 그 곳을 떠난 경우에 현장에서 구조되거나 구조가 확실한 때에는 구체적 위험이 없으므로 본죄가 성립하지 않는다는 구체적 위험범설[3], ② 요부조자를 보호 없는 상태에 둠으로써 생명·신체에 위험을 가져오게 하는 데에 그 본질이 있으므로 일단 의무위반이 있으면 구체적 위험이 발생할 것을 요하지 않는다는 추상적 위험범설[4] 등의 대립이 있다.

면제하는 규정을 의미하는 반면에, '나쁜 사마리안법'이란 법적 구조의무가 없더라도 생명·신체에 대한 위험에 빠진 자를 구조해 주지 않은 사람을 처벌하는 규정을 의미한다. 착한 사마리안법의 예로는 민법 제735조의 긴급사무관리(관리자가 타인의 생명, 신체, 명예 또는 재산에 대한 급박한 위해를 면하게 하기 위하여 그 사무를 관리한 때에는 고의나 중대한 과실이 없으면 이로 인한 손해를 배상할 책임이 없다.) 또는 「응급의료에 관한 법률」제5조의2의 선의의 응급의료에 대한 면책(생명이 위급한 응급환자에게 다음 각 호의 어느 하나에 해당하는 응급의료 또는 응급처치를 제공하여 발생한 재산상 손해와 사상에 대하여 고의 또는 중대한 과실이 없는 경우 그 행위자는 민사책임과 상해에 대한 형사책임을 지지 아니하며 사망에 대한 형사책임은 감면한다. 1. 다음 각 목의 어느 하나에 해당하지 아니하는 자가 한 응급처치 가. 응급의료종사자 나. 선원법 제86조에 따른 선박의 응급처치 담당자, 「119구조·구급에 관한 법률」제10조에 따른 구급대 등 다른 법령에 따라 응급처치 제공의무를 가진 자 2. 응급의료종사자가 업무수행 중이 아닌 때 본인이 받은 면허 또는 자격의 범위에서 한 응급의료 3. 제1호 나목에 따른 응급처치 제공의무를 가진 자가 업무수행 중이 아닌 때에 한 응급처치) 등을 들 수 있다.

1) 독일 형법 제323조의c(사고, 공공위험 또는 긴급상황 발생시, 필요하고 제반사정에 비추어 기대 가능한 구조행위, 특히 자신에 대한 현저한 위험 및 기타 중요한 의무의 위반 없이도 가능한 구조행위를 행하지 아니한 자는 1년 이하의 자유형 또는 벌금형에 처한다); 프랑스 형법 제223-6조(① 자기 또는 제3자의 위험을 초래함이 없이 자신의 즉각적인 행동으로 타인의 신체의 완전성에 대한 중죄 또는 경죄의 실행을 막을 수 있음에도 불구하고 고의로 이를 막지 아니한 자는 5년의 구금형 및 75,000유로의 벌금에 처한다. ② 자기 또는 제3자의 위험을 초래함이 없이 개인적 행동에 의하여 또는 구조의 요청에 의하여 위험에 처한 타인을 구조할 수 있었음에도 불구하고 고의로 이를 하지 아니한 자는 전항과 동일한 형에 처한다); 오스트리아 형법 제95조 제1항(사고 또는 공공의 위험(제176조)의 상황에서 사망이나 현저한 상해 또는 건강훼손의 위험에서 타인을 구조하기 위하여 명백히 필요한 원조행위를 하지 않은 자는 6월 이하의 자유형 또는 360일수 이하의 벌금형에 처하며, 원조를 하지 않음으로써 타인의 사망을 초래한 때에는 1년 이하의 자유형 또는 360일수 이하의 벌금형에 처한다. 다만 행위자에 대하여 원조를 기대할 수 없을 때에는 그러하지 아니하다); 스위스 형법 제128조(자신이 상해를 입힌 자 또는 생명에 대한 직접적인 위험에 처한 자를 도울 수 있었음에도 불구하고 돕지 아니한 자, 타인이 누군가를 긴급구조하려는 것을 저지하거나 또는 방해한 자는 3년 이하의 자유형 또는 벌금형에 처한다).

2) 독일 형법 제221조 제1항(사람을 다음 각호의 1에 해당하게 하고 그로 인하여 그를 사망 또는 중대한 건강훼손의 위험에 빠뜨린 자는 3월 이상 5년 이하의 자유형에 처한다. 1. 보호받지 못하는 상태에 빠뜨리게 하는 것 2. 자신의 보호 아래 있거나 또는 자신이 보호해야 할 의무있는 자를 보호없는 상태에 방치하는 것); 일본 형법 제217조(노년, 유년, 신체장애 또는 질병으로 인해 부조를 필요로 하는 자를 유기한 자는 1년 이하의 징역에 처한다.) 및 동법 제218조(노년자, 유년자, 신체장애자 또는 병자를 보호하는 책임을 진 자가 이러한 자를 유기하거나 그 생존에 필요한 보호를 하지 아니한 때에는 3월 이상 5년 이하의 징역에 처한다.)

3) 이에 따르면 소위 '베이비박스' 안에 아이를 넣어두고 가는 사례에서 볼 수 있듯이 이러한 경우에는 아이의 생명 또는 신체의 안전에 큰 영향을 초래한다고 볼 수 없기 때문에 유기에 해당한다고 볼 수 없다는 점을 근거로 한다.

4) 김선복, 107면; 김성돈, 132면; 김성천/김형준, 113면; 김신규, 115면; 김일수/서보학, 87면; 김혜정 외 4인, 95면; 박상기, 461면; 배종대, 116면; 손동권/김재윤, 105면; 신동운, 594면; 오영근, 87면; 이영란, 111면; 이재상/장영민/강동범, 105면; 이정원/류석준, 78면; 이형국/김혜경, 133면; 임 웅, 131면; 정성근/정준섭, 59면; 정영일, 40면.

생각건대 본죄는 요부조자의 생명 또는 신체에 대한 안전을 그 보호법익으로 하는데, 일정한 신분을 가진 자가 의무를 위반하여 유기한 것 자체만으로도 가벌성을 인정하는 것이 바람직하므로 추상적 위험범설이 타당하다. 한편 중유기죄는 구체적 위험범에 해당한다.

2. 구성요건

(1) 주 체

본죄의 주체는 도움이 필요한 사람(요부조자)을 법률상 또는 계약상 보호할 의무가 있는 자(진정신분범)에 국한된다.

1) 법률상 보호할 의무

'법률상 보호할 의무'란 요부조자를 생명·신체에 대한 위험으로부터 법률상 보호해야 할 의무를 말한다. 그러므로 민법상의 부양의무(제975조)와 반드시 일치하는 것은 아니다. 왜냐하면 민법상의 부양의무는 경제적 부양의무임에 반하여, 형법상의 보호의무는 요부조자의 생명·신체에 대한 위험으로부터 안전을 보호해야 할 의무를 의미하기 때문이다. 그러므로 민법상의 부양순위에 관계없이 구체적 보호의무가 발생하는 자가 우선적 보호의무를 부담한다.

법률상의 근거를 이유로 보호의무가 발생하는 대표적인 경우로는 「경찰관 직무집행법」 제4조 제1항[1]의 경찰관의 구호의무[2], 도로교통법 제54조 제1항[3] 및 동법 제148조의 사고차량운

다만 오영근 교수는 영아를 고아원이나 파출소 앞에 버린 경우 영아의 생명이나 신체에 대한 추상적 위험도 발생시키는 행위가 아니므로 본죄에 해당하지 않는다고 한다.

1) 경찰관은 수상한 행동이나 그 밖의 주위 사정을 합리적으로 판단해 볼 때 정신착란을 일으키거나 술에 취하여 자신 또는 다른 사람의 생명·신체·재산에 위해를 끼칠 우려가 있는 사람, 자살을 시도하는 사람, 미아, 병자, 부상자 등으로서 적당한 보호자가 없으며 응급구호가 필요하다고 인정되는 사람 중의 어느 하나에 해당하는 것이 명백하고 응급구호가 필요하다고 믿을 만한 상당한 이유가 있는 사람을 발견하였을 때에는 보건의료기관이나 공공구호기관에 긴급구호를 요청하거나 경찰관서에 보호하는 등 적절한 조치를 할 수 있다.

2) 대법원 1972. 6. 27. 선고 72도863 판결(쌍백지서사건)(피해자가 상피고인 1로부터 좌측 머리부분을 구두발로 채여 좌측뇌에 상처를 입은 후 쌍백지서로 운반되어 나무의자 위에서 신음하다가 3시간 미만에 뇌지루막 출혈로 사망한 사실, 피해자가 지서에 운반되어 왔을 때에는 이미 치명적인 중태가 진행되고 있었던 사실, 피해자가 지서 나무의자에 옮기기 전부터 자신의 수족과 의사를 자제할 수 없이 숨도 가쁘게 쿨쿨 내 품고 있었으며 지서에 향토예비군 4명이 떠메어 운반하여 나무의자에 눕혀 놓은 후에도 그러한 중환의 상태를 나타내고 있었던 사실 등을 인정할 수 있고, 피고인이 공소외 1이라는 사람으로부터 피해자가 술에 취하였으니 쌀물이라도 갈아 먹여야 할 것이 아닌가라는 말을 들었다는 점, 피해자의 입술에 피가 맺힌 것을 피고인이 보았다는 점 등을 종합하면, 피고인은 적어도 술에 만취된 피해자가 향토예비군 4명에게 떠메어 운반되어 위 지서 나무의자에 눕혀 놓았을 때 숨이 가쁘게 쿨쿨 내품고 자신의 수족과 의사도 자재할 수 없을 상태로서 부조를 요하는 자이었다는 것을 충분히 인식하였음을 인정할 수 있으므로, 경찰관인 피고인으로서는 피해자의 숨소리, 용색 등 신체를 살펴보아 찬물을 먹이는 등 간단한 응급조치를 취한다던지 가족에게 통지를 한다든지, 나아가 위험한 상태에 있을 때에는 병원으로 옮겨 진료를 받도록 하는 등의 구호를 하여야 함에도 불구하고 피고인은 피해자를 그 사망 임박까지 근 3시간 동안을 전혀 아무런 응급 보호 조치를 취하지 않았음이 명백한 본건에 있어서 유기에 대한 범의가 인정된다).

3) 대법원 2019. 4. 11. 선고 2019도1503 판결(도로교통법은 2016. 12. 2. 법률 제14356호로 다음과 같이 개정되었다. 도로교통법 제54조(사고발생 시의 조치) 제1항은 "차의 운전 등 교통으로 인하여 사람을 사상하거나 물건을 손괴(이하 '교통사고'라 한다)한 경우에는 그 차의 운전자나 그 밖의 승무원은 즉시 정차하여 다음 각호의 조치를 하여야 한다."라고 정하면서 종전에 규정하고 있던 '사상자를 구호하는 등 필요한 조치'를 제1호로 하고, 제2호로 '피해

전자의 구호의무[1], 「노숙인 등의 복지 및 자립지원에 관한 법률」 제21조 제1호[2]의 노숙인시설의 종사자의 보호의무 및 동법 제14조 제1항[3]의 경찰공무원·소방공무원 또는 노숙인 등 관련 업무 종사자의 보호의무[4], 「수상에서의 수색·구조 등에 관한 법률」 제18조 제1항[5]의 조난현

자에게 인적 사항(성명·전화번호·주소 등을 말한다. 이하 제148조 및 제156조 제10호에서 같다) 제공'을 신설하였다. 도로교통법 제148조(벌칙)는 "제54조 제1항에 따른 교통사고 발생 시의 조치를 하지 아니한 사람(주·정차된 차만 손괴한 것이 분명한 경우에 제54조 제1항 제2호에 따라 피해자에게 인적 사항을 제공하지 아니한 사람은 제외한다)은 5년 이하의 징역이나 1,500만원 이하의 벌금에 처한다."라고 정하여 괄호 부분을 신설하였다. 도로교통법 제156조(벌칙)는 "다음 각호의 어느 하나에 해당하는 사람은 20만원 이하의 벌금이나 구류 또는 과료에 처한다."라고 정하면서 제10호로 '주·정차된 차만 손괴한 것이 분명한 경우에 제54조 제1항 제2호에 따라 피해자에게 인적 사항을 제공하지 아니한 사람'을 신설하였다. 그러므로 주·정차된 차만 손괴한 것이 분명한 경우에 도로교통법 제54조 제1항 제2호에 따라 피해자에게 인적 사항을 제공하지 않은 사람은 도로교통법 제148조의 적용 범위에서 제외되고 도로교통법 제156조 제10호만 적용되지만, 그 밖에 도로교통법 제54조 제1항에 따른 교통사고 발생 시의 조치를 하지 않은 사람은 여전히 도로교통법 제148조가 적용된다).

1) 대법원 2015. 10. 15. 선고 2015도12451 판결(도로교통법 제54조 제1항, 제2항이 규정한 교통사고 발생 시의 구호 조치의무 및 신고의무는 차의 교통으로 인하여 사람을 사상하거나 물건을 손괴한 때에 운전자 등으로 하여금 교통사고로 인한 사상자를 구호하는 등 필요한 조치를 신속히 취하게 하고, 또 속히 경찰관에게 교통사고의 발생을 알려서 피해자의 구호, 교통질서의 회복 등에 관하여 적절한 조치를 취하게 하기 위한 방법으로 부과된 것이므로, 교통사고의 결과가 피해자의 구호 및 교통질서의 회복을 위한 조치가 필요한 상황인 이상 그 의무는 교통사고를 발생시킨 당해 차량의 운전자에게 그 사고발생에 있어서 고의·과실 혹은 유책·위법의 유무에 관계없이 부과된 의무에 해당한다); 서울고등법원 2014. 4. 22. 선고 2013노2492 판결(고속도로유기치사사건)(피고인이 승용차 조수석에 甲을 태우고 고속도로를 주행하다가 甲이 내려달라고 요구하자 감속하여 운행하던 중 甲이 문을 열고 도로로 뛰어내렸음에도 그대로 진행함으로써 도로 상에 정신을 잃고 쓰러져 있던 甲이 그 직후 후행 차량에 역과되어 사망한 사안에서, 운전자인 피고인은 시속 약 40km로 진행하는 승용차에서 甲이 문을 열고 도로로 뛰어내리게 될 경우 甲의 머리 등 신체가 도로에 충격하여 상해를 입거나 일시 정신을 잃을 수 있으므로 신속히 정차하여 甲의 상해 여부 등을 확인하여 의료기관으로 후송할 수 있도록 하는 등의 조치를 취하여야 할 의무가 있음에도, 피고인이 고속도로 상에 정신을 잃고 쓰러져 있던 甲을 그대로 방치한 채 사고현장을 이탈한 행위는 사고 후 미조치로 인한 도로교통법 위반죄를 구성하고, 당시는 야간이고 사고지점이 자동차전용도로 구간이어서 도로 바닥에 누워 있던 甲을 미처 발견하지 못한 후행 차량에 의한 2차 충격으로 甲이 사망할 수 있다는 점도 예견가능하므로 유기치사죄를 구성한다); 대법원 2002. 5. 24. 선고 2000도1731 판결.

2) 노숙인시설의 종사자는 노숙인 등을 유기하거나 의식주를 포함한 기본적 보호 및 치료를 소홀히 하는 방임행위를 하여서는 아니 된다.

3) 경찰공무원, 소방공무원 또는 노숙인 등 관련 업무 종사자(노숙인시설의 종사자, 지방자치단체의 노숙인업무 담당공무원)는 중대한 질병, 동사 등 노숙인 등에 관한 응급상황을 신고받거나 발견한 때에는 지체 없이 필요한 조치를 하여야 한다.

4) 대법원 2013. 9. 13. 선고 2011도9675 판결(서울역노숙인사망사건)(현행 형법은 유기죄에 있어서 구법과 비교하여 '부조를 요하는 자'에 '기타 사정으로 인한 자'까지 포함하여 보호법익의 범위를 넓힌 반면에 '보호할 의무 있는 자'를 '법률상 또는 계약상 의무가 있는 자'로 한정함으로써 성립범위를 제한하고 있는데, ① 유기죄에 있어서의 법률상 의무는 보호의무의 근거가 법령에 규정되어 있는 경우를 말하는데, 공익근무요원인 피고인2의 행위를 공무수행으로 보거나 피고인1이 공공단체인 한국철도공사의 직원이라고 하여 바로 요부조자를 보호할 법률상 의무가 있다고 볼 수는 없는 점, ② 철도안전법 제48조 제8호는 누구든지 정당한 사유 없이 역시설 또는 철도차량 안에서 노숙하는 행위를 하여서는 아니 된다고 규정하고, 제50조 제5호에서는 철도종사자는 제48조의 규정을 위반하여 금지행위를 한 자를 밖으로 퇴거시킬 수 있다고 규정하고 있는 점, ③ 부작위범에 관한 형법 제18조나 사무관리에 관한 민법 제734조의 규정에 의하여 보호의무가 있다는 주장은 입법자가 형법 제271조 제1항에서 보호의무의 발생근거를 특별히 제한한 취지에 벗어나고, 사무관리, 관습 또는 조리에 의한 보호의무까지 인정하는 것은 죄형법정주의의 원칙상 허용될 수 없으며, 사무관리는 원래 재산상의 이해관계를 합리적으로 해결하기 위하여 의무 없이 타인의 사무를 처리한 경우에 인정되는 제도이므로 이를 특별한 근거 없이 생명 또는 신체에 대한 위험범에 그대로 확대 적용할 수 없는 점 등에 비추어 보면, 피고인들이 유기죄에 있어 요부조자를 보호할 의무가 있는 자에 해당한다고 인정하기에는 부족하다).

5) 조난현장의 부근에 있는 선박 등의 선장·기장 등은 조난된 선박 등이나 구조본부의 장 또는 소방관서의 장으로

장의 부근에 있는 선박 등의 선장·기장 등의 구조의무, 「응급의료에 관한 법률」 제6조 제2항[1]
의 응급의료종사자의 응급의료의무, 소방기본법 제16조의 소방관의 인명구조의무, 민법 제826
조 제1항의 부부간의 부양의무[2], 민법 제945조의 미성년후견인의 보호의무, 민법 제947조의 성
년후견인의 보호의무, 민법 제913조의 친권자의 보호의무[3], 민법 제974조의 친족의 부양의무
등이 있다.

　이와 같은 보호의무는 행위자에게 신분상의 지위로 인해 특별히 주어지는 것이어야 하므
로 법적인 의무이기는 하지만, 「경범죄 처벌법」 제3조 제1항 제6호(자기가 관리하고 있는 곳에 도움
을 받아야 할 노인, 어린이, 장애인, 다친 사람 또는 병든 사람이 있거나 시체 또는 사산아가 있는 것을 알면서 이를
관계 공무원에게 지체 없이 신고하지 아니한 사람)에서 말하는 의무는 구체적인 보호의무가 아니라 일
반적인 신고의무에 불과하므로 본죄에서의 보호의무라고 할 수는 없다. 또한 국가공무원법에서
공무원은 국민 전체에 대한 봉사자라고 규정하고 있더라도, 이는 일반적·추상적 규정에 불과
하므로 유기죄에서의 법률상 보호의무의 근거로 삼을 수는 없다.

2) 계약상 보호할 의무

　계약상 보호할 의무는 계약에 기한 주된 급부의무가 부조를 제공하는 것인 경우에 반드시
한정되지 아니하며, 계약의 해석상 계약관계의 목적이 달성될 수 있도록 상대방의 신체 또는
생명에 대하여 주의와 배려를 한다는 부수적 의무의 한 내용으로 상대방을 부조하여야 하는 경
우를 배제하는 것이 아니다. 또한 계약이 유기자와 피유기자 사이에 맺어진 것 이외에 어린이

부터 구조요청을 받은 때에는 가능한 한 조난된 사람을 신속히 구조할 수 있도록 최대한 지원을 제공하여야 한다.
다만, 조난된 선박 또는 조난사고의 원인을 제공한 선박의 선장 및 승무원은 요청이 없더라도 조난된 사람을 신속
히 구조하는 데 필요한 조치를 하여야 한다.

1) 응급의료종사자는 업무 중에 응급의료를 요청받거나 응급환자를 발견하면 즉시 응급의료를 하여야 하며 정당한
사유 없이 이를 거부하거나 기피하지 못한다.

2) 대법원 2018. 5. 11. 선고 2018도4018 판결; 대법원 2008. 2. 14. 선고 2007도3952 판결(필로폰내연녀방치사건)(법
률상 보호의무 가운데는 민법 제826조 제1항에 근거한 부부간의 부양의무도 포함되며, 나아가 법률상 부부는 아
니지만 사실혼 관계에 있는 경우에도 민법 규정의 취지 및 유기죄의 보호법익에 비추어 위와 같은 법률상 보호의
무의 존재를 긍정하여야 하지만, 사실혼에 해당하여 법률혼에 준하는 보호를 받기 위하여는 단순한 동거 또는
간헐적인 정교관계를 맺고 있다는 사정만으로는 부족하고, 그 당사자 사이에 주관적으로 혼인의 의사가 있고 객
관적으로도 사회관념상 가족질서적인 면에서 부부공동생활을 인정할 만한 혼인생활의 실체가 존재하여야 한다.
동거 또는 내연관계를 맺은 사정만으로는 사실혼관계를 인정할 수 없고, 내연녀가 치사량의 필로폰을 복용하여
부조를 요하는 상태에 있었음을 인식하였다는 점을 인정할 증거가 부족하다는 이유로 유기치사죄의 성립을 부정
한 사례).

3) 대법원 2020. 9. 3. 선고 2020도7625 판결(생후3개월유기치사사건)(피고인이 범행일 저녁에 생후 3개월인 피해자
(피고인의 둘째 아이)에게 분유를 먹인 후 엎드리게 해둔 채 혼자두고 그 다음날 아침까지 2회에 걸쳐 외출을
하였다가 귀가하였는데 15시간 30분 동안 피해자에게 분유를 먹이거나 기저귀를 갈아주지 않았을 뿐만 아니라
피해자의 상태를 확인조차 하지 않았던 점, 피해자에 대한 부검결과 사인이 명확하지 않으나 엎드린 자세가 유
지되면서 이부자리에 코와 입이 막혀 사망하는 비구폐색성 질식사의 가능성을 배제할 수 없는 점, 피해자의 발
육상태는 스스로 목을 제대로 가누거나 몸을 뒤집을 정도는 아니었던 점 등을 종합하여, 피고인의 행위는 생후
약 3개월에 불과하여 보호를 요하는 위 피해자를 장시간 동안 아무에게도 보호받지 못하는 상태에 둠으로써
그 생명·신체에 위험을 가져오게 한 것으로 유기행위에 해당하고 유기행위와 사망 사이의 인과관계 또한 인정된
다).

집이나 유치원의 경우와 같이 제3자와 맺어진 계약이라도 무방하다.

그러나 그 의무 위반의 효과로서 주로 손해배상책임이 문제되는 민사영역에서와는 달리 유기죄의 경우에는 당사자의 인적 책임에 대한 형사적 제재가 문제된다는 점 등을 고려하여 보면, 단지 위와 같은 부수의무로서의 민사적 부조의무 또는 보호의무가 인정된다고 해서 제271조 소정의 '계약상 보호할 의무'가 당연히 긍정된다고는 말할 수 없고, 당해 계약관계의 성질과 내용, 계약당사자 기타 관련자들 사이의 관계 및 그 전개양상, 그들의 경제적·사회적 지위, 부조가 필요하기에 이른 전후의 경위, 필요로 하는 부조의 대체가능성을 포함하여 그 부조의 종류와 내용, 달리 부조를 제공할 사람 또는 설비가 있는지 여부 기타 제반 사정을 고려하여 '계약상의 부조의무'의 유무를 신중하게 판단하여야 한다.[1]

3) 조리상 보호의무의 인정 여부

조리상 보호의무의 인정 여부와 관련하여, ① 유기죄의 구성요건상 법률 또는 계약상의 보호의무는 예시에 불과하기 때문에 조리에 근거한 보호의무도 인정하는 적극설, ② 형법 제18조의 부작위범의 보증의무를 유기죄의 구성요건에서 말하는 '법률'에 포함시켜서 보호의무를 실질적으로 확대하는 견해(제18조 포함설)[2], ③ 조리상의 보호의무를 부정하는 소극설[3] 등의 대립

---

[1] 대법원 2011. 11. 24. 선고 2011도12302 판결(폭탄주43병사건)(피고인이 신정 연휴를 앞둔 2010. 12. 31. 오후에 종전부터 그 운영의 주점에 손님으로 와서 술을 마신 일이 있던 피해자에 대하여 위 주점으로 술 마시러 오도록 권유한 사실, 이에 응하여 피해자가 그 운영의 봉제공장 직원들과 회식을 하여 술에 취한 상태에서 같은 날 22:48경 위 주점에 와서 다른 손님이 없는 채로 술을 마시기 시작하여 2011. 1. 1.부터 2011. 1. 3. 오전까지 계속하여 양주 5병, 소주 8병 및 맥주 30여 병을 마신 사실, 피고인은 그 사이에 피해자가 술에 취하여 잠이 든 틈을 이용하여 피해자의 옷에서 그의 수협 체크카드를 몰래 빼낸 다음 이를 이용하여 은행의 현금인출기에서 2011. 1. 1. 12:05경 현금 100만 원, 다음날인 2011. 1. 2. 10:17경 현금 200만 원, 같은 날 11:56경 현금 100만 원을 인출하여 각 절취한 사실, 피해자는 2011. 1. 1.경부터 두 차례 자신의 의지와 무관하게 옷에 소변을 보는 등 만취한 상태에 있었고, 그 사이에 식사는 한 끼도 하지 아니하였으며, 피해자에 대한 실종신고를 받은 경찰관들이 2011. 1. 3. 19:20경 위 주점에서 피해자를 발견할 당시 피해자는 영하의 추운 날씨에 트레이닝복만 입고 이불이나 담요를 덮지 아니한 채 양말까지 벗은 채로 소파에서 잠을 자면서 정신을 잃은 상태이었던 사실, 피해자는 경찰관들에 의하여 바로 국립중앙의료원으로 후송되어 치료를 받았으나 다음날인 2011. 1. 4. 23:40경 저체온증 및 대사산증으로 사망한 사실 등을 알 수 있다. 사정이 이러하다면, 피고인이 운영하는 주점의 손님인 피해자가 피고인의 지배 아래 있는 위 주점에서 3일 동안에 걸쳐 과도하게 술을 마셔 추운 날씨에 난방이 제대로 되지 아니한 주점 내 소파에서 잠을 자면서 정신을 잃은 상태에 있었다면 피고인으로서는 위 주점의 운영자로서 피해자에게 생명 또는 신체에 대한 위해가 발생하지 아니하도록 피해자를 위 주점 내실로 옮기거나 인근에 있는 여관에 데려다 주어 쉬게 하거나 피해자의 지인 또는 경찰에 연락하는 등의 필요한 조치를 강구하여야 할 계약상의 부조의무를 부담한다); 서울고등법원 1992. 5. 29. 선고 92노1085 판결(확정)(폭탄주5병사건)(피고인 1은 술집을 경영하는 자로서 자신의 업소에서 술을 마신 손님이 밤늦은 시간에 술에 만취하여 의식이 분명치 않고 몸을 가눌 수 없는 정도의 상태가 된 경우, 특별한 사정이 없는 한 손님이 안전하게 귀가할 수 있도록 조치하거나 아니면 손님이 술이 깨어 스스로 행동할 수 있을 때까지 술집에 있을 수 있도록 하여야 할 주의의무가 있다 할 것인데, 증거에 의하면 피해자는 64세의 고령으로서 위 술집에 밤 12시경에 들어와(그때 이미 상당량의 술을 마신 상태였다) 다음날 새벽 3시경까지 위 피고인으로부터 매상을 많이 올리기 위하여 의도적으로 피해자에게 술을 많이 마시게 하라는 지시를 받은 위 술집 종업원인 피고인 4의 계속된 권유로 말미암아 맥주 3병과 양주 2병을 마셔 인사불성이 될 정도의 주취상태에 이르렀고, 당시는 기온이 영하에 가까운 추운 겨울날 새벽이었고 밖에는 진눈깨비까지 내리는 등 기상조건이 극히 안 좋은 상태였기 때문에 술에 취하여 인사불성이 된 피해자를 그대로 바깥에 방기할 경우 피해자의 생명이나 신체에 어떠한 위험이 발생할지 알 수 없는 상황이었는데도 불구하고 그날 새벽 4시경 피해자를 아무런 보호조치 없이 길거리에 그냥 내려놓고 방치한 이상, 이는 형법 제271조 제1항 소정의 '기타 사정으로 인하여 부조를 요하는 자를 보호할 법률상 의무가 있는 자가 유기한 때'에 해당한다).

이 있다.

이에 대하여 판례는「현행 형법은 유기죄에 있어서 구법과는 달리 보호법익의 범위를 넓힌 반면에 보호책임 없는 자의 유기죄는 없애고 법률상 또는 계약상의 의무 있는 자만을 유기죄의 주체로 규정하고 있어 명문상 사회상규상의 보호책임을 관념할 수 없다고 하겠으니 유기죄의 죄책을 인정하려면 보호책임이 있게 된 경위 사정관계 등을 설시하여 구성요건이 요구하는 법률상 또는 계약상 보호의무를 밝혀야 하고 설혹 동행자가 구조를 요하게 되었다고 하여도 일정 거리를 동행한 사실만으로서는 피고인에게 법률상 계약상의 보호의무가 있다고 할 수 없으니 유기죄의 주체가 될 수 없다.」라고 판시[1]하여, 소극설의 입장을 취하고 있다. 특히 대법원은 자신의 범죄행위로 인한 피해자를 구호하지 않은 경우에도 법률상 또는 계약상 보호의무가 없는 한 유기죄의 성립을 부정[2]하고 있다. 하지만 피해자가 사망할 것임을 예견하고도 이를 유기한 때에는 사망의 결과에 대하여 책임을 지며[3], 별도로 유기죄는 성립하지 아니한다.

2) 이정원/류석준, 77면; 임 웅, 136면.

3) 김선복, 109면; 김성돈, 135면; 김성천/김형준, 116면; 김신규, 118면; 김일수/서보학, 90면; 김혜정 외 4인, 98면; 박상기, 462면; 배종대, 118면; 손동권/김재윤, 103면; 신동운, 597면; 오영근, 91면; 이영란, 113면; 이재상/장영민/강동범, 107면; 이형국/김혜경, 130면; 정성근/정준섭, 60면; 정영일, 41면.

1) 대법원 1977. 1. 11. 선고 76도3419 판결(마차4리사건). 하지만 원심에 의하면 피고인은 1976. 1. 26. 16:00경 피해자(41세)와 함께 마차4리를 향하여 가던 중 술에 취하였던 탓으로 도로 위에서 실족하여 2m 아래 개울로 미끄러 떨어져 약 5시간 가량 잠을 자다가 술과 잠에서 깨어난 피고인과 피해자는 도로 위로 올라가려 하였으나 야간이므로 도로로 올라가는 길을 발견치 못하여 개울 아래위로 헤매든 중 피해자는 후두부 타박상을 입어서 정상적으로 움직이기가 어렵게 되었고 피고인은 도로로 나오는 길을 발견하고 혼자 도로 위로 올라왔으며 당시는 영하 15도의 추운 날씨이고 40m 떨어진 곳에 민가가 있었으니 이러한 경우 피고인으로서는 인접한 민가에 가서 피해자의 구조를 요청하던가 또는 스스로 피해자를 데리고 올라와서 병원으로 데려가 의사로 하여금 치료하게 하는 등 긴급히 구조조치를 취하여야 할 사회상규상의 의무가 있음에도 불구하고 그대로 방치 유치함으로써 약 4, 5시간 후 심장마비로 사망하게 한 것이라고 하여 피고인을 처벌하였다.

2) 대법원 1980. 6. 24. 선고 80도726 판결(강간실신방치사건)(강간치상의 범행을 저지른 자가 그 범행으로 인하여 실신상태에 있는 피해자를 구호하지 아니하고 방치하였다고 하더라도 그 행위는 포괄적으로 단일의 강간치상죄만을 구성한다).

3) 대법원 2008. 2. 29. 선고 2007도10120 판결(비닐창고방치강간치사사건)(피고인들 및 제1심 공동피고인 1, 2가 피해자 공소외인을 강간하기로 공모하여 2007. 2. 27. 18:00경 남양주시 진접읍 내각리 풍양초등학교 부근 야산에서 의도적으로 게임을 통하여 13세에 불과한 피해자로 하여금 술을 마셔 취하도록 유도한 다음, 피고인 3, 2, 1의 순서로 만취한 피해자를 강간한 사실, 위와 같은 강간 과정에서 피고인 3과 제1심 공동피고인 2가 먼저, 피고인 4와 제1심 공동피고인 1이 다음으로 각 범행현장을 떠났는데, 강간을 마친 피고인 1, 2는 의식을 잃은 피해자를 인적이 드문 비닐창고(한쪽 면이 개방되어 있다)에 옮겨 놓은 사실, 피고인 1, 2는 21:20경 그곳에서 피씨방에 있는 피고인 4와 제1심 공동피고인 1을 데리러 가 위 비닐창고로 오던 도중에 피고인 2는 먼저 귀가하고 피고인 1, 4 및 제1심 공동피고인 1이 22:00경 위 비닐창고로 왔는데, 피고인 1, 4는 피해자의 가슴을 만지는 등 강제추행을 하고 귀가한 사실, 피고인 1은 귀가 도중 다시 위 비닐창고로 가 23:00경 의식을 잃은 피해자를 재차 강간하고는 하의를 벗겨둔 채 귀가한 사실, 피해자는 다음날인 2007. 2. 28. 02:00경부터 04:00경 사이에 저체온증으로 사망한 사실 등을 인정한 다음, 피고인들이 의도적으로 피해자를 술에 취하도록 유도하고 피고인들로부터 수차례 강간당하였기 때문에 피해자가 의식불명 상태에 빠진 것으로서, 피해자가 의식을 찾지 못하여 저체온증으로 사망한 것이 피고인들의 강간 및 그 수반행위와 인과관계가 없다고 할 수 없고, 피해자의 사망에 대한 피고인 1, 2, 4의 예견가능성 또한 넉넉히 인정되며, 또한 당시의 기온 등을 감안하여 보면 이미 피고인들의 강간 및 그에 수반한 행위로 인하여 피해자가 의식불명 상태에 빠진 이상, 비록 피고인 1이 비닐창고에서 피해자를 재차 강간하고 하의를 벗겨 놓은 채 그대로 귀가하였다고 하더라도 피고인 2, 4가 저체온증으로 인한 피해자의 사망에 대한 책임을 면한다고 볼 수 없다).

생각건대 적극설의 입장에서는 사회안전망의 확충·사회의 신뢰회복·인류의 보편적 가치 추구 등의 논거를 제시하고 있지만, 대부분 지나치게 추상적인 법익이라고 할 수 있다. 그러므로 다음과 같은 이유에서 소극설이 타당하다. ① 조리에 의한 보호의무의 예로 거론되는 것은 대부분 묵시적 계약이나 법률상의 보호의무에 포함되는 것이므로 별도로 조리상의 보호의무를 인정할 필요는 없다. ② 제18조 포함설은 부작위범의 보증의무 발생근거로 조리를 인정하고 있는데, 이러한 전제 자체가 부당하다. ③ 법문상에 명시적으로 법률상 또는 계약상의 의무 있는 자에 한정하고 있으므로 열거적으로 보아야 하지, 예시적으로 보아 조리상의 의무까지 인정하는 것은 피고인에게 불리한 확장해석으로 죄형법정주의에 반한다. ④ 법률상 또는 계약상 의무 있는 자에 해당하지 않는 일반인에게 긴급구조의무를 인정하게 되면 구조를 강요받는다는 측면에서 선택의 자유 내지 행동의 자유가 지나치게 제한된다. ⑤ 도덕적·종교적으로 구조하는 것이 요구되는 상황이라고 하여 유기죄를 인정하는 것은 법과 도덕의 구별의 관점에서 부당하다. ⑥ 일반인에게 구조의무를 법적으로 강요한다고 하여 타인의 생명·신체의 보호라는 목적이 달성될지는 미지수이다. 예를 들면 위험에 빠져 있는 사람을 구조하려다가 실패하거나 그 사람에게 손해를 가한 구조자가 오히려 민·형사상의 책임을 부담지게 될 가능성이 있게 되어, 기존에 이루어지고 있는 선의의 도움마저도 주저하게 될 수 있다. ⑦ 몇몇의 대륙법계 국가에서는 나쁜 사마리안법을 도입하고 있지만 실제로 처벌되는 사례를 찾아보기 힘들며, 영미법계 국가에서는 대체적으로 이를 도입하고 있지 않다. ⑧ 우리나라에서는 형법상 유기죄 이외에 각종의 특별법에서 경찰공무원, 관련 업무 담당자 등에게 일련의 보호의무를 부과하고 있다.

(2) 객 체

본죄의 객체는 나이가 많거나 어림, 질병 그 밖의 사정으로 도움이 필요한 사람(요부조자)이다. 본죄의 주체는 제한하고 있으나, 객체는 '그 밖의 사정으로 도움이 필요한 사람'이라는 일반적인 규정을 둠으로써 성립범위의 확장을 꾀하고 있다. 요부조자에 해당하는지 여부는 일상생활에 필요한 동작의 가능성을 기준으로 구체적 사정을 고려하여 판단한다. 하지만 노숙생활을 하는 노숙인이나 경제적 궁핍자 등과 같이 생명이나 신체가 아닌 다른 법익에 대한 위험을 극복할 수 없는 경우에는 이에 해당하지 아니한다.

'나이가 많거나 어림'이란 노인과 어린아이를 말하며, 연령에 의한 개념이 아니라는 점에 주의해야 한다. 질병은 육체적 질병뿐만 아니라 정신적 질병도 포함된다. '그 밖의 사정'이란 나이가 많거나 어림·질병과 마찬가지로 타인의 도움 없이는 생명·신체에 대한 위험으로부터 스스로 극복할 수 없는 정도의 사정을 말한다. 예를 들면 실신자·명정자·백치·부상자·불구자·분만예정자·기아자 등이 이에 해당하는데, 그 밖의 사정의 유발이 요부조자에 의한 것이라고 할지라도 무방하다.

(3) 행 위

본죄의 실행행위는 유기하는 것인데, 유기(遺棄)는 '내다 버리다'의 의미를 지니고 있다. 유

기의 방법으로는 적극적으로 요부조자를 보호받지 못하는 상태에 빠뜨리는 작위에 의한 유기
와 소극적으로 요부조자에 필요한 보호를 제공하지 아니하는 부작위에 의한 유기로 구분할 수
있다. 여기서 '작위에 의한 유기'란 요부조자를 장소적으로 이전하는 경우뿐만 아니라 요부조자
를 장소적으로 이전함이 없이 보호자가 요부조자에게 접근하는 것을 차단하거나[1] 요부조자가
보호자에게 접근하는 것을 차단하는 경우도 포함된다. 그러므로 유기에 있어서 장소적 이전이
반드시 필요한 것은 아니다.

　　본죄는 추상적 위험범이므로 유기행위가 있으면 바로 기수가 된다. 예를 들면 어린아이를
남의 집 앞에 버리는 경우 그 즉시 유기죄의 기수가 되며, 설사 그 집 주인이 아이를 데리고 들
어가는 것을 보기 전에는 가지 않으려고 숨어서 지켜보는 경우에도 본죄는 이미 성립한 것이
된다.

(4) 주관적 구성요건

　　본죄가 성립하기 위해서는 행위자가 요부조자에 대한 보호책임의 발생원인이 된 사실이
존재한다는 것을 인식하고 이에 기한 부조의무를 해태한다는 인식 및 의사가 있어야 한다. 예
를 들면 피고인이 호텔 7층 1713호실에서 피해자에게 성관계를 요구하다가 피해자가 그 순간
을 모면하기 위하여 7층 창문으로 뛰어내린 것을 알았다면 즉시 적절한 구호조치를 하여 피해
자를 보호해야 할 법률상 의무가 있음에도 불구하고 그 사실을 숨기고 그대로 방치하여 유기함
으로써 그녀의 생명에 대한 위험을 발생하게 한 것이 인정되기 위해서는 피해자가 1713호실에
서 뛰어내린 여부를 피고인이 알고 있어야 하는데, 만약 전혀 알지 못하였다면 피고인의 범의
를 인정할 수 없다.[2] 한편 보호의무자라고 하는 신분은 본죄의 구성요건요소이므로, 이에 대한
착오는 사실의 착오가 된다.

---

1) 대법원 1980. 9. 24. 선고 79도1387 판결(수혈거부사건)(피고인이 질병으로 인하여 보호를 요하는 딸을 병원에
　입원시켜 놓고 의사가 그 당시 국내의 의료기술상 최선의 치료방법이라는 수혈을 하려 하여도 이를 완강하게
　거부하고 방해하였다면 이는 결과적으로 요부조자를 위험한 장소에 두고 떠난 것이나 다름이 없다고 할 것이어
　서 그 행위의 성질로 보면 치거(置去)에 해당된다고 할 것이고 비록 그 환자의 증세로 보아 회복의 가망성이 희박
　한 상태이어서 의사가 권하는 최선의 치료방법인 수혈이라도 하지 않으면 그 환자가 사망할 것이라는 위험이
　예견가능한 경우에 아무리 생모라고 할지라도 자신의 종교적 신념(여호와의 증인의 교리)이나 후유증 발생의 염
　려만을 이유로 환자에 대하여 의사가 하고자 하는 위의 수혈을 거부하여 결과적으로 그 환자로 하여금 의학상
　필요한 치료도 제대로 받지 못한 채 사망(失血死)에 이르게 할 수 있는 정당한 권리가 있다고는 할 수 없는 것이
　며 그때에 사리를 변식할 지능이 없다고 보아야 마땅할 11세 남짓의 환자 본인이 가사 그 생모와 마찬가지로
　위의 수혈을 거부한 일이 있다고 하여도 이것이 피고인의 위와 같은 수혈거부행위가 위법한 것이라고 판단하는
　데 어떠한 영향을 미칠만한 사유가 된다고 볼 수는 없으므로 유기치사죄에 해당한다).
2) 대법원 1988. 8. 9. 선고 86도225 판결(성류파크호텔사건).

II. 중유기죄

> 제271조(유기, 존속유기) ③ 제1항의 죄를 지어 사람의 생명에 위험을 발생하게 한 경우에는 7년 이하의 징역에 처한다.
> ④ 제2항의 죄를 지어 사람의 생명에 위험을 발생하게 한 경우에는 2년 이상의 유기징역에 처한다.

중유기죄는 유기죄 또는 존속유기죄를 지어 사람의 생명에 위험을 발생하게 함으로서 성립하는 범죄이다. 본죄는 생명에 대한 위험이 구성요건의 결과로 규정되어 있기 때문에 구체적 위험범이며, 중한 결과가 과실로 야기된 경우뿐만 아니라 고의로 야기된 경우에도 본죄가 성립하기 때문에 부진정결과적 가중범에 해당한다.

III. 영아유기죄

> 제272조(영아유기) 직계존속이 치욕을 은폐하기 위하거나 양육할 수 없음을 예상하거나 특히 참작할 만한 동기로 인하여 영아를 유기한 때에는 2년 이하의 징역 또는 300만원 이하의 벌금에 처한다.

영아유기죄는 직계존속이 치욕을 은폐하기 위하거나 양육할 수 없음을 예상하거나 특히 참작할 만한 동기로 인하여 영아를 유기함으로써 성립하는 범죄이다. 유기죄와 비교하여 책임이 감경된 구성요건이며, 부진정신분범에 해당한다.

본죄의 구성요건은 영아살해죄에서 설명한 바와 같다. 다만 영아살해죄와 다른 점은 영아의 범위가 분만 중 또는 분만 직후에 한정되어 있지 않다는 것이다. 영아(젖을 먹을 나이의 어린아이)의 단계를 지나 유아(생후 1년부터 만 6세까지의 어린아이)인 경우에는 단순유기죄의 객체가 된다.

생각건대 본죄는 폐지하는 것이 타당하다.[1] 왜냐하면 유기죄의 전형적인 유형이 영아유기죄인데, 이를 단순유기죄보다 감경구성요건으로 두는 것은 부당하고, 이러한 사례의 경우는 단순유기죄로 처벌하여도 처벌의 공백이 발생하지 아니하기 때문이다.

IV. 학대죄

> 제273조(학대, 존속학대) ① 자기의 보호 또는 감독을 받는 사람을 학대한 자는 2년 이하의 징역 또는 500만원 이하의 벌금에 처한다.
> ② 자기 또는 배우자의 직계존속에 대하여 전항의 죄를 범한 때에는 5년 이하의 징역 또는 700만원 이하의 벌금에 처한다.

---

1) 同旨 김신규, 123면; 박상기, 466면; 손동권/김재윤, 107면; 신동운, 600면; 오영근, 94면; 이재상/장영민/강동범, 111면.

1. 의의 및 보호법익

학대죄는 자기의 보호 또는 감독을 받는 사람을 학대함으로써 성립하는 범죄이다. 본죄는 자기의 보호 또는 감독을 받는 사람에게 육체적으로 고통을 주거나 정신적으로 차별대우를 하는 행위가 있음과 동시에 범죄가 완성되는 상태범·즉시범에 해당한다.[1] 본죄의 보호법익과 관련하여, ① 인격권이라는 견해[2], ② 생명·신체의 안전이라는 견해[3], ③ 생명·신체의 안전 및 인격권이라는 견해[4], ④ 신체의 안전이라는 견해[5] 등의 대립이 있다.

생각건대 인격권이라는 독립적인 권리를 형법에서 본죄만이 유일하게 보호하는 것이 아니라 대부분의 범죄의 보호대상이기 때문에 본죄의 보호법익은 생명·신체의 안전이라고 파악하는 것이 타당하다. 보호의 정도는 추상적 위험범이다.

2. 구성요건

(1) 주 체

본죄의 주체는 타인을 보호 또는 감독하는 자이다. 유기죄와 달리 법률상·계약상이라는 문구가 없기 때문에, 조리나 사회상규상의 보호감독자도 본죄의 주체가 된다.

(2) 객 체

본죄의 객체는 자기의 보호 또는 감독을 받는 자이다. 다만 18세 미만의 아동에 대한 학대의 경우에는 아동복지법 제17조[6] 및 동법 제71조 내지 제74조[7] 또는 아동학대특례법이 우선적

1) 대법원 1986. 7. 8. 선고 84도2922 판결(비록 수십 회에 걸쳐서 계속되는 일련의 폭행행위가 있었다고 하더라도 그 중 친권자로서의 징계권의 범위에 속하여 위법성이 조각되는 부분이 있다면 그 부분을 따로 떼어 무죄의 판결을 할 수 있다).
2) 임 웅, 140면.
3) 김선복, 113면; 박상기, 467면; 배종대, 122면; 정성근/정준섭, 65면; 정영일, 45면.
4) 김성돈, 133면; 김신규, 123면; 김일수/서보학, 87면; 김혜정 외 4인, 105면; 손동권/김재윤, 108면; 오영근, 92면; 이영란, 118면; 이재상/장영민/강동범, 112면; 이형국/김혜경, 137면.
5) 이정원/류석준, 83면.
6) 아동복지법 제17조(금지행위) 누구든지 다음 각 호의 어느 하나에 해당하는 행위를 하여서는 아니 된다.
  1. 아동을 매매하는 행위
  2. 아동에게 음란한 행위를 시키거나 이를 매개하는 행위 또는 아동에게 성적 수치심을 주는 성희롱 등의 성적 학대행위
  3. 아동의 신체에 손상을 주거나 신체의 건강 및 발달을 해치는 신체적 학대행위
  4. 삭제 <2014. 1. 28.>
  5. 아동의 정신건강 및 발달에 해를 끼치는 정서적 학대행위
  6. 자신의 보호·감독을 받는 아동을 유기하거나 의식주를 포함한 기본적 보호·양육·치료 및 교육을 소홀히 하는 방임행위
  7. 장애를 가진 아동을 공중에 관람시키는 행위
  8. 아동에게 구걸을 시키거나 아동을 이용하여 구걸하는 행위
  9. 공중의 오락 또는 흥행을 목적으로 아동의 건강 또는 안전에 유해한 곡예를 시키는 행위 또는 이를 위하여 아동을 제3자에게 인도하는 행위
  10. 정당한 권한을 가진 알선기관 외의 자가 아동의 양육을 알선하고 금품을 취득하거나 금품을 요구 또는 약속하

으로 적용된다.[1] 특히 아동복지법 제17조 제5호에서 금지되는 '정서적 학대행위'란 정신적 폭력이나 가혹행위로서 아동의 정신건강 또는 복지를 해치거나 정신건강의 정상적 발달을 저해할 정도 또는 그러한 결과를 초래할 위험을 발생시킬 정도에 이르는 것을 말한다.[2] 어떠한 행위가 이에 해당하는지 여부는 행위자와 피해아동의 관계[3], 행위 당시 행위자가 피해아동에게 보인 태도, 피해아동의 연령, 성별, 성향, 정신적 발달상태 및 건강상태, 행위에 대한 피해아동의 반응 및 행위를 전후로 한 피해아동의 상태 변화, 행위가 발생한 장소와 시기, 행위의 정도와 태양, 행위에 이르게 된 경위, 행위의 반복성이나 기간, 행위가 피해아동 정신건강의 정상적 발달에 미치는 영향 등을 종합적으로 고려하여 판단하여야 한다.[4] 그리고 비위생적인 환경에서 아동을 양육하고, 아동의 의복과 몸을 청결하게 유지해 주지 않으며, 아동을 집에 두고 외출하기도 하는 등 의식주를 포함한 기본적인 보호·양육·치료 및 교육을 소홀히 한 경우에는 아동복지법 제17조 제6호에서 금지하고 있는 '방임행위'에 해당할 수 있다.[5]

(3) 행 위

본죄의 실행행위는 학대하는 것이다. '학대'란 육체적으로 고통을 주거나 정신적으로 차별

는 행위
　11. 아동을 위하여 증여 또는 급여된 금품을 그 목적 외의 용도로 사용하는 행위
7) 아동복지법 제71조(벌칙) ① 제17조를 위반한 자는 다음 각 호의 구분에 따라 처벌한다.
　1. 제1호(「아동·청소년의 성보호에 관한 법률」 제12조에 따른 매매는 제외한다)에 해당하는 행위를 한 자는 10년 이하의 징역에 처한다.
　1의2. 제2호에 해당하는 행위를 한 자는 10년 이하의 징역 또는 1억원 이하의 벌금에 처한다.
　2. 제3호부터 제8호까지의 규정에 해당하는 행위를 한 자는 5년 이하의 징역 또는 5천만원 이하의 벌금에 처한다.
　3. 제10호 또는 제11호에 해당하는 행위를 한 자는 3년 이하의 징역 또는 3천만원 이하의 벌금에 처한다.
　4. 제9호에 해당하는 행위를 한 자는 1년 이하의 징역 또는 1천만원 이하의 벌금에 처한다.
　제72조(상습범) 상습적으로 제71조 제1항 각 호의 죄를 범한 자는 그 죄에 정한 형의 2분의 1까지 가중한다.
　제73조(미수범) 제71조 제1항 제1호의 미수범은 처벌한다.
　제74조(양벌규정) 법인의 대표자나 법인 또는 개인의 대리인, 사용인, 그 밖의 종업원이 그 법인 또는 개인의 업무에 관하여 제71조의 위반행위를 하면 그 행위자를 벌하는 외에 그 법인 또는 개인에게도 해당 조문의 벌금형을 과한다. 다만, 법인 또는 개인이 그 위반행위를 방지하기 위하여 해당 업무에 관하여 상당한 주의와 감독을 게을리하지 아니한 경우에는 그러하지 아니하다.
1) 아동학대에 대하여 보다 자세한 논의로는 박찬걸, "아동학대의 대처현황과 가해자 및 피해자 처우의 개선방안", 소년보호연구 제24호, 한국소년정책학회, 2014. 2, 199면 이하 참조.
2) 대법원 2015. 12. 23. 선고 2015도13488 판결.
3) 대법원 2020. 10. 15. 선고 2020도6422 판결(누구든지 제17조 제2호에서 정한 금지행위를 한 경우 제71조 제1항에 따라 처벌되는 것이고, 성인이 아니라고 하여 위 금지행위규정 및 처벌규정의 적용에서 배제된다고 할 수는 없다).
4) 대법원 2020. 3. 12. 선고 2017도5769 판결(교구장40분사건)(보육교사인 피고인이 강압적이고 부정적인 태도를 보이며 4세인 피해아동을 높이 78cm에 이르는 교구장 위에 약 40분 동안 앉혀놓았는데, 이는 그 자체로 위험한 행위일 뿐만 아니라 그 과정에서 피해아동은 공포감 내지 소외감을 느꼈을 것으로 보이고, 실제로 피해아동이 정신적 고통 등을 호소하며 일주일이 넘도록 어린이집에 등원하지 못한 점 등 판시와 같은 여러 사정에 비추어 피고인이 피해아동을 정서적으로 학대하였다고 인정하였다).
5) 대법원 2020. 9. 3. 선고 2020도7625 판결(친아버지인 피고인은 피해자(피고인의 첫째 아이)를 양육하면서 집안 내부에 먹다 남은 음식물 쓰레기, 소주병, 담배꽁초가 방치된 상태로 청소를 하지 않아 악취가 나는 비위생적 환경에서 피해자에게 제대로 세탁하지 않아 음식물이 묻어있는 옷을 입히고, 목욕을 주기적으로 시키지 않아 몸에서 악취를 풍기게 하는 등으로 피해자를 방임하였다).

대우를 하는 행위를 말한다. 이러한 학대행위는 형법의 규정체제상 학대와 유기의 죄가 같은 장에 위치하고 있는 점 등에 비추어 단순히 상대방의 인격에 대한 반인륜적 침해만으로는 부족하고 적어도 유기에 준할 정도에 이르러야 한다.[1]

가혹행위(제125조, 제277조)와 학대는 서로 구별되는 개념인데, '가혹행위'[2]란 폭행·협박·음란행위를 포함한 일체의 정신적·육체적 고통을 주는 행위인 반면, '학대'란 폭행·협박·음란행위를 제외한 일체의 정신적·육체적 고통을 주는 행위를 말한다. 예를 들면 4세인 아들이 대소변을 가리지 못한다고 닭장에 가두는 경우[3], 일상생활에 필요한 의식주를 공급해 주지 않는 경우, 필요한 정도의 휴식이나 수면을 제공하지 않는 경우 등이 이에 해당한다. 한편 학대행위가 그 정도를 초과하여 상해·유기·감금의 정도에 이르면 각각 개별 범죄가 성립한다.

(4) 주관적 구성요건

본죄가 성립하기 위해서는 자신의 보호·감독을 받는 사람을 학대한다는 사실에 대한 인식 및 의사가 있어야 한다. 한편 학대의 고의 이외에 초과주관적 구성요건요소로서 행위자의 일정한 주관적 경향이 요구된다는 견해[4]가 있다. 하지만 본죄의 성립에 있어서 상대방을 인격적으로 가혹하게 대우하는 성향을 의미하는 학대경향은 별도로 필요하지 않다고 보아야 한다. 다만 학대경향은 고의의 인정 여부 및 재범의 우려 등을 위시한 양형의 사유로는 고려될 수 있다.

Ⅴ. 아동혹사죄

> 제274조(아동혹사) 자기의 보호 또는 감독을 받는 16세 미만의 자를 그 생명 또는 신체에 위험한 업무에 사용할 영업자 또는 그 종업자에게 인도한 자는 5년 이하의 징역에 처한다. 그 인도를 받은 자도 같다.

---

1) 대법원 2000. 4. 25. 선고 2000도223 판결(친딸8년간성관계사건): 아동복지법 제18조 제5호는 '아동에게 음행을 시키는' 행위를 금지행위의 하나로 규정하고 있는바, 여기에서 '아동에게 음행을 시킨다'는 것은 행위자가 아동으로 하여금 제3자를 상대방으로 하여 음행을 하게 하는 행위를 가리키는 것일 뿐 행위자 자신이 직접 그 아동의 음행의 상대방이 되는 것까지를 포함하는 의미로 볼 것은 아니다(사실관계: 甲은 자기의 딸인 乙녀(당시 12세)에게 포르노 테이프를 보여주다가 성관계를 가졌는데, 이로 인하여 乙녀는 처녀막 파열의 상처를 입었다. 그 후 甲과 乙녀의 비정상적인 관계는 단순 일과성에 그친 것이 아니라 매월 4회 내지 8회에 걸쳐 장장 8년간에 걸쳐 지속되었다. 乙녀가 20세가 된 어느 날에는 甲과 乙녀가 함께 승용차를 타고 오다가 甲이 乙녀의 다리를 만지며 '바람이나 한번 쐬고 올까'라고 하자 乙녀는 겁도 나고 하여 '응'하고 답하였는데, 甲은 창원시 청실공원 주차장에 승용차를 주차시킨 후 승용차 뒷좌석에서 乙녀를 눕게 한 후 간음하였다. 피고인이 피해자와 성관계를 가진 행위를 가리켜 위와 같은 의미의 학대행위에 해당한다고 보기는 어렵다. 결론적으로 피고인은 미성년자의제강간치상죄로 처단되었고, 학대죄는 성립하지 않았다).
2) 가혹행위에 대하여 보다 자세한 논의로는 박찬걸, "군형법상 가혹행위죄 적용의 합리화 방안", 형사정책 제28권 제2호, 한국형사정책학회, 2016. 8, 83면 이하 참조.
3) 대법원 1969. 2. 4. 선고 68도1793 판결.
4) 김신규, 125면; 김일수/서보학, 95면; 임 웅, 142면; 정영일, 45면; 최호진, 95면.

1. 의의 및 보호법익

아동혹사죄는 자기의 보호 또는 감독을 받는 16세 미만의 자를 그 생명 또는 신체에 위험한 업무에 사용할 영업자 또는 그 종업자에게 인도하거나 그 인도를 받음으로써 성립하는 범죄이다. 본죄의 법적 성격은 거동범·진정신분범·필요적 공범 중 대향범에 해당한다. 본죄의 보호법익은 아동의 복지이고, 보호의 정도는 추상적 위험범이다.

2. 구성요건

본죄의 실행행위는 생명 또는 신체에 위험한 업무에 사용할 영업자 또는 그 종업자에게 16세 미만의 자를 인도하거나 인수하는 것이다. '인도'란 자기의 보호 또는 감독을 받는 16세 미만의 자를 생명 또는 신체에 위험한 업무에 사용할 영업자 또는 그 종업자에게 옮기는 것을 말한다. 인도계약만으로는 본죄의 기수에 이르지 못하고, 현실적인 인도가 있어야 한다. 인도계약의 유효·무효와 취소 여부는 묻지 아니한다. 또한 16세 미만의 자가 위험한 업무에 실제로 종사하였는지 여부는 본죄의 성립에 영향을 주지 아니한다. 만약 위험한 업무에 종사까지 하게 된다면 아동혹사죄와 학대죄의 실체적 경합이 될 수도 있다.

3. 위법성조각사유

본죄는 피해자인 16세 미만의 아동의 승낙이 있어도 위법성이 조각되지 아니한다. 왜냐하면 유효한 승낙의 효과를 인정하기 어렵기 때문이다.

Ⅵ. 유기·학대치사상죄

> 제275조(유기등 치사상) ① 제271조 내지 제273조의 죄를 범하여 사람을 상해에 이르게 한 때에는 7년 이하의 징역에 처한다. 사망에 이르게 한 때에는 3년 이상의 유기징역에 처한다.
> ② 자기 또는 배우자의 직계존속에 대하여 제271조 또는 제273조의 죄를 범하여 상해에 이르게 한 때에는 3년 이상의 유기징역에 처한다. 사망에 이르게 한 때에는 무기 또는 5년 이상의 징역에 처한다.

유기·학대치사상죄는 아동혹사죄를 제외한 유기와 학대의 죄를 범하여 사람을 상해에 이르게 하거나 사망에 이르게 함으로써 성립하는 범죄이다. 유기행위와 사망 사이에 인과관계가 부정되면, 유기죄와 과실치사상죄의 상상적 경합이 된다.[1]

---

[1] 대법원 1967. 10. 31. 선고 67도1151 판결(치사량의 청산가리를 음독했을 경우 미처 인체에 흡수되기 전에 지체없이 병원에서 위세척을 하는 등 응급치료를 받으면 혹 소생할 가능성은 있을지 모르나 이미 이것이 혈관에 흡수되어 피고인이 피해자를 변소에서 발견했을 때의 피해자의 증상처럼 환자의 안색이 변하고 의식을 잃었을 때는 우리의 의학기술과 의료시설로서는 그 치료가 불가능하여 결국 사망하게 되는 것이고 또 일반적으로 병원에서 음독환자에게 위세척 호흡촉진제 강심제주사 등으로 응급가료를 하나 이것이 청산가리 음독인 경우에는 아무런

한편 아동학대범죄를 범한 사람이 아동을 사망에 이르게 한 때에는 무기 또는 5년 이상의 징역에 처하고(아동학대특례법 제4조 제2항)[1], 아동학대범죄를 범한 사람이 아동의 생명에 대한 위험을 발생하게 하거나 불구 또는 난치의 질병에 이르게 한 때에는 3년 이상의 징역에 처한다(동법 제5조).

도움도 되지 못하는 것이므로 피고인의 유기행위와 피해자의 사망 사이에는 상당인과관계가 없다).

1) 반면에 아동학대범죄를 범한 사람이 아동을 살해한 때에는 사형, 무기 또는 7년 이상의 징역에 처한다(아동학대특례법 제4조 제1항).

제 2 장 자유에 관한 죄

제 1 절 체포와 감금의 죄

Ⅰ. 체포 · 감금죄

제276조(체포, 감금, 존속체포, 존속감금) ① 사람을 체포 또는 감금한 자는 5년 이하의 징역 또는 700만원 이하의 벌금에 처한다.
② 자기 또는 배우자의 직계존속에 대하여 제1항의 죄를 범한 때에는 10년 이하의 징역 또는 1천500만원 이하의 벌금에 처한다.
제279조(상습범) 상습으로 제276조 또는 제277조의 죄를 범한 때에는 전조의 예에 의한다.
제280조(미수범) 전4조의 미수범은 처벌한다.
제282조(자격정지의 병과) 본장의 죄에는 10년 이하의 자격정지를 병과할 수 있다.

1. 의의 및 보호법익

(1) 의 의

　체포 · 감금죄는 사람을 체포 · 감금함으로써 성립하는 범죄이다. 본죄는 개인의 신체적 활동의 자유 가운데 장소선택의 자유를 침해하는 것을 내용으로 한다. 그러므로 어떠한 장소에 들어오지 못하게 하거나 일정한 장소에서 나가게 하는 경우에는 체포 · 감금죄가 아니라 강요죄가 성립할 수 있을 뿐이다. 한편 재판 · 검찰 · 경찰 기타 인신구속에 관한 직무를 행하는 자 또는 이를 보조하는 자가 그 직권을 남용하여 사람을 체포 또는 감금한 때에는 직권남용의 형태로서 불법체포 · 감금죄(제124조)가 성립한다. 본죄는 계속범이므로 체포 · 감금죄가 종료되기 이전까지는 공범의 성립이 가능하고, 피해자의 정당방위도 가능하며, 공소시효도 진행되지 아니한다. 특히 체포죄는 계속범으로서 체포의 행위에 확실히 사람의 신체의 자유를 구속한다고 인정할 수 있을 정도의 시간적 계속이 있어야 하지만, 체포의 고의로써 타인의 신체적 활동의 자유를 현실적으로 침해하는 행위를 개시한 때 체포죄의 실행에 착수하였다고 볼 것이다.[1]
　다수설[2]에 의하면 객관적으로 피해자의 자유가 침해된 사실이 어느 정도 계속된 때에 기

---

1) 대법원 2018. 2. 28. 선고 2017도21249 판결(피해자가 피고인으로부터 강간미수 피해를 입은 후 피고인의 집에서 나가려고 하였는데 피고인이 피해자가 나가지 못하도록 현관에서 거실 쪽으로 피해자를 세 번 밀쳤고, 피해자가 피고인을 뿌리치고 현관문을 열고 나와 엘리베이터를 누르고 기다리는데 피고인이 팬티 바람으로 쫓아 나왔으며, 피해자가 엘리베이터를 탔는데도 피해자의 팔을 잡고 끌어내리려고 해서 이를 뿌리쳤고, 피고인이 닫히는 엘리베이터 문을 손으로 막으며 엘리베이터로 들어오려고 하자 피해자가 버튼을 누르고 손으로 피고인의 가슴을 밀어낸 사실을 인정한 다음, 피고인은 피해자의 신체적 활동의 자유를 박탈하려는 고의를 가지고 피해자의 신체에 대한 유형력의 행사를 통해 일시적으로나마 피해자의 신체를 구속하였다고 판단하였다).
2) 김선복, 140면; 김성천/김형준, 133면; 김신규, 155면; 김일수/서보학, 113면; 김혜정 외 4인, 135면; 박상기, 489면;

수가 된다고 한다. 이에 의하면 체포·감금 자체를 완성하지 못한 때, 체포·감금이 일시적인 자유박탈에 그친 때에는 미수가 된다. 하지만 계속범에서의 계속성의 의미는 기수가 되기 전까지의 시간적 계속성을 의미하는 것이 아니라 기수가 된 이후의 법익침해행위가 일정한 시간 계속되는 것으로 이해해야 한다.[1] 따라서 체포·감금이 일시적인 자유박탈인 경우에도 기수가 될 수 있다.

(2) 보호법익

본죄의 보호법익은 개인의 신체적 활동의 자유 가운데 특히 장소선택의 자유이며, 그 중에서도 일정한 장소를 떠날 수 있는 소극적 의미의 자유를 말한다. 여기서의 자유는 현실적인 신체활동의 자유가 아니라 잠재적인 신체활동의 자유이다. 본죄를 침해범으로 보면 보호법익이 침해되었는지의 여부는 현실적으로 장소를 이전하려고 하였는가를 묻지 않고, 행위시에 장소를 이전하려고 했다면 할 수 있었는지의 여부를 기준으로 판단해야 하기 때문이다. 따라서 객관적으로 잠재적 행동의 자유가 침해된 사실만 있으면 피해자의 현실적인 인식이 없어도 기수가 된다. 즉 자유박탈 내지 자유제한에 대한 피해자의 현실적인 인식 여부는 기수시기에 영향을 미치지 아니한다.[2] 그러므로 만취자, 수면자, 그림 그리기에 몰두하여 외출의사 없는 예쁜 채윤이의 방을 열쇠로 잠그어 두었다가 본인이 모르는 사이에 문을 다시 열어 두어도 본죄의 기수가 된다.[3]

2. 구성요건

(1) 객 체

본죄의 객체는 신체활동의 자유를 가질 수 있는 자연인이다. 여기서 자연인의 범위와 관련하여, ① 신체활동의 가능성이나 의사 유무를 묻지 않고 모든 자연인이라는 견해(최광의설)[4], ② 신체활동이 기대되는 잠재적인 활동의 자유를 가진 자이면 현실적으로 활동의사가 없는 자도 된다는 견해(광의설)[5] 등의 대립이 있다.

배종대, 144면; 손동권/김재윤, 124면; 신동운, 617면; 이영란, 127면; 이형국/김혜경, 170면; 임 웅, 145면; 정성근/정준섭, 86면; 정영일, 49면.

1) 김성돈, 167면.
2) 이와 같이 장소이전의 자유가 현실적인 자유인가 잠재적인 자유인가를 구별하는 것은 별 실익이 없다. 왜냐하면 형법의 모든 범죄에서 피해자가 보호법익이 현실적으로 침해되었다는 것을 인식할 때에만 범죄가 성립하는 것은 아니기 때문이다. 이는 소매치기 사실을 피해자가 그 다음날 인식하였다고 하더라도 절도죄의 기수시기는 소매치기가 종료한 당시로 보는 것과 마찬가지이다.
3) 반면에 피해자가 신체자유의 침해사실을 인식하지 못했다면 신체적 활동의 자유가 현실적으로 침해되지 않은 것이므로 체포·감금죄의 미수가 된다는 견해(배종대, 146면; 임 웅, 147면)가 있다.
4) 김성천/김형준, 131면; 오영근, 104면. 오영근 교수는 영아도 부모나 보호자를 통해 장소이전을 할 수 있기 때문에 영아도 잠재적 장소이전의 자유를 가진다고 한다.
5) 김선복, 137면; 김성돈, 165면; 김신규, 156면; 김일수/서보학, 111면; 김혜정 외 4인, 136면; 박상기, 488면; 배종대, 145면; 손동권/김재윤, 121면; 신동운, 609면; 이영란, 125면; 이재상/장영민/강동범, 124면; 이형국/김혜경, 168면; 임 웅, 147면; 정성근/정준섭, 84면; 정영일, 48면; 최호진, 99면. 이에 의하면 정신질환자·만취자·수면

이에 대하여 판례는 「4일 가량 물조차 제대로 마시지 못하고 잠도 자지 아니하여 거의 탈진 상태에 이른 피해자(정신병자)의 손과 발을 17시간 이상 묶어 두고 좁은 차량 속에서 움직이지 못하게 감금한 행위와 묶인 부위의 혈액 순환에 장애가 발생하여 혈전이 형성되고 그 혈전이 폐동맥을 막아 사망에 이르게 된 결과 사이에는 상당인과관계가 있다.」라고 판시[1]하여, 정신질환자도 감금죄의 객체가 될 수 있다고 한다.

생각건대 영아나 식물인간은 일반적으로 신체활동이 기대되는 잠재적인 활동의 자유가 없는 것으로 파악되므로 광의설이 타당하다. 특히 실신(失神)자나 수면자를 체포·감금하는 경우도 충분히 상정할 수 있다.

(2) 행 위

1) 체 포

'체포'란 사람의 신체에 대하여 직접적·현실적인 구속을 가하여 그 신체활동의 자유를 박탈하는 것이다(직접구속). 예를 들면 사람의 몸을 포박한 경우, 총이나 칼을 겨누어 움직이지 못하게 하는 경우, 경찰관을 사칭하여 연행하는 경우 등이 이에 해당한다. 체포로 인하여 침해되는 자유는 전면적인 박탈일 필요는 없고, 어느 정도 자유롭게 활동할 수 있어도 전체적으로 신체활동의 자유가 제한되어 있으면 체포에 해당한다. 그러므로 긴 밧줄로 사람을 묶어서 한쪽 끝을 잡고 있어도 체포가 된다. 하지만 사람을 협박하여 특정한 장소에 오게 하는 것은 체포가 아니라 강요죄에 해당한다.

2) 감 금

'감금'이란 사람이 특정한 구역에서 나가는 것을 불가능하게 하거나 현저히 곤란하게 하여 신체활동의 자유를 장소적으로 제한하는 것이다(간접구속). 체포는 신체적 활동의 자유가 '박탈'됨에 반하여, 감금은 신체적 활동의 자유가 일정한 장소적 구역 내로 '제한'된다는 점에서 차이가 있다. 사람이 특정한 구역에서 나가는 것을 불가능하게 하거나 현저히 곤란하게 하는 그 장해는 물리적·유형적 장해뿐만 아니라 심리적·무형적 장해에 의하여서도 가능하다.[2] 또한 감금에 있어서의 사람의 행동의 자유의 박탈은 반드시 전면적이어야 할 필요가 없으므로 감금된 특정구역 내부에서 일정한 생활의 자유가 허용되어 있었다고 하더라도 감금죄의 성립에는 아무런 영향이 없다.[3]

자·불구자·위계에 의하여 신체구속을 당하고 있는 자 등은 객체가 되지만, 영아·식물인간 등은 객체가 되지 아니한다.

1) 대법원 2002. 10. 11. 선고 2002도4315 판결(정신질환자감금사건).

2) 대법원 1985. 6. 25. 선고 84도2083 판결.

3) 대법원 2011. 9. 29. 선고 2010도5962 판결; 대법원 1997. 6. 13. 선고 97도877 판결(설사 그 장소가 경찰서 내 대기실로서 일반인과 면회인 및 경찰관이 수시로 출입하는 곳이고 여닫이 문만 열면 나갈 수 있도록 된 구조라고 하여도 경찰서 밖으로 나가지 못하도록 그 신체의 자유를 제한하는 유형·무형의 억압이 있었다면 이는 감금에 해당한다); 대법원 1991. 12. 30.자 91모5 결정(설사 피해자가 경찰서 안에서 직장동료인 피의자들과 같이 식사도 하고 사무실 안팎을 내왕하였다 하여도 피해자를 경찰서 밖으로 나가지 못하도록 그 신체의 자유를 제한하는 유형, 무형의 억압이 있었다면 이는 감금행위에 해당한다); 대법원 1984. 5. 15. 선고 84도655 판결(피해자가 여관

작위에 의한 방법으로는 자물쇠를 채우는 것, 자동차를 멈추지 않고 질주하는 것[1], 출입문을 봉쇄하는 것[2], 미성년자를 위협하여 집에 가지 못하게 하는 것[3], 목욕중인 여자의 옷을 숨겨 나오지 못하게 하는 것, 지붕에 올라간 사람을 보고 사다리를 이동시키는 것, 우물 안에 있는 사람을 보고 밧줄을 끌어올리는 것, 허위신고로 구속시키는 것 등이 이에 해당한다. 부작위에 의한 방법으로는 방에 사람이 있는 줄 모르고 문을 잠근 후에 그 사실을 알고서도 문을 열어주지 않은 것, 불법하게 구속되어 있는 자를 석방해야 할 자가 이를 알면서도 방치하는 것 등이 이에 해당한다. 또한 피해자가 만약 도피하는 경우에는 생명·신체에 심한 해를 당할지도 모른다는 공포감에서 도피하기를 단념하고 있는 상태하에서 그를 호텔로 데리고 가서 함께 유숙한 후 그와 함께 항공기로 국외에 나간 행위도 감금죄를 구성한다.[4]

3. 위법성조각사유

(1) 법령에 의한 행위

본죄가 법령에 의한 행위로서 위법성이 조각되는 사유로는 영장에 의한 체포·구속(형사소송법 제200조의2), 긴급체포(동법 제200조의3), 사인의 현행범인 체포(동법 제212조), 경찰관의 주취자 등

등에서 8일간 있는 동안 그의 처와 만났으며 피고인 등과 같이 술을 마신 일이 있는 등 특정지역 내에서 일정한 생활의 자유가 허용되었고, 피고인이 피해자에게 폭행을 가한 것은 감금을 위한 것이라기보다는 피해자의 채무불이행에 대한 분노에서 행하여진 것으로 보인다든지 또는 피해자가 피고인 등과 민·형사간문제를 삼지 않겠다는 합의서를 경찰에 제출한 사실 또는 피해자나 그의 가족이 감금사실에 대하여 고소, 고발을 하지 않았다는 사정 등이 있다고 하더라도 피고인 일행이 밤마다 폭행하고 괴롭히고 있으니 경찰에 신고하라고 피해자가 전화한 사실이 있을 뿐만 아니라 감금에서 풀려난 것이 피해자의 얼굴 등이 많이 상해 있는 것을 본 공소외인이 경찰에 신고하여 경찰관이 와서 피고인 등을 연행해 감으로써 풀려난 것임에 비추어 볼 때, 피해자가 그의 행동의 자유에 아무런 제약도 받지 아니하고 그의 자유로운 의사에 의하여 8일간을 여관 등에서 보내게 된 것이라고 볼 수 없다).

1) 대법원 1989. 12. 12. 선고 89도875 판결; 대법원 1984. 8. 21. 선고 84도1550 판결; 대법원 1983. 4. 26. 선고 83도323 판결.

2) 대법원 1983. 9. 13. 선고 80도277 판결(감금죄는 사람의 행동의 자유를 장소적으로 구속하는 경우를 처벌하는 규정임이 명백하므로 피고인들이 대한상이군경회원 80여 명과 공동으로 호텔 출입문을 봉쇄하며 피해자들의 출입을 방해하였다면 감금죄에 해당한다).

3) 대법원 1998. 5. 26. 선고 98도1036 판결(미성년자를 유인한 자가 계속하여 미성년자를 불법하게 감금하였을 때에는 미성년자유인죄 이외에 감금죄가 별도로 성립한다. 피고인은 1996. 12. 10.경 피해자(당시 만 10세)의 집에서 피해자로 하여금 부모에게 말하지 말고 인천 계양구 효성동에 있는 동아아파트 앞으로 나오도록 유인한 다음 피고인이 운전하는 화물차에 태우고 데리고 다니면서 피해자에게 '네가 집에 돌아가면 경찰이 붙잡아 소년원에 보낸다.'라고 위협하여 피해자를 집에 가지 못하도록 하는 등 그 무렵부터 1997. 6. 8. 08:00경까지 피고인의 셋방 등지에서 피해자를 감금하였다); 대법원 1961. 9. 21. 선고 4294형상455 판결(유혹하는 수단으로 미성년자를 이끌어서 이를 자기의 실력지배 안에 옮긴 때에는 미성년자유인죄의 기수가 있다고 해석할 것이며, 불법 감금죄의 성립에는 자유의 속박이 다소 시간이 계속함을 필요로 할 것이므로 양자는 그 범죄의 구성요건을 달리한다고 할 것이다).

4) 대법원 1991. 8. 27. 선고 91도1604 판결(마카오도피사건)(마카오에 있는 조직폭력배 두목 丙의 부하로서 丙의 자금을 관리해오던 乙은 도박으로 2억 5천만원을 잃게 되자 한국으로 도피하였다. 이에 丙은 부하 甲과 함께 한국으로 와 乙을 수소문하여 찾아내었다. 甲은 丙의 지시로 乙을 협박하여 丙이 대기하고 있는 라마다 르네상스 호텔 2201호로 데려와 그곳에서 일박하게 한 뒤 다음날 비행기편으로 乙을 마카오까지 데려갔다. 이 때 乙은 충분히 탈출할 기회가 있었고 타인에게 구조요청을 할 수도 있었지만, 일단 소재가 판명된 뒤 도피하면 자신의 생명이나 신체에 한층 더 심각한 위해를 당할지도 모른다는 공포감에서 도피하기를 단념하고 丙의 지시에 따라 마카오로 가서 丙이 결정하는 보복을 당하거나 그 보복을 감해 주도록 사정해 볼 생각이었다).

보호조치(「경찰관 직무집행법」 제4조), 정신질환자에 대한 입원(「정신건강증진 및 정신질환자 복지서비스 지원에 관한 법률」 제41조 이하((구) 정신보건법 제26조))[1] 등을 들 수 있다.

(2) 피해자의 승낙에 의한 행위

피해자의 승낙의 효과와 관련하여, ① 구성요건해당성이 배제된다는 견해[2], ② 위법성이 조각된다는 견해[3] 등의 대립이 있다.

생각건대 체포·감금은 기본적으로 피해자의 의사에 반하여 성립할 수 있는 성질의 것이므로 피해자의 승낙이 있으면 구성요건해당성을 배제하는 것이 타당하다.

(3) 사회상규에 반하지 아니한 행위

형제복지원의 시설장 및 총무직에 있는 피고인들이 수용중인 피해자들의 야간도주를 방지하기 위하여 그 취침시간 중 수용한 행위[4], 정신질환자의 어머니의 의뢰 및 승낙 하에 그 감호를 위하여 보호실 문을 야간에 한해서 3일간 시정하여 출입을 못하게 한 감금행위[5], 참인재관 기숙사생의 야간출입을 통제하기 위하여 밤 11시부터 다음 날 아침 5시까지 출입문을 시정하는 행위, 친권자에 의한 일정한 범위 내의 야간외출제한행위 등은 사회상규에 반하지 아니한 행위로서 위법성이 조각된다.

4. 죄수 및 다른 범죄와의 관계

(1) 죄 수

본죄는 피해자의 수를 기준으로 죄수가 결정된다. 그러므로 하나의 행위로 수인을 체포·감금한 경우에는 피해자의 수만큼 상상적 경합이 성립한다. 체포와 감금은 엄격하게 구분되지 않는 경우가 많다. 또한 법정형도 동일하기 때문에 구별의 실익이 별로 없는 경우도 많다. 사람을

---

[1] 대법원 2015. 10. 29. 선고 2015도8429 판결(정신보건법 제3조 제1호는 정신질환자를 정신병(기질적 정신병을 포함한다)·인격장애·알코올 및 약물중독 기타 비정신병적 정신장애를 가진 사람으로 정의하고 있으나, 정신질환자의 치료 및 보호라는 법의 목적에 비추어 볼 때 여기서 말하는 정신질환자에는 의학적으로 정신병 또는 정신장애의 진단을 받은 사람뿐만 아니라 그러한 정신장애의 의심이 있는 사람도 포함된다. 정신건강의학과 전문의인 피고인 甲, 乙이 각각 피해자의 아들 피고인 丙 등과 공동하여 피해자를 응급이송차량에 강제로 태워 병원으로 데려가 입원시켰다고 하여 폭력행위처벌법 위반(공동감금)으로 기소된 사안에서, 망상장애와 같은 정신질환의 경우 진단적 조사 또는 정확한 진단을 위해 지속적인 관찰이나 특수한 검사가 필요한 때에도 환자의 입원이 고려될 수 있고, 피고인 甲, 乙은 보호의무자인 피고인 丙의 진술뿐만 아니라 피해자를 직접 대면하여 진찰한 결과를 토대로 피해자에게 피해사고나 망상장애의 의심이 있다고 판단하여 입원이 필요하다는 진단을 한 것이므로, 진단 과정에 정신건강의학과 전문의로서 최선의 주의를 다하지 아니하거나 신중하지 못했던 점이 일부 있더라도 피해자를 정확히 진단하여 치료할 의사로 입원시켰다고 볼 여지 또한 충분하여 피고인 甲, 乙에게 감금죄의 고의가 있었다거나 이들의 행위가 형법상 감금행위에 해당한다고 단정하기 어렵다). 하지만 이 사안에서 아들 丙에게는 감금죄의 죄책을 인정하였다.

[2] 손동권/김재윤, 124면; 이영란, 128면; 이재상/장영민/강동범, 128면; 이정원/류석준, 111면; 이형국/김혜경, 171면; 정성근/정준섭, 86면; 정영일, 51면; 최호진, 103면.

[3] 배종대, 147면; 임 웅, 150면.

[4] 대법원 1988. 11. 8. 선고 88도1580 판결.

[5] 대법원 1980. 2. 12. 선고 79도1349 판결.

체포한 자가 감금한 때에는 포괄하여 하나의 감금죄가 성립한다.

(2) 다른 범죄와의 관계

감금을 하기 위한 수단으로서 행사된 단순한 협박행위는 감금죄에 흡수되어 따로 협박죄를 구성하지 아니한다.[1] 하지만 감금행위가 강간죄 또는 강도죄의 수단이 된 경우에도 감금죄는 강간죄 또는 강도죄에 흡수되지 아니하고 별죄를 구성한다.[2] 이와 같이 강간죄의 성립에 언제나 직접적으로 또 필요한 수단으로서 감금행위를 수반하는 것은 아니므로 감금행위가 강간미수죄의 수단이 되었다고 하여 감금행위는 강간미수죄에 흡수되어 범죄를 구성하지 않는다고 할 수는 없는 것이고, 그때에는 감금죄와 강간미수죄는 1개의 행위에 의하여 실현된 경우로서 상상적 경합관계에 있다.[3] 하지만 감금행위가 강간죄 또는 강도죄의 수단이 된 경우, 감금죄는 강간죄 또는 강도죄에 흡수된다고 보는 것이 타당하다.[4] 한편 감금행위가 단순히 강도상해 범행의 수단이 되는데 그치지 아니하고, 강도상해의 범행이 끝난 뒤에도 계속된 경우에는 감금죄와 강도상해죄는 경합범 관계에 있다.[5]

Ⅱ. 중체포·감금죄

제277조(중체포, 중감금, 존속중체포, 존속중감금) ① 사람을 체포 또는 감금하여 가혹한 행위를 가한 자는 7년 이하의 징역에 처한다.
② 자기 또는 배우자의 직계존속에 대하여 전항의 죄를 범한 때에는 2년 이상의 유기징역에 처한다.
제279조(상습범) 상습으로 제276조 또는 제277조의 죄를 범한 때에는 전조의 예에 의한다.

---

1) 대법원 1982. 6. 22. 선고 82도705 판결(피고인은 피해자(여, 31세)의 신고로 피고인이 폭력행위 등으로 구속되어 형사처벌을 받은 것에 불만을 품고 이를 보복하기 위하여 피해자에게 '자동차에 타라, 타지 않으면 가만있지 않겠다.'고 협박하면서 동녀를 그곳에 대기시켜 놓았던 자동차 뒷좌석에 강제로 밀어 넣어 앉히고 동녀가 내려달라고 애원했으나 내려주지 않고 그곳에서 같은 구 망우동 소재 망우리 공동묘지까지 동 자동차를 운전하여 약 20분간 동녀를 감금하였다).

2) 대법원 1997. 1. 21. 선고 96도2715 판결.

3) 대법원 1983. 4. 26. 선고 83도323 판결(동진장여관사건): 피고인이 피해자가 자동차에서 내릴 수 없는 상태에 있음을 이용하여 강간하려고 결의하고, 주행 중인 자동차에서 탈출을 불가능하게 하여 외포하게 하고 50km를 운행하여 여관 앞까지 강제연행한 후 강간하려다 미수에 그친 경우 위 협박은 감금죄의 실행의 착수임과 동시에 강간미수죄의 실행의 착수라고 할 것이다. 형법 제40조의 소위 상상적 경합은 1개의 행위가 수개의 죄에 해당하는 경우에는 과형상 1죄로서 처벌한다는 것이고, 또 가장 중한 죄에 정한 형으로 처벌한다는 것은 경한 죄는 중한 죄에 정한 형으로 처단된다는 것이지, 경한 죄는 그 처벌을 면한다는 것은 아니므로, 이 사건에서 중한 강간미수죄가 친고죄로서 고소가 취소되었다 하더라도 경한 감금죄(폭력행위처벌법 위반)에 대하여는 아무런 영향을 미치지 않는다(사실관계: 피고인은 1980. 7. 10. 10:22경 화물차동차에 조개를 싣고 충남 홍성군 금마면으로 운행 도중에 피해자(17세)가 예산읍 신래원리까지 태워달라고 부탁하여 피해자를 운전석 옆에 태우고 가다가 피해자를 강간할 마음이 생겨 목적지로 데려다 주지 아니하고 하차 요구를 거절한 채 계속 운행하면서 7. 11. 00:50경 강제로 추행을 하고, 01:00경에는 강간을 하려다 뜻을 이루지 못한 채 강간할 의사를 버리지 않고 계속하여 피해자를 강제로 그 차에 태워 공주군 산성동 소재 동진장여관 앞길까지 운행하여 동 여관 방실에서 강간하려 하였으나 피해자가 화장실에 들어가 문을 잠그고 소리를 질러 그 목적을 이루지 못하고 미수에 그쳤다).

4) 同늽 오영근, 106면.

5) 대법원 2003. 1. 10. 선고 2002도4380 판결.

제280조(미수범) 전4조의 미수범은 처벌한다.
제282조(자격정지의 병과) 본장의 죄에는 10년 이하의 자격정지를 병과할 수 있다.

1. 의 의

중체포·감금죄는 사람을 체포 또는 감금하여 가혹한 행위를 가함으로써 성립하는 범죄이다. 본죄는 체포·감금행위와 가혹행위가 결합된 결합범이다.

2. 구성요건

본죄에서 말하는 '가혹한 행위'란 폭행·협박·음란한 행위 등을 통하여 사람에게 육체적 또는 정신적 고통을 가하는 일체의 행위를 말한다. 예를 들면 음식을 제공하지 않는 경우, 잠을 재우지 않는 경우, 고문을 가하는 경우, 추행을 하는 경우 등이 이에 해당한다. 하지만 체포·감금행위 자체가 피해자의 입장에서는 가혹한 행위가 될 여지도 있다. 왜냐하면 자신의 일상생활을 자유롭게 영위할 수 없다는 것 자체가 가혹행위로 평가될 수 있기 때문이다. 그러므로 현실세계에서는 단순체포·감금죄는 성립할 여지가 없고 모두 본죄의 성립만이 문제될 것이다. 또한 체포·감금 후의 폭행이나 협박이 있을 경우에는 경합범으로 처리하면 되고, 체포·감금 후 상해가 있을 경우에는 부진정결과적 가중범인 체포·감금치상죄가 성립하는 것으로 처리하면 된다. 그럼에도 불구하고 본죄의 존재이유는 체포·감금 그 자체에서 파생되는 불이익 이외에 별도의 가혹행위를 통한 피해자의 보호에 있다고 파악해야 한다. 특히 폭행·협박·상해 등과 같은 독립된 구성요건적 행위 이외의 가혹행위가 존재할 경우에 처벌의 실익이 존재한다.

Ⅲ. 특수체포·감금죄

제278조(특수체포, 특수감금) 단체 또는 다중의 위력을 보이거나 위험한 물건을 휴대하여 전2조의 죄를 범한 때에는 그 죄에 정한 형의 2분의 1까지 가중한다.
제280조(미수범) 전4조의 미수범은 처벌한다.
제282조(자격정지의 병과) 본장의 죄에는 10년 이하의 자격정지를 병과할 수 있다.

특수체포·감금죄는 단체 또는 다중의 위력을 보이거나 위험한 물건을 휴대하여 체포·감금죄, 존속체포·감금죄, 중체포·감금죄, 존속중체포·감금죄를 범함으로써 성립하는 범죄이다. 본죄는 행위태양의 특별한 위험성으로 인하여 불법이 가중된 구성요건이다.

Ⅳ. 체포·감금치사상죄

> **제281조(체포·감금등의 치사상)** ① 제276조 내지 제280조의 죄를 범하여 사람을 상해에 이르게 한 때에는 1년 이상의 유기징역에 처한다. 사망에 이르게 한 때에는 3년 이상의 유기징역에 처한다.
> ② 자기 또는 배우자의 직계존속에 대하여 제276조 내지 제280조의 죄를 범하여 상해에 이르게 한 때에는 2년 이상의 유기징역에 처한다. 사망에 이르게 한 때에는 무기 또는 5년 이상의 징역에 처한다.
> **제282조(자격정지의 병과)** 본장의 죄에는 10년 이하의 자격정지를 병과할 수 있다.

체포·감금치사상죄는 체포·감금의 죄를 범하여 사람을 상해에 이르게 하거나 사망에 이르게 함으로써 성립하는 범죄이다. 체포·감금치상죄는 상해의 결과에 대한 과실이 있는 경우뿐만 아니라 고의가 있는 때에도 성립하는 부진정결과적 가중범이지만, 체포·감금치사죄는 진정결과적 가중범이다. 체포·감금죄를 범하고 고의로 상해를 범한 자는 원칙적으로 체포·감금죄(5년 이하의 징역)와 상해죄(7년 이하의 징역)의 경합범이 되므로 10년 6개월 이하의 징역으로 처벌된다. 하지만 체포·감금죄를 범하고 과실로 상해를 범한 자는 체포·감금치상죄가 성립하여 1년 이상의 유기징역에 처하게 된다. 그 결과 과실로 인한 상해행위보다 고의로 인한 상해행위가 더 경하게 처벌되는 불균형이 생긴다. 따라서 체포·감금치상죄는 부진정결과적 가중범으로 해석하는 것이 합리적이다. 이는 입법상의 불비를 해석으로 해결하는 것이다.

판례에 의하면, ① 승용차로 피해자를 가로막아 승차하게 한 후 피해자의 하차 요구를 무시한 채 목적지가 아닌 다른 장소를 향하여 시속 약 70km의 속도로 진행하여 피해자를 차량에서 내리지 못하게 한 행위는 감금죄에 해당하고, 피해자가 그와 같은 감금상태를 벗어날 목적으로 차량을 빠져 나오려다가 길바닥에 떨어져 상해를 입고 그 결과 사망에 이른 경우[1], ② 피해자를 강제로 승용차에 태운 뒤 운전하여 가자 겁에 질린 피해자가 차에서 뛰어 내리다가 상해를 입은 경우[2], ③ 피고인이 피해자(당시 19세)와 동거하고 있던 아파트에서 피해자가 술집에 다시 나가 일을 하겠다고 한다는 이유로 아파트 안방에서 피해자를 데리고 들어가 거실로 통하는 안방 문에 못질을 하여 밖으로 나갈 수 없게 감금한 후, 피해자가 술집에 나가기 위하여 준비해 놓은 화장품 및 화장품 휴대용가방 등을 창문 밖으로 던져 버리고, 피해자를 때리고 옷을 벗긴 다음 가위로 모발을 자르는 등 가혹한 행위를 하여 피해자가 이를 피하기 위하여 창문을 통해 밖으로 뛰어 내리려 하자 피고인이 2회에 걸쳐 이를 제지하였고, 피해자가 죽는다고 소리치며 울다가 피고인이 밖에서 걸려온 인터폰을 받으려고 방문에 뚫은 구멍을 통하여 거실로 나오는 사이에 갑자기 안방 창문을 통하여 알몸으로 아파트 아래 잔디밭에 뛰어 내리다가 다발성실질장기파열상 등을 입고 사망한 경우[3] 등에 있어서는 본죄가 성립한다.

---

1) 대법원 2000. 2. 11. 선고 99도5286 판결.
2) 대법원 2000. 5. 26. 선고 2000도440 판결.
3) 대법원 1991. 10. 25. 선고 91도2085 판결.

제 2 절 협박의 죄

Ⅰ. 협박죄

> 제283조(협박, 존속협박) ① 사람을 협박한 자는 3년 이하의 징역, 500만원 이하의 벌금, 구류 또는 과료에 처한다.
> ② 자기 또는 배우자의 직계존속에 대하여 제1항의 죄를 범한 때에는 5년 이하의 징역 또는 700만원 이하의 벌금에 처한다.
> ③ 제1항 및 제2항의 죄는 피해자의 명시한 의사에 반하여 공소를 제기할 수 없다.
> 제285조(상습범) 상습으로 제283조 제1항, 제2항 또는 전조의 죄를 범한 때에는 그 죄에 정한 형의 2분의 1까지 가중한다.
> 제286조(미수범) 전3조의 미수범은 처벌한다.

1. 의의 및 보호법익

(1) 의 의

협박죄는 사람을 협박함으로써 성립하는 범죄이다. 본죄는 사람을 협박하여 개인의 의사활동의 전제가 되는 의사결정의 자유를 침해하는 것을 내용으로 한다. 법적 성격은 비신분범·즉시범·반의사불벌죄에 해당한다. 본죄의 미수범 처벌규정과 관련하여[1], ① 협박죄는 의사결정의 자유를 보호법익으로 하고 있는데, 이러한 법익에 대한 침해와 위태화 사이에 미수와 기수의 불법의 차이를 인정하는 것이 타당하지 않다는 점, 공포심을 야기하였는지 여부에 의하여 기수와 미수를 구별하는 것은 법적 안정성의 관점에서 부당하다는 점, 협박죄는 반의사불벌죄에 해당하는 경미한 범죄인데 미수범 처벌규정을 두는 것은 어색하다는 점, 반의사불벌죄에 해당하는 폭행죄의 경우에는 미수범 처벌규정이 없다는 점, 협박죄의 처벌범위가 확대된다는 점 등을 논거로 하여, 미수범 처벌규정을 삭제하자는 견해, ② 협박죄의 미수범 처벌규정을 삭제하면 오히려 위험범으로 해석되어 미수에 불과한 행위가 협박죄의 기수로 처벌된다는 점을 논거로 하여 미수범 처벌규정을 존치하자는 견해[2] 등의 대립이 있다.

생각건대 협박죄를 위험범으로 파악하는 입장에 의할 때, 상대방에 대하여 공포심을 야기하였는지 여부에 의하여 기수와 미수를 구별하는 것이 아니기 때문에 법적 안정성의 관점에서 부당하다는 비판은 타당하지 않다. 또한 ① 해악의 고지가 현실적으로 상대방에게 도달하지 아니한 경우, ② 도달은 하였으나 전혀 지각하지 못한 경우, ③ 고지된 해악의 의미를 상대방이 인식하지 못한 경우 등에서 미수범을 인정할 실익이 존재하므로 미수범 처벌규정은 존치하는 것이 타당하다.

---

1) 일본 형법 제222조, 독일 형법 제241조, 오스트리아 형법 제107조, 스위스 형법 제180조 등에서는 협박죄에 대한 미수범 처벌규정이 없다.
2) 형법개정연구회, 형사법개정연구(Ⅳ): 형법각칙 개정안, 한국형사정책연구원, 2009. 12, 78면.

(2) 보호법익

본죄의 보호법익은 개인의 의사결정의 자유이다. 보호의 정도와 관련하여, ① 위험범설에 따르면 기수범으로 처벌되는 범위가 너무 넓어질 우려가 있으므로 상대방의 의사결정의 자유가 현실적으로 침해된 경우에 한하여 기수를 인정해야 한다는 점, 현행 형법은 협박죄의 미수범을 처벌하는 규정을 두고 있는바, 그 입법 취지는 협박죄를 침해범으로 보고, 해악의 고지가 상대방에게 도달하여 상대방이 그 의미를 인식하였으나 현실적으로 공포심을 일으키지는 아니한 경우에는 이를 미수범으로 처벌하도록 함으로써 피해자의 피해 정도 등을 고려한 적정한 양형을 도출하고자 하는 의도라는 점, 상대방에게 공포심을 일으키지 못한 경우는 실행미수의 전형적인 모습이라는 점, 협박죄가 기수에 이르렀는지 여부를 판단함에 있어서는 보호법익인 상대방의 의사결정의 자유가 현실적으로 침해되었는지 여부를 고려할 필요가 있다는 점, 현실적으로 사람이 공포심을 일으켰는지 여부나 그 정도는 사람마다 다를 수 있다고 하더라도, 그러한 사정만으로 현실적으로 사람이 공포심을 일으켰는지 여부나 그 정도를 판단할 수 없다거나 이를 판단할 만한 객관적인 척도나 기준이 존재하지 않는다고 단정할 것은 아니라는 점, 기수에 이르렀는지 의문이 있다면 미수범으로 처벌하면 되지 그와 같은 의문을 해결하기 어렵다고 하여 모든 경우에 기수범으로 처벌하는 것은 형사법의 일반원칙과 부합되지 아니하며 형벌과잉의 우려를 낳을 수 있다는 점 등을 논거로 하는 침해범설[1], ② 협박은 보호법익인 의사결정의 자유를 침해할 정도를 요하지 아니하고 침해할 위험이 있는 정도를 요한다고 해석해야 한다는 점, 미수범 처벌조항이 있다고 하여 반드시 침해범으로 해석할 것은 아니라는 점 등을 논거로 하는 위험범설[2] 등의 대립이 있다.

이에 대하여 판례는 「협박죄가 성립되려면 고지된 해악의 내용이 행위자와 상대방의 성향, 고지 당시의 주변 상황, 행위자와 상대방 사이의 친숙의 정도 및 지위 등의 상호관계, 제3자에 의한 해악을 고지한 경우에는 그에 포함되거나 암시된 제3자와 행위자 사이의 관계 등 행위 전후의 여러 사정을 종합하여 볼 때에 일반적으로 사람으로 하여금 공포심을 일으키게 하기에 충분한 것이어야 할 것이지만, 상대방이 그에 의하여 현실적으로 공포심을 일으킬 것까지 요구되는 것은 아니며, 그와 같은 정도의 해악을 고지함으로써 상대방이 그 의미를 인식한 이상, 상대방이 현실적으로 공포심을 일으켰는지 여부와 관계없이 그로써 구성요건은 충족되어 협박죄의

---

1) 김신규, 130면; 김일수/서보학, 97면; 배종대, 128면; 손동권/김재윤, 112면; 이상돈, 795면(다만 특수협박죄와 상습협박죄는 추상적 위험범에 해당한다); 이영란, 133면; 이재상/장영민/강동범, 116면; 이형국/김혜경, 145면; 임웅, 154면; 정성근/정준섭, 69면. 이에 따라 일반적으로 보아 사람으로 하여금 공포심을 일으킬 수 있는 정도의 해악의 고지가 상대방에게 도달하여 상대방이 그 의미를 인식하고 나아가 현실적으로 공포심을 일으켰을 때에 비로소 기수가 되며, 해악의 고지가 상대방에게 도달하지 않은 때 또는 도달한 후라도 상대방이 공포심을 일으키지 않은 때에는 미수가 된다고 한다.

2) 김선복, 117면; 김성돈, 146면; 김성천/김형준, 144면; 김혜정 외 4인, 114면; 박상기, 477면; 신동운, 630면; 이정원/류석준, 87면; 정영일, 54면. 이에 따라 일반적으로 사람으로 하여금 공포심을 일으키게 하기에 충분한 해악의 고지를 함으로써 상대방이 그 의미를 인식한 이상, 상대방이 현실적으로 공포심을 일으켰는지 여부와 관계없이 기수를 인정한다.

기수에 이르는 것으로 해석하여야 할 것이다. ⋯ 상대방이 현실적으로 공포심을 일으켰는지 여부에 따라 기수 여부가 결정되는 것으로 해석하는 것은 적절하지 아니하기 때문이다. 결국 협박죄는 사람의 의사결정의 자유를 보호법익으로 하는 위험범이라고 봄이 상당하고, 미수범 처벌조항은 해악의 고지가 현실적으로 상대방에게 도달하지 아니한 경우, 도달은 하였으나 전혀 지각하지 못한 경우, 고지된 해악의 의미를 상대방이 인식하지 못한 경우 등에 적용될 뿐이다.」 라고 판시[1]하여, 위험범설의 입장을 취하고 있다.

생각건대 위험범설이 타당하다. 왜냐하면 현실적으로 공포심이 유발되었는지 여부를 판단하는 것은 매우 주관적이고 복합적이기 때문에 이를 객관적으로 심리·판단하는 것은 현실적으로 불가능에 가깝고, 공포심을 일으켰는지 여부의 의미나 판단 기준이 사람마다 다르며 그 정도를 측정할 객관적 척도도 존재하지 않기 때문이다.

2. 구성요건

(1) 객 체

본죄의 객체는 해악의 고지에 의하여 공포심을 일으킬 만한 정신능력이 있는 사람이다. 왜냐하면 보호법익이 침해되거나 위태화되는 경우가 발생해야 하기 때문이다. 그러므로 영아[2]·명정자·수면 중에 있는 자·중증의 정신질환자 등은 본죄의 객체가 되지 아니한다. 법인은 본죄의 객체가 될 수 없다.[3] 사람이라고 하더라도 특정인의 경우에는 외국원수협박죄(제107조 제1항), 외국사절협박죄(제108조 제1항), 특수공무원협박죄(제125조), 공무집행방해죄(제136조) 등을 별도로 두고 있다.

---

1) 대법원 2007. 9. 28. 선고 2007도606 전원합의체 판결(피해자 공소외 1이 대학설립 추진을 빙자하여 대학부지 내 택지 및 상가지역 분양 명목으로 공소외 2로부터 받은 돈을 변제하지 못하여 독촉을 받고 있는 상황에서, 경찰서 정보보안과 소속 경찰공무원인 피고인이 2003. 5. 30. 12:30경 피해자에게 전화를 걸어 '나는 경찰서 정보과에 근무하는 형사다. 공소외 2가 집안 동생인데 돈을 언제까지 해 줄 것이냐. 빨리 안 해주면 상부에 보고하여 문제를 삼겠다.'라고 말함으로써 해악을 고지하였다. 당시 상황에서 피고인이 정보과 소속 경찰관의 지위에 있음을 내세우면서 빨리 변제하지 않으면 상부에 보고하여 문제를 삼겠다고 이야기한 것은, 객관적으로 보아 사람으로 하여금 공포심을 일으키게 하기에 충분한 정도의 해악의 고지에 해당한다고 볼 것이므로, 피해자가 그 취지를 인식하였음이 명백한 이상 현실적으로 피해자가 공포심을 일으켰는지 여부와 무관하게 협박죄의 기수에 이르렀다고 보아야 할 것이다); 同旨 대법원 2009. 9. 24. 선고 2009도5889 판결; 대법원 2008. 12. 11. 선고 2008도8922 판결(피고인(공군중사)이 피해자(상관)의 비위 등을 기록한 내용을 피해자에게 제시하면서 피해자가 피고인에게 폭언한 사실을 인정하지 아니하면 그 내용을 상부기관에 제출하겠다고 한 행위는 객관적으로 보아 사람으로 하여금 공포심을 일으키게 하기에 충분한 정도의 해악의 고지에 해당한다고 할 것이므로, 피해자가 그 취지를 인식하였음이 명백한 이상 설령 피해자가 현실적으로 공포심을 느끼지 못하였다고 하더라도 그와는 무관하게 상관협박죄(군형법 제48조)의 기수에 이르렀다고 보아야 한다).

2) 반면에 영아가 젖을 더 이상 먹지 않게 하기 위해서 젖꼭지에 쓴 약을 발라두면 젖을 물었다가 쓴 맛을 보고는 엄마의 젖꼭지는 쓰다는 것을 기억하면서 젖을 그만 빨게 되는데, 이러한 것도 협박이 되므로 협박의 행위객체에서 제외시켜야 할 사람은 존재하지 않는다는 견해로는 김성천/김형준, 145면.

3) 대법원 2010. 7. 15. 선고 2010도1017 판결.

(2) 행 위
1) 형법상 협박의 개념

기존의 다수설은 협박의 개념과 관련하여, 개별 구성요건의 보호법익에 따라 일반적으로 다음과 같이 구별하고 있다. ① '광의의 협박'이란 상대방에게 공포심을 일으킬 목적으로 해악을 고지하는 일체의 행위를 말한다. 객관적으로 상대방으로 하여금 공포심을 느끼게 하기에 족하면 되고, 상대방으로 하여금 현실적으로 공포심을 일으키게 할 정도일 필요는 없다. 다만 고지하는 해악의 내용이 경미하여 상대방이 전혀 개의치 않을 정도인 경우에는 협박에 해당하지 아니한다. 예를 들면 소요죄(제115조), 다중불해산죄(제116조), 공무집행방해죄(제136조)[1], 특수도주죄(제146조), 공직선거법 제244조에서 규정하고 있는 선거사무관리 관계자에 대한 협박죄[2] 등에서의 협박이 이에 해당한다. ② '협의의 협박'이란 상대방에게 현실적으로 공포심을 일으킬 수 있을 정도의 해악의 고지를 말한다. 광의의 협박과 달리 상대방으로 하여금 현실적으로 공포심을 일으키게 할 정도여야 한다. 상대방이 현실적으로 공포심을 가졌는지의 여부는 본죄의 기수·미수의 문제가 된다. 하지만 그로 인해 상대방의 반항을 억압할 정도일 것을 요하지는 아니한다. 예를 들면 협박죄(제283조), 강요죄(제324조), 공갈죄(제350조) 등에서의 협박이 이에 해당한다. ③ '최협의의 협박'이란 상대방의 반항을 불가능하게 하거나 현저히 곤란하게 할 정도의 해악의 고지를 말한다. 예를 들면 강간죄(제297조), 유사강간죄(제297조의2), 강도죄(제333조), 준강도죄(제355조) 등에서의 협박이 이에 해당한다.

생각건대 협박을 구분하는 기준이 상이하기 때문에 다수설과 같이 3단계로 협박의 개념을 구별하는 것은 별다른 실익이 없다. 만약 협박죄의 보호정도에 대한 대법원의 태도에 의하면 협박죄에서의 협박은 현재 다수설이 말하는 협의의 협박이 아니라 광의의 협박으로 분류될 것이다. 왜냐하면 광의의 협박에서 말하는 협박은 해악고지의 결과 상대방이 공포심을 느꼈는지의 여부가 문제되지 않기 때문이다. 그러므로 폭행죄에서 말하는 폭행의 단계적인 구별과 마찬가지로 협박의 단계적 구별을 하기보다는 개별적인 범죄의 보호법익에 부합하는 협박의 내용을 구성하는 것이 보다 타당하다.

2) 협박죄에서의 협박
① 협박의 개념

본죄에서의 '협박'이란 일반적으로 보아 사람으로 하여금 공포심을 일으킬 수 있는 정도의 해악을 고지하는 것을 말한다. '폭행'이란 유형력의 행사를 의미하는 반면에, '협박'이란 무형력

---

1) 대법원 1976. 3. 9. 선고 75도3779 판결(경찰관이 피고인에게 임의동행을 요구하자 피고인이 자기집 안방으로 피하여 문을 잠구었다면 이는 임의동행 요구를 거절하였다고 볼 것이고 피요구자의 승낙을 조건으로 하는 임의동행하려는 직무행위는 끝났다고 할 것이니 그 다음 경찰관들이 임의동행 외에 어떤 직무집행 행위를 하였거나 하려하였는지를 '수사업무를 방해하였다'는 판시에서는 알 길이 없으며, 피고인이 문을 잠근 방안에서 면도칼로 앞가슴 등을 그어 피를 보이면서 자신이 죽어버리겠다고 불온한 언사를 농하였다고 하여도 이는 자해자학행위는 될지언정 위 경찰관들에 대한 유형력의 행사나 해악의 고지 표시가 되는 폭행 또는 협박으로는 볼 수 없다).
2) 대법원 2005. 3. 25. 선고 2004도8984 판결.

의 행사를 의미한다고 볼 수 있다. 본죄가 성립하기 위해서는 적어도 발생 가능한 것으로 생각
될 수 있는 정도의 구체적인 해악의 고지가 있어야 한다.[1] 또한 해악의 고지가 있다고 하더라
도 그것이 사회의 관습이나 윤리관념 등에 비추어 볼 때에 사회통념상 용인할 수 있을 정도의
것이라면 본죄가 성립하지 아니한다.[2]

② 협박의 내용

고지되는 해악에는 인위적인 것뿐만 아니라 천재지변 또는 신력이나 길흉화복에 관한 것
도 포함될 수 있다. 다만 천재지변 또는 신력이나 길흉화복을 해악으로 고지하는 경우에는 상
대방으로 하여금 행위자 자신이 그 천재지변 또는 신력이나 길흉화복을 사실상 지배하거나 그
에 영향을 미칠 수 있는 것으로 믿게 하는 명시적 또는 묵시적 행위가 있어야 한다.[3]

한편 단순한 감정적인 욕설이나 폭언에 불과한 것은 피해자에게 해악을 가할 것을 고지한
행위라고 볼 수 없어 협박에 해당하지 않지만[4], 피고인이 피해자와 횟집에서 술을 마시던 중
피해자가 모래 채취에 관하여 항의하는 데에 화가 나서, 횟집 주방에 있던 회칼 2자루를 들고
나와 죽어버리겠다며 자해하려고 한 것은 단순한 자해행위 시늉에 불과한 것이 아니라 피고인
의 요구에 응하지 않으면 피해자에게 어떠한 해악을 가할 듯한 위세를 보인 행위로서 협박에
해당한다고 볼 수 있다.[5]

---

1) 청주지방법원 2016. 5. 19. 선고 2016노69 판결(그냥넘어가지않겠다사건)(피고인이 자신과 甲 사이의 폭행 사건
   재판의 증인으로 출석하여 대기하고 있던 乙에게 '막말로 표현하면, 법정에 출석 시 그냥 넘어갈 수는 없다.', '증
   인 출석을 하면 나는 그냥 넘어가지는 않겠다.'라고 말하여 협박하였다는 내용으로 기소된 사안에서, 피고인의
   직장동료 甲이 피고인을 폭행하여 상해를 입게 하고 협박하였다는 범죄사실로 기소된 형사 사건에서 피고인과
   乙이 증인으로 출석하게 되었고, 피고인은 법정 앞 로비에서 대화 내용을 녹음하면서 乙 및 직장동료 丙, 丁과
   대화를 나누던 중 乙에게 위와 같은 말을 하였는데, 피고인이 乙에게 증언을 하지 못하도록 적극적으로 종용하였
   다기보다는 오히려 자신의 억울함을 토로하는 상황이었고, 대화를 나누면서 고성·욕설이 있었거나 분위기가 험
   악하였던 것도 아니며, 乙이나 丙, 丁은 피고인의 말에 별다른 반응을 보이지 않은 점 등을 종합하면, 피고인이
   위와 같은 말을 한 것은 단순한 폭언에 불과할 뿐 협박죄가 성립할 수 있는 정도의 구체적인 해악을 고지한 것으
   로 보기 어렵다); 대법원 1985. 7. 5. 선고 85도638 판결(자신있나사건)(전화를 통하여 '한번 만나자. 나한테 자신
   있냐'라고 말한 경우에는 협박이 되지 아니한다); 대법원 1974. 10. 8. 선고 74도1892 판결(이장두고보자사건)(같
   은 동네에 사는 동년배끼리 이장선거에서 낙선하자 상대방에 대한 불만으로 '두고보자'라고 말한 경우에는 협박
   에 해당하지 아니한다). 한편 검찰에서 공소외 회사의 직원들을 증인으로 신청하지도 않았는데도 그 직원들이
   자진하여 나왔으니 공소외 회사에 대하여 다시 광고중단 압박을 하겠다는 취지로 이야기하면서 피해자에게 '두고
   보자'라고 말한 경우에는 협박에 해당한다(대법원 2013. 6. 14. 선고 2009도12055 판결)(광고주두고보자사건).
2) 대법원 1998. 3. 10. 선고 98도70 판결; 대법원 1995. 9. 29. 선고 94도2187 판결(앞으로수박이없어지면네책임이다사건).
3) 대법원 2002. 2. 8. 선고 2000도3245 판결(조상천도제사건)(조상천도제를 지내지 아니하면 좋지 않은 일이 생긴
   다는 취지의 해악의 고지는 길흉화복이나 천재지변의 예고로서 행위자에 의하여 직접, 간접적으로 좌우될 수 없
   는 것이고 가해자가 현실적으로 특정되어 있지도 않으며 해악의 발생가능성이 합리적으로 예견될 수 있는 것이
   아니므로 협박으로 평가될 수 없다).
4) 대법원 2006. 8. 25. 선고 2006도546 판결(파묻어버리겠다사건)(피고인이 자신의 동거남과 성관계를 가진 바 있
   던 피해자에게 '사람을 사서 쥐도 새도 모르게 파묻어버리겠다. 너까지 것 쉽게 죽일 수 있다.'라고 한 말에 관하
   여 이는 언성을 높이면서 말다툼으로 흥분한 나머지 단순히 감정적인 욕설 내지 일시적 분노의 표시를 한 것에
   불과하고 해악을 고지한다는 인식을 갖고 한 것이라고 보기 어렵다); 대법원 1986. 7. 22. 선고 86도1140 판결(입
   을찢어버릴라사건)(피해자와 언쟁 중 '입을 찢어 버릴라'라고 한 말은 당시의 주위사정 등에 비추어 단순한 감정
   적인 욕설에 불과하고 피해자에게 해악을 가할 것을 고지한 행위라고 볼 수 없어 협박에 해당하지 않는다).
5) 대법원 2011. 1. 27. 선고 2010도14316 판결.

③ 협박의 방법 및 대상

해악을 가할 것을 고지하는 행위는 통상 언어에 의하는 것이나 경우에 따라서는 한마디 말도 없이 거동에 의하여서도 고지할 수도 있는 것이며[1], 고지되는 해악의 내용, 즉 침해하겠다는 법익의 종류나 법익의 향유 주체 등에는 아무런 제한이 없다. 여기서의 '해악'이란 법익을 침해하는 것을 가리키는데, 그 해악이 반드시 피해자 본인이 아니라 그 친족 그 밖의 제3자의 법익을 침해하는 것을 내용으로 하더라도 피해자 본인과 제3자가 밀접한 관계에 있어서 그 해악의 내용이 피해자 본인에게 공포심을 일으킬 만한 것이라면 본죄가 성립할 수 있다.[2] 이때 제3자에는 자연인뿐만 아니라 법인도 포함된다.[3]

또한 행위자가 직접 해악을 가하겠다고 고지하는 것은 물론, 제3자로 하여금 해악을 가하도록 하겠다는 방식으로도 해악의 고지는 얼마든지 가능하지만[4], 이 경우 고지자가 제3자의 행위를 사실상 지배하거나 제3자에게 영향을 미칠 수 있는 지위에 있는 것으로 믿게 하는 명시적·묵시적 언동을 하였거나 제3자의 행위가 고지자의 의사에 의하여 좌우될 수 있는 것으로 상대방이 인식한 경우에 한하여 비로소 고지자가 직접 해악을 가하겠다고 고지한 것과 마찬가지의 행위로 평가할 수 있다. 만약 고지자가 이와 같은 명시적·묵시적 언동을 하거나 상대방이 위와 같이 인식을 한 적이 없다면 비록 상대방이 현실적으로 외포심을 느꼈다고 하더라도 이러한 고지자의 행위가 본죄를 구성한다고 볼 수는 없다.[5]

---

1) 대법원 1975. 10. 7. 선고 74도2727 판결(목겨눈사건)(피고인은 피고인의 집 앞에서 피해자와 사소한 문제로 시비하다가 동인이 자기 집으로 돌아가자 동인을 따라서 그 집 마당까지 가서 그곳에서 소지 중이던 위험한 물건인 가위를 동인의 목에 겨누면서 찌를 것처럼 하여 동인을 협박하였다).

2) 대법원 2012. 8. 17. 선고 2011도10451 판결(경기도당폭파하겠다사건)(피고인은 혼자서 술을 마시던 중 공소외 정당이 국회에서 예산안을 강행처리하였다는 것에 화가 나서 공중전화를 이용하여 수원중부경찰서 지령실에 여러 차례에 걸쳐 전화를 한 사실, 그리하여 피고인은 전화를 할 때마다 위 지령실에서 근무하면서 그 전화를 받은 각 경찰관에게 위 경찰서의 관할구역 내에 있는 공소외 정당 경기도당 당사를 폭파하겠다는 말을 한 사실을 알 수 있다. 그렇다면 피고인은 공소외 정당에 관한 해악을 고지한 것으로서 이 사건 공소사실에서 피해자로 일컫고 있는 각 경찰관 개인에 관한 해악을 고지하였다고 할 수 없다. 그리고 이들 경찰관은 수원중부경찰서 지령실에서 근무하던 공무원으로서, 그들이 공공의 안녕과 질서유지의 임무를 수행하고 있어서 피고인의 행위가 직무상 그에 따른 경비조치 등을 불필요하게 취하도록 하는 결과를 초래한다고 하더라도, 그것이 사안에 따라 공무집행방해 등의 죄책에 해당하는 경우가 있을 수 있음은 별론으로 하고, 다른 특별한 사정이 없는 한 일반적으로 공소외 정당에 대한 해악의 고지가 그들 개인에게 공포심을 일으킬 만큼 그와 밀접한 관계에 있다고 보기는 어렵다).

3) 대법원 2010. 7. 15. 선고 2010도1017 판결.

4) 대법원 2007. 6. 1. 선고 2006도1125 판결(장모협박사건)(피고인이 피해자의 장모가 있는 자리에서 서류를 보이면서 '피고인의 요구를 들어주지 않으면 서류를 세무서로 보내 세무조사를 받게 하여 피해자를 망하게 하겠다'라고 말하여 피해자의 장모로 하여금 피해자에게 위와 같은 사실을 전하게 하고, 그 다음날 피해자의 처에게 전화를 하여 '며칠 있으면 국세청에서 조사가 나올 것이니 그렇게 아시오'라고 말한 경우, 위 각 행위는 협박죄에 있어서 해악의 고지에 해당한다).

5) 대법원 2006. 12. 8. 선고 2006도6155 판결(대전역폭파문자사건)(피고인의 휴대전화로 112신고센터에 전화를 하여 신고접수를 받은 경찰관에게 '휴대폰으로 대전역을 폭파시키겠다는 문자를 받았는데 발신자 전화번호는 … 이다. 알아봐 달라.'고 말한 경우는 해악의 발생이 피고인의 의사에 의해 좌우될 수 있다는 취지가 아니므로 협박으로 볼 수 없다).

(3) 주관적 구성요건

본죄가 성립하기 위해서는 일반적으로 보아 사람으로 하여금 공포심을 일으킬 수 있는 정도의 해악을 고지한다는 것에 대한 인식 및 의사가 있어야 한다. 고지한 해악을 실제로 실현할 의도나 욕구는 필요로 하지 아니하다.[1] 다만 행위자의 언동이 단순한 감정적인 욕설 내지 일시적 분노의 표시에 불과하여 주위사정에 비추어 가해의 의사가 없음이 객관적으로 명백한 때에는 본죄의 고의를 인정할 수 없다.[2]

3. 위법성조각사유

권리행사나 직무집행의 일환으로 상대방에게 일정한 해악을 고지한 경우, 그 해악의 고지가 정당한 권리행사나 직무집행으로서 사회상규에 반하지 아니하는 때에는 본죄가 성립하지 아니한다.[3] 하지만 외관상 권리행사나 직무집행으로 보이더라도 실질적으로 권리나 직무권한의 남용이 되어 사회상규에 반하는 때에는 본죄가 성립한다고 보아야 할 것인데, 구체적으로는 그 해악의 고지가 정당한 목적을 위한 상당한 수단이라고 볼 수 있으면 위법성이 조각되지만[4], 위와 같은 관련성이 인정되지 아니하는 경우에는 그 위법성이 조각되지 아니한다.[5]

---

1) 대법원 1991. 5. 10. 선고 90도2102 판결(고무놀사건)(피고인이 피해자의 집으로 가서 술을 마시다가 갑자기 그 집안에 있는 구두수선작업장으로 들어가 온 몸에 연소성이 높은 고무놀을 바르고 라이타 불을 켜는 동작을 하면서 이를 말리려는 피해자 등에게 가위, 송곳을 휘두르면서 '방에 불을 지르겠다', '가족 전부를 죽여 버리겠다'고 소리친 사실이 인정되는 점과 피해자 1이 '피고인의 행위를 약 1시간 가량 말렸는데 도저히 두고 볼 수 없어 동생(피고인)이 무섭고 두려워서 신고를 한 것입니다'라고 진술하고 있는 점 등에 비추어 피고인의 위와 같은 행위는 피해자 1 등에게 공포심을 일으키기에 충분할 정도의 해악을 고지한 것으로 보여 지고, 나아가 피고인에게 실제로 위 피해자 1 등의 신체에 위해를 가할 의사나 불을 놓을 의사가 없었다고 할지라도 위와 같은 해악을 고지한다는 점에 대한 인식, 인용은 있었다고 봄이 상당하다).

2) 대법원 1972. 8. 29. 선고 72도1565 판결(목을자른다사건)(지서에 연행된 피고인이 경찰관으로부터 반공법위반 혐의사실을 추궁당하고 뺨까지 얻어맞게 되자 술김에 흥분하여 항의조로 '내가 너희들의 목을 자른다. 내 동생을 시켜서라도 자른다.'라고 말하였다고 하여 당시 피고인에게 협박죄를 구성할 만한 해악을 고지할 의사가 있었다고 볼 수 없다).

3) 김선복, 122면; 김신규, 135면; 김일수/서보학, 101면; 손동권/김재윤, 117면; 신동운, 634면; 이재상/장영민/강동범, 120면; 이형국/김혜경, 152면; 임 웅, 161면; 정성근/정준섭, 72면; 정영일, 57면.

4) 대법원 1980. 11. 25. 선고 79도2565 판결; 대법원 1971. 11. 9. 선고 71도1629 판결.

5) 대법원 2007. 9. 28. 선고 2007도606 전원합의체 판결(피해자로부터 돈을 돌려받지 못해 걱정하고 있는 공소외 2를 친구의 부탁으로 상담차 만난 피고인은 공소외 2로부터 그가 처한 상황에 관한 설명을 듣고 그 자리에서 피해자에게 전화를 걸어 자신이 정보과 형사라고 신분을 밝힌 다음 공소외 2가 집안 동생이라고 거짓말을 하면서 공소외 2의 돈을 빨리 안 해 주면 상부에 보고하여 문제를 삼겠다고 말한 사실, 당시 피고인은 피해자와 공소외 2 사이의 금전거래로 인한 사건을 정식으로 수사하거나 내사하는 상황이 아니었을 뿐만 아니라 범죄 혐의에 대한 뚜렷한 의심도 갖기 이전이었던 사실을 알 수 있다. 이에 의하면, 우선 피고인이 피해자에게 고지한 해악의 내용은 피고인이 경우에 따라 소속기관에 보고하여 문제삼을 수도 있다는 취지여서 외관상으로는 직무집행의 의사가 있음을 피력한 것에 지나지 아니하며, 그 목적 역시 피해자의 공소외 2에 대한 채무의 조속한 변제 혹은 피해 변상에 있었던 것으로 보여 그 자체로 위법하다거나 부당한 것이라고는 볼 수 없다 하더라도, 경찰공무원복무규정 제10조(민사분쟁에의 부당개입금지)에서 '경찰공무원은 직위 또는 직권을 이용하여 부당하게 타인의 민사분쟁에 개입하여서는 아니된다.'고 규정하고 있는 점과 피해자의 범죄혐의가 드러나기 이전이라는 당시의 상황에 비추어 보면, 피해자의 공소외 2에 대한 채무의 변제나 피해 변상 여부에 따라 직무집행 여부를 결정할 의사를 갖고 있다는 취지의 해악의 고지는, 정당한 직무집행의 일환으로 평가할 수 없을 뿐만 아니라, 그 목적 달성을 위한 상당한 수단으로 인정할 수도 없다).

판례에 의하면, ① 피해자가 공소외인을 대리하여 동인 소유의 삼광여관을 피고인에게 매도하고 피고인으로부터 계약금과 잔대금 일부를 수령하였는데 그 후 공소외인이 많은 부채로 도피해 버리고 동인의 채권자들이 채무변제를 요구하면서 여관을 점거하여 피고인에게 여관을 명도하기가 어렵게 되자 피고인은 피해자에게 삼광여관을 당장 명도해 주던가 명도소송비용을 내놓지 않으면 내가 당신에게 속은 것이니 '고소하여 당장 구속시키겠다'라고 말한 경우[1], ② 신문기자인 피고인이 고소인에게 2회에 걸쳐 증여세 포탈에 대한 취재를 요구하면서 이에 응하지 않으면 자신이 취재한 내용대로 보도하겠다고 말한 경우[2], ③ 간통사건에서 피해자에게 '너희들이 잘못해 놓고 왜 사과하지 않느냐, 가정파탄죄로 고소하겠다.'하고 피해자의 아버지에게 '읽어봐라. 딸이 가정파괴범이다, 시집을 보내려고 하느냐 안 보내려고 하느냐.'라고 말한 경우[3] 등에 있어서는 위법성이 조각된다.

하지만 ① 스스로의 감정을 이기지 못하고 야구방망이로 때릴 듯이 피해자에게 '죽여 버린다.'고 말한 경우[4], ② 甲 주식회사가 특정 신문들에 광고를 편중했다는 이유로 기자회견을 열어 甲 회사에 대하여 불매운동을 하겠다고 하면서 특정 신문들에 대한 광고를 중단할 것과 다른 신문들에 대해서도 동등하게 광고를 집행할 것을 요구하고 甲 회사 인터넷 홈페이지에 그와 같은 내용의 팝업창을 띄우게 한 경우[5], ③ 사채업자인 피고인이 채무자 甲에게, 채무를 변제하지 않으면 甲이 숨기고 싶어하는 과거 행적과 사채를 쓴 사실 등을 남편과 시댁에 알리겠다는 등의 문자메시지를 발송한 경우[6] 등에 있어서는 위법성이 조각되지 아니다.

4. 죄수 및 다른 범죄와의 관계

피고인이 슈퍼마켓사무실에서 식칼을 들고 피해자를 협박한 행위와 식칼을 들고 매장을 돌아다니며 손님을 내쫓고 영업을 방해한 행위는 별개의 행위이고[7], 피고인의 협박사실행위가 피고인에게 인정된 상해사실과 같은 시간 같은 장소에서 동일한 피해자에게 가해진 경우에는 특별한 사정이 없는 한 상해의 단일범의 하에서 이루어진 하나의 폭언에 불과하여 상해죄에 포함된다.[8] 하지만 피고인이 피해자에 대하여 흉기로 찔러 죽인다고 해악을 고지하여 협박한 후 다시 주먹과 발로 수회 구타하여 상해를 입한 경우에는 다른 법익을 침해한 것이므로 비록 같은 무렵에 같은 장소에서 저질러진 것이라고 하더라도 두 행위는 실체적 경합관계에 있다.[9] 반면에 폭행의 단일범의 하에서 이루어진 하나의 협박의 경우에는 폭행죄(2년 이하의 징역)와 협박죄(3년 이하의 징역)의 상상적 경합범이 성립된다.

한편 정보통신망법 제74조 제1항 제3호, 제44조의7 제1항 제3호는 '정보통신망을 통하여

---

1) 대법원 1984. 6. 26. 선고 84도648 판결(구속시키겠다사건).
2) 대법원 2011. 7. 14. 선고 2011도639 판결.
3) 대법원 1998. 3. 10. 선고 98도70 판결.
4) 대법원 2002. 2. 8. 선고 2001도6468 판결.
5) 대법원 2013. 4. 11. 선고 2010도13774 판결.
6) 대법원 2011. 5. 26. 선고 2011도2412 판결.
7) 대법원 1991. 1. 29. 선고 90도2445 판결.
8) 대법원 1976. 12. 14. 선고 76도3375 판결.
9) 대법원 1982. 6. 8. 선고 82도486 판결.

공포심이나 불안감을 유발하는 문언을 반복적으로 상대방에게 도달하게 한 자'를 처벌하고 있는데[1], 이는 정보통신망을 이용하여 상대방의 불안감 등을 조성하는 일정 행위의 반복을 필수적인 요건으로 삼고 있을 뿐만 아니라, 정보통신망을 이용한 일련의 불안감 조성행위가 이에 해당한다고 하기 위해서는 각 행위 상호간에 일시·장소의 근접, 방법의 유사성, 기회의 동일, 범의의 계속 등 밀접한 관계가 있어 그 전체를 일련의 반복적인 행위로 평가할 수 있는 경우이어야 이에 해당하고, 그와 같이 평가될 수 없는 일회성 내지 비연속적인 단발성 행위가 수차 이루어진 것에 불과한 경우에는 그 문언의 구체적 내용 및 정도에 따라 협박죄나「경범죄 처벌법」상 불안감 조성행위 등 별개의 범죄로 처벌함은 별론으로 하더라도 위 법 위반죄로 처벌할 수는 없다.[2]

Ⅱ. 특수협박죄

> **제284조(특수협박)** 단체 또는 다중의 위력을 보이거나 위험한 물건을 휴대하여 전조 제1항, 제2항의 죄를 범한 때에는 7년 이하의 징역 또는 1천만원 이하의 벌금에 처한다.
> **제285조(상습범)** 상습으로 제283조 제1항, 제2항 또는 전조의 죄를 범한 때에는 그 죄에 정한 형의 2분의 1까지 가중한다.
> **제286조(미수범)** 전3조의 미수범은 처벌한다.

특수협박죄는 단체 또는 다중의 위력을 보이거나 위험한 물건을 휴대하여 단순협박죄 또는 존속협박죄를 범함으로써 성립하는 범죄이다. 집단의 위력이나 위험한 물건을 휴대하여 협

---

[1] 대법원 2018. 11. 15. 선고 2018도14610 판결('도달하게 한다'는 것은 '상대방이 공포심이나 불안감을 유발하는 문언 등을 직접 접하는 경우뿐만 아니라 상대방이 객관적으로 이를 인식할 수 있는 상태에 두는 것'을 의미한다. 따라서 피고인이 상대방의 휴대전화로 공포심이나 불안감을 유발하는 문자메시지를 전송함으로써 상대방이 별다른 제한 없이 문자메시지를 바로 접할 수 있는 상태에 이르렀다면, (비록 피해자의 수신차단으로 문자메시지들이 피해자 휴대전화의 스팸 보관함에 저장되어 있었다고 하더라도) 그러한 행위는 공포심이나 불안감을 유발하는 문언을 상대방에게 도달하게 한다는 구성요건을 충족한다고 보아야 하고, 상대방이 실제로 문자메시지를 확인하였는지 여부와는 상관없다).

[2] 대법원 2009. 4. 23. 선고 2008도11595 판결(하루 간격으로 피해자에게 단 두 번 문자메시지를 보낸 것만으로는 일련의 반복적인 행위라고 단정하기 쉽지 아니할 뿐만 아니라, 각 문자메시지의 발송 경위와 관련하여 문자메시지 발송('너 어디야 기다리고 있다. 칼로 쑤셔줄 테니까 빨리 와. 내 자식들한테 뭐라구? 내 목숨같은 딸들이다. 당신 그 날 나 안 만난 것 잘했어. 진짜 칼 가지고 있었어. 내 자식들 얘기 잘못하면 당신은 내 손에 죽어. 장난 아냐. 명심해요. 나 자식 위해서 감옥 가는 것 하나도 안 무서워. 알았어') 이전에 피해자가 피고인에게 보낸 문자메시지 중 보관되어 있는 자료를 보면, '너는 사기꾼, 마누라는 너랑 짜고 노는 몽골도둑년, 그럼 니 딸들이 커서 이 다음에 뭐가 되겠냐?'라는 내용으로 몽고 출신인 피고인의 처 등 피고인의 가족에 대한 인신모독적·인종차별적인 험구로 일관되어 있는 점, 그와 같은 경위에 비추어 2회에 걸쳐 발송한 이 사건 각 문자메시지의 전체적인 의미는, '내 가족에게 참을 수 없는 모욕행위를 그만두지 않으면 그에 대한 보복으로 나도 위해를 가하겠다'라는 취지로 해석될 수 있다는 점 등의 사정들을 종합하여 보면, 이 사건 각 문자메시지는 그에 앞서 있은 피해자의 피고인 가족에 대한 불법적인 모욕행위에 격분한 피고인이 피해자에게 그러한 행위의 중단을 촉구하는 차원에서 일시적·충동적으로 다소 과격한 표현의 경고성 문구를 발송한 것으로 볼 여지가 많고, 피해자 또한 전후 사정상 이를 알았다고 보아야 할 것이니, 이러한 피고인의 행위는 정보통신망을 이용하여 상대방의 불안감 등을 조성하기 위한 일련의 반복적인 행위에 해당한다고 인정하기에 충분하지 않다).

박하는 경우의 위험성 때문에 형이 가중되는 구성요건이다. 특수폭행죄와 마찬가지로 반의사불 벌죄의 규정이 적용되지 아니한다.[1]

제 3 절 약취·유인 및 인신매매의 죄

Ⅰ. 미성년자약취·유인죄

> 제287조(미성년자의 약취, 유인) 미성년자를 약취 또는 유인한 사람은 10년 이하의 징역에 처한다.
> 제294조(미수범) 제287조부터 제289조까지, 제290조 제1항, 제291조 제1항과 제292조 제1항의 미수범은 처 벌한다.
> 제295조의2(형의 감경) 제287조부터 제290조까지, 제292조와 제294조의 죄를 범한 사람이 약취, 유인, 매 매 또는 이송된 사람을 안전한 장소로 풀어준 때에는 그 형을 감경할 수 있다.
> 제296조(예비, 음모) 제287조부터 제289조까지, 제290조 제1항, 제291조 제1항과 제292조 제1항의 죄를 범 할 목적으로 예비 또는 음모한 사람은 3년 이하의 징역에 처한다.
> 제296조의2(세계주의) 제287조부터 제292조까지 및 제294조는 대한민국 영역 밖에서 죄를 범한 외국인에 게도 적용한다.

1. 의의 및 보호법익

(1) 의 의

미성년자약취·유인죄는 미성년자를 약취 또는 유인함으로써 성립하는 범죄이다. 본죄는 피인취자의 자유에 대한 침해행위가 종료 전까지 계속되어야 하므로 계속범이다.[2] 한편 특정 범죄가중처벌법 제5조의2에서는 본죄에 대한 가중처벌규정을 두고 있는데, '13세 미만의 미성 년자에 대하여' 형법 제287조의 죄를 범한 사람이 약취 또는 유인한 미성년자의 부모나 그 밖 에 그 미성년자의 안전을 염려하는 사람의 우려를 이용하여 재물이나 재산상의 이익을 취득할 목적인 경우에는 무기 또는 5년 이상의 징역에 처하고, 약취 또는 유인한 미성년자를 살해할 목적인 경우에는 사형, 무기 또는 7년 이상의 징역에 처한다(제5조의2 제1항). 또한 '13세 미만의 미성년자에 대하여' 형법 제287조의 죄를 범한 사람이 약취 또는 유인한 미성년자의 부모나 그 밖에 그 미성년자의 안전을 염려하는 사람의 우려를 이용하여 재물이나 재산상의 이익을 취득 하거나 이를 요구한 경우에는 무기 또는 10년 이상의 징역에 처하고, 약취 또는 유인한 미성년자 를 살해한 경우에는 사형 또는 무기징역에 처하고, 약취 또는 유인한 미성년자를 폭행·상해·감 금 또는 유기하거나 그 미성년자에게 가혹한 행위를 한 경우에는 무기 또는 5년 이상의 징역에 처하며, 이를 범하여 미성년자를 사망에 이르게 한 경우에는 사형, 무기 또는 7년 이상의 징역

---

1) 대법원 2008. 7. 24. 선고 2008도4658 판결.
2) 반면에 상태범으로 파악하는 견해로는 신동운, 642면.

에 처한다(제5조의2 제2항).

(2) 보호법익

본죄는 미성년자의 신체활동의 자유 가운데 장소선택의 자유가 주된 보호법익이고, 보호자의 감호권도 부수적인 보호법익이 된다. 본죄는 심신의 발육이 불충분하고 지려와 경험이 풍부하지 못한 미성년자를 특별히 보호하기 위하여 그를 약취·유인하는 행위를 처벌하려는데 그 입법의 취지가 있으며, 미성년자의 자유 이외에 보호감독자의 감호권도 그 보호법익으로 하고 있다.[1] 하지만 만 18세의 여자친구가 부모님이 반대하는 남자친구와 함께 가출한 것이 아니라 1박 2일 여행을 간 경우에는 본죄가 성립하지 아니한다. 왜냐하면 약취·유인에서 말하는 실력적 지배관계가 인정되지 않기 때문이다. 다만 누구든지 18세 미만인 가출청소년을 정당한 사유 없이 경찰관서의 장에게 신고하지 아니하고 보호할 수 없으며(「실종아동등의 보호 및 지원에 관한 법률」 제7조), 이를 위반하여 정당한 사유 없이 가출청소년을 보호한 자는 5년 이하의 징역 또는 3,000만원 이하의 벌금에 처한다(동법 제17조).[2]

2. 구성요건

(1) 주 체

본죄의 주체에는 제한이 없다. 미성년자를 보호·감독하는 자라고 하더라도 다른 보호감독자의 감호권을 침해하거나 자신의 감호권을 남용하여 미성년자 본인의 이익을 침해하는 경우에는 본죄의 주체가 될 수 있다. 따라서 부모가 이혼하였거나 별거하는 상황에서 미성년의 자녀를 부모의 일방이 평온하게 보호·양육하고 있는데, 상대방 부모가 폭행·협박 또는 불법적인 사실상의 힘을 행사하여 그 보호·양육 상태를 깨뜨리고 자녀를 탈취하여 자기 또는 제3자의 사실상 지배하에 옮긴 경우, 특별한 사정이 없는 한 본죄를 구성한다.[3]

---

[1] 대법원 2003. 2. 11. 선고 2002도7115 판결(피고인과 공범들이 미성년자를 보호·감독하고 있던 그 아버지의 감호권을 침해하여 그녀를 자신들의 사실상 지배하로 옮긴 이상 미성년자약취죄가 성립한다고 할 것이고, 약취행위에 미성년자의 동의가 있었다고 하더라도 본죄의 성립에는 변함이 없다); 대법원 1982. 4. 27. 선고 82도186 판결. 스톡홀름 증후군과 리마 증후군에서와 같이 당사자의 사후승낙은 죄의 성립에 영향을 미치지 않는 것이다.

[2] 고등군사법원 2020. 7. 30. 선고 2020노50 판결(피고인과 피해자는 모바일 게임을 통해 알게 되어 연락을 주고받으면서 친하게 지냈으나 서로 이성으로 사귀는 관계는 아니었던 것으로 보이고, 이 사건 당시 피해자는 12세인 초등학생이었고 피고인은 20세인 대학생으로 나이 차이가 작지 않은 점, 피고인의 도움으로 피해자가 가출한 점, 피고인은 피해자의 보호·감독자로서 피해자와 함께 PC방과 찜질방 등지를 출입한 점, 피해자는 가출하여 피고인을 만난 때부터 경찰관에 의해 발견될 때까지 계속 피고인과 함께 있었던 점 등을 종합하면 피고인이 가출한 피해자를 '보호'한 사실을 인정할 수 있다).

[3] 대법원 2021. 9. 9. 선고 2019도16421 판결(피고인은 장기간 프랑스 법원의 양육자 지정 결정뿐 아니라, 대한민국 법원의 양육자 지정 및 유아인도 심판, 그 이행명령, 면접교섭 사전처분 등 각종 결정을 지속적으로 위반하였고, 피해아동은 5살의 나이에 말이 잘 통하지 않는 대한민국에서 친밀감을 형성하지 못했던 피고인과 살면서 기존에 유대관계를 갖고 있던 보호자와 연락도 하지 못하게 되었을 뿐 아니라, 이후 계속된 피고인의 행위로 인하여 결국 프랑스에서의 생활관계 및 보호자인 공소외인의 보호관계에서 완전히 이탈되어 프랑스어를 잊어버리고 친모인 공소외인과의 유대관계까지 잃어버리게 되었는바, 이는 실질적으로 피해아동의 복리를 침해하는 것으로 볼 수 있다); 대법원 2008. 1. 31. 선고 2007도8011 판결(피해자의 아버지인 피고인 2가 피해자의 어머니이자 피고인의 처인 공소외 1이 교통사고로 사망하자 피해자의 외조부인 공소외 2에게 피해자의 양육을 맡겨 왔으나, 교통사고

그러나 이와 달리 미성년의 자녀를 부모가 함께 동거하면서 보호·양육하여 오던 중 부모의 일방이 상대방 부모나 그 자녀에게 어떠한 폭행·협박이나 불법적인 사실상의 힘을 행사함이 없이 그 자녀를 데리고 종전의 거소를 벗어나 다른 곳으로 옮겨 자녀에 대한 보호·양육을 계속하였다면, 그 행위가 보호·양육권의 남용에 해당한다는 등 특별한 사정이 없는 한 설령 이에 관하여 법원의 결정이나 상대방 부모의 동의를 얻지 아니하였다고 하더라도 그러한 행위에 대하여 곧바로 본죄의 성립을 인정할 수는 없다.[1] 또한 미성년자의 아버지의 부탁으로 그 아이들을 보호하고 있는 자는 아이를 인도하라는 어머니의 요구를 거부하였다고 하여 본죄가 성립하는 것은 아니다.[2]

한편 미성년자 본인은 자신의 약취·유인에 대하여 정범 또는 공범이 될 수 없다. 왜냐하면 미성년자는 본죄의 피해자이자 보호법익의 향유자의 지위를 가지는 불가벌적 대향자이기 때문이다. 하지만 미성년자가 다른 미성년자의 약취·유인에 가담한 경우에는 본죄가 성립할 수 있다.

(2) 객 체

본죄의 객체는 19세 미만의 미성년자이다. 다만 영아의 경우에는 의사능력과 판단능력을 전제로 하는 유인죄는 성립할 수 없고, 약취죄의 객체가 될 수 있을 뿐이다. 한편 혼인한 미성년자가 본죄의 객체에 해당하는지 여부와 관련하여, ① 성년의제규정(민법 제826조의2)으로 인하여 민법상 성년자로 취급되는 자를 형법에서 미성년자로 취급하는 것은 죄형법정주의에 반하

배상금 등을 둘러싸고 공소외 2 등과 사이에 분쟁이 발생하자 자신이 직접 피해자를 양육하기로 마음먹고, 피고인 1과 공모하여 학교에서 귀가하는 피해자를 본인의 의사에 반하여 강제로 차에 태우고 할아버지에게 간다는 등의 거짓말로 속인 후 고아원에 데려가 피해자의 수용문제를 상담하고, 개사육장에서 잠을 재운 후 다른 아동복지상담소에 데리고 가는 등으로 사실상 지배함으로써 미성년자인 피해자를 약취하였다).

1) 대법원 2013. 6. 20. 선고 2010도14328 전원합의체 판결(베트남여성자녀국외이송약취사건)(① 피고인은 베트남 국적의 여성으로서 2006. 2. 16. 공소외 1과 혼인하고 같은 해 4. 30. 입국한 후 2007. 8. 12. 아들 공소외 2를 출산하여 천안시 두정동 소재 주거지에서 거주하며 공소외 1과 공동으로 공소외 2를 보호·양육하여 온 사실, ② 당시 공소외 1은 직장에 다녔고 피고인이 가사를 전담하였기 때문에 공소외 2에 대한 현실적인 보호·양육을 주로 피고인이 맡아왔던 사실, ③ 피고인은 2008. 8. 30. 수원의 친구에게 놀러 갔다가 늦어져 버스를 놓치는 바람에 다음날 귀가하였는데 화가 난 공소외 1로부터 며칠 동안 집을 나가라는 말을 듣고, 공소외 1이 자신을 이제 필요 없다고 생각하는 것 같아 자존심이 상한 데다 국내에는 마땅히 찾아갈 곳이 없어 생후 약 13개월 된 공소외 2를 데리고 친정인 베트남으로 돌아가기로 마음먹은 사실, ④ 피고인은 2008. 9. 3. 공소외 1이 직장에 출근한 사이 공소외 2를 데리고 집을 나와 항공편으로 출국하여 베트남 친정으로 떠났고, 공소외 2를 데리고 가기 위하여 공소외 1 측에 어떠한 폭행, 협박이나 실력행사를 하지 아니한 사실, ⑤ 피고인은 공소외 2의 양육비를 벌기 위하여 공소외 2를 베트남 친정에 맡겨 둔 채 2008. 9. 17. 다시 우리나라에 입국하였고, 그 사이 피고인의 부모 등이 공소외 2를 베트남에서 계속 보호·양육한 사실, ⑥ 한편 피고인은 2010. 5. 13. 공소외 1과 협의하여 피고인을 공소외 2의 친권자 및 양육자로 정하여 이혼하기로 하고 법원으로부터 그 의사를 확인받았는데, 피고인이 그때까지 공소외 1에게 공소외 2를 돌려주는 대가로 금전 등을 부당하게 요구하거나 이를 협의이혼의 조건으로 내세운 적이 없었고, 협의이혼 후 공소외 2의 양육비도 피고인이 부담하기로 한 사실을 알 수 있다. 위와 같은 사정을 종합하여 보면, 피고인이 공소외 2를 데리고 베트남으로 떠난 행위는 어떠한 실력을 행사하여 공소외 2를 평온하던 종전의 보호·양육 상태로부터 이탈시킨 것이라기보다 친권자인 母로서 출생 이후 줄곧 맡아왔던 공소외 2에 대한 보호·양육을 계속 유지한 행위라고 할 것이고, 이를 폭행, 협박 또는 불법적인 사실상의 힘을 사용하여 공소외 2를 자기 또는 제3자의 지배하에 옮긴 약취행위로 볼 수는 없다).

2) 대법원 1974. 5. 28. 선고 74도840 판결.

기 때문에 부정하는 견해[1], ② 성년의제규정은 사법생활의 자유를 위한 규정이므로 형법상 미성년자 보호취지와 다르다는 이유로 긍정하는 견해[2] 등의 대립이 있다.

생각건대 성년의제규정은 개별법의 취지에 따라 그 적용범위가 달라지는데, 특히 공법의 영역에서는 대부분 적용되지 않는 점, 형법상 미성년자약취·유인죄의 규정취지 등을 감안하면 혼인한 미성년자도 본죄의 객체로 파악하는 것이 타당하다.

(3) 행 위

1) 약취·유인(인취)

'약취'란 폭행·협박 또는 사실상의 힘을 수단으로 하여 미성년자를 그 의사에 반하여 자유로운 생활관계 또는 보호관계로부터 범인이나 제3자의 사실상 지배하에 옮기는 행위를 말한다.[3] 여기서 폭행·협박을 수단으로 사용하는 경우에 그 폭행·협박의 정도는 상대방을 실력적 지배하에 둘 수 있을 정도이면 족하고 반드시 상대방의 반항을 억압할 정도의 것임을 요하지는 아니한다.[4] 뿐만 아니라 약취에는 폭행 또는 협박 이외의 사실상의 힘에 의한 경우도 포함되며, 어떤 행위가 약취행위에 해당하는지 여부는 행위의 목적과 의도, 행위 당시의 정황, 행위의 태양과 종류, 피해자의 의사 등을 종합하여 판단하여야 한다.

'유인'이란 기망(허위의 사실로 상대방을 착오에 빠뜨리는 것) 또는 유혹(기망정도에 이르지 않는 감언이설로 상대방을 현혹시켜 판단의 적정을 그르치게 하는 것)을 수단으로 하여 미성년자를 꾀어 그 하자 있는 의사[5]에 따라 미성년자를 자유로운 생활관계 또는 보호관계로부터 이탈하게 하여 자기 또는 제3자의 사실적 지배하에 옮기는 행위를 말한다. 유혹은 반드시 그 유혹의 내용이 허위일 것을 요하지 아니한다.[6] 기망 또는 유혹의 경우에는 상대방의 하자 있는 의사를 이용하는 것이므로 적어도 의사능력이 있는 자만이 유인의 대상이 되고, 의사능력이 없는 자는 약취의 대상이 될 뿐이다. 이와 같은 인취의 수단인 폭행·협박·기망·유혹은 반드시 피인취자 본인에 대하여 행해질 필요는 없고, 피인취자의 보호자에게 행해져도 무방하다. 예를 들면 맹인의 안내

1) 김선복, 148면; 이재상/장영민/강동범, 136면.
2) 김성돈, 177면; 김성천/김형준, 161면; 김신규, 172면; 김일수/서보학, 120면; 김혜정 외 4인, 151면; 박상기, 497면; 배종대, 153면; 손동권/김재윤, 134면(혼인을 하였더라도 수시로 이혼이 가능하므로 혼인 여부로써 범죄의 성립 여부를 결정하는 것은 법적 안정성을 해칠 우려가 있다); 신동운, 644면; 오영근, 119면; 이상돈, 831면; 이영란, 154면; 이정원/류석준, 118면; 이형국/김혜경, 185면; 임 웅, 177면; 정성근/정준섭, 93면; 정영일, 65면.
3) 대법원 1990. 2. 13. 선고 89도2558 판결.
4) 대법원 1991. 8. 13. 선고 91도1184 판결.
5) 대법원 1982. 4. 27. 선고 82도186 판결(15세의 피해자가 스스로 가출하였다고는 하나 그것이 피고인의 독자적인 교리설교(사이비종교의 교주)에 의하여 하자 있는 의사로써 이루어진 것이고, 동 피해자를 보호감독권자의 보호관계로부터 이탈시켜 피고인의 지배하에 옮긴 이상 미성년자유인죄가 성립한다).
6) 대법원 1996. 2. 27. 선고 95도2980 판결(피해자는 사고능력이 현저하게 떨어지는 미성년의 저능아로서 자신의 4촌 매형인 공소외인이 경영하는 청소대행업체에서 일하면서 숙식을 해결하는 등 공소외인의 보호하에 있었는데, 피고인들은 피해자의 위와 같은 사정을 알면서도 그로부터 약 8개월 후 피해자가 다시 서울로 돌아올 때까지도 공소외인에게 피고인들이 피해자를 제주도로 데려간 사실을 한 번도 이야기하지 아니한 채 숨긴 사실을 인정할 수 있는바, 피고인들이 피해자를 제주도로 데려간 행위는 미성년자를 유인한 행위에 해당됨이 명백하다).

자를 폭행 또는 협박하여 맹인을 다른 곳으로 가도록 하고 사실적 지배를 한 경우가 이에 해당한다.

2) 사실적 지배

'사실적 지배'는 본래의 생활환경이나 보호상태에서 이탈 또는 배제시켜 사실상 지배하에 두는 것이면 충분하다.[1] 즉 미성년자에 대한 물리적·실력적인 지배관계를 말한다. 미성년자를 장소적으로 이전시키는 경우뿐만 아니라 장소적 이전 없이 기존의 자유로운 생활관계 또는 부모와의 보호관계로부터 이탈시켜 범인이나 제3자의 사실상 지배하에 두는 경우도 포함된다.[2] 그러므로 단순히 미성년자를 가출하게 하는 것만으로는 본죄가 성립하지 아니한다. 다만 스스로 가출하여 자신의 지배하에 들어오게 된 미성년자를 보호자 등에게 알리지 않는 경우에는 부작위에 의한 인취가 성립할 수 있다. 이 경우에도 가출하여 찾아 온 미성년자를 집으로 돌아가도록 권유하였으나 이를 듣지 않고 함께 머무는 정도에 불과한 경우에는 본죄가 성립하지 아니한다.

미성년자 및 보호자의 일상생활의 장소적 중심인 주거에서 장소적 이전을 전제로 하지 아니한 채 폭행 또는 협박이 이루어진 경우에는, 그로 인하여 미성년자와 부모의 보호관계가 제한 또는 박탈되는 모든 경우에 본죄가 성립하는 것으로 볼 수는 없다.[3] 무엇보다 미성년자를 기존의 생활관계 및 보호관계로부터 이탈시킬 의도가 없는 경우에는 실행의 착수조차 인정하기 어렵다. 범행의 목적과 수단, 시간적 간격 등을 고려할 때 사회통념상 실제로 기존의 생활관계 및 보호관계로부터 이탈시킨 것으로 인정되어야만 기수가 성립된다.

3. 죄수 및 다른 범죄와의 관계

(1) 죄 수

동일한 법익에 속하는 범죄를 일시·장소를 달리하여 수차에 걸쳐 실행하였으나 미수에 그치다가, 그 목적을 달성한 경우에 그 일련의 행위가 단일한 의사발동에서 나왔고 그 사이에 범

---

1) 대법원 1998. 5. 15. 선고 98도690 판결(금수장여관모델사건).
2) 김선복, 149면; 김신규, 173면; 배종대, 154면; 손동권/김재윤, 136면; 신동운, 646면; 오영근, 120면; 이정원/류석준, 119면; 이형국/김혜경, 186면; 정성근/정준섭, 94면; 정영일, 66면.
3) 대법원 2008. 1. 17. 선고 2007도8485 판결(도망친어머니사건)(미성년자가 혼자 머무는 주거에 침입하여 그를 감금한 뒤 폭행 또는 협박에 의하여 부모의 출입을 봉쇄하거나 미성년자와 부모가 거주하는 주거에 침입하여 부모만을 강제로 퇴거시키고 독자적인 생활관계를 형성하기에 이르렀다면 비록 장소적 이전이 없었다 할지라도 미성년자약취죄에 해당함이 명백하다 할 것이지만, 강도 범행을 하는 과정에서 혼자 주거에 머무르고 있는 미성년자를 체포·감금하거나 혹은 미성년자와 그의 부모를 함께 체포·감금 또는 폭행·협박을 가하는 경우, 나아가 주거지에 침입하여 미성년자의 신체에 위해를 가할 것처럼 협박하여 부모로부터 금품을 강취하는 경우와 같이, 일시적으로 부모와의 보호관계가 사실상 침해·배제되었다 할지라도, 그 의도가 미성년자를 기존의 생활관계 및 보호관계로부터 이탈시키는 데에 있었던 것이 아니라 단지 금품 강취를 위하여 반항을 제압하는 데에 있었다거나 금품 강취를 위하여 고지한 해악의 대상이 그곳에 거주하는 미성년자였던 것에 불과하다면, 특별한 사정이 없는 한 미성년자를 약취한다는 범의를 인정하기 곤란할 뿐만 아니라, 보통의 경우 시간적 간격이 짧아 그 주거지를 중심으로 영위되었던 기존의 생활관계로부터 완전히 이탈되었다고 평가하기도 곤란할 것이다).

의의 갱신이 없는 한 각 행위가 동일 또는 다른 일시·장소에서 행하여 졌거나 방법의 동일 여부에 관계없이 기수에 이를 때까지의 행위는 모두 실행행위의 일부로서 이를 포괄일죄로 처단할 것이지만, 수차에 걸친 약취·유인의 미수와 기수행위 사이에 범의의 갱신이 있다면 포괄일죄에 해당하지 아니한다.[1]

(2) 다른 범죄와의 관계

본죄의 인취행위가 인질강도죄 또는 인질강요죄의 수단으로 행해지면, 후자의 범죄만이 성립한다. 본죄의 인취수단으로 체포·감금행위가 있으면, 본죄와 체포·감금죄의 상상적 경합이 된다. 미성년자를 인취한 후 계속하여 감금하면, 본죄와 감금죄의 실체적 경합이 된다.

4. 형의 감경

본죄를 범한 사람이 약취·유인된 사람을 안전한 장소로 풀어 준 때에는 그 형을 감경할 수 있다(제295조의2). 이와 같은 석방감경규정은 1995. 12. 29. 형법 개정을 통하여 신설된 것인데, 미성년자의 안전을 도모하기 위한 형사정책적인 규정이라고 할 수 있다. 본조는 ① 행위자에게 자의성을 요구하지 않는다는 점, ② 기수에 도달한 이후에도 인정된다는 점, ③ 임의적 감경사유라는 점 등에서 중지미수(제26조)와 구별된다.

5. 세계주의

본죄는 대한민국 영역 밖에서 죄를 범한 외국인에게도 적용한다(제296조의2). 이는 2013. 4. 5. 형법 개정을 통하여 우리 형법에서 처음으로 세계주의를 도입한 것이다.

Ⅱ. 추행등목적 약취·유인죄 및 피인취자 국외이송죄

제288조(추행 등 목적 약취, 유인 등) ① 추행, 간음, 결혼 또는 영리의 목적으로 사람을 약취 또는 유인한 사람은 1년 이상 10년 이하의 징역에 처한다.
② 노동력 착취, 성매매와 성적 착취, 장기적출을 목적으로 사람을 약취 또는 유인한 사람은 2년 이상 15년 이하의 징역에 처한다.
③ 국외에 이송할 목적으로 사람을 약취 또는 유인하거나 약취 또는 유인된 사람을 국외에 이송한 사람도 제2항과 동일한 형으로 처벌한다.

---

1) 대법원 1983. 1. 18. 선고 82도2823 판결; 대법원 1983. 1. 18. 선고 82도2761 판결(피고인은 미성년자를 유인하여 금원을 취득할 마음을 먹고, 1982. 1. 21. 공소외인과 공모하여 동녀로 하여금 피해자를 판시장소에 유인토록 하였으나 동인이 이를 거절하여 미수에 그치고, 같은 달 29. 및 30. 공소외인이 피해자를 판시장소에 유인하였으나 마음이 약해져 각 실행을 중지하여 미수에 그치고 드디어 같은 해 2. 3. 피해자를 판시와 같은 장소에 인치하여 살해하고 금원을 요구하는 내용의 협박 편지를 피해자의 마루에 갖다 놓고 피해자의 안전을 염려하는 부모로부터 재물을 취득하려 했다는 것인 즉, 이는 위 범행을 위와 같이 임의로 중지함으로써 피고인은 당초의 범의를 철회 내지 방기하였다가 다시 범의를 일으켜 위 마지막의 약취유인 살해에 이른 것이라고 하지 않을 수 없으니 그간에 범의의 갱신이 있어 그간의 범행이 단일한 의사발동에 인한 것이라고는 할 수 없으므로 위 각 미수죄와 기수죄를 경합범으로 의율한 원심조치는 정당하다).

제294조(미수범) 제287조부터 제289조까지, 제290조 제1항, 제291조 제1항과 제292조 제1항의 미수범은 처벌한다.
제295조의2(형의 감경) 제287조부터 제290조까지, 제292조와 제294조의 죄를 범한 사람이 약취, 유인, 매매 또는 이송된 사람을 안전한 장소로 풀어준 때에는 그 형을 감경할 수 있다.
제296조(예비, 음모) 제287조부터 제289조까지, 제290조 제1항, 제291조 제1항과 제292조 제1항의 죄를 범할 목적으로 예비 또는 음모한 사람은 3년 이하의 징역에 처한다.
제296조의2(세계주의) 제287조부터 제292조까지 및 제294조는 대한민국 영역 밖에서 죄를 범한 외국인에게도 적용한다.

1. 의 의

추행등목적 약취·유인죄는 추행·간음·결혼 또는 영리의 목적(제1항), 노동력 착취·성매매와 성적 착취·장기적출의 목적(제2항), 국외에 이송할 목적(제3항 전단)으로 사람을 약취 또는 유인함으로써 성립하는 범죄이고, 피인취자 국외이송죄는 약취 또는 유인된 사람을 국외에 이송함으로써 성립하는 범죄이다(제3항 후단). 본죄의 법적 성격과 관련하여, 피인취자가 성인인 경우에는 진정 목적범에 해당하지만, 피인취자가 미성년자인 경우에는 부진정 목적범에 해당한다. 본죄에 있어서 목적의 달성 여부는 기수·미수와 무관하다.

2. 구성요건

(1) 객 체

본죄의 객체는 자연인인 사람이다. 본죄의 목적을 가지고 미성년자를 객체로 하여 약취·유인한 경우에는 미성년자약취·유인죄와 본죄의 상상적 경합범이 된다는 견해[1]가 있지만, 본죄만이 성립한다고 보아야 한다.

(2) 주관적 구성요건

1) 추행·간음·결혼 또는 영리의 목적

'추행의 목적'이란 피인취자를 추행의 주체 또는 객체로 삼으려는 목적을 말하는데, '추행'이란 행위자 또는 제3자에게 성욕을 자극 또는 흥분시키는 행위로서 일반인에게 성적 수치심과 혐오감을 일으키는 일체의 행위를 말한다. 인취행위자 자신이 추행의 당사자가 될 필요는 없다.

'간음의 목적'이란 결혼 아닌 성교행위를 할 목적을 말한다.[2] 본죄는 결혼의 목적이 있는

---

1) 임 웅, 182면.
2) 대법원 2011. 6. 24. 선고 2011도4451 판결(피고인이 간음할 목적으로 미성년자인 피해자를 범행 당일 02:30경 주차장으로 끌고 간 다음 같은 날 02:40경 다시 부근의 빌딩 2층으로 끌고 가 약취하였다는 내용으로 기소된 사안에서, 당시 피해자는 11세 남짓한 초등학교 6학년생으로서 피해입은 사실을 이해하고 고소에 따른 사회생활상의 이해관계를 알아차릴 수 있는 사실상의 의사능력이 있었던 것으로 보이고, 경찰에서 일죄의 관계에 있는 범죄사실 중 범행 당일 02:30경의 약취 범행 등을 이유로 피고인을 처벌하여 달라는 의사표시를 분명히 하여 그 의사표시가 피해자 진술조서에 기재되었으므로 … 피고인에 대한 간음 목적 약취의 공소사실을 유죄로 인정한 원심판단은 정당하다); 대법원 2009. 7. 9. 선고 2009도3816 판결(피고인이 위험에 대한 대처능력이 미약한 초등학교 5학년 여학생인 피해자의 소매를 잡아 끌면서 '우리 집에 같이 자러 가자'라고 한 행위는 피고인이 피해자를 그 의사

경우를 별도로 규정하고 있으므로 결혼을 수반하는 성교행위는 제외되는 것이다. 반드시 인취자 자신이 간음의 당사자가 되어야 하는 것은 아니다. 하지만 결혼의 목적이 있는 경우에는 간음목적약취·유인죄가 아니라 결혼목적약취·유인죄가 성립한다.

'결혼의 목적'이란 진실된 의사로써 결혼을 할 목적을 말한다. 2013. 4. 5. 형법 개정 이전에는 결혼목적이 있는 경우를 감경적 구성요건으로 파악하고 있었으나, 최근 결혼을 빙자하여 동남아시아 등지에서 약취·유인하는 사례가 빈번하게 발생하여 가중적 구성요건으로 변경하였다. 여기서 말하는 결혼은 약취·유인한 이상 사람의 자유를 침해하는 점에서는 사실혼 목적이든 법률혼 목적이든 동일하다는 점, 법률혼을 의미할 때에는 혼인이라는 용어를 사용한다는 점 등을 논거로 하여, 사실혼 및 법률혼 모두를 의미하는 것으로 보아야 한다.[1] 하지만 단순히 내연관계나 첩관계를 유지할 목적, 일시적인 성교를 할 목적 등은 이에 해당하지 아니한다. 한편 행위자와 피인취자와의 결혼목적 이외에 제3자와 결혼하게 할 목적이 있는 경우에도 본죄가 성립한다. 하지만 피인취자 이외의 제3자와 결혼할 목적이 있는 경우에는 인질강요죄가 성립할 수 있다.

'영리의 목적'이란 자기 또는 제3자로 하여금 재산상의 이익을 얻게 할 목적을 말한다. 예를 들면 피인취자를 일정한 업무에 종사하게 하여 그 수입을 획득할 목적이 이에 해당한다. 하지만 피인취자의 석방의 대가로 재물 또는 재산상의 이익을 취득하기 위한 목적으로 인취한 경우에는 본죄가 아니라 인질강도죄가 성립한다.

2) 노동력착취·성매매와 성적 착취·장기적출의 목적

'노동력착취의 목적'이란 대가적 급부를 제공하지 않거나 현저히 낮은 대가적 급부를 제공하고 피인취자의 노동력을 통하여 이익을 얻으려는 목적을 말한다. 예를 들면 무인도의 염전이나 원양어선에서 강제노동을 시키는 경우가 이에 해당한다.

'성매매의 목적'이란 피인취자로 하여금 불특정인을 상대로 금품이나 그 밖의 재산상의 이익을 수수하거나 수수하기로 약속하고 성교행위, 구강·항문 등 신체의 일부 또는 도구를 이용한 유사성교행위 중 어느 하나에 해당하는 행위의 상대방이 되게 할 목적을 말한다.[2]

에 반하여 자유로운 생활관계 또는 보호관계로부터 피고인의 사실상 지배하에 옮기기 위한 약취행위의 수단으로서 폭행에 충분히 해당한다); 대법원 2007. 5. 11. 선고 2007도2318 판결(피고인이 11세에 불과한 어린 나이의 피해자를 유혹하여 모텔 앞길에서부터 모텔 301호실까지 데리고 간 이상, 그로써 피고인은 피해자를 자유로운 생활관계로부터 이탈시켜 피고인의 사실적 지배 아래로 옮겼다고 할 것이고, 이로써 간음목적유인죄의 기수에 이른 것으로 보아야 할 것이다).

1) 김선복, 154면; 김성돈, 181면; 김성천/김형준, 166면; 김신규, 177면; 김일수/서보학, 124면; 김혜정 외 4인, 156면; 박상기, 502면; 배종대, 157면; 손동권/김재윤, 139면; 신동운, 650면; 오영근, 122면; 이상돈, 839면; 이영란, 159면; 이재상/장영민/강동범, 140면; 이형국/김혜경, 190면; 임 웅, 182면; 정성근/정준섭, 98면; 정영일, 68면.

2) 성매매에 대하여 보다 자세한 논의로는 박찬걸, "성매매 조장 사이트와 이에 대한 형사법적 규제 분석", 홍익법학 제21권 제1호, 홍익대학교 법학연구소, 2020. 2, 315면 이하; 박찬걸, "성매매 조장 사이트 규제의 집행력 강화를 위한 제언", 형사정책연구 제30권 제4호, 한국형사정책연구원, 2019. 12, 105면 이하; 박찬걸, "위장형 성매매 규제를 위한 법·제도적 대응방안", 여성과 인권 제17호, 한국여성인권진흥원, 2017. 6, 24면 이하; 박찬걸, "성접대에 대한 형사법적 대응방안", 안암법학 제53호, 안암법학회, 2017. 5, 435면 이하; 박찬걸, "한국 남성의 해외성매

'성적 착취의 목적'이란 대가적 급부를 제공하지 않거나 현저히 낮은 대가적 급부를 제공하고 성매매 이외의 성적인 행위를 통하여 이익을 얻으려는 목적을 말한다. 한편 '성매매와 성적 착취의 목적'으로 규정되어 있으므로 양자의 목적을 모두 갖추어야 본죄가 성립한다.[1] 그러므로 성매매의 목적만이 존재하고 성적 착취의 목적이 존재하지 않을 경우에는 본죄가 성립하지 아니한다.

'장기적출의 목적'이란 장기를 신체로부터 분리시켜 낼 목적으로 말한다. '장기'란 신장·간장·췌장·심장·폐·골수·안구 등의 인체조직을 말하고, 뼈·피부·난자·정자·혈액 등은 이에 해당하지 아니한다. 장기적출을 통하여 이익을 얻으려는 목적이 없더라도 상관이 없다.

3) 국외이송의 목적

'국외이송의 목적'이란 피인취자를 대한민국 영역 외로 이동시키려는 목적을 말한다. 대한민국 영역 외에 이송할 목적이면 충분하고, 타국의 영역 내에 들어갈 목적까지는 요구되지 아니한다. 그러므로 공해상도 국외로 보아야 한다.

국외이송목적으로 인취한 후 피인취자를 국외로 이송까지 한 경우의 죄책과 관련하여, ① 국외이송목적 약취·유인죄와 피인취자 국외이송죄가 동시에 성립하고, 양죄는 포괄일죄가 되어 제288조 제3항의 단순일죄가 성립한다는 견해[2], ② 국외이송목적 약취·유인죄와 피인취자 국외이송죄의 상상적 경합이 성립한다는 견해[3], ③ 국외이송목적 약취·유인죄와 피인취자 국외이송죄의 실체적 경합이 성립한다는 견해[4] 등의 대립이 있다.

생각건대 국외이송목적 약취·유인죄는 인취'한' 자를 구성요건으로 하고 있고, 피인취자

매에 대한 대응방안", 형사정책 제29권 제1호, 한국형사정책학회, 2017. 4, 67면 이하; 박찬걸, "랜덤채팅을 통한 청소년 성매매의 효과적인 대응방안", 소년보호연구 제30권 제1호, 한국소년정책학회, 2017. 2, 59면 이하; 박찬걸, "성매매 수익에 대한 몰수 및 추징제도의 활성화방안", 저스티스 제156호, 한국법학원, 2016. 10, 204면 이하; 박찬걸, "성매매 알선범죄에 대한 행정처분의 활용방안", 형사정책연구 제27권 제3호, 한국형사정책연구원, 2016. 9, 1면 이하; 박찬걸, "청소년성매매 예방 및 피해지원 관련 법령에 대한 검토", 소년보호연구 제28권 제4호, 한국소년정책학회, 2015. 12, 33면 이하; 박찬걸, "성매매 알선범죄에 대한 대책으로서 행정처분 및 몰수·추징의 활용방안", 형사법의 신동향 제46호, 대검찰청, 2015. 3, 44면 이하; 박찬걸, "성매매의 개념과 관련된 최근의 쟁점", 형사정책 제26권 제3호, 한국형사정책학회, 2014. 12, 219면 이하; 박찬걸, "성매매신고보상금제도의 활성화 방안", 형사법의 신동향 제45호, 대검찰청, 2014. 12, 33면 이하; 박찬걸, "성매매범죄의 양형기준안에 대한 검토", 형사법연구 제26권 제1호, 한국형사법학회, 2014. 3, 27면 이하; 박찬걸, "최근의 성매매피해자 개념 확대 논의에 대한 검토", 형사정책연구 제25권 제1호, 한국형사정책연구원, 2014. 3, 1면 이하; 박찬걸, "해외 청소년성매매에 대한 실효적인 대응방안", 소년보호연구 제23호, 한국소년정책학회, 2013. 10, 85면 이하; 박찬걸, "성구매자 재범방지교육(John School)의 함축적 의미", 홍익법학 제14권 제2호, 홍익대학교 법학연구소, 2013. 6, 491면 이하; 박찬걸, "한국 성매매정책의 변천과정에 대한 검토 - 2004년 성매매처벌법 제정 이전까지를 중심으로 - ", 홍익법학 제13권 제2호, 홍익대학교 법학연구소, 2012. 6, 297면 이하; 박찬걸, "성매매처벌법상 성매매피해자 규정에 대한 검토", 피해자학연구 제20권 제1호, 한국피해자학회, 2012. 4, 317면 이하; 박찬걸, "청소년 성매수 관련 범죄의 개념에 관한 고찰", 소년보호연구 제13호, 한국소년정책학회, 2009. 12, 249면 이하; 박찬걸, "성매매죄의 개념에 관한 연구", 법학논총 제26집 제1호, 한양대학교 법학연구소, 2009. 3, 455면 이하 등 참조.

1) 同旨 김일수/서보학, 125면; 임 웅, 184면.
2) 김선복, 157면; 김일수/서보학, 127면; 오영근, 125면.
3) 이영란, 164면; 이재상/장영민/강동범, 144면.
4) 김신규, 181면; 손동권/김재윤, 142면; 이형국/김혜경, 194면.

국외이송죄는 인취'된' 자를 구성요건으로 하고 있다는 점, 국외이송목적 약취·유인죄는 목적범이지만, 피인취자 국외이송죄는 별도의 목적이 요구되지 않는다는 점, 인취와 이송은 별개의 행위태양이라는 점 등을 논거로 하여, 양자는 별개의 범죄로 파악하는 것이 타당하기 때문에 실체적 경합범으로 보아야 한다.

3. 피인취자 국외이송죄

국외이송목적 약취·유인죄는 현실적인 이송 여부와 상관없이 성립하는 범죄이고, 피인취자 국외이송죄는 실제로 이송행위가 있어야만 성립하는 범죄라는 점에서 구분된다. 본죄는 대한민국 영역을 벗어남으로써 기수가 된다. 여기서 '국외'란 대한민국 영역 외를 의미하기 때문에, 외국에서 대한민국으로 또는 외국에서 외국으로 이송하는 것은 본죄에 해당하지 아니한다.[1] 이송의 동기는 묻지 아니한다.

Ⅲ. 인신매매죄

> 제289조(인신매매) ① 사람을 매매한 사람은 7년 이하의 징역에 처한다.
> ② 추행, 간음, 결혼 또는 영리의 목적으로 사람을 매매한 사람은 1년 이상 10년 이하의 징역에 처한다.
> ③ 노동력 착취, 성매매와 성적 착취, 장기적출을 목적으로 사람을 매매한 사람은 2년 이상 15년 이하의 징역에 처한다.
> ④ 국외에 이송할 목적으로 사람을 매매하거나 매매된 사람을 국외로 이송한 사람도 제3항과 동일한 형으로 처벌한다.
> 제294조(미수범) 제287조부터 제289조까지, 제290조 제1항, 제291조 제1항과 제292조 제1항의 미수범은 처벌한다.
> 제295조의2(형의 감경) 제287조부터 제290조까지, 제292조와 제294조의 죄를 범한 사람이 약취, 유인, 매매 또는 이송된 사람을 안전한 장소로 풀어준 때에는 그 형을 감경할 수 있다.
> 제296조(예비, 음모) 제287조부터 제289조까지, 제290조 제1항, 제291조 제1항과 제292조 제1항의 죄를 범할 목적으로 예비 또는 음모한 사람은 3년 이하의 징역에 처한다.
> 제296조의2(세계주의) 제287조부터 제292조까지 및 제294조는 대한민국 영역 밖에서 죄를 범한 외국인에게도 적용한다.

1. 의의 및 보호법익

(1) 의 의

인신매매죄는 사람을 매매함으로써 성립하는 범죄이다. 일정한 목적을 가지고 인신매매한 사람에 대해서는 가중처벌하고 있다. 본죄는 2013. 4. 5. 형법 개정을 통하여 신설된 범죄인데,

---

1) 반면에 외국으로부터 그 나라 영역 밖으로 사람을 이송하는 경우도 포함한다는 견해로는 김성천/김형준, 167면 (우리나라 폭력조직이 러시아의 범죄단체와 협력하여 러시아 여성들을 우리나라로 끌고 오기 위해 약취나 유인하였다면 본죄가 성립한다).

국내에서의 인신매매를 처벌하기 위한 규정이다. 본죄는 사람의 신체의 자유를 주된 보호법익으로 하고, 인격권을 부수적인 보호법익으로 하며, 보호의 정도는 침해범이다. 본죄는 매도인과 매수인을 동일한 법정형으로 처벌하는 필요적 공범(대향범)이다. 매매는 사람의 신체에 대한 사실상의 인도와 인수행위를 말하는 것이므로 약취·유인죄와는 달리 계속범이 아니라 즉시범에 해당한다. 제2항 내지 제4항 전단의 죄는 목적범에 해당하지만, 목적의 달성 여부는 본죄의 기수·미수와 무관하다. 한편 피매매자 국외이송죄는 매매된 사람을 국외에 이송함으로써 성립하는 범죄이다(제4항 후단).

(2) 입법배경

우리나라는 2000. 11. 15. UN 총회에서 채택된 「국제조직범죄방지협약(United Nations Convention against Transnational Organized Crime. New York, 15 November 2000)」(이하 'UNTOC'라고 한다)[1]과 「국제조직범죄방지협약을 보충하는 여성과 아동을 대상으로 하는 인신매매 예방·억제·처벌을 위한 의정서(Protocol to Prevent, Suppress and Punish Trafficking in Persons, Especially Women and Children, supplementing the United Nations Convention against Transnational Organized Crime. New York, 15 November 2000)」(이하 '인신매매방지의정서'라고 한다)에 대하여 2000. 12. 13. 서명하였고, 범죄방지협약 및 각 부속의정서들은 그 발효와 관련하여, 공통적으로 40번째 비준서, 수락서, 승인서 또는 가입서가 기탁된 날 후 90일째 되는 날에 발효되도록 규정한 조항에 따라 범죄방지협약은 2003. 9. 29., 인신매매방지의정서는 2003. 12. 25. 각각 발효되었다. 그런데 협약의 최종 가입을 위해서는 국회의 비준동의를 거쳐 UN에 가입서 기탁이 필요하고, 이에 따라 2015. 5. 29. 인신매매방지의정서 비준 동의안이 국회에서 의결되었다.[2]

이와 같이 우리나라는 인신매매방지의정서[3]를 비준하고, 이 과정에서 이행입법[4]의 일환으

[1] 인신매매방지의정서 이외에 불법이민방지의정서(Protocol against the Smuggling of Migrants by Land, Sea and Air, supplementing the United Nations Convention against Transnational Organized Crime. New York, 15 November 2000), 불법총기류규제의정서(Protocol against the Illicit Manufacturing of and Trafficking in Firearms, Their Parts and Components and Ammunition, supplementing the United Nations Convention against Transnational Organized Crime. New York, 31 May 2001) 등 총 3개의 부속 의정서를 채택하였다. 이후 우리나라는 불법이민방지의정서에 대하여는 2000. 12. 13. 서명한 후 2004. 1. 28. 발효되었으며, 불법총기류규제의정서에 대하여는 2001. 10. 4. 서명한 후 2005. 7. 3. 발효되었다.
[2] 우리나라는 UNTOC 본협약 및 3건의 부속의정서에 서명한 후 약 13년 만에 비준동의안을 제출하였는데, 그동안 UN인권이사회, UN여성차별철폐위원회, UN아동권리위원회 등 국제연합(UN)의 각종 기구에서 매년 우리나라에 협약 가입을 권고하고 있었지만, 최종 가입의 전제로서 본협약 및 부속의정서에 따른 국내 입법을 정비할 필요성에 따라 비준동의안 제출이 지연된 측면이 있었다. 특히 본협약의 입법조치 의무사항인 범죄단체 요건 명확화, 인신매매죄 신설 등과 관련된 요건이 기존의 국내 형사법 체계와 부합하지 않아 개정 작업이 지연된 결정적 계기로 작용하였다.
[3] '인신매매'(Human trafficking)란 착취를 목적으로 협박이나 폭력의 행사 또는 그 밖의 형태의 강박, 납치, 사기, 기만, 권력의 남용이나 취약한 지위의 악용, 또는 타인에 대한 통제력을 가진 사람의 동의를 얻기 위한 보수나 이익의 제공이나 수령에 의하여 사람을 모집(recruitment), 운송(transport), 이전(transfer), 은닉(harboring) 또는 인수(receipt of persons)하는 행위를 말한다. 여기서 착취는 최소한, 타인에 대한 성매매의 착취나 그 밖의 형태의 성적 착취(the exploitation of the prostitution of others or other forms of sexual exploitation), 강제노동이나 고용력 착취, 노예제도나 그와 유사한 관행, 예속 또는 장기의 적출을 포함한다(의정서 제3조(a)). 의정서 제3조(a)에 규

로 2013. 6. 19. 형법 일부개정을 통해 인신매매죄에 대한 처벌규정을 신설하기도 하였지만, '인신매매'(Human Trafficking[1])의 개념을 폭넓게 정의하는 인신매매방지의정서나 외국의 입법례 등 국제사회와 달리 현행 형법은 '인신매매'를 '매매'(買賣)에 한정하여 협소하게 적용하고 있어 그 실효성에 의문이 지속적으로 제기되고 있는 실정이다. 특히 대검찰청에서 발간하고 있는 「범죄분석」에 의하면, 형법상 인신매매죄에 대한 최근의 검거건수는 2014년 3건, 2015년 6건, 2016년 8건, 2017년 3건, 2018년 2건, 2019년 3건 등으로 극히 미미한 수준에 그치고 있음을 잘 보여주고 있다.

한편 형법에 인신매매 관련 규정은 있으나 인신매매에 대한 정의규정이 없음으로 인하여, 현행법에 따라 인신매매죄를 적용할 때 기존 '부녀매매죄'에서 보여 준 대법원 판례의 태도[2]처럼 매매의 개념을 협소하게 판단할 경우에는 인신매매죄를 신설하였다고 하더라도 실제 법 적용을 통해 보호받는 피해자는 많지 않을 우려가 있다.

2. 구성요건

(1) 객 체

본죄의 객체는 사람의 신체(人身)이고, 사람인 이상 성년·미성년·기혼 여부 등을 불문한다. 모발 등 사람의 신체의 일부분은 합법적인 매매의 대상이 될 수 있으므로, 여기서 말하는 사람이란 개체(個體)로서의 사람을 말한다. 다만 아동·청소년의 성을 사는 행위 또는 아동·청소년성착취물을 제작하는 행위의 대상이 될 것을 알면서 아동·청소년을 매매 또는 국외에 이송하거나 국외에 거주하는 아동·청소년을 국내에 이송한 자는 무기징역 또는 5년 이상의 징역에 처한다(청소년성보호법 제12조 제1항).

(2) 행 위

본죄의 실행행위는 매매하는 것이다. '매매'란 사람의 신체를 물건과 같이 유상으로 상대방 또는 제3자에게 인도하고 인수하는 사실상의 행위를 말한다. 사람은 권리의 주체이지 객체가 될 수 없기 때문에 사람을 매매하는 계약은 처음부터 사법상 무효가 된다. 그러므로 본죄에서의 매매는 사법상 무효라도 상관이 없다.[3]

정된 수단 중 어떠한 것이든 사용된 경우에는, 의정서 제3조(a)에 규정된 의도된 착취에 대한 인신매매 피해자의 동의는 문제가 되지 아니한다(의정서 제3조(b)). 한편 착취를 목적으로 한 아동(18세 미만의 모든 사람)의 모집, 운송, 이송, 은닉 또는 인수는 그것이 제3조(a)에 규정된 수단 중 어떠한 것을 포함하지 아니하더라도 인신매매로 간주된다(의정서 제3조(c)).

4) 각 당사국은 의정서 제3조에 규정된 행위가 고의적으로 행하여진 경우, 이를 형사범죄로 규정하기 위하여 필요한 입법 및 그 밖의 조치를 채택해야 한다(인신매매방지의정서 제5조(a)).

1) 'trafficking'의 사전적 의미 ① 불법으로 물건을 사고 파는 행위('the act of buying or selling goods illegally'), ② 사람을 사고팔거나 강제로 일하게 하여 돈을 버는 행위('the act of buying or selling people, or of making money from work they are forced to do, such sex work')로 사용되고 있다.

2) 대법원 1992. 1. 21. 선고 91도1402 판결; 대법원 1971. 3. 9. 선고 71도27 판결; 대법원 1959. 3. 13. 선고 4292형상7 판결.

본죄의 성립 여부는 매매의 일방이 어떤 경위로 취득한 사람에 대한 실력적 지배를 대가를 받고 그 상대방에게 넘긴다고 하는 행위에 중점을 두고 판단하여야 하므로, 매도인이 매매 당시 사람을 실력으로 지배하고 있었는지 여부, 즉 계속된 협박이나 명시적 혹은 묵시적인 폭행의 위협 등의 험악한 분위기로 인하여 보통의 사람이라면 법질서에 보호를 호소하기를 단념할 정도의 상태에서 그 신체에 대한 인계·인수가 이루어졌는지의 여부에 달려있다.[1] 본죄의 기수시기는 사람의 신체에 대한 실력적 지배의 이전이 있을 때이다.

(3) 주관적 구성요건

현행법에 의하면 인신매매죄가 성립하기 위해서는 고의 이외에 노동력 착취, 성매매와 성적 착취, 장기적출 등을 목적으로 하여야 하는데, 여기서 이러한 목적의 입증이 쉽지 않다는 문제로 인하여 매번 제기되는 성매매 목적의 인신매매 피해 고소 사건에 대하여 사건이 불기소로 종결될 가능성이 매우 크다. 이는 실무에 있어서 인신매매의 실체에 대하여 형법상 인신매매죄로 의율되기 보다는 목적성의 입증 부담이 없는 다른 법률, 예를 들면 성매매처벌법 제19조 제1항(성매매알선 등 행위를 한 사람, 성을 파는 행위를 할 사람을 모집한 사람, 성을 파는 행위를 하도록 직업을 소개·알선한 사람은 3년 이하의 징역 또는 3천만원 이하의 벌금에 처한다.), 직업안정법 제46조 제1항 제2호(성매매알선 등 행위의 처벌에 관한 법률 제2조 제1항 제1호에 따른 성매매 행위나 그 밖의 음란한 행위가 이루어지는 업무에 취업하게 할 목적으로 직업소개, 근로자 모집 또는 근로자공급을 한 자는 7년 이하의 징역 또는 7천만원 이하의 벌금에 처한다.), 파견근로자보호법 제42조 제1항 제1호(성매매알선 등 행위의 처벌에 관한 법률 제2조 제1항 제1호에 따른 성매매 행위가 이루어지는 업무에 취업시킬 목적으로 근로자파견을 한 자는 5년 이하의 징역 또는 5천만원 이하의 벌금에 처한다.), 출입국관리법 제94조(외국인의 여권이나 외국인등록증을 취업에 따른 계약 또는 채무이행의 확보수단으로 제공받거나 그 제공을 강요 또는 알선하는 행위를 한 사람, 취업활동을 할 수 있는 체류자격을 받지 아니하고 취업활동을 한 사람, 취업활동을 할 수 있는 체류자격을 가지지 아니한 사람을 고용한 사람, 취업활동을 할 수 있는 체류자격을 가지지 아니한 외국인의 고용을 업으로 알선·권유한 사람, 체류자격을 가지지 아니한 외국인을 자기 지배하에 두는 행위를 한 사람, 체류자격 외 활동허가를 받지 아니하고 다른 체류자격에 해당하는 활동을 한 사람 등에 대하여는 3년 이하의 징역 또는 3천만원 이하의 벌금에 처한다.) 등의 적용이 주로 활용된다는 점으로 연결된다.

---

3) 한편 본죄는 사법상 불법이어서 무효인 인신매매행위를 형법상 처벌하고자 하는 취지이므로, 본죄의 매매를 민법상 매매에 국한시키지 말고 교환·증여 등 인신의 수수를 내용으로 하는 일체의 계약으로 포함해야 한다는 견해로는 박상기, 500면; 손동권/김재윤, 143면; 신동운, 653면; 이재상/장영민/강동범, 146면; 임 웅, 187면; 정성근/정준섭, 96면.

1) 대법원 1992. 1. 21. 선고 91도1402 전원합의체 판결: 피해부녀자가 18세에 달하여 지각이 있으므로 부녀매매죄의 객체가 될 수 없다고 한 원심의 판단은 부녀매매죄의 법리를 오해한 위법이 있다 할 것이고 당원의 판시 견해와 다르게 판시한 1959. 3. 13. 선고 4292형상7 판결과 1971. 3. 9. 선고 71도27 판결은 현재의 사회실정 하에서는 유지하기 어려운 것이므로 폐기할 수밖에 없다(사실관계: 피고인은 봉제공장에서 공원으로 일하는 18세의 피해자(여)를 서울 미아리 소재 디스코클럽에서 만나 '스키장에 놀러가자'고 유인하여 당일 밤으로 군산까지 자동차로 데리고 내려가 군산시 대명동 소재 윤락가 포주에게 80만원을 받고 팔았다. 이에 피해자는 약 13개월 동안 매일 5~10회씩 돈을 받고 윤락행위를 하였다).

3. 위법성조각사유

제289조 제1항의 인신매매죄는 매매행위의 객체인 피매매자가 매매에 동의하거나 승낙한 경우에는 위법성이 조각될 수 있다. 예를 들면 연예인이 연예기획사와 전속계약을 체결하는 경우, 프로야구선수가 구단과 전속계약을 체결하는 경우 등과 같이 일정 기간 동안 전속되는 것에 동의한 경우에는 그 계약이 사회상규에 위배되지 않는 한 허용될 수 있다. 이는 추행등목적 인신매매죄(제289조 제2항 내지 제4항)에서 피매매자가 매매계약에 동의한 경우에도 위법성이 조각되지 않는 점과 구별된다.

4. 인신매매방지법의 제정 및 과제

우리나라에 있어서 인신매매 예방 및 방지 대책의 가장 큰 기존의 문제점은 인신매매방지 의정서에 대한 국내 비준의 실효성을 가지기 위한 국내 이행입법인 포괄적 차원의 인신매매 처벌 및 피해자 보호법의 제정이 결실을 이루지 못하고 있었다는 것이다. 이와 같은 문제점을 개선하기 위하여 2020. 12. 24. 국회에서는 이수진의원 대표발의의 형식으로「인신매매·착취방지와 피해자보호등에 관한 법률안」이 발의되었고, 2021. 4. 20.「인신매매등방지 및 피해자보호 등에 관한 법률」(이하에서는 '인신매매방지법'이라고 한다)이 공포되었다. 참고로 인신매매방지법은 하위법령의 마련, 유관 기관과의 협조체계 구축 등의 선결과제가 산적해 있는 관계로 인하여 2023. 1. 1. 시행을 하도록 규정하고 있다.

이와 같은 인신매매방지법은 인신매매에 대한 처벌법적 성격을 지녔다기 보다는 인신매매의 개념을 상당히 폭넓게 규정하여, 이를 통하여 피해자의 보호에 중점을 둔 법안으로 평가되는데, 지난 제18대 및 제19대 국회에서 총 6건의 인신매매방지 및 처벌 등에 관한 법률안들이 임기만료로 자동폐기되었고, 제20대 국회에서는 인신매매 관련 법률안의 상정조차 없었던 것과 비교해 보면, 상당한 진척을 이루었다는 평가가 충분히 가능하다. 우선 인신매매방지법 제2조 제1호에 의하면, "인신매매등"이란 성매매와 성적 착취, 노동력 착취, 장기적출 등의 착취를 목적으로 가. 사람을 폭행, 협박, 강요, 체포·감금, 약취·유인·매매하는 행위, 나. 사람에게 위계 또는 위력을 행사하거나 사람의 궁박한 상태를 이용하는 행위, 다. 업무관계, 고용관계, 그 밖의 관계로 인하여 사람을 보호·감독하는 자에게 금품이나 재산상의 이익을 제공하거나 제공하기로 약속하는 행위 중의 어느 하나에 해당하는 행위를 하여 사람을 모집, 운송, 전달, 은닉, 인계 또는 인수하는 것을 말한다. 다만, 청소년성보호법 제2조 제1호에 따른 아동·청소년 또는 장애인복지법 제2조에 따른 장애인을 모집, 운송, 전달, 은닉, 인계 또는 인수하는 경우에는 다음 각 목의 어느 하나에 해당하는 행위를 요하지 아니한다. 또한 인신매매방지법 제2조 제1호 각 목의 어느 하나에 해당하는 행위가 있는 경우에는 범죄피해자가 착취에 대해 동의하였다 하더라도 인신매매등을 한 자의 범죄의 성립에 영향을 미치지 아니한다(인신매매방지법 제4조 제1항)고 규정하여, 피해자의 동의에 대한 인신매매방지의정서의 권고사항을 적극적으로 수용하고 있다.

　　인신매매방지의정서가 요구하는 인신매매피해자 보호와 방지를 위한 특정 정책이 우리나라에서는 그동안 제대로 정립되지 못한 상태에서 최근 제정된 인신매매방지법은, 인신매매에 대한 명확한 개념 정의에서부터 인신매매피해 보호체계의 마련, 그리고 체계적인 인신매매 방지정책의 수립 등을 규정하고 있다. 특히, 상대적으로 취약한 지위에 있는 사람에 대한 인신매매의 경우, 범죄구성요건 완화문제, 피해자의 동의 관련 규정, 인신매매 관련 인식 개선 및 피해자 식별제도 도입, 인신매매 상담·신고, 법률 지원 등 피해자 보호체계 마련, 인신매매 실태조사 보고서 발표, 인신매매방지 정책 추진체계 운영 등 보호와 방지를 위한 제도들의 법적 근거는 형법에 규정할 성질의 것이 아니므로 이를 위한 별도의 인신매매 방지 관련 법령의 정비가 필요한 작금의 상황에서 인신매매방지법의 시행을 앞두고 있는 후속과제로서 하위법령의 정비에도 만전을 기해야 할 것이다. 다만 현재의 인신매매방지법 역시 완벽한 법률로 평가하기에는 무리가 있으므로, 지속적인 보완작업도 동시에 병행될 필요가 있는데, 예를 들면 인신매매등범죄의 형사특례규정을 처벌법이 아닌 보호법에 그대로 둘 것인지의 여부, 피해자의 범죄행위에 대한 형의 감면을 별도로 존치할 것인지의 여부, 피해자 확인서의 발급 범위와 절차에 대한 내용, 인신매매등의 개념 가운데 착취의 구체적인 개념설정을 어떻게 할 것인지의 여부, 성매매와 성적 착취의 관계설정 문제 등이 그 대표적인 쟁점이라고 할 수 있다. 이와 같은 보완작업을 통해서 인신매매등범죄피해자성을 적극적으로 인정하는 것이야말로 피해자 보호의 시발점이 될 것이다.[1]

Ⅳ. 약취·유인·매매·이송등 상해·치상죄 및 살인·치사죄

제290조(약취, 유인, 매매, 이송 등 상해·치상) ① 제287조부터 제289조까지의 죄를 범하여 약취, 유인, 매매 또는 이송된 사람을 상해한 때에는 3년 이상 25년 이하의 징역에 처한다.
② 제287조부터 제289조까지의 죄를 범하여 약취, 유인, 매매 또는 이송된 사람을 상해에 이르게 한 때에는 2년 이상 20년 이하의 징역에 처한다.
제291조(약취, 유인, 매매, 이송 등 살인·치사) ① 제287조부터 제289조까지의 죄를 범하여 약취, 유인, 매매 또는 이송된 사람을 살해한 때에는 사형, 무기 또는 7년 이상의 징역에 처한다.
② 제287조부터 제289조까지의 죄를 범하여 약취, 유인, 매매 또는 이송된 사람을 사망에 이르게 한 때에는 무기 또는 5년 이상의 징역에 처한다.
제294조(미수범) 제287조부터 제289조까지, 제290조 제1항, 제291조 제1항과 제292조 제1항의 미수범은 처벌한다.
제295조(벌금의 병과) 제288조부터 제291조까지, 제292조 제1항의 죄와 그 미수범에 대하여는 5천만원 이하의 벌금을 병과할 수 있다.
제295조의2(형의 감경) 제287조부터 제290조까지, 제292조와 제294조의 죄를 범한 사람이 약취, 유인, 매

---

1) 이에 대하여 보다 자세한 논의로는 박찬걸, "호텔·유흥비자(E-6-2) 소지 외국인 여성에 대한 인신매매의 합리적인 대응방안", 형사정책 제33권 제2호, 한국형사정책학회, 2021. 7, 151면 이하 참조.

매 또는 이송된 사람을 안전한 장소로 풀어준 때에는 그 형을 감경할 수 있다.
제296조(예비, 음모) 제287조부터 제289조까지, 제290조 제1항, 제291조 제1항과 제292조 제1항의 죄를 범
할 목적으로 예비 또는 음모한 사람은 3년 이하의 징역에 처한다.
제296조의2(세계주의) 제287조부터 제292조까지 및 제294조는 대한민국 영역 밖에서 죄를 범한 외국인에
게도 적용한다.

1. 약취·유인·매매·이송등 상해·치상죄

약취·유인·매매·이송등 상해·치상죄는 제287조부터 제289조까지의 죄를 범하여 약취·유
인·매매 또는 이송된 사람을 상해하거나 상해에 이르게 함으로써 성립하는 범죄이다. 본죄는
2013. 4. 5. 형법 개정을 통하여 신설된 범죄이다.

본죄는 석방감경규정이 적용된다. 약취·유인·매매·이송등 상해죄는 결합범이고, 미수범
과 예비·음모를 처벌한다. 약취·유인·매매·이송등 치상죄는 결과적 가중범이고, 미수범과 예
비·음모를 처벌하지 아니한다.

2. 약취·유인·매매·이송등 살인·치사죄

약취·유인·매매·이송등 살인·치사죄는 제287조부터 제289조까지의 죄를 범하여 약취·유
인·매매 또는 이송된 사람을 살인하거나 사망에 이르게 함으로써 성립하는 범죄이다. 본죄는
2013. 4. 5. 형법 개정을 통하여 신설된 범죄이다.

본죄는 석방감경규정이 적용되지 아니한다. 하지만 미수나 예비·음모의 경우 피해자가 생
존해 있기 때문에 석방감경규정을 적용하는 것이 타당하다. 약취·유인·매매·이송등 살인죄는
결합범이고, 미수범과 예비·음모를 처벌한다. 약취·유인·매매·이송등 치사죄는 결과적 가중
범이고, 미수범과 예비·음모를 처벌하지 아니한다.

V. 피인취자·피매매자등 수수·은닉죄 및 인취등목적 모집·운송·전달죄

제292조(약취, 유인, 매매, 이송된 사람의 수수·은닉 등) ① 제287조부터 제289조까지의 죄로 약취, 유인,
매매 또는 이송된 사람을 수수 또는 은닉한 사람은 7년 이하의 징역에 처한다.
② 제287조부터 제289조까지의 죄를 범할 목적으로 사람을 모집, 운송, 전달한 사람도 제1항과 동일한 형으
로 처벌한다.
제294조(미수범) 제287조부터 제289조까지, 제290조 제1항, 제291조 제1항과 제292조 제1항의 미수범은 처
벌한다.
제295조(벌금의 병과) 제288조부터 제291조까지, 제292조 제1항의 죄와 그 미수범에 대하여는 5천만원 이
하의 벌금을 병과할 수 있다.
제295조의2(형의 감경) 제287조부터 제290조까지, 제292조와 제294조의 죄를 범한 사람이 약취, 유인, 매
매 또는 이송된 사람을 안전한 장소로 풀어준 때에는 그 형을 감경할 수 있다.
제296조(예비, 음모) 제287조부터 제289조까지, 제290조 제1항, 제291조 제1항과 제292조 제1항의 죄를 범

할 목적으로 예비 또는 음모한 사람은 3년 이하의 징역에 처한다.

제296조의2(세계주의) 제287조부터 제292조까지 및 제294조는 대한민국 영역 밖에서 죄를 범한 외국인에게도 적용한다.

1. 의 의

피인취자·피매매자등 수수·은닉죄는 제287조부터 제289조까지의 죄로 약취·유인·매매 또는 이송된 사람을 수수 또는 은닉함으로써 성립하는 범죄이고, 인취등목적 모집·운송·전달죄는 제287조부터 제289조까지의 죄를 범할 목적으로 사람을 모집·운송·전달함으로써 성립하는 범죄이다. 본죄는 약취·유인죄와 인신매매죄에 대한 방조행위를 독립적인 범죄로 규정하고 있다. 그러므로 총칙상의 방조범 규정은 본죄에 적용되지 아니한다.

2. 구성요건

(1) 수수·은닉

피인취자·피매매자등 수수·은닉죄는 제287조 내지 제289조까지의 죄가 범해진 후 이에 관여하는 행위를 처벌하기 위하여 마련된 범죄이다. '수수'란 유상·무상을 불문하고 피인취자·피매매자·피이송자를 사실상 주고 받음으로써 자신의 실력적 지배 아래에 두는 행위를 말한다. '은닉'이란 피인취자·피매매자·피이송자의 발견을 곤란하게 하는 일체의 행위를 말한다.

(2) 모집·운송·전달

인취등목적 모집·운송·전달죄는 제287조 내지 제289조까지의 죄가 범해지기 전 이에 관여하는 행위를 처벌하기 위하여 마련된 범죄이다. '모집'이란 널리 사람을 구하여 모으는 행위를 말하는데, 모집된 사람들의 의견일치를 전제로 한다. 또한 모집된 사람들이 모집자의 행위에 의하여 지시된 행위를 할 의무가 있다고 인식할 것이 요구된다. '운송'이란 모집된 사람을 운반하여 보내는 행위를 말하며, '전달'이란 제3자의 부탁·의뢰·지시 등을 받아 전해주는 행위를 말한다.

제 4 절 강요의 죄

Ⅰ. 강요죄

> 제324조(강요) ① 폭행 또는 협박으로 사람의 권리행사를 방해하거나 의무없는 일을 하게 한 자는 5년 이하의 징역 또는 3천만원 이하의 벌금에 처한다.
> 제324조의5(미수범) 제324조 내지 제324조의4의 미수범은 처벌한다.

1. 의의 및 보호법익

(1) 의 의

강요죄는 폭행 또는 협박으로 사람의 권리행사를 방해하거나 의무 없는 일을 하게 함으로써 성립하는 범죄이다. 협박죄가 의사결정의 자유를 보호하는 기본적 구성요건인 반면에, 본죄는 의사활동의 자유를 보호하는 기본적 구성요건이라고 할 수 있다. 기존에는 본죄의 제목이 '폭력에 의한 권리행사방해죄'로 규정되어 있었으나, 1995. 12. 29. 형법 개정을 통하여 강요죄로 변경되었다. 또한 2016. 1. 6. 형법 개정을 통하여 기존의 법정형에 '3천만원 이하의 벌금'을 선택형으로 추가하였는데, 이는 강요행위의 형태와 동기가 다양한데 죄질이 가벼운 강요행위에 대하여도 반드시 징역형으로 처벌하도록 한 종전의 조치가 과중하다는 데에서 나온 반성적 조치이므로 제1조 제2항의 '범죄 후 법률의 변경에 의하여 형이 구법보다 경한 때'에 해당한다.[1]

(2) 보호법익

본죄의 보호법익은 의사결정의 자유 및 의사활동의 자유이다. '의사활동의 자유'란 외부로부터 부당한 간섭을 받지 않는다는 소극적 의미의 자유를 말한다. 보호의 정도는 침해범이다. 본죄는 형법전의 편제상 재산적 법익에 관한 죄에 해당하는 권리행사방해죄(제37장)와 같은 장에 규정되어 있는 것이 특징이다. 하지만 자유에 관한 죄인 본죄를 이와 같이 규정하는 것은 타당하지 않다. 본죄는 협박죄와 같이 일반적인 의사의 자유를 보호법익으로 하는 범죄라는 점에서 본죄의 조문 위치는 협박죄와 같은 장에서 규정하는 것이 타당하다.

---

1) 대법원 2016. 6. 23. 선고 2016도1473 판결; 대법원 2016. 3. 24. 선고 2016도836 판결; 대법원 2016. 3. 10. 선고 2015도19258 판결(구 폭력행위처벌법 제2조 제1항은 "상습적으로 다음 각 호의 죄를 범한 사람은 다음의 구분에 따라 처벌한다."라고 규정하면서 그 제2호에서 형법 제324조(강요)에 대하여 2년 이상의 유기징역에, 제1호에서 형법 제283조 제1항(협박), 형법 제260조 제1항(폭행)에 대하여 1년 이상의 유기징역에 각 처하도록 규정하였다. 그런데 2016. 1. 6. 법률 제13718호로 개정·시행된 폭력행위처벌법에는 제2조 제1항이 삭제되었다. 이와 같이 형법 제324조(강요), 제285조, 제283조 제1항(상습협박), 제264조, 제260조 제1항(상습폭행)의 각 가중적 구성요건을 규정하고 있던 구 폭력행위처벌법 제2조 제1항을 삭제한 것은 종전의 형벌규정이 과중하다는 데에서 나온 반성적 조치라고 보아야 하므로, 이는 형법 제1조 제2항의 '범죄 후 법률의 변경에 의하여 형이 구법보다 경한 때'에 해당한다).

2. 구성요건

(1) 객 체

본죄의 객체는 원칙적으로 의사결정 및 의사활동의 자유를 가진 자연인이다. 그러므로 영아·정신질환자 등은 본죄의 객체가 되지 아니한다. 하지만 자연인과 법인 사이에 밀접한 관계가 인정되는 경우에는 법인에 대한 해악의 고지가 자연인을 상대로 하는 강요행위에 해당할 수 있으므로 법인이나 법인격 없는 단체도 본죄의 객체가 될 수 있다.[1] 또한 폭행 또는 협박의 상대방과 피강요자(권리행사를 방해받거나 의무 없는 일을 하게 된 자)가 다른 이른바 삼각강요의 경우에도 양자 사이에 밀접불가분한 관계가 존재한다면 피강요자에 대한 강요죄가 성립한다. 이 경우 강요자는 피강요자에 대해서는 강요죄, 폭행 또는 협박의 상대방에 대해서는 폭행죄 또는 협박죄가 성립하며, 양죄는 상상적 경합관계가 된다.

한편 자기 또는 타인의 형사사건의 수사 또는 재판과 관련하여 필요한 사실을 알고 있는 사람 또는 그 친족에게 정당한 사유 없이 면담을 강요하거나 위력을 행사한 사람은 3년 이하의 징역 또는 300만원 이하의 벌금에 처하고(특정범죄가중처벌법 제5조의9 제4항), 폭행이나 협박으로 아동·청소년대상 성범죄의 피해자 또는 아동복지법 제3조 제3호에 따른 보호자를 상대로 합의를 강요한 자는 7년 이하의 유기징역에 처한다(청소년성보호법 제16조).

(2) 행 위

본죄의 실행행위는 폭행 또는 협박으로 사람의 권리행사를 방해하거나 의무 없는 일을 하게 하는 것이다.

1) 폭행 또는 협박

'폭행'은 의사활동의 자유를 침해하는 수단으로서 사람에 대한 직접·간접의 유형력의 행사를 말한다(광의의 폭행). 절대적 폭력이든 강제적 폭력이든 불문한다.[2] 폭행이 반드시 사람의 신체에 대하여 가해질 필요는 없다.[3] 예를 들면 맹인의 맹견을 도망가게 하여 맹인의 보행권을 침해하는 경우, 휠체어를 손괴하여 장애인의 보행권을 침해하는 경우, 임차인으로부터 가옥을 명도받기 위하여 수도·전기·가스 등의 공급을 중단하는 경우, 상대방이 스스로 옷을 벗게 하는 경우 등이 이에 해당한다.

'협박'은 객관적으로 사람의 의사결정의 자유를 제한하거나 의사활동의 자유를 방해할 정도로 공포심을 일으키게 하는 정도의 해악을 고지하는 것을 말한다(협의의 협박).[4] 이와 같은 협박이 인정되기 위해서는 발생 가능한 것으로 생각할 수 있는 정도의 구체적인 해악의 고지가

1) 대법원 2013. 4. 11. 선고 2010도13774 판결.
2) 반면에 절대적 폭력을 사용하는 경우에는 강요죄가 성립하지 않는다는 견해로는 신동운, 798면.
3) 대법원 2021. 11. 25. 선고 2018도1346 판결.
4) 대법원 2003. 9. 26. 선고 2003도763 판결.

있어야 한다. 해악의 고지는 반드시 명시적인 방법이 아니더라도 말이나 행동을 통해서 상대방에게 어떠한 해악을 끼칠 것이라는 인식을 갖도록 하면 충분하고, 제3자를 통해서 간접적으로 할 수도 있다. 즉 협박의 방법은 통상 언어에 의하는 것이지만, 경우에 따라 한마디 말도 없이 거동에 의하여서도 할 수 있다.[1] 행위자가 그의 직업, 지위 등에 기초한 위세를 이용하여 불법적으로 재물의 교부나 재산상 이익을 요구하고 상대방이 불응하면 부당한 불이익을 입을 위험이 있다는 위구심을 일으키게 하는 경우에도 해악의 고지가 된다. 협박받는 사람이 공포심 또는 위구심을 일으킬 정도의 해악을 고지하였는지는 행위 당사자 쌍방의 직무, 사회적 지위, 강요된 권리·의무에 관련된 상호관계 등 관련 사정을 고려하여 판단해야 한다.[2] 하지만 직장에서 상사가 범죄행위를 저지른 부하직원에게 징계절차에 앞서 자진하여 사직할 것을 단순히 권유하였다고 하여 이를 본죄에서의 협박에 해당한다고 볼 수는 없다.[3]

2) 권리행사의 방해

'권리행사의 방해'란 실제로 행사할 수 있는 권리를 행사할 수 없게 하는 것을 말한다. 여기서의 권리는 반드시 법적 근거가 있을 것을 요하지 아니한다.[4] 또한 재산적 권리뿐만 아니라 비재산적 권리로 볼 수 있는 개인의 계약체결에 대한 자유권도 포함되고, 그 계약체결이 법률상 위법 기타 제한이 있다고 하더라도 본죄의 성립에는 영향이 없다.[5] 한편 폭행 또는 협박에 의하여 권리행사가 현실적으로 방해되어야 한다(결과범).[6] 이러한 점에서 권리행사방해죄(제323

---

1) 대법원 2010. 4. 29. 선고 2007도7064 판결(환경감시단사건)(피고인들은 환경단체인 '전국환경감시협회 부여지부' 소속 회원들로 축산 농가들의 폐수 배출 단속활동을 벌인 사실, 그 과정에서 피고인들은 '환경감시단'이라고 기재된 신분증을 휴대하고, '환경감시단'의 마크가 부착된 모자, 점퍼 등을 착용하고 있었으며, 축사 운영자들에게 자신의 소속이나 신분, 감시활동의 의미 등에 관한 정확한 정보를 제공하지 아니한 채 폐수 배출현장을 사진촬영하거나 지적하면서 폐수 배출사실을 확인하는 내용의 사실확인서에 서명할 것을 요구한 사실, 일부 피해자들은 피고인들에게 단속권한이 있는 것으로 생각하여 어쩔 수 없이 서명할 수밖에 없었다고 진술하였고, 특히 피해자 공소외인은 위 피해자가 서명을 주저하자 피고인들이 서명하지 아니할 경우 법에 저촉된다고 겁을 주었다는 취지로 진술한 사실, 한편 위 단체의 대표인 피고인 1은 폐수 배출사실이 확인된 축사 운영자라도 위 단체에 금품을 제공한 경우에는 기왕에 작성하였던 사실확인서를 폐기하고 사건을 무마한 사실을 알 수 있는바, 피고인들과 피해자들의 지위, 피고인들이 서명을 요구하게 된 경위나 당시의 상황, 그 이후의 정황 등을 종합하면, 피고인들이 사실확인서를 징구하는 과정에서 취한 일련의 행위는 피고인들에게 단속권한이 있는 것으로 오인한 피해자들로 하여금 피고인들의 요구에 불응할 경우 고발조치 등의 불이익을 받을 위험이 있다는 인식을 갖게 하는 것으로서, 적어도 수사기관 및 제1심에서 피해사실을 진술한 피해자들에 대한 관계에서는 협박에 의한 강요행위에 해당한다).
2) 대법원 2019. 8. 29. 선고 2018도13792 전원합의체 판결(행위자가 직무상 또는 사실상 상대방에게 영향을 줄 수 있는 직업이나 지위에 있고 직업이나 지위에 기초하여 상대방에게 어떠한 요구를 하였더라도 곧바로 그 요구 행위를 위와 같은 해악의 고지라고 단정하여서는 안 된다. 특히 공무원이 자신의 직무와 관련한 상대방에게 공무원 자신 또는 자신이 지정한 제3자를 위하여 재산적 이익 또는 일체의 유·무형의 이익 등을 제공할 것을 요구하고 상대방은 공무원의 지위에 따른 직무에 관하여 어떠한 이익을 기대하며 그에 대한 대가로서 요구에 응하였다면, 다른 사정이 없는 한 공무원의 위 요구 행위를 객관적으로 사람의 의사결정의 자유를 제한하거나 의사실행의 자유를 방해할 정도로 겁을 먹게 할 만한 해악의 고지라고 단정하기는 어렵다).
3) 대법원 2008. 11. 27. 선고 2008도7018 판결.
4) 대법원 1962. 1. 25. 선고 4293형상233 판결.
5) 대법원 1974. 5. 14. 선고 73도2578 판결.
6) 대법원 1993. 7. 27. 선고 93도901 판결(여권강제회수사건)(피해자의 해외도피를 방지하기 위하여 피해자를 협박하고 이에 피해자가 겁을 먹고 있는 상태를 이용하여 동인 소유의 여권을 교부하게 하여 피해자가 그의 여권을

조)가 방해의 위험성이 있으면 기수로 되는 것과 구별된다.

3) 의무 없는 일의 강요

'의무 없는 일'이란 법령·계약 등에 기하여 발생하는 법률상 의무 없는 일을 말한다. 예를 들면 술을 마시게 하는 것, 무릎을 꿇게 하는 것, 특정 행사에 참석하도록 하는 것, 회비를 납부하도록 하는 것 등이 이에 해당한다. 반면에 폭행 또는 협박으로 법률상 의무 있는 일을 하게 한 경우에는 폭행죄 또는 협박죄의 성립 여부가 문제될 뿐 강요죄가 성립할 여지가 없다.[1] 예를 들면 음주운전 또는 자살을 방지하기 위하여 폭행 또는 협박한 경우가 이에 해당하는데, 여기서의 폭행 또는 협박이 사회상규에 반하지 않는다면 본죄의 위법성이 조각될 수도 있다.

한편 승용차 운전자에게 강제로 일정한 거리를 운전하게 한 경우에는 강요죄가 성립한다. 하지만 택시기사에게 일정한 거리를 강제로 운전하게 한 경우에는 폭행 또는 협박의 정도가 상대방의 반항을 불가능하게 한 경우에는 강도죄가 성립하고, 그 정도에 이르지 아니한 경우에는 공갈죄가 성립할 수 있다.

판례에 의하면, ① 상사 계급의 피고인이 병사들에 대해 수시로 폭력을 행사해 와 신체에 위해를 느끼고 겁을 먹은 상태에 있던 병사들에게 청소 불량 등을 이유로 40분 내지 50분간 머리박아(속칭 '원산폭격')를 시키거나 양손을 깍지 낀 상태에서 약 2시간 동안 팔굽혀펴기를 50~60회 정도 하게 한 경우[2], ② 피해자를 협박하여 동인으로 하여금 법률상 의무 없는 진술서를 작성하게 한 경우[3], ③ 골프시설의 운영자가 골프회원에게 불리하게 변경된 내용의 회칙에 대하여 동의한다는 내용의 등록신청서를 제출하지 아니하면 회원으로 대우하지 아니하겠다고 통지한 경우,[4] ④ 피고인들이 공사현장에서 장비를 뺄 것을 요구하면서 그렇지 않을 경우 발주처에 민원을 넣어 공사를 못하게 하겠다고 말하고, 실제로 요구가 받아들여지지 않자 부실공사가 아님에도 불구하고 발주처에 부실시공 여부를 철저하게 조사하여 처벌하여 달라는 취지의 진정을 제기한 다음 이를 이용하여 피해자들로 하여금 장비를 철수하게 하고, 공사현장의 모든 건설장비를 피고인들 쪽에서 배차하는 장비만을 사용하도록 하는 취지의 협약서를 작성하도록 한 경우[5] 등에 있어서는 본죄가 성립한다.

하지만 전답의 점유를 침탈당한 자라도 이를 실력으로 회수할 수 없는 것이니 그 전답의 점유를 실력으로 회수하려는 자에게 폭행을 가하였다면 이는 폭행죄에 해당한다고 할 것이고 권리행사를 방해하였

강제 회수당하였다면 피해자가 해외여행을 할 권리는 사실상 침해되었다고 볼 것이므로 권리행사방해죄의 기수로 보아야 한다).

1) 대법원 2012. 11. 29. 선고 2010도1233 판결(일지형식기재사건)(상관이 직무수행을 태만히 하거나 지시사항을 불이행하고 허위보고 등을 한 부하에게 그 근무태도를 교정하고 직무수행을 감독하기 위하여 직무수행의 내역을 일지 형식으로 기재하여 보고하도록 명령하는 행위는 직무권한 범위 내에서 내린 정당한 명령이므로 부하는 그 명령을 실행할 법률상 의무가 있고, 그 명령을 실행하지 아니하는 경우 군인사법 제57조 제2항 소정의 징계처분이 내려진다거나 그에 갈음하여 얼차려의 제재가 부과된다고 하여 그와 같은 명령이 형법 제324조 소정의 강요죄를 구성한다고 볼 수 없다); 대법원 2008. 5. 15. 선고 2008도1097 판결.

2) 대법원 2006. 4. 27. 선고 2003도4151 판결(원산폭격사건).

3) 대법원 1974. 5. 14. 선고 73도2578 판결.

4) 대법원 2003. 9. 26. 선고 2003도763 판결.

5) 대법원 2017. 10. 26. 선고 2015도16696 판결.

다고는 할 수 없다.[1]

(3) 주관적 구성요건

본죄가 성립하기 위해서는 폭행 또는 협박에 대한 인식과 의사뿐만 아니라 권리행사를 방해
하거나 의무 없는 일을 하게 한다는 인식과 의사가 있어야 한다. 예를 들면 피고인이 피해자가
팬미팅 공연을 할 의무가 있다고 믿었을 가능성이 농후하다면, 피해자가 팬미팅 공연을 할 의
무가 없거나 의무 없음에 대한 미필적 인식, 즉 본죄의 고의가 있었다고 단정하기는 어렵다.[2]

3. 죄수 및 다른 범죄와의 관계

(1) 죄 수

본죄는 자유를 침해하는 범죄 중 가장 일반적인 범죄이므로, 체포·감금·약취·유인·강
간·준강간·강제추행 등의 죄가 성립하는 경우에는 법조경합에 의하여 특별규정인 이들 범죄
만 성립하고 본죄의 적용은 배제된다.

(2) 다른 범죄와의 관계

피고인이 투자금의 회수를 위해 피해자를 강요하여 물품대금을 횡령하였다는 자인서를 받
아낸 뒤 이를 근거로 돈을 갈취한 경우, 피고인의 주된 범의가 피해자로부터 돈을 갈취하는 데
에 있었던 것이라면 피고인은 단일한 공갈의 범의 하에 갈취의 방법으로 일단 자인서를 작성하게
한 후 이를 근거로 계속하여 갈취행위를 한 것으로 보아야 할 것이므로 공갈죄만을 구성한다.[3]
반면에 피고인의 처음 범의는 자인서를 받아내는 데 있으나, 자인서를 받아낸 후 금전갈취의 범
의까지 일으켜 폭행·협박을 계속한 것이라면 강요죄와 공갈죄의 실체적 경합으로 볼 수 있다.

Ⅱ. 특수강요죄

> 제324조(강요) ② 단체 또는 다중의 위력을 보이거나 위험한 물건을 휴대하여 제1항의 죄를 범한 자는 10
> 년 이하의 징역 또는 5천만원 이하의 벌금에 처한다.
> 제324조의5(미수범) 제324조 내지 제324조의4의 미수범은 처벌한다.

특수강요죄는 단체 또는 다중의 위력을 보이거나 위험한 물건을 휴대하여 강요죄를 범함
으로써 성립하는 범죄이다. 집단의 위력이나 위험한 물건을 휴대하여 강요하는 행위방법의 위
험성 때문에 강요죄에 비하여 불법이 가중된 구성요건이다. 본죄는 2016. 1. 6. 형법 개정을 통
하여 신설된 범죄이다.

---

1) 대법원 1961. 11. 9. 선고 4294형상357 판결.
2) 대법원 2008. 5. 15. 선고 2008도1097 판결(권○우사건).
3) 대법원 1985. 6. 25. 선고 84도2083 판결(자인서작성후갈취사건).

Ⅲ. 중강요죄

> 제326조(중권리행사방해)   제324조 또는 제325조의 죄를 범하여 사람의 생명에 대한 위험을 발생하게 한 자는 10년 이하의 징역에 처한다.

중강요(중권리행사방해)죄는 강요죄·특수강요죄를 범하여 사람의 생명에 대한 위험을 발생하게 함으로써 성립하는 범죄이다. 본죄는 사람의 생명에 대한 구체적 위험이 발생해야 성립하는 구체적 위험범이고, 사람의 생명에 대한 위험발생에 과실이 있는 경우뿐만 아니라 고의가 있는 경우에도 성립하기 때문에 부진정결과적 가중범에 해당한다.[1]

법정형의 측면에서 볼 때, 강요죄가 폭행죄보다 무거운 범죄임에도 불구하고 폭행죄를 범하여 사람의 생명에 대한 위험을 발생하게 한 경우(1년 이상 10년 이하의 징역)에 비하여 가볍게 벌하고 있는 이유는 폭행죄에의 폭행과 강요죄에서의 폭행의 대상에 차이가 있기 때문이다.

본죄는 미수범 처벌조항이 없다. 그러므로 본죄의 고의를 가지고 강요행위를 하였지만 생명에 대한 위험이 발생하지 않은 경우에는 강요죄가 성립하고, 강요행위 이후 사망의 결과가 발생한 경우에는 중강요죄와 과실치사죄의 상상적 경합이 된다. 입법론적으로 제326조의 표제어와 관련하여 중권리행사방해죄 뿐만 아니라 중강요죄를 추가하는 것이 타당하다.

Ⅳ. 인질강요죄

> 제324조의2(인질강요)   사람을 체포·감금·약취 또는 유인하여 이를 인질로 삼아 제3자에 대하여 권리행사를 방해하거나 의무없는 일을 하게 한 자는 3년 이상의 유기징역에 처한다.
> 제324조의5(미수범)   제324조 내지 제324조의4의 미수범은 처벌한다.
> 제324조의6(형의 감경)   제324조의2 또는 제324조의3의 죄를 범한 자 및 그 죄의 미수범이 인질을 안전한 장소로 풀어준 때에는 그 형을 감경할 수 있다.

1. 의의 및 보호법익

인질강요죄는 사람을 체포·감금·약취 또는 유인하여 이를 인질로 삼아 제3자에 대하여 권리행사를 방해하거나 의무 없는 일을 하게 함으로써 성립하는 범죄이다. 본죄는 인질을 이용하여 체포면탈·정치범 석방 등의 목적을 달성하려는 행위에 대처하기 위하여 1995. 12. 29. 형법개정을 통하여 신설한 범죄이다. 본죄는 강요죄와 체포·감금죄 또는 약취·유인죄의 결합범이다. 본죄의 보호법익은 피강요자의 의사결정과 의사활동의 자유 및 인질의 생명·신체의 안전이고, 보호의 정도는 침해범이다.

---

1) 반면에 진정결과적 가중범으로 파악하는 견해로는 박상기, 482면.

2. 구성요건

(1) 객 체

본죄의 객체는 인질의 객체('사람')와 강요의 객체('제3자')로 구별해야 한다. 그러므로 인질에 대한 강요행위는 본죄에 해당하지 아니한다. 인질의 객체인 사람은 자연인에 국한되지만, 강요의 객체인 제3자는 의사결정능력이 있는 자연인뿐만 아니라 법인·법인격 없는 단체·국가기관 등도 포함된다.

(2) 행 위

본죄의 실행행위는 사람을 체포·감금·약취·유인하여 이를 인질로 삼아 제3자에게 강요하는 것이다. '인질로 삼는다'는 것은 체포·감금·약취·유인된 자의 생명·신체 등의 안전에 관한 제3자의 우려를 이용하여 그의 석방이나 생명·신체에 대한 안전을 보장하는 대가로 제3자를 강요할 목적으로 체포·감금·약취·유인된 자의 자유를 구속하는 것을 말한다. 한편 처음부터 강요의 목적으로 체포·감금·약취·유인할 필요는 없다. '강요'란 사람의 권리행사를 방해하거나 의무 없는 일을 하게 하는 것을 말한다.

3. 실행의 착수시기 및 기수시기

본죄의 실행의 착수시기와 관련하여, ① 인질강요의 의사로 체포·감금·약취·유인행위를 개시한 때라는 견해[1], ② 체포·감금·약취·유인행위 후 강요행위가 개시된 때라는 견해[2], ③ 인질강요의 의사가 처음부터 있었던 경우에는 체포·감금·약취·유인행위를 개시한 때가 실행의 착수이지만, 체포·감금·약취·유인행위 후 비로소 인질강요의 의사가 생긴 때에는 강요행위를 개시한 때라는 견해[3] 등의 대립이 있다.

생각건대 본죄의 의사는 체포·감금·약취·유인의 전후에 모두 생길 수 있기 때문에 이러한 의사가 발생한 시점을 기준으로 실행의 착수시기를 결정하는 것이 타당하다. 본죄의 기수시기는 권리행사를 방해하거나 의무 없는 일을 하게 한 때이다.

4. 죄수 및 다른 범죄와의 관계

하나의 인질강요행위로 수인의 권리행사를 방해한 경우에는 피강요자의 수만큼 상상적 경합이 되며, 수인을 납치하여 인질로 삼고 그 중 1인의 상대방을 대상으로 강요행위를 한 때에는 인질강요죄 일죄가 성립한다. 체포·감금·약취·유인한 자를 인질로 삼아 재물 또는 재산상의 이익을 취득하면 인질강도죄(제336조)만이 성립한다.

---

1) 김성천/김형준, 220면; 김신규, 151면; 김일수/서보학, 107면; 박상기, 484면; 손동권/김재윤, 182면; 임 웅, 171면.
2) 김성돈, 161면; 배종대, 141면; 이재상/장영민/강동범, 157면; 이형국/김혜경, 163면; 최호진, 189면.
3) 김선복, 133면; 김혜정 외 4인, 131면; 오영근, 137면; 이상돈, 813면; 이영란, 148면; 정성근/정준섭, 80면.

5. 형의 감경

본죄를 범한 자 및 본죄의 미수범이 인질을 안전한 장소로 풀어 준 때에는 그 형을 감경할 수 있다(제324조의6). 이와 같은 석방감경규정은 인질의 안전을 도모하기 위한 형사정책적인 규정이라고 할 수 있다. 본조는 ① 행위자에게 자의성을 요구하지 않는다는 점, ② 기수에 도달한 이후에도 인정된다는 점, ③ 임의적 감경사유라는 점 등에서 중지미수(제26조)와 구별된다. 인질의 탈출을 묵인하는 소극적 부작위에 의해서도 가능하다.

V. 인질상해·치상죄

> 제324조의3(인질상해·치상) 제324조의2의 죄를 범한 자가 인질을 상해하거나 상해에 이르게 한 때에는 무기 또는 5년 이상의 징역에 처한다.
> 제324조의5(미수범) 제324조 내지 제324조의4의 미수범은 처벌한다.
> 제324조의6(형의 감경) 제324조의2 또는 제324조의3의 죄를 범한 자 및 그 죄의 미수범이 인질을 안전한 장소로 풀어준 때에는 그 형을 감경할 수 있다.

인질상해·치상죄는 인질강요죄를 범한 자가 인질을 상해하거나 상해에 이르게 함으로써 성립하는 범죄이다. 본죄는 석방감경규정이 적용된다. 인질상해죄는 인질강요죄와 상해죄의 결합범이며, 인질치상죄는 인질강요죄와 과실치상죄의 결합범으로서 진정결과적 가중범에 해당한다. 인질상해죄와 인질치상죄의 법정형이 동일한 것은 책임주의에 위배된다.

결과적 가중범인 인질치상죄의 경우에도 미수범 처벌규정이 적용되는지 여부와 관련하여, ① 과실로 상해의 결과가 발생하였으나 강요행위가 미수에 그친 경우에 적용할 수 있다는 적극설[1], ② 입법상의 부주의라는 소극설[2] 등의 대립이 있다.

생각건대 진정결과적 가중범의 미수란 중한 결과에 대한 미수를 의미하는데, 과실법의 미수는 인정되지 않으므로 소극설이 타당하다. 한편 본죄의 주체는 '인질강요죄를 범한 자'인데 이는 인질강요죄의 기수범만을 의미하고, 미수범은 포함하지 않으므로 미수범도 인정하는 개정이 이루어져야 한다.

---

[1] 김선복, 135면; 배종대, 142면; 손동권/김재윤, 183면; 임 웅, 172면; 정영일, 63면.
[2] 김성돈, 162면; 김신규, 153면; 김일수/서보학, 109면; 김혜정 외 4인, 133면; 신동운, 807면; 오영근, 139면; 이형국/김혜경, 164면; 정성근/정준섭, 82면.

VI. 인질살해·치사죄

> 제324조의4(인질살해·치사) 제324조의2의 죄를 범한 자가 인질을 살해한 때에는 사형 또는 무기징역에 처한다. 사망에 이르게 한 때에는 무기 또는 10년 이상의 징역에 처한다.
> 제324조의5(미수범) 제324조 내지 제324조의4의 미수범은 처벌한다.

인질살해·치사죄는 인질강요죄를 범한 자가 인질을 살해하거나 사망에 이르게 함으로써 성립하는 범죄이다. 인질살해죄는 인질강요죄와 살인죄의 결합범이며, 인질치사죄는 인질강요죄와 과실치사죄의 결합범으로서 진정결과적 가중범에 해당한다. 본죄의 미수범은 인질살해죄의 경우에만 적용된다고 보아야 한다. 본죄는 석방감경규정이 적용되지 아니한다.

제5절 강간과 추행의 죄

I. 강간죄

> 제297조(강간) 폭행 또는 협박으로 사람을 강간한 자는 3년 이상의 유기징역에 처한다.
> 제300조(미수범) 제297조, 제297조의2, 제298조 및 제299조의 미수범은 처벌한다.
> 제305조의2(상습범) 상습으로 제297조, 제297조의2, 제298조부터 제300조까지, 제302조, 제303조 또는 제305조의 죄를 범한 자는 그 죄에 정한 형의 2분의 1까지 가중한다.
> 제305조의3(예비, 음모) 제297조, 제297조의2, 제299조(준강간죄에 한한다), 제301조(강간등 상해죄에 한한다) 및 제305조의 죄를 범할 목적으로 예비 또는 음모한 사람은 3년 이하의 징역에 처한다.

1. 의의 및 보호법익

(1) 의 의

강간죄는 폭행 또는 협박으로 사람을 강간[1]함으로써 성립하는 범죄이다. 상습범에 대한 가중처벌조항은 2010. 4. 15. 형법 개정을 통하여 신설된 것이다. 강간죄가 '강간과 추행의 죄'의 기본적 구성요건인지 여부와 관련하여, ① 강제추행죄를 기본적 구성요건으로 보고 강간죄를 가중적 구성요건으로 파악하는 견해[2], ② 강간죄와 강제추행죄 모두를 기본적 구성요건으로 파악하는 견해[3] 등의 대립이 있다.

생각건대 양죄 모두 성적 자기결정권을 보호법익으로 하고 다만 행위태양이 상이할 뿐이

---

1) 강간죄의 구성요건요소로서 '강간'이라는 표현은 정확한 것이 아니다. 강간이란 '강제로 간음하다'라는 의미인데, 여기서의 강제는 '폭행 또는 협박'으로 설명될 수 있다. 따라서 '폭행 또는 협박으로 사람을 간음한 자'라고 하는 것이 동어반복이 없는 정확한 표현이다.

2) 김선복, 162면; 김성천/김형준, 174면; 김신규, 189면; 오영근, 140면; 이영란, 169면; 이재상/장영민/강동범, 160면; 이형국/김혜경, 202면; 임 웅, 197면; 정영일, 72면; 최호진, 137면.

3) 김성돈, 193면('강간과 추행의 죄의 기본적 구성요건은 강간죄, 유사강간죄 그리고 강제추행죄이고'); 김일수/서보학, 129면; 김혜정 외 4인, 164면; 배종대, 161면; 손동권/김재윤, 148면; 이정원/류석준, 125면.

므로, 강간과 추행의 죄의 기본적 구성요건은 강제추행죄로 파악해야 하며, 이러한 측면에서 강간죄는 가중적 구성요건에 해당한다.

(2) 보호법익

2012. 12. 18. 이전에는 강간죄의 객체가 '부녀'로 되어 있음으로 인하여 그 보호법익과 관련하여, ① 부녀의 정조(貞操) 내지 성적 순결이라는 견해[1], ② 수태의 가능성이라는 견해[2], ③ 여성의 성적 자기결정권이라는 견해 등의 대립이 있었다.

생각건대 1995. 12. 29. 형법 개정을 통하여 '정조에 관한 죄'를 '강간과 추행의 죄'로 변경하였기 때문에 강간죄의 보호법익을 부녀의 성적 자기결정권으로 보게 되었고, 이후 2012. 12. 18. 형법 개정[3]을 통하여 강간죄의 객체를 부녀에서 사람으로 변경[4]하였기 때문에 현재의 입장에서는 강간죄의 보호법익을 성적 자기결정권으로 보는 것이 타당하다.[5] 이는 헌법 제10조의 행복추구권과 인격권에서 도출되는데, 이들 권리는 개인의 자기운명결정권이 전제되는 것이고, 이 자기운명결정권에는 성행위 여부 및 그 상대방을 결정할 수 있는 성적 자기결정권이 포함되어 있는 것이다.[6] 성적 자기결정권은 스스로 선택한 인생관 등을 바탕으로 사회공동체 안에서 각자가 독자적으로 성적 관념을 확립하고 이에 따라 사생활의 영역에서 자기 스스로 내린 성적 결정에 따라 자기책임 하에 상대방을 선택하고 성관계를 가질 권리로 이해된다. 강간을 성적 자기결정권의 침해로 정의하는 것은 도덕성이나 품행과 같은 어떤 이성과의 관계를 말하는 것

---

1) 과거의 강간피해는 피해 여성에 대한 범죄라기보다는 여성이 속한 가문의 명예에 대한 훼손으로 받아들여졌다. 그리하여 피해자가 정조가 약한 여자이거나 명예로운 신분에 속한 여성이 아닐 경우에는 강간의 피해자로 인식되지 않았다. 강간을 당함에 있어서 명예를 훼손당한 당사자는 피해여성이 아니라 아버지 또는 남편이라고 여겨지는 관념 아래 있었으므로 여성을 강간으로 인한 피해자로 볼 수 없다는 것이다. 더욱이 정조를 바친 남편에 대해서는 무조건적인 성행위에 응할 의무를 인정한다. 정조개념을 인정한다면 간음행위는 부부 이외의 자들에 사용되는 용어로 부부간에는 부정적으로 불법적인 간음행위라는 것이 인정될 여지가 없다고 한다. 그러나 부녀의 정조는 여자의 깨끗한 절개나 이성관계의 순결을 뜻하는 말로서 성범죄와 아무런 상관이 없는 개념이라고 할 수 있다. 이미 강간죄의 객체를 판단함에 있어서 음행의 상습 유무는 처벌의 유무와 아무런 상관이 없게 규정되어 있다는 점에서 강간죄의 보호법익을 정조로 보는 것은 무리가 있다. 순결하지 못한 여성을 강간죄의 객체로 인정할 수 없다는 견해는 불합리하며, 기존에 성교행위를 행했던 자들 사이에서도 강간죄는 얼마든지 성립할 수 있다.
2) 서울지방법원 1995. 10. 11. 선고 95고합516 판결(형법상 강간죄가 강제추행죄에 비하여 엄하게 처벌되는 입법취지의 근거에는 모성보호, 즉 추상적이나마 수태의 가능성이 있는 부녀를 더 보호하고자 하는 취지가 포함되어 있다).
3) 2012년 개정 형법에 대하여 보다 자세한 논의로는 박찬걸, "성폭력범죄 대처를 위한 최근(2012. 12. 18.)의 개정 형법에 대한 검토", 한양법학 제24권 제2호, 한양법학회, 2013. 5, 167면 이하 참조.
4) 이에 따라 성전환자에 대한 강간죄 객체성의 문제가 해결되었다. 성전환자의 객체성에 대하여 보다 자세한 논의로는 박찬걸, "강간피해자로서 '성전환자'의 인정 여부에 관한 검토", 피해자학연구 제18권 제1호, 한국피해자학회, 2010. 4, 81면. 기존에 성전환자에 대한 강간죄를 부정한 사안으로는 대법원 1996. 6. 11. 선고 96도791 판결(하얏트호텔부근사건). 반면에 성전환자에 대한 강간죄를 인정한 사안으로는 대법원 2009. 9. 10. 선고 2009도3580 판결(30년무용수사건).
5) 권오걸, 166면; 김선복, 164면; 김성돈, 192면; 김성천/김형준, 174면; 김신규, 188면; 김일수/서보학, 156~157면; 김혜정 외 4인, 165면; 박상기, 508면; 배종대, 160면; 손동권/김재윤, 150면; 오영근, 139면; 이영란, 172면; 이재상/장영민/강동범, 159면; 이정원/류석준, 130면; 이형국/김혜경, 201면; 임 웅, 206면; 정성근/정준섭, 105면; 정영일, 72면; 최호진, 135면.
6) 헌법재판소 2016. 3. 31. 선고 2013헌가2 결정; 헌법재판소 1990. 9. 10. 선고 89헌마82 결정.

이 아닌, 타인으로부터의 성적인 침해 여부만을 평가하는 것이다. 한 가지 주의할 점은 강간죄의 보호법익으로서 성적 자기결정권은 자신이 하고자 하는 성행위를 할 자유인 적극적 자유의 보호가 아니라 원하지 않는 성행위를 하지 않을 수 있는 소극적 자유로서 보호된다는 것이다.[1]

2. 구성요건

(1) 주 체

본죄의 주체에는 제한이 없다. 여성은 남성을 이용한 간접정범[2] 또는 공동정범[3] 뿐만 아니라 단독정범도 될 수 있다. 그러므로 본죄는 자수범 및 신분범이 아니다. 다만 남녀 사이의 성기가 결합되어야만 간음이 되기 때문에 객체의 성별에 따라 그와 동일한 성을 가진 사람은 단독정범의 주체가 될 수 없다. 결국 남성이 행위주체인 경우에는 여성이 행위객체가 되어야 하며, 여성이 행위주체인 경우에는 남성이 행위객체가 되어야 하므로 동성간에는 강간죄의 성립이 불가능하다.

(2) 객 체

1) 19세 이상의 사람

사람의 연령과 관련하여 13세 미만의 사람도 원칙적으로 형법상 강간죄의 객체에 해당하지만, 성폭력특례법 제7조 제1항에 의하여 가중 처벌(무기징역 또는 10년 이상의 유기징역)할 수 있고, 13세 이상 19세 미만의 사람에 대하여 강간을 한 경우에는 청소년성보호법 제7조 제1항에 의하여 가중 처벌(무기징역 또는 5년 이상의 유기징역)되고 있다.[4] 따라서 제297조에서 규정하고 있는 강간죄의 실질적인 객체는 19세 이상의 사람으로 제한되어 있다.

다음으로 연령 이외의 상태와 관련하여 본죄의 객체로서 사람은 법률상의 사람을 의미하는 것이 아니고, 사실상의 사람을 의미하므로, 「가족관계의 등록 등에 관한 법률」 제44조(출생신고의 기재사항) 제1항에 따라 출생신고를 하지 않은 사람의 경우에도 본죄의 객체에 해당한다.[5] 따라서 동법 제44조 제2항의 출생신고서 기재사항 중 '자녀의 성별' 부분은 창설적 효력이 있는 것이 아니라 확인적 효력규정에 불과한 것이다. 한편 신체적인 또는 정신적인 장애가 있는 사람에 대하여 제297조의 죄를 범한 사람은 무기징역 또는 7년 이상의 징역에 처하고 있기 때문에(성폭력특례법 제6조 제1항), 본죄의 객체는 비장애인에 국한된다.

---

1) 대법원 2020. 10. 29. 선고 2018도16466 판결.

2) 정신질환자를 이용하여 간음하게 한 경우 여자는 강간죄의 간접정범이 된다(김성돈, 195면).

3) 대법원 1984. 6. 12. 선고 84도780 판결(여자강간범사건)(피고인이 공소외인과 공모하여 공소외인이 피해자를 강간하고 있는 동안 위 피해자가 반항을 하지 못하도록 그의 입을 손으로 틀어막고 주먹으로 얼굴을 2회 때린 것이라면 피고인은 강간죄의 공동정범의 죄책을 면할 수 없다).

4) 아동·청소년 대상 성폭력범죄에 대하여 보다 자세한 논의로는 박찬걸, "아동대상 강력범죄방지를 위한 최근의 입법에 대한 검토", 소년보호연구 제14호, 한국소년정책학회, 2010. 6, 161면 이하 참조.

5) 출생신고기간인 출생 후 1개월 이내의 사람에 대하여 어떻게 강간이 가능한가에 대하여 의문이 제기될 수 있으나, 출생신고를 하지 않은 채 살아가는 사람도 상정하지 않을 수 없다는 점을 고려해야 한다.

2) 배우자

① 학설의 대립

배우자강간의 인정 여부와 관련하여, ① 배우자강간죄를 일반화하는 경우에는 부부사이의 내밀한 성행위에 신뢰관계를 유지할 수 없고, 그로 인해 태어난 아이는 강간에 의해 태어난 아이로 전락시킬 수 있다는 점, 부부는 동거의무(민법 제826조 제1항)가 있고, 동거의무는 성생활을 함께 할 의무를 내포하는 것이며, 성생활의 결함이 이혼사유가 된다는 점, 성관계와 같은 은밀한 부부사이의 관계는 혼인의 본질에 속하는 것이며, 폭력이나 협박의 사실에 대하여도 양당사자의 주장이 대립되는 경우 입증곤란에 처할 가능성이 많으며, 이러한 문제에 국가가 형법으로써 과잉개입하게 되면 부부간 또는 가족 내의 대립이 많아지고 결국 이혼과 같은 혼인관계의 회복을 어렵게 만든다는 점, 폭행·협박을 감내할 의무는 없지만, 성관계를 감내할 의무는 있다고 해야 한다는 점 등을 논거로 하여, 배우자에 대한 강간죄의 성립을 부정하되, 그에 미치지 못하는 정도의 처벌, 예를 들면 폭행죄·협박죄·강요죄 등으로 처벌하자는 견해(소극설)[1], ② 부부관계가 특수하고 동거의 의무가 있다고는 하지만, 배우자를 폭행·협박해서 강제로 간음해도 좋다거나 강제로 육체적인 관계를 가져도 좋다는 것을 의미하는 것은 아니라는 점, 강간죄의 보호법익이 성적 의사결정의 자유라고 본다면 법률상의 배우자도 강간죄의 객체가 될 수 있다고 해야 할 것이라는 점, 강간죄를 규정하고 있는 제297조가 강간죄의 대상을 '사람'으로만 한정하고 있어 사람의 개념에서 배우자를 제외할 합리적인 이유가 없다는 점 등을 논거로 하여, 배우자강간을 인정하는 견해(적극설)[2], ③ 정상적인 부부 사이라면 강간죄는 성립할 수 없지만 이혼소송을 진행 중이거나 별거중인 경우에는 부부사이라도 강간죄가 성립할 수 있다는 견해(절충설)[3] 등의 대립이 있다.

② 판례의 입장

판례는 1970. 3. 10. 「처가 다른 여자와 동거하고 있는 남편을 상대로 간통죄 고소와 이혼소송을 제기하였으나 그 후 부부간에 다시 새 출발을 하기로 약정하고 간통죄 고소를 취하하였다면 그들 사이에 실질적인 부부관계가 없다고 단정할 수 없으므로 설사 남편이 강제로 처를 간음하였다 하여도 강간죄는 성립되지 아니한다.」라고 판시[4]하여, 기본적으로 절충설의 입장을 취하였다.[5] 즉 70도29 판결을 예로 들면서 부부사이의 강간 자체를 대법원이 인정하지 않는

---

1) 권오걸, 170면; 손동권/김재윤, 151면; 이상돈, 849면; 이재상/장영민/강동범, 163면; 이정원/류석준, 135면; 임웅, 209면; 정성근/정준섭, 106면.

2) 김선복, 165면; 김성돈, 196면; 김성천/김형준, 177면; 김신규, 194면; 김혜정 외 4인, 166면; 배종대, 163면; 오영근, 143면; 이형국/김혜경, 204면; 정영일, 72면.

3) 김일수/서보학, 132면.

4) 대법원 1970. 3. 10. 선고 70도29 판결. 同旨 대법원 2009. 2. 12. 선고 2008도8601 판결(혼인관계가 존속하는 상태에서 남편이 처의 의사에 반하여 폭행 또는 협박으로 성교행위를 한 경우 강간죄가 성립하는지 여부는 별론으로 하더라도, 적어도 당사자 사이에 혼인관계가 파탄되었을 뿐만 아니라 더 이상 혼인관계를 지속할 의사가 없고 이혼의사의 합치가 있어 실질적인 부부관계가 인정될 수 없는 상태에 이르렀다면, 법률상의 배우자인 처도 강간죄의 객체가 된다); 대법원 1965. 3. 30. 선고 65도45 판결.

다고 해석하는 것은 금물이다. 왜냐하면 70도29 판결은 배우자강간 자체를 부정하는 것이 아니라 부부 사이에 '실질적인 부부관계'가 있는지 여부를 핵심기준으로 강간죄 성립 여부를 판단하는 입장을 취하는 것으로 보아야 하기 때문이다. 하지만 정상적인 부부관계에서는 강간죄가 성립할 수 없음도 분명히 나타낸 것으로 볼 수 있다.

이후 2009. 1. 16. 「혼인관계가 파탄되어 부부라고 볼 만한 실질이 존재하지 아니한다면, 이를 굳이 여타 관계와 법률상 처우를 달리 할 뚜렷한 이유가 없다. 외관만 존재하는 혼인관계만을 보고, 강간을 인정하지 아니할 것은 아니다. 이는 통상의 강간과 조금도 다를 바가 없는 것이다. 혼인관계가 정상적으로 유지 중인 경우에도 법률에서 정한 그 요건이 충족될 때, 강간을 인정함이 타당하다. 이른바 부부사이의 강간은 인정되고 처벌되어야 한다. 처가 성적 자기결정권의 행사를 분명히 하였음에도 남편이 성관계를 감행한 경우에 이를 강간으로 인정하기 위하여는 그 수단으로서의 폭행과 협박이 있어야 하고, 이 경우의 폭행과 협박은 처의 거부의사에 명백히 반하는 것으로서 그 의사를 강력하게 억압하는 등의 방법으로 저항을 사실상 곤란하게 하는 것이면 족하다. 저항이 불가능하거나 현저히 곤란하게 할 정도의 것을 요하는 것은 아니라고 판단된다. 이는 강간죄의 보호법익을 성적 자기결정권을 보는 당연한 결과이다. 일반 강간의 경우보다 더욱 강력한 정도의 폭행, 협박을 요구하는 것은 처인 피해자에게 지나치게 가혹한 처사라고 아니할 수 없다.」라고 판시[1]하여, 최초로 정상적인 부부사이[2]의 강간죄 성립을 인정하였다.

최종적으로 대법원은 기존의 절충설을 탈피하고 적극설의 입장으로 선회한 판결을 하였는데[3], 그 주요 내용을 살펴보면 다음과 같다. ① 비록 부부 사이에 은밀히 이루어지는 성생활이 국가의 개입을 극도로 자제하여야 하는 영역에 속한다고 하더라도 헌법 규정의 적용이 배제되는 성역일 수는 없다. 아내에 대한 성폭력은 매우 사적이고 은밀한 성격을 띠고 있어 잘 노출되지 않는 특성이 있는데다가 반복적이고 지속적인 양상을 보이기 때문에 이에 대한 적절한 대응조치가 취하여지지 않으면 그에 따른 여성의 피해는 점차 심각해질 위험이 있다. 특히 혼인관

5) 동 사건은 간통죄 고소 취하 후 남편은 2일간이나 감금당하여 기진맥진한 피해자 처의 옷을 모두 벗기고 배 위에 올라탄 다음 엉덩이로 배를 누르고 물걸레로 입을 틀어막고 이빨로 뺨을 물어뜯는 등 약 1시간 동안 폭행을 가하여 처로 하여금 항거불능하게 한 후 질내에 자기의 성기를 넣어 간음한 것이다.

1) 부산지방법원 2009. 1. 16. 선고 2008고합808 판결. 우리나라에서 처음으로 부부사이의 강간죄를 인정한 재판으로서 세간의 주목을 받아 최종 결과에 대한 귀추가 주목되었지만 동 사건의 피고인이 억울함을 호소하며 2009. 1. 20. 오후 자택에서 목을 매 자살을 함으로써 당혹하게 하였다. 피고인은 판결에 강력히 반발하여 1심 선고 후 즉각 항소한 상태였다. 하지만 재판 도중에 피고인이 사망하였기 때문에 형사소송법 제328조 제1항 제2호의 사유(피고인이 사망하거나 피고인인 법인이 존속하지 아니하게 되었을 때)에 의하여 공소기각 결정으로 사건은 종결되었다.

2) 동 사건의 피고인(43세)은 2008. 7. 26. 11:00경 피고인의 집에서, 처인 피해자(필리핀 국적의 외국인, 24세)가 생리기간 중이어서 성관계를 거부하자 위험한 물건인 가스분사기와 과도(칼날길이 12cm)를 피해자의 머리와 가슴에 겨누고 죽여 버리겠다고 협박하면서 피해자의 유두와 음부를 자르는 시늉을 하여 피해자의 반항을 억압한 후 피해자의 옷을 모두 벗게 하고 1회 간음하여 피해자를 강간하였다.

3) 대법원 2013. 5. 16. 선고 2012도14788 전원합의체 판결.

계가 파탄에 이른 경우는 물론 혼인관계가 실질적으로 유지되고 있는 경우에도 남편의 성폭력이 아내의 성적 자기결정권을 본질적으로 침해하는 정도에 이르렀다면, 필요한 경우 국가형벌권의 행사도 고려하지 않을 수 없다. ② 제297조는 부녀를 강간한 자를 처벌한다고 규정하고 있는데, 형법이 강간죄의 객체로 규정하고 있는 부녀란 성년이든 미성년이든, 기혼이든 미혼이든 불문하며 곧 여자를 가리키는 것이다. 이와 같이 형법은 법률상 처를 강간죄의 객체에서 제외하는 명문의 규정을 두고 있지 않으므로, 문언 해석상으로도 법률상 처가 강간죄의 객체에 포함된다고 새기는 것에 아무런 제한이 없다. ③ 민법 제826조 제1항은 부부의 동거의무를 규정하고 있고, 여기에는 배우자와 성생활을 함께 할 의무가 포함된다. 부부의 일방이 정당한 이유 없이 서로 동거하여야 할 부부로서의 의무를 포기하고 다른 일방을 버린 경우에는 재판상 이혼사유인 악의의 유기에 해당할 수 있다. 그러나 부부 사이에 민법상의 동거의무가 인정된다고 하더라도 거기에 폭행·협박에 의하여 강요된 성관계를 감내할 의무가 내포되어 있다고 할 수 없다. ④ 결론적으로 제297조가 정한 강간죄의 객체인 '부녀'에는 법률상 처가 포함되고, 혼인관계가 파탄된 경우뿐만 아니라 혼인관계가 실질적으로 유지되고 있는 경우에도 남편이 반항을 불가능하게 하거나 현저히 곤란하게 할 정도의 폭행이나 협박을 가하여 아내를 간음한 경우에는 강간죄가 성립한다.

③ 검 토

생각건대 다음과 같은 논거를 이유로 부부사이의 별거나 이혼소송과 관계없이 강간죄의 성립은 충분히 가능하다고 판단된다.[1] ① 법률상의 배우자는 상대 배우자의 정당한 성교요구에는 응할 의무가 있으나, 부당한 성교요구에는 응할 의무가 없는 것이다. ② 형법상의 사람에 혼인중의 배우자가 제외된다고 볼 아무런 근거가 없기 때문에 충분히 배우자에 대한 강간행위를 처벌할 수 있다. 따라서 이를 벌하기 위하여 특별법의 입법에 나아갈 것까지 없다. 왜냐하면 강간죄의 객체는 사람이라고 규정되어 있을 뿐 법률상 배우자를 강간죄의 객체에서 제외되어야 한다는 특칙은 없기 때문이다. 이는 독일 형법의 과거 규정과는 다르다. 그럼에도 불구하고 배우자를 제외시켜 해석하는 것은 독일 형법학의 과거 이론을 그대로 답습하는 격일뿐이다. ③ 입증이 곤란하다고 해서 행위의 범죄성립을 부정하는 것은 잘못된 것이다. 이러한 문제는 수사와 재판 등 형사사법절차에서의 사실인정 문제로서, 이를 내세워 폭력을 수단으로 한 배우자강간을 부정하는 구실로 삼는 것은 본말이 전도된 것이다. ④ 배우자강간이 형사처벌되면 이혼소송에서 유리한 입장을 갖기 위해 일방 배우자가 허위로 강간고소를 할 것이라는 주장도 제기되지만, 어떤 사람이 허위로 고소를 할 수 있다는 이유만으로 모든 피해자에 대한 보호가 거부될 수는 없다. 형법이 민사문제의 해결책이 되고 있는 현실에 비추어 볼 때, 이혼소송 시 유리한 고지를 점령하기 위해 강간죄로 고소하는 행위는 분명히 방지해야 한다. 하지만 이러한 고소에

---

1) 배우자강간에 대하여 보다 자세한 논의로는 박찬걸, "강간죄의 객체로서 '아내'의 인정 여부에 관한 소고", 법학논총 제26집 제2호, 한양대학교 법학연구소, 2009. 6, 79면 이하 참조.

대해서는 법이 규정하고 있는 대로 엄정하게 무고죄의 처벌로 대처하면 족하지, 허위의 고소가
두려워 범죄의 성립 자체를 부정하는 것은 올바른 해결책이 될 수 없다. ⑤ 성폭력특례법 제5
조 제1항에 의하면 친족관계에 있는 자가 강간을 하면 가중처벌하고 있다. 이와 같은 가중처벌
의 근거는 당연히 신뢰감과 친밀성을 파괴하는 반인륜적인 범죄라는 점에서 찾을 수 있다. 심
지어 동법상의 친족은 사실상의 관계에 의한 친족까지도 포함하고 있다. 인간의 가장 내밀한
영역인 성생활을 평생 같이 하기로 약속할 정도로 친밀한 관계에 있던 자로부터 당하는 폭력적
이고 모욕적인 수치는 감당하기 힘들 것이다. 이러한 배우자에 의한 강간이 혈족·인척이나 동
거하는 친족간에 의한 강간의 경우보다 가중처벌되기는커녕 처벌 자체를 할 수 없다는 점은 범
죄와 형벌간의 비례성의 원칙에도 부합하지 아니한다. ⑥ 부부 사이의 내밀한 관계에 대하여
국가의 형벌권이 과도하게 개입하는 것을 방지하기 위하여 강간죄에 대해서도「가정폭력범죄
의 처벌 등에 관한 특례법」에 따른 보호조치가 가능하도록 2012. 1. 17. 입법적인 개선이 이루
어졌다.

(3) 행 위

1) 폭행 또는 협박

① 대 상

폭행 또는 협박의 대상은 피해자뿐만 아니라 제3자에 대한 것이어도 무방하다. 이에 따라
피고인들이 강도하기로 모의를 한 후 피해자(男)로부터 금품을 빼앗고 이어서 피해자(女)를 강간
하였다면 강도강간죄를 구성한다.[1] 한편 제3자가 행한 폭행 또는 협박을 이용하여 간음하면 준
강간죄가 성립하기 때문에 폭행 또는 협박은 간음의 종료 이전에 행위자 스스로 가한 것이어야
한다.

② 정 도

폭행 또는 협박은 피해자의 항거를 불가능하게 하거나 현저히 곤란하게 할 정도의 것이어
야 한다.[2] 이에 해당하는지 여부는 그 폭행·협박의 내용과 정도는 물론, 유형력을 행사하게 된
경위, 피해자와의 관계, 성교 당시와 그 후의 정황 등 모든 사정을 종합하여 판단하여야 한다.

---

1) 대법원 1991. 11. 12. 선고 91도2241 판결.

2) 이는 피해자의 필사적인 저항을 전제로 하는 견해이다. 미국도 1970년대까지 최협의설을 취하였다. 강간죄가
   되기 위해서는 피해자의 '필사적인 저항(utmost resistance)'이 요구되며, 이는 피해자가 자신이 지쳐 떨어질 때까
   지 모든 육체적 힘을 다하여 가해자와 싸우는 것으로 정의되었다. 이에 따라 강간은 여성의 의지와 동의에 반하여
   범해지는 것인데, 이 때 그 여성은 가능한 모든 수단을 동원하여 공격에 저항했어야만 하며, 자신이 폭력에 의하
   여 압도되거나 공포로 무감각해지거나 또는 기진맥진하여 또는 살해나 중대한 신체적 해악에 대한 두려움으로
   저항을 중단할 때까지 저항을 계속하여야 한다. 하지만 이 견해는 강간범 앞에서 피해자가 느끼는 엄청난 공포와
   당혹감을 무시하고 피해자의 곤경에 대한 깊은 이해가 결여되어 있다. 또한 피해자로 하여금 강간시도에 대하여
   강하게 저항하였음을 입증하여야 하는 책임을 부담시키고, 그 결과 자칫 강간의 피해자에게 자기방어에 소홀한
   점을 들어 책임을 전가하는 결과를 낳을 가능성도 높다. 이에 따라 강간죄의 폭행과 협박의 정도에 대한 새로운
   견해들이 등장하였는데, 합리적 또는 진지한 저항을 곤란하게 하는 폭행·협박으로 충분하다는 견해, 피해자의
   진지한 거부의사와 가해자의 협의의 폭행만 있으면 충분하다는 견해 등이 그것이다.

물리적인 힘을 행사하는 경우와 같은 절대적 폭력을 행사하는 것은 물론이고, 심리적으로 반항을 포기하게 하는 것도 가능하다. 실행의 착수시에 그러한 정도의 폭행·협박이 있으면 족하고 폭행·협박으로 실제로 피해자가 항거불능의 상태에 빠질 필요는 없다.

　판례에 의하면, ① 유부녀인 피해자에 대하여 혼인 외 성관계 사실을 폭로하겠다는 등의 내용으로 협박하여 피해자를 간음한 경우[1]), ② 피해자는 이른바 노래방 도우미로서, 피고인 운영의 노래방에 와서 피고인 및 그 일행들의 유흥을 돕는 일을 하다가 피고인의 일행들이 먼저 귀가한 후 1시간 더 연장하자는 피고인의 요청에 따라 피고인과 단둘이 노래방에 있던 중, 피해자가 울면서 하지 말라고 하고 '사람 살려'라고 소리를 지르는 등 반항하였음에도, 피고인이 피해자를 소파에 밀어붙이고 양쪽 어깨를 눌러 일어나지 못하게 하는 등으로 피해자의 반항을 억압하고는 피고인의 성기를 피해자의 음부에 삽입한 경우[2]), ③ 피고인이 피해자를 여관방으로 유인한 다음 방문을 걸어 잠근 후 피해자에게 성교할 것을 요구하였으나 피해자가 이를 거부하자 '옆방에 내 친구들이 많이 있다. 소리지르면 다 들을 것이다. 조용히 해라. 한 명하고 할 것이냐? 여러 명하고 할 것이냐?'라고 말하면서 성행위를 요구한 경우[3]), ④ 피고인이 피해자를 침대에 던지듯이 눕히고 피해자의 양손을 피해자의 머리 위로 올린 후 피고인의 팔로 누르고 피고인의 양쪽 다리로 피해자의 양쪽 다리를 누르는 방법으로 피해자를 제압한 점, 피고인은 73kg의 건장한 체격이고 피해자는 50kg의 마른 체격으로서 상당한 신체적 차이가 있는 점, 당시 피고인과 피해자가 있던 곳은 피고인의 집이었으므로 피해자가 피고인을 피하여 도망쳐 나오거나 다른 사람에게 구조를 요청하기가 쉽지 않았을 것으로 보이는 점 등이 있는 경우[4]) 등에 있어서는 강간죄에서 규정하고 있는 폭행 또는 협박을 인정하였다.

　하지만 ① 피고인은 1997. 6.경 친구의 소개로 피해자(여, 19세)를 만나 사귀면서 같은 달 24. 01:00경 같이 술을 마신 뒤 여관에 들어가 한 방에서 같이 잠을 자다가 성교를 시도하였으나 피해자가 적극적으로 거부하므로 성교를 포기하고 잠만 같이 잔 일이 있었고, 그 후 같은 해 7. 2. 18:00경 피해자로부터 호출기에 의한 연락을 받고 만나 호프집에서 같이 술을 마신 뒤 여관에서 같이 잠을 자기로 하여 그 날 23:30경 피해자가 여관비를 계산하여 여관에 들어갔는데, 피고인은 피해자의 어깨를 감싸고 침대에 앉아 텔레비전을 보다가 피곤하여 먼저 침대에 누워 잠을 잤고, 피해자는 피고인이 잠든 뒤에 그 옆에 엎드려 잠을 잔 사실, 피고인은 아침에 깨어 보니 피해자가 옆에서 잠을 자고 있어서 순간적으로 욕정을 느껴 피해자의 옷을 벗기고 성교하려고 하자 피해자는 잠에서 깨어나 하지 말라고 하면서 몸을 좌·우로 흔드는 등 거부하였으나 몸을 일으켜 그 장소에서 탈출하려고 하거나 소리를 질러 구조를 요청하는 등 적극적인 반항은 하지 않은 사실, 피고인은 피해자의 몸을 누른 채 한 번만 하게 해달라고 애원하듯이 말하면서 피해자의 반항이 덜해지자 피해자의 다리를 벌려 성교를 시도하였으나 잘 되지 않자 피해자의 다리를 올려 성교하던 도중 호출기가 여러 번 울리자 더 이상 계속하지 않았고, 이로 인하여 피해자에게 약 2주간의 치료를 요하는 질 열상을 입힌 사실, 그 후 피고인은 피해자에게 연락할 때까지 잘 지내라고

---

　1) 대법원 2007. 1. 25. 선고 2006도5979 판결(혼외관계협박사건).

　2) 대법원 2005. 7. 28. 선고 2005도3071 판결(노래방도우미강간사건).

　3) 대법원 2000. 8. 18. 선고 2000도1914 판결(한명여러명사건). 까페에서 만난 여고생인 피해자를 피고인과 피고인의 친구들이 여관방으로 유인하여 이야기 하다가 피고인이 다른 친구들 몰래 피해자를 불러 내어 옆방으로 끌고 가 문을 잠근 후 성교를 요구한 사안이다.

　4) 대법원 2018. 2. 28. 선고 2017도21249 판결.

하면서 피해자와 같이 여관에서 나온 사실이 있는 경우[1], ② 피고인과 피해자가 전화로 사귀어 오면서 음담패설을 주고 받을 정도까지 되었고 당초 간음을 시도한 방에서 피해자가 '여기는 죽은 시어머니를 위한 제청방이니 이런 곳에서 이런 짓을 하면 벌 받는다.'라고 말하여 안방으로 장소를 옮기게 된 경우[2], ③ 당시 여관주인이 방을 안내하였지만 창피해서 구조를 요청하지 아니한 상황과 같이 대학 4학년인 피해자가 강간의 위험을 느끼면서도 손쉬운 구조요청의 기회를 이용하지 아니한 경우[3], ④ 범행장소가 다수의 사람이 기숙하는 곳으로서 피해자가 얼마간의 반항을 하여도 주위에서 곧 알아차릴 수 있는 상황이었는데도 그 방 밖에서 연탄불을 갈고 있던 공소외인도 피해자의 거부의 의사표시나 다투는 소리 이외에는 별다른 저항이나 고함을 알아차리지 못한 경우[4], ⑤ 피고인이 같은 아파트 내의 옆방에 거주하는 피해자를 자신의 방으로 끌고 가 쓰러뜨리고 목을 누르면서 '소리를 지르면 칼을 가져와 죽여버리겠다'라고 협박하였지만, 성교 직전에 피고인의 성기가 발기되지 아니하자 피해자가 피고인의 성기를 손으로 만져서 발기시켜 주었고, 피해자가 성교 도중 피고인에게 '언니가 알면 어떻게 하려고 그러느냐, 언니를 사랑하면서 이럴 수 있느냐'고 하자, 피고인이 '나는 네가 좋으니 ○○하고 헤어지고 나하고 살자'는 등의 대화를 나누었으며, 피고인이 성교 도중 피해자에게 질외에 사정할지를 묻자, 피해자가 질외에 사정하여 달라고 하여 피고인이 피해자의 배 위에 사정한 경우[5] 등에 있어서는 강간죄에서 규정하고 있는 폭행 또는 협박을 부정하였다.

③ 검 토

기존에 강간의 성립이 문제된 사안에 있어서는 강제추행과 달리 피해자가 반드시 가해자를 상대로 저항을 할 수 없었던 상황을 전제로 하고 있는 것이 특징인데, 그 이유는 다음과 같은 점에서 찾을 수 있겠다. 첫째, 소위 '기습추행' 사안에서 보는 바와 같이 폭행행위 자체가 추행행위라고 인정되는 경우는 현실세계에서 충분히 발생이 가능하지만, 폭행행위 자체가 간음행위라고 인정되는 경우는 발생이 거의 불가능하다.[6] 즉 추행과 달리 간음의 정도에 이르기 위해서는 일정한 시간적인 간격의 소요가 필요한데, 이 과정에서 피해자에 의한 일체의 저항이 전혀 없다면 이는 화간으로 평가될 소지가 다분하다. 둘째, 강제추행의 법정형은 징역형에서부터 벌금형까지 규정되어 있어 매우 다양한 불법의 형태로 발생하는 추행행위에 상응한 처벌이 가능하지만, 강간의 법정형은 벌금형이 없이 최소 3년 이상의 징역형으로 규정되어 있기 때문에 사법부의 입장에서도 그 성립의 인정에 매우 신중할 수밖에 없는 상황이다. 우리 형법에는 화간(和姦)과 최협의의 폭행·협박을 사용한 강간 사이의 중간지대가 존재하지 아니한다. 기수의 경우 최소한 3년 이상의 징역이라는 중형이 부과되는 강간죄의 성립을 되도록이면 제한해석하기 위해서 판례가 폭행과 협박의 범위를 최대한 좁게 해석하는 것은 오히려 당연한 결과일지도

1) 대법원 1999. 9. 21. 선고 99도2608 판결(여관방데이트강간사건).
2) 대법원 1991. 5. 28. 선고 91도546 판결(제청방사건).
3) 대법원 1990. 9. 28. 선고 90도1562 판결.
4) 대법원 1990. 12. 11. 선고 90도2224 판결.
5) 대법원 1992. 4. 14. 선고 92도259 판결.
6) 기습강간을 인정한 유일한 대법원 판례로는 대법원 2017. 10. 12. 선고 2016도16948 판결.

모른다. 하지만 최협의에 이르지 아니하는 폭행·협박이 있는 경우에는 처벌할 수 없는 입법의 공백이 생긴다.[1] 즉 이러한 경우에는 화간인 셈이므로 강간죄는 성립할 수 없고 기껏해야 폭행죄 또는 협박죄의 성립 여부만이 문제될 뿐이다. 이러한 문제점의 대처방안으로 협의의 폭행·협박을 사용하여 간음하는 경우 또는 비동의간음의 경우 등에 상응하는 범죄의 구성요건을 신설하는 방안이 제시되고 있다. 하지만 강간죄의 법정형을 그대로 둔 채 '상대방의 의사에 반하여'라는 구성요건을 추가하는 것은 타당하지 않다.

생각건대 강간죄에 있어서 폭행·협박은 행사의 여부가 중요한 것이지 그 정도는 문제되지 않는다고 보아야 한다. 그러므로 피해자로 하여금 강하게 저항할 것을 요구하며, 피해자가 적극적으로 저항하지 않고 '싫다'는 의사만 표시했을 때는 강간죄가 성립되지 않는다고 판시한 기존의 판례 입장[2]은 변화될 필요성이 있다. 왜냐하면 이는 재판과정에서 가해자의 강간 여부가 아니라 피해자의 구조 요청이나 반항 유무가 중점이 됨으로써 피해자에게 2차 피해를 입히는 문제가 발생하기 때문이다. 그러므로 강간죄의 보호법익을 성적 자기결정권으로 파악한다는 것은 강간죄의 성립 여부를 가해자의 폭행·협박의 정도나 피해자의 저항 여부가 아니라 피해자의 성적 자기결정권의 침해 여부를 중심으로 판단하는 것이기에 강간죄의 폭행·협박을 '최협의의 폭행·협박'으로 한정해야 할 필요는 없다.[3] 피해자의 항거를 불능하게 하거나 현저히 곤란하게 할 정도의 폭행·협박, 즉 피해자의 의사가 완전히 제압될 수 있는 물리적 강제력을 수단으로 하는 것으로 상정하였던 전통적 사고의 틀에서는 지금 우리 사회에서 발생하는 성폭력범죄에 제대로 대처할 수 없다.

이러한 측면에서 사후적으로 보아 피해자가 성교 이전에 범행 현장을 벗어날 수 있었다거나 피해자가 사력을 다하여 반항하지 않았다는 사정만으로 가해자의 폭행·협박이 피해자의 항거를 현저히 곤란하게 할 정도에 이르지 않았다고 섣불리 단정하여서는 안 된다.[4] 예를 들면 신체 또는 생명에 대한 현존하는 위험에의 폭행이나 협박이 있는 경우, 피해자가 가해자의 공격에 대하여 보호 없이 노출되어 있는 상태를 이용한 경우, 육체적 저항은 하지 않고 구두로 계속 거절의 의사표시를 한 경우, 피해자가 경악으로 몸이 굳어 버린 경우, 가해자에 대한 공포나 두려움이라는 심리적인 이유로 저항할 능력이 없는 경우, 피해자가 타인의 도움을 전혀 기대할 수 없는 경우, 가해자가 체력적으로 우월하여 저항하는 것이 무의미하다고 생각하여 처음부터

---

1) 반면에 협의의 폭행·협박으로 족하다는 견해로는 박상기, 511면.

2) 대법원 2004. 6. 25. 선고 2004도2611 판결(피고인은 피해자의 의사에 반하는 정도의 유형력을 행사하여 피해자를 간음한 것으로 볼 여지는 있으나, 더 나아가 그 유형력의 행사로 인하여 피해자가 반항을 못하거나 반항을 현저하게 곤란하게 할 정도에까지 이르렀다는 점에 대하여는 합리적인 의심이 없을 정도로 증명이 되었다고 보기는 어렵다); 대법원 1999. 9. 21. 선고 99도2608 판결.

3) 반면에 성교섭을 자의로 한 사람이 상대방으로부터 강간당했다고 무고할 위험성을 염두에 두어야 한다는 점에서 협의설의 부당함을 주장하는 견해(임 웅, 210면)가 있다.

4) 대법원 2018. 10. 25. 선고 2018도7709 판결; 대법원 2018. 2. 28. 선고 2017도21249 판결; 대법원 2012. 7. 12. 선고 2012도4031 판결; 대법원 2005. 7. 28. 선고 2005도3071 판결.

저항을 포기한 경우, 원하지 않는 성적 공격에 대한 두려움으로 마비가 된 듯이 꼼짝도 못하게 되어 아무 저항도 할 수 없는 경우, 계속 울면서 그만두라고 호소한 경우, 계속적으로 거부의 의사를 밝히면서 가해자의 손을 밀고 발로 찼으나 소용이 없자 포기하고 가해자가 끝내기만을 희망하고 누워있는 경우, 피고인이 육체적 폭력을 행사하기 전에 순응해야겠다고 생각하고 성교에 응한 경우 등에 있어서는 강간죄에서 규정하고 있는 폭행·협박을 인정해야 할 것이다. 최근 들어 성인지 감수성을 반영한 전향적인 판결들이 등장하고 있는 것은 고무적인 현상이다.[1]

물론 기존의 판례가 강간죄의 성립을 엄격하게 판단한 원인 가운데 하나로서 중한 법정형의 문제를 지적하지 않을 수 없다. 이는 현행법상 강간죄 이외에 독립적인 형태의 성폭력범죄를 규정하고 이에 대한 별도의 법정형을 설정하는 작업을 요구하는 것이다. 하지만 성폭력범죄의 보호법익인 성적 자기결정권의 침해 여부를 보다 면밀히 검토하기 위해서는 성행위에 대한 피해자의 비동의를 동의로 간주하는 편견에서부터 벗어나야 한다. 싫다고 말하지 않은 것을 좋다는 의미로 해석해서는 안 되기 때문에 피해자의 침묵을 무언의 동의로 가정해서는 안 되며, 거부로 바라보는 시각의 전환이 필요하다. 피해자의 저항과 구조요청의 정도가 약하였거나 아예 없었다고 하더라도 겉으로 드러난 형식적 측면만을 들어서 강간을 당하였다는 피해자 진술의 신빙성을 쉽게 배척하여서는 안 된다.[2] 결국 가장 중요한 피해자의 의사를 온전히 반영하여 피해자의 적극적인 저항이 없는 경우라도 상대방의 합의 또는 동의가 부재한 상태에서 간음을 한 경우에는 형사처벌을 할 수 있도록 다소 유연하게 폭행 또는 협박을 인정할 필요가 있다.

2) 강 간

본죄에서의 '간음'이란 남녀간의 성기삽입만을 말한다. 그러므로 유사성교행위는 강간죄가

---

1) 대법원 2019. 7. 11. 선고 2018도2614 판결(피해자가 입맞춤 등을 당하기 이전에 가해자와 사이에 손을 잡는 등 다른 신체접촉이 있었다거나 가해자의 유형력 행사나 협박성 발언이 있었는지, 피해자가 강제추행을 당한 직후 공포감을 느끼어 주변에 도움을 요청하였는지 등은 피해자가 가해자로부터 일순간에 기습추행을 당하였는지 여부와 직접적인 관련이 없다. 나아가 설령 피해자가 사건 당일에 일정 수준의 신체접촉을 용인한 측면이 있다 하더라도, 피해자는 신체의 자유와 자기결정권을 갖는 주체로서 언제든 그 동의를 번복할 수 있을 뿐 아니라 자신이 예상하거나 동의한 범위를 넘어서는 신체접촉에 대해서는 이를 거부할 자유를 가지므로, 피해자가 주장하는 기습추행이 있기 전까지 가해자와 사이에 어느 정도의 신체접촉이 있었다고 하여, 입맞춤 등의 행위에 대해서까지 피해자가 동의하거나 승인을 하였다고 인정하기는 어렵다).

2) 대법원 2020. 9. 7. 선고 2020도8016 판결(다음날찾아간사건)(피해자(여, 14세)가 피고인으로부터 강간을 당한 후 다음 날 혼자서 다시 피고인의 집을 찾아간 것이 일반적인 평균인의 경험칙이나 통념에 비추어 범죄 피해자로서는 취하지 않았을 특이하고 이례적인 행태로 보인다고 하더라도, 그로 인하여 곧바로 피해자의 진술에 신빙성이 없다고 단정할 수는 없다. 범죄를 경험한 후 피해자가 보이는 반응과 피해자가 선택하는 대응 방법은 천차만별인바, 강간을 당한 피해자가 반드시 가해자나 가해현장을 무서워하며 피하는 것이 마땅하다고는 볼 수 없고, 경우에 따라서는 가해자를 별로 무서워하지 않거나 피하지 않고 나아가 가해자를 먼저 찾아가는 것도 불가능하다고 볼 수는 없다. 피해자와 피고인의 나이 차이, 범행 이전의 우호적인 관계 등에 비추어 보면, 피해자로서는 사귀는 사이인 것으로 알았던 피고인이 자신을 상대로 느닷없이 강간 범행을 한 것에 대해서 의구심을 가지고 그 해명을 듣고 싶어 하는 마음을 가졌던 것으로 보이고, 피해자의 그러한 심리가 성폭력을 당한 여성으로서는 전혀 보일 수 없을 정도로 이례적이고 납득 불가능한 것이라고 할 수는 없다. 따라서 피해자가 2018. 1. 26.자 강간을 당한 후 그 다음 날 스스로 피고인의 집에 찾아갔다고 하더라도, 그러한 피해자의 행위가 피해자 진술의 신빙성을 배척할 사정이 되지는 못한다).

아니라 유사강간죄가 될 뿐이다. 그리고 폭행 또는 협박과 간음행위 사이에는 인과관계가 있어야 한다. 따라서 폭행 또는 협박은 간음의 종료 이전에 행위자에 의해 이루어져야 한다. 하지만 폭행 또는 협박이 반드시 간음행위보다 선행되어야 하는 것은 아니다.[1] 타인에 의해 폭행 또는 협박당한 것을 이용하여 사람을 간음한 경우에는 준강간죄가 성립할 뿐이다. 한편 폭행 또는 협박 후에 간음에 대한 동의가 있으면 강간미수죄가 된다고 하는 견해[2]가 있지만, 이러한 경우 피해자의 동의가 진정한 것인지의 여부를 판단하여 개별적으로 검토해야 한다.[3] 특히 성기의 삽입 후 피해자가 더 이상 반항을 하지 않거나 성적 흥분을 느끼게 되더라도 본죄의 성립에는 아무런 영향이 없다.

(4) 주관적 구성요건

본죄가 성립하기 위해서는 폭행 또는 협박에 의하여 사람을 간음한다는 사실에 대한 인식과 의사를 내용으로 하는 고의가 있어야 한다. 한편 피해자의 동의가 없음에도 불구하고 있는 것으로 오인한 경우에는 고의가 조각된다.

3. 위법성조각사유

피해자의 승낙이 있는 경우에는 화간이 되어 구성요건해당성이 조각된다. 하지만 성폭력범죄에서 피해자의 동의가 있었다고 할 때에는 보통 그 의미를 '다른 사람의 행위를 승인하거나 시인'한다는 뜻으로 사용한다. 피해자에게 이루어진 행위에 대하여 피해자의 동의가 있다는 이유로 범죄의 성립을 부정하는 이유는 그러한 행위는 피해자의 성적 자유 또는 성적 자기결정권을 침해한 것으로 보지 않기 때문이다. 그런데 피해자가 사전에 성매매에 동의하였다 하더라도 피해자는 여전히 그 동의를 번복할 자유가 있을 뿐만 아니라 자신이 예상하지 않았던 성적 접촉이나 성적 행위에 대해서는 이를 거부할 자유를 가지는 것이다. 그러므로 피해자에 대하여 이루어진 행위에 대하여 피해자의 동의가 있었는지 여부는 그 행위의 경위 및 태양, 피해자의 연령, 범행 당시의 정황 등 여러 사정을 종합적으로 고려하여 볼 때 그 행위로 인하여 피해자의 성적 자유 또는 성적 자기결정권이 침해되었는지를 기준으로 삼아 구체적·개별적으로 판단하여야 한다.[4] 다만 피해자가 16세 미만인 경우에는 일정한 경우 피해자의 승낙이 있더라도 제

---

1) 대법원 2017. 10. 12. 선고 2016도16948 판결(기습강간사건)(피고인은 피해자의 의사에 반하여 기습적으로 자신의 성기를 피해자의 성기에 삽입하고, 피해자가 움직이지 못하도록 반항을 억압한 다음 간음행위를 계속한 사실을 알 수 있다. 이와 같은 피고인의 행위는, 비록 간음행위를 시작할 때 폭행·협박이 없었다고 하더라도 간음행위와 거의 동시 또는 그 직후에 피해자를 폭행하여 간음한 것으로 볼 수 있고, 이는 강간죄를 구성한다).

2) 김선복, 167면; 김성돈, 199면; 김신규, 196면; 김일수/서보학, 134면; 김혜정 외 4인, 169면; 배종대, 165면; 오영근, 144면; 이재상/장영민/강동범, 165면; 정성근/정준섭, 108면.

3) 同旨 이상돈, 852면(그러한 동의는 무효이므로 강간죄가 성립한다); 정영일, 74면(강간의 고의로 폭행·협박을 하였으나 그 후 상대방이 간음행위에 자유로운 의사로 동의한 경우에는 본죄의 미수범이 된다).

4) 대법원 2019. 6. 13. 선고 2019도3341 판결(성매매변태사건)(공소사실: 피고인은 2018. 3. 11. 01:35경부터 같은 날 03:50경까지 사이에 광명시 소재 '○○호텔' △△△호실에서 피해자에게 필로폰을 제공하여, 약물로 인해 사물을 변별하거나 의사를 결정할 능력이 미약한 상태에 빠진 피해자가 제대로 저항하거나 거부하지 못한다는 사정

305조에 의하여 미성년자의제강간죄가 성립한다.

4. 실행의 착수시기 및 기수시기

(1) 실행의 착수시기

본죄의 실행의 착수시기는 사람을 간음하기 위하여 폭행 또는 협박을 개시한 때이다. 하지만 실제로 그와 같은 폭행 또는 협박에 의하여 피해자의 항거가 불가능하게 되거나 현저히 곤란하게 되어야만 실행의 착수가 있다고 볼 것은 아니다.

판례에 의하면, ① 피고인이 침대에서 일어나 나가려는 피해자의 팔을 낚아채어 일어나지 못하게 하고, '대학생이니까 괜찮다'고 하면서 갑자기 입술을 빨고 계속하여 저항하는 피해자의 유방과 엉덩이를

을 이용하여 피해자를 추행하기로 마음먹고, 화장실에서 샤워를 하고 있던 피해자에게 다가가 피해자에게 자신의 성기를 입으로 빨게 하고, 피해자의 항문에 성기를 넣기 위해 피해자를 뒤로 돌아 엎드리게 한 다음, 피해자의 항문에 손가락을 넣고, 샤워기 호스의 헤드를 분리하여 그 호스를 피해자의 항문에 꽂아 넣은 후 물을 주입하였다. 이로써 피고인은 약물로 인하여 사물을 변별하거나 의사를 결정할 능력이 미약한 심신미약자를 위력으로 추행하였다. 대법원의 판단: 이 사건이 문제가 된 것은 피해자의 어머니가 경찰에 112신고를 하면서부터이다. 피해자가 범행 전날 밤 11시경 친구를 만난다고 나갔다가 새벽 4시에 귀가하였는데, 성인 남자를 만난 것 같고 술에 취하지 않았음에도 횡설수설하고 팔에 주사 자국이 있는 것으로 보아 마약을 한 것 같다는 내용이었다. 당시 피해자는 고등학교에 재학 중인 16세의 학생으로 청소년성보호법상의 '아동·청소년'이자 아동복지법상의 아동에 해당하였다. 검사는 피고인을 마약류 관리에 관한 법률 위반(향정), 심신미약자추행, 절도, 도로교통법 위반 등 죄로 기소하였다. 이 부분 공소사실에 대하여 아동·청소년의 성을 사는 행위를 처벌하도록 규정한 청소년성보호법 제13조를 적용하지 않고 이 죄를 적용한 것은 당시 피해자가 아동·청소년이라는 사실을 몰랐다는 피고인의 변소를 받아들였기 때문으로 보인다. 원심((1) 피해자는 법정에서 "이 사건 당일은 피고인과의 세 번째 만남이었고, 성매매를 하기로 하고 만났다. 피고인과 그 이전의 만남에서도 돈을 받고 스타킹을 팔거나, 성매매를 했다."라고 진술하였는데, 이 사건 당일 피해자와 피고인의 만남은 애초에 성매매 대가를 지불하고 합의하에 성관계를 하기 위한 것이었다. 피해자는 모텔에서 나온 후 피고인으로부터 실제로 30만 원을 지급받았다. (2) 필로폰 투약과 관련하여, 피해자는 수사기관에서 "이 사건 당일 피고인을 만났을 때 피고인이 자꾸 술을 같이 마시자고 해서, 혹시 내가 생각하고 있는 그 술이냐라고 물었더니 맞다고 하였다. 처음에는 싫다고 했는데 피고인이 한 번만 해보자고 설득하였고, 저도 연예인들도 하니까 큰일이 날 거라고 생각하지 않고 호기심에 해보기로 하였다. 피고인에게 저의 팔에 주사를 하게 한 후 고개를 돌리고 있었다."라고 진술하였고, 법정에서도 같은 취지로 진술하였다. 피해자는 피고인과 모텔에 들어가기 전부터 '술을 마신다.'는 표현이 필로폰 투약행위를 의미하는 은어라는 것을 알고 있었을 뿐만 아니라, 필로폰 투약을 묵시적으로 승낙 내지 동의하였다고 할 것이다. (3) 피고인은 피해자의 팔 혈관에 필로폰을 주사하였는데, 이 사건 당일 촬영된 피해자의 오른팔 주사바늘 자국 사진에 의하면, 주사 부위를 여러 차례 찌른 흔적 또는 혈관이 터져서 멍이 들어 있는 모습이 없다. 만약 피해자가 팔을 빼거나 조금이라도 움직이는 등으로 협조하지 않았다면 위와 같은 혈관 주사 방식의 투약은 어려웠을 것이다)은 피해자가 성매매에 합의하였고 필로폰 투약에도 묵시적으로 승낙 내지 동의한 사정 등에 비추어 보면 피고인이 심신미약자를 위력으로 추행하였다고 인정하기 어렵다고 판단하였다. 하지만 원심이 피해자가 성매매 및 필로폰 투약에 동의하였다는 사정만을 근거로 피고인이 공소사실 기재 행위를 하였음을 인정할 증거가 없다고 단정하였다면 이는 도저히 받아들일 수 없다. … 이 부분 공소사실과 같은 피고인의 행위는 피해자에 대하여 위력으로써 추행을 한 경우에 해당한다고 볼 여지가 충분하다. 무엇보다도 피고인의 행위는 그 경위 및 태양, 피해자의 연령 등에 비추어 볼 때 피해자와 같은 처지에 있는 일반적·평균적 사람이 예견하기 어려운 가학적인 행위로서 성적 수치심이나 혐오감을 일으키는 데에서 더 나아가 성적 학대라고 볼 수 있다. 피해자가 성매매에 합의하였다 하더라도 이와 같은 행위가 있을 것으로 예상하였다거나 또는 이에 대하여 사전 동의를 하였다고 보기 어렵다. 또한 피해자가 필로폰 투약에 동의하였다 하여 이를 들어 피해자에게 어떠한 성적 행위를 하여도 좋다는 승인을 하였다고 볼 수도 없다. 피해자는 수사기관 및 원심법정에서 필로폰 투약을 한 상태에서 피고인의 행위에 적극적으로 저항할 수 없었다고 진술하고 있다. 심신미약의 상태에 있는 피해자가 원치 않는 성적 접촉 또는 성적 행위에 대하여 거부의사를 명확히 밝히지 않았다 하여 동의를 한 것으로 쉽게 단정해서는 안 됨은 물론이다).

만지면서 피해자의 팬티를 벗기려고 한 경우[1]), ② 피고인이 새벽 4시에 18세의 여자를 간음할 목적으로 그녀가 혼자 사는 방의 방문 앞에 가서 피해자가 방문을 열어주지 않으면 부수고 들어갈 듯한 기세로 방문을 두드리고 피해자가 위험을 느끼고 창문에 걸터앉아 가까이 오면 뛰어내리겠다고 하는데도 그 집 베란다를 통하여 창문으로 침입하려고 한 경우[2]), ③ 피고인이 피해자가 자동차에서 내릴 수 없는 상태를 이용하여 강간하려고 결의하고, 주행 중인 자동차에서 탈출불가능하게 하여 외포하게 하고 50km를 운행하여, 여관 앞까지 강제로 연행하여 강간하려다 미수에 그친 경우 위 협박은 감금죄의 실행의 착수임과 동시에 강간미수죄의 실행의 착수라고 할 것이고, 감금과 강간미수의 두 행위가 시간적·장소적으로 중복될 뿐만 아니라 감금행위 그 자체가 강간의 수단인 협박행위를 이루고 있는 경우[3]) 등에 있어서는 실행의 착수를 인정할 수 있다.

하지만 피고인이 강간할 목적으로 피해자의 집에 침입하였다고 하더라고 안방에 들어가 누워 자고 있는 피해자의 가슴과 엉덩이를 만지면서 간음을 기도한 경우[4])에는 실행의 착수를 인정할 수 없다.

(2) 기수시기

남성의 성기와 여성의 성기가 결합하는 순간에 기수가 된다. 그러므로 성기의 완전 삽입·사정(射精)·성욕의 만족 등은 요구되지 아니한다.

5. 죄수 및 다른 범죄와의 관계

(1) 죄 수

동일한 폭행 또는 협박을 이용하여 동일한 피해자를 수회 간음한 경우에는 강간죄의 단순일죄가 성립하지만[5]), 동일한 피해자라고 하더라도 포괄일죄의 요건을 충족시키지 못하면 경합범이 된다.[6])

(2) 다른 범죄와의 관계

① 강간시 강제추행을 한 경우에 강제추행은 강간의 불가분적 수반행위에 해당되어 흡수된다. 하지만 유사강간은 강간과 별도로 성립할 수 있다. ② 강요죄와 강간죄는 법조경합의 특

---

1) 대법원 2000. 6. 9. 선고 2000도1253 판결.
2) 대법원 1991. 4. 9. 선고 91도288 판결.
3) 대법원 1983. 4. 26. 선고 83도323 판결.
4) 대법원 1990. 5. 25. 선고 90도607 판결.
5) 대법원 2002. 9. 3. 선고 2002도2581 판결(200m후다시강간사건)(피해자를 1회 간음하고 200m쯤 오다가 다시 1회 간음한 때에도 피해자의 의사 및 그 범행시각과 장소로 보아 두 번째의 간음행위가 처음행위의 계속으로 볼 수 있으면 단순일죄이다); 대법원 1970. 9. 29. 선고 70도1516 판결.
6) 대법원 1987. 5. 12. 선고 87도694 판결(1시간후다시강간사건)(피고인이 피해자(여, 20세)를 강간할 목적으로 도망가는 피해자를 추격하여 머리채를 잡아 끌면서 블럭조각으로 피해자의 머리를 수회 때리고 손으로 목을 조르면서 항거불능하게 한 후 그녀를 1회 간음하여 강간하고 이로 인하여 그녀로 하여금 요치 28일간의 전두부 타박상을 입게 한 후 약 1시간 후에 그녀를 피고인 집 작은방으로 끌고 가 앞서 범행으로 상처를 입고 항거불능 상태인 그녀를 다시 1회 간음하여 강간한 경우, 피고인의 두 번에 걸친 피해자에 대한 강간행위를 그 범행시간과 장소를 각 달리하고 있을 뿐만 아니라 각 별개의 범의에서 이루어진 행위로 보아 형법 제37조 전단의 실체적 경합범으로 처단한 조치는 옳다).

별관계로서 강간죄만이 성립한다. ③ 폭행과 강간행위가 불과 1시간 전후에 이루어진 것이기는 하지만 강간의 범의를 일으킨 것이 폭행 후의 다른 상해범행의 실행 중이었음이 인정되면 폭행 사실은 별개의 독립한 죄를 구성한다.[1] ④ 감금행위가 강간죄의 수단이 된 경우에도 감금죄는 강간죄에 흡수되지 아니하고 별죄(상상적 경합)[2]를 구성한다.[3] ⑤ 타인의 주거에 침입하여 강간한 경우에는 주거침입죄와 강간죄의 실체적 경합이 되지 않고, 성폭력특례법 제3조 제1항에서 규정하고 있는 주거침입강간죄가 적용된다.[4] ⑥ 강간범이 강간행위 종료 전, 즉 그 실행행위의 계속 중에 강도의 행위를 할 경우에는 이때에 바로 강도의 신분을 취득하는 것이므로 이후에 그 자리에서 강간행위를 계속하는 때에는 강도가 사람을 강간한 때에 해당하여 강도강간죄를 구성한다.[5] ⑦ 피고인이 02:00경 피고인 운전의 화물차량 안에서 위험한 물건인 쇠말뚝을 피해자에게 들이대며 강간하려고 하였으나 마침 그 곳을 지나가던 사람에게 발각되어 그 뜻을 이루지 못하고 미수에 그치자, 다시 1시간 30분가량 위 차량을 운전·이동하여 정차한 후 이미 겁을 먹고 항거불능 상태에 있던 동 피해자를 1회 간음한 경우에는 1개의 강간미수죄와 1개의 강간죄가 별개로 성립한다.[6]

강간한 후 강도의 고의가 생겨 재물을 강취하면 강간죄(3년 이상의 징역)와 강도죄(3년 이상의 징역)[7]의 실체적 경합이 된다.[8] 그리하여 4년 6개월 이상의 처단형 범위 내에서 선고형이 결정된다. 반면에 강도강간죄는 무기 또는 10년 이상의 징역형이다. 즉 강간과 강도의 선후관계에 따라 처단형의 계산에 있어서 큰 차이를 보이고 있는 이유가 설명되어야 한다.

생각건대 몸을 뺏은 후 재물을 뺏는 경우가 재물을 뺏은 후 몸을 뺏는 경우보다 불법성이 더 약하다고 판단되는 결과로 보여 진다. 주로 강도가 피해자의 신고를 저지하기 위하여 강간에 이르는 경우가 다수 발생하는데, 이에 대한 강력한 대처의 일환으로 평가된다.

---

1) 대법원 1983. 4. 12. 선고 83도304 판결.
2) 상상적 경합범의 법적 효과와 관련하여 A죄가 10년 이하의 징역, B죄가 1년 이상 5년 이하의 징역이라고 가정할 때, 판례와 다수설에 의하면 처단형은 1년 이상 10년 이하의 징역에 해당한다고 한다. 하지만 이는 '가장 중한 죄에 정한 형으로 처벌한다'라는 문언의 의미를 벗어나는 독일식 해석에 해당하여 부당하다.
3) 대법원 1997. 1. 21. 선고 96도2715 판결.
4) 과거에는 주거침입죄와 강간죄의 경합범을 인정한 판례(대법원 1988. 12. 13. 선고 88도1807 판결)가 있었으나, 성폭력특례법의 제정으로 인하여 형법 규정의 적용이 배제되었다.
5) 대법원 1988. 9. 9. 선고 88도1240 판결.
6) 대법원 1996. 9. 6. 선고 96도1763 판결.
7) 하지만 강도죄와 강간죄의 법정형이 동일하다는 점은 의문이다. 예를 들어 낯선 사람이 접근했을 경우 피해자의 입장에서는 '가진 것을 다 줄테니 몸은 건드리지 마라'라는 것이 사회통념이다. 즉 몸을 빼앗는 행위(강간죄)보다는 가진 것을 빼앗는 행위(강도죄)의 불법성이 더 적다는 것이다.
8) 대법원 1977. 9. 28. 선고 77도1350 판결(강도강간죄는 일종의 신분범과 같아 강도범이 재물을 강취하는 기회에 부녀를 강간하는 것을 그 요건으로 하고 있는 것이다. 부녀를 강간한 자가 강간행위 후에 강도의 범의를 일으켜 그 부녀가 강간의 범행으로 항거불능상태에 있음을 이용하여 재물을 강취하는 경우에는 강간죄와 강도죄의 경합범이 성립될 수 있을 뿐 강도강간죄로서 의율될 수는 없다).

6. 소추조건

(1) 친고죄 폐지의 이유

원칙적으로 형벌권은 국가가 독점적으로 가지는 권한이기 때문에 피해자의 의사를 고려하지 않고 직권으로 발동될 수 있는 성질을 지니고 있다. 우리나라의 경우에도 형사소송법 제246조에서 공소는 검사가 제기한다고 하여 국가소추주의를 명문으로 인정하고 있다. 하지만 예외적으로 공공의 이익보다 사적인 이익을 더 중시할 수 있는 영역, 피해법익이 경미한 영역, 가해자와 피해자간에 특별한 관계가 있는 영역, 가해자와 피해자 사이의 사적인 해결이 보다 바람직한 영역 등에 해당하는 특정한 범죄군에 있어서는 고소권자의 고소가 있는 경우에만 검사가 공소를 제기할 수 있도록 하고 있는데, 이러한 특정 범죄군을 친고죄라고 칭하고 있다. 이러한 친고죄의 취지에 따라 기존 형법상 성폭력범죄는 대부분 친고죄로 규정되어 있었는데, 제32장 강간과 추행의 죄 가운데에서는 제297조 내지 제300조와 제302조 내지 제305조의 죄는 고소가 있어야 공소를 제기할 수 있었다((구) 형법 제306조).

하지만 이에 대하여 ① 친고죄가 보호하고자 하는 피해자의 명예가 과연 무엇인지 그 실체가 확인되지 않고 있다는 점, ② 특수강간죄는 비친고죄로 되어 있는데 이는 친고죄 규정을 통한 성범죄 피해자의 명예를 보호하고 있다는 체계의 일관성이 인정되지 못하다는 점, ③ 성문화의 변화로 인하여 더 이상 여성의 정조가 아닌 성적 자기결정권으로 성범죄의 보호법익이 변화된 지금은 성범죄 피해사실의 외부 공표로 인한 피해자의 명예에 대한 침해보다도 비친고죄로 규정하여 국가형벌권을 통한 성범죄의 단호하고 철저한 수사와 처벌이라는 공공의 이익이 더 중요한 시기라는 점, ④ 피해자의 고소취소를 얻어내기 위하여 가해자측이 피해자를 협박하는 사례가 있다는 점, ⑤ 성폭력의 불법성에 비추어 볼 때 단지 피해자의 고소가 없다는 이유만으로 범죄자의 형사처벌이 불가능하다면 이는 형사사법의 중대한 결함이라는 점, ⑥ 외국의 입법례를 살펴보면, 스위스·러시아·프랑스·독일·대만 등의 경우에는 강간죄에 대한 친고죄 규정이 없다는 점, ⑦ 성범죄 피해자의 상처가 금전적 보상으로 치유될 수 있을지는 의문이라는 점, ⑧ 자율적인 해결을 위한 시도에 있어서 피해자와 그 가족의 신상만 공개되어 오히려 피해자의 피해만 키우는 결과를 초래한다는 점 등을 이유로 2012. 12. 18. 형법 개정을 통하여 성폭력범죄에 대한 친고죄를 전면적으로 폐지하였다.

(2) 검 토

대법원은 친고죄를 인정하는 이유를 크게 두 가지의 유형으로 파악하고 있는데, 그 하나는 범죄를 소추해서 그 사실을 일반에게 알리는 것이 도리어 피해자에게 불이익을 줄 우려가 있기 때문에 이와 같은 경우에는 피해자의 처벌희망의 의사표시가 있어야 비로소 소추해서 처벌할 수 있게 하는 것이고, 또 하나는 비교적 경미하고 주로 피해자 개인의 법익을 침해하는 범죄에 관하여 구태여 피해자의 의사나 감정을 무시하면서까지 처벌할 필요가 없기 때문에 이와 같은 경우에는 피해자로부터 아무런 말이 없으면 소추하지 아니하고 피해자가 처벌을 희망하여 올 경우에 그때에 논하게 하겠다는 것이다.[1] 이와 같이 친고죄의 인정근거와 관련하여서는 피해 자의 보호, 피해법익의 경미성, 형법상의 보충성의 원칙 등이 일반적으로 거론되고 있다. 하지 만 일반적으로 '성폭력범죄'에 대한 친고죄의 인정근거로 피해법익의 경미성을 제시하기는 어 렵기 때문에 피해자의 사생활 내지 명예보호 또는 보충성의 원칙에 주안점을 두고 있는 것이 사실이며, 판례[2]도 이를 수긍하고 있다.

먼저 형사절차에서는 항상 범죄혐의를 규명하여 피고인을 처벌하려는 일반인의 이익과 피 해자의 사생활 보호라는 이익이 충돌하게 되는데, 수사 또는 재판과정에서 피해자가 공개하고 싶어 하지 않는 사생활이 외부에 드러나기도 하고, 가해자와 조우하거나 기억하기 싫은 과거의 기억을 상기해야 하며, 그러한 피해사실들을 피해자 자신의 진술을 통해 구체적으로 밝혀야 하 는 심리적·육체적인 부담감을 가지게 된다. 그러므로 형법은 피해자의 사생활 보호를 위하여 범죄로 인해 침해된 피해자 자신의 명예회복을 포기할 권리뿐만 아니라 고소의 불제기 또는 고 소의 취소 등을 통하여 형사절차의 진행을 중단시킬 권리를 피해자에게 인정하는 것이다. 다음 으로 성폭력범죄에 대한 친고죄의 인정근거를 형법의 보충성의 원칙에서 찾는 견해에 따르면 범죄에 대하여 피해자와 가해자가 자율적으로 해결할 수 있으면 그들의 자율적 해결을 우선시 하고, 이것이 불가능할 경우에 한해서만 국가가 개입해야 한다고 한다.

이상과 같은 성폭력범죄에 대한 친고죄 인정의 근거를 전제로 비친고죄를 주장하는 측의 논거를 비판해 보면 다음과 같다.[3] 첫째, 일부 성폭력범죄는 친고죄로 규정하면서도 일부 성폭 력범죄에 대해서는 비친고죄로 규정하고 있는 것은 체계일관성의 모순이라는 지적에 대해서는, 강간등상해·치상죄, 강간등살인·치사죄, 특수강간죄 등을 비친고죄로 하는 것은 일반적인 강 간범죄와 비교할 때 행위의 불법성이 현저히 크기 때문에 개인의 의사와 상관없이 국가가 개입 하겠다는 의지의 표현이라고 할 수 있는데, 이는 다른 것을 다르게 평가하는 것이기 때문에 체 계일관성과는 아무런 상관이 없는 것이다.

둘째, 피해자의 명예보호, 피해법익의 경미성, 특별한 인적 관계성이라는 개별적인 범죄에 대한 친고죄 존재의 근거를 가지고서 친고죄 전반에 대한 존재이유에 적용하여 그 부당성을 지 적하는 것에 대해서는, 친고죄의 인정 근거는 개별적인 범죄에 따라 고유한 취지가 있는 것이 기 때문에 모든 친고죄에 대하여 각각의 고유한 취지를 동시에 접목시키는 것은 무리라고 판단 된다. 모든 친고죄 규정에 공통적으로 인정할 수 있는 취지를 요구하는 것 자체가 부당하고, 각 각의 범죄에서 도출되는 특수성을 감안하여 개별적으로 파악하는 것이 제도의 취지에 부합한다.

---

[1] 대법원 1994. 4. 26. 선고 93도1689 판결.

[2] 대법원 2002. 5. 16. 선고 2002도51 전원합의체 판결(강간죄를 친고죄로 정한 취지가 피해자의 명예와 인격을 보호하기 위하여 공소권의 행사 여부를 피해자의 의사에 따르도록 제한하려는 데 있는 이상 …).

[3] 친고죄 폐지의 문제점에 대하여 보다 자세한 논의로는 박찬걸, "성폭력범죄 대처를 위한 최근(2012. 12. 18.) 개 정 형법에 대한 검토", 한양법학 제42집, 한양법학회, 2013. 5, 167면 이하 참조.

셋째, 친고죄의 도입취지와 달리 성폭력범죄가 줄거나 예방되고 있지 않다는 지적에 대해서는, 친고죄를 유지하고 있는 이유가 성폭력범죄율을 낮추기 위함이 절대 아니라고 반박할 수 있다. 성폭력범죄에 있어서 친고죄는 피해자의 보호에 충실한 입장으로서 수사과정 또는 재판과정에서 발생할 수 있는 2차 피해의 방지, 피해사실의 누설로 인한 피해자의 명예실추 방지, 민사상 손해배상 및 형사합의에 있어서 피해자에게 유리한 위치의 선점 등을 주된 이유로 하고 있는 것이지 결코 범죄율을 줄이거나 범죄를 예방하는 수단으로 작용하고 있는 것이 아니다.

넷째, 성폭력범죄를 저지른 가해자들이 친고죄의 혜택으로 처벌을 받지 않게 되고, 우리 사회에서 성폭력범죄가 용인될 수 있다는 인식을 심어줄 수 있다는 지적에 대해서는, 고소권의 불행사 또는 고소의 취소 등으로 인하여 가해자가 형사절차에서 배제되는 것은 친고죄의 본질적인 혜택이 아니라 부수적인 효과라고 보아야 한다. 가해자에게 인정되는 부수적인 효과로 인하여 피해자에게 인정되는 수사 및 소송절차 불관여의 권한을 전적으로 배제하는 것은 현재의 피해자 보호사상에 부합하지 아니한다.

다섯째, 피해자의 명예나 사생활에 대한 침해보다도 비친고죄로 규정하여 국가형벌권을 통한 성범죄의 단호하고 철저한 수사와 처벌이라는 공공의 이익이 더 중요한 시기라는 지적에 대해서는, 가해자의 처벌을 바라는 다수의 의사가 피해자의 사생활 보호라는 피해자 고유의 의사를 결코 압도할 수 없다는 점을 강조할 수 있다. 여기서 말하는 다수는 피해자와 아무런 상관이 없는 제3자의 입장에서 재판절차의 진행을 주장하겠지만, 만약 피해자의 가족, 친구 등 피해자와 밀접한 관련이 있는 제3자의 입장이라면 좀 더 피해자의 의사를 존중하는 입장을 취할 것이 분명하기 때문이다.

생각건대 형법상 성폭력범죄에 대한 친고죄 조항의 전면적인 폐지는 피해자에게 너무나 가혹한 결과를 초래할 수 있다. 그러므로 제297조(강간), 제297조의2(유사강간), 제298조(강제추행), 제299조(준강간, 준강제추행), 제300조(미수범) 등의 죄에 있어서 피해자는 제302조 및 제305조와 달리 성인이기 때문에 친고죄가 재도입되어야 한다. 왜냐하면 사리분별능력과 의사판단능력을 어느 정도 갖추고 있는 성인의 입장에서 냉철하게 판단하여 재판절차의 진행 여부를 결정하는 것이 보다 바람직하기 때문이다.

Ⅱ. 유사강간죄

제297조의2(유사강간)　폭행 또는 협박으로 사람에 대하여 구강, 항문 등 신체(성기는 제외한다)의 내부에 성기를 넣거나 성기, 항문에 손가락 등 신체(성기는 제외한다)의 일부 또는 도구를 넣는 행위를 한 사람은 2년 이상의 유기징역에 처한다.
제300조(미수범)　제297조, 제297조의2, 제298조 및 제299조의 미수범은 처벌한다.
제305조의2(상습범)　상습으로 제297조, 제297조의2, 제298조부터 제300조까지, 제302조, 제303조 또는 제305조의 죄를 범한 자는 그 죄에 정한 형의 2분의 1까지 가중한다.

제305조의3(예비, 음모) 제297조, 제297조의2, 제299조(준강간죄에 한한다), 제301조(강간등 상해죄에 한한다) 및 제305조의 죄를 범할 목적으로 예비 또는 음모한 사람은 3년 이하의 징역에 처한다.

1. 의의 및 법적 성격

(1) 의 의

유사강간죄는 폭행 또는 협박으로 사람에 대하여 구강·항문 등 신체(성기는 제외한다)의 내부에 성기를 넣거나 성기·항문에 손가락 등 신체(성기는 제외한다)의 일부 또는 도구를 넣는 행위를 함으로써 성립하는 범죄이다. 기존의 형법에서는 성폭력범죄의 행위태양으로서 이성(異性)간의 성기삽입행위를 의미하는 간음행위와 객관적으로 일반인의 성적 수치심이나 혐오감을 일으키게 하는 일체의 행위를 의미하는 추행행위라는 2개의 유형만을 규정하고 있었다. 여기서 일반적으로 강제추행이란 상대방의 성적 수치심이나 혐오감을 불러일으키는 성기삽입 이외의 일체의 행위를 말하는 것으로서, 강간의 경우에 비해 그 피해가 상대적으로 경미하고 불법의 정도도 낮은 경우를 포함하고 있을 뿐만 아니라 강간의 경우보다 죄질이 나쁘고 피해가 중대한 경우도 포함하고 있다. 그런데 폭행 또는 협박으로 구강·항문 등 신체의 내부에 성기를 넣는 행위 또는 성기·항문에 손가락 등 신체의 일부 또는 도구를 넣는 행위는 비정상적이고 변태적인 성행위로서 폭행 또는 협박에 기하여 이와 같은 행위를 가하는 경우 그 침해의 결과가 강간에 비하여 결코 적다고 볼 수 없다.[1] 그러므로 폭행 또는 협박에 기하여 이와 같은 유사성교행위를 하는 행위는 그 죄질과 범정이 매우 무겁고 비난가능성 또한 매우 높은 행위라고 할 수 있다. 하지만 기존의 형법에 따르면 이러한 유형의 범죄는 강간죄의 구성요건을 충족할 수가 없었고, 단지 법정형이 상대적으로 낮은 강제추행죄로 의율할 수밖에 없는 불합리한 점이 발생하고 있었다. 이러한 불합리를 시정하기 위한 2012. 12. 18. 개정 형법의 태도는 성범죄를 보다 세분화하여 이에 상응하는 불법의 양만큼 가해자를 개별적으로 처벌하고자 하는 것으로서, 비례성의 원칙에 부합할 뿐만 아니라 다른 형사특별법 및 형법 체계 내에서의 정합성에도 부응된다.[2]

(2) 법적 성격

유사강간죄는 2가지 유형의 유사강간행위를 규정하고 있는데, 사람에 대하여 ① 폭행 또는 협박으로 구강·항문 등 신체의 내부에 성기를 넣는 행위, ② 폭행 또는 협박으로 성기·항문에 손가락 등 신체의 일부 또는 도구를 넣는 행위 등이 그것이다. 본죄의 법적 성격과 관련하여, 유사강간죄가 강간죄의 일종인지 아니면 강제추행죄의 일종인지가 문제될 수 있다. 일반적으로 강간죄가 성립하려면 가해자의 폭행·협박은 '피해자의 항거를 불가능하게 하거나 현저히 곤란

---

1) 헌법재판소 2011. 11. 24. 선고 2011헌바54 결정.
2) 이에 대하여 법정형을 강간죄와 동일하게 규정할 필요가 있다는 견해로는 신동운, 669면.

하게 할 정도의 것'이어야 하지만[1], 강제추행죄는 폭행 또는 협박을 가하여 사람을 추행함으로써 성립하는 것으로서 그 폭행 또는 협박이 '항거를 곤란하게 할 정도일 것'을 요한다.[2] 만약 유사강간죄를 강간죄의 일종으로 파악한다면 폭행 또는 협박의 정도도 강간죄의 그것과 동일한 정도를 요구할 것이고, 다만 행위태양이 성기의 삽입이 아니라는 점으로 인하여 형이 감경되는 것으로 파악하여 유사강간죄를 강간죄에 대한 감경적 구성요건으로 볼 것이다. 하지만 유사강간죄를 강제추행죄의 일종으로 파악한다면 폭행 또는 협박의 정도도 강제추행죄의 그것과 동일한 정도를 요구할 것이고, 다만 행위태양이 일반적인 추행의 정도를 과도하게 벗어났다는 점으로 인하여 형이 가중되는 것으로 파악하여 유사강간죄를 강제추행죄에 대한 가중적 구성요건으로 볼 것이다.

생각건대 본죄는 강간죄의 감경적 구성요건으로 파악하고, 폭행 또는 협박의 정도는 강간죄에서 요구하는 수준으로 파악하는 것이 타당하다.[3] 왜냐하면 ① 강간죄가 제297조에 규정되어 있고, 바로 다음인 제297조의2에 유사강간죄가 규정되어 있다는 점, ② 죄명에 있어서 유사강제추행죄가 아니라 유사강간죄라고 명명한 점, ③ '신체의 내부에 성기를 넣는 행위' 또는 '신체의 일부 또는 도구를 넣는 행위'라고 하여 간음행위와 유사하게 일종의 삽입행위를 구성요건으로 하고 있는 점, ④ 다소 광범위한 범위에서 인정되는 추행행위에 나타나는 불법성의 차이보다는 상대적으로 구체적인 범위에서 인정되는 강간행위에 나타나는 불법성의 크기와 비견될 수 있다는 점 등을 고려할 때 강간죄의 일종으로 파악할 수 있기 때문이다.

2. 구성요건

(1) 객 체

본죄의 객체는 비장애 성인에 국한된다. 왜냐하면 신체적인 또는 정신적인 장애가 있는 사람에 대하여 폭행이나 협박으로 유사성교행위를 한 사람은 5년 이상의 유기징역에 처하고(성폭력특례법 제6조 제2항), 아동·청소년에 대하여 폭행이나 협박으로 유사성교행위를 한 사람도 5년 이상의 유기징역에 처하고 있기 때문이다(청소년성보호법 제7조 제2항).

(2) 행 위

1) 폭행 또는 협박

본죄에서 말하는 폭행 또는 협박은 강간죄에서 설명한 바와 같다.

2) 유사강간행위

① 구강·항문 등 신체의 내부에 성기를 넣는 행위

'성기를 넣는 행위'란 상대방의 성기를 제외한 구강·항문 등 신체의 내부에 성기를 삽입하

---

1) 대법원 2010. 11. 11. 선고 2010도9633 판결.
2) 대법원 2012. 7. 26. 선고 2011도8805 판결.
3) 同旨 손동권/김재윤, 157면; 임 웅, 217면.

는 것을 말한다. 그러므로 신체의 외부에 성기를 마찰시키는 행위는 이에 해당하지 아니한다.

② 성기ㆍ항문에 손가락 등 신체의 일부 또는 도구를 넣는 행위

'손가락 등 신체의 일부 또는 도구를 넣는 행위'의 대상은 성기와 항문으로 한정되어 있다. 그러므로 '구강'에 손가락 등 신체의 일부 또는 도구를 넣는 행위는 이에 해당하지 아니한다. 손가락 '등'에서 등의 예로는 크기와 성상(性狀)에 비추어 발가락이나 혀 등을 들 수 있다. 유사 강간행위에 대한 보다 자세한 해석론은 저자 자신은 물론 독자들의 혐오감을 방지하기 위하여 이만 생략하기로 한다.[1]

③ 유사성교행위와의 구별

본죄에서 규정하고 있는 유사강간행위와 비교해야 할 것으로서 성매매처벌법 제2조 제1항 제1호 (나)목에서 규정하고 있는 유사성교행위(구강ㆍ항문 등 신체의 일부 또는 도구를 이용한 유사성교 행위)가 있다. 여기서 문제는 유사강간행위와 유사성교행위의 차이점이라고 할 수 있는데, 이는 '이용행위'와 '삽입행위'의 차이라고 할 수 있다. 예를 들어 입이나 손(발, 유방 등 기타 신체의 일부) 을 타인의 성기에 직접 접촉하는 경우에 그것이 신체의 내부로 삽입되지 않고 표면적인 접촉에 그치는 경우에는 유사성교행위에 해당[2]하지만, 유사강간행위에는 해당하지 아니한다.

이러한 차이점은 범죄의 기수시점의 시간적 차별화로 귀결되는데, 형법상 유사강간죄는 강 간죄의 감경적 구성요건을 규정한 것으로 기수시점은 대법원의 삽입설에 의하여 '삽입행위' 시 이다. 반면 성매매처벌법상 성매매죄의 기수시점은 대법원의 성적 만족설에 의하여 '이용행위' 시이다. 이처럼 대법원이 성행위의 태양에 따라 기수시점에 차등을 보이는 이유는 아마도 상대 방의 성적 자기결정권의 침해 유무에 따른 판단으로 파악된다.[3] 본죄는 상대방의 성적 자기결 정권이 침해된 행위태양이므로 보다 강력한 침해유형을 요구한 것이고, 성매매처벌법상 성매매 죄는 상대방의 성적 자기결정권이 침해되지 않는 행위태양이므로 보다 완화된 침해유형을 요 구한 것이다.

결론적으로 신체의 일부를 이용하여 항문ㆍ구강 등을 통하여 신체 내부로 삽입하는 행위만 이 유사강간행위에 포함되고, 입 또는 손 등 신체의 일부를 이용하여 타인의 성기에 직접 접촉 하는 경우라도 그것이 신체 내부로 삽입되지 않고 표면적인 접촉에 그치는 행위는 본죄가 아니 라 강제추행죄로 의율해야 할 것이다.

---

1) 同旨 임 웅, 219면.

2) 대법원 2006. 10. 26. 선고 2005도8130 판결.

3) 이에 대하여 보다 자세한 논의로는 박찬걸, "성매매죄의 개념에 관한 연구", 법학논총 제26집 제1호, 한양대학교 법학연구소, 2009. 3, 467~468면.

Ⅲ. 강제추행죄

> **제298조(강제추행)** 폭행 또는 협박으로 사람에 대하여 추행을 한 자는 10년 이하의 징역 또는 1천500만원 이하의 벌금에 처한다.
> **제300조(미수범)** 제297조, 제297조의2, 제298조 및 제299조의 미수범은 처벌한다.
> **제305조의2(상습범)** 상습으로 제297조, 제297조의2, 제298조부터 제300조까지, 제302조, 제303조 또는 제305조의 죄를 범한 자는 그 죄에 정한 형의 2분의 1까지 가중한다.

1. 의 의

강제추행죄는 폭행 또는 협박으로 사람에 대하여 추행을 함으로써 성립하는 범죄이다. 본죄는 '강간과 추행의 죄'의 기본적 구성요건에 해당한다. 본죄는 앞에서 설명한 강간죄 및 준강간죄와 달리 예비 또는 음모에 대한 처벌규정은 별도로 두고 있지 않다.

2. 구성요건

(1) 주 체

본죄의 주체에는 제한이 없다. 그러므로 이성(異性)간 뿐만 아니라 동성(同性)간[1]에도 범해질 수 있다.[2]

(2) 객 체

본죄의 객체는 19세 이상의 사람이다. 13세 미만의 사람을 객체로 하는 경우에는 성폭력특례법 제7조 제3항에 의하여 가중처벌되며(5년 이상의 징역), 13세 이상 19세 미만의 청소년을 객체로 하는 경우에는 청소년성보호법 제7조 제3항에 의하여 가중처벌된다(2년 이상의 징역 또는 1천만원 이상 3천만원 이하의 벌금).

법률상의 처도 본죄의 객체가 된다.[3] 이에 대하여 판례도 「혼인한 부부는 상대방의 성적 욕구에 응할 의무는 있지만 각자 성적 자기결정권을 포기한 것으로 볼 수는 없으므로 부부간의

---

1) 대법원 2021. 7. 21. 선고 2021도6112 판결(한의원실장과간호조무사사건); 대법원 2008. 5. 29. 선고 2008도2222 판결(군형법 제92조에서 말하는 '추행'이라 함은 계간(항문 성교)에 이르지 아니한 동성애 성행위 등 객관적으로 일반인에게 혐오감을 일으키게 하고 선량한 성적 도덕관념에 반하는 성적 만족 행위로서 군이라는 공동사회의 건전한 생활과 군기를 침해하는 것이라고 할 것이고, 이에 해당하는지 여부는 행위자의 의사, 구체적 행위태양, 행위자들 사이의 관계, 그 행위가 공동생활이나 군기에 미치는 영향과 그 시대의 성적 도덕관념 등을 종합적으로 고려하여 신중히 결정되어야 할 것이다(사실관계: 중대장인 피고인이 소속 중대원인 피해자들의 양 젖꼭지를 비틀거나 잡아당기고 손등으로 성기를 때린 사실은 인정되지만, 그 범행 장소가 소속 중대 복도 및 행정반 사무실 등 공개된 장소이고, 범행 시각이 오후 또는 저녁시간으로서 다수인이 왕래하는 상태였으며, 피해자도 특정인이 아닌 불특정 다수인 점 등에 비추어 볼 때 위와 같은 행위로 인하여 피해자들이 성적 수치심을 느꼈다거나 이러한 행위가 일반인에게 성적 수치심이나 혐오감을 일으키게 하는 것이라고 볼 수 없다)).
2) 동성간의 추행에 대하여 보다 자세한 논의로는 박찬걸, "군형법상 추행죄의 합리적인 존치 방안", 형사법연구 제32권 제4호, 2020. 12, 149면 이하; 박찬걸, "군형법상 추행죄의 문제점과 개선방안", 한양법학 제35호, 한양법학회, 2011. 8, 73면 이하 참조.
3) 반면에 부부관계의 특수성을 고려할 때 법률상의 배우자는 본죄의 객체가 될 수 없다는 견해로는 최호진, 153면.

관계에 있어서도 성적 자기결정권은 여전히 보호되어야 한다. 따라서 부부의 일방이 폭력을 행사하여 성폭행을 하는 행위는 타방의 성적 자기결정권을 침해하는 행위로서 형사처벌의 대상이 된다고 할 것이다. 특히 부부간의 관계는 타인이 간섭하기 어려운 특성이 있어 그 범행이 반복될 수 있다는 점에서 엄한 처벌이 필요하다.」라고 판시[1]하여, 이를 긍정하고 있다.

(3) 행 위
1) 폭행 또는 협박

본죄에 있어서 폭행·협박의 정도와 관련하여, ① 본죄의 법정형이 강간죄보다 낮은 이유는 폭행·협박의 정도가 다르기 때문이 아니라 추행의 개념이 강간보다 더 넓게 해석된다는 것에서 기인한다는 점, 간음의 불법성이 추행의 불법성보다 중하다는 점 등을 논거로 하여, 강간죄와 마찬가지로 반항을 불가능하게 하거나 현저히 곤란하게 할 정도임을 요한다는 견해[2], ② 본죄의 법정형이 벌금형까지 규정하고 있음에 비추어 강간죄의 폭행·협박과 폭행죄 내지 협박죄의 폭행·협박의 중간정도, 즉 일반인으로 하여금 항거에 곤란을 느끼게 할 정도 또는 상대방의 의사에 반하는 정도이면 족하다는 견해[3] 등의 대립이 있다.

이에 대하여 판례는 「강제추행죄는 상대방에 대하여 폭행 또는 협박을 가하여 항거를 곤란하게 한 뒤에 추행행위를 하는 경우뿐만 아니라 폭행행위 자체가 추행행위라고 인정되는 경우도 포함되는 것이며, 이 경우에 있어서의 폭행은 반드시 상대방의 의사를 억압할 정도의 것임을 요하지 않고 상대방의 의사에 반하는 유형력의 행사가 있는 이상 그 힘의 대소강약을 불문하며 폭행 또는 협박은 반드시 추행 이전에 행해질 것을 요하지 아니한다.」라고 판시[4]하여, 후

1) 서울중앙지방법원 2004. 8. 20. 선고 2003고합1178 판결. 동 사건은 처인 피해자가 이혼을 요구한다는 이유로 딸의 방에서 자고 있는 피해자를 안방으로 끌고 가 피해자의 옷을 억지로 벗긴 후, 피해자에게 '너 오늘 죽고 나 죽자. 밤은 기니까'라고 하면서 피해자의 두 팔을 머리 위로 올려 뒤로 꺾어 왼손으로 잡고 움직이지 못하게 하는 등으로 피해자의 반항을 억압한 다음, 오른손 엄지와 검지 손가락을 피해자의 성기와 항문에 집어넣고 마구 찌르는 등으로 피해자를 강제로 추행하고, 이로 인하여 피해자로 하여금 치료기간 미상의 항문부위 열상을 입게 하였다.
2) 김선복, 172면; 김일수/서보학, 139면; 배종대, 171면; 오영근, 149면; 이재상/장영민/강동범, 169면; 이정원/류석준, 139면; 이형국/김혜경, 212면; 정성근/정준섭, 112면; 정영일, 76면.
3) 김성돈, 204면(강제추행죄의 추행은 강간죄의 간음과 달리 특정된 행위가 아니라 상대방의 성적 수치심 또는 혐오감을 일으키는 등 다양한 형태로 이루어질 수 있고, 강간죄와 같이 폭행·협박과 간음이 별개의 행위가 아니라 특히 폭행 자체가 추행행위인 경우도 있을 수 있다); 김성천/김형준, 188면; 김신규, 206면; 김혜정 외 4인, 174면; 박상기, 514면; 손동권/김재윤, 158면; 신동운, 671면; 이영란, 182면; 임 웅, 222면.
4) 대법원 2020. 3. 26. 선고 2019도15994 판결(회식후노래방기습추행사건)(원심은 무죄의 근거로서 피고인이 피해자의 허벅지를 쓰다듬던 당시 피해자가 즉시 피고인에게 항의하거나 반발하는 등의 거부의사를 밝히는 대신 그 자리에 가만히 있었다는 점을 중시하였던 것으로 보인다. 그러나 성범죄 피해자의 대처 양상은 피해자의 성정이나 가해자와의 관계 및 구체적인 상황에 따라 다르게 나타날 수밖에 없다는 점에서 원심이 들고 있는 위 사정만으로는 강제추행죄의 성립이 부정된다고 보기 어렵다. 피해자가 피고인에게 즉시 거부의사를 밝히지 않았다고 하지만, 반대로 피해자가 피고인의 행위에 대하여 명시적으로 동의한 바도 없었음이 분명하고, 피고인의 신체접촉에 대해 피해자가 묵시적으로 동의하였다거나 그 의사에 반하지 않았다고 볼 만한 근거 역시 찾아볼 수 없기 때문이다. 나아가 이 사건 당시 피고인의 행위에 대하여 적극적으로 항의하지 아니한 이유에 관하여, 피해자는 경찰 조사시 '수치스러웠다. 이런 적이 한번도 없어서 어떻게 해야 할지 몰랐다'고, 검찰 조사시 '짜증이 나고 성적으로 수치심이 들었다. 피고인은 회사 대표이고 피해자는 그 밑에서 일하는 직원이라서 적극적으로 항의하지 못했다'고 각 진술하였다. 이처럼 당시는 다른 직원들도 함께 회식을 하고나서 노래방에서 여흥을 즐기던 분위기였

자의 견해를 취하고 있다.

생각건대 원칙적으로 불가벌의 영역에 놓여 있는 단순추행과 가벌적인 영역에 놓여 있는 강제추행은 구별하여야 한다. 현행 형법은 단순추행행위를 처벌하지 않고 적어도 일정한 유형력이 수반된 추행행위만을 처벌하고 있으며, 강체추행죄에서는 폭행 또는 협박이 함께 이루어져야 한다. 하지만 강간과는 달리 강제추행은 기습적인 행위로 인하여 충분히 범해질 수 있으므로(소위 기습추행)[1], 입법론적으로 성폭력특례법상 공중밀집장소추행죄의 경우에 준하는 수준의 기습추행죄를 별도로 신설하는 것이 타당하다.[2]

2) 추 행

'추행'이란 객관적으로 일반인에게 성적 수치심이나 혐오감을 일으키게 하고 선량한 성적 도덕관념에 반하는 행위로서 피해자의 성적 자기결정의 자유를 침해하는 것을 말한다. 그러므로 건전한 성풍속이라는 일반적인 사회적 법익을 보호하려는 목적을 가진 공연음란죄에서 정하는 '음란한 행위'가 특정한 사람을 상대로 행하여졌다고 해서 반드시 그 사람에 대하여 '추행'이 된다고 말할 수 없고, 무엇보다도 문제의 행위가 피해자의 성적 자유를 침해하는 것으로 평가될 수 있어야 한다.[3] 이에 해당하는지 여부는 피해자의 의사·성별·연령·행위자와 피해자의 이전부터의 관계·행위에 이르게 된 경위·구체적 행위태양·주위의 객관적 상황과 그 시대의

기에 피해자가 즉시 거부의사를 밝히지 않았다고 하여, 피고인의 행위에 동의하였다거나 피해자의 의사에 반하지 아니하였다고 쉽게 단정하여서는 아니 된다); 대법원 2007. 1. 25. 선고 2006도5979 판결; 대법원 1992. 2. 28. 선고 91도3182 판결; 대법원 1983. 6. 28. 선고 83도399 판결.

1) 헌법재판소 2020. 6. 25. 선고 2019헌바121 결정(폭행행위 자체가 추행행위에 해당하는 경우까지 처벌 대상으로 삼고 있다 하더라도, 그것이 객관적으로 일반인에게 성적 수치심이나 혐오감을 일으키게 하고 선량한 성적 도덕관념에 반하는 행위로서 피해자의 성적 자기결정권을 침해하는 것임을 전제로 하는 이상, 단지 이를 가지고 곧 입법목적의 달성에 필요한 범위를 넘는다고 할 수는 없다).

2) 이에 대하여 기습추행을 강제추행죄로 만드는 폭행 개념은 강제추행죄를 사실상 성희롱죄의 개념에 접근시킨다는 점을 지적하면서, 만일 폭행이나 협박의 정도가 단지 상대방의 의사에 반하는 정도인 경우에는 강요죄를 적용하는 것이 타당하다는 견해로는 이상돈, 859면.

3) 대법원 2012. 7. 26. 선고 2011도8805 판결(허심청온천뒷길사건)(① 피해자는 48세의 여자로 건물 2층에서 '○○ ○○○○' 지점을 운영하고 있는데 그 건물 1층에서 식당을 운영하는 공소외인과 분쟁이 있었다. ② 피고인은 그 식당에서 술을 마시면서 평소 알고 지내던 공소외인으로부터 피해자와의 분쟁에 관한 이야기를 들었고, 마침 피해자가 내려오자 피해자에게 말을 걸었다. ③ 피해자는 피고인의 말을 무시하고 위 식당 앞 도로에 주차하여 둔 자신의 차량으로 걸어갔고 이에 피고인은 피해자의 뒤를 쫓아가면서 공소사실과 같이 욕을 하고 바지를 벗어 성기를 피해자에게 보였다. ④ 그곳은 허심청 온천 뒷길로 식당 및 편의점 등이 있어서 저녁 8시 무렵에도 사람 및 차량의 왕래가 빈번한 도로이고 피해자는 당시 위 식당 옆 도로변에 차를 주차하여 둔 상태이었다. 이상에서 본 피해자의 성별·연령, 이 사건 행위에 이르게 된 경위 및 피고인은 자신의 성기를 꺼내어 일정한 거리를 두고 피해자에게 보였을 뿐 피해자에게 어떠한 신체적 접촉도 하지 아니한 점, 위 행위장소는 피해자가 차량을 주차하여 둔 사무실 근처의 도로로서 사람 및 차량의 왕래가 빈번한 공중에게 공개된 곳이었고, 피해자로서는 곧바로 피고인으로부터 시선을 돌림으로써 그의 행위를 쉽사리 외면할 수 있었으며 필요하다면 주위의 도움을 청하는 것도 충분히 가능하였던 점, 피고인은 피해자를 위 행위장소로 이끈 것이 아니라 피해자의 차량으로 가는 피해자를 따라가면서 위와 같은 행위에 이르게 된 점, 피고인이 피해자에 대하여 행하여서 협박죄를 구성하는 욕설은 성적인 성질을 가지지 아니하는 것으로서 '추행'과 관련이 없는 점, 그 외에 피해자가 자신의 성적 결정의 자유를 침해당하였다고 볼 만한 사정은 이를 찾을 수 없는 점 기타 제반 사정을 고려하여 보면, 단순히 피고인이 바지를 벗어 자신의 성기를 피해자에게 보여준 것만으로는 그것이 비록 객관적으로 일반인에게 성적 수치심이나 혐오감을 일으키게 하는 행위라고 할 수 있을지 몰라도 피고인이 폭행 또는 협박으로 '추행'을 하였다고 볼 수 없다).

성적 도덕관념 등을 종합적으로 고려하여 신중히 결정되어야 한다.[1] 추행 행위에 해당하기 위해서는 객관적으로 일반인에게 성적 수치심이나 혐오감을 일으키게 할 만한 행위로서 선량한 성적 도덕관념에 반하는 행위를 행위자가 대상자를 상대로 실행하는 것으로 충분하고, 그 행위로 말미암아 대상자가 성적 수치심이나 혐오감을 반드시 실제로 느껴야 하는 것은 아니다. 이에 따라 피고인의 행위가 객관적으로 추행행위에 해당한다면 그로써 행위의 대상이 된 피해자의 성적 자기결정권은 침해되었다고 보아야 할 것이고, 행위 당시에 피해자가 이를 인식하지 못하였다고 하여 추행에 해당하지 않는다고 볼 것은 아니다.[2]

　그리고 신체부위에 따른 추행의 인정 여부는 달라지지 아니하기 때문에 본질적인 차이는 발생하지 아니한다.[3] 따라서 반드시 신체의 은밀한 부분이 아니라고 하더라도 무릎·허벅지·엉덩이·어깨·팔·손목 등을 만지는 행위도 상황에 따라 본죄에 해당할 수 있다.[4]

　판례에 의하면, ① 비록 피해자가 피고인의 머리채를 잡아 폭행을 가하자 이에 대한 보복의 의미에서 한 행위로서 성욕을 자극·흥분·만족시키려는 주관적 동기나 목적이 없었다고 하더라도, 객관적으로 여성인 피해자의 입술, 귀, 유두, 가슴을 입으로 깨무는 등의 행위[5], ② 피해자들이 별다른 저항을 하지 않았다고 하더라도 사탕과 호루라기를 매개로 피해자들에게 접근하면서 피해자들을 끌어안고 음부를 만지는 행위[6], ③ 피고인이 엘리베이터라는 폐쇄된 공간에서 피해자들을 칼로 위협하는 등으로 꼼짝하지

---

1) 대법원 2017. 10. 31. 선고 2016도21231 판결(2세여아약수사건).
2) 대법원 2021. 10. 28. 선고 2021도7538 판결(소변추행사건)(피고인은 2019. 11. 25. 22:46경 천안시 ○○구에 있는 아파트 놀이터에서 나무의자에 앉아 휴대전화로 통화를 하고 있는 피해자(여, 18세)의 뒤로 몰래 다가가 피해자의 머리카락 및 입고 있는 후드티와 패딩점퍼 위에 소변을 보아 피해자를 강제로 추행하였다. 1) 피고인은 차량을 운전하여 이동하다가 차량을 일시 정차하고 전조등과 비상등을 켜둔 상태로 내린 후 아무런 이유 없이 이 사건 아파트 인근 사거리 횡단보도에서 신호를 기다리고 있던 피해자의 뒤를 따라갔다. 2) 피해자는 아파트 놀이터에 이르러 의자에 앉아 이어폰을 끼고 친구와 전화통화를 하면서 담배를 피우고 있었는데, 피고인은 피해자의 등 뒤에 공소사실 기재와 같이 소변을 보았다. 3) 피고인은 '화가 난 상태에서 차에서 내렸는데, 횡단보도 앞에 있는 여자를 발견하고 화풀이를 하기 위하여 따라갔고, 욕설을 하는 등 화풀이를 하려고 했으나 피해자가 의자에 앉아 계속 통화를 하고 있어서 홧김에 피해자의 등 위에 소변을 보았다'는 취지로 진술하였다. 4) 피해자는 '놀이터에서 뒤에 있는 사람 그림자를 보았고, 이후 머리에 무엇인가 닿는 느낌이 들어 정수리 부분을 만져 보았으나, 이상이 없다고 생각했다. 옷을 두껍게 입었고 날씨도 추워서 소변 냄새를 맡지 못한 것 같다. 집에 가려고 일어났을 때 남자가 앞쪽으로 튀어나가 깜짝 놀랐는데, 보니까 횡단보도에서 신호대기 중 보았던 남자였다. 집에 가서 옷과 머리카락이 젖어 있고 냄새를 맡아 보니 소변 냄새가 나서 뒤에 서 있던 남자가 소변을 싼 것이라고 생각되어 신고하였고, 짜증이 나고 더러워서 혐오감을 느꼈다'는 취지로 진술하였다. 5) 피고인은 이 사건 이후인 2019. 12. 5. 22:04경에도 화가 난다는 이유로 나이 어린 여성(16세)의 뒤로 접근하여 가방을 잡아당기면서 침을 뱉는 행위를 하여 폭행죄로 입건되었다가 피해자가 처벌의사를 철회하여 공소기각판결이 선고되었다).
3) 대법원 2020. 12. 10. 선고 2019도12282 판결(상급자인 피고인이 피해자를 호출하여 둘만 있는 간부연구실에서 보급품 관련 업무 대화를 하던 중 갑자기 피해자의 손목을 잡고 끌어당기고, 피고인의 다리로 피해자의 다리에 접촉하고, 피고인의 팔로 피해자의 어깨에 접촉하는 행위를 연속적으로 하였고, 피해자가 자신의 몸을 빼내면서 피고인을 밀쳐 떨어뜨린 다음 업무를 마무리하고 간부연구실에서 나온 사실, 피해자가 일관하여 피고인의 행위로 성적 수치심을 느꼈다고 진술한 사실을 알 수 있다. … 피해자가 군대조직에서 일하는 여군으로서 공개된 장소에서 상관과 동료들에게 활달하고 적극적인 모습을 보여주는 과정에서 피고인과 손을 잡는 등의 신체접촉을 하였다는 사정은, 피고인이 피해자와 두 사람만 있는 폐쇄된 장소에서 피해자의 손목을 잡고 피해자의 다리와 어깨에 접촉한 행위를 추행으로 판단함에 지장이 되지 않는다).
4) 하지만 피해자의 추정적 승낙이 있으면 강제추행죄는 성립하지 아니한다(대법원 1983. 6. 28. 선고 83도399 판결).
5) 대법원 2013. 9. 26. 선고 2013도5856 판결(가슴깨문사건).

못하도록 자신의 실력적인 지배하에 둔 다음 피해자들에게 성적 수치심과 혐오감을 일으키는 자신의 자위행위 모습을 보여 주고 피해자들로 하여금 이를 외면하거나 피할 수 없게 한 행위[1], ④ 아파트 엘리베이터 내에 甲(여, 11세)과 단둘이 탄 다음 甲을 향하여 성기를 꺼내어 잡고 여러 방향으로 움직이다가 이를 보고 놀란 甲 쪽으로 가까이 다가간 행위[2], ⑤ 피고인은 입양한 딸인 피해자(10세)와 나란히 누워서 잠을 자던 중 피고인의 오른쪽 다리로 피해자를 누르고 오른손으로 피해자의 엉덩이를 만지고, 왼손을 피해자의 상의 안으로 집어넣어 가슴을 만진 행위[3], ⑥ 피고인이 컨트리클럽 회장 공소외인 등과 골프를 친 후 컨트리클럽 내 식당에서 식사를 하면서 그곳에서 근무 중인 여종업원인 피해자들에게 함께 술을 마실 것을 요구하였다가 피해자들로부터 거절당하였음에도 불구하고, 컨트리클럽의 회장인 공소외인과의 친분관계를 내세워 피해자들에게 어떠한 신분상의 불이익을 가할 것처럼 협박하여 피해자들로 하여금 목 뒤로 팔을 감아 돌림으로써 얼굴이나 상체가 밀착되어 서로 포옹하는 것과 같은 신체접촉이 있게 되는 이른바 러브샷의 방법으로 술을 마시게 한 행위[4], ⑦ 피고인의 어깨를 주무르는 것에 대하여 평소 수치스럽게 생각하여 오던 피해자에 대하여 그 의사에 명백히 반하여 그의 어깨를 주무르고 이로 인하여 피해자로 하여금 소름이 끼치도록 혐오감을 느끼게 하였고, 이어 나중에는 피해자를 껴안기까지 한 일련의 행위[5], ⑧ 피고인들이 인적이 드문 심야에 혼자 귀가중인 피해자가 골목길로 들어가는 것을 보고 뒤에서 느닷없이 달려들어 그녀의 양팔을 붙잡고 어두운 골목길로 약 10m 정도 더 끌고 들어가서 그녀를 담벽에 쓰러뜨린 후 음부를 만지며 반항하는 그녀의 옆구리를 무릎으로 차고 억지로 키스를 한 행위[6], ⑨ 피고인이 기간제 교사로 근무하는 초등학교 연구실에서 건강검진을 받겠다며 찾아온 피해자들에게 손목의 맥을 짚어 본 다음 책상 위에 눕게 하여 상의 속으로 손을 넣어 주로 가슴 부위를 누르거나 문지른 행위[7], ⑩ 피해자의 집 방안에서 갑자기 피해자의 상의를 걷어 올려서 유방을 만지고, 하의를 끄집어 내리는 행위[8], ⑪ 피고인은 피고인의 처가 경영하는 식당의 지하실에서 종업원들인 피해자(35세의 유부녀) 및 공소외인과 노래를 부르며 놀던 중 공소외인이 노래를 부르는 동안 피해자를 뒤에서 껴안고 부루스를 추면서 피해자의 유방을 만진 경우[9], ⑫ 교사가 여중생의 얼굴에 자신의 얼굴을 들이밀면서 비비는 행위나 여중생의 귀를 쓸어 만지는 경우[10], ⑬ 피해자의 옷 위로 엉덩이나 가슴을 쓰다듬는 경우[11], ⑭ 피고인이 대표이사로 있는 회사의 직원인 피해자(여, 27세) 등과 함께 회식을 하며 피해자의 결혼 여부 등에 관하여 이야기하던 중 갑자기 왼팔로 피해자의 머리를 감싸고 피고인의 가슴 쪽으로

6) 대법원 2012. 6. 14. 선고 2012도3893 판결.
1) 대법원 2010. 2. 25. 선고 2009도13716 판결.
2) 대법원 2013. 1. 16. 선고 2011도7164 판결.
3) 대법원 2008. 4. 10. 선고 2007도9487 판결.
4) 대법원 2008. 3. 13. 선고 2007도10050 판결(2단계러브샷사건).
5) 대법원 2004. 4. 16. 선고 2004도52 판결(어깨주무른사건).
6) 대법원 1989. 8. 8. 선고 89도358 판결(설절단상사건).
7) 대법원 2009. 9. 24. 선고 2009도2576 판결.
8) 대법원 1994. 8. 23. 선고 94도630 판결.
9) 대법원 2002. 4. 26. 선고 2001도2417 판결(피고인의 행위가 순간적인 행위에 불과하더라도 피해자의 의사에 반하여 행하여진 유형력의 행사에 해당하고 피해자의 성적 자유를 침해할 뿐만 아니라 일반인의 입장에서도 추행행위라고 평가될 수 있는 것으로서, 폭행행위 자체가 추행행위라고 인정되어 강제추행죄가 성립될 수 있는 경우이다).
10) 대법원 2015. 11. 12. 선고 2012도8767 판결.
11) 대법원 2002. 8. 23. 선고 2002도2860 판결.

끌어당겨 피해자의 머리가 피고인의 가슴에 닿게 하고 주먹으로 피해자의 머리를 2회 친 경우[1] 등에 있어서는 본죄가 성립한다.

(4) 주관적 구성요건

본죄가 성립하기 위해서는 폭행 또는 협박에 의하여 사람을 추행한다는 사실에 대한 인식과 의사를 내용으로 하는 고의가 있어야 한다.[2] 한편 고의 이외에 초과주관적 구성요건요소로서 성욕의 자극·흥분·만족을 위한다는 목적 내지 내적 경향이 필요한지 여부와 관련하여, ① 추가적인 주관적 요소를 요구하는 것은 추행개념을 축소해석하는데 기여한다는 점을 논거로 하는 적극설[3], ② 성욕의 자극·흥분·만족이라는 주관적 요소를 추행의 개념요소로 할 경우에는 복수·호기심·혐오 등의 동기로 한 행위를 추행으로 파악하지 않는 부당한 결과가 된다는 점을 논거로 하는 소극설[4] 등의 대립이 있다.

이에 대하여 판례는 「강제추행죄의 성립에 필요한 주관적 구성요건으로 성욕을 자극·흥분·만족시키려는 주관적 동기나 목적이 있어야 하는 것은 아니다.」라고 판시[5]하여, 소극설의 입장을 취하고 있다.

생각건대 소극설이 타당하다. 왜냐하면 피고인에게 성욕의 자극·흥분·만족을 위한다는 목적 내지 내적 경향이 있음을 입증하기란 매우 어려운 일이고, 이러한 특정한 경향이 없는 추행의 경우에도 얼마든지 피해자의 성적 자기결정권이 침해될 수 있기 때문이다.

한편 추행의 고의로 상대방의 의사에 반하는 유형력의 행사, 즉 폭행행위를 하여 실행행위에 착수하였으나 추행의 결과에 이르지 못한 때에는 강제추행미수죄가 성립하며, 이러한 법리는 폭행행위 자체가 추행행위라고 인정되는 이른바 '기습추행'의 경우에도 마찬가지로 적용된다.[6]

---

1) 대법원 2020. 12. 24. 선고 2020도7981 판결(헤드락사건)(피고인(남, 52세)은 2018. 5. 3. 18:45경 서울 강남구 '○○○' 음식점에서 자신이 대표이사로 있는 회사의 직원인 피해자(여, 27세) 등과 함께 회식을 하며 피해자의 결혼 여부 등에 관하여 이야기하던 중 갑자기 왼팔로 피해자의 머리를 감싸고 피고인의 가슴 쪽으로 끌어당겨 피해자의 머리가 피고인의 가슴에 닿게 하고 주먹으로 피해자의 머리를 2회 쳤다. 이후 피고인은 다른 대화를 하던 중 "이 년을 어떻게 해야 계속 붙잡을 수 있지. 머리끄댕이를 잡고 붙잡아야 되나."라고 하면서 갑자기 손가락이 피해자의 두피에 닿도록 양손으로 피해자의 머리카락을 잡고 흔들고, 이후 갑자기 피해자의 어깨를 수회 치며 피해자를 강제로 추행하였다).

2) 이와 관련하여 복수나 모욕의 목적으로 부녀를 협박하여 나체로 사진을 촬영하게 한 경우에는 강제추행죄가 아니라 강요죄의 성립 여부가 문제된다는 견해로는 신동운, 672면.

3) 임 웅, 225면.

4) 김선복, 173면; 김성천/김형준, 190면; 김신규, 207면; 김일수/서보학, 138면; 박상기, 514면; 배종대, 171면; 손동권/김재윤, 160면; 신동운, 672면; 오영근, 150면; 이영란, 182면; 이재상/장영민/강동범, 171면; 이형국/김혜경, 213면; 정성근/정준섭, 113면; 정영일, 77면.

5) 대법원 2020. 12. 24. 선고 2020도7981 판결; 대법원 2013. 9. 26. 선고 2013도5856 판결; 대법원 2009. 9. 24. 선고 2009도2576 판결; 대법원 2006. 11. 3. 선고 2005도6791 판결.

6) 대법원 2015. 9. 10. 선고 2015도6980 판결(왜이러세요사건)(피고인이 밤에 술을 마시고 배회하던 중 버스에서 내려 혼자 걸어가는 피해자 甲(여, 17세)을 발견하고 마스크를 착용한 채 뒤따라가다가 인적이 없고 외진 곳에서 가까이 접근하여 껴안으려 하였으나, 甲이 뒤돌아보면서 '왜 이러세요?'라고 소리치자 그 상태로 몇 초 동안 쳐다보다가 다시 오던 길로 되돌아간 경우, 피고인은 甲을 추행하기 위해 뒤따라간 것으로 추행의 고의를 인정할 수

3. 공 범

본죄는 사람의 성적 자유 내지 성적 자기결정의 자유를 보호하기 위한 죄로서 정범 자신이 직접 범죄를 실행하여야 성립하는 자수범이라고 볼 수 없으므로, 처벌되지 아니하는 타인을 도구로 삼아 피해자를 강제로 추행하는 간접정범의 형태로도 범할 수 있다. 여기서 강제추행에 관한 간접정범의 의사를 실현하는 도구로서의 타인에는 피해자도 포함될 수 있으므로, 피해자를 도구로 삼아 피해자의 신체를 이용하여 추행행위를 한 경우에도 강제추행죄의 간접정범에 해당할 수 있다. 피고인이 피해자들을 협박하여 겁을 먹은 피해자들로 하여금 어쩔 수 없이 나체나 속옷만 입은 상태가 되게 하여 스스로를 촬영하게 하거나, 성기에 이물질을 삽입하거나 자위를 하는 등의 행위를 하게 하였다면, 이러한 행위는 피해자들을 도구로 삼아 피해자들의 신체를 이용하여 그 성적 자유를 침해한 행위로서, 그 행위의 내용과 경위에 비추어 일반적이고도 평균적인 사람으로 하여금 성적 수치심이나 혐오감을 일으키게 하고 선량한 성적 도덕관념에 반하는 행위라고 볼 여지가 충분하다.[1]

4. 죄수 및 다른 범죄와의 관계

공공연하게 강제추행하는 경우의 죄책과 관련하여, ① 강제추행죄와 공연음란죄의 상상적 경합이 된다는 견해[2], ② 강제추행죄만 성립한다는 견해[3] 등의 대립이 있다.

생각건대 길거리에서 키스하는 행위는 공연음란죄에 해당하지 아니한다. 왜냐하면 공연음란죄에 해당하려면 판례의 취지상 적어도 치부가 노출되어야만 하기 때문이다. 따라서 강제추행이 치부노출 이상의 형태로 발현된다면 양죄의 상상적 경합이 되겠지만, 그 이하의 형태로 발현된다면 강제추행죄만이 성립한다고 보아야 한다.

Ⅳ. 준강간등죄

> 제299조(준강간, 준강제추행) 사람의 심신상실 또는 항거불능의 상태를 이용하여 간음 또는 추행을 한 자는 제297조, 제297조의2 및 제298조의 예에 의한다.

있고, 피고인이 가까이 접근하여 갑자기 뒤에서 껴안는 행위는 일반인에게 성적 수치심이나 혐오감을 일으키게 하고 선량한 성적 도덕관념에 반하는 행위로서 甲의 성적 자유를 침해하는 행위여서 그 자체로 이른바 '기습추행' 행위로 볼 수 있으므로, 피고인의 팔이 甲의 몸에 닿지 않았더라도 양팔을 높이 들어 갑자기 뒤에서 껴안으려는 행위는 甲의 의사에 반하는 유형력의 행사로서 폭행행위에 해당하며, 그때 '기습추행'에 관한 실행의 착수가 있는데, 마침 甲이 뒤돌아보면서 소리치는 바람에 몸을 껴안는 추행의 결과에 이르지 못하고 미수에 그쳤으므로, 피고인의 행위는 아동·청소년에 대한 강제추행미수죄에 해당한다).

1) 대법원 2018. 2. 8. 선고 2016도17733 판결.
2) 김성돈, 207면; 김성천/김형준, 191면; 김일수/서보학, 513면; 이형국/김혜경, 215면; 임 웅, 225면; 정성근/정준섭, 113면.
3) 오영근, 150면.

제300조(미수범) 제297조, 제297조의2, 제298조 및 제299조의 미수범은 처벌한다.
제305조의2(상습범) 상습으로 제297조, 제297조의2, 제298조부터 제300조까지, 제302조, 제303조 또는
제305조의 죄를 범한 자는 그 죄에 정한 형의 2분의 1까지 가중한다.
제305조의3(예비, 음모) 제297조, 제297조의2, 제299조(준강간죄에 한한다), 제301조(강간등 상해죄에 한한
다) 및 제305조의 죄를 범할 목적으로 예비 또는 음모한 사람은 3년 이하의 징역에 처한다.

1. 의의 및 보호법익

준강간등죄는 사람의 심신상실 또는 항거불능의 상태를 이용하여 간음 또는 추행을 함으로써 성립하는 범죄이다. 본죄는 폭행 또는 협박이라는 적극적 방법이 아니라 상대방의 심신상실 또는 항거불능의 상태를 이용하는 소극적인 방법으로 간음 또는 추행을 하는 경우를 처벌하기 위한 규정인데, 불법성에 차이가 없으므로 강간죄·유사강간죄·강제추행죄의 경우에 준하여 처벌하고 있다. 특히 추행의 방법이 유사강간행위에 해당하면 제297조의2의 예에 의하여 처벌된다. 그러므로 표제어에 '준유사강간'을 추가해야 할 것이다. 본죄의 보호법익은 정신적 또는 신체적 사정으로 인하여 성적인 자기방어를 할 수 없는 사람의 성적 자기결정권이며, 그 성적 자기결정권은 원치 않는 성적 관계를 거부할 권리라는 소극적 측면을 말한다.

2. 구성요건

(1) 객 체

1) 심신상실의 상태에 있는 사람

'심신상실의 상태'란 심신장애로 말미암아 사물변별능력 또는 의사결정능력이 없는 것을 말한다. 이는 정신기능의 장애로 인하여 성적 행위에 대한 정상적인 판단능력이 없는 상태를 의미한다.[1] 특히 '사물을 변별할 능력'이란 사물의 선악과 시비를 합리적으로 판단하여 정할 수 있는 능력을 말하고, '의사를 결정할 능력'이란 사물을 변별한 바에 따라 의지를 정하여 자기의 행위를 통제할 수 있는 능력을 말한다. 이러한 사물변별능력이나 의사결정능력은 판단능력 또는 의지능력과 관련된 것으로서 사실의 인식능력이나 기억능력과는 반드시 일치하는 것은 아니다.[2] 예를 들면 만취되어 있는 경우·술이나 약물의 복용으로 실신해 있는 경우, 수면내시경 등을 원인으로 숙면상태에 있는 경우 등이 이에 해당한다. 특히 알코올 블랙아웃(black out) 상태

---

1) 대법원 2000. 2. 25. 선고 98도4355 판결(애인착각사건)(피고인이 술에 취하여 안방에서 잠을 자고 있던 피해자를 발견하고 갑자기 욕정을 일으켜 피해자의 옆에 누워 피해자의 몸을 더듬다가 피해자의 바지를 벗기려는 순간 피해자가 어렴풋이 잠에서 깨어났으나 피해자는 잠결에 자신의 바지를 벗기려는 피고인을 자신의 애인으로 착각하여 반항하지 않고 응함에 따라 피해자를 1회 간음한 사실을 인정한 다음, 이와 같이 피해자가 잠결에 피고인을 자신의 애인으로 잘못 알았다고 하더라도 피해자의 위와 같은 의식상태를 심신상실의 상태에 이르렀다고 보기 어렵다. 피해자는 안방에서 잠을 자고 있던 중 피고인이 안방에 들어오자 피고인을 자신의 애인으로 잘못 알고 불을 끄라고 말하였고, 피고인이 자신을 애무할 때 누구냐고 물었으며, 피고인이 여관으로 가자고 제의하자 그냥 빨리 하라고 말한 사실을 알 수 있으므로, 피고인의 이 사건 간음행위 당시 피해자가 심신상실상태에 있었다고 볼 수 없다); 대법원 1976. 12. 14. 선고 76도3673 판결.
2) 대법원 2014. 1. 29. 선고 2013도11323 판결.

가 아니라 알코올의 심각한 독성화와 전형적으로 결부된 형태로서의 의식상실의 상태, 즉 알코올의 최면진정작용으로 인하여 수면에 빠지는 의식상실(passing out) 상태의 경우에는 심신상실에 해당한다.[1]

　　한편 심신미약의 상태에 있는 사람을 이용하는 경우에 본죄가 성립하는지 여부와 관련하여, ① 형법은 심신미약자에 대한 간음·추행을 별도로 규정(제302조)하고 있으므로, 심신미약의 상태에 있는 자는 본죄의 객체가 되지 아니한다는 견해[2], ② 심신미약의 경우도 심신상실의 개념에 포함시켜 본죄의 객체가 된다는 견해[3] 등의 대립이 있다.

　　생각건대 심신미약자에 대하여 본죄의 객체성을 부정하는 것이 타당하다. 그 이유로는 ① 현행법이 심신미약과 심신상실을 별도의 개념으로 구분하고 있는 것을 감안한다면, 심신상실만을 규정한 취지는 심신미약을 배제하는 것으로 보아야 한다. 만약 심신상실의 개념에 심신미약을 포함시켜 해석한다면 피고인에게 불리한 유추해석이 된다. ② 제302조는 '심신미약자에 대하여 위계 또는 위력으로써 간음 또는 추행'하는 경우를 벌하고 있는데, 이는 심신미약자에 대하여 위계 또는 위력이 없이 단지 심신미약의 상태를 이용하여 간음 또는 추행하는 경우는 불가벌의 영역으로 두겠다는 입법자의 의지를 나타낸 것이다. ③ 만약 본죄의 행위태양에 '심신미약의 상태를 이용하는 경우'를 포함한다면 '심신미약자에 대하여 위계 또는 위력을 가하는

---

1) 대법원 2021. 2. 4. 선고 2018도9781 판결(블랙아웃사건)(의학적 개념으로서의 '알코올 블랙아웃(black out)'은 중증도 이상의 알코올 혈중농도, 특히 단기간 폭음으로 알코올 혈중농도가 급격히 올라간 경우 그 알코올 성분이 외부 자극에 대하여 기록하고 해석하는 인코딩 과정(기억형성에 관여하는 뇌의 특정 기능)에 영향을 미침으로써 행위자가 일정한 시점에 진행되었던 사실에 대한 기억을 상실하는 것을 말한다. 알코올 블랙아웃은 인코딩 손상의 정도에 따라 단편적인 블랙아웃과 전면적인 블랙아웃이 모두 포함한다. 그러나 알코올의 심각한 독성화와 전형적으로 결부된 형태로서의 의식상실의 상태, 즉 알코올의 최면진정작용으로 인하여 수면에 빠지는 의식상실(passing out)과 구별되는 개념이다. 따라서 음주 후 준강간 또는 준강제추행을 당하였음을 호소한 피해자의 경우, 범행 당시 알코올이 위의 기억형성의 실패만을 야기한 알코올 블랙아웃 상태였다면 피해자는 기억장애 외에 인지기능이나 의식 상태의 장애에 이르렀다고 인정하기 어렵지만, 이에 비하여 피해자가 술에 취해 수면상태에 빠지는 등 의식을 상실한 패싱아웃 상태였다면 심신상실의 상태에 있었음을 인정할 수 있다. … 따라서 음주로 심신상실 상태에 있는 피해자에 대하여 준강간 또는 준강제추행을 하였음을 이유로 기소된 피고인이 '피해자가 범행 당시 의식상실 상태가 아니었고 그 후 기억하지 못할 뿐이다.'라는 취지에서 알코올 블랙아웃을 주장하는 경우, 법원은 피해자의 범행 당시 음주량과 음주 속도, 경과한 시간, 피해자의 평소 주량, 피해자가 평소 음주 후 기억장애를 경험하였는지 여부 등 피해자의 신체 및 의식상태가 범행 당시 알코올 블랙아웃인지 아니면 패싱아웃 또는 행위통제능력이 현저히 저하된 상태였는지를 구분할 수 있는 사정들과 더불어 CCTV나 목격자를 통하여 확인되는 당시 피해자의 상태, 언동, 피고인과의 평소 관계, 만나게 된 경위, 성적 접촉이 이루어진 장소와 방식, 그 계기와 정황, 피해자의 연령·경험 등 특성, 성에 대한 인식 정도, 심리적·정서적 상태, 피해자와 성적 관계를 맺게 된 경위에 대한 피고인의 진술 내용의 합리성, 사건 이후 피고인과 피해자의 반응을 비롯한 제반 사정을 면밀하게 살펴 범행당시 피해자가 심신상실 또는 항거불능 상태에 있었는지 여부를 판단해야 한다. 또한 피해사실 전후의 객관적 정황상 피해자가 심신상실 등이 의심될 정도로 비정상적인 상태에 있었음이 밝혀진 경우 혹은 피해자와 피고인의 관계 등에 비추어 피해자가 정상적인 상태하에서라면 피고인과 성적 관계를 맺거나 이에 수동적으로나마 동의하리라고 도저히 기대하기 어려운 사정이 인정되는데도, 피해자의 단편적인 모습만으로 피해자가 단순히 '알코올 블랙아웃'에 해당하여 심신상실 상태에 있지 않았다고 단정하여서는 안 된다).
2) 김선복, 176면; 김성돈, 209면; 김신규, 212면; 김일수/서보학, 141면; 김혜정 외 4인, 176면; 박상기, 515면; 배종대, 176면; 손동권/김재윤, 161면; 신동운, 675면; 오영근, 151면; 이상돈, 865면; 이영란, 184면; 이정원/류석준, 144면; 이형국/김혜경, 216면; 임 웅, 227면; 정성근/정준섭, 114면; 정영일, 78면; 최호진, 160면.
3) 이재상/장영민/강동범, 172면.

경우'와 비교하여 불법성이 적다고 평가할 수 있는데, 법정형은 오히려 전자의 경우가 훨씬 높아 모순이 발생하게 된다.

2) 항거불능의 상태에 있는 사람

'항거불능의 상태'란 심신상실 이외의 원인으로 물리적 또는 심리적으로 반항이 절대적으로 불가능하거나 현저히 곤란한 경우를 말한다. 예를 들면 피해자가 묶여 있는 경우·수회의 강간으로 기진되어 있는 경우·완전히 의식을 잃지는 않았더라도 정상적인 판단·대응·조절능력을 행사할 수 없는 경우[1] 등과 같이 물리적으로 반항이 불가능한 경우뿐만 아니라 의사가 자신을 신뢰한 환자를 치료하는 것처럼 가장하면서 추행하는 경우와 같이 심리적으로 반항이 불가능한 경우도 이에 해당한다.

　　판례에 의하면, ① 피해자(여신도)가 피고인(교회노회장)에 대하여 갖고 있던 믿음과 경외감, 추행 당시의 피고인 및 피해자의 행위 내용과 태도, 그 당시 피해자를 둘러싼 제반 환경과 피해자의 심리상태, 연령, 지적능력 등에 비추어 보면, 피고인에 대한 종교적 믿음이 무너지는 정신적 충격을 받으면서 피고인의 행위가 종교적으로 필요한 행위(종교집회 도중에 안수를 하면서 가슴을 만지는 행위)로서 이를 용인해야 하는지에 관해 판단과 결정을 하지 못한 채 곤혹·당황·경악 등 정신적 혼란을 겪어 피고인의 행위를 거부하지 못하는 한편, 피고인의 행위를 그대로 용인하는 다른 신도들이 주위에 있는 상태에서 위와 같은 정신적 혼란이 더욱 가중된 경우[2], ② 피고인에 대한 절대적 신앙심으로 인하여 피고인의 간음 혹은 추행행위 등이 성폭행이라는 사실을 명확히 판단하지 못하거나 피고인의 성적인 요구를 거절할 경우 자신과 가족들이 지옥에 갈 수 있다는 맹신에 빠져 있었던 경우[3] 등에 있어서는 피고인에게 반항하는 것이 절대적으로 불가능하거나 현저하게 곤란한 심리적 항거불능 상태에 있었던 경우에 해당한다.

　　하지만 ① 피해자들이 본인이나 가족의 병을 낫게 하려는 마음에서 목사인 피고인의 요구에 응하였고, 당시 피고인과 대화를 주고받기도 한 경우에 피해자들은 피고인의 성적 행위를 인식하고 이에 따른 것이 항거가 현저히 곤란한 상태였다고 보기 어렵고[4], ② 피해자는 탁주 3잔을 마셨다는 것이고 그것도

---

[1] 대법원 2021. 2. 4. 선고 2018도9781 판결(피해자가 의식상실 상태에 빠져 있지는 않지만 알코올의 영향으로 의사를 형성할 능력이나 성적 자기결정권 침해행위에 맞서려는 저항력이 현저하게 저하된 상태였다면 '항거불능'에 해당하여, 이러한 피해자에 대한 성적 행위 역시 준강간죄 또는 준강제추행죄를 구성할 수 있다).

[2] 대법원 2009. 4. 23. 선고 2009도2001 판결(교회노회장사건).

[3] 대법원 2021. 8. 26. 선고 2021도7497 판결(목사신격화사건)(① 피고인이 교회를 설립하여 목사로 활동하면서 교인들에게 성경 문구와 기독교 교리를 왜곡하여 자신이 선지자임을 강조하면서 자신을 따르지 않으면 불이익을 받고 자신을 믿으면 구원을 받을 수 있다고 설교한 점, ② 피고인은 교인들로 하여금 평일에는 피고인의 사업체에서 일하고 주말에는 피고인의 주재 하에 예배를 보게 함으로써 교인들이 사회에서 격리되어 피고인의 지시와 가르침만을 따르도록 한 점, ③ 대부분 피해자들은 어린 나이부터 부모를 따라 피고인이 운영하는 교회에 다녔고 피고인의 설교에 따라 중·고등학교를 중퇴하고 피고인을 추종하는 교인들과 함께 단체생활을 함으로써 피고인을 절대적으로 믿고 의지하였고, 일부 피해자의 경우 피고인의 강요로 자신의 의사와 무관하게 결혼하거나 이혼하기도 한 점, ④ 피고인은 피해자들에게 성경 내용을 왜곡하여 피해자들과의 성적인 접촉을 정당화하는 말을 하기도 한 점, ⑤ 피해자들을 포함한 교인들은 단체생활을 하면서 금융거래를 위한 공인인증서, 은행 계좌 및 비밀번호까지 관련 업무를 담당한 교인에게 위탁 관리하게 하는 등 피고인에게 경제적으로도 예속된 상태였던 점, ⑥ 피고인은 교인들이 단체생활을 한 공동체를 떠나 있던 기간에도 자신의 설교를 담은 책자를 공동체로 보내 이를 바탕으로 신앙생활을 하도록 하고 교인들이 피고인에게 편지를 쓰게 하는 등 교인들에 대한 실질적인 영향력을 그대로 유지한 점 …).

[4] 대법원 2000. 5. 26. 선고 98도3257 판결(목사사건).

강제로 먹인 것이 아니고 피고인 등 3인이 한잔씩 권하기에 마셨다는 것인 바, 피해자는 주점을 경영하는 여자로서 자신의 주량을 알았을 것이고 자신의 주량이 탁주 3잔에 항거불능의 상태에 빠진다는 것을 알았다면 아무리 손님의 강권이라고 3잔을 마실 리는 없다고 할 것이니 동녀가 탁주 3잔에 간음당하여도 항거를 할 수 없는 정도로 인사불성이 된 사실을 인정하려면 동 사실을 인정하기에 족한 증거가 있어야 할 것이요, 다만 동녀가 3인의 남자와 간음한 점으로 미루어 보아 동녀가 항거불능상태가 아니고서는 3인과 간음할리가 없으니 항거불능상태이었던 사실이 인정된다거나 유부녀로서 음주 끝에 다른 남자와 간음한 여자에게 항거불능의 상태에서 간음하였는지 여부를 물어보아 그 대답에 의하여 항거불능상태였던 사실을 인정할 수 있는 것으로 속단하기도 어렵다고 할 것인데, 피해자의 그 남편에 대한 편지의 내용과 이건 행위가 있었던 이튿날 아침식사까지 피해자가 피고인 등에게 제공하였던 점 등으로 보아 동녀가 항거불능상태에서 간음당하였다고 보기에는 이를 인정할 증거자료가 미흡하다.[1]

(2) 행 위

본죄의 실행행위는 심신상실 또는 항거불능의 상태를 이용하여[2] 간음 또는 추행을 하는 것이다. 여기서 '이용'한다는 것은 이미 조성된 심신상실 또는 항거불능의 상태를 간음 등의 기회로 삼는 것을 말한다. 따라서 행위자가 간음 또는 추행의 의도로 수면제·마취제 등을 사용하여 항거불능상태를 야기한 다음 간음 또는 추행을 한 경우에는 행위태양에 따라 강간죄·유사강간죄·강제추행죄 등이 성립할 따름이다.

(3) 주관적 구성요건

본죄가 성립하기 위해서는 피해자가 심신상실 또는 항거불능의 상태에 있다는 것과 그러한 상태를 이용하여 간음한다는 구성요건적 결과 발생의 가능성을 인식하고 그러한 위험을 용인하는 내심의 의사가 있어야 한다. 피고인이 피해자가 심신상실 또는 항거불능의 상태에 있다고 인식하고 그러한 상태를 이용하여 간음할 의사로 피해자를 간음하였으나 피해자가 실제로는 심신상실 또는 항거불능의 상태에 있지 않은 경우에는, 실행의 수단 또는 대상의 착오로 인하여 준강간죄에서 규정하고 있는 구성요건적 결과의 발생이 처음부터 불가능하였고 실제로 그러한 결과가 발생하였다고 할 수 없다. 피고인이 준강간의 실행에 착수하였으나 범죄가 기수에 이르지 못하였으므로 준강간죄의 미수범이 성립한다. 피고인이 행위 당시에 인식한 사정을

---

[1] 대법원 1978. 1. 10. 선고 77도3678 판결(탁주3잔사건).

[2] 대법원 2000. 1. 14. 선고 99도5187 판결(준강간미수사건)(피고인은 피해자가 잠을 자는 사이에 피해자의 바지와 팬티를 발목까지 벗기고 웃옷을 가슴 위까지 올린 다음, 피고인의 바지를 아래로 내린 상태에서 피해자의 가슴, 엉덩이, 음부 등을 만지고 피고인이 성기를 피해자의 음부에 삽입하려고 하였으나 피해자가 몸을 뒤척이고 비트는 등 잠에서 깨어 거부하는 듯한 기색을 보이자 더 이상 간음행위에 나아가는 것을 포기한 사실을 알아볼 수 있는바, 사실관계가 그와 같다면 피고인의 행위를 전체적으로 관찰할 때, 피고인은 잠을 자고 있는 피해자의 옷을 벗기고 자신의 바지를 내린 상태에서 피해자의 음부 등을 만지는 행위를 한 시점에서 피해자의 항거불능의 상태를 이용하여 간음을 할 의도를 가지고 간음의 수단이라고 할 수 있는 행동을 시작한 것으로서 준강간죄의 실행에 착수하였다고 보아야 할 것이고, 그 후 피고인이 위와 같은 행위를 하는 바람에 피해자가 잠에서 깨어나 피고인이 성기를 삽입하려고 할 때에는 객관적으로 항거불능의 상태에 있지 아니하였다고 하더라도 준강간미수죄의 성립에 지장이 없다).

놓고 일반인이 객관적으로 판단하여 보았을 때 준강간의 결과가 발생할 위험성이 있었다면 준강간죄의 불능미수가 성립한다.[1]

Ⅴ. 강간등상해·치상죄

제301조(강간등상해·치상) 제297조, 제297조의2 및 제298조부터 제300조까지의 죄를 범한 자가 사람을 상해하거나 상해에 이르게 한 때에는 무기 또는 5년 이상의 징역에 처한다.
제305조의3(예비, 음모) 제297조, 제297조의2, 제299조(준강간죄에 한한다), 제301조(강간등 상해죄에 한한다) 및 제305조의 죄를 범할 목적으로 예비 또는 음모한 사람은 3년 이하의 징역에 처한다.

1. 의 의

강간등상해·치상죄는 강간죄·유사강간죄·강제추행죄·준강간죄·준유사강간죄·준강제추행죄·미성년자의제강간등죄를 범한 자 및 이상의 범죄들에 대한 미수범[2]이 사람을 상해하거나 상해에 이르게 함으로써 성립하는 범죄이다. 강간등상해죄는 결합범이고, 강간등치상죄는 진정결과적 가중범이다. 강간등상해죄와 강간등치상죄에 있어서의 법정형에 차이가 없기 때문에 실무에서는 입증이 보다 쉬운 강간등치상죄로 의율하는 경우가 상대적으로 빈번하다. 하지만 이는 비례성의 원칙에 부합하지 않기 때문에 강간등상해죄와 강간등치상죄의 법정형에 차등을 두는 입법적인 개선이 필요하다.

2. 구성요건

(1) 주 체

본죄의 주체는 제297조 내지 제300조의 죄 및 미성년자의제강간등죄(제305조 참조)의 기수범 및 미수범이다. 강간이 미수에 그친 경우라도 강간의 수단이 된 폭행에 의하여 피해자가 상해를 입었으면 강간치상죄가 성립하는 것이며, 또한 그 미수에 그치게 된 것이 피고인이 자의로 실행에 착수한 행위를 중지한 경우이든 실행에 착수하여 행위를 종료하지 못한 경우이든 묻지 아니한다.[3]

---

1) 대법원 2019. 3. 28. 선고 2018도16002 전원합의체 판결(준강간불능미수사건).
2) 대법원 2003. 5. 30. 선고 2003도1256 판결; 대법원 1988. 8. 23. 선고 88도1212 판결.
3) 대법원 1988. 11. 8. 선고 88도1628 판결(피고인은 피해자를 주점 흙바닥에 넘어뜨린 다음 반항하는 피해자의 가슴을 왼손으로 누르고, 오른손으로 치마를 걷어 올리고 팬티를 내린 다음 자신도 혁대를 풀고 피해자의 몸 위로 올라가 강간하려 하였다가 피해자가 피고인의 따귀를 때리면서 완강하게 반항하여 그 뜻을 이루지 못하고 미수에 그쳤으나 그로 인하여 피해자에게 상해를 입혔다는 것인바, 피고인은 피해자의 반항을 현저히 곤란하게 할 정도의 폭행 또는 협박을 가하기 시작하여 실행에 착수하였으나 피해자의 완강한 반항으로 강간의 목적을 달하지 못한 채 상처를 입혔다고 봄이 상당하며 피해자가 뺨을 때린 행위 이후에 피고인이 강간목적의 행동을 더 못하게 된 것이 피고인이 스스로 중지한 것으로 본다고 하더라도 일단 실행에 착수한 후 피해자에게 상처를 가한 이상 강간치상죄를 구성함에는 아무런 변함이 없다).

(2) 행 위

본죄의 실행행위는 상해하거나 상해에 이르게 하는 것이다. 본죄에서 말하는 상해의 정도와 관련하여, ① 상해의 개념을 통일적으로 해석해야 하기 때문에 상해죄에서의 상해와 동일한 개념이라는 견해[1], ② 본죄의 법정형이 상해죄에 비하여 중하기 때문에 상해죄에서의 상해와 비교하여 더 높은 정도의 상해를 요구한다는 견해(상대적 상해개념)[2] 등의 대립이 있다.

생각건대 이러한 견해의 대립이 실제 사안에서 결론을 다르게 판단할 수 있을지는 의문이며, 상해죄에서 말하는 상해의 개념과 동일한 정도와 더 높은 정도의 구별도 쉽지 않다. 그러므로 앞에서 살펴 본 바와 같이 폭행의 유형을 구별하는 것이 무의미한 것과 마찬가지로 상해의 정도를 구별하는 것도 무의미하며, 개별 사례에서 구체적으로 고려하면 족하다고 판단된다.

본죄에서의 상해는 피해자의 신체의 건강상태가 불량하게 변경되고 생활기능에 장애가 초래되는 것을 말하는 것으로서, 신체의 외모에 변화가 생겼다고 하더라도 신체의 생리적 기능에 장애를 초래하지 아니하는 이상 상해에 해당한다고 할 수 없다.[3] 피해자가 병원에 가서 치료를 받지 않더라도 일상생활을 하는 데 아무런 지장이 없고 시일이 경과함에 따라 자연적으로 치유될 수 있는 정도인 사실, 피해자가 이미 성행위의 경험이 있는 사실, 의사의 진단을 받게 된 경위가 피해자가 치료를 받기 위한 것이 아니고 경찰의 권유에 의하여 진단서의 발부를 받을 목적으로 병원을 찾아가서 받은 사실 등이 있는 경우에는 상해를 부정하는 경향이 있다.

그러나 이는 피해자의 반항을 억압할 만한 폭행 또는 협박이 없어도 일상생활 중 발생할 수 있는 것이거나 합의에 따른 성교행위에서도 통상 발생할 수 있는 상해와 같은 정도임을 전제로 하는 것이므로 그러한 정도를 넘는 상해가 그 폭행 또는 협박에 의하여 생긴 경우라면 상해에 해당된다. 피해자의 건강상태가 나쁘게 변경되고 생활기능에 장애가 초래된 것인지는 객관적·일률적으로 판단될 것이 아니라 피해자의 연령, 성별, 체격 등 신체·정신상의 구체적 상태를 기준으로 판단되어야 할 것이다.[4] 특히 미성년자에 대한 추행행위로 인하여 그 피해자의 외음부 부위에 염증이 발생한 것이라면, 그 증상이 약간의 발적과 경도의 염증이 수반된 정도에 불과하다고 하더라도 그로 인하여 피해자 신체의 건강상태가 불량하게 변경되고 생활기능에 장애가 초래된 것이 아니라고 볼 수 없으니, 이러한 상해는 미성년자의제강제추행치상죄의 상해의 개념에 해당한다.[5]

---

1) 김일수/서보학, 146면; 손동권/김재윤, 163면; 이영란, 187면; 이형국/김혜경, 221면; 임　웅, 231면.

2) 김성돈, 211면; 김신규, 216면; 이상돈, 883면; 정영일, 80면.

3) 대법원 2000. 3. 23. 선고 99도3099 판결(음모절단사건)(음모는 성적 성숙함을 나타내거나 치부를 가려주는 등의 시각적·감각적인 기능 이외에 특별한 생리적 기능이 없는 것이므로, 피해자의 음모의 모근 부분을 남기고 모간 부분만을 일부 잘라냄으로써 음모의 전체적인 외관에 변형만이 생겼다면, 이로 인하여 피해자에게 수치심을 야기하기는 하겠지만, 병리적으로 보아 피해자의 신체의 건강상태가 불량하게 변경되거나 생활기능에 장애가 초래되었다고 할 수는 없을 것이므로, 그것이 폭행에 해당할 수 있음은 별론으로 하고 강제추행치상죄의 상해에 해당한다고 할 수는 없다).

4) 대법원 2003. 9. 26. 선고 2003도4606 판결.

판례에 의하면, ① 피해자는 이 사건 범행 당시 용변칸에서 피고인에 대하여 반항하던 중 피고인의 발에 왼쪽 발목을 밟혔다고 진술하고 있고, 또한 상식적으로 보아서도 좁은 용변칸에서 피고인과 피해자가 몸싸움을 벌였다면 그 와중에 피해자가 피고인에 의하여 발을 밟힐 수 있을 뿐만 아니라, 피해자는 좌족 관절부좌상으로 인하여 당시 왼쪽 발목이 부었고, 병원에서 보름정도 맛사지와 찜질치료를 받고, 약을 먹기도 하였던 경우[1]), ② 피고인으로부터 왼쪽 젖가슴을 꽉 움켜잡힘으로 인하여 왼쪽 젖가슴에 약 10일간의 치료를 요하는 좌상을 입고, 심한 압통과 약간의 종창이 있어 그 치료를 위하여 병원에서 주사를 맞고 3일간 투약을 한 사실이 인정되는 경우[2]), ③ 피고인이 성기의 삽입을 시도하였으나 성공하지 못하였다든가 사정을 하지 못하였다고 하더라도 피고인의 강간행위에 수반된 추행이나 간음행위 자체로 인하여 피해자가 약 2주간의 치료를 요하는 외음부좌상을 입은 사실이 인정되는 경우[3]), ④ 피해자가 범행 3일 후 상해진단서를 발급받으면서 목부위와 우측 팔꿈치의 동통을 호소하여 그 부분의 엑스선 촬영을 한 다음 약 2주일간의 치료를 요한다는 내용의 상해진단을 받고 병원에서 약물가료를 받은 경우[4]), ⑤ 처녀막은 부녀자의 신체에 있어서 생리조직의 일부를 구성하는 것으로서, 그것이 파열되면 정도의 차이는 있어도 생활기능에 장애가 오는 것이라고 보아야 할 것이고, 처녀막 파열이 그와 같은 성질의 것인 한 비록 피해자가 성경험을 가진 여자로서 특이체질로 인해 새로 형성된 처녀막이 파열되었던 경우[5]), ⑥ 7세 1월 남짓밖에 안 되는 피해자의 음순 좌우 양측에 담적색 피하일혈반이 생겼는바, 이와 같은 상처는 타박이나 마찰로 말미암아 음순내부에서 피멍이 든 것으로, 피해자가 입은 이와 같은 상처는 그 상처를 치료하는데 필요한 기간이 2일에 불과하다고 한 경우[6]), ⑦ 피고인이 피해자의 집에 침입하여 잠을 자고 있는 피해자를 강제로 간음할 목적으로 피해자를 향해 손을 뻗는 순간 놀라 소리치는 피해자의 입을 왼손으로 막고 오른손으로 음부 부위를 더듬던 중 피해자가 피고인의 손가락을 깨물며 반항하자 물린 손가락을 비틀며 잡아 뽑아 피해자로 하여금 우측하악측절치치아결손의 상해를 입힌 경우[7]), ⑧ 상해의 정도가 0.1cm 정도의 요치 10일의 회음부찰과상[8]), ⑨ 외관상 상처가 없는 보행불능, 수면장애, 식욕감퇴 등 기능의 장해[9]), ⑩ 비록 병원에서 치료를 받지 않더라도 일상생활에 지장이 없고 자연적으로 치료될 수 있는 것이라고 하더라도, 피고인이 피해자의 반항을 억압하는 과정에서 주먹으로 피해자의 얼굴과 머리를 때려 피해자가 이불에 손바닥만큼 넓이의 코피를 흘리고 콧등이 부은 경우[10]), ⑪ 피해자는 만 14세의 중학교 3학년 여학생으로 154cm의 신장에 40kg의 체구인데, 이러한 피해자가 40대의 건장한 군인인 피고인과 소형승용차의 좁은 공간에서 밖으로 빠져나오려고 실랑이를 하고 차량을 벗어난 후에는 다시 타지 않으려고 격렬한 몸싸움을 하는 과정에서 2주 정도의 무릎 찰과상과 타박상을 입은 경우[11]), ⑫ 14세 6개월로서 국민학교 6학년에 재학 중인 성교의 경험도 없는 피해자를 차례로 강간하여 피해자

5) 대법원 1996. 11. 22. 선고 96도1395 판결.
1) 대법원 2003. 5. 30. 선고 2003도1256 판결(아빠야사건).
2) 대법원 2000. 2. 11. 선고 99도4794 판결.
3) 대법원 1999. 4. 9. 선고 99도519 판결.
4) 대법원 1997. 9. 5. 선고 97도1725 판결.
5) 대법원 1995. 7. 25. 선고 94도1351 판결.
6) 대법원 1990. 4. 13. 선고 90도154 판결(전치2일상해사건).
7) 대법원 1995. 1. 12. 선고 94도2781 판결.
8) 대법원 1983. 7. 12. 선고 83도1258 판결.
9) 대법원 1969. 3. 11. 선고 69도161 판결.
10) 대법원 1991. 10. 22. 선고 91도1832 판결.
11) 대법원 2005. 5. 26. 선고 2005도1039 판결.

로 하여금 음부가 찢어져 피가 나고 약 1주일 동안 통증을 느끼게 한 경우[1]), ⑬ 자연적으로 의식을 회복하거나 외부적으로 드러난 상처가 없더라도 수면제와 같은 약물을 투약하여 피해자를 일시적으로 수면 또는 의식불명 상태에 이르게 하여 약물로 인하여 피해자의 건강상태가 불량하게 변경되고 생활기능에 장애가 초래된 경우[2]), ⑭ 피해자에게 수면제 성분인 졸피뎀과 트라이졸람이 들어 있는 커피를 마시게 하여 깊은 잠에 빠지게 한 경우[3]) 등에 있어서는 상해를 인정하고 있다.

하지만 ① 경부 및 전흉부 피하출혈, 통증으로 약 7일 간의 가료를 요하는 상처[4]), ② 좌전경부흡입상[5]), ③ 3, 4일간의 가료를 요하는 외음부 충혈과 양 상박부근육통[6]), ④ 왼쪽 손바닥에 약 2cm 정도의 긁힌 가벼운 상처[7]), ⑤ 피고인이 피해자와 성교하는 도중에 흥분 끝에 왼쪽 어깨를 입으로 빨아서 생긴 것으로서 동전크기 정도로 빨갛게 멍이 들어 있는 좌측 어깨의 반상출혈상[8]), ⑥ 이마 부분이 긁혀서 경도의 부종이 있는 정도[9]), ⑦ 허벅지 안쪽과 다리 부위에 푸르거나 붉은 약간의 멍이 든 상처가 나타난 경우[10]) 등에 있어서는 상해를 부정하고 있다.

(3) 인과관계 및 예견가능성

강간치상죄가 성립하기 위해서는 결과적 가중범의 일반이론에 따라 인과관계와 예견가능성이 인정되어야 한다. 또한 강간치상죄에 있어 상해의 결과는 강간의 수단으로 사용한 폭행으로부터 발생한 경우뿐만 아니라 간음행위 그 자체로부터 발생한 경우나 강간에 수반하는 행위에서 발생한 경우도 포함하는 것이다.[11]) 그러므로 상해를 가한 부분을 고의범인 상해죄로 처벌하면서 이를 다시 결과적 가중범인 강간치상죄 또는 강제추행치상죄의 상해로 인정하여 이중으로 처벌할 수는 없다.[12])

판례에 의하면, 피고인이 피해자(17세)를 간음하려고 피임약인 '산루푸' 한 개를 강제로 먹인 다음 옥상까지 끌고 가서 협박을 하여 이에 겁을 먹은 피해자가 그 옥상 끝까지 도망을 하고 이를 추격하는 피고인을 피하여 강간을 모면하려고 다급해진 나머지 그 옥상에서 뛰어내림으로써 상해를 입게 한 경우[13])

1) 대법원 1989. 12. 22. 선고 89도1079 판결.
2) 대법원 2017. 6. 29. 선고 2017도3196 판결.
3) 대법원 2017. 7. 11. 선고 2015도3939 판결.
4) 대법원 1994. 11. 4. 선고 94도1311 판결.
5) 대법원 1991. 11. 8. 선고 91도2188 판결.
6) 대법원 1989. 1. 31. 선고 88도831 판결.
7) 대법원 1987. 10. 26. 선고 87도1880 판결.
8) 대법원 1986. 7. 8. 선고 85도2042 판결.
9) 대법원 2002. 1. 11. 선고 2001도4389 판결.
10) 대법원 2004. 3. 11. 선고 2004도483 판결.
11) 대법원 1999. 4. 9. 선고 99도519 판결.
12) 대법원 2009. 7. 23. 선고 2009도1934 판결(피고인이 피해자를 폭행하여 비골 골절 등의 상해를 가한 다음 강제추행한 사안에서, 피고인의 위 폭행을 강제추행의 수단으로서의 폭행으로 볼 수 없어 위 상해와 강제추행 사이에 인과관계가 없다는 이유로, 폭력행위처벌법 위반죄로 처벌한 상해를 다시 결과적 가중범인 강제추행치상죄의 상해로 인정한 원심판결을 파기한 사례).
13) 대법원 1978. 7. 11. 선고 78도1331 판결.

에 있어서는 본죄가 성립한다.

　하지만 ① 피해자가 피고인과 만나 함께 놀다가 큰 저항 없이 여관방에 함께 들어갔으며, 피고인이 강간을 시도하면서 한 폭행 또는 협박의 정도가 강간의 수단으로는 비교적 경미하였고, 피해자가 여관방 창문을 통하여 아래로 뛰어내릴 당시에는 피고인이 소변을 보기 위하여 화장실에 가 있는 때이어서 피해자가 일단 급박한 위해상태에서 벗어나 있었을 뿐만 아니라, 무엇보다도 4층에 위치한 방에서 밖으로 뛰어내리는 경우에는 크게 다치거나 심지어는 생명을 잃는 수도 있는 것인 점을 아울러 본다면, 이러한 상황 아래에서 피해자가 강간을 모면하기 위하여 4층에서 창문을 넘어 뛰어내리거나 또는 이로 인하여 상해를 입기까지 되리라고는 예견할 수 없고[1], ② 피고인과 피해자가 여관에 투숙하여 별다른 저항이나 마찰 없이 성행위를 한 후, 피고인이 잠시 방 밖으로 나간 사이에 피해자가 방문을 안에서 잠그고 구내전화를 통하여 여관종업원에게 구조요청까지 한 후라면, 피해자가 피고인의 방문 흔드는 소리에 겁을 먹고 강간을 모면하기 위하여 3층에서 창문을 넘어 탈출하다가 완전사지마비의 상해를 입을 것이라고 예견할 수는 없다.[2]

3. 죄수 및 다른 범죄와의 관계

　강간치상의 범행을 저지른 자가 그 범행으로 인하여 실신상태에 있는 피해자를 구호하지 아니하고 방치하였다고 하더라도 유기죄는 성립하지 않고 포괄적으로 단일의 강간치상죄만을 구성한다.[3] 하지만 피고인이 피해자를 2회 강간하여 2주간 치료를 요하는 질입구파열창을 입힌 다음 피해자에게 용서를 구하였으나 피해자가 이에 불응하면서 강간사실을 부모에게 알리겠다고 하자 피해자를 살해하여 범행을 은폐시키기로 마음먹고 철사줄과 양손으로 피해자의 목을 졸라 질식 사망하게 한 경우에는 강간치상죄와 살인죄의 경합범이 된다.[4]

VI. 강간등살인·치사죄

> 제301조의2(강간등 살인·치사) 제297조, 제297조의2 및 제298조부터 제300조까지의 죄를 범한 자가 사람을 살해한 때에는 사형 또는 무기징역에 처한다. 사망에 이르게 한 때에는 무기 또는 10년 이상의 징역에 처한다.

1. 의 의

　강간등살인·치사죄는 강간죄·유사강간죄·강제추행죄·준강간죄·준유사강간죄·준강제추행죄·미성년자의제강간등죄를 범한 자 및 이상의 범죄들에 대한 미수범이 사람을 살해하거나

---

1) 대법원 1993. 4. 27. 선고 92도3229 판결.
2) 대법원 1985. 10. 8. 선고 85도1537 판결(물떠달라사건).
3) 대법원 1980. 6. 24. 선고 80도726 판결.
4) 대법원 1987. 1. 20. 선고 86도2360 판결.

사망에 이르게 함으로써 성립하는 범죄이다. 강간등살인죄는 결합범이고, 강간등치사죄는 진정 결과적 가중범이다. 강간등살인죄는 1995. 12. 29. 형법 개정을 통하여 신설된 범죄이다.

2. 구성요건

본죄의 주체는 제297조 내지 제300조의 죄 및 미성년자의제강간등죄(제305조 참조)의 기수 범 및 미수범이다. 본죄의 실행행위는 살해하거나 사망에 이르게 하는 것이다. 강간범이 피해 자를 사망에 이르게 한 경우에 그 사망의 결과가 간음행위 자체뿐만 아니라 강간의 수단으로 사용한 폭행으로 인하여 초래된 경우에도 강간치사죄가 성립한다.[1] 범인이 강간의 목적으로 피해자에게 폭행을 가할 때에 살해의 범의가 있었다면 강간살인죄가 성립한다.[2]

판례에 의하면, 피고인이 자신이 경영하는 속셈학원의 강사로 범행 사흘 전에 채용된 피해자(여, 20 세)를 학원으로 불러내어 함께 관광호텔 9층 일식당에 가서 술을 곁들여 점심식사를 한 다음 피해자 몰 래 미리 예약해 놓은 같은 호텔 703호 객실 앞까지 피해자를 유인하여 들어가지 않으려는 피해자를 붙 잡아 떠미는 등 강제로 객실 안으로 끌고 들어간 후 객실에서 나가려는 피해자를 붙잡거나 객실 방문을 가로막아 못나가게 하고 여러 차례에 걸쳐 집요하게 피해자를 강제로 끌어안아 침대에 넘어뜨리고 키스 하려고 하는 등 피해자의 반항을 억압한 후 강간하려 한 사실, 피고인은 피해자가 자신은 처녀이기 때문 에 피고인의 요구에 응할 수 없다고 하였음에도 이를 묵살하고 2시간 정도에 걸쳐 계속적으로 위와 같 은 방법으로 피해자를 강간하려고 하여 피해자가 피고인의 얼굴을 할퀴고 비명을 지르며 완강히 반항하 던 중 객실의 예약된 대실시간이 끝나가자 시간을 연장하기 위하여 피고인이 호텔 프런트에 전화를 하 는 사이에 피해자가 더 이상 객실 안에 있다가는 자신의 순결을 지키기 어렵겠다는 생각이 들어 객실을 빠져나가려 하였으나 출입문 쪽에서 피고인이 전화를 하고 있어 출입문 쪽으로 나가려다가는 피고인에 게 잡힐 것 같은 생각이 들자 다급한 나머지 객실 창문을 열고 뛰어내리다가 28m 아래 지상으로 추락하 여 두개골 골절상을 입고 사망한 경우[3]에 있어서는 강간치사죄가 성립한다.
하지만 ① 피고인이 친구 5명과 같이 술집에서 그 집 작부로 있는 피해자 등 6명과 더불어 밤 늦도록 술을 마시고 모두 각자의 상대방과 성교까지 하였는데 술값이 부족하여 친구집에 가서 돈을 빌리려고 위 일행 중 피고인과 공소외 1, 2가 함께 봉고차를 타고 갈 때 공소외 1과 성교를 한 피해자도 그 차에 편승하게 된 사실과 피고인과 피해자가 그 차에 마주앉아 가다가 피고인이 장난삼아 피해자의 유방을 만지고 피해자가 이를 뿌리치자 발을 앞으로 뻗어 치마를 위로 걷어 올리고 구두발로 그녀의 허벅지를 문지르는 등 그녀를 강제로 추행하자 그녀가 욕설을 하면서 갑자기 차의 문을 열고 뛰어 내림으로써 부 상을 입고 사망한 경우[4], ② 강간을 당한 피해자가 집에 돌아가 음독자살하기에 이른 원인이 강간을 당

---

1) 대법원 1990. 5. 8. 선고 90도670 판결.
2) 대법원 1986. 11. 11. 선고 86도1989 판결(피고인이 피해자(여, 18세)의 반항을 억압한 후 그녀를 1회 강간하자, 피해자가 그 자리에서 울면서 피고인에게 반항하며 자신의 장래를 책임지라고 하면서 이를 추궁하자, 피고인이 피해자를 타이르던 중 계속 반항을 하므로 순간적으로 그녀를 살해할 것을 결의하고 피고인의 양손으로 피해자 의 목을 약 5분 내지 6분간 힘껏 졸라 그 자리에서 질식 사망하게 한 경우, 그 당시 피고인에게 살인의 확정적 범의가 있었음이 분명하고 결과적 가중범의 범의를 논할 여지가 없다).
3) 대법원 1995. 5. 12. 선고 95도425 판결(속셈학원강사사건).
4) 대법원 1988. 4. 12. 선고 88도178 판결(술집작부사건).

함으로 인하여 생긴 수치심과 장래에 대한 절망감 등에 있었던 경우[1] 등에 있어서는 강간치사죄가 성립하지 아니한다.

Ⅶ. 위계·위력에 의한 미성년자등간음·추행죄

> 제302조(미성년자등에 대한 간음) 미성년자 또는 심신미약자에 대하여 위계 또는 위력으로써 간음 또는 추행을 한 자는 5년 이하의 징역에 처한다.

1. 의 의

위계·위력에 의한 미성년자등간음·추행죄는 미성년자 또는 심신미약자에 대하여 위계 또는 위력으로써 간음 또는 추행을 함으로써 성립하는 범죄이다. 본죄는 미성년자나 심신미약자와 같이 판단능력이나 대처능력이 일반인에 비하여 낮은 사람은 낮은 정도의 유·무형력의 행사에 의해서도 저항을 제대로 하지 못하고 피해를 입을 가능성이 있기 때문에 그 범죄의 성립요건을 보다 완화된 형태로 규정한 것이다. 입법론적으로 행위태양의 하나로서 유사성교행위를 추가하는 한편 각각의 행위태양에 따른 법정형에 차등을 두는 것이 타당하다.

2. 구성요건

(1) 객 체

본죄의 객체는 미성년자 또는 심신미약자이다. 19세 미만의 청소년에 대해서는 청소년성보호법 제7조 제5항이 우선적으로 적용되기 때문에 형법이 적용될 여지가 거의 없지만, 형법상의 미성년자가 만 나이를 사용하고 있음에 반하여 청소년성보호법상의 청소년이 연 나이를 사용하고 있기 때문에 이러한 한도 내에서 형법의 적용이 가능하다.[2] '심신미약자'란 정신기능의 장애로 인하여 사물변별능력이나 의사결정능력이 부족한 자를 말한다. 그 연령을 묻지 아니하므로 성년인 심신미약자도 본죄의 객체가 된다. 결국 위계 또는 위력으로 성년의 정상인을 추행 또는 간음하는 행위는 원칙적으로 불가벌이 된다. 이는 2012. 12. 18. 형법 개정을 통하여 혼인빙자등간음죄를 폐지하면서 헌법재판소의 결정 취지와 달리 성년의 정상인을 상대로 한 '기타 위계에 의한 간음'도 동시에 폐지한 결과를 초래한 것과도 상관관계가 있다.

---

1) 대법원 1982. 11. 23. 선고 82도1446 판결(강간후음독자살사건).
2) 대법원 2020. 8. 27. 선고 2015도9436 전원합의체 판결(아동·청소년은 사회적·문화적 제약 등으로 아직 온전한 자기결정권을 행사하기 어려울 뿐만 아니라, 인지적·심리적·관계적 자원의 부족으로 타인의 성적 침해 또는 착취 행위로부터 자신을 방어하기 어려운 처지에 있다. 또한 아동·청소년은 성적 가치관을 형성하고 성 건강을 완성해 가는 과정에 있으므로 아동·청소년에 대한 성적 침해 또는 착취행위는 아동·청소년이 성과 관련한 정신적·신체적 건강을 추구하고 자율적 인격을 형성·발전시키는 데에 심각하고 지속적인 부정적 영향을 미칠 수 있다. 따라서 아동·청소년이 외관상 성적 결정 또는 동의로 보이는 언동을 하였다 하더라도, 그것이 타인의 기망이나 왜곡된 신뢰관계의 이용에 의한 것이라면, 이를 아동·청소년의 온전한 성적 자기결정권의 행사에 의한 것이라고 평가하기 어렵다).

(2) 행 위

본죄의 실행행위는 위계 또는 위력으로써 간음 또는 추행을 하는 것이다.

1) 위 계

'위계'란 행위자가 간음 또는 추행의 목적으로 상대방에게 오인·착각·부지를 일으키고는 상대방의 그러한 심적 상태를 이용하여 간음 또는 추행의 목적을 달성하는 것을 말한다.[1] 여기에서 오인·착각·부지의 대상과 관련하여, 기존의 판례는 '간음행위 또는 추행행위 자체'에 대한 오인·착각·부지를 말하는 것이지, 간음행위 또는 추행행위와 불가분적 관련성이 인정되지 않는 다른 조건에 관한 오인·착각·부지를 가리키는 것은 아니라고 파악하였다.[2] 그렇기 때문에 위계 이전에 성경험이 있는 미성년자 또는 심신미약자인 경우에는 본죄의 객체가 되기가 매우 어려웠다. 예를 들면 피해자가 성교의 대가로 50만원을 받는다는 점에 대하여는 기망을 당하여 착오에 빠졌다고 할 수는 있지만, 피해자가 피고인과 성교행위에 나아간다는 점에 대하여는 착오에 빠진 것이라고 할 수 없다고 해석하여, 간음행위 자체가 무엇을 의미하는지를 어느 정도 인식하고 있는 아동·청소년에 대해서는 본죄의 성립을 원천적으로 부정하였던 것이다. 이는 판례가 직접적으로 피해 아동·청소년의 과거 성경험 여부를 판단한 후 기존의 성경험이

---

1) 대법원 1997. 2. 28. 선고 96도2825 판결.

2) 대법원 2014. 9. 4. 선고 2014도8423 판결(피고인이 甲에게 정신장애가 있음을 알면서 인터넷 쪽지를 이용하여 甲을 피고인의 집으로 유인한 후 성교행위와 제모행위를 함으로써 장애인인 甲을 간음하고 추행하였다고 하여 기소된 사안에서, 피고인이 성교 등의 목적을 가지고 甲을 유인하여 피고인의 집으로 오게 하였더라도, 위 유인행위는 甲을 피고인의 집으로 오게 하기 위한 행위에 불과하고, 甲이 피고인의 집으로 온 것과 성교행위나 제모행위 사이에 불가분적 관련성이 인정되지 아니하여, 甲이 피고인의 유인행위로 간음행위나 추행행위 자체에 대한 착오에 빠졌다거나 이를 알지 못하게 되었다고 할 수 없으므로, 피고인의 행위는 장애인에 대한 위계에 의한 간음죄 또는 추행죄에 해당하지 않는다); 대법원 2012. 9. 27. 선고 2012도9119 판결; 대법원 2007. 9. 21. 선고 2007도6190 판결; 대법원 2002. 7. 12. 선고 2002도2029 판결(피고인은 공소외 3과 공모하여, 2001. 1. 26. 01:00경 및 같은 달 31. 01:00경 2회에 걸쳐, 서울 도봉구 방학동 소재 무지개카페 부근 상호불상 여관 객실에서, 정신지체로 심신미약 상태인 피해자 공소외 1에게 남자를 소개해 준다며 동녀를 위 장소까지 유인하여 피고인이 먼저 동녀와 1회 성교하고, 계속하여 위 공소외 3가 동녀와 1회 성교하여 위계로써 동녀를 간음하였다는 것이다. 그런데 이 사건에서는 피고인이 공소외 1(심신미약자)에게 남자를 소개시켜 주겠다고 거짓말을 하였다는 점 외에는 달리 공소외 1을 간음하기 위하여 어떠한 위계를 하였음을 인정할 다른 증거가 없는바, 피고인이 공소외 1을 여관으로 유인하기 위하여 위와 같은 거짓말을 하고 공소외 1이 이에 속아 여관으로 오게 되었고 거기에서 성관계를 하게 되었다 할지라도, 그녀가 여관으로 온 행위와 성교행위 사이에는 불가분의 관련성이 인정되지 아니하는 만큼 이로 인하여 공소외 1이 간음행위 자체에 대한 착오에 빠졌다거나 이를 알지 못하였다고 할 수는 없다 할 것이어서, 피고인의 위 행위는 역시 형법 제302조 소정의 위계에 의한 심신미약자간음죄에 있어서 위계에 해당하지 아니한다); 대법원 2001. 12. 24. 선고 2001도5074 판결(피해자가 이 사건 당시 16세 남짓된 상업고등학교 1학년 여학생으로 종전에 성경험이 있었고, 이 사건 당일 컴퓨터 채팅을 통하여 피고인으로부터 성관계를 가지면 50만원을 주겠다는 제의를 받자 이를 승낙한 뒤 자신의 집이 비어 있다면서 피고인으로 하여금 같은 날 23:00경 자신의 집으로 찾아오도록 하여 피고인과 성교행위를 한 사실을 인정하고, 그렇다면 피해자는 성교에 대한 사리판단력이 있는 사람으로서 피고인으로부터 성교의 대가를 받기로 하고 스스로 성교행위에 나아간 것이므로 공소사실 기재와 같이 피고인이 피해자에게 성교의 대가로 50만원을 줄 의사나 능력이 없으면서도 위 돈을 주겠다고 거짓말을 하고 피해자가 이 말에 속아 피고인과 성교행위를 하였다고 하더라도, 사리판단력이 있는 피해자에 관하여는 그러한 금품의 제공과 성교행위 사이에 불가분의 관련성이 인정되지 아니하는 만큼 이로 인하여 피해자가 간음행위 자체에 대한 착오에 빠졌다거나 이를 알지 못하였다고 할 수 없다는 이유로 피고인의 행위가 '위계'로 청소년인 피해자를 간음한 것에 해당하지 아니한다).

있는 경우에는 위계에 의한 간음죄의 성립을 원천적으로 부정하고 있는 점을 보아도 자명하다. 하지만 실제에 있어서 성인을 대상으로 하는 경우는 물론 아동·청소년의 경제적인 취약상황에 편승한 금전적 유혹은 일반적으로 성관계를 가지기 위한 위계의 내용으로 자주 사용되는 수법이라는 점을 감안해 볼 때 대법원의 이러한 태도는 청소년의 성보호에 오히려 역행하는 부정적인 효과를 야기할 수 있다는 점에서 비판받아 마땅하다. 또한 과거에 성경험이 있다는 사실만으로 아동·청소년이 자신에게 주어진 성적 자기결정권을 완전한 의미로 행사할 수 있다고 단정하는 것은 지나친 논리적 비약이며, 청소년기의 성경험을 금기시하는 기성세대의 그릇된 인식에서 비롯된 것은 아닌지 상당한 의구심을 가지는 것도 사실이다.

특히 대법원은 (구) 혼인빙자등간음죄의 성립 여부가 문제된 사안에서, 「혼인빙자간음죄가 성립하기 위하여는 범인이 부녀와 정교를 할 당시 상대방과 혼인할 의사가 없는데도 정교의 수단으로 혼인을 빙자하였어야 하고, 정교할 당시에는 혼인할 의사가 있었으나 그 후 사정의 변화로 변심하여 혼인할 의사가 없게 되었다고 하더라도 혼인빙자간음죄는 성립하지 아니한다. … 그 때의 기망은 그 기망행위의 내용이 진실이라고 가정할 때 음행의 상습 없는 평균적 사리 판단력을 가진 부녀의 수준에서 보아 간음에 응하기로 하는 자기 결정을 할 만한 정도여야 한다. 즉, 기망의 수단으로 혼인을 빙자하는 위계를 이용했을 때에는 음행의 상습 없는 평균적 사리 판단력을 가진 부녀의 수준에서 보아 간음 당시의 제반 정황상 그 행위자가 혼인할 의사를 갖고 있음이 진실이라고 믿게 될 만한 경우라야 기망에 의한 간음이 인정되는 것이다.」라고 판시[1]하여, 간음행위 자체에 대한 오인·착각·부지가 없는 경우라고 할지라도 죄의 성립을 인정하는 태도를 취한 바 있다. 이상과 같은 기존 대법원의 태도에 비추어 볼 때 위계를 구성요건 요소로 하고 있는 다른 범죄와 달리 유독 위계에 의한 미성년자 간음죄 또는 위계에 의한 아동·청소년 간음죄에서만 오인·착각·부지의 대상을 특별히 한정하고 있는 합리적인 이유가 제시되어야만 처벌 여부에 대한 타당성이 인정될 수 있을 것이다.

이에 2020. 8. 27. 대법원은 「행위자가 간음의 목적으로 피해자에게 오인·착각·부지를 일으키고 피해자의 그러한 심적 상태를 이용하여 간음의 목적을 달성하였다면 위계와 간음행위 사이의 인과관계를 인정할 수 있고, 따라서 위계에 의한 간음죄가 성립한다. 왜곡된 성적 결정에 기초하여 성행위를 하였다면 왜곡이 발생한 지점이 성행위 그 자체인지 성행위에 이르게 된 동기인지는 성적 자기결정권에 대한 침해가 발생한 것은 마찬가지라는 점에서 핵심적인 부분이라고 하기 어렵다. 피해자가 오인·착각·부지에 빠지게 되는 대상은 간음행위 자체일 수도 있고, 간음행위에 이르게 된 동기거나 간음행위와 결부된 금전적·비금전적 대가와 같은 요소일 수도 있다. 다만 행위자의 위계적 언동이 존재하였다는 사정만으로 위계에 의한 간음죄가 성립하는 것은 아니므로 위계적 언동의 내용 중에 피해자가 성행위를 결심하게 된 중요한 동기

---

1) 대법원 2002. 9. 4. 선고 2002도2994 판결.

를 이룰 만한 사정이 포함되어 있어 피해자의 자발적인 성적 자기결정권의 행사가 없었다고 평가할 수 있어야 한다. 한편 위계에 의한 간음죄가 보호대상으로 삼는 아동·청소년, 미성년자, 심신미약자, 피보호자·피감독자, 장애인 등의 성적 자기결정 능력은 그 나이, 성장과정, 환경, 지능 내지 정신기능 장애의 정도 등에 따라 개인별로 차이가 있으므로 간음행위와 인과관계가 있는 위계에 해당하는지 여부를 판단함에 있어서는 구체적인 범행 상황에 놓인 피해자의 입장과 관점이 충분히 고려되어야 하고, 일반적·평균적 판단능력을 갖춘 성인 또는 충분한 보호와 교육을 받은 또래의 시각에서 인과관계를 쉽사리 부정하여서는 안 된다.」라고 판시[1]하여, 기존 판례의 태도를 변경하기에 이르렀다.

생각건대 상당한 정도의 금전적 대가를 지급하겠다는 약속 등은 피해자가 처하고 있는 환경적 요인에 비추어 볼 때 성관계를 승낙하게 되는데 있어서 매우 중요하고도 결정적인 요인이라는 점을 우리 사회는 과감하게 수용할 필요가 있다. 처음부터 금전적 대가의 지급의사나 능력이 없음에도 불구하고 이를 숨기고 성관계를 시도하는 일련의 행위는 성관계와 불가분적 연관성이 없는 조건에 대한 위계라고 섣불리 단정하였던 기존 판례의 태도는 이러한 변화된 현재의 시대상황을 제대로 반영하지 못하고 있는 것이다. 만약 위와 같은 금전적인 유혹이 없었더라면 피해자가 애정관계가 존재하지 않으면서 잘 알지도 못하는 사람과 쉽사리 성관계에 응할 것을 기대할 수 없을 뿐만 아니라 피해자의 이와 같은 취약한 상황을 너무나도 잘 알고 있는 성인의 입장에서도 오로지 성관계의 목적을 위한 수단으로 금전적인 유혹의 방법으로 기망을 한 것으로 파악해야 한다. 우리나라의 현 실태에서 성교의 의미를 제대로 알지 못하는 사리판단력이 부족한 13세 이상의 아동·청소년을 과연 상정할 수 있을지가 문제될 수 있는데, 성교육의 조기 활성화 및 각종 인터넷 매체 등을 통한 간접적인 성교육 등을 감안할 때 적어도 중학

---

1) 대법원 2020. 8. 27. 선고 2015도9436 전원합의체 판결(선배행세후성관계사건)(36세 남성인 피고인은 고등학교 2학년 공소외인의 행세를 하며 채팅 애플리케이션을 통하여 14세의 피해자를 사귀게 되었다. 그 과정에서 피고인은 공소외인을 스토킹하는 여성의 행세를 하며 피해자에게 자신도 공소외인을 좋아하는데 공소외인을 좋아하면 무엇이든 해야 한다고 도발하는 한편, 공소외인의 행세도 하며 피해자에게 자신을 스토킹하는 여성 때문에 너무 힘들고 만약 자신과 헤어지기 싫다면 그 여성의 요청대로 자신의 선배와 성관계해달라고 부탁하였다. 이러한 도발과 부탁은 여러 차례 반복되었다. 결국 공소외인과 헤어질 것이 두려웠던 피해자는 공소외인의 선배를 만나 성관계하는 데에 동의하였고, 이를 위해 새벽에 고속버스를 타고 피고인이 지정한 장소로 이동하였다. 피고인은 공소외인의 선배 행세를 하며 피해자를 간음하였다. 피해자는 이러한 사실을 부모가 알게 될 것이 두려워 사건 발생 후 12일이 지나서야 상담센터의 도움을 받아 경찰에 신고하였고, 그 후 부모와 떨어져 다른 도시의 청소년보호시설에서 생활하였다. … 14세에 불과한 아동·청소년인 피해자는 36세 피고인이 허구로 설정한 상황 속에서 상당기간 자극적인 내용의 도발과 부탁에 시달렸다. 아울러 이 사건 전후 피해자의 태도 및 행적을 종합하면 피해자가 부모로부터 충분한 보호, 양육을 받지 못하였다고 볼 여지도 있다. 이러한 사정들은 당시 피해자가 온전하게 의사결정을 하기 어려웠음을 나타낸다. 이러한 상황에서 피해자는 피고인에게 속아 자신이 공소외인의 선배와 성관계를 하는 것만이 공소외인을 스토킹하는 여성을 떼어내고 공소외인과 연인관계를 지속할 수 있는 방법이라고 오인하여 공소외인의 선배로 가장한 피고인과 성관계를 하였다. 피해자가 위와 같은 오인에 빠지지 않았다면 피고인과의 성행위에 응하지 않았을 것이다. 피해자가 오인한 상황은 피해자가 피고인과의 성행위를 결심하게 된 중요한 동기가 된 것으로 보이고, 이를 자발적이고 진지한 성적 자기결정권의 행사에 따른 것이라고 보기 어렵다. 따라서 피고인은 간음의 목적으로 피해자에게 오인, 착각, 부지를 일으키고 피해자의 그러한 심적 상태를 이용하여 피해자를 간음한 것이므로 이러한 피고인의 간음행위는 위계에 의한 것이라고 평가할 수 있다).

생 정도의 상태에 있는 아동·청소년 중에 성교의 의미를 제대로 알지 못하는 사람은 없다고 해도 과언이 아닐 것이다. 또한 기존의 판례는 일관적으로 '간음의 의미를 아는 사리판단력이 있는 상대방에 대하여는 금품 교부 등과 성교사이에 불가분의 관련성이 있다고 할 수 없다'고 하지만, 간음의 의미를 알고 있는 아동·청소년의 사리판단력과 성인에 의한 유혹, 기망 등의 위계에 제대로 대처할 수 있는 아동·청소년의 사리판단력을 동일시함으로써 성질이 매우 상이한 사리판단력의 대상을 기준으로 범죄의 성립 여부를 판단하는 우를 범하고 있다. 오히려 '치료를 하여 준다.', '종교의식을 치른다.'는 등의 거짓말을 하여 상대방을 간음하는 사례는 현실세계에서 극히 발생하기 어려운 일로서, 기존의 판례가 죄의 성립을 인정하는 예시사례의 적용만으로는 위계에 의한 간음죄의 실질적인 사문화를 초래하고 말았던 것이다.

결국 위력에 의한 간음죄에서 말하는 위력의 개념에 대한 대법원의 확장해석의 태도, (구)혼인빙자등간음죄에서 규정하고 있었던 '기타 위계로써'에 대한 대법원의 해석이 성관계 자체에 대한 위계뿐만 아니라 성관계와 밀접불가분한 관련 사항에 대한 위계도 포함하는 것으로 하고 있었던 점, 위계에 의한 간음죄를 규정한 현행법에 대한 기존 대법원의 해석태도에 따르면 실제로 처벌될 수 있는 사안은 극히 예외적인 부분에 한정될 수밖에 없어 실질적인 사문화의 현상이 나타나고 있다는 점, 성관계 자체 이외의 요소에 대한 기망 등 위계의 수단을 동원하여 피해자의 성을 착취하는 성인에 대한 가벌성은 충분히 인정된다는 점 등의 요소를 종합적으로 고려한다면, 위계에 의한 간음죄에 있어서 '위계'란 행위자가 간음의 목적으로 상대방에게 오인·착각·부지를 일으키고는 상대방의 그러한 심적 상태를 이용하여 간음의 목적을 달성하는 것을 말하는 것이고, 여기서 '오인·착각·부지'란 간음행위 자체에 대한 오인·착각·부지를 말하는 것뿐만 아니라 간음행위와 불가분적 관련성이 인정될 수 있는 다른 조건에 관한 오인·착각·부지도 동시에 포함하는 것으로 해석해야만 한다.

2) 위 력

'위력'이란 피해자의 성적 자유의사를 제압하기에 충분한 세력으로서 유형적이든 무형적이든 문지 않으며, 폭행·협박뿐만 아니라 행위자의 사회적·경제적·정치적인 지위나 권세를 이용하는 것도 가능하다. 다만 폭행·협박이 상대방의 반항을 억압할 정도이면 본죄가 성립하지 아니하고, 강간죄 또는 강제추행죄가 성립한다.[1] 위력으로써 간음 또는 추행한 것인지 여부는 피해자에 대하여 이루어진 구체적인 행위의 경위 및 태양, 행사한 세력의 내용과 정도 내지 이용한 행위자의 지위나 권세의 종류, 피해자의 연령, 행위자와 피해자의 이전부터의 관계, 피해자에게 주는 위압감 및 성적 자유의사에 대한 침해의 정도, 범행 당시의 정황 등 여러 사정을 종합적으로 고려하여 판단하여야 한다.[2] 최협의의 폭행·협박 개념으로 강간죄를 고수하고 있

---

1) 대법원 1965. 3. 30. 선고 65도45 판결(피해자가 16세의 미성년자라고 하더라도 폭행의 방법으로 강간한 경우에는 강간죄에 해당되며, 이를 본법 제302조 소정의 미성년자 등에 대한 간음죄로 규정할 수 없다).

2) 대법원 2013. 1. 16. 선고 2011도7164 판결; 대법원 2012. 4. 26. 선고 2012도1029 판결; 대법원 2008. 7. 24. 선고

는 판례의 태도에 따라 이러한 정도에 이르지 못한 폭행·협박이 문제된 사안의 경우에는 처벌
의 공백 내지 불합리한 점이 발생하게 되었고, 이를 보충하기 위한 개념요소로서 '위력'에 의한
성폭력범죄가 등장하게 된 것이다. 이에 따라 위력에 의한 간음죄의 경우에는 강간죄에 대한
보충적 기능을 충실히 수행하여 입법취지에 제대로 부합하고 있다.

생각건대 위력과 위계는 그 행위태양이 서로 상이하므로 이를 분리하여 위력에 의한 간음
행위는 폭행·협박에 준하는 행위유형으로 포섭하고, 위계에 의한 간음행위는 별도의 처벌규정
을 두는 것이 바람직하다.[1] 이와 같이 위계에 의한 간음죄를 독립적인 범죄로 분리한다면 그
객체를 현재의 포섭대상인 아동·청소년뿐만 아니라 성인의 경우까지 확장하는 작업도 필요하
다. 특히 일반 성인이라고 할지라도 물질만능주의, 결과중심주의 등 현대사회의 특성에 비추어
볼 때 얼마든지 간음행위와 밀접불가분의 연관성이 인정되는 특수한 상황과 조건이 제공될 여
지가 충분히 있기 때문에 이에 대한 가벌성을 인정할 필요성도 충분히 있는 것이다. 물론 그 객
체가 아동·청소년인가 아니면 성인인가에 따라 법정형에 차등도 병행하는 작업이 진행되어야
한다. 한편 판례가 인정하고 있는 강간죄에서 말하는 폭행·협박의 정도는 상대방의 반항이 불
가능하거나 현저히 곤란할 정도에 이르는 매우 극심한 상황에서만 인정되는 경우이기 때문에
상대적으로 행위불법이 적은 위력에 의한 간음의 경우에는 폭행·협박에 의한 간음과 비교하여
법정형을 낮게 책정할 필요성도 인정된다.

(3) 주관적 구성요건

본죄가 성립하기 위해서는 미성년자 또는 심신미약자를 간음 또는 추행한다는 사실에 대
한 인식과 의사를 내용으로 하는 고의가 있어야 한다.

2008도4069 판결(피해자는 당시 만 15세 8개월 남짓의 키 164cm, 체중 48kg인 여자인데 비해, 피고인은 당시 만
27세 8개월 남짓의 신장 185cm, 체중 87kg인 남자인바, 피고인이 피해자의 반바지를 벗기려고 하자 피해자가 '안
하신다고 하셨잖아요' '하지 마세요'라고 하면서 계속해서 명시적인 거부 의사를 밝혔음에도, '괜찮다' '가만히 있
어'라고 말하면서 피해자의 바지와 팬티를 벗기고 몸으로 피해자를 누르면서 간음하기에 이른 점, 피해자가 처음
만난 피고인의 요구에 순순히 응하여 성관계를 가진다는 것은 경험칙상 납득되지 않는 점, 피고인이 공소외인과
피해자 및 공소외인의 다른 친구 2명과 함께 모텔을 찾으러 다닐 때만 하여도 피해자는 피고인과 단둘이 모텔방
에 남게 될 것을 예상하지 못했던 것으로 보이는 점, 술에 취한데다가 나이, 키, 체중에서 현저한 차이가 나는
피고인과 단둘이 모텔방에 있게 된 피해자로서는 피고인에게 압도당하여 정상적인 반항을 하기가 어려웠으리라
고 보이는 점 등에 비추어, 피고인이 이 사건 당시 피해자와 성교를 위하여 피해자의 몸 위로 올라간 것 이외에
별다른 유형력을 행사하지 않았더라도, 피고인이 몸으로 짓누르고 있어서 저항할 수가 없었고 겁을 먹은 나머지
그 의사에 반하여 간음을 당하였다는 피해자의 진술은 이를 가볍게 배척할 수 없을 것으로 여겨진다); 대법원
2007. 8. 23. 선고 2007도4818 판결; 대법원 2005. 7. 29. 선고 2004도5868 판결.

[1] 이에 대하여 보다 자세한 논의로는 박찬걸, "청소년성보호법상 위계에 의한 아동·청소년 간음죄에 있어서 '위계'
의 해석", 소년보호연구 제31권 제3호, 한국소년정책학회, 2018. 8, 167면 이하 참조.

Ⅷ. 피감호자 위계·위력간음죄

제303조(업무상 위력 등에 의한 간음) ① 업무, 고용 기타 관계로 인하여 자기의 보호 또는 감독을 받는 사람에 대하여 위계 또는 위력으로써 간음한 자는 7년 이하의 징역 또는 3천만원 이하의 벌금에 처한다.
---

1. 의 의

피감호자 위계·위력간음죄는 업무·고용 기타 관계로 인하여 자기의 보호 또는 감독을 받는 사람에 대하여 위계 또는 위력으로써 간음함으로써 성립하는 범죄이다. 본죄의 법적 성격은 자수범이며, 진정신분범이다. 2018년 촉발된 미투운동을 계기로 공직사회·문화예술계 등에서 벌어지고 있는 조직 내 권력형 성폭력 사건은 가해자가 사회적 지위를 이용해 지속적으로 성폭력 범죄를 저질러 피해자에게 심각한 육체적·정신적 고통을 주고 있지만, 기존에 본죄의 징역형이 5년 이하로 규정되어 있어, 간음죄임에도 강제추행죄의 징역형(10년 이하)에 비하여 형량이 낮아 범죄예방효과가 높지 않았다. 이에 2018. 10. 16. 형법 개정을 통하여 '5년 이하의 징역'을 '7년 이하의 징역'으로, '1천500만원 이하의 벌금'을 '3천만원 이하의 벌금'으로 법정형을 상향조정하였다. 한편 업무·고용이나 그 밖의 관계로 인하여 자기의 보호·감독을 받는 사람에 대하여 위계 또는 위력으로 '추행'한 사람은 3년 이하의 징역 또는 1천500만원 이하의 벌금에 처한다(성폭력특례법 제10조 제1항).[1] 본죄들은 미수범 처벌규정이 없다. 기존에는 본죄의 객체가 부녀로 제한되어 있었으나, 2012. 12. 18. 형법 개정을 통하여 사람으로 변경하였다.

2. 구성요건

(1) 주 체

본죄의 주체는 업무·고용 기타 관계로 인하여 사람을 보호 또는 감독하는 사람이다(진정신분범).

---

[1] 대법원 2004. 4. 16. 선고 2004도52 판결(직장 상사가 등 뒤에서 피해자의 의사에 명백히 반하여 어깨를 주무른 경우, 여성에 대한 추행에 있어 신체 부위에 따라 본질적인 차이가 있다고 볼 수 없다는 이유로 추행에 해당한다); 대법원 1998. 1. 23. 선고 97도2506 판결(피고인은 유치원 원장으로서 그 원장이라는 신분을 이용하여 유치원 교사들이거나 채용 예정된 피해자들에게 그들의 의사에 반하여 추행하려는 의사로, 업무차 피고인의 집 앞에 온 피해자를 오른팔을 잡아당겨 안으려고 하고, 피해자를 자기의 차량에 태우고 가다가 은밀한 장소에 이르러 강제로 키스를 하든가, 유치원 내에 다른 사람이 없는 틈을 이용하여 피해자의 허리를 양손으로 잡아 올리고, 발기된 성기를 피해자의 허벅지에 닿게 하고, 두손으로 피해자의 어깨를 감싸 안고, 이에 놀라 비명을 지르는 피해자의 왼손을 잡아 쥐고 주무르고, 전화기 전달을 빙자하여 오른손으로 피해자의 젖가슴 밑 부분을 닿게 하는 행위를 하였는바, 이와 같은 피고인의 행위는 모두 피고인이 위력을 행사하여 한 것으로 20대 초, 중반에 이른 젊은 미혼의 유치원 교사들의 성적 자유를 현저히 침해하고, 또한 그 행위가 피고인에게 고용되어 있는 여러 피해자들에 대하여 계속적으로 이루어진 점 등으로 보아 일반인의 입장에서도 추행행위라고 평가할 만한 것이라고 할 것이다).

(2) 객 체

본죄의 객체는 업무·고용 기타 관계로 인하여 보호 또는 감독을 받는 19세 이상의 사람이다. 왜냐하면 위계 또는 위력으로써 아동·청소년을 간음한 자는 청소년성보호법 제7조 제5항의 적용대상이기 때문이다. '기타 관계로 자기의 보호 또는 감독을 받는 사람'이란 사실상의 보호 또는 감독을 받는 상황에 있는 사람인 경우를 말한다.[1] 또한 직장 안에서 보호 또는 감독을 받거나 사실상 보호 또는 감독을 받는 상황에 있는 사람뿐만 아니라 채용 절차에서 영향력의 범위 안에 있는 사람도 포함된다.[2] 하지만 피해자가 피고인 경영의 회사의 경리직을 그만둔 후 독자적 생활을 한 지 5개월이 경과되었다면 피고인의 보호나 감독을 받는 자라고 할 수는 없다.[3]

생각건대 '사회적 지위를 이용하여 사실상 영향력을 행사할 수 있는 사람에 대하여'라는 구성요건을 추가하여 본죄의 객체성을 확장할 필요가 있다.[4] 이러한 지위는 일정한 '신분적 지위'가 아니라 일정한 객관적 상황에 기한 '관계적 지위'를 말하는 것으로서, 피고인의 보호 또는 감독을 받는 사람이 아니라고 할지라도 피고인의 사회적·경제적·정치적인 지위나 권세에 종속될 우려가 있는 사람이라면 본죄가 성립할 수 있도록 해야 한다. 예를 들면 업무나 고용 등의 형식적 지배에 의한 관계 이외에 문화예술계에서 영향력을 행사하는 자가 문화예술계로의 진

---

1) 대법원 2021. 6. 10. 선고 2021도4042 판결(5세연상사실상보호사건)(① 당시 15세의 미성년자였던 피해자 공소외인(이하 '피해자'라고 한다)은 친인척과의 관계를 단절하고 가출을 한 상황에서 5세 연상인 피고인을 만났고, 피고인 외에는 경제적, 심리적으로 도움을 받을 사람이 없었던 점, ② 피해자는 피고인만을 믿고 의지하여 아무런 연고도 없는 서울로 가게 되었고, 성매매로 단속되어 조사받던 날에도 피고인의 상태를 물으면서 피고인에게 의존하는 모습을 보인 점, ③ 피고인은 피해자가 머물 수 있도록 모텔을 잡아 주고, 휴대전화 공기계를 구해 주거나 피해자를 병원에 데려다주고, 피해자가 받은 성매매 대금을 관리하는 등 피해자의 생활 전반에 관여하면서 사실상 보호자로서의 역할을 수행한 점, ④ 피해자는 성매매를 하거나 피고인과 있는 시간 외에는 주로 모텔에서 혼자 생활하였고, 피해자의 전반적인 생활은 피고인과 함께 형성되어 있었던 점, ⑤ 피고인은 성매매로 단속되어 피해자가 쉼터에 들어가자 보호자로서 피해자를 데려가기도 한 점 등 제반 사정을 종합하면, 비록 피고인과 피해자의 연령 차이가 5세에 불과하다고 하더라도 피해자는 피고인으로부터 사실상의 보호 또는 감독을 받는 상황에 있었다고 보아 '아동·청소년의 성보호에 관한 법률' 위반(강요행위등) 공소사실을 유죄로 판단하였다); 대법원 1976. 2. 10. 선고 74도1519 판결(미장원주인아저씨사건)(피고인이 미장원 주인 남자로서 그 종업원인 피해자에게 저녁을 사준다는 구실로 데리고 나와서 식사 후에 피해자의 숙소로 보내준다고 하면서 상경 후 아직 서울지리에 생소함을 이용하여 버스를 같이 타고 다니는 등 고의로 시간을 지연시켜서 야간통행금지에 임박한 시간으로서 부득이 부근 여관에 투숙치 아니할 수 없는 것 같이 하여 위계로 유인 투숙하고 위력으로 간음한 점 등으로 미루어 볼 때에 이 사건의 두 사람과 같은 사이의 성교관계가 피해자 스스로의 승낙에 이루어진 것이라고 보기에는 경험칙상 어렵다).

2) 대법원 2020. 7. 9. 선고 2020도5646 판결(편의점 업주인 피고인이 아르바이트 구인 광고를 보고 연락한 피해자를 채용을 빌미로 주점으로 불러내 의사를 확인하는 등 면접을 하고, 이어서 피해자를 피고인의 집으로 유인하여 피해자의 성기를 만지고 피해자에게 피고인의 성기를 만지게 한 행위를 한 사실을 인정한 다음, 피고인은 채용권한을 가지고 있는 지위를 이용하여 피해자의 자유의사를 제압하여 피해자를 추행하였다고 판단하였다).

3) 대법원 1985. 9. 10. 선고 85도1273 판결.

4) 이에 대하여 보다 자세한 논의로는 박찬걸, "업무상 위력에 의한 성범죄의 적용상 한계 및 개선방안에 대한 비판적 검토", 형사정책연구 제29권 제4호, 한국형사정책연구원, 2018. 12, 1면 이하; 박찬걸, "미투(Me Too)운동이 야기한 형사법적 쟁점 검토 ― 형법 및 성폭력처벌법에 대한 개정법률안을 중심으로 ―", 형사정책 제30권 제2호, 한국형사정책학회, 2018. 8, 265면 이하 참조.

입을 희망하는 자를 대상으로 범죄를 행하는 경우, 임용권자와 지원자의 관계, 캐스팅권한이 있는 연출자와 출연자의 관계 등과 같이 실질적인 지배력을 행사할 수 있는 다양한 수직적 관계가 이에 해당할 수 있다. 형식적으로 업무상 또는 고용관계에 있지 않더라도 실질적으로 상대방의 우월한 사회적 지위에 의하여 이에 종속된 약자가 성폭력피해를 당하는 사례가 빈번한데, 이러한 상황에 의하여 발생하는 범죄는 업무상 또는 고용관계에서 발생하는 범죄와 본질적으로 동일한 것으로 평가될 수 있기 때문에 처벌상의 공백을 메울 필요가 있는 것이다.

(3) 행 위

본죄의 실행행위는 위계 또는 위력으로 간음하는 것이다.[1] 의사가 치료를 가장하여 간음하는 경우는 상정하기 힘들고, 다만 위계의 방법으로 치료를 가장하여 추행한 경우에는 성폭력특례법 제10조 제1항에 해당할 수 있다.[2]

Ⅸ. 피구금자간음죄

제303조(업무상 위력 등에 의한 간음) ② 법률에 의하여 구금된 사람을 감호하는 자가 그 사람을 간음한 때에는 10년 이하의 징역에 처한다.

1. 의의 및 보호법익

피구금자간음죄는 법률에 의하여 구금된 사람을 감호하는 자가 그 사람을 간음함으로써 성립하는 범죄이다. 본죄는 감호자가 스스로[3] 간음함으로써만 성립할 수 있다고 해야 하므로 자수범이자 진정신분범에 해당한다. 본죄의 주된 보호법익은 피구금자의 성적 자기결정권이지만, 동의가 있어도 본죄가 성립하므로, 피구금자에 대한 부당한 대우를 하지 않는다는 점 및 감호자의 청렴성에 대한 일반인의 신뢰[4]도 부수적인 보호법익이 된다. 2018. 10. 16. 형법 개정을

---

1) 대법원 2019. 9. 9. 선고 2019도2562 판결(충남도지사사건)(피해사실에 관한 피해자의 진술은 일관되고 그 내용이 구체적이고 모순되는 부분이 없는 등의 사정에 비추어 신빙성이 있다. 피해가 발생한 시점으로부터 얼마 지나지 않은 무렵에 피해자로부터 피해사실을 들었다는 공소외 1과 공소외 2의 진술도 신빙성이 있다. 피해자가 범행 전후에 보인 일부 언행 등이 성범죄 피해자라면 보일 수 없는 행동이라고 보기도 어렵거니와 그러한 사정을 들어 피해자의 피해진술의 신빙성을 배척하기는 어렵다. 피고인의 지위나 권세는 피해자의 자유의사를 제압하기에 충분한 무형적 세력에 해당한다).

2) 대법원 2005. 7. 14. 선고 2003도7107 판결(응급실의사추행사건)(피고인은 병원 응급실에서 당직근무를 하는 의사로서 자신의 보호 감독하에 있는 입원 환자들인 피해자들의 의사에 반하여, 자고 있는 피해자 1을 깨워 상의를 배꼽 위로 올리고 바지와 팬티를 음부 윗부분까지 내린 다음 '아프면 말하라.'고 하면서 양손으로 복부를 누르다가 차츰 아래로 내려와 팬티를 엉덩이 중간까지 걸칠 정도로 더 내린 후 음부 윗부분 음모가 나 있는 부분과 그 주변을 4~5회 정도 누르고, 이어 자고 있는 피해자 2를 깨워 '만져서 아프면 얘기하라.'고 하면서 상의를 배꼽 위로 올려 계속 누르다가 바지와 팬티를 음모가 일부 드러날 정도까지 내려 음부 윗부분 음모가 나 있는 부분과 그 주변까지 양손으로 수회 누르는 행위를 하였는바, 이와 같은 피고인의 행위는 피해자들의 성적 자유를 현저히 침해하고, 일반인의 입장에서도 추행행위라고 평가할 만한 것이다).

3) 이는 간접정범의 형태로는 본죄를 범할 수 없다는 의미이다.

4) 감호자와 피구금자 사이에 합의에 의한 간음행위가 있을 경우에는 평등한 처우가 아닌 특혜의 제공이 충분히

통하여 기존 '7년 이하의 징역'을 '10년 이하의 징역'으로 개정하였다. 한편 법률에 따라 구금된 사람을 감호하는 사람이 그 사람을 '추행'한 때에는 5년 이하의 징역 또는 2천만원 이하의 벌금에 처한다(성폭력특례법 제10조 제2항). 미수범 처벌규정은 없다.

2. 구성요건

(1) 주 체

본죄의 주체는 법률에 의하여 구금된 사람을 감호하는 자이다(진정신분범).

(2) 객 체

본죄의 객체는 법률에 의하여 구금된 사람이다. 예를 들면 형사소송법에 의하여 체포·구속된 피의자·피고인, 노역장에 유치된 자, 경찰서 유치장에 입감된 자, 수형인 등이 이에 해당한다. 비록 불법하게 수사기관에 의하여 구금된 자라고 할지라도 구금 자체가 형식상 법률에 근거하고 있는 경우에는 본죄의 객체가 된다.[1] 하지만 보호관찰 중에 있는 자, 선고유예·집행유예·가석방 중에 있는 자 등은 이에 해당하지 아니한다.

(3) 행 위

본죄의 실행행위는 간음하는 것이다. 간음은 피구금자의 심리적 위축 또는 공포로 인하여 성적 자유가 쉽게 침해될 수 있으므로 특별한 수단을 요하지 아니한다. 그러나 폭행 또는 협박을 사용하여 간음한 경우에는 강간죄가 성립한다. 피구금자의 동의를 얻어 간음한 경우에도 본죄가 성립한다. 피구금자는 불가벌적 대향자로서 본죄의 공범이 될 수 없다.

Ⅹ. 13세미만의제강간등죄

> 제305조(미성년자에 대한 간음, 추행)　① 13세 미만의 사람에 대하여 간음 또는 추행을 한 자는 제297조, 제297조의2, 제298조, 제301조 또는 제301조의2의 예에 의한다
> 제305조의3(예비, 음모)　제297조, 제297조의2, 제299조(준강간죄에 한한다), 제301조(강간등 상해죄에 한한다) 및 제305조의 죄를 범할 목적으로 예비 또는 음모한 사람은 3년 이하의 징역에 처한다.

1. 의의 및 보호법익

13세미만의제강간등죄는 13세 미만의 사람에 대하여 간음 또는 추행함으로써 성립하는 범죄이다. 본죄의 보호법익은 일반적인 성범죄와 같은 성적 자기결정권이 아니라 13세 미만의 아동이 외부로부터의 부적절한 성적 자극이나 물리력의 행사가 없는 상태에서 심리적 장애 없이 성적 정체성 및 가치관을 형성할 권익이다. 이와 같이 13세 미만의 자에게는 성적 동의능력을

예상될 수 있다.

　1) 반면에 불법적으로 구금된 자는 본죄의 객체에서 제외된다는 견해로는 김선복, 187면.

전면적으로 부정하고 있다. 그러므로 피해자의 동의가 있는 경우에도 본죄의 성립에는 영향이 없는데[1], 성적으로 미성숙한 13세 미만의 미성년자를 특별히 보호하기 위한 본죄는 일정한 연령 이하의 아동·청소년이 성적 대상으로 도구화되어 자유로운 인격의 성장을 방해받지 않도록 함에 그 입법취지가 있다. 이는 13세 미만의 미성년자를 성인의 성적 착취 또는 학대로부터 절대적으로 보호하는 한편, 당사자 사이의 합의에 의한 모든 성적 행위도 전면적인 불법으로 파악하여 보다 충실한 성적 보호장치를 마련하고 있는 것이다.

　　한편 13세 미만의 사람에 대하여 제297조의 죄를 범한 사람은 무기징역 또는 10년 이상의 징역에 처하고(성폭력특례법 제7조 제1항), 13세 미만의 사람에 대하여 폭행이나 협박으로 구강·항문 등 신체(성기는 제외한다)의 내부에 성기를 넣는 행위 또는 성기·항문에 손가락 등 신체(성기는 제외한다)의 일부나 도구를 넣는 행위의 어느 하나에 해당하는 행위를 한 사람은 7년 이상의 유기징역에 처한다(동법 제7조 제2항). 13세 미만의 사람에 대하여 제298조의 죄를 범한 사람은 5년 이상의 유기징역에 처하고(동법 제7조 제3항)[2], 13세 미만의 사람에 대하여 제299조의 죄를 범한 사람은 제1항부터 제3항까지의 예에 따라 처벌하며(동법 제7조 제4항), 위계 또는 위력으로써 13세 미만의 사람을 간음하거나 추행한 사람은 제1항부터 제3항까지의 예에 따라 처벌한다(동법 제7조 제5항). 성폭력특례법 제7조의 죄를 범할 목적으로 예비 또는 음모한 사람은 3년 이하의 징역에 처한다(동법 제15조의2).

2. 구성요건

(1) 행 위

　　본죄의 실행행위는 13세 미만의 사람에 대하여 간음 또는 추행을 하는 것이다. 예를 들면 초등학교 4학년 담임교사(남자)가 교실에서 자신이 담당하는 반의 남학생의 성기를 4회에 걸쳐 만진 경우가 이에 해당한다.[3] 추행의 방법이 유사성교행위에 해당하면 제297조의2에 의하여 처벌된다. 하지만 처음부터 폭행 또는 협박을 한 경우에는 강간죄·유사강간죄·강제추행죄 등이 성립한다.

　　한편 본죄는 미수범에 대한 처벌규정(제300조)을 준용하고 있지 않으나, 이에 대하여 판례는 「미성년자의제강간·강제추행죄를 규정한 형법 제305조가 강간죄와 강제추행죄의 미수범의 처벌에 관한 형법 제300조를 명시적으로 인용하고 있지 아니하나, 형법 제305조의 입법 취지는 성적으로 미성숙한 13세 미만의 미성년자를 특별히 보호하기 위한 것으로 보이는바, 이러한 입법 취지에 비추어 보면 동조에서 규정한 형법 제297조와 제298조의 '예에 의한다'는 의미는 미

---

1) 대법원 1982. 10. 12. 선고 82도2183 판결; 대법원 1970. 3. 31. 선고 70도291 판결.

2) 기존에는 '3천만원 이상 5천만원 이하의 벌금'의 선택형도 두고 있었으나, 2020. 5. 19. 개정을 통하여 이를 삭제하였다. 이는 강제추행의 범위가 상당히 폭넓다는 측면에서 과잉입법이라고 판단된다.

3) 대법원 2006. 1. 13. 선고 2005도6791 판결.

성년자의제강간·강제추행죄의 처벌에 있어 그 법정형뿐만 아니라 미수범에 관하여도 강간죄와 강제추행죄의 예에 따른다는 취지로 해석된다.」라고 판시[1]하여, 미수범의 처벌을 인정하고 있다. 하지만 판례와 같이 주관적·목적론적 '해석'을 통하여 해결하는 것 보다는 제300조(미수범)에 제305조를 추가하는 '입법'적인 조치로 해결하는 것이 타당하다. 이러한 점에서 2020. 5. 19. 형법 개정을 통하여 본죄의 예비·음모를 처벌하는 규정을 신설하면서 미수범 처벌규정을 별도로 신설하지 않은 것은 아쉬움으로 다가온다.

(2) 주관적 구성요건

본죄가 성립하기 위해서는 13세 미만의 사람에 대하여 간음 또는 추행을 한다는 인식과 의사를 내용으로 하는 고의가 있어야 한다. 피고인이 피해자가 13세 미만의 사람임을 알았다는 사실은 검사에 의하여 입증되어야 한다.[2] 그 이외에 성욕을 자극·흥분·만족시키려는 주관적 동기나 목적까지 있어야 하는 것은 아니다.[3]

한편 13세 미만자를 13세 이상자로 오인하고 동의를 얻어 간음 또는 추행한 경우에는 사실의 착오로서 고의가 조각된다. 반면에 13세 이상자를 13세 미만자로 오인하고 동의를 얻어 간음 또는 추행한 경우의 죄책과 관련하여, ① 불능범이라는 견해[4], ② 불능미수라는 견해[5] 등의 대립이 있는데, 불능범으로 파악하는 것이 타당하다.

3. 처 벌

본죄의 처벌은 제297조, 제297조의2, 제298조, 제301조 또는 제301조의2의 예에 의한다. 본죄의 처벌을 '예에 의한다'라고 한 것은 13세 미만의 자에 대하여 이루어진 유형력의 행사가 구체적으로 어떠한 것인지를 입증하기가 매우 곤란하다는 점에서 비롯된다. 본죄는 이러한 유형력의 구체적인 행사에 대한 입증이 어려운 경우에 있어서 이를 의제하여 강간죄 등으로 처벌하기 위한 규정으로 판단된다.

XI. 16세미만의제강간등죄

> 제305조(미성년자에 대한 간음, 추행) ② 13세 이상 16세 미만의 사람에 대하여 간음 또는 추행을 한 19세 이상의 자는 제297조, 제297조의2, 제298조, 제301조 또는 제301조의2의 예에 의한다.
> 제305조의3(예비, 음모) 제297조, 제297조의2, 제299조(준강간죄에 한한다), 제301조(강간등 상해죄에 한한다) 및 제305조의 죄를 범할 목적으로 예비 또는 음모한 사람은 3년 이하의 징역에 처한다.

1) 대법원 2007. 3. 15. 선고 2006도9453 판결.
2) 대법원 2012. 8. 30. 선고 2012도7377 판결.
3) 대법원 2006. 1. 13. 선고 2005도6791 판결.
4) 권오걸, 221면; 김선복, 179면; 김신규, 223면; 배종대, 178면; 이재상/장영민/강동범, 175면.
5) 김성천/김형준, 196면; 김일수/서보학, 144면; 이상돈, 879면; 이형국/김혜경, 229면; 임 웅, 239면.

1. 의의 및 보호법익

16세미만의제강간등죄는 13세 이상 16세 미만의 사람에 대하여 19세 이상의 자가 간음 또는 추행함으로써 성립하는 범죄이다. 본죄의 보호법익은 13세 이상 16세 미만의 청소년이 외부로부터의 부적절한 성적 자극이나 물리력의 행사가 없는 상태에서 심리적 장애 없이 성적 정체성 및 가치관을 형성할 권익이다. 하지만 본죄는 13세미만의제강간죄와 달리 13세 이상 16세 미만의 자에게 성적 동의능력을 전면적으로 부정하는 것이 아니라 19세 미만의 자와의 성행위는 인정하는 태도를 취하고 있는 것이 특징이다. 본죄는 2020. 5. 19. 형법 개정을 통하여 신설된 범죄이다.

한편 2019. 1. 15. 개정 청소년성보호법은 제8조의2를 신설하여 '13세 이상 16세 미만 아동·청소년에 대한 간음 등'죄를 규정하고 있는데, 이에 의하면 19세 이상의 사람이 13세 이상 16세 미만인 아동·청소년(제8조에 따른 장애 아동·청소년으로서 16세 미만인 자는 제외한다)의 궁박한 상태를 이용하여 해당 아동·청소년을 간음하거나 해당 아동·청소년으로 하여금 다른 사람을 간음하게 하는 경우에는 3년 이상의 유기징역에 처하고(제1항), 19세 이상의 사람이 13세 이상 16세 미만인 아동·청소년의 궁박한 상태를 이용하여 해당 아동·청소년을 추행한 경우 또는 해당 아동·청소년으로 하여금 다른 사람을 추행하게 하는 경우에는 10년 이하의 징역 또는 1천500만원 이하의 벌금에 처한다(제2항). 하지만 2020. 5. 19. 형법 개정으로 인하여 청소년성보호법 제8조의2는 사문화되었다. 이후 2021. 3. 23. 개정 청소년성보호법은 제8조의2 제2항의 벌금형을 5천만원으로 상향조정한 바 있다.

2. 구성요건

(1) 주 체

본죄의 주체는 19세 이상의 자이다. 그러므로 19세 미만의 자는 13세 이상 16세 미만의 자 상호간에 합의 아래 성적인 교섭이 허용된다고 할 수 있다. 즉 의제강간의 최저연령기준을 일률적으로 상향조정할 경우에는 십대의 조숙한 애정행위에 대하여 지나친 간섭이 될 수 있음을 주의해야 한다. 왜냐하면 미성년자 상호간에 의한 성행위를 형사처벌의 대상으로 보아 의제강간의 피해자인 동시에 가해자로도 파악될 수 있기 때문이다. 외국의 입법례에서 '로미오와 줄리엣법'(Romeo and Juliet Law)에 의하여 가해자와 피해자 사이에 일정한 연령 차이를 요구하는 것이 일반화되어 있는 것도 이러한 이유 때문이다. 아동·청소년의 경우 가해자와의 나이, 사회적 신분, 사회경험 등의 차이가 많이 나면 날수록 성행위에 있어 본인의 거부의사를 정확히 표현하기 어렵다는 점도 동시에 고려해야만 한다. 또한 현실적으로 청소년 성매매의 상대방이 청소년인 경우보다는 성인인 경우가 훨씬 많다는 점은 일정 연령대에 해당하는 아동·청소년에 대한 의제강간의 주체를 성인에 국한시킬 필요성을 역설하는 부분이기도 하다. 그러므로 13세 이상

16세 미만의 연령대에 해당하는 의제강간의 주체를 19세 이상의 자로 국한할 필요성이 있는 것이다.[1]

(2) 객 체

본죄의 객체는 13세 이상 16세 미만의 자이다. 기존과 달리 의제강간죄의 연령을 확대한 배경으로는, ① 최근 들어 13세 이상의 미성년자도 일정한 연령대까지는 간음이나 추행의 의미를 알고 동의를 할 만한 능력을 갖추었다고 보기 어려우므로 의제강간의 연령을 상향하여 청소년 보호를 강화할 필요가 있다는 점, ② 중학생과 나이차가 많이 나는 성인간의 합의에 의한 성행위 또는 학생을 선도해야 하는 입장에 있는 교사와 학생간의 애정행위 등에 대하여 일반국민의 법 감정상 용납하기 어려운 판결과 사건들이 계속 이어지고 있고, 이로 인하여 국민들의 사법부에 대한 신뢰마저 저하되고 있다는 점, ③ 13세 이상 16세 미만의 연령에 해당하는 아동·청소년이 청소년 성매수 범죄의 주요 표적이 되고 있다는 점, ④ 국제적인 측면에서 절대 다수의 국가가 의제강간죄의 연령기준을 16세 이상으로 규정하고 있다는 점, ⑤ 인터넷과 스마트폰의 급속한 보급으로 인해 아동·청소년이 사람들과 접촉하고 성폭력 범죄에 노출되는 경우가 증가하고 있다는 점, ⑥ 우리나라에서 13세 내지 16세의 연령은 성적 자기결정권을 행사할 수 있다고 보기에는 다소 무리가 있으며, 아직 정신적이나 이성적으로 성숙한 단계로 볼 수 없어 동 연령대에서 성관계를 한 사람은 정신적·정서적 충격으로 장래에 정서적인 문제나 사회의 부적응 등 부작용을 초래할 가능성이 높다는 점 등을 들 수 있다.

생각건대 아동·청소년은 성적 관계에 대한 사회규범이나 성적 행위에 대한 상호반응에 대하여 충분히 인지하지 못하고 있기 때문에 실질적으로 성적 자기결정권을 행사하여 자신을 보호할 능력이 부족하다. 특히 아동·청소년과 상대방의 연령 차이가 크면 클수록 아동·청소년의 동의나 승낙에 의한 성적 관계를 인정하기가 곤란할 확률이 높아지기 때문에 13세 이상 16세 미만의 연령대의 경우에도 일정한 상황에서 특별한 성적 보호의 필요성은 인정될 수 있다.

(3) 행 위

본죄의 실행행위는 13세 이상 16세 미만의 사람에 대하여 간음 또는 추행을 하는 것이다. 추행의 방법이 유사성교행위에 해당하면 제297조의2에 의하여 처벌된다. 하지만 처음부터 폭행 또는 협박을 한 경우에는 강간죄·유사강간죄·강제추행죄 등이 성립한다.

(4) 주관적 구성요건

본죄가 성립하기 위해서는 13세 이상 16세 미만의 사람에 대하여 간음 또는 추행을 한다는 인식과 의사를 내용으로 하는 고의가 있어야 한다.

---

[1] 의제강간죄에 대하여 보다 자세한 논의로는 박찬걸, "청소년성보호법상 '대상'아동·청소년을 '피해'아동·청소년으로 변경하는 입법안에 대한 비판적 고찰", 소년보호연구 제30권 제4호, 한국소년정책학회, 2017. 11, 105면 이하 참조.

3. 처 벌

본죄의 처벌은 제297조, 제297조의2, 제298조, 제301조 또는 제301조의2의 예에 의한다. 본죄의 처벌을 '예에 의한다'라고 한 것은 13세 이상 16세 미만의 자에 대하여 이루어진 유형력의 행사가 구체적으로 어떠한 것인지를 입증하기가 매우 곤란하다는 점에서 비롯된다. 본죄는 이러한 유형력의 구체적인 행사에 대한 입증이 어려운 경우에 있어서 이를 의제하여 강간죄 등으로 처벌하기 위한 규정으로 판단된다.

XII. 성폭력특례법상의 범죄군

1. 주거침입강간죄 등

제319조 제1항(주거침입)[1], 제330조(야간주거침입절도), 제331조(특수절도) 또는 제342조(미수범. 다만, 제330조 및 제331조의 미수범으로 한정한다)의 죄를 범한 사람이 제297조(강간), 제297조의2(유사강간), 제298조(강제추행) 및 제299조(준강간, 준강제추행)의 죄를 범한 경우에는 무기징역 또는 7년 이상의 징역에 처한다(제3조 제1항). 본죄를 범할 목적으로 예비 또는 음모한 사람은 3년 이하의 징역에 처한다(제15조의2).

본죄는 사람의 주거 등을 침입한 자가 피해자를 간음, 강제추행 등 성폭력을 행사한 경우에 성립하는 것으로서, 주거침입죄를 범한 후에 사람을 강간하는 등의 행위를 하여야 하는 일종의 신분범에 해당한다.[2] 만약 선후가 바뀌어 강간죄 등을 범한 자가 그 피해자의 주거에 침입한 경우에는 이에 해당하지 않고, 강간죄 등과 주거침입죄 등의 실체적 경합범이 된다.

본죄의 실행의 착수시기는 주거침입 행위 후 강간죄 등의 실행행위에 나아간 때이다.[3]

---

[1] 대법원 2012. 3. 15. 선고 2012도544 판결(피고인이 이 사건 강간 범행 과정에서 한 폭행행위는 단순한 폭행이 아니라 보복의 목적을 가지고 한 것으로서 특정범죄가중처벌법 제5조의9 제2항의 구성요건에 해당하는데, 그것이 성폭력특례법 위반(주거침입강간등)죄의 구성요건에 완전히 포섭되지 않는 점, 특정범죄가중처벌법 위반(보복범죄등)죄가 범죄 신고자 등의 보호 외에 국가의 형사사법 기능을 보호법익으로 하는 죄인 데 반하여 강간죄는 개인의 성적 자기결정권을 보호법익으로 하는 죄로서 양죄는 그 보호법익을 달리하는 점 등에 비추어 볼 때, 특정범죄가중처벌법 위반(보복범죄등)죄가 성폭력특례법 위반(주거침입강간등)죄에 흡수되는 법조경합의 관계에 있다고 볼 수 없고 양죄는 상상적 경합관계에 있다).

[2] 대법원 2021. 8. 12. 선고 2020도17796 판결.

[3] 대법원 2021. 8. 12. 선고 2020도17796 판결(주점화장실유사강간미수사건)(피고인은 주점에서 술을 마시던 중 화장실을 간다고 하여 자신을 남자화장실 앞까지 부축해준 피해자를 그 주점의 여자화장실로 끌고 가 여자화장실의 문을 잠근 후 강제로 입맞춤을 하고, 이에 피해자가 저항하자 피해자를 여자화장실 용변 칸으로 밀어 넣고 유사강간하려고 하였으나 미수에 그친 사실이 인정된다. 피고인이 자신을 부축한 피해자를 끌고 여자화장실로 억지로 들어가게 한 뒤 바로 화장실 문을 잠그고 강제로 입맞춤을 하였고 이어서 추행행위와 유사강간까지 시도하였으므로, 피고인은 피해자를 화장실로 끌고 들어갈 때 이미 피해자에게 유사강간 등의 성범죄를 의욕하였다고 보인다. 또한 피고인이 피해자의 반항을 억압한 채 피해자를 억지로 끌고 여자화장실로 들어가게 한 이상, 그와 같은 피고인의 강제적인 물리력의 행사는 유사강간을 위하여 피해자의 항거를 불능하게 하거나 현저히 곤란하게 할 정도의 폭행 또는 협박을 개시한 경우에 해당한다고 봄이 타당하다. 위 법리에서 본 바와 같이, 구「성폭력범죄의 처벌 등에 관한 특례법」위반(주거침입유사강간)죄는 먼저 주거침입죄를 범한 후 유사강간 행위에 나아갈

2. 특수강도강간죄 등

제334조(특수강도) 또는 제342조(미수범. 다만, 제334조의 미수범으로 한정한다)의 죄를 범한 사람이 제297조(강간), 제297조의2(유사강간), 제298조(강제추행) 및 제299조(준강간, 준강제추행)의 죄를 범한 경우에는 사형, 무기징역 또는 10년 이상의 징역에 처한다(제3조 제2항). 본죄를 범할 목적으로 예비 또는 음모한 사람은 3년 이하의 징역에 처한다(제15조의2).

3. 특수강간죄 등

흉기나 그 밖의 위험한 물건을 지닌 채 또는 2명 이상이 합동하여 제297조(강간)의 죄를 범한 사람은 무기징역 또는 7년 이상의 징역에 처하고(제4조 제1항)[1], 제298조(강제추행)의 죄를 범한 사람은 5년 이상의 유기징역에 처하며(제4조 제2항), 제299조(준강간, 준강제추행)의 죄를 범한 사람은 제1항 또는 제2항의 예에 따라 처벌한다(제4조 제3항).[2] 본죄를 범할 목적으로 예비 또는 음모한 사람은 3년 이하의 징역에 처한다(제15조의2).

4. 친족관계에 의한 강간죄 등

친족관계인 사람이 폭행 또는 협박으로 사람을 강간한 경우에는 7년 이상의 유기징역에 처

때 비로소 성립되는데, 피고인은 여자화장실에 들어가기 전에 이미 유사강간죄의 실행행위를 착수하였다. 결국 피고인이 그 실행행위에 착수할 때에는 구「성폭력범죄의 처벌 등에 관한 특례법」위반(주거침입유사강간)죄를 범할 수 있는 지위, 즉 '주거침입죄를 범한 자'에 해당되지 아니한다).

1) 대법원 2004. 8. 20. 선고 2004도2870 판결(100m이내동시다발강간사건)(피고인 등이 비록 특정한 1명씩의 피해자만 강간하거나 강간하려고 하였다 하더라도, 사전의 모의에 따라 강간할 목적으로 심야에 인가에서 멀리 떨어져 있어 쉽게 도망할 수 없는 야산으로 피해자들을 유인한 다음 곧바로 암묵적인 합의에 따라 각자 마음에 드는 피해자들을 데리고 불과 100m 이내의 거리에 있는 곳으로 흩어져 동시 또는 순차적으로 피해자들을 각각 강간한 이상, 그 각 강간의 실행행위도 시간적으로나 장소적으로 협동관계에 있었다고 보아야 할 것이므로, 피해자 3명 모두에 대한 특수강간죄 등이 성립된다); 대법원 1998. 2. 27. 선고 97도1757 판결(여자강간범사건)(피고인들은 제1심 공동피고인과 함께 피해자를 강간하기로 공모·합동하여, 1996. 10. 4. 22:00경 피고인 1의 집에서 피고인 1은 피해자에게 옷을 벗으라고 하면서 손바닥으로 피해자의 얼굴을 4회 때리고, 이에 피해자가 강간을 당하지 않으려고 집 밖으로 도피하자, 피고인 2(여)는 피해자를 쫓아가 발로 피해자의 배와 등을 각 1회 걷어차면서 '왜 안 대어 주느냐, 내가 여자라면 대어 주겠다.'고 말하고, 위 제1심 공동피고인은 손바닥으로 피해자의 얼굴을 3회 때리고 머리채를 잡아 피해자를 피고인 1이 있는 방으로 밀어 넣은 뒤, 피고인 2, 위 제1심 공동피고인은 그 옆방에서 피해자가 도망하지 못하게 망을 보고, 피고인 1은 피해자를 방안으로 끌고 들어가 강제로 옷을 벗겨 반항을 억압한 다음 피해자를 1회 간음하여 강간하고, 그 다음날 03:30경 위와 같이 항거불능의 상태에 있는 피해자를 다시 1회 간음하여 강간하고, 그로 인하여 피해자로 하여금 약 1주간의 치료를 요하는 처녀막파열상을 입게 한 것이다).

2) 대법원 2016. 6. 9. 선고 2016도4618 판결(간음하기편한자세사건)('2인 이상이 합동하여 형법 제299조의 죄를 범한 경우'에 해당하려면, 피고인들이 공모하여 실행행위를 분담하였음이 인정되어야 하는데, 범죄의 공동가공의사가 암묵리에 서로 상통하고 범의 내용에 대하여 포괄적 또는 개별적인 의사연락이나 인식이 있었다면 공모관계가 성립하고, 시간적으로나 장소적으로 협동관계에 있었다면 실행행위를 분담한 것으로 인정된다. 늦어도 피고인 1이 피해자를 간음하기 위해 화장실로 갈 무렵에는 피고인들이 술에 취해 반항할 수 없는 피해자를 간음하기로 공모하였고, 피고인 2가 피고인 1에게 간음하기에 편한 자세를 가르쳐 주고 피고인 1이 간음행위를 하는 방식으로 실행행위를 분담하였으므로 피고인들은 시간적·장소적 협동관계에 있었다).

하고(제5조 제1항), 친족관계인 사람이 폭행 또는 협박으로 사람을 강제추행한 경우에는 5년 이상
의 유기징역에 처하며(제5조 제2항), 친족관계인 사람이 사람에 대하여 제299조(준강간, 준강제추행)
의 죄를 범한 경우에는 제1항 또는 제2항의 예에 따라 처벌한다(제5조 제3항). 여기서 친족의 범
위는 4촌 이내의 혈족·인척[1]과 동거하는 친족으로 하며(제5조 제4항), 친족은 사실상의 관계에
의한 친족을 포함한다(제5조 제5항).[2] 본죄를 범할 목적으로 예비 또는 음모한 사람은 3년 이하의
징역에 처한다(제15조의2).

5. 장애인에 대한 강간죄 등

신체적인 또는 정신적인 장애가 있는 사람에 대하여 제297조(강간)의 죄를 범한 사람은 무
기징역 또는 7년 이상의 징역에 처하고(제6조 제1항), 신체적인 또는 정신적인 장애가 있는 사람
에 대하여 폭행이나 협박으로 구강·항문 등 신체(성기는 제외한다)의 내부에 성기를 넣는 행위 또
는 성기·항문에 손가락 등 신체(성기는 제외한다)의 일부나 도구를 넣는 행위의 어느 하나에 해당
하는 행위를 한 사람은 5년 이상의 유기징역에 처한다(제6조 제2항). 그리고 신체적인 또는 정신
적인 장애가 있는 사람에 대하여 제298조(강제추행)의 죄를 범한 사람은 3년 이상의 유기징역 또
는 3천만원 이상 5천만원 이하의 벌금에 처한다(제6조 제3항).

또한 신체적인 또는 정신적인 장애로 항거불능 또는 항거곤란 상태에 있음을 이용하여 사
람을 간음하거나 추행한 사람은 제1항부터 제3항까지의 예에 따라 처벌하고(제6조 제4항), 위계
또는 위력으로써 신체적인 또는 정신적인 장애가 있는 사람을 간음한 사람은 5년 이상의 유기
징역에 처하며(제6조 제5항), 위계 또는 위력으로써 신체적인 또는 정신적인 장애가 있는 사람을
추행한 사람은 1년 이상의 유기징역 또는 1천만원 이상 3천만원 이하의 벌금에 처한다(제6조 제6
항). 장애인의 보호, 교육 등을 목적으로 하는 시설의 장 또는 종사자가 보호, 감독의 대상인 장
애인에 대하여 제1항부터 제6항까지의 죄를 범한 경우에는 그 죄에 정한 형의 2분의 1까지 가
중한다(제6조 제7항).[3] 본죄를 범할 목적으로 예비 또는 음모한 사람은 3년 이하의 징역에 처한

1) 대법원 2002. 2. 22. 선고 2001도5075 판결(법률이 정한 혼인의 실질관계는 모두 갖추었으나 법률이 정한 방식,
   즉 혼인신고가 없기 때문에 법률상 혼인으로 인정되지 않는 이른바 사실혼으로 인하여 형성되는 인척도 사실상
   의 관계에 의한 친족에 해당하고, 비록 우리 법제가 일부일처주의를 채택하여 중혼을 금지하는 규정을 두고 있다
   하더라도 이를 위반한 때를 혼인 무효의 사유로 규정하고 있지 아니하고 단지 혼인 취소의 사유로만 규정함으로
   써 중혼에 해당하는 혼인이라도 취소되기 전까지는 유효하게 존속하는 것이므로 중혼적 사실혼이라 하여 달리
   볼 것은 아니다).
2) 대법원 2006. 1. 12. 선고 2005도8427 판결(사실상의 양자의 양부와 같이 법정혈족관계를 맺고자 하는 의사의
   합치 등 법률이 정하는 실질관계는 모두 갖추었으나 신고 등 법적절차의 미이행으로 인하여 법률상의 존속으로
   인정되지 못하는 자도 성폭력특례법 제7조 제5항이 규정한 사실상의 관계에 의한 친족에 해당한다. 피고인이 피
   해자의 생모의 동의를 얻어 피해자를 입양할 의사로 데려왔으나 자신의 처의 동의 없이 피해자를 자신과 처 사이
   의 친생자로 출생신고를 한 경우, 피고인은 친생자출생신고 전에는 법 제7조 제5항의 '사실상의 관계에 의한 친
   족'에 해당하고, 친생자출생신고 후에는 동법 제7조 제1항의 '친족'에 해당한다).
3) 청소년성보호법 제8조(장애인인 아동·청소년에 대한 간음 등) ① 19세 이상의 사람이 13세 이상의 장애
   아동·청소년(장애인복지법 제2조 제1항에 따른 장애인으로서 신체적인 또는 정신적인 장애로 사물을 변별하거

다(제15조의2).

　　본죄에서 규정하고 있는 '신체적인 장애가 있는 사람'이란 '신체적 기능이나 구조 등의 문제로 일상생활이나 사회생활에서 상당한 제약을 받는 사람'을 말하는데, 본죄가 성립하려면 행위자도 범행 당시 피해자에게 이러한 신체적인 장애가 있음을 인식하여야 한다.[1] 장애인복지법에 따른 장애인 등록을 하지 않았다거나 그 등록기준을 충족하지 못하더라도 여기에 해당할 수 있다.[2] 그리고 '신체장애 또는 정신상의 장애로 항거불능인 상태에 있음'이란 신체장애 또는 정신상의 장애 그 자체로 항거불능의 상태에 있는 경우뿐만 아니라 신체장애 또는 정신상의 장애가 주된 원인이 되어 심리적 또는 물리적으로 반항이 불가능하거나 현저히 곤란한 상태에 이른 경우를 포함한다.[3]

　　한편 본죄는 장애인의 성적 자기결정권을 보호법익으로 하는 것이므로, 피해자가 지적장애 등급을 받은 장애인이라고 하더라도 단순한 지적장애 외에 성적 자기결정권을 행사하지 못할 정도의 정신장애를 가지고 있다는 점이 증명되어야 하고, 피고인도 간음 당시 피해자에게 이러한 정도의 정신장애가 있음을 인식하여야 한다.[4]

나 의사를 결정할 능력이 미약한 아동·청소년을 말한다.)을 간음하거나 13세 이상의 장애 아동·청소년으로 하여금 다른 사람을 간음하게 하는 경우에는 3년 이상의 유기징역에 처한다.

② 19세 이상의 사람이 13세 이상의 장애 아동·청소년을 추행한 경우 또는 13세 이상의 장애 아동·청소년으로 하여금 다른 사람을 추행하게 하는 경우에는 10년 이하의 징역 또는 1천500만원 이하의 벌금에 처한다.

1) 대법원 2021. 4. 29. 선고 2021도2778 판결; 대법원 2021. 2. 25. 선고 2016도4404 판결(피해자는 소아마비로 오른쪽 발바닥이 땅에 닿지 않아 타인의 부축 내지 보조기구 없이는 보행에 큰 어려움을 겪고 오른쪽 다리에 심하게 힘을 주면 아예 움직이지도 못하는 상황에 이르게 된다. 피해자는 교정 기구인 보정신발을 착용하여 생활하지만 그러한 상태에서도 일반인에 비해 걸음 거리가 매우 짧고 보행속도도 매우 느릴 뿐만 아니라 여전히 다리를 절며 걸어야 한다. 나아가 피해자가 이러한 보정신발을 항상 착용할 수 있는 것도 아니다. 한편 피해자는 왼쪽 눈으로는 일상생활이 가능하나 오른쪽 눈으로는 주변에 있는 상대방을 인식하기조차 어렵다. 피해자는 1996. 3. 27. 장애인등록되었고, 이 사건 당시에는 지체(하지기능)장애 3급(부장애 시각)의 장애인으로 등록되어 있었다. 피해자의 옆집에 살고 있었던 피고인은 이 사건 이전에도 사람들과 함께 몇 차례 피해자의 집을 방문하였고 피해자가 다리를 저는 장애인이라는 사실도 알고 있었다. 위와 같은 사실을 앞서 본 법리에 비추어 살펴보면, 피해자는 오른쪽 다리와 오른쪽 눈의 기능이 손상되어 일상생활이나 사회생활에 상당한 제약을 받는 자로서 성폭력처벌법 제6조에서 규정하는 신체적인 장애가 있는 사람에 해당한다. 아울러 피해자의 외관 및 피고인과 피해자의 관계 등에 비추어 보면 피고인은 범행 당시 피해자에게 이러한 신체적인 장애가 있음을 인식하고 있었던 것으로 보인다).

2) 대법원 2021. 10. 28. 선고 2021도9051 판결.

3) 대법원 2013. 4. 11. 선고 2012도12714 판결; 대법원 2012. 3. 15. 선고 2012도574 판결; 대법원 2007. 7. 27. 선고 2005도2994 판결; 대법원 2004. 5. 27. 선고 2004도1449 판결.

4) 대법원 2013. 4. 11. 선고 2012도12714 판결(① 피고인은 피해자보다 1살 어린 대학생으로서 인터넷 게임을 하다가 대전에서 홀로 자취하는 대학생이라는 피해자와 20여 일 동안 약 1,000여 통의 문자메시지를 교환하였는데, 피해자와 교환한 문자메시지 내용에 피해자의 지적장애를 인식하였다고 볼 만한 내용은 없다. ② 피고인은 피해자와 음란한 내용의 문자메시지를 교환하기도 하였지만 인터넷 게임과 대학 및 일상생활에 관한 내용의 문자메시지도 자주 교환하였다. ③ 문자메시지 내용을 보면 피고인이 피해자에게 욕을 몇 번 한 적이 있지만 이는 어느 정도 익명성이 보장되는 인터넷을 통해 만난 사이에서 만연히 한 행동으로 볼 여지가 있고, 피해자도 문자메시지와 인터넷 채팅을 통해 피고인에게 '죽여버릴 테니까', '자살해라', '쓰레기 같은 놈' 등의 과격한 말을 한 사실이 있다. ④ 피해자의 아파트에서 가사도우미로 일한 적이 있는 공소외 2는 제1심법정에서, 피해자의 부모가 피해자에게 장애가 있다고 말하기는 하였으나 피해자가 다른 사람들을 만날 때 그 외모나 언행에서 다른 사람들과 특별히 다른 점은 없었고, 처음 만난 사람이라도 바로 지적장애인이라고 인식할 수 있을 정도로 속칭 모자란 사람으로 보이지 않았다고 진술하였다. 이러한 사정들을 종합해 보면, 피해자가 정신장애로 항거불능인 상태에 있음을 피

6. 공중밀집장소추행죄

대중교통수단, 공연·집회 장소, 그 밖에 공중이 밀집하는 장소에서 사람을 추행한 사람은 3년 이하의 징역 또는 3천만원 이하의 벌금에 처한다(제11조). 미수범 처벌규정은 없다. 기존에는 법정형이 1년 이하의 징역 또는 300만원 이하의 벌금이었으나, 2020. 5. 19. 개정을 통하여 상향조정되었다. 본죄는 도시화된 현대사회에서 인구의 집중으로 다중이 출입하는 공공연한 장소에서 추행 발생의 개연성 및 그에 대한 처벌의 필요성이 과거보다 높아진 반면, 피해자와의 접근이 용이하고 추행장소가 공개되어 있는 등의 사정으로 피해자의 명시적·적극적인 저항 내지 회피가 어려운 상황을 이용하여 유형력을 행사하는 것 이외의 방법으로 이루어지는 추행행위로 말미암아 형법 등 다른 법률에 의한 처벌이 여의치 아니한 상황에 대처하기 위한 것이다.[1]

이와 같은 입법취지 및 그 범행장소를 공중이 '밀집한' 장소로 한정하는 대신 공중이 '밀집하는' 장소로 달리 규정하고 있는 문언의 내용, 그 규정상 예시적으로 열거한 대중교통수단, 공연·집회장소 등의 가능한 다양한 형태 등에 비추어 보면, 여기서 말하는 '공중이 밀집하는 장소'에는 현실적으로 사람들이 빽빽이 들어서 있어 서로간의 신체적 접촉이 이루어지고 있는 곳만을 의미하는 것이 아니라 찜질방 등과 같이 공중의 이용에 상시적으로 제공·개방된 상태에 놓여 있는 곳 일반을 의미한다. 그리고 공중밀집장소의 의미를 이와 같이 해석하는 한 그 장소의 성격과 이용현황, 피고인과 피해자 사이의 친분관계 등 구체적 사실관계에 비추어 공중밀집장소의 일반적 특성을 이용한 추행행위라고 보기 어려운 특별한 사정이 있는 경우에 해당하지 않는 한 그 행위 당시의 현실적인 밀집도 내지 혼잡도에 따라 그 규정의 적용 여부를 달리한다고 할 수는 없다.[2] 한편 본죄가 기수에 이르기 위해서는 객관적으로 일반인에게 성적 수치심이나 혐오감을 일으키게 할 만한 행위로서 선량한 성적 도덕관념에 반하는 행위를 행위자가 대상자를 상대로 실행하는 것으로 충분하고, 행위자의 행위로 말미암아 대상자가 성적 수치심이나 혐오감을 반드시 실제로 느껴야 하는 것은 아니다.[3]

고인이 인식하고 이를 이용하여 간음하였다는 점이 합리적 의심을 배제할 수 있을 정도로 증명되었다고 보기 어렵다. 그렇다면 피해자가 '정신적인 장애로 항거불능의 상태'에 있었다고 단정하기 어렵고, 나아가 피고인이 이를 인식하고 이를 이용하여 간음하였다고 단정하기도 어렵다).

1) 헌법재판소 2021. 3. 25. 선고 2019헌바413 결정.
2) 대법원 2009. 10. 29. 선고 2009도5704 판결(찜질방추행사건)(찜질방 수면실에서 옆에 누워 있던 피해자의 가슴 등을 손으로 만진 피고인의 행위는 공중밀집장소에서의 추행행위에 해당한다. 나아가 피해자의 신체를 만진 피고인의 행위는 피해자가 잠결에 비몽사몽의 상태에 놓인 것을 이용한 것에 불과할 뿐 그에 대한 피해자의 승낙이 있다고 오인하여 한 것으로는 볼 수 없다).
3) 대법원 2020. 6. 25. 선고 2015도7102 판결.

7. 성적 목적을 위한 다중이용장소침입죄

자기의 성적 욕망을 만족시킬 목적으로 화장실, 목욕장·목욕실 또는 발한실, 모유수유시설, 탈의실 등 불특정 다수가 이용하는 다중이용장소에 침입하거나 같은 장소에서 퇴거의 요구를 받고 응하지 아니하는 사람은 1년 이하의 징역 또는 1천만원 이하의 벌금에 처한다(제12조). 미수범 처벌규정은 없다. 기존의 법에서는 침입의 장소를 '「공중화장실 등에 관한 법률」 제2조 제1호부터 제5호까지에 따른 공중화장실 등 및 공중위생관리법 제2조 제1항 제3호에 따른 목욕장업의 목욕장 등 대통령령으로 정하는 공공장소'라고 규정하고 있어서, 「공중화장실 등에 관한 법률」 제2조 제1호부터 제5호까지에 따른 공중화장실이 아니라 ○○국수집[1] 또는 ○○주점[2] 등을 이용하는 불특정 다수의 손님들이 이용할 수 있도록 설치한 화장실에 침입하는 행위는 본죄에 해당하지 아니하여 처벌의 공백이 발생하였다. 이에 2017. 12. 12. 개정을 통해 침입의 장소를 확대하여 입법적 공백을 해결하였다.

8. 통신매체이용음란죄

(1) 의의 및 보호법익

자기 또는 다른 사람의 성적 욕망을 유발하거나 만족시킬 목적으로 전화·우편·컴퓨터·그 밖의 통신매체를 통하여 성적 수치심이나 혐오감을 일으키는 말·음향·글·그림·영상 또는 물건을 상대방에게 도달하게 한 사람은 2년 이하의 징역 또는 2천만원 이하의 벌금에 처한다(제13조). 본죄는 '성적 자기결정권에 반하여 성적 수치심을 일으키는 그림 등을 개인의 의사에 반하여 접하지 않을 권리'를 보장하기 위한 것으로 성적 자기결정권과 일반적 인격권의 보호, 사회의 건전한 성풍속 확립을 보호법익으로 한다. 본죄의 미수범 처벌규정은 없다.

(2) 구성요건

'성적 욕망'에는 성행위나 성관계를 직접적인 목적이나 전제로 하는 욕망뿐만 아니라, 상대방을 성적으로 비하하거나 조롱하는 등 상대방에게 성적 수치심을 줌으로써 자신의 심리적 만족을 얻고자 하는 욕망도 포함된다. 또한 이러한 '성적 욕망'이 상대방에 대한 분노감과 결합되어 있다 하더라도 달리 볼 것은 아니다.[3]

---

1) 대법원 2016. 8. 24. 선고 2016도8272 판결.
2) 대법원 2015. 4. 9. 선고 2015도114 판결.
3) 대법원 2018. 9. 13. 선고 2018도9775 판결(피고인과 피해자는 2017. 5.경부터 연인관계를 유지하여 왔으나, 피해자가 피고인으로부터 빌린 돈을 갚지 않은 것이 원인이 되어 사이가 틀어지게 되었고, 사이가 틀어진 후인 2017. 7. 10.경 다시 만나 모텔에서 하룻밤을 보내고 처음으로 성관계를 갖게 되었다. 피고인은 피해자와 성관계를 가진 직후 피해자에게 "주말에 산부인과에 가서 성기 부분을 수술을 하라."라고 하였고 이에 피해자가 "나는 당신보다 성기가 큰 사람과도 1년 6개월을 살았다."라고 말하자, 피고인은 "그게 남자한테 할 소리냐. 이제 우리는 끝이다."라고 하며 확실한 결별을 선언하였다. 이후 피고인은 2017. 7. 14.경부터 2017. 8. 6.경까지 총 22회에 걸쳐 피해자의 성기가 까맣고 더러워 어떤 남자도 성관계를 원치 않을 것이라거나, 산부인과에 가서 성기 수술을 하라거나, 성기 큰 남자랑 성관계를 해서 흐뭇하겠다는 등 피해자의 성기를 비하, 조롱하고 피해자가 성적인 매력이 없다는

'성적 수치심이나 혐오감을 일으키는 말·음향·글·그림·영상 또는 물건을 상대방에게 도달하게 한다'는 것은 '상대방이 성적 수치심을 일으키는 그림 등을 직접 접하는 경우뿐만 아니라 상대방이 실제로 이를 인식할 수 있는 상태에 두는 것'을 포함한다. 따라서 행위자의 의사와 그 내용, 웹페이지의 성격과 사용된 링크기술의 구체적인 방식 등 모든 사정을 종합하여 볼 때 상대방에게 성적 수치심을 일으키는 그림 등이 담겨 있는 웹페이지 등에 대한 인터넷 링크를 보내는 행위를 통해 그와 같은 그림 등이 상대방에 의하여 인식될 수 있는 상태에 놓이고 실질에 있어서 이를 직접 전달하는 것과 다를 바 없다고 평가되고, 이에 따라 상대방이 이러한 링크를 이용하여 별다른 제한 없이 성적 수치심을 일으키는 그림 등에 바로 접할 수 있는 상태가 실제로 조성되었다면, 그러한 행위는 전체로 보아 성적 수치심을 일으키는 그림 등을 상대방에게 도달하게 한다는 구성요건을 충족한다.[1]

한편 통신매체를 이용하지 아니한 채 '직접' 상대방에게 말·글·물건 등을 도달하게 하는 행위까지 포함하여 위 규정으로 처벌할 수 있다고 보는 것은 법문의 가능한 의미의 범위를 벗어난 해석이다.[2]

9. 카메라등이용촬영죄

(1) 의의 및 보호법익

카메라나 그 밖에 이와 유사한 기능을 갖춘 기계장치를 이용하여 성적 욕망 또는 수치심을 유발할 수 있는 사람의 신체를 촬영대상자의 의사에 반하여 촬영한 자는 7년 이하의 징역 또는 5천만원 이하의 벌금에 처한다(제14조 제1항). 본죄의 미수범은 처벌한다(제15조). 본죄의 보호법익은 인격체인 피해자의 성적 자유 및 함부로 촬영당하지 않을 자유이고[3], 보호의 정도는 침해범

취지의 문자메시지를 반복하여 보냈다. 피고인은 검찰 조사 시에 위와 같은 문자메시지를 반복하여 보낸 경위에 관하여, "피해자가 돈도 안 갚으면서 연락도 안 받고, 다른 남자와 자신을 성적으로 비교하여 수치심을 주었다는 것에 화가 나서, 돈 안 갚는 것이 화가 나면 돈 갚으라고 독촉하며 협박하는 문자를 보내고(이 사건 공소사실 중 협박의 점), 더 큰 남자와 살았다는 말을 들은 것이 생각나면 성적인 문자를 보냈다."라는 취지로 답하고, 성적 만족을 위한 것이었냐는 질문에는 "피해자의 밑을 생각하면 너무 지저분해서 성적인 생각이 들지도 않는다."라고도 진술하여, 피해자로부터 받은 성적 수치심과 자존심의 손상, 분노감을 드러내었다. 이러한 사실관계와 사정을 통하여 알 수 있는 피고인과 피해자의 관계, 피고인의 위와 같은 행위의 동기와 경위, 행위의 수단과 방법, 피고인의 행위 내용과 태양, 문자메시지 전송의 상대방 등을 앞서 본 법리에 비추어 보면, 피고인이 피해자와 성적인 관계를 욕망하지는 않았더라도, 피해자로부터 다른 남자와 성적으로 비교당하여 열등한 취급을 받았다는 분노감에, 피해자의 성기를 비하, 조롱하는 등 성적 수치심을 느끼게 함으로써, 피해자에게 자신이 받은 것과 같은 상처를 주고 동시에 자신의 손상된 성적 자존심을 회복하고자 하는 목적에서 위와 같은 행위를 하였던 것으로 보이고, 이러한 심리적 만족을 얻고자 하는 욕망 역시 성적 욕망에 포함되므로, 피고인의 성적 욕망을 만족시킬 목적이 인정된다).

1) 대법원 2017. 6. 8. 선고 2016도21389 판결.
2) 대법원 2016. 3. 10. 선고 2015도17847 판결(피고인은 성적 수치심 등을 일으키는 내용의 이 사건 각 편지를 자신이 직접 공소외인의 주거지 출입문에 끼워 넣음으로써 공소외인에게 도달하게 한 사실을 알 수 있는바, 그렇다면 피고인이 '전화, 우편, 컴퓨터, 그 밖의 통신매체를 통하여' 이 사건 각 편지를 공소외인에게 도달하게 한 것이라고 할 수 없으므로 피고인의 각 행위를 성폭력특례법 제13조에 의하여 처벌할 수는 없다).
3) 대법원 2014. 2. 27. 선고 2013도8619 판결.

이다. 여기에서 말하는 '성적 자유'는 소극적으로 자기 의사에 반하여 성적 대상화가 되지 않을 자유를 의미한다.[1]

　　또한 제14조 제1항에 따른 촬영물 또는 복제물(복제물의 복제물을 포함한다. 이하 이 조에서 같다)을 반포·판매·임대·제공 또는 공공연하게 전시·상영(이하 "반포등"이라 한다)한 자[2] 또는 제1항의 촬영이 촬영 당시에는 촬영대상자의 의사에 반하지 아니한 경우(자신의 신체를 직접 촬영한 경우를 포함한다)에도 사후에 그 촬영물 또는 복제물을 촬영대상자의 의사에 반하여 반포등을 한 자는 7년 이하의 징역 또는 5천만원 이하의 벌금에 처한다(제14조 제2항). 본 규정은 2012. 12. 18. 성폭력특례법 개정을 통하여 신설되었고, 2018. 12. 18. 다시 개정된 후 2020. 5. 19. 또 다시 개정된 것이다. 또한 제14조 제1항 또는 제2항의 촬영물 또는 복제물을 소지·구입·저장 또는 시청한 자는 3년 이하의 징역 또는 3천만원 이하의 벌금에 처한다(제14조 제4항). 한편 영리를 목적으로 촬영대상자의 의사에 반하여 정보통신망법 제2조 제1항 제1호의 정보통신망을 이용하여 제2항의 죄를 범한 자는 3년 이상의 징역에 처한다(제14조 제3항). 상습으로 제14조 제1항부터 제3항까지의 죄를 범한 때에는 그 죄에 정한 형의 2분의 1까지 가중한다(제14조 제5항). 본죄들의 미수범 역시 처벌한다(제15조).

(2) 구성요건

1) 객 체

　　본죄의 객체는 성적 욕망 또는 수치심을 유발할 수 있는 사람의 신체이다. 촬영한 부위가 '성적 욕망 또는 수치심을 유발할 수 있는 타인의 신체'에 해당하는지 여부는 객관적으로 피해자와 같은 성별, 연령대의 일반적이고도 평균적인 사람들의 입장에서 성적 욕망 또는 수치심을 유발할 수 있는 신체에 해당되는지 여부를 고려함과 아울러, 당해 피해자의 옷차림, 노출의 정도 등은 물론, 촬영자의 의도와 촬영에 이르게 된 경위, 촬영 장소와 촬영 각도 및 촬영 거리, 촬영된 원판의 이미지, 특정 신체 부위의 부각 여부 등을 종합적으로 고려하여 구체적·개별적·상대적으로 결정하여야 한다. 또한 '성적 욕망 또는 수치심을 유발할 수 있는 신체'란 특

---

[1] 대법원 2020. 12. 24. 선고 2019도16258 판결(피해자가 성적 자유를 침해당했을 때 느끼는 성적 수치심은 부끄럽고 창피한 감정으로만 나타나는 것이 아니라 분노·공포·무기력·모욕감 등 다양한 형태로 나타날 수 있다. 성적 수치심의 의미를 협소하게 이해하여 부끄럽고 창피한 감정이 표출된 경우만을 보호의 대상으로 한정하는 것은 성적 피해를 당한 피해자가 느끼는 다양한 피해 감정을 소외시키고 피해자로 하여금 부끄럽고 창피한 감정을 느낄 것을 강요하는 결과가 될 수 있으므로, 피해 감정의 다양한 층위와 구체적인 범행 상황에 놓인 피해자의 처지와 관점을 고려하여 성적 수치심이 유발되었는지 여부를 신중하게 판단해야 한다).

[2] 대법원 2016. 10. 13. 선고 2016도6172 판결(성폭력특례법 제14조 제1항 후단의 문언 자체가 '촬영하거나 그 촬영물을 반포·판매·임대 또는 공연히 전시·상영한 자'라고 함으로써 촬영행위 또는 반포 등 유통행위를 선택적으로 규정하고 있을 뿐만 아니라, 위 조항의 입법 취지는, 개정(2006. 10. 27.) 전에는 카메라 등을 이용하여 성적 욕망 또는 수치심을 유발할 수 있는 타인의 신체를 그 의사에 반하여 촬영한 자만을 처벌하였으나, '타인의 신체를 그 의사에 반하여 촬영한 촬영물'이 인터넷 등 정보통신망을 통하여 급속도로 광범위하게 유포됨으로써 피해자에게 엄청난 피해와 고통을 초래하는 사회적 문제를 감안하여, 죄책이나 비난 가능성이 촬영행위 못지않게 크다고 할 수 있는 촬영물의 시중 유포 행위를 한 자에 대해서도 촬영자와 동일하게 처벌하기 위한 것인 점을 고려하면, 위 조항에서 촬영물을 반포·판매·임대 또는 공연히 전시·상영한 자는 반드시 촬영물을 촬영한 자와 동일인이어야 하는 것은 아니고, 행위의 대상이 되는 촬영물은 누가 촬영한 것인지를 묻지 아니한다).

정한 신체의 부분으로 일률적으로 결정되는 것이 아니고 촬영의 맥락과 촬영의 결과물을 고려하여 그와 같이 촬영을 하거나 촬영을 당하였을 때 '성적 욕망 또는 수치심을 유발할 수 있는 경우'를 의미한다.

따라서 피해자가 공개된 장소에서 자신의 의사에 의하여 드러낸 신체 부분이라고 하더라도 이를 촬영하거나 촬영 당하였을 때에는 성적 욕망 또는 수치심이 유발될 수 있으므로 카메라등이용촬영죄의 대상이 되지 않는다고 섣불리 단정하여서는 아니 된다.[1] 그리고 카메라등이용촬영죄의 대상이 되는 신체가 반드시 노출된 부분으로 한정되는 것은 아니므로, 의복이 몸에 밀착하여 엉덩이와 허벅지 부분의 굴곡이 드러나는 경우에도 성적 욕망 또는 수치심을 유발할 수 있는 신체에 해당할 수 있다.[2]

판례에 의하면, ① 야간에 버스 안에서 휴대폰 카메라로 옆 좌석에 앉은 여성(18세)의 치마 밑으로 드러난 허벅다리 부분을 촬영한 경우[3], ② 피해자들이 재래식 변기에서 용변 보는 모습이 촬영되지는 않았으나, 용변을 보기 직전의 무릎 아래 맨 다리 부분과 용변을 본 직후의 무릎 아래 맨 다리 부분을 촬영한 경우[4], ③ 피고인이 피해자의 의사에 반하여 피해자의 등 부위를 3회에 걸쳐 촬영한 경우[5] 등에 있어서는 '성적 욕망 또는 수치심을 유발할 수 있는 타인의 신체'에 해당한다.

2) 행 위

성폭력특례법 제14조 제1항에서 말하는 '촬영'이란 성적 욕망 또는 수치심을 유발할 수 있는 타인의 신체를 그 의사에 반하여 촬영한 것을 의미하고, 타인의 승낙을 받아 촬영한 영상물은 포함되지 아니한다.[6] 또한 촬영의 사전적·통상적 의미는 '사람, 사물, 풍경 따위를 사진이나

---

1) 미연방법률(영상물관음방지법(Video Voyeurism Prevention of 2004)) 제18편 제88장 영상물 관음 제1801조(a)에 의하면 "누구든지 미국의 관할구역에서 개인의 동의 없이 그 개인이 사생활 보호를 합리적으로 기대하는 상황에서 개인의 사적인 영역의 이미지를 캡쳐하려는 의도를 가지고 고의적으로 하는 경우 벌금 또는 1년 이하의 자유형 또는 벌금과 자유형이 병과된다."라고 규정하고 있는데, 여기서 개인의 사적인 영역이란 '나체 또는 속옷으로 감싼 성기, 음부, 엉덩이, 여성의 가슴'을 의미한다.

2) 대법원 2020. 12. 24. 선고 2019도16258 판결(레깅스동영상촬영사건)(피고인은 2018. 5. 9. 22:50경 피고인의 휴대전화기의 카메라 촬영 기능을 이용하여 레깅스 바지를 입고 피고인과 같은 버스에 승차하고 있던 피해자의 엉덩이 부위 등 하반신을 약 8초 동안 피해자 몰래 동영상 촬영하였다. … 피해자가 자신의 개성을 표현하거나 생활의 편의를 위해 공개된 장소에서 자신의 의사에 의하여 드러낸 신체 부분이라고 하더라도 이를 본인의 의사에 반하여 함부로 촬영 당하는 맥락에서는 성적 수치심이 유발될 가능성이 있다. 또한 통상 일반인의 시야에 드러나도록 한 신체 부분은 일정한 시간 동안만 관찰될 수 있고, 관찰자의 기억에는 한계가 있으며, 기억을 그대로 전달하는 것이 가능하지 않지만, 그 모습이 촬영되는 경우 고정성과 연속성, 확대 등 변형가능성, 전파가능성 등에 의하여 성적 욕망이나 수치심을 유발하고 나아가 인격권을 더욱 중대하게 침해할 가능성이 커진다. 사진에 비해 동영상이 촬영된 경우에는 더욱 그러하다).

3) 대법원 2008. 9. 25. 선고 2008도7007 판결.

4) 대법원 2014. 7. 24. 선고 2014도6309 판결.

5) 대법원 2014. 2. 27. 선고 2013도8619 판결.

6) 대법원 2010. 10. 28. 선고 2010도6668 판결; 대법원 2009. 10. 29. 선고 2009도7973 판결(피고인이 피해자의 승낙을 받아 캠코더로 촬영해 두었던 피해자와의 성행위 장면이 담긴 영상물을 반포하였다는 이 사건 성폭력특례법 위반의 공소사실에 대하여 무죄를 선고한 원심의 조치는 정당하다).

영화로 찍음'이라고 할 것이고, 촬영의 대상은 '성적 욕망 또는 수치심을 유발할 수 있는 사람의 신체'라고 보아야 함이 문언상 명백하므로 '사람의 신체 그 자체'를 카메라 등 기계장치를 이용해서 '직접' 촬영하는 경우에 한정된다.[1]

성폭력특례법 제14조 제2항은 촬영대상자의 의사에 반하지 아니하여 촬영한 촬영물을 사후에 그 의사에 반하여 반포하는 행위 등을 규율 대상으로 하면서 그 촬영의 대상과 관련해서는 '제1항의 촬영'이라고 규정하고 있다. 성폭력특례법 제14조 제1항이 촬영의 대상을 '사람의 신체'로 규정하고 있으므로, 동조 제2항의 촬영물 또한 '사람의 신체'를 촬영한 촬영물을 의미한다고 해석하여야 하는데, '사람의 신체에 대한 촬영'의 의미를 해석할 때 위 제1항과 제2항의 경우를 달리 볼 근거가 없다. 따라서 사람의 신체 그 자체를 직접 촬영한 촬영물만이 제2항에서 규정하고 있는 촬영물에 해당하고, 다른 사람의 신체 이미지가 담긴 영상을 촬영한 촬영물은 이에 해당하지 아니한다.[2]

한편 자의에 의해 스스로 자신을 신체를 촬영한 촬영물이 촬영당사자의 의사에 반하여 유포된 경우에는 '다른' 사람의 신체를 촬영한 촬영물이 아니라는 이유로 기존의 성폭력특례법 제14조로 처벌할 수 없고, 그보다 형이 낮은 음화반포죄 등으로만 처벌이 가능하여 죄질이나 불법의 중대성 등에 비하여 적절한 처벌이 이루어지지 않고 있다는 문제가 제기되었다. 즉 2018. 11. 29. 개정 전 성폭력특례법 제14조 제2항 및 제3항의 촬영물은 '다른 사람'을 촬영대상자로 하여 그 신체를 촬영한 촬영물을 뜻하는 것임이 문언상 명백하므로, 자의에 의해 스스로 자신의 신체를 촬영한 촬영물까지 위 조항 소정의 촬영물에 포함시키는 것은 문언의 통상적인 의미를 벗어난 해석이었다.[3] 이와 같은 불합리한 현상을 보완하기 위하여 2018. 11. 29. 성폭력특례

1) 대법원 2013. 6. 27. 선고 2013도4279 판결(이미지영상촬영사건)(피고인이 피해자 甲(여, 14세)과 인터넷 화상채팅 등을 하면서 카메라 기능이 내재되어 있는 피고인의 휴대전화를 이용하여 甲의 유방, 음부 등 신체 부위를 甲의 의사에 반하여 촬영하였다고 하여 성폭력특례법 위반(카메라등이용촬영)으로 기소된 사안에서, 甲은 스스로 자신의 신체 부위를 화상카메라에 비추었고 카메라 렌즈를 통과한 상의 정보가 디지털화되어 피고인의 컴퓨터에 전송되었으며, 피고인은 수신된 정보가 영상으로 변환된 것을 휴대전화 내장 카메라를 통해 동영상 파일로 저장하였으므로 피고인이 촬영한 대상은 甲의 신체 이미지가 담긴 영상일 뿐 甲의 신체 그 자체는 아니라고 할 것이어서 법 제13조 제1항의 구성요건에 해당하지 않으며, 형벌법규의 목적론적 해석도 해당 법률문언의 통상적인 의미 내에서만 가능한 것으로, 다른 사람의 신체 이미지가 담긴 영상도 위 규정의 '다른 사람의 신체'에 포함된다고 해석하는 것은 법률문언의 통상적인 의미를 벗어나는 것이므로 죄형법정주의 원칙상 허용될 수 없다).

2) 대법원 2018. 8. 30. 선고 2017도3443 판결(모니터영상촬영사건)(피고인이 성관계 동영상 파일을 컴퓨터로 재생한 후 모니터에 나타난 영상을 휴대전화 카메라로 촬영하였더라도, 이는 피해자의 신체 그 자체를 직접 촬영한 행위에 해당하지 아니하므로, 그 촬영물은 성폭력특례법 제14조 제2항에서 규정하고 있는 촬영물에 해당하지 아니한다).

3) 대법원 2018. 3. 15. 선고 2017도21656 판결(64편의 동영상은 남성인 피고인이 마치 피고인이 여성인 것처럼 행세하며 휴대전화 채팅프로그램을 통하여 피해자들과 영상통화를 하면서 피해자들로 하여금 자위행위를 하도록 유도하는 한편 그러한 자위행위 영상을 휴대전화의 화면을 계속적으로 캡처하여 이를 저장하는 모바일 애플리케이션을 이용하여 저장한 동영상인 사실, 18편의 동영상은 피고인이 인터넷을 통하여 다운로드하여 소지하고 있던 동영상인 사실 등을 인정한 다음, 총 82편의 동영상은 각 동영상에 출연하는 피해자들이 피고인 또는 성명불상의 사람과 영상통화를 하면서 스스로 촬영한 동영상을 피고인, 성명불상의 사람이 전송받아 이를 저장한 것에 불과하다고 보아 성폭력특례법 제14조의 '촬영' 또는 '촬영물'에 해당하지 않는다); 대법원 2015. 12. 24. 선고 2015도16953 판결.

법을 개정하였는데, 자의에 의해 스스로 자신의 신체를 촬영한 촬영물을 촬영대상자의 의사에 반하여 유포한 경우에도 처벌할 수 있도록 한 것이다. 또한 카메라등이용촬영죄의 벌금형을 상향하고, 유포의 객체에 사람의 신체를 촬영한 촬영물 외에 복제물(복제물의 복제물을 포함한다)을 추가하며, 촬영대상자의 의사에 반하여 유포된 이상 촬영에 대한 동의 유무가 그 피해에 본질적인 차이를 가져온다고 볼 수 없으므로, 촬영 당시에는 촬영대상자의 의사에 반하지 아니하여도 사후에 그 의사에 반하여 유포되는 경우 촬영 당시 촬영대상자의 의사에 반하여 촬영된 촬영물을 유포하는 경우와 동일하게 처벌하고 있다. 또한 영리를 목적으로 촬영대상자의 의사에 반하여 정보통신망을 이용하여 촬영물 또는 복제물을 유포한 경우에는 법정형에서 벌금형을 삭제함으로써 처벌을 강화하였다.

'반포'는 불특정 또는 다수인에게 무상으로 교부하는 것을 말하고, 계속적·반복적으로 전달하여 불특정 또는 다수인에게 반포하려는 의사를 가지고 있다면 특정한 1인 또는 소수의 사람에게 교부하는 것도 반포에 해당할 수 있다.

'제공'은 '반포'에 이르지 아니하는 무상 교부 행위를 말하며, '반포'할 의사 없이 특정한 1인 또는 소수의 사람에게 무상으로 교부하는 것은 '제공'에 해당한다.[1] 촬영의 대상이 된 피해자 본인은 '제공'의 상대방인 '특정한 1인 또는 소수의 사람'에 포함되지 아니한다. 따라서 피해자 본인에게 촬영물을 교부하는 행위는 다른 특별한 사정이 없는 한 성폭력특례법 제14조 제2항의 '제공'에 해당한다고 할 수 없다.[2]

'소지'는 해당 촬영물 또는 복제물에 관하여 실력적 지배관계를 가지는 것을 말한다. 이는 물건에 대한 물리적인 실력적 지배관계뿐만 아니라 전자적 보관까지도 포함한다. 그러므로 컴퓨터에 다운로드 받은 사실 그 자체만으로도 소지에 해당한다.[3] 하지만 성인인지 미성년자인지 불문하고 불법 촬영물 또는 복제물을 소지하는 행위를 처벌하는 것은 과잉금지의 원칙에 위배될 소지가 다분하다. 이는 청소년성보호법에서 아동·청소년성착취물의 소지를 형사처벌하는 경우와는 차원이 다른 문제인데, 특히 성인을 대상으로 한 불법 촬영물은 그 유형이 매우 다양하기 때문에 불법성의 차이를 인정하지 않고 이를 단순히 소지하는 행위를 처벌하는 것은 부당하다. 예를 들면 상대방의 의사에 반하여 음란한 행위를 촬영한 것과 피해자의 가슴을 확대하여 촬영한 것은 처벌에 있어서 차등을 두어야 하는 것이다.

(3) 실행의 착수시기 및 기수시기

본죄의 실행의 착수시기와 관련하여, 예를 들면 피고인이 피해자를 촬영하기 위하여 육안 또는 캠코더의 줌 기능을 이용하여 피해자가 있는지 여부를 탐색하다가 피해자를 발견하지 못

1) 대법원 2016. 12. 27. 선고 2016도16676 판결.
2) 대법원 2018. 8. 1. 선고 2018도1481 판결.
3) 대전지방법원 2018. 2. 21. 선고 2017고합331 판결; 울산지방법원 2017. 3. 30. 선고 2016고단4065 판결; 청주지방법원 2013. 9. 11. 선고 2013고단1154 판결.

하고 촬영을 포기한 경우에는 촬영을 위한 준비행위에 불과하여 실행에 착수한 것으로 볼 수 없지만[1], ① 카메라 기능이 설치된 휴대전화를 피해자의 치마 밑으로 들이민 경우[2], ② 휴대전화를 피해자가 용변을 보고 있는 화장실 칸 밑 공간 사이로 집어넣는 경우[3], ③ 휴대전화를 든 피고인의 손이 피해자가 용변을 보고 있던 화장실 칸 너머로 넘어온 상태에서 카메라 기능이 켜진 휴대전화의 화면에 피해자의 모습이 보인 경우[4], ④ 바닥에서 휴대전화를 들고 액정 쪽이 아닌 반대편 카메라 쪽으로 각도를 조정하면서 피해자의 치마 안쪽을 비춘 경우[5] 등에 있어서는 촬영대상을 피해자로 특정하여 휴대전화에 영상정보를 입력하기 위한 카메라 등 이용 촬영 범행에 구체적이고 직접적인 밀접한 행위를 개시한 것으로서 실행의 착수를 인정하고 있다. 그리고 본죄의 기수시기는 카메라 기타 이와 유사한 기능을 갖춘 기계장치 속에 들어 있는 필름이나 저장장치에 피사체에 대한 영상정보가 입력될 때이다.

　　한편 최근 기술문명의 발달로 등장한 디지털카메라나 동영상 기능이 탑재된 휴대전화 등의 기계장치는, 촬영된 영상정보가 사용자 등에 의해 전자파일 등의 형태로 저장되기 전이라도 일단 촬영이 시작되면 곧바로 촬영된 피사체의 영상정보가 기계장치 내 RAM(Random Access Memory) 등 주기억장치에 입력되어 임시저장되었다가 이후 저장명령이 내려지면 기계장치 내 보조기억장치 등에 저장되는 방식을 취하는 경우가 많고, 이러한 저장방식을 취하고 있는 카메라 등 기계장치를 이용하여 동영상 촬영이 이루어졌다면 범행은 촬영 후 일정한 시간이 경과하여 영상정보가 기계장치 내 주기억장치 등에 입력됨으로써 기수에 이르는 것이고, 촬영된 영상정보가 전자파일 등의 형태로 영구저장되지 않은 채 사용자에 의해 강제종료되었다고 하여 미수에 그쳤다고 볼 수는 없다.[6]

10. 허위영상물 등의 반포등죄

　　반포등을 할 목적으로 사람의 얼굴·신체 또는 음성을 대상으로 한 촬영물·영상물 또는 음성물(이하 이 조에서 '영상물등'이라 한다)을 영상물등의 대상자의 의사에 반하여 성적 욕망 또는 수치심을 유발할 수 있는 형태로 편집·합성 또는 가공(이하 이 조에서 '편집등'이라 한다)한 자는 5년

---

1) 대법원 2011. 11. 10. 선고 2011도12415 판결.
2) 대법원 2012. 6. 14. 선고 2012도4449 판결.
3) 대법원 2014. 11. 13. 선고 2014도8385 판결.
4) 대법원 2021. 3. 25. 선고 2021도749 판결.
5) 대법원 2021. 8. 12. 선고 2021도7035 판결.
6) 대법원 2011. 6. 9. 선고 2010도10677 판결(피고인이 지하철 환승에스컬레이터 내에서 짧은 치마를 입고 있는 피해자의 뒤에 서서 카메라폰으로 성적 수치심을 느낄 수 있는 치마 속 신체 부위를 피해자 의사에 반하여 동영상 촬영하였다고 하여 기소된 사안에서, 피고인이 휴대폰을 이용하여 동영상 촬영을 시작하여 일정한 시간이 경과하였다면 설령 촬영 중 경찰관에게 발각되어 저장버튼을 누르지 않고 촬영을 종료하였더라도 카메라 등 이용 촬영 범행은 이미 '기수'에 이르렀다고 볼 여지가 매우 큰데도, 피고인이 동영상 촬영 중 저장버튼을 누르지 않고 촬영을 종료하였다는 이유만으로 범행이 기수에 이르지 않았다고 단정하여, 피고인에 대한 위 공소사실 중 '기수'의 점을 무죄로 인정한 원심판결에 법리오해로 인한 심리미진 또는 이유모순의 위법이 있다).

이하의 징역 또는 5천만원 이하의 벌금에 처한다(제14조의2 제1항). 이에 따른 편집물·합성물·가공물(이하 이 항에서 '편집물등'이라 한다) 또는 복제물(복제물의 복제물을 포함한다. 이하 이 항에서 같다)을 반포등을 한 자 또는 제1항의 편집등을 할 당시에는 영상물등의 대상자의 의사에 반하지 아니한 경우에도 사후에 그 편집물등 또는 복제물을 영상물등의 대상자의 의사에 반하여 반포등을 한 자는 5년 이하의 징역 또는 5천만원 이하의 벌금에 처한다(제14조의2 제2항). 영리를 목적으로 영상물등의 대상자의 의사에 반하여 정보통신망을 이용하여 제2항의 죄를 범한 자는 7년 이하의 징역에 처한다(제14조의2 제3항). 또한 상습으로 제1항부터 제3항까지의 죄를 범한 때에는 그 죄에 정한 형의 2분의 1까지 가중한다(제14조의2 제4항). 본죄의 미수범은 처벌한다(제15조). 본죄는 특정 인물의 신체 등을 대상으로 한 영상물등을 성적 욕망 또는 수치심을 유발할 수 있는 형태로 편집하는 등의 소위 '딥페이크'를 제작·반포하는 행위 등에 대한 처벌을 위하여 2020. 3. 24. 신설된 범죄이다.

11. 촬영물 등을 이용한 협박·강요죄

성적 욕망 또는 수치심을 유발할 수 있는 촬영물 또는 복제물(복제물의 복제물을 포함한다)을 이용하여 사람을 협박한 자는 1년 이상의 유기징역에 처한다(제14조의3 제1항). 이에 따른 협박으로 사람의 권리행사를 방해하거나 의무 없는 일을 하게 한 자는 3년 이상의 유기징역에 처한다(제14조의3 제2항). 상습으로 제1항 및 제2항의 죄를 범한 경우에는 그 죄에 정한 형의 2분의 1까지 가중한다(제14조의3 제3항). 본죄의 미수범은 처벌한다(제15조). 본죄는 소위 'n번방 사건'에서 나타난 디지털 성범죄에서의 성착취행위를 처벌하기 위하여 2020. 5. 19. 신설된 범죄이다.

XIII. 성희롱의 문제

1. 현행법상 성희롱에 대한 제재

일반적으로 성희롱이란 '업무, 고용, 그 밖의 관계에서 공공기관[1]의 종사자, 사용자 또는 근로자가 그 직위를 이용하여 또는 업무 등과 관련하여 성적 언동 등으로 성적 굴욕감 또는 혐오감을 느끼게 하거나 성적 언동 또는 그 밖의 요구 등에 따르지 아니한다는 이유로 고용상의 불이익을 주는 것'을 말한다(국가인권위원회법 제2조 제3호 라목, 양성평등기본법 제3조 제2호, 「남녀고용평등과 일·가정 양립 지원에 관한 법률」 제2조 제2호 등 참조). 현행법에 의하면 성희롱이 발생할 경우에는 손해배상, 동일하거나 유사한 성희롱의 재발을 방지하기 위하여 필요한 조치, 특별인권교육, 소속기관장에게 징계의 권고, 성희롱을 하고 있다고 판단되는 가해자를 직무에서 배제, 피해자의 근무 장소 변경 또는 배치전환, 사업주에 대한 과태료의 부과 등에 그치고 있어 그 처벌이 경미

---

1) 국가기관, 지방자치단체, 초·중등교육법 제2조, 고등교육법 제2조와 그 밖의 다른 법률에 따라 설치된 각급 학교, 공직자윤리법 제3조의2 제1항에 따른 공직유관단체를 말한다.

하여 실효성이 없다는 지적이 제기되고 있다. 또한 현행법상 성희롱은 직장 내에서 그 지위를 이용하거나 업무와 관련된 경우로 한정하고 있어 직장 외의 성희롱 및 신체적 접촉이 없는 성희롱에 대해서는 피해자가 성적 수치심이나 굴욕감을 느끼더라도 처벌의 어려움이 있다고 지적하고 있다.

이에 학계에서도 형사처벌의 필요성을 주장하는 견해가 제시되고 있다. 참고로 현행법은 일정한 자를 대상으로 하는 성희롱에 대하여 형사처벌의 대상으로 삼고 있기도 하는데, 예를 들면 '아동'에게 성적 수치심을 주는 성희롱 등의 성적 학대행위를 한 경우[1])에는 10년 이하의 징역 또는 5천만원 이하의 벌금에 처하고(아동복지법 제17조 제2호 및 동법 제71조 제1항 제1의2호)[2]), '노인'에게 성적 수치심을 주는 성폭행·성희롱 등의 행위를 한 경우에는 5년 이하의 징역 또는 5천만원 이하의 벌금에 처하고(노인복지법 제39조의9 제2호 및 동법 제55조의3 제1항 제2호), '장애인'의 성적 자기결정권을 침해하거나 수치심을 자극하는 언어표현, 희롱을 한 경우에는 3년 이하의 징역 또는 3천만원 이하의 벌금에 처하고(「장애인차별금지 및 권리구제 등에 관한 법률」 제32조 제5항 및 동법 제49조 제1항) 있는 경우 등이 이에 해당한다.

2. 소위 '성희롱죄' 신설의 타당성 여부

생각건대 소위 '성희롱죄'의 신설은 타당하지 않다. 왜냐하면 육체적·시각적 성희롱의 경우에는 현행법에 의해서도 충분히 형사처벌이 가능하며, 언어적 성희롱의 경우에도 형사처벌이 어느 정도 가능할 뿐만 아니라 '음란한 농담, 음탕하고 상스러운 이야기, 외모에 대한 성적인 비유나 평가, 성적인 사실 관계' 등을 형사처벌의 대상으로 삼기에는 지나치게 모호한 부분이 있음을 부인할 수 없기 때문이다. '성적 언동'이란 남녀 간의 육체적 관계나 남성 또는 여성의 신체적 특징과 관련된 육체적·언어적·시각적 행위로서 사회공동체의 건전한 상식과 관행에 비추어 볼 때 객관적으로 상대방과 같은 처지에 있는 일반적이고도 평균적인 사람으로 하여금 성적 굴욕감이나 혐오감을 느끼게 할 수 있는 행위를 의미한다.[3]) 이는 육체적·언어적·시각적 성희롱의 유형을 의미하는데, 이를 보다 구체화하고 있는 「남녀고용평등과 일·가정 양립 지원에 관한 법률 시행규칙」 제2조 별표에서 직장 내 성희롱을 판단하기 위한 기준의 예시를 살펴보면 다음과 같다.

---

1) '아동에게 성적 수치심을 주는 성희롱 등의 성적 학대행위'란 아동에게 성적 수치심을 주는 성희롱 등의 행위로서 아동의 건강·복지를 해치거나 정상적 발달을 저해할 수 있는 성적 폭력 또는 가혹행위를 말한다(대법원 2017. 6. 15. 선고 2017도3448 판결; 대법원 2016. 8. 30. 선고 2015도3095 판결).

2) 대법원 2021. 7. 21. 선고 2021도5328 판결(중학교 체육교사로 근무하는 피고인이 2018. 4.경 중학교 강당에서 체조 동작을 설명하면서 피해아동 공소외 1, 공소외 2 등 학생들이 듣고 있는 가운데 "여자는 들어갈 데는 들어가고 나와야 할 데는 나와야 한다."라고 말하고, 피해아동 공소외 3을 강당 무대에 세워두고 피해아동 공소외 4 등 학생들이 지켜보는 가운데 "공소외 3은 몸매도 예쁘고 얼굴도 참 예쁘다."라고 말하고, 2018. 3. 내지 7.경 같은 장소에서 피해아동 공소외 5 등 학생들이 듣고 있는 가운데 "(공소외 5는) 내 세컨드잖아."라고 말함으로써 피해아동들에게 성적 수치심을 주는 성희롱 등의 성적 학대행위를 하였다).

3) 대법원 2007. 6. 14. 선고 2005두6461 판결.

---

1. 성적인 언동의 예시

　가. 육체적 행위

　(1) 입맞춤, 포옹 또는 뒤에서 껴안는 등의 신체적 접촉행위

　(2) 가슴·엉덩이 등 특정 신체부위를 만지는 행위

　(3) 안마나 애무를 강요하는 행위

　나. 언어적 행위

　(1) 음란한 농담을 하거나 음탕하고 상스러운 이야기를 하는 행위(전화통화를 포함한다)

　(2) 외모에 대한 성적인 비유나 평가를 하는 행위

　(3) 성적인 사실 관계를 묻거나 성적인 내용의 정보를 의도적으로 퍼뜨리는 행위

　(4) 성적인 관계를 강요하거나 회유하는 행위

　(5) 회식자리 등에서 무리하게 옆에 앉혀 술을 따르도록 강요하는 행위

　다. 시각적 행위

　(1) 음란한 사진·그림·낙서·출판물 등을 게시하거나 보여주는 행위(컴퓨터통신이나 팩시밀리 등을 이용하는 경우를 포함한다)

　(2) 성과 관련된 자신의 특정 신체부위를 고의적으로 노출하거나 만지는 행위

　라. 그 밖에 사회통념상 성적 굴욕감 또는 혐오감을 느끼게 하는 것으로 인정되는 언어나 행동

2. 고용에서 불이익을 주는 것[1]의 예시

　채용탈락, 감봉, 승진탈락, 전직(轉職), 정직(停職), 휴직, 해고 등과 같이 채용 또는 근로조건을 일방적으로 불리하게 하는 것

　우선 육체적 성희롱의 예시로 거론되는 입술·귀·유두·가슴을 입으로 깨무는 행위[2], 엉덩이를 만지는 행위[3], 러브샷의 방법으로 술을 마시게 하는 행위[4], 어깨를 주무르게 하거나 직접 주무르거나 껴안는 행위[5], 키스행위[6], 뒤에서 껴안고 부르스를 추면서 가슴을 만지는 행위[7], 허벅지 부위를 1회 쓰다듬는 행위[8], 발목부터 종아리까지 쓸어올리는 행위[9] 등은 강제추행죄, 업무상 위력 등에 의한 추행죄, 공중밀집장소추행죄 등으로 얼마든지 처벌이 가능하다. 또한 안마나 애무를 강요하는 행위는 형법상 강요죄로의 의율이 가능하다.

　다음으로 시각적 성희롱에 해당하는 경우에는 성폭력특례법상 통신매체이용음란죄에 의한 처벌이 가능하다. 또한 성과 관련된 자신의 특정 신체부위를 고의적으로 노출하거나 만지는 행

---

[1] 직장 내 성희롱과 관련하여 피해를 입은 근로자 또는 성희롱 발생을 주장하는 근로자에게 해고나 그 밖의 불리한 조치를 하는 경우에는 3년 이하의 징역 또는 2천만원 이하의 벌금에 처한다(「남녀고용평등과 일·가정 양립 지원에 관한 법률」 제37조 제2항 제2호).

[2] 대법원 2013. 9. 26. 선고 2013도5856 판결.

[3] 대법원 2008. 4. 10. 선고 2007도9487 판결.

[4] 대법원 2008. 3. 13. 선고 2007도10050 판결.

[5] 대법원 2004. 4. 16. 선고 2004도52 판결.

[6] 대법원 1989. 8. 8. 선고 89도358 판결.

[7] 대법원 2002. 4. 26. 선고 2001도2417 판결.

[8] 부산지방법원 2014. 4. 2. 선고 2014고단288 판결.

[9] 수원지방법원 안양지원 2014. 4. 17. 선고 2013고단1713 판결.

위는 형법상 공연음란죄로의 의율이 가능하다. 특히 육체적 및 시각적 성희롱에 대한 위와 같은 형사처벌 규정은 업무관련성이 전혀 인정되지 않는 경우 및 지속성이 인정되지 않고 일회적인 경우 등도 그 대상으로 하기 때문에 처벌상 공백의 우려는 그리 심각하지 않다고 판단된다.

끝으로 언어적 성희롱의 경우에는 불특정 또는 다수인을 대상으로 이루어지게 되면 명예훼손죄 또는 모욕죄의 성립 여부가 문제될 수 있다. 다만 이들 범죄는 공연성이 요구되기 때문에 개인적인 관계나 사적인 공간에서 이루어지는 언어적 성희롱의 경우에는 처벌의 공백이 생길 수 있다는 점, 성희롱이 성립하기 위해서는 행위자에게 반드시 성적 동기나 의도가 있어야 하는 것은 아닌데[1], 이는 행위자에게 범죄의 주관적 구성요건요소인 고의가 없는 성적인 언동에 대해서도 성희롱의 성립이 인정됨을 의미[2]하는 것이지만, 고의가 엄격히 요구되는 형사처벌에 있어서는 그 입증이 어렵다는 점 등의 문제점이 있는 것은 사실이다. 하지만 '음란한 농담, 음탕하고 상스러운 이야기, 외모에 대한 성적인 비유나 평가, 성적인 사실 관계' 등을 형사처벌의 대상으로 하는 것은 보충성의 원칙에 반하는 것으로 평가된다. 이러한 유형의 성희롱에 대해서는 현행법상의 제재인 징계, 직무배제, 손해배상 등으로도 충분히 그 실효성을 담보할 수 있을 것이다. 또한 언어적 성희롱의 유형 가운데 성적인 관계를 강요하거나 회유하는 행위 또는 회식자리 등에서 무리하게 옆에 앉혀 술을 따르도록 강요하는 행위는 형법상 강요죄로의 의율이 가능하다.

한편 현행법이 18세 미만의 아동, 65세 이상의 노인, 장애인 등의 경우에 성희롱을 독립적인 형사처벌의 대상으로 삼고 있는 것은 이들이 일반인과 비교하여 상대적으로 성적 자기결정권을 행사하기 어렵거나 곤란한 상황이 존재하기 때문에 고유한 의미가 부여되어 있는 것이다. 그렇기 때문에 일반 성인을 이들의 경우와 동일선상에서 비교하는 것은 무리라고 판단된다.

---

1) 대법원 2007. 6. 14. 선고 2005두6461 판결.
2) 현행법상 성희롱의 규제는 피해자에게 건전한 업무환경을 제공하려는 것을 목적으로 하므로 행위자의 행위에 대한 성희롱 해당 여부를 판단함에 있어서는 피해자의 주관적 사정이 우선적으로 고려될 수밖에 없고, 행위자의 의도나 동기는 원칙적으로 문제되지 아니한다.

제 3 장 명예 · 신용 · 업무 · 경매에 관한 죄

제 1 절 명예에 관한 죄

I. 명예훼손죄

제307조(명예훼손) ① 공연히 사실을 적시하여 사람의 명예를 훼손한 자는 2년 이하의 징역이나 금고 또는 500만원 이하의 벌금에 처한다.
② 공연히 허위의 사실을 적시하여 사람의 명예를 훼손한 자는 5년 이하의 징역, 10년 이하의 자격정지 또는 1천만원 이하의 벌금에 처한다.
제310조(위법성의 조각) 제307조 제1항의 행위가 진실한 사실로서 오로지 공공의 이익에 관한 때에는 처벌하지 아니한다.
제312조(고소와 피해자의 의사) ② 제307조와 제309조의 죄는 피해자의 명시한 의사에 반하여 공소를 제기할 수 없다.

1. 의의 및 보호법익

(1) 의 의

명예훼손죄는 공연히 사실을 적시하여 사람의 명예를 훼손하거나(제1항) 공연히 허위의 사실을 적시하여 사람의 명예를 훼손함으로써(제2항) 성립하는 범죄이다. 본죄는 사람의 인격적 가치에 대한 사회적 평가를 침해하거나 위태롭게 하는 것을 내용으로 한다. 허위의 사실을 적시하여 타인의 명예를 훼손한 경우에는 진실한 사실을 적시한 경우보다 불법성이 높아 형벌이 가중된 구성요건에 해당한다.

본죄의 보호법익은 외부적 명예이고[1], 보호의 정도는 추상적 위험범이다.[2] 왜냐하면 본죄의 보호법익인 명예에 대한 침해가 객관적으로 확인될 수 없고, 이를 증명할 수도 없기 때문이다. 그러므로 불특정 또는 다수인이 적시된 사실을 실제 인식하지 못하였다고 하더라도 그러한 상태에 놓인 것만으로도 명예가 훼손된 것으로 보아야 하고, 이를 불능범이나 미수로 평가할 수 없다.[3] 결국 명예에 대한 현실적인 침해가 발생하지 않더라도 명예훼손의 위험이 있으면 처벌된다. 하지만 법문상에는 '명예를 훼손한 자'라고 되어 있어 현실적인 침해를 요한다고 볼 수 있는 오해의 소지가 있다. 그러므로 '공연히 사실을 적시하여 사람의 명예를 훼손할 만한 사실

---

[1] 반면에 본죄의 보호법익을 명예감정을 제외한 내부적 명예와 외부적 명예로 파악하는 견해로는 김일수/서보학, 155면.
[2] 대법원 2020. 12. 30. 선고 2015도15619 판결. 반면에 구체적 위험범으로 파악하는 견해로는 배종대, 196면. 또한 적성범(구체적·추상적 위험범)으로 보는 견해로는 이상돈, 890면.
[3] 대법원 2020. 11. 19. 선고 2020도5813 전원합의체 판결(전파가능성이론유지사건).

을 적시한 자'로 개정할 필요성이 있다. 미수범은 처벌하지 아니한다.

　　한편 인터넷 공간에서 한번 행해진 명예훼손행위의 구체적 내용은 순식간에 전 지구적으로 확산됨으로써 가해자가 뒤늦게 반성을 하더라도 전혀 되돌릴 수 없는 결과를 초래한다. 특히 사이버공간의 특징인 익명성에 의하여 인터넷상 명예훼손 행위는 실명으로 나타나지 않기 때문에 범죄자가 누구인지 특정하기가 매우 어려울 뿐만 아니라 퍼나르기에 의한 무수한 공범자들이 존재하므로 범죄피해에 대한 신고가 매우 어려운 실정이다. 이러한 사이버 명예훼손에 적극적으로 대처하기 위하여 정보통신망법에서는 사람을 비방할 목적으로 정보통신망[1]을 통하여 공공연하게 사실을 드러내어 다른 사람의 명예를 훼손한 자는 3년 이하의 징역이나 금고 또는 2천만원 이하의 벌금에 처하고(제70조 제1항)[2], 사람을 비방할 목적으로 정보통신망을 통하여 공공연하게 거짓의 사실을 드러내어 다른 사람의 명예를 훼손한 자는 7년 이하의 징역, 10년 이하의 자격정지 또는 5천만원 이하의 벌금에 처하며(제70조 제2항), 이를 반의사불벌죄로 규정하고 있다(제70조 제3항). 이와 같이 정보통신망법은 형법상 명예훼손죄에 비교하여 비방의 목적이라는 초과주관적 구성요건요소를 요구하면서 가중처벌규정을 두고 있지만, 사이버 모욕죄나 사이버 사자(死者)명예훼손죄를 별도로 규정하고 있지는 않다.

(2) 보호법익

　　명예의 유형은 내부적 명예, 명예감정, 외부적 명예 등과 같이 3가지로 구분할 수 있다. ① '내부적 명예'란 자기 또는 타인의 평가와 독립하여 객관적으로 존재하는 사람의 내부적 가치(진가)를 말한다. 즉 사람이 가지고 있는 본체적인 내부적 가치 내지 진실한 가치로서, 사람의 일신에 갖추어져 있는 도덕·품위·성질 그 자체를 말한다. ② '명예감정'이란 자기의 인격적 가치에 대한 자기 자신의 주관적인 평가 내지 감정(자존심)을 말한다.[3] ③ '외부적 명예'란 사람이 품성·덕행 등 인격적 가치에 대하여 사회로부터 받는 객관적 평가 내지 명성(세평)을 말한다.

　　이에 대하여 판례는「명예훼손죄와 모욕죄의 보호법익은 사람의 가치에 대한 사회적 평가인 이른바 외부적 명예인 점에서는 차이가 없으나 다만 명예훼손은 사람의 사회적 평가를 저하시킬 만한 구체적 사실의 적시를 하여 명예를 침해함을 요하는 것으로서 구체적 사실이 아닌 단순한 추상적 판단이나 경멸적 감정의 표현으로서 사회적 평가를 저하시키는 모욕죄에 비하여 그 형을 무겁게 하고 있다.」라고 판시[4]하여, 외부적 명예를 본죄의 보호법익으로 파악하고

---

1) 대법원 2007. 10. 25. 선고 2006도346 판결(서적·신문 등 기존의 매체에 명예훼손적 내용의 글을 게시하는 경우에 그 게시행위로써 명예훼손의 범행은 종료하는 것이며 그 서적이나 신문을 회수하지 않는 동안 범행이 계속된다고 보지는 않는다는 점을 고려해 보면, 정보통신망을 이용한 명예훼손의 경우에, 게시행위 후에도 독자의 접근가능성이 기존의 매체에 비하여 좀 더 높다고 볼 여지가 있다고 하더라도 그러한 정도의 차이만으로 정보통신망을 이용한 명예훼손의 경우에 범죄의 종료시기가 달라진다고 볼 수는 없다).
2) 대법원 2000. 5. 12. 선고 99도5734 판결(사이버공간에서 공연히 사실을 적시하여 사람의 명예를 훼손한 때에도 제307조 제1항에 의해 처벌된다).
3) 형법과 달리 군형법상 상관면전모욕죄(군형법 제64조 제1항) 또는 초병모욕죄(군형법 제65조)의 경우에는 그 보호법익을 명예감정으로 파악해야 한다.
4) 대법원 1987. 5. 12. 선고 87도739 판결; 대법원 1985. 10. 22. 선고 85도1629 판결.

있다.

생각건대 '내부적 명예'는 사회적 평가와 관계없는 절대적인 가치이므로 타인의 침해로 인하여 훼손될 성질이 아니기 때문에 형법이 보호할 필요가 없고, 보호할 수도 없는 명예개념이다. 또한 '명예감정'은 타인의 침해에 의하여 훼손될 수 있지만, 사람마다 각기 달라서 객관적으로 보호할 수 있는 판단의 기준이 없다. 만약 명예감정을 형법의 규율대상으로 삼는다면 피해자의 주관적인 감정에 의해 국가형벌권 행사의 여부가 판단되기 때문에 부당하다. 하지만 '외부적 명예'는 타인의 침해에 의하여 훼손될 수 있기 때문에 형법상의 보호필요성이 인정된다. 이와 같은 외부적 명예는 사람마다 그 내용과 정도가 상이하다. 이는 정치인·연예인·스포츠선수 등과 같은 공인(公人)의 경우와 사인(私人)의 경우를 비교해 보면 쉽게 알 수 있다. 또한 외부적 명예는 그 사람의 진정한 가치(내부적 명예)에 비하여 과대평가되거나 과소평가되어 있을 수도 있다. 다만 사람의 경제적인 지급능력 또는 지급의사에 대한 사회적인 평가는 넓은 의미에 있어서 명예에 포함되지만, 형법은 이를 '신용'이라고 평가하여 제313조(신용훼손죄)에서 특별히 보호하고 있으므로, 본죄에서 말하는 명예에는 원칙적으로 포함되지 아니한다. 다만 신용훼손죄의 행위태양은 허위의 사실을 유포하거나 위계를 행사하는 경우에 한정하고 있으므로, 진실한 사실을 유포하여 신용을 훼손시키는 경우에는 예외적으로 본죄가 성립한다.

2. 구성요건

(1) 주 체

본죄의 주체는 사람이다. 법인은 본죄의 주체가 될 수 없다.[1] 왜냐하면 법인은 범죄주체성이 인정되지 않기 때문에 양벌규정이 없는 한 처벌할 수 없기 때문이다. 그러므로 법인이나 법인격 없는 단체 또는 국가나 지방자치단체가 그 이름으로 타인의 명예를 훼손한 경우에는 본죄의 주체가 될 수 없다. 다만 실제로 명예훼손행위를 행한 자연인이 본죄의 주체가 될 수 있을 뿐이다.

(2) 객 체(명예의 주체)

1) 자연인

자연인은 모두 명예의 주체가 된다. 성별·나이·지능·신분·직업 등을 묻지 아니한다. 다만 외국원수와 외국사절에 대해서는 각각 제107조 제108조가 적용되며, 이 경우에는 공연성을 요하지 아니한다. 또한 사자(死者)에 대해서는 제308조가 적용되며, 이 경우에는 반드시 허위의 사실에 대한 적시가 있어야 한다.

태아는 아직 명예의 향유자가 아니며 태아 자신에 대한 명예훼손은 산모에 대한 명예훼손이 될 수 있을 뿐이다. 이를 사자와 비교해 보면, 사자의 경우에는 제308조라는 특별한 규정이

---

[1] 반면에 법인도 본죄의 주체가 될 수 있다는 견해로는 김일수/서보학, 156면; 정성근/정준섭, 125면.

있기 때문에 처벌의 당위성이 인정되지만, 태아의 경우에는 태아명예훼손죄라는 특별규정이 없다. 또한 사자의 경우에는 생존해 있는 동안 사회적·역사적 평가라는 가치가 인정될 수 있지만, 생존 전의 상태에 있는 태아의 경우에는 이러한 가치조차 인정할 수 없으므로 태아에 대한 명예훼손행위는 산모에 대한 명예훼손죄로 처벌하는 것이 타당하다. 예를 들면 태아의 생성과정에 대한 부적절한 표현이 이에 해당할 수 있다.

2) 일정한 단체

① 법 인

법인이 명예의 주체가 될 수 있는지 여부와 관련하여, ① 법인도 자연인과 마찬가지로 보호받아야 할 사회적인 평가를 가지고 있다는 점, 해산 이후에도 청산이 종료되어 그 법인격을 상실할 때까지는 명예의 주체가 된다는 점 등을 논거로 하여, 법인도 명예의 주체가 될 수 있다는 적극설[1], ② 법인이나 단체에 대한 명예훼손은 대체로 그 업무에 관한 것이므로 업무방해죄로 다루면 족하다는 점, 법인이나 단체 등에 대한 명예훼손은 그 구성원인 자연인에 대한 명예훼손이 될 경우가 많을 것이므로 집합명칭에 의한 명예훼손의 문제로 다루면 족하다는 점, 일정한 구체적 개인집단에 대한 명예훼손은 집단 전체에 대한 명예훼손이 될 수 있다는 점, 사람에 법인이나 단체를 포함시킨다면 사자의 명예훼손죄에서는 해산 또는 청산된 법인 등의 단체도 포함시켜야 할 것이라는 점, 법에 의해 인정된 사회적 기능을 담당하고 통일된 의사형성을 할 수 있는 단체라는 개념이 매우 모호하기 때문에 등산·낚시클럽과 같은 사교단체 등은 제외해야 할 이유가 분명하지 않다는 점, 법인에 대한 모욕죄를 인정할 필요는 없다는 점, 본죄의 '사람'에 법인이나 법인격 없는 단체 등을 포함시키는 것은 유추해석이라는 점 등을 논거로 하여, 명예의 주체는 자연인에 한정되어야 한다는 소극설[2] 등의 대립이 있다.

이에 대하여 판례는 「단체의 임원들에 대한 명예훼손이라고 할지라도 그 내용이 임원들의 업무에 관련된 것으로서 그 단체에 대한 사회적 평가를 저하시키기에 족한 경우에는 그 단체의 명예나 신용 또한 손상되었다고 봄이 상당하다.」라고 판시[3]하거나 「명예훼손죄는 어떤 특정한 사람 또는 인격을 보유하는 단체[4]에 대하여 그 명예를 훼손함으로써 성립하는 것」이라고 판시[5]하여, 적극설의 입장을 취하고 있다.

생각건대 업무방해죄의 행위태양은 허위의 사실 유포·위계·위력에 의한 것이기 때문에, 진실한 사실을 적시한 경우에는 업무방해죄가 성립하지 아니한다. 따라서 이러한 경우에는 명

---

1) 김선복, 191면; 김신규, 232면; 김일수/서보학, 157면; 김혜정 외 4인, 197면; 박상기, 530면; 손동권/김재윤, 188면; 신동운, 697면; 이영란, 199면; 이정원/류석준, 155면; 이형국/김혜경, 237면; 정성근/정준섭, 126면; 정영일, 87면.
2) 배종대, 191면; 오영근, 168면.
3) 대법원 2004. 11. 12. 선고 2003다69942 판결; 대법원 1960. 11. 26. 선고 4293형상244 판결; 대법원 1959. 12. 23. 선고 4291형상539 판결.
4) 판례가 비법인사단이나 비법인재단을 불포함한다는 의미로 해석해서는 아니 된다.
5) 대법원 2000. 10. 10. 선고 99도5407 판결.

예훼손죄로 의율해야 할 실익이 있다. 또한 현대 사회에서는 자연인뿐만 아니라 법인격이 인정되는 법인에게도 사회적 활동성이 인정되고 있어 외부적 명예의 주체성을 인정하는 것이 바람직하다는 측면에서 적극설이 타당하다.

② 법인격 없는 단체

비법인사단과 비법인재단도 명예의 주체가 된다고 보아야 한다.[1] 왜냐하면 단체의 실체를 갖추면서 일정한 사회적인 기능을 담당하고 통일된 의사를 형성할 수 있기 때문이다. 단체이기만 하면 되고, 공적인 단체인가 사적인 단체인가의 여부는 묻지 아니한다. 그러므로 정당 · 학회 · 노동조합 · 주택조합 · 병원 · 종교단체 · 종친회 · 종중 · 향우회 · 동창회 · 낚시회 · 골프클럽 · 등산동호회 · 동아리 · 마을 · 가정 등도 명예의 주체가 된다.[2] 하지만 조직범죄를 수행하는 범죄단체는 법이 인정하는 사회적인 기능을 할 수 없기 때문에 명예의 주체가 되지 아니한다.

③ 집합명칭을 사용한 경우

경찰들 · 교수들 · 의사들 등과 같이 법인격 없는 단체에도 이르지 못하는 집합체(집단)의 경우에는 원칙적으로 집단구성원에 대한 명예훼손죄가 성립하지 않지만, 직업 · 학력 · 지연 · 출신 등에 의해 공통성을 가지는 사람들의 집단에 대하여 그 집단에 속하는 일부 구성원들에게만 해당될 수 있는 명예훼손 사실이 있는 경우에 집단의 크기 · 구성원의 수 · 조직체계 · 대외적인 구성원의 개성 부각정도 등에 비추어 그 표현으로 인하여 집단이나 단체의 개별 구성원에 대한 사회적 평가까지 아울러 저하되었다고 볼 수 있는 특별한 사정이 있는 경우에는 개별 구성원에 대한 명예훼손까지 인정할 수 있다. 이는 다음의 두 가지 경우로 나누어 살펴 볼 수 있다.

첫째, 집합명칭에 의하여 집단의 모든 구성원의 명예가 침해되는 경우이다. 예를 들면 대구지역 검사들[3], ○○지방경찰청 기동수사대[4] 등이라는 명칭을 사용하여 명예를 훼손하는 경우이다. 이러한 명칭에 의한 그 집단의 구성원은 모두 각자의 명예가 침해되었다고 보아야 한다. 그러나 이러한 형태의 명예훼손이 가능하려면 집단의 구성원이 일반인과 명백히 구별될 수 있을 정도로 집합명칭이 특정되어야 한다. 단순히 학자 · 경찰관 · 아나운서 · 상인 · 대구시민 · 경기도민 등의 명칭만으로는 그 집단이 특정되었다고 할 수는 없다.

둘째, 집합적 명사를 쓴 경우에도 특정인을 가리키는 것이 명백하면 이를 각자의 명예를 훼손하는 행위라고 할 수 있다. 본죄는 어떤 특정한 사람 또는 인격을 보유하는 단체에 대하여 그 명예를 훼손함으로써 성립하는 것이므로 그 피해자는 특정한 것임을 요하고, 다만 서울시민 또는

---

1) 김성돈, 229면; 김일수/서보학, 157면; 신동운, 698면; 이정원/류석준, 155면; 이형국/김혜경, 237면; 정성근/정준섭, 126면; 정영일, 87면.

2) 반면에 개인적인 취미생활을 위해서 결합된 사교단체인 등산, 낚시, 골프, 수영클럽 등의 경우에는 대외적인 법적 활동의 주체가 아니므로 명예의 주체가 될 수 없다는 견해로는 김선복, 191면; 김성돈, 229면; 김성천/김형준, 242면; 김신규, 232면; 김혜정 외 4인, 197면; 박상기, 530면; 배종대, 190면; 손동권/김재윤, 188면; 이상돈, 892면; 이영란, 199면; 이재상/장영민/강동범, 187면; 이형국/김혜경, 237면; 정성근/정준섭, 126면; 최호진, 193면.

3) 대법원 2003. 9. 2. 선고 2002다63558 판결.

4) 대법원 2006. 5. 12. 선고 2004도35199 판결.

경기도민이라고 하는 것과 같은 막연한 표시에 의해서는 본죄를 구성하지 아니하지만, 집합적 명사를 쓴 경우에도 그것에 의하여 그 범위에 속하는 특정인을 가리키는 것이 명백하면, 이를 각자의 명예를 훼손하는 행위라고 볼 수 있다. 예를 들면 3·19 동지회 소속 교사들[1], ○○대학교 ○○학과 교수들 등의 표현은 그 표시된 집단의 개별 구성원 각자를 지칭하는 것으로 볼 수 있다.

　④ 정부 또는 국가기관의 경우

　언론보도로 인한 명예훼손이 문제되는 경우에 그 보도로 인한 피해자가 공적인 존재인지 사적인 존재인지, 그 보도가 공적인 관심사안에 관한 것인지 순수한 사적인 영역에 속하는 사안에 관한 것인지, 그 보도가 객관적으로 국민이 알아야 할 공공성·사회성을 갖춘 사안에 관한 것으로 여론형성이나 공개토론에 기여하는 것인지 아닌지 등을 따져보아 공적 존재에 대한 공적 관심사안과 사적인 영역에 속하는 사안 간에는 심사기준에 차이를 두어야 한다. 당해 표현이 사적인 영역에 속하는 사안에 관한 것인 경우에는 언론의 자유보다 명예의 보호라는 인격권이 우선할 수 있으나, 공공적·사회적인 의미를 가진 사안에 관한 것인 경우에는 그 평가를 달리하여야 하고 언론의 자유에 대한 제한이 완화되어야 한다.[2]

---

1) 대법원 2000. 10. 10. 선고 99도5407 판결(3.19동지회사건)(피고인이 작성하여 배포한 보도자료에는 피해자의 이름을 직접적으로 적시하고 있지는 않으나, 3.19 동지회 소속 교사들이 학생들을 선동하여 무단하교를 하게 하였다고 적시하고 있는 사실, 이 사건 고등학교의 교사는 총 66명으로서 그 중 약 37명이 3.19 동지회 소속 교사들인 사실, 위 학교의 학생이나 학부모, 교육청 관계자들은 3.19 동지회 소속 교사들이 누구인지 알고 있는 사실을 인정한 다음, 그렇다면 3.19 동지회는 그 집단의 규모가 비교적 작고 그 구성원이 특정되어 있으므로 피고인이 3.19 동지회 소속 교사들에 대한 허위의 사실을 적시함으로써 3.19 동지회 소속 교사들 모두에 대한 명예가 훼손되었다고 할 것이고, 따라서 3.19 동지회 소속 교사인 피해자의 명예 역시 훼손되었다고 보아야 할 것이다).

2) 대법원 2021. 3. 25. 선고 2016도14995 판결(세월호7시간규명촉구명예훼손사건)(이 부분 공소사실 요지는 다음과 같다. 피고인 1은 2015. 6. 22. 20여 개 언론사 기자와 시민 등을 상대로 경찰의 공소외 1 단체 사무실에 대한 압수수색을 비판하는 기자회견을 하던 중 "(사실 압수·수색할 것은 저 청와대입니다. 정말 궁금합니다) 국민들이 그런 의혹을 제기하고 있습니다. 4월 16일 7시간 동안 나타나지 않았을 때 뭐하고 있었냐? 혹시 마약하고 있던 거 아니냐? 전 궁금합니다. 청와대 압수수색해서 마약하고 있었는지 아니었는지 한번 확인했으면 좋겠습니다. 또 그런 얘기도 나옵니다. 피부미용, 성형수술 등등 하느라고 보톡스 맞고 있던 거 아니냐? 보톡스 맞으면 당장 움직이지 못하니까 7시간 동안 그렇게 하고 있었던 거 아닌가 그런 의혹도 있습니다. 그것도 한번 확인해봤으면 좋겠습니다. 저 청와대 곳곳을 다 뒤져서 구석구석을 다 뒤져서 마약이 있는지 없는지, 보톡스 했는지 안 했는지 확인해보고 싶은 마음이 굴뚝같습니다."라는 말(이하 '이 사건 발언'이라 한다)을 하여, 마치 피해자 공소외 2 대통령이 세월호 사건이 발생한 2014. 4. 16. 당일 마약을 하거나 피부 미용, 성형수술을 위한 보톡스 주사를 맞고 있어 직무 수행을 하지 않았던 것처럼 공연히 허위사실을 적시하여 피해자 공소외 2 대통령의 명예를 훼손하였다. … 이 사건 발언 당시 피해자의 세월호 참사 당시 행적은 사회적으로 논란이 되고 있었고, 피고인 1이 이 사건 발언에서 궁금해 하며 밝히고자 한 사실관계는 '피해자 개인이 마약이나 보톡스를 했는지 여부'가 아니라 '대통령인 피해자가 세월호 참사 당시 제대로 국정을 수행하였는지 여부'이므로, 이 사건 발언은 공익 관련성이 크다고 볼 수 있다. 당시 구체적인 정황의 뒷받침이 없었는데도 마약과 보톡스를 비롯한 다양한 의혹이 이 사건 발언 이전에 이미 세간에 널리 퍼져 있었는데, 피고인 1의 발언으로 새로운 의혹이 제기되었다고 보기 어렵다. 또한 피고인 1이 당시 피해자의 7시간 동안의 행적을 알 수 있는 특별한 지위에 있지 않았으므로, 이 사건 발언을 듣는 사람들이 피고인 1의 발언을 사실로 받아들이지 않았을 것이라고 볼 수도 있다. 따라서 피고인 1의 발언이 피해자의 사회적 평가를 저해하는 정도가 크다고 평가하기도 어렵다. … '마약과 보톡스'라는 표현은 그 용어만을 보면 피해자 개인에 대한 악의적이고 공격적인 표현이라고 볼 수 있다. 그러나 구체적인 발언의 경위, 취지와 맥락에 비추어 보면, 이는 '이 정도로 좋지 않은 의혹까지 나올 정도이니 당시의 행적에 대해서 제대로 밝혀 달라'는 의견을 강조하고자 세간에 널리 퍼진 의혹을 거론하며 사용한 것으로서 현저히 상당성을 잃은 공격이라고 단정할

특히 정부 또는 국가기관의 정책결정이나 업무수행과 관련된 사항은 항상 국민의 감시와 비판의 대상이 되어야 하는 것이고, 이러한 감시와 비판은 이를 주요 임무로 하는 언론보도의 자유가 충분히 보장될 때에 비로소 정상적으로 수행될 수 있으며, 정부 또는 국가기관은 형법상 명예훼손죄의 피해자가 될 수 없으므로, 정부 또는 국가기관의 정책결정 또는 업무수행과 관련된 사항을 주된 내용으로 하는 언론보도로 인하여 그 정책결정이나 업무수행에 관여한 공직자에 대한 사회적 평가가 다소 저하될 수 있다고 하더라도, 그 보도의 내용이 공직자 개인에 대한 악의적이거나 심히 경솔한 공격으로서 현저히 상당성을 잃은 것으로 평가되지 않는 한, 그 보도로 인하여 곧바로 공직자 개인에 대한 명예훼손이 된다고 할 수 없다.[1]

(3) 행 위
1) 공연히
① 학설의 입장

‘공연히’라고 함은 ‘불특정 또는 다수인이 직접 인식할 수 있는 상태’를 의미한다는 것이 다수설의 입장이다(직접인식가능성이론)[2]. 본죄는 추상적 위험범이기 때문에 그 내용이 현실적으로 불특정 또는 다수인에게 알려져야만 하는 것은 아니다. 여기서 ‘불특정’이란 상대방이 특수한 관계에 의해서 한정된 범위에 속하는 사람이 아니라는 의미이며, 행위시에 상대방이 구체적으로 누구인가가 특정되어 있지 않다는 것을 의미하는 것은 아니다. 따라서 특수한 관계에 의해 한정된 범위에 속하는 사람이 특정인이고, 그렇지 않은 사람이 불특정인이라고 할 수 있다. 즉 ‘불특정인’이란 행위자와 가족관계ㆍ친구관계ㆍ사교관계 등 긴밀한 관계가 없는 사람을 말한다. 예를 들면 서울 명동ㆍ부산 해운대ㆍ대구 동성로 등에서 지나다니는 통행인이 대표적인 불특정인이라고 할 수 있다. 그리고 ‘다수인’이란 단순한 2명 이상으로 족하지 않고, 명예가 훼손된다고 평가할 수 있는 정도의 상당한 다수임을 요한다.[3] 즉 불특정이면 수의 다소를 불문하고, 다수인이면 특정 여부를 불문한다.

결정적 요소라고 보기 어렵다).
1) 대법원 2016. 12. 27. 선고 2014도15290 판결; 대법원 2011. 9. 2. 선고 2010도17237 판결(광우병보도사건) (방송국 프로듀서 등 피고인들이 특정 프로그램 방송보도를 통하여 ‘미국산 쇠고기 수입을 위한 제2차 한미 전문가 기술협의’(이른바 ‘한미 쇠고기 수입 협상’)의 협상단 대표와 주무부처 장관이 협상을 졸속으로 체결하여 국민을 인간광우병(vCJD) 위험에 빠뜨리게 하였다는 취지로 표현하는 등 그 자질 및 공직수행 자세를 비하하여 이들의 명예를 훼손하였다는 내용으로 기소된 사안에서, 보도내용 중 일부가 객관적 사실과 다른 허위사실 적시에 해당한다고 하면서도, 위 방송보도가 국민의 먹을거리와 이에 대한 정부 정책에 관한 여론형성이나 공개토론에 이바지할 수 있는 공공성 및 사회성을 지닌 사안을 대상으로 하고 있는 점, 허위사실의 적시로 인정되는 방송보도 내용은 미국산 쇠고기의 광우병 위험성에 관한 것으로 공직자인 피해자들의 명예와 직접적인 연관을 갖는 것이 아닐 뿐만 아니라 피해자들에 대한 악의적이거나 현저히 상당성을 잃은 공격으로 볼 수 없는 점 등의 사정에 비추어, 피고인들에게 명예훼손의 고의를 인정하기 어렵고 달리 이를 인정할 증거가 없다); 대법원 2006. 5. 12. 선고 2004다35199 판결; 대법원 2003. 7. 22. 선고 2002다62494 판결.
2) 김선복, 195면; 김성돈, 232면; 김신규, 235면; 김일수/서보학, 159면; 김혜정 외 4인, 200면; 배종대, 196면; 손동권/김재윤, 191면; 오영근, 170면; 이상돈, 895면; 이영란, 203면; 이재상/장영민/강동범, 191면; 이형국/김혜경, 241면; 임 웅, 248면; 정성근/정준섭, 127면; 정영일, 89면.
3) 대법원 1966. 4. 19. 선고 66도179 판결.

② 판례의 입장

　　판례에 의하면 본죄에 있어서 공연성은 불특정 또는 다수인이 인식할 수 있는 상태를 의미하므로, 개별적으로 소수의 사람에게 사실을 적시하였더라도 그 상대방이 불특정 또는 다수인에게 적시된 사실을 전파할 가능성이 있는 때에도 공연성이 인정되지만, 이와 달리 전파될 가능성이 없다면 특정한 한 사람에 대한 사실의 적시는 공연성이 부정된다고 한다(전파가능성이론).[1] 전파가능성을 이유로 본죄의 공연성을 인정하는 경우에는 적어도 범죄구성요건의 주관적 요소로서 미필적 고의가 필요하므로, 전파가능성에 대한 인식이 있음은 물론, 나아가 그 위험을 용인하는 내심의 의사가 있어야 하고, 그 행위자가 전파가능성을 용인하고 있었는지의 여부는 외부에 나타난 행위의 형태와 행위의 상황 등 구체적인 사정을 기초로 하여 일반인이라면 그 전파가능성을 어떻게 평가할 것인가를 고려하면서 행위자의 입장에서 그 심리상태를 추인하여야 할 것이다.[2] 또한 표현상대방과 피해자, 표현행위자와 상대방과의 관계, 기타 표현의 상대방이 비밀을 지킬 만한 사람인지 여부, 표현의 일시·장소·경위·내용, 상대방의 수, 모인 경위, 표현에 대한 상대방의 반응, 실제 전파되었는지의 여부, 표현의 상대방이 표현 내용을 이미 알고 있었는지의 여부 등을 고려해야 한다. 이와 같이 공연성의 존부는 발언자와 상대방 또는 피해자 사이의 관계나 지위, 대화를 하게 된 경위와 상황, 사실적시의 내용, 적시의 방법과 장소 등 행위 당시의 객관적 제반 사정에 관하여 심리한 다음, 그로부터 상대방이 불특정 또는 다수인에게 전파할 가능성이 있는지 여부를 검토하여 종합적으로 판단하여야 한다.[3]

　　이에 따라 비밀이 잘 보장되어 외부에 전파될 염려가 없는 경우가 아니면 비록 개별적으로 한 사람에 대하여 사실을 유포하였더라도 연속하여 수인에게 사실을 유포하여 그 유포한 사실이 외부에 전파될 가능성이 있는 이상 공연성이 있다.[4] 개별적인 소수에 대한 발언을 불특정 또는 다수인에게 전파될 가능성을 이유로 공연성을 인정하기 위해서는 막연히 전파될 가능성이 있다는 것만으로 부족하고, 고도의 가능성 내지 개연성이 필요하며, 이에 대한 검사의 엄격한 증명을 요한다.[5] 즉 특정 소수에 대한 사실적시의 경우 공연성이 부정되는 유력한 사정이

1) 대법원 2011. 9. 8. 선고 2010도7497 판결; 헌법재판소 2004. 9. 23. 선고 2004헌마383 결정; 대법원 1985. 12. 10. 선고 84도2380 판결; 대법원 1984. 2. 28. 선고 83도891 판결; 대법원 1981. 10. 27. 선고 81도1023 판결.
2) 대법원 2007. 12. 13. 선고 2007도6014 판결.
3) 대법원 2021. 4. 8. 선고 2020도18437 판결.
4) 대법원 1982. 3. 23. 선고 81도2491 판결; 대법원 1968. 12. 24. 선고 68도1569 판결.
5) 대법원 2021. 10. 14. 선고 2020도11004 판결(친밀하고 사적인 관계뿐만 아니라 공적인 관계에 있어서도 조직 등의 업무와 관련하여 사실의 확인 또는 규명 과정에서 발언하게 된 것이거나, 상대방의 가해에 대하여 대응하는 과정에서 발언하게 된 경우 및 수사·소송 등 공적인 절차에서 그 당사자들 사이에 공방을 하던 중 발언하게 된 경우 등이라면 그 발언자의 전파가능성에 대한 인식과 위험을 용인하는 내심의 의사를 인정하는 것은 신중하여야 한다. … 이 사건 발언은 피고인, 공소외 1, 공소외 2 세 사람만 있는 사무실 안에서 이루어졌는데, 공소외 1은 사무실과 현장을 오가느라 이 사건 발언을 듣지 못하였고 실제 이 사건 발언을 들은 상대방은 공소외 2가 유일한바, 이는 공연성이 부정될 유력한 사정이 될 수 있다. … 실제 공소외 2는 이 사건 발언을 다른 사람에게 전달하지 않았고 이 사건 발언은 달리 전파된 바가 없었는바, 이는 비록 이 사건 발언 이후의 사정이기는 하지만 공연성 여부를 판단함에 있어 소극적 사정으로 고려될 수 있다).

있다고 볼 수 있는 것이다.[1] 또한 발언 상대방이 발언자나 피해자의 배우자·친척·친구 등 사적으로 친밀한 관계에 있는 경우, 직무상 비밀유지의무 또는 이를 처리해야 할 공무원이나 이와 유사한 지위에 있는 경우에는 그러한 관계나 신분으로 인하여 비밀의 보장이 상당히 높은 정도로 기대되는 경우로서 공연성이 부정된다. 위와 같이 발언자와 상대방 및 피해자와 상대방이 특수한 관계에 있는 경우 또는 상대방이 직무상 특수한 지위나 신분을 가지고 있는 경우에 공연성을 인정하기 위해서는 그러한 관계나 신분에도 불구하고 불특정 또는 다수인에게 전파될 수 있다고 볼 만한 특별한 사정이 존재하여야 한다.[2]

판례에 의하면, ① 피고인이 피해자(여, 25세)와 정교관계를 맺은 사실이 있음에도 공소외1(피고인 및 피해자 등과 같은 근무처인 증권거래소의 노조위원장)의 집에서 그와 그의 처 및 공소외2(같은 직장의 관리과장) 등 여러 사람이 있는 자리에서 피고인과 같은 직장의 승강기 승무원으로 근무하던 피해자가 피고인과는 하등 성관계를 한 사실이 없을 뿐만 아니라 밖에서 만난 사실조차 없음에도 집에까지 찾아와 성관계를 하여 임신까지 하였으니 보상하라고 했다는 등의 말을 한 경우[3], ② 대화가 인터넷블로그의 비밀대화방을 통하여 일대일로 이루어졌다는 사정만으로 그 대화 상대방이 대화내용을 불특정 또는 다수인에게 전파할 가능성이 없다고 할 수는 없는 것이고, 또 상대방이 비밀을 지키겠다고 말하였다고 하여 그가 당연히 대화내용을 불특정 또는 다수인에게 전파할 가능성이 없다고 할 수도 없는 경우[4], ③ 피고인으로부터 전해 들은 허위 사실들을 야당 국회의원 등을 통하여 공론화함으로써 불특정 또는 다수인에게 전파될 가능성이 있었음을 인식한 경우[5], ④ 피고인이 범행 당시 피고인의 말을 들은 사람은 한 사람씩에 불과하였으나 그들은 피고인과 특별한 친분관계가 있는 자가 아니며, 그 범행의 내용도 지방의회 의원선거를 앞둔 시점에 현역 시의회 의원이면서 다시 그 후보자가 되고자 하는 자를 비방한 것이어서 피고인이 적시한 사실이 전파될 가능성이 많을 뿐만 아니라, 결과적으로 그 사실이 피해자에게 전파되어 피해자가 고소를 제기하기에 이른 경우[6], ⑤ 피고인은 비록 2명 또는 3명이 있는 자리에서 허위사실을 유포하였으나 그 장소가 거리 또는 식당 등 공공연한 장소일 뿐만 아니라 그 이야기를 들은 사람들과 피해자의 친분관계를 고려하여 볼 때 이러한 피고인의 이야기를 전파하지 아니하고 비밀로 지켜줄 사정이 전혀 엿보이지 아니하며, 결과적으로 피해자에 대한 이와 같은 허위사실이 동네 여러 사람들에게 유포되어 피해자가 이 사실을 듣고 피고인을 고소하기에 이른 경우[7], ⑥ 명예훼손의 발언(피해자들이 전과가 많다는 내용)을 들은 사람들이 피해자들과는 일면식이 없다거나 이미 피해자들의 전과사실을 알고 있었던 경우[8], ⑦ 피고인이 진정서와 고소장을 특정사람들에게 개별적으로 우송한 것이라고 하여도 다수인(19명, 193명)에게 배포하였고, 또 그 내용이 다른 사람들에게 전파될 가능성도 있는 경우[9], ⑧

---

1) 대법원 2020. 12. 30. 선고 2015도12933 판결.
2) 대법원 2021. 4. 29. 선고 2021도1677 판결.
3) 대법원 1986. 9. 23. 선고 86도556 판결.
4) 대법원 2008. 2. 14. 선고 2007도8155 판결(일대일대화방사건).
5) 대법원 2004. 4. 9. 선고 2004도340 판결.
6) 대법원 1996. 7. 12. 선고 96도1007 판결.
7) 대법원 1994. 9. 30. 선고 94도1880 판결.
8) 대법원 1993. 3. 23. 선고 92도455 판결.
9) 대법원 1991. 6. 25. 선고 91도347 판결.

비록 피고인이 세 사람이 있는 자리에서 또는 한 사람에게 전화로 허위사실을 유포하였다고 하여도 그 사람들에 의하여 외부에 전파될 가능성이 있는 경우[1], ⑨ 출판물을 배부받은 사람 중 일부가 출판물 작성에 가담한 사람이라고 할지라도 출판물 15부를 피고인들이 소속된 교회의 교인 15인에게 배부한 경우[2], ⑩ 피고인이 공소외인의 집 앞에서 공소외인의 처 및 피해자의 시어머니가 있는 자리에서 동 피해자에 대하여 '시커멓게 생긴 놈하고 매일같이 붙어 다닌다. 점방 마치면 여관에 가서 누워 자고 아침에 들어온다.'라고 한 경우[3], ⑪ 다른 사람과 약혼한 여자와 자신이 동침한 사실을 이웃에게 이야기한 경우[4] 등에 있어서는 공연성이 인정된다.

하지만 개별사안에서 특별한 친인척관계나 특수한 상황인 경우에는 대체로 공연성을 부정하고 있는데, ① 그 사람이 들은 말을 스스로 다른 사람들에게 전파하였더라도 어느 사람에게 귀엣말 등 그 사람만 들을 수 있는 방법으로 그 사람 본인의 사회적 가치 내지 평가를 떨어뜨릴 만한 사실을 이야기한 경우[5], ② 통상 기자가 아닌 보통 사람에게 사실을 적시할 경우에는 그 자체로서 적시된 사실이 외부에 공표되는 것이므로 그 때부터 곧 전파가능성을 따져 공연성 여부를 판단하여야 할 것이지만, 그와는 달리 기자를 통해 사실을 적시하는 경우에는 기사화되어 보도되어야만 적시된 사실이 외부에 공표된다고 보아야 할 것[6]이므로 기자가 취재를 한 상태에서 아직 기사화하여 보도하지 아니한 경우[7], ③ 공소외인은 피고인과 단둘이 식당 방에 앉은 자리에서 말을 듣고, 피해자 1과는 친척 간이라서 창피하여 아무 말 못하고 헤어진 후, 즉시 피해자 1을 찾아가 힐책하였다는 취지의 진술이 있고, 피고인이 공소외인에게 말한 내용은 그 후 제3자에게 전파된 일이 없는데 공소외인의 힐책을 받은 피해자 1이 피해자 2에게 이를 알리고 같이 피고인을 찾아가 따짐으로써 표면화 된 경우[8], ④ 피고인이 평소 피해자의 소개로 친하게 지내던 공소외 1과 공소외 2에게 피해자의 명예를 훼손하는 취지의 말을 한 사실은 인정되나, 피고인과 피해자, 공소외 1 및 공소외 2 사이의 친분관계, 공소외 1이나 공소외 2는 피고인으로부터 위와 같은 말을 듣고도 10개월여가 지날 때까지는 그 사실을 피해자에게 알리거나 제3자에게 전파하지 않고 있던 중 피고인과 공소외 1 사이의 분쟁으로 인해 관계가 악화되자 공소외 1이 피해자에게 위와 같은 사실을 알림으로써 비로소 피고인의 행위가 문제화된 경우[9], ⑤ 피고인이 사실을 적시한 장소는 다방이기는 하지만 피고인 1의 말을 들은 사람은 甲뿐이었고, 甲은 농촌지도소에서 피해자인 공소외 3과 함께 근무하는 동료로서 공소외 3의 명예가 훼손될 것을 염려하여 피고인이 발설한 내용을 함부로 소문내지 않을 것을 기대할 수 있는 사람이고, 피고인이 그와 같은 발언을 한 이유는 공소외 3에게 그 사실을 전달하여 합의를 하고 싶었기 때문이었다는 것이고, 실제로 甲은 오직 공소외 3에게만 그와 같은 말을 전하였고, 다른 사람에게는 그와 같은 말을 전파하지 아니한 경우[10], ⑥ 피고인을 명예훼손죄로 고소할 수

---

1) 대법원 1990. 7. 24. 선고 90도1167 판결.
2) 대법원 1984. 2. 28. 선고 83도3124 판결.
3) 대법원 1983. 10. 11. 선고 83도2222 판결.
4) 대법원 1968. 12. 24. 선고 68도1596 판결.
5) 대법원 2005. 12. 9. 선고 2004도2880 판결(귀엣말사건)(피고인이 피해자 공소외 1만 들을 수 있도록 귀엣말로 피해자 공소외 1이 공소외 2와 부적절한 성적 관계를 맺었다는 취지의 이야기를 한 사실만으로는 명예훼손의 구성요건요소인 공연성을 인정할 수 없다).
6) 하지만 동 판례는 기수의 시점을 행위 당시가 아니라 장래의 일정한 시점을 기준으로 한다는 점에서 행위와 책임의 동시존재원칙에 어긋난다고 할 수 있다.
7) 대법원 2000. 5. 16. 선고 99도5622 판결.
8) 대법원 1981. 10. 27. 선고 81도1023 판결.
9) 대법원 2006. 9. 22. 선고 2006도4407 판결.

있도록 그 증거자료를 미리 은밀하게 수집, 확보하기 위하여 피고인의 발언을 유도하였다고 의심되는 사람들에게 한 피해자의 여자문제 등 사생활에 관한 피고인의 발언[1], ⑦ 피고인이 공소외 1의 명예를 훼손한 장소가 옥호미상의 다방이라 하더라도 동 다방안에는 몇 사람의 손님이 피고인과 자리를 멀리하여 떨어져 있었으며 피고인과 공소외인 단둘이 대화하는 과정에서 공소장 기재 사실을 말하게 되었는데 공소외 1과 공소외인 사업관계로 친한 사이이고 그 말을 들은 공소외인은 피고인에게 왜 그러한 말을 하느냐고 힐책까지 한 경우[2], ⑧ 피고인이 '공소외 1은 전과 6범으로 교사직을 팔아가며 이웃을 해치고 고발을 일삼는 악덕교사이다'라는 취지의 진정서를 공소외 1이 교사로 근무하고 있는 중학교의 학교법인 이사장 앞으로 제출한 경우[3], ⑨ 피고인이 공소외 1과 단둘이 있는 장소에서 그의 처인 피해자의 비리를 지적하는 말을 한 경우[4], ⑩ 피고인이 각 피해자에게 '사이비 기자 운운' 또는 '너 이 쌍년 왔구나'라고 말한 장소가 여관 방안이고 그곳에는 피고인과 그의 처, 피해자들과 그들의 딸, 사위, 매형 밖에 없었고, 피고인이 피고인의 딸과 피해자들의 아들간의 파탄된 혼인관계를 수습하기 위하여 만나 얘기하던 중 감정이 격화되어 위와 같은 발설을 한 경우[5], ⑪ 사실적시행위가 피해자와 모두 집안간인 관계에 있는 사람들 앞에서 이루어졌고, 그 이외의 타인들에게는 알려지지 않도록 감추려는 것이었던 경우[6], ⑫ 이혼소송 계속 중인 처가 남편의 친구에게 서신을 보내면서 남편의 명예를 훼손하는 문구가 기재된 서신을 동봉한 경우[7], ⑬ 조합장으로 취임한 피고인이 조합의 원만한 운영을 위하여 피해자의 측근이며 피해자의 불신임을 적극 반대하였던 갑에게 조합운영에 대한 협조를 구하기 위하여 동인과 단둘이 있는 자리에서 이사회가 피해자를 불신임하게 된 사유를 설명하는 과정에서 피해자에 대한 여자관계의 소문이 돌고 있다는 취지의 말을 한 경우[8], ⑭ 피고인이 집에서 피고인의 처로부터 전날 피고인이 외박한 사실에 대하여 추궁당하자 이를 모면하기 위하여 처에게 피해자와 여관방에서 동침한 사실이 있다고 말한 경우[9], ⑮ 피고인이 자기 집에서 피해자와 서로 다투다가 피해자에게 한 욕설을 피고인의 남편 이외에 들은 사람이 없는 경우[10], ⑯ 공소외인에게 피해자가 부정한 여자인 것처럼 허위의 사실을 적시하여 발설한 장소는 마을입구 노상으로서 당시는 밤이고 공소외인 혼자만 있었으며, 위와 같은 허위사실을 발설하게 된 것은 피고인이 평소 유혹하려던 과부인 공소외인과 단둘이 마주치게 되자 남편이 있는 여자도 서방질을 하는데 과부가 서방을 두는 것이 무슨 잘못이냐 운운하면서 공소외인을 설득하는 과정에서 발설하게 된 경우[11], ⑰ 피고인이 평소 乙이 자신의 일에 간섭하는 것에 기분이 나쁘다는 이유로 甲으로부터 취득한 乙의 범죄경력기록을 같은 아파트에 거주하는 丙에게 보여주면서 '전과자이고 나쁜 년'이라고 사실을 적시한 경우[12] 등에 있어서는 공연성이 부정된다.

10) 대법원 1998. 9. 8. 선고 98도1949 판결.
 1) 대법원 1996. 4. 12. 선고 94도3309 판결.
 2) 대법원 1984. 2. 28. 선고 83도891 판결.
 3) 대법원 1983. 10. 25. 선고 83도2190 판결(악덕교사사건).
 4) 대법원 1989. 7. 11. 선고 89도886 판결.
 5) 대법원 1984. 4. 10. 선고 83도49 판결.
 6) 대법원 1982. 4. 27. 선고 82도371 판결.
 7) 대법원 2000. 2. 11. 선고 99도4579 판결.
 8) 대법원 1990. 4. 27. 선고 89도1467 판결.
 9) 대법원 1984. 3. 27. 선고 84도86 판결.
10) 대법원 1985. 11. 26. 선고 85도2037 판결.
11) 대법원 1982. 2. 9. 선고 81도2152 판결.
12) 대법원 2010. 11. 11. 선고 2010도8265 판결.

③ 검 토

판례의 입장에 대해서 다수설은 다음과 같은 비판을 제기한다. 첫째, 전파가능성이론에 의하면 명예훼손죄의 성립 여부가 상대방의 전파의사에 의존하여 성립되며, 사적인 대화도 명예훼손죄가 성립한다고 보게 되어 불합리한 결과를 초래할 수가 있다. 범죄의 성립 여부가 상대방에 의해 결정되므로 법적 안정성에 문제가 있다. 즉 전파가능성 유무를 판단할 객관적인 기준이 존재하지 않기 때문에 그 구체적인 적용에 있어 자의가 개입될 위험성이 있다. 둘째, 전파가능성이론은 거의 모든 사실적시행위를 명예훼손의 구성요건에 해당하는 것으로 파악함으로써 형법의 보충성 원칙에 반하는 문제가 있다. 전파가능성이론은 공연성의 요건을 통해 보장하고자 하는 표현의 자유의 본질적 내용을 침해할 수 있다. 즉 공연성을 범죄구성요건으로 규정함으로써 가벌적 행위의 범위를 축소시키고자 하는 형법의 근본취지를 무시하고 부당한 유추해석을 통하여 표현의 자유를 지나치게 제한하고 있다. 이는 1인에게 이야기한 경우도 처벌하게 되므로 일반인의 일상생활에까지도 개입하는 결과가 되어 형법의 보충성의 원칙에 반하거나 개인적인 정보전달도 처벌할 가능성이 있게 된다.

생각건대 전파가능성이론을 취하는 판례의 입장이 타당하며, 그 이유는 다음과 같다. ① 판례에 의하면 공연성의 여부는 상대방의 전파의사에 따라 좌우되는 것이 아니라 법원이 판단하는 것이므로 공연성의 범위가 지나치게 넓어지지 않는다.[1] ② 판례가 전파가능성이론을 취하는 이유는 불특정 또는 다수인의 '직접적인' 인식가능성만을 고집한다면 전파에 의한 '간접적인' 인식가능성을 부인하게 되어 타인의 명예보호에 심각한 법적 흠결상태를 야기할 수 있기 때문이다. 즉 사실적시의 현장에 다수가 있지는 않았지만 소문이나 추문은 전파될 가능성이 높은 점을 감안한 것이다. 같은 맥락에서 발언 상대방이 이미 알고 있는 사실을 적시하였더라도 공연성, 즉 전파될 가능성이 없다고 볼 수 없으며, 설령 그 내용이 동료들 사이에 만연한 소문이었다고 하더라도 명예훼손죄를 구성한다.[2] ③ 대법원의 해석이 추상적 위험범인 명예훼손죄의 성격과도 일치한다. ④ 다수설이 판례와 다른 점은 공연성 판단기준에 대한 입장의 차이인데, 다수설은 불특정 또는 다수인이 '직접적으로' 인식할 수 있는 상태를 제시하는 반면에, 판례는 불특정 또는 다수인이 '간접적으로' 인식할 수 있는 상태를 제시하고 있다. 법조문이 단순히 '공연히'라고 규정하고 있을 뿐, '불특정 또는 다수인에게' 라고 규정하고 있지 않은 현행법제하에서 직접적으로 불특정 또는 다수인이 인식할 수 있는 상태를 초래하든, 간접적으로 불특정 또는 다수인이 인식할 수 있는 상태를 초래하든 종국적으로 동일한 결과를 가져올 수 있는 행위를 동일하게 취급하기 위해 판례는 전파성가능성이론을 취하고 있는 것이다. ⑤ 다수설에 따르면 전파가능성이론은 특정한 한 사람에 대한 사실의 적시도 비밀이 보장되거나 전파될 가능성이 없는 특수한 경우가 아니면 공연성을 인정하게 되어 공연성의 규정이 사실상 무의미하게 되

1) 同旨 김성천/김형준, 248면; 박상기, 534면.
2) 대법원 2020. 12. 30. 선고 2015도15619 판결.

고, 표현의 자유를 지나치게 제한하게 된다고 한다. 하지만 비록 1인에게 이야기를 하였더라도 이야기를 한 시점에 그 1인이 다른 사람에게 전파할 개연성이 충분함을 인식한 경우에는 공연성을 인정해야만 한다. ⑥ 발언 이후 실제 전파되었는지 여부는 전파가능성 유무를 판단하는 고려요소가 될 수 있으나, 발언 후 실제 전파 여부라는 우연한 사정은 공연성 인정 여부를 판단함에 있어 소극적 사정으로만 고려되어야 한다. 그러므로 상대방의 전파의사만으로 전파가능성을 판단하거나 실제 전파되었다는 결과를 가지고 책임을 묻는 것이 아니다.[1] ⑦ 정보통신망을 이용한 명예훼손 행위에 대하여, 상대방이 직접 인식하여야 한다거나 특정된 소수의 상대방으로는 공연성을 충족하지 못한다는 법리를 내세운다면 해결기준으로 기능하기 어렵게 된다. 오히려 특정 소수에게 전달한 경우에도 그로부터 불특정 또는 다수인에 대한 전파가능성 여부를 가려 개인의 사회적 평가가 침해될 일반적 위험성이 발생하였는지를 검토하는 것이 실질적인 공연성 판단에 부합된다.

2) 사실의 적시

① 사 실

본죄의 실행행위는 공연히 사실 또는 허위의 사실을 적시하는 것이다. 적시된 사실은 이로써 특정인의 사회적 가치 내지 평가가 침해될 가능성이 있을 정도로 구체성을 띠어야 하는 것이어야 한다.[2] 이와 같이 진실한 사실을 적시함에도 불구하고 본죄의 성립을 인정하는 것은 사람이 현재 누리고 있는 외적 명예를 그 자체로서 보호해 주어야 할 필요가 있기 때문이다. 여기서 '사실의 적시'란 가치판단이나 평가를 내용으로 하는 의견표현[3]에 대치되는 개념으로서 시간적·공간적으로 구체적인 과거 또는 현재의 사실관계에 관한 보고 내지 진술을 말한다. 또한 그 표현내용이 증거에 의한 입증이 가능한 것을 말하고, 판단할 진술이 사실인가 또는 의견인가를 구별함에 있어서는 언어의 통상적 의미와 용법·입증가능성·문제된 말이 사용된 문맥·그 표현이 행하여진 사회적 상황 등 전체적 정황을 고려하여 판단하여야 한다.[4] 다른 사람의 말이나 글을 비평하면서 사용한 표현이 겉으로 보기에 증거에 의해 입증 가능한 구체적인 사실관계를 서술하는 형태를 취하고 있더라도, 글의 집필의도, 논리적 흐름, 서술체계 및 전개방식, 해당

1) 대법원 2020. 11. 19. 선고 2020도5813 전원합의체 판결(전파가능성이론유지사건).

2) 대법원 2000. 2. 25. 선고 98도2188 판결.

3) 대법원 2007. 10. 26. 선고 2006도5924 판결(구원파사건)(유인물의 내용 중에서 "공소외인(대한예수교침례회)은 구원파 계열의 이단이다.", "공소외인은 체계적으로 신학을 공부한 적이 없다."라는 기재부분은 그 의견의 기초가 되는 사실을 함께 기술하면서 의견을 표명한 것으로서 피고인들의 주관적인 종교적·교리적 분석에 기초한 순수한 의견 또는 논평에 해당하는 것이고, "공소외인이 기성교회를 공격하고 폄하하며 자기들을 드러내기만을 고집하려고 시도하였다." 또는 "공소외인의 시도를 막아 우리 고장 대전이 이단들이 발호하는 도시라는 불명예를 씻어내고 우리 고장 대전과 우리 가정 및 자녀를 지켜내자."라는 등의 기재부분이나 "성경 위에 활동하는 마귀나 벌레 등을 젓가락으로 집어내는 형상"을 희화한 그림부분 역시 전체적인 맥락에서 피고인들의 의견을 표명하고 있는 것일 뿐 이를 사실의 적시에 해당한다고 보기 어려우며, "구원파는 '성경세미나'라는 모임을 통하여 대전시민에게 다가간다."라는 기재부분 등은 공소외인의 사회적 가치 내지 평가를 침해할 수 있는 명예훼손적 표현에 해당하지 않으므로, 피고인들이 이 사건 유인물을 배포한 행위를 명예훼손죄로 의율할 수 없다).

4) 대법원 2017. 5. 11. 선고 2016도19255 판결; 대법원 1998. 3. 24. 선고 97도2956 판결.

글과 비평의 대상이 된 말 또는 글의 전체적인 내용 등을 종합하여 볼 때, 평균적인 독자의 관점에서 문제된 부분이 실제로는 비평자의 주관적 의견에 해당하고, 다만 비평자가 자신의 의견을 강조하기 위한 수단으로 그와 같은 표현을 사용한 것이라고 이해된다면 본죄에서 말하는 사실의 적시에 해당한다고 볼 수 없다. 그리고 이러한 법리는 어떠한 의견을 주장하기 위해 다른 사람의 견해나 그 근거를 비판하면서 사용한 표현의 경우에도 다를 바 없다.[1]

특히 제307조 제1항의 '사실'은 동조 제2항의 '허위의 사실'과 반대되는 '진실한 사실'을 말하는 것이 아니라 가치판단이나 평가를 내용으로 하는 '의견'에 대치되는 개념이다. 따라서 제307조 제1항의 명예훼손죄는 적시된 사실이 진실한 사실인 경우이든 허위의 사실인 경우이든 모두 성립될 수 있고, 특히 적시된 사실이 허위의 사실이라고 하더라도 행위자에게 허위성에 대한 인식이 없는 경우에는 제307조 제2항의 명예훼손죄가 아니라 제307조 제1항의 명예훼손죄가 성립될 수 있다. 제307조 제1항의 법정형이 2년 이하의 징역 등으로 되어 있는 반면 제307조 제2항의 법정형은 5년 이하의 징역 등으로 되어 있는 것은 적시된 사실이 객관적으로 허위일 뿐만 아니라 행위자가 그 사실의 허위성에 대한 주관적 인식을 하면서 명예훼손행위를 하였다는 점에서 가벌성이 높다고 본 것이다.[2]

과거의 사실과 현재의 사실뿐만 아니라 장래의 사실이라고 할지라도 과거 또는 현재의 사실을 기초로 하거나 이에 대한 주장이 포함된 때에는 사실에 해당할 수 있다.[3] 그리고 어떤 표현이 명예훼손적인지 여부는 그 표현에 대한 사회통념에 따른 객관적 평가에 의하여 판단하여야 한다.[4] 따라서 가치중립적인 표현을 사용하였다고 하더라도 사회통념상 그로 인하여 특정

---

1) 대법원 2017. 12. 5. 선고 2017도15628 판결(민사재판에서 법원은 당사자 사이에 다툼이 있는 사실관계에 대하여 처분권주의와 변론주의, 그리고 자유심증주의의 원칙에 따라 신빙성이 있다고 보이는 당사자의 주장과 증거를 받아들여 사실을 인정하는 것이어서, 민사판결의 사실인정이 항상 진실한 사실에 해당한다고 단정할 수는 없다. 따라서 다른 특별한 사정이 없는 한, 그 진실이 무엇인지 확인할 수 없는 과거의 역사적 사실관계 등에 대하여 민사판결을 통하여 어떠한 사실인정이 있었다는 이유만으로, 이후 그와 반대되는 사실의 주장이나 견해의 개진 등을 형법상 명예훼손죄 등에 있어서 '허위의 사실 적시'라는 구성요건에 해당한다고 쉽게 단정하여서는 아니 된다. 판결에 대한 자유로운 견해 개진과 비판, 토론 등 헌법이 보장한 표현의 자유를 침해하는 위헌적인 법률해석이 되어 허용될 수 없기 때문이다).

2) 대법원 2017. 4. 26. 선고 2016도18024 판결.

3) 대법원 2003. 5. 13. 선고 2002도7420 판결(구속영장떨어진다사건)(피고인이 경찰관을 상대로 진정한 사건에 대한 혐의가 인정되지 않아 내사종결 처리되었음에도 불구하고 공연히 '사건을 조사한 경찰관이 내일부로 검찰청에서 구속영장이 떨어진다.'고 말한 것은 현재의 사실을 기초로 하거나 이에 대한 주장을 포함하여 장래의 일을 적시한 것으로 볼 수 있어 명예훼손죄에 있어서의 사실의 적시에 해당한다).

4) 대법원 2014. 3. 27. 선고 2011도11226 판결(광우병촛불집회사건)(그 전체적인 내용은 경찰 상부에서 내린 진압명령이 불법적이어서 이에 불복하기로 결정하였다는 취지로서, 이러한 진압명령에 집단적으로 거부행위를 하겠다는 것이 이 사건 기동대 소속 전경들의 사회적 가치나 평가를 객관적으로 저하시키는 표현에 해당한다고 보기 어렵다); 대법원 2008. 11. 27. 선고 2008도6728 판결(진로소주사건)('(주)진로가 일본 아사히 맥주에 지분이 50% 넘어가 일본 기업이 됐다'는 부분은 가치중립적인 표현으로서, 우리나라와 일본의 특수한 역사적 배경과 소주라는 상품의 특수성 때문에 '참이슬' 소주를 생산하는 공소사실 기재 피해자 회사의 대주주 내지 지배주주가 일본 회사라고 적시하는 경우 일부 소비자들이 '참이슬' 소주의 구매에 소극적이 될 여지가 있다 하더라도 이를 사회통념상 공소사실 기재 피해자 회사의 사회적 가치 내지 평가가 침해될 가능성이 있는 명예훼손적 표현이라고 볼 수 없다).

인의 사회적 평가가 저하되었다고 판단된다면 본죄가 성립할 수 있다.[1]

적시된 사실이 허위의 사실인지 여부를 판단함에 있어서는 적시된 사실의 내용 전체의 취지를 살펴보아 중요한 부분이 객관적 사실과 합치되는 경우에는 그 세부에 있어서 진실과 약간 차이가 나거나 다소 과장된 표현이 있다고 하더라도 이를 허위의 사실이라고 볼 수 없다.[2] 하지만 중요한 부분이 객관적 사실과 합치하지 않는다면 이를 허위라고 보아야 한다. 그리고 비록 허위의 사실을 적시하였더라도 허위의 사실이 특정인의 사회적 가치 내지 평가를 침해할 수 있는 내용이 아니라면 제307조의 명예훼손죄는 성립하지 않고, 사회 평균인의 입장에서 허위의 사실을 적시한 발언을 들었을 경우와 비교하여 오히려 진실한 사실을 듣는 경우에 피해자의 사회적 가치 내지 평가가 더 크게 침해될 것으로 예상되거나 양자 사이에 별다른 차이가 없을 것이라고 보는 것이 합리적인 경우라면 본죄로 처벌할 수는 없다.[3]

한편 사회적 평가를 저하시킬 만한 사실이라면 그 종류를 묻지 아니한다. 행실[4]·성격·신체적 조건·건강·능력·가족관계·친구관계·전력 등 어느 것이든지 무방하다. 그러나 경제적 가치를 저하시키는 것은 별도로 신용훼손죄를 구성하므로 여기의 평가에 포함되지 아니한다. 반드시 비공지의 사실임을 요하지 아니하고, 공지의 사실이라도 이를 적시함으로써 더욱 그 사람의 명예를 저하시킬 우려가 있는 한 본죄가 성립한다. 이에 대하여 견문자들 모두가 그 사실을 알고 있었을 때에는 이로 인해 명예가 훼손될 추상적 위험도 없다고 할 수 있으므로 본죄의 불능미수가 될 수 있지만, 명예훼손죄의 미수를 벌하는 규정이 없기 때문에 불가벌이라고 파악하는 견해[5]가 있다.

---

1) 대법원 2007. 10. 25. 선고 2007도5077 판결(동성애자게재사건)(사실은 피해자가 동성애자가 아님에도 불구하고 피고인은 인터넷사이트 싸이월드에 7회에 걸쳐 피해자가 동성애자라는 내용의 글을 게재한 사실을 인정한 다음, 현재 우리 사회에서 자신이 스스로 동성애자라고 공개적으로 밝히는 경우 사회적으로 상당한 주목을 받는 점, 피고인이 피해자를 괴롭히기 위하여 이 사건 글을 게재한 점 등 그 판시의 사정에 비추어 볼 때, 피고인이 위와 같은 글을 게시한 행위는 피해자의 명예를 훼손한 행위에 해당한다).

2) 대법원 2008. 6. 12. 선고 2008도1421 판결; 대법원 2006. 4. 14. 선고 2004도207 판결; 대법원 2000. 2. 25. 선고 99도4757 판결.

3) 대법원 2014. 9. 4. 선고 2012도13718 판결(우리 헌법이 종교의 자유를 보장함으로써 보호하고자 하는 것은 종교 자체나 종교가 신봉하는 신앙의 대상이 아니라, 종교를 신봉하는 국민, 즉 신앙인이고, 종교에 대한 비판은 성질상 어느 정도의 편견과 자극적인 표현을 수반하게 되는 경우가 많으므로, 타 종교의 신앙의 대상에 대한 모욕이 곧바로 그 신앙의 대상을 신봉하는 종교단체나 신도들에 대한 명예훼손이 되는 것은 아니고, 종교적 목적을 위한 언론·출판의 자유를 행사하는 과정에서 타 종교의 신앙의 대상을 우스꽝스럽게 묘사하거나 다소 모욕적이고 불쾌하게 느껴지는 표현을 사용하였더라도 그것이 그 종교를 신봉하는 신도들에 대한 증오의 감정을 드러내는 것이거나 그 자체로 폭행·협박 등을 유발할 우려가 있는 정도가 아닌 이상 허용된다); 대법원 2008. 10. 9. 선고 2007도1220 판결(목사가 예배 중 특정인을 가리켜 '이단 중에 이단이다'라고 설교한 부분이 명예훼손죄에서 말하는 사실의 적시에 해당하지 않는다).

4) 대법원 2020. 12. 10. 2019도12282 판결(피고인이 음식점에서 창밖으로 지나가는 피해자 공소외 1을 보며 하사 공소외 2에게 "내가 새벽에 운동을 하고 나오면 헬스장 근처에 있는 모텔에서 피해자가 남자 친구와 나오는 것을 몇 번 봤다. 나를 봤는데 얼마나 창피했겠냐."라고 말하여 공연히 사실을 적시하여 피해자의 명예를 훼손하였다. … 이 사건 발언은 '피고인이 남자친구를 사귀면서 모텔을 드나들며 여러 차례 성관계를 하였다.'는 의미로 이해되고, 이는 부대에 배치되고 얼마 지나지 않은 피해자의 지극히 개인적인 부분에 관하여 부정적인 인상을 줄 수 있어서 피해자의 사회적 가치 내지 평가를 저하시키는 내용이다).

생각건대 공지의 사실이란 과거 또는 현재에 이미 알려진 사실을 말하는데, 사람들의 기억 속에서 잊혀져 가는 사실을 다시 환기시켜 되풀이한다면 명예가 훼손될 여지가 충분히 있고, 이른바 '잊혀질 권리'라는 것도 인정될 필요성이 있기 때문에 공지의 사실도 사실의 적시에 해당한다고 보아야 한다.

특정인의 사회적 가치나 평가를 저하시키기에 충분한 구체적인 사실의 적시가 있다고 하기 위해서는, 반드시 그러한 구체적인 사실이 직접적으로 명시되어 있을 것을 요구하는 것은 아니지만, 적어도 적시된 내용 중의 특정 문구에 의하여 그러한 사실이 곧바로 유추될 수 있을 정도는 되어야 한다.[1] 누구든지 범죄가 있다고 생각하는 때에는 고발할 수 있는 것이므로 어떤 사람이 범죄를 고발하였다는 사실이 주위에 알려졌다고 하여 그 고발사실 자체만으로 고발인의 사회적 가치나 평가가 침해될 가능성이 있다고 볼 수는 없고[2], 다만 그 고발의 동기나 경위가 불순하다거나 온당하지 못하다는 등의 사정이 함께 알려진 경우에 고발인의 명예가 침해될 가능성이 있다.

② 적 시

'적시'란 명예훼손적인 사실을 사회적인 외부세계에 표시하는 일체의 행위를 말한다. 적시의 방법으로 반드시 사실을 직접적이고 단정적으로 표현한 경우에 한정할 것은 아니고, 간접적이고 우회적인 표현에 의하더라도 그 표현의 전(全) 취지에 비추어 그와 같은 사실의 존재를 암

---

5) 오영근, 172면.

1) 대법원 2020. 5. 28. 선고 2019도12750 판결(학교폭력범은접촉금지사건)('학교폭력범은 접촉금지!!!'라는 글과 주먹 모양의 그림말 세 개로 이루어진 이 사건 상태메시지에는 그 표현의 기초가 되는 사실관계가 드러나 있지 않다. … 피고인은 '학교폭력범' 자체를 표현의 대상으로 삼았을 뿐 특정인을 '학교폭력범'으로 지칭하지 않았다. 학교폭력이 심각한 문제로 대두되고 있는 우리 사회의 현실, 초등학생 자녀를 둔 피고인의 지위 등을 고려하면, 피고인이 '학교폭력범'이라는 단어를 사용하였다고 하여 실제 일어난 학교폭력 사건에 관해 언급한 것이라고 단정할 수 없다. '접촉금지'라는 어휘는 통상적으로 '접촉하지 말 것'이라는 의미로 이해되고, 이 사건 의결 등을 통해 피해자에게 '피해학생(공소외인)에 대한 접촉의 금지' 조치가 내려졌다는 사실이 피해자와 같은 반 학생들이나 그 부모들에게 알려졌음을 인정할 증거도 없다. … 피고인이 이 사건 상태메시지를 통해 피해자의 학교폭력 사건이나 그 사건으로 피해자가 받은 조치에 대해 기재함으로써 피해자의 사회적 가치나 평가를 저하시키기에 충분한 구체적인 사실을 드러냈다고 볼 수 없다); 대법원 2011. 8. 18. 선고 2011도6904 판결(발신번호끝자리생략사건)(피고인이 제5회 전국동시지방선거에서 군수로 당선된 甲 후보의 운전기사 乙이 공직선거법 위반으로 구속되었다는 소문을 듣고, 마치 관할 지방검찰청 지청에서 乙에 대한 수사상황이나 피의사실을 공표하는 것처럼 甲을 비방하는 내용의 문자메시지를 기자들에게 발송하여 해당 지청장 또는 지청 구성원의 명예를 훼손하였다는 내용으로 기소된 사안에서, 공소사실 기재 문자메시지는 '관할 지청에서 乙을 구속하고 甲 군수를 조사하고 있다'는 취지의 내용으로 보일 뿐이고, 피고인이 지청장실 전화번호 끝자리를 생략한 허위 발신번호를 게재한 사정까지 함께 고려하더라도 문자메시지 내용에서 '지청장 또는 지청 구성원이 그와 같은 내용을 알린다'는 사실이 곧바로 유추될 수 있다고 보이지 않으므로, 위 문자메시지에 의하여 지청장 또는 지청 구성원의 사회적 가치나 평가를 저하시키기에 충분한 구체적인 사실의 적시가 있다고 볼 수 없다); 대법원 2007. 6. 15. 선고 2004도4573 판결.

2) 대법원 2009. 9. 24. 선고 2009도6687 판결; 대법원 1994. 6. 28. 선고 93도696 판결(친목회원고발사건)(피고인 1이 실제로 당국의 허가를 얻지 아니하고 직업소개를 하였음은 분명한 사실로 인정되고, 또한 피해자가 피고인 1과 같은 친목회의 회원이면서도 같은 피고인의 무허가 직업소개라는 범죄를 고발할 만한 필요나 부득이한 사정이 있는 경우도 능히 상정할 수 있으므로, 피고인이 다만 피해자가 같은 피고인의 범죄를 고발하였다는 내용의 언사만을 하고 그 고발의 동기나 경위에 관하여는 전혀 언급을 하지 아니하였다면, 그와 같은 언사만으로는 피해자의 사회적 가치나 평가를 침해하기에 충분한 구체적인 사실이 적시되었다고 보기는 어렵다).

시하고, 이로써 특정인의 사회적 가치 내지 평가가 침해될 가능성이 있을 정도의 구체성이 있으면 족하다.[1] 또한 추측·의혹·추리하는 방식에 의한 것도 사실의 적시에 해당하며, 적시된 사실이 이미 사회의 일부에서 다루어진 소문이라고 하더라도 이를 적시하여 사람의 사회적 평가를 저하시킬 만한 행위를 한 때에는 명예훼손에 해당한다.[2] 인터넷에 게시한 댓글은 해당 인터넷 포털사이트를 이용하는 불특정 다수의 이용자들이 쉽게 그 내용을 확인할 수 있는 것이므로, 이와 같이 인터넷 포털사이트의 기사란에 댓글을 게재한 행위는 당연히 공연성이 있는 것이라고 할 것이다. 본죄에 있어서의 사실의 적시는 그 사실의 적시자가 스스로 실험한 것으로 적시하든 타인으로부터 전문한 것으로 적시하든 불문한다.[3]

한편 적시사실의 대상자는 누구인지가 특정되어야 한다. 피해자가 특정되어야 한다고 해서 반드시 그 성명을 적시하여야 하는 것은 아니고, 사람의 성명 등이 명시되지 아니하여 게재된 기사나 영상 자체(모자이크 처리 또는 영문 이니셜의 사용)만으로는 피해자를 인식하기 어렵게 되어 있더라도 표현의 내용을 주위사정과 종합해 보면 기사나 영상이 나타내는 피해자가 누구인가를 알 수 있고, 그 사실을 알고 있는 사람이 다수인 경우에는 피해자가 특정되었다고 보아야 할 것이다.[4]

---

1) 대법원 2008. 7. 10. 선고 2008도2422 판결(지고지순사건)(피고인은 인터넷 포털사이트의 피해자에 대한 기사란에 그녀가 재벌과 사이에 아이를 낳거나 아이를 낳아준 대가로 수십억 원을 받은 사실이 없음에도 불구하고, 그러한 사실이 있는 것처럼 댓글이 붙어 있던 상황에서, 추가로 '지고지순이 뜻이 뭔지나 아니? 모 재벌님하고의 관계는 끝났나?'라는 내용의 댓글을 게시하였다는 것인바, 위와 같은 댓글이 이루어진 장소, 시기와 상황, 그 표현의 전 취지 등을 위 법리에 비추어 보면, 피고인의 위와 같은 행위는 간접적이고 우회적인 표현을 통하여 위와 같은 허위 사실의 존재를 구체적으로 암시하는 방법으로 사실을 적시한 경우에 해당한다고 하지 않을 수 없다); 대법원 1991. 5. 14. 선고 91도420 판결(교수가 학생들 앞에서 피해자의 이성관계를 암시하는 발언을 한 것은 명예훼손죄에 해당한다).

2) 대법원 1994. 4. 12. 선고 93도3535 판결.

3) 대법원 1985. 4. 23. 선고 85도431 판결(피해자가 처자식이 있는 남자와 살고 있다는데 아느냐고 한 피고인의 언동은 사실의 적시에 해당한다).

4) 대법원 2005. 6. 10. 선고 2005도2316 판결(모상업계교장사건)(이 사건 기사에는 '10년의 세월이 지나', '(경남)교육감 선거', '교육감 출마예상자', '전직 교육 고위 간부', '군 지역 고교 교장', '모 상업계 교장'이라고 기재된 사실을 포함한 판시사실을 인정하고, 이 사건 기사 내용의 당사자는 피해자임을 특정할 수 있고, 또한 경상남도 교육계에 종사하는 많은 사람들이 이 사건 기사 내용의 당사자가 피해자임을 알 수 있는 경우에 해당한다); 대법원 1994. 5. 10. 선고 93다36622 판결(86학번전주여학생사건)('호스티스 출신 서울대 여학생 충격고백'이라는 제목의 기사에서, 전주에서 고등학교를 졸업한 서울대 사회대 86학번의 여학생으로 나타낸 사건이 있었다. 이 기사에 의해 명예훼손을 당했다고 하여 손해배상을 청구한 원고들은 서울대 사회대 86학번 여학생 49명 중 일부이고, 특히 원고 중 2명은 전주 소재 고등학교를 졸업한 여학생이라는 점에서, 원고들이 생활하는 범위 내의 주변 사람들 사이에서는 기사의 모델이 원고들일 수 있다고 추지하기에 충분하므로 신문사는 손해배상책임이 있다); 대법원 1989. 11. 14. 선고 89도1744 판결(69년공수대원사건)(비록 잡지에 게재된 사진을 일반독자들이 본다면 사진에 나와 있는 공수대원들이 피해자들이라는 것을 인식할 가능성은 희박하지만 한편 이 사건 사진이 1969년도에 언론매체에 의하여 보도되었을 뿐만 아니라 특전사 전시관 등에 전시되어 있었기 때문에 과거에 이 사건 사진을 본적이 있었던 사람 및 피해자들을 평소 잘 알고 있었던 사람들은 게재된 사진을 보더라도 그 속의 공수대원들이 피해자들이라는 것을 인식할 수 있다고 판시하여 불특정 또는 다수인에게 있어서 게재된 사진에 의하여 피해자들은 특정되었다); 대법원 1982. 11. 9. 선고 82도1256 판결(어떤분자사건)(신씨종중의 재산관리위원장이던 공소외인과 피고인 사이에 종중재산의 관리에 관한 다툼이 있어 왔고 부락민 80세대 중 50세대가 신씨종중원이었다면 '어떤 분자가 종중재산을 횡령 착복하였다'는 피고인의 허위사실 방송을 청취한 부락민 중 적어도 신씨종중원들로서는 그 어떤 분자라는 것이 바로 공소외인을 지목하는 것이라는 것쯤은 알아차릴 수 있는 상황이었다고

(4) 주관적 구성요건

본죄가 성립하기 위해서는 적시한 사실이 진실 또는 허위인 점과 그 사실이 사람의 사회적 평가를 저하시킬 만한 것이라는 점에 대한 인식 및 의사가 있어야 한다. 특히 비방의 목적이 있음을 요하지 아니한다. 이러한 진실 또는 허위의 점에 대한 인식, 즉 범의에 대한 입증책임은 검사에게 있다.[1] 행위자가 그 사항이 진실 또는 허위라는 것을 인식하였는지 여부는 성질상 외부에서 이를 알거나 증명하기 어려우므로, 공표된 사실의 내용과 구체성, 소명자료의 존재 및 내용, 피고인이 밝히는 사실의 출처 및 인지 경위 등을 토대로 피고인의 학력, 경력, 사회적 지위, 공표 경위, 시점 및 그로 말미암아 예상되는 파급효과 등의 여러 객관적 사정을 종합하여 판단할 수밖에 없으며[2], 범죄의 고의는 확정적 고의뿐만 아니라 결과 발생에 대한 인식이 있고 그를 용인하는 의사인 이른바 미필적 고의도 포함한다.[3] 만약 적시하는 사실이 진실인 줄 알고 명예훼손행위를 하였으나 그 사실이 허위인 경우 또는 적시하는 사실이 허위인 줄 알고 명예훼손행위를 하였으나 그 사실이 진실인 경우에는 모두 제307조 제1항의 명예훼손죄가 성립한다.

본죄가 성립하기 위해서는 피해자의 명예가 훼손되는 결과를 발생하게 하는 사실을 인식해야 한다.[4] 또한 본죄에 있어서의 공연성은 구성요건요소이므로 행위자에게 고의의 한 내용으로서 공연성에 대한 인식을 필요로 한다. 명예훼손사실을 발설한 것이 사실이냐는 질문에 대답하는 과정에서 타인의 명예를 훼손하는 사실을 발설하게 된 것이라면, 그 발설내용과 동기에 비추어 명예훼손의 범의를 인정할 수 없고, 질문에 대한 단순한 확인대답이 명예훼손에서 말하는 사실적시라고도 할 수 없다.[5] 불미스러운 소문의 진위를 확인하고자 질문을 하는

보기에 충분하다).

1) 대법원 2010. 10. 28. 선고 2009도4949 판결; 대법원 2009. 1. 30. 선고 2007도5836 판결.

2) 대법원 2014. 9. 4. 선고 2012도13718 판결(넷째부인사건)(넷째 부인이나 첩이라는 표현은 우리 사회의 일반 관념상 부도덕한 성적 관계를 암시하는 단어이므로, 공소외 1과 공소외 3이 위와 같은 부첩관계에 해당한다고 볼 만한 직접적인 증거가 없는 상황에서 피고인이 위와 같은 발언을 반복하는 것은 정당한 비판의 범위를 벗어나 공소외 1과 공소외 3의 부정한 성적 관계를 암시함으로써 그들의 사회적 가치 내지 평가를 저하시키는 허위사실의 적시라고 할 것이다).

3) 대법원 2014. 3. 13. 선고 2013도12430 판결(부엉이바위사건)(피고인은 2010. 3. 31. 서울지방경찰청 2층 대강당에서, 서울지방경찰청장으로서 서울지방경찰청 소속 5개 기동단 팀장급 398명을 상대로 기동부대 지휘요원 특별교양을 실시하던 중, 사실은 2009. 5. 23. 사망한 피해자 공소외 1 전 대통령과 관련한 거액이 들어 있는 차명계좌가 그 무렵 검찰수사 중에 발견된 사실이 없어 공소외 1 전 대통령이 그로 인해 자살한 것이 아니고 공소외 1 전 대통령의 배우자인 피해자 공소외 2가 이러한 차명계좌가 드러나는 것을 막기 위해 민주당에 공소외 1 전 대통령의 죽음과 관련한 특검을 하지 못하게 요청한 사실이 없음에도, "작년 노통, 공소외 1 전 대통령 5월 23일 부엉이바위 사건 때 막 또 그 뒤로 뛰어나왔지 않습니까. 그런데 여러분들, 공소외 1 전 대통령 뭐 때문에 사망했습니까? 뭐 때문에 뛰어내렸습니까? 뛰어버린 바로 전날 계좌가 발견됐지 않습니까, 차명계좌. 10만원짜리 수표가 타인으로, 거액의 차명계좌가 발표돼, 발견이 됐는데 그거 가지고 아무리 변명해도 이제 변명이 안 되지 않습니까? 그거 때문에 부엉이바위에서 뛰어내린 겁니다", "그래서 특검 이야기가 나왔지 않습니까. 특검 이야기가 나와서 특검하려고 그러니까 공소외 2 여사가 민주당에 이야기를 해서 특검을 못하게 한 겁니다. 그 해봐야 다 드러나게 되니까"라고 말하여 공연히 허위사실을 적시하여 피해자들의 명예를 훼손하였다).

4) 대법원 1985. 5. 28. 선고 85도588 판결(전임목사소문사건)(피고인이 교회의 목사로서 전임목사에 관한 교회 내의 불미스러운 소문의 진위를 확인하기 위하여 이를 교회집사들에게 물어보았다면 이는 경험칙상 충분히 있을 수 있는 일로서 명예훼손의 고의 없는 단순한 확인에 지나지 아니하여 사실의 적시라고 할 수 없다).

과정에서 타인의 명예를 훼손하는 발언을 하였다면, 그 동기에 비추어 명예훼손의 고의를 인정하기 어렵다.[1]

3. 위법성조각사유

(1) 정당행위

본죄는 형사재판에서 검사의 공소사실의 진술·증인의 증언·변호인의 변호권 행사 등과 같은 법령에 의한 행위, 언론기관의 보도·학술적인 논평·판례평석 등과 같은 업무로 인한 행위, 친한 친구들 사이의 통상적인 욕설이나 농담 등과 같은 사회상규에 반하지 아니하는 행위 등에 의하여 위법성이 조각될 수 있다. 한편 국회의원이 국회에서 직무상 행한 발언은 인적 처벌조각사유에 해당한다.

판례에 의하면, ① 피고인이 소속한 교단협의회에서 조사위원회를 구성하여 피고인이 목사로 있는 교회의 이단성 여부에 대한 조사활동을 하고 보고서를 그 교회 사무국장에게 작성하도록 하자, 피고인이 조사보고서의 관련 자료에 피해자를 명예훼손죄로 고소했던 고소장의 사본을 첨부한 경우, 이는 자신의 주장의 정당성을 입증하기 위한 자료의 제출행위로서 정당한 행위이며[2], ② 과수원을 경영하는 피고인이 사과를 절취당한 피해자의 입장에서 앞으로 이와 같은 일이 재발되지 않도록 예방하기 위하여 과수원의 관리자와 같은 동네 새마을 지도자에게 각각 그들만이 있는 자리에서 개별적으로 피해자가 피고인 소유의 과수원에서 사과를 훔쳐간 사실을 말하였다고 하더라도 통상적인 사회생활면으로 보나 사회통념상 피고인의 행위는 위법하지 않다.[3]

하지만 사단법인의 이사장이 이사회 또는 임시총회의 의장으로서 의안에 관하여 발언하다가 타인의 명예를 훼손하는 내용의 말을 하였다면 사회상규에 반하지 아니한다고 할 수 없으므로 위법성이 조각되지 아니한다.[4]

---

5) 대법원 2010. 10. 28. 선고 2010도2877 판결; 대법원 2008. 10. 23. 선고 2008도6515 판결; 대법원 1983. 8. 23. 선고 83도1017 판결.

1) 대법원 2018. 6. 15. 선고 2018도4200 판결(마트납품직원사건)(마트의 운영자인 피고인이 마트에 아이스크림을 납품하는 업체 직원인 甲을 불러 '다른 업체에서는 마트에 입점하기 위하여 입점비를 준다고 하던데, 입점비를 얼마나 줬냐? 점장 乙이 여러 군데 업체에서 입점비를 돈으로 받아 해먹었고, 지금 뒷조사 중이다.'라고 말하여 공연히 허위 사실을 적시하여 乙의 명예를 훼손하였다는 내용으로 기소된 사안에서, 피고인은 마트 영업을 시작하면서 乙을 점장으로 고용하여 관리를 맡겼는데, 재고조사 후 일부 품목과 금액의 손실이 발견되자 그때부터 乙을 의심하여 마트 관계자들을 상대로 乙의 비리 여부를 확인하고 다니던 중 乙이 납품업자들로부터 현금으로 입점비를 받았다는 이야기를 듣고 甲을 불러 乙에게 입점비를 얼마 주었느냐고 질문하였던 점 등 제반 사정을 종합하면, 피고인은 乙이 납품업체들로부터 입점비를 받아 개인적으로 착복하였다는 소문을 듣고 甲을 불러 소문의 진위를 확인하면서 甲도 입점비를 乙에게 주었는지 질문하는 과정에서 위와 같은 말을 한 것으로 보이므로, 乙의 사회적 평가를 저하시킬 의도를 가지거나 그러한 결과가 발생할 것을 인식한 상태에서 위와 같은 말을 한 것이 아니어서 피고인에게 명예훼손의 고의를 인정하기 어렵고, 한편 피고인이 아무도 없는 사무실로 甲을 불러 단둘이 이야기를 하였고, 甲에게 그와 같은 사실을 乙에게 말하지 말고 혼자만 알고 있으라고 당부하였으며, 甲이 그 후 乙에게는 이야기하였으나 乙 외의 다른 사람들에게 이야기한 정황은 없는 점 등을 고려하면 피고인에게 전파가능성에 대한 인식과 그 위험을 용인하는 내심의 의사가 있었다고 보기도 어렵다).

2) 대법원 1995. 3. 17. 선고 93도923 판결.

3) 대법원 1986. 10. 14. 선고 86도1341 판결.

4) 대법원 1990. 12. 26. 선고 90도2473 판결.

(2) 제310조의 위법성조각사유

1) 의 의

제310조에 의하면 "제307조 제1항의 행위가 진실한 사실로서 오로지 공공의 이익에 관한 때에는 처벌하지 아니한다."라고 하여, 다른 범죄와 달리 일반적인 위법성조각사유 이외에 특수한 위법성조각사유를 규정하고 있다. 형법이 개인의 명예를 보호하기 위한 처벌조항을 두면서 제310조와 같은 특별한 위법성조각사유를 규정한 이유는 국민의 알권리와 다양한 사상 및 의견의 교환을 보장하는 언론의 자유가 민주주의의 근간이 되는 핵심적인 기본권임에 비추어 개인의 명예 보호와 언론의 자유 보장이라는 두 가지의 기본적 권리를 비교·형량하여 개인에 대한 공정한 비판의 여지를 열어두기 위한 것임을 고려한 것이다. 공연히 사실을 적시하여 사람의 명예를 훼손하였다고 하더라도, 그 사실이 공공의 이익에 관한 것으로서 공공의 이익을 위할 목적으로 그 사실을 적시한 경우에는, 그 사실이 진실한 것임이 증명되면 위법성이 조각되어 그 행위를 처벌하지 아니하는 것이다.

2) 법적 성격

제310조의 법적 성격은 실체법적으로는 위법성조각사유에 해당한다.[1] 하지만 절차법적으로는 위법성조각사유인 적시사실의 진실성과 공익성에 관한 입증책임이 누구에게 있는지와 관련하여, ① 피고인에게 있다는 견해(거증책임전환설)[2], ② 검사에게 있다는 견해[3] 등의 대립이 있다.

이에 대하여 판례는 「공연히 사실을 적시하여 사람의 명예를 훼손한 행위가 형법 제310조의 규정에 따라서 위법성이 조각되어 처벌대상이 되지 않기 위하여는 그것이 진실한 사실로서 오로지 공공의 이익에 관한 때에 해당된다는 점을 행위자가 증명하여야 하는 것이나, 그 증명은 유죄의 인정에 있어 요구되는 것과 같이 법관으로 하여금 의심할 여지가 없을 정도의 확신을 가지게 하는 증명력을 가진 엄격한 증거에 의하여야 하는 것은 아니므로, 이때에는 전문증거에 대한 증거능력의 제한을 규정한 형사소송법 제310조의2는 적용될 여지가 없다.」라고 판시[4]하여, 거증책임전환설의 입장을 취하고 있다.

생각건대 위법성조각사유의 부존재에 대한 거증책임은 형사소송법의 일반원칙에 따라 검사가 부담하는 것이 타당하다. 왜냐하면 제310조에서는 위법성조각사유만을 규정하고 있을 뿐 증명에 관하여는 함구하고 있기 때문이다. 그러므로 검사가 적시된 사실의 진실성과 공익성이 없다는 점을 증명하여야 한다.

---

1) 반면에 소극적 구성요건요소로 파악하는 견해로는 이상돈, 900면.
2) 김성천/김형준, 259면; 신동운, 708면.
3) 김선복, 200면; 김성돈, 239면; 김신규, 241면; 김일수/서보학, 165면; 김혜정 외 4인, 206면; 박상기, 539면; 배종대, 209면; 손동권/김재윤, 202면; 오영근, 175면; 이영란, 210면; 이재상/장영민/강동범, 200면; 이정원/류석준, 166면; 이형국/김혜경, 249면; 임 웅, 258면; 정성근/정준섭, 134면; 정영일, 99면.
4) 대법원 1996. 10. 25. 선고 95도1473 판결.

3) 적용요건

① 진실한 사실로서

'진실한 사실'이란 그 내용 전체의 취지를 살펴볼 때 중요한 부분이 객관적 사실과 합치되는 사실을 말한다. 그러므로 세부에 있어 진실과 약간 차이가 나거나 다소 과장된 표현이 있더라도 무방하다.[1] 허위사실 적시에 의한 명예훼손죄에 해당하는 행위에 대하여는 위법성조각에 관한 제310조는 원칙적으로 적용될 여지가 없다.[2] 하지만 결과적으로 허위사실이라고 할지라도 적시된 사실이 공공의 이익에 관한 것이라면 진실한 것이라는 증명이 없더라도 행위자가 그 사실을 진실한 것으로 믿었고, 그렇게 믿을 만한 상당한 이유가 있는 경우에는 예외적으로 제310조에 따라 위법성이 조각된다.[3]

② 오로지 공공의 이익에 관한 때에는

'오로지 공공의 이익에 관한 때'란 적시된 사실이 객관적으로 볼 때 공공의 이익에 관한 것으로서 행위자도 주관적으로 공공의 이익을 위하여 그 사실을 적시한 것이어야 한다. 여기의 공공의 이익에 관한 것에는 널리 국가·사회 기타 일반 다수인의 이익에 관한 것뿐만 아니라 특정한 사회집단이나 그 구성원 전체의 관심과 이익에 관한 것도 포함하는 것이고[4], 적시된 사실이 공공의 이익에 관한 것인지 여부는 당해 적시사실의 내용과 성질, 당해 사실의 공표가 이루어진 상대방의 범위, 그 표현의 방법 등 그 표현 자체에 관한 제반 사정을 감안함과 동시에 그 표현에 의하여 훼손되거나 훼손될 수 있는 명예의 침해 정도 등을 비교·고려하여 결정하여야 한다.[5]

또한 적시된 사실이 공공의 이익에 관한 것인지 여부는 당해 명예훼손적 표현으로 인한 피해자가 공무원 내지 공적 인물과 같은 공인(公人)인지 아니면 사인(私人)에 불과한지 여부, 그 표현이 객관적으로 국민이 알아야 할 공공성·사회성을 갖춘 공적 관심 사안에 관한 것으로 사회의 여론형성 내지 공개토론에 기여하는 것인지 아니면 순수한 사적인 영역에 속하는 것인지 여부, 피해자가 그와 같은 명예훼손적 표현의 위험을 자초한 것인지 여부, 그리고 그 표현에 의하여 훼손되는 명예의 성격과 그 침해의 정도, 그 표현의 방법과 동기 등 제반 사정을 고려하여 판단하여야 할 것이다.[6] 특히 공인의 공적 활동과 밀접한 관련이 있는 사안에 관하여 진실을

1) 대법원 2001. 10. 9. 선고 2001도3594 판결; 대법원 2000. 2. 25. 선고 98도2188 판결.
2) 대법원 2015. 7. 9. 선고 2013도4786 판결; 대법원 2012. 5. 9. 선고 2010도2690 판결; 대법원 1999. 10. 22. 선고 99도3213 판결; 대법원 1993. 4. 13. 선고 92도234 판결.
3) 대법원 2007. 12. 14. 선고 2006도2074 판결; 대법원 1997. 4. 11. 선고 97도88 판결; 대법원 1996. 8. 23. 선고 94도3191 판결; 대법원 1994. 8. 26. 선고 94도237 판결; 대법원 1993. 6. 22. 선고 92도3160 판결; 대법원 1962. 5. 17. 선고 4294형상12 판결.
4) 대법원 2014. 5. 29. 선고 2013도3517 판결; 대법원 2012. 1. 26. 선고 2010도8143 판결; 대법원 2010. 11. 25. 선고 2009도12132 판결.
5) 대법원 2020. 12. 10. 선고 2020도11471 판결; 대법원 2006. 9. 28. 선고 2004도6371 판결; 대법원 2006. 5. 25. 선고 2005도2049 판결; 대법원 2003. 12. 26. 선고 2003도6036 판결; 대법원 2001. 6. 12. 선고 2001도1012 판결.
6) 대법원 2020. 3. 2. 선고 2018도15868 판결; 대법원 2011. 11. 24. 선고 2010도10864 판결; 대법원 1991. 3. 27.

공표한 경우에는 원칙적으로 공공의 이익에 관한 것이라는 증명이 있는 것으로 보아야 할 것이며, 행위자의 주요한 동기 내지 목적이 공공의 이익을 위한 것인 이상 부수적으로 다른 개인적인 목적이나 동기가 내포되어 있더라도 제310조의 적용을 배제할 수 없는 것이다.[1]

한편 제309조 소정의 '사람을 비방할 목적'이란 가해의 의사 내지 목적을 요하는 것으로서 공공의 이익을 위한 것과는 행위자의 주관적 의도의 방향에 있어 서로 상반되는 관계에 있다. 그러므로 제310조의 공공의 이익에 관한 때에는 처벌하지 아니한다는 규정은 사람을 비방할 목적이 있어야 하는 제309조 제1항 소정의 행위에 대하여는 적용되지 아니하고, 그 목적을 필요로 하지 않는 제307조 제1항의 행위에 한하여 적용되는 것이다. 반면에 적시한 사실이 공공의 이익에 관한 것인 경우에는 특별한 사정이 없는 한 비방의 목적은 부인된다.[2] 여기에서 '적시한 사실이 공공의 이익에 관한 것인 경우'란 적시한 사실이 객관적으로 볼 때 공공의 이익에 관한 것으로서 행위자도 주관적으로 공공의 이익을 위하여 그 사실을 적시한 것이어야 한다.[3] 이와 같은 경우에는 제307조 제1항 소정의 명예훼손죄의 성립 여부가 문제될 수 있고, 이에 대하여는 다시 제310조에 의한 위법성조각 여부가 문제로 될 수 있다.[4]

판례에 의하면, ① 이 사건 글이 독자들에게 망 공소외 1 교장이 여성인 기간제교사에게 차 준비나 차 접대를 채용과 계약유지의 조건으로 내세우고 이를 거부하자 부당한 대우를 하여 사직하도록 하였다는 인상을 줌으로써 공소외 1 교장의 명예를 훼손한 사실은 인정되지만, 한편 여성 교원의 차 접대와 관련하여 이 사건 발생 3년 전부터 교육·여성 관련 행정기관에서 이를 금지하는 지침을 내려왔던 점, 교육현장에서의 남녀평등은 중요한 헌법적 가치이고, 교육문제는 교육관련자들만의 문제가 아니라 학부모와 학생 등 국가사회 일반의 관심사항이며, 교육문제에 관하여 정보가 공개되고 공론의 장이 마련될 필요가 있는 점, 이 사건 글이 게재된 이후 교사 업무분장의 잘못과 부적절한 관행에 대하여 시정조치가 이루어진 경우[5], ② 학칙을 위반하며 진행되는 미술사학과 신임교수 임용절차의 부당함을 지적하고 관계자에게 이를 알려 그 시정을 구하기 위한 경우[6], ③ 교회담임목사를 출교처분한다는 취지의 교단 산하 재판위원회의 판결문은 성질상 교회나 교단 소속신자들 사이에서는 당연히 전파·고지될 수 있는 것이므로 위 판결문을 복사하여 예배를 보러 온 신도들에게 배포한 경우[7], ④ 특정 기독교 교단의 목사들이 교단 내 목회자들에게 보낸 유인물에서 다른 목사의 목사안수를 비난한 경우[8], ⑤ 아파트 동대표인 피고인이

선고 91도156 판결.

1) 대법원 2008. 11. 13. 선고 2008도6342 판결; 대법원 1998. 10. 9. 선고 97도158 판결.
2) 대법원 2007. 4. 26. 선고 2007도1525 판결; 대법원 2005. 10. 14. 선고 2005도5068 판결.
3) 대법원 2020. 3. 2. 선고 2018도15868 판결(총학생회장입후보자댓글사건)(총학생회장 입후보자는 입후보 당시뿐 아니라 이후라도 후보 사퇴나 당락을 떠나 후보자로서 한 행동에 대하여 다른 학생들의 언급이나 의사 표명을 어느 정도 수인하여야 한다. … 피해자가 총학생회장에 출마하였을 때 있었던 사례를 언급한 피고인의 글로 피해자의 사회적 평가가 저하되는 정도가 총학생회장의 출마자격에 관한 ○○과 학생들의 관심 증진과 올바른 여론 형성에 따른 이익에 비해 더 크다고 보기 어렵다).
4) 대법원 2003. 12. 26. 선고 2003도6036 판결.
5) 대법원 2008. 7. 10. 선고 2007도9885 판결(기간제교사사건).
6) 대법원 2000. 2. 11. 선고 99도3048 판결.
7) 대법원 1989. 2. 14. 선고 88도899 판결.

자신에 대한 부정비리 의혹을 해명하기 위하여 그 의혹제기자가 명예훼손죄로 입건된 사실 등을 기재한 문서를 아파트 입주민들에게 배포한 경우[1], ⑥ 피고인들은 성폭력 및 가정폭력으로부터 여성을 보호하는 것을 설립 목적으로 하는 지역 민간단체의 대표들로서 사건 발생 이후 피해 여학생 등과의 상담을 거쳐 사건 내용을 파악하고 학생회 그리고 지역 여성단체들과 함께 비상대책위원회를 구성하여 수사기관과 학교 당국을 상대로 철저한 진상조사와 처벌 그리고 학내 성폭력의 근절을 위한 대책 마련을 촉구하는 활동을 벌이던 중 국립대학교의 교수가 자신의 연구실 내에서 제자인 여학생을 성추행을 하였다는 내용을 자신들의 홈페이지의 인권란 또는 소식지의 인권소식란에 그 주장 내용을 담은 성명서를 옮겨 담거나 요약하여 게재한 경우[2] 등에 있어서는 공공의 이익에 관한 것이라고 볼 수 있다.

하지만 ① 대표이사인 피해자에게 압력을 가하여 단체협상에서 양보를 얻어내기 위한 방법의 하나로 위 회사의 다른 직원들과 함께 '공소외 주식회사 사장 피해자는 체불임금 지급하고 단체교섭에 성실히 임하라.', '노동임금 갈취하는 악덕업주 피해자 사장은 각성하라.'는 등의 내용이 기재된 현수막과 피켓을 들고 확성기를 사용하여 위와 같은 내용을 반복해서 불특정다수의 행인을 상대로 소리치면서 위 회사의 정문을 출발하여 부산광역시청을 경유하여 부산지방경찰청 앞 인도까지 거리행진을 한 경우[3], ② 피해자는 공소외 주식회사의 대주주이기는 하나 회사 대표이사직을 사임하고 이사직도 사임한 후 국회의원으로 활동하며 공소외 주식회사의 경영에는 직접 관여하지 아니하였음에도 불구하고, 피고인들이 공소외 주식회사 사용자측에 압력을 가하여 단체협상에서 양보를 얻어내기 위한 방법의 하나로 피해자의 지역구나 소속 정당의 중앙당사 앞에서 그가 노동조합을 탄압하는 악덕 기업주라고 비방하는 집회를 개최하고 피해자를 모욕하거나 명예를 훼손하는 발언 등을 한 경우[4], ③ 학교운영의 공공성·투명성의 보장을 요구하여 학교가 합리적이고 정상적으로 운영되게 할 목적으로 공연히 사실을 적시하였더라도, 피해자들의 거주지 앞에서 그들의 주소까지 명시하여 명예를 훼손한 경우[5], ④ 피해자에 대한 징계절차 회부 사실이 기재된 문서를 근무현장 방재실, 기계실, 관리사무실의 각 게시판에 게시한 경우[6] 등에 있어서는 공공의 이익을 위한 것이라고 볼 수 없다.

4. 죄수 및 다른 범죄와의 관계

(1) 죄 수

본죄는 피해자의 수를 기준으로 죄수가 결정된다. 그러므로 하나의 문서로 수인의 명예를 훼손한 경우에는 본죄의 상상적 경합이 된다.

(2) 다른 범죄와의 관계

허위사실을 적시하여 명예와 신용을 동시에 훼손하면 신용훼손죄만이 성립하고, 진실한 사

---

8) 대법원 1999. 6. 8. 선고 99도1543 판결.
1) 대법원 2005. 7. 15. 선고 2004도1388 판결.
2) 대법원 2005. 4. 29. 선고 2003도2137 판결(우조교사건).
3) 대법원 2004. 10. 15. 선고 2004도3912 판결.
4) 대법원 2001. 6. 12. 선고 2001도1012 판결.
5) 대법원 2008. 3. 14. 선고 2006도6049 판결.
6) 대법원 2021. 8. 26. 선고 2021도6416 판결.

실을 적시하여 사람의 신용을 훼손하면 본죄만이 성립한다. 본죄와 공직선거법 제251조의 후보비방죄는 보호법익과 구성요건이 다른 별개의 범죄로서 상상적 경합범이 된다.[1]

5. 입법론

(1) 기존의 논의

사실적시 명예훼손죄는 일본을 제외한 다른 국가에서는 형사처벌하는 입법례가 드물며, 2011. 3. 21. 유엔 자유권규약위원회 및 2015. 11. 16. 유엔 산하 시민적·정치적 권리에 관한 국제규약위원회 등은 우리나라에 사실적시 명예훼손죄의 폐지를 권고한 바도 있다. 학계에서도 이에 동조하는 주장을 찾아볼 수 있는데, 과도한 형사규제가 표현의 자유를 심각하게 저해하고 있으며, 다양한 비판과 여론형성을 방해하고 있다는 점, 민사배상과 언론중재라는 제도를 통하여도 충분한 해결이 가능하다는 점, 이론적으로는 위법성조각의 가능성이 있지만, 타인에 대하여 허위가 아닌 사실을 말하였다고 하여 곧바로 범죄구성요건에 해당하여 수사의 대상이 될 수 있으므로 표현의 자유를 억제하는 효과가 감쇄되지 않는다는 점, 명예라는 법익을 형벌수단으로 보호하는 것이 일반예방효과가 있는지에 대해서는 경험적 자료가 없으므로 입증불가능하다는 점, 피고인이 위법성조각의 '가능성'을 '현실성'으로 바꿔내기 위해서는 상당한 시간·비용·노력 등이 소요될 수밖에 없는데, 그럼에도 불구하고 그 전환은 항상 보장되는 것은 아니라는 점, 정부의 정책·정치인의 활동·공직비리에 대한 비판·정치적 풍자나 비평 등의 표현을 제한하는 것에서 보는 바와 같이 명예훼손죄가 정치적 목적으로 자주 활용되고 있다는 점 등을 그 논거로 하고 있다.

(2) 검 토

생각건대 사생활에 대한 공연한 적시로 기본권을 침해할 위험성이 적지 않다는 점, 미국의 징벌적 손해배상제도처럼 형벌을 대체할 유효·적절한 수단이 우리나라의 현재 상황에서 마땅하지 않다는 점, 공개되기를 원하지 않는 성적 지향·연애경험·이혼사유 등과 같은 민감한 사생활은 보호의 대상이 될 필요성이 있다는 점, 간통과 같은 부적절한 성적 행위라고 할지라도 법률상 신상공개의 대상이 아닌 사실을 공개하는 것은 처벌의 필요성이 있다는 점, 소위 '신상털기' 등 타인의 인격 파괴에 대한 최소한의 감정적·이성적 배려마저도 상실한 채 개인에 대한 정보가 무차별적으로 살포될 가능성이 있으며, 신상털기에 더하여 괴담이나 루머 등이 결합하게 되면 심각한 물적·정신적 피해를 가져올 수 있다는 점, 과거에 범죄로 인하여 법적인 처벌을 받고 오랜 시간이 지나 범죄사실이나 개인정보가 다시 회자될 경우(소위 '시간차에 의한 명예훼손')에는 현재의 자신이나 자녀에게 부당한 권리침해행위가 될 수 있다는 점, 사실적시 명예훼손죄 폐지 여부가 논의되는 사안은 주로 언론·표현의 자유를 탄압하는 정치적인 성격을 띤 사

---

1) 대법원 1998. 3. 24. 선고 97도2956 판결.

건이지 성폭력범죄에 대한 피해사실의 표현은 그 주된 대상이 아니라는 점, 소위 '인격살인' 뿐만 아니라 명예와 체면을 중시하는 우리 사회의 전통적 가치관의 영향으로 명예를 위한 자살이 지금도 이루어지고 있는 것을 보더라도 사람의 명예는 생명·신체·자유 등의 법익과 비교하여 결코 열위에 있지 않다는 점, 가벌성의 폐지가 아니라 가벌성의 축소라는 측면에서 형벌을 벌금형만으로 하향조정하거나 반의사불벌죄를 친고죄로 전환하는 입법적 조치가 보다 타당하다는 점 등을 논거로 하여, 사실적시 명예훼손죄를 폐지할 경우에는 그 폐단이 클 수 있다고 판단된다.[1]

이와 같이 비록 적시된 사실이 허위의 사실이 아닌 경우라고 하더라도 그 사실에 기초하여 왜곡된 의혹제기·편파적 의견 또는 부당한 평가를 추가로 적시하는 방법으로 실제로는 허위의 사실을 적시하여 다른 사람의 명예를 훼손하는 경우와 다를 바 없거나 적어도 다른 사람의 사회적 평가를 심대하게 훼손하는 경우도 적지 않게 발생하고 있다.[2] 따라서 표현의 자유를 보장하는 경우에도 이로 인하여 한 개인의 인격을 형해화시키고 회복불능의 상황으로 몰아갈 위험이 존재하므로, 사실적시에 의한 명예훼손적인 표현을 규제함으로써 인격권을 보호해야 할 필요성은 매우 크다.

한편 형법 제310조의 규정은 인격권으로서의 개인의 명예의 보호와 헌법 제21조에 의한 정당한 표현의 자유의 보장이라는 상충되는 두 법익의 조화를 꾀한 것인데, 두 법익간의 조화와 균형을 고려한다면 적시된 사실이 진실한 것이라는 증명이 없더라도 행위자가 진실한 것으로 믿었고 또 그렇게 믿을 만한 상당한 이유가 있는 경우에는 위법성이 없다.[3] 또한 대법원은 공적 인물에 대한 명예훼손 또는 공적 관심사안에 관련된 명예훼손의 경우 '상당한 이유'를 널리 인정하여 위법성의 조각을 용이하게 하고 있다. 특히 당해 명예훼손적 표현이 '공공의 이익'에 해당되는지 여부가 쟁점이 되는데, 범죄에 대한 피해는 국민이 알아야 할 공공성·사회성을 갖춘 공적 관심사안으로서 사회의 여론형성에 기여하는 측면이 강하고 순수한 사적인 영역에 속하는 것이라고 할 수 없기 때문에 '범죄피해 사실 자체'에 대한 표현은 대체적으로 공공의 이익에 해당한다고 보는 강한 경향이 있음에 유의해야 한다. 공공의 이익에 해당하는지 여부가 주로 쟁점이 되는 사안 가운데 적어도 '범죄피해 사실 자체'에 대한 표현은 제외되고 있는 것이다. 즉 적시된 내용이 비록 범죄에 관한 내용이어서 명예의 훼손정도가 심각하다는 점을 감안한다

1) 이에 대하여 보다 자세한 논의로는 "성폭력피해자의 2차 피해 방지를 위한 몇 가지 쟁점에 대한 검토", 법학논총 제35집 제3호, 한양대학교 법학연구소, 2018. 9, 201면 이하 참조.
2) 헌법재판소 2016. 2. 25. 선고 2013헌바105, 2015헌바234(병합) 결정.
3) 대법원 2020. 8. 13. 선고 2019도13404 판결(피고인은 조합원들에게 피해자 공소외 1의 횡령 사실을 알리고 공소외 3의 조합재산 관리자로서의 책임을 묻기 위해 임시총회 개최를 앞두고 조합원들만을 상대로 하여 피해자 공소외 1의 횡령 사실을 알렸다. 피고인이 '해먹었다'와 같은 속된 표현을 사용하였다거나 횡령 사건 판결서에 피해자 공소외 1의 인적사항과 처벌전력이 기재되어 있다는 이유만으로 피고인에게 피해자 공소외 1을 비방할 목적이 있었다고 볼 수는 없다. 결국 피고인의 피해자 공소외 1에 대한 사실 적시에 의한 명예훼손 행위는 진실한 사실로서 오로지 공공의 이익에 관한 때에 해당하므로, 형법 제310조에 따라 그 위법성이 조각된다); 대법원 2007. 12. 14. 선고 2006도2074 판결; 대법원 1993. 6. 22. 선고 92도3160 판결.

고 할지라도 범죄의 철저한 진상조사와 처벌 그리고 범죄의 근절을 위한 대책마련을 촉구하기 위한 목적으로 이루어진 것이라면 공공의 이익을 위하여 한 것으로 보아야 하고, 달리 비방의 목적이 있다고 단정할 수는 없다.[1] 이에 따라 피해자가 가해자로부터의 소송 등 2차 피해에 대한 두려움 없이 피해사실을 공개할 수 있도록 사실적시 명예훼손죄의 경우 수사과정에서 형법 제310조를 통한 위법성조각사유를 적극적으로 적용할 필요가 있다.

Ⅱ. 사자명예훼손죄

> 제308조(사자의 명예훼손) 공연히 허위의 사실을 적시하여 사자의 명예를 훼손한 자는 2년 이하의 징역이나 금고 또는 500만원 이하의 벌금에 처한다.
> 제312조(고소와 피해자의 의사) ① 제308조와 제311조의 죄는 고소가 있어야 공소를 제기할 수 있다.

1. 의의 및 보호법익

(1) 의 의

사자(死者)명예훼손죄는 공연히 허위의 사실을 적시하여 사자의 명예를 훼손함으로써 성립하는 범죄이다. 사자에 대한 진실한 사실의 적시도 명예훼손죄에 해당한다면 역사적 기록과 진실에 대한 공정한 평가도 범죄로 되기 때문에 허위사실의 적시를 요구하고 있다. 그러므로 진실한 사실을 적시하여 사자의 명예를 훼손한 경우에는 불가벌에 해당한다.[2] 허위사실을 적시함으로써 행위불법은 가중되지만, 피해자가 사자라는 점에서 결과불법이 감경되어 제307조 제1항의 명예훼손죄와 동일한 형벌을 부과하고 있다. 본죄는 친고죄로 규정되어 있다. 이에 사자의 명예를 훼손한 범죄에 대하여는 그 친족 또는 자손이 고소할 수 있다(형사소송법 제227조). 한편 간접정범으로 범해질 수 있으므로 자수범이 아니다.

(2) 보호법익

본죄의 보호법익과 관련하여, ① 유족의 명예 또는 일반 대중이 사자에 대하여 가지는 추모감정이며, 사자는 사람이 아니라는 이유로 사자의 명예주체성을 부정하는 견해[3], ② 사람은 사망해도 역사적 존재자로서의 인격적 가치는 남는 것이기 때문에 사자의 명예주체성을 인정하는 견해[4] 등의 대립이 있다.

---

1) 대법원 2005. 4. 29. 선고 2003도2137 판결.
2) 대법원 1972. 9. 6. 선고 72도1798 판결.
3) 김선복, 191면(사자명예훼손죄는 삭제하는 것이 타당하다); 김성돈, 231면(제308조라는 별도의 규정이 존재한다고 하여 이미 사망한 사람에게 명예훼손죄의 경우에만 특별히 법익주체성을 인정하는 것은 부당하고, 권리의 주체나 법익의 향유자로서 사람이라고 할 때에는 살아있는 사람을 의미한다고 보아야 하기 때문이다); 박상기, 541면; 배종대, 211면; 이정원/류석준, 168면; 이형국/김혜경, 251면.
4) 김성천/김형준, 262면; 김신규, 242면; 김일수/서보학, 167면; 김혜정 외 4인, 209면; 손동권/김재윤, 204면; 신동운, 718면; 오영근, 178면; 이영란, 199면; 이재상/장영민/강동범, 201면; 임 웅, 263면; 정성근/정준섭, 127면; 정영

이에 대하여 판례는 「사자명예훼손죄는 사자에 대한 사회적 · 역사적 평가를 보호법익으로 하는 것이므로 그 구성요건으로서의 사실의 적시는 허위의 사실일 것을 요하는 바 피고인이 사망자의 사망사실을 알면서 '위 망인은 사망한 것이 아니고 빚 때문에 도망다니며 죽은 척 하는 나쁜 놈'이라고 함은 공연히 허위의 사실을 적시한 행위로서 사자의 명예를 훼손하였다.」라고 판시[1]하여, 사자의 명예주체성을 인정하고 있다.

생각건대 사자의 명예주체성을 인정하는 견해가 타당하다. 사자의 명예주체성을 부정하는 견해에 의하면, 유족이 없으면 범죄가 성립하지 않는다는 부당함과 일반대중의 추모감정은 유명세에 따라 다르며, 일반대중이 모르는 사람의 경우에는 범죄가 성립하지 않는다는 부당함이 있다. 제307조 제1항의 명예훼손죄의 범위에 사자를 포함하여 해석하는 것은 불가능하지만, 제308조의 특별규정이 있기 때문에 사자도 명예주체성을 인정할 수 있다. 부정설에 의하면, 사자는 피해자가 되지 않는다고 하는데, 시체오욕죄 또는 시체손괴죄의 경우를 보더라도 이는 타당하지 않다.

2. 구성요건

(1) 객 체

본죄의 객체는 사자이다.[2] 다만 자연인인 사자에 국한되므로 해산된 법인이나 소멸된 법인격 없는 단체의 명예가 훼손되어도 본죄에 해당하지 아니한다.

(2) 사실의 착오

본죄는 명예훼손시 명예의 주체가 이미 사망한 경우에 성립할 수 있다. 이와 관련하여, ① 사자로 오인하고 허위사실을 적시하였으나 상대방이 살아 있는 경우에는 제15조 제1항이 적용되어 본죄가 성립한다. ② 살아있는 자로 오인하고 허위사실을 적시하였으나 상대방이 사자인 경우에는 '큰 고의에는 작은 고의가 포함되어 있다'라는 논리로 경한 고의를 인정하여 본죄가 성립한다. ③ 사자로 오인하고 진실한 사실을 적시하였으나 상대방이 살아 있는 경우에는 무죄에 해당한다. ④ 살아있는 자로 오인하고 진실한 사실을 적시하였으나 상대방이 사자인 경우에

일, 92면.

1) 대법원 1983. 10. 25. 선고 83도1520 판결(죽은척하는나쁜놈사건).

2) 대법원 2010. 4. 29. 선고 2007도8411 판결(서울1945사건)(역사적 인물을 모델로 한 드라마가 그 소재가 된 역사적 인물의 명예를 훼손할 수 있는 허위사실을 적시하였는지 여부를 판단할 때에는 적시된 사실의 내용, 진실이라고 믿게 된 근거나 자료의 신빙성, 예술적 표현의 자유로 얻어지는 가치와 인격권의 보호에 의해 달성되는 가치의 이익형량은 물론 역사드라마의 특성에 따르는 여러 사정과 드라마의 주된 제작목적, 드라마에 등장하는 역사적 인물과 사건이 이야기의 중심인지 배경인지 여부, 실존인물에 의한 역사적 사실과 가상인물에 의한 허구적 이야기가 드라마 내에서 차지하는 비중, 드라마상에서 실존인물과 가상인물이 결합된 구조와 방식, 묘사된 사실이 이야기 전개상 상당한 정도 허구로 승화되어 시청자의 입장에서 그것이 실제로 일어난 역사적 사실로 오해되지 않을 정도에 이른 것으로 볼 수 있는지 여부 등을 종합적으로 고려하여야만 한다. 역사드라마 '서울 1945'의 특정 장면이 공연히 허위사실을 적시하여 망인인 이승만 등의 명예를 훼손하였다는 공소사실에 대하여, 구체적인 허위사실의 적시가 있었다고 보기 어렵다).

는 객체의 불능으로 제27조가 적용되어 위험성 유무에 따라 불능미수의 가벌성이 문제되지만,
명예훼손죄는 미수범 처벌규정이 없으므로 무죄에 해당한다.

Ⅲ. 출판물 등에 의한 명예훼손죄

> 제309조(출판물 등에 의한 명예훼손) ① 사람을 비방할 목적으로 신문, 잡지 또는 라디오 기타 출판물에
> 의하여 제307조 제1항의 죄를 범한 자는 3년 이하의 징역이나 금고 또는 700만원 이하의 벌금에 처한다.
> ② 제1항의 방법으로 제307조 제2항의 죄를 범한 자는 7년 이하의 징역, 10년 이하의 자격정지 또는 1천500
> 만원 이하의 벌금에 처한다.
> 제312조(고소와 피해자의 의사) ② 제307조와 제309조의 죄는 피해자의 명시한 의사에 반하여 공소를 제기
> 할 수 없다.

1. 의 의

출판물 등에 의한 명예훼손죄는 사람을 비방할 목적으로 신문·잡지·라디오 기타 출판물에
의하여 제307조의 죄를 범함으로써 성립하는 범죄이다. 본죄는 제307조의 명예훼손죄에 대하여
행위방법의 특수성과 비방의 목적으로 인하여 불법이 가중된 구성요건이다. 별도로 공연성을
요구하고 있지 않으며, 비방의 목적이 필요한 부진정 목적범이다.

2. 구성요건

(1) 객 체

본죄의 객체는 사람의 명예이다. 사자의 명예는 본죄의 객체에 포함되지 아니한다. 그러므
로 사자의 명예를 출판물에 의하여 훼손한 경우에는 본죄가 아니라 사자명예훼손죄가 성립할
뿐이다.

(2) 행 위

본죄의 실행행위는 신문·잡지·라디오 기타 출판물에 의하여 사실 또는 허위의 사실을 적
시하여 사람의 명예를 훼손하는 것이다. 본죄를 제307조의 명예훼손죄보다 중하게 처벌하는 이
유는 사실적시의 방법으로서의 출판물 등의 이용이 그 성질상 다수인이 견문할 수 있는 높은
전파성과 신뢰성 및 장기간의 보존가능성 등 피해자에 대한 법익침해의 정도가 더욱 크다는 데
있다. 그러므로 본조 소정의 '기타 출판물'에 해당하기 위해서는 그것이 등록·출판된 제본인쇄
물이나 제작물은 아니라고 할지라도 적어도 그와 같은 정도의 효용과 기능을 가지고 사실상 출
판물로 유통·통용될 수 있는 외관을 가진 인쇄물로 볼 수 있어야 한다. 왜냐하면 '기타 출판물'
의 요건은 공연성에 상응해야 하기 때문이다. 따라서 적어도 인쇄한 물건의 정도에 이를 것을
요하고, 단순히 복사 또는 프린트하거나 손으로 쓴 것은 이에 해당하지 아니한다.

판례에 의하면, ① 컴퓨터 워드프로세서로 작성되고 프린트된 A4용지 7쪽 분량의 인쇄물로서 보통편지봉투에 넣어 우송될 수 있을 정도에 불과한 것[1], ② 가로 25cm 세로 35cm 정도 되는 일정한 제호가 표시되었다고 볼 수 없는 낱장의 종이에 단지 단편적으로 피고인의 주장을 광고하는 문안이 인쇄되어 있는 것에 불과한 것[2], ③ 장수가 2장에 불과하며 제본방법도 조잡한 것으로 보이는 최고서 사본[3], ④ 가로 약 25cm, 세로 약 30cm되는 모조지 위에 싸인펜으로 특정인의 인적사항, 인상, 말씨 등을 기재하고 위 사람은 정신분열증 환자로서 무단가출하였으니 연락해 달라는 취지의 내용을 기재한 광고문[4] 등에 있어서는 기타 출판물에 해당하지 아니한다.

하지만 감사원의 감사주사가 기자회견장에서 제시한 일일감사상황보고서[5]는 기타 출판물에 해당한다.

신문이나 월간지 등 언론매체의 어떠한 표현행위가 특정인의 명예를 훼손하는 내용인지 여부는 당해 기사의 객관적인 내용과 아울러 일반의 독자가 보통의 주의로 기사를 접하는 방법을 전제로 기사에 사용된 어휘의 통상적인 의미, 기사의 전체적인 흐름, 문구의 연결 방법 등을 기준으로 판단하여야 하고, 여기에다가 당해 기사가 게재된 보다 넓은 문맥이나 배경이 되는 사회적 흐름 등도 함께 고려하여야 할 것이다.[6]

한편 오늘날 영상매체 및 인터넷의 광범위한 영향력을 고려할 때 본죄의 출판물을 예시규정으로 보아 TV · 영화 · 인터넷 등을 포함시키는 것이 오히려 목적론적 해석에 부합된다는 견해[7]가 있다. 이에 의하면 제309조는 매체 자체의 높은 전파성을 이유로 가중처벌을 하고 있으며, 제309조는 출판물에 해당하지 않는 라디오를 포함하고 있어 기타 출판물의 의미도 라디오라는 방송매체와 조화될 수 있는 범위설정이 필요하다는 것이다.

생각건대 TV · 영화 · 인터넷 등이 전파가능성이 더욱 커서 이들 매체를 통하여 명예를 훼손하는 행위를 제309조로 처벌하는 것이 본조의 입법취지에 아무리 합치한다고 하더라도 피고인에게 불리한 유추적용이기 때문에 허용해서는 안 된다.[8]

(3) 주관적 구성요건

본죄가 성립하기 위해서는 고의 이외에 '비방의 목적'이라는 초과주관적 구성요건요소가 요구된다. 따라서 비방의 목적이 없는 명예훼손행위는 제307조에 의해 처벌된다.[9] 여기서 '비방할 목적'이란 사람의 사회적 평가를 해하는 가해의 의사 내지 목적을 요하는 것으로서 공공

1) 대법원 2000. 2. 11. 선고 99도3048 판결.
2) 대법원 1998. 10. 9. 선고 97도158 판결.
3) 대법원 1997. 8. 26. 선고 97도133 판결.
4) 대법원 1986. 3. 25. 선고 85도1143 판결.
5) 대법원 2002. 8. 23. 선고 2000도329 판결.
6) 대법원 2007. 6. 15. 선고 2004도4573 판결; 대법원 2000. 2. 25. 선고 98도2188 판결.
7) 김선복, 203면; 김성천/김형준, 264면; 김일수/서보학, 169면; 박상기, 543면; 이정원/류석준, 167면; 이형국/김혜경, 253면.
8) 同旨 오영근, 180면; 이상돈, 910면; 임 웅, 266면; 정성근/정준섭, 136면.
9) 대법원 1960. 3. 23. 선고 4292형상298 판결.

의 이익을 위한 것과는 행위자의 주관적 의도의 방향에 있어 서로 상반되는 관계에 있다.[1] 행위자의 주요한 동기 내지 목적이 공공의 이익을 위한 것이라면 부수적으로 다른 사익적 목적이나 동기가 내포되어 있더라도 비방할 목적이 있다고 보기는 어렵다.[2] 반드시 공공의 이익이 사적 이익보다 우월한 동기에서 된 것이 아니더라도 양자가 동시에 존재하고 거기에 상당성이 인정되어야 한다.[3] 객관적으로 피해자의 사회적 평가를 저하시키는 사실에 관한 보도내용이 소문이나 제3자의 말, 보도를 인용하는 방법으로 단정적인 표현이 아닌 전문 또는 추측한 것을 기사화한 형태로 표현되었지만, 그 표현 전체의 취지로 보아 그 사실이 존재할 수 있다는 것을 암시하는 이상 '사실의 적시'가 있는 것이고, 이러한 경우 특별한 사정이 없는 한 보도내용에 적시된 사실의 주된 부분은 암시된 사실 자체라고 보아야 하므로, 암시된 사실 자체가 허위라면 그에 관한 소문 등이 있다는 사실 자체는 진실이라고 하더라도 허위의 사실을 적시한 것으로 보아야 할 것이다.[4]

3. 위법성조각사유

제310조의 공공의 이익에 관한 때에는 처벌하지 아니한다는 규정은 사람을 비방할 목적이 있어야 하는 제309조 제1항 소정의 행위에 대하여는 적용되지 아니하고 그 목적을 필요로 하지 않는 제307조 제1항의 행위에 한하여 적용되는 것이고, 반면에 적시한 사실이 공공의 이익에 관한 것인 경우에는 특별한 사정이 없는 한 비방할 목적은 부인된다. 이와 같은 경우에는 제307조 제1항 소정의 명예훼손죄의 성립 여부가 문제될 수 있고, 이에 대하여는 다시 제310조에 의한 위법성 조각 여부가 문제로 될 수 있다.[5]

---

1) 대법원 2010. 2. 25. 선고 98도2188 판결.

2) 대법원 2012. 11. 29. 선고 2012도10392 판결(산후조리원비방사건)(피고인이 인터넷 카페 게시판 등에 올린 글은 피고인이 이 사건 산후조리원을 실제 이용한 소비자로서 겪은 일과 이에 대한 주관적 평가를 담은 이용 후기인 점, 이 사건 글에 '피해자의 막장 대응' 등과 같이 다소 과장된 표현이 사용되기도 했지만, 이는 출산으로 몸과 마음 모두 급격하고 예민한 변화를 겪는 피고인이 제기한 불만에 대응하는 피해자 태도의 문제점을 지적하는 것이고, 인터넷 게시글에 적시된 주요 내용은 객관적 사실에 부합하는 점 등의 제반 사정을 비추어 보면, 피고인이 적시한 사실은 산후조리원에 대한 정보를 구하고자 하는 임산부의 의사결정에 도움이 되는 정보 및 의견 제공이라는 공공의 이익에 관한 것이라고 봄이 타당하고, 이처럼 피고인의 주요한 동기나 목적이 공공의 이익을 위한 것이라면 부수적으로 산후조리원 이용대금 환불과 같은 다른 사익적 목적이나 동기가 내포되어 있더라도 그러한 사정만으로 피고인에게 비방할 목적이 있다고 보기는 어렵다); 대법원 2009. 5. 28. 선고 2008도8812 판결(성형외과비방사건)(피해자 공소외인이 운영하는 '○○'성형외과에서 턱부위 고주파시술을 받았다가 그 결과에 불만을 품은 피고인이 인터넷 포털사이트 네이버의 지식검색 질문·답변 게시판에 "아.. 공소외인씨가 가슴전문이라.. 눈이랑 턱은 그렇게 망쳐놨구나... 몰랐네..."라는 글을, "내 눈은 지방제거를 잘못 했다고... 모양도 이상하다고 다른 병원에서 그러던데... 인생 망쳤음... ㅠ.ㅠ"라고 적시한 사안의 경우, 위 각 표현물은 전체적으로 보아 피해자로부터 성형시술을 받을 것을 고려하고 있는 다수의 인터넷 사용자들의 의사결정에 도움이 되는 정보 및 의견의 제공이라는 공공의 이익에 관한 것이라고 볼 수 있고, 이와 같이 피고인의 주요한 동기 내지 목적이 공공의 이익을 위한 것이라면 부수적으로 다른 목적이나 동기가 내포되어 있더라도 그러한 사정만으로 피고인에게 비방할 목적이 있었다고 보기는 어렵다).

3) 대법원 2009. 6. 25. 선고 2009도1936 판결.

4) 대법원 2002. 4. 10.자 2001모193 결정.

한편 독자·시청자·청취자 등은 언론매체의 보도내용을 진실로 신뢰하는 경향이 있고, 언론매체는 이러한 신뢰를 기반으로 사회에 대한 비판·감시기능을 수행하는 것이라는 점 등을 고려하면, 언론매체가 피해자의 명예를 현저하게 훼손할 수 있는 보도내용의 주된 부분이 허위임을 충분히 인식하면서도 이를 보도하였다면 특별한 사정이 없는 한 거기에는 사람을 비방할 목적이 있다고 볼 것이고, 이 경우에는 위법성이 조각될 여지가 없다.[1]

4. 공 범

본죄는 간접정범에 의하여 범하여질 수도 있으므로 타인을 비방할 목적으로 허위의 기사재료를 그 정을 모르는 기자에게 제공하여 신문 등에 보도되게 한 경우에도 성립할 수 있다.[2] 타인을 비방할 목적으로 허위사실인 기사의 재료를 신문기자에게 제공한 경우에 이 기사를 신문지상에 게재하느냐의 여부는 오로지 당해 신문의 편집인의 권한에 속한다고 할 것이나, 이를 편집인이 신문지상에 게재한 이상 이 기사의 게재는 기사재료를 제공한 자의 행위에 기인한 것이므로, 이 기사재료를 제공한 자는 본죄의 죄책을 면할 수 없는 것이다.[3]

하지만 제보자가 기사의 취재·작성과 직접적인 연관이 없는 자에게 허위의 사실을 알렸을 뿐인 경우에는, 제보자가 피제보자에게 그 알리는 사실이 기사화 되도록 특별히 부탁하였다거나 피제보자가 이를 기사화 할 것이 고도로 예상되는 등의 특별한 사정이 없는 한, 피제보자가 언론에 공개하거나 기자들에게 취재됨으로써 그 사실이 신문에 게재되어 일반 공중에게 배포되더라도 제보자에게 출판·배포된 기사에 관하여 본죄의 책임을 물을 수는 없다.[4]

5. 죄수 및 다른 범죄와의 관계

출판물 등에 허위의 사실을 적시하여 타인의 업무를 방해한 경우에는 출판물에 의한 허위사실적시 명예훼손죄와 업무방해죄의 상상적 경합이 된다.[5]

---

5) 대법원 1999. 4. 23. 선고 99도636 판결; 대법원 1995. 6. 30. 선고 95도1010 판결; 대법원 1986. 10. 14. 선고 86도1603 판결.

1) 대법원 2008. 11. 27. 선고 2007도5312 판결.

2) 김일수/서보학, 170면; 김혜정 외 4인, 212면; 박상기, 544면; 손동권/김재윤, 207면; 오영근, 181면; 임 웅, 267면; 정성근/정준섭, 136면; 정영일, 95면. 이에 반대하는 견해로는 이상돈, 908면.

3) 대법원 2002. 3. 29. 선고 2001도2624 판결; 대법원 1994. 4. 12. 선고 93도3535 판결; 대법원 1961. 11. 2. 선고 4291형상323 판결; 대법원 1960. 6. 8. 선고 4292형상715 판결.

4) 대법원 2002. 6. 28. 선고 2000도3045 판결.

5) 대법원 1993. 4. 13. 선고 92도3035 판결.

Ⅳ. 모욕죄

> 제311조(모욕) 공연히 사람을 모욕한 자는 1년 이하의 징역이나 금고 또는 200만원 이하의 벌금에 처한다.
> 제312조(고소와 피해자의 의사) ① 제308조와 제311조의 죄는 고소가 있어야 공소를 제기할 수 있다.

1. 의의 및 보호법익

　　모욕죄는 공연히 사람을 모욕함으로써 성립하는 범죄이다. 사람의 인격을 경멸하는 표현이 공연히 이루어진다면 그 사람의 사회적 가치 및 사회구성원으로서 생활하고 발전해 나갈 가능성도 침해될 수 있으므로 이를 금지시킬 필요성이 있다. 본죄는 피해자의 고소가 있어야 형사처벌이 가능한 점, 그 법정형의 상한이 비교적 낮은 점, 법원은 개별 사안에서 제20조의 정당행위 규정을 적정하게 적용하고 있는 점 등을 고려할 때, 상충되는 개인의 명예보호와 표현의 자유 사이에 법익균형을 상실하고 있다고 보기 어렵다.[1] 본죄는 피해자의 외부적 명예[2]를 저하시킬 만한 추상적 판단이나 경멸적 감정을 공연히 표시함으로써 성립하므로, 피해자의 '외부적 명예'가 현실적으로 침해되거나 구체적·현실적으로 침해될 위험이 발생하여야 하는 것도 아니다(추상적 위험범).[3]

2. 구성요건

(1) 객 체

　　본죄의 객체는 특정한 사람 또는 인격을 보유하는 단체이다. 사자에 대한 모욕은 이를 처벌하는 구성요건이 존재하지 않으므로 불가벌에 해당한다. 외국원수 또는 외국사절에 대한 모욕은 공연성을 요구하지 않으며, 제107조 제2항 또는 제108조 제2항에 의하여 가중처벌된다.

　　본죄가 성립하기 위해서는 피해자가 특정되어야 한다. 그리고 이른바 집단표시에 의한 모욕은, 모욕의 내용이 집단에 속한 특정인에 대한 것이라고는 해석되기 힘들고, 집단표시에 의한 비난이 개별구성원에 이르러서는 비난의 정도가 희석되어 구성원 개개인의 사회적 평가에 영향을 미칠 정도에 이르지 아니한 경우에는 구성원 개개인에 대한 모욕이 성립되지 아니한다. 하지만 비난의 정도가 희석되지 않아 구성원 개개인의 사회적 평가를 저하시킬 만한 것으로 평가될 경우에는 예외적으로 구성원 개개인에 대한 모욕이 성립할 수 있다.[4] 한편 구성원 개개인

---

1) 헌법재판소 2016. 3. 31. 2015헌바206 결정; 헌법재판소 2013. 6. 27. 선고 2012헌바37 결정; 헌법재판소 2011. 6. 30. 선고 2009헌바199 결정.

2) 반면에 본죄의 보호법익을 명예감정으로 파악하는 견해로는 이영란, 198면.

3) 대법원 2016. 10. 13. 선고 2016도9674 판결. 반면에 본죄를 구체적 위험범으로 파악하는 견해로는 배종대, 216면.

4) 대법원 2014. 3. 27. 선고 2011도15631 판결(여성아나운서사건)(이 부분 공소사실은 여성 아나운서 집단에 속한 개개의 여성 아나운서가 피해자임을 전제로 하고 있으므로 무엇보다도 그 비난의 정도가 여성 아나운서 개개인의 사회적 평가를 저하시킬 정도여야 할 것인데, 기록에 의하여 알 수 있는 다음과 같은 사정, 즉 ① 피고인을 수사기관에 고소한 여성 아나운서는 154명이고, △△△△△△연합회에 등록된 여성 아나운서의 수는 295명에 이

에 대한 것으로 여겨질 정도로 구성원 수가 적거나 당시의 주위 정황 등으로 보아 집단 내 개별구성원을 지칭하는 것으로 여겨질 수 있는 때에는 집단 내 개별구성원이 피해자로서 특정된다고 보아야 할 것인데, 구체적인 기준으로는 집단의 크기 · 성격 · 집단 내에서의 피해자의 지위 등을 들 수 있다.[1]

(2) 행 위

본죄의 실행행위는 공연히 모욕하는 것이다. '모욕'이란 구체적 사실을 적시하지 아니하고 사람의 인격적 가치에 대한 사회적 평가를 저하시킬 만한 추상적 판단이나 경멸의 감정을 표시하는 것을 말한다.[2] 이와 같이 본죄는 사람의 외부적 명예를 저하시킬 만한 추상적 판단을 공연히 표시하는 것으로 족하므로, 표시 당시에 제3자가 이를 인식할 수 있는 상태에 있으면 되고 반드시 제3자가 인식함을 요하지 아니한다.[3] 또한 피해자가 그 장소에 있을 것을 요하지도 않고 피해자가 이를 인식하였음을 요하지도 않으므로, 행위자가 피해자를 대면할 경우에만 본죄가 성립하는 것은 아니다.[4]

모욕은 언어 · 문자 · 그림 · 거동 등 모든 방법이 동원될 수 있어 제한이 없다. 예를 들면 욕설을 하는 것, 분노를 퍼붓는 것, 침을 뱉는 것, 가운데 손가락을 빼드는 것, 머리가 돌았다는 표시를 하는 것, 여러 사람 앞에서 장애인의 모습을 우스꽝스럽게 흉내내는 것, 상관(김○철)의

르며, 피고인의 발언 대상인 '여성 아나운서'라는 집단은 직업과 성별로만 분류된 집단의 명칭으로서 그 중에는 이 사건 고소인들이 속한 공중파 방송 아나운서들로 구성된 △△△△△△연합회에 등록된 사람뿐만 아니라 유선방송에 소속되어 있거나 그 밖의 다양한 형태로 활동하는 여성 아나운서들이 존재하므로 '여성 아나운서'라는 집단 자체의 경계가 불분명하고 그 조직화 및 결속력의 정도 또한 견고하다고 볼 수 없는 점, ② 피고인의 발언 대상이 그 중 피고인을 고소한 여성 아나운서들이 속한 △△△△△△연합회만을 구체적으로 지칭한다고 보기도 어려운 점, ③ 피해자들을 비롯한 여성 아나운서들은 방송을 통해 대중에게 널리 알려진 사람들이어서 그 생활 범위 내에 있는 사람들이 문제된 발언과 피해자들을 연결시킬 가능성이 있다는 이유만으로 곧바로 그 집단 구성원 개개인에 대한 모욕이 된다고 평가하게 되면 모욕죄의 성립 범위를 지나치게 확대시킬 우려가 있는 점 등을 종합해 보면, 피고인의 이 사건 발언은 여성 아나운서 일반을 대상으로 한 것으로서 그 개별구성원인 피해자들에 이르러서는 비난의 정도가 희석되어 피해자 개개인의 사회적 평가에 영향을 미칠 정도에까지는 이르지 아니하므로 형법상 모욕죄에 해당한다고 보기는 어렵다).

1) 대법원 2013. 1. 10. 선고 2012도13189 판결(기록에 의하면, '○○○○'는 불법 과격 폭력시위에 반대하는 사람들이 인터넷 포털사이트 네이버에 개설한 카페로서 누구나 카페에서 제시하는 간단한 질문에 답변하는 절차를 거쳐 비교적 손쉽게 회원으로 가입할 수 있는데 이 사건 당시 회원수가 3만 6천여 명에 달하였던 사실, 회원들은 주로 카페 게시판을 통하여 자유로이 의견을 나누는 방식으로 활동하며 그 과정에서 아이디나 닉네임만을 사용할 뿐 개인의 인적사항이 드러나지 아니하는 사실, 피해자는 이 사건 당시 '○○○○'의 평회원이었다가 그 후 운영자가 되었는데 이 사건 각 글에 피해자를 비롯한 '○○○○'의 특정 회원을 지칭하는 것으로 볼 수 있는 표현은 포함되어 있지 아니한 사실을 알 수 있다. 사정이 이러하다면, 피고인들이 게재한 '개독알밥○○꼴통놈들, 전문시위꾼○○똘마니들, 존만이들' 등의 글은 '○○○○'라는 인터넷 카페의 회원 일반을 대상으로 한 것으로서 그 개별구성원에 불과한 피해자에 이르러서는 비난의 정도가 희석되어 피해자 개인의 사회적 평가에 영향을 미칠 정도에 이르지 않았다고 볼 여지가 충분하고, 한편 피고인들에게 '○○○○'의 회원 중 1인에 불과한 피해자를 모욕한다는 고의가 있었다고 보기도 어렵다).

2) 대법원 2008. 12. 11. 선고 2008도8917 판결.

3) 고등군사법원 2020. 10. 15. 선고 2020노130 판결(댓글이 게시되어 제3자가 이를 인식할 수 있는 상태에 이른 이상 이후 위 글이 삭제되었다는 사정은 범죄의 성립에 아무런 영향이 없다).

4) 대법원 2004. 6. 25. 선고 2003도4934 판결.

여자(신○아)를 보호하라는 명령을 받은 부하(이○헌)가 그 여자와 사랑에 빠지는 것(영화 '달콤한 인생'의 한 장면 중) 등이 이에 해당한다. 하지만 타인의 성형수술 전 사진을 공개하거나 과거 뚱뚱하였던 사진을 공개하는 등의 방법으로는 모욕에 해당할 수 없을 것이다. 왜냐하면 단순한 외모에 대한 평가만으로는 경멸적 표현이라고 하기에는 부족하기 때문이다. 한편 모욕은 부작위에 의해서도 가능한데, 이등병이 장군에게 거수경례를 하지 않은 채 빤히 그 얼굴만 쳐다보는 경우가 이에 해당한다.

　　판례에 의하면, ① '늙은 화냥년의 간나! 너가 화냥질을 했잖아'[1], ② '야 이 개같은 잡년아! 시집을 열 두번을 간 년아! 자식도 못 낳는 창녀같은 년'[2], ③ '빨갱이 계집년, 만신(무당), 첩년'[3], ④ '애꾸눈, 병신'[4], ⑤ '아무것도 아닌 똥꼬다리 같은 놈'[5], ⑥ '젊은 놈의 새끼야, 순경새끼, 개새끼야, 씨발 개새끼야, 좆도 아닌 젊은 새끼는 꺼져 새끼야'[6], ⑦ '저 망할년 저기 오네'[7], ⑧ 특정인을 북한의 김정일에 비유하는 표현[8], ⑨ 함께 원격 대학 교육을 받는 20여 명이 참여하고 있는 카카오톡 단체 채팅방에서 스터디모임의 회장에 대하여 '무식이 하늘을 찌르네, 눈 장식품이냐? 이렇게 무식한 사람은 난생 처음, 국보감인 듯'이라는 글을 올린 경우[9], ⑩ '듣보잡', '함량미달', '비온드보르잡', '계집' 등의 표현을 인터넷게시판에 올린 경우[10] 등은 피해자의 사회적 평가를 저하시킬만한 구체적 사실이라기보다도 피해자의 도덕성에 관하여 가지고 있는 추상적 판단이나 경멸적인 감정표현을 과장되게 강조한 욕설에 지나지 아니하여 모욕에 해당한다.

　　하지만 '부모가 그런 식이니 자식도 그런 것이다.'라는 말[11] 등과 같은 표현으로 인하여 상대방의 기분이 다소 상할 수 있다고 하더라도 그 내용이 너무나 막연하여 그것만으로 본죄를 구성한다고 보기는 어렵다. 또한 언어는 인간의 가장 기본적인 표현수단이고 사람마다 언어습관이 다를 수 있으므로 어떠한 표현이 상대방의 인격적 가치에 대한 사회적 평가를 저하시킬만한 것이 아니라면 설령 그 표현이 다소 무례하고 저속하다는 이유로 모두 본죄로 처벌할 수는 없다.[12]

---

1) 대법원 1987. 5. 12. 선고 87도739 판결.
2) 대법원 1985. 10. 22. 선고 85도1629 판결.
3) 대법원 1981. 11. 24. 선고 81도2280 판결.
4) 대법원 1994. 10. 25. 선고 94도1770 판결.
5) 대법원 1989. 3. 14. 선고 88도1397 판결.
6) 대법원 2016. 10. 13. 선고 2016도9674 판결.
7) 대법원 1990. 9. 25. 선고 90도873 판결.
8) 서울지방법원 2001. 8. 8. 선고 2001노4296 판결.
9) 대법원 2016. 9. 5. 선고 2016도8555 판결.
10) 대법원 2011. 12. 22. 선고 2010도10130 판결.
11) 대법원 2007. 2. 22. 선고 2006도8915 판결.
12) 대법원 2018. 11. 29. 선고 2017도2661 판결(피고인은 사용자 측의 게시물 철거행위가 금속노조의 조합 활동을 방해하고 노동운동에 대해 간섭하는 것으로 여겨 화가 나 노사 관계자 140여 명이 있는 가운데 큰 소리로 피고인보다 15세 연장자인 피해자를 향해 "야 ○○아, ○○아, ○○이 여기 있네, 너 이름이 ○○이 아냐, 반말? 니 이름이

3. 위법성조각사유

본죄에 대하여는 제310조가 적용되지 아니하며[1], 판례[2]도 마찬가지이다.

생각건대 제310조의 적용은 제307조 제1항의 죄를 범한 때로 제한되어 있기 때문에 모욕죄에는 그 적용이 불가능하다. 하지만 공정한 논평·정치풍자·판례평석 등을 위해 불가피하게 사용된 모욕적 언사가 사회상규에 위배되지 않는 행위로서 위법성이 조각될 수 있는 경우는 충분히 상정될 수 있다. 즉 어떤 글이 특히 모욕적인 표현을 포함하는 판단 또는 의견의 표현을 담고 있는 경우에도 그 시대의 건전한 사회통념에 비추어 그 표현이 사회상규에 위배되지 않는 행위로 볼 수 있는 때에는 제20조에 의하여 예외적으로 위법성이 조각된다.[3]

4. 죄수 및 다른 범죄와의 관계

(1) 죄 수

하나의 행위로 다수인을 모욕한 경우에는 상상적 경합이 된다. 하나의 행위로 동일인에 대하여 모욕과 명예훼손을 함께 한 경우에는 모욕죄가 명예훼손죄에 흡수된다.

○○이잖아, ○○아 좋지 ○○아 나오니까 좋지?"라고 여러 차례 말하였다. 피고인의 위 발언은 상대방을 불쾌하게 할 수 있는 무례하고 예의에 벗어난 표현이기는 하지만 객관적으로 공소외인의 인격적 가치에 대한 사회적 평가를 저하시킬 만한 모욕적 언사에 해당한다고 보기는 어렵다); 대법원 2015. 12. 24. 선고 2015도6622 판결(아이씨발사건)(피고인은 2014. 6. 10. 02:20경 자신이 타고 온 택시의 택시 기사와 요금 문제로 시비가 벌어져 같은 날 02:38경 112 신고를 한 사실, 신고를 받고 출동한 서울동작경찰서 소속 경찰관인 피해자 공소외인이 같은 날 02:55경 위 장소에 도착한 사실, 피고인은 피해자에게 112 신고 당시 피고인의 위치를 구체적으로 알려 주었는데도 피해자가 장소를 빨리 찾지 못하고 늦게 도착한 데에 항의한 사실, 이에 피해자가 피고인에게 도착이 지연된 경위에 대하여 설명을 하려고 하는데, 피고인이 위 택시기사가 지켜보는 가운데 피해자에게 '아이 씨발!'이라고 말한 사실을 알수 있다. 피고인의 위 '아이 씨발!'이라는 발언은 구체적으로 상대방을 지칭하지 않은 채 단순히 발언자 자신의 불만이나 분노한 감정을 표출하기 위하여 흔히 쓰는 말로서 상대방을 불쾌하게 할 수 있는 무례하고 저속한 표현이기는 하지만 직접적으로 피해자를 특정하여 그의 인격적 가치에 대한 사회적 평가를 저하시킬 만한 경멸적 감정을 표현한 모욕적 언사에 해당한다고 단정하기는 어렵다); 대법원 2015. 9. 10. 선고 2015도2229 판결(이따위로일할래사건)(입주자대표회의 감사인 피고인은 아파트 관리소장인 공소외인의 외부특별감사에 관한 업무처리에 항의하기 위해 아파트 관리소장실을 방문한 사실, 그 자리에서 피고인과 공소외인은 업무처리 방식을 두고 언쟁을 하게 되었는데, 그 과정에서 피고인이 공소외인에게 '야, 이따위로 일할래.'라고 말하자 공소외인이 '나이가 몇 살인데 반말을 하느냐'고 말하였고, 이에 피고인이 '나이 처먹은 게 무슨 자랑이냐.'라고 말한 사실, 당시 관리소장실 안에는 피고인과 공소외인만 있었으나 관리소장실의 문이 열려 있었고, 관리소장실 밖의 관리사무소에는 직원 4~5명이 업무를 하고 있었던 사실을 알 수 있다. 피고인의 위 발언은 상대방을 불쾌하게 할 수 있는 무례하고 저속한 표현이기는 하지만 객관적으로 공소외인의 인격적 가치에 대한 사회적 평가를 저하시킬 만한 모욕적 언사에 해당한다고 보기는 어렵다); 대법원 1987. 5. 12. 선고 87도739 판결.

1) 김선복, 206면; 김성돈, 253면; 김일수/서보학, 173면; 배종대, 217면; 손동권/김재윤, 211면; 신동운, 724면; 오영근, 184면; 이영란, 217면; 이형국/김혜경, 257면; 임 웅, 270면; 정성근/정준섭, 139면; 정영일, 100면.

2) 대법원 1959. 12. 23. 선고 4291형상539 판결.

3) 대법원 2008. 7. 10. 선고 2008도1433 판결; 대법원 2003. 11. 28. 선고 2003도3972 판결; 대법원 1966. 7. 26. 선고 66도469 판결(채권자가 채권추심을 함에 있어서 모욕적 언사를 쓴 경우에 그러한 정도의 언사는 부정행위자에게 뉘우침을 갖게 하고 급박한 권리침해를 방어하는데 보통 사용되는 언사에 불과하므로 모욕죄가 성립하지 않는다).

(2) 다른 범죄와의 관계

1) 폭행죄와의 관계

모욕의 수단이 폭행죄에도 해당되면 본죄와 폭행죄의 상상적 경합이 된다. 예를 들면 침을 뱉거나 뺨을 때리는 경우가 이에 해당한다.

2) 상관모욕죄와의 관계

군형법상 상관모욕죄는 상관에 대한 사회적 평가, 즉 외부적 명예 이외에 군 조직의 질서 및 통수체계 유지 역시 보호법익으로 하는 점에 비추어 보면, 상관에는 명령복종 관계가 없는 경우의 상위 계급자와 상위 서열자도 포함되고, 상관이 반드시 직무수행 중일 것을 요하지 아니한다. 또한 상관모욕죄의 '상관'에 대통령도 포함된다.[1] 한편 군형법 제64조 제1항은 '상관을 그 면전에서 모욕한 사람'을 처벌한다고 규정하고 있을 뿐 동법 제64조 제2항과 달리 공연한 방법으로 모욕할 것을 요구하지 아니하므로, 상관을 그 면전에서 모욕한 경우에는 공연성을 갖추지 아니하더라도 군형법 제64조 제1항의 상관모욕죄가 성립한다.[2]

제 2 절   신용·업무·경매에 관한 죄

Ⅰ. 신용훼손죄

> 제313조(신용훼손) 허위의 사실을 유포하거나 기타 위계로써 사람의 신용을 훼손한 자는 5년 이하의 징역 또는 1천500만원 이하의 벌금에 처한다.

1. 의의 및 보호법익

(1) 의 의

신용훼손죄는 허위의 사실을 유포하거나 기타 위계로써 사람의 신용을 훼손함으로써 성립하는 범죄이다. 명예훼손죄가 사람의 인격적 가치에 대한 사회적 평가를 보호한다면, 본죄는 사람의 경제적 가치에 대한 사회적 평가를 보호한다고 할 수 있다. 본죄의 법적 성격은 거동범이며, 미수범 처벌규정은 없다.

(2) 보호법익

본죄의 보호법익은 신용이다. '신용'이란 사람의 경제적 생활영역에서의 사회적 평가, 즉 사람의 지불능력 또는 지불의사에 대한 사회적 신뢰를 말한다.[3] 지불능력이 낮으면 신용도 낮

---

1) 대법원 2013. 12. 12. 선고 2013도4555 판결.
2) 대법원 2015. 9. 24. 선고 2015도11286 판결.
3) 대법원 2011. 5. 13. 선고 2009도5549 판결(퀵서비스 운영자인 피고인이 배달업무를 하면서, 손님의 불만이 예상

아지지만 지불능력이 있어도 지불의사가 없으면 지급이 실현될 수 없으므로 지불능력과 지불의사는 양자택일의 관계가 아니라 모두 신용의 내용을 구성하는 요소이다.[1] 법인 중에서 사단법인이 아닌 재단법인도 본죄의 보호대상인가에 대한 의문이 있을 수 있으나, 경제적 활동을 한다는 실질적인 측면을 고려한다면 포함시키는 것이 타당하다. 보호의 정도는 추상적 위험범이다. 신용의 특성상 침해될 것까지 요구한다면 신용침해라는 결과발생 여부를 확정하는 것이 매우 곤란하여 미수범 처벌규정이 없는 본죄의 대부분을 처벌할 수 없는 공백이 생기므로 추상적 위험범으로 보는 것이 타당하다.[2] 하지만 법문상 '훼손한 자'라고 되어 있어 침해범으로 오인될 소지가 있기 때문에 개정의 필요성이 있다.

2. 구성요건

(1) 객체(신용의 주체)

신용의 주체는 자연인뿐만 아니라 경제적 활동을 하는 법인과 법인격 없는 단체를 포함한다. 자연인 가운데 신용의 주체라고 할 수 없는 어린아이를 제외하는 견해[3]가 있으나, 타당하지 않다. 왜냐하면 모든 자연인이 명예의 주체가 될 수 있는 것과 마찬가지로 모든 자연인은 신용의 주체가 될 수 있기 때문이다.

(2) 행 위

1) 허위사실의 유포

'허위사실의 유포'란 객관적으로 보아 진실과 부합하지 않는 과거 또는 현재의 사실(미래의 사실도 증거에 의한 입증이 가능할 때에는 여기의 사실에 포함된다)[4]을 불특정 또는 다수인에게 전파시키는 것을 말한다.[5] 유포는 공연성을 요구하지 않기 때문에 특정소수인에게 고지한 경우라도 순

되는 경우에는 평소 경쟁관계에 있는 피해자 운영의 퀵서비스 명의로 된 영수증을 작성·교부한 경우, 퀵서비스의 주된 계약내용이 신속하고 친절한 배달이라 하더라도, 그와 같은 사정만으로 허위의 사실을 유포하여 손님들로 하여금 불친절하고 배달을 지연시킨 사업체가 피해자 운영의 퀵서비스 업체인 것처럼 인식하게 한 피고인의 행위가 피해자의 경제적 신용, 즉 지불능력이나 지불의사에 대한 사회적 신뢰를 저해하는 행위에 해당한다고 보기는 어렵다); 대법원 2006. 5. 25. 선고 2004도1313 판결.

1) 김성돈, 256면; 김일수/서보학, 174면; 배종대, 218면; 임 웅, 273면; 정성근/정준섭, 140면; 정영일, 103면.
2) 반면에 구체적 위험범으로 파악하는 견해로는 배종대, 219면. 또한 적성범으로 파악하는 견해로는 이상돈, 917면.
3) 김성돈, 256면; 정성근/정준섭, 140면.
4) 대법원 1983. 2. 8. 선고 82도2486 판결(집도남편도없는과부사건)(피해자는 8년 전부터 남편 없이 3자녀를 데리고 생계를 꾸려왔을 뿐만 아니라 피고인에 대한 다액의 채무를 담보하기 위해 동녀의 아파트와 가재도구까지를 피고인에게 제공한 사실이 인정되니 피해자가 집도, 남편도 없는 과부라고 말한 것이 허위사실이 될 수 없고, 또 피해자가 계주로서 계불입금을 모아서 도망가더라도 책임지고 도와줄 사람이 없다는 취지의 피고인의 말은 피고인의 피해자 계주에 대한 개인적 의견이나 평가를 진술한 것에 불과하여 이를 허위사실의 유포라고 볼 수 없다).
5) 대법원 2006. 12. 7. 선고 2006도3400 판결(연체이자대납사건)(피고인은 조흥은행 본점 앞으로 '피해자 공소외 1이 대출금 이자를 연체하여 위 은행의 수락지점장인 공소외 2가 3,000만원의 연체이자를 대납하였다'는 등의 내용을 기재한 편지를 보낸 사실, 그러나 실제로는 공소외 2가 위 연체이자를 대납한 적이 없는 사실을 인정할 수 있고, 피고인은 위 내용이 허위라는 점에 대하여 미필적으로나마 인식하고 있었던 것으로 보이는바, 위 인정

차적으로 불특정 또는 다수인에게 전파될 가능성이 있으면 이에 해당한다.[1] 그러므로 유포는 명예훼손죄에서 말하는 공연성보다 넓은 개념이다.

본죄가 성립하기 위해서 반드시 기본적 사실이 허위여야 하는 것은 아니고, 비록 기본적 사실은 진실이더라도 이에 허위사실을 상당 정도 부가시킴으로써 타인의 신용을 저해할 위험이 있는 경우도 포함된다. 하지만 그 내용 전체의 취지를 살펴볼 때 중요한 부분이 객관적 사실과 합치되고 단지 세부에 있어 약간의 차이가 있거나 다소 과장된 표현이 있는 정도에 불과하여 타인의 신용을 저해할 위험이 없는 경우는 이에 해당하지 아니한다.[2] 피고인의 단순한 의견이나 가치판단을 표시하는 것도 이에 해당하지 아니한다.[3]

2) 위 계

'위계'란 행위자가 행위의 목적을 달성하기 위하여 상대방에게 오인·착각·부지를 일으키게 하여 이를 이용하는 것을 말한다. '기타 위계'라고 규정하고 있으므로 허위사실의 유포는 위계의 한 예시에 불과하다.[4] 허위사실의 유포와는 달리 위계는 비밀로 행하여지든 공공연하게 행하여지든 불문한다. 또한 위계의 상대방과 신용이 훼손되는 자가 동일인일 필요는 없다.

3) 신용훼손

'신용훼손'이란 사람의 지불능력 또는 지불의사에 대한 사회적 신뢰를 저하시킬 우려가 있는 상태를 야기하는 것을 말한다. 하지만 단순히 '점포 물건값이 유달리 비싸다.'라고 말하였을 때 그 물건의 값은 그 사람의 지불의사에 대한 사회적 신뢰를 훼손하는 것이라고 볼 수는 없다.[5]

(3) 주관적 구성요건

본죄가 성립하기 위해서는 행위자에게 행위 당시 자신이 유포한 사실이 허위라는 점에 대한 인식 및 의사가 있어야 한다.[6] 반드시 확정적인 고의를 요하는 것은 아니고, 허위사실을 유포하거나 기타 위계를 사용한다는 점과 그 결과 다른 사람의 신용을 저하시킬 염려가 있는 상태가 발생한다는 점에 대한 미필적 인식으로도 족하다. 전파가능성을 이유로 허위사실의 유포를 인정하는 경우에는 적어도 범죄구성요건의 주관적 요소로서 미필적 고의가 필요하므로 전파가능성에 대한 인식이 있음은 물론 나아가 그 위험을 용인하는 내심의 의사가 있어야 하고, 그 행위자가 전파가능성을 용인하고 있었는지의 여부는 외부에 나타난 행위의 형태와 행위의

사실에 의하면 피고인이 위 편지를 조흥은행 본점에 송부한 행위가 그 내용을 불특정 또는 다수인에게 전파시킨 경우에 해당한다고 보기는 어려우나, 그로써 조흥은행의 오인 또는 착각 등을 일으켜 위계로써 피해자의 신용을 훼손한 경우에 해당한다).

1) 同늘 오영근, 186면.
2) 대법원 2006. 9. 8. 선고 2006도1580 판결.
3) 대법원 1983. 2. 8. 선고 82도2486 판결.
4) 대법원 1961. 3. 22. 선고 4293형상889 판결.
5) 대법원 1969. 1. 21. 선고 68도1660 판결.
6) 대법원 1994. 1. 28. 선고 93도1278 판결.

상황 등 구체적인 사정을 기초로 하여 일반인이라면 그 전파가능성을 어떻게 평가할 것인가를 고려하면서 행위자의 입장에서 그 심리상태를 추인하여야 할 것이다. 만약 허위사실을 진실한 사실로 오인하고 유포한 때에는 사실의 착오로서 고의가 부정되어 불가벌이 된다.

3. 죄수 및 다른 범죄와의 관계

공연히 허위사실을 적시하여 타인의 명예와 신용을 훼손한 경우의 죄책과 관련하여, ① 허위사실적시 명예훼손죄와 신용훼손죄의 상상적 경합을 인정하는 견해[1], ② 신용은 경제활동에 있어서의 특별한 명예라는 점에서 허위사실적시 명예훼손죄는 신용훼손죄에 흡수되어 신용훼손죄만을 인정하는 견해[2], ③ 허위사실의 유포가 경제적 지급능력에 한정되는 경우에는 신용훼손죄만 성립하고, 허위사실의 유포가 경제적 지급능력에 관한 것뿐만 아니라 피해자의 기타 영역에 대한 사회적 평가에도 관련된 경우에는 허위사실적시 명예훼손죄와 신용훼손죄의 상상적 경합을 인정하는 견해[3] 등의 대립이 있다.

생각건대 신용과 명예는 특별과 일반의 관계에 있으므로 신용훼손죄만을 인정하는 것이 타당하다. 하지만 공연히 진실한 사실을 적시하여 타인의 명예와 신용을 훼손한 경우에는 명예훼손죄만이 성립한다. 한편 하나의 행위로 신용훼손과 업무방해를 동시에 할 경우에는 양죄의 상상적 경합이 된다.[4]

II. 업무방해죄

> 제314조(업무방해) ① 제313조의 방법 또는 위력으로써 사람의 업무를 방해한 자는 5년 이하의 징역 또는 1천500만원 이하의 벌금에 처한다.

1. 의의 및 법적 성격

(1) 의 의

업무방해죄는 허위사실을 유포하거나 위계 또는 위력으로써 사람의 업무를 방해함으로써 성립하는 범죄이다. 본죄의 보호법익은 사람의 업무이다. 본죄의 성립에는 업무방해의 결과가 실제로 발생함을 요하지 않고 업무방해의 결과를 초래할 위험이 발생하는 것이면 족하지만(추상적 위험범)[5], 결과발생의 염려가 없는 경우에는 본죄가 성립하지 아니한다.[6] 하지만 업무수행

---

1) 박상기, 552면; 정성근/정준섭, 142면.
2) 김선복, 210면; 김성돈, 257면; 김성천/김형준, 275면; 김신규, 253면; 김일수/서보학, 176면; 김혜정 외 4인, 220면; 배종대, 219면; 오영근, 187면; 이상돈, 916면; 이영란, 223면; 이재상/장영민/강동범, 210면; 이정원/류석준, 173면; 이형국/김혜경, 263면; 임 웅, 274면; 최호진, 230면.
3) 손동권/김재윤, 215면; 신동운, 727면.
4) 반면에 업무방해죄만 성립한다는 견해로는 오영근, 187면.

자체가 아니라 업무의 적정성 내지 공정성이 방해된 경우에도 본죄가 성립한다.[1]

(2) 법적 성격

본죄의 법적 성격과 관련하여, ① 본죄의 직접적인 규율의 목적은 개인의 경제적·사회적 활동의 안전과 자유이며, 이러한 규율로부터 보호되는 재산적 이익은 반사적 이익에 불과하다는 점을 이유로 본죄의 보호법익을 업무와 관련된 개인의 경제적·사회적 활동의 안전과 자유로 파악하는 견해[2], ② 인격적 범죄로는 파악할 수 없고 순수한 재산범죄로 파악하는 견해[3], ③ 자유에 대한 범죄와 재산범죄로서의 성격을 동시에 지니고 있다고 파악하는 견해[4] 등의 대립이 있다.

생각건대 본죄의 법적 성격은 본죄의 해석과 관련하여 영향을 미치는데, 본죄를 순수한 재산범죄로 파악하게 되면 업무는 재산적·경제적 업무에 국한되게 되지만, 자유에 대한 범죄로서의 성격을 지니고 있다고 파악한다면 업무의 개념은 이보다 넓어지게 되는 것이다.[5] 업무는 사람의 경제활동의 안전 및 자유와 밀접한 관련이 있지만, 업무가 방해되었다고 하여 바로 재산에 대한 침해가 있다고 할 수 없는 점, 업무는 그 사람의 인격활동과 밀접하게 관련되어 있다는 점, 본죄가 형법의 편제상 명예에 대한 죄와 재산에 대한 죄 사이에 위치하고 있다는 점, 본죄의 행위객체인 업무는 재산적 이익과 무관한 사회적 활동업무도 포함한다는 점 등을 논거로 하여, 본죄는 자유에 대한 범죄와 재산에 대한 범죄의 이중적 성격을 띠고 있다고 파악해야 한다.

---

5) 대법원 2020. 4. 9. 선고 2017도9459 판결; 대법원 1991. 6. 28. 선고 91도944 판결.

6) 대법원 2007. 4. 27. 선고 2006도9028 판결(피해자로서는 이 사건 도로부분의 폐쇄에도 불구하고 대체도로를 이용하여 종전과 같이 조경수 운반차량 등을 운행할 수 있었다고 보여(실제 이 사건 도로부분 폐쇄 이후로도 위 대체도로를 이용한 위 농장의 차량 출입은 가능하였던 것으로 보인다), 피해자의 조경수 운반업무 등이 방해되는 결과발생의 염려가 없었다고 볼 여지가 충분하다).

1) 대법원 2018. 7. 24. 선고 2015도12094 판결; 대법원 2013. 11. 28. 선고 2013도5814 판결(ACS여론조사사건)(피고인들이 일반전화를 다수 개통한 후 특정 후보 지지자들의 명단을 이용하여 휴대전화에 착신전환하는 방법으로 ACS 여론조사에 응답하도록 하여 여론조사 결과가 특정 후보에게 유리하게 나오도록 조작하기로 상호 공모하고, 나아가 실제로 190대의 일반전화를 개통하여 휴대전화로 착신전환을 한 후, 착신전환을 받은 휴대전화의 소지자들이 ACS 여론조사에서 특정 후보를 지지하는 내용의 응답을 하게 한 것은 특정 후보의 지지율을 인위적으로 높게 조작하여 여론조사 결과를 왜곡시킬 우려가 있는 행위로서 지역구민의 지지율을 공정하게 조사하기 위한 목적에서 실시되는 ACS 여론조사 업무를 위계로서 방해한 행위에 해당한다); 대법원 2010. 3. 25. 선고 2009도8506 판결; 대법원 2009. 9. 10. 선고 2009도4772 판결; 대법원 2008. 1. 17. 선고 2006도1721 판결.

2) 김성돈, 254면; 김일수/서보학, 176면.

3) 권오걸, 272면; 이영란, 220면.

4) 김선복, 208면; 김신규, 254면; 김혜정 외 4인, 221면; 배종대, 220면; 손동권/김재윤, 213면; 신동운, 726면; 오영근, 184면; 이재상/장영민/강동범, 207면; 정성근/정준섭, 142면.

5) 업무방해죄에 대하여 보다 자세한 논의로는 박찬걸, "업무방해죄에 있어서 업무의 보호가치에 대한 검토 — 대법원 2011. 10. 13. 선고 2011도7081 판결을 중심으로 —", 형사판례연구 제21권, 한국형사판례연구회, 2013. 6, 137면 이하 참조.

2. 보호법익

(1) 사회생활상의 지위에 기하여 계속적으로 종사하는 업무

본죄에 있어서의 '업무'란 사람이 그 사회생활상의 지위[1])에 기하여 계속적으로 종사하는 사무나 사업을 말한다. 주된 업무뿐만 아니라 이와 밀접불가분한 관계에 있는 부수적인 업무도 포함된다.[2]) 여기에서 말하는 사무 또는 사업은 그것이 사회생활적인 지위에 기한 것이면 족하고 경제적인 것이어야 할 필요는 없으며, 그 행위 자체는 1회성을 갖는 것이라고 하더라도 계속성을 갖는 본래의 업무수행의 일환으로서 행하여지는 것이라면, 본죄에 의하여 보호되는 업무에 해당된다.[3]) 예를 들면 무보수의 강의 · 성직자의 설교 · 무료 공연 등은 비경제적인 업무에 해당한다.

반면에 계속하여 행하는 사무가 아닌 공장의 이전과 같은 일회적인 사무[4]), 담장공사를 일시적으로 방해한 것에 불과한 경우[5]) 등에 있어서는 본죄의 객체가 되는 업무에 해당되지 아니

---

1) 대법원 2013. 6. 14. 선고 2013도3829 판결(초등학교수업방해사건)(초등학생들이 학교에 등교하여 교실에서 수업을 듣는 것은 헌법 제31조가 정하고 있는 무상으로 초등교육을 받을 권리 및 초 · 중등교육법이 정하고 있는 국가의 의무교육 실시의무와 부모들의 취학의무 등에 기하여 학생들 본인의 권리를 행사하는 것이거나 국가 내지 부모들의 의무를 이행하는 것에 불과할 뿐 그것이 '직업 기타 사회생활상의 지위에 기하여 계속적으로 종사하는 사무 또는 사업'에 해당한다고 할 수 없다); 대법원 2004. 10. 28. 선고 2004도1256 판결(의결권행사사건)(주주로서 주주총회에서 의결권 등을 행사하는 것은 주식의 보유자로서 그 자격에서 권리를 행사하는 것에 불과할 뿐 그것이 '직업 기타 사회생활상의 지위에 기하여 계속적으로 종사하는 사무 또는 사업'에 해당한다고 할 수 없다). 다만 이러한 경우 주주로서의 권리행사를 방해하거나 학생들의 권리행사나 국가 내지 부모들의 의무이행을 방해한 것으로서 강요죄의 성립이 문제될 수는 있다.

2) 대법원 1992. 2. 11. 선고 91도1834 판결(야간통제업무사건)(주간에 있어서의 공장 조업이 끝났다고 하더라도 공장을 가동하여 섬유제품을 생산, 가공, 판매하는 회사 본래의 주된 영업활동을 원활하게 수행하기 위하여 위 회사는 공장건물 및 기자재 관리나 당직근무자 등을 통한 공장출입자에 대한 통제를 야간에도 계속해야 함은 물론 전체 회사 직원들의 출퇴근이 제대로 이루어질 수 있도록 공장 정문의 정상적인 개폐 등에도 만전을 기하여야 하는 것이며, 이러한 업무는 위 회사의 주된 업무와 밀접불가분의 관계에 있으면서 계속적으로 수행되어지는 회사의 부수적 업무라 할 것이므로 이는 업무방해죄에서 보호의 대상으로 삼고 있는 업무에 해당된다).

3) 대법원 1995. 10. 12. 선고 95도1589 판결(종중정기총회방해사건)(종중 정기총회를 주재하는 종중 회장의 의사진행업무 자체는 1회성을 갖는 것이라고 하더라도 그것이 종중 회장으로서의 사회적인 지위에서 계속적으로 행하여 온 종중 업무수행의 일환으로 행하여진 것이라면, 그와 같은 의사진행업무도 업무방해죄에 의하여 보호되는 업무에 해당된다고 할 것이고, 또 종중 회장의 위와 같은 업무는 종중원들에 대한 관계에서는 타인의 업무라고 할 것이다).

4) 대법원 1989. 9. 12. 선고 88도1752 판결; 대법원 1985. 4. 9. 선고 84도300 판결(비닐공장이전방해사건)(비닐가공 공장을 경영하는 자가 공장을 이전하는 업무는 성질상 새로운 비닐가공업무를 준비하기 위한 일시적인 사무는 될지언정 이를 비닐가공업무에 부수한 계속성을 지닌 업무라고는 말할 수 없어 위 이전업무를 방해한 행위는 업무방해죄에 해당하지 아니한다).

5) 대법원 1993. 2. 9. 선고 92도2929 판결(조경공사방해사건)(원심에 의하면, 피고인들은 피해자 소유의 4층 건물 중 1층을 위 건물의 임대를 업으로 하는 동녀로부터 임차하여 알프스라는 레스토랑영업을 하는 자들로서, 공동하여 1990. 9. 4. 02:30경 위 건물 앞에서 피해자와 위 레스토랑의 임대차계약 종료문제로 민사소송 계류중인 등 감정이 좋지 않던 차에 동녀가 동대문구청장의 조경공사 촉구지시를 받고 위 건물 앞에 조경공사를 하면서 피고인들에게 사전양해를 구하지 않은 채 공사를 강행하는 것을 기화로 이를 트집잡으며 피고인 2는 피해자로부터 조경공사를 도급받아 공사중인 성명불상의 인부들의 앞을 가로막고, 위 작업장의 전구를 소등하는 한편, 피고인 1은 이에 가세하여 위 인부들의 앞을 가로막고 심한 욕설을 하고, 이를 제지하려고 달려드는 피해자를 밀어 넘어뜨려 동녀에게 요치 2주의 요추부타박상 등을 가하고, 위력으로써 피해자의 조경공사업무를 방해한 사실을 인정한 후, 피고

한다. 하지만 경비원은 상사의 명령에 의하여 주로 경비업무 등 노무를 제공하는 직분을 가지고 있기 때문에 상사의 명에 의하여 그 직장의 업무를 수행한다면 그가 설사 일시적인 것이라고 할지라도 본죄의 업무에 해당한다.[1]

한편 본죄의 업무방해는 널리 그 경영을 저해하는 경우에도 성립하는데, 업무로서 행해져 온 회사의 경영행위에는 그 목적 사업의 직접적인 수행뿐만 아니라 그 확장·축소·전환·폐지 등의 행위도 정당한 경영권 행사의 일환으로서 이에 포함된다. 회사가 사업장의 이전을 계획하고 그 이전을 전후하여 사업을 중단 없이 영위할 목적으로 이전에 따른 사업의 지속적인 수행방안, 새 사업장의 신축 및 가동개시와 구 사업장의 폐쇄 및 가동중단 등에 관한 일련의 경영상 계획의 일환으로서 시간적·절차적으로 일정기간의 소요가 예상되는 사업장 이전을 추진·실시하는 행위는 그 자체로서 일정기간 계속성을 지닌 업무의 성격을 지니고 있을 뿐만 아니라 회사의 본래 업무인 목적 사업의 경영과 밀접불가분의 관계에서 그에 수반하여 이루어지는 것으로 볼 수 있으므로 본죄에 의한 보호의 대상이 되는 업무에 해당한다.[2]

(2) 업무의 보호가치
1) 학설의 입장

학설은 일반적으로 업무의 개념에 대하여, 업무는 사회생활상 지위에서 나오는 것이어야 하기 때문에 사회적으로 용인되고 형법적으로 보호할 만한 가치가 있는 업무이어야 하지만, 그 업무의 기초가 된 계약 또는 행정행위 등이 반드시 적법하여야 하는 것은 아니라고 한다.[3] 다만 그 업무의 기초가 된 계약 또는 행정행위 등의 적법성의 '정도'와 관련하여 예시를 들고 있는 부분에서 약간의 차이가 나타나고 있는데, 훈시규정을 위반한 사무·행정규칙을 위반한 사무·내규를 위반한 사무 등과 같이 형식적 적법성을 충족하지 못한 사무의 경우에 있어서는 얼마든지 업무가 될 수 있고, 무허가로 사업을 하는 경우[4]·허가가 날 수 없는 사업을 하는 경우[5]·무효인 사무·법령에 근거하지 않는 업무[6]·계약상의 근거가 없는 업무 등도 사회생활상 용인되고 형법적으로 보호할 가치가 있다면 본죄의 업무가 될 수 있다고 판단하고 있다.

인들을 폭력행위처벌법위반죄(상해), 업무방해죄의 경합범으로 의율처단하였다. 하지만 피고인들이 방해하였다는 피해자의 조경공사업무를 피해자의 직업 또는 사회생활상의 지위에 기하여 계속적으로 종사하는 사무나 사업이라거나 주된 업무인 건물임대업무와 밀접불가분의 관계에 있는 계속적인 부수적 업무라고 볼 수 없고, 단순한 1회적인 사무에 지나지 않는다); 대법원 1989. 9. 12. 선고 88도1752 판결; 대법원 1989. 3. 28. 선고 89도110 판결.
1) 대법원 1971. 5. 24. 선고 71도399 판결(경비업무사건).
2) 대법원 2005. 4. 15. 선고 2004도8701 판결(안산공장이전방해사건).
3) 권오걸, 279면; 김선복, 212면; 김성돈, 258면; 김신규, 255면; 김일수/서보학, 178면; 김혜정 외 4인, 223면; 박상기, 555면; 손동권/김재윤, 218면; 신동운, 734면; 오영근, 188면; 이상돈, 924면; 이영란, 224면; 이재상/장영민/강동범, 212면; 이정원/류석준, 175면; 이형국/김혜경, 265면; 임 웅, 279면; 정성근/정준섭, 143면; 정영일, 106면.
4) 예를 들면 무허가의 포장마차영업이라고 하더라도 사실상 평온하게 영위되어 사회생활상 용인되고 있으면, 업무방해죄의 보호대상이 된다(임 웅, 279면).
5) 오영근, 188면.
6) 김성돈, 259면; 정성근/정준섭, 143면.

2) 판례의 입장

형법상 본죄의 보호대상이 되는 업무란 직업 또는 계속적으로 종사하는 사무나 사업으로
서 타인의 위법한 침해로부터 형법상 보호할 가치가 있는 것이어야 하므로, 그 업무의 기초가
된 계약 또는 행정행위 등이 반드시 적법하여야 하는 것은 아니지만[1], 어떤 사무나 활동 자체
가 위법의 정도가 중하여 사회생활상 도저히 용인될 수 없는 정도로 반사회성을 띠는 경우에는
본죄의 보호대상이 되는 업무에 해당한다고 볼 수 없다.[2] 그러므로 정당한 업무집행이라고 할
수 없는 행위에 대하여는 이를 위력으로 배제하였다고 하더라도 본죄가 성립되지 아니한다.[3]
여기서 법률상 보호할 가치가 있는 업무인지 여부는 그 사무가 사실상 평온하게 이루어져 사회
적 활동의 기반이 되고 있느냐에 따라 결정되는 것이고, 그 업무의 개시나 수행과정에 실체상
또는 절차상의 하자가 있다고 하더라도 그 정도가 반사회성을 띠는 데까지 이르지 아니한 이상
본죄의 보호대상이 된다.

판례에 의하면, ① 시험 당시의 ○○데이타 하이패스 시스템이 시험에 관한 기본가정 내지 도로공사
의 제안요청서상 요구되는 하이패스 시스템에 관한 기술적 조건을 충족하지 못하였고 입찰참여조건인
TTA 표준을 위반하여 시험 자체가 부적합한 것으로 드러난 경우에 있어서의 시험업무[4], ② 관리인으
로 선임된 것이 의결정족수를 충족하지 못하여 무효가 되어 버린 원심 공동피고인에 의하여 공소외인
이 재임명되어 관리사무실에서 경리로서 수행한 업무[5], ③ 관리청으로부터 선착장에 대한 공유수면점
용허가를 받지 아니하고 운영한 회사의 폐석운반 업무[6], ④ 공보처장관의 부당한 압력이 개입된 한국
방송공사 이사회의 사장임명제청을 위한 심의 또는 의결과정을 거친 후에 임명된 사장의 업무[7], ⑤ 무

1) 대법원 2010. 5. 27. 선고 2008도2344 판결; 대법원 2008. 3. 14. 선고 2007도11181 판결; 대법원 2006. 3. 9. 선고
   2006도382 판결; 대법원 2003. 4. 11. 선고 2002도1747 판결; 대법원 2002. 8. 23. 선고 2001도5592 판결; 대법원
   2001. 11. 30. 선고 2001도2015 판결; 대법원 1996. 11. 12. 선고 96도2214 판결; 대법원 1995. 6. 30. 선고 94도3136
   판결(이 사건 당시 단전조치를 한 사실은 인정되나, 그 무렵 입주상인들이 영업을 하지 않고 매장내에서 점거
   농성만을 하면서 매장내의 기존의 전기시설에 임의로 전선을 연결하여 각종 전열기구를 사용함으로써 화재위험
   이 높아 부득이 단전조치를 취하였던 사실을 인정한 후, 위와 같은 단전조치 당시 보호받을 업무가 존재하지 않았
   을 뿐만 아니라 화재예방 등 건물의 안전한 유지관리를 위한 정당한 권한 행사의 범위 내의 행위에 해당한다는
   이유로 피고인들의 이러한 행위가 업무방해죄를 구성한다고 볼 수 없다); 대법원 1991. 6. 28. 선고 91도944 판결.
2) 대법원 2011. 10. 13. 선고 2011도7081 판결; 대법원 2008. 9. 11. 선고 2008도5700 판결; 대법원 2002. 8. 23. 선고
   2001도5592 판결; 대법원 2001. 11. 30. 선고 2001도2015 판결.
3) 대법원 2010. 6. 10. 선고 2010도935 판결; 대법원 1980. 9. 9. 선고 79도249 판결; 대법원 1970. 8. 31. 선고 70도
   1384 판결; 대법원 1967. 10. 31. 선고 67도1086 판결.
4) 대법원 2010. 5. 27. 선고 2008도2344 판결(시험의 개시나 수행과정에서의 하자 정도가 반사회성을 띠는 데까지
   이르렀다고 볼 수 없다).
5) 대법원 2006. 3. 9. 선고 2006도382 판결.
6) 대법원 1996. 11. 12. 선고 96도2214 판결.
7) 대법원 1991. 6. 28. 선고 91도944 판결(서○원에 대한 한국방송공사 이사회의 사장임명제청을 위한 심의 또는
   의결과정에 주장하는 바와 같이 공보처장관의 부당한 압력이 개입되었다고 인정할 아무런 자료가 없을 뿐(만)
   아니라, 이러한 사유만으로써 위 공사사장으로 임명된 서○원의 위 공사사장으로서의 업무를 업무방해죄의 보호
   대상인 업무가 되지 못하는 것이라고 볼 것도 아니다. 피고인 등의 위 서○원 사장에 대한 출근저지 및 퇴진을
   위한 일련의 집단행동으로 인하여 동인의 업무가 방해되는 결과를 초래할 위험이 발생하였다고 인정하기에 충분
   하다).

효인 농지의 임대차 계약에 기하여 농지를 점유·경작하는 자의 경작행위[1), ⑥ 정당한 소유자로부터 주차장을 새롭게 임대받은 자가 방해한 전차인의 주차장 영업행위[2), ⑦ 임대인의 승낙 없이 행한 전대차로써 한 음식점 영업행위[3), ⑧ 관리사무소 직원의 투표자명부 대조업무[4), ⑧ 관리청으로부터 선착장에 대한 공유수면점용허가를 받지 않았지만, 관리청의 지시에 따라 선착장점용허가권자인 마을주민 대표들과 임대차계약을 체결하고 선착장을 이용하여 오던 중에 이루어진 폐석운반 업무[5) 등은 업무방해죄의 보호대상에 해당한다.

하지만 ① 법에 의하여 원천적으로 금지된 행위로서 형사처벌의 대상이 되는 중대한 범죄행위일 뿐만 아니라 정의관념상 용인될 수 없는 정도로 반사회성을 띠는 성매매알선 등 행위[6), ② 공인중개사 등이 아닌 자에 의한 부동산 중개업무[7), ③ 의료인이나 의료법인이 아닌 자가 의료기관을 개설하여 운영하는 업무[8), ④ 도로관리청 또는 그로부터 권한을 위임받은 자에 의한 과적차량 단속을 위한 적재량 측정의 업무[9), ⑤ 회사의 운영권 양도·양수 합의의 존부 및 그 효력을 둘러싸고 피고인과 피해자 사이에 다툼이 있는 상황에서 피해자가 회사의 대표이사로서 행한 업무[10), ⑥ 재건축사업에 있어서 건축물을 철거하는 방법으로 피고인이 소유한 세대가 속한 수직 라인을 제외한 나머지 라인 쪽을 뜯어내는 업무[11), ⑦

---

1) 대법원 1980. 11. 25. 선고 79도1956 판결.

2) 대법원 2008. 3. 14. 선고 2007도11181 판결(이 사건 주차장은 원래의 소유자이었던 공소외 1로부터 공소외 2, 3, 4에게로 순차 임대 또는 전대되어 공소외 4가 운영해 오고 있었던 것임을 알 수 있으므로, 설령 피고인이 정당한 소유자로부터 위 주차장을 새로 임대받았다고 하더라도, 피고인이 적법절차에 따라 권리를 확보하고 보호받는 것은 별론으로 하고, 피고인이 다른 특별한 사정없이 공소외 4의 주차장 영업을 방해한 행위는 업무방해죄에 해당한다).

3) 대법원 1986. 12. 23. 선고 86도1372 판결.

4) 대법원 2015. 4. 23. 선고 2013도9828 판결(이 사건 주민투표는, 이 사건 아파트 5동의 입주자 10분의 1 이상이 이 사건 아파트 관리규약 제20조에 따라 동별 대표자의 선출 및 해임에 관한 선거관리업무를 담당하는 이 사건 아파트 선거관리위원회에 동별 대표자인 피고인 1에 대한 해임절차의 진행을 요청함에 따라 선거관리위원회에서 주관하여 시행된 것으로서, 그 개시절차 자체에 어떠한 하자가 있다거나, 그 하자가 중대하다고 보이지는 아니한다. 설령 공소외 2가 공소외 1에게 직접 투표사무 보조업무를 지시하지 않았다 하더라도 종전부터 선거관리에 관한 사무를 보조하여 온 공소외 1을 비롯한 관리사무소 직원들에게 이 사건 주민투표 관리에 관한 업무를 묵시적으로 위임하였거나 적어도 그 업무 수행을 승인 내지 추인하였다 할 수 있으므로, 공소외 1의 업무가 이 사건 주민투표 관리에 관한 적법한 업무가 아니라고 보기는 어렵다. 이 사건 주민투표 당일의 현장투표에 앞서 그 전날까지 실시한 세대별 방문투표 과정에서 원심 판시와 같이 그 구체적인 진행경위나 입주자들의 신분확인절차가 불분명하여 투표의 중립이나 비밀투표의 원칙이 침해되었다고 볼 여지가 크다고 하더라도, 이러한 사정만으로 아파트 관리규약 제20조에 따라 선거사무를 담당하는 선거관리위원회가 적법하게 개시되어 추진되어 온 동별 대표자의 해임 여부에 관한 절차를 주민투표를 통하여 마무리 짓기 위하여 이 사건 주민투표를 시행하고 관리하는 업무 자체가 사회생활상 도저히 용인될 수 없는 정도로 반사회성을 띠는 데까지 이르렀다거나, 법적 보호라는 측면에서 그와 동등한 평가를 받을 정도에까지 이르렀다고 보기는 어렵다).

5) 대법원 1996. 11. 12. 선고 96도2214 판결.

6) 대법원 2011. 10. 13. 선고 2011도7081 판결(성매매업소병풍사건).

7) 대법원 2007. 1. 12. 선고 2006도6599 판결.

8) 대법원 2001. 11. 30. 선고 2001도2015 판결.

9) 대법원 2010. 6. 10. 선고 2010도935 판결.

10) 대법원 2007. 8. 23. 선고 2006도3687 판결(어떠한 업무의 양도·양수 여부를 둘러싸고 분쟁이 발생한 경우에 양수인의 업무에 대한 양도인의 업무방해죄가 인정되려면, 당해 업무에 관한 양도·양수합의의 존재가 인정되어야 함은 물론이고, 더 나아가 그 합의에 따라 당해 업무가 실제로 양수인에게 양도된 후 사실상 평온하게 이루어져 양수인의 사회적 활동의 기반이 됨으로써 타인, 특히 양도인의 위법한 행위에 의한 침해로부터 보호할 가치가 있는 업무라고 볼 수 있을 정도에 이르러야 할 것이다).

11) 청주지방법원 2007. 8. 23. 선고 2007고정272 판결.

법원의 직무집행정지 가처분결정에 의하여 그 직무집행이 정지된 자가 법원의 결정에 반하여 직무를 수
행하는 경우[1], ⑧ 토지점유자가 소유자 또는 관리인에 대하여 토지를 점유할 권원을 대항할 수 없다고
할지라도 관리인의 합법적인 절차에 의하여 점유를 개시하지 아니하고 경작하는 농사업무[2] 등은 업무방
해죄의 보호대상에 해당하지 아니한다.

(3) 공무의 포함 여부

   본죄의 행위태양은 허위사실의 유포 · 위계 · 위력으로써 공무집행방해죄의 행위태양인 폭행 ·
협박 · 위계보다 그 범위가 넓다. 그리하여 공무도 본죄의 업무에 해당하는지 여부와 관련하여,
① 허위사실의 유포 기타 위력에 의한 공무방해의 경우에는 형법상 처벌의 공백이 생긴다는
점, 공무원이 직무상 수행하는 공무 역시 공무원이라는 사회생활상의 지위에서 계속적으로 종
사하는 사무이므로 업무방해죄의 '업무'의 개념에 당연히 포섭된다는 점, 공무원이 공무집행 중
임에도 불구하고 행위자가 공무원의 공무임을 인식하지 못하고 단순히 업무방해의 고의를 가
지고 방해행위를 하였을 경우에 공무집행방해죄는 성립하지 않더라도 업무방해죄의 성립은 긍
정해야 한다는 점, 공무집행방해죄는 제314조 제2항과 같은 컴퓨터업무방해죄에 대응하는 규
정이 존재하지 않기 때문에 정보처리장치에 장애를 야기하여 공무집행을 방해한 경우에는 제
314조 제2항에 의거하여 처벌해야 한다는 점 등을 논거로 하여, 공무도 업무에 포함시켜야 한
다는 견해(공무포함설)[3], ② 업무방해죄는 개인의 재산적 질서 내지 개인의 경제적 활동의 자유
만을 보호한다는 점, 공무집행방해죄가 별도로 규정되어 있기 때문에 업무방해죄에 공무를 포
함시켜야 할 현실적인 필요가 없다는 점, 공무집행방해죄의 행위태양을 '폭행, 협박, 위계'로 제
한하고 있는 것은 그 밖의 방해행위는 처벌하지 않겠다는 입법자의 의사라는 점, 공무포함설은
법률이 규정한 것 이상으로 처벌의 범위를 확장하고 있는 문제가 있다는 점 등을 논거로 하여,
공무를 제외해야 한다는 견해(공무제외설)[4], ③ 업무 자체의 성질과 사회적 활동으로서의 업무 보
호 필요성에 따라 비권력적 공무(사기업성 공무 · 국립대학 입학업무 · 국철사업 등)와 폭행 · 협박 · 위계 이
외의 수단으로 방해한 공무에 한해서만 업무에 포함시켜야 한다는 견해(공무구별설)[5] 등의 대립
이 있다.

   이에 대하여 판례는 경찰청 민원실에서 말똥을 책상 및 민원실 바닥에 뿌리고 소리를 지르
는 등 난동을 부린 행위[6], 마산시장과 STX중공업 회사 관계자 등이 'STX조선소 유치 확정'에
관한 기자회견을 하려고 하자, 피고인이 위력으로써 마산시청 1층 브리핑룸 및 중회의실 출입

   1) 대법원 2002. 8. 23. 선고 2001도5592 판결.
   2) 대법원 1975. 12. 23. 선고 74도3255 판결.
   3) 김성천/김형준, 235면; 김일수/서보학, 179면; 이상돈, 922면; 이정원/류석준, 176면; 임 웅, 279면; 정영일, 107면.
   4) 김선복, 213면; 김성돈, 261면; 김신규, 256면; 김혜정 외 4인, 224면; 박상기, 556면; 배종대, 223면; 손동권/김재
      윤, 220면; 오영근, 190면; 이영란, 227면; 이재상/장영민/강동범, 213면; 이형국/김혜경, 267면.
   5) 정성근/정준섭, 144면.
   6) 대법원 2010. 2. 25. 선고 2008도9049 판결.

구를 봉쇄하여 기자회견을 방해한 행위[1], 충남지방경찰청 1층 민원실에서 자신들이 진정한 사건의 처리와 관련하여 지방경찰청장의 면담 등을 요구하면서 이를 제지하는 경찰관들에게 큰 소리로 욕설을 하고 행패를 부림으로써 경찰관들의 수사관련 업무를 방해한 행위[2] 등의 사안에서 공무원이 직무상 수행하는 공무를 방해하는 행위이기 때문에 업무방해죄로 의율할 수 없다고 판시하여, 공무제외설의 입장을 취하고 있다.

생각건대 업무방해죄와 공무집행방해죄는 보호법익이 서로 구별되는 범죄이다. 현행법상 허위사실의 유포나 기타 위력에 의한 공무집행의 방해는 범죄의 구성요건이 없기 때문에 불가벌로 다루어야 한다. 그러므로 공공기관에서는 위력에 해당하는 소란을 피우는 행위를 하더라도 일반 영업장소에서와는 달리 업무방해죄가 성립하지 아니하게 된다. 또한 사립대학교 교직원에게 위력을 행사하여 교직원의 업무를 방해하면 업무방해죄로 처벌되는데 비하여, 국립대학교 교직원에게 위력을 행사하여 교직원의 업무를 방해하면 처벌할 수 없게 된다. 일반 영업장소의 업무가 공무보다도 더 보호받아야 한다거나, 국립대학의 업무가 사립대학의 업무보다 덜 보호받아도 된다고 일반인들이 쉽게 생각하지 못할 뿐만 아니라 형법의 입법자들이 그렇게 예상했다고도 보기 어렵다. 일반 영업장소 등에서의 소란행위에 대하여는 현행범의 체포나 긴급체포 등 적법한 대응조치를 할 수 있지만, 공공기관의 민원실에서 발생한 같은 행위에 대하여는 이러한 대응방법이 불가능하여 입법적인 개선이 요구되었는데, 2012. 3. 21. 「경범죄 처벌법」 개정을 통하여 결국 술에 취한 채로 관공서에서 몹시 거친 말과 행동으로 주정하거나 시끄럽게 한 사람은 60만원 이하의 벌금이나 구류 또는 과료에 처해지게 되는 것(「경범죄 처벌법」 제3조 제3항)[3]으로 일단락되었다.

---

1) 대법원 2011. 7. 28. 선고 2009도11104 판결.
2) 대법원 2009. 11. 19. 선고 2009도4166 전원합의체 판결(업무방해죄와 공무집행방해죄는 그 보호법익과 보호대상이 상이할 뿐만 아니라 업무방해죄의 행위유형에 비하여 공무집행방해죄의 행위유형은 보다 제한되어 있다. 즉 공무집행방해죄는 폭행, 협박에 이른 경우를 구성요건으로 삼고 있을 뿐 이에 이르지 아니하는 위력 등에 의한 경우는 그 구성요건의 대상으로 삼고 있지 않다. 또한 형법은 공무집행방해죄 외에도 직무강요죄(제136조 제2항), 법정 또는 국회회의장모욕죄(제138조), 인권옹호직무방해죄(제139조), 공무상 비밀표시무효죄(제140조), 부동산 강제집행효용침해죄(제140조의2), 공용서류등 무효죄(제141조 제1항), 공용물파괴죄(제141조 제2항), 공무상 보관물무효죄(제142조) 및 특수공무방해죄(제144조) 등과 같이 여러 가지 유형의 공무방해행위를 처벌하는 규정을 개별적·구체적으로 마련하여 두고 있으므로, 이러한 처벌조항 이외에 공무의 집행을 업무방해죄에 의하여 보호받도록 하여야 할 현실적 필요가 적다는 측면도 있다. 그러므로 형법이 업무방해죄와는 별도로 공무집행방해죄를 규정하고 있는 것은 사적 업무와 공무를 구별하여 공무에 관해서는 공무원에 대한 폭행, 협박 또는 위계의 방법으로 그 집행을 방해하는 경우에 한하여 처벌하겠다는 취지라고 보아야 할 것이고, 따라서 공무원이 직무상 수행하는 공무를 방해하는 행위에 대해서는 업무방해죄로 의율할 수는 없다).
3) 이에 대하여 보다 자세한 논의로는 박찬걸, "개정 경범죄처벌법의 내용에 대한 평가 및 향후과제", 경찰학논총 제7권 제1호, 원광대학교 경찰학연구소, 2012. 5, 7면 이하 참조.

3. 구성요건

(1) 객 체

본죄의 객체는 타인의 업무이다. 여기서 '타인'이란 범인 이외의 자연인과 법인 및 법인격 없는 단체를 가리킨다. 법적 성질이 영조물에 불과한 대학교 자체는 본죄에 있어서의 업무의 주체가 될 수 없다.[1]

(2) 행 위

1) 허위사실의 유포 또는 기타 위계

'허위사실의 유포'란 객관적으로 보아 진실과 부합하지 않는 과거 또는 현재의 사실을 불특정 또는 다수인에게 전파하는 것을 말한다.[2] 그러므로 단순한 의견이나 가치판단을 표시하는 것은 이에 해당하지 않는다. 유포한 대상이 사실과 의견 가운데 어느 것에 속하는지 판단할 때는 언어의 통상적 의미와 용법, 증명가능성, 문제된 말이 사용된 문맥, 당시의 사회적 상황 등 전체적 정황을 고려해서 판단해야 한다.[3] 의견표현과 사실 적시가 혼재되어 있는 경우에는 이를 전체적으로 보아 허위사실을 유포하여 업무를 방해한 것인지 등을 판단해야지, 의견표현과 사실 적시 부분을 분리하여 별개로 범죄의 성립 여부를 판단해서는 안 된다. 반드시 기본적 사실이 거짓이어야 하는 것은 아니고 비록 기본적 사실은 진실이더라도 이에 거짓이 덧붙여져 타인의 업무를 방해할 위험이 있는 경우도 업무방해에 해당한다.[4] 그러나 그 내용 전체의 취지를 살펴볼 때 중요한 부분이 객관적 사실과 합치되고 단지 세부적으로 약간의 차이가 있거나 다소 과장된 표현이 있는 정도에 지나지 않아 타인의 업무를 방해할 위험이 없는 경우는 이에 해당하지 않는다. 한편 본죄에서 말하는 허위사실의 유포는 위계의 한 예시에 불과하다.

'위계'란 행위자가 행위의 목적을 달성하기 위하여 상대방에게 오인·착각·부지를 일으키

---

1) 대법원 1999. 1. 15. 선고 98도663 판결(학생의 편입학은 특별한 사정이 없는 한 학칙이 정하는 바에 따라 학교장이 행하게 되어 있어 이 사건 대학교의 편입학 업무는 그 총장에게 귀속된다. 따라서 원심이 이 부분 범죄사실에서 피고인이 방해한 편입학 업무의 주체가 이 사건 대학교인 것으로 판시한 것은 적절치 아니한 것이라 할 것이나, 원심이 인정한 범죄사실 중 총장이 소정의 절차에 따라 사정대장에 날인하지 아니하였음에도 피고인 2등을 합격자로 발표함으로써 편입학업무를 방해한 것이라는 부분은 총장의 편입학업무를 방해한 것이라는 취지로 못볼 바 아니다).

2) 대구지방법원 2020. 6. 4. 선고 2020고단1247 판결(피고인은 2020. 2. 19. 09:00경 대구 회사 내에서, 휴대전화의 카카오톡 메신저를 통해 직장 동료인 최○○에게 "신천지 그 할매 때문에 큰 병원이 문 닫았다. 그 중 한 명 울동네 온천목욕탕 다녀서 거기도 지금 문 닫았다. 그 목욕탕이 ○○○○이다"라는 취지의 허위사실을 적시한 글을 전송하였다. 그러나 사실 위 ○○○○에는 코로나19 확진자가 다녀간 사실이 없었고, 이에 따라 위 목욕탕을 폐쇄한 사실이 없었다. 그럼에도 피고인은 위와 같은 허위사실을 유포하여 피해자 오○○의 목욕탕 영업 업무를 방해하였다. 이 사건 범행 당시 코로나19 관련 확진자가 급증하여 전국적으로 불안감이 조성되는 상황에서, 다수인이 사용하는 온천의 경우 확진자가 다녀갔다는 소문만으로도 영업에 심각한 타격을 입힐 수 있음은 능히 짐작이 가고, 또한 이 사건 범행 전 관할 경찰청은 '코로나19 관련 가짜뉴스 엄정대응' 방침을 뉴스를 통해 알린 상황에서 피고인들이 주변 사람들의 말만 듣고 진위 여부를 확인하지도 아니한 채 카카오톡 채팅방에 ○○온천에 코로나19 확인자가 다녀갔다는 허위사실을 유포한 것은 그 동기를 떠나 피고인들의 잘못이 가볍지 아니하다).

3) 대법원 2017. 4. 13. 선고 2016도19159 판결.

4) 대법원 2021. 9. 30. 선고 2021도6634 판결.

게 하여 이를 이용하는 것을 말하며[1], 상대방이 이에 따라 그릇된 행위나 처분을 하였다면 위계에 의한 업무방해죄가 성립된다. 나아가 컴퓨터 등 정보처리장치에 정보를 입력하는 등의 행위가 그 입력된 정보 등을 바탕으로 업무를 담당하는 사람의 오인·착각·부지를 일으킬 목적으로 행해진 경우에는 그 행위가 업무를 담당하는 사람을 직접적인 대상으로 이루어진 것이 아니라고 하여 위계가 아니라고 할 수는 없다.[2]

한편 상대방으로부터 신청을 받아 상대방이 일정한 자격요건 등을 갖춘 경우에 한하여 그에 대한 수용 여부를 결정하는 업무에 있어서는 신청서에 기재된 사유가 사실과 부합하지 않을 수 있음을 전제로 그 자격요건 등을 심사·판단하는 것이므로, 그 업무담당자가 사실을 충분히 확인하지 아니한 채 신청인이 제출한 허위의 신청사유나 허위의 소명자료를 가볍게 믿고 이를 수용하였다면 이는 업무담당자의 불충분한 심사에 기인한 것으로서 신청인의 위계가 업무방해의 위험성을 발생시켰다고 할 수 없어 위계에 의한 업무방해죄를 구성하지 않지만[3], 신청인이 업무담당자에게 허위의 주장을 하면서 이에 부합하는 허위의 소명자료를 첨부하여 제출한 경우 그 수리 여부를 결정하는 업무담당자가 관계 규정이 정한 바에 따라 그 요건의 존부에 관하여 나름대로 충분히 심사를 하였음에도 신청사유 및 소명자료가 허위임을 발견하지 못하여 그 신청을 수리하게 될 정도에 이르렀다면, 이는 업무담당자의 불충분한 심사가 아니라 신청인의 위계행위에 의하여 업무방해의 위험성이 발생한 것이어서 위계에 의한 업무방해죄가 성립한다.[4]

---

1) 대법원 2020. 11. 12. 선고 2017도7236 판결(상표법상 상표권은 설정등록에 의하여 발생하고(제41조 제1항) 국내에서 상표를 사용하는 자 또는 사용하려는 자는 자기의 상표를 등록받을 수 있으므로(제3조 본문), 실제로 상표를 사용한 사실이 있거나 처음으로 사용하였는지 여부는 상표권 발생의 요건으로 볼 수 없다. … 피고인이 피해 회사가 사용 중인 서비스표를 피해 회사보다 시간적으로 먼저 등록출원을 하였다거나 피해 회사가 사용 중인 서비스표의 제작에 실제로는 관여하지 않았으면서도 서비스표 등록출원을 하였다는 등의 사정만으로는 피해 회사에 대한 위계에 해당한다고 단정하기 어렵다).

2) 대법원 2013. 11. 28. 선고 2013도5117 판결(통합진보당대리투표사건)(국회의원 비례대표 후보자 명단을 확정하기 위한 당내 경선은 정당의 대표자나 대의원을 선출하는 절차와 달리 국회의원 당선으로 연결될 수 있는 중요한 절차로서 직접투표의 원칙이 그러한 경선절차의 민주성을 확보하기 위한 최소한의 기준이 된다고 할 수 있는 점, 정당법 제32조는 대의기관의 결의 등에서 대리인에 의한 의결이 금지됨을 분명히 하고 있는데, 이러한 정신은 그보다 가치가 낮다고 할 수 없는 비례대표 후보자 선출을 위한 당내 경선에도 유추될 수 있는 점 등에서, 이 사건 당내 경선에도 선거권을 가진 당원들의 직접·평등·비밀투표 등 일반적인 선거의 원칙이 그대로 적용되고, 대리투표는 허용되지 않는다).

3) 대법원 2009. 1. 30. 선고 2008도6950 판결(신○아학력위조사건)(피고인이 이화여자대학교에 제출한 서류는 허위 학력이 기재된 이력서뿐이었고, 이화여자대학교는 피고인의 문화예술계 활동경력이 학생들에게 도움이 될 것이라는 점을 고려하여 피고인을 시간강사로 임용하였고, 피고인이 강의한 과목은 학위취득 여부와 무관한 문화예술 활동 경험이 뒷받침되어야 하는 것이었으며, 시간강사 임용심사업무 담당자는 피고인의 성곡미술관 큐레이터 경력을 보고 이력서에 기재한 학력을 믿었기 때문에 학위증이나 졸업증명서를 따로 요구하지 않았던 사정을 인정할 수 있는바, 임용심사업무 담당자로서는 피고인에게 학력 관련 서류의 제출을 요구하여 이력서와 대조 심사하였더라면 문제를 충분히 인지할 수 있었음에도 불구하고, 업무담당자의 불충분한 심사로 인하여 허위 학력이 기재된 이력서를 믿은 것이므로 피고인의 위계행위에 의하여 업무방해의 위험성이 발생하였다고 할 수 없다).

4) 대법원 2020. 9. 24. 선고 2017도19283 판결(허위봉사활동확인서제출사건)(피고인 2는 2009. 3.경부터 2010. 1.경까지 ㅁㅁ병원 관리이사 공소외 1을 통하여 공소외 2가 2009. 3. 14.부터 2010. 1. 16.까지 총 84시간의 봉사활동을 한 것처럼 허위로 기재된 봉사활동확인서를 발급받아 피고인 1에게 교부하였고, 피고인 1은 이를 공소외 2의 담임교사를 통하여 ◇◇고에 제출함으로써 공소외 2로 하여금 2010. 1. 26. ◇◇고등학교장 명의의 봉사상을 수상하

판례에 의하면, ① 비록 논문작성자가 지도교수의 지도에 따라 논문의 제목·주제·목차 등을 직접 작성하였다고 하더라도 자료를 분석·정리하여 논문의 내용을 완성하는 일의 대부분을 타인에게 의존한 경우[1], ② 甴저축은행 경영진인 피고인이 甴저축은행의 영업정지가 임박한 상황에서 甴저축은행에 파견되어 있던 금융감독원 감독관에게 알리지 아니한 채 영업마감 후에 특정 고액 예금채권자들에게 영업정지 예정사실을 알려주어 예금을 인출하도록 함으로써 파견감독관의 상시감독업무를 방해한 경우[2], ③ 수산업협동조합의 신규직원 채용에 응시한 자가 필기시험에서 합격선에 미치지 못하는 점수를 받게 되자, 피고인의 지시에 따라 채점업무 담당자들이 점수조작행위를 통하여 응시자를 필기시험에 합격시킴으로써 필기시험 합격자를 대상으로 하는 면접시험에 응시할 수 있도록 한 경우[3], ④ 한국도로공사가 공소외 금성산전주식회사의 고속도로 통행요금징수 기계화시스템의 성능에 대한 2차 현장평가를 하게 되었는데, 위 금성산전주식회사와는 반대의 이해관계를 가진 공소외 삼성전자주식회사의 직원들인 피고인들이 위 설비가 차량판별시 타이어의 접지면을 고려하고 있어 타이어의 접지면이 통상 예정했던 경우와 달라지면 그 차량판별에 오차가 발생하는 등의 문제점이 있음을 알아내어, 위 설비의 차량판별에 있어서의 문제점을 부각시키기 위하여, 한국도로공사에 알리지 아니한 채, 인위적으로 각종 소형화물차 16대의 타이어 공기압을 낮추어 접지면을 증가시킨 후 위 설비가 설치되어 있는 동서울톨게이트 하행선 우측 2번 라인을 통과하도록 한 경우[4], ⑤ 교수인 피고인 甴이 출제교수들로부터 대학원신입생전형시험문제를 제출받아 피고인 乙, 丙에게 그 시험문제를 알려주자 그들이 답안쪽지를 작성한 다음 이를 답안지에 그대로 베껴써서 그 정을 모르는 시험감독관에게 제출한 경우[5], ⑥ 학부모들이 대학교 교무처장 등에게 자녀들의 부정입학을 청탁하면서 그 대가로 대학교측에 기부금명목의 금품을 제공하고 이에 따라 교무처장 등이 그들의 실제 입학시험성적을 임의로 고쳐 그 석차가 모집정원의 범위 내에 들도록 사정부를 허위로 작성한 다음 이를 그정을 모르는 입학사정위원들에게 제출하여 그들로 하여금 그 사정부에 따라 입학사정을 하게 함으로써 자녀들을 합격자로 사정처리 하게 한 경우[6], ⑦ 주주가 주주총회에 참석하면서 소유 주식 중 일부에 관한 의결권의 대리행사를 타인들에게 나누어 위임하여 주주총회에 참석한 그 의결권 대리인들이 대표이사의 주주총회장에서의 퇴장 요구를 거절하면서 고성과 욕설 등을 사용하여

도록 하여, 위 피고인들은 공모하여 위계로써 ◇◇고등학교장의 봉사상 심사 및 선정 업무를 방해하였다. … ◇◇고의 봉사상 심사 및 선정 절차에 비추어 보면, 봉사상 심사 및 선정 업무는 학생이 제출한 봉사활동확인서의 내용이 진실함을 전제로 이루어지는 것으로 보일 뿐, 학생으로부터 봉사상에 관한 신청을 받아 해당 학생이 일정한 자격요건 등을 갖춘 경우에 한하여 그에 대한 수용 여부를 결정하는 업무라거나, 봉사활동확인서의 내용이 사실과 부합하지 않을 수 있음을 전제로 봉사상 수상의 자격요건 등을 심사·판단하는 업무라고 볼 수 없다. 또한 담임교사, 공적심사위원회 또는 ◇◇고등학교장이 봉사활동확인서 등 증빙자료가 위조되거나 허위로 작성될 수 있음을 전제로 봉사활동확인서의 발급기관에 별도로 문의하여 기재 내용을 다시 확인하는 등 형식, 명의, 내용의 진위 여부 등까지 모두 심사할 의무를 부담한다고 보기도 어렵다); 대법원 2008. 6. 26. 선고 2008도2537 판결; 대법원 2004. 3. 26. 선고 2003도7927 판결(허위비자신청서제출사건)(피고인이 원심공동피고인의 미국방문비자를 주한미국대사관 영사부에 신청함에 있어서 허위의 사실을 기재하여 신청서를 제출한 것에 그치지 않고, 그 소명을 위하여 허위로 작성한 서류를 제출하고 위 원심공동피고인으로 하여금 비자 면접 때 그에 맞추어 허위의 답변을 하도록 연습을 시켜 그와 같이 면접을 하게 하고 위 원심공동피고인의 회사 재직 여부를 묻는 미국대사관 직원의 문의 전화에 대하여 허위 답변을 한 경우에는 위계에 의한 업무방해죄로 의율하여 처단할 수 있다).

1) 대법원 1996. 7. 30. 선고 94도2708 판결(논문대필사건).
2) 대법원 2013. 1. 24. 선고 2012도10629 판결.
3) 대법원 2010. 3. 25. 선고 2009도8506 판결.
4) 대법원 1994. 6. 14. 선고 93도288 판결.
5) 대법원 1991. 11. 12. 선고 91도2211 판결.
6) 대법원 1994. 3. 11. 선고 93도2305 판결.

대표이사의 주주총회의 개최, 진행을 포기하게 만든 경우[1], ⑧ 피해자가 대표이사인 회사의 소방사업부장이 소속 직원들에게 허위의 사실을 유포하는 등의 방법을 사용하여 직원들로부터 사표를 제출받은 경우[2], ⑨ 피고인의 구속 형사사건의 변호인으로 선임된 변호사가 피고인에게 무죄판결을 받아주겠다고 약속한 일이 없고 피고인이 범죄사실을 자백하여 유죄의 선고를 받고 확정되었는데도, 피고인이 사람의 통행이 빈번한 변호사 사무실 앞에서 등에 붉은색 페인트로 '무죄라고 약속하고 이백만원에 선임했다. 사건담당변호사'라는 등을 기재한 흰까운을 입고 주변을 배회한 경우[3], ⑩ 특정 회사가 제공하는 게임사이트에서 정상적인 포커게임을 하고 있는 것처럼 가장하면서 통상적인 업무처리 과정에서 적발해 내기 어려운 사설 프로그램('한도우미 프로그램')을 이용하여 약관상 양도가 금지되는 포커머니를 약속된 상대방에게 이전해 준 경우[4], ⑪ 전용실시권 없이 의장권만을 경락에 의하여 취득한 자가 전용실시권에 기하여 그 권리범위에 속하는 물품을 제조·판매하는 거래에 관하여 자기에게만 실시권이 있는 양 주장하면서 물품의 제조판매의 중지와 불응시 제재하겠다는 통고문을 내용증명우편으로 발송한 경우[5], ⑫ 채점절차가 실질적으로 완료되어 채점위원이라고 하더라도 채점상의 착오를 바로 잡기 위한 것이 아닌 한 더 이상 채점결과를 변경할 수 없는 단계에서 일부 응시생들을 합격시킬 목적만으로 채점결과를 변경한 경우[6], ⑬ 대학교 총장이 신입생을 추가로 모집함에 있어 기부금을 낸 학부모나 교직원 자녀들의 성적 또는 지망학과를 고쳐 석차가 추가로 모집하는 인원의 범위 내에 들도록 사정부를 허위로 작성한 다음 그 정을 모르는 입학사정위원들에게 제출하여 허위로 작성된 사정부에 따라 입학사정을 하게 함으로써 위 자녀들을 합격자로 사정하게 한 경우[7], ⑭ 대한주택공사가 시행하는 택지개발사업의 공동택지용지 수의공급업무와 관련하여 택지개발예정지구 지정공고일 이후에 대상토지를 매수하여 관련 규정상 신청자격이 없는 자가, 계약일자를 위 공고일 이전으로 허위기재한 매매계약서를 기초로 소유권이전등기를 마친 후 그 등기부등본과 계약일자를 허위로 기재한 소유토지조서를 첨부하여 수의공급신청을 한 경우[8], ⑮ 고려상사주식회사가 공원모집을 함에 있어 학력, 경력을 기재한 이력서와 주민등록등본, 생활기록부 및 각서 등 서류를 교부받고, 응모자를 상대로 중학교 2, 3학년 수준의 객관식 문제와 '노사분규를 어떻게 생각하는가?'라는 주관식 문제를 출제하여 시험을 보게 한 것은 단순히 응모자의 노동력을 평가하기 위한 것만이 아니라 노사간의 신뢰형성 및 기업질서 유지를 위한 응모자의 지능과 경험, 교육정도, 정직성 및 직장에 대한 적응도 등을 감안하여 위 회사의 근로자로서 고용할 만한 적격자인지 여부를 결정하기 위한 자료를 얻기 위함인 것으로 인정되고, 피고인은 노동운동을 하기 위하여 노동현장에 취업하고자 하나, 자신이 서울대학교 정치학과에 입학한 학력과 국가보안법위반죄의 처벌전력 때문에 쉽사리 입사할 수 없음을 알고, 공소외인 명의로 허위의 학력과 경력을 기재한 이력서를 작성하고, 공소외인의 고등학교 생활기록부 등의 서류를 작성 제출하여 시험에 합격한 경우[9] 등에 있어서는 본죄가 성립한다.

하지만 ① 인터넷 자유게시판 등에 실제의 객관적인 사실을 게시하는 경우[10], ② 어장의 대표자였던

---

1) 대법원 2001. 9. 7. 선고 2001도2917 판결.
2) 대법원 2002. 3. 29. 선고 2000도3231 판결.
3) 대법원 1991. 8. 27. 선고 91도1344 판결.
4) 대법원 2009. 10. 15. 선고 2007도9334 판결.
5) 대법원 1977. 4. 26. 선고 76도2446 판결.
6) 대법원 1993. 12. 28. 선고 93도2669 판결.
7) 대법원 1993. 5. 11. 선고 92도255 판결.
8) 대법원 2007. 12. 27. 선고 2007도5030 판결.
9) 대법원 1992. 6. 9. 선고 91도2221 판결(서울대출신고졸행세사건).

피고인이 어장측에 대한 허위의 채권을 주장하면서 후임대표자에게 그 인장을 인도하기를 거절함으로써 후임대표자가 만기도래한 어장소유의 수산업협동조합 예탁금을 인출하지 못하였고 어장소유 선박의 검사를 받지 못한 결과를 초래한 경우1), ③ 객관적으로 보아 당해 출제교사가 출제할 것이라고 예측되는 순수한 예상문제를 선정하여 수험생이나 그 교습자에게 주는 경우 또는 시험의 출제위원이 문제를 선정하여 시험실시자에게 제출하기 전에 이를 유출한 경우2), ④ 피고인이 그가 경영하던 공장을 공소외인에게 양도하면서 미수 외상대금 채권의 수금권을 포기하기로 약정하고도 이를 외상채무자들에게 고지하지 아니하고 외상대금을 수령한 경우3), ⑤ 신규직원 채용권한을 갖고 있는 사장인 피고인 및 시험업무 담당자들이 모두 공모 내지 양해 하에 일반행정 6급시험 응시자인 공소외 2의 필기시험성적을 조작한 것과 전문계약직인 사서직 응시자 공소외 3을 면접대상자에 포함시킬 수 있도록 응시자격 요건을 변경한 부정행위를 한 경우4), ⑥ 시험답안지에 대한 채점을 완료하여 놓고도 그 후 교무처에 송부하는 성적단표에는 실제 시험답안지상의 점수와 다르게 기재하여 과락을 면하거나 보다 좋은 성적을 얻게 하고, 단지 백지 시험답안지에 그의 학번과 이름만을 기재하여 시험답안지철에 끼워 놓기만 한 경우5) 등에 있어서는 본죄가 성립하지 아니한다.

2) 위 력

'위력'6)이란 사람의 자유의사를 제압·혼란하게 할 만한 일체의 세력을 말한다. 유형적이든 무형적이든 묻지 아니하므로, 폭력·협박은 물론 사회적·경제적·정치적 지위와 권세에 의한 압박 등도 이에 포함된다. 현실적으로 피해자의 자유의사가 제압될 것을 요하는 것은 아니지

---

10) 대법원 2007. 6. 29. 선고 2006도3839 판결.
 1) 대법원 1984. 7. 10. 선고 84도638 판결.
 2) 대법원 1999. 12. 10. 선고 99도3487 판결(이러한 행위 자체는 위계를 사용하여 시험실시자의 업무를 방해하는 행위가 아니라 그 준비단계에 불과한 것이고, 그 후 그와 같이 유출된 문제가 시험실시자에게 제출되지도 아니하였다면 그러한 문제유출로 인하여 시험실시 업무가 방해될 추상적인 위험조차도 있다고 할 수 없으므로 본죄가 성립한다고 할 수 없다).
 3) 대법원 1984. 5. 9. 선고 83도2270 판결.
 4) 대법원 2007. 12. 27. 선고 2005도6404 판결(이 사건에서는 피고인의 위 시험업무 담당자들에 대한 부정한 지시나 이에 따른 업무 담당자들의 부정행위로 말미암아 공사의 신규직원 채용업무와 관련하여 오인·착각 또는 부지를 일으킨 상대방이 있다고 할 수 없으므로, 피고인 등의 위 부정행위가 곧 위계에 의한 업무방해죄에 있어서의 '위계'에 해당한다고 할 수 없다).
 5) 대법원 1999. 1. 15. 선고 98도663 판결(피고인의 행위는 그 성격상 개별 과목에 대한 성적 평가 후에 이루어지는 성적의 취합과 통보 및 그에 관한 자료의 보전 등과 같은 피고인 자신의 성적의 관리업무와 관련된 행위일 뿐만 아니라, 각 교과목의 성적은 담당교수가 학생의 정기시험성적과 평소 학습태도, 과제 및 보고서, 각종 부정기시험으로 종합평가하도록 규정하고 있음을 알아 볼 수 있으므로, 이 사건 대학교에 있어 성적평가업무는 대학 자체가 아니라 담당교수의 업무에 속한다).
 6) 대법원 2011. 3. 17. 선고 2007도482 전원합의체 판결(쟁의행위로서의 파업이 언제나 업무방해죄에 해당하는 것으로 볼 것은 아니고, 전후 사정과 경위 등에 비추어 사용자가 예측할 수 없는 시기에 전격적으로 이루어져 사용자의 사업운영에 심대한 혼란 내지 막대한 손해를 초래하는 등으로 사용자의 사업계속에 관한 자유의사가 제압·혼란될 수 있다고 평가할 수 있는 경우에 비로소 그 집단적 노무제공의 거부가 위력에 해당하여 업무방해죄가 성립한다. 이와 달리, 근로자들이 집단적으로 근로의 제공을 거부하여 사용자의 정상적인 업무운영을 저해하고 손해를 발생하게 한 행위가 당연히 위력에 해당하는 것을 전제로 노동관계 법령에 따른 정당한 쟁의행위로서 위법성이 조각되는 경우가 아닌 한 업무방해죄를 구성한다는 취지로 판시한 대법원 1991. 4. 23. 선고 90도2771 판결, 대법원 1991. 11. 8. 선고 91도326 판결, 대법원 2004. 5. 27. 선고 2004도689 판결, 대법원 2006. 5. 12. 선고 2002도3450 판결, 대법원 2006. 5. 25. 선고 2002도5577 판결 등은 이 판결의 견해에 배치되는 범위 내에서 변경한다).

만[1], 범인의 위세·사람 수·주위의 상황 등에 비추어 피해자의 자유의사를 제압하기 족한 세력을 의미하는 것으로서, 위력에 해당하는지는 범행의 일시·장소·동기·목적·인원수·세력의 태양·업무의 종류·피해자의 지위 등 제반 사정을 고려하여 객관적으로 판단하여야 한다.

또한 위력은 반드시 업무에 종사 중인 사람에게 직접 가해지는 세력만을 의미하는 것은 아니고, 사람의 자유의사를 제압하기에 족한 일정한 물적 상태를 만들어 사람으로 하여금 자유로운 행동을 불가능하게 하거나 현저히 곤란하게 하는 행위도 이에 포함될 수 있다.[2] 위력은 제3자를 통하여 간접적으로 행사하는 것도 포함될 수 있지만[3], 원칙적으로 피해자에게 행사되어야 하므로, 그 위력 행사의 상대방이 피해자가 아닌 제3자인 경우 그로 인하여 피해자의 자유의사가 제압될 가능성이 직접적으로 발생함으로써 이를 실질적으로 피해자에 대한 위력의 행사와 동일시할 수 있는 특별한 사정이 있는 경우가 아니라면 본죄가 성립한다고 볼 수 없다.[4]

판례에 의하면, ① 한국통신공사 직원들의 경우 단체협약에 따른 공사 사장의 지시로 09 : 00 이전에 출근하여 업무준비를 한 후 09 : 00부터 근무를 하도록 되어 있음에도 피고인이 쟁의행위의 적법한 절차를 거치지도 아니한 채 조합원들로 하여금 집단으로 09 : 00 정각에 출근하도록 지시를 하여 이에 따라 수천 명의 조합원들이 집단적으로 09 : 00 정각에 출근함으로써 전화고장수리가 지연되는 등으로 위 공사의 업무수행에 지장을 초래한 경우[5], ② 피고인을 포함한 집회 참가자 약 1,500명이 당초 신고한 집회장소를 벗어나 피해자 회사가 운영하는 매장을 둘러싸고 함성을 지르며 매장점거를 계속 시도하였고, 그 과정에서 이를 저지하는 경찰과 충돌하여 폭력을 행사한 사실, 위와 같은 매장점거 시도행위로 인하여 피해자 회사의 매장을 방문한 손님들의 출입이 현저히 곤란해진 경우[6], ③ 중구청 소속 직원에 의한 소음측정결과에 의하면 당시 집회 및 시위소음은 82.9dB 내지 100.1dB[7]에 이르렀고, 이로 인하여 중구청사 내에서는 전화통화, 대화 등이 어려웠으며, 밖에서는 부근을 통행하기조차 곤란하였고, 인근 음식점, 자전거대리점, 제과점 등의 상인들도 소음으로 인한 고통을 호소한 경우[8], ④ 노동쟁의가 중재에 회부된 때에는 그 날부터 15일간 쟁의행위를 할 수 없음에도 위 기간 동안에 노조원들로 하여금 집단적으로 노무의 제공을 거부하도록 한 경우[9], ⑤ 휴식과 담화의 장소로서 정온을 필요로 하는 다방 내에서 상당시간 고성으로 악담을 반복한 경우[10], ⑥ 피해자가 시장번영회를 상대로 잦은 진정을 하고

1) 대법원 1995. 10. 12. 선고 95도1589 판결.
2) 대법원 2009. 9. 10. 선고 2009도5732 판결(피고인이 1,900㎡의 논밭에서 피해자들이 경작 중이던 농작물을 농기계(트랙터)를 이용하여 갈아엎어 버린 다음 그곳에 피고인을 위해 이랑을 만들고 새로운 농작물을 심어 놓는 방법으로 피해자들의 자유의사를 제압하기에 족한 물적 상태를 만들어 피해자들로 하여금 자유로운 논밭 경작 행위를 불가능하게 하거나 현저히 곤란하게 한 사실을 알 수 있다).
3) 대법원 2013. 2. 28. 선고 2011도16718 판결.
4) 대법원 2013. 3. 14. 선고 2010도410 판결.
5) 대법원 1996. 5. 10. 선고 96도419 판결(9시정각출근사건).
6) 대법원 2011. 10. 13. 선고 2009도5698 판결.
7) 참고로 시위할 때 확성기의 소리가 80dB 이상이면 단속의 대상이 된다. 110dB은 자동차의 경적 소리 정도이고, 120dB은 비행기 소리 정도이다.
8) 대법원 2004. 10. 15. 선고 2004도4467 판결.
9) 대법원 2003. 12. 26. 선고 2001도1863 판결.
10) 대법원 1961. 2. 24. 선고 4293형상864 판결.

협조를 하지 않는다는 이유로 시장번영회 총회결의에 의하여 피해자 소유점포에 대하여 정당한 권한 없이 단전조치를 한 경우[1], ⑦ 회사가 조합의 대의원이 아닌 피고인에게 회사 내의 조합대의원회의에 참석하는 것을 허락하지 아니하였는데도 그 의사에 반하여 함부로 거기에 들어가고 회사경비원들의 출입통제업무를 방해한 경우[2], ⑧ 피해자가 운영하고 있는 학원이 자신의 명의로 등록되어 있는 지위를 이용하여 임의로 폐원신고를 한 경우[3], ⑨ 자신의 명의로 사업자등록이 되어 있고 자신이 상주하여 지게차 판매 등을 하고 있는 지위를 이용하여, 피해자의 사업장 출입을 금지하기 위하여 출입문에 설치된 자물쇠의 비밀번호를 변경한 경우[4], ⑩ 항공사의 조종사 노동조합 쟁의행위에 대한 노동부장관의 긴급조정결정 공표 이후 자택 복귀 도중에 위 결정 규탄대회에 참가한 행위는 회사의 업무를 방해하였다고 볼 수 없으나, 개별적 업무복귀 확인신고에 관한 회사의 지시를 집단적으로 어기고 이를 지체한 경우[5], ⑪ 해고되어 회사의 근로자도 아닌 피고인이 시위근로자 570명과 함께 회사건물 본관 앞까지 이동한 다음 무단점거를 저지하려는 관리직사원 등 400여 명을 힘으로 밀어붙이고 동 건물을 점거한 경우[6], ⑫ 노조원들에 의한 회사 점거 중 해고근로자가 노조 임시사무실에 들어간 경우[7], ⑬ 사무실 임차인이 임대차계약 종료 후 갱신계약 여부에 관한 의사표시나 명도의무를 지체하고 있다는 이유로 임대인이 단전조치를 취한 경우[8], ⑭ 호텔 내 주점의 임대인이 임차인의 차임 연체를 이유로 계약서상 규정에 따라 위 주점에 대하여 단전·단수조치를 취한 경우, 약정 기간이 만료되었고 임대차보증금도 차임연체 등으로 공제되어 이미 남아있지 않은 상태에서 미리 예고한 후 단전·단수조치를 하였다면 제20조의 정당행위에 해당하지만, 약정 기간이 만료되지 않았고 임대차보증금도 상당한 액수가 남아있는 상태에서 계약해지의 의사표시와 경고만을 한 후 단전·단수조치를 한 경우[9], ⑮ 비록 피해자가 대출이자를 연체하고 있었다고는 하나 그 금액이 소액일 뿐만 아니라, 일부씩 변제를 하고 있었음에도 피고인의 주도로 소액의 지연이자를 문제 삼아 법적조치를 거론하면서 한 달여에 걸쳐 매일 평균 10통 가량, 어떤 날은 심지어 90여 통에 이르는 무차별적인 전화 공세를 하여 소규모 간판업의 경영을 방해한 경우[10] 등에 있어서는 본죄가 성립한다.

   하지만 ① 계약갱신 및 체납임·관리비 상당액을 독려차 나온 사원에게 '너희들이 무엇인데 상인협의회에서 하는 일을 방해하며 협의회에서 돌리는 유인물을 압수하느냐 당장 해임시키겠다'라고 한 정도의 욕설을 한 경우[11], ② 시장번영회 회장이 이사회의 결의와 시장번영회의 관리규정에 따라서 관리비 체납자의 점포에 대하여 단전조치를 한 경우[12], ③ 이 사건 당시 만 74세를 넘긴 피고인이 주위에 종중원들 및 마을 주민들 10여 명과 지적공사 직원 3명이 모여 있는데 나타나서 소리치며 시비를 하며 혼자 측량을 반대한 경우[13], ④ 사용자의 직장폐쇄가 정당한 쟁의행위로 인정되지 아니한 상황에서 다른 특별한

---

 1) 대법원 1983. 11. 8. 선고 83도1798 판결.
 2) 대법원 1991. 9. 10. 선고 91도1666 판결.
 3) 대법원 2005. 3. 25. 선고 2003도5004 판결.
 4) 대법원 2009. 4. 23. 선고 2007도9924 판결.
 5) 대법원 2010. 4. 8. 선고 2007도6754 판결.
 6) 대법원 1990. 6. 12. 선고 90도672 판결.
 7) 대법원 1994. 2. 8. 선고 93도120 판결.
 8) 대법원 2006. 4. 27. 선고 2005도8074 판결.
 9) 대법원 2007. 9. 20. 선고 2006도9157 판결.
10) 대법원 2005. 5. 27. 선고 2004도8447 판결(90통전화사건).
11) 대법원 1983. 10. 11. 선고 82도2584 판결.
12) 대법원 2004. 8. 20. 선고 2003도4732 판결.

사정이 없는 한 근로자가 평소 출입이 허용되는 사업장 안에 들어간 경우[1]), ⑤ 임대인 甲으로부터 건물을 임차하여 학원을 운영하던 피고인이 건물을 인도한 이후에도 자신 명의로 된 학원설립등록을 말소하지 않고 휴원신고를 연장함으로써 새로운 임차인 乙이 그 건물에서 학원설립등록을 하지 못하도록 한 경우[2]), ⑥ 철도노동조합과 산하 지방본부 간부인 피고인들이 '구내식당 외주화 반대' 등 한국철도공사의 경영권에 속하는 사항을 주장하면서 업무 관련 규정을 지나치게 철저히 준수하는 등의 방법으로 안전운행투쟁을 전개하여 열차가 지연 운행되도록 한 경우[3]), ⑦ 비록 공사대금을 받을 목적으로 건축자재를 치우지 않았더라도, 피고인이 자신의 공사를 위하여 쌓아 두었던 건축자재를 공사 완료 후에 단순히 치우지 않은 경우[4]) 등에 있어서는 본죄가 성립하지 아니한다.

3) 업무방해

'업무를 방해'한다는 것은 업무의 집행 자체를 방해하는 것은 물론이고 널리 업무의 경영을 저해하는 것도 포함한다.[5]) 그러나 어떤 행위의 결과 상대방의 업무에 지장이 초래되었다고 하더라도 행위자가 가지는 정당한 권한을 행사한 것으로 볼 수 있는 경우에는, 행위의 내용이나 수단 등이 사회통념상 허용될 수 없는 등 특별한 사정이 없는 한 본죄를 구성하는 위력을 행사한 것이라고 할 수 없다. 따라서 제3자로 하여금 상대방에게 어떤 조치를 취하게 하는 등으로 상대방의 업무에 곤란을 야기하거나 그러한 위험이 초래되게 하였다고 하더라도 행위자가 제3자의 의사결정에 관여할 수 있는 권한을 가지고 있거나 그에 대하여 업무상 지시를 할 수 있는 지위에 있는 경우에는 특별한 사정이 없는 한 본죄를 구성하지 아니한다.[6])

판례에 의하면, 주식회사의 임시주주총회 결과 대표이사로 선임된 피해자가 업무집행을 위하여 회사 사무실에 들어가려고 하자 피고인들이 이를 제지한 행위는 주식회사의 업무방해의 결과를 초래할 위험

---

13) 대법원 1999. 5. 28. 선고 99도495 판결.
 1) 대법원 2002. 9. 24. 선고 2002도2243 판결.
 2) 대법원 2010. 11. 25. 선고 2010도9186 판결.
 3) 대법원 2014. 8. 20. 선고 2011도468 판결.
 4) 대법원 2017. 12. 22. 선고 2017도13211 판결.
 5) 대법원 2013. 1. 31. 선고 2012도3475 판결; 대법원 2012. 5. 24. 선고 2009도4141 판결; 대법원 2005. 4. 15. 선고 2004도8701 판결; 대법원 2002. 3. 29. 선고 2000도3231 판결; 대법원 1999. 5. 14. 선고 98도3767 판결(고객의 의뢰에 따라 항공속달에 의하여 서류를 배달하는 것을 업무로 하는 피해자 회사가 그 업무를 수행함에 있어 고객이 배달을 의뢰하지 않은 이 사건 전단이 서류와 함께 전달이 됨으로써 이를 배달받은 사람으로서는 위 서류뿐만 아니라 이 사건 전단도 배달을 의뢰한 고객이 보낸 것으로 오인하게 되고, 더구나 이 사건 전단의 내용이 특정 종교를 심하게 비방하는 것으로서 사회통념상 용인되기 어렵다고 할 것이므로 결국 피해자가 배달을 의뢰한 고객의 위탁취지에 어긋나게 업무를 처리한 결과가 되었다고 할 것이고, 배달을 의뢰받은 서류 자체가 훼손되지 않고 배달되었다고 하여 피해자의 업무가 방해되지 않았다고 할 수 없다고 할 것이다. 뿐만 아니라 위와 같이 배달을 의뢰한 고객의 위탁취지에 어긋나게 배달이 이루어짐으로써 종국에는 피해자의 업무의 경영이 저해될 위험이 발생하였다고 하지 아니할 수 없다).
 6) 대법원 2021. 7. 8. 선고 2021도3805 판결(회계자료열람권을 가진 피고인이 이 사건 협회 사무실에서 회계서류 등의 열람을 요구하는 과정에서 협회 직원들을 불러 모아 상당한 시간 동안 이야기를 하거나 피고인의 요구를 거부하는 직원에게 다소 언성을 높여 책임을 지게 될 수 있다고 이야기한 사정 등만으로는 피고인의 행위가 업무방해 행위에 해당하지 않는다); 대법원 2013. 2. 28. 선고 2011도16718 판결.

을 야기하였다고 인정하기에 충분하다.[1]

하지만 ① 도급인의 공사계약 해제가 적법하고 수급인이 스스로 공사를 중단한 상태에서 도급인이 공사현장에 남아 있는 수급인 소유의 공사자재 등을 다른 곳에 옮겨 놓은 경우[2], ② 피고인이 피해자들에게 대하양식장에 관한 권리 일체를 양도하고 그 대금일부를 지급받은 상태에서 피고인과 피해자들이 쌍방의 합의로 양식장 운영을 목적으로 하는 주식회사를 설립하는 한편 피해자들이 양식장 운영을 해 왔는데, 양식장 양도잔대금의 지급관계 등을 둘러싸고 분규가 끊임없이 계속되자 피고인이 적극적으로 양식장 운영에 관여하여 자신의 돈으로 관리인에게 급료를 지급하고 사료를 투입하는 등 대하 사육을 계속하였으며, 피고인이 자기측 관리인을 시켜 수문을 철사로 묶어 자물쇠를 채워두고 있었는데, 피해자들이 관리인이 없는 틈을 타 절단기로 자물쇠를 절단한 후 대하를 포획하였고, 피고인이 경찰관이 지시하는 바에 따라 더 이상의 포획행위를 중지시키기 위하여 수문을 잠그고 또 수문여닫이용 손잡이를 회사 창고에 보관하였다면, 양식대하에 대한 소유권이 피고인에게 귀속되는지의 여부에 관계없이 양식대하에 대한 현재의 관리상태를 유지하려고 한 경우[3], ③ 기존 비실명자산의 거래자가 긴급명령의 시행에 따라 이를 실명전환하는 경우 금융기관으로서는 실명전환사무를 처리함에 있어서 거래통장과 거래인감 등을 소지하여 거래자라고 자칭하는 자의 명의가 실명인지 여부를 확인하여야 하고, 그것으로써 금융기관으로서의 할 일을 다하는 것이라 할 것이고, 그가 과연 금융자산의 실질적인 권리자인지 여부를 조사·확인할 것까지는 없다고 할 것이므로, 기존의 비실명예금을 합의차명에 의하여 명의대여자의 실명으로 전환한 경우[4], ④ 대학교 입시에서 수험생의 학부모들로부터 합격시켜 달라는 청탁을 받은 甲교수가 그 수험생으로 하여금 답안지에 비밀표시를 하도록 해 놓고 채점위원이 될 것으로 예상되는 乙교수에게 비밀표시된 답안지 채점을 부정하게 높게 하는 등 위계의 방법으로 부정합격시키도록 하자고 부탁하여 乙이 이를 승낙하는 방법으로 甲과 공모하였는데, 그 후 乙이 채점위원이 되지 아니하자 채점위원이 된 丙교수에게 그와 같은 부정채점을 청탁한 경우, 丙이 乙의 부정채점 제의를 거절하고 즉시 그 대학교 교무처장에게 신고함으로써 더 이상 입시부정행위를 할 수 없게 된 경우[5] 등에 있어서는 본죄의 성립을 인정하지 아니한다.

3. 위법성조각사유

판례에 의하면, ① 자기소유의 토지에 타인이 가옥을 신축하려고 기초를 판 것을 메워버린 경우[6], ② 피고인이 점유·경작하고 있는 논에 공소외인이 그 논의 소유권을 취득하였다는 이유로 적법한 절차에 의한 인도를 받지 아니한 채 묘판을 설치하려고 하자 피고인이 그 묘판을 허물어뜨린 경우[7], ③ 피고인의 의사에 반하여 피고인이 30년 동안 점유해 온 대지 위에 담장을 축조하려는 것을 피고인이 다소의 위력을 과시하여 이를 저지한 경우[8], ④ 쟁의행위가 전체적으로 노동조합의 지침에 따라 이루어졌고,

1) 대법원 1997. 3. 11. 선고 96도2801 판결.
2) 대법원 1999. 1. 29. 선고 98도3240 판결.
3) 대법원 1994. 4. 12. 선고 93도2690 판결.
4) 대법원 1997. 4. 17. 선고 96도3377 전원합의체 판결.
5) 대법원 1994. 12. 2. 선고 94도2510 판결.
6) 대법원 1985. 10. 22. 선고 85도1597 판결.
7) 대법원 1980. 9. 9. 선고 79도249 판결.

그 기간이 매우 짧고 시간도 오전 또는 오후의 반나절만 이용하였으며, 폭력은 전혀 사용되지 아니하였던 경우[1], ⑤ 국유토지가 공개입찰에 의하여 매매되고 그 인도집행이 완료되었다고 하더라도 그 토지의 종전 경작자인 피고인이 파종한 보리가 30cm 이상 성장하였다면 그 보리는 피고인의 소유로서 그가 수확할 권한이 있다고 할 것이어서, 토지매수자가 토지를 경작하기 위하여 소를 이용하여 쟁기질을 하고 성장한 보리를 갈아 뭉개는 행위는 피고인의 재산에 대한 현재의 부당한 침해라고 할 것이므로 이를 막기 위하여 그 경작을 못 하도록 소 앞을 가로막고 쟁기를 잡아당기는 등의 행위를 한 경우[2] 등에 있어서는 위법성이 조각된다.

하지만 ① 긴박한 경영상의 필요에 의하여 하는 이른바 정리해고의 실시는 사용자의 경영상의 조치라고 할 것이므로, 정리해고에 관한 노동조합의 요구내용이 '사용자는 정리해고를 하여서는 아니 된다'는 취지인 경우[3], ② 한국조폐공사 노동조합이 임금 등 근로조건 개선을 내세워 쟁의행위에 돌입하였으나 그 주된 목적은 정부의 공기업 구조조정 및 그 일환으로 추진되는 조폐창 통폐합을 반대하기 위한 대정부 투쟁에 있는 경우[4] 등에 있어서는 위법성이 조각되지 아니한다.

4. 죄수 및 다른 범죄와의 관계

허위사실을 유포한 행위가 허위사실 유포에 의한 업무방해죄뿐만 아니라 허위사실 적시에 의한 명예훼손죄에도 해당하는 경우에는 양죄의 상상적 경합관계가 인정된다.[5] 하지만 공동재물손괴의 범행은 업무방해의 과정에서 그 소란의 일환으로 저지른 것이기는 하지만, 양죄는 피해자가 다를 뿐만 아니라 업무방해의 범행은 공동재물손괴의 범행 외에 장시간에 걸쳐 집단적으로 한국철도공사 사업본부장실을 점거하고 구호를 제창하는 등의 위력을 행사하는 방법으로 저지른 것이어서 행위의 태양이 다르다고 할 것이므로 양죄는 실체적 경합범의 관계에 있다.[6]

Ⅲ. 컴퓨터등장애 업무방해죄

제314조(업무방해) ② 컴퓨터등 정보처리장치 또는 전자기록등 특수매체기록을 손괴하거나 정보처리장치에 허위의 정보 또는 부정한 명령을 입력하거나 기타 방법으로 정보처리에 장애를 발생하게 하여 사람의 업무를 방해한 자도 제1항의 형과 같다.

---

8) 대법원 1982. 6. 8. 선고 82도805 판결.
1) 대법원 2004. 9. 24. 선고 2004도4641 판결.
2) 대법원 1977. 5. 24. 선고 76도3469 판결.
3) 대법원 2001. 4. 24. 선고 99도4893 판결.
4) 대법원 2002. 2. 26. 선고 99도5380 판결.
5) 대법원 2007. 11. 15. 선고 2007도7140 판결; 대법원 1993. 4. 13. 선고 92도3035 판결.
6) 대법원 2007. 5. 11. 선고 2006도9478 판결.

1. 의의 및 보호법익

컴퓨터등장애 업무방해죄는 컴퓨터 등 정보처리장치 또는 전자기록 등 특수매체기록을 손괴하거나 정보처리장치에 허위의 정보 또는 부정한 명령을 입력하거나 기타 방법으로 정보처리장치에 장애를 발생하게 하여 사람의 업무를 방해함으로써 성립하는 범죄이다. 본죄의 보호법익은 사람의 업무이고, 보호의 정도는 추상적 위험범이다. 또한 '정보처리장치에 장애를 발생하게' 할 것을 요구하므로 결과범에 해당한다.

2. 구성요건

(1) 객 체

1) 컴퓨터 등 정보처리장치

'컴퓨터 등 정보처리장치'란 자동적으로 계산이나 데이터처리를 할 수 있는 전자장치를 말하는데, 하드웨어가 대표적이다. 반면에 소프트웨어가 정보처리장치에 포함되는지 여부와 관련하여, ① 적극설[1], ② 소극설[2] 등의 대립이 있다.

이에 대하여 판례는 「컴퓨터 등 정보처리장치'란 자동적으로 계산이나 데이터처리를 할 수 있는 전자장치로서 하드웨어와 소프트웨어를 모두 포함하고 … 」라고 판시[3]하여, 적극설의 입장을 취하고 있다.

생각건대 소프트웨어는 정보처리장치가 아니라 정보처리에 이용되는 전자기록에 해당하므로 특수매체기록이라고 보아야 한다.

한편 정보처리장치는 업무에 사용되는 것이어야 한다. 그러므로 업무와 관계없는 개인용 컴퓨터 · USB · 외장하드 등은 본죄의 객체가 되지 아니하지만, 비밀침해죄의 객체는 될 수 있다. 또한 정보처리장치는 정보의 보존 · 검색 등 정보처리를 독자적으로 수행해야 한다. 그러므로 자동판매기 · 자동개찰기 · 인형뽑기 기계 · 휴대용 계산기 등은 이에 해당하지 아니한다.

2) 전자기록 등 특수매체기록

'전자기록'이란 전자적 방식과 자기적 방식에 의하여 수록 · 보존되어 있는 기록 그 자체를 말한다. '전자적 방식'이란 전자의 작용을 이용한 기록으로, 반도체기억집적회로(IC메모리)가 대표적이다. '자기적 방식'이란 자기디스크 · 자기테이프 · 광자기디스크 등을 사용한 기록으로, 신용카드 · 공중전화카드 · 지하철승차권 등의 자기띠 부분이 이에 해당한다. '특수매체기록'이란 전자기록을 제외한 레이저광이나 광디스크를 이용한 기록을 말하는데, 이는 업무에 사용되는 것

---

1) 김선복, 218면; 김일수/서보학, 183면; 배종대, 232면; 손동권/김재윤, 229면; 신동운, 742면; 정영일, 113면.
2) 김성돈, 267면; 박상기, 560면; 오영근, 196면; 이형국/김혜경, 274면; 임 웅, 282면; 정성근/정준섭, 148면; 최호진, 252면.
3) 대법원 2012. 5. 24. 선고 2011도7943 판결; 대법원 2004. 7. 9. 선고 2002도631 판결.

이어야 한다.

(2) 행 위

1) 손 괴

'손괴'란 유형력을 행사하여 물리적으로 파괴·멸실시키는 것뿐만 아니라 전자기록의 소거나 자력에 의한 교란도 포함한다. 또한 컴퓨터의 하드디스크를 분리하여 보관하는 경우도 이에 해당한다.[1)

2) 허위의 정보 또는 부정한 명령의 입력

'허위의 정보 또는 부정한 명령의 입력'이란 객관적으로 진실에 반하는 내용의 정보를 입력하거나 정보처리장치를 운영하는 본래의 목적과 상이한 명령을 입력하는 것을 말한다. 예를 들면 업무수행을 위해서가 아니라 담당직원의 정상적인 업무수행을 방해할 의도에서 그 담당 직원의 의사와는 상관없이 함부로 컴퓨터에 비밀번호를 설정한 행위, 정보처리장치를 관리·운영할 권한이 없는 자가 그 정보처리장치에 입력되어 있던 관리자의 아이디와 비밀번호를 무단으로 변경하는 행위[2), 기기의 기능을 마비시키는 바이러스 프로그램을 설치하는 행위[3), 킹크랩을 이용한 댓글 순위 조작[4) 등이 이에 해당한다. 한편 컴퓨터등사용사기죄와의 관계에 있어서 진실한 정보의 무권한 사용행위가 문제될 수 있으므로 입법적인 보완이 요구된다.

3) 기타 방법

'기타 방법'이란 컴퓨터의 정보처리에 장애를 초래하는 가해수단으로서 컴퓨터의 작동에 직접·간접으로 영향을 미치는 일체의 행위를 말한다. 예를 들면 전원의 차단·통신회선의 절단·대량동시접속으로 인한 서버의 다운·대량의 데이터입력·실온(室溫)의 조작·프로그램의 초기화 등이 이에 해당한다.

4) 장애발생

'장애'란 컴퓨터가 설치관리자의 사용목적에 적합한 작동을 하지 못하게 하거나 그 사용목적과는 다른 기능 또는 산출을 하게 하는 것을 말한다. 이와 같이 본죄가 성립하기 위해서는 일련의 가해행위의 결과로 인하여 정보처리장치가 그 사용목적에 부합하는 기능을 하지 못하거나 사용목적과 다른 기능을 하는 등 정보처리의 장애가 현실적으로 발생하였을 것을 요한다.[5)

1) 대법원 2012. 5. 24. 선고 2011도7943 판결.
2) 대법원 2007. 3. 16. 선고 2006도6663 판결; 대법원 2006. 3. 10. 선고 2005도382 판결.
3) 대법원 2013. 3. 28. 선고 2010도14607 판결(악성프로그램이 설치된 피해 컴퓨터 사용자들이 실제로 인터넷 포털 사이트 '네이버' 검색창에 해당 검색어로 검색하거나 검색 결과에서 해당 스폰서링크를 클릭하지 않았음에도 악성프로그램을 이용하여 그와 같이 검색하고 클릭한 것처럼 네이버의 관련 시스템 서버에 허위의 신호를 발송하는 방법으로 정보처리에 장애를 발생하게 하였다).
4) 대법원 2021. 7. 21. 선고 2020도16062 판결(경남도지사사건).
5) 대법원 2010. 9. 30. 선고 2009도12238 판결(피고인들이 불특정 다수의 인터넷 이용자들에게 배포한 '업링크솔루션'이라는 프로그램은, 甲 회사의 네이버 포털사이트 서버가 이용자의 컴퓨터에 정보를 전송하는 데에는 아무런 영향을 주지 않고, 다만 이용자의 동의에 따라 위 프로그램이 설치된 컴퓨터 화면에서만 네이버 화면이 전송받은 원래 모습과는 달리 피고인들의 광고가 대체 혹은 삽입된 형태로 나타나도록 하는 것에 불과하므로, 이것만으로

만약 이러한 장애가 발생하지 않으면 본죄의 미수가 되는데, 미수범 처벌규정이 없으므로 불가벌이 된다. 일시적 장애라도 이에 해당하지만, 시간과 노력을 크게 들이지 않고 제거할 수 있는 장애인 경우에는 이에 해당하지 아니한다. 또한 타인의 패스워드와 비밀번호를 무단으로 사용하는 행위, 타인의 정보를 부정하게 입수하는 행위, 타인의 컴퓨터 등을 무단으로 사용하는 행위, 단순히 메인 컴퓨터의 비밀번호를 알려주지 아니한 행위[1] 등은 이에 해당하지 아니한다.

5) 업무방해

본죄가 성립하기 위해서는 위의 행위들로 인하여 업무방해행위가 있어야 한다. '업무방해'란 정보처리에 장애가 발생한 결과 정보처리장치로 처리하려는 사무에 지장을 초래하는 일체의 행위를 말한다. 하지만 정보처리에 장애를 발생하게 하여 업무방해의 결과를 초래할 위험이 발생한 이상, 나아가 업무방해의 결과가 실제로 발생하지 않더라도 본죄가 성립한다.[2] 한편 공무가 본죄의 업무에 해당하는지 여부와 관련하여, ① 적극설[3], ② 소극설[4] 등의 대립이 있는데, 업무방해죄에서 본 바와 같이 공무를 제외하는 것이 타당하다.

IV. 경매·입찰방해죄

> 제315조(경매·입찰의 방해) 위계 또는 위력 기타 방법으로 경매 또는 입찰의 공정을 해한 자는 2년 이하의 징역 또는 700만원 이하의 벌금에 처한다.

1. 의의 및 보호법익

경매·입찰방해죄는 위계 또는 위력 기타 방법으로 경매 또는 입찰의 공정을 해함으로써 성립하는 범죄이다. 본죄의 보호법익은 경매 또는 입찰의 공정성이고, 보호의 정도는 추상적 위험범이다.[5] 그러므로 결과의 불공정이 현실적으로 나타나는 것을 필요로 하지 아니한다.[6] 한편 건설공사의 입찰에서 부당한 이익을 취득하거나 공정한 가격 결정을 방해할 목적으로 입찰자가 서로 공모하여 미리 조작한 가격으로 입찰한 자, 다른 건설업자의 견적을 제출한 자, 위

는 정보처리장치의 작동에 직접·간접으로 영향을 주어 그 사용목적에 부합하는 기능을 하지 못하게 하거나 사용목적과 다른 기능을 하게 하였다고 볼 수 없어 컴퓨터등장애업무방해죄로 의율할 수 없다).

1) 대법원 2004. 7. 9. 선고 2002도631 판결.
2) 대법원 2021. 4. 29. 선고 2020도15674 판결; 대법원 2009. 4. 9. 선고 2008도11978 판결(포털사이트 운영회사의 통계집계시스템 서버에 허위의 클릭정보를 전송하여 검색순위 결정 과정에서 위와 같이 전송된 허위의 클릭정보가 실제로 통계에 반영됨으로써 정보처리에 장애가 현실적으로 발생하였다면, 그로 인하여 실제로 검색순위의 변동을 초래하지는 않았다고 하더라도 컴퓨터등장애 업무방해죄가 성립하는 것이다).
3) 김신규, 260면; 김일수/서보학, 184면; 이형국/김혜경, 276면('위계에 의한 공무집행방해죄에는 컴퓨터 등을 수단으로 하지 않으므로, 본죄의 객체에는 공무도 포함된다'); 임 웅, 283면; 정영일, 114면.
4) 배종대, 233면; 오영근, 195면.
5) 대법원 2010. 10. 14. 선고 2010도4940 판결; 대법원 1994. 5. 24. 선고 94도600 판결.
6) 대법원 2007. 5. 31. 선고 2006도8070 판결.

계 또는 위력 그 밖의 방법으로 다른 건설업자의 입찰행위를 방해한 자[1] 중의 어느 하나에 해당하는 행위를 한 자는 5년 이하의 징역 또는 2억원 이하의 벌금에 처한다(건설산업기본법 제95조). 이는 건설공사의 입찰에서 입찰의 공정을 해하는 행위를 하는 건설업자들을 특별히 가중처벌하기 위한 것으로서 본죄의 특별규정에 해당한다.

2. 구성요건

(1) 객 체

본죄의 객체는 경매 또는 입찰이다. '경매'란 다수인으로부터 구두로 청약을 받고 그 중에서 최고가격의 청약자에게 승낙을 하여 매매를 성립시키는 것이고, '입찰'이란 경쟁계약에 있어서 경쟁에 참가한 다수인으로부터 계약의 내용을 표시하게 하여 가장 유리한 청약자를 상대방으로 하여 계약을 체결하는 것을 말한다. 즉 경매는 경쟁자들이 서로 상대방의 청약조건을 알 수 있는 반면에, 입찰은 경쟁자들이 서로의 청약조건을 알 수 없다는 점에서 차이가 있다. 이에 따라 실제에 있어서 경매보다는 입찰을 방해하는 행위가 빈번하게 발생하고 있다.

국가 또는 지방자치단체가 행하는 공경매·입찰뿐만 아니라 사인이 행하는 사경매·입찰도 포함된다. 입찰시행자가 입찰을 실시할 법적 의무에 기하여 시행한 입찰이라야만 본죄의 객체가 되는 것은 아니다.[2] 하지만 본죄가 성립하려면 최소한 적법하고 유효한 경매·입찰 절차의 존재가 전제되어야 한다.[3] 따라서 공정한 자유경쟁을 통한 적정한 가격형성을 목적으로 하는 입찰절차가 아니라 공적·사적 경제주체의 임의의 선택에 따른 계약체결의 과정에 공정한 경쟁을 해하는 행위가 개재되었다고 하여 본죄로 처벌할 수는 없다.[4]

---

1) 여기서 '입찰행위'를 방해한다고 함은 형법상의 입찰방해죄의 구성요건을 충족함을 의미하는 것이므로 건설산업기본법 제95조 제3호 소정의 '입찰행위'의 개념은 형법상의 입찰방해죄에 있어 '입찰'과 동일한 개념이라고 할 것이다(대법원 2013. 10. 17. 선고 2013도6966 판결; 대법원 2001. 11. 30. 선고 2001도2423 판결). 따라서 건설산업기본법 제95조 제3호 소정의 '다른 건설업자의 입찰행위를 방해한 자'에는 입찰에 참가한 다른 건설업자의 입찰행위를 방해한 자뿐만 아니라 입찰에 참가할 가능성이 있는 다른 건설업자의 입찰 참가 여부 결정 등에 영향을 미침으로써 입찰행위를 방해한 자도 포함된다. 나아가 형법상의 입찰방해죄와 마찬가지로 건설산업기본법 제95조 제3호 위반죄는 건설공사의 입찰에서 위계 또는 위력, 그 밖의 방법으로 다른 건설업자의 입찰행위를 방해하는 경우에 성립하는 위태범이므로, 다른 건설업자의 입찰행위를 방해할 행위를 하면 그것으로 족하고 현실적으로 다른 건설업자의 입찰행위가 방해되는 결과가 발생할 필요는 없다(대법원 2015. 12. 24. 선고 2015도13946 판결).

2) 대법원 2007. 5. 31. 선고 2006도8070 판결.

3) 대법원 2005. 9. 9. 선고 2005도3857 판결.

4) 대법원 2008. 12. 24. 선고 2007도9287 판결(한국토지공사 지사가 폐기물최종처리시설 부지를 분양하면서 일정 요건을 갖춘 분양신청자를 대상으로 추첨을 통해 1인의 분양대상자를 선정하는 방식으로 분양절차를 진행한 사안에서, 이는 입찰방해죄의 입찰절차에 해당하지 않는다); 대법원 2008. 5. 29. 선고 2007도5037 판결(한국토지공사 전북지역본부에서 이 사건 중고자동차매매단지를 조성·분양함에 있어서 사전에 그 분양가격을 9,020,256,000원으로 확정 공고한 다음, 그 수분양 자격요건인 지역 내 중고자동차매매업 면허 소지자로서 분양신청금 4억 5천만원을 예치한 신청자들을 대상으로 무작위 공개추첨의 방식으로 1인의 당첨자를 선정하는 것에 불과한 이 사건 분양절차는, 공정한 자유경쟁을 통한 적정한 가격형성을 목적으로 하는 입찰절차에 해당한다고 볼 수 없다); 대법원 2003. 9. 26. 선고 2002도3924 판결.

(2) 행 위

1) 위계 또는 위력 기타 방법

본죄에서 말하는 '위계 또는 위력 기타 방법'은 업무방해죄에서 설명한 바와 같다. 위력의 사용이 폭행·협박의 정도에 이르러야만 되는 것도 아니다. 가장경쟁자를 조작하거나 입찰의 경쟁에 참가하는 자가 서로 통모하여 그 중의 특정한 자를 낙찰자로 하기 위하여 기타의 자는 일정한 가격 이하 또는 이상으로 입찰하지 않을 것을 협정하는 소위 담합행위를 한 경우에는 담합자 상호간에 금품의 수수와 상관없이 입찰의 공정을 해할 위험성이 있다. 담합자 상호간에 담합의 대가에 관한 다툼이 있었고, 실제의 낙찰단가가 낙찰예정단가보다 낮아 입찰시행자에게 유리하게 결정되었다고 하여 그러한 위험성이 없었다거나 본죄가 미수에 그친 것이라고 할 수 는 없다.[1]

판례에 의하면, ① 입찰참가자들 사이의 담합행위가 입찰방해죄로 되기 위하여는 반드시 입찰참가자 전원 사이에 담합이 이루어져야 하는 것은 아니고, 입찰참가자들 중 일부 사이에만 담합이 이루어진 경 우라고 하더라도 그것이 입찰의 공정을 해하는 것으로 평가되는 경우[2], ② 입찰자들 상호간에 특정업체 가 낙찰받기로 하는 담합이 이루어진 상태에서 그 특정업체를 포함한 다른 입찰자들은 당초의 합의에 따라 입찰에 참가하였으나 일부 입찰자가 자신이 낙찰받기 위하여 당초의 합의에 따르지 아니한 채 오 히려 낙찰받기로 한 특정업체보다 저가로 입찰한 경우[3], ③ 피고인이 투찰을 함에 있어서 다른 피고인 들과 가격을 합의하고, 낙찰이 되면 특정 업체에서 공사를 모두 하기로 하는 등의 담합행위를 하였지만, 결과적으로 투찰에 참여한 업체의 수가 많아서 실제로 가격형성에 부당한 영향을 주지 않은 경우[4], ④ 설사 동업자 사이의 무모한 출혈경쟁을 방지하기 위한 수단에 불과하여 입찰가격에 있어 입찰실시자의 이익을 해하거나 입찰자에게 부당한 이익을 얻게 하는 것이 아니었다고 하더라도 실질적으로는 단독입 찰을 하면서 경쟁입찰인 것같이 가장한 경우[5], ⑤ 피고인들이 공동하여 입찰장소의 주변을 에워싸고 사 람들의 출입을 막는 등 위력을 사용하여 입찰에 참가하려는 사람들을 입찰에 참석하지 못하도록 하고 특정인만 참여하여 입찰이 실시되도록 한 경우[6], ⑥ 각 회원사들의 동의를 얻어 회원사들이 추첨에 기 하여 순번제로 단독응찰하고 나머지 일부 회원사는 이에 들러리를 서는 방식으로 사실상 단독으로 입찰 하는 한편 낙찰한 회사는 도급액의 10%를 협력회기금으로 납부하여 연말에 분배하는 방법으로 떡값을 주어 각 회원사들이 순번에 기하여 사실상 단독낙찰하게 한 경우[7], ⑦ 제주감귤농업협동조합의 조합장 인 피고인이 주식회사 제주교역의 실무책임자인 공소외인에게 자신의 지시대로 시행하지 않으면 앞으로 조합과 제주교역간의 오렌지수입대행계약을 취소할 것이니 수입대행포기각서를 쓰라고 강요한 경우[8],

1) 대법원 1994. 5. 24. 선고 94도600 판결.
2) 대법원 2006. 12. 22. 선고 2004도2581 판결; 대법원 2006. 6. 9. 선고 2005도8498 판결.
3) 대법원 2010. 10. 14. 선고 2010도4940 판결.
4) 대법원 2009. 5. 14. 선고 2008도11361 판결.
5) 대법원 1994. 11. 8. 선고 94도2142 판결; 대법원 1988. 3. 8. 선고 87도2646 판결; 대법원 1971. 4. 30. 선고 71도519 판결.
6) 대법원 1993. 2. 23. 선고 92도3395 판결.
7) 대법원 1991. 10. 22. 선고 91도1961 판결.

⑧ 공정한 가격을 해할 목적이거나 부정한 이익을 얻을 목적으로 수인의 입찰자간에 그 중 1인을 입찰하게 하고 그 나머지는 입찰을 포기할 것을 모의한 경우[1] 등에 있어서는 본죄가 성립한다.

하지만 ① 일부 입찰자가 단순히 정보를 교환하여 응찰가격을 조정하는 경우[2], ② 담합자끼리 금품의 수수가 있었다고 하더라도 주문자의 예정가격 내에서 무모한 경쟁을 방지하고자 담합한 경우[3], ③ 입찰자들의 전부 또는 일부 사이에서 담합을 시도하는 행위가 있었을 뿐 실제로 담합이 이루어지지 못하였고, 또 위계 또는 위력 기타의 방법으로 담합이 이루어진 것과 같은 결과를 얻어내거나 다른 입찰자들의 응찰 내지 투찰행위를 저지하려는 시도가 있었지만 역시 그 위계 또는 위력 등의 정도가 담합이 이루어진 것과 같은 결과를 얻어내거나 그들의 응찰 내지 투찰행위를 저지할 정도에 이르지 못하였고 또 실제로 방해된 바도 없는 경우[4], ④ 입찰자 일부와 담합이 있었으나 다른 입찰자와는 담합이 이루어지지 않는 경우[5], ⑤ 실제로 실시된 입찰절차에서 실질적으로는 단독입찰을 하면서 마치 경쟁입찰을 한 것처럼 가장하는 경우와는 달리, 실제로는 수의계약을 체결하면서 입찰절차를 거쳤다는 증빙을 남기기 위하여 입찰을 전혀 시행하지 아니한 채 형식적인 입찰서류만을 작성하여 입찰이 있었던 것처럼 조작한 경우[6] 등에 있어서는 본죄가 성립하지 아니한다.

2) 경매·입찰의 공정을 해할 것

'경매·입찰의 공정을 해할 것'이란 공정한 자유경쟁을 통한 적정한 가격형성에 부당한 영향을 주는 상태를 발생시키는 것을 말한다. 이에는 가격결정뿐만 아니라 적법하고 공정한 경쟁방법을 해하는 행위도 포함된다. 여기서 '적정한 가격'이란 객관적으로 산정한 결과로 인하여 도출된 가격의 적정성(시장가격)이 아니라 경매·입찰의 자유로운 진행과정에서 얻어지는 가격의 적정성(경쟁가격)을 말한다.[7] 그러므로 낙찰가격이 예정가격에 달하였다고 할지라도 그것이 공정한 자유경쟁에 의한 가격형성을 방해한 것이라면 공정을 해한 것이 된다. 자유로운 경쟁입찰을 통하여 결정되는 낙찰가를 '공정한 가격'으로 보고 담합행위를 통하여 그와 같은 '공정한 가격'보다 높은 가격으로 낙찰을 받는 경우, 그 차액 상당이 '부당한 이득'이 된다.[8]

8) 대법원 2000. 7. 6. 선고 99도4079 판결.
1) 대법원 1956. 2. 17. 선고 4288형상118 판결.
2) 대법원 1997. 3. 28. 선고 95도1199 판결.
3) 대법원 1982. 11. 9. 선고 81도537 판결; 대법원 1971. 4. 20. 선고 70도2241 판결; 대법원 1969. 7. 22. 선고 65도 1166 판결.
4) 대법원 2003. 9. 26. 선고 2002도3924 판결.
5) 대법원 1983. 1. 18. 선고 81도824 판결.
6) 대법원 2001. 2. 9. 선고 2000도4700 판결.
7) 대법원 1971. 4. 30. 선고 71도519 판결.
8) 대법원 2015. 12. 24. 선고 2015도13946 판결.

제 4 장 사생활의 평온에 관한 죄

제 1 절 비밀침해의 죄

I. 비밀침해죄

제316조(비밀침해) ① 봉함 기타 비밀장치한 사람의 편지, 문서 또는 도화를 개봉한 자는 3년 이하의 징역이나 금고 또는 500만원 이하의 벌금에 처한다.
② 봉함 기타 비밀장치한 사람의 편지, 문서, 도화 또는 전자기록등 특수매체기록을 기술적 수단을 이용하여 그 내용을 알아낸 자도 제1항의 형과 같다.
제318조(고소) 본장의 죄는 고소가 있어야 공소를 제기할 수 있다.

1. 의의 및 보호법익

(1) 의 의

비밀침해죄는 봉함 기타 비밀장치한 사람의 편지·문서 또는 도화를 개봉하거나(제1항) 봉함 기타 비밀장치한 사람의 편지·문서·도화 또는 전자기록 등 특수매체기록을 기술적 수단을 이용하여 그 내용을 알아냄으로써(제2항) 성립하는 범죄이다. 헌법 제17조는 "모든 국민은 사생활의 비밀과 자유를 침해받지 아니한다."라고 규정하고, 헌법 제18조는 "모든 국민은 통신의 비밀을 침해받지 아니한다."라고 규정하여, 사생활의 비밀과 통신의 비밀을 기본권으로 보장하고 있다. 이에 본죄는 개인의 사생활의 비밀 및 통신의 비밀을 침해하는 행위를 규율하는 범죄라고 할 수 있다.

한편 통신비밀보호법과 형사소송법 또는 군사법원법의 규정에 의하지 아니하고는 우편물의 검열·전기통신의 감청[1] 또는 통신사실확인자료의 제공[2]을 하거나 공개되지 아니한 타인간의 대화를 녹음 또는 청취하지 못하는데, 이를 위반하는 경우에는 1년 이상 10년 이하의 징역과 5년 이하의 자격정지에 처한다(통신비밀보호법 제16조). 또한 정보통신망에 의하여 처리·보관 또는 전송되는 타인의 정보를 훼손하거나 타인의 비밀을 침해[3]·도용 또는 누설[4]하는 행위에

---

1) 감청에 대하여 보다 자세한 논의로는 박찬걸, "통신제한조치의 현황 및 그 개선방안", 법학논총 제31권 제1호, 한양대학교 법학연구소, 2014. 3, 245면 이하; 박찬걸, "통신제한조치의 집행에 관한 법정책적 고찰", 법과정책 제20권 제1호, 제주대학교 법과정책연구소, 2014. 3, 315면 이하 참조.
2) 통신사실확인자료 제공제도에 대하여 보다 자세한 논의로는 박찬걸, "통신사실확인자료 제공제도의 현황 및 개선방안", 형사법의 신동향 제44호, 대검찰청, 2014. 9, 196면 이하 참조.
3) 대법원 2015. 1. 15. 선고 2013도15457 판결(정보통신망법 제49조에서 말하는 타인의 비밀 '침해'란 정보통신망에 의하여 처리·보관 또는 전송되는 타인의 비밀을 정보통신망에 침입하는 등 부정한 수단 또는 방법으로 취득하는 행위를 말한다).
4) 대법원 2012. 12. 13. 선고 2010도10576 판결(정보통신망법 제49조에서 말하는 타인의 비밀 '누설'이란 타인의

대해서는 정보통신망법 제49조[1] 및 동법 제71조 제1항 제11호에 의하여 5년 이하의 징역 또는 5천만원 이하의 벌금에 처한다.

(2) 보호법익

본죄의 보호법익과 관련하여, ① 사생활과 무관한 내용을 적은 관공서에 보내는 편지 등도 행위객체에 포함된다는 점을 논거로 하여, 비밀장치되어 있는 정보의 불가침성이라는 견해[2], ② 개인의 비밀과 관련된 사생활의 평온이라는 견해[3], ③ 개인의 비밀이라는 견해[4] 등의 대립이 있다.

생각건대 본죄의 보호법익은 개인의 비밀로 파악하는 것이 타당하다. 이와 같이 법인이나 법인격 없는 단체는 비밀의 주체에서 제외되는데, 제316조에 의하면 '사람'의 편지 등으로 규정하고 있으므로 형법해석을 엄격하게 해야 하기 때문이다. 결국 비밀의 주체는 자연인에 한한다.

보호의 정도와 관련하여, 제316조 제1항의 경우에는 추상적 위험범이고, 제316조 제2항의 경우에는 ① 침해범설[5], ② 구체적 위험범설[6], ③ 내용을 알아낸다는 것은 그 내용을 인식하는 것으로 족하고 그 의미까지 이해할 필요가 없다는 점을 논거로 하는 추상적 위험범설[7] 등의 대립이 있다.

생각건대 제316조 제2항의 법문에서는 동조 제1항과 달리 '그 내용을 알아 낸' 것을 구성

비밀에 관한 일체의 누설행위를 의미하는 것이 아니라, 정보통신망에 의하여 처리·보관 또는 전송되는 타인의 비밀을 정보통신망에 침입하는 등의 부정한 수단 또는 방법으로 취득한 사람이나 그 비밀이 위와 같은 방법으로 취득된 것임을 알고 있는 사람이 그 비밀을 아직 알지 못하는 타인에게 이를 알려주는 행위만을 의미한다).

1) 대법원 2018. 12. 27. 선고 2017도15226 판결(정보통신망법 제49조 위반행위의 객체인 '정보통신망에 의해 처리·보관 또는 전송되는 타인의 비밀'에는 정보통신망으로 실시간 처리·전송 중인 비밀, 나아가 정보통신망으로 처리·전송이 완료되어 원격지 서버에 저장·보관된 것으로 통신기능을 이용한 처리·전송을 거쳐야만 열람·검색이 가능한 비밀이 포함됨은 당연하다. 그러나 이에 한정되는 것은 아니다. 정보통신망으로 처리·전송이 완료된 다음 사용자의 개인용 컴퓨터(PC)에 저장·보관되어 있더라도, 그 처리·전송과 저장·보관이 서로 밀접하게 연계됨으로써 정보통신망과 관련된 컴퓨터 프로그램을 활용해서만 열람·검색이 가능한 경우 등 정보통신체제 내에서 저장·보관 중인 것으로 볼 수 있는 비밀도 여기서 말하는 '타인의 비밀'에 포함된다고 보아야 한다. … 정보통신망법 제49조의 '타인의 비밀 침해 또는 누설'에서 요구되는 '정보통신망에 침입하는 등 부정한 수단 또는 방법'에는 부정하게 취득한 타인의 식별부호(아이디와 비밀번호)를 직접 입력하거나 보호조치에 따른 제한을 면할 수 있게 하는 부정한 명령을 입력하는 등의 행위에 한정되지 않는다. 이러한 행위가 없더라도 사용자가 식별부호를 입력하여 정보통신망에 접속된 상태에 있는 것을 기화로 정당한 접근권한 없는 사람이 사용자 몰래 정보통신망의 장치나 기능을 이용하는 등의 방법으로 타인의 비밀을 취득·누설하는 행위도 포함된다).

2) 박상기, 566면.

3) 김일수/서보학, 190면; 정영일, 119면.

4) 김선복, 224면; 김성돈, 276면; 김신규, 267면; 배종대, 239면; 손동권/김재윤, 241면; 오영근, 202면; 이영란, 239면; 이재상/장영민/강동범, 227면; 이정원/류석준, 182면; 이형국/김혜경, 282면; 임 웅, 287면; 정성근/정준섭, 153면.

5) 김선복, 227면; 김성돈, 277면; 김신규, 268면; 김일수/서보학, 191면; 김혜정 외 4인, 237면; 손동권/김재윤, 243면; 이재상/장영민/강동범, 230면; 임 웅, 290면; 정성근/정준섭, 153면; 정영일, 120면; 최호진, 264면. 그러므로 기술적 수단을 이용하여 탐지하였으나 내용을 알아내는데 실패한 경우에는 미수에 불과하지만, 미수범 처벌규정이 없으므로 불가벌이 된다.

6) 배종대, 239면.

7) 박상기, 569면; 오영근, 203면; 이영란, 240면; 이형국/김혜경, 284면.

요건요소로 하고 있으므로 침해범으로 파악하는 것이 타당하다.

한편 비밀의 내용과 관련하여, ① 발신인이나 수신인 가운데 어느 일방이 국가나 공공단체이어도 무방하므로 국가나 공공단체 등의 비밀이 포함된다는 견해[1], ② 본죄를 개인적 법익에 관한 죄로 규정하면서 친고죄로 하고 있다는 점에서 국가나 공공단체 등의 비밀은 포함되지 않는다는 견해[2] 등의 대립이 있다.

생각건대 발신인이나 수신인 가운데 어느 일방이 개인이라고 한다면 그와 관련된 비밀도 보호의 대상으로 삼아야 하므로 국가나 공공단체와 관련된 비밀의 경우에도 본죄의 비밀에 포함시키는 것이 타당하다.

2. 구성요건

(1) 객 체

1) 봉함 기타 비밀장치

'봉함'이란 풀이나 스카치테이프를 붙인 것처럼 외부포장을 파손하지 않고서는 내용을 알아보지 못하게 만든 장치를 말하고, '비밀장치'란 봉함 이외의 방법으로 외부포장을 만들어서 그 안의 내용을 알 수 없게 한 것을 말한다. 예를 들면 봉인한 것·끈으로 매어 놓은 것·못을 박아 둔 것·열쇠로 잠그어 둔 것·비밀번호를 설정해 둔 것·지문(·홍체·음성)감식기능을 설정해 둔 것 등이 이에 해당한다. '기타 비밀장치'라는 일반 조항을 사용하여 널리 비밀을 보호하고자 하는 취지에 비추어 볼 때, 반드시 문서 자체에 비밀장치가 되어 있는 것만을 의미하는 것은 아니고, 봉함 이외의 방법으로 외부 포장을 만들어서 그 안의 내용을 알 수 없게 만드는 일체의 장치를 가리키는 것으로, 잠금장치 있는 용기나 서랍 등도 포함한다.[3] 하지만 아무나 해독할 수 없도록 하기 위하여 문서의 내용을 암호화한 것 자체는 비밀장치라고 할 수 없다.

2) 편지·문서·도화·전자기록 등 특수매체기록

'편지'란 특정인으로부터 다른 특정인 또는 불특정인[4]에게 의사를 전달하는 문서를 말한다. 편지는 우편에 의한 것이든 인편에 의한 것이든 묻지 아니한다. 수신인이 수령하여 읽고 난 후에는 본죄의 객체가 되지 아니한다는 견해[5]가 있지만, 읽은 편지를 다시 봉함 기타 비밀장치

---

1) 김선복, 224면; 김성돈, 277면; 김성천/김형준, 278면; 김일수/서보학, 191면; 손동권/김재윤, 242면; 이영란, 239면; 이재상/장영민/강동범, 228면; 이형국/김혜경, 284면; 정성근/정준섭, 154면; 정영일, 120면.

2) 배종대, 238면; 오영근, 203면.

3) 대법원 2008. 11. 27. 선고 2008도9071 판결(2단서랍사건)(서랍이 2단으로 되어 있어 그 중 아랫칸의 윗부분이 막혀 있지 않아 윗칸을 밖으로 빼내면 아랫칸의 내용물을 쉽게 볼 수 있는 구조로 되어 있는 서랍이라고 하더라도, 피해자가 아랫칸에 잠금장치를 하였고 통상적으로 서랍의 윗칸을 빼어 잠금장치 된 아랫칸 내용물을 볼 수 있는 구조라거나 그와 같은 방법으로 볼 수 있다는 것을 예상할 수 없어 객관적으로 그 내용물을 쉽게 볼 수 없도록 외부에 의사를 표시하였다면, 형법 제316조 제1항의 규정 취지에 비추어 아랫칸은 윗칸에 잠금장치가 되어 있는지 여부에 관계없이 그 자체로서 형법 제316조 제1항에 규정하고 있는 비밀장치에 해당한다).

4) 반면에 불특정인에게 보내는 것은 비밀로 볼 수 없으므로, 불특정인에게 보내는 것은 포함되지 않는다는 견해로는 이영란, 241면.

한 경우도 상정할 수 있기 때문에 경우에 따라 본죄의 객체가 될 수도 있다.[1]

'문서'란 편지 이외의 것으로서 문자 기타의 발음부호에 의하여 특정인의 의사를 표시한 것을 말한다. 공문서이든 사문서이든 불문하며, 문서위조죄에서의 문서와 같이 증명적 기능을 요구하지도 아니한다. 예를 들면 일기장·메모장·유언장·원고·논문·연구보고서 등이 이에 해당한다. '도화'란 도면 또는 그림에 의하여 사람의 의사가 표시된 것을 말한다. 예를 들면 설계도·안내도·사진·도표·약도 등이 이에 해당한다. '전자기록 등 특수매체기록'이란 일정한 데이터에 관한 전자적·자기적·광학적 기록 등으로서 감각기관에 의해서는 직접 인식할 수 없는 기록을 말한다. 이러한 '편지·문서·도화·전자기록 등 특수매체기록'은 봉함 기타 비밀장치한 것에 한하여 본죄의 객체가 된다. 그러므로 우편엽서는 이에 해당하지 아니한다. 한편 비밀장치가 되어 있더라도 내용물이 소포·신문·잡지·설명서·광고전단지 등과 같이 특정한 의사를 전달하는 것이 아닌 경우에는 본죄의 객체가 되지 아니한다.

(2) 행 위

1) 개 봉

'개봉'이란 봉함 기타 비밀장치를 해제하여 그 내용을 알아 볼 수 있는 상태에 두는 것을 말한다. 편지 등의 내용을 알아볼 수 있는 상태에 두는 것으로 족하므로 그 내용을 인식하였음을 요구하지 아니한다. 개봉한 이상 그 내용을 읽지 않았거나 그 내용이 외국어인 관계로 읽지 못한 경우에도 기수가 된다. 하지만 타인의 편지를 자신의 것으로 오인하고 개봉한 경우에는 사실의 착오로서 고의가 조각되며, 타인에게 온 편지를 자기가 읽어 볼 권한이 있다고 오신하고 개봉한 경우에는 정당한 이유의 유무를 판단하여 법률의 착오를 적용한다.

2) 기술적 수단을 이용하여 그 내용을 알아냄

기술적 수단을 이용하여 그 내용을 알아내는 것도 본죄의 실행행위가 된다. 이는 1995. 12. 29. 형법 개정을 통하여 신설된 것인데, 자외선을 이용한 투시용판독기의 사용이 대표적인 것이다. 하지만 기술적 수단을 이용하지 않고 단순히 불빛이나 햇볕에 비춰보는 것은 이에 해당하지 아니한다. 또한 여자친구의 스마트폰에 저장된 카톡의 내용을 남자친구가 몰래 훔쳐 본 행위는 기술적 수단을 이용한 것이 아니기 때문에 본죄가 성립하지 아니한다. 한편 제316조 제2항의 범죄는 침해범으로 파악해야 하기 때문에 그 내용을 지득했을 때 비로소 기수가 된다. 만약 그 내용을 지득하지 못한다면 미수에 불과한데, 본죄의 미수범 처벌규정은 없기 때문에 불가벌이 된다.

(3) 주관적 구성요건

본죄가 성립하기 위해서는 행위자가 봉함 기타 비밀장치된 타인의 편지·문서 또는 도화를 개봉한다는 점 또는 기술적 수단을 이용하여 내용을 탐지한다는 점에 대한 인식 및 의사가 있어야 한다.[2]

---

5) 김성돈, 278면; 김신규, 271면; 김일수/서보학 191면; 정성근/정준섭, 155면; 최호진, 262면.
1) 同旨 정영일, 122면.

3. 위법성조각사유

본죄는 통신비밀보호법 제3조(우편물의 검열·전기통신의 감청 등), 「형의 집행 및 수용자의 처우에 관한 법률」 제43조 제4항(서신검열), 형사소송법 제107조(우편물에 대한 압수), 우편법 제28조 제2항(법규위반우편물의 개피) 등에 의하여 위법성이 조각될 수 있다. 또한 '회사의 직원이 회사의 이익을 빼돌린다'는 소문을 확인할 목적으로 비밀번호를 설정함으로써 비밀장치를 한 전자기록인 피해자가 사용하던 '개인용 컴퓨터의 하드디스크'를 떼어내어 다른 컴퓨터에 연결한 다음, 의심이 드는 단어로 파일을 검색하여 메신저 대화 내용 및 이메일 등을 출력한 경우에는 사회통념상 허용될 수 있는 상당성이 있는 행위에 해당한다.[1]

한편 미성년자의 법정대리인은 미성년자의 편지를 읽어 볼 권한이 있지만[2], 성년인 자녀와 부모 사이·이혼소송 중인 부부 사이[3] 등에서는 그러한 권한이 없다고 보아야 한다. 다만 일방이 장기출타중인 경우에는 추정적 승낙으로 위법성이 조각될 수 있다.

4. 소추조건

본죄는 친고죄로 규정되어 있는데, 고소권자의 범위와 관련하여, ① 발신자와 수신자는 발송 여부를 불문하고 항상 고소권자가 된다는 견해[4], ② 발신자는 발송 여부를 불문하고 항상 고소권자가 되고, 수신자는 도달 이후부터 고소권자가 된다는 견해[5] 등의 대립이 있다.

생각건대 발신자 및 수신자 모두를 항상 고소권자로 파악해야 한다. 왜냐하면 도달 이전이라고 할지라도 수신자의 입장에서 비밀로 할 필요성이 충분히 있기 때문이다.

---

2) 대법원 1984. 6. 12. 선고 84도620 판결(피고인이 대체집행사건의 채무자의 승계인 甲 앞으로 우송된 결정정본을 평소 동명으로 호명되고 있는 자기의 장남 앞으로 온 신서인 줄 알고서 개피하였다고 주장하나, 피고인이 당초 건물철거 등의 대체집행신청을 하면서 채무자의 승계인 甲의 주소로 표기한 장소에서는 피고인의 장남이 이미 10여년 전에 살다가 타처로 이주하여 버렸고, 위 봉함우편물이 바로 피고인신청의 대체집행사건을 처리한 법원의 소송서류였다는 점, 그 수신인 또한 피고인이 대체집행신청을 한 사건의 상대방주소와 성명으로 표시되어 발송된 문서라는 점을 고려해 볼 때, 피고인은 위 서류가 바로 대체집행사건의 채무자의 승계인 甲에게 송달되는 소송서류라는 사실을 능히 알고 있었다고 봄이 경험칙에 합치된다고 할 것이니 피고인에게 신서개피의 고의가 있었음을 부정할 수 없다).

1) 대법원 2009. 12. 24. 선고 2007도6243 판결.

2) 반면에 미성년자의 법정대리인이라고 할지라도 편지개봉에 대한 권리가 없다는 견해로는 김성천/김형준, 282면; 김일수/서보학, 194면; 배종대, 242면; 손동권/김재윤, 244면; 이형국/김혜경, 287면.

3) 대구지방법원 2017. 3. 24. 선고 00고단00 판결.

4) 김선복, 228면; 김성천/김형준, 282면; 김신규, 275면; 김일수/서보학, 194면; 김혜정 외 4인, 240면; 박상기, 570면; 배종대, 243면; 손동권/김재윤, 245면; 신동운, 757면; 오영근, 206면; 이상돈, 943면; 이영란, 243면; 이재상/장영민/강동범, 231면; 이형국/김혜경, 288면; 임 웅, 292면; 정성근/정준섭, 156면; 최호진, 263면.

5) 이정원/류석준, 187면.

Ⅱ. 업무상 비밀누설죄

> 제317조(업무상 비밀누설) ① 의사, 한의사, 치과의사, 약제사, 약종상, 조산사, 변호사, 변리사, 공인회계사, 공증인, 대서업자나 그 직무상 보조자 또는 차등의 직에 있던 자가 그 업무처리중 지득한 타인의 비밀을 누설한 때에는 3년 이하의 징역이나 금고, 10년 이하의 자격정지 또는 700만원 이하의 벌금에 처한다.
> ② 종교의 직에 있는 자 또는 있던 자가 그 직무상 지득한 사람의 비밀을 누설한 때에도 전항의 형과 같다.
> 제318조(고소) 본장의 죄는 고소가 있어야 공소를 제기할 수 있다.

1. 의의 및 보호법익

(1) 의 의

업무상 비밀누설죄는 의사·한의사·치과의사·약제사·약종상·조산사·변호사·변리사·공인회계사·공증인·대서업자나 그 직무상 보조자 또는 차등의 직에 있던 자 또는 종교의 직에 있는 자 또는 있던 자가 그 업무처리 중 지득한 타인의 비밀을 누설함으로써 성립하는 범죄이다. 본죄는 진정신분범이며, 비밀을 전해 듣는 누설의 상대방은 처벌되지 않으므로 편면적 대향범에 해당한다.

(2) 보호법익

본죄의 보호법익과 관련하여, ① 주된 보호법익은 개인의 비밀이고, 부수적 보호법익은 일정한 직업에 종사하는 자가 그 업무처리 중에 지득한 타인의 비밀을 지켜줄 것이라는 일반인의 신뢰라는 견해[1], ② 개인의 비밀만이 보호법익이라는 견해[2] 등의 대립이 있다.

생각건대 본죄의 주체를 일정한 사회적 신분이 있는 자로 제한하고 있는 것은 이들에 대한 일반인의 신뢰를 두텁게 보호할 필요성이 있기 때문이다. 그러므로 이들에 대한 일반인의 신뢰도 본죄의 보호법익으로 파악해야 한다.[3] 보호의 정도는 추상적 위험범이다.

2. 구성요건

(1) 주 체

본죄의 주체는 의사·한의사·치과의사·약제사·약종상·조산사·변호사·변리사·공인회계사·공증인·대서업자 또는 그 직무상 보조자와 그 직업에 종사하였던 자, 종교의 직에 있는 자 또는 그 직에 있던 자이다. 여기서 대서업자는 법무사·행정서사·사법서사 등을 말한다. '그 직무상 보조자'의 범위와 관련하여, 변호사 사무실의 사무장·약국의 수납원·법무사 사무실의 직원 등이 이에 해당될 수 있겠지만, 본죄가 기본적으로 한정적 열거를 하고 있다는 측면에서 그

---

1) 김성돈, 280면; 김성천/김형준, 283면; 김신규, 277면; 김일수/서보학, 195면; 김혜정 외 4인, 241면; 박상기, 570면; 이상돈, 947면; 이영란, 244면; 이재상/장영민/강동범, 232면; 이형국/김혜경, 288면; 임 웅, 296면; 정성근/정준섭, 157면; 정영일, 122면; 최호진, 266면.
2) 김선복, 229면; 배종대, 244면; 손동권/김재윤, 245면; 오영근, 206면.
3) 이러한 점에서 필자의 기존 견해(초판)를 변경하기로 한다.

범위가 지나치게 광범위하게 규정되어 있으므로 보다 구체적으로 제시하는 것이 타당하다. 하지만 간호사·간호조무사 등은 의사의 직무상 보조자에 해당하지 아니한다.

본죄의 주체로서 변호사 아닌 변호인(형사소송법 제31조 단서)·변호사 아닌 소송대리인(민사소송법 제87조)·상담사·건축사·수의사·신용정보회사 직원 등을 제외한 것은 입법의 불비이다. 본죄의 주체에 해당하지 않는 자가 타인의 비밀을 공연히 누설한 경우에는 명예훼손죄의 성립 여부가 문제될 수 있다.

그러나 세무사는 세무사법에 의하여, 공인중개사는 「공인중개사의 업무 및 부동산 거래신고에 관한 법률」에 의하여 각각 비밀누설행위를 처벌하고 있고, 공무원 또는 공무원이었던 자가 법령에 의한 직무상의 비밀을 누설하면 공무상 비밀누설죄(제127조)가 성립하고, 외교상의 비밀을 누설하면 외교상 비밀누설죄(제113조)가 성립한다. 또한 기업의 임·직원이었던 자가 기업에 유용한 기술상의 영업비밀을 누설한 때에는 「부정경쟁방지 및 영업비밀보호에 관한 법률」제18조에 의하여 처벌된다. 그 밖에도 「형사소송법」, 「후천성면역결핍증 예방법」, 「감염병의 예방 및 관리에 관한 법률」, 「정신건강증진 및 정신질환자 복지서비스 지원에 관한 법률」 등에서도 특수한 유형의 비밀누설죄를 규정하고 있다.

(2) 객 체

본죄의 객체는 업무처리 중 또는 직무상 지득한 타인의 비밀이다. '비밀'이란 타인에게 알려지지 않은 사실 또는 특정인이나 제한된 범위의 사람에게만 알려져 있는 사실로서 타인에게 알려지지 않는 것이 본인에게 이익이 되는 사실을 말한다. 그러므로 공지의 사실은 비밀이 될 수 없다. 비밀이 되기 위해서는 본인이 비밀로 할 것을 원할 뿐만 아니라 객관적으로 비밀로 할 이익이 있어야 한다. 비밀의 대상은 오직 사실에 국한된다. 그러므로 허위의 사실이나 가치판단의 누설은 경우에 따라 명예훼손죄의 성립 여부가 문제될 뿐 본죄에 해당하지 아니한다.

비밀의 주체에는 자연인·법인·법인격 없는 단체 등이 모두 될 수 있다. 하지만 국가나 공공단체는 비밀의 주체가 되지 아니한다. 왜냐하면 본죄는 친고죄로 규정되어 있기 때문에 개인의 비밀로 한정하는 것이 타당하기 때문이다. 사자도 비밀의 주체가 될 수 없다. 하지만 비밀인 이상 사생활에 관한 것뿐만 아니라 공적 생활에 관한 것도 포함한다.

누설된 비밀은 업무처리 중 또는 직무상 얻은 비밀에 국한되며, 사적인 경로를 통하여 얻게 된 비밀은 제외된다. 왜냐하면 본죄를 일정한 신분을 가진 자만이 행할 수 있는 신분범으로 규정한 것은 이러한 신분에 있는 사람에 대한 사회적인 신뢰를 보다 더 보호하기 위함이기 때문이다.

(3) 행 위

본죄의 실행행위는 누설하는 것이다. '누설'이란 비밀을 알지 못하는 사람에게 이를 알게 하는 것을 말한다. 누설은 공연성을 요구하지 아니하기 때문에 특정소수인이 알게 하여도 누설이 된다. 누설의 방법은 묻지 아니한다. 또한 누설행위로 인하여 상대방이 비밀을 인식하였음을 요구하지 아니한다. 공연히 비밀을 누설하여 타인의 명예를 훼손한 경우에는 본죄와 명예훼손죄의 상상적 경합이 된다.

3. 위법성조각사유

국가보안법 제10조에 의한 신고, 「감염병의 예방 및 관리에 관한 법률」 제11조에 의한 신고 등은 법령에 의한 행위로서 위법성이 조각된다. 변호사가 변호권의 범위 내에서 타인의 비밀을 적시한 경우에는 업무로 인한 행위로서 위법성이 조각된다. 하지만 형사변호인의 기본적인 임무가 피고인 또는 피의자를 보호하고 그의 이익을 대변하는 것이라고 하더라도, 그러한 이익은 법적으로 보호받을 가치가 있는 정당한 이익으로 제한되고, 변호인이 의뢰인의 요청에 따른 변론행위라는 명목으로 수사기관이나 법원에 대하여 적극적으로 허위의 진술을 하거나 피고인 또는 피의자로 하여금 허위진술을 하도록 하는 것은 허용되지 아니한다.[1] 치료중인 환자가 에이즈환자라는 사실을 지득한 의사가 그 환자의 약혼자에게 이를 알려준 경우에는 긴급피난에 해당한다.

한편 증언거부권을 행사하지 않고 타인의 비밀에 속한 사실을 증언한 경우의 죄책과 관련하여, ① 묵비의무를 진 자가 임의로 증언거부권을 포기하고 묵비의무를 위반하여 타인의 비밀에 속한 사실을 진술한 경우에는 그것이 단지 소송절차에서 이루어졌다는 이유만으로 정당화될 수 없다는 견해[2], ② 증언거부권을 행사하지 아니하면 증언의무가 있으나 소송법상의 이익과 비밀보호의 이익을 형량하여 의무의 충돌이나 긴급피난에 해당할 경우에 한하여 위법성이 조각된다는 견해[3] 등의 대립이 있다.

생각건대 증인에게는 증언거부권을 행사할 것인지 여부에 대한 재량이 주어져 있고, 이를 통하여 증언거부권을 포기하고 진술을 하더라도 정당한 절차규정에 따라 진술한 것이라면 위법성이 조각된다고 보아야 한다.

제 2 절   주거침입의 죄

Ⅰ. 주거침입죄

제319조(주거침입) ① 사람의 주거, 관리하는 건조물, 선박이나 항공기 또는 점유하는 방실에 침입한 자는

---

1) 대법원 2012. 8. 30. 선고 2012도6027 판결.
2) 김일수/서보학, 198면.
3) 김선복, 232면; 김성천/김형준, 287면; 김신규, 281면; 박상기, 573면; 손동권/김재윤, 249면; 신동운, 765면; 오영근, 210면; 이영란, 247면; 이재상/장영민/강동범, 235면; 이정원/류석준, 191면; 이형국/김혜경, 292면; 정성근/정준섭, 159면.

3년 이하의 징역 또는 500만원 이하의 벌금에 처한다.
제322조(미수범) 본장의 미수범은 처벌한다.

1. 의의 및 보호법익

(1) 의 의

주거침입죄는 사람의 주거·관리하는 건조물·선박·항공기 또는 점유하는 방실에 침입함으로써 성립하는 범죄이다. 헌법 제16조는 "모든 국민은 주거의 자유를 침해받지 아니한다."라고 규정하여 주거의 자유를 기본권으로 보장하고 있다. 주거는 인간의 일상적인 삶에 있어서 개인의 자유의 기초이고 자유로운 삶을 영위하는데 있어 필수적인 영역인데, 본죄는 사람의 주거 및 관리하는 장소 등의 평온을 침해하거나 위협하는 행위를 처벌하기 위한 것이다. 본죄의 법적 성격은 계속범에 해당한다.[1] 그러므로 기수에 달한 이후에도 침입 후 퇴거할 때까지는 주거침입행위가 계속되는 것으로 파악해야 한다.

(2) 보호법익

본죄의 보호법익과 관련하여, ① 본죄의 보호법익을 사실상의 평온이라고 하면 공공의 질서에 관한 죄로서의 성격이 강조된다는 점, 주거권의 내용이 반드시 불분명하지 않다는 점, 주거의 자유는 기본권이므로 주거권이라는 권리가 될 수 있다는 점 등을 논거로 하여, 주거의 모든 구성원의 권리로서의 주거권이라는 견해(新주거권설)[2], ② 사실상 평온설을 취한다고 하더라고 본죄의 성격이 사회적 법익을 침해하는 범죄로 변질되지 않는다는 점, '점유하는 방실'도 본죄의 객체인데, 이는 권리 여부를 묻지 아니하고 점유한다는 사실상의 지배에 주목한 것이라는 점, 주거권설은 범죄는 권리의 침해라는 낡은 사고방식의 잔재라는 점 등을 논거로 하여, 주거자가 거주할 법률상의 권리 또는 권한이 아니라 주거를 지배하고 있는 사실관계, 즉 주거에 대한 공동생활자 전원의 사실상의 평온이라고 파악하는 견해(사실상 평온설)[3], ③ 개인의 사적 장소의 보호법익은 주거의 사실상의 평온이지만, 공중이 자유롭게 출입할 수 있도록 개방된 장소의 보호법익은 업무상의 평온과 비밀로 구별해야 한다는 견해(구별설)[4] 등의 대립이 있다.

이에 대하여 판례는 「주거침입죄는 사실상의 주거의 평온을 보호법익으로 하는 것이므로 그 거주자 또는 간수자가 건조물 등에 거주 또는 간수할 권리를 가지고 있는가의 여부는 범죄의 성립을 좌우하는 것이 아니며, 점유할 권리 없는 자의 점유라고 하더라도 그 주거의 평온은 보호되어야 할 것이므로, 권리자가 그 권리실행으로서 자력구제의 수단으로 건조물에 침입한

---

[1] 주거침입 후 퇴거에 응하지 않은 경우에 있어서 본죄를 상태범이라고 파악하면 별도로 퇴거불응죄가 성립하지만, 계속범이라고 파악하면 퇴거불응죄가 성립하지 아니한다.

[2] 김선복, 233면; 박상기, 575면; 이재상/장영민/강동범, 238면.

[3] 김성돈, 285면; 김성천/김형준, 289면; 김신규, 284면; 김일수/서보학, 201면; 김혜정 외 4인, 245면; 배종대, 248면; 손동권/김재윤, 250면; 신동운, 767면; 오영근, 213면; 이형국/김혜경, 293면; 정성근/정준섭, 160면; 정영일, 126면.

[4] 임 웅, 301면.

경우에도 주거침입죄가 성립한다.」라고 판시[1]하여, 사실상 평온설의 입장을 취하고 있다.

　　생각건대 본죄의 보호법익은 사실상 주거의 평온으로 파악해야 한다. 주거권설은 형법적 보호가치가 적법한 권리에서 나오는 것이 아니라 그 실질적인 정당성에서 나오는 것이라는 점을 제대로 파악하지 못한 문제점이 있다. 동설에 의하면 임대차기간이 만료된 경우에 적법한 권원은 없지만, 사실상 평온하에 이용·관리·지배하고 있는 주거 등에 대해 임대인의 무단침입을 허용하게 되는 불합리가 초래될 수도 있다. 그러므로 그 거주자 또는 간수자가 건조물 등에 거주 또는 간수할 법률상 권한을 가지고 있는지 여부는 범죄의 성립을 좌우하는 것이 아니며, 일단 적법하게 거주 또는 간수를 개시한 후에 그 권한을 상실하여 사법상 불법점유가 되더라도 권리자가 이를 배제하기 위하여 정당한 절차에 의하지 아니하고 그 주거 또는 건조물을 침입한 경우에는 본죄가 성립한다.[2]

(3) 보호의 정도

　　본죄의 보호의 정도와 관련하여, ① 주거에 침입하는 행위가 있으면 주거의 평온이 침해된 것이라고 할 수 있다는 점, 침입행위가 있음에도 불구하고 주거의 평온이 침해되지 않는 경우는 없다는 점 등을 논거로 하여, 침해범으로 파악하는 견해[3], ② 사실상의 평온이 침해되는 결과가 발생하였는지 여부를 판단하기가 곤란하다는 점, 행위의 성격 자체가 주거의 평온을 해하는 행위라고 판단되면 본죄의 성립을 인정해야 한다는 점 등을 논거로 하여, 추상적 위험범으로 파악하는 견해[4] 등의 대립이 있다.

---

1) 대법원 2007. 3. 15. 선고 2006도7044 판결(설령 이 사건 비닐하우스의 소유권이 피고인에게 있다고 하더라도, 피해자가 공소외인으로부터 비닐하우스를 인도받아 점유하고 있는 이상 피고인이 함부로 이 사건 비닐하우스의 열쇠를 손괴하고 그 안에 들어간 행위는 재물손괴죄 및 주거침입죄에 해당한다); 대법원 2007. 7. 27. 선고 2006도3137 판결('에바다사태 해결을 위한 공동대책위원회'측에서 2002. 2. 9. 법원으로부터 농아원을 점거중인 일부 농아원생 및 직원들에 대하여 위 공동대책위원회측 이사 등의 농아원 출입을 방해하여서는 아니된다는 등의 출입방해금지 가처분결정을 받은 사실, 위 피고인들이 2002. 7. 15. 및 2003. 5. 28. 구 재단이 관리하는 농아원에 강제적으로 진입한 사실 등을 인정한 다음, 구 재단측이 위 공동대책위원회의 진입을 저지하면서 농아원을 사실상 관리하는 상황에서는 설사 구 재단측이 농아원을 관리할 법률상의 권한을 상실하였다고 하더라도 그 경우의 사실상의 평온 역시 건조물침입죄의 보호법익에 포함된다고 전제한 후, 피고인들이 그 진입과정에서 구 재단측의 점유를 배제하기 위하여 관계 법령에 의한 정당한 절차에 의하지 아니한 채 구 재단측을 물리적으로 제압함으로써 건조물에 침입한 이상 건조물침입죄를 구성하고, 한편 피고인 2가 진입과정에 주도적으로 참여한 이상 직접 침입행위를 하지 않았다고 하더라도 건조물침입죄의 공동정범에 해당한다); 대법원 1995. 9. 15. 선고 94도3336 판결(얼굴만들이민사건); 대법원 1987. 5. 12. 선고 87도3 판결; 대법원 1985. 3. 26. 선고 85도122 판결; 대법원 1984. 6. 26. 선고 83도685 판결; 대법원 1984. 4. 24. 선고 83도1429 판결(경락허가결정이 무효라고 하더라도 이에 기한 인도명령에 의한 집행으로서 일단 이 사건 건물의 점유가 공소외인에게 이전된 이상 함부로 다시 이 사건 건물에 들어간 피고인의 행위는 저택침입의 죄에 해당한다); 대법원 1973. 6. 26. 선고 73도460 판결.
2) 대법원 1983. 3. 8. 선고 82도1363 판결.
3) 김신규, 284면; 김일수/서보학, 201면; 오영근, 213면; 이형국/김혜경, 294면; 임 웅, 302면; 정성근/정준섭, 160면; 최호진, 270면.
4) 김성돈, 287면(일단 타인의 주거에 대한 불법적인 침입행위가 있다면 주거의 사실상 평온이 깨졌다고 보는 것이 일반적이고, 구성요건에서 '침입'이라고 되어 있기 때문에 단순히 침입행위만 있으면 기수가 되고, 이로 인하여 주거의 평온을 해하였는가 여부는 별도로 파악할 필요가 없다); 김성천/김형준, 290면; 박상기, 575면; 손동권/김재윤, 258면; 이재상/장영민/강동범, 238면; 이정원/류석준, 195면; 정영일, 126면.

이에 대하여 판례는「야간에 타인의 집의 창문을 열고 집 안으로 얼굴을 들이미는 등의 행위를 하였다면 피고인이 자신의 신체의 일부가 집 안으로 들어간다는 인식 하에 하였더라도 주거침입죄의 범의는 인정되고, 또한 비록 신체의 일부만이 집 안으로 들어갔다고 하더라도 사실상 주거의 평온을 해하였다면 주거침입죄는 기수에 이르고, 사실상 주거의 평온을 해하는 정도에 이르지 아니하였다면 주거침입죄는 미수에 그친다.」라고 판시[1]하여, 침해범설의 입장을 취하고 있다.

생각건대 본죄는 추상적 위험범으로 파악해야 한다. 침해범설은 보호법익의 침해가 있는 경우 기수가 되고 그렇지 않은 경우는 미수가 된다고 하지만, 기수와 미수의 문제는 구성요건의 실질적인 해석기준인 보호법익의 문제보다는 구성요건상의 결과라는 형식적인 요건의 충족과 보다 밀접하게 연관되어 있는 문제이다. 즉 본죄의 경우 주거에 침입이 완료되면 기수가 되고, 침입이 완성되지 못하였더라도 침입하려는 행위 자체만으로도 보호법익이 침해될 위험성이 있기 때문에 본죄의 미수가 된다. 이러한 해석태도를 따르면 본죄의 침입은 구성요건적 결과가 되므로 거동범이 아니라 결과범이 된다.[2]

2. 구성요건

(1) 객 체

1) 사람의 주거

'주거'란 사람이 기거(起居)하고 침식(寢食)[3]에 사용되는 장소를 말한다. 여기서의 침식은 계속적으로 사용되는 것 이외에도 일시적으로 사용되는 것도 포함된다. 예를 들면 텐트·별장·천막·동굴 등이 이에 해당한다. 침식에 사용되지 않는 점거는 '주거'가 아니라 '관리하는 건조물'에 해당할 뿐이다. 주거는 부동산에 국한되지 않고 경우에 따라 동산도 해당될 수 있다. 예를 들면 주거용차량·컨테이너박스 등이 이에 해당한다. 주거에는 주거자가 반드시 현재할 필요가 없으며[4], 외출중인 빈집[5]도 본죄의 객체가 된다.

한편 주거는 주거 자체를 위한 건물 이외에 그 부속물도 포함한다. 예를 들면 다가구주택·다세대주택·연립주택[6]·아파트·오피스텔 등 공동주택 안에서 공용으로 사용하는 엘리베이터[7]·계

---

1) 대법원 1995. 9. 15. 선고 94도2561 판결. 同旨 대법원 2001. 4. 24. 선고 2001도1092 판결.
2) 현주건조물방화죄의 경우에도 추상적 위험범이면서도 공공의 안전이라는 이 죄의 보호법익과 무관하게 소훼라는 형식적 결과를 요구하고, 미수범 처벌규정을 두고 있음을 보면 추상적 위험범이면서 결과범으로 보는 해석태도가 얼마든지 가능하다.
3) 반면에 침식을 주거의 요건으로 파악하지 않는 견해로는 김선복, 234면; 배종대, 249면; 이재상/장영민/강동범, 238면.
4) 1995. 12. 29. 개정 전 형법에서는 주거 이외에 '간수하는 저택'을 별도로 규정함으로서, 주거는 주거자가 현존하는 장소만을 말하고, 현존하지 않은 경우에는 간수하는 저택으로 구별하였지만, 현행법은 양자 모두를 주거에 포섭하고 있다.
5) 대법원 1957. 4. 12. 선고 4280형상350 판결.
6) 동당 건축 연면적이 660㎡를 초과하는 4층 이하의 공동주택을 말한다.

단[1]·복도 등과 정원이나 마당 등의 위요지[2]·지하실·차고 등이 이에 해당한다. 왜냐하면 엘리베이터·계단·복도 등은 주거로 사용하는 각 가구 또는 세대의 전용 부분에 필수적으로 부속하는 부분으로서 그 거주자들에 의하여 일상생활에서 감시·관리가 예정되어 있고 사실상의 주거의 평온을 보호할 필요성이 있는 부분이기 때문이다.

주거는 타인 소유의 주거뿐만 아니라 자기 소유의 주거도 포함한다. 그러므로 임대차계약 해제 후 임차인의 퇴거를 요구하기 위하여 임의로 침입한 임대인의 경우, 자기소유의 집이지만 동거 중인 자가 마음대로 타인에게 매각하고 명도하여 그 타인이 점유하게 된 집에 소유자가 임의로 들어간 경우[3], 임대차계약 도중에 임차인의 의사에 반하여 임차가옥에 침입한 경우[4] 등에 있어서도 본죄가 성립한다.

2) 관리하는 건조물·선박이나 항공기

'관리하는 건조물'이란 주거와의 관계상 주거용이 아닌 건조물을 말한다. 여기서 '관리'란 사람이 사실상 지배·보존하는 것으로서 타인의 침입을 방지할 만한 인적·물적 설비를 갖춘 것을 말한다. 또한 관리는 물리적·현실적인 관리를 말하고, 사무적인 관리를 말하는 것이 아니다. 그러므로 출입금지의 입찰만을 세워 둔 것만으로는 관리라고 할 수 없다.[5]

'건조물'은 주위벽 또는 기둥과 지붕 또는 천정으로 구성된 구조물로서 사람이 기거하거나 출입할 수 있는 장소를 말한다. 예를 들면 공장·창고·백화점·관공서의 청사·역사·사찰·학교·강의실[6]·소독시설[7]·골리앗크레인[8]·담배점포[9] 등이 이에 해당한다. 하지만 공사현장 내의

---

7) 대법원 2009. 9. 10. 선고 2009도4335 판결(엘리베이터침입사건)(피고인은 04:00경 아파트 앞에서 술에 취한 채 집으로 돌아가는 피해자를 발견하고 그녀를 강간할 것을 마음먹고, 피해자를 따라가 엘리베이터를 같이 탐으로써 피해자를 비롯한 아파트 입주민들의 주거에 침입하고, 엘리베이터가 4층에 이르렀을 때 갑자기 피해자를 엘리베이터 구석으로 밀고 주먹으로 얼굴을 수회 때려 반항을 억압한 후 9층에서 피해자를 끌고 엘리베이터에서 내린 다음 12~13층 계단으로 피해자를 끌고 가 그곳에서 피해자를 1회 간음하여 강간하고, 그로 인하여 피해자에게 약 2주간의 치료를 요하는 좌안 전방 출혈상을 가하였다).

1) 대법원 2009. 8. 20. 선고 2009도3452 판결(계단침입사건)(피고인이 공범과 함께 피해자가 살고 있는 빌라(다가구용 단독주택)의 시정되지 않은 대문을 열고 들어가 계단으로 빌라 3층까지 올라갔다가 그곳의 문을 두드려 본 후 다시 1층으로 내려옴으로써 피해자의 주거에 침입하였다).

2) 대법원 2001. 4. 24. 선고 2001도1092 판결.

3) 대법원 1969. 12. 23. 선고 69도2098 판결.

4) 대법원 1989. 9. 12. 선고 89도889 판결(이 사건 가옥은 건축의 정도로 보아 주거침입의 대상이 되는 주거라 할 수 있고, 또 이를 피해자가 점유관리하고 있었음을 인정할 수 있으니 이 사건 가옥이 가사 피고인의 소유라고 할지라도 주거침입죄의 성립에는 아무런 장애가 되지 아니하고, 이 사건 범행 당시 피고인과 피해자 사이에는 이 사건 가옥의 소유권에 대한 분쟁이 있어 현재까지도 그 분쟁이 계속되고 있는 사실에 비추어 볼 때, 피고인이 이 사건 가옥에 침입하는 것에 대한 피해자의 추정적 승낙이 있었다거나, 피고인의 이 사건 범행이 사회상규에 위배되지 아니한다고 볼 수 없다).

5) 김선복, 235면; 김성돈, 288면; 김신규, 287면; 김일수/서보학, 203면; 배종대, 250면; 손동권/김재윤, 253면; 이상돈, 954면; 이재상/장영민/강동범, 239면; 이정원/류석준, 196면; 이형국/김혜경, 297면; 임 웅, 304면; 정성근/정준섭, 161면; 정영일, 127면. 반면에 관리자의 의사가 표시되어 있는 한 관리라고 할 수 있다는 견해로는 오영근, 214면.

6) 대법원 1992. 9. 25. 선고 92도1520 판결(일반적으로 대학교의 강의실은 그 대학 당국에 의하여 관리되면서 그 관리업무나 강의와 관련되는 사람에 한하여 출입이 허용되는 건조물이지 널리 일반인에게 개방되어 누구나 자유롭게 출입할 수 있는 곳은 아니다).

건축 중인 건물·개집·타워크레인[1]·물탱크시설[2] 등은 이에 해당하지 아니한다.

또한 건조물은 본죄가 사실상 주거의 평온을 보호법익으로 하는 점에 비추어 엄격한 의미에서의 건조물 그 자체뿐만이 아니라 그에 부속하는 위요지를 포함한다. 그러나 위요지는 건조물에 인접한 그 주변의 토지로서 외부와의 경계에 담 등이 설치되어 그 토지가 건조물의 이용에 제공되고, 외부인이 함부로 출입할 수 없다는 점이 객관적으로 명확하게 드러나야 한다.[3] 예를 들면 화단의 설치·수목의 식재 등으로 담장의 설치를 대체하는 경우에도 건조물에 인접한 그 주변 토지가 건물·화단·수목 등으로 둘러싸여 건조물의 이용에 제공되었다는 것이 명확히 드러난다면 위요지가 될 수 있다.[4] 따라서 건조물의 이용에 기여하는 인접의 부속 토지라고 하더라도 인적 또는 물적 설비 등에 의한 구획 내지 통제가 없어 통상의 보행으로 그 경계를 쉽사리 넘을 수 있는 정도라고 한다면 일반적으로 외부인의 출입이 제한된다는 사정이 객관적으로 명확하게 드러났다고 보기 어려우므로, 이는 다른 특별한 사정이 없는 한 본죄의 객체에 해당하지 아니한다.[5]

7) 대법원 2007. 12. 13. 선고 2007도7247 판결(이 사건 소독시설은 축사에 출입하는 차량 등의 소독을 위하여 설치된 것이기는 하나 피고인측이 매각받은 토지가 아닌 피해자 소유의 별개의 토지 위에 존재하는 독립된 건조물인 사실이 인정되고, 이는 축사 자체의 효용에 공하는 것이 아니므로 축사의 종물이라 할 수 없으며, 피고인이 다른 출입로를 만드는 등의 방법을 강구하지 아니한 채 만연히 피해자의 관리하에 있는 위 건조물을 통로로 삼아 출입한 사실 또한 인정되므로 건조물침입죄가 성립한다).

8) 대법원 1991. 6. 11. 선고 91도753 판결(골리앗크레인은 선박건조자재운반용으로 위 회사 제1도크에 고정 설치되어 82m 높이에 있는 폭 8m, 길이 140m 되는 상판과 상판하부의 기계실, 상판에서 기계실로 통하는 넓이 10평 정도되는 방실 및 기계실 하부의 운전실 등으로 구성되어 있고 평소 그 운전을 위해 1, 2명의 직원이 그 곳에 근무하며 인가자 이외의 출입을 금지하는 특별통제구역으로 설정되어 있고 이 사건 당시 위와 같은 출입통제를 위해 승강기의 전원을 차단하고 비상계단의 출입문을 열 수 없도록 하여 두었다는 것이므로 위 골리앗크레인은 간수하는 건조물로서 이에 함부로 들어간 행위는 침입행위에 해당한다).

9) 대법원 1989. 2. 28. 선고 88도2430 판결(담배점포는 알미늄 샷시로 된 구조물이긴 하나 주위벽과 지붕으로 구성되어 사람이 그 내부에서 기거하거나 출입할 수 있을 뿐만 아니라 실제로 피해자는 그 내부에 담배, 복권 기타잡화 등을 진열해 놓고 판매하는 일상생활을 영위해 오면서 침식의 장소로도 사용해왔음을 알 수 있으므로, 위 점포는 주거침입의 객체가 될 수 있는 건조물에 해당한다).

1) 대법원 2005. 10. 7. 선고 2005도5351 판결(타워크레인은 건설기계의 일종으로서 작업을 위하여 토지에 고정되었을 뿐이고 운전실은 기계를 운전하기 위한 작업공간 그 자체이지 건조물침입죄의 객체인 건조물에 해당하지 아니한다).

2) 대법원 2007. 12. 13. 선고 2007도7247 판결.

3) 대법원 2020. 3. 12. 선고 2019도16484 판결(사드기지침입사건)(이 사건 사드(THAAD: 고고도 미사일 방어 체계) 기지는 더 이상 골프장으로 사용되고 있지 않을 뿐만 아니라 이미 사드발사대 2대가 반입되어 이를 운용하기 위한 병력이 골프장으로 이용될 당시의 클럽하우스, 골프텔 등의 건축물에 주둔하고 있었고, 군 당국은 외부인 출입을 엄격히 금지하기 위하여 사드기지의 경계에 외곽 철조망과 내곽 철조망을 2중으로 설치하여 외부인의 접근을 철저하게 통제하고 있었다는 것이므로, 이 사건 사드기지의 부지는 기지 내 건물의 위요지에 해당한다); 대법원 2004. 6. 10. 선고 2003도6133 판결.

4) 대법원 2010. 3. 11. 선고 2009도12609 판결(이 사건 시위 장소와 병원 외부 사이에 문이나 담이 설치되어 있지 아니하고 또 관리자가 있어 이 사건 시위 장소에 일반인의 출입을 제한하고 있지는 아니하나, 이 사건 시위 장소를 병원의 건물들과 화단, 그리고 화단에 식재된 수목들이 둘러싸고 있으면서 병원 외부와의 경계 역할을 하고 있는 사실, 이 사건 시위 장소가 각 병원 건물의 앞 또는 옆 마당으로서 병원 각 건물로 오가는 통행로 등으로 이용되고 있는 사실 등을 인정한 다음, 이러한 점에 비추어 보면, 이 사건 시위 장소가 병원 건물의 이용에 제공되었다는 것이 명확히 드러난다고 할 것이므로, 이 사건 시위 장소는 병원 건물의 위요지에 해당한다).

한편 선박이나 항공기는 교통의 수단으로 사용되는 제조물을 말한다. '항공기'란 공기의 반작용(지표면 또는 수면에 대한 공기의 반작용은 제외한다)으로 뜰 수 있는 기기로서 최대이륙중량·좌석수 등 국토교통부령으로 정하는 기준에 해당하는 비행기·헬리콥터·비행선·활공기(滑空機)를 말한다(항공안전법 제2조 제1호). 본죄의 객체가 되는 선박이나 항공기는 사람의 주거에 사용될 수 있을 정도의 규모여야 한다. 자동차, 기차, 지하철[1] 등은 본죄의 객체가 되지 아니한다.

3) 점유하는 방실

'점유하는 방실'이란 건조물 내의 사실상 지배·관리하는 구획된 장소를 말한다. 예를 들면 학과사무실·교수연구실·숙박업소의 객실·하숙방·자취방·건축공사장의 임시가건물·시장점포·화장실 등이 이에 해당한다.

(2) 행 위

1) 침 입

본죄의 실행행위는 침입하는 것이다. '침입'이란 주거자의 명시적 또는 추정적 의사에 반하여 사람의 신체가 주거 안으로 들어가는 것을 말한다. 침입은 신체적 침입이어야 한다. 그러므로 밖에서 돌을 던지는 것·창문 밖에서 들여다보는 것·전화를 거는 것 등은 침입에 해당하지 아니한다. 그 밖에 침입의 방법에는 제한이 없다. 하지만 침입은 외부에 있는 사람만이 할 수 있는데[2], 직원이 권한 없이 직장상사의 방에 들어가는 경우도 점유하는 방실을 침입하는 것이다. 또한 피고인이 공소외인과 결별하고 사실상 피해 회사를 퇴사한 이상 피고인은 더 이상 피해 회사의 승낙 없이는 사무실을 출입할 수 없게 되었다고 봄이 상당한데, 이후 사무실에 나타나지 않다가 약 20일이 지나서 피해 회사의 명시적인 의사에 반하여 비정상적인 방법으로 사무

---

5) 대법원 2010. 4. 29. 선고 2009도14643 판결(이 사건 시설은 과천시 갈현동 마을 입구에서 과천·인덕원 방향으로 난 차량 통행이 빈번한 도로에 바로 접하여서 자리하고 있고, 위 주거건물은 위 도로에 면하여 그로부터 직접 출입할 수 있는 사실, 위 도로에서 이 사건 시설로 들어가는 입구 등에 그 출입을 통제하는 문이나 담 기타 인적·물적 설비가 전혀 없고 시멘트 포장이 된 노폭 5m 정도의 통로를 통하여 누구나 통상의 보행으로 자유롭게 드나들 수 있고, 이는 이 사건 축사 앞 공터에 이르기까지 다를 바 없는 사실, 이 사건 시설은 그 입구를 제외하면 야트막한 언덕의 숲으로 둘러싸인 형상이기는 하나 그 주위로 담이나 철망 등이 설치되어 있지 아니하고 위 도로로부터 그 언덕을 끼고 축사건물 뒤쪽으로 오르는 오솔길이 있고 이를 통하여 축사건물 맞은편의 비닐하우스 앞으로 들어올 수 있는 사실, 피고인들이 차를 타고 들어간 통로 입구 오른쪽의 전주 아래편에 '관계자 외 출입금지'라는 팻말이 있지만, 그 바로 뒤에 'ㅇㅇ축산'이라는 커다란 간판이 붙어 있는 비닐하우스가 있어서 이 팻말로써는 위 비닐하우스 외에도 이 사건 시설이나 통로 등 전체에 대하여 외부인의 출입이 제한된다는 점이 일반인의 입장에서 쉽사리 알 수 있다고 보기 어려운 사실을 인정할 수 있다).

1) 대법원 2015. 4. 23. 선고 2014도655 판결. 본 판례는 '지하철' 그 자체가 문제된 것이 아니라 '지하철역 구내'가 문제된 사안이다.

2) 대법원 2007. 3. 15. 선고 2006도7079 판결; 대법원 1984. 2. 14. 선고 83도2897 판결(피해자는 피고인의 고모의 아들로서 인근 동리에 사는 관계로 피고인이 동 피해자 집에 잠시 들어가 있는 동안에 동 피해자에게 돈을 갚기 위하여 찾아온 동 피해자의 이질의 돈을 절취한 사실을 인정할 수 있어서 피고인이 당초부터 불법목적을 가지고 피해자의 집에 들어갔다거나 피해자의 의사에 반하여 그의 집에 들어간 것이 아니어서 이 부분 공소사실은 범죄의 증명이 없는 때에 해당한다); 대법원 1976. 4. 13. 선고 76도414 판결(피고인이 종업원으로 있는 사진관에서 그 사진관 안에 둔 주인 소유의 금품을 7. 15. 19:30경에 절취한 소위는 절도죄에는 해당될지언정 야간주거침입절도죄에는 해당한다고 볼 수 없다).

실에 들어간 경우[1], 시험의 대리 응시자가 진실한 응시자인 것과 같이 가장하여 소정절차를 밟
는 등의 시험관리자의 승낙을 얻어 시험장에 들어간 경우[2] 등에 있어서는 본죄가 성립한다.

　　한편 부작위에 의한 침입도 가능하다. 예를 들면 주거에 대한 보증인이 제3자의 침입을 방
지하지 않거나 주거자의 의사에 반하여 침입하는 것을 알면서 그대로 방치하는 경우가 이에 해
당한다. 부작위에 의한 침입은 주거자의 퇴거요구가 없다는 점에서 퇴거불응죄와 구별된다.

2) 의사에 반하는 침입

　　침입은 주거자(거주자 또는 간수자)의 의사에 반하여 이루어져야 한다.[3] 의사에 반하여 들어
가면 평온·공연하게 들어가도 침입에 해당하기 때문에 어떠한 저항을 받는 것이 요구되지 아
니한다.[4] 일반적으로 개방되어 있는 장소라고 할지라도 필요한 때는 관리자가 그 출입을 금지
내지 제한할 수 있는 것이므로 그 출입금지 내지 제한하는 의사에 반하여 무리하게 주거 또는
건조물 구내에 들어가거나 공개된 시간 이외에 허락되지 않은 출입방법으로 들어간다면 본죄
가 성립한다. 또한 건조물의 거주자나 관리자와의 관계 등으로 평소 그 건조물에 출입이 허용
된 사람이라 하더라도 건조물에 들어간 행위가 거주자나 관리자의 명시적 또는 추정적 의사에
반함에도 불구하고 감행된 것이라면 건조물침입죄가 성립한다.[5] 한편 의사에 반하는 침입과

1) 대법원 2007. 8. 23. 선고 2007도2595 판결.
2) 대법원 1967. 12. 19. 선고 67도1281 판결.
3) 대법원 2021. 10. 28. 선고 2021도9242 판결(처갓집침입사건)(① 피고인은 자신과 다툰 후 집을 나간 처가 처갓집
   으로 간 것으로 생각하고 처를 만나기 위해 자신의 장인인 피해자가 거주하는 처갓집(이하 '이 사건 집'이라고
   한다)을 방문하여 그 안으로 들어간 것으로서, 피고인은 이 사건 집의 공동거주자가 아닌 점, ② 피고인은 이 사건
   범행 전 피해자 측에게 '처가 지금 오지 않으면 이 사건 집에 가서 휘발유를 뿌리겠다'는 취지의 문자메시지를
   보냈고, 이에 피해자와 가족들이 피고인을 피해 이 사건 집을 비웠음에도 피고인은 휘발유로 추정되는 물질을
   소지한 채 이 사건 집을 방문하였고, 피해자 측에게 '이 사건 집을 부수고 불을 지르겠다'는 취지의 문자메시지
   등을 보냈을 뿐더러 이 사건 집에 들어가는 과정에서 창문을 깨뜨리기도 하였는바, 피고인은 피해자가 이 사건
   집에서 누리는 사실상의 평온상태를 해치는 행위태양으로 이 사건 집에 들어간 점 등을 더하여 보면, 주거침입죄
   의 성립을 인정한 원심의 판단이 타당하다).
4) 대법원 2008. 11. 13. 선고 2006도755 판결; 대법원 2004. 8. 30. 선고 2004도3212 판결(대학교출입금지사건)(대학
   교가 교내에서의 집회를 허용하지 아니하고 집회와 관련된 외부인의 출입을 금지하였는데도 집회를 위하여 그
   대학교에 들어간 것이라면 비록 대학교에 들어갈 때 구체적으로 제지를 받지 아니하였다고 하더라도 대학교 관
   리자의 의사에 반하여 건조물에 들어간 것으로서 건조물침입죄가 성립한다); 대법원 2003. 5. 13. 선고 2003도604
   판결('제9기 정기대의원대회'가 열린 홍익대학교, '제9기 출범식'이 열린 한양대학교, '제10기 출범식'이 열린 서울
   산업대학교가 위 각 행사에 앞서 학내에서의 행사 개최를 불허하고 외부인의 출입을 금지하는 한편 경찰에 시설
   물 보호를 위한 경비지원을 요청하였음에도 피고인이 다른 많은 학생들과 함께 위 각 행사에 참여하거나 주최하
   기 위하여 위 각 대학교에 들어간 것이라면, 들어갈 당시 경찰공무원 또는 위 각 대학교의 교직원들로부터 구체적
   으로 출입을 제지당하지 아니하였다고 하더라도 위 각 대학교 관리자의 의사에 반하여 다중의 위력으로써 건조
   물인 대학교에 침입한 것이라고 할 것이다.
5) 대법원 2021. 1. 14. 선고 2017도21323 판결(아파트세차영업사건)(입주자대표회의가 입주자등이 아닌 자(이하 '외
   부인'이라 한다)의 단지 안 주차장에 대한 출입을 금지하는 결정을 하고 그 사실을 외부인에게 통보하였음에도
   외부인이 입주자대표회의의 결정에 반하여 그 주차장에 들어갔다면, 출입 당시 관리자로부터 구체적인 제지를
   받지 않았다고 하더라도 그 주차장의 관리권자인 입주자대표회의의 의사에 반하여 들어간 것이므로 건조물침입
   죄가 성립한다. 설령 외부인이 일부 입주자등의 승낙을 받고 단지 안의 주차장에 들어갔다고 하더라도 개별 입주
   자등은 그 주차장에 대한 본질적인 권리가 침해되지 않는 한 입주자대표회의 단지 안의 주차장 관리에 관한 결정
   에 따를 의무가 있으므로 건조물침입죄의 성립에 영향이 없다).

관련하여 문제되는 사안은 다음과 같다.

① 범죄목적 없이 기망에 의한 동의를 받고 타인의 주거에 들어간 경우

예를 들면 방문판매원이 제품을 판매하기 위한 목적을 숨기고 다른 이유를 제시하여 타인의 주거에 들어간 경우가 이에 해당한다. 이 경우에 있어서 주거침입죄의 인정 여부와 관련하여, ① 하자 있는 동의가 있으므로 범죄의 성립을 인정하는 적극설[1], ② 구성요건해당성을 조각시키는 동의(양해)에 하자가 있는 경우는 위법성을 조각하는 승낙과 달리 그 효력이 인정되므로 범죄의 성립을 인정하지 소극설[2] 등의 대립이 있다.

이에 대하여 판례는 「피고인이 설령 그 정을 알지 못하는 피해자로부터 승낙을 얻고 피해자의 주거에 들어갔다고 하더라도 그 승낙의 의사표시는 기망 및 협박에 의한 것으로서 무효」라고 판시[3]하여, 적극설의 입장을 취하고 있다.

생각건대 본죄의 성립을 인정하는 것이 타당하다. 왜냐하면 구성요건해당성을 배제시키는 효과를 가지고 있는 양해이든 위법성을 조각시키는 효과를 가지고 있는 승낙이든 모두 유효한 것이 전제가 되어야만 그 효과가 발생한다고 보아야 하기 때문이다.

② 범죄목적을 숨긴 채 동의를 받고 타인의 주거에 들어간 경우

주거자의 실질적인 의사에 반한 것이므로 본죄가 성립한다.[4] 왜냐하면 범죄목적을 가지고 출입한 행위 그 자체만으로도 개인의 사생활이 위협되기 때문이다. 하지만 뇌물을 주기 위하여 주거권자의 동의를 받고 주거에 들어간 경우에는 본죄가 성립하지 아니한다.[5] 이와 같이 해당 범죄를 주거자와 함께 이루고자 하는 경우에는 본죄의 성립이 인정되지 아니한다.

③ 범죄목적을 숨긴 채 동의 없이 타인의 주거에 들어간 경우

피고인이 피해자와 이웃 사이어서 평소 그 주거에 무상출입하던 관계에 있었다고 하더라도 범죄의 목적으로 피해자의 승낙 없이 그 주거에 들어간 경우에는 본죄가 성립한다.[6]

④ 범죄목적을 숨긴 채 동의 없이 공공장소에 들어간 경우

예를 들면 백화점의 제품을 절취하기 위한 목적을 숨기고 영업시간 내에 다른 고객과 같은 정상적인 방법으로 백화점에 들어간 경우가 이에 해당한다. 이 경우에 있어서 건조물침입죄의

---

1) 김선복, 238면; 김성천/김형준, 298면; 배종대, 253면; 손동권/김재윤, 255면; 오영근, 217면; 이상돈, 959면; 이영란, 254면; 이형국/김혜경, 300면; 정성근/정준섭, 162면; 정영일, 129면.

2) 김성돈, 290면; 김신규, 293면('중대한 동기의 착오로 인한 동의와 그렇지 않은 단순한 동기의 착오로 구분하여 주거침입죄의 성립 여부를 판단하는 것이 합리적이다'); 김일수/서보학, 207면; 박상기, 578면; 임 웅, 305면.

3) 대법원 2007. 1. 25. 선고 2006도5979 판결.

4) 반면에 주거출입 '자체'에 대한 승낙이 있는 이상 본죄가 성립하지 않는다는 견해로는 김일수/서보학, 206면; 박상기, 578면.

5) 김성돈, 290면; 손동권/김재윤, 255면; 임 웅, 306면; 정성근/정준섭, 163면; 정영일, 130면.

6) 대법원 1983. 7. 12. 선고 83도1394 판결; 대법원 1979. 10. 30. 선고 79도1882 판결(피고인이 이 사건 범행의 피해자의 한 사람인 공소외 주식회사에서 버스차장으로 근무하는 관계로 같은 회사의 차고나 사무실에 출입할 수 있다고 하더라도 절취의 목적으로 들어간 것이라면 주거권자의 의사에 반한 것으로서 주거침입죄는 성립하는 것이다).

인정 여부와 관련하여, ① 일반적인 출입이 허가된 장소에는 범죄목적을 가지고 출입한다고 해서 주거의 사실상의 평온이 침해되지 않는다는 점, 공공장소의 관리자는 출입하는 개개인을 선별함이 없이 불특정 또는 다수인의 출입에 대하여 포괄적·묵시적 양해의 의사를 가지고 있다는 점 등을 논거로 하는 소극설[1], ② 불법행위를 할 목적으로 들어간 때에는 관리인의 추정적 의사에 반하여 들어가는 것이라는 점을 논거로 하는 적극설[2] 등의 대립이 있다.

이에 대하여 판례는 「일반인의 출입이 허용된 음식점이라고 하더라도 영업주의 명시적 또는 추정적 의사에 반하여 들어간 것이라면 주거침입죄가 성립된다.」라고 판시[3]하거나 「피고인이 피해자들의 치마 속을 촬영하기 위해 카메라 기능이 설치된 휴대전화를 피해자들의 치마 밑으로 가져감으로써 성폭력처벌법위반(카메라등이용촬영)죄의 실행에 착수하였음이 인정되고, 또한 위와 같은 범행을 목적으로 편의점에 들어간 사실이 인정된다는 이유로 성폭력처벌법위반(카메라등이용촬영)죄의 미수와 건조물침입죄가 인정된다.」라고 판시[4]하여, 적극설의 입장을 취하고 있다.

생각건대 범죄목적을 숨기고 공공장소에 침입하는 단계에 있어서는 본죄의 성립을 인정하기 어렵다고 판단된다. 왜냐하면 이 정도의 단계에서 범죄실현의 의사가 외부적으로 표현되었다거나 의도한 범죄에 대한 실행의 착수를 인정하기 어렵기 때문이다. 다만 의도한 범죄를 현실적으로 실행한 경우에는 실행된 범죄와 건조물침입죄의 경합범이 된다. 한편 정상적이지 않은 방법을 사용하거나 출입이 제한된 시간에 출입한 경우에는 본죄가 성립한다.[5]

---

1) 김선복, 239면; 김신규, 294면; 김일수/서보학, 206면; 박상기, 578면; 배종대, 253면; 손동권/김재윤, 256면; 오영근, 218면; 이상돈, 960면; 이재상/장영민/강동범, 245면; 이정원/류석준, 203면; 이형국/김혜경, 299면; 임 웅, 307면; 정성근/정준섭, 164면; 정영일, 130면.

2) 김성돈, 291면; 김성천/김형준, 300면; 신동운, 774면; 최호진, 279면.

3) 대법원 1997. 3. 28. 선고 95도2674 판결(초원복집사건)(이 사건 음식점에는 1992. 12. 11. 08:00경 평소 이 음식점을 종종 이용하여 오던 부산시장 등 기관장들의 조찬모임이 예약되어 있었던 사실, 피고인들은 같은 달 10. 12:00경 그 조찬모임에서의 대화내용을 도청하기 위한 도청용 송신기를 설치할 목적으로 손님을 가장하여 이 음식점에 들어간 사실을 알 수 있는바, 사정이 이와 같다면 영업자인 피해자가 출입을 허용하지 않았을 것으로 보는 것이 경험칙에 부합한다); 대법원 1990. 3. 13. 선고 90도173 판결(피고인이 침입했다는 인천의 주식회사 연안여객터미널 건물이 일반적으로 출입이 허가된 것이라 하여도 출입이 금지된 시간에 그 건물담벽에 있던 드럼통을 딛고 담벽을 넘어 들어간 후 그곳 터미널 마당에 있던 아이스박스통과 삽을 같은 건물 화장실 유리창문 아래에 놓고 올라가 위 유리창문을 연후 이를 통해 들어간 것과 같은 경우에는 그 침입방법 자체가 일반적인 허가에 해당되지 않는 것이 분명하게 나타난 것이라 할 것이므로 이와 같은 경우에는 건조물침입죄가 성립된다); 대법원 1978. 10. 10. 선고 75도2665 판결(피고인이 정보관계를 담당한 순경으로서 증거수집을 위하여 정당의 지구당 집행위원회에서 쓸 회의장소에 몰래 설치 도청기를 마련해 놓았다가 회의 개최 전에 들켜 뜯겼다는 것이며 이 때문에 회의 열릴 시간이 10분 늦어졌다. 피고인이 위 장소에 들어간 것은 지배인의 승낙이 있었을 뿐만 아니라 그 장소는 음식점인 까닭에 승낙이 필요 없으니 주거침입죄를 구성하지 아니한다고 하지만 구체적 사정이 도청기를 매놓고 수사할만한 여건이 없다는 취지에서 그 행위가 직권을 남용한 것이라고 판단하였음이 옳다고 하겠으니, 이런 일을 하려고 들어갔다면 영업주가 승낙할 리 없다고 봄이 우리의 경험이요, 음식점출입에 추정승낙이 있다고 봄은 음식 먹는데 관한 것이니, 독직하기 위하여 들어가는 데까지 그와 같이 볼 수는 없다 하리니 원판결이 주거침입의 죄책을 입힌 판단에는 위법이 없다); 대법원 1967. 12. 19. 선고 67도1281 판결.

4) 대법원 2021. 8. 12. 선고 2021도7035 판결.

5) 대법원 1995. 9. 15. 선고 94도3336 판결(거주자나 관리자와의 관계 등으로 평소 그 건조물에 출입이 허용된 사람이라 하더라도 주거에 들어간 행위가 거주자나 관리자의 명시적 또는 추정적 의사에 반함에도 불구하고 감행된

⑤ 공동주거자 중 일방의 동의만을 받고 주거에 들어간 경우

예를 들면 부부가 공동생활을 하고 있는 주거에 남편의 부재 중 아내가 간통[1]의 목적으로 정부(情夫)를 불러들이는 경우가 이에 해당한다. 이 경우에 있어서 주거침입죄의 인정 여부와 관련하여, ① 동거자 중의 1인이 부재중인 경우라도 주거의 지배·관리관계가 외관상 존재하는 상태로 인정되는 경우에는 부재중인 자의 평온도 보호되어야 한다는 점, 복수의 주거자가 있을 때에는 주거자 개개인의 사생활의 평온을 보호해야 할 것이므로, 그 출입을 위하여 주거자 모두의 허락이 필요하다는 점 등을 논거로 하는 적극설[2], ② 행위불법은 행위 그 자체로서 평가되어야지 목적의 적법 여부로부터 영향을 받아서는 안 된다는 점, 어느 한 사람의 승낙을 받은 경우에는 주거의 사실상의 평온이 침해되었다고 보기 어렵다는 점, 공동거주자 사이에는 각자가 공동주거에서 누리는 법익의 보호가치가 동등하다고 볼 수 있는데, 외부인의 출입과 관련하여 공동거주자 사이의 법익이 충돌되는 상황에서 다른 공동거주자의 사실상 주거의 평온이라는 법익이 침해되었다고 보아 외부인에 대하여 주거침입죄의 성립을 인정하게 되면, 외부인의 출입을 거부한 공동거주자의 법익만을 우선하고, 외부인의 출입을 승낙한 다른 공동거주자의 법익은 무시하는 것이 된다는 측면에서 부당하다는 점, 공동거주자 중 한 사람의 승낙에 따라 공동주거에 출입한 행위가 이를 승낙한 공동거주자의 통상적인 공동생활 장소의 출입 및 이용 행위의 일환이자 이에 수반되는 행위로 평가할 수 있는 경우는 다른 규범이나 사회적 통제수단으로는 해결할 수 없는 중대한 법익에 대한 위험이 있는 행위이거나 사회에 끼치는 해악이 큰 행위에 해당한다고 보기 어렵다는 점[3] 등을 논거로 하는 소극설[4], ③ 공동주거자 중 일방이 부재중일 때에는 주거의 사실상의 평온이 깨어질 이유가 없으므로 침입행위가 인정되기 어렵지만, 공동주거자가 집안에 있음에도 불구하고 그 모르게 다른 공동주거자의 양해 아래 들어간 경우에는 침입행위라고 파악해야 한다는 이원설[5] 등의 대립이 있다.

이에 대하여 기존의 판례는「주거침입죄의 보호법익은 주거권이라는 법적 개념이 아니고 사적 생활관계에 있어서의 사실상 주거의 자유와 평온으로서 그 주거에서 공동생활을 하고 있

것이라면 주거침입죄는 성립하는 것이며, 출입문을 통한 정상적인 출입이 아닌 경우 특별한 사정이 없는 한 그 침입방법 자체에 의하여 위와 같은 의사에 반하는 것으로 보아야 할 것이다); 대법원 1985. 2. 8. 선고 84도2917 판결(다방, 당구장, 독서실 등의 영업소가 들어서 있는 건물중 공용으로 사용되는 계단과 복도는 주야간을 막론하고 관리자의 명시적 승낙이 없어도 누구나 자유롭게 통행할 수 있는 곳이라 할 것이므로 관리자가 1층 출입문을 특별히 시정하지 않는 한 범죄의 목적으로 위 건물에 들어가는 경우 이외에는 그 출입에 관하여 관리자나 소유자의 묵시적 승낙이 있다고 봄이 상당하여 그 출입행위는 주거침입죄를 구성하지 않는다).

1) 간통죄에 대하여 보다 자세한 논의로는 박찬걸, "간통죄 폐지의 정당성에 관한 고찰", 경희법학 제45권 제2호, 경희대학교 법학연구소, 2010. 6, 41면 이하 참조.

2) 김선복, 238면; 김성돈, 292면; 김성천/김형준, 301면; 김혜정 외 4인, 250면; 박상기, 579면; 손동권/김재윤, 257면; 신동운, 768면; 이재상/장영민/강동범, 242면; 이정원/류석준, 201면; 정성근/정준섭, 163면; 정영일, 130면.

3) 대법원 2021. 9. 9. 선고 2020도6085 전원합의체 판결.

4) 김신규, 290면; 김일수/서보학, 205면; 배종대, 249면; 오영근, 217면; 이형국/김혜경, 300면.

5) 임 웅, 308면.

는 전원이 평온을 누릴 권리가 있다고 할 것이나, 복수의 주거권자가 있는 경우에는 한 사람의 승낙이 다른 거주자의 의사에 직접·간접으로 반하는 경우에 그에 의한 주거에의 출입은 그 의사에 반한 사람의 주거의 평온, 즉 주거의 지배·관리의 평온을 해치는 결과가 되므로 주거침입죄가 성립한다.」라고 판시[1]하여, 적극설의 입장을 취하고 있었으나, 2021. 9. 9. 판례의 변경을 통하여 「공동거주자 개개인은 각자 사실상 주거의 평온을 누릴 수 있으므로 어느 거주자가 부재중이라고 하더라도 사실상의 평온상태를 해치는 행위태양으로 들어가거나 그 거주자가 독자적으로 사용하는 공간에 들어간 경우에는 그 거주자의 사실상 주거의 평온을 침해하는 결과를 가져올 수 있다. 그러나 공동거주자 중 주거 내에 현재하는 거주자의 현실적인 승낙을 받아 통상적인 출입방법에 따라 들어갔다면, 설령 그것이 부재중인 다른 거주자의 의사에 반하는 것으로 추정된다고 하더라도 주거침입죄의 보호법익인 사실상 주거의 평온을 깨트렸다고 볼 수는 없다. 만일 외부인의 출입에 대하여 공동거주자 중 주거 내에 현재하는 거주자의 승낙을 받아 통상적인 출입방법에 따라 들어갔음에도 불구하고 그것이 부재중인 다른 거주자의 의사에 반하는 것으로 추정된다는 사정만으로 주거침입죄의 성립을 인정하게 되면, 주거침입죄를 의사의 자유를 침해하는 범죄의 일종으로 보는 것이 되어 주거침입죄가 보호하고자 하는 법익의 범위를 넘어서게 되고, '평온의 침해' 내용이 주관화·관념화되며, 출입 당시 현실적으로 존재하지 않는, 부재중인 거주자의 추정적 의사에 따라 주거침입죄의 성립 여부가 좌우되어 범죄 성립 여부가 명확하지 않고 가벌성의 범위가 지나치게 넓어지게 되어 부당한 결과를 가져오게 된다. … 피고인이 피해자의 부재중에 피해자의 처로부터 현실적인 승낙을 받아 통상적인 출입방법에 따라 주거에 들어갔으므로 주거의 사실상 평온상태를 해치는 행위태양으로 주거에 들어간 것이 아니어서 주거에 침입한 것으로 볼 수 없고, 설령 피고인의 주거 출입이 부재중인 피해자의 의사에 반하는 것으로 추정되더라도 그것이 사실상 주거의 평온을 보호법익으로 하는 주거침입죄의 성립 여부에 영향을 미치지 않는다고 할 것이다.」라고 판시[2]하여, 소극설의 입장으로 선회하였다.

생각건대 이러한 경우에 있어서는 범죄목적의 침입이 아닌 한 주거침입의 성립을 부정하는 것이 타당하다. 예를 들면 기숙사 룸메이트 4명 가운데 1명만이 특정인을 싫어한다는 이유

---

1) 대법원 2010. 3. 11. 선고 2009도5008 판결(2인 이상이 하나의 공간에서 공동생활을 하고 있는 경우에는 각자 주거의 평온을 누릴 권리가 있으므로, 사용자가 제3자와 공동으로 관리·사용하는 공간을 사용자에 대한 쟁의행위를 이유로 관리자의 의사에 반하여 침입·점거한 경우 비록 그 공간의 점거가 사용자에 대한 관계에서 정당한 쟁의행위로 평가될 여지가 있다 하여도 이를 공동으로 관리·사용하는 제3자의 명시적 또는 추정적인 승낙이 없는 이상 위 제3자에 대하여서까지 이를 정당행위라고 하여 주거침입의 위법성이 조각된다고 볼 수는 없다); 대법원 1984. 6. 26. 선고 83도685 판결(부재중간통사건)(남편이 일시 부재중 간통의 목적하에 그 처의 승낙을 얻어 주거에 들어간 경우라도 남편의 주거에 대한 지배 관리관계는 여전히 존속한다고 봄이 옳고, 사회통념상 간통의 목적으로 주거에 들어오는 것은 남편의 의사에 반한다고 보여지므로 처의 승낙이 있었다고 하더라도 남편의 주거의 사실상의 평온은 깨어졌다 할 것이므로 이러한 경우에는 주거침입죄가 성립한다); 대법원 1958. 5. 23. 선고 4291형상117 판결.
2) 대법원 2021. 9. 9. 선고 2020도12630 전원합의체 판결.

로 기숙사에의 출입을 반대한다고 할지라도 그 1명의 부재 중 나머지 3명의 동의가 있다면 본
죄를 부정해야 하기 때문이다. 또한 부모님이 절대 만나지 말라고 한 폭력서클 친구를 부모님
의 부재 중 자신의 집으로 초대한 아들의 행위에 있어서, 아들의 허락으로 평온하게 주거에 들
어간 것이기 때문에 이를 범죄로 하는 것은 법감정에 반한다고 판단된다. 사실상의 평온을 해
치는 행위태양으로 주거에 들어가는 것이라면 특별한 사정이 없는 한 거주자의 의사에 반하는
것이겠지만, 단순히 주거에 들어가는 행위 자체가 거주자의 의사에 반한다는 거주자의 주관적
사정만으로 바로 침입에 해당한다고 볼 수는 없는 것이다. 하지만 다른 주거자의 현재하는 명
시적인 반대의사가 있는 경우에는 일부의 동의가 있더라도 본죄가 성립한다.

(3) 주관적 구성요건

본죄의 고의는 반드시 신체의 전부가 타인의 주거 안으로 들어간다는 인식이 있어야만 하
는 것이 아니라 신체의 일부라도 타인의 주거 안으로 들어간다는 인식이 있으면 족하다. 하지
만 주거에 들어갈 정당한 권리가 있다고 오인한 때에는 정당한 이유가 있어야만 본죄가 부정된
다.[1] 예를 들면 동일한 형태의 아파트 건물이 여러 동으로 구성된 단지에 거주하는 甲이 새벽
에 술에 취하여 자신의 집인 101동 1702호가 아닌 102동 1702호에 가서 비밀번호를 누르고 출
입문을 당겨 본 경우에는 본죄의 고의가 부정될 것이다.

3. 위법성조각사유

판례에 의하면, ① 연립주택 위층에 있는 집으로 통하는 상수도관 밸브가 아래층 집에 설치되어 있는
경우에 그 상수도관 밸브의 이상 유무의 확인이나 고장의 수리를 위한 위층 거주자의 아래층 집 출입이
그로 인하여 주거의 평온을 심하게 침해하는 것이 아닌 경우[2], ② 근로자가 노동위원회 또는 법원에서
그 해고의 효력을 다투고 있는 경우에는 해고의 효력이 확정될 때까지는 최소한 조합원으로서의 지위를
상실하는 것이 아닌 것으로 해석되므로 피고인이 조합원의 자격으로서 회사 내 노조사무실에 들어가는
경우[3], ③ 공소외 1이 사소한 일로 피고인을 그 길가의 논에 넘어뜨리고 주먹으로 얼굴을 때리는 등의
폭행을 하였으므로 인하여 양인간에 시비가 벌어지게 되었던바, 그 시비 중 공소외 1이 그의 집으로 돌
아가기에 피고인도 술에 취하여 동인에게 얻어맞아가면서 동인의 집까지 따라 들어가서 동인에 대하여
피고인을 때리는 이유를 따지던 경우[4], ④ 면접교섭권에 의거하여 이혼 후 자녀를 양육하지 아니하는
모(母)가 부(父)의 허락 없이 그 주거에 들어가 자녀들의 양육에 필요한 최소한의 행위만을 한 경우[5]
등에 있어서는 위법성이 조각된다.

---

1) 대법원 1995. 4. 14. 선고 95도12 판결(학생회관의 관리권은 그 대학당국에 귀속된다고 보아야 하므로 학생회
   의 동의가 있어 그 침입이 위법하지 않다고 믿었다고 하더라도 이에 정당한 사유가 있다고 볼 수 없어 주거침입
   죄의 위법성도 조각되지 아니한다).
2) 대법원 2004. 2. 13. 선고 2003도7393 판결.
3) 대법원 1991. 11. 8. 선고 91도326 판결.
4) 대법원 1967. 9. 26. 선고 67도1089 판결.
5) 대법원 2003. 11. 28. 선고 2003도5931 판결.

하지만 ① 피고인이 공소외 주식회사의 감사였고 경비원으로부터 출입증을 받아서 감사실에 들어간 것이라고 하더라도, 피고인이 공소외 주식회사의 경영진과의 불화로 한 달 가까이 결근하다가 06:48경에 피고인의 출입카드가 정지되어 있음에도 경비원으로부터 출입증을 받아 컴퓨터 하드디스크를 절취하기 위해 공소외 주식회사 감사실에 침입한 경우[1], ② 피해자는 01:55경 애향공원에서 그 곳 공중화장실의 용변칸에서 하의를 내리고 좌변기에 앉아 있던 중, 노크소리가 나서 남편인 줄 알고 '아빠야'라고 하면서 밖이 보일 정도로 용변칸 문을 열었는데, 피고인이 문을 열고 들어와 문을 잠그면서 앞을 가로막았고, 이에 피해자가 놀라서 소리치면서 하의를 입고 밖으로 나가려고 일어서려고 하자 피고인은 얼굴색 하나 변하지 않고, 손으로 피해자의 입을 막고 피해자가 반항하지 못하도록 피해자의 손이나 몸을 붙잡고, 이어서 피해자를 벽에 밀어붙여 움직이지 못하게 한 후 손으로 피해자의 가슴을 만진 경우[2], ③ 자기 소유의 임야에 심어둔 밤나무를 손괴한 현행범인을 추적하여 그 범인의 아버지 집에 들어가서 그 아버지와 시비 끝에 상해를 입힌 경우[3], ④ 공소외인이 부녀자에게 한 욕설을 따지기 위하여 부녀자 10여 명과 작당하여 야간(밤 9시경)에 공소외인의 집에 침입한 경우[4], ⑤ 공소외 1과 피해자가 주택 내 피해자의 방에서 간통을 할 것이라는 추측하에 피고인 1과 공소외 1 사이의 이혼소송에 사용할 증거자료 수집을 목적으로 그들의 간통 현장을 직접 목격하고 그 사진을 촬영하기 위하여 주택에 침입한 경우[5], ⑥ 점유할 권리 없는 자의 점유라고 하더라도 그 주거의 평온은 보호되어야 할 것이므로, 권리자가 그 권리 실행으로서 자력구제의 수단으로 건조물에 침입한 경우[6], ⑦ 집행관이 집행채권자 甲 조합 소유 아파트에서 유치권을 주장하는 피고인을 상대로 부동산인도집행을 실시하자, 피고인이 이에 불만을 갖고 아파트 출입문과 잠금 장치를 훼손하며 강제로 개방하고 아파트에 들어갔다고 하여 재물손괴 및 건조물침입으로 기소된 사안에서, 피고인이 아파트에 들어갈 당시에는 이미 甲 조합이 집행관으로부터 아파트를 인도받은 후 출입문의 잠금 장치를 교체하는 등으로 그 점유가 확립된 상태여서 점유권 침해의 현장성 내지 추적가능성이 있다고 보기 어려운 상황에서 점유를 실력에 의하여 탈환한 경우[7] 등에 있어서는 위법성이 조각되지 아니한다.

4. 실행의 착수시기 및 기수시기

(1) 실행의 착수시기

본죄의 실행의 착수시기는 주거자·관리자·점유자 등의 의사에 반하여 주거나 관리하는 건조물 등에 들어가는 행위, 즉 구성요건의 일부를 실현하는 행위까지 요구하는 것은 아니고, 범죄구성요건의 실현에 이르는 현실적 위험성을 포함하는 행위를 개시하는 것으로 족하다.[8] 이

1) 대법원 2011. 8. 18. 선고 2010도9570 판결.
2) 대법원 2003. 5. 30. 선고 2003도1256 판결(아빠야사건).
3) 대법원 1965. 12. 21. 선고 65도899 판결(절도범아버지집침입사건).
4) 대법원 1983. 10. 11. 선고 83도2230 판결.
5) 대법원 2003. 9. 26. 선고 2003도3000 판결(간통현장촬영사건).
6) 대법원 1985. 3. 26. 선고 85도122 판결; 대법원 1983. 3. 8. 선고 82도1363 판결.
7) 대법원 2017. 9. 7. 선고 2017도9999 판결.
8) 대법원 2008. 4. 10. 선고 2008도1464 판결(짜장면시키신분사건)(아파트의 초인종을 누르다가 사람이 없으면 만능키 등을 이용하여 문을 열고 안으로 들어가 물건을 훔치기로 모의한 피고인들이 함께 다니다가 피고인은 피해

에 따라 출입문이 열려 있으면 안으로 들어가겠다는 의사 아래 출입문을 당겨보는 행위는 바로 주거의 사실상의 평온을 침해할 객관적인 위험성을 포함하는 행위를 한 것으로 볼 수 있어 그 것으로 주거침입의 실행에 착수가 인정된다.[1]

(2) 기수시기

본죄의 기수시기와 관련하여, ① 주거침입죄의 기수와 미수의 구별은 구성요건적 결과인 침입의 가부에 따라 신체의 전부침입이 있는 경우에 기수가 되며, 일부침입이 있는 경우에는 미수가 된다고 하는 견해(전부침입시설)[2], ② 타인의 주거에 신체의 일부가 들어가도 사실상의 평온을 해할 수 있을 정도에 이르렀다면 기수가 된다는 견해(일부침입시설)[3], ③ 주거침입죄의 기수와 미수의 구별은 보호법익을 기준으로 하여 판단해야 하는데, 신체의 전부가 들어가도 주거의 사실상의 평온이 침해되었다고 볼 수 있기 이전의 단계에 불과하다면 미수가 되고, 신체의 일부가 들어가도 주거의 사실상의 평온이 침해되었다고 볼 수 있다면 기수가 된다는 견해(보호법익기준설)[4] 등의 대립이 있다.

이에 대하여 판례는「주거침입죄는 사실상의 주거의 평온을 보호법익으로 하는 것이므로, 반드시 행위자의 신체의 전부가 범행의 목적인 타인의 주거 안으로 들어가야만 성립하는 것이 아니라 신체의 일부만 타인의 주거 안으로 들어갔다고 하더라도 거주자가 누리는 사실상의 주거의 평온을 해할 수 있는 정도에 이르렀다면 범죄구성요건을 충족하는 것이라고 보아야 할 것이고, 따라서 주거침입죄의 범의는 반드시 신체의 전부가 타인의 주거 안으로 들어간다는 인식이 있어야만 하는 것이 아니라 신체의 일부라도 타인의 주거 안으로 들어간다는 인식이 있으면 족하다고 할 것이고, 이러한 범의로써 예컨대 주거로 들어가는 문의 시정장치를 부수거나 문을 여는 등 침입을 위한 구체적 행위를 시작하였다면 주거침입죄의 실행의 착수는 있었다고 보아야 하고, 신체의 극히 일부분이 주거 안으로 들어갔지만 사실상 주거의 평온을 해하는 정도에 이르지 아니하였다면 주거침입죄의 미수에 그친다.」라고 판시하여, 보호법익기준설의 입장을 취하고 있다. 이에 따라 이미 수일 전에 2차례에 걸쳐 피해자를 강간하였던 피고인이 대문을 몰래 열고 들어와 담장과 피해자가 거주하던 방 사이의 좁은 통로에서 창문을 통하여 방안을 엿보던 상황이라면 피해자의 주거에 대한 사실상 평온상태가 침해된 것으로

자의 집 초인종을 누르면서 '자장면 시키지 않았느냐'라고 말하였으나 집 안에 있던 피해자가 '시킨 적 없다'고 대답하자 계단을 이용하여 아래층으로 이동한 사안에 대하여, 침입 대상인 아파트에 사람이 있는지를 확인하기 위해 그 집의 초인종을 누른 행위만으로는 침입의 현실적 위험성을 포함하는 행위를 시작하였다거나 주거의 사실상의 평온을 침해할 객관적인 위험성을 포함하는 행위를 한 것으로 볼 수 없다).

1) 대법원 2006. 9. 14. 선고 2006도2824 판결.

2) 김성돈, 292면(주거침입죄를 계속범이라고 보는 점에서 주거침입죄의 미수를 처벌하고 있는 형법의 태도를 보면 신체의 전부가 들어가야 침입이라고 할 수 있다); 김일수/서보학, 207면; 배종대, 252면; 손동권/김재윤, 259면; 오영근, 221면; 이재상/장영민/강동범, 240면; 이형국/김혜경, 301면; 정성근/정준섭, 162면.

3) 김선복, 236면; 김성천/김형준, 303면; 김신규, 296면; 신동운, 774면.

4) 임 웅, 308면; 정영일, 131면.

본죄에 해당하며[1], 피고인이 00:10경 피해자의 집에서 그녀를 강간하기 위하여 그 집 담벽에 발을 딛고 창문을 열고 안으로 얼굴을 들이미는 등의 행위를 한 경우[2]에 본죄의 기수를 인정하였다.

생각건대 본죄의 구성요건요소인 신체의 '침입'이라는 법문이 반드시 전부침입을 의미한다고 볼 수는 없다. 즉 일부침입이든 전부침입이든 불문하고 '침입'이 있으면 구성요건을 충족하는 것이다. 그러므로 반드시 신체의 전부가 침입되어야만 기수가 된다는 전부침입시설은 타당하지 않다. 한편 일부침입시설은 신체의 일부가 침입되어도 기수가 될 수 있다고 하면서도, 그 기준으로 주거의 사실상 평온을 해할 수 있느냐의 여부를 제시하고 있다. 그러므로 일부침입시설의 내용은 보호법익기준설의 내용과 대동소이하다. 결론적으로 본죄의 기수가 되기 위해서는 신체의 전부가 침입될 필요는 없고, 신체의 일부만의 침입이 있더라도 그 행위로 인하여 주거의 사실상의 평온에 위해를 가져오는 경우에는 기수가 된다는 점에서 보호법익기준설이 타당하다.

5. 죄수 및 다른 범죄와의 관계

(1) 죄 수

피고인이 주택에 무단으로 침입한 범죄사실로 이미 유죄판결을 받고 그 판결이 확정되었음에도 퇴거하지 아니한 채 계속해서 주택에 거주하였다면, 판결이 확정된 이후로도 피고인의 주거침입행위 및 그로 인한 위법상태가 계속되고 있기 때문에 별개의 본죄가 성립한다.[3]

(2) 다른 범죄와의 관계

제330조에 규정된 야간주거침입절도죄 및 제331조 제1항에 규정된 손괴특수절도죄를 제외하고 일반적으로 주거침입은 절도죄의 구성요건이 아니므로, 절도범이 그 범행수단으로 주간에 주거침입을 한 경우에 그 주거침입행위는 절도죄에 흡수되지 아니하고 별개로 주거침입죄를 구성하여 절도죄와는 실체적 경합의 관계에 있다.[4] 또한 형법 제332조에 규정된 상습절도죄를 범한 범인이 그 범행의 수단으로 주간에 주거침입을 한 경우, 그 주간 주거침입행위는 상습절도죄와 별개로 주거침입죄를 구성한다.[5] 하지만 특정범죄가중처벌법 제5조의4 제6항에 규정된 상습절도 등 죄를 범한 범인이 그 범행의 수단으로 주거침입을 한 경우에 주거침입행위는 상습절도 등 죄에 흡수되어 위 조문에 규정된 상습절도 등 죄의 1죄만이 성립하고 별개로 주거침입죄를 구성하지 아니한다. 또한 위 상습절도 등 죄를 범한 범인이 그 범행 외에 상습적인 절도의 목적으로 주거침입을 하였다가 절도에 이르지 아니하고 주거침입에 그친 경우에도 그것이 절

1) 대법원 2001. 4. 24. 선고 2001도1092 판결(방안엿본사건).
2) 대법원 1995. 9. 15. 선고 94도2561 판결(얼굴만들이민사건).
3) 대법원 2008. 5. 8. 선고 2007도11322 판결.
4) 대법원 2011. 4. 14. 선고 2011도300 판결; 대법원 2008. 11. 27. 선고 2008도7820 판결.
5) 대법원 2015. 10. 15. 선고 2015도9049 판결; 대법원 2015. 10. 15. 선고 2015도8169 판결.

도상습성의 발현이라고 보이는 이상 주거침입행위는 다른 상습절도 등 죄에 흡수되어 위 조문에 규정된 상습절도 등 죄의 1죄만을 구성하고 상습절도 등 죄와 별개로 주거침입죄를 구성하지 아니한다.[1] 한편 주간에 주거에 침입하기 위하여 자물쇠를 부수는 등의 손괴행위를 하면, 주거침입죄와 손괴죄의 실체적 경합이 된다.

Ⅱ. 퇴거불응죄

> 제319조(퇴거불응)　② 전항의 장소에서 퇴거요구를 받고 응하지 아니한 자도 전항의 형과 같다.
> 제322조(미수범)　본장의 미수범은 처벌한다.

1. 의 의

퇴거불응죄는 사람의 주거·관리하는 건조물·선박·항공기 또는 점유하는 방실에서 퇴거요구를 받고 응하지 아니함으로써 성립하는 범죄이다. 본죄의 법적 성격은 거동범·계속범·진정부작위범에 해당한다.

2. 구성요건

(1) 주 체

본죄의 주체는 사람의 주거 등에 적법하게 또는 과실로 들어갔다가 주거자의 퇴거요구를 받고 곧 퇴거해야 할 지위에 있는 자이다. 그러므로 처음부터 타인의 의사에 반하는 주거침입이 있었으면, 그 후의 퇴거요구에 불응하더라도 주거침입죄만이 성립한다.

(2) 객 체

본죄의 객체는 주거침입죄의 경우와 동일하다. 다만 일반적으로 개방되어 있는 장소라고 하더라도 관리자가 필요에 따라 그 출입을 제한할 수 있는 것이므로 관리자의 퇴거요구에도 불구하고 건조물에서 퇴거하지 않는 것은 사실상의 건조물의 평온을 해하는 것으로서 본죄를 구성한다.[2]

(3) 행 위

본죄의 실행행위는 퇴거요구를 받고도 퇴거에 응하지 않는 것이다. 주거자인 이상 주거에 대한 법적 권한이 없는 자도 퇴거요구를 할 수 있다. 예를 들면 임대차기간 만료 후에 임차인의 방실에 들어온 임대인에게도 임차인은 퇴거요구를 할 수 있다. 퇴거요구는 1회로도 충분하며, 반복할 필요가 없다. 또한 퇴거요구는 명시적인 방법뿐만 아니라 묵시적인 방법으로도 가능하다.

---

1) 대법원 2017. 7. 11. 선고 2017도4044 판결.
2) 대법원 2015. 4. 23. 선고 2014도655 판결(지하철역상행위사건)(피고인이 지하철 내에서 승객들에게 무릎보호대를 판매하는 행위를 하다가 철도보안관에게 적발되어 즉시 지하철역 밖으로 퇴거를 요구당하였음에도 이에 불응한 사실을 인정한 다음, 철도보안관은 철도안전법령에 따라 피고인을 지하철역 밖으로 퇴거시킬 수 있는 정당한 권한이 있으므로 이에 불응한 피고인에게는 형법상 퇴거불응죄가 성립한다).

'퇴거불응'이란 퇴거를 할 수 있음에도 불구하고 퇴거하지 아니하는 것을 말한다. 예를 들어 질주하는 자동차에서 내리라고 하는 경우, 나체의 상태에서 집 밖으로 나가라고 하는 경우 등은 퇴거할 수 있는 상황이 아니기 때문에 일정시간 동안의 지체만으로 본죄가 성립하지 아니한다. 퇴거는 행위자의 신체가 주거에서 나감을 의미한다. 따라서 퇴거요구를 받고 건물에서 나가면서 가재도구 등을 남겨 둔 경우에는 본죄가 성립하지 아니한다.[1]

피고인이 예배의 목적이 아니라 교회의 예배를 방해하여 교회의 평온을 해할 목적으로 교회에 출입하는 것이 판명되어 교회건물의 관리주체라고 할 수 있는 교회당회에서 피고인에 대한 교회출입금지의결을 하고, 이에 따라 공소외인이 피고인에게 퇴거를 요구하게 된 경우 이에 불응하여 퇴거를 하지 아니한 것이라면 본죄가 성립한다.[2] 또한 근로자들의 직장점거가 개시 당시 적법한 것이었다고 하더라도 사용자가 이에 대응하여 적법하게 직장폐쇄를 하게 되면, 사용자의 사업장에 대한 물권적 지배권이 전면적으로 회복되는 결과 사용자는 점거중인 근로자들에 대하여 정당하게 사업장으로부터의 퇴거를 요구할 수 있고 퇴거를 요구받은 이후의 직장점거는 위법하게 되므로, 적법히 직장폐쇄를 단행한 사용자로부터 퇴거요구를 받고도 불응한 채 직장점거를 계속한 행위는 본죄가 성립한다.[3] 하지만 사용자의 직장폐쇄가 정당한 쟁의행위로 인정되지 아니하는 때에는 적법한 쟁의행위로서 사업장을 점거중인 근로자들이 직장폐쇄를 단행한 사용자로부터 퇴거요구를 받고 이에 불응한 채 직장점거를 계속하더라도 본죄가 성립하지 아니한다.[4]

한편 본죄의 미수가 인정되는지 여부와 관련하여, ① 진정부작위범이면서도 침해범으로 해석하여 퇴거불응이 주거의 사실상 평온을 침해했다고 할 만한 단계에 이르기 전에 주거 밖으로 축출당한 경우, 퇴거요구가 없음에도 불구하고 있다고 생각하면서 불응한 경우 등에 있어서 미수가 된다고 하는 견해[5], ② 진정부작위범이자 거동범이므로 부작위가 있으면 바로 기수가 되고 미수는 성립할 여지가 없기 때문에 미수범 처벌규정은 입법상의 오류라고 파악하는 견해[6] 등의 대립이 있다.

---

1) 대법원 2007. 11. 15. 선고 2007도6990 판결(주거침입죄와 퇴거불응죄는 모두 사실상의 주거의 평온을 그 보호법익으로 하고, 주거침입죄에서의 침입이 신체적 침해로서 행위자의 신체가 주거에 들어가야 함을 의미하는 것과 마찬가지로 퇴거불응죄의 퇴거 역시 행위자의 신체가 주거에서 나감을 의미하므로, 피고인이 이 사건 건물에 가재도구 등을 남겨두었다는 사정은 퇴거불응죄의 성부에 영향이 없다).

2) 대법원 1992. 4. 28. 선고 91도2309 판결.

3) 대법원 1991. 8. 13. 선고 91도1324 판결.

4) 대법원 2007. 12. 28. 선고 2007도5204 판결; 대법원 2007. 3. 29. 선고 2006도9307 판결.

5) 김성천/김형준, 307면; 손동권/김재윤, 263면(예외적으로 불능미수의 성립가능성은 인정되어야 한다); 임 웅, 313면; 오영근, 224면(퇴거불응 후 어느 정도의 시간이 지난 때에 기수에 이른다고 하는 것이 미수범 처벌규정을 의미있게 해석하는 것이다).

6) 김선복, 242면; 김성돈, 296면; 김신규, 302면; 김일수/서보학, 211면; 김혜정 외 4인, 256면; 박상기, 582면; 배종대, 258면; 신동운, 779면; 이상돈, 965면; 이영란, 258면; 이재상/장영민/강동범, 248면; 이형국/김혜경, 305면; 정성근/정준섭, 166면; 최호진, 286면.

생각건대 거동범의 미수는 현실적으로 발생할 여지가 없기 때문에 본죄의 미수범 처벌규정은 입법상의 과오로 파악된다.

(4) 주관적 구성요건

본죄가 성립하기 위해서는 주거자 등의 퇴거요구를 받고 응하지 아니한다는 사실에 대한 인식과 의사가 있어야 한다.

Ⅲ. 특수주거침입죄·특수퇴거불응죄

> 제320조(특수주거침입) 단체 또는 다중의 위력을 보이거나 위험한 물건을 휴대하여 전조의 죄를 범한 때에는 5년 이하의 징역에 처한다.
> 제322조(미수범) 본장의 미수범은 처벌한다.

1. 의 의

특수주거침입죄는 단체 또는 다중의 위력을 보이거나 위험한 물건을 휴대하여 사람의 주거·관리하는 건조물·선박·항공기 또는 점유하는 방실에 침입함으로써 성립하는 범죄이고, 특수퇴거불응죄는 단체 또는 다중의 위력을 보이거나 위험한 물건을 휴대하여 위와 같은 장소에서 퇴거요구를 받고 응하지 아니함으로써 성립하는 범죄이다. 본죄는 단순주거침입죄 및 단순퇴거불응죄와 비교하여 행위의 불법이 가중된 구성요건이다.

2. 구성요건

수인이 흉기를 휴대하여 타인의 건조물에 침입하기로 공모한 후 그 중 일부는 밖에서 망을 보고 나머지 일부만이 건조물 안으로 들어갔을 경우에 있어서 특수주거침입죄의 구성요건이 충족되었다고 볼 수 있는지의 여부는 직접 건조물에 들어간 범인을 기준으로 하여 그 범인이 흉기를 휴대하였다고 볼 수 있느냐의 여부에 따라 결정되어야 할 것이다.[1] 위험한 물건은 처음부터 소지하고 있어도 되고, 침입한 주거 등에 있는 위험한 물건을 나중에 휴대해도 무방하다.

---

1) 대법원 1994. 10. 11. 선고 94도1991 판결(당시 흉기가 보관되어 있던 차량은 피고인 등이 침입한 건물로부터 약 30 내지 50m 떨어진 거리에 있었고, 차량 안에 남아 있던 다른 피고인들은 만약의 사태에 대비하면서 차량 안에 남아서 유심히 주위의 동태를 살피다가 피고인 등이 도망치는 모습을 발견하고서는 그대로 차를 운전하여 도주한 사실을 인정할 수 있는바, 그렇다면 건물 안으로 들어간 피고인 등 범인들을 기준으로 할 경우에 그들이 건조물에 들어갈 때 30 내지 50m 떨어진 거리에 세워진 차 안에 있던 흉기를 휴대하고 있었다고는 볼 수 없을 것이다).

Ⅳ. 주거·신체수색죄

> 제321조(주거·신체 수색) 사람의 신체, 주거, 관리하는 건조물, 자동차, 선박이나 항공기 또는 점유하는 방실을 수색한 자는 3년 이하의 징역에 처한다.
> 제322조(미수범) 본장의 미수범은 처벌한다.

1. 의의 및 보호법익

주거·신체수색죄는 사람의 신체·주거·관리하는 건조물·자동차·선박·항공기 또는 점유하는 방실을 수색함으로써 성립하는 범죄이다. 수색의 경우 원칙적으로 법원이 발부하는 영장이 필요한데, 이러한 영장 없이 타인의 사생활의 평온을 해하는데 본죄의 불법성이 있다. 본죄의 보호법익은 주거에 대한 사실상의 평온뿐만 아니라 개인의 신체적 자유와 안전 및 사적인 비밀도 포함된다.

2. 구성요건

'수색'이란 사람 또는 물건을 발견하기 위하여 사람의 신체 또는 일정한 장소를 조사하는 일체의 행위를 말한다. 회사의 정기주주총회에 적법하게 참석한 주주라고 할지라도 주주총회장에서의 질문·의사진행 발언·의결권의 행사 등의 주주총회에서의 통상적인 권리행사 범위를 넘어서서 회사의 구체적인 회계장부나 서류철 등을 열람하기 위하여는 별도로 상법 제466조 등에 정해진 바에 따라 회사에 대하여 그 열람을 청구하여야 하고, 만일 회사에서 정당한 이유 없이 이를 거부하는 경우에는 법원에 그 이행을 청구하여 그 결과에 따라 회계장부 등을 열람할 수 있을 뿐 주주총회 장소라고 하여 회사측의 의사에 반하여 회사의 회계장부를 강제로 찾아 열람할 수는 없다. 설사 회사측이 회사 운영을 부실하게 하여 소수주주들에게 손해를 입게 하였다고 하더라도 위와 같은 사정만으로 주주총회에 참석한 주주가 강제로 사무실을 뒤져 회계장부를 찾아내는 것이 사회통념상 용인되는 정당행위로 되는 것은 아니다.[1]

3. 죄수 및 다른 범죄와의 관계

본죄는 적법하게 주거 등에 들어간 자가 불법하게 사람의 신체 등을 수색함으로써 성립한다. 위법하게 주거에 침입하여 수색하면 주거침입죄와 주거수색죄의 실체적 경합이 되지만, 절도나 강도의 목적으로 금품을 수색한 경우, 수색은 절도죄나 강도죄에 흡수된다(불가벌적 수반행위).

---

1) 대법원 2001. 9. 7. 선고 2001도2917 판결.

제 5 장   재산적 법익에 관한 죄

제 1 절   절도의 죄

Ⅰ. 절도죄

제329조(절도) 타인의 재물을 절취한 자는 6년 이하의 징역 또는 1천만원 이하의 벌금에 처한다.
제342조(미수범) 제329조 내지 제341조의 미수범은 처벌한다.
제344조(친족간의 범행) 제328조의 규정은 제329조 내지 제332조의 죄 또는 미수범에 준용한다.
제345조(자격정지의 병과) 본장의 죄를 범하여 유기징역에 처할 경우에는 10년 이하의 자격정지를 병과할 수 있다.
제346조(동력) 본장의 죄에 있어서 관리할 수 있는 동력은 재물로 간주한다.
제328조(친족간의 범행과 고소) ① 직계혈족, 배우자, 동거친족, 동거가족 또는 그 배우자간의 제323조의 죄는 그 형을 면제한다.
② 제1항 이외의 친족간에 제323조의 죄를 범한 때에는 고소가 있어야 공소를 제기할 수 있다.
③ 전 2항의 신분관계가 없는 공범에 대하여는 전 2항을 적용하지 아니한다.

1. 의의 및 보호법익

(1) 의 의

절도죄는 타인의 재물을 절취함으로써 성립하는 범죄이다. 본죄는 타인이 점유하는 타인 소유의 재물을 권리자의 의사에 반하여 절취하는 범죄이다. 또한 그 객체가 재물로 한정되어 있는 재물죄이고, 그 재물을 상대방의 의사에 반하여 취거해 가는 탈취죄이며, 불법영득의사를 요하는 영득죄에 해당한다.

본죄에 대하여 불법이 가중된 구성요건으로서 야간주거침입절도죄(제330조), 특수절도죄(제331조)와 책임이 가중된 구성요건으로서 상습절도죄(제332조)가 있다. 이에 비하여 자동차등불법사용죄(제331조의2)는 불법이 감경된 구성요건이다.

(2) 보호법익

1) 소유권설

본죄의 보호법익을 관념적 권리인 소유권이라고 파악하는 견해[1])에 의하면, ① (구) 형법에서는 권리행사방해죄가 없었기 때문에 자신의 소유물이 타인의 점유하에 있다고 하여도 절도죄의 객체가 될 수 있고, 따라서 보호법익이 재물에 대한 사실상의 점유 그 자체라는 주장이 가능하지만, 현행법은 권리행사방해죄(제323조)를 규정하여 소유권 이외의 물권을 보호하는 규정

---

1) 김선복, 245면; 김성천/김형준, 312면; 김일수/서보학, 223면; 김혜정 외 4인, 261면; 박상기, 592면; 배종대, 261면; 이영란, 275면; 이재상/장영민/강동범, 251면; 정영일, 137면.

을 두고 있으므로 절도죄의 보호법익을 점유라고 해석할 여지는 없다는 점, ② 절도죄에 있어서 점유는 사실상의 지배를 뜻하는 순수한 사실상의 개념이고 보호할 만한 가치가 있는 점유임을 요하지 않는다는 점, ③ 소유권 이외의 점유도 보호법익이라고 파악하는 견해는 보호법익과 행위의 객체를 혼동하는 것으로서, 절도죄는 점유의 침해에 의하여 소유권을 보호하는 범죄이지, 소유권과 별도로 점유를 보호법익으로 하는 범죄가 아니라는 점, ④ 절도죄를 포함한 형법상의 재산범죄에 관한 구성요건은 넓은 의미에서는 재산을 보호하기 위한 것인데, 이를 구체적으로 보면 소유권이고, 소유권을 보호법익으로 함으로써 점유권은 소유권에 내재하는 처분권 실현의 사실상의 전제조건으로서 동시에 보호가 가능하다는 점, ⑤ 연혁적으로 보면 일본 (구) 형법에서 '사람의 소유물'이라고 규정한 것을 '타인의 재물'이라고 표현을 바꾸었고, 현행 우리나라 형법도 '타인이 점유하는 재물'이라고 규정하지 않고, '타인의 재물'이라고만 규정하고 있다는 점, ⑥ 점유를 독자적인 보호법익으로 인정한다면 친족상도례의 규정을 설명하기가 곤란한데, 점유권을 독자적인 보호법익으로 인정하여 점유권과 소유권을 구분하여 보호한다고 하면 제3자가 점유하고 있는 물건을 소유권자의 친족이 절취한 경우에 점유를 침해당한 제3자가 고소하면 소유권자는 자신의 친족이 처벌되는 것을 방지하기 어려워진다는 점, ⑦ 점유침탈을 통한 절취행위는 점유침탈이 없는 횡령행위에 비하여 불법이 가중된 침해행위를 기술하고 있는 것이지, 절취행위 속에 점유침탈이 필연적으로 내재한다고 해서 점유 자체를 보호법익으로 파악할 필요는 없다는 점 등을 논거로 하고 있다.

2) 점유설

본죄의 보호법익을 재물에 대한 사실상의 지배인 점유라고 파악하는 견해[1]에 의하면, ① 절취는 타인의 점유에 대한 침해를 내용으로 한다는 점, ② 현대사회의 복잡한 재산관계를 고려할 때 재물의 점유 자체를 보호법익으로 하는 것이 사실상의 재산적 질서의 보호에 합리적이라는 점, ③ 재산권의 기초는 소유권이지만 이를 보호하기 위해서는 점유 그 자체가 보호되어야 한다는 점, ④ 점유가 소유권에 기한 것인가를 조사할 여유가 없으므로 결국 점유가 절도죄의 보호법익이라고 하는 것이 합리적이라는 점 등을 논거로 하고 있다.

3) 소유권 및 점유설

본죄의 주된 보호법익은 소유권이고, 부수적인 보호법익은 점유라고 파악하는 견해[2]에 의하면, ① 절도죄의 실행행위인 절취는 그 개념상 점유의 침해를 내포하고 있으므로 점유도 보호법익이 된다는 점, ② 권리행사방해죄의 보호법익은 점유이고, 횡령죄의 보호법익은 소유권인데, 절도죄의 법정형이 이들보다 높은 것은 절도죄의 보호법익이 소유권 및 점유 양자를 포함하기 때문이라는 점, ③ 절도의 피해자는 소유자와 점유자이기 때문에 절도죄의 보호법익은

---

1) 정영석, 330면.
2) 김성돈, 300면; 김신규, 337면; 손동권/김재윤, 271면; 신동운, 842면; 이형국/김혜경, 339면; 임 웅, 326면; 정성근/정준섭, 183면.

궁극적으로는 소유권이지만, 소유권에 기한 평온한 점유도 동시에 보호되어야 한다는 점, ④ 횡령죄가 점유의 침탈이 없는 소유권의 침해인 반면에, 절도죄는 점유의 침탈이 있는 소유권의 침해라는 점, 횡령죄(타인'소유', 자기점유)나 권리행사방해죄(자기소유, 타인'점유')의 객체와 체계적으로 비교해 볼 때 절도죄의 경우 '타인의 재물'을 '타인소유 타인점유의 재물'로 해석하는 것이 바람직하다는 점, ⑤ 점유설에 따르면 사용절도와 절도죄 및 절도죄와 손괴죄를 각각 구별할 수 없다는 점, ⑥ 소유권설에 따르면 권원에 터잡은 점유 내지 그렇게 추정할 수 있는 점유(평온한 점유)의 형법상 보호필요성에 부응할 수 없다는 점 등을 논거로 하고 있다.

4) 사실상의 소유상태설

본죄의 보호법익은 민법상의 소유권이 아니라 재물을 사용·수익·처분하는 '사실상의 소유상태'라고 보아, 소유권은 물론 소유권에 기한 점유가 아니더라도 평온하게 성립된 점유이면 절도죄의 보호법익으로서 보호되어야 한다는 견해[1]에 의하면, ① 사법상의 권리가 있어도 재물을 사실상 사용·수익·처분하는 상태에 있지 않은 사람은 절도죄의 피해자가 될 수 없다는 점, ② 절도범과 같이 사법상으로는 권리가 없는 자라고 할지라도 재물을 사실상 사용·수익·처분하는 상태에 있는 사람은 피해자가 될 수 있다는 점, ③ 소유권설에 의하면 소유권의 객체가 될 수 없는 금제품 및 장물에 대하여 절도죄가 성립되지 않아 불합리하다는 점, ④ 점유설에 의하면 절도범에 대한 자기의 소유물에 대하여 절도죄가 성립하여 법감정에 반하게 된다는 점 등을 논거로 하고 있다.

5) 검 토

생각건대 학계의 논의와는 별도로 법원은 절도죄의 보호법익에 대한 직접적인 언급은 없이 구체적인 사례에서 절도죄의 객체, 즉 행위객체성의 인정 여부를 판단하고, 이에 따라 범죄의 성립 여부를 판단하고 있다. 다만 대법원은 「절도죄는 재물의 점유를 침탈함으로 인하여 성립하는 범죄이므로 재물의 점유자가 절도죄의 피해자가 되는 것이나 절도죄는 점유자의 점유를 침탈함으로 인하여 그 재물의 소유자를 해하게 되는 것이므로 재물의 소유자도 절도죄의 피해자로 보아야 할 것」이라고 판시[2]하여, 절도죄의 피해자는 소유권자뿐만 아니라 점유권자도 이에 해당한다고 보고 있다. 또한 「유가증권도 그것이 정상적으로 발행된 것은 물론 비록 작성 권한 없는 자에 의하여 위조된 것이라고 하더라도 절차에 따라 몰수되기까지는 그 소지자의 점유를 보호하여야 한다는 점에서 형법상 재물로서 절도죄의 객체가 된다.」라고 판시[3]하여, 사실상의 소유상태설의 입장을 취하고 있는 것으로 파악된다. 결론적으로 사실상의 소유상태설이 타당하다. 한편 본죄의 보호법익에 대한 보호의 정도와 관련하여 위험범설을 취하는 견해[4]는

---

1) 오영근, 248면.
2) 대법원 1980. 11. 11. 선고 80도131 판결.
3) 대법원 1998. 11. 24. 선고 98도2967 판결.
4) 이재상/장영민/강동범, 252면. 이재상 교수는 절도죄에 있어서 행위자는 외관상 소유자의 지위는 취득할 수 있어도 피해자는 이로 인하여 소유권을 상실하지 않는다는 점, 절도죄는 절취만 있으면 완성되는 것이지 소유권의

소유권설의 입장을 취할 때에는 타당할 수 있겠지만, 사실상의 소유상태설의 입장에서는 침해범으로 파악하는 것이 타당하다.

(3) 다른 재산범죄와의 구별

1) 범죄의 객체에 의한 구별

① 재물과 재산상의 이익에 의한 구별

절도죄는 횡령죄·장물죄·손괴죄·권리행사방해죄·자동차등불법사용죄·점유이탈물횡령죄·점유강취죄 등과 같이 재물만을 객체로 하고 있는 재물죄에 해당한다. 이와 같이 재물만을 객체로 하는 점에서 재산상의 이익만을 객체로 하는 배임죄·컴퓨터등사용사기죄·부당이득죄 등의 이득죄와 구별되고, 재물과 재산상의 이익 모두를 객체로 하는 강도죄·사기죄·공갈죄·편의시설부정이용죄·강제집행면탈죄 등과도 구별된다.

② 소유와 점유에 의한 구별

절도죄의 객체는 타인이 소유하고 점유하는 재물이다. 이 점에서 타인소유인 자기점유물을 객체로 하는 횡령죄, 타인점유인 자기소유물을 객체로 하는 권리행사방해죄, 소유자는 존재하지만 어느 누구의 점유에도 해당하지 않는 재물을 객체로 하는 점유이탈물횡령죄와 각각 구별된다.

2) 타인의 의사에 의한 구별

타인의 의사에 반하여 재물을 취득하는 재산범죄를 탈취죄라고 한다. 예를 들어 절도죄는 강도죄·장물죄·횡령죄 등과 같이 탈취죄에 해당한다. 이에 반하여 타인의 하자 있는 의사에 기한 재산상의 처분행위를 통하여 재물을 취득하는 재산범죄를 편취죄라고 한다. 예를 들어 공갈죄는 해악을 고지하는 방법으로, 사기죄는 기망으로 인한 착오를 일으키는 방법으로 재산상의 처분행위를 하게 하는 편취죄에 해당한다. 탈취죄에 의한 재산의 이전행위는 민법상 무효사유이지만, 편취죄에 의한 재산의 이전행위는 민법상 취소사유에 해당한다.

3) 불법영득의사의 요부에 의한 구별

재산범죄의 성립에 있어서 필요한 주관적 구성요건요소로써 고의 이외에 불법영득의사를 요하는지 여부에 따라 영득죄와 손괴죄로 구별하는데, 절도죄는 불법영득의사를 요하는 영득죄인데 반하여, 손괴죄는 불법영득의사를 요하지 않고 단지 행위객체의 효용을 해하는 훼기죄에 해당한다. 절도죄와 유사한 죄로서 자동차등불법사용죄가 있는데, 이는 타인이 점유하는 타인의 재물에 대한 범죄로서 권리자를 영구적으로 배제하지 않지만 일시적으로 배제한다는 점에서 차이가 있다.

내용이 침해되어야 기수에 이르는 것이 아니라는 점 등을 논거로 하여 위험범설의 입장을 취하고 있다.

2. 구성요건

(1) 재 물

1) 재물의 개념

① 유체성설

재물[1]을 고체·액체·기체와 같은 일정한 공간을 차지하는 유체물에 한정하고자 하는 견해[2]이다. '유체물'이란 공간의 일부를 차지하고 사람의 오감에 의해 지각할 수 있는 형태를 가진 물건을 말한다. 유체성설은 (구) 민법 제85조가 '물건이란 유체물을 말한다'고 규정한 것을 바탕으로 형법상 재물도 유체물로 한정하는 관점에서 출발하였다. 유체성설의 논거는 다음과 같다. ① 재물에 무체물이 포함된다면 별도로 제346조("본장에 있어서 관리할 수 있는 동력은 재물로 간주한다.")의 규정을 둘 필요가 없음에도 이러한 특별규정을 둔 것은 유체성설을 전제로 하고 있는 것이다. 제346조에서의 동력은 유체물이 아니므로 본래 재물이 아니지만 그것을 재물로 간주하는 것이므로 제한적 예외규정(특별규정)으로 보아야 한다. ② 언어의 의미상으로도 재물은 외부세계의 유체적 대상을 의미한다. 전기 기타 에너지는 무체물로서 재물의 개념에서 제외되는 것으로 보는 것이 문리해석에 부합한다. ③ 소유와 관리는 구별되어야 할 개념이므로 관리할 수 있는 동력이라고 하여 소유권범죄의 객체가 되는 것은 아니다. ④ 관리가능한 동력까지 재물이라고 해석하게 되면 재물의 범위가 지나치게 확대될 우려가 있다. 유체성설은 재물의 개념이 지나치게 확장되는 것을 막아 형법의 보장적 기능을 강화하고자 한다.

② 관리가능성설

관리가 가능하면 유체물 뿐만 아니라 무체물도 형법상의 재물이 될 수 있다는 견해[3]이다. 즉 형체의 유무가 아닌 관리가능의 유무로 재물성을 판단한다. 다만 관리가능성설에서 말하는 관리가능성은 '물리적' 관리가능성을 의미하는 것이지 '사무적' 관리가능성을 의미하는 것이 아니다. 즉 채권과 같이 사무적인 관리가 가능한 것은 제외된다. 관리가능성설의 논거는 다음과 같다. ① 형법 제346조는 예외적인 특별규정이 아니라 확인적 내지 주의적 규정이다. ② 재물이 통념상 유체물을 의미한다고 하여 형법상의 재물의 개념도 이와 동일하게 해석할 필요는 없다. 즉 형법상의 재물의 개념은 재산범죄, 특히 소유권범죄의 보호법익에 따라 결정되어야 하며, 관리할 수 있는 무체물의 침해에 대하여도 형법상 재산범죄로서 보호할 가치와 필요성이 있다. 또한 시대가 변하고, 과학기술이 발달함에 따라 관리가능한 무체물(전기·전파·인공열·수력·광선·

---

1) 재물(財物)은 재산적 가치가 있는 물건이므로, 재물과 물건은 분명히 구별되는 개념이다. 또한 형법이 비재산범죄에서는 물건이라는 용어를 사용하고 있고, 재산범죄에서는 재물이라는 용어를 사용하고 있는 것은 비재산범죄에서는 물건의 경제적 가치가 문제되지 않지만, 재산범죄는 그 성격상 경제적 가치가 있는 물건만을 대상으로 하고 이를 재물이라고 한 것이라고 보아야 한다(오영근, 228면).

2) 김선복, 247면; 김일수/서보학, 225면; 배종대, 264면; 손동권/김재윤, 274면; 이정원/류석준, 209면.

3) 김신규, 308면; 김혜정 외 4인, 263면; 신동운, 831면; 오영근, 218면; 이영란, 262면; 이재상/장영민/강동범, 255면; 이형국/김혜경, 314면; 임 웅, 330면; 정성근/정준섭, 173면; 정영일, 143면.

레이저 등의 에너지)들이 출현하게 되고 이들의 사용이 일상화됨에 따라 오늘날에는 관리가능한 무체물을 재물로 파악할 필요가 있다. ③ (구) 민법 제85조와는 달리 현행 민법 제98조는 "본법에서 물건이라 함은 유체물 및 전기 기타 관리할 수 있는 자연력을 말한다."라고 규정하고 있기 때문에 유체성설의 주장은 그 의미를 잃게 되었다. ④ 소유권은 물건을 사용·수익·처분할 수 있는 권리이다. 그런데 관리할 수 있다는 것도 배타적 지배가 가능한 것을 의미하므로 관리할 수 있는 동력도 소유권의 객체가 된다고 보아야 한다. ⑤ 관리가능성설에 의할지라도 관리가능성이라는 개념을 어떻게 해석하느냐에 따라 그 개념이 부당하게 확대되지 않을 수 있다.

③ 제한적 관리가능성설

형법규정의 해석상 문리해석을 원칙으로 하면 재물은 일단 유체물에 국한시키되, 의제규정을 적용하여 그 범위를 관리가능한 동력까지만 확장하자는 견해[1]이다. 왜냐하면 관리가능성설에 의하면 간주규정이 확장하고 있는 재물의 범위(관리가능한 동력)를 넘어서서 동력 이외의 다른 무체물도 '관리가능한 재물'에 포함시키고 있기 때문인데, 이는 재물의 개념요소가 불확정해질 수 있는 문제점이 있다고 한다.

④ 검 토

생각건대 유체성설과 관리가능성설은 재물에 포함시키는 내용에 있어서 그 차이점이 있다. 관리가능성설은 유체물 이외의 '관리가능한 무체물'도 그 자체를 재물개념에 포함시키지만(재물 = 유체물 + 관리가능한 무체물 + 관리가능한 동력), 유체성설은 간주규정을 적용하더라도 '관리가능한 무체물'이 아니라 관리가능한 '동력'에만 국한시키고 있다(재물 = 유체물 + 관리가능한 동력). 그러므로 '관리가능한 무체물'을 재물로 인정할 수 있는지의 여부가 학설 대립의 원인이 되는데, 이러한 인정 여부에 앞서 검토해 보아야 할 것은 '동력'과 '무체물'의 차이점이라고 할 수 있다. 어의적으로 보면, 동력이란 '전력, 수력, 풍력 등의 에너지를 원동기에 의하여 기계적 에너지로 변환하여 일으킨 힘'을 말하고, 무체물이란 '음향, 전기, 빛, 열 따위와 같이 형체가 없는 물질'을 말한다. 형법 제346조에 의거하여 동력이 재물로 인정됨에는 아무런 의문이 없다. 하지만 무체물에 해당하는 '전기'[2]에 대해서는 형법에서 함구하고 있지만, 민법 제98조('전기 기타 관리할 수 있는 자연력')에 의거하여 재물로 인정될 수 있다. 이와 같이 관리가능한 무체물도 재물로 파악될 수 있기 때문에 관리가능성설이 타당하다.

---

1) 김성돈, 302면.

2) 대법원 2016. 12. 15. 선고 2016도15492 판결(전기절도사건)(甲은 강제경매 절차에서 피고인 소유이던 토지 및 그 지상 건물을 매수한 후 법원으로부터 인도명령을 받아 인도집행을 하였는데, 피고인이 인도집행 전에 건물 외벽에 설치된 전기코드에 선을 연결하여 피고인이 점유하며 창고로 사용 중인 컨테이너로 전기를 공급받아 사용하였다고 하여 절도로 기소된 사안에서, 피고인은 인도명령의 집행이 이루어지기 전까지는 당초부터 피고인이 점유·관리하던 전기를 사용한 것에 불과할 뿐 타인이 점유·관리하던 전기를 사용한 것이라고 할 수 없고, 피고인에게 절도의 범의도 인정할 수 없다).

2) 재물의 범위

① 유체물

'유체물'이란 일정한 공간을 차지하고 있는 물건을 말한다. 유체물은 고체에 한정되지 않으며 액체나 기체도 포함되기 때문에 모두 재물에 해당할 수 있다. 그런데 유체물이 재물이 될 수 있는 것은 그것이 유체물이기 때문이라기보다는 관리가 가능하다는 점에서 재물이 되는 것이라고 보는 것이 보다 더 정확한 표현이다. 예를 들어 바닷물이나 공기는 유체물이지만 관리할 수 없는 유체물이기 때문에 본죄의 객체인 재물이 될 수 없다.[1] 같은 맥락에서 태양·달·별 등도 유체물이기는 하지만 관리가 불가능하므로 재물이 될 수 없다. 한편 유체물에 해당하는지의 여부가 문제되는 것으로 다음을 들 수 있다.

㉠ 적극적·객관적·경제적 가치가 경미한 유체물   대법원은「재산죄의 객체인 재물은 반드시 객관적인 금전적 교환가치를 가질 필요는 없고 소유자·점유자가 주관적인 가치를 가지고 있음으로써 족하다고 볼 것이므로 그것이 제3자에 대한 관계에 있어서 객관적 가치가 경미하여 교환 가격을 갖지 않는다고 하더라도 당사자간에 있어서 경제적 가치가 상당한 것이라면 재물인 성질을 잃지 않는 것이고, 주관적·경제적 가치의 유무를 판별함에 있어서는 그것이 타인에 의하여 이용되지 않는다고 하는 소극적 관계에 있어서 그 가치가 성립하더라도 관계없다.」라고 판시[2]하여, 재물의 적극적·객관적·경제적[3] 가치와 소극적·주관적·재산적[4] 가치를 구분하고 있다.

여기서 적극적·객관적·경제적 가치란 재물이 '일반' 당사자 사이에서 '상당한' 가격으로 거래될 수 있는 상태를 말한다. 예를 들어 백화점에서 쉽게 구입할 수 있는 지갑은 적극적·객관적·경제적 가치가 있는 재물이다. 이에 반해 소극적·주관적·재산적 가치란 재물이 '일반' 당사자 사이에서는 상당한 가격으로 거래될 수 없을 만큼 '경미'한 가격이지만, '특정' 당사자 사이에서 '상당한' 가격으로 거래될 수 있는 상태를 말한다. 이에 의하면 부모나 애인의 사진·일기장·학생증·주민등록증 등 경제적 가치가 없더라도 권리자에게 소극적·주관적·재산적 가치가 있으면 재물이 된다.[5]

일반적으로 판례에서 등장하는 적극적·객관적·경제적 가치가 경미함에도 불구하고 소극

---

1) 대법원 1964. 6. 23. 선고 64도209 판결(자기 논에 물을 품어 넣기 위하여 토지개량조합의 배수로에 토지개량조합규칙에 위배되는 행위로서 특수한 공작물을 설치하여 자기 논에 물을 저수하였다고 하여도 그 물이 물을 막은 사람의 사실상이나 법률상 지배하는 것이 되지 못한다고 인정되므로 그 물은 절도죄의 객체가 되지 못한다).

2) 대법원 2007. 8. 23. 선고 2007도2595 판결: 대법원 2004. 10. 28. 선고 2004도5183 판결; 대법원 1996. 9. 10. 선고 95도2747 판결; 대법원 1996. 5. 10. 선고 95도3057 판결; 대법원 1986. 9. 23. 선고 86도1205 판결; 대법원 1981. 3. 24. 선고 80도2902 판결; 대법원 1976. 1. 27. 선고 74도3442 판결.

3) 경제적 가치란 금전적 교환가치를 의미한다.

4) 재산적 가치란 금전적 교환가치는 없지만 주관적 가치 내지 소극적 가치가 있음을 의미한다.

5) 재물의 재산적 가치에 대하여 보다 자세한 논의로는 박찬걸, "절도죄의 객체로서 재물의 '재산적 가치'에 대한 검토", 형사판례연구 제19권, 한국형사판례연구회, 2011. 6, 298면 이하 참조.

적·주관적·재산적 가치가 상당한 특정의 유체물은 일반인의 입장에서 보면 전혀 쓸모없는 것들이다. 판례에 등장하는 유형들로서, ① 부동산매매계약서 사본[1], ② 이미 공개된 기술내용에 관한 것이고 외국회사에서 선전용으로 무료로 배부하여 주는 입도계산기·발포제·미국 특허사본 1부·수지성분에 관한 미국 특허사본 1부[2], ③ 원료의 배합비율, 제조공정, 시제품의 품질확인이나 제조기술 향상을 위한 각종 실험결과 등을 기재한 자료[3], ④ 재건축사업으로 철거할 예정이고 그 입주자들이 모두 이사하여 아무도 거주하지 않는 아파트[4], ⑤ 업무상 기술분야에 관한 문서사본[5], ⑥ 인감증명서[6], ⑦ 포도주제조에는 사용할 수 없으나 식초 등은 만들 수 있는 부패된 포도원액[7], ⑧ 주민등록증[8], ⑨ 송달된 심문기일소환장[9], ⑩ 무가지신문[10], ⑪ 주주

---

1) 대법원 2007. 8. 23. 선고 2007도2595 판결(부동산매매계약서 사본들을 절도죄의 객체인 재물에 해당한다고 판단하고, 나아가 피고인이 이 사건 부동산매매계약서를 사본이나 부본의 형태로 업무상 필요에 따라 사용할 수 있다 하여도 그 때문에 피해 회사의 점유가 상실된다거나 피고인이 피해 회사와는 무관하게 독자적으로 점유를 하고 있다고는 볼 수 없으므로, 피고인이 공소외 2와 결별하고 사실상 퇴사하면서 피해 회사의 승낙 없이 위 서류들을 가지고 간 이상 절도죄가 성립된다). 본 사안의 피고인은 퇴사하면서 부동산매매계약서 사본들을 절취하여 가지고 나갔는데, 판결문의 내용으로는 절취의 목적이 나타나 있지 않으나, 피고인이 부동산매매계약서 사본들을 부정한 목적으로 사용하려고 한 의도가 있었기 때문에 법원이 절도죄로 의율한 것으로 보인다.

2) 대법원 1986. 9. 23. 선고 86도1205 판결(피고인은 피해자 회사를 퇴사하면서 그 회사 연구실에 보관되어 있던 회사소유의 입도계산기 1매, 발포제, 미국 특허사본 1부 및 수지성분에 관한 미국 특허사본 1부를 가방에 넣어가지고 나옴으로써 이를 절취하였다. 피고인이 절취하였다는 위 서류들이 비록 이미 공개된 기술내용에 관한 것이고 외국회사에서 선전용으로 무료로 배부하여 주는 것이며 연구실 사원인 피고인이 이를 사본하여 사물처럼 사용하여 온 것이라 하더라도 위 서류들은 위 회사의 목적 업무 중 기술 분야에 관한 문서들로서 이를 국내에서 손쉽게 구할 수 있는 것도 아니며(그 중 입도계산기는 일반교과서, 잡지 등에 수록된 여러 수치들을 일목요연하게 비교 요약하여 놓은 간편한 대조표로서 이를 구하려면 일정한 연구기관에 수수료를 지급하여 구입할 수 있다) 연구실 사원들이 그 업무수행을 위하여 이를 사용하거나 사본하여 사용하는 것이 허용된 것임을 인정할 수 있는 바이므로, 위 서류들은 위 회사에 있어서는 소유권의 대상으로 할 수 있는 주관적 가치뿐만 아니라 그 경제적 가치도 있다 할 것이어서 절도죄에 있어서의 재물에 해당한다고 할 것이고, 피고인이 위 회사를 퇴사하면서 승낙 없이 이를 가지고 간 이상 비록 그것이 문서의 사본에 불과하고 또 인수인계 품목에 포함되지 아니하였다 하더라도 그 위법성이 조각된다고 할 수 없을 것이다).

3) 대법원 2008. 2. 15. 선고 2005도6223 판결(피고인이 피해회사를 퇴직하면서 가지고 나온 각 문서들은 피해회사의 직원들이 피해회사의 목적 달성을 위하여 작성한 피해회사의 소유로서 피해회사가 그 목적달성을 위하여 이용하는 한도에서 피고인에게 그 소지 및 사용을 허락하였을 뿐, 피해회사가 피고인에게 그 소유권까지 이전하지는 아니한 사실을 인정한 다음, 피고인의 위 행위는 절도죄에 해당한다).

4) 대법원 2007. 9. 20. 선고 2007도5207 판결(물건이 그 본래의 사용목적에 공할 수 있거나 다른 용도라도 사용이 가능한 상태에 있다면, 재산적 이용가치 내지 효용이 있는 것으로서 재물손괴죄의 객체가 될 수 있다. 피해자들의 이 사건 각 아파트는 이 사건 당시 재건축사업으로 그 철거가 예정되어 있었고 소유자나 세입자들이 모두 타처로 이사하여 거주하지 않은 채 비워져 있던 상태였음을 알 수 있으나, 위 각 아파트 자체의 객관적 성상이 그 본래의 사용목적인 주거용으로 사용될 수 없는 상태로 되어 있었다는 점을 인정할 자료가 없고, 더욱이 피해자들이 주택재건축정비사업조합에로의 신탁등기 및 명도를 거부하는 방법으로 계속 그 소유권을 행사하고 있는 상황에서, 위와 같은 사정만으로는 위 각 아파트가 재물로서의 이용가치나 효용이 없는 물건으로 되었다고 할 수 없으므로, 위 각 아파트는 재물손괴죄의 객체가 된다).

5) 대법원 1986. 3. 24. 선고 80도2902 판결.

6) 대법원 1986. 9. 23. 선고 85도1775 판결.

7) 대법원 1979. 7. 24. 선고 78도2138 판결(이 건 포도주 원액은 부패하여 포도주 원료로서의 효용가치는 상실되었으나, 그 산도가 1.8도 내지 6.2도에 이르고 있어 식초의 제조 등 다른 용도에 사용할 수 있으므로, 이 건 포도주 원액은 재물손괴죄의 객체가 될 수 있다).

8) 대법원 1971. 10. 19. 선고 70도1399 판결.

9) 대법원 2000. 2. 25. 선고 99도5775 판결.

명부가 기재된 용지[1], ⑫ 주권포기각서[2], ⑬ 백지의 자동차출고의뢰서[3], ⑭ 도시계획구조변경계획서[4], ⑮ 찢어진 약속어음[5] 등이 있다. 하지만 이러한 유체물을 만약 부정한 목적으로 사용할 의도로 접근하는 자들의 입장에서 보면 '전혀 쓸모 없는 것'이 아니라 '매우 쓸모 있는 것'으로 변화된다. 대부분의 판례사안에서 이러한 유체물을 절취나 편취하여 입수한 자들은 同 유체물을 또 다른 범죄나 부정한 목적을 위하여 악용하려고 하였거나 악용하였던 것이다.

　ⓛ 소극적·주관적·재산적 가치가 경미한 유체물　　　적극적·객관적·경제적 가치가 상당한 유체물은 당연히 본죄의 객체가 된다는데 이견이 없다. 심지어 판례에 의하면 적극적·객관적·경제적 가치가 상당한 유체물의 경우에는 소극적·주관적·재산적 가치가 있는 유체물인지의 여부를 묻지도 않고 곧바로 재물성을 인정하는 경향이 있다. 또한 적극적·객관적·경제적 가치가 경미한 유체물이라고 하더라도 소극적·주관적·재산적 가치가 상당한 유체물이 본죄의 객체가 될 수 있음은 앞에서 살펴보았다.

　문제는 콩 1개, 지우개 1개 등과 같이 적극적·객관적·경제적 가치가 경미한 유체물임과

---

10) 대법원 2010. 2. 25. 선고 2009도11781 판결: 피해자가 광고 수익 등 상업적인 목적으로 상당한 비용을 들여 이 사건 신문을 발행한 점, 구독자들에게 1부씩 골고루 그리고 적절히 배포될 수 있도록 직접적인 관리를 하고 있었던 점, 무료 배포는 구독자가 이를 정보 취득 목적으로 최소한의 수량을 가져가는 것을 전제로 한 것인 점 등을 종합하여 피해자가 이 사건 신문에 대한 소유권을 포기하였다고 볼 수 없다는 이유로 타인의 재물에 해당한다(사실관계: 경기도 부천시에 거주하고 있는 직장인인 피고인 이○○(40)는 2009년 1월 8일 10:00경 부천시 원미구 원미동 99 소재 원미1동사무소 내에 설치된 신문가판대에서 피해자 주식회사 미디어월 등이 직원을 통해 신문가판대에 넣어둔 무가지인 부천신문 25부인 약 35,000원 상당을 가지고 나갔다. 무가지 회사의 직원은 그 이전에도 피고인이 몇 차례 신문을 대량으로 들고 가는 것에 이의를 제기했지만 피고인은 말을 듣지 않았던 데다가, 이 날 25부를 몽땅 들고 가자 피고인을 절도죄로 고소하였다).

1) 대법원 2004. 10. 28. 선고 2004도5183 판결(피고인이 절취한 주주명부가 기재된 용지 70장은 피해자 회사에 비치되어 있던 그 소유의 복사용지를 이용하여 전산출력된 사실, 설령 피고인이 가지고 나왔다는 위 서류들이 비록 원주주명부를 복사하여 놓은 복사본이었다 하더라도, 위 서류들은 피해자 회사의 주주명단을 기재하여 놓은 문서들로서 주주명단을 정리할 당시 위 서류들에 기재된 인적사항 등이 외부에 유출되는 것을 방지하기 위하여 피해자 회사에서는 회의실 밖에 위치해 있던 분쇄기를 이용하여 명단을 폐기해 온 사실을 인정할 수 있는바, 그렇다면 위 서류들은 피해자 회사에 있어서는 소유권의 대상으로 할 수 있는 주관적 가치뿐만 아니라 그 경제적 가치도 있다 할 것이어서, 절도죄의 객체가 되는 재물에 해당한다).

2) 대법원 1996. 9. 10. 선고 95도2747 판결.

3) 대법원 1996. 5. 10. 선고 95도3057 판결(피고인이 절취한 백지의 자동차출고의뢰서 용지도 그것이 어떠한 권리도 표창하고 있지 않다 하더라도 경제적 가치가 없다고는 할 수 없어 이는 절도죄의 객체가 되는 재물에 해당한다고 할 것이고 … 위 출고의뢰서만으로 자동차를 출고할 수 있는 것이 아니라고 하더라도 경우에 따라 부정한 용도로 사용될 수 있는(기록에 의하면, 피고인이 원심 공동피고인과 공모하여 위 출고의뢰서 용지를 사용하여 공소외 현대자동차서비스회사 본사 판매부장 명의의 출고의뢰서를 위조하는 등 실제로 부정한 용도로 사용되었다) 위 출고의뢰서를 유출한 행위에 불법영득의 의사가 없다고는 볼 수 없다). 판례가 일관되게 적극적·객관적·경제적 가치가 경미함에도 불구하고 소극적·주관적·재산적 가치가 상당한 특정의 유체물을 절도죄의 객체로서 인정하고 있는 결정적인 이유가 본 판결에서 명시적으로 드러나 있다.

4) 대법원 1981. 3. 24. 선고 80도2902 판결(피고인이 절취한 도시계획구조변경계획서가 폐지로서 소각할 것이라고 하더라도 그 내용을 알아볼 수 있고 그 내용이 경제생활상 가치가 있는 이상 재물에 해당된다).

5) 대법원 1976. 1. 27. 선고 74도3442 판결(발행자가 회수한 약속어음을 3조각으로 찢어버림으로서 폐지로 되어 쓸모없는 것처럼 보인다 하더라도 그것이 타인에 의하여 조합되어 하나의 새로운 어음으로 이용되지 않는 것에 대하여 소극적인 경제적 가치를 가지는 것이므로 피고인이 그 소지를 침해하여 이를 가져갔다면 절도죄가 성립한다).

동시에 소극적·주관적·재산적 가치가 경미한 유체물인 경우, 과연 이를 본죄의 객체로 볼 수 있을 것인가 하는 점이다. 콩 1개, 지우개 1개 등을 유체물 또는 재물이라고 하지 않을 수는 없기 때문에 이를 절취하면, 일단 본죄의 구성요건해당성이 인정된다. 하지만 이러한 유형은 사회상규에 위배되지 아니하는 행위의 전형적인 예에 해당하기 때문에 위법성이 조각된다고 보아야 한다. 입법론적으로는 독일 형법 제248조a와 같이 경제적 가치가 근소한 재물을 절취 또는 횡령한 경우에는 이를 친고죄로 규정하는 것이 타당하다.

　　ⓒ 부동산　　　부동산이 본죄의 객체가 될 수 있는지 여부와 관련하여, 절도죄의 재물은 동산에 한정되고 부동산은 포함되지 않는다고 축소해석하는 소극설[1]이 있는데, 그 논거는 다음과 같다. ① 절도죄에서 말하는 '절취'는 점유의 이전을 개념요소로 하는데, 부동산은 가동성이 없으므로 점유이전이 불가능하기 때문에 절취의 대상이 될 수 없다. ② 부동산은 절도죄로부터 보호할 가치는 있으나 보호할 필요가 없기 때문에 부동산절도를 인정할 필요가 없다. 타인의 부동산을 무단점거한 경우의 부동산 보호는 절도죄가 아니라 경우에 따라 경계침범죄, 주거침입죄, 강요죄 등으로 처벌이 가능하다. 또한 부동산의 명의를 절취한 경우에는 공문서위조죄 및 동행사죄, 사문서위조죄 및 동행사죄, 공정증서원본부실기재죄, 사기죄 등으로 처벌이 가능하고, 부동산강취에 대해서는 재물이 아니라 재산상의 이익에 대한 강제이득죄로 해결이 가능하다. ③ 부동산에 대한 침탈행위의 권리구제수단으로서 민사상 강제집행절차를 통해 먼저 침탈행위에 대응한 후에도 계속 침탈하는 경우를 대비해 형법이 부동산강제집행효용침해죄까지 인정하고 있기 때문에 부동산에 대한 절도죄를 인정할 실익이 없다.

　　하지만 절도죄의 재물개념에 동산은 물론 부동산도 포함된다고 해석하는 적극설[2]이 타당한데, 그 논거는 다음과 같다. ① 독일 형법 제242조에 의하면 명문으로 동산(가동물건(bewegliche Sache))이라고 규정하고 있지만, 우리 형법은 이러한 제한규정이 없으므로 재물을 동산으로 한정할 필요가 없다. ② 절취의 개념에서 점유의 배제 및 취득이 반드시 재물에 대한 장소적 이전이 있어야 한다고 해석할 수 없다. 즉 목적물이 있던 장소에 그대로 둔 채로 기존의 점유를 배제하고 새로운 점유를 취득하는 것도 가능하기 때문에 부동산도 절취의 대상이 될 수 있다. ③ 경계침범죄의 객체는 '토지의 경계'라고 규정하고 있으므로 건물 내의 일정한 구획을 침범하는 행위에 대해서는 경계침범죄로 처벌할 수 없는 결함이 있고, 경계침범죄는 형법상 손괴죄의 일종으로 행위태양이 제한되어 있으며, 법정형(3년 이하의 징역 또는 500만원 이하의 벌금)도 절도죄보다 낮다. 경계침범죄는 기본적으로 영득죄가 아니라 손괴죄의 일종이어서, 그 행위도 타인의 경계를 손괴하거나 인식불가능하게 하는 행위를 벌하는 것이고, 침범된 경계를 영득하는 행위를 벌

---

1) 김선복, 251면; 김성돈, 304면; 김신규, 314면; 김일수/서보학, 228면; 김혜정 외 4인, 265면; 박상기, 585면; 배종대, 267면; 손동권/김재윤, 276면; 신동운, 836면; 이상돈, 992면; 이영란, 277면; 이재상/장영민/강동범, 259면; 이정원/류석준, 212면; 이형국/김혜경, 316면.
2) 김성천/김형준, 318면; 오영근, 250면; 임 웅, 334면; 정성근/정준섭, 176면; 정영일, 144면.

하는 것은 아니다. 타인의 토지를 영득할 목적으로 경계를 침범하는 행위에 대해서는 경계침범죄와 절도죄의 상상적 경합을 인정해야 한다. 따라서 부동산침탈행위에 대하여 경계침범죄만으로 그 보호가 충분하다고 할 수 없기 때문에 절도죄와 경계침범죄의 상상적 경합을 인정하게 되면 중한 절도죄로 처벌할 수 있어 합리적이다. ④ 부동산명의를 절취하는 경우에도 문서위조죄 등과 절도죄의 상상적 경합이라고 해도 부당할 것이 없다. ⑤ 민법은 '건물 등 토지의 정착물'도 독립된 부동산으로 취급하고 있다. 비록 토지는 취거의 대상이 될 수 없지만, 수목이나 입목(수목의 집단)과 같은 토지의 정착물은 취거가 가능하다. 즉 명인방법으로 부동산소유권을 공시하는 수목 또는 미분리의 과실에 대해 명인방법의 개서 등을 통해 절취하는 행위를 절도죄로 처벌할 실익이 있다. 예를 들면 타인의 토지상에 정당한 권한 없이 식재한 수목의 소유권은 토지소유자에게 귀속하고 권원에 의하여 식재한 경우에는 그 소유권이 식재한 자에게 있다.[1] 이에 따라 대법원은 감나무의 감[2] 또는 대나무[3]에 대한 절도죄를 인정하고 있는데, 우리 민법이 수목을 부동산으로 취급하고 있는 점을 감안하면 수목에 대한 절취를 절도죄로 의율하고 있는 것이다. 즉 토지의 정착물이 토지에서 분리되거나 건물의 일부가 건물과 분리된 때에는 부동산이 동산으로 변화된 것이므로 이 경우는 절도죄의 객체가 될 수 있다. 즉 범인은 부동산 그 자체를 절취한 것이 아니라 '이전에는' 부동산이었던 것을 '행위 당시에는' 동산화(動産化)시켜서 절취해 간 것이다. ⑥ 소극설은 부동산에 대한 사기죄·공갈죄·횡령죄 등을 인정하고 있기 때문에, 부동산에 대한 절도죄를 부인할 이유가 없다. 부동산에 대한 절도를 부정하는 것은 재물 개념의 통일적인 해석에 배치되는 것이다.

　　㉣ 사람의 신체 또는 시체   살아있는 사람은 권리의 주체일 뿐 권리의 객체가 아니므로 재물이 될 수 없다. 또한 살아있는 인체의 일부나 인체에 '부착되어 있는' 치료보조장치(의족이나 의치)도 재물이 아니다. 그러나 사람의 신체로부터 분리된 금이빨·모발·혈액·장기·의족·의치·정자·난자·착상 전의 배아 등은 혈액관리법이나 「생명윤리 및 안전에 관한 법률」 등에 의해 매매나 연구 등의 이용이 금지되어 있음과 무관하게 본죄의 객체인 재물이 될 수 있다.

　　소유권은 재물을 사용·수익·처분할 수 있는 권리이기 때문에 매장이나 제사 등 존경심의 대상이 되는 시체(屍體)는 소유권의 객체인 재물이 될 수 없다. 다만 이 경우에는 시체영득죄(제161조)로 처벌이 가능하다. 그러나 시체라고 할지라도 매장이나 제사 등 존경심의 객체로서의 성질을 상실한 경우, 예를 들면 순수한 학문연구의 대상이 된 해부용 시체나 별도로 처리하여 보관 중인 시체의 일부는 소유권의 객체가 될 수 있으므로 본죄의 객체가 된다.

---

1) 하지만 수목과 달리 타인의 토지상에 권원 없이 식재한 농작물의 소유권은 토지의 소유자가 아닌 실제로 식재한 자에게 있음을 유의해야 한다.

2) 대법원 1998. 4. 24. 선고 97도3425 판결(피고인이 권원 없이 식재한 감나무의 소유권은 그 감나무가 식재된 토지의 소유자인 피해자에게 있다. 따라서 권원 없이 식재한 감나무에서 감을 수확한 것은 절도죄에 해당한다).

3) 대법원 1980. 9. 30. 선고 80도1874 판결(타인의 대나무를 베어간 경우에는 절도죄가 성립한다).

② 관리할 수 있는 동력 또는 무체물

형법은 관리할 수 있는 동력을 재물로 간주하고 있다(제346조). 이와 같이 재물은 동산·부동산 등과 같은 유체물에 한정되지 아니하고, 관리할 수 있는 동력도 재물로 간주되지만, 여기에서 말하는 관리는 사무적 관리가 아니라 물리적 또는 물질적 관리를 의미한다. 왜냐하면 재물과 재산상의 이익을 구별하고 횡령과 배임을 별개의 죄로 규정한 현행 형법의 규정에 비추어 볼 때 사무적으로 관리가 가능한 채권이나 그 밖의 권리 등은 재물에 포함된다고 해석할 수 없기 때문이다.[1] 또한 준점유자라고 할지라도 타인을 기망하여 채무변제를 받은 경우에는 사기죄와 절도죄의 상상적 경합이 아니라 사기죄만 성립한다. 따라서 채권 등의 권리와 같이 사무적으로 관리할 수 있는 경우에도 물리적으로 관리할 수 없는 것은 형법에서 말하는 관리할 수 있는 동력이라고 할 수 없다. 다만 권리가 화체된 어음·수표·상품권·예금통장 등은 유체물에 해당하기 때문에 본죄의 객체에 해당한다.

한편 '동력'의 범위를 '자연적 에너지'에 한정할 것인지의 여부가 문제된다. 민법은 물건을 '전기 기타 관리할 수 있는 자연력'이라고 하고 있을 뿐인데 반하여, 형법은 '관리할 수 있는 동력'이라고 규정하고 있다. 따라서 제346조에서의 동력을 자연적 에너지에 한정할 필요는 없다. 이러한 의미에서 관리할 수 있다면 전기[2]·수력·조력(潮力)·풍력·압력·견인력·인공냉기·인공온기 등도 모두 재물이 된다.

③ 재물의 인정 여부가 문제되는 사안

㉠ 전화통화   타인의 전화기를 무단으로 사용하여 전화통화를 하는 행위는 전기통신사업자가 그가 갖추고 있는 통신선로·전화교환기 등 전기통신설비를 이용하고 전기의 성질을 과학적으로 응용한 기술을 사용하여 전화가입자에게 음향의 송수신이 가능하도록 하여 줌으로써 상대방과의 통신을 매개하여 주는 역무(役務; 서비스), 즉 전기통신사업자에 의하여 가능하게 된 전화기의 음향송수신기능을 부당하게 이용하는 것으로, 이러한 내용의 역무는 무형적인 이익에 불과하고 물리적 관리의 대상이 될 수 없어 재물이 아니라고 할 것이므로 본죄의 객체가 되지 아니한다.[3]

㉡ 정 보   컴퓨터에 저장되어 있는 '정보' 그 자체는 유체물이라고 볼 수도 없고, 물질성을 가진 동력도 아니므로 재물이 될 수 없다. 또한 이를 복사하거나 출력하였다고 할지라도 그 정

---

1) 대법원 2014. 2. 27. 선고 2011도832 판결; 대법원 1994. 3. 8. 선고 93도2272 판결(광업권은 재물인 광물을 취득할 수 있는 권리에 불과하지 재물 그 자체는 아니므로 횡령죄의 객체가 된다고 할 수 없고, 광업법 제12조가 광업권을 물권으로 하고 광업법에서 따로 정한 경우를 제외하고는 부동산에 관한 민법 기타 법령의 규정을 준용하도록 규정하고 있다 하여 광업권이 부동산과 마찬가지로 횡령죄의 객체가 된다고 할 수는 없다).

2) 대법원 2008. 7. 10. 선고 2008도3252 판결(비록 피고인이 이 사건 식당 건물에서 퇴거하기는 하였으나, 대형냉장고의 전원을 연결한 채 그대로 둔 이상 그 부분에 대한 점유·관리는 그대로 보유하고 있었다고 보아야 하며, 피고인이 대형냉장고를 통하여 전기를 계속 사용하였다고 하더라도 이는 당초부터 자기의 점유·관리하에 있던 전기를 사용한 것에 불과하고, 타인의 점유·관리하에 있던 전기를 사용한 것이라고 할 수는 없고, 피고인에게 절도의 범의가 있었다고도 할 수 없으므로 피고인을 절도죄로 의율할 수는 없다).

3) 대법원 1998. 6. 23. 선고 98도700 판결.

보 자체가 감소하거나 피해자의 점유 및 이용가능성을 감소시키는 것이 아니므로 그 복사나 출력 행위를 가지고 본죄를 구성한다고 볼 수도 없다.[1] 그러므로 정보를 알아내거나 문서를 복사한 후 원본은 제자리에 갖다 놓고 사본만을 가져간 경우에는 문서의 사본을 절취한 것으로 볼 수 없다.[2] 하지만 회사가 개발 중인 기계의 설계도면을 몰래 출력하기 위하여 회사 소유의 A4용지 2장을 사용한 경우에 있어서 정보절도 부분은 무죄이지만, A4용지 2장에 대해서는 본죄가 성립한다.[3] 타인의 수첩에 기재되어 있는 블랙리스트 또는 살생부의 내용을 알아내는 행위는 절도가 되지 아니한다. 다만 정보가 수록된 USB·서류 등과 같이 화체된 물건으로 존재할 때 USB·서류 등을 절취한 경우에는 본죄가 성립한다.

　　ⓒ 아이템　　　　먼저 유체성설의 입장에서 보면 아이템(Item)은 어디까지나 가상의 형태일 뿐 현실의 세계에서 일정한 공간을 차지하고 있는 것이 아니기 때문에 재물로 보기 어렵다. 다음으로 관리가능성설의 입장에서 보면 아이템의 관리는 현실사회의 재물에 대해 적용되는 물리적인 관리가 아니라 게임사측의 게임서버와 게이머들의 PC에 깔린 클라이언트 간의 연속적인 정보, 명령교환에 의해 가능하도록 되어 있는 게임서비스의 한 기능에 불과하다. 마지막으로 '타인의 재물'이라는 입장에서 보면 아이템의 정보 내지 저작물에 대한 시원적인 권리가 게임사에 속하는데, 아이템이 어떤 게임이용자의 계정에 들어 있든 간에 이미 만들어진 게임프로그램에 의해 전개되는 것으로서 게임사업자의 지배범위를 벗어났다고 할 수 없을 뿐만 아니라 일방의 계정에서 타방의 계정으로 몰래 옮겨졌다고 하더라도 게임사업자의 소유에 대한 침해가 존재하지 않기 때문에 절도죄가 성립할 여지가 없게 된다. 즉 피해자는 게임사업자이지 원래 아이템을 보유했던 계정의 소유자가 아니기 때문에 온라인 게임에서의 아이템[4]은 재물이 아니다.[5]

　　하지만 아이템은 현실세계에서 금전에 준하는 가치가 인정되고 매매의 대상이 되고 있기 때문에 경제적 가치가 인정되어 재산상의 이익에는 해당될 수 있다.[6] 그러므로 이득죄에 해당

---

1) 대법원 2002. 7. 12. 선고 2002도745 판결(피고인이 컴퓨터에 저장된 정보를 출력하여 생성한 문서는 피해 회사의 업무를 위하여 생성되어 피해 회사에 의하여 보관되고 있던 문서가 아니라, 피고인이 가지고 갈 목적으로 피해 회사의 업무와 관계없이 새로이 생성시킨 문서라 할 것이므로, 이는 피해 회사 소유의 문서라고 볼 수는 없다고 할 것이어서, 이를 가지고 간 행위를 들어 피해 회사 소유의 문서를 절취한 것으로 볼 수는 없다).

2) 대법원 1996. 8. 23. 선고 95도192 판결(주식회사 전무인 공소외 1이 사망하여 그의 책상 서랍을 정리하던 중 메모 형식으로 작성된 회사 중역들에 대한 특별상여금 지급내역서 1부 및 퇴직금 지급내역서 2부가 바닥에 떨어져 있어 위 회사의 전무인 공소외 2가 이를 책상 위에 올려 놓았는데 마침 피고인이 이를 보고 위 서류들을 그 옆의 총무과 사무실에 가지고 가서 복사기를 사용하여 복사를 한 후 원본은 제자리에 갖다 놓고 그 사본만을 가지고 갔다는 것인바, 피고인이 위 회사 소유의 문서의 사본을 절취한 것으로 볼 수는 없다).

3) 대법원 2003. 9. 23. 선고 2003도1560 판결.

4) 「게임산업진흥에 관한 법률」 제32조(불법게임물 등의 유통금지 등) ① 누구든지 게임물의 유통질서를 저해하는 다음 각 호의 행위를 하여서는 아니 된다. 다만, 제4호의 경우 「사행행위 등 규제 및 처벌특례법」에 따라 사행행위영업을 하는 자를 제외한다. … 7. 누구든지 게임물의 이용을 통하여 획득한 유·무형의 결과물(점수, 경품, 게임 내에서 사용되는 가상의 화폐로서 대통령령이 정하는 게임머니 및 대통령령이 정하는 이와 유사한 것을 말한다)을 환전 또는 환전 알선거나 재매입을 업으로 하는 행위

5) 임　웅, 331면.

되는 강도죄·사기죄·공갈죄·배임죄 등의 재산범죄의 성립은 가능하다. 여기서 주의할 점은 게임아이템에 대하여 이용자가 가지는 권리는 소유권이 아니라 게임을 즐기며 이를 사용할 수 있는 사용권에 불과하다는 것이다. 즉 이러한 게임이용권이라는 채권적 권리를 형법상 재산상의 이익으로 평가할 수 있기 때문에 이득죄의 성립이 가능한 것이다.

한편 누구든지 정당한 접근권한 없이 또는 허용된 접근권한을 넘어 정보통신망에 침입하여서는 아니 되고(정보통신망법 제48조 제1항), 만약 이를 위반하면 5년 이하의 징역 또는 5천만원 이하의 벌금에 처하게 된다(동법 제71조 제1항 제9호).[1] 그러므로 상대방의 아이템을 무단으로 취득하는 경우에는 정보통신망침해죄로 의율할 수 있다.

ⓔ **전파나 자기**   전파나 자기(磁氣)는 물리적 관리가 불가능하기 때문에 일반적으로 재물이 아니라고 한다.[2] 하지만 과학기술의 발달에 따라 전파나 자기에 대한 관리가 가능해지면 재물이 될 여지는 있다.[3] 예를 들면 커피숍이나 PC방 등 일정구역 내에서만 사용가능한 WiFi의 비밀번호를 무단으로 알아 낸 후 이를 이용하는 경우, 인터넷회선을 연결하여 이웃집에서만 제공되는 인터넷서비스를 무단으로 사용하는 경우 등과 같이 일정한 전파의 물리적 관리나 지배를 벗어나 사용하는 경우가 발생할 수 있는 것이다.

ⓜ **인간이나 동물의 노동력**   사람의 노동력을 함부로 이용하거나 타인의 우마(牛馬)의 노동력을 무단으로 사용하는 경우의 죄책과 관련하여, ① 관리가능한 동력이 되려면 자연적 에너지로서 유체물과 동일시 할 수 있어야 하고, 관리할 수 있는 동력을 무제한적으로 확대할 수 없기 때문에 관리가능한 동력에서 제외시켜 재산상의 이익으로 파악하는 견해[4], ② 민법에서는 '전기 기타 관리할 수 있는 자연력'이라고 규정하고 있지만, 형법 제346조에서는 '관리할 수 있는 동력'이라고 규정하여 여기서의 동력을 자연력에 국한시킬 필요가 없다는 이유로 노동력이라는 에너지도 재물에 포함된다는 견해[5], ③ 인간의 노동력은 서비스이므로 재물이 될 수 없지만, 동물의 노동력은 재물이 될 수 있다는 견해[6] 등의 대립이 있다.

생각건대 관리할 수 있는 동력은 그것이 자연적 에너지이든 인공적 에너지이든 불문하는 것으로 보아야 하고, 노동력도 물리적인 관리가 가능할 수 있기 때문에 재물로 파악하는 것이 타당하다.

---

6) 하지만 '리니지'와 같은 '다중접속역할수행게임(MMORPG)'과 고스톱, 포커 등의 사행성 게임은 명확히 구분되기 때문에 라렌을 현금거래하여도 「게임산업진흥에 관한 법률」 제32조에 의거하여 처벌할 수는 없다.
1) 2016. 3. 22. 정보통신망법 개정을 통하여 법정형을 상향조정하였고, 미수범 처벌조항(동법 제71조 제2항)도 신설하였다.
2) 김성천/김형준, 315면; 김신규, 310면; 김혜정 외 4인, 264면; 배종대, 265면; 이상돈, 990면; 이형국/김혜경, 314면; 임 웅, 329면; 정성근/정준섭, 174면; 정영일, 144면.
3) 同旨 오영근, 230면; 이정원/류석준, 211면.
4) 김선복, 248면; 김신규, 310면; 신동운, 831면; 이영란, 263면; 이형국/김혜경, 314면; 임 웅, 331면; 정성근/정준섭, 174면.
5) 김성천/김형준, 316면; 손동권/김재윤, 275면; 이재상/장영민/강동범, 257면.
6) 오영근, 231면.

(2) 타인소유의 재물

'타인소유의 재물'이란 자기 이외의 자의 소유에 속하는 재물을 말한다. 여기에서 '타인'이란 자연인 이외에 국가·법인 기타 법인격 없는 단체 등도 포함한다. 소유권의 귀속은 원칙적으로 민법에 의하여 정해지는데, 공동소유는 타인의 소유로 취급된다.[1] 또한 당사자 사이에 자동차의 소유권을 그 등록명의자 아닌 자가 보유하기로 약정한 경우, 그 약정 당사자 사이의 내부관계에 있어서는 등록명의자 아닌 자가 소유권을 보유하게 된다고 하더라도 제3자에 대한 관계에 있어서는 어디까지나 그 등록명의자가 자동차의 소유자라고 할 것이다.[2] 자동차에 대한 소유권의 득실변경은 등록을 함으로써 그 효력이 생기고, 등록이 없는 한 대외적 관계에서는 물론 당사자의 대내적 관계에서도 소유권을 취득할 수 없는 것이 원칙이지만, 당사자 사이에 소유권을 등록명의자 아닌 자가 보유하기로 약정하였다는 등의 특별한 사정이 있는 경우에는 그 내부관계에 있어서는 등록명의자 아닌 자가 소유권을 보유하게 된다.[3] 한편 타인소유의 재물의 인정 여부가 문제되는 사안은 다음과 같다.

1) 금제품

'금제품'(禁制品)이란 마약·음란물·위조통화 등과 같이 소유 및 점유가 금지되어 있는 물건과 총포와 같이 점유만이 금지되어 있는 물건을 말한다. 이러한 금제품이 본죄의 객체가 되는지 여부와 관련하여, ① 금제품은 경제적 이용이 불가능하고 합법적인 소유권의 객체가 될 수 없으므로 본죄의 객체가 될 수 없다는 소극설[4], ② 금제품이라고 할지라도 적법절차에 의하여 몰수되기까지는 소유 또는 점유가 보호되어야 한다는 점, 소극설은 금제품에 대하여 타인의 소유를 인정하지 않지만, 금제품은 사인에 대한 소유가 금지된 것일 뿐, 국가가 소유권을 가지게

---

1) 대법원 1994. 11. 25. 선고 94도2432 판결; 대법원 1982. 4. 27. 선고 81도2956 판결.

2) 대법원 2012. 4. 26. 선고 2010도11771 판결(이 사건 승용차는 피고인이 어머니인 공소외인 명의로 구입하여 공소외인 명의로 등록한 명의신탁 차량이므로, 제3자인 피해자에 대한 관계에서 이 사건 승용차의 소유자는 공소외인이고 피고인은 그 소유자가 아니다. 피고인이 피해자에게 담보로 제공하여 피해자가 점유하고 있는 이 사건 승용차를 피해자 몰래 임의로 가져간 이상 절도죄가 성립한다); 대법원 2003. 5. 30. 선고 2000도5767 판결.

3) 대법원 2013. 2. 28. 선고 2012도15303 판결(피고인 명의로 등록되어 있지만 피해자가 점유·관리하여 온 이 사건 승용차를 피고인이 임의로 운전해 감으로써 이를 절취하였다는 내용의 이 사건 공소사실에 대하여, 그 판시 증거들에 의하여 피고인이 사실혼 관계에 있던 피해자에게 이 사건 승용차를 선물하여 증여한 이래 피해자만이 이 사건 승용차를 운행하며 관리하여 온 사실, 피고인과 피해자가 별거하면서 재산분할 내지 위자료 명목으로 피해자가 이 사건 승용차를 소유하기로 한 사실 등을 인정한 다음, 이 사건 승용차는 그 등록명의와 관계없이 피고인과 피해자 사이에서는 피해자를 소유자로 보아야 한다는 이유로 피고인의 행위는 절도행위에 해당한다); 대법원 2007. 1. 11. 선고 2006도4498 판결(자동차 명의신탁관계에서 제3자가 명의수탁자로부터 승용차를 가져가 매도할 것을 허락받고 인감증명 등을 교부받아 위 승용차를 명의신탁자 몰래 가져간 경우, 위 제3자와 명의수탁자의 공모·가공에 의한 절도죄의 공모공동정범이 성립한다. 부동산의 명의수탁자가 부동산을 제3자에게 매도하고 매매를 원인으로 한 소유권이전등기까지 마쳐 준 경우, 명의신탁의 법리상 대외적으로 수탁자에게 그 부동산의 처분권한이 있는 것임이 분명하고, 제3자로서도 자기 명의의 소유권이전등기가 마쳐진 이상 무슨 실질적인 재산상의 손해가 있을 리 없으므로 그 명의신탁 사실과 관련하여 신의칙상 고지의무가 있다거나 기망행위가 있었다고 볼 수도 없어서 그 제3자에 대한 사기죄가 성립될 여지가 없고, 나아가 그 처분시 매도인(명의수탁자)의 소유라는 말을 하였다고 하더라도 역시 사기죄가 성립하지 않으며, 이는 자동차의 명의수탁자가 처분한 경우에도 마찬가지이다).

4) 서일교, 134면.

되므로 소유권이 존재하지 않는다고 할 수 없다는 점, 절도죄에서 보호하여야 하는 점유는 반드시 적법한 권원에 기한 점유일 필요는 없고, 사실상 평온한 점유이면 충분하므로 법률상 소지나 점유가 금지된 금제품이라고 하더라도 사실상 점유가 있는 이상 타인이 점유하는 재물이라고 보아야 한다는 점, 경제적 재물개념에 따르게 되면 불법소지무기·마약·음란물 등 사법상 권리가 인정되지 않더라도 그것이 사실상 경제적 가치를 지닌 물건이라고 한다면 재산범죄의 객체가 된다는 점 등을 논거로 하여, 금제품도 본죄의 객체인 재물에 해당한다고 보는 적극설[1], ③ 본죄의 보호법익은 점유가 아니라 소유권이며, 소유가 금지된 물건에 대하여 본죄가 성립할 수 없다는 점, 개인에 대한 관계에서 소유권이 금지되어 있다고 하여 바로 국가의 소유권을 인정하는 것은 타당하지 않다는 점 등을 논거로 하여, 금제품이라고 할지라도 불법소지무기와 같이 단순히 점유만 금지되는 것은 본죄의 객체가 되지만, 위조통화·마약·아편흡식기 등과 같이 소유권의 객체가 될 수 없는 것은 본죄의 객체가 될 수 없다고 하는 절충설[2] 등의 대립이 있다.

생각건대 소지만 금지되어 있는 금제품은 소유권 보호를 위해서 당연하고, 소유조차 금지되어 있는 물건이라도 궁극적으로 국가가 몰수하거나 그 금제품을 회수할 이익이 있는 당사자가 있는 경우에는 재물의 가치성이 없다고 할 수 없으므로 본죄의 객체가 된다고 보아야 한다. 이에 대하여 판례는 불법원인급여에 해당하는 성매매여성이 제공받은 화대의 경우에도 그 재물성을 인정하여 사기죄 또는 횡령죄의 대상으로 파악하고 있다. 이는 재물의 개념을 파악함에 있어서 법적인 권원보다는 사실상의 상태를 중요시하는 것인데, 금제품의 경우에도 마찬가지로 적용할 수 있을 것이다. 특히 대법원[3]은 전형적인 금제품의 일종인 위조된 유가증권에 대하여 본죄의 객체성을 인정한 바 있다. 이러한 태도는 소유권설의 입장보다는 사실상의 소유상태설의 입장에 보다 가까운 것으로 평가된다.

2) 무주물

바다 속에 있는 우럭·낙동강 속에 있는 붕어·팔공산 속에 있는 토끼 등 어느 누구의 소유에도 속하지 않는 무주물(無主物)은 선점(先占)으로 인하여 소유권이 취득되기 때문에 재산범죄의 객체가 될 수 없다. 한편 수산업법에 의한 양식어업권은 행정관청의 면허를 받아 해상의 일정구역 내에서 패류·해조류 또는 정착성 수산동물을 포획·채취할 수 있는 권리를 가리키는 것으로서 이는 그 지역에서 천연으로 생육하는 수산동·식물을 어업면허를 받은 종류에 한하

---

1) 김선복, 251면; 김성돈, 306면; 김성천/김형준, 320면; 김신규, 317면; 김일수/서보학, 228면; 박상기, 588면; 손동권/김재윤, 286면; 신동운, 837면; 오영근, 236면; 임 웅, 337면; 정성근/정준섭, 176면.

2) 김혜정 외 4인, 266면; 배종대, 266면; 이상돈, 994면; 이영란, 278면; 이재상/장영민/강동범, 261면; 이정원/류석준, 214면; 이형국/김혜경, 315면; 정영일, 139면.

3) 대법원 1998. 11. 24. 선고 98도2967 판결(위조된리프트탑승권사건)(유가증권도 그것이 정상적으로 발행된 것은 물론 비록 작성권한 없는 자에 의하여 위조된 것이라고 하더라도 절차에 따라 몰수되기까지는 그 소지자의 점유를 보호하여야 한다는 점에서 형법상 재물로서 절도죄의 객체가 된다).

여 배타적·선점적으로 채취할 수 있는 권리에 불과하고, 그 지역 내의 수산동·식물의 소유권을 취득하는 권리는 아니므로 어업권의 취득만으로 당연히 그 지역 내에서 자연 번식하는 수산동·식물의 소유권이나 점유권까지 취득한다고는 볼 수 없다.[1] 따라서 어업권자와 어업권행사계약을 체결하고 어업권을 행사하는 피해자의 양식장에서 모시조개를 채취한 경우, 본죄가 성립하기 위해서는 그 채취한 모시조개가 자연 번식하는 것이 아니라 그 피해자가 양식하는 것으로서 피해자의 소유임이 인정되어야 한다.[2]

(3) 타인점유의 재물

1) 형법상 점유의 특징

형법상 '점유'란 지배의사를 가지고 재물을 사실상 지배하는 것을 말한다.[3] 즉 형법상 점유는 현실적으로 어떠한 재물을 지배하는 순수한 사실상의 관계를 말하는 것으로서, 민법상의 점유와 반드시 일치하는 것이 아니다. 물론 이러한 현실적 지배라고 하여도 점유자가 반드시 직접 소지하거나 항상 감수하여야 하는 것은 아니고, 재물을 사실상으로 지배하는지 여부는 재물의 크기·형상, 그 개성의 유무, 점유자와 재물과의 시간적·장소적 관계 등을 종합하여 사회통념에 비추어 결정되어야 한다.[4] 예를 들면 사실상의 지배가 형법상 점유의 기준이 되는 한 소유권 없는 절도범도 형법상 점유자가 될 수 있다. 형법상의 점유개념은 민법상의 점유개념과 다음의 점에서 차이가 있다.

① 간접점유의 부정

민법상으로는 간접점유를 인정하지만(민법 제197조 제1항), 형법상의 점유로는 인정할 수 없다. 예를 들어 위탁매매인 甲이 乙로부터 매매의 위탁을 받은 재물을 가지고 있는 경우 민법에서는 甲에게 직접점유, 乙에게 간접점유를 인정한다. 그러나 형법에서는 간접점유를 인정하게 되면 甲이 그 재물을 영득한 경우에도 타인이 점유하는 타인의 재물을 영득한 것이 되어 절도죄가 된다. 하지만 乙의 간접점유를 부인하면 甲은 자기가 점유하는 타인의 재물을 영득한 것이 되어 횡령죄가 된다. 그러므로 위탁매매에 있어서 위탁품의 소유권은 위임자에게 있고 그 판매대금은 이를 수령함과 동시에 위탁자에게 귀속하기 때문에, 특별한 사정이 없는 한 위탁매매인이 위탁품이나 그 판매대금을 임의로 사용·소비한 때에는 횡령죄가 성립한다.[5]

---

1) 대법원 1983. 2. 8. 선고 82도696 판결(양식어업권사건)(양식어업권 면허를 받았다는 사실만으로써 곧 당해 구역 내에 자연적으로 번식하는 수산동·식물에 관하여 당연히 소유권이나 점유권을 취득한다고 할 수는 없으므로, 공소외인이 굴 양식면허를 받은 위 구역 내에서 피고인들이 자연서식의 바지락을 채취하였다고 하더라도 수산업법위반이 됨은 별론으로 하고 절도죄를 구성한다고는 할 수 없다).

2) 대법원 2010. 4. 8. 선고 2009도11827 판결.

3) 대법원 1981. 8. 25. 선고 80도509 판결(망부석사건)(망부석이 묘의 장구로서 묘주의 소유에 속하였는데 묘는 이장하고 망부석만이 30여년간 방치된 상태에 있어 외형상 그 소유자가 방기한 것으로 되어 그 물건은 산주의 추상적, 포괄적 소지에 속하게 되었어도 그 산주가 망부석을 사실상 지배할 의사가 없음을 표시한 경우에는 그의 소지하에 있다고 볼 수 없고, 이는 임야의 관리인으로서 사실상 점유하여 온 자의 소지하에 있다고 볼 것이므로 동 관리인이나 그와 함께 위 망부석을 처분한 자를 절도죄로 의율할 수 없다).

4) 대법원 2012. 4. 26. 선고 2010도6334 판결.

② 상속에 의한 점유의 부정

민법상으로는 상속에 의한 점유를 인정하지만(민법 제193조), 형법상의 점유로는 인정할 수 없다. 예를 들어 甲이 사망한 乙의 재물을 영득한 경우에 상속에 의한 점유를 인정하면 甲의 행위는 타인(피상속인)이 점유하는 타인의 재물을 영득한 것이 되어 절도죄가 된다. 그러나 형법에서는 상속에 의한 점유를 부인하므로 이 경우 甲의 행위는 점유를 이탈한 타인의 재물을 영득한 것이 되어 점유이탈물횡령죄가 된다. 그러므로 종전 점유자의 점유가 그의 사망으로 인한 상속에 의하여 당연히 그 상속인에게 이전된다는 민법 제193조는 절도죄의 요건으로서의 '타인의 점유'와 관련하여서는 적용의 여지가 없고, 재물을 점유하는 소유자로부터 이를 상속받아 그 소유권을 취득하였다고 하더라도 상속인이 그 재물에 관하여 사실상의 지배를 가지게 되어야만 이를 점유하는 것으로서 그때부터 비로소 상속인에 대한 절도죄가 성립할 수 있다.[1]

③ 법인의 점유의 부정

법인의 점유를 인정하게 되면 법인의 기관인 자연인이 점유하는 법인의 물건을 영득한 경우 횡령죄가 아니라 타인(법인)이 점유하는 타인(법인)의 물건을 영득한 것이 되어 절도죄가 된다. 그러나 이러한 경우는 전형적인 횡령사례로 파악해야 한다.

---

5) 대법원 2013. 3. 28. 선고 2012도16191 판결(금은방을 운영하던 피고인이 피해자에게 금을 맡겨 주면 시세에 따라 사고 파는 방법으로 운용하여 매달 일정한 이익금을 지급하여 주고, 피해자의 요청이 있으면 언제든지 보관 중인 금과 현금을 반환해 주겠다고 제안한 사실, 피해자는 피고인에게 2005. 9. 5.경부터 2007. 7. 27.경까지 5회에 걸쳐 일정량의 금 또는 그에 상응하는 현금을 맡겼고, 피고인은 이에 대하여 피해자에게 매달 약정한 이익금을 지급하여 온 사실, 피고인은 경제사정이 악화되자 피해자를 위하여 보관하던 금과 현금을 개인의 채무변제 등에 사용한 사실 등을 알 수 있다. 사실관계가 이러하다면, 피해자는 금은방을 운영하는 피고인의 경험과 지식을 활용함에 따른 이익을 노리고 자신 소유의 금을 피고인에게 맡겨 사고팔게 하였다고 할 것인데, 피해자가 피고인에게 매매를 위탁하거나 피고인이 그 결과로 취득한 금이나 현금은 모두 피해자의 소유이고, 피고인이 이를 개인의 채무변제 등에 사용한 행위는 횡령죄를 구성한다); 대법원 1999. 7. 23. 선고 99도1911 판결(약속어음을 할인을 위하여 교부받은 경우에 수탁자가 그 약속어음을 할인하였을 때에는 그로 인하여 생긴 돈을, 그 할인이 불가능하거나 할인하여 줄 의사를 철회하였을 때에는 약속어음 그 자체를 위탁자에게 반환하여야 하고 그 약속어음이 수탁자의 점유하에 있는 동안에도 다른 특별한 사정이 없는 이상 그 소유권은 위탁자에게 있고, 수탁자는 위탁의 취지에 따라 이를 단지 보관하는 것으로 볼 것이다); 대법원 1990. 3. 27. 선고 89도813 판결(위탁판매인과 위탁자간에 판매대금에서 각종 비용이나 수수료 등을 공제한 이익을 분배하기로 하는 등 그 대금처분에 관하여 특별한 약정이 있는 경우에는 이에 관한 정산관계가 밝혀지지 않는 한 위탁물을 판매하여 이를 소비하거나 인도를 거부하였다고 하여 곧바로 횡령죄가 성립한다고는 할 수 없다); 대법원 1986. 6. 24. 선고 86도1000 판결; 대법원 1982. 2. 23. 선고 81도2619 판결.

1) 대법원 2012. 4. 26. 선고 2010도6334 판결(피고인이 공소외 1과 내연관계에 있어 그의 사망 전부터 이 사건 아파트에서 공소외 1과 함께 거주한 사실, 공소외 1이 그 전처 공소외 5와의 사이에 얻은 자식인 공소외 3 및 공소외 4는 이 사건 아파트에서 전혀 거주한 일이 없고 공소외 5와 같이 다른 곳에서 거주·생활하여 왔으나, 공소외 1의 사망으로 이 사건 아파트 등의 소유권을 상속한 사실, 공소외 3 및 공소외 4가 공소외 1이 사망한 후 피고인이 이 사건 아파트로부터 이 사건 가방을 가지고 가기까지 그들의 소유권 등에 기하여 이 사건 아파트 또는 그곳에 있던 이 사건 가방의 인도 등을 요구한 일이 전혀 없는 사실, 다만 공소외 1의 형인 공소외 6이 피고인에게 이 사건 아파트의 문을 열어 달라고 요구하였다가 거부당하자 2005. 8. 29.경 이 사건 아파트 현관문의 열쇠를 교체한 사실을 인정할 수 있다. 그렇다면 피고인이 이 사건 아파트에서 이 사건 가방을 들고 나온 2005. 8. 26.경에 공소외 3 및 공소외 4가 이 사건 아파트에 있던 이 사건 가방을 사실상 지배하여 이를 점유하고 있었다고 볼 수 없고, 따라서 그렇다면 피고인이 이 사건 가방을 가지고 간 행위가 공소외 3 등의 이 사건 가방에 대한 점유를 침해하여 절도죄를 구성한다고 할 수 없다).

④ 점유보조자의 점유의 인정

민법상으로는 점유보조자의 점유를 인정하지 않지만(민법 제195조), 형법상으로는 점유보조자의 점유를 인정할 수 있다. 즉 민법상의 점유보조자라고 할지라도 그 물건에 대하여 사실상 지배력을 행사하는 경우에는 형법상 보관의 주체로 볼 수 있는 것이다. 왜냐하면 횡령죄에서 말하는 보관이란 민법상의 점유의 개념과는 달리 재물의 현실적인 보관, 즉 사실상의 지배를 가지고 있으면 족한 것으로서 점유보조자도 재물에 대한 사실상의 지배를 가지고 있는 이상 보관자라고 할 것이기 때문이다. 그러므로 피고인이 비록 사환[1]에 불과하다고 하더라도 동 직원으로부터 교부받은 현금과 예금에서 찾은 돈은 피고인의 사실상 지배하에 있었던 것으로서 피고인은 타인의 재물을 보관하는 자에 해당한다.[2] 또한 피해자가 당일 피고인에게 금고 열쇠와 오토바이 열쇠를 맡기고 금고 안의 돈은 배달될 가스대금으로 지급할 것을 지시한 후 외출하였던 바, 피고인은 혼자서 점포를 지키다가 금고 안에서 현금을 꺼내어 오토바이를 타고 도주하였다면, 피고인은 점원으로서는 평소 점포 주인인 피해자의 점유를 보조하는 자에 지나지 않으나 범행 당시에는 피해자의 위탁을 받아 금고 안의 현금과 오토바이를 사실상 지배하에 두고 보관한 것이라고 보겠으니, 피고인의 범행은 자기의 보관하에 있는 타인의 재물을 영득한 것으로서 횡령죄에 해당한다.[3]

2) 점유의 요소

① 객관적·물리적 요소(점유사실)

'점유'란 물건에 대한 사실상의 지배를 말하는데, 사실상의 지배가 있기 위해서는 물건에 대한 장소적·물리적 지배가 인정되어야 한다. 또한 그 재물에 대한 점유가 적법한 권원에 기할 필요는 없지만, 사실상의 처분가능성이 있어야 한다. 그러므로 불법한 점유라고 할지라도 사회통념상 사실상 평온한 점유가 인정된다면 형법상의 점유로 인정된다. 예를 들면 타인이 갈취한 재물을 그 타인의 의사에 반하여 절취하였다면 본죄를 구성한다.[4]

② 주관적·정신적 요소(점유의사)

점유가 인정되기 위해서는 '물건에 대한 사실상의 점유의사'(재물을 자기의사에 따라 사실상 관리·처분하는 일반적 의사)가 있어야 한다.[5] 반드시 소유의 의사나 영득의 의사일 필요는 없다. 이러한

---

1) 관청이나 학교, 사무실 따위에서 잔심부름을 하기 위하여 고용된 사람.
2) 대법원 1968. 10. 29. 선고 68도1222 판결.
3) 대법원 1982. 3. 9. 선고 81도3396 판결. 同旨 대법원 1970. 5. 12. 선고 70도649 판결.
4) 대법원 1966. 12. 20. 선고 66도1437 판결.
5) 대법원 1994. 10. 11. 선고 94도1481 판결(육지로부터 멀리 떨어진 섬에서 광산을 개발하기 위하여 발전기, 경운기 엔진을 섬으로 반입하였다가 광업권 설정이 취소됨으로써 광산개발이 불가능하게 되자 육지로 그 물건들을 반출하는 것을 포기하고 그대로 유기하여 둔 채 섬을 떠난 후 10년 동안 그 물건들을 관리하지 않고 있었다면, 그 섬에 거주하는 피고인이 그 소유자가 섬을 떠난지 7년이 경과한 뒤 노후 된 물건들을 피고인 집 가까이에 옮겨 놓았다고 하더라도, 그 물건들의 반입 경위, 그 소유자가 섬을 떠나게 된 경위, 그 물건들을 옮긴 시점과 그간의 관리상황 등에 비추어 볼 때 피고인이 그 물건들을 옮겨 갈 당시 원소유자나 그 상속인이 그 물건들을 점유할 의사로 사실상 지배하고 있었다고는 볼 수 없으므로, 그 물건들을 절도죄의 객체인 타인이 점유하는 물건

점유의사는 개별적으로 결정되는 것이 아니라 일반적·획일적으로 결정된다. 그러므로 현실적으로 점유의사가 있다고 볼 수 없는 유아·심신상실자[1]·수면자·명정자 등에게도 점유의사는 인정된다. 왜냐하면 점유의사는 사실상의 점유의사를 의미하기 때문에 법적인 의미에서 처분권이나 민법상의 의사능력과 행위능력의 유무와는 별개의 개념이기 때문이다.

또한 점유의사는 소극적인 의미를 지니는 것으로서 점유를 포기하겠다는 의사가 없으면 족하다. 객관적으로 어떤 사람이 재물을 사실상 지배하고 있다고 인정되는 이상 다른 특별한 사정이 없는 한 그 사람은 그 재물에 대한 지배의사를 가지고 있다고 봄이 상당하다.[2] 그러므로 개개의 재물의 소재를 인식할 필요도 없고, 심지어 그 재물의 존재를 잊고 있어도 점유의사가 인정될 수 있는데, 점유자 자신의 지배범위 안에 있는 물건의 존재를 인식하고 있지 못해도 점유의사(잠재적 지배의사)는 인정될 수 있다. 따라서 우편함에 들어있는 우편물·연구실 문 앞에 배달된 신문·집안 어딘가에 숨겨놓은 비상금 등을 인식하지 못하더라도 점유의사를 인정할 수 있다. 한편 법인은 자연적 점유의사를 스스로 가질 수 없고, 기관이 법인을 위해 사실상의 지배를 하고 있으므로 점유의사를 부정해야 한다.[3]

③ 사회적·규범적 요소

㉠ 의 의　　　점유의 사회적·규범적 요소는 단순히 사실적 요소만이 아니라 규범적 요소도 고려하여 점유 여부를 결정한다는 의미를 가진다. 따라서 점유의사와 점유사실은 점유의 사회적·규범적 요소에 의하여 그 범위가 좌우되기도 한다. 그러므로 어떤 물건이 타인의 점유하에 있다고 할 것인지의 여부는, 객관적인 요소로서의 관리범위 내지 사실적 관리가능성 이외에 주관적 요소로서의 점유의사를 참작하여 결정하되 궁극적으로는 당해 물건의 형상과 그 밖의 구체적인 사정에 따라 사회통념에 비추어 규범적 관점에서 판단할 수밖에 없다.[4]

으로 볼 수 없다).

1) 대법원 1956. 8. 17. 선고 4289형상170 판결(설사 피해자가 졸도하여 의식을 상실한 경우에도 현장에 일실된 피해자의 물건은 자연히 그 지배하에 있는 것으로 보아야 할 것이다).

2) 대법원 1981. 8. 25. 선고 80도509 판결.

3) 반면에 법인의 점유를 인정하는 견해로는 김일수/서보학, 230면; 임 웅, 340면.

4) 대법원 2008. 7. 10. 선고 2008도3252 판결; 대법원 1999. 11. 12. 선고 99도3801 판결(피고인이 소속 대대 위병소 앞 탄약고 출입문 서북방 20m 떨어진 언덕 위 소로에서 더덕을 찾기 위하여 나무막대로 땅을 파다가 땅속 20cm 깊이에서 탄통 8개를 발견하고 뚜껑을 열어 그 안에 군용물인 탄약이 들어 있음을 확인하고도 이를 지휘관에게 보고하는 등의 절차를 거치지 아니하고 전역일에 이를 가지고 나갈 목적으로 그 자리에 다시 파묻어 은닉함으로써 이를 절취하였다는 공소사실에 대하여 소속 중대 및 대대가 보유중인 탄약의 재고에 아무런 이상이 없다는 탄약 조사결과 등에 비추어 보면 위와 같은 행위만으로 피고인이 종전의 점유자의 의사를 배제하고 새로운 점유를 취득하였다고 보기에 부족하고, 달리 이에 대한 증거가 없다는 이유로 무죄를 선고하였다); 대법원 1995. 9. 5. 선고 94도3033 판결(상사와의 의견 충돌 끝에 항의의 표시로 사표를 제출한 다음 평소 피고인이 전적으로 보관, 관리해 오던 이른바 비자금 관계 서류 및 금품이 든 가방을 들고 나온 경우, 불법영득의 의사가 있다고 할 수 없을 뿐만 아니라 그 서류 및 금품이 타인의 점유하에 있던 물건이라고도 볼 수 없다); 대법원 1984. 2. 28. 선고 83도3271 판결(피고인이 지원소대장으로서 상황장갑차의 탑승원 중 가장 상급자라고 하더라도 그 장갑차 내에 적재된 군용물이 피고인의 단독점유하에 있다고는 볼 수 없으므로 피고인이 이를 불법영득하였다면 절도죄에 해당한다. 피고인이 중대장에게 항의를 하고 만약 관철되지 않는 경우에 동인을 살해하고 자기도 자살을 하는 데 사용할 의도로 이 사건 수류탄 등을 가져갔다면 피고인에게 이에 대한 불법영득의 의사가 있다).

ⓒ **점유개념의 확대**　　현실적으로는 물건에 대한 사실상의 점유를 하고 있지 않더라도 물건에 대한 사실상의 점유가 있다고 하여 점유를 인정하는 경우가 있다. 예를 들면 주차장이나 도로변에 세워둔 자동차[1]·여행을 가면서 집에 둔 물건·농부가 논이나 밭에 두고 온 농기구·강간을 당한 피해자가 도피하면서 현장에 놓아두고 간 손가방[2]·공항주차장에 세워둔 자동차[3]·이사를 하면서 길거리에 내다 놓은 가재도구[4]·도서관 책상 위에 잠시 놓아둔 형법교과서·집으로 돌아올 수 있는 애완견·비 오는 날 음식점에서 식사를 하고 있는 동안 출입문 쪽에 꽂아둔 우산 등은 사회통념상 점유가 인정된다.

ⓓ **점유개념의 축소**　　현실적으로는 물건에 대한 사실상의 점유가 있고 점유의사가 있음에도 불구하고 점유를 인정하지 않는 경우가 있다. 예를 들면 편의점 아르바이트생의 점유·가정부의 점유·음식점 종업원의 점유 등이 이에 해당한다. 또한 손님과 음식점 주인 사이에 있어서 손님의 테이블에 제공된 그릇의 점유는 비록 형식적으로는 손님이 사실상 점유하고 있다고 할지라도 음식점 주인의 단독소유에 해당하므로, 손님이 이를 가져가면 절도죄가 성립한다.

잘못 두고 오거나 잃어버린 재물은 원칙적으로 원래의 점유자가 그 소재를 알고 이를 다시 찾을 수 있는 한 경험칙상 점유가 상실되지 아니한다. 하지만 알고 있는 장소가 타인의 배타적 지배범위 안에 있는 경우에는 그 관리자의 점유가 개시되어 원점유자의 점유는 상실된다. 예를 들면 숙박업소·공중화장실·극장·목욕탕·당구장[5]·PC방[6]·택시의 좌석 등에 두고 온 재물이 이에 해당한다. 그러므로 제3자가 이를 가져가면 절도죄가 성립한다.

한편 공중의 출입이 자유롭고 빈번한 곳에 방치되어 있는 경우에는 관리자의 배타적 지배가 미치지 아니한다. 예를 들면 시내버스의 좌석·지하철의 전동차 선반[7] 등에 두고 온 재물이 이에 해당한다. 그러므로 제3자가 이를 가져가면 점유이탈물횡령죄가 성립한다. 이와 관련하여 대법원은 고속버스의 좌석 선반에 두고 온 물건을 점유이탈물로 파악하고 있는데[8], 이 경우는

---

1) 대법원 1962. 11. 15. 선고 62도149 판결(도로상에 주차시켜 놓고 만취한 경우의 자동차도 점유가 이탈되거나 상실된 것이 아니라 여전히 주인의 점유가 인정된다).

2) 대법원 1984. 2. 28. 선고 84도38 판결.

3) 대법원 1962. 11. 15. 선고 62도149 판결.

4) 예를 들면 학교 앞 원룸에 거주하는 학생이 이사를 하기 위하여 대용량 종량제 쓰레기봉투에 옷가지를 가득 담아 자신의 원룸 앞에 내어 놓고 있는 상황에서, 제3자가 이를 가져가는 경우에도 절도죄가 성립할 수 있는 것이다.

5) 대법원 2002. 1. 11. 선고 2001도6158 판결; 대법원 1988. 4. 25. 선고 88도409 판결(금반지를 잃어버린 장소가 당구장과 같이 타인의 관리 아래 있을 때에는 그 물건은 일응 그 관리자의 점유에 속한다고 할 것이고, 이를 그 관리자 아닌 제3자가 취거하는 것은 유실물횡령이 아니라 절도죄에 해당한다).

6) 대법원 2007. 3. 15. 선고 2006도9338 판결(피해자가 PC방에 두고 간 핸드폰은 PC방 관리자의 점유하에 있어서 제3자가 이를 취한 행위는 절도죄를 구성한다).

7) 대법원 1999. 11. 26. 선고 99도3963 판결(승객이 놓고 내린 지하철의 전동차 바닥이나 선반 위에 있던 물건을 가지고 간 경우, 지하철의 승무원은 유실물법상 전동차의 관수자로서 승객이 잊고 내린 유실물을 교부받을 권능을 가질 뿐 전동차 안에 있는 승객의 물건을 점유한다고 할 수 없고, 그 유실물을 현실적으로 발견하지 않는 한 이에 대한 점유를 개시하였다고 할 수도 없으므로, 그 사이에 위와 같은 유실물을 발견하고 가져간 행위는 점유이탈물횡령죄에 해당함은 별론으로 하고 절도죄에 해당하지는 않는다).

원래의 점유자가 다시 찾을 수 있기 때문에 점유의 상실을 부정하는 것이 타당하다.

3) 사자의 점유

재물에 대한 점유의사와 점유사실이 없는 사자(死者)의 점유는 원칙적으로 인정될 수 없다. 따라서 사자의 물건은 점유이탈물에 해당된다. 하지만 재물을 탈취할 의사로 사람을 살해한 후 곧이어 그 재물을 영득하였다면 탈취한 재물에 대한 점유는 죽은 자에게 있는 것이 아니라 사자가 생전에 가지고 있던 점유를 침탈하였다고 할 수 있으므로 강도살인죄가 된다.[1]

한편 피해자를 살해한 후 비로소 재물에 대한 탈취의사가 생겨 사자의 물건을 취거한 경우의 죄책과 관련하여, ① 사자의 점유나 상속에 의한 점유는 인정할 수 없으므로 점유이탈물횡령죄가 된다는 견해[2], ② 사자의 점유도 인정할 수 있으므로 절도죄가 된다는 견해[3], ③ 사자의 생전점유가 사망 후에도 어느 정도는 계속되므로 일정시간 내에는 사자의 생전점유를 침해한 것으로서 절도죄가 된다는 견해[4] 등의 대립이 있다.

이에 대하여 판례는 「피고인이 피해자를 살해한 방에서 사망한 피해자 곁에 4시간 30분쯤 있다가 그 곳 피해자의 자취방 벽에 걸려있던 피해자가 소지하는 물건들을 영득의 의사로 가지고 나온 사실이 인정되는바, 이와 같은 경우에 피해자가 생전에 가진 점유는 사망 후에도 여전히 계속되는 것으로 보아 이를 보호함이 법의 목적에 맞는 것이라고 할 것이고, 따라서 피고인의 행위는 피해자의 점유를 침탈한 것으로서 절도죄에 해당한다.」라고 판시[5]하여, 사자의 점유를 인정하지 않지만, 피해자의 사망시점과 절취행위의 시점이 비교적 근시간에 해당한다면 '피해자가 생전에 가진 점유는 사망한 후에도 계속된다.'라는 이유로 절도죄를 인정하고 있다.

생각건대 사망 후 과연 어느 정도의 시간이 지날 때까지 생전점유를 인정할 것인지가 매우 불분명하기 때문에 판례의 태도는 타당하지 않다. 그러므로 행위시에 고의가 있어야 범죄가 성립한다는 일반 원칙에 따라 피해자의 사망 후 절취의 고의가 생긴 경우에는 점유이탈물횡령죄를 인정하는 것이 타당하다.

4) 대등관계에 의한 공동점유

부부간의 점유·동업자(지분의 정도는 상관없다)간의 점유 등이 이에 해당한다. 이 경우는 타인점유로 보기 때문에 타인과 공유관계에 있는 물건도 본죄의 객체가 된다. 하지만 공유물을 어

---

8) 대법원 1993. 3. 16. 선고 92도3170 판결(고속버스 운전사는 고속버스의 관수자로서 차내에 있는 승객의 물건을 점유하는 것이 아니고 승객이 잊고 내린 유실물을 교부받을 권능을 가질 뿐이므로 유실물을 현실적으로 발견하지 않는 한 이에 대한 점유를 개시하였다고 할 수 없고, 그 사이에 다른 승객이 유실물을 발견하고 이를 가져갔다면 절도에 해당하지 아니하고 점유이탈물횡령에 해당한다).

1) 대법원 1968. 6. 25. 선고 68도590 판결.

2) 김선복, 258면; 김성돈, 310면; 김신규, 320면; 김일수/서보학, 230면; 김혜정 외 4인, 269면; 손동권/김재윤, 281면; 오영근, 239면; 이재상/장영민/강동범, 265면.

3) 배종대, 274면.

4) 김성천/김형준, 327면; 박상기, 598면; 신동운, 872면; 이영란, 285면; 임 웅, 341면; 정성근/정준섭, 187면; 정영일, 141면.

5) 대법원 1993. 9. 28. 선고 93도2143 판결; 대법원 1968. 6. 25. 선고 68도590 판결.

느 1인이 단독점유하고 있다가 영득하면 타인소유 자기점유에 해당하므로 절도죄가 아니라 횡령죄가 된다.[1]

　　판례에 의하면, ① 甲과 乙이 공동으로 구입하여 乙이 관리하던 포크레인을 甲이 다른 사람에게 운전하여 가도록 한 행위[2], ② 피고인이 피고인과 피해자의 동업자금으로 구입하여 피해자가 관리하고 있던 다이야포크레인 1대를 그의 허락 없이 공소외인으로 하여금 운전하여 가도록 한 행위[3], ③ 조합원의 1인이 조합원의 공동점유에 속하는 합유의 물건을 다른 조합원의 승낙 없이 조합원의 점유를 배제하고 단독으로 자신의 지배하에 옮긴 행위[4], ④ 인장이 들어 있는 돈궤짝을 사실상 별개 가옥에 별거 중인 남편이 그 거주가옥에 보관 중이었다면 처가 그 돈궤짝의 열쇠를 소지하고 있었다고 하더라도 그 안에 들은 인장은 처의 단독보관하에 있는 것이 아니라 남편과 공동보관하에 있다고 보아야 할 것이므로, 공동보관자 중의 1인인 처가 다른 보관자인 남편의 동의 없이 불법영득의 의사로 인장을 취거한 행위[5], ⑤ 명의대여 약정에 따른 신청에 의하여 발급된 영업허가증과 사업자등록증은 피해자가 인도받음으로써 피해자의 소유가 되었다고 할 것이므로, 이를 명의대여자가 가지고 간 행위[6], ⑥ 하나의 교회가 두 개 이상으로 분열된 경우 그 재산의 처분에 관하여 교회 장정 등에 규정이 없는 한 분열 당시 교인들의 총의에 따라 그 귀속을 정하여야 하고, 그와 같은 절차 없이 재산에 대하여 다른 교파의 점유를 배제하고 자기 교파만의 지배에 옮긴다는 인식 아래 이를 가지고 간 행위[7] 등에 있어서는 본죄가 성립한다.

5) 상하관계에 의한 공동점유

　　편의점주인과 종업원 사이의 점유·집주인과 가정부 사이의 점유 등이 이에 해당한다. 이 경우는 공동점유라고 하더라도 원칙적으로 상위점유자에게는 자기점유가 인정되지만, 하위점유자에게는 타인점유가 된다.[8] 예를 들면 가게주인이 종업원 몰래 가게의 물건을 절취하더라

1) 대법원 2000. 11. 10. 선고 2000도4335 판결(다방복권사건).
2) 대법원 1994. 11. 25. 선고 94도2432 판결.
3) 대법원 1990. 9. 11. 선고 90도1021 판결.
4) 대법원 1995. 10. 12. 선고 94도2076 판결(동업체에 제공된 물품이 동업관계가 청산되지 않는 한 그들의 공동점유에 속한다); 대법원 1990. 9. 11. 선고 90도1021 판결; 대법원 1987. 12. 8. 선고 87도1831 판결; 대법원 1982. 12. 28. 선고 82도2058 판결; 대법원 1965. 1. 19. 선고 64도586 판결. 하지만 두 사람으로 된 동업관계, 즉 조합관계에 있어 그 중 1인이 탈퇴하면 조합관계는 해산됨이 없이 종료되어 청산이 뒤따르지 아니하며 조합원의 합유에 속한 조합재산은 남은 조합원의 단독소유에 속하고, 탈퇴자와 남은 자 사이에 탈퇴로 인한 계산을 하여야 한다. 그러므로 공소외인과 피고인이 2007년 초경 공동으로 이 사건 밭에 생강을 경작하여 그 이익을 분배하기로 약정하고, 2007. 4.경 함께 생강종자를 심고 생강농사를 시작하였는데, 공소외인과 피고인 사이에 불화가 생겨 2007. 6.경부터 공소외인이 이 사건 생강 밭에 나오지 않았으며, 그 때부터 피고인 혼자 생강 밭을 경작하고 수확까지 한 사실을 인정한 다음, 공소외인이 2007. 6.경 묵시적으로 동업탈퇴의 의사표시를 한 것이라고 보아, 피고인이 2007. 11.경 생강 밭에서 생강을 반출한 행위에 대하여 무죄라고 판단하였다(대법원 2009. 2. 12. 선고 2008도11804 판결; 대법원 2005. 7. 15. 선고 2003도6934 판결).
5) 대법원 1984. 1. 31. 선고 83도3027 판결.
6) 대법원 2004. 3. 12. 선고 2002도5090 판결.
7) 대법원 1998. 7. 10. 선고 98도126 판결.
8) 대법원 1985. 3. 26. 선고 84도3024 판결(산지기로서 종중 소유의 분묘를 간수하고 있는 자는 그 분묘에 설치된 석등이나 문관석 등을 점유하고 있다고는 할 수 없으므로, 이러한 물건 등을 반출하여 가는 행위는 횡령죄가 아니고 절도죄를 구성한다).

도 자기점유의 물건이기 때문에 절도죄가 성립할 수 없으나, 종업원이 주인 몰래 가게의 물건을 절취한 경우에는 절도죄가 성립한다.[1]

하지만 고용관계로 인해 피고용자에게 업무처리나 처분권이 어느 정도 위임된 경우에는 예외적으로 피고용자의 단독점유를 인정할 수 있다.[2] 예를 들면 은행·백화점·회사 등의 금전출납직원, 영업관리를 맡은 지배인, 독자적으로 지점을 운영하는 사용인 등이 이에 해당한다. 그러므로 이들이 점유하고 있는 재물을 영득하면 타인소유 자기점유의 재물을 영득한 것이 되어 횡령죄가 된다. 특히 위탁자가 운반자를 현실적으로 통제할 수 있을 때에는 위탁자에게 점유를 인정할 수 있지만[3], 예외적으로 그렇지 않은 때에는 위탁자에게 점유를 인정할 수 없다.[4]

6) 포장물 위탁의 경우

위탁받은 자가 포장물이나 내용물을 영득하면 절도죄가 성립한다. 이에 따라 판례는「보관계약에 따라 보관 중인 포장된 가마니 속의 정부 소유미의 점유는 정부에 있다고 할 것이므로, 이를 발취한 보관자의 행위는 절도죄에 해당할 것이고, 횡령죄에 해당한다고 볼 수 없다.」라고 판시[5]하여, 절도죄의 성립을 인정하고 있다.

---

[1] 대법원 1966. 1. 31. 선고 65도1178 판결(피고인은 전주 연초제조창 기사보로서 작업과 예비계 차석으로 근무하던 중 경리담당직원의 요청으로 공소외인과 동행하여 한국은행 전주지점에 가서 공소외인이 찾은 현금 200여만원 중 50만원을 그의 부탁으로 피고인이 소지하고 피해자와 동행하여 피해자와 피고인이 근무하는 전주 연초제조창 사무실에 당도하여 위 50만원을 피해자에게 교부할 때 그 중 10만원을 현금처럼 가장한 돈뭉치와 바꿔치기하여서 이를 절취하였다. 피고인이 50만원을 피해자를 위하여 운반하기 위하여 소지하였다고 하더라도 피해자의 점유가 상실된 것이라고 볼 수 없을 뿐더러 피고인의 운반을 위한 소지는 피고인의 독립적인 점유에 속하는 것이 아니고 피해자의 점유에 종속하는 점유의 기관으로서 소지함에 지나지 않으므로 그 소지 중에 있는 10만원을 꺼내어 이를 영득한 행위는 피해자의 점유를 침탈함에 돌아가기 때문에 절도죄가 성립한다).

[2] 대법원 1986. 8. 19. 선고 86도1093 판결(피해자가 그 소유의 오토바이를 타고 심부름을 다녀오라고 하여서 그 오토바이를 타고 가다가 마음이 변하여 이를 반환하지 아니한 채 그대로 타고 가버렸다면 횡령죄를 구성함은 별론으로 하고 적어도 절도죄를 구성하지는 아니한다); 대법원 1983. 2. 22. 선고 82도3092 판결(범행 당시 휴업중인 주점의 소유자로부터 열쇠를 받고 그 관리를 위임받아 보관 중인 주점 내의 물품을 부정처분한 경우 횡령의 죄책은 있을지언정 절도에는 해당하지 않는다); 대법원 1982. 3. 9. 선고 81도3396 판결.

[3] 대법원 1969. 7. 8. 선고 69도798 판결(철도운반사건)(피고인들은 열차사무소 급하수로서 합동하여 그들이 승무한 화차내에서 동 화차에 적재한 운송인인 철도청의 수탁화물 중 이사짐 포장을 풀고 그 속에 묶어 넣어둔 탁상용 시계 1개 외 의류등 9점을 빼내어 탈취하였다는 것인 바, 이 운송중의 화물은 교통부의 기관에 의하여 점유보관되는 것이라 해석되고, 피고인들의 점유 보관 하에 있는 것이라고 볼 수 없는 것이어서 특수절도로 보았음은 정당하다).

[4] 대법원 1982. 11. 23. 선고 82도2394 판결(지게운반사건)(피해자는 서울시내 평화시장내의 한 가게에서 판시 의류 48장을 매수하여 이를 묶어서 그곳에 맡겨 놓은 후 그 곳에서 약 50m 떨어져 위 가게를 살펴볼 수 없는 딴 가게로 가서 지게짐꾼이던 피고인을 불러 위 가게에 가서 맡긴 물건을 운반해 줄 것을 의뢰하자 피고인은 그 가게에 가서 위에 맡긴 물건을 찾아 피해자에게 운반하여 주지 아니하고 용달차에 싣고 가 처분한 사실을 인정하고, 이와 같이 피고인이 물건의 운반의뢰를 수탁받아 이를 보관하게 된 경우에는, 위 물건에 대한 지배가 피해자에게 남겨지고, 피고인이 이를 사실상 소지하고 있음에 불과다는 특별한 사정을 인정할 자료가 없는 이 사건에서는 피고인이 피해자의 위 물건에 대한 점유를 침탈하였다고 볼 수 없다는 이유로 절도죄에 해당하지 아니하고 횡령죄에 해당한다); 대법원 1968. 10. 29. 선고 68도1222 판결; 대법원 1957. 10. 20. 선고 4290형상281 판결(화물차운반사건)(화물자동차운전수가 화물을 운송 도중 이를 타에 처분영득하였으면 업무상 횡령죄가 성립한다).

[5] 대법원 1956. 1. 27. 선고 4288형상375 판결.

(4) 행 위

1) 절취의 개념

본죄의 실행행위는 절취하는 것이다. 판례[1])에 의하면 '절취'란 타인이 점유하고 있는 타인의 재물을 점유자의 의사에 반하여 그 점유를 배제하고 자기 또는 제3자의 점유로 옮기는[2]) 것을 말한다. 즉 기존에 있는 타인의 점유의 배제와 새로운 점유의 취득을 내용으로 한다.

2) 절취의 내용

① 점유의 배제

'점유의 배제'란 기존의 점유자의 의사에 반하여(탈취) 재물에 대한 사실상의 지배를 제거하는 것을 말한다. 만약 점유자가 승낙을 하게 되면 본죄의 구성요건해당성이 조각된다.[3]) 묵시적 동의가 있는 경우에는 절취에 해당하지 않으나[4]), 기망에 의한 동의가 있는 경우에는 절취에 해당한다.[5]) 하지만 판례[6])는 이러한 경우를 절취로 인정하지 않고 있다. 또한 점유자가 배제사실을 알고 있을 필요도 없다. 조건부 동의의 경우에는 조건이 충족된 때에만 절취에 해당하지 아니한다. 현금투입을 조건으로 재물에 대한 점유배제를 동의하는 자동판매기의 경우 조건에 따라 동전을 투입하고 물건을 꺼내간 경우에는 절취가 되지 않지만, 자동판매기를 손괴하고 물건을 가져간 경우에는 절취가 되고, 위조동전을 사용한 경우에는 편의시설부정이용죄(제348조의2)가 된다.

한편 책략절도의 경우가 문제되는데, '책략절도'란 권리자의 점유를 배제하고 자기 또는 제3자의 점유로 옮기는 과정에서 기망수단을 사용한 경우를 말한다. 이 경우는 형식적(잠정적)인

---

1) 대법원 2008. 7. 10. 선고 2008도3252 판결.
2) 하지만 반드시 재물의 장소적 이동을 수반해야 하는 것은 아니기 때문에 '옮긴다'는 표현보다는 '지배한다'라는 표현이 보다 정확하다.
3) 대법원 1966. 5. 31. 선고 66도357 판결(피고인이 산림소유자의 승낙하에 다른 피고인에게 벌채할 것을 지시한 이상 산림절도죄를 구성한다고는 할 수 없다).
4) 대법원 1985. 11. 26. 선고 85도1487 판결(피해자는 당시 피고인과 동거 중에 있었고 피고인이 돈 60,000원을 지갑에서 꺼내 가는 것을 피해자가 현장에서 이를 목격하고도 만류하지 아니한 사정 등에 비추어 볼 때 피해자가 이를 허용하는 묵시적 의사가 있었다고 봄이 상당하다); 대법원 1964. 11. 17. 선고 64도515 판결(군 농업협동조합에서 비료구입권 용지를 비치하고 필요한 조합원으로 하여금 임의로 사용하도록 사전 묵시의 승인을 한 경우에는 설혹 부정사용의 목적으로 그 용지 5매를 가져갔다고 하더라도 절도죄가 성립한다 할 수 없다).
5) 임 웅, 347면; 정성근/정준섭, 190면.
6) 대법원 1990. 8. 10. 선고 90도1211 판결(밍크45마리사건)(피고인이 피해자에게 밍크 45마리에 관하여, 자기에게 그 권리가 있다고 주장하면서 이를 가져간 데 대하여 피해자의 묵시적인 동의가 있었다면 피고인의 주장이 후에 허위임이 밝혀졌더라도 피고인의 행위는 절도죄의 절취행위에는 해당하지 않는다); 대법원 1996. 9. 20. 선고 95도1728 판결(현금카드갈취사건)(피고인이 갈취한 현금카드로 1994. 4. 18. 17:00경 부산 중구 남포동 소재 상업은행 지점에 설치된 현금자동지급기에서 위 카드를 사용하여 현금 400,000원을 인출한 것을 비롯하여 그 무렵부터 같은 달 28.까지 도합 17회에 걸쳐 합계 금 7,590,000원을 인출한 사실이 절도죄에 해당한다고 하여 공소를 제기한 데 대하여, 피고인이 하자 있는 의사이기는 하지만 피해자의 승낙에 의하여 현금카드를 사용할 권한을 부여받음에 따라 피해자가 그 승낙의 의사표시를 취소하기까지 현금카드를 적법, 유효하게 사용할 수 있고, 은행의 경우도 피해자의 지급정지 신청이 없는 한 피해자의 계산으로 적법하게 예금을 지급할 수 있는 것이므로 이와 같은 현금인출 행위는 이 사건 현금카드 갈취행위와 포괄하여 하나의 공갈죄를 구성하는 것이지 따로 절도죄를 구성하는 것이 아니다).

점유의 이전이 있더라도 상대방에게 실질적(확정적)인 점유이전의 의사가 없었기 때문에 교부행위라고 할 수 없어서 절도죄가 인정된다.[1] 하지만 착오로 인한 점유이전이라도 그것이 상대방의 교부행위의 직접적 효과라고 인정할 수 있으면 점유배제가 아닌 사기죄의 처분행위의 요건을 충족시키므로 사기죄가 된다. 판례에 의하면, ① 피고인이 피해자 경영의 금은방에서 마치 귀금속을 구입할 것처럼 가장하여 피해자로부터 순금목걸이 등을 건네받은 다음 화장실에 갔다 오겠다는 핑계를 대고 도주한 것이라면 위 순금목걸이 등은 도주하기 전까지는 아직 피해자의 점유하에 있었다고 할 것이므로 절도죄가 성립하고[2], ② 피해자가 가지고 있는 책을 잠깐 보겠다고 하며 동인이 있는 자리에서 보는 척 하다가 가져갔다면 위 책은 아직 피해자의 점유하에 있었다고 할 것이므로 절도죄가 성립한다.[3] 하지만 ③ 자전거를 살 의도도 없이 시운전을 빙자하여 교부받은 자전거를 타고 도주해 버린 경우에는 절도죄가 아니라 사기죄가 성립한다[4]고 한다. 하지만 자전거가게 주인의 행위는 시운전을 해보라는 것이지 자전거를 가져가라는 처분행위라고 할 수 없으므로 절도죄를 인정하는 것이 타당하다.[5]

② 점유의 취득

'점유의 취득'이란 행위자가 재물에 대하여 사실상의 지배를 갖는 것을 말한다. 취득자의 의사에 따라 지배할 수 있으면 족하고, 종국적이고 확실한 지배일 필요는 없고, 영구적일 필요도 없다. 그러므로 새장 속의 새를 날아가게 하는 경우에는 점유의 배제만 있을 뿐 점유의 취득이 없기 때문에 본죄가 성립하지 아니한다.

한편 '제3자'에게 점유를 취득하게 하는 것을 본죄에서 말하는 점유의 취득이라고 파악하는 것[6]은, 강도죄와 달리 명문의 규정이 없음에도 불구하고 단지 해석을 통하여 인정하는 것이기 때문에 죄형법정주의에 반한다. 예를 들면 도둑이 스스로 영득할 의사 없이 단지 가난한 불우이웃에게 주려는 의사를 가지고 재물을 훔쳐서 실제로 이를 실행한 경우에는 현행법상 절도죄로 처벌할 수 없는 것이다. 하지만 이에 대한 처벌의 필요성은 있기 때문에 입법론적으로 제3자로 하여금 취득하게 하는 행위를 규율할 수 있도록 해야 할 것이다.

---

1) 대법원 1996. 10. 15. 선고 96도2227 판결(축의금절도사건)(피해자가 결혼예식장에서 신부측 축의금 접수인인 것처럼 행세하는 피고인에게 축의금을 내어 놓자 이를 교부받아 가로챈 사안에서, 피해자의 교부행위의 취지는 신부측에 전달하는 것일 뿐 피고인에게 그 처분권을 주는 것이 아니므로, 이를 피고인에게 교부한 것이라고 볼 수 없고 단지 신부측 접수대에 교부하는 취지에 불과하므로 피고인이 그 돈을 가져간 것은 신부측 접수처의 점유를 침탈하여 범한 절취행위라고 보는 것이 정당하다).
2) 대법원 1994. 8. 12. 선고 94도1487 판결.
3) 대법원 1983. 2. 22. 선고 82도3115 판결.
4) 대법원 1968. 5. 21. 선고 68도480 판결.
5) 同旨 이정원/류석준, 289면.
6) 김성천/김형준, 334면.

(5) 주관적 구성요건

1) 고 의

본죄가 성립하기 위해서는 타인이 점유하는 타인소유의 재물을 권리자의 의사에 반하여 취거한다는 점에 대한 의욕 또는 인용을 내용으로 하는 고의가 있어야 한다. 그러므로 타인이 그 소유권을 포기하고 버린 물건으로 오인하여 이를 취득하였다면 이와 같이 오인하는 데에 정당한 이유가 인정되는 한 절도의 고의를 인정하기 어렵다. 예를 들어 편의점 주인이 유통기한이 지난 빵을 버린 경우, 이를 무단으로 가져간 사람에게 절도죄를 인정할 수 있는지 여부가 문제될 수 있다.[1] 소유권자가 자신이 소유권을 포기하여 쓰레기통 속에 버린 물건은 법적인 권리인 소유권은 물론, 비록 민법과는 구별되는 형법상 점유를 인정하는 입장을 받아들이는 경우에도 사법상의 권리보호를 포기한 것에 대하여 형법상 범죄성립을 인정하는 결과가 되어 보충성의 원칙에도 반할 수 있을 것이다. 또한 타인의 재물을 자신의 재물로 오인하고 가져간 경우[2], 권리자의 의사에 반한다는 것을 인식하지 못한 경우[3] 등은 과실절도로서 무죄가 된다.

2) 불법영득의사의 필요성 여부

우리나라에서는 모든 재산범죄에 불법영득의사나 불법이득의사가 명문으로 규정되어 있지 않다. 하지만 영득죄와 손괴죄를 구별하는 요소로 불법영득의사가 필요하다는 점, 물건을 일시 사용하고 반납하는 소위 사용절도나 사용사기 등은 불법영득의사가 없어서 절도죄나 사기죄가 성립하지 않는다고 해야 한다는 점, 절도죄와 같이 소유권을 침해하는 것을 내용으로 하는 범죄에서는 단순히 점유만 침해하려는 의사 이외에 소유권을 침해하려는 의사가 필요하다는 점 등을 논거로 하여, 형법에 명문의 규정이 없다고 하더라도 재산범죄의 성립에는 불법영득의사가 필요하다고 보아야 한다.[4]

---

1) 대법원 1989. 1. 17. 선고 88도971 판결(빈두부상자절도사건)(피고인은 경찰조사 당시 피고인이 고물행상인으로서 새벽에 청소부들이 쓰레기를 수거하기 전에 고물을 수집하기 위하여 다니는데, 이 사건 두부상자는 쓰레기통 옆에 놓여있고 그 위에 쓰레기로 보이는 신문지 등이 덮여 있어서 버린 것으로 알고 그 종이와 상자를 피고인의 리어카에 싣고 왔다고 진술하고, 그 후 원심법정에 이르기까지 위와 같은 취지로 절도의 범의가 없었음을 극구 변소하고 있다. 그런데 1심증인 이영희의 증언에 의하면 위 두부상자는 공소외 윤경례가 위 이영희 경영의 대성 슈퍼마켓에 두부를 담아 납품하고 난 빈상자로서 위 윤경례가 회수해 가도록 신문지를 덮어 새벽에 점포밖에 내놓아두는데 그 위치는 위 슈퍼마켓 옆에 있는 쓰레기통 옆이었다는 것인바, 위 증언대로 위 빈 상자가 헌 신문지에 덮여 점포밖의 쓰레기통 옆에 놓여 있었다면 그 객관적 상황으로 보아 소유자가 소유권을 포기하고 버린 물건으로 오인될 소지가 없지 않으므로, 원심으로서는 위와 같이 그 물건이 놓여있는 객관적 상황을 좀더 자세히 살펴서 과연 피고인에게 절도의 범의를 인정할 수 있을 것인지를 가려보았어야 할 것이다).

2) 대법원 1983. 9. 13. 선고 83도1762 판결(평원닭집사건)(절도죄에 있어서 재물의 타인성을 오신하여 그 재물이 자기에게 취득(빌린 것)할 것이 허용된 동일한 물건으로 오인하고 가져온 경우에는 범죄사실에 대한 인식이 있다고 할 수 없으므로 범의를 조각하여 절도죄가 성립하지 아니한다).

3) 대법원 1992. 9. 8. 선고 91도3149 판결(총기탈영사건)(피고인이 군무를 이탈할 때 총기를 휴대하고 있는지 조차 인식할 수 없는 정신상태에 있었고 총기는 어떤 경우라도 몸을 떠나서는 안 된다는 교육을 지속적으로 받아왔다면 사격장에서 군무를 이탈하면서 총기를 휴대하였다는 것만 가지고는 피고인에게 총기에 대한 불법영득의 의사가 있었다고 할 수 없다).

4) 김선복, 262면; 김신규, 328면; 김일수/서보학, 240면; 김혜정 외 4인, 276면; 배종대, 280면; 손동권/김재윤, 294면; 신동운, 846면; 이재상/장영민/강동범, 275면; 이형국/김혜경, 326면; 임 웅, 352면; 정영일, 147면.

　　이에 대하여 판례는 「형법상 절취란 타인이 점유하고 있는 자기 이외의 자의 소유물을 점유자의 의사에 반하여 그 점유를 배제하고 자기 또는 제3자의 점유로 옮기는 것을 말하고, 절도죄의 성립에 필요한 불법영득의 의사란 타인의 물건을 그 권리자를 배제하고 자기의 소유물과 같이 그 경제적 용법에 따라 이용·처분하고자 하는 의사를 말하는 것으로서, 단순히 타인의 점유만을 침해하였다고 하여 그로써 곧 절도죄가 성립하는 것은 아니나, 재물의 소유권 또는 이에 준하는 본권을 침해하는 의사가 있으면 되고 반드시 영구적으로 보유할 의사가 필요한 것은 아니며, 그것이 물건 자체를 영득할 의사인지 물건의 가치만을 영득할 의사인지를 불문한다.」라고 판시[1]하여, 동일한 입장을 취하고 있다. 따라서 어떠한 물건을 점유자의 의사에 반하여 취거하는 행위가 결과적으로 소유자의 이익으로 된다는 사정 또는 소유자의 추정적 승낙이 있다고 볼 만한 사정이 있다고 하더라도 다른 특별한 사정이 없는 한 그러한 사유만으로 불법영득의 의사가 없다고 할 수는 없다.[2] 한편 본죄의 객체인 재물에는 경제적 가치를 요하지 아니하므로 불법영득의사에 대해서도 반드시 경제적 용법에 따라 이용할 의사임을 요하지는 않는다고 보아야 한다.[3]

3) 불법영득의사의 체계적 지위

① 초과주관적 구성요건요소설

　　불법영득의사는 고의와 구별되는 초과주관적 구성요건요소라고 한다.[4] 절취라는 실행행위는 고의의 대상이기는 하지만, 이러한 실행행위에는 점유의 취득만이 있고 소유권을 취득하는 영득의 의미는 포함되어 있지 않다고 파악하는 것이 절도와 사용절도 및 손괴의 구별을 명확하

---

1) 대법원 2012. 4. 26. 선고 2010도11771 판결; 대법원 1999. 4. 9. 선고 99도519 판결; 대법원 1996. 5. 10. 선고 95도3057 판결; 대법원 1982. 2. 23. 선고 81도2371 판결.

2) 대법원 2014. 2. 21. 선고 2013도14139 판결(피고인은 2011년 9월경 이 사건 승용차의 소유자인 ○○캐피탈로부터 공소외인 명의로 위 승용차를 리스하여 운행하던 중, 사채업자로부터 1,300만원을 빌리면서 위 승용차를 인도한 사실, 위 사채업자는 피고인이 차용금을 변제하지 못하자 위 승용차를 매도하였고 최종적으로 피해자가 위 승용차를 매수하여 점유하게 된 사실, 피고인은 위 승용차를 회수하기 위해서 피해자와 만나기로 약속을 한 다음 2012. 10. 22.경 약속장소에 주차되어 있던 위 승용차를 미리 가지고 있던 보조열쇠를 이용하여 임의로 가져간 사실, 이후 위 승용차는 공소외인을 통하여 약 한 달 뒤인 2012. 11. 23.경 ○○캐피탈에 반납된 사실 등을 알 수 있다. 피고인이 자기 이외의 자의 소유물인 이 사건 승용차를 점유자인 피해자의 의사에 반하여 그 점유를 배제하고 자기의 점유로 옮긴 이상 그러한 행위가 '절취'에 해당함은 분명하다); 대법원 2006. 3. 24. 선고 2005도8081 판결(비록 채권을 확보할 목적이라고 할지라도 취거 당시에 점유 이전에 관한 점유자의 명시적·묵시적인 동의가 있었던 것으로 인정되지 않는 한 점유자의 의사에 반하여 점유를 배제하는 행위를 함으로써 절도죄는 성립하는 것이고, 그러한 경우에 특별한 사정이 없는 한 불법영득의 의사가 없었다고 할 수는 없다. 피고인들이 자신들의 피해자에 대한 물품대금 채권을 다른 채권자들보다 우선적으로 확보할 목적으로 피해자가 부도를 낸 다음날 새벽에 피해자의 승낙을 받지 아니한 채 피해자의 가구점의 시정장치를 쇠톱으로 절단하고 그곳에 침입하여 시가 16,000,000원 상당의 피해자의 가구들을 화물차에 싣고 가 다른 장소에 옮겨 놓은 행위에 대하여 피고인들에게는 불법영득의사가 있었다고 볼 수밖에 없어 특수절도죄가 성립한다).

3) 손동권/김재윤, 295면(법정에서 증거용으로 제공하기 위하여 타인의 자동차를 무단으로 장기간 취거한 경우에는 비록 자동차를 경제적 용법에 따라 사용·처분할 의사가 아니지만 절도죄의 성립이 긍정된다).

4) 김선복, 261면; 김성돈, 316면; 김신규, 334면; 김일수/서보학, 240면; 김혜정 외 4인, 276면; 손동권/김재윤, 293면; 신동운, 848면; 이재상/장영민/강동범, 273면; 이형국/김혜경, 326면; 임 웅, 353면; 정성근/정준섭, 192면; 정영일, 147면.

게 해 준다. 절취는 타인의 재물에 대한 점유를 '절'도의 방법으로 '취'득하는 것이지 그 취득한 재물에 대한 사용·수익·처분을 불법하게 누리는 지위의 획득(영득)까지를 포함하는 개념이 아니다. 구성요건적 행위인 절취를 점유의 배제 및 취득에 국한하는 이상 객관적 구성요건 사실에 대한 주관적 태도인 고의의 대상도 점유의 배제 및 취득에 한정되어야 하고, 그 취득한 재물에 대한 불법한 지위의 획득(영득)까지를 포함할 수는 없다. 또한 절취에 영득까지 포함시키더라도 이때의 영득의 의미는 불법영득의사의 내용 중 적극적 요소만 가리키고 상대방이 가지는 소유자로서의 지위를 지속적(영구적)으로 배제한다는 소극적 요소는 담지 못한다.[1]

② 고의의 내용이라는 설

불법영득의사는 고의의 한 내용이라고 한다.[2] 우리 형법에는 불법영득의사가 명문으로 규정되어 있지 않으므로 고의의 내용으로 파악하는 것이 바람직하고, 불법영득의사는 재산범죄의 객관적 구성요건요소에 대한 인식 및 인용을 의미하기 때문이다. 권리행사방해죄의 행위태양은 취거이지만, 절도죄의 행위태양은 취거가 아닌 절취이다. 절취에서 '취'는 취득의 줄임말이다. 취득이란 취거와 영득이라고 할 수 있다. 즉 형법상 재산범죄의 행위태양은 점유의 취득뿐만 아니라 영득까지 포함되어 있기 때문에 영득은 고의의 대상이 되고, 고의와 구별되는 초과주관적 구성요건요소가 될 수 없다. 이것은 살인죄의 성립에 살인의 고의만 있으면 족하고 불법살인의사가 필요하지 않다는 것과 같은 맥락이다. 또한 영득의 대상을 재물에 대한 지배설정이라고 한다면 이는 재물취득에 수반되는 필연적인 현상이다. 그 결과 취득은 영득의 의미를 포함하므로 취득의사를 고의라고 하고 영득의 의사는 고의 이외의 별도의 요소라고 구별하는 것은 무의미하다.

③ 검 토

생각건대 판례가 절취를 취거로 해석하는 것은 독일 형법의 영향이라고 분석된다. 독일 형법은 절도죄의 행위태양을 취거로 파악하고 있으며, 불법영득의사를 초과주관적 구성요건요소로 규정하고 있다. 즉 독일 형법상 절도죄의 행위태양은 'wegnehmen'인데, 이는 '절취'가 아니라 '취거'라는 의미이지만, 우리 형법상 절도죄의 행위태양은 취거가 아니라 절취이고, 권리행사방해죄의 행위태양이 취거인 것이다. 즉 취거는 점유배제와 점유이전, 절취는 취거 이외에 영득을 포함하는 개념이라고 할 수 있다.[3]

---

1) 손동권/김재윤, 294면.

2) 배종대, 280면; 오영근, 246면; 이상돈, 1002면; 이영란, 268면.

3) 우리말에서 영득의 의미가 포함되지 않은 점유의 이전은 보통 '-거(去)'라는 용어로 사용된다. 수거(收去), 취거(取去)가 그 예이다. 쓰레기수거에서 수거는 점유자의 의사에 따른 점유이전이고, 취거는 점유자의 의사에 반하는 점유이전이다. 이런 말에는 영득의 의미가 포함되어 있지 않다. 쓰레기를 수거하는 사람은 점유만 이전하지 쓰레기를 가질 의사가 없다. 이에 반해 '-취(取)'라는 말에서 취는 취득의 준말로서 영득의 의미를 포함한다고 할 수 있다. 쟁취, 탈취, 강취, 사취, 갈취라는 말 모두 단순히 점유의 이전뿐만 아니라 영득의 의미를 포함하고 있다. '재물을 갈취했다'는 것은 단순히 '빼앗다'는 의미보다 '빼앗아 가지다'의 의미로 쓰인다. 마찬가지로 절취는 단순히 '훔치다'라는 의미보다는 '훔쳐서 가지다'의 의미라고 할 수 있다(오영근, 252면).

4) 불법영득의사의 내용
① 소극적 요소

'불법영득의 의사'란 권리자를 배제하고 타인의 재물을 자기의 소유물과 같이 사용·수익·처분하려는 의사를 말한다.[1] 여기서 소극적 요소는 '권리자를 영구히 배제하려는 의사'이다. 이 점에서 사용절도와 구별된다. '사용절도'란 일시사용을 위해 타인의 재물을 무단으로 취거하는 것을 말하는데, 다수설에 의하면 사용절도는 불법영득의사가 없기 때문에 절도죄에 해당되지 아니한다.[2] 왜냐하면 불법영득의사 가운데 기존 소유자의 배제라는 소극적 요소를 충족시키지 못하기 때문이다. 절도죄의 경우에는 불법영득의사가 필요하여 소극적 요소인 기존의 점유배제가 영구적이어야 하는 반면에, 사용절도는 기존의 점유배제가 일시적이라는 점에서 차이가 있다. 따라서 점유의 지속적인 배제와 일시적인 배제의 한계가 가벌성 판단에 중요한 역할을 하게 된다.

다만 주의할 점은 자동차·선박·항공기·원동기장치자동차 등의 일시사용행위는 자동차등불법사용죄(제331조의2)에 해당할 수 있다. 자동차등불법사용죄는 타인의 자동차 등의 교통수단을 불법영득의 의사 없이 일시 사용하는 경우에 적용되는 것으로서 불법영득의사가 인정되는 경우에는 절도죄로 처벌할 수 있을 뿐 자동차등불법사용죄로 처벌할 수 없다.[3]

한편 사용절도가 성립하기 위해서는 다음의 요건을 충족해야 한다. ① 재물의 취거시 반환의사가 있어야 한다(의사적 요건). 이러한 반환의사는 재물의 취거시 뿐만 아니라 취거 이후에도 있을 수 있으나, 사용절도의 무한한 확장을 방지하기 위해서는 재물의 취거시에 반드시 반환의사가 있어야 한다. ② 재물을 일시 사용하여야 한다(시간적 요건). 그러므로 재물을 곧 반환하지 아니하고 장시간 점유하고 있는 것과 같은 때에는 그 소유권 또는 본권을 침해할 의사가 있다고 보아 불법영득의 의사를 인정할 수 있다. ③ 재물의 사용으로 인하여 재물 자체가 가지는 경제적 가치가 상당한 정도로 소모되지 않아야 한다(대상적 요건).[4] 예를 들면 새책을 헌책으로 반

---

1) 이는 소위 '소유자의사설'에 입각한 정의이다. 반면에 판례에 의하면, 「권리자를 배제하고 타인의 물건을 자기의 소유물과 같이 그 경제적 용법에 따라서 이를 이용하고 또는 처분할 의사」라고 판시(대법원 2000. 10. 13. 선고 2000도3655 판결; 대법원 1999. 4. 9. 선고 99도519 판결)하여, 소위 '경제적 용법설'의 입장을 취하고 있다. 하지만 여자친구에게 단지 자랑할 의도로 타인의 고급시계를 훔친 경우와 같은 비경제적 용법에 따른 경우에도 절도죄를 인정해야 하기 때문에 '소유자의사설'이 타당하다.

2) 이에 대하여 사용절도의 경우에도 불법영득의사가 있기 때문에 절도죄의 구성요건에 해당하지만 사회상규에 위배되지 않는 행위로서 위법성이 조각되는 것으로 해결하고자 하는 견해(오영근, 255면)가 있다. 이에 의하면 사용절도도 일시사용이 있으므로 경미하더라도 영득행위는 있고 취거시 불법영득의사도 있으며, 또한 취거시에 반환할 의사가 있었으나 이후에 반환하지 않은 경우를 불법영득의사가 이후에 생겨 절도죄가 된다고 하는데, 이는 사후불법영득의사를 인정하는 것으로 사후고의를 인정하는 것과 동일한 것이 되어 타당하지 못하다고 한다.

3) 대법원 2002. 9. 6. 선고 2002도3465 판결(피고인이 강도상해 등의 범행을 저지르고 도주하기 위하여 피고인이 근무하던 인천 중구 항동7가 소재 연안아파트 상가 중국집 앞에 세워져 있는 오토바이를 소유자의 승낙 없이 타고 가서 신흥동 소재 뉴스타호텔 부근에 버린 다음 버스를 타고 광주로 가버렸다는 것이므로 피고인에게 위 오토바이를 불법영득할 의사가 없었다고 할 수 없어, 이를 형법 제331조의2의 자동차등불법사용죄가 아닌 절도죄로 의율한 조치는 정당하다).

4) 대법원 2006. 3. 9. 선고 2005도7819 판결.

환한 경우에는 불법영득의사가 인정되지만, 자전거의 타이어가 소모된 채로 반환한 경우에는 불법영득의사가 인정되지 아니한다. 한편 판례에 의하면, 자동차의 연료소비[1]나 타이어 마모 등의 경우에는 불법영득의사가 인정되지 아니하지만, 자동차의 연료소비나 타이어가 마모된 사안은 1995. 12. 29. 형법 개정을 통하여 자동차등불법사용죄가 성립된다. ④ 재물을 반환하더라도 재물을 취거한 장소와 근접한 곳에 반환해야 한다(장소적 요건). 재물의 취거시 반환의사가 있었으나 일시사용 후 반환하지 않고 다른 장소에 방치한 경우에는 취거행위가 계속되는 동안 불법영득의사가 생겼기 때문에 절도죄가 성립한다. 즉 사용 후 그 재물을 본래의 장소가 아닌 다른 장소에 방치하여서는 아니 된다. ⑤ 그 밖에도 피고인과 피해자간의 친분관계, 재물의 사용경위, 사용 후의 정황 등을 모두 검토하여 피고인에게 불법영득의 의사가 있었는지의 여부를 판단해야 한다. 일반적으로 피고인과 피해자간의 친분관계가 결여되어 있는 경우에는 불법영득의사가 인정될 가능성이 많다. 이러한 친분관계의 판단은 사용절도의 주관적 요소인 반환의사를 객관적으로 정형화시키는 추정적인 도구 역할을 한다.

    ② 적극적 요소

    불법영득의사의 적극적 요소는 '타인의 재물을 자신의 소유물처럼 사용·수익·처분하려는 의사'를 말한다. 단순한 점유침해의사로는 영득의사가 있다고 할 수 없다. 이러한 점에서 영득의사는 적극적으로 재물의 효용을 향유하겠다는 의사로서 재물의 효용을 상실시키겠다는 손괴의 의사와 구별된다. 한편 자기소유물처럼 사용·수익·처분하려는 의사는 일시적이어도 무방하다. 다만 극히 일시적으로만 사용할 의사인 경우에는 사용절도 또는 자동차등불법사용죄가 문제될 수 있다.

    판례에 의하면, ① 피고인이 숙소로 사용하고 있는 여인숙에서 피해자와 동침하고 계속 같이 있다가 동녀가 방바닥에 떨어뜨린 전화요금영수증을 피고인이 습득한 후 피해자가 이를 알고 반환을 요구하였으나 이를 거절한 사실, 피고인은 전화요금영수증에 기재된 전화번호로 피해자에게 전화를 걸어 만나자고 하였으나 거절당한 사실 등이 인정될 뿐 피고인에게 전화요금영수증에 대한 그 밖의 다른 사용처를 발견할 수 없는 경우[2], ② 가구회사의 디자이너인 피고인이 자신이 제작한 가구 디자인 도면을 가지고 나온 경우, 평소 위 회사에서 채택한 도면은 그 유출과 반출을 엄격히 통제하고 있으나 채택하지 아니한 도면들은 대부분 작성한 디자이너에게 반환하여 각자가 자기의 서랍 또는 집에 보관하거나 폐기하는 등 디자이너 개인에게 임의처분이 허용되어 왔고, 피고인은 회사로부터 부당하게 징계를 받았다고 생각하고

---

1) 대법원 1985. 3. 26. 선고 84도1613 판결(불법영득의사 없이 타인의 자동차를 일시사용한 피고인의 소위는 그 주 목적이 자동차의 일시사용에 있었던 것이고, 500원 상당의 유류소비행위는 위와 같은 자동차의 일시사용에 필연적으로 부수되어 생긴 결과로서 절도죄를 구성하지 않는다); 대법원 1984. 4. 24. 선고 84도311 판결(불법영득의 의사 없이 타인의 자동차를 일시 사용하는 경우 휘발유가 소비되는 것은 필연적이므로 자동차의 사용방법, 사용시간, 주행거리 그 밖의 구체적인 상황으로 보아 자동차 그 자체의 일시사용이 그 주목적이고 소비된 휘발유의 양이 매우 적은 것임이 명백한 경우에는 그 휘발유의 소비는 자동차의 일시사용 가운데 포함되는 것으로서 이에 대하여는 별도의 절도죄가 성립되지 아니한다).

2) 대법원 1989. 11. 28. 선고 89도1679 판결.

노동위원회에 구제신청을 하면서 자신이 그 동안 회사업무에 충실하였다는 사실을 입증하기 위한 자료로 삼기 위하여 이를 가지고 나온 경우[1], ③ 피해자의 잘못을 나무라는 과정에서 피해자가 퉁명스럽게 비웃자 순간적으로 화가 나서 피해자에게도 자신과 같은 정도로 분한 감정을 심어주고 혼내주려는 생각에서 그 곳에 있던 피해자의 가방을 들고 나오게 되었고 그 후 흥분을 가라앉히고 위 가방을 돌려주려 하였으나 피해자가 완강히 거절하여 돌려주지 못한 경우[2], ④ 피고인이 살해도구로 이용한 골프채와 피고인의 옷 등 다른 증거품들과 함께 피고인의 차량 트렁크에 싣고 서울로 돌아오는 중 지갑을 쓰레기 소각장에서 태워버린 경우[3], ⑤ 소속중대에서 총기를 분실하고 그를 보충하기 위하여 다른 부대의 총기를 취거해 온 경우[4], ⑥ 피해자의 승낙 없이 혼인신고서를 작성하기 위하여 피해자의 도장을 몰래 꺼내어 사용한 후 곧바로 제자리에 갖다 놓은 경우[5], ⑦ 피고인이 피해자 소유의 버스요금함 서랍 견본 1개를 가지고 간 사실은 인정되나 피고인이 버스요금함의 서랍에 대한 최초 고안자로서의 권리를 확보하겠다는 생각으로 이를 가지고 나가 변리사에게 의장출원을 의뢰하고 그 도면을 작성한 뒤 당일 이를 원래 있던 곳에 가져다 둔 경우[6], ⑧ 도장과 인감도장을 책상서랍에서 몰래 꺼내어 가서 그것을 차용금증서의 연대보증인란에 찍고 난 후 곧 제자리에 넣어둔 경우[7], ⑨ 피고인들이 친구의 근무처인 세차장에 들렀다가 이 사건 승용차를 발견하고는 습득한 승용차열쇠로 문을 열고 시동을 걸고서 아는 여자를 만나러 가기 위해 위 차를 운행하여 갔다가 위 세차장으로 되돌아오던 중 위 승용차가 운행정지처분을 당하여 앞 번호판이 없었던 관계로 때마침 순찰 중이던 방범대원에게 검문을 당하여 입건되었고 피고인들이 검거장소까지 운행한 거리가 약 2km 정도로서 그에 소요된 시간이 약 10분 정도인 경우[8], ⑩ 이 사건 차량을 소유자 몰래 타고 다닌 동기와 경위에 대하여 자기는 삼촌인 공소외인이 경영하는 카센터 종업원으로 근무하고 있었고, 피고인과는 동네 친구 사이인데 범행 당일 만나서 밤 늦도록 함께 놀다가 카센터에 가보니 삼촌은 보이지 않고 삼촌의 친구가 그의 소유인 승용차를 밖에 세워 놓고 카센터 안에 있는 방에서 잠을 자고 있어 피고인에게 삼촌친구가 잠을 자고 있는데 삼촌친구 차를 몰래 타 보자고 하자 피고인이 좋다고 하여 피해자 잠바 주머니에서 열쇠를 가지고 나와 피고인으로 하여금 차량을 운전하게 하여 차량을 가지고 간 것으로 승용차를 운전하고 싶어 하루만 운전하고 돌아다니다가 돌려주려고 한 것이며, 몰래 타고 다니는 동안 삼촌과 한번 통화하였는데 삼촌이 차를 갖고 돌아오라고 하였는데 빨리 돌아가지 아니하였다고, 피고인도 원심 공동피고인이 삼촌친구의 차량을 타고 다니자고 말하여 좋다고 찬성을 하여 제가 운전을 할 줄 안다며 운전을 하겠다고 하였으며, 처음에는 몰래 잠깐 타고 제자리에 갖다 놓으려고 훔치게 되었는데 마음이 변하여 계속 타고 다닌 것이고, 돈이 필요하거나 다른 범죄에 사용하려고 자동차를 훔치게 된 것이 아니고 운전하고 싶은 충동에서 훔치게 된 것이며, 피고인은 원심 공동피고인이 차를 빌린 것이라고 하여 차량을 운전하였던 것이라고 주장하고 있는바, 피고인 등이 이 사건 차량을 운전하고 며칠간 그들이 거주하는 부천 인근만을 돌아다니다가 불심 검문에 붙들려 차가 피해자에게 가환부된 경우[9], ⑪ 피고인들은 자동차 소유자와 같은 동네에 거주하는 선·후배 관계로 평

1) 대법원 1992. 3. 27. 선고 91도2831 판결.
2) 대법원 1993. 4. 13. 선고 93도328 판결.
3) 대법원 2000. 10. 13. 선고 2000도3655 판결.
4) 대법원 1977. 6. 7. 선고 77도1069 판결; 대법원 1965. 2. 24. 선고 64도795 판결.
5) 대법원 2000. 3. 28. 선고 2000도493 판결.
6) 대법원 1991. 6. 11. 선고 91도878 판결.
7) 대법원 1987. 12. 8. 선고 87도1959 판결.
8) 대법원 1984. 4. 24. 선고 84도311 판결.

소 잘 알고 지내는 사이였고, 1990. 12.경에는 피고인 1이 공소외인으로부터 위 차량을 빌려 잠시 운행한 일이 있었는데 그때 반환하지 아니한 보조열쇠를 이용하여 3차례에 걸쳐 차량을 2~3시간 정도 운행한 후 원래 주차된 곳에 갖다 놓아 반환한 경우1), ⑫ 피고인과 피고인의 승낙 없이 운전한 자동차의 소유자는 한 동리에 거주하면서 1983. 1.경부터 직장관계로 주1회 내지 월1회 정도로 자주 만나는 사이였고, 1983. 9. 10경에는 피고인이 운전을 배우고 싶다하여 피해자가 동승하여 피고인에게 그 차를 직접 운전하게 한 일도 있던 1983. 9. 25. 17:00에도 자동차소유자가 전에 근무하던 반도상사에 놀러갔다가 피고인과 만나 소주를 마시는 등 함께 놀다가 헤어졌다는데 피고인은 그 때 소유자가 자동차의 시동열쇠를 차에 둔 채 집으로 들어가는 것을 보고 운전연습을 할 욕심에서 다시 돌아와 그 차를 1시간 30분 동안 운전하게 되었다는 것이고, 소유자 또한 그 다음날 아침에 차가 없어진 것을 발견하였으나 피고인이 운전하고 간 것으로 짐작하여 도난신고도 한 바 없었던 경우2), ⑬ 피고인은 공소외 1이 경영하는 태백건재상사의 종업원으로 종사하여 왔는데 이 사건이 일어난 날 마침 같은 동료 종업원인 공소외 2가 폭행사건으로 위 건재사 인근에 있는 방이동 파출소에 연행되었다는 소식을 듣고 그를 만나러 가는데 같은 동료종업원인 공소외 2와 같이 위 건재사 마당에 세워둔 위 공소외 1의 이 건 차량을 타고 갔다 올 생각으로 피고인이 이 차를 운전하고 위 방이동 파출소를 향해 가다가 교통사고를 일으키게 된 경우3) 등에 있어서는 불법영득의 의사를 부정하고 있다.

하지만 ① 길가에 세워져 있는 오토바이를 소유자의 승낙 없이 타고 가서 용무를 마친 약 1시간 30분 후 본래 있던 곳에서 약 7~8m 되는 장소에 방치한 경우4), ② 甲주식회사 감사인 피고인이 회사 경영진과의 불화로 한 달 가까이 결근하다가 회사 감사실에 침입하여 자신이 사용하던 컴퓨터에서 하드디스크를 떼어간 후 4개월 가까이 지난 시점에 반환한 경우5), ③ 피고인이 甲의 영업점 내에 있는 甲소유의 휴대전화를 허락 없이 가지고 나와 이를 이용하여 통화를 하고 문자메시지를 주고받은 다음 약 1~2시간 후 甲에게 아무런 말을 하지 않고 위 영업점 정문 옆 화분에 놓아두고 간 경우6), ④ 전마선을 10월 22일 인천시 송현동 소재 해변에서 소유자의 승낙 없이 조선하여 용무를 마치고 인천시 보수동 소재 대인부두에 방치한 것을 동월 24일에 소유자가 발견한 경우7), ⑤ 피고인이 길가에 시동을 걸어놓은 채 세워둔 모르는 사람의 자동차를 함부로 운전하고 약 200m 가량 간 경우8) 등에 있어서는 불법영득의 의사를 인정하고 있다.

5) 불법영득의사의 대상

① 학설의 입장

재물 중에는 신용카드와 같이 물체 그 자체의 경제적 가치는 경미하지만, 그것을 활용하여

---

9) 대법원 1998. 9. 4. 선고 98도2181 판결.
1) 대법원 1992. 4. 24. 선고 92도118 판결.
2) 대법원 1985. 3. 26. 선고 84도1613 판결.
3) 대법원 1981. 12. 8. 선고 81도1761 판결.
4) 대법원 1981. 10. 13. 선고 81도2394 판결.
5) 대법원 2011. 8. 18. 선고 2010도9570 판결.
6) 대법원 2012. 7. 12. 선고 2012도1132 판결.
7) 대법원 1961. 6. 28. 선고 4294형상179 판결.
8) 대법원 1992. 9. 22. 선고 92도1949 판결.

상당한 경제적 가치를 얻을 수 있는 것이 있다. 이러한 재물을 일시 사용하여 경제적 가치를 취득한 후 재물 그 자체는 반환한 경우에 있어서 재물에 대한 재산범죄가 성립하는지 여부가 문제된다. 영득의 대상에 관하여는 다음과 같은 학설의 대립이 있다. ① 물체설에 의하면, 물건 그 자체가 영득의 객체라고 하고 그 물체 자체를 영득하지 않고 가치만 영득한 경우에는 절도죄가 성립하지 않는다고 한다. 하지만 물체 자체는 가치가 없고 물체의 일시 사용으로 간접적 이익만 취득하는 경우, 예를 들면 예금통장을 절취한 후 예금만 인출하고 통장을 반환한 경우 통장에 대한 절도죄를 인정할 수 없는 결함이 있다. ② 가치설에 의하면, 물건 그 자체가 아니라 그 물건이 가지는 경제적 가치가 영득의 객체라고 한다. 따라서 물건을 영득하지 않더라도 그 물건이 가진 경제적 가치를 영득한 경우에는 영득죄가 성립한다고 한다. 하지만 절도죄를 이득죄로 변질시킬 위험이 있으며, 경제적 가치가 없이 주관적 가치만을 지닌 물건(예를 들면 애인사진, 부모님의 편지 등)을 영득한 경우에는 처벌할 수 없는 결함이 있다. ③ 절충설[1]에 의하면, 영득의사의 객체는 물건 그 자체 또는 그 물건이 가지는 가치라고 한다. 다만 가치의 개념이 무한히 확대되면 재물죄가 이득죄로 변경되는 문제점과 일시사용을 범죄로 하는 문제점이 있을 수 있기 때문에, 여기서의 가치는 가치설에서 말하는 단순한 사용가치를 의미하는 것이 아니라 재물이 가지는 '특수한 기능가치'만을 의미한다고 한다. 그리하여 재물 그 자체를 반환한 경우에는 가치가 영득의 객체가 되지만, 이 가치가 재물과 결합한 특수한 기능가치를 감소·소멸시켜서 경제적 가치의 감소·소멸을 가져온 때에만 영득의사를 인정한다.

　② 판례의 입장

　판례는「타인의 재물을 점유자의 승낙 없이 무단사용하는 경우에 있어서 그 사용으로 인하여 물건 자체가 가지는 경제적 가치가 상당한 정도로 소모되거나 또는 사용 후 그 재물을 본래 있었던 장소가 아닌 다른 곳에 버리거나 곧 반환하지 아니하고 장시간 점유하고 있는 것과 같은 때에는 그 소유권 또는 본권을 침해할 의사가 있다고 보아 불법영득의 의사를 인정할 수 있을 것이나 그렇지 아니하고 그 사용으로 인한 가치의 소모가 무시할 수 있을 정도로 경미하고 또한 사용 후 곧 반환한 것과 같은 때에는 그 소유권 또는 본권을 침해할 의사가 있다고 할 수 없어 불법영득의 의사를 인정할 수 없다.」라고 판시[2]하여, 절충설의 입장을 취하고 있다. 이에 따라 ① 은행이 발행한 현금카드를 사용하여 현금자동지급기에서 현금을 인출하였다고 하더라도 그 현금카드 자체가 가지는 경제적 가치가 인출된 예금액만큼 소모되었다고 할 수는 없을 것인바, 피고인이 피해자로부터 지갑을 잠시 건네받아 멋대로 지갑에서 피해자 소유의 외환은행 현금카드를 꺼내어 그 즉시 위 현금카드를 사용하여 현금자동지급기에서 700,000원의 현금

---

1) 김선복, 263면; 김성돈, 318면; 김성천/김형준, 340면; 김신규, 332면; 김일수/서보학, 242면; 김혜정 외 4인, 279면; 배종대, 289면; 손동권/김재윤, 300면; 신동운, 851면; 이영란, 270면; 이재상/장영민/강동범, 278면; 이형국/김혜경, 329면; 임 웅, 358면; 정성근/정준섭, 193면; 정영일, 150면; 최호진, 319면.

2) 대법원 1998. 11. 10. 선고 98도2642 판결.

을 인출한 후 현금카드를 곧바로 피해자에게 반환한 경우[1], ② 은행이 발급한 직불카드를 사용하여 타인의 예금계좌에서 자기의 예금계좌로 돈을 이체시켰다고 하더라도 직불카드 자체가 가지는 경제적 가치가 계좌이체된 금액만큼 소모되었다고 할 수는 없으므로 이를 일시 사용하고 곧 반환한 경우[2], ③ 신용카드를 사용하여 현금자동지급기에서 현금을 인출하였다고 하더라도 신용카드 자체가 가지는 경제적 가치가 인출된 예금액만큼 소모되었다고 할 수 없으므로, 이를 일시 사용하고 곧 반환한 경우[3] 등에 있어서는 불법영득의사를 부정하고 있다.

하지만「피고인이 피해자의 현장소장으로 근무하던 중 월급 등을 제대로 지급받지 못할 것을 염려하여 피해자 공소외 주식회사의 사무실에서 피해자 명의의 농협 통장을 몰래 가지고 나와 예금 1,000만원을 인출한 후 다시 이 사건 통장을 제자리에 갖다 놓은 사안에서, 예금통장은 예금채권을 표창하는 유가증권이 아니고 그 자체에 예금액 상당의 경제적 가치가 화체되어 있는 것도 아니지만, 이를 소지함으로써 예금채권의 행사자격을 증명할 수 있는 자격증권으로서 예금계약사실 뿐만 아니라 예금액에 대한 증명기능이 있고 이러한 증명기능은 예금통장 자체가 가지는 경제적 가치라고 보아야 하므로, 예금통장을 사용하여 예금을 인출하게 되면 그 인출된 예금액에 대하여는 예금통장 자체의 예금액 증명기능이 상실되고 이에 따라 그 상실된 기능에 상응한 경제적 가치도 소모된다. 그렇다면 타인의 예금통장을 무단사용하여 예금을 인출한 후 바로 예금통장을 반환하였다고 하더라도 그 사용으로 인한 위와 같은 경제적 가치의 소모가 무시할 수 있을 정도로 경미한 경우가 아닌 이상, 예금통장 자체가 가지는 예금액 증명기능의 경제적 가치에 대한 불법영득의 의사를 인정할 수 있으므로 절도죄가 성립한다.」라고 판시[4]하여, 예금통장을 일시 사용하고 곧 반환한 경우에는 불법영득의사를 인정하고 있다.

③ 검 토

앞에서 살펴 본 바와 같이 대법원은 무단으로 일시 사용한 후 반환한 현금카드(98도2642 판결), 직불카드(2005도7819 판결), 신용카드(99도857 판결) 등(이하에서는 '카드'라고 한다)의 사례에 있어서는 '그 카드 자체가 가지는 경제적 가치가 인출 또는 계좌이체된 금액만큼 소모되었다고 할 수 없다'는 이유로 불법영득의 의사를 일관되게 부정하고 있다. 반면에 2009도9008 판결에서 보는 바와 같이 예금통장 사례에 있어서는 '예금통장은 예금사실과 예금액에 대한 증명기능이 있고, 이러한 증명기능은 예금통장 자체가 가지는 경제적 가치라고 보아야 한다.'고 전제한 뒤 예금통장을 사용하여 예금을 인출하게 되면 '그 인출된 예금액'에 대하여 예금통장 자체의 예금액 증명기능이 상실되고, 이에 상응한 경제적 가치가 소모된다는 이유로 불법영득의 의사를 인정하고 있다.

---

1) 대법원 1998. 11. 10. 선고 98도2642 판결.
2) 대법원 2006. 3. 9. 선고 2005도7819 판결.
3) 대법원 1999. 7. 9. 선고 99도857 판결.
4) 대법원 2010. 5. 27. 선고 2009도9008 판결(예금통장사용후반환사건).

이와 같이 대법원이 카드 및 예금통장 자체가 가지고 있는 경제적 가치를 판단하는 기준인 '예금사실과 예금액에 대한 증명기능'이 과연 양자 사이에 다르게 나타나고 있는지를 검토해 본다. 우선 예금통장의 증명기능에 대하여 살펴보면, 은행원이 고객의 입출금현황을 수기로 직접 작성하던 과거와 달리 최근의 상황에서 예금통장 그 자체만으로 예금사실과 예금액에 대한 증명이 가능한지는 의문이다. 왜냐하면 예금통장을 직접 이용하는 거래보다는 예금통장과 결부된 카드 또는 인터넷뱅킹, 폰뱅킹 등이 일상화되어 있는 거래현실에서 예금통장에 기재된 잔액이 과연 실제의 잔액을 의미하는 것인지는 매우 불확실하기 때문이다. 예금통장에 1억원의 잔액이 기재되어 있다고 하더라도 실제에 있어서는 1만원의 잔고가 있을 수 있고, 반대로 1만원의 잔액이 기재되어 있다고 하더라도 실제로는 1억원의 잔고가 충분히 있을 수도 있다. 게다가 예금통장은 실시간으로 거래되는 시·분·초 단위가 아닌 단순히 거래일자별로 잔고가 기재되기 때문에 예금통장에 잔고가 기재된 일자가 오늘이라고 하여도 예금통장을 바라보는 시점에 기재된 잔액이 실제 잔액으로 증명된다고 보는 것은 무리이다. 그러므로 카드이든 예금통장이든 그 자체가 가지고 있는 경제적 가치라고 할 수 있는 예금사실과 예금액에 대한 증명기능은 이를 인정할 수 없기 때문에 이에 대한 상당한 가치의 소모를 이유로 예금통장에 대한 불법영득의 의사를 인정하고 있는 2009도9008 판결의 태도는 타당하지 않다.[1]

6) 불법영득의사에서 '불법'의 의미

불법영득의사에서 말하는 불법의 의미와 관련하여, ① 취거나 영득 중 어느 하나라도 불법하면 불법영득의사가 인정된다고 하는 견해(취거(절취)의 불법성설)[2], ② 불법취거의 의사로는 부족하고 불법영득의 의사까지 요한다고 하는 견해(영득의 불법성설)[3] 등의 대립이 있다. 우선 취거의 불법성설에 의하면, 결과로서의 영득의 불법성과는 무관하게 행위 수단 그 자체에서 불법성이 인정되기만 하면 불법하다고 한다. 이에 의하면 불법영득의사는 영득을 불법하게 할 의사를 의미하는 것이므로 이때의 불법에는 행위태양인 절취의 구성요건해당성 여부가 관건이 된다. 다음으로 영득의 불법성설에 의하면, 영득의 결과 그 자체가 다른 법질서 전체의 입장에서 보아 타인의 재산권을 침해하였다고 평가할 수 있어야 불법하다고 한다. 이에 의하면 행위자에게 재물에 대한 물권적 또는 특정물채권에 의한 반환청구권 등이 있어서 실질적 소유권질서에 부합된다고 평가할 수 있으면 영득의사의 불법성이 제거되어 절도죄의 구성요건해당성이 배제된다고 한다. 하지만 이와 같은 전체 법질서의 관점에서 내려지는 부정적인 가치판단을 주관적 구성요건요소의 확정단계에서 하는 것은 체계모순을 드러내는 일이다.[4]

---

1) 이에 대하여 보다 자세한 논의로는 형사판례연구회, 「형법판례 150선」, 박영사, 2016, 226~227면(박찬걸 교수 집필부분) 참조.
2) 김성돈, 320면; 손동권/김재윤, 299면; 이상돈, 1006면.
3) 김선복, 265면; 김성천/김형준, 341면; 김신규, 335면; 김일수/서보학, 244면; 김혜정 외 4인, 280면; 박상기, 592면; 배종대, 285면; 이재상/장영민/강동범, 282면; 이정원/류석준, 237면; 이형국/김혜경, 330면; 임 웅, 360면; 정영일, 149면.

이에 대하여 판례는 「외상 매매계약의 해제가 있고 동 외상 매매물품의 반환청구권이 피고인에게 있다고 하여도 피고인이 피해자의 승낙을 받지 않고 위 물품들을 가져갔다면 절도행위에 해당된다.」라고 판시[1]하여, 취거의 불법성설의 입장을 취하고 있다.

생각건대 특정물에 대한 채권의 기한이 도래하였더라도 채무자가 점유를 이전하기까지는 채무자의 소유라고 할 수 있고, 이를 채권자의 소유로 하기 위해서는 채무자의 이행이 필요하므로 채무자의 이행을 통하지 않은 소유권취득, 즉 영득은 위법하다. 비록 약정에 기한 반환청구권이 인정된다고 하더라도, 취거 당시에 점유 이전에 관한 점유자의 명시적·묵시적인 동의가 있었던 것으로 인정되지 않는 한, 점유자의 의사에 반하여 점유를 배제하는 행위를 함으로써 절도죄는 성립하는 것이고, 그러한 경우에 특별한 사정이 없는 한 불법영득의 의사가 없었다고 할 수는 없다. 그러므로 취거의 불법성설이 타당하다.

3. 위법성조각사유

경찰행정학과에서 사용할 분필이 없어서 법학과에 가서 분필을 가져온 경우, 예쁜 채윤이랑 유준이가 도시락을 먹다가 예쁜 채윤이가 거부하는 유준이의 도시락 반찬을 빼앗아 먹은 경우, 화장실이 급해서 친구의 휴지를 가져다 사용한 경우, 멸치가게에서 시음해 볼 생각으로 2마리의 멸치를 시식한 경우, 아이스크림 가게 아르바이트생이 쉬는 시간에 아이스크림 하나를 먹은 경우, 노숙자가 타인의 주거에 침입한 후 물건은 안 훔치고 밥만 먹고 나온 경우, 아이에

---

4) 김성돈, 320면.

1) 대법원 1973. 2. 28. 선고 72도2538 판결. 同旨 대법원 2010. 2. 25. 선고 2009도5064 판결(피고인이 할부매매 덤프트럭을 가져가기 전에 공소외 1 주식회사에 '여신거래기본약관상의 기한이익 상실조항에 의거하여 리스료의 일시상환 청구를 하게 되었으며 또한 귀하의 재산에 대한 법적조치 및 연체자 정보제공 준비에 있습니다.'라는 내용의 통보서를 보냈고, 공소외 3 주식회사와 공소외 1 주식회사 간에 '공소외 1 주식회사가 채무를 이행하지 아니하는 경우에 공소외 3 주식회사가 이를 관리하고 그 처분 혹은 임대수익으로써 채무의 변제에 충당할 수 있다.'는 취지의 서면약정이 있었다고 하더라도, 피고인이 할부매매 덤프트럭을 가져간 행위는 공소외 1 주식회사의 의사에 반하는 절취행위에 해당한다); 대법원 2001. 10. 26. 선고 2001도4546 판결(굴삭기 매수인이 약정된 기일에 대금채무를 이행하지 아니하면 굴삭기를 회수하여 가도 좋다는 약정을 하고 각서와 매매계약서 및 양도증명서 등을 작성하여 판매회사 담당자에게 교부한 후 그 채무를 불이행하자 그 담당자가 굴삭기를 취거하여 매도한 경우, 굴삭기에 대한 소유권 등록 없이 매수인의 위와 같은 약정 및 각서 등의 작성, 교부만으로 굴삭기에 대한 소유권이 판매회사로 이전될 수는 없으므로 굴삭기 취거 당시 그 소유권은 여전히 매수인에게 남아 있고, 매수인의 의사표시 중에 자신의 동의나 승낙 없이 현실적으로 자신의 점유를 배제하고 굴삭기를 가져가도 좋다는 의사까지 포함되어 있었던 것으로 보기는 어렵다는 이유로, 그 굴삭기 취거행위는 절도죄에 해당하고 불법영득의 의사도 인정된다); 대법원 1983. 11. 22. 선고 83도2539 판결(비록 철재는 피고인들이 근무하는 신한국철강상사가 공소외인에게 외상 판매한 것으로서 그 대금지급을 위하여 받은 약속어음이 부도되어 그 반환청구권이 있다고 하여도 피해자가 공소외인으로부터 철재를 매수하여 점유하고 있는 사실을 피고인들이 알고도 이를 운반하여 간 이상 절도죄의 성립에는 영향이 없다); 대법원 1983. 4. 12. 선고 83도297 판결(피고인이 서랍에서 꺼낸 돈을 피고인이 회사에 대하여 가지고 있던 유류대금채권의 변제에 충당한 사실이 인정되므로 피고인은 자기채권의 추심을 위하여 타인의 점유하에 있는 타인소유의 금원을 불법하게 탈취한 것이라고 보지 않을 수 없으니 불법영득의 의사를 인정하기에 넉넉하다); 대법원 1973. 2. 26. 선고 73도51 판결(타인의 의사에 반하여 그 소유 물건의 점유를 침탈한 사람이 그 목적물을 영구적으로 자기 소유로 할 의사가 아니고 그 소유자에 대한 채권담보의 의사만을 가지고 있었다고 하더라도 타인의 소유자로서의 점유를 배제하고 그 소유권의 지니고 있는 담보가치를 취득하기 위하여 그 물건의 점유를 침해한 이상 절도죄의 불법영득의 의사가 있다).

게 분유를 사 줄 돈이 없어서 마트에서 분유를 훔친 경우, 대학교 교정 내 은행나무 밑에서 무단으로 은행을 몇 개 주워 간 경우, 분실한 자신의 자전거를 타인이 타고 가는 것을 보고 빼앗아 가져온 경우 등에 있어서는 사회상규[1])에 위배되지 않기 때문에 위법성이 조각될 수 있을 것이다.

하지만 피고인이 현금 등이 들어 있는 피해자의 지갑을 가져갈 당시에 피해자의 승낙을 받지 않았다면 가사 피고인이 후일 변제할 의사가 있었다고 하더라도 불법영득의사를 인정할 수 있고[2]), 피해자가 경영하는 주점의 잠겨 있는 샷타문을 열고 그 곳 주방 안에 있던 맥주 등을 꺼내어 마셨다면 타인의 재물에 대한 불법영득의 의사가 있었다고 할 것이고, 주점까지 가게 된 동기가 주점점원의 초청에 의한 것이었다고 하더라도 피해자의 승낙 없이 재물을 취거하는 행위는 본죄를 구성한다.[3])

4. 실행의 착수시기 및 기수시기

(1) 실행의 착수시기

주관적 객관설에 따라 행위자의 범행계획에 의하면 점유배제의 직접적 행위가 개시된 시점을 실행의 착수시기로 보아야 한다. 판례는 점유침해의 밀접한 행위(밀접행위시설)[4]) 또는 목적물을 물색한 때(물색행위시설)[5])에 실행의 착수를 인정한다.

판례에 의하면, ① 응접실 책상 위에 놓여있던 라디오를 훔치려고 라디오 선을 건드리다 피해자에게 발견된 경우[6]), ② 범인들이 함께 담을 넘어 마당에 들어가 그 중 1명이 그곳에 있는 구리를 찾기 위하여 담에 붙어 걸어가다가 잡힌 경우[7]), ③ (비록 그 주머니 속에 금품이 들어있지 않았었다고 하더라도) 소매치기가 피해자의 주머니에 손을 넣어 금품을 절취하려 한 경우[8]), ④ 야간에 절도의 목적으로 출입문에 장치된 자물통 고리를 절단하고 출입문을 손괴한 뒤 집안으로 침입하려다가 발각된 경우[9]), ⑤ 소매치기의 경우 피해자의 양복상의 주머니로부터 금품을 절취하려고 그 호주머니에 손을 뻗쳐 그 겉을

1) 사회상규에 대하여 보다 자세한 논의로는 박찬걸, "형법 제20조에 규정된 '사회상규에 위배되지 아니하는 행위'의 의미 및 다른 위법성조각사유와의 관계", 형사법연구 제28권 제1호, 한국형사법학회, 2016. 3, 3면 이하 참조.
2) 대법원 1999. 4. 9. 선고 99도519 판결.
3) 대법원 1986. 9. 9. 선고 86도1439 판결.
4) 대법원 1986. 12. 23. 선고 86도2256 판결(절도죄의 실행의 착수시기는 재물에 대한 타인의 사실상의 지배를 침해하는데 밀접한 행위가 개시된 때라 할 것인바 피해자 소유 자동차 안에 들어 있는 밍크코트를 발견하고 이를 절취할 생각으로 공범이 위 차 옆에서 망을 보는 사이 위 차 오른쪽 앞문을 열려고 앞문손잡이를 잡아당기다가 피해자에게 발각되었다면 절도의 실행에 착수하였다).
5) 대법원 1987. 1. 20. 선고 86도2199 판결(피고인이 금품을 훔칠 목적으로 판시 피해자의 집에 담을 넘어 침입하여 그 집 부엌에서 금품을 물색하던 중에 발각되어 도주한 것이라면 이는 절취행위에 착수한 것이라고 보아야 할 것이다); 대법원 1984. 3. 13. 선고 84도71 판결.
6) 대법원 1966. 5. 3. 선고 66도383 판결.
7) 대법원 1989. 9. 12. 선고 89도1153 판결.
8) 대법원 1986. 11. 25. 선고 86도2090 판결.
9) 대법원 1986. 9. 9. 선고 86도1273 판결.

더듬은 경우[1]), ⑥ 고속버스 선반위에 올려놓은 007 손가방을 왼손에 신문용지를 들고 가방을 가리며 오른손으로 한 쪽 걸쇠를 열은 경우[2]), ⑦ 야간이 아닌 주간에 절도의 목적으로 다른 사람의 주거에 침입하여 절취할 재물의 물색행위를 시작하는 등 그에 대한 사실상의 지배를 침해하는 데에 밀접한 행위를 개시한 경우[3]) 등에 있어서는 본죄의 실행의 착수를 인정하고 있다. 한편 야간에 타인의 재물을 절취할 목적으로 사람의 주거에 침입한 경우에는 주거에 침입한 행위의 단계에서 이미 야간주거침입절도죄라는 범죄행위의 실행에 착수한 것이다.[4])

하지만 ① 야간이 아닌 주간에 절도의 목적으로 타인의 주거에 침입하였다고 하여도 아직 절취할 물건의 물색행위를 시작하기 전인 경우[5]), ② 피해자의 집 부엌문에 시정된 열쇠고리의 장식을 뜯은 경우[6]), ③ 소를 흥정하고 있는 피해자의 뒤에 접근하여 그가 들고 있던 가방으로 돈이 들어 있는 피해자의 하의 왼쪽 주머니를 스치면서 지나간 경우[7]), ④ 피고인이 절도의 목적으로 피해자의 집 현관을 통하여 그 집 마루 위에 올라서서 창고문 쪽으로 향하다가 피해자에게 발각되어 체포된 경우[8]), ⑤ (비록 유리창을 따기 위해 면장갑을 끼고 있었고 칼을 소지하고 있었다고 하더라도) 노상에 세워 놓은 자동차 안에 있는 물건을 훔칠 생각으로 자동차의 유리창을 통하여 그 내부를 손전등으로 비추어 본 경우[9]), ⑥ 평소 잘 아는 피해자에게 전화채권을 사주겠다고 하면서 골목길로 유인하여 돈을 절취하려고 기회를 엿본 경우[10]), ⑦ 피고인이 공사현장 안에 있는 건축자재 등을 훔칠 생각으로 공범과 함께 마스크를 착용하고 공사현장 안으로 들어간 후 창문을 통하여 건축 중인 아파트의 지하실 안쪽을 살폈을 뿐인 경우[11]) 등에 있어서는 본죄의 실행의 착수를 인정하지 않고 있다.

(2) 기수시기

본죄의 기수시기는 재물에 대한 점유를 취득한 때이다. 실질적인 점유취득이 있기 위해서는 타인의 점유를 배제하고 자기의 지배하에 둔 때에 이르러야 한다.[12]) 여기서 실질적인 점유취득의 인정 여부는 재물의 크기[13])·이동가능성[14])·절취행위의 태양[15]) 등에 따라 달라질 수 있다. 크

---

1) 대법원 1984. 12. 11. 선고 84도2524 판결.
2) 대법원 1983. 10. 25. 선고 83도2432 판결.
3) 대법원 2003. 6. 24. 선고 2003도1985 판결.
4) 대법원 1984. 12. 26. 선고 84도2433 판결.
5) 대법원 1992. 9. 8. 선고 92도1650 판결.
6) 대법원 1989. 2. 28. 선고 88도1165 판결.
7) 대법원 1986. 11. 11. 선고 86도1109 판결.
8) 대법원 1986. 10. 28. 선고 86도1753 판결.
9) 대법원 1985. 4. 23. 선고 85도464 판결.
10) 대법원 1983. 3. 8. 선고 82도2944 판결.
11) 대법원 2010. 4. 29. 선고 2009도14554 판결.
12) 대법원 1964. 12. 8. 선고 64도577 판결.
13) 대법원 1991. 4. 23. 선고 91도476 판결(피고인은 피해자 경영의 까페에서 야간에 아무도 없는 그 곳 내실에 침입하여 장식장 안에 들어 있던 정기적금통장, 도장, 현금 20,000원을 꺼내서 들고 까페로 나오던 중 발각되어 돌려주었다는 것이므로, 이에 따르면 피고인은 피해자의 재물에 대한 소지(점유)를 침해하고, 일단 피고인 자신의 지배 내에 옮겼다고 볼 수 있으니 절도의 미수에 그친 것이라고 할 수 없다); 대법원 1964. 4. 21. 선고 64도112 판결(피고인은 소유자의 '도둑이야' 하는 고함소리에 당황하여 라디오와 탁상시계를 가지고 나오다가 탁상시계는 그 집 방문 밖에 떨어뜨리고 라디오는 방에 던진 채 달아났다는 것이므로 피고인은 소유자의 물건에 대한 소지를 침해하고 피고인 자신의 지배 내로 옮겼다고 볼 수 있으니 이는 절도의 기수이고 미수가 아니라고 할 것이다).

기가 작은 재물은 손·주머니·가방 등에 넣었을 때 점유취득을 인정할 수 있는 반면에, 크기가 큰 재물은 피해자의 지배범위를 벗어날 수 있는 정도에 이르러야 점유취득을 인정할 수 있다.

5. 죄수 및 다른 범죄와의 관계

(1) 죄 수

소유자가 다른 경우라도 포괄일죄의 요건을 갖추면 행위가 수개인 경우에도 하나의 절도죄만이 성립하지만[1], 점유자(관리인)가 서로 다른 경우에는 점유자의 수만큼 수개의 절도죄의 경합범을 인정하는 것[2]이 판례의 입장이다. 하지만 본죄의 보호법익은 전속적인 법익이 아니므로 소유자 또는 점유자가 여러 명 있어도 포괄일죄의 요건을 갖추면 일죄가 된다고 보는 것이 타당하다. 결국 본죄의 죄수는 절취행위의 수를 기준으로 판단하는 것이 타당하다.

(2) 다른 범죄와의 관계

1) 일반론

주간에 주거침입하여 절도한 경우에는 주거침입죄와 절도죄의 실체적 경합이 되고, 야간에 주거침입하여 절도한 경우에는 야간주거침입절도죄가 성립한다. 절도를 교사한 자가 피교사자로부터 절취한 장물을 편취하면 절도교사죄와 사기죄의 실체적 경합이 된다. 또한 절도를 교사한 자가 절취한 재물을 취득·보관하면 절도교사죄와 장물취득·보관죄의 실체적 경합이 된다.[3] 절도의 목적으로 건조물에 침입한 자가 절취한 물건을 물색하다가 발각되어 미수에 그쳤을 경우에는 건조물침입죄와 절도미수의 죄가 성립한다.[4]

---

14) 대법원 1984. 2. 14. 선고 83도3242 판결(창고에서 물건을 밖으로 들고 나와 운반해 가다가 방범대원들에게 발각되어 체포되었다면 절도의 기수에 해당한다).

15) 대법원 1994. 9. 9. 선고 94도1522 판결(자동차를 절취할 생각으로 자동차의 조수석문을 열고 들어가 시동을 걸려고 시도하는 등 차 안의 기기를 이것저것 만지다가 핸드브레이크를 풀게 되었는데 그 장소가 내리막길인 관계로 시동이 걸리지 않은 상태에서 약 10m 전진하다가 가로수를 들이받는 바람에 멈추게 되었다면 절도의 기수에 해당한다고 볼 수 없다).

1) 대법원 1970. 7. 21. 선고 70도1133 판결(가게에 침입하여 그 곳 방안 방바닥에 놓여있던 甲 소유의 전축 1대와 음판 7장을 절취한 후 그 방벽에 걸려있던 乙 소유의 옷 호주머니 속에서 그 사람 소유 팔목시계 1개, 현금 350원을 꺼내어 이를 절취한 경우, 피고인은 단일범의로서 절취한 시간과 장소가 접착되어 있고 같은 관리인의 관리하에 있는 방안에서 甲과 乙의 물건을 절취한 것으로서 이러한 경우에는 일개의 절도죄가 성립된다).

2) 대법원 1989. 8. 8. 선고 89도664 판결(피고인이 甲의 집에 침입하여 그 집의 방안에서 그 소유의 재물을 절취하고 그 무렵 그 집에 세들어 사는 乙의 방에 침입하여 재물을 절취하려다 미수에 그쳤다면 위 두 범죄는 그 범행장소와 물품의 관리자를 달리하고 있어서 별개의 범죄를 구성한다).

3) 대법원 1986. 9. 9. 선고 86도1273 판결(장물죄는 타인(본범)이 불법하게 영득한 재물의 처분에 관여하는 범죄이므로 자기의 범죄에 의하여 영득한 물건에 대하여는 성립하지 아니하고 이는 불가벌적 사후행위에 해당하나 여기에서 자기의 범죄라 함은 정범자(공동정범과 합동범을 포함한다)에 한정되는 것이므로 평소 본범과 공동하여 수차 상습으로 절도 등 범행을 자행함으로써 실질적인 범죄집단을 이루고 있었다고 하더라도, 당해 범죄행위의 정범자(공동정범이나 합동범)로 되지 아니한 이상 이를 자기의 범죄라고 할 수 없고 따라서 그 장물의 취득을 불가벌적 사후행위라고 할 수 없다).

4) 대법원 1984. 3. 13. 선고 84도71 판결.

2) 불가벌적 사후행위

본죄는 상태범에 해당한다. '상태범'이란 범행이 기수에 이르는 것과 동시에 법익침해행위가 종료하고, 이후 법익침해의 상태가 이어지는 범죄를 말한다. 그러므로 절도행위가 기수가 된 이후의 행위가 절도행위에서 침해한 양을 초과하지 않으면 불가벌적 사후행위가 된다. 하지만 절도행위가 기수가 된 이후의 행위가 절도행위에서 침해한 양을 초과하거나 다른 사람의 새로운 법익을 침해한 경우에는 별도의 죄가 성립한다. 예를 들면 기수가 된 이후에 운반 등의 행위로 가담한 제3자의 행위는 장물운반죄 등 별도의 죄에 해당할 수는 있지만, 절도죄의 승계적 공동정범이나 특수절도죄에 해당할 수는 없다.[1] 왜냐하면 절도의 기수 후에는 절도의 불법상태만 계속되는 것이지 불법행위가 계속되는 것은 아니기 때문이다.

판례에 의하면, ① 금융기관 발행의 자기앞수표는 그 액면금을 즉시 지급받을 수 있어 현금에 대신하는 기능을 하고 있으므로 절취한 자기앞수표를 현금 대신으로 교부한 행위는 절도행위에 대한 가벌적 평가에 당연히 포함되는 것이다.[2] 그러므로 절취한 자기앞수표를 음식대금으로 교부하고 거스름돈을 환불받은 경우에는 절도의 불가벌적 사후처분행위로서 사기죄가 되지 아니한다.[3] ② 열차승차권은 그 성격상 도난당한 즉시 피해자는 그 가액상당의 손실을 입게 되고 절취한 자는 그 상당의 재물을 취득한다고 할 것이므로 피고인이 절취한 열차승차권으로서 역직원에게 자기의 소유인양 속여 현금과 교환하였다고 하여도 이를 가리켜 새로운 법익침해가 있는 것으로 볼 수 없고 따라서 절도죄 외에 달리 사기죄가 성립한다고 볼 수 없다.[4] ③ 산림법 제93조 제1항의 산림절도죄는 그 목적물이 산림에서의 산물로 한정될 뿐 그 죄질은 형법 소정의 절도죄와 같다고 할 것이므로 다른 특별한 사정이 없는 한 피고인들이 절취한 원목에 관하여 합법적으로 생산된 것인 것처럼 관계당국을 기망하여 산림법 소정의 연고권자로 인정받아 수의계약의 방법으로 이를 매수하였다고 하더라도 이는 새로운 법익의 침해가 있는 것이라고 할 수 없고 상태범인 산림절도죄의 성질상 하나의 불가벌적 사후행위로서 별도로 사기죄가 구성되지 아니한다.[5]

하지만 ① 피고인들이 절취한 쏘나타 승용차의 번호판을 떼어낸 후 미리 절취하여 소지하고 있던 포텐샤 승용차의 번호판을 임의로 부착하여 운행한 경우[6], ② 부정한 이익을 얻거나 기업에 손해를 가할

---

1) 대법원 2008. 10. 23. 선고 2008도6080 판결(영산홍사건)(입목을 절취하기 위하여 이를 캐낼 때에는 그 시점에서 이미 소유자의 입목에 대한 점유가 침해되어 범인의 사실적 지배하에 놓이게 됨으로써 범인이 그 점유를 취득하게 되는 것이므로, 이때 절도죄는 기수에 이르렀다고 할 것이고, 이를 운반하거나 반출하는 등의 행위는 필요로 하지 않는다. 피고인 2는 피고인 1이 영산홍을 땅에서 완전히 캐낸 이후에 비로소 범행장소로 와서 피고인 1과 함께 위 영산홍을 승용차까지 운반하였다는 것인바, 피고인 1이 영산홍을 땅에서 캐낸 그 시점에서 이미 피해자의 영산홍에 대한 점유가 침해되어 그 사실적 지배가 피고인 1에게 이동되었다고 봄이 상당하므로, 그때 피고인 1의 영산홍 절취행위는 기수에 이르렀다고 할 것이고, 이와 같이 보는 이상 그 이후에 피고인 2가 영산홍을 피고인 1과 함께 승용차까지 운반하였다고 하더라도 그러한 행위가 다른 죄에 해당하는지의 여부는 별론으로 하고, 피고인 2가 피고인 1과 합동하여 영산홍 절취행위를 하였다고 볼 수는 없다).
2) 대법원 1982. 7. 27. 선고 82도822 판결; 대법원 1980. 1. 15. 선고 79도2948 판결.
3) 대법원 1987. 1. 20. 선고 86도1728 판결.
4) 대법원 1975. 8. 29. 선고 75도1996 판결.
5) 대법원 1974. 10. 22. 선고 74도2441 판결.
6) 대법원 2007. 9. 6. 선고 2007도4739 판결(피고인들의 절취행위를 특정범죄가중처벌법 제5조의4 제1항, 형법 제331조 제2항에, 자동차등록번호판을 떼어낸 행위를 자동차관리법 제81조 제1호, 제10조 제2항에, 포텐샤 승용차

목적으로 그 기업에 유용한 영업비밀이 담겨 있는 타인의 재물을 절취한 후 그 영업비밀을 사용하는 경우[1], ③ 대마취급자가 아닌 자가 절취한 대마를 흡입할 목적으로 소지하는 경우[2], ④ 신용카드를 절취한 후 이를 부정사용한 경우[3], ⑤ 절도범이 그 절취한 장물을 마치 자기의 것처럼 제3자를 기망하여 금원을 편취한 경우[4], ⑥ 은행예금 통장을 절취하여 이를 이용하여 은행원을 기망하여 진실한 명의인이 예금을 찾는 것으로 오신시켜 예금의 인출명의 하의 금원을 편취한 경우[5], ⑦ 절취한 전당표를 전당포에 제시하여 전당물을 되찾아 편취한 경우[6] 등에 있어서는 새로운 법익의 침해로 보아야 하므로 불가벌적 사후행위가 인정되지 아니한다.

6. 형 벌

본죄의 형벌은 6년 이하의 징역 또는 1,000만원 이하의 벌금이다. 하지만 특별법에서는 특수한 유형의 절도에 대하여 형벌을 가중하는 규정들이 다수 존재한다. 예를 들면 특정범죄가중처벌법 제5조의4(상습 강도·절도죄 등의 가중처벌)에 의하면, 5명 이상이 공동하여 상습적으로 형법 제329조부터 제331조까지의 죄 또는 그 미수죄를 범한 사람은 2년 이상 20년 이하의 징역에 처하고(제2항)[7], 형법 제329조부터 제331조까지, 제333조부터 제336조까지 및 제340조·제362조의 죄 또는 그 미수죄로 세 번 이상 징역형을 받은 사람이 다시 이들 죄를 범하여[8] 누범으로 처벌하는 경우에는 ① 형법 제329조부터 제331조까지의 죄(미수범을 포함한다)를 범한 경우에는 2년 이상 20년 이하의 징역에 처한다. ② 형법 제333조부터 제336조까지의 죄 및 제340조 제1항의 죄(미수범을 포함한다)를 범한 경우에는 무기 또는 10년 이상의 징역에 처한다. ③ 형법 제362조의 죄를 범한 경우에는 2년 이상 20년 이하의 징역에 처한다(제5항). 그리고 상습적으로 형법 제329조부터 제331조까지의 죄나 그 미수죄 또는 제2항의 죄로 두 번 이상 실형을 선고받고 그 집행이 끝나거나 면제된 후 3년 이내에 다시 상습적으로 형법 제329조부터 제331조까지의 죄나 그 미수죄 또는 제2항의 죄를 범한 경우에는 3년 이상 25년 이하의 징역에 처한다(제6항).

또한 군형법 제75조(군용물등 범죄에 대한 형의 가중)에 의하면, 총포·탄약·폭발물·차량·장구·

의 번호판을 쏘나타 승용차에 부착함으로써 부정사용한 행위를 형법 제238조 제1항(공기호부정사용죄)에, 위와 같이 번호판을 부정사용한 자동차를 운행한 행위를 형법 제238조 제2항(부정사용공기호행사죄), 제1항에 각 의율한 다음 이를 실체적 경합범으로 처리하였다).

1) 대법원 2008. 9. 11. 선고 2008도5364 판결.
2) 대법원 1999. 4. 13. 선고 98도3619 판결.
3) 대법원 1996. 7. 12. 선고 96도1181 판결.
4) 대법원 1980. 11. 25. 선고 80도2310 판결.
5) 대법원 1990. 7. 10. 선고 90도1176 판결; 대법원 1974. 11. 26. 선고 74도2817 판결.
6) 대법원 1980. 10. 14. 선고 80도2155 판결.
7) 이 경우 형법 제25조 제2항에 의한 미수감경은 허용되지 아니한다(대법원 2010. 11. 25. 선고 2010도11620 판결).
8) 대법원 2020. 2. 27. 선고 2019도18891 판결(특정범죄가중처벌법 제5조의4 제5항 제1호 중 '이들 죄를 범하여 누범으로 처벌하는 경우' 부분에서 '이들 죄'라 함은, 앞의 범행과 동일한 범죄일 필요는 없으나, 특정범죄가중처벌법 제5조의4 제5항 각호에 열거된 모든 죄가 아니라 앞의 범죄와 동종의 범죄, 즉 형법 제329조 내지 제331조의 죄 또는 그 미수죄를 의미한다); 대법원 2018. 2. 13. 선고 2017도19862 판결.

기재·식량·피복 기타 군용에 공하는 물건 또는 군의 재산상의 이익에 관하여 절도를 하면 총포·탄약 또는 폭발물의 경우에는 사형·무기 또는 5년 이상의 징역에 처하고, 그 이외의 경우에는 사형·무기 또는 1년 이상의 징역에 처하고 있으며, 문화재보호법 제103조(손상 또는 은닉 등의 죄)에 의하면, 국가지정문화재로 지정된 문화재를 절취한 자는 3년 이상의 유기징역에 처하고 있으며, 산림법[1] 제116조(산림절도죄)에 의하면, 산림에서 그 산물(조림된 묘목을 포함한다)을 절취한 자는 7년 이하의 징역 또는 2천만원 이하의 벌금에 처하며, 전기사업법 제100조(벌칙)에 의하면, 전기사업용전기설비(고압선·전기줄·발전시설물 등)를 절취한 경우에는 10년 이하의 징역 또는 5천만원 이하의 벌금에 처하고 있다.

7. 친족상도례

> 제328조(친족간의 범행과 고소) ① 직계혈족, 배우자, 동거친족, 동거가족 또는 그 배우자간의 제323조의 죄는 그 형을 면제한다.
> ② 제1항 이외의 친족간에 제323조의 죄를 범한 때에는 고소가 있어야 공소를 제기할 수 있다.
> ③ 전2항의 신분관계가 없는 공범에 대하여는 전항을 적용하지 아니한다.
> 제344조(친족간의 범행) 제328조의 규정은 제329조 내지 제332조의 죄 또는 미수범에 준용한다.

(1) 의 의

'친족상도례'(親族相盜例)란 강도죄·손괴죄·점유강취죄·준점유강취죄·중권리행사방해죄 등을 제외한 재산범죄에서 친족간의 범행에 대하여 형을 면제 또는 감경(장물죄의 특례)[2]하거나 상대적 친고죄로 하는 규정의 일체를 말한다. 이는 가정의 문제에 대하여 원칙적으로 국가가 개입하지 않겠다는 형사정책적 고려를 반영한 것이다. 하지만 손괴후야간주거침입절도죄·공갈죄 등의 경우에 친족상도례를 적용하는 것은 강도죄·점유강취죄·손괴죄 등을 적용대상에서 배제하고 있는 것과 비교하여 논란이 있을 수 있다.

(2) 법적 성격

친족상도례의 법적 성격과 관련하여, ① 형면제의 경우에는 범죄는 성립하지만 일정한 사유로 국가형벌권이 발생하지 않는 인적 처벌조각사유에 해당한다. ② 상대적 친고죄로 취급되는 경우에는 고소가 있어야 공소를 제기할 수 있는 소추조건에 해당한다. ③ 장물죄의 경우에 있어서 특히 형감경의 효과가 부여되는 경우(제365조 제2항)에는 적법행위에 대한 기대가능성의

---

1) 농산물이나 수산물 절취와는 달리 오직 임산물을 절취했다는 이유로 무거운 형벌을 가하는 것은 바람직하지 못하다. 특정범죄가중처벌법 제9조도 마찬가지이다. 이는 아마도 1960년대 군사정권이 녹화사업을 강도있게 추진하는 과정에서 나타난 산림보호의 명분이라고 보여 진다. 타인이 직접 점유하고 있는 농산물 등을 절취하는 것보다는 자연상태인 임산물을 절취하는 것이 비난가능성이 낮아야 하는데도 그 형량은 반대로 되어 있다. 한편 일본의 산림법에 의하면 임산물절취행위를 절도의 완화된 형태로 보고 있다.

2) 제365조(친족간의 범행) ① 전3조의 죄를 범한 자와 피해자간에 제328조 제1항, 제2항의 신분관계가 있는 때에는 동조의 규정을 준용한다. ② 전3조의 죄를 범한 자와 본범간에 제328조 제1항의 신분관계가 있는 때에는 그 형을 감경 또는 면제한다. 단 신분관계가 없는 공범에 대하여는 예외로 한다.

감소로 인한 책임감경사유에 해당한다.

(3) 적용요건

1) 대상범죄

강도죄·손괴죄·점유강취죄·준점유강취죄·중권리행사방해죄 등을 제외한 재산범죄는 기수·미수를 불문하고 친족상도례가 적용된다. 또한 형사특별법인 특정경제범죄가중처벌법과 폭력행위처벌법에 친족상도례에 관한 제328조의 적용을 배제한다는 명시적인 규정이 없을 뿐만 아니라 특별법에 의하여 가중처벌되는 경우에도 범죄의 성질은 그대로 유지되기 때문에, 친족상도례 규정은 특별법 위반죄에도 그대로 적용된다.[1] 다만 2021. 7. 27. 개정된 장애인복지법에 의하면, 사기죄, 공갈죄, 횡령죄, 배임죄 등의 장애인학대관련범죄에 대해서는 형법상 친족상도례 조항의 적용을 배제하는 특례 규정(제88조의3)[2]을 신설한 바 있다.

2) 친족의 범위

① 직계혈족

'직계혈족'이란 자기의 직계존속과 직계비속을 말하고, 자연혈족과 법정혈족을 포함한다. 타가(他家)에 입양된 자라고 하여도 친생부모와는 자연혈족관계가 소멸되지 않으므로 직계존속 관계는 그대로 유지된다.[3] 하지만 친양자의 경우에는 종전의 친족관계가 소멸한다.

② 배우자

친족상도례가 적용되는 배우자의 범위와 관련하여, ① 법률상의 배우자에 한정된다는 견해[4], ② 사실상의 배우자도 포함된다는 견해[5] 등의 대립이 있다.

생각건대 친족상도례는 피고인에게 유리한 규정이므로 사실상의 배우자도 포함하는 것이 타당하다. 다만 사실상의 배우자와 내연관계는 구별해야 할 것이다.

한편 제328조 제1항에서 '그 배우자'는 동거가족의 배우자만을 의미하는 것이 아니라 직계혈족·동거친족·동거가족 모두의 배우자를 의미한다.[6] 또한 사기죄를 범하는 자가 금원을 편취하기 위한 수단으로 피해자와 혼인신고를 한 것이어서 그 혼인이 무효인 경우라면, 그러한 피해자에 대한 사기죄에서는 친족상도례를 적용할 수 없다.[7]

1) 대법원 2013. 9. 13. 선고 2013도7754 판결; 대법원 2010. 7. 29. 선고 2010도5795 판결; 대법원 2010. 2. 11. 선고 2009도12627 판결; 대법원 2000. 10. 13. 선고 99오1 판결; 대법원 1989. 6. 13. 선고 89도582 판결.
2) 장애인복지법 제88조의3(형법 적용의 일부 배제) 제2조 제4항 제11호 및 제12호에 따른 장애인학대관련범죄에 대해서는 형법 제354조 및 제361조에 따라 준용되는 같은 법 제328조를 적용하지 아니한다.
3) 대법원 1967. 1. 31. 선고 66도1483 판결.
4) 김선복, 280면; 김성돈, 337면; 김신규, 360면; 김혜정 외 4인, 292면; 배종대, 305면; 손동권/김재윤, 320면; 이형국/김혜경, 333면; 정성근/정준섭, 179면; 정영일, 159면.
5) 김성천/김형준, 345면; 김일수/서보학, 220면(다만 책임감소에 의한 형벌감면사유인 장물죄의 친족상도례에서는 법률혼관계라도 수년간 별거중인 경우에는 소비공동체적인 관계를 인정하기 어려우므로 친족상도례의 적용을 부인하는 것이 옳다); 오영근, 272면; 임 웅, 365면.
6) 대법원 2011. 5. 13. 선고 2011도1765 판결.
7) 대법원 2015. 12. 10. 선고 2014도11533 판결.

③ 동거친족

'동거친족'이란 직계혈족과 배우자를 제외한 친족으로서 동일한 주거에서 일상생활을 함께 하는 자를 말한다. '친족'이란 배우자·혈족·인척(배우자의 혈족·혈족의 배우자·배우자의 혈족의 배우자)을 말하지만(민법 제767조), 친족상도례에서의 동거친족은 방계혈족·인척을 의미한다. 하지만 일시적으로 주거에 머무르고 있는 경우, 가출한 경우, 동일한 가옥 내에서 거주하고 있더라도 일상생활을 별도로 하고 있는 경우 등의 친족은 포함되지 아니한다. 한편 외할머니의 친동생은 과거[1]와 달리 현행 민법상 친족이라고 할 수 있으므로 제328조 제2항이 적용된다. 반면에 사기죄의 피고인과 피해자가 사돈지간('혈족의 배우자의 혈족')이라고 하더라도 이를 친족으로 볼 수 없다.[2]

④ 동거가족

'동거가족'이란 배우자, 직계혈족 및 형제자매, 생계를 같이하는 직계혈족의 배우자·배우자의 직계혈족·배우자의 형제자매를 말하지만(민법 제779조), 친족상도례에서의 동거가족은 형제자매·배우자의 형제자매를 의미한다.

    판례에 의하면, ① 피고인이 피해자의 외사촌 동생인 경우[3], ② 피해자가 피고인의 고모아들의 부인(고종사촌 형수)인 경우[4], ③ 피고인이 결혼한 오빠 소유의 민화를 절취한 경우[5] 등에 있어서는 피해자의 고소가 있어야 처벌할 수 있다.
    하지만 피고인이 피해자의 아버지의 사촌누나의 손자인 경우에는 피해자의 고소가 있어야만 죄를 논할 수 있는 경우라고 할 수 없다.[6]

3) 친족관계의 존재시기

원칙적으로 범행 당시에 친족관계가 존재하여야 하고, 범행 이후에 친족관계가 소멸된다고 하더라도 친족상도례는 적용된다. 다만 父가 혼인 외의 출생자를 인지하는 경우에 있어서는 민법 제860조에 의하여 그 子의 출생시에 소급하여 인지의 효력이 생기는 것이며, 이와 같은 인

---

1) 대법원 1980. 4. 22. 선고 80도485 판결.
2) 대법원 2011. 4. 28. 선고 2011도2170 판결(사돈사기사건)(피고인이 백화점 내 점포에 입점시켜 주겠다고 속여 피해자로부터 입점비 명목으로 돈을 편취하였다며 사기로 기소된 사안에서, 피고인의 딸과 피해자의 아들이 혼인하여 피고인과 피해자가 사돈지간이라고 하더라도 민법상 친족으로 볼 수 없는데도, 2촌의 인척인 친족이라는 이유로 위 범죄를 친족상도례가 적용되는 친고죄라고 판단한 후 피해자의 고소가 고소기간을 경과하여 부적법하다고 보아 공소를 기각한 원심판결 및 제1심판결에 친족의 범위에 관한 법리오해의 위법이 있다).
3) 대법원 1991. 7. 12. 선고 91도1077 판결.
4) 대법원 1980. 3. 25. 선고 79도2874 판결.
5) 대법원 1985. 3. 26. 선고 84도365 판결(피해품인 민화가 피고인의 오빠가 매수한 것이라면 이는 동인의 특유재산으로서 이에 대한 점유·관리권은 동인에게 있다고 할 것이고, 범행 당시 비록 동인이 집에 없었다고 하더라도 그것이 동인 소유의 집 벽에 걸려 있었던 이상 동인의 지배력이 미치는 범위 안에 있는 것이라고 할 것이므로 동인의 소지에 속하고, 그 부부의 공동점유하에 있다고 볼 수는 없어 이를 절취한 행위에 대하여는 친족상도례가 적용된다).
6) 대법원 1991. 8. 27. 선고 90도2857 판결.

지의 소급효는 친족상도례에 관한 규정의 적용에도 미친다. 그러므로 인지가 범행 후에 이루어진 경우라고 하더라도 그 소급효에 따라 형성되는 친족관계를 기초로 하여 친족상도례의 규정이 적용된다.[1]

4) 친족관계의 존재범위

① 절도죄의 경우

절도죄의 경우에 친족상도례의 존재범위와 관련하여, ① 친족상도례는 예외적인 규정이므로 예외규정을 지나치게 넓게 해석하는 것은 바람직하지 않다는 점, 절도죄의 보호법익은 소유권과 함께 평온한 점유도 포함된다는 점, 만약 피고인과 소유자 사이에서만 친족관계가 존재하여도 친족상도례가 적용된다고 한다면 소유자로부터 임차하여 사용하고 있는 물건을 제3자가 절취한 경우에 있어서 임차인과는 친족관계가 없음에도 불구하고 소유자와 친족관계가 있다는 이유로 친족상도례를 적용하는 것은 불합리하다는 점 등을 논거로 하여, 피고인과 소유자 및 점유자 모두와의 관계에서 친족관계가 있어야 한다는 견해(소유자·점유자관계설)[2], ② 절도죄의 보호법익은 소유권이나 재산이지 점유가 아니라는 점을 논거로 하여, 범인과 소유자 사이에서만 친족관계가 있으면 족하다는 견해(소유자관계설)[3] 등의 대립이 있다.

이에 대하여 판례는 「절도죄는 재물의 점유를 침탈함으로 인하여 성립하는 범죄이므로 재물의 점유자가 절도죄의 피해자가 되는 것이지만, 절도죄는 점유자의 점유를 침탈함으로 인하여 그 재물의 소유자를 해하게 되는 것이므로 재물의 소유자도 절도죄의 피해자로 보아야 할 것이다. 그러므로 형법 제328조 제2항 소정의 친족간의 범행에 관한 조문은 범인과 피해물건의 소유자 및 점유자 쌍방간에 같은 조문 소정의 친족관계가 있는 경우에만 적용되는 것이고, 단지 절도범인과 피해물건의 소유자간에만 친족관계가 있거나 절도범인과 피해물건의 점유자간에만 친족관계가 있는 경우에는 그 적용이 없는 것이라고 보는 것이 타당할 것이다.」라고 판시[4]하여, 범인과 피해물건의 소유자 및 점유자 쌍방간에 소정의 친족관계가 있는 경우에만 적

---

1) 대법원 1997. 1. 24. 선고 96도1731 판결.
2) 김성돈, 338면; 김신규, 361면; 손동권/김재윤, 319면; 오영근, 273면; 이형국/김혜경, 335면; 임 웅, 366면; 정성근/정준섭, 180면.
3) 김선복, 282면; 김성천/김형준, 344면; 김일수/서보학, 221면; 김혜정 외 4인, 293면; 배종대, 306면; 이재상/장영민/강동범, 297면; 정영일, 159면.
4) 대법원 2014. 9. 25. 선고 2014도8984 판결(당사자 사이에 자동차의 소유권을 그 등록명의자 아닌 자가 보유하기로 약정한 경우, 그 약정 당사자 사이의 내부관계에서는 등록명의자 아닌 자가 소유권을 보유하게 된다고 하더라도 제3자에 대한 관계에서는 어디까지나 그 등록명의자가 자동차의 소유자라고 할 것이다. 피고인과 피고인의 처 공소외 1은 그녀 명의로 등록된 봉고 화물자동차를 피고인이 소유하기로 약정한 사실, 공소외 1은 자동차매매업자인 공소외 2를 통하여 피해자에게 이 사건 자동차를 매도한 사실, 피해자는 공소외 2에게 매매대금을 모두 지급하고 이 사건 자동차를 인도받아 이를 부산 수영구 망미동 소재 노상에 주차해 둔 사실, 피고인은 피해자가 주차해 둔 이 사건 자동차를 발견하고 임의로 운전하여 간 사실을 알 수 있다. 이와 같이 제3자인 피해자에 대한 관계에서는 이 사건 자동차의 등록명의자인 공소외 1이 그 소유자이고, 피해자가 매수하여 점유하던 이 사건 자동차를 피고인이 임의로 가져간 이상 절도죄가 성립하며, 피고인은 이 사건 자동차의 소유자인 공소외 1과 친족관계가 있을 뿐 그 점유자인 피해자와는 친족관계가 없으므로 피고인의 절도죄에는 친족간의 범행에 관한 형법 제328조 제1항이 적용되지 아니한다); 대법원 1980. 11. 11. 선고 80도131 판결.

용된다는 입장을 취하고 있다.

　생각건대 사실상의 소유상태설의 입장에 의거하여 소유자뿐만 아니라 점유자와의 관계에서도 모두 친족관계가 있어야만 본죄의 친족상도례가 적용된다고 파악해야 한다.

　② 사기죄의 경우

　사기죄의 보호법익을 재산권이라고 파악하는 입장에 따르면 피기망자는 피해자가 아니므로 행위자와 피기망자 사이에는 친족관계가 없어도 친족상도례가 적용된다고 하는 반면에, 사기죄의 보호법익을 재산 이외에 거래의 진실성에 대한 일반인의 신뢰라고 파악하는 입장에 따르면 피기망자도 피해자이므로 피기망자와 행위자 사이에도 친족관계가 있어야 친족상도례가 적용된다고 한다.

　이에 대하여 판례는 「친척(할아버지) 소유 예금통장을 절취한 피고인(손자)이 그 친척 거래 금융기관에 설치된 현금자동지급기에 예금통장을 넣고 조작하는 방법으로 친척 명의 계좌의 예금 잔고를 피고인이 거래하는 다른 금융기관에 개설된 피고인 명의 계좌로 이체한 경우, 그 범행으로 인한 피해자는 이체된 예금 상당액의 채무를 이중으로 지급해야 할 위험에 처하게 되는 그 친척 거래 금융기관이라고 할 것이고, 거래 약관의 면책 조항이나 채권의 준점유자에 대한 법리 적용 등에 의하여 위와 같은 범행으로 인한 피해가 최종적으로는 예금 명의인인 친척에게 전가될 수 있다고 하여, 자금이체 거래의 직접적인 당사자이자 이중지급 위험의 원칙적인 부담자인 거래 금융기관을 위와 같은 컴퓨터등사용사기 범행의 피해자에 해당하지 않는다고 볼 수는 없다.」라고 판시[1]하여, 친족 사이의 범행을 전제로 하는 친족상도례를 적용할 수 없는 것이라고 한다. 또한 「사기죄의 보호법익은 재산권이라고 할 것이므로 사기죄에 있어서는 재산상의 권리를 가지는 자가 아니면 피해자가 될 수 없는 것이다. 그러므로 법원을 기망하여 제3자로부터 재물을 편취한 경우에 피기망자인 법원은 피해자가 될 수 없고, 재물을 편취당한 제3자가 피해자라고 할 것이므로 피해자인 제3자와 사기죄를 범한 자가 직계혈족의 관계에 있을 때에는 그 범인에 대하여는 사기죄에 준용되는 형법 제328조 제1항에 의하여 그 형을 면제하여야 할 것이다.」라고 판시[2]하여, 사기죄의 피기망자는 피해자가 아니므로 피해자와 피기망자가 서로 다른 사안에 있어서 행위자와 피기망자 사이에는 친족관계가 존재하지 않더라도 친족상도례가 적용된다고 보고 있다. 이와 같이 판례는 사기죄의 보호법익을 '재산 이외에 거래의 진실성에 대한 일반인의 신뢰'로 파악하면서도, 피기망자는 피해자가 아니라는 입장을 취하고 있다.

　한편 피고인 등이 공모하여, 피해자 甲, 乙 등을 기망하여 甲, 乙 및 丙과 부동산 매매계약을 체결하고 소유권을 이전받은 다음 잔금을 지급하지 않아 같은 금액 상당의 재산상의 이익을 편취하였다는 내용으로 기소된 사안에서, 甲은 피고인의 8촌 혈족, 丙은 피고인의 부친이지만 부동산이 甲, 乙, 丙의 합유로 등기되어 있다면 피고인에게 형법상 친족상도례 규정이 적용되

---

1) 대법원 2007. 3. 15. 선고 2006도2704 판결(할배농협통장사건); 대법원 1972. 11. 14. 선고 72도1946 판결.
2) 대법원 2014. 9. 26. 선고 2014도8076 판결; 대법원 1976. 4. 13. 선고 75도781 판결.

지 아니한다.[1]

③ 공갈죄의 경우

공갈죄는 재산권뿐만 아니라 자유권도 보호법익으로 파악하고 있으므로, 피공갈자와 소유자 양자 사이 모두에 친족관계가 인정되어야 한다.[2]

④ 횡령죄의 경우

횡령죄는 다른 사람의 재물에 관한 소유권 등 본권을 그 보호법익으로 하고, 위탁이라는 신임관계에 반하여 타인의 재물을 보관하는 자가 이를 횡령하거나 또는 반환을 거부함으로써 성립하는 것이므로, 피고인이 위탁자가 소유자를 위해 보관하고 있는 물건을 위탁자로부터 보관받아 이를 횡령한 경우에 형법 제361조에 의하여 준용되는 제328조 제2항 소정의 친족간의 범행에 관한 조문은 피고인과 피해물건의 소유자 및 위탁자 쌍방 사이에 같은 조문 소정의 친족관계가 있는 경우에만 적용되는 것이고, 단지 횡령범인과 피해물건의 소유자간에만 친족관계가 있거나 횡령범인과 피해물건의 위탁자간에만 친족관계가 있는 경우에는 그 적용이 없다고 보아야 한다.[3]

5) 친족관계의 착오

형법상에는 사실의 착오와 법률의 착오에 대해서 일정한 효과를 부여하는 규정이 존재한다. 이에 반하여 처벌조건(인적 처벌조각사유)이나 소추조건(친고죄)에 대한 착오는 범죄의 성립에 영향을 미치지 아니하므로, 친족상도례의 적용에 있어서 친족관계에 대한 착오는 고의를 조각시키지 않고 범죄의 성립에 아무런 영향이 없다.[4] 예를 들어 甲이 자신의 아버지(乙)의 물건인 줄 알고 절도하였지만 사실은 乙이 자신의 아버지가 아닌 것으로 드러난 경우에 있어서, 甲에게는 친족상도례가 적용될 수 없는 것이다. 하지만 제3자의 소유물인줄 알고 아버지의 물건을 절취한 경우에는 객관적으로 친족관계가 존재하므로 친족상도례가 적용된다.

(3) 효 과

범죄불성립의 경우에는 무죄판결을 하지만, 제328조 제1항이 적용되는 형면제의 경우에는 비록 유죄는 인정되지만 형면제의 판결을 한다(형사소송법 제322조). 그리고 제328조 제2항이 적용되는 경우에는 고소가 없으면 공소를 제기할 수 없고, 만약 고소가 없이 공소가 제기된 경우에는 공소기각의 판결을 한다(형사소송법 제327조).

---

1) 대법원 2015. 6. 11. 선고 2015도3160 판결.
2) 반면에 행위자와 피해자 사이에만 친족관계가 있으면 족하고 행위자와 처분행위자 사이에는 친족관계를 요하지 않는다는 견해로는 김성천/김형준, 452면.
3) 대법원 2008. 7. 24. 선고 2008도3438 판결(피고인은 공소외 1로부터 공소외 2에게 전달해 달라는 부탁과 함께 금 2,000,000원을 교부받은 공소외 3으로부터 공소외 2에게 전달해 주겠다며 위 금원을 받아 보관하던 중 위 금 2,000,000원을 임의 사용함으로써 이를 횡령하였는데, 피고인이 이 사건 피해금원의 소유자인 공소외 1(삼촌)에 대한 관계에서만 위 법조 소정의 친족관계가 있을 뿐이고 이 사건 피해금원의 위탁자인 공소외 3과 사이에는 위 법조 소정의 친족관계가 없는 것이라면 피고인에 대하여 형법 제361조에 의하여 준용되는 형법 제328조 제2항은 적용될 수 없는 것이다).
4) 대법원 1966. 6. 28. 선고 66도104 판결.

한편 형의 면제판결은 범죄는 성립하지만 형의 집행을 면제하는 것인 반면, 공소기각판결은 공소제기 자체의 적법성을 부인하는 것으로서 형의 면제판결보다 가벼운 판결임이 명백하다. 따라서 피해자와 친족관계가 밀접한 피고인이 친족관계가 덜 밀접한 경우보다 더 중한 처벌을 받게 되는 것은 친족상도례의 입법취지에 부합하지 아니한다.[1] 그러므로 제328조는 평등의 원칙에 위배되는데, 그 위헌상태가 제거되기 위하여는 제328조 제1항을 '직계혈족 등의 죄는 고소가 있어야 공소를 제기할 수 있고, 고소가 있는 경우에는 형을 면제한다.'라고 규정해야 할 것이다.[2]

Ⅱ. 야간주거침입절도죄

> 제330조(야간주거침입절도) 야간에 사람의 주거, 관리하는 건조물, 선박, 항공기 또는 점유하는 방실(房室)에 침입하여 타인의 재물을 절취(竊取)한 자는 10년 이하의 징역에 처한다.

1. 의의 및 보호법익

야간주거침입절도죄는 야간에 사람의 주거·관리하는 건조물·선박·항공기 또는 점유하는 방실에 침입하여 타인의 재물을 절취함으로써 성립하는 범죄이다. 본죄는 야간이라는 고유한 구성요건요소가 있으므로 주거침입죄와 절도죄의 결합범이 아닌 독립된 범죄유형으로 파악해야 한다. 절취행위는 단순절도죄와 동일하지만, 행위자가 주간이 아닌 야간에 침입을 하여 그 위험성이 증대되어 가중처벌하는 것이다. 본죄는 피해자의 측면에서 보았을 때 주간에 침입한 절도범과 조우하는 것보다 야간에 침입한 절도범과 조우하는 것이 훨씬 더 공포심을 느끼므로 야간침입이라는 점에 중점을 두어야 한다. 이에 따라 주간에 타인의 주거 등에 침입하여 절취한 경우에는 절도죄와 주거침입죄의 경합범이 되는 반면에, 야간의 경우에는 본죄에 해당하여 형벌이 상대적으로 높다. 본죄의 보호법익은 야간주거의 사실상 평온 및 사실상의 소유상태이고, 보호의 정도는 침해범이다.

2. 구성요건

(1) 객 체

본죄의 객체는 사람의 주거·관리하는 건조물·선박·항공기 또는 점유하는 방실이다. 기존에는 '사람의 주거·간수하는 저택·건조물·선박 또는 점유하는 방실'이라고 규정하여 이를 주거침입죄와 비교해 보면, 간수하는 저택이 포함되어 있고, 항공기가 빠져 있으며, 건조물의 수식

---

1) 반면에 형면제판결은 법관이 구속되는데 반하여, 공소기각의 판결은 피해자의 의사에 따라 결정되는 것이기 때문에 결코 양자가 불균형이라고 할 수 없다는 견해로는 손동권/김재윤, 319면.
2) 헌법재판소 2012. 3. 29. 선고 2010헌바89 결정 가운데 재판관 민형기, 재판관 목영준, 재판관 박한철, 재판관 이정미의 반대의견.

어로서 '관리하는'이라는 표현도 빠져 있었다. 이는 1995. 12. 29. 형법 개정 전 주거침입죄의 객체와 동일한 것이었는데, 1995. 12. 29. 형법 개정을 통하여 주거침입죄와 특수강도죄(제334조 제1항)의 객체만을 졸속적으로 개정한 결과이다. 하지만 2020. 12. 8. 형법 개정을 통하여 현재의 내용으로 변경되었다.

(2) 행　위

본죄의 실행행위는 야간에 주거침입하여 절취하는 것이다. '야간'이란 범죄지에서의 일몰 후부터 다음 날 일출 전까지를 말한다(천문학적 기준설).[1] 예를 들면 8월 14일 04:30경[2], 야간통행금지시간이 해제된 05:00경[3], 1월 17일 18:30경[4], 4월 19일 05:30경[5], 9월 11일 19:00경[6] 등은 야간에 해당하지만, 7월 15일 19:30경[7] 등은 야간에 해당하지 아니한다.

야간이라는 상황이 주거침입행위와 절취행위 중 어느 행위시에 존재해야 하는지 여부와 관련하여, ① 법정형이 매우 높은 점을 고려하여 주거침입행위 및 절취행위 모두 야간에 행해져야 한다는 견해[8], ② 주거침입행위가 야간에 행해져야 한다는 견해[9], ③ 절취행위가 야간에 행해져야 한다는 견해[10], ④ 양자 중 어느 하나의 행위만이라도 야간에 행해지면 족하다는 견해[11] 등의 대립이 있다.

이에 대하여 판례는 「형법은 야간에 이루어지는 주거침입행위의 위험성에 주목하여 그러한 행위를 수반한 절도를 야간주거침입절도죄로 중하게 처벌하고 있는 것으로 보아야 하고, 따라서 주거침입이 주간에 이루어진 경우에는 야간주거침입절도죄가 성립하지 않는다고 해석하는 것이 타당하다.」라고 판시[12]하여, 주거침입행위가 야간에 이루어져야 본죄가 성립한다고 보

---

1) 대법원 2015. 8. 27. 선고 2015도5381 판결(이 사건 범행 당일의 일출시각이 05:17경인 경우에, 피고인이 2014. 7. 6. 05:30경 피해자의 주거지에 침입하여 지갑과 카드 등을 절취한 경우에는 야간주거침입절도죄에 해당하지 아니한다).
2) 대법원 1969. 1. 28. 선고 68도1741 판결.
3) 대법원 1961. 11. 16. 선고 4294형상516 판결.
4) 대법원 1967. 8. 29. 선고 67도944 판결.
5) 대법원 1968. 4. 23. 선고 67도334 판결.
6) 대법원 1972. 7. 25. 선고 72도1273 판결.
7) 대법원 1976. 4. 13. 선고 76도414 판결.
8) 김신규, 347면; 김일수/서보학, 248면; 손동권/김재윤, 307면; 이상돈, 1011면; 정영일, 151면.
9) 김성천/김형준, 350면; 이재상/장영민/강동범, 284면. 이에 의하면 '야간에'는 '침입하여'만을 수식하는 것으로 본다.
10) 박상기, 607면.
11) 김성돈, 325면; 배종대, 292면; 오영근, 261면; 이형국/김혜경, 350면; 임 웅, 370면; 정성근/정준섭, 195면.
12) 대법원 2011. 4. 14. 선고 2011도300 판결(모텔모니터절취사건)(피고인은 2010. 6. 16. 15:40경 피해자가 운영하는 모텔에 이르러, 피해자가 평소 비어 있는 객실의 문을 열어둔다는 사실을 알고 그곳 202호 안까지 들어가 침입한 다음, 같은 날 21:00경 그곳에 설치되어 있던 피해자 소유의 LCD모니터 1대 시가 3만 원 상당을 가지고 나와 절취하였는데, 만일 주거침입의 시점과는 무관하게 절취행위가 야간에 이루어지면 야간주거침입절도죄가 성립한다고 해석하거나, 주거침입 또는 절취 중 어느 것이라도 야간에 이루어지면 야간주거침입절도죄가 성립한다고 해석한다면, 이는 이 사건과 같이 주간에 주거에 침입하여 야간에 재물을 절취한 경우에도 야간주거침입절도죄의 성립을 인정하여 결국 야간절도를 주간절도보다 엄하게 처벌하는 결과가 되는바, 현행법상 야간절도라는 이유만으로 주간절도

고 있다.

생각건대 이는 주간에 침입하였는데 절취는 야간에 한 경우 또는 야간에 침입하였는데 절취는 주간에 한 경우가 문제되는 영역이다. 야간주거침입죄와 야간절도죄라는 별도의 독립된 범죄가 없다는 점에서 야간주거침입절도죄를 가중처벌하는 이유는 절취행위와 주거침입행위 모두가 야간에 이루어짐으로써 불안감을 높인다는 데에 있다고 보아야 한다. 먼저 주간에 침입하였는데 절취는 야간에 한 경우를 살펴보면, 계속범의 특성상 주거침입의 실행의 착수가 주간에 있더라도 야간까지 주거침입이 계속되는 경우이기 때문에 야간주거침입절도죄를 인정하는 데 아무런 문제가 없다. 다음으로 야간에 침입하였는데 절취는 주간에 한 경우를 살펴보면, 주거침입이 야간에 이루어진 이상, 절취행위가 주간이든 야간이든 불문하고 본죄가 성립한다고 보아야 할 것이다. 이는 야간주거침입절도죄가 실행에 착수되어 계속되고 있는 상태에서 절도가 행해진 것이다. 따라서 양자 중 어느 하나의 행위만이라도 야간에 행해지면 족하다는 견해가 타당하다.

3. 실행의 착수시기 및 기수시기

(1) 실행의 착수시기

본죄의 실행의 착수시기는 주거침입시라고 보아야 하며, 절도의 기수·미수는 불문한다. 이와 같이 야간에 타인의 재물을 절취할 목적으로 사람의 주거에 침입한 경우에는 주거에 침입한 단계에서 이미 본죄의 실행에 착수한 것이라고 보아야 한다.[1]

판례에 의하면 ① 야간에 아파트에 침입하여 물건을 훔칠 의도하에 아파트의 베란다 철제난간까지 올라가 유리창문을 열려고 시도한 경우[2], ② 23:50경 피해자의 집에 절도의 목적으로 월담 침입하여 동가 마루 밑에 숨어 있다가 그 목적을 달성하지 못한 경우[3], ③ 출입문이 열려 있으면 안으로 들어가겠다는 의사 아래 출입문을 당겨 본 경우[4] 등에 있어서는 실행의 착수를 인정하고 있다.

보다 가중하여 처벌하는 규정은 없을 뿐만 아니라, 재산범죄 일반에 관하여 야간에 범죄가 행하여졌다고 하여 가중처벌하는 규정이 존재하지 아니한다. 또한 절도행위가 야간에 이루어졌다고 하여 절도행위 자체만으로 주간절도에 비하여 피해자의 심리적 불안감이나 피해 증대 등의 위험성이 커진다고 보기도 어렵다. 나아가, 예컨대 일몰 전에 주거에 침입하였으나 시간을 지체하는 등의 이유로 절취행위가 일몰 후에 이루어진 경우 야간주거침입절도죄로 가중처벌하는 것은 주거침입이 일몰 후에 이루어진 경우와 그 행위의 위험성을 비교하여 볼 때 가혹하다고 할 것이다. 한편 야간주거침입절도죄는 주거에 침입한 단계에서 이미 실행에 착수한 것으로 보아야 한다는 것이 대법원의 확립된 판례인바, 만일 주간에 주거에 침입하여 야간에 재물을 절취한 경우에도 야간주거침입절도죄의 성립을 인정한다면, 행위자가 주간에 주거에 침입하여 절도의 실행에는 착수하지 않은 상태에서 발각된 경우 야간에 절취할 의사였다고 하면 야간주거침입절도의 미수죄가 되고 주간절도를 계획하였다고 하면 주거침입죄만 인정된다는 결론에 이르는데, 결국 행위자의 주장에 따라 범죄의 성립이 좌우되는 불합리한 결과를 초래하게 된다. 위와 같은 여러 점들을 종합하여 보면, 주간에 사람의 주거 등에 침입하여 야간에 타인의 재물을 절취한 행위는 형법 제330조의 야간주거침입절도죄를 구성하지 않는 것으로 봄이 상당하다); 대법원 2009. 12. 24. 선고 2009도9667 판결.
1) 대법원 1984. 12. 26. 선고 84도2433 판결; 대법원 1983. 3. 8. 선고 83도145 판결.
2) 대법원 2003. 10. 24. 선고 2003도4417 판결.
3) 대법원 1970. 4. 24. 선고 70도507 판결.

하지만 ① 다세대주택 2층의 불이 꺼져있는 것을 보고 물건을 절취하기 위하여 가스배관을 타고 올라가다가, 발은 1층 방범창을 딛고 두 손은 1층과 2층 사이에 있는 가스배관을 잡고 있던 상태에서 순찰 중이던 경찰관에게 발각되자 그대로 뛰어내린 경우[1], ② 점포 안에 있던 종업원이 주인의 돈을 야간에 훔친 경우[2] 등에 있어서는 실행의 착수를 부정하고 있다.

(2) 기수시기
본죄의 기수시기는 재물취득시이다.[3] 절취행위가 종료된 때에는 주거침입 자체의 미수·기수 여부를 묻지 아니한다.

Ⅲ. 특수절도죄

> 제331조(특수절도) ① 야간에 문이나 담 그 밖의 건조물의 일부를 손괴하고 제330조의 장소에 침입하여 타인의 재물을 절취한 자는 1년 이상 10년 이하의 징역에 처한다.
> ② 흉기를 휴대하거나 2명 이상이 합동하여 타인의 재물을 절취한 자도 제1항의 형에 처한다.

1. 의 의

특수절도죄는 야간에 문이나 담 그 밖의 건조물의 일부를 손괴하고 사람의 주거·관리하는 건조물·선박·항공기 또는 점유하는 방실에 침입하여 타인의 재물을 절취하거나(제1항) 흉기를 휴대하거나 2명 이상이 합동하여 타인의 재물을 절취함으로써(제2항) 성립하는 범죄이다. 본죄는 총 3가지의 유형으로 분류되는데, 손괴후야간주거침입절도죄·흉기휴대절도죄·합동절도죄 등이 그것이다. 이와 같은 특수절도죄는 절도죄와 비교하여 행위의 불법성이 가중되어 있기 때문에 형벌을 가중하고 있다. 하지만 야간에 2명 이상이 사람의 주거 등에 침입하여 절취하는 경우, 야간에 2명 이상이 손괴 후에 침입하여 절취하는 경우, 야간에 2명 이상이 흉기를 휴대한 채 침입하여 절취하는 경우, 단독으로 야간에 흉기를 휴대한 채 침입하여 절취하는 경우 등을 명확히 규율하고 있지는 않다.

한편 제331조의 경우에도 친족상도례가 적용된다는 점은 손괴죄가 친족상도례의 적용이 없다는 점과 비교하여 볼 때 타당하지 않다. 예를 들면 주간에 문이나 담 그 밖의 건조물의 일부를 손괴하고 주거침입하여 절취한 경우에는 손괴죄, 주거침입죄, 절도죄의 실체적 경합범이

---

4) 대법원 2006. 9. 14. 선고 2006도2848 판결.
1) 대법원 2008. 3. 27. 선고 2008도917 판결.
2) 대법원 1976. 4. 13. 선고 76도414 판결.
3) 대법원 1964. 12. 8. 선고 64도577 판결(절도죄는 타인의 소지를 침해하여 재물이 자기의 소지로 이동할 때 즉 자기의 사실적 지배 밑에 둔 때에 기수가 된다. 피고인이 공동피고인과 함께 피해자 집에 침입하여 그 집 광에서 공동피고인이 자루에 담아 내주는 백미를 받아 그 집을 나오려 하다가 피해자에게 발각된 경우에는 특수절도죄의 기수가 된다).

되어, 손괴죄의 경우 친족상도례가 적용되지 않아 피고인을 처벌할 수 있지만, 이러한 행위들이 야간에 이루어지면 제331조 제1항의 특수절도죄가 성립되고 친족상도례가 적용되어 피고인을 처벌할 수 없는 불합리한 점이 발생한다.

2. 제331조 제1항의 특수절도죄(손괴후야간주거침입절도죄)

(1) 객 체

본죄의 객체는 문이나 담 그 밖의 건조물의 일부이다. '문이나 담 그 밖의 건조물의 일부'란 사람의 주거 등에 대한 침입을 방지하기 위하여 설치된 일체의 위장시설(僞裝施設)을 말한다. 이는 인공적 시설물을 의미하기 때문에 자연적 장애물은 제외된다.

(2) 행 위

본죄의 실행행위는 야간에 문이나 담 그 밖의 건조물의 일부를 손괴하고 이러한 장소에 침입하여 타인의 재물을 절취하는 것이다. ① 주간에 문이나 담 그 밖의 건조물의 일부를 손괴하고 주간에 주거침입하여 주간에 절취한 경우에는 손괴죄, 주거침입죄, 절도죄의 실체적 경합범이 된다. ② 주간에 문이나 담 그 밖의 건조물의 일부를 손괴하고 주간에 주거침입하여 야간에 절취한 경우에는 손괴죄, 야간주거침입절도죄의 실체적 경합범이 된다. 하지만 판례에 의하면 손괴죄, 주거침입죄, 절도죄의 실체적 경합범이 된다. ③ 주간에 문이나 담 그 밖의 건조물의 일부를 손괴하고 야간에 주거침입하여 야간에 절취한 경우에는 손괴죄, 야간주거침입절도죄의 실체적 경합범이 된다. ④ 야간에 주거침입하여 절취한 다음에 사람의 주거 등을 나오면서 문이나 담 그 밖의 건조물의 일부를 손괴한 경우에는 야간주거침입절도죄, 손괴죄의 실체적 경합범이 된다.

'손괴'란 물리적으로 문이나 담 그 밖의 건조물의 일부를 훼손하여 그 효용을 상실시키는 것을 말한다. 하지만 단순히 담을 넘은 경우 또는 열쇠로 문을 연 경우[1]는 본죄에 해당하지 아니한다. 그리고 손괴는 사람의 주거 등에 침입하기 위한 수단으로 행해져야 한다. 그러므로 야간에 행한 손괴 이후에 주거침입절도의 고의가 생긴 경우에는 손괴죄와 야간주거침입절도죄의 경합범이 된다. 건조물의 일부를 손괴하기 시작한 때에 실행의 착수가 인정된다.[2]

판례에 의하면, ① 연탄집게와 식도를 이용하여 방문고리를 손괴한 경우[3], ② 자물통 고리를 절단하고 출입문을 손괴한 경우[4], ③ 출입문을 발로 걷어차자 잠금 고리의 아래쪽 부착 부분이 출입문에서 떨어져 출입문과의 사이가 뜨게 되면서 출입문이 열리게 된 경우[5], ④ 두 사람이 공모 합동하여 다른 사람

---

1) 육군 1973. 8. 20. 선고 73고군형항388 판결(특수절도죄가 성립되려면 단순히 시정된 자물통을 열쇠로 열고 건조물 내에 침입하는 것으로는 부족하고 적어도 건물의 일부를 파괴하고 침입하여야만 그 구성요건을 충족시킨다).
2) 대법원 1977. 7. 26. 선고 77도1802 판결.
3) 대법원 1979. 9. 11. 선고 79도1736 판결.
4) 대법원 1986. 9. 9. 선고 86도1273 판결.

의 재물을 절취하려고 한 사람은 망을 보고 한 사람은 기구를 가지고 출입문의 자물쇠를 떼어내거나 출입문의 환기창문을 연 경우[1] 등에 있어서는 본죄가 성립한다.

하지만 야간에 식당의 창문과 방충망을 창틀에서 분리하고 침입하여 현금을 절취한 경우[2] 등에 있어서는 본죄가 성립하지 아니한다.

3. 제331조 제2항 전단의 특수절도죄(흉기휴대절도죄)

(1) 행 위

본죄의 실행행위는 흉기를 휴대하여 타인의 재물을 절취하는 것이다. 흉기의 휴대로 인하여 피해자 등에 대한 위해의 위험이 커진다는 점을 고려하여 가중처벌하고 있다. 이에 비추어 흉기는 본래 살상용·파괴용으로 만들어진 것이거나 이에 준할 정도의 위험성을 가진 것으로 봄이 상당하고, 그러한 위험성을 가진 물건에 해당하는지 여부는 그 물건의 본래의 용도·크기와 모양·개조 여부·구체적 범행 과정에서 그 물건을 사용한 방법 등 제반 사정에 비추어 사회통념에 따라 객관적으로 판단할 것이다.[3] 흉기와 위험한 물건을 구별하여 사용하고 있는 현행법의 체계에서, 흉기가 아닌 위험한 물건을 휴대한 상태에서 절취한 경우에는 단순절도죄로 의율하는 것이 마땅하지만, 실제에 있어서는 이를 명확히 구별하고 있지는 않다. 예를 들면 묶어 놓은 자전거를 절취하기 위하여 절단기를 사용한 경우, 자동차 내의 물건을 절취하기 위하여 돌로 앞유리를 깬 경우, 맥주병을 들고 술을 마시다가 옆에 있는 사람의 지갑을 소매치기 한 경우, 드라이버로 차량의 번호판을 절취한 경우 등이 흉기휴대절도죄에 해당할 수 있다. 그러므로 굳이 흉기라는 개념을 사용하는 것보다는 특수폭행죄에서와 같이 위험한 물건이라는 용어를 사용하는 것이 보다 적합한 것으로 판단된다.

한편 공동으로 절도를 한 경우에는 공범 전원이 흉기를 휴대할 필요는 없고, 공범 중 1인만이 흉기를 휴대하여도 무방하다. 흉기를 휴대하여 절취실행의 착수 이후 단계에서 체포된 경우에 이를 특수강도죄의 예비로 볼 것인지 아니면 흉기휴대절도죄의 미수로 볼 것인지는 실무상 논란이 될 수 있는데, 대법원은 주간에 피해자의 아파트 출입문 시정장치를 손괴하다가 마침 귀가하던 피해자에게 발각되어 도주한 경우에는 본죄의 실행의 착수가 없는 것이라고 보고 있다.[4] 그리고 본죄에 있어서 주거침입은 그 구성요건이 아니므로, 절도범이 그 범행수단으로

---

5) 대법원 2004. 10. 15. 선고 2004도4505 판결.

1) 대법원 1986. 7. 8. 선고 86도843 판결.

2) 대법원 2015. 10. 29. 선고 2015도7559 판결.

3) 대법원 2012. 6. 14. 선고 2012도4175 판결(드라이버휴대사건)(피고인이 사용한 드라이버는 일반적인 드라이버와 동일한 것으로 특별히 개조된 바는 없는 것으로 보이고, 그 크기와 모양 등 제반 사정에 비추어 보더라도 피고인의 이 사건 범행이 흉기를 휴대하여 타인의 재물을 절취한 경우에 해당한다고 보기는 어렵다). 하지만 원심은, 피고인이 이 사건 절도 범행을 함에 있어서 택시 운전석 창문을 파손하는데 사용한 드라이버가 흉기에 해당한다고 보아 피고인이 형법 제331조 제2항의 특수절도죄를 범하였다고 본 제1심 판결을 그대로 유지하였다.

4) 대법원 2009. 12. 24. 선고 2009도9667 판결.

주거침입을 한 경우에 그 주거침입행위는 절도죄에 흡수되지 아니하고 별개로 주거침입죄를 구성하여, 절도죄와는 실체적 경합의 관계에 있게 된다.[1]

(2) 주관적 구성요건

본죄가 성립하기 위해서는 행위자가 흉기를 휴대하고 있다는 것을 인식해야 한다.

(3) 입법론

입법론적으로는 본죄를 폐지하는 것이 타당하다. 왜냐하면 절도범행의 수단으로 흉기를 사용하는 경우는 주로 절취대상물을 영득하는 과정에서 특정물을 손괴하는 행위태양을 나타내고 있는데, 이는 절도죄와 손괴죄의 경합범으로 처리하여도 충분하기 때문이다. 즉 특수강도와 달리 특수절도에서는 흉기를 피해자에게 직접적으로 사용하는 것이 아니므로 위험성이라는 표지가 다소 반감되는 측면이 있다.

4. 제331조 제2항 후단의 특수절도죄(합동절도죄)

(1) 의 의

합동절도죄는 2명 이상이 합동하여 타인의 재물을 절취함으로써 성립하는 범죄이다. 2명 이상의 범인이 범행현장에서 합동하여 절도의 범행을 하는 경우에는 범인이 단독으로 절도 범행을 하는 경우와 비교하여 그 범행이 조직적이고 집단적이며 대규모적으로 행하여져 그로 인한 피해도 더욱 커지기 쉬운 반면에, 그 단속이나 검거는 어려워지고 범인들의 악성도 더욱 강하다고 보아야 할 것이기 때문에 그와 같은 행위를 통상의 단독 절도범행에 비하여 특히 무겁게 처벌하기 위한 것이다. 판례[2]에 의하면, 합동절도가 성립하기 위하여는 주관적 요건으로 2명 이상의 범인의 공모가 있어야 하고, 객관적 요건으로 2명 이상의 범인이 현장에서 절도의 실행행위를 분담하여야 하며, 그 실행행위는 시간적·장소적으로 협동관계가 있음을 요한다.

---

1) 대법원 2008. 11. 27. 선고 2008도7820 판결.

2) 초창기의 판례(대법원 1956. 5. 1. 선고 56형상35 판결(반드시 범인이 동일한 장소에서 공동으로 범죄를 수행한 경우에 한하여 합동이라고 할 수 있다는 논지는 독단적 견해에 불과하다))는 이와 달랐으나, 1969년 이후에는 이러한 흐름이 주류를 이루었다(대법원 1969. 7. 22. 선고 67도1117 판결; 대법원 1975. 10. 7. 선고 75도2635 판결; 대법원 1982. 1. 12. 선고 82도2991 판결; 대법원 1986. 7. 8. 선고 86도843 판결; 대법원 1989. 3. 14. 선고 88도837 판결). 대법원 1996. 3. 22. 선고 96도313 판결(피고인은 원심 공동피고인으로부터 동생인 피해자가 백지 가계수표 19장을 집에 가지고 있으며 그가 신혼여행을 떠나 집에 없다는 말을 듣고 위 원심 공동피고인과 함께 피해자의 수표를 몰래 꺼내오기로 범행을 모의하고, 송탄시에서 함께 차량을 타고 위 범행장소에 도착하여 피해자의 집으로 같이 들어가 이 사건 범행을 저질렀다는 것인바, 이와 같이 피고인과 위 원심 공동피고인이 물품을 절취할 목적으로 피해자의 집에 같이 들어간 경우라면 설사 그가 절취행위를 하는 동안 피고인은 피해자의 집 안의 가까운 곳에 대기하고 있다가 절취품을 가지고 같이 집을 나온 것이라고 하더라도, 피고인은 위 절취행위에 있어 시간적, 장소적으로 위 원심 공동피고인과 협동관계에 있었다고 보아야 할 것이다); 대법원 1988. 9. 13. 선고 88도1197 판결(피고인은 공소외 1, 2와 실행행위의 분담을 공모하고 위 공소외인들의 절취행위 장소부근에서 피고인이 운전하는 차량 내에 대기하여 실행행위를 분담한 사실이 인정되고 다만 위 공소외인들이 범행대상을 물색하는 과정에서 절취행위 장소가 피고인이 대기 중인 차량으로부터 다소 떨어지게 된 때가 있었으나 그렇다고 하여 시간적, 장소적 협동관계에서 일탈하였다고는 보여지지 아니한다).

(2) 합동범의 규정형태

현행 형법상 특수절도죄·특수강도죄·특수도주죄 등의 3가지 범죄, 성폭력특례법 제4조에서 규정하고 있는 특수강간죄·특수강제추행죄·특수준강간죄·특수준강제추행죄 등의 4가지 범죄 등에서는 공통적으로 '2인 이상이 합동하여'라는 구성요건으로 말미암아 형이 가중되어 있다. 현행법상 이와 같은 총 7개의 범죄를 합동범이라고 하는데, 합동범은 공동정범에 비하여 형벌이 가중되어 있는 것이 특색이다. 한편 「특정강력범죄의 처벌에 관한 특례법」 제2조 제1항 제3호에서는 특정강력범죄라고 하여 앞에서 살펴 본 총 7개의 범죄 이외에도 '2인 이상이 합동하여' 범한 특수강간미수·특수유사강간미수·특수강제추행미수·특수준강간미수·특수준강제추행미수·특수미성년자에 대한 간음 및 추행·특수강간 등에 의한 치사상 등을 규정하고 있다.

(3) 합동범의 인정근거

1) 기존의 논의

일반적으로 2인 이상이 합동하여 죄를 범한 때에 형을 가중하는 근거는 다음과 같다.[1] 첫째, 집단구성원 상호간의 결집된 범죄실행의 의사로서 사회일반에 대한 법익침해의 현실적인 위험성이 현저하게 증가한다는 것이다. 2인 이상의 범인이 범행현장에서 합동하여 범행을 하는 경우에는 범인이 단독으로 범행을 하는 경우와 비교하여 그 범행이 조직적이고 집단적이며 대규모적으로 행하여져 그로 인한 피해도 더욱 커지기 쉬운 반면에, 그 단속이나 검거는 어려워지고 범인들의 악성도 더욱 강하다고 보아야 할 것이기 때문에 그와 같은 행위를 통상의 단독 범행에 비하여 특히 무겁게 처벌하기 위한 것이다. 판례[2]에 의하면, 합동절도가 성립하기 위하여는 주관적 요건으로 2인 이상의 범인의 공모가 있어야 하고, 객관적 요건으로 2인 이상의 범인이 현장에서 절도의 실행행위를 분담하여야 하며, 그 실행행위는 시간적·장소적으로 협동관계가 있음을 요한다. 이와 같이 집단범죄에 대한 대책상 특별히 형을 가중한 것이라고 해석하고 있지만, 집단범죄는 절도·강도·도주의 3개 범죄에만 한정할 어떠한 이유도 없다. 굳이 사회에서 발생하는 집단범죄를 방지하기 위하여 형을 가중할 필요가 있다면 총칙상의 공동정범의 규정을 가중하는 것이 타당하다.

둘째, 독일과 일본의 영향을 받은 연혁적인 이유를 제시하기도 한다. 그러나 형법이 도주에 대해서도 합동범을 인정하고 있는 점에 비추어 볼 때, 구법시대의 도범방지법의 문언을 그대로 도입했다고 보기 어렵다. 하지만 이보다 더 근본적인 불합리성은 독일의 집단절도죄 및 일본의 도범방지법상의 규정들과 우리나라의 합동범의 규정형식은 본질적으로 다르다는 점에 있다. 외

---

[1] 이에 대하여 보다 자세한 논의로는 박찬걸, "형법각칙의 합동범 개념 폐지에 관한 시론", 홍익법학 제19권 제1호, 홍익대학교 법학연구소, 2018. 2, 285면 이하 참조.

[2] 초창기의 판례(대법원 1956. 5. 1. 선고 56형상35 판결(반드시 범인이 동일한 장소에서 공동으로 범죄를 수행한 경우에 한하여 합동이라고 할 수 있다는 논지는 독단적 견해에 불과하다); 대법원 1960. 6. 15. 선고 4293형상60 판결)는 이와 달랐으나, 1969년 이후에는 이러한 흐름이 주류를 이루었다.

국의 입법례는 공통적으로 상습적인 절도 또는 강도 등을 목적으로 하는 범죄조직의 존재를 그 전제로 하여 이러한 집단의 일원이 범행을 수행하는 경우에 있어서 형을 가중하는 형식을 취하고 있다. 반면에 우리나라의 입법형식은 합동범의 성립에 있어서 이러한 범죄조직의 존재 또는 상습성의 발현 등의 요건을 전혀 요구하지 않기 때문에 일회적이거나 충동적인 합동의 경우에도 합동범의 요건을 충족한다고 파악되고 있다. 이와 같은 우리나라 합동범의 규정형식에 비추어 볼 때 독자적인 형가중의 근거가 제시되어야 할 것이다.

　2) 검 토

　　생각건대 집단범죄로서의 특성상 행위에 다수관여자가 가담하게 되는데, 이에 따라 피해자의 구체적 위험성 및 법익침해의 현실적 위험성도 증가한다. 합동범의 인정근거로서 제시되는 '위험성'의 의미를 구체적 위험범에서 의미하는 위험성과 그 뜻이 일치하다고 파악하는 견해가 있다. 그 이유로 특수절도, 특수강도, 특수도주에만 합동범을 인정하는 것은 이들 범죄의 공통적인 요소인 침해범을 감안한 것이라고 한다. 그러나 이러한 위험성은 침해범에서의 위험과 완전히 일치한다고 볼 수 없다. 왜냐하면 침해범에서의 위험성이라면 다른 침해범들과 같이 취급하면 되는 것이지 그것을 특별히 가중할 필요가 없기 때문이다. 합동범에서의 위험성은 '합동'이라는 단어에서 찾아야 한다. 즉 2인 이상이 합동하여 죄를 범하는 경우는 단독으로 죄를 범하는 경우보다 그 행위를 행하는 주체들이 심리적으로 보다 안정된 상태에서 범행을 저지를 수 있고, 이러한 심리적 안정을 가지고 범죄를 행함에 있어 그 성공가능성을 보다 더 높이고, 보다 더 큰 범죄 또는 다른 범죄로 발전할 수 있는 가능성까지 내포하고 있다는 점에서 가중한다고 할 수 있을 것이다. 이로 인하여 피해자의 피해의 정도는 일반범죄에 비해 높을 수밖에 없다. 결국 합동범은 제정 형법 당시의 입법자들이 특히 집단범죄에 대한 대책이 필요하다고 판단한 범죄들에 국한하여 규정한 것이지만, 오늘날에도 이러한 결정을 그대로 유지해야 할 실익은 존재하지 않는다. 왜냐하면 현장에서 공동하는 경우에 위험성이 가중되는 것은 현재의 합동범으로 분류되는 영역의 범죄군에 국한된 현상은 아니기 때문이다. 집단범죄에 대한 형의 가중이 필요하다면 총칙상의 공범규정을 통하여 해결하는 것이 오히려 타당하다.

　　한편 현행법상 명문의 규정에 의하여 합동범으로 포섭되고 있는 범죄군의 법정형과 합동성의 요건이 부정되어 공동정범으로 의율되는 경우의 법정형을 상호 비교해 보면 다음과 같다.

〈공동정범과 합동범과의 법정형 비교〉

	공동정범	합동범
도주죄	최저: 징역 1월	최저: 징역 1월
	최고: 징역 1년	최고: 징역 7년
절도죄	최저: 벌금 5만원	최저: 징역 1년
	최고: 징역 6년	최고: 징역 10년

	공동정범	합동범
강도죄	최저: 징역 3년	최저: 징역 5년
	최고: 징역 30년	최고: 무기징역
강간죄	최저: 징역 3년	최저: 징역 5년
	최고: 징역 30년	최고: 무기징역
강제추행죄	최저: 벌금 5만원	최저: 징역 3년
	최고: 징역 10년	최고: 징역 30년

이를 분석해 보면, ① 도주죄와 준강간죄의 경우에는 공동정범과 합동범의 법정하한선이 동일하게 설정되어 있지만, 그 밖의 범죄의 경우에는 합동범의 법정하한선이 가중되어 있다. 하지만 가중의 정도는 개별 범죄마다 모두 상이한데, 특히 절도죄, 강제추행죄, 준강제추행죄의 경우에는 벌금형에서 징역형으로 급격한 가중이 있음을 알 수 있다. ② 공동정범과 합동범의 법정상한선의 경우에는 준강간죄를 제외하고 모든 범죄에 있어서 가중되어 있다. 하지만 가중의 정도는 최소 2배 미만(절도죄의 경우)에서 최대 7배(도주죄의 경우)까지로 정해진 규칙을 찾아볼 수가 전혀 없다. 이에 대하여 합동도주죄의 경우 형의 장기가 단순도주죄에 비하여 특별히 더 가중(무려 7배)되고 있는데, 이는 국가의 사법기능에 대한 범죄를 2인 이상이 합동하여 범한 경우의 죄질의 중대성을 특히 고려한 입법이라고 보는 견해가 있다. 하지만 합동도주죄의 국가의 사법기능에 대한 범죄를 2인 이상이 합동하여 범한 경우의 죄질의 중대성을 감안하더라도 비례의 원칙에 어긋난다고 보아야 한다. ③ 준강간죄의 경우에는 공동정범 및 합동범의 법정형이 동일하게 설정되어 있는데, 이는 합동범에 대한 형가중의 논거 제시를 무색하게 만드는 결과를 초래하고 있다.

생각건대 위와 같은 합동범의 법정형 설정 방식은 말 그대로 아무런 규칙 없이 무작위로 성안되었다는 표현밖에 할 수가 없는 지경이다. 합동범에 포섭된 범죄의 공통적인 형가중의 이유가 단일함에도 불구하고 형가중의 정도가 매우 상이하다는 점은 불법과 책임간의 비례관계에 정면으로 위배되는 것이라고 할 수 있다. 그러므로 형가중의 취지를 부정하지도 않으면서 적절한 법정형을 설정하는 작업이 필요한데, 현행 폭력행위처벌법 제2조 제2항의 규정방식이 가장 타당한 대안이라고 판단된다.

(4) 합동범의 본질

1) 공모공동정범설

공모공동정범설[1]에 의하면, 형법이 유독 3가지의 범죄에 대해서만 합동범을 인정하고 있는 것은 수괴나 배후인물을 공모공동정범으로 처벌해야 할 필요성이 있다는 점을 논거로 하여,

---

1) 김종수, "공모공동정범", 법조 제14권 제2호, 법조협회, 1965. 2, 20면; 이충상, "범행현장에 가지 아니한 자가 합동절도의 공동정범이 될 수 있는지 — 합동범의 공동정범의 성립가능성 —", 법조 제47권 제10호, 법조협회, 1998. 10, 151면.

판례가 인정하는 공모공동정범을 다른 범죄에는 인정하지 않고 합동범에만 인정해야 한다고 주장한다. 특히 절도·강도·도주 등의 경우에 대해서는 그 수괴 및 배후거물과 같은 무형적 공동가공자와 모의계획에만 참가한 자에 대하여도 실무상 입증의 곤란을 피하고 (공모)공동정범으로 처벌하기 위해 특별한 의미를 부여한 것이라고 한다.

하지만 공모한 자를 공동정범으로 처벌하는 것 자체가 부당함에도 불구하고 이를 합동범에 원용하여 가중처벌하는 것은 더욱이 타당하지 않다는 점, 판례는 특정 범죄에 국한하지 않고 모든 범죄에 있어서 공모공동정범의 성립을 인정하고 있다는 점, 합동을 공모로 해석해야 할 실정법적 근거가 전혀 없다는 점, 실무상의 입증 문제를 해결하기 위하여 합동범을 해석하여 피고인에게 불리하게 처벌하는 것은 극히 위험한 사고라는 점, 불법의 구조적 차이를 밝히지 않고 집단범죄의 대처라는 형사정책적 필요성으로 형을 가중하는 것은 책임주의의 원칙에 반한다는 점 등에서 비판이 제기된다.

2) 가중적 공동정범설

가중적 공동정범설[1]에 의하면, 합동범은 그 본질이 총칙상의 공동정범과 동일하지만, 절도·강도·도주 등의 범죄는 다수인이 행하는 경우가 많고, 이에 대해서는 강력히 대응해야 할 필요가 있다는 점을 논거로 하여, 이러한 범죄의 공동정범에 대해서는 합동범으로 규정하여 가중처벌해야 한다고 주장한다.

하지만 '합동'과 '공동'이 본질적으로 동일하다면 법문에 굳이 양자를 구별하여 규정할 필요성이 없다는 점, 집단범죄의 대처가 굳이 절도·강도·도주에만 국한되어야만 하는 이유가 부족하다는 점 등에서 비판이 제기된다.

3) 현장성설

현장성설[2]에 의하면, 합동범을 공동정범의 하위개념으로 이해하여 '시간적·장소적으로 밀접한 협동'으로 파악해야 한다는 점, 연혁적으로 일본의 「도범 등의 방지 및 처분에 관한 법률」상 '2인 이상 현장에서 공동하여 범한 때'를 '2인 이상 합동하여'로 계수하였다는 점, 시간적·장소적 협동에 의하여 다수인이 동시에 죄를 범할 때에는 구체적 위험성이 증가한다는 점 등을 논거로 하여, 합동이란 범행현장에서 범죄를 실행하는 것을 의미한다고 주장한다. 그러므로 공모공동정범은 물론 현장에서 공동하지 아니한 공동정범도 합동범이 될 수 없다고 한다.

하지만 우리 형법은 도주죄에 대해서까지 합동범을 인정하고 있는데, 이를 합동범의 연혁과 관련하여 살펴보면 입법자가 과연 구법시대의 도범방지법의 문언을 그대로 채택한 것인지는 의문이라는 점, 합동범의 인정범위가 지나치게 협소하여 합동하지는 않았지만 기능적 행위지배를 한 수괴나 배후거물 등을 교사나 방조 또는 단순범죄의 공동정범으로 처벌해야 하는 불

---

1) 김성천/김형준, 353면.
2) 김선복, 274면; 배종대, 298면; 손동권/김재윤, 311면; 신동운, 901면; 오영근, 266면; 이재상/장영민/강동범, 290면; 이정원/류석준, 243면; 이형국/김혜경, 354면; 임 웅, 374면; 정성근/정준섭, 198면; 정영일, 154면.

합리가 발생한다는 점 등에서 비판이 제기된다.

4) 현장적 공동정범설

현장적 공동정범설[1]에 의하면, 합동범은 주관적 요건으로서 공모 이외에 객관적 요건으로서 현장에서의 실행행위의 분담을 요하지만, 배후거물이나 두목이 현장에 있지 않더라도 기능적 범행지배를 하여 정범성 요소를 갖추었다면 합동범의 공동정범으로 규율할 수 있어, 현장에 있지 않은 공범도 합동범의 공동정범이 될 수 있다고 한다. 또한 현장성이라는 요건을 갖춘다고 할지라도 정범과 공범의 구별기준에 의하여 정범표지를 갖춘 자만이 합동범이 될 수 있고, 그렇지 못한 경우에는 합동범에서 배제시키고 있다.

하지만 현장에 없는 자에게도 기능적 행위지배라는 기준에 의하여 합동범의 공동정범을 인정하게 되어 합동의 의미를 지나치게 넓게 파악한다는 점, 합동범의 성립이 정범과 공범의 구별기준인 기능적 행위지배의 여부에 따라 결정되므로 독자적인 의미가 희석된다는 점 등에서 비판이 제기된다.

5) 판례의 입장

판례는 「2인 이상이 합동하여 죄를 범함으로써 특수○○죄가 성립하기 위하여는 주관적 요건으로서의 공모와 객관적 요건으로서의 실행행위의 분담이 있어야 하고, 그 실행행위는 시간적으로나 장소적으로 협동관계에 있다고 볼 정도에 이르면 된다.」라고 판시[2]하여, 기본적으로 현장성설의 입장을 취하고 있다. 하지만 최근에는 「3인 이상의 범인이 합동절도의 범행을 공모한 후 적어도 2인 이상의 범인이 범행 현장에서 시간적, 장소적으로 협동관계를 이루어 절도의 실행행위를 분담하여 절도 범행을 한 경우에, 그 공모에는 참여하였으나 현장에서 절도의 실행행위를 직접 분담하지 아니한 다른 범인에 대하여도 그가 현장에서 절도 범행을 실행한 위 2인 이상의 범인의 행위를 자기 의사의 수단으로 하여 합동절도의 범행을 하였다고 평가할 수 있는 정범성의 표지를 갖추고 있는 한 공동정범의 일반 이론에 비추어 그 다른 범인에 대하여 합동절도의 공동정범으로 인정할 수 있다.」라고 판시[3]함으로써, 현장에 있지 않은 자에게도 합동범의 정범성 표지를 인정하는 태도를 취하기도 한다. 그렇지만 최소한 2인 이상의 범인이 현장에 존재해야 한다는 점을 전제로 하고 있기 때문에, 현장성설의 입장을 완전히 포기한 것으로 파악할 수는 없다.

---

1) 김일수/서보학, 252면.

2) 대법원 2004. 8. 20. 선고 2004도2870 판결; 대법원 1998. 2. 27. 선고 97도1757 판결; 대법원 1996. 7. 12. 선고 95도2655 판결; 대법원 1996. 3. 22. 선고 96도313 판결; 대법원 1992. 7. 28. 선고 92도917 판결; 대법원 1989. 3. 14. 선고 88도837 판결; 대법원 1988. 9. 13. 선고 88도1197 판결; 대법원 1986. 7. 8. 선고 86도843 판결; 대법원 1985. 3. 26. 선고 84도2956 판결; 대법원 1982. 1. 12. 선고 82도2991 판결; 대법원 1981. 9. 8. 선고 81도2159 판결; 대법원 1976. 7. 27. 선고 75도2720 판결; 대법원 1975. 10. 7. 선고 75도2635 판결; 대법원 1973. 5. 22. 선고 73도 480 판결; 대법원 1969. 7. 22 선고 67도1117 판결.

3) 대법원 2011. 5. 13. 선고 2011도2021 판결.

6) 검 토

생각건대 합동범은 공동정범과 구별되는 별개의 개념이라는 점, 합동범은 공동정범과 비교하여 형벌이 훨씬 가중되어 있다는 점 등을 고려할 때, 그 성립에 있어서 공동정범의 인정요건보다 훨씬 엄격하게 해석해야 한다. 그러므로 시간적·장소적인 협동관계를 요구하는 현장성설이 적어도 현재의 해석론상으로는 타당하다. 문제는 '시간적·장소적 협동관계'의 구체적인 해석론이라고 할 것인데, 현행법상 인정되고 있는 합동범의 유형인 절도·강도·도주·강간 등의 범죄의 경우, 범행 현장이라는 공간적 지배가 최소한 이루어져야 한다. 하지만 모든 범죄에 있어서 합동범의 성립가능성을 염두에 둔다면 현장성이라는 공간적 지배가 현실적으로 없다고 할지라도 기능적 행위지배가 있다면 합동범의 성립을 긍정해야 하는 것은 아닌지 의문이 들 수도 있다. 예를 들면 전기통신금융사기의 경우와 같이 다수당사자가 계획적·분업적인 협동관계를 형성하여 범행을 완수하는 사안에 있어서, 현장성이 굳이 충족되지 않더라도 마치 현장에 있는 것과 같은 효과를 달성한다면 합동범의 성립을 긍정해야 하는 것 아닌가 하는 점이다. 이는 현행법상 공동정범과 합동범의 구별과 관련하여 파악할 필요가 있으며, 양자의 구별에 의하면 위의 사안은 합동범이 아닌 공동정범으로 해결하는 것이 바람직하다. 결론적으로 형법총칙상에 합동범의 규정을 두어 모든 범죄를 합동범의 형태로도 범할 수 있도록 규정한다고 할지라도 '현장성'이라는 시간적·공간적 요건은 필수적으로 갖추어야만 그 성립을 인정할 수 있을 것이다. 즉 형식적으로는 모든 범죄가 합동범의 형태로 범해질 수 있지만 현장성에 의한 제한으로 말미암아 실질적으로는 일정한 범죄에 한하여 합동범의 성립이 가능할 것이다. 여기서 현장성이라는 행위불법이 당해 범죄에 차지하는 역할을 신중하게 고려한다면 보충성의 원칙에도 부합될 수 있다. 합동범은 기본적으로 피해자와의 조우(遭遇)가 요구되는 소위 '대면(對面)범죄'로 평가할 수 있기 때문에 기존의 위력범죄에 해당하는 유형의 범죄군이 대표적인 합동범의 형태로 발현될 수 있다.

(5) 합동범의 공동정범

합동범은 필요적 공범이지만 협동관계에 있지 않은 제3자에 대해서는 협의의 공범이 성립할 수 있다. 이에 반하여 합동해서 범죄를 실행하기로 공모하였지만 현장에는 있지 않은 자에게 합동범의 공동정범을 인정할 수 있는지 여부와 관련하여, ① 망을 보는 자와 같이 절취의 실행행위를 하지 않은 자도 기능적 행위지배가 인정되는 한 절도죄의 공동정범이 될 수 있다는 점, 합동범의 공동정범을 인정하는 것을 무조건 처벌의 부당한 확장으로 보는 것은 공동정범의 귀속원리를 무시하는 해석이라는 점, 합동범도 형법상 독립된 필요적 가담형태(필요적 공범)의 일종이라면 그 내부자(협동관계에 있는 자)가 아닌 제3자라도 기능적 행위지배가 있는 한 합동범의 공동정범이 될 수 있다는 점, 배후거물이나 두목으로서 전체 합동절도 관계를 주도적으로 지휘·지배하거나 기능적 역할분담을 통해 법익침해의 현실적 위험성을 증대시킨 본질적 기여를 한 사람은 예외적으로 공동정범으로 해야 한다는 점 등을 논거로 하는 적극설[1], ② 현장에 있는 사람은 합동범이 되고, 현장에 있지 않은 사람은 단순절도죄의 공동정범이 될 뿐이라는 점, 기능적 행위지배만 있고 현장에서 합동하지 않은 자까지 합동범을 적용하여 가중처벌하는 것은 책임주의에 반한다는 점, 적극설의 입장은 합동이라는 문언의 의미를 공동으로 넓게 해석하여 유추적용하는 결과를 초래한다는 점, 기능적 행위지배만 있는 제3자는 단순절도죄의 공동정범이 되거나 단순절도죄의 공동정범과 합동범의 교사 또는 방조범의 상상적 경합이 된다는 점 등을 논거로 하는 소극설[1] 등의 대립이 있다.

이에 대하여 판례는 「2인 이상이 공동의 의사로서 특정한 범죄행위를 하기 위하여 일체가 되어 서로가 다른 사람의 행위를 이용하여 각자 자기의 의사를 실행에 옮기는 내용의 공모를 하고, 그에 따라 범죄를 실행한 사실이 인정되면 그 공모에 참여한 사람은 직접 실행행위에 관여하지 아니하였더라도 다른 사람의 행위를 자기 의사의 수단으로 하여 범죄를 하였다는 점에서 자기가 직접 실행행위를 분담한 경우와 형사책임의 성립에 차이를 둘 이유가 없는 것인바 (형법 제30조), 이와 같은 공동정범 이론을 형법 제331조 제2항 후단의 합동절도와 관련하여 살펴보면, 2인 이상의 범인이 합동절도의 범행을 공모한 후 1인의 범인만이 단독으로 절도의 실행행위를 한 경우에는 합동절도의 객관적 요건을 갖추지 못하여 합동절도가 성립할 여지가 없는 것이지만, 3인 이상의 범인이 합동절도의 범행을 공모한 후 적어도 2인 이상의 범인이 범행현장에서 시간적, 장소적으로 협동관계를 이루어 절도의 실행행위를 분담하여 절도 범행을 한 경우에는 위와 같은 공동정범의 일반 이론에 비추어 그 공모에는 참여하였으나 현장에서 절도의 실행행위를 직접 분담하지 아니한 다른 범인에 대하여도 그가 현장에서 절도 범행을 실행한 위 2인 이상의 범인의 행위를 자기 의사의 수단으로 하여 합동절도의 범행을 하였다고 평가할 수 있는 정범성의 표지를 갖추고 있다고 보여지는 한 그 다른 범인에 대하여 합동절도의 공동정범의 성립을 부정할 이유가 없다고 할 것이다. 형법 제331조 제2항 후단의 규정이 위와 같이 3인 이상이 공모하고 적어도 2인 이상이 합동절도의 범행을 실행한 경우에 대하여 공동정범의 성립을 부정하는 취지라고 해석할 이유가 없을 뿐만 아니라, 만일 공동정범의 성립가능성을 제한한다면 직접 실행행위에 참여하지 아니하면서 배후에서 합동절도의 범행을 조종하는 수괴는 그 행위의 기여도가 강력함에도 불구하고 공동정범으로 처벌받지 아니하는 불합리한 현상이 나타날 수 있다. 그러므로 합동절도에서도 공동정범과 교사범·종범의 구별기준은 일반원칙에 따라야 하고, 그 결과 범행현장에 존재하지 아니한 범인도 공동정범이 될 수 있으며, 반대로 상황에 따라서는 장소적으로 협동한 범인도 방조만 한 경우에는 종범으로 처벌될 수도 있다.」라고 판시[2]하여, 합동범의 (공모)공동정범을 긍정하는 입장을 취하고 있다. 하지만 동 판결은 범

---

1) 김성돈, 330면; 김일수/서보학, 252면; 손동권/김재윤, 312면.
1) 김선복, 249면; 김혜정 외 4인, 287면; 배종대, 298면; 이형국/김혜경, 355면; 임 웅, 375면; 정성근/정준섭, 199면.
2) 대법원 1998. 5. 21. 선고 98도321 전원합의체 판결(삐끼주점사건)(속칭 삐끼주점의 지배인인 피고인이 피해자로부터 신용카드를 강취하고 신용카드의 비밀번호를 알아낸 후 현금자동지급기에서 인출한 돈을 삐끼주점의 분배관례에 따라 분배할 것을 전제로 하여 원심 공동피고인 1(삐끼), 2(삐끼주점 업주) 및 공소외인(삐끼)과 피고인은

행현장에 있지 않은 범인도 합동절도의 공동정범이 될 수 있다고 태도를 변경하였으나, 현장성
설을 완전히 포기한 것은 아니다. 왜냐하면 범인 중 2인 이상이 반드시 현장에 있을 것을 요한
다는 점에서 현장성설을 어느 정도 유지하고 있기 때문이다.

(6) 입법론

우리나라 현행법은 합동범으로서 총 7가지의 범죄를 상정하고 있지만, 그 이외의 범죄에
있어서도 충분히 합동범으로 의율할 필요성이 인정된다. 특히 절도, 강도 등의 범죄보다 살인,
폭행, 상해, 협박, 인신매매, 업무방해, 공무집행방해 등의 범죄에 있어서는 합동범으로 규율할
당위성이 훨씬 높은 경우도 존재할 것이다. 그러므로 2인 이상이 합동하여 살해, 폭행, 상해, 협
박, 사기 등 모든 개인적 법익을 침해하는 범죄뿐만 아니라 간첩, 공무집행방해, 위증, 방화, 교
통방해 등 사회적·국가적 법익을 침해하는 범죄도 충분히 범할 수 있다고 보아야 한다. 제정
형법상 합동범을 3가지의 범죄에 국한하고 있었지만, 1994년 성폭력특례법이 제정되면서 4가지
의 합동범 유형을 추가한 전례가 있는 것을 보더라도, 합동범의 포섭범위를 어느 정도로 설정
할 것인지는 전적으로 입법자에 의한 결단의 산물이라고 할 수 있다. 같은 맥락에서 각칙상의
개별범죄에 국한하여 합동범의 규정을 그때그때 상황에 따라 설정할 수도 있겠지만, 아예 총칙
상 공범 관련 규정에서 각칙상의 모든 범죄에 적용될 수 있도록 설정하는 것도 불가능한 것은
아니다. 특히 대법원 산하 양형위원회는 강도범죄의 양형기준 가운데 특별양형인자의 행위가중
요소로서 '5인 이상 공동범행'을 두고 있으며, 그 밖에도 성범죄, 폭력범죄, 절도범죄, 공갈범죄,
손괴범죄, 권리행사방해범죄, 체포·감금·유기·학대범죄, 약취·유인·인신매매범죄 등에 있어
서는 '2인 이상이 공동하여 범행한 경우'를 일반양형인자의 행위가중요소로 설정하고 있는 점
을 참고할 필요가 있다. 이는 형법상 대부분의 범죄를 다수인이 가담하여 범할 경우에 있어서
위험성이 증대한다는 당연한 이치를 적극적으로 양형에서 고려하고 있는 대표적인 사례라고
할 수 있다. 물론 합동범 개념 자체를 폐지하고 양형기준을 보완하여 해결하자는 견해도 제시
될 수 있겠지만, 단순한 참고자료로 활용되는 양형기준만으로는 법관을 구속할 수가 없기 때문
에 보다 실효적인 방법론은 총칙상 명문의 규정으로 해결하는 것이 바람직하다.

결론적으로 형법 제30조에서 "2인 이상이 공동하여 죄를 범한 때에는 각자를 그 죄의 정범
으로 처벌한다."라는 규정과 마찬가지로 제30조의2를 신설하여 "2인 이상이 합동하여 죄를 범
한 때에는 그 죄에 정한 형의 2분의 1까지 가중한다."라고 하는 방안을 고려해 볼 수 있겠다.

삐끼주점 내에서 피해자를 계속 붙잡아 두면서 감시하는 동안 원심 공동피고인 1, 2 및 공소외인은 피해자의 위
신용카드를 이용하여 현금자동지급기에서 현금을 인출하기로 공모하였고, 그에 따라 원심 공동피고인 1, 2 및
공소외인이 1997. 4. 18. 04:08경 서울 강남구 삼성동 소재 엘지마트 편의점에서 합동하여 현금자동지급기에서
현금 4,730,000원을 절취한 사실을 인정하기에 넉넉한바, 비록 피고인이 범행 현장에 간 일이 없다고 하더라도
위와 같은 사실관계하에서라면 피고인이 합동절도의 범행을 현장에서 실행한 원심 공동피고인 1, 2 및 공소외인
과 공모한 것만으로서도 그들의 행위를 자기 의사의 수단으로 하여 합동절도의 범행을 하였다고 평가될 수 있는
합동절도 범행의 정범성의 표지를 갖추었다고 할 것이고, 따라서 위 합동절도 범행에 대하여 공동정범으로서의
죄책을 면할 수 없다).

기존 합동범 상호간의 법정형이 최소 2배에서 최대 7배라는 편차를 보이고 있는 점과 비교해 보면, 형량이 대폭 축소되는 결과가 되기 때문에 행위자에게 불리하게 변경된다고 단정할 수도 없을 것이다. 한편 형법 제56조에서는 가중감경의 순서를 제시하고 있는데, 합동범이 기본적으로 수인의 공동행위를 요한다는 점에서 법률상 감경과 경합범 가중의 사이에 '제30조의2의 가중'을 추가하는 것이 타당하다.

Ⅳ. 자동차등불법사용죄

> 제331조의2(자동차등 불법사용) 권리자의 동의없이 타인의 자동차, 선박, 항공기 또는 원동기장치자전차를 일시 사용한 자는 3년 이하의 징역, 500만원 이하의 벌금, 구류 또는 과료에 처한다.

1. 의의 및 보호법익

(1) 의 의

자동차등불법사용죄는 권리자의 동의 없이 타인의 자동차·선박·항공기 또는 원동기장치자전차를 일시 사용함으로써 성립하는 범죄이다. 사용절도는 불법영득의사가 없어서 처벌할 수 없는 것이 원칙이지만, 예외적인 경우에 법감정을 고려하여 처벌할 필요성이 있다는 점에서 1995. 12. 29. 형법 개정을 통하여 본죄를 신설하였다.[1] 본죄는 불법영득의 의사가 없는 이른바 사용절도행위 중 타인의 자동차 등과 같은 일정한 교통수단을 일시 사용한 행위를 처벌하기 위하여 마련된 규정으로서, 통상의 절도죄와 비교하여 볼 때 불법영득의사가 없다는 점에서 구성요건이 완화되어 있는 대신 형량도 낮아 구류 또는 과료가 선택형으로 규정되어 있다. 그러나 주관적 요건을 제외한 나머지 범죄의 구성요건이나 행위태양이 절도죄와 동일하고, 이러한 이유로 본죄는 형법 제38장 '절도와 강도의 죄'에서 각 유형별 절도죄 규정의 마지막에 규정되어 있으며, 상습절도죄에 관한 제332조에서 다른 절도죄와 함께 구성요건의 하나로 열거되어 있다. 본죄의 법적 성격은 계속범에 해당한다.

(2) 보호법익

본죄는 자동차 등의 소유자를 배제할 의사 없이 자동차 등의 사용권만을 침해하는 범죄이기 때문에 사용권을 그 보호법익으로 보아야 한다.[2] 그러므로 소유자가 가지는 사용권은 물론이고 소유자(자동차 등록명의자)가 아닌 자의 정당한 사용권도 보호법익이 된다.[3] 또한 소유자라

---

[1] 본죄의 입법취지는 처벌필요성의 법감정에 기인한 것이지만, 동 규정은 자동차등불법사용행위에 대한 처벌을 완화하는 기능도 하고 있다. 일반적으로 타인의 자동차를 불법적으로 사용하는 경우에 사용절도의 한계를 넘어서게 되고 절도죄의 형벌로 처벌되어야 하는데, 이것이 너무 가혹하므로 본 규정으로 인하여 절도죄의 형벌을 완화하는 기능도 한다는 것이다(오영근, 269면).

[2] 반면에 본죄의 보호법익을 소유권으로 파악하는 견해로는 김선복, 276면; 김신규, 355면; 박상기, 613면; 배종대, 300면; 이재상/장영민/강동범, 294면.

[3] 김성돈, 331면; 김일수/서보학, 254면; 신동운, 903면; 이형국/김혜경, 358면; 정성근/정준섭, 200면.

고 할지라도 사용권자의 동의 없이 자동차 등을 무단으로 사용하면 본죄가 성립한다. 보호의 정도는 침해범이다.

2. 구성요건

(1) 객 체

본죄의 객체는 타인의 자동차·선박·항공기 또는 원동기장치자전차이다. '자동차'란 기계적 동력을 이용하여 움직이는 차를 말한다. 전기자동차는 이에 해당하지만, 모노레일·자동차의 부속물인 트레일러·경운기[1] 등은 이에 해당하지 아니한다. '선박'이란 일반적인 교통수단으로서 수면을 운항하는 것을 말한다. 그러므로 잠수함은 이에 해당하지 아니한다. '항공기'란 공기의 반작용(지표면 또는 수면에 대한 공기의 반작용은 제외한다)으로 뜰 수 있는 기기로서 최대이륙중량·좌석 수 등 국토교통부령으로 정하는 기준에 해당하는 비행기·헬리콥터·비행선·활공기(滑空機)를 말한다(항공안전법 제2조 제1호). '원동기장치자전차'란 배기량 125cc 이하의 2륜자동차(오토바이) 또는 배기량 50cc 미만(전기를 동력으로 하는 경우에는 정격출력 0.59Kw 미만)의 원동기를 단 차를 말한다(도로교통법 제2조 제19호). 그러므로 자전거·기차·지하철 등은 본죄의 객체가 될 수 없다. 선박이나 항공기의 일시사용의 경우에는 주거침입죄가 성립할 수도 있다.

(2) 행 위

1) 권리자의 동의 없이

동의자는 자동차 등의 사용권자이며, 반드시 사법상 유효한 사용권한이 있음을 요하지 아니한다. 사후동의는 본죄의 성립에 영향이 없다. 본죄의 보호법익은 사용권이므로 소유자와 사용권자가 다른 경우에는 소유자의 동의가 있다고 하더라도 본죄가 성립할 수 있다.

2) 일시사용

'일시사용'이란 권리자의 지배를 일시적으로 배제하고 자동차 등을 교통수단으로 사용하는 것을 말한다.[2] 만약 일시사용을 초과하는 경우에는 절도죄가 성립한다. 또한 일시사용은 처음부터 불법하게 사용을 개시한 경우만을 의미한다. 왜냐하면 정당하게 사용하다가 동의의 범위를 초과하여 사용한 경우까지 범죄로 파악하게 되면 단순한 계약위반행위까지 형벌로 다스릴 위험성이 있기 때문이다. 그러므로 자동차수리업체에 수리를 의뢰한 고객의 자동차를 정비사가 무단으로 사용하고 아무 말 없이 반환한 경우에는 본죄가 성립하지만, 렌터카업체에서 빌린 차량을 정해진 시간 내에 반환하지 않거나 렌터카계약 명의자 이외의 자가 운전을 하였다고 하여 본죄가 성립하는 것은 아니다. 그리고 일시사용은 독자적인 사용이어야 하기 때문에 무임승차

---

1) 대법원 1987. 3. 24. 선고 85도1979 판결(속칭 딸딸이는 농업기계인 경운기를 밭갈이, 양수, 탈곡, 운반에 더 효율적이 있도록 개조한 것으로 그 기능상 불가피하게 도로상에 이동하는 경우가 있다고 할지라도 위 용구의 본질적인 기능과 구조로 볼 때에는 농업기계화촉진법 제2조에서 말하는 농업기계로 보아야 하고 도로운송차량법과 도로교통법상의 자동차로 볼 수 없다).
2) 대법원 1998. 9. 4. 선고 98도2181 판결.

나 달리는 자동차에 매달려 가는 것만으로는 본죄의 성립이 부정된다. 한편 자동차의 시동을 걸고 냉·난방시설을 이용하거나 라디오를 청취하는 경우에는 본죄가 성립하지 아니한다. 왜냐하면 자동차를 본래의 사용방법에 따라 사용했다고 하기 위해서는 엔진을 걸고 발진조작을 해야 하기 때문이다.[1]

(3) 주관적 구성요건

본죄가 성립하기 위해서는 행위자에게 불법영득의 의사가 없어야 하고, 일시사용의 의사만 있어야 한다. 왜냐하면 불법영득의 의사가 있다면 절도죄가 성립하기 때문이다.[2] 또한 행위자는 일시사용의 의사 이외에 자동차 등의 사용에 대한 권리자의 동의가 없다는 것을 인식해야 한다.

3. 실행의 착수시기 및 기수시기

(1) 실행의 착수시기

본죄의 실행의 착수시기와 관련하여, ① 시동을 걸기 전 사용할 의사로 승차한 때라는 견해[3], ② 일시사용의 의사로 자동차 등의 시동을 건 때라는 견해[4], ③ 일시사용의 의사로 자동차 등을 출발시킬 때라는 견해[5] 등의 대립이 있다.

생각건대 사용할 의사로 승차하여 시동을 걸어 자동차 등이 조금이라도 움직이는 그 순간에 실행의 착수를 인정해야 한다. 왜냐하면 자동차 등에 시동을 걸더라도 냉·난방시설을 이용하거나 라디오 등을 청취할 목적이 있는 경우도 있기 때문이다. 본죄의 사용이 교통수단의 용도에 의한 사용이라는 점도 감안해야 한다.

(2) 기수시기

본죄의 기수시기와 관련하여, ① 자동차 등의 시동을 걸고 출발하는 때라는 견해[6], ② 사회통념상 어느 정도의 거리를 운행한 때라는 견해[7] 등의 대립이 있으나, 본죄의 성질이 계속범이라는 점을 감안한다면 후자의 견해가 타당하다. 본죄의 미수범은 처벌한다(제342조).

---

1) 대법원 2020. 12. 30. 선고 2020도9994 판결(피고인이 이 사건 차량을 운전하려는 의도로 제동장치를 조작하여 차량이 뒤로 진행하게 되었다고 해도, 시동이 켜지지 않은 상태였던 이상 자동차를 본래의 사용방법에 따라 사용했다고 보기 어렵다).

2) 대법원 2002. 9. 6. 선고 2002도3465 판결.

3) 김성돈, 332면; 오영근, 271면; 이형국/김혜경, 360면.

4) 김선복, 277면; 김성천/김형준, 357면; 김신규, 357면; 김혜정 외 4인, 289면; 임 웅, 377면; 정성근/정준섭, 201면.

5) 이재상/장영민/강동범, 294면; 정영일, 156면.

6) 김성돈, 333면; 김성천/김형준, 357면.

7) 김선복, 277면; 김신규, 357면; 오영근, 271면; 이형국/김혜경, 360면; 임 웅, 377면; 정영일, 157면.

V. 상습절도죄

> 제332조(상습범) 상습으로 제329조 내지 제331조의2의 죄를 범한 자는 그 죄에 정한 형의 2분의 1까지 가중한다.

1. 의 의

상습절도죄는 상습으로 절도죄·야간주거침입절도죄·특수절도죄·자동차등불법사용죄 등을 범함으로써 성립하는 범죄이다. 본죄는 행위자의 상습성으로 인한 형벌가중적 구성요건이며, 부진정신분범에 해당한다.

2. 상습성의 판단기준

'상습성'이란 일정한 행위를 반복적으로 행하는 습벽을 말한다. 전과사실[1]이 없이 절도행위를 하였더라도 절도습벽이 원인인 경우에는 본죄가 성립[2]할 수 있는 반면에, 여러 번의 절도를 하였다고 하더라도 절도습벽의 발현이 아닌 경우에는 본죄가 성립하지 아니한다.[3] 그러므로 상습성을 인정하려면 절도의 전과가 수회이고 그 수단·방법·성질이 같다는 사실 이외에 그 범행이 절도습성의 발현이라고 인정되는 경우에 한하고, 그 범행이 우발적인 동기나 급박한 경제적 사정하에서 이루어진 것이어서 절도습성의 발로라고 볼 수 없는 경우에는 상습절도로 인정할 수 없는 것이다. 절도행위를 여러 번 거듭한 것만을 가지고 절도의 습벽이 발현된 것이라고 단정할 수는 없다.[4] 그리고 피고인의 범행이 최종 절도전과 사실로 형의 집행을 마친 후 장시간 지난 시점에서 단 1회 이루어진 경우에 이를 상습절도로 인정하려면, 그 전과 사실과 종합하여 그 범행이 피고인의 절도습벽의 발로라고 인정하여도 무리가 아니라고 할 수 있는 특별한 사정이 있어야 한다.[5]

판례에 의하면, ① 피고인들이 미리 공모하여 1982. 10. 11.부터 그해 11. 3.까지 사이에 오토바이를 절취하고 이를 이용하여 행인의 옆을 질주하면서 핸드백 등을 낚아채어 절취하는 등 피고인 1은 도합 18회, 피고인 2는 도합 14회 및 피고인 3은 도합 6회에 걸쳐 3인 또는 2인이 합동하여 범행을 거듭한 후

---

1) 대법원 1990. 6. 26. 선고 90도887 판결(상습성을 인정하는 자료에는 아무런 제한이 없으므로 과거에 소년법에 의한 보호처분을 받은 사실도 상습성 인정의 자료로 삼을 수 있다).

2) 대법원 1983. 4. 12. 선고 83도304 판결(전과사실이 없었다고 하더라도 불과 2개여월 사이에 각 8회 내지 13회의 절도 등 행위를 반복하였고 범행의 수단, 방법이 범행을 거듭함에 따라 전문화해 간 경우 그 범행의 동기 등에 비추어서 절도의 상습성을 인정할 수 있다).

3) 대법원 1984. 3. 27. 선고 84도69 판결(절도행위의 전과가 여러 번 있었다고 하여 반드시 상습성이 인정된다고 볼 수 없고, 그 여러 번의 전과사실과의 관계에서 판시 범행이 절도습성의 발현이라고 인정될 수 있는 경우에만 상습성의 인정이 가능하다).

4) 대법원 1976. 4. 13. 선고 76도259 판결.

5) 대법원 1982. 2. 23. 선고 81도3151 판결.

훔친 금품을 분배한 경우[1], ② 피고인의 각 범행이 그의 최종 특수절도 전과인 범행 후 10년 남짓이 경과된 뒤에 행하여진 것이기는 하지만 피고인에게는 위 최종전과를 포함하여 4회에 걸친 절도죄 또는 특수절도죄의 실형전과가 있는데다가 차량과 대형절단기 등을 범행도구로 이용하여 새벽 1시가 넘은 심야에 근접한 장소에서 3회에 걸쳐 절취행위를 반복한 경우[2], ③ 절도죄로 형의 선고를 받아 그 집행유예기간 중에 있는 자가 출소한지 한달만에 다시 절도행위를 반복한 경우[3], ④ 절·강도 전과가 6회나 있는 자가 비록 복역출소 후 1년 10월이 경과된 후의 것이기는 하나 아는 사람의 집에서 자고 나오면서 반지와 카메라를 훔쳐 나온 경우[4], ⑤ 피고인은 1974. 3.경 절도죄로 소년법에 의한 보호처분을 받은 것을 비롯하여 1976. 1.경 특수절도죄로 징역 10월에 2년간 집행유예의 판결을 선고받았고, 1977. 4.경 절도죄로 소년법에 의한 보호처분을 받았으며 1981. 3.경 절도죄로 징역 6월을 선고받아 그 집행을 종료한 전과가 있는데다가 또 다시 두 차례에 걸쳐 타인의 재물을 절취한 경우[5], ⑥ 피고인의 범행이 최종 전과사실로 출소한 때부터 약 3년의 기간이 경과하였으나 상습특수절도 등으로 7차에 걸쳐 실형선고를 받은 전력이 있는 경우[6], ⑦ 피고인이 1987. 5. 1. 야간주거침입절도죄로 소년부 송치결정을 받은 바 있고 1988. 10. 5. 절도 등 죄로 징역 10개월에 2년간 집행유예의 확정판결을 받은 절도범행이 그해 7. 12.에 한 것이며 이 사건 범행은 그 이전인 그해 5월과 6월 사이에 7차례에 걸쳐 단기간 내에 저질러진 것으로서 그 범행장소가 같고 절취한 돈도 그때마다 유흥비로 탕진한 경우[7] 등에 있어서는 본죄가 성립한다.

하지만 ① 절도 등의 전과사실이 모두 13년 전의 범행들이고, 이건 범행은 최종전과 사실(절도죄)과는 약 5년이 경과한 후에 행하여진 것이며, 피고인은 그 동안 노동으로 가족을 부양하다가 우연히 옆집 부엌에 있는 개고기를 보고 다리 2개를 그 집 자녀가 보는 가운데서 가지고 가 먹지도 않고 선반 위에 갖다 놓아둔 경우[8], ② 피고인의 범행이 최종전과 사실인 상습절도사실과는 약 6년이 경과된 후에 행하여진 것이고, 피고인은 위 최종전과 범행 이후 자동차 운전면허를 취득하여 택시운전사로 종사하다가 이 사건 범행 전에 자동차 접촉사고가 발생하여 휴업하던 중 벌과금이 나올 것 같아 이를 마련하고자 이건 범행에 이른 경우[9], ③ 현재 63세의 노인으로서 복역을 하고 출소한 이후에는 과거의 잘못을 뉘우치고 선량한 생활을 하면서 가끔 미장공일을 하고, 아들과 딸이 있어 그들이 매달 생활비를 보태주어 비교적 안정된 생활을 하고 있는 피고인에게 3차례에 걸친 전과사실이 있으나 최종범행일로부터는 6년이 훨씬 지나고 출소일로부터는 3년이 지난 시점에 와서 이 사건 범행을 단 1회 범한 경우[10] 등에 있어서는 본죄가 성립하지 아니한다.

---

1) 대법원 1983. 10. 11. 선고 83도2137 판결.
2) 대법원 1987. 10. 26. 선고 87도1662 판결.
3) 대법원 1983. 10. 11. 선고 83도1885 판결.
4) 대법원 1983. 8. 23. 선고 83도1506 판결.
5) 대법원 1983. 4. 26. 선고 83도445 판결.
6) 대법원 1982. 10. 12. 선고 82도2010 판결.
7) 대법원 1990. 2. 13. 선고 89도2377 판결. 이 경우 확정판결의 절도범행과 이 사건 절도범행은 모두 절도의 습벽이 발현된 것이어서 포괄하여 상습절도죄의 일죄를 구성한다고 할 것이므로 확정판결의 기판력이 이 사건 범행에도 미친다는 이유로 면소의 판결을 한 것은 정당하다.
8) 대법원 1984. 3. 13. 선고 84도35 판결.
9) 대법원 1982. 1. 19. 선고 81도3133 판결.
10) 대법원 1987. 9. 8. 선고 87도1371 판결.

3. 죄수 및 다른 범죄와의 관계

(1) 죄 수

상습성을 갖춘 자가 여러 개의 죄를 반복하여 저지른 경우에는 각 죄를 별죄로 보아 경합범으로 처단할 것이 아니라 그 모두를 포괄하여 상습범이라고 하는 하나의 죄로 처단하는 것이 상습범의 본질 또는 상습범 가중처벌규정의 입법취지에 부합한다. 그러므로 상습특수절도와 상습절도가 상습적으로 반복된 것이라면 그 중 법정형이 중한 상습특수절도죄에 상습절도를 포괄시켜 하나의 죄만이 성립하고[1], 이러한 경우 1죄의 일부분인 상습절도부분에 관하여 유죄로 인정되지 아니한다고 하여도 주문에서 특히 무죄를 선고할 필요는 없다.[2] 절도의 습벽이 있는 자가 절도, 야간주거침입절도, 특수절도죄의 전부 또는 일부와 함께 자동차등불법사용죄를 범한 경우 이들 행위는 포괄하여 상습절도죄의 1죄만 성립한다.[3]

(2) 다른 범죄와의 관계

특정범죄가중처벌법 제5조의4[4] 제6항에 규정된 상습절도 등 죄를 범한 범인이 그 범행의 수단으로 주거침입을 한 경우에 주거침입행위는 상습절도 등 죄에 흡수되어 위 조문에 규정된 상습절도 등 죄의 1죄만이 성립하고 별개로 주거침입죄를 구성하지 아니한다. 또한 위 상습절도 등 죄를 범한 범인이 그 범행 외에 상습적인 절도의 목적으로 주거침입을 하였다가 절도에 이르지 아니하고 주거침입에 그친 경우에도 그것이 절도상습성의 발현이라고 보이는 이상 주거침입행위는 다른 상습절도 등 죄에 흡수되어 위 조문에 규정된 상습절도 등 죄의 1죄만을 구성하고 상습절도 등 죄와 별개로 주거침입죄를 구성하지 아니한다.[5]

---

[1] 대법원 1978. 2. 14. 선고 77도3564 판결; 대법원 1975. 5. 27. 선고 75도1184 판결.

[2] 대법원 1975. 12. 23. 선고 75도3155 판결.

[3] 대법원 2002. 4. 26. 선고 2002도429 판결.

[4] 특정범죄가중처벌법 제5조의4(상습 강도·절도죄 등의 가중처벌)

① 삭제

② 5명 이상이 공동하여 상습적으로 형법 제329조부터 제331조까지의 죄 또는 그 미수죄를 범한 사람은 2년 이상 20년 이하의 징역에 처한다.

③ 삭제

④ 삭제

⑤ 형법 제329조부터 제331조까지, 제333조부터 제336조까지 및 제340조·제362조의 죄 또는 그 미수죄로 세 번 이상 징역형을 받은 사람이 다시 이들 죄를 범하여 누범으로 처벌하는 경우에는 다음 각 호의 구분에 따라 가중처벌한다.

1. 형법 제329조부터 제331조까지의 죄(미수범을 포함한다)를 범한 경우에는 2년 이상 20년 이하의 징역에 처한다.

2. 형법 제333조부터 제336조까지의 죄 및 제340조 제1항의 죄(미수범을 포함한다)를 범한 경우에는 무기 또는 10년 이상의 징역에 처한다.

3. 형법 제362조의 죄를 범한 경우에는 2년 이상 20년 이하의 징역에 처한다.

⑥ 상습적으로 형법 제329조부터 제331조까지의 죄나 그 미수죄 또는 제2항의 죄로 두 번 이상 실형을 선고받고 그 집행이 끝나거나 면제된 후 3년 이내에 다시 상습적으로 형법 제329조부터 제331조까지의 죄나 그 미수죄 또는 제2항의 죄를 범한 경우에는 3년 이상 25년 이하의 징역에 처한다.

[5] 대법원 2017. 7. 11. 선고 2017도4044 판결.

제 2 절 강도의 죄

Ⅰ. 강도죄

> 제333조(강도) 폭행 또는 협박으로 타인의 재물을 강취하거나 기타 재산상의 이익을 취득하거나 제삼자로
> 하여금 이를 취득하게 한 자는 3년 이상의 유기징역에 처한다.
> 제341조(상습범) 상습으로 제333조, 제334조, 제336조 또는 전조 제1항의 죄를 범한 자는 무기 또는 10년
> 이상의 징역에 처한다.
> 제342조(미수범) 제329조 내지 제341조의 미수범은 처벌한다.
> 제343조(예비, 음모) 강도할 목적으로 예비 또는 음모한 자는 7년 이하의 징역에 처한다.
> 제345조(자격정지의 병과) 본장의 죄를 범하여 유기징역에 처할 경우에는 10년 이하의 자격정지를 병과할
> 수 있다.

1. 의의 및 보호법익

강도죄는 폭행 또는 협박으로 타인의 재물을 강취하거나 기타 재산상의 이익을 취득하거나 제3자로 하여금 이를 취득하게 함으로써 성립하는 범죄이다. 본죄는 폭행·협박행위와 재물취득이 수단과 목적의 관계에 있는 결합범이다.

본죄는 원칙적으로 재산, 즉 재물에 대한 사실상의 소유상태 및 평온한 점유와 재산상의 이익을 포함한 재산 일반을 보호법익으로 한다. 판례에 의하면 재산이란 재물과 재산상의 이익을 포함하는 개념이다. 이에 더하여 신체의 온전성(폭행의 경우) 또는 의사결정과 활동의 자유(협박의 경우) 등의 인격적 법익[1]도 보호법익으로 보아야 한다. 보호의 정도는 침해범이다.[2]

본죄에 대하여 불법이 가중된 구성요건으로서 특수강도죄(제334조), 인질강도죄(제336조), 강도상해·치상죄(제337조), 강도살인·치사죄(제338조), 강도강간죄(제339조), 해상강도죄(제340조) 등이 있고, 책임이 가중된 구성요건으로서 상습강도죄(제341조)가 있다. 이에 비하여 준강도죄(제335조)는 독립된 구성요건이다.

2. 구성요건

(1) 객 체

1) 재 물

본죄의 객체는 타인이 점유하는 타인소유의 재물이다. 그러므로 타인이 점유하는 자기소유의 재물을 폭행 또는 협박으로 취득한 경우에는 점유강취죄(제325조 제1항)가 성립하고, 자기가 점유하는 타인소유의 재물을 폭행 또는 협박으로 취득한 경우에는 횡령죄와 폭행·협박죄의 상상적 경합이 된다.

---

[1] 이를 부수적인 보호법익으로 파악하는 견해(김성돈, 340면; 손동권/김재윤, 322면; 정영일, 160면)도 있으나, 재산적 법익과 동일하게 주된 보호법익으로 보아야 한다.
[2] 반면에 추상적 위험범으로 파악하는 견해로는 김성천/김형준, 360면.

본죄의 객체에서 말하는 재물에 부동산이 포함될 수 있는지 여부와 관련하여, ① 독일 형법과 같이 강도죄의 객체를 동산에 한정하고 있지 않은 우리 형법의 해석상 부동산도 객체가 된다는 점을 논거로 하는 적극설[1], ② 부동산은 탈취의 수단으로는 공격이 이루어질 수 없기 때문에 강도죄의 재산상의 이익에 포함된다는 점을 논거로 하는 소극설[2] 등의 대립이 있다.

생각건대 본죄의 객체를 동산이라고 규정하고 있지 않다는 점, 재물의 개념에는 부동산도 당연히 포함된다는 점 등을 고려할 때 부동산도 포함된다고 보아야 한다.

2) 재산상의 이익

판례에 의하면 '재산상의 이익'이란 재물 이외의 일체의 재산적 가치가 있는 이익이라고 한다. 또한 재산상의 이익은 적극적 이익(재산의 증가)인가 아니면 소극적 이익(부채의 감소)[3]인가 또는 영구적 이익인가 아니면 일시적 이익인가를 묻지 아니한다. 재산상의 이익에서 말하는 재산의 개념과 범위에 대하여는 다음과 같은 견해의 대립이 있다.

① 법률적 재산설

법률적 재산설에 따르면 재산을 민법상으로 인정되는 재산상의 권리와 의무의 총체로 파악한다. 즉 경제적 가치와는 무관하게 법적으로 승인된 재산만을 형법상의 재산이라고 하기 때문에, 불법적인 이익이나 사실상의 이익은 형법상의 재산이 아니라고 한다. 그러므로 대가를 지급할 의사 없이 성매매여성을 기망하여 성매매를 한 경우(A사례)에도 행위자가 취득한 대가 상당의 이익은 법률상 인정될 수 없는 이익에 해당하므로 재산상의 이익으로 파악할 수 없게 되어 사기죄를 인정할 수 없다. 또한 사람을 폭행·협박하여 채무를 면제받은 경우(B사례)에도 이러한 채무면제는 법률상 효력이 없으므로 재산상의 이익으로 파악할 수 없게 되어 강도죄 내지 공갈죄를 인정할 수 없다.

② 경제적 재산설

경제적 재산설[4]에 따르면 재산을 순수하게 경제적 관점에서 파악하여 객관적으로 교환가치가 인정되면 법적으로 승인되지 아니한 권리와 의무라도 재산상의 이익으로 파악한다. 즉 사법상의 효력 유무는 묻지 아니한다. 이에 의하면 A사례의 경우 성매매의 대가가 비록 법률상

---

1) 김선복, 284면; 김일수/서보학, 258면; 배종대, 309면; 오영근, 275면; 임 웅, 386면; 정영일, 160면. 타인의 주거에 들어가 주인을 폭행·협박으로 쫓아내고 자신이 그 집을 사용·수익하는 경우에는 강도죄가 성립한다. 또한 사람을 폭행 또는 협박하여 부동산의 소유권이전등기를 하도록 하는 경우에는 강도죄가 성립한다. 하지만 부동산을 절도죄의 경우에는 재물로써 다루면서, 강도죄의 경우에는 재산상의 이익으로 다루는 것은 동일한 객체에 대한 상이한 평가로서 타당하지 않다.

2) 김성돈, 342면; 김신규, 365면; 박상기, 618면; 손동권/김재윤, 325면; 이재상/장영민/강동범, 300면; 이형국/김혜경, 364면.

3) 일반적으로 택시운전사를 협박하여 일정한 거리를 가면 택시요금 상당의 재산상의 이익을 얻었으므로 강도죄 내지 공갈죄가 성립하지만, 자가용운전자를 협박하여 일정한 거리를 가면 강요죄는 될 수 있어도 강도죄 내지 공갈죄는 성립하지 않는다.

4) 권오걸, 440면; 김성돈, 343면; 김신규, 367면; 손동권/김재윤, 326면; 오영근, 232면(경제적 재산설도 '형법적으로 보호할 만한 이익'을 보호하므로 법률적·경제적 재산설과 차이가 없다); 이영란, 304면; 이재상/장영민/강동범, 303면; 임 웅, 324면; 정성근/정준섭, 178면; 정영일, 161면.

무효라고 하더라도 현실적으로 거래의 대상이 되고 있기 때문에 사기죄의 성립을 인정한다. B 사례의 경우 채무면제가 비록 법률상 무효라고 하더라도 가해자는 사실상의 이익을 누리기 때문에 강도죄 내지 공갈죄의 성립을 인정한다. 또한 도박빚과 같은 불법원인급여(민법 제746조)에 기한 채무를 폭행·협박에 의하며 면제시킨 경우에도 강도죄가 성립한다.

③ 법률적·경제적 재산설

법률적·경제적 재산설[1]에 따르면 재산을 법적으로 보호받는 경제적 이익의 총체로 보아 경제적 가치가 있는 이익 중에서 법적으로 승인된 것에 한하여 재산상의 이익으로 파악한다. 이는 경제적 재산설을 규범적으로 제한하려는 시도이다. 이에 의하면 A사례의 경우 성매매의 대가라도 법질서가 보호해야 할 이익이라면 사기죄가 성립하고, 법질서가 보호해야 할 이익이 아니라면 사기죄가 성립하지 아니한다.

④ 판례의 입장

판례는 「일반적으로 부녀와의 성행위 자체는 경제적으로 평가할 수 없고, 부녀가 상대방으로부터 금품이나 재산상의 이익을 받을 것을 약속하고 성행위를 하는 약속 자체는 선량한 풍속 기타 사회질서에 위반한 사항을 내용으로 하는 법률행위로서 무효이다. 그러나 사기죄의 객체가 되는 재산상의 이익이 반드시 사법상 보호되는 경제적 이익만을 의미하지 아니하고, 부녀가 금품 등을 받을 것을 전제로 성행위를 하는 경우 그 행위의 대가는 사기죄의 객체인 경제적 이익에 해당하므로, 부녀를 기망하여 성행위 대가의 지급을 면하는 경우 사기죄가 성립한다.」라고 판시[2]하거나 「형법 제333조 후단의 강도죄, 이른바 강제이득죄는 권리의무관계가 외형상으로라도 불법적으로 변동되는 것을 막고자 함에 있는 것으로서 항거불능이나 반항을 억압할 정도의 폭행·협박을 그 요건으로 하는 강도죄의 성질상 그 권리의무관계의 외형상 변동의 사법상 효력의 유무는 그 범죄의 성립에 영향이 없고, 법률상 정당하게 그 이행을 청구할 수 있는 것이 아니라도 강도죄에 있어서의 재산상의 이익에 해당하는 것이며, 따라서 이와 같은 재산상의 이익은 반드시 사법상 유효한 재산상의 이득만을 의미하는 것이 아니고 외견상 재산상의 이득을 얻을 것이라고 인정할 수 있는 사실관계만 있으면 된다.」라고 판시[3]하여, 경제적 재산설

1) 김선복, 286면; 김성천/김형준, 363면; 김일수/서보학, 260면; 김혜정 외 4인, 298면; 배종대, 310면. 한편 경제적 재산개념보다는 좁고 법률적·경제적 재산개념보다는 넓은 영역을 인정할 필요가 있다는 점에서 사회적·경제적 재산개념을 주장하는 견해로는 이형국/김혜경, 319면.
2) 대법원 2001. 10. 23. 선고 2001도2991 판결(성매매사기사건).
3) 대법원 1997. 2. 25. 선고 96도3411 판결(매출전표허위서명사건)(피고인들은 피해자로 하여금 각 매출전표에 서명을 하게 한 다음 이를 교부받아 소지함으로써 이미 외관상 각 매출전표를 제출하여 신용카드회사들로부터 그 금액을 지급받을 수 있는 상태가 되었다. 한편 피해자가 각 매출전표에 '조영호'라고 서명한 탓으로 피고인들이 신용카드회사들에게 각 매출전표를 제출하여도 신용카드회사들이 신용카드 가맹점 규약 또는 약관의 규정을 들어 그 금액의 지급을 거절할 가능성이 있기는 하나, 그로 인하여 피고인들이 각 매출전표 상의 금액을 지급받을 가능성이 완전히 없어져 버린 것이 아니고 외견상 여전히 그 금액을 지급받을 가능성이 있는 상태이므로 결국 피고인들이 '재산상의 이익'을 취득하였다고 볼 수 있다. 또한 피고인들이 각 매출전표를 작성시켜 취득한 후에, 피고인들이 잠들어 있는 틈을 타서 피해자가 피고인들 몰래 매출전표들을 가지고 나온 탓으로 피고인들이 카드회사로부터 매출전표에 기재된 금원을 지급받지 못하게 되었다고 하더라도 이미 기수에 달한 강제이득죄의 성부

의 입장을 취하고 있다.

⑤ 검 토

생각건대 보호법익으로서 재산은 원칙적으로 사회가 법을 통하여 보호할 가치가 있는 이익, 즉 적법한 이익이어야 한다. 하지만 현실세계에서 적법한 이익이 아니라고 하여 법이 보호해 주지 않는다면 수많은 다른 범죄를 방치하는 결과를 초래할 수 있다. 그러므로 형법상의 재산개념은 객관적인 교환가치가 있다면 비록 법적으로 승인된 권리가 아니라고 할지라도 이를 인정해 줄 필요성이 생긴다. 그렇다고 하여 어떠한 불법적인 재산에 대하여도 절대적으로 보호를 해 주어야 한다는 것은 아니다. 여기서 불법한 재산과 이를 침해하여 발생하게 되는 불법을 서로 비교하여 그 불법성의 경중을 파악하는 작업이 필요하게 된다. 위의 성매매 사기사건과 같이 피고인이 성매매의 대가를 지급하지 않은 것이 아니라, 만약 살인청부를 지시하고 그 대가를 지급하지 않은 사건에서 피고인이 살인청부의 대가를 지급하지 않았다면 사기죄에 대한 결론이 바뀌었을 지도 모른다. 그러므로 법률적·경제적 재산설이 타당하다.

(2) 행 위
1) 폭행 또는 협박

본죄는 의사결정의 자유 또는 의사활동의 자유도 보호법익으로 하고 있기 때문에 폭행 또는 협박이 반드시 사람이나 사람의 신체에 대한 것임을 요하지 아니한다. 그러므로 물건에 대한 유형력의 행사도 경우에 따라 본죄에서 말하는 폭행·협박이 될 수도 있다. 왜냐하면 다수설이 말하는 최협의의 폭행 개념에는 폭행의 대상이 한정되어 있지도 않기 때문이다. 즉 본죄에 있어서 폭행·협박의 정도는 사회통념상 객관적으로 상대방의 반항을 억압하거나 항거불능하게 할 정도의 것이면 된다. 현실적으로 해악을 가할 의사나 해악의 내용이 실현될 가능성이 없어도 본죄의 협박이 될 수 있다. 그러므로 장난감 권총으로 상대방을 협박하여 재물을 강취한 경우에도 본죄가 성립할 수 있는 것이다. 또한 폭행·협박으로 상대방의 재물을 강취하면 족하고 폭행·협박을 받은 자가 반드시 재물의 소유자 또는 점유자임을 요하지 아니한다.[1]

판례는 강도의 고의를 가진 경우에도 객관적으로 폭행·협박이 반항을 억압하거나 현저하게 곤란하게 할 정도임에 달하지 못한 경우에는 공갈죄가 성립한다고 하는데[2], 이 경우에는 강도미수죄로 처벌해야 한다.

판례에 의하면, ① 약물을 주어 기절시키는 경우[3], ② 골목길을 지나가던 피해자에게 접근하여 피고인

에 어떠한 영향을 줄 수 없다); 대법원 1995. 12. 22. 선고 94도3013 판결; 대법원 1994. 2. 22. 선고 93도428 판결; 대법원 1992. 5. 26. 선고 91도2963 판결; 대법원 1987. 2. 10. 선고 86도2472 판결.

1) 대법원 1967. 6. 13. 선고 67도610 판결.

2) 대법원 1961. 5. 12. 선고 4294형상101 판결; 대법원 1960. 2. 29. 선고 4292형상997 판결.

3) 대법원 1979. 9. 25. 선고 79도1735 판결('아리반'(신경안정제) 4알을 탄 우유나 사와가 들어 있는 갑을 휴대하고 다니다가 사람에게 마시게 하여 졸음에 빠지게 하고 그 틈에 그 사람의 돈이나 물건을 빼앗은 경우에 그 수단은 강도죄에서 요구하는 남의 항거를 억압할 정도의 폭행에 해당된다); 대법원 1962. 2. 15. 선고 4294형상700 판결.

은 망을 보고 상피고인은 그 뒤를 따라가다가 그 등을 발로 한번 세게 차서 넘어뜨리고 그로 말미암아 그가 안경을 깨뜨려 얼굴과 왼손가락에 약 1주일간의 치료를 요할 상해를 입힌 경우[1], ③ 피해자가 맞은 편에서 걸어오고 있는 것을 발견하고 접근하여 미리 준비한 돌멩이로 안면을 1회 강타하여 전치 3주간의 안면부좌상 및 피하출혈상 등을 입힌 경우[2], ④ 피고인이 새벽 3시경 길이 약 14cm의 과도를 들고 피해자의 공장 담을 넘어 들어가 피해자의 얼굴에 과도를 들이대고 위협한 경우[3], ⑤ 수명의 행위자가 피해자를 둘러싸고 도피할 수 없도록 위협을 가한 경우[4] 등에 있어서는 본죄에서 말하는 폭행·협박을 인정할 수 있다.

하지만 ① 범행시간과 장소 및 그 범행의 대상자 선정에 있어 불과 100원 내지 200원 정도의 잔돈만을 소지하고 있는 15세 정도의 소년에 대하여서만 범행한 점, 위 피해자가 피고인에게 '내 돈을 돌려주어'라고 피고인에게 요구했는가 하면 피고인이 피해자에게 시계를 벗어달라고 했으나 시계는 안주었다는 취지의 진술이 있는 점 등으로 보아 피고인이 범행시 비록 칼을 내 보이기는 하였으나 협박의 정도가 피해자 등의 반항을 억압함에 족한 협박이라고는 볼 수 없다.[5] ② 타인에게 상해를 가하여 혼미상태에 빠지게 한 경우에 우발적으로 그의 재물을 도취하는 것은 폭행을 도취의 수단으로 사용한 것이 아니므로 본죄가 성립하지 아니한다.[6] ③ 피고인이 피해자에게 사기화투를 친 것인지 여부를 확인하고 잃은 돈을 되돌려 받을 속셈으로 추궁하였으나 피해자가 순순히 응하지 않으므로 다소의 강제력을 사용하여 피해자로부터 금원을 억지로 되돌려 받은 것이 아닌가 하는 짐작이 가는 경우[7], ④ 범행이 일어난 시각은 대낮이며(12:30경에서 14:23경 사이), 피고인 일행이 피해자를 데려 갔다는 공동묘지도 큰길에서 멀리 떨어져 있다거나 인적이 드물어 장소 자체에서 외포심을 불러일으킬 수 있을 정도의 곳이라고는 보이지 아니하고, 피고인 일행은 공동묘지로 가는 도중 슈퍼마켓에 들러 피해자의 요구에 의하여 캔 맥주를 사 주었고, 휴대전화로 통장입금 하라는 말을 듣고 피해자를 직접 대면하기를 원하는 피해자 고모의 요구를 받아들여 고모가 있는 장소까지 차를 몰고 가서 피해자와 고모를 대면시켜 주고 고모로부터 추가입금을 받았을 뿐만 아니라, 피고인은 피해자 측으로부터 돈을 받은 다음 그런 취지의 확인서까지 작성해 주었다는 것이고, 그 과정에서 피고인 일행이 피해자에게 어떠한 유형적인 물리력도 행사하지 아니하였음은 사실인바, 그렇다면 피고인들 일행 4명이 피해자를 체포하여 승합차에 감금한 상태에서 경찰관을 사칭하면서 기소중지 상태의 피해자에 대하여 '경찰서로 가자.', '돈을 갚지 않으면 풀어줄 수 없다.' 또는 '돈을 더 주지 않으면 가만 두지 않겠다.'는 등의 협박을 한 경우[8] 등에 있어서는 본죄에서 말하는 폭행·협박을 인정할 수 없다.

이른바 '날치기'와 같이 강제력을 사용하여 재물을 절취하는 행위가 때로는 피해자를 넘어뜨리거나 부상하게 하는 경우가 있고, 구체적인 상황에 따라 이를 강도로 인정하여야 할 때가 있다.[9] 예를 들면 날치기 수법의 점유탈취 과정에서 이를 알아채고 재물을 뺏기지 않으려는 피

---

1) 대법원 1972. 1. 31. 선고 71도2114 판결.
2) 대법원 1986. 12. 23. 선고 86도2203 판결.
3) 대법원 1986. 7. 8. 선고 86도931 판결.
4) 대법원 1960. 8. 30. 선고 4293형상343 판결.
5) 대법원 1976. 8. 24. 선고 76도1932 판결.
6) 대법원 1956. 8. 17. 선고 4289형상170 판결.
7) 대법원 1993. 3. 9. 선고 92도2884 판결.
8) 대법원 2001. 3. 23. 선고 2001도359 판결.
9) 대법원 2003. 7. 25. 선고 2003도2316 판결.

해자의 반항에 부딪혔음에도 계속하여 피해자를 끌고 가면서 억지로 재물을 빼앗은 행위는 피해자의 반항을 억압한 후 재물을 강취한 것으로서 강도죄가 성립한다.[1] 하지만 그와 같은 결과가 피해자의 반항억압을 목적으로 함이 없이 점유탈취의 과정에서 우연히 가해진 경우라면 이는 강도가 아니라 절도에 불과한 것으로 보아야 할 것이다.

2) 재물의 취득(재물강취)

'재물강취'란 반항을 억압할 수 있는 폭행·협박을 사용하여 피해자의 의사에 반하여 재물을 자기 또는 제3자의 지배하에 옮기는 것을 말한다. 도박에 사용된 자금(불법원인급여)을 강취하더라도 본죄가 성립한다.

3) 재산상의 이익의 취득(강제이득)

'강제이득'이란 반항을 억압할 수 있는 폭행·협박을 사용하여 피해자의 의사에 반하여 재산상의 이익을 취득하거나 제3자로 하여금 취득하게 하는 것을 말한다. 여기서 재산상의 이익을 취득하기 위하여 피해자의 처분행위가 요구되는지 여부가 문제될 수 있는데, 재물강취에 있어서 억압상태하에서의 처분행위를 반드시 처분행위라고 볼 수는 없으므로 재산상의 이익취득에서도 피해자의 처분행위는 별도로 필요하지 않다는 소극설[2] 및 판례[3]의 태도가 타당하다. 외견상 피해자의 처분행위가 있는 경우라도 이는 피해자의 진정한 의사에 의한 것이 아니므로 유효한 처분행위라고 보기도 어렵다.

4) 폭행·협박과 재물의 강취 또는 재산상의 이익의 취득 사이의 인과관계

피고인이 타인에 대하여 반항을 억압함에 충분한 정도의 폭행 또는 협박을 가한 사실이

---

1) 대법원 2007. 12. 13. 선고 2007도7601 판결(황금동날치기사건)(피고인들은 빌린 승용차를 함께 타고 돌아다니다가 범행대상 여자가 나타나면 피고인 1이 범행대상을 쫓아가 돈을 빼앗고 피고인 2는 승용차에서 대기하다가 범행을 끝낸 피고인 1을 차에 태워 도주하기로 공모한 다음, 2006. 12. 1. 11:00경 대구 수성구 황금동 소재 롯데캐슬아파트 부근으로 차량을 운전해 가 운전석 창문으로 농협 현금인출기가 잘 보이도록 차량을 주차해 놓고 1시간 동안 그곳에서 돈을 인출하는 사람을 지켜보고 있던 중, 피해자 공소외인(여, 55세)이 위 현금인출기에서 돈을 인출하여 가방에 넣고 나오는 것을 발견하고 피고인 1이 차에서 내려 피해자를 뒤따라간 사실, 피고인 1은 그곳에서 400m 가량 떨어진 대구은행 황금동지점 입구까지 5~6m 정도의 거리를 두고 피해자를 따라가다가 피해자가 상가건물 안의 위 은행으로 들어가려고 하는 것을 보고 피해자의 뒤쪽 왼편으로 접근하여 피해자의 왼팔에 끼고 있던 손가방의 끈을 오른손으로 잡아당겼으나 피해자는 가방을 놓지 않으려고 버티다가 몸이 돌려지면서 등을 바닥 쪽으로 하여 넘어진 사실, 피고인 1이 가방 끈을 잡고 계속하여 당기자 피해자는 바닥에 넘어진 상태로 가방 끈을 놓지 않은 채 "내 가방, 사람 살려!!!"라고 소리치면서 약 5m 가량 끌려가다가 힘이 빠져 가방을 놓쳤고, 그 사이에 위 피고인은 피해자의 가방을 들고 도망가던 중 아파트경비업체 직원에게 붙잡힌 사실, 피고인 1의 위와 같은 행위로 인하여 피해자의 가방이 약간 찢어졌으며, 피해자는 바닥에 넘어져 끌려가는 과정에서 왼쪽 무릎이 조금 긁히고 왼쪽 어깨부위에 견관절 염좌상을 입은 사실이 인정된다. 사실관계가 이러하다면, 피고인 1이 피해자로부터 가방을 탈취하면서 피해자에게 사용한 강제력이 단지 피해자로부터 순간적이고 강력적인 방법으로 가방을 절취하는 날치기 수법의 절도행위 과정에서 우연히 가해진 것에 불과하다고 볼 수는 없으며, 이는 가방을 뺏기지 않으려는 피해자의 반항을 억압하기 위한 목적에서 행해진 것이고 또 피해자의 반항을 억압하기에 족한 정도의 폭행에 해당한다).

2) 김성천/김형준, 367면; 김신규, 371면; 김일수/서보학, 264면; 배종대, 314면; 손동권/김재윤, 330면; 신동운, 916면; 오영근, 279면; 이영란, 306면; 이재상/장영민/강동범, 308면; 이형국/김혜경, 367면; 임 웅, 387면; 정성근/정준섭, 209면; 정영일, 164면.

3) 대법원 1999. 3. 9. 선고 99도242 판결; 대법원 1964. 9. 8. 선고 64도310 판결.

있다고 해도 그 타인이 재물 취거의 사실을 알지 못하는 사이에 그 틈을 이용하여 피고인이 우발적으로 타인의 재물을 취거한 경우에는 폭행이나 협박이 재물 탈취의 방법으로 사용된 것이 아님은 물론, 그 폭행 또는 협박으로 조성된 피해자의 반항억압의 상태를 이용하여 재물을 취득하는 경우에도 해당하지 아니하여 양자 사이에 인과관계가 존재하지 아니한다. 그러므로 폭행 또는 협박에 의한 반항억압의 상태가 처음부터 재물 탈취의 계획 아래 이루어졌다거나 양자가 시간적으로 극히 밀접되어 있는 등 전체적·실질적으로 단일한 재물 탈취의 범의의 실현행위로 평가할 수 있는 경우에 해당하지 아니하는 한 강도죄의 성립을 인정하여서는 안 될 것이다.[1] 이에 따라 재물탈취시 폭행·협박하였더라도 이로 인하여 피해자의 주의를 다른 데로 돌리게 하고, 그 사이에 재물을 취거한 때에는 폭행죄 내지 협박죄와 절도죄가 성립한다. 강간범이 사람을 강간할 목적으로 폭행·협박에 의하여 반항을 억압한 후 반항억압 상태가 계속 중임을 이용하여 재물을 탈취하는 경우에는 재물탈취를 위한 새로운 폭행·협박이 없더라도 강도죄가 성립한다.[2] 그리고 피고인이 강도의 범의 없이 공범들과 함께 피해자의 반항을 억압함에 충분한 정도로 피해자를 폭행하던 중 공범들이 피해자를 계속하여 폭행하는 사이에 피해자의 재물을 취거한 경우에는 피고인 및 공범들의 폭행에 의한 반항억압의 상태와 재물의 탈취가 시간적으로 극히 밀접하여 전체적·실질적으로 재물 탈취의 범의를 실현한 행위로 평가할 수 있으므로 강도죄의 성립을 인정할 수 있고, 그 과정에서 피해자가 상해를 입었다면 강도상해죄가 성립한다.[3]

한편 피고인의 폭행·협박으로 인하여 피해자의 의사가 억압되어 반항이 불가능한 정도에 이르렀다고 하더라도 그 후 피고인의 폭행·협박으로부터 벗어난 이후에는 그러한 의사억압상태가 계속된다고 보기는 어렵다.[4]

---

1) 대법원 2009. 1. 30. 선고 2008도10308 판결(피고인이 피해자와 윤락을 위해 위 주점을 나와 모텔로 갈 당시 피해자에게 화대를 지급하기 위해 현금 인출기에서 20만원을 인출하여 모텔비 35,000원을 지급한 다음 위 모텔 408호실에서 피해자와 성관계를 하던 중에 피해자가 피고인의 성교행위가 너무 과격하다는 이유로 항의를 하면서 성교를 중단하는 바람에 말다툼이 벌어져 이에 화가 난 피고인이 피해자에 대한 폭행을 시작하면서 피해자가 이불을 뒤집어쓴 후에도 계속해서 주먹과 발로 피해자를 구타한 후 이불 속에 들어 있는 피해자를 두고 옷을 입고 방을 나가다가 탁자 위의 피해자 손가방 안에서 현금 20만원 등이 든 피해자의 키홀더를 우발적으로 가져갔다는 것이고, 한편 피해자는 자신이 이불을 덮어쓴 상태에서 피고인으로부터 폭행을 당한 후 나중에 주위가 조용해져 이불에서 나와 구조를 요청하면서 보니 현금 등이 없어진 사실을 비로소 발견하게 되었다는 것으로, 그와 같이 피고인의 이 사건 재물 취거행위가 피해자가 이불 속에 들어가 있어 이를 전혀 인식하지 못한 가운데 이루어진데다가 그 원인이 되었던 피고인의 피해자에 대한 폭행행위도 그와는 전혀 무관한 윤락행위 도중의 시비 끝에 발생하게 된 것이 사실이라면, 비록 위 재물의 취득이 피해자에 대한 폭행 직후에 이루어지긴 했지만 위 폭행이 피해자의 재물 탈취를 위한 피해자의 반항억압의 수단으로 이루어졌다고 단정할 수 없어 양자 사이에 인과관계가 존재한다고 보기 어렵다).

2) 대법원 2010. 12. 9. 선고 2010도9630 판결(강간범이 강간행위 후에 강도의 범의를 일으켜 그 부녀의 재물을 강취하는 경우에는 강도강간죄가 아니라 강간죄와 강도죄의 경합범이 성립될 수 있을 뿐이지만, 강간행위의 종료 전 즉 그 실행행위의 계속 중에 강도의 행위를 할 경우에는 이때에 바로 강도의 신분을 취득하는 것이므로 이후에 그 자리에서 강간행위를 계속하는 때에는 강도가 부녀를 강간한 때에 해당하여 형법 제339조에 정한 강도강간죄를 구성한다).

3) 대법원 2013. 12. 12. 선고 2013도11899 판결.

(3) 주관적 구성요건

본죄가 성립하기 위해서는 폭행 또는 협박으로 타인의 재물을 강취하거나 재산상의 이익을 취득하는 것에 대한 인식 또는 인용이 있어야 한다. 객관적으로는 항거불가능의 폭행·협박을 하면서 주관적으로는 공갈죄 정도의 폭행·협박을 한다고 착오한 경우에는 공갈죄만이 성립한다.

3. 위법성조각사유

권리행사의 일환으로 폭행·협박을 행사한 경우에 있어서, 불법영(이)득의사에서의 불법은 영(이)득의 불법이 아니라 강취의 불법을 의미하기 때문에 원칙적으로 본죄의 구성요건해당성이 인정된다.[1] 하지만 폭행·협박이 사회통념상 용인되는 범위 내에 있다면 예외적으로 인정되어 위법성이 조각될 수 있다.

4. 강도예비·음모죄

강도할 목적으로 예비 또는 음모한 자는 7년 이하의 징역에 처한다. 강도예비·음모죄에 관한 법정형이 절도죄의 법정형을 초과하는 등 상당히 무겁게 정해져 있고, 원래 예비·음모는 법률에 특별한 규정이 있는 경우에 한하여 예외적으로 처벌의 대상이 된다는 점(형법 제28조)을 고려하면, 강도예비·음모죄로 인정되는 경우는 법정형에 상당한 정도의 위법성이 나타나는 유형의 행위로 한정함이 바람직하다. 형법은 준강도를 항상 강도와 같이 취급할 것을 명시하고 있는 것은 아니고, 절도범이 준강도를 할 목적을 가진다고 하더라도 이는 절도범으로서는 결코 원하지 않는 극단적인 상황인 절도 범행의 발각을 전제로 한 것이라는 점에서 본질적으로 극히 예외적이고 제한적이라는 한계를 가질 수밖에 없으며, 형법은 흉기를 휴대한 절도를 특수절도라는 가중적 구성요건(제331조 제2항)으로 처벌하면서도 그 예비행위에 대한 처벌조항은 마련하지 않고 있는데, 만약 준강도를 할 목적을 가진 경우까지 강도예비로 처벌할 수 있다고 본다면

---

4) 대법원 1995. 3. 28. 선고 95도91 판결(18시간경과사건)(피고인이 1994. 4. 2. 01:00경 피해자의 집과 여관에서 폭행, 협박을 한 후 그로부터 상당한 시간이 경과한 후인 같은 날 19:00경 다른 장소에서 위 금원을 교부받았다는 것인바, 그렇다면 피고인의 위와 같은 폭행, 협박으로 인하여 위 피해자의 의사가 억압하여 반항이 불가능한 정도에 이르렀다고 하더라도 그 후 피고인의 폭행, 협박으로부터 벗어난 이후에는 그러한 의사억압상태가 계속된다고 보기는 어렵다고 할 것이고, 위 금원 교부 당시에 다시 피해자의 의사를 억압하여 반항을 불가능하게 할 정도의 폭행, 협박이 있었다거나, 이전의 폭행, 협박으로 인한 의사억압상태가 위 금원교부시까지 계속되었다고 볼 특별한 사정이 있었다고 볼 증거는 없고, 오히려 위 피해자가 피고인과 헤어진 후 피고인으로부터 다시 돈을 요구하는 무선호출연락을 받고 피고인이 다시 행패를 부릴 것이 두려워 은행에서 예금을 인출하여 피고인에게 지급하였다는 사정이 엿보이므로, 위 금원교부는 위 피해자의 의사에 반하여 반항이 불가능한 상태에서 강취된 것이라기보다는 피해자의 하자 있는 의사에 의하여 교부된, 즉 갈취당한 것으로 보인다).

1) 대법원 1995. 12. 12. 선고 95도2385 판결(피고인이 공소외 1로부터 피해자인 공소외 2에 대한 외상물품 대금채권의 회수를 의뢰받았다고 하더라도, 피고인이 위 피해자의 반항을 억압할 정도의 폭행과 협박을 가하여 재물 및 재산상 이득을 취득한 이상 이는 정당한 권리행사라고 볼 수 없음이 명백하여 강도상해죄가 성립함에는 아무런 지장이 없다); 대법원 1962. 2. 15. 선고 4294형상677 판결.

흉기를 휴대한 특수절도를 준비하는 행위는 거의 모두가 강도예비로 처벌받을 수밖에 없게 되어 형법이 흉기를 휴대한 특수절도의 예비행위에 대한 처벌조항을 두지 않은 것과 배치되는 결과를 초래하게 된다는 점 및 정당한 이유 없이 흉기 기타 위험한 물건을 휴대하는 행위 자체를 처벌하는 조항을 폭력행위처벌법 제7조[1]에 따로 마련하고 있다는 점 등을 고려하면, 강도예비·음모죄가 성립하기 위해서는 예비·음모 행위자에게 미필적으로라도 '강도'를 할 목적이 있음이 인정되어야 하고, 그에 이르지 않고 단순히 '준강도'할 목적이 있음에 그치는 경우에는 강도예비·음모죄로 처벌할 수 없다.[2]

　　하지만 살인죄의 경우에는 죄의 본질상 살해의 대상자가 특정되어야 하지만, 강도죄의 경우는 죄의 본질상 강도의 대상자가 특정될 것을 요하지 아니한다. 그러므로 강도예비는 강도의 결의를 하고 실행의 착수에 이르지 아니하였으나 그 결의의 존재가 객관적으로 인식할 수 있는 정도로 실행의 준비를 하는 것으로, 예를 들면 강도에 사용할 흉기를 매입하거나 흉기를 휴대하고 습격할 통행인을 대기하거나 강도범행 대상자를 물색한 때에는 강도예비죄가 성립한다.[3]

5. 죄수 및 다른 범죄와의 관계

(1) 죄 수

　　본죄는 재산이라는 비전속적 법익과 의사결정의 자유 및 의사활동의 자유와 신체의 온전성이라는 일신전속적 법익을 모두 침해하는 범죄이므로 재산에 대한 관리자의 수 및 일신전속적 법익이 침해된 사람의 수를 종합적으로 고려하여 죄수를 판단해야 한다. ① 강도가 시간적으로 접착된 상황에서 가족을 이루는 수인에게 폭행·협박을 가하여 집안에 있는 재물을 탈취한 경우 그 재물은 가족의 공동점유 아래 있는 것으로서, 이를 탈취하는 행위는 그 소유자가 누구인지에 불구하고 단일한 강도죄의 죄책을 진다.[4] 하지만 ② 강도가 동일한 장소에서 동일한 방법으로 시간적으로 접착된 상황에서 수인의 재물을 강취하였다고 하더라도, 수인의 피해자들에게 폭행 또는 협박을 가하여 그들로부터 그들이 각기 점유관리하고 있는 재물을 각각 강취하였다면, 피해자들의 수에 따라 수개의 강도죄를 구성하는 것이다. 또한 ③ 강도가 한 개의 강도범행을 하는 기회에 수명의 피해자에게 각 폭행을 가하여 각 상해를 입힌 경우에는 각 피해자별로 수개의 강도상해죄가 성립하며 이들은 실체적 경합범의 관계에 있다.[5] 다만 ④ 강

---

1) 대법원 2018. 1. 24. 선고 2017도15914 판결(폭력행위처벌법 제7조는 "정당한 이유 없이 이 법에 규정된 범죄에 공용될 우려가 있는 흉기나 그 밖의 위험한 물건을 휴대하거나 제공 또는 알선한 사람은 3년 이하의 징역 또는 300만원 이하의 벌금에 처한다."라고 정하고 있는데, 이러한 폭력행위처벌법위반(우범자)죄는 대상범죄인 '이 법에 규정된 범죄'의 예비죄로서의 성격을 지니고 있다. 폭력행위처벌법 제7조에서 말하는 '이 법에 규정된 범죄'는 '폭력행위처벌법에 규정된 범죄'만을 말한다고 해석함이 타당하다).

2) 대법원 2006. 9. 14. 선고 2004도6432 판결.

3) 대법원 1948. 8. 17. 선고 4281형상80 판결.

4) 대법원 1996. 7. 30. 선고 96도1285 판결. 하지만 가족 구성원 개인의 일신전속적 법익에 대한 침해는 폭행이나 협박의 수죄로 파악해야 할 것이므로, 본 사안은 강도의 실체적 경합범으로 처리하는 것이 타당하다.

도범인이 피해자들의 반항을 억압하는 수단인 폭행·협박행위가 사실상 공통으로 이루어졌기 때문에, 법률상 1개의 행위로 평가되어 상상적 경합으로 보아야 될 경우가 있는 것은 별개의 문제이다.[1]

(2) 다른 범죄와의 관계

① 감금행위가 강간죄나 강도죄의 수단이 된 경우에도 감금죄는 강간죄나 강도죄에 흡수되지 아니하고 별죄를 구성하는데[2], 감금행위가 단순히 강도상해 범행의 수단이 되는데 그치지 아니하고 강도상해의 범행이 끝난 뒤에도 계속된 경우에는 1개의 행위가 감금죄와 강도상해죄에 해당하는 경우라고 볼 수 없고, 이 경우 감금죄와 강도상해죄는 경합범 관계에 있다.[3] ② 피해자를 강간한 자가 강간행위 후에 강도의 범의를 일으켜 그 피해자가 강간의 범행으로 항거불능상태에 있음을 이용하여 재물을 강취하는 경우에는 강간죄와 강도죄의 경합범이 성립될 수 있을 뿐 강도강간죄로서 의율될 수는 없다.[4] ③ 절도범이 체포를 면탈할 목적으로 경찰관에게 폭행·협박을 가한 때에는 준강도죄와 공무집행방해죄를 구성하고 양죄는 상상적 경합관계에 있으나, 강도범이 체포를 면탈할 목적으로 경찰관에게 폭행을 가한 때에는 강도죄와 공무집행방해죄는 실체적 경합관계에 있다.[5]

Ⅱ. 특수강도죄

> 제334조(특수강도) ① 야간에 사람의 주거, 관리하는 건조물, 선박이나 항공기 또는 점유하는 방실에 침입하여 제333조의 죄를 범한 자는 무기 또는 5년 이상의 징역에 처한다.
> ② 흉기를 휴대하거나 2인 이상이 합동하여 전조의 죄를 범한 자도 전항의 형과 같다.
> 제341조(상습범) 상습으로 제333조, 제334조, 제336조 또는 전조 제1항의 죄를 범한 자는 무기 또는 10년 이상의 징역에 처한다.

---

5) 대법원 1987. 5. 26. 선고 87도527 판결.
1) 대법원 1991. 6. 25. 선고 91도643 판결(피고인들이 공소외 1과 함께 1989. 12. 9. 03:10경 서울 서대문구 홍은동 소재 여관에 투숙객을 가장하고 들어가, 공소외 1이 '조용히 하라'고 하면서 숙박할 방을 안내하려던 여관의 종업원인 피해자 1의 옆구리와 허벅지를 칼로 찔러 상해를 가하고 201호실로 끌고 들어가는 등 폭행·협박을 하고 있던 중, 마침 다른 방에서 나오던 여관의 주인인 피해자 2도 같은 방에 밀어 넣은 후, 피해자 2로부터 현금과 금반지를 강취하고, 1층 안내실에서 피해자 1 소유의 현금을 꺼내간 사실, 피고인 2 및 3이 피해자 2에 대한 특수강도죄에 관하여 이미 유죄의 확정판결을 받은 사실 등을 인정한 다음, 특수강도행위가 동일한 장소에서 동일한 방법으로 접착된 시간적 상황에서 이루어진 경우에는 피해자가 여러 사람이라고 하더라도 단순일죄로 보아야 한다).
2) 대법원 1997. 1. 21. 선고 96도2715 판결.
3) 대법원 2003. 1. 10. 선고 2002도4380 판결(피고인은 공소외 1 등과 피해자로부터 돈을 빼앗자고 공모한 다음 그를 강제로 승용차에 태우고 가면서 공소사실과 같이 돈을 빼앗고 상해를 가한 뒤에도 계속하여 상당한 거리를 진행하여 가다가 교통사고를 일으켜 감금행위가 중단되었는데, 이와 같이 감금행위가 단순히 강도상해 범행의 수단이 되는데 그치지 아니하고 그 범행이 끝난 뒤에도 계속되었으므로, 피고인이 저지른 감금죄와 강도상해죄는 형법 제37조의 경합범 관계에 있다).
4) 대법원 1977. 9. 28. 선고 77도1350 판결.
5) 대법원 1992. 7. 28. 선고 92도917 판결.

제342조(미수범)   제329조 내지 제341조의 미수범은 처벌한다.
제343조(예비, 음모)   강도할 목적으로 예비 또는 음모한 자는 7년 이하의 징역에 처한다.
제345조(자격정지의 병과)   본장의 죄를 범하여 유기징역에 처할 경우에는 10년 이하의 자격정지를 병과할
수 있다.

1. 야간주거침입강도죄

　야간주거침입강도죄는 야간에 사람의 주거·관리하는 건조물·선박·항공기 또는 점유하는
방실에 침입하여 강도죄를 범함으로써 성립하는 범죄이다. 본죄는 주거침입죄와 강도죄의 결합
범이다. 강도상해죄에 있어서의 강도는 제334조 제1항 특수강도도 포함된다. 그런데 제334조
제1항 특수강도죄는 '주거침입'이라는 요건을 포함하고 있으므로 제334조 제1항 특수강도죄가
성립할 경우 '주거침입죄'는 별도로 처벌할 수 없고, 제334조 제1항 특수강도에 의한 강도상해
가 성립할 경우에도 별도로 '주거침입죄'를 처벌할 수 없다.[1]

　본죄의 실행의 착수시기와 관련하여, ① 주거침입시라는 견해[2], ② 폭행·협박시라는 견
해[3] 등의 대립이 있다.

　생각건대 주거침입시에 실행의 착수를 인정한다면 야간에 주거침입시 체포된 경우 야간주
거침입절도죄인지 야간주거침입강도죄인지가 행위자의 내심의 상태로만 결정되는 불합리한
점이 발생한다. 그러므로 강도의 의사가 외부적으로 표출되는 단계인 폭행·협박시에 실행의
착수를 인정하는 것이 타당하다. 대법원의 일관되지 못한 태도는 하루빨리 시정되어야 할 것
이다.

2. 흉기휴대강도죄

　흉기휴대강도죄는 흉기를 휴대하여 강도함으로써 성립하는 범죄이다. 강도죄에 있어서의

---

1) 대법원 2012. 12. 27. 선고 2012도12777 판결(피고인이 야간에 피해자의 주거에 침입하여 재물을 물색하던
　중 피해자가 잠에서 깨어나자 피해자를 폭행하여 간음하고 재물을 강취할 것을 마음먹고, 주먹으로 피해자의 얼
　굴 부위를 수회 때려 피해자의 반항을 억압한 후 피해자의 바지와 팬티를 벗겨 피해자를 간음하려 하였으나 피해
　자의 집 밖에서 차량 소리가 들리는 바람에 피해자를 간음하지 못하고, 현금 8,730원을 가지고 나온 범행은 강도
　상해, 강도강간미수에 해당하는 이외에 그와 별도로 주거침입죄는 성립하지 아니한다).
2) 김선복, 292면; 김성천/김형준, 371면; 신동운, 922면; 정영일, 165면; 최호진, 367면. 대법원 1992. 7. 28. 선고
　92도917 판결(형법 제334조 제1항 소정의 야간주거침입강도죄는 주거침입과 강도의 결합범으로서 시간적으로 주
　거침입행위가 선행되는 것이므로 주거침입을 한 때에 본죄의 실행에 착수한 것으로 볼 것인바, 같은 조 제2항
　소정의 흉기휴대 합동강도죄에 있어서도 그 강도행위가 야간에 주거에 침입하여 이루어지는 경우에는 주거침입
　을 한 때에 실행에 착수한 것으로 보는 것이 타당하다).
3) 김신규, 377면; 김일수/서보학, 268면; 김혜정 외 4인, 306면; 박상기, 622면; 배종대, 318면; 손동권/김재윤, 334면;
　이상돈, 1025면; 이영란, 311면; 이재상/장영민/강동범, 318면; 이형국/김혜경, 369면; 임　웅, 391면; 정성근/정준
　섭, 211면. 대법원 1991. 11. 22. 선고 91도2296 판결(형법 제334조 제1, 2항 소정의 특수강도의 실행의 착수는
　어디까지나 강도의 실행행위, 즉 사람의 반항을 억압할 수 있는 정도의 폭행 또는 협박에 나아갈 때에 있다고
　할 것이고, 야간에 흉기를 휴대한 채 타인의 주거에 침입하여 집안의 동정을 살피는 것만으로는 동 법조에서 말하
　는 특수강도의 실행에 착수한 것이라고 할 수 없다).

재물탈취의 수단인 폭행 또는 협박의 유형으로 흉기를 휴대하고 하는 경우와 그렇지 않은 경우로 나누어 흉기를 휴대하고 하는 경우를 특수강도로 하고, 그렇지 않은 경우를 단순강도로 하여 처벌을 달리하고 있다. 처음에 흉기를 휴대하지 않았던 절도범이 체포를 면탈할 목적으로 추적하는 사람에 대하여 비로소 흉기를 휴대하여 흉기로서 협박을 가한 경우에는 특수강도의 예에 의한 준강도로 의율해야 한다.[1]

3. 합동강도죄

합동강도죄는 2인 이상이 합동하여 강도함으로써 성립하는 범죄이다. 제334조 제2항에 규정된 합동범은 주관적 요건으로서 공모가 있어야 하고[2], 객관적 요건으로서 현장에서의 실행행위의 분담이라는 협동관계가 있어야 한다. 피고인이 다른 피고인들과 택시강도를 하기로 모의한 일이 있다고 하여도 다른 피고인들이 피해자에 대한 폭행에 착수하기 전에 겁을 먹고 미리 현장에서 도주해 버린 것이라면 다른 피고인들과 사이에 강도의 실행행위를 분담한 협동관계가 있었다고 보기 어려우니 피고인을 특수강도의 합동범으로 다스릴 수는 없다.[3] 한편 다수가 특수강도의 범행을 모의한 이상 그 중 피고인은 범행의 실행에 가담하지 아니하고 나머지 피고인들이 강취해 온 장물의 처분을 알선만 하였다고 하더라도, 동 피고인은 특수강도의 공동정범이 된다고 할 것이므로 장물알선죄로 의율할 것이 아니다.[4]

Ⅲ. 준강도죄

제335조(준강도) 절도가 재물의 탈환에 항거하거나 체포를 면탈하거나 범죄의 흔적을 인멸할 목적으로 폭행 또는 협박한 때에는 제333조 및 제334조의 예에 따른다.
제342조(미수범) 제329조 내지 제341조의 미수범은 처벌한다.
제345조(자격정지의 병과) 본장의 죄를 범하여 유기징역에 처할 경우에는 10년 이하의 자격정지를 병과할 수 있다.

---

1) 대법원 1973. 11. 13. 선고 73도1553 전원합의체 판결.
2) 대법원 2001. 12. 11. 선고 2001도4013 판결(형법 제334조 제2항 소정의 합동범에 있어서의 공모나 모의는 반드시 사전에 이루어진 것만을 필요로 하는 것이 아니고, 범행현장에서 암묵리에 의사상통하는 것도 포함되나, 이와 같은 공모나 모의는 그 '범죄될 사실'이라고 할 것이므로 이를 인정하기 위하여는 엄격한 증명에 의하지 않으면 안 된다).
3) 대법원 1985. 3. 26. 선고 84도2956 판결. 동 판결은 실행의 착수 전에 공모관계에서 이탈한 자를 공동정범으로 인정하지 않고 있다. 하지만 모든 경우에 있어서 실행의 착수 전에 공모관계에서 이탈한 자가 공동정범이 되지 않는 것은 아니다. 이는 공모자의 관계가 대등한 경우에 한해 적용되는 것이고, 공모자 사이의 관계가 실력적 지배관계가 있을 경우 그 실력자가 이탈한 것만으로는 공동정범이 부정되지 않고 경우에 따라서는 공동정범이 인정되는 경우도 있다.
4) 대법원 1983. 2. 22. 선고 82도3103 판결.

1. 의 의

준강도죄는 절도가 재물의 탈환에 항거하거나 체포를 면탈하거나 범죄의 흔적을 인멸할 목적으로 폭행 또는 협박을 가함으로써 성립하는 범죄이다. 본죄는 절도죄와 폭행죄 내지 협박죄의 결합범의 형식을 취하고 있어 강도죄와 동일하지만, 폭행·협박의 시간적인 선후관계가 강도죄와는 달리 절도 이후에 발생한다는 점에서 '사후강도죄'라고도 한다. 본죄를 강도죄의 예에 따라 처벌하는 취지는, 강도죄와 준강도죄의 구성요건인 재물탈취와 폭행·협박 사이에 시간적 순서상 전후의 차이가 있을 뿐 실질적으로 위법성이 동일하다고 보기 때문이다. 이는 절도범이 절도 기수 후 또는 절도의 착수 후 그 수행의 범의를 포기한 후에 소정의 목적으로서 폭행 또는 협박을 하는 행위가 그 태양에 있어서 재물탈취의 수단으로서 폭행·협박을 가하는 강도죄에 준하여 평가될 수 있는 실질적 위법성을 지니게 됨에 비추어 이를 엄벌하기 위한 것이다. 또한 재물탈환의 항거·체포의 면탈·범죄흔적의 인멸 중 어느 하나의 목적이 반드시 있어야만 하는 목적범에 해당한다.

본죄의 법적 성격과 관련하여, ① 행위의 주체가 절도범이지만 절도죄의 가중적 구성요건이 아니라 강도죄에 준하는 독립된 범죄유형에 속한다는 견해[1], ② 강도죄의 특수한 유형이라는 견해[2] 등의 대립이 있다.

생각건대 본죄는 강도죄의 특수유형이라기보다는 위험성으로 인하여 강도죄에 준하여 처벌하는 것으로서 독립된 범죄로 파악하는 것이 타당하다.

한편 본죄가 신분범에 해당하는지 여부와 관련하여, ① 본죄의 행위주체는 절도의 정범이어야 하고, 교사범이나 종범은 해당되지 않는다는 점을 논거로 하는 적극설[3], ② 절도는 실질적으로 결합범의 한 내용이라는 점, 절도는 일신전속적 특성이 아니라는 점, 계속성이 구비되어 있지 않아 누구나 절도로 나아가 본죄의 주체가 될 수 있다는 점 등을 논거로 하는 소극설[4] 등의 대립이 있다.

생각건대 소극설이 타당하다. 왜냐하면 신분범에서 말하는 신분이란 사회생활상의 지위인데, 절도는 사회생활상의 지위라고 할 수 없기 때문이다.

---

1) 김선복, 293면; 김신규, 377면; 김일수/서보학, 268면; 박상기, 623면; 배종대, 327면; 손동권/김재윤, 336면; 이영란, 312면; 이재상/장영민/강동범, 312면; 이형국/김혜경, 370면; 정성근/정준섭, 212면.
2) 임 웅, 392면.
3) 김성천/김형준, 372면; 박상기, 623면.
4) 김성돈, 352면; 손동권/김재윤, 337면; 신동운, 932면; 오영근, 284면; 이형국/김혜경, 370면; 임 웅, 392면; 정성근/정준섭, 213면; 정영일, 166면.

2. 구성요건

(1) 주 체

본죄의 주체는 모든 형태의 절도범이다.[1] 이와 같이 본죄의 주체는 절도범이고 절도죄의 객체는 재물이기 때문에 재산상의 이익을 면하기 위한 폭행·협박은 준강도가 될 수 없다.[2] 또한 절도의 기수와 미수를 묻지 아니한다.[3] 그러나 절도의 예비·음모단계에서 폭행·협박을 한 경우에는 본죄가 성립하지 아니한다.

절도죄의 교사범이나 방조범은 본죄의 주체가 될 수 없고, 절도죄의 정범만이 본죄의 주체가 될 수 있다.[4] 절취행위에 가담하지 않은 교사범이나 방조범은 폭행·협박을 하더라도 절도의 기회(시간적·장소적 근접성)에 하는 것이 아니어서 주체가 될 수 없고, 단지 절도교사죄 또는 절도방조죄와 폭행·협박죄의 경합범이 될 뿐이다.

강도가 본죄의 주체가 될 수 있는지 여부와 관련하여, ① 강도는 절도의 모든 구성요건을 충족시키므로 본죄의 주체가 될 수 있다는 적극설[5], ② 법문상 절도에 국한되어 있으므로 본죄의 주체가 될 수 없다는 소극설[6], ③ 단순히 강도죄의 폭행·협박을 개시하였다가 체포를 면탈할 목적으로 특수폭행을 한 경우에는 강도미수죄와 특수폭행죄의 실체적 경합범, 폭행·협박을 넘어 재물강취를 개시한 이후 체포를 면탈하기 위해 특수폭행을 한 경우에는 준특수강도죄가 성립한다는 견해[7] 등의 대립이 있다.

이에 대하여 판례는 「절도범인이 체포를 면탈할 목적으로 경찰관에게 폭행·협박을 가한 때에는 준강도죄와 공무집행방해죄를 구성하고 양죄는 상상적 경합관계에 있으나, 강도범인이 체포를 면탈할 목적으로 경찰관에게 폭행을 가한 때에는 강도죄와 공무집행방해죄는 실체적

1) 대법원 1968. 4. 23. 선고 68도334 판결. 이에 대하여 자동차등불법사용죄의 실행에 착수한 자는 본죄의 주체가 될 수 없다는 견해로는 오영근, 284면.

2) 대법원 2014. 5. 16. 선고 2014도2521 판결(술값26만원사건)(피고인은 2013. 8. 3. 12:30 피해자가 운영하는 술집에서 피해자로부터 술값 26만원의 지급을 요구받자 피해자를 유인·폭행하여 술값의 지급을 면하기로 마음먹고, 피해자를 부근에 있는 래미안아파트 뒤편 골목으로 유인한 후, 양손으로 피해자의 어깨 부위를 붙잡아 밀치고 발로 다리를 걸어 바닥에 넘어뜨린 다음 피해자의 몸 위에 올라타 양손으로 피해자의 목을 조르거나 피해자의 입을 손으로 막고 주먹으로 얼굴을 때리려고 하는 등으로 반항하지 못하게 한 다음 그대로 도주함으로써, 술값 26만원의 지급을 면하여 같은 금액 상당의 재산상의 이익을 취득하고 피해자에게 약 2주간의 치료를 요하는 양측 팔꿈치의 찰과상 등의 상해를 가하였다. 그렇다면 피고인이 피해자에게 지급해야 할 술값의 지급을 면하여 재산상의 이익을 취득하고 피해자를 폭행하였다는 것인데, 그 자체로 절도의 실행에 착수하였다는 내용이 포함되어 있지 않다).

3) 대법원 1990. 2. 27. 선고 89도2532 판결.

4) 김성천/김형준, 374면; 김신규, 378면; 김일수/서보학, 269면; 배종대, 328면; 손동권/김재윤, 338면; 이형국/김혜경, 372면; 임 웅, 393면; 정성근/정준섭, 213면.

5) 김성천/김형준, 373면; 배종대, 328면.

6) 김선복, 294면; 김성돈, 353면; 김신규, 379면; 김일수/서보학, 269면; 박상기, 623면; 손동권/김재윤, 338면; 이형국/김혜경, 372면; 임 웅, 393면; 정성근/정준섭, 213면; 정영일, 167면.

7) 이영란, 313면.

경합관계에 있고 상상적 경합관계에 있는 것이 아니다.」라고 판시[1]하여, 소극설의 입장을 취하고 있다.

생각건대 준강도의 인정취지는 절도가 폭행·협박을 함으로써 불법이 가중되어 강도와 같이 취급하는 데에 있으므로, 강도의 준강도는 부정되며, 이 경우에는 강도죄와 폭행죄 내지 협박죄의 경합범으로 의율해야 한다.

(2) 행 위

1) 절도의 기회

본죄에 있어서의 폭행·협박은 절도의 기회에 이루어져야 한다. '절도의 기회'란 절도의 실행의 착수 후 절취와 시간적·장소적으로 밀접한 연관성이 있는 상태를 말한다. 먼저 장소적 근접성과 관련하여 범행장소에서 추적 중인 경우에는 거리와 상관없이 장소적 근접성이 유지된다. 예를 들면 피고인이 절도의 실행에 착수한 이후 피해자에게 발각되어 계속 추적당하거나 재물을 면탈하고자 피해자에게 폭행을 가하였다면 그 장소가 범행현장으로부터 70m 떨어진 경우[2]·200m 떨어진 경우[3]·2km 떨어진 경우[4] 등이라고 할지라도 절도의 기회 계속 중에 폭행을 가한 것이라고 보아야 할 것이다. 하지만 추적으로부터 이탈한 후 폭행한 경우에는 절도죄와 폭행죄의 경합범이 된다.

다음으로 시간적 근접성과 관련하여 폭행·협박은 절도의 실행의 착수 이후에 행해져야 한다. 그런데 폭행·협박이 시간적으로 절도의 언제까지 이루어져야 하는지와 관련하여, ① 기수 전까지 행해져야 한다는 견해, ② 기수 직후까지 행해져야 한다는 견해[5], ③ 종료 전까지 행해져야 한다는 견해[6], ④ 종료 직후까지 행해져야 한다는 견해[7] 등의 대립이 있다.

이에 대하여 판례는 「준강도는 절도범인이 절도의 기회에 재물탈환, 항거 등의 목적으로 폭행 또는 협박을 가함으로써 성립되는 것이므로, 그 폭행 또는 협박은 절도의 실행에 착수하여 그 실행 중이거나 그 실행 직후 또는 실행의 범의를 포기한 직후로서 사회통념상 범죄행위가 완료되지 아니하였다고 인정될 만한 단계에서 행하여짐을 요한다.」라고 판시[8]하여, 종료 전

---

1) 대법원 1992. 7. 28. 선고 92도917 판결.
2) 대법원 1987. 1. 26. 선고 87도1662 판결.
3) 대법원 1984. 9. 11. 선고 84도1398 판결.
4) 대법원 1982. 7. 13. 선고 82도1352 판결(절도범행의 종료 후 얼마되지 아니한 단계이고 안전지대에로 이탈하지 못하고 피해자측에 의하여 체포될 가능성이 남아있는 단계에서 추적당하여 체포되려 하자 구타한 경우에는 절도행위와 그 체포를 면탈하기 위한 구타행위와의 사이에 시간상 및 거리상 극히 근접한 관계에 있다 할 것이므로 준강도죄가 성립한다).
5) 이재상/장영민/강동범, 314면.
6) 김일수/서보학, 271면; 손동권/김재윤, 340면; 신동운, 925면; 정영일, 168면.
7) 김성돈, 355면; 김성천/김형준, 374면; 김신규, 380면; 배종대, 329면; 오영근, 286면; 이영란, 314면; 이형국/김혜경, 374면; 임 웅, 395면; 정성근/정준섭, 215면.
8) 대법원 1999. 2. 26. 선고 98도3321 판결(피고인이 피해자의 집에서 절도범행을 마친지 10분 가량 지나 피해자의 집에서 200m 가량 떨어진 버스정류장이 있는 곳에서 피고인을 절도범인이라고 의심하고 뒤쫓아 온 피해자에게 붙잡혀 피해자의 집으로 돌아왔을 때 비로소 피해자를 폭행한 것은 사회통념상 절도범행이 이미 완료된 이후라

까지라고 보기도 하고,「절도의 기회라고 함은 절도범인과 피해자측이 절도의 현장에 있는 경우와 절도에 잇달아 또는 절도의 시간·장소에 접착하여 피해자측이 범인을 체포할 수 있는 상황, 범인이 죄적인멸에 나올 가능성이 높은 상황에 있는 경우를 말하고, 그러한 의미에서 피해자측이 추적태세에 있는 경우나 범인이 일단 체포되어 아직 신병확보가 확실하다고 할 수 없는 경우에는 절도의 기회에 해당한다.」라고 판시[1]하여, 종료 직후까지라고 보기도 한다.

생각건대 체포면탈의 목적이나 증거인멸의 목적 등을 위한 폭행·협박은 절도의 종료 후에도 얼마든지 가능하기 때문에 '종료 직후'까지 행해질 수 있다고 파악해야 한다.

마지막으로 폭행·협박은 당해 절도와 연관되어 이루어져야 한다. 비록 체포를 면탈할 목적으로 폭행·협박이 이루어졌다고 할지라도 절도와 무관하게 이루어지면 본죄가 성립할 수 없다. 예를 들면 폭행·협박의 상대방이 피해자·목격자·현행범체포자·추격자 등과 같이 절도와 관련성이 있는 자의 경우에는 준강도가 성립하지만, 절도 직후 우연히 경찰관의 불심검문을 피하기 위하여 폭행·협박한 경우에는 절도와의 연관성이 없어 준강도가 성립하지 아니한다.

2) 폭행·협박

본죄의 성립에 필요한 수단으로서의 폭행 또는 협박의 정도는 상대방의 반항을 억압하는 수단으로서 일반적·객관적으로 가능하다고 인정되는 정도의 것이면 되는 것이고, 반드시 현실적으로 반항을 억압하였음을 필요로 하는 것은 아니다. 이는 체포되려는 구체적 상황에 비추어 체포의 공격력을 억압함에 족한 정도의 것인지 여부에 따라 결정되어야 할 것이다. 폭행·협박의 상대방은 절도의 피해자와 일치할 필요는 없다. 그러므로 추격자·경찰 등에 대한 폭행·협박으로도 본죄의 성립이 가능하다.

판례에 의하면, ① 오토바이를 끌고 가다가 추격하여 온 피해자에게 멱살을 잡히게 되자 체포를 면탈할 목적으로 피해자의 얼굴을 주먹으로 때리고, 놓아주지 아니하면 죽여버리겠다고 협박한 경우[2], ② 피해자가 신문지에 싸서 들고 가는 현금 500만원을 빼앗아 달아나려다가 체포를 면탈할 목적으로 자기의 멱살을 잡은 피해자의 얼굴을 주먹으로 때리고 뒤로 밀어 넘어뜨려 10일간의 치료를 요하는 구강내 열창상을 입게 한 경우[3], ③ 절도가 체포를 면탈할 목적으로 상대방의 왼쪽 손바닥을 1회 입으로 깨물어 전치 1주일을 요하는 좌측 수장교상을 입힌 경우[4], ④ 피고인들이 봉고승합차량을 타고 다니면서 행

할 것이므로 준강도죄가 성립할 수 없다).

1) 대법원 2001. 10. 23. 선고 2001도4142 판결(피고인은 절도행위가 발각되어 도주하다가 곧바로 뒤쫓아 온 보안요원에게 붙잡혀 보안사무실로 인도되어 피해자로부터 그 경위를 확인받던 중 체포된 상태를 벗어나기 위해서 위 피해자에게 폭행을 가하여 상해를 가한 사실이 인정되고, 사실관계가 이러하다면 피고인은 일단 체포되었다고는 하지만 아직 신병확보가 확실하다고 할 수 없는 단계에서 체포된 상태를 면하기 위해서 피해자를 폭행하여 상해를 가한 것이므로 이러한 피고인의 행위는 절도의 기회에 체포를 면탈할 목적으로 폭행하여 상해를 가한 것으로서 강도상해죄에 해당한다); 대법원 1984. 7. 24. 선고 84도1167 판결(피해자가 절도범인 체포사실을 파출소에 신고전화를 하려는데 잘해보자며 대들어 폭행을 하였는데, 그 곳이 체포현장이고 주위 사람에게 도주를 방지하게 부탁한 상태 아래 일어난 것이니 이를 준강도행위로 의율한 조치에 위법이 없다).

2) 대법원 1983. 3. 8. 선고 82도2838 판결.

3) 대법원 1985. 11. 12. 선고 85도2115 판결.

인의 재물을 탈취할 것을 공모하고 합동하여 지나가는 피해자를 범행대상으로 지목하고 차량을 세운 후 공동피고인 1, 2는 차량안에서 대기하거나 차량 주위에서 망을 보고 피고인과 공동피고인 3은 차량에서 내려 피해자에게 다가가서 공동피고인 3이 피해자가 들고 있던 가방을 낚아채고 피고인은 피해자를 힘껏 떠밀어 콘크리트바닥에 넘어져 상처를 입게 함으로써 추적을 할 수 없게 한 경우[1], ⑤ 피고인이 체포를 면탈할 목적으로 피고인을 검거하려던 피해자에게 소지 중인 과도를 꺼내어 찌를 듯이 위협한 경우[2] 등에 있어서는 본죄에서 말하는 폭행·협박이 인정된다.

하지만 ① 피고인이 범행이 발각되어 목욕탕을 나와 출입문 앞길로 도망하는데 피해자가 추적해 와 피고인의 저고리어깨와 등부분을 붙잡아 도망하려고 잡은 손을 뿌리치는 바람에 피해자는 밀려 넘어지면서 상처를 입었으며 곧 목욕탕 주인이 나와 피해자와 합세하여 피고인이 체포된 경우[3], ② 피고인을 체포하려는 피해자가 체포에 필요한 정도를 넘어서서 발로 차며 늑골 9, 10번 골절상, 좌폐기흉증, 좌흉막출혈 등 전치 3개월을 요하는 중상을 입힐 정도로 심한 폭력을 가해오자 피고인이 이를 피하기 위하여 엉겹결에 솥뚜껑을 들어 위 폭력을 막아 내려다가 그 솥뚜껑에 스치어 피해자가 상처를 입게 된 경우[4], ③ 날치기수법으로 강력하게 재물을 탈취하였지만 피해자의 반항을 억압할 목적 없이 점유이탈의 과정에서 우연히 피해자를 전도시키거나 부상당하게 한 경우[5] 등에 있어서는 본죄에서 말하는 폭행·협박이 인정되지 아니한다.

(3) 주관적 구성요건

본죄가 성립하기 위해서는 절취에 대한 고의 및 폭행·협박에 대한 고의 이외에 재물탈환의 항거·체포의 면탈·범죄흔적의 인멸 등의 목적 가운데 어느 하나 이상의 목적이 있어야 한다. 목적의 달성 여부는 본죄의 기수·미수의 성립에 아무런 영향이 없다.

'재물탈환의 항거'란 절취한 재물을 탈환당하지 않으려고 대항하는 것을 말한다. 이는 절도가 일단 재물을 배타적 지배하에 옮긴 뒤 피해자 등의 탈환에 항거하는 경우를 말하기 때문에 아직 배타적 지배가 확립되지 않은 상태에서 재물에 대한 지배를 확립할 목적으로 폭행·협박한 경우에는 본죄가 아니라 강도죄가 성립한다. '체포의 면탈'이란 절도범이 피해자나 추격자 등에게 검거되어 신체가 구속되는 상황을 면하기 위한 것을 말한다. 범인 자신뿐만 아니라 공범자의 체포를 면탈하게 하는 경우도 포함된다. 범인이 일단 체포되어 아직 신병확보가 확실하다고 할 수 없는 경우에도 이에 해당한다.[6] '범죄흔적의 인멸'이란 절도범으로 검거되었을 때 범행의 증명자료가 되는 증거를 소멸시키는 것을 말한다. 다만 절취의 범행 중에 범죄의 흔적을 인멸할 목적으로 사람을 살해한 경우에는 강도살인죄가 성립한다.

4) 대법원 1967. 9. 19. 선고 67도1015 판결.
1) 대법원 1991. 11. 26. 선고 91도2267 판결.
2) 대법원 1981. 3. 24. 선고 81도409 판결.
3) 대법원 1985. 5. 14. 선고 85도619 판결.
4) 대법원 1990. 4. 24. 선고 90도193 판결.
5) 대법원 2003. 7. 25. 선고 2003도2316 판결.
6) 대법원 2009. 7. 23. 선고 2009도5022 판결.

3. 미수와 기수의 구별

1995. 12. 29. 형법 개정을 통하여 본죄의 미수범 처벌규정을 신설하였다. 이에 따라 본죄의 기수와 미수를 구별하는 기준과 관련하여, ① 피해자에 대한 폭행·협박을 수단으로 하여 재물을 탈취하고자 하였으나 그 목적을 이루지 못한 자가 강도미수죄로 처벌되는 것과 마찬가지로, 절도미수범이 폭행·협박을 가한 경우에도 강도미수에 준하여 처벌하는 것이 합리적이라는 점, 만일 강도죄에 있어서는 재물을 강취하여야 기수가 됨에도 불구하고 준강도의 경우에는 폭행·협박을 기준으로 기수와 미수를 결정하게 되면 재물을 절취하지 못한 채 폭행·협박만 가한 경우에도 준강도죄의 기수로 처벌받게 됨으로써 강도미수죄와의 불균형이 초래된다는 점 등을 논거로 하여, 절도의 기수·미수가 기준이 된다는 견해(절취행위기준설)[1], ② 절도미수라고 하더라도 일정한 목적을 위하여 사람의 반항을 억압할 정도의 폭행 또는 협박을 하는 경우 그 실질적 위법성이 강도죄와 같다고 보아 이를 강도죄의 기수와 동일하게 처벌하는 것이 형사정책적으로 불합리하다고 단정할 수 없다는 점, 절도가 미수에 그쳤다는 점은 양형의 단계에서 유리한 사정으로 참작함으로써 족하다는 점, 준강도죄에 있어 행위의 주체는 '절도'이고, 구성요건적 행위는 '재물의 탈환을 항거하거나 체포를 면탈하거나 죄적을 인멸할 목적으로 폭행 또는 협박을 가하는 것'인데, 범죄의 기수·미수를 구별하는 기준은 범죄의 완성 여부, 즉 구성요건적 행위의 종료 여부이기 때문에 준강도죄의 주체는 절도이고 여기에는 기수는 물론 형법상 처벌규정이 있는 미수도 포함되는 것이지만, 준강도죄의 기수·미수의 구별은 구성요건적 행위인 폭행 또는 협박이 종료되었는가 하는 점에 따라 결정된다고 해석하는 것이 법규정의 문언 및 미수론의 법리에 부합하는 것이라는 점 등을 논거로 하여, 폭행·협박의 기수·미수가 기준이 된다는 견해(폭행·협박행위기준설)[2], ③ 준강도죄에 있어서 그 행위의 주체는 절도범(미수범 포함)이라고 할 것이지만, 그 구성요건적 행위는 폭행 또는 협박이라고 보아야 한다는 점, 준강도죄에 있어서도 원칙적으로 그 실행의 착수 이후의 상황에 의하여 기수 여부를 결정하여야 할 것이기 때문에 절도범이 일반적·객관적으로 보아 사람의 반항을 억압할 정도의 폭행 또는 협박을 개시하기는 하였으나 그 행위를 종료하지 못하였거나 또는 그로 인한 결과가 발생하지 아니한 때에는 이를 준강도죄의 미수범으로 처벌한다는 것이 바람직하다는 점, 객관적으로 보아 피해자의 반항을 억압할 정도의 폭행 또는 협박이 있었음에도 불구하고 피해자가 반항의사가 전혀 억압된 바 없이 단지 귀찮은 생각에서 또는 연민의 정에서 재물을 교부한 경우 이를 강도죄의 기수범이 아니라 미수범으로 처벌하여야 할 것이라는 점 등을 논거로 하여, 폭행·협박행위를 기준으로 하여 준강도죄의 미수범을 인정하는 이외에 절취행위가 미수에 그친 경우에도 이를 준

---

1) 김성돈, 356면; 김성천/김형준, 377면; 김신규, 381면; 김일수/서보학, 274면; 김혜정 외 4인, 310면; 손동권/김재윤, 343면; 신동운, 935면; 이재상/장영민/강동범, 315면; 정성근/정준섭, 216면.
2) 김선복, 296면; 배종대, 332면.

강도죄의 미수범이라고 보아 폭행·협박행위 또는 절취행위 중 어느 하나라도 미수에 그쳤다면 이는 준강도죄의 미수범에 해당한다고 보아야 하고, 양자가 모두 기수로 된 경우에만 준강도죄의 기수가 된다는 견해(종합기준설)[1] 등의 대립이 있다.

이에 대하여 판례는 「준강도죄의 기수 여부는 절도행위의 기수 여부를 기준으로 하여 판단하여야 한다.」라고 판시[2]하여, 절취행위기준설의 입장을 취하고 있다.

생각건대 준강도죄는 강도죄와 비교할 때 불법의 정도가 약하다. 왜냐하면 강도죄는 실행의 착수시부터 폭행·협박의 고의가 있는 경우임에 비하여 준강도죄는 절도의 고의만이 있는 자가 절도 이후에 예상하지 못하거나 우연적으로 폭행·협박을 사용한 경우이기 때문이다. 그러므로 준강도죄의 성립요건은 강도죄의 성립요건보다 완화되어서는 안 되기 때문에 종합기준설이 타당하다.

4. 공 범

판례는 「합동하여 절도를 한 경우 범인 중의 하나가 체포를 면탈할 목적으로 폭행을 하여 상해를 가한 때에는 나머지 범인도 이를 예기하지 못한 것으로 볼 수 없으면 강도상해죄의 죄책을 면할 수 없다.」라고 판시[3]하여, 절도의 공범 가운데 1인이 준강도를 범한 경우에 있어서

---

[1] 박상기, 627면; 오영근, 287면; 이영란, 317면; 이형국/김혜경, 376면; 임 웅, 397면; 정영일, 170면.

[2] 대법원 2004. 11. 18. 선고 2004도5074 전원합의체 판결(피고인이 공소외인과 합동하여 양주를 절취할 목적으로 장소를 물색하던 중, 피해자 1이 운영하는 주점에 이르러, 공소외인은 1층과 2층 계단 사이에서 피고인과 무전기로 연락을 취하면서 망을 보고, 피고인은 위 주점의 잠금장치를 뜯고 침입하여 위 주점 내 진열장에 있던 양주 45병 시가 1,622,000원 상당을 미리 준비한 바구니 3개에 담고 있던 중, 계단에서 서성거리고 있던 공소외인을 수상히 여기고 위 주점 종업원 피해자 2가 주점으로 돌아오려는 소리를 듣고서 양주를 그대로 둔 채 출입문을 열고 나오다가 피해자 2 등이 피고인을 붙잡자, 체포를 면탈할 목적으로 피고인의 목을 잡고 있던 피해자의 오른손을 깨무는 등 폭행한 사실을 인정한 다음, 피고인을 준강도미수죄로 의율·처단하였다).

[3] 대법원 1991. 11. 26. 선고 91도2267 판결; 대법원 1989. 12. 12. 선고 89도1991 판결; 대법원 1989. 3. 28. 선고 88도2291 판결; 대법원 1988. 2. 9. 선고 87도2460 판결; 대법원 1984. 12. 26. 선고 84도2552 판결; 대법원 1984. 10. 10. 선고 84도1887 판결(피고인이 공범자인 원심공동피고인, 공소외 1과 공모 합동하여 소매치기를 하고 발각되어 도망할 때에 원심공동피고인이 그를 추격하는 피해자에게 체포되지 아니하려고 폭행할 것을 전연 예기하지 못한 것으로는 볼 수 없다고 할 것이므로 그 폭행의 결과로 발생한 상해에 관하여 피고인에 대하여도 강도상해죄가 성립한다); 대법원 1984. 2. 28. 선고 83도3321 판결(피고인이 원심 상피고인의 폭행행위에 대하여 사전양해나 의사의 연락이 전혀 없었고, 원심 상피고인과 절도를 공모함에 있어 범행장소가 빈 가게로 알고 있었고, 원심 상피고인이 담배창구를 통하여 손으로 담배를 훔쳐내고 이어 창구를 통하여 가게에 들어가 물건을 절취하고 피고인은 가게 밖에서 망을 보던 중 예기치 않던 인기척 소리가 나므로 도주해버린 이후에 원심 상피고인이 담배가게 위 창구로 다시 나오려다가 창구에 몸이 걸려 빠져 나오지 못하게 되어 피해자에게 손을 붙들리자 체포를 면탈할 목적으로 피해자에게 폭행을 가하여 상해를 입힌 것이고, 피고인으로서는 위 피해자가 대문을 열고 담배가게에서 나오고, 원심 상피고인은 인기척을 듣고 자그만 담배창구로 몸을 밀어 빠져 나오는데 시간이 지체되었을 것이고 피고인은 그 동안 상당한 거리를 도주하였을 것으로 추정되는바, 이러한 상황하에서는 피고인이 원심 상피고인의 폭행행위를 전연 예기할 수 없었다고 보여지므로, 피고인에게 준강도상해죄의 공동책임을 지울 수 없다); 대법원 1982. 7. 13. 선고 82도1352 판결(피해자는 피고인1 및 피고인2가 자기 집에서 물건을 훔쳐 나왔다는 연락을 받고 도주로를 따라 추격하자 범인들이 이를 보고 도주하므로 1km 가량 추격하여 피고인1을 체포하여 같이 추격하여 온 동리 사람들에게 인계하고 1km를 더 추격하여 피고인2를 체포하여 가지고 간 나무몽둥이로 동인을 1회 구타하자 동인이 위 몽둥이를 빼앗아 피해자를 구타 상해를 가하고 도주한 사실을 인정할 수 있다. 피고인1 및 피고인2는 절도범행의 종료 후 얼마 되지 아니한 단계로서 안전지대로 이탈하지 못하고 피해자측

폭행·협박에 나아가지 않은 다른 공범자에게도 예견가능성이 있는 한 준강도의 공동정범이 성립할 수 있다고 하는데, 이는 결과적 가중범의 법리와 동일하게 판단하고 있는 것이다.

생각건대 준강도죄는 절도죄의 결과적 가중범이 아니므로 결과적 가중범의 법리를 그대로 적용하는 것은 타당하지 않다. 즉 강도의 공동정범 중 1인이 상해의 결과를 야기한 경우에 다른 가담자에게 상해의 결과에 대한 예견가능성이 있으면 강도치상죄의 공동정범을 인정할 수 있지만, 절도를 공모한 경우라면 강도치상죄와 같은 결과적 가중범의 법리를 따를 수는 없는 것이다. 그러므로 다른 가담자에게 폭행·협박에 대한 예견가능성이 존재하여도 공동정범이 성립할 수는 없다. 또한 예견가능성은 과실범을 인정할 수 있는 근거이지 고의범까지 인정할 수 있는 근거로 사용해서는 아니 된다. 그러므로 공범 중 일부가 준강도상해죄를 범하고 이에 대한 예견가능성이 있는 경우에도 다른 공범이 준강도치상죄의 공동정범이 될 수는 없다.

5. 죄수 및 다른 범죄와의 관계

(1) 죄 수

절도범이 체포를 면탈할 목적으로 체포하려는 여러 명의 피해자에게 같은 기회에 폭행을 가하여 그 중 1인에게만 상해를 가하였다면 피고인의 이러한 행위는 포괄하여 하나의 강도상해죄만 성립한다.[1]

(2) 다른 범죄와의 관계

절도가 체포를 면하고 동시에 재물을 강취하기 위해 폭행·협박을 한 경우에는 강도죄만이 성립한다. 단순강도가 처음에는 흉기를 휴대하지 않았지만 체포를 면탈할 목적으로 흉기를 휴대하고 폭행·협박을 한 경우에는 강도죄와 특수폭행·협박죄의 경합범이 된다.

6. 처 벌

본죄는 단순강도죄 또는 특수강도죄의 예에 의하여 처벌한다. 하지만 그 준거점과 관련하여, ① 절도행위시를 기준으로 하여 단순절도이면 단순강도로 처벌하고, 특수절도이면 특수강도로 처벌한다는 견해(절취행위기준설), ② 폭행·협박시를 기준으로 하여 흉기를 휴대한 경우에는 특수강도로 처벌하고, 그렇지 않은 경우에는 단순강도로 처벌한다는 견해(폭행·협박기준설)[2], ③

에 의하여 체포될 가능성이 남아 있는 단계에서 추적당하여 체포되었다고 할 것이므로 위 절취행위와 그 체포를 면하기 위한 피고인2의 구타행위와의 사이에 시간상 및 거리상으로 극히 근접한 관계에 있다고 할 것이니 피고인2의 소위는 준강도상해죄에 해당된다고 할 것이나 피고인1로써는 사전에 피고인2와의 사이에 상의한 바 없었음은 물론 체포 현장에 있어서도 피고인1과의 사이에 전혀 의사연락 없이 피고인2가 피해자로부터 그가 가지고 간 몽둥이로 구타당하자 돌연 이를 빼앗아 피해자를 구타하여 상해를 가한 것으로서 피고인1이 이를 예기하지 못하였다고 할 것이므로 동 구타상해행위를 공모 또는 예기하지 못한 피고인1에게까지 준강도상해의 죄책을 문의할 수 없다); 대법원 1972. 1. 31. 선고 72도2073 판결; 대법원 1967. 3. 7. 선고 67도178 판결.

1) 대법원 2001. 8. 21. 선고 2001도3447 판결; 대법원 1966. 12. 6. 선고 66도1392 판결.

2) 김성돈, 358면; 김신규, 382면; 이재상/장영민/강동범, 316면; 이형국/김혜경, 378면.

양자를 모두 고려하여 어느 하나라도 가중사유가 있으면 특수강도로 처벌한다는 견해(종합기준설)[1] 등의 대립이 있다.

이에 대하여 판례는 「절도범인이 처음에는 흉기를 휴대하지 아니하였으나 체포를 면탈할 목적으로 폭행 또는 협박을 가할 때에 비로소 흉기를 휴대사용하게 된 경우에는 형법 제334조의 예에 의한 준강도(특수강도의 준강도)가 되는 것으로 해석하여야 할 것이다.」라고 판시[2]하여, 폭행·협박기준설의 입장을 취하고 있다.

생각건대 절취행위시이든 폭행·협박행위시이든 가중사유가 존재할 경우에는 형을 가중하는 것이 가능하므로 종합기준설이 타당하다.

Ⅳ. 인질강도죄

> 제336조(인질강도) 사람을 체포·감금·약취 또는 유인하여 이를 인질로 삼아 재물 또는 재산상의 이익을 취득하거나 제3자로 하여금 이를 취득하게 한 자는 3년 이상의 유기징역에 처한다.
> 제341조(상습범) 상습으로 제333조, 제334조, 제336조 또는 전조 제1항의 죄를 범한 자는 무기 또는 10년 이상의 징역에 처한다.
> 제342조(미수범) 제329조 내지 제341조의 미수범은 처벌한다.
> 제345조(자격정지의 병과) 본장의 죄를 범하여 유기징역에 처할 경우에는 10년 이하의 자격정지를 병과할 수 있다.

1. 의의 및 보호법익

인질강도죄는 사람을 체포·감금·약취·유인하여 이를 인질로 삼아 재물 또는 재산상의 이익을 취득하거나 제3자로 하여금 이를 취득하게 함으로써 성립하는 범죄이다. 본죄의 법적 성격과 관련하여, ① 체포·감금죄 또는 약취·유인죄와 공갈죄의 결합범으로 파악하는 견해[3], ② 사람을 인질로 삼는 것 자체가 항거불가능의 폭행·협박이라고 할 수 있기 때문에 강도죄로 파악하는 견해[4] 등의 대립이 있다.

생각건대 인질로 삼는 행위는 최협의에서 말하는 폭행·협박으로 파악할 수 있으며, 본죄의 성질을 공갈죄의 일종으로 파악하는 것은 무리이므로 특수한 유형의 강도죄로 파악하는 것이 타당하다.[5] 본죄의 보호법익은 타인의 재산·인질의 자유·제3자의 의사결정 및 의사활동의 자유이고, 보호의 정도는 침해범이다. 주의할 점은 인질강요죄와 달리 석방감경규정이 없다는 것이다.

---

1) 김일수/서보학, 272면; 손동권/김재윤, 345면.
2) 대법원 1973. 11. 13. 선고 73도1553 전원합의체 판결.
3) 김선복, 298면; 김성돈, 360면; 김일수/서보학, 275면; 김혜정 외 4인, 313면; 박상기, 628면; 배종대, 336면; 손동권/김재윤, 346면; 이형국/김혜경, 379면; 임 웅, 399면; 정성근/정준섭, 218면.
4) 신동운, 937면; 오영근, 289면.
5) 이러한 점에서 필자의 기존 견해(초판)를 변경하기로 한다.

2. 구성요건

본죄의 실행행위는 체포·감금·약취·유인하여 이를 인질로 삼아 재물 또는 재산상의 이익을 취득하거나 제3자로 하여금 이를 취득하게 하는 것이다. 재물 또는 재산상의 이익이 아니라 다른 이익을 취득한 경우, 예를 들면 변심한 애인과의 만남을 원하는 경우·구속된 조직폭력배 두목의 석방을 원하는 경우 등이라면 인질강요죄(제324조의2)가 성립한다. 여기서 재물이나 재산상의 이익을 취득하는 자는 인질강도행위를 하는 자 이외의 제3자라도 무방하다. 또한 인질강요죄의 경우에는 반드시 인질과 재산상의 피해자가 달라야 하지만, 본죄는 인질과 재산상의 피해자가 다른 경우는 물론 동일인인 경우에도 상관이 없다.

3. 실행의 착수시기 및 기수시기

본죄의 실행의 착수시기와 관련하여, ① 재물 또는 재산상의 이익을 취득할 목적으로 사람을 체포·감금·약취·유인한 때로 파악하는 견해[1], ② 본죄는 목적범도 아니고 그 성격상 원래 재산범죄라는 이유로 석방이나 인질의 대가로 재물 또는 재산상의 이익을 요구한 때로 파악하는 견해[2] 등의 대립이 있다.

생각건대 처음부터 재물 또는 재산상의 이익을 취득할 목적으로 체포·감금·약취·유인을 한 경우에는 이때 실행의 착수를 인정해야 하며, 체포·감금·약취·유인 후에 비로소 재물 또는 재산상의 이익을 취득할 목적이 생긴 경우라면 재물 또는 재산상의 이익을 요구한 때 실행의 착수를 인정하는 것이 타당하다.

본죄는 재물 또는 재산상의 이익을 취득한 때에 기수가 된다. 다만 13세 미만의 미성년자를 약취·유인한 인질강도인 경우에는 재물 또는 재산상의 이익을 요구만 하여도 특정범죄가중처벌법 제5조의2 제2항 제1호[3]에 의하여 기수가 된다.

Ⅴ. 강도상해·치상죄

제337조(강도상해, 치상) 강도가 사람을 상해하거나 상해에 이르게 한 때에는 무기 또는 7년 이상의 징역에 처한다.
제342조(미수범) 제329조 내지 제341조의 미수범은 처벌한다.
제345조(자격정지의 병과) 본장의 죄를 범하여 유기징역에 처할 경우에는 10년 이하의 자격정지를 병과할

---

1) 김선복, 299면; 김성천/김형준, 380면; 신동운, 938면; 오영근, 289면; 임 웅, 400면; 정성근/정준섭, 219면.
2) 김성돈, 361면; 김신규, 384면; 김혜정 외 4인, 306면; 이형국/김혜경, 380면.
3) 특정범죄가중처벌법 제5조의2(약취·유인죄의 가중처벌) ② 13세 미만의 미성년자에 대하여 형법 제287조의 죄를 범한 사람이 다음 각 호의 어느 하나에 해당하는 행위를 한 경우에는 다음 각 호와 같이 가중처벌한다.
   1. 약취 또는 유인한 미성년자의 부모나 그 밖에 그 미성년자의 안전을 염려하는 사람의 우려를 이용하여 재물이나 재산상의 이익을 취득하거나 이를 요구한 경우에는 무기 또는 10년 이상의 징역에 처한다.

수 있다.

1. 의 의

강도상해죄는 강도가 사람을 상해함으로써 성립하는 범죄이고, 강도치상죄는 강도가 사람을 상해에 이르게 함으로써 성립하는 범죄이다. 강도상해죄는 강도죄와 상해죄의 결합범이고, 강도치상죄는 강도죄의 진정결과적 가중범이다. 강도상해죄와 강도치상죄의 형벌이 동일하다는 점은 비례의 원칙에 부합하지 아니한다. 또한 형벌의 측면에서 강간상해죄의 법정형은 무기 또는 5년 이상인데 반하여, 강도상해죄는 무기 또는 7년 이상으로 되어 있는데, 이는 기본범죄의 법정형이 동일함에도 결합범 내지 결과적 가중범의 단계에서 차등을 보이고 있다.

생각건대 이는 강간죄에서 말하는 폭행 또는 협박의 정도와 강도죄에서 말하는 폭행 또는 협박의 정도는 동일하지만, 결합의 유형으로 추가되는 간음 또는 탈취와 폭행 또는 협박 사이 연결고리의 긴밀성의 정도가 차이나기 때문인 것으로 판단된다. 즉 강간죄에서 말하는 폭행 또는 협박이 사용될 경우 대체적으로 상해의 결과가 발생하는 것이 오히려 자연스러운 현상임에 반하여 강도죄에서 말하는 폭행 또는 협박이 사용될 경우에는 상해의 결과에 대한 개연성이 상대적으로 강간의 경우와 비교해 볼 때 줄어드는 것이다. 그러므로 강간으로 인한 상해의 경우가 강도로 인한 상해의 경우보다 개연성이 높다는 측면을 고려하여 강도에 있어서 상해의 결과 발생을 보다 무겁게 평가하는 것이다.

2. 구성요건

(1) 주 체

본죄의 주체는 단순강도·특수강도[1]·준강도[2]·인질강도 등 모든 강도범이며, 강도의 기수·미수는 불문한다.[3] 다만 강도예비·음모는 제외된다. 또한 해상강도는 별도의 규정(제340조 제2항)이 있으므로 본죄의 주체에서 제외된다.

(2) 행 위

본죄의 실행행위는 강도의 기회에 사람을 상해하거나 상해에 이르게 하는 것이다. '강도의 기회'란 실행에 착수하여 강도범행 종료 직후까지 강도행위와 시간적·장소적으로 밀접한 연관성이 있는 범위를 말한다.[4] 강도범인이 강도를 하는 기회에 범행의 현장에서 사람을 상해한 이

---

1) 대법원 2012. 12. 27. 선고 2012도12777 판결.
2) 대법원 1986. 4. 8. 선고 86도264 판결; 대법원 1984. 1. 24. 선고 83도3043 판결; 대법원 1971. 4. 20. 선고 71도441 판결.
3) 대법원 1988. 2. 9. 선고 87도2492 판결(강도의 범인이 강도의 기회에 사람을 상해하여 상해의 결과가 발생하면 형법 제337조 전단의 강도상해죄의 기수가 되는 것이고, 거기에 반드시 재물탈취의 목적달성을 필요로 하는 것은 아니다); 대법원 1985. 10. 22. 선고 85도2001 판결; 대법원 1969. 3. 18. 선고 69도154 판결.
4) 대법원 1996. 7. 12. 선고 96도1142 판결(피고인이 공소외 3과 함께 도박을 하다가 3,200만원을 잃자 도박을 할 때부터 같이 있었던 일행 2명 외에 후배 3명을 동원한 데다가 피고인은 식칼까지 들고 공소외 3으로부터 돈을 빼앗으려고 한 점, 공소외 3은 이를 피하려고 도박을 하고 있었던 집 안방 출입문을 잠그면서 출입문이 열리지

상, 재물강취의 수단인 폭행으로 인하여 상해의 결과가 발생한 것이 아니고, 재물의 탈환을 항거하거나 체포를 면탈하거나 죄적을 인멸할 목적으로 폭행을 가한 것이 아니라고 하더라도 강도상해죄가 성립한다.[1] 강도상해죄는 강도범인이 강도의 기회에 상해행위를 함으로써 성립하므로 강도범행의 실행 중이거나 실행 직후 또는 실행의 범의를 포기한 직후로서 사회통념상 범죄행위가 완료되지 아니하였다고 볼 수 있는 단계에서 상해가 행하여짐을 요건으로 한다. 그러나 반드시 강도범행의 수단으로 한 폭행에 의하여 상해를 입힐 것을 요하는 것은 아니고, 상해행위가 강도가 기수에 이르기 전에 행하여져야만 하는 것도 아니다. 그러므로 강도범행 이후에도 피해자를 계속 끌고 다니거나 차량에 태우고 함께 이동하는 등으로 강도범행으로 인한 피해자의 심리적 저항불능 상태가 해소되지 않은 상태에서 강도범인의 상해행위가 있었다면 강취행위와 상해행위 사이에 다소의 시간적·공간적 간격이 있었다는 것만으로는 강도상해죄의 성립에 영향이 없다.[2]

   판례에 의하면, ① 강취현장에서 피고인의 발을 붙잡고 늘어지는 피해자를 30m쯤 끌고 가서 폭행함으로써 상해한 경우[3], ② 피고인이 택시를 타고 가다가 요금지급을 면할 목적으로 소지한 과도로 운전수를 협박하자 이에 놀란 운전수가 택시를 급우회전하면서 그 충격으로 피고인이 겨누고 있던 과도에 어깨부분이 찔려 상처를 입은 경우[4], ③ 비록 강취와 상해 사이에 1시간 20분이라는 시간적 간격이 있었지만 피고인이 피해자로부터 재물을 강취하고 피해자가 운전하는 자동차에 함께 타고 도주하다가 단속경찰관이 뒤따라오자 피해자를 칼로 찔러 상해를 가한 경우[5] 등에 있어서는 강도의 기회에 상해 또는 치상의 결과를 야기하였다고 볼 수 있다.

   하지만 ① 도주하는 강도를 체포하기 위해 위에서 덮쳐 오른손으로 목을 잡고, 왼손으로 앞부분을 잡는 순간 강도가 들고 있던 벽돌에 끼어 있는 철사에 찔려 부상을 입었다거나 또는 도망하려는 공범을 뒤에서 양팔로 목을 감싸 잡고 내려오다 같이 넘어져 부상을 입은 경우[6], ② 피해자의 상해가 차량을 이용한 날치기 수법의 절도시 점유탈취의 과정에서 우연히 가해진 것에 불과하고, 그에 수반된 강제력

않도록 완강히 버티고 있었던 점, 이에 피고인이 공소외 3에게 '이 새끼 죽여 버리겠다.'고 위협하면서 출입문 틈 사이로 식칼을 집어 넣어 잠금장치를 풀려고 하고 발로 출입문을 수회 차서 결국 그 문을 열고 안방 안으로 들어 왔으며, 칼을 든 피고인 외에도 그 문 밖에 피고인의 일행 5명이 있어 그 문을 통해서는 밖으로 탈출하기가 불가능하였던 점 등이 인정되는바, 피고인으로써는 공소외 3이 도박으로 차지한 금원을 강취당하지 않기 위하여 반항하면서 경우에 따라서는 베란다의 외부로 통하는 창문을 통하여 주택 아래로 뛰어 내리는 등 탈출을 시도할 가능성이 있고 그러한 경우에는 공소외 3이 상해를 입을 수 있다는 예견도 가능하였다고 봄이 상당하다 할 것이므로, 피고인의 범죄사실은 강도치상죄를 구성한다).

1) 대법원 1992. 4. 14. 선고 92도408 판결.
2) 대법원 2014. 9. 26. 선고 2014도9567 판결(강취한택시사건)(피고인이 피해자로부터 강취한 택시에 피해자를 태우고 돌아다니는 동안 피해자는 피고인의 강도범행에 의하여 계속 제압된 상태에 있었다고 할 것이므로, 피고인이 그로부터 도망하려는 피해자에게 상해를 가한 경우 사회통념상 강도범행이 완료되지 아니한 상태에서 '강도의 기회'에 상해행위를 저지른 것으로 볼 수 있기에 강도상해죄의 일죄로 처벌하는 것이 옳다).
3) 대법원 1984. 6. 26. 선고 84도970 판결.
4) 대법원 1985. 1. 15. 선고 84도2397 판결.
5) 대법원 1992. 1. 21. 선고 91도2727 판결.
6) 대법원 1985. 7. 9. 선고 85도1109 판결.

행사도 피해자의 반항을 억압하기 위한 목적 또는 정도의 것이 아닌 경우[1] 등에 있어서는 강도의 기회에 상해 또는 치상의 결과를 야기하였다고 볼 수 없다.

한편 강도행위와 과실치상 사이에는 인과관계가 있어야 하고, 과실치상에 대한 예견가능성도 있어야 한다. 판례에 따르면 치상의 결과는 적어도 폭행의 고의로 야기된 것이라도 무방하다. 또한 강도상해죄가 성립하려면 먼저 강도죄의 성립이 인정되어야 하고, 강도죄가 성립하려면 불법영득 또는 불법이득의 의사가 있어야 한다. 여기서 채권자를 폭행·협박하여 채무를 면탈함으로써 성립하는 강도죄에서 불법이득 의사는 단순 폭력범죄와 구별되는 중요한 구성요건 표지이다.[2]

3. 기수와 미수

강도상해죄는 강도의 기수·미수를 불문하고 상해가 미수에 그친 경우에 미수가 된다.[3] 하지만 강도치상죄는 치상의 결과가 발생하여야만 기수가 된다. 한편 1995. 12. 29. 형법 개정을 통하여 강도치상죄의 미수범 처벌규정을 신설하였는데, 강도치상죄의 미수범을 인정할 수 있는지 여부와 관련하여, ① 기본범죄인 강도의 미수로 인하여 치상의 결과가 발생한 때에 강도상해미수가 되기 때문에 이를 긍정하는 견해[4], ② 결과적 가중범에 대한 미수가 인정되지 않기 때문에 이를 부정하는 견해[5] 등의 대립이 있다.

생각건대 고의범인 강도상해죄에 있어서는 강도의 기수·미수를 불문하고 상해가 발생하면 기수범이 된다고 보면서, 강도치상죄에 있어서는 중한 결과가 발생했음에도 불구하고 강도가 미수이면 전체를 미수범으로 보는 것은 불합리하다. 따라서 형법이 강도치상죄에 대한 미수범

---

1) 대법원 2003. 7. 25. 선고 2003도2316 판결.

2) 대법원 2021. 6. 30. 선고 2020도4539 판결(137,000원맥주값강도사건)(피고인은 피해자 공소외 1과 술값 지급 문제로 실랑이를 하던 중 피해자 공소외 1이 자신의 얼굴에 손전등을 들이대고, 손전등으로 자신의 몸을 미는 등 행위를 하자 흥분한 상태였고, 피해자 공소외 1이 주점을 나가려는 자신의 옷을 잡아당기자 격분하여 피해자 공소외 1을 폭행하고, 이를 말리는 피해자 공소외 2를 폭행했다. 피해자 공소외 2는 피고인의 폭행을 피해 주점 밖으로 피신하였고, 피해자 공소외 1은 주점 바닥에 쓰러져 저항이 불가능했다. 따라서 피고인이 술값 채무를 면탈할 의사가 있었다면 그때 현장을 벗어나는 것이 자연스럽다. 그런데도 피고인은 피해자 공소외 2를 쫓아 주점 밖으로 나갔다가 다시 주점으로 돌아와 피해자 공소외 1을 폭행하였고, 이후 신고를 받고 출동한 경찰관이 현장에 도착하였을 때에는 주점 바닥에 누워 있었다. 피고인이 주점에서 지급하지 않은 술값이 큰 금액은 아니다. 피고인은 공사현장의 일용직 근로자로 일하고 있어 소득이 있었고, 이 사건 당일 이 사건 주점에 오기 전 다른 노래방이나 주점 등에서 수회에 걸쳐 별다른 문제없이 술값 등을 결제했다. 그런데도 원심은 이 사건 공소사실을 유죄로 인정하였다. 원심판결에는 강도상해죄의 불법이득 의사에 관한 법리를 오해하여 판결에 영향을 미친 잘못이 있다).

3) 대법원 1971. 1. 26. 선고 70도2518 판결(절도범이 체포를 면탈할 목적으로 폭행을 가하여 피해자에게 상해의 결과를 발생하게 한 경우에는 비록 재물의 절취는 미수에 그쳤다고 할지라도 본조의 기수범으로 보아야 한다).

4) 김선복, 301면; 임 웅, 403면(다만 강도치상죄의 미수범은 기본범죄인 강도의 미수로 인하여 치상의 결과가 발행한 때에 성립한다).

5) 김성돈, 364면; 김성천/김형준, 383면; 김일수/서보학, 279면; 배종대, 323면; 오영근, 292면; 이재상/장영민/강동범, 321면; 이형국/김혜경, 382면; 정성근/정준섭, 221면.

처벌규정을 둔 것은 입법의 과오에 해당한다.

4. 공 범

공동정범은 범죄행위시에 그 의사의 연락이 묵시적이거나 간접적이거나를 불문하고 행위자 상호간에 주관적으로 서로 범죄행위를 공동으로 한다는 공동가공의 의사가 있음으로써 성립하는 것이며, 범죄의 실행을 공모하였다면 다른 공모자가 이미 실행행위에 착수한 이후에는 그 공모관계에서 이탈하였다고 하더라도 공동정범의 책임을 면할 수 없다.

이에 따라 판례는 피고인이 공동피고인들과 합동하여 피해자의 집밖에서 금품을 강취할 것을 공모하고 피고인은 집밖에서 망을 보기로 하였으나 상피고인들이 피해자의 집에 침입한 후 담배생각이 나서 담배를 사기 위하여 망을 보지 않았다고 하더라도 피고인은 강도상해죄의 죄책을 면할 수가 없고[1], 강도합동범 중 1인이 피고인과 공모한대로 과도를 들고 강도를 하기 위하여 피해자의 거소에 들어가 피해자를 향하여 칼을 휘두른 이상 이미 강도의 실행행위에 착수한 것임이 명백하고, 그가 피해자들을 과도로 찔러 상해를 가하였다면 대문 밖에서 망을 본 공범인 피고인이 구체적으로 상해를 가할 것까지 공모하지 않았다고 하더라도 피고인은 상해의 결과에 대하여도 공범으로서의 책임을 면할 수 없다[2]고 하여, 상해에 대한 예견가능성을 묻지 아니하고 공동정범 모두에게 상해의 결과에 대한 책임을 묻고 있다.

생각건대 이와 같은 판례의 입장은 강도상해죄 또는 강도치상죄의 성립에 있어서 최협의의 폭행에 대한 사전 합의가 있는 경우에는, 이후에 발생하는 상해의 결과를 쉽게 예견할 수 있기 때문에 별도의 예견가능성이라는 요건을 묻지 아니한 것으로 판단된다. 특히 판례는 구체적으로 강도상해죄의 공동정범이 되는지 강도치상죄의 공동정범이 되는지에 대해서는 명백히 밝히고 있지 않은데, 이는 강도상해죄와 강도치상죄의 법정형이 동일하다는 점에서 연유한 것이다. 하지만 강도살인죄와 강도치사죄의 경우에는 법정형이 상이하기 때문에 죄명을 엄격히 분리하여 판단하는 것이 판례의 입장이다. 이와 같이 강도살인죄 또는 강도치사죄의 성립에 있어서 최협의의 폭행에 대한 사전 합의가 있는 경우라고 할지라도 별도로 사망에 대한 예견가능성을 요구하고 있는 것은 이후에 발생하는 사망의 결과를 쉽게 예견할 수 없기 때문인 것으로 분석된다.

Ⅵ. 강도살인·치사죄

제338조(강도살인·치사) 강도가 사람을 살해한 때에는 사형 또는 무기징역에 처한다. 사망에 이르게 한 때

1) 대법원 1984. 1. 31. 선고 83도2941 판결.
2) 대법원 1998. 4. 14. 선고 98도356 판결. 同旨 대법원 1990. 12. 26. 선고 90도2362 판결; 대법원 1990. 10. 12. 선고 90도1887 판결.

에는 무기 또는 10년 이상의 징역에 처한다.
제342조(미수범) 제329조 내지 제341조의 미수범은 처벌한다.
제345조(자격정지의 병과) 본장의 죄를 범하여 유기징역에 처할 경우에는 10년 이하의 자격정지를 병과할
수 있다.

1. 의 의

강도살인죄는 강도가 사람을 살해함으로써 성립하는 범죄이고, 강도치사죄는 강도가 사람
을 사망에 이르게 함으로써 성립하는 범죄이다. 강도살인죄는 강도죄와 살인죄의 결합범이고,
강도치사죄는 강도죄의 진정결과적 가중범에 해당한다.

2. 구성요건

(1) 주 체

본죄의 주체는 단순강도[1]·특수강도·준강도[2]·인질강도 등의 강도범인이며, 강도의 기수·
미수는 불문한다. 한편 해상강도의 살해 및 치사에 대해서는 제340조 제3항에서 별도로 규정
을 두고 있다.

(2) 행 위

본죄의 실행행위는 사람을 살해하거나 사망에 이르게 하는 것이다. 강도살인죄는 강도범인
이 강도의 기회에 살인행위를 함으로써 성립하는 것이므로, 강도범행의 실행중이거나 그 실행
직후 또는 실행의 범의를 포기한 직후로서 사회통념상 범죄행위가 완료되지 아니하였다고 볼
수 있는 단계에서 살인이 행하여짐을 요건으로 한다.

한편 제333조 후단 소정의 이른바 강제이득죄의 성립요건인 '재산상의 이익의 취득'을 인
정하기 위하여는 재산상의 이익이 사실상 피해자에 대하여 불이익하게 범인 또는 제3자 앞으
로 이전되었다고 볼 만한 상태가 이루어져야 하는데, 채무의 존재가 명백할 뿐만 아니라 채권
자의 상속인이 존재하고 그 상속인에게 채권의 존재를 확인할 방법이 확보되어 있는 경우에는
비록 그 채무를 면탈할 의사로 채권자를 살해하더라도 일시적으로 채권자측의 추급을 면한 것
에 불과하여 재산상의 이익의 지배가 채권자측으로부터 범인 앞으로 이전되었다고 보기는 어
려우므로 강도살인죄가 성립할 수 없다.[3]

---

1) 대법원 1996. 7. 12. 선고 96도1108 판결(수갑못찬강도살인사건)(강도범행 직후 신고를 받고 출동한 경찰관이
   위 범행 현장으로부터 약 150m 지점에서, 화물차를 타고 도주하는 피고인을 발견하고 순찰차로 추적하여 격투
   끝에 피고인을 붙잡았으나, 피고인이 너무 힘이 세고 반항이 심하여 수갑도 채우지 못한 채 피고인을 순찰차에
   억지로 밀어 넣고서 파출소로 연행하고자 하였는데, 그 순간 피고인이 체포를 면하기 위하여 소지하고 있던 과도
   로써 옆에 앉아 있던 경찰관을 찔러 사망하게 하였다면 피고인의 위 살인행위는 강도행위와 시간상 및 거리상
   극히 근접하여 사회통념상 범죄행위가 완료되지 아니한 상태에서 이루어진 것이라고 보여지므로(위 살인행위
   당시에 피고인이 체포되어 신체가 완전히 구속된 상태이었다고 볼 수 없다), 피고인을 강도살인죄로 적용하여
   처벌한 것은 옳다).
2) 대법원 1987. 9. 22. 선고 87도1592 판결(강도살인죄의 주체인 강도는 준강도죄의 강도범인을 포함한다고 할 것
   이므로, 절도가 체포를 면탈할 목적으로 사람을 살해한 때에는 강도살인죄가 성립한다).

하지만 피고인이 피해자 경영의 소주방에서 단 둘이 있는 상황에서 금 35,000원 상당의 술과 안주를 시켜 먹은 후 피해자가 피고인에게 술값을 지급할 것을 요구하며 피고인의 허리를 잡고 피고인이 도망가지 못하게 하자 피고인은 그 술값을 면할 목적으로 피해자를 살해하고, 곧바로 피해자가 소지하고 있던 현금 75,000원을 꺼내어 간 경우[1], 피고인이 피해자의 택시를 무임승차하고 택시요금을 요구하는 피해자의 추급을 벗어나고자 동인을 살해한 직후 피해자의 주머니에서 택시 열쇠와 돈 8,000원을 꺼내어 피해자의 택시를 운전하고 현장을 벗어난 경우[2] 등에 있어서는 강도살인죄가 성립한다.

(3) 주관적 구성요건

강도살인죄가 성립하기 위해서는 강도죄의 성립이 인정되어야 하고, 강도죄가 성립하려면 불법영득의 의사가 있어야 한다.[3] 강도치사죄가 성립하기 위해서는 강도의 고의와 사망의 결과발생에 대한 과실이 있어야 한다.

3. 공 범

강도의 공동정범 가운데 1인이 강도의 기회에 살인을 한 경우에, 다른 가담자에게 강도살인죄의 죄책을 지울 수는 없다고 보아야 한다. 하지만 이에 대하여 판례는 「수인이 합동하여 강도를 한 경우 1인이 강취하는 과정에서 간수자를 강타·사망하게 한 때에는 나머지 범인도 이를 예기하지 못한 것으로 볼 수 없는 경우에는 강도살인죄의 죄책을 면할 수 없다.」라고 판시[4]하여, 강도살인죄의 죄책을 인정하고 있다.

한편 강도의 공동정범 가운데 1인이 강도의 기회에 살인을 한 경우에, 다른 가담자에게 강도치사죄에 대한 책임을 물을 수 있는지 여부와 관련하여, 판례는 「피고인 1, 2, 3 등이 등산용 칼을 이용하여 노상강도를 하기로 공모한 이 사건에서는 그 공모내용으로 보아 범행 당시 차안에서 망을 보고 있던 피고인2나 등산용 칼을 휴대하고 있던 피고인1과 함께 차에서 내려 피해

---

3) 대법원 2010. 9. 30. 선고 2010도7405 판결; 대법원 2005. 6. 23. 선고 2005도1947 판결; 대법원 2004. 6. 24. 선고 2004도1098 판결.

1) 대법원 1999. 3. 9. 선고 99도242 판결(소주방강도살인사건); 대법원 1971. 4. 6. 선고 71도287 판결.

2) 대법원 1985. 10. 22. 선고 85도1527 판결(택시강도살인사건); 대법원 1964. 9. 8. 선고 64도310 판결.

3) 대법원 1986. 6. 24. 선고 86도776 판결(브라쟈팁사건)(피고인이 피해자를 강간한 다음 항거불능 상태에 있는 피해자에게 돈을 내놓으라고 하여 피해자가 서랍 안에서 꺼내주는 현금 170,000원을 교부받은 사실은 인정되나, 피고인이 피해자로부터 빼앗은 돈을 그 자리에서 즉시 이것은 팁이라고 하면서 피해자의 브라쟈 속에 집어넣어 반환해 주었다면 피고인은 위 돈을 불법영득하려 한 것이 아니라 피해자를 희롱하기 위하여 돈을 빼앗은 다음 그대로 돌려주려고 한 의도였다고 보아야 할 것이고, 그렇다면 피고인에게 불법영득의 의사가 있었다고 보기 어렵다).

4) 대법원 1984. 2. 28. 선고 83도3162 판결(피고인들이 사전에 금품강취범행을 모의하고 전원이 범행현장에 임하여 각자 범죄의 실행을 분담하였으며 그 과정에 피고인(甲)을 제외한 나머지 3명이 모두 과도 또는 쇠파이프등을 휴대하였고 쇠파이프를 휴대한 피고인(乙)이 위 피해자를 감시하였던 상황에 비추어 피고인(乙)이 피해자를 강타·살해하리라는 점에 관하여 나머지 피고인들도 예기할 수 없었다고는 보여지지 아니하므로 피고인들을 모두 강도살인죄의 정범으로 처단함은 정당하다).

자1로부터 금품을 강취하려 했던 피고인3 등으로서는 그때 우연히 현장을 목격하게 된 피해자2를 피고인1이 소지 중인 등산용 칼로 살해하여 강도살인행위에 이를 것을 전혀 예상하지 못하였다고 보여지지 아니하므로 피해자2를 살해한 행위에 대해 피고인2와 피고인3을 강도치사죄로 의율할 수 있다.」라고 판시[1]하여, 이를 긍정하고 있다.

4. 죄수 및 다른 범죄와의 관계

살해 후 탈취의사로 재물을 탈환한 경우의 죄책과 관련하여, ① 살인죄와 절도죄의 경합범을 인정하는 견해[2], ② 살인죄와 점유이탈물횡령죄의 경합범을 인정하는 견해[3] 등의 대립이 있다.

이에 대하여 판례는 「피고인이 피해자를 살해한 방에서 사망한 피해자 곁에 4시간 30분쯤 있다가 그 곳 피해자의 자취방 벽에 걸려있던 피해자가 소지하는 물건들을 영득의 의사로 가지고 나온 사실이 인정되는바, 이와 같은 경우에 피해자가 생전에 가진 점유는 사망 후에도 여전히 계속되는 것으로 보아 이를 보호함이 법의 목적에 맞는 것이라고 할 것이고, 따라서 피고인의 행위는 피해자의 점유를 침탈한 것으로서 절도죄에 해당한다.」라고 판시[4]하여, 살인죄와 절도죄의 경합범을 인정하고 있다.

생각건대 사자의 생전점유를 사망시점과 근접한 시간 동안에만 인정하는 것은 그 기준이 명확하지 않기 때문에 이를 부정하는 것이 타당하다. 그러므로 살해 후 탈취의 고의가 있는 경우에는 살인죄와 점유이탈물횡령죄의 경합범의 관계에 있다. 하지만 채무면탈의 목적으로 채권자를 살해한 경우에는 일정한 요건을 충족시키는 것을 전제로 하여 강도살인죄가 성립한다.

한편 피해자의 재물을 강취한 후 그를 살해할 목적으로 현주건조물에 방화하여 사망에 이르게 한 경우, 피고인의 행위는 강도살인죄와 현주건조물방화치사죄에 모두 해당하고 그 두 죄는 상상적 경합범관계에 있다.[5]

Ⅶ. 강도강간죄

> 제339조(강도강간) 강도가 사람을 강간한 때에는 무기 또는 10년 이상의 징역에 처한다.
> 제342조(미수범) 제329조 내지 제341조의 미수범은 처벌한다.
> 제345조(자격정지의 병과) 본장의 죄를 범하여 유기징역에 처할 경우에는 10년 이하의 자격정지를 병과할 수 있다.

---

1) 대법원 1990. 11. 27. 선고 90도2262 판결. 同旨 대법원 1991. 11. 12. 선고 91도2156 판결.
2) 이형국/김혜경, 384면; 임 웅, 407면; 정성근/정준섭, 222면; 정영일, 174면.
3) 김성돈, 367면; 김일수/서보학, 280면; 손동권/김재윤, 353면; 오영근, 296면; 이재상/장영민/강동범, 322면.
4) 대법원 1993. 9. 28. 선고 93도2143 판결; 대법원 1968. 6. 25. 선고 68도590 판결.
5) 대법원 1998. 12. 8. 선고 98도3416 판결.

1. 의 의

강도강간죄는 강도가 사람을 강간함으로써 성립하는 범죄이다. 본죄는 강도죄와 강간죄의 결합범이다. 강도의 기회에 항거불능상태에 있는 사람을 강간함으로써 수치심을 악용하여 수사기관에 신고를 하지 못하게 하는 수단으로 이용되는 경우가 많기 때문에 특별히 중하게 처벌하고 있다.

2. 구성요건

(1) 주 체

본죄의 주체는 단순강도·특수강도·준강도·인질강도·강도상해·강도치상 등의 강도범인이며, 강도의 기수·미수는 불문한다.[1] 해상강도의 강간에 대해서는 제340조 제3항에서 별도로 규정을 두고 있다.

강간범이 강간한 후 재물탈취의 고의가 생겨 피해자의 재물을 탈취한 경우의 죄책과 관련하여, ① 강간죄와 강도죄의 경합범이 된다는 견해[2], ② 강간범이 행한 폭행·협박이 재물강취의 수단이 아닌 이상 강도죄는 성립하지 않고 강간죄와 절도죄의 경합범이 된다는 견해[3] 등의 대립이 있다.

이에 대하여 판례는 「강간범이 강간행위 후에 강도의 범의를 일으켜 그 부녀의 재물을 강취하는 경우에는 강도강간죄가 아니라 강간죄와 강도죄의 경합범이 성립될 수 있다.」라고 판시[4]하고 있다.

생각건대 강도강간죄는 강도라는 신분을 가진 범인이 강간죄를 범하였을 때에 성립하는 범죄이기 때문에 강간범이 강간행위 후에 절도의 범의를 일으켜 재물을 탈취하는 경우에는 강도강간죄가 아니라 강간죄와 절도죄의 경합범이 성립하고, 강간범이 강간행위 후에 강도의 범의를 일으켜 재물을 탈취하는 경우에는 강간죄와 강도죄의 경합범이 성립한다. 하지만 강간범이 강간행위 종료 전, 즉 그 실행행위의 계속 중에 강도의 행위를 할 경우에는 이때에 바로 강도의 신분을 취득하는 것이므로 이후에 그 자리에서 강간행위를 계속하는 때에는 강도가 부녀를 강간한 때에 해당하여 강도강간죄를 구성한다.[5]

1) 대법원 1986. 5. 27. 선고 86도507 판결.
2) 김신규, 391면; 김일수/서보학, 282면; 김혜정 외 4인, 320면; 박상기, 632면; 배종대, 324면; 신동운, 947면; 오영근, 298면; 이영란, 327면; 이형국/김혜경, 384면; 임 웅, 408면; 정영일, 171면.
3) 김성돈, 368면; 정성근/정준섭, 223면.
4) 대법원 2010. 7. 15. 선고 2010도3594 판결; 대법원 2002. 2. 8. 선고 2001도6425 판결; 대법원 1977. 9. 28. 선고 77도1350 판결.
5) 대법원 2010. 12. 9. 선고 2010도9630 판결; 대법원 1988. 9. 9. 선고 88도1240 판결.

(2) 행 위

본죄의 실행행위는 강도의 기회에 강간하는 것이다. 그러므로 강도가 실행에 착수하였으나 아직 강도행위를 완료하기 전에 강간을 한 경우도 이에 포함된다. 강간피해자와 강도피해자가 일치할 필요는 없다.[1]

3. 죄수 및 다른 범죄와의 관계

① 강도가 피해자에게 상해를 입혔으나 재물의 강취에는 이르지 못하고 그 자리에서 항거불능 상태에 빠진 피해자를 간음한 경우에는 강도상해죄와 강도강간죄만 성립하고[2], 그 실행행위의 일부인 강도미수 행위는 위 각 죄에 흡수되어 별개의 범죄를 구성하지 아니한다. ② 강도가 재물강취의 뜻을 재물의 부재로 이루지 못한 채 미수에 그쳤으나 그 자리에서 항거불능상태에 빠진 피해자를 간음할 것을 결의하고 실행에 착수했으나 역시 미수에 그쳤더라도 반항을 억압하기 위한 폭행으로 피해자에게 상해를 입힌 경우에는 강도강간미수죄와 강도치상죄가 성립되고 이는 1개의 행위가 2개의 죄명에 해당되어 상상적 경합관계가 성립된다.[3] ③ 강도행위에 착수한 뒤 그 완료 전에 피해자를 강간하려다가 중지하고 금품을 강취하고 그로 인하여 피해자에게 상해를 입힌 경우에는 강도강간미수와 강도치상죄의 상상적 경합관계가 된다.[4]

Ⅷ. 해상강도등죄

제340조(해상강도) ① 다중의 위력으로 해상에서 선박을 강취하거나 선박내에 침입하여 타인의 재물을 강취한 자는 무기 또는 7년 이상의 징역에 처한다.
② 제1항의 죄를 범한 자가 사람을 상해하거나 상해에 이르게 한 때에는 무기 또는 10년 이상의 징역에 처한다.
③ 제1항의 죄를 범한 자가 사람을 살해 또는 사망에 이르게 하거나 강간한 때에는 사형 또는 무기징역에 처한다.
제341조(상습범) 상습으로 제333조, 제334조, 제336조 또는 전조 제1항의 죄를 범한 자는 무기 또는 10년 이상의 징역에 처한다.
제342조(미수범) 제329조 내지 제341조의 미수범은 처벌한다.

1) 대법원 1991. 11. 12. 선고 91도2241 판결(피고인이 원심피고인들과 강도하기로 모의를 한 후 피해자 甲으로부터 금품을 빼앗고, 이어서 피해자 乙을 강간하였다면 강도강간죄를 구성하는 것이다); 대법원 1986. 1. 28. 선고 85도2416 판결(피고인이 상피고인과 공동하여 부산직할시청 뒷편 해안에 정박 중인 예인선 청용호에 금품을 강취할 목적으로 침입하여 선실에서 잠자던 피해자 1과 그의 처인 피해자 2를 깨워 피고인이 미리 준비하여 가지고간 식칼을 피해자 1의 목에 들이 대고 주먹으로 얼굴을 때리면서 금품을 요구하였으나 피해자들이 가진 것이 없다고 하자 주먹으로 피해자 1의 배와 얼굴 등을 때리고 선장실로 끌고 가 가둔 다음 피해자 2의 옆구리에 칼을 들이대고 목을 누르는 등 항거불능하게 하여 이를 강간하였다면 이는 강도가 부녀를 강간한 것으로 강도강간죄가 성립한다).
2) 대법원 2010. 4. 29. 선고 2010도1099 판결; 대법원 1988. 6. 28. 선고 88도820 판결.
3) 대법원 1988. 6. 28. 선고 88도820 판결.
4) 대법원 1984. 10. 10. 선고 84도1880 판결.

제345조(자격정지의 병과) 본장의 죄를 범하여 유기징역에 처할 경우에는 10년 이하의 자격정지를 병과할 수 있다.

1. 의 의

해상강도죄는 다중의 위력으로 해상에서 선박을 강취하거나 선박 내에 침입하여 타인의 재물을 강취함으로써 성립하는 범죄이다. 이러한 죄를 범한 자가 사람을 상해하거나 상해에 이르게 하는 경우(해상강도상해·치상죄), 살해 또는 사망에 이르게 하거나(해상강도살인·치사죄) 강간한 경우(해상강도강간죄)에는 형을 가중하여 처벌한다. 본죄는 소위 해적행위에 대하여 가중처벌하고 있는 규정이다. 해상강도는 다중의 위력을 요건으로 하고 있다는 점에서 특수강도와 유사하다. 그럼에도 불구하고 특수강도와 비교하여 형을 가중하는 이유는 행위장소 및 실행행위의 특수성에 기한 위험성이 훨씬 크기 때문이다.

2. 구성요건

'해상'이란 영해와 공해를 포함하는 개념이고, 지상의 경찰권이 미치지 아니하는 장소이어야 하므로 하천·호수·항만 등은 포함하지 아니한다. 그리고 공해상의 외국선박상의 외국인이 외국인에 대하여 범한 해적행위(국제해적행위)는 동 규정이 적용될 수 없다.

해상강도상해죄·해상강도치상죄·해상강도살인죄[1]·해상강도치사죄·해상강도강간죄 등에 있어서는 '제1항의 죄를 범한 자'로 되어 있기 때문에 해상강도죄의 미수범은 그 주체가 될 수 없다. 제340조 제2항에서는 상해·과실치상을, 제340조 제3항에서는 살인·과실치사·강간을 모두 동일한 법정형으로 파악하고 있는데, 이는 비례의 원칙에 부합하지 아니한다.

제 3 절   사기의 죄

Ⅰ. 사기죄

제347조(사기) ① 사람을 기망하여 재물의 교부를 받거나 재산상의 이익을 취득한 자는 10년 이하의 징역 또는 2천만원 이하의 벌금에 처한다.
② 전항의 방법으로 제삼자로 하여금 재물의 교부를 받게 하거나 재산상의 이익을 취득하게 한 때에도 전항의 형과 같다.
제351조(상습범) 상습으로 제347조 내지 전조의 죄를 범한 자는 그 죄에 정한 형의 2분의 1까지 가중한다.
제352조(미수범) 제347조 내지 제348조의2, 제350조, 제350조의2와 제351조의 미수범은 처벌한다.
제353조(자격정지의 병과) 본장의 죄에는 10년 이하의 자격정지를 병과할 수 있다.

---

1) 대법원 2011. 12. 22. 선고 2011도12927 판결(소말리아해적사건); 대법원 1997. 7. 25. 선고 97도1142 판결(페스카마호사건).

제354조(친족간의 범행, 동력) 제328조와 제346조의 규정은 본장의 죄에 준용한다.

1. 의의 및 보호법익

(1) 의 의

사기죄는 사람을 기망하여 재물의 교부를 받거나 재산상의 이익을 취득하거나 제3자로 하여금 재물의 교부를 받게 하거나 재산상의 이익을 취득하게 함으로써 성립하는 범죄이다. 본죄는 기망을 수단으로 상대방의 하자 있는 의사에 의한 처분행위를 통하여 재물 또는 재산상의 이익을 취득하는 점에서 편취죄에 속한다.

(2) 보호법익

1) 전체로서의 재산이라는 견해

사기죄의 보호법익은 전체로서의 재산이라는 견해[1]이다. 이에 의하면 거래의 신의칙이나 피기망자의 의사결정의 자유는 보호법익이 아니다. 또한 피해자에게 상당한 대가를 지급한 경우에는 전체로서의 재산의 손해가 없으므로 사기죄의 미수 또는 범죄가 성립하지 아니한다. 한편 재산상의 손해를 입은 자만이 피해자가 되기 때문에 삼각사기에 있어서 피기망자는 피해자로 파악하지 아니한다.[2]

동설은 독일해석론의 영향을 받은 것인데, 독일에서 사기죄의 보호법익은 전체로서의 재산이고, 거래의 신의칙이나 피기망자의 의사결정의 자유는 보호법익이 아니라고 하는 것이 다수설이다. 사기죄가 개인적 법익에 관한 죄이기 때문에 거래의 신의칙은 보호법익이 될 수 없고, 사기죄와 절도죄의 법정형이 5년 이하의 자유형으로서 동일하기 때문에 피기망자의 의사결정의 자유도 보호법익이 될 수 없다고 한다. 또한 사기죄의 행위태양이 재산상의 손해를 가하는 것이기 때문에 설사 기망행위가 있다고 하더라도 재산상의 손해를 가하지 않으면 사기죄는 성립할 수 없으므로 사기죄의 보호법익은 개별 재물이나 재산이 아니라 전체로서의 재산이라는 것이다.

2) 전체로서의 재산 및 거래의 신의칙이라는 견해

사기죄의 주된 보호법익은 전체로서의 재산이고, 부수적인 보호법익은 거래의 신의칙이라는 견해[3]이다. 동설에 의하면 기망자가 대가를 지급하여 피해자에게 재산상의 손해발생이 없더라도 그 기망행위가 거래의 신의칙에 반하는 경우에는 사기죄의 성립을 인정하게 되고, 재산

1) 김선복, 309면; 김신규, 399면; 김일수/서보학, 336면; 김혜정 외 4인, 326면; 박상기, 635면; 손동권/김재윤, 361면; 신동운, 957면; 이영란, 333면; 이재상/장영민/강동범, 328면; 이형국/김혜경, 390면; 정성근/정준섭, 229면.
2) 대법원 2014. 9. 26. 선고 2014도8076 판결(사기죄의 보호법익은 재산권이라고 할 것이므로 사기죄에 있어서는 재산상의 권리를 가지는 자가 아니면 피해자가 될 수 없다. 그러므로 법원을 기망하여 제3자로부터 재물을 편취한 경우에 피기망자인 법원은 피해자가 될 수 없고 재물을 편취당한 제3자가 피해자라고 할 것이므로 피해자인 제3자와 사기죄를 범한 자가 직계혈족의 관계에 있을 때에는 그 범인에 대하여는 형법 제354조에 의하여 준용되는 형법 제328조 제1항에 의하여 그 형을 면제하여야 할 것이다).
3) 배종대, 338면; 이상돈, 1040면; 임 웅, 416면; 정영일, 176면.

상의 피해자와 피기망자가 다른 경우에 피기망자도 사기죄의 피해자가 된다. 재산상의 손해발
생을 요구하지 않으므로 보호의 정도에서는 위험범화할 가능성이 있다.

하지만 사기행위를 처벌함으로써 거래의 진실성과 신의성실이 보장되는 것은 사기죄가 처
벌되는 반사적 효과일 뿐이며, 기망행위에 포함되어 있는 재산침해의 행위태양에 불과한 거래
의 진실성을 보호법익에 포함시키면 형법의 보충성에 반할 소지가 있다는 점, 사기죄가 개인적
법익을 보호하는 죄가 아니라 경제범죄적 성격을 띠게 될 위험성이 있다는 점 등을 논거로 하
여, 거래의 신의칙은 보호법익이 아니라 기망행위에 해당하느냐의 여부를 판단하는 기준이라고
보아야 한다는 비판[1]이 제기된다.

3) 개개의 재산 및 의사결정의 자유라는 견해

사기죄의 보호법익은 개별적인 재물 또는 재산상의 이익이라는 견해[2]이다. 동설은 (사회의)
거래의 신의칙을 보호법익으로 하지 않고, (개인의) 의사결정의 자유를 보호법익으로 파악한다.
피기망자가 처분행위를 하면 개별적인 재산이 침해된 것으로 보고 대가의 지급에 의한 전체 재
산의 손해 여부를 따지지 아니한다. 즉 현실적인 재산상의 손해를 요하지 아니한다. 개인의 의
사결정의 자유는 특히 재산상의 피해자와 피기망자(처분행위자)가 일치하지 않는 삼각사기에서
특히 문제되는데, 피기망자도 사기죄의 피해자로 파악하는 견해이다. 동설은 사기죄의 법정형
이 절도죄의 법정형보다 높다는 점, 권리자의 의사에 반하는 취거보다는 착오에 의해 교부받는
행위의 불법이 더 크다는 것인데, 이는 사기죄가 재산처분에 관한 의사결정의 자유도 보호의 대
상으로 하기 때문이라는 점, 사기죄는 공갈죄와 부당이득죄와 같은 장에 규정되어 있는데, 후자
의 범죄의 보호법익에 의사결정의 자유는 당연히 포함된다는 점 등을 그 논거로 하고 있다.

하지만 동설에 따르더라도 재산상의 손해발생을 사기죄의 요건에 포함시키지 않음으로써
사기죄의 보호법익의 중점을 피기망자의 자유보호에 두는 결과를 초래하여 사기죄의 성립범위
를 지나치게 확대시킬 우려가 있다.[3]

4) 검 토

우선 독일 형법의 사기죄 행위태양은 '재산상의 손해를 가한 자'이므로 재물취득만으로는
사기죄가 성립할 수 없고, 재산상의 손해발생이 있어야 사기죄가 성립한다고 하는 것이 당연
하다. 하지만 우리 형법의 사기죄 행위태양은 '재물의 교부를 받거나 재산상의 이익을 취득한
자'이므로, 피해자의 재산상 손해발생보다는 재물이나 이익취득을 더 중요시하고 있다. 또한
특정경제범죄가중처벌법 제3조는 손해액이 아니라 이득액을 중심으로 규정되어 있기 때문에
피해자의 재산상 손해액이 아니라 행위자의 재산상 이득액이 중요하다. 그러므로 전체로서의
재산만을 본죄의 보호법익으로 파악하는 것은 타당하지 않다. 행위자가 일정한 대가를 지급하

---

1) 김성돈, 373면.
2) 오영근, 305면.
3) 김성돈, 373면.

여 피해자에게 재산상의 손해발생이 없더라도 그 기망행위가 거래의 신의칙에 반하는 경우에
는 사기죄의 성립을 인정해야 하므로, 거래의 신의칙도 본죄의 보호법익으로 파악하는 것이
타당하다.

2. 구성요건

(1) 객 체

1) 재 물

본죄에서 말하는 '재물'이란 타인이 점유하는 타인소유의 재물을 말한다. 그러므로 타인을
기망하여 자기가 점유하는 타인의 재물을 교부받은 경우에는 사기죄가 아니라 횡령죄가 성립하
고[1], 타인이 점유하는 자기의 재물에 대하여 기망을 수단으로 교부받은 경우에는 사기죄는 물론
권리행사방해죄도 성립하지 아니한다. 부동산·금제품·장물 등도 본죄의 객체가 된다. 특히 등
기된 부동산은 기망에 의한 등기이전의 형태로 일어나는 점유침해의 경우, 미등기 부동산은 기
망에 의한 처분행위로 사실상 부동산의 점유이전이 일어나는 경우 등을 생각해 볼 수 있다.[2]

판례에 의하면, ① 등기공무원이 경매법에 의한 경락허가결정의 등본에 소유권이전등기를 완료하였다
는 등기필의 취지를 기재하고 등기소인을 압날한 문서[3], ② 증서를 무효로 하는 사유가 존재한다고 하
더라도 그 증서 자체에 이를 무효로 하는 사유의 기재가 없고 외형상 권리의무를 증명함에 족한 체제를
구비하고 있는 약속어음공정증서[4], ③ 주권을 포기한다는 의사표시가 담긴 처분문서로서 그 경제적 가
치가 있는 주권포기각서[5], ④ 수출물품영수증[6], ⑤ 사법상 권리이전관계를 내용으로 하는 각서와 백지
위임장[7], ⑥ 인감증명서[8] 등은 본죄의 객체가 된다.
하지만 보험가입사실증명원[9]은 본죄의 객체가 되지 아니한다.

---

1) 대법원 1987. 12. 22. 선고 87도2168 판결.
2) 신동운, 966면.
3) 대법원 1989. 3. 14. 선고 88도975 판결.
4) 대법원 1995. 12. 22. 선고 94도3013 판결.
5) 대법원 1996. 9. 10. 선고 95도2747 판결.
6) 대법원 1982. 9. 28. 선고 82도1656 판결.
7) 대법원 1961. 10. 19. 선고 4294형상352 판결.
8) 대법원 2011. 11. 10. 선고 2011도9919 판결(인감증명서는 인감과 함께 소지함으로써 인감 자체의 동일성을 증명
   함과 동시에 거래행위자의 동일성과 거래행위가 행위자의 의사에 의한 것임을 확인하는 자료로서 개인의 권리의
   무에 관계되는 일에 사용되는 등 일반인의 거래상 극히 중요한 기능을 가진다. 따라서 그 문서는 다른 특별한
   사정이 없는 한 재산적 가치를 가지는 것이어서 형법상의 '재물'에 해당한다고 할 것이다. 이는 그 내용 중에 재물
   이나 재산상의 이익의 처분에 관한 사항이 포함되어 있지 아니하다고 하여 달리 볼 것이 아니다. 따라서 위 용도
   로 발급되어 그 소지인에게 재산적 가치가 있는 것으로 인정되는 인감증명서를 그 소지인을 기망하여 편취하는
   것은 그 소지인에 대한 관계에서 사기죄가 성립한다); 대법원 2008. 7. 24. 선고 2006다63273 판결; 대법원 1986.
   9. 23. 선고 85도1775 판결.
9) 대법원 1997. 3. 28. 선고 96도2625 판결(보험가입사실증명원은 피고인이 교통사고처리특례법 제4조에서 정한
   취지의 보험에 가입하였음을 증명하는 보험가입증명원을 제출하여 보험회사가 이를 증명하는 내용의 문서일 뿐
   이고 거기에 재물이나 재산상의 이익의 처분에 관한 사항을 포함하고 있는 것은 아닌바, 그렇다면 이러한 문서의
   불법취득에 의해 침해된 또는 침해될 우려가 있는 법익은 보험가입사실증명원인 서면 그 자체가 아니고 그 문서

한편 불법원인급여물의 객체성 인정 여부와 관련하여, ① 재산상의 손해가 없다는 점, 피해자에게 반환청구권이 없다는 점, 법질서의 통일성 관점에서 사기죄를 부정해야 한다는 점, 피해자가 경솔의 단계를 넘어 스스로 불법한 목적에 기여하고자 처분행위를 한 경우에 범죄피해자학 관점에서 법이 구원조치를 취해야 할 필요성이 부정된다는 점 등을 논거로 하는 소극설[1], ② 민법상의 반환청구권은 사기죄의 성부와 관련이 없다는 점, 기망을 수단으로 재물을 취득하는 행위태양이 위법하다는 점, 경제적 재산개념에 따를 경우 경제적 가치에 손해를 입힌 것이라는 점 등을 논거로 하는 적극설[2] 등의 대립이 있다.

이에 대하여 판례는「민법 제746조의 불법원인급여에 해당하여 급여자가 수익자에 대한 반환청구권을 행사할 수 없다고 하더라도, 수익자가 기망을 통하여 급여자로 하여금 불법원인급여에 해당하는 재물을 제공하도록 하였다면 사기죄가 성립한다고 할 것인바, 피고인이 피해자로부터 도박자금으로 사용하기 위하여 금원을 차용하였더라도 사기죄의 성립에는 영향이 없다.」라고 판시[3]하여, 적극설의 입장을 취하고 있다.

생각건대 사법상 비록 불법이거나 승인되지 아니한 재물이라도 이에 대한 범행은 형법의 독자적인 견지에서 처벌하는 것이 타당하다는 점에서 불법원인급여의 객체성을 인정하는 것이 타당하다.

2) 재산상의 이익

'재산상의 이익'이란 재물 이외의 전체적으로 재산상태의 증가를 가져오는 일체의 이익을 말한다.[4] 재산상의 이익은 사실상의 취득으로 족하기 때문에 사법상 유효한 것임을 요하지는 아니한다.[5] 외관상 재산상의 이익을 취득하였다고 볼 수 있는 사실관계만 있으면 된다. 또한 채권을 취득하거나 담보를 제공받는 등의 적극적 이익뿐만 아니라 필요한 비용의 지급을 면하게 되는 소극적 이익도 포함되고, 영구적 이익뿐만 아니라 채무이행을 연기받는 것과 같은 일

가 교통사고처리특례법 제4조에 정한 보험에 가입한 사실의 진위에 관한 내용이라고 할 것이므로, 이러한 증명에 의하여 사기죄에서 말하는 재물이나 재산상의 이익이 침해된 것으로 볼 것은 아니어서 사기죄가 성립할 여지가 없다).

1) 김일수/서보학, 352면.
2) 김선복, 328면; 김성돈, 375면; 김성천/김형준, 415면; 김신규, 400면; 신동운, 972면; 이재상/장영민/강동범, 356면; 이형국/김혜경, 393면; 임 웅, 434면; 정성근/정준섭, 245면; 정영일, 179면.
3) 대법원 2006. 11. 23. 선고 2006도6795 판결; 대법원 2004. 5. 14. 선고 2004도677 판결; 대법원 2001. 10. 23. 선고 2001도2991 판결; 대법원 1995. 9. 15. 선고 95도707 판결.
4) 대법원 1997. 7. 11. 선고 95도1874 판결(피고인이 편취한 것이 재물로서의 신축 부동산 그 자체인가 아니면 건축허가로 인한 재산상의 이익인가 하는 점은 동일한 사실관계에 기초한 법률적 평가의 차이에 불과할 뿐이고 양자 모두 동일한 법조항에 규정된 죄로서 그 죄질과 처벌이 동일한 이상, 피고인이 재산상의 이익을 취득하였음에도 불구하고 재물을 편취한 것으로 잘못 판단하였다 하더라도 그것이 판결에 영향을 미쳤다고는 할 수 없다).
5) 대법원 2015. 2. 12. 선고 2014도20086 판결; 대법원 1975. 5. 27. 선고 75도760 판결(형법 제347조 소정의 재산상의 이익처분은 그 재산상의 이익을 법률상 유효하게 취득함을 필요로 하지 아니하고 그 이익 취득이 법률상 무효라고 하여도 외형상 취득한 것이면 족한 것이므로 피전부채권이 법률상으로는 유효한 것이 아니고 전부명령이 효력을 발생할 수 없다고 하여도 피전부채권이나 전부명령이 외형상으로 존재하는 한 위 법조 소정의 재산상의 이익취득이다).

시적 이익도 포함된다.[1] 전기계량기나 도시가스계량기의 지침을 역회전시켜 요금을 덜 내는 것도 소극적 이익에 포함될 수 있다. 채무자의 기망행위로 인하여 채권자가 채무를 확정적으로 소멸 내지 면제시키는 특약 등의 처분행위를 한 경우에는 채무의 면제라고 하는 재산상의 이익에 관한 사기죄가 성립되고[2], 후에 그 재산적 처분행위가 사기를 이유로 민법에 따라 취소될 수 있다고 하여 달리 볼 것은 아니다.[3] 재산상의 이익은 구체적·직접적 이익이어야 한다. 그러므로 우연히 만난 채권자에게 거짓말로 핑계를 대고 그 자리를 회피한 경우에는 재산상의 이익을 취득하였다고 볼 수 없다.

한편 재산상의 이익은 계산적으로 산출할 수 있는 이익에 한정하지 아니하므로[4], 범죄사실을 판시함에 있어서 그 이익의 수액을 명시하지 않았다고 하더라도 위법이라고 할 수 없다. 일반적으로 택시운전사를 기망하여 요금을 지급하지 않고 일정거리를 간 경우에는 재산상의 이익을 취득했다고 할 수 있지만, 자가용운전자를 기망하여 일정거리를 타고 간 경우에는 재산상의 이익을 취득했다고 볼 수 없으므로 무죄가 될 것이다. 다만 자가용운전사에 대하여 폭행 또는 협박을 가하여 일정거리를 운행하게 하였다면 의무 없는 일을 하게 한 것이기 때문에 강요죄의 성립이 가능하다.

판례에 의하면, ① 경제적 이익을 기대할 수 있는 자금운용의 권한 내지 지위의 획득이 그 자체로 경제적 가치가 있는 것으로 평가할 수 있는 경우[5], ② 주권을 교부한 자가 이를 분실하였다고 허위로 공

1) 대법원 2005. 9. 15. 선고 2005도5215 판결; 대법원 1997. 7. 25. 선고 97도1095 판결(어음이 지급기일에 결제되지 않으리라는 점을 예견하였거나 지급기일에 지급될 수 있다는 확신이 없으면서도 그러한 내용을 수취인에게 고지하지 아니하고 이를 속여서 할인을 받았다면 사기죄가 성립한다. 융통어음을 할인함에 있어 그 상대방에 대하여 그 어음이 이른바 진성어음인 것처럼 하기 위하여 적극적인 위장수단을 강구하는 것은 명백한 기망행위에 해당되어 상대방으로 하여금 그 뜻을 오신하게 하고 할인명목으로 돈을 교부하게 한 행위도 사기죄를 구성하고, 그 할인을 받음에 있어 일부의 담보를 제공하였다고 하여 결론이 달라지는 것은 아니므로, 담보가액을 공제하지 아니한 편취 금액 전부에 대하여 사기죄가 성립한다. 사기죄에 있어서 채무이행을 연기받는 것도 재산상의 이익이 되므로, 채무자가 채권자에 대하여 소정기일까지 지급할 의사와 능력이 없음에도 종전 채무의 변제기를 늦출 목적에서 어음을 발행 교부한 경우에는 사기죄가 성립한다); 대법원 1986. 10. 14. 선고 86도1501 판결; 대법원 1983. 11. 8. 선고 83도1723 판결.
2) 대법원 2009. 2. 12. 선고 2008도10971 판결.
3) 대법원 2012. 4. 13. 선고 2012도1101 판결.
4) 대법원 1998. 12. 9. 선고 98도3282 판결(채무이행을 연기받는 것도 재산상의 이익이 되므로, 이 사건에 있어서도 채무이행을 연기받은 사기죄는 성립할 수 있으나, 채무이행을 연기받은 것에 의한 재산상의 이익액은 이를 산출할 수 없으므로 이는 특정경제범죄가중처벌법 제3조 제1항 제2호의 이득액을 계산함에 있어서는 합산될 것이 아니라고 할 것이다).
5) 대법원 2012. 9. 27. 선고 2011도282 판결(피고인이 자신이 개발한 주식운용프로그램을 이용하여 상당한 수익을 낼 수 있고 만일 손해가 발생하더라도 원금과 은행 정기예금 이자 상당은 그 반환을 보장하겠다는 취지로 기망하여 이 사건 주식계좌의 사용권한을 부여받은 사실이 넉넉히 인정된다. 피고인이 피해자의 자금이 예치된 피해자 명의의 주식계좌에 대한 비밀번호와 아이디를 전달받음으로써 적어도 주식거래 자체에 있어서는 자금주인 피해자와 동일한 거래상 지위와 권능을 부여받은 점, 그 결과 피고인은 아무런 금융비용도 부담하지 아니한 채 독자적으로 위 주식계좌를 운영할 수 있었던 점, 주식운용 자체에 대한 보수 약정이 있었던 것은 아니나 주식운용에 따른 수익금이 발생할 경우 그 중 1/2에 해당하는 금원을 매월 지급받기로 약정한 점 등을 종합하여, 피고인이 이 사건 주식계좌의 사용권한을 부여받은 것은 그 운용 결과에 따라 수익금 중 1/2에 대한 분배청구권을 취득한 것으로

시최고신청을 하여 제권판결을 선고받아 확정된 경우[1], ③ 피고인과 피해자 사이의 매매계약이 토지거래허가를 받지 아니하여 유동적 무효의 상태에 있었다고 하더라도, 피고인이 대출금 및 매매대금을 정산해 줄 것처럼 피해자를 기망하여 그로 하여금 근저당권을 설정하게 한 경우[2], ④ 피해자를 기망하여 연대보증인으로 하여 자신이 경영하는 회사와 보증보험회사 간에 차량들의 할부판매보증보험계약을 체결하게 한 경우[3], ⑤ 신용보증기금의 신용보증서 발급이 피고인의 기망행위에 의하여 이루어진 경우[4], ⑥ 차용금의 일부를 빌려주겠다고 타인을 기망하여 그를 연대보증인이 되게 한 후 신용금고로부터 돈을 차용하여 강제집행까지 당하게 한 경우[5] 등에 있어서는 재산상의 이익을 취득한 것으로 볼 수 있다.

　하지만 ① 위조된 약속어음을 마치 진정한 약속어음인 것처럼 속여 기왕의 물품대금 채무의 변제를 위하여 이를 채권자에게 교부하였다고 하여도 어음이 결제되지 않는 한 물품대금 채무가 소멸되지 않는 경우[6], ② 법원을 기망하여 부재자재산관리인으로 선임된 경우[7], ③ 채무를 면탈할 목적으로 존재하지 않은 제3자에 대한 채권을 양도한 경우[8], ④ 치료비 채무의 이행을 모면하기 위하여 피고인이 거짓말을 하고 입원환자(처)와 함께 도주한 경우[9], ⑤ 피해자인 은행을 기망하여 지급보증서라는 서면의 취득만 하고 이를 채권자에게 교부하기 전 단계에 있어 피해자에게 아직 보증채무가 발생하지 않은 경우[10], ⑥ 피고인이 피해자에게 백미 100가마를 변제한다고 말하면서 10가마의 백미보관증을 100가마의 보관증이라고 속여 교부하고 한문판독능력이 없는 피해자가 이를 100가마의 보관증으로 믿고 교부받은 경우[11], ⑦ 피고인이 단순히 보험가입자의 형사책임을 면하게 하기 위하여 미납된 분할보험료를 정상적으로 납부한 것처럼 전산조작한 후 보험가입사실증명원을 발급받아 수사기관에 제출하도록 한 경우[12] 등에 있어서는 재산상의 이익을 취득한 것으로 볼 수 없다.

3) 비재산적 법익

　사기죄의 보호법익은 재산권이므로, 기망행위에 의하여 국가적 또는 공공적 법익이 침해되었다는 사정만으로 사기죄가 성립한다고 할 수 없다. 예를 들면 공사도급계약 당시 관련 영업 또는 업무를 규제하는 행정법규나 입찰 참가자격, 계약절차 등에 관한 규정을 위반한 사정이 있는 때에는 그러한 사정만으로 공사도급계약을 체결한 행위가 기망행위에 해당한다고 단정해서는 안 되고, 그 위반으로 말미암아 계약 내용대로 이행되더라도 공사의 완성이 불가능

평가될 수 있어 그 자체로서 사기죄에서 정한 재산상의 이익에 해당한다).
1) 대법원 2007. 5. 31. 선고 2006도8488 판결(그 제권판결의 적극적 효력에 의해 그 자는 그 주권을 소지하지 않고도 주권을 소지한 자로서의 권리를 행사할 수 있는 지위를 취득하였다); 대법원 1995. 9. 15. 선고 94도3213 판결.
2) 대법원 2008. 2. 14. 선고 2007도10658 판결.
3) 대법원 1995. 8. 25. 선고 94도2132 판결; 대법원 1983. 2. 22. 선고 82도2555 판결.
4) 대법원 2007. 4. 26. 선고 2007도1274 판결.
5) 대법원 1982. 10. 26. 선고 82도2217 판결.
6) 대법원 1983. 4. 12. 선고 82도2938 판결.
7) 대법원 1973. 9. 25. 선고 73도1080 판결.
8) 대법원 1985. 3. 12. 선고 85도74 판결; 대법원 1986. 7. 22. 선고 86도681 판결.
9) 대법원 1970. 9. 22. 선고 70도1615 판결.
10) 대법원 1982. 4. 13. 선고 80도2667 판결.
11) 대법원 1990. 12. 26. 선고 90도2037 판결.
12) 대법원 1997. 3. 28. 선고 96도2625 판결.

하였다고 평가할 수 있을 만큼 그 위법이 공사의 내용에 본질적인 것인지 여부를 심리·판단하여야 한다.[1]

하지만 기망행위에 의하여 국가적 또는 공공적 법익을 침해한 경우라도 그와 동시에 형법상 사기죄의 보호법익인 재산권을 침해하는 것과 동일하게 평가할 수 있는 때에는 당해 행정법규에서 사기죄의 특별관계에 해당하는 처벌규정을 별도로 두고 있지 않는 한 사기죄가 성립할 수 있다. 그런데 기망행위에 의하여 조세를 포탈하거나 조세의 환급·공제를 받은 경우에는 조세범처벌법 제9조(지방세법 제84조에서 준용)에서 이러한 행위를 처벌하는 규정을 별도로 두고 있을 뿐만 아니라, 조세를 강제적으로 징수하는 국가 또는 지방자치단체의 직접적인 권력작용을 사기죄의 보호법익인 재산권과 동일하게 평가할 수 없는 것이므로, 기망행위에 의하여 조세를 포탈하거나 조세의 환급·공제를 받은 경우에는 조세범처벌법 위반죄가 성립함은 별론으로 하고, 형법상 사기죄는 성립할 수 없다.[2] 또한 공무원을 기망하여 인감증명·자동차운전면허증·여권 등을 교부받아도 사기죄가 되지 아니하지만, 보조금사기나 생계비부정수급사기 등과 같이 공적 증명서류의 부정교부가 재산적 가치와 결부되어 재산적 이익취득이 있는 때에는 사기죄

---

[1] 대법원 2021. 10. 14. 선고 2016도16343 판결(구 시설물안전법상 하도급 제한 규정은 시설물의 안전점검과 적정한 유지관리를 통하여 재해와 재난을 예방하고 시설물의 효용을 증진시킨다는 국가적 또는 공공적 법익을 보호하기 위한 것이므로, 이를 위반한 경우 구 시설물안전법에 따른 제재를 받는 것은 별론으로 하고 곧바로 사기죄의 보호법익인 재산권을 침해하였다고 단정할 수 없다. 사기죄가 성립된다고 하려면 이러한 사정에 더하여 이 사건 각 안전진단 용역계약의 내용과 체결 경위, 계약의 이행과정이나 결과 등까지 종합하여 살펴볼 때 과연 피고인들이 안전진단 용역을 완성할 의사와 능력이 없음에도 불구하고 용역을 완성할 것처럼 거짓말을 하여 용역대금을 편취하려 하였는지 여부를 기준으로 판단하여야 한다); 대법원 2020. 2. 6. 선고 2015도9130 판결(문화재수리기술자 등의 자격증을 대여받아 사용한 행위가 곧바로 사기죄에서의 기망행위에 해당한다고 단정할 수 없다. 한편 이 사건 각 문화재수리계약이 체결되었다고 하여 곧바로 그 공사대금이 지급되는 것은 아니고, 그 공사를 발주한 지방자치단체 등이 공사가 그 계약 내용에 따라 이행되었는지 여부를 확인한 후 공사대금을 지급한다는 것인데, 이 사건 문화재수리공사가 계약에서 정한 내용과 기한에 맞추어 진행되지 않았다거나 그 완성된 공사에 별다른 하자나 문제점 등이 발견되었다는 등의 사정도 찾아볼 수 없다); 대법원 2019. 12. 27. 선고 2015도10570 판결(피고인이 부정한 방법으로 문화재수리업 등록을 한 행위, 자격증을 대여받아 사용한 행위 등은 문화재수리법 위반죄에, 계약담당 공무원들의 직무집행을 방해한 행위는 위계에 의한 공무집행방해죄에 해당하지만, 사기죄에 대하여는 이 사건 각 계약 체결 당시 피고인들에게 공사를 수행할 의사나 능력이 없었다고 보기 어렵다는 이유로 무죄를 선고하였다).

[2] 대법원 2008. 11. 27. 선고 2008도7303 판결(주유소 운영자가 농·어민 등에게 조세특례제한법에 정한 면세유를 공급한 것처럼 위조한 면세유류공급확인서로 정유회사를 기망하여 면세유를 공급받음으로써 면세유와 정상유의 가격 차이 상당의 이득을 취득한 사안에서, 정유회사에 대하여 사기죄를 구성하는 것은 별론으로 하고, 국가 또는 지방자치단체를 기망하여 국세 및 지방세의 환급세액 상당을 편취한 것으로 볼 수 없다). 同旨 대법원 2019. 12. 24. 선고 2019도2003 판결(중앙행정기관의 장, 지방자치단체의 장 등 법률에 따라 금전적 부담의 부과권한을 부여받은 자(이하 '부과권자'라 한다)가 재화 또는 용역의 제공과 관계없이 특정 공익사업과 관련하여 권력작용으로 부담금을 부과하는 것은 일반 국민의 재산권을 제한하는 침해행정에 속한다. 이러한 침해행정 영역에서 일반 국민이 담당 공무원을 기망하여 권력작용에 의한 재산권 제한을 면하는 경우에는 부과권자의 직접적인 권력작용을 사기죄의 보호법익인 재산권과 동일하게 평가할 수 없는 것이므로, 행정법규에서 그러한 행위에 대한 처벌규정을 두어 처벌함은 별론으로 하고, 사기죄는 성립할 수 없다. 피고인이 담당 공무원을 기망하여 납부의무가 있는 농지보전부담금을 면제받아 재산상 이익을 취득하였다는 이 사건 공소사실은 범죄로 되지 아니하는 경우에 해당한다); 대법원 2009. 1. 15. 선고 2006도6687 판결(주유소 운영자가 농민들에게 면세유를 공급한 것처럼 부당하게 발급받은 면세유류공급확인서로 석유정제업자를 기망하여 부가가치세 등에 상당한 석유류를 취득한 사안에서, 석유정제업자에게 현실적인 재산상 손해가 없더라도 사기죄가 성립한다).

가 성립할 수 있다. 사기결혼[1] 그 자체는 아무런 죄가 되지 아니하지만, 결혼사기는 사기죄로 처벌될 수 있다.

(2) 행 위

본죄가 성립하기 위해서는, ① 사람에 대한 기망행위가 있을 것, ② 기망행위에 의하여 상대방이 착오를 일으킬 것, ③ 상대방은 착오에 의하여 재산상의 처분행위를 할 것, ④ 재산상의 처분행위에 의하여 재물을 교부받거나 재산상의 이익을 취득할 것 등의 일련의 행위가 필요하다. 또한 각 단계별로 상당인과관계가 인정되어야 한다. 다만 재산상의 손해발생을 요구하는 것에 대해서는 견해의 대립이 있다.

1) 기망행위

① 기망의 의의

'기망'이란 허위의 의사표시로 인하여 사람을 착오에 빠지게 하는 일체의 행위를 말한다. 이미 착오에 빠져 있는 상태를 이용하는 것도 기망에 해당한다. 여기서 착오는 사실에 관한 것이거나 법률관계에 관한 것이거나 법률효과에 관한 것이거나를 묻지 않고 반드시 법률행위의 내용의 중요부분에 관한 것일 필요도 없으며, 그 수단과 방법에도 아무런 제한이 없다.

이와 같이 기망은 널리 재산상의 거래관계에 있어서 서로 지켜야 할 신의와 성실의 의무를 저버리는 모든 적극적 또는 소극적 행위를 말하는 것으로서, 상대방을 착오에 빠지게 하여 행위자가 희망하는 재산적 처분행위를 하도록 하기 위한 판단의 기초가 되는 사실에 관한 것이면 충분하므로[2], 거래의 상대방이 일정한 사정에 관한 고지를 받았더라면 당해 거래에 임하지 아니하였을 것이라는 관계가 인정되는 경우에는 그 거래로 인하여 재물을 수취하는 자에게는 신의성실의 원칙상 사전에 상대방에게 그와 같은 사정을 고지할 의무가 있다 할 것이고, 그럼에도 불구하고 이를 고지하지 아니한 것은 고지할 사실을 묵비함으로써 상대방을 기망한 것이 되어 사기죄를 구성한다. 또한 용도를 속이고 돈을 빌린 경우에 만일 진정한 용도를 고지하였더라면 상대방이 빌려 주지 않았을 것이라는 관계에 있는 때에는 사기죄의 실행행위인 기망은 있는 것으로 보아야 한다.[3]

---

1) 대법원 1983. 6. 28. 선고 83도831 판결(사기결혼사건)(피고인이 총각이라면서 결혼하여 사업을 일으켜 보자고 하였더라도, 피해자가 금원을 대여할 당시 피고인이 경영하는 회사의 자금사정이 어렵다는 사실 및 피고인에게 동거하는 약혼녀가 있다는 사실을 알고 있음에도 그를 좋아하고 동정한 나머지 위 금원을 대여하여 주었다면 피고인에게 기망되어 금원을 편취당하였다고 보기 어려우므로 사기죄는 성립하지 아니한다).

2) 대법원 2013. 9. 26. 선고 2013도3631 판결(투자금편취사건)(투자금의 편취에 의한 사기죄의 성립 여부에 있어 투자약정 당시 투자받은 사람이 투자자로부터 투자금을 지급받아 투자자에게 설명한 투자사업에 사용하더라도 일정 기간 내에 원금을 반환할 의사나 능력이 없음에도 마치 일정 기간 내에 투자자에게 원금을 반환할 것처럼 거짓말을 한 경우에는 투자를 받는 사람과 투자자의 관계, 거래의 상황, 투자자의 경험, 지식, 성격, 직업 등 행위 당시의 구체적인 사정에 비추어 투자자가 원금반환 약정을 전적으로 믿고 투자를 한 경우라면 사기죄의 요건으로서 기망행위에 해당할 수 있고, 이때 투자금 약정 당시를 기준으로 피해자로부터 투자금을 편취할 고의가 있었는지 여부를 판단하여야 할 것이다).

3) 대법원 1996. 2. 27. 선고 95도2828 판결; 대법원 1995. 9. 15. 선고 95도707 판결.

한편 일반적으로 상품의 선전·광고에 있어 다소의 과장이나 허위가 수반되는 것은 그것이 일반 상거래의 관행과 신의칙에 비추어 시인될 수 있는 한 기망성이 결여된다고 하겠으나[1], 거래에 있어서 중요한 사항에 관하여 구체적 사실을 거래상의 신의성실의 의무에 비추어 비난받을 정도의 방법으로 허위로 고지한 경우에는 과장·허위광고의 한계를 넘어 사기죄의 기망행위에 해당한다.[2]

판례에 의하면, ① 백화점에서 가격조건에 관하여 변칙세일을 한 경우[3], ② 백화점의 식품매장에서 당일 판매되지 못하고 남은 생식품들에 대하여 그 다음 날 아침 포장지를 교체하면서 가공일자가 재포장일자로 기재된 바코드라벨을 부착하여 재판매하는 경우[4], ③ 음식점의 내부에는 한우만을 사용한다는 광고선전판이 식육점 진열대 이외에 음식점의 객석 주위에도 10여 개 부착되어 있을 뿐만 아니라 위 음식점에서 사용하는 식단표의 바깥 부분에는 상호가 '고향한우마을'이라고 표시되어 있고 한우만을 사용한다고 기재되어 있음에도 불구하고 수입산 소고기를 사용한 경우[5], ④ 근저당권자의 대리인인 피고인이 채무자 겸 소유자인 피해자를 대리하여 경매개시결정 정본을 받을 권한이 없음에도, 경매개시결정 정본 등 서류의 수령을 피고인에게 위임한다는 내용의 피해자 명의의 위임장을 위조하여 법원에 제출하는 방법으로 경매개시결정 정본을 교부받음으로써 경매절차가 진행되도록 한 경우[6], ⑤ 피고인이 기획부동산 사무실을 차려놓고 영업직원들을 통하여 정보를 제대로 알려주지 아니하고 오히려 용역보고서에 불과한 자료만을 근거로 확정되지도 아니한 개발계획이 마치 확정된 것처럼 허위 또는 심히 과장된 정보를 제공하여 매수인들의 판단을 흐리게 하여 매매계약을 체결한 경우[7], ⑥ 의료기관이 청구한 진료수가

1) 예를 들면 일반 자영업자가 홍보하는 '전국에서 2번째로 싼 휴대폰가게', '대구에서 가장 맛있는 분식집', '폐업정리 90% 세일! 오늘 단 하루만!' 등과 같은 다소의 과장이나 허위광고는 기망행위라고 할 수 없다.
2) 대법원 2008. 7. 10. 선고 2008도1664 판결(지오모나코사건)(지오모나코 시계가 국내에 처음 수입되기 시작한 2002년 당시 위 '지오모나코'라는 브랜드는 시장에 출시된 지 1년 정도밖에 지나지 않은 신생 브랜드로서 세계적인 명성이나 인지도가 거의 없었고, 지오모나코 본사를 설립한 미켈레 아씨오네 가문은 3대째 귀금속 세공업을 하던 가문이지 3대째 시계제조업을 하던 가문이 아님에도, 마치 3대에 걸쳐 180년 동안 시계제조업을 이어온 브랜드인 것처럼 허위의 광고문구를 작성하여 이를 잡지나 홈쇼핑 방송, 기타 각종 매체를 통해 홍보함으로써, 이를 본 사람들로 하여금 위 지오모나코가 180년을 이어온 전통 있는 브랜드로서 그만큼 위 시계의 품질과 명성이 뛰어날 것으로 오인하게 하는 방법으로 개당 수백만 원을 호가하는 고가의 시계들을 판매한 것은 사회적으로 용인될 수 있는 한계를 넘은 것으로서 사기죄의 기망행위에 해당한다고 보았다); 대법원 2002. 2. 5. 선고 2001도5789 판결(홈쇼핑산삼사건)(통신판매에 있어 소비자가 갖는 상품의 품질, 가격에 대한 정보는 전적으로 유통업자의 광고에 의존할 수밖에 없고, 이 사건 삼구쇼핑과 같은 TV홈쇼핑업체에 대한 소비자들의 신뢰는 TV라는 영상매체를 이용한 스스로의 강도 높은 광고에 의하여 창출된 것인 만큼 이에 대한 소비자들의 신뢰와 기대는 특별히 보호되어야 할 것인바, 위와 같은 사실관계에 비추어 보면 피고인의 위 광고행위('산양산삼')는 진실규명이 가능하고 구매의 결정에 있어 가장 중요한 요소로서 구체적 사실인 판매물품의 품질에 관하여 기망한 것으로서 그 사술의 정도가 사회적으로 용인될 수 있는 상술의 정도를 넘은 것이어서 사기죄의 기망행위를 구성한다고 하지 않을 수 없으며, 또한 소비자들은 피고인 등의 위 허위광고에 기망당하여 구매행위를 한 것으로 보여 지고, 이와 같이 허위광고와 소비자들의 구매간의 인과관계가 인정되는 이상 이 사건 판매물품의 품질이 비교적 우수하다거나 소비자들도 나름대로 가격과 품질을 교량하였을 것이라는 점은 사기죄의 성립에 아무런 영향이 없다).
3) 대법원 1992. 9. 14. 선고 91도2994 판결(백화점변칙세일사건).
4) 대법원 1996. 2. 13. 선고 95도2121 판결(포장지교체사건); 대법원 1995. 7. 28. 선고 95도1157 판결.
5) 대법원 1997. 9. 9. 선고 97도1561 판결(고향한우마을사건).
6) 대법원 2009. 7. 9. 선고 2009도295 판결.
7) 대법원 2008. 10. 23. 선고 2008도6549 판결.

내역을 보험회사가 삭감할 것을 미리 예상하고 그만큼 허위로 과다하게 진료수가를 청구한 경우[1], ⑦ 국민주택건설자금을 융자받고자 하는 민간사업자가 처음부터 사실은 국민주택건설자금으로 사용할 의사가 없으면서도 국민주택건설자금으로 사용할 것처럼 용도를 속여 국민주택건설자금을 대출받은 경우(대출금 전액에 대한 사기죄 성립)[2], ⑧ 입원의 필요성이 없음에도 의사로 하여금 입원치료의 필요성이 있다고 오판하도록 하여 필요 이상의 장기입원을 한 경우 역시 이를 알리지 않은 채 보험회사에 대하여 보험약관에 정한 입원기간을 충족시켰다고 주장하면서 보험금을 청구한 경우(보험금 전체에 대한 사기죄 성립)[3], ⑨ 타인으로부터 금전을 차용함에 있어서 그 차용한 금전의 용도나 변제할 자금의 마련방법에 관하여 사실대로 고지하였더라면 상대방이 응하지 않았을 경우에 그 용도나 변제자금의 마련방법에 관하여 진실에 반하는 사실을 고지하여 금전을 교부받은 경우[4], ⑩ 피고인이 고령의 노인들을 무료로 온천관광을 시켜주겠다고 모집하여 피고인 경영의 삼원농산으로 유치해 오도록 하고, '녹동달오리골드'라는 제품이 당뇨병, 관절염, 신경통 등의 성인병 치료에 특별한 효능이 있는 좋은 약이라는 허위의 강의식 선전·광고행위를 하여 이에 속은 노인들로 하여금 위 제품을 고가에 구입하도록 한 경우[5], ⑪ 토지의 매매계약서에 매수인이 건물건축의 목적으로 매수한다는 내용이 표시되지 않았다고 하여도 매도인인 피고인이 그러한 매수인의 매수목적을 알면서 건축이 가능한 것처럼 가장하여 이를 오신한 매수인과 사이에 매매계약이 성립된 경우[6], ⑫ 의사인 피고인이 전화를 이용하여 진찰한 것임에도 내원 진찰인 것처럼 가장하여 국민건강보험관리공단에 요양급여비용을 청구함으로써 진찰료 등을 편취한 경우[7], ⑬ 피고인이 보험상담원으로 근무하며 피해자의 보험 상품을 판매하였는데, 보험계약자들이 실제로 보험을 가입할 의사가 없어 1회 보험료 결제 후 보험계약이 유지되지 않을 것임을 알고 있었음에도 불구하고, 공소

---

1) 대법원 2008. 2. 29. 선고 2006도5945 판결.

2) 대법원 2013. 10. 17. 선고 2013도6826 판결; 대법원 2002. 7. 26. 선고 2002도2620 판결.

3) 대법원 2007. 6. 15. 선고 2007도2941 판결; 同旨 대법원 2021. 8. 12. 선고 2020도13704 판결; 대법원 2009. 5. 28. 선고 2008도4665 판결(보험금을 지급받을 수 있는 사유가 있다고 하더라도 이를 기화로 실제 지급받을 수 있는 보험금보다 다액의 보험금을 편취할 의사로 장기간의 입원 등을 통하여 과다한 보험금을 지급받는 경우에는 비록 그 중 일부 기간에 관하여 실제 입원치료가 필요하였다고 하더라도 그 부분을 포함한 당해 입원기간의 요양급여비 전체에 대하여 사기죄가 성립한다); 대법원 2007. 5. 11. 선고 2007도2134 판결; 대법원 2007. 4. 12. 선고 2007도1033 판결(피해자가 사기죄 성립 후 일부 금원을 회수하였다고 하더라도 이는 범죄 후 피해변제를 받은 것에 불과하므로 회수된 금원을 포함한 전체 금원에 관하여 사기죄가 성립한다).

4) 대법원 2005. 9. 15. 선고 2003도5382 판결; 同旨 대법원 2007. 6. 1. 선고 2006도1813 판결(개정 전의 회계처리기준에 따라야 할 재무제표를 개정 후의 회계처리기준에 따라 작성 제출함으로 인하여 금융기관이 개정 전 회계처리기준에 따라 회사에 해당 회계연도 당기 순이익이 발생한 것으로 믿고 이로 인하여 여신을 결정한 것이고, 만약 개정 전 회계처리기준에 따라 재무제표가 작성되었다면 당기 순손실이 나타날 것인데 이를 숨기기 위해서 위와 같은 방법으로 재무제표를 작성하였다는 사실을 금융기관이 여신 심사 당시 알았다면 당해 여신이 불가능하거나 곤란하였다고 볼 사정이 인정된다면, 회사의 변제의사나 변제능력, 담보 제공 여부와는 무관하게 부실 재무제표 제출로 인한 기망행위와 여신 결정 사이의 인과관계는 인정되는 것이며, 금융기관이 제출된 재무제표를 면밀히 분석해 보았다면 위와 같은 회계처리를 알 수 있었을 것이라고 하여 달리 볼 것은 아니다); 대법원 1996. 2. 27. 선고 95도2828 판결(피고인이 개발제한구역 지정의 해제는 물론이고 그 해제로 인하여 얻게 될 재산상의 이익을 나누어줄 의사와 능력이 없으면서도, 마치 피해자로부터 돈을 차용하게 되면 이를 개발제한구역 지정을 해제하는 데 필요한 비용으로 사용하고 개발제한구역 해제로 인하여 얻게 될 이익을 피해자에게 나누어 줄 것처럼 피해자를 속여 피해자로부터 금원을 차용하였다면, 피고인의 위와 같은 행위는 사기죄에 있어서의 기망행위에 해당하고 피해자는 피고인에게 기망당하여 착오를 일으켜 금원을 대여하게 되었다고 보아야 할 것이며, 피고인에게 타인의 금원을 편취할 의사 또한 있었다).

5) 대법원 2004. 1. 15. 선고 2001도1429 판결.

6) 대법원 1985. 4. 9. 선고 85도167 판결.

7) 대법원 2013. 4. 26. 선고 2011도10797 판결.

외인에게 전화하여 월 납입보험료상당의 건강보험계약을 체결하게 함으로써 피해자를 기망하여 이에 속은 피해자로부터 보험계약 체결에 따른 수수료 명목으로 금원을 교부받은 경우[1], ⑭ 휴대폰 사용자 등에게 음악 및 음성메시지가 도착한 것으로 오인하게 하고 통화버튼을 눌러 접속하게 하여 정보이용료가 부과되게 한 경우[2], ⑮ 피고인 甲이 내과에서 실질적으로 통원치료를 받았을 뿐임에도 피고인 乙이 원무과 직원으로 하여금 입원치료를 받은 것처럼 허위 사실을 기재한 요양급여비용 청구서를 작성하게 한 후 이를 국민건강보험공단에 발송하여 입원치료에 대한 요양급여비용을 지급받은 경우[3], ⑯ 편취한 약속어음을 그와 같은 사실을 모르는 제3자에게 편취사실을 숨기고 할인받는 경우[4], ⑰ 피고인이 동일한 부동산을 피해자와 함께 매수하면서 매도인과 공모하여, 사실은 그 부동산의 평당 매수단가를 피해자보다 싸게 매수하면서도 피해자에게는 자신이 마치 피해자와 같은 값으로 매수하는 것처럼 말하여 피해자를 착오에 빠뜨려 그 부동산을 비싼 값에 매수하게 하고, 그 매매차액을 분배·교부받은 경우[5], ⑱ 차용금 사기죄로 기소된 피고인이 파산신청을 하여 면책허가결정이 확정된 사안에서, 피고인이 파산신청 2년 전부터 불과 40여 일 전까지 여러 사람들로부터 돈을 빌려서 채무변제와 생활비 등으로 사용한 경우[6], ⑲ 채권의 담보로 가옥소유권이 채권자에게 이전등기되었음에도 피고인이 이런 사실을 숨긴채 채무자와 공모하여 동 가옥이 채무자의 소유인양 타인에게 임대하고 그 임대보증금등 명목으로 금원을 수령한 경우[7], ⑳ 명의상의 학원 원장에 불과한 자가 외환위기 후 신규창업 자금을 지원하기 위한 생계형 창업특별보증제도의 목적 및 대출금의 용도에 반하여 창업자금 대출금 중 일부를 개인적인 용도로 사용할 생각이었음에도 불구하고 이를 속이고 위 대출금을 위 학원 운전자금 용도로 사용하겠다면서 보증을 신청한 경우[8], ㉑ 피고인이 피해자로부터 냉동오징어를 구입하더라도 그 잔대금을 지급할 의사 없이 계약금 명목으로 일부 금원을 지급하고 나머지 대금을 지급하지 않은 사안에서, 피고인이 위 잔대금채무를 이전에 피해자에 대하여 가지고 있었던 채권으로 상계할 의사를 가지고 있었다 하더라도 피해자가 위 채권의 존재 자체를 다투고 있는 상태에서 마치 현금으로 결제할 것처럼 기망하여 물품을 교부받은 경우[9], ㉒ 비의료인이 의료법 제33조 제2항을 위반하여 개설한 의료기관이 마치 의료법에 의하여 적법하게 개설된 요양기관인 것처럼 국민건강보험공단에 요양급여비용의 지급을 청구하여 국민건강보험공단으로부터 요양급여비용을 지급받은 경우[10], ㉓ 연구책임자가 처음부터 소속 학생연구원들에 대한 개별 지급의사 없이 공동관리계좌를 관리하면서 사실상 그 처분권을 가질 의도 하에 이를 숨기고 산학협력단에 연구비를 신청하여 이를 지급받은 경우[11] 등에 있어서는 기망행위를 인정하고 있다.

---

1) 대법원 2014. 1. 16. 선고 2013도9644 판결(보험상담원수수료편취사건).

2) 대법원 2004. 10. 15. 선고 2004도4705 판결.

3) 대법원 2006. 1. 12. 선고 2004도6557 판결.

4) 대법원 2005. 9. 30. 선고 2005도5236 판결(당초의 어음 편취와는 별개의 새로운 법익을 침해하는 행위로서 기망행위와 할인금의 교부행위 사이에 상당인과관계가 있어 새로운 사기죄를 구성한다. 설령 그 약속어음을 취득한 제3자가 선의이고 약속어음의 발행인이나 배서인이 어음금을 지급할 의사와 능력이 있었다고 하더라도 이러한 사정은 사기죄의 성립에 영향이 없다).

5) 대법원 1992. 3. 10. 선고 91도2746 판결.

6) 대법원 2007. 11. 29. 선고 2007도8549 판결.

7) 대법원 1984. 1. 31. 선고 83도1501 판결.

8) 대법원 2003. 12. 12. 선고 2003도4450 판결.

9) 대법원 1997. 11. 11. 선고 97도2220 판결.

10) 대법원 2018. 4. 10. 선고 2017도17699 판결.

11) 대법원 2021. 9. 9. 선고 2021도8468 판결(다만 연구책임자가 원래 용도에 부합하게 학생연구원들의 사실상 처분

하지만 ① 보조금 지급 여부 및 그 금액은 전년도 정산보고서와 별도로 보조금 신청서를 제출받아 이를 심사하여 결정하는 것이므로 보조금을 지급받은 지회가 제출하는 보조금 정산보고서는 다음해에 보조금의 지원 여부 및 그 금액을 결정함에 있어 하나의 참고자료에 불과할 뿐, 그 지원 여부 및 금액을 좌우하는 직접적인 서류라고 할 수는 없는 상황에서, 허위의 정산보고서를 제출한 경우[1], ② 타인의 일반전화를 무단으로 이용하여 전화통화를 하는 행위는 전기통신사업인인 한국전기통신공사가 일반전화 가입자인 타인에게 통신을 매개하여 주는 역무를 부당하게 이용하는 것에 불과한 경우[2], ③ 피고인이 甲 등에게 자동차를 인도하고 소유권이전등록에 필요한 일체의 서류를 교부함으로써 甲 등이 언제든지 자동차의 소유권이전등록을 마칠 수 있게 된 이상, 피고인이 자동차를 양도한 후 다시 절취할 의사를 가지고 있었더라도 자동차의 소유권을 이전하여 줄 의사가 없었다고 볼 수 없고, 피고인이 자동차를 매도할 당시 곧바로 다시 절취할 의사를 가지고 있으면서도 이를 숨긴 경우[3], ④ 점포의 일부를 임차하고 있는 자가 나머지 부분을 임차하고 있는 자로부터 전대를 위임받아 동 점포를 전대함에 있어 동인이 그 점포 전체를 임차하여 사용하고 있는 것처럼 이야기한 경우[4], ⑤ 연립주택을 분양함에 있어 평형의 수치를 다소 과장하여 광고를 하였으나, 그 분양가의 결정방법, 분양계약 체결의 경위, 피분양자가 그 분양계약서나 건축물관리대장 등에 의하여 그 공급면적을 평으로 환산하여 쉽게 확인할 수 있었던 점 등 제반 사정에 비추어 볼 때, 그 광고는 그 거래당사자 사이에서 매매대금을 산정하기 위한 기준이 되었다고 할 수 없고, 단지 분양 대상 주택의 규모를 표시하여 분양이 쉽게 이루어지도록 하려는 의도에서 한 것에 지나지 아니한 경우[5], ⑥ 이동통신 판매대리점의 컴퓨터를 이용하여 이동통신회사들의 전산망에 접속한 다음 전산상으로 사용정지된 휴대전화를 사용할 수 있도록 하거나 유심칩 읽기를 통해 문자메시지 발송한도를 해제한 경우[6], ⑦ 매수인들에게 토지의 매수를 권유하면서 언급한 내용이 객관적 사실에 부합하거나 비록 확정된 것은 아닐지라도 연구용역 보고서와 신문스크랩 등에 기초한 경우[7], ⑧ 공사대금 채권과 대여금채권을 합산하여 임대차보증금반환채권으로 전환하기로 합의하여 임대차계약을 체결하고, 실제로 임차인이 임대차목적물에 거주하면서 주민등록전입신고를 하고 확정일자를 받고, 임차인이 이에 기하여 경매법원으로부터 배당을 받은 경우[8], ⑨ 타인의 폭행으로 상해를 입고 병원에서 치료를 받으면서, 상해를 입은 경위에 관하여 거짓말을 하여 국민건강보험공단으로부터 보험급여 처리를 받았더라도 상해가 '전적으로 또는 주로 피고인의 범죄행위에 기인하여 입은 상해'라고 할 수 없는 경우[9], ⑩ 비의료인이 의료법 제33조 제2항을 위반하여 개설한 의료기관에서 면허를 갖춘 의료인을 통해 교통사고 환자 등에 대한 진료가 이루어진 경우, 해당 의료기관이 보험회사 등에 교통사고 환자 등을 진료한 의료기관이 위 의료법 규정에 위반되어 개설된 것이라는 사정을 고지하지 아니한 채 자동차손해배상 보장법에

권 귀속 하에 학생연구원들의 공동비용 충당 등을 위하여 학생연구원들의 자발적인 의사에 근거하여 공동관리계좌를 조성하고 실제로 그와 같이 운용한 경우라면, 비록 공동관리계좌의 조성 및 운영이 관련 법령이나 규정 등에 위반되더라도 그러한 사정만으로 불법영득의사가 추단되어 사기죄가 성립한다고 단정할 수 없다).

1) 대법원 2003. 6. 13. 선고 2003도1279 판결(허위정산보고서제출사건).
2) 대법원 1999. 6. 25. 선고 98도3891 판결.
3) 대법원 2016. 3. 24. 선고 2015도17452 판결.
4) 대법원 1986. 4. 8. 선고 86도236 판결.
5) 대법원 1995. 7. 28. 선고 95다19515 판결; 대법원 1991. 6. 11. 선고 91도788 판결.
6) 대법원 2011. 7. 28. 선고 2011도5299 판결.
7) 대법원 2007. 1. 25. 선고 2004도45 판결.
8) 대법원 2004. 7. 22. 선고 2003도6412 판결.
9) 대법원 2010. 6. 10. 선고 2010도1777 판결.

따라 자동차보험진료수가의 지급을 청구하거나 해당 의료기관이 보험회사 등에 실손의료보험의 피보험자를 진료한 의료기관이 위 의료법 규정에 위반되어 개설된 것이라는 사정을 고지하지 아니한 채 실손의료보험계약에 따라 실손의료비를 청구하는 보험수익자에게 진료사실증명 등을 발급해 준 경우[1], ⑪ 의료인으로서 자격과 면허를 보유한 사람이 의료법에 따라 의료기관을 개설하여 건강보험의 가입자 또는 피부양자에게 국민건강보험법에서 정한 요양급여를 실시하여 국민건강보험공단으로부터 요양급여비용을 지급받은 경우[2] 등에 있어서는 기망행위를 부정하고 있다.

② 기망의 대상

기망의 대상은 상대방이 재산적 처분행위를 함에 있어서 판단의 기초가 되는 '사실'이다. 객관적으로 증명할 수 있는 과거와 현재의 사실을 의미하지만, 장래의 사실이라도 과거 또는 현재의 사실과 관련되어 있으면 기망의 대상이 된다.[3] 또한 기망의 내용인 사실은 외부적 사실에 국한되지 않고 동기·목적·고의·의사 등과 같은 내부적 사실도 포함한다.

의견이나 가치판단이 기망의 대상이 될 수 있는지 여부와 관련하여, ① 객관적으로 증명할 수 없다는 점, 순수한 가치판단까지 포함하는 경우에는 기망행위의 범위가 지나치게 넓어질 수 있다는 점, 가치판단은 기망자의 주관의 세계를 표명함에 그치는 것이므로 객관과의 불일치 여부를 논의할 성질이 되지 못한다는 점 등을 논거로 하는 소극설[4], ② 가치판단에 사실주장이 포함될 수 있다는 점, 주관적인 의견진술도 사실의 주장으로 연결될 수 있다는 점, 전

---

1) 대법원 2018. 4. 10. 선고 2017도17699 판결(설령 개설자격이 없는 비의료인이 의료법 제33조 제2항을 위반하여 개설한 의료기관이라고 하더라도, 면허를 갖춘 의료인을 통해 피해자에 대한 진료가 이루어지고 보험회사 등에 자동차손해배상 보장법에 따라 자동차보험진료수가를 청구한 것이라면 보험회사 등으로서는 특별한 사정이 없는 한 그 지급을 거부할 수 없다고 보아야 한다).

2) 대법원 2019. 5. 30. 선고 2019도1839 판결(설령 그 의료기관이 다른 의료인의 명의로 개설·운영되어 의료법 제4조 제2항을 위반하였다고 하더라도 그 자체만으로는 국민건강보험법상 요양급여비용을 청구할 수 있는 요양기관에서 제외되지 아니하므로, 달리 요양급여비용을 적법하게 지급받을 수 있는 자격 내지 요건이 흠결되지 않는 한 국민건강보험공단을 피해자로 하는 사기죄를 구성한다고 할 수 없다).

3) 대법원 2017. 11. 9. 선고 2016도12460 판결(귀신쫓는기도비사건)(피고인이 피해자에게 불행을 고지하거나 길흉화복에 관한 어떠한 결과를 약속하고 기도비 등의 명목으로 대가를 교부받은 경우에 전통적인 관습 또는 종교행위로서 허용될 수 있는 한계를 벗어났다면 사기죄에 해당한다); 대법원 1995. 4. 28. 선고 95도250 판결(사이비종교헌금유도사건)(피고인 1이 신도들을 상대로 하여 자신을 스스로 "하나님" "구세주" "이긴자" "생미륵불" "정도령" "완성자" 등으로 지칭하면서 자신은 성경의 완성이고 모든 경전의 완성이자 하나님의 완성으로서 자기를 믿으면 모든 병을 고칠 수 있을 뿐만 아니라 피속의 마귀를 박멸소탕하여 영원히 죽지 않고 영생할 수 있으며, 자신이 인간들의 길흉화복과 우주의 풍운조화를 좌우하므로 1981년부터 10년 동안 한국 땅에 태풍이나 장마가 오지 못하도록 태풍의 진로를 바꿔 놓고 풍년들게 하였으며, 재물을 자신에게 맡기고 충성하며 자기들이 시행하는 건축공사에 참여하면 피속의 마귀를 빨리 박멸소탕해 주겠다고 하고, 자신이 하나님인 사실이 알려져 세계 각국에서 금은보화가 모이면 마지막 날에 1인당 1,000억원 씩을 나누어 주겠으며, 헌금하지 않는 신도는 하나님이 깍쟁이 하나님이므로 영생할 수 없다는 취지의 설교를 사실인 것처럼 계속하여 신도들을 기망하고, 이에 기망당한 신도들로부터 헌금명목으로 고액의 금원을 교부받은 것을 사기죄에 해당한다).

4) 배종대, 344면(다만 그러한 판단을 듣는 상대방이 사실로 받아들일 수 있을 만큼 사실과 불가분의 관계를 형성하는 전문성을 띤 판단이나 진술의 경우에는 예외적으로 포함될 수 있다); 신동운, 983면; 임 웅, 420면(다만 사실주장과 의견진술의 구별은 쉬운 문제가 아닌데, 의견진술이라고 할지라도 어느 정도의 사실주장이 뒷받침됨으로써 진술자의 주관적 판단을 넘어 사회일반인도 착오에 빠질 만큼 객관성이 있는 것이라면 기망행위가 될 수도 있다); 정영일, 180면.

문적 지식이 전제되어 일반인이 사실로 오인할 수 있다는 점 등을 논거로 하는 적극설[1] 등의 대립이 있다.

생각건대 감정전문가의 고가품 판단, 증시분석가의 주식전망, 부동산중개업자의 부동산시세 전망 등과 같이 전문가의 주관적인 가치판단이 사실의 주장과 결부되는 경우를 충분히 상정할 수 있기 때문에 기망행위를 인정하는 것이 타당하다. 특히 기망행위를 부정하는 견해에서도 예외적으로 이를 인정하는 여지를 두고 있어 실제에 있어서는 긍정하는 견해와 궤를 같이한다고 볼 수 있다.

③ 기망의 방법

㉠ 명시적 기망행위   '명시적 기망행위'란 언어·문서·동작[2] 등의 표현수단을 통하여 적극적으로 허위의 사실이나 가치판단을 나타내는 것을 말한다. 예를 들면 특별한 자금공급 없이는 도산이 불가피한 상황에서 신용과대조작·변태적 지급보증·재력과시 등의 방법으로 변제자력을 가장하여 대출·지급보증·어음할인을 받은 경우에는 사기죄가 성립한다.[3]

㉡ 묵시적 기망행위   '묵시적 기망행위'란 무전취식[4]·무전숙박·무임승차 등과 같이 상대방을 착오에 빠뜨릴 수 있는 언어·문서·동작 등에 의하여 일정사항에 대해 암묵적으로 허위의 외관을 표시하는 것을 말한다. 하지만 음식을 먹거나 숙박을 하고 난 후 비로소 돈이 없음을 알고 도주한 때에는 행위 당시에 기망행위가 존재하지 않으므로 단순한 채무불이행에 불과하다.

㉢ 부작위에 의한 기망행위

㉮ 의 의   '부작위에 의한 기망행위'란 이미 착오에 빠져 있는 상대방에게 그 착오를 고지해야 할 의무가 있는 자가 고의로 그 고지의무를 이행하지 아니하고 그 착오를 이용하는 경우를 말한다. 묵시적 기망행위는 작위에 의한 기망행위이기 때문에 행위자의 작위의무나 보증인적 상황 등을 논할 필요가 없지만, 부작위에 의한 기망행위에서는 행위자의 작위의무나 보증인적 상황 등을 논할 필요가 있다는 점에서 구별의 실익이 있다. 또한 묵시적 기망행위는 행위

---

1) 김선복, 313면; 김성돈, 378면; 김신규, 407면; 김일수/서보학, 340면; 김혜정 외 4인, 329면; 오영근, 309면; 이정원/류석준, 280면; 이형국/김혜경, 395면; 정성근/정준섭, 232면.

2) 대법원 1985. 4. 23. 선고 85도583 판결(화투의 조작에 숙달하여 원하는 대로 끝수를 조작할 수 있어서 우연성이 없음에도 피해자를 우연에 의하여 승부가 결정되는 것처럼 오신시켜 돈을 도하게 하여 이를 편취한 행위는 이른바 기망방법에 의한 도박으로서 사기죄에 해당한다).

3) 대법원 1997. 2. 14. 선고 96도2904 판결.

4) 대법원 1978. 6. 13. 선고 78도721 판결(사기죄는 타인을 기망하여 재물을 교부 받았으면 성립되는 것이지 고소인(피해자)에게 민사상의 구제수단이 있는 경우는 사기죄는 성립하지 아니한다는 논리는 서지 아니한다. 왜냐하면 피고인의 본건 매매계약에 있어서의 매도하겠다는 청약의 의사표시는 민법 제107조의 진의 아닌 의사표시에 해당하는 동시에 형사적으로는 사기죄에 있어서의 기망행위에도 해당되기 때문이다. 예컨대 사기죄가 성립한다는데 아무도 의심하지 아니하는 소위 무전취식의 경우에도 그 음식물을 사겠다는 범인의 매매청약의 의사표시는 민법 제107조의 진의 아닌 의사표시이고 음식점 주인은 범인의 진의 아님을 모르고 승낙의 의사표시를 한 것이 되기 때문에 그 음식물 매매(공급)계약은 위 법조에 의하여 유효하므로 범인은 그 음식물대금을 지급할 의무가 있고 그 이행을 지체할 때는 민사적으로는 채무불이행의 책임을 지는 동시에 형사적으로는 위 비진의 의사표시는 기망행위가 되고 위 음식점 주인은 착오에 빠져 승낙의 의사표시를 하게 되었고 또 그 착오로 말미암아 음식물을 교부하였으니 사기죄가 성립함은 당연한 이치이다).

자의 행위로 인하여 상대방이 착오에 빠진 경우이지만, 부작위에 의한 기망행위는 행위자와 무관하게 상대방이 이미 착오에 빠져 있고, 행위자가 상대방의 착오에 의해 처분행위를 방지해야 할 작위의무가 있는 경우[1]라고 할 수 있다.

㉯ 요 건   피기망자가 행위자의 행위와 관계없이 스스로 착오에 빠져 있을 것, 행위자에게 피기망자의 착오를 제거해야 할 보증인적 지위(고지의무)가 있을 것, 고지의무의 불이행이 작위에 의한 기망과 동가치하다고 평가될 수 있을 것 등의 요건이 필요하다. 이와 같이 부동산을 매매함에 있어서 매도인이 매수인에게 매매와 관련된 어떤 구체적인 사정을 고지하지 아니함으로써 장차 매매의 효력이나 매매에 따르는 채무의 이행에 장애를 가져와 매수인이 매매목적물에 대한 권리를 확보하지 못할 위험이 생길 수 있음을 알면서도 매수인에게 그와 같은 사정을 고지하지 아니한 채 매매계약을 체결하고 매매대금을 교부받는 한편, 매수인은 그와 같은 사정을 고지받았더라면 매매계약을 체결하지 아니하거나 매매대금을 지급하지 아니하였을 것임이 경험칙상 명백한 경우에는, 신의성실의 원칙상 매수인에게 미리 그와 같은 사정을 고지할 의무가 매도인에게 있다. 그러므로 매도인이 매수인에게 그와 같은 사정을 고지하지 아니한 것이 사기죄의 구성요건인 기망행위에 해당한다. 하지만 매매로 인한 법률관계에 아무런 영향도 미칠 수 없는 것이어서 매수인의 권리의 실현에 장애가 되지 아니하는 사유까지 매도인이 매수인에게 고지할 의무가 있다고는 볼 수 없다.[2]

판례에 의하면, ① 토지를 매도함에 있어서 채무담보를 위한 가등기와 근저당권설정등기가 경료되어 있는 사실[3], ② 공장의 정상가동 여부[4], ③ 토지에 대하여 여객정류장시설 또는 유통업무설비시설을

1) 대법원 1980. 7. 8. 선고 79도2734 판결.
2) 대법원 2015. 5. 28. 선고 2014도8540 판결(피고인이 피해자로부터 독서실 매물을 찾아 달라는 의뢰를 받고 매물을 물색하던 중 독서실을 운영하는 공소외 1에게 독서실을 양도할 의향이 있는지 묻자 공소외 1이 수수료를 제외하고 권리금 3,000만원만 받아주면 독서실을 양도할 의향이 있고, 만약 권리금을 3,000만원보다 더 받는 경우 3,000만원을 초과하는 금액은 피고인이 중개수수료에 충당하여도 좋다고 말한 사실, 피고인이 피해자에게 위 독서실이 5,000만원에 매물로 나와 있다고 소개하였다가 그 후 자신이 공소외 1의 허락을 받아 권리금을 4,000만원으로 깎았다고 설명한 사실, 이에 피해자가 권리금 4,000만원에 위 독서실을 양수하기로 결정하여, 2012. 7. 30. 피고인이 피해자와 공소외 1 쌍방을 중개하여 공소외 1이 피해자에게 권리금 4,000만원에 독서실 임차권 및 설비 일체를 양도한다는 내용의 이 사건 독서실 양도·양수계약이 체결된 사실, 한편 피고인의 중개 하에 2012. 8. 13. 독서실 건물 소유자인 공소외 3 새마을금고와 피해자 간에 위 독서실 건물 부분을 임차보증금 5,000만원, 월 차임 160만원에 2년간 임대한다는 내용의 임대차계약이 체결된 사실, 피고인은 피해자로부터 권리금 4,000만원을 지급받아 그중 3,000만원을 공소외 1에게 지급하고 1,000만원은 자신이 가졌으며, 피해자로부터는 별도로 중개수수료로 190만원을 지급받은 사실을 알 수 있다. 그렇다면 피고인의 행위가 피해자에 대하여 사기죄의 기망행위에 해당한다고는 보기 어렵다); 대법원 2011. 1. 27. 선고 2010도5124 판결(피해자로서는 장지지구 33평형 아파트 입주권을 2억 9,500만원에 매입하면 시세차익을 볼 수 있다고 판단하여 공소외 1의 입주권이나 공소외 2의 입주권 가격에 대하여 아무런 문의도 하지 않고 이 사건 매매계약을 체결한 이상, 피고인이 공소외 1의 입주권 대신 공소외 2의 입주권으로 변경하여 매매하면서 공소외 2의 장지지구 33평형 아파트 입주권을 2억 5,000만원에 확보하여 이를 피해자에게 전매한다는 사실을 고지하지 않았다고 하여 피고인이 피해자를 기망하여 피해자로부터 지급받은 입주권 매매대금인 2억 9,500만원과의 차액 4,500만원을 편취한 것으로 보기 어렵다); 대법원 2012. 4. 13. 선고 2011도2989 판결; 대법원 2004. 4. 27. 선고 2003도1232 판결; 대법원 1991. 12. 24. 선고 91도2698 판결.
3) 대법원 1981. 8. 20. 선고 81도1638 판결. 하지만 임대차계약 목적물인 피고인 소유의 가옥 1동의 임대차계약

설치하는 도시계획이 입안되어 있어 장차 토지가 협의매수되거나 수용될 것이라는 사실[1], ④ (피해자 스스로 그 건물에 관한 등기부를 확인 또는 열람하는 것이 가능하다고 할지라도) 임대차계약 당시 임차할 여관건물에 관하여 법원의 경매개시결정에 따른 경매절차가 이미 진행 중인 사실[2], ⑤ 수표나 어음이 지급기일에 결제되지 않으리라는 점을 예견하였거나 지급기일에 지급될 수 있다는 확신이 없다는 사실[3] 등의 사정에 관한 고지의무가 인정된다. 또한 ⑥ 특정 질병을 앓고 있는 사람이 보험회사가 정한 약관에 그 질병에 대한 고지의무를 규정하고 있음을 알면서도 이를 고지하지 아니한 채 그 사실을 모르는 보험회사와 그 질병을 담보하는 보험계약을 체결한 다음 바로 그 질병의 발병을 사유로 하여 보험금을 청구한 경우[4], ⑦ 피고인이 비록 토지의 소유자로 등기되어 있다고 하더라도 자신이 진정한 소유자가 아닌 사실을 알게 된 이상, 토지의 수용보상금을 수령함에 있어서 토지를 수용한 기업자나 공탁공무원에게 그러한 사실을 고지하지 않은 경우[5], ⑧ 병원에 내원할 때에 이미 피고인으로부터 어떠한 시술을 받으면 아들을 낳을 수 있을 것이라는 착오에 빠져 있는 피해자들에게 사실대로 설명하지 아니한 채 마치 그 시술 등의 전체가 아들 낳기에 필요한 것처럼 시술 등을 행하고 피해자들로부터 의료수가 및 약값의 명목으로 금원을 수령한 경우[6], ⑨ 제3자가 매도인을 상대로 대지 및 지상건물에 대한 명도소송을 제기하여 계속 중이고 점유이전금지가처분까지 되어 있는 사실을 매수인에게 고지하지 않고 부동산을 매도한 경우[7], ⑩ 부동산매매에 있어서 매매목적물에 관하여 소유권귀속에 관한 분쟁이 있어 재심소송이 계속 중에 있으면서 매도인이 매수인에게 소송계속사실을 숨기고 매도하여 대금을 교부받은 경우[8], ⑪ 피고인들은 피해자가 대지일대에 불량주택재개발사업이 진행 중에 있는 사실을 알지 못하고 있는 것을 이용하여 재개발사업이 진행 중에 있는 대지에 대하여 그 현상인 사도로서의 대가만을 지급하고 그 소유권을 취득한 경우[9], ⑫ 부동산매매에 있어서 매매목적물에 관하여 유언으로 재단법인에 출연되었는지의 여부가 문제되고 다른 부동산에 관하여는 이미 유언이 유효하다는 판결까지 있는 상황에서 매도인이 매수인에게 위와 같은 사실을 숨기고 매도하여 대금을 교부받은 경우[10], ⑬ 주식매도인이 주식매수인에게 주식거래의 목적물이 증자 전의 주식이 아니라 증자 후의 주식이라는 점을 제대로 알리지 않은 경우[11], ⑭ 사채업자가 대출희망자로부터 대출을 의뢰받은 다음 대출희망자가 자동차의 실제 구입자가 아니어서 자동차할부금융의 대상이 되지 아니함에도 그가 실제로 자동차를 할부로 구입하는 것처럼 그 명의의 대출신청서 등 관련 서류를 작성한 후 이를 할부금융회사에 제출하여 자동

당시의 시가가 금 20,000,000원 내지 금 25,000,000원이 되어 위 임대차보증금과 가등기담보로 차용한 채무액을 합산한 금액을 훨씬 초과하고 그 가등기도 바로 말소된 사실을 알아차릴 수 있으므로 피고인이 위 임대차계약의 보증금 잔액을 교부받을 당시에 설사 위 가등기담보사실을 임차인에게 고지하지 아니하였다고 하더라도 사기죄의 범의를 인정하기 어렵다(대법원 1985. 4. 9. 선고 85도326 판결).

4) 대법원 1991. 7. 23. 선고 91도458 판결.
1) 대법원 1993. 7. 13. 선고 93도14 판결.
2) 대법원 1998. 12. 8. 선고 98도3263 판결; 대법원 1985. 4. 9. 선고 85도242 판결.
3) 대법원 1998. 12. 9. 선고 98도3282 판결.
4) 대법원 2007. 4. 12. 선고 2007도967 판결.
5) 대법원 1994. 10. 14. 선고 94도1911 판결.
6) 대법원 2000. 1. 28. 선고 99도2884 판결.
7) 대법원 1985. 3. 26. 선고 84도301 판결.
8) 대법원 1986. 9. 9. 선고 86도956 판결.
9) 대법원 1987. 10. 13. 선고 86도1912 판결.
10) 대법원 1992. 8. 14. 선고 91도2202 판결.
11) 대법원 2006. 10. 27. 선고 2004도6503 판결.

차할부금융으로 대출금을 받은 경우[1]), ⑮ 대출자금으로 빌딩을 경락받았으나 분양이 저조하여 자금조달에 실패한 피고인들이 수분양자들과 사이에 대출금으로 충당되는 중도금을 제외한 계약금과 잔금의 지급을 유예하고 1년의 위탁기간 후 재매입하기로 하는 등의 비정상적인 이면약정을 체결하고 점포를 분양하였음에도, 금융기관에 대해서는 그러한 이면약정의 내용을 감춘 채 분양 중도금의 집단적 대출을 교섭하여 중도금 대출 명목으로 금원을 지급받은 경우[2]), ⑯ 주식회사 대표이사인 피고인이 피해자와 전기공사업 양도계약을 체결함에 있어, 전기공사공제조합 대출금액을 축소하여 고지하고 대출금 연체 사실 및 공제조합 출자증권에 대한 가압류 사실을 숨기고 고지하지 않은 채 기망하여 이에 속은 피해자로부터 계약금을 송금받은 경우[3]), ⑰ 어떤 물품의 국내의 독점판매계약을 하는 피해자로서는 이미 다른 회사가 같은 용도와 성능을 가진 이름도 같은 제품을 국내에 판매하고 있는 것을 알았다면 설사 그 제품의 원산지와 일부 부품이 틀리더라도 위와 같은 독점판매계약을 체결할 리가 없다고 보는 것이 경험칙상 명백하다고 할 것이고 더군다나 피고인이 이미 동일한 내용의 계약을 체결하였다가 삼일상사 등에서 위 돌핀제품을 훨씬 싼 가격으로 수입·판매함으로써 독점판매권이 보장되지 아니하였다는 이유로 형사고소까지 당한 상황에서 피해자와 이 사건 계약을 체결함에 있어서 이를 고지하지 않은 경우[4]), ⑱ 대출받을 당시 담보가치가 충분히 있었다고 하더라도 시세조종된 주식임을 잘 알면서도 이를 숨긴 채 담보로 제공한 경우[5]), ⑲ 보험자가 보험금액이 목적물의 가액을 현저하게 초과한다는 것을 알았더라면 같은 조건으로 보험계약을 체결하지 않았을 뿐만 아니라 협정보험가액에 따른 보험금을 그대로 지급하지 아니하였을 관계가 인정되는 상황에서 보험계약자가 보험계약 체결 시 보험금액이 목적물의 가액을 현저하게 초과하는 초과보험 상태를 의도적으로 유발한 후 보험사고가 발생하자 초과보험 사실을 알지 못하는 보험자에게 목적물의 가액을 묵비한 채 보험금을 청구하여 보험금을 교부받은 경우[6]) 등에 있어서는 부작위에 의한 기망행위가 인정된다.

하지만 ① 중고자동차 매매에 있어서 매도인의 할부금융회사 또는 보증보험에 대한 할부금 채무가 매수인에게 당연히 승계되는 것이 아니라는 이유로 그 할부금 채무의 존재를 매수인에게 고지하지 아니한 경우[7]), ② 제3자와의 자동차매매계약이 그 제3자에 대한 차용금채무를 담보하기 위하여 대물변제의 예약을 한 상황에서, 자동차의 매도인이 이미 제3자와의 사이에 자동차매매계약이 체결된 사실을 고지하지 아니한 채 매수인과 매매계약을 체결한 경우[8]), ③ 아파트를 신축하여 분양하고자 하는 피고인이 그 아파트신축자금 등으로 차용한 금원 등을 변제하지 못하여 채권자들의 요구에 따라 위 아파트가 아직 완공되지 아니한 상태에서 그 채권담보의 뜻으로 위 차용금 등을 아파트분양대금으로 대체하여 분양한 후 각 수분양자 명의로 소유권이전등기를 마쳐주기 전에 이를 다시 제3자에게 위와 같은 분양사실을 고지하지 아니한 채 임대차계약(전세계약)을 체결한 경우에 있어 피고인이 위 임대차계약상의 의무를 이행하

---

1) 대법원 2004. 4. 9. 선고 2003도7828 판결.
2) 대법원 2006. 2. 23. 선고 2005도8645 판결.
3) 대법원 2010. 2. 25. 선고 2009도1950 판결.
4) 대법원 1996. 7. 30. 선고 96도1081 판결.
5) 대법원 2004. 5. 28. 선고 2004도1465 판결.
6) 대법원 2015. 7. 23. 선고 2015도6905 판결.
7) 대법원 1998. 4. 14. 선고 98도231 판결.
8) 대법원 1989. 10. 24. 선고 89도1397 판결(매도인은 제3자 명의로 소유권이전등록이 되기까지는 언제든지 차용원리금을 변제하고 위 대물변제예약을 해제할 수 있는 것이며 이 대물변제의 예약 때문에 당연히 매수인이 그 자동차를 인도받아 소유권을 취득하는데 장애가 되는 것은 아니므로 이와 같은 사실만으로는 매도인이 매수인을 기망하여 그 매매대금을 편취한 것이라고 볼 수 없다).

여 그 임차인으로 하여금 각 해당아파트를 실제로 입주사용하게 한 경우[1]), ④ 토지의 공유자 겸 명의수
탁자인 피고인이 나머지 공유자들로부터 그들 소유 지분에 관하여 매도가격 및 처분기한을 특정하여 처
분권한을 위임받고 그 처분에 따른 양도소득세 등 일체의 경비를 피고인이 부담하기로 약정한 상황에서
피고인이 매도위임가격보다 훨씬 고가로 매도한 경우[2]), ⑤ 피고인이 특허의 발명자로서 미국의 특허상
표청에 피고인 명의로 특허를 출원하여 특허권을 적법하게 취득하였고, 이를 양수한 벤처회사가 미국 특
허상표청에 위 특허권의 양수사실을 등록하였다면 위 회사는 미국 특허법상 위 특허권을 완전하게 취득
한 것이므로, 설령 피고인이 위 회사에게 위 특허권을 양도하면서 특허권의 정당한 권리자가 타인이라는
사실을 고지하지 않은 경우[3]), ⑥ 피고인 단독명의로 소유권이전등기가 되어 있는 부동산 중 1/2지분은
타인으로부터 명의신탁 받은 것임에도 불구하고 피고인이 그의 승낙 없이 위 부동산 전부를 피해자에게
매도하여 그 소유권이전등기를 마쳐준 경우[4]), ⑦ 채무자가 채무담보의 뜻으로 대물변제예약한 물건을
그 변제기 후에 채권자측으로부터의 예약완결권 행사 전에 제3자에게 대물변제한 경우[5]), ⑧ 임대인과
임대차계약을 체결한 임차인이 임차건물에 거주하기는 하였으나 그의 처만이 전입신고를 마친 후에 경
매절차에서 배당을 받기 위하여 임대차계약서상의 임차인 명의를 처로 변경하여 경매법원에 배당요구를
한 경우[6]), ⑨ 실제 제공하는 영상물과 광고내용에 다소 차이가 있더라도 인터넷 사이트의 초기화면에
성인 동영상물에 대한 광고용 선전문구 및 영상을 게재하고 이를 통해 접속한 사람들을 유료회원으로
가입시킨 경우[7]) 등에 있어서는 부작위에 의한 기망행위가 인정되지 아니한다.

　　ⓒ 과잉거스름돈 사례　　교부자가 착오로 더 많은 거스름돈을 교부하는 것을 수령자가 그
대로 수령하여 영득하는 경우의 죄책이 문제된다. 이에 대하여 판례는 「피해자가 피고인에게
매매잔금을 지급함에 있어 착오에 빠져 지급해야 할 금액을 초과하는 돈을 교부하는 경우, 피
고인이 사실대로 고지하였다면 피해자가 그와 같이 초과하여 교부하지 아니하였을 것임은 경
험칙상 명백하므로, 피고인이 매매잔금을 교부받기 전 또는 교부받던 중에 그 사실을 알게 되
었을 경우에는 특별한 사정이 없는 한 피고인으로서는 피해자에게 사실대로 고지하여 피해자
의 그 착오를 제거하여야 할 신의칙상 의무를 지므로 그 의무를 이행하지 아니하고 피해자가
건네주는 돈을 그대로 수령한 경우에는 사기죄에 해당될 것이지만, 그 사실을 미리 알지 못하
고 매매잔금을 건네주고 받는 행위를 끝마친 후에야 비로소 알게 되었을 경우에는 주고 받는
행위는 이미 종료되어 버린 후이므로 피해자의 착오 상태를 제거하기 위하여 그 사실을 고지하

---

1) 대법원 1987. 12. 8. 선고 87도1839 판결.

2) 대법원 1999. 5. 25. 선고 98도2792 판결.

3) 서울고등법원 2006. 6. 28. 선고 2005노2871 판결(확정).

4) 대법원 1990. 11. 13. 선고 90도1961 판결.

5) 대법원 1980. 9. 24. 선고 80도903 판결.

6) 대법원 2002. 2. 8. 선고 2001도6669 판결(실제의 임차인이 전세계약서상의 임차인 명의를 처의 명의로 변경하지
아니하였다 하더라도 소액임대차보증금에 대한 우선변제권 행사로서 배당금을 수령할 권리가 있다 할 것이어서,
경매법원이 실제의 임차인을 처로 오인하여 배당결정을 하였더라도 이로써 재물의 편취라는 결과의 발생은 불가
능하다 할 것이고, 이러한 임차인의 행위를 객관적으로 결과발생의 가능성이 있는 행위라고 볼 수도 없으므로
형사소송법 제325조에 의하여 무죄를 선고하여야 한다).

7) 대법원 2008. 6. 12. 선고 2008도76 판결.

여야 할 법률상 의무의 불이행은 더 이상 그 초과된 금액 편취의 수단으로서의 의미는 없으므로, 교부하는 돈을 그대로 받은 그 행위는 점유이탈물횡령죄가 될 수 있음은 별론으로 하고 사기죄를 구성할 수는 없다.」라고 판시[1]하고 있다. 한편 교부자가 교부 직후 거스름돈을 과잉으로 교부한 사실을 인식하고 수령자에게 반환을 요구하였으나 수령자가 과잉수령사실을 부인한 경우에는 적극적인 기망행위가 있는 것이므로 작위에 의한 사기죄가 성립한다.

2) 피기망자의 착오

① 피기망자

기망의 상대방(피기망자)은 재산에 대한 사실상의 처분능력이 있는 타인이어야 한다. 예를 들면 피해자 소유의 부동산을 편취하기 위하여 허위의 소송자료를 제출하여 법원을 기망하는 경우에는 법원이 피해자의 재산을 처분할 수 있는 권한이 있는 피기망자가 된다. 하지만 피고인이 피해자 명의의 등기서류를 위조하여 등기공무원에게 제출함으로써 피고인 명의로 피해자 소유의 부동산에 대한 소유권이전등기를 마쳤다고 하여도 피해자의 처분행위가 없을 뿐만 아니라 등기공무원에게는 부동산의 처분권한이 있다고 볼 수 없어 사기죄가 성립하지 아니한다.[2] 피기망자는 사기광고와 같이 불특정인이라도 상관없고, 재산상의 피해자와 피기망자가 동일인일 필요도 없다. 하지만 '기계'는 착오에 빠질 수 없기 때문에 기망행위의 대상이 될 수 없다.

한편 기망행위로 인하여 피기망자가 착오에 빠져야 하는데, '착오'란 주관적으로 인식한 사실과 객관적인 사실의 불일치를 말한다. 이와 같은 기망행위와 상대방의 착오 사이에는 인과관계가 존재해야 하며, 인과관계가 결여되면 미수가 될 뿐이다. 하지만 기망행위가 착오에 대한 유일한 원인임을 요하지는 않기 때문에 피기망자의 어리석음이나 소심함 등이 작용하여 착오에 빠져도 무방하다.[3] 이미 착오에 빠진 자의 착오를 계속 유지시키는 경우, 즉 부작위에 의한 기망인 경우에도 부작위(불고지)와 계속되는 착오 사이에 인과관계가 인정되어야 한다. 피기망자와 재물의 소유자 또는 재산상의 이익의 상실자는 일치하지 않아도 무방하다. 즉 피기망자(= 의사결정의 자유를 침해당하는 피해자)와 (재산상의 손해를 입는) 피해자가 일치할 것은 요하지 아니한다. 사기죄의 보호법익으로 의사결정의 자유를 포함한다고 해석한다면 피기망자도 일종의 피해자

---

1) 대법원 2004. 5. 27. 선고 2003도4531 판결.

2) 대법원 2007. 11. 16. 선고 2007도3475 판결(피고인이 피해자 명의의 양도증서 등 명의변경 서류를 위조하여 일본국 특허청 공무원에게 제출함으로써 피고인 명의로 특허의 출원자 명의를 변경하였다고 하더라도 위 피해자의 이 사건 특허를 받을 수 있는 권리에 관한 처분행위가 있었다고 할 수 없을 뿐만 아니라 일본국 특허청 공무원에게 특허를 받을 수 있는 권리의 처분권한이 있다고도 볼 수 없으므로 사기죄를 구성한다고 보기 어렵다); 대법원 1981. 7. 28. 선고 81도529 판결.

3) 범죄의 수행에 있어서 피해자의 과실이 경합한 경우, 피해자의 부적절한 조치에 의하여 결과가 확대된 경우 등과 같이 '피해자에게도 범행의 발생 또는 피해의 확대에 상당한 책임이 있는 경우'가 많은데, 특히 다중피해 사기범죄의 경우에는 대체적으로 위험성이 높은 상품이라는 점에 대하여 피해자의 입장에서도 어느 정도 인식하고 있는 경우가 많은 특징이 있다. 이에 대하여 보다 자세한 논의로는 박찬걸, "다중피해 사기범죄의 양형인자 적용에 대한 개선방안", 법학논총 제23집 제1호, 인하대학교 법학연구소, 2020. 6, 71면 이하 참조.

라고 볼 수 있다.

② 착오의 범위

기망행위의 대상으로 사실뿐만 아니라 가치판단도 포함되는 것이 타당하기 때문에, 착오의 대상도 사실뿐만 아니라 가치판단도 포함된다. 동기나 용도의 착오가 이에 해당할 수 있는지 여부와 관련하여, ① 기망행위가 거래관계의 신의칙에 반하는 정도에 이를 것이 요구되는 취지상 단순한 동기의 착오는 착오라고 할 수 없다는 소극설[1], ② 기망행위가 거래의 신의칙에 반한다는 엄격한 요건을 요하기 때문에 착오에까지 엄격한 요건을 필요로 하지 않는다고 해야 할 것이므로 동기의 착오도 포함된다고 하는 적극설[2] 등의 대립이 있다.

이에 대하여 판례는 「사기죄의 실행행위로서의 기망은 반드시 법률행위의 중요 부분에 관한 허위표시임을 요하지 아니하고 상대방을 착오에 빠지게 하여 행위자가 희망하는 재산적 처분행위를 하도록 하기 위한 판단의 기초가 되는 사실에 관한 것이면 족한 것이므로, 용도를 속이고 돈을 빌린 경우에 있어서 만일 진정한 용도를 고지하였더라면 상대방이 돈을 빌려 주지 않았을 것이라는 관계에 있는 때에는 사기죄의 실행행위인 기망은 있는 것으로 보아야 한다.」라고 판시[3]하여, 적극설의 입장을 취하고 있다.

생각건대 친구에게 금전을 차용함에 있어서 그 용도를 도박자금이 아니라 생활자금이라고 속인 경우에 있어서, 만약 차용금의 용도를 사실대로 고지하였더라면 차용이 이루어지지 않았을 것이 경험칙에 상당히 부합하기 때문에 동기의 착오도 착오의 범위에 해당한다고 파악하는 적극설이 타당하다.

착오는 적극적인 착오이든 사실 자체를 모르는 소극적인 부지이든 무방하다. 그러나 상대방이 전혀 사실을 모르고 있는 경우에는 기망이라고 할 수 없다. 예를 들면 버스운전사에게 교통카드를 제시한 것처럼 가장하여 버스에 승차하였다면 착오가 있는 것이지만, 버스운전사 몰래 뒷문으로 승차한 경우에는 착오가 있다고 할 수 없어 사기죄가 되지 아니한다. 다만 「경범죄 처벌법」 제3조 제1항 제39호[4]에서 규정하고 있는 무임승차죄에는 해당할 수 있다.

3) 재산상의 처분행위

① 의 의

피기망자는 착오에 의하여 재산상의 처분행위를 하여야 한다.[5] '처분행위'란 하자 있는 의

---

1) 이영란, 343면; 이재상/장영민/강동범, 341면; 이형국/김혜경, 401면.
2) 김성돈, 385면; 김신규, 406면; 김혜정 외 4인, 334면; 손동권/김재윤, 376면; 신동운, 982면; 정영일, 183면.
3) 대법원 1996. 2. 27. 선고 95도2828 판결.
4) 「경범죄 처벌법」 제3조(경범죄의 종류) ① 다음 각 호의 어느 하나에 해당하는 사람은 10만원 이하의 벌금, 구류 또는 과료의 형으로 처벌한다.
   39. (무임승차 및 무전취식) 영업용 차 또는 배 등을 타거나 다른 사람이 파는 음식을 먹고 정당한 이유 없이 제 값을 치르지 아니한 사람.
5) 대법원 2010. 5. 27. 선고 2010도3498 판결(계좌이체 또는 현금으로 계좌송금(이하 '계좌이체 등'이라고 한다)이 되었지만 예금원장에 입금의 기록이 된 때에 예금이 된다고 예금거래기본약관에 정하여져 있을 뿐이고, 수취인과

사에 의하여 재물을 교부하거나 기망자 또는 제3자에게 재산상의 이익을 취득하게 하는 일체의
행위를 말한다. 즉 처분행위는 행위자의 기망행위에 의한 피기망자의 착오와 행위자 등의 재물
또는 재산상 이익의 취득이라는 최종적 결과를 중간에서 매개·연결하는 한편, 착오에 빠진 피
해자의 행위를 이용하여 재산을 취득하는 것을 본질적 특성으로 하는 사기죄와 피해자의 행위
에 의하지 아니하고 행위자가 탈취의 방법으로 재물을 취득하는 절도죄를 구분하는 역할을 한
다. 처분행위가 갖는 이러한 역할과 기능을 고려하면, 피기망자의 의사에 기초한 어떤 행위를
통해 행위자 등이 재물 또는 재산상의 이익을 취득하였다고 평가할 수 있는 경우라면, 사기죄
에서 말하는 처분행위가 인정된다.[1]

'재물의 교부'란 범인의 기망에 따라 피해자가 착오로 재물에 대한 사실상의 지배를 범인에
게 이전하는 것을 말한다. 재물의 교부가 있었다고 하기 위하여 반드시 재물의 현실의 인도가
필요한 것은 아니고, 재물이 범인의 사실상의 지배 아래에 들어가 그의 자유로운 처분이 가능
한 상태에 놓인 경우에도 재물의 교부가 있었다고 보아야 할 것이다.[2] 하지만 여전히 피해자의
지배 아래에 있는 것으로 평가된다면, 그 재물에 대한 처분행위가 있었다고 볼 수 없다.[3] 이러
한 처분행위는 법률행위뿐만 아니라 사실행위도 포함되고, 사법상의 효력 여부나 취소의 가능

　은행 사이의 예금계약의 성립 여부를 송금의뢰인과 수취인 사이에 계좌이체 등의 원인인 법률관계가 존재하는지
여부에 의하여 좌우되도록 별도로 약정하였다는 등의 특별한 사정이 없다면, 송금의뢰인과 수취인 사이에 계좌이
체 등의 원인인 법률관계가 존재하는지 여부에 관계없이 수취인과 은행 사이에는 계좌이체금액 상당의 예금계약
이 성립하고, 수취인은 은행에 대하여 위 금액 상당의 예금채권을 취득한다. 그리고 위와 같이 송금의뢰인과 수취
인 사이에 계좌이체 등의 원인이 되는 법률관계가 존재하지 않음에도 불구하고, 계좌이체에 의하여 수취인이 계
좌이체금액 상당의 예금채권을 취득한 경우에, 송금의뢰인은 수취인에 대하여 위 금액 상당의 부당이득반환청구
권을 가지게 되지만, 은행은 이익을 얻은 것이 없으므로 은행에 대하여는 부당이득반환청구권을 가지지 않는다.
그렇다면 위와 같이 송금의뢰인이 수취인의 예금계좌에 계좌이체 등을 한 이후, 수취인이 은행에 대하여 예금반
환을 청구함에 따라 은행이 수취인에게 그 예금을 지급하는 행위는 계좌이체금액 상당의 예금계약의 성립 및
그 예금채권 취득에 따른 것으로서 은행이 착오에 빠져 처분행위를 한 것이라고 볼 수 없으므로, 결국 이러한
행위는 은행을 피해자로 한 사기죄에 해당하지 않는다).
1) 대법원 2018. 8. 1. 선고 2018도7030 판결.
2) 대법원 2003. 7. 25. 선고 2003도2252 판결(송금편취기수사건)(피고인이 2002. 3. 7. 피해자로부터 차명계좌 통장
　으로 1,500만원을 송금받은 점에 관하여, 피해자가 자신이 보관하고 있던 도장과 위 차명계좌 통장을 이용하여
　2002. 3. 12. 위 송금된 금원을 인출하였다고 보여지나, 피고인은 위 통장의 현금인출카드를 소지하고 있으면서
　언제든지 위 카드를 이용하여 위 차명계좌 통장으로부터 금원을 인출할 수 있었고, 피해자를 기망하여 위 통장으
　로 1,500만원을 송금받은 이상, 이로써 피고인은 송금받은 1,500만원을 자신의 지배하에 두게 되어 피고인의 편취
　행위는 기수에 이르렀다고 할 것이고, 이후 피고인이 위 편취금을 인출하지 않고 있던 중 피해자가 이를 인출하여
　갔다고 하더라도 이는 범죄성립 후의 사정일 뿐 피고인의 사기죄의 성립에 영향이 없다); 대법원 2003. 5. 16.
　선고 2001도1825 판결(도자기5,000개사건)(피해자는 피고인과 공소외인의 주문에 따라 도자기 5,000개를 모두 제
　작하였고, 피고인 등은 보관 및 운송의 편의상 피해자로 하여금 제작된 도자기를 피고인 등이 지정하는 전국의
　사찰로 직접 배달하도록 하여 피해자는 제작된 도자기 중 1,600개 정도를 지정된 사찰로 배달하고 나머지 3,400개
　정도의 도자기는 피고인 등의 지시에 따라 지정된 사찰로 배달할 수 있는 상태에 놓인 채로 보관중이며, 그 도자
　기는 백두산 미륵불상 건립사업을 홍보하기 위하여 피고인이 지은 시와 그의 낙관 및 백두산을 배경으로 한 미륵
　불상 사진 등이 새겨져 있어 피고인 등에게만 소용이 있을 뿐 다른 용도로 사용할 수 없음을 알아 볼 수 있으므로
　위 보관중인 도자기는 피고인 등의 사실상의 지배 아래에 들어가 피고인 등의 자유로운 처분이 가능한 상태에
　놓였다고 할 것이니, 실제로 배달된 것뿐만 아니라 피해자가 보관중인 도자기 모두가 피고인 등에게 교부되었다
　고 판단한 것은 정당하다).
3) 대법원 2003. 5. 16. 선고 2001도1825 판결.

여부는 문제되지 아니한다. 예를 들면 가압류를 해제하는 것[1], 채권자에게 채권을 추심하여 줄 것 같이 속여 채권의 추심승낙을 받아 그 채권을 추심하여 이를 취득하는 것[2], 배당이의 소송의 제1심에서 패소판결을 받고 항소한 자가 그 항소를 취하한 경우[3], 무효인 가등기를 말소하는 경우[4] 등이 이에 해당한다. 또한 재산적 처분행위로서 피기망자가 자유의사로 직접 재산상 손해를 초래하는 작위에 나아가거나 또는 부작위에 이른 것을 말하므로, 피기망자가 착오에 빠진 결과 채권의 존재를 알지 못하여 채권을 행사하지 아니하였다면 그와 같은 부작위도 재산의 처분행위에 해당한다.[5]

② 요 건

㉠ 객관적 요건(처분효과의 직접성)   처분행위는 피해자에게 재산상의 손해를 발생시키는 직접적인 원인이 되어야 한다.[6] 따라서 재산처분행위와 재산상의 손해발생 사이에 다른 추가적인 행위가 개입하여 그 처분행위가 간접적 원인에 지나지 않으면 사기죄는 부정된다. 이러한 처분효과의 직접성은 사기죄와 절도죄(책략절도)를 구별하는 기준의 역할을 한다. 책략절도는 권리자의 점유를 배제시키는 과정에서 기망을 사용하는 경우인데, 권리자가 점유배제의 의사표시(처분행위)를 하지 않았기 때문에 사기가 아니라 절도가 되는 것이다.

㉡ 주관적 요건(처분의사)   '처분의사'란 자신의 행위로 인하여 재물 또는 재산상의 이익이 타인에게 이전되거나 채무부담 등이 자신에게 옮겨진다는 데에 대한 인식을 말한다. 처분행위에 처분의사가 필요한지 여부와 관련하여, ① 처분행위가 의식적임을 요하지 않으므로 기망행위에 의해 청구권이 있음을 알지 못하여 청구권을 행사하지 않은 경우에도 처분행위라고 할 수 있으므로 필요하지 않다는 소극설[7], ② 사기죄가 기망으로 인해 형성된 하자 있는 의사에

1) 대법원 2007. 9. 20. 선고 2007도5507 판결(부동산가압류결정을 받아 부동산에 관한 가압류집행까지 마친 자가 그 가압류를 해제하면 가압류의 부담이 없는 부동산을 소유하게 되는 이익을 얻게 되는 것이므로, 가압류를 해제하는 것 역시 사기죄에서 말하는 재산적 처분행위에 해당하고, 그 이후 가압류의 피보전채권이 존재하지 않는 것으로 밝혀졌다고 하더라도 가압류의 해제로 인한 재산상의 이익이 없었던 것으로 볼 수는 없다).

2) 대법원 1983. 10. 25. 선고 83도1520 판결.

3) 대법원 2002. 11. 22. 선고 2000도4419 판결.

4) 대법원 2008. 1. 24. 선고 2007도9417 판결.

5) 대법원 2007. 7. 12. 선고 2005도9221 판결(인세사기사건)(피고인과 원심공동피고인 1 등은 피해자로 하여금 실제 출판부수를 오신하게 할 의도로 출판부수의 1/3 정도만 기재한 출고현황표를 피해자에게 송부함으로써 피해자로 하여금 위 출고현황표에 기재된 부수가 실제 출판부수에 해당한다고 믿게 한 다음 실제 출판부수의 1/3 정도에 해당하는 인세만을 지급하고 그 차액을 지급하지 않은 이상 이는 명백히 기망행위에 해당하며, 피고인에게 사기의 고의가 인정된다. 비록 피해자가 이미 지급받은 인세를 초과하는 부분의 나머지 인세지급청구권을 명시적으로 포기하거나 또는 출판사의 채무를 면제하지는 아니하였다 하더라도, 피해자는 피고인 등의 기망행위에 의하여 그 청구권의 존재 자체를 알지 못하는 착오에 빠진 결과 이를 행사하지 못하는 상태에 이른 만큼 이는 부작위에 의한 처분행위에 해당한다).

6) 대법원 2001. 7. 13. 선고 2001도1289 판결(피고인이 피해자에게 부동산매도용인감증명 및 등기의무자본인확인서면의 진실한 용도를 속이고 그 서류들을 교부받아 피고인 등 명의로 부동산에 관한 소유권이전등기를 경료하였다고 하여도 피해자의 부동산에 관한 처분행위가 있었다고 할 수 없을 것이고 따라서 이 부분 공소사실은 사기죄를 구성하지 않는 것이다); 대법원 1990. 2. 27. 선고 89도335 판결.

7) 이영란, 345면; 이재상/장영민/강동범, 347면.

기한 처분행위를 요건으로 하는 한, 처분행위에도 의사가 있어야 한다는 견지에서 처분의사가 필요하다는 적극설[1], ③ 재산상의 이익취득의 경우에는 처분의사가 필요 없지만, 재물교부에 한하여 처분의사가 필요하다는 절충설[2] 등의 대립이 있다.

이에 대하여 판례는 「피기망자의 처분의사는 기망행위로 착오에 빠진 상태에서 형성된 하자 있는 의사이므로 불완전하거나 결함이 있을 수밖에 없다. 처분행위의 법적 의미나 경제적 효과 등에 대한 피기망자의 주관적 인식과 실제로 초래되는 결과가 일치하지 않는 것이 오히려 당연하고, 이 점이 사기죄의 본질적 속성이다. 따라서 처분의사는 착오에 빠진 피기망자가 어떤 행위를 한다는 인식이 있으면 충분하고, 그 행위가 가져오는 결과에 대한 인식까지 필요하다고 볼 것은 아니다. 따라서 피기망자가 기망당한 결과 자신의 작위 또는 부작위가 갖는 의미를 제대로 인식하지 못하여 그러한 행위가 초래하는 결과를 인식하지 못하였더라도 그와 같은 착오 상태에서 재산상 손해를 초래하는 행위를 하기에 이르렀다면 피기망자의 처분행위와 그에 상응하는 처분의사가 있다고 보아야 한다. 피해자의 처분행위에 처분의사가 필요하다고 보는 근거는 처분행위를 피해자가 인식하고 한 것이라는 점이 인정될 때 처분행위를 피해자가 한 행위라고 볼 수 있기 때문이다. 다시 말하여 사기죄에서 피해자의 처분의사가 갖는 기능은 피해자의 처분행위가 존재한다는 객관적 측면에 상응하여 이를 주관적 측면에서 확인하는 역할을 하는 것일 뿐이다. 따라서 처분행위라고 평가되는 어떤 행위를 피해자가 인식하고 한 것이라면 피해자의 처분의사가 있다고 할 수 있다. 결국 피해자가 처분행위로 인한 결과까지 인식할 필요가 있는 것은 아니다.」라고 판시[3]하여, 적극설의 입장을 취하고 있다.

생각건대 의사에 반하는 절도와 의사에 반하지 않는 사기를 구별하기 위해서 처분의사는 존재해야 하므로 적극설이 타당하다. 다만 판례의 태도와 같이 처분의사의 내용에 있어서는 사기죄의 본질상 처분행위의 실제적인 결과까지 인식할 필요는 없고, 처분행위 그 자체를 본인이

1) 김선복, 320면; 김성돈, 387면; 김성천/김형준, 410면; 김신규, 424면; 배종대, 363면; 신동운, 986면; 오영근, 314면; 임 웅, 428면; 정성근/정준섭, 238면; 정영일, 183면.

2) 김일수/서보학, 347면.

3) 대법원 2017. 2. 16. 선고 2016도13362 전원합의체 판결(피고인 등이 토지의 소유자이자 매도인인 피해자 甲 등에게 토지거래허가 등에 필요한 서류라고 속여 근저당권설정계약서 등에 서명·날인하게 하고 인감증명서를 교부받은 다음, 이를 이용하여 甲 등의 소유 토지에 피고인을 채무자로 한 근저당권을 乙 등에게 설정하여 주고 돈을 차용하는 방법으로 재산상의 이익을 취득하였다고 하여 기소된 사안에서, 甲 등은 피고인 등의 기망행위로 착오에 빠진 결과 토지거래허가 등에 필요한 서류로 잘못 알고 처분문서인 근저당권설정계약서 등에 서명 또는 날인함으로써 재산상 손해를 초래하는 행위를 하였으므로 甲 등의 행위는 사기죄에서 말하는 처분행위에 해당하고, 甲 등이 비록 자신들이 서명 또는 날인하는 문서의 정확한 내용과 문서의 작성행위가 어떤 결과를 초래하는지를 미처 인식하지 못하였더라도 토지거래허가 등에 관한 서류로 알고 그와 다른 근저당권설정계약에 관한 내용이 기재되어 있는 문서에 스스로 서명 또는 날인함으로써 그 문서에 서명 또는 날인하는 행위에 관한 인식이 있었던 이상 처분의사도 인정된다). 同旨 대법원 2012. 6. 28. 선고 2012도4773 판결(피고인이 甲에게 사업자등록 명의를 빌려주면 세금이나 채무는 모두 자신이 변제하겠다고 속여 그로부터 명의를 대여 받아 호텔을 운영하면서 甲으로 하여금 호텔에 관한 각종 세금 및 채무 등을 부담하게 함으로써 재산상의 이익을 편취하였다는 내용으로 기소된 사안에서, 甲이 명의를 대여하였다는 것만으로 피고인이 위와 같은 채무를 면하는 재산상의 이익을 취득하는 甲의 재산적 처분행위가 있었다고 보기 어렵다).

행한다는 정도의 인식이 있으면 족하다.

한편 처분의사는 처분능력을 전제로 하고, 처분능력은 책임능력을 요하지 않으나 의사능력은 요한다. 따라서 유아나 정신질환자와 같은 자는 처분행위를 할 수 없기 때문에 이들을 기망하여 재물을 취득하면 절도죄가 성립한다. 예를 들면 유치원에 다니는 예쁜 채윤이에게 다가가 그녀가 가지고 있는 5만원권 지폐 1장과 피고인 소유의 소피아 공주 스티커 1장을 기망을 수단으로 교환한 경우 사기죄가 아니라 절도죄가 성립하는 것이다.

③ 처분행위자

처분행위자는 피기망자와 동일인임을 요한다. 그러나 처분행위자와 재산상의 피해자는 동일인임을 요하지 아니한다. 이와 같이 피기망자·처분행위자와 재산상의 피해자가 일치하지 않은 경우를 '삼각사기'라고 한다. 한편 피기망자는 자신이 점유하고 있는 물건을 처분할 수 있는 지위에 있어야 한다. 만약 이러한 지위에 있지 않은 사람을 기망하여 재물의 교부를 받은 경우에는 절도죄가 될 뿐이다.

처분할 수 있는 지위와 관련하여, ① 재산처분권을 넓게 인정하지 않아 삼각사기를 부정하더라도 다른 범죄유형으로 통제가 가능하다는 점을 논거로 하여, 두 사람 사이의 계약관계에 의하여만 처분할 수 있는 지위를 인정해야 한다는 계약관계설[1], ② 사기죄는 사법상의 권리가 있는 재산만을 보호하는 것이 아니라 사실상의 재물 또는 재산상의 이익을 보호한다는 점을 논거로 하여, 사실상 처분할 수 있는 지위에 있으면 족하다는 사실상의 지위설[2] 등의 대립이 있다.

이에 대하여 판례는 「사기죄가 성립되려면 피기망자가 착오에 빠져 어떠한 재산상의 처분행위를 하도록 유발하여 재산적 이득을 얻을 것을 요하고, 피기망자와 재산상의 피해자가 같은 사람이 아닌 경우에는 피기망자가 피해자를 위하여 그 재산을 처분할 수 있는 권능을 갖거나 그 지위에 있어야 하는 것이지만, 여기에서 피해자를 위하여 재산을 처분할 수 있는 권능이나 지위라 함은 반드시 사법상의 위임이나 대리권의 범위와 일치하여야 하는 것은 아니고 피해자의 의사에 기하여 재산을 처분할 수 있는 서류 등이 교부된 경우에는 피기망자의 처분행위가 설사 피해자의 진정한 의도와 어긋나는 경우라고 할지라도 위와 같은 권능을 갖거나 그 지위에 있는 것으로 보아야 할 것이므로 사기죄의 성립에는 아무런 영향이 없다.」라고 판시[3]하여, 사실상의 지위설의 입장을 취하고 있다.

생각건대 사기죄에서 말하는 재산은 법적인 개념이 아니고 경제적·사실적인 개념이기 때문에 사실상의 지위설이 타당하다.

---

1) 배종대, 366면.
2) 김선복, 321면; 김성돈, 388면; 김성천/김형준, 412면; 김신규, 426면; 김일수/서보학, 348면; 김혜정 외 4인, 338면; 박상기, 644면; 손동권/김재윤, 382면; 오영근, 314면; 이재상/장영민/강동범, 348면; 임 웅, 429면; 정성근/정준섭, 241면; 정영일, 187면.
3) 대법원 1994. 10. 11. 선고 94도1575 판결.

4) 재물을 교부받거나 재산상의 이익을 취득할 것

기망행위를 통하여 재물을 교부받거나 재산상의 이익을 취득해야 사기죄의 기수가 된다. 특히 특정경제범죄가중처벌법 제3조[1]는 사기죄의 이득액[2]에 따라 처벌을 달리하고 있기 때문에 이득액의 산정은 양형에 있어서 매우 중요한 문제를 야기한다.[3] 예를 들면 공동으로 사기죄를 범한 경우에 공범자는 자기가 받은 이득액 뿐만 아니라 다른 공범자가 받은 이득액에 대하여도 그 죄책을 면할 수 없는 것이므로[4], 특정경제범죄가중처벌법 제3조 제1항의 적용 여부를 가리는 이득액을 정함에 있어서는 그 범행의 모든 공범자가 받은 이득액을 합한 금액을 기준으로 하여야 한다.[5]

한편 재물편취를 내용으로 하는 사기죄에 있어서는 기망으로 인한 재물교부가 있으면 그 자체로써 피해자의 재산침해가 되어 이로써 곧 사기죄가 성립하는 것이고, 상당한 대가가 지급되었다거나 피해자의 전체 재산상에 손해가 없다고 하여도 사기죄의 성립에는 그 영향이 없으므로 사기죄에 있어서 그 대가가 일부 지급된 경우에도 그 편취액은 피해자로부터 교부된 재물의 가치로부터 그 대가를 공제한 차액이 아니라 교부받은 재물 전부라고 할 것이다.[6] 어음·수

1) 특정경제범죄가중처벌법 제3조(특정재산범죄의 가중처벌) ① 형법 제347조(사기)·제347조의2(컴퓨터등 사용사기죄)·제350조(공갈)·제351조(제347조 및 제350조의 상습범에 한한다)·제355조(횡령, 배임) 또는 제356조(업무상의 횡령과 배임)의 죄를 범한 자는 그 범죄행위로 인하여 취득하거나 제3자로 하여금 취득하게 한 재물 또는 재산상의 이익의 가액이 5억원 이상인 때에는 다음의 구분에 따라 가중처벌한다.
  1. 이득액이 50억원 이상인 때에는 무기 또는 5년 이상의 징역에 처한다.
  2. 이득액이 5억원 이상 50억원 미만인 때에는 3년 이상의 유기징역에 처한다.
2) 대법원 1992. 10. 23. 선고 92도1983 판결; 대법원 1994. 9. 9. 선고 94도2032 판결(유가증권을 편취한 사기범행의 이득액은 그 유가증권의 액면가액이라고 할 것이다).
3) 대법원 2007. 4. 19. 선고 2005도7288 전원합의체 판결(사람을 기망하여 부동산의 소유권을 이전받거나 제3자로 하여금 이전받게 함으로써 이를 편취한 경우에 특정경제범죄가중처벌법 제3조의 적용을 전제로 하여 그 부동산의 가액을 산정함에 있어서는, 그 부동산에 아무런 부담이 없는 때에는 그 부동산의 시가 상당액이 곧 그 가액이라고 볼 것이지만, 그 부동산에 근저당권설정등기가 경료되어 있거나 압류 또는 가압류 등이 이루어져 있는 때에는 특별한 사정이 없는 한 아무런 부담이 없는 상태에서의 그 부동산의 시가 상당액에서 근저당권의 채권최고액 범위 내에서의 피담보채권액, 압류에 걸린 집행채권액, 가압류에 걸린 청구금액 범위 내에서의 피보전채권액 등을 뺀 실제의 교환가치를 그 부동산의 가액으로 보아야 할 것이다. 이와는 달리, 기망에 의하여 편취한 부동산에 압류등기가 경료되어 있었더라도 그와 같은 사정이 피고인이 편취한 이득액을 그 부동산의 시가보다 감액하여 평가할 사유가 되지 못한다는 취지로 판시한 대법원 2003. 9. 5. 선고 2003도1859 판결 등의 견해는 위 법리에 저촉되는 범위 내에서 이를 변경한다).
4) 대법원 1993. 7. 13. 선고 93도1341 판결(이득액은 피고인이 실제로 취한 이익만을 합산하여 산정할 것이 아니라 순차 공모의 최종공범이 피해자로부터 편취한 재물 또는 재산상의 이익의 가액을 합산하여 산정하여야 하는 것이다).
5) 대법원 1991. 10. 8. 선고 91도1911 판결.
6) 대법원 2017. 12. 22. 선고 2017도12649 판결(기업의 재무제표 및 이에 대한 외부감사인의 회계감사 결과를 기재한 감사보고서는 대상 기업의 정확한 재무상태를 드러내는 가장 객관적인 자료로서 증권거래소 등을 통하여 일반에 공시되고, 기업의 신용도와 상환능력 등의 기초자료로서 기업이 발행하는 회사채 및 기업어음의 신용등급평가와 금융기관의 여신제공 여부의 결정에 중요한 판단근거가 된다. 그 결과 해당 기업의 재무제표의 중요한 사항에 관하여 회계처리기준에 위반되는 분식이 있음을 알면서도, 대규모의 여신을 제공하는 것과 같은 사례는 이례적이라고 하지 않을 수 없고, 당기순이익이 흑자인지 적자인지와 같은 사정은 해당 기업체의 신용도를 판단할 때에 보통 중요한 사항의 하나에 해당한다. 나아가 금융기관의 통상적인 여신처리기준에 의하면, 적자상태인 당해 기업에 대한 여신이 가능했을 수도 있다고 하더라도, 이로 인하여 획일적으로 부실 재무제표 제출로 인한 기망

표의 할인에 의한 사기죄에서 피고인이 피해자로부터 수령한 현금액이 피고인이 피해자에게 교부한 어음 등의 액면금보다 적을 경우, 피고인이 취득한 재산상의 이익액은, 당사자가 선이자와 비용을 공제한 현금액만을 실제로 수수하면서도 선이자와 비용을 합한 금액을 대여원금으로 하기로 하고 대여이율을 정하는 등의 소비대차특약을 한 경우 등의 특별한 사정이 없는 한, 위 어음 등의 액면금이 아니라 피고인이 수령한 현금액이다.[1]

제3자로부터 금원을 융자받거나 물품을 외상으로 공급받을 목적으로 타인을 기망하여 그 타인 소유의 부동산에 제3자 앞으로 근저당권을 설정하게 한 자가 그로 인하여 취득하는 재산상의 이익은 그 타인 소유의 부동산을 자신의 제3자와의 거래에 대한 담보로 이용할 수 있는 이익이고, 그 가액(이득액)은 원칙적으로 그 부동산의 시가 범위 내의 채권 최고액 상당이다. 한편 그 부동산에 이미 다른 근저당권이 설정되어 있는 경우에, 그 부동산에 대하여 후순위 근저당권을 취득하는 자로서는 선순위 근저당권의 채권 최고액만큼의 담보가치가 이미 선순위 근저당권자에 의하여 파악되고 있는 것으로 인정하고 거래하는 것이 보통이므로, 원칙적으로 그 부동산의 시가에서 다시 선순위 근저당권의 채권 최고액을 공제한 잔액 상당액을 기망자가 얻는 이득액의 한도로 보아야 할 것이다. 다만 그 부동산에 이미 다른 근저당권이 설정되어 있는 경우에도 후순위 근저당권을 취득하는 자로서 선순위 근저당권의 담보가치가 실제 피담보채권액만큼만 파악되고 있는 것으로 인정하였다고 볼 수 있는 특별한 사정이 있는 경우(예를 들면 이미 변제 기타 사유로 그 저당권이 형해화되어 있다거나 실제 그 피담보채무가 얼마인지 여부를 조사하여 그 피담보채무가 증가할 여지가 없어 사실상의 저당권으로 파악한 다음 그 점들까지 고려하여 후순위 채권 최고액을 결정하였다고 볼 사정이 있는 경우)에는 근저당권 설정 당시의 그 부동산의 시가에서 그 선순위 근저당권의 실제 피담보채권액을 공제한 잔액 상당액을 그 이득액의 한도로 볼 수 있다.[2]

행위와 여신 결정 사이의 인과관계가 단절된다고 볼 수는 없고, 기업이 적자상태를 숨기기 위하여 흑자 상황인 것처럼 작성한 재무제표를 제출하였다는 사실이 발각될 경우 초래될 수 있는 신뢰성 평가에 미치는 부정적인 영향까지 적절하게 고려·평가하여 인과관계 단절 여부를 살펴보아야 한다); 대법원 1995. 3. 24. 선고 95도203 판결; 同旨 대법원 2012. 4. 13. 선고 2012도216 판결(자금중개업자인 피고인이 대출의뢰인으로부터 5억원을 대출해 달라는 부탁과 함께 금액란이 공란으로 되어 있는 백지어음, 영수증 등의 서류를 교부받았음에도, 개인적인 채무를 변제하기 위해 사채업자인 피해자에게 위임 범위를 초과한 10억원의 대출의뢰를 받은 것처럼 거짓말을 하여 피해자로부터 선이자를 공제한 8억 8,000만원을 교부받았고, 그 과정에서 권한 없이 대출의뢰인 명의의 영수증 금액란에 10억원이라고 기재하여 이를 위조하기까지 하였다면, 피고인이 피해자로부터 교부받은 돈 전액을 사기죄의 편취액 또는 구 특정경제범죄가중처벌법 제3조 제1항에서 정한 '이득액'으로 보아야 하는 것이지, 위임받은 범위를 초과하는 금액만을 편취액 또는 이득액으로 보아야 하는 것은 아니다); 대법원 2007. 1. 25. 선고 2006도7470 판결; 대법원 2000. 7. 7. 선고 2000도1899 판결(특정경제범죄가중처벌법 제3조에서 말하는 이득액은 단순일죄의 이득액이나 혹은 포괄일죄가 성립하는 경우의 이득액의 합산을 의미하는 것이고, 경합범으로 처벌될 수 죄의 각 이득액을 합한 금액을 의미하는 것은 아니며, 수인의 피해자에 대하여 각별로 기망행위를 하여 각각 재물을 편취한 경우에는 범의가 단일하고 범행방법이 동일하더라도 각 피해자의 피해법익은 독립한 것이므로 이를 포괄일죄로 파악할 수 없고 피해자별로 독립한 사기죄가 성립된다).

1) 대법원 2009. 7. 23. 선고 2009도2384 판결.
2) 대법원 2010. 12. 9. 선고 2010도12928 판결; 대법원 2000. 4. 25. 선고 2000도137 판결.

5) 재산상의 손해 발생

본죄의 성립에 재산상의 손해발생이 필요한지 여부와 관련하여, ① 사기죄는 재산범죄라는 점, 사기죄의 보호법익은 전체로서의 재산이라는 점 등을 논거로 하여, 사기죄가 성립하기 위해서는 재산상의 손해가 발생하여야 한다고 파악하는 견해(적극설)[1], ② 재물사기죄에서는 재물의 상실 자체가 재산상의 손해이기 때문에 재산상의 손해발생이 필요 없으나, 이득사기죄에서는 상당한 대가가 제공된 경우에는 재산상의 손해가 발생하였다고 할 수 없기 때문에 재산상의 손해발생이 필요하다는 견해(이분설), ③ 사기죄의 성립에 재산상의 손해발생이 요구되지만, 재산상의 손해발생은 사기죄의 성립 여부를 좌우하는 문제가 아니라 보호의 정도와 관련하여 기수와 미수에 관계된 문제라고 하는 견해(절충설)[2], ④ 우리 형법 제347조가 재산상의 손해발생을 규정하고 있지 아니한 점, 재물편취와 이득편취를 구별할 실익이 없다는 점, 재물이나 재산상의 이익을 제공하면 재산상의 손해가 발생하는 것이 일반적이라는 점, 절도죄나 강도죄에서는 대가제공이 요건이 아니라는 점 등을 논거로 하여, 사기죄의 성립에 재산상의 손해발생을 요구하지 않는다고 하는 견해(소극설)[3] 등의 대립이 있다.

이에 대하여 판례는 「사기죄는 타인을 기망하여 그로 인한 하자 있는 의사에 기하여 재물의 교부를 받거나 재산상의 이익을 취득함으로써 성립하는 범죄로서 그 본질은 기망에 의한 재물이나 재산상의 이익의 취득에 있는 것이고 상대방에게 현실적으로 재산상 손해가 발생할 필요는 없다.」라고 판시[4]하여, 소극설의 입장을 취하고 있다.

생각건대 독일 형법의 사기죄 행위태양은 '재산상의 손해를 가한 자'이므로 재물취득만으

---

[1] 권오걸, 553면; 김선복, 324면; 김성천/김형준, 394면; 김신규, 428면; 김일수/서보학, 350면; 김혜정 외 4인, 341면 (행위자가 대가를 지불하고 재물 등을 취득하였더라도 피해자가 불필요한 물건이나 원치 않는 물건 등을 구입하는 등의 개인적인 손해를 고려할 필요가 있다면 다시 손해를 인정할 수 있다); 박상기, 644면; 배종대, 369면; 손동권/김재윤, 385면; 이영란, 349면; 이재상/장영민/강동범, 330면; 이형국/김혜경, 404면; 정성근/정준섭, 240면. 이에 따르면 대가를 제공한 경우에는 사기죄가 성립하지 아니한다. 여기서 재산상의 손해액은 피해자의 처분행위가 있기 전의 전체 재산과 처분행위 후의 전체 재산을 비교하여 후자가 전자보다 적은 경우의 차액이다. 또한 재산상의 손해는 현실적으로 발생한 손해뿐만 아니라 손해발생의 위험까지도 포함되며, 처분행위로 피해자가 취득한 이익은 직접 취득한 이익에 한정되고, 처분행위를 취소해서 얻을 수 있는 이익은 포함되지 아니한다.

[2] 김성돈, 389면; 임 웅, 437면.

[3] 신동운, 964면; 오영근, 317면(다만 손해가 발생하지 않은 경우 거래의 신의칙에 위반되는 기망행위가 없어서 사기죄의 구성요건에 해당하지 않거나 사기죄의 구성요건에 해당하지만 사회상규에 위배되지 않는 행위로서 위법성이 조각되는 경우가 있을 것이다); 정영일, 179면. 하지만 백화점변칙세일사건의 경우 반드시 구매하지 않아도 되었을 물건을 구매하게 되었다는 점에서 일종의 재산상의 손해발생이 있는 것으로 파악해도 될 것이다.

[4] 대법원 2014. 10. 15. 선고 2014도9099 판결; 대법원 2012. 1. 27. 선고 2011도14247 판결; 대법원 2007. 1. 25. 선고 2006도7470 판결; 대법원 2005. 4. 29. 선고 2002도7262 판결(분식회계에 의한 재무제표 등으로 금융기관을 기망하여 대출을 받았다면 사기죄는 성립하고, 변제의사나 변제능력이 있었다든지 충분한 담보가 제공되었다거나 피해자의 전체 재산상에 손해가 없고 사후에 대출금이 상환되었다고 하더라도 사기죄의 성립에는 영향이 없다); 대법원 1999. 7. 9. 선고 99도1040 판결; 대법원 1994. 10. 21. 선고 94도2048 판결; 대법원 1992. 9. 14. 선고 91도2994 판결; 대법원 1985. 11. 26. 선고 85도490 판결; 대법원 1982. 6. 22. 선고 82도777 판결(새한병원사건)(피고인이 설사 그 취업기간 동안에 내과전문의에 상당하는 의료기술을 가지고 진료행위를 하였고 이로 인하여 병원을 경영하는 피고인 2가 많은 의료수가를 받게 되어 전체적으로 재산상 손해를 입은 바 없다고 할지라도 이는 사기죄의 성립에 영향이 없다).

로는 사기죄가 성립할 수 없고, 재산상의 손해발생이 있어야 사기죄가 성립한다고 하는 것이 당연하다. 하지만 우리 형법의 사기죄 행위태양은 '재물의 교부를 받거나 재산상의 이익을 취득한 자'이므로, 피해자의 재산상 손해발생보다는 재물이나 재산상의 이익취득을 더 중요시하고 있다. 그러므로 행위자가 일정한 대가를 지급하여 피해자에게 재산상의 손해발생이 없더라도 그 기망행위가 거래의 신의칙에 반하는 경우에는 사기죄의 성립을 인정해야 한다.

(3) 인과관계

본죄가 성립하기 위해서는 피기망자가 착오에 빠져 어떠한 재산상의 처분행위를 하도록 유발하여 재산적 이익을 얻을 것을 요하고, 피기망자와 재산상의 피해자가 동일한 사람이 아닌 경우에는 피기망자가 피해자를 위하여 그 재산을 처분할 수 있는 권능이나 지위에 있어야 하며, 기망행위·착오·처분행위·재산상의 이득 취득 사이에 각각의 인과관계가 있어야 한다.[1] 그리고 사기죄의 피해자가 법인이나 단체인 경우에 기망행위로 인한 착오, 인과관계 등이 있었는지는 법인이나 단체의 대표 등 최종 의사결정권자 또는 내부적인 권한 위임 등에 따라 실질적으로 법인의 의사를 결정하고 처분을 할 권한을 가지고 있는 사람을 기준으로 판단하여야 한다. 따라서 피해자 법인이나 단체의 대표자 또는 실질적으로 의사결정을 하는 최종결재권자 등이 기망행위자와 동일인이거나 기망행위자와 공모하는 등 기망행위임을 알고 있었던 경우에는 기망행위로 인한 착오가 있다고 볼 수 없고, 재물 교부 등의 처분행위가 있었다고 하더라도 기망행위와 인과관계가 있다고 보기 어렵다. 이러한 경우에는 사안에 따라 업무상 횡령죄 또는 업무상 배임죄 등이 성립하는 것은 별론으로 하고 사기죄가 성립한다고 볼 수 없다.[2]

반면에 피해자 법인이나 단체의 업무를 처리하는 실무자인 일반 직원이나 구성원 등이 기망행위임을 알고 있었더라도, 피해자 법인이나 단체의 대표자 또는 실질적으로 의사결정을 하는 최종결재권자 등이 기망행위임을 알지 못한 채 착오에 빠져 처분행위에 이른 경우라면, 피해자 법인에 대한 사기죄의 성립에 영향이 없다.[3]

(4) 주관적 구성요건

본죄가 성립하기 위해서는 피해자에게 손해를 가하려는 목적을 필요로 하지는 않지만, 적

---

1) 대법원 2017. 6. 8. 선고 2015도12932 판결(피고인이 운영하는 한식당에서 굴비처럼 가공한 중국산 부세(약 25~30cm)를 굴비 대용품으로 사용하였는데 중국산 부세의 가격은 1마리당 5,000원 내지 7,000원인 반면 같은 크기의 국내산 굴비는 1마리에 200,000원 내외의 고가이며, 피고인이 국내산이라고 표시한 소고기, 돼지고기, 해산물, 생선은 한식당에서 제공되는 여러 요리와 반찬들 중 일부의 식재료에 불과하다면, 손님들이 메뉴판에 기재된 국내산이라는 원산지 표시에 속아 피고인이 운영하는 한식당을 이용하였다고 보기는 어렵다. 피고인은 남도식당 전문점임을 표방하고 한식당을 운영하면서 메뉴판에 소고기, 돼지고기, 해산물 및 생선의 원산지를 사실과 다르게 국내산이라고 기재하였는데, 그러한 행위를 원산지 표시를 거짓으로 하였다는 이유로 농수산물의 원산지표시에 관한 법률 위반죄로 처벌하는 것에서 더 나아가 사기죄로 처벌하는 것은 기망행위와 처분행위 사이에 인과관계를 인정하기 어렵다); 대법원 2016. 7. 14. 선고 2015도20233 판결; 대법원 2011. 10. 13. 선고 2011도8829 판결; 대법원 2001. 4. 27. 선고 99도484 판결; 대법원 1998. 6. 23. 선고 98도903 판결; 대법원 1994. 5. 24. 선고 93도1839 판결; 대법원 1991. 1. 11. 선고 90도2180 판결; 대법원 1989. 7. 11. 선고 89도346 판결.
2) 대법원 2017. 8. 29. 선고 2016도18986 판결.
3) 대법원 2017. 9. 26. 선고 2017도8449 판결.

어도 타인의 재물 또는 재산상의 이익을 침해한다는 의사와 피기망자로 하여금 어떠한 처분을 하게 한다는 의사는 있어야 한다.[1] 여기서 편취의 고의는 피고인이 자백하지 않는 이상 범행 전후 피고인의 재력·환경·범행의 내용·거래의 이행과정 등과 같은 객관적인 사정 등을 종합하여 판단할 수밖에 없다.[2] 범인이 기망행위에 의해 스스로 재물을 취득하지 않고 제3자로 하여금 재물의 교부를 받게 한 경우에 사기죄가 성립하려면, 그 제3자가 범인과 사이에 정을 모르는 도구 또는 범인의 이익을 위해 행동하는 대리인의 관계에 있거나 그렇지 않다면 적어도 불법영득의사와의 관련상 범인에게 그 제3자로 하여금 재물을 취득하게 할 의사가 있어야 할 것이다. 그리고 이러한 의사는 반드시 적극적 의욕이나 확정적 인식이어야 하는 것은 아니고 미필적 인식이 있으면 충분하며, 그 의사가 있는지 여부는 범인과 그 제3자 및 피해자 사이의 관계·기망행위 또는 편취행위의 동기·경위·수단·방법·그 행위의 내용과 태양·당시의 거래관행 등 여러 사정을 종합하여 사회통념에 비추어 합리적으로 판단하여야 한다.[3] 특히 민사상 금전대차관계에서 채무불이행 사실을 가지고 바로 차용금 편취의 고의를 인정할 수는 없지만, 피고인이 확실한 변제의 의사가 없거나 또는 차용 시 약속한 변제기일 내에 변제할 능력이 없는데도 변제할 것처럼 가장하여 금원을 차용한 경우에는 편취의 고의를 인정할 수 있다.[4]

한편 거래물품의 편취에 의한 사기죄의 성립 여부는 거래 당시를 기준으로 피고인에게 납품대금을 변제할 의사나 능력이 없음에도 피해자에게 납품대금을 변제할 것처럼 거짓말을 하여 피해자로부터 물품을 편취할 고의가 있었는지의 여부에 의하여 판단하여야 하므로, 납품 후 경제사정 등의 변화로 납품대금을 일시 변제할 수 없게 되었다고 하여 사기죄에 해당한다고 볼 수 없지만[5], 물품거래관계에서 물품을 공급받는 자가 물품대금을 마련할 방법에 관하여 상대방에게 사실대로 고지하였더라면 상대방이 물품을 공급하지 않았을 경우에 물품대금의 마련방법에 관하여 상대방에게 진실에 반하는 사실을 고지하여 물품을 공급받았다면 사기죄가 성립한다.[6] 재물편취를 내용으로 하는 사기죄에 있어서는 기망으로 인한 재물교부가 있으면 그 자체로써 피해자의 재산침해가 되어 곧 사기죄는 성립하는 것이고, 그로 인한 이익이 결과적으로

1) 대법원 1998. 4. 24. 선고 97도3054 판결; 대법원 1984. 2. 14. 선고 83도2857 판결(면사무소 직원이 면 회계공무원으로부터 자금을 지출받음에 있어서 적법한 절차가 아닌 허위의 지출결의서의 작성·행사라는 변태적인 방법을 취하였다고 하여도 그 돈을 결국 면이 지출해야 할 소요경비에 사용하였다면 허위공문서의 작성 및 동행사의 점은 별론으로 하고, 거기에는 소관 면에 무슨 손해가 있다거나 불법영득의사가 있었다고는 볼 수 없다 할 것이고 본인인 면을 위한 행위로서 편법을 사용한 것에 불과하여 사기죄를 구성한다고 볼 수 없다).
2) 대법원 2017. 11. 9. 선고 2016도12460 판결; 대법원 2008. 3. 27. 선고 2008도443 판결; 대법원 2008. 1. 18. 선고 2007도8781 판결; 대법원 1996. 3. 26. 선고 95도3034 판결; 대법원 1995. 4. 28. 선고 95도424 판결.
3) 대법원 2012. 5. 24. 선고 2011도15639 판결; 대법원 1960. 6. 8. 선고 4292형상321 판결(기도나 굿 또는 부적을 하여 주고 보수를 받았다고 하여 바로 사기죄가 성립한다고 할 수는 없다).
4) 대법원 2018. 8. 1. 선고 2017도20682 판결; 대법원 1983. 8. 23. 선고 83도1048 판결.
5) 대법원 2003. 1. 24. 선고 2002도5265 판결; 대법원 1999. 7. 23. 선고 99도1682 판결; 대법원 1998. 3. 10. 선고 98도180 판결.
6) 대법원 2014. 11. 27. 선고 2014도3775 판결; 대법원 2005. 9. 15. 선고 2003도5382 판결.

누구에게 귀속하는지는 사기죄의 성부에 아무런 영향이 없다.[1] 피해자가 피고인의 신용상태를 인식하고 있어 장래의 변제지체 또는 변제불능에 대한 위험을 예상하고 있거나 예상할 수 있었다면, 피고인이 구체적인 변제의사·변제능력·거래조건 등 거래 여부를 결정지을 수 있는 중요한 사항을 허위로 말하였다는 등의 사정이 없는 한, 피고인이 그 후 제대로 변제하지 못하였다는 사실만 가지고 변제능력에 관하여 피해자를 기망하였다거나 사기죄의 고의가 있었다고 단정할 수 없다.[2] 또한 사업의 수행과정에서 이루어진 거래에 있어서 그 채무불이행이 예측된 결과라고 하여 그 기업경영자에 대한 사기죄의 성부가 문제된 경우, 그 거래시점에서 그 사업체가 경영부진 상태에 있었기 때문에 사정에 따라 파산에 이를 수 있다고 예견할 수 있었다는 것만으로 사기죄의 고의가 있다고 단정하는 것은 발생한 결과에 따라 범죄의 성부를 결정하는 것과 마찬가지이다. 따라서 설사 기업경영자가 파산에 의한 채무불이행의 가능성을 인식할 수 있었다고 하더라도 그러한 사태를 피할 수 있는 가능성이 있다고 믿었고, 계약이행을 위해 노력할 의사가 있었을 때에는 사기죄의 고의가 있었다고 단정하여서는 안 된다.[3]

3. 위법성조각사유

변제기가 도래한 채권을 변제받기 위하여 기망의 수단을 사용한 경우에 사기죄가 성립하는지 여부와 관련하여, ① 재물 또는 재산상의 이익을 취득할 권리가 있을 때에는 불법영득의사 또는 불법이득의사가 없어서 사기죄의 주관적 구성요건해당성이 없으므로 사기죄가 성립하지 않는다는 견해(이득의 불법성설)[4], ② 거래의 신의칙에 위반하여 재물의 교부를 받거나 재산상의 이익을 취득한 경우에는 그 영득이나 이득도 위법하다고 해야 하므로 사기죄가 성립한다는 견해(사취의 불법성설)[5] 등의 대립이 있다.

이에 대하여 판례는 「기망행위를 수단으로 한 권리행사의 경우라고 할지라도 그 권리행사에 속하는 행위와 그 수단에 속하는 기망행위를 전체적으로 관찰하여 그와 같은 기망행위를 사회통념상 권리행사의 수단으로서 용인할 수 있는 것이었다면 그 중 권리행사 자체에 속하는 행위만은 범죄를 구성하지 않는 정당행위였다고 할 수 있을 것이나, 그 정도를 넘는다면 (사회관념상 그러한 수단에 의한 권리행사를 용인할 수 없다고 평가되는 경우) 그 행위 전체가 위법한 것이 되며 따라서 권리행사에 속하는 행위로 사기죄를 구성한다.」라고 판시[6]하여, 사취의 불법성설의 입장

---

1) 대법원 2009. 1. 30. 선고 2008도9985 판결.

2) 대법원 2016. 4. 28. 선고 2012도14516 판결.

3) 대법원 2017. 1. 25. 선고 2016도18432 판결; 대법원 2016. 6. 9. 선고 2015도18555 판결; 대법원 2001. 3. 27. 선고 2001도202 판결.

4) 김선복, 326면; 김성천/김형준, 422면; 김혜정 외 4인, 347면; 배종대, 385면; 이영란, 351면; 이재상/장영민/강동범, 354면; 이형국/김혜경, 406면; 임 웅, 442면.

5) 김일수/서보학, 356면; 손동권/김재윤, 390면; 오영근, 319면; 이상돈, 1069면; 정성근/정준섭, 243면.

6) 대법원 2011. 11. 24. 선고 2010도15454 판결(공소외 영농조합법인(이하 '이 사건 법인'이라 한다)이 새송이 버섯 재배사 신축사업(이하 '이 사건 사업'이라 한다)을 함에 있어 경상남도 및 함양군으로부터 지원되는 지출비용의

을 취하고 있다.

생각건대 비록 채권이 존재한다고 할지라도 사회상규상 정당한 권리행사의 범위를 벗어난 행위는 재산상의 거래관계에 있어서 거래당사자가 지켜야 할 신의와 성실의 의무를 저버린 기망행위가 되므로 사취의 불법성설이 타당하다.

4. 실행의 착수시기 및 기수시기

(1) 실행의 착수시기

본죄의 실행의 착수시기는 편취의 의사로 기망행위를 시작한 때이다. 기망행위가 개시되면 족하고 상대방이 착오에 빠졌는지 여부는 문제되지 아니한다.

판례에 의하면, 피고인이 이미 전에 금원을 편취당한 바 있던 피해자에게 다시 금원차용을 요구한 경우[1])에는 실행의 착수를 인정할 수 있다.

하지만 ① 타인의 사망을 보험사고로 하는 생명보험계약을 체결함에 있어 제3자가 피보험자인 것처럼 가장하여 체결하는 등으로 그 유효요건을 갖추지 못한 경우[2]), ② 피고인이 장해보상금 지급청구자에게

50%에 상당하는 보조금을 교부받기 위해서는 이 사건 사업을 완성한 후 실제 지출한 금원을 증빙하는 서류들을 보조금 산정의 기초가 되는 지출비용의 근거자료로 제출하여야 함에도, 이 사건 법인의 대표이사 내지 공장장의 지위에 있던 피고인들이 공모하여 이 사건 사업의 진행과 관련하여 실제 지급한 적이 없는 임금을 마치 정상적으로 지급한 것처럼 허위의 노무비 지급명세서 및 영수증, 입금증 등 임금 지급을 증빙하는 서류들을 작성한 다음 이를 다른 비용의 지출을 증빙하는 서류들과 함께 함양군청 담당공무원에게 제출함으로써 이에 속은 함양군청 담당공무원으로부터 보조금을 교부받았는바, 피고인들의 이러한 행위는 전체적으로 보아 사회통념상 권리행사의 수단으로서 용인할 수 있는 범위를 벗어난 것으로서 기망행위에 해당하고, 나아가 피고인들에게 편취의 범의 및 불법영득의 의사도 인정된다); 대법원 2009. 7. 9. 선고 2009도295 판결; 대법원 2007. 6. 15. 선고 2006도2371 판결; 대법원 2003. 12. 26. 선고 2003도4914 판결; 대법원 2003. 6. 13. 선고 2002도6410 판결(산업재해보상 보험급여를 지급받을 수 있는 지위에 있었다고 하더라도 특정 일자에 업무상 재해를 입은 사실이 전혀 없음에도 불구하고, 허위 내용의 목격자진술서를 첨부하는 등의 부정한 방법으로 요양신청을 하여 산업재해보상 보험급여를 지급받았다면, 피고인의 이러한 행위는 특별한 사정이 없는 한 그 자체로 이미 사회통념상 권리행사의 수단으로 용인할 수 없는 정도라고 할 수 있다); 대법원 1997. 10. 14. 선고 96도1405 판결(토지를 20년 이상 점유하여 왔더라도 그 점유권원의 성질이 불분명하여 일단 자주점유로 추정받기는 하나, 상대방이 그 추정을 번복시킬 수 있는 사실을 입증하면 취득시효를 인정받을 수 없어 결국 상대방의 입증 여부에 따라 소송의 승패가 결정되는 소송에서, 소송의 승패에 결정적인 증거인 자주점유의 권원에 관한 처분문서를 위조하고, 그 성립에 관한 위증을 교사함으로써 상대방의 추정번복의 입증을 원천적으로 봉쇄하고 법원으로서도 그 처분문서의 성립이 인정되는 한 채증법칙상 그 문서의 내용대로 인정할 수밖에 없도록 하는 등의 소송행위는 사회통념상 도저히 용인될 수 없다고 할 것이므로, 비록 점유자가 자주점유로 추정받는다고 하더라도 위와 같은 기망행위에 의하여 적극적으로 법원을 기망하여 착오에 빠지게 함으로써 승소판결을 받고, 등기까지 했던 것이라면 그 행위는 정당한 권리행사라 할 수 없어 사기죄를 구성한다); 대법원 1991. 9. 10. 선고 91도376 판결; 대법원 1982. 9. 14. 선고 82도1679 판결; 대법원 1982. 5. 25. 선고 82도483 판결; 대법원 1969. 12. 23. 선고 69도1544 판결.

1) 대법원 1988. 3. 22. 선고 87도2539 판결.
2) 대법원 2013. 11. 14. 선고 2013도7494 판결(타인의 사망을 보험사고로 하는 생명보험계약을 체결함에 있어 제3자가 피보험자인 것처럼 가장하여 체결하는 등으로 그 유효요건이 갖추어지지 못한 경우에도, 보험계약 체결 당시에 이미 보험사고가 발생하였음에도 이를 숨겼다거나 보험사고의 구체적 발생 가능성을 예견할 만한 사정을 인식하고 있었던 경우 또는 고의로 보험사고를 일으키려는 의도를 가지고 보험계약을 체결한 경우와 같이 보험사고의 우연성과 같은 보험의 본질을 해칠 정도라고 볼 수 있는 특별한 사정이 없는 한, 그와 같이 하자 있는 보험계약을 체결한 행위만으로는 미필적으로라도 보험금을 편취하려는 의사에 의한 기망행위의 실행에 착수한 것으로 볼 것은 아니다. 그러므로 그와 같이 기망행위의 실행의 착수로 인정할 수 없는 경우에 피보험자 본인임을

보상금을 찾아주겠다고 거짓말을 하여 동인을 보상금 지급기관인 노동청 부산지방 중부사무소까지 유인한 경우[1], ③ 보험계약자가 상법상 고지의무를 위반하여 보험자와 생명보험계약을 체결한다고 하더라도 그 보험금은 보험계약의 체결만으로 지급되는 것이 아니라 우연한 사고가 발생하여야만 지급되는 것이므로, 상법상 고지의무를 위반하여 보험계약만을 체결한 경우[2], ④ 행정당국에 의한 실사를 거쳐 피해자로 확인된 경우에 한하여 보조금 지원신청을 할 수 있게 하는 보조금지원절차에 비추어 볼 때, 피해어민의 피해신고는 국가가 피해복구보조금의 지원 여부 및 정도를 결정을 함에 있어 그 직권조사를 개시하기 위한 참고자료에 불과한 것일 뿐이고 그 지원 여부 등을 좌우할 수는 있는 것은 아니라고 할 것이므로, 피고인과 같이 실제로 태풍에 의한 피해발생이 없었으면서도 마치 피해가 있는 것처럼 관할면장에게 피해신고를 한 경우[3] 등에 있어서는 실행의 착수를 인정할 수 없다.

(2) 기수시기

본죄의 기수시기와 관련하여, ① 재산상의 손해가 발생한 시점이라는 견해[4], ② 재물의 교부를 받거나 재산상의 이익을 취득한 시점이라는 견해[5] 등의 대립이 있다.

생각건대 사기죄의 성립에 재산상의 손해발생을 요하지 않는다는 점, 피기망자가 우편으로 기망자에게 재물을 송부할 경우 재산상의 손해는 발생하였지만 기망자가 이를 취득하지 못하였을 때에는 아직 기수가 될 수 없다는 점 등에서 후자의 견해가 타당하다. 이와 같이 사기죄는 기망으로 인한 재물의 교부가 있으면 바로 성립하고, 특정경제범죄가중처벌법 제3조 제1항 소정의 '이득액'이란 거기에 열거된 범죄행위로 인하여 취득하거나 제3자로 하여금 취득하게 한 불법영득의 대상이 된 재물이나 재산상의 이익의 가액 합계이지 궁극적으로 그와 같은 이득이 실현되었는지 여부는 영향이 없는 것이다.[6]

가장하는 등으로 보험계약을 체결한 행위는 단지 장차의 보험금 편취를 위한 예비행위에 지나지 않는다).

1) 대법원 1980. 5. 13. 선고 78도2259 판결.
2) 대법원 2017. 4. 26. 선고 2017도1405 판결; 대법원 2012. 11. 15. 선고 2010도6910 판결(보험사고가 이미 발생하였음에도 이를 묵비한 채 보험계약을 체결하거나 보험사고 발생의 개연성이 농후함을 인식하면서도 보험계약을 체결하는 경우 또는 보험사고를 임의로 조작하려는 의도를 갖고 보험계약을 체결하는 경우와 같이 그 행위가 '보험사고의 우연성'과 같은 보험의 본질을 해할 정도에 이르러야 비로소 보험금 편취를 위한 고의의 기망행위를 인정할 수 있다).
3) 대법원 1999. 3. 12. 선고 98도3443 판결.
4) 김선복, 327면; 김성돈, 391면; 김신규, 431면; 김일수/서보학, 354면; 손동권/김재윤, 388면; 이재상/장영민/강동범, 355면; 이형국/김혜경, 407면; 임 웅, 440면; 정성근/정준섭, 241면.
5) 신동운, 1004면; 오영근, 320면; 정영일, 189면.
6) 대법원 2006. 5. 26. 선고 2006도1614 판결(투자금반환사기사건)(피고인이 원금 및 수익금을 제대로 지불하여 줄 의사나 능력 없이 피해자들로부터 투자금을 교부받아 이를 편취하였다면 그 투자금을 교부받을 때마다 각별로 사기죄가 성립하는 것이므로, 교부받은 투자금을 피해자들에게 반환하였다가 다시 그 돈을 재투자받는 방식으로 계속적으로 투자금을 수수하였다면 그 각 편취범행으로 교부받은 투자금의 합계액이 특정경제범죄가중처벌법 제3조 제1항 소정의 이득액이 되는 것이지, 반환한 원금 및 수익금을 공제하여 이득액을 산정해야 하는 것은 아니다).

5. 죄수 및 다른 범죄와의 관계

(1) 죄 수

단일한 범의를 가지고 상대방을 기망하여 착오에 빠드림으로써 그로부터 동일한 방법에 의하여 여러 차례에 걸쳐 재물을 편취하면 그 전체가 포괄하여 일죄로 되지만[1], 여러 사람의 피해자에 대하여 따로 기망행위를 하여 각각 재물을 편취한 경우에는 비록 범의가 단일하고 범행방법이 동일하더라도 각 피해자의 피해법익은 독립한 것이므로 그 전체가 포괄일죄로 되지 아니하고 피해자별로 독립한 여러 개의 사기죄가 성립하고[2], 그 사기죄 상호간은 실체적 경합범 관계에 있다.[3] 다만 피해자들이 하나의 동업체를 구성하는 등으로 피해법익이 동일하다고 볼 수 있는 사정이 있는 경우에는 피해자가 복수이더라도 이들에 대한 사기죄를 포괄하여 일죄로 볼 수도 있을 것이다.[4] 1개의 기망행위에 의하여 다수의 피해자로부터 각각 재산상의 이익을 편취한 경우에는 피해자별로 수 개의 사기죄가 성립하고, 그 사이에는 상상적 경합의 관계에 있는 것으로 보아야 한다.[5]

(2) 다른 범죄와의 관계

1) 횡령죄와의 관계

① 사기죄는 타인이 점유하는 재물을 그의 처분행위에 의하여 취득함으로써 성립하는 범죄이므로, 자기가 점유하는 타인의 재물에 대하여는 이것을 영득함에 기망행위를 한다고 하여도 사기죄는 성립하지 아니하고 횡령죄만을 구성한다.[6] ② 종친회 회장인 피고인이 위조한 종친회 규약 등을 공탁관에게 제출하는 방법으로 종친회를 피공탁자로 하여 공탁된 수용보상금을 출급받아 편취하고, 이를 종친회를 위하여 업무상 보관하던 중 반환을 거부하여 횡령하였다는 내용으로 기소된 사안에서, 피고인이 공탁관을 기망하여 공탁금을 출급받음으로써 종친회를 피해자로 한 사기죄가 성립하고, 그 후 종친회에 대하여 공탁금 반환을 거부한 행위는 새로운 법익의 침해를 수반하지 않는 불가벌적 사후행위에 해당할 뿐 별도의 횡령죄가 성립하지 아니한다.[7] ③ 사기죄에서 피해자에게 그 대가가 지급된 경우, 피해자를 기망하여 그가 보유하고 있는 그 대가를 다시 편취하거나 피해자로부터 그 대가를 위탁받아 보관 중 횡령하였다면, 이는 새로운 법익의 침해가 발생한 경우이므로, 기존에 성립한 사기죄와는 별도의 새로운 사기죄

---

1) 대법원 1996. 1. 26. 선고 95도2437 판결.
2) 대법원 2003. 4. 8. 선고 2003도382 판결; 대법원 1997. 6. 27. 선고 97도508 판결; 대법원 1996. 2. 13. 선고 95도2121 판결; 1995. 8. 22. 선고 95도594 판결; 대법원 1989. 11. 28. 선고 89도1309 판결; 대법원 1989. 6. 13. 선고 89도582 판결.
3) 대법원 2010. 4. 29. 선고 2010도2810 판결.
4) 대법원 2011. 4. 14. 선고 2011도769 판결.
5) 대법원 2015. 4. 23. 선고 2014도16980 판결; 대법원 2011. 1. 13. 선고 2010도9330 판결.
6) 대법원 1987. 12. 22. 선고 87도2168 판결; 대법원 1980. 12. 9. 선고 80도1177 판결.
7) 대법원 2015. 9. 10. 선고 2015도8592 판결.

나 횡령죄가 성립한다.[1] ④ 전기통신금융사기(이른바 보이스피싱 범죄)의 범인이 피해자를 기망하여 피해자의 자금을 사기이용계좌로 송금·이체받으면 사기죄는 기수에 이르고, 범인이 피해자의 자금을 점유하고 있다고 하여 피해자와의 어떠한 위탁관계나 신임관계가 존재한다고 볼 수 없을 뿐만 아니라, 그 후 범인이 사기이용계좌에서 현금을 인출하였더라도 이는 이미 성립한 사기범행이 예정하고 있던 행위에 지나지 아니하여 새로운 법익을 침해한다고 보기도 어려우므로, 위와 같은 인출행위는 사기의 피해자에 대하여 별도의 횡령죄를 구성하지 아니한다. 이러한 법리는 사기범행에 이용되리라는 사정을 알고서 자신 명의 계좌의 접근매체를 양도함으로써 사기범행을 방조한 종범이 사기이용계좌로 송금된 피해자의 자금을 임의로 인출한 경우에도 마찬가지로 적용된다.[2]

2) 배임죄와의 관계

사기죄는 사람을 기망하여 재물의 교부를 받거나 재산상의 이익을 취득하는 것을 구성요건으로 하는 범죄로서 임무위배를 그 구성요소로 하지 아니하고 사기죄의 관념에 임무위배 행위가 당연히 포함된다고 할 수도 없으며, 업무상 배임죄는 업무상 타인의 사무를 처리하는 자가 그 업무상의 임무에 위배하는 행위로서 재산상의 이익을 취득하거나 제3자로 하여금 이를 취득하게 하여 본인에게 손해를 가하는 것을 구성요건으로 하는 범죄로서 기망적 요소를 구성요건의 일부로 하는 것이 아니어서 양죄는 그 구성요건을 달리하는 별개의 범죄이고 형법상으로도 각각 별개의 장에 규정되어 있어, 1개의 행위에 관하여 사기죄와 업무상 배임죄의 각 구성요건이 모두 구비된 때에는 양죄는 상상적 경합관계가 된다.[3] 하지만 본인에 대한 배임행위가 본인 이외의 제3자에 대한 사기죄를 구성한다고 하더라도 그로 인하여 본인에게 손해가 생긴 때에는 사기죄와 함께 배임죄가 성립하고[4], 양죄는 실체적 경합관계가 된다.[5]

3) 강도죄와의 관계

영득죄에 의하여 취득한 장물을 처분하는 것은 재산죄에 수반하는 불가벌적 사후행위에 불과하므로 다른 죄를 구성하지 아니한다. 하지만 강취한 은행예금통장을 이용하여 은행직원을

---

1) 대법원 2009. 10. 29. 선고 2009도7052 판결. 同旨 대법원 2014. 11. 13. 선고 2014도9576 판결.
2) 대법원 2017. 5. 31. 선고 2017도3894 판결(간접정범을 통한 범행에서 피이용자는 간접정범의 의사를 실현하는 수단으로서의 지위를 가질 뿐이므로, 피해자에 대한 사기범행을 실현하는 수단으로서 타인을 기망하여 그를 피해자로부터 편취한 재물이나 재산상의 이익을 전달하는 도구로서만 이용한 경우에는 편취의 대상인 재물 또는 재산상의 이익에 관하여 피해자에 대한 사기죄가 성립할 뿐 도구로 이용된 타인에 대한 사기죄가 별도로 성립한다고 할 수 없다); 대법원 2017. 5. 31. 선고 2017도3045 판결(계좌명의인은 피해자와 사이에 아무런 법률관계 없이 송금·이체된 사기피해금 상당의 돈을 피해자에게 반환하여야 하므로, 피해자를 위하여 사기피해금을 보관하는 지위에 있다고 보아야 하고, 만약 계좌명의인이 그 돈을 영득할 의사로 인출하면 피해자에 대한 횡령죄가 성립한다. 이때 계좌명의인이 사기의 공범이라면 자신이 가담한 범행의 결과 피해금을 보관하게 된 것일 뿐이어서 피해자와 사이에 위탁관계가 없고, 그가 송금·이체된 돈을 인출하더라도 이는 자신이 저지른 사기범행의 실행행위에 지나지 아니하여 새로운 법익을 침해한다고 볼 수 없으므로 사기죄 외에 별도로 횡령죄를 구성하지 않는다).
3) 대법원 2002. 7. 18. 선고 2002도669 전원합의체 판결.
4) 대법원 1987. 4. 28. 선고 83도1568 판결.
5) 대법원 2010. 11. 11. 선고 2010도10690 판결.

기망하여 진실한 명의인이 예금의 환급을 청구하는 것으로 오신하게 함으로써 예금의 환급 명목으로 금원을 편취하는 것은 다시 새로운 법익을 침해하는 행위이므로 여기에 또 다시 범죄의 성립을 인정해야 하고, 이것으로써 장물의 단순한 사후처분과 같게 볼 수는 없는 것이다.[1] 그러므로 피고인이 예금통장을 강취하고 예금자 명의의 예금청구서를 위조한 다음 이를 은행원에게 제출·행사하여 예금인출금 명목의 금원을 교부받았다면 강도·사문서위조·동행사·사기의 각 범죄가 성립하고, 이들은 실체적 경합관계에 있다.[2]

4) 도박죄와의 관계

'도박'이란 2인 이상의 자가 상호간에 우연한 승패에 의하여 재물 또는 재산상의 이익의 득실을 결정하는 것을 말한다. 이른바 사기도박에 있어서와 같이 도박당사자의 일방이 사기의 수단으로써 승패의 수를 지배하는 경우에는 도박에 있어서의 우연성이 결여되어 사기죄만 성립하고 도박죄는 성립하지 아니한다.[3] 한편 사기죄는 편취의 의사로 기망행위를 개시한 때에 실행에 착수한 것으로 보아야 하므로, 사기도박에 있어서도 사기적인 방법으로 도금을 편취하려고 하는 자가 상대방에게 도박에 참가할 것을 권유하는 등 기망행위를 개시한 때에 실행의 착수가 있는 것으로 보아야 한다.[4] 그러므로 피고인 등은 사기도박에 필요한 준비를 갖추고 그러한 의도로 피해자들에게 도박에 참가하도록 권유한 때 또는 늦어도 그 정을 알지 못하는 피해자들이 도박에 참가한 때에는 이미 사기죄의 실행에 착수하였다고 할 것이므로, 피고인 등이 그 후에 사기도박을 숨기기 위하여 얼마간 정상적인 도박을 하였다고 하더라도 이는 사기죄의 실행행위에 포함되는 것이라고 할 것이어서 피고인에 대하여는 피해자들에 대한 사기죄만이 성립하고 도박죄는 따로 성립하지 아니한다.[5]

5) 수뢰죄와의 관계

뇌물을 수수함에 있어서 공여자를 기망한 점이 있다고 하여도 뇌물수수죄 및 뇌물공여죄의 성립에는 아무런 소장이 없고, 이 경우 뇌물을 수수한 공무원에 대하여는 한 개의 행위가 뇌물죄와 사기죄의 각 구성요건에 해당하는 상상적 경합이 된다.[6]

---

1) 대법원 1990. 7. 10. 선고 90도1176 판결; 대법원 1980. 11. 25. 선고 80도2310 판결(절도범인이 그 절취한 장물을 자기 것인양 제3자를 기망하여 금원을 편취한 경우에는 장물에 관하여 소비 또는 손괴하는 경우와는 달리 제3자에 대한 관계에 있어서는 새로운 법익의 침해가 있다고 할 것이므로 절도죄 외에 사기죄의 성립을 인정할 것이다); 대법원 1979. 10. 30. 선고 79도486 판결; 대법원 1974. 11. 26. 선고 74도2817 판결(피고인이 양복점에서 은행예금 통장을 절취하여 그를 이용하여 은행원을 기망하여 진실한 명의인이 예금을 찾는 것으로 오신시켜 예금의 인출명의 하의 금원을 편취한 것이라고 인정하고 이는 절도죄 외 새로운 법익을 침해한 것이라는 견지에서 사기죄를 인정한 조치는 정당하다).
2) 대법원 1991. 9. 10. 선고 91도1722 판결. 同旨 대법원 1983. 7. 26. 선고 83도1378 판결. 하지만 은행원은 예금통장의 비밀번호와 도장이 정확한가에 대해 관심이 있고, 예금청구자가 실질적 권리자인가의 여부에 대해서는 관심이 없기 때문에 이 경우에는 기망행위가 없다고 해야 할 것이다(오영근, 310면).
3) 대법원 1960. 11. 16. 선고 4293형상743 판결.
4) 대법원 2011. 1. 13. 선고 2010도9330 판결.
5) 대법원 1985. 4. 23. 선고 85도583 판결.
6) 대법원 2015. 10. 29. 선고 2015도12838 판결; 대법원 1985. 2. 8. 선고 84도2625 판결; 대법원 1977. 6. 7. 선고

6. 소송사기와 관련된 죄책

(1) 의 의

'소송사기'란 법원을 기망하여 자기에게 유리한 판결을 얻음으로써 상대방의 재물 또는 재산상의 이익을 취득하는 것을 내용으로 하는 범죄를 말한다. 이를 처벌하는 것은 필연적으로 누구든지 자기에게 유리한 주장을 하고 소송을 통하여 권리구제를 받을 수 있다는 민사재판제도의 위축을 가져올 수밖에 없으므로, 피고인이 그 범행을 인정한 경우 이외에는 그 소송상의 주장이 사실과 다름이 객관적으로 명백하거나 피고인이 그 소송상의 주장이 명백히 허위인 것을 인식하였거나 증거를 조작하려고 한 흔적이 있는 등의 경우 이외에는 이를 쉽사리 유죄로 인정하여서는 안 된다.[1] 그러므로 소송상 주장이 다소 사실과 다르더라도 존재한다고 믿는 권리를 이유 있게 하기 위한 과장표현에 지나지 아니하는 경우 사기의 범의가 있다고 볼 수 없고, 또한 소송사기에서 말하는 증거의 조작이란 처분문서 등을 거짓으로 만들어 내거나 증인의 허위 증언을 유도하는 등으로 객관적·제3자적 증거를 조작하는 행위를 말한다.[2]

(2) 성립요건

1) 주 체

소송사기의 주체는 원고뿐만 아니라 피고도 가능하다. 왜냐하면 적극적 소송당사자인 원고가 아니라 방어적인 위치에 있는 피고라고 하더라도 허위내용의 서류를 작성하여 이를 증거로 제출하거나 위증을 시키는 등의 적극적인 방법으로 법원을 기망하여 착오에 빠지게 한 결과 승소확정판결을 받음으로써 자기의 재산상의 의무이행을 면하게 된 경우에는 그 재산가액 상당에 대하여 사기죄가 성립하기 때문이다.[3] 자기에게 유리한 판결을 얻기 위하여 소송상의 주장이 사실과 다름이 객관적으로 명백하거나 증거가 조작되어 있다는 정을 인식하지 못하는 제3자를 이용하여 그로 하여금 소송의 당사자가 되게 하고 법원을 기망하여 소송 상대방의 재물 또는 재산상의 이익을 취득하려 하였다면 간접정범의 형태에 의한 소송사기죄가 성립하게 된다.[4]

2) 기망행위

소의 제기가 있어도 허위사실의 주장·증거조작·위증교사 등 적극적 사술을 사용하지 않으

77도1069 판결.
1) 대법원 2004. 6. 25. 선고 2003도7124 판결; 대법원 1998. 2. 27. 선고 97도2786 판결.
2) 대법원 2007. 9. 6. 선고 2006도3591 판결.
3) 대법원 2004. 3. 12. 선고 2003도333 판결; 대법원 1998. 2. 27. 선고 97도2786 판결; 대법원 1987. 9. 22. 선고 87도1090 판결.
4) 대법원 2007. 9. 6. 선고 2006도3591 판결(甲이 乙 명의 차용증을 가지고 있기는 하나 그 채권의 존재에 관하여 乙과 다툼이 있는 상황에서 당초에 없던 월 2푼의 약정이자에 관한 내용 등을 부가한 乙 명의 차용증을 새로 위조하여, 이를 바탕으로 자신의 처에 대한 채권자인 丙에게 차용원금 및 위조된 차용증에 기한 약정이자 2,500만원을 양도하고, 이러한 사정을 모르는 丙으로 하여금 乙을 상대로 양수금 청구소송을 제기하도록 한 사안에서, 적어도 위 약정이자 2,500만원 중 법정지연손해금 상당의 돈을 제외한 나머지 돈에 관한 甲의 행위는 丙을 도구로 이용한 간접정범 형태의 소송사기죄를 구성한다).

면 소송사기에서 말하는 기망행위가 될 수 없다. 당사자주의 소송구조하에서는 자기에게 유리한 주장이나 증거는 각자가 자신의 책임하에 변론에 현출하여야 하는 것이고, 비록 자기가 상대방에게 유리한 증거를 가지고 있다거나 상대방에게 유리한 사실을 알고 있다고 하더라도 상대방을 위하여 이를 현출하여야 할 의무가 있다고 보기는 어려울 것이므로 상대방에게 유리한 증거를 제출하지 않거나 상대방에게 유리한 사실을 진술하지 않는 행위만으로는 소송사기에 있어 기망이 된다고 할 수 없다.[1]

판례에 의하면, ① 채무자가 강제집행을 승낙한 취지의 기재가 있는 약속어음 공정증서에 있어서 그 약속어음의 원인관계가 소멸하였음에도 불구하고, 약속어음 공정증서 정본을 소지하고 있음을 기화로 이를 근거로 하여 강제집행을 한 경우[2], ② 민사판결의 주문에 표시된 채권을 변제받거나 상계하여 그 채권이 소멸되었음에도 불구하고, 판결정본을 소지하고 있음을 기화로 이를 근거로 하여 강제집행을 한 경우[3], ③ 가계수표발행인이 자기가 발행한 가계수표를 타인이 교부받아 소지하고 있는 사실을 알면서도, 또한 그 수표가 적법히 지급 제시되어 수표상의 소구의무를 부담하고 있음에도 불구하고 허위의 분실사유를 들어 공시최고 신청을 하고 이에 따라 법원으로부터 제권판결을 받음으로써 수표상의 채무를 면하여 그 수표금 상당의 재산상 이득을 취득한 경우[4], ④ 허위의 내용을 기재한 준비서면과 자술서를 작성하여 법원에 제출한 경우[5], ⑤ 허위의 내용으로 지급명령을 신청하여 법원을 기망한다는 고의가 있는 경우에 법원을 기망하는 것은 반드시 허위의 증거를 이용하지 않더라도 당사자의 주장이 법원을 기망하기에 충분한 경우[6], ⑥ 점유취득시효 완성 후 등기명의인을 상대로 점유취득시효 완성을 원인으로 한 소유권이전등기청구소송을 제기하면서 점유의 권원에 관한 증거를 위조하고 그 진정성립 등에 관한 위증을 교사한 경우[7], ⑦ 매매계약서를 위조한 경우[8], ⑧ 변조한 공문서를 제출한 경우[9], ⑨ 피고인이 타인명의로 채무자를 상대로 법원을 기망하여 지급명령과 가집행선고부 지급명령을 발부받고 이를 채무명의로 하여 채무자의 제3채무자에 대한 정기예금 원리금 채권에 대하여 채권압류 및 전부명령을 하게

---

1) 대법원 2002. 6. 28. 선고 2001도1610 판결(채권자의 가압류의 피보전채권액에 터잡아 배당표가 작성되어 가압류채권자에 대한 배당액이 공탁된 다음 위 가압류의 본안소송 확정판결에서 채권자에게 인용된 금액 중 일부가 변제되어 위 잔존채권액이 가압류의 피보전채권액보다 작아졌다고 하더라도 원리금 산정 및 일부 변제에 따른 충당과정이 간단치 아니하여 잔존채권액을 쉽게 확정할 수 없는 등 그 배당금이 위 잔존채권액을 초과하는 것이 명백하지 아니한 이상 위 확정판결에서 인용된 금액 전부가 잔존하는 것처럼 위 확정판결정본을 그대로 집행법원에 제출하여 실제 배당받아야 할 금액을 초과한 금액을 수령하였다고 하더라도 채권자에게 사기의 고의를 인정할 수는 없다).
2) 대법원 1999. 12. 10. 선고 99도2213 판결.
3) 대법원 1992. 12. 22. 선고 92도2218 판결.
4) 대법원 1999. 4. 9. 선고 99도364 판결.
5) 대법원 1988. 9. 20. 선고 87도964 판결.
6) 대법원 2011. 9. 8. 선고 2011도7262 판결(甲 주식회사와 乙 주식회사 사이에 작성된 물품공급계약서는 피고인 등이 乙 회사가 발행한 어음을 할인하는 과정에서 허위로 작성한 것이고, 실제로 甲 회사가 乙 회사에 물품을 공급한 사실이 없는데도, 甲 회사 경영자인 피고인이 물품공급계약에 따른 공급을 완료하였음을 전제로 乙 회사를 상대로 물품대금 청구소송을 제기하면서 증거자료로 위 물품공급계약서를 제출하였다가 그 후 소송을 취하한 경우 피고인의 행위는 사기미수죄에 해당한다); 대법원 2004. 6. 24. 선고 2002도4151 판결.
7) 대법원 1997. 10. 14. 선고 96도1405 판결.
8) 대법원 1967. 6. 27. 선고 67도723 판결.
9) 대법원 1971. 11. 23. 선고 71도1735 판결.

하고 송달시켜 위 채권을 전부받은 경우[1]), ⑩ 사실상 분열된 종중의 일파가 소유관계가 불분명한 종중 재산에 대하여 처분금지가처분신청을 하면서 그 보증금으로 공탁한 공탁금을 그 의사에 반하여 다른 분열된 종중의 일파가 가처분취하서를 제출하여 처분금지가처분등기를 말소하게 하고 공탁금을 회수한 경우[2]), ⑪ 甲과 乙이 공동소유하고 있던 부동산의 매각처분에 관하여 甲이 乙에게 그 권한을 위임하고 다시 변호사에게 그 취지를 확인하는 내용의 서면을 작성하여 교부함으로써 매매에 관하여 이의를 제기하지 아니하겠다고 다짐하였음에도 불구하고 甲이 법원에 乙이 아무런 권원 없이 위 부동산을 불법매도하였다고 허위의 사실을 주장하여 소를 제기한 경우[3]), ⑫ 피고인이 특정 권원에 기하여 민사소송을 진행하던 중 법원에 조작된 증거를 제출하면서 종전에 주장하던 특정 권원과 별개의 허위의 권원을 추가로 주장하는 경우[4]), ⑬ 대여금 채권자가 채무자에 대하여 승소확정판결을 받은 대여원리금채권을 그 판결 확정 후에 전액을 변제받고서도 형식상 적법한 채무명의인 판결정본을 그대로 소지하고 있음을 이용하여 위 판결정본에 기한 채권이 존재함을 내세워 집달관으로 하여금 그 집행절차를 수임하게 하여 위 채무자 소유의 동산에 압류집행을 하도록 한 경우[5]) 등에 있어서는 기망행위가 인정된다.

하지만 ① 피고인이 甲 명의로, 甲이 임야를 매수한 일이 없음에도 매수한 것처럼 허위의 사실을 주장하여 임야에 대한 소유권이전등기를 거친 자들을 상대로 각 그 소유권이전등기말소를 구하는 소송을 제기하였다가 취하한 경우[6]), ② 피고인이 소송 제기에 앞서 그 명의로 피해자에 대한 일방적인 권리주장을 기재한 통고서 등을 작성하여 내용증명우편으로 발송한 다음, 이를 법원에 증거로 제출한 경우[7]), ③ 기한 미도래의 채권을 소송에 의하여 청구함에 있어서 기한의 이익이 상실되었다는 허위의 증거를 조작하는 등의 적극적인 사술을 사용하지 아니한 채 단지 즉시 지급을 구하는 취지의 지급명령신청을 한 경우[8]), ④ 예고등기로 인한 경매대상 부동산의 경매가격 하락 등을 목적으로 허위의 채권을 주장하며 채권자대위의 방식에 의한 원인무효로 인한 소유권보존등기 말소청구소송을 제기한 경우[9]), ⑤ 법률문외한인 피고인이 실질적으로는 동일한 선순위근저당권과 후순위근저당권의 피담보채권에 관하여 각각 배당을 요구하여 배당받은 경우[10]), ⑥ 피고인이 채권자로서 법원으로부터 전부명령을 받았으나 채무자의 의사에 반하거나 착오에 의하여 피전부채권을 편취한 것이라고 볼 수 없고, 피전부채권에 이해관계를 가진 채무자의 일반채권자로부터 재물을 교부받거나 재산상의 이익을 취득한 것이라고 볼 수도 없는 경우[11]) 등에 있어서는 기망행위가 인정되지 아니한다.

1) 대법원 1977. 1. 11. 선고 76도3700 판결.
2) 대법원 1998. 2. 27. 선고 97도1993 판결.
3) 대법원 1987. 5. 12. 선고 87도417 판결.
4) 대법원 2004. 6. 25. 선고 2003도7124 판결(그 당시로서는 종전의 특정권원의 인정 여부가 확정되지 아니하였고, 만약 종전의 특정 권원이 배척될 때에는 조작된 증거에 의하여 법원을 기망하여 추가된 허위의 권원을 인정받아 승소판결을 받을 가능성이 있으므로, 가사 나중에 법원이 종전의 특정 권원을 인정하여 피고인에게 승소판결을 선고하였다고 하더라도, 피고인의 이러한 행위는 특별한 사정이 없는 한 소송사기의 실행의 착수에 해당된다).
5) 대법원 1988. 4. 12. 선고 87도2394 판결.
6) 대법원 1981. 12. 8. 선고 81도1451 판결(위 소송의 결과 원고로 된 甲이 승소한다고 가정하더라도 위 피고들의 등기가 말소될 뿐이고 이것만으로 피고인이 위 임야에 관한 어떠한 권리를 취득하거나 의무를 면하는 것은 아니므로 기망행위가 인정되지 아니한다).
7) 대법원 2004. 3. 25. 선고 2003도7700 판결.
8) 대법원 1982. 7. 27. 선고 82도1160 판결.
9) 대법원 2009. 4. 9. 선고 2009도128 판결.
10) 대법원 2007. 4. 13. 선고 2005도4222 판결.
11) 대법원 2001. 5. 29. 선고 2001도210 판결.

3) 처분행위

사기죄는 사람을 기망하여 착오에 빠뜨리고 그로 인한 처분행위로 재물의 교부를 받거나 재산상의 이익을 얻는 것으로서, 기망행위가 있었다고 하여도 그로 인한 처분행위가 없을 때에는 사기죄가 성립하지 아니한다. 소송사기에 있어서도 피기망자인 법원의 재판은 피해자의 처분행위에 갈음하는 내용과 효력이 있는 것이어야 하고, 그렇지 아니한 경우에는 착오에 의한 재물의 교부행위가 있다고 할 수 없다.

판례에 의하면, ① 임차권등기명령의 절차 및 그 집행에 의한 임차권등기의 법적 효력을 고려하면, 다른 특별한 사정이 없는 한, 법원의 임차권등기명령은 피신청인의 재산상의 지위 또는 상태에 영향을 미칠 수 있는 행위로서 피신청인의 처분행위에 갈음하는 내용과 효력이 있다고 보아야 하고, 따라서 이러한 법원의 임차권등기명령을 이용한 소송사기의 경우 피해자인 피신청인이 직접 처분행위를 하였는지 여부는 사기죄의 성부에 아무런 영향을 주지 못한다.[1] ② 근저당권자가 집행법원을 기망하여 원인무효이거나 피담보채권이 존재하지 않는 근저당권에 기해 채무자 또는 물상보증인 소유의 부동산에 대하여 임의경매신청을 함으로써 경매절차가 진행된 결과 부동산이 매각되었더라도 그 경매절차는 무효로서 채무자나 물상보증인은 부동산의 소유권을 잃지 않고, 매수인은 부동산의 소유권을 취득할 수 없다. 이러한 경우에 허위의 근저당권자가 매각대금에 대한 배당절차에서 배당금을 지급받기에 이르렀다면 집행법원의 배당표 작성과 이에 따른 배당금 교부행위는 매수인에 대한 관계에서 그의 재산을 처분하여 직접 재산상 손해를 야기하는 행위로서 매수인의 처분행위에 갈음하는 내용과 효력을 가진다(피고인이 피해자 甲에 대한 대여금 채권이 없음에도 甲명의의 차용증을 허위로 작성하고 甲소유의 부동산에 관하여 피고인 앞으로 근저당권설정등기를 마친 다음, 그에 기하여 부동산임의경매를 신청하여 배당금을 교부받은 경우).[2]

하지만 ① 피고인의 제소가 사망한 자를 상대로 한 것이라면 이와 같은 사망한 자에 대한 판결은 그 내용에 따른 효력이 생기지 아니하여 상속인에게 그 효력이 미치지 아니하고 사기죄를 구성한다고 할 수 없다.[3] ② 실재하고 있지 아니한 자(허무인)에 대하여 판결이 선고되더라도 그 판결은 피해자의 처분행위에 갈음하는 내용과 효력을 인정할 수 없고, 따라서 착오에 의한 재물의 교부행위를 상정할 수 없는 것이므로 사기죄의 성립을 인정할 수 없다.[4] ③ 피고인들이 타인과 공모하여 그 공모자를 상대로 제소한 경우나 피고인들이 법원을 기망하여 얻으려고 한 판결의 내용이 소송 상대방의 의사에 부합하는 것일 때에는, 착오에 의한 재물의 교부행위가 있다고 할 수 없어 소송사기죄가 성립되지 아니한다.[5] ④

---

1) 대법원 2012. 5. 24. 선고 2010도12732 판결.
2) 대법원 2017. 6. 19. 선고 2013도564 판결.
3) 대법원 2002. 1. 11. 선고 2000도1881 판결; 대법원 1997. 7. 8. 선고 97도632 판결; 대법원 1987. 12. 22. 선고 87도852 판결.
4) 대법원 1992. 12. 11. 선고 92도743 판결.
5) 대법원 1996. 8. 23. 선고 96도1265 판결; 同늡 대법원 1997. 12. 23. 선고 97도2430 판결(피고인이 타인과 공모하여 그 공모자를 상대로 제소하여 의제자백의 판결을 받아 이에 기하여 부동산의 소유권이전등기를 하였다고 하더라도 이는 소송 상대방의 의사에 부합하는 것으로서 착오에 의한 재산적 처분행위가 있다고 할 수 없어 동인으로부터 부동산을 편취한 것이라고 볼 수 없고, 또 그 부동산의 진정한 소유자가 따로 있다고 하더라도 피고인이 의제자백판결에 기하여 그 진정한 소유자로부터 소유권을 이전받은 것이 아니므로 그 소유자로부터 부동산을 편취한 것이라고 볼 여지도 없다); 대법원 1983. 10. 25. 선고 83도1566 판결.

자기의 비용과 노력으로 건물을 신축하여 그 소유권을 원시취득한 미등기건물의 소유자가 있고 그에 대한 채권담보 등을 위하여 건축허가명의만을 가진 자가 따로 있는 상황에서, 건축허가명의자에 대한 채권자가 위 명의자와 공모하여 명의자를 상대로 위 건물에 관한 강제경매를 신청하여 법원의 경매개시결정이 내려지고, 그에 따라 위 명의자 앞으로 촉탁에 의한 소유권보존등기가 되고 나아가 그 경매절차에서 건물이 매각되었다고 하더라도, 위와 같은 경매신청행위 등이 진정한 소유자에 대한 관계에서 사기죄가 된다고 볼 수는 없다.[1] ⑤ 피고인이 국가 등의 소유인 토지들이 미등기임을 기화로 甲과 공모하여 乙을 그 소유자로 내세운 다음 甲이 乙을 상대로 위 토지들에 대하여 매매를 원인으로 한 소유권이전등기절차이행의 소를 제기하여 소송진행 중 쌍방의 소송대리인 등에게 화해하도록 하여 재판부로 하여금 乙이 대금수령과 상환으로 甲에게 위 토지들에 대한 소유권이전등기절차를 이행한다는 취지의 화해조서를 작성하게 한 경우, 이와 같은 소송상 화해의 효력은 소송당사자들 사이에만 미치고 제3자인 토지소유자에게는 미치지 아니하며 그 화해조서에 기하여 위 토지들에 대한 제3자의 소유권이 甲에게 이전되는 것도 아니므로 피고인의 위와 같은 행위가 사기죄를 구성한다고 할 수 없다.[2] ⑥ 피고인이 타인소유의 부동산에 관하여 아무런 권한이 없는 사람을 상대로 소유권확인 등의 청구소송을 제기함으로써 법원을 기망하여 승소판결을 받고 그 확정판결을 이용하여 동 부동산에 대한 소유권보존등기를 경료했다고 하여도, 위 판결의 효력은 소송당사자들 사이에만 미치고 제3자인 부동산소유자에게는 미치지 아니하여 위 판결로 인하여 위 부동산에 대한 제3자의 소유권이 피고인에게 이전되는 것도 아니므로 사기죄를 구성한다고 볼 수 없다.[3]

4) 주관적 구성요건

소송사기가 성립하기 위해서는 제소 당시 주장한 권리가 존재하지 않는다는 것만으로는 부족하고, 그와 같은 권리가 존재하지 않는다는 사실을 알고 있으면서도 허위의 주장을 하여 법원을 기망한다는 사실을 인식하여야만 한다.[4] 그러므로 단순히 사실을 잘못 인식하거나 법률적인 평가를 잘못하여 존재하지도 않는 권리를 존재한다고 믿고 제소한 경우에는 사기죄가 성립되지 아니한다.[5] 또한 소장에 기재한 청구원인사실의 기재가 다소 사실과 다르더라도 이는 사실의 일부를 잘못 인식한 데에 기인한 것이거나 존재한다고 믿는 권리를 이유 있게 하기 위한 과장표현에 지나지 아니한 경우에는 사기의 범의를 인정할 수 없다.[6]

---

1) 대법원 2013. 11. 28. 선고 2013도459 판결(왜냐하면 위 경매절차에서 한 법원의 재판이나 법원의 촉탁에 의한 소유권보존등기의 효력은 그 재판의 당사자도 아닌 위 진정한 소유자에게는 미치지 아니하는 것이어서, 피기망자인 법원의 재판이 피해자의 처분행위에 갈음하는 내용과 효력이 있는 것이라고 보기는 어렵기 때문이다).

2) 대법원 1987. 8. 18. 선고 87도1153 판결.

3) 대법원 1985. 10. 8. 선고 84도2642 판결.

4) 대법원 2004. 3. 12. 선고 2003도333 판결.

5) 대법원 2018. 12. 28. 선고 2018도13305 판결; 대법원 2003. 5. 16. 선고 2003도373 판결; 대법원 1993. 9. 28. 선고 93도1941 판결.

6) 대법원 1992. 4. 10. 선고 91도2427 판결.

(3) 실행의 착수시기 및 기수시기

1) 실행의 착수시기

소송사기의 실행의 착수시기는 원고가 주체인 경우에는 법원을 기망할 의사로 소를 제기한 때이며[1], 피고가 주체인 경우에는 허위내용의 증거·답변서·준비서면 등을 제출한 때이다.[2] 그러므로 피해자에 대한 직접적인 기망이 있어야 하는 것은 아니다.[3] 소송에서 주장하는 권리가 존재하지 않는 사실을 알고 있으면서도 법원을 기망한다는 인식을 가지고 소를 제기하면 이로써 실행의 착수가 있고, 소장의 유효한 송달을 요하지 아니한다. 이러한 법리는 제소자가 상대방의 주소를 허위로 기재함으로써 그 허위주소로 소송서류가 송달되어 그로 인하여 상대방 아닌 다른 사람이 그 서류를 받아 소송이 진행된 경우에도 마찬가지로 적용된다.[4]

판례에 의하면, ① 강제집행절차의 개시신청을 한 때 또는 진행 중인 집행절차에 배당신청을 한 때[5], ② 증거를 조작함이 없이 허위의 내용으로 지급명령을 신청한 때[6], ③ 유치권에 의한 경매를 신청한 유치권자는 일반채권자와 마찬가지로 피담보채권액에 기초하여 배당을 받게 되는 결과 피담보채권인 공사대금 채권을 실제와 달리 허위로 크게 부풀려 유치권에 의한 경매를 신청한 때[7], ④ 진정한 임차권자가 아니면서 허위의 임대차계약서를 법원에 제출하여 임차권등기명령을 신청한 때[8] 등에 있어서는 소송사기에 있어서 실행의 착수를 인정하고 있다.

하지만 ① 가압류(·가처분)는 강제집행의 보전방법에 불과한 것이어서 허위의 채권을 피보전권리로 삼아 본안소송을 제기하지 아니한 채 가압류(·가처분)를 한 때[9], ② 재판상 화해는 새로운 법률관계를 창설하는 것이므로 화해내용이 실제 법률관계와 일치하지 않은 때[10], ③ 부동산소유권이전등기등에관한특별조치법에 의거하여 임야의 사실상의 양수자가 확인서발급 신청을 하자 피고인이 위조된 계약서 사

---

[1] 대법원 2003. 7. 22. 선고 2003도1951 판결; 同旨 대법원 2009. 12. 10. 선고 2009도9982 판결(피고인(甲회사 운영자)이 '甲회사의 乙에 대한 채권'이 존재하지 않는다는 사실을 알면서 그 사실을 모르는 丙(甲회사에 대한 채권자)에게 '甲회사의 乙에 대한 채권'의 압류 및 전부(추심)명령을 신청하게 하여 그 명령을 받게 한 사안에서, 丙이 甲회사에 대하여 진정한 채권을 가지고 있는 이상, 위와 같은 사정만으로는 법원을 기망하였다고 볼 수 없고, 丙이 乙을 상대로 전부(추심)금 소송을 제기하지 않은 이상 소송사기의 실행에 착수하였다고 볼 수도 없다).

[2] 대법원 1998. 2. 27. 선고 97도2786 판결.

[3] 대법원 1993. 9. 14. 선고 93도915 판결.

[4] 대법원 2006. 11. 10. 선고 2006도5811 판결.

[5] 대법원 2015. 2. 12. 선고 2014도10086 판결(민사집행법 제244조에서 규정하는 부동산에 관한 권리이전청구권에 대한 강제집행은 그 자체를 처분하여 대금으로 채권에 만족을 기하는 것이 아니고, 부동산에 관한 권리이전청구권을 압류하여 청구권의 내용을 실현시키고 부동산을 채무자의 책임재산으로 귀속시킨 다음 다시 부동산에 대한 경매를 실시하여 매각대금으로 채권에 만족을 기하는 것이다. 이러한 경우 소유권이전등기청구권에 대한 압류는 당해 부동산에 대한 경매의 실시를 위한 사전 단계로서의 의미를 가지나, 전체로서의 강제집행절차를 위한 일련의 시작행위라고 할 수 있으므로, 허위 채권에 기한 공정증서를 집행권원으로 하여 채무자의 소유권이전등기청구권에 대하여 압류신청을 한 시점에 소송사기의 실행에 착수하였다고 볼 것이다).

[6] 대법원 2004. 6. 24. 선고 2002도4151 판결.

[7] 대법원 2012. 11. 15. 선고 2012도9603 판결.

[8] 대법원 2012. 5. 24. 선고 2010도12732 판결.

[9] 대법원 1988. 9. 13. 선고 88도55 판결; 대법원 1982. 10. 26. 선고 82도1529 판결.

[10] 대법원 1968. 2. 27. 선고 67도1579 판결.

본을 첨부하여 위 임야의 소유자라고 허위 주장하여 이의신청을 한 결과 위 확인서발급신청이 기각된 때[1] 등에 있어서는 소송사기에 있어서 실행의 착수를 부정하고 있다.

2) 기수시기

소송사기는 법원을 기망하여 승소판결이 확정된 때 기수가 된다.[2] 그러므로 소유권이전등기 또는 소유권보존등기의 경료를 필요로 하지 아니한다. 왜냐하면 법원의 판결에는 집행력이 인정되므로 승소판결의 확정에 의하여 이미 재물 또는 재산상의 이익을 취득한 것으로 보아야 하기 때문이다. 하지만 승소한 확정판결에 기하여 소유권이전등기까지 경료한 경우에는 사기죄와 별도로 공정증서원본부실기재죄가 성립하며, 양죄는 실체적 경합관계에 있다.[3] 한편 민사소송법상 소송비용의 청구는 소송비용액 확정절차에 의하도록 규정하고 있으므로, 위 절차에 의하지 아니하고 손해배상금 청구의 소 등으로 소송비용의 지급을 구하는 것은 소의 이익이 없는 부적법한 소로서 허용될 수 없다. 따라서 소송비용을 편취할 의사로 소송비용의 지급을 구하는 손해배상청구의 소를 제기하였다고 하더라도 이는 객관적으로 소송비용의 청구방법에 관한 법률적 지식을 가진 일반인의 판단으로 보아 결과 발생의 가능성이 없어 위험성이 인정되지 않는다고 할 것이다.[4]

7. 신용카드 범죄와 관련된 죄책

(1) 자기명의 신용카드 발급행위와 관련된 죄책

1) 학설 및 판례의 입장

먼저 사기죄 긍정설[5]에 의하면, 신용카드는 재산적 가치가 있는 것으로서 신용카드발행인

---

1) 대법원 1982. 3. 9. 선고 81도2767 판결.
2) 대법원 2006. 4. 7. 선고 2005도9858 전원합의체 판결(피고인 또는 그와 공모한 자가 자신이 토지의 소유자라고 허위의 주장을 하면서 소유권보존등기 명의자를 상대로 보존등기의 말소를 구하는 소송을 제기한 경우 그 소송에서 위 토지가 피고인 또는 그와 공모한 자의 소유임을 인정하여 보존등기 말소를 명하는 내용의 승소확정판결을 받는다면, 이에 터 잡아 언제든지 단독으로 상대방의 소유권보존등기를 말소시킨 후 위 판결을 부동산등기법 제130조 제2호 소정의 소유권을 증명하는 판결로 하여 자기 앞으로의 소유권보존등기를 신청하여 그 등기를 마칠 수 있게 되므로, 이는 법원을 기망하여 유리한 판결을 얻음으로써 '대상 토지의 소유권에 대한 방해를 제거하고 그 소유명의를 얻을 수 있는 지위'라는 재산상의 이익을 취득한 것이고, 그 경우 기수시기는 위 판결이 확정된 때이다); 대법원 1997. 7. 11. 선고 95도1874 판결; 대법원 1978. 4. 11. 선고 77도3707 판결.
3) 대법원 1983. 4. 26. 선고 83도188 판결.
4) 대법원 2005. 12. 8. 선고 2005도8105 판결(피고인이 공소외 1로부터 소송비용 명목으로 공소외 2를 통하여 100만원을 이미 송금받았음에도 불구하고 공소외 1을 피고로 하여 종전에 피고인이 공소외 1을 상대로 제기하였던 여러 소와 관련한 소송비용 상당액의 지급을 구하는 손해배상금 청구의 소를 제기하였다가 담당 판사로부터 소송비용의 확정은 소송비용액 확정절차를 통하여 하라는 권유를 받고 위 소를 취하한 사실을 인정한 다음, 피고인이 제기한 이 사건 손해배상금 청구의 소는 소의 이익이 흠결된 부적법한 소로서 각하를 면할 수 없어 피고인이 승소할 수 없다는 것이고, 그렇다면 피고인의 이 부분 소송사기 범행은 실행 수단의 착오로 인하여 결과 발생이 불가능할 뿐만 아니라 위험성도 없다고 할 것이어서 소송사기죄의 불능미수에 해당한다고 볼 수 없으므로 결국 범죄로 되지 아니하는 때(불능범)에 해당한다).
5) 김성돈, 401면; 김일수/서보학, 357면; 신동운, 1012면; 이형국/김혜경, 413면; 임 웅, 455면(다만 사기죄는 재산상의 구체적인 위험이 발생한 경우에 기수에 도달하므로 발급받은 카드를 사용한 시점에 사기죄의 기수가

의 소유에 속하는 재물이므로 대금결제의 능력과 의사가 없음에도 불구하고 그것이 있는 것처럼 신용카드회사를 기망하여 신용카드를 발급받은 경우에는 신용카드 자체에 대한 사기죄가 성립한다고 한다. 이 견해의 주요 논거로는, ① 신용카드는 형법상 재물이라는 점, ② 카드의 명의인은 자신의 재산상태에 대해 명시적 혹은 묵시적으로 기망행위를 했다는 점, ③ 카드회사는 이에 대해 착오를 일으킴으로써 카드의 발급이라는 재산상의 처분행위를 하였다는 점, ④ 이로 인하여 카드회사에게 재산상 손해발생의 위험이 발생했다는 점 등을 들고 있다.

다음으로 사기죄 부정설[1]은 자기명의 신용카드의 발급과 관련하여서 어떠한 재산범죄도 성립하지 않는다는 입장을 취하고 있는데, 이 견해의 주요 논거로는, ① 만일 부정사용행위의 가벌성을 입법의 흠결 등의 이유로 부정할 경우에는 부정발급의 가벌성만을 독립적으로 논해야 할 이유가 없다. 부정사용과 연결시키지 않고 부정발급만을 떼어서 그 가벌성을 논하는 것은 실익이 없다. 허위의 사실을 고지하여 신용카드를 취득하는 행위가 비록 신용카드발급회사의 재산을 침해하는 행위라고 할지라도 신용카드 그 자체는 단지 미미한 경제적 가치를 지닌 물질에 불과하므로 이 신용카드를 취득하는 행위는 '경미한 법익침해의 원칙'에 의하여 형사처벌이 필요한 불법 내지 범죄 유형성을 갖지 못한다고 보아야 한다.[2] ② 카드회사가 신청자의 대금결제의사와 능력에 대한 철저한 심사 없이 카드를 남발하는 상황에서는 기망행위 자체를 인정할 수 없다. 신용카드회사는 수개월의 연체만 있으면 카드회원을 수사기관에 사기죄 등으로 고소하는 것이 오늘날의 실정인데, 이는 결국 신용카드회사가 신용이 없는 무자력자에게도 신용카드를 남발하여 놓고 그 뒤치닥거리는 국가에 맡기고 있는 셈이다. 이러한 경우 신용카드를 발급하는 회사에 궁극적으로 책임이 있는 것이기 때문에 사기죄로 논하는 것은 형법의 보충성의 원칙에 위배된다. 신용카드 발급과정에서 신용조사의 책임은 카드회사에 있으며 이미 발급되었다면 사용과 관련된 범죄만을 규율하여야 할 것이다. ③ 재산상의 이익의 취득을 인정할 수 없다. 설령 신용카드 취득행위를 가벌적인 행위로 본다고 할지라도 행위자가 신용카드발급회사와의 회원계약을 통해서 포괄적인 신용공여를 받은 것만으로는(적어도 신용카드를 사용하기 전까지는) 재산상의 손해가 현실적으로 발생하는 것은 아니고 단지 재산상의 손해 발생의 '위험'이 초래될 뿐이라고 보아야 하는 것이다.

이에 대하여 자기명의 신용카드를 '처음부터 부정하게 발급받은 사안(?)'[3]을 다룬 판례[4]에

성립한다고 보고, 카드회사에 카드발급을 신청함으로써 사기죄의 실행의 착수가 있다고 함이 타당하다); 정영일, 186면.
1) 권오걸, 573면(카드발급 그 자체에 대하여 기망행위로 간주하는 것은 단순한 위험의 가능성만으로 형벌을 부과하는 것이다); 김선복, 342면; 배종대, 375면; 오영근, 331면; 이재상/장영민/강동범, 372면; 정성근/정준섭, 248면.
2) 하지만 신용카드 자체의 재산적 가치가 경미하기 때문에 사기죄가 성립하지 않는다는 주장은 설득력이 있어 보이지 아니한다.
3) 동 사안은 자기명의 신용카드를 처음부터 정상적으로 발급받은 사안과 비교하여 '부정'하게 발급받은 사안으로 일반적으로 분류하고 있으나, 신용카드 발급 당시 부정한 의도는 있었는지 몰라도 부정한 의도와 발급 사이에 인과관계가 있는 것으로 파악하는 표현인 '부정하게 발급받은' 사안이라고 표현하는 것은 무리가 있다.

의하면,「피고인이 카드사용으로 인한 대금결제의 의사와 능력이 없으면서도 있는 것처럼 가장하여 카드회사를 기망하고, 카드회사는 이에 착오를 일으켜 일정한 한도 내에서 카드사용을 허용해 줌으로써 피고인은 기망당한 카드회사의 신용공여라는 하자 있는 의사표시에 편승하여 자동인출기를 통한 현금대출도 받고, 가맹점을 통한 물품대금도 대출받아 카드발급회사로 하여금 같은 액수 상당의 피해를 입게 함으로써, 카드사용으로 인한 일련의 편취행위가 포괄적으로 이루어지는 것이다. 따라서 카드사용으로 인한 카드회사의 손해는 그것이 자동인출기에 의한 인출행위이든, 가맹점을 통한 물품구입행위이든 불문하고 모두가 피해자인 카드회사의 기망당한 의사표시에 따른 카드발급에 터잡아 이루어지는 사기의 포괄일죄이다.」라고 판시[1]하여, 사기죄 긍정설의 입장을 취하고 있다.

   2) 검 토
   ① 지불의사와 지불능력의 의미 및 관계
   '지불의사'란 신용카드 사용대금을 정해진 기간 내에 지불하겠다는 내심의 태도, 즉 지불에 있어서의 주관적인 측면임에 반하여, '지불능력'이란 신용카드 사용대금을 정해진 기간 내에 지불할 수 있는 외적인 상황, 즉 지불에 있어서의 객관적인 측면이라고 할 수 있다. 양자의 개념이 이와 같이 구분된다는 것은 둘의 관계가 동일한 것이 아니라 일정한 관계개념으로 설정되어 있다는 점을 의미한다.
   예를 들어 지불의사는 존재하지만 지불능력이 존재하지 않는 경우 또는 지불능력은 존재하지만 지불의사는 존재하지 않는 경우에 있어서 법적인 판단에서 차이점이 발생하는지를 검토해야 한다. 현실적으로 전자의 경우는 피고인이 방어의 차원에서 주장하는 경우가 많을 것이고, 후자의 경우는 신용카드회사가 공격의 차원에서 주장하는 경우가 많을 것이다. 이와 같이 지불의사와 지불능력의 유무판단이 상이한 경우에 있어서는 객관적인 판단[2]이 가능한 지불능력을 우선시해야 한다. 내심의 영역에 머물러 있는 신용카드 사용대금을 지불하겠다는 의사는 외부에 드러나 있는 신용카드회원의 현재의 재산상태 또는 가까운 미래에 발생하게 될 재산상의 변동으로 인하여 추정될 수밖에 없는 성질의 것이기 때문이다. 또한 신용카드회사는 신용카

---

4) 대법원 1996. 4. 9. 선고 95도2466 판결. 동 판결은 현금자동지급기를 이용한 현금인출이 사기죄에 해당하지 않고 절도죄에 해당한다는 원심판결을 법리상의 오해의 위법이 있다는 이유로 파기하였다.

1) 동 판결은 카드발급을 정상적으로 받은 자가 카드를 일정기간 사용한 이후 지불능력을 상실하였음에도 불구하고 계속해서 카드를 사용한 경우의 문제는 간과하고 있다.

2) 지불능력의 유무는 신용카드발급 당시 신용카드발급신청인의 재산관계, 채무관계, 직업, 소득, 신용정보 등 객관적 자료를 통하여 종합적으로 판단할 수 있다. 예를 들어 신청인의 재산관계는 개인별 토지소유현황, 지방세 내지 재산세 부과 내역, 부동산등기부등본, 자동차세 부과 내역, 자동차 등록원부 등을 통하여 확인할 수 있고, 직업과 소득은 건강보험료 산출 근거자료, 사업자·상호·개업일·업태·사업장소재지 등의 세적자료, 소득세·법인세·부가가치세 등의 제세신고자료 등을 통하여 확인할 수 있고, 신용정보는 종합신용정보집중기관인 전국은행연합회, 한국신용정보 등을 통하여 카드개설, 대출, 채무보증, 불량거래, 기업여신 등의 정보를 각각 확인할 수 있다. 실무에서는 지불능력을 판단하기 위하여 전국은행연합회, 국민건강보험관리공단, 국세청 등을 통하여 객관적인 자료를 수집하고 있다.

드 발급시 회원의 지급능력에만 관심이 있기 때문에 이에 대한 철저한 심사를 하는 반면에 지급의사에 대한 관심은 없다고 해도 과언이 아니다.

한편 지불'할' 의사 또는 능력은 과거나 현재의 상태가 아니라 미래의 상태를 의미한다. 신용카드 결제일이 약 1개월을 주기로 정해져 있는 점과 이 기간 동안 신용카드 거래를 정해진 한도 내에서는 자유롭게 할 수 있다는 점을 감안한다면 가까운 미래라고 표현하기보다는 아주 먼 미래라고 말하는 것이 더 자연스럽다. 신용카드를 발급받을 사람이라면 누구나 카드대금을 장래에 지불하겠다는 표현을 할 것이지 이와 반대로 이를 부정하지는 않는다. 신용카드발급시 신용카드회사가 직접 이러한 사실을 물어보지도 않는다는 점은 카드발급신청자가 외부적으로 표현하는 행위에 대한 신뢰성이 결여되어 있다는 점을 반증하는 것이기도 하다. 그리하여 카드발급신청자의 진정한 신용(지급능력)을 판단하기 위하여 심사작업에 돌입하는 것이고, 이를 통과한 자만이 카드의 발급과 심사에 의하여 평가된 신용금액만을 한도로 설정할 수 있는 것이다. 즉 신용카드의 속성상 카드발급회사가 카드발급신청인에 대하여 엄격한 신용평가를 하고 신청인에게 제공할 신용의 범위를 결정하는데, 이때 신용카드사는 신청인에 대한 장래의 신용까지 평가하여 신용을 제공하는 것이기 때문에 현재는 비록 채무초과에 있는 사람이라도 장래의 신용을 담보로 신용카드를 발급받을 수 있는 것이다. 그러므로 자기명의 신용카드 발급과정에서 검토하여야 할 것은 지불의사가 아니라 지불능력으로도 충분하다고 할 수 있다. 이는 실제 재판과정에서 피고인이 지불의사의 존재를 부인하는 경우가 없다는 점에서도 그러하다.[1]

② 기망을 인정하기 위한 '발급'과 '사용'의 시간적인 흐름에 대한 평가

가장(假裝)이란 '거짓으로 꾸미다'라는 의미인데, 이는 사기죄에 있어서 기망과 동일한 의미라고 할 수 있다. 기망이란 허위의 의사표시에 의하여 사람을 착오에 빠지게 하는 것을 말한다. 여기서 중요한 것은 단순히 허위의 의사표시를 한 것 그 자체가 기망은 아니라는 점이다. 기망행위란 거래의 신의칙에 반하는 정도에 이르러야만 하고, 또한 이러한 행위를 통해 상대방이 착오에 빠질 수 있는 정도에도 이르러야만 한다. 그러므로 신용카드발급신청자의 일정한 행위가 기망행위로 인정되기 위해서는 신용카드회사가 착오에 빠질 수 있는 정도에 이르러야 하는데, 이는 다음과 같은 신용카드 발급과정을 통해서 살펴보아야 한다.

신용카드 사용대금을 지급할 의사와 능력이 없는 자가 카드를 발급받는 과정을 구체적으로 살펴보면, 먼저 자기의 인적사항이나 신용상태 등을 허위로 기재하여 가입신청을 하는 경우가 있는데, 카드발급신청서의 작성과 행사는 무형위조에 해당하므로 문서에 관한 죄(형법 제231조 등)는 성립하지 아니한다. 이 과정에서 자기의 인적사항이나 신용상태 등을 허위로 기재하는 단계에서 한 걸음 더 나아가 자신의 직업을 확인하는 절차를 대비하여 위장취업을 하는 경우가 있다. 이러한 경우 업무방해죄가 성립하는 것과 동시에 카드발급회사에 대한 적극적인 기망행

---

1) 자기명의 신용카드의 발급에 대하여 보다 자세한 논의로는 박찬걸, "자기명의 신용카드의 '발급'과 관련된 죄책에 대한 검토", 법과정책연구 제10집 제3호, 한국법정책학회, 2010. 12, 951면 이하 참조.

위를 한 것으로 보아 카드발급회사가 신청자의 취업상태에 대하여 어느 정도의 심사를 거쳤는 가에 따라 사기죄의 성립도 가능하다.[1]

생각건대 위와 같이 카드회사에 카드발급을 신청하는 행위 그 자체는 사기죄의 예비단계에 불과하다. 참고로 '태풍피해복구보조금사건'에서 대법원은 「행정당국에 의한 실사를 거쳐 피해자로 확인된 경우에 한하여 보조금 지원신청을 할 수 있게 하는 보조금지원절차에 비추어 볼 때, 피해어민의 피해신고는 국가가 피해복구보조금의 지원 여부 및 정도를 결정을 함에 있어 그 직권조사를 개시하기 위한 참고자료에 불과한 것일 뿐이고 그 지원 여부 등을 좌우할 수는 있는 것은 아니라 할 것이므로, 피고인과 같이 실제로 태풍에 의한 피해발생이 없었으면서도 마치 피해가 있는 것처럼 관할면장에게 피해신고를 하였다는 것만 가지고는 보조금 편취범행의 실행에 착수한 것이라고 할 수 없다.」라고 판시[2]하고 있는데, 이러한 법리는 자기명의 신용카드 발급시에 이루어지는 절차에 매우 유사하다고 볼 수 있다. 즉 신용카드회사에 의한 엄격한 신용조사를 거쳐 정당한 신용카드 회원으로 판명된 경우에 한하여 신용카드 발급을 할 수 있게 하는 신용카드 발급절차에 비추어 볼 때, 신용카드 회원이 되고자 하는 자의 신청서 작성행위는 신용카드회사가 신용카드 발급 여부 및 그 한도를 결정을 함에 있어 그 직권조사를 개시하기 위한 참고자료에 불과한 것일 뿐이고 그 발급 여부 등을 좌우할 수는 있는 것은 아니라 할 것이므로, 신용카드 회원이 되고자 하는 자가 실제로 발급기준에 미치지 못하는 신용상태에 있으면서도 마치 그러한 상태가 있는 것처럼 신청서를 작성하였다는 것만 가지고는 신용카드 발급과 관련하여 편취범행의 실행에 착수한 것이라고 할 수 없다. 따라서 카드발급회사에 카드대금의 지불의사나 능력이 없이 카드발급신청서를 작성하여 제출하는 행위는 신용카드 자체에 대한 것은 물론 그 신용카드를 사용하여 물품을 구입하는 행위에 대한 것의 사기죄의 예비단계에 불과하여 불가벌(사기죄에서는 예비를 처벌하지 않고 있으므로)이 되어야 한다. 이 단계에서는 카드회사의 손해발생의 위험이 구체적이라고 보기는 어렵고, 단지 신용카드를 장래에 이용할 추상적 위험만이 존재하기 때문이다. 사기의 고의가 외부에 표출되었다고 하더라도 그의 입증이 곤란하기 때문에 가벌성이 있는 행위로 처벌하기에는 무리가 있다. 자기명의로 신용카드를 발급받은 자가 이후에 그 카드를 가지고 물품대금의 지급을 위하여 사용하여야 비로소 사기의 고의가 역으로 추정되고 있는 실정을 보더라도 그러하다.

다음으로 신용카드발급신청자의 신청행위가 있게 되면 카드회사의 심사를 거쳐 카드를 발급하는 행위가 이루어진다. 재산상 손해 발생의 위험이라는 개념을 통해 손해의 개념을 무제한 확대하여 침해범인 사기죄가 위태범화 되는 결과를 막고자 한다면 행사하기 위해 신용카드를 발급받은 행위만으로는(카드 자체에 대한 경미한 손해를 제외하고서) 카드회사의 손해발생의 위험이 구체적이라고 보기는 어렵다. 여기서는 단순히 신용카드를 장래에 이용할 추상적 위험이

---

1) 물론 불충분한 심사를 거쳤다면 사기죄가 인정되지 않는다.
2) 대법원 1999. 3. 12. 선고 98도3443 판결.

존재할 뿐이라고 하겠다. 이러한 점에서 95도2466 판결은 범죄의 일련의 과정을 세부적으로 나누어서 고찰하지 못한 점이 아쉽다. 즉 사기죄의 실행의 착수시기와 기수시기에 관한 판단을 하지 않고 포괄일죄로서 죄수판단을 하고 있는 것이다. 또한 연속범이라는 것은 물품구입과 현금서비스 수령이 같은 구성요건에 해당한다는 전제에서만 가능한데, 판례가 각각의 죄책을 사기죄와 절도죄로 보면서 연속범으로 파악하는 것은 모순이다. 하지만 대법원이 위의 일련의 행위를 사기죄의 포괄일죄로 처벌한 것에는 어느 정도 수긍이 간다. 자기명의 신용카드의 발급과 이후의 사용과 관련된 일련의 행위에서 신용카드를 발급받은 단계에서 공소가 제기되는 사람은 아마 한 사람도 없을 것이기 때문이다. 우리나라의 판례 중에는 대금의 지급의사나 능력이 없이 자기명의의 신용카드를 취득하는 행위 그 자체를 가지고서 처벌한 예는 아직까지 없다. 95도2466 판결에서 보았듯이 그러한 내심의 의사로 취득한 자기명의 신용카드를 이후에 사용하였을 경우에야 비로소 취득 당시의 사기의 범의를 추정하여 사기죄로 처벌하는 것이 고작이다.[1]

③ 지불능력에 대한 기망의 판단방법: 신용카드회사의 철저한 심사의무 검토

자기명의 신용카드와 관련된 죄책을 논함에 있어서 그 핵심은 지불능력에 대한 기망이 과연 행위 당시에 가능했는가의 여부에 달려 있다. 이러한 행위 당시의 사정을 판단하기 위해서는 자기명의 신용카드와 관련한 형사적인 책임이 문제로 대두된 현실적인 배경을 살펴보아야 하는데, 이는 신용카드회사의 시장점유율을 높이기 위한 출혈경쟁에서 비롯된 무리한 회원모집의 결과로 볼 수 있다. 신용카드를 발급받고자 하는 사람의 심리상태는 가능한 한 빨리 신용카드를 발급받고자 하는 심정과 동시에 보다 많은 한도액을 희망하는 것이 일반적이다. 그리하여 자신의 재산상태를 부풀리기도 하고, 채무를 숨기기도 하는 등 보다 높은 신용상태를 현출하려고 노력할 것이다. 이러한 심리상태는 자연스러운 것이기 때문에 신용카드회사는 신용카드발급 신청자가 제출하는 서류 및 기타의 증빙자료를 있는 그대로 받아들이지 않고 신용카드를 발급하기 전에 철저하고도 엄격한 심사절차를 두고 있는 것이다.

허위청구의 위험을 카드가맹점의 책임영역으로 귀속시키는 것은 합리적인 위험분배의 관점에서 정당한 것으로 보이지만 최초 발급을 위한 신용조사의 책임은 카드회사에 있다. 그러므로 신용카드회사는 카드발급시 철저한 신용조사 및 자격심사를 해야 할 업무상의 주의의무가 있다. 만약 이러한 업무상의 주의의무를 위반하여 신용카드를 발급해 준 경우에는 '허용된 위험'을 야기한 책임을 지는 차원에서 적어도 형사책임을 부과해서는 아니 된다.

상대방으로부터 신청을 받아 상대방이 일정한 자격요건 등을 갖춘 경우에 한하여 그에 대한 발급 여부를 결정하는 업무에 있어서는 신청서에 기재된 사유가 사실과 부합하지 않을 수

---

[1] 同旨 권오걸, 574면(카드의 발급 그 자체를 통하여 지불능력과 지불의사 그리고 기망의 고의를 입증하는 것은 대단히 어려운 작업이며, 판례도 단순히 카드의 발급신청과 수령을 문제 삼은 것이 아니라 발급받은 카드를 사용한 것을 기초로 하여 카드의 수령과 사용을 포괄일죄로 처벌한다는 것으로 보아야 한다).

있음을 전제로 그 자격요건 등을 심사·판단하는 것이므로, 그 업무담당자가 사실을 충분히 확인하지 아니한 채 신청인이 제출한 허위의 신청사유나 허위의 소명자료를 가볍게 믿고 이를 수용하였다면, 이는 업무담당자의 불충분한 심사에 기인한 것으로서 신청인의 행위가 사기죄를 구성하지는 않는다고 보아야 한다.[1] 하지만 신청인이 신용카드회사에 허위의 신청서를 제출하면서 이에 부합하는 허위의 소명자료를 첨부하여 제출한 경우 신용카드회사가 관계 법령 및 내부기준이 정한 바에 따라 발급 여부 및 한도의 정도에 관하여 나름대로 충분히 심사를 하였으나 소명자료가 허위임을 발견하지 못하여 신용카드를 발급하게 되었다면 이는 신용카드회사의 불충분한 심사가 그의 원인이 된 것이 아니라 신청인의 행위가 원인이 된 것이어서 사기죄가 성립할 수 있다. 하지만 신용카드 발급의 현실은 전자의 경우와 같이 불충분한 심사로 귀결되는 경우가 대부분이다. 현장방문 확인 대신에 서면심사가 주로 행해지며, 이러한 서면심사도 형식적인 수준에 그치고 있다.[2] 이와 관련하여 살펴보아야 할 신용카드 회사의 업무형태로 대출업무가 있는데, 신용카드 회사의 신용대출시 신용조사를 엄격히 실시하고 있는 점을 비교해 볼 필요가 있다.

(2) 자기명의 신용카드 사용행위와 관련된 죄책

1) 형사처벌을 긍정하는 입장

자기명의 신용카드를 정상적으로 발급받은 후 어느 시점에 있어서 결제능력이나 결제의사가 없이 사용한 경우를 형사처벌의 대상으로 파악하는 입장에 따르면, 물품의 구입 내지 용역의 이용이라는 형태와 현금서비스의 이용이라는 형태를 서로 구분[3]하여 죄책을 논하고 있다. 하지만 타인명의 신용카드의 사용과 달리 단순한 현금인출의 이용은 형사상 아무런 문제가 되지 아니한다.

① 물품의 구입 내지 용역을 이용한 경우의 죄책

카드회원이 가맹점에서 물품을 구입하면서 신용카드를 사용하여 매출전표에 서명하는 방

---

1) 업무방해죄에서 이러한 법리를 사용한 판결로서 대법원 2010. 3. 25. 선고 2008도4228 판결; 대법원 2008. 6. 26. 선고 2008도2537 판결; 대법원 2007. 12. 27. 선고 2007도5030 판결 참조. 위계에 의한 공무집행방해죄에서 이러한 법리를 사용한 판결로서 대법원 2002. 9. 4. 선고 2002도2064 판결 참조.

2) 자기명의 신용카드와 관련한 판결들의 사실관계는 주로 IMF 직후인 2000년대 초반 신용카드회사가 한창 신용카드를 남발하던 상황에서 발생한 것들이다. 예를 들면 2000년 11월부터 2002년 12월까지 카드로 79,303,700원을 사용하고 53,510,909원은 변제했으나 25,792,791원은 변제하지 못해 사기죄로 고소된 사안(대법원 2005. 8. 19. 선고 2004도6858 판결), 2002년 현금서비스 및 물품구입으로 2,300만원을 사용하고 변제하지 못해 사기죄로 고소된 사안(춘천지방법원 2005. 9. 16. 선고 2005노159 판결) 등이 그것이다. 이상에서 보는 바와 같이 카드 신청인의 신용상태보다 훨씬 초과된 신용을 공여해 준 신용카드회사가 사후에 카드빚을 독촉하면서 사법기관의 힘을 빌리는 모습은 사법경제 및 사법정의의 관점에서 바람직한 현상이 아니다.

3) 이러한 경우에 회원은 소정의 기간 안에 사업자에게 사용대금을 결제하는 구조인데, 회원이 신용카드를 사용하는 행위는 그 사용처가 가맹점이든 현금자동지급기이든 모두 회원이 사업자와의 신용공여 약정에 따라 가맹점이나 현금자동지급기를 통하여 사업자에 대하여 금전의 대출을 신청하는 행위이고, 사업자가 그 신청에 따라 가맹점에게 금전을 지급하거나 현금자동지급기의 회원에게 금전을 자동적으로 지급하는 행위는 사업자가 회원에게 금전을 대출하는 행위라고 보아야 한다.

법으로 대금을 결제하는 경우, 가맹점이 매출전표를 사업자에게 송부하면, 사업자가 매출전표 상의 사용자가 회원인지 여부만을 확인한 후 가맹점에게 매출전표상의 사용액을 지급하게 되는데, 이를 사기죄로 파악하는 견해의 주요 논거는 다음과 같다. 첫째, 카드회사가 금융기관의 일반 대출과는 달리 가맹점을 통하여 회원에게 소액 및 단기간의 여신을 대량적·정형적으로 제공하는 신용카드 거래의 특성으로 인하여 카드회사가 가맹점에게 사용대금을 지급할 때마다 회원이 이를 카드회사에게 결제할 의사와 능력이 있는 상태에서 신용카드를 사용하였는지 여부를 심사하기가 사실상 불가능한 이상, 카드회사로서는 매출전표가 송부될 경우 회원이 결제 의사와 능력이 있는 상태에서 신용카드를 사용하였다고 포괄적·일률적으로 신뢰하는 전제하에서 사용대금을 지급한다고 볼 것이다.[1]

둘째, 비록 카드회원이 신용카드를 발급받은 후 부동산 등을 소유한 채 상당한 기간 동안 사용대금을 정상적으로 결제하여 왔다고 하더라도, 카드회원이 카드 사용 당시 심각한 자금난에 빠져 이른바 '돌려막기' 등을 하는 상황에서 사용대금을 성실히 결제할 능력이 없으면서도 계속하여 신용카드를 사용한 이상 기망의사가 있었던 것으로 보아야 한다.

셋째, 물품을 구입하면서 결제수단으로 신용카드를 제시하는 것은 대금결제의사와 능력이 있다는 의사표시를 담고 있는 거동으로 보아야 하므로 묵시적 기망행위에 의한 사기죄로 파악해야 한다. 이는 가맹점이라는 인적 도구를 통하여 직접 카드회사에 대하여 이른바 무전취식의 경우[2]처럼 마치 사용대금을 결제할 의사와 능력이 있는 듯한 태도를 보이는 기망행위를 한 결과, 카드회사가 통상의 경우처럼 회원이 사용대금을 결제할 의사와 능력이 있는 것으로 오신하여 가맹점에게 금전을 지급하는 처분행위를 함으로써 카드회사로부터 사용대금 상당의 재산상의 이익을 편취하였다고 보는 것[3]이 신용카드 거래의 실체에 부합한다.[4]

넷째, 비록 카드회사와 회원 사이의 약정에는 신용카드의 사용한도액이 설정되어 있으나, 이는 회원이 결제의사나 능력이 있는 상태에서 신용카드를 사용하는 경우라고 하더라도 그 사

1) 청주지방법원 2005. 12. 28. 선고 2005노686 판결.
2) 신용카드를 사용하지 않고 대금지불의 의사나 능력이 없이 주류나 음식을 공급받는 경우를 상정할 경우 사기죄가 성립한다는 점에 관해서는 큰 의문이 없는 것과 마찬가지로, 신용카드를 사용하는 것은 어디까지나 범인의 범행을 용이하게 하기 위한 도구(기망의 보조적인 수단)에 불과할 뿐이지 그로 인해 행위의 본질이 바뀐다고 하기는 어렵다고 한다.
3) 이와 유사한 태도를 취하고 있는 일본의 판례로는 福岡高判 1981. 9. 21.(카드회원이 카드를 제시하고 매출전표에 서명하는 것은 이용대금을 카드회사로부터 대체지불하여 받고 후일 그것을 카드회사에 변제한다는 취지의 의사를 표명한 것이며, 카드를 제시받은 가맹점에 있어서도 그러한 취지로 이용자로부터 대금이 신용카드회사로 변제되는 것을 당연시하여 이용자의 청구에 응한 것이라고 해석하는 것이 타당하다. 만약 이용자에게 대금을 지불할 의사나 능력이 없다는 것을 가맹점이 안다면 신용카드에 의한 거래를 거절하지 않으면 안 된다는 것은 신의칙상 당연한 것이고, 이러한 경우까지 가맹점의 거절이 카드회사에 의하여 금지되어 있다고는 판단되지 아니한다. 결국 카드회원이 신용카드회사에 대하여 그 이용대금을 지급할 의사나 능력이 전혀 없음에도 불구하고 신용카드를 사용한 이상, 가맹점에 대한 관계에서 카드를 제시하여 사용하는 그 자체가 대금지불의 의사와 능력이 있는 것처럼 가장한 기망행위라고 인정하는 것이 상당하고 그것을 알지 못한 가맹점으로부터 재물의 교부를 받거나 재산상의 이익을 얻는 행위는 사기죄에 해당한다).
4) 대법원 2005. 8. 19. 선고 2004도3991 판결.

용한도액을 초과하여서는 사용대금을 지급하지 아니한다는 취지에 불과할 뿐이지, 회원이 결제의사나 능력이 없는 상태에서 신용카드를 사용하는 경우라고 하더라도 그 사용한도액 안에서는 사용대금을 무조건으로 지급한다는 취지는 아니다.[1]

② 현금서비스를 이용한 경우의 죄책

㉠ 절도죄설   카드회원이 신용카드를 사용하여 현금자동지급기(ATM)를 통하여 금전을 인출하는 경우에는, 사업자의 위임을 받은 은행 등 관리자가 컴퓨터로 하여금 그러한 신청에 따라 금전을 지급하도록 입력한 프로그램에 의하여 금전이 회원에게 자동적으로 지급되면, 사업자가 그 관리자에게 그 지급금을 상환하게 되는데, 이를 절도죄로 파악하는 견해[2]의 주요 논거는 다음과 같다. 첫째, 현금자동인출기 내의 현금은 인출기 관리자의 점유하에 있는 은행의 소유에 속하는 것으로 정당한 카드소지인이라고 할지라도 대금지불의사 없이 현금을 인출하는 것은 현금자동인출기 설치 및 관리자의 의사에 명백히 반하는 행위이기 때문에 절도죄가 성립한다.

둘째, 카드회사는 결제의사나 능력이 있는 카드회원에 한하여 현금자동인출기의 조작에 의한 현금인출을 허용하고 있는 것이라고 인정하여야 하고, 카드발행시에 카드회원에게 그러한 부정이용의 목적이 있었는가 또는 없었는가에 관계없이 인출시점에서 결제의사나 능력이 없는 때에는 절도죄가 성립한다고 해석하여야 한다.

셋째, 타인명의 신용카드를 이용하여 현금자동인출기에서 현금을 인출하는 행위와 자기명의 신용카드를 이용하여 결제의사나 능력이 없이 현금자동인출기에서 현금을 인출하는 행위를 구별할 필요는 없다. 이에 타인명의 신용카드를 이용하여 현금자동인출기에서 현금을 인출하는 행위를 대법원[3]은 절도죄로 처벌하고 있는데, 이는 자기명의 신용카드를 이용하여 같은 행위를 하는 경우에도 적용되어야 한다.

㉡ 사기죄설   반면에 사기죄로 파악하는 견해[4]의 주요 논거는 다음과 같다. 첫째, 행위자가 변제할 의사 없이 사람을 속여 카드회사로부터 신용카드를 발급받고, 발부된 카드로 변제의사 없이 기계인 현금자동인출기에서 현금을 인출한 경우에는 행위자가 자연인을 기망하였고, 그 자연인이 착오를 일으켜 카드회사의 이름으로 신용카드를 발부하여 주었으며 신용카드의 발부는 곧 일정한 현금 등의 처분을 허용해 준 것이고, 행위자는 처분이 허용된 것을 기계적 조작에 의해 인출한 것에 불과할 뿐이므로 전체적으로 보면 사기죄의 구성요건에 해당된다.[5]

1) 대구지방법원 2005. 9. 27. 선고 2004노1637 판결.
2) 강동범, "자기신용카드의 부정사용행위에 대한 형사책임", 형사판례연구 제5권, 형사판례연구회, 1997. 8, 381면.
3) 대법원 2007. 4. 13. 선고 2007도1377 판결; 대법원 2002. 7. 12. 선고 2002도2134 판결; 대법원 1995. 7. 28. 선고 95도997 판결; 대법원 1998. 5. 21. 선고 98도321 전원합의체 판결. 동 전원합의체 판결이 가지는 중요한 의미는 컴퓨터등사용사기죄를 신설한 1995년 개정형법이 시행(1996. 7. 1)된 이후에 발생한 타인명의 신용카드를 사용한 현금인출사건(1997. 4. 18. 사건발생)에서 '인출한 현금에 대한 절도죄'를 인정한 최초의 판례라는 점이다.
4) 신동운, 1012면; 이재상/장영민/강동범, 378면; 이형국/김혜경, 415면; 정영일, 186면.
5) 하지만 이는 카드발급 당시부터 기망의 고의를 인정하고 있는 것으로서, 카드발급 당시에는 변제능력이나 의사

491

둘째, 현금자동인출기는 신용카드의 정당한 이용자에게만 현금인출을 허락한다는 은행의
의사가 화체되어 조립된 것이므로 은행과 현금자동인출기를 일체로 고찰하여 현금자동인출기
에 신용카드를 주입하는 행위를 기망행위, 인출기의 지급을 처분행위라고 보아 사기죄의 성립
을 인정할 수 있다. 이는 마치 개와 같이 동물을 이용한 침해행위에 대하여 이것을 이용하는 배
후자의 의사실현활동의 일환으로 평가하여 긴급피난, 정당방위를 인정하는 것처럼 현금자동인
출기도 설치자인 은행의 지불의사실현활동의 일환으로서 평가되어야 한다는 것이다.

2) 형사처벌을 부정하는 입장

① 물품의 구입 내지 용역을 이용한 경우의 죄책

정상적으로 카드를 발급받은 자가 결제의사나 결제능력이 없이 자기명의 신용카드를 사용
하여 가맹점에서 물품을 구입하거나 용역을 제공받는 행위를 형사처벌의 대상에서 제외시켜야
한다는 입장[1]의 논거로는 다음과 같은 것을 들 수 있다. 첫째, 사기죄가 성립하려면 기망이 있
어야 하는데, 카드의 제시와 함께 묵시적으로 설명된 내용은 오로지 카드제시자가 명의인이고,
또한 이 카드는 유효한 것이라는 것뿐이지 그것을 넘어서서 장래의 특정시점에 이용대금을 카
드회사에 납부하겠다는 내용까지 포함하지 않기 때문에 기망행위를 인정할 수 없고[2], 이를 인
정하는 것은 거래의 실제를 제대로 파악하지 못한 일종의 의제일 뿐이다. 즉 신용카드의 단순
한 제시행위 그 자체는 표시중립적 행위로써 채무결제의 묵시적 표시행위로 보기보다는 오히
려 가맹점의 카드회사에 대한 대금지급청구의 확보라는 의미의 표시행위라고 보아야 한다.[3]

둘째, 카드회사가 카드회원에게 일정한 한도 내에서 카드 사용을 허락하여 신용을 공여하
였다면, 카드회원은 이러한 신용공여의 범위 내에서 자기명의 신용카드를 사용한 것에 불과하
기 때문에 카드회원이 카드회사를 기망하였다고 인정하기는 어렵다.[4]

셋째, 여신전문금융업법은 가맹점에 대하여 신용카드의 사용자가 사업자에게 사용대금을
결제할 의사나 능력이 있는지 여부까지를 확인할 의무[5]를 별도로 부과하지는 아니하므로, 가
맹점으로서는 신용카드의 사용자와 그 명의인이 동일인인 이상 신용카드의 사용자에게 결제의

가 있었지만 카드사용 당시에 변제능력이나 의사가 없었던 사안에 적용하기 위한 논거로는 다소 부적합하다고
   판단된다.
1) 김일수/서보학, 359면; 배종대, 376면; 손동권/김재윤, 394면; 정성근/정준섭, 248면. 한편 김일수/서보학 교수는
   신용카드의 정상발급 후 부정사용행위와는 달리 부정발급 후 부정사용행위에 대해서는 사기죄의 성립을 인정하
   고 있다.
2) 오영근, 331면.
3) 오경식, "신용카드 부정사용과 사기죄 성부에 대한 연구", 형사법연구 제21권 제4호, 한국형사법학회, 2009. 12,
   41면. 한편 오경식 교수는 독일에서 이러한 행위가 사기죄나 배임죄에 해당하지 않는다고 보았기 때문에 이를
   처벌하기 위하여 제266조b를 신설한 입법례를 참고하여, 현행 형법에 신용카드부정 또는 권한남용죄의 신설을
   주장하고 있다.
4) 대전지방법원 서산지원 2003. 12. 19. 선고 2003고단622 판결.
5) 만일 카드회사가 가맹점계약을 체결할 때 카드회원의 개별적인 신용조사의 의무를 가맹점에 부담시킨다면 이는
   일종의 불공정거래로 평가될 수 있다. 그렇기 때문에 실제에 있어서 카드회원의 신용상황을 조사할 능력과 시간
   은 카드회사에게만 주어져 있으며, 신용조사의 의무를 가맹점에 부담시키는 경우는 찾아볼 수 없다.

사나 능력이 있는지 여부에 관하여는 이해관계가 없고, 따라서 적법한 방법으로 신용카드를 발급받은 회원이 결제의사나 능력이 없는 상태에서 신용카드를 사용하더라도 가맹점에 대한 관계에서 기망행위가 존재한다고 보기는 어렵다. 설령 묵시적 기망행위를 인정한다고 하더라도 가맹점은 카드명의인의 실제 여부 또는 카드의 유효성 여부라는 형식적인 요건에만 관심이 있을 뿐, 대금지불의사나 능력에는 무관심하기 때문에 가맹점의 착오를 인정할 수 없다.[1] 왜냐하면 가맹점은 카드사용에 따른 대금을 카드회사로부터 확실하게 지급받을 수 있기 때문에 카드회원의 카드회사에 대한 대금지급의 유무 등에 구애받을 필요가 없기 때문이다.

   넷째, 카드회사는 가맹점으로부터 매출표가 송부되어 오면 무효 통지된 신용카드가 아닌 한 회원의 지불의사나 능력의 존재 유무에 관계없이 가맹점에 대금을 결제하지 않으면 안 되므로 처분행위시에 카드회사에 회원의 지불의사나 능력에 관한 착오가 있다고 말할 수 없고, 설령 착오가 있다고 하더라도 처분행위는 착오의 유무에 관계없이 행해지는 것이기 때문에 착오와 처분행위 사이에 인과관계가 존재하지 아니한다.

   ② 현금서비스를 이용한 경우의 죄책

   정상적으로 카드를 발급받은 자가 결제의사나 결제능력이 없이 자기명의 신용카드를 사용하여 현금자동인출기에서 현금서비스를 받는 행위를 형사처벌의 대상에서 제외시켜야 한다는 입장[2]의 논거로는 다음과 같은 것을 들 수 있다. 첫째, 현금자동인출기를 이용하여 장·단기카드대출을 받는 경우에는 공여된 신용의 범위 내에서 대출이 기계적으로 처리되는 것이기 때문에 사람에 대한 기망행위를 인정할 수 없다.

   둘째, 통상적으로 현금자동인출기의 관리자는 카드소지 여부와 그 카드에 속하는 비밀번호의 인지 여부를 확인하도록 기계장치를 조작하여 이러한 기능체계를 통하여 현금자동인출기를 사용할 수 있는 자인지를 확인하여 부정사용을 방지하고 있다. 따라서 현금자동인출기의 지시에 따라 기계를 조작하는 자에게 현금을 교부하겠다는 의사표시를 했다고 볼 수 있는데, 이와 같이 카드와 비밀번호의 소지자가 현금을 인출할 수 있도록 입력한 액수의 현금을 현금자동인출기의 현금 인출구를 열어 교부하는 것은 조건 없는 점유이전의 의사표시이다. 따라서 은행은 신용카드의 비밀번호 소지자가 요구한 현금 또는 현금서비스를 내주도록 기계를 조작함으로써 은행의 동의 아래 인출이 이루어진 것이라고 보아야 할 것이므로, 절도죄에서의 절취행위를 인정할 수 없다.

   셋째, 카드회사가 부여한 한도 내에서 발생한 손해는 신용카드시스템에 내재된 허용된 위험 내지 손해로 볼 수 있는데, 적정하게 카드의 교부를 받은 다수의 회원 중에는 그 후 현금자

---

1) 한편 가맹점에서 신용카드를 사용하는 경우에 있어서 가맹점은 공여된 신용의 범위 내에서는 신용카드의 소지인과 명의인이 동일성을 갖는 한 그 지급능력의 유무에 대하여는 아무런 이해관계를 갖고 있지 않기 때문에 가맹점에 대한 관계에서 기망행위는 존재하지 않는다고도 해석할 수 있다(대전지방법원 2004. 9. 24. 선고 2003노2624 판결).
2) 김일수/서보학, 360면; 배종대, 381면; 임 웅, 467면; 정성근/정준섭, 249면.

동인출기에 카드를 삽입하여 조작할 때에는 이미 변제의사나 능력을 상실한 자가 있을 것이라는 점은 당연히 예기하지 않으면 안 될 것이다. 일단 적법하게 카드를 교부하게 되면 회원이 현금자동인출기에서 카드를 조작할 때에는 이미 회원의 변제의사의 유무 등 내심의 의사·동기·목적 등을 묻지 않고 비록 다수의 회원 중에는 위와 같은 자가 있다고 할지라도 회사로서 처음부터 바라던 것은 아니지만 그것도 부득이한 것이라고 할 것이다.

넷째, 지불능력이나 의사가 없는 현금인출행위를 절도행위라고 판단하게 되면, 현금서비스를 이용할 당시에는 지불의사나 능력이 없었다가 그 후 사정이 변경되어 금전채무를 변제한 카드회원도 처벌될 뿐만 아니라 카드회원의 위탁을 받아 현금을 인출하는 제3자도 형법상 처벌될 가능성이 있게 된다.[1]

3) 판례의 입장

대법원은 2004도6859 판결[2]을 통하여 자기명의 신용카드의 발급과정이 아니라 정상적인 발급 이후의 사용과정에서 발생하는 문제에 대한 판단을 하여 처음으로 그 죄책을 문의하였는데, 이에 의하면 「신용카드사용으로 인한 신용카드업자의 금전채권을 발생하게 하는 행위는 카드회원이 신용카드업자에 대하여 대금을 성실히 변제할 것을 전제로 하는 것이므로, 카드회원이 일시적인 자금궁색 등의 이유로 그 채무를 일시적으로 이행하지 못하게 되는 상황이 아니라 이미 과다한 부채의 누적 등으로 신용카드 사용으로 인한 대출금채무를 변제할 의사나 능력이 없는 상황에 처하였음에도 불구하고 신용카드를 사용하였다면 사기죄에 있어서 기망행위 내지 편취의 범의를 인정할 수 있다.」라고 전제한 후, 「가맹점으로부터 물품을 구입하고 현금서비스를 받았다면 피고인은 신용카드업자가 가맹점을 통하여 송부된 카드회원 서명의 매출전표를 받은 후 카드회원인 피고인이 대금을 결제할 것으로 오신하여 가맹점에 물품구입대금을 결제하여 줌으로써 신용카드업자로부터 물품구입대금을 대출받고, 현금자동지급기를 통한 현금대출도 받아 신용카드업자로 하여금 같은 액수 상당의 피해를 입게 한 것이고, 이러한 카드사용으로 인한 일련의 편취행위는 그것이 가맹점을 통한 물품구입행위이든, 현금자동지급기에 의한 인출행위이든 불문하고 모두가 피해자인 신용카드업자의 기망당한 금전대출에 터잡아 포괄적으로 이루어지는 것」이라고 하여, 앞에서 살펴 본 자기명의 신용카드의 부정발급 및 이후의 사용행위에 대한 죄책과 마찬가지로 사기죄의 포괄일죄를 인정하고 있다.[3] 또한 대법원은 2004

---

1) 황태정, "현금지급기 부정사용에 관한 판례이론의 비판적 고찰", 형사정책연구 제17권 제4호, 한국형사정책연구원, 2006. 12, 245~246면. 한편 황태정 교수는 자기명의 신용카드에 의한 현금서비스 이용의 경우에는 불가벌이라고 하지만, 물품구매의 경우에는 사기죄로 처벌해야 한다고 주장한다. 또한 임 웅 교수(임 웅, 465면)도 자기명의 신용카드의 이용형태에 따라 가벌성의 유무에 차등을 두는 입장을 견지하고 있다. 하지만 물품의 구입과 현금서비스의 이용은 본질적으로 신용카드 본래의 기능이라는 점에서 하등의 차이점이 없기 때문에 자기명의 신용카드의 사용방법에 따라 가벌성의 유무를 판단하는 태도는 바람직하지 않다.

2) 대법원 2005. 8. 19. 선고 2004도6859 판결.

3) 동 판결은 제1심(대전지방법원 2003. 10. 15. 선고 2003고단3412 판결) 및 원심(대전지방법원 2004. 9. 24. 선고 2003노2624 판결)에서 인정된 무죄판결을 파기한 사례에 해당한다.

도6859 판결의 선고 후 약 7개월 동안 지속적으로 사기죄를 인정하여 왔고[1], 특히 2006도282 판결[2]을 통하여 「피고인은 신용카드업자에게 사용대금을 변제할 의사나 능력이 없거나 적어도 매우 모자랐음에도 불구하고 카드사용행위를 하였다고 보아 사기의 범죄사실을 유죄로 판단한 조치는 정당」하다고 판시함으로써, 정상적으로 발급받은 자기명의 신용카드에 대한 카드회원의 특정한 사용행위를 형사처벌하는 기존의 입장에서 한걸음 더 나아가 가벌성의 범위를 보다 확대하는 현상을 보이기도 하였다.[3]

4) 검 토

① 판례가 제시하고 있는 기준의 모호성

판례는 자기명의 신용카드의 이용 당시의 상황을 '카드회원이 일시적인 자금궁색 등의 이유로 그 채무를 일시적으로 이행하지 못하게 되는 상황'과 '이미 과다한 부채의 누적 등으로 신용카드 사용으로 인한 대출금채무를 변제할 의사나 능력이 없는 상황'으로 구분하여, 전자의 경우에는 단순한 채무불이행으로 보아 민사책임의 영역에 두고 있는 반면에 후자의 경우에는 행위불법성이 형법상 사기죄에서 말하는 기망행위의 수준과 대동소이하다는 이유로 형사책임을 부과하는 입장을 취하고 있다. 또한 이러한 기준에 입각하여 카드회원이 카드를 사용한 특정한 시점의 정황을 고려하여 사기죄의 인정 여부를 개별적으로 파악하기도 한다.[4] 하지만 판례가 제시하고 있는 민·형사책임의 구별기준은 그 기준점이 상이할 뿐만 아니라 기준점을 동일하게 조정한다고 하더라도 이에 대한 판단이 명확한 것은 아니라고 판단된다. 먼저 민·형사책임의 구별기준과 관련하여 살펴보면, 민사책임의 대상기준이 '일시적인' 부채의 누적인 반면에, 형사책임의 대상기준은 '과다한' 부채의 누적이다. 여기서 민사책임의 영역에서는 일시적이라는 시간적인 개념을 도입하면서도 형사책임의 영역에서는 과중함이라는 양적 개념을 차용하여 구별기준의 기준점을 달리하고 있는 것이다. 이에 따라 일시적이지만 과도한 부채의 누적이

1) 이와 같은 신용카드회사의 고소에 대하여 사기죄를 인정한 대표적인 사안으로는, 대법원 2006. 3. 24. 선고 2006도282 판결; 대법원 2005. 11. 24. 선고 2003도5603 판결; 대법원 2005. 10. 27. 선고 2004도3408 판결; 대법원 2005. 10. 13. 선고 2004도3354 판결; 대법원 2005. 9. 30. 선고 2005도398 판결; 대법원 2005. 9. 30. 선고 2004도3490 판결; 대법원 2005. 9. 28. 선고 2004도5301 판결; 대법원 2005. 8. 19. 선고 2004도6859 판결; 대법원 2005. 8. 19. 선고 2004도3991 판결 등이 있다. 하지만 비슷한 시기에 사기죄의 성립을 부정한 대법원 2004. 7. 22. 선고 2004도3146 판결 및 대법원 2004. 7. 22. 선고 2004도3069 판결도 있었다. 이와 관련하여 당시 대법원이 제3부에서는 무죄판결을, 제1부와 제2부에서는 유죄판결을 선고함으로써 각 부별로 서로 다른 판결을 선고하는 것이 바람직하지 않다는 측면에서 전원합의체 판결로 통일적인 입장으로 정리해야 한다는 주장으로는 서보학, "정상취득한 신용카드의 부정사용에 대한 형법적 평가", 법조 제55권 제7호, 법조협회, 2006. 7, 114면 참조.
2) 대법원 2006. 3. 24. 선고 2006도282 판결(사기죄의 피해자는 이 사건 신용카드업자인 삼성카드 주식회사라고 할 것인데, 법인도 사기죄의 피해자가 될 수 있음은 당연하고 다만, 이 경우 현실적인 피기망자와 처분행위자는 사기 범행의 성질상 자연인이어야 하는 것이나, 그 자연인은 법인의 임원 또는 직원으로서 당해 업무를 담당한 자 또는 그 업무에 관여한 다수의 자로 파악할 수 있으면 족하고 반드시 그 자연인의 이름 등이 특정되어야 하는 것은 아니다).
3) 이러한 판례의 추세는 기존의 대법원이 차용금사기사건에서 판시한 주요 이유와 일맥상통한 측면이 있다. 대표적으로 대법원 1993. 1. 15. 선고 92도2588 판결.
4) 춘천지방법원 2005. 9. 16. 선고 2005노159 판결(확정).

라는 상황과 장기적이지만 과도하지 않은 부채의 누적이라는 상황이 발생하였을 경우에 민사책임과 형사책임 중 어떠한 책임을 부과할지가 애매모호하다. 그렇다고 하여 기준점을 동일하게 조정한다고 하여 이 문제가 쉽게 해결되는 것도 아니다. 일시적인 것과 장기적인 것 그리고 과도한 것과 과도하지 않은 것의 명확한 기준정립이 매우 어렵다고 할 수 있는데, 이는 해당 카드회원의 보유재산, 소득, 부채의 규모, 채권, 소비패턴 등 모든 경제상황을 고려하여 개별적으로 판단해야 하기 때문에 결국에는 법원의 최종적인 판단 이전에 일반국민의 건전한 법감정으로 그 결론을 쉽사리 내리기 어려운 영역인 것이다. 카드회원과 카드회사가 자체적으로 해당 사안의 민·형사책임 소재를 명확히 판단하지 못하는 이러한 상황이 지속된다면 사기죄의 고소남발 현상은 지속될 수밖에 없을 것이다.

생각건대 지불능력에 대한 객관적인 심사가 자기명의 신용카드의 이용에 대한 죄책을 인정하는 결정적인 요인이 됨에 따라 이에 대한 구체적인 고려요소를 설정하여 이에 대한 면밀한 심사를 하는 것이 관건이라고 할 수 있다. 이를 위하여 예를 들면 카드회원이 카드사용을 할 당시에 자기명의 부동산을 어느 정도 소유하고 있었는지의 여부, 일정한 직업 또는 고정된 수입이 있었는지의 여부, 퇴직하는 바람에 부득이 사용대금을 결제하지 못하게 되었다는 점에 대한 고려의 차원에서 갑작스러운 퇴직 등으로 인하여 신변의 변화가 예상하지 못하게 발생하였는지 여부, 카드회원이 신용카드를 발급받은 후 부동산과 승용차를 소유하여 오면서 특정 시점까지 사용대금을 결제하고 있었는지의 여부, 카드회원이 제3자로부터 지급이 보장된 채권을 가지고 있었는지의 여부 및 당해 채권의 변제기가 도래하였지만 채무자가 이를 미지급하고 있었는지의 여부, 부모 또는 친척으로부터 가까운 시일 내에 증여 내지 상속이 예상되는지의 여부 등에 대한 면밀한 검토가 필요하다. 하지만 카드회원이 신용카드의 각 사용 당시 부동산 등의 재산을 소유하고 있는 경우라고 할지라도 그 부동산 등의 실질적인 상태를 파악하는 작업도 병행할 필요가 있다. 예를 들면 해당 부동산이 유일한 거주지인 관계 또는 부모님 등 친밀한 가족이 거주하는 관계 등으로 인하여 단기간 내에 실제로 부동산을 매각할 수 있는 형편이 아닌 경우, 등기부등본의 확인을 통하여 상당금액의 채권최고액이 있는 근저당권 등의 담보권이 설정되어 있어 해당 부동산의 실질적인 가치가 그리 크지 않은 상황이 존재하는지 여부 등에 대한 검토가 필요한 것이다. 또한 비록 카드회원에게 일정한 정도의 소득이 있다고 할지라도 당시 카드회원이 가족 생활비의 상당부분을 부담하고 있었는지의 여부 등도 고려해야 한다.[1]

② 카드회사의 부실한 신용평가

우선 자기명의 신용카드와 관련된 형사적인 책임이 문제로 대두된 현실적인 배경을 살펴보아야 하는데, 이는 신용카드회사의 시장점유율을 높이기 위한 출혈경쟁에서 비롯된 무리한 회원모집의 결과가 상당한 역할을 한 것으로 볼 수 있다. 지난 1997. 12. IMF 사태 직후 정부

---

1) 자기명의 신용카드의 사용에 대하여 보다 자세한 논의로는 박찬걸, "정상적으로 발급받은 자기명의 신용카드의 '사용'과 관련된 죄책", 형사법의 신동향 제52호, 대검찰청, 2016. 9, 266면 이하 참조.

는 경제활성화의 일환으로 신용카드사업의 확대를 모색하였고, 대기업은 신용카드업계의 양적
확장을 위하여 무분별한 카드발급을 하여 신용이 없는 자에게도 신용카드를 발급하는 폐단을
야기하였다.[1] 특히 자기명의 신용카드와 관련한 대부분 판례의 사실관계는 주로 IMF 사태 직
후인 1990년대 후반에서 2000년대 초반 사이에 신용카드회사가 한창 신용카드를 남발하던 상
황에서 발생한 것들인데, 카드신청인의 신용상태보다 훨씬 초과된 신용을 공여해 준 신용카드
회사가 사후에 카드빚을 독촉하면서 사법기관의 힘을 빌리는 모습은 사법경제 및 사법정의의
관점에서도 결코 바람직한 현상이 아니다. 이러한 시대상황을 배경으로 대법원에 등장하고 있
는 자기명의 신용카드 관련 판례에서 공통적으로 등장하는 현상은, ① 카드회원의 카드발급일
시는 대체적으로 1999년 즈음이라는 점, ② 카드회원이 카드대금에 대한 지급을 연체하는 시기
는 대체적으로 2002년 즈음이라는 점, ③ 사기소송의 피해자인 카드회사가 특정 대기업이 주도
하고 있다는 점, ④ 자기명의 신용카드 이용사건은 불구속재판으로 진행되어 대법원 확정판결
이 내려진 시기가 대체적으로 2005년 즈음이라는 점, ⑤ 자기명의 신용카드 사건은 2005년 즈
음에 집중되어 있는 반면에 그 이후에는 이러한 사건을 찾아 볼 수 없다는 점 등이라고 할 수
있다.

또한 일반적인 신용카드 회원규약에 의하면 회원이 카드이용에 따른 대금지급을 태만히
한 때에는 신용카드회사가 그 계약을 해지 또는 한도감액할 수 있는 사실을 인정할 수 있으나
그 해지 또는 한도감액 여부는 신용카드회사의 판단에 맡겨질 뿐 필요적인 것은 아닌 사실도
인정할 수 있다. 다만 회원의 월수입에 비하여 과다하게 물품 등을 구입하여 사용한도를 초과
하고 대금을 상당기간 연체하는 등 신용상태가 불량한 경우에는 신용카드거래계약을 해지하는
등의 조치를 취해야 함에도 불구하고 신용카드회사가 그 판단을 잘못한 나머지 신용카드의 거
래정지를 하지 않거나 기왕의 거래정지를 해제하였다면 이에 대한 책임을 일정 부분 지도록 하
는 것이 신의칙 또는 공평의 원칙에 부합한다.[2]

결론적으로 카드회원이 카드회사로부터 신용카드를 발급받은 이상 특단의 사정이 없는 한
그 발급 당시에 카드회원은 신용카드의 신용 한도 범위 내에서 그 이용대금을 결제할 수 있는
능력이 있었다고 보는 것이 타당하고, 이후 카드회사가 카드회원의 결제능력에 관한 사항의 지
속적인 심사를 게을리하여 신용한도의 재조정을 하지 않은 상황에서 카드회원이 카드를 사용
하더라도 이에 대한 책임을 카드회원에게 전가시켜서는 아니 된다. 이와 같이 신용카드의 속성
상 카드회사가 카드발급신청인에 대하여 엄격한 신용평가를 하고 신청인에게 제공할 신용의

1) 여신금융협회의 자료에 근거하여 2000년대 초반 신용카드 이용실적별 내용을 살펴보면, 현금서비스의 실적이
2001년 약 254조원, 2002년 약 367조원, 2003년 약 239조원 등으로 가장 큰 비중을 차지하였는데, 이는 카드돌려
막기 현상의 결과로 보여 진다. 반면에 2006년 이후에는 현금서비스의 실적이 100조원 이하로 계속 유지되고 있
는 가운데, 2014년 기준 일시불의 실적이 약 410조원, 현금서비스의 실적이 약 63조원으로 파악되고 있어 무분별
한 신용카드의 사용을 자제하면서 신용카드 본래의 기능이 어느 정도 유지되고 있다고 평가된다.
2) 같은 취지의 견해로는 서울고등법원 1989. 2. 15. 선고 88나42434 판결 참조.

범위를 결정하는데, 이때 카드회사는 신청인에 대한 장래의 신용까지 평가하여 신용을 제공하는 것이기 때문에 현재는 비록 채무초과에 있는 사람이라도 장래의 신용을 담보로 신용카드를 사용할 수 있는 것이므로[1], 단순히 채무초과 상태에서 신용카드를 사용했다는 점만으로는 신용카드 사용행위가 카드회사에 대한 사기죄를 구성한다고 할 수는 없고[2], 적극적으로 자신의 신용상태에 관하여 허위의 내용을 고지하는 등 구체적인 기망행위와 함께 편취의 범의가 입증된 경우에 한해서만 사기죄의 성립을 인정해야 한다.

(3) 타인명의 신용카드 취득행위와 관련된 죄책

여신전문금융업법 제70조(벌칙) ① 다음 각 호의 어느 하나에 해당하는 자는 7년 이하의 징역 또는 5천만원 이하의 벌금에 처한다.
1. 신용카드등을 위조하거나 변조한 자
2. 위조되거나 변조된 신용카드등을 판매하거나 사용한 자
3. 분실하거나 도난당한 신용카드나 직불카드를 판매하거나 사용한 자
4. 강취·횡령하거나, 사람을 기망하거나 공갈하여 취득한 신용카드나 직불카드를 판매하거나 사용한 자
5. 행사할 목적으로 위조되거나 변조된 신용카드등을 취득한 자
6. 거짓이나 그 밖의 부정한 방법으로 알아낸 타인의 신용카드 정보를 보유하거나 이를 이용하여 신용카드로 거래한 자

1) 신용카드의 법적 성격

형법상 재물은 반드시 경제적 교환가치를 가질 필요는 없고, 소유권의 객체가 될 수 있는 것이면 주관적 가치를 가진 것으로 족하며, 또한 적극적 가치는 없으나 타인의 손에 들어가면 악용될 우려가 있는 것도 소극적 가치가 있으면 재물에 해당한다.[3] 특히 신용카드는 그 소지인이 신용카드 회원임을 증명하는 기능을 함과 동시에 이를 이용하여 여러 가지 유용한 서비스를 받을 수 있도록 하여 현금 이상의 경제적 효용을 갖고 있으므로, 단순한 플라스틱조각인 것을 넘어 재산적 가치를 갖는 재물이라고 할 수 있다. 재물로 인정되는 신용카드의 소유권은 카드발행인에게 있으며 카드회원은 이를 사용할 권한을 갖고 있을 뿐이므로 신용카드사용자는 이를 양도·양수하거나 질권 설정을 할 수 없고(여신전문금융업법 제15조), 선량한 관리자의 주의의무로 관리하여야 한다.

---

[1] 대법원 2004. 7. 22. 선고 2004도3146 판결.
[2] 대법원 2016. 4. 28. 선고 2012도14516 판결(사기죄가 성립하는지는 행위 당시를 기준으로 판단하여야 하므로, 소비대차 거래에서 차주가 돈을 빌릴 당시에는 변제할 의사와 능력을 가지고 있었다면 비록 그 후에 변제하지 않고 있더라도 이는 민사상 채무불이행에 불과하며 형사상 사기죄가 성립하지는 아니한다. 따라서 소비대차 거래에서, 대주와 차주 사이의 친척·친지와 같은 인적 관계 및 계속적인 거래 관계 등에 의하여 대주가 차주의 신용상태를 인식하고 있어 장래의 변제 지체 또는 변제불능에 대한 위험을 예상하고 있었거나 충분히 예상할 수 있는 경우에는, 차주가 차용 당시 구체적인 변제의사, 변제능력, 차용 조건 등과 관련하여 소비대차 여부를 결정지을 수 있는 중요한 사항에 관하여 허위 사실을 말하였다는 등의 다른 사정이 없다면, 차주가 그 후 제대로 변제하지 못하였다는 사실만을 가지고 변제능력에 관하여 대주를 기망하였다거나 차주에게 편취의 범의가 있었다고 단정할 수 없다).
[3] 대법원 1981. 3. 24. 선고 80도2902 판결.

2) 타인명의를 모용하여 신용카드를 발급받은 경우

피고인이 타인의 명의를 모용하여 신용카드를 발급받은 경우, 비록 카드회사가 피고인으로부터 기망을 당한 나머지 피고인에게 피모용자 명의로 발급된 신용카드를 교부하고, 사실상 피고인이 지정한 비밀번호를 입력하여 현금자동지급기에 의한 현금대출(현금서비스)을 받을 수 있도록 하였다고 할지라도, 카드회사의 내심의 의사는 물론 표시된 의사도 어디까지나 카드명의인인 피모용자에게 이를 허용하는 데 있을 뿐, 피고인에게 이를 허용한 것은 아니라는 점에서 피고인이 타인의 명의를 모용하여 발급받은 신용카드를 사용하여 현금자동지급기에서 현금대출을 받는 행위는 카드회사에 의하여 미리 포괄적으로 허용된 행위가 아니라, 현금자동지급기의 관리자의 의사에 반하여 그의 지배를 배제한 채 그 현금을 자기의 지배하에 옮겨 놓는 행위로서 절도죄에 해당한다.[1] 그리고 타인의 명의를 모용하여 발급받은 신용카드의 번호와 그 비밀번호를 이용하여 ARS 전화서비스나 인터넷 등을 통하여 신용대출을 받는 방법으로 재산상의 이익을 취득하는 행위 역시 미리 포괄적으로 허용된 행위가 아닌 이상, 컴퓨터 등 정보처리장치에 권한 없이 정보를 입력하여 정보처리를 하게 함으로써 재산상의 이익을 취득하는 행위로서 컴퓨터등사용사기죄에 해당한다.[2]

(4) 타인명의 신용카드 사용행위와 관련된 죄책

1) 물품구입행위에 대한 죄책

강취한 신용카드를 가지고 자신이 그 신용카드의 정당한 소지인인양 가맹점의 점주를 속이고 그에 속은 점주로부터 주류 등을 제공받아 이를 취득한 것이라면 신용카드부정사용죄와 별도로 사기죄가 성립한다.[3] 그리고 신용카드를 절취한 후 이를 사용한 경우 신용카드의 부정사용행위는 새로운 법익의 침해로 보아야 하고 그 법익침해가 절도범행보다 큰 것이 대부분이므로 위와 같은 부정사용행위가 절도범행의 불가벌적 사후행위가 되는 것은 아니다.[4] 또한 절취한 카드로 가맹점들로부터 물품을 구입하겠다는 단일한 범의를 가지고 그 범의가 계속된 가운데 동종의 범행인 신용카드 부정사용행위를 동일한 방법으로 반복하여 행한 경우, 신용카드의 각 부정사용의 피해법익도 모두 신용카드를 사용한 거래의 안전 및 이에 대한 공중의 신뢰인 것으로 동일하다고 할 것이므로, 피고인이 동일한 신용카드를 위와 같이 부정사용한 행위는 포괄하여 일죄에 해당한다. 신용카드를 부정사용한 결과가 사기죄의 구성요건에 해당하고 그 각 사기죄가 실체적 경합관계에 해당한다고 하여도 신용카드부정사용죄와 사기죄는 그 보호법익이나 행위의 태양이 전혀 달라 실체적 경합관계에 있다고 보아야 할 것이므로 신용카드 부정사용행위를 포괄일죄로 취급하는데 아무런 지장이 없다.[5]

---

1) 대법원 2002. 7. 12. 선고 2002도2134 판결.
2) 대법원 2006. 7. 27. 선고 2006도3126 판결.
3) 대법원 1997. 1. 21. 선고 96도2715 판결.
4) 대법원 1996. 7. 12. 선고 96도1181 판결.
5) 대법원 1996. 7. 12. 선고 96도1181 판결.

한편 여신전문금융업법 제70조 소정 신용카드부정사용죄의 구성요건적 행위인 신용카드의 '사용'이란 신용카드의 소지인이 신용카드의 본래 용도인 대금결제를 위하여 가맹점에 신용카드를 제시하고 매출표에 서명하여 이를 교부하는 일련의 행위를 가리키고 단순히 신용카드를 제시하는 행위만을 가리키는 것은 아니라고 할 것이므로, 매출표의 서명 및 교부가 별도로 사문서위조 및 동행사의 죄의 구성요건을 충족한다고 하여도 사문서위조 및 동행사의 죄는 신용카드부정사용죄에 흡수되어 신용카드부정사용죄의 1죄만이 성립하고 별도로 사문서위조 및 동행사의 죄는 성립하지 아니한다.[1] 그러므로 단순히 신용카드를 제시하는 행위만으로는 신용카드부정사용죄의 실행에 착수한 것이라고 할 수는 있을지언정 그 사용행위를 완성한 것으로 볼 수 없고[2], 신용카드를 제시한 거래에 대하여 카드회사의 승인을 받았다고 하더라도 마찬가지이다.[3]

2) 현금서비스를 받은 행위에 대한 죄책

범인이 피해자로부터 직불카드 등을 절취 또는 강취한 경우에는, 이를 사취 또는 갈취한 경우와는 달리, 피해자가 그 직불카드 등의 사용권한을 범인에게 부여하였다고 할 수 없고, 따라서 그와 같이 절취 또는 강취한 직불카드를 사용하여 현금자동인출기에서 현금을 인출하여 가진 경우에는 그 현금자동인출기 관리자의 의사에 반하여 그의 지배를 배제하고 그 현금을 자기의 지배하에 옮겨 놓는 것이 되므로 절도죄가 별도로 성립한다.[4]

하지만 예금주인 현금카드 소유자로부터 그 카드를 사취[5] 또는 갈취[6]하여, 비록 하자 있는 의사표시이기는 하지만 현금카드 소유자의 승낙에 의하여 사용권한을 부여받은 이상, 그 소유자가 승낙의 의사표시를 취소하기까지는 현금카드를 적법·유효하게 사용할 수 있으며, 은행 등 금융기관은 현금카드 소유자의 지급정지 신청이 없는 한 카드 소유자의 의사에 따라 그의 계산으로 적법하게 예금을 지급할 수밖에 없는 것이므로, 피고인이 현금카드의 소유자로부터 현금카드를 사용한 예금인출의 승낙을 받고 현금카드를 교부받은 행위와 이를 사용하여 현금자동지급기에서 예금을 여러 번 인출한 행위들은 모두 현금카드 소유자의 예금을 편취 또는 갈취하고자 하는 피고인의 단일하고 계속된 범의 아래에서 이루어진 일련의 행위로서 포괄하여 하나의 사기죄 또는 공갈죄를 구성한다고 볼 것이지, 현금자동지급기에서 카드 소유자의 예금을 인출·취득한 행위를 현금자동지급기 관리자의 의사에 반하여 그가 점유하고 있는 현금을 절취한 것이라 하여 이를 현금카드 편취행위와 분리하여 따로 절도죄로 처단할 수는 없다.

1) 대법원 1992. 6. 9. 선고 92도77 판결.
2) 대법원 1993. 11. 23. 선고 93도604 판결.
3) 대법원 2008. 2. 14. 선고 2007도8767 판결.
4) 대법원 2007. 4. 13. 선고 2007도1377 판결; 대법원 1995. 7. 28. 선고 95도997 판결.
5) 대법원 2007. 5. 10. 선고 2007도1375 판결; 대법원 2005. 9. 30. 선고 2005도5869 판결.
6) 대법원 1996. 9. 20. 선고 95도1728 판결.

3) 계좌이체 행위에 대한 죄책

절취한 타인의 신용카드를 이용하여 현금지급기에서 계좌이체를 한 행위는 컴퓨터등사용사기죄에서 컴퓨터 등 정보처리장치에 권한 없이 정보를 입력하여 정보처리를 하게 한 행위에 해당함은 별론으로 하고 이를 절취행위라고 볼 수는 없고, 한편 위 계좌이체 후 현금지급기에서 현금을 인출한 행위는 자신의 신용카드나 현금카드를 이용한 것이어서 이러한 현금인출이 현금지급기 관리자의 의사에 반한다고 볼 수 없어 절취행위에 해당하지 않으므로 절도죄를 구성하지 아니한다.[1]

4) 예금인출 행위에 대한 죄책

여신전문금융업법 제70조 제1항 소정의 '부정사용'이란 위조·변조 또는 도난·분실된 신용카드나 직불카드를 진정한 카드로서 신용카드나 직불카드의 본래의 용법에 따라 사용하는 경우를 말한다. 그러므로 절취한 직불카드를 온라인 현금자동지급기에 넣고 비밀번호 등을 입력하여 피해자의 '예금'을 인출한 행위는 여신전문금융업법 제70조 제1항 소정의 부정사용의 개념에 포함될 수 없다.[2]

Ⅱ. 컴퓨터등사용사기죄

> 제347조의2(컴퓨터등 사용사기) 컴퓨터등 정보처리장치에 허위의 정보 또는 부정한 명령을 입력하거나 권한 없이 정보를 입력·변경하여 정보처리를 하게 함으로써 재산상의 이익을 취득하거나 제3자로 하여금 취득하게 한 자는 10년 이하의 징역 또는 2천만원 이하의 벌금에 처한다.
> 제351조(상습범) 상습으로 제347조 내지 전조의 죄를 범한 자는 그 죄에 정한 형의 2분의 1까지 가중한다.
> 제352조(미수범) 제347조 내지 제348조의2, 제350조, 제350조의2와 제351조의 미수범은 처벌한다.
> 제353조(자격정지의 병과) 본장의 죄에는 10년 이하의 자격정지를 병과할 수 있다.
> 제354조(친족간의 범행, 동력) 제328조와 제346조의 규정은 본장의 죄에 준용한다.

1. 의 의

컴퓨터등사용사기죄는 컴퓨터 등 정보처리장치에 허위의 정보 또는 부정한 명령을 입력하거나 권한 없이 정보를 입력·변경하여 정보처리를 하게 함으로써 재산상의 이익을 취득하거나 제3자로 하여금 취득하게 함으로써 성립하는 범죄이다. 본죄는 1995. 12. 29. 형법 개정을 통하여 신설된 범죄이다. 이는 재산변동에 관한 사무가 사람의 개입 없이 컴퓨터 등에 의하여 기계적·자동적으로 처리되는 경우가 증가함에 따라 이를 악용하여 불법적인 이익을 취하는 행위도 증가하였으나 이들 새로운 유형의 행위는 사람에 대한 기망행위나 상대방의 처분행위 등을 수반하지 않아 기존 사기죄로는 처벌할 수 없다는 점을 고려하여 신설한 규정이다. 신설 당시에

---

1) 대법원 2008. 6. 12. 선고 2008도2440 판결.
2) 대법원 2003. 11. 14. 선고 2003도3977 판결.

는 부정한 명령의 입력에 권한 없이 정보를 입력·변경하는 것이 포함되는 것으로 판단하였으나, 이후 논란이 있게 되자 2001. 12. 29. 형법 개정을 통하여 '권한 없이 정보를 입력·변경'하는 행위를 추가하였다.

2. 구성요건

(1) 객 체

본죄의 객체는 재산상의 이익이다. 하지만 재물이 본죄의 객체가 될 수 있는지 여부와 관련하여, ① 재산상의 이익은 재물을 포함하는 상위개념이라는 점, 순수한 이득죄인 배임죄에서 행위자가 취득한 현금이 재산상의 이익에 당연히 포함되는 것으로 해석되는 점 등을 논거로 하는 적극설[1], ② 본죄는 순수한 이득죄라는 점을 논거로 하는 소극설[2] 등의 대립이 있다.

이에 대하여 판례는 「우리 형법은 재산범죄의 객체가 재물인지 재산상의 이익인지에 따라 이를 재물죄와 이득죄로 명시하여 규정하고 있는데, 형법 제347조가 일반 사기죄를 재물죄 겸 이득죄로 규정한 것과 달리 형법 제347조의2는 컴퓨터등사용사기죄의 객체를 재물이 아닌 재산상의 이익으로만 한정하여 규정하고 있으므로, 절취한 타인의 신용카드로 현금자동지급기에서 현금을 인출하는 행위가 재물에 관한 범죄임이 분명한 이상 이를 컴퓨터등사용사기죄로 처벌할 수는 없다고 할 것이고, 입법자의 의도가 이와 달리 이를 위 죄로 처벌하고자 하는 데 있었다거나 유사한 사례와 비교하여 처벌상의 불균형이 발생할 우려가 있다는 이유만으로 그와 달리 볼 수는 없다.」라고 판시[3]하여, 소극설의 입장을 취하기도 하고, 「예금주인 현금카드 소유자로부터 일정한 금액의 현금을 인출해 오라는 부탁을 받으면서 이와 함께 현금카드를 건네받은 것을 기화로 그 위임을 받은 금액을 초과하여 현금을 인출하는 방법으로 그 차액 상당을 위법하게 이득할 의사로 현금자동지급기에 그 초과된 금액이 인출되도록 입력하여 그 초과된 금액의 현금을 인출한 경우에는 그 인출된 현금에 대한 점유를 취득함으로써 이때에 그 인출한 현금 총액 중 인출을 위임받은 금액을 넘는 부분의 비율에 상당하는 재산상의 이익을 취득한 것으로 볼 수 있으므로 이러한 행위는 그 차액 상당액에 관하여 컴퓨터등사용사기죄에 해당된다.」라고 판시[4]하여, 적극설의 입장을 취하기도 한다.

생각건대 해석론적으로는 재물이 재산상의 이익에 포섭될 수 있기 때문에 본죄의 객체성을

---

[1] 김선복, 332면; 김신규, 435면; 김일수/서보학, 362면; 배종대, 382면(현금인출은 넓은 의미의 재산상의 이익에 포함되는 것으로 해석하는 도리밖에 없을 것이다); 오영근, 333면; 이재상/장영민/강동범, 361면.
[2] 김성돈, 409면; 손동권/김재윤, 397면; 이영란, 359면; 이형국/김혜경, 422면; 임 웅, 448면; 정성근/정준섭, 251면; 정영일, 192면.
[3] 대법원 2003. 5. 13. 선고 2003도1178 판결; 대법원 2002. 7. 12. 선고 2002도2134 판결.
[4] 대법원 2006. 3. 24. 선고 2005도3516 판결(2만원인출부탁사건)(피고인이 공소외인으로부터 그 소유의 농협현금카드로 20,000원을 인출하여 오라는 부탁과 함께 현금카드를 건네받게 된 것을 기화로, 피해자 충주농업협동조합이 관리하는 현금자동지급기에 위 현금카드를 넣고 인출금액을 50,000원으로 입력하여 이를 인출한 것도 그 차액 상당에 관하여 컴퓨터등사용사기죄에 해당된다).

인정하는 것이 타당하다. 하지만 입법론적으로는 본죄의 객체를 재산상의 이익에 국한시키고 있으므로 본죄의 객체성을 부정하는 것이 타당하다. 범죄의 객체가 재물인지 재산상의 이익인지에 따라 처벌규정을 달리하는 것은 바람직한 태도가 아니므로 추후에 본죄의 객체로써 재물을 추가하는 개정이 요구된다.

(2) 행 위

1) 컴퓨터 등 정보처리장치

'정보처리장치'란 자동적·독자적으로 정보를 처리할 수 있는 장치를 말한다. 예를 들면 컴퓨터·현금자동입출금기 등이 이에 해당한다. 그러나 자동적·독자적으로 정보를 처리할 수 있는 장치가 아닌 자동판매기·공중전화기·자동개찰기·휴대용계산기·전동타자기 등은 이에 해당하지 아니한다. 만약 공중전화기·자동판매기 등에 허위의 정보를 입력하여 재물 또는 재산상의 이익을 취득할 경우에는 편의시설부정이용죄(제348조의2)가 성립할 수 있다.

2) 허위의 정보입력 또는 부정한 명령입력

'허위의 정보입력'이란 일반적으로 진실에 반하는 정보를 입력하는 것이라고 한다.[1] 예를 들면 고객이 100만원을 예금함에도 불구하고 은행원이 10만원 또는 1,000만원이라고 은행컴퓨터에 입력하는 것이다. 그리고 '부정한 명령입력'이란 일반적으로 정보처리장치의 사용목적에 비추어 입력하여서는 안 되는 명령을 입력하는 것이라고 한다.[2] 예를 들면 甲이 乙에게 보내는 돈을 송금담당자가 丙에게 보내도록 하는 명령을 입력하거나 인출하지 않은 예금을 인출하였다거나 출금한 예금을 출금하지 않은 것으로 처리하는 명령을 입력하는 것이다. 또한 대학의 컴퓨터시스템 서버를 관리하던 자가 전보발령을 받아 더 이상 웹서버를 관리 운영할 권한이 없는 상태에서, 웹서버에 접속하여 홈페이지 관리자의 아이디와 비밀번호를 무단으로 변경한 행위도 이에 해당한다.[3] 설령 '허위의 정보'를 입력한 경우가 아니라고 하더라도, 당해 사무처리시스템의 프로그램을 구성하는 개개의 명령을 부정하게 변개·삭제하는 행위는 물론 프로그램 자체에서 발생하는 오류를 적극적으로 이용하여 그 사무처리의 목적에 비추어 정당하지 아니한 사무처리를 하게 하는 행위도 특별한 사정이 없는 한 '부정한 명령의 입력'에 해당한다.[4] 하지만 양자의 관계는 구분되는 것이 아니라 허위의 정보입력이 하위개념이고 부정한 명령입력

1) 김신규, 435면; 김일수/서보학, 363면; 손동권/김재윤, 397면; 신동운, 1024면; 오영근, 333면; 이재상/장영민/강동범, 360면; 이형국/김혜경, 422면; 정영일, 192면; 최호진, 425면.
2) 대법원 2010. 9. 9. 선고 2008도128 판결.
3) 대법원 2006. 3. 10. 선고 2005도382 판결.
4) 대법원 2013. 11. 14. 선고 2011도4440 판결(피고인은 일정한 조건하에 전자복권구매시스템을 구성하는 프로그램의 작동상 오류가 발생한다는 점을 분명히 인식하고서도, 부정한 재산상의 이익을 취득할 의도로 일부러 은행환불명령을 통하여 가상계좌의 잔액 1,000원 이하인 상태를 설정한 뒤 전자복권 구매명령을 입력함으로써, 정상적인 사무처리절차와 달리 오히려 자신의 가상계좌에 그 구매요청금 상당의 금액(18,123,800원)이 입금되도록 한 것이니, 피고인의 이러한 행위가 설령 형법 제347조의2 소정의 '허위의 정보 입력'에 해당하지는 않는다고 하더라도, 이는 프로그램 자체에서 발생하는 오류를 적극적으로 이용하여 그 사무처리의 목적에 비추어 정당하지 아니한 사무처리를 하게 한 행위로서 위와 동일한 형벌규정에 정하여진 '부정한 명령의 입력'에 해당한다).

이 상위개념이라고 할 수 있다.[1] 각각의 사례에서 들고 있는 것을 서로 교환하여도 결론은 일치하기 때문이다.

3) 권한 없이 정보를 입력·변경

'권한 없이 정보를 입력·변경'하는 것이란 진실한 정보이기는 하지만, 이를 행사할 권한이 없이 정보를 입력·변경하는 것을 말한다.[2] 동 구성요건은 타인의 신용카드로 현금자동지급기에서 비밀번호를 부정하게 입력하고 현금을 인출하는 행위를 규제하기 위하여 2001. 12. 29. 형법 개정을 통하여 신설된 것이다.

그 이전의 논의를 살펴보면, 타인의 신용카드로 현금자동지급기에서 비밀번호를 입력하고 현금을 인출하는 행위에 대하여 1995. 12. 29. 형법 개정 당시의 입법자들은 '부정한 명령의 입력'에 해당한다고 보았다. 하지만 판례는 동 행위에 대하여 계속하여 절도죄를 인정하기에 이른다.[3] 이러한 논란으로 인하여 2001. 12. 29. 형법 개정을 통하여 동 구성요건이 신설된 것이다. 그러나 개정 이후에도 대법원은 이러한 행위에 대하여 부정한 명령의 입력에는 권한 없는 정보의 입력·변경도 포함된다[4]고 하면서도 본죄의 객체는 재산상의 이익에 국한되고 재물은 해당하지 않기 때문에 절도죄에 해당한다고 보아 본죄를 인정하지 않았다.

생각건대 권한 없는 정보의 입력·변경은 부정한 명령의 입력에 포함될 수 있다. 그리고 재물과 재산상의 이익의 관계는 택일관계가 아니라 특별 대 일반의 관계로 보는 것이 타당하다. 판례에 의하면 타인의 신용카드로 자신의 계좌로 이체한 후 현금을 인출하였을 경우에는 본죄가 성립하지만[5], 타인의 신용카드로 현금을 바로 인출하였을 경우에는 절도죄가 성립한다고

---

1) 同旨 이정원/류석준, 309면.
2) 대법원 2006. 7. 27. 선고 2006도3126 판결; 대법원 2006. 1. 26. 선고 2005도8507 판결(금융기관 직원이 범죄의 목적으로 전산단말기를 이용하여 다른 공범들이 지정한 특정계좌에 무자원 송금의 방식으로 거액을 입금한 것은 컴퓨터등사용사기죄에서의 '권한 없이 정보를 입력하여 정보처리를 하게 한 경우'에 해당한다).
3) 대법원 1995. 7. 28. 선고 95도997 판결(피고인이 피해자 명의의 신용카드를 부정사용하여 현금자동인출기에서 현금을 인출하고 그 현금을 취득까지 한 행위는 신용카드업법 제25조 제1항의 부정사용죄에 해당할 뿐만 아니라 그 현금을 취득함으로써 현금자동인출기 관리자의 의사에 반하여 그의 지배를 배제하고 그 현금을 자기의 지배하에 옮겨 놓는 것이 되므로 별도로 절도죄를 구성한다고 할 것이고, 위 양죄의 관계는 그 보호법익이나 행위태양이 전혀 달라 실체적 경합관계에 있는 것으로 보아야 할 것이다).
4) 대법원 2003. 1. 10. 선고 2002도2363 판결(구 형법(2001. 12. 29. 법률 제6543호로 개정되기 전의 것) 제347조의2 규정의 입법취지와 목적은 프로그램 자체는 변경(조작)함이 없이 명령을 입력(사용)할 권한 없는 자가 명령을 입력하는 것도 부정한 명령을 입력하는 행위에 포함한다고 보아, 진실한 자료의 권한 없는 사용에 의한 재산상의 이익 취득행위도 처벌대상으로 삼으려는 것이었음을 알 수 있고, 오히려 그러한 범죄 유형이 프로그램을 구성하는 개개의 명령을 부정하게 변경, 삭제, 추가하는 방법에 의한 재산상의 이익 취득의 범죄 유형보다 훨씬 손쉽게 또 더 자주 저질러질 것임도 충분히 예상되었던 점에 비추어 이러한 입법취지와 목적은 충분히 수긍할 수 있다. 나아가 그와 같은 권한 없는 자에 의한 명령 입력행위를 '명령을 부정하게 입력하는 행위' 또는 '부정한 명령을 입력하는 행위'에 포함된다고 해석하는 것이 그 문언의 통상적인 의미를 벗어나는 것이라고 할 수도 없다. 그렇다면 그 문언의 해석을 둘러싸고 학설상 일부 논란이 있었고, 이러한 논란을 종식시키기 위해 그와 같이 권한 없이 정보를 입력, 변경하여 정보처리를 하게 하는 행위를 따로 규정하는 내용의 개정을 하게 되었다고 하더라도, 구 형법상으로는 그와 같은 권한 없는 자가 명령을 입력하는 방법에 의한 재산상의 이익 취득행위가 처벌대상에서 제외되어 있었다고 볼 수는 없는바, 이러한 해석이 죄형법정주의에 의하여 금지되는 유추적용에 해당한다고 할 수도 없다).

한다.[1] 하지만 이는 불합리하며, 특히 공소시효와 관련하여 문제가 될 수 있다. 따라서 위의 행위는 모두 본죄로 의율하는 것이 바람직하다. 한편 판례는 권한을 초과한 경우에는 그 초과부분은 권한 없는 정보의 입력·변경에 해당한다고 한다.[2] 이와 같이 판례는 현금인출기에서 인출한 현금에 대하여 재물로 보는 경우가 있는가 하면, 재산상의 이익으로 보는 경우도 있는데, 유사한 사안을 다르게 평가하는 태도는 지양되어야 할 것이다.

4) 정보처리

'정보처리'란 정보처리과정에 영향을 미쳐 허위의 정보나 부정한 명령에 따른 정보처리를 하게 하거나 진실한 정보라도 권한 없이 입력·변경한 정보를 처리하도록 하는 것을 말한다. 정보처리는 사기죄에서 말하는 피해자의 처분행위에 상응하므로, 입력된 허위의 정보 등에 의하여 계산이나 데이터의 처리가 이루어짐으로써 직접적으로 재산처분의 결과를 초래하여야 하고, 행위자나 제3자의 '재산상의 이익 취득'은 사람의 처분행위가 개재됨이 없이 컴퓨터 등에 의한 정보처리 과정에서 이루어져야 한다.[3] 하지만 사람을 기망하여 정보처리장치에 허위의 정보 등을 입력하게 하여 재산상의 이익을 취득한 경우에는 사기죄가 성립하고 본죄는 성립하지 아니한다.

5) 재산상의 이익 취득

본죄는 재산상의 이익을 취득하여야 기수에 이르게 된다. 그러므로 금융기관 직원이 전산단말기를 이용하여 다른 공범들이 지정한 특정계좌에 돈이 입금된 것처럼 허위의 정보를 입력하는 방법으로 계좌로 입금되도록 한 경우, 이러한 입금절차를 완료함으로써 장차 그 계좌에서 이를 인출하여 갈 수 있는 재산상의 이익의 취득이 있게 되었다고 할 것이므로 본죄는 기수에 이르렀다고 할 것이고, 그 후 그러한 입금이 취소되어 현실적으로 인출되지 못하였다고 하더라

---

5) 대법원 2004. 4. 16. 선고 2004도353 판결; 대법원 2008. 6. 12. 선고 2008도2440 판결(절취한 신용카드를 이용하여 현금자동지급기에서 현금을 인출한 경우, 현금자동지급기 관리자의 의사에 반하여 그의 지배를 배제하고 그 현금을 자기의 지배하에 옮겨 놓는 것이 되어 절도죄를 구성하나, 피고인이 공소외 2의 신용카드를 이용하여 현금지급기에서 계좌이체를 한 행위는 컴퓨터등사용사기죄에 있어서의 컴퓨터 등 정보처리장치에 권한 없이 정보를 입력하여 정보처리를 하게 한 행위에 해당함은 별론으로 하고 이를 절취행위라고 볼 수는 없고, 한편 피고인이 위 계좌이체 후 현금지급기에서 현금을 인출한 행위는 자신의 신용카드나 현금카드를 이용한 것이어서 이러한 현금인출이 현금지급기 관리자의 의사에 반한다고 볼 수 없으므로, 이 또한 절취행위에 해당하지 아니하는바, 결국 절도죄를 구성하지 않는다).

1) 대법원 2003. 5. 13. 선고 2003도1178 판결; 대법원 2002. 7. 12. 선고 2002도2134 판결.

2) 대법원 2006. 3. 24. 선고 2005도3516 판결(2만원인출부탁사건).

3) 대법원 2014. 3. 13. 선고 2013도16099 판결(적격심사를 거치게 되어 있는 이 사건 각 시설공사의 전자입찰에 있어서 특정 건설사가 낙찰하한가에 대한 정보를 사전에 알고 투찰할 경우 그 건설사가 낙찰자로 결정될 가능성이 높은 것은 사실이나, 낙찰하한가에 가장 근접한 금액으로 투찰한 건설사라고 하더라도 적격심사를 거쳐 일정 기준 이상이 되어야만 낙찰자로 결정될 수 있는 점 등을 감안할 때, 피고인 1 등이 조달청의 국가종합전자조달시스템에 입찰자들이 선택한 추첨번호가 변경되어 저장되도록 하는 등 권한 없이 정보를 변경하여 정보처리를 하게 함으로써 직접적으로 얻은 것은 낙찰하한가에 대한 정보일 뿐, 위와 같은 정보처리의 직접적인 결과 특정 건설사가 낙찰자로 결정되어 낙찰금액 상당의 재산상의 이익을 얻게 되었다거나 그 낙찰자 결정이 사람의 처분행위가 개재됨이 없이 컴퓨터 등의 정보처리과정에서 이루어졌다고 보기 어렵다).

도 이미 성립한 본죄에 어떤 영향이 있다고 할 수는 없다.[1]

Ⅲ. 준사기죄

제348조(준사기) ① 미성년자의 사리분별력 부족 또는 사람의 심신장애를 이용하여 재물을 교부받거나 재산상 이익을 취득한 자는 10년 이하의 징역 또는 2천만원 이하의 벌금에 처한다.
② 제1항의 방법으로 제3자로 하여금 재물을 교부받게 하거나 재산상 이익을 취득하게 한 경우에도 제1항의 형에 처한다.
제351조(상습범) 상습으로 제347조 내지 전조의 죄를 범한 자는 그 죄에 정한 형의 2분의 1까지 가중한다.
제352조(미수범) 제347조 내지 제348조의2, 제350조, 제350조의2와 제351조의 미수범은 처벌한다.
제353조(자격정지의 병과) 본장의 죄에는 10년 이하의 자격정지를 병과할 수 있다.
제354조(친족간의 범행, 동력) 제328조와 제346조의 규정은 본장의 죄에 준용한다.

1. 의 의

준사기죄는 미성년자의 사리분별력 부족 또는 사람의 심신장애를 이용하여 재물을 교부받거나 재산상 이익을 취득하거나 제3자로 하여금 재물을 교부받게 하거나 재산상 이익을 취득하게 함으로써 성립하는 범죄이다. 사리분별력이 부족한 미성년자나 심신장애자는 정상적인 의사결정을 할 수 없기 때문에 그의 재산적 처분행위는 사기죄에서 피기망자와 마찬가지로 하자 있는 의사표시라고 할 수 있는 경우가 많기 때문에, 이를 일반화하여 이러한 처분행위를 하는 경우에도 사기죄와 동일한 형벌을 부과하는 것이다. 따라서 준사기죄는 사기죄와는 독립된 범죄유형이라고 할 것이다.

2. 구성요건

(1) 객 체

1) 사리분별력이 부족한 미성년자

'사리분별력이 부족한 미성년자'란 거래에 있어서 정상적인 판단능력이 부족하거나 기망행위가 없어도 하자 있는 처분행위를 하는 상태에 있는 미성년자를 말한다. '미성년자'란 19세 미만의 자를 말한다. 본죄가 성립하기 위해서는 사리분별력이 부족한 미성년자를 대상으로 해야 하므로, 14세~15세에 해당한다고 하여 당연히 본죄의 객체가 되는 것은 아니다.[2]

2) 심신장애에 있는 자

'심신장애'란 거래에 있어서 하자 있는 처분행위를 할 수 있는 상태를 말한다. 즉 제10조에서 규정하고 있는 심신장애자와 동일한 의미가 아니라 재산상의 거래능력과 관련된 상태임에 주의해야 한다. 그러므로 심신상실자·심신미약자라고 하여 반드시 본죄의 객체가 되는 것은

1) 대법원 2006. 9. 14. 선고 2006도4127 판결.
2) 대법원 1968. 1. 31. 선고 67도1319 판결.

아니다. 한편 의사능력이 결여되어 하자 있는 처분행위를 할 정도도 되지 않은 상태일 경우에는 준사기죄가 아니라 절도죄가 성립한다. 예를 들면 4세의 예쁜 채윤이가 가지고 있는 고급 롤렉스시계를 저급 장난감시계와 교환한 경우가 이에 해당한다.

(2) 행 위

본죄의 실행행위는 미성년자의 사리분별력 부족 또는 사람의 심신장애를 이용하여 재물을 교부받거나 재산상 이익을 취득하거나 제3자로 하여금 재물을 교부받게 하거나 재산상 이익을 취득하게 하는 것이다. 만약 사리분별력이 부족한 미성년자나 심신장애자를 적극적으로 기망하여 착오에 빠뜨려 재물의 교부나 재산상 이익을 취득한 경우에는 본죄가 아니라 사기죄가 성립한다.

Ⅳ. 편의시설부정이용죄

> 제348조의2(편의시설부정이용) 부정한 방법으로 대가를 지급하지 아니하고 자동판매기, 공중전화 기타 유료자동설비를 이용하여 재물 또는 재산상의 이익을 취득한 자는 3년 이하의 징역, 500만원 이하의 벌금, 구류 또는 과료에 처한다.
> 제351조(상습범) 상습으로 제347조 내지 전조의 죄를 범한 자는 그 죄에 정한 형의 2분의 1까지 가중한다.
> 제352조(미수범) 제347조 내지 제348조의2, 제350조, 제350조의2와 제351조의 미수범은 처벌한다.
> 제353조(자격정지의 병과) 본장의 죄에는 10년 이하의 자격정지를 병과할 수 있다.
> 제354조(친족간의 범행, 동력) 제328조와 제346조의 규정은 본장의 죄에 준용한다.

1. 의 의

편의시설부정이용죄는 부정한 방법으로 대가를 지급하지 아니하고 자동판매기·공중전화 기타 유료자동설비를 이용하여 재물 또는 재산상의 이익을 취득함으로써 성립하는 범죄이다. 기존에는 대가를 지급하지 않고 공중전화 등의 유료자동설비를 이용하여 재산상의 이익을 취득한 경우에는 사기죄·절도죄·횡령죄 등의 재산범죄로 처벌할 수 없었다. 본죄는 이러한 입법의 불비를 보완하기 위하여 1995. 12. 29. 형법 개정을 통하여 신설된 범죄이다. 본죄는 절도죄의 보충적 구성요건으로 자동차등불법사용죄를 신설한 것과 마찬가지로, 사안의 경미성을 감안하여 법정형이 낮은 규정으로 다루기 위한 시도라고 평가할 수 있다.

2. 구성요건

(1) 객 체

본죄의 객체는 자동판매기·공중전화 기타 유료자동설비이다. '자동판매기'란 일정한 대가를 지급하면 전자적 또는 기계적 작동에 의하여 자동적으로 일정한 물건이 제공되는 일체의 기계설비를 말한다. '유료자동설비'란 동전이나 카드 기타 지불수단을 통해 대가를 지급하면

전자적 또는 기계적 작동에 의하여 재물이나 용역을 제공하는 일체의 설비를 말한다. 예를 들면 지하철승차권이나 음료수 등을 판매하는 자동판매기·공중전화 이외에 자동음주측정기·놀이기구·동전노래방·컴퓨터게임기·인형뽑기 기계·주차요금정산기·무인모텔의 유료자동화설비·무인보관함 등이 이에 해당한다. 하지만 현금자동지급기·도서관출입용 무료자동설비 등은 이에 해당하지 아니한다. 또한 유료자동설비는 공중전화 등과 같이 불특정·다수인이 사용하는 것에 국한되기 때문에 타인의 일반전화[1]나 스마트폰 등을 개인적으로 이용하는 경우에는 이에 해당하지 아니한다.

(2) 행 위

본죄의 실행행위는 부정한 방법으로 대가를 지급하지 아니하고 자동판매기·공중전화 기타 유료자동설비를 이용하여 재물 또는 재산상의 이익을 취득하는 것이다. 여기서 '부정한 방법'이란 정해진 대가를 지급하지 않거나 정해진 대가보다 적은 대가를 지급하고 유료자동설비를 이용하는 것을 말한다. 예를 들면 오락실에서 동전을 투입하지 않고 일명 똑딱이(라이터 불꽃을 이용하는 행위)를 이용하거나 10원짜리 동전에 테이프를 감아 사용하는 경우 등이 이에 해당한다. 또한 대가를 지급하지 않아야 하므로 부정한 방법으로라도 대가를 지급한 경우에는 본죄가 성립하지 아니한다.[2] 예를 들면 정당한 금액을 투여한 후 인형뽑기 기계를 조작하여 다수의 인형을 뽑는 행위가 이에 해당한다.

'이용'은 정상적인 이용방법을 전제로 하는 것이므로 지하철 개찰구를 뛰어넘어 지하철을 무임승차하는 경우에는 본죄가 성립하지 아니한다.[3] 한편 유료자동설비인 인형뽑기 기계를 손괴하고 그 안의 인형을 가져가는 행위는 본죄의 이용에 해당하지 않고 손괴죄와 절도죄의 경합범이 된다.

---

1) 대법원 1999. 6. 25. 선고 98도3891 판결(사기죄의 성립 부정); 대법원 1998. 6. 23. 선고 98도700 판결(절도죄의 성립 부정).

2) 대법원 2001. 9. 25. 선고 2001도3625 판결(타인의 KT전화카드(한국통신의 후불식 통신카드)를 절취하여 전화통화에 이용한 경우에는 통신카드서비스 이용계약을 한 피해자가 그 통신요금을 납부할 책임을 부담하게 되므로, 이러한 경우에는 피고인이 '대가를 지급하지 아니하고' 공중전화를 이용한 경우에 해당한다고 볼 수 없어 편의시설부정이용의 죄를 구성하지 않는다). 반면에 사용자에 관한 각종 정보가 전자기록되어 있는 자기띠가 카드번호와 카드발행자 등이 문자로 인쇄된 플라스틱 카드에 부착되어 있는 전화카드의 경우 그 자기띠 부분은 카드의 나머지 부분과 불가분적으로 결합되어 전체가 하나의 문서를 구성하므로, 전화카드를 공중전화기에 넣어 사용하는 경우 비록 전화기가 전화카드로부터 판독할 수 있는 부분은 자기띠 부분에 수록된 전자기록에 한정된다고 할지라도, 전화카드 전체가 하나의 문서로서 사용된 것으로 보아야 하고 그 자기띠 부분만 사용된 것으로 볼 수는 없으므로 절취한 전화카드를 공중전화기에 넣어 사용한 것은 권리의무에 관한 타인의 사문서를 부정행사한 경우에 해당한다(대법원 2002. 6. 25. 선고 2002도461 판결).

3) 반면에 본죄에 해당한다는 견해로는 김성천/김형준, 435면.

Ⅴ. 부당이득죄

> 제349조(부당이득)   ① 사람의 곤궁하고 절박한 상태를 이용하여 현저하게 부당한 이익을 취득한 자는 3년 이하의 징역 또는 1천만원 이하의 벌금에 처한다.
> ② 제1항의 방법으로 제3자로 하여금 부당한 이익을 취득하게 한 경우에도 제1항의 형에 처한다.
> 제351조(상습범)   상습으로 제347조 내지 전조의 죄를 범한 자는 그 죄에 정한 형의 2분의 1까지 가중한다.
> 제353조(자격정지의 병과)   본장의 죄에는 10년 이하의 자격정지를 병과할 수 있다.
> 제354조(친족간의 범행, 동력)   제328조와 제346조의 규정은 본장의 죄에 준용한다.

1. 의 의

부당이득죄는 사람의 곤궁하고 절박한 상태를 이용하여 현저하게 부당한 이익을 취득하거나 제3자로 하여금 부당한 이익을 취득하게 함으로써 성립하는 범죄이다. 본죄는 특히 경제적 약자의 위치에 있는 특정인을 상대로 한 개인적 폭리행위를 처벌하기 위한 규정이다. 그러므로 매점매석 등과 같은 사회적·일반적 폭리행위는 원칙적으로 본죄의 적용대상에서 제외된다. 미수범은 벌하지 아니한다.

2. 구성요건

(1) 사람의 곤궁하고 절박한 상태를 이용하여

'곤궁하고 절박한 상태'란 처지가 이러지도 저러지도 못하는 어렵고 딱한 상황에서 매우 다급하고 절실한 상태를 말한다. 파산이나 부도 직전과 같이 경제적으로 곤궁하고 절박한 상태 이외에 건강·정신·명예상의 곤궁하고 절박한 상태를 이용해도 무방하다. 그 상태가 생존이 위태로운 정도일 필요가 없으며, 현저한 재산감소의 위험이 있는 경우에도 인정될 수 있다. 또한 곤궁하고 절박한 상태를 초래한 원인이 누구에게 있는가도 불문한다. '이용'이란 상대방의 곤궁하고 절박한 상태를 부당한 이익취득의 수단으로 사용하는 것을 말한다.

(2) 현저하게 부당한 이익을 취득하는 행위

현저하게 부당한 이익의 취득 여부는 단순히 시가와 이익과의 배율로만 판단할 것이 아니라 구체적·개별적 사안에 있어서 일반인의 사회통념에 따라 결정하여야 한다. 피해자가 곤궁하고 절박한 상태에 있었는지 여부 및 급부와 반대급부 사이에 현저히 부당한 불균형이 존재하는지 여부는 거래당사자의 신분과 상호간의 관계, 피해자가 처한 상황의 절박성의 정도, 계약의 체결을 둘러싼 협상과정 및 거래를 통한 피해자의 이익, 피해자가 그 거래를 통해 추구하고자 한 목적을 달성하기 위한 다른 적절한 대안의 존재 여부 등 제반 상황을 종합하여 구체적으로 판단하되, 특히 자유시장 경제질서와 여기에서 파생되는 사적 계약자유의 원칙을 고려하여 그 범죄의 성립을 인정함에 있어서는 신중을 요한다. 예를 들면 외국인 여행객에 대하여 현저하게 부당한 택시요금을 청구하는 행위, 위급환자에 대하여 현저하게 부당한 금액으로 치료약을 제공하는 행위, 여름철 피서지에서 각종 바가지요금을 청구하는 행위, 사채업자가 고리대금을 요구하는 경우 등이 이에 해당한다.

한편 개발사업 등이 추진되는 사업부지 중 일부의 매매와 관련된 이른바 '알박기' 사건에서 본죄의 성립 여부가 문제되는 경우에 그 범죄의 성립을 인정하기 위하여는 피고인이 피해자의 개발사업 등이 추진되는 상황을 미리 알고 그 사업부지 내의 부동산을 매수한 경우이거나 피해자에게 협조할 듯한 태도를 취하여 사업을 추진하도록 한 후에 협조를 거부하는 경우 등과 같이 피해자가 곤궁하고 절박한 상태에 빠지게 된 데에 피고인이 적극적으로 원인을 제공하였거나 상당한 책임을 부담하는 정도에 이르러야 한다.[1] 이러한 정도에 이르지 아니하고, 단지 개발사업 등이 추진되기 오래 전부터 사업부지 내의 부동산을 소유하여 온 피고인이 이를 매도하라는 피해자의 제안을 거부하다가 수용하는 과정에서 큰 이득을 취하였다는 사정만으로 함부로 본죄의 성립을 인정하여서는 아니 된다.[2]

제 4 절 공갈의 죄

Ⅰ. 공갈죄

제350조(공갈) ① 사람을 공갈하여 재물의 교부를 받거나 재산상의 이익을 취득한 자는 10년 이하의 징역

---

1) 대법원 2010. 5. 27. 선고 2010도778 판결; 대법원 2009. 1. 15. 선고 2008도1246 판결; 대법원 2008. 5. 29. 선고 2008도2612 판결(甲건설회사의 공동주택신축사업 계획을 미리 알고 있던 乙이 사업부지 내의 토지소유자 丙을 회유하여 甲과 맺은 토지매매 약정을 깨고 자신에게 이를 매도 및 이전등기하게 한 다음 이를 甲에게 재매도하면서 2배 이상의 매매대금과 양도소득세를 부담시킨 경우 부당이득죄가 성립한다).

2) 대법원 2009. 1. 15. 선고 2008도8577 판결(아파트 건축사업이 추진되기 수년 전부터 사업부지 내 일부 부동산을 소유하여 온 피고인이 사업자의 매도 제안을 거부하다가 인근 토지 시가의 40배가 넘는 대금을 받고 매도한 사안에서, 부당이득죄의 성립을 부정한 사례); 대법원 2006. 9. 8. 선고 2006도3366 판결(피고인이 이 사건 토지지분을 시가의 약 10배에 해당하는 가격으로 매도함으로써 사회통념상 과도한 이득을 취하였다는 사정만으로는 피고인이 피해자들의 궁박한 상태를 이용하여 현저하게 부당한 이득을 취득하였다고 단정할 수 없다); 대법원 2005. 9. 29. 선고 2005도4239 판결(피고인 1은 이 사건 아파트 건축사업이 추진되기 훨씬 이전에 이 사건 부동산을 구입하여 계속 소유하고 있었던 점, 피고인 1은 피해 회사와 이 사건 부동산을 4억 5천만원에 매매하기로 하였다가 피해 회사가 계약금으로 너무 적은 금액인 200만원만을 가져오는 바람에 계약 체결이 무산된 점, 피고인들이 이 사건 부동산을 매도하여야 할 의무가 있다거나 협조하여야 할 법률상 내지 신의칙상 의무가 있다고 볼 수 없는 점, 피해 회사는 주택건설을 목적으로 하는 회사로서 아파트 건설사업을 함에 있어 토지매매과정에서 토지소유자들이 시가보다 높게 요구하는 것은 어느 정도 예견가능하고 이에 따른 위험부담을 충분히 예상할 수 있는 점, 이러한 상황을 전혀 대비하지 않고 사업계획을 추진한 피해 회사가 스스로 궁박한 상태를 자초하였다고도 볼 수 있는 점, 피해 회사가 지급한 매매대금의 액수와 이 사건 부동산의 가치가 약 6배 정도 차이가 나기는 하나, 피해 회사는 아파트 건설사업에 따라 발생하는 이윤의 규모와 비교형량하여 이를 매수한 것이므로, 피해 회사가 이 사건 매매로 인하여 재산상 손해를 보았다고 단정할 수 없는 점, 피해 회사는 피고인 1과 이 사건 매매계약을 체결하고 계약금만 지급한 직후에 피고인들을 부당이득죄로 형사고소함으로써 약정 매매대금 전부를 지급하려는 의사가 있었는지에 대하여 의문이 드는 점 등을 종합하여 보면, 피고인들이 이 사건 부동산을 시가의 약 6배에 해당하는 가격으로 매도함으로써 사회통념상 다소 과도한 이득을 취득하였다고 할지라도, 그러한 사정만으로 피고인들이 '현저하게 부당한 이득'을 취득하였다고 단정할 수 없다); 대법원 2005. 4. 15. 선고 2004도1246 판결; 대법원 1972. 10. 31. 선고 72도1803 판결.

또는 2천만원 이하의 벌금에 처한다.
② 전항의 방법으로 제삼자로 하여금 재물의 교부를 받게 하거나 재산상의 이익을 취득하게 한 때에도 전항의 형과 같다.
제351조(상습범) 상습으로 제347조 내지 전조의 죄를 범한 자는 그 죄에 정한 형의 2분의 1까지 가중한다.
제352조(미수범)   제347조 내지 제348조의2, 제350조, 제350조의2와 제351조의 미수범은 처벌한다.
제353조(자격정지의 병과) 본장의 죄에는 10년 이하의 자격정지를 병과할 수 있다.
제354조(친족간의 범행, 동력)   제328조와 제346조의 규정은 본장의 죄에 준용한다.

1. 의의 및 보호법익

공갈죄는 사람을 공갈하여 재물의 교부를 받거나 재산상의 이익을 취득하거나 제3자로 하여금 재물의 교부를 받게 하거나 재산상의 이익을 취득하게 함으로써 성립하는 범죄이다. 본죄는 폭행 또는 협박을 그 수단으로 한다는 점에서 강도죄와 유사하지만, 강도죄에서의 폭행 또는 협박이 항거가 불가능한 정도에 이를 것을 요하는 반면에, 본죄에서의 폭행 또는 협박은 이러한 정도에 이를 것을 요하지 않는다는 점에서 구별된다.[1] 또한 본죄는 상대방의 하자 있는 의사표시를 요한다는 점에서 사기죄와 유사하지만, 사기죄는 기망이라는 수단을 사용하는 반면에, 본죄는 폭행 또는 협박을 수단으로 사용한다는 점에서 구별된다.

본죄의 보호법익은 재산 및 개인의 의사결정·활동의 자유이고, 보호의 정도는 침해범이다. 그러므로 피공갈자와 재산상의 피해자가 일치하지 않는 삼각공갈의 경우, 재산상의 피해자뿐만 아니라 피공갈자도 피해자가 된다.

2. 구성요건

(1) 객 체

본죄의 객체는 타인이 점유하는 타인의 재물 또는 재산상의 이익[2]이다. 이와 같이 공갈죄의 대상이 되는 재물은 타인의 재물을 의미하므로, 사람을 공갈하여 자기의 재물의 교부를 받는 경우에는 공갈죄가 아니라 권리행사방해죄가 성립한다. 금전을 도난당한 경우 절도범이 절취한 금전만 소지하고 있는 때와 같이 구체적으로 절취된 금전을 특정할 수 있어 객관적으로 다른 금전 등과 구분됨이 명백한 예외적인 경우에는 절도피해자에 대한 관계에서 그 금전이 절

---

1) 대법원 1961. 5. 12. 선고 4294형상101 판결; 대법원 1956. 5. 8. 선고 56도50 판결.
2) 대법원 1983. 2. 8. 선고 82도2714 판결(공갈정교사건)(피고인이 가짜 기자행세를 하면서 싸롱객실에서 나체쇼를 한 피해자를 고발할 것처럼 데리고 나와 여관으로 유인한 다음, 겁에 질려있는 그녀의 상태를 이용하여 동침하면서 1회 성교하여 그녀의 정조 대가에 상당하는 재산상의 이익을 갈취하였다는 공소사실에 대하여, 공갈죄는 재산범으로서 그 객체인 재산상의 이익은 경제적 이익이 있는 것을 말하는 것인바, 일반적으로 부녀와의 정부 그 자체는 이를 경제적으로 평가할 수 없는 것이므로 부녀를 공갈하여 정교를 맺었다고 하여도 특단의 사정이 없는 한 이로써 재산상의 이익을 갈취한 것이라고 볼 수는 없는 것이며, 부녀가 주점접대부라고 할지라도 피고인과 매음을 전제로 정교를 맺은 것이 아닌 이상 피고인이 매음대가의 지급을 면하였다고 볼 여지가 없으니 공갈죄가 성립하지 아니한다).

도범인 타인의 재물이라고 할 수 없다.[1]

(2) 행 위

본죄의 실행행위는 사람을 폭행 또는 협박하여 상대방으로 하여금 공포심을 일으키게 하고, 피공갈자가 공포심에 기하여 처분행위를 하고, 자기 또는 제3자가 재물 또는 재산상의 이익을 취득하는 것이다.

1) 폭행 또는 협박

① 폭 행

'폭행'이란 사람에 대한 유형력의 행사를 말한다. 반드시 사람의 신체에 대한 것일 필요는 없고, 사람에 대한 것이면 족하다. 절대적 폭력의 행사인 경우에는 피해자의 처분행위 자체를 인정할 수 없으므로 공갈죄의 폭행은 일정한 처분행위를 하도록 강요하는 강제적 폭력에 국한된다.[2] 예를 들면 가해자가 피해자의 팔을 꽉 붙잡고 도장을 찍게 하는 경우에는 공갈죄가 성립하지 않고 강도죄의 성립 여부가 문제된다. 본죄에서의 폭행은 강도죄와 달리 항거불가능한 정도의 폭행을 요하지 아니하고, 의사결정의 자유를 제한할 정도로 족하다.

② 협 박

'협박'이란 해악을 고지하여 상대방으로 하여금 공포심을 일으키게 하는 행위를 말한다. 여기서의 상대방은 처분행위를 할 수 있을 정도의 의사능력이 있음을 요한다. 공갈죄의 수단인 협박은 사람의 의사결정의 자유를 제한하거나 의사실행의 자유를 방해할 정도로 겁을 먹게 할 만한 해악을 고지하는 것을 의미한다. 해악의 고지는 반드시 명시적인 방법이 아니더라도 말이나 행동을 통해서 상대방으로 하여금 어떠한 해악에 이르게 할 것이라는 인식을 갖게 하는 것이면 족하고[3], 피공갈자 이외의 제3자를 통해서 간접적으로 할 수도 있으며, 행위자가 그의 직업·지위 등에 기하여 불법한 위세를 이용하여 재물의 교부나 재산상의 이익을 요구하고 상대방으로 하여금 그 요구에 응하지 않을 때에는 부당한 불이익을 당할 위험이 있다는 위구심을

---

1) 대법원 2012. 8. 30. 선고 2012도6157 판결(40억쇼핑백사건)(피고인은 금고에 오만원권 지폐를 일정 단위로 고무줄로 묶어 넣는 등으로 관리하는 한편 금고 옆에는 일만 원권 등을 넣은 쇼핑백들을 두어 관리한 사실, 공소외 3은 공소외 2와 약 40억 3,000만원이 들어 있던 금고와 금고 옆 쇼핑백들을 훔친 다음, 공소외 2로부터 5억 7,000만원 가량을 분배받아, 훔친 쇼핑백 1개와 자신이 가져간 나이키 운동가방 1개에 나누어 넣은 뒤 자신의 집 싱크대에 숨겨 둔 사실, 공소외 3은 공소사실 기재와 같은 경위로 피고인과 공소외 4에게 절취된 금전 중 1,600만원을 소비한 외에 나머지 금전이 보관되어 있던 위 운동가방과 쇼핑백을 그대로 건네주었는데 그때까지 그 금전이 다른 금전과 섞이거나 교환된 바는 없는 사실을 알 수 있다. 위와 같은 사실관계를 앞서 본 법리에 비추어 보면, 공소외 3에 의하여 위 금고와 함께 금전을 절취당한 공소외 1의 지시에 의하여 피고인과 공소외 4가 공소외 3으로부터 되찾은 이 사건 금전은 바로 절취 대상인 당해 금전이라고 구체적으로 특정할 수 있어 객관적으로 공소외 3의 다른 재산과 구분됨이 명백하므로, 절취 당시 소유자인 공소외 1 및 그로부터 이 사건 행위를 지시받은 피고인과 공소외 4의 입장에서 이 사건 금전을 타인인 공소외 3의 재물이라고 볼 수 없다. 따라서 비록 피고인과 공소외 4가 공소외 3을 공갈하여 이 사건 금전을 교부받았다고 하더라도, 그 수단이 된 행위로 별도의 범죄가 성립될 수 있음은 별론으로 하고, 타인의 재물을 갈취한 행위로서 공갈죄가 성립된다고 할 수 없다).

2) 반면에 절대적 폭력도 포함된다는 견해로는 박상기, 657면.

3) 대법원 2005. 7. 15. 선고 2004도1565 판결.

일으키게 하는 경우에도 해악의 고지가 된다.[1]

　해악이 진실한 사실인 경우뿐만 아니라 허위의 사실인 경우에도 협박이 될 수 있다. 그러므로 고지된 해악의 내용 중에 일부 허위가 있다고 하더라도 그것이 상대방을 외포시킴에 족하고 재물의 교부가 외포에 기인하는 경우에는 공갈죄가 성립한다.[2] 하지만 그 해악이 객관적으로 실현불가능한 경우라고 할지라도 상대방이 실현가능한 것으로 인식할 정도는 되어야 한다. 또한 해악은 고지자가 해악의 발생에 어떠한 영향을 미칠 수 있는 해악이어야 한다. 그러므로 그 해악에는 인위적인 것뿐만 아니라 천재지변 또는 신력이나 길흉화복에 관한 것도 포함될 수 있으나, 다만 천재지변 또는 신력이나 길흉화복을 해악으로 고지하는 경우에는 상대방으로 하여금 행위자 자신이 그 천재지변 또는 신력이나 길흉화복을 사실상 지배하거나 그에 영향을 미칠 수 있는 것으로 믿게 하는 명시적 또는 묵시적 행위가 있어야 공갈죄가 성립한다.[3]

　한편 권리행사의 수단으로 공갈행위를 한 경우의 죄책과 관련하여, ① 권리행사의 수단이 위법하므로 전체로서의 공갈이 위법하게 되어 공갈죄가 성립한다는 적극설[4], ② 정당한 권리가 있는 이상 재물이나 재산상의 이익의 취득이 불법하다고 할 수 없으므로 경우에 따라 강요죄 · 폭행죄 · 협박죄 등의 성립은 별론으로 하더라도 공갈죄가 성립하지 않는다는 소극설[5] 등의 대립이 있다.

　이에 대하여 판례는 「고지된 해악의 실현은 반드시 그 자체가 위법한 것임을 요하지 아니하며, 해악의 고지가 권리실현의 수단으로 사용된 경우라고 하여도 그것이 권리행사를 빙

---

1) 대법원 2013. 4. 11. 선고 2010도13774 판결(소비자불매운동사건)(대상 기업에 특정한 요구를 하면서 이에 응하지 않을 경우 불매운동의 실행 등 대상 기업에 불이익이 되는 조치를 취하겠다고 고지하거나 공표하는 것과 같이 소비자불매운동의 일환으로 이루어지는 것으로 볼 수 있는 표현이나 행동이 정치적 표현의 자유나 일반적 행동의 자유 등의 관점에서도 전체 법질서상 용인될 수 없을 정도로 사회적 상당성을 갖추지 못한 때에는 그 행위 자체가 강요죄나 공갈죄에서 말하는 협박의 개념에 포섭될 수 있으므로 …).

2) 대법원 1961. 9. 21. 선고 4294형상385 판결.

3) 대법원 2002. 2. 8. 선고 2000도3245 판결(조상천도제사건)(피고인이 그의 처인 공소외 1과 공모하여 1997. 11. 15.경 피고인의 집에서 공소외 1은 전화로 피해자 5에게 '작은 아들이 자동차를 운전하면 교통사고가 나 크게 다치거나 죽거나 하게 된다. 조상천도를 하면 교통사고를 막을 수 있고 보살(피해자 5 지칭)도 아픈 곳이 낫고 사업도 잘 되고 모든 것이 잘 풀려 나간다. 조상천도비용으로 795,000원을 내라.'고 말하여 만일 피해자 5가 조상천도를 하지 아니하면 피해자 5와 그의 가족의 생명과 신체에 어떤 위해가 발생할 것처럼 겁을 주어 이에 외포된 피해자 5로부터 같은 달 16일 같은 장소에서 795,500원을 건네받아 이를 갈취하고, 1997년 12월 중순경 같은 장소에서 공소외 1은 피해자 6에게 전화로 '묘소에 있는 시아버지 목뼈가 왼쪽으로 돌아가 아들이 형편없이 빗나가 학교에도 다니지 못하게 되고 부부가 이별하게 되고 하는 사업이 망하고 집도 다른 사람에게 넘어가게 된다. 조상천도를 하면 모든 것이 다 잘 된다. 조상천도를 하지 않으면 큰일난다.'고 말하여 만일 조상천도를 하지 아니하면 피해자 6과 그의 가족의 생명과 신체 등에 어떤 위해가 발생할 것처럼 겁을 주고 이에 외포된 피해자 6으로부터 1998. 1. 5. 피고인의 예금계좌로 835,000원을 송금받아 이를 갈취하였다는 이 사건 각 공갈의 공소사실에 대하여, 공소사실과 같은 해악의 고지는 길흉화복이나 천재지변의 예고로서 피고인에 의하여 직접, 간접적으로 좌우될 수 없는 것이고 가해자가 현실적으로 특정되어 있지도 않으며 해악의 발생가능성이 합리적으로 예견될 수 있는 것이 아니므로 이는 협박으로 평가될 수 없다).

4) 손동권/김재윤, 417면; 신동운, 1057면; 오영근, 349면; 정성근/정준섭, 266면; 정영일, 202면.

5) 김선복, 353면; 김성천/김형준, 448면; 김신규, 455면; 김일수/서보학, 380면; 박상기, 658면; 배종대, 404면; 이영란, 376면; 이재상/장영민/강동범, 387면; 이형국/김혜경, 441면; 임 웅, 483면. 다만 이 견해는 폭행죄, 협박죄, 강요죄 등의 성립을 인정하고 있다.

자하여 협박을 수단으로 상대방을 겁을 먹게 하였고, 권리실행의 수단·방법이 사회통념상 허용되는 정도나 범위를 넘는다면 공갈죄가 성립한다.」라고 판시[1]하여, 적극설의 입장을 취하고 있다.

생각건대 절도죄에서 살펴 본 바와 같이, 영득의 불법성설보다는 갈취의 불법성설이 타당하므로 공갈죄의 성립이 긍정된다고 보아야 한다. 그러므로 정당한 권리를 가졌다고 하더라도 그 권리행사에 빙자하여 협박을 수단으로 상대방을 외포하게 하여 재물의 교부 또는 재산상의 이익을 받은 경우와 같이 그 행위가 권리행사라고 인정되지 않는 경우에는 공갈죄가 성립한다.

판례에 의하면, ① 종업원이 주인을 협박하여 그 업소에 취직을 하여 그 주인으로부터 월급 상당액을 교부받았지만 종업원이 상당한 근로를 제공한 바가 없는 경우[2], ② 피고인이 교통사고로 상해를 당하여 그로 인한 손해배상청구권이 있음을 기화로 하여 피고인들이 사고차의 운전사가 바뀐 것을 알고 사고차량의 운전사에게 금원을 요구하며 만약 이에 응하지 않으면 수사기관에 신고할 것 같은 태도를 보여 동인을 외포하게 하고 이에 겁을 먹은 동인으로부터 3,500,000원을 교부받은 경우[3], ③ 피고인이 피해자가 공소외인의 채무를 갚지 않자 동인으로부터 채권회수의 의뢰를 받고 피고인은 이를 승낙하여 외상대금을 받아주기로 마음먹고 동 피해자에게 공소외인의 채무를 당장 갚고 나서 영업을 하라고 요구하고, 이를 갚기 전에는 영업을 할 수 없다 하면서 개새끼라고 욕을 하고 눈을 치켜뜨고 죽어볼래 하면서 동인의 멱살을 2, 3분 잡아 흔드는 등 겁을 먹게 하여 동 피해자로 하여금 금원을 공소외인에게 교부하게 한 경우[4], ④ 피해자의 유혹으로 간통관계를 갖게 되었다고 하더라도 이를 미끼로 협박하여 금원의 교부를 받은 경우[5], ⑤ 피해자(남편)가 그의 의사에 반하여 5개월가량 정신병원에 입원해 있으면서 피고인(부인)에게 수차례에 걸쳐 퇴원시켜 줄 것을 요청하였음에도 거절된 상황에서 비록 피고인이 먼저 부동산 등을 넘겨주면 퇴원시켜 주되 그렇지 않으면 퇴원시켜 주지 않겠다고 명시적으로 언급하지는 않았다 하더라도, 자신에 대한 입원조치가 계속되는 것에 불안감을 느끼고 퇴원을 적극 요구하던 피해자가 퇴원을 조건으로 하여 부동산 등의 이전요구에 응한 경우[6], ⑥ 호텔투숙비의 지급을 면제받기 위해서 폭력배와 잘 알고 있다는 지위를 이용하여 불법한 위세를 보인 경우[7], ⑦ 영화의 소재가 된 폭력조직의 두목 또

1) 대법원 2013. 9. 13. 선고 2013도6809 판결; 대법원 2007. 10. 11. 선고 2007도6406 판결(피고인이 2003. 1. 11.부터 2004. 1. 13.까지 사이에 공소외 1은 주식회사 옵셔널캐피탈의 자금 100억원을 횡령하였다는 등으로 수사기관에 고소하거나 그와 같은 취지의 글을 인터넷에 수회에 걸쳐 게시하였을 뿐만 아니라 회계장부 열람을 위한 가처분을 신청하거나 이를 이유로 옵셔널캐피탈의 사무실을 수시로 방문하는 행위로 인하여 옵셔널캐피탈의 업무에 사실상 적지 않은 방해를 주고 있는 상황에서 공소외 3에게 이러한 행위를 중단하는 대가로 금전을 요구하면서 만일 옵셔널캐피탈이 피고인의 요구를 받아들이지 않을 경우 앞으로도 계속하여 고소 제기 등과 같은 행위를 함으로써 옵셔널캐피탈의 업무에 지장을 줄 것 같은 태도를 보인 것은 옵셔널캐피탈에 대한 공갈행위를 구성한다); 대법원 2004. 9. 24. 선고 2003도6443 판결; 대법원 2001. 2. 23. 선고 2000도4415 판결; 대법원 1996. 9. 24. 선고 96도1251 판결; 대법원 1996. 3. 22. 선고 95도2801 판결; 대법원 1993. 9. 14. 선고 93도915 판결; 대법원 1991. 12. 13. 선고 91도2127 판결; 대법원 1990. 8. 14. 선고 90도114 판결; 대법원 1990. 3. 27. 선고 89도2036 판결; 대법원 1971. 7. 6. 선고 71도712 판결.
2) 대법원 1991. 10. 11. 선고 91도1755 판결.
3) 대법원 1990. 3. 27. 선고 89도2036 판결.
4) 대법원 1987. 10. 26. 선고 87도1656 판결.
5) 대법원 1984. 5. 9. 선고 84도573 판결.
6) 대법원 2001. 2. 23. 선고 2000도4415 판결.

는 조직원이 그 영화제목에 투자한 피해자들에게 조직폭력배들의 불량한 성행, 경력 등을 이용하여 재물의 교부를 요구한 경우1), ⑧ 방송기자인 피고인이 피해자에게 피해자 경영의 건설회사가 건축한 아파트의 진입도로미비 등 공사하자에 관하여 방송으로 계속 보도할 것 같은 태도를 보임으로써 피해자가 위 방송으로 말미암아 그의 아파트 건축사업이 큰 타격을 받고 자신이 경영하는 회사의 신용에 커다란 손실을 입게 될 것을 우려하여 방송을 하지 말아 달라는 취지로 돈 2,000,000원을 피고인에게 교부한 경우2), ⑨ 신문의 부실공사 관련 기사에 대한 해당 건설업체의 반박광고가 있었음에도 재차 부실공사 관련 기사가 나가는 등 그 신문사 기자들과 그 건설업체 대표이사의 감정이 악화되어 있는 상태에서, 그 신문사 사주 및 광고국장이 보도 자제를 요청하는 그 건설업체 대표이사에게 자사 신문에 사과광고를 싣지 않으면 그 건설업체의 신용을 해치는 기사가 계속 게재될 것 같다는 기자들의 분위기를 전달하는 방식으로 사과광고를 게재토록 하면서 과다한 광고료를 받은 경우3) 등에 있어서는 본죄가 성립한다.

하지만 ① 처분권주의·변론주의의 원리를 채택하고 있는 민사소송에 있어 부당한 제소나 그 소송의 유지가 있다고 하더라도 상대방은 이에 응소하여 방어권을 충분히 행사할 수 있는 것이고, 소의 취하는 상대방이 이를 강제할 수 없는 것이므로, 토지매도인이 그 매매대금을 지급받기 위하여 매수인을 상대로 하여 당해 토지에 관한 소유권이전등기말소청구소송을 제기하고 위 대금을 변제받지 못하면 위 소송을 취하하지 아니하고 예고등기도 말소하지 않겠다는 취지를 알린 경우4), ② 피고인이 피해자에게 금전을 요구하는 메모나 편지를 보낸 것은 피고인이 공사한 건물의 대장상의 평수보다 실제상의 평수가 더 많은데 불구하고, 대장상의 평수를 기준으로 공사대금이 지급되어 손해가 많으니 그 실제상의 공사평수에 의한 공사대금을 지급하라는 것이고 그렇지 않으면 구청장에게 진정을 하여서라도 대장상의 건물평수의 부족함을 밝힌 경우5), ③ 국가안전기획부 직원이 아들 담임선생님의 부탁을 받고 그 담임선생님의 채무자에게 채무변제를 독촉하는 과정에서 다소 위협적인 말을 한 경우6), ④ 가출자의 가족에 대하여 가출자의 소재를 알려주는 조건으로 보험가입을 요구한 경우7), ⑤ 지역신문의 발행인이 시정에 관한 비판기사 및 사설을 보도하고 관련 공무원에게 광고의뢰 및 직보배정을 타신문사와 같은 수준으로 높게 해달라고 요청한 경우8), ⑥ 피고인이 그 소유건물에 인접한 대지 위에 건축허가조건에 위반되게 건물을 신축·사용하는 소유자로부터 일조권 침해 등으로 인한 손해배상에 관한 합의금을 받은 경우9), ⑦ 피고인이 소방도로를 무단점용하고 있어 자리세 등을 지급받을 정당한 권원이 없었다고 하더라도 피해자가 이를 알면서 피고인과 자리세를 지급하기로 약정하여 이를 지급하여 온 경우10) 등에 있어서는 본죄가 성립하지 아니한다.

7) 대법원 2003. 5. 13. 선고 2003도709 판결.

1) 대법원 2005. 7. 15. 선고 2004도1565 판결.

2) 대법원 1991. 5. 28. 선고 91도80 판결.

3) 대법원 1997. 2. 14. 선고 96도1959 판결.

4) 대법원 1989. 2. 28. 선고 87도690 판결.

5) 대법원 1979. 10. 30. 선고 79도1660 판결.

6) 대법원 1993. 12. 24. 선고 93도2339 판결.

7) 대법원 1976. 4. 27. 선고 75도2818 판결(가출자를 찾으려고 하는 그 가족들의 안타까운 심정을 이용하여 보험가입을 권유 내지 요구하는 언동으로 도의상 비난할 수 있을지언정 그로 인하여 가족들에 새로운 외포심을 일으키게 되거나 외포심이 더하여 진다고는 볼 수 없으므로 이를 공갈죄에 있어서의 협박이라고 단정할 수 없다).

8) 대법원 2002. 12. 10. 선고 2001도7095 판결.

9) 대법원 1990. 8. 14. 선고 90도114 판결.

10) 대법원 1985. 5. 14. 선고 84도2289 판결.

2) 교부행위 또는 처분행위

재물의 취득으로 인한 공갈죄가 성립하려면 재물의 교부행위가 있어야 하고, 재산상의 이익의 취득으로 인한 공갈죄가 성립하려면 재산상의 이익을 공여하는 처분행위가 있어야 한다. 피공갈자의 교부·처분행위는 법률행위 이외에 사실상의 행위로도 족하다. 또한 교부·처분행위는 반드시 작위에 한하지 아니하고 부작위로도 족하기 때문에 피공갈자가 외포심을 일으켜 묵인하고 있는 동안에 공갈자가 직접 재산상의 이익을 탈취한 경우에도 공갈죄가 성립할 수 있다.[1]

여기서 '처분행위'란 피공갈자 또는 제3자에게 재물을 교부하거나 재산상의 이익을 취득하게 하는 행위를 말한다. 만약 피공갈자가 공포심을 일으키지 않았거나 공포심을 일으켰더라도 처분행위를 하지 않는다면 미수에 불과할 뿐이다. 그러나 폭행의 상대방이 처분행위를 한 바 없고, 단지 행위자가 법적으로 의무 있는 재산상의 이익의 공여를 면하기 위하여 상대방을 폭행하고 현장에서 도주함으로써 상대방이 행위자로부터 원래라면 얻을 수 있었던 재산상의 이익의 실현에 장애가 발생한 것에 불과하다면, 그 행위자에게 공갈죄의 죄책을 물을 수 없다.[2] 한편 공갈의 상대방은 재산상의 피해자와 동일함을 요하지는 아니하지만, 공갈의 목적이 된 재물 기타 재산상의 이익을 처분할 수 있는 사실상 또는 법률상의 권한을 갖거나 그러한 지위에 있음을 요한다.[3]

3) 재물 또는 재산상의 이익의 취득

본죄가 성립하기 위해서는 본인 또는 제3자가 재물의 교부를 받거나 재산상의 이익을 취득해야 한다. 특정경제범죄가중처벌법 제3조 제1항 소정의 '이득액'이란 거기에 열거된 범죄행위로 인하여 취득하거나 제3자로 하여금 취득하게 한 불법영득의 대상이 된 재물이나 재산상

1) 대법원 1960. 2. 29. 선고 4292형상997 판결.
2) 대법원 2012. 1. 27. 선고 2011도16044 판결(택시요금지급거부사건)(피고인이 택시를 타고 간 후 ○○초등학교 앞 도로에 이르러 택시요금의 지급을 면할 목적으로 '상북 천전리에 가자고 하였다'고 하면서 차량에서 내린 사실, 이에 피해자는 피고인을 따라가면서 거기까지의 택시요금 14,000원의 지급을 요구한 사실, 그러자 피고인은 피해자의 목을 잡고 주먹으로 얼굴을 여러 차례 때린 다음 현장에서 달아난 사실, 그러자 피해자는 피고인으로부터 택시요금을 받기 위하여 피고인이 가자고 하였던 위 울주군 상북면 천전리 입구까지 쫓아가 피고인을 기다린 사실, 피해자는 그곳에서 같은 날 01:10경 택시에 타고 있던 피고인을 발견하고 택시요금의 지급을 요구한 사실, 그러자 피고인이 다시 피해자의 얼굴 등을 주먹으로 때리고 달아난 사실(이 부분 폭행행위가 이 사건 공소사실 중 폭행의 점을 이룬다)을 인정할 수 있다. 그렇다면 피해자는 피고인에게 계속해서 택시요금의 지급을 요구하였으나 피고인이 이를 면하고자 피해자를 폭행하고 달아났을 뿐이고, 피해자가 피고인으로부터 폭행을 당하여 외포심을 일으켜 피고인이 택시요금을 지급하지 아니하는 것을 묵인하는 등으로 택시요금의 지급에 관하여 수동적·소극적으로라도 피고인이 이를 면하는 것을 용인하여 그 이익을 공여하는 처분행위를 하였다고 할 수 없다).
3) 대법원 2005. 9. 29. 선고 2005도4738 판결(랑데부룸살롱사건)(피고인 1, 3, 7 등이 공동하여, 피해자 공소외 2가 종업원으로 일하고 있던 랑데부룸살롱에서 피해자에게 은근히 조직폭력배임을 과시하면서 '이 새끼들아 술 내놔.'라고 소리치고, 피고인 1 등은 험악한 인상을 쓰면서 '너희들은 공소외 3이 깡패도 아닌데 왜 따라 다니며 어울리냐.'라고 말하는 등의 방법으로 신체에 위해를 가할 듯한 태도를 보여 이에 겁을 먹은 위 피해자로부터 주류를 제공받아 이를 각 갈취하였다면, 위 피고인들로부터 협박을 당한 공소외 2는 위 주류에 대한 사실상의 처분권자이므로 공소외 2를 공갈죄의 피해자라고 봄이 상당하다).

의 이익의 가액의 합계인 것이지 궁극적으로 그와 같은 이득을 실현할 것인지, 거기에 어떠한
조건이나 부담이 붙었는지 여부는 영향이 없다.[1] 즉 공갈행위로 취득한 재산 중에 행위자가 취
득할 수 있는 권리가 있는 때에도 그 재산의 가분·불가분을 묻지 아니하고 취득한 전부에 대하
여 공갈죄가 성립한다.[2]

4) 재산상의 손해 발생

본죄가 성립하기 위해서 재산상의 손해가 발생하여야 하는지 여부에 대하여는 이를 긍정
하는 견해[3]가 있지만, 재산상의 손해발생을 요하지 않는다고 보는 것이 타당하다. 한편 피공갈
자의 하자 있는 의사에 기하여 이루어지는 재물의 교부 자체가 공갈죄에서의 재산상 손해에 해
당하므로, 반드시 피해자의 전체 재산의 감소가 요구되는 것도 아니다.[4]

5) 인과관계

폭행 또는 협박, 피공갈자의 공포심의 발생, 교부·처분행위, 재물 또는 재산상의 이익의 취
득 사이에는 인과관계가 있어야 하며, 인과관계가 부정될 경우에는 미수범으로 처벌된다.

3. 실행의 착수시기 및 기수시기

본죄의 실행의 착수시기는 폭행 또는 협박을 개시한 때이며, 본죄의 기수시기는 재물 또
는 재산상의 이익을 취득한 때이다. 부동산에 대한 공갈죄는 그 부동산에 관하여 소유권이전
등기를 경료받거나 인도를 받은 때에 기수로 되는 것이고, 소유권이전등기에 필요한 서류를
교부받은 때에 기수로 되는 것은 아니다.[5] 동산에 대한 공갈죄의 경우에는 현실의 인도가 있
어야 한다.[6] 피해자들을 공갈하여 피해자들로 하여금 지정한 예금구좌에 돈을 입금하게 한 이
상, 그 돈은 범인이 자유로이 처분할 수 있는 상태에 놓인 것으로서 공갈죄는 이미 기수에 이
르렀다.[7]

4. 죄수 및 다른 범죄와의 관계

(1) 죄 수

한 사람을 폭행 또는 협박하여 그가 관리하는 수인의 재물 또는 재산상의 이익을 취득한
경우에는 공갈죄의 단순일죄에 해당한다. 동일한 피해자에게 동일한 내용으로 여러 차례 공갈

1) 대법원 2000. 2. 25. 선고 99도4305 판결.
2) 대법원 1990. 3. 27. 선고 89도2036 판결.
3) 김선복, 352면; 김성돈, 426면; 김성천/김형준, 446면; 김신규, 454면; 김일수/서보학, 378면; 김혜정 외 4인, 374면; 배종대, 403면; 손동권/김재윤, 415면; 이재상/장영민/강동범, 385면; 이형국/김혜경, 440면; 정성근/정준섭, 264면.
4) 대법원 2013. 4. 11. 선고 2010도13774 판결.
5) 대법원 1992. 9. 14. 선고 92도1506 판결.
6) 대법원 2001. 6. 15. 선고 2001도1884 판결(자동차를 갈취하는 경우 자동차에 대한 소유권이전등록을 받기 전이라고 하더라도 자동차를 현실로 인도받은 때에 공갈죄의 기수가 된다).
7) 대법원 1985. 9. 24. 선고 85도1687 판결.

한 경우에는 포괄일죄가 성립할 수 있다.[1] 예를 들면 피고인이 투자금의 회수를 위해 피해자를 강요하여 물품대금을 횡령하였다는 자인서를 받아낸 뒤 이를 근거로 돈을 갈취한 경우, 피고인의 주된 범의가 피해자로부터 돈을 갈취하는 데에 있었던 것이라면 피고인은 단일한 공갈의 범의 아래 갈취의 방법으로 일단 자인서를 작성하게 한 후 이를 근거로 계속하여 갈취행위를 한 것으로 보아야 할 것이므로 공갈죄만을 구성한다.[2] 하지만 수인을 폭행 또는 협박하여 갈취한 경우에는 실체적 경합이 된다.

(2) 다른 범죄와의 관계

1) 횡령죄와의 관계

횡령죄는 불법영득의 의사 없이 목적물의 점유를 시작한 경우라야 하고 타인을 공갈하여 재물을 교부하게 한 경우에는 공갈죄를 구성하는 외에 그것을 소비하고 타에 처분하였다고 하더라도 횡령죄를 구성하지 아니한다.[3]

2) 뇌물죄와의 관계

공무원이 직무집행의 의사 없이 또는 직무처리와 대가적 관계없이 타인을 공갈하여 재물을 교부하게 한 경우에는 공갈죄만이 성립하고, 이러한 경우 재물의 교부자가 공무원의 해악의 고지로 인하여 외포의 결과 금품을 제공한 것이라면 그는 공갈죄의 피해자가 될 것이고 뇌물공여죄는 성립될 수 없다.[4]

3) 사기죄와의 관계

예금통장과 인장을 갈취한 후 예금 인출에 관한 사문서를 위조한 후 이를 행사하여 예금을 인출한 행위는 공갈죄 이외에 별도로 사문서위조죄·동행사죄 및 사기죄가 성립한다.[5]

---

1) 하지만 판례(대법원 1958. 4. 11. 선고 4290형상360 판결)에 의하면, 동일인에 대하여 수차례에 걸쳐 금전갈취를 위한 협박편지를 보냈으나 뜻을 실현하지 못한 경우에는 1개의 협박행위마다 1개의 공갈미수죄가 성립한다고 보고 있다.

2) 대법원 1985. 6. 25. 선고 84도2083 판결.

3) 대법원 1986. 2. 11. 선고 85도2513 판결.

4) 대법원 1994. 12. 22. 선고 94도2528 판결(세무공무원인 피고인 1 등에게 세무조사라는 직무집행의 의사가 있었고, 과다계상된 손금항목에 대한 조사를 하지 않고 이를 묵인하는 조건으로, 다시 말하면 그 직무처리에 대한 대가관계로서 금품을 제공받았으며, 피고인 6은 공무원의 직무행위를 매수하려는 의사에서 금품을 제공하였음을 알 수 있고, 한편 기록에 의하면 피고인 1 등은 세무조사 당시 위 공소외 2 주식회사 명의의 세금계산서가 위장거래에 의하여 계상된 허위의 계산서라고 판단하고 이를 바로잡아 탈루된 세금을 추징할 경우 추징할 세금이 모두 50억원에 이를 것이라고 알려 주었음이 명백함으로 위 문제된 세금계산서가 진정한 거래에 기하여 제출된 것인지, 피고인 1 등의 묵인행위로 인하여 공소외 1 주식회사에게 추징된 세금액수가 실제적으로 줄어든 것이 있는지 여부에 관계없이 피고인들의 행위가 뇌물죄를 구성한다); 대법원 1969. 7. 22. 선고 65도1166 판결(공무원이 직무집행을 빙자하여 타인을 공갈하여 재산을 교부케 한 경우에는 공갈죄만이 성립하고 금품제공자에 대하여 증뢰죄가 성립될 수 없다); 대법원 1966. 4. 6. 선고 66도12 판결(피고인 2가 직무집행의 의사없이 또는 어느 직무처리에 대한 대가적 관계없이 피고인 1을 공갈하여 재물을 교부시켰다면 비록 피해자인 피고인 1에게 뇌물을 공여할 의사가 있었다고 하더라도 피고인 2의 소위는 뇌물수수죄를 구성하지 아니하고, 공갈죄를 구성하며, 피고인 1의 소위는 단순히 공갈죄의 피해자에 지나지 아니하고, 뇌물공여죄를 구성한다고 할 수 없다).

5) 대법원 1979. 10. 30. 선고 79도489 판결.

Ⅱ. 특수공갈죄

> 제350조의2(특수공갈)　단체 또는 다중의 위력을 보이거나 위험한 물건을 휴대하여 전조의 죄를 범한 자는 1년 이상 15년 이하의 징역에 처한다.
> 제351조(상습범)　상습으로 제347조 내지 전조의 죄를 범한 자는 그 죄에 정한 형의 2분의 1까지 가중한다.
> 제352조(미수범)　제347조 내지 제348조의2, 제350조, 제350조의2와 제351조의 미수범은 처벌한다.
> 제353조(자격정지의 병과)　본장의 죄에는 10년 이하의 자격정지를 병과할 수 있다.
> 제354조(친족간의 범행, 동력)　제328조와 제346조의 규정은 본장의 죄에 준용한다.

　　특수공갈죄는 단체 또는 다중의 위력을 보이거나 위험한 물건을 휴대하여 공갈죄를 범함으로써 성립하는 범죄이다. 본죄는 공갈의 행위방법에 있어서 위험성이 크다는 점을 감안하여 불법이 가중된 구성요건이다. 2016. 1. 6. 형법 개정을 통하여 신설된 범죄이다.

제 5 절　횡령의 죄

Ⅰ. 횡령죄

> 제355조(횡령)　① 타인의 재물을 보관하는 자가 그 재물을 횡령하거나 그 반환을 거부한 때에는 5년 이하의 징역 또는 1천500만원 이하의 벌금에 처한다.
> 제356조(업무상의 횡령)　업무상의 임무에 위배하여 제355조의 죄를 범한 자는 10년 이하의 징역 또는 3천만원 이하의 벌금에 처한다.
> 제358조(자격정지의 병과)　전3조의 죄에는 10년 이하의 자격정지를 병과할 수 있다.
> 제359조(미수범)　제355조 내지 제357조의 미수범은 처벌한다.
> 제361조(친족간의 범행, 동력)　제328조와 제346조의 규정은 본장의 죄에 준용한다.

1. 의의 및 보호법익

(1) 의 의

　　횡령죄는 타인의 재물을 보관하는 자가 그 재물을 횡령하거나 그 반환을 거부함으로써 성립하는 범죄이다. 본죄의 법정형이 절도죄 또는 사기죄의 법정형보다 낮은 이유는 타인의 점유침해를 수반하지 않기 때문이다. 본죄는 보관자의 영득행위로써 성립하고, 그 소유자의 처분행위가 불필요하다는 점에서 편취죄와 구별된다. 횡령죄와 배임죄는 동일한 조문에 규정되어 있는데, 양죄는 타인의 신임관계를 위배한다는 점에서는 동일하지만, 횡령죄의 주체('타인의 재물을 보관하는 자') 및 객체('재물')와 배임죄의 주체('타인의 사무를 처리하는 자') 및 객체('재산상의 이익')가 서로 다르다는 점에서 구별된다. 이와 같이 재산 일반에 대해서는 배임죄의 성립 여부가 문제되고, 개개의 재물에 대해서는 횡령죄의 성립 여부가 문제되기 때문에 횡령죄와 배임죄는 택일관계가 아니라 특별관계에 있다고 보아야 한다. 한편 배임죄와 횡령죄는 동일법조에 규정된 죄로서 그 죄질과 처벌이 동일하므로 횡령죄에 해당하는 사실에 대하여 배임죄로 의율한 잘못이 있다고 하여도 판결에 영향을 미치지는 아니한다.[1]

(2) 보호법익

본죄는 다른 사람의 재물에 관한 소유권 등 본권을 그 보호법익으로 한다. 따라서 횡령죄의 객체가 타인의 재물에 속하는 이상 구체적으로 누구의 소유인지는 횡령죄의 성립 여부에 영향이 없다.[2] 하지만 보호의 정도와 관련하여, ① 미수범 처벌규정이 있다는 점에서 침해범이라고 하는 견해[3], ② 절도죄의 경우와 마찬가지로 횡령행위로 말미암아 소유자가 사법상 소유권을 상실하는 것이 아니고 소유권의 위태화라고 하는 상태만 발생한다는 점에서 위험범이라고 하는 견해[4] 등의 대립이 있다.

이에 대하여 판례는 「본권이 침해될 위험성이 있으면 그 침해의 결과가 발생되지 아니하더라도 성립하는 이른바 위태범이므로, 다른 사람의 재물을 보관하는 사람이 그 사람의 동의 없이 함부로 이를 담보로 제공하는 행위는 불법영득의 의사를 표현하는 횡령행위로서, 사법상 그 담보제공행위가 무효이거나 그 재물에 대한 소유권이 침해되는 결과가 발생하는지 여부에 관계없이 횡령죄를 구성한다.」라고 판시[5]하여, 위험범설의 입장을 취하고 있다.

생각건대 본죄는 횡령의 의사를 외부에 표출한 때에 기수가 되기 때문에 법익침해의 위험성이 있으면 그 침해의 결과가 발생되지 아니하더라도 성립하는 위험범이라고 파악하는 것이 타당하다.

2. 구성요건

(1) 주 체

1) 타인의 재물을 보관하는 자

본죄의 주체는 위탁관계 내지 신임관계에 의하여 타인의 재물을 보관하는 자이다(진정신분범). 그러므로 본죄에서의 보관은 위탁관계 내지 신임관계에 기초할 것이 요구된다. 만약 위탁관계 내지 신임관계에 의하지 않은 타인의 재물을 보관하는 자가 이를 영득한 경우에는 점유이탈물횡령죄가 성립할 뿐이다. 예를 들어 친구가 잠시 맡겨 놓은 지갑을 되돌려 주지 않으면 횡

[1] 대법원 1990. 3. 27. 선고 89도1083 판결.
[2] 대법원 2019. 12. 24. 선고 2019도9773 판결(법인격 부인 또는 남용 법리는 회사가 법인격을 남용했다고 볼 수 있는 예외적인 경우에 회사에 법인격이 있더라도 이를 무시하고 그 뒤에 있는 배후자에게 책임을 추궁하는 것이다. 피고인들이 피해 회사의 자회사 계좌를 이용하여 피해 회사의 납품대금을 횡령한 이 사건에서 법인격 부인 여부에 따라 횡령죄의 성립이 좌우되는 것도 아니다).
[3] 김선복, 356면; 김성돈, 432면; 김신규, 459면; 김일수/서보학, 285면; 배종대, 406면; 오영근, 354면; 이상돈, 1096면; 이형국/김혜경, 446면; 정성근/정준섭, 271면.
[4] 김성천/김형준, 455면; 김혜정 외 4인, 380면; 박상기, 660면; 손동권/김재윤, 421면; 신동운, 1072면; 이영란, 380면; 이재상/장영민/강동범, 391면; 임 웅, 488면; 정영일, 204면.
[5] 대법원 2013. 2. 21. 선고 2010도10500 전원합의체 판결; 대법원 2009. 2. 12. 선고 2008도10971 판결; 대법원 2002. 11. 13. 선고 2002도2219 판결; 대법원 1975. 4. 22. 선고 75도123 판결.

령죄가 성립하지만, 우연히 친구의 지갑을 습득한 이후에 되돌려 주지 않으면 점유이탈물횡령죄가 성립한다.

한편 본죄에서 '재물의 보관'이란 재물에 대한 사실상[1] 또는 법률상 지배력이 있는 상태를 말한다. 이와 같이 보관은 형법의 소지뿐만 아니라 민법의 점유까지도 포함하기 때문에 소지가 없는 법률상의 점유자도 보관자가 될 수 있다.[2] 그 보관이 위탁관계에 기인하여야 할 것임은 물론이지만, 그것이 반드시 사용대차·임대차·위임 등의 계약에 의하여 설정되는 것임을 요하지 아니하고 사무관리·관습·조리·신의칙[3]에 의해서도 성립될 수 있다.[4] 또한 위탁관계는 사

---

1) 대법원 2011. 3. 24. 선고 2010도17396 판결; 대법원 2008. 10. 23. 선고 2007도6463 판결; 대법원 2005. 6. 24. 선고 2005도2413 판결.

2) 예를 들면 선하증권, 화물상환증, 창고증권 등 유가증권의 소지인은 화물을 사실상 점유하고 있지 않더라도 유가증권의 인도만으로 유효하게 처분할 수 있는 법률적 지위에 있게 된다.

3) 대법원 2010. 12. 9. 선고 2010도891 판결(착오송금사건)(어떤 예금계좌에 돈이 착오로 잘못 송금되어 입금된 경우에는 그 예금주와 송금인 사이에 신의칙상 보관관계가 성립한다고 할 것이므로, 피고인이 송금 절차의 착오로 인하여 피고인 명의의 은행 계좌에 입금된 돈(300만 홍콩달러)을 임의로 인출하여 소비한 행위는 횡령죄에 해당하고, 이는 송금인과 피고인 사이에 별다른 거래관계가 없다고 하더라도 마찬가지이다); 대법원 2006. 10. 12. 선고 2006도3929 판결; 대법원 2005. 10. 28. 선고 2005도5975 판결(송금의뢰인이 다른 사람의 예금계좌에 자금을 송금·이체한 경우 특별한 사정이 없는 한 송금의뢰인과 계좌명의인 사이에 그 원인이 되는 법률관계가 존재하는지 여부에 관계없이 계좌명의인(수취인)과 수취은행 사이에는 그 자금에 대하여 예금계약이 성립하고, 계좌명의인은 수취은행에 대하여 그 금액 상당의 예금채권을 취득한다. 이때 송금의뢰인과 계좌명의인 사이에 송금·이체의 원인이 된 법률관계가 존재하지 않음에도 송금·이체에 의하여 계좌명의인이 그 금액 상당의 예금채권을 취득한 경우 계좌명의인은 송금의뢰인에게 그 금액 상당의 돈을 반환하여야 한다. 이와 같이 계좌명의인이 송금·이체의 원인이 되는 법률관계가 존재하지 않음에도 계좌이체에 의하여 취득한 예금채권 상당의 돈은 송금의뢰인에게 반환하여야 할 성격의 것이므로, 계좌명의인은 그와 같이 송금·이체된 돈에 대하여 송금의뢰인을 위하여 보관하는 지위에 있다고 보아야 한다. 따라서 계좌명의인이 그와 같이 송금·이체된 돈을 그대로 보관하지 않고 영득할 의사로 인출하면 횡령죄가 성립한다); 대법원 1968. 7. 24. 선고 1966도1705 판결. 하지만 원인불명으로 재산상 이익인 가상자산(비트코인)을 이체 받은 자가 가상자산을 사용·처분한 경우 이를 형사처벌하는 명문의 규정이 없는 현재의 상황에서 착오송금 시 횡령죄 성립을 긍정한 판례를 유추하여 신의칙을 근거로 피고인을 배임죄로 처벌하는 것은 죄형법정주의에 반한다(대법원 2021. 12. 16. 선고 2020도9789 판결(비트코인착오이체사건)).

4) 대법원 2013. 12. 12. 선고 2012도16315 판결('○○○렌트'라는 상호로 렌트카 알선업을 하는 공소외 1은 2010. 12. 31. 피해자와 업무대행 업무협약을 체결하였는데, 그 내용은 공소외 1이 피해자 소유 차량을 보관·관리하면서 고객들에게 이를 대여하되, 피해자에게 차량 1대당 매달 70만원을 송금하기로 한 사실, 공소외 1은 2011. 1. 18. 알선수재죄 등으로 수사기관에 의해 체포되어 수원구치소에 구금되었는데, 2011. 1. 30.경 투자인인 피고인에게 '○○○렌트'의 운영을 위임하면서, 피해자에게 매달 일정금액을 송금하여야 하고 송금하지 못할 경우 피해자가 차량 전부를 회수해 간다는 것을 알렸던 사실, 피고인은 2011. 2. 18. 그의 대부업체 사무실이 있는 건물의 지하주차장으로 이 사건 차량을 이동시킨 사실, 피해자는 '○○○렌트'로부터 약정된 금액이 송금되지 않자 차량을 회수하기로 결정하였고, 이에 따라 피해자의 직원 공소외 3 등은 2011. 3. 2. 피고인에게 이 사건 차량의 반환을 요구하였으나, 피고인은 공소외 1에게 채권이 있다는 이유로 반환을 거부한 사실을 알 수 있다. 공소외 1은 부득이한 사정으로 인하여 피고인에게 '○○○렌트'의 운영을 위임하면서 이 사건 차량을 위탁하였고, 피고인은 피해자로부터 이 사건 차량의 보관·관리를 위탁받은 공소외 1을 통하여 이 사건 차량을 보관하는 지위에 있다고 볼 여지가 많다); 대법원 2009. 12. 10. 선고 2008도10669 판결(피해자로부터 불상(금제삼존불상)을 팔아달라는 부탁을 받았는지 또는 부탁을 받지 않은 상태에서 가지고 나왔는지는 분명하지 아니하나 불상을 보관하고 있었음은 명백한 상태에서, 피해자로부터 불상의 반환을 요구받고도 이를 반환하지 아니하였고, 그와 같이 반환하지 못하는 이유를 수시로 번복하고 있을 뿐 불상의 행방에 관하여 납득할 만한 설명을 하지 못하고 있는 행위는 형법 제355조 제1항의 '타인의 재물을 보관하는 자가 그 반환을 거부한 때'에 해당한다); 대법원 2008. 9. 11. 선고 2008도4859 판결; 대법원 2003. 9. 23. 선고 2003도3840 판결; 대법원 2003. 7. 11. 선고 2003도2077 판결; 대법원 1999. 4. 15. 선고 97도666 전원합의체 판결(양도인이 채무자에게 채권양도 통지를 하기 이전에 스스로 채무자로부터 추심한 금전에 대하여 그 사전 사후 당사자 사이에 위탁보관관계를 성립시키는 특별한 약정이 없다고 하더라도,

실상의 위탁관계를 말하므로, 반드시 사법상 유효할 것이 요구되지 아니한다. 예를 들어 임대차계약이 무효라고 할지라도 그로 인하여 재물을 보관하게 된 경우에도 위탁관계가 있는 것이다. 그러나 횡령죄의 본질이 위탁받은 타인의 재물을 불법으로 영득하는 데 있음에 비추어 볼 때 그 위탁관계는 횡령죄로 보호할 만한 가치가 있는 것으로 한정된다.[1] 위탁관계가 있는지 여부는 재물의 보관자와 소유자 사이의 관계, 재물을 보관하게 된 경위 등에 비추어 볼 때 보관자에게 재물의 보관 상태를 그대로 유지하여야 할 의무를 부과하여 그 보관 상태를 형사법적으로 보호할 필요가 있는지 등을 고려하여 규범적으로 판단하여야 한다. 계좌명의인이 개설한 예금계좌가 전기통신금융사기 범행에 이용되어 그 계좌에 피해자가 사기피해금을 송금·이체한 경우, 계좌명의인은 피해자와 사이에 아무런 법률관계 없이 송금·이체된 사기피해금 상당의 돈을 피해자에게 반환하여야 하므로, 피해자를 위하여 사기피해금을 보관하는 지위에 있다고 보아야 하고, 만약 계좌명의인이 그 돈을 영득할 의사로 인출하면 피해자에 대한 횡령죄가 성립한다.[2] 하지만 계좌명의인이 사기의 공범이라면 자신이 가담한 범행의 결과 피해금을 보관하게 된 것일 뿐이어서 피해자와 사이에 위탁관계가 없고, 그가 송금·이체된 돈을 인출하더라도 이는 자신이 저지른 사기범행의 실행행위에 지나지 아니하여 새로운 법익을 침해한다고 볼 수 없으므로 사기죄 외에 별도로 횡령죄를 구성하지 않으므로, 이 경우 계좌명의인의 인출행위는 전기통신금융사기의 범인에 대한 관계에서는 횡령죄가 되지 아니한다.[3]

양도인은 양수인을 위하여 채권보전에 관한 사무를 처리하는 지위에 있고, 그 금전도 양수인에게 귀속된 채권의 변제로 수령한 것인 만큼, 그 목적물을 점유하게 된 이상 이를 양수인에게 교부하는 방법으로도 채권양도의 목적을 충분히 달성할 수 있음에 비추어, 양도인으로서는 신의칙 내지 조리상 그가 수령하여 점유하게 된 금전에 대하여 양수인을 위하여 보관하는 지위에 있다); 대법원 1996. 5. 14. 선고 96도410 판결; 대법원 1987. 10. 13. 선고 87도1778 판결; 대법원 1985. 9. 10. 선고 84도2644 판결; 대법원 1985. 4. 9. 선고 84도300 판결(임차인이 이사하면서 그가 소유하거나 타인으로부터 위탁받아 보관중이던 물건들을 임대인의 방해로 옮기지 못하고 그 임차공장 내에 그대로 두었다면 임대인은 사무관리 또는 조리상 당연히 임차인을 위하여 위 물건들을 보관하는 지위에 있다고 할 것이므로 임대인이 그 후 이를 임의로 매각하거나 반환을 거부하였다면 횡령죄를 구성한다).

1) 대법원 2016. 5. 19. 선고 2014도6992 전원합의체 판결.
2) 대법원 2019. 1. 17. 선고 2018도12199 판결(계좌명의인이 송금·이체의 원인이 되는 법률관계가 존재하지 않음에도 계좌이체에 의하여 취득한 예금채권 상당의 돈은 송금의뢰인에게 반환하여야 할 성격의 것이므로, 계좌명의인은 그와 같이 송금·이체된 돈에 대하여 송금의뢰인을 위하여 보관하는 지위에 있다고 보아야 한다. 따라서 계좌명의인이 그와 같이 송금·이체된 돈을 그대로 보관하지 않고 영득할 의사로 인출하면 횡령죄가 성립한다).
3) 대법원 2018. 7. 19. 선고 2017도17494 전원합의체 판결(계좌명의인이 전기통신금융사기의 범인에게 예금계좌에 연결된 접근매체를 양도하였다고 하더라도 은행에 대하여 여전히 예금계약의 당사자로서 예금반환청구권을 가지는 이상 그 계좌에 송금·이체된 돈이 그 접근매체를 교부받은 사람에게 귀속되었다고 볼 수는 없다. 접근매체를 교부받은 사람은 계좌명의인의 예금반환청구권을 자신이 사실상 행사할 수 있게 된 것일 뿐 예금 자체를 취득한 것이 아니다. 판례는 전기통신금융사기 범행으로 피해자의 돈이 사기이용계좌로 송금·이체되었다면 이로써 편취행위는 기수에 이른다고 보고 있는데, 이는 사기범이 접근매체를 이용하여 그 돈을 인출할 수 있는 상태에 이르렀다는 의미일 뿐 사기범이 그 돈을 취득하였다는 것은 아니다. 또한 계좌명의인과 전기통신금융사기의 범인 사이의 관계는 횡령죄로 보호할 만한 가치가 있는 위탁관계가 아니다. 사기범이 제3자 명의 사기이용계좌로 돈을 송금·이체하게 하는 행위는 그 자체로 범죄행위에 해당한다. 그리고 사기범이 그 계좌를 이용하는 것도 전기통신금융사기 범행의 실행행위에 해당하므로 계좌명의인과 사기범 사이의 관계를 횡령죄로 보호하는 것은 그 범행으로 송금·이체된 돈을 사기범에게 귀속시키는 결과가 되어 옳지 않다. … 결국 피고인들에게 사기방조죄가 성립하지 않는 이상 이 사건 사기피해금 중 300만원을 임의로 인출한 행위는 피해자에 대한 횡령죄가 성립한다고 보아야 한다).

2) 불법원인급여와 횡령죄

'불법원인급여'란 급여 자체가 위법하여 무효이지만, 급여자에게 반환청구권이 없는 경우[1]를 말하는데, 이 경우에 있어서 수급자가 급여물을 영득한 경우에 횡령죄가 성립하는지 여부가 문제된다. 예를 들면 甲이 乙에게 1,000만원을 제공하면서 이를 乙의 친구인 공무원 丙에게 전달하여 달라고 부탁하였는데, 금전을 받은 乙이 이를 자신의 유흥비로 사용한 경우에, 乙을 횡령죄로 처벌할 수 있는지 여부의 문제이다. 이에 대하여 ① 형법의 독자적인 견지에서 행위자의 가벌성을 논해야 하는데, 불법원인급여에서는 급여자에게 민법상의 반환청구권이 없을 뿐이고 행위자의 가벌성은 있다는 점, 급여자에게 민법상의 반환청구권이 없다고 하더라도 일반인의 법감정이나 수탁자의 법감정으로는 소유권이 여전히 급여자에게 있다는 점, 불법원인급여에 있어서도 급여자와 수급자 사이에 위탁관계가 존재한다는 점, 불법하게 조성된 물건이라도 그에 대한 범죄행위는 여전히 범죄로 처벌하는 것이 형법의 정신이라는 점, 급여자와 수급자 모두에게 불법성이 존재한다는 점 등을 논거로 하여, 횡령죄의 성립을 긍정하는 견해[2], ② 불법원인급여의 경우에 위탁물의 소유권은 상대방에게 귀속된다는 점을 논거로 하여, 횡령죄의 성립을 부정하는 견해[3], ③ 불법원인급여(소유권 이전의 의사가 있는 점유이전)의 경우에 임의처분은 자기 소유의 재물에 대한 것이어서 횡령죄가 성립하지 않지만, 불법원인위탁(소유권 이전의 의사가 없는 점유이전)의 경우에 임의처분은 법익평온상태를 교란하였기 때문에 횡령죄의 성립[4] 또는 불능미수[5]를 인정하는 견해 등의 대립이 있다.

이에 대하여 판례는 「피고인이 甲으로부터 수표를 현금으로 교환해 주면 대가를 주겠다는 제안을 받고 위 수표가 乙 등이 사기범행을 통해 취득한 범죄수익 등이라는 사실을 잘 알면서도 교부받아 그 일부를 현금으로 교환한 후 丙, 丁과 공모하여 아직 교환되지 못한 수표 및 교환된 현금을 임의로 사용하여 횡령하였다고 하여 특정경제범죄가중처벌법 위반으로 기소된 사안에서, 피고인이 甲으로부터 범죄수익 등의 은닉범행 등을 위해 교부받은 수표는 불법의 원인으로 급여한 물건에 해당하여 소유권이 피고인에게 귀속되므로 횡령죄가 성립하지 않는다.」라고 판시[6]하여, 부정설의 입장을 취하고 있었다. 하지만 이후에 「민법 제746조에 의하면, 불법

---

1) 대법원 2013. 8. 14. 선고 2013도321 판결(성매매 및 성매매알선 등 행위는 선량한 풍속 기타 사회질서에 반하여 성매매 할 사람을 고용함에 있어 성매매의 권유·유인·강요의 수단으로 이용되는 선불금 등 명목으로 제공한 금품이나 그 밖의 재산상의 이익 등은 불법원인급여로서 반환을 청구할 수 없는바, 성매매알선 등 행위에 관하여 동업계약을 체결한 당사자 일방이 상대방에게 그 동업계약에 따라 성매매의 권유·유인·강요의 수단으로 이용되는 선불금 등 명목으로 사업자금을 제공하였다면 그 사업자금 역시 불법원인급여에 해당하여 반환을 청구할 수 없다).

2) 정영일, 210면.

3) 김성돈, 445면; 김신규, 467면; 김혜정 외 4인, 389면; 박상기, 675면; 배종대, 413면; 손동권/김재윤, 429면; 오영근, 358면; 이영란, 386면; 이재상/장영민/강동범, 400면; 이형국/김혜경, 452면; 임 웅, 520면; 정성근/정준섭, 276면.

4) 김선복, 363면; 김성천/김형준, 471면.

5) 김일수/서보학, 291면.

의 원인으로 인한 급여가 있고, 그 불법원인이 급여자에게 있는 경우에는 수익자에게 불법원인이 있는지 여부, 수익자의 불법원인의 정도, 그 불법성이 급여자의 그것보다 큰지 여부를 막론하고 급여자는 불법원인급여의 반환을 구할 수 없는 것이 원칙이나, 수익자의 불법성이 급여자의 그것보다 현저히 큰 데 반하여 급여자의 불법성은 미약한 경우에도 급여자의 반환청구가 허용되지 않는다면 공평에 반하고 신의성실의 원칙에도 어긋나므로, 이러한 경우에는 민법 제746조 본문의 적용이 배제되어 급여자의 반환청구는 허용된다고 해석함이 상당하다.」라고 판시[1]하여, 피고인측의 불법성이 피해자측의 그것보다 현저하게 크다고 봄이 상당한 경우에는 민법 제746조 본문의 적용이 배제되어 피해자가 피고인에게 보관한 화대의 소유권은 여전히 피해자에게 속하는 것이어서, 피해자는 그 전부의 반환을 청구할 수 있고, 피고인이 이를 임의로 소비한 행위는 횡령죄를 구성한다고 하였다.

생각건대 불법원인급여의 경우에 소유권은 수탁자에게 있으므로 타인의 재물에 해당하지 않는다는 점, 수급자에게 반환의무가 없음에도 불구하고 수급자를 처벌하게 되면 민법상으로 반환을 강제하는 것이 되어 법질서의 통일성을 해친다는 점, 불법원인급여에서의 위탁관계는 형법상으로 보호할만한 가치가 없다는 점 등을 논거로 하여, 횡령죄의 성립을 부정하는 것이 타당하다. 하지만 자금의 조성과정에 반사회적 요소가 있더라도 그 자금을 위탁하거나 보관시키는 등의 행위가 범죄수익은닉규제법을 위반하지 않고 그 내용, 성격, 목적이나 연유 등에 비추어 선량한 풍속 그 밖의 사회질서에 반한다고 보기 어려운 경우라면 불법원인이 있다고 볼 수 없다.[2]

---

6) 대법원 2017. 4. 26. 선고 2016도18035 판결; 대법원 1999. 6. 11. 선고 99도275 판결; 대법원 1988. 9. 20. 선고 86도628 판결(민법 제746조에 불법의 원인으로 인하여 재산을 급여하거나 노무를 제공한 때에는 그 이익의 반환을 청구하지 못한다고 규정한 뜻은, 급여를 한 사람은 그 원인행위가 법률상 무효임을 내세워 상대방에게 부당이득반환청구를 할 수 없고, 또한 급여한 물건의 소유권이 자기에게 있다고 하여 소유권에 기한 반환청구도 할 수 없어서, 결국 급여한 물건의 소유권은 급여를 받은 상대방에게 귀속된다는 것인바, 피고인이 조합으로부터 공무원에게 뇌물로 전달하여 달라고 금원을 교부받은 것은 불법원인으로 인하여 지급받은 것으로서 이를 뇌물로 전달하지 않고 타에 소비하였다고 해서 타인의 재물을 보관 중 횡령하였다고 볼 수는 없다); 대법원 1979. 11. 13. 선고 79다483 전원합의체 판결. 同旨 대법원 2017. 10. 26. 선고 2017도9254 판결(피고인이, 甲 등이 금융다단계 사기 범행을 통하여 취득한 범죄수익 등인 무기명 양도성예금증서 7장을 乙로부터 건네받아 현금으로 교환한 후 임의로 소비하였다고 하여 특정경제범죄가중처벌법 위반(횡령)으로 기소된 사안에서, 피고인이 乙로부터 범죄수익 등의 은닉을 위해 교부받은 무기명 양도성예금증서는 불법의 원인으로 급여한 물건에 해당하여 소유권이 피고인에게 귀속되므로, 피고인이 무기명 양도성예금증서를 교환한 현금을 임의로 소비하였더라도 횡령죄가 성립하지 않는다).

1) 대법원 1999. 9. 17. 선고 98도2036 판결(화대횡령사건)(피고인은 처인 공소외 1과 공모하여, 1994. 5. 1. 인천 소재 피고인 경영의 윤락업소에서, 피해자와 사이에 피해자가 손님을 상대로 윤락행위를 하고 그 대가로 받은 화대를 절반씩 분배하기로 약정한 다음, 그 때부터 같은 해 9. 30.까지 피해자가 피고인의 업소에 찾아온 손님들을 상대로 윤락행위를 하고서 받은 화대 합계 2,700만원을 보관하던 중 그 중 절반인 1,350만원을 피해자에게 반환하지 아니하고 피고인과 공소외 1의 생활비 등으로 임의로 소비함으로써 이를 횡령하였다); 대법원 2008. 10. 9. 선고 2007도2511 판결(제약회사리베이트횡령사건)(병원에서 의약품 선정·구매 업무를 담당하는 약국장이 병원을 대신하여 제약회사로부터 의약품 제공의 대가로 기부금 명목의 돈을 받아 보관중 임의소비한 사안에서, 위 돈은 병원이 약국장에게 불법원인급여를 한 것에 해당하지 않아 여전히 반환청구권을 가지므로, 업무상 횡령죄가 성립한다).

(2) 객 체

1) 자기의 보관

본죄의 객체는 자기가 보관하는 타인의 재물이다. 여기서 '보관'이란 민법상 점유의 개념과는 달리 재물의 현실적인 보관, 즉 사실상의 지배를 가지고 있으면 족한 것으로서 점유보조자도 재물에 대한 사실상의 지배를 가지고 있는 이상 보관자에 해당한다.[1] 예를 들면 짜장면을 배달하는 배달원이 배달 도중 짜장면을 취식하면 횡령죄가 되는 것이다. 또한 형법상으로는 점유로 인정되지 않는 간접점유도 보관의 개념에 속한다. 금전의 수수를 수반하는 사무처리를 위임받은 자가 그 행위에 기하여 위임자를 위하여 제3자로부터 수령한 금전은 목적이나 용도를 한정하여 위탁된 금전과 마찬가지로 달리 특별한 사정이 없는 한 그 수령과 동시에 위임자의 소유에 속하고, 위임을 받은 자는 이를 위임자를 위하여 보관하는 관계에 있다.[2] 하지만 입사보증금은 고용계약과 관련하여 피용자가 장래 부담하게 될지도 모르는 손해배상 채무의 담보로서 제공되는 신원보증금으로서 일단 그 소유권이 사용자에게 이전되기 때문에 사용자가 이를 소비하여도 횡령죄를 구성하지 아니한다.[3]

한편 부동산에 대한 보관자의 지위는 동산의 경우와는 달리 그 부동산에 대한 점유를 기준으로 할 것이 아니라 그 부동산을 제3자에게 유효하게 처분할 수 있는 권능의 유무를 기준으로 하여 결정할 것이다.[4] 그러므로 부동산의 공유자 중 1인이 다른 공유자의 지분을 임의로 처분하거나 임

2) 대법원 2017. 10. 31. 선고 2017도11931 판결(피고인이 甲과, 甲이 해외투자처인 乙회사에 투자하고자 하는 자들로부터 사기 및 유사수신행위의 규제에 관한 법률 위반 범행으로 모집한 투자금을 피고인에게 송금하면 피고인이 이를 甲이 지정하는 외국환거래 회사를 통하여 乙회사에 전달하고, 변호사로서 그 전달과정에 부수되는 자문업무를 수행하는 것을 내용으로 하는 '에스크로(Escrow) 및 자문 계약'을 체결한 후 계약에 따라 甲으로부터 50억원을 송금받아 보관하던 중 20억여 원을 임의로 소비하여 횡령하였다고 하여 특정경제범죄가중처벌법 위반으로 기소된 사안에서, 甲이 피고인에게 투자금을 교부한 원인이 된 위 계약이 범죄수익은닉규제법 위반을 내용으로 한다고 보기 어렵고, 계약 당시 피고인이 투자금이 범죄수익금이라는 사실이나 불법적인 해외 송금 사실을 알았거나 이를 알면서도 협조하기로 하였다고 보기 어려우며, 피고인은 범죄수익은닉규제법 위반, 甲의 사기와 유사수신행위의 규제에 관한 법률 위반 범행에 대한 방조, 외환거래법 위반 등의 혐의로 기소되지도 않았다는 이유로, 甲의 피고인에 대한 투자금의 교부가 불법원인급여에 해당하지 않는다고 보아 공소사실을 유죄로 인정한 원심판단이 정당하다고 한 사례).

1) 대법원 1968. 10. 29. 선고 68도1222 판결(피고인이 비록 사환에 불과하다고 하더라도 동 직원으로부터 교부받은 현금과 예금에서 찾은 돈은 피고인의 사실상 지배하에 있었던 것으로서 피고인은 타인의 재물을 보관하는 자에 해당한다).

2) 대법원 2004. 3. 12. 선고 2004도134 판결.

3) 대법원 1979. 6. 12. 선고 79도656 판결.

4) 대법원 2021. 6. 30. 선고 2018도18010 판결(타인 소유의 토지에 관하여 허위의 보증서와 확인서를 발급받아 「부동산소유권이전등기 등에 관한 특별조치법」에 따른 소유권이전등기를 임의로 마친 사람은 그와 같은 원인무효 등기에 따라 토지에 대한 처분권능이 새로이 발생하는 것이 아니므로 토지에 대한 보관자의 지위에 있다고 할 수 없다. 타인 소유의 토지에 대한 보관자의 지위에 있지 않은 사람이 그 앞으로 원인무효의 소유권이전등기가 되어 있음을 이용하여 토지소유자에게 지급될 보상금을 수령하였더라도 보상금에 대한 점유 취득은 진정한 토지소유자의 위임에 따른 것이 아니므로 보상금에 대하여 어떠한 보관관계가 성립하지 않는다); 대법원 2007. 5. 31. 선고 2007도1082 판결(임야의 진정한 소유자와는 전혀 무관하게 신탁자로부터 임야 지분을 명의신탁 받아 지분이전등기를 경료한 수탁자가 신탁받은 지분을 임의로 처분한 사안에서, 소유자와 수탁자 사이에 위 임야 지분에 관한 법률상 또는 사실상의 위탁신임관계가 성립하였다고 할 수 없고, 또한 어차피 원인무효인 소유권이전등기의

대하여도 그에게는 그 처분권능이 없어 횡령죄가 성립하지 아니하고[1], 부동산을 공동으로 상속한 자들 중 1인이 부동산을 혼자 점유하던 중 다른 공동상속인의 상속지분을 임의로 처분하여도 그에게는 그 처분권능이 없어 횡령죄가 성립하지 아니한다.[2] 또한 부동산의 보관은 원칙으로 등기부상의 소유명의인에 대하여 인정되지만, 등기부상의 명의인이 아니라도 소유자의 위임에 의거해서 실제로 타인의 부동산을 관리·지배하면 부동산의 보관자라고 할 수 있고, 미등기건물에 대하여는 위탁관계에 의하여 현실로 부동산을 관리·지배하는 자가 보관자라고 할 수 있다.[3] 같은 취지에서 등기부상 소유명의인의 배우자로서 소유명의인의 위임에 의하여 그 부동산의 실질적인 지배·관리권 및 대외적인 처분권을 갖고 있는 경우에는 그 부동산의 보관자에 해당한다.[4]

그리고 타인으로부터 용도나 목적이 엄격히 제한된 자금을 위탁받아 집행하면서 그 제한된 용도 이외의 목적으로 자금을 사용한 경우 횡령죄가 성립한다.[5] 그러나 단체의 대표자가 단

명의자에 불과하여 위 임야 지분을 제3자에게 유효하게 처분할 수 있는 권능을 갖지 아니한 수탁자로서는 위 임야 지분을 보관하는 자의 지위에 있다고도 할 수 없으므로, 그 처분행위가 신탁자에 대해서나 또는 소유자에 대하여 위 임야 지분을 횡령한 것으로 된다고 할 수 없다); 대법원 1989. 2. 28. 선고 88도1368 판결(원인무효인 소유권이전등기의 명의자로서 그 부동산을 법률상 유효하게 처분할 수 있는 지위에 있지 않은 자는 횡령죄의 주체인 타인의 재물을 보관하는 자에 해당하지 않는다. 부동산의 명의수탁자인 甲으로부터 乙이 그 소유권이전등기를 경료받은 경우 甲의 처분행위는 대외적으로 유효하여 乙은 그 부동산의 권리를 취득하는 것이지 명의수탁자의 지위를 승계하는 것이 아니므로 乙이 한 처분행위는 권리자의 처분행위로서 횡령죄가 성립할 수 없다); 대법원 1987. 2. 10. 선고 86도1607 판결(타인소유의 토지에 관하여 그 소유권이전등기를 경료받음이 없이 그 경작 관리만을 위임받아 이를 점유해 온 자는 그 토지로부터 분리됨으로써 독립된 동산이 된 입목이나 과실 등에 대한 보관자는 될 수 있을지언정 그 토지 자체에 대한 보관자의 지위에 있다고는 할 수 없을 것이고, 그와 같은 이치는 그 후 동인이 허위의 보증서와 확인서를 발급받아 부동산소유권이전등기등에관한특별조치법에 의한 소유권이전등기를 임의로 경료한 경우에도 그와 같은 원인무효의 등기에 의하여 그 토지에 대한 처분권능이 새로이 발생하는 것이 아니므로 마찬가지라 할 것이다. 또한 타인소유의 토지에 대한 보관자의 지위에 있지 아니한 자가 그 앞으로 원인무효의 소유권이전등기가 경료되어 있음을 이용하여 그 토지가 농지개량사업에 의하여 수로로 편입되게 됨으로써 토지소유자에게 지급될 보상금을 수령하였다 하더라도 그 보상금에 대한 점유의 취득은 농지개량사업시행자에 대한 기망행위로 인한 것으로 보아야 할 뿐 진정한 토지소유자의 위임에 기한 것이라고는 할 수 없으므로 그 보상금에 대하여 어떠한 보관관계가 성립한다고 볼 여지가 없다).

1) 대법원 2004. 5. 27. 선고 2003도6988 판결(구분소유자 전원의 공유에 속하는 공용부분인 지하주차장 일부를 그 중 1인이 독점 임대하고 수령한 임차료를 임의로 소비한 경우 횡령죄가 성립하지 아니한다).

2) 대법원 2000. 4. 11. 선고 2000도565 판결.

3) 대법원 1993. 3. 9. 선고 92도2999 판결; 대법원 1990. 3. 23. 선고 89도1911 판결.

4) 대법원 2010. 1. 28. 선고 2009도1884 판결.

5) 대법원 2008. 10. 9. 선고 2008도3787 판결(피고인이 2007. 4. 2. 피해자로부터 송금받은 10,000,000원 중 7,538,755원은 그가 대표이사로 있던 공소외 주식회사로부터 목욕탕을 임차하여 사용하고 있어 수도요금, 전기요금 등(이하 '수도요금 등'이라고 한다)이 미납될 경우 단전·단수로 인하여 직접적인 불이익을 받을 지위에 있는 피해자에게 수도요금 등 청구서들과 피해자가 부담할 액수를 산정한 계산서를 보여주며 수도요금 등의 연체방지를 위해 필요하다고 말하여 송금받은 것으로서 수도요금 등 납부라는 특정한 목적으로 위탁받은 것이라고 할 것이므로 피고인으로서는 그 위탁의 취지에 따라 위 돈을 사용할 의무가 있음에도 불구하고, 그 위탁의 취지에 반하여 위 돈을 은행대출이자 용도 등으로 임의소비한 것은 횡령에 해당한다); 대법원 2008. 5. 8. 선고 2008도1652 판결; 대법원 2004. 5. 27. 선고 2003도6988 판결(집합건물의 관리회사가 구분소유자들로부터 특별수선충당금의 명목으로 금원을 납부받아 보관하던 중 이를 일반경비로 사용한 경우 횡령죄를 구성한다); 대법원 1997. 9. 26. 선고 97도1520 판결(환전하여 달라는 부탁과 함께 교부받은 돈을 그 목적과 용도에 사용하지 않고 마음대로 피고인의 위탁자에 대한 채권에 상계충당함은, 상계정산하기로 하였다는 특별한 약정이 없는 한, 당초 위탁한 취지에 반하는 것으로서 횡령죄를 구성한다고 볼 것이고 위탁자에 대한 채권의 존재는 횡령죄의 성립에 영향을 미치는 것이 아니며, 또한 상계할 수 있는 반대채권이 있어 그에 상계충당하였다는 것만으로는 용도 내지 목적을 특정하여

체를 위하여 자금을 지출하면서 법령의 규정 또는 단체 내부 규정으로 그 자금의 용도가 엄격하게 제한된 것이 아닐 뿐만 아니라 그 자금을 집행하기 위한 단체 내부의 정상적인 절차를 거쳤다면, 본래 사용될 이외의 목적으로 자금을 지출하였다는 사정만으로 그 지출행위에 불법영득의사가 있었다고 단정할 수 없다.[1] 또한 피고인이 보험을 유치하면서 보험회사로부터 지급받은 시책비 중 일부를 개인적인 용도로 사용한 행위는 횡령죄를 구성하지 아니한다.[2]

2) 타인의 재물

본죄의 객체는 자기가 보관하는 '타인의 재물'이므로 재물이 아닌 재산상의 이익은 본죄의 객체가 될 수 없다. 재물은 동산·부동산의 유체물에 한정되지 아니하고 관리할 수 있는 동력도 재물로 간주되지만(제361조 및 제346조), 여기에서 말하는 '관리'는 물리적 또는 물질적 관리를 가리킨다. 그러므로 재물과 재산상의 이익을 구별하고 횡령과 배임을 별개의 죄로 규정한 현행 형법의 규정에 비추어 볼 때 사무적으로 관리가 가능한 채권이나 그 밖의 권리 등은 재물에 포함된다고 해석할 수 없다.[3]

민법 이론에 의하면, 특히 금전은 봉함된 경우와 같이 특정성을 가진 경우를 제외하고는 그 점유가 있는 곳에 소유권도 있는 것이어서, 이를 횡령죄에 그대로 적용한다면 금전은 특정물로 위탁된 경우 이외에는 횡령죄가 성립할 여지가 없게 된다. 그러나 이러한 민법 이론은 고도의 대체성이 있는 금전에 대하여 물권적 반환청구권을 인정하는 것이 불필요할 뿐만 아니라, 금전이 교환수단으로서의 기능을 가지고 전전 유통됨을 전제로 하여 동적 안전을 보호하는데 그 목적이 있는 것이어서, 내부적으로 신임관계에 있는 당사자 사이에서 재물의 소유자, 즉 정

위탁한 돈의 반환을 거절할 정당한 사유가 되지 못한다); 대법원 1989. 1. 31. 선고 88도1992 판결(피고인이 교회 신축공사를 감독하면서 위 교회로부터 레미콘대금을 지급하라는 명목으로 금원을 받았으면서도 거기에 사용하지 아니하고 이를 마음대로 피고인이 받을 채권과 상계처리하였다면 상계정산하기로 하였다는 특별한 약정이 없는 한 이는 금원을 위탁한 취지에 반하는 것이어서 횡령죄를 구성한다); 대법원 1984. 11. 13. 선고 84도1199 판결(타인에 대한 채무의 변제를 위하여 위탁받은 금원을 함부로 자신의 위탁자에 대한 채권에 충당함은 당초의 금원위탁의 취지에 위반되는 것으로서 횡령죄를 구성한다).

 1) 대법원 2013. 2. 15. 선고 2011도13606 판결(공소외 2 재단의 장학사업을 위하여 장학기금을 집행할 의무는 법령이나 법인의 내부 규정으로 강제되는 성격이 아닌 점, 피고인은 공소외 2 재단에 입금된 돈을 이사회 동의를 거쳐 공소외 2 재단의 임차보증금 등으로 사용한 점, 다른 자금으로 장학금이 지급된 점 등 그 판시와 같은 사정을 종합하여, 위 법인 대표자인 피고인이 기업들로부터 기부받은 장학기금을 위 재단의 임대차보증금이나 다른 사업 자금으로 사용한 행위에 대하여 피고인에게 불법영득의사가 있었다고 단정하기 부족하다); 대법원 2012. 5. 24. 선고 2012도535 판결.

 2) 대법원 2006. 3. 9. 선고 2003도6733 판결.

 3) 대법원 2014. 2. 27. 선고 2011도832 판결; 대법원 2005. 2. 18. 선고 2002도2822 판결(상법상 주식은 자본구성의 단위 또는 주주의 지위(주주권)를 의미하고, 주주권을 표창하는 유가증권인 주권과는 구분이 되는바, 주권은 유가 증권으로서 재물에 해당되므로 횡령죄의 객체가 될 수 있으나, 자본의 구성단위 또는 주주권을 의미하는 주식은 재물이 아니므로 횡령죄의 객체가 될 수 없다); 대법원 1994. 3. 8. 선고 93도2272 판결(광업법 제5조 제1항의 규정에 의하면, 광업권이라고 함은 등록을 한 일정한 토지의 구역(광구)에서 등록을 한 광물과 이와 동일 광상 중에 부존하는 다른 광물을 채굴 및 취득하는 권리라고 정의하고 있는 바, 따라서 광업권은 재물인 광물을 취득할 수 있는 권리에 불과하지 재물 그 자체는 아니므로 횡령죄의 객체가 된다고 할 수 없을 것이고, 광업법 제12조가 광업권을 물권으로 하고 광업법에서 따로 정한 경우를 제외하고는 부동산에 관한 민법 기타 법령의 규정을 준용 하도록 규정하고 있다고 하여 광업권이 부동산과 마찬가지로 횡령죄의 객체가 된다고 할 수는 없을 것이다).

적 안전을 보호함을 목적으로 하는 횡령죄에서 금전 소유권의 귀속을 논하는 경우에도 그대로 타당하다고 할 수 없다.

　당사자 사이의 신임관계 내지 위탁관계의 취지에 비추어 일정한 금전을 점유하게 된 일방 당사자가 당해 금전을 상대방의 이익을 위하여 보관하거나 사용할 수 있을 뿐 그 점유자에 의한 자유로운 처분이 금지된 것으로 볼 수 있는 경우에는 민법의 채권채무관계에 의하여 상대방을 보호하는데 머무르지 않고, 그 점유자는 상대방의 이익을 위하여 당해 금전 또는 그와 대체할 수 있는 동일한 가치의 금전을 현실적으로 확보하여야 하고, 그러한 상태를 형법상으로 보호한다는 의미에서 민법상 소유권과는 다른 형법상 소유권 개념을 인정할 필요가 있다. 대법원 판례가 일관하여, 용도를 특정하여 위탁된 금전을 그 용도에 따르지 않고 임의사용한 경우[1], 금전의 수수를 수반하는 사무처리를 위임받은 자가 그 행위에 기하여 위임자를 위하여 제3자로부터 수령한 금전을 소비한 경우[2] 등에 있어서 횡령죄의 성립을 인정하여 온 것은 이와 같은 취지에 따른 것이다. 또한 용도나 목적이 특정되어 보관된 금전은 그 보관 도중에 특정의 용도나 목적이 소멸되었다고 하더라도 위탁자가 이를 반환받거나 그 임의소비를 승낙하기까지는 횡령죄의 적용에 있어서는 여전히 위탁자의 소유물이라고 할 것이다.[3] 그리고 목적과 용도를 정하여 위탁한 금전은 정해진 목적과 용도에 사용할 때까지는 이에 대한 소유권이 위탁자에게 유보되어 있다고 보아야 할 것이나, 특별히 그 금전의 특정성이 요구되지 않는 경우 수탁자가 위탁의 취지에 반하지 않고 필요한 시기에 다른 금전으로 대체시킬 수 있는 상태에 있는 한 이를 일시 사용하더라도 횡령죄를 구성한다고 할 수 없고, 수탁자가 그 위탁의 취지에 반하여 다른 용도에 소비할 때 비로소 횡령죄를 구성한다.[4] 그러나 금전의 교부행위가 계약상 채무의 이행으로서 변제의 성질을 가지는 경우에는, 특별한 사정이 없는 한 금전이 상대방에게 교부됨으로써 그 소유권이 상대방에게 이전되므로 상대방이 변제금으로 교부받은 돈을 임의로 소비하였더라도 횡령죄를 구성하지 아니한다.[5]

　판례에 의하면, ① 운송회사와 소속 근로자 사이에 근로자가 운송회사로부터 일정액의 급여를 받으면서 당일 운송수입금을 전부 운송회사에 납입하되, 운송회사는 근로자가 납입한 운송수입금을 월 단위로 정산하여 그 운송수입금이 월간 운송수입금 기준액인 사납금을 초과하는 경우에는 그 초과금액에 대하여 운송회사와 근로자에게 일정 비율로 배분하여 정산하고, 사납금에 미달되는 경우에는 그 부족금액에 대하여 근로자의 급여에서 공제하여 정산하기로 하는 약정이 체결되었다면, 근로자가 사납금 초과 수입

1) 대법원 1995. 10. 12. 선고 94도2076 판결; 대법원 1994. 9. 9. 선고 94도462 판결; 대법원 1987. 5. 26. 선고 86도1946 판결.
2) 대법원 1999. 4. 15. 선고 97도666 전원합의체 판결; 대법원 1998. 4. 10. 선고 97도3057 판결; 대법원 1996. 6. 14. 선고 96도106 판결; 대법원 1995. 11. 24. 선고 95도1923 판결.
3) 대법원 2002. 11. 22. 선고 2002도4291 판결.
4) 대법원 2014. 2. 27. 선고 2013도12155 판결; 대법원 2008. 3. 14. 선고 2007도7568 판결.
5) 대법원 2014. 1. 16. 선고 2013도11014 판결.

금을 개인 자신에게 직접 귀속시키는 경우와는 달리, 근로자가 애초 거둔 운송수입금 전액은 운송회사의 관리와 지배 아래 있다고 봄이 상당하므로 근로자가 운송수입금을 임의로 소비한 경우[1], ② 동업재산은 동업자의 합유에 속하는 것이므로 동업관계가 존속하는 한 동업자는 동업재산에 대한 그 지분을 임의로 처분할 권한이 없고 동업자의 한 사람이 그 지분을 임의로 처분하거나 또는 동업재산의 처분으로 얻은 대금을 보관 중 임의로 소비한 경우[2], ③ 공동명의 예금채권자들 각자가 분담하여 출연한 돈을 동업 이외의 특정 목적을 위하여 공동명의로 예치해 둠으로써 그 목적이 달성되기 전에는 공동명의 예금채권자가 단독으로 예금을 인출할 수 없도록 방지·감시하고자 하는 등의 목적으로 공동명의로 예금을 개설한 상황에서 단독으로 예금을 인출한 경우[3], ④ 각자 나누어 가진 첫 번째 또는 두 번째 복권 중 어느 누구의 복권이 당첨되더라도 그 자리에서 함께 복권을 나누어 확인한 사람들이 공동으로 당첨의 이익을 누리기로 하는, 즉 당첨금을 공평하게 나누거나 공동으로 사용하기로 하는 묵시적인 합의가 있었다는 상황 아래, 복권이 당첨되었다면 확인자가 누구인지를 따를 필요 없이 당첨금 전액이 공유라고 할 것인데, 그 중 1인이 당첨금을 수령하여 반환하지 않은 경우[4], ⑤ 사단법인의 지부나 지회가 독립된 별개의 법인격이나 권리주체가 아니라 사단법인에 소속된 하부조직에 불과하다면, 사단법인의 지부나 지회가 사단법인과는 별도의 독립채산제 방식으로 운영되고 있다고 하더라도 그 지부나 지회가 보관하고 있는 재산은 사단법인의 소유일 뿐인데, 그 지부나 지회가 재산을 임의로 처분한 경우[5], ⑥ 타인으로부터 용도가 엄격히 제한된 자금을 위탁받아 집행하면서 그 제한된 용도 이외의 목적으로 자금을 사용하는 것은 그 사용이 개인적인 목적에서 비롯된 경우는 물론 결과적으로 자금을 위탁한 본인을 위하는 면이 있더라도 그 사용행위 자체로서 불법영득의 의사를 실현한 것이 되어 횡령죄가 성립하는바, 학교법인의 회계는 학교회계와 법인회계로 구분되고 학교회계 중 특히 교비회계에 속하는 수입은 다른 회계에 전출하거나 대여할 수 없는 등 용도가 엄격히 제한되어 있기 때문에 교비회계자금을 다른 용도에 사용한 경우[6], ⑦ 양도인이 채권양도 통지를 하기 전에 채무자로부터 채권을 추심하여 금전을 수령한 경우, 아직 대항요건을 갖추지 아니한 이상 채무자가 양도인에 대하여 한 변제는 유효하고, 그 결과 양수인에게 귀속되었던 채권은 소멸하지만, 이는 이미 채권을 양도하여 그 채권에 관한 한 아무런 권한도 가지지 아니하는 양도인이 양수인에게 귀속된 채권에 대한 변제로서 수령한 것이므로, 채권양도의 당연한 귀결로서 그 금전을

---

1) 대법원 2014. 4. 30. 선고 2013도8799 판결(사납금사건).

2) 대법원 2011. 11. 24. 선고 2010도5014 판결(이러한 법리는 내부적으로는 조합관계에 있지만 대외적으로는 조합관계가 드러나지 않는 이른바 내적 조합의 경우에도 마찬가지이다); 대법원 2011. 6. 10. 선고 2010도17684 판결; 대법원 2011. 5. 26. 선고 2011도1904 판결(오피스텔 등 신축·분양사업의 시행사인 甲 주식회사와 시공사인 乙 주식회사가 동업계약을 체결하여 조합을 구성하였는데, 甲 회사의 대표이사인 피고인이 조합 사업과 관련된 부가가치세를 납부한 후 돌려받은 환급금을 공동 운영계좌에 입금하지 않은 사안에서, 피고인이 위 부가가치세 환급금을 개인적인 용도에 임의로 사용하였다면 그 전액에 대하여 횡령죄의 죄책을 부담한다); 대법원 2009. 10. 15. 선고 2009도7423 판결(동업자 사이에 손익분배의 정산이 되지 아니하였다면 동업자의 한 사람이 임의로 동업자들의 합유에 속하는 동업재산을 처분할 권한이 없는 것이므로, 동업자의 한 사람이 동업재산을 보관 중 임의로 횡령하였다면 지분비율에 관계없이 임의로 횡령한 금액 전부에 대하여 횡령죄의 죄책을 부담한다); 대법원 2008. 2. 14. 선고 2007도10645 판결; 대법원 2000. 11. 10. 선고 2000도3013 판결; 대법원 1996. 3. 22. 선고 95도2824 판결; 대법원 1993. 2. 23. 선고 92도387 판결(동업체에 속하는 재산을 다른 동업자들의 동의 없이 임의로 처분하거나 반출하는 행위는 이를 다른 동업자들에게 통지를 하였다고 하더라도 횡령죄를 구성한다); 대법원 1982. 9. 28. 선고 81도2777 판결.

3) 대법원 2008. 12. 11. 선고 2008도8279 판결.

4) 대법원 2000. 11. 10. 선고 2000도4335 판결(다방복권사건).

5) 대법원 2012. 1. 27. 선고 2010도10739 판결.

6) 대법원 2015. 2. 26. 선고 2014도15182 판결; 대법원 2008. 5. 29. 선고 2006도3742 판결; 대법원 2008. 2. 29. 선고 2007도9755 판결; 대법원 2005. 9. 28. 선고 2005도3929 판결; 대법원 2002. 5. 10. 선고 2001도1779 판결.

자신에게 귀속시키기 위하여 수령할 수는 없는 것이고, 오로지 양수인에게 전달해 주기 위하여서만 수령할 수 있을 뿐이어서, 양도인이 수령한 금전은 양도인과 양수인 사이에서 양수인의 소유에 속하는데, 이를 양도인이 임의로 사용한 경우[1], ⑧ 회사 운영자나 대표 등이 그 내부 절차를 거쳐 고문 등을 위촉하고 급여를 지급한 행위에 있어서 고문 등을 위촉할 필요성이나 정당성이 명백히 결여되거나 그 지급되는 급여가 합리적인 수준을 현저히 벗어나는 경우[2], ⑨ 타인의 금전을 위탁받아 보관하는 자가 보관방법으로 금융기관에 자신의 명의로 예치한 경우, 금융실명거래 및 비밀보장에 관한 긴급재정경제명령이 시행된 이후라도 위탁자가 그 위탁한 금전의 반환을 구할 수 없는 것은 아니므로, 수탁자가 이를 함부로 인출하여 소비하거나 위탁자로부터 반환요구를 받았음에도 이를 영득할 의사로 반환을 거부하는 경우[3], ⑩ 이른바 1인 회사에 있어서도 행위의 주체와 그 본인은 분명히 별개의 인격이므로 1인 회사의 주주가 회사 자금을 불법영득의 의사로 사용한 경우[4], ⑪ 공유물의 매각대금도 정산하기까지는 각 공유자의 공유에 귀속한다고 할 것이므로 공유자 1인이 그 매각대금을 임의로 소비한 경우[5], ⑫ 법인 소유의 자금에 대한 사실상 또는 법률상 지배·처분 권한을 가지고 있는 대표자 등은 법인에 대한 관계에서 자금의 보관자 지위에 있으므로, 법인이 특정 사업의 명목상의 주체로 특수목적법인을 설립하여 그 명의로 자금집행 등 사업진행을 하면서도 자금의 관리·처분에 관하여는 실질적 사업주체인 법인이 의사결정권한을 행사하면서 특수목적법인 명의로 보유한 자금에 대하여 현실적 지배를 하고 있는 경우, 사업주체인 법인의 대표자 등이 특수목적법인의 보유 자금을 정해진 목적과 용도 외에 임의로 사용한 경우[6], ⑬ 문화예술진흥법에 의하여 입장료와 함께 문화예술진흥기금을 받은 극장 경영자는 한국문화예술진흥원을 위하여 그 기금을 보관하고 있는 자의 지위에 있으므로, 이를 별도로 관리하지 아니하고 자신의 예금통장에 혼합보관하면서 임의로 자신의 극장운영자금 등으로 소비한 경우[7] 등에 있어서는 본죄가 성립한다.

하지만 ① 채무자가 채권자에게 동산을 양도담보로 제공하고 점유개정의 방법으로 점유하고 있는 경우에는 그 동산의 소유권은 여전히 채무자에게 유보되어 있는 것이어서 채무자는 자기의 물건을 보관하고 있는 셈이 되므로, 양도담보의 목적물을 제3자에게 처분하거나 담보로 제공한 경우[8], ② 건물에 대한 과반수 지분을 가진 공유자들이 과반수 지분권에 기하여 건물의 사용·수익에 대한 결정에 따라 건물의 임대수익을 분배하면서 피해자를 제외한 경우[9], ③ 프랜차이즈 계약의 가맹점주인 피고인이 판매하

---

1) 대법원 1999. 4. 15. 선고 97도666 전원합의체 판결. 이러한 법리는 유효한 장래채권의 양도의 경우에 있어서도 마찬가지라고 할 것이다(대법원 2007. 5. 11. 선고 2006도4935 판결).

2) 대법원 2013. 6. 27. 선고 2012도4848 판결.

3) 대법원 2015. 2. 12. 선고 2014도11244 판결; 대법원 2013. 12. 12. 선고 2012도16315 판결; 대법원 2000. 8. 18. 선고 2000도1856 판결; 대법원 1984. 2. 14. 선고 83도3207 판결; 대법원 1983. 9. 13. 선고 82도75 판결.

4) 대법원 2010. 4. 29. 선고 2007도6553 판결; 대법원 1999. 7. 9. 선고 99도1040 판결(불법영득의 의사로써 업무상 보관 중인 회사의 금전을 횡령하여 범죄가 성립한 이상 회사에 대하여 별도의 가수금채권을 가지고 있다는 사정만으로 금전을 사용할 당시 이미 성립한 업무상 횡령죄에 무슨 영향이 있는 것은 아니다); 대법원 1995. 3. 14. 선고 95도59 판결; 대법원 1989. 5. 23. 선고 89도570 판결.

5) 대법원 1983. 8. 23. 선고 80도1161 판결.

6) 대법원 2017. 3. 22. 선고 2016도17465 판결(이는 법인의 대표자 등이 외국인인 경우에도 마찬가지이므로, 내국 법인의 대표자인 외국인이 내국 법인이 외국에 설립한 특수목적법인에 위탁해 둔 자금을 정해진 목적과 용도 외에 임의로 사용한 데 따른 횡령죄의 피해자는 당해 금전을 위탁한 내국 법인이다. 따라서 그 행위가 외국에서 이루어진 경우에도 행위지의 법률에 의하여 범죄를 구성하지 아니하거나 소추 또는 형의 집행을 면제할 경우가 아니라면 그 외국인에 대해서도 우리 형법이 적용되어(형법 제6조), 우리 법원에 재판권이 있다).

7) 대법원 1997. 3. 28. 선고 96도3155 판결.

8) 대법원 2009. 2. 12. 선고 2008도10971 판결.

여 보관 중인 물품판매 대금은 피고인의 소유라고 할 것이어서 피고인이 이를 임의 소비한 경우[1]), ④ 부동산 입찰절차에서 수인이 대금을 분담하되 그 중 1인 명의로 낙찰받기로 약정하여 그에 따라 낙찰이 이루어진 경우, 그 입찰절차에서 낙찰인의 지위에 서게 되는 사람은 어디까지나 그 명의인이므로 입찰 목적 부동산의 소유권은 경락대금을 실질적으로 부담한 자가 누구인가와 상관없이 그 명의인이 취득한다고 할 것인데, 이러한 상황에서 명의인이 이를 임의로 처분한 경우[2]), ⑤ 내부적으로는 조합관계에 있지만 대외적으로는 조합관계가 드러나지 않는 이른바 '내적 조합'과는 달리, 익명조합은 당사자의 일방이 상대방의 영업을 위하여 출자하고 상대방은 그 영업으로 인한 이익을 분배할 것을 약정함으로써 효력이 생기고(상법 제78조), 익명조합원이 영업을 위하여 출자한 금전 기타의 재산은 상대방인 영업자의 재산으로 되는 것인데(상법 제79조), 이러한 상황에서 영업자가 그 영업의 이익금을 함부로 자기용도에 소비한 경우[3]), ⑥ 피고인이 피해자에게 가계수표 3장을 할인하여 주면서 그 담보조로 피해자가 발행한 가계수표 3장을 별도로 교부받아 이를 임의로 제3자에게 빌려준 경우[4]), ⑦ 부동산 매수인이 매매대금의 완납 전에 그 매매목적물을 담보로 하여 금전을 차용함에 있어 매도인의 승낙을 받는 한편 매도인과 사이에 그 차용금액의 일부는 매도인에게 매매대금으로 우선 교부하여 주기로 약정한 다음 금전을 차용하여 이를 전부 임의로 소비한 경우[5]), ⑧ 노트에 피고인이 근무하던 회사의 영업상의 주요사항이 기재되어 있고 그 업무내용과 관련성이 있기는 하였으나, 이는 직무수행상의 일환으로 작성된 것은 아니고 개인적

---

9) 대법원 2009. 6. 11. 선고 2009도2461 판결.

1) 대법원 1998. 4. 14. 선고 98도292 판결; 대법원 1996. 2. 23. 선고 95도2608 판결.

2) 대법원 2000. 9. 8. 선고 2000도258 판결.

3) 대법원 2011. 11. 24. 선고 2010도5014 판결(피고인이 甲과 특정 토지를 매수하여 전매한 후 전매이익금을 정산하기로 약정한 다음 甲이 조달한 돈 등을 합하여 토지를 매수하고 소유권이전등기는 피고인 등의 명의로 마쳐 두었는데, 위 토지를 제3자에게 임의로 매도한 후 甲에게 전매이익금 반환을 거부함으로써 이를 횡령하였다는 내용으로 기소된 사안에서, 甲이 토지의 매수 및 전매를 피고인에게 전적으로 일임하고 그 과정에 전혀 관여하지 아니한 사정 등에 비추어, 비록 甲이 토지의 전매차익을 얻을 목적으로 일정 금원을 출자하였더라도 이후 업무감시권 등에 근거하여 업무집행에 관여한 적이 전혀 없을 뿐만 아니라 피고인이 아무런 제한 없이 재산을 처분할 수 있었음이 분명하므로 피고인과 甲의 약정은 조합 또는 내적 조합에 해당하는 것이 아니라 '익명조합과 유사한 무명계약'에 해당한다고 보아야 한다는 이유로, 피고인이 타인의 재물을 보관하는 자의 지위에 있지 않다고 보아 횡령죄 성립을 부정한 사례); 대법원 1973. 1. 30. 선고 72도2704 판결; 대법원 1971. 12. 28. 선고 71도2032 판결.

4) 대법원 2000. 2. 11. 선고 99도4979 판결(채권자가 그 채권의 지급을 담보하기 위하여 채무자로부터 수표를 발행·교부받아 이를 소지한 경우에는, 단순히 보관의 위탁관계에 따라 수표를 소지하고 있는 경우와는 달리 그 수표상의 권리가 채권자에게 유효하게 귀속되고, 채권자와 채무자 사이의 수표 반환에 관한 약정은 원인관계상의 인적 항변사유에 불과하므로, 위 채권자는 횡령죄의 주체인 타인의 재물을 보관하는 자의 지위에 있다고 볼 수 없는 것이다); 대법원 1988. 1. 19. 선고 87도2078 판결.

5) 대법원 2005. 9. 29. 선고 2005도4809 판결(매도인과 매수인 사이의 위의 약정은 매매잔대금의 지급방법의 하나를 정한 것에 불과한 것이므로, 이로써 매수인이 대금완납 시까지 매도인을 위하여 위 매매목적물을 관리하거나 담보 제공하여 차용한 금전을 보관하여야 하는 지위에 있다고 볼 수 없고, 매수인이 차용금액의 일부를 매도인에게 지급하지 아니하였다고 하더라도 이는 단순한 민사상의 채무불이행에 지나지 아니할 뿐 횡령죄는 성립하지 아니한다); 대법원 1995. 1. 20. 선고 94도2760 판결(발행인으로부터 일정한 금액의 범위 내에서 액면을 보충·할인하여 달라는 의뢰를 받고 액면 백지인 약속어음을 교부받아 보관중이던 자가 발행인과의 합의에 의하여 정해진 보충권의 한도를 넘어 보충을 한 경우에는 발행인의 서명날인 있는 기존의 약속어음 용지를 이용하여 새로운 별개의 약속어음을 발행한 것에 해당하여 이러한 보충권의 남용행위로 인하여 생겨난 새로운 약속어음에 대하여는 발행인과의 관계에서 보관자의 지위에 있다고 할 수 없으므로, 설사 그 약속어음을 자신의 채무변제조로 제3자에게 교부하여 임의로 사용하였다고 하더라도, 발행인으로 하여금 제3자에 대하여 어음상의 채무를 부담하는 손해를 입게 한 데 대한 배임죄가 성립될 수 있음은 별론으로 하고, 보관자의 지위에 있음을 전제로 횡령죄가 성립될 수는 없다).

인 필요에 의하여 작성된 것으로서 그 노트에 기재된 내용이 회사의 기밀사항이라고 하여도 이 노트는 피고인의 소유에 속한다고 볼 것이어서 퇴직시에 이를 회사에 반환하지 아니하고 가지고 나온 경우[1], ⑨ 지입차주들이 차량위탁관리료와 산업재해보상보험료 및 제세공과금을 합한 일정 금액을 일괄하여 납입하는 지입료는 일단 지입회사의 소유로 되어 회사가 그 지입료 등을 가지고 그 운영비와 전체 차량의 제세공과금 및 보험료에 충당할 수 있는 것이므로 지입차주들이 낸 보험료나 세금을 회사가 항목유용한 경우[2], ⑩ 채무자가 채권 양도담보계약에 따라 담보 목적 채권의 담보가치를 유지·보전할 의무는 계약에 따른 자신의 채무에 불과하고, 채권자와 채무자 사이에 채무자가 채권자를 위하여 담보가치의 유지·보전사무를 처리함으로써 채무자의 사무처리를 통해 채권자가 담보 목적을 달성한다는 신임관계가 존재한다고 볼 수 없으므로, 채무자가 제3채무자에게 채권양도 통지를 하지 않은 채 자신이 사용할 의도로 제3채무자로부터 변제를 받아 변제금을 수령한 경우[3] 등에 있어서는 본죄가 성립하지 아니한다.

(3) 행 위
1) 횡 령

'횡령'이란 위탁자의 의사에 반하여 타인의 재물을 자기의 소유물처럼 사용·수익·처분하는 행위를 말한다. 자신이 재물을 영득하는 경우뿐만 아니라 제3자로 하여금 영득하게 하는 것도 횡령행위가 될 수 있다. 타인을 위하여 금전 등을 보관·관리하는 자가 개인적 용도로 사용할 자금을 마련하기 위하여, 적정한 금액보다 과다하게 부풀린 금액으로 공사계약을 체결하기로 공사업자 등과 사전에 약정하고 그에 따라 과다지급된 공사대금 중의 일부를 공사업자로부터 되돌려 받는 행위는 뇌물이 아니라 그 타인에 대한 관계에서 횡령에 해당한다.[4] 이 경우 횡령액은 과다하게 부풀려 지급된 공사대금 상당액이다.[5] 한편 회사의 이사 등이 업무상의 임무에 위배하여 보관 중인 회사의 자금으로 뇌물을 공여하였다면 이는 오로지 회사의 이익을 도모할 목적이라기보다는 뇌물공여 상대방의 이익을 도모할 목적이나 기타 다른 목적으로 행하여

---

1) 대법원 1994. 5. 24. 선고 94도763 판결.
2) 대법원 1997. 9. 5. 선고 97도1592 판결.
3) 대법원 2021. 2. 25. 선고 2020도12927 판결(채무자가 기존 금전채무를 담보하기 위하여 다른 금전채권을 채권자에게 양도하는 경우, 채무자가 채권자에 대하여 부담하는 '담보 목적 채권의 담보가치를 유지·보전할 의무'는 채권 양도담보계약에 따라 부담하게 된 채무의 한 내용에 불과하다. 또한 통상의 채권양도계약은 그 자체가 채권자 지위의 이전을 내용으로 하는 주된 계약이고, 그 당사자 사이의 본질적 관계는 양수인이 채권자지위를 온전히 확보하여 채무자로부터 유효하게 채권의 변제를 받는 것이다. 그런데 채권 양도담보계약은 피담보채권의 발생을 위한 계약(예컨대 금전소비대차계약 등)의 종된 계약으로, 채권 양도담보계약에 따라 채무자가 부담하는 위와 같은 의무는 담보목적을 달성하기 위한 것에 불과하고, 그 당사자 사이의 본질적이고 주된 관계는 피담보채권의 실현이다. 이처럼 채권 양도담보계약의 목적이나 본질적 내용을 통상의 채권양도계약과 같이 볼 수는 없다).
4) 대법원 2010. 5. 27. 선고 2010도3399 판결; 대법원 2007. 10. 12. 선고 2005도7112 판결.
5) 대법원 2015. 12. 10. 선고 2013도13444 판결(피고인은 공소외 1 주식회사 대표이사 공소외 2와, 천안시 동남구에 있는 ○○대학교의 조형관 및 체육관 공사계약을 체결하면서, 조형관 공사는 실제 공사대금보다 평당 60만원, 체육관 공사는 실제 공사대금보다 평당 50만원을 부풀려 합계 600억원 상당으로 계약을 체결하되, 이와 같이 부풀린 공사대금을 공소외 2로부터 되돌려 받는 방법으로 ○○대학교 교비를 빼돌리기로 약정하였다. 피고인은 공소외 2와의 위와 같은 약정에 따라 총 594억 3,056만 2,496원 상당을 지급하고, 공소외 2로부터 과다 지급한 공사대금 중 59억 9,267만 2,000원 상당을 되돌려 받아 이를 횡령하였다).

진 것이라고 보아야 하므로, 그 이사 등은 회사에 대하여 업무상 횡령죄의 죄책을 면하지 못한다. 그리고 특별한 사정이 없는 한 이러한 법리는 회사의 이사 등이 회사의 자금으로 부정한 청탁을 하고 배임증재를 한 경우에도 마찬가지로 적용된다.[1]

2) 반환거부

'반환거부'란 재물을 자기의 소유물처럼 사용·수익·처분할 의사로 반환을 거부하는 것을 말한다.[2] 반환의 거부는 보관물에 대하여 소유자의 권리를 배제하는 의사표시를 하는 행위를 말하므로, 타인의 재물을 보관하는 자가 단순히 반환을 거부한 사실만으로는 본죄를 구성하는 것은 아니며, 반환거부의 이유 및 주관적인 의사 등을 종합하여 반환거부행위가 횡령행위와 같다고 볼 수 있을 정도이어야만 본죄가 성립한다.[3] 그러므로 비록 그 반환을 거부하였다고 하더라도 그 반환거부에 정당한 사유가 있어 이를 반환하지 않는 사실만으로는 본죄에 해당하지 아니한다.[4]

(4) 주관적 구성요건

1) 고 의

본죄가 성립하기 위해서는 타인의 재물을 보관하는 자가 임무에 위배하여 재물을 횡령하거나 반환을 거부하는 것에 대한 의욕 또는 인용을 내용으로 하는 고의가 있어야 한다.

2) 불법영득의사

본죄의 본질과 관련하여 영득행위설[5]에 의하면, 횡령죄의 성립에 불법영득의사가 요구된다. 여기서 '불법영득의 의사'란 타인의 재물을 보관하는 자가 자기 또는 제3자의 이익을 꾀할 목적으로 그 임무에 위배하여 보관하는 타인의 재물을 자기의 소유인 경우와 같이 사실상 또는 법률상 처분하는 의사를 말한다.[6] 반드시 자기 스스로 영득하여야만 하는 것은 아니다.[7] 그러

---

1) 대법원 2013. 4. 25. 선고 2011도9238 판결.

2) 대법원 1983. 11. 8. 선고 82도800 판결(명의신탁자가 구체적인 보수나 비용의 약정 없이 신탁한 농지의 반환을 요구하면서 등기이전에 따른 비용과 세금은 자신이 부담하고 수탁자인 피고인에게 손해가 없도록 하겠다고 했음에도 불구하고 피고인이 위 토지에 대해 재산세를 납부한 것이 해결되지 않았고 계속 2년 가량 더 농사를 짓고 넘겨주겠다는 대답으로 위 반환요구에 불응한 소위는 타인의 재물을 보관하는 자가 그 위탁취지에 반하여 정당한 권한 없이 반환을 거부한 것이므로 횡령죄를 구성한다).

3) 대법원 2013. 8. 23. 선고 2011도7637 판결; 대법원 2002. 9. 4. 선고 2000도637 판결; 대법원 1998. 7. 10. 선고 98도126 판결; 대법원 1993. 6. 8. 선고 93도874 판결; 대법원 1992. 11. 27. 선고 92도2079 판결; 대법원 1989. 3. 14. 선고 88도2437 판결; 대법원 1986. 10. 28. 선고 86도1516 판결.

4) 대법원 2006. 2. 10. 선고 2003도7487 판결; 대법원 2004. 3. 12. 선고 2004도134 판결; 대법원 1987. 4. 28. 선고 86도824 판결; 대법원 1983. 12. 13. 선고 83도2642 판결.

5) 김선복, 371면; 김신규, 460면; 김일수/서보학, 286면; 배종대, 407면; 신동운, 1124면; 이재상/장영민/강동범, 392면; 이형국/김혜경, 448면; 임 웅, 490면; 정성근/정준섭, 270면; 정영일, 216면. 한편 신임관계의 위배라는 배신성을 횡령죄의 본질에서 배제할 수 없다는 이유로 영득행위설과 월권행위설의 절충적인 입장을 취하는 견해로는 박상기, 661면.

6) 대법원 2015. 6. 25. 선고 2015도1944 전원합의체 판결(소유권의 취득에 등록이 필요한 타인 소유의 차량을 인도받아 보관하고 있는 사람이 이를 사실상 처분하면 횡령죄가 성립하며, 보관 위임자나 보관자가 차량의 등록명의자일 필요는 없다. 그리고 이와 같은 법리는 지입회사에 소유권이 있는 차량에 대하여 지입회사에서 운행관리권을 위임받은 지입차주가 지입회사의 승낙 없이 보관 중인 차량을 사실상 처분하거나 지입차주에게서 차량 보관을 위임받은 사람이 지입차주의 승낙 없이 보관 중인 차량을 사실상 처분한 경우에도 마찬가지로 적용된다); 대

므로 사후에 이를 반환하거나 변상·보전하는 의사가 있다고 하더라도 불법영득의 의사를 인정함에는 지장이 없으며[1], 그와 같이 사후에 변상하거나 보전한 금액을 횡령금액에서 공제해야 하는 것도 아니다.[2] 보관자가 자기 또는 제3자의 이익을 위하여 소유자의 이익에 반하여 재물을 처분한 경우에는 재물에 대한 불법영득의사를 인정할 수 있으나, 그와 달리 소유자의 이익을 위하여 재물을 처분한 경우에는 특별한 사정이 없는 한 그 재물에 대하여는 불법영득의사를 인정할 수 없다.[3] 또한 횡령죄는 불법영득의 의사가 확정적으로 외부에 표시되었을 때 성립하는 것이므로, 횡령의 범행을 한 자가 물건의 소유자에 대하여 별도의 금전채권을 가지고 있었다고 하더라도 횡령 범행 전에 상계 정산하였다는 등 특별한 사정이 없는 한 그러한 사유만으로 이미 성립한 횡령죄에 영향을 미칠 수는 없다.[4] 그리고 피고인 자신이 위탁받아 보관중이던

법원 1999. 7. 9. 선고 98도4088 판결; 대법원 1989. 10. 10. 선고 87도1901 판결.

7) 대법원 2006. 11. 10. 선고 2004도5167 판결; 대법원 2000. 12. 27. 선고 2000도4005 판결(피고인이 회사의 일반투자자들이 투자하는 금원을 법인자금과 일반자금으로 분류하여 그 중 일반자금을 피고인 또는 회사 임직원 명의의 차명계좌에 입금시켜 관리하도록 하였다고 하더라도 그것이 회사재산으로 존재하는 한 불법영득의 의사가 있었다고 보기는 어렵다 할 것이나, 피고인이 그와 같이 관리하는 일반자금을 이사회의 결의 등 법령이나 정관에서 정한 절차를 거치지도 아니한 채 피고인의 구두지시 등에 의하여 자의적으로 인출하여, 계열회사 설립 또는 증자를 하면서 피고인 또는 차명주주 명의로 주식을 매입하고, 피고인 개인 명의로 다른 사람에게 대여하고, 피고인 또는 임직원 개인 명의로 부동산을 취득하는 자금 등으로 사용하였고, 또 자금의 사용내역을 회사장부에 정상적으로 기재하지도 아니한 채 개인 활동비 등으로 사용하였다면, 피고인에게 자기 또는 제3자의 이익을 꾀할 목적으로 업무상의 임무에 위배하여 보관하는 타인의 재물을 자기의 소유인 경우와 같이 처분하는 의사가 있었다고 보지 않을 수 없다).

1) 대법원 2015. 11. 26. 선고 2015도3012 판결; 대법원 2012. 6. 14. 선고 2010도9871 판결; 대법원 2006. 11. 10. 선고 2004도5167 판결; 대법원 2000. 12. 8. 선고 99도214 판결(수개의 학교법인을 운영하는 자가 각 학교법인의 금원을 다른 학교법인을 위하여 사용한 경우, 각 학교법인은 별개의 법인격을 가진 소유의 주체로서 이를 실질적으로 1개의 학교법인이라고 볼 수 없으므로 각 학교법인의 금원을 다른 학교법인을 위하여 사용한 경우 이를 단순히 예산항목을 유용하거나 장부상의 분식이나 이동에 불과하다고 할 수 없고, 각 학교법인 사이에서의 자금이동이 단순한 대차관계에 불과하다고 할 수도 없다는 이유로 횡령죄의 성립을 인정한 사례).

2) 대법원 2012. 1. 27. 선고 2011도14247 판결.

3) 대법원 2017. 2. 15. 선고 2013도14777 판결(甲 아파트의 입주자대표회의 회장인 피고인이, 일반 관리비와 별도로 입주자대표회의 명의 계좌에 적립·관리되는 특별수선충당금을 아파트 구조진단 견적비 및 시공사인 乙 주식회사에 대한 손해배상청구소송의 변호사 선임료로 사용함으로써 아파트 관리규약에 의하여 정하여진 용도 외에 사용하였다고 하여 업무상 횡령으로 기소된 사안에서, 특별수선충당금은 갑 아파트의 주요시설 교체 및 보수를 위하여 별도로 적립한 자금으로 원칙적으로 그 범위 내에서 사용하도록 용도가 제한된 자금이나, 당시에는 특별수선충당금의 용도 외 사용이 관리규약에 의해서만 제한되고 있었던 점, 피고인이 구분소유자들 또는 입주민들로부터 포괄적인 동의를 얻어 특별수선충당금을 위탁의 취지에 부합하는 용도에 사용한 것으로 볼 여지가 있는 점 등 제반 사정을 종합하면, 피고인이 특별수선충당금을 위와 같이 지출한 것이 위탁의 취지에 반하여 자기 또는 제3자의 이익을 위하여 자기의 소유인 것처럼 처분하였다고 단정하기 어렵다); 대법원 2016. 8. 30. 선고 2013도658 판결.

4) 대법원 2014. 5. 16. 선고 2013도15895 판결(피고인이 그의 처인 공소외 1에게 개인적으로 미화 20만 달러를 송금하기 위하여 공소외 2 주식회사의 자금 2억 5,000만원을 위 회사의 법인계좌에서 피고인의 개인계좌로 송금받으면서, 위 회사가 피고인으로부터 사무실을 임대차보증금 2억 5,000만원, 차임 월 400만원, 임대차기간 2009. 11. 20.부터 2010. 11. 19.까지로 정하여 임차하는 것처럼 허위의 내부결재를 거치고 위 회사의 자금 2억 5,000만원을 임대차보증금인 것처럼 회계 처리한 경우 업무상 횡령죄가 인정된다); 대법원 2011. 11. 24. 선고 2009도980 판결; 대법원 1997. 9. 26. 선고 97도1520 판결(환전하여 달라는 부탁과 함께 교부받은 돈을 그 목적과 용도에 사용하지 않고 마음대로 피고인의 위탁자에 대한 채권에 상계충당함은, 상계정산하기로 하였다는 특별한 약정이 없는 한, 당초 위탁한 취지에 반하는 것으로서 횡령죄를 구성한다고 볼 것이고 위탁자에 대한 채권의 존재는 횡령죄의

돈이 모두 없어졌는데도 그 행방이나 사용처를 설명하지 못하거나 또는 피고인이 주장하는 사용처에 사용된 자금이 다른 자금으로 충당된 것으로 드러나는 등 피고인이 주장하는 사용처에 사용되었다는 점을 인정할 수 있는 자료가 부족하고 오히려 개인적인 용도에 사용하였다는 점에 대한 신빙성 있는 자료가 많은 경우에는 일응 피고인이 위 돈을 불법영득의 의사로서 횡령한 것으로 추단할 수 있다.[1] 타인으로부터 용도가 엄격히 제한된 자금을 위탁받아 집행하면서 그 제한된 용도 이외의 목적으로 자금을 사용하는 것은, 그 사용이 개인적인 목적에서 비롯된 경우는 물론 결과적으로 자금을 위탁한 본인을 위하는 면이 있더라도, 그 사용행위 자체로서 불법영득의 의사를 실현한 것이 되어 횡령죄가 성립한다.[2]

　　법인이나 단체에서 임직원에게 업무를 수행하는 데에 드는 비용 명목으로 정관 기타의 규정에 의해 지급되는 이른바 판공비 또는 업무추진비가 직무수행에 드는 경비를 보전해 주는 실비변상적 급여의 성질을 가지고 있고, 정관이나 그 지급기준 등에서 업무와 관련하여 지출하도록 포괄적으로 정하고 있을 뿐 그 용도나 목적에 구체적인 제한을 두고 있지 않을 뿐만 아니라, 이를 사용한 후에도 그 지출에 관한 영수증 등 증빙자료를 요구하고 있지 않은 경우에는, 임직원에게 그 사용처나 규모·업무와 관련된 것인지 여부 등에 대한 판단이 맡겨져 있고, 그러한 판단은 우선적으로 존중되어야 할 것이다. 따라서 임직원이 판공비 등을 불법영득의 의사로 횡령한 것으로 인정하려면 판공비 등이 업무와 관련 없이 개인적인 이익을 위하여 지출되었다거나 또는 업무와 관련되더라도 합리적인 범위를 넘어 지나치게 과다하게 지출되었다는 점이 증명되어야 할 것이고, 단지 판공비 등을 사용한 임직원이 그 행방이나 사용처를 제대로 설명하지 못하거나 사후적으로 그 사용에 관한 증빙자료를 제출하지 못하고 있다고 하여 함부로 불법영득의 의사로 이를 횡령하였다고 추단하여서는 아니 된다.[3]

　　판례에 의하면, ① 법인의 회계장부에 올라 있는 자금이 아니라 법인의 운영자나 관리자가 회계로부터 분리하여 별도로 관리하는 법인의 비자금은, 그 비자금의 조성 동기, 조성 방법, 조성 기간, 보관 방법, 실제 사용용도 등에 비추어 그 조성행위가 법인을 위한 목적이 아니고 행위자가 법인의 자금을 빼내어 착복할 목적으로 행하여졌음이 명백히 밝혀진 경우의 비자금 조성행위 자체[4], ② 주상복합상가의 매수인들로부터 우수상인유치비 명목으로 금원을 납부받아 보관하던 중 그 용도와 무관하게 일반경비로 사용한 경우[5], ③ 자신 명의의 계좌에 착오로 송금된 돈을 다른 계좌로 이체하는 등 임의로 사용한 경

성립에 영향을 미치는 것이 아니며, 또한 상계할 수 있는 반대채권이 있어 그에 상계충당하였다는 것만으로는 용도 내지 목적을 특정하여 위탁한 돈의 반환을 거절할 정당한 사유가 되지 못한다).

　1) 대법원 2010. 4. 29. 선고 2007도6553 판결; 대법원 2013. 6. 27. 선고 2013도2510 판결; 대법원 2008. 3. 27. 선고 2007도9250 판결; 대법원 2002. 9. 4. 선고 2000도637 판결.

　2) 대법원 2000. 3. 14. 선고 99도4923 판결; 대법원 1999. 7. 9. 선고 98도4088 판결; 대법원 1997. 4. 22. 선고 96도8 판결; 대법원 1994. 9. 9. 선고 94도619 판결.

　3) 대법원 2010. 6. 24. 선고 2007도5899 판결.

　4) 대법원 2010. 5. 13. 선고 2009도1373 판결; 대법원 2009. 4. 9. 선고 2008도9574 판결.

　5) 대법원 2002. 8. 23. 선고 2002도366 판결.

우1), ④ 주주나 대표이사 또는 그에 준하여 회사 자금의 보관이나 운용에 관한 사실상의 사무를 처리하는 자가 회사 소유 재산을 제3자의 자금 조달을 위하여 담보로 제공하는 등 사적인 용도로 임의 처분한 경우2), ⑤ 피고인이 종중의 회장으로부터 담보 대출을 받아달라는 부탁과 함께 종중 소유의 임야를 이전받은 다음 임야를 담보로 금원을 대출받아 임의로 사용하고 자신의 개인적인 대출금 채무를 담보하기 위하여 임야에 근저당권을 설정한 경우3) 등에 있어서는 불법영득의 의사를 인정할 수 있다.

하지만 ① 회사에 대하여 개인적인 채권을 가지고 있는 대표이사가 (이사회의 승인 등의 절차 없이) 회사를 위하여 보관하고 있는 회사 소유의 금전으로 자신의 채권의 변제에 충당하는 경우4), ② 출장비 예산의 항목유용 자체가 위법한 목적이 있다거나 예산의 용도가 엄격하게 제한되어 있다고 볼만한 사정이 없는 상황에서 단지 피고인이 출장비를 지정용도 이외로 임의 소비한 경우5), ③ 피고인이 조성한 비자금이 회사의 장부상 일반자금 속에 은닉되어 있었다고 하더라도 이는 당해 비자금의 소유자인 회사 이외의 제3자가 이를 발견하기 곤란하게 하기 위한 장부상의 분식에 불과하거나 법인의 운영에 필요한 자금을 조달하는 수단으로 인정되는 경우6), ④ 법인의 대표자가 이사회에서 사전에 예비비의 전용결의가 이루어지지 아니한 상황에서 법인의 예비비를 전용하여 기관운영판공비, 회의비 등으로 사용한 경우7), ⑤ 보관물의 보관장소나 보관방법을 변경하는 경우8), ⑥ 분쟁에 대한 실질적인 이해관계는 단체에게 있으나 법적인 이유로 그 대표자의 지위에 있는 개인이 소송 기타 법적 절차의 당사자가 되었다거나 대표자로서 단체를 위해 적법하게 행한 직무행위 또는 대표자의 지위에 있음으로 말미암아 의무적으로 행한 행위 등과 관련하여 분쟁이 발생한 경우와 같이, 당해 법적 분쟁이 단체와 업무적인 관련이 깊고 당시의 제반 사정에 비추어 단체의 이익을 위하여 소송을 수행하거나 고소에 대응하여야 할 특별한 필요성이 있는 경우에 한하여 단체의 비용으로 변호사 선임료를 지출한 경우9), ⑦ 甲사립학교는 私人인

1) 대법원 2005. 10. 28. 선고 2005도5975 판결.
2) 대법원 2011. 3. 24. 선고 2010도17396 판결.
3) 대법원 2005. 6. 24. 선고 2005도2413 판결.
4) 대법원 2019. 1. 10. 선고 2018도16469 판결; 대법원 2002. 7. 26. 선고 2001도5459 판결; 대법원 1999. 2. 23. 선고 98도2296 판결.
5) 대법원 2002. 11. 26. 선고 2002도5130 판결.
6) 대법원 2015. 2. 26. 선고 2014도15182 판결(다만 법인의 운영자 또는 관리자가 법인을 위한 목적이 아니라 법인과는 아무런 관련이 없거나 개인적인 용도로 착복할 목적으로 법인의 자금을 빼내어 별도로 비자금을 조성하였다면 그 조성행위 자체로써 불법영득의 의사가 실현된 것으로 볼 수 있다); 대법원 2010. 12. 9. 선고 2010도11015 판결; 대법원 1999. 9. 17. 선고 99도2889 판결.
7) 대법원 2002. 2. 5. 선고 2001도5439 판결; 대법원 1995. 2. 10. 선고 94도2911 판결; 대법원 1989. 10. 10. 선고 87도1901 판결(공공단체의 예산을 집행할 직책에 있는 자가 자신의 이익을 위한 것이 아니고 행정상 필요한 경비의 부족을 메우기 위하여 여유 있는 다른 항목의 예산을 유용한 경우 그 예산의 항목유용 자체가 위법한 목적을 가지고 있거나, 용도가 엄격하게 제한되어 있는 경우에는 그 지출이 아무리 본인인 공공단체 등을 위한 지출이더라도 불법영득의 의사를 부정할 수 없으나, 그것이 본래 책정되거나 영달되어 있어야 할 필요경비이기 때문에 일정한 절차를 거치면 그 지출이 허용될 수 있었던 경우에는 그 간격을 메우기 위하여 유용하였더라도 행정책임을 지는 것은 별론으로 하고 바로 불법영득의 의사가 있었다고 단정할 수는 없다).
8) 대법원 1979. 9. 25. 선고 79도198 판결.
9) 대법원 2011. 9. 29. 선고 2011도4677 판결(집합건물 입주자대표회의의 회장과 대표자인 피고인들이 자신들의 형사사건 변호사 선임비용을 입주자대표회의비로 지출하였다고 하여 업무상 횡령죄로 기소된 사안에서, 피고인 甲에 대한 형사소송은 다른 입주자대표들의 자격, 기존의 입주자대표회의가 처리해 온 업무의 효력 등과 연관되어 있는 점에서 그와 관련한 변호사 비용을 지출한 것은 단체의 업무수행에 필요한 비용을 지급한 것이나, 피고인 乙의 개인적인 형사사건을 위하여 단체의 비용으로 변호사 선임료를 지출한 것은 위법하다); 대법원 2006. 10. 26. 선고 2004도6280 판결(재건축조합 조합장이 조합장 개인을 위하여 자신의 위법행위에 관한 형사사건의 변호

乙 등이 설립하여 운영하는 학교로서 수업료 등으로 조성된 교비는 특별한 사정이 없는 한 甲 학교의 설치·경영자인 乙 등의 소유에 속하므로, 피고인이 乙과 공모하여 이를 임의로 사용한 경우[1], ⑧ 피고인이 甲과 함께 소주방에서 술을 마시다가 서로 몸싸움을 하는 과정에서 甲이 떨어뜨리고 간 휴대전화를 소주방 업주로부터 건네받은 경우에 피고인은 조리상 甲을 위하여 휴대전화를 보관하는 지위에 있으나, 보관하던 중 甲의 휴대전화를 임의로 사용한 경우[2], ⑨ 법인의 이사를 상대로 한 이사직무집행정지 가처분결정이 된 경우, 당해 법인의 업무를 수행하는 이사의 직무집행이 정지당함으로써 사실상 법인의 업무수행에 지장을 받게 될 것은 명백하므로 법인으로서는 그 이사 자격의 부존재가 객관적으로 명백하여 항쟁의 여지가 없는 경우가 아닌 한 위 가처분에 대항하여 항쟁할 필요가 있다고 할 것이고, 이와 같이 필요한 한도 내에서 법인의 대표자가 법인 경비에서 당해 가처분 사건의 피신청인인 이사의 소송비용을 지급한 경우[3] 등에 있어서는 불법영득의 의사를 인정할 수 없다.

3. 실행의 착수시기 및 기수시기

본죄는 자기가 보관하는 타인의 재물을 객체로 하여 점유의 이전을 필요로 하지 않기 때문에 특정한 행위가 아닌 횡령의사가 '표현'[4]되는 행위가 있으면 성립할 수 있다. 그러므로 자기가 보관하는 타인의 부동산을 영득하기 위하여 매매계약을 체결하였을 때 횡령죄의 실행의 착수가 있고, 등기를 이전하여 주었을 때 횡령죄의 기수에 이른다.[5] 또한 주식회사의 대표이사가 자신의 다른 횡령사실을 감추기 위한 목적으로 가공의 공사대금을 지급한 것처럼 허위로 회계처리하면서 가공의 공사대금에 대한 부가가치세 명목으로 회사 자금을 임의로 지출한 경우에는 그로써 횡령죄는 기수에 이른다. 그 후에 그 지출액 상당을 매입세액으로 환급받아 회사에 다시 입금하였다고 하더라도 이미 성립한 횡령죄에 영향을 미치지 아니한다.[6]

인을 선임하는 것을 재건축조합의 업무라고 볼 수 없으므로, 그가 재건축조합의 자금으로 자신의 변호사 비용을 지출하였다면 이는 횡령에 해당하고, 위 형사사건의 변호사 선임료를 지출함에 있어 이사 및 대의원회의 승인을 받았다고 하여도 재건축조합의 업무집행과 무관한 조합장 개인의 형사사건을 위하여 변호사 선임료를 지출하는 것이 위법한 이상 위 승인은 내재적 한계를 벗어나는 것으로서 횡령죄의 성립에 영향을 미치지 아니한다).

1) 대법원 2012. 5. 10. 선고 2011도12408 판결.
2) 대법원 2014. 3. 13. 선고 2012도5346 판결.
3) 대법원 2003. 5. 30. 선고 2003도1174 판결(이는 법인의 업무수행을 위하여 필요한 비용을 지급한 것에 해당하고, 법인의 경비를 횡령한 것이라고는 볼 수 없다).
4) 이에 대하여 표현설처럼 불법영득의사의 외부적 표현만으로 횡령죄의 기수를 인정하게 되면, 횡령죄의 가벌성 범위가 지나치게 확대될 뿐만 아니라 결과범으로서 횡령죄의 기수와 미수를 구별하기 힘든 문제점이 있다는 지적으로는 김일수/서보학, 308면; 배종대, 427면; 오영근, 372면; 이형국/김혜경, 457면; 정성근/정준섭, 281면. 이에 의하면 불법영득의사의 외부적 표현을 넘어 그 의사가 객관적·외부적으로 실현된 때 횡령죄의 기수가 되고, 그 전 단계의 표현만 있는 경우에는 미수가 된다고 하는 실현설을 주장한다. 생각건대 표현설에 의하면 본죄의 미수는 이론적으로만 가능할 뿐 실제상 인정되기 어렵다는 주장은 받아들이기 힘들다. 왜냐하면 자기가 보관하는 타인의 부동산을 영득하기 위하여 매매계약을 체결하였을 때 횡령죄의 실행의 착수가 있고, 등기를 이전하여 주었을 때 횡령죄의 기수에 이르기 때문이다.
5) 대법원 2000. 3. 24. 선고 2000도310 판결; 대법원 1981. 5. 26. 선고 81도673 판결(피고인이 피해자와 수출용포리에스텔 죠오셋트 임직계약을 체결하고 그 원료인 원사를 공급받아 보관 중 임의로 죠오셋트가 아닌 시판용 이태리 깔깔이를 제직하여 타에 판매할 의사로 위 원사를 연사한 경우에는 횡령죄의 기수가 된다).
6) 대법원 2008. 11. 13. 선고 2006도4885 판결.

4. 죄수 및 다른 범죄와의 관계

(1) 죄 수

본죄는 위탁관계의 수를 기준으로 죄수가 결정된다. 그러므로 여러 개의 위탁관계에 의하여 보관하던 여러 개의 재물을 1개의 행위에 의하여 횡령한 경우 위탁관계별로 수개의 횡령죄가 성립하고, 그 사이에는 상상적 경합의 관계가 있는 것으로 보아야 한다.[1]

일단 특정한 처분행위(이를 '선행 처분행위'라 한다)로 인하여 법익침해의 위험이 발생함으로써 횡령죄가 기수에 이른 후 종국적인 법익침해의 결과가 발생하기 전에 새로운 처분행위(이를 '후행 처분행위'라 한다)가 이루어졌을 때, 그 후행 처분행위가 선행 처분행위에 의하여 발생한 위험을 현실적인 법익침해로 완성하는 수단에 불과하거나 그 과정에서 당연히 예상될 수 있는 것으로서 새로운 위험을 추가하는 것이 아니라면 후행 처분행위에 의해 발생한 위험은 선행 처분행위에 의하여 이미 성립된 횡령죄에 의해 평가된 위험에 포함되는 것이라고 할 것이므로 그 후행 처분행위는 이른바 불가벌적 사후행위에 해당한다.

그러나 후행 처분행위가 이를 넘어서서, 선행 처분행위로 예상할 수 없는 새로운 위험을 추가함으로써 법익침해에 대한 위험을 증가시키거나 선행 처분행위와는 무관한 방법으로 법익침해의 결과를 발생시키는 경우라면, 이는 선행 처분행위에 의하여 이미 성립된 횡령죄에 의해 평가된 위험의 범위를 벗어나는 것이므로 특별한 사정이 없는 한 별도로 횡령죄를 구성한다. 따라서 타인의 부동산을 보관 중인 자가 불법영득의사를 가지고 그 부동산에 근저당권설정등기를 경료함으로써 일단 횡령행위가 기수에 이르렀다고 하더라도 그 후 같은 부동산에 별개의 근저당권을 설정하여 새로운 법익침해의 위험을 추가함으로써 법익침해의 위험을 증가시키거나 해당 부동산을 매각함으로써 기존의 근저당권과 관계없이 법익침해의 결과를 발생시켰다면 이는 당초의 근저당권 실행을 위한 임의경매에 의한 매각 등 그 근저당권으로 인해 당연히 예상될 수 있는 범위를 넘어 새로운 법익침해의 위험을 추가시키거나 법익침해의 결과를 발생시킨 것이므로 특별한 사정이 없는 한 불가벌적 사후행위로 볼 수 없고, 별도로 횡령죄를 구성한다.[2] 같은 취지에서 명의수탁자가 신탁 받은 부동산의 일부에 대한 토지수용보상금 중 일부를

---

1) 대법원 2013. 10. 31. 선고 2013도10020 판결(피고인은 피해자 공소외 1 회사와 사이에 렌탈(임대차)계약을 체결하고 그로부터 컴퓨터 본체 24대, 모니터 1대를 받아 보관하였고, 피해자 공소외 2 회사와 사이에 리스(임대차)계약을 체결하고 그로부터 컴퓨터 본체 13대, 모니터 41대, 그래픽카드 13개, 마우스 11개를 보관하다가 2011. 2. 22.경 성명불상의 업체에 이를 한꺼번에 처분하여 횡령하였으므로, 이러한 횡령행위는 사회관념상 1개의 행위로 평가함이 상당하고, 피해자들에 대한 각 횡령죄는 상상적 경합의 관계에 있다); 대법원 1979. 8. 28. 선고 79도161 판결.

2) 대법원 2015. 1. 29. 선고 2014도12022 판결; 대법원 2013. 2. 21. 선고 2010도10500 전원합의체 판결(피고인 1은 1995. 10. 20. 피해자 종중으로부터 위 종중 소유인 파주시 적성면 답 2,337㎡, 답 2,340㎡를 명의신탁받아 보관하던 중 자신의 개인 채무 변제에 사용하기 위한 돈을 차용하기 위해 이 사건 토지에 관하여 1995. 11. 30. 채권최고액 1,400만원의 근저당권을, 2003. 4. 15. 채권최고액 750만원의 근저당권을 각 설정한 사실, 그 후 피고인들이 공모하여 2009. 2. 21. 이 사건 토지를 공소외인에게 1억 9,300만원에 매도한 사실 등을 인정한 다음, 피고인들이

소비하고, 이어 수용되지 않은 나머지 부동산 전체에 대한 반환을 거부한 경우, 부동산의 일부에 관하여 수령한 수용보상금 중 일부를 소비하였다고 하여 객관적으로 부동산 전체에 대한 불법영득의 의사를 외부에 발현시키는 행위가 있었다고 볼 수는 없으므로, 그 금원 횡령죄가 성립된 이후에 수용되지 않은 나머지 부동산 전체에 대한 반환을 거부한 것은 새로운 법익의 침해가 있는 것으로서 별개의 횡령죄가 성립하는 것이지 불가벌적 사후행위라고 할 수 없다.[1]

한편 수개의 회사 소유 자금을 지분 비율을 알 수 없는 상태로 구분 없이 함께 보관하던 사람이 그 자금 중 일부를 횡령한 경우, 수개의 회사는 횡령된 자금에 대하여 지분 비율을 알 수 없는 공동 소유자의 지위에 있다고 할 것이니 수개의 회사는 모두 횡령죄의 피해자에 해당한다.[2]

(2) 다른 범죄와의 관계

1) 사기죄와의 관계

① 사기죄는 타인이 점유하는 재물을 그의 처분행위에 의하여 취득함으로써 성립하는 죄이므로 자기가 점유하는 타인의 재물에 대하여는 이것을 영득함에 기망행위를 한다고 하여도 사기죄는 성립하지 아니하고 횡령죄만을 구성한다.[3] ② 피고인이 피해자로부터 돈을 빌리기 위해 피해자가 요구하는 대로 차용금에 대한 담보 명목으로 공사대금 채권을 양도하는 형식만 갖추었을 뿐, 당초부터 공사대금 채권을 추심하여 빼돌릴 생각을 가지고 있었던 경우라면, 차용금 편취에 관한 사기죄는 성립하지만, 공사대금 채권을 양도한 후 공사대금을 수령하여 임의 소비한 행위는 금전 차용 후 담보로 제공한 양도채권을 추심받아 이를 빼돌리려는 사기범행의 실행행위에 포함된 것으로 봄이 상당하므로 사기죄와 별도로 횡령죄는 성립되지 아니한다.[4] ③ 위탁자로부터 당좌수표 할인을 의뢰받은 피고인이 제3자를 기망하여 당좌수표를 할인받은 다음 그 할인금을 임의소비한 경우, 제3자에 대한 사기죄와 별도로 위탁자에 대한 횡령죄가 성립한다.[5] ④ 대표이사가 회사의 상가분양 사업을 수행하면서 수분양자들을 기망하여 편취한 분양대금은 회사의 소유로 귀속되는 것이므로, 대표이사가 그 분양대금을 횡령하는 것은 사기범행이 침해한 것과는 다른 법익을 침해하는 것이어서 회사를 피해자로 하는 별도의 횡령죄가 성립된다.[6] ⑤ 피고인이 당초부터 피해자를 기망하여 약속어음을 교부받은 경우에는 그 교부받은 즉시 사기죄가 성립하고, 그 후 이를 피해자에 대한 피고인의 채권의 변제에 충당하였다고 하더라도 불가벌적 사후행위가 됨에 그칠 뿐 별도로 횡령죄를 구성하지 아니한다.[7]

이 사건 토지를 매도한 행위는 선행 근저당권설정행위 이후에 이루어진 것이어서 불가벌적 사후행위에 해당한다는 취지의 피고인들 주장을 배척하고, 피고인들의 이 사건 토지 매도행위가 횡령죄를 구성한다).

1) 대법원 2001. 11. 27. 선고 2000도3463 판결.
2) 대법원 2007. 6. 1. 선고 2006도1813 판결.
3) 대법원 1987. 12. 22. 선고 87도2168 판결; 대법원 1980. 12. 9. 선고 80도1177 판결.
4) 대법원 2011. 5. 13. 선고 2011도1442 판결.
5) 대법원 1998. 4. 10. 선고 97도3057 판결.
6) 대법원 2005. 4. 29. 선고 2005도741 판결.

2) 배임죄와의 관계

배임죄와 횡령죄의 구성요건적 차이에 비추어 보면, 회사에 대한 관계에서 타인의 사무를 처리하는 자가 임무에 위배하는 행위로서 회사로 하여금 자신의 채무에 관하여 연대보증채무를 부담하게 함으로써 배임죄가 성립한 다음, 회사의 금전을 보관하는 자의 지위에서 그 소유자인 회사의 이익을 위한 것이 아니라 자신의 채무를 변제하려는 의사를 가지고 회사의 자금을 자기의 소유인 경우와 같이 임의로 인출한 후 개인채무의 변제에 사용한 행위는 연대보증채무 부담으로 인한 배임죄와 다른 새로운 보호법익을 침해하는 행위로서 배임 범행의 불가벌적 사후행위가 되는 것이 아니라 별죄인 횡령죄를 구성한다고 보아야 하며, 횡령행위로 인출한 자금이 선행 임무위배행위로 인하여 회사가 부담하게 된 연대보증채무의 변제에 사용되었다고 하더라도 달리 볼 것은 아니다.[1] 또한 회사에 대한 관계에서 타인의 사무를 처리하는 자가 임무에 위배하는 행위로서 회사로 하여금 회사가 펀드 운영사에 지급하여야 할 펀드출자금을 정해진 시점보다 선지급하도록 하여 배임죄를 범한 다음, 그와 같이 선지급된 펀드출자금을 보관하는 자와 공모하여 펀드출자금을 임의로 인출한 후 자신의 투자금으로 사용하기 위하여 임의로 송금하도록 한 행위는 펀드출자금 선지급으로 인한 배임죄와는 다른 새로운 보호법익을 침해하는 행위로서 배임 범행의 불가벌적 사후행위가 되는 것이 아니라 별죄로서 횡령죄를 구성한다.[2]

3) 장물죄와의 관계

절도 범인으로부터 장물보관 의뢰를 받은 자가 그 정을 알면서 이를 인도받아 보관하고 있다가 임의로 처분하였다고 하여도 장물보관죄가 성립하는 때에는 이미 그 소유자의 소유물 추구권을 침해하였으므로 그 후의 횡령행위는 불가벌적 사후행위에 불과하여 별도로 횡령죄가 성립하지 아니한다.[3]

4) 강제집행면탈죄와의 관계

타인의 재물을 보관하는 자가 보관하고 있는 재물을 영득할 의사로 은닉하였다면 이는 횡령죄를 구성하는 것이고, 채권자들의 강제집행을 면탈하는 결과를 가져온다고 하여 이와 별도로 강제집행면탈죄를 구성하는 것은 아니다.[4]

5. 부동산 명의신탁과 관련된 죄책

부동산실명법이 규정하는 명의신탁약정은 부동산에 관한 물권의 실권리자가 타인과의 사

---

7) 대법원 1983. 4. 26. 선고 82도3079 판결. 同旨 대법원 2010. 2. 25. 선고 2010도93 판결(공동상속인 중 1인이 상속재산인 임야를 보관 중 다른 상속인들로부터 매도 후 분배 또는 소유권이전등기를 요구받고도 그 반환을 거부한 경우 이때 이미 횡령죄가 성립하고, 그 후 그 임야에 관하여 다시 제3자 앞으로 근저당권설정등기를 경료해 준 행위는 불가벌적 사후행위로서 별도의 횡령죄를 구성하지 않는다).

1) 대법원 2011. 4. 14. 선고 2011도277 판결.
2) 대법원 2014. 12. 11. 선고 2014도10036 판결.
3) 대법원 2004. 4. 9. 선고 2003도8219 판결; 대법원 1976. 11. 23. 선고 76도3067 판결.
4) 대법원 2000. 9. 8. 선고 2000도1447 판결.

이에서 대내적으로는 실권리자가 부동산에 관한 물권을 보유하되 다만 그에 관한 등기를 타인의 명의로 하기로 하는 약정을 말하는 것일 뿐이므로, 그 자체로 선량한 풍속 기타 사회질서에 반한다고 단정할 수 없다. 부동산실명법이 비록 부동산등기제도를 악용한 투기·탈세·탈법행위 등 반사회적 행위를 방지하는 것 등을 목적으로 제정되었다고 하더라도, 무효인 명의신탁약정에 기하여 타인 명의의 등기가 마쳐졌다는 이유만으로 그것이 당연히 불법원인급여에 해당한다고 볼 수 없고, 이는 탈세의 목적으로 한 명의신탁약정에 기하여 타인 명의의 등기가 마쳐진 경우라도 마찬가지이다.[1]

(1) 2자간 명의신탁의 경우

'2자간 명의신탁'이란 신탁자와 수탁자가 명의신탁의 약정을 하고 수탁자의 명의로 소유권등기를 해놓는 것을 말한다. 부동산실명법을 위반하여 명의신탁자가 그 소유인 부동산의 등기 명의를 명의수탁자에게 이전하는 이른바 2자간 명의신탁의 경우, 계약인 명의신탁약정과 그에 부수한 위임약정, 명의신탁약정을 전제로 한 명의신탁 부동산 및 그 처분대금 반환약정은 모두 무효이다. 나아가 명의신탁자와 명의수탁자 사이에 무효인 명의신탁약정 등에 기초하여 존재한다고 주장될 수 있는 사실상의 위탁관계라는 것은 부동산실명법에 반하여 범죄를 구성하는 불법적인 관계에 지나지 아니할 뿐 이를 형법상 보호할 만한 가치 있는 신임에 의한 것이라고 할 수 없다. 명의수탁자가 명의신탁자에 대하여 소유권이전등기말소의무를 부담하게 되나, 위 소유권이전등기는 처음부터 원인무효여서 명의수탁자는 명의신탁자가 소유권에 기한 방해배제청구로 말소를 구하는 것에 대하여 상대방으로서 응할 처지에 있음에 불과하다. 명의수탁자가 제3자와 한 처분행위가 부동산실명법 제4조 제3항에 따라 유효하게 될 가능성이 있다고 하더라도 이는 거래 상대방인 제3자를 보호하기 위하여 명의신탁약정의 무효에 대한 예외를 설정한 취지일 뿐 명의신탁자와 명의수탁자 사이에 위 처분행위를 유효하게 만드는 어떠한 위탁관계가 존재함을 전제한 것이라고는 볼 수 없다. 따라서 말소등기의무의 존재나 명의수탁자에 의한 유효한 처분가능성을 들어 명의수탁자가 명의신탁자에 대한 관계에서 '타인의 재물을 보관하는 자'의 지위에 있다고 볼 수도 없다. 그러므로 부동산실명법을 위반한 양자간 명의신탁의 경우 명의수탁자가 신탁받은 부동산을 임의로 처분하여도 명의신탁자에 대한 관계에서 횡령죄가 성립하지 아니한다.[2] 이러한 법리는 부동산 명의신탁이 부동산실명법 시행 전에 이루어졌고 같은 법이 정한 유예기간 이내에 실명등기를 하지 아니함으로써 그 명의신탁약정 및 이에 따라 행하여진 등기에 의한 물권변동이 무효로 된 후에 처분행위가 이루어진 경우에도 마찬가지로 적용된다.

한편 부동산의 명의수탁자가 부동산을 제3자에게 매도하고 매매를 원인으로 한 소유권이전등기까지 마쳐 준 경우, 명의신탁의 법리상 대외적으로 수탁자에게 그 부동산의 처분권한이

---

1) 대법원 2010. 9. 30. 선고 2010도8556 판결.
2) 대법원 2021. 2. 18. 선고 2016도18761 전원합의체 판결.

있는 것임이 분명하고, 제3자로서도 자기 명의의 소유권이전등기가 마쳐진 이상 무슨 실질적인 재산상의 손해가 있을 리 없으므로 그 명의신탁 사실과 관련하여 신의칙상 고지의무가 있다거나 기망행위가 있었다고 볼 수도 없어서 그 제3자에 대한 사기죄가 성립될 여지가 없다.[1] 나아가 그 처분시 매도인(명의수탁자)의 소유라는 말을 하였다고 하더라도 역시 사기죄가 성립되지 않으며[2], 이는 자동차의 명의수탁자가 처분한 경우에도 마찬가지라고 할 것이다.[3]

(2) 3자간 등기명의신탁(중간생략등기형)의 경우

'3자간 등기명의신탁'이란 신탁자가 수탁자와 명의신탁 약정을 맺고 신탁자가 매매계약의 당사자가 되어 매도인과 매매계약을 체결하되, 다만 등기를 매도인으로부터 수탁자 앞으로 직접 이전하는 것을 말한다. 이와 같이 부동산을 매수한 명의신탁자가 자신의 명의로 소유권이전등기를 하지 아니하고 명의수탁자와 맺은 명의신탁약정에 따라 매도인으로부터 바로 명의수탁자에게 중간생략의 소유권이전등기를 마친 경우, 부동산실명법 제4조 제2항 본문에 의하여 명의수탁자 명의의 소유권이전등기는 무효이고, 신탁부동산의 소유권은 매도인이 그대로 보유하게 된다. 따라서 명의신탁자로서는 매도인에 대한 소유권이전등기청구권을 가질 뿐 신탁부동산의 소유권을 가지지 아니하고, 명의수탁자 역시 명의신탁자에 대하여 직접 신탁부동산의 소유권을 이전할 의무를 부담하지는 아니하므로, 신탁부동산의 소유자도 아닌 명의신탁자에 대한 관계에서 명의수탁자가 횡령죄에서 말하는 '타인의 재물을 보관하는 자'의 지위에 있다고 볼 수는 없다. 명의신탁자가 매매계약의 당사자로서 매도인을 대위하여 신탁부동산을 이전받아 취득할 수 있는 권리 기타 법적 가능성을 가지고 있기는 하지만, 명의신탁자가 이러한 권리 등을 보유하였음을 이유로 명의신탁자를 사실상 또는 실질적 소유권자로 보아 민사상 소유권이론과 달리 횡령죄가 보호하는 신탁부동산의 소유자라고 평가할 수는 없다. 명의수탁자에 대한 관계에서 명의신탁자를 사실상 또는 실질적 소유권자라고 형법적으로 평가하는 것은 부동산실명법이 명의신탁약정을 무효로 하고 있음에도 불구하고 무효인 명의신탁약정에 따른 소유권의 상대적 귀속을 인정하는 것과 다름이 없어서 부동산실명법의 규정과 취지에 명백히 반하여 허용될 수 없다.[4] 명의신탁자와 명의수탁자 사이에 그 위탁신임관계를 근거 지우는 계약인 명의신탁약정 또는 이에 부수한 위임약정이 무효임에도 불구하고 횡령죄 성립을 위한 사무관리·관습·조리·신의칙에 기초한 위탁신임관계가 있다고 할 수는 없다. 또한 명의신

1) 대법원 1990. 11. 13. 선고 90도1961 판결; 대법원 1985. 12. 10. 선고 85도1222 판결.
2) 대법원 1970. 9. 29. 선고 70도1668 판결.
3) 대법원 2007. 1. 11. 선고 2006도4498 판결.
4) 이와 같이 3자간 등기명의신탁에서 명의수탁자의 임의처분 또는 강제수용이나 공공용지 협의취득 등을 원인으로 제3자 명의로 소유권이전등기가 마쳐진 경우, 특별한 사정이 없는 한 제3자는 유효하게 소유권을 취득한다(부동산실명법 제4조 제3항). 그 결과 매도인의 명의신탁자에 대한 소유권이전등기의무는 이행불능이 되어 명의신탁자로서는 부동산의 소유권을 이전받을 수 없게 되는 한편, 명의수탁자는 부동산의 처분대금이나 보상금 등을 취득하게 된다. 이에 대하여 판례(대법원 2021. 9. 9. 선고 2018다284233 전원합의체 판결)는, 명의수탁자가 그러한 처분대금이나 보상금 등의 이익을 명의신탁자에게 부당이득으로 반환할 의무를 부담한다고 보고 있다.

탁자와 명의수탁자 사이에 존재한다고 주장될 수 있는 사실상의 위탁관계라는 것도 부동산실
명법에 반하여 범죄를 구성하는 불법적인 관계에 지나지 아니할 뿐 이를 형법상 보호할 만한
가치 있는 신임에 의한 것이라고 할 수 없다. 그러므로 명의신탁자가 매수한 부동산에 관하여
부동산실명법을 위반하여 명의수탁자와 맺은 명의신탁약정에 따라 매도인으로부터 바로 명의
수탁자 명의로 소유권이전등기를 마친 이른바 중간생략등기형 명의신탁을 한 경우, 명의신탁
자는 신탁부동산의 소유권을 가지지 아니하고, 명의신탁자와 명의수탁자 사이에 위탁신임관계
를 인정할 수도 없다. 따라서 명의수탁자가 명의신탁자의 재물을 보관하는 자라고 할 수 없으
므로, 명의수탁자가 신탁받은 부동산을 임의로 처분하여도 명의신탁자에 대한 관계에서 횡령
죄가 성립하지 아니한다.[1]

(3) 계약명의신탁(매수위임형)의 경우

'계약명의신탁'이란 수탁자가 신탁자와 명의신탁약정을 맺은 후 신탁자의 위임에 따라 매
매계약의 당사자가 되어(매수위임), 부동산의 원소유자인 매도인과 직접 부동산 매매계약을 체결
하고, 그 등기도 수탁자 명의로 하는 경우를 말한다.

1) 매도인이 선의인 경우

신탁자와 수탁자가 명의신탁 약정을 맺고, 이에 따라 수탁자가 당사자가 되어 명의신탁 약
정이 있다는 사실을 알지 못하는 소유자와 사이에서 부동산에 관한 매매계약을 체결한 후 그
매매계약에 기하여 당해 부동산의 소유권이전등기를 수탁자 명의로 경료한 경우에는, 그 소유
권이전등기에 의한 당해 부동산에 관한 물권변동은 유효하고, 한편 신탁자와 수탁자 사이의 명
의신탁 약정은 무효이므로, 결국 수탁자는 전소유자인 매도인뿐만 아니라 신탁자에 대한 관계
에서도 유효하게 당해 부동산의 소유권을 취득한 것으로 보아야 할 것이고, 따라서 그 수탁자
는 타인의 재물을 보관하는 자라고 볼 수 없다.[2] 그러므로 횡령죄가 성립할 여지가 없으며, 배
임죄의 성립도 부정[3]된다.

2) 매도인이 악의인 경우

명의신탁자와 명의수탁자가 이른바 계약명의신탁약정을 맺고 명의수탁자가 당사자가 되어
그러한 명의신탁약정이 있다는 사실을 알고 있는 소유자로부터 부동산을 매수하는 계약을 체
결한 후 그 매매계약에 따라 명의수탁자 앞으로 당해 부동산의 소유권이전등기가 행하여졌다
면 부동산실명법 제4조 제2항 본문에 의하여 명의수탁자 명의의 소유권이전등기는 무효이고
당해 부동산의 소유권은 매도인이 그대로 보유하게 된다.[4] 나아가 그 경우 명의신탁자는 부동

---

1) 대법원 2016. 8. 24. 선고 2014도6740 판결; 대법원 2016. 5. 19. 선고 2014도6992 전원합의체 판결; 대법원 2016.
   5. 26. 선고 2015도89 판결.
2) 대법원 2010. 11. 11. 선고 2008도7451 판결; 대법원 2009. 9. 10. 선고 2009도4501 판결; 대법원 2007. 3. 29. 선고
   2007도766 판결; 대법원 2000. 3. 24. 선고 98도4347 판결.
3) 대법원 2008. 3. 27. 선고 2008도455 판결; 대법원 2004. 4. 27. 선고 2003도6994 판결; 대법원 2001. 9. 25. 선고
   2001도2722 판결.

산매매계약의 당사자가 되지 아니하고 또 명의신탁약정은 부동산실명법 제4조 제1항에 의하여 무효이므로, 그는 다른 특별한 사정이 없는 한 부동산 자체를 매도인으로부터 이전받아 취득할 수 있는 권리 기타 법적 가능성을 가지지 못한다. 따라서 이때 명의수탁자가 명의신탁자에 대한 관계에서 횡령죄에서의 '타인의 재물을 보관하는 자'의 지위에 있다고 볼 수 없다.[1]

또한 명의수탁자가 명의신탁자에 대하여 매매대금 등을 부당이득으로서 반환할 의무를 부담한다고 하더라도 이를 두고 배임죄에서의 '타인의 사무를 처리하는 자'의 지위에 있다고 보기도 어렵다.[2] 이 경우 명의수탁자는 매도인에 대하여 소유권이전등기말소의무를 부담하게 되나, 위 소유권이전등기는 처음부터 원인무효여서 명의수탁자는 매도인이 소유권에 기한 방해배제청구로 그 말소를 구하는 것에 대하여 상대방으로서 응할 처지에 있음에 불과하고, 그가 제3자와 사이에 한 처분행위가 부동산실명법 제4조 제3항에 따라 유효하게 될 가능성이 있다고 하더라도 이는 거래의 상대방인 제3자를 보호하기 위하여 명의신탁 약정의 무효에 대한 예외를 설정한 취지일 뿐 매도인과 명의수탁자 사이에 위 처분행위를 유효하게 만드는 어떠한 신임관계가 존재함을 전제한 것이라고는 볼 수 없으므로, 그 말소등기의무의 존재나 명의수탁자에 의한 유효한 처분가능성을 들어 명의수탁자가 매도인에 대한 관계에서 횡령죄에서의 '타인의 재물을 보관하는 자' 또는 배임죄에서의 '타인의 사무를 처리하는 자'의 지위에 있다고 볼 수도 없다.[3] 한편 부동산매매계약에 있어서 매수인이 된 사람이 비록 제3자와의 약정에 기하여 계약자 명의를 제공한 것이라고 하더라도 다른 특별한 사정이 없는 한 그와 같은 명의대여의 약정은 그들 사이의 내부적인 관계에 불과하고 자신의 명의로 위 계약을 체결한 사람이 매매당사자가 된다.[4]

6. 양도담보 및 매도담보와 관련된 죄책

(1) 양도담보의 의의

'양도담보'란 채무자 또는 제3자가 채권담보를 위하여 목적물의 소유권을 채권자에게 이전하고, 채무자가 채무를 변제하지 않으면 채권자가 그 소유권을 확정적으로 취득하거나 그 목적물로부터 우선변제를 받지만, 채무자가 채무를 이행하면 목적물을 다시 원소유자에게 반환하는 방법에 의한 소유권이전형 비전형담보를 말한다. 양도담보는 담보제공자가 필요한 자금을 획득하는 방법에 따라, 매매의 형식을 취하는 매도담보와 소비대차의 형식을 취하는 좁은 의미의 양도담보로 나누어진다. 그리고 좁은 의미의 양도담보는 다시 채권자에게 청산의무가 없는 경우(유담보형 양도담보)와 청산의무가 있는 약한 의미의 양도담보로 구별되는데, 판례는 후자의 양도담보만을 인정해 오고 있다. 동산의 경우에는 「동산·채권 등의 담보에 관한 법률」의 적용을

4) 대법원 2009. 5. 14. 선고 2007도2168 판결.
1) 대법원 2012. 12. 13. 선고 2010도10515 판결.
2) 대법원 2008. 3. 27. 선고 2008도455 판결; 대법원 2001. 9. 25. 선고 2001도2722 판결.
3) 대법원 2012. 11. 29. 선고 2011도7361 판결.
4) 대법원 2003. 9. 5. 선고 2001다32120 판결.

받고, 부동산의 경우에는 「가등기담보 등에 관한 법률」의 적용을 받는다.

(2) 동산 양도담보의 경우

'동산 양도담보'란 금전채무를 담보하기 위하여 채무자가 그 소유의 동산을 채권자에게 양도하되 점유개정에 의하여 채무자가 이를 계속 점유하기로 한 경우를 말한다. 예를 들면 돼지농장을 운영하는 甲이 乙로부터 금전을 차용하면서 이를 담보하기 위하여 자신이 기르는 돼지를 점유개정의 형식으로 양도하는 경우가 이에 해당한다. 이러한 경우에는 특별한 사정이 없는 한 동산의 소유권은 신탁적으로 이전됨에 불과하여, 채권자와 채무자간의 대내적 관계에서 채무자는 소유권을 보유하게 된다. 하지만 채무자가 양도담보설정계약에 따라 부담하는 의무, 즉 동산을 담보로 제공할 의무, 담보물의 담보가치를 유지·보전하거나 담보물을 손상, 감소 또는 멸실시키지 않을 소극적 의무, 담보권 실행 시 채권자나 그가 지정하는 자에게 담보물을 현실로 인도할 의무와 같이 채권자의 담보권 실행에 협조할 의무 등은 모두 양도담보설정계약에 따라 부담하게 된 채무자 자신의 급부의무이다.[1] 또한 양도담보설정계약은 피담보채권의 발생을 위한 계약에 종된 계약으로, 피담보채무가 소멸하면 양도담보설정계약상의 권리의무도 소멸하게 된다. 양도담보설정계약에 따라 채무자가 부담하는 의무는 담보목적의 달성, 즉 채무불이행 시 담보권 실행을 통한 채권의 실현을 위한 것이므로 담보설정계약의 체결이나 담보권 설정 전후를 불문하고 당사자 관계의 전형적·본질적 내용은 여전히 금전채권의 실현 내지 피담보채무의 변제에 있다. 따라서 채무자가 위와 같은 급부의무를 이행하는 것은 채무자 자신의 사무에 해당할 뿐이고, 채무자가 통상의 계약에서의 이익대립관계를 넘어서 채권자와의 신임관계에 기초하여 채권자의 사무를 맡아 처리한다고 볼 수 없으므로 채무자를 채권자에 대한 관계에서 '타인의 사무를 처리하는 자'라고 할 수 없다. 채무자가 그 소유의 동산을 점유개정 방식으로 양도담보로 제공하는 경우 채무자는 그의 직접점유를 통하여 양도담보권자에게 간접점유를 취득하게 하는 것이므로, 채무자가 담보목적물을 점유하는 행위에는 '보관자'로서 담보목적물을 점유한다는 측면이 있고, 채무자는 그 과정에서 담보물을 처분하거나 멸실·훼손하는 등의 행위를 하여서는 아니 될 의무를 부담한다. 그러나 그와 같은 의무는 점유매개관계가 설정되는 법률관계에서 직접점유자에게 공통적으로 인정되는 소극적 의무에 불과하다. 이러한 소극적 의무가 있다는 사정만으로는 직접점유자에게 신임관계에 기초하여 간접점유자의 재산상 이익을 보호·관리할 의무가 있고 그러한 보호·관리의무가 당사자 관계의 전형적·본질적 내용을 이루는 것이라고 볼 수 없다. 그러므로 채무자가 동산에 관하여 양도담보설정계약을 체결하여 이를 채권자에게 양도할 의무가 있음에도 담보물을 처분하거나 멸실·훼손하는 등의 행위를 하더라도 배임죄로 처벌할 수는 없다.[2] 다만 채권자가 다른 사유에 의하여 동산인 목적물에 대한 점유까

---

1) 대법원 2021. 7. 15. 선고 2015도5184 판결.

2) 대법원 2020. 8. 27. 선고 2019도14770 전원합의체 판결(이 사건 회사의 ○○은행에 대한 채무 담보를 목적으로 이 사건 기계에 관하여 동산담보설정계약이 체결되었더라도 이 사건 회사나 피고인이 ○○은행과의 신임관계에

지 이전받아 보관하고 있는 상태에서 변제기 도래 전에 채권자가 임의로 처분한 경우에는 타인 (채무자)의 물건에 대한 횡령죄가 성립한다.[1]

한편 채권자가 변제기 후에 담보권의 실행 차원에서 목적물을 처분한 경우에는 목적물의 소유권이 자신에게 귀속되어 있으므로 횡령죄가 되지 아니한다. 뿐만 아니라 동산 양도담보에 있어서 채권자와 채무자 사이의 대내적 관계에서 채무자는 소유권을 보유하지만, 대외적인 관계에 있어서 채무자는 동산의 소유권을 이미 채권자에게 양도한 무권리자가 된다.[2] 따라서 동산에 관하여 양도담보계약이 이루어지고 채권자가 점유개정의 방법으로 인도를 받았다면, 변제기 후 그 정산절차를 마치기 전이라도 양도담보권자인 채권자는 제3자에 대한 관계에 있어서는 담보목적물의 소유자로서 그 권리를 행사할 수 있다.[3] 더 나아가 채권자가 담보목적물을 부당하게 염가로 처분하거나 청산금의 잔액을 채무자에게 지급해주지 않더라도 담보권실행은 타인 (채무자)의 사무가 아니라 채권자 자신의 사무에 해당하여 배임죄도 성립하지 아니한다.

(3) 동산 매도담보의 경우

'동산 매도담보'란 담보목적물을 채권자에게 매각하여 소유권을 이전시키되, 변제기에 채무변제가 있으면 다시 채무자에게 소유권을 되돌리는 형태의 일종인 환매약관부 매매약정을 말한다. 따라서 소유권이 채권자에게 이전된 매도담보물(동산)을 채권자가 점유하다가 변제기 전에 제3자에게 임의로 처분하거나 근저당권실정등기를 경료하더라도 채권자는 자기소유의 목적물을 처분한 것이므로 횡령죄가 성립하지 아니한다.

기초하여 ○○은행의 사무를 맡아 처리하는 것으로 볼 수 없는 이상, 피고인을 ○○은행에 대한 관계에서 '타인의 사무를 처리하는 자'에 해당한다고 할 수 없다. 따라서 피고인이 공소사실 기재와 같이 이 사건 기계를 처분하였더라도 그러한 행위에 대하여 배임죄가 성립하지 아니한다); 대법원 2020. 2. 20. 선고 2019도9756 전원합의체 판결(이와 달리 채무담보를 위하여 동산이나 주식을 채권자에게 양도하기로 약정하거나 양도담보로 제공한 채무자가 채권자인 양도담보권자의 사무를 처리하는 자에 해당함을 전제로 채무자가 담보목적물을 처분한 경우 배임죄가 성립한다고 한 대법원 1983. 3. 8. 선고 82도1829 판결, 대법원 1998. 11. 10. 선고 98도2526 판결, 대법원 2007. 6. 15. 선고 2006도3912 판결, 대법원 2010. 2. 25. 선고 2009도13187 판결, 대법원 2010. 11. 25. 선고 2010도11293 판결, 대법원 2011. 11. 22. 선고 2010도7923 판결을 비롯한 같은 취지의 대법원 판결들은 이 판결의 견해에 배치되는 범위 내에서 모두 변경하기로 한다).

1) 대법원 1989. 4. 11. 선고 88도966 판결; 대법원 1980. 11. 11. 선고 80도2097 판결.

2) 대법원 2004. 6. 25. 선고 2004도1751 판결(다시 다른 채권자와 사이에 양도담보 설정계약을 체결하고 점유개정의 방법으로 인도를 하더라도 선의취득이 인정되지 않는 한 나중에 설정계약을 체결한 채권자는 양도담보권을 취득할 수 없는데, 현실의 인도가 아닌 점유개정으로는 선의취득이 인정되지 아니하므로, 결국 뒤의 채권자는 양도담보권을 취득할 수 없고, 따라서 이와 같이 채무자가 그 소유의 동산에 대하여 점유개정의 방식으로 채권자들에게 이중의 양도담보 설정계약을 체결한 후 양도담보 설정자가 목적물을 임의로 제3자에게 처분하였다면 양도담보권자라 할 수 없는 뒤의 채권자에 대한 관계에서는, 설정인인 채무자가 타인의 사무를 처리하는 자에 해당한다고 할 수 없어 배임죄가 성립하지 않는다).

3) 대법원 2008. 11. 27. 선고 2006도4263 판결(양도담보권자인 채권자가 제3자에게 담보목적물인 동산을 매각한 경우, 제3자는 채권자와 채무자 사이의 정산절차 종결 여부와 관계없이 양도담보 목적물을 인도받음으로써 소유권을 취득하게 되고, 양도담보의 설정자가 담보목적물을 점유하고 있는 경우에는 그 목적물의 인도는 채권자로부터 목적물반환청구권을 양도받는 방법으로도 가능하다. 채권자가 양도담보 목적물을 위와 같은 방법으로 제3자에게 처분하여 그 목적물의 소유권을 취득하게 한 다음 그 제3자로 하여금 그 목적물을 취거하게 한 경우, 그 제3자로서는 자기의 소유물을 취거한 것에 불과하므로, 채권자의 이 같은 행위는 절도죄를 구성하지 않는다).

하지만 채무자가 담보목적물을 계속 점유하면서 사용하고 있는 상태에서 변제기 전에 채무자가 이를 임의로 처분하면 타인소유 자기점유의 목적물을 처분한 것이 되기 때문에 횡령죄가 성립한다.[1] 반면에 채무의 담보로 하기 위하여 매매의 형식을 취하여 동산을 담보로 제공하고 이를 계속 사용하고 있다가 채권자의 승낙을 받고 이를 매각하였다면 그 매각대금은 채무자의 소유이므로 이를 채무자가 소비하였다고 하더라도 횡령죄가 성립하지 아니한다.[2]

(4) 가등기담보법의 적용을 받는 매도담보의 경우

매도담보물이 부동산이나 동산 가운데 등록원부에 소유자명의가 등록이 되는 자동차나 선박 등의 경우에는 위와 같은 동산 매도담보의 법리관계가 적용되지 아니한다. 왜냐하면 가등기담보법에 따라 매도담보 등으로 소유권을 채권자에게 이전하는 등기를 하더라도 소유권이 채권자에게 이전되지 아니하고, 청산기간 경과 후 청산금을 채무자에게 지급하는 때에 비로소 소유권이 채권자에게 이전되기 때문이다. 따라서 변제기 전의 담보목적물에 대한 소유권은 여전히 채무자(담보권설정자)에게 있는데, 채권자가 목적물을 보관하던 중 임의로 처분하면 횡령죄가 성립하고, 채무자가 임의로 처분하면 배임죄가 성립한다.

반면에 양도담보가 처분정산형의 경우이든 귀속정산형의 경우이든 간에 담보권자가 변제기 경과 후에 담보권을 실행하여 그 환가대금 또는 평가액을 채권원리금과 담보권 실행비용 등의 변제에 충당하고 환가대금 또는 평가액의 나머지가 있어 이를 담보제공자에게 반환할 의무는 담보계약에 따라 부담하는 자신의 정산의무이므로 그 의무를 이행하는 사무는 곧 자기의 사무처리에 속하는 것이라 할 것이고, 그 정산의무를 이행하지 아니한 소위는 배임죄를 구성하지 아니한다.[3]

Ⅱ. 점유이탈물횡령죄

> 제360조(점유이탈물횡령) ① 유실물, 표류물 또는 타인의 점유를 이탈한 재물을 횡령한 자는 1년 이하의 징역이나 300만원 이하의 벌금 또는 과료에 처한다.
> ② 매장물을 횡령한 자도 전항의 형과 같다.

1. 의의 및 보호법익

점유이탈물횡령죄는 유실물·표류물·매장물 또는 타인의 점유를 이탈한 재물을 횡령함으

1) 대법원 1962. 2. 8. 선고 4294형상470 판결.
2) 대법원 1977. 11. 8. 선고 77도1715 판결.
3) 대법원 1997. 12. 23. 선고 97도2430 판결; 대법원 1989. 10. 24. 선고 87도126 판결; 대법원 1986. 7. 8. 선고 85도554 판결; 대법원 1985. 11. 26. 선고 85도1493 전원합의체 판결. 이에 대하여 판례의 입장은 가등기담보법 시행 이후에는 타당하지 않다는 견해(김일수/서보학, 387면)가 있다. 가등기담보법 시행 이후 청산형 양도담보만 남게 되어 담보권이 실행되더라도 청산절차가 종료한 후가 아니면 담보권자가 소유권을 취득할 수 없다는 것이다. 즉 변제기가 경과하여 담보권이 실행된다고 하더라도 담보권자가 담보목적물의 소유자가 아닌 것이다.

로써 성립하는 범죄이다. 본죄의 보호법익은 소유권이고, 보호의 정도는 위험범이다. 본죄는 미수범 처벌규정이 없다.

2. 구성요건

(1) 객 체

1) 유실물·표류물·매장물

'유실물'이란 점유자가 잃어버린 물건, 즉 분실물을 말한다. '표류물'이란 점유를 이탈하여 바다·강 등에서 떠내려가는 물건을 말한다. 이는 수중에 가라앉은 침몰물과 구별된다. 예를 들면 홍수로 인하여 떠내려가는 가축이나 물건 등이 이에 해당한다. '매장물'이란 토지·건물·바다 등에 묻혀있는 물건을 말한다. 예를 들면 고분 속에 들어 있는 도자기·보석 등이 이에 해당한다.

이러한 물건들은 모두 타인의 점유를 이탈한 재물이어야 한다. 예를 들어 매장물이라고 할지라도 물건을 매장한 사람이 매장의 위치를 알고 있어서 그 점유가 인정된다면 본죄의 객체가 될 수 없다.

2) 타인의 점유를 이탈한 재물

'점유이탈물'이란 점유자의 의사에 의하지 않고 그의 점유를 이탈한 물건을 말한다. 점유이탈물은 어느 누구의 소유에도 속하지 않는 무주물과는 구별된다. 그러므로 점유이탈물은 타인이 소유권을 가지고 있는 재물이어야 한다. 예를 들면 손님이 잊고 간 물건·우연히 집에 들어온 타인 소유의 강아지 등이 점유이탈물의 대표적인 유형이지만[1], 우연히 집에 들어온 야생토끼는 무주물이기 때문에 선점한 자가 소유권을 취득한다. 하지만 소유자가 잊고 갔지만 잊은 장소를 기억해서 찾을 수 있는 물건일 경우에는 점유이탈물이라고 할 수 없다. 예를 들면 강간을 당한 피해자가 도피하면서 현장에 놓아두고 간 손가방[2]·잠시 길에 세워 둔 자전거[3] 등은 점유이탈물이 아니라 사회통념상 소유자의 지배하에 있는 물건이라고 보아야 한다.

① 승객이 놓고 내린 지하철의 전동차 바닥이나 선반 위에 있던 물건을 가지고 간 경우, 지하철의 승무원은 유실물법상 전동차의 관수자로서 승객이 잊고 내린 유실물을 교부받을 권능을 가질 뿐 전동차 안에 있는 승객의 물건을 점유한다고 할 수 없고, 그 유실물을 현실적으로 발견하지 않는 한 이에 대한 점유를 개시하였다고 할 수도 없으므로, 그 사이에 위와 같은 유실물을 발견하고 가져간 행위는 본죄에 해당함은 별론으로 하고 절도죄에 해당하지는 않으며[4], ② 고속버스 운전사는 고속버스의 관수자로서 차내에 있는 승객의 물건을 점유하는 것이 아니고 승객이 잊고 내린 유실물을 교부받을 권능을 가질 뿐이므로 유실물을 현실적으로 발견하지

---

1) 점유자의 착오에 의하여 우연히 행위자의 점유하에 들어오게 된 재물도 점유이탈물로 파악하는 견해(임 웅, 535면)가 있으나, 송금착오사건에서 보는 바와 같이 이를 부정하는 것이 타당하다.

2) 대법원 1984. 2. 28. 선고 84도38 판결.

3) 대법원 1962. 12. 15. 선고 62도149 판결.

4) 대법원 1999. 11. 26. 선고 99도3963 판결(지하철유실물사건).

않는 한 이에 대한 점유를 개시하였다고 할 수 없고, 그 사이에 다른 승객이 유실물을 발견하고 이를 가져갔다면 절도에 해당하지 아니하고 본죄에 해당한다.[1]

하지만 ③ 피해자가 PC방에 두고 간 핸드폰은 PC방 관리자의 점유하에 있어서 제3자가 이를 취한 행위는 절도죄를 구성하고[2], ④ 어떤 물건을 잃어버린 장소가 당구장과 같이 타인의 관리 아래 있을 때에는 그 물건은 일응 그 관리자의 점유에 속한다고 할 것이고, 이를 그 관리자 아닌 제3자가 취거하는 것은 유실물횡령이 아니라 절도죄에 해당한다.[3]

(2) 행 위

본죄의 실행행위는 횡령하는 것이다. 횡령죄와 달리 반환거부는 본죄의 행위태양이 될 수 없다. 유실물이나 표류물 등을 습득하고서 유실물법이나 수난구호법 등이 정한 절차를 이행하지 않은 것만으로는 횡령행위라고 할 수 없다. 그러므로 다른 사람의 유실물인 줄 알면서 당국에 신고하거나 피해자의 숙소에 운반하지 아니하고 자기 친구 집에 운반한 경우[4], 자전거를 습득하여 소유자가 나타날 때까지 보관을 선언하고 수일간 보관한 경우[5] 등에 있어서는 횡령이라고 할 수 없다.

제 6 절   배임의 죄

Ⅰ. 배임죄

> 제355조(배임) ② 타인의 사무를 처리하는 자가 그 임무에 위배하는 행위로써 재산상의 이익을 취득하거나 제삼자로 하여금 이를 취득하게 하여 본인에게 손해를 가한 때에도 전항의 형과 같다.
> 제356조(업무상의 배임) 업무상의 임무에 위배하여 제355조의 죄를 범한 자는 10년 이하의 징역 또는 3천만원 이하의 벌금에 처한다.
> 제358조(자격정지의 병과) 전3조의 죄에는 10년 이하의 자격정지를 병과할 수 있다.
> 제359조(미수범) 제355조 내지 제357조의 미수범은 처벌한다.
> 제361조(친족간의 범행, 동력) 제328조와 제346조의 규정은 본장의 죄에 준용한다.

1. 의의 및 보호법익

(1) 의 의

배임죄는 타인의 사무를 처리하는 자가 그 임무에 위배하는 행위로써 재산상의 이익을 취득하거나 제3자로 하여금 이를 취득하게 하여 본인에게 손해를 가함으로써 성립하는 범죄이다.

---

1) 대법원 1993. 3. 16. 선고 92도3170 판결(고속버스유실물사건).
2) 대법원 2007. 3. 15. 선고 2006도9338 판결(PC방유실물사건).
3) 대법원 1988. 4. 25. 선고 88도409 판결(당구장유실물사건).
4) 대법원 1969. 8. 19. 선고 69도1078 판결.
5) 대법원 1957. 7. 12. 선고 4290형상104 판결.

본죄의 본질과 관련하여, ① 타인의 사무를 처리할 대외적인 법적 처분권한을 가진 자의 권한 남용이 배임행위라고 하는 권한남용설[1], ② 타인의 재산을 관리할 의무 있는 자의 대내적인 신뢰위반을 배임행위라고 하는 배신설[2], ③ 이득행위설[3], ④ 타인의 사무를 처리하는 자가 사무처리의무를 위반하여 타인에게 재산상의 손해를 가하는 것을 배임행위라고 하는 사무처리의무위반설[4] 등의 대립이 있다.

이에 대하여 판례는「배임죄에 있어서 타인의 사무를 처리하는 자라 함은 양자간의 신임관계에 기초를 둔 타인의 재산보호 내지 관리의무가 있음을 그 본질적 내용으로 하는 것이므로, 배임죄의 성립에 있어 행위자가 대외관계에서 타인의 재산을 처분할 적법한 대리권이 있음을 요하지 아니한다.」라고 판시[5]하여, 배신설의 입장을 취하고 있다.

생각건대 배임죄의 본질은 위탁자의 신뢰를 배신하여 재산상의 이익을 취득하고 본인에게 재산상의 손해를 가하는 데에 있다. 즉 대외관계에서 대리권을 남용하는 것보다는 대내관계에서 위탁자의 신뢰를 위배하여 이득을 취하고 본인에게 손해를 가한다는 점에 중점을 두어야 하므로 배신설이 타당하다. 그러므로 신뢰관계를 발생시킨 실질적인 내용이 중요하기 때문에 대외적인 대리권의 유무, 사실행위 또는 법률행위를 불문하고 배임죄의 주체가 될 수 있다.

(2) 보호법익

본죄의 보호법익은 전체로서의 재산이라고 보아야 한다. 보호의 정도와 관련하여, ① 배임죄의 구성요건이 '본인에게 손해를 가한 때'라고 규정하고 있다는 점을 논거로 하는 침해범설[6], ② 배임죄는 본인과의 신임관계를 위배하여 본인에게 손해발생 또는 손해발생의 위험을 발생시키는 일체의 행위를 처벌하는 것이라는 점을 논거로 하는 구체적 위험범설[7] 등의 대립이 있다.

이에 대하여 판례는「배임죄는 현실적인 재산상 손해액이 확정될 필요까지는 없고, 단지 재산상 권리의 실행을 불가능하게 할 염려 있는 상태 또는 손해 발생의 위험이 있는 경우에 바로 성립되는 위태범」이라고 판시[8]하고,「재산상 손해가 발생하였다고 평가될 수 있는 재산상

---

1) 동설에 의하면 법적 대리권이 있는 자만이 배임죄의 주체가 될 수 있으며, 횡령죄와 배임죄는 침해행위의 방법에 의하여 구별된다고 한다. 즉 배임죄는 법률행위에 대해서만 인정되는 반면에 횡령죄는 사실행위에 의해서 성립하는 것이므로 양자는 택일관계에 있다고 파악한다.

2) 김선복, 384면; 김성돈, 469면; 김신규, 486면; 김일수/서보학, 385면; 김혜정 외 4인, 415면; 박상기, 681면; 배종대, 441면; 손동권/김재윤, 461면; 오영근, 384면(배신설의 용어를 사용하더라도 가해와 이득의 의미를 모두 포함하는 것으로 이해해야 한다); 이재상/장영민/강동범, 424면; 이정원/류석준, 347면; 이형국/김혜경, 484면; 임 웅, 541면; 정성근/정준섭, 293면; 정영일, 226면.

3) 이영란, 409면.

4) 허일태, "배임죄 해석의 나아갈 방향", 형사법연구 제27권 제1호, 한국형사법학회, 2015. 3, 14면.

5) 대법원 1999. 9. 17. 선고 97도3219 판결; 대법원 1976. 5. 11. 선고 75도2245 판결.

6) 김선복, 382면; 김성돈, 469면; 김성천/김형준, 494면; 김일수/서보학, 384면; 손동권/김재윤, 460면; 오영근, 382면; 이상돈, 1131면; 이영란, 407면; 이형국/김혜경, 482면; 임 웅, 539면; 정성근/정준섭, 294면; 최호진, 508면.

7) 김혜정 외 4인, 414면; 박상기, 680면; 이재상/장영민/강동범, 422면; 정영일, 225면.

8) 대법원 2000. 4. 11. 선고 99도334 판결; 대법원 1998. 2. 10. 선고 97도2919 판결; 대법원 1993. 9. 28. 선고 93도

실해 발생의 위험이란 본인에게 손해가 발생할 막연한 위험이 있는 것만으로는 부족하고 경제적인 관점에서 보아 본인에게 손해가 발생한 것과 같은 정도로 구체적인 위험이 있는 경우를 의미한다. 따라서 재산상 실해 발생의 위험은 구체적·현실적인 위험이 야기된 정도에 이르러야 하고 단지 막연한 가능성이 있다는 정도로는 부족하다.」라고 판시[1]하여, 구체적 위험범설의 입장을 취하고 있다.

생각건대 구성요건에서 '손해를 가한 때'라고 규정하고 있다고 하여 이를 반드시 침해범으로 해석할 이유는 없다. 명예훼손죄의 경우에도 '명예를 훼손한 자'라고 규정되어 있지만, 이를 추상적 위험범으로 파악하는 견해가 다수설인 것과 같이, 손해 발생의 위험이 있으면 배임죄의 기수범으로 파악하는 것이 타당하다. 다만 배임죄의 무한정적인 확대를 방지하기 위하여 재산상 손해발생의 추상적 위험만으로는 부족하고, 구체적인 위험이 발생해야만 본죄의 기수가 된다.

2. 구성요건

(1) 주 체

1) 사무처리자

본죄의 주체는 '타인의 사무를 처리하는 자'이다(진정신분범).[2] '타인의 사무를 처리하는 자'란 위탁자와의 신임관계에 의해 타인의 사무를 처리하는 자를 말한다. 이는 타인과의 대내관계에서 신의성실의 원칙에 비추어 그 사무를 처리할 신임관계가 존재한다고 인정되는 사람을 말하고, 반드시 제3자에 대한 대외관계에서 그 사무에 관한 권한이 존재할 필요는 없다.[3] 또한

2206 판결(피해자와 주택에 대한 전세권설정계약을 맺고 전세금의 중도금까지 지급받고도 임의로 타에 근저당권설정등기를 경료해 줌으로써 전세금반환채무에 대한 담보능력 상실의 위험이 발생되었다고 보여진다면 위 등기경료행위는 배임죄를 구성한다); 대법원 1993. 5. 27. 선고 93도169 판결; 대법원 1982. 11. 23. 선고 82도2215 판결; 대법원 1975. 12. 23. 선고 74도2215 판결.

1) 대법원 2017. 2. 3. 선고 2016도3674 판결; 대법원 2015. 9. 10. 선고 2015도6745 판결(甲 은행 지점장인 피고인이 업무상 임무에 위배하여 물품대금지급보증서를 발급한 후 乙 주식회사의 거래처인 丙 주식회사에 건네줌으로써 甲 은행에 손해를 가하였다고 하여 특정경제범죄가중처벌법 위반(배임)으로 기소된 사안에서, 丙 회사는 지급보증서가 정상적으로 발급된 것이 아님을 확인하고 乙 회사를 통하여 물품을 주문하였던 사람들에게 물품을 공급하지 않음으로써 乙 회사가 丙 회사에 대하여 아무런 물품대금 채무를 부담하지 않게 된 사정 등에 비추어, 피고인이 甲 은행을 대리하여 乙 회사가 丙 회사에 대해 장래 부담하게 될 물품대금 채무에 대하여 지급보증을 하였더라도, 丙 회사가 乙 회사와 거래를 개시하지 않아 지급보증 대상인 물품대금 지급채무 자체가 현실적으로 발생하지 않은 이상, 보증인인 甲 은행에 경제적인 관점에서 손해가 발생한 것과 같은 정도로 구체적인 위험이 발생하였다고 평가할 수 없다).

2) 대법원 2003. 1. 10. 선고 2002도758 판결(대학교 총장으로 대학교 업무 전반을 총괄함과 동시에 학교법인의 이사로서 학교법인 이사회에 상당한 영향력을 행사하고 있는 자가 학교법인의 이사로서 이사회에 참석하여 명예총장에 추대하는 결의에 찬성하고, 이사회의 결의에 따라 대학교의 총장으로서 대학교의 교비로써 명예총장의 활동비 및 전용 운전사의 급여를 지급한 경우, 업무상 배임죄의 주체가 될 수 있다).

3) 대법원 2011. 7. 14. 선고 2010도3043 판결(피고인은 2004. 8. 1.부터 2007. 4. 15.까지 피해자 공소외 1이 운영하는 삼진기계에서 관리과장으로 근무하면서 영업, 사무관리, 전기제어장치의 설계 및 제작 업무 등을 담당하였는데, 삼진기계에서 퇴직한 후 공소외 1로부터 일본 회사에 납품하기로 한 태핑기계의 전기도면의 변경 등 태핑기계 전기제어장치의 설계·제작 및 사후관리 업무를 도와달라는 부탁을 받고 삼진기계 사무실에 비치되어 있던 공소외 1의 컴퓨터를 사용할 수 있게 된 점, 피고인은 삼진기계에서 퇴직한 다음날인 2007. 4. 16.경 공소외 1의 컴퓨터

'타인의 사무를 처리하는 자'란 고유의 권한으로서 그 처리를 하는 자에 한하지 않고, 그 자의 보조기관으로서 직접 또는 간접으로 그 처리에 관한 사무를 담당하는 자도 포함하며[1], 직접 업무를 담당하고 있는 자가 아니더라도 그 업무 담당자의 상급기관으로서 실행행위자의 행위가 피해자인 본인에 대한 배임행위에 해당한다는 것을 알면서도 실행행위자의 배임행위를 교사하거나 또는 배임행위의 모든 과정에 관여하는 등으로 배임행위에 적극 가담한 경우에는 본죄의 주체가 된다.[2]

한편 그 사무가 포괄적 위탁사무일 것을 요하는 것도 아니고, 사무처리(신임관계)의 발생근거는 법령의 규정·법률행위·관습·사무관리에 의하여도 발생할 수 있으므로, 법적인 권한이 소멸된 후에 사무를 처리하거나 그 사무처리자가 그 직에서 해임된 후 사무인계 전에 사무를 처리한 경우에도 본죄의 주체가 된다.[3] 그러나 농가와 비농가가 공동으로 출자하여 농지를 취득하였다고 할지라도 비농가는 농지에 대한 공동소유자가 될 수 없고 더욱이 농가만이 농지개혁법에 의하여 농지의 분배를 받고 그 등기를 받은 이상 법률상 농지의 소유권을 취득할 수 없는 비농가로부터 농가가 농지에 대한 관리의 위임을 받은 것이라고 확정할 수는 없으므로 농가가 농지를 단독으로 다른 곳에 처분하였다고 하여도 비농가에 대하여 배임죄를 구성하지 아니한다.[4]

2) 타인의 사무

'타인의 사무를 처리하는 자'란 양자 간의 신임관계에 기초를 두고 타인의 재산관리에 관한 사무를 대행하거나 타인 재산의 보전행위에 협력하는 자의 경우 등을 가리키는 것으로서[5], 배임죄의 사무는 재산상의 사무에 국한된다.[6] 즉 타인과의 내부적인 관계에서 신의성실의 원칙에 비추어 타인의 사무를 처리할 신임관계에 있게 되어 그 관계에 기하여 타인의 재산적 이익 등을 보호·관리하는 것이 신임관계의 전형적·본질적 내용이 되는 지위에 있는 사람을 말한다.[7] 특히 금전채권채무 관계에서 채권자가 채무자의 급부이행에 대한 신뢰를 바탕으로 금전

에 저장되어 있던 일본 회사에 수출할 태평기계의 전기도면, PLC회로 프로그램 도면 등의 자료가 담긴 파일을, 2007. 4. 23.경 위 컴퓨터에 저장되어 있던 태평기계의 터치스크린 화면 사진 파일을 각 자신의 전자메일로 전송한 점 등을 알 수 있다. 피고인은 위 파일과 이 사건 사진 파일을 반출할 당시 공소외 1과의 관계에서 신의성실의 원칙에 비추어 여전히 신임관계가 존재한다고 할 것이므로 업무상 배임죄에서의 타인의 사무를 처리하는 자에 해당한다); 대법원 2002. 6. 14. 선고 2001도3534 판결(미성년자와 친생자관계가 없으나 호적상 친모로 등재되어 있는 자가 미성년자의 상속재산 처분에 관여한 경우, 배임죄에 있어서 타인의 사무를 처리하는 자의 지위에 있다); 대법원 2000. 4. 11. 선고 99도334 판결; 대법원 2000. 3. 14. 선고 99도457 판결.

1) 대법원 2004. 6. 24. 선고 2004도520 판결; 대법원 1999. 7. 23. 선고 99도1911 판결; 대법원 1982. 7. 27. 선고 81도203 판결.
2) 대법원 2004. 7. 9. 선고 2004도810 판결.
3) 대법원 1999. 6. 22. 선고 99도1095 판결.
4) 대법원 1969. 10. 28. 선고 69도1648 판결.
5) 대법원 2004. 6. 17. 선고 2003도7645 전원합의체 판결; 대법원 1999. 9. 17. 선고 97도3219 판결; 대법원 1994. 9. 9. 선고 94도902 판결; 대법원 1987. 4. 28. 선고 86도2490 판결.
6) 반면에 재산상의 사무일 필요가 없다는 견해로는 이영란, 413면; 임 웅, 545면.
7) 대법원 2011. 4. 28. 선고 2011도3247 판결; 대법원 2009. 5. 29. 선고 2007도4949 전원합의체 판결(삼성에버랜드 전환사채사건); 대법원 2001. 9. 28. 선고 2001도3191 판결(비등록·비상장 법인의 대표이사가 시세차익을 얻을

을 대여하고 채무자의 성실한 급부이행에 의해 채권의 만족이라는 이익을 얻게 된다 하더라도, 채권자가 채무자에 대한 신임을 기초로 그의 재산을 보호 또는 관리하는 임무를 부여하였다고 할 수 없고, 금전채무의 이행은 어디까지나 채무자가 자신의 급부의무의 이행으로서 행하는 것이므로 이를 두고 채권자의 사무를 맡아 처리하는 것으로 볼 수 없다. 따라서 금전채권채무의 경우 채무자는 채권자에 대한 관계에서 '타인의 사무를 처리하는 자'에 해당한다고 할 수 없다.

이와 같이 '타인의 사무를 처리하는 자'라고 하려면, 타인의 재산관리에 관한 사무의 전부 또는 일부를 타인을 위하여 대행하는 경우와 같이 당사자 관계의 전형적·본질적 내용이 통상의 계약에서의 이익대립관계를 넘어서 그들 사이의 신임관계에 기초하여 타인의 재산을 보호 또는 관리하는 데에 있어야 한다.[1] 이익대립관계에 있는 통상의 계약관계에서 채무자의 성실한 급부이행에 의해 상대방이 계약상 권리의 만족 내지 채권의 실현이라는 이익을 얻게 되는 관계에 있다거나, 계약을 이행함에 있어 상대방을 보호하거나 배려할 부수적인 의무가 있다는 것만으로는 채무자를 타인의 사무를 처리하는 자라고 할 수 없고, 위임 등과 같이 계약의 전형적·본질적인 급부의 내용이 상대방의 재산상 사무를 일정한 권한을 가지고 맡아 처리하는 경우에 해당하여야 한다.[2]

그러나 그 사무의 처리가 오로지 타인의 이익을 보호·관리하는 것만을 내용으로 하여야 할 필요는 없고, 자신의 이익을 도모하는 성질도 아울러 가진다고 하더라도 타인을 위한 사무

의도로 주식 시가보다 현저히 낮은 금액을 전환가격으로 한 전환사채를 발행하고 제3자의 이름을 빌려 이를 인수한 후 전환권을 행사하여 인수한 주식 중 일부를 직원들에게 전환가격 상당에 배분한 경우, 전환사채의 발행·인수로써 주식 시가와 전환가격의 차액 상당의 재산상의 이익을 취득하고 법인에게 손해를 가한 업무상 배임죄가 성립하였다).

1) 대법원 2020. 6. 18. 선고 2019도14340 전원합의체 판결(채무자가 금전채무를 담보하기 위한 저당권설정계약에 따라 채권자에게 그 소유의 부동산에 관하여 저당권을 설정할 의무를 부담하게 되었다고 하더라도, 이를 들어 채무자가 통상의 계약에서 이루어지는 이익대립관계를 넘어서 채권자와의 신임관계에 기초하여 채권자의 사무를 맡아 처리하는 것으로 볼 수 없다. 채무자가 저당권설정계약에 따라 채권자에 대하여 부담하는 저당권을 설정할 의무는 계약에 따라 부담하게 된 채무자 자신의 의무이다. 채무자가 위와 같은 의무를 이행하는 것은 채무자 자신의 사무에 해당할 뿐이므로, 채무자를 채권자에 대한 관계에서 '타인의 사무를 처리하는 자'라고 할 수 없다. 따라서 채무자가 제3자에게 먼저 담보물에 관한 저당권을 설정하거나 담보물을 양도하는 등으로 담보가치를 감소 또는 상실시켜 채권자의 채권실현에 위험을 초래하더라도 배임죄가 성립한다고 할 수 없다. 위와 같은 법리는, 채무자가 금전채무에 대한 담보로 부동산에 관하여 양도담보 설정계약을 체결하고 이에 따라 채권자에게 소유권이전등기를 해 줄 의무가 있음에도 제3자에게 그 부동산을 처분한 경우에도 적용된다).

2) 대법원 2020. 2. 20. 선고 2019도9756 판결(채무자가 금전채무를 담보하기 위하여 그 소유의 동산을 채권자에게 양도담보로 제공함으로써 채권자인 양도담보권자에 대하여 담보물의 담보가치를 유지·보전할 의무 내지 담보물을 타에 처분하거나 멸실, 훼손하는 등으로 담보권 실행에 지장을 초래하는 행위를 하지 않을 의무를 부담하게 되었더라도, 이를 들어 채무자가 통상의 계약에서의 이익대립관계를 넘어서 채권자와의 신임관계에 기초하여 채권자의 사무를 맡아 처리하는 것으로 볼 수 없다. 따라서 채무자를 배임죄의 주체인 '타인의 사무를 처리하는 자'에 해당한다고 할 수 없고, 그가 담보물을 제3자에게 처분하는 등으로 담보가치를 감소 또는 상실시켜 채권자의 담보권 실행이나 이를 통한 채권실현에 위험을 초래하더라도 배임죄가 성립한다고 할 수 없다. … 채무자가 양도담보설정계약에 따라 부담하는 의무, 즉 동산을 담보로 제공할 의무, 담보물의 담보가치를 유지·보전하거나 담보물을 손상, 감소 또는 멸실시키지 않을 소극적 의무, 담보권 실행 시 채권자나 그가 지정하는 자에게 담보물을 현실로 인도할 의무와 같이 채권자의 담보권 실행에 협조할 의무 등은 모두 양도담보설정계약에 따라 부담하게 된 채무자 자신의 급부의무이다).

로서의 성질이 부수적·주변적인 의미를 넘어서 중요한 내용을 이루는 경우에는 '타인의 사무를 처리하는 자'에 해당한다. 따라서 위임 등 계약에 기하여 위임인 등으로부터 맡겨진 사무를 처리하는 것이 약정된 보수 등을 얻기 위한 경우, 매매 등 계약에 기하여 일정한 단계에 이르러 타인에게 소유권등기를 이전하는 것이 대금 등을 얻고 자신의 거래를 완성하기 위한 경우 등이라고 하더라도 그 사무를 처리하는 이는 상대방과의 신임관계에서 그의 재산적 이익을 보호·관리하여야 할 지위에 있다.[1] 법인이 처리할 의무를 지는 타인의 사무에 관하여는 법인이 본죄의 주체가 될 수 없고 법인을 대표하여 사무를 처리하는 자연인인 대표기관이 바로 타인의 사무를 처리하는 자로서 본죄의 주체가 된다.[2] 이른바 1인 회사에 있어서도 행위의 주체와 그 본인은 분명히 별개의 인격이며, 그 본인인 주식회사에 재산상 손해가 발생하였을 경우에는 본죄가 성립한다.[3]

한편 타인의 사무와 관련이 되어 있다고 할지라도 자기의 사무라고 평가할 수 있으면 본죄가 성립하지 아니한다.[4] 사무의 성질이 타인의 사무가 아니라 자기의 사무에 속하는 것이라면 그 사무를 타인을 위하여 처리하는 경우라도 타인의 사무를 처리하는 자라고 볼 수 없다.[5] 하지만 사무의 내용이 자기의 사무임과 동시에 타인의 사무인 경우에는 타인의 사무에 해당한다.[6] 예를 들면 부동산 이중매매에 있어서 매도인이 제1매수인에게 소유권이전등기를 해주어야 하는 사무는 자기의 사무임과 동시에 타인의 사무에 해당하여, 본죄의 주체가 된다.[7]

---

1) 대법원 2012. 5. 10. 선고 2010도3532 판결.

2) 대법원 1985. 10. 8. 선고 83도1375 판결; 대법원 1984. 10. 10. 선고 82도2595 판결.

3) 대법원 2006. 6. 16. 선고 2004도7585 판결; 대법원 2005. 10. 28. 선고 2005도4915 판결; 대법원 1983. 12. 13. 선고 83도2330 전원합의체 판결.

4) 대법원 2011. 1. 20. 선고 2008도10479 전원합의체 판결(매매의 목적물이 동산일 경우, 매도인은 매수인에게 계약에 정한 바에 따라 그 목적물인 동산을 인도함으로써 계약의 이행을 완료하게 되고 그때 매수인은 매매목적물에 대한 권리를 취득하게 되는 것이므로, 매도인에게 자기의 사무인 동산인도채무 외에 별도로 매수인의 재산의 보호 내지 관리 행위에 협력할 의무가 있다고 할 수 없다. 동산매매계약에서의 매도인은 매수인에 대하여 그의 사무를 처리하는 지위에 있지 아니하므로, 매도인이 목적물을 매수인에게 인도하지 아니하고 이를 타에 처분하였다 하더라도 형법상 배임죄가 성립하는 것은 아니다).

5) 대법원 2014. 2. 27. 선고 2011도3482 판결; 대법원 2013. 10. 31. 선고 2011도10025 판결; 대법원 2009. 2. 26. 선고 2008도11722 판결; 대법원 2008. 3. 13. 선고 2008도373 판결(아파트 건축공사 시행사가 시공사와의 아파트 건축공사 도급계약을 체결하면서 분양수입금을 공동명의로 개설한 예금계좌로만 수령하고 그 분양수입금으로 공사대금 등을 지급하기로 특약하였음에도, 시행사가 이를 어기고 아파트에 대한 분양수입금을 공동명의 예금계좌에 입금하지 아니한 채 이를 자신의 기존 채무의 변제 등에 사용한 사안에서, 위 특약은 시행사의 수급인인 시공사에 대한 공사대금 채무의 변제를 확보하는 방편으로 약정한 것에 불과할 뿐이고, 위 아파트의 수분양자로부터 분양수입금을 수령할 권한 자체는 여전히 시행사에 있으며, 그 분양수입금으로 시공사에 공사대금을 지급하는 사무는 시행사 자신의 사무에 속하는 것이므로, 시행사의 위 행위는 시공사에 대한 단순한 민사상의 채무불이행에 불과할 뿐 배임죄를 구성한다고 볼 수 없다); 대법원 2005. 3. 25. 선고 2004도6890 판결; 대법원 1987. 4. 28. 선고 86도2490 판결; 대법원 1982. 9. 14. 선고 80도1816 판결.

6) 대법원 2003. 9. 26. 선고 2003도763 판결.

7) 대법원 1993. 4. 9. 선고 92도2431 판결(부동산의 매도인은 매매계약이 채권적으로라도 유효하여 매수인에 대하여 소유권이전등기 절차에 협력할 의무를 지는 경우에 한하여 배임죄의 주체 즉 타인의 사무를 처리할 자의 지위에 있는 것이어서 매도인이 부동산을 이중으로 매도하는 등 임무위배행위를 하면 배임죄로 처벌할 수 있고, 임무위배행위 당시 부동산의 소유 명의가 매도인 아닌 제3자 앞으로 되어 있더라도 소유권이전등기를 매수인에게

판례에 의하면, ① 직무발명에 대한 특허를 받을 수 있는 권리 등을 사용자 등에게 승계한다는 취지를 정한 약정 또는 근무규정의 적용을 받는 종업원 등은 사용자 등이 이를 승계하지 아니하기로 확정되기 전까지는 임의로 위와 같은 승계 약정 또는 근무규정의 구속에서 벗어날 수 없는 상태에 있는 것이어서, 종업원 등이 그 발명의 내용에 관한 비밀을 유지한 채 사용자 등의 특허권 등 권리의 취득에 협력하여야 할 의무1), ② 동백나무는 입목에 관한 법률의 적용을 받을 수 있는 수목의 집단에 속하지 아니하고, 이를 토지와 독립하여 거래하는 경우 명인방법에 의한 거래가 인정되고 있어 매도인은 매수인 명의로의 명인방법의 실시에 협력할 의무2), ③ 계주가 계원들로부터 계불입금을 징수하게 되면 그 계불입금은 실질적으로 낙찰계원에 대한 계금지급을 위하여 계주에게 위탁된 금원의 성격을 지니고 따라서 계주는 이를 낙찰·지급받을 계원과의 사이에서 단순한 채권관계를 넘어 신의칙상 그 계금지급을 위하여 계불입금을 보호 내지 관리하여야 하는 신임관계에 들어서게 되므로 이에 기초한 계주의 계금지급의무3), ④ 고객과 증권회사와의 사이에 매매거래에 관한 위탁계약이 성립되기 이전에는 증권회사는 매매거래 계좌설정 계약시 고객이 입금한 예탁금을 고객의 주문이 있는 경우에 한하여 그 거래의 결제의 용도로만 사용하여야 하고, 고객의 주문이 없이 무단 매매를 행하여 고객의 계좌에 손해를 가하지 아니하여야 할 의무4), ⑤ 공사잔대금 확보조로 부동산에 관한 소유권이전등기 소요서류를 임치하고 있는 채권자가 채무자의 채무가 변제될 때까지 해당 서류를 보전해야 할 의무5), ⑥ 채권의 담보를 목적으로 부동산의 소유권이전등기를 경료받은 채권자는 채무자가 변제기일까지 그 채무를 변제하면 채무자에게 그 소유 명의를 환원하여 주기 위하여 그 소유권이전등기를 이행할 의무6), ⑦ 지입차주가 자신이 실질적으로 소유하거나 처분권한을 가지는 자동차에 관하여 지입회사와 지입계약을 체결함으로써 지입회사에게 그 자동차의 소유권등록 명의를 신탁하고 운송사업용 자동차로서 등록 및 그 유지 관련 사무의 대행을 위임한 경우에 있어서, 지입회사 운영자가 지입차주의 실질적 재산인 지입차량을 임의로 처분하지 아니할 의무7) 등에 있어서는 '타인의 사무를 처리하는 자'의 지위를 인정하고 있다.

하지만 ① 채무자가 투자금반환채무의 변제를 위하여 담보로 제공한 임차권 등의 권리를 그대로 유지할 계약상 의무8), ② 채무자가 채권자에 대하여 소비대차 등으로 인한 채무를 부담하고 이를 담보하기

경료하여 줄 수 있는 지위, 즉 매수인을 위한 등기협력임무가 이행가능한 지위에 있으면 배임죄의 성립에 지장이 없다).
 1) 대법원 2012. 11. 15. 선고 2012도6676 판결; 대법원 2011. 7. 28. 선고 2010도12834 판결(피고인들이 직무에 관하여 발명한 '3D 입체게임 전용 컨트롤러'는 발명진흥법에서 정한 '직무발명'에 해당하여 이에 대하여 특허를 받을 수 있는 권리는 당연히 발명자인 피고인들에게 있으므로 사용자인 甲 회사가 발명의 특허출원을 하기 위하여는 피고인들로부터 특허를 받을 수 있는 권리를 승계하여야 하는데, 제반 사정에 비추어 甲 회사가 위 발명에 대하여 특허를 받을 수 있는 권리를 적법하게 승계하였다고 할 수 없으므로, 피고인들이 위 발명에 대하여 특허출원인 명의를 피고인들 등으로 변경하여 출원하였다고 하여 그와 같은 행위가 업무상 배임죄에 해당한다고 할 수 없다).
 2) 대법원 1993. 9. 28. 선고 93도2069 판결.
 3) 대법원 1995. 9. 29. 선고 95도1176 판결; 대법원 1994. 3. 8. 선고 93도2221 판결; 대법원 1987. 2. 24. 선고 86도1744 판결; 대법원 1976. 5. 11. 선고 76도730 판결.
 4) 대법원 1995. 11. 21. 선고 94도1598 판결.
 5) 대법원 1973. 3. 13. 선고 73도181 판결. 同旨 대법원 1990. 8. 10. 선고 90도414 판결; 대법원 1987. 4. 28. 선고 87도265 판결(채권의 담보를 목적으로 부동산의 소유권이전등기를 경료받은 채권자는 채무자가 변제기일까지 그 채무를 변제하면 채무자에게 그 소유명의를 환원하여 주기 위하여 그 소유권이전등기를 이행할 의무가 있으므로 그 변제기일 이전에 그 임무에 위배하여 제3자에게 근저당권설정등기를 경료하여 주었다면 변제기일까지 채무자의 채무변제가 없었다고 하더라도 배임죄는 성립된다).
 6) 대법원 1992. 7. 14. 선고 92도753 판결.
 7) 대법원 2021. 6. 30. 선고 2015도19696 판결; 대법원 2021. 6. 24. 선고 2018도14365 판결.

위하여 장래에 부동산의 소유권을 이전하기로 하는 내용의 대물변제예약에서, 약정의 내용에 좇은 이행을 하여야 할 채무[1]), ③ 계주가 계원들로부터 계불입금을 징수하지 아니한 상태에서 부담하는 계금지급의무 또는 낙찰계를 정상적으로 유지·운영할 의무[2]), ④ 골프시설의 운영자가 일반회원들을 위한 회원의 날을 없애고, 일반회원들 중에서 주말예약에 대하여 우선권이 있는 특별회원을 모집함으로써 일반회원들의 주말예약권을 사실상 제한하거나 박탈하는 결과가 된 의무[3]), ⑤ 국토이용관리법 제21조의2 소정의 규제구역 내에 있는 토지를 매도하였으나 동법 소정의 거래허가를 받지 않은 상황에서 매도인에게 매수인에 대한 소유권이전등기에 협력할 의무[4]), ⑥ 음식점 임대차계약에 의한 임차인의 지위를 양도한 자가 양도사실을 임대인에게 통지하고 양수인이 갖는 임차인의 지위를 상실하지 않게 할 의무[5]), ⑦ 내연의 처와의 불륜관계를 지속하는 대가로서 부동산에 관한 소유권이전등기를 경료해 주기로 약정한 의무[6]), ⑧ 임대차계약에 따른 임차인의 임대료지급의무[7]), ⑨ 피고인이 월부상환중인 자동차를 공소외인에게 매도하였으나 자동차등록 명의는 피고인의 명의로 남아있어 그 소유권이 아직 피고인에게 있는 상황에서 판매회사에 대하여 할부금을 납부해야 하는 의무[8]), ⑩ 동업자 甲은 자금만 투자하고 동업자 乙은 노무

8) 대법원 2015. 3. 26. 선고 2015도1301 판결(피고인이 아울렛 의류매장의 운영과 관련하여 공소외인으로부터 투자를 받으면서 투자금반환채무의 변제를 위하여 의류매장에 관한 임차인 명의와 판매대금의 입금계좌 명의를 공소외인 앞으로 변경해 주었음에도 제3자에게 의류매장에 관한 임차인의 지위 등 권리 일체를 양도한 행위가 배임죄에 해당하는지가 쟁점인 이 사건에서, 피고인이 의류매장에 관한 임차인 명의와 판매대금의 입금계좌 명의를 공소외인 앞으로 그대로 유지하여야 할 의무는 단순한 민사상의 채무로서 자기의 사무에 불과하여 타인의 사무에 해당하지 않는다).

1) 대법원 2014. 8. 21. 선고 2014도3363 전원합의체 판결(채무자가 대물변제예약에 따라 부동산에 관한 소유권을 이전해 줄 의무는 예약 당시에 확정적으로 발생하는 것이 아니라 채무자가 차용금을 제때에 반환하지 못하여 채권자가 예약완결권을 행사한 후에야 비로소 문제가 되고, 채무자는 예약완결권 행사 이후라도 얼마든지 금전채무를 변제하여 당해 부동산에 관한 소유권이전등기절차를 이행할 의무를 소멸시키고 의무에서 벗어날 수 있다. 한편 채권자는 당해 부동산을 특정물 자체보다는 담보물로서 가치를 평가하고 이로써 기존의 금전채권을 변제받는데 주된 관심이 있으므로, 채무자의 채무불이행으로 인하여 대물변제예약에 따른 소유권등기를 이전받는 것이 불가능하게 되는 상황이 초래되어도 채권자는 채무자로부터 금전적 손해배상을 받음으로써 대물변제예약을 통해 달성하고자 한 목적을 사실상 이룰 수 있다. 이러한 점에서 대물변제예약의 궁극적 목적은 차용금반환채무의 이행 확보에 있고, 채무자가 대물변제예약에 따라 부동산에 관한 소유권이전등기절차를 이행할 의무는 궁극적 목적을 달성하기 위해 채무자에게 요구되는 부수적 내용이어서 이를 가지고 배임죄에서 말하는 신임관계에 기초하여 채권자의 재산을 보호 또는 관리하여야 하는 '타인의 사무'에 해당한다고 볼 수는 없다. 그러므로 채권 담보를 위한 대물변제예약 사안에서 채무자가 대물로 변제하기로 한 부동산을 제3자에게 처분하였다고 하더라도 형법상 배임죄가 성립하는 것은 아니다).

2) 대법원 2009. 8. 20. 선고 2009도3143 판결; 대법원 1982. 11. 9. 선고 82도2093 판결(계가 파계된 후에 있어서는 계불입금의 청산의무는 있을지언정 계 존속을 전제로 한 계금 지급의무는 인정할 여지가 없는 것이므로 계주가 파계 후에 계원들로부터 계가 존속하는 것처럼 계금을 징수하는 것이 계원들과 사이에 사기죄가 성립함은 별론으로 하고 위와 같이 징수한 금원을 계불입금의 청산금이 아니라 계 존속을 전제로 한 계금으로서 계원에게 지급할 업무상 임무가 있다고 볼 수 없다).

3) 대법원 2003. 9. 26. 선고 2003도763 판결.

4) 대법원 1996. 8. 23. 선고 96도1514 판결; 대법원 1996. 2. 9. 선고 95도2891 판결.

5) 대법원 1991. 12. 10. 선고 91도2184 판결.

6) 대법원 1986. 9. 9. 선고 86도1382 판결.

7) 대법원 1971. 7. 20. 선고 71도1116 판결.

8) 대법원 1983. 11. 8. 선고 83도2496 판결(피고인이 매매계약을 체결함에 있어 연체된 할부금을 중도금 지급기일까지 완불하여 자동차를 인도받아 사용하는 공소외인에게 아무런 손해를 주지 않기로 약정하였다고 하여도 이는 단순한 채무를 부담하는 경우에 해당할 뿐 이로 인하여 피고인이 배임죄에서 말하는 타인의 사무를 처리하는 자에 해당한다고 볼 수 없다).

와 설비를 투자하여 공사를 수급하여 시공하고 그 대금 등을 추심하는 등 일체의 거래행위를 담당하면서 그 이익을 나누어 갖기로 하는 내용의 동업계약이 체결되었다가 그 계약이 종료된 경우 위 공사 시공 등 일체의 행위를 담당하였던 乙이 자금만을 투자한 甲에게 투자금원을 반환하고 또 이익 또는 손해를 부담시키는 내용의 정산의무나 그 정산과정에서 행하는 채권의 추심과 채무의 변제 등의 의무[1], ⑪ 청산회사의 대표청산인이 처리하는 채무의 변제, 재산의 환가처분 등 회사의 청산의무[2], ⑫ 약사명의로 약국개설과 사업자등록을 하고 그의 명의로 제약회사 등과 거래를 하되 대내적으로는 피고인의 책임과 계산으로 약국을 운영하고 약사에게는 매월 일정금원의 보수를 지급키로 약정한 경우, 그 후 약사가 위 계약관계의 해소를 요구하였더라도 후임자를 구하지 못하여 위 약국을 폐쇄할 때까지 계속 경영한 것은 타인의 사무가 아닌 피고인 자신의 사무이며 그로 인한 채권채무관계 등 일체의 거래관계로 인한 권리·의무[3], ⑬ 보통예금은 은행 등 법률이 정하는 금융기관을 수치인으로 하는 금전의 소비임치 계약으로서, 그 예금계좌에 입금된 금전의 소유권은 금융기관에 이전되고, 예금주는 그 예금계좌를 통한 예금반환채권을 취득하는 것이므로, 금융기관의 임직원이 예금주로부터 예금계좌를 통한 적법한 예금반환 청구가 있는 경우에 있어서 이에 응할 의무[4], ⑭ 서면에 의하지 아니한 증여계약이 행하여진 경우 당사자는 그 증여가 이행되기 전까지는 언제든지 이를 해제할 수 있으므로 증여자가 구두의 증여계약에 따라 수증자에 대하여 증여 목적물의 소유권을 이전하여 줄 의무[5], ⑮ 피고인이 가옥을 매각한 금원 중에서 100만원을 甲에게 지급할 의무만을 부담한 상황에서 금원의 지급의무[6], ⑯ 피고인이 임차인 甲과 아파트에 관한 임대차계약을 체결하면서 자신이 소유권을 취득하는 즉시 甲에게 알려 甲이 전입신고를 하고 확정일자를 받아 1순위 근저당권자 다음으로 대항력을 취득할 수 있도록 해주기로 한 의무[7], ⑰ 피고인이 피해자와의 주식양도계약에 따라 피해자에게 제3자에 대한 대항요건을 갖추어 주어야 할 의무[8], ⑱ 수분양권 매도인이 수분양권 매매계약에 따라 매수인에게 수분양권을 이전할 의무[9], ⑲ 피고인이 피해자

1) 대법원 1992. 4. 14. 선고 91도2390 판결.

2) 대법원 1990. 5. 25. 선고 90도6 판결.

3) 대법원 1986. 2. 11. 선고 85도2435 판결.

4) 대법원 2008. 4. 24. 선고 2008도1408 판결(임의로 예금주의 예금계좌에서 5,000만원을 인출한 금융기관의 임직원에게 업무상 배임죄가 성립하지 않는다). 同旨 대법원 2010. 5. 27. 선고 2007도11279 판결(토지구획정리사업법상의 토지구획정리사업조합이 국가에 납세담보물로 제공한 '체비지'의 보관에 관하여 위 조합은 타인의 사무를 처리하는 자의 지위에 있지 아니하여 배임죄의 주체가 될 수 없다).

5) 대법원 2005. 12. 9. 선고 2005도5962 판결.

6) 대법원 1976. 5. 11. 선고 75도2245 판결.

7) 대법원 2015. 11. 26. 선고 2015도4976 판결.

8) 대법원 2020. 6. 4. 선고 2015도6057 판결(주권발행 전 주식의 양도는 양도인과 양수인의 의사표시만으로 그 효력이 발생한다. 그 주식양수인은 특별한 사정이 없는 한 양도인의 협력을 받을 필요 없이 단독으로 자신이 주식을 양수한 사실을 증명함으로써 회사에 대하여 그 명의개서를 청구할 수 있다. 따라서 양도인이 양수인으로 하여금 회사 이외의 제3자에게 대항할 수 있도록 확정일자 있는 증서에 의한 양도통지 또는 승낙을 갖추어 주어야 할 채무를 부담한다 하더라도 이는 자기의 사무라고 보아야 하고, 이를 양수인과의 신임관계에 기초하여 양수인의 사무를 맡아 처리하는 것으로 볼 수 없다. 그러므로 주권발행 전 주식에 대한 양도계약에서의 양도인은 양수인에 대하여 그의 사무를 처리하는 지위에 있지 아니하여, 양도인이 위와 같은 제3자에 대한 대항요건을 갖추어 주지 아니하고 이를 타에 처분하였다 하더라도 형법상 배임죄가 성립하는 것은 아니다).

9) 대법원 2021. 7. 8. 선고 2014도12104 판결(수분양권 매매계약의 매도인으로서는 원칙적으로 수분양자 명의변경에 관한 분양자 측의 동의 내지 승낙을 얻어 수분양자 명의변경절차를 이행하면 계약상 의무를 다한 것이 되고, 그 수분양권에 근거하여 목적물에 관한 소유권을 취득한 다음 매수인 앞으로 소유권이전등기를 마쳐 줄 의무까지는 없다. 다만 수분양권 매도인이 스스로 수분양권을 행사하고 목적물의 소유권을 취득하여 매수인에게 목적물에 관한 소유권이전등기절차를 이행할 의무까지 인정되는 경우가 있으나, 이는 수분양자 명의변경절차가 이행되

에게 채권양도담보에 관한 대항요건을 갖추어 주기 전에 담보 목적 채권을 타에 이중으로 양도하고 제3 채무자에게 그 채권양도통지를 한 경우에 있어서 담보가치를 유지·보전할 의무[1] 등에 있어서는 '타인의 사무를 처리하는 자'의 지위를 부정하고 있다.

(2) 행 위

1) 임무위배행위(배임행위)

'임무에 위배하는 행위'란 처리하는 사무의 내용·성질 등 구체적 상황에 비추어 법령의 규정·계약의 내용·신의칙상 당연히 하여야 할 것으로 기대되는 행위를 하지 않거나[2] 당연히 하지 않아야 할 것으로 기대되는 행위를 함으로써 본인과의 신임관계를 저버리는 일체의 행위를 말하며[3], 그러한 행위가 법률상 유효한지 여부는 불문한다.[4] 즉 형식적으로 법령을 위반한 모든 경우를 의미하는 것이 아니고, 문제가 된 구체적인 행위유형·거래유형·보호법익 등을 종합적으로 고려하여 경제적·실질적 관점에서 본인에게 재산상의 손해가 발생할 위험이 있는 행위를 의미한다. 행위자가 본인을 위한다는 의사를 가지고 행위를 하였다고 하더라도 그 목적과 취지가 법령이나 사회상규에 위반된 위법한 행위로서 용인할 수 없는 경우에는 그 행위의 결과가 일부 본인을 위하는 측면이 있다고 하더라도 이는 본인과의 신임관계를 저버리는 행위로서 배임죄의 성립을 인정함에 영향이 없다.[5] 하지만 그러한 사무처리에 대하여 본인의 동의가 있

지 못한 채 매도인 명의로 수분양권이 행사되어 수분양권은 소멸하고 목적물만 남게 된 경우 수분양권 매매계약의 목적을 달성하기 위하여 인정되는 의무이므로, 이와 같은 사정만으로 수분양권 매매계약에 따른 당사자 관계의 전형적·본질적 내용이 신임관계에 기초하여 매수인의 재산을 보호 또는 관리하는 것으로 변경된다고 보기는 어렵다).

1) 대법원 2021. 7. 15. 선고 2020도3514 판결(원심은, 피고인이 피해자에게 3억 5,000만 원을 차용하면서 그 담보 목적으로 이 사건 전세보증금반환채권 5억 원 중 2억 2,000만 원(기존에 설정되어 있던 전세권근저당의 실제 피담보채무액 2억 8,000만 원 제외)을 양도해 주기로 약정하였음에도, 그 양도의 통지를 하기 전에 제3자에게 채권최고액을 2억 3,500만 원으로 하는 전세권근저당권을 설정하여 주어 2억 2,000만 원 상당의 재산상 이익을 취득하고 피해자에게 같은 금액 상당의 손해를 가하였다는 이 사건 공소사실에 대하여, 유죄로 판단하였다. 그러나 피고인의 담보가치 유지·보전에 관한 사무가 채권양도담보계약에 따른 채무의 한 내용임을 넘어 피해자의 담보 목적 달성을 위한 신임관계에 기초한 타인의 사무에 해당한다고 볼 수 없다. 따라서 피고인이 피해자에게 전세보증금 반환채권의 양도담보에 관한 대항요건을 갖추어 주기 전에 제3자에게 전세권근저당권을 설정하여 주었다 하더라도, 피고인이 피해자와의 신임관계에 의하여 '타인의 사무를 처리하는 자'의 지위에 있다고 볼 수 없어 배임죄는 성립하지 않는다); 대법원 2021. 7. 15. 선고 2015도5184 판결.
2) 이와 같이 배임죄는 타인과의 신뢰관계에서 일정한 임무에 따라 사무를 처리할 법적 의무가 있는 자가 그 상황에서 당연히 할 것이 법적으로 요구되는 행위를 하지 않는 부작위에 의해서도 성립할 수 있다. 그러한 부작위를 실행의 착수로 볼 수 있기 위해서는 작위의무가 이행되지 않으면 사무처리의 임무를 부여한 사람이 재산권을 행사할 수 없으리라고 객관적으로 예견되는 등으로 구성요건적 결과 발생의 위험이 구체화한 상황에서 부작위가 이루어져야 한다. 그리고 행위자는 부작위 당시 자신에게 주어진 임무를 위반한다는 점과 그 부작위로 인해 손해가 발생할 위험이 있다는 점을 인식하였어야 한다(대법원 2021. 5. 27. 선고 2020도15529 판결).
3) 대법원 2017. 11. 9. 선고 2015도12633 판결; 대법원 2012. 9. 13. 선고 2012도3840 판결; 대법원 2012. 7. 12. 선고 2009도7435 판결; 대법원 2009. 10. 15. 선고 2009도5655 판결; 대법원 2004. 7. 9. 선고 2004도810 판결.
4) 대법원 2002. 7. 22. 선고 2002도1696 판결; 대법원 2001. 9. 28. 선고 99도2639 판결; 대법원 1987. 4. 28. 선고 83도1568 판결.
5) 대법원 2008. 5. 29. 선고 2005도4640 판결; 대법원 2003. 2. 11. 선고 2002도5679 판결.

는 때에는 임무에 위배하는 행위라고 할 수 없다.[1]

　생각건대 배임죄의 성립범위를 확대하면 할수록 민사에 대한 형사법의 개입이 확대되어 사적자치의 원칙에 의하여 유지되고 있는 사법의 영역을 과도하게 침해할 소지가 있다. 그리고 모든 채무불이행은 신의칙상 기대되는 채무이행을 위배하는 것이 되기 때문에 이를 곧바로 배임죄로 규율하게 되면 민사상의 문제는 개입의 여지가 없게 된다. 형법은 사회생활상 용납할 수 없는 정도로 평가할 수 있는 행위에 국한하여 최후의 수단으로 개입되어야만 하는데, 일상생활에서 자주 발생하고 있는 사소한 배신행위에 대해서도 형법의 개입을 허용하는 것은 형법의 최후수단성을 포기하는 것과 같은 노릇이다. 이와 같이 사법상 채무불이행에 해당하는 계약위반행위를 배임죄로 의율하는 것은 타당하지 않으므로, 배임죄에서 말하는 '임무위배행위'에 관한 판례의 법리를 계약상의 의무 위반과 관련한 구체적 사안에 적용함에 있어서는 매우 신중할 것이 요청된다. 그러므로 배신설의 입장을 채택함으로 인하여 생기는 배임죄의 무한확장을 적절히 조절하기 위해서는 '타인의 사무를 처리하는 자'라는 주체의 범위에 대한 제한뿐만 아니라 '임무에 위배하는 행위'라는 행위태양에 대해서도 가벌성을 제한하는 방향으로의 해석을 할 필요성이 생기게 되는 것이다. 이러한 측면에서 최근 대법원이 전원합의체 판결을 통하여 배임죄의 성립범위를 축소시키고 있는 태도의 변화 현상은 바람직하다.

　판례에 의하면, ① 회사의 이사가 보관 중인 회사 재산을 처분하여 그 대금을 공직선거에 입후보한 타인의 선거자금으로 지원한 경우 그것이 회사의 이익을 도모할 목적으로 합리적인 범위 내에서 이루어졌다면 그 이사에게 횡령죄에 있어서 요구되는 불법영득의 의사가 있다고 할 수 없을 것이나, 그것이 회사의 이익을 도모할 목적보다는 그 후보자 개인의 이익을 도모할 목적이나 기타 다른 목적으로 행하여진 경우[2], ② 회사직원이 영업비밀 또는 영업비밀이 아니더라도 그 자료가 불특정 다수의 사람에게 공개되지 않았고 사용자가 상당한 시간, 노력 및 비용을 들여 제작한 영업상 주요한 자산을 경쟁업체에 유출하거나 스스로의 이익을 위하여 이용할 목적으로 무단으로 반출한 경우[3], ③ 회사직원이 영업비밀이나 영업상 주요한 자산인 자료를 적법하게 반출하여 그 반출행위가 업무상 배임죄에 해당하지 않는 경우라도 퇴사시에 그 영업비밀 등을 회사에 반환하거나 폐기할 의무가 있음에도 경쟁업체에 유출하거나 스스로의 이익을 위하여 이용할 목적으로 이를 반환하거나 폐기하지 아니한 경우[4], ④ 회사의 이사 등이 타인

---

1) 대법원 2015. 6. 11. 선고 2012도1352 판결; 대법원 1983. 11. 8. 선고 83도2309 판결.
2) 대법원 1999. 6. 25. 선고 99도1141 판결(종업원지주제도는 회사의 종업원에 대한 편의제공을 당연한 전제로 하여 성립하는 것인 만큼, 종업원지주제도 하에서 회사의 경영자가 종업원의 자사주 매입을 돕기 위하여 회사자금을 지원하는 것 자체를 들어 회사에 대한 임무위배행위라고 할 수는 없을 것이나, 경영자의 자금지원의 주된 목적이 종업원의 재산형성을 통한 복리증진보다는 안정주주를 확보함으로써 경영자의 회사에 대한 경영권을 계속 유지하고자 하는 데 있다면, 그 자금지원은 경영자의 이익을 위하여 회사재산을 사용하는 것이 되어 회사의 이익에 반하므로 회사에 대한 관계에서 임무위배행위가 된다).
3) 대법원 2008. 4. 24. 선고 2006도9089 판결. 同旨 대법원 2012. 6. 28. 선고 2011도3657 판결; 대법원 2011. 7. 14. 선고 2010도3043 판결; 대법원 2011. 6. 30. 선고 2009도3915 판결; 대법원 1999. 3. 12. 선고 98도4704 판결.
4) 대법원 2017. 6. 29. 선고 2017도3808 판결(그러나 회사직원이 퇴사한 후에는 특별한 사정이 없는 한 퇴사한 회사직원은 더 이상 업무상 배임죄에서 타인의 사무를 처리하는 자의 지위에 있다고 볼 수 없고, 위와 같이 반환하거나 폐기하지 아니한 영업비밀 등을 경쟁업체에 유출하거나 스스로의 이익을 위하여 이용하더라도 이는 이미 성

에게 회사자금을 대여함에 있어 그 타인이 이미 채무변제능력을 상실하여 그에게 자금을 대여할 경우 회사에 손해가 발생하리라는 정을 충분히 알면서 이에 나아갔거나 충분한 담보를 제공받는 등 상당하고도 합리적인 채권회수조치를 취하지 아니한 채 만연히 대여해 준 경우[1], ⑤ 부동산을 대금 213,000,000원에 양도하면서 양수인으로부터 계약금 및 중도금에 갈음하여 양수인 소유의 부동산을 120,000,000원으로 평가하여 이전받기로 하고 그 소유권이전등기소요서류를 모두 교부받았다면 양도인이 비록 그 부동산에 관하여 자기 앞으로 소유권이전등기를 마치지 않은 상태였다고 하더라도 그 이전등기에 필요한 서류를 모두 교부받은 이상 양도인 앞으로의 소유권이전등기는 그 실행 여부만이 남아있는 것이고 이는 오로지 양도인의 의사와 행위에 의하여 좌우될 사항이어서 그 상태는 사회통념 내지 신의칙에 비추어 계약금 및 중도금을 이행받은 경우와 마찬가지라고 봄이 상당하여 이 경우 양도인이 양도부동산을 제3자에게 이중양도하고 소유권이전등기를 마친 경우[2], ⑥ 甲 주식회사 대표이사인 피고인이 자신과 딸이 발행주식 전부를 소유하고 있는 乙 주식회사 및 丙 주식회사를 운영하면서, 甲 회사로 하여금 乙 회사가 건물 신축 과정에서 丁 은행에서 받은 대출금 등 채무를 연대보증하게 하고 신축될 건물을 미리 임차하여 임대차보증금을 선지급하도록 하거나, 丙 회사의 丁 은행에 대한 대출금채무를 연대보증하게 하였지만, 피고인이 甲 회사로 하여금 乙 회사 및 丙 회사를 위하여 수차례에 걸쳐 대출금 등 채무를 연대보증하게 하면서도 어떠한 대가나 이익을 제공받지 아니하였고, 甲 회사가 연대보증채무를 이행할 경우 구상금채권의 확보방안도 마련하지 아니하고, 피고인이 甲 회사의 이사회 승인을 받거나 다른 주주들의 동의를 받지 아니한 경우[3], ⑦ 영화제작사인 甲회사의 대표이사가 투자자인 乙회사 부담의 영화 현상료 등을 자신이 변제하지 못할 경우 장래에 발생할 회사 예금으로 변제에 충당할 의사로 甲회사 명의의 은행 통장 등을 乙회사에 건네 준 후 위 통장계좌에 입금된 예금을 출금·소비한 경우[4], ⑧ 근저당권설정자가 그 근저당권의 목적이 되는 토지에 식재된 수목을 처분하는 등으로 부당히 그 담보가치를 감소시키는 행위를 한 경우[5], ⑨ 학교법인의 이사장이 법인의 명의로 임의로 채무부담 행위를 하여서는 아니 된다는 사실을 잘 알면서도 자금사정이 악화되어 있던 제3자의 채무를 사실상 인수하면서 약속어음에 배서·연대보증행위를 한 경우[6], ⑨ 대학교수가 판공비 지출용 법인신용카드를 업무와 무관하게 개인적 용도

립한 업무상 배임행위의 실행행위에 지나지 아니하므로, 그 유출 내지 이용행위가 부정경쟁방지 및 영입비밀보호에 관한 법률 위반(영업비밀누설등)죄에 해당하는지는 별론으로 하더라도, 따로 업무상 배임죄를 구성할 여지는 없다. 그리고 위와 같이 퇴사한 회사직원에 대하여 타인의 사무를 처리하는 자의 지위를 인정할 수 없는 이상 제3자가 위와 같은 유출 내지 이용행위에 공모·가담하였더라도 타인의 사무를 처리하는 자의 지위에 있다는 등의 사정이 없는 한 업무상 배임죄의 공범 역시 성립할 수 없다); 대법원 2016. 7. 7. 선고 2015도17628 판결; 대법원 2016. 6. 23. 선고 2014도11876 판결; 대법원 2009. 10. 15. 선고 2008도9433 판결.

1) 대법원 2013. 4. 11. 선고 2012도15585 판결; 대법원 2012. 7. 12. 선고 2009도7435 판결; 대법원 2008. 5. 29. 선고 2006도7487 판결; 대법원 2007. 4. 12. 선고 2007도1033 판결; 대법원 2006. 11. 10. 선고 2004도5167 판결; 대법원 2004. 3. 26. 선고 2003도7878 판결(남북정상회담을 전후하여 대북경제협력사업을 추진중인 기업에 대하여 대규모 여신지원을 한 금융기관이 국책은행이라고 하더라도 은행 관련자들에게 배임의 범의가 인정된다); 대법원 2002. 7. 22. 선고 2002도1696 판결; 대법원 2000. 5. 26. 선고 99도2781 판결(주식회사의 이사가 타인 발행의 약속어음에 회사 명의로 배서할 경우 그 타인이 어음금의 지급능력이 없어 그 배서로 인하여 회사에 손해가 발생하리라는 점을 알면서 이에 나아갔다면, 이러한 약속어음의 배서행위는 타인에게 이익을 얻게 하고 회사에 손해를 가하는 행위로서 회사에 대하여 배임행위가 되고, 그것이 경영상의 판단이라는 이유만으로 배임죄의 죄책을 면할 수는 없다).

2) 대법원 1986. 10. 28. 선고 86도936 판결.

3) 대법원 2015. 11. 26. 선고 2014도17180 판결.

4) 대법원 2010. 8. 19. 선고 2010도6280 판결.

5) 대법원 2007. 1. 11. 선고 2006도4215 판결.

에 사용한 경우[1]), ⑩ 대표이사가 회사가 속한 재벌그룹의 전 회장이 부담하여야 할 원천징수소득세 납부를 위하여 다른 회사에 회사자금을 대여한 경우[2]), ⑪ 대기업 또는 대기업의 회장 등 개인이 정치적으로 난처한 상황에서 벗어나기 위하여 자회사 및 협력회사 등으로 하여금 특정 회사의 주식을 매입수량, 가격 및 매입시기를 미리 정하여 매입하게 한 경우[3]), ⑫ 타인에 대하여 근저당권설정의무를 부담하는 자가 제3자에게 근저당권을 설정하여 주는 경우[4]), ⑬ 재개발조합의 조합원들이 시공회사로부터 이주비를 차용하면서 약속어음을 발행·공증하여 주기로 함에 따라 조합장이 조합원들을 대표하여 약속어음공증신청을 이사회의 결의로 선정된 법무사로 하여금 대행하게 하는 용역계약을 체결함에 있어, 그 법무사가 제시하는 수수료액이 적정한 것인지 조사하여 보지 않고, 그 금액이 과다함에도 불구하고 이를 낮추려는 시도조차 하지 않은 채 이를 그대로 받아들여 용역계약을 체결한 경우[5]), ⑭ 정부가 관리하는 조절용 사료의 적정한 배급을 위하여 그 관할구역 내의 양돈수를 조사보고하는 임무를 맡은 읍직원이 허위보고를 함으로써 조절용사료가 부당하게 배정·방출된 경우[6]) 등에 있어서는 배임행위를 인정하고 있다.

　하지만 ① 이미 타인의 채무에 대하여 보증을 하였는데, 피보증인이 변제자력이 없어 결국 보증인이 보증채무를 이행하게 될 우려가 있고, 보증인이 피보증인에게 신규로 자금을 제공하거나 피보증인이 신규로 자금을 차용하는 데 담보를 제공하면서 그 신규자금이 이미 보증을 한 채무의 변제에 사용되도록 한 경우[7]), ② 직무발명에 대하여 특허를 받을 수 있는 권리는 발명자인 종업원에게 귀속하고 사용자는 다만 종업원이 특허를 받으면 그에 대하여 통상실시권을 가질 뿐인데, 직무발명에 대하여 특허를 받을 수 있는 권리를 미리 사용자에게 승계시키는 계약이나 근무규정이 있거나 발명의 완성 후에 이를 승계시키는 계약이 있었다는 등의 특별한 사정이 없는 상황에서 종업원이 직무발명을 사용자가 아닌 종업원의 이름으로 특허출원한 경우[8]), ③ 금융기관이 거래처의 기존 대출금에 대한 원리금에 충당하기 위하여 거래처에 신규대출을 함에 있어 형식상 신규대출을 한 것처럼 서류상 정리를 하였을 뿐 실제로 거래처에 대출금을 새로 교부한 것이 아닌 경우[9]), ④ 부동산매매업자 甲이 피고인에게서 「국토의 계획 및 이용에 관한 법률」에서 정한 토지거래허가구역 내 토지를 매수하면서, 매수인을 자신이 운영하는 부동산컨설팅 회사 직원 乙 등의 명의로 하고, 소유권이전등기는 甲이 지정하는 자에게 하기로 하는 내용의 토지매매계약을 체결하고 대금을 지급하였는데, 그 후 위 토지가 허가구역 지정에서 해제되자 피고인이 이를 임의로 처분한 경우[10]), ⑤ 대표이사가 대표권을 남용하여 자신의 개인채무에 대하여 회사 명의의 차용증

---

6) 대법원 2005. 8. 25. 선고 2005도3410 판결.
1) 대법원 2006. 5. 26. 선고 2003도8095 판결.
2) 대법원 2010. 10. 28. 선고 2009도1149 판결.
3) 대법원 2007. 3. 15. 선고 2004도5742 판결.
4) 대법원 2009. 9. 24. 선고 2008도9213 판결.
5) 대법원 1997. 6. 13. 선고 97도618 판결.
6) 대법원 1978. 8. 22. 선고 78도958 판결.
7) 대법원 2014. 7. 10. 선고 2013도10516 판결; 대법원 2013. 9. 26. 선고 2013도5214 판결; 대법원 2010. 10. 28. 선고 2009도1149 판결; 대법원 2009. 7. 23. 선고 2007도541 판결.
8) 대법원 2012. 12. 27. 선고 2011도15093 판결.
9) 대법원 2010. 1. 28. 선고 2009도10730 판결(하지만 금융기관이 실제로 거래처에 대출금을 새로 교부한 경우에는 거래처가 그 대출금을 임의로 처분할 수 없다거나 그 밖에 어떠한 이유로든 그 대출금이 기존 대출금의 원리금으로 상환될 수밖에 없다는 등의 특별한 사정이 없는 한 비록 새로운 대출금이 기존 대출금의 원리금으로 상환되도록 약정되어 있다고 하더라도 그 대출과 동시에 이미 손해발생의 위험은 발생하였다고 보아야 할 것이므로 업무상 배임죄가 성립한다).
10) 대법원 2011. 6. 30. 선고 2011도614 판결(토지거래허가에 필요한 거주요건을 갖추지 못한 甲이 허가요건을 갖춘

을 작성하여 주었고, 그 상대방도 이와 같은 진의를 알았거나 알 수 있었던 경우[1], ⑥ 회사의 대표이사
가 타인의 채무를 회사 이름으로 지급보증 또는 연대보증함에 있어 그 타인이 단순히 채무초과 상태에
있다는 이유만 있는 경우[2], ⑦ 부동산을 이중으로 매도한 경우에 매도인이 선매수인에게 소유권이전의
무를 이행한 경우[3], ⑧ 공사도급인이 공사비담보조로 수급인에게 아파트를 분양하기로 약정한 경우에
수급인이 잔여공사를 완성하지 아니한 이상 위 분양계약은 조건불성취로 효력이 발생하지 아니하며 도
급인에게는 소유권이전등기의무가 없다고 보아야 할 것이므로 수급인이 잔여공사를 전혀 하지 않다가
이를 포기한 상황에서 도급인이 아파트를 보존등기 후 수급인에게 소유권이전등기하여 주지 않고 제3자
에게 처분한 경우[4], ⑨ 도급인이 수급인에게 잔여공사를 완공할 것을 정지조건으로 하여 그 공사비에
대한 대물변제로 부동산의 소유권을 이전키로 하였으나 수급인이 위 공사를 완성하지 않았다면 수급인
으로서는 도급인에게 위 대물변제예약의 이행을 청구할 수 있는 지위에 있지 않다고 할 것이므로 도급
인이 위 부동산을 다시 다른 채권자에게 담보로 제공한 경우[5], ⑩ 임대인이 임차인으로부터 보증금의
전부 또는 일부를 수령한 상태에서 제3자에게 임대목적물을 처분함으로써 임차인의 목적물에 대한 사용·
수익을 불가능하게 만든 경우[6], ⑪ 공사수급인이 도급계약에 따라 상당한 노력과 자금을 투입한 상태에

丙 명의로 허가를 받으려는 의사로 위와 같이 토지매매계약을 체결한 이상, 이와 같은 행위는 처음부터 토지거래
허가를 잠탈한 경우에 해당하고, 따라서 위 계약은 처음 체결된 때부터 확정적으로 무효이므로 피고인의 행위가
배임죄를 구성한다고 보기 어렵다). 同旨 대법원 2011. 1. 27. 선고 2009도10701 판결(亡 甲은 亡 乙에게, 亡 乙은
丙에게 각 토지에 관한 소유권이전등기절차를 순차 이행하여야 할 의무가 있고, 甲의 처인 피고인도 甲의 위와
같은 의무를 상속하였음에도 그 임무에 위배하여 위 토지를 제3자에게 처분하고 소유권이전등기를 마침으로써
위 토지의 시가 상당의 재산상의 이익을 취득하고 丙에게 그에 해당하는 손해를 가하였다는 내용으로 기소된 사안
에서, 乙과 丙사이의 토지 매매는 자경 또는 자영할 의사가 없었던 매매로서 丙은 구 농지개혁법상 위 토지의 소유
권을 취득할 수 없으므로, 피고인이 제3자에게 위 토지를 처분하고 소유권이전등기절차를 마쳤더라도 丙에 대하여
배임죄를 구성하지 아니한다).

1) 대법원 2010. 5. 27. 선고 2010도1490 판결.
2) 대법원 2014. 11. 27. 선고 2013도2858 판결; 대법원 2004. 6. 24. 선고 2004도520 판결.
3) 대법원 2010. 4. 29. 선고 2009도14427 판결; 대법원 2009. 2. 26. 선고 2008도11722 판결; 대법원 1992. 12. 24.
선고 92도1223 판결; 대법원 1986. 12. 9. 선고 86도1112 판결; 대법원 1977. 10. 11. 선고 77도1116 판결. 이는 제1
매수인에게 소유권이전의무를 이행한 것은 원래 이행해야 할 의무를 이행한 것일 뿐이므로 제2매수인에 대한
관계에서 매도인이 임무를 위법하게 위배한 것이라고 할 수는 없다는 것이다. 하지만 매도인이 제2매수인과의
관계에서는 중도금을 수령한 이후에도 소유권취득에 협력해야 할 의무가 어떻게 면제될 수 있는지에 대한 의문
점은 해소되지 않고 있다. 또한 소유권이전등기를 마치기 전에는 서로 대등한 법적 지위를 가지고 있는 제1매수
인과 제2매수인에 대하여 그들의 신뢰에 차이를 두고 그에 대한 보호의 정도를 다르게 파악할 합리적 근거가
없음에도 불구하고 제1매수인에게로의 소유권이전등기를 간접적으로 강제하는 것은 채권의 우열관계를 조장하
는 그릇된 태도라고 할 수 있다. 판례의 취지는 제1매수인이 먼저 계약을 하였기 때문에 반드시 보호해 주어야
한다는 것인데, 형식주의를 채택하고 있는 현행 법체계상 채권자에 불과한 제1매수인은 물권자로서 그 지위가
강화된 제2매수인에게 대항할 수 없게 된다. 일반적으로 부동산을 매도한 후에 매수인 명의로 소유권이전등기가
완료되기 전에 당해 부동산을 제3자에게 매도한 경우에 있어서 매도인은 각 매수인에게 그 소유권을 이전해 줄
의무가 있는 것이며, 그 의무에 우열이 있는 것은 결코 아니다. 그러므로 매도인이 어느 한 매수인에게 소유권이전
등기절차를 이행하여 등기가 완료되면 다른 매수인에 대한 소유권이전의무는 이행불능이 되어 그 매수인에 대하
여 매도인은 채무불이행의 책임을 지게 되기 때문에 제1매수인에 대해서도 같은 이치로 민사상 채무불이행책임을
부담하면 되는 것이다. 중도금의 지급 이후에는 해약이 불가능함을 이유로 등기협력의무가 있음을 근거로 배임죄
를 적용한다면, 제1매수인과 제2매수인을 구별하지 않고 이중매매에 있어서 배임죄의 적용을 긍정해야 함에도 불
구하고 그렇게 파악하지 않고 있는 판례의 입장은 '중도금의 지급 이후에는 해약이 불가능함을 이유로 인하여 도
출한 등기협력의무'의 기반이 불완전하다는 점을 자인하는 것이라고 할 수 있다. 이는 판례가 모든 부동산 이중매
매에 있어서 배임죄의 적용이 무리라는 것을 인정한 결과 적정한 선에서 타협한 것으로 평가할 수도 있다.
4) 대법원 1984. 7. 24. 선고 84도815 판결.
5) 대법원 1985. 3. 26. 선고 85도124 판결.

서 공사도급인이 정당한 이유 없이 계약을 파기하고 제3자에게 공사를 도급하여 준 경우[1]), ⑫ 매도인이 부동산에 대한 공소외인과의 분쟁을 매도인의 처남을 내세워 해결할 생각으로 처남에게 통정허위표시로 부동산에 대한 매매계약서를 작성」교부하고 가등기를 경료한 후 부동산 중 일부를 타인에게 매도한 경우[2]), ⑬ 농가가 아니고 농지를 자경하거나 자영할 의사도 없어 농지개혁법상 농지를 취득할 수 없는 자에 대하여 농지를 매도한 계약은 무효이어서 매도인은 소유권이전등기절차를 이행할 임무가 없으므로 매도인이 그 농지를 제3자에게 이중으로 양도한 경우[3]), ⑭ 부동산을 경락한 피고인이 그 경락허가결정이 확정 된 뒤에 그 경매부동산의 소유자들에게 대하여 그 경락을 포기하겠노라고 약속하여 놓고 그 경매법원에서 경락대금지급명령이 전달되자 위의 약속을 어기고 그 경락대금을 완납함으로써 그 경락부동산에 대한 소유권을 취득한 경우[4]), ⑮ 부동산을 대물변제하면서 환매할 수 있도록 약정하였다고 하여도 환매기일이 도과된 후에 채권자가 동 부동산에 관하여 제3자 앞으로 그 저당권설정등기를 한 경우[5]), ⑯ 피고인이 그 소유의 에어컨을 피해자에게 양도담보로 제공하고 점유개정의 방법으로 점유하고 있다가 다시 이를 제3자에게 양도담보로 제공하고 역시 점유개정의 방법으로 점유를 계속한 경우[6]), ⑰ 금전채무를 담보하기 위하여 「공장 및 광업재단 저당법」에 따라 저당권이 설정된 동산을 채무자가 제3자에게 임의로 처분한 경우[7]) 등에 있어서는 배임행위를 부정하고 있다.

2) 재산상의 이익 취득

본죄는 본인에게 재산상의 손해를 가하는 이외에 배임행위로 인하여 행위자 스스로 재산상의 이익을 취득하거나 제3자로 하여금 재산상의 이익을 취득하게 할 것을 요건으로 하므로, 본인에게 손해를 가하였다고 할지라도 행위자 또는 제3자가 재산상의 이익을 취득한 사실이 없다면 배임죄가 성립할 수 없다.[8])

---

6) 대법원 2011. 1. 20. 선고 2008도10479 전원합의체 판결.
1) 대법원 2011. 1. 20. 선고 2008도10479 전원합의체 판결.
2) 대법원 1983. 7. 12. 선고 82도2941 판결.
3) 대법원 1979. 3. 27. 선고 79도141 판결.
4) 대법원 1969. 2. 25. 선고 69도46 판결.
5) 대법원 1983. 2. 22. 선고 82도2945 판결.
6) 대법원 1990. 2. 13. 선고 89도1931 판결(뒤의 양도담보권자인 제3자는 처음의 담보권자인 피해자에 대하여 배타적으로 자기의 담보권을 주장할 수 없으므로 위와 같이 이중으로 양도담보제공이 된 것만으로는 처음의 양도담보권자에게 담보권의 상실이나 담보가치의 감소 등 손해가 발생한 것으로 볼 수 없으니 배임죄를 구성하지 않는다).
7) 대법원 2020. 10. 22. 선고 2020도6258 전원합의체 판결.
8) 대법원 2009. 12. 24. 선고 2007도2484 판결(피고인이 피해 회사의 승낙 없이 임의로 지정 할인율보다 더 높은 할인율을 적용하여 회사가 지정한 가격보다 낮은 가격으로 제품을 판매하는 이른바 '덤핑판매'로 제3자인 거래처에 재산상의 이익이 발생하였는지 여부는 경제적 관점에서 실질적으로 판단하여야 할 것인바, 피고인이 피해 회사가 정한 할인율 제한을 위반하였다 하더라도 시장에서 거래되는 가격에 따라 제품을 판매하였다면 지정 할인율에 의한 제품가격과 실제 판매시 적용된 할인율에 의한 제품가격의 차액 상당을 거래처가 얻은 재산상의 이익이라고 볼 수는 없다); 대법원 2009. 6. 25. 선고 2008도3792 판결(입주자대표회의 회장이 지출결의서에 날인을 거부함으로써 아파트 입주자들에게 그 연체료를 부담시킨 사안에서, 열 사용요금 납부 연체로 인하여 발생한 연체료는 금전채무 불이행으로 인한 손해배상에 해당하므로, 공급업체가 연체료를 지급받았다는 사실만으로 공급업체가 그에 해당하는 재산상의 이익을 취득하게 된 것으로 단정하기 어렵다); 대법원 2007. 7. 26. 선고 2005도6439 판결(회사를 대표하여 기계 제작·설치 계약의 이행에 관한 업무를 처리하는 사람이 고의로 기계 제작 의무를 이행하지 않아 계약이 해제됨으로써 상대방이 보증보험회사로부터 선급금반환 및 위약금 명목의 보험금을 수령한 사안에서, 위 보험금의 수령사실만으로 상대방이 재산상의 이익을 취득하였다고 단정할 수 없다); 대법원

　　형법상의 배임죄는 구성요건의 해석에 있어서 그 취득한 이득액이 얼마인지가 전혀 문제되지 않지만, 배임으로 인한 특정경제범죄가중처벌법 위반죄[1]에 있어서는 취득한 이득액이 5억원 이상[2] 또는 50억원 이상이라는 것이 범죄구성요건의 일부로 되어 있고 이득액에 따라 그 죄에 대한 형벌도 가중되어 있으므로, 이를 적용함에 있어서는 취득한 이득액을 엄격하고 신중하게 산정함으로써, 범죄와 형벌 사이에 적정한 균형이 이루어져야 한다는 죄형균형 원칙이나 형벌은 책임에 기초하고 그 책임에 비례하여야 한다는 책임주의 원칙이 훼손되지 않도록 유의하여야 한다.[3]

　　하지만 이득액에 따른 법정형 가중은 바람직하지 못한 입법태도로 판단되는데, 그 논거로는, ① 이득액이 49억원인 경우와 이득액 50억원인 경우는 불법의 양에 있어서 큰 차이가 없음에도 불구하고 이득액을 중심으로 한 형종의 사소한 차이가 커다란 선고형의 차이를 야기할 수 있어 불합리하다. ② 수많은 양형인자 가운데 이득액만으로 법정형의 범위를 한정하기 때문에 구체적 사정에 대응한 법관의 양형재량권을 지나치게 제약할 뿐만 아니라 피해액의 정도에 따라서만 법정형에 차등을 두어 결과책임을 묻는 것이므로 책임주의에 반하는 과잉입법이다. 법정형의 결정요인으로서의 불법은 결과불법과 행위불법으로 이루어지며, 형법이 배임죄에 비하여 업무상 배임죄를 가중처벌하고 있는 이유는 업무처리자에게는 특별한 의무를 위반하는 행

2006. 7. 27. 선고 2006도3145 판결(피고인의 전산조작행위로 인하여 회사의 외상대금채권 행사가 곤란하게 되는 상태가 조성된 것은 사실이라 할 것이나, 그렇다고 하여 곧바로 회사의 외상대금채권 행사가 사실상 불가능해지거나 현저히 곤란하게 되었다고 단정할 수는 없고, 만일 회사가 관리·운영하는 전산망 이외에 전표, 매출원장 등 회사의 체인점들에 대한 외상대금채권의 존재와 액수를 확인할 수 있는 방법들이 존재하고, 또한 삭제된 전매입고 금액을 기술적으로 용이하게 복구하는 것이 가능하다면, 위와 같은 전산조작행위로 말미암아 회사의 체인점들에 대한 외상대금채권 행사가 사실상 불가능해지거나 또는 현저히 곤란하게 된다고 할 수는 없을 것이므로 회사에게 재산상 실해발생의 위험이 생기는 것도 아니라 할 것이다); 대법원 1999. 7. 9. 선고 99도311 판결; 대법원 1982. 2. 23. 선고 81도2601 판결(피고인이 피해자와 공동구입한 택시를 법정폐차 시한 전에 임의로 폐차케 한 경우 특단의 사정이 없는 한 그 폐차조치만으로써는 피해자에게 장차 얻을 수 있었을 수익금상실의 손해는 발생하였을지언정 피고인이 피해자 몫에 해당하는 이익을 취득하였다고 볼 수는 없으므로 배임죄가 성립하지 않는다).

1) 특정경제범죄가중처벌법 제3조(1990. 12. 31. 법률 제4292호)는 특정재산범죄에 대한 가중처벌을 규정하고 있는데, 이에 의하면 형법 제355조(횡령·배임) 또는 제356조(업무상의 횡령과 배임)의 죄를 범한 사람은 그 범죄행위로 인하여 취득하거나 제3자로 하여금 취득하게 한 재물 또는 재산상의 이익의 가액(이하에서는 '이득액'이라고 한다)이 5억원 이상 50억원 미만일 때에는 3년 이상의 유기징역(특정경제범죄가중처벌법 제3조 제1항 제2호), 이득액이 50억원 이상일 때에는 무기 또는 5년 이상의 유기징역(특정경제범죄가중처벌법 제3조 제1항 제1호)으로 각각 가중처벌하며, 이 경우에 있어서는 이득액 이하에 상당하는 벌금을 병과할 수 있다(특정경제범죄가중처벌법 제3조 제2항).

2) 대법원 2013. 5. 9. 선고 2013도2857 판결(피고인이 피해자 甲으로부터 명의신탁을 받아 보관 중인 토지 9필지와 건물 1채에 甲의 승낙 없이 임의로 채권최고액 266,000,000원의 근저당권을 설정하였는데, 당시 위 각 부동산 중 토지 7필지의 시가는 합계 724,379,000원, 나머지 2필지와 건물 1채의 시가는 미상인 반면 위 각 부동산에는 그 이전에 채권최고액 434,000,000원의 근저당권설정등기가 마쳐져 있고, 이에 대하여 甲은 220,000,000원의 피담보채무를 부담하고 있는 사안에서, 피고인이 근저당권설정등기를 마치는 방법으로 위 각 부동산을 횡령하여 취득한 구체적인 이득액은 위 각 부동산의 시가 상당액에서 위 범행 전에 설정된 피담보채무액을 공제한 잔액이 아니라 위 각 부동산을 담보로 제공한 피담보채무액 내지 그 채권최고액이라고 보아야 하고, 이 경우 피고인의 이득액은 5억원 미만이므로 특정경제범죄가중처벌법 제3조 제1항을 적용할 수 없다).

3) 대법원 2012. 9. 13. 선고 2012도3840 판결; 대법원 2007. 4. 19. 선고 2005도7288 전원합의체 판결.

위반가치가 증가하기 때문인데, 특정경제범죄가중처벌법은 이러한 행위불법을 도외시하고 있는 것이다. ③ 물가상승에 따른 화폐가치의 변동을 반영하지 못함으로써 가중처벌의 근거가 합리성을 상실하는 경우가 많다. 특히 법 제정 당시의 경제사정이 범죄행위시 또는 판결확정시와 비교할 때 현저하게 변화될 수 있는데, 이러한 경우에는 이득액만을 기준으로 가중처벌하는 것이 오히려 형평에 반할 수가 있다. ④ 경합범과 포괄일죄의 기준이 모호한 경우 특별법 적용에 전제되는 죄수결정[1]에 문제가 있다. 판례에 의하면 특정경제범죄가중처벌법 제3조 제1항에서의 이득액은 경합범으로 처벌될 수죄에 있어서 그 이득액을 합한 금액이 아니라 단순일죄의 이득액 또는 포괄일죄가 성립되는 경우의 이득액의 합산액을 의미한다고 하는데[2], 이는 일반적인 죄수결정의 해석과 다른 방법론의 등장을 야기시키는 것이다. 일반적으로 경합범과 포괄일죄가 문제되는 사안의 경우에 있어서는 포괄일죄로 보는 것이 피고인에게 유리한 해석이 되지만, 특정경제범죄가중처벌법 제3조의 경우에 있어서는 경합범으로 보는 것이 피고인에게 유리한 결과가 된다. 이는 일반형법에서의 죄수결정원리와 특별형법에서의 죄수결정원리 상호간의 모순을 초래한다. ⑤ 피해액이 많아 법정형이 너무 가혹한 경우 이를 피하기 위해 부당하게 정상참작감경을 할 위험성이 커질 수 있다.

한편 배임으로 인한 재산상의 이익이 있었다는 점은 인정되지만 그 가액을 구체적으로 산정할 수 없는 경우에는 재산상의 이익의 가액을 기준으로 가중처벌하는 특정경제범죄가중처벌법상의 배임죄로 의율할 수는 없다.[3] 이와 같이 특정경제범죄가중처벌법 제3조를 적용하기 위해서는 반드시 이득액의 산정이 요구되는데, 경우에 따라서는 이득액 산정이 불가능한 상황이 발생할 수 있다는 점은 심각한 문제라고 할 수 있다. 이는 배임죄의 경우에 현실적인 재산상의 손해액이 확정될 필요까지는 없고 단지 위험성이 있는 경우에 기수범의 책임을 진다는 점[4]에서 이득액산정의 어려움이 배가된다. 그리고 판례는 손해액이나 이득액의 계산에 잘못이 있더라도 그 금액이 특정경제범죄가중처벌법 제3조 제1항 각호 중 어느 것에 해당한다면 그 잘못은 같은 법조항을 적용한 판결의 결과에는 영향이 없다고 판시하고 있다.[5]

3) 재산상의 손해 발생

'본인에게 재산상의 손해를 가한다'라는 것은 총체적으로 보아 본인의 재산상태에 손해를 가하는 경우, 즉 본인의 전체적 재산가치의 감소를 가져오는 것을 말한다. 이와 같은 법리는 타

---

1) 죄수결정의 기준에 대하여 보다 자세한 논의로는 박찬걸, "죄수결정기준에 관한 비판적 검토", 3사논문집 제64집, 육군3사관학교 논문집, 2007. 3, 147면 이하 참조.

2) 대법원 2011. 8. 18. 선고 2009도7813 판결; 대법원 2011. 7. 28. 선고 2009도8265 판결.

3) 대법원 2015. 9. 10. 선고 2014도12619 판결; 대법원 2012. 8. 30. 선고 2012도5220 판결; 대법원 2001. 11. 13. 선고 2001도3531 판결.

4) 대법원 2011. 6. 30. 선고 2011도1651 판결(위임받은 타인의 사무가 부동산소유권 이전등기의무인 경우에는 임무위배행위로 인하여 매수인이 가지는 소유권이전등기청구권이 이행불능되거나 이행불능에 빠질 위험성이 있으면 배임죄는 성립한다); 대법원 2009. 10. 29. 선고 2007도6772 판결.

5) 대법원 2012. 6. 28. 선고 2012도2623 판결; 대법원 1989. 10. 24. 선고 89도641 판결.

인의 사무를 처리하는 자 내지 제3자가 취득하는 재산상의 이익에 대하여도 동일하게 적용되는 것으로 보아야 한다. 그러므로 현실적인 손해를 가한 경우뿐만 아니라 재산상 실해 발생의 위험을 초래한 경우도 포함되며[1], 손해액이 구체적으로 명백하게 산정되지 않았더라도 배임죄의 성립에는 영향이 없는데[2], 재산상 손해의 유무에 대한 판단은 법률적 판단에 의하지 아니하고 경제적 관점에서 파악하여야 한다.[3] 따라서 법률적 판단에 의하여 당해 배임행위가 무효라고 하더라도 경제적 관점에서 파악하여 배임행위로 인하여 본인에게 현실적인 손해를 가하였거나 재산상 실해 발생의 위험을 초래한 경우에는 재산상의 손해를 가한 때에 해당되어 배임죄를 구성한다.[4] 여기서 재산상의 손해가 발생하였다고 평가될 수 있는 재산상 실해 발생의 위험이란 본인에게 손해가 발생할 막연한 위험이 있는 것만으로는 부족하고 경제적인 관점에서 보아 본인에게 손해가 발생한 것과 같은 정도로 구체적인 위험이 있는 경우를 의미한다.[5] 배임죄의 성립을 인정하려면 재산상 손해의 발생이 합리적인 의심이 없는 정도의 증명에 이르러야 하므로, 배임행위로 인한 재산상 손해의 발생 여부가 충분히 증명되지 않았음에도 가볍게 액수 미상의 손해가 발생하였다고 인정함으로써 배임죄의 성립을 인정하는 것은 허용될 수 없다.[6]

---

1) 대법원 2007. 11. 15. 선고 2007도6075 판결; 대법원 1998. 2. 10. 선고 97도2919 판결.

2) 대법원 2009. 10. 15. 선고 2009도5655 판결. 다만 본인에게 발생된 손해액을 구체적으로 산정하여 인정하는 경우에는 이를 잘못 산정하는 것은 위법하다(대법원 1999. 4. 13. 선고 98도4022 판결).

3) 대법원 2012. 12. 27. 선고 2012도10822 판결(대표이사가 대표권을 남용하여 회사 명의의 약속어음을 발행하였다면, 비록 상대방이 그 사실을 알고 있었거나 중대한 과실로 알지 못하여 회사가 상대방에 대하여는 채무를 부담하지 아니한다고 하더라도 약속어음이 제3자에게 유통될 경우 회사가 소지인에 대하여 어음금 채무를 부담할 위험은 이미 발생하였다고 할 것이므로, 그 약속어음이 제3자에게 유통되지 아니한다는 특별한 사정이 없는 한 경제적 관점에서는 회사에 대하여 배임죄에서의 재산상 실해 발생의 위험이 초래되었다고 봄이 상당하다); 대법원 2012. 6. 28. 선고 2012도2628 판결(주식회사는 주주와 독립된 별개의 권리주체로서 그 이해가 반드시 일치하는 것은 아니므로, 회사 소유 재산을 주주나 대표이사가 제3자의 자금 조달을 위하여 담보로 제공하는 등 사적인 용도로 임의 처분하였다면 그 처분에 관하여 주주총회나 이사회의 결의가 있었는지 여부와는 관계없이 횡령죄의 죄책을 면할 수는 없다); 대법원 2005. 8. 19. 선고 2005도3045 판결; 대법원 2002. 7. 22. 선고 2002도1696 판결; 대법원 1999. 6. 22. 선고 99도1095 판결; 대법원 1995. 11. 21. 선고 94도1375 판결(주식회사의 대표이사가 회사의 유일한 재산을 처분하면서 주주총회의 특별결의나 이사회의 승인을 거치지 아니하여 그 매매계약이나 소유권이전등기가 법률상 무효라고 하더라도 경제적 관점에서 파악할 때 재산상 손해를 가한 경우에 해당한다).

4) 대법원 2012. 2. 23. 선고 2011도15857 판결.

5) 대법원 2017. 10. 12. 선고 2017도6151 판결(배합사료 판매회사인 甲 회사의 영업사원인 피고인이 乙에게 배합사료를 공급하면서 甲 회사의 내부 결재를 거치지 않고 장려금 등 명목으로 임의로 단가를 조정하거나 대금을 할인해 줌으로써 乙에게 재산상 이익을 취득하게 하고 甲 회사에 손해를 가하였다고 하여 특정경제범죄가중처벌법 위반(배임)으로 기소된 사안에서, 甲 회사의 乙 측을 상대로 한 물품대금 소송의 제1심에서 甲 회사가 승소하였지만 상대방의 항소로 항소심에 계속 중인 이상 사용자책임 등을 부담할 가능성을 완전히 배제하기 어렵다는 등의 사정만으로는 甲 회사에 재산상 실해가 발생할 가능성이 생겼다고 말할 수는 있어도 나아가 그 실해 발생의 위험이 구체적·현실적인 정도에 이르렀다고 보기 어려운데, 피고인의 행위가 甲 회사의 재산 상태에 구체적으로 어떠한 영향을 미쳤는지, 위 물품대금 소송의 제1심판결에도 불구하고 甲 회사가 사용자책임을 부담한다고 볼 만한 사정이 있는지 등을 면밀히 심리하여 甲 회사에 현실적인 손해가 발생하거나 실해 발생의 위험이 생겼다고 볼 수 있는지를 판단하지 아니한 채 공소사실을 유죄로 판단한 원심판결 잘못이 있다).

6) 대법원 2018. 2. 13. 선고 2017도17627 판결(회사의 대표이사 등이 임무에 위배하여 회사로 하여금 다른 사업자와 용역계약을 체결하게 하면서 적정한 용역비의 수준을 벗어나 부당하게 과다한 용역비를 정하여 지급하게 하였다면 다른 특별한 사정이 없는 한 통상 그와 같이 지급한 용역비와 적정한 수준의 용역비 사이의 차액 상당의 손해를 회사에 가하였다고 볼 수 있다. 이 경우 배임죄가 성립하기 위해서는 해당 용역비가 적정한 수준에 비하여

한편 재산상의 손해를 가한 때에 재산상 실해 발생의 위험을 초래한 경우도 포함하는 해석은 배임죄의 성립범위를 확대하는 결과를 초래하는데, 이에 더하여 손해 발생의 판단시기를 '행위시'로 이해함으로써 기업의 경영행위나 모험투자[1] 등의 경우와 같이 행위시에 손해가 발생하더라도 장래적인 전망을 보고 투자하는 경우나 사후에 성공적인 투자가 된 경우에도 배임죄가 성립되는 모순을 갖게 된다. 배임죄의 특성상 실제로 손해가 발생하여 재산의 침해가 있었는지의 여부가 판단되기 위해서는 장시간의 경과를 요하는 경우가 많기 때문에 배임죄의 성립 여부를 판단하기 위한 손해의 발생 여부는 반드시 행위시에 국한할 것이 아니라 행위시와 재판시의 재산가치에 대한 평가를 모두 고려하여 행위자에게 유리한 기준을 적용할 필요성이 있다.

또한 재산상의 손해를 가한 경우란 재산의 처분이나 채무의 부담 등으로 인한 재산의 감소와 같은 적극적 손해를 야기한 경우는 물론, 객관적으로 보아 취득할 것이 충분히 기대되는데도 임무위배행위로 말미암아 이익을 얻지 못한 경우, 즉 소극적 손해를 야기한 경우도 포함된다고 한다. 이러한 소극적 손해는 재산증가를 객관적·개연적으로 기대할 수 있음에도 임무위배행위로 이러한 재산증가가 이루어지지 않은 경우를 의미하는 것이므로 임무위배행위가 없었다면 실현되었을 재산상태와 임무위배행위로 말미암아 현실적으로 실현된 재산상태를 비교하여 그 유무 및 범위를 산정하여야 할 것이다.[2] 하지만 특정한 기업활동에 있어서 이익창출의 가능성과 손해발생의 가능성이 공존하는 경우에는, 경영자가 해당 사업을 개시하여 손해가 발생한 경우에는 행위 당시에 손해발생에 대한 인식과 인용이 있어 배임이 될 수 있으며, 반대로 해당 사업을 개시하지 않아 신의칙상 해야 할 행위를 하지 않은 경우에도 배임이 될 수 있다. 이러한 딜레마는 모험적인 거래일수록 심화될 것이다.

그리고 판례에 의하면 일단 손해의 위험성을 발생시킨 이상 사후에 피해가 회복되었다고 하여도 배임죄의 성립에 영향을 주는 것은 아니라고 한다.[3] 하지만 재산상의 손해를 가한다는 것은 총체적으로 보아 본인의 재산상태에 손해를 가하는 경우, 즉 본인의 전체적 재산가치의

과다하다고 볼 수 있는지가 객관적이고 합리적인 평가방법이나 기준을 통하여 충분히 증명되어야 하고, 손해의 발생이 그와 같이 증명된 이상 손해액이 구체적으로 명백하게 산정되지 아니하였더라도 배임죄의 성립에는 영향이 없다. 그러나 적정한 수준에 비하여 과다한지 여부를 판단할 객관적이고 합리적인 평가방법이나 기준 없이 단지 임무위배행위가 없었다면 더 낮은 수준의 용역비로 정할 수도 있었다는 가능성만을 가지고 재산상 손해 발생이 있었다고 쉽사리 단정하여서는 안 된다).

1) 모험투자는 투기적 성격을 내포하고 있는데, 사무처리의 결과로 인하여 본인에게 이익발생가능성 또는 손해발생 가능성을 명백히 예견하지 못한 상황에서 행하는 투자라고 할 수 있다.

2) 대법원 2009. 5. 29. 선고 2008도9436 판결; 대법원 2008. 5. 15. 선고 2005도7911 판결.

3) 대법원 2013. 4. 26. 선고 2011도6798 판결(피고인이, 甲이 운영하는 乙 주식회사의 부사장으로 대외 영업활동을 하여 그 활동 및 계약을 乙 회사에 귀속시키기로 甲과 약정하고도 乙 회사에 알리지 않고 피고인 자신이 乙 회사 대표인 것처럼 가장하거나 피고인이 별도로 설립한 丙 주식회사 명의로 금형제작·납품계약을 체결함으로써 乙 회사에 손해를 가하였다고 하여 업무상 배임으로 기소된 사안에서, 乙 회사의 재산상 손해는 피고인의 임무위배행위로 乙 회사의 금형제작·납품계약 체결기회가 박탈됨으로써 발생하므로, 원칙적으로 계약을 체결한 때를 기준으로 금형제작·납품계약 대금에 기초하여 산정하여야 하며, 계약대금 중에서 사후적으로 발생되는 미수금이나 계약 해지로 받지 못하게 되는 나머지 계약대금 등은 특별한 사정이 없는 한 계약 대금에서 공제할 것이 아니다); 대법원 2012. 8. 30. 선고 2011도15052 판결; 대법원 2004. 7. 22. 선고 2002도4229 판결; 대법원 2000. 12. 8. 선고 99도3338 판결.

감소를 가져오는 것을 말하므로 재산상의 손실을 야기한 임무위배행위가 동시에 그 손실을 보상할 만한 재산상의 이익을 준 경우, 예를 들면 배임행위로 인한 급부와 반대급부가 상응하고 다른 재산상 손해(현실적인 손해 또는 재산상 실해 발생의 위험)도 없는 때에는 전체적 재산가치의 감소, 즉 재산상 손해가 있다고 할 수 없다.[1]

판례에 의하면, ① 한국농어촌공사가 농지매매사업 등을 수행하기 위하여 정부에서 위탁받아 운용하는 농지관리기금은 농업인의 영농규모 적정화를 통한 농업생산성 증대 등 특정한 정책목적을 위하여 조성된 기금으로서 농지매매사업에 필요한 자금의 융자 등 용도가 법정되어 있는 자금이므로, 매입 농지에 대한 근저당권 설정 등으로 지원금의 회수가 사실상 보장되더라도 한국농어촌공사의 직원이 자금을 농지매매사업의 지원대상에 해당하지 아니하는 농지를 매입하는데 사용하거나 지원요건을 갖추지 아니한 농업인을 위하여 부당하게 지원하도록 한 경우[2], ② 일정 수의 보증인을 요구하는 은행의 대출규정은 그 정도의 보증인이 되어야 채권 회수에 문제가 없으리라는 판단에 근거한 것인데, 비록 다른 보증인에 의하여 채권회수가 모두 이루어진다고 하더라도 그 중 1인이 흠결되거나 자격이 미달되는 보증인을 세우고 대출을 하는 경우[3], ③ 甲 조합의 대출업무 등 담당자인 피고인이 甲 조합에 처와 모친 소유의 토지를 담보로 제공하고 그들 명의로 대출을 받은 다음 위임장 등을 위조하여 담보로 제공된 위 토지에 설정된 근저당권설정등기를 말소한 경우[4], ④ 회사임원이 임무에 반하여 발행한 어음에 관해서 현재까지 회사에 대하여 약속어음금의 이행청구나 압류 등의 사실이 없는 경우[5], ⑤ 중소기업진흥기금은 중소기업 진흥이라는 특정한 목적을 위하여 조성되어 중소기업 합리화사업의 실천계획의 승인을 받은 적격 중소기업 등에게 저리로 대출하도록 그 용도가 법정되어 있는 자금인데, 진흥공단이 대리대출의 방식을 취하여 대출취급은행에 대출함으로써 은행으로부터의 대출금의 회수가 사실상 보장된다고 하더라도 그 자금을 합리화사업 부적격 업체를 위하여 부당하게 지출되도록 한 경우[6], ⑥ 피고인이 이건 부동산을 매수함에 있어 이미 근저당권과 지상권이 설정되어 있었음에도 불구하고, 이러한 권리를 소멸시킬 수 있는 아무런 조치도 강구함이 없이 이를 그대로 시가에 따라 매수하여 채권액 상당액과 상계하고 나머지 매매대금을 전부 지급한 경우[7], ⑦ 자신의 채권자와 부동산양도담보설정계약을 체결한 피고인이 그 소유권이전등기 경료 전에 임의로 기존의 근저당권자인 제3자에게 지상권설정등기를 경료하여 준 경우[8], ⑧ 피해자와 주택에 대한 전세권설정계약을 맺고 전세금의 중도금까지 지급받고도 임의로 타에 근저당권설정등기를 경료해 줌으로써 전세금반환채무에 대한 담보능력 상실의 위험이 발생된 경우[9], ⑨ 부동산의 매도인이 매수인 앞으로 소유권이전등기 등을 경료하기 이전에 제3자로부터 금원을 차용하고 그

---

1) 대법원 2011. 4. 28. 선고 2009도14268 판결; 대법원 2007. 6. 15. 선고 2005도4338 판결; 대법원 2005. 4. 15. 선고 2004도7053 판결.
2) 대법원 2015. 8. 13. 선고 2014도5713 판결.
3) 대법원 2002. 6. 28. 선고 2000도3716 판결.
4) 대법원 2014. 6. 12. 선고 2014도2578 판결.
5) 대법원 1983. 3. 8. 선고 82도2873 판결.
6) 대법원 1997. 10. 24. 선고 97도2042 판결.
7) 대법원 1973. 11. 13. 선고 72도1366 판결.
8) 대법원 1997. 6. 24. 선고 96도1218 판결; 대법원 1989. 10. 24. 선고 89도641 판결; 대법원 1982. 11. 23. 선고 82도2215 판결.
9) 대법원 2002. 1. 11. 선고 2011도5790 판결.

담보로 근저당권설정등기를 해준 경우[1] 등에 있어서는 손해의 발생을 인정하고 있다.

하지만 ① 발명자에 해당하는지 여부는 특허출원서의 발명자란의 기재 여부와 관계없이 실질적으로 정해지는 것이므로, 피고인이 근무하던 피해자 공소외 1 주식회사의 대표이사인 공소외 2 등이 그 직무에 관하여 발명한 '재활용 통합 분리수거 시스템'의 특허출원을 할 당시 임의로 특허출원서의 발명자란에 공소외 2 외에 피고인의 성명을 추가 기재하여 공동발명자로 등재되게 한 경우[2], ② 법인의 대표자가 법인 명의로 한 채무부담행위가 법률상 효력이 없는 경우[3], ③ 채무상환능력이 부족하거나 제공된 담보의 경제적 가치가 부실하여 대출채권의 회수에 문제가 있는 것으로 판단되는 경우가 아니라 단순히 동일인 대출한도를 초과하여 대출한 사실만 있는 경우[4], ④ 기왕에 한 담보제공행위로 인하여 이미 재산상 손해의 위험이 발생하였고, 그 후에 그 담보물을 다른 담보물로 교체한다고 하여도 새로 제공하는 담보물의 가치가 기존 담보물의 가치보다 더 작거나 동일한 경우 또는 제공된 전후의 담보방법이 다소 다른 경우[5], ⑤ 피고인이 2011. 7. 15.경 피해자로부터 1억 2,000만원의 전세자금 대출을 받으면서 피해자에게 그 담보로 피고인의 임대인 공소외 1에 대한 1억 6,000만원의 전세보증금반환채권 전부에 관하여 담보한도금액을 1억 5,600만원으로 한 근질권을 설정하여 주었고, 임대인 공소외 1은 그 무렵 '피고인이 위 전세보증금반환채권에 대하여 대출채권자 겸 질권자인 피해자에게 질권을 설정함에 있어 이의 없이 이를 승낙한다'는 내용의 질권설정승낙서를 작성하여 피해자에게 교부하였는데, 그 후 피고인은 2013. 9. 2. 임대인 공소외 1로부터 전세보증금 명목으로 합계 1억 4,000만원을 수령하여 소비한 경우[6], ⑥ 이미 신용불량자로 등록되어 있어 추가대출이 불가능한데도 마치 그 연체대출금이 모두 변제된 것처럼 전산조작을 하여 부정대출을 해주었더라도, 이로 인하여 결과적으로 회수한 채권액이 더 많아진 경우[7] 등에 있어서는 손해의 발생을 부정하고 있다.

---

1) 대법원 2009. 5. 28. 선고 2009도2086 판결.

2) 대법원 2011. 12. 13. 선고 2011도10525 판결.

3) 대법원 2012. 5. 24. 선고 2012도2142 판결(특별한 사정이 없는 한 그로 인하여 법인에 어떠한 손해가 발생하거나 발생할 위험이 있다고 할 수 없으므로 그 대표자의 행위는 배임죄를 구성하지 아니하며, 주식회사의 대표이사 등이 회사의 이익을 위해서가 아니라 자기 또는 제3자의 이익을 도모할 목적으로 대표권을 행사한 경우에 상대방이 대표이사 등의 진의를 알았거나 알 수 있었을 때에는 그 행위는 회사에 대하여 무효가 되므로 위와 같이 보아야 한다).

4) 대법원 2011. 8. 18. 선고 2009도7813 판결; 대법원 2008. 6. 19. 선고 2006도4876 전원합의체 판결; 대법원 2008. 6. 19. 선고 2008도1406 전원합의체 판결.

5) 대법원 2008. 5. 8. 선고 2008도484 판결. 하지만 부실대출에 의한 업무상 배임죄가 성립하는 경우에는 담보물의 가치를 초과하여 대출한 금액이나 실제로 회수가 불가능하게 된 금액만을 손해액으로 볼 것은 아니고, 재산상 권리의 실행이 불가능하게 될 염려가 있거나 손해발생의 위험이 있는 대출금 전액을 손해액으로 보아야 한다(대법원 2014. 6. 26. 선고 2014도753 판결; 대법원 2000. 3. 24. 선고 2000도28 판결).

6) 대법원 2016. 4. 29. 선고 2015도5665 판결(타인에 대한 채무의 담보로 제3채무자에 대한 채권에 대하여 권리질권을 설정한 경우 질권설정자는 질권자의 동의 없이 질권의 목적된 권리를 소멸하게 하거나 질권자의 이익을 해하는 변경을 할 수 없다(민법 제352조). 또한 질권설정자가 제3채무자에게 질권설정의 사실을 통지하거나 제3채무자가 이를 승낙한 때에는 제3채무자가 질권자의 동의 없이 질권의 목적인 채무를 변제하더라도 이로써 질권자에게 대항할 수 없고, 질권자는 여전히 제3채무자에 대하여 직접 채무의 변제를 청구하거나 변제할 금액의 공탁을 청구할 수 있다(민법 제353조 제2항, 제3항). 그러므로 이러한 경우 질권설정자가 질권의 목적인 채권의 변제를 받았다고 하여 질권자에 대한 관계에서 타인의 사무를 처리하는 자로서 임무에 위배하는 행위를 하여 질권자에게 손해를 가하거나 손해 발생의 위험을 초래하였다고 할 수 없고, 배임죄가 성립하지도 않는다).

7) 대법원 2008. 2. 14. 선고 2007도7716 판결.

(3) 주관적 구성요건

본죄가 성립하기 위해서는 임무위배의 인식과 그로 인하여 자기 또는 제3자가 이익을 취득하고 본인에게 손해를 가한다는 인식이 있어야 한다.[1] 즉 배임의 범의는 배임행위의 결과 본인에게 재산상의 손해가 발생하거나 발생할 염려가 있다는 인식과 자기 또는 제3자가 재산상의 이득을 얻는다는 인식이 있어야 한다. 다만 본인에게 재산상의 손해를 가한다는 의사가 요구된다는 판례[2]와 요구되지 않는다는 판례[3]가 공존하는 형태를 띠고 있다. 하지만 본인의 이익을 위하여 사무를 처리한 때에는 불법이득의사가 없으므로 본죄가 성립하지 아니한다.[4]

판례에 의하면, ① 이익을 취득하는 제3자가 같은 계열회사이고, 계열그룹 전체의 회생을 위한다는 목적에서 이루어진 행위로서 그 행위의 결과가 일부 본인을 위한 측면이 있다고 하더라도 본인의 이익을 위한다는 의사는 부수적일 뿐이고, 이득 또는 가해의 의사가 주된 것임이 판명된 경우[5], ② 금융기관의 임·직원이 대출 적격 여부를 제대로 심사하지 아니한 채 채무상환능력이 불량한 사람에게 대출을 한 경우[6] 등에 있어서는 본죄의 고의가 인정된다.

하지만 ① 부동산 매도인 피고인이 당초 계약의 내용에 없는 새로운 요구조건을 내세우는 매수인에게 계약을 이행할 의사가 없는 것으로 판단한 것이 무리가 아니라고 보이므로 계약이 적법히 해제되었는지 여부에 관계없이 매매목적부동산에 관하여 제3자 앞으로 가등기를 경료한 경우[7], ② 매도인이 부동산을 매도한 후 그 매매계약을 해제하고 이를 다시 제3자에게 매도한 경우에 그 매매계약의 해제가 해제요건을 갖추지 못하여 부적법하더라도 매도인이 그 해제가 적법한 것으로 믿고 그 믿음에 정당한 이유가 있는 경우[8], ③ 주택조합 조합장이 주택조합측으로부터 아파트부지의 선정과 매입에 관한 일체의 권한을 위임받아 아파트부지를 구입하는 과정에서 공원용지 지정의 해제가 없는 한 아파트를 건축할 수 없음에도 불구하고, 정치자금을 내면 권력층을 통하여 공원용지지정을 해제시켜 주겠다는 甲 등의 계획적인 기망행위에 속아 용도지정의 해제가 가능할 것으로 믿고 용도지정의 해제에 필요하다는 경비조로 금원을 甲 등에게 교부한 경우[9], ④ 부동산신탁회사의 상무이사인 피고인이 토지개발신탁사업의 개

1) 대법원 2013. 9. 27. 선고 2013도6835 판결(경호부지사건)(공무원인 피고인 1, 2가 공소외 1 대통령의 퇴임 후 사용할 사저부지와 그 경호부지를 일괄 매수하는 사무를 처리하면서 매매계약 체결 후 그 매수대금을 공소외 1 대통령의 아들 공소외 2와 국가에 배분함에 있어, 사저부지 가격을 높게 평가하면 경호부지 가격이 내려가고 경호부지 가격을 높게 평가하면 사저부지 가격이 내려가는 관계에 있으므로, 이러한 경우 다른 특별한 대체수단이 없는 이상 공익사업을 위한 토지 등의 취득 및 보상에 관한 법률에서 정한 복수의 감정평가업자의 평가액의 산술평균액을 기준으로 하여 그 비율을 정하여 배분하는 것이 가장 합리적이고 객관적인 방법이라 할 것인데, 이미 복수의 감정평가업자에게 감정평가를 의뢰하여 그 결과를 통보받았음에도 굳이 이를 무시하면서 인근 부동산업자들이나 인터넷, 지인 등으로부터의 불확실한 정보를 가지고 감정평가결과와 전혀 다르게 상대적으로 사저부지 가격을 낮게 평가하고 경호부지 가격을 높게 평가하여 매수대금을 배분한 것은 국가사무를 처리하는 자로서의 임무위배행위에 해당하고 위 피고인들에게 배임의 고의 및 불법이득의사도 인정된다); 대법원 1992. 1. 17. 선고 91도1675 판결; 대법원 1987. 3. 10. 선고 81도2026 판결.
2) 대법원 2008. 5. 15. 선고 2005도7911 판결.
3) 대법원 2006. 11. 9. 선고 2004도7027 판결; 대법원 2004. 7. 9. 선고 2004도810 판결.
4) 대법원 1960. 5. 18. 선고 4292형상755 판결.
5) 대법원 2009. 7. 23. 선고 2007도541 판결; 대법원 2004. 6. 24. 선고 2004도520 판결.
6) 대법원 2008. 5. 29. 선고 2006도7487 판결.
7) 대법원 1992. 10. 13. 선고 92도1046 판결.
8) 대법원 1990. 11. 13. 선고 90도153 판결.

발투자비 상환채권을 담보하기 위해 제공된 공소외인 소유의 부동산에 관한 관리·처분신탁계약을 해지하고 소유권이전등기를 환원한 경우[1], ⑤ 퇴사한 전직 동료의 편의를 위하여 회사 컴퓨터에 저장된 개인 파일 등을 복사해 준 경우[2] 등에 있어서는 본죄의 고의가 인정되지 아니한다.

3. 실행의 착수시기 및 기수시기

타인의 사무를 처리하는 자가 배임의 범의, 즉 임무에 위배하는 행위를 한다는 점과 이로 인하여 자기 또는 제3자가 이익을 취득하여 본인에게 손해를 가한다는 점에 대한 인식이나 의사를 가지고 임무에 위배한 행위를 개시한 때 배임죄의 실행에 착수한 것이고, 이러한 행위로 인하여 자기 또는 제3자가 이익을 취득하여 본인에게 손해를 가한 때 기수에 이른다.

타인의 사무를 처리하는 자가 형식적으로는 본인을 위한 법률행위를 하는 외관을 갖추고 있지만 그러한 행위가 실질적으로는 배임죄에서의 임무위배행위에 해당하는 경우, 이러한 행위는 민사재판에서 반사회질서의 법률행위 등에 해당한다는 사유로 무효로 판단될 가능성이 적지 않은데, 형사재판에서 배임죄의 성립 여부를 판단할 때에도 이러한 행위에 대한 민사법상의 평가가 경제적 관점에서 피해자의 재산 상태에 미치는 영향 등을 충분히 고려하여야 한다. 주식회사의 대표이사가 대표권을 남용하는 등 그 임무에 위배하여 회사 명의로 의무를 부담하는 행위를 하더라도 일단 회사의 행위로서 유효하고, 다만 상대방이 대표이사의 진의를 알았거나 알 수 있었을 때에는 회사에 대하여 무효가 된다. 따라서 상대방이 대표권남용 사실을 알았거나 알 수 있었던 경우 그 의무부담행위는 원칙적으로 회사에 대하여 효력이 없고, 경제적 관점에서 보아도 이러한 사실만으로는 회사에 현실적인 손해가 발생하였다거나 실해 발생의 위험이 초래되었다고 평가하기 어려우므로, 달리 그 의무부담행위로 인하여 실제로 채무의 이행이 이루어졌다거나 회사가 민법상 불법행위책임을 부담하게 되었다는 등의 사정이 없는 이상 배임죄의 기수에 이른 것은 아니다. 그러나 이 경우에도 대표이사로서는 배임의 범의로 임무위배행위를 함으로써 실행에 착수한 것이므로 배임죄의 미수범이 된다.

하지만 상대방이 대표권남용 사실을 알지 못하였다는 등의 사정이 있어 그 의무부담행위가 회사에 대하여 유효한 경우에는 회사의 채무가 발생하고 회사는 그 채무를 이행할 의무를 부담하므로, 이러한 채무의 발생은 그 자체로 현실적인 손해 또는 재산상 실해 발생의 위험이라고 할 것이어서 그 채무가 현실적으로 이행되기 전이라도 배임죄의 기수에 이르렀다고 보아야 한다.[3]

---

9) 대법원 1993. 1. 15. 선고 92도166 판결.
1) 대법원 2005. 6. 9. 선고 2004도2786 판결(피고인은 결재권자로서 담당 지점장이 보고한 내용을 검토, 확인한 후 이를 승인하였고, 피고인 자신의 개인적인 이익을 취하거나 위탁자로 하여금 재산상의 이익을 취하게 할 의도가 있었다고 볼 사정이 없으므로, 단순히 부동산신탁회사에 손해가 발생하였다는 결과만으로 피고인에게 책임을 묻거나 주의의무를 소홀히 한 과실이 있다는 이유로 피고인에게 배임의 고의가 있었다고 하기는 어렵다).
2) 대법원 2009. 5. 28. 선고 2008도5706 판결.

주식회사의 대표이사가 대표권을 남용하는 등 그 임무에 위배하여 약속어음 발행을 한 행위가 배임죄에 해당하는지도 원칙적으로 위에서 살펴본 의무부담행위와 마찬가지로 보아야 한다. 다만 약속어음 발행의 경우 어음법상 발행인은 종전의 소지인에 대한 인적 관계로 인한 항변으로써 소지인에게 대항하지 못하므로(어음법 제17조, 제77조), 어음발행이 무효라 하더라도 그 어음이 실제로 제3자에게 유통되었다면 회사로서는 어음채무를 부담할 위험이 구체적·현실적으로 발생하였다고 보아야 하고, 따라서 그 어음채무가 실제로 이행되기 전이라도 배임죄의 기수범이 된다. 그러나 약속어음 발행이 무효일 뿐만 아니라 그 어음이 유통되지도 않았다면 회사는 어음발행의 상대방에게 어음채무를 부담하지 않기 때문에 특별한 사정이 없는 한 회사에 현실적으로 손해가 발생하였다거나 실해 발생의 위험이 발생하였다고도 볼 수 없으므로, 이때에는 배임죄의 기수범이 아니라 배임미수죄로 처벌하여야 한다.[1]

4. 공 범

① 본죄의 실행으로 인하여 이익을 얻게 되는 수익자가 소극적으로 실행행위자의 배임행위에 편승하여 이익을 취득하는 데 그치지 않고 배임행위를 교사하거나 배임행위의 전 과정에 관여하는 등으로 실행행위자의 배임행위에 적극 가담한 경우에는 본죄의 공동정범이 된다.[2] ② 배임죄는 본인에게 손해를 가한 때에 기수가 되는 것이므로 본인에게 손해가 발생하기 이전에 업무상 배임행위로 취득할 유류를 그 배임행위자로부터 미리 이를 매수하기로 합의 내지 응탁한 피고인들의 행위는 배임으로 취득한 장물을 취득한 행위에 지나지 않는 것이 아니라 모두 배임행위 자체의 공동정범이 된다.[3] ③ 회사직원이 영업비밀을 경쟁업체에 유출하거나 스스로의 이익을 위하여 이용할 목적으로 무단으로 '반출한 때' 배임죄의 기수에 이르렀다고 할 것이고[4], 그 이후에 위 직원과 접촉하여 영업비밀을 취득하려고 한 자는 업무상 배임죄의 공동정범이 될 수 없다.[5]

한편 형법상 방조는 작위에 의하여 정범의 실행행위를 용이하게 하는 경우는 물론, 직무상의 의무가 있는 자가 정범의 범죄행위를 인식하면서도 그것을 방지하여야 할 제반조치를 취하

---

3) 대법원 2017. 9. 21. 선고 2014도9960 판결.

1) 대법원 2017. 7. 20. 선고 2014도1104 전원합의체 판결.

2) 대법원 2016. 10. 13. 선고 2014도17211 판결(피고인 2가 이 사건 특허권이 피고인 1의 소유가 아니라는 사정을 알 수 있었던 상황에서 피고인 1에게 특허권을 이전하라고 제의하였다고 하더라도, 배임행위의 실행행위자인 피고인 1과는 별개의 이해관계를 가지고 대향적 지위에서 독자적으로 거래하면서 자신의 이익을 위하여 이 사건 특허권을 이전받은 것으로 보이고, 원심이 든 사정만으로 피고인 2가 배임의 의사가 없었던 피고인 1에게 배임의 결의를 하게 하여 교사하였다거나 배임행위의 전 과정에 관여하는 등 배임행위에 적극 가담하였다고 단정하기 어렵다); 대법원 2011. 10. 27. 선고 2010도7624 판결; 대법원 2010. 9. 9. 선고 2010도5972 판결; 대법원 2009. 9. 10. 선고 2009도5630 판결; 대법원 2007. 2. 8. 선고 2006도483 판결.

3) 대법원 1987. 4. 28. 선고 83도1568 판결.

4) 대법원 2016. 7. 7. 선고 2015도17628 판결; 대법원 2016. 6. 23. 선고 2014도11876 판결.

5) 대법원 2003. 10. 30. 선고 2003도4382 판결.

지 아니하는 부작위로 인하여 정범의 실행행위를 용이하게 하는 경우에도 성립된다고 할 것이
므로, 은행지점장이 정범인 부하직원들의 범행을 인식하면서도 그들의 은행에 대한 배임행위를
방치하였다면 배임죄의 방조범이 성립된다.[1]

5. 죄수 및 다른 범죄와의 관계

(1) 죄 수

본죄는 신임관계에 기초한 위탁관계의 수를 기준으로 죄수가 결정된다.[2] 수개의 업무상
배임행위가 있더라도 피해법익이 단일하고 범죄의 태양이 동일할 뿐만 아니라, 그 수개의 배임
행위가 단일한 범의에 기한 일련의 행위라고 볼 수 있는 경우에는 그 수개의 배임행위는 포괄
하여 일죄를 구성한다.[3]

하지만 아파트의 각 세대를 분양받은 각 피해자에 대하여 소유권이전등기절차를 이행하여
주어야 할 업무상의 임무가 있었다면, 각 피해자의 보호법익은 독립된 것이므로, 범의가 단일
하고 제3자 앞으로 각 소유권이전등기 및 근저당권설정등기를 한 각 행위시기가 근접하여 있
으며 피해자들이 모두 위 회사로부터 소유권이전등기를 받을 동일한 권리를 가진 자라고 하여
도, 각 공소사실이 포괄일죄의 관계에 있다고는 할 수 없고 피해자별로 독립한 수개의 업무상
배임죄의 관계에 있다.[4]

(2) 다른 범죄와의 관계

본인에 대한 배임행위가 본인 이외의 제3자에 대한 사기죄를 구성한다고 하더라도 그로 인
하여 본인에게 손해가 생긴 때에는 사기죄와 함께 배임죄가 성립하며[5], 이 경우 각 죄는 서로
구성요건 및 그 행위의 태양과 보호법익을 달리하고 있어 실체적 경합범의 관계에 있다. 하지만
1개의 행위에 관하여 사기죄와 배임죄의 각 구성요건이 모두 구비된 경우에는 상상적 경합관계
에 있다.[6]

---

1) 대법원 1984. 11. 27. 선고 84도1906 판결.
2) 대법원 2001. 2. 9. 선고 2000도5000 판결(대출에 있어서 부실한 담보를 받고 대출한도 거래약정 또는 여신한도
   거래약정을 체결하면 그 때에 그 한도금액 범위 내에서 한 개의 배임죄가 성립한다고 볼 것이며 그 한도금액을
   여러 번에 걸쳐 나누어 인출하였다고 하여 그 여러 번의 인출행위를 포괄하여 배임죄의 일죄가 성립한다고 볼
   것은 아니다).
3) 대법원 2011. 8. 18. 선고 2009도7813 판결.
4) 대법원 1994. 5. 13. 선고 93도3358 판결; 대법원 1993. 6. 22. 선고 93도743 판결.
5) 대법원 2010. 11. 11. 선고 2010도10690 판결(피고인이 이 사건 각 건물에 관하여 전세임대차계약을 체결할 권한
   이 없음에도 임차인들을 속이고 전세임대차계약을 체결하여 그 임차인들로부터 전세보증금 명목으로 돈을 교부
   받은 행위는 건물주인 공소외인이 민사적으로 임차인들에게 전세보증금반환채무를 부담하는지 여부와 관계없이
   사기죄에 해당하고, 이 사건 각 건물에 관하여 전세임대차계약이 아닌 월세임대차계약을 체결하여야 할 업무상
   임무를 위반하여 전세임대차계약을 체결하여 그 건물주인 피해자 공소외인으로 하여금 전세보증금반환채무를
   부담하게 한 행위는 위 사기죄와 별도로 업무상 배임죄에 해당한다).
6) 대법원 2002. 7. 18. 선고 2002도669 전원합의체 판결.

6. 부동산 이중매매와 배임죄의 관계

(1) 문제의 소재

매매계약의 당사자 사이에 중도금을 수수하는 등으로 계약의 이행이 진행되어 다른 특별한 사정이 없는 한 임의로 계약을 해제할 수 없는 단계에 이른 때에는 그 계약의 내용에 좇은 채무의 이행은 채무자로서의 자기 사무의 처리라는 측면과 아울러 상대방의 재산보전에 협력하는 타인 사무의 처리라는 성격을 동시에 가지게 되므로, 이러한 경우에 그 채무자는 배임죄의 주체인 '타인의 사무를 처리하는 자'의 지위에 있고, 동 지위에 있는 자가 그 의무의 이행을 통하여 상대방으로 하여금 그 재산에 관한 완전한 권리를 취득하게 하기 전에 이를 다시 제3자에게 처분하는 등 상대방의 재산 취득 또는 재산 보전에 지장을 초래하는 행위는 상대방의 정당한 신뢰를 저버리는 것으로 비난가능성이 매우 높은 전형적인 임무위배행위에 해당한다고 보아야 하기 때문에 배임죄의 적용을 할 수밖에 없는 결과를 초래한다. 이에 따라 대법원[1]은 부동산의 매매에서 매도인이 중도금을 수령한 이후에 매매목적물을 제3자에게 처분하는 행위는 매수인을 위한 등기협력의무에 위배하는 것으로 배임죄에 해당한다는 판례를 확립하고 있다.[2]

하지만 부동산 이중매매에 있어서 매도인이 제1매수인으로부터 중도금을 수령한 이후의 시점부터 배임죄에서 규정하고 있는 타인의 사무를 처리하는 자로 그 신분이 변경된다는 결론에 대하여는 과거와 달리 최근 들어 여러 가지 측면에서 비판이 제기되어 오고 있는 실정이다.[3] 특히 동산이중매매사안에 있어서 동산의 매도인이 제1매수인으로부터 중도금을 받은 이후에 제2매수인에게로 소유권을 이전하는 경우에 배임죄의 성립을 부정한 전원합의체 판결이 등장[4]함과 동시에 동 판결의 다수의견에서도 부동산 이중매매행위를 배임죄로 의율하고 있는

---

1) 대법원 2018. 5. 17. 선고 2017도4027 전원합의체 판결; 대법원 2012. 1. 26. 선고 2011도15179 판결; 대법원 2011. 6. 30. 선고 2011도1651 판결; 대법원 2008. 7. 10. 선고 2008도3766 판결; 대법원 2005. 10. 28. 선고 2005도5713 판결; 대법원 1988. 12. 13. 선고 88도750 판결; 대법원 1986. 7. 8. 선고 85도1873 판결; 대법원 1985. 1. 29. 선고 84도1814 판결; 대법원 1983. 10. 11. 선고 83도2057 판결; 대법원 1975. 12. 23. 선고 74도2215 판결. 또한 대법원은 이러한 법리가 서면에 의한 부동산 증여계약에도 마찬가지로 적용된다고 판시(대법원 2018. 12. 13. 선고 2016도19308 판결)하였다. 즉 서면으로 부동산 증여의 의사를 표시한 증여자는 계약이 취소되거나 해제되지 않는 한 수증자에게 목적부동산의 소유권을 이전할 의무에서 벗어날 수 없는데, 그러한 증여자는 '타인의 사무를 처리하는 자'에 해당하고, 그가 수증자에게 증여계약에 따라 부동산의 소유권을 이전하지 않고 부동산을 제3자에게 처분하여 등기를 하는 행위는 수증자와의 신임관계를 저버리는 행위로서 배임죄가 성립한다는 것이다.

2) 부동산 이중매매에 대하여 보다 자세한 논의로는 박찬걸, "부동산 이중매매가 과연 형사처벌의 대상인가?", 형사정책 제30권 제1호, 한국형사정책학회, 2018. 4, 7면 이하; 박찬걸, "부동산 이중매매에 있어서 배임죄의 성립시기", 경희법학 제48권 제4호, 경희대학교 법학연구소, 2013. 12, 289면 이하 참조.

3) 이러한 문제의식과 관련하여 대법원 2011. 1. 20. 선고 2008도10479 전원합의체 판결 중 다수의견에 대한 대법관 김지형, 대법관 이홍훈, 대법관 김능환의 보충의견에서는 「… 이에 관한 판례법리가 오랫동안 판례법으로 굳어진 마당에 이를 정면으로 부정하는 입장을 택하기 어려운 측면이 있다는 점을 고려하여 여기서는 그 당부에 관한 논의를 유보한다고 하더라도, 반대의견의 입장과 같이 이러한 기존 판례의 취지를 유사한 사안에 그대로 원용하여 그 범위를 확대하는 것은 채무관계의 형성을 목적으로 하는 모든 계약에서 단순한 채무불이행과 배임행위의 한계를 무너뜨리고 사법기관의 자의에 의한 법적용을 가능하게 한다는 점에서 결코 바람직하지 않다.」라고 판시함으로서 이를 재확인하고 있다.

기존의 판례에 대한 비판적인 견해를 피력함으로써 부동산 이중매매에 있어서 매도인의 배임죄 주체성에 대한 논란은 더욱 가열될 것으로 보여 진다.[1]

(2) 부동산 이중매매에 대한 배임죄의 성부(成否) 검토

1) 기존의 논의

매도인이 매수인의 사무를 처리하는 자로서 배임죄의 주체가 되기 위하여는 매도인이 계약금을 받은 것만으로는 부족하고 적어도 중도금을 받는 등 매도인이 더 이상 임의로 계약을 해제할 수 없는 상태에 이르러야 한다고 보는 것이 판례[2]와 다수설[3]의 태도이다. 부동산 매매계약을 체결하고 매도인이 계약금만을 교부받은 경우에는 계약금의 배액을 지급하고 제1차 매매계약을 해제할 수 있기 때문에(민법 제565조), 이러한 단계에서는 부동산매매의 채권계약에 기하여 매도인이 목적물의 소유권을 이전할 의무를 부담하는데 그치고 그 목적물에 관한 사무는

---

4) 대법원 2011. 1. 20. 선고 2008도10479 전원합의체 판결. 대법원은 피고인이 인쇄기를 공소외 1에게 135,000,000원에 양도하기로 하여 그로부터 1, 2차 계약금 및 중도금 명목으로 합계 43,610,082원 상당의 원단을 제공받아 이를 수령하였음에도 불구하고 그 인쇄기를 자신의 채권자인 공소외 2에게 기존 채무 84,000,000원의 변제에 갈음하여 양도함으로써 동액 상당의 재산상의 이익을 취득하고 공소외 1에게 동액 상당의 손해를 입혔다는 공소사실에 대하여, 피고인이 동산매매계약에 따라 공소외 1에게 인쇄기를 인도하여 줄 의무는 민사상의 채무에 불과할 뿐 타인의 사무라고 할 수 없으므로 인쇄기의 양도와 관련하여 피고인이 타인의 사무를 처리하는 자의 지위에 있다고 볼 수 없다는 이유로, 피고인에 대하여 무죄를 선고하였다. 매매의 목적물이 동산일 경우에 있어서, 매도인은 매수인에게 계약에 정한 바에 따라 그 목적물인 동산을 인도함으로써 계약의 이행을 완료하게 되고 그때 매수인은 매매목적물에 대한 권리를 취득하게 되는 것이므로, 매도인에게 자기의 사무인 동산인도채무 외에 별도로 매수인의 재산의 보호 내지 관리 행위에 협력할 의무가 있다고 할 수 없기 때문에 부동산매매계약과는 달리 동산매매계약에서의 매도인은 매수인에 대하여 그의 사무를 처리하는 지위에 있지 아니하므로, 매도인이 목적물을 매수인에게 인도하지 아니하고 이를 제3자에게 처분하였다고 하더라도 형법상 배임죄가 성립하는 것은 아니라고 한다. 즉 당해 사건에 있어서 인쇄기를 매도하고 중도금까지 수령한 상태에서 제3자에게 이를 다시 매도하고 소유권까지 이전해 준 피고인의 행위가 민사상 채무의 불이행에 불과할 뿐 배임죄에 해당하지 아니한다고 판단한 것이다.

1) 대법원 1986. 9. 23. 선고 86도811 판결(점포임차권양도계약을 체결한 후 계약금과 중도금까지 지급받았다 하더라도 잔금을 수령함과 동시에 양수인에게 점포를 명도하여 줄 양도인의 의무는 위 양도계약에 따르는 민사상의 채무에 지나지 아니하여 이를 타인의 사무로 볼 수 없으므로 비록 양도인이 위 임차권을 2중으로 양도하였다 하더라도 배임죄를 구성하지 않는다). 반면에 배임죄의 성립을 긍정한 판례로는 대법원 2007. 7. 26. 선고 2007도3882 판결(위임받은 타인의 사무가 부동산소유권이전등기의무인 경우에 매도인의 임무위배행위로 인하여 매도인의 소유권이전등기의무가 이행불능되거나 이행불능에 빠질 위험성이 있으면 배임죄가 성립하고, 매도인과 매수인 사이에 소유권이전등기절차를 이행하기로 하는 재판상화해가 성립한 경우에도 마찬가지이다); 대법원 1991. 7. 9. 선고 91도846 판결(농지매매에 관하여 소재지관서의 증명이 없는 경우에는 매매에 의한 물권변동의 효과, 즉 소유권이전의 효과를 발생할 수는 없으나 농지매매 당사자 사이에 채권계약으로서의 매매계약은 유효히 성립할 수 있는 것이므로, 농지를 이중으로 매도한 경우에 먼저의 농지매매에 관하여 소재지관서의 증명이 없다는 이유만으로는 배임죄의 성립을 부정할 수 없다); 대법원 1979. 7. 10. 선고 79도961 판결(토석채취권을 이중매매하여 타인이 토석채취허가를 받았다면 그 매수인은 토석채취를 하지 못하게 되므로서 손해를 입었다고 할 것이고 가사 그 후에 타인이 그 토석채취권을 포기하고 토석채취를 하지 않았다고 하더라도 이미 성립한 배임죄에는 아무런 소장이 없다).

2) 대법원 1988. 12. 13. 선고 88도750 판결; 대법원 1986. 7. 8. 선고 85도1873 판결; 대법원 1985. 1. 29. 선고 84도1814 판결; 대법원 1984. 5. 15. 선고 84도315 판결; 대법원 1980. 5. 27. 선고 80도290 판결.

3) 김선복, 395면; 김성돈, 493면; 김성천/김형준, 500면; 김일수/서보학, 391면; 김혜정 외 4인, 431면; 박상기, 690면; 배종대, 450면; 손동권/김재윤, 479면; 신동운, 1186면; 이상돈, 1142면; 이영란, 425면; 이재상/장영민/강동범, 440면; 이형국/김혜경, 495면; 임 웅, 559면; 정성근/정준섭, 304면; 정영일, 232면. 반면에 매수인의 명의로 소유권이전등기에 협력할 의무란 매도인의 임무라는 점에서 이를 부정하는 견해로는 오영근, 396면; 이정원/류석준, 364면.

아직까지 자기의 사무이므로 설사 이중매매를 하더라도 배임죄에는 해당하지 아니한다. 또한 매도인이 계약을 해제한 후 배액의 계약금을 지급할 의무를 위반하는 경우에도 배임죄가 성립하는 것이 아니라 단순한 민사상의 채무불이행의 영역에 그친다. 그리고 매도인이 제2매수인으로부터 계약금만을 지급받고 중도금을 수령한 바 없다면 배임죄의 실행의 착수가 있었다고 볼 수 없다.[1] 왜냐하면 계약의 체결 및 계약금 수령의 단계에서는 민사적인 문제만이 발생할 뿐이기 때문이다. 그리고 부동산을 제1매수인 이외의 자에게 이중으로 매도하여 그 소유권이전등기를 마친 경우에는 제1매수인에 대한 소유권이전등기의무는 이행불능이 되고 이로써 제1매수인에게 그 부동산의 소유권을 취득할 수 없는 손해가 발생하는 것이므로 부동산의 이중매매에 있어서 배임죄의 기수시기는 제2매수인 앞으로 소유권이전등기를 마친 때라고 할 것이다.[2] 왜냐하면 그 이전에는 매도인이 의사를 번복하여 제1매수인에게 소유권이전등기를 경료해 줄 수 있는 여지가 있기 때문이다. 한편 등기의 이전으로 인하여 기수에 도달한 이상 그 이후에 제1매수인이 한 가처분의 효력으로 위 등기가 말소되었다고 하더라도 배임죄의 성립에는 영향이 없다.[3]

하지만 매도인이 매수인에게 부동산을 매도하고 계약금만을 수수한 상태에서 매수인이 잔대금의 지급을 거절한 이상 매도인으로서는 이행을 최고할 필요없이 매매계약을 해제할 수 있는 지위에 있으므로 이러한 상황에서 매도인을 타인의 사무를 처리하는 자라고 볼 수는 없고[4], 특별한 사정이 없는 한 매매계약 당시 합의한 계약금이 매매대금 총액에 비하여 다소 과다하다는 사정만으로 매도인이 그 배액을 상환하여 매매계약을 해제할 권한을 유보하지 아니한 것으로 볼 수도 없으며, 이러한 경우 매도인이 합의한 계약금 전부를 지급받지 못하고 있다면, 아직 타인의 사무를 처리하는 자의 지위에 있다고 할 수 없으므로 이중으로 제3자에게 처분한 행위에 대하여 배임죄의 책임을 물을 수 없다.[5]

한편 거래상대방의 대항적 행위의 존재를 필요로 하는 유형의 배임죄에 있어서 거래상대

---

1) 대법원 2010. 4. 29. 선고 2009도14427 판결; 대법원 2003. 3. 25. 선고 2002도7134 판결; 대법원 1983. 10. 11. 선고 83도2057 판결.

2) 대법원 2005. 10. 28. 선고 2005도5713 판결(무허가건물의 양도인은 특별한 사정이 없는 한 대금수령과 동시에 양수인에게 그 건물을 인도할 의무가 있다 할 것이고, 무허가건물의 양수인은 양도인으로부터 무허가건물을 인도받아 점유함으로써 소유권에 준하는 사용·수익 처분의 포괄적인 권능을 가지게 되므로, 이와 같이 양수인에게 무허가건물을 인도할 의무를 부담하는 양도인이 중도금 또는 잔금까지 수령한 상태에서 양수인의 의사에 반하여 제3자에게 그 무허가건물을 이중으로 양도하고 중도금까지 수령하였다면 이는 양수인에 대한 관계에서 임무위배행위로서 배임죄의 실행의 착수가 있었다고 할 것이고, 더 나아가 제3자로부터 잔금을 수령하고 무허가건물을 인도하였다면 이는 배임죄의 기수에 해당한다); 대법원 1984. 11. 27. 선고 83도1946 판결.

3) 대법원 1990. 10. 16. 선고 90도1702 판결(피고인이 피해자에게 이 사건 염전의 2분지 1지분을 매도하고 계약금과 중도금을 받고서도 잔금과 상환으로 이전등기절차를 하여 줄 임무에 위배하여 은행 앞으로 이 사건 염전에 대하여 근저당권설정등기를 하였다면 비록 피해자가 위 근저당권설정등기를 하기 전에 처분금지가처분을 해두었다 하더라도 그것만으로 피해자가 매수한 위 지분부분에 대하여 실행발생의 위험이 발생하지 않았다고 볼 수는 없다고 할 것이므로 이러한 가처분은 이 사건 배임죄의 성립에 아무런 영향을 미칠 수 없다); 대법원 1973. 1. 16. 선고 72도2494 판결; 대법원 1969. 9. 30. 선고 69도1001 판결.

4) 대법원 1984. 5. 15. 선고 84도315 판결.

5) 대법원 2007. 6. 14. 선고 2007도379 판결.

방으로서는 기본적으로 배임행위의 실행행위자와는 별개의 이해관계를 가지고 반대편에서 독자적으로 거래에 임한다는 점을 감안할 때, 제2매수인의 행위가 매도인의 배임행위에 대한 공범성의 표지를 갖추기 위해서는, 매도인의 행위가 제1매수인에 대한 배임행위에 해당한다는 것을 알면서도 소극적으로 그 배임행위에 편승하여 이익을 취득한 것만으로는 부족하고[1], 제2매수인이 배임행위를 교사하거나 그 배임행위의 전(全) 과정에 관여하는 등으로 배임행위에 적극 가담함으로써 매도인과의 계약이 반사회적 법률행위에 해당하여 무효로 되는 경우에 배임죄의 교사범 또는 공동정범[2]이 될 수 있다. 하지만 관여의 정도가 거기에까지 이르지 아니하여 법질서 전체적인 관점에서 살펴볼 때 사회적 상당성을 갖춘 경우에 있어서는 비록 매도인의 행위가 배임행위에 해당한다는 점을 알고 거래에 임하였다는 사정이 있어 외견상 방조행위로 평가될 수 있는 행위가 있었다고 할지라도 범죄를 구성할 정도의 위법성은 없다고 보아야 한다.[3]

2) 부동산 이중매매사안에서의 해석방법

매매와 같이 당사자 일방이 재산권을 상대방에게 이전할 것을 약정하고 상대방이 그 대금을 지급할 것을 약정함으로써 그 효력이 생기는 계약의 경우(민법 제563조), 쌍방이 그 계약의 내용에 좇은 이행을 하여야 할 채무는 특별한 사정이 없는 한 '자기의 사무'에 해당하는 것[4]이 원칙이라고 할 것이다. 하지만 부동산 이중매매행위를 배임죄로 처벌하는 기존 판례[5]는 부동산 거래에 있어서 이른바 '등기협력의무'라는 개념을 도입하고 그에 근거하여 중도금 이상의 대금을 수령함으로써 계약을 임의로 해제할 수 없게 된 부동산 매도인에 대하여 매수인과 사이의 신임관계에 기초한 배임죄의 주체라는 지위를 인정하고 있다. 이는 (구) 민법의 의사주의 아래에서 횡령죄의 성립을 인정한 판례가 더 이상 현행 민법의 태도와 부합하지 않게 되자 배임죄에서 말하는 타인의 사무에 '등기협력의무'라는 새로운 개념을 창조하여 무리하게 적용함으로

---

1) 대법원 2013. 7. 11. 선고 2011도5337 판결.

2) 대법원 2005. 3. 11. 선고 2004도4142 판결; 대법원 1983. 7. 12. 선고 82도180 판결(점포의 임차인이 임대인이 그 점포를 타에 매도한 사실을 알고 있으면서 점포의 임대차 계약 당시 '타인에게 점포를 매도할 경우 우선적으로 임차인에게 매도한다'는 특약을 구실로 임차인이 매매대금을 일방적으로 결정하여 공탁하고 임대인과 공모하여 임차인 명의로 소유권이전등기를 경료하였다면 임대인의 배임행위에 적극 가담한 것으로서 배임죄의 공동정범에 해당한다).

3) 대법원 2005. 10. 28. 선고 2005도4915 판결; 대법원 1999. 7. 23. 선고 99도1911 판결; 대법원 1990. 6. 8. 선고 89도1417 판결; 대법원 1975. 6. 10. 선고 74도2455 판결; 대법원 1966. 1. 31. 선고 65도1095 판결.

4) 대법원 1984. 5. 29. 선고 83도2930 판결(상표권양도약정을 체결한 피고인은 양수인에 대하여 그 상표권에 관하여 양수인 명의로 이전등록하도록 협력할 의무가 있고 그 점에서 양수인의 사무를 처리하는 자의 지위를 가진다고 할 것이지만, 피고인이 그 상표권이전등록의무의 이행을 거부하고 양수인과 동종생산업체를 설립하여 그 제품에 위 상표를 부착하여 사용하였다고 하더라도 이는 상표권이전등록을 이행하여 자기의 양도행위를 완성하여야 하는 자기의 채무의 불이행에 불과한 것이고, 그것이 양수인의 사무를 처리하는 자의 임무위배행위에 해당하여 배임죄를 구성하는 것이라고 할 수는 없다).

5) 이에 반하여 대법원 1961. 1. 31. 선고 4293형상676 판결에서는 '피고인이 매도인으로서 소유권이전등기절차를 하여 줄 의무를 불이행한 경우에 있어서는 피고인은 매수인으로부터 위임받은 사무를 처리하는 자라 할 수 없으므로 배임죄를 구성하는 것이라고 볼 수 없다'라고 하여 매도인의 등기협력의무를 자기의 사무라고 판시한 사례도 있었다.

말미암아 기본적으로 자기의 사무에 불과한 계약상 채무의 이행을 타인의 사무로 변질시킴으로써 배임죄의 적용범위를 부당히 확대시켰다는 점에서 적절한 개념고안이라고 평가할 수는 없다. 왜냐하면 거의 모든 계약상 채권채무관계에서 상정할 수 있는 채무의 이행제공과 그 수령이라는 개념구성을 근거로 당사자 일방이 상대방의 재산 보호 내지 관리 행위에 협력할 의무가 있다고 인정하는 경우에는, 배임죄의 구성요건을 이루는 타인의 사무라는 개념이 무한히 확대되어 단순한 채무불이행과 형사적인 배임행위의 경계는 완전히 허물어질 수밖에 없게 될 것이기 때문이다. 또한 계약상 채무의 이행으로 인한 권리의 취득은 사무처리로 인한 법률효과일 뿐 사무처리 또는 사무 그 자체는 아니라는 점에서, 매수인의 매매목적물에 대한 권리 취득 자체를 신임관계의 기초가 되는 타인의 사무로 볼 수도 없다. 부동산 이중매매행위를 배임죄로 처벌하는 기존 판례가 '매수인의 권리 취득에 협력할 의무' 또는 '매수인의 등기서류 수령에 협력할 의무'가 아니라 '등기절차에 협력할 의무'라는 개념을 매개로 매도인에 대하여 매수인의 사무를 처리하는 자라는 지위를 인정한 것은 이러한 맥락에서 그 의미를 찾을 수 있다.[1]

3) 검 토

생각건대 중도금이 지급된 단계에서는 매도인의 등기협력의무와 매수인의 잔금지급의무는 동시이행의 관계에 있으므로 상호의무자인 동시에 상호권리자인 관계에서 매도인에게는 아직까지 법적인 성실의무가 발생한다고 보기 어렵다는 점, 매매계약에서 쌍방이 그 계약의 내용에 좇은 이행을 하여야 할 채무는 특별한 사정이 없는 한 자기의 사무에 보다 가깝다는 점, 타인의 사무가 되려면 사무처리자가 본래 본인이 처리하여야 할 사무를 대신하여 처리한다는 관계로 제한해석해야 하는데, 부동산 매매관계에서 매도인은 매수인으로부터 등기이전협력의무 등과 같은 어떠한 임무를 부여받았다고 볼 수는 없고, 단지 의무를 부담할 뿐이라는 점, 임의로 계약을 해제할 수 없는 단계에 이르렀다고 하는 사실은 채무이행이 자기의 사무에서 타인의 사무로 변경된다는 사실과 아무런 연관성이 없다는 점 등으로 인하여 매도인이 제1매수인으로부터 중도금을 받은 상태에 불과한 경우에는 적어도 형사불법적인 부동산 이중매매로 평가하기는 어렵다. 특히 매도인이 매수인으로부터 중도금을 수령하였다는 사실은 당사자가 별도의 손해배상책임 없이 계약관계에서 벗어날 수 있는지 여부에 영향을 미치는 요소에 해당할 뿐, 매도인의 매수인에 대한 소유권이전의무를 매도인 자신의 사무에서 타인인 매수인의 사무로 전환하는 요소로 볼 수 없는 것이다. 이와 같이 계약을 해제할 수 있을 때에는 자기의 사무이고, 계약을 해제할 수 없을 때에는 타인의 사무가 되는 이유에 대해서는 구체적인 논거의 제시가 필요함에도 그러한 논증은 쉽게 찾아 볼 수 없다. 다만 계약을 해제할 수 없는 단계에 이르면 매수자의 입장에서는 그 계약이 이행될 것이라는 기대와 신뢰를 가지게 되는데, 이러한 매수자의 기대권 내지 신뢰를 보호할 필요성이 있다는 점을 그 논거로 들고 있기는 하지만, 신뢰를 보호해야 하는 당위와 타인의 사무인가 아닌가 하는 사실의 문제는 서로 다른 차원의 문제이기 때문에 이를 그대로 수용하기는 곤란하다. 그러므로 중도금을 받은 상태에서는 매도인에게 등기이전협력의무가 곧바로 발생하는 것이 아니라 매도인의 등기이전협력의무를 기대할 수 있는 매수인의 기대권 정도의 권한이 발생한다고 보아야 한다. 그리고 이후에 매수인이 잔금까지 완납한 경우가 되면 등기만이 이전되지 아니한 단계로 접어들기 때문에 매수인으로서 계약에 필요한 역할을 거의 수행한 것이므로 사실상의 소유권이 불완전하게나마 매수인에게 존재한다고 평가할 수 있다. 그렇다면 형식적인 소유권을 보유하고 있는 매도인의 입장에서는 사실상의 소유권을 보유하고 있는 매수인에게로 등기의 이전에 협력할 의무가 발생한다고 보아야 하고, 만약 이러한 의무를 위반하게 될 경우에는 배임죄의 적용이 가능하다고 보아야 한다. 매수인이 중도금을 지급함으로써 가지게 되는 계약완결에 대한 기대가 무산되는 것을 방지하기 위하여 당해 매수인에게로 계약의 이행을 간접강제하는 것은 바람직한 것이 아니기 때문에 매도인의 등기이전협력의무는 매수인으로부터 잔금을 지급받은 후에 비로소 발생한다고 보는 것이 타당한 분석이라고 보여 진다. 또한 매도인이 중도금을 수수한 이후에는 계약을 해제할 수 있는 권리가 전혀 인정되지 않는 것도 아니다. 매도인은 중도금을 수령한 이후에도 매수인으로부터 나머지 대금을 지급받지 못한 때에는 계약을 해제할 수 있고, 통상적으로 매매대금을 전액 지급받을 때까지는 매매목적물에 대한 소유권이전을 거부할 수 있음에도 그 상태에서 매매목적물을 매수인의 소유물과 같이 취급하여야 한다고 강제하는 것은 적절하지 않다. 그러므로 적어도 매도인이 잔금까지 수령하여 매수인의 소유권이전에 협력하여야 할 의무만을 부담하는 때에 비로소 상대방인 매수인의 사무를 처리하는 자에 해당한다고 보아야 한다.

7. 경영상의 판단에 있어서 배임죄의 인정 여부

배임죄가 문제되는 사안에 있어서 경영자의 임무위배행위 여부에 대한 판단과 관련하여 이를 사법상의 의무에 의해 도출하려는 경향이 강하다. 즉 사법상의 의무위배가 있다고 한다면 이를 배임죄에서의 임무위배행위로 판단하여 고의를 부정하지 않는 한 배임죄로 의율하는 것이다. 특히 판례에 의하면 신임관계를 저버리는 일체의 행위라는 표현을 통하여 사실상 범죄의 성립 여부가 법원의 재량에 의하여 결정되는 결과를 초래하고야 말았다.[1] 특히 임무위배행위의 판단기준을 법률이나 계약의 내용에서 벗어나 신의칙에서 찾는 행태는 윤리의 문제에 형법이 개입할 수밖에 없는 근거를 제공하기도 하였다. 하지만 법적인 의무라고 할지라도 이는 당해 기업의 종류와 규모, 재무상황, 경기상황, 시대상황 등 다양한 요소에 의존하는 불확정적인 의무이기 때문에, 배임죄의 성부도 이에 따라 유연하게 결정되어야 한다고 본다. 이러한 측면에서 판례[2]가「문제된 경영상의 판단에 이르게 된 경위와 동기, 판단대상인 사업의 내용, 기업

---

1) 기업의 경영판단행위에 대하여 보다 자세한 논의로는 박찬걸, "배임죄의 양형기준과 구체적 사례에 있어서 형량의 문제점", 법과정책연구 제13집 제2호, 한국법정책학회, 2013. 6, 535면 이하 참조.

이 처한 경제적 상황, 손실발생의 개연성과 이익획득의 개연성 등 제반 사정에 비추어 자기 또는 제3자가 재산상의 이익을 취득한다는 인식과 본인에게 손해를 가한다는 인식(미필적 인식을 포함[1]) 아래 의도적 행위임이 인정되는 경우에 한하여 배임죄의 고의를 인정하는 엄격한 해석기준은 유지되어야 할 것이며 그러한 인식이 없는데 단순히 본인에게 손해가 발생하였다는 결과만으로 책임을 묻거나 주의의무를 소홀히 한 과실이 있다는 이유로 책임을 물을 수는 없다.」라고 판시한 것은 다른 배임의 유형과 달리 경영판단에 있어서 배임죄의 성립여부를 제한하려고 한 시도라고 볼 수 있다. 즉 경영상의 판단과 관련하여 기업의 경영자에게 배임의 고의가 있었는지 여부를 판단함에 있어서도 일반적인 배임죄에 있어서 고의의 입증 방법과 마찬가지의 법리가 적용되어야 함은 물론이지만, 기업의 경영에는 원천적으로 위험이 내재하여 있어서 경영자가 아무런 개인적인 이익을 취할 의도 없이 선의에 기하여 가능한 범위 내에서 수집된 정보를 바탕으로 기업의 이익에 합치된다는 믿음을 가지고 신중하게 결정을 내렸다고 하더라도 그 예측이 빗나가 기업에 손해가 발생하는 경우가 있을 수 있는바, 이러한 경우에까지 고의에 관한 해석기준을 완화하여 배임죄의 형사책임을 묻고자 한다면 이는 죄형법정주의의 원칙에 위배되는 것임은 물론이고 정책적인 차원에서 볼 때에도 영업이익의 원천인 기업가 정신을 위축시키는 결과를 낳게 되어 당해 기업뿐만 아니라 사회적으로도 큰 손실이 될 것이다.

II. 배임수재 · 증재죄

제357조(배임수증재) ① 타인의 사무를 처리하는 자가 그 임무에 관하여 부정한 청탁을 받고 재물 또는 재산상의 이익을 취득하거나 제3자로 하여금 이를 취득하게 한 때에는 5년 이하의 징역 또는 1천만원 이하의 벌금에 처한다.
② 제1항의 재물 또는 재산상 이익을 공여한 자는 2년 이하의 징역 또는 500만원 이하의 벌금에 처한다.
③ 범인 또는 그 사정을 아는 제3자가 취득한 제1항의 재물은 몰수한다. 그 재물을 몰수하기 불가능하거나 재산상의 이익을 취득한 때에는 그 가액을 추징한다.
제358조(자격정지의 병과) 전3조의 죄에는 10년 이하의 자격정지를 병과할 수 있다.
제359조(미수범) 제355조 내지 제357조의 미수범은 처벌한다.

1. 의의 및 보호법익

배임수재죄는 타인의 사무를 처리하는 자가 그 임무에 관하여 부정한 청탁을 받고 재물 또는 재산상의 이익을 취득하거나 제3자로 하여금 이를 취득하게 함으로써 성립하는 범죄이고, 배임증재죄는 그에 대해 재물 또는 재산상 이익을 공여함으로써 성립하는 범죄이다. 기존에는

---

2) 대법원 2004. 7. 22. 선고 2002도4229 판결.

1) 이와는 달리 일본 형법 제247조는 '타인을 위하여 그 사무를 처리하는 자가 자기 또는 제3자의 이익을 꾀하거나 본인에게 손해를 가할 목적으로 그 임무에 위배하는 행위로써 본인에게 재산상의 손해를 가한 때에는 5년 이하의 징역 또는 1,000만엔 이하의 벌금에 처한다.'고 규정하고 있다.

타인의 사무를 처리하는 자가 부정한 청탁을 받고 재물이나 재산상의 이익을 취득한 경우 배임수재죄로 처벌하고 있었으나, 재물이나 재산상의 이익을 본인이 아닌 제3자에게 제공하도록 한 경우에는 처벌할 수 있는 근거가 없었다.[1] 이에 2016. 5. 29. 형법 개정을 통하여 부패행위를 방지하고 「UN 부패방지협약」 등 국제적 기준에 부합하도록 본인이 직접 재물이나 재산상의 이익을 취득하는 행위[2]뿐만 아니라 제3자[3]로 하여금 재물이나 재산상의 이익을 취득하게 하는 행위도 처벌할 수 있도록 배임수재죄의 구성요건을 정비하고, 그 제3자가 배임수재의 정을 알고 취득한 경우에는 그 제3자가 취득한 재물이나 재산상의 이익을 몰수 또는 추징할 수 있도록 하였다.

배임수재죄는 수뢰죄(제129조)와 유사한 성격을 지니지만, 행위의 주체가 공무원 또는 중재인이 아니라 타인의 사무를 처리하는 자이고, 부정한 청탁을 요하고, 재물 또는 재산상의 이익을 취득해야 성립하는 점에서 뇌물의 요구·약속만으로도 성립할 수 있는 수뢰죄와 구별된다. 배임수재죄와 배임증재죄는 필요적 공범에 해당한다. 본죄의 보호법익은 타인의 사무를 처리하

---

1) 이에 따라 기존에는 '타인'의 사무를 처리하는 자가 그 임무에 관하여 부정한 청탁을 받았다고 하더라도 자신이 아니라 그 '타인'에게 재물 또는 재산상의 이익을 취득하게 한 경우에는 죄가 성립하지 않았다. 왜냐하면 법문상 타인의 사무를 처리하는 자가 그 임무에 관하여 부정한 청탁을 받았다고 하더라도 자신이 아니라 다른 사람으로 하여금 재물 또는 재산상의 이익을 취득하게 한 경우에는 죄가 성립하지 않았기 때문이다. 다만 사회통념상 그 다른 사람이 재물 또는 재산상의 이익을 받은 것을 부정한 청탁을 받은 자가 직접 받은 것과 같이 평가할 수 있는 관계가 있는 경우에만 본죄가 성립할 수 있었다(대법원 2008. 4. 24. 선고 2006도1202 판결; 대법원 2008. 3. 27. 선고 2006도3504 판결; 대법원 2006. 12. 22. 선고 2004도2581 판결).

2) 대법원 2017. 12. 7. 선고 2017도12129 판결(타인의 사무를 처리하는 자가 그 임무에 관하여 부정한 청탁을 받고 자신이 아니라 다른 사람으로 하여금 재물 또는 재산상 이익을 취득하게 한 경우에 특별한 사정이 있으면 사회통념상 자신이 받은 것과 같이 평가할 수 있다. 또한 다른 사람이 재물 또는 재산상 이익을 취득한 때에도 그 다른 사람이 부정한 청탁을 받은 자의 사자 또는 대리인으로서 재물 또는 재산상 이익을 취득한 경우나 그 밖에 평소 부정한 청탁을 받은 자가 그 다른 사람의 생활비 등을 부담하고 있었다거나 그 다른 사람에 대하여 채무를 부담하고 있었다는 등의 사정이 있어 그 다른 사람이 재물 또는 재산상 이익을 받음으로써 부정한 청탁을 받은 자가 그만큼 지출을 면하게 되는 경우 등 사회통념상 그 다른 사람이 재물 또는 재산상 이익을 받은 것을 부정한 청탁을 받은 자가 직접 받은 것과 같이 평가할 수 있는 관계가 있다면 본죄가 성립할 수 있다. 피고인이 입점업체 대표 甲으로부터 부정한 청탁을 받고 그 대가로 자신이 받아온 수익금을 딸에게 주도록 甲에게 지시하였다면 이는 피고인 자신이 수익금을 취득한 것과 같다고 평가하여야 하고, 피고인이 입점업체인 乙주식회사 대표이사 丙으로부터 부정한 청탁을 받고 그 대가를 피고인이 아들 명의로 설립하여 자신이 지배하는 丁주식회사 계좌로 돈을 입금하도록 한 이상 사회통념상 피고인이 직접 받은 것과 동일하게 보아야 한다). 同旨 대법원 2020. 10. 15. 선고 2016도10654 판결.

3) 대법원 2021. 9. 30. 선고 2020도2641 판결(신문사 기자들이 홍보성 기사를 게재하는 대가로 기자들이 소속된 신문사들이 피고인으로부터 돈을 교부받은 행위는 형법 제357조 제1항의 사무처리자 또는 제3자가 돈을 교부받은 경우가 아니다. 따라서 신문사들의 배임수재죄가 성립하지 않고 이를 전제로 하는 피고인의 배임증재죄 역시 성립하지 않는다); 대법원 2021. 9. 30. 선고 2019도17102 판결(개정 형법이 적용되는 경우에도 '제3자'에는 다른 특별한 사정이 없는 한 사무처리를 위임한 타인은 포함되지 않는다. 그러나 배임수재죄의 행위주체가 재물 또는 재산상 이익을 취득하였는지는 증거에 의하여 인정된 사실에 대한 규범적 평가의 문제이다. 부정한 청탁에 따른 재물이나 재산상 이익이 외형상 사무처리를 위임한 타인에게 지급된 것으로 보이더라도 사회통념상 그 타인이 재물 또는 재산상 이익을 받은 것을 부정한 청탁을 받은 사람이 직접 받은 것과 동일하게 평가할 수 있는 경우에는 배임수재죄가 성립될 수 있다. 원심은 피고인들에 대한 이 사건 공소사실 중 신문사 기자인 피고인들이 홍보성 기사를 작성해 달라는 부정한 청탁을 받고 각 소속 신문사로 하여금 금원을 취득하게 하였다는 배임수재 부분에 대하여, 사무처리를 위임한 타인은 개정 형법 제357조 제1항의 배임수재죄에 규정한 '제3자'에 포함되지 않는다고 전제한 후, 피고인들이 속한 각 소속 언론사는 사무처리를 위임한 자에 해당하고, 기록상 위 금원이 피고인들 본인 또는 사무처리를 위임한 자가 아닌 제3자에게 사실상 귀속되었다고 평가할만한 사정이 없다는 이유로 범죄의 증명이 없다고 판단하여 무죄를 선고한 제1심판결을 그대로 유지하였다).

는 자의 청렴성이고[1], 보호의 정도는 침해범이다.

2. 배임수재죄

(1) 구성요건

1) 주 체

본죄의 주체는 타인의 사무를 처리하는 자이다. '타인의 사무를 처리하는 자'란 타인과의 대내관계에 있어서 신의성실의 원칙에 비추어 그 사무를 처리할 신임관계가 존재한다고 인정되는 자를 말한다. 반드시 제3자에 대한 대외관계에서 그 사무에 관한 권한이 존재할 것을 요하지 않으며, 그 사무가 포괄적 위탁사무일 것을 요하는 것도 아니고, 사무처리의 근거, 즉 신임관계의 발생근거는 법령의 규정·법률행위·관습 또는 사무관리에 의하여도 발생할 수 있다.[2] 타인의 사무를 처리하는 자의 지위를 취득하기 전에 부정한 청탁을 받은 행위를 처벌하는 별도의 구성요건이 존재하지 않는 이상 본죄로는 처벌할 수 없다.[3] 하지만 그 임무에 관하여 부정한 청탁을 받고 재물을 수수함으로써 성립하고, 반드시 수재 당시에도 그와 관련된 임무를 현실적으로 담당하고 있음을 그 요건으로 하는 것은 아니므로, 타인의 사무를 처리하는 자가 그 임무에 관하여 부정한 청탁을 받은 이상 그 후 사직으로 인하여 그 직무를 담당하지 아니하게 된 상태에서 재물을 수수하게 되었다고 하더라도, 그 재물 등의 수수가 부정한 청탁과 관련하여 이루어진 것이라면 본죄가 성립한다.[4] 또한 타인의 사무를 처리하는 자가 그 신임관계에 기한 사무의 범위에 속한 것으로서 장래에 담당할 것이 합리적으로 기대되는 임무에 관하여 부정한 청탁을 받고 재물 또는 재산상의 이익을 취득한 후 그 청탁에 관한 임무를 현실적으로 담당하게 되었다면 본죄의 성립을 인정할 수 있다.[5]

그 밖에도 방송국에 소속되어 가요 프로그램의 제작연출 등의 사무를 처리하는 가요담당 프로듀서[6], 대학교수[7] 등도 타인의 사무를 처리하는 자에 해당한다. 나아가 고유의 권한으로

---

1) 대법원 1987. 11. 24. 선고 87도1560 판결; 대법원 1984. 11. 27. 선고 84도1906 판결.

2) 대법원 2003. 2. 26. 선고 2002도6834 판결.

3) 대법원 2010. 7. 22. 선고 2009도12878 판결.

4) 대법원 1997. 10. 24. 선고 97도2042 판결; 대법원 1987. 4. 28. 선고 87도414 판결.

5) 대법원 2013. 10. 11. 선고 2012도13719 판결(설사 피고인이 공소외 1로부터 위 청탁을 받을 당시 아직 정식으로 평가위원에 선정되었다는 통보를 받지는 않았다고 하더라도 위촉될 것이 사실상 확정된 상태였으므로, 피고인은 공소외 4 주식회사와의 관계에서 '타인의 사무를 처리하는 자'의 위치에 있었다); 대법원 2010. 4. 15. 선고 2009도4791 판결(피고인은 이 사건 주식매수 전에 공소외 1·2로부터 피고인이 제작하는 예능프로그램 등에 그 소속 연예인을 출연시키거나 뮤직비디오를 방영하여 달라는 청탁을 자주 받아왔고 이 사건 주식매수 후에도 그러한 청탁을 받은 바 있는 점, 피고인은 이 사건 주식매수 전에 연예인이 출연하거나 뮤직비디오가 방영되는 예능프로그램을 다수 제작해 왔고 이 사건 주식매수 후에도 그러한 예능프로그램의 제작에 프로듀서(PD) 또는 책임프로듀서(CP)로서 관여하였던 점, 또 피고인은 실제 공소외 1·2의 위와 같은 청탁에 따라 자신이 관장하는 예능프로그램에서 뮤직비디오를 방영하는 등으로 도움을 주었던 점을 알 수 있다).

6) 대법원 1991. 6. 11. 선고 91도688 판결.

7) 대법원 1996. 10. 11. 선고 95도2090 판결(대학교수가 특정출판사의 교재를 채택하여 달라는 청탁을 받고 교재 판매대금의 일정비율에 해당하는 금원을 받은 경우에는 배임수증재죄가 성립한다).

써 그 처리를 하는 자에 한하지 않고 그 자의 보조기관으로서 직접 또는 간접으로 그 처리에 관한 사무를 담당하는 자도 포함된다.[1] 예를 들면 임대차계약을 체결함에 있어 임차인을 선정하거나 임대보증금 및 차임을 결정하는 권한이 없고 다만 상사에게 임차인을 추천할 수 있는 권한 밖에 없는 업무과장[2]이 이에 해당한다. 이와 같이 본죄는 재산을 보호법익으로 하지 않기 때문에 주체를 재산상의 사무처리자에 국한시키지 않고 있다.

하지만 대학에의 편입학에 관한 사무는 특별한 사정이 없는 한 대학의 총장이나 학장의 임무에 속하고 학교법인의 상무이사가 처리할 임무가 아니므로 가사 피고인이 편입학에 대한 사례로 학교법인의 상무이사에게 재물을 공여한 것으로 인정되더라도 배임증재죄에는 해당하지 아니하고[3], 지역별 수산업협동조합의 총대는 조합의 의결기관인 총회의 구성원일 뿐 임원이나 기타 업무집행기관이 아니며 선출지역 조합원의 지시나 간섭을 받지 않고 스스로의 권한으로 총회에서 임원선거에 참여하고 의결권을 행사하는 등 자주적으로 업무를 수행하는 것이므로 총회에서의 의결권 또는 선거권의 행사는 자기의 사무이고 이를 선거구역 조합원이나 조합의 사무라고 할 수 없는 것이고, 따라서 총대가 조합장선거에 출마한 후보자들로부터 자신을 지지하여 달라는 부탁과 함께 금원을 교부받았더라도 본죄로 처벌할 수 없다.[4]

2) 행 위

① 임무에 관한 부정한 청탁

본죄의 실행행위는 그 임무에 관하여 부정한 청탁을 받고 재물 또는 재산상의 이익을 취득하는 것이다. 그러므로 재물 또는 재산상의 이익의 취득만으로 바로 기수에 이르며, 그 청탁에 상응하는 부정행위 내지 배임행위에 나아갈 것이 요구되지 아니한다. 여기에서 '임무에 관하여'란 타인의 사무를 처리하는 자가 위탁받은 사무를 말한다. 이는 그 위탁관계로 인한 본래의 사무뿐만 아니라 그와 밀접한 관계가 있는 범위 내의 사무도 포함된다.[5] '부정한 청탁'이란 청탁이 사회상규와 신의성실의 원칙에 반하는 것을 말한다. 이를 판단함에 있어서는 청탁의 내용 및 이와 관련되어 교부받거나 공여한 재물의 액수·형식, 보호법익인 사무처리자의 청렴성 등을 종합적으로 고찰하여야 하며, 그 청탁이 반드시 명시적으로 이루어져야 하는 것은 아니고 묵시적으로 이루어지더라도 무방하다.[6]

---

1) 대법원 2006. 3. 24. 선고 2005도6433 판결.
2) 대법원 1984. 8. 21. 선고 83도2447 판결.
3) 대법원 1999. 1. 15. 선고 98도663 판결; 대법원 1982. 4. 13. 선고 81도2646 판결.
4) 대법원 1990. 2. 27. 선고 89도970 판결.
5) 대법원 1982. 2. 9. 선고 80도2130 판결.
6) 대법원 2020. 10. 15. 선고 2016도10654 판결; 대법원 2014. 5. 16. 선고 2012도11259 판결; 대법원 2011. 2. 24. 선고 2010도11784 판결; 대법원 2010. 9. 9. 선고 2009도10681 판결; 대법원 2005. 1. 14. 선고 2004도6646 판결; 대법원 1998. 6. 9. 선고 96도837 판결; 대법원 1983. 12. 27. 선고 83도2472 판결(피고인이 유류부정처분 대금을 나누어 준 것이 단지 환심을 사두어 후일 범행이 발각되더라도 이를 누설하지 않게끔 하기 위한 것이었다고 보여지는 경우에 있어서는 만연히 임무와 관련하여 재물 또는 재산상 이득을 취득한데 불과하고 배임수재죄에 있어서 청탁의 내용이라 할 수 있는 구체적이고 특정한 임무행위에 관하여 부정한 청탁이라고 보기 어렵다).

한편 임무에 관하여 부정한 청탁을 받고 재물 또는 재산상의 이익을 취득하면 본죄가 성립되고, 어떠한 임무 위배 행위를 하거나 본인에게 손해를 가하는 것을 요건으로 하지 않지만, 재물 또는 이익을 공여하는 사람과 취득하는 사람 사이에 부정한 청탁이 개재되지 않는 한 성립하지 아니한다. 청탁한 내용이 단순히 규정이 허용하는 범위 내에서 최대한의 선처를 바란다는 내용에 불과하거나 위탁받은 사무의 적법하고 정상적인 처리범위에 속하는 것이라면 이는 사회상규에 어긋난 부정한 청탁이라고 볼 수 없고, 이러한 청탁의 사례로 금품을 수수한 것은 본죄에 해당하지 아니한다.[1] 그리고 부정한 청탁을 받고 나서 사후에 재물 또는 재산상의 이익을 취득하였다고 하더라도 그 재물 또는 재산상의 이익이 그 청탁의 대가인 이상 본죄가 성립되며, 부정한 청탁의 결과로 상대방이 얻은 재물 또는 재산상의 이익의 일부를 상대방으로부터 그 청탁의 대가로 취득한 경우에도 마찬가지이다.

판례에 의하면, ① 일반적으로 타인의 위탁을 받아 계약과 관련된 사무를 처리하는 자가 특정인으로부터 '계약의 상대방이 될 수 있도록 해달라'는 부탁과 함께 그 대가로 돈을 받은 경우[2], ② 심의 당일 평가위원 선정 통보가 있은 직후까지 지속적·조직적으로 자신들의 회사가 낙찰 받을 수 있게 설계안에 대하여 좋은 점수를 부여해 달라고 용역의 대가를 가장한 돈을 지급한 경우[3], ③ 방송사 관계자에게 사례비를 지급하여서라도 특정학원 소속 강사만을 채용하고 특정회사에서 출판되는 교재를 채택하여 특정회사의 이익을 위해 수능과외방송을 하는 내용의 방송협약을 체결해 달라고 부탁하는 경우[4], ④ 대학교의 의과대학부속병원 부대시설의 임차 운영자를 선정할 권한을 가진 총장 겸 부속병원장의 직무를 보좌 또는 대행하거나 임차인을 추천할 권한 등이 있는 부총장이 위 부속병원의 부대시설 운영권을 인수하는데 우선적으로 추천해 달라는 청탁을 받고 그 사례비 명목으로 3,000만원을 받은 경우[5], ⑤ 종합병원 또는 대학병원 소속 의사들이 자신들이 처방하는 약을 환자들이 예외 없이 구입·복용하는 것을 기화로, 의약품수입업자로부터 병당 5만원 내지 7만원씩의 사례비를 줄터이니 수입하여 시중 약국에는 보급하지 않고 직접 전화주문만 받아 독점판매하고 있는 메가비트 500이라는 약을 본래의 적응증인 순환기질환뿐만 아니라 내분비 등 거의 모든 병에 잘 듣는 약이니 그러한 환자에게 원외처방하여 그들로 하여금 위 약을 많이 사먹도록 해달라는 부탁을 받고 금원을 교부받은 경우[6], ⑥ 피고인은 한국전력공사 출장소장으로서 위탁수금사원의 추천업무를 맡고 있는 자로 공소외 1로부터 위탁수금사원이 사직하면 그 자리에 자기를 우선적으로 추천해 달라는 청탁을 받고 금원을 받은 다음 공소외 1을 수금사원으로 추천한 경우[7], ⑦ 도급순위가 385위이고 부채가 자본금을 초과하고 공사실적도 없으며 장래 수익성이 크게 호전될 전망도 없는데다 노임의 미불로 고발위험에 처해 있어 파산 직전의 건설회사라면 그 같은 회사의 주

---

1) 대법원 2013. 11. 14. 선고 2011도11174 판결; 대법원 2011. 4. 14. 선고 2010도8743 판결; 대법원 1982. 9. 28. 선고 82도1656 판결; 대법원 1980. 4. 8. 선고 79도3108 판결.
2) 대법원 2006. 11. 23. 선고 2006도906 판결.
3) 대법원 2009. 5. 28. 선고 2009도988 판결.
4) 대법원 2002. 4. 9. 선고 99도2165 판결.
5) 대법원 1991. 12. 10. 선고 91도2543 판결.
6) 대법원 1991. 6. 11. 선고 91도413 판결.
7) 대법원 1989. 12. 12. 선고 89도495 판결.

식은 사실상 재산적 가치가 없다 할 것이므로, 동 회사의 전무로부터 피고인이 대표이사로 있는 건설회사가 발주하는 공사에 파산 직전의 위 회사를 입찰경쟁업체로 지명하여 주는 대가로 피고인이 소유하는 동 회사의 주식을 금 4천만원에 인수해 주겠다는 청탁을 받고 그 명목 등으로 돈을 받은 경우[1], ⑧ 아파트 건축회사 협상대표가 각 세대당 금 2백만원의 보상금지급요구 문제 등에 관한 협상권한을 위임받은 아파트입주자 대표들에게 보상금을 전체 금 2천만원으로 대폭 감액하여 조속히 합의하여 달라고 부탁받고 약속어음을 받은 경우[2], ⑨ 신문사의 지국장이 취재기사를 본사에 송고하지 말아 달라는 청탁을 받고 그 묵인사례조로 금품을 교부받은 경우[3], ⑩ 보험사 지부장이 피보험자의 사인에 대하여 보험사에서 의심을 가지고 내사를 하고 있는데도 보험금을 빨리 지급해 달라는 부탁을 받은 경우[4], ⑪ 국회의원이 더 이상 지구당의 공천비리를 조사하지 말아달라는 취지로 민주당 중앙당 당기위원회 소속 수석부위원장에게 금원을 교부한 경우[5], ⑫ 대출금의 회수불능이 예상되는 회사들 앞으로 거액의 대출을 원활하게 하여 달라고 은행장에게 청탁하고 거액의 돈을 공여한 경우[6], ⑬ 한국전력공사 소속 송전배원으로 송전설비관리 및 송전선로공사의 현장감독업무를 하던 피고인 甲이 송전선로 철탑이설공사를 도급받아 시공하는 피고인 乙로부터 공사시공에 하자가 있더라도 묵인하여 달라는 취지의 청탁을 받고 금원을 수령한 경우[7], ⑭ 재건축조합의 총무가 시공사로부터 업무추진비 명목으로 다액의 돈을 지급받은 경우[8], ⑮ 하도급받은 자가 감독할 지위에 있는 자에게 공사감독을 까다롭게 하지 말고 잘 보아 달라는 취지로 직접 또는 온라인으로 수차례에 걸쳐 금원을 교부한 경우[9], ⑯ 설령 '유료 기사'의 내용이 객관적 사실과 부합하더라도 언론 보도를 금전적 거래의 대상으로 삼은 이상, 이는 사실상 '광고'를 '언론 보도'인 것처럼 가장하여 달라는 것이므로 보도의 대상이 되는 자가 언론사 소속 기자에게 소위 '유료 기사' 게재를 청탁한 경우[10] 등은 부정한 청탁에 해당한다.

하지만 ① 재물을 공여하는 자가 부정한 청탁을 하였다고 하더라도 그 청탁을 받아들임이 없이 그 청탁과는 관계없이 금품을 받은 경우[11], ② 학교법인의 이사장 또는 사립학교 경영자가 학교법인 운영권을 양도하고 양수인으로부터 양수인 측을 학교법인의 임원으로 선임해 주는 대가로 양도대금을 받기로 하는 내용의 청탁을 받은 경우[12], ③ 계약관계를 유지시켜 기존의 권리를 확보하기 위하여 부탁하는 경우[13], ④ 대학의 졸업앨범 제작자였던 사진관 경영자가 대학의 졸업준비위원회 위원장과 총무에게 이번에도 졸업앨범 제작자로 지정되게 힘써 달라는 취지의 부탁을 하면서 향응을 베풀고 금원을 제공한 경우[14] 등은 부정한 청탁에 해당하지 아니한다.

1) 대법원 1983. 12. 13. 선고 82도735 판결. 그 후 위 건설업체가 동 공사를 아무런 하자 없이 시공하여 준공검사를 마침으로써 그 회사에 아무런 손해가 발생하지 아니하였더라도 아무런 영향이 없다.
2) 대법원 1993. 3. 26. 선고 92도2033 판결.
3) 대법원 1970. 9. 17. 선고 70도1355 판결.
4) 대법원 1978. 11. 1. 선고 78도2081 판결.
5) 대법원 1998. 6. 9. 선고 96도837 판결.
6) 대법원 1983. 3. 8. 선고 82도2873 판결.
7) 대법원 1991. 11. 26. 선고 91도2418 판결.
8) 대법원 2008. 12. 24. 선고 2008도9602 판결.
9) 대법원 1988. 3. 8. 선고 87도1445 판결.
10) 대법원 2021. 9. 30. 선고 2019도17102 판결.
11) 대법원 1982. 7. 13. 선고 82도874 판결.
12) 대법원 2014. 1. 23. 선고 2013도11735 판결.
13) 대법원 1991. 8. 27. 선고 91도61 판결; 대법원 1985. 10. 22. 선고 85도465 판결.

② 재물 또는 재산상의 이익의 취득

본죄가 성립하기 위해서는 재물 또는 재산상의 이익을 취득해야 한다. 즉 취득하는 재물 또는 재산상의 이익은 부정한 청탁에 대한 대가 또는 사례여야 한다. 따라서 거래상대방의 대향적 행위의 존재를 필요로 하는 유형의 배임죄에서 그 거래상대방이 양수대금 등 그 해당 거래에 따른 계약상 의무를 이행하고 배임행위의 실행행위자가 이를 이행받은 것을 두고 부정한 청탁에 대한 대가로 수수하였다고 쉽게 단정하여서는 아니 된다.[1]

부정한 청탁을 받았다고 하더라도 재물 또는 재산상의 이익의 취득이 없으면 본죄는 성립하지 아니한다.[2] 여기서 '재산상의 이익의 취득'이란 현실적인 취득만을 의미하므로 단순한 요구 또는 약속만을 한 경우에는 이에 포함되지 아니한다.[3] 또한 본죄는 타인의 사무를 처리하는 자가 그 임무에 관하여 부정한 청탁을 받고 재물 등을 취득함으로써 성립하는 것이므로, 어떠한 임무위배행위나 본인에게 손해를 가할 것을 요건으로 하는 것은 아니다.[4]

3) 주관적 구성요건

본죄가 성립하기 위해서는 타인의 사무를 처리하는 자가 그 임무에 관한 부정한 청탁, 재물 또는 재산상의 이익의 취득 등에 대한 의욕 또는 인용이 있어야 한다. 또한 불법영득의사도 요구된다.[5]

(2) 실행의 착수시기 및 기수시기

본죄의 실행의 착수시기는 재물 또는 재산상의 이익을 취득하기 위한 행위를 하는 시점이다. 그러므로 부정한 청탁을 받은 것만으로는 본죄의 실행의 착수가 있다고 할 수 없다. 본죄의 기수시기는 재물 또는 재산상의 이익을 현실적으로 취득하는 시점이고[6], 청탁에 따른 일정한

---

14) 대법원 1987. 5. 12. 선고 86도1682 판결.

1) 대법원 2016. 10. 13. 선고 2014도17211 판결.

2) 대법원 2001. 2. 9. 선고 2000도4700 판결(실질적으로 학교법인의 이사장 직무를 수행하면서 학교공사와 관련하여 공사대금 중 수급인이 학교법인 부담부분 상당액을 학교법인에 기부하는 것을 조건으로 공사계약을 체결한 후 공사를 완성하여 이 부분에 대한 공사대금 지급의무를 면제받거나 그 대금 상당액을 입금받은 다음 다시 수급인에게 공사대금으로 지급한 것으로 처리한 경우, 이러한 행위는 학교공사에 관하여 관계 규정에 따른 공개입찰을 하지 아니하는 대신 특정 공사업자와 수의계약을 체결하면서 공사업자에게 공사대금 중 국고지원 부분만을 지급하기로 하고 학교법인 부담 부분은 면제받은 것으로 볼 것이고, 이러한 경우 공사대금 지급채무는 학교법인이 공사업자에 대하여 부담하는 것이므로 이를 면제받는 것은 학교법인의 이익으로 되는 것일 뿐 실질적으로 학교법인의 이사장 직무를 수행한 자가 면제받은 대금 상당의 이익을 취득하였다고 볼 수는 없고, 따라서 위와 같은 행위는, 공개입찰을 하지 아니하고 수의계약을 체결한 것에 대하여 행정상의 책임 등을 묻는 것은 별론으로 하고, 타인의 사무를 처리하는 자가 그 임무에 위배하여 부정한 청탁을 받고 재물 또는 재산상의 이익을 취득한 경우에 해당한다고 할 수는 없다).

3) 대법원 1999. 1. 29. 선고 98도4182 판결(골프장 회원권에 관하여 피고인 명의로 명의변경이 이루어지지 아니한 이상 피고인이 현실적으로 재산상의 이익을 취득하지 않았다는 이유로 배임수재죄의 성립을 부정한 사례).

4) 대법원 2011. 2. 24. 선고 2010도11784 판결; 대법원 1984. 8. 21. 선고 83도2447 판결; 대법원 1983. 12. 13. 선고 82도735 판결; 대법원 1982. 5. 25. 선고 81도1305 판결.

5) 대법원 1984. 3. 13. 선고 83도1986 판결.

6) 대법원 2017. 12. 5. 선고 2017도11564 판결(타인의 사무를 처리하는 자가 중재자로부터 돈이 입금된 계좌의 예금통장이나 이를 인출할 수 있는 현금카드나 신용카드를 교부받아 이를 소지하면서 언제든지 위 예금통장 등을

행위가 현실적으로 행하여질 것을 요하지 아니한다.[1] 한편 취득 이전의 단계인 요구 또는 약속이 있는 경우에는 본죄의 미수가 인정된다.

(3) 죄수 및 다른 범죄와의 관계

1) 죄 수

타인의 사무를 처리하는 자가 동일인으로부터 그 직무에 관하여 부정한 청탁을 받고 여러 차례에 걸쳐 금품을 수수한 경우, 그것이 단일하고도 계속된 범의 아래 일정기간 반복하여 이루어진 것이고 그 피해법익도 동일한 때에는 이를 포괄일죄로 보아야 한다. 다만 여러 사람으로부터 각각 부정한 청탁을 받고 그들로부터 각각 금품을 수수한 경우에는 비록 그 청탁이 동종의 것이라고 하더라도 단일하고 계속된 범의 아래 이루어진 범행으로 보기 어려워 그 전체를 포괄일죄로 볼 수 없다.[2]

2) 다른 범죄와의 관계

① 배임죄와의 관계

본죄는 타인의 사무를 처리하는 자가 그 임무에 관하여 부정한 청탁을 받고 재물 등을 취득함으로써 성립하는 것이고 어떠한 임무위배행위나 본인에게 손해를 가한 것을 요건으로 하지 않지만, 배임죄는 타인의 사무를 처리하는 자가 그 임무에 위배하는 행위가 있어야 하고 그 행위로서 본인에게 손해를 가함으로써 성립하는 것이나 부정한 청탁을 받거나 금품을 수수한 것을 그 요건으로 하지 않고 있으므로 이들 양죄는 행위의 태양을 달리하고 있어 일반법과 특별법관계가 아닌 별개의 독립된 범죄라고 보아야 한다.[3] 그러므로 사무처리자가 부정한 청탁을 받고 배임행위에까지 나아가 재산상의 이익을 취득한 경우에는 배임수재죄와 배임죄의 실체적 경합이 된다.

② 배임증재죄와의 관계

배임수재죄와 배임증재죄는 이른바 대향범으로서 필요적 몰수 또는 추징을 규정한 것은 범행에 제공된 재물 또는 재산상의 이익을 박탈하여 부정한 이익을 보유하지 못하게 하기 위한 것이므로, 몰수의 대상으로 규정한 '범인이 취득한 제1항의 재물'은 배임수재죄의 범인이 취득한 목적물이자 배임증재죄의 범인이 공여한 목적물을 가리키는 것이지, 배임수재죄의 목적물만을 한정하여 가리키는 것이 아니다. 그러므로 수재자가 증재자로부터 받은 재물을 그대로 가지고 있다가 증재자에게 반환하였다면 증재자로부터 이를 몰수하거나 그 가액을 추징하여야 한다.[4]

이용하여 예금된 돈을 인출할 수 있어 예금통장의 돈을 자신이 지배하고 입금된 돈에 대한 실질적인 사용권한과 처분권한을 가지고 있는 것으로 평가될 수 있다면, 예금된 돈을 취득한 것으로 보아야 한다).

[1] 대법원 1987. 11. 24. 선고 87도1560 판결.
[2] 대법원 2008. 12. 11. 선고 2008도6987 판결.
[3] 대법원 1984. 11. 27. 선고 84도1906 판결.
[4] 대법원 2017. 4. 7. 선고 2016도18104 판결.

③ 뇌물공여죄와의 관계

배임수재자가 배임증재자에게서 그가 무상으로 빌려준 물건을 인도받아 사용하고 있던 중에 공무원이 된 경우, 그 사실을 알게 된 배임증재자가 배임수재자에게 앞으로 물건은 공무원의 직무에 관하여 빌려주는 것이라고 하면서 뇌물공여의 뜻을 밝히고 물건을 계속하여 배임수재자가 사용할 수 있는 상태로 두더라도, 처음에 배임증재로 무상 대여할 당시에 정한 사용기간을 추가로 연장해 주는 등 새로운 이익을 제공한 것으로 평가할 만한 사정이 없다면, 이는 종전에 이미 제공한 이익을 나중에 와서 뇌물로 하겠다는 것에 불과할 뿐 새롭게 뇌물로 제공되는 이익이 없어 뇌물공여죄가 성립하지 아니한다.[1]

④ 사기죄와의 관계

공동의 사기 범행으로 인하여 얻은 돈을 공범자끼리 수수한 행위가 공동정범들 사이의 그 범행에 의하여 취득한 돈이나 재산상의 이익의 내부적인 분배행위에 지나지 않는 것이라면 그 돈의 수수행위가 따로 배임수증재죄를 구성한다고 볼 수는 없다.[2]

3. 배임증재죄

(1) 구성요건

1) 주 체

본죄는 신분범이 아니므로 주체에는 제한이 없다. 그러나 배임수재죄가 성립하면 반드시 배임증재죄가 성립하는 것은 아니다.[3] 왜냐하면 수재자의 입장에서는 부정한 청탁이라고 할지라도 증재자의 입장에서는 부정한 청탁이 되지 않을 수도 있기 때문이다.

2) 행 위

① 부정한 청탁

'부정한 청탁'이란 청탁이 사회상규와 신의성실의 원칙에 반하는 것을 말한다. 예를 들면 재건축공사의 진행 및 정산 등에 있어서 시공회사에게 유리한 쪽으로 편의를 보아 달라는 취지의 묵시적인 청탁과 함께 시공회사의 대표이사가 재건축조합의 조합장에게 무상으로 재건축공사장의 식당을 운영하도록 한 경우[4]에는 본죄에 해당한다.

② 재물 또는 재산상 이익의 공여

'공여'란 상대방이 취득하도록 하는 것을 말한다. 현실적인 공여가 있어야 하고, 공여를 약속한 단계에서는 미수에 불과하다. 배임증재의 공모공동정범이 다른 공모공동정범에 의하여 수

---

1) 대법원 2015. 10. 15. 선고 2015도6232 판결.
2) 대법원 2016. 5. 24. 선고 2015도18795 판결; 대법원 2013. 10. 24. 선고 2013도7201 판결; 대법원 1985. 8. 20. 선고 84도2599 판결.
3) 대법원 2011. 10. 27. 선고 2010도7624 판결; 대법원 1991. 1. 15. 선고 90도2257 판결; 대법원 1980. 8. 26. 선고 80도19 판결; 대법원 1979. 6. 12. 선고 79도708 판결.
4) 대법원 2005. 6. 9. 선고 2005도1732 판결(함바집무상운영사건).

재자에게 재물 또는 재산상 이익이 제공되는 방법을 구체적으로 몰랐다고 하더라도 공모관계를 부정할 수 없다.[1]

(2) 죄수 및 다른 범죄와의 관계

업무상 배임죄와 배임증재죄는 별개의 범죄로서 배임증재죄를 범한 자라고 할지라도 그와 별도로 타인의 사무를 처리하는 지위에 있는 사람과 공범으로서는 업무상 배임죄를 범할 수도 있다.[2]

제 7 절　장물의 죄

Ⅰ. 장물취득 · 양도 · 운반 · 보관 · 알선죄

> 제362조(장물의 취득, 알선 등) ① 장물을 취득, 양도, 운반 또는 보관한 자는 7년 이하의 징역 또는 1천500만원 이하의 벌금에 처한다.
> ② 전항의 행위를 알선한 자도 전항의 형과 같다.
> 제363조(상습범) ① 상습으로 전조의 죄를 범한 자는 1년 이상 10년 이하의 징역에 처한다.
> ② 제1항의 경우에는 10년 이하의 자격정지 또는 1천500만원 이하의 벌금을 병과할 수 있다.
> 제365조(친족간의 범행) ① 전3조의 죄를 범한 자와 피해자간에 제328조 제1항, 제2항의 신분관계가 있는 때에는 동조의 규정을 준용한다.
> ② 전3조의 죄를 범한 자와 본범간에 제328조 제1항의 신분관계가 있는 때에는 그 형을 감경 또는 면제한다. 단, 신분관계가 없는 공범에 대하여는 예외로 한다.

1. 의의 및 보호법익

장물죄는 장물을 취득 · 양도 · 운반 · 보관하거나 이러한 행위들을 알선함으로써 성립하는 범죄이다. 본죄는 본범을 유발 · 비호 · 은닉하는 성격을 지닌 범죄로서, 본범의 공범이 아니라 본범과는 독립된 범죄유형이다. 본죄는 재물만을 객체로 한다는 점에서 재물죄에 해당하고, 본죄의 미수범 처벌규정은 없다.

본죄의 보호법익은 재산권이다. 보호의 정도와 관련하여, ① 위험범이라는 견해[3], ② 침해범이라는 견해[4], ③ 장물알선죄는 위험범이지만, 장물취득 · 양도 · 운반 · 보관죄는 침해범이라는 견해[5] 등의 대립이 있다.

---

1) 대법원 2015. 7. 23. 선고 2015도3080 판결; 대법원 2013. 8. 23. 선고 2013도5080 판결; 대법원 2010. 7. 15. 선고 2010도3544 판결.
2) 대법원 1999. 4. 27. 선고 99도883 판결.
3) 김성천/김형준, 532면; 김신규, 510면; 김혜정 외 4인, 447면; 오영근, 412면; 이영란, 445면; 이재상/장영민/강동범, 450면; 이형국/김혜경, 508면; 임 웅, 577면; 정영일, 245면.
4) 김선복, 406면; 배종대, 481면; 손동권/김재윤, 494면; 이상돈, 1173면; 정성근/정준섭, 313면.

생각건대 본죄의 보호법익인 재산권은 이미 본범에 의하여 침해되었고, 본죄에 의하여 직접 재산이 침해되는 것은 아니므로 위험범으로 파악해야 한다.

2. 장물죄의 본질

(1) 추구권설

장물죄는 재물에 대한 점유를 상실한 본범의 피해자가 그 점유를 회복할 수 있는 권리를 침해 또는 위태화하는 점에 그 본질이 있다는 견해[1]이다. 여기서 '추구권'이란 소유권 등 본권에 기한 반환청구권을 말한다. 예를 들어 甲의 물건을 乙이 절취하고 丙이 이를 취득하였을 경우, 丙은 소유권자인 甲이 그 물건을 자기의 점유상태로 돌릴 수 있는 권리(추구권)를 침해 또는 위태화한다는 것이다.[2] 이 견해에 의하면 불법원인급여, 선의취득, 추구권의 시효소멸, 계약의 취소 및 해제의 불가능 등으로 인해 피해자가 반환청구권을 가질 수 없는 경우에는 장물성을 인정하지 아니한다.

재산에 대한 범죄행위에 의해 취득된 물건이라고 규정한 독일[3]과는 달리 우리 형법은 장물이라고만 하고 있으므로 뇌물죄나 도박죄에 의해 취득한 물건은 장물이 될 수 없고, 재물죄에 의해서 영득한 물건만이 장물이 될 수 있다는 점, 장물양도죄를 신설한 것은 반환청구권의 행사를 곤란하게 하는 데에 있다는 점 등을 논거로 제시한다.

하지만 장물죄의 성립범위를 지나치게 제한다고 있다는 점, 장물죄의 형벌이 절도죄나 횡령죄의 형벌보다 높은데 본권을 침해하는 범죄보다 본권에 기한 반환청구권을 침해하는 범죄가 형벌이 더 높다는 것은 균형에 맞지 않는다는 점 등에서 비판이 제기된다.

(2) 위법상태유지설

장물죄는 본범에 의해 발생한 위법상태를 본범 또는 재물의 점유자와 합의하에 유지시키는 데에 그 본질이 있다는 견해[4]이다. 이 견해는 추구권이라는 사법상의 권리와 상관없이 형법의 독자적인 입장에서 장물죄를 파악하고 있다.

불법원인급여에 의해 횡령한 재물 등과 같이 피해자의 추구권이 인정되지 않는 경우에도

---

5) 김일수/서보학, 404면; 박상기, 700면.

1) 손동권/김재윤, 496면.

2) 대법원 1975. 12. 9. 선고 74도2804 판결(형법상 장물죄 객체인 장물이라 함은 재산권상의 침해를 가져올 위법행위로 인하여 영득한 물건으로서 피해자가 반환청구권을 가지는 것을 말한다); 대법원 1975. 9. 23. 선고 74도1804 판결; 대법원 1972. 2. 22. 선고 71도2296 판결(장물이라 함은 영득죄에 의하여 취득한 물건 그 자체를 말하는 것으로서 피해자에게 그 회복추구권이 없어진 경우에는 장물성을 잃게 된다고 할 것이므로, 피고인이 원심공동피고인 1이 절취한 옥사를 처분하여 얻어진 돈을 받았다고 하더라도 장물취득죄가 성립되지 않는다).

3) 독일 형법 제259조 제1항은 "타인이 절취한 재물 또는 그 밖에 타인의 재산에 대한 위법행위로 인하여 타인이 영득한 재물을 자기 또는 제3자의 이익을 위하여 매입하거나 자신 또는 제3자로 하여금 취득하게 하거나 매각 또는 매각을 방조한 자는 5년 이하의 자유형 또는 벌금형에 처한다."라고 규정하고 있는데, 본범을 재물죄에 국한하지 않고 타인의 재산을 대상으로 하는 범죄이면 족하다. 따라서 본범의 피해자가 추구권을 가지고 있느냐의 여부에 상관없이 장물죄가 성립하므로 장물죄의 본질에 관하여 위법상태유지설에 입각하고 있다고 볼 수 있다.

4) 임 웅, 580면.

장물성을 인정할 수 있다는 점, 문서위조죄·통화위조죄·유가증권위조죄·도박죄·뇌물죄 등에 의해 취득한 재물에 대해서도 장물성을 인정할 수 있다는 점, 장물죄의 성립에 본범 또는 재물의 점유자와의 합의가 필요하다는 점 등을 논거로 제시한다.

하지만 본범을 어떻게 파악하느냐에 따라 장물죄가 지나치게 확대될 수 있다는 점, 위법상태유지라는 개념이 불명확하다는 점[1], 절도죄나 횡령죄에서와 같이 위법상태를 새롭게 만들어내는 범죄에 대한 형벌보다 위법상태를 유지하는 장물죄의 형벌이 더 높다는 것은 균형에 맞지 않는다는 점 등에서 비판이 제기된다.

(3) 공범설

장물죄의 본질은 본범이 취득한 이익에 관여하여 이익을 간접취득하는 데에 있다고 파악하는 견해로서 장물죄를 사후종범[2]으로 파악한다. 이 견해에 의하면 장물죄가 성립하기 위해서는 이익을 취득하겠다는 의사가 필요하고, 대체장물·연쇄장물·장물을 매각한 대금 등에 관여한 경우나 선의취득에 의해 반환청구권이 없어졌어도 피해자와의 연관성이 있는 경우에는 장물죄가 성립할 수 있다고 하여 장물의 성립범위를 확장하고 있다.

하지만 장물죄의 성립에 이득의 의사를 요하지 않는다는 점, 장물양도죄는 공범의 이익에 참가한 것이라고 할 수 없다는 점 등에서 비판이 제기된다.

(4) 결합설

장물죄의 본질은 피해자의 반환청구권(추구권) 행사를 곤란하게 하고 재산범죄로 초래된 위법상태를 유지하는 데에 있다는 견해[3], 추구권설을 기본으로 하면서 사후종범적 성질도 동시에 가지고 있다는 견해[4] 등이 이에 해당한다. 이 견해에 의하면 선의취득 등으로 피해자가 반환청구를 할 수 없을 때에는 장물성이 인정되지 않고, 연쇄장물은 장물죄가 본범에 해당하므로 장물성을 인정하고, 불법원인급여물과 대체장물에 대해서는 장물성을 인정하기도 하고 인정하지 않기도 한다.[5]

하지만 장물성의 인정 여부가 문제되는 경우 추구권설과 위법상태유지설 중 어느 것에 의할 것인지가 불분명하다는 점이 비판으로 제기된다.

---

1) 장물을 처분하여 취득한 재물과 같은 대체장물의 경우 위법상태유지설에 의해서도 위법상태가 해소되었으므로 장물성을 부정하는 견해와 장물성을 긍정하는 견해의 대립이 있는 것이다.

2) 오스트리아 형법은 장물죄를 사후종범으로 파악하고 있다. 오스트리아 형법 제164조 제1항(타인의 재산에 대한 범죄행위를 통해 취득한 물건을 범행 후에 은닉하거나 환가하도록 행위자를 원조한 자는 6월 이하의 자유형 또는 360일수 이하의 벌금형에 처한다) 및 동법 제164조 제2항(장물을 구매하거나 취득하거나 제3자에게 취득하게 한 자도 전항의 형과 같다).

3) 김선복, 408면; 김성돈, 507면; 김성천/김형준, 534면; 김신규, 515면; 김일수/서보학, 406면; 김혜정 외 4인, 448면; 박상기, 701면; 배종대, 481면; 이영란, 444면; 이재상/장영민/강동범, 453면; 이형국/김혜경, 511면; 정성근/정준섭, 312면; 정영일, 247면.

4) 신동운, 1213면.

5) 대법원 1987. 10. 13. 선고 87도1633 판결(장물인 정을 모르고 보관하던 중 장물인 정을 알게 되었으면서도 계속 보관함으로써 피해자의 정당한 반환청구권 행사를 어렵게 하고 위법한 재산상태를 유지시키는 때에는 장물보관죄가 성립한다).

(5) 검 토

장물죄의 본질은 피해자의 반환청구권 행사를 곤란하게 하고 재산범죄로 초래된 위법상태를 유지하는 데에 있다고 보아야 한다. 장물성의 인정 여부가 문제되는 경우 추구권설과 위법상태유지설 중 어느 것에 의할 것인지는 개별 사안에 따라 구체적으로 판단하면 될 것이다.

3. 구성요건

(1) 주 체

본죄의 주체는 본범 이외의 자이다. 즉 본범의 단독정범·공동정범·간접정범·합동범 등은 본죄의 주체가 될 수 없다. 왜냐하면 장물죄는 본범이 불법하게 영득한 재물의 처분에 관여하는 범죄이므로 자기의 범죄에 의하여 영득한 물건에 대하여는 성립되지 아니하고, 이는 불가벌적 사후행위에 해당하기 때문이다. 그러므로 피고인이 평소 본범과 공동하여 수차 상습으로 강도 및 절도행위를 자행함으로써 실질적인 범죄집단을 이루고 있었다고 하더라도, 해당 범죄행위의 정범자(공동정범이나 합동범)로 되지 아니한 이상 이를 자기의 범죄라고 할 수 없고, 따라서 그 장물의 취득을 불가벌적 사후행위라고 할 수 없다.[1]

한편 교사범과 방조범이 본죄의 주체가 될 수 있는지 여부와 관련하여, ① 적극설[2], ② 정범과 같이 처벌되는 교사범은 물론 방조범이 장물을 취득한 때에는 장물취득죄가 성립할 수 없다는 소극설[3] 등의 대립이 있다.

이에 대하여 판례는 「피고인이 공동피고인들에게 횡령할 것을 교사하고 그 횡령한 물건을 취득한 것이라면 횡령교사죄와 장물취득죄가 경합범으로서 성립된다.」라고 판시[4]하여, 적극설의 입장을 취하고 있다.

생각건대 교사범 또는 방조범은 스스로 범죄를 실행한 자가 아니라 타인의 범죄에 가공한 것에 불과하므로 별도로 장물죄를 범할 수 있다고 보아야 한다.

(2) 객 체

본죄의 객체는 장물인데, '장물'이란 재산범죄에 의하여 위법하게 영득한 재물을 말한다.

1) 재 물

장물은 반드시 재물이어야 한다. 그러므로 재산상의 이익·권리[5]·정보 등은 장물이 될 수 없다. 다만 권리가 화체되어 있는 유가증권·문서 등은 재물이므로 장물이 될 수 있다. 재물인

---

1) 대법원 1986. 9. 9. 선고 86도1273 판결.
2) 김신규, 516면; 김일수/서보학, 407면; 김혜정 외 4인, 450면; 박상기, 706면; 배종대, 482면; 손동권/김재윤, 498면; 신동운, 1229면; 이영란, 446면; 이재상/장영민/강동범, 464면; 이형국/김혜경, 512면; 임 웅, 581면; 정성근/정준섭, 314면; 정영일, 248면.
3) 김선복, 416면; 오영근, 416면.
4) 대법원 1969. 6. 24. 선고 69도692 판결; 同旨 대법원 1986. 9. 9. 선고 86도1273 판결.
5) 대법원 1971. 2. 23. 선고 70도2589 판결(전화가입권은 하나의 채권적 권리로서 재산상의 이익은 될지언정 재물이 아니라 하여 장물죄로 처단할 수 없다).

이상 동산·부동산을 묻지 아니하고[1], 반드시 경제적 가치를 지닐 필요도 없다. 재산범죄를 저지른 이후에 별도로 재산범죄의 구성요건에 해당하는 사후행위가 있었다면, 비록 그 행위가 불가벌적 사후행위로서 처벌의 대상이 되지 않는다고 할지라도 그 사후행위로 인하여 취득한 물건은 재산범죄로 인하여 취득한 물건으로서 장물이 될 수 있다.

한편 '관리할 수 있는 동력'이 장물이 될 수 있는지 여부와 관련하여, ① 제346조를 준용한다는 규정이 없다는 점을 논거로 하는 소극설[2], ② 제346조는 주의규정이라는 점, 장물죄의 본범인 재산범죄에 동력에 관한 규정이 있다는 점 등을 논거로 하는 적극설[3] 등의 대립이 있다.

이에 대하여 판례는 「장물이란 재산죄로 인하여 얻어진 재물(관리할 수 있는 동력도 포함된다)을 말하는 것으로서 영득된 재물 자체를 두고 말한다. 따라서 장물을 팔아서 얻은 돈에는 이미 장물성을 찾아 볼 수 없다.」라고 판시[4]하여, 적극설의 입장을 취하고 있다.

생각건대 재물개념에 관한 관리가능성설의 입장에서는 관리할 수 있는 동력도 당연히 장물이 될 수 있기 때문에 적극설이 타당하다.

2) 재산범죄

① 재산범죄의 범위

장물은 재산범죄에 의하여 위법하게 영득한 재물이어야 한다. 여기서 '재산범죄'란 절도죄·강도죄·사기죄·편의시설부정이용죄·공갈죄·횡령죄[5]·배임수증재죄·장물죄[6] 등을 말한다.[7] 반면에 영득행위가 없는 손괴죄와 재산상의 이익만을 객체로 하는 배임죄[8]·컴퓨터등사용사기

---

1) 대법원 1979. 11. 27. 선고 79도2410 판결.
2) 김성돈, 508면; 박상기, 702면; 배종대, 484면; 손동권/김재윤, 500면; 정영일, 249면.
3) 김선복, 409면; 김일수/서보학, 407면; 신동운, 1215면; 오영근, 417면; 이영란, 446면; 이재상/장영민/강동범, 454면; 이형국/김혜경, 513면; 임 웅, 582면; 정성근/정준섭, 314면.
4) 대법원 1972. 6. 13. 선고 72도971 판결.
5) 대법원 2011. 4. 28. 선고 2010도15350 판결(타인의 재물인가 등과 관련된 법률관계에 당사자의 국적·주소, 물건 소재지, 행위지 등이 외국과 밀접하게 관련되어 있어서 국제사법 제1조 소정의 외국적 요소가 있는 경우에는 다른 특별한 사정이 없는 한 국제사법의 규정에 좇아 정하여지는 준거법을 1차적인 기준으로 하여 당해 재물의 소유권의 귀속관계 등을 결정하여야 한다. 대한민국 국민 또는 외국인이 미국 캘리포니아주에서 미국 리스회사와 미국 캘리포니아주의 법에 따라 차량 이용에 관한 리스계약을 체결하면서 준거법에 관하여는 별도로 약정하지 아니하였는데, 이후 자동차수입업자인 피고인이 리스기간 중 위 리스이용자들이 임의로 처분한 리스계약의 목적물인 차량들을 수입한 사안에서, 국제사법에 따라 위 리스계약에 적용될 준거법인 미국 캘리포니아주의 법에 의하면, 위 차량들의 소유권은 리스회사에 속하고, 리스이용자는 일정 기간 차량의 점유·사용의 권한을 이전받을 뿐이어서(미국 캘리포니아주 상법 제10103조 제a항 제10호도 참조), 리스이용자들은 리스회사에 대한 관계에서 위 차량들에 관한 보관자로서의 지위에 있으므로, 위 차량들을 임의로 처분한 행위는 형법상 횡령죄의 구성요건에 해당하는 위법한 행위로 평가되고 이에 의하여 영득된 위 차량들은 장물에 해당한다).
6) 장물죄에 의해 취득한 장물을 다시 취득하는 경우에도 장물죄가 성립하는데, 이를 연쇄장물이라고 한다.
7) 권리행사방해죄는 자기 물건을 객체로 하여 영득행위가 있을 수 없으므로 장물이 될 수 없다. 반면에 이를 긍정하는 견해로는 김일수/서보학, 408면(타인의 점유에 속하는 자기의 물건을 취거한 자로부터 그 물건을 인수한 자에게도 장물취득죄가 성립한다); 배종대, 484면(이 점에서 장물죄의 재물개념은 절도죄 등 영득죄의 재물개념보다 넓다); 손동권/김재윤, 499면; 정성근/정준섭, 315면.
8) 대법원 1983. 11. 8. 선고 82도2119 판결(양도담보로 제공한 후 다시 타에 양도한 물건은 배임행위에 제공한 물건이지 배임행위로 인하여 영득한 물건 자체는 아니므로 장물이라고 볼 수 없다); 대법원 1981. 7. 28. 선고 81도618

죄[1]는 포함되지 아니한다. 또한 본범은 특별법상의 재산범죄를 범한 경우라고 할지라도 상관이 없다. 그러므로 특정범죄가중처벌법 제5조의4의 상습절도죄, 산림보호법 제54조 제1항의 산림절도죄, 군형법 제75조의 군용물절도죄, 문화재보호법 제92조의 문화재절도죄 등에 의해 영득한 재물도 장물이 될 수 있다.

이에 반하여 재산범죄 이외의 범죄로 취득한 재물은 장물이 될 수 없다.[2] 뇌물로 받은 재물, 위조통화·위조문서·위조유가증권[3], 도박에 사용되거나 취득한 재물, 마약범죄에 의한 마약, 성매매의 대가로 받은 재물, 「임산물단속에 관한 법률」 위반으로 생긴 임산물[4], 관세법 위반으로 통관한 재물, 문화재보호법 위반(문화재도굴죄)으로 허가 없이 발굴한 문화재[5], 「조수보호 및 수렵에 관한 법률」 위반으로 수렵한 짐승 등은 장물이 될 수 없다.

판결; 대법원 1975. 12. 9. 선고 74도2804 판결(원심공동피고인이 본건 대지에 관하여 그 매수인인 조칠용에게 소유권이전등기를 하여줄 임무가 있음에도 불구하고 그 임무에 위반하여 이를 대금 120,000원에 피고인 1에게 매도하고 소유권이전등기를 경유하여서 위 대금상당의 재산상의 이익을 얻고 위 조칠용에게 위 대지 싯가 상당의 손해를 입혔으며 피고인 2는 위 대지를 피고인 1로부터 매수취득하였다는 것으로서 위 원심공동피고인이 배임행위로 인하여 영득한 것은 재산상의 이익이고 위 배임범죄에 제공된 본건 대지는 위 범죄로 인하여 영득한 것 자체는 아니며 그 취득자 또는 전득자에게 대하여 위 배임죄의 가공 여부를 논함은 별문제로 하고 장물취득죄로 처단할 수 없다).

1) 대법원 2004. 4. 16. 선고 2004도353 판결(공소외인은 권한 없이 주식회사 신진기획의 아이디와 패스워드를 입력하여 인터넷뱅킹에 접속한 다음 위 회사의 예금계좌로부터 자신의 예금계좌로 합계 180,500,000원을 이체하는 내용의 정보를 입력하여 자신의 예금액을 증액시킴으로서 컴퓨터등사용사기죄의 범행을 저지른 다음 자신의 현금카드를 사용하여 현금자동지급기에서 현금을 인출한 사실을 인정할 수 있는바, 이와 같이 자기의 현금카드를 사용하여 현금자동지급기에서 현금을 인출한 경우에는 그것이 비록 컴퓨터등사용사기죄의 범행으로 취득한 예금채권을 인출한 것이라고 할지라도 현금카드 사용권한 있는 자의 정당한 사용에 의한 것으로서 현금자동지급기 관리자의 의사에 반하거나 기망행위 및 그에 따른 처분행위도 없었으므로, 별도로 절도죄나 사기죄의 구성요건에 해당하지 않는다 할 것이고, 그 결과 그 인출된 현금은 재산범죄에 의하여 취득한 재물이 아니므로 장물이 될 수 없다고 할 것이다. 또 장물인 현금 또는 수표를 금융기관에 예금의 형태로 보관하였다가 이를 반환받기 위하여 동일한 액수의 현금 또는 수표를 인출한 경우에 예금계약의 성질상 그 인출된 현금 또는 수표는 당초의 현금 또는 수표와 물리적인 동일성은 상실되었지만 액수에 의하여 표시되는 금전적 가치에는 아무런 변동이 없으므로, 장물로서의 성질은 그대로 유지되지만, 공소외인이 컴퓨터등사용사기죄에 의하여 취득한 예금채권은 재물이 아니라 재산상의 이익이므로, 그가 자신의 예금구좌에서 6,000만원을 인출하였더라도 장물을 금융기관에 예치하였다가 인출한 것으로 볼 수 없다).

2) 반대의 견해로는 배종대, 486면.

3) 대법원 1998. 11. 24. 선고 98도2967 판결(제1심 공동피고인은 무주리조트 서편매표소에 있던 탑승권 발매기의 전원을 켠 후 날짜를 입력시켜서 탑승권발행화면이 나타나면 전산실의 테스트카드를 사용하여 한 장씩 찍혀나오는 탑승권을 빼내어 가지고 가는 방법으로 리프트탑승권을 발급·취득한 사실이 인정되고, 그와 같이 발매기에서 나오는 위조된 탑승권은 제1심 공동피고인이 이를 뜯어가기 전까지는 쌍방울개발의 소유 및 점유하에 있다고 보아야 할 것이므로, 제1심 공동피고인의 행위는 발매할 권한 없이 발매기를 임의 조작함으로써 유가증권인 리프트탑승권을 위조하는 행위와 발매기로부터 위조되어 나오는 리프트탑승권을 절취하는 행위가 결합된 것이고, 나아가 그와 같이 위조된 리프트탑승권을 판매하는 행위는 일면으로는 위조된 리프트탑승권을 행사하는 행위임과 동시에 절취한 장물인 위조 리프트탑승권의 처분행위에 해당한다 할 것이다. 따라서 이 사건에서 제1심 공동피고인이 위조된 리프트탑승권을 위와 같은 방법으로 취득하였다는 정을 피고인이 알면서 이를 제1심 공동피고인으로부터 매수하였다면 그러한 피고인의 행위는 위조된 유가증권인 리프트탑승권에 대한 장물취득죄를 구성한다).

4) 대법원 1975. 9. 23. 선고 74도1804 판결.

5) 대법원 1987. 10. 13. 선고 87도538 판결.

② 재산범죄의 요건

㉠ 본범의 성립정도   본범은 구성요건에 해당하고 위법한 행위를 하면 족하고[1], 책임·처벌조건·소추조건까지 갖출 필요는 없다. 그러므로 본범의 공소시효가 완성된 경우, 본범에게 친족상도례가 적용되어 형이 면제되는 경우 등에 있어서도 장물성에는 영향이 없다.

㉡ 본범과 장물범과의 시간적 관련성   본죄의 성립과 관련하여, ① 본범이 기수에 이르러야 한다는 견해[2], ② 영득행위가 종료하면 되고 기수와 미수는 상관이 없다는 견해[3], ③ 원칙적으로 기수범설을 취하되 예외적으로(강도살인, 강도, 공갈 등) 기수가 되기 전이라도 재물의 영득이 앞서는 경우에는 장물성이 인정되고, 그에 따라 장물성을 판단해야 한다는 견해[4] 등의 대립이 있다.

이에 대하여 판례는「본범의 영득행위가 종료하기 전에 그 영득행위에 가공한 자는 본범의 공범이 될 수는 있어도 장물죄의 주체는 될 수 없다.」라고 판시[5]하여, 본범의 종료 후에 장물죄가 성립한다고 파악한다.

생각건대 본범이 미수에 불과할지라도 특정 범죄의 경우에는 재물의 영득이 가능하기 때문에 기수·미수를 불문하고 영득행위가 종료한 이후에 한하여 장물범이 성립한다고 보아야 한다. 즉 재물이 영득되지 못한 경우에는 장물성이 인정되지 아니한다.

㉢ 본범이 횡령죄인 경우   甲의 물건을 보관하는 乙이 이를 횡령하기 위해 丙에게 매도하였고, 丙이 이 사실을 알고도 매입한 경우에 있어서 丙의 죄책과 관련하여, ① 乙의 매도의사표시가 있으면 丙의 매수의사표시가 없더라도 횡령행위가 종료하였으므로 丙이 그 재물을 매입한 것은 장물취득죄가 된다는 견해[6], ② 乙의 매도의사표시로서 횡령행위가 기수가 되는 것은 아니므로 丙의 의사표시는 횡령죄의 방조범이 되고, 丙이 그 재물을 인도받음과 동시에 乙의 횡령행위는 기수가 되고, 丙의 행위는 장물취득죄가 되므로 丙은 횡령죄의 방조범과 장물취득죄의 상상적 경합이 된다는 견해[7], ③ 乙의 매도의사표시로서 횡령행위가 종료하지 않았고 丙의 매수행위는 횡령죄에 가공하는 것이므로 횡령죄의 방조범이 된다는 견해[8] 등의

1) 대법원 1975. 12. 9. 선고 74도2804 판결.
2) 권오걸, 840면; 김선복, 411면; 김성천/김형준, 537면; 김혜정 외 4인, 452면; 배종대, 487면; 이형국/김혜경, 515면; 정영일, 248면.
3) 오영근, 418면(예를 들어 절도가 재물탈환을 하기 위해 폭행·협박을 가하였으나 폭행·협박행위를 종료하지 못하였거나 상대방이 공포심을 갖지 않은 경우 준강도죄의 미수가 될 수 있지만, 이 재물에 대한 영득행위는 종료되었으므로 그 재물은 장물이 될 수 있다고 해야 하므로 영득행위의 종료시를 기준으로 해야 한다); 이영란, 447면; 이재상/장영민/강동범, 457면; 임 웅, 584면.
4) 김성돈, 512면; 김신규, 522면; 김일수/서보학, 409면; 손동권/김재윤, 499면; 신동운, 1218면; 정성근/정준섭, 316면; 최호진, 557면.
5) 대법원 1961. 11. 9. 선고 4294형상374 판결.
6) 김선복, 411면; 김신규, 523면; 김혜정 외 4인, 453면; 정성근/정준섭, 316면.
7) 김일수/서보학, 410면; 배종대, 487면.
8) 김성돈, 512면; 손동권/김재윤, 500면; 오영근, 419면(이 경우 丙이 횡령죄의 공동정범이 될 수 있는지의 여부도 검토해 보아야 한다. 만약 丙이 횡령죄의 공동정범이 된다고 하면 장물취득죄는 성립할 수 없기 때문이다. 상대방

대립이 있다.

이에 대하여 판례는「검사는 피고인에 대한 장물취득의 점을 기소함에 있어서 공소외 1, 공소외 2의 업무상 횡령행위, 즉 불법영득의사가 외부에 인식될 수 있는 객관적 행위가 이미 있었음을 전제로 그와 같은 횡령행위에 의하여 영득된 금원을 피고인이 교부받아 장물을 취득한 것으로 기소하였음이 분명하므로, 그 금원은 단순히 횡령행위에 제공된 물건이 아니라 횡령행위에 의하여 영득된 장물에 해당한다고 할 것이고, 나아가 설령 공소외 1, 공소외 2가 피고인에게 금원을 교부한 행위 자체가 횡령행위라고 하더라도 이러한 경우 공소외 1, 공소외 2의 업무상 횡령죄가 기수에 달하는 것과 동시에 그 금원은 장물이 되는 것이다.」라고 판시[1]하여, 장물취득죄의 성립을 인정하고 있다.

생각건대 횡령죄의 기수시기를 언제로 파악하느냐에 따라 장물취득죄의 성부가 상이하게 결정된다. 판례의 태도와 같이 표현설에 의하면 횡령의 의사를 외부에 표시함으로써 기수가 되기 때문에 그 재물은 이미 장물이 되고, 이를 취득한 악의의 매수자는 장물취득죄가 인정된다. 하지만 실현설에 의하면 아직 본범의 재물영득이 현실화되지 않은 단계에 불과하므로 횡령죄의 방조범이 인정된다.

3) 재물의 동일성

장물은 재산범죄로 영득한 재물과 물질적 동일성을 유지하는 범위 내에서만 인정된다. 예를 들면 훔친 금반지를 녹여 금괴로 만든 경우·도벌한 목재를 제재(製材)한 경우·자동차의 부속품을 다른 자동차에 장착한 경우 등에 있어서는 장물이 될 수 있다. 하지만 재물의 물질적 동일성이 사라진 경우에는 장물이 될 수 없다. 예를 들면 장물과 교환한 물건·금전인 장물로 구입한 물건 등과 같은 대체장물, 장물을 전당잡히고 받은 전당표[2], 절취한 물건을 복사한 복사물 등은 장물이 될 수 없다. 반면에 대체장물이 재산범죄에 의한 경우에는 장물이 된다. 예를 들면 절취한 물건을 매각하여 받은 금전은 대체장물이지만, 절취한 물건을 자기물건이라고 속이고 판 경우에는 사기죄로 취득한 금전이므로 장물이 된다.

한편 금전을 다른 금전으로 바꾼 경우, 즉 절취한 만원권 지폐 1장을 천원권 지폐 10장으로 교환한 경우·절취한 달러를 원화로 교환한 경우·자기앞수표를 현금으로 교환한 경우·절취한 5만원권 지폐 1장으로 밥을 먹고 4만원을 돌려받은 경우 등과 같은 상황에서 대체된 금전이 장물에 해당하는지 여부와 관련하여, ① 금전의 경우 물체의 영득이라는 점보다는 가치의 영득이

이 횡령한다는 사실을 알고 매입하였다고 하여도 이것만으로는 횡령죄의 공동정범이 될 수 없다는 것이 판례의 입장인데, 만약 이 경우 장물취득죄를 인정한다면 횡령죄의 공동정범을 인정하는 것보다 피고인에게 불리하므로 장물취득죄도 인정되지 않는다고 해야 한다); 이영란, 448면; 이재상/장영민/강동범, 457면; 임 웅, 584면.

1) 대법원 2004. 12. 9. 선고 2004도5904 판결(피고인은 2001. 5. 하순경 공소외 1, 공소외 2로부터 동인들이 횡령한 주식회사 동해 소유의 5,000만원을 그것이 장물인 정을 알면서도 주식매각 대금조로 교부받아 장물을 취득한 것을 비롯하여 그 때부터 2002. 12. 하순경까지 4회에 걸쳐 합계 5억원을 교부받아 장물을 취득하였다).

2) 대법원 1973. 3. 13. 선고 73도58 판결.

라는 점이 강하므로 장물성을 인정해야 한다는 점, 환전은 법률상 통화로서의 변경이라고 할 수 없다는 점, 금전은 교환하여도 가치적으로 동일성이 유지된다는 점 등을 논거로 하는 적극설[1], ② 대체성이 있는 다른 물건으로 교환된 경우에는 위법한 재산상태가 단절된다는 점, 장물죄는 이득죄가 아니라 재물죄이므로 재물성을 중시하여야 한다는 점, 재물의 물리적 형상이 달라진 경우에는 장물성을 상실한다고 보아야 한다는 점, 적극설은 장물의 범위를 확장하는 문제점이 있다는 점, 액면가치의 동일성만을 가지고 장물을 인정하는 것은 행위자에게 불리한 유추적용이라는 점 등을 논거로 하는 소극설[2] 등의 대립이 있다.

이에 대하여 판례는 「장물인 현금을 금융기관에 예금의 형태로 보관하였다가 이를 반환받기 위하여 동일한 액수의 현금을 인출한 경우에 예금계약의 성질상 인출된 현금은 당초의 현금과 물리적인 동일성은 상실되었지만 액수에 의하여 표시되는 금전적 가치에는 아무런 변동이 없으므로 장물로서의 성질은 그대로 유지된다고 봄이 상당하고, 자기앞수표도 그 액면금을 즉시 지급받을 수 있는 등 현금에 대신하는 기능을 가지고 거래상 현금과 동일하게 취급되고 있는 점에서 금전의 경우와 동일하게 보아야 할 것이다.」라고 판시[3]하여, 적극설의 입장을 취하고 있다.

생각건대 장물이란 재산범죄로 인하여 취득한 물건 그 자체를 말하고, 그 장물의 처분 대가는 원칙적으로 장물성을 상실한다. 하지만 금전은 고도의 대체성을 가지고 있어 다른 종류의 통화와 쉽게 교환할 수 있고, 그 금전 자체는 별다른 의미가 없고 금액에 의하여 표시되는 금전적 가치가 거래상 의미를 가지고 유통되고 있다는 점에서 적극설이 타당하다.

(3) 행 위

1) 취 득

'취득'이란 동산인 장물의 점유를 이전하거나 부동산인 장물의 등기를 이전받음으로써 사실상 소유자의 지위를 획득하는 것을 말한다.[4] 취득은 유상이든 무상이든 불문한다. 또한 자기

---

1) 김선복, 410면; 김성돈, 509면; 김성천/김형준, 540면; 김혜정 외 4인, 453면; 손동권/김재윤, 501면; 신동운, 1222 면; 이재상/장영민/강동범, 459면; 정성근/정준섭, 318면; 정영일, 249면.

2) 김일수/서보학, 412면; 배종대, 484면; 오영근, 420면; 이상돈, 1178면; 이영란, 451면; 이형국/김혜경, 516면; 임 웅, 585면.

3) 대법원 2004. 4. 16. 선고 2004도353 판결; 대법원 2004. 3. 12. 선고 2004도134 판결; 대법원 2000. 3. 10. 선고 98도2579 판결; 대법원 1999. 9. 17. 선고 98도2269 판결.

4) 대법원 2010. 12. 9. 선고 2010도6256 판결(피해자가 본범의 기망행위에 속아 현금을 피고인 명의의 은행 예금계좌로 송금하였다면, 이는 재물에 해당하는 현금을 교부하는 방법이 예금계좌로 송금하는 형식으로 이루어진 것에 불과하여, 피해자의 은행에 대한 예금채권은 당초 발생하지 않는다. 장물취득죄에서 '취득'이라 함은 장물의 점유를 이전받음으로써 그 장물에 대하여 사실상 처분권을 획득하는 것을 의미하는데, 이 사건의 경우 본범의 사기행위는 피고인이 예금계좌를 개설하여 본범에게 양도한 방조행위가 가공되어 본범에게 편취금이 귀속되는 과정 없이 피고인이 피해자로부터 피고인의 예금계좌로 돈을 송금받아 취득함으로써 종료되는 것이고, 그 후 피고인이 자신의 예금계좌에서 위 돈을 인출하였다 하더라도 이는 예금명의자로서 은행에 예금반환을 청구한 결과일 뿐 본범으로부터 위 돈에 대한 점유를 이전받아 사실상 처분권을 획득한 것은 아니므로, 피고인의 위와 같은 인출행위를 장물취득죄로 벌할 수는 없다. 사기 범행에 이용되리라는 사정을 알고서도 자신의 명의로 새마을금고 예금계좌를 개설하여 甲에게 이를 양도함으로써 甲이 乙을 속여 乙로 하여금 1,000만원을 위 계좌로 송금하게 한 사기

를 위한 취득이든 제3자를 위한 취득이든 불문한다. 취득은 단순한 계약만으로는 부족하고 현실적인 점유의 이전이 있어야 한다. 장물에 대한 사실상 소유자의 지위를 획득하면 장물취득죄가 성립하고, 계약의 유효 여부는 본죄의 성립에 영향이 없다.

절취한 돈을 함께 소비한 경우, 소비는 취득을 전제로 하는 것이므로 장물취득죄가 성립한다.[1] 하지만 본범이 훔친 돈으로 구입한 음식을 함께 먹거나 훔친 돈으로 구입한 물건을 함께 사용한 경우에는 대체장물을 취득한 것에 불과하므로 장물취득죄가 성립하지 아니한다. 또한 장물을 손괴하는 경우에도 취득이 될 수 없다. 장물취득죄는 취득 당시 장물인 정을 알면서 재물을 취득하여야 성립하는 것이므로 피고인이 재물을 인도받은 후에 비로소 장물이 아닌가 하는 의구심을 가졌다고 하여 그 재물수수행위가 장물취득죄를 구성한다고 할 수 없고[2], 장물인 정을 모르고 장물을 보관하였다가 그 후에 장물인 정을 알게 된 경우 그 정을 알고서도 이를 계속하여 보관하는 행위는 장물죄를 구성하는 것이지만, 이 경우에도 점유할 권한이 있는 때에는 이를 계속하여 보관하더라도 장물보관죄가 성립한다고 할 수 없다.[3] 하지만 매매계약을 체결할 때에는 장물인 줄 몰랐다가 인도받을 때 그 사실을 알았다면 장물취득죄가 성립한다.[4] 한편 신탁행위에 있어서는 수탁자가 외부관계에 대하여 소유자로 간주되므로 이를 취득한 제3자는 수탁자가 신탁자의 승낙 없이 매각하는 정을 알고 있는지 여부에 불구하고 장물취득죄가 성립하지 아니한다.[5]

2) 양 도

'양도'란 장물인 줄 모르고 취득하였다가 이후 장물인 줄 알고 양수인에게 동산인 장물의 점유를 이전하거나 부동산인 장물의 등기를 이전함으로써 사실상 소유자의 지위를 가지도록 하는 것을 말한다.[6] 양도계약의 체결만으로는 부족하고, 현실적인 인도가 있어야 한다. 유상·무상을 불문한다. 양수인이 장물이라는 사실을 인식하였는지 여부는 묻지 아니한다. 다만 양수인이 장물인 정을 알았다면 양수인에게는 별도로 장물취득죄가 성립할 수 있고, 양수인이 장물인 정을 몰랐다면 양도인은 장물양도죄와 묵시적 기망행위에 의한 사기죄가 성립할 수 있다.[7]

범행을 방조한 피고인이 위 계좌로 송금된 돈 중 140만원을 인출하여 甲이 편취한 장물을 취득하였다는 공소사실에 대하여, 甲이 사기 범행으로 취득한 것은 재산상의 이익이어서 장물에 해당하지 않는다는 원심판단은 적절하지 아니하지만, 피고인의 위와 같은 인출행위를 장물취득죄로 벌할 수는 없으므로, 위 '장물취득' 부분을 무죄로 선고한 원심의 결론은 정당하다).

1) 반면에 장물인 현금의 소비행위를 취득으로 보지 않는 견해로는 임 웅, 589면.
2) 대법원 1971. 4. 20. 선고 71도468 판결.
3) 대법원 2006. 10. 13. 선고 2004도6084 판결; 대법원 1986. 1. 21. 선고 85도2472 판결.
4) 대법원 1960. 2. 17. 선고 4292형상496 판결.
5) 대법원 1979. 11. 27. 선고 79도2410 판결.
6) 대법원 2011. 5. 13. 선고 2009도3552 판결(피고인은 2004. 12.경 미등록 상태였던 이 사건 수입자동차를 취득한 후, 2005. 3. 29. 최초 등록이 마쳐진 이 사건 수입자동차가 장물일지도 모른다고 생각하면서도 2005. 5. 28. 이를 다시 공소외인에게 양도한 사실을 알 수 있다).
7) 대법원 1980. 11. 25. 선고 80도2310 판결(절도범인이 절취한 장물을 자기 것인양 제3자에게 담보로 제공하고 금원을 편취한 경우에는 별도의 사기죄가 성립된다).

한편 장물인 줄 알고 취득한 후 양도한 경우의 죄책과 관련하여, ① 장물양도죄는 불가벌적 사후행위가 되어 장물취득죄만 성립한다는 견해[1], ② 협의의 포괄일죄가 되어 장물취득죄만 성립한다는 견해[2] 등의 대립이 있다.

이에 대하여 판례는 「금융기관 발행의 자기앞수표는 그 액면금을 즉시 지급받을 수 있는 점에서 현금에 대신하는 기능을 가지고 있어서 장물인 자기앞수표를 취득한 후 이를 현금 대신 교부한 행위는 장물취득에 대한 가벌적 평가에 당연히 포함되는 불가벌적 사후행위로서 별도의 범죄를 구성하지 아니한다.」라고 판시[3]하여, 전자의 입장을 취하고 있다.

생각건대 장물양도행위는 불가벌적 사후행위가 되어 장물취득죄만 성립한다고 보아야 한다.

3) 운 반

'운반'이란 위탁을 받고 장물을 장소적으로 이동하는 것을 말한다. 운반은 본범 또는 장물취득자의 양해 또는 승낙에 의하여 이루어져야 한다. 그러므로 피해자에게 반환하기 위한 운반은 본범 또는 장물취득자의 의사에 반하기 때문에 본죄에 해당하지 아니한다.[4] 또한 본범 또는 장물취득자가 직접 운반할 때에는 불가벌적 사후행위가 된다.[5] 즉 본범과 공동하여 장물을 운반한 경우에 본범은 장물죄에 해당하지 않으나, 그 이외의 자[6]의 행위는 장물운반죄를 구성한다.[7] 반면에 절취한 자동차의 뒷좌석에 편승하는데 그친 경우에는 운반의 실행을 분담하였다고 볼 수 없다.[8]

4) 보 관

'보관'이란 위탁을 받아 장물을 자기의 점유 아래에 두는 것을 말한다. 장물보관죄는 점유의 취득만이 있고 사실상의 처분권을 갖지 못한다는 점에서 장물취득죄와 구별된다.[9] 보관의 위탁자가 반드시 본범일 필요는 없고, 장물취득자·양도자·운반자 등도 보관을 위탁할 수 있다.

---

1) 김선복, 413면; 김신규, 524면; 김일수/서보학, 414면; 신동운, 1225면; 오영근, 424면; 이영란, 453면; 이형국/김혜경, 519면; 정성근/정준섭, 319면.

2) 임 웅, 590면(불가벌적 사후행위가 논의되기 위해서는 양도가 최소한 구성요건해당행위가 되어야 함에도 불구하고 처음부터 장물인 줄 알고 한 양도는 아예 양도행위에 해당하지 않으므로 장물양도죄의 구성요건해당성조차 없게 되기 때문이다. 그러므로 장물양도는 취득 당시에 장물임을 알았거나 몰랐거나 간에 양도 당시에 장물임을 알고 양도하기만 하면 성립한다).

3) 대법원 1993. 11. 23. 선고 93도213 판결.

4) 반면에 장물운반죄의 성립을 긍정하는 견해로는 신동운, 1226면.

5) 대법원 1986. 9. 9. 선고 86도1273 판결.

6) 대법원 1966. 9. 27. 선고 66도1100 판결(상명하복관계에 있는 군인이라고 할지라도 상급자가 군수물자를 불법처분하는 정을 알면서 그 지시에 따라 그 군수품을 운반 또는 취득하였을 경우에는 장물에 관한 범죄가 성립한다).

7) 대법원 1999. 3. 26. 선고 98도3030 판결(장물승용차강도예비사건)(피고인이 승용차가 공소외 1이 절취한 차량이라는 정을 알면서도 공소외 1, 2로부터 동인들이 승용차를 이용하여 강도를 하려 함에 있어 피고인이 승용차를 운전해 달라는 부탁을 받고 승용차를 운전하여 간 사실이 인정된다면, 피고인은 강도예비와 아울러 장물운반의 고의를 가지고 위와 같은 행위를 하였다).

8) 대법원 1983. 9. 13. 선고 83도1146 판결.

9) 대법원 2003. 5. 13. 선고 2003도1366 판결(장물취득죄에서 '취득'이라고 함은 점유를 이전받음으로써 그 장물에 대하여 사실상의 처분권을 획득하는 것을 의미하는 것이므로, 단순히 보수를 받고 본범을 위하여 장물을 일시 사용하거나 그와 같이 사용할 목적으로 장물을 건네받은 것만으로는 장물을 취득한 것으로 볼 수 없다).

장물인 정을 모르고 보관하던 중 장물인 정을 알게 되었으면서도 계속 보관함으로써 피해자의 정당한 반환청구권 행사를 어렵게 하고 위법한 재산상태를 유지시키는 때에는 장물보관죄가 성립한다.[1] 하지만 이 경우에도 점유할 권한이 있는 때에는 이를 계속하여 보관하더라도 장물보관죄가 성립하지 아니한다.[2] 절도 범인으로부터 장물보관 의뢰를 받은 자가 그 정을 알면서 이를 인도받아 보관하고 있다가 임의 처분하였다고 하여도 장물보관죄가 성립하는 때에는 이미 그 소유자의 소유물 추구권을 침해하였으므로 그 후의 횡령행위는 불가벌적 사후행위에 불과하여 별도로 횡령죄가 성립하지 아니한다.[3]

5) 알 선

'알선'이란 장물의 취득·양도·운반·보관을 매개하거나 주선하는 것을 말한다. 장물알선죄의 기수시기와 관련하여, ① 취득·양도 등은 장물알선죄의 목적에 불과하고 목적의 성취 여부는 알선죄의 성립에 영향을 미치지 않는다는 점을 논거로 하여, 사실상의 알선행위만 있으면 족하다는 알선행위종료시설[4], ② 알선행위에 따른 취득·양도·운반·보관 등의 계약체결시설[5], ③ 장물죄의 다른 행위태양과의 형평성을 고려해야 한다는 점을 논거로 하여, 알선의 결과 점유의 이전까지 필요하다는 점유이전시설[6] 등의 대립이 있다.

이에 대하여 판례는 「장물인 정을 알면서, 장물을 취득·양도·운반·보관하려는 당사자 사이에 서서 서로를 연결하여 장물의 취득·양도·운반·보관행위를 중개하거나 편의를 도모하였다면[7], 그 알선에 의하여 당사자 사이에 실제로 장물의 취득·양도·운반·보관에 관한 계약이 성립하지 아니하였거나 장물의 점유가 현실적으로 이전되지 아니한 경우라도 장물알선죄가 성립한다.」라고 판시[8]하여, 알선행위종료시설의 입장을 취하고 있다.

생각건대 장물죄의 다른 행위태양이 모두 점유의 이전을 요구한다는 점이 반드시 알선행위에 있어서도 유지되어야 할 필요가 없다는 점, 장물죄는 위험범이기 때문에 알선행위 자체만으로도 기수가 될 수 있다는 점, 알선행위가 있은 후 실제로 점유의 이전이 없더라도 기왕에 있

---

[1] 대법원 1987. 10. 13. 선고 87도1633 판결.

[2] 대법원 1986. 1. 21. 선고 85도2472 판결(피고인이 채권의 담보로서 이 사건 수표들을 교부받았다가 장물인 정을 알게 되었음에도 채권을 확보하기 위하여 이를 보관한 행위는 장물보관죄에 해당하지 아니한다).

[3] 대법원 2004. 4. 9. 선고 2003도8219 판결; 대법원 1976. 11. 23. 선고 76도3067 판결.

[4] 김성천/김형준, 545면; 김일수/서보학, 415면; 박상기, 705면; 정영일, 251면.

[5] 이형국/김혜경, 521면; 임 웅, 592면.

[6] 김선복, 415면; 김성돈, 518면; 김신규, 527면; 김혜정 외 4인, 455면; 배종대, 491면; 손동권/김재윤, 506면; 오영근, 426면; 이영란, 455면; 이재상/장영민/강동범, 462면; 정성근/정준섭, 321면.

[7] 대법원 1975. 2. 25. 선고 74도2228 판결(피고인은 공소외인에게 '황소를 훔쳐오면 문제없이 팔아주겠다'고 말한 사실이 있었을 뿐이라는 것이니 이는 공소외인이 황소를 절취하여 오면 이 장물에 관하여 매각 알선을 하겠다는 의사표시를 한 것이라고 볼 수 있을 뿐, 이러한 언사만으로서 피고인이 바로 공소외인의 이 사건 황소절취행위를 공동으로 하겠다는 이른바 공모의 의사를 표시한 것이라고 볼 수는 없다).

[8] 대법원 2009. 4. 23. 선고 2009도1203 판결(장물인 귀금속의 매도를 부탁받은 피고인이 그 귀금속이 장물임을 알면서도 매매를 중개하고 매수인에게 이를 전달하려다가 매수인을 만나기도 전에 체포되었다 하더라도, 위 귀금속의 매매를 중개함으로써 장물알선죄가 성립한다).

었던 알선행위의 불법성이 상쇄되지 않는다는 점 등을 이유로 알선행위종료시설이 타당하다.

(4) 주관적 구성요건

본죄가 성립하기 위해서는 장물의 인식은 확정적 인식임을 요하지 않으며 장물일지도 모른다는 의심을 가지는 정도의 미필적 인식으로서도 충분하다.[1] 또한 장물인 정을 알고 있었느냐의 여부는 장물 소지자의 신분, 재물의 성질, 거래의 대가 기타 상황을 참작하여 이를 인정할 수밖에 없다.[2]

장물죄가 성립하기 위하여 고의 이외에 불법영득의사가 필요한지 여부와 관련하여, ① 장물취득죄는 불법영득의사를 필요로 하지만, 장물양도·운반·보관·알선죄는 필요하지 않다는 견해[3], ② 영득죄의 성격을 전혀 부인하면 장물죄의 성립범위를 부당하게 확대시킬 위험이 있다는 점, 영득행위 및 이득행위의 위법성은 필요하지 않다는 점 등을 논거로 하여, 장물취득죄는 불법영득의사를 필요로 하고, 장물양도·운반·보관·알선죄는 불법이득의사가 필요하다는 견해[4], ③ 불법영득의사가 필요하지 않다는 견해[5] 등의 대립이 있다.

생각건대 장물죄의 성립에는 불법영득의사가 필요하지 않다고 보아야 한다. 왜냐하면 장물의 취득·양도·운반·보관·알선 등 모든 유형의 범죄는 무상으로도 얼마든지 가능하기 때문이다.

한편 장물이 되기 위해서는 본범이 절도·강도·사기·공갈·횡령 등 재산범죄에 의하여 영득한 물건이면 족하고, 그 중 어느 범죄에 의하여 영득한 것인지를 구체적으로 명시할 것은 요구되지 아니한다.[6] 그러므로 본범이 횡령죄를 범한 것인지 강도죄를 범한 것인지까지는 특정이 되지 않더라도 적어도 피고인이 위 범죄 중 어느 하나인 범죄로 인하여 생긴 물건, 즉 영득죄로 인한 장물인 사실을 알고 있다고 보이는 이상 장물취득죄의 성립을 인정할 수 있다.[7]

---

1) 대법원 1995. 1. 20. 선고 94도1968 판결(피고인이 통상적인 원단 구입처가 아닌 나염공장 기술자에 불과한 제1심 상피고인으로부터 정품에 가까운 원단을 야간에 시중시세보다 저렴하게 다량 매수한다는 것은 정상적인 거래사회에서는 존재할 수 없고, 따라서 피고인은 특별한 사정이 없는 한 제1심 상피고인이 원단을 부정처분하는 정을 알았다고 보는 것이 경험칙에 합치된다); 대법원 1987. 4. 14. 선고 87도107 판결; 대법원 1982. 2. 23. 선고 81도 2876 판결(군복 및 군용장구의 단속에 관한 법률 등에 의하여 군복 또는 그 원료인 군복지의 일반적인 제조 판매 등 행위가 금지되어 있다고 하더라도 이러한 단속법규에 위반하여 시중에 군복 또는 군복지가 거래될 수 있음은 충분히 예상될 수 있을 뿐만 아니라 군복 및 군용장구의 단속에 관한 법률 제4조에 의하면 일반 시민도 국방부장관의 허가를 얻어 군복 등을 제조 판매할 수 있으므로 예외적인 경우이기는 하지만 군복 및 군복지가 시중에서 합법적으로 유통될 수 있는 여지도 있는 만큼, 국군 또는 주한 국제연합군의 군용에 공하기 위하여 제조된 군복 또는 군복지가 시중에서 거래되고 있다고 하더라도 이를 모두 장물이라고는 단정할 수는 없다).

2) 대법원 2004. 12. 9. 선고 2004도5904 판결.

3) 이영란, 456면; 임 웅, 592면; 정영일, 252면.

4) 김일수/서보학, 417면.

5) 김선복, 416면; 김성천/김형준, 547면; 김신규, 528면; 김혜정 외 4인, 457면; 손동권/김재윤, 507면; 오영근, 426면; 이재상/장영민/강동범, 463면; 이형국/김혜경, 521면; 정성근/정준섭, 321면.

6) 대법원 1969. 1. 21. 선고 68도1474 판결.

7) 대법원 2000. 3. 24. 선고 99도5275 판결.

Ⅱ. 업무상 과실·중과실 장물죄

> 제364조(업무상 과실, 중과실) 업무상 과실 또는 중대한 과실로 인하여 제362조의 죄를 범한 자는 1년 이하의 금고 또는 500만원 이하의 벌금에 처한다.
>
> 제365조(친족간의 범행) ① 전3조의 죄를 범한 자와 피해자간에 제328조 제1항, 제2항의 신분관계가 있는 때에는 동조의 규정을 준용한다.
>
> ② 전3조의 죄를 범한 자와 본범간에 제328조 제1항의 신분관계가 있는 때에는 그 형을 감경 또는 면제한다. 단, 신분관계가 없는 공범에 대하여는 예외로 한다.

1. 의 의

업무상 과실장물죄는 업무상 과실로 제362조의 죄를 범함으로써 성립하는 범죄이고, 중과실 장물죄는 중대한 과실로 제362조의 죄를 범함으로써 성립하는 범죄이다.[1] 형법상 과실재산범죄를 벌하는 유일한 규정으로서 업무상 과실과 중과실에 대해서만 처벌하고, 단순과실의 경우에는 처벌하지 아니한다. 본죄는 중고품상·골동품상·금은방·전당포 등 중고물품을 취급하는 업무자들에게 각별한 주의의무를 부과함을 그 목적으로 하고 있다. 장물의 경우에는 그 가격이 낮거나 거래조건이 비정상적으로 상대방에게 유리한 경우가 많을 것이므로 업무자들에게 과실이 있는 경우는 물론이고 일반인들에게도 중과실이 있는 경우에는 처벌하는 것이다. 또한 고의범으로서의 입증이 곤란한 경우 과실범으로 처벌할 여지를 남겨둠으로써 장물단속과 본범 검거의 효과를 거두려고 하는 정책적 고려도 엿보인다.

2. 구성요건

금은방을 운영하는 자가 귀금속류를 매수함에 있어 매도자의 신원확인절차를 거쳤다고 하여도 장물인지의 여부를 의심할 만한 특별한 사정이 있거나 매수물품의 성질과 종류 및 매도자의 신원 등에 좀 더 세심한 주의를 기울였다면 그 물건이 장물임을 알 수 있었음에도 불구하고 이를 게을리하여 장물인 정을 모르고 매수하여 취득한 경우에는 업무상 과실장물취득죄가 성립한다.[2] 물건이 장물인지의 여부를 의심할 만한 특별한 사정이 있는지 여부나 그 물건이 장물임을 알 수 있었는지 여부는 매도자의 인적사항과 신분, 물건의 성질과 종류 및 가격, 매도자와 그 물건의 객관적 관련성, 매도자의 언동 등 일체의 사정을 참작하여 판단하여야 할 것이다.[3]

판례에 의하면, ① 전자대리점을 경영하는 피고인이 그 취급물품의 판매회사 사원으로부터 그가 소개한 회사 보관창고의 물품반출 업무담당자가 그 창고에서 내어주는 회사소유 냉장고 20대를 반출하여 판

---

[1] 과실양도를 실제로 상정하기 어렵다는 견해로는 김선복, 418면; 손동권/김재윤, 509면; 이재상/장영민/강동범, 466면; 정성근/정준섭, 323면.

[2] 대법원 1984. 11. 27. 선고 84도1413 판결.

[3] 대법원 2003. 4. 25. 선고 2003도348 판결.

매 후 그 대금을 달라는 부탁을 받고 이를 반출함에 있어서 그 대금도 확실히 정하지 않고, 인수증의 발행 등 정당한 출고절차를 거치지 아니한 경우[1]), ② 고물상의 경우에 물품매입장부에 매도인이 일러 준 주소, 성명을 기입해도 전매이득에 급급한 나머지 신분, 직업, 연령, 원매가격, 물품내용, 출처, 현시가 등에 대한 신중한 주의를 하지 못하고 매도인이 지시하는 가주소, 가성명만을 경신하고 도품인 중고녹음기 1대를 매수한 경우[2]) 등에 있어서는 업무상 과실을 인정하고 있다.

하지만 ① 피고인들이 미싱 취급고물영업허가를 받고 영업을 하다가 봉제공장을 경영하는 공소외인으로부터 그 공장에 설치되어 있던 미싱 50대를 구입함에 있어서 공소외인이 위 공장에 새로운 설비를 하기 위하여 미싱을 처분하였다고 말하자 피고인들이 다른 고물영업자 2사람과 함께 만든 견적서에 의하여 그 대금을 결정하고 결가된 대로 매매계약서를 작성할 때에도 공소외인의 사업자등록증과 주민등록증을 확인하고 물품을 인수한 후에 피고인들의 고물상 장부에 이를 기재한 경우[3]), ② 전당포를 경영하는 피고인이 과거 5~6년간 한 동네에서 살았고, 2회 가량 자기 소유의 비디오를 전당잡혀 그 기간 내에 전당물을 찾아간 바 있던 공소외인으로부터 장물인 싯가 720,000원 상당의 비디오를 입질받음에 있어 그 소유관계를 물으니 자기 소유라고 대답하여 주민등록증을 제시받아 전당물대장에 주소, 성명, 직업, 주민등록번호, 연령 등을 기재하고 금 150,000원을 공소외인에게 대여한 경우[4]), ③ 피고인이 공소외인으로부터 우표를 매입할 때 주민등록증의 제시를 요구하여 확인한 후 이를 피고인이 가지고 있던 탁상일지에 기재하였으며, 그 매입가격도 피고인이 우체국으로부터 매입하던 가격보다는 저렴하나 평소 일반 시민들로부터 매입하던 가격으로 매입하였던 경우[5]), ④ 공동피고인은 절취하여 온 물건들을 전당포를 경영하는 피고인들에게 전당하면서 위조한 주민등록증을 제시하고 피고인들의 질문에 대하여 전당물의 취득경위나 전당이유 등을 그럴싸하게 꾸며서 진술하였는데 피고인들은 주민등록증과 공동피고인의 말이 진실한 것으로 믿고 전당물대장에 소정 양식대로 인적사항과 전당물의 종류, 수량들을 기재한 후 통상의 경우와 같이 그 가격에 상응한 한도 내에서 공동피고인이 요구하는 금원을 대출하였으며, 주민등록증은 육안으로는 위조 여부를 쉽게 식별할 수 없게 되어 있던 경우[6]), ⑤ 영업용 택시운전사에게 승객의 소지품의 내용 및 내력 등에 관하여 이를 물어보고 조사할 권한이나 의무가 없으므로 택시운전사가 승객의 물건의 출처와 장물 여부를 따지고 신분에 적합한 소지인인가를 알아보는 등의 주의를 하지 않고 승객의 물건을 운반한 경우[7]), ⑥ 귀금속상이 통상의 시장상인들이 구입하는 가격에 맞추어 매수하고 또 매수할 당시에 매도인의 신상을 파악하고자 주민등록증의 제시를 요구하여 성명과 주소 등을 확인한 경우[8]), ⑦ 전당포영업자인 피고인이 전당의뢰자로부터 목적물을 전당잡으면서 의뢰자의 주민등록증을 제시받아 인적사항을 확인하고 전당물대장에 전당물과 전당물주의 특징 등을 기재하는 한편 그의 전화번호까지 적어 둔 경우[9]), ⑧ 금은방을 경영하는 자가 귀금속을 매입함에 있어서 매도인이 주민등록증을 소지하고

1) 대법원 1987. 6. 9. 선고 87도915 판결.
2) 대법원 1960. 9. 14. 선고 4293형상316 판결.
3) 대법원 1991. 11. 26. 선고 91도2332 판결.
4) 대법원 1987. 2. 24. 선고 86도2077 판결
5) 대법원 1986. 6. 24. 선고 86도396 판결.
6) 대법원 1983. 9. 27. 선고 83도1857 판결.
7) 대법원 1983. 6. 28. 선고 83도1144 판결.
8) 대법원 1983. 3. 22. 선고 83도47 판결. 同旨 대법원 1970. 8. 31. 선고 70도1489 판결; 대법원 1960. 8. 10. 선고 4292형상328 판결.
9) 대법원 1984. 9. 25. 선고 84도1488 판결.

있지 않아 이를 확인치 않았으나 전에 일차 거래한바 있던 매도인의 일행의 인적사항을 확인하여 고물 매입대장을 작성하였고, 매입가격도 적정한 경우[1], ⑨ 다이아반지의 출처와 보증서의 소지 여부에 대하여 혼인할 때 시집에서 사준 것이고 또한 혼인한 지는 15년 이상이나 되어 보증서는 분실하였다고 대답한 경우[2], ⑩ 중고 휴대전화 매입 업무에 종사하는 피고인이 원심공동피고인 1은 물론 원심공동피고인 1이 근무하는 휴대전화 판매점 직원들로부터 고객이 교체한 중고 휴대전화를 매입하는 거래를 하던 중 원심공동피고인 1이 피고인에게 고객이 판매를 위탁한 가개통 휴대전화라면서 휴대전화 매입을 요청하였고, 피고인은 당일 시세를 정하여 놓은 매입단가표의 가격으로 휴대전화를 매입하였는데, 휴대전화의 고유 식별번호로 인터넷 사이트(이동전화 단말기자급제)에서 도난 또는 분실 등록된 휴대전화가 아님을 확인하였고, 원심공동피고인 1로부터 인적사항, 휴대전화 기종, 매입가, 판매 가능한 정상적인 휴대전화라는 취지 등이 기재된 매매계약서를 작성 받았지만, 휴대전화의 개통 여부, 등록상 명의자, 정상적 해지 여부 등은 이동통신사가 보유하는 정보여서 이를 확인하지 아니한 경우[3] 등에 있어서는 업무상 과실을 부정하고 있다.

제 8 절 손괴의 죄

I. 재물손괴죄

> 제366조(재물손괴등) 타인의 재물, 문서 또는 전자기록등 특수매체기록을 손괴 또는 은닉 기타 방법으로 그 효용을 해한 자는 3년 이하의 징역 또는 700만원 이하의 벌금에 처한다.
> 제371조(미수범) 제366조, 제367조와 제369조의 미수범은 처벌한다.
> 제372조(동력) 본장의 죄에는 제346조를 준용한다.

1. 의의 및 보호법익

재물손괴죄는 타인의 재물·문서 또는 전자기록 등 특수매체기록을 손괴 또는 은닉 기타 방법으로 그 효용을 해함으로써 성립하는 범죄이다. 본죄는 기존에 재물과 문서만을 그 객체로 하였으나, 1995. 12. 29. 형법 개정을 통하여 전자기록 등 특수매체기록을 객체로 포함시켰다. 본죄는 재물의 효용을 향유하려는 영득죄와는 달리 재물의 효용을 해하는 점에 그 특징이 있기 때문에 불법영득의사가 필요하지 않다. 본죄의 보호법익은 타인소유의 재물 등에 대한 효용(효율적인 이용가치)이고, 보호의 정도는 침해범이다. 친족상도례가 준용되지 아니한다.

---

1) 대법원 1984. 2. 14. 선고 83도3014 판결.
2) 대법원 1978. 9. 26. 선고 78도1902 판결.
3) 대법원 2019. 6. 13. 선고 2016도21178 판결.

2. 구성요건

(1) 객 체

1) 재 물

본죄의 재물에는 유체물뿐만 아니라 관리할 수 있는 동력도 포함된다. 예를 들면 인공냉기를 자기의 집에 끌어들인 다음 창문을 활짝 열어 밖으로 내보내게 하는 경우가 이에 해당한다.(해부용) 시체의 경우는 본죄의 객체에 해당하지 아니하고, 시체손괴죄의 객체가 된다. 또한 재물을 본래의 용도로 사용할 수 없다고 하여도 다른 용도로 사용할 수 있으면 본죄의 객체가 된다.[1]

한편 공익건조물이 본죄의 객체가 될 수 있는지 여부와 관련하여, ① 공익에 공하는 건조물을 파괴할 정도에 이르지 않고 손괴한 경우에는 공익건조물파괴죄(제367조)가 성립하지 않으므로 공익건조물도 본죄의 객체가 된다는 적극설[2], ② 공용서류등무효죄(제141조 제1항)에 해당하므로 공익건조물은 본죄의 객체가 되지 않는다는 소극설[3], ③ 제141조의 객체는 '공무소에서 사용하는 서류 기타 물건'인데 공익건조물은 반드시 공무소에서 사용하는 것일 필요가 없으므로 공익건조물도 원칙적으로 본죄의 객체가 되나 공무소에서 사용하고 공익에 공하는 건조물은 제141조의 객체가 된다고 하는 절충설[4] 등의 대립이 있다.

생각건대 공익건조물을 파괴에 이르지 않고 손괴하는 것이 가능하기 때문에 적극설이 타당하다.

2) 문 서

본죄에서 말하는 문서는 제141조 제1항의 공용서류에 해당하지 않는 모든 문서를 말한다. 문서는 표시된 내용이 적어도 법률상 또는 사회생활상 중요한 사항에 관한 것이어야 한다.[5] 사

---

1) 대법원 1979. 7. 24. 선고 78도2138 판결(포도주원액사건)(이 건 포도주 원액은 부패하여 포도주 원료로서의 효용 가치는 상실되었으나, 그 산도가 1.8도 내지 6.2도에 이르고 있어 식초의 제조 등 다른 용도에 사용할 수 있으므로, 이 건 포도주 원액은 재물손괴죄의 객체가 될 수 있다); 同旨 대법원 2010. 2. 25. 선고 2009도8473 판결; 대법원 2007. 9. 20. 선고 2007도5207 판결(피해자들의 이 사건 각 아파트는 이 사건 당시 재건축사업으로 그 철거가 예정되어 있었고 소유자나 세입자들이 모두 타처로 이사하여 거주하지 않은 채 비워져 있던 상태였음을 알 수 있으나, 위 각 아파트 자체의 객관적 성상이 그 본래의 사용목적인 주거용으로 사용될 수 없는 상태로 되어 있었다는 점을 인정할 자료가 없고, 더욱이 피해자들이 반포주공2단지주택재건축정비사업조합에로의 신탁등기 및 명도를 거부하는 방법으로 계속 그 소유권을 행사하고 있는 상황에서, 위와 같은 사정만으로는 위 각 아파트가 재물로서의 이용가치나 효용이 없는 물건으로 되었다고 할 수 없으므로, 위 각 아파트는 재물손괴죄의 객체가 된다).

2) 김선복, 421면; 김성천/김형준, 555면; 김신규, 536면; 김일수/서보학, 322면; 손동권/김재윤, 514면; 오영근, 432면; 이영란, 465면; 이재상/장영민/강동범, 471면; 임 웅, 599면, 정성근/정준섭, 327면.

3) 배종대, 496면; 신동운, 1238면; 정영일, 256면.

4) 오영근, 432면.

5) 대법원 1989. 10. 24. 선고 88도1296 판결(이미 작성되어 있던 장부의 기재를 새로운 장부로 이기하는 과정에서 누계 등을 잘못 기재하다가 그 부분을 찢어버리고 계속하여 종전 장부의 기재내용을 모두 이기하였다면 그 당시 새로운 경리장부는 아직 작성 중에 있어서 손괴죄의 객체가 되는 문서로서의 경리장부가 아니라 할 것이고, 또 그 찢어버린 부분이 진실된 증빙내용을 기재한 것이었다는 등의 특별한 사정이 없는 한 그 이기과정에서 잘못

문서·공문서를 불문하고, 권리의무에 관한 문서이든 사실증명에 관한 문서이든 묻지 아니한다. 작성명의인과 내용을 알 수 있는 계산서도 문서에 속한다.[1] 하지만 도화·사진 등은 문서가 아니라 재물에 해당할 수 있다.

3) 전자기록 등 특수매체기록

'특수매체기록'이란 컴퓨터 등 정보처리장치 기타 기계적 장치에 의해 생성된 기록으로서 그 자체로는 사람이 감각적으로 인식할 수 없는 기록을 말한다. 전자기록은 전기적 기록과 자기적 기록을 포함하며, 특수매체기록은 전자기록을 포함하는 이외에 광기술이나 레이저기술을 이용한 기록을 포함한다. 예를 들면 컴퓨터 하드디스크·USB·CD 등에 수록된 기록, 영화필름·녹음테이프·비디오필름 등에 수록된 기록 등이 이에 해당한다. 기록을 담고 있는 매체물이 아니라 매체물이 담고 있는 데이터의 기록 자체가 이에 해당하는 것이다. 그러므로 하드디스크나 USB 그 자체는 특수매체기록이 아니라 재물에 해당할 뿐이다.

4) 타인의 소유

재물·문서·특수매체기록 등은 타인의 소유에 속하여야 한다. 자기가 점유하는 것이든 타인이 점유하는 것이든 무방하다. 즉 본죄의 객체는 타인소유의 문서 등이며, 피고인 자신의 점유 아래에 있는 문서 등이라고 할지라도 타인소유인 이상 이를 손괴하는 행위는 본죄에 해당한다.[2] 확인서가 그 소유자의 의사에 반하여 피고인에 의하여 손괴된 것이라면 그 확인서가 피고인 명의로 작성된 것이고, 그것이 진실에 반하는 허위내용을 기재한 것이라고 하더라도 본죄가 성립한다.[3] 비록 자기명의의 문서라고 할지라도 이미 타인에 접수되어 있는 문서에 대하여 함부로 이를 무효화시켜 그 용도에 사용하지 못하게 하였다면 본죄가 성립한다.[4] 적법한 행정관청의 허가를 얻지 아니한 재물 등도 타인소유에 속할 경우에 본죄의 객체가 될 수 있는데, 예를 들면 무허가 건물[5]·무허가 포장마차·무허가 현수막[6] 등이 이에 해당된다. 한편 타인 소유의

기재되어 찢어버린 부분 그 자체가 손괴죄의 객체가 되는 재산적 이용가치 내지 효용이 있는 재물이라고도 볼 수 없다).

1) 대법원 1985. 10. 22. 선고 85도1677 판결(이 사건 계산서에 작성명의인의 표시가 없고 그 내용에 있어 표시가 부분적으로 생략되어 몇 개의 계산수식만 기재되어 있기는 하나 위 계산서의 내용, 형식, 필적 등을 종합하면 위 문서의 작성명의인이 피고인임을 쉽게 알 수 있을 뿐만 아니라 위 계산서에 기재되어 있는 계산수식만으로서도 그 내용을 객관적으로 이해하기 충분하고 그 작성명의인의 확정적인 의사가 표시된 것임이 분명하므로 위 계약서가 문서에 해당된다).

2) 대법원 2007. 3. 15. 선고 2006도7044 판결(이 사건 비닐하우스의 소유권이 피고인에게 있다고 하더라도, 피해자가 공소외인으로부터 이 사건 비닐하우스를 인도받아 점유하고 있는 이상 피고인이 함부로 이 사건 비닐하우스의 열쇠를 손괴하고 그 안에 들어간 행위는 재물손괴죄 및 주거침입죄에 해당한다); 대법원 1984. 12. 26. 선고 84도2290 판결(피고인은 피해자로부터 전세금 2,000,000원을 받고 영수증(문서제목은 계약서라고 되어 있다)을 작성교부한 뒤에 피해자에게 위 전세금을 반환하겠다고 말하여 피해자로부터 위 영수증을 교부받고 나서 전세금을 반환하기도 전에 이를 찢어버린 사실이 인정되므로, 피고인에게 문서손괴의 죄책을 인정할 수 있다).

3) 대법원 1982. 12. 28. 선고 82도1807 판결.

4) 대법원 1987. 4. 14. 선고 87도177 판결; 대법원 1977. 2. 22. 선고 76도4396 판결.

5) 대법원 2004. 5. 28. 선고 2004도434 판결(재개발구역 안의 무허가 건물에 대한 사실상 소유권은 관리처분계획의 인가·고시에 의하여 이에 해당하는 아파트 등을 분양받을 조합원의 지위로 잠정적으로 바뀌고, 분양처분의 고시

토지에 이를 사용·수익할 만한 권한이 없이 농작물을 경작한 경우에 그 농작물의 소유권은 경작한 사람에게 귀속된다.[1]

(2) 행 위

1) 손 괴

'손괴'란 직접적인 유형력을 행사하여 그 효용을 해하는 것을 말한다. 따라서 효용을 증가시키는 것은 손괴라고 할 수 없다. 효용을 해하는 것은 영구적이 아니라 일시적이어도 무방하다. 유형력을 행사하여야 하기 때문에 유형력의 행사 없이 단순히 기능을 훼손하는 것은 손괴라고 할 수 없다. 예를 들면 전파를 차단하여 라디오의 청취나 텔레비전의 시청을 방해하는 경우, 자전거를 지붕 위에 올려놓는 경우, 부두에 매어 둔 배를 떠내려가게 하는 경우 등이 이에 해당한다. 하지만 이 경우 '기타의 방법'에 의한 손괴죄의 성립은 가능하다.

또한 손괴는 물건 자체가 소멸되거나 재물의 중요부분이 훼손될 것을 요하지는 아니한다. 예를 들면 타이어의 공기를 빼놓는 경우, 스마트폰을 조립하기 쉽지 않게 분리하는 경우, 전축을 드라이버로 분해하는 경우[2], 문서의 전부 또는 일부를 찢어버리는 경우, 그림에 낙서를 하는 경우, 다른 사람 소유의 광고용 간판을 백색페인트로 도색하여 광고문안을 지워 버린 경우[3], 특수매체기록에 기억된 정보를 삭제 또는 변경하는 경우, 기억매체를 손괴하여 정보를 인식할 수 없도록 하는 경우, 문서에 첨부된 인지를 제거하는 경우 등이 이에 해당한다. 손괴의 방법으로 재물을 소각하여 방화죄가 성립하는 경우에는 불가벌적 수반행위에 해당하여 본죄가 성립하지 아니한다.

2) 은 닉

'은닉'이란 재물 등의 소재를 불분명하게 하여 그 발견을 곤란 또는 불가능하게 함으로써 그 효용을 해하는 것을 말한다. 재물 등의 상태를 변화시키지 않는다는 점에서 손괴와 구별된다. 은닉은 반드시 범인의 점유로 이전함을 요하지 아니한다. 그러므로 피해자가 점유하는 장소에 숨겨두고 발견하기 곤란하게 하는 것도 은닉에 해당한다. 파일의 속성을 변경하거나 다른 디렉토리에 옮겨 놓아 찾기 어렵게 만드는 경우에는 특수매체기록의 은닉에 해당한다.

하지만 피고인이 피해자를 좀 더 호젓한 곳으로 데리고 가기 위하여 피해자의 가방을 빼앗고 따라 오라고 하였는데 피해자가 따라 오지 아니하고 그냥 돌아갔기 때문에 가방을 돌려주기 위하여 부근 일대를 돌아다니면서 피해자를 찾아 나선 경우[4], 피고인이 자기가 속하고 있는 종

가 있는 경우에는 그에 대한 사실상 소유권이 소멸하고 분양받은 아파트에 대한 소유권만이 남게 되는 것이므로, 관리처분계획의 인가·고시 이후 분양처분의 고시 이전에 재개발구역 안의 무허가 건물을 제3자가 임의로 손괴할 경우 특별한 사정이 없는 한 재물손괴죄가 성립한다).

6) 이에 대하여 관할관청의 허가 없이 가설한 위법한 시설물이라도 적법한 절차 없이 함부로 손괴하는 것은 정당화되지 않는다는 견해로는 김일수/서보학, 326면; 정성근/정준섭, 330면.
1) 대법원 1970. 3. 10. 선고 70도82 판결; 대법원 1969. 2. 18. 선고 68도906 판결.
2) 대법원 1993. 12. 7. 선고 93도2701 판결.
3) 대법원 1991. 10. 22. 선고 91도2090 판결.

중 소유라고 믿고 있는 임야에 대한 소외인 명의의 등기권리증을 그 소지인이 제시하자 이를 가지고 가서 종중이 원고가 되어 그 말소등기를 구하는 민사사건에 증거로 제출한 경우[1] 등은 은닉에 해당하지 아니한다.

3) 기타의 방법

'기타의 방법'이란 물질적으로 손괴 또는 은닉하지 않더라도 사실상 또는 감정상으로 그 물건의 본래의 목적에 사용할 수 없는 상태로 만드는 경우뿐만 아니라 일시적으로 물건 등의 구체적 역할을 할 수 없는 상태로 만들어 효용을 떨어뜨리는 경우를 포함한다.[2] 예를 들면 식기에 방뇨하는 경우, 음식물에 오물을 넣는 경우, 반지를 바다에 던지는 경우, 타인의 식칼을 살인의 범행에 사용한 경우, 새장의 새를 날려 보내는 경우, 앵무새에게 욕설을 가르치는 경우, 양식장의 물고기를 방류하는 경우, 배를 떠내려 가게 하는 경우, 전자제품의 전원을 차단하는 경우, 문서의 작성명의자 아닌 자가 변제기일을 늦춘 경우, 공무원수험서적에 낙방거자(落榜擧子)라고 기재하는 경우, 휘발유 자동차에 경유를 주입하는 경우, 자동차나 자전거의 바퀴에 자물쇠를 채워 움직이지 못하게 하는 경우, 여행용가방의 표식을 제거하는 경우, 컴퓨터에 악성코드를 감염시키는 경우, 약속어음의 수취인이 빌린 돈의 지급담보를 위하여 은행에 보관시킨 약속어음을 은행지점장이 발행인의 부탁을 받고 그 지급기일란의 일자를 지우는 경우[3], 피고인이 그의 종업원들을 시켜 피해자가 피고인과의 대지명도 청구의 판결에 의하여 명도받은 토지의 경계에 설치해 놓은 철조망과 경고판을 치워 버린 경우[4], 외부에 설치된 광고판을 창고에 넣고 문을 잠가 버리고, 돌려 달라고 해도 돌려주지 않은 경우[5], 공소외인이 자기가 판 우물을

4) 대법원 1992. 7. 28. 선고 92도1345 판결.

1) 대법원 1979. 8. 28. 선고 79도1266 판결.

2) 대법원 2016. 11. 25. 선고 2016도9219 판결(자동문수동사건)(자동문을 자동으로 작동하지 않고 수동으로만 개폐가 가능하게 하여 자동잠금장치로서 역할을 할 수 없도록 한 경우에도 재물손괴죄가 성립한다); 대법원 2016. 8. 30. 선고 2016도3369 판결; 대법원 1993. 12. 7. 선고 93도2701 판결; 대법원 1971. 11. 23. 선고 71도1576 판결(회사의 경리사무 처리상 필요불가결한 매출계산서, 매출명세서 등의 반환을 거부함으로써 그 문서들을 일시적으로 그와 같은 용도에 사용할 수 없게 하는 것도 그 문서의 효용을 해한 경우에 해당한다).

3) 대법원 1982. 7. 27. 선고 82도223 판결. 同旨 대법원 1985. 2. 26. 선고 84도2802 판결(피고인은 이 사건 약속어음을 공소외 박종식에게 발급하고 위 박종식은 공소외 김진선에게 백지배서의 방식으로 양도하였는데 그 후 피고인은 소지인인 위 김진선에게 위 어음의 액면과 지급기일을 개서하여 주겠다고 하여 위 어음을 교부받은 후 함부로 위 어음의 수취인란에 '구우덕, 김희준, 유정숙'의 이름을 추가로 기입하여 위 어음배서의 연속성을 상실하게 함으로써 그 효용을 해하였다).

4) 대법원 1982. 7. 13. 선고 82도1057 판결.

5) 대법원 2018. 7. 24. 선고 2017도18807 판결(광고판치운사건)(피해자는 자신이 운영하는 '○○○골프 아카데미'를 홍보하기 위해 각 광고판(홍보용 배너와 거치대)을 세워 두었던 사실, 피고인은 공소외인에게 각 광고판을 치우라고 지시하고, 공소외인은 위 각 광고판을 컨테이너로 된 창고로 옮겨 놓아 피해자가 사용할 수 없도록 한 사실을 알 수 있다. 이에 관하여 피해자는, 공소외인이 이 사건 각 광고판을 창고에 넣고 문을 잠가 버렸고, 돌려 달라고 해도 돌려주지 않았다고 경찰에서 진술하였고, 공소외인은 경찰에서 위 피해자의 진술에 부합하는 취지로 진술하기도 하였다. 위와 같이 피해자가 홍보를 위해 설치한 이 사건 각 광고판을 그 장소에서 제거하여 컨테이너로 된 창고로 옮겼다면, 비록 물질적인 형태의 변경이나 멸실, 감손을 초래하지 않은 채 그대로 옮겼다고 하더라도, 이 사건 각 광고판은 그 본래적 역할을 할 수 없는 상태로 되었다고 보아야 한다).

이용하기 위하여 위 우물에 자기소유인 고무호스를 연결하여 그 고무호스에 우물이 통하도록 하고 그 고무호스를 땅에 묻어서 수도관과 같이 이용하고 있는 것이라면 피고인들이 위와 같은 상태로서 이용하고 있는 고무호스 중 약 1.5m를 발굴하여 우물가에 제쳐놓음으로써 그 고무호스에 물이 통하지 못하도록 한 경우[1] 등이 이에 해당한다. 한편 여학생의 머리띠를 그녀가 제일 싫어하는 남학생이 만진 경우에 본죄의 성립을 인정하기에는 무리인 것으로 판단된다. 왜냐하면 '감정상 그 재물을 사용할 수 없다'라고 할 때의 감정은 주관적인 감정이 아닌 객관적인 (법)감정을 의미하기 때문이다.

소유자의 의사에 따라 어느 장소에 게시 중인 문서를 소유자의 의사에 반하여 떼어내는 것과 같이 소유자의 의사에 따라 형성된 종래의 이용상태를 변경시켜 종래의 상태에 따른 이용을 일시적으로 불가능하게 하는 경우에도 본죄가 성립할 수 있다. 그러나 본죄는 문서의 소유자가 문서를 소유하면서 사용하는 것을 보호하려는 것이므로, 어느 문서에 대한 종래의 사용상태가 문서 소유자의 의사에 반하여 또는 문서 소유자의 의사와 무관하게 이루어진 경우에 단순히 종래의 사용상태를 제거하거나 변경시키는 것에 불과하고 손괴·은닉하는 등으로 새로이 문서 소유자의 문서 사용에 지장을 초래하지 않는 경우에는 문서의 효용, 즉 문서 소유자의 문서에 대한 사용가치를 일시적으로도 해하였다고 할 수 없어서 본죄가 성립하지 아니한다.[2]

건조물의 벽면에 낙서를 하거나 게시물을 부착하는 행위 또는 오물을 투척하는 행위 등이 그 건조물의 효용을 해하는 것에 해당하는지 여부는, 당해 건조물의 용도와 기능, 그 행위가 건조물의 채광·통풍·조망 등에 미치는 영향과 건조물의 미관을 해치는 정도, 건조물 이용자들이 느끼는 불쾌감이나 저항감, 원상회복의 난이도와 거기에 드는 비용, 그 행위의 목적과 시간적 계속성, 행위 당시의 상황 등 제반 사정을 종합하여 사회통념에 따라 판단하여야 할 것이다.[3]

---

1) 대법원 1971. 1. 26. 선고 70도2378 판결.
2) 대법원 2015. 11. 27. 선고 2014도13083 판결(민원 제기 입주자가 아닌 아파트 입주자는 이 사건 회신 문서의 소유자가 아니고, 이 사건 회신 문서의 소유자들이 이 사건 회신 문서를 위 엘리베이터 벽면에 게시하기로 결의하였음을 인정할 증거를 기록상 찾을 수 없으므로, 아파트 입주자 중에 위 시설 건립에 찬성하는 주민이 있다고 하여 이 사건 회신 문서를 위 엘리베이터 벽면에 게시한 것이 그 소유자의 의사에 따른 것이라고 할 수 없다).
3) 대법원 2020. 3. 27. 선고 2017도20455 판결(도로바닥페인트사건)(甲 주식회사의 직원인 피고인들이 유색 페인트와 래커 스프레이를 이용하여 甲 회사 소유의 도로 바닥에 직접 문구를 기재하거나 도로 위에 놓인 현수막 천에 문구를 기재하여 페인트가 바닥으로 배어 나와 도로에 배게 하는 방법으로 다중의 위력으로써 도로의 효용을 해하였다고 하여 특수재물손괴로 기소된 사안에서, 위 도로는 甲 회사의 임원과 근로자들 및 거래처 관계자들이 이용하는 도로로 산업 현장에 위치한 위 도로의 주된 용도와 기능은 사람과 자동차 등이 통행하는 데 있고, 미관은 그다지 중요한 작용을 하지 않는 곳으로 보이는 점, 피고인들이 도로 바닥에 기재한 여러 문구들 때문에 도로를 이용하는 사람들과 자동차 등이 통행하는 것 자체가 물리적으로 불가능하게 되지는 않은 점, 甲 회사의 정문 입구에 있는 과속방지턱 등을 포함하여 도로 위에 상당한 크기로 기재된 위 문구의 글자들이 차량운전자 등의 통행과 안전에 실질적인 지장을 초래하였다고 보기 어려운 점, 도로 바닥에 기재된 문구에 甲 회사 임원들의 실명과 그에 대한 모욕적인 내용 등이 여럿 포함되어 있지만, 도로의 이용자들이 이 부분 도로를 통행할 때 그 문구로 인하여 불쾌감, 저항감을 느껴 이를 본래의 사용 목적대로 사용할 수 없을 정도에 이르렀다고 보기 부족한 점, 도로 바닥에 페인트와 래커 스프레이로 쓰여 있는 여러 문구는 아스팔트 접착용 도료로 덧칠하는 등의 방법으로 원상회복되었는데, 그다지 많은 시간과 큰 비용이 들었다고 보이지 않는 점 등을 종합하면, 피고인들이 위와 같은 방법으로 도로 바닥에 여러 문구를 써놓은 행위가 위 도로의 효용을 해하는 정도에 이른 것이라고 보기 어렵다는

하지만 타인소유의 담벼락에 단순히 낙서를 하는 경우에 있어서는 낙서행위 자체만으로는 담벼락 고유의 용도에 대한 어떠한 침해행위가 발생하지 않으므로 본죄가 성립하지 아니한다.

(3) 주관적 구성요건

본죄가 성립하기 위해서는 손괴·은닉 기타의 방법으로 재물·문서·전자기록 등 특수매체기록의 효용을 해한다는 것에 대한 인식 및 인용이 있어야 한다.[1] 본죄의 고의를 인정함에 있어서는 반드시 계획적인 손괴의 의도가 있거나 물건의 손괴를 적극적으로 희망하여야 하는 것은 아니고, 소유자의 의사에 반하여 재물의 효용을 상실하게 하는데 대한 인식이 있으면 되는 것이다.[2] 또한 본죄가 성립하기 위해서는 불법영득의사가 없어야 한다.

본죄의 과실범은 처벌하지 아니한다. 예를 들어 백화점에 진열되어 있는 1억원짜리 도자기를 실수로 깨뜨린 경우, 고의에 의한 재물손괴죄는 성립하지 않고 단지 과실에 의한 재물손괴죄의 성립 여부만이 문제가 되는데, 이를 처벌하는 규정이 없기 때문에 적어도 형사책임은 부담하지 아니한다. 하지만 이 경우에 민사책임을 부담하는 것은 별개의 문제이다. 다만 도로교

이유로, 이와 달리 보아 공소사실을 유죄로 판단한 원심판결에 재물손괴죄에 관한 법리를 오해하는 등의 잘못이 있다); 대법원 2017. 12. 13. 선고 2017도10474 판결(피해자가 이 사건 철제 담장을 공사장 소음을 막는 것뿐만 아니라 미관상 목적으로 설치하였는데, 피고인은 단색 페인트로 담장 중 다른 그림이나 낙서가 없는 부분에 검은색이나 빨간색 스프레이 페인트를 이용하여 이 사건 각 그림을 그린 점, 피해자가 관리하기 어려운 시간에 그림을 그리는 행위를 막지 못하였을 뿐 이를 허락한 바 없고, 이 사건 각 그림 위에 페인트를 덧칠하도록 하거나 담장 일부를 교체하는 방법으로 원상회복을 하였으며 그 과정에서 어느 정도의 비용을 지출한 점, 피고인이 현장 관리자들의 감시나 제지가 어려운 시간을 택하여 이 사건 범행을 저지른 점 등의 제반 사정을 종합하여, 이 사건 공소사실 중 폭력행위 등 처벌에 관한 법률 위반(공동재물손괴등)의 점에 관하여 범죄의 증명이 없는 때에 해당한다고 보아 무죄를 선고한 제1심판결을 파기하고, 이를 유죄로 판단하였다); 대법원 2007. 6. 28. 선고 2007도2590 판결(시내버스 운수회사로부터 해고당한 피고인이 민주노동조합총연맹 전국해고자투쟁특별위원회 회원들과 함께 위 회사에서 복직 등을 요구하는 집회를 개최하던 중 2006. 3. 10. 래커 스프레이를 이용하여 회사 건물 외벽과 1층 벽면, 식당 계단 천장 및 벽면에 '자본퇴개, 원직복직, 결사투쟁' 등의 내용으로 낙서를 함으로써 이를 제거하는데 약 341만원 상당이 들도록 한 행위는 그로 인하여 건물의 미관을 해치는 정도와 건물 이용자들의 불쾌감 및 원상회복의 어려움 등에 비추어 위 건물의 효용을 해한 것에 해당한다고 볼 수 있으나, 같은 해 2. 16. 계란 30여 개, 같은 해 3. 2. 계란 10여 개를 위 회사 건물에 각 투척한 행위는, 비록 그와 같은 행위에 의하여 50만원 정도의 비용이 드는 청소가 필요한 상태가 되었고 또 유리문이나 유리창 등 건물 내부에서 외부를 관망하는 역할을 수행하는 부분 중 일부가 불쾌감을 줄 정도로 더럽혀졌다는 점을 고려해 보더라도, 그 건물의 효용을 해하는 정도의 것에 해당하지 않는다); 서울북부지방법원 2009. 1. 20. 선고 2008노1705 판결(스티커 12장을 부착한 행위는 재물손괴에 해당하지 아니하나 스프레이를 뿌린 행위는 재물손괴에 해당한다).

1) 대법원 1990. 9. 25. 선고 90도1591 판결(甲 소유였다가 약정에 따라 乙 명의로 이전되었으나 권리관계에 다툼이 생긴 토지상에서 甲이 버스공용터미널을 운영하고 있는데 乙이 甲의 영업을 방해하기 위하여 철조망을 설치하려 하자 甲이 위 철조망을 가까운 곳에 마땅한 장소가 없어 터미널로부터 약 200 내지 300m 가량 떨어진 甲 소유의 다른 토지 위에 옮겨 놓았다면 甲의 행위에는 재물의 소재를 불명하게 함으로써 그 발견을 곤란 또는 불가능하게 하여 그 효능을 해하게 하는 재물은닉의 범의가 있다고 할 수 없다); 대법원 1986. 9. 23. 선고 86도941 판결(공중전화기가 고장난 것으로 생각하고 파출소에 신고하기 위하여 전화선코드를 빼고 이를 떼어낸 것이라면 위 전화기를 물질적으로 파괴하거나 또는 위 전화기를 떼어내 전화기의 구체적 역할인 통화를 할 수 없게 함으로써 그 효용을 해하려는 손괴의 범의가 있었다고 볼 수 없다); 대법원 1983. 5. 10. 선고 83도595 판결(임차인이 가재도구를 그대로 둔 채 시골로 내려가 버린 사이에 임대인의 모인 피고인이 임차인의 승낙없이 가재도구를 옥상에 옮겨놓으면서 그 위에다 비닐장판과 비닐천 등을 덮어씌워 비가 스며들지 않게끔 하고 또한 다른 사람이 열지 못하도록 종이를 바르는 등 조치를 취하였다면 설사 그 무렵 내린 비로 침수되어 그 효용을 해하였다고 하더라도 손괴의 범의가 있다고 보기 어렵다).

2) 대법원 1993. 12. 7. 선고 93도2701 판결.

통법 제151조[1], 군형법 제73조[2] 등[3]에서는 일정한 경우에 있어서 과실에 의한 손괴를 형사처벌의 대상으로 삼고 있다.

3. 위법성조각사유

피해자의 동의가 있는 경우에는 위법성조각사유가 아니라 구성요건해당성 배제사유로 파악해야 한다. 물권변동에 있어서 형식주의를 채택하고 있는 현행법 아래에서는 소유권을 이전한다는 의사 이외에 부동산에 있어서는 등기를, 동산에 있어서는 인도를 필요로 함과 마찬가지로 쪽파와 같은 수확되지 아니한 농작물에 있어서는 명인방법을 실시함으로써 그 소유권을 취득한다고 해석하여야 할 것이므로, 공소외인이 쪽파를 전전매수하였다고 하더라도 명인방법을 갖추지 아니한 이상 쪽파에 대한 소유권을 취득하였다고 볼 수 없다.[4] 뽕밭을 유린하는 소의 고삐가 나무에 얽혀 풀 수 없는 상황 하에서 고삐를 낫으로 끊고 소를 밭에서 끌어냄은 사회상규상 용인된다.[5]

4. 실행의 착수시기 및 기수시기

본죄의 실행의 착수시기는 손괴행위를 개시한 때이고, 본죄의 기수시기는 효용이 훼손되었을 때이다. 손괴의 목적으로 타인의 재물을 취거하였을 때에는 본죄의 실행의 착수가 있다.

5. 죄수 및 다른 범죄와의 관계

(1) 죄 수

하나의 행위로 한 사람이 관리하는 수인의 재물을 손괴한 때에는 본죄의 단순일죄가 된다. 동일한 행위로 다수인이 관리하는 다수의 재물을 손괴한 때에는 본죄의 상상적 경합이 된다.

---

1) 도로교통법 제151조(벌칙) 차 또는 노면전차의 운전자가 업무상 필요한 주의를 게을리하거나 중대한 과실로 다른 사람의 건조물이나 그 밖의 재물을 손괴한 경우에는 2년 이하의 금고나 500만원 이하의 벌금에 처한다.

2) 군형법 제73조(과실범) ① 과실로 인하여 제66조부터 제71조까지의 죄를 범한 사람은 5년 이하의 징역 또는 300만원 이하의 벌금에 처한다.

② 업무상 과실 또는 중대한 과실로 인하여 제1항의 죄를 범한 사람은 7년 이하의 징역 또는 500만원 이하의 벌금에 처한다.

3) 그 밖에도 건설산업기본법 제83조, 「고압가스 안전관리법」 제38조, 도시가스사업법 제48조, 문화재보호법 제101조, 「송유관 안전관리법」 제13조, 「액화석유가스의 안전관리 및 사업법」 제65조, 「저수지·댐의 안전관리 및 재해예방에 관한 법률」 제30조 등을 들 수 있다.

4) 대법원 1996. 2. 23. 선고 95도2754 판결(이 사건 쪽파를 원시취득한 자는 피고인 소유의 이 사건 토지를 임차하여 쪽파를 재배한 乙임이 분명한데 그 이후에 이를 매수한 자가 위와 같은 명인방법을 갖추지 아니하였고, 피고인과 乙 사이에서는 1994. 4. 25.까지 위 쪽파를 수확하지 않을 경우에는 피고인이 이를 임의처분하여도 이의를 제기하지 않기로 약정하였음을 알아볼 수 있으므로, 위 일자 이후에 이루어진 피고인의 이 사건 손괴행위는 소유자인 乙의 승낙에 의한 것이라고 보아야 할 것이므로 본죄가 성립하지 아니한다).

5) 대법원 1976. 12. 28. 선고 76도2359 판결.

(2) 다른 범죄와의 관계

1) 업무방해죄와의 관계

업무방해의 과정에서 공동재물손괴의 범행이 이루어진 경우, 그 소란의 일환으로 저지른 것이기는 하지만, 양죄는 피해자가 다를 뿐만 아니라 업무방해의 범행은 공동재물손괴의 범행 외에 장시간에 걸쳐 집단적으로 한국철도공사 사업본부장실을 점거하고 구호를 제창하는 등의 위력을 행사하는 방법으로 저지른 것이어서 행위의 태양이 다르다고 할 것이고, 양죄는 실체적 경합범의 관계에 있다.[1]

2) 동물보호법과의 관계

당시 피고인이 피해견으로부터 직접적인 공격은 받지 아니하여 피고인으로서는 진돗개의 목줄을 풀어 다른 곳으로 피하거나 주위에 있는 몽둥이나 기계톱 등을 휘둘러 피해견을 쫓아버릴 수도 있었음에도 불구하고 그 자체로 매우 위험한 물건인 기계톱의 엑셀을 잡아당겨 작동시킨 후 이를 이용하여 피해견의 척추를 포함한 등 부분에서부터 배 부분까지 절단함으로써 내장이 밖으로 다 튀어나올 정도로 죽인 경우, 동물보호법 제8조 제1항 제1호에 의하여 금지되는 '목을 매다는 등의 잔인한 방법으로 죽이는 행위'에 해당하고, 이는 재물손괴죄와 상상적 경합 관계에 있다.[2]

Ⅱ. 공익건조물파괴죄

> 제367조(공익건조물파괴) 공익에 공하는 건조물을 파괴한 자는 10년 이하의 징역 또는 2천만원 이하의 벌금에 처한다.
> 제371조(미수범) 제366조, 제367조와 제369조의 미수범은 처벌한다.
> 제372조(동력) 본장의 죄에는 제346조를 준용한다.

1. 의 의

공익건조물파괴죄는 공익에 공하는 건조물을 파괴함으로써 성립하는 범죄이다. 본죄는 행위객체 및 행위태양의 중대성으로 인하여 불법이 가중된 구성요건이다. 본죄는 자기의 건조물에 대해서도 성립할 수 있기 때문에 어느 정도 사회적 법익에 대한 범죄로서의 성격도 지니고 있다.[3]

---

1) 대법원 2007. 5. 11. 선고 2006도9478 판결.

2) 대법원 2016. 1. 28. 선고 2014도2477 판결.

3) 이영란, 472면. 반면에 개인적 법익으로서의 재산권은 본죄의 보호법익에 포함되지 않는다는 견해로는 정영일, 259면.

2. 구성요건

(1) 객 체

본죄의 객체는 공익에 공하는 건조물이다. 공익에 공하는 건조물이기만 하면 누구의 소유인지 여부는 불문한다. 따라서 타인소유뿐만 아니라 자기소유의 건조물도 본죄의 객체가 된다. '공익'이란 '공공의 이익'을 말하고, '공한다'란 '사용한다'는 것을 말한다. 예를 들면 병원·학교·공중화장실·기차역사·지하철역사·버스승강장·공중전화박스 등은 이에 해당하지만, 제방·교량·철도·자동차·항공기·선박·묘지·전신주·기념비 등은 이에 해당하지 아니한다.

또한 공익건조물이라고 하기 위해서는 일반인의 출입이 용이하여야 한다. 예를 들면 시민운동장·국립미술관·공연장·고속도로휴게소·박물관·전시장·전망대 등이 이에 해당한다. 대검찰청·경찰청·정부종합청사·국회도서관·법원도서관 등과 같이 신분을 확인하고 출입을 허용하는 경우라고 할지라도 일반적인 출입이 가능하다고 보아야 하므로 본죄의 객체에 해당한다. 다만 공무소에서 사용하는 건조물은 원칙적으로 일정한 범위의 사람에게 이용이 제한되어 있는 건조물이므로 공용물파괴죄(제141조)의 객체는 될 수 있다.

(2) 행 위

본죄의 실행행위는 파괴하는 것이다. '파괴'란 건조물의 중요부분을 손괴하여 건조물의 전부 또는 일부를 그 용도에 따라 사용할 수 없게 하는 것을 말한다. 그러므로 파괴의 정도에 이르지 않고 손괴의 정도에 이를 때에는, 본죄의 미수범이 성립한다. 방화나 일수의 방법으로 파괴할 경우에는 공용건조물방화죄(제165조) 또는 공용건조물일수죄(제178조)가 성립할 뿐이다.

Ⅲ. 중손괴죄·손괴등치사상죄

> 제368조(중손괴) ① 전2조의 죄를 범하여 사람의 생명 또는 신체에 대하여 위험을 발생하게 한 때에는 1년 이상 10년 이하의 징역에 처한다.
> ② 제366조 또는 제367조의 죄를 범하여 사람을 상해에 이르게 한 때에는 1년 이상의 유기징역에 처한다. 사망에 이르게 한 때에는 3년 이상의 유기징역에 처한다.
> 제372조(동력) 본장의 죄에는 제346조를 준용한다.

중손괴죄는 손괴죄와 공익건조물파괴죄를 범하여 사람의 생명이나 신체에 위험을 발생하게 함으로써 성립하는 범죄이고, 손괴등치사상죄는 손괴죄와 공익건조물파괴죄를 범하여 사람을 상해 또는 사망에 이르게 함으로써 성립하는 범죄이다. 중손괴죄 및 손괴등치상죄는 손괴죄 등의 부진정결과적 가중범이고, 손괴등치사죄는 손괴죄 등의 진정결과적 가중범이다. 본죄의 주체는 손괴죄와 공익건조물파괴죄의 기수범만을 의미하고, 미수범은 이에 해당하지 아니한다.[1]

---

1) 반면에 기본범죄의 미수·기수를 불문하고 본죄의 기수범이 된다는 견해로는 김신규, 544면; 김일수/서보학, 330

Ⅳ. 특수손괴죄·특수공익건조물파괴죄

제369조(특수손괴) ① 단체 또는 다중의 위력을 보이거나 위험한 물건을 휴대하여 제366조의 죄를 범한 때
에는 5년 이하의 징역 또는 1천만원 이하의 벌금에 처한다.
② 제1항의 방법으로 제367조의 죄를 범한 때에는 1년 이상의 유기징역 또는 2천만원 이하의 벌금에 처한다.
제371조(미수범) 제366조, 제367조와 제369조의 미수범은 처벌한다.
제372조(동력) 본장의 죄에는 제346조를 준용한다.

특수손괴죄는 단체 또는 다중의 위력을 보이거나 위험한 물건을 휴대하여 제366조의 죄를
범함으로써 성립하는 범죄이고, 특수공익건조물파괴죄는 단체 또는 다중의 위력을 보이거나 위
험한 물건을 휴대하여 제367조의 죄를 범함으로써 성립하는 범죄이다.

Ⅴ. 경계침범죄

제370조(경계침범) 경계표를 손괴, 이동 또는 제거하거나 기타 방법으로 토지의 경계를 인식불능하게 한 자
는 3년 이하의 징역 또는 500만원 이하의 벌금에 처한다.
제372조(동력) 본장의 죄에는 제346조를 준용한다.

1. 의의 및 보호법익

경계침범죄는 경계표를 손괴·이동 또는 제거하거나 기타 방법으로 토지의 경계를 인식불
능하게 함으로써 성립하는 범죄이다. 본죄는 토지의 경계에 관한 권리관계의 안정을 확보하여
사권(私權)을 보호하고 사회질서를 유지하려는데 그 목적이 있다. 본죄의 보호법익은 토지경계
의 명확성이고, 보호의 정도는 침해범이다. 본죄의 미수범은 처벌하지 아니한다.

2. 구성요건

(1) 객 체

본죄의 객체는 토지의 경계이다. '토지의 경계'란 토지의 소유권 또는 기타 관리의 대상인
토지의 장소적 한계를 나타내는 지표(地標; 땅의 표지)를 말한다.[1] 경계는 반드시 법률상의 정당
한 경계를 가리키는 것은 아니고, 비록 법률상의 정당한 경계에 부합되지 않는 경계라고 하더
라도 그것이 종래부터 일반적으로 승인되어 왔거나 이해관계인들의 명시적 또는 묵시적 합의
에 의하여 정해진 것으로서 객관적으로 경계로 통용되어 왔다면 본조에서 말하는 경계라고 할

면; 이재상/장영민/강동범, 477면; 임 웅, 607면; 정성근/정준섭, 332면.
1) 이에 대하여 '토지'에는 지상의 토지뿐만 아니라 하천·호수·늪도 포함하며, 해역도 어업권의 구획이 문제되는
때에는 여기에 포함된다는 견해로는 정성근/정준섭, 333면.

것이다. 따라서 그와 같이 종래 통용되어 오던 사실상의 경계가 법률상의 정당한 경계인지 여부에 대하여 다툼이 있다고 하더라도, 그 사실상의 경계가 법률상 정당한 경계가 아니라는 점이 이미 판결로 확정되었다는 등 경계로서의 객관성을 상실하는 것으로 볼 만한 특단의 사정이 없는 한, 본죄에서 말하는 경계에 해당한다.[1] 그리고 이러한 경계를 표시하는 경계표는 반드시 담장 등과 같이 인위적으로 설치된 구조물만을 의미하는 것으로 볼 것은 아니고, 수목이나 유수 등과 같이 종래부터 자연적으로 존재하던 것이라도 경계표지로 승인된 것이면 여기의 경계표에 해당한다.[2] 또한 경계표는 그것이 어느 정도 객관적으로 통용되는 사실상의 경계를 표시하는 것이라면 영속적인 것이 아니고 일시적인 것이라도 본죄의 객체에 해당한다.[3] 하지만 기존 경계가 진실한 권리상태와 맞지 않는다는 이유로 당사자의 어느 한쪽이 기존 경계를 무시하고 일방적으로 경계측량을 하여 이를 실체권리관계에 맞는 경계라고 주장하면서 그 위에 계표를 설치하더라도 이와 같은 경계표는 본죄에서 말하는 계표에 해당되지 아니한다.[4]

(2) 행 위

1) 손괴·이동·제거·기타의 방법

본죄의 실행행위는 경계표를 손괴·이동·제거하거나 기타의 방법으로 토지의 경계를 인식불능하게 하는 것이다. '손괴'란 경계표를 물질적으로 훼손하여 효용을 해하는 것이며[5], '이동'이란 경계표를 원래의 장소에서 다른 장소로 옮겨서 새로운 경계선으로 인식하게 하거나 경계를 불분명하게 하는 것을 말한다. '기타의 방법'으로는 경계에 건물을 짓는 경우[6], 새로운 경계표를 만드는 경우, 자연적인 경계인 수로를 변경하는 경우, 경계가 되어 있는 도랑을 메꾸는 경우, 경계선을 표시하는 언덕 위의 나무를 뽑아 버리고 인접한 토지를 깎아 내려 석축을 쌓은 경우[7] 등이 이에 해당한다. 하지만 기왕에 건립되어 있는 담벽 위의 연장선상에 추가로 담벽을 설치한 경우[8], 경계를 알고 있는 사람을 살해하는 경우, 경계를 그려둔 도면을 손괴하는 경우 등은 이에 해당하지 아니한다.

2) 토지의 경계를 인식불능하게 함

본죄는 단순히 계표를 손괴하는 것만으로는 부족하고 계표를 손괴·이동 또는 제거하거나

---

1) 대법원 1992. 12. 8. 선고 92도1682 판결; 대법원 1976. 5. 25. 선고 75도2564 판결.
2) 대법원 2007. 12. 28. 선고 2007도9181 판결(피고인이 피고인 소유의 362-1 토지와 피해자 소유의 363-1 토지의 경계에 관하여 다툼이 있던 중에 그 경계선 부근에 심어져 있던 조형소나무 등을 뽑아내고 그 부근을 굴착함으로써 그 경계를 불분명하게 하였다는 이 사건 범죄사실을 유죄로 인정한 조치는 정당하다).
3) 대법원 1999. 4. 9. 선고 99도480 판결(피고인이 제거한 말뚝과 철조망은 경계표에 해당한다고 판단하여 피고인을 경계침범죄로 처벌하였다).
4) 대법원 1986. 12. 9. 선고 86도1492 판결.
5) 손괴의 경우 재물손괴죄도 동시에 성립하는데, 재물손괴죄의 법정형이 경계침범죄보다 높으므로 양자는 상상적 경합관계로 보아야 한다.
6) 대법원 1968. 9. 17. 선고 68도967 판결.
7) 대법원 1980. 10. 27. 선고 80도225 판결.
8) 대법원 1992. 12. 8. 선고 92도1682 판결.

기타의 방법으로 토지의 경계를 인식불능하게 함으로써 비로소 성립된다. 즉 계표의 손괴·이동 또는 제거 등은 토지의 경계를 인식불능하게 하는 방법의 예시에 불과하여 이와 같은 행위의 결과로서 토지의 경계가 인식불능하게 됨을 필요로 한다.[1] 사실상 인식곤란의 정도이면 족하고, 절대적 인식불능일 것을 요하지 아니한다. 그러므로 지적도의 확인이나 측량에 의하여 인식이 가능하다고 하더라도 본죄는 성립할 수 있다. 경계의 일부분에 대해서만 인식불능이어도 무방하다.

   하지만 법률상의 정당한 경계를 침범하는 행위가 있었다고 하더라도 그로 말미암아 토지의 사실상의 경계에 대한 인식불능의 결과가 발생하지 않는 한 본죄가 성립하지 아니한다.[2] 또한 피고인이 피해자의 대지와 인접한 대지 위에 2층 스라브주택 및 점포를 신축하고 건물의 1층과 2층 사이에 있는 처마가 피해자 소유의 가옥 지붕 위로 나와 있는 경우에는 양토지의 경계가 인식불능되었다고 볼 수는 없다.[3]

제 9 절   권리행사방해의 죄

I. 권리행사방해죄

제323조(권리행사방해) 타인의 점유 또는 권리의 목적이 된 자기의 물건 또는 전자기록등 특수매체기록을 취거, 은닉 또는 손괴하여 타인의 권리행사를 방해한 자는 5년 이하의 징역 또는 700만원 이하의 벌금에 처한다.

제328조(친족간의 범행과 고소) ① 직계혈족, 배우자, 동거친족, 동거가족 또는 그 배우자간의 제323조의 죄는 그 형을 면제한다.

② 제1항 이외의 친족간에 제323조의 죄를 범한 때에는 고소가 있어야 공소를 제기할 수 있다.

③ 전 2항의 신분관계가 없는 공범에 대하여는 전 이항을 적용하지 아니한다.
---

1. 의의 및 보호법익

(1) 의 의

   권리행사방해죄는 타인의 점유 또는 권리의 목적이 된 자기의 물건 또는 전자기록 등 특수

---

1) 반면에 경계표의 손괴·이동·제거행위와 인식불능행위는 선택적으로 파악해야 한다는 견해로는 김일수/서보학, 333면.

2) 대법원 2010. 9. 9. 선고 2008도8973 판결(비록 피고인이 인접한 피해자 소유의 토지를 침범하여 나무를 심고 도랑을 파내는 등의 행위를 하였다고 하더라도, 피고인과 피해자 소유의 토지는 이전부터 경계구분이 되어 있지 않았고 피고인의 행위로 인하여 새삼스럽게 토지경계에 대한 인식불능의 결과를 초래하였다고 볼 수 없다); 대법원 1991. 9. 10. 선고 91도856 판결; 대법원 1972. 2. 29. 선고 71도2293 판결.

3) 대법원 1984. 2. 28. 선고 83도1533 판결.

매체기록을 취거·은닉 또는 손괴하여 타인의 권리행사를 방해함으로써 성립하는 범죄이다. 본죄는 자기의 물건을 객체로 한다는 점에서 영득죄로서의 성격은 지니지 않으므로 불법영득의 사를 요하지 아니한다.

(2) 보호법익

본죄의 보호법익은 소유권 이외의 물권·채권이다. 보호의 정도와 관련하여, ① 침해범설[1], ② 구체적 위험범설[2], ③ 권리행사가 현실적으로 방해될 것을 요구하면 미수범 처벌규정이 없기 때문에 성립범위가 지나치게 협소해진다는 점을 이유로 하는 추상적 위험범설[3] 등의 대립이 있다.

이에 대하여 판례는 「권리행사가 방해될 우려가 있는 상태에 이르면 권리행사방해죄가 성립하고 현실로 권리행사가 방해되었을 것까지 필요로 하는 것은 아니다.」라고 판시[4]하여, 추상적 위험범설의 입장을 취하고 있다.

생각건대 추상적 위험범설이 타당하다. 본죄는 미수범 처벌규정이 없다.

2. 구성요건

(1) 주 체

본죄의 주체는 자기의 물건 또는 전자기록 등 특수매체기록을 타인의 점유 또는 권리의 목적으로 제공한 자이다. 물건 등의 소유자는 누구라도 담보설정이 가능하기 때문에 본죄를 신분범으로 파악해서는 안 된다.

(2) 객 체

1) 타인의 점유 또는 권리의 목적

① 타인의 점유의 목적

'타인의 점유'란 원칙적으로 권원에 의한 점유, 즉 정당한 원인에 기하여 물건을 점유하는 것을 말한다. 반드시 본권에 기한 점유만을 말하는 것이 아니라 유치권 등에 기한 점유도 여기에 해당한다.[5] 하지만 타인의 점유는 반드시 점유할 권원에 기한 점유만을 의미하는 것은 아니

---

1) 김선복, 434면; 오영근, 444면; 이영란, 479면.
2) 배종대, 506면; 이재상/장영민/강동범, 485면.
3) 김성천/김형준, 573면; 김신규, 548면; 김일수/서보학, 422면; 김혜정 외 4인, 471면; 신동운, 793면; 이형국/김혜경, 541면; 임 웅, 613면; 정성근/정준섭, 338면; 정영일, 267면.
4) 대법원 2021. 1. 14. 선고 2020도14735 판결(피고인들은 근저당권이 설정된 이 사건 건물을 철거한 뒤 멸실등기를 마치고, 이 사건 기계·기구을 양도함으로써 피해자의 권리의 목적이 된 피고인들의 물건을 손괴 또는 은닉하여 피해자의 권리행사를 방해하였다); 대법원 1994. 9. 27. 선고 94도1439 판결(공장근저당권이 설정된 선반기계 등을 이중담보로 제공하기 위하여 이를 다른 장소로 옮긴 경우, 이는 공장저당권의 행사가 방해될 우려가 있는 행위로서 권리행사방해죄에 해당한다).
5) 대법원 2011. 5. 13. 선고 2011도2368 판결(甲종합건설회사가 유치권 행사를 위하여 점유하고 있던 주택에 피고인이 그 소유자인 처와 함께 출입문 용접을 해제하고 들어가 거주한 경우, 유치권자인 甲회사의 권리행사를 방해하였다); 대법원 1994. 11. 11. 선고 94도343 판결; 대법원 1960. 9. 14. 선고 4293형상448 판결.

고, 일단 적법한 권원에 기하여 점유를 개시하였으나 사후에 점유권원을 상실한 경우의 점유, 점유권원의 존부가 외관상 명백하지 아니하여 법정절차를 통하여 권원의 존부가 밝혀질 때까지의 점유, 권원에 기하여 점유를 개시한 것은 아니지만 동시이행의 항변권 등으로 대항할 수 있는 점유[1] 등과 같이 법정절차를 통한 분쟁 해결시까지 잠정적으로 보호할 가치 있는 점유도 모두 포함된다. 예를 들면 임대차계약기간 만료 후에 임차인이 명도하지 않은 경우[2], 임차인이 임대인의 동의를 얻어 임차물을 전대한 경우에 임대인과 임차인간의 계약이 해지 등으로 종료된 경우[3] 등에 있어서와 같이, 일단 적법한 원유에 기하여 물건을 점유한 이상 그 후에 그 점유물을 소유자에게 명도해야 할 사정이 발생하였다고 할지라도 점유자가 임의로 명도를 하지 아니하고 계속 점유하고 있다면 그 점유자는 권리행사방해죄에 있어서의 타인의 물건을 점유하고 있는 자에 해당한다. 다만 절도범인의 점유와 같이 점유할 권리 없는 자의 점유임이 외관상 명백한 경우는 포함되지 아니한다.[4]

② 타인의 권리의 목적

'타인의 권리의 목적이 된 물건'이란 타인의 소유권 이외의 제한물권(용익물권·담보물권)이나 채권(임차권·임치권·사용대차권 등)의 목적이 된 물건으로서 '타인의 점유를 수반하지 않는 경우'를 말한다.[5] 그러므로 가압류된 건물의 소유자가 채권자의 승낙 없이 그 건물을 파괴·철거한 경우에도 본죄가 성립한다.[6] 하지만 순수한 채권적인 사용관계로서 점유권을 내용으로 하지 않는 경우에는 본죄의 객체가 되지 아니한다.[7]

1) 대법원 2003. 11. 28. 선고 2003도4257 판결(쌍무계약이 무효로 되어 각 당사자가 서로 취득한 것을 반환하여야 할 경우, 어느 일방의 당사자에게만 먼저 그 반환의무의 이행이 강제된다면 공평과 신의칙에 위배되는 결과가 되므로 각 당사자의 반환의무는 동시이행의 관계에 있다고 보아 민법 제536조를 준용함이 타당하다. 그러므로 무효인 경매절차에서 경매목적물을 경락받아 이를 점유하고 있는 낙찰자의 점유는 적법한 점유로서 그 점유자는 권리행사방해죄에 있어서의 타인의 물건을 점유하고 있는 자라고 할 것이다); 대법원 1995. 5. 26. 선고 95도607 판결.
2) 대법원 1977. 9. 13. 선고 77도1672 판결.
3) 대법원 2001. 9. 14. 선고 2001도3454 판결.
4) 대법원 1994. 11. 11. 선고 94도343 판결. 同늘 대법원 2010. 10. 14. 선고 2008도6578 판결(피고인이 원심 공동피고인 1 등과 공모하여 지입차주인 피해자들이 점유하는 각 차량 또는 번호판을 피해자들의 의사에 반하여 무단으로 취거함으로써 피해자들의 차량운행에 관한 권리행사를 방해한 사실을 인정하면서, 이러한 행위가 지입료 등이 연체된 경우 계약의 일방해지 및 차량의 회수처분이 가능하도록 하고 있는 위 수탁계약에 따른 것으로서 위법성이 없다는 취지의 피고인의 주장을 배척하였다); 대법원 2006. 3. 23. 선고 2005도4455 판결(렌트카회사의 공동대표이사 중 1인이 회사 보유 차량을 자신의 개인적인 채무담보 명목으로 피해자에게 넘겨 주었는데 다른 공동대표이사인 피고인이 위 차량을 몰래 회수하도록 한 경우, 위 피해자의 점유는 권리행사방해죄의 보호대상인 점유에 해당한다).
5) 대법원 1991. 4. 26. 선고 90도1958 판결.
6) 대법원 1960. 9. 14. 선고 4292형상537 판결. 同늘 대법원 1968. 6. 18. 선고 68도616 판결(반드시 제한물권이나 물건에 대하여 점유를 수반하는 채권만이 아니라 이를테면 정지조건 있는 물권변제의 예약권을 가지는 경우도 포함된다).
7) 대법원 1971. 6. 29. 선고 71도926 판결(변소사용중지사건)(변소사용권은 점유권이라기보다 채권적인 사용관계라고 보아지는 만큼 피고인이 사용자들에게 그 변소의 사용중지를 통고한 후, 변소를 손괴하였다고 하더라도 권리행사방해죄가 성립될 수 없다).

2) 자기의 물건 또는 전자기록 등 특수매체기록

'자기의 물건'이란 범인이 소유하는 물건을 의미하고[1], 물건은 재산적 가치를 요하지 아니하므로 재물보다 넓은 개념이라고 할 수 있다. 왜냐하면 재산적 가치가 없는 물건도 타인의 물권이나 채권의 대상이 될 수 있기 때문이다. 여기서 소유권의 귀속은 민법 기타 법령에 의하여 정하여진다. 물건에는 동산뿐만 아니라 부동산도 포함된다. 만약 타인소유의 물건이라면 절도죄·손괴죄 등이 성립할 수 있지만, 취거·은닉·손괴한 물건이 자기의 물건이 아니라면 본죄가 성립할 여지가 없다.[2] 명의신탁자가 명의신탁을 함으로써 명의신탁이 무효로 되는 경우에는 말할 것도 없고, 유효한 명의신탁이 되는 경우에도 제3자인 부동산의 임차인에 대한 관계에서는 명의신탁자는 소유자가 될 수 없으므로, 신탁한 부동산이 본죄에서 말하는 '자기의 물건'이라고 할 수 없다.[3] 그리고 공동소유의 물건은 타인소유로 파악된다.

한편 피고인이 택시를 회사에 지입[4]하여 운행하였다고 하더라도, 피고인이 회사와 사이에 택시의 소유권을 피고인이 보유하기로 약정하였다는 등의 특별한 사정이 없는 한, 택시는 그 등록명의자인 회사의 소유이고 피고인의 소유는 아니라고 할 것이므로, 회사의 요구로 택시를 회사 차고지에 입고하였다가 회사의 승낙을 받지 않고 이를 가져간 피고인의 행위는 본죄에 해당하지 아니한다.[5] 하지만 차량대여회사가 대여차량을 실력으로 회수한 경우에는 본죄가 성립한다.[6]

---

1) 대법원 1992. 1. 21. 선고 91도1170 판결(주식회사의 대표이사가 대표이사의 지위에 기하여 그 직무집행행위로서 타인이 점유하는 위 회사의 물건을 취거한 경우에는, 위 행위는 위 회사의 대표기관으로서의 행위라고 평가되므로, 위 회사의 물건도 권리행사방해죄에 있어서의 자기의 물건이라고 보아야 할 것이다); 대법원 1984. 6. 26. 선고 83도2413 판결(이 사건 선박이 공소외 회사명의로 소유권등기가 경료된 것이라면 위 선박은 피고인의 소유라고 할 수 없고 피고인이 위 회사의 과점주주라거나 부사장이라고 하여도 피고인의 소유라고 할 수 없는 것이므로, 피고인이 타인이 점유 중인 위 선박을 취거하였다고 하여도 이는 권리행사방해죄를 구성하지 아니한다).
2) 대법원 2017. 5. 30. 선고 2017도4578 판결; 대법원 2005. 11. 10. 선고 2005도6604 판결(피고인이 피해자에게 담보로 제공한 차량이 그 자동차등록원부에 타인 명의로 등록되어 있는 이상 그 차량은 피고인의 소유는 아니라는 이유로, 피고인이 피해자의 승낙 없이 미리 소지하고 있던 위 차량의 보조키를 이용하여 이를 운전하여 간 행위는 권리행사방해죄를 구성하지 않는다).
3) 대법원 2019. 12. 27. 선고 2019도14623 판결(피고인은 아들인 공소외 1 명의로 강제경매를 통하여 이 사건 건물 501호를 매수하였다는 것인데, 부동산경매절차에서 부동산을 매수하려는 사람이 다른 사람과의 명의신탁약정 아래 그 사람의 명의로 매각허가결정을 받아 자신의 부담으로 매수대금을 완납한 때에는 경매목적 부동산의 소유권은 매수대금의 부담 여부와는 관계없이 그 명의인이 취득하게 되는 것이므로, 피고인이 위 건물 501호에 대한 공소외 2 주식회사의 점유를 침탈하였다고 하더라도 피고인의 물건에 대한 타인의 권리행사를 방해한 것으로 볼 수는 없다); 대법원 2005. 9. 9. 선고 2005도626 판결(피고인이 이른바 중간생략등기형 명의신탁 또는 계약명의신탁의 방식으로 자신의 처에게 등기명의를 신탁하여 놓은 점포에 자물쇠를 채워 점포의 임차인을 출입하지 못하게 한 경우, 그 점포가 권리행사방해죄의 객체인 자기의 물건에 해당하지 않는다).
4) 지입제는 자동차운송사업면허 등을 가진 운송사업자와 실질적으로 자동차를 소유하고 있는 차주간의 계약으로 외부적으로는 자동차를 운송사업자 명의로 등록하여 운송사업자에게 귀속시키고 내부적으로는 각 차주들이 독립된 관리 및 계산으로 영업을 하며 운송사업자에 대하여는 지입료를 지불하는 운송사업형태를 말한다.
5) 대법원 2003. 5. 30. 선고 2000도5767 판결.
6) 대법원 1989. 7. 25. 선고 88도410 판결.

(3) 행 위

1) 취거·은닉·손괴

본죄의 실행행위는 취거·은닉·손괴하여 타인의 권리행사를 방해하는 것이다. '취거'란 타인의 점유 또는 권리의 목적이 된 자기의 물건을 점유자 또는 권리자의 의사에 반하여 그 점유를 자기 또는 제3자의 사실상의 지배상태로 옮기는 것을 말한다. 그러므로 점유자의 의사나 그의 하자있는 의사에 기하여 점유가 이전된 경우에는 취거로 볼 수는 없다.[1] '은닉'이란 타인의 점유 또는 권리의 목적이 된 자기 물건 등의 소재를 발견하기 불가능하게 하거나 또는 현저히 곤란한 상태에 두는 것을 말한다.[2] '손괴'란 물건에 대해 유형력을 행사하여 그 효용을 해하는 것을 말한다.[3] 타인의 권리의 목적이 된 자기소유의 토지를 제3자에게 소유권이전등기를 한 경우는 본죄의 취거·은닉·손괴의 어느 경우에도 해당하지 않기 때문에 배임죄의 성부는 별론으로 하고 본죄는 성립하지 아니한다.[4]

2) 권리행사방해

취거·은닉·손괴행위가 있어야 할 뿐만 아니라 이를 통하여 권리행사의 방해에 대한 위험이 발생해야만 본죄의 기수가 된다. 만약 권리행사의 방해에 대한 위험이 발생하지 않거나 양자 사이의 인과관계가 부정되면 불가벌에 해당한다.

(4) 주관적 구성요건

본죄가 성립하기 위해서는 타인의 점유 또는 권리의 목적이 된 자기의 물건 또는 전자기록 등 특수매체기록이라는 것과 이를 취거·은닉·손괴함으로써 타인의 권리행사를 방해한다는 것에 대한 인식 및 인용이 있어야 한다. 본죄의 주체는 소유자에 국한되기 때문에 불법영득의사는 필요하지 아니한다.

3. 공 범

취거·은닉 또는 손괴한 물건이 자기의 소유가 아니라면 본죄가 성립할 수 없다. 물건의 소유자가 아닌 사람은 제33조 본문에 따라 소유자의 권리행사방해 범행에 가담한 경우에 한하여 그의 공범이 될 수 있을 뿐이다. 그러나 본죄의 공범으로 기소된 물건의 소유자에게 고의가 없는 등으로 범죄가 성립하지 않는다면 공동정범이 성립할 여지가 없다.[5]

---

1) 대법원 1988. 2. 23. 선고 87도1952 판결.

2) 대법원 2016. 11. 10. 선고 2016도13734 판결(피고인은 2011. 5. 9.경 체어맨 승용차 1대를 구입하면서 피해자로부터 차량 매수대금 2,000만원을 차용하고 그 담보로 위 차량에 피해자 명의의 저당권을 설정해 주었음에도, 2011. 12.경 대부업자로부터 400만원을 차용하면서 위 차량을 대부업자에게 담보로 제공하여 이른바 '대포차'로 유통되게 한 경우, 피고인은 피해자의 권리의 목적이 된 피고인의 물건을 은닉하여 권리행사를 방해하였다).

3) 타인의 권리의 목적이 된 자기소유의 물건을 손괴하면 권리행사방해죄가 되어 5년 이하의 징역에 처하고, 타인 소유의 물건을 손괴하면 손괴죄가 되어 3년 이하의 징역에 처하게 되는데, 이는 불합리하므로 입법론적인 개선이 필요하다.

4) 대법원 1972. 6. 27. 선고 71도1072 판결.

Ⅱ. 점유강취죄·준점유강취죄

> 제325조(점유강취, 준점유강취) ① 폭행 또는 협박으로 타인의 점유에 속하는 자기의 물건을 강취(强取)한 자는 7년 이하의 징역 또는 10년 이하의 자격정지에 처한다.
> ② 타인의 점유에 속하는 자기의 물건을 취거(取去)하는 과정에서 그 물건의 탈환에 항거하거나 체포를 면탈하거나 범죄의 흔적을 인멸할 목적으로 폭행 또는 협박한 때에도 제1항의 형에 처한다.
> ③ 제1항과 제2항의 미수범은 처벌한다.

1. 점유강취죄

점유강취죄는 폭행 또는 협박으로 타인의 점유에 속하는 자기의 물건을 강취함으로써 성립하는 범죄이다. 폭행 또는 협박으로 타인이 점유하는 타인의 물건을 강취하는 경우에는 강도죄가 성립하는데 비하여, 자기의 물건을 강취하면 본죄가 성립하므로 행위의 객체를 제외하면 강도죄의 구조와 동일하다. 그렇기 때문에 친족상도례가 적용되지 아니한다. 또한 본죄는 자기의 물건을 객체로 하기 때문에 영득이 불가능하여, 불법영득의사를 요하지 아니한다.

본죄의 객체는 타인의 점유에 속하는 자기의 물건이다. 공무소가 보관하는 자기의 재물을 강취한 경우에는 공무상보관물무효죄(제142조)가 성립하는 것이 아니고 본죄가 성립한다. 왜냐하면 공무상보관물무효죄의 실행행위는 손상·은닉 등의 방법이지만, 본죄의 실행행위는 폭행·협박으로 강취하는 것이고, 법정형도 본죄가 더 높기 때문이다.

본죄의 미수범은 처벌한다. 본죄의 미수범은 폭행·협박이 있었으나 물건을 강취하지 못한 경우, 폭행·협박이 있고 물건의 취득도 있었으나 상대방의 의사가 억압되지 못한 경우 등에 성립할 수 있다.

본죄를 범하여 사람에게 사상의 결과를 발생시킨 경우에는 점유강취치사상죄가 별도로 없으므로, 본죄와 폭행치사상죄의 상상적 경합이 된다.

2. 준점유강취죄

준점유강취죄는 타인의 점유에 속하는 자기의 물건을 취거하는 과정에서 그 물건의 탈환에 항거하거나 체포를 면탈하거나 범죄의 흔적을 인멸할 목적으로 폭행 또는 협박함으로써 성립하는 범죄이다. 그러므로 행위의 객체를 제외하고는 준강도죄의 구조와 동일하다.

본죄의 주체는 권리행사방해죄의 실행에 착수한 자이다. 취거의 기수·미수범 모두를 포함한다. 본죄는 고의 이외에 물건의 탈환에 항거하거나 체포를 면탈하거나 범죄의 흔적을 인멸할 목적이 필요한 목적범이다. 하지만 목적의 달성 여부는 본죄의 기수·미수에 영향을 미치지 아니한다. 본죄의 미수범은 처벌한다.

---

5) 대법원 2017. 5. 30. 선고 2017도4578 판결.

Ⅲ. 중권리행사방해죄

> 제326조(중권리행사방해)   제324조 또는 제325조의 죄를 범하여 사람의 생명에 대한 위험을 발생하게 한 자는 10년 이하의 징역에 처한다.

　　중권리행사방해죄는 점유강취죄·준점유강취죄를 범하여 사람의 생명에 대한 위험을 발생하게 함으로써 성립하는 범죄이다. 본죄는 사람의 생명에 대한 구체적 위험이 발생해야 성립하는 구체적 위험범이고, 점유강취죄·준점유강취죄의 결과적 가중범이다. 또한 사람의 생명에 대한 위험발생에 과실이 있는 경우뿐만 아니라 고의가 있는 경우에도 본죄가 성립하기 때문에 부진정결과적 가중범에 해당한다.

　　본죄의 주체는 제325조 제3항의 명시적인 규정이 있는 관계로 점유강취죄·준점유강취죄의 기수·미수범을 묻지 아니한다. 한편 점유강취죄·준점유강취죄를 범하여 사람을 사상에 이르게 한 경우에는 처벌하는 규정이 없는데, 이는 입법론적으로 신설해야 하겠다.

Ⅳ. 강제집행면탈죄

> 제327조(강제집행면탈)   강제집행을 면할 목적으로 재산을 은닉, 손괴, 허위양도 또는 허위의 채무를 부담하여 채권자를 해한 자는 3년 이하의 ·징역 또는 1천만원 이하의 벌금에 처한다.

1. 의의 및 보호법익

　　강제집행면탈죄는 강제집행을 면할 목적으로 재산을 은닉·손괴·허위양도 또는 허위의 채무를 부담하여 채권자를 해함으로써 성립하는 범죄이다. 본죄는 채권자의 정당한 권리행사 보호 이외에 강제집행의 기능도 보호법익으로 하는 것이나, 현행 형법상 본죄가 개인적 법익에 관한 재산범의 일종으로 규정되어 있는 점과 채권자를 해하는 것을 구성요건으로 규정하고 있는 점 등에 비추어 보면 주된 보호법익은 (국가의 강제집행권이 발동될 단계에 있는) 채권자의 권리보호에 있다.[1] 그러므로 강제집행의 기본이 되는 채권자의 권리, 즉 채권의 존재는 본죄의 성립요건에 해당한다.[2]

　　한편 보호의 정도와 관련하여 판례는 「현실적으로 강제집행을 받을 우려가 있는 상태에서 강제집행을 면탈할 목적으로 허위의 채무를 부담하는 등의 행위를 하는 경우에는 달리 특별한 사정이 없는 한 채권자를 해할 위험이 있다고 보아야 한다.」라고 판시[3]하여, 추상적 위험범으

---

1) 대법원 1982. 10. 26. 선고 82도2157 판결.
2) 대법원 2011. 9. 8. 선고 2011도5165 판결; 대법원 2010. 12. 9. 선고 2010도11015 판결.
3) 대법원 2008. 6. 26. 선고 2008도3184 판결. 同旨 대법원 2009. 5. 28. 선고 2009도875 판결(은닉한 부동산의 시가

로 파악하고 있다. 그러므로 채권자를 해할 위험이 있으면 본죄가 성립하고 반드시 현실적으로 채권자를 해하는 결과가 야기되어야만 본죄가 성립하는 것은 아니다.

2. 구성요건

(1) 주 체

본죄의 주체에 채무자뿐만 아니라 제3자도 포함되는지 여부와 관련하여, ① 독일 형법에는 명문으로 자기의 재산이라고 규정하고 있지만 우리나라 형법에는 이러한 제한이 없다는 점을 논거로 하는 적극설[1], ② 강제집행을 면할 목적으로 행해질 것이 필요하다는 점, 행위태양을 허위'양도'와 허위의 '채무부담'이라고 규정하여 이에 대응하는 행위태양인 양수와 채권취득을 제외하고 있다는 점, 강제집행의 위기에 처한 '채무자'만이 주체가 되고, 제3자는 공범의 형태로만 처벌이 가능하다는 점, 제3자에게까지 금지를 확대적용하면 결과적으로 채권일반에 대한 보호가 되어 채권자보호에는 기여하지만 보충성의 원칙에 반한다는 점 등을 논거로 하는 소극설[2] 등의 대립이 있다.

이에 대하여 판례는 「부동산의 1번 가등기권자와 제3취득자 甲이 채무자인 부동산 소유자의 이익을 위하여 후순위 채권자들에 의한 강제집행을 막고자 甲이 그 부동산을 매수하고 그 매매대금의 일부로 그 부동산의 가등기권자에 대한 채무를 변제하되 일단 가등기권자 명의로의 소유권이전의 본등기를 경료하여 다른 채권자들의 가압류 및 강제경매의 기입등기를 직권말소하게 하는 일련의 등기절차를 거치기로 상호 간에 사전에 협의·공모하였다면, 가등기권자는 채무자의 강제집행면탈죄에 가담하였다고 할 것이므로 설사 가등기권자 자기의 채권담보의 실행책으로 소유권이전의 본등기를 하고, 甲이 정당한 가격으로 그 부동산을 매수하였다고 할지라도 채무자의 강제집행면탈죄의 공범으로서의 죄책을 면할 수 없다.」라고 판시[3]하여, 소극설의 입장을 취하고 있다.

생각건대 채무자의 법정대리인, 채무자의 재산관리인은 물론 채무자의 배우자나 가족, 채무자인 회사의 직원 등과 같은 제3자는 공범의 형태로만 처벌이 가능하므로 채무자만이 본죄의 주체가 된다고 파악해야 한다.

(2) 객 체

본죄의 객체는 재산이다. '재산'이란 재물 또는 재산상의 이익을 모두 포함하는 개념이다.

액보다 그 부동산에 의하여 담보된 채무액이 더 많다고 하여 그 은닉으로 인하여 채권자를 해할 위험이 없다고 할 수 없다); 대법원 2008. 5. 8. 선고 2008도198 판결; 대법원 2001. 11. 27. 선고 2001도4759 판결; 대법원 1999. 12. 12. 선고 98도2474 판결; 대법원 1998. 9. 8. 선고 98도1949 판결; 대법원 1990. 3. 23. 선고 89도2506 판결.

1) 김선복, 437면; 김성천/김형준, 578면; 김신규, 557면; 김혜정 외 4인, 478면; 배종대, 513면; 손동권/김재윤, 534면; 이상돈, 979면; 이영란, 486면; 이재상/장영민/강동범, 490면; 이형국/김혜경, 547면; 정성근/정준섭, 344면; 정영일, 269면.

2) 김일수/서보학, 430면; 박상기, 714면; 임 웅, 620면.

3) 대법원 1983. 5. 10. 선고 82도1987 판결.

그러므로 본죄에 있어서 재산에는 동산·부동산뿐만 아니라 재산적 가치가 있어 민사집행법에 의한 강제집행 또는 보전처분이 가능한 특허 내지 실용신안 등을 받을 수 있는 권리도 포함된 다.[1] 한편 본죄는 강제집행이 임박한 채권자의 권리를 보호하기 위한 것이므로, 본죄의 객체는 채무자의 재산 중에서 채권자가 민사집행법상 강제집행 또는 보전처분의 대상으로 삼을 수 있 는 것이어야 한다.[2] 장래의 권리라도 채무자와 제3채무자 사이에 채무자의 장래청구권이 충분 하게 표시되었거나 결정된 법률관계가 존재한다면 재산에 해당하는 것으로 보아야 한다.[3]

'보전처분 단계에서의 가압류채권자의 지위' 자체는 원칙적으로 민사집행법상 강제집행 또 는 보전처분의 대상이 될 수 없어 본죄의 객체에 해당한다고 볼 수 없고, 이는 가압류채무자가 가압류해방금을 공탁한 경우에도 마찬가지이다. 그러므로 채무자가 가압류채권자의 지위에 있 으면서 가압류집행해제를 신청함으로써 그 지위를 상실하는 행위는 '은닉·손괴·허위양도 또는 허위채무부담' 등 강제집행면탈행위의 어느 유형에도 포함되지 않는 것이므로, 이러한 행위를 처벌대상으로 삼을 수 없다.[4]

또한 의료법에 의하여 적법하게 개설되지 아니한 의료기관에서 요양급여가 행하여졌다면 해당 의료기관은 국민건강보험법상 요양급여비용을 청구할 수 있는 요양기관에 해당되지 아니 하여 해당 요양급여비용 전부를 청구할 수 없고, 해당 의료기관의 채권자로서도 위 요양급여비 용 채권을 대상으로 하여 강제집행 또는 보전처분의 방법으로 채권의 만족을 얻을 수 없는 것 이므로, 결국 위와 같은 채권은 본죄의 객체가 되지 아니한다.[5]

---

1) 대법원 2001. 11. 27. 선고 2001도4759 판결.

2) 대법원 2014. 10. 27. 선고 2014도9442 판결(이 사건 건물은 지하 4층, 지상 12층으로 건축허가를 받았으나 피고 인들이 이 사건 건물에 관한 건축주 명의를 공소외 1 주식회사에서 공소외 2 주식회사로 변경한 2010. 11. 4. 당시 에는 지상 8층까지 골조공사가 완료된 채 공사가 중단되었던 사실을 알 수 있으므로, 그 당시 이 사건 건물이 민사집행법상 강제집행이나 보전처분의 대상이 될 수 있다고 단정하기 어렵다); 대법원 2013. 4. 26. 선고 2013도 2034 판결; 대법원 2011. 12. 8. 선고 2010도4129 판결; 대법원 2009. 5. 14. 선고 2007도2168 판결(명의신탁자와 명의수탁자가 이른바 계약명의신탁 약정을 맺고 명의수탁자가 당사자가 되어 명의신탁 약정이 있다는 사실을 알지 못하는 소유자와 부동산에 관한 매매계약을 체결한 후 그 매매계약에 따라 당해 부동산의 소유권이전등기 를 명의수탁자 명의로 마친 경우에는, 명의신탁자와 명의수탁자 사이의 명의신탁 약정의 무효에도 불구하고 부동 산실명법 제4조 제2항 단서에 의하여 그 명의수탁자는 당해 부동산의 완전한 소유권을 취득한다. 이와 달리 소유 자가 계약명의신탁 약정이 있다는 사실을 안 경우에는 수탁자 명의의 소유권이전등기는 무효이고 당해 부동산의 소유권은 매도인이 그대로 보유하게 된다. 어느 경우든지 명의신탁자는 그 매매계약에 의해서는 당해 부동산의 소유권을 취득하지 못하게 되어, 결국 그 부동산은 명의신탁자에 대한 강제집행이나 보전처분의 대상이 될 수 없다); 대법원 2003. 4. 25. 선고 2003도187 판결.

3) 대법원 2011. 7. 28. 선고 2011도6115 판결(피해자 甲은 乙의 채권자로서 乙이 丙 소유 부동산 경매사건에서 지급 받을 배당금 채권의 일부에 가압류를 해 두었는데, 乙 사망 후 피고인과 丙, 乙의 상속인 등이 공모하여 丙의 乙에 대한 채무가 완제된 것처럼 허위의 채무완제확인서를 작성하여 법원에 제출하는 등의 방법으로 매각허가결 정된 丙 소유 부동산의 경매를 취소하였다는 내용으로 기소된 사안에서, 乙의 상속인들이 丙 소유 부동산의 경매 절차에서 배당받을 배당금지급채권은 강제집행면탈죄의 객체인 '재산'에 해당하고, 피고인 등이 丙의 乙에 대한 채권이 완제된 것처럼 가장하여 乙의 상속인 등을 상대로 청구이의의 소를 제기하고 그 판결에 기하여 강제집행 정지 및 경매취소에 이르게 한 행위는 소유관계를 불명하게 하는 방법에 의한 '재산의 은닉'에 해당한다).

4) 대법원 2008. 9. 11. 선고 2006도8721 판결.

5) 대법원 2017. 4. 26. 선고 2016도19982 판결.

(3) 행 위

본죄의 실행행위는 강제집행을 당할 구체적 위험이 있는 상태에서 재산을 은닉·손괴·허위양도 또는 허위의 채무를 부담하여 채권자를 해하는 것이다.

1) 강제집행을 당할 구체적 위험이 있는 상태

① 강제집행

본죄가 적용되는 강제집행은 민사집행법 제2편의 적용대상인 '강제집행' 또는 민사소송이 준용되는 강제집행, 즉 '가압류·가처분 등의 집행'(민사집행법 제4편)을 가리킨다. 그러므로 국세징수법에 의한 체납처분[1], 벌금·몰수·추징 등의 형사상의 강제집행, 과태료나 과징금 등 행정상의 강제처분, 민사집행법 제3편의 적용 대상인 '담보권 실행 등을 위한 경매'[2] 등을 면탈할 목적으로 재산을 은닉하는 등의 행위는 본죄의 규율대상에 포함되지 아니한다. 왜냐하면 본죄의 입법취지는 채권자의 채권보호에 있는 것이지 재판의 집행까지 보호하는 것으로 확장해석할 수는 없기 때문이다. 다만 허위의 재산양도 등으로 인하여 재산형의 강제집행을 면탈할 경우에는 위계에 의한 공무집행방해죄가 성립될 수 있다.

본죄는 국가의 강제집행권이 발동될 단계에 있는 채권자의 권리를 보호하기 위한 범죄로서, 여기서의 강제집행에는 광의의 강제집행인 의사의 진술에 갈음하는 판결의 강제집행도 포함되고, 본죄의 성립요건으로서의 채권자의 권리와 행위의 객체인 재산은 국가의 강제집행권이 발동될 수 있으면 충분하다.[3]

만일 채권이 존재하지 않을 때에는 보호할 법익도 없기 때문에 채권의 존재가 반드시 있어야 본죄가 성립할 수 있다.[4] 그러므로 본죄를 유죄로 인정하기 위해서는 먼저 채권이 존재하는지에 관하여 심리·판단하여야 하고, 민사절차에서 이미 채권이 존재하지 않는 것으로 판명된 경우에는 다른 특별한 사정이 없는 한 이와 모순·저촉되는 판단을 할 수가 없다.[5] 장래의 조건부로 발생할 채권이라도 강제집행의 대상이 되는 한 채권이 존재하고[6], 그 조건의 불성취로 인

---

1) 대법원 2012. 4. 26. 선고 2010도5693 판결(보조금의 예산 및 관리에 관한 법률 제30조 제1항, 제31조 제1항에 의한 보조금 교부결정취소 및 보조금 반환명령은 행정처분이고 그 처분이 있어야 반환의무가 발생하므로, 반환받을 보조금에 대한 징수권은 공법상 권리로서 사법상 채권과는 성질을 달리한다. 따라서 보조금관리법 제33조에서 '반환하여야 할 보조금에 대하여는 국세징수의 예에 따라 이를 징수할 수 있다'고 규정한 것은 보조금의 반환에 대하여는 국세체납처분의 예에 따라 강제징수할 수 있도록 한 것뿐이고, 이를 민사집행법에 의한 강제집행과 국세체납처분에 의한 강제징수 중에서 선택할 수 있도록 허용한 규정이라고 볼 것은 아니다).

2) 대법원 2015. 3. 26. 선고 2014도14909 판결.

3) 대법원 2015. 9. 15. 선고 2015도9883 판결(이 사건 토지는 ○○○○○장로회△△교회(이하 '△△교회'라고 한다)가 공소외 1 재단법인에 명의신탁한 부동산이고, 이 사건 토지에 관한 제1, 2차 매매계약은 모두 허위여서 그에 기초한 공소외 2와 피고인 1 명의의 각 소유권이전등기는 원인무효이므로, △△교회는 이 사건 토지에 관한 명의신탁계약을 해지하고 공소외 1 법인을 대위하여 공소외 2와 피고인 1에게 위 각 소유권이전등기의 말소를 청구할 권리를 가지는데, 피고인들이 공모하여 이 사건 토지에 관하여 피고인 2 명의로 허위의 가등기를 마쳐 두었다가, △△교회가 이 사건 토지의 소유권을 되찾기 위하여 처분금지가처분을 하자 그 집행을 면탈할 목적으로 이 사건 본등기를 하였다는 이유로, 이 부분 공소사실을 유죄로 판단하였다).

4) 대법원 1988. 4. 12. 선고 88도48 판결.

5) 대법원 2012. 8. 30. 선고 2011도2252 판결.

하여 채권이 소멸된 경우에도 일단 성립한 범죄에는 영향이 없다.[1]

한편 상계의 의사표시가 있는 경우에는 각 채무는 상계할 수 있는 때에 소급하여 대등액에 관하여 소멸한 것으로 보게 된다. 따라서 상계로 인하여 소멸한 것으로 보게 되는 채권에 관하여는 상계의 효력이 발생하는 시점 이후에는 채권의 존재가 인정되지 않으므로 본죄가 성립하지 아니한다.[2] 또한 회사 대표가 계열회사들 소유 자금 중 일부를 임의로 빼돌려 자기 소유 자금과 구분 없이 거주지 안방에 보관한 행위는 계열회사들에 대한 횡령행위의 일부를 구성하는 것일 뿐이고 나아가 이를 일률적으로 회사 대표 개인의 채권자들에 대한 강제집행면탈행위로서의 은닉행위로 평가할 수는 없다.[3]

② 강제집행을 당할 구체적 위험

본죄는 강제집행을 당할 구체적인 위험이 있는 상태에서 재산을 은닉·손괴·허위양도 또는 허위의 채무를 부담하여 채권자를 해할 때 성립된다.[4] '강제집행을 당할 구체적인 위험이 있는 상태'란 채권자가 이행청구의 소 또는 그 보전을 위한 가압류·가처분신청을 제기하거나 제기할 태세를 보인 경우를 말한다.[5] 그러므로 강제집행이 사실상 진행되고 있을 필요는 없다.

판례에 의하면, ① 약 18억원 정도의 채무초과 상태에 있는 피고인 발행의 약속어음이 부도가 난 경우[6], ② 이혼을 요구하는 처로부터 재산분할청구권에 근거한 가압류 등 강제집행을 받을 우려가 있는 경우[7], ③ 채권자가 가압류·가처분의 신청을 한 경우[8], ④ 소의 제기 또는 지급명령을 신청한 사실이 없더라도 채권확보를 위하여 소송을 제기할 기세를 보이는 경우[9], ⑤ 치료비 청구를 하면서 관계기관에 진정을 하고 있는 경우[10] 등에 있어서는 강제집행을 당할 구체적인 위험이 있는 상태를 인정하고 있다.

하지만 압류금지채권의 목적물이 채무자의 예금계좌에 입금된 경우에는 그 예금채권에 대하여 더 이

---

6) 대법원 2000. 12. 26. 선고 99도5562 판결.

1) 대법원 1984. 6. 12. 선고 82도1544 판결.

2) 대법원 2012. 8. 30. 선고 2011도2252 판결(피고인이 처 甲 명의로 임차하여 운영하는 주유소의 주유대금 신용카드 결제를, 별도로 운영하는 다른 주유소의 신용카드 결제 단말기로 처리함으로써 甲 명의 주유소의 매출채권을 다른 주유소의 매출채권으로 바꾸는 수법으로 은닉하여 甲에 대하여 연체차임 등 채권이 있어 甲 명의 주유소의 매출채권을 가압류한 乙 주식회사의 강제집행을 면탈하였다는 내용으로 기소된 사안에서, 乙 회사가 甲을 상대로 미지급 차임 등의 지급을 구하는 민사소송을 제기하였으나 甲이 임대차보증금 반환채권으로 상계한다는 주장을 하여 乙 회사의 청구가 기각된 판결이 확정된 사정에 비추어, 상계의 의사표시에 따라 乙 회사의 차임채권 등은 채권 발생일에 임대차보증금 반환채권과 대등액으로 상계되어 소멸되었으므로 피고인의 행위 당시 乙 회사의 채권의 존재가 인정되지 아니하여 강제집행면탈죄가 성립하지 않는다).

3) 대법원 2007. 6. 1. 선고 2006도1813 판결.

4) 대법원 1979. 9. 11. 선고 79도436 판결; 대법원 1974. 10. 8. 선고 74도1798 판결.

5) 대법원 2009. 5. 28. 선고 2009도875 판결; 대법원 1986. 10. 28. 선고 86도1553 판결; 대법원 1984. 3. 13. 선고 84도18 판결; 대법원 1981. 6. 23. 선고 81도588 판결; 대법원 1971. 3. 9. 선고 69도2345 판결.

6) 대법원 1999. 2. 9. 선고 96도3141 판결.

7) 대법원 2008. 6. 26. 선고 2008도3184 판결.

8) 대법원 1996. 1. 26. 선고 95도2526 판결.

9) 대법원 1998. 9. 8. 선고 98도1949 판결.

10) 대법원 1979. 4. 10. 선고 78도2370 판결.

상 압류금지의 효력이 미치지 아니하므로 그 예금은 압류금지채권에 해당하지 않지만, 압류금지채권의 목적물이 채무자의 예금계좌에 입금되기 전까지는 여전히 강제집행 또는 보전처분의 대상이 될 수 없으므로, 압류금지채권의 목적물을 수령하는 데 사용하던 기존 예금계좌가 채권자에 의해 압류된 채무자가 압류되지 않은 다른 예금계좌를 통하여 그 목적물을 수령한 경우[1]에는 강제집행을 당할 구체적인 위험이 있는 상태를 부정하고 있다.

2) 재산의 은닉·손괴·허위양도 또는 허위채무의 부담

'은닉'이란 강제집행을 실시하는 자에 대하여 재산의 발견을 불가능하게 하거나 곤란하게 하는 것을 말한다.[2] 재산의 소재를 불명하게 하는 경우는 물론 그 소유관계를 불명하게 하는 경우도 포함한다. 하지만 재산의 소유관계를 불명하게 하는 데 반드시 공부상의 소유자 명의를 변경하거나 폐업 신고 후 다른 사람 명의로 새로 사업자 등록을 할 것까지 요하는 것은 아니다. 그러므로 사업장의 유체동산에 대한 강제집행을 면탈할 목적으로 사업자 등록의 사업자 명의를 변경함이 없이 사업장에서 사용하는 금전등록기의 사업자 이름만을 변경한 경우에는 재산의 은닉에 해당한다.[3] 또한 피고인이 자신의 채권담보의 목적으로 채무자 소유의 선박들에 관하여 가등기를 경료하여 두었다가 채무자와 공모하여 선박들을 가압류한 다른 채권자들의 강제집행을 불가능하게 할 목적으로 정확한 청산절차도 거치지 않은 채 의제자백판결을 통하여 선순위 가등기권자인 피고인 앞으로 본등기를 경료함과 동시에 가등기 이후에 경료된 가압류등기 등을 모두 직권말소하게 하였음은 소유관계를 불명하게 하는 방법에 의한 재산의 은닉에 해당한다.[4]

반면에 채무자가 제3자 명의로 되어 있던 사업자등록을 또 다른 제3자 명의로 변경하였다는 사정만으로는 그 변경이 채권자의 입장에서 볼 때 사업장 내 유체동산에 관한 소유관계를 종전보다 더 불명하게 하여 채권자에게 손해를 입게 할 위험성을 야기한다고 단정할 수 없다.[5]

---

1) 대법원 2017. 8. 18. 선고 2017도6229 판결.

2) 대법원 2017. 5. 17. 선고 2017도2230 판결(피고인들이 공모하여 렌트카 회사인 甲주식회사를 설립한 다음 乙주식회사 등의 명의로 저당권등록이 되어 있는 다수의 차량들을 사들여 甲회사 소유의 영업용 차량으로 등록한 후 자동차대여사업자등록 취소처분을 받아 차량등록을 직권말소시켜 저당권 등이 소멸되게 함으로써 乙회사 등의 저당권의 목적인 차량들을 은닉하는 방법으로 권리행사를 방해하였다).

3) 대법원 2003. 10. 9. 선고 2003도3387 판결.

4) 대법원 2000. 7. 28. 선고 98도4558 판결; 同旨 대법원 2005. 10. 13. 선고 2005도4522 판결(피고인이 회사의 어음 채권자들의 가압류 등을 피하기 위하여 회사의 예금계좌에 입금된 회사 자금을 인출하여 제3자 명의의 다른 계좌로 송금한 이상, 피고인이 부도처분 방지 차원에서 회사의 어음 채권자들과의 합의하에 채권금액 중 일부만 변제하고 나머지에 대하여는 새로운 어음을 발행하는 등 이른바 어음 되막기 용도의 자금 조성을 위하여 위와 같은 행위를 하였다고 하더라도, 이러한 사정만으로는 피고인의 강제집행면탈 행위가 정당행위에 해당한다고 볼 수 없다); 대법원 1992. 12. 8. 선고 92도1653 판결(채권자에 의하여 압류된 채무자 소유의 유체동산을 채무자의 母 소유인 것으로 사칭하면서 母 명의로 제3자이의의 소를 제기하고, 집행정지결정을 받아 그 집행을 저지하였다면 이는 재산을 은닉한 경우에 해당한다); 대법원 1983. 5. 10. 선고 82도1987 판결(부동산의 선순위 가등기권자와 그 부동산 소유자가 사전모의하여 그 부동산에 관한 다른 채권자의 강제집행을 면할 목적으로 선순위 가등기권자 앞으로 소유권이전의 본등기를 한 경우도 재산의 은닉에 해당한다).

5) 대법원 2014. 6. 12. 선고 2012도2732 판결(이 사건 식당은 2001. 11. 1. 개업 당시부터 피고인이 운영하는 공소외

한편 장래에 수입이 예상되는 재산이 강제집행의 대상에 해당되지 않게 하기 위한 행위는 은닉에 해당하지 아니한다. 예를 들면 자영업자가 강제집행이 이루어질 상황에서 수입을 차명계좌에 입금하는 경우가 이에 해당한다.

  '허위양도'란 실제로 양도의 진의가 없음에도 불구하고 표면상 양도의 형식을 취하여 재산의 소유명의를 변경시키는 것을 말한다.[1] 예를 들면 임차권의 명의를 제3자에게 허위로 이전하는 경우[2], 가옥대장의 소유명의를 허위로 변경한 경우[3] 등이 이에 해당한다. 하지만 진의에 의하여 재산을 양도하였다면 설령 그것이 강제집행을 면탈할 목적으로 이루어진 것으로서 채권자의 불이익을 초래하는 결과가 되었다고 하더라도 본죄의 허위양도에는 해당하지 아니한다.[4] 강제집행면탈의 목적으로 채무자가 그의 제3채무자에 대한 채권을 허위로 양도한 경우에 제3채무자에게 채권 양도의 통지가 행하여짐으로써 통상 제3채무자가 채권 귀속의 변동을 인식할 수 있게 된 시점에서는 채권 실현의 이익이 해하여질 위험이 실제로 발현되었다고 할 것이므로, 늦어도 그 통지가 있는 때에는 그 범죄행위가 종료하여 그때부터 공소시효가 진행된다.[5]

  '허위채무의 부담'이란 채무가 없음에도 불구하고 채무가 있는 것처럼 가장하는 것을 말한다. 예를 들면 재단법인의 이사장인 피고인이 강제집행을 면탈할 목적으로 재단법인에 대하여 채권을 가지는 양 가장하여 이를 공동피고인에게 양도함으로써 재단법인으로 하여금 허위의 채무를 부담하게 하고 이를 담보한다는 구실하에 재단법인소유 토지를 공동피고인 명의로 가등기 및 본등기를 경료한 경우[6]가 이에 해당한다. 하지만 강제집행을 당할 위험이 있는 상태라고 하더라도 진실한 채무를 부담한 경우에는 본죄가 성립하지 아니한다. 또한 피고인이 장래에

---

  3 주식회사 명의로 사업자등록이 된 사실, 피해자는 2007. 8. 30. 피고인을 상대로 제주지방법원 2007가합2080호로 약정금 등 청구소송을 제기하여 2010. 6. 9. 피고인은 피해자에게 2억원과 이에 대한 지연손해금을 지급하라는 내용의 판결을 선고받았고 위 판결이 2010. 10. 4. 확정된 사실, 피고인은 2010. 4. 30. 위 식당에 관하여 공소외 2 명으로 추가로 사업자등록을 한 후 2010. 6. 30. 위 공소외 3 주식회사 명의의 사업자등록에 관하여 폐업신고를 한 사실을 알 수 있다. 피고인이 이 사건 식당에 관한 사업등록 명의를 공소외 3 주식회사에서 공소외 2로 변경하였다고 하더라도 이들이 제3자의 지위에 있는 이상 피해자가 위 식당에 있는 유체동산이 피고인의 소유임을 입증하여 강제집행에 나아갈 수 있음은 달라진 것이 없다).
1) 대법원 2012. 6. 28. 선고 2012도3999 판결(채무자인 피고인이 채권자 甲의 가압류집행을 면탈할 목적으로 제3채무자 乙에 대한 채권을 丙에게 허위양도하였다고 하여 강제집행면탈로 기소된 사안에서, 가압류결정 정본이 제3채무자에게 송달된 날짜와 피고인이 채권을 양도한 날짜가 동일하므로 가압류결정 정본이 乙에게 송달되기 전에 채권을 허위로 양도하였다면 강제집행면탈죄가 성립한다); 대법원 1986. 8. 19. 선고 86도1191 판결.
2) 대법원 1971. 4. 20. 선고 71도319 판결.
3) 대법원 1968. 7. 31. 선고 68도677 판결.
4) 대법원 2007. 11. 30. 선고 2006도7329 판결; 대법원 2001. 11. 27. 선고 2001도4759 판결; 대법원 2000. 9. 8. 선고 2000도1447 판결; 대법원 1998. 9. 8. 선고 98도1949 판결; 대법원 1987. 9. 22. 선고 87도1579 판결; 대법원 1983. 7. 26. 선고 82도1524 판결(교회의 목사인 피고인 및 공소외 甲의 공동명의로 신탁된 교회소유의 대지가 위 甲의 사업실패로 그 채권자들로부터 강제집행의 우려가 있자 교회건축위원회에서 피고인 및 甲에 대한 명의신탁을 해지한 후 다른 재직회 임원인 공소외 乙 등 5명 앞으로 명의신탁하기로 결정하고 이에 따라 매매를 원인으로 하여 경료된 소유권이전등기는 신탁자의 신탁재산에 대한 정당한 권리행사이고 강제집행면탈죄의 구성요건인 허위양도에 해당하지 아니한다); 대법원 1982. 7. 27. 선고 80도382 판결.
5) 대법원 2011. 10. 13. 선고 2011도6855 판결.
6) 대법원 1982. 12. 14. 선고 80도2403 판결.

발생할 특정의 조건부채권을 담보하기 위한 방편으로 부동산에 대하여 근저당권을 설정한 것이라면, 특별한 사정이 없는 한 이는 장래 발생할 진실한 채무를 담보하기 위한 것으로서, 피고인의 행위를 가리켜 '허위의 채무를 부담'하는 경우에 해당한다고 할 수 없고[1], 피고인이 타인에게 채무를 부담하고 있는 양 가장하는 방편으로 피고인 소유의 부동산들에 관하여 소유권이 전청구권보전을 위한 가등기를 경료하여 주었다고 하더라도 그와 같은 가등기는 원래 순위보전의 효력밖에 없는 것이므로 그와 같이 각 가등기를 경료한 사실만으로는 피고인이 강제집행을 면탈할 목적으로 허위채무를 부담하여 채권자를 해한 것이라고 할 수 없다.[2]

3) 채권자를 해할 것

본죄가 성립하기 위해서는 강제집행을 당할 구체적 위험이 있는 상태에서 재산을 은닉·손괴·허위양도 또는 허위의 채무를 부담하는 것에 그쳐서는 안 되고, 이를 통하여 채권자를 해하여야 한다. 하지만 채권자에 대한 현실적인 침해의 결과까지 요구되는 것은 아니고, 현실적으로 강제집행을 받을 우려가 있는 상태에서 강제집행을 면탈할 목적으로 허위채무를 부담하는 등의 행위를 하는 경우에는 달리 특별한 사정이 없는 한 채권자를 해할 위험이 있다고 보아야 할 것이고, 채무자에게 약간의 다른 재산이 있다고 하여 채권자를 해할 우려가 없다고 할 수 없다. 그러므로 허위채무 등을 공제한 후 채무자의 적극재산이 남는다고 예측되더라도 허위채무 부담행위로 채권자를 해할 위험이 있다면 본죄가 성립한다.[3] 즉 약간의 잉여재산이 있다거나[4] 허위양도한 부동산의 시가액보다 그 부동산에 의하여 담보된 채무액이 더 많다고 하여 그 허위양도로 인하여 채권자를 해할 위험이 없다고 할 수 없다.[5] 하지만 채권이 존재하는 경우에도 채무자의 재산은닉 등 행위시를 기준으로 채무자에게 채권자의 집행을 확보하기에 충분한 다른 재산이 있었다면 채권자를 해하였거나 해할 우려가 있다고 쉽사리 단정해서는 아니된다.[6]

또한 가압류에는 처분금지적 효력이 있으므로 가압류 후에 목적물의 소유권을 취득한 제3취득자 또는 그 제3취득자에 대한 채권자는 그 소유권 또는 채권으로써 가압류권자에게 대항할 수 없다. 따라서 가압류 후에 목적물의 소유권을 취득한 제3취득자가 다른 사람에 대한 허위의 채무에 기하여 근저당권설정등기 등을 경료하더라도 이로써 가압류채권자의 법률상 지위에 어떤 영향을 미치지 않으므로 본죄에 해당하지 아니한다.[7]

---

1) 대법원 1996. 10. 25. 선고 96도1531 판결.

2) 대법원 1987. 8. 18. 선고 87도1260 판결.

3) 대법원 2008. 4. 24. 선고 2007도4585 판결; 대법원 1996. 1. 26. 선고 95도2526 판결.

4) 대법원 1990. 3. 23. 선고 89도2506 판결.

5) 대법원 1999. 2. 12. 선고 98도2474 판결.

6) 대법원 2011. 9. 8. 선고 2011도5165 판결(피고인이 자신을 상대로 사실혼관계해소 청구소송을 제기한 甲에 대한 채무를 면탈하려고 피고인 명의 아파트를 담보로 10억원을 대출받아 그 중 8억원을 타인 명의 계좌로 입금하여 은닉하였다고 하여 강제집행면탈죄로 기소된 사안에서, 피고인의 재산은닉 행위 당시 甲의 재산분할청구권은 존재하였다고 보기 어렵고, 가사사건 제1심판결에 근거하여 위자료 4,000만원의 채권이 존재한다는 사실이 증명되었다고 볼 여지가 있었을 뿐이므로, 피고인에게 위자료채권액을 훨씬 상회하는 다른 재산이 있었던 이상 강제집 행면탈죄는 성립하지 않는다); 대법원 1968. 3. 26. 선고 67도1577 판결.

(4) 주관적 구성요건

본죄가 성립하기 위해서는 재산을 손괴·은닉·허위양도하거나 허위채무를 부담하여 채권자를 해한다는 것에 대한 고의가 있어야 한다. 또한 본죄는 목적범이므로 강제집행을 면탈할 목적이 있어야 한다. 하지만 목적의 달성 여부는 본죄의 성립에 영향이 없다.

3. 죄수 및 다른 범죄와의 관계

(1) 죄 수

채권자들에 의한 복수의 강제집행이 예상되는 경우 재산을 은닉 또는 허위양도함으로써 채권자들을 해하였다면 채권자별로 각각 본죄가 성립하고, 서로 상상적 경합범의 관계에 있다.[1] 담보가등기 설정행위를 강제집행면탈행위로 본다고 하더라도, 그 가등기를 양도하여 본등기를 경료하게 함으로써 소유권을 상실하게 하는 행위는 면탈의 방법과 법익침해의 정도가 훨씬 중하다는 점을 고려할 때 이를 불가벌적 사후행위로 볼 수는 없다.[2]

(2) 다른 범죄와의 관계

타인의 재물을 보관하는 자가 보관하고 있는 재물을 영득할 의사로 은닉하였다면 이는 횡령죄를 구성하는 것이고, 채권자들의 강제집행을 면탈하는 결과를 가져온다고 하여 이와 별도로 본죄를 구성하는 것은 아니다.[3]

---

7) 대법원 2008. 5. 29. 선고 2008도2476 판결. 同旨 대법원 2008. 6. 12. 선고 2008도2279 판결(채권자의 채권이 금전채권이 아니라 토지 소유자로서 그 지상 건물의 소유자에 대하여 가지는 건물철거 및 토지인도청구권인 경우라면, 채무자인 건물 소유자가 제3자에게 허위의 금전채무를 부담하면서 이를 피담보채무로 하여 건물에 관하여 근저당권설정등기를 경료하였다는 것만으로는 직접적으로 토지 소유자의 건물철거 및 토지인도청구권에 기한 강제집행을 불능케 하는 사유에 해당한다고 할 수 없으므로 건물 소유자에게 강제집행면탈죄가 성립한다고 할 수 없다).

1) 대법원 2011. 12. 8. 선고 2010도4129 판결.

2) 대법원 2008. 5. 8. 선고 2008도198 판결.

3) 대법원 2000. 9. 8. 선고 2000도1447 판결.

제 2 편

사회적 법익에 관한 죄

제1장 공공의 안전과 평온에 관한 죄

제1절 공안을 해하는 죄

I. 범죄단체등조직죄

> 제114조(범죄단체 등의 조직) 사형, 무기 또는 장기 4년 이상의 징역에 해당하는 범죄를 목적으로 하는 단체 또는 집단을 조직하거나 이에 가입 또는 그 구성원으로 활동한 사람은 그 목적한 죄에 정한 형으로 처벌한다. 다만, 형을 감경할 수 있다.

1. 의의 및 보호법익

범죄단체등조직죄는 사형·무기 또는 장기 4년 이상의 징역에 해당하는 범죄를 목적으로 하는 단체 또는 집단을 조직하거나 이에 가입 또는 그 구성원으로 활동함으로써 성립하는 범죄이다. 범죄단체조직은 그 자체만으로는 법익을 침해한다거나 위태화하는 성격을 지니지 않고, 목적한 범죄의 예비·음모의 성격을 지닌 범죄라고 할 수 있다. 하지만 이러한 단계에 있음에도 불구하고 본죄를 처벌하는 이유는 범죄단체는 개별적인 범죄인의 결합 이상의 위험성이 상존하고 있고, 이들에 의한 대규모의 범죄를 사전에 방지하기 위한 형사정책적 고려에서 비롯된 것이다. 본죄의 보호법익은 공공의 안전과 평온이고, 보호의 정도는 추상적 위험범이다.[1] 본죄는 필요적 공범 가운데 집단범에 해당한다.

기존에는 범죄의 종류를 불문하고 범죄단체를 조직하기만 하면 본죄가 성립한다고 하였다. 그리하여 책임주의에 반한다는 문제점이 지적되었는데, 2013. 4. 5. 형법 개정을 통하여 본죄의 성립범위를 법정형을 기준으로 하여 사형·무기 또는 장기 4년 이상의 징역에 해당하는 범죄를 목적으로 하는 경우에 한해서 인정하고 있다. 또한 특정범죄가중처벌법 제5조의8에서 규정하고 있던 절도목적범죄단체조직죄를 삭제하였다. 한편 기존에는 범죄단체의 조직행위와 가입행위만을 구성요건으로 하고 있었지만, 2013. 4. 5. 형법 개정을 통하여 구성원으로 활동하는 행위까지 구성요건으로 포함시켰고, 그 대상을 범죄단체뿐만 아니라 범죄단체에 이르지 못하는 범죄집단까지 확장시켰다. 이는 '국제연합 국제조직범죄 방지협약'(UN Convention against Transnational Organized Crime)[2]의 비준에 대한 이행입법으로 평가된다.

---

[1] 반면에 구체적 위험범으로 파악하는 견해로는 배종대, 520면.

[2] UNTOC 제2조 (a)항에 의하면, "조직범죄단체"는 직접 또는 간접적으로 재정적 또는 기타 물질적 이익을 얻기 위하여 하나 또는 그 이상의 중대범죄 또는 이 협약에 의해 범죄로 규정된 범죄를 범할 목적으로 행동하는 일정 기간 존속하는 3명 이상의 구조적 집단을 의미한다. 여기서 중대범죄란 법정형이 4년 이상의 자유형 또는 이보다

본죄의 법적 성격과 관련하여, ① 즉시범설[1], ② 계속범설[2], ③ 조직·가입죄는 즉시범이지만, 활동죄는 계속범이라는 견해[3] 등의 대립이 있다.

이에 대하여 판례는「본죄는 일정한 범죄를 목적으로 한 단체 또는 집단을 구성하거나 가입함으로써 즉시 성립하고, 그와 동시에 완성되는 즉시범이라고 할 것이므로 범죄성립과 동시에 공소시효가 진행되는 것이다.」라고 판시[4]하여, 즉시범설의 입장을 취하고 있다.

생각건대 즉시범설에 의하면 범죄단체의 구성원으로 계속 활동하는 자의 경우에도 공소시효가 완성되는 불합리한 점이 발생한다는 점, 2013. 4. 5. 형법 개정을 통하여 구성원으로 '활동'하는 경우를 본죄의 행위태양으로 추가하고 있다는 점 등을 논거로 하여 조직·가입죄는 즉시범이지만 활동죄는 계속범으로 파악하는 것이 타당하다.

2. 구성요건

(1) 행 위

본죄의 실행행위는 사형·무기 또는 장기 4년 이상의 징역에 해당하는 범죄를 목적으로 하는 단체 또는 집단을 조직하거나 이에 가입 또는 그 구성원으로 활동하는 것이다.

1) 범죄목적

본죄에서의 목적으로 하는 범죄는 실질적 의미의 형법에 규정되어 있는 사형·무기 또는 장기 4년 이상의 징역에 해당하는 모든 범죄를 말한다. 다만 반국가단체를 구성하거나 이에 가입한 경우에는 국가보안법 제3조[5]의 반국가단체구성·가입죄에 해당하며, 폭력행위처벌법에 규정된 범죄를 목적으로 하는 경우에는 폭력행위처벌법 제4조 제1항[6]이 적용된다.

중한 형벌로 처벌할 수 있는 범죄를 구성하는 행위를 의미하고, '구조적 집단'이란 즉각적인 범죄의 실행을 위하여 임의로 구성된 것이 아니며, 구성원별로 정해진 형식적 역할, 구성원 자격의 계속성 또는 발달된 구조를 가질 필요가 없는 집단을 의미한다.

1) 김성천/김형준, 585면; 오영근, 465면; 이영란, 504면.
2) 김선복, 447면; 김신규, 567면; 김일수/서보학, 439면; 배종대, 521면; 이형국/김혜경, 560면; 정성근/정준섭, 351면; 정영일, 279면.
3) 박상기, 720면.
4) 대법원 1995. 1. 20. 선고 94도2752 판결; 대법원 1992. 2. 25. 선고 91도3192 판결(범죄단체를 조직한 일시는 범죄사실을 특정하는 중요한 요건일 뿐만 아니라, 범죄에 대한 공소시효가 완성되었는지 여부를 결정짓는 요소이므로 피고인들이 범죄단체의 구성원으로 활동한 사실이 인정된다고 하더라도 공소장에 기재된 일시에 범죄단체를 조직한 사실이 인정되지 않는 한 공소장에 기재된 범죄의 일시가 아닌 어느 일시를 피고인들이 범죄단체를 조직한 일시로 인정하여 유죄로 처벌하는 것은 허용될 수 없다).
5) 국가보안법 제3조(반국가단체의 구성등) ① 반국가단체를 구성하거나 이에 가입한 자는 다음의 구별에 따라 처벌한다.
   1. 수괴의 임무에 종사한 자는 사형 또는 무기징역에 처한다.
   2. 간부 기타 지도적 임무에 종사한 자는 사형·무기 또는 5년 이상의 징역에 처한다.
   3. 그 이외의 자는 2년 이상의 유기징역에 처한다.
   ② 타인에게 반국가단체에 가입할 것을 권유한 자는 2년 이상의 유기징역에 처한다.
   ③ 제1항 및 제2항의 미수범은 처벌한다.
   ④ 제1항 제1호 및 제2호의 죄를 범할 목적으로 예비 또는 음모한 자는 2년 이상의 유기징역에 처한다.
   ⑤ 제1항 제3호의 죄를 범할 목적으로 예비 또는 음모한 자는 10년 이하의 징역에 처한다.

2) 단체 또는 집단

'단체'란 특정 다수인이 사형, 무기 또는 장기 4년 이상의 범죄를 수행한다는 공동목적 아래 이루어진 계속적인 결합체를 말한다. 단체는 단순한 다중의 집합과는 달리 이를 주도하거나 내부의 질서를 유지하는 최소한의 통솔체제를 갖추고 있어야 한다.[1] 하지만 특정다수인에 의하여 이루어진 계속적이고 통솔체제를 갖춘 조직화된 결합체라고 하더라도 그 구성원이 본죄의 범죄에 대한 공동목적을 갖고 있지 아니하는 한 그 단체를 본죄의 범죄단체로 볼 수는 없다.[2]

'집단'이란 특정 다수인이 사형, 무기 또는 장기 4년 이상의 범죄를 수행한다는 공동목적 아래 구성원들이 정해진 역할분담에 따라 행동함으로써 범죄를 반복적으로 실행할 수 있는 조직체계를 갖춘 계속적인 결합체를 말한다. '범죄단체'에서 요구되는 '최소한의 통솔체계'를 갖출 필요는 없지만, 범죄의 계획과 실행을 용이하게 할 정도의 조직적 구조를 갖추어야 한다.[3] 즉

---

6) 폭력행위처벌법 제4조(단체 등의 구성·활동) ① 이 법에 규정된 범죄를 목적으로 하는 단체 또는 집단을 구성하거나 그러한 단체 또는 집단에 가입하거나 그 구성원으로 활동한 사람은 다음 각 호의 구분에 따라 처벌한다.
　　1. 수괴: 사형, 무기 또는 10년 이상의 징역
　　2. 간부: 무기 또는 7년 이상의 징역
　　3. 수괴·간부 외의 사람: 2년 이상의 유기징역

1) 대법원 2016. 5. 12. 선고 2016도1221 판결; 대법원 1987. 10. 13. 선고 87도1240 판결; 대법원 1985. 10. 8. 선고 85도1515 판결; 대법원 1978. 11. 28. 선고 78도2586 판결; 대법원 1977. 12. 27. 선고 77도3463 판결; 대법원 1977. 5. 24. 선고 77도1015 판결; 대법원 1976. 4. 13. 선고 76도340 판결.

2) 대법원 2004. 7. 8. 선고 2004도2009 판결.

3) 대법원 2020. 8. 20. 선고 2019도16263 판결(사기범죄집단사건)(이 사건 외부사무실에는 직원이 20명에서 40명 정도 있었고, 그 중 팀장은 3명에서 6명까지 있었다. 이 사건 외부사무실은 회사 조직과 유사하게 대표, 팀장, 팀원(출동조, 전화상담원)으로 직책이나 역할이 분담되어 있었는데, 상담원은 인터넷 허위광고를 보고 전화를 건 손님들에게 거짓말로 이 사건 외부사무실에 방문할 것을 유인하는 역할을, 출동조는 이 사건 외부사무실을 방문한 손님들에게 허위 중고차량을 보여주면서 소위 '뜯플' 또는 '쌩플'의 수법으로 중고차량 매매계약을 유도하는 역할을, 팀장은 소속 직원을 채용하고, 손님 방문 시 출동조를 배정하며, 출동조로부터 계약 진행 상황을 보고받고, 출동조가 매매계약 유도를 성공하면 손님들과 정식 계약을 체결하는 역할을, 대표인 피고인 1은 사무실과 집기, 중고자동차 매매계약에 필요한 자료와 할부금융, 광고 등을 준비해 이 사건 외부사무실을 운영하면서 팀장을 채용한 뒤 팀장으로 하여금 팀을 꾸려 이 사건 사기범행을 실행하도록 하고, 할부금융사로부터 할부중개수수료를 받으면 이를 팀별로 배분하는 역할을 수행하였다. 대표 또는 팀장은 팀장, 출동조, 전화상담원에게 고객을 유인하고 대응하는 법이나 기망하는 방법 등에 대해 교육하였다. 대표는 팀장들이 이용할 할부사 및 광고 사이트를 정해 팀장들에게 알려주고, 팀장들로부터 상사입금비 및 광고비를 받았다. 또한 대표는 손님들이 중고차량을 할부로 계약한 경우 할부금융사로부터 받는 할부중개수수료 중 절반을 팀장들에게 나누어 주었다. 팀장들은 대표로부터 지급받은 위 할부중개수수료와 중고차량 매매에 따른 차익 중 출동조에게 20~30%를, 상담원에게 5~10%를 나눠주고, 그 나머지를 가져갔다. 피고인들은 이 사건 외부사무실 업무와 관련하여 '텔레그램'을 이용한 대화방을 개설하여 정보를 공유하거나 각종 보고 등을 하였는데, 대표를 포함해 전 직원이 참여하는 전체 대화방에서는 단속 등에 관한 공지사항이, 팀원들이 참여하는 팀방에서는 상담원이 손님을 유인한 내용, 손님이 본 차량 및 금액 등이, 팀장들이 참여하는 사수방에서는 지각자 명단 등이, 상담원들이 참여하는 전화보고방에서는 상담원이 손님들과 전화를 받은 횟수 등이 각 공유되거나 보고되었다. 또한 대표와 팀장들은 월 1~2회 회의를 하면서 단속정보 등을 공유하였고, 팀장들은 공유된 정보를 소속 출동조 및 상담원에게 전파하였다. 피고인 1은 단속될 경우를 대비하여 이 사건 외부사무실을 자주 옮겼는데, 이 경우 이 사건 외부사무실 직원 모두가 피고인 1이 마련한 새로운 사무실로 이전한 뒤 종전과 동일하게 근무하였다. 이 사건 외부사무실에서 이루어진 중고자동차매매계약은 모두 소위 '뜯플', '쌩플' 등의 사기 수법이 동원된 것이고, 정상적인 판매행위는 이루어지지 않았다. 이러한 사실 및 사정들을 앞서 본 법리에 비추어 보면, 이 사건 외부사무실은 특정 다수인이 사기범행을 수행한다는 공동

'범죄집단'은 '다중'과 구별되어야 하므로 결합적 요소 내지 조직성은 반드시 요구된다. 기존에는 단체만을 구성요건으로 두었으나, 2013. 4. 5. 형법 개정을 통하여 집단을 구성한 경우에도 본죄가 성립하도록 하였다.

한편 폭력행위집단은 합법적인 단체와는 달라 범죄단체의 특성상 단체로서의 계속적인 결집성이 다소 불안정하고 그 통솔체제가 대내외적으로 반드시 명확하지 않은 것처럼 보이더라도 구성원들 간의 관계가 선배·후배·형·아우로 뭉쳐져 그들 특유의 규율에 따른 통솔이 이루어져 단체나 집단으로서의 위력을 발휘하는 경우가 많은 점에 비추어 폭력행위처벌법 제4조 소정의 범죄를 목적으로 하는 단체는 위 법 소정의 범죄를 한다는 공동의 목적 아래 특정다수인에 의하여 이루어진 계속적인 결합체로서 그 단체를 주도하거나 내부의 질서를 유지하는 최소한의 통솔체계를 갖추면 되는 것이고[1], 폭력행위의 방법에 의하여 위 법률 제2조 제1항 소정의 범죄를 범하는 것을 목적으로 하는 이상 그 중 어느 범죄를 범하는 것을 목적으로 하는가 여부까지 특정될 필요는 없다.[2] 또한 그 범죄단체는 다양한 형태로 성립·존속할 수 있는 것으로서 정형을 요하는 것이 아닌 이상, 그 구성 또는 가입에 관하여 반드시 단체의 명칭이나 강령이 명확하게 존재하고 단체 결성식이나 가입식과 같은 특별한 절차가 있어야만 하는 것은 아니다.[3] 하지만 단순히 폭력 등의 범죄를 예비·음모하거나 또는 그 범죄의 모의에 가담하여 실행행위의 분담을 정함에 불과하거나 실행행위를 하였다는 사실만으로는 폭력 등의 범죄단체를 조직하거나 범죄집단을 구성한 것이라고 할 수 없다.[4]

목적 아래 구성원들이 대표, 팀장, 출동조, 전화상담원 등 정해진 역할분담에 따라 행동함으로써 사기범행을 반복적으로 실행하는 체계를 갖춘 결합체, 즉 형법 제114조의 '범죄를 목적으로 하는 집단'에 해당한다).

1) 대법원 1996. 6. 25. 선고 96도923 판결; 대법원 1991. 5. 28. 선고 91도739 판결(영천우정파·소야파사건); 대법원 1990. 2. 23. 선고 89도2367 판결(성남송리파사건); 대법원 1987. 10. 13. 선고 87도1240 판결(서진룸싸롱사건)(피고인들이 수괴, 간부 가입자를 구분할 수 있을 정도의 지휘통솔체계를 갖춘 단체를 구성하고 또는 이에 가입한 후 피고인 甲으로부터 단체생활에 필요한 자금 등을 제공받고, 싸움에 대비하여 수시로 단체 및 개인훈련을 실시하는 한편, 피고인 甲의 사주를 받거나 고향의 선배들을 괴롭히는 자들을 응징한다는 명목 등으로 위 단체구성 후 1년 10개월 동안 16건에 걸쳐 강도상해 및 폭력행위(상해, 협박 등)를 자행하여 왔다면 그 과정에서 생활비절감 등의 편의상 함께 모여 단체생활을 한 일면이 있다고 인정된다거나 위 단체의 명칭이 수사단계에서야 비로소 붙여진 것이라고 하더라도 피고인들의 위와 같은 소위는 결국 폭력을 목적으로 한 범죄단체를 구성 또는 이에 가입한 죄에 해당된다).

2) 대법원 1997. 10. 10. 선고 97도1829 판결(연주파사건)(피고인등이 연주파라는 단체를 결성하기로 하면서 행동강령을 정하여 두목격 수괴, 두목격 고문, 부두목격 간부, 참모, 행동대장격 간부, 행동대원으로 그들 사이의 각 임무분담을 정함과 아울러 단체구성원들 간의 위계질서를 대체로 나이 순서에 따른 서열로 확립하고, 또한 합숙소를 마련하여 단체생활을 함에 있어 합숙소 장롱 안에 쇠파이프 등 흉기를 보관하면서 조직에서 관리하는 유흥업소나 도박장 등지에서 싸움이 붙거나 문제가 발생하면 즉시 현장에 가서 위력을 과시하거나 폭력을 행사하는 소위 '기동타격대' 역할을 할 수 있도록 하며, 조직원 양성을 위한 훈련을 실시하고 조직에서 이탈하려는 자들에 대하여는 보복을 감행하는 등으로 조직의 와해를 방지하고, 조직운영비 등 활동자금은 조직원들을 유흥업소의 영업부장 등의 직책으로 취직시켜 보호비를 징수하거나 아파트새시공사 등을 통하여 조달한 금품 등으로 충당하며, 또 위 연주파에서 이탈한 조직원들에 의하여 구성된 단체를 제압하기 위하여 2회에 걸쳐 회칼, 쇠파이프 등 흉기를 사용하여 폭력을 행사하였다면, 위 연주파는 폭력범죄 등을 목적으로 하는 계속적이고 조직 내의 통솔체계를 갖춘 결합체로서 범죄단체에 해당한다).

3) 대법원 2010. 1. 28. 선고 2009도9484 판결.

4) 대법원 1983. 12. 13. 선고 83도2605 판결.

판례에 의하면, ① 7, 8명이 월미도 및 송도유원지 등에서 타인의 자가용 유상운송행위를 제지하고 자신들만이 배타적으로 운송행위를 하기 위하여 독수리회라는 단체를 조직하고, 새로 가입하는 회원들로부터 100,000원 내지 300,000원의 가입금을 받아왔으며 현재는 피고인을 포함하여 18명이 그 회원으로 가입되어 있는 사실, 위 독수리회의 임원으로는 회장과 총무가 각 1인이 있어 회장은 월례회를 주관하고 회원들의 경조사시 위 회를 대표하여 참석하고 총무는 회원들로부터 받은 입회비 및 월회비를 회원들 사이의 경조사, 월 1회의 회식비용, 회원들이 야기한 교통사고처리 비용으로 지출하는 것을 주된 업무로 하고 있는데 회장과 총무는 회원들이 서로 돌아가면서 맡고 있는 사실, 그리고 회원들이 자가용 유상운송수입으로 받은 금원은 회원들의 각자 수입으로 하고 회원들은 각기 그 소유 차량의 전·후면에 독수리 마크를 붙이고 일정한 장소에서 도착한 순서대로 승객을 태우고 회원이 아닌 자들이 자신들의 구역 내에서 영업을 하려고 할 경우에는 주변에 있는 회원들이 그들을 위협하여 쫓아내는 행위를 한 경우[1], ② 피고인 2가 공소외 1, 2, 3 등과 은행에 당좌계정을 개설하여 은행으로부터 어음용지를 교부받아 거액의 어음을 발행한 후 이를 부도시키는 방법 등으로 타인의 재물을 편취하기로 모의한 뒤 위 범죄를 목적으로 '제1실업'이라는 상호로 사무실을 개설하여 전자제품 도매상을 경영하는 것처럼 위장하고 이어 공소외 1 이름으로 은행에 당좌계정을 개설하여 그 은행으로부터 다량의 어음용지를 교부받아 이를 확보하는 한편 그 과정에서 피고인 2가 위 제1실업의 실질적인 대표자로서 지급의 입출, 어음용지와 도장 등의 보관책임 등을 맡고 공소외 1, 3은 대외적인 업무를 맡고 공소외 2는 감사로서의 임무를 수행하기로 한 경우[2], ③ 피고인들이 증권투자인들의 권익을 보호하기 위하여 발족한 투자인협회의 간부진을 개편하고 각 그 간부 내지 회원이 된 목적이 증권거래소상장기업체의 주주총회때마다 소위 총회꾼들의 횡포가 극심하므로 이들을 제거하고 주주총회를 원활하게 진행하게 함으로써 정부시책에 적극 호응함과 동시에 진실한 투자인의 권익보호를 도모하려고 한 경우[3], ④ 5명이 도박개장을 공모한 경우[4], ⑤ 사북지역 출신의 청년들에 의하여 자생적으로 조직된 사북청년회라는 단체의 일부 회원들이 사북 지역에 내국인 카지노가 들어서면서 폭력 범행을 저지르거나 관여하게 되었다고 하더라도 그 구성원들이 범죄에 대한 공동의 목적을 가지고 있지 아니한 경우[5], ⑥ 피고인들이 각기 소매치기의 범죄를 목적으로 모여 그 실행행위를 분담하기로 약정하였으나 계속적이고 통솔체제를 갖춘 단체를 조직하였거나 그와 같은 단체에 가입하였다고 볼 증거가 없는 경우[6] 등에 있어서는 범죄단체 또는 집단에 해당하지 아니한다.

3) 조직·가입·그 구성원으로 활동

'조직'이란 범죄단체 또는 집단을 형성하는 것을 말한다. 그 후 목적한 범죄의 실행행위를 하였는지 여부는 본죄의 성립에 영향이 없다.[7] 조직은 단체를 새로이 조직·창설하는 것을 의미하므로, 기존의 범죄단체를 이용하여 새로운 범죄단체를 조직하는 경우는 기존의 범죄단체가

1) 대법원 1991. 12. 10. 선고 91도2569 판결(독수리회사건).
2) 대법원 1985. 10. 8. 선고 85도1515 판결.
3) 대법원 1969. 8. 19. 선고 69도935 판결.
4) 대법원 1977. 12. 27. 선고 77도3463 판결(피고인이 원심 상피고인 등 4명과 한 것은 도박개장에 대한 범죄의 공모는 될지언정 도박개장을 목적으로 한 범죄단체라는 통솔체제를 갖추었다고 인정하기에 충분한 증거가 없어 범죄사실의 증명이 없음에 돌아간다).
5) 대법원 2004. 7. 8. 선고 2004도2009 판결(사북청년회사건).
6) 대법원 1981. 11. 24. 선고 81도2608 판결.
7) 대법원 1975. 9. 23. 선고 75도2321 판결.

이미 해체 내지 와해된 상태에 있어 그 조직을 재건하는 경우, 기존의 범죄단체에서 분리되어 나와 별도의 범죄단체를 구성하는 경우, 현재 활동 중인 범죄단체가 다른 범죄단체를 흡수하거나 그와 통합하는 경우 등과 같이 그 조직이 완전히 변경됨으로써 기존의 범죄단체와 동일성이 없는 별개의 단체로 인정될 수 있을 정도에 이른 경우를 말한다.[1]

'가입'이란 이미 조직된 범죄단체 또는 집단의 구성원이 되는 것을 말한다. 그 맡은 역할을 불문하며, 가입이 능동적이든 수동적이든 상관이 없다.

'그 구성원으로 활동'하는 것이란 범죄단체 등의 내부규율 및 통솔체계에 따른 조직적·집단적 의사결정에 의하여 행하는 범죄단체 등의 존속·유지를 지향하는 적극적인 행위를 말한다. 그러므로 다수의 구성원이 관여되었다고 하더라도 범죄단체 등의 존속·유지를 목적으로 하는 조직적·집단적 의사결정에 의한 것이 아닌 경우, 범죄단체 등의 수괴나 간부 등 상위 구성원으로부터 모임에 참가하라는 등의 지시나 명령을 소극적으로 받고 이에 단순히 응하는 데 그친 경우, 구성원 사이의 사적이고 의례적인 회식이나 경조사 모임 등을 개최하거나 참석하는 경우 등은 활동에 해당한다고 볼 수 없다.[2]

(2) 주관적 구성요건

본죄가 성립하기 위해서는 사형·무기 또는 장기 4년 이상의 징역에 해당하는 범죄를 목적으로 하는 단체 또는 집단이라는 점, 조직·가입·활동 등에 대한 고의가 있어야 한다. 범죄를 목적으로 한다는 것을 인식하면 족하고, 구체적으로 어떠한 범죄를 목적으로 하는 것인가를 인식할 필요는 없다. 피고인 甲이 우연히 친구 乙을 따라갔다가 폭력범죄단체의 구성원들의 살인죄 및 상해죄 범행모의에 가담하게 되고 그 실행행위를 분담하기에 이른 사실이 인정된 경우에는, 범죄모의에 가담하고 실행행위를 하였다고 하더라도 그러한 살인죄 또는 상해죄 등의 공동정범의 죄책을 질 뿐 이러한 사실만으로 곧 甲에게 폭력범죄단체가입죄의 죄책을 지울 수는 없다.[3]

---

1) 대법원 2009. 6. 11. 선고 2009도1274 판결; 대법원 2000. 3. 24. 선고 2000도102 판결(동성로파재건사건) (범죄단체란 일정한 범죄를 범할 공동목적 하에 특정의 다수인으로 조직된 계속적인 결합체를 말하고, 계속적인 인적 결합란 점에서 단순한 다수인의 집합과 다르며, 단체로서의 활동과 내부의 질서유지를 위한 최소한의 지휘, 통솔체제가 필수적이라 할 것이고, 나아가 범죄단체도 유기적인 조직체로서의 단체이므로, 비록 합법적인 단체에 비하여 계속적인 결합성이 다소 떨어지고, 우두머리의 비중이 상대적으로 크다고 하더라도, 이미 단체로 인정될 정도의 실체를 가진 이상, 단체의 특성상 구성원의 증감변동이나 우두머리의 변경이나 실세의 변동만으로 단체의 동일성이 바뀐다고 함은 단체성 논리와 모순되므로, 두목의 변경과정에 하극상적인 면이 있었고, 그에 수반하여 조직원들의 위계에도 상당한 변화가 있었다 하더라도, 범죄단체에는 일반적으로 두목을 선출하는 민주적인 의결기구나 절차가 완비되어 있을 수가 없는 것이고, 실력으로써 구성원들, 특히 중간간부들의 지지를 획득하는 자가 두목이 되는 점을 고려할 때, 그와 같은 사정만으로 그 범죄단체의 동일성이 변경되어 새로운 두목이 대두될 때 새로운 범죄단체가 구성되었다고 할 수는 없다).

2) 대법원 2014. 2. 13. 선고 2013도12804 판결; 대법원 2013. 10. 17. 선고 2013도6401 판결; 대법원 2010. 1. 28. 선고 2009도9484 판결; 대법원 2009. 9. 10. 선고 2008도10177 판결.

3) 대법원 1983. 12. 13. 선고 83도2605 판결.

3. 죄수 및 다른 범죄와의 관계

(1) 죄 수

범죄단체의 조직이나 가입은 범죄행위의 실행 여부와 관계없이 범죄단체 구성원으로서의 활동을 예정하는 것이고, 범죄단체 구성원으로서의 활동은 범죄단체의 조직이나 가입을 당연히 전제로 하는 것이므로, 양자는 모두 범죄단체의 생성 및 존속·유지를 도모하는, 범죄행위에 대한 일련의 예비·음모 과정에 해당한다는 점에서 범의의 단일성과 계속성을 인정할 수 있을 뿐만 아니라 피해법익도 다르지 않다. 따라서 범죄단체를 조직하거나 이에 가입한 자가 더 나아가 구성원으로 활동하는 경우에는 포괄일죄의 관계에 있다.[1]

(2) 다른 범죄와의 관계

범죄단체 등을 조직·가입한 후 목적한 범죄를 실행한 경우의 죄책과 관련하여, ① 본죄와 실행한 범죄의 경합범으로 파악하는 견해[2], ② 범죄단체등의 조직은 실행행위에 대하여 어디까지나 예비·음모에 불과하다는 점, 본죄는 과잉처벌규정이므로 가급적 그 적용을 자제해야 한다는 점 등을 논거로 하여, 실행한 범죄만 성립하고 본죄는 이에 흡수된다고 파악하는 견해[3] 등의 대립이 있다.

이에 대하여 판례는 「피고인이 보이스피싱 사기 범죄단체에 가입한 후 사기범죄의 피해자들로부터 돈을 편취하는 등 그 구성원으로서 활동하였다는 내용의 공소사실이 유죄로 인정된 사안에서, 범죄단체 가입행위 또는 범죄단체 구성원으로서 활동하는 행위와 사기행위는 각각 별개의 범죄구성요건을 충족하는 독립된 행위이고 서로 보호법익도 달라 법조경합 관계로 목적된 범죄인 사기죄만 성립하는 것은 아니다.」라고 판시[4]하여, 범죄단체활동죄와 실행한 범죄

---

1) 대법원 2015. 9. 10. 선고 2015도7081 판결.
2) 김성천/김형준, 589면; 김신규, 568면; 김혜정 외 4인, 491면; 이형국/김혜경, 561면; 정영일, 278면.
3) 오영근, 465면; 이영란, 505면; 임 웅, 636면.
4) 대법원 2017. 10. 26. 선고 2017도8600 판결(보이스피싱범죄단체사건)(피고인들이 불특정 다수의 피해자들에게 전화하여 금융기관 등을 사칭하면서 신용등급을 올려 낮은 이자로 대출을 해주겠다고 속여 신용관리비용 명목의 돈을 송금받아 편취할 목적으로 보이스피싱 사기 조직을 구성하고 이에 가담하여 조직원으로 활동함으로써 범죄단체를 조직하거나 이에 가입·활동하였다는 내용으로 기소된 사안에서, 위 보이스피싱 조직은 보이스피싱이라는 사기범죄를 목적으로 구성된 다수인의 계속적인 결합체로서 총책을 중심으로 간부급 조직원들과 상담원들, 현금인출책 등으로 구성되어 내부의 위계질서가 유지되고 조직원의 역할 분담이 이루어지는 최소한의 통솔체계를 갖춘 형법상의 범죄단체에 해당하고, 보이스피싱 조직의 업무를 수행한 피고인들에게 범죄단체 가입 및 활동에 대한 고의가 인정되며, 피고인들의 보이스피싱 조직에 의한 사기범죄 행위가 범죄단체 활동에 해당한다. 피고인들이 보이스피싱 사기 범죄단체의 구성원으로 활동하면서 사기범죄의 피해자들로부터 취득한 범죄수익에 대하여 범죄수익은닉규제법에 따라 추징이 선고된 사안에서, 범죄수익은닉규제법이 범죄수익 등의 재산이 범죄피해재산인 경우 이를 몰수 또는 추징할 수 없다고 규정하고 있으나 이는 재산에 관한 죄 외에 독자적 법익을 함께 침해한 경우까지 적용되는 것은 아니라고 보아, 범죄단체활동죄에 의한 범죄수익은 범죄수익은닉규제법에 의하여 각 추징의 대상이 되고, 그 범죄수익이 사기죄의 피해자로부터 취득한 재산에 해당하여도 마찬가지이다). 同旨 대법원 2008. 5. 29. 선고 2008도1857 판결(범죄단체 구성원으로서 활동하는 행위와 집단감금 또는 집단상해행위는 각각 별개의 범죄구성요건을 충족하는 독립된 행위라고 보아야 할 것이므로, 집단감금 또는 집단상해 행위가 범죄단체 활동에 흡수된다고 보아 양자가 단순일죄의 관계에 해당한다는 상고이유는 받아들이지 아니한다).

의 상상적 경합범을 인정하고 있다.

생각건대 실행한 범죄만이 성립한다고 본다면, 범죄단체등을 조직한 경우와 이를 조직하지 않은 경우에 있어서 불법의 차이를 제대로 반영할 수 없다는 점, 아무리 과잉처벌규정이라고 할지라도 기왕에 있었던 범죄의 성립을 부정할 수는 없다는 점, 범죄단체활동행위와 실제로 실행하는 범죄행위는 하나의 행위로 이루어진다는 점 등을 감안하면, 범죄단체활동죄와 실행한 범죄의 상상적 경합범으로 파악하는 것이 타당하다.

4. 형 벌

본죄는 목적한 범죄의 형으로 처벌하므로, 목적한 범죄의 법정형이 적용된다. 다만 형을 감경할 수 있다. 입법론적으로 범죄의 실행행위가 없음에도 불구하고 실행행위가 있는 것으로 간주하여 목적한 죄에 정한 형으로 처벌하는 것은 개선될 필요가 있다.

Ⅱ. 소요죄

> 제115조(소요) 다중이 집합하여 폭행, 협박 또는 손괴의 행위를 한 자는 1년 이상 10년 이하의 징역이나 금고 또는 1천500만원 이하의 벌금에 처한다.

1. 의의 및 보호법익

소요죄는 다중이 집합하여 폭행·협박·손괴의 행위를 함으로써 성립하는 범죄이다. 본죄는 필요적 공범 가운데 공범들의 의사방향이 일치하는 집합범에 해당한다. 본죄의 보호법익은 공공의 안전과 평온이고, 보호의 정도는 추상적 위험범이다.

2. 구성요건

(1) 주 체

본죄의 주체는 집합한 다중을 구성하는 개인이다. 그러므로 본죄의 주체에는 제한이 없다. '다중'이란 단체와는 달리 통솔체계나 계속적 조직체를 갖추지 못한 다수인을 말한다. 본죄의 성격상 다중은 한 지방의 평온을 해할 정도의 다수인을 의미한다. 다중은 인원수뿐만 아니라 집단 구성원의 성별·조직적인 훈련 여부·집단의 목적·시기·장소·위험한 물건의 소지 여부 등을 종합적으로 고려하여, 한 지방의 평온을 해할 수 있는지의 여부에 따라 판단된다. 예를 들면 정당인 사가 군중 5~6백명이 운집하여 있음을 보고 구호를 선창하면서 군중들과 같이 행진하다가 도중에서 짚차 및 승용차의 유리창을 손괴하고 통행인에게 폭행을 가한 경우에는 본죄가 인정된다.[1]

---

1) 대법원 1957. 3. 8. 선고 4289형상341 판결.

(2) 행 위

본죄의 실행행위는 다중이 집합하여 폭행·협박·손괴의 행위를 하는 것이다. '집합'이란 다수인이 같은 장소에 모여 집단을 이루는 것을 말한다. 주동자 및 통솔체계가 없어도 상관 없다. 다수인이 같은 장소에 있어야 하지만, 반드시 공동의 목적을 필요로 하지 않고, 폭행·협박·손괴의 행위를 한다는 의사를 같이 하면 된다. 그러므로 처음부터 폭행·협박·손괴의 목적을 가지고 집합할 필요가 없다. 폭행·협박·손괴의 행위는 한 지방의 평온을 해할 정도의 것임이 요구된다. 하지만 폭행·협박·손괴의 행위에 의하여 공공의 평온이 침해될 것을 요하지 아니한다.

한편 폭행·협박·손괴의 행위는 공격적·적극적인 것이어야 하기 때문에 연좌농성, 소극적으로 사람을 밀쳐내는 것, 바리케이트를 설치하는 것 등과 같이 소극적·방어적인 것은 이에 해당하지 아니한다. 집합한 다중 가운데 일부가 다중의 의사에 따라 폭행·협박·손괴의 행위로 나아가면 충분하고, 모두가 이러한 행위를 할 필요는 없다.

(3) 주관적 구성요건

본죄가 성립하기 위해서는 다중이 집합하여 다중의 공동의사 내지 결집력에 의하여 폭행·협박·손괴의 행위를 한다는 고의가 있어야 한다. '공동의사'란 다중의 힘을 믿고 스스로 폭행·협박·손괴의 행위를 하거나 구성원으로 하여금 그러한 행위를 하도록 하거나 다른 구성원의 폭행·협박·손괴의 행위에 가담하는 의사를 말한다. 우연히 집합하게 된 다중이 공동의사로 폭행·협박·손괴의 행위를 한 경우에도 본죄가 성립한다. 공동의사는 군중심리로 충분하므로 행위자 사이의 공모나 계획 또는 사전연락이 반드시 있어야 할 필요는 없다. 하지만 개별적으로 폭행·협박·손괴의 행위를 한 경우에는 각각 폭행죄·협박죄·손괴죄가 성립할 뿐이다.

3. 실행의 착수시기 및 기수시기

본죄의 실행의 착수시기는 폭행·협박·손괴의 행위를 개시한 때이다. 그러므로 다중이 집합한 것만으로는 실행의 착수에 이르렀다고 할 수 없다. 본죄의 기수시기는 폭행·협박·손괴의 행위를 종료한 때이다. 현실적으로 한 지방의 평온이 침해되는 결과가 발생할 것까지는 요구되지 아니한다. 본죄의 미수범은 처벌하지 아니한다.

4. 공 범

다중의 구성원이 공동으로 폭행·협박·손괴의 행위를 하거나 이를 교사·방조한 경우에는 본죄의 정범이 된다. 왜냐하면 본죄는 필요적 공범 가운데 집합범에 해당하기 때문에 집합한 다중 개개인은 가담의 형태나 정도를 묻지 아니하고 모두 정범이 되기 때문이다. 이에 가담한 내부자들에 대해서는 총칙상의 공범 규정이 적용될 여지가 없다. 하지만 다중의 구성원이 아닌 자는 본죄의 교사범·종범이 될 수는 있지만, 공동정범은 될 수 없다.[1)]

5. 죄수 및 다른 범죄와의 관계

살인죄·방화죄 등과 같이 본죄보다 법정형이 높은 범죄의 경우에는 본죄와 상상적 경합이 된다. 하지만 공무집행방해죄·주거침입죄 등과 같이 본죄보다 법정형이 낮은 범죄의 경우에는 법조경합의 흡수관계에 따라 본죄만이 성립한다.[1]

한편 피고인의 행위가 수십명의 군중과 함께 정치적 구호를 외치며 거리를 진행하는 등 다중이 집합하여 폭행·협박·손괴행위를 한 것이라면, 그 행위 자체가 포고령 제10호가 금지한 정치목적의 시위를 한 것이라고 보아야 할 것이므로 소요죄와 포고령위반죄는 상상적 경합범의 관계에 있다.[2] 다중의 집합은 '집회'에 해당한다.[3] 집단적인 폭행·협박·손괴·방화 등으로 공공의 안녕 질서에 직접적인 위협을 끼칠 것이 명백한 집회 또는 시위를 주최한 자는 2년 이하의 징역 또는 200만원 이하의 벌금에 처하고(「집회 및 시위에 관한 법률」 제22조 제2항), 그 사실을 알면서 집회 또는 시위에 참가한 자는 6개월 이하의 징역 또는 50만원 이하의 벌금·구류 또는 과료에 처한다(동법 제22조 제4항).

Ⅲ. 다중불해산죄

> 제116조(다중불해산) 폭행, 협박 또는 손괴의 행위를 할 목적으로 다중이 집합하여 그를 단속할 권한이 있는 공무원으로부터 3회 이상의 해산명령을 받고 해산하지 아니한 자는 2년 이하의 징역이나 금고 또는 300만원 이하의 벌금에 처한다.

1. 의의 및 보호법익

다중불해산죄는 폭행·협박·손괴의 행위를 할 목적으로 다중이 집합하여 그를 단속할 권한이 있는 공무원으로부터 3회 이상의 해산명령을 받고 해산하지 아니함으로써 성립하는 범죄이다. 본죄는 소요죄의 예비단계에 있는 행위에 대하여 그 위험성에 비추어 해산을 명령하고 이에 불응하는 행위를 처벌하기 위한 규정이다. 본죄는 진정부작위범인 동시에 목적범에 해당한다. 본죄의 보호법익은 공공의 평온과 안전이고, 보호의 정도는 추상적 위험범이다.

---

1) 반면에 공동정범도 제한적으로 성립이 가능하다는 견해로는 김일수/서보학, 444면; 손동권/김재윤, 550면.
1) 반면에 이러한 경우에도 상상적 경합을 인정하는 견해로는 김선복, 451면; 손동권/김재윤, 550면.
2) 대법원 1983. 6. 14. 선고 83도424 판결.
3) 대법원 2012. 5. 24. 선고 2010도11381 판결(집회란 '특정 또는 불특정 다수인이 공동의 의견을 형성하여 이를 대외적으로 표명할 목적 아래 일시적으로 일정한 장소에 모이는 것'을 말하고, 모이는 장소나 사람의 다과에 제한이 있을 수 없으므로, 2인이 모인 집회도 위 법의 규제 대상이 된다).

2. 구성요건

(1) 주 체

본죄의 주체는 폭행·협박·손괴의 행위를 할 목적으로 집합한 다중의 구성원이다. 폭행·협박·손괴의 행위를 할 목적은 집합시부터 존재할 필요는 없지만, 늦어도 해산명령을 받기 전까지는 존재해야 한다.

(2) 행 위

본죄의 실행행위는 단속할 권한이 있는 공무원으로부터 3회 이상의 해산명령을 받고 해산하지 않는 것이다. '단속할 권한 있는 공무원'이란 「경찰관 직무집행법」 제6조[1] 등과 같은 법령에 근거를 둔 해산명령권을 가진 공무원을 말한다. 해산명령은 3회 이상이어야 하고, 다중이 실제로 해산할 수 있을 정도로 시간적 간격을 두고 행해져야 한다. 해산명령의 방식에는 제한이 없으나 다중이 인식할 수 있을 정도는 되어야 한다. 구성원이 단속공무원으로부터 직접 인식하였는지 아니면 제3자의 고지를 통하여 간접적으로 인식하였는지를 불문한다. '해산'이란 다중의 대부분이 임의적으로 분산되는 것을 말한다. 그러므로 본죄가 성립한 이후에 체포를 면하기 위하여 도주하는 경우·집합한 채로 퇴거하는 경우 등은 해산이라고 할 수 없지만, 집단의 대부분이 해산하고 소수의 사람만이 남아 있는 경우에는 해산이라고 할 수 있다.

(3) 주관적 구성요건

본죄가 성립하기 위해서는 집합한 다중이 권한 있는 공무원의 해산명령을 3회 이상 받고도 해산하지 않는다는 것에 대한 고의가 있어야 한다. 또한 고의 이외에 폭행·협박·손괴의 행위를 할 목적이 있어야 한다(목적범).[2] 하지만 이러한 목적은 다중이 처음부터 가지고 있어야 할 필요는 없으며, 최소한 해산명령 직전까지 있으면 족하다.

3. 실행의 착수시기 및 기수시기

본죄의 미수범은 벌하지 아니한다. 본죄의 실행행위의 착수시기는 3회 이상의 해산명령을 받고 이에 불응하는 때이고, 본죄의 기수시기는 3회 이상의 해산명령을 받고 해산할 수 있는 시간이 경과한 때이다. 3회째의 명령으로 해산하지 않더라도 4회 내지 5회째의 명령에 따라 해산하였다면 본죄가 성립하지 아니한다. 왜냐하면 '3회 이상'의 해산명령을 받고 해산하지 아니한 자를 처벌의 대상으로 삼고 있기 때문이다.

---

1) 「경찰관 직무집행법」 제6조(범죄의 예방과 제지) 경찰관은 범죄행위가 목전에 행하여지려고 하고 있다고 인정될 때에는 이를 예방하기 위하여 관계인에게 필요한 경고를 하고, 그 행위로 인하여 사람의 생명·신체에 위해를 끼치거나 재산에 중대한 손해를 끼칠 우려가 있는 긴급한 경우에는 그 행위를 제지할 수 있다.

2) 반면에 본죄의 규정상 목적은 다중의 집합의 목적일 뿐이고, 본죄의 행위인 해산하지 아니한 것의 목적은 아니므로 본죄는 목적범에 해당하지 않는다는 견해로는 정영일, 282면.

4. 죄수 및 다른 범죄와의 관계

본죄는 소요죄의 예비적 성격을 가지고 있으므로 본죄를 범한 후 폭행·협박·손괴행위를 한 때에는 소요죄가 성립하고, 본죄는 소요죄에 흡수된다. 한편 신고 없는 집회 등 일정한 집회 또는 시위에 대하여는 관할경찰서장이 상당한 시간 이내에 자진 해산할 것을 요청하고 이에 따르지 아니하면 해산을 명할 수 있는데(「집회 및 시위에 관한 법률」 제20조 제1항), 이러한 해산 명령을 받았을 때에는 모든 참가자는 지체 없이 해산하여야 하며(동법 제20조 제2항), 이를 위반하면 6개월 이하의 징역 또는 50만원 이하의 벌금·구류 또는 과료에 처한다(동법 제24조 제5호).

Ⅳ. 전시공수계약불이행죄

> 제117조(전시공수계약불이행) ① 전쟁, 천재 기타 사변에 있어서 국가 또는 공공단체와 체결한 식량 기타 생활필수품의 공급계약을 정당한 이유없이 이행하지 아니한 자는 3년 이하의 징역 또는 500만원 이하의 벌금에 처한다.
> ② 전항의 계약이행을 방해한 자도 전항의 형과 같다.
> ③ 전 2항의 경우에는 그 소정의 벌금을 병과할 수 있다.

전시공수계약불이행죄는 전쟁·천재 기타 사변에 있어서 국가 또는 공공단체와 체결한 식량 기타 생활필수품의 공급계약을 정당한 이유 없이 이행하지 아니하거나 이와 같은 계약의 이행을 방해함으로써 성립하는 범죄이다. 본죄는 국가적 법익에 대한 죄의 성격을 띠고 있으며, 보호법익은 국가비상시에 생활필수품의 공급을 원활하게 함으로써 국민생활의 안정을 도모하려는 국가의 기능이고, 보호의 정도는 추상적 위험범이다. 입법론적으로 폐지하는 것이 타당하다.

Ⅴ. 공무원자격사칭죄

> 제118조(공무원자격의 사칭) 공무원의 자격을 사칭하여 그 직권을 행사한 자는 3년 이하의 징역 또는 700만원 이하의 벌금에 처한다.

1. 의의 및 보호법익

공무원자격사칭죄는 공무원의 자격을 사칭하여 그 직권을 행사함으로써 성립하는 범죄이다. 본죄는 공무원자격 사칭행위와 직권행사행위가 결합되어 있는 결합범이다. 본죄는 국가적 법익에 대한 죄의 성격을 띠고 있으며, 보호법익은 공직에 의하여 수행되는 국가기능의 진정성에 대한 일반인의 신뢰이고, 보호의 정도는 추상적 위험범이다.

2. 구성요건

(1) 행 위

1) 공무원자격의 사칭

'공무원[1]의 자격을 사칭'한다는 것은 공무원이 아닌 자가 공무원인 것처럼 오신하게 하거나 공무원이 다른 공무원인 것처럼 오신하게 하는 일체의 행위를 말한다. 그러므로 공무원도 본죄의 주체가 될 수 있다. 공무원자격의 사칭은 공무원의 자격명과 일치할 것을 요하지 아니하고, 일반인이 그러한 공무원이 있다고 생각할 수 있는 정도이면 족하다. 예를 들면 서울중앙지방검찰청 중앙수사부 등이 이에 해당할 수 있다. 하지만 청와대 수사과장·경기도청 수사관 등과 같이 전혀 존재하지 않는 공무원을 사칭한 경우에는 본죄가 성립하지 아니한다. 사칭의 방법은 스스로 사칭하는 경우뿐만 아니라 부작위에 의한 사칭도 가능하다.

2) 직권의 행사

'그 직권을 행사'한다는 것은 사칭한 공무원의 직무에 관한 권한을 행사하는 것을 말한다. 직권을 행사하지 않고 공무원자격만을 사칭한 경우에는 「경범죄 처벌법」 제3조 제1항 제7호[2] 위반에 불과할 뿐이다. 이와 같이 본죄가 성립하려면 어떤 직권을 행사할 수 있는 권한을 가진 공무원임을 사칭하고 그 직권을 행사한 사실이 있어야 한다.[3] 만약 직권행사를 한 것이 사칭한 그 공무원의 권한 내에 속하지 않을 때에는 본죄는 성립하지 아니한다.

판례에 의하면, ① 중앙정보부 직원이 아닌 자가 동 직원임을 사칭하고 '청와대에 파견된 감사실장인데 사무실에 대통령사진의 액자가 파손된 채 방치되었다는 사실을 보고받고 나왔으니 자인서를 작성하여 제출하라'고 말한 경우[4], ② 중앙정보부원이 아닌 자가 이를 사칭하여 어떤 고소사건의 수사경위를 청취한 경우[5], ③ 청와대 민원비서관을 사칭하여 전화국장에게 시외전화 선로의 고장수리를 지시한 경우[6], ④ 헌병사령부 정보과원을 사칭하고 정보원의 권한범위에 속하지 않는 내용을 심문한 경우[7] 등에

---

1) 대법원 1973. 5. 22. 선고 73도884 판결(공무원임용령 제43조에 의하면 임용권자는 당해 직위가 임시적 임용이 있는 날로부터 1년 이내에 폐지될 것이 확실한 경우에는 임시직원을 채용할 수 있도록 되어 있고, 이와 같은 임시직원도 형법상의 공무원의 개념에 포함됨이 명백할 뿐만 아니라 행정공무원의 직급 가운데 감사관제도가 있고, 또 피고인은 부총리 겸 경제기획원장관으로부터 대통령의 지시에 의거 실시하는 국영기업체의 경영합리화 방안 수립을 위한 기업진단을 위하여, 감사관으로 일시 위촉된바 있으므로 피고인이 사칭하였다는 경제기획원 감사관이란 법령상의 근거 없는 것이 아니며, 이는 형법 제118조의 소위 공무원개념에 해당된다).

2) (관명사칭 등) 국내외의 공직, 계급, 훈장, 학위 또는 그 밖에 법령에 따라 정하여진 명칭이나 칭호 등을 거짓으로 꾸며 대거나 자격이 없으면서 법령에 따라 정하여진 제복, 훈장, 기장 또는 기념장, 그 밖의 표장 또는 이와 비슷한 것을 사용한 사람.

3) 대법원 1981. 9. 8. 선고 81도1955 판결(피고인들이 그들이 위임받은 채권을 용이하게 추심하는 방편으로 합동수사반원임을 사칭하고 협박한 사실이 있다고 하여도 위 채권의 추심행위는 개인적인 업무이지 합동수사반의 수사업무의 범위에는 속하지 아니하므로 이를 공무원자격사칭죄로 처벌할 수 없다).

4) 대법원 1977. 12. 13. 선고 77도2750 판결.

5) 대법원 1972. 6. 27. 선고 72도550 판결.

6) 대법원 1972. 12. 26. 선고 72도2552 판결.

있어서는 본죄가 성립하지 아니한다.

(2) 주관적 구성요건

본죄가 성립하기 위해서는 공무원의 자격이 없음에도 불구하고 공무원의 자격을 사칭한다는 것과 사칭한 공무원의 직권을 행사한다는 것에 대한 고의가 있어야 한다. 즉 자격을 사칭한 공무원의 직권에 속한다는 인식하에 그 공무원의 직권을 행사한 경우에 본죄가 성립한다.[1]

3. 죄수 및 다른 범죄와의 관계

공무원자격을 사칭하여 재물을 편취하거나 갈취한 경우에는 본죄와 사기죄 또는 공갈죄의 상상적 경합범이 된다. 그리고 공무원자격을 사칭하기 위하여 위조된 공무원증을 제시한 경우에는 공문서부정행사죄와 본죄의 상상적 경합이 되지만, 진정한 공무원증을 제시한 경우에는 공문서부정행사죄는 본죄에 흡수된다.

제 2 절   폭발물에 관한 죄

I. 폭발물사용죄

> 제119조(폭발물사용) ① 폭발물을 사용하여 사람의 생명, 신체 또는 재산을 해하거나 그 밖에 공공의 안전을 문란하게 한 자는 사형, 무기 또는 7년 이상의 징역에 처한다.
> ③ 제1항과 제2항의 미수범은 처벌한다.

1. 의의 및 보호법익

(1) 의 의

폭발물사용죄는 폭발물을 사용하여 사람의 생명·신체 또는 재산을 해하거나 그 밖에 공공의 안전을 문란하게 함으로써 성립하는 범죄이다. 본죄의 조문 위치(제6장)는 국가적 법익에 관한 범죄로 편제되어 있으나, 본죄는 한 지방의 법질서를 교란하는 정도의 범죄이기 때문에 사회적 법익에 관한 죄로 파악하는 것이 타당하다.

(2) 보호법익

본죄의 보호법익은 공공의 안전과 평온 및 사람의 생명·신체·재산이다. 보호의 정도와 관련하여, ① 구체적 위험범설[2], ② 침해범설[3], ③ 공공의 안전과 평온에 대해서는 구체적 위험

---

7) 대법원 1960. 11. 9. 선고 4293형상592 판결.
1) 대법원 1973. 12. 24. 선고 73도1945 판결.
2) 김선복, 455면; 김성돈, 564면; 김성천/김형준, 596면; 김신규, 577면; 김일수/서보학, 449면; 박상기, 726면; 배종

범설, 사람의 생명·신체·재산에 대해서는 침해범설로 파악하는 이원설[1] 등의 대립이 있다. 생각건대 구체적 위험범설이 타당하다.

2. 구성요건

(1) 객 체

본죄의 객체는 폭발물이다. '폭발물'이란 그 폭발작용의 위력이나 파편의 비산 등으로 사람의 생명·신체·재산 및 공공의 안전이나 평온에 직접적이고 구체적인 위험을 초래할 수 있는 정도의 강한 파괴력을 가지는 물건을 말한다. 따라서 어떠한 물건이 폭발물에 해당하는지 여부는 그 폭발작용 자체의 위력이 공안을 문란하게 할 수 있는 정도로 고도의 폭발성능을 가지고 있는지 여부에 따라 엄격하게 판단하여야 할 것이다.[2] 예를 들면 화약·다이너마이트·수류탄·(시한)폭탄·지뢰·TNT 등이 이에 해당한다.

원자핵의 폭발이 본죄에 해당하는지 여부와 관련하여, ① 핵에너지 폭발의 특수성을 인정하면서도 별도의 규정이 마련될 때까지는 본죄로 처벌해야 하므로 이를 긍정하는 견해[3], ② 핵에너지는 핵분열과 핵융합에 의하여 발생한다는 점에서 이를 부정하는 견해[4] 등의 대립이 있다. 하지만 본죄의 폭발물은 공안을 문란할 정도의 파괴력을 가진 것이어야 하므로, 고압가스·총알·폭죽[5] 등은 이에 해당하지 아니한다. 다만 화염병[6]은 「화염병사용 등의 처벌에 관

대, 528면; 손동권/김재윤, 553면; 이영란, 517면; 이재상/장영민/강동범, 510면; 이형국/김혜경, 569면; 정성근/정준섭, 359면; 정영일, 286면.

3) 오영근, 475면.

1) 임 웅, 649면.

2) 대법원 2012. 4. 26. 선고 2011도17254 판결(부탄가스사제폭탄사건)(① 이 사건 제작물은 유리꽃병 내부에 휴대용 부탄가스통을 넣고 유리꽃병과 부탄가스 용기 사이의 두께 약 1cm의 공간에 폭죽에서 분리한 화약을 채운 후, 발열체인 니크롬선이 연결된 전선을 유리꽃병 안의 화약에 꽂은 다음 전선을 유리꽃병 밖으로 연결하여 타이머와 배터리를 연결하고, 유리꽃병의 입구를 청테이프로 막은 상태에서, 타이머에 설정된 시각에 배터리의 전원이 연결되면 발열체의 발열에 의해 화약이 점화되는 구조로 만들어진 사실, ② 피고인 1은 이 사건 제작물을 만들어 20ℓ 크기의 배낭 2개에 나누어 넣은 다음, 공소외인을 시켜 서울역과 강남고속터미널의 물품보관함에 1개씩 넣고 문을 잠가 놓은 사실, ③ 이 사건 제작물은 배낭 속에 들어 있는 채로 물품보관함 안에 들어 있었으므로 유리꽃병이 화약의 연소로 깨지더라도 그 파편이 외부로 비산할 가능성은 없었고, 이 사건 제작물에 들어 있는 부탄가스 용기는 내압이 상승할 경우 용기의 상부 및 바닥의 만곡부분이 팽창하면서 측면이 찢어지도록 설계되어 있어 부탄가스통 자체의 폭발은 발생하지 않고, 설사 외부 유리병이 파쇄되더라도 그 파편의 비산거리가 길지는 않은 구조인 사실, ④ 실제로 이 사건 제작물 중 강남고속터미널 물품보관함에 들어 있던 것은 연소될 당시 '펑'하는 소리가 나면서 물품보관함의 열쇠구멍으로 잠시 불꽃과 연기가 나왔으나, 물품보관함 자체는 내부에 그을음이 생겼을 뿐 찌그러지거나 손상되지 않았고 그 내부에 압력이 가해진 흔적도 식별할 수 없으며, 서울역 물품보관함에 들어 있던 것은 연소될 당시 '치치치'하는 소리가 나면서 열쇠구멍에서 약 5초간 불꽃이 나온 후 많은 연기가 나왔으나 폭발음은 들리지 않은 사실 등을 알 수 있고, 그 밖에 이 사건 제작물의 폭발작용 그 자체에 의하여 사람의 생명, 신체 또는 재산에 해를 입게 하였다거나 공안을 문란하게 하였다고 볼 만한 자료는 없다. 따라서 이 사건 제작물은 형법 제172조 제1항에 규정된 '폭발성 있는 물건'에는 해당될 여지가 있으나 이를 형법 제119조 제1항에 규정된 '폭발물'에 해당한다고 볼 수는 없다).

3) 김성천/김형준, 597면; 오영근, 475면; 이형국/김혜경, 570면.

4) 김선복, 456면; 김신규, 578면; 손동권/김재윤, 555면; 이영란, 519면; 이재상/장영민/강동범, 510면.

5) 「해수욕장의 이용 및 관리에 관한 법률」 제22조(해수욕장에서의 준수사항) ① 누구든지 해수욕장에서 다음 각

한 법률」의 적용대상이 된다.[1]

(2) 행 위

본죄의 실행행위는 폭발물을 사용하여 사람의 생명·신체 또는 재산을 해하거나 그 밖에 공공의 안전을 문란하게 하는 것이다. '공공의 안전을 문란하게 하는 것'이란 한 지방의 법질서를 교란하는 것을 말한다. 본죄가 성립하기 위해서는 폭파시 신체를 해한다는 등의 고의가 있어야 한다.[2] 폭발물의 사용으로 살인죄·상해죄·손괴죄·방화죄 등이 성립하는 경우에는 본죄만이 성립한다.

3. 실행의 착수시기 및 기수시기

본죄의 실행의 착수시기는 폭발물을 사용하기 시작한 때이고, 본죄의 기수시기는 사람의 생명·신체 또는 재산을 해하거나 그 밖에 공공의 안전을 문란하게 한 때이다. 폭발물의 사용에 착수하였지만 폭발물이 현실적으로 폭발하지 않은 경우 또는 폭발하였지만 사람의 생명·신체·재산이 침해되지 않거나 공안이 문란하게 되지 않은 경우에는 본죄의 미수범이 성립한다.

Ⅱ. 전시폭발물사용죄

> 제119조(폭발물사용) ② 전쟁, 천재지변 그 밖의 사변에 있어서 제1항의 죄를 지은 자는 사형이나 무기징역에 처한다.
> ③ 제1항과 제2항의 미수범은 처벌한다.

1. 의 의

전시폭발물사용죄는 전쟁·천재지변 그 밖의 사변에 있어서 폭발물사용죄를 범함으로써 성립하는 범죄이다. 본죄는 행위상황으로 인하여 불법이 가중되는 구성요건이다.

호에 해당하는 행위를 하여서는 아니 된다.
   8. 백사장에서 「총포·도검·화약류 등 단속법」 제2조 제3항 제3호 아목 장난감용 꽃불로 놀이를 하는 행위. 다만 관리청의 허가를 받은 경우에는 그러하지 아니하다.
6) 대법원 1968. 3. 5. 선고 66도1056 판결.
1) '화염병'이란 유리병이나 그 밖의 용기에 휘발유나 등유, 그 밖에 불붙기 쉬운 물질을 넣고 그 물질이 흘러나오거나 흩날리는 경우 이것을 연소시키기 위하여 발화장치 또는 점화장치를 한 물건으로서 사람의 생명·신체 또는 재산에 위해를 끼치는 데에 사용되는 것을 말한다(제2조). 화염병을 사용하여 사람의 생명·신체 또는 재산을 위험에 빠트린 사람은 5년 이하의 징역 또는 500만원 이하의 벌금에 처한다(제3조). 화염병을 제조하거나 보관·운반·소지한 사람은 3년 이하의 징역 또는 300만원 이하의 벌금에 처한다. 화염병의 제조에 쓸 목적으로 유리병이나 그 밖의 용기에 휘발유나 등유, 그 밖에 불붙기 쉬운 물질을 넣은 물건으로서 이에 발화장치나 점화장치를 하면 화염병이 되는 것을 보관·운반·소지한 사람도 제1항과 같이 처벌한다. 화염병의 제조에 쓸 목적으로 화염병을 사용할 위험이 있는 장소에서 그 제조에 사용되는 물건 또는 물질을 보관·운반·소지한 사람은 1년 이하의 징역 또는 100만원 이하의 벌금에 처한다(제4조).
2) 대법원 1969. 7. 8. 선고 69도832 판결.

2. 구성요건

'전쟁에 있어서', 즉 '전시'란 상대국이나 교전단체에 대하여 선전포고를 하였거나 적대행위를 취한 때로부터 당해 상대국이나 교전단체에 대한 휴전협정이 성립된 때까지의 기간을 말한다(군형법 제2조 제6호). 휴전 중인 경우에는 전시라고 할 수 없다.[1] '사변에 있어서'란 전시에 준하는 동란(動亂)상태로서 전국 또는 지역별로 계엄이 선포된 기간을 말한다(동법 제2조 제7호).

Ⅲ. 폭발물사용예비 · 음모 · 선동죄

> 제120조(예비, 음모, 선동) ① 전조 제1항, 제2항의 죄를 범할 목적으로 예비 또는 음모한 자는 2년 이상의 유기징역에 처한다. 단, 그 목적한 죄의 실행에 이르기 전에 자수한 때에는 그 형을 감경 또는 면제한다.
> ② 전조 제1항, 제2항의 죄를 범할 것을 선동한 자도 전항의 형과 같다.

폭발물사용예비 · 음모 · 선동죄는 폭발물사용죄 · 전시폭발물사용죄를 범할 목적으로 예비 · 음모 · 선동함으로써 성립하는 범죄이다. '예비'란 폭발물을 사용하기 위한 준비행위를 말하며, '음모'란 본죄를 실행하기 위한 2인 이상의 모의를 말한다. 예비 · 음모죄가 성립하기 위해서는 본죄를 범할 목적이 있어야 한다. 본죄를 범할 목적으로 예비 · 음모를 하도록 외부에서 이를 교사 또는 방조한 경우라도 예비 · 음모죄의 공동정범은 인정될 수 있지만, 공범은 인정될 수 없기 때문에 본죄의 교사 또는 방조범은 인정될 수 없다.[2]

'선동'이란 불특정 또는 다수인으로 하여금 일정한 행위를 하도록 정신적인 영향을 주는 것을 말한다. 다만 선동을 하면 족하고 선동에 의해 피선동자들이 범죄를 결의하였거나 실행에 착수하였는가는 문제되지 않는다는 점에서 교사와 구별된다. 또한 선동은 범행을 용이하게 할 만큼 영향을 미쳤음을 요하지 아니한다는 점에서 방조와 구별된다. 선동의 경우에 본죄를 범할 목적은 필요하지 않다. 만약 선동이 교사 · 방조의 수준에 해당하면 본죄의 교사 · 방조범이 성립한다.

Ⅳ. 전시폭발물제조등죄

> 제121조(전시폭발물제조 등) 전쟁 또는 사변에 있어서 정당한 이유없이 폭발물을 제조, 수입, 수출, 수수 또는 소지한 자는 10년 이하의 징역에 처한다.

1. 의의 및 보호법익

전시폭발물제조등죄는 전쟁 또는 사변에 있어서 정당한 이유 없이 폭발물을 제조 · 수입 · 수

---

[1] 반면에 판례(대법원 1956. 11. 30. 선고 4289형상217 판결)는 이를 긍정하고 있다.
[2] 대법원 1976. 5. 25. 선고 75도49 판결.

출·수수 또는 소지함으로써 성립하는 범죄이다. 이는 전시폭발물사용죄의 예비행위에 불과한 행위이지만, 전시폭발물사용죄의 위험성이 크다는 점에서 처벌하는 규정이라고 할 수 있다. 다만 전시폭발물사용죄의 예비·음모죄는 동 범죄를 범할 목적이 있어야 성립하는 것이지만, 본죄는 이러한 목적이 없어도 성립한다는 점에서 구별된다. 본죄의 보호법익은 공공의 안전과 평온이고, 보호의 정도는 추상적 위험범이다.

2. 구성요건

본죄의 실행행위는 전쟁 또는 사변에 있어서 정당한 이유 없이 폭발물을 제조·수입·수출·수수 또는 소지하는 것이다. 전쟁 또는 사변의 경우가 아닌 상황에서 정당한 이유 없이 폭발물을 제조·수입·수출·수수 또는 소지하는 행위에 대해서는 「총포·도검·화약류 등의 안전관리에 관한 법률」제70조 이하의 벌칙규정이 적용된다.

제 3 절   방화와 실화에 관한 죄

I. 현주건조물방화죄

제164조(현주건조물 등 방화) ① 불을 놓아 사람이 주거로 사용하거나 사람이 현존하는 건조물, 기차, 전차, 자동차, 선박, 항공기 또는 지하채굴시설을 불태운 자는 무기 또는 3년 이상의 징역에 처한다.
제174조(미수범) 제164조 제1항, 제165조, 제166조 제1항, 제172조 제1항, 제172조의2 제1항, 제173조 제1항과 제2항의 미수범은 처벌한다.
제175조(예비, 음모) 제164조 제1항, 제165조, 제166조 제1항, 제172조 제1항, 제172조의2 제1항, 제173조 제1항과 제2항의 죄를 범할 목적으로 예비 또는 음모한 자는 5년 이하의 징역에 처한다. 단 그 목적한 죄의 실행에 이르기 전에 자수한 때에는 형을 감경 또는 면제한다.

---

1. 의의 및 보호법익

(1) 의 의

현주건조물방화죄는 불을 놓아 사람이 주거로 사용하거나 사람이 현존하는 건조물·기차·전차·자동차·선박·항공기 또는 지하채굴시설을 불태움으로써 성립하는 범죄이다. 본죄는 다수인의 생명·신체·재산 등에 대한 위험성을 초래하는 공공위험죄로서의 성격과 방화에 의한 현주건조물 등이 손괴되는 결과가 발생하므로 재산을 침해하는 성격도 동시에 지니고 있다. 본죄는 소훼의 결과를 필요로 하는 결과범이고, 보호의 정도는 추상적 위험범이다.

(2) 보호법익

본죄의 보호법익과 관련하여, ① 자기소유 물건에 대한 방화죄의 형벌이 타인소유 물건에 대한 방화죄의 형벌보다 낮다는 점, 방화죄가 성립하기 위해서는 소훼라는 재산침해의 결과가 발생해야 한다는 점, 제166조와 제167조에서 불법의 차이란 단순히 행위불법의 차이가 아니라 결과불법의 차이라고 할 수 있고 결과불법이 크다는 것은 법익침해의 결과가 크다는 것을 의미한다는 점, 현주건조물방화죄나 공용건조물방화죄에서 소유관계를 묻지 않는 것은 생명·신체에 대한 위험이 현저하게 커서 재산에 대한 침해나 위험은 중요하지 않기 때문이라는 점 등을 논거로 하여, 방화죄의 주된 보호법익은 공공의 안전과 평온이지만, 재산도 부수적인 보호법익이라고 하는 이중성격설[1], ② 현주건조물방화죄·공용건조물방화죄에 대해서 소유권이 누구에게 있는가를 묻지 않는다는 점, 형법이 제166조와 제167조에서 타인소유 물건과 자기소유 물건에 대한 범죄에 형벌의 차이를 두고 있는 것은 그 불법의 차이를 고려한 것에 불과하다는 점, 자기소유물건에 대한 방화라고 하더라도 공공의 위험을 발생하게 한 때에는 처벌하고 있다는 점 등을 논거로 하여, 방화죄는 재산적 법익을 보호법익으로 하지 않고 공공의 안전만을 보호법익으로 한다는 공공위험죄설[2] 등의 대립이 있다.

이에 대하여 판례는 「형법 제164조 전단의 현주건조물에의 방화죄는 공중의 생명, 신체, 재산 등에 대한 위험을 예방하기 위하여 공공의 안전을 그 제1차적인 보호법익으로 하고 제2차적으로는 개인의 재산권을 보호하는 것이라고 할 것」이라고 판시[3]하여, 이중성격설의 입장을 취하고 있다.

생각건대 본죄의 주된 보호법익은 공공의 안전, 부수적인 보호법익은 개인의 재산권이라고 파악하는 것이 타당하다.

2. 구성요건

(1) 객 체

본죄의 객체는 사람이 주거로 사용하거나 사람이 현존하는 건조물·기차·전차·자동차·선박·항공기 또는 지하채굴시설이다.

1) 사람이 주거로 사용하는

본죄에서 '사람'이란 타인을 의미한다.[4] 따라서 자신만이 주거로 사용하거나 자신만이 현존하는 건조물에 방화한 때에는 본죄가 성립하지 않고 일반건조물방화죄가 성립하지만, 현실세계에서 '나는 자연인이다'라는 방송프로그램의 주인공을 제외하고는 찾아보기 힘들 것이다. 왜냐하면 자신의 부모·배우자·자녀 등과 함께 거주한다면 자신이 거주한다고 하더라도 본죄가

---

1) 김성돈, 568면; 김성천/김형준, 603면; 김신규, 583면; 김일수/서보학, 458면; 김혜정 외 4인, 502면; 박상기, 728면; 배종대, 532면; 손동권/김재윤, 558면; 신동운, 265면; 오영근, 479면; 이영란, 524면; 이형국/김혜경, 574면; 임웅, 657면; 정성근/정준섭, 362면.
2) 김선복, 460면; 이재상/장영민/강동범, 516면.
3) 대법원 1983. 1. 18. 선고 82도2341 판결.
4) 대법원 1949. 2. 22. 선고 4281형상5 판결.

성립하기 때문이다. '주거'란 일상생활의 장소로 사용하는 것을 말한다. 사실상 주거로 사용하는 것이라면 장기간이든 일시적이든, 적법한 사용이든 부적법한 사용이든, 자기소유이든 타인소유이든 묻지 아니한다. 주거로 사용하는 건조물이면 방화시에 사람이 현존하지 않더라도 본죄가 성립한다. 건조물의 일부분이 주거로 사용된다면 전체 건조물이 주거에 사용하는 건조물에 해당한다. 그러므로 사람이 거주하는 가옥의 일부로 되어 있는 우사(牛舍)에 대한 방화도 본죄에 해당한다.[1]

2) 사람이 현존하는

'사람이 현존하는' 것이란 방화시에 건조물 등의 내부에 행위자 이외의 사람이 체류하는 것을 말한다. 체류는 사실상의 의미이기 때문에 반드시 적법한 체류를 의미하는 것은 아니다. 건조물 등의 일부에 사람이 현존하면 건조물 전체에 사람이 현존하는 것으로 본다. 사람이 현존하는 경우에는 건조물 등이 주거에 사용되느냐는 묻지 아니한다.

한편 사람을 모두 살해한 후 방화한 경우의 죄책과 관련하여, ① 양자가 시간적·내용적 관련성이 있으므로 본죄가 성립한다는 견해[2], ② 거주자가 모두 살해된 뒤에는 더 이상 주거에 사용된다고 볼 수 없으므로 본죄가 아니라 일반건조물방화죄가 성립한다는 견해[3], ③ 실행의 착수에 관한 주관적 객관설에 따라 해결해야 한다는 견해[4] 등의 대립이 있다.

생각건대 사람을 모두 살해한 후에 방화의 고의가 생긴 경우에는 본죄가 성립하지 않지만 사람을 모두 살해하기 전부터 방화의 고의가 있는 경우에는 본죄가 성립한다고 보아야 한다.

3) 건조물·기차·전차·자동차·선박·항공기·지하채굴시설

'건조물'이란 토지에 정착되거나 수면에 부양되어 벽 또는 기둥과 지붕 또는 천장으로 구성되어 사람이 내부에 기거하거나 출입할 수 있는 공작물을 말한다. 반드시 사람의 주거용이어야 하는 것은 아니라도 사람이 사실상 기거·취침에 사용할 수 있는 정도는 되어야 한다. 그러므로 가건물·천막·텐트 등도 이에 해당한다. 하지만 동물사육용 우리·헛간·공중전화박스 등은 이에 해당하지 아니한다.

'기차'란 증기·가솔린·디젤기관 등의 동력으로 궤도를 운행하는 차량을 말하고, '전차'란 전기로 궤도의 위 또는 아래를 운행하는 차량을 말한다. 예를 들면 케이블카·전철·모노레일 등이 이에 해당한다. '자동차'란 원동기로 육상을 운행하는 차량을 말하고, '선박'이란 수면에서 운행되는 교통기관을 말한다. '지하채굴시설'이란 광물을 채취하기 위한 지하시설을 말한다. 적법한 광업권에 의하지 않고 불법하게 시설된 것도 포함한다. 한편 기차·전차·자동차·선박·항공기·지하채굴시설 등은 사람이 주거에 사용하거나 현존하고 있는 경우에 한하여 본죄의 객체

---

1) 대법원 1967. 8. 29. 선고 67도25 판결.
2) 배종대, 534면; 손동권/김재윤, 562면; 정영일, 289면.
3) 김일수/서보학, 460면; 이재상/장영민/강동범, 522면; 이형국/김혜경, 578면.
4) 오영근, 481면.

가 된다.

(2) 행 위

1) 불을 놓아

‘불을 놓아’라는 것은 화력을 이용하여 건조물 등을 불태울 수 있는 일체의 행위를 말하는
데, 이를 ‘방화’라고도 한다. 방화의 수단이나 방법에는 제한이 없으며, 부작위에 의하여도 가능
하다. 하지만 작위의무 없는 자가 불을 끄지 않은 경우에는 「경범죄 처벌법」 제3조 제1항 제29
호[1]에 해당할 뿐이다.

2) 불태움

기존에는 ‘소훼’라는 표현을 사용하고 있었지만, 2020. 12. 8. 개정 형법에서는 ‘불태운’이라
는 표현을 사용하고 있다. 이에 따라 기존에는 소훼가 되어야 본죄의 기수에 이르는데, 소훼의
시기와 관련하여, ① 본죄는 공공위험죄이므로 독립연소시에 공공의 위험이 발생할 수 있다는
점, 목적물에 불이 붙어야 하므로 가구나 책장 등에 불이 붙은 상태는 독립연소라고 할 수 없
고, 기둥이나 벽 등과 같이 목적물 자체에 불이 붙어야 독립연소라고 할 수 있다는 점 등을 논
거로 하여, 소훼의 시기를 불이 매개물을 떠나 목적물에 붙어 독립하여 연소할 수 있는 상태에
이른 때라고 파악하는 독립연소설[2], ② 본죄는 공공위험죄의 성질뿐만 아니라 재산죄의 성질
도 지니고 있다는 점, 독일 형법과 달리 우리 형법은 소훼를 요건으로 하고 있다는 점, 공공위
험죄인 일수죄(제177조)와 폭발성물건파열죄(제172조)에서 침해 또는 손괴를 요한다는 점 등을 논
거로 하여, 소훼의 시기를 독립연소로는 부족하고 목적물의 중요부분이 타버려서 그 효용이 상
실된 때라고 파악하는 효용상실설[3], ③ 독립연소설은 지나치게 기수시기를 앞당기고 효용상실
설은 지나치게 기수시기를 늦춘다는 점에서, 독립연소설과 효용상실설의 중간단계에서 소훼를
파악하여 기수를 인정해야 하는데, 목적물의 중요부분이 연소되기 시작한 때에 소훼를 인정하
는 중요부분연소개시설[4], ④ 목적물이나 중요부분에 불이 붙은 것만으로는 부족하다는 점, 목
적물의 효용이 상실될 정도이면 이는 훼손의 단계를 넘어 파손이라고 할 수 있기 때문에 목적
물의 중요부분의 효용상실까지는 필요 없다는 점, 목적물에 독립연소될 불이 붙은 단계에서는
‘소’(燒)라고는 할 수 있어도 ‘훼’(毁; 헐어버리는 것)라고까지는 할 수 없다는 점, 목적물의 훼손이라
는 결과의 발생 여부로 본죄의 기수·미수를 구별하는 것이 타당하다는 점, 공공의 위험발생과

---

1) (공무원 원조불응) 눈·비·바람·해일·지진 등으로 인한 재해, 화재·교통사고·범죄, 그 밖의 급작스러운 사고
   가 발생하였을 때에 현장에 있으면서도 정당한 이유 없이 관계 공무원 또는 이를 돕는 사람의 현장출입에 관한
   지시에 따르지 아니하거나 공무원이 도움을 요청하여도 도움을 주지 아니한 사람
2) 권오걸, 938면; 김선복, 466면; 김성천/김형준, 608면; 손동권/김재윤, 565면; 신동운, 270면; 오영근, 483면(2020.
   12. 개정 형법은 ‘소훼한’을 ‘불태운’이라고 개정하였는데, 양자가 같은 의미인지 의문이 든다. 후자에서는 ‘훼손’이
   라는 의미는 문언상 사라져버렸기 때문이다. 이 때문에 개정형법에서는 기수시기에 대해 독립연소설에 좀더 가깝
   게 표현되었다); 이재상/장영민/강동범, 521면; 이정원/류석준, 414면.
3) 백형구, 416면; 서일교, 290면.
4) 김신규, 589면; 이형국/김혜경, 580면; 정영일, 291면.

연소시기를 일치시킬 필요는 없다는 점, 방화죄의 재산죄로서의 성격을 도외시해서는 안 된다는 점, 목적물의 전부가 아니라 일부가 훼손되더라도 본죄의 부수적인 보호법익인 재산의 침해를 가져온다는 점 등을 논거로 하여 목적물의 일부가 손괴죄에서와 같이 손괴되면 소훼를 인정하는 일부손괴설[1], ⑤ 현주건조물방화죄와 같이 추상적 위험범의 경우에는 독립연소설을 취하고, 자기소유의 일반건조물방화죄와 같이 구체적 위험범의 경우에는 중요부분연소개시설을 취하는 이분설[2] 등의 대립이 있다.

이에 대하여 판례는「방화죄는 화력이 매개물을 떠나 스스로 연소할 수 있는 상태에 이르렀을 때에 기수가 되고, 반드시 목적물의 중요부분이 소실하여 그 본래의 효용을 상실한 때라야만 기수가 되는 것이 아니다.」라고 판시[3]하여, 독립연소설의 입장을 취하고 있다.

생각건대 효용상실설·중요부분연소개시설·이원설 등은 중요부분이 과연 무엇을 의미하는지가 불분명하기 때문에 타당하지 않다. 결국 독립연소설과 일부손괴설의 입장에서 검토해 보아야 하는데, 기존과 같이 '소훼'라는 구성요건의 상황에서는 일부손괴설의 입장이 타당하다. 왜냐하면 '소훼'란 화력을 이용하여 건조물 등을 불태워(燒) 훼손시키는(毁) 것을 말하므로, 적어도 훼손의 정도가 인정되어야 소훼라고 할 수 있기 때문이다. 하지만 개정 형법의 따라 '불태운'이라는 구성요건의 수정에 의하면 훼손시키는 것의 의미가 제외된다. 물론 피고인에게 유리한 축소해석이라고 할 수 있는 기존의 해석론을 그대로 유지할 수도 있겠지만, 문언의 의미에 보다 충실한 독립연소설이 가장 적합하다고 판단된다.

(3) 주관적 구성요건

본죄가 성립하기 위해서는 불을 놓아 주거에 사용하거나 사람이 현존하는 건조물 등을 불태운다는 고의가 있어야 한다.[4] 그러므로 피고인이 동거하던 피해자와 가정불화가 악화되어 홧김에 서적 등을 뒷마당에 내어 놓고 불태워 버리려고 한 점을 알아차릴 수 있어도, 피해자 소유가옥을 불태워 버리겠다고 결의를 하여 불을 놓았다는 사실을 인정할 자료가 없다면 본죄는 성립하지 아니한다.[5] 행위자가 현주건조물을 일반건조물로 오인하고 방화한 때에는 제15조 제

---

1) 김성돈, 573면; 김혜정 외 4인, 507면; 이영란, 529면; 임 웅, 664면; 정성근/정준섭, 366면.
2) 김일수/서보학, 463면; 배종대, 536면.
3) 대법원 2007. 3. 16. 선고 2006도9164 판결(현주건조물방화죄는 화력이 매개물을 떠나 목적물인 건조물 스스로 연소할 수 있는 상태에 이름으로써 기수가 된다. 피고인이 범행에 있어 피해자의 사체 위에 옷가지 등을 올려놓고 불을 붙인 천조각을 던져 그 불길이 방안을 태우면서 천정에까지 옮겨 붙었다면, 설령 그 불이 완전연소에 이르지 못하고 도중에 진화되었다고 하더라도, 일단 천정에 옮겨 붙은 이상 그 때에 이미 현주건조물방화죄는 기수에 이르렀다); 대법원 1970. 3. 24. 선고 70도330 판결(부모에게 용돈을 요구하였다가 거절당한 피고인이 홧김에 자기 집 헛간 지붕위에 올라가 거기다 라이타불로 불을 놓고, 이어서 몸채, 사랑채 지붕위에 차례로 올라가 거기에다 각각 불을 놓아 헛간지붕 60평방cm 가량, 몸채지붕 1평방m 가량, 사랑채지붕 1평방m 가량을 태웠다고 하면 본건 방화행위는 기수로 보아야 할 것이다); 대법원 1961. 5. 15. 선고 4294형상89 판결.
4) 대법원 1954. 1. 16. 선고 4287형상47 판결(절취한 물건의 용기(돈궤짝)에 점화한 목적이 절도의 증거인멸에 있다고 할지라도 점화의 수단방법이 인화력이 강한 석유를 사용하여 건물에 연소되기 용이한 방법으로 점화한 결과 건물을 연소케 한 경우에는 건조물 방화의 고의를 인정할 수 있다).
5) 대법원 1984. 7. 24. 선고 84도1245 판결.

1항에 따라 일반건조물방화죄가 성립한다. 본죄는 추상적 위험범이므로 행위자에게 위험에 대한 고의가 있을 필요는 없다.

3. 예비·음모

방화죄는 위험성이 크기 때문에 그 준비행위인 예비·음모를 벌하고 있다. 예를 들면 불을 놓기 위해 목적물에 석유를 뿌리는 행위, 불을 놓는데 이용할 석유를 구입하는 행위 등이 이에 해당한다.

4. 실행의 착수시기 및 기수시기

본죄의 실행의 착수시기는 불을 놓는 시점이다. 방화에의 직접적 개시가 있어 실행의 착수가 인정되기 위해서는 목적물 또는 매개물에 대한 발화 또는 점화가 있어야 한다.[1] 그러므로 매개물을 통한 점화에 의하여 건조물을 불태우는 것을 내용으로 하는 형태의 방화죄의 경우에, 범인이 그 매개물에 불을 켜서 붙였거나 또는 범인의 행위로 인하여 매개물에 불이 붙게 됨으로써 연소작용이 계속될 수 있는 상태에 이르렀다면, 그것이 곧바로 진화되는 등의 사정으로 인하여 목적물인 건조물 자체에는 불이 옮겨 붙지 못하였다고 하더라도, 방화죄의 실행의 착수가 인정된다.[2] 그러므로 현주건조물방화의 목적으로 물건에 점화하여 이를 불태운 이상 목적물 자체에 옮겨 붙지 아니한 때에도 현주건조물방화죄의 미수가 된다.[3]

한편 피고인이 장롱 안에 있는 옷가지에 불을 놓아 건물을 불태우려 하였으나 불길이 치솟는 것을 보고 겁이 나서 물을 부어 불을 끈 것이라면, 치솟는 불길에 놀라거나 자신의 신체안전에 대한 위해 또는 범행 발각시의 처벌 등에 두려움을 느끼는 것은 일반 사회통념상 범죄를 완수함에 장애가 되는 사정에 해당한다고 보아야 할 것이므로, 이를 자의에 의한 중지미수라고는

1) 대법원 1960. 7. 22. 선고 4239형상213 판결.
2) 대법원 2002. 3. 26. 선고 2001도6641 판결(피고인은 자신의 주택 보일러실 문 앞과 실외 화장실 문 앞 등에 휘발유를 뿌린 다음, 이러한 피고인의 행위를 말리던 이웃 주민인 피해자와 실랑이를 벌이면서 피해자의 몸에까지 휘발유를 쏟았다는 것인바, 이러한 경우 피고인이 휘발유를 뿌린 장소가 비록 밀폐된 실내 공간은 아니라고 하더라도 피고인과 주택의 주변에는 인화성이 매우 강한 상당량의 휘발유가 뿌려져 있었음을 능히 알 수 있다. 나아가 이 사건 범행 당시 피고인은 매우 흥분된 상태에서 '집을 불태워 버리고 같이 죽어 버리겠다.'고 소리치기까지 하였으며, 피해자와 실랑이를 벌이면서 휘발유통을 높게 쳐들어 피해자의 몸에 휘발유가 쏟아지는 것과 동시에 피고인 자신의 몸에도 휘발유가 쏟아졌는데도, 피해자가 몸에 쏟아진 휘발유를 씻어내고자 수돗가로 가려고 돌아서는 순간, 피고인이 라이터를 꺼내서 무작정 켜는 바람에 피고인과 피해자의 몸에 불이 붙게 되었고, 이는 그대로 방치할 경우 주택 주변에 살포된 휘발유에 충분히 연소될 정도였던 사실을 알 수 있는바, 사정이 이러하다면, 그 후 설령 외부적 사정에 의하여 피고인이 라이터로 붙인 불이 주택 주변에 뿌려진 휘발유를 거쳐 방화 목적물인 주택 자체에 옮겨 붙지는 아니하였다고 하더라도, 당시 피고인이 뿌린 휘발유가 인화성이 강한 상태로 주택 주변과 피고인 및 피해자의 몸에 적지 않게 살포되어 있었던 점, 피고인은 그러한 주변 사정을 알면서도 라이터를 켜 불꽃을 일으킨 점, 그로 인하여 매개물인 휘발유에 불이 붙어 연소작용이 계속될 수 있는 상태에 이르고, 실제로 피해자가 발생하기까지 한 점 등의 제반 사정에 비추어 볼 때, 피고인의 위와 같은 행위는 현존건조물방화죄의 실행의 착수에 해당한다).
3) 대법원 2002. 3. 26. 선고 2001도6641 판결.

볼 수 없다.[1]

Ⅱ. 현주건조물방화치사상죄

> 제164조(현주건조물 등 방화) ② 제1항의 죄를 지어 사람을 상해에 이르게 한 경우에는 무기 또는 5년 이상의 징역에 처한다. 사망에 이르게 한 경우에는 사형, 무기 또는 7년 이상의 징역에 처한다.

1. 의의 및 보호법익

현주건조물방화치사상죄는 현주건조물방화죄를 지어 사람을 상해에 이르게 하거나 사망에 이르게 함으로써 성립하는 범죄이다. 본죄는 상해 또는 사망의 결과에 대해 과실이 있는 경우뿐만 아니라 고의가 있는 경우에도 성립하는 부진정결과적 가중범에 해당한다.[2] 이는 현주건조물방화상해죄 및 현주건조물방화살인죄가 없음으로 인한 형벌의 불균형을 시정하기 위한 것이다. 본죄의 보호법익은 공공의 안전 이외에 사람의 생명·신체이고, 보호의 정도는 생명·신체가 침해되어야 기수가 되는 침해범이다.

2. 구성요건

본죄의 주체는 제164조 제1항의 죄를 지은 사람이다. 즉 본죄의 기수범만을 의미하고 미수범은 포함하지 아니한다.[3] 하지만 미수범도 포함하는 입법적인 해결이 필요하다.

사상의 결과는 소사(燒死)뿐만 아니라 연기나 가스에 의한 질식사, 무너진 건물에 의한 압사, 불을 피하기 위하여 고층에서 뛰어내리다가 사상한 경우 등에 있어서도 본죄가 성립할 수 있다. 범인 이외의 자가 본죄의 피해자가 될 수 있기 때문에, 방화의 공동정범에게 방화로 인한 사상의 결과가 발생하면 본죄가 성립하지 아니한다. 또한 진화작업에 열중하다가 화상을 입은 경우에도 본죄가 성립하지 아니한다.[4] 하지만 피해자의 진화 내지 구조작업이 법적으로 의무지워진 상황에서 발생한 경우에는 본죄가 성립할 수 있다. 한편 사람이 현존하는 건조물을 방화하는 집단행위의 과정에서 일부 집단원이 고의행위로 살상을 가한 경우에도 다른 집단원에게 그 사상의 결과가 예견가능한 것이었다면 다른 집단원도 그 결과에 대하여 현존건조물방화치사상의 책임을 면할 수 없다.[5]

---

1) 대법원 1997. 6. 13. 선고 97도957 판결.
2) 대법원 1996. 4. 26. 선고 96도485 판결; 대법원 1983. 1. 18. 선고 82도2341 판결.
3) 반면에 본죄의 주체에 현주건조물방화죄의 미수범도 포함된다는 견해로는 김일수/서보학, 465면; 손동권/김재윤, 567면.
4) 대법원 1966. 6. 28. 선고 66도1 판결.
5) 대법원 1996. 4. 12. 선고 96도215 판결(피고인을 비롯한 30여 명의 공범들이 화염병 등 소지 공격조와 쇠파이프 소지 방어조로 나누어 이 사건 건물을 집단방화하기로 공모하고 이에 따라 공격조가 위 건물로 침입하여 화염병 수십 개를 1층 민원실 내부로 던져 불을 붙여 위 건물 내부를 소훼하게 하는 도중에 공격조의 일인이 위 건조물

3. 죄수 및 다른 범죄와의 관계

본죄는 그 전단이 규정하는 죄에 대한 일종의 가중처벌 규정으로서 과실이 있는 경우뿐만 아니라, 고의가 있는 경우에도 포함된다고 볼 것이므로 사람을 살해할 목적으로 현주건조물에 방화하여 사망에 이르게 한 경우에는 현주건조물방화치사죄로 의율하여야 하고, 이와 더불어 살인죄와의 상상적 경합범으로 의율할 것은 아니다.[1]

하지만 피고인들이 피해자들의 재물을 강취한 후 그들을 살해할 목적으로 현주건조물에 방화하여 사망에 이르게 한 경우 피고인들의 행위는 강도살인죄(사형 또는 무기징역)와 현주건조물방화치사죄(사형[2], 무기 또는 7년 이상의 징역)에 모두 해당하고, 양죄는 상상적 경합범관계에 있다.[3]

이와 같은 법리는 「기본범죄를 통하여 고의로 중한 결과를 발생하게 한 경우에 가중 처벌하는 부진정결과적 가중범에서, 고의로 중한 결과를 발생하게 한 행위가 별도의 구성요건에 해당하고 그 고의범에 대하여 결과적 가중범에 정한 형보다 더 무겁게 처벌하는 규정이 있는 경우에는 그 고의범과 결과적 가중범이 상상적 경합관계에 있지만, 위와 같이 고의범에 대하여 더 무겁게 처벌하는 규정이 없는 경우에는 결과적 가중범이 고의범에 대하여 특별관계에 있으므로 결과적 가중범만 성립하고 이와 법조경합의 관계에 있는 고의범에 대하여는 별도로 죄를 구성하지 않는다.」라는 판시[4]와 동일한 맥락에서 이해되어야 한다.

한편 현주건조물에 방화하여 피해자 중 일부에게 화상을 입힌 후 불에 타고 있는 집에서 빠져 나오려는 피해자들을 막아 소사하게 한 행위는 별개의 행위로서 살인죄를 구성한다.[5]

Ⅲ. 공용건조물방화죄

> 제165조(공용건조물 등 방화) 불을 놓아 공용(公用)으로 사용하거나 공익을 위해 사용하는 건조물, 기차, 전차, 자동차, 선박, 항공기 또는 지하채굴시설을 불태운 자는 무기 또는 3년 이상의 징역에 처한다.

내의 피해자를 향하여 불이 붙은 화염병을 던진 사실을 알 수 있는바, 이와 같이 공격조 1인이 방화대상 건물 내에 있는 피해자를 향하여 불붙은 화염병을 던진 행위는, 비록 그것이 피해자의 진화행위를 저지하기 위한 것이었다고 하더라도, 공격조에게 부여된 임무 수행을 위하여 이루어진 일련의 방화행위 중의 일부라고 보아야 할 것이고, 따라서 피해자의 화상은 이 사건 방화행위로 인하여 입은 것이라 할 것이므로 피고인을 비롯하여 당초 공모에 참여한 집단원 모두(방어조 포함)는 상해 결과에 대하여 현존건조물방화치상의 죄책을 면할 수 없다).
1) 대법원 1996. 4. 26. 선고 96도485 판결.
2) 대법원 1983. 3. 8. 선고 82도3248 판결(방화죄가 불특정 다수인의 생명, 신체, 재산에 대하여 위험을 발생시키고 공공의 평온을 해하는 공공위험죄인 까닭에 그 형이 무겁고 역사적으로는 나라마다 방화죄에 극형을 부과하였음이 일반이었으므로 형법 제164조가 생명형을 규정한 취의로 보아 사형이 반드시 피해야 할 형이라고 할 수 없다).
3) 대법원 1998. 12. 8. 선고 98도3416 판결.
4) 대법원 2008. 11. 27. 선고 2008도7311 판결(직무를 집행하는 공무원에 대하여 위험한 물건을 휴대하여 고의로 상해를 가한 경우에는 특수공무집행방해치상죄만 성립할 뿐, 이와는 별도로 폭력행위처벌법 위반(집단·흉기 등 상해)죄를 구성하지 않는다).
5) 대법원 1983. 1. 18. 선고 82도2341 판결(은봉암사건).

제174조(미수범) 제164조 제1항, 제165조, 제166조 제1항, 제172조 제1항, 제172조의2 제1항, 제173조 제1항
과 제2항의 미수범은 처벌한다.
제175조(예비, 음모) 제164조 제1항, 제165조, 제166조 제1항, 제172조 제1항, 제172조의2 제1항, 제173조 제
1항과 제2항의 죄를 범할 목적으로 예비 또는 음모한 자는 5년 이하의 징역에 처한다. 단 그 목적한 죄의 실
행에 이르기 전에 자수한 때에는 형을 감경 또는 면제한다.

1. 의의 및 보호법익

공용건조물방화죄는 불을 놓아 공용으로 사용하거나 공익을 위해 사용하는 건조물·기차·
전차·자동차·선박·항공기 또는 지하채굴시설을 불태움으로써 성립하는 범죄이다. 본죄의 보
호법익은 공공의 안전과 평온이고, 보호의 정도는 추상적 위험범이다.

2. 구성요건

'공용으로 사용한다'는 것은 국가 또는 공공단체 등이 사용한다는 것을 의미하고, '공익을
위해 사용한다'는 것은 일반인들의 이익을 위하여 사용한다는 것을 의미한다. 예를 들면 경찰순
찰차·관공서의 출·퇴근용버스 등은 공용에 공하는 것이고, 일반버스·택시·공중전화박스 등은
공익에 공하는 것이다. 공용으로 사용하거나 공익을 위해 사용하는 이상 누구의 소유인가는 묻
지 아니한다. 다만 공용으로 사용하거나 공익을 위해 사용하는 건조물이라고 할지라도 사람이
현존하거나 주거로 사용되는 경우에는 본죄가 아니라 현주건조물방화죄가 성립한다.

Ⅳ. 일반건조물방화죄

제166조(일반건조물 등 방화) ① 불을 놓아 제164조와 제165조에 기재한 외의 건조물, 기차, 전차, 자동차,
선박, 항공기 또는 지하채굴시설을 불태운 자는 2년 이상의 유기징역에 처한다.
② 자기 소유인 제1항의 물건을 불태워 공공의 위험을 발생하게 한 자는 7년 이하의 징역 또는 1천만원 이하
의 벌금에 처한다.
제174조(미수범) 제164조 제1항, 제165조, 제166조 제1항, 제172조 제1항, 제172조의2 제1항, 제173조 제1항
과 제2항의 미수범은 처벌한다.
제175조(예비, 음모) 제164조 제1항, 제165조, 제166조 제1항, 제172조 제1항, 제172조의2 제1항, 제173조 제
1항과 제2항의 죄를 범할 목적으로 예비 또는 음모한 자는 5년 이하의 징역에 처한다. 단 그 목적한 죄의 실
행에 이르기 전에 자수한 때에는 형을 감경 또는 면제한다.
제176조(타인의 권리대상이 된 자기의 물건) 자기의 소유에 속하는 물건이라도 압류 기타 강제처분을 받거
나 타인의 권리 또는 보험의 목적물이 된 때에는 본장의 규정의 적용에 있어서 타인의 물건으로 간주한다.

1. 타인소유 일반건조물방화죄

타인소유 일반건조물방화죄는 불을 놓아 현주건조물방화죄, 공용건조물방화죄에 기재한
이외의 건조물·기차·전차·자동차·선박·항공기 또는 지하채굴시설을 불태움으로써 성립하는

범죄이다. 본죄의 보호법익은 공공의 안전과 평온 및 재산이고, 보호의 정도는 공공의 안전에 대해서는 추상적 위험범이고, 재산에 대해서는 침해범이다. 미수범 처벌규정이 있다.

본죄의 객체는 사람의 주거에 사용하거나 사람이 현존하거나 공용으로 사용하거나 공익을 위해 사용하는 것 이외의 타인소유의 건조물·기차·전차·자동차·선박·항공기 또는 지하채굴 시설이다. 자기소유의 건조물 등이라고 하더라도 압류 기타 강제처분을 받거나 타인의 권리 또는 보험¹⁾의 목적물이 된 때에는 타인의 건조물 등으로 간주한다(제176조). 강제처분에는 민사상의 강제집행뿐만 아니라 국세징수법상의 체납처분, 강제경매절차에 의한 압류, 형사소송법에 의한 압수 또는 몰수물의 압류도 포함한다.

한편 타인소유의 목적물이라도 소유자가 방화에 동의한 경우에는 본죄가 성립하지 않고 제2항의 자기소유 일반건조물방화죄가 성립한다는 견해²⁾가 있으나, 이는 타당하지 않다. 이 경우 소유자의 동의 내지 승낙은 범죄의 성립을 좌우하지 않고, 아무런 효력을 지니지 않는 것으로 보아야 한다. 따라서 타인소유의 목적물을 소유자의 방화에의 동의를 받은 경우에는 타인소유 일반건조물방화죄가 성립한다.

2. 자기소유 일반건조물방화죄

자기소유 일반건조물방화죄는 불을 놓아 현주건조물방화죄, 공용건조물방화죄에 기재한 이외의 자기 소유인 건조물·기차·전차·자동차·선박·항공기 또는 지하채굴시설을 불태워 공공의 위험을 발생하게 함으로써 성립하는 범죄이다. 본죄의 보호법익은 공공의 안전과 평온이고, 보호의 정도는 구체적 위험범이다. 미수범 처벌규정이 없다.

본죄의 객체는 사람의 주거에 사용하거나 사람이 현존하거나 공용으로 사용하거나 공익을 위해 사용하는 것 이외의 자기소유의 건조물·기차·전차·자동차·선박·항공기 또는 지하채굴 시설이다. 자기소유의 재산에 대한 침해이므로 타인소유 일반건조물방화죄에 비하여 불법이 감경되어 있다. 그리하여 이를 추상적 위험범으로 규정하게 되면 재산처분의 자유를 지나치게 제한하게 되므로 공공에 대한 구체적 위험이 발생할 것을 요건으로 하는 구체적 위험범으로 규정하고 있다. 본죄가 성립하기 위한 요건인 '공공의 위험'이란 불특정 또는 다수인의 생명·신체·재산에 대한 위험을 말한다. 구체적 위험범에 있어서 공공의 위험은 객관적 구성요건요소로서 고의의 인식대상이 된다.

---

1) 자동차보험 가운데 대인·대물보험에만 가입하고, 자손이나 차량보험에는 가입하지 않은 경우에는 타인소유로 간주되지 아니한다. 이 경우 방화에 의해 자동차가 소훼되어도 자손이나 차량보험에 가입하지 않아서 소훼된 차량에 대한 보상을 받을 수 없기 때문이다.

2) 김선복, 469면; 김성돈, 579면; 김일수/서보학, 464면; 손동권/김재윤, 569면; 신동운, 278면; 오영근, 488면; 이재상/장영민/강동범, 518면; 이형국/김혜경, 586면; 정성근/정준섭, 370면; 정영일, 293면.

V. 일반물건방화죄

> 제167조(일반물건 방화) ① 불을 놓아 제164조부터 제166조까지에 기재한 외의 물건을 불태워 공공의 위험을 발생하게 한 자는 1년 이상 10년 이하의 징역에 처한다.
> ② 제1항의 물건이 자기 소유인 경우에는 3년 이하의 징역 또는 700만원 이하의 벌금에 처한다.
> 제176조(타인의 권리대상이 된 자기의 물건) 자기의 소유에 속하는 물건이라도 압류 기타 강제처분을 받거나 타인의 권리 또는 보험의 목적물이 된 때에는 본장의 규정의 적용에 있어서 타인의 물건으로 간주한다.

1. 의의 및 보호법익

일반물건방화죄는 불을 놓아 현주건조물방화죄, 공용건조물방화죄, 일반건조물방화죄의 객체 이외의 타인소유 또는 자기소유의 물건을 불태워 공공의 위험을 발생하게 함으로써 성립하는 범죄이다. 타인소유 일반물건방화죄의 보호법익은 공공의 안전과 평온 및 재산이고, 보호의 정도는 공공의 안전에 대해서는 구체적 위험범이며, 재산에 대해서는 침해범이다. 자기소유 일반물건방화죄의 보호법익은 공공의 안전과 평온이고, 보호의 정도는 구체적 위험범이다. 본죄는 미수범 처벌규정이 없다.[1] 그러므로 목적물을 불태워도 공공의 위험이 발생하지 않으면 본죄가 성립하지 않고, 다만 타인 소유물을 불태우면 재물손괴죄가 성립할 수 있을 뿐이다.

2. 구성요건

본죄의 객체는 타인소유 또는 자기소유의 일반물건이다. 자기소유의 물건이라고 할지라도 압류 기타 강제처분을 받거나 타인의 권리 또는 보험의 목적물이 된 때에는 타인의 물건으로 간주된다(제176조). 무주물은 자기소유의 물건이라고 보아야 한다.[2] 왜냐하면 ① 방화죄는 공공의 안전을 제1차적인 보호법익으로 하지만 제2차적으로는 개인의 재산권을 보호하는 것이라고 볼 수 있는 점, ② 현재 소유자가 없는 물건인 무주물에 방화하는 경우에 타인의 재산권을 침해하지 않는 점은 자기의 소유에 속한 물건을 방화하는 경우와 마찬가지인 점, ③ 무주의 동산을 소유의 의사로 점유하는 경우에 소유권을 취득하는 것에 비추어(민법 제252조) 무주물에 방화하

---

[1] 대법원 2013. 12. 12. 선고 2013도3950 판결(폐가방화미수사건)(이 사건 폐가는 지붕과 문짝, 창문이 없고 담장과 일부 벽체가 붕괴된 철거 대상 건물로서 사실상 기거·취침에 사용할 수 없는 상태의 것이므로 형법 제166조의 건조물이 아닌 형법 제167조의 물건에 해당하고, 피고인이 이 사건 폐가의 내부와 외부에 쓰레기를 모아놓고 태워 그 불길이 이 사건 폐가 주변 수목 4~5그루를 태우고 폐가의 벽을 일부 그을리게 하는 정도만으로는 방화죄의 기수에 이르렀다고 보기 어려우며, 일반물건방화죄에 관하여는 미수범의 처벌 규정이 없다는 이유로 피고인에게 무죄를 선고하였다).

[2] 대법원 2009. 10. 15. 선고 2009도7421 판결(무주물방화사건)(피고인이 노상에서 전봇대 주변에 놓인 재활용품과 쓰레기 등을 발견하고 소지하고 있던 라이터를 이용하여 불을 붙인 다음 불상의 가연물을 집어넣어 화염을 키움으로써 공공의 위험을 발생하게 하였다는 공소사실에 대하여, 위 '재활용품과 쓰레기 등'은 무주물로서 형법 제167조 제2항에 정한 자기 소유의 물건에 준하는 것으로 보아야 한다고 전제한 다음, 그 판시와 같은 기상 조건, 주변 상황과 화염의 높이 등에 비추어 보면 피고인이 불을 붙인 다음 불상의 가연물을 집어넣어 그 화염을 키움으로써 전선을 비롯한 주변의 가연물에 손상을 입히거나 바람에 의하여 다른 곳으로 불이 옮아붙을 수 있는 공공의 위험을 발생하게 하였다고 판단하여 형법 제167조 제2항에 정한 일반물건방화죄의 성립을 인정하였다).

는 행위는 그 무주물을 소유의 의사로 점유하는 것이라고 볼 여지가 있는 점 등을 종합하여 보면, 불을 놓아 무주물을 불태워 공공의 위험을 발생하게 한 경우에는 '무주물'을 '자기 소유의 물건'에 준하는 것으로 보아 제167조 제2항을 적용하여 처벌하여야 한다. 본죄가 성립하기 위해서는 불태운 결과뿐만 아니라 공공의 안전에 대한 구체적 위험이 발생해야 한다.

Ⅵ. 연소죄

제168조(연소) ① 제166조 제2항 또는 전조 제2항의 죄를 범하여 제164조, 제165조 또는 제166조 제1항에 기재한 물건에 연소한 때에는 1년 이상 10년 이하의 징역에 처한다.
② 전조 제2항의 죄를 범하여 전조 제1항에 기재한 물건에 연소한 때에는 5년 이하의 징역에 처한다.

1. 의 의

연소죄는 자기소유 일반건조물방화죄 또는 자기소유 일반물건방화죄를 범하여 현주건조물방화죄, 공용건조물방화죄 또는 타인소유 일반건조물방화죄에 기재한 물건에 연소하거나(제1항) 자기소유 일반물건방화죄를 범하여 타인소유 일반물건방화죄에 기재한 물건에 연소함으로써(제2항) 성립하는 범죄이다. 본죄는 연소에 대한 과실이 있는 경우에 성립하는 진정결과적 가중범이며, 구체적 위험범에 해당한다.

2. 구성요건

(1) 주 체

본죄의 주체는 자기소유 일반건조물방화죄(제166조 제2항), 자기소유 일반물건방화죄(제167조 제2항)를 범한 자이며, 미수범은 포함하지 아니한다.

(2) 행 위

'연소'란 행위자가 의도하지 않았던 물체에 불이 옮겨 붙어서 이를 불태운 것을 말한다. 본죄가 성립하기 위해서는 불이 옮겨 붙는 정도로는 족하지 않고, 불태운 결과를 발생시켜야 한다.

(3) 주관적 구성요건

본죄가 성립하기 위해서는 자기소유 일반건조물이나 일반물건에 방화하여 공공의 위험을 발생시킨다는 것에 대한 고의가 있어야 하고, 연소에 대한 과실이 있어야 한다. 처음부터 현주건조물 등에 연소시킬 고의가 있는 경우에는 본죄가 성립하지 않고, 현주건조물방화죄 등이 성립할 뿐이다.

Ⅶ. 진화방해죄

> 제169조(진화방해) 화재에 있어서 진화용의 시설 또는 물건을 은닉 또는 손괴하거나 기타 방법으로 진화를
> 방해한 자는 10년 이하의 징역에 처한다.

1. 의 의

진화방해죄는 화재에 있어서 진화용의 시설 또는 물건을 은닉 또는 손괴하거나 기타 방법
으로 진화를 방해함으로써 성립하는 범죄이다. 본죄는 직접적인 방화행위가 존재하지 않지만,
화재시의 진화를 방해하는 행위가 방화에 준하는 정도의 불법성을 가지고 있기 때문에 처벌하
는 규정으로, '준(準)방화죄'라고도 한다. 보호의 정도는 추상적 위험범이며, 법적 성격은 거동범
에 해당한다.

2. 구성요건

(1) 행위상황

본죄는 '화재에 있어서'라는 행위상황에서 행해져야 한다. '화재에 있어서'란 공공의 위험이
발생하였거나 그 위험이 발생할 정도의 연소상태가 있는 것을 말한다. 이미 화재가 발생한 경
우는 물론이고, 화재가 발생하고 있는 경우도 포함한다.

(2) 객 체

본죄의 객체는 진화용의 시설 또는 물건이다. 여기서 '진화용'이란 제작의 목적 자체가 소화
작업에 활용하기 위한 것을 말한다. 예를 들면 화재경보기·소화전·소화용 저수시설·소화기·소
방차·소화용 호스 등이 이에 해당한다. 하지만 통신시설이나 수도 등과 같이 일시적으로 소방
용으로 사용되는 시설이나 기구는 이에 해당하지 아니한다. 진화용의 시설이나 물건의 소유관
계는 묻지 아니하기 때문에 범인의 소유에 해당한다고 할지라도 소화활동에 사용될 수 있는 상
태에 있으면 본죄의 객체가 된다. 예를 들면 술집에서 화재가 발생하자 인접 상점 내에 설치되
어 있던 소화전을 이용하려는데 상점 주인이 자신의 소화전 사용을 허락하지 않는 경우 본죄의
성립이 가능하다.

(3) 행 위

본죄의 실행행위는 은닉 또는 손괴하거나 기타 방법으로 진화를 방해하는 것이다. '은닉'이
란 진화용의 시설 또는 물건의 발견을 불가능하게 하거나 곤란하게 하는 행위를 말한다. '손괴'
란 물질적으로 훼손하여 그 효용을 해하는 행위를 말한다. '기타의 방법'이란 손괴나 은닉 이외
의 방법으로 소화활동을 방해하는 일체의 행위를 말한다. 예를 들면 소방차의 진로를 방해하는
행위, 소방진입로에 주·정차를 하여 소방차의 진입을 방해하는 행위, 화재 진압중인 소방관을
폭행하는 행위, 소방관이 화재현장을 인식했음에도 불구하고 보고하지 않거나 출동하지 않는

행위, 화재신고를 못하게 하는 행위 등이 이에 해당한다. 본죄는 추상적 위험범이므로 진화의 방해가 될 만한 은닉 또는 손괴 기타 방법의 행위가 있으면 기수가 되며, 현실적으로 진화방해라는 결과가 발생할 것을 요구하지 아니한다.

Ⅷ. 실화죄

> 제170조(실화) ① 과실로 제164조 또는 제165조에 기재한 물건 또는 타인 소유인 제166조에 기재한 물건을 불태운 자는 1천500만원 이하의 벌금에 처한다.
> ② 과실로 자기 소유인 제166조의 물건 또는 제167조에 기재한 물건을 불태워 공공의 위험을 발생하게 한 자도 제1항의 형에 처한다.

1. 의 의

실화죄는 과실로 현주건조물방화죄 또는 공용건조물방화죄 또는 타인소유인 일반건조물방화죄에 기재한 물건을 불태우거나(제1항) 과실로 자기소유인 일반건조물방화죄 또는 일반물건방화죄에 기재한 물건을 불태워 공공의 위험을 발생하게 함으로써(제2항) 성립하는 범죄이다. 형법에는 과실손괴죄를 처벌하는 규정이 없지만, 실화죄를 처벌하는 것은 화력이 가지고 있는 통제곤란의 위험성 때문이다. 제1항의 실화죄는 추상적 위험범이고, 제2항의 실화죄는 구체적 위험범에 해당한다. 2020. 12. 8. 개정 형법에서는 제170조 제2항의 행위객체를 '자기 소유인 제166조의 물건 또는 제167조에 기재한 물건'이라고 수정하였다.

2. 구성요건

본죄의 성립과 관련하여, 제170조 제2항의 행위의 객체가 자기소유 일반건조물 및 자기소유 일반물건임은 분명하다. 그러나 2020. 12. 8. 개정 이전의 구성요건상 타인소유 일반물건이 본죄의 객체가 될 수 있는지 여부와 관련하여, ① 적극설[1], ② 제170조 제2항은 '자기의 소유에 속하는 제166조 또는 제167조에 기재한 물건'이라고 되어 있을 뿐 '자기의 소유에 속하는 제166조에 기재한 물건 또는 제167조에 기재한 물건'이라고는 되어 있지 아니하므로, 우리말의 보통의 표현방법으로는 '자기의 소유에 속하는'이라는 말은 '제166조 또는 제167조에 기재한 물건'을 한꺼번에 수식하는 것으로 볼 수밖에 없다는 점, 과실로 인하여 타인의 소유에 속하는 일반물건을 소훼하여 공공의 위험을 발생하게 한 경우 그 처벌의 필요성이 있다는 점에는 의견을 같이 할 수 있으나, 그 처벌의 필요성은 법의 개정을 통하여 이를 충족시켜야 할 것이고 법의 개정에 의하지 아니한 채 형법의 처벌규정을 우리말의 보통의 표현방법으로는 도저히 해석할 수 없는 다른 의미로 해석하는 것에 의하여 그 목적을 달성하려고 한다면 그것은 죄형법정주의의

---

1) 김선복, 477면; 김성돈, 587면; 김일수/서보학, 472면; 김혜정 외 4인, 518면; 박상기, 734면; 배종대, 544면; 손동권/김재윤, 572면; 신동운, 287면; 이형국/김혜경, 595면; 정성근/정준섭, 373면; 정영일, 298면.

정신을 훼손할 염려가 크다는 점 등을 논거로 하는 소극설[1] 등의 대립이 있었다.

이에 대하여 판례는 「형법 제170조 제2항의 '자기의 소유에 속하는 제166조 또는 제167조에 기재한 물건을 소훼하여 공공의 위험을 발생하게 한 자'를 '자기의 소유에 속하는 제166조에 기재한 물건 또는 자기의 소유에 속하는 제167조에 기재한 물건을 소훼하여 공공의 위험을 발생하게 한 자'로 해석하여 '타인의 소유에 속하는 제167조에 기재한 물건을 소훼하여 공공의 위험을 발생하게 한 자'를 제외함으로써 타인의 물건을 과실로 소훼하여 공공의 위험을 발생하게 한 경우에는 처벌하지 아니한다면, 우리 형법이 제166조에서 타인의 소유에 속하는 일반건조물등을 방화한 경우(이 경우 공공의 위험을 발생하게 함을 요건으로 하고 있다)보다 더 무겁게 처벌하고 있고, 제167조에서 타인의 소유에 속하는 일반물건을 소훼하여 공공의 위험을 발생하게 한 경우를 자기의 소유에 속하는 물건에 대한 경우보다 더 무겁게 처벌하고 있으며, 제170조에서 과실로 인하여 타인의 소유에 속하는 제166조에 기재한 물건(일반건조물 등)을 소훼한 경우에는 공공의 위험발생을 그 요건으로 하지 아니하고 있음에 반하여 자기의 소유에 속하는 제166조에 기재한 물건을 소훼한 경우에는 공공의 위험발생을 그 요건으로 하고 있음에 비추어, 명백히 불합리하다고 하지 아니할 수 없다. 따라서 형법 제170조 제2항에서 말하는 '자기의 소유에 속하는 제166조 또는 제167조에 기재한 물건'이라 함은 '자기의 소유에 속하는 제166조에 기재한 물건 또는 자기의 소유에 속하든, 타인의 소유에 속하든 불문하고 제167조에 기재한 물건'을 의미하는 것이라고 해석하여야 할 것이며, 제170조 제1항과 제2항의 관계로 보아서도 제166조에 기재한 물건(일반건조물 등) 중 타인의 소유에 속하는 것에 관하여는 제1항에서 이미 규정하고 있기 때문에 제2항에서는 그 중 자기의 소유에 속하는 것에 관하여 규정하고, 제167조에 기재한 물건에 관하여는 소유의 귀속을 불문하고 그 대상으로 삼아 규정하고 있는 것이라고 봄이 관련조문을 전체적, 종합적으로 해석하는 방법일 것이다. 이렇게 해석한다고 하더라도 그것이 법규정의 가능한 의미를 벗어나 법형성이나 법창조 행위에 이른 것이라고는 할 수 없어 죄형법정주의의 원칙상 금지되는 유추해석이나 확장해석에 해당한다고 볼 수는 없을 것이다.」라고 판시[2]하여, 적극설의 입장을 취하였다.

생각건대 형벌법규의 해석은 문언해석으로부터 출발하여야 하고, 문언상 해석이 가능한 의미의 범위를 넘어서는 것은 법창조 내지 새로운 입법행위라고 하지 아니할 수 없으며, 이는 유추해석금지의 원칙상 허용되어서는 안 될 것이다. 체계적 해석 또는 역사적·주관적 해석은 문언해석이 불가능하거나 곤란한 경우에 한하여 예외적으로 허용되는 것이기 때문에 문언해석이 가능하다면 이에 따라야 할 것이다. 처벌의 필요성이 있다고 하여 해석이 아닌 입법을 하는 것은 권력분립의 원칙에도 부합하지 아니한다. 결국 '자기의 소유에 속하는 제166조 또는 제167조에 기재한 물건'으로 되어 있던 기존의 구성요건을 '자기 소유인 제166조의 물건 또는 제167조

1) 오영근, 493면.
2) 대법원 1994. 12. 20.자 94모32 전원합의체 결정(과수원실화사건).

에 기재한 물건'으로 개정한 사례를 보더라도 소극설이 타당하다.

IX. 업무상 실화죄·중실화죄

> 제171조(업무상 실화, 중실화) 업무상 과실 또는 중대한 과실로 인하여 제170조의 죄를 범한 자는 3년 이하
> 의 금고 또는 2천만원 이하의 벌금에 처한다.

1. 업무상 실화죄

　　업무상 실화죄는 업무상 과실로 인하여 제170조의 죄를 범함으로써 성립하는 범죄이다. 본죄는 업무자라는 신분으로 인하여 책임이 가중되는 범죄이다. 본죄 소정의 업무는 직무로서 화기로부터의 안전을 배려해야 할 사회생활상의 지위를 뜻한다.[1] 그러므로 흡연이나 요리 중 실수로 불을 낸 경우에는 본죄가 아니라 실화죄 또는 중실화죄에 해당한다. 또한 본죄에 있어서의 업무에는 그 직무상 화재의 원인이 된 화기를 직접 취급하는 것에 그치지 않고 화재의 발견·방지 등의 의무가 지워진 경우를 포함한다. 예를 들면 숙박업소·찜질방 등과 같이 공중을 위한 화재방지업무에 종사하는 자가 이에 해당한다.

　　판례에 의하면, ① 공동의 과실이 경합되어 화재가 발생한 경우에 적어도 각 과실이 화재의 발생에 대하여 하나의 조건이 된 이상은 그 공동적 원인을 제공한 각자에 대하여 실화죄의 죄책을 물어야 함이 마땅하다.[2] ② 호텔의 사장 또는 영선과장인 피고인들에게는 화재가 발생하면 불이 확대되지 않도록 계단과 복도 등을 차단하는 갑종방화문은 항상 자동개폐되도록 하며, 숙박업들이 신속하게 탈출·대피할 수 있도록 각층의 을종방화문(비상문)은 언제라도 내부에서 외부로의 탈출방향으로 밀기만 하면 그대로 열려지도록 설비·관리하고, 화재시에는 즉시 전층 각 객실에 이를 알리는 감지기, 수신기, 주경종, 지구경종을 완벽하게 정상적으로 작동하도록 시설관리하여야 할 업무상의 주의의무가 있다.[3]
　　하지만 ① 자동차 운전 업무에 종사하는 자가 자동차의 충돌로 인한 사고 발생을 미리 방지하여야 할 업무상의 주의의무가 있다고 하는 것은 몰라도 일반적으로 그 자동차 운전 중 충돌로 인한 기름 탱크의 파열로 발생할지 모를 화재를 미리 방지해야 할 업무상의 주의의무는 없다.[4] ② 유조차운전사가 석유구판점의 위험물취급주임의 지시를 받아 유조차의 석유를 구판점 탱크로 급유하다가 급유호스가 탱크주입구에서 빠지는 바람에 분출된 석유가 화기에 인화되어 화재가 발생한 경우 운전수가 위험물취급주임이 탱크주입구 부분을 이탈하였음을 보고서도 유조차 운전석에 앉아 다른 일을 보고 있었다고 하여 운전사

---

1) 대법원 1988. 10. 11. 선고 88도1273 판결(단열재로 흔하게 쓰이는 우레탄은 난연성자기 소화성의 물질이 아니라 이연물에 속한다는 것은 관계업계에서는 널리 알려져 있는 사실이므로 원심이 우레탄은 소화성이 강한 물질이어서 우레탄 인화로 발화될 수 없고 일반건축종사자들도 우레탄이 가연성 없는 것으로 인식하고 있다는 상고인의 항소이유를 이유 없다고 배척한 것은 옳다).

2) 대법원 1983. 5. 10. 선고 82도2279 판결.

3) 대법원 1984. 2. 28. 선고 83도3007 판결.

4) 대법원 1972. 2. 22. 선고 71도2231 판결.

에게 화재발생에 대하여 과실이 있다고 책임을 물을 수는 없다.[1] ③ 호텔을 경영하는 주식회사에 대표이사가 따로 있고 동 회사의 실질적인 책임자로서 업무전반을 총괄하는 전무 밑에 상무, 지배인, 관리부장, 영업부장 등을 따로 두어 각 소관업무를 분담처리하도록 하는 한편, 소방법 소정의 방화관리자까지 선정, 당국에 신고하여 동인으로 하여금 소방훈련 및 화기사용 또는 취급에 관한 지도감독 등을 하도록 하고 있다면 위 회사의 업무에 전혀 관여하지 않고 있던 소위 회장에게는 위 회사의 직원들에 대한 일반적, 추상적 지휘감독의 책임은 있을지언정 동 호텔 종업원의 부주의와 호텔구조상의 결함으로 발생, 확대된 화재에 대한 구체적이고도 직접적인 주의의무는 없다.[2]

2. 중실화죄

중실화죄는 중대한 과실로 인하여 제170조의 죄를 범함으로써 성립하는 범죄이다. 본죄는 중대한 과실로 인해 불법이 가중되는 범죄이다. '중과실'이란 행위자가 극히 근소한 주의를 함으로써 결과발생을 쉽게 인식할 수 있었음에도 불구하고 부주의로서 이를 인식하지 못한 경우를 말한다.

판례에 의하면, ① 약 2.5평 넓이의 주방에 설치된 보일러에 연탄을 갈아넣음에 있어서 연탄의 연소로 보일러가 가열됨으로써 그 열이 전도, 복사되어 그 주변의 가열접촉물에 인화될 것을 쉽게 예견할 수 있었음에도 불구하고 그 주의의무를 게을리하여 위 보일러로부터 5 내지 10cm쯤의 거리에 가연물질을 그대로 두고 신문지를 구겨서 보일러의 공기조절구를 살짝 막아놓은 채 그 자리를 떠나버렸기 때문에 화재가 발생한 경우[3], ② 성냥불로 담배를 붙인 다음 그 성냥불이 꺼진 것을 확인하지 아니한 채 휴지가 들어 있는 플라스틱 휴지통에 던진 경우[4], ③ 모텔 방에 투숙하여 담배를 피운 후 재떨이에 담배를 끄게 되었으나 담뱃불이 완전히 꺼졌는지 여부를 확인하지 않은 채 불이 붙기 쉬운 휴지를 재떨이에 버리고 잠을 잔 과실로 담뱃불이 휴지와 옆에 있던 침대시트에 옮겨 붙게 함으로써 화재가 발생한 경우[5] 등에 있어서는 중대한 과실이 있는 경우에 해당한다.

하지만 ① 피고인(호텔오락실 경영자)이 전기보안담당자에게 아무런 통고를 하지 아니한 채 무자격 전기기술자로 하여금 전기공사를 하게 한 경우[6], ② 평상시에도 화재가 발생한 날의 경우와 마찬가지로 연탄아궁이에 불을 피워놓은채 스폰지요·솜들을 쌓아두고 귀가하였는데, 연탄아궁이로부터 80cm쯤 떨어진 곳에 비닐로 포장한 스폰지요·솜 등을 끈으로 묶지 않은 채 쌓아두고 피고인이 점포를 떠난지 4시간 이상이 지난 뒤에 화재가 발생한 경우[7], ③ 피고인이 사용한 양촉은 신품으로 약 3시간 지속할 수 있고

1) 대법원 1990. 11. 13. 선고 90도2011 판결.
2) 대법원 1986. 7. 22. 선고 85도108 판결.
3) 대법원 1988. 8. 23. 선고 88도855 판결.
4) 대법원 1993. 7. 27. 선고 93도135 판결.
5) 대법원 2010. 1. 14. 선고 2009도12109 판결.
6) 대법원 1989. 10. 13. 선고 89도204 판결(조인터박스를 설치하지 아니하고 형광등을 천정에 바짝 붙여 부착시키는 등 부실하게 공사를 하거나 전기공사사실을 통고받지 못하여 전기설비에 이상이 있는지의 여부를 점검하지 못함으로써 부실공사가 그대로 방치되고 또 그로 인하여 전선의 합선에 의한 화재가 발생할 것을 쉽게 예견할 수 있었다고 보기는 어렵다).

창고 내에는 상자 위에 녹여서 붙여 놓은 촛불 부근에 헌가마니 쓰레기 등이 있을 뿐 휘발유 등 인화물질은 없었으며, 양곡이 입고되어 있었고 약 30분 후에는 고사를 끝내고 고사에 사용한 쌀가마니를 입고할 예정으로 촛불을 끄지 아니하고 그대로 세워 놓고 창고문을 닫고 나온 경우1) 등에 있어서는 중대한 과실이 있는 경우에 해당하지 아니한다.

X. 폭발성물건파열죄·폭발성물건파열치사상죄

> 제172조(폭발성물건파열) ① 보일러, 고압가스 기타 폭발성 있는 물건을 파열시켜 사람의 생명, 신체 또는 재산에 대하여 위험을 발생시킨 자는 1년 이상의 유기징역에 처한다.
> ② 제1항의 죄를 범하여 사람을 상해에 이르게 한 때에는 무기 또는 3년 이상의 징역에 처한다. 사망에 이르게 한 때에는 무기 또는 5년 이상의 징역에 처한다.
> 제174조(미수범) 제164조 제1항, 제165조, 제166조 제1항, 제172조 제1항, 제172조의2 제1항, 제173조 제1항과 제2항의 미수범은 처벌한다.
> 제175조(예비, 음모) 제164조 제1항, 제165조, 제166조 제1항, 제172조 제1항, 제172조의2 제1항, 제173조 제1항과 제2항의 죄를 범할 목적으로 예비 또는 음모한 자는 5년 이하의 징역에 처한다. 단 그 목적한 죄의 실행에 이르기 전에 자수한 때에는 형을 감경 또는 면제한다.

1. 폭발성물건파열죄

(1) 의의 및 보호법익

폭발성물건파열죄는 보일러·고압가스 기타 폭발성 있는 물건을 파열시켜 사람의 생명·신체 또는 재산에 대하여 위험을 발생시킴으로써 성립하는 범죄이다. 본죄의 보호법익은 사람의 생명·신체·재산 및 공공의 안전이고, 보호의 정도는 구체적 위험범이다. 입법론상 본죄는 '제13장 방화와 실화의 죄'에서 규정하기보다는 '제6장 폭발물에 관한 죄'에서 규정하는 것이 타당하다.

(2) 구성요건

1) 객 체

본죄의 객체는 보일러·고압가스 기타 폭발성 있는 물건이다. '보일러'는 밀폐된 강판제의 용기 안에서 물을 끓여 높은 압력의 증기를 발생시키는 장치를 말한다. '고압가스'는 압축 또는 액화된 고압상태의 기체를 말한다. 예를 들면 액화가스·아세틸렌가스 등이 이에 해당한다. '기타 폭발성 있는 물건'이란 보일러나 고압가스 이외에 급격히 파열하는 성질을 가진 물건을 말한다. 예를 들면 화약·가스탱크·석유탱크 등이 이에 해당한다.

2) 행 위

본죄의 실행행위는 파열시켜 사람의 생명·신체 또는 재산에 대하여 위험을 발생시키는 것이다. '파열'이란 물체의 급격한 팽창력을 이용하여 폭발시키는 것을 말한다. 본죄는 파열행위

---

7) 대법원 1989. 1. 17. 선고 88도643 판결.
1) 대법원 1960. 3. 9. 선고 4292형상761 판결.

로 인하여 사람의 생명·신체·재산에 대한 위험이 발생한 때에 기수가 된다. 파열행위에도 불구하고 생명·신체·재산에 대한 구체적인 위험이 발생하지 않으면 미수에 불과하다. 만약 파열행위로 인하여 사람의 생명·신체·재산에 대한 '침해'행위가 있는 경우에는 본죄가 아니라 폭발물사용죄(제119조 제1항)가 성립할 수 있다.

2. 폭발성물건파열치사상죄

폭발성물건파열치사상죄는 폭발성물건파열죄를 범하여 사람을 상해에 이르게 하거나 사망에 이르게 함으로써 성립하는 범죄이다. 폭발성물건파열치상죄는 부진정결과적 가중범이고, 폭발성물건파열치사죄는 진정결과적 가중범이다. 본죄의 미수범 처벌규정은 없다. 폭발성물건이 아니라 폭발물을 파열시켜 고의로 사람을 상해하거나 사람을 살해한 경우에는 폭발물사용죄(제119조 제1항)만이 성립한다.

XI. 가스·전기등방류죄 및 가스·전기등방류치사상죄

제172조의2(가스·전기등 방류) ① 가스, 전기, 증기 또는 방사선이나 방사성 물질을 방출, 유출 또는 살포시켜 사람의 생명, 신체 또는 재산에 대하여 위험을 발생시킨 자는 1년 이상 10년 이하의 징역에 처한다.
② 제1항의 죄를 범하여 사람을 상해에 이르게 한 때에는 무기 또는 3년 이상의 징역에 처한다. 사망에 이르게 한 때에는 무기 또는 5년 이상의 징역에 처한다.
제174조(미수범) 제164조 제1항, 제165조, 제166조 제1항, 제172조 제1항, 제172조의2 제1항, 제173조 제1항과 제2항의 미수범은 처벌한다.
제175조(예비, 음모) 제164조 제1항, 제165조, 제166조 제1항, 제172조 제1항, 제172조의2 제1항, 제173조 제1항과 제2항의 죄를 범할 목적으로 예비 또는 음모한 자는 5년 이하의 징역에 처한다. 단 그 목적한 죄의 실행에 이르기 전에 자수한 때에는 형을 감경 또는 면제한다.

1. 가스·전기등방류죄

(1) 의 의

가스·전기등방류죄는 가스·전기·증기 또는 방사선이나 방사성 물질을 방출·유출 또는 살포시켜 사람의 생명·신체 또는 재산에 대하여 위험을 발생시킴으로써 성립하는 범죄이다. 본죄는 1995. 12. 29. 형법 개정을 통하여 신설된 범죄이다.

(2) 구성요건

1) 객 체

본죄의 객체는 가스·전기·증기 또는 방사선이나 방사성 물질이다. '방사선'이란 전자파 또는 입자선 중 직접 또는 간접으로 공기를 전리(電離)하는 능력을 가진 것을 말하고(원자력안전법 제2조 제7호), '방사성물질'이란 핵연료물질·사용후핵연료·방사성동위원소 및 원자핵분열생성물을 말한다(동법 제2조 제5호).

2) 행 위

본죄의 실행행위는 방출·유출 또는 살포시키는 것이다. '방출'이란 전기 또는 방사선 등을 외부로 노출시키는 것이고, '유출'이란 가스 또는 증기 등의 기체를 밀폐된 용기 밖으로 새어 나가게 하는 것이며, '살포'란 분말 또는 미립자상태의 방사성물질을 흩어지게 하는 것을 말한다.

본죄는 가스 등의 방류행위로 인하여 사람의 생명·신체·재산에 대한 위험이 발생한 때에 기수가 된다. 방류행위는 하였지만, 생명·신체·재산에 대한 구체적인 위험이 발생하지 않으면 미수에 불과하다.

2. 가스·전기등방류치사상죄

가스·전기등방류치사상죄는 가스·전기등방류죄를 범하여 사람을 상해에 이르게 하거나 사망에 이르게 함으로써 성립하는 범죄이다. 가스·전기등방류치상죄는 부진정결과적 가중범이고, 가스·전기등방류치사죄는 진정결과적 가중범이다.

XII. 가스·전기등공급방해죄 및 가스·전기등공급방해치사상죄

제173조(가스·전기등 공급방해) ① 가스, 전기 또는 증기의 공작물을 손괴 또는 제거하거나 기타 방법으로 가스, 전기 또는 증기의 공급이나 사용을 방해하여 공공의 위험을 발생하게 한 자는 1년 이상 10년 이하의 징역에 처한다.
② 공공용의 가스, 전기 또는 증기의 공작물을 손괴 또는 제거하거나 기타 방법으로 가스, 전기 또는 증기의 공급이나 사용을 방해한 자도 전항의 형과 같다.
③ 제1항 또는 제2항의 죄를 범하여 사람을 상해에 이르게 한 때에는 2년 이상의 유기징역에 처한다. 사망에 이르게 한 때에는 무기 또는 3년이상의 징역에 처한다.
제174조(미수범) 제164조 제1항, 제165조, 제166조 제1항, 제172조 제1항, 제172조의2 제1항, 제173조 제1항과 제2항의 미수범은 처벌한다.
제175조(예비, 음모) 제164조 제1항, 제165조, 제166조 제1항, 제172조 제1항, 제172조의2 제1항, 제173조 제1항과 제2항의 죄를 범할 목적으로 예비 또는 음모한 자는 5년 이하의 징역에 처한다. 단 그 목적한 죄의 실행에 이르기 전에 자수한 때에는 형을 감경 또는 면제한다.

1. 가스·전기등공급방해죄

(1) 의 의

가스·전기등공급방해죄는 가스·전기 또는 증기의 공작물을 손괴 또는 제거하거나 기타 방법으로 가스·전기 또는 증기의 공급이나 사용을 방해하여 공공의 위험을 발생하게 하거나(제1항) 공공용의 가스·전기 또는 증기의 공작물을 손괴 또는 제거하거나 기타 방법으로 가스·전기 또는 증기의 공급이나 사용을 방해함으로써(제2항) 성립하는 범죄이다. 본죄의 보호법익은 공공의 안전 및 개인의 가스·전기 등의 공급 내지 사용이다. 보호의 정도와 관련하여, 제1항의 죄는 구체적 위험범이고, 제2항의 죄는 추상적 위험범에 해당한다.

(2) 구성요건

1) 객 체

본죄 가운데 제1항의 객체는 가스·전기 또는 증기의 공작물이고, 제2항의 객체는 공공용의 가스·전기 또는 증기의 공작물이다. '공공용'이란 불특정·다수인이 사용하는 용도를 말한다.

2) 행 위

본죄 가운데 제1항의 실행행위는 손괴 또는 제거하거나 기타 방법으로 가스·전기 또는 증기의 공급이나 사용을 방해하여 공공의 위험을 발생하게 하는 것이고, 제2항의 실행행위는 손괴 또는 제거하거나 기타 방법으로 가스·전기 또는 증기의 공급이나 사용을 방해하는 것이다. '제거'란 공작물을 설치장소로부터 분리하여 없애는 것을 말한다.

2. 가스·전기등공급방해치사상죄

가스·전기등공급방해치사상죄는 가스·전기등공급방해죄를 범하여 사람을 상해에 이르게 하거나 사망에 이르게 함으로써 성립하는 범죄이다. 가스·전기등공급방해치상죄는 부진정결과적 가중범이고, 가스·전기등공급방해치사죄는 진정결과적 가중범이다.

XIII. 과실·업무상 과실·중과실 폭발성물건파열등죄

> 제173조의2(과실폭발성물건파열등) ① 과실로 제172조 제1항, 제172조의2 제1항, 제173조 제1항과 제2항의 죄를 범한 자는 5년 이하의 금고 또는 1천500만원 이하의 벌금에 처한다.
> ② 업무상과실 또는 중대한 과실로 제1항의 죄를 범한 자는 7년 이하의 금고 또는 2천만원 이하의 벌금에 처한다.

과실·업무상 과실·중과실 폭발성물건파열등죄는 과실, 업무상 과실, 중대한 과실로 인하여 폭발성물건파열죄, 가스·전기등방류죄, 가스·전기등공급방해죄를 범함으로써 성립하는 범죄이다. 업무상 과실 또는 중대한 과실로 인하여 폭발성물건파열죄, 가스·전기등방류죄, 가스·전기등공급방해죄를 범한 경우에는 형벌이 가중된다. 예를 들면 임차인이 자신의 비용으로 설치·사용하던 가스설비의 휴즈콕크를 아무런 조치 없이 제거하고 이사를 간 후 가스공급을 개별적으로 차단할 수 있는 주밸브가 열려져 가스가 유입되어 폭발사고가 발생한 경우에는 임차인의 과실과 가스폭발사고 사이의 상당인과관계를 인정할 수 있다.[1]

---

1) 대법원 2001. 6. 1. 선고 99도5086 판결.

제 4 절 일수와 수리에 관한 죄

Ⅰ. 현주건조물일수죄

> **제177조(현주건조물등에의 일수)** ① 물을 넘겨 사람이 주거에 사용하거나 사람이 현존하는 건조물, 기차, 전차, 자동차, 선박, 항공기 또는 광갱을 침해한 자는 무기 또는 3년 이상의 징역에 처한다.
> **제182조(미수범)** 제177조 내지 제179조 제1항의 미수범은 처벌한다.
> **제183조(예비, 음모)** 제177조 내지 제179조 제1항의 죄를 범할 목적으로 예비 또는 음모한 자는 3년 이하의 징역에 처한다.

1. 의의 및 보호법익

현주건조물일수죄는 물을 넘겨 사람이 주거에 사용하거나 사람이 현존하는 건조물·기차·전차·자동차·선박·항공기 또는 광갱을 침해함으로써 성립하는 범죄이다. 본죄의 주된 보호법익은 공공의 안전이며, 부수적 보호법익은 개인의 재산이다. 보호의 정도는 공공의 안전에 대해서는 추상적 위험범이고, 재산에 대해서는 침해범이다. 본죄의 예비·음모행위는 처벌하고 있는데, 방화예비·음모와 비교하여 자수에 대한 필요적 감면규정을 두지 않은 것은 입법상의 미비점이다.

2. 구성요건

(1) 객 체

본죄의 객체는 사람이 주거에 사용하거나 사람이 현존하는 건조물·기차·전차·자동차·선박·항공기 또는 광갱이다. 이에 대한 설명은 현주건조물방화죄에서와 같다.

(2) 행 위

본죄의 실행행위는 물을 넘겨 목적물을 침해하는 것이다. '물을 넘겨'(溢水)란 제한되어 있는 물의 자연력을 해방시켜 그 경계 밖으로 범람하게 하는 것을 말한다. 유수·저수를 불문하며, 물을 넘기는 수단이나 방법에도 제한이 없다. 예를 들면 제방을 결궤하는 것, 수문을 파괴하는 것, 정상적인 물의 흐름을 막는 것 등이 이에 해당한다.

'침해'란 목적물이 물에 젖거나 잠기어 목적물의 전부 또는 일부에 대한 효용이 상실 또는 감소되는 것을 말한다. 그러므로 반드시 중요부분의 효용상실을 요구하는 것은 아니며, 목적물이 유실될 필요도 없다. 침해는 반드시 영구적이어야 할 필요가 없기 때문에 침수상태의 야기도 침해에 해당한다.

Ⅱ. 현주건조물일수치사상죄

> 제177조(현주건조물등에의 일수) ② 제1항의 죄를 범하여 사람을 상해에 이르게 한 때에는 무기 또는 5년 이상의 징역에 처한다. 사망에 이르게 한 때에는 무기 또는 7년 이상의 징역에 처한다.
> 제182조(미수범) 제177조 내지 제179조 제1항의 미수범은 처벌한다.
> 제183조(예비, 음모) 제177조 내지 제179조 제1항의 죄를 범할 목적으로 예비 또는 음모한 자는 3년 이하의 징역에 처한다.

1. 의 의

현주건조물일수치사상죄는 현주건조물일수죄를 범하여 사람을 상해에 이르게 하거나 사망에 이르게 함으로써 성립하는 범죄이다. 미수범 처벌조항을 두고 있다. 현주건조물일수치상죄는 부진정결과적 가중범에 해당한다. 하지만 현주건조물일수치사죄의 법적 성격과 관련하여, ① 진정결과적 가중범으로 파악하는 견해[1], ② 부진정결과적 가중범으로 파악하는 견해[2] 등의 대립이 있다.

생각건대 물을 넘겨 현주건조물 등에 있는 사람의 사망에 대한 과실이 있는 경우에는 현주건조물일수치사죄가 성립하지만, 사망에 대한 고의가 있는 경우에는 현주건조물일수죄와 살인죄의 상상적 경합을 인정하는 것이 타당하다. 왜냐하면 현주건조물일수치사죄에는 살인죄의 법정형에 해당하는 사형이 규정되어 있지 않기 때문이다.

2. 구성요건

사상의 결과는 일수행위로 인하여 직접 발생할 것을 요하지 아니하고, 일수의 기회 또는 일수와 밀접한 관련이 있는 행위로 인한 것이면 족하다. 예를 들면 일수로 인하여 건물이 붕괴되어 압사한 경우, 물을 피하기 위한 과정에서 상해를 입은 경우 등이 이에 해당한다.

Ⅲ. 공용건조물일수죄

> 제178조(공용건조물 등에의 일수) 물을 넘겨 공용 또는 공익에 공하는 건조물, 기차, 전차, 자동차, 선박, 항공기 또는 광갱을 침해한 자는 무기 또는 2년 이상의 징역에 처한다.
> 제182조(미수범) 제177조 내지 제179조 제1항의 미수범은 처벌한다.
> 제183조(예비, 음모) 제177조 내지 제179조 제1항의 죄를 범할 목적으로 예비 또는 음모한 자는 3년 이하의 징역에 처한다.

---

1) 김선복, 480면; 김성돈, 591면; 김신규, 610면; 김일수/서보학, 475면; 김혜정 외 4인, 527면; 신동운, 300면; 오영근, 504면; 이형국/김혜경, 600면; 임 웅, 687면; 정성근/정준섭, 379면.
2) 이재상/장영민/강동범, 538면.

공용건조물일수죄는 물을 넘겨 공용 또는 공익에 공하는 건조물·기차·전차·자동차·선박·항공기 또는 광갱을 침해함으로써 성립하는 범죄이다. 보호의 정도는 추상적 위험범이며, 법적 성격은 결과범에 해당한다.

Ⅳ. 일반건조물일수죄

> 제179조(일반건조물 등에의 일수) ① 물을 넘겨 전2조에 기재한 이외의 건조물, 기차, 전차, 자동차, 선박, 항공기 또는 광갱 기타 타인의 재산을 침해한 자는 1년 이상 10년 이하의 징역에 처한다.
> ② 자기의 소유에 속하는 전항의 물건을 침해하여 공공의 위험을 발생하게 한 때에는 3년 이하의 징역 또는 700만원 이하의 벌금에 처한다.
> ③ 제176조의 규정은 본조의 경우에 준용한다.
> 제182조(미수범) 제177조 내지 제179조 제1항의 미수범은 처벌한다.
> 제183조(예비, 음모) 제177조 내지 제179조 제1항의 죄를 범할 목적으로 예비 또는 음모한 자는 3년 이하의 징역에 처한다.

일반건조물일수죄는 물을 넘겨 현주건조물일수죄와 공용건조물일수죄에 기재한 이외의 건조물·기차·전차·자동차·선박·항공기 또는 광갱 기타 타인의 재산을 침해하거나(제1항) 자기의 소유에 속하는 이러한 물건을 침해하여 공공의 위험을 발생하게 함으로써(제2항) 성립하는 범죄이다. 타인소유 일반건조물일수죄는 추상적 위험범이고, 자기소유 일반건조물일수죄는 구체적 위험범이다. 타인소유 일반건조물일수죄는 '타인의 재산을 침해'할 것을 요하는 결과범이다. 그러므로 일수행위가 있었으나 타인의 재산의 침해에 이르지 못하면, 본죄의 미수범이 성립한다.

Ⅴ. 방수방해죄

> 제180조(방수방해) 수재에 있어서 방수용의 시설 또는 물건을 손괴 또는 은닉하거나 기타 방법으로 방수를 방해한 자는 10년 이하의 징역에 처한다.

1. 의 의

방수방해죄는 수재에 있어서 방수용의 시설 또는 물건을 손괴 또는 은닉하거나 기타 방법으로 방수를 방해함으로써 성립하는 범죄이다. 준(準)일수죄라고도 하며, 보호의 정도는 추상적 위험범이며, 법적 성격은 거동범에 해당한다.

2. 구성요건

(1) 행위상황

본죄는 '수재에 있어서'라는 행위상황에서 행해져야 한다. '수재'란 물로 인한 사람의 생명·신체 또는 재산에 대한 재해를 말하고, '수재에 있어서'란 수재가 이미 발생한 때뿐만 아니라 수재발생의 위험이 있는 상태를 포함한다. 예를 들면 홍수로 인하여 하천이 범람한 경우, 해일로 인하여 해안지대가 침수된 경우, 제방이 결궤되어 침해의 위험이 있는 경우 등이 이에 해당한다.

(2) 객 체

본죄의 객체는 방수용의 시설 또는 물건이다. '방수용의 시설 또는 물건'이란 방수하기 위하여 제작된 일체의 시설·물건을 말한다. 그 소유자가 누구인지는 불문하기 때문에 행위자의 소유물이라고 할지라도 본죄의 객체가 될 수 있다.

(3) 행 위

본죄의 실행행위는 손괴 또는 은닉하거나 기타 방법으로 방수를 방해하는 것이다. '방수'(防水)란 물이 새거나 스며들거나 넘쳐흐르는 것을 막는 것을 말한다. 수재를 예방하기 위한 활동뿐만 아니라 이미 발생한 수재를 약화시키기는 활동과 수재로 인하여 발생할 피해를 방지하거나 줄이는 활동을 포함한다. 이러한 방수방해의 방법에는 제한이 없다. 방수방해는 현실적으로 방해의 결과가 발생하였음을 요하지 아니하기 때문에 방수활동을 방해하는 행위가 있으면 족하며, 공공의 위험이 발생할 필요도 없다.

Ⅵ. 과실일수죄

> 제181조(과실일수) 과실로 인하여 제177조 또는 제178조에 기재한 물건을 침해한 자 또는 제179조에 기재한 물건을 침해하여 공공의 위험을 발생하게 한 자는 1천만원 이하의 벌금에 처한다.

과실일수죄는 과실로 인하여 현주건조물일수죄 또는 공용건조물일수죄에 기재된 물건을 침해하거나 과실로 인하여 일반건조물일수죄에 기재한 물건을 침해하여 공공의 위험을 발생하게 함으로써 성립하는 범죄이다. 전단의 과실일수죄는 추상적 위험범이고, 후단의 과실일수죄는 구체적 위험범이다. 실화의 죄와 달리 업무상 과실일수죄 및 중일수죄에 대한 규정은 존재하지 아니한다.

Ⅶ. 수리방해죄

> 제184조(수리방해) 둑을 무너뜨리거나 수문을 파괴하거나 그 밖의 방법으로 수리(水利)를 방해한 자는 5년 이하의 징역 또는 700만원 이하의 벌금에 처한다.

1. 의의 및 보호법익

수리방해죄는 둑을 무너뜨리거나 수문을 파괴하거나 그 밖의 방법으로 수리(水利)를 방해함으로써 성립하는 범죄이다. 본죄의 보호법익은 수리권이고[1], 보호의 정도는 추상적 위험범이다.

2. 구성요건

(1) 객 체

본죄의 객체는 둑 또는 수문이다. '둑'이란 물이 넘쳐 흐르거나 유출을 막기 위하여 축조된 토목 건축물을 말하고, '수문'이란 저수지·댐 등에 저장된 물의 유입·유출량을 조절하기 위하여 설치된 시설물을 말한다.

(2) 행 위

본죄의 실행행위는 둑을 무너뜨리거나 수문을 파괴하거나 그 밖의 방법으로 수리를 방해하는 것이다. '파괴'란 수문의 조절기능을 상실시키거나 현저히 감소시키는 손괴행위를 말한다. '그 밖의 방법'이란 수로를 폐쇄하거나 변경하거나 이를 방해하는 일체의 행위를 말한다.

'수리'란 관개용·목축용·발전이나 수차 등의 동력용·상수도의 원천용 등 널리 물이라는 천연자원을 사람의 생활에 유익하게 사용하는 것을 말한다. 다만 제185조의 교통방해죄 또는 제195조의 수도불통죄의 경우 등 다른 규정에 의하여 보호되는 형태의 물의 이용은 제외된다.[2] 원천 내지 자원으로서의 물의 이용이 아니라 하수나 폐수 등 이용이 끝난 물을 배수로를 통하여 내려 보내는 것은 '수리'에 해당한다고 할 수 없고, 그러한 배수 또는 하수처리를 방해하는 행위는, 특히 그 배수가 수리용의 인수와 밀접하게 연결되어 있어서 그 배수의 방해가 직접 인수에까지 지장을 초래한다는 등의 특수한 경우가 아닌 한, 본죄의 대상이 될 수 없다.

'수리를 방해'한다는 것은 둑을 무너뜨리거나 수문을 파괴하는 등을 포함하여 저수시설, 유수로나 송·인수시설 또는 이들에 부설된 여러 수리용 장치를 손괴·변경하거나 효용을 해침으로써 수리에 지장을 일으키는 행위를 가리킨다. 이에 따라 농촌주택에서 배출되는 생활하수의 배수관(소형 PVC관)을 토사로 막아 하수가 내려가지 못하게 한 경우[3], 삽으로 흙을 떠올려 유수의 물줄기를 막는 경우[4] 등은 본죄에 해당하지 아니한다. 본죄가 성립하기 위해서는 법령·계약 또는 관습 등에 의하여 타인의 권리[5]에 속한다고 인정될 수 있는 물의 이용을 방해해야 한다.

---

1) 대법원 1960. 9. 21. 선고 4293형상522 판결.
2) 대법원 2001. 6. 26. 선고 2001도404 판결.
3) 대법원 2001. 6. 26. 선고 2001도404 판결.
4) 대법원 1975. 6. 24. 선고 73도2594 판결.
5) 대법원 1968. 2. 20. 선고 67도1677 판결(몽리민(수리시설 등으로 혜택을 보아 온 사람)들이 계속하여 20년 이상 평온 공연하게 본 건 유지의 물을 사용하여 소유농지를 경작하여 왔다면 그 유지의 물을 사용할 권리가 있다고 할 것이므로 그 권리를 침해하는 행위는 수리방해죄를 구성한다).

제 5 절   교통방해의 죄

Ⅰ. 일반교통방해죄

> 제185조(일반교통방해)   육로, 수로 또는 교량을 손괴 또는 불통하게 하거나 기타 방법으로 교통을 방해한
> 자는 10년 이하의 징역 또는 1천500만원 이하의 벌금에 처한다.
> 제190조(미수범)   제185조 내지 제187조의 미수범은 처벌한다.

1. 의의 및 보호법익

일반교통방해죄는 육로·수로 또는 교량을 손괴 또는 불통하게 하거나 기타 방법으로 교통
을 방해함으로써 성립하는 범죄이다. 본죄의 주된 보호법익은 공공의 교통의 안전과 원활한 교
통소통[1]이고, 부수적 보호법익은 공중의 생명·신체·재산에 대한 안전이며, 보호의 정도는 추
상적 위험범이다.

2. 구성요건

(1) 객 체

본죄의 객체는 육로·수로·교량이다. '육로'란 사실상 일반공중의 왕래에 공용되는 육상의
통로를 널리 일컫는 것으로서 그 부지의 소유관계나 통행권리관계 또는 통행인의 많고 적음 등
을 묻지 아니한다.[2] 즉 일반공중의 왕래에 공용된 장소로서 특정인에 한하지 않고 불특정·다
수인 또는 차마가 자유롭게 통행할 수 있는 공공성을 지닌 장소를 말한다.[3] 또한 도로교통법의
적용을 받는 도로임을 요하지 아니한다. 하지만 철로는 제186조의 적용을 받기 때문에 제외된다.

판례에 의하면, ① 농가의 영농을 위한 경운기나 리어카 등의 통행을 위한 농로로 개설되었다고 하더
라도 그 도로가 사실상 일반 공중의 왕래에 공용되는 도로로 된 경우[4], ② 무단출입하여 불법통행하였
고, 소수자의 통행에만 제공되었지만 오랫동안 공중의 왕래에 공용된 학교법인의 토지[5], ③ 피고인 소
유의 토지를 포함한 구도로 옆으로 신도로가 개설된 경우에 구도로[6], ④ 사실상 2가구 이외에는 달리
이용하는 사람들이 없는 통행로[7], ⑤ 마을주민, 등산객, 성묘객 등이 사실상 통행로로 이용하여 오던 부

---

1) 대법원 2014. 7. 10. 선고 2014도1926 판결; 대법원 1999. 7. 27. 선고 99도1651 판결; 대법원 1995. 9. 15.
   선고 95도1475 판결.
2) 대법원 2005. 10. 28. 선고 2004도7545 판결; 대법원 2002. 4. 26. 선고 2001도6903 판결; 대법원 1999. 4. 27. 선고
   99도401 판결; 대법원 1989. 6. 27. 선고 88도2264 판결; 대법원 1959. 3. 13. 선고 4291형상562 판결.
3) 대법원 1999. 4. 27. 선고 99도401 판결; 대법원 1988. 5. 10. 선고 88도262 판결; 대법원 1984. 9. 11. 선고 83도2617
   판결.
4) 대법원 1995. 9. 15. 선고 95도1475 판결.
5) 대법원 1979. 9. 11. 선고 79도1761 판결.
6) 대법원 1999. 7. 27. 선고 99도1651 판결.

분1) 등에 있어서는 본죄에서 정한 육로라고 파악한다.

하지만 ① 공소외인이 콘크리트 포장공사를 하기 전까지 이 사건 토지에는 돌이 쌓여 있고 낙엽이 많이 쌓여 있는 등 평소에 사람이 통행하기에 부적합한 상태였던 것으로 보이고, 공소외인이 운영하는 음식점으로 연결되는 도로로는 이 사건 토지와 기존의 포장된 아스팔트 도로가 있었는데, 음식점에 가기 위해서 포장되어 있지 않던 이 사건 토지보다는 포장된 위 아스팔트 도로가 주로 이용된 것으로 보이는 경우2), ② 피고인이 목장을 운영하기 위해 자신의 비용으로 자신의 목장용지 내에 이 사건 임도를 개설하였을 뿐이고 농가의 영농을 위한 농로로 개설된 것이 아니고, 당시 이 사건 임야 인근의 경작자들이나 성묘객들이 이용해오던 기존 통행로가 있었고 이 사건 임도가 개설된 이후에도 이 사건 임도와 기존 통행로가 같이 이용되어 왔으며, 피고인이 이 사건 임도에 차량들의 출입을 통제해 왔고, 인근의 경작자들도 그 통제에 따랐던 경우3), ③ 인근주민들이 도로에 이르는 지름길로 사용한 일시 공터로 둔 소유자의 토지4), ④ 공로에 출입할 수 있는 다른 도로가 있는 상태에서 토지 소유자로부터 일시적인 사용승낙을 받아 통행하거나 토지 소유자가 개인적으로 사용하면서 부수적으로 타인의 통행을 묵인한 장소에 불과한 도로5) 등에 있어서는 본죄에서 정한 육로라고 보기 어렵다.

'수로'(水路)란 바다·하천·호수·해협·운하·항만·항구 등에서 선박의 운행에 사용되는 부분을 말한다. 육로와 같이 불특정 또는 다수의 선박이 통행하는 공공성을 지닌 수로여야 하고, 소유관계는 묻지 아니한다. 공해상의 해로도 수로에 포함된다. '교량'(橋梁)이란 하천·호소(湖沼; 호수와 늪)·계곡 등에 가설된 시설물로서 일반인의 교통에 제공된 다리를 말한다. 육교·잔교(棧橋; 절벽과 절벽 사이에 높이 걸쳐 놓은 다리)는 이에 포함되지만, 궤도의 일부인 철교는 제186조의 적용을 받기 때문에 제외된다.

(2) 행 위

본죄의 실행행위는 손괴 또는 불통하게 하거나 기타의 방법으로 교통을 방해하는 것이다. '손괴'란 물질적으로 훼손하여 효용을 상실시키거나 감소시키는 것으로서 교통을 방해할 정도에 이를 것으로 요한다. '불통하게 하는 것'이란 장애물 등을 사용하여 통행을 불가능하게 하거나 현저히 곤란하게 하는 것을 말한다.6) '기타의 방법'이란 통행을 불가능하게 하거나 현저히 곤란하게 하는 일체의 방법을 말한다. 예를 들면 폭력을 행사하여 통행하지 못하게 하는 경우, 허위의 표지판을 설치하여 교통을 방해하는 경우, 불필요한 차선변경이나 급정거를 통하여 정체나 추돌을 야기하는 경우 등이 이에 해당한다.

---

7) 대법원 2007. 2. 22. 선고 2006도8750 판결.
1) 대법원 2005. 8. 19. 선고 2005도1697 판결.
2) 대법원 2010. 2. 25. 선고 2009도13376 판결.
3) 대법원 2007. 10. 11. 선고 2005도7573 판결.
4) 대법원 1984. 11. 13. 선고 84도2192 판결.
5) 대법원 2017. 4. 7. 선고 2016도12563 판결.
6) 대법원 1994. 11. 4. 선고 94도2112 판결.

판례에 의하면, ① 피고인이 말뚝 등을 박음으로써 차폭이 제한되어 경운기나 리어카 외에는 일체의 다른 차량이 통행할 수 없게 된 경우[1], ② 비록 도로를 통행하는 차량이 나머지 1개 차로와 반대편 차로를 이용할 수 있었다고 하더라도 피고인이 137회에 걸쳐 2, 3대의 차량과 간이테이블 수십 개를 이용하여 이 사건 도로 중 조선호텔 방면 편도 3개 차로 중 길가 쪽 2개 차로를 차지하는 포장마차를 설치하고 영업을 한 경우[2], ③ 도로에 트랙터를 세워두거나 철책 펜스를 설치하여 노폭을 현저하게 제한함으로써 종전에는 통행이 가능하던 차량의 통행을 불가능하게 경우[3], ④ 집회 또는 시위가 당초 신고된 범위를 현저히 일탈하거나 「집회 및 시위에 관한 법률」 제12조에 의한 조건을 중대하게 위반하여 도로교통을 방해함으로써 통행을 불가능하게 하거나 현저하게 곤란하게 하는 경우[4], ⑤ 도로가 피고인 소유 토지상에 무단으로 확장 개설되어 그대로 방치할 경우 불특정 다수인이 통행할 우려가 있다는 사정만으로 육로인 이 사건 도로에 깊이 1m 정도의 구덩이를 파는 경우[5], ⑥ 불특정 다수인의 통행로로 이용되어 오던 도로의 토지 일부의 소유자라고 하더라도 그 도로의 중간에 바위를 놓아두거나 이를 파헤침으로써 차량의 통행을 못하게 한 경우[6], ⑦ 인근 상가의 통행로로 이용되고 있는 토지의 사실상 지배권자가 위 토지에 철주와 철망을 설치하고 포장된 아스팔트를 걷어냄으로써 통행로로 이용하지 못하게 한 경우[7], ⑧ 피고인 소유의 대지 및 이에 인접한 집 사이에 존재하던 폭 2m의 골목길이 주민들에 의하여 공로로 통하는 유일한 통행로로 오랫동안 이용되어 왔는데, 피고인이 위 대지 상에 건축물을 재축하면서 그 부지가 피고인의 소유라는 이유로 폭 50 내지 75cm 가량만 남겨두고 담장을 설치하여 인근 7세대 주민들의 통행을 현저히 곤란하게 한 경우[8] 등에 있어서는 본죄가 성립한다.

하지만 ① 피고인이 카니발 밴 차량을 40분 가량 주차한 장소는 여객터미널 도로 중에서 공항리무진 버스들이 승객들을 승·하차시키는 장소로서 일반 차량들의 주차가 금지된 구역이기는 하지만 위와 같이

---

1) 대법원 1995. 9. 15. 선고 95도1475 판결.
2) 대법원 2007. 12. 14. 선고 2006도4662 판결(도로교통법은 교통에 방해가 될 만한 물건을 함부로 도로에 방치한 사람을 처벌하도록 규정하고 있는바, 포장마차를 도로에 설치하여 교통에 방해가 될 만한 물건을 함부로 도로에 방치한 행위와 그로 인하여 성립하는 형법 제185조의 일반교통방해죄는 1개의 행위가 수개의 죄에 해당하는 형법 제40조 소정의 상상적 경합관계가 있다).
3) 대법원 2009. 1. 30. 선고 2008도10560 판결.
4) 대법원 2018. 5. 11. 선고 2017도9146 판결; 대법원 2018. 1. 24. 선고 2017도11408 판결; 대법원 2016. 11. 10. 선고 2016도4921 판결; 대법원 2008. 11. 13. 선고 2006도755 판결. 그런데 당초 신고된 범위를 현저히 일탈하거나 집시법 제12조에 의한 조건을 중대하게 위반하여 도로 교통을 방해함으로써 통행을 불가능하게 하거나 현저하게 곤란하게 하는 집회 및 시위에 참가하였다고 하여, 그러한 참가자 모두에게 당연히 일반교통방해죄가 성립하는 것은 아니다. 실제로 그 참가자가 위와 같이 신고된 범위의 현저한 일탈 또는 조건의 중대한 위반에 가담하여 교통방해를 유발하는 직접적인 행위를 하였거나, 그렇지 아니할 경우에는 그 참가자의 참가 경위나 관여 정도 등에 비추어 그 참가자에게 공모공동정범으로서의 죄책을 물을 수 있는 경우라야 일반교통방해죄가 성립한다(대법원 2021. 7. 15. 선고 2018도11349 판결).
5) 대법원 2007. 3. 15. 선고 2006도9418 판결.
6) 대법원 2002. 4. 26. 선고 2001도6903 판결.
7) 대법원 2007. 12. 28. 선고 2007도7717 판결(설사 피고인의 주장대로 이 사건 토지에 인접하여 있는 건물에 건축법상 위법요소가 존재하고 그와 같은 위법요소를 방치 내지 조장하고 있다거나 위 건물의 건축허가 또는 이 사건 토지상의 가설건축물 허가 여부에 관한 관할관청의 행정행위에 하자가 존재한다고 가정하더라도, 그러한 사정만으로 이 사건에 있어서 피고인이 이 사건 토지의 소유자를 대위 또는 대리하여 법정절차에 의하여 이 사건 토지의 소유권을 방해하는 사람들에 대한 방해배제 등 청구권을 보전하는 것이 불가능하였거나 현저하게 곤란하였다고 볼 수 없을 뿐만 아니라, 피고인의 이 사건 행위가 그 청구권의 실행불능 또는 현저한 실행곤란을 피하기 위한 상당한 행위라고 볼 수도 없음을 알 수 있다).
8) 대법원 1994. 11. 4. 선고 94도2112 판결.

주차한 장소의 옆 차로를 통하여 다른 차량들이 충분히 통행할 수 있었을 것으로 보이는 경우1), ② 포터트럭을 도로변의 노상주차장에 주차된 차량들 옆으로 바짝 붙여 주차시키기는 하였지만 그 옆으로 다른 차량들이 불편하게나마 충분히 지나갈 수 있을 정도인 경우2), ③ 약 600여 명의 노동조합원들이 차도만 설치되어 있을 뿐 보도는 따로 마련되어 있지 아니한 왕복 4차선도로 우측의 편도 2차선의 대부분을 차지하면서 대오를 이루어 시위행진하였지만 나머지 편도 2차로로 상하행 차량들이 통행하는데 다소 방해가 되는 정도인 경우3) 등에 있어서는 본죄가 성립하지 아니한다.

본죄는 추상적 위험범으로서 교통이 불가능하거나 현저히 곤란한 상태가 발생하면 바로 기수가 되고, 교통방해의 결과가 현실적으로 발생하여야 하는 것은 아니다.4) 또한 본죄에서 교통방해 행위는 계속범의 성질을 가지는 것이어서 교통방해의 상태가 계속되는 한 가벌적인 위법상태는 계속 존재한다. 따라서 신고 범위를 현저히 벗어나거나「집회 및 시위에 관한 법률」제12조에 따른 조건을 중대하게 위반함으로써 교통방해를 유발한 집회에 참가한 경우, 참가 당시 이미 다른 참가자들에 의해 교통의 흐름이 차단된 상태였더라도 교통방해를 유발한 다른 참가자들과 암묵적·순차적으로 공모하여 교통방해의 위법상태를 지속시켰다고 평가할 수 있다면 본죄가 성립한다.5) 한편 교통방해행위와 교통방해의 결과 사이에는 인과관계가 있어야 한다.

1) 대법원 2009. 7. 9. 선고 2009도4266 판결.
2) 대법원 2003. 10. 10. 선고 2003도4485 판결.
3) 대법원 1992. 8. 18. 선고 91도2771 판결.
4) 대법원 2019. 1. 10. 선고 2016도19464 판결(피고인이 집회참가자 1,200여 명과 함께 여의도 문화마당에서 집회를 마치고 여의대로 횡단보도를 건넌 후 여의대로 옆 보조도로 차로 전부를 점거한 채 마포대교 남단 부근의 LG트윈빌딩 앞까지 행진한 사실을 인정한 다음, 보조도로는 분리대에 의하여 왕복 10차로의 여의대로와 구분되어 있고 여의나루역 방면으로 우회전하려는 차량과 보조도로에 설치된 버스정류장으로 진입하려는 버스가 이용하는 도로인 점등에 비추어 보면, 피고인 등의 보조도로 점거로 인하여 보조도로의 차량 통행자체가 불가능하게 되었고 여의나루역 방면으로 우회전하려는 차량과 버스정류장으로 진입할 수 없게 된 버스가 인접한 여의대로 등으로 우회할 수밖에 없었던 것으로 보이는 이상 비록 주변 여의대로를 통한 우회가 가능하였다고 하더라도 피고인의 위와 같은 행위로 인하여 보조도로를 이용하는 차량들의 통행이 현저하게 곤란하게 되었다고 보아, 일반교통방해의 점을 유죄로 판단하였다); 대법원 2007. 12. 14. 선고 2006도4662 판결; 대법원 2005. 10. 28. 선고 2004도7545 판결(피고인이 쇠파이프구조물을 설치하거나 화물차로 도로를 가로막는 방법으로 교통을 방해한 사실을 인정하여 피고인을 일반교통방해죄로 처단한 것은 정당한 것으로 수긍되고, 피고인의 처인 공소외인과 고소인 사이의 민사소송에서 고소인 및 그 가족들이 공소외인 소유인 이 사건 도로부분을 통행하지 아니하기로 하는 내용의 조정이 성립되었다고 하더라도 그 조정조항을 강제로 실현하기 위하여는 위 사건의 당사자인 공소외인이 간접강제신청 등 법이 정한 절차를 밟아야 하는 것이고, 피고인이 이 사건 공소사실과 같이 위 도로부분에 쇠파이프구조물을 설치하거나 화물차로 도로를 가로막아 차량의 통행을 제한할 수 있는 것은 아니다).
5) 대법원 2018. 5. 11. 선고 2017도9146 판결(피고인이「집회 및 시위에 관한 법률」에 따른 신고 없이 서울광장에서 개최된 '세월호 1주기 범국민행동' 추모제에 참석한 뒤 다른 집회 참가자들과 함께 질서유지선을 넘어 방송차량을 따라 도로 전 차로를 점거하면서 행진하고, 행진을 제지하는 경찰과 대치하면서 도로에서 머물다가 귀가한 사안에서, 피고인은 다른 집회 참가자들과 함께 경찰이 공공질서 유지 등을 위하여 설정한 질서유지선을 넘어 도로 전 차로를 점거한 채 행진하였으므로 집회 참가자들 사이에 서로의 행위를 인식하며 암묵적·순차적으로 의사의 결합이 이루어졌다고 볼 수 있어, 피고인은 집회의 위법성을 인식한 상태에서 이를 수용하여 도로 점거 등 교통을 방해하는 직접적 행위를 하였다고 보이는 점, 집회 참가자들이 도로를 점거함으로써 차량의 통행이 전면적으로 제한되는 상태가 계속되었으므로 도로 점거행위는 직접적인 교통방해 행위에 해당하거나 교통방해의 위법상태를 지속시켰다고 평가할 수 있는 점, 집회·시위의 내용과 진행 상황, 집회 참가자들이 질서유지선을 넘어 도로를 점거한 채 행진하는 등 구체적인 행위 모습, 도로 점거의 지속시간, 피고인이 다른 집회 참가자들과 함께 도로

인과관계가 없는 경우에는 본죄의 미수범이 성립할 수 있을 뿐이다.

(3) 주관적 구성요건

본죄가 성립하기 위해서는 교통을 방해한다는 점에 대한 의욕 또는 인용이 있어야 한다. 공공의 교통안전에 대한 위험을 발생시킨다는 것은 구성요건요소가 아니므로 이에 대한 인식은 요구되지 아니한다.

3. 실행의 착수시기 및 기수시기

본죄의 미수범은 처벌한다. 본죄의 실행의 착수시기는 손괴·불통하게 하는 행위 등을 개시하는 시점이다. 본죄의 기수시기는 손괴·불통행위를 종료하는 시점이다.

Ⅱ. 기차등교통방해죄

> **제186조(기차, 선박 등의 교통방해)** 궤도, 등대 또는 표지를 손괴하거나 기타 방법으로 기차, 전차, 자동차, 선박 또는 항공기의 교통을 방해한 자는 1년 이상의 유기징역에 처한다.
> **제190조(미수범)** 제185조 내지 제187조의 미수범은 처벌한다.
> **제191조(예비, 음모)** 제186조 또는 제187조의 죄를 범할 목적으로 예비 또는 음모한 자는 3년 이하의 징역에 처한다.

1. 의의 및 보호법익

기차등교통방해죄는 궤도·등대 또는 표지를 손괴하거나 기타 방법으로 기차·전차·자동차·선박 또는 항공기의 교통을 방해함으로써 성립하는 범죄이다. 본죄는 일반교통방해죄에 비하여 기차·전차·자동차·선박 또는 항공기의 교통을 방해하는 죄로서 그 불법이 크기 때문에 형벌이 가중되는 구성요건이다. 본죄의 보호법익은 공공의 교통의 안전과 원활한 교통소통이고, 보호의 정도는 추상적 위험범이다.

한편 항공보안법에서는 항공기파손죄(제39조), 항공기납치죄(제40조), 항공시설파손죄(제41조), 항공기항로변경죄(제42조)¹⁾, 직무집행방해죄(제43조), 항공기위험물건탑재죄(제44조), 공항운영방

점거를 계속한 점 등에 비추어 위 범행에 대한 본질적 기여를 통한 기능적 행위지배가 있다고 볼 수 있는 점을 종합하면, 피고인은 일반교통방해죄의 공모공동정범으로서 책임이 있다); 대법원 2018. 1. 24. 선고 2017도11408 판결.

1) 대법원 2017. 12. 21. 선고 2015도8335 전원합의체 판결(땅콩회항사건)(甲항공사 부사장인 피고인이 외국 공항에서 국내로 출발 예정인 자사 여객기에 탑승하였다가, 담당 승무원이 일등석 승객인 자신에게 견과를 대접하는 방식이 자기가 알고 있는 객실서비스 설명서에 규정된 방법과 다르다는 이유로 화가 나 폭언하면서 승무원을 비행기에서 내리도록 하기 위해, 기장으로 하여금 계류장의 탑승교에서 분리되어 푸시백(Pushback, 계류장의 항공기를 차량으로 밀어 유도로까지 옮기는 것) 중이던 비행기를 다시 탑승구 쪽으로 돌아가게 함으로써 위력으로 운항 중인 항공기의 항로를 변경하게 하였다고 하여 항공보안법 위반으로 기소된 사안에서, 피고인이 푸시백 중이던 비행기를 탑승구로 돌아가게 한 행위가 항공기의 항로를 변경하게 한 것에 해당하지 않는다는 이유로, 피고인에게 무죄를 선고한 원심판단은 정당하다).

해죄(제45조), 항공기안전운항저해폭행죄(제46조), 항공기점거·농성죄(제47조), 운항방해정보제공죄(제48조) 등의 규정을 별도로 두고 있다.

2. 구성요건

(1) 객 체

본죄의 객체는 궤도·등대 또는 표지이다. '궤도'란 사람이나 화물을 운송하는 데에 필요한 궤도시설과 궤도차량 및 이와 관련된 운영·지원 체계가 유기적으로 구성된 운송 체계를 말하는데, '삭도'[1]를 포함한다(궤도운송법 제2조 제1호). 도시철도법상의 도시철도 및 철도사업법상의 철도의 이용에 사용되는 철의 궤도뿐만 아니라 궤조(軌條; 레일)와 구조상 불가분의 관계에 있는 침목(枕木)·궤조의 이음쇠판 등도 이에 포함된다. '등대'란 선박의 항해 또는 항공기의 운항의 안전을 도모하고 항해나 운항의 목표지점이나 통과지점 등을 제시하기 위해 설치된 등화를 말한다. '표지'(標識)란 교통표지를 의미하는 것으로서 교통의 원활과 안전을 위해 만들어진 시설물을 말한다. 궤도·등대 또는 표지의 소유관계는 묻지 아니한다.

(2) 행 위

본죄의 실행행위는 손괴하거나 기타 방법으로 기차·전차·자동차·선박 또는 항공기의 교통을 방해하는 것이다. 예를 들면 교통표지판을 함부로 이동하는 경우, 궤도 위에 장애물을 두는 경우, 등대의 등화를 꺼버리는 경우 등이 이에 해당한다. 하지만 기차의 철궤도 위에 동전을 두어 이를 지나치게 하는 행위는 이에 해당하지 아니한다. 기차·전차는 정해진 궤도 위를 달리는 교통기관을 말한다. 대구 이월드 케이블카와 같이 삭도를 운행하는 차량도 이에 포함된다.

'교통방해'란 기차·전차·자동차·선박 또는 항공기의 교통을 불가능하게 하거나 현저히 곤란하게 하는 것을 말한다. 교통이 현실적으로 방해될 필요는 없고, 방해될 위험성이 있으면 본죄가 성립한다.

III. 기차등전복죄

제187조(기차 등의 전복 등) 사람의 현존하는 기차, 전차, 자동차, 선박 또는 항공기를 전복, 매몰, 추락 또는 파괴한 자는 무기 또는 3년 이상의 징역에 처한다.
제190조(미수범) 제185조 내지 제187조의 미수범은 처벌한다.
제191조(예비, 음모) 제186조 또는 제187조의 죄를 범할 목적으로 예비 또는 음모한 자는 3년 이하의 징역에 처한다.

---

1) '삭도'란 공중에 설치한 와이어로프에 궤도차량을 매달아 운행하여 사람이나 화물을 운송하는 것을 말한다(궤도운송법 제2조 제5호).

1. 의의 및 보호법익

기차등전복죄는 사람이 현존하는 기차·전차·자동차·선박 또는 항공기를 전복·매몰·추락 또는 파괴함으로써 성립하는 범죄이다. 본죄의 보호법익은 공공의 교통안전 및 (상해 또는 사망에 이르지 않을 정도의) 생명·신체의 안전이고, 보호의 정도는 추상적 위험범이다.

2. 구성요건

(1) 객 체

본죄의 객체는 사람이 현존하는 기차·전차·자동차·선박 또는 항공기이다. 사람이 현존한다는 것은 행위 당시에 본인 이외의 자가 현존하는 것을 의미하므로[1], 혼자서 운전하고 가던 차량을 전복시키거나 추락시킨 경우에는 본죄가 성립하지 아니한다. 여러 차량으로 연결된 기차 중 한 차량에 사람이 현존한 경우에도 기차 전체가 사람이 현존하는 기차라고 보아야 한다. 본죄의 실행의 착수시점에 사람이 현존하면 족하고, 전복·매몰·추락 또는 파괴 전에 탈출하여도 본죄는 성립한다. 사람이 현존하는 선박에 대해 매몰행위의 실행을 개시하고 그로 인하여 선박을 매몰시켰다면 매몰의 결과발생시 사람이 현존하지 않았거나 범인이 선박에 있는 사람을 안전하게 대피시켰다고 하더라도 선박매몰죄의 기수로 보아야 한다.[2] 기차·전차·자동차·선박 또는 항공기는 실제로 운행 중일 필요가 없으며, 일시정차·정박 중이거나 주차 중인 경우에도 본죄의 객체가 된다.

(2) 행 위

본죄의 실행행위는 전복·매몰·추락 또는 파괴하는 것이다. '전복'(顚覆)이란 객체를 넘어뜨리는 것을 말한다. 단순히 탈선시키는 것만으로는 이에 해당하지 않지만, 여러 차량으로 연결된 열차의 경우 어느 한 차량만 넘어뜨려도 이에 해당한다. '매몰'(埋沒)이란 자동차 등을 땅속에 묻거나 선박을 침몰시키는 것을 말한다. 다만 선박을 좌초하게 한 경우에는 매몰이라고 할 수 없다. 그러나 매몰의 의사로 좌초시킨 때에는 본죄의 미수가 되고, 좌초로 인하여 선박이 파괴된 때에는 본죄가 성립한다. '추락'이란 자동차나 항공기를 높은 곳에서 낮은 곳으로 떨어지게 하는 것을 말한다. 특히 항공기의 '추락'이란 공중에 떠 있는 항공기를 정상시 또는 긴급시의 정해진 항법에 따라 지표 또는 수면에 착륙 또는 착수시키지 못하고, 그 이외의 상태로 지표 또는 수면에 낙하시키는 것을 말한다. '파괴'란 다른 구성요건행위인 전복·매몰·추락 등과 같은 수준으로 인정할 수 있을 만큼 교통기관으로서의 기능·용법의 전부나 일부를 불가능하게 할 정도의 파손을 말하고, 그 정도에 이르지 아니하는 단순한 손괴는 포함되지 아니한다.[3] 그

---

1) 대법원 1970. 9. 17. 선고 70도1665 판결.
2) 대법원 2000. 6. 23. 선고 99도4688 판결.
3) 대법원 1970. 10. 23. 선고 70도1611 판결(피고인의 택시 후엔다 부분과 새나라택시 앞부분이 부딪치어 피고인의

러므로 총 길이 338m, 갑판 높이 28.9m, 총 톤수 146,848톤, 유류탱크 13개인 대형 유조선의 유류탱크 일부에 구멍이 생기고 선수마스트·위성통신 안테나·항해등 등이 파손된 정도에 불과한 것은 선박의 '파괴'에 해당하지 않으며[1], 단순히 자동차 타이어에 펑크를 내거나 문짝을 찌그러뜨리거나 창문을 깨뜨린 정도도 파괴라고 할 수 없다.

(3) 주관적 구성요건

본죄가 성립하기 위해서는 행위시에 사람이 현존하는 것이라는 점에 대한 인식과 함께 이를 전복·매몰·추락·파괴한다는 결과발생에 대한 인식이 필요하며, 현존하는 사람을 사상에 이르게 한다는 등 공공의 위험에 대한 인식까지는 필요하지 않다.

Ⅳ. 교통방해치사상죄

제188조(교통방해치사상) 제185조 내지 제187조의 죄를 범하여 사람을 상해에 이르게 한 때에는 무기 또는 3년 이상의 징역에 처한다. 사망에 이르게 한 때에는 무기 또는 5년 이상의 징역에 처한다.

1. 의의 및 보호법익

교통방해치사상죄는 제185조 내지 제187조의 죄를 범하여 사람을 상해 또는 사망에 이르게 함으로써 성립하는 범죄이다. 교통방해치상죄는 상해에 대하여 과실이 있는 경우뿐만 아니라 고의가 있는 경우에도 성립하는 부진정결과적 가중범이다. 하지만 교통방해치사죄는 진정결과적 가중범이므로, 사망에 대한 고의가 있는 경우에는 제185조 내지 제187조의 죄와 살인죄의 상상적 경합이 된다. 본죄의 보호법익은 교통의 안전과 사람의 생명·신체의 온전성이다.

2. 구성요건

본죄의 주체는 제185조 내지 제187조의 죄를 범한 자인데, 기수범에 국한된다. 본죄가 성립하려면 교통방해 행위와 사상의 결과 사이에 상당인과관계가 있어야 하고, 행위시에 결과의 발생을 예견할 수 있어야 한다. 그리고 교통방해 행위가 피해자의 사상이라는 결과를 발생하게 한 유일하거나 직접적인 원인이 된 경우뿐만 아니라 그 행위와 결과 사이에 피해자나 제3자의 과실 등 다른 사실이 개재된 때에도 그와 같은 사실이 통상 예견될 수 있는 것이라면 상당인과관계를 인정할 수 있다.[2] 교통방해나 기차 등의 전복에 의해 직접적으로 사상의 결과가 발생할 필요가

택시는 전면후엔다와 왼쪽 밤바가 약간 우그러지고 새나라 택시는 왼쪽 앞문부터 뒷문까지 외부철판이 약 1m 끌려서 철판이 찌그러진 정도의 경미한 손괴로서는 자동차의 교통기관으로서의 용법의 전부나 일부가 불능할 정도로 파괴되었다고 할 수 없다).

1) 대법원 2009. 4. 23. 선고 2008도11921 판결.

2) 대법원 2014. 7. 24. 선고 2014도6206 판결(고속도로급제동사건)(피고인이 고속도로 2차로를 따라 자동차를 운전하다가 1차로를 진행하던 甲의 차량 앞에 급하게 끼어든 후 약 6초만에 곧바로 정차하여, 甲의 차량 및 이를 뒤따르던 차량 두 대는 연이어 급제동하여 정차하였으나, 그 뒤를 따라오던 乙의 차량이 앞의 차량들을 연쇄적으로

없기 때문에 기차 등에 현존하는 사람뿐만 아니라 보행자 등 주위의 사람들도 포함된다.

V. 과실·업무상 과실·중과실 교통방해죄

> 제189조(과실, 업무상 과실, 중과실) ① 과실로 인하여 제185조 내지 제187조의 죄를 범한 자는 1천만원 이하의 벌금에 처한다.
> ② 업무상과실 또는 중대한 과실로 인하여 제185조 내지 제187조의 죄를 범한 자는 3년 이하의 금고 또는 2천만원 이하의 벌금에 처한다.

1. 의 의

과실·업무상 과실·중과실 교통방해죄는 과실·업무상 과실·중대한 과실로 제185조 내지 제187조의 죄를 범함으로써 성립하는 범죄이다.

2. 구성요건

본죄의 업무상 과실에서 '업무'란 기차·전차·자동차·선박·항공기나 기타 일반의 교통왕래에 관여하는 사무에 직접·간접으로 종사하는 업무를 말한다. 예를 들면 성수대교는 차량 등의 통행을 주된 목적으로 하여 건설된 교량이므로, 그 건설 당시 제작·시공을 담당한 자도 교통왕래에 관여하는 사무에 간접적으로 관련이 있는 자에 해당한다.[1]

본죄가 성립하기 위해서는 일반교통방해·기차등교통방해·기차등전복의 결과가 발생해야 하고, 주의의무위반과 이들 결과 사이에는 인과관계가 있어야 한다. 인과관계가 없는 경우에는 본죄가 성립하지 아니한다. 피해자 또는 다른 관여자의 과실이 있다고 하여 피고인의 과실이 부정되는 것은 아니다.[2]

판례에 의하면, ① 헬리콥터에 승무원과 승객을 태우고 운항하던 조종사가 엔진 고장이 발생한 경우에 항공기를 긴급시의 항법으로서 정해진 절차에 따라 운항하지 못한 과실로 말미암아 사람이 현존하는 항

추돌하게 하여 乙을 사망에 이르게 하고 나머지 차량 운전자 등 피해자들에게 상해를 입힌 사안에서, 편도 2차로의 고속도로 1차로 한가운데에 정차한 피고인은 현장의 교통상황이나 일반인의 운전 습관·행태 등에 비추어 고속도로를 주행하는 다른 차량 운전자들이 제한속도 준수나 안전거리 확보 등의 주의의무를 완전하게 다하지 않을 수도 있다는 점을 알았거나 충분히 알 수 있었으므로, 피고인의 정차 행위와 사상의 결과 발생 사이에 상당인과관계가 있고, 사상의 결과 발생에 대한 예견가능성도 인정된다).

[1] 대법원 1997. 11. 28. 선고 97도1740 판결(성수대교붕괴사건)(성수대교 붕괴사고에서 교량 건설회사의 트러스 제작 책임자, 교량공사 현장감독, 발주 관청의 공사감독 공무원 등에게 업무상 과실치사상, 업무상 과실일반교통방해, 업무상 과실자동차추락죄 등의 유죄를 인정한 사례). 구 형법(1995. 12. 29. 법률 제5057호로 개정되기 전의 것) 제189조 제2항, 제185조에서 업무상 과실일반교통방해의 한 행위태양으로 규정한 '손괴'라고 함은 물리적으로 파괴하여 그 효용을 상실하게 하는 것을 말하므로, 이 사건 성수대교의 건설 당시의 부실제작 및 부실시공행위 등에 의하여 트러스가 붕괴되는 것도 '손괴'의 개념에 포함된다.

[2] 대법원 1955. 4. 22. 선고 4288형상46 판결(3등 항해사인 피고인의 업무상 과실이 인정되는 이상 해사 법규상 선장의 대한 지휘권 유무는 위 과실에 의한 범죄의 성립에 하등 소장이 없다).

공기를 안전하게 비상착수시키지 못하고 해상에 추락시킨 경우에는 업무상 과실항공기추락죄가 성립한다.[1] ② 예인선 정기용선자의 현장소장 甲은 사고의 위험성이 높은 해상에서 철골 구조물 및 해상크레인 운반작업을 함에 있어 선적작업이 지연되어 정조시점에 맞추어 출항할 수 없게 되었음에도, 출항을 연기하거나 대책을 강구하지 않고 예인선 선장 乙의 출항연기 건의를 묵살한 채 출항을 강행하도록 지시하였고, 예인선 선장 乙은 甲의 지시에 따라 사고의 위험이 큰 시점에 출항하였고 해상에 강조류가 흐르고 있었음에도 무리하게 예인선을 운항한 결과 무동력 부선에 적재된 철골 구조물이 해상에 추락하여 해상의 선박교통을 방해한 경우 甲과 乙은 업무상 과실일반교통방해죄의 공동정범으로 처벌된다.[2]

하지만 ① 기관사가 열차 운행 중 사고지점 부근이 좌우 진동이 심하다는 다른 열차로부터의 연락이 있으니 주의운전을 바란다는 무전만 받고 시속 약 85km로 운행하던 중 사고지점 약 50m 앞에서 궤도가 장출되어 있는 것을 발견하고 비상제동을 걸었으나 미치지 못하여 열차가 일부 탈선한 경우[3], ② 피고인이 버스를 운전하여 시속 50km의 속도로 10도 정도의 좌곡각 길을 돌아 나오면서 비로소 전방 100m 거리에서 두 버스가 약간의 간격을 두고 중앙선을 조금 침범한 채 과속으로 경쟁하면서 마주 오는 것을 보았는데 곧 뒤에 오던 버스가 추월을 포기하고 자기 차선으로 들어가자 별일 없으리라 생각하고 계속 같은 속도로 운행한 경우[4], ③ 어로작업중인 항행유지선이라고 할지라도 피항선이 피항하지 않음으로써 충돌의 위험이 닥친 경우에 스스로 방향을 바꾸거나 감속 또는 정선함으로써 사고를 미연에 방지할 수 있다면 그 같은 조치를 취할 주의의무가 있으나, 만일 항행유지선 조선자가 견시의무를 다하여 미리 피항선의 근접을 발견하였더라도 충돌의 위험이 닥친 단계에서 스스로 방향변경 등의 방법으로 위험을 피할 도리가 없는 상황에서 항행유지선 조선자의 견시의무를 소홀히 한 경우[5], ④ 피고인이 선단의 책임선인 제1봉림호의 선장으로 조업중이었다고 하더라도 피고인으로서는 종선의 선장에게 조업상의 지시만 할 수 있을 뿐 선박의 안전관리는 각 선박의 선장이 책임지도록 되어 있던 상황하에서 피고인이 풍랑 중에 종선에 조업지시를 한 경우[6] 등에 있어서는 본죄가 성립하지 아니한다.

3. 죄수 및 다른 범죄와의 관계

업무상 과실로 인하여 교량을 손괴하여 자동차의 교통을 방해하고 그 결과 자동차를 추락시킨 경우에는 업무상 과실일반교통방해죄와 업무상 과실자동차추락죄가 성립하고, 양죄는 상상적 경합관계에 있다.[7] 업무상 과실자동차파괴등죄는 교통방해죄의 한 태양으로서 공중교통안전을 그 보호법익으로 하는 공공위험죄에 속하는데 반해, 도로교통법 제74조는 차량운행에 수반되는 위험성에 비추어 운전자에게 고도의 주의의무를 강조하고 나아가 차량운행과 직접 관계없는 제3자의 재물을 보호하는데 있어 그 보호법익을 달리하고, 그 행위의 객체는 후자가 '건조물 기타 재물' 일반을 그 대상으로 함에 반하여 전자는 '사람이 현존하는 기차, 전차, 자동

1) 대법원 1990. 9. 11. 선고 90도1486 판결.
2) 대법원 2009. 6. 11. 선고 2008도11784 판결.
3) 대법원 1991. 12. 10. 선고 91도2044 판결.
4) 대법원 1984. 3. 13. 선고 83도3006 판결.
5) 대법원 1984. 1. 17. 선고 83도2746 판결.
6) 대법원 1989. 9. 12. 선고 89도1084 판결.
7) 대법원 1997. 11. 28. 선고 97도1740 판결(성수대교붕괴사건).

차, 선박 또는 항공기'로 한정하고, 그 행위의 태양면에서도 후자는 단순손괴로 족함에 반하여
전자는 교통기관으로서의 용법의 전부 또는 일부를 불가능하게 할 정도의 손괴임을 요하는 등
형법 본조의 구성요건이 도로교통법 제74조의 구성요건보다 축소한정되는 관계인 점 등에 비추
어 양 법규는 일반법과 특별법관계가 아닌 별개의 독립된 구성요건으로 해석함이 상당하다.[1]

---

1) 대법원 1983. 9. 27. 선고 82도671 판결.

제 2 장 공중의 건강에 관한 죄

제 1 절 먹는 물에 관한 죄

I. 먹는물사용방해죄

> 제192조(먹는 물의 사용방해) ① 일상생활에서 먹는 물로 사용되는 물에 오물을 넣어 먹는 물로 쓰지 못하게 한 자는 1년 이하의 징역 또는 500만원 이하의 벌금에 처한다.

1. 의의 및 보호법익

먹는물사용방해죄는 일상생활에서 먹는 물로 사용되는 물에 오물을 넣어 먹는 물로 쓰지 못하게 함으로써 성립하는 범죄이다. 본죄의 보호법익은 일반 공중의 건강이고, 보호의 정도는 추상적 위험범이다. 본죄의 법적 성격은 오물을 넣는 행위만 있으면 기수가 되고, 먹는 물로 쓰지 못하게 된 결과가 발생하거나 공중의 건강에 대한 위험이 발생할 필요가 없다는 점에서 거동범에 해당한다.

2. 구성요건

(1) 객 체

본죄의 객체는 일상생활에서 먹는 물로 사용되는 물이다. 이는 불특정 또는 다수인이 계속·반복하여 음용에 사용하기에 적합할 정도의 청결한 물을 말한다. 예를 들면 가정이나 사무실의 음료저장 용기에 담겨진 음용수가 이에 해당한다. 하지만 특정인의 음용에 공할 목적으로 컵·잔에 담아둔 정수는 이에 해당하지 아니한다. 또한 관개용수·공업용수·세탁이나 목욕에만 전용된 것은 본죄의 객체가 되지 아니하며, 계곡에 흐르는 물은 계속·반복하여 일상생활에서 먹는 물로 사용되는 것이 아니므로 본죄의 객체가 되지 아니한다. '먹는 물'이란 일상생활에서 음용에 사용하기에 적합할 정도의 청결한 물을 말하는데, 화학적인 순수성이나 수질적합판정 여부 등은 묻지 아니한다. 또한 자연수·인공수·유수·저수 등을 불문한다.

(2) 행 위

본죄의 실행행위는 오물을 넣어 먹는 물로 쓰지 못하게 하는 것이다. '오물'이란 먹는 물을 더럽혀 음용에 지장을 줄 수 있는 '독물(毒物)이나 그 밖에 건강을 해하는 물질'(먹는물유해물혼입죄의 객체) 이외의 일체의 물질을 말한다. 예를 들면 대소변·동물의 배설물·죽은 동물·쓰레기·비눗물 등이 이에 해당한다. '먹는 물로 쓰지 못하게 하는 것'이란 어떤 물질을 섞어 넣는 것을 말한다. 반드시 적극적인 물질 혼입뿐만 아니라 우물의 바닥의 흙을 들추어 물을 흐리게 하여 먹지 못하게 하는 것도 포함한다. '먹는 물로 쓰지 못하게 한다'는 것은 먹는 물로써 이용할 수 없게 하는 것을 말한다. 음용하지 못하게 할 것을 요하므로 오물을 혼입하였으나 음용할 수 없는 정도에 이르지 아니하면「경범죄 처벌법」제3조 제1항 제10호(사람이 마시는 물을 더럽히거나 사용하는 것을 방해한 사람) 위반에 해당할 뿐이다. 사용할 수 없게 되는 것은 불쾌하다는 감정적 이유라도 무방하다.

Ⅱ. 먹는물유해물혼입죄

> 제192조(먹는 물의 사용방해) ② 제1항의 먹는 물에 독물(毒物)이나 그 밖에 건강을 해하는 물질을 넣은 사람은 10년 이하의 징역에 처한다.
> 제196조(미수범) 제192조 제2항, 제193조 제2항과 전조의 미수범은 처벌한다.
> 제197조(예비, 음모) 제192조 제2항, 제193조 제2항 또는 제195조의 죄를 범할 목적으로 예비 또는 음모한 자는 2년 이하의 징역에 처한다.

1. 의의 및 보호법익

먹는물유해물혼입죄는 일상생활에서 먹는 물로 사용되는 물에 독물이나 그 밖에 건강을 해하는 물질을 넣음으로써 성립하는 범죄이다. 본죄는 독물 등 유해물을 넣는 행위방법의 위험성으로 인하여 불법이 가중된 구성요건이다. 그러므로 본죄가 성립하면 먹는물사용방해죄는 이에 흡수된다. 본죄의 보호법익은 일반 공중의 건강이고, 보호의 정도는 추상적 위험범이며, 법적 성격은 결과범에 해당한다. 그러므로 결과에 해당하는 혼입행위가 현실적으로 존재해야만 기수가 될 수 있다.

2. 구성요건

본죄의 실행행위는 일상생활에서 먹는 물로 사용되는 물에 독물이나 그 밖에 건강을 해하는 물질을 넣는 것이다. '독물'이란 적은 양이 인체에 흡수되어도 그 화학적 작용으로 인하여 사람의 건강을 해할 수 있는 물질을 말한다. 예를 들면 청산가리·농약·염산·비소 등이 이에 해당한다. '그 밖에 건강을 해하는 물질'이란 사람이 음용하면 건강에 장애를 초래할 만한 유해물을 말한다. 예를 들면 방사능·산업폐기물·석유화학물질·세균·VX가스 등이 이에 해당한다. 본죄는 혼입행위가 있으면 족하고, 음용하지 못하게 되었거나 실제로 건강이 침해될 필요는 없다.

Ⅲ. 수돗물사용방해죄

> 제193조(수돗물의 사용방해) ① 수도(水道)를 통해 공중이 먹는 물로 사용하는 물 또는 그 수원(水原)에 오물을 넣어 먹는 물로 쓰지 못하게 한 자는 1년 이상 10년 이하의 징역에 처한다.

1. 의의 및 보호법익

수돗물사용방해죄는 수도를 통해 공중이 먹는 물로 사용하는 물 또는 그 수원에 오물을 넣어 먹는 물로 쓰지 못하게 함으로써 성립하는 범죄이다. 본죄는 먹는물사용방해죄와 비교하여 불법이 가중된 구성요건이다. 본죄의 보호법익은 일반 공중의 건강이고, 보호의 정도는 추상적 위험범이다. 본죄의 법적 성격은 먹는 물로 쓰지 못하게 행위만 있으면 기수가 되고, 이로 인하여 공중의 건강에 대한 위험이 발생할 필요는 없다는 점에서 거동범에 해당한다.

2. 구성요건

(1) 객 체

본죄의 객체는 수도를 통해 공중이 먹는 물로 사용하는 물 또는 그 수원이다. '수도'란 음용정수를 공급하기 위한 인공적 설비를 말한다. 수도는 물의 인공적 유통로를 의미하므로, 저수지·정수지 등에 이르는 자연적 수로는 수도라고 할 수 없고, 수원(水源)에 해당할 뿐이다. 불특정 또는 다수인에게 현실적으로 음용수를 공급하고 있는 상수도시설인 이상 그것이 공설의 것이든 사설의 것이든 가리지 않고 이에 포함된다.[1] 또한 법령·관습에 의하여 수도로 용인되어 있어야 하는 것도 아니다. 이와 같이 수도는 반드시 적법한 수도일 필요가 없다.[2] 설비 전체가 인공적인 것임을 요하는 것은 아니기 때문에 천연수로를 이용하여 인공설비를 한 것도 수도에 해당한다. 하지만 전적으로 자연유수만을 공급하는 것은 수도가 아니다.

'공중이 먹는 물로 사용하는 물'이란 인공설비에 의하여 불특정 또는 다수인이 이용할 수 있도록 현재 공급 중에 있는 물을 말한다. 그러므로 공급이 종료되어 가정집의 물통에 담겨진 물은 이에 해당하지 아니한다. '수원'(水源)이란 수도에 유입되기 이전의 수류 또는 저수지·정수지의 물을 말한다. 취수장으로부터 저수지·정수장에 이르는 수로의 물은 수원에 해당하지만, 취수장에 이르는 물과 상수원 보호구역의 물은 본죄의 객체가 되지 아니한다.

(2) 행 위

본죄의 실행행위는 오물을 넣어 먹는 물로 쓰지 못하게 하는 것이다. 먹는 물로 쓰지 못하게 하면 족하고, 사람의 건강에 장애를 주었는지 여부는 묻지 아니한다.

---

1) 서울고등법원 1977. 5. 27. 선고 76노1703 판결.
2) 대법원 1957. 2. 1. 선고 4289형상317 판결.

Ⅳ. 수돗물유해물혼입죄

제193조(수돗물의 사용방해) ② 제1항의 먹는 물 또는 수원에 독물 그 밖에 건강을 해하는 물질을 넣은 자는 2년 이상의 유기징역에 처한다.
제196조(미수범) 제192조 제2항, 제193조 제2항과 전조의 미수범은 처벌한다.
제197조(예비, 음모) 제192조 제2항, 제193조 제2항 또는 제195조의 죄를 범할 목적으로 예비 또는 음모한 자는 2년 이하의 징역에 처한다.

    수돗물유해물혼입죄는 수도를 통해 공중이 먹는 물로 사용하는 물 또는 그 수원에 독물 그 밖에 건강을 해하는 물질을 넣음으로써 성립하는 범죄이다. 본죄는 독물 그 밖에 건강을 해하는 물질을 넣는 행위방법의 위험성으로 인하여 불법이 가중된 구성요건이다. 그러므로 본죄가 성립하면 수돗물사용방해죄는 이에 흡수된다. 본죄의 보호법익은 일반 공중의 건강이고, 보호의 정도는 추상적 위험범이며, 법적 성격은 결과범에 해당한다. 그러므로 결과에 해당하는 혼입행위가 현실적으로 존재해야만 기수가 될 수 있다.

Ⅴ. 먹는물혼독치사상죄

제194조(먹는 물 혼독치사상) 제192조 제2항 또는 제193조 제2항의 죄를 지어 사람을 상해에 이르게 한 경우에는 무기 또는 3년 이상의 징역에 처한다. 사망에 이르게 한 경우에는 무기 또는 5년 이상의 징역에 처한다.

    먹는물혼독치사상죄는 먹는물유해물혼입죄 또는 수돗물유해물혼입죄를 지어 사람을 상해에 이르게 하거나 사망에 이르게 함으로써 성립하는 범죄이다. 먹는물혼독치상죄는 부진정결과적 가중범이고, 먹는물혼독치사죄는 진정결과적 가중범에 해당한다. 제196조에 대한 준용규정이 없기 때문에 기본범죄가 미수인 경우에는 본죄가 성립하지 아니한다. 그러므로 이에 대한 입법적인 보완이 이루어져야 한다.

Ⅵ. 수도불통죄

제195조(수도불통) 공중이 먹는 물을 공급하는 수도 그 밖의 시설을 손괴하거나 그 밖의 방법으로 불통(不通)하게 한 자는 1년 이상 10년 이하의 징역에 처한다.
제196조(미수범) 제192조 제2항, 제193조 제2항과 전조의 미수범은 처벌한다.
제197조(예비, 음모) 제192조 제2항, 제193조 제2항 또는 제195조의 죄를 범할 목적으로 예비 또는 음모한 자는 2년 이하의 징역에 처한다.

1. 의의 및 보호법익

수도불통죄는 공중이 먹는 물을 공급하는 수도 그 밖의 시설을 손괴하거나 그 밖의 방법으로 불통하게 함으로써 성립하는 범죄이다. 본죄의 보호법익은 일반 공중의 건강이고, 보호의 정도는 추상적 위험범이며, 법적 성격은 결과범에 해당한다. 그러므로 수도 그 밖의 시설을 손괴하는 것 이외에 불통의 결과까지 발생해야 기수가 된다.

2. 구성요건

(1) 객 체

본죄의 객체는 공중이 먹는 물을 공급하는 수도 그 밖의 시설이다. 비록 적법한 절차를 밟지 아니한 수도라고 할지라도 그것이 현실로 공중생활에 필요한 음용수를 공급하고 있는 시설로 되어 있는 이상 본죄의 객체가 된다.[1] 사설특수가압수도시설[2]도 본죄의 객체가 된다. '그 밖의 시설'이란 수도 이외에 공중의 음용수를 공급하는 시설을 말한다. 예를 들면 공중이 이용하는 우물이 이에 해당한다.

(2) 행 위

본죄의 실행행위는 손괴하거나 그 밖의 방법으로 불통하게 하는 것이다. '불통하게 한다'는 것은 수도의 유통을 방해하여 먹는 물의 공급을 불가능하게 하는 것을 말한다. 예를 들면 전원의 차단·수도관의 폐쇄·급수단의 절도 등이 이에 해당한다. 하지만 사설수도를 설치한 시장번영회가 수도요금을 체납한 회원에 대하여 사전 경고까지 하고 한 단수행위에는 위법성이 있다고 볼 수 없다.[3]

제 2 절   아편에 관한 죄

Ⅰ. 아편등제조·수입·판매·판매목적소지죄

> 제198조(아편 등의 제조 등) 아편, 몰핀 또는 그 화합물을 제조, 수입 또는 판매하거나 판매할 목적으로 소지한 자는 10년 이하의 징역에 처한다.
> 제202조(미수범) 전4조의 미수범은 처벌한다.

---

1) 대법원 1957. 2. 1. 선고 4289형상317 판결.
2) 대법원 1971. 1. 16. 선고 70도2654 판결(사설특수가압수도시설에 의한 급수를 받고자 하는 자는 시설자와 계약에 의하여 시설운용위원회에 가입한 후 시의 급수승인을 받아야 하고 그러한 절차를 거치지 않은 자에 대하여는 시설자가 마음대로 단수조치를 할 수 있는 것이므로, 그 시설자인 피고인이 불법이용자에 대한 단수조치로서 급수관을 발굴절단하였다고 하여도 수도불통죄에 해당하는 행위라고 할 수 없다).
3) 대법원 1977. 11. 22. 선고 77도103 판결.

제203조(상습범) 상습으로 전5조의 죄를 범한 때에는 각조에 정한 형의 2분의 1까지 가중한다.
제204조(자격정지 또는 벌금의 병과) 제198조 내지 제203조의 경우에는 10년 이하의 자격정지 또는 2천만
원 이하의 벌금을 병과할 수 있다.
제206조(몰수, 추징) 본장의 죄에 제공한 아편, 몰핀이나 그 화합물 또는 아편흡식기구는 몰수한다. 그를 몰
수하기 불능한 때에는 그 가액을 추징한다.

1. 의의 및 보호법익

아편등제조·수입·판매·판매목적소지죄는 아편·몰핀 또는 그 화합물을 제조·수입 또는
판매하거나 판매할 목적으로 소지함으로써 성립하는 범죄이다. 본죄의 보호법익은 일반공중의
건강이고, 보호의 정도는 추상적 위험범이다. 한편 마약·향정신성의약품·대마 및 원료물질의
취급·관리를 적정하게 함으로써 그 오용 또는 남용으로 인한 보건상의 위해를 방지하여 국민
보건 향상에 이바지함을 목적으로 「마약류 관리에 관한 법률」이 시행되고 있기 때문에 형법상
아편에 관한 죄의 활용빈도는 극히 예외적이라고 할 수 있다.

2. 구성요건

(1) 객 체

본죄의 객체는 아편·몰핀 또는 그 화합물이다. '아편'이란 양귀비의 액즙이 응결된 것과 흡
식할 수 있도록 가공된 제조아편과 그 원료인 생아편을 포함한 것으로 의약품 이외의 것을 말
한다. '몰핀'이란 양귀비·아편·코카엽 등에서 추출되는 알칼로이드 계통의 합성물을 말한다.
'그 화합물'이란 아편·몰핀 이외의 모든 화학적 합성물인 마약류를 말한다.

(2) 행 위

본죄의 실행행위는 제조·수입·판매 또는 판매할 목적으로 소지하는 것이다. '제조'란 아편·몰
핀 또는 그 화합물을 만드는 것을 말한다. 원시적인 방법인 생아편을 추출하는 것은 물론 화학
적 공정에 의한 생산도 이에 해당한다. '수입'이란 국외에서 국내로 반입하는 것을 말한다. 반드
시 적법한 수입을 지칭하는 것이 아니기 때문에 사실상의 수입행위만으로 족하다. 육로를 통한
수입의 경우에는 국경선을 넘을 때, 해로를 통한 수입의 경우에는 육지에 상륙된 때, 항공기를
이용한 수입의 경우에는 항공기에서 지상으로 운반된 때 각각 기수가 된다. '판매'란 유상으로
양도하는 것을 말한다. 일회적이든 계속적이든 불문하며, 특정·소수인을 대상으로 판매하든 불
특정·다수인을 대상으로 판매하든 불문한다. 이로 인하여 현실적으로 수익이 발생할 것도 요
하지 아니한다. '소지'란 자기의 사실상의 지배하에 두는 것을 말한다. 타인을 위하여 소지하거
나 불법으로 탈취하여 소지하는 경우에도 판매할 목적이 있으면 본죄에 해당한다. 만약 판매할
목적이 없으면 단순소지죄(제205조)가 될 뿐이다.

(3) 주관적 구성요건

본죄가 성립하기 위해서는 행위객체 및 행위태양에 대한 인식 및 의사가 있어야 한다. 하

지만 공중의 건강에 대한 위험발생은 인식의 대상이 아니다. 한편 판매목적소지죄는 목적범에 해당하므로 반드시 판매의 목적이 있어야 한다. 소지행위시 행위자에게 판매의 목적이 있으면 족하고, 반드시 그 목적이 달성되어야 하는 것은 아니다.

3. 몰수 및 추징

아편에 관한 죄에 제공한 아편·몰핀이나 그 화합물 또는 아편흡식기구는 몰수하고, 이를 몰수하기 불능한 때에는 그 가액을 추징한다. 여기서 몰수할 수 없는 때 추징하여야 할 가액은 범인이 그 물건을 보유하고 있다가 몰수의 선고를 받았더라면 잃었을 이득상당액을 의미한다. 그 가액산정은 재판선고시의 가격을 기준으로 하여야 하며, 몰수·추징의 대상이 되는지 여부나 추징액의 인정은 엄격한 증명을 필요로 하지 아니한다.[1]

Ⅱ. 아편흡식기제조·수입·판매·판매목적소지죄

> 제199조(아편흡식기의 제조 등) 아편을 흡식하는 기구를 제조, 수입 또는 판매하거나 판매할 목적으로 소지한 자는 5년 이하의 징역에 처한다.

1. 의의 및 보호법익

아편흡식기제조·수입·판매·판매목적소지죄는 아편을 흡식하는 기구를 제조·수입 또는 판매하거나 판매할 목적으로 소지함으로써 성립하는 범죄이다. 본죄는 아편등제조·수입·판매·판매목적소지죄에서 규정하는 행위태양과 동일하지만 행위객체가 아편흡식기구라는 점에서 구별된다. 공중의 보건이라는 관점에서 볼 때 아편흡식기구의 제조 등은 아편의 제조 등에 비하여 위험성이 덜하기 때문에 형이 감경된 구성요건이다. 본죄의 보호법익은 일반공중의 건강이고, 보호의 정도는 추상적 위험범이다.

2. 구성요건

본죄의 객체는 아편을 흡식하는 기구이다. '아편을 흡식하는 기구'란 특별히 아편흡식에 사용하기 위하여 제조된 기구를 말한다. 실제로 아편흡식에 사용되더라도 이를 위하여 제조된 것이 아니라면 이에 해당하지 않기 때문에 일반주사기는 본죄의 객체가 아니다. 제조·수입·판매 등이 순차적으로 이루어지면 포괄일죄가 성립한다.

---

1) 대법원 2007. 3. 15. 선고 2006도9314 판결.

Ⅲ. 세관공무원의 아편등 수입·수입허용죄

제200조(세관 공무원의 아편 등의 수입)   세관의 공무원이 아편, 몰핀이나 그 화합물 또는 아편흡식기구를 수입하거나 그 수입을 허용한 때에는 1년 이상의 유기징역에 처한다.
---

1. 의 의

세관공무원의 아편등 수입·수입허용죄는 세관의 공무원이 아편·몰핀이나 그 화합물 또는 아편흡식기구를 수입하거나 그 수입을 허용함으로써 성립하는 범죄이다. 본죄는 세관공무원이라는 신분으로 인하여 일반인의 수입죄와 비교하여 불법이 가중된 구성요건이며, 부진정신분범에 해당한다.

2. 구성요건

(1) 주 체

본죄의 주체는 세관공무원이다. 여기서 말하는 세관공무원은 세관에 있는 공무원 중 수입에 관한 사무에 종사하는 공무원만을 의미한다. 그러므로 세관에서 근무하지만 수입사무에 종사하지 않는 공무원은 본죄의 주체에 해당하지 아니한다.

(2) 행 위

본죄의 실행행위는 수입하거나 그 수입을 허용하는 것이다. '수입을 허용'한다는 것은 명시적 또는 묵시적으로 수입을 허가·승인·묵인하는 것을 말한다. 그러므로 수입의 허용은 부작위에 의해서도 가능하다.

Ⅳ. 아편흡식등죄

제201조(아편흡식 등, 동장소제공)   ① 아편을 흡식하거나 몰핀을 주사한 자는 5년 이하의 징역에 처한다.
---

1. 의 의

아편흡식등죄는 아편을 흡식하거나 몰핀을 주사함으로써 성립하는 범죄이다. 본죄의 보호의 정도는 추상적 위험범이며, 법적 성격은 결과범에 해당한다.

2. 구성요건

본죄의 실행행위는 흡식 또는 주사하는 것이다. '흡식'이란 아편을 호흡기 또는 소화기를 통하여 신체 내에 소비하는 것을 말하여, '주사'란 주사기에 의하여 신체의 혈관 속에 주입하는 것을 말한다. 의학적인 약용으로 흡식 또는 주사한 때에도 의사의 적법한 처방에 의한 것이 아니면 본죄가 성립한다. 아편흡식을 위한 소지행위는 본죄에 흡수된다. 그러나 아편 등을 소지하고 있던 자가 후에 흡식 또는 주사한 때에는 본죄와 단순소지죄의 실체적 경합이 된다. 또한 판매할 목적으로 아편 등을 소지하다가 자신이 직접 흡식 또는 주사한 때에는 본죄와 판매목적 아편등소지죄의 실체적 경합이 된다.

V. 아편흡식장소제공죄

제201조(아편흡식 등, 동장소제공) ② 아편흡식 또는 몰핀 주사의 장소를 제공하여 이익을 취한 자도 전항의 형과 같다.

1. 의 의

아편흡식장소제공죄는 아편흡식 또는 몰핀 주사의 장소를 제공하여 이익을 취함으로써 성립하는 범죄이다. 본죄는 아편흡식죄의 방조에 해당하는 행위를 독립된 범죄로 규정한 것이다.

2. 구성요건

본죄의 실행행위는 장소를 제공하여 이익을 취득하는 것이다. 이익의 취득은 장소제공의 대가를 얻는 것이므로 단순히 이득의 제공을 약속하는 것만으로는 부족하고, 현실적인 이익의 취득이 있어야 하며 반드시 재산상의 이익에 한하지 아니한다. 그러므로 피고인이 과거에 3년간 사역한 노무에 대한 대가로서 피고인의 거택을 타인의 아편판매장소로 제공한 경우에는 이익을 취득한 때에 해당한다.[1] 한편 「마약류관리에 관한 법률」에서는 마약사용을 위한 장소제공행위를 가중처벌하고 있으므로, 아편흡식장소제공죄에서의 이익취득이라는 요건은 실제로 아무런 의미가 없다.

VI. 아편등소지죄

제205조(아편 등의 소지) 아편, 몰핀이나 그 화합물 또는 아편흡식기구를 소지한 자는 1년 이하의 징역 또는 500만원 이하의 벌금에 처한다.

아편등소지죄는 아편·몰핀이나 그 화합물 또는 아편흡식기구를 소지함으로써 성립하는 범죄이다. 본죄는 아편흡식이나 몰핀의 주사를 위한 예비행위를 독립적으로 처벌하기 위한 구성요건이다. 판매의 목적 없이 소지하는 경우에만 본죄가 성립하며, 판매의 목적이 있으면 아편등

---

1) 대법원 1960. 4. 6. 선고 4292형상844 판결.

판매목적소지죄 또는 아편흡식기판매목적소지죄가 성립한다. 한편 「마약류관리에 관한 법률」에서는 판매할 목적 없는 단순한 마약소지행위에 대하여 1년 이상의 유기징역으로 가중처벌하고 있으므로, 본죄는 실제로 아무런 의미가 없다.

제 3 장 공공의 신용에 관한 죄

제 1 절 통화에 관한 죄

I. 통화위조·변조죄

> 제207조(통화의 위조 등) ① 행사할 목적으로 통용하는 대한민국의 화폐, 지폐 또는 은행권을 위조 또는 변조한 자는 무기 또는 2년 이상의 징역에 처한다.
> ② 행사할 목적으로 내국에서 유통하는 외국의 화폐, 지폐 또는 은행권을 위조 또는 변조한 자는 1년 이상의 유기징역에 처한다.
> ③ 행사할 목적으로 외국에서 통용하는 외국의 화폐, 지폐 또는 은행권을 위조 또는 변조한 자는 10년 이하의 징역에 처한다.
> 제209조(자격정지 또는 벌금의 병과) 제207조 또는 제208조의 죄를 범하여 유기징역에 처할 경우에는 10년 이하의 자격정지 또는 2천만원 이하의 벌금을 병과할 수 있다.
> 제212조(미수범) 제207조, 제208조와 전조의 미수범은 처벌한다.
> 제213조(예비, 음모) 제207조 제1항 내지 제3항의 죄를 범할 목적으로 예비 또는 음모한 자는 5년 이하의 징역에 처한다. 단, 그 목적한 죄의 실행에 이르기 전에 자수한 때에는 그 형을 감경 또는 면제한다.

1. 의의 및 보호법익

통화위조·변조죄는 행사할 목적으로 통용하는 대한민국의 화폐·지폐 또는 은행권(제1항), 내국에서 유통하는 외국의 화폐·지폐 또는 은행권(제2항), 외국에서 통용하는 외국의 화폐·지폐 또는 은행권(제3항)을 위조 또는 변조함으로써 성립하는 범죄이다. 본죄의 보호법익은 통화에 대한 공공의 신용과 거래의 안전이고, 보호의 정도는 추상적 위험범이다.

2. 구성요건

(1) 객 체

1) 통용하는

제207조 제1항 및 동조 제3항의 죄의 객체는 대한민국 또는 외국에서 통용하는 화폐·지폐 또는 은행권이다. '통용'이란 법률에 의하여 강제통용력이 인정되는 것을 말한다. 그러므로 발행권한을 가진 기관이 발행한 것이라도 강제통용력이 인정되지 않는 경우에는 본죄의 객체가 될 수 없다. 예를 들면 고화(古貨), 폐화(廢貨), 통용기간이 경과하였지만 교환 중인 구화(舊貨), 한국조폐공사법에 의하여 판매용으로만 제작된 기념주화·기념은행권 등은 강제통용력이 없으므로 본죄의 객체가 되지 아니한다. 이와 같이 통용은 강제통용력이 없이 사실상 국내에서 사용되고 있음을 지칭하는 유통과 구별되는 개념이다.

‘외국에서 통용’한다는 것은 그 외국에서 강제통용력을 가지는 것을 말한다. 외국에서 통용하지 아니하는, 즉 강제통용력을 가지지 아니하는 지폐는 그것이 비록 일반인의 관점에서 통용할 것이라고 오인할 가능성이 있다고 하더라도 제207조 제3항에서 정한 외국에서 통용하는 외국의 지폐에 해당하지 아니한다.

한편 통화에 관한 죄는 문서에 관한 죄에 대하여 특별관계에 있으므로 통화에 관한 죄가 성립하는 때에는 문서에 관한 죄는 별도로 성립하지 아니한다. 그러나 위조된 외국의 화폐·지폐 또는 은행권이 강제통용력을 가지지 않는 경우에는 제207조 제3항에서 정한 ‘외국에서 통용하는 외국의 화폐 등’에 해당하지 않고, 나아가 그 화폐 등이 국내에서 사실상 거래 대가의 지급수단이 되고 있지 않는 경우에는 제207조 제2항에서 정한 ‘내국에서 유통하는 외국의 화폐 등’에도 해당하지 않으므로, 그 화폐 등을 행사하더라도 제207조 제4항에서 정한 위조통화행사죄를 구성하지 아니한다. 따라서 이러한 경우에는 제234조에서 정한 위조사문서행사죄 또는 위조사도화행사죄로 의율할 수 있다.[1]

2) 유통하는

제207조 제2항의 죄의 객체는 국내에서 유통하는 외국의 통화이다.[2] ‘유통’이란 강제통용력이 없이 사실상 거래대가의 지급수단이 되고 있는 상태를 말한다. 사실상 유통되면 족하고, 국내에서 법적으로 그 사용이 금지되어 있더라도 무방하다. 하지만 판례[3]에 의하면 통용기간이 경과하였으나 교환 중인 구화(舊貨)는 본죄의 통화라고 할 수 없다고 한다. 또한 외국화폐로서 유통되어야 하고, 단순히 수집이나 연구의 대상으로 유통되는 외국화폐는 본죄의 객체가 되지 아니한다. ‘외국통화’란 내국에서 유통하는 외국통화를 말한다. 그러므로 본국이나 국내에서 강제통용력을 가질 필요가 없다. 여기서 외국은 국제법상 승인된 국가일 필요는 없고, 우리나

---

1) 대법원 2013. 12. 12. 선고 2012도2249 판결(이 사건 10만 파운드화는 앞면과 뒷면에 영국의 5파운드화 특유의 도안이 표시되어 있는 한편, 앞면에 위와 같이 영국 중앙은행이 그 소지자에게 10만 파운드를 지급할 것을 약속하는 내용과 함께 위 은행 ‘CHIEF CASHIER’의 서명이 인쇄되어 있는 사실, 영국 중앙은행은 10만 파운드화 권종을 발행하거나 유통시킨 사실이 전혀 없고, 위 10만 파운드화는 1971년에 발행된 5파운드화 권종을 스캐너 등을 이용하여 위조한 것으로 영국에서 강제통용력이 없음은 물론 국내에서 유통되지도 않는 사실 등을 알 수 있다).
2) 대법원 1948. 3. 31. 선고 4280형상210 판결(북한에서 통용되는 소련군표는 내국에서 유통하는 외국의 지폐에 해당한다).
3) 대법원 2003. 1. 10. 선고 2002도3340 판결(피고인들이 행사하거나 취득하였다는 스위스 화폐의 진폐는 스위스 국내에서 1998년까지 일반 상거래를 할 수 있었고 현재 통용되지 않고 있으며 다만 스위스 은행에서 2020. 4. 30.까지 신권과의 교환이 가능하고, 한편 국내은행에서도 신권과 마찬가지로 환전이 되고 따라서 이태원 등 일부 지역에서 외국인 특히 관광객이 이를 상품에 대한 지급수단으로 사용할 여지는 있는 사실을 인정한 다음, 이 사건 스위스 화폐의 진폐가 국내은행에서 환전할 수 있다고 하더라도 이는 지급수단이 아니라 은행이 매도가격과 매수가격의 차액 상당의 이득을 얻기 위하여 하는 외국환매매거래의 대상으로서 상품과 유사한 것에 불과하다고 할 것이므로 이를 가리켜 국내에서 유통되고 있다고 보기는 어렵고, 이태원 등 관광지에서 지급수단으로 사용된다고 하더라도 이는 관광객과 상인 사이에 상인이 정한 일정한 환율로 계산하여 사용될 뿐만 아니라 다시 타인에게 이전됨이 없이 은행에서 환전되는 것으로서 이러한 경우 역시 상인은 이 사건 스위스 화폐를 은행에서의 매수환율보다 낮은 가격에 매수하여 은행에 매도함에 따른 차익을 목적으로 이를 취득한 것으로서 지급수단이라기보다는 은행에서 환전하는 경우와 마찬가지로 외국환거래의 대상으로 봄이 상당하여, 이 사건 스위스 화폐의 진폐는 내국에서 ‘유통하는’ 화폐라고 볼 수 없다).

라와 국교가 수립되어 있어야 할 필요도 없다. 그러므로 북한의 화폐도 본죄의 객체가 된다.

3) 화폐·지폐 또는 은행권

본죄의 객체는 화폐·지폐·은행권인데, 이를 통화라고 한다. '통화'란 국가 또는 발행권한이 부여된 기관에 의하여 발행된 것으로 금액이 표시된 지불수단으로서 강제통용력이 인정된 것을 말한다. '화폐'란 금속화폐인 경화(硬貨)를 말한다. 재료에 따라 금화·은화·백동화·청동화·니켈화 등으로 나뉘는데, 우리나라에서 통용되는 화폐는 주화(동전)[1]가 있을 뿐이다. '지폐'란 정부 기타 발행권자에 의하여 발행된 화폐대용의 증권을 말한다. '은행권'이란 지폐의 일종으로서, 은행권을 발행할 수 있는 은행에서 발행하는 화폐대용의 증권을 말한다. 우리나라는 한국은행만이 은행권을 발행할 수 있다(한국은행법 제47조). 결국 우리나라의 통화는 주화와 한국은행권만이 있을 뿐이다. 한편 전자화폐는 국가 또는 발행권한이 부여된 기관이 아니라 신용카드업자가 발행한 것이므로 통화가 될 수 없다.

(2) 행 위

1) 위 조

'위조'란 통화발행권이 없는 자가 일반인들로 하여금 진정한 통화로서 오신할 수 있는 외관을 갖춘 물건(위조통화)을 만들어 내는 것을 말한다. 국내의 통화발행권은 한국은행에 있고, 통화의 제조업무는 한국조폐공사가 담당하고 있으므로, 이외의 방법으로 통화의 외관을 갖춘 물건을 만들면 위조가 된다. 통화위조는 오직 성립의 진정에 대해서만 위조가 있을 뿐이고 내용의 허위는 문제되지 않으므로 문서위조죄·유가증권위조죄에서 말하는 위조와 동일한 의미가 아니다.

위조의 대상이 되는 진화(眞貨)가 실제로 존재해야 하는지 여부와 관련하여, ① '통용하는 대한민국의 화폐'를 행위객체로 명시하고 있다는 점을 논거로 하는 적극설[2], ② 아직 발행되지 않은 상태에서 위화를 만들어내는 행위를 가리켜 대한민국의 통화고권이 침해되었다고 할 수 없다는 점을 논거로 하는 소극설[3] 등의 대립이 있다. 이에 대하여 판례[4]는 적극설의 입장을 취하고 있다.

---

1) 10원(6원), 50원(34원), 100원(59원), 500원(84원) 등이 그것이다.

2) 김성천/김형준, 639면; 정영일, 318면. 다만 정영일 교수는 앞으로 진화가 발행될 예정인 경우에도 진화가 존재하는 것으로 취급한다.

3) 김선복, 496면; 김일수/서보학, 535면; 김혜정 외 4인, 543면; 손동권/김재윤, 610면; 이영란, 596면; 이재상/장영민/강동범, 555면; 신동운, 340면; 이형국/김혜경, 616면; 정성근/정준섭, 434면; 최호진, 651면.

4) 대법원 2004. 5. 14. 선고 2003도3487 판결(미합중국 100만 달러 지폐는 미국에서 발행된 적이 없이 단지 여러 종류의 관광용 기념상품으로 제조, 판매되고 있을 뿐이라는 것이므로 이는 미합중국에서 통용하는 지폐라 할 수 없고, 미합중국 10만 달러 지폐는 1934년까지 미국에서 발행되어 은행 사이에서 유통되다가 그 이후에는 발행되지 않고 있으나 화폐수집가나 재벌들이 이를 보유하여 오고 있다는 것이므로 위 10만 달러 지폐는 과연 미합중국에서 발행 당시에 강제통용력을 부여했던 것인지, 만일 강제통용력을 부여하였다면 그 이후 강제통용력을 폐지하는 조치가 있었는지 여부에 따라 미합중국에서 통용하는 지폐에 해당하는지 여부가 결정된다. 그렇다면 원심으로서는 당연히 미합중국 100만 달러 지폐와 10만 달러 지폐가 미합중국에서 실제로 통용하는 것인지를 심리하여 밝힌 후에 나아가 피고인이 위 공소사실과 같이 위조한 지폐라는 정을 알면서도 행사할 목적으로 이들을 취득하였는지에 대하여 판단하였어야 할 것이다).

생각건대 현존하지 않은 통화에 대한 위조가 현실적으로 어렵다고 할지라도 불가능한 것은 아니라고 판단되므로 소극설이 타당하다. 왜냐하면 신종통화의 발행 예정시기에는 위화가 진화로 오인될 가능성을 배제할 수 없기 때문이다.

위조의 방법에는 제한이 없다. 일반인이 정상적인 주의를 함에도 불구하고 진화로서 오신할 정도이면 족하고, 육안으로는 위조통화인지의 여부를 알 수 없을 정도에 이를 것을 요하지는 아니한다. 즉 위조의 정도가 반드시 진물에 흡사하여야 한다거나 누구든지 쉽게 그 진부를 식별하기가 불가능한 정도의 것일 필요는 없다.[1] 하지만 위조통화는 그 통화과정에서 일반인이 진정한 통화로 오인할 정도의 외관을 갖추어야 할 것이므로, 진정한 통화로서 오신될 정도에 이르지 못한 경우에는 통화유사물제조죄(제211조)가 성립할 수 있을 뿐이다. 이에 따라 한국은행발행 만원권 지폐의 앞·뒷면을 전자복사기로 복사하여 비슷한 크기로 잘랐지만 복사상태가 조잡하고 흑백으로만 복사된 경우[2], 한국은행권 10원짜리 주화의 표면에 하얀 약칠을 하여 100원짜리 주화와 유사한 색채를 갖도록 색채의 변경만을 한 경우[3] 등은 일반인으로 하여금 객관적으로 진정한 통화로 오신할 정도에 이르지 못하여 새로운 통화를 만들어 낸 것이라고 볼 수 없다.

2) 변 조

'변조'란 권한 없는 자가 기존 진화의 금액이나 가치를 변경하는 것을 말한다. 이미 만들어진 진화를 대상으로 한다는 점에서 위조와 구별된다. 변조에는 금액을 고치는 방법(5,000원짜리 은행권을 50,000원짜리 은행권으로 숫자를 고치는 경우)과 액면가치와 실제가치가 같은 본위화폐를 손괴하여 실제 가치를 감소하게 하는 방법(금화나 은화를 감량하여 그 실제가치를 감소시키는 경우)이 있다.[4] 하지만 우리나라에는 금화나 은화가 없으므로 실제로 변조가 발생하기는 매우 어렵다고 판단된다.

변조가 되기 위해서는 기존의 진화를 그 동일성을 유지하면서 변경하는 것이어야 하고, 그 동일성을 넘어 새로운 진화를 만들어내는 것은 위조가 된다. 예를 들면 2개의 100원짜리 동전을 이용하여 500원짜리 동전을 만든 경우에는 위조가 된다. 그러므로 진정한 통화에 대한 가공

---

1) 대법원 1985. 4. 23. 선고 85도570 판결(이 사건 위조지폐인 한국은행 10,000원권과 같이 전자복사기로 복사하여 그 크기와 모양 및 앞뒤로 복사되어 있는 점은 진정한 통화와 유사하나 그 복사된 정도가 조잡하여 정밀하지 못하고 진정한 통화의 색채를 갖추지 못하고 흑백으로만 되어 있어 객관적으로 이를 진정한 것으로 오인할 염려가 전혀 없는 정도의 것인 경우에는 위조통화행사죄의 객체가 될 수 없다).
2) 대법원 1986. 3. 25. 선고 86도255 판결.
3) 대법원 1979. 8. 28. 선고 79도639 판결.
4) 대법원 2002. 1. 11. 선고 2000도3950 판결(500엔변조사건)(피고인들이 한국은행발행 500원짜리 주화의 표면 일부를 깎아내어 손상을 가하였지만 그 크기와 모양 및 대부분의 문양이 그대로 남아 있어, 이로써 기존의 500원짜리 주화의 명목가치나 실질가치가 변경되었다거나, 객관적으로 보아 일반인으로 하여금 일본국의 500¥짜리 주화로 오신하게 할 정도의 새로운 화폐를 만들어 낸 것이라고 볼 수 없고, 일본국의 자동판매기 등이 위와 같이 가공된 주화를 일본국의 500¥짜리 주화로 오인한다는 사정만을 들어 그 명목가치가 일본국의 500¥으로 변경되었다거나 일반인으로 하여금 일본국의 500¥짜리 주화로 오신하게 할 정도에 이르렀다고 볼 수도 없다).

행위로 인하여 기존 통화의 명목가치나 실질가치가 변경되었다거나 객관적으로 보아 일반인으로 하여금 기존 통화와 다른 진정한 통화로 오신하게 할 정도의 새로운 물건을 만들어야 변조가 될 수 있다.[1] 변조는 동일성이 유지된 변경을 의미하므로 같은 종류의 통화 사이에서만 인정되며, 다른 종류의 통화 사이에는 위조가 될 뿐이다.

(3) 주관적 구성요건

본죄가 성립하기 위해서는 고의 이외에 초과주관적 구성요건요소로서 행사할 목적이 있어야 한다(진정목적범). '행사할 목적'이란 위조·변조된 통화를 진정한 통화와 같이 유통에 놓아 사용하겠다는 목적을 말하므로, 자신의 신용력을 증명하기 위하여 타인에게 보일 목적으로 통화를 위조한 경우에는 행사할 목적이 있다고 할 수 없다.[2] 반드시 자기가 행사할 목적에 한하지 않고 타인으로 하여금 행사하게 할 목적이라도 무방하다. 또한 이러한 목적이 있으면 족하고, 위조·변조된 통화가 실제로 행사될 필요는 없다.

3. 예비·음모

본죄를 범할 목적으로 예비 또는 음모한 자는 5년 이하의 징역에 처한다. 다만 그 목적한 죄의 실행에 이르기 전에 자수한 때에는 그 형을 감경 또는 면제한다. 피고인이 행사할 목적으로 미리 준비한 물건들과 옵세트인쇄기를 사용하여 한국은행권 100원권을 사진 찍어 그 필름원판 7매와 이를 확대하여 현상한 인화지 7매를 만들었음에 그쳤다면 아직 통화위조의 착수에는 이르지 아니하였고 그 준비단계에 불과하다.[3]

Ⅱ. 위조·변조통화행사·수입·수출죄

> **제207조(통화의 위조 등)** ④ 위조 또는 변조한 전3항 기재의 통화를 행사하거나 행사할 목적으로 수입 또는 수출한 자는 그 위조 또는 변조의 각 죄에 정한 형에 처한다.
> **제209조(자격정지 또는 벌금의 병과)** 제207조 또는 제208조의 죄를 범하여 유기징역에 처할 경우에는 10년 이하의 자격정지 또는 2천만원 이하의 벌금을 병과할 수 있다.
> **제212조(미수범)** 제207조, 제208조와 전조의 미수범은 처벌한다.

---

1) 대법원 2004. 3. 26. 선고 2003도5640 판결(피고인 2가 2002. 7. 중순경 취득한 미화 1달러권 지폐 500매와 미화 2달러권 지폐 400매, 그리고 위 화폐 중 피고인 1, 피고인 2가 공모하여 2002. 8. 27. 행사한 미화 1달러권 지폐 400매와 미화 2달러권 지폐 400매는 모두 1995.에 미국에서 진정하게 발행된 통화인데, 성명불상자가 이것을 화폐수집가들이 골드라고 부르며 수집하는 희귀화폐인 것처럼 만들기 위하여 발행연도 1995.을 1928.으로 빨간색으로 고치고, 발행번호와 미국 재무부를 상징하는 문양 및 재무부장관의 사인 부분을 지운 후 빨간색으로 다시 가공한 사실을 알 수 있는바, 위와 같은 정도의 가공행위만으로는 기존 통화의 명목가치나 실질가치가 변경되었다거나 객관적으로 보아 일반인으로 하여금 기존 통화와 다른 진정한 화폐로 오신하게 할 정도의 새로운 물건을 만들어 낸 것으로 보기는 어렵다).

2) 대법원 2012. 3. 29. 선고 2011도7704 판결.

3) 대법원 1966. 12. 6. 선고 66도1317 판결.

1. 의 의

위조·변조통화행사·수입·수출죄는 위조 또는 변조한 통용하는 대한민국의 통화·내국에서 유통하는 외국의 통화·외국에서 통용하는 외국의 통화를 행사하거나 행사할 목적으로 수입 또는 수출함으로써 성립하는 범죄이다.

2. 구성요건

(1) 객 체

본죄의 객체는 위조 또는 변조한 통용하는 대한민국의 통화·내국에서 유통하는 외국의 통화·외국에서 통용하는 외국의 통화이다.

(2) 행 위

1) 행 사

'행사'란 위조·변조된 통화를 진정한 통화인 것처럼 타인에게 이전하여 유통시키는 것을 말한다. 처음부터 위조 또는 변조된 것임을 알고서 행사하여야 본죄가 성립한다. 행사는 유상·무상·적법·부적법을 묻지 아니하므로 도박자금으로 사용하거나 자선단체에 기부하는 경우에도 본죄가 성립한다. 상대방에게 진정한 통화임을 알릴 필요도 없기 때문에 위조·변조된 통화를 이용하여 자동판매기에서 음료수를 구입한 경우에도 본죄가 성립한다. 또한 행사는 유통에 놓아야 하므로, 단순히 자신의 신용력을 과시하기 위하여 보이는 경우에는 본죄가 성립하지 아니한다. 위조통화를 명가(名價) 이하의 상품으로 판매하는 것은 행사가 아니지만, 위화를 진화로 화폐수집상에게 판매하는 것은 행사에 해당한다. 위조통화인 줄 모르는 제3자에게 건네주면서 물건을 사오라고 심부름시키는 경우와 같이 간접정범의 형태로도 범할 수 있다.

한편 위조통화임을 알고 있는 자에게 그 위조통화를 교부한 경우에 피교부자가 이를 유통시키리라는 것을 예상 내지 인식하면서 교부하였다면, 그 교부행위 자체가 통화에 대한 공공의 신용 또는 거래의 안전을 해할 위험이 있으므로 위조통화행사죄가 성립한다.[1]

2) 수입·수출

'수입'이란 외국에서 국내로 반입하는 것을 말하고, '수출'이란 국내에서 외국으로 반출하는 것을 말한다. 수입은 양륙시를 기준으로 하고, 수출은 이륙시를 기준으로 기수시기가 결정된다.

(3) 주관적 구성요건

본죄가 성립하기 위해서는 위조·변조통화라는 점과 행사·수입·수출에 대한 고의가 있어야 하며, 수입·수출의 경우에는 고의 이외에 행사할 목적이 있어야 한다.

---

1) 대법원 2003. 1. 10. 선고 2002도3340 판결.

3. 죄수 및 다른 범죄와의 관계

(1) 죄 수

여러 개의 위조·변조통화를 동시에 행사한 경우에는 본죄의 단순일죄가 되며, 여러 번 나누어 행사한 경우에는 실체적 경합범 또는 연속범이 된다. 행사할 목적으로 통화를 위조·변조하고 이를 행사한 경우의 죄책과 관련하여, ① 통화위조·변조죄와 위조·변조통화행사죄의 실체적 경합범이 된다는 견해[1], ② 통화위조·변조죄와 위조·변조통화행사죄의 상상적 경합범이 된다는 견해[2], ③ 위조·변조통화행사죄만 성립한다는 견해(불가벌적 사전행위설)[3], ④ 통화위조·변조죄만 성립한다는 견해(불가벌적 사후행위설 내지 흡수관계로 인한 법조경합설)[4] 등의 대립이 있다.

생각건대 통화위조·변조죄와 위조·변조통화행사죄는 서로 다른 독립된 구성요건이며, 행위태양이 상이하므로 실체적 경합범으로 보는 것이 타당하다.[5]

(2) 다른 범죄와의 관계

통화위조죄에 관한 규정은 공공의 거래상의 신용 및 안전을 보호하는 공공적인 법익을 보호함을 목적으로 하고 있고, 사기죄는 개인의 재산법익에 대한 죄이어서 양죄는 그 보호법익을 달리하고 있으므로, 위조통화를 행사하여 재물을 불법영득한 때에는 위조통화행사죄와 사기죄의 실체적 경합범이 성립된다.[6]

Ⅲ. 위조·변조통화취득죄

제208조(위조통화의 취득) 행사할 목적으로 위조 또는 변조한 제207조 기재의 통화를 취득한 자는 5년 이하의 징역 또는 1천500만원 이하의 벌금에 처한다.
제209조(자격정지 또는 벌금의 병과) 제207조 또는 제208조의 죄를 범하여 유기징역에 처할 경우에는 10년 이하의 자격정지 또는 2천만원 이하의 벌금을 병과할 수 있다.
제212조(미수범) 제207조, 제208조와 전조의 미수범은 처벌한다.

1) 김성돈, 628면; 김성천/김형준, 647면; 김신규, 630면; 김혜정 외 4인, 544면; 손동권/김재윤, 612면; 신동운, 346면; 이정원/류석준, 436면; 이형국/김혜경, 618면; 정성근/정준섭, 438면.
2) 배종대, 560면; 이재상/장영민/강동범, 557면.
3) 오영근, 547면; 임 웅, 707면; 정영일, 324면.
4) 김선복, 502면; 김일수/서보학, 541면.
5) 이러한 점에서 필자의 기존 견해(초판)를 변경하기로 한다.
6) 대법원 1979. 7. 10. 선고 79도840 판결(위조통화의 행사라고 함은 위조통화를 유통 과정에서 진정한 통화로서 사용하는 것을 말하고 그것이 유상인가 무상인가는 묻지 않는 것이므로 진정한 통화라고 하여 위조통화를 다른 사람에게 증여하는 경우에도 위조통화행사죄가 성립되고 이런 경우에는 그 행사자(증여자)는 아무런 재산의 불법영득이 없는 것이어서 위조통화의 행사에 언제나 재물의 영득이 수반되는 것이라고는 할 수 없는 것이다. 그렇다면 위조통화행사죄에 관한 규정이 사기죄의 특별규정이라고 할 수는 없는 것이다).

1. 의 의

위조·변조통화취득죄는 행사할 목적으로 위조 또는 변조한 통용하는 대한민국의 통화·내국에서 유통하는 외국의 통화·외국에서 통용하는 외국의 통화를 취득함으로써 성립하는 범죄이다.

2. 구성요건

(1) 객 체

본죄의 객체는 위조 또는 변조한 통용하는 대한민국의 통화·내국에서 유통하는 외국의 통화·외국에서 통용하는 외국의 통화이다.

(2) 행 위

본죄의 실행행위는 취득하는 것이다. '취득'이란 점유를 이전받는 일체의 행위를 말하는데, 유상·무상·적법·부적법을 불문한다. 그러므로 탈취·편취 등의 불법적인 방법으로 취득한 경우에도 위조 또는 변조된 통화임을 알고 있는 경우에는 본죄가 성립한다. 하지만 위조·변조한 공범 사이에서 위조·변조한 통화를 수수한 경우에는 취득이라고 할 수 없다.

자신이 보관하는 타인의 위조통화를 횡령하는 경우가 취득에 해당하는지 여부와 관련하여, ① 취득은 사실상의 처분가능성을 의미한다는 점에서 이를 긍정하는 견해[1], ② 횡령은 점유이전이 수반되지 않는다는 점에서 이를 부정하는 견해[2] 등의 대립이 있다.

생각건대 후자의 견해가 타당하다.

(3) 주관적 구성요건

본죄가 성립하기 위해서는 고의 이외에 행사할 목적이 있어야 한다(진정목적범). 타인을 위한 단순한 보관의사 또는 운송의사만으로는 행사할 목적이 부정된다. 고의와 행사할 목적은 늦어도 취득시에는 존재해야 한다. 취득시에 고의와 목적이 없으면 위조통화취득후지정행사죄에 해당할 수 있을 뿐이다.

3. 실행의 착수시기 및 기수시기

본죄의 실행의 착수시기는 취득을 위한 계약 등을 개시하는 시점이고, 본죄의 기수시기는 현실적으로 점유의 이전을 받는 시점이다.

---

1) 김선복, 503면; 김성천/김형준, 648면; 정영일, 322면.
2) 김신규, 635면; 배종대, 563면; 손동권/김재윤, 616면; 신동운, 346면; 오영근, 548면; 이영란, 601면; 이재상/장영민/강동범, 561면; 이형국/김혜경, 623면; 정성근/정준섭, 439면.

4. 죄수 및 다른 범죄와의 관계

위조통화임을 알면서 행사할 목적으로 절취한 경우의 죄책과 관련하여, ① 위조통화는 절대적 금제품으로 재물에 해당하지 않는다는 점에서 본죄만이 성립한다는 견해[1], ② 본죄와 절도죄의 상상적 경합이 된다는 견해[2] 등의 대립이 있다.

생각건대 절도죄의 보호법익은 사실상의 소유상태로 족하기 때문에 절도죄와 본죄의 상상적 경합이 된다고 보아야 한다.

한편 위조통화임을 알고 행사할 목적으로 취득한 후 이를 행사한 경우의 죄책과 관련하여, ① 위조통화취득죄와 위조통화행사죄의 실체적 경합이 된다는 견해[3], ② 취득죄와 행사죄는 법조경합 중 보충관계에 있으므로 위조통화행사죄만이 성립한다는 견해[4] 등의 대립이 있다.

생각건대 위조통화취득죄와 위조통화행사죄의 법정형 및 죄질이 상이하기 때문에 양죄의 실체적 경합범으로 보는 것이 타당하다.

IV. 위조통화취득후지정행사죄

> 제210조(위조통화 취득 후의 지정행사) 제207조에 기재한 통화를 취득한 후 그 사정을 알고 행사한 자는 2년 이하의 징역 또는 500만원 이하의 벌금에 처한다.

1. 의 의

위조통화취득후지정행사죄는 위조 또는 변조한 통용하는 대한민국의 통화·내국에서 유통하는 외국의 통화·외국에서 통용하는 외국의 통화(인 줄 알지 못하고 이)를 취득한 후 그 사정을 알고 행사함으로써 성립하는 범죄이다. 본죄는 위조·변조통화를 행사하지 않을 기대가능성이 적어짐으로 인하여 책임이 감경된 구성요건이다. 본죄는 목적범이 아니다.

2. 구성요건

본죄의 객체는 위조 또는 변조한 통용하는 대한민국의 통화·내국에서 유통하는 외국의 통화·외국에서 통용하는 외국의 통화이다. 본죄의 실행행위는 위조·변조통화를 취득한 후 그 정을 알고 이를 행사하는 것이다. 여기서 취득의 원인은 적법이든 부적법이든 불문한다.[5] 그러므로 위화인 줄 모르고 재산범죄를 범하여 취득하고 정을 알고서 행사한 경우에는 재산범죄와 본

---

1) 배종대, 564면.
2) 김선복, 503면; 김일수/서보학, 543면; 오영근, 549면; 이영란, 602면; 임 웅, 712면; 정성근/정준섭, 440면.
3) 손동권/김재윤, 617면.
4) 김일수/서보학, 543면; 오영근, 549면; 임 웅, 713면.
5) 반면에 적법한 취득에 국한해야 한다는 견해로는 김일수/서보학, 545면.

죄의 실체적 경합이 된다. 본죄의 미수범은 처벌하지 아니한다.

Ⅴ. 통화유사물제조등죄

> **제211조(통화유사물의 제조 등)** ① 판매할 목적으로 내국 또는 외국에서 통용하거나 유통하는 화폐, 지폐 또는 은행권에 유사한 물건을 제조, 수입 또는 수출한 자는 3년 이하의 징역 또는 700만원 이하의 벌금에 처한다.
> ② 전항의 물건을 판매한 자도 전항의 형과 같다.
> **제212조(미수범)** 제207조, 제208조와 전조의 미수범은 처벌한다.

1. 의 의

통화유사물제조등죄는 판매할 목적으로 내국 또는 외국에서 통용하거나 유통하는 화폐·지폐 또는 은행권에 유사한 물건을 제조·수입 또는 수출하거나 이러한 물건을 판매함으로써 성립하는 범죄이다. 본죄는 진정한 통화로 유통시키는 것이 아니므로 위조·변조의 경우보다 불법이 감경된 구성요건이다. 통화유사물제조·수입·수출죄는 판매할 목적을 필요로 하는 목적범이지만, 통화유사물판매죄는 목적범이 아니다. 입법론적으로는 비범죄화의 대상으로 분류하여야 할 것이다.

2. 구성요건

(1) 객 체

본죄의 객체는 통화유사물이다. '통화유사물'이란 일반인이 진정한 통화로 오신할 정도에 이르지 않았지만 통화와 비슷한 외관을 지는 물건을 말한다. 즉 일반인이 진화로 오인할 정도가 아닌 모조품을 의미한다. 만약 진정한 통화로 오신하게 할 정도에 이르면 통화위조죄가 성립한다.

(2) 행 위

본죄의 실행행위는 판매할 목적으로 통화유사물을 제조·수입·수출하거나 통화유사물을 판매하는 것이다. '제조'란 통화의 발행권이 없는 자가 위조의 정도에 이르지 않은 통화유사물을 만드는 것을 말한다. 판매는 유상이어야 하지만, 수익의 유무와는 상관이 없다.

제 2 절   유가증권·우표·인지에 관한 죄

Ⅰ. 유가증권위조·변조죄

제214조(유가증권의 위조 등) ① 행사할 목적으로 대한민국 또는 외국의 공채증서 기타 유가증권을 위조 또는 변조한 자는 10년 이하의 징역에 처한다.
제220조(자격정지 또는 벌금의 병과) 제214조 내지 제219조의 죄를 범하여 징역에 처하는 경우에는 10년 이하의 자격정지 또는 2천만원 이하의 벌금을 병과할 수 있다.
제223조(미수범) 제214조 내지 제219조와 전조의 미수범은 처벌한다.
제224조(예비, 음모) 제214조, 제215조와 제218조 제1항의 죄를 범할 목적으로 예비 또는 음모한 자는 2년 이하의 징역에 처한다.

---

1. 의의 및 보호법익

유가증권위조·변조죄는 행사할 목적으로 대한민국 또는 외국의 공채증서 기타 유가증권을 위조 또는 변조함으로써 성립하는 범죄이다. 본죄의 보호법익은 유가증권에 대한 공공의 신용과 거래의 안전이고, 보호의 정도는 추상적 위험범이다.

2. 구성요건

(1) 객 체

1) 공채증서

'공채증서'란 국가 또는 지방자치단체에서 발행하는 국채·공채 또는 지방채의 증권으로서 유가증권의 일종이다. 외국의 공채증서도 당연히 본죄의 객체가 된다.

2) 유가증권

'유가증권'이란 증권상에 표시된 재산상의 권리의 행사와 처분에 그 증권의 점유를 필요로 하는 것을 총칭하는 것을 말한다.[1] 유가증권은 재산권이 증권에 화체된다는 것과 그 권리의 행사와 처분에 증권의 점유를 필요로 한다는 두 가지 요소를 갖추면 족하지, 반드시 유통성을 가질 필요는 없다.[2] 그러므로 극장입장권·KTX승차권·경마투표권·로또복권 등과 같이 유통성이 없는 증권도 유가증권이 된다.

그러나 권리의 행사와 처분에 증권의 점유를 요하지 않는 증권들은 유가증권이 아니다. 예를 들면 계약서·차용증서·영수증 등과 같이 법률관계의 유무 또는 내용을 후일에 용이하게 증명하기 위하여 작성해 두는 서면인 증거증권, 목욕탕의 의류보관증·항공기의 수하물보관증·정기예탁금증서[3]·무기명정기예금증서·물품구입증[4]·예금통장[5] 등과 같이 채무자가 증권의 소

---

1) 대법원 1998. 2. 27. 선고 97도2483 판결.
2) 대법원 2007. 7. 13. 선고 2007도3394 판결; 대법원 1995. 3. 14. 선고 95도20 판결; 대법원 1984. 11. 27. 선고 84도1862 판결.

지자에게 채무를 이행하면 그 소지인이 진정한 권리자가 아니더라도 채무자가 책임을 면하게 되는 면책증권 등은 유가증권이 아니다. 지폐·우표·인지는 재산권이 화체된 것이 아니라 그것 자체가 일정한 금액을 대신하는 효력을 갖는 것이므로 유가증권에 속하지 아니한다. 또한 국적증서·여권·경로우대증·임명장·영업허가신고서 등과 같이 권리가 아닌 공법상의 지위·권한을 표시한 단순한 자격증서도 유가증권이 아니다.

한편 유통성을 가진 유가증권의 위조는 일반거래의 신용을 해하게 될 위험성이 매우 크다는 점에서 적어도 행사할 목적으로 외형상 일반인으로 하여금 진정하게 작성된 유가증권이라고 오신하게 할 수 있을 정도로 작성된 것이라면 그 발행명의인이 실재하지 않은 사자 또는 허무인이라고 하더라도 그 위조죄가 성립된다.[1] 유가증권의 발행자는 사인·국가·공공단체를 불문하며 인가 여부도 묻지 아니한다.

이와 같이 유가증권은 외형상 유가증권이라고 오신할 수 있을 정도면 족하고, 그것이 법률상 효력이 있는지의 여부는 문제되지 아니한다.[2] 그러므로 증권이 비록 문방구 약속어음 용지를 이용하여 작성되었다고 하더라도 그 전체적인 형식·내용에 비추어 일반인이 진정한 것으로 오신할 정도의 약속어음 요건을 갖추고 있으면 유가증권에 해당한다.[3] 하지만 인쇄된 약속어음용지를 사용하기는 하였으나 유가증권인 약속어음을 발행할 의도로 약속어음을 작성한 것이라기보다는 소비대차의 증표로서 발행한 것으로 보이고, 발행인의 날인이 없고, 발행인 아닌 피고인이 임의로 날인한 무인만이 있으며, 그 작성방식에 비추어 보아도 일반인이 진정하고 유효한 약속어음으로 오신할 정도의 형식과 외관을 갖춘 약속어음이라고 보기 어려운 경우에는 유가증권으로 볼 수 없다.[4]

또한 유가증권은 실체법상 유효한 유가증권만을 지칭하는 것이 아니고, 절대적 요건 결여 등의 사유로서 실체법상 무효인 유가증권이라고 할지라도 일반인으로 하여금 일견 유효한 유가증권이라고 오신하게 할 수 있을 정도의 외관을 가진 유가증권도 포함한다. 예를 들면 대표이사의 날인이 없어 상법상 무효인 주권이라도 발행인인 대표이사의 기명을 비롯한 그 밖의 주권의 기재요건을 모두 구비하고 회사의 사인까지 날인하였다면 일반인으로 하여금 일견 유효한 주권으로 오신시킬 정도의 외관을 갖추었으므로 유가증권에 해당한다.[5] 위조된 유가증권도

3) 대법원 1984. 11. 27. 선고 84도2147 판결.
4) 대법원 1972. 12. 26. 선고 72도1688 판결.
5) 대법원 2010. 5. 27. 선고 2009도9008 판결.
1) 대법원 2011. 7. 14. 선고 2010도1025 판결; 대법원 1971. 7. 27. 선고 71도905 판결.
2) 대법원 1979. 9. 25. 선고 79도1980 판결.
3) 대법원 2001. 8. 24. 선고 2001도2832 판결.
4) 대법원 1992. 6. 23. 선고 92도976 판결.
5) 대법원 1974. 12. 24. 선고 74도294 판결; 대법원 1973. 6. 12. 선고 72도1796 판결(그 외관상 일반인으로 하여금 진정한 수표라고 신용하게 할 정도의 것이므로 동 수표(발행일자의 기재가 없는 수표)가 수표요건을 결하여 실체법상 무효의 것이라고 해도 위조죄는 성립된다); 대법원 1959. 7. 10. 선고 4290형상355 판결.

본죄의 객체가 된다.[1]

가장 대표적인 유가증권은 수표와 어음이지만, 수표의 경우에는 부정수표단속법이 적용되어 본죄가 적용될 여지가 없다. 그 밖에도 식권, 열차·버스승차권, 경마·경륜투표권, 극장입장권, 복권, 관람권, 기명주권, 사채권, 선하증권·창고증권 등과 같은 물건보험증권[2], 화물상환증, 양도성예금증서(CD), 스키장 회원용 리프트탑승권[3], 공중전화카드[4], 할부구매전표(상품권)[5], 한국외환은행 소비조합이 그 소속조합원에게 발행한 신용카드[6], 주권발행 후의 주권[7], 일본국 대장대신이 발행한 잔고확인증[8] 등이 유가증권에 속한다. 하지만 신용카드는 유가증권이 아니다.[9]

(2) 행 위

1) 위 조

'위조'란 유가증권을 발행할 권한이 없는 자가 타인명의의 유가증권을 작성하는 것을 말한

---

1) 대법원 1982. 6. 22. 선고 82도677 판결.

2) 반면에 인보험증권은 유가증권에 해당하지 아니한다.

3) 대법원 1998. 11. 24. 선고 98도2967 판결.

4) 대법원 1998. 2. 27. 선고 97도2483 판결(공중전화카드는 그 표면에 전체 통화가능 금액과 발행인이 문자로 기재되어 있고, 자기기록 부분에는 당해 카드의 진정성에 관한 정보와 잔여 통화가능 금액에 관한 정보가 전자적 방법으로 기록되어 있어, 사용자가 카드식 공중전화기의 카드 투입구에 공중전화카드를 투입하면 공중전화기에 내장된 장치에 의하여 그 자기정보가 해독되어 당해 카드가 발행인에 의하여 진정하게 발행된 것임이 확인된 경우 잔여 통화가능 금액이 공중전화기에 표시됨과 아울러 그 금액에 상당하는 통화를 할 수 있도록 공중전화기를 작동하게 하는 것이어서, 공중전화카드는 문자로 기재된 부분과 자기기록 부분이 일체로써 공중전화 서비스를 제공받을 수 있는 재산상의 권리를 화체하고 있고, 이를 카드식 공중전화기의 카드 투입구에 투입함으로써 그 권리를 행사하는 것으로 볼 수 있으므로, 공중전화카드는 형법 제214조의 유가증권에 해당한다). 하지만 폐공중전화카드의 전자기록부분은 위조의 대상이 될 수 없고, 형법상 '위작'이라고 할 수 있기 때문에 판례의 입장은 부당하다.

5) 대법원 1995. 3. 14. 선고 95도20 판결(할부구매전표가 그 소지인이 판매회사의 영업소에서 그 취급상품을 그 금액의 한도 내에서 구매할 수 있는 권리가 화체된 증권으로서 그 권리의 행사와 처분에 증권의 점유를 필요로 하는 것임이 인정된다면, 이를 유가증권으로 봄이 정당하다).

6) 대법원 1984. 11. 27. 선고 84도1862 판결(한국외환은행 소비조합이 그 소속조합원에게 발행한 신용카드는 그 카드에 의해서만 신용구매의 권리를 행사할 수 있는 점에서 재산권이 증권에 화체되었다고 볼 수 있으므로 유가증권이라고 할 것이다).

7) 대법원 1984. 12. 26. 선고 84도2303 판결(주식의 편취에 관하여는 주식회사가 주권을 발행하기 전이면 위 주식이 표창하는 재산적 이익이 처분되면 당사자 사이에는 유효하게 이를 편취하게 되어 불법이득죄가 성립되나, 주권발행 후이면 주권은 주식의 일정 단위가 화체된 유가증권으로서 그 자체가 재산적 가치를 지닌 재물이므로 그 주식이 기명주식 또는 무기명주식이냐에 따라 각 그 양도방법에 의하여 주권이 교부되는 때에 재물편취죄의 기수가 된다).

8) 대법원 2007. 7. 13. 선고 2007도3394 판결.

9) 대법원 1999. 7. 9. 선고 99도857 판결(신용카드업자가 발행한 신용카드는 이를 소지함으로써 신용구매가 가능하고 금융의 편의를 받을 수 있다는 점에서 경제적 가치가 있다 하더라도, 그 자체에 경제적 가치가 화체되어 있거나 특정의 재산권을 표창하는 유가증권이라고 볼 수 없고, 단지 신용카드회원이 그 제시를 통하여 신용카드회원이라는 사실을 증명하거나 현금자동지급기 등에 주입하는 등의 방법으로 신용카드업자로부터 서비스를 받을 수 있는 증표로서의 가치를 갖는 것이어서, 이를 사용하여 현금자동지급기에서 현금을 인출하였다 하더라도 신용카드 자체가 가지는 경제적 가치가 인출된 예금액만큼 소모되었다고 할 수 없으므로, 이를 일시 사용하고 곧 반환한 경우에는 불법영득의 의사가 없다).

710   제 2 편   사회적 법익에 관한 죄

다. 이는 문서위조죄의 유형위조에 해당한다. 대리인이 대리권의 범위를 벗어나서 본인 명의의 유가증권을 작성하는 경우, 유가증권에 대한 대리권자가 본인의 대리인이라고 표시한 경우에 작성명의인은 대리인이 아니라 법적 효과가 귀속되는 본인이기 때문에 본죄가 성립한다.[1] 하지만 타인명의의 유가증권을 작성하는 경우에도 대리권 등이 있어서 발행할 권한이 있는 경우에는 위조에 해당하지 아니한다.[2] 그러므로 타인의 대리 또는 대표자격으로 문서를 작성하는 경우 그 대표자 또는 대리인은 자기를 위하여 작성하는 것이 아니고 본인을 위하여 작성하는 것으로서 그 문서는 본인의 문서이고 본인에 대하여서만 효력이 생기는 것이므로, 회사의 대표이사직에 있는 자가 은행과의 당좌거래 약정이 되어 있는 종전 당좌거래명의를 변경함이 없이 그대로 前 대표이사 명의를 사용하여 회사의 수표를 발행하였다고 하여도 본죄가 성립되지 아니한다.[3]

그리고 수표에 기재되어야 할 수표행위자의 명칭은 반드시 수표행위자의 본명에 한하는 것은 아니고 상호·별명 그 밖의 거래상 본인을 가리키는 것으로 인식되는 칭호라면 어느 것이나 가능하다. 비록 그 칭호가 본명이 아니라거나 타인의 명칭이라도 통상 그 명칭을 자기를 표시하는 것으로 거래상 사용하여 그것이 그 행위자를 지칭하는 것으로 인식되어 온 경우에는 그것을 수표상으로도 자기를 표시하는 칭호로 사용할 수 있다.[4]

한편 자기명의로 작성한 경우에는 자격모용에 의한 유가증권작성죄(제215조)는 성립할 수 있어도 본죄는 성립하지 아니한다. 사자 명의로 된 약속어음을 작성함에 있어 사망자의 妻로부터 사망자의 인장을 교부받아 생존 당시 작성한 것처럼 약속어음의 발행일자를 그 명의자의 생존 중의 일자로 소급하여 작성한 때에는 발행명의인의 승낙이 있었다고 볼 수 없다.[5]

판례에 의하면, ① 타인이 위조한 액면과 지급기일이 백지로 된 약속어음을 구입하여 행사의 목적으로 백지인 액면란에 금액을 기입하여 그 위조어음을 완성하는 경우[6], ② 찢어서 폐지로 된 타인발행 명의의 약속어음 파지면을 이용·조합하여 어음의 외형을 갖춘 경우[7], ③ 금액란이 백지인 수표의 소지인이 보충권을 남용하여 그 금액을 부당보충하는 경우[8], ④ 약속어음의 액면란에 보충권의 한도를 넘은 금액을 기입한 경우[9], ⑤ 폐공중전화카드의 자기기록 부분에 전자정보를 기록하여 사용가능한 공중전화카드

1) 김선복, 510면; 김일수/서보학, 552면.
2) 대법원 1960. 5. 31. 선고 4292형상588 판결.
3) 대법원 1975. 9. 23. 선고 74도1684 판결.
4) 대법원 1996. 5. 10. 선고 96도527 판결; 대법원 1982. 9. 28. 선고 82도296 판결(피고인이 그 망부의 사망 후 그의 명의를 거래상 자기를 표시하는 명칭으로 사용하여 온 경우에는 피고인에 의한 망부 명의의 어음발행은 피고인 자신의 어음행위라고 볼 것이고, 이를 가리켜 타인의 명의를 모용하여 어음을 위조한 것이라고 할 수 없다).
5) 대법원 2011. 7. 14. 선고 2010도1025 판결; 대법원 2009. 10. 29. 선고 2009도4658 판결; 대법원 1983. 10. 25. 선고 83도1520 판결.
6) 대법원 1982. 6. 22. 선고 82도677 판결.
7) 대법원 1976. 1. 27. 선고 74도3442 판결.
8) 대법원 1999. 6. 11. 선고 99도1201 판결.
9) 대법원 1989. 12. 12. 선고 89도1264 판결; 대법원 1972. 6. 13. 선고 72도897 판결.

를 만든 경우[1] 등에 있어서는 본죄가 성립한다.

2) 변 조

'변조'란 이미 진정하게 성립된 타인명의의 유가증권의 내용에 권한 없는 자가 그 유가증권의 동일성을 해하지 않는 한도에서 변경을 가하는 것을 말한다. 예를 들면 백화점 상품권의 액면가를 고치는 것이 이에 해당한다. 이와 같이 변조는 진정으로 성립된 유가증권을 그 대상으로 하기 때문에, 이미 타인에 의하여 위조된 약속어음의 기재사항을 권한 없이 변경하였다고 하더라도 유가증권변조죄는 성립하지 아니한다.[2] 그리고 위조된 약속어음의 액면금액을 권한 없이 변경하는 것이 당초의 위조와는 별개의 새로운 유가증권위조로 된다고 할 수도 없다.[3]

권한이 있는 자가 변경을 한 경우에는 그 내용이 허위이거나 권한남용이 있는 경우라고 할지라도 변조가 되지 아니한다.[4] 주식회사의 대표이사가 그 대표자격을 표시하는 방식으로 작성한 문서에 표현된 의사 또는 관념이 귀속되는 주체는 대표이사 개인이 아닌 주식회사이므로 그 문서의 명의자는 주식회사라고 보아야 한다. 따라서 위와 같은 문서 작성행위가 위조에 해당하는지는 그 작성자가 주식회사 명의의 문서를 적법하게 작성할 권한이 있는지에 따라 판단하여야 하고, 문서에 대표이사로 표시되어 있는 사람으로부터 그 문서 작성에 관하여 위임 또는 승낙을 받았는지에 따라 판단할 것은 아니다. 원래 주식회사의 적법한 대표이사는 회사의 영업에 관하여 재판상 또는 재판외의 모든 행위를 할 권한이 있으므로, 대표이사가 직접 주식회사 명의의 문서를 작성하는 행위는 자격모용사문서작성 또는 위조에 해당하지 않는 것이 원칙이다. 이는 그 문서의 내용이 진실에 반하는 허위이거나 대표권을 남용하여 자기 또는 제3자의 이익을 도모할 목적으로 작성된 경우에도 마찬가지이다.[5] 이러한 법리는 주식회사의 대표이사가 대표 자격을 표시하는 방식으로 약속어음 등 유가증권을 작성하는 경우에도 마찬가지로 적용된다.[6]

약속어음의 발행인으로부터 어음금액이 백지인 약속어음의 할인을 위임받은 자가 위임 범위 내에서 어음금액을 기재한 후 어음할인을 받으려고 하다가 그 목적을 이루지 못하자 유통되지 아니한 당해 약속어음을 원상태대로 발행인에게 반환하기 위하여 어음금액의 기재를 삭제

1) 대법원 1998. 2. 27. 선고 97도2483 판결.
2) 대법원 2012. 9. 27. 선고 2010도15206 판결; 대법원 2006. 1. 26. 선고 2005도4764 판결.
3) 대법원 2008. 12. 24. 선고 2008도9494 판결.
4) 대법원 2018. 11. 29. 선고 2016도15089 판결(2012. 8. 9. 개최된 주주총회결의에 대한 취소판결이 확정된 이상, 위 주주총회결의에서 해임된 피고인은 소급하여 공소외 1 회사의 대표이사로서의 자격을 회복하므로, 피고인이 2012. 11. 하순경 자신을 공소외 1 회사의 대표이사로 표시한 주식회사 변경등기신청서를 작성하고 같은 해 12. 4.경 이를 대전지방법원 등기과 공무원에게 제출한 행위는 자격모용사문서작성죄와 동 행사죄를 구성하지 않는다).
5) 대법원 2010. 5. 13. 선고 2010도1040 판결; 대법원 2008. 12. 24. 선고 2008도7836 판결.
6) 대법원 2015. 11. 27. 선고 2014도17894 판결.

하는 것은 그 권한 범위 내에 속한다고 할 것이므로, 이를 유가증권변조라고 볼 수 없다.[1] 하지만 진실에 합치하도록 변경한 것이라고 하더라도 권한 없이 변경한 경우에는 변조가 되며, 이는 정을 모르는 제3자를 통하여 간접정범의 형태로도 범할 수 있다.[2]

변조는 진정하게 성립된 유가증권의 동일성을 해하지 않는 범위에서의 변경이어야 하므로, 기존의 유가증권을 대상으로 한다고 하더라도 새로운 유가증권을 작성한 것이라고 할 수 있는 경우에는 변조가 아니라 위조가 된다. 따라서 어음의 발행일자·액면금액[3]·지급인·주소 등이 변경된 경우에는 변조가 되지만, 유가증권 용지에 필요사항을 임의로 기재하여 새로운 유가증권을 작성하는 경우에는 위조가 된다. 또한 변조는 타인명의의 유가증권의 내용을 무단으로 변경하는 것이므로, 타인에게 속한 자기명의의 유가증권에 무단히 변경을 가하였다고 하더라도 그것이 문서손괴죄나 허위유가증권작성죄에 해당되는 경우가 있음은 별론으로 하고, 이를 유가증권변조죄라고는 할 수 없다.[4]

(3) 주관적 구성요건

본죄가 성립하기 위해서는 유가증권을 위조 또는 변조한다는 고의 이외에 초과주관적 구성요건요소로서 행사할 목적이 있어야 한다(진정목적범). 여기서 '행사할 목적'이란 위조·변조된 유가증권을 진정한 것으로 사용할 목적을 말하며, 유가증권 본래의 용법에 따라 사용할 목적을 말하는 것은 아니다.

3. 죄수 및 다른 범죄와의 관계

(1) 죄 수

본죄의 죄수는 위조·변조된 유가증권의 매수를 기준으로 결정한다. 그러므로 약속어음 2매의 위조행위는 포괄일죄가 아니라 경합범에 해당한다.[5] 하지만 1매의 유가증권에 수개의 위조·변조가 있어도 포괄일죄가 된다. 1매의 유가증권에 관하여 기본적 증권행위와 부수적 증권행위에 대한 위조·변조가 있는 경우에는 본죄만이 성립한다.

(2) 다른 범죄와의 관계

유가증권위조죄를 범하기 위하여 인장을 위조한 경우에는 인장위조죄가 본죄에 흡수된다. 수표를 위조 또는 변조한 경우에는 부정수표단속법이 우선 적용되지만[6], 수표내용의 기재사

---

1) 대법원 2006. 1. 13. 선고 2005도6267 판결.
2) 대법원 1984. 11. 27. 선고 84도1862 판결.
3) 대법원 2006. 1. 26. 선고 2005도4764 판결(약속어음의 액면금액을 권한 없이 변경하는 것은 유가증권변조에 해당할 뿐 유가증권위조는 아니므로, 약속어음의 액면금액을 권한 없이 변경하는 행위가 당초의 위조와는 별개의 새로운 유가증권위조로 된다고 할 수 없다).
4) 대법원 1978. 11. 14. 선고 78도1904 판결.
5) 대법원 1983. 4. 12. 선고 82도2938 판결(위조된 약속어음을 진정한 약속어음인 것처럼 속여 기왕의 물품대금채무의 변제를 위하여 채권자에게 교부하였다고 하여도 어음이 결제되지 않는 한 물품대금채무가 소멸되지 아니하므로 사기죄는 성립되지 않는다); 대법원 1981. 6. 9. 선고 81도1039 판결.

항(부수적 증권행위)을 위조 또는 변조한 경우에는 권리·의무에 관한 기재의 위조·변조죄가 적용된다.[1]

Ⅱ. 유가증권의 권리·의무에 관한 기재의 위조·변조죄

제214조(유가증권의 위조 등) ② 행사할 목적으로 유가증권의 권리의무에 관한 기재를 위조 또는 변조한 자도 전항의 형과 같다.
제220조(자격정지 또는 벌금의 병과) 제214조 내지 제219조의 죄를 범하여 징역에 처하는 경우에는 10년 이하의 자격정지 또는 2천만원 이하의 벌금을 병과할 수 있다.
제223조(미수범) 제214조 내지 제219조와 전조의 미수범은 처벌한다.
제224조(예비, 음모) 제214조, 제215조와 제218조 제1항의 죄를 범할 목적으로 예비 또는 음모한 자는 2년 이하의 징역에 처한다.

1. 의 의

유가증권의 권리·의무에 관한 기재의 위조·변조죄는 행사할 목적으로 유가증권의 권리·의무에 관한 기재를 위조·변조함으로써 성립하는 범죄이다. 유가증권에 관한 행위는 발행·배서·인수·보증·지급보증 등의 행위가 있는데, 이 중 발행을 기본적 증권행위라고 하고 나머지를 부수적 증권행위라고 한다. 그러므로 유가증권의 위조·변조는 권한 없는 자가 기본적 증권행위를 하는 것이고, 권리·의무에 관한 기재의 위조·변조는 권한 없는 자가 부수적 증권행위를 하는 것을 말한다.

2. 구성요건

(1) 객 체

본죄의 객체는 유가증권 그 자체가 아니라 유가증권의 권리·의무에 관한 기재, 즉 배서·인수·보증·지급보증 등의 부수적 증권행위의 기재사항이다.

(2) 행 위

본죄의 실행행위는 위조·변조하는 것이다. '위조'란 기본적 증권행위가 이미 진정하게 성립한 후에 권한 없는 자가 타인명의를 모용하여 배서 등의 부수적 증권행위를 하는 것을 말한다. 예를 들면 다른 점포체인의 명의를 사용하여 영업하고 그 체인대표자의 명의를 사용할 수

---

6) 대법원 2008. 2. 14. 선고 2007도10100 판결(부정수표단속법 제5조의 문언상 본조는 수표의 강한 유통성과 거래수단으로서의 중요성을 감안하여 유가증권 중 수표의 위·변조행위에 관하여는 범죄성립요건을 완화하여 초과주관적 구성요건인 '행사할 목적'을 요구하지 아니하는 한편, 형법 제214조 제1항 위반에 해당하는 다른 유가증권위조·변조행위보다 그 형을 가중하여 처벌하려는 취지의 규정이라고 해석하여야 한다).

1) 대법원 2019. 11. 28. 선고 2019도12022 판결(부정수표단속법 제5조에서 처벌하는 행위는 수표의 발행에 관한 위조·변조를 말하고, 수표의 배서를 위조·변조한 경우에는 수표의 권리의무에 관한 기재를 위조한 것으로서, 형법 제214조 제2항에 해당하는지 여부는 별론으로 하고 부정수표단속법 제5조에는 해당하지 않는다).

있는 내용의 명의임대차계약이 체결된 경우에 있어서 명의대여자의 승낙(점포체인의 대표자로부터 체인의 지점장으로 임명받는 형식) 없이 제1의 명의임차인으로부터 지점의 영업권을 사실상 매수한 제2의 명의임차인이 명의대여자의 승낙 없이 본래의 명의대여자의 명의로 어음을 배서하고 이를 행사하면 본죄가 성립한다.[1]

'변조'란 진정하게 성립된 타인 명의의 부수적 증권행위에 관한 유가증권의 기재내용에 작성권한이 없는 자가 변경을 가하는 것을 말한다.[2] 예를 들면 이미 진정하게 성립된 타인의 배서에 대하여 그 발행일자·수취일자를 변경하는 것이 이에 해당한다. 한편 어음발행인(기본적 증권행위자)이라고 하더라도 어음상에 권리·의무를 가진 자가 있는 경우에는 이러한 자의 동의를 받지 아니하고 어음의 기재 내용에 변경을 가하였다면 본죄가 성립한다.[3]

Ⅲ. 자격모용에 의한 유가증권작성죄

> 제215조(자격모용에 의한 유가증권의 작성) 행사할 목적으로 타인의 자격을 모용하여 유가증권을 작성하거나 유가증권의 권리 또는 의무에 관한 사항을 기재한 자는 10년 이하의 징역에 처한다.
> 제220조(자격정지 또는 벌금의 병과) 제214조 내지 제219조의 죄를 범하여 징역에 처하는 경우에는 10년 이하의 자격정지 또는 2천만원 이하의 벌금을 병과할 수 있다.
> 제223조(미수범) 제214조 내지 제219조와 전조의 미수범은 처벌한다.
> 제224조(예비, 음모) 제214조, 제215조와 제218조 제1항의 죄를 범할 목적으로 예비 또는 음모한 자는 2년 이하의 징역에 처한다.

1. 의 의

자격모용에 의한 유가증권작성죄는 행사할 목적으로 타인의 자격을 모용하여 유가증권을 작성하거나 유가증권의 권리 또는 의무에 관한 사항을 기재함으로써 성립하는 범죄이다.

2. 구성요건

본죄의 실행행위는 행사할 목적으로 타인의 자격을 모용하여 유가증권을 작성하거나 유가증권의 권리 또는 의무에 관한 사항을 기재하는 것이다. '타인의 자격을 모용'한다는 것은 대리권 또는 대표권 없는 자가 타인을 대리 또는 대표하여 유가증권을 발행하거나 권리·의무에 관한 사항을 기재하는 것을 말하고, '유가증권을 작성'한다는 것은 유가증권을 발행하는 것(기본적

---

1) 대법원 1984. 2. 28. 선고 83도3284 판결.
2) 대법원 1989. 12. 8. 선고 88도753 판결.
3) 대법원 2003. 1. 10. 선고 2001도6553 판결(피고인은 주식회사 미륭상사에게 물품대금의 지급담보조로 자신이 발행한 약속어음 8매를 교부하였다가 그 대금을 지급하거나 새로운 어음으로 교체하는 방법으로 위 어음들을 회수한 후 어음에 남아있는 미륭상사 명의 배서의 담보적 효력을 이용하기 위하여 이미 경과된 지급기일을 임의로 그 후의 날짜로 변경한 후 공소외인에게 이를 교부하였다).

증권행위)을 말하며, '권리·의무에 관한 사항을 기재'한다는 것은 배서나 인수 등과 같은 부수적 증권행위를 하는 것을 말한다. 자격모용의 유형으로는, ① 처음부터 자격이 없는 자의 자격모용, ② 자격을 상실한 자의 자격모용, ③ 자격이 있는 자라고 할지라도 권한을 초월하거나 권한 이외의 사항에 대하여 유가증권을 작성하는 경우 등이 있다.

　　판례에 의하면, ① 주식회사 대표이사로 재직하던 피고인이 대표이사가 타인으로 변경되었음에도 불구하고 이전부터 사용하여 오던 피고인 명의로 된 대표이사의 명판을 이용하여 여전히 피고인을 대표이사로 표시하여 약속어음을 발행·행사하였다면, 설사 약속어음을 작성·행사함에 있어 후임 대표이사의 승낙을 얻었다거나 회사의 실질적인 대표이사로서의 권한을 행사하는 피고인이 은행과의 당좌계약을 변경하는데 시일이 걸려 잠정적으로 전임 대표이사인 그의 명판을 사용한 것이라고 하더라도 이는 합법적인 대표이사로서의 권한 행사라고 할 수 없어 본죄에 해당한다.[1] ② 대표이사 직무집행정지가처분결정은 대표이사의 직무집행만을 정지시킬 뿐 대표이사의 자격까지 박탈하는 것은 아니나 가처분결정이 송달되어 일절의 직무집행이 정지됨으로써 직무집행의 권한이 없게 된 대표이사가 그 권한 밖의 일인 대표이사 명의의 유가증권을 작성·행사하는 행위가 회사업무의 중단을 막기 위한 긴급한 인수인계 행위라고 하더라도 합법적인 권한행사라고 할 수 없으므로 본죄에 해당한다.[2]
　　하지만 약속어음을 발행함에 있어 발행인의 주소란에 '안동택시' 발행인란에 '피고인'이라고 기재하고 피고인이라는 이름 밑에 '주식회사 안동택시 대표이사 피고인'이라는 인장을 압날하여 동 어음을 타인에게 교부하였다면, 이 사실만으로 안동택시의 대표이사의 자격을 모용하여 유가증권인 약속어음을 작성·행사하였다고 할 수 없다.[3]

Ⅳ. 허위유가증권작성죄

> 제216조(허위유가증권의 작성 등)　행사할 목적으로 허위의 유가증권을 작성하거나 유가증권에 허위사항을 기재한 자는 7년 이하의 징역 또는 3천만원 이하의 벌금에 처한다.
> 제220조(자격정지 또는 벌금의 병과)　제214조 내지 제219조의 죄를 범하여 징역에 처하는 경우에는 10년 이하의 자격정지 또는 2천만원 이하의 벌금을 병과할 수 있다.
> 제223조(미수범)　제214조 내지 제219조와 전조의 미수범은 처벌한다.

1. 의 의

　　허위유가증권작성죄는 행사할 목적으로 허위의 유가증권을 작성하거나 유가증권에 허위사항을 기재함으로써 성립하는 범죄이다. 작성 권한이 있는 자가 주체가 되기 때문에 진정신분범에 해당한다. 타인의 작성명의를 무단으로 사용하지 않는다는 점에서 위조와 구별되고, 작성권한이 있는 자가 기존에 진정하게 성립한 유가증권에 허위사항을 기재한다는 점에서 변조와 구

---

[1] 대법원 1991. 2. 26. 선고 90도577 판결.
[2] 대법원 1987. 8. 18. 선고 87도145 판결.
[3] 대법원 1974. 11. 26. 선고 74도1708 판결.

별된다. 유가증권위조·변조죄와 자격모용에 의한 유가증권작성죄가 유가증권의 유형위조를 처벌하는 범죄임에 반하여, 본죄는 유가증권의 무형위조를 처벌하는 범죄에 해당한다. 본죄의 예비·음모는 벌하지 아니한다.

2. 구성요건

본죄의 실행행위는 행사할 목적으로 허위의 유가증권을 작성하거나 유가증권에 허위사항을 기재하는 것이다. '허위의 유가증권을 작성'하는 것은 유가증권을 작성할 권한 있는 자가 타인의 작성명의를 모용하지 않고 기본적 증권행위에 관하여 진실한 사실에 반하는 내용을 유가증권에 기재하는 것을 말한다. '허위사항을 기재'하는 것은 기재권한이 있는 자가 기존의 유가증권에 배서·인수·보증과 같은 부수적 증권행위에 허위사항을 기재하는 것을 말한다. 새롭게 유가증권을 발행하면서 허위사항을 기재하든 기존의 유가증권에 허위사항을 기재하든 상관이 없다. 그러나 권리·의무에 관계없는 사항에 대하여 허위사항을 기재하는 것은 본죄에 해당하지 아니한다.[1]

판례에 의하면, ① 선하증권 기재의 화물을 인수하거나 확인하지도 아니하고 또한 선적할 선편조차 예약하거나 확보하지도 않은 상태에서 수출면장만을 확인한 채 실제로 선적한 일이 없는 화물을 선적하였다는 내용의 선하증권을 발행·교부한 경우[2], ② 약속어음 작성권자의 승낙 내지 위임을 받아 약속어음을 작성함에 있어서 발행인 명의 아래 진실에 반하는 내용인 피고인의 인장을 날인하여 일견 유효한 듯한 약속어음을 발행한 경우[3], ③ 비록 주권발행의 권한을 위임받았다고 하더라도 행사의 목적으로 발행일자를 소급 기재하여 그 기재일자에 발행된 것처럼 허위내용을 기재한 경우[4], ④ 실재하지 아니함에도 불구하고 실재하는 회사로 가장하여 그 회사명의로 약속어음을 발행한 경우[5], ⑤ 지급은행과 전혀 당좌거래사실이 없거나 과거의 거래가 정지되었음에도 불구하고 이러한 사유가 없는 것으로 가장하여 수표를 발행한 경우[6] 등에 있어서는 본죄가 성립한다.

하지만 ① 은행을 통하여 지급이 이루어지는 약속어음의 발행인이 그 발행을 위하여 은행에 신고된 것이 아닌 발행인의 다른 인장을 날인한 경우[7], ② (배서인의 주소기재는 배서의 요건이 아니므로) 약속어음 배서인의 주소를 허위로 기재한 경우[8], ③ 주권발행 전에 주식을 양도받은 자에 대하여 주권을 발행한 경우에 가사 그 주식양도가 주권발행 전에 이루어진 것이어서 상법 제335조에 의하여 무효인 경우라고 할지라도 권리의 실체관계에 부합된 경우[9], ④ 원인채무관계가 존재하지 않으면서 약속어음을 발행

---

1) 대법원 1986. 6. 24. 선고 84도547 판결.
2) 대법원 1995. 9. 29. 선고 95도803 판결.
3) 대법원 1975. 6. 10. 선고 74도2594 판결.
4) 대법원 1974. 1. 15. 선고 73도2041 판결.
5) 대법원 1970. 12. 29. 선고 70도2389 판결.
6) 대법원 1956. 6. 26. 선고 4289형상128 판결.
7) 대법원 2000. 5. 30. 선고 2000도883 판결.
8) 대법원 1986. 6. 24. 선고 84도547 판결.
9) 대법원 1982. 6. 22. 선고 81도1935 판결.

한 경우[1], ⑤ 해당 은행과의 거래가 계속되는 동안 당좌거래은행에 잔고가 없음을 알면서 수표를 발행한 경우[2], ⑥ 자기앞수표의 발행인이 수표의뢰인으로부터 수표자금을 입금받지 아니한 채 자기앞수표를 발행한 경우(그 수표의 효력에는 아무런 영향이 없으므로)[3] 등에 있어서는 본죄가 성립하지 아니한다.

V. 위조유가증권행사등죄

제217조(위조유가증권 등의 행사 등) 위조, 변조, 작성 또는 허위기재한 전3조 기재의 유가증권을 행사하거나 행사할 목적으로 수입 또는 수출한 자는 10년 이하의 징역에 처한다.
제220조(자격정지 또는 벌금의 병과) 제214조 내지 제219조의 죄를 범하여 징역에 처하는 경우에는 10년 이하의 자격정지 또는 2천만원 이하의 벌금을 병과할 수 있다.
제223조(미수범) 제214조 내지 제219조와 전조의 미수범은 처벌한다.

1. 의 의

위조유가증권행사등죄는 유가증권위조·변조죄, 유가증권의 권리·의무에 관한 기재의 위조·변조죄, 자격모용에 의한 유가증권작성죄, 허위유가증권작성죄의 유가증권을 행사하거나 행사할 목적으로 수입 또는 수출함으로써 성립하는 범죄이다. 위조유가증권행사죄는 목적범이 아니지만, 위조유가증권수입·수출죄는 행사할 목적을 필요로 하는 진정목적범이다.

2. 구성요건

(1) 객 체

본죄의 객체는 위조·변조한 유가증권, 자격모용에 의해 작성·기재한 유가증권, 허위작성·기재한 유가증권이다. 허위작성유가증권행사죄 또는 위조유가증권행사죄에 있어서의 '유가증권'이란 허위작성 또는 위조된 유가증권의 원본을 말하는 것이지, 전자복사기 등을 사용하여 기계적으로 복사한 사본은 이에 해당하지 아니한다.[4] 그러므로 품의서에 첨부되어 제출된 선하증권 12장의 팩스(모사전송기) 사본은 허위작성유가증권행사죄에 있어서의 유가증권에 해당하지 아니한다.

(2) 행 위

본죄의 실행행위는 행사·수입·수출하는 것이다. '행사'란 위조·변조 또는 허위작성·허위기재된 유가증권을 진실한 유가증권인 것처럼 사용하는 것을 말한다. 본죄의 처벌목적은 유가

---

1) 대법원 1977. 5. 24. 선고 76도4132 판결.
2) 대법원 1960. 11. 30. 선고 4293형상787 판결.
3) 대법원 2005. 10. 27. 선고 2005도4528 판결.
4) 대법원 2010. 5. 13. 선고 2008도10678 판결(피고인이 위조한 선하증권을 충청은행 직원에게 교부하여 행사하였다는 위조유가증권행사의 점에 관한 공소사실에 대하여, 위 충청은행 직원의 진술에 의하더라도 피고인이 은행에 제출한 것은 위조된 선하증권의 사본임을 알 수 있고, 달리 피고인이 위조된 선하증권 원본을 제출하였음을 인정할 증거가 없다); 대법원 2007. 2. 8. 선고 2006도8480 판결; 대법원 1998. 2. 13. 선고 97도2922 판결.

증권의 유통질서를 보호하고자 함에 있는 만큼 단순히 문서의 신용성을 보호하고자 하는 위조
공·사문서행사죄의 경우와는 달리 교부자가 진정 또는 진실한 유가증권인 것처럼 위조유가증
권을 행사하였을 때뿐만 아니라 위조유가증권임을 알고 있는 자에게 교부하였더라도 피교부자
가 이를 유통시킬 것임을 인식하고 교부하였다면, 그 교부행위 그 자체가 유가증권의 유통질서
를 해할 우려가 있어 처벌의 이유와 필요성이 충분히 있다고 할 것이므로 본죄가 성립한다.[1] 여
기서의 행사는 반드시 유가증권 본래의 용법에 따라 유통시킬 것을 요하지 아니한다. 그러므로
자신의 신용력을 과시하기 위하여 이를 제시하는 경우, 증거자료로서 법원에 제출하는 경우, 위
조된 상품권을 미리 오락기에 투입해 놓고 배출되도록 해 놓은 경우[2] 등도 행사에 해당한다.

3. 공 범

위조유가증권의 교부자와 피교부자가 서로 유가증권위조를 공모하였거나 위조유가증권을
타에 행사하여 그 이익을 나누어 가질 것을 공모한 공범의 관계에 있다면, 그들 사이의 위조유
가증권 교부행위는 그들 이외의 자에게 행사함으로써 범죄를 실현하기 위한 전 단계의 행위에
불과한 것으로서 위조유가증권은 아직 범인들의 수중에 있다고 볼 것이지 행사되었다고 볼 수
는 없다.[3] 하지만 허위작성된 유가증권을 피교부자가 그것을 유통하게 한다는 사실을 인식하고
교부한 때에는 허위작성유가증권행사죄에 해당하고, 행사할 의사가 분명한 자에게 교부하여 그
가 이를 행사한 때에는 허위작성유가증권행사죄의 공동정범이 성립된다.[4] 또한 유가증권의 허위
작성행위 자체에는 직접 관여한 바가 없다고 하더라도 타인에게 그 작성을 부탁하여 의사연락이
되고, 그 타인으로 하여금 범행을 하게 하였다면 공모공동정범에 의한 허위작성죄가 성립한다.

4. 죄수 및 다른 범죄와의 관계

허위의 선하증권을 발행하여 타인에게 교부하여 줌으로써 그 타인으로 하여금 이를 행사
하여 그 선하증권상의 물품대금을 지급받게 한 경우에는 허위유가증권행사죄와 사기죄의 공동
정범이 성립한다.[5]

---

1) 대법원 2010. 12. 9. 선고 2010도12553 판결; 대법원 1995. 9. 29. 선고 95도803 판결.
2) 대법원 2007. 4. 12. 선고 2007도796 판결.
3) 대법원 2010. 12. 9. 선고 2010도12553 판결(피고인과 甲은 甲이 피고인으로부터 1,500만원을 차용하는 것처럼
   가장하기로 공모한 다음, 피고인이 위조된 100만원권 자기앞수표 14장 외에 10만원권 수표 10장이 들어 있는 봉
   투를 乙을 통해 공범 甲과 그 위조사실을 모르는 丙이 함께 있는 자리에서 甲에게 교부하자, 甲은 그 자리에서
   자신의 연인 丙을 보증인으로 하는 차용증을 작성하여 乙에게 주었는데, 이때 甲은 봉투에서 10만원권 수표 10장
   을 꺼내어 丙에게 보여 주었으나 위조된 100만원권 자기앞수표는 봉투에서 꺼내거나 丙에게 보여 주지도 않은
   사안에서, 乙이나 甲이 위조된 자기앞수표를 丙에게 제시하는 등으로 이를 인식하게 하였다고 할 수 없어 이들이
   위 봉투를 丙의 면전에서 주고받은 행위를 위조된 자기앞수표를 행사한 경우에 해당한다고 볼 수 없고, 따라서
   乙이나 甲에게 위 수표를 교부한 것이 이를 행사한 경우에 해당한다고 볼 수도 없다); 대법원 2007. 1. 11. 선고
   2006도7120 판결; 대법원 1983. 6. 14. 선고 81도2492 판결.
4) 대법원 1995. 9. 29. 선고 95도803 판결; 대법원 1970. 2. 10. 선고 69도2070 판결.
5) 대법원 1985. 8. 20. 선고 83도2575 판결.

Ⅵ. 인지·우표등 위조·변조죄

> 제218조(인지·우표의 위조등)　① 행사할 목적으로 대한민국 또는 외국의 인지, 우표 기타 우편요금을 표시하는 증표를 위조 또는 변조한 자는 10년 이하의 징역에 처한다.
> 제220조(자격정지 또는 벌금의 병과)　제214조 내지 제219조의 죄를 범하여 징역에 처하는 경우에는 10년 이하의 자격정지 또는 2천만원 이하의 벌금을 병과할 수 있다.
> 제223조(미수범)　제214조 내지 제219조와 전조의 미수범은 처벌한다.
> 제224조(예비, 음모)　제214조, 제215조와 제218조 제1항의 죄를 범할 목적으로 예비 또는 음모한 자는 2년 이하의 징역에 처한다.

1. 의의 및 보호법익

인지(印紙)·우표등 위조·변조죄는 행사할 목적으로 대한민국 또는 외국의 인지·우표 기타 우편요금을 표시하는 증표를 위조 또는 변조함으로써 성립하는 범죄이다. 인지·우표는 유가증권은 아니지만, 유가증권 또는 통화와 유사한 유통성을 가지고 있다는 점에서 독립된 구성요건으로 두고 있다. 본죄의 보호법익은 인지·우표에 대한 공공의 신용과 거래의 안전이고, 보호의 정도는 추상적 위험범이고, 행사할 목적이 필요한 진정목적범에 해당한다.

2. 구성요건

본죄의 객체는 대한민국 또는 외국의 인지·우표 기타 우편요금을 표시하는 증표이다. '인지'란 민사소송등인지법, 「수입인지에 관한 법률」, 인지세법 등과 같은 인지를 규정한 법률에서 정한 바에 따라 수수료 또는 인지세를 납부하는 방법으로 첩부[1]·사용하기 위하여 정부 기타 발행권자가 발행한 일정한 금액을 표시하는 증표를 말한다. '우표'란 우편법에 의해 정부 또는 일정한 발행권자가 우편요금의 납부방법으로 첩부·사용하기 위하여 발행한 일정금액이 표시된 증표를 말한다. 일반우표 이외에 기념우표도 포함된다. 우리나라의 우표·인지뿐만 아니라 외국의 우표·인지도 본죄의 객체가 된다. '기타 우편요금을 표시하는 증표'란 우편봉투에 '요금별납', '요금후납' 등의 스템프식 증표와 우편엽서에 우편요금을 나타내는 표시 등을 말한다. 본죄의 실행행위는 위조 또는 변조하는 것이다.

Ⅶ. 위조·변조 인지·우표등행사죄

> 제218조(인지·우표의 위조등)　② 위조 또는 변조된 대한민국 또는 외국의 인지, 우표 기타 우편요금을 표시하는 증표를 행사하거나 행사할 목적으로 수입 또는 수출한 자도 제1항의 형과 같다.
> 제223조(미수범)　제214조 내지 제219조와 전조의 미수범은 처벌한다.

---

1) 종이나 헝겊 따위에 풀을 발라서 붙임.

1. 의 의

위조·변조 인지·우표등행사죄는 위조·변조된 대한민국 또는 외국의 인지·우표 기타 우편 요금을 표시하는 증표를 행사하거나 행사할 목적으로 수입 또는 수출함으로써 성립하는 범죄 이다. 행사의 경우와는 달리 수입·수출의 경우에는 진정목적범에 해당한다.

2. 구성요건

'행사'란 위조·변조된 대한민국 또는 외국의 우표를 진정한 우표로서 사용하는 것을 말하 는 것으로, 반드시 우편요금의 납부용으로 사용하는 것에 한정되지 아니하고 우표수집의 대상 으로서 매매하는 경우도 이에 해당된다. 또한 '행사할 목적'에는 위조된 우표를 그 정을 알고 있 는 자에게 교부하더라도 교부받은 사람이 그 우표를 진정하게 발행된 우표로서 사용할 것이라 는 정을 인식하면서 이를 교부하는 경우도 해당된다.[1]

Ⅷ. 위조·변조 인지·우표취득죄

> 제219조(위조인지·우표등의 취득) 행사할 목적으로 위조 또는 변조한 대한민국 또는 외국의 인지, 우표 기 타 우편요금을 표시하는 증표를 취득한 자는 3년 이하의 징역 또는 1천만원 이하의 벌금에 처한다.
> 제220조(자격정지 또는 벌금의 병과) 제214조 내지 제219조의 죄를 범하여 징역에 처하는 경우에는 10년 이하의 자격정지 또는 2천만원 이하의 벌금을 병과할 수 있다.
> 제223조(미수범) 제214조 내지 제219조와 전조의 미수범은 처벌한다.

위조·변조 인지·우표취득죄는 행사할 목적으로 위조 또는 변조한 대한민국 또는 외국의 인지, 우표 기타 우편요금을 표시하는 증표를 취득함으로써 성립하는 범죄이다. 본죄의 법적 성격은 결과범이며, 행사할 목적을 요하므로 목적범에 해당한다(진정목적범). 위조 또는 변조한 인지 또는 우표라는 정을 알면서 취득하여야 본죄가 성립한다.

Ⅸ. 소인말소죄

> 제221조(소인말소) 행사할 목적으로 대한민국 또는 외국의 인지, 우표 기타 우편요금을 표시하는 증표의 소 인 기타 사용의 표지를 말소한 자는 1년 이하의 징역 또는 300만원 이하의 벌금에 처한다.

소인말소죄는 행사할 목적으로 대한민국 또는 외국의 인지, 우표 기타 우편요금을 표시하

---

1) 대법원 1989. 4. 11. 선고 88도1105 판결.

는 증표의 소인(消印) 기타 사용의 표지를 말소함으로써 성립하는 범죄이다. '소인 등을 말소'한
다는 것은 인지·우표 등에 진정하게 찍혀 있는 소인의 흔적을 소멸시켜서 그 인지·우표 등을
다시 진정한 것으로 사용할 수 있게 하는 일체의 행위를 말한다.

X. 인지·우표유사물제조등죄

> 제222조(인지·우표유사물의 제조 등) ① 판매할 목적으로 대한민국 또는 외국의 공채증서, 인지, 우표 기타
> 우편요금을 표시하는 증표와 유사한 물건을 제조, 수입 또는 수출한 자는 2년 이하의 징역 또는 500만원 이
> 하의 벌금에 처한다.
> ② 전항의 물건을 판매한 자도 전항의 형과 같다.

인지·우표유사물제조등죄는 판매할 목적으로 대한민국 또는 외국의 공채증서·인지·우표
기타 우편요금을 표시하는 증표와 유사한 물건을 제조·수입 또는 수출하거나 이러한 물건을
판매함으로써 성립하는 범죄이다. '공채증서·인지·우표·우편요금을 표시하는 증표와 유사한
물건'이란 일반인으로 하여금 진정한 것으로 오신하게 할 정도의 외관을 구비하지 못한 모조품
을 말한다.

제 3 절   문서에 관한 죄

I. 공문서위조·변조죄

> 제225조(공문서등의 위조·변조) 행사할 목적으로 공무원 또는 공무소의 문서 또는 도화를 위조 또는 변조
> 한 자는 10년 이하의 징역에 처한다.
> 제235조(미수범) 제225조 내지 제234조의 미수범은 처벌한다.
> 제237조(자격정지의 병과) 제225조 내지 제227조의2 및 그 행사죄를 범하여 징역에 처할 경우에는 10년 이
> 하의 자격정지를 병과할 수 있다.
> 제237조의2(복사문서등) 이 장의 죄에 있어서 전자복사기, 모사전송기 기타 이와 유사한 기기를 사용하여
> 복사한 문서 또는 도화의 사본도 문서 또는 도화로 본다.

1. 의의 및 본질

(1) 의 의

공문서위조·변조죄는 행사할 목적으로 공무원 또는 공무소의 문서 또는 도화를 위조 또는
변조함으로써 성립하는 범죄이다. 공공의 신용도가 높은 공문서를 위조·변조한다는 점에서 사
문서위조·변조죄와 비교하여 불법이 가중된 구성요건이다. 본죄의 보호법익은 공문서에 대한
공공의 신용과 거래의 안전이고, 보호의 정도는 추상적 위험범이다.

(2) 본 질

1) 형식주의와 실질주의

문서에 관한 죄는 진실에 반하는 허위의 문서의 작출을 처벌하고 있는데, 여기서 구체적으로 문서의 어떠한 부분에 대한 허위를 처벌하느냐에 따라 형식주의와 실질주의의 대립이 있다. 먼저 형식주의는 문서의 성립의 진정을 보호대상으로 해야 하므로, 문서의 작성명의에 허위가 있으면 이를 처벌해야 한다는 입장이다. 즉 문서의 내용의 진실 여하는 불문하고 부진정문서(문서명의인과 문서작성자가 일치하지 않는 문서)만을 문서에 관한 죄에서 처벌하고자 한다. 이에 의하면 문서의 작성명의에 허위가 없으면 그 내용이 진실하지 않아도 문서내용에 대한 책임은 명의인에게 물을 수 있으므로 처벌대상이 되지 않으며, 작성명의에 허위가 있으면 내용이 진실하여도 처벌대상이 된다.

다음으로 실질주의는 문서에 표시된 내용의 진실을 보호대상으로 해야 하므로, 문서의 내용을 허위로 작성하는 행위를 처벌해야 한다는 입장이다. 즉 부진정문서인지 진정문서인지를 불문하고, 내용이 허위인 경우만을 처벌하고자 한다. 이에 의하면 문서에 표시된 사실이 객관적 진실과 일치할 때에는 문서의 성립에 허위가 있어도 사실의 진상을 저해할 위험은 없으므로 처벌대상이 되지 않고, 내용이 허위인 경우에는 작성명의가 진실하여도 처벌대상이 된다.

우리 형법은 작성명의에 허위가 있는 경우에는 공문서와 사문서[1]를 불문하고 처벌한다. 그러나 작성명의에는 허위가 없으나 내용이 허위인 경우에는 원칙적으로 공문서에 한하여 처벌하고, 사문서에 대하여는 예외적으로 허위진단서작성죄의 경우에만 처벌하고 있다. 그러므로 우리 형법은 형식주의를 원칙으로 하면서 실질주의를 가미하고 있는 입장이라고 할 수 있다.

2) 유형위조와 무형위조

'유형위조'란 정당한 작성권한이 없는 자가 타인명의의 문서를 작성하는 것, 즉 명의위조를 말한다. 유형위조는 문서의 의사표시의 주체인 명의인과 그 문서를 작성한 자가 일치하지 않는 부진정문서를 작성하는 것을 의미한다. 유형위조는 문서의 작성행위 자체에 허위가 있는 행위를 위조의 개념에 포섭한다.

'무형위조'란 문서의 작성명의에는 거짓이 없으나 진실에 반하는 허위내용의 문서를 작성하는 것, 즉 내용위조를 말한다. 즉 무형위조는 명의인과 작성자는 일치하지만 문서의 내용이 진실하지 않은 허위문서를 작성하는 것을 의미한다. 무형위조는 문서에 기재된 의사 내지 관념의 내용이 허위인 것을 위조의 개념에 포섭한다.

형식주의를 원칙으로 하는 우리 형법에서는 유형위조를 문서의 위조라고 하고, 무형위조를 문서의 작성이라고 표현하면서 양자를 구별하고 있다. 그리고 유형위조는 공문서·사문서를 불

---

1) 대법원 1985. 1. 22. 선고 84도2422 판결(사문서변조에 있어서 그 변조 당시 명의인의 명시적, 묵시적 승낙 없이 한 것이면 변조된 문서가 명의인에게 유리하여 결과적으로 그 의사에 합치한다고 하더라도 사문서변조죄의 구성요건을 충족한다).

문하고 모두 처벌하고 있지만, 무형위조는 문서내용의 진실성을 특히 보호할 필요가 있는 경우에만 예외적으로 처벌하고 있다. 즉 공문서에 대한 무형위조는 공무원이 그 직무에 관한 사항에 대해서 허위문서를 작성하는 경우를 처벌대상으로 하고 있지만, 사문서의 경우에는 처벌의 범위를 더 좁혀 일반인의 경우 무형위조인 사문서허위작성죄와 같은 구성요건은 존재하지 않고[1], 의사 등 특별한 신분이 있는 자가 진단서 등에 허위내용을 기재한 경우에만 무형위조를 처벌대상으로 하고 있다.

2. 구성요건

(1) 주 체

본죄의 주체에는 제한이 없다. 공무원이라고 할지라도 권한 밖의 사항에 대하여 다른 공무원의 명의를 도용하여 공문서를 작성한 경우에는 공문서위조죄, 권한 밖의 공문서에 대하여 내용을 변경할 때에는 공문서변조죄가 각각 성립한다.

공무원의 보조자(기안담당공무원)가 권한 없이 공무원명의의 공문서를 작성[2]하거나 보충기재만을 위임받은 공무원이 권한을 초월하여 공문서를 작성한 경우[3]에도 본죄가 성립한다. 공문서 작성권자로부터 일정한 요건이 구비되었는지 여부를 심사하여 그 요건이 구비되었음이 확인될 경우에 한하여 작성권자의 직인을 사용하여 작성권자 명의의 공문서를 작성하라는 포괄적인 권한을 수여받은 업무보조자인 공무원이, 그 위임의 취지에 반하여 공문서 용지에 허위내용을 기재하고 그 위에 보관하고 있던 작성권자의 직인을 날인하였다면, 그 업무보조자인 공무원에게 공문서위조죄가 성립할 것이고, 그에게 위와 같은 행위를 하도록 지시한 중간결재자인 공무원도 공문서위조죄의 공범으로서의 책임을 면할 수 없다.[4]

(2) 객 체

본죄의 객체는 공무원 또는 공무소의 문서 또는 도화이다.

1) 문서의 개념

형법상 문서에 관한 죄에 있어서 '문서'란 문자 또는 이에 대신할 수 있는 가독적(可讀的)

---

1) 대법원 1985. 10. 22. 선고 85도1732 판결(이사회를 개최함에 있어 공소외 이사들이 그 참석 및 의결권의 행사에 관한 권한을 피고인에게 위임하였다면 그 이사들이 실제로 이사회에 참석하지도 않았는데 마치 참석하여 의결권을 행사한 것처럼 피고인이 이사회 회의록에 기재하였다고 하더라도 이는 이른바 사문서의 무형위조에 해당할 따름이어서 처벌대상이 되지 아니한다); 대법원 1984. 4. 24. 선고 83도2645 판결(피고인들이 작성한 회의록에다 참석한 바 없는 소외인이 참석하여 사회까지 한 것으로 기재한 부분은 사문서의 무형위조에 해당할 뿐이어서 사문서의 유형위조만을 처벌하는 현행 형법하에서는 죄가 되지 아니한다).

2) 대법원 1996. 4. 23. 선고 96도424 판결; 대법원 1990. 10. 12. 선고 90도1790 판결; 대법원 1981. 7. 28. 선고 81도898 판결; 대법원 1979. 12. 11. 선고 78도704 판결(주민등록표 등본 작성업무를 취급할 지위에 있지 아니하나 그 사무를 담당하는 자가 바쁠 때 동인의 승낙 또는 인식하에 사실상 협조하여 동장명의의 주민등록표등본을 작성하여 온 자가 동인 모르게 주민등록표 원본기재 사실과 일치하지 아니한 주민등록표등본을 작성한 경우에는 공문서위조죄가 성립한다).

3) 대법원 1990. 9. 10. 선고 91도1610 판결; 대법원 1984. 9. 11. 선고 84도368 판결.

4) 대법원 1996. 4. 23. 선고 96도424 판결.

부호로 계속적으로 물체상에 기재된 의사 또는 관념의 표시인 원본 또는 이와 사회적 기능이나 신용성 등을 동일하게 볼 수 있는 기계적 방법에 의한 복사본으로서 그 내용이 법률상·사회생활상 주요 사항에 관한 증거로 될 수 있는 것을 말한다.[1] 문서에 관한 범죄의 보호법익은 문서에 대한 공공의 신용이므로 문서에 관한 죄의 객체로서의 문서는 모든 문서를 의미하는 것이 아니라 공공의 신용에 관련된 문서만을 의미한다. 즉 문서는 법적으로 중요한 사실을 증명할 만한 문서를 의미한다.

2) 문서의 요소

① 계속적 요소

㉠ 사상이나 관념의 표시   문서는 사람의 사상이나 관념을 어느 정도 계속적으로 표시하는 것이어야 한다. 즉 사법상의 의사표시를 포함하여 널리 사람의 사상이나 관념을 표시한 물체는 모두 문서가 된다. 그러므로 문서의 본질은 문서의 존재 그 자체가 아니라 그 속에 화체되어 있는 사상이나 관념의 표시에 있다. 사상이나 관념을 표시하지 않고 단순히 외부적인 사정만을 나타내는 택시미터기·체중계·전기 또는 수도의 사용미터기·자동차의 주행기록·고속도로의 상황안내판·블랙박스의 영상기록 등은 문서에 해당하지 아니한다. 또한 지문·십지지문 지문대조표[2]·혈흔·족적 등은 사람의 사상이나 관념을 어느 정도 계속적으로 표시하는 것이 아니라 단순히 그 형상이나 존재 자체가 인식의 대상이 되는 것이므로 문서에 해당하지 아니한다. 마찬가지로 증거표시물에 불과할 뿐 작성자의 의사표시와 상관없는 신발표·물품예치표·순번표·제조상품의 일련번호·사육가축에 찍힌 화인·명찰·문패 등도 문서에 해당하지 아니한다.

한편 사람의 사상이나 관념은 어느 정도 계속적으로 표시되어야 한다. 왜냐하면 계속성이 있어야 권리·의무나 사실증명의 기능을 할 수 있기 때문이다. 그러므로 구두에 의한 표현, 백사장 등에 써놓은 글씨, 흑판이나 화이트보드에 쓴 강의안 등은 계속성이 없으므로 문서에 해당하지 아니한다. 그러나 계속성이 있는 경우에는 반드시 잉크와 같이 지우기 어려운 필기수단에 의한 것뿐만 아니라 연필에 의해 작성된 것도 문서이다. 의사표시를 담고 있는 물체는 종이뿐만 아니라 목판·피혁·석재·도기(陶器) 등이라도 무방하다. 컴퓨터 모니터 화면에 나타나는 이미지는 이미지 파일을 보기 위한 프로그램을 실행할 경우에 그때마다 전자적 반응을 일으켜 화면에 나타나는 것에 지나지 아니하여 문서에 관한 죄에 있어서의 문서에 해당하지 아니한다.[3] 하지만 그 이미지 파일을 프린터로 출력하면 문서가 된다.[4]

---

1) 대법원 2006. 1. 26. 선고 2004도788 판결; 대법원 1995. 9. 5. 선고 95도1269 판결; 대법원 1985. 6. 25. 선고 85도758 판결.

2) 대법원 2000. 8. 22. 선고 2000도2393 판결(십지지문 지문대조표는 수사기관이 피의자의 신원을 특정하고 지문대조조회를 하기 위하여 직무상 작성하는 서류로서 비록 자서란에 피의자로 하여금 스스로 성명 등의 인적사항을 기재하도록 하고 있다 하더라도 이를 사문서로 볼 수는 없다).

3) 대법원 2010. 7. 15. 선고 2010도6068 판결(졸업증명서 파일은 그 파일을 보기 위하여 일정한 프로그램을 실행하여 모니터 등에 이미지 영상을 나타나게 하여야 하므로, 파일 그 자체는 형법상 문서에 관한 죄에 있어서의 문서에 해당되지 않는다); 대법원 2008. 4. 10. 선고 2008도1013 판결(컴퓨터 스캔 작업을 통하여 만들어낸 공인중개사

ⓛ **표시의 수단**　　사람의 사상이나 관념은 문자 또는 가독적 부호에 의하여야 한다. 여기서 문자는 한글 이외에 외국어·고대문자 등을 포함한다. '가독적 부호'란 시각을 통해 읽을 수 있는 부호를 말한다. 예를 들면 수학기호·전신부호·속기용부호·맹인용 점자 등이 이에 해당한다. 부호는 어느 정도의 다수의 사람이 알 수 있는 부호여야 하므로, 특정 소수의 사람 사이에 의사연락을 위한 암호나 기호 등으로 작성된 서류는 문서가 아니다. 또한 청각적 방법에 의하여 그 내용을 이해할 수 있는 음반·녹음테이프 등은 문서가 아니다.

ⓒ **표시의 방법 및 정도**　　사상이나 관념은 반드시 문장으로 표시될 필요까지는 없다. 사상이나 관념이 구체적·확정적으로 표시되어야 하는 것은 아니다. 사람의 동일성을 표시하기 위하여 사용되는 일정한 상형인 인장이나 사람의 인격상의 동일성 이외의 사항에 대해서 그 동일성을 증명하기 위한 부호인 기호와는 구분되며, 의사표시가 약식으로 이루어져 있는 이른바 생략문서도 그것이 사람 등의 동일성을 나타내는 데에 그치지 않고, 그 이외의 사항도 증명·표시하는 한 인장이나 기호가 아니라 문서로서 취급하여야 한다.[1] 그러므로 우체국의 접수일부인 (接受日附印)[2]·구청 세무계장 명의의 소인[3]·백지위임장·등기필증·수하물인환증·전세계약서의 확정일자인·입금전표·지급전표 등과 같은 생략문서도 문서가 될 수 있다. 예술가의 서명이나 낙관 등은 문서가 아니라 인장에 속한다.

② **증명적 요소**

사상이나 관념이 표시된 물체가 권리·의무나 사실을 객관적으로 증명을 할 수 있는 것이어야 하고(객관적 증명능력), 그 물체를 작성·사용하는 사람에게 권리·의무나 사실을 증명할 의사 (주관적 증명의사)가 필요하다.[4] 우선 문서에 의하여 표시된 내용이 법적으로 중요한 사실을 증명할 수 있다는 법률관계 내지 사회생활상 중요한 사항을 증명할 수 있어야 한다(객관적 증명능력). '법률관계를 증명하는 문서'란 문서에 기재된 사상이나 관념의 표현이 권리·의무의 발생·변경·소멸이나 사실의 존부 등을 증명할 수 있다는 것을 말한다. 예를 들면 매매계약서·신청서·청구서·영수증·위임장·고소장·고발장 등이 이에 해당한다. '사회생활상 중요한 사항을 증명하

자격증의 이미지 파일은 전자기록으로서 전자기록 장치에 전자적 형태로서 고정되어 계속성이 있다고 볼 수는 있으나, 그러한 형태는 그 자체로서 시각적 방법에 의해 이해할 수 있는 것이 아니어서 이를 문서로 보기는 어렵다); 대법원 2007. 11. 29. 선고 2007도7480 판결.

4) 대법원 2011. 11. 10. 선고 2011도10468 판결(피고인이 사무실전세계약서 원본을 스캐너로 복사하여 컴퓨터 화면에 띄운 후 그 보증금액란을 공란으로 만든 다음 이를 프린터로 출력하여 검정색 볼펜으로 보증금액을 '삼천만원 (30,000,000원)'으로 변조하고, 이와 같이 변조된 사무실전세계약서를 팩스로 송부하여 행사하였다. 이 부분 공소사실에서 적시된 범죄사실은 '컴퓨터 모니터 화면상의 이미지'를 변조하고 이를 행사한 행위가 아니라 '프린터로 출력된 문서'인 사무실전세계약서를 변조하고 이를 행사한 행위임을 알 수 있다).

1) 대법원 1995. 9. 5. 선고 95도1269 판결.

2) 대법원 1979. 10. 30. 선고 77도1879 판결.

3) 대법원 1995. 9. 5. 선고 95도1269 판결.

4) 반면에 문서로서의 요건 가운데 하나인 증명기능을 객관적으로 갖추고 있는데도 작성자가 증명기능을 부여할 의도를 가지고 있지 않다고 해서 문서가 아니라고 하기에는 곤란하다는 견해로는 김성천/김형준, 672면.

는 문서'란 권리·의무 이외의 사항으로서 거래상 중요한 사실증명에서 사용될 수 있는 문서를 말한다. 예를 들면 신분증·가족관계증명서·주민등록표·추천서·이력서·계산서·회의록 등이 이에 해당한다. 하지만 소설이나 시 등 예술작품·개인의 일기장·비망록·연애편지·축하편지·강의안 등은 권리·의무나 사실을 증명하지 않기 때문에 문서에 해당하지 아니한다. 한편 문서의 증명능력은 진정문서를 전제로 한다. 그러므로 부진정문서의 작성은 문서에 관한 죄를 구성하지만, 부진정문서 그 자체는 문서위조의 객체가 될 수 없다.[1]

다음으로 문서는 법률관계 내지 사회생활상의 중요한 사실관계를 증명하기 위한 증명의사에 기하여 작성된 것이어야 한다(주관적 증명의사). 이러한 증명의사는 확정적이어야 한다. 그러므로 확정적 증명의사가 없는 초안은 문서가 아니다. 그러나 가계약서·가영수증 등은 가계약 또는 가영수를 증명하겠다는 확정적 의사가 표현된 것이므로 문서라고 할 수 있다. 처음부터 증명의사로 작성된 경우(목적문서)뿐만 아니라 증명의사가 사후적으로 생기더라도 증명의사가 발생한 후부터는 문서(우연문서)가 된다. 예를 들면 모든 공문서 또는 명예훼손사실이 기재된 문서는 목적문서에 해당하며, 개인편지·비망록 등과 같이 처음에는 증명의사 없이 작성된 것이라고 할지라도 범죄사실을 입증하기 위하여 법원에 제출된 이후부터는 증명의사가 존재하기 때문에 문서(우연문서)가 된다.

③ 보장적 요소

문서에는 사상이나 관념의 주체인 작성명의인이 표시되어야 하는데, 이를 문서의 보장적 요소라고 한다. 그러므로 작성명의인이 없는 것은 문서가 아니다. 왜냐하면 문서에 대한 공공의 신용은 작성명의인의 신용에 의존하기 때문이다. 예를 들면 투서와 같은 익명의 사상표현은 명의인의 의사표시가 보장되어 있지 않기 때문에 문서에 해당하지 아니한다. '작성명의인'이란 실제로 문서를 작성한 자가 아니라 문서에 표시된 사상 내지 관념을 표시하는 주체를 말한다. 왜냐하면 문서는 대리인이 작성하여도 무방하기 때문이다. 이러한 작성명의인은 법인이나 법인격 없는 단체라도 무방하다.[2] 또한 작성명의인은 특정되어야 한다. 문서에 작성명의인이 명시되어 있지는 아니하더라도 문서의 내용·형식·체제 등에 비추어 그 문서 자체에 의하여 그 작성명의인을 판별할 수 있다면 문서로 볼 수 있다.[3] 그러므로 문서에 명의인의 서명·날인이 있어야 할 필요는 없다.[4]

---

1) 대법원 1986. 11. 11. 선고 86도1984 판결(공문서변조라 함은 권한 없이 이미 진정하게 성립된 공무원 또는 공무소명의의 문서내용에 대하여 그 동일성을 해하지 아니할 정도로 변경을 가하는 것을 말한다고 할 것이므로 이미 허위로 작성된 공문서는 형법 제225조 소정의 공문서변조죄의 객체가 되지 아니한다).

2) 대법원 2008. 11. 27. 선고 2006도2016 판결(주식회사의 대표이사가 그 대표 자격을 표시하는 방식으로 작성한 문서에 표현된 의사 또는 관념이 귀속되는 주체는 대표이사 개인이 아닌 주식회사이므로, 그 문서의 명의자는 주식회사이다).

3) 대법원 2019. 3. 14. 선고 2018도18646 판결; 대법원 2009. 3. 26. 선고 2008도6895 판결; 대법원 1995. 11. 10. 선고 95도2088 판결; 대법원 1992. 5. 26. 선고 92도353 판결; 대법원 1973. 9. 29. 선고 73도1765 판결.

4) 대법원 2000. 2. 11. 선고 99도4819 판결; 대법원 1989. 8. 8. 선고 88도2209 판결(사문서의 작성명의자의 인장이 압날되지 아니하고 주민등록번호가 기재되지 않았더라도, 일반인으로 하여금 그 작성명의자가 진정하게 작성한

　　한편 작성명의인은 실재함을 요하지 아니한다. 그러므로 작성명의인이 실재하지 않는 허무
인이거나 문서의 작성일자 전에 이미 사망하였다고 하더라도 그러한 문서 역시 공공의 신용을
해할 위험성이 있으므로 문서위조죄가 성립하는데, 이는 공문서뿐만 아니라 사문서의 경우에도
마찬가지라고 보아야 한다.[1] 하지만 객관적으로 명백하게 허무인 명의의 문서라고 판단될 경
우에는 문서라고 할 수 없다. 예를 들면 염라대왕 명의의 문서가 이에 해당할 것이다.

　　문서의 의사표시를 보장하기 위해서는 원칙적으로 작성명의인의 사상이나 관념을 표시한
물체 그 자체여야 하고 원본임을 요한다. 그러므로 작성명의인이 일정한 증명을 위하여 처음부
터 수통의 문서로 작성한 복본을 제외한 필사본·등본·초본 등은 원본과 동일한 문서임이 인증
되지 않으면 문서가 될 수 없다.[2]

　　복사문서의 문서성 여부에 대한 논란은 대법원 전원합의체 판결[3] 이후 1995. 12. 29. 형법
개정을 통하여 제237조의2를 신설하여 입법적으로 해결되었다. 즉 사진기나 복사기 등을 사용
하여 기계적인 방법에 의하여 원본을 복사한 문서, 이른바 복사문서는 사본이더라도 필기의 방
법 등에 의한 단순한 사본과는 달리 복사자의 의식이 개재할 여지가 없고, 그 내용에서부터 규
모·형태에 이르기까지 원본을 실제 그대로 재현하여 보여주므로 관계자로 하여금 그와 동일한
원본이 존재하는 것으로 믿게 할 뿐만 아니라 그 내용에 있어서도 원본 그 자체를 대하는 것과
같은 감각적 인식을 가지게 하고, 나아가 오늘날 일상거래에서 복사문서가 원본에 대신하는 증
명수단으로서의 기능이 증대되고 있는 실정에 비추어 볼 때 이에 대한 사회적 신용을 보호할
필요가 있으므로 복사한 문서의 사본은 문서위조 및 동행사죄의 객체인 문서에 해당한다.[4] 사
본을 다시 복사한 재사본도 본죄의 객체가 된다.

　　사문서로 믿기에 충분할 정도의 형식과 외관을 갖추었으면 사문서위조죄 및 동행사죄의 객체가 되는 사문서라고
　　보아야 한다); 대법원 1975. 6. 24. 선고 73도3432 판결.
1) 대법원 2005. 2. 24. 선고 2002도18 전원합의체 판결. 同旨 대법원 2011. 9. 29. 선고 2011도6223 판결(문서위조죄
　　는 문서의 진정에 대한 공공의 신용을 보호법익으로 하는 것이므로 행사할 목적으로 작성된 사문서가 일반인으
　　로 하여금 당해 명의인의 권한 내에서 작성된 문서라고 믿게 할 수 있는 정도의 형식과 외관을 갖추고 있으면
　　사문서위조죄가 성립하고, 위와 같은 요건을 구비한 이상 명의인이 문서의 작성일자 전에 이미 사망하였더라도
　　그러한 문서 역시 공공의 신용을 해할 위험성이 있으므로 사문서위조죄가 성립한다. 위와 같이 사망한 사람 명의
　　의 사문서에 대하여도 문서에 대한 공공의 신용을 보호할 필요가 있다는 점을 고려하면, 문서명의인이 이미 사망
　　하였는데도 문서명의인이 생존하고 있다는 점이 문서의 중요한 내용을 이루거나 그 점을 전제로 문서가 작성되
　　었다면 이미 문서에 관한 공공의 신용을 해할 위험이 발생하였다 할 것이므로, 그러한 내용의 문서에 관하여 사망
　　한 명의자의 승낙이 추정된다는 이유로 사문서위조죄의 성립을 부정할 수는 없다); 대법원 2005. 3. 25. 선고 2003
　　도4943 판결(해산등기를 마쳐 그 법인격이 소멸한 법인 명의의 사문서를 위조한 행위가 사문서위조죄에 해당된
　　다).
2) 대법원 1988. 1. 19. 선고 87도1217 판결(위조된 매매계약서를 피고인으로부터 교부받은 변호사가 복사본을 작성
　　하여 원본과 동일한 문서임을 인증한 다음 소장에 첨부하여 법원에 제출함으로써 위조문서행사죄는 성립된다).
3) 대법원 1989. 9. 12. 선고 87도506 전원합의체 판결.
4) 대법원 1996. 5. 14. 선고 96도785 판결.

3) 본죄의 객체로서 공문서 및 공도화

① 공문서

'공문서'란 우리나라의 공무원 또는 공무소가 직무에 관하여 작성한 것으로서 공무원 또는 공무소가 작성명의인인 문서를 말한다. 여기서 '공무원'이란 국가기관 또는 지방자치단체와 공법상 근무관계에 있는 자를 말한다. 직무 권한의 근거는 반드시 법률에 한정되는 것은 아니고 명령·내규·관례를 포함한다.[1] 법률에 의하여 공무원 등으로 의제되는 경우에 있어서 이들도 본죄에서 말하는 공무원에 해당한다.[2]

'공무소'란 공무원이 직무를 수행하는 곳을 말한다. 그러나 이는 유형의 장소와 같은 물질적인 시설을 의미하는 것이 아니라 국가 또는 공공단체의 의사를 결정하는 권한을 가진 제도로서의 기관을 말한다. 예를 들면 등기권리증에 표시된 등기필 및 그 위에 찍힌 직인은 공무소가 작성한 공문서이지만, 등기소에서 발행한 등기부등본은 등기소의 직무담당자인 공무원이 작성한 공문서인 것이다. 같은 맥락에서 법무부장관 명의의 변호사시험합격증은 공무소가 작성한 문서이지만, 판사 명의의 구속영장은 공무원이 작성한 문서에 해당한다. 공무소는 모든 국가기관·공공단체·특별법상의 공사·국책은행 등 공무에 관하여 의사를 결정하고 표시할 수 있는 기관을 포함하기 때문에 행정관청과 같은 행정기관보다 넓은 개념이라고 할 수 있다.

외국의 공무원 또는 공무소의 문서 또는 도화는 공문서가 아니라 사문서에 해당한다. 또한 그 행위주체가 공무원과 공무소가 아닌 경우에는 형법 또는 기타 특별법에 의하여 공무원 등으로 의제되는 경우를 제외하고는 계약 등에 의하여 공무와 관련되는 업무를 일부 대행하는 경우가 있다고 하더라도 공무원 또는 공무소가 될 수는 없다. 그러므로 계약 등에 의하여 공무와 관련되는 업무를 일부 대행하는 자가 작성한 문서, 선박안전기술공단이 해양수산부장관을 대행하여 이사장 명의로 발급하는 선박검사증서[3], 화물자동차운송사업협회가 공무수행의 일환으로

---

1) 대법원 1984. 3. 27. 선고 83도2892 판결.

2) 대법원 2021. 3. 11. 선고 2020도14666 판결(「금융위원회의 설치 등에 관한 법률」(이하 '금융위원회법'이라고 한다) 제69조는 금융위원회 위원 또는 증권선물위원회 위원으로서 공무원이 아닌 사람과 금융감독원의 집행간부 및 직원은 형법이나 그 밖의 법률에 따른 벌칙을 적용할 때에는 공무원으로 보고(제1항), 제1항에 따라 공무원으로 보는 직원의 범위는 대통령령으로 정한다(제2항)고 규정하고 있다. … 위 규정은 금융위원회법 제37조에서 정한 업무에 종사하는 금융감독원장 등 금융감독원의 집행간부 및 실·국장급 부서의 장 등 금융위원회법 시행령에서 정한 직원에게 공무원과 동일한 책임을 부담시킴과 동시에 그들을 공무원과 동일하게 보호해 주기 위한 필요에서 모든 벌칙의 적용에 있어서 공무원으로 본다고 해석함이 타당하다. 따라서 금융위원회법 제69조 제1항에서 말하는 벌칙에는 금융감독원장 등 금융감독원의 집행간부 및 위 직원들이 지위를 남용하여 범법행위를 한 경우에 적용할 벌칙만을 말하는 것이 아니라, 제3자가 금융감독원장 등 금융감독원의 집행간부 및 위 직원들에 대하여 범법행위를 한 경우에 적용할 벌칙과 같이 피해자인 금융감독원장 등 금융감독원의 집행간부 및 위 직원들을 보호하기 위한 벌칙도 포함되는 것으로 풀이하여야 한다. 그렇다면 금융위원회법 제29조, 제69조 제1항에서 정한 금융감독원 집행간부인 금융감독원장 명의의 문서를 위조, 행사한 행위는 사문서위조죄, 위조사문서행사죄에 해당하는 것이 아니라 공문서위조죄, 위조공문서행사죄에 해당한다).

3) 대법원 2016. 1. 14. 선고 2015도9133 판결(선박안전법 제60조 제1항은 '해양수산부장관은 선박검사 및 선박검사증서의 교부 등에 관한 업무를 선박안전기술공단과 협정을 체결하는 방식으로 공단에게 대행하게 할 수 있다.'라고 규정하고 있다. 이 규정에 따라 공단이 해양수산부장관의 업무를 대행하는 경우에 관하여 선박안전법 제82조는 '제60조 제1항 등의 규정에 따른 대행검사기관의 임원 및 직원은 형법 제129조 내지 제132조의 적용에 있어

작성하여 발급한 대폐차수리통보서[1], 사서증서의 기재내용, 지방세의 수납업무를 일부 관장하는 시중은행의 세금수납영수증[2], 공립학교의 교원실태조사카드의 교사작성 부분[3] 등은 공문서에 해당하지 아니한다.

공무원 또는 공무소가 실존하지 아니하여도 그 공무소가 실존하고 그 산하 공무원이 실존하는 것으로 일반인이 오인할 우려가 있으며 그 이름의 문서가 실존하는 공무원이 작성한 문서로 볼 수 있는 정도의 형식과 외관을 갖춘 이상 공문서위조죄가 성립하고[4], 위조된 문서가 일반인으로 하여금 공문서 또는 공무원의 직무권한 내에서 작성된 것으로 믿게 할 수 있는 형식과 외관을 갖추고 있는 경우에는 설령 이러한 문서가 존재하지 않는 경우에도 공문서위조죄가 성립된다.[5]

공무원 또는 공무소가 작성명의인이라고 하더라도 직무상 작성된 것이 아니라 개인의 자격에서 작성된 것이라면 공문서가 아니라 사문서에 해당한다. 예를 들면 공무원의 개인 채무부담의 의사표시가 이에 해당한다. 그러나 직무상 작성된 것이면 족하고 그 내용이 공법관계인지 사법관계인지, 대외적인 문서인지 대내적인 문서인지 등은 묻지 아니한다. 예를 들면 사서증서 인증서 중 인증기재 부분[6], 주민등록증, 주민등록표등본, 인감증명서, 공립학교의 교원실태조사카드의 학교장 작성부분[7], 국립경찰병원장 명의의 진단서, 면장명의의 주거표 및 주거표이송부, 이장이 직무에 관하여 작성하는 문서, 증인신문조서, 공무원증, 국립대학교 학생증[8], 국립대학교 교수가 작성한 연구보고서[9], 운전면허증, 여권, 토지대장, 공사를 발주한 관서의 장을 대리하여 현장에 주재하며 공사 전반에 관한 감독업무에 종사하는 공사감독관의 지위에서 직무상 작성하는 문서로서 당해 관할관청에 비치하여야 할 공사감독일지[10], 간이절차에 의한 민

공무원으로 본다'고 규정하고 있을 뿐이고, 그 밖에 공단의 임직원을 공문서위조죄나 허위공문서작성죄에서의 공문서 작성 주체인 공무원으로 의제하거나 공단이 발급하는 선박검사증서를 공문서로 의제하는 취지의 명문규정은 없다. 그러므로 공단이 선박안전법 제60조 제1항에 따라 해양수산부장관의 선박검사업무 등을 대행하면서 선박검사증서를 발급하더라도 그 업무를 수행하는 공단 임직원을 공문서의 작성 주체인 공무원으로 볼 수는 없다).

1) 대법원 2016. 3. 24. 선고 2015도15842 판결(협회의 임원과 직원이 화물자동차법령에 따라 국토해양부장관으로부터 '화물자동차법 제3조 제3항 단서에 따른 허가사항 변경신고'에 관한 업무를 위탁받았더라도 형법 제225조의 공문서위조죄나 형법 제227조의 허위공문서작성죄의 주체인 공무원이 될 수 없고, 그 공무원이 아닌 협회 이사장이 작성한 대폐차수리통보서는 사문서에 해당한다).
2) 대법원 1996. 3. 26. 선고 95도3073 판결.
3) 대법원 1991. 9. 24. 선고 91도1733 판결.
4) 대법원 1976. 9. 14. 선고 76도1767 판결; 대법원 1968. 9. 17. 선고 68도981 판결.
5) 대법원 1964. 8. 31. 선고 64도308 판결.
6) 대법원 2005. 3. 24. 선고 2003도2144 판결.
7) 대법원 1991. 9. 24. 선고 91도1733 판결.
8) 반면에 국·공립대학교와 사립대학교에 의한 공·사문서의 구별을 부정하는 견해로는 김일수/서보학, 593면.
9) 대법원 2005. 10. 14. 선고 2003도1154 판결(피고인의 연구 활동이, 국립대학인 전북대학교 소속 교수로서 교육공무원 신분인 피고인이 전북대학교의 연구사업 수행을 위하여 행한 피고인의 직무 집행 행위에 해당하는 이상, 그 직무 집행 중 권한 범위 내에서 작성한 각 연구보고서는 모두 공문서에 해당하는 것이다).
10) 대법원 1989. 12. 12. 선고 89도1253 판결.

사분쟁사건처리특례법에 의하여 공증인가 합동법률사무소가 작성한 사서증서에 관한 인증서[1], 자동차등록증의 '비고'란[2] 등은 공문서에 해당한다.

② 공도화

'도화'란 문자 이외의 상형적 부호에 의하여 기재자의 사상이나 관념이 물체에 화체되어 표현된 것을 말한다. 하지만 단순한 미술작품으로서의 회화는 증명적 기능이 없으므로 도화에 해당하지 아니한다. 화가가 낙관을 위조하여 쓰거나 가짜 인장을 날인한 회화를 작성한 경우에는 인장·서명위조죄에 해당하고, 문서·도화위조죄는 성립하지 아니한다. '공도화'란 공무원 또는 공무소가 직무에 관하여 작성한 도화를 말한다. 예를 들면 토지경계도·도로측량도·지적도·건축설계도·도시계획도·인낙조서(認諾調書)에 첨부되어 있는 도면 및 그 사본[3]·가환지(假換地)를 표시한 경지정리확정지구 원도 등이 이에 해당한다.

(3) 행 위

1) 위 조

'위조'란 공문서를 작성할 권한이 없는 자가 공무원 또는 공무소 명의를 모용('함부로 사용')하여 문서를 작성하는 것을 말한다. 이는 유형위조에 해당한다. 일반인이 공무원 또는 공무소의 권한 내에서 작성된 문서라고 믿을 수 있는 형식과 외관을 구비한 문서를 작성하면 본죄가 성립하고[4], 반드시 공문서의 발행번호나 공무원의 서명날인이 있을 것을 요하지 아니한다.[5] 특정한 사항에 관하여 공문서를 보충기재 할 권한만 위임되어 있는 자가 동 공문서를 허위로 작성한 경우에도 본죄가 성립한다.[6]

작성명의를 모용하여야 하므로 작성명의의 모용이 없는 경우에는 위조가 될 수 없다. 그러므로 어느 문서의 작성권한을 갖는 공무원이 그 문서의 기재 사항을 인식하고 그 문서를 작성

---

1) 대법원 1992. 10. 13. 선고 92도1064 판결; 대법원 1977. 8. 23. 선고 74도2715 판결.

2) 대법원 2016. 3. 24. 선고 2014도6287 판결.

3) 대법원 2000. 11. 10. 선고 2000도3033 판결(인낙조서에 첨부되어 있는 도면 및 그 사본에 임의로 그은 점선은 인낙조서 본문이나 도면에서 그에 대한 설명이 없는 이상 특정한 의미 내용을 갖지 아니한 단순한 도형에 불과하여 그 자체로서 새로운 증명력이 작출하게 된다고 할 수 없다는 이유로 그와 같은 점선을 그은 행위가 문서의 손괴에 해당할 수 있음은 별론으로 하고, 공도화로서의 공공적 신용을 해할 위험이 있는 공도화변조죄에 해당한다고 할 수 없다).

4) 대법원 1992. 11. 27. 선고 92도2226 판결.

5) 대법원 1987. 9. 22. 선고 87도1443 판결(피고인이 국립경찰병원장 명의의 진단서에 직인과 계인을 날인하고 환자의 성명과 병명 및 향후치료소견을 기재하였다면 비록 진단서 발행번호나 의사의 서명날인이 없더라도 이는 공문서로서 형식과 외관을 구비하였으므로 공문서위조죄가 성립한다); 대법원 1965. 10. 5. 선고 65도704 판결(호적담당서기 밑에서 그를 보좌하는 직무에 종사하는 자가 읍장의 직인을 함부로 사용하여 부정한 호적등본을 작성한 경우에 공문서위조죄가 성립함은 모르되 허위공문서작성죄는 성립하지 않는다).

6) 대법원 1984. 9. 11. 선고 84도368 판결(군청소속의 도축장 검사원에게 군수명의로 된 백지의 지방우육 서울반출증을 보관하면서 적법한 도축신청과 서울축산기업 납세조합에서 발행한 지방우육 서울반입 실수요자확인증의 제출이 있는 경우에 한하여 위 백지반출증에 실수요자증명서의 발행번호와 반출증의 발행일자, 유효기간 등을 보충기재하여 반입실수요자에 교부할 권한만이 위임되어 있었던 경우라면 동 검사원에게 위 반출증의 작성권한이 위임되어 있다고 볼 수 없으므로 동 검사원이 적법한 도축신청과 실수요자확인증의 제출이 없음에도 허위의 반출증을 작성교부하였다면 공문서위조죄가 성립한다).

할 의사로써 이에 서명·날인하였다면, 설령 그 서명·날인이 타인의 기망으로 착오에 빠진 결과 그 문서의 기재사항이 진실에 반함을 알지 못한 데 기인한다고 하여도, 그 문서의 성립은 진정하며 여기에 하등 작성명의를 모용한 사실이 있다고 할 수는 없으므로, 공무원 아닌 자가 관공서에 허위 내용의 증명원을 제출하여 그 내용이 허위인 정을 모르는 담당공무원으로부터 그 증명원 내용과 같은 증명서를 발급받은 경우 공문서위조죄의 간접정범으로 의율할 수는 없다.[1] 또한 권한 없이 작성해야 하므로 권한이 있는 자가 허위의 문서를 작성한 경우에는 본죄가 아니라 허위공문서작성죄(제227조)가 성립한다.[2] 한편 종량제 쓰레기봉투에 인쇄할 시장 명의의 문안이 새겨진 필름을 제조하는 행위에 그친 경우에는 아직 위 시장 명의의 공문서인 종량제 쓰레기봉투를 위조하는 범행의 실행의 착수에 이르지 아니한 것으로서 그 준비단계에 불과한 것으로 보아야 한다.[3]

판례에 의하면, ① 진정한 문서의 사본을 전자복사기를 이용하여 복사하면서 일부 조작을 가하여 그 사본 내용과 전혀 다르게 만든 경우[4], ② 타인의 주민등록증사본의 사진란에 피고인의 사진을 붙여 복사한 경우[5], ③ 유효기간이 경과하여 무효가 된 공문서상에 '정정의 경우에는 무효로 한다'는 기재가 있다고 하더라도 이는 작성권한 없는 자의 정정을 무효로 한다는 취지로 보아야 할 것이므로 권한 없는 자가 그 유효기간과 발행일자를 정정하고 그 부분에 작성권한자의 직인을 압날하여 공문서를 작성한 경우[6], ④ 운전면허증이나 주민등록증의 사진을 떼어내고 타인의 사진을 붙인 경우[7] 등에 있어서는 본죄가 성립한다.
하지만 ① 식당의 주·부식 구입 업무를 담당하는 공무원이 주·부식구입요구서의 과장결재란에 권한 없이 자신의 서명을 한 경우[8], ② 공문서인 기안문서의 작성권한자가 직접 이에 서명하지 않고 피고인에게 지시하여 자기의 서명을 흉내내어 기안문서의 결재란에 대신 서명하게 한 경우[9] 등에 있어서는 본죄가 성립하지 아니한다.

2) 변 조

'변조'란 권한 없는 자가 공무소 또는 공무원이 이미 작성한 문서 또는 도화의 내용에 대하

---

1) 대법원 2001. 3. 9. 선고 2000도938 판결.
2) 대법원 1997. 7. 11. 선고 97도1082 판결(인감증명서 발급업무를 담당하는 공무원이 발급을 신청한 본인이 직접 출두한 바 없음에도 불구하고 본인이 직접 신청하여 발급받은 것처럼 인감증명서에 기재하였다면, 이는 공문서위조죄가 아닌 허위공문서작성죄를 구성한다).
3) 대법원 2007. 2. 23. 선고 2005도7430 판결.
4) 대법원 2004. 10. 28. 선고 2004도5183 판결(피고인이 타인의 주민등록증을 이용하여 주민등록증상 이름과 사진을 하얀 종이로 가린 후 복사기로 복사를 하고, 다시 컴퓨터를 이용하여 위조하고자 하는 당사자의 인적사항과 주소, 발급일자를 기재한 후 덮어쓰기를 하여 이를 다시 복사하는 방식으로 전혀 별개의 주민등록증사본을 창출시킨 사실을 인정한 다음, 그 사본 또한 공문서위조 및 행사죄의 객체가 되는 공문서에 해당한다).
5) 대법원 2000. 9. 5. 선고 2000도2855 판결.
6) 대법원 1980. 11. 11. 선고 80도2126 판결.
7) 대법원 1991. 9. 10. 선고 91도1610 판결.
8) 대법원 2008. 1. 17. 선고 2007도6987 판결.
9) 대법원 1983. 5. 24. 선고 82도1426 판결.

여 동일성을 해하지 않을 정도로 변경을 가하여 새로운 증명력을 작출하게 하는 것을 말한다. 공문서에 첨부한 도면에 간인이 날인되지 아니하였다는 이유만으로 그 도면을 공문서의 일부가 아니라고 볼 수 없다.[1] 하지만 이미 허위로 작성된 공문서는 공문서변조죄의 객체가 되지 아니하고[2], 공문서의 일부만을 복사한 행위도 공문서변조죄에 해당되지 아니한다.[3]

변조는 문서의 동일성을 유지하는 범위 내에서 이루어져야 하기 때문에, 문서의 동일성이 유지되지 않고 새로운 문서의 작성이라고 볼 수 있을 때에는 변조가 아니라 위조가 된다. 변조가 되기 위해서는 진정한 문서라고 오인될 정도의 형식과 외관을 갖추어야 하고, 이에 이르지 못한 경우에는 변조라고 할 수 없다. 또한 지극히 경미한 사항을 고친 경우에도 변조라고 할 수 없다.[4]

판례에 의하면, ① 건축허가서에 첨부된 설계도면을 떼내고 건축사협회의 도면등록 일부인을 건축허가 신청 당시 일자로 소급하여 새로 작성한 설계도면을 그 자리에 가철한 경우[5], ② 재산세 과세대장의 작성 권한이 있던 자가 인사이동되어 그 권한이 없어진 후 그 기재내용을 변경한 경우[6], ③ 최종 결재권자를 보조하는 기안담당자가 토지가격 감정의뢰서에 첨부된 재산명세서상에 일부 기재가 누락된 토지가 있었으나 그 감정의뢰에 따른 감정을 하는 과정에서 그 누락사실이 발견되어 감정평가사가 그 토지까지 감정하여 작성한 감정평가서를 송부하여 오자, 사후에 이를 일치시킨다는 생각에서 위 재산명세서상에 그 누락된 토지들을 추가기재하였더라도 그 과정에서 적법한 절차를 거침이 없이 임의로 결재된 원문서에 없는 사항을 추가기재한 경우[7], ④ 피고인이 공소외 2로부터 돈을 빌리면서 부동산에 관하여 2013. 1. 23. 접수 근저당권설정등기를, 2013. 2. 6. 접수 소유권이전담보가등기를 각각 마친 후 위 근저당권설정등기와 소유권이전담보가등기가 되기 전인 2013년 1월 무렵 인터넷을 통하여 열람한 부동산에 관한 등기사항전부증명서를 출력하였고, 2015년 8월말 무렵 다시 돈을 빌리면서 담보로 제시하기 위하여 변경 전 등기사항전부증명서 하단의 열람일시를 수정 테이프로 지우고 복사해 두었는데, 2016. 8. 10. 공소외 3으로부터 돈을 빌리면서 위와 같이 열람일시를 지우고 복사해 두었던 등기사항전부증명서를 교부한 경

---

1) 대법원 1985. 6. 25. 선고 85도540 판결.

2) 대법원 1986. 11. 11. 선고 86도1984 판결.

3) 대법원 2003. 12. 26. 선고 2002도7339 판결.

4) 대법원 1982. 10. 12. 선고 82도1485 판결(군의 지적계장인 피고인이 공소외 甲으로부터 항의를 받고 공소외인이 소지한 등기부등본 및 종전의 토지대장과 공유지연명부등을 모두 대조 해 본 결과 이 사건 토지가 분할될 당시 공유지연명부의 정리가 누락된 것을 발견하고 공소외인의 주장이 사실에 부합하여 신속한 민원처리의 목적으로 선처리, 후결재 받을 생각으로 내부결재를 받지 아니한 채 임의로 공소외인이 가지고 있던 토지대장의 공유지연명부의 지번과 고유번호를 정정해 주고 원장을 정정한 것인 바, 토지대장상의 등록사항의 정정에 내부결재를 필요하게 하는 취지가 그 내용의 정확성을 담보하는데 있다 할 것이고 공유지연명부상의 지번과 고유번호를 토지대장의 그것과 일치하도록 정정하는 행위는 경미한 사항이라 보지 않을 수 없고 그 정정하려는 내용이 진정한 이상 결재를 구하였으면 의당 허가결재가 되었을 것임이 분명한 이 사건에 있어서, 피고인의 위와 같은 정정행위는 공유지연명부의 정리에 관한 군수의 보조자로서의 권한을 초과한 행위라고 볼 수는 없다 할 것이므로 피고인이 정규적인 절차에 의한 사무처리를 하지 아니한 점을 들어 내부규율상의 책임을 묻는 것은 별론으로 하고 공문서변조의 책임을 지울 수는 없다).

5) 대법원 1982. 12. 14. 선고 81도81 판결.

6) 대법원 1996. 11. 22. 선고 96도1862 판결.

7) 대법원 1995. 3. 24. 선고 94도1112 판결.

우1) 등에 있어서는 본죄가 성립한다.

하지만 ① 복사된 내사결과보고서가 외견상 다른 문서의 일부분을 복사한 것일 가능성이 충분히 예상되고, 원본인 내사결과보고서의 표지와 '7. 건의' 부분의 내용이 복사된 내사결과보고서의 내용과 상충하여 원본 전체의 내용을 오인하게 할 가능성이 있는 경우에 해당한다고 보기 어려우므로 피고인이 이 사건 내사결과보고서를 복사하면서 표지를 제외하고 '건의'부분을 가린 채 복사하였다고 하여도 이를 기존 공문서에 새로운 증명력을 작출하는 행위로 볼 수 없다.2) ② 자신의 주민등록증 비닐커버 위에 검은색 볼펜을 사용하여 주민등록번호 전부를 덧기재하고 투명 테이프를 붙이는 방법으로 주민등록번호 중 출생연도를 나타내는 '71'을 '70'으로 고친 경우에는, 변조행위가 공문서 자체에 변경을 가한 것이 아니며 그 변조방법이 조잡하여 공문서에 대한 공공의 위험을 초래할 정도에 이르지 못하였다.3) ③ 인감의 증명을 신청함에 있어서 그 용도가 부동산매도용일 경우에는 부동산매수자란에 매수자의 성명, 주소 및 주민등록번호를 기재하여 신청하여야 하지만 그 이외의 경우에는 신청 당시 사용용도란을 기재하여야 하는 것은 아니고, 필요한 경우에 신청인이 직접 기재하여 사용하도록 되어 있으며, 사용용도에 따른 인감증명서의 유효기간에 관한 종전의 규정도 삭제되어 유효기간의 차이도 없으므로 인감증명서의 사용용도란의 기재는 증명청인 동장이 작성한 증명문구에 의하여 증명되는 부분과는 아무런 관계가 없다고 할 것이므로, 권한 없는 자가 임의로 인감증명서의 사용용도란의 기재를 고쳐 썼다고 하더라도 공무원 또는 공무소의 문서 내용에 대하여 변경을 가하여 새로운 증명력을 작출한 경우라고 볼 수 없다.4) ④ 당사자가 이혼의사확인서등본과 간인으로 연결된 이혼신고서를 떼어내고 원래 이혼신고서의 내용과는 다른 이혼신고서를 작성하여 이혼의사확인서등본과 함께 호적관서에 제출하였다고 하더라도, 공문서인 이혼의사확인서등본을 변조하였다거나 변조된 이혼의사확인서등본을 행사하였다고 할 수 없다.5)

(4) 주관적 구성요건

본죄가 성립하기 위해서는 고의 이외에 행사할 목적이 있어야 한다. '행사할 목적'이란 위조·변조된 공문서를 진정한 문서인 것처럼 사용할 목적, 즉 행사의 상대방이 누구인지 묻지 아니하고 그 상대방에게 문서의 진정에 대한 착오를 일으킬 목적이면 충분한 것이지 반드시 위조·변조 전의 그 문서의 본래의 용도에 사용할 목적에 한정되는 것은 아니다.6) 결재된 원안문서에 이미 기재되어 있음에도 이를 자세히 인정하지 않고 단순히 결재 때 빠진 것으로 생각

---

1) 대법원 2021. 2. 25. 선고 2018도19043 판결(등기사항전부증명서의 열람일시를 삭제하여 복사한 행위는 변경 전 등기사항전부증명서가 나타내는 관리·사실관계와 다른 새로운 증명력을 가진 문서를 만든 것에 해당하고 그로 인하여 공공적 신용을 해할 위험성도 발생하였다고 판단된다. 등기사항전부증명서의 열람일시는 등기부상 권리관계의 기준 일시를 나타내는 역할을 하는 것으로서 권리관계나 사실관계의 증명에서 중요한 부분에 해당한다. 열람일시의 기재가 있어 그 일시를 기준으로 한 부동산의 권리관계를 증명하는 등기사항전부증명서와 열람일시의 기재가 없어 부동산의 권리관계를 증명하는 기준 시점이 표시되지 않은 등기사항전부증명서 사이에는 증명하는 사실이나 증명력에 분명한 차이가 있다).
2) 대법원 2003. 12. 26. 선고 2002도7339 판결.
3) 대법원 1997. 3. 28. 선고 97도30 판결.
4) 대법원 2004. 8. 20. 선고 2004도2767 판결.
5) 대법원 2009. 1. 30. 선고 2006도7777 판결(가정법원의 서기관 등이 이혼의사확인서등본을 작성한 뒤 이를 이혼의사확인신청 당사자 쌍방에게 교부하면서 이혼신고서를 확인서등본 뒤에 첨부하여 그 직인을 간인하였다고 하더라도, 그러한 사정만으로 이혼신고서가 공문서인 이혼의사확인서등본의 일부가 되었다고 볼 수 없다).
6) 대법원 1995. 3. 24. 선고 94도1112 판결.

하고 가필변경할 권한이 없는 공무원이 원안에 없는 새로운 항을 만들어 중복되게 기재해 넣었다면 그 공문서를 변조한다는 인식이 있었다.[1] 그러나 가옥과세대장상의 용도구분을 변개하였다고 하더라도 결재권자인 면장의 사전지시와 승낙을 받아 내무부 고시에 따른 현장조사 확인을 한 후에 가옥과세대장을 사실대로 고쳐 적은데 지나지 아니하는 경우에는 공문서변조의 범의가 있다고 볼 수 없다.[2]

Ⅱ. 사문서위조·변조죄

> 제231조(사문서등의 위조·변조) 행사할 목적으로 권리·의무 또는 사실증명에 관한 타인의 문서 또는 도화를 위조 또는 변조한 자는 5년 이하의 징역 또는 1천만원 이하의 벌금에 처한다.
> 제235조(미수범) 제225조 내지 제234조의 미수범은 처벌한다.

1. 의의 및 보호법익

사문서위조·변조죄는 행사할 목적으로 권리·의무 또는 사실증명에 관한 타인의 문서 또는 도화를 위조 또는 변조함으로써 성립하는 범죄이다. 본죄의 보호법익은 사문서에 대한 공공의 신용과 거래의 안전이고, 보호의 정도는 추상적 위험범이다.

2. 구성요건

(1) 객 체

본죄의 객체는 권리·의무 또는 사실증명에 관한 타인의 문서 또는 도화이다. 형법은 모든 사인명의의 문서를 사문서·사도화에 관한 죄의 객체로 파악하는 것이 아니라 그 중에서 권리·의무와 사실증명에 관한 사문서·사도화만을 객체로 하고 있다. 여기서 권리·의무에 관한 문서를 처분문서, 사실증명에 관한 문서를 증명문서라고 한다. '사문서'란 사인의 명의로 작성된 문서를 말한다. 사문서의 명의인은 내·외국인을 불문한다.

'타인의 문서'란 타인 소유의 문서를 의미하는 것이 아니라 타인명의의 문서를 말한다. 즉 작성명의인이 범인과 그 공범자 이외의 자인 문서를 말한다. '권리·의무에 관한 문서'란 공·사법상의 권리의 발생·변경·소멸에 관한 사항을 기재한 문서를 말한다. 예를 들면 위임장·고소장·보증서·매매계약서·차용증서·영수증·예금청구서·여권발급신청서[3]·지급명령이의신청취하서·등기신청서류[4]·홍콩 경찰청 발행의 국제운전면허증[5]·일본 문부성이나 국립동경대학교 명의의 졸업

1) 대법원 1970. 12. 29. 선고 70도116 판결.
2) 대법원 1979. 8. 31. 선고 79도1572 판결.
3) 대법원 1970. 5. 12. 선고 70도708 판결.
4) 대법원 1970. 9. 22. 선고 70도1509 판결.
5) 대법원 1998. 4. 10. 선고 98도164 판결.

증명서 또는 학위증명서[1] · 지방세 수납업무 일부를 담당하는 시중은행 작성의 세금수납영수증[2] · 공무원 명의의 개인적인 매매계약서나 공무원의 사직원 또는 신원보증서[3] 등이 이에 해당한다.

'사실증명에 관한 문서'란 권리 · 의무에 관한 문서를 제외한 것으로서 사회생활상 거래의 중요한 사실을 증명하는 문서를 말한다.[4] 직접 법률적 관계가 있는 것이 아닐지라도 적어도 법률적으로 관련을 가질 가능성이 있으면 족하다. 예를 들면 회사의 사원증 · 사립학교의 학생증 · 이력서 · 추천서 · 안내장 · 성적증명서 · 세금영수필통지서에 날인된 소인 · 회사의 상업장부 · 기부금찬조자의 방명록 · 담뱃갑[5] 등이 이에 해당한다. 그러나 사상이나 관념이 표시되지 않고 사물의 동일성만을 표시하는 명함 · 문패 · 신발표 등은 본죄의 객체에 해당하지 아니한다. 거래상 중요한 사실을 증명하는 문서는 법률관계의 발생 · 존속 · 변경 · 소멸의 전후과정을 증명하는 것이 주된 취지인 문서뿐만 아니라 직접적인 법률관계에 단지 간접적으로만 연관된 의사표시 내지 권리 · 의무의 변동에 사실상으로만 영향을 줄 수 있는 의사표시를 내용으로 하는 문서도 포함될 수 있다. 이에 해당하는지 여부는 문서의 제목만을 고려할 것이 아니라 문서의 내용과 더불어 문서 작성자의 의도, 그 문서가 작성된 객관적인 상황, 문서에 적시된 사항과 그 행사가 예정된 상대방과의 관계 등을 종합적으로 고려하여 판단하여야 한다.[6]

본죄의 객체가 되는 문서가 권리 · 의무에 관한 것인지 아니면 사실증명에 관한 것인지, 그 문서의 진정한 작성명의자가 누구인지 여부는 문서의 표제나 명칭만으로 이를 판단하여서는 아니 되고, 문서의 형식과 외관은 물론 문서의 종류 · 내용 · 일반 거래에 있어서 그 문서가 가지는 기능 등 제반 사정을 종합적으로 참작하여 판단하여야 한다. 어떤 문서가 문중규약이라는 표제하에 작성되었다고 하여 이를 가리켜 일률적으로 문중원의 권리 · 의무에 관한 사문서라거

---

[1] 대법원 2003. 9. 26. 선고 2003도3729 판결.
[2] 대법원 1996. 3. 26. 선고 95도3078 판결.
[3] 대법원 1984. 3. 27. 선고 83도2892 판결.
[4] 대법원 2002. 12. 10. 선고 2002도5533 판결.
[5] 대법원 2010. 7. 29. 선고 2010도2705 판결(담뱃갑의 표면에 그 담배의 제조회사와 담배의 종류를 구별 · 확인할 수 있는 특유의 도안이 표시되어 있는 경우에는 일반적으로 그 담뱃갑의 도안을 기초로 특정 제조회사가 제조한 특정한 종류의 담배인지 여부를 판단하게 된다는 점에 비추어서도 그 담뱃갑은 적어도 그 담뱃갑 안에 들어 있는 담배가 특정 제조회사가 제조한 특정한 종류의 담배라는 사실을 증명하는 기능을 하고 있으므로, 그러한 담뱃갑은 문서 등 위조의 대상인 도화에 해당한다).
[6] 대법원 2012. 5. 9. 선고 2010도2690 판결; 대법원 2009. 4. 23. 선고 2008도8527 판결(피고인이 공소외 1의 명의를 도용하여, '한국○○작가협회 이사장에 당선된 공소외 2의 선거참모들이 자신들에 대하여 선거결과에 따른 적절한 인사상의 조치를 취해 줄 것을 요구하고 이에 응하지 않을 경우 이사장에게 불리한 모종의 행동에 나서겠다'는 취지의 건의문을 작성하여 공소외 2에게 행사하고, '공소외 3의 구체적인 잘못을 적시하면서 공소외 3을 교육원장에 임명한 것은 잘못이므로 교육원장 임명문제를 공론을 거쳐 재검토하도록 요구하고, 임시총회 소집, 인사청문회, 회원의 의사를 묻는 표결의 방법, 공모 등의 방법을 제시하며, 이런 건의가 묵살되고 말 경우, …시위와 결사행동을 할 것이며, 본 협회 지휘기관과 대중언론에 호소하고 나아가 회원서명 투쟁을 지속적으로 해나갈 것을 엄숙히 천명한다'는 등의 내용을 담은 호소문을 작성하여 협회 회원 1,700여 명에게 우편으로 송달한 사실을 알 수 있다. 위 각 문서의 내용은 단순한 정치적 구호나 호소에 그친 것이 아니라 구체적인 요구사항을 적시하고 이를 이행하지 않으면 법적 · 행정적 책임을 묻겠다는 의사표시를 밝힌 것으로, 중요한 사실을 증명하는 사실증명에 관한 문서에 해당한다).

나 문중이라는 단체 명의의 문서라고 단정할 수는 없는 것이고, 그 문서가 문중규약의 존재와 내용 등을 확인하는 취지에서 작성된 것으로 볼 수 있으면 이는 사실증명에 관한 문서이고, 또한 이 경우에는 위와 같은 사항을 확인하는 의사표시의 주체가 그 문서의 작성명의자라고 할 것이므로, 그 작성명의자의 승낙이나 위임이 없이 그 명의를 모용하여 문중규약의 존재와 내용 등을 확인하는 문서를 작성하였다면 본죄가 성립한다.[1]

(2) 행 위

1) 위 조

'위조'란 작성권한 없는 자가 타인의 명의를 모용하여 문서를 작성하는 행위를 말한다. 본죄의 위조는 작성권한 없는 자가 문서를 작성하는 유형위조를 의미하고, 작성권한 있는 자가 허위의 문서를 작성하는 무형위조를 의미하지 아니한다.

① 작성권한 없는 자

'작성권한 없는 자'란 타인명의의 문서를 작성할 권한이 없는 자를 말한다. 권한 없는 자의 작성이어야 하므로, 명의자의 명시적이거나 묵시적인 승낙 내지 위임이 있는 경우에는 위조가 될 수 없다. 특히 문서명의인이 문서작성자에게 사전에 문서 작성과 관련한 사무처리의 권한을 포괄적으로 위임함으로써 문서작성자가 위임된 권한의 범위 내에서 그 사무처리를 위하여 문서명의인 명의의 문서를 작성·행사한 것이라면, 비록 문서작성자가 개개의 문서 작성에 관하여 문서명의인으로부터 승낙을 받지 않았다고 하더라도 특별한 사정이 없는 한 본죄가 성립하지 아니한다.[2] 하지만 위임이나 승낙은 사전에 이루어져야 하고[3], 사후양해는 양해가 아니므로 위조의 성립에 영향을 미치지 아니한다.[4] 특히 사후에 피해자의 동의 또는 추인 등의 사정으로 문서에 기재된 대로 효과의 승인을 받거나 등기가 실체적 권리관계에 부합하게 되었다고 하더라도, 이미 성립한 범죄에는 아무런 영향이 없다.[5]

통상 이사가 사임하면 그 즉시 이사로서의 지위를 상실하므로 자신의 이름을 회사의 이사인 것처럼 사용하도록 허락한 사람이 사임의 의사표시를 하는 경우 그 의사표시에는 명의사용에 대한 기존의 승낙이나 동의를 더 이상 유지하지 않는다는 의사도 포함된 것이고 상대방도 이러한 의사를 인식하였다고 보는 것이 일반적이므로, 그 이후에는 더 이상 그 명의를 사용할 수 없다.[6] 행위 당시 명의자의 현실적인 승낙은 없었지만 행위 당시의 모든 객관적 사정을 종

---

1) 대법원 1996. 2. 9. 선고 94도1858 판결.
2) 대법원 2015. 6. 11. 선고 2012도1352 판결.
3) 대법원 1984. 2. 14. 선고 83도2650 판결(고소인의 제3자에 대한 채권의 변제책임을 부담하는 대신 그 채권에 관하여 설정한 가등기에 의한 담보권을 양수한 피고인이 위 가등기를 말소함에 있어서 고소인명의의 가등기말소신청서 등을 임의로 작성하였다고 하더라도 이는 결국 고소인으로부터의 포괄적 위임 내지 승락에 기한 것이어서 피고인이 위 가등기말소신청서 등을 위조하였다고 할 수 없다).
4) 대법원 2007. 6. 28. 선고 2007도2714 판결; 대법원 1970. 11. 24. 선고 70도1981 판결.
5) 대법원 1999. 5. 14. 선고 99도202 판결.
6) 대법원 2009. 5. 14. 선고 2008도11040 판결.

합하여 명의자가 행위 당시 그 사실을 알았다면 당연히 승낙했을 것이라고 추정되는 경우에는 본죄가 성립하지 아니한다.¹⁾ 하지만 명의자의 명시적인 승낙이나 동의가 없다는 것을 알고 있으면서도 명의자 이외의 자의 의뢰로 문서를 작성하는 경우 명의자가 문서작성 사실을 알았다면 승낙하였을 것이라고 기대하거나 예측한 것만으로는 그 승낙이 추정된다고 단정할 수 없다.²⁾ 사망한 사람 명의의 사문서에 대하여도 문서에 대한 공공의 신용을 보호할 필요가 있다는 점을 고려하면, 문서명의인이 이미 사망하였는데도 문서명의인이 생존하고 있다는 점이 문서의 중요한 내용을 이루거나 그 점을 전제로 문서가 작성되었다면 이미 문서에 관한 공공의 신용을 해할 위험이 발생하였다고 할 것이므로, 그러한 내용의 문서에 관하여 사망한 명의자의 승낙이 추정된다는 이유로 본죄의 성립을 부정할 수 없다.³⁾

한편 문서 작성권한의 위임이 있는 경우라고 하더라도 그 위임을 받은 자가 그 위임받은 권한을 초월하여 문서를 작성한 경우에는 위조에 해당하지만⁴⁾, 단지 위임받은 권한의 범위 내에서 이를 남용하여 문서를 작성한 것에 불과하다면 본죄가 성립하지 아니한다.⁵⁾ 왜냐하면 후자의 경우는 사문서의 무형위조에 해당할 뿐이기 때문이다.⁶⁾ 작성명의자의 날인이 정당하게 성립된 사문서라고 하더라도 내용을 기재할 정당한 권한이 없는 자가 내용을 기재하거나 또는 권한을 위임받은 자가 권한을 초과하여 내용을 기재함으로써 날인자의 의사에 반하는 사문서

1) 대법원 2003. 5. 30. 선고 2002도235 판결; 대법원 1993. 3. 9. 선고 92도3101 판결.
2) 대법원 2008. 4. 10. 선고 2007도9987 판결.
3) 대법원 2011. 9. 29. 선고 2011도6223 판결(피고인이 자신의 父 甲에게서 甲 소유 부동산의 매매에 관한 권한 일체를 위임받아 이를 매도하였는데, 그 후 甲이 갑자기 사망하자 부동산 소유권 이전에 사용할 목적으로 甲이 자신에게 인감증명서 발급을 위임한다는 취지의 인감증명 위임장을 작성한 후 주민센터 담당직원에게 이를 제출한 사안에서, 甲의 사망으로 포괄적인 명의사용의 근거가 되는 위임관계 내지 포괄적인 대리관계는 종료된 것으로 보아야 하므로 특별한 사정이 없는 한 피고인은 더 이상 위임받은 사무처리와 관련하여 甲의 명의를 사용하는 것이 허용된다고 볼 수 없고, 피고인이 사망한 甲의 명의를 모용한 인감증명 위임장을 작성하여 인감증명서를 발급받아야 할 급박한 사정이 있었다고 볼 만한 사정도 없으며, 인감증명 위임장은 본래 생존한 사람이 타인에게 인감증명서 발급을 위임한다는 취지의 문서라는 점을 고려하면, 이미 사망한 甲이 '병안 중'이라는 사유로 피고인에게 인감증명서 발급을 위임한다는 취지의 인감증명 위임장이 작성됨으로써 문서에 관한 공공의 신용을 해할 위험성이 발생하였다고 할 것이고, 피고인이 명의자 甲이 승낙하였을 것이라고 기대하거나 예측한 것만으로는 사망한 甲의 승낙이 추정된다고 단정할 수 없다).
4) 대법원 2005. 10. 28. 선고 2005도6088 판결.
5) 대법원 2012. 6. 28. 선고 2010도690 판결(피고인이 피해 회사의 대표이사인 공소외 2로부터 피해 회사의 운영에 관한 모든 권한을 포괄적으로 위임받은 것으로 보기는 어렵고, 다만 공소외 2에 대한 일일보고 등의 형식으로 공소외 2의 승낙 내지 위임을 받은 사항과 관련하여 필요한 범위 내에서 피해 회사 대표이사 공소외 2 명의의 문서를 작성할 권한을 위임받은 것이라고 전제한 후, 피고인이 피해 회사의 영업실적을 가장하거나 경영 상태를 숨기는 데 사용할 목적으로 공소외 2로부터 위임받은 권한의 범위를 벗어나 실제 거래내역 내지 통관내역이 없음에도 피해 회사 대표이사 공소외 2 명의의 세금계산서 등을 위조하고 이를 행사한 사실을 인정하여 유죄로 판단하였다); 대법원 1986. 8. 19. 선고 86도544 판결; 대법원 1984. 7. 10. 선고 84도1146 판결; 대법원 1983. 10. 25. 선고 83도2257 판결; 대법원 1983. 4. 12. 선고 83도332 판결.
6) 대법원 2015. 11. 26. 선고 2014도781 판결; 대법원 1998. 2. 24. 선고 97도183 판결; 대법원 1984. 7. 10. 선고 84도1146 판결(매수인으로부터 매도인과의 토지매매계약체결에 관하여 포괄적 권한을 위임받은 자는 위임자 명의로 토지매매계약서를 작성할 적법한 권한이 있다고 할 것이므로 매수인으로부터 그 권한을 위임받은 피고인이 실제 매수가격보다 높은 가격을 매매대금으로 기재하여 매수인 명의의 매매계약서를 작성하였다고 하여도 그것은 작성권한 있는 자가 허위내용의 문서를 작성(사문서의 무형위조)한 것일 뿐 사문서위조죄가 성립될 수는 없다).

를 작성한 경우에는 본죄가 성립한다.[1] 대리권이나 대표권이 없는 자가 대리권자 또는 대표자임을 표시하여 본인 명의의 문서를 작성한 경우에는 본죄가 아니라 자격모용에 의한 사문서작성죄(제232조)가 성립한다.

  판례에 의하면, ① 수탁자가 신탁받은 채권을 자신이 신탁자로부터 증여받았을 뿐 명의신탁받은 것이 아니라고 주장하는 상황에서, 신탁자의 상속인이 수탁자의 동의를 받지 아니하고 그 명의의 채권이전등록청구서를 작성한 경우[2], ② 피고인이 공소외인으로부터 금 75,000,000원의 차용 위탁을 받고 백지의 대출신청서 및 영수증에 동인의 날인을 받은 연후에 차용금액을 금 150,000,000원으로 기입하여 공소외인 명의의 대출신청서 및 영수증을 작성한 경우[3], ③ 신축상가건물의 명목상 건축주의 포괄적 승낙하에 분양에 관한 모든 업무를 처리하던 실제 건축주가 실제 분양되지도 않은 상가에 대하여 명목상의 건축주 명의로 분양계약서 및 입금표를 작성한 경우[4], ④ 부동산에 관한 근저당권설정계약서나 그 등기신청에 첨부되는 위임장에 설정할 근저당권의 순위번호의 기재가 필수적 요건은 아니나 피고인이 문서작성의 위촉을 받을 때 제1순위의 근저당권설정 및 그 등기신청에 관한 것이 뚜렷한 경우에 있어서 그 위임의 취지에 배치되는 근저당권설정에 관한 문서를 작성한 경우[5], ⑤ 피고인이 乙과의 동업계약에 따라 피고인 명의로 변경하기 위하여 乙의 인장이 날인된 백지의 건축주명의변경신청서를 받아 보관하고 있던 중 그 위임의 취지에 반하여 丙 앞으로 건축주명의를 변경하는 건축주명의변경신청서를 작성한 경우[6], ⑥ 공동대표이사로 법인등기를 하기로 하여 이사회의사록 작성 등 그 등기절차를 위임받았음에도 단독대표이사 선임의 이사회의사록을 작성하여 단독대표이사로 법인등기한 경우[7], ⑦ '문서가 원본인지 여부'가 중요한 거래에서 문서의 사본을 진정한 원본인 것처럼 행사할 목적으로 다른 조작을 가함이 없이 문서의 원본을 그대로 컬러복사기로 복사한 후 복사한 문서의 사본을 원본인 것처럼 행사한 경우[8],

1) 대법원 1992. 12. 22. 선고 92도2047 판결.
2) 대법원 2007. 11. 30. 선고 2007도4812 판결(신탁자에게 아무런 부담이 없이 재산이 수탁자에게 명의신탁된 경우에는 그 재산의 처분 기타 권한행사에 있어서는 수탁자가 자신의 명의사용을 포괄적으로 신탁자에게 허용하였다고 봄이 상당하므로, 신탁자가 수탁자 명의로 신탁재산의 처분에 필요한 서류를 작성함에 있어 수탁자로부터 개별적인 승낙을 받지 아니하였다고 하더라도 사문서위조·동행사죄가 성립하지 아니하지만, 수탁자가 명의신탁 받은 사실을 부인하면서 신탁재산이 수탁자 자신의 소유라고 주장하는 등으로 두 사람 사이에 신탁재산의 소유권에 관하여 다툼이 있는 경우에는 더 이상 신탁자가 그 재산의 처분 등과 관련하여 수탁자의 명의를 사용하는 것이 허용된다고 볼 수 없으며, 이는 수탁자가 명의신탁 받은 사실 자체를 부인하는 것은 아니더라도 신탁자의 신탁재산 처분권한을 다투는 등 신탁재산에 관한 처분이나 기타 권한행사에 있어서 신탁자에게 부여하였던 수탁자 명의사용에 대한 포괄적 허용을 철회한 것으로 볼 만한 사정이 있는 경우에도 마찬가지이다); 대법원 2007. 3. 29. 선고 2006도9425 판결.
3) 대법원 1982. 10. 12. 선고 82도2023 판결.
4) 대법원 1997. 3 .28. 선고 96도3191 판결.
5) 대법원 1982. 11. 9. 선고 81도2501 판결.
6) 대법원 1984. 6. 12. 선고 83도2408 판결.
7) 대법원 1994. 7. 29. 선고 93도1091 판결.
8) 대법원 2016. 7. 14. 선고 2016도2081 판결(변호사인 피고인이 대량의 저작권법 위반 형사고소 사건을 수임하여 피고소인 30명을 각 형사고소하기 위하여 20건 또는 10건의 고소장을 개별적으로 수사관서에 제출하면서 각 하나의 고소위임장에만 소속 변호사회에서 발급받은 진정한 경유증표 원본을 첨부한 후 이를 일체로 하여 컬러복사기로 20장 또는 10장의 고소위임장을 각 복사한 다음 고소위임장과 일체로 복사한 경유증표를 고소장에 첨부하여 접수한 사안에서, 변호사회가 발급한 경유증표는 증표가 첨부된 변호사선임서 등이 변호사회를 경유하였고 소정의 경유회비를 납부하였음을 확인하는 문서이므로 법원, 수사기관 또는 공공기관에 이를 제출할 때에는 원본을 제출하여야 하고 사본으로 원본에 갈음할 수 없으며, 각 고소위임장에 함께 복사되어 있는 변호사회 명의의

⑧ 피고인이 회사를 인수하면서 회사 대표이사의 명의를 계속 사용하기로 승낙을 받았다고 하더라도, 사기범행을 목적으로 실제로는 회사에 근무한 바 없는 제3자의 재직증명서 및 근로소득원천징수영수증 등 허위의 문서를 작성한 경우1), ⑨ 문서를 작성할 권한을 위임받지 아니한 문서기안자가 문서 작성권한을 가진 사람의 결재를 받은 바 없이 권한을 초과하여 문서를 작성한 경우2), ⑩ 자신의 주거지에서 주식회사 엘지파워콤에 전화를 걸어 성명불상의 담당자에게 행사할 목적으로 권한 없이 마치 자신이 공소외인인 것처럼 행세하면서 공소외인의 주민등록번호 등을 불러주는 방법으로 그 담당자로 하여금 공소외인 명의의 엘지파워콤 서비스 신청서 1부를 작성하게 한 경우3), ⑪ 타인으로부터 약속어음 작성에 사용하라고 인장을 교부받았음에도 그 인장을 사용하여 그 타인명의의 지급명령 이의신청취하서를 작성한 경우4) 등에 있어서는 본죄가 성립한다.

하지만 ① 피고인들이 甲 등과 공모하여, 부동산등기법 제49조 제3항, 제2항에서 정한 확인서면의 등기의무자란에 등기의무자 乙 대신 甲이 우무인을 날인하는 방법으로 사문서인 乙 명의의 확인서면을 위조한 다음 법무사를 통해 이를 교부받았다고 기소된 사안에서, 위 확인서면은 법무사 명의의 문서이고, 작성명의인인 법무사가 피고인들 등에게 속아 등기의무자를 乙로 하는 내용의 확인서면을 작성한 경우5), ② 고소인의 제3자에 대한 채권의 변제책임을 부담하는 대신 그 채권에 관하여 설정한 가등기에 의한 담보권을 양수한 피고인이 가등기를 말소함에 있어서 고소인명의의 가등기말소신청서 등을 임의로 작성한 경우6), ③ 급식용 가공돼지고기를 납품하는 단지원들에 의하여 돼지고기의 가공, 납품 및 대금 수령에 관한 사무를 총괄적으로 위임받고 이를 위하여 그들의 인장을 맡아 사용하는 단지장이 그 대금의 수령을 위해 납품자인 단지원의 이름으로 축산협동조합에 예금청구서와 차용증서를 작성 제출하고 선급금 명목으로 납품대금을 받아 이를 단지원에게 지급한 경우7), ④ 시장점포의 임대차에 관하여 지주들의 허락을 받고 공소외인에게 임대하면서 이미 새겨둔 동인들의 인장을 사용하여 임대차계약서를 작성하고 임대보증금을 수령한 경우8), ⑤ 피해자들이 일정한도액에 관한 연대보증인이 될 것을 허락하고 이에 필요한 문서를 작성하는데 쓰일 인감도장과 인감증명서(대출보증용)를 채무자에게 건네준 취지는 채권자에 대해 동액 상당의 채무를 부담하겠다는 내용의 문서를 작성하도록 허락한 것으로 보아야 할 것이므로 비록 차용금증서에 동 피해자들을 연대보증인으로 하지 않고 직접 차주로 한 경우9), ⑥ 이사회를 개최함에 있어 공소외 이사들이 그 참석 및 의결권의 행사에 관한 권한을 피고인에게 위임하였다면 그 이사들이 실제로 이사회에 참석하지도 않았는데 마치 참석하여 의결권을 행사한 것처럼 피고인이 이사회 회의록에 기재한 경우10), ⑦ 대금수령에 관하여 포괄적 위임을 받은 자가 대금을 지급받는 방법

경유증표는 원본이 첨부된 고소위임장을 그대로 컬러 복사한 것으로서 일반적으로 문서가 갖추어야 할 형식을 모두 구비하고 있고, 이를 주의 깊게 관찰하지 아니하면 그것이 원본이 아닌 복사본임을 알아차리기 어려울 정도이므로 일반인이 명의자의 진정한 사문서로 오신하기에 충분한 정도의 형식과 외관을 갖추었다는 이유로, 피고인의 행위가 사문서위조죄 및 동행사죄에 해당한다).
1) 대법원 2005. 10. 28. 선고 2005도6088 판결.
2) 대법원 1997. 2. 14. 선고 96도2234 판결.
3) 대법원 2013. 2. 28. 선고 2011도14986 판결.
4) 대법원 1970. 9. 22. 선고 70도1623 판결.
5) 대법원 2010. 11. 25. 선고 2010도11509 판결.
6) 대법원 1984. 2. 14. 선고 83도2650 판결.
7) 대법원 1984. 3. 27. 선고 84도115 판결.
8) 대법원 1984. 7. 24. 선고 84도785 판결.
9) 대법원 1984. 10. 10. 선고 84도1566 판결.

으로 본인명의의 차용증서를 작성해 준 경우[10]), ⑧ 주식회사의 대표이사가 실질적 운영자인 1인 주주의 구체적인 위임이나 승낙을 받지 않고 이미 퇴임한 전 대표이사를 대표이사로 표시하여 회사 명의의 문서를 작성한 경우[2]), ⑨ 전세계약서를 작성함에 있어 그 명의자인 공소외 1 회사 대표이사의 명시적이거나 묵시적인 승낙(위임)이 있는 경우[3]) 등에 있어서는 본죄가 성립하지 아니한다.

② 타인명의의 모용

위조가 되기 위해서는 타인명의를 모용하여야 한다. '타인명의를 모용'한다는 것은 권한 없이 명의자와 작성자가 일치하지 않는 문서를 작성하는 것으로서, 작성자가 명의자를 사칭하는 것을 말한다. 그러므로 작성자가 자기 명의를 사용한 경우에는 위조가 될 수 없다.[4] 이와 같이 위조는 타인명의의 사칭으로 충분하고, 문서의 작성내용이 진실한지 여부는 묻지 아니한다(유형위조).

명의인이 실재하지 않는 허무인이거나 문서의 작성일자 전에 이미 사망하였다고 하더라도 그러한 문서 역시 공공의 신용을 해할 위험성이 있으므로 본죄가 성립하며, 이는 공문서뿐만 아니라 사문서의 경우에도 마찬가지이고[5]), 이러한 법리는 법률적·사회적으로 자연인과 같이 활동하는 법인 또는 단체에도 그대로 적용된다.[6] 실제의 본명 대신 가명이나 위명을 사용하여 사문서를 작성한 경우에 그 문서의 작성명의인과 실제 작성자 사이에 인격의 동일성이 그대로 유지되는 때에는 위조가 되지 않으나, 명의인과 작성자의 인격이 상이할 때에는 본죄가 성립할 수 있다.[7] 그러므로 실존하는 甲으로 가장하여 이력을 속여 회사에 취직한 자가 甲 명의 사직

---

10) 대법원 1985. 10. 22. 선고 85도1732 판결.

1) 대법원 1984. 3. 27. 선고 84도115 판결.

2) 대법원 2008. 11. 27. 선고 2006도9194 판결(주식회사 대표이사의 대표권은 정관이나 주주총회 또는 이사회 결의 등에 의하여 적법하게 제한할 수 있지만, 회사의 운영을 실질적으로 장악·통제하고 있는 1인 주주가 적법한 대표이사의 권한 행사를 사실상 제한하고 있다는 것만으로는 대표이사의 대표권을 적법하게 제한하였다고 할 수 없으므로, 대표이사가 권한을 행사하는 과정에서 단순히 그 1인 주주의 위임 또는 승낙을 받지 않았다고 하여 그 대표권 행사가 권한을 넘어서는 행위가 되는 것은 아니다).

3) 대법원 1988. 1. 12. 선고 87도2256 판결.

4) 대법원 1997. 12. 26. 선고 95도2221 판결(작성명의자의 승낙이나 위임이 없이 그 명의를 모용하여 토지사용에 관한 책임각서 등을 작성하면서 작성명의자의 서명이나 날인은 하지 않고 다만 피고인이 자신의 이름으로 보증인란에 서명·날인한 경우, 사문서위조죄가 성립되기 어렵다).

5) 대법원 2005. 2. 24. 선고 2002도18 전원합의체 판결.

6) 대법원 2005. 3. 25. 선고 2003도4943 판결.

7) 대법원 2010. 11. 11. 선고 2010도1835 판결(피고인은 'ㅇㅇㅇ'이라는 가명을 사용하여 공소외인이 운영하는 다방에 종업원으로 취업하면서 선불금으로 100만원을 받고 이에 대한 반환을 약속하는 내용의 이 사건 현금보관증을 작성, 교부하게 된 사실, 피고인은 위 다방에 취업하기 위하여 피고인의 실제 나이보다 4살 어린 1954년생으로 가장하였고, 위 현금보관증에도 본인의 실명과 실제 주민등록번호 대신에 'ㅇㅇㅇ'이라는 가명과 출생연도 부분이 허위인 주민등록번호를 기재하여 교부한 사실, 공소외인은 'ㅇㅇㅇ'이 피고인의 가명이라는 것과 위 주민등록번호가 실재하지 않는 번호라는 것을 모르고 있었던 사실 등을 알 수 있다. 현금보관증이라는 문서의 성질과 기능, 위와 같은 작성 경위에 비추어 보면 이 사건 현금보관증에 표시된 명칭과 주민등록번호 등으로부터 인식되는 인격은 '1954년에 출생한 52세 가량의 여성인 ㅇㅇㅇ'이고, 1950년생인 피고인과는 다른 인격인 것이 분명하므로, 이 사건 문서의 명의인과 작성자 사이에 인격의 동일성이 인정되지 않는다고 보아야 한다).

원·서약서·근로계약서를 작성한 행위는 본명 대신에 가명을 사용한 경우와는 달라서, 각 사문서위조에 해당한다.[1] 이와 같이 문서위조는 문서의 실제 작성자가 작성명의인인 것처럼 기망함으로써 작성자와 명의인이 불일치하는 부진정문서를 만들어내는 행위이다.

판례에 의하면, ① 주취운전자적발보고서, 주취운전자정황진술보고서의 운전자란에 타인의 성명을 기재하여 경찰관에게 제출한 경우[2], ② 혼인신고 당시에는 피해자가 피고인과의 동거관계를 청산하고 피고인을 만나주지 아니하는 등으로 피하여 왔다면 당초에는 피해자와 사실혼 관계에 있었고 또 피해자에게 혼인의 의사가 있었다고 하더라도 위 혼인신고 당시에는 그 혼인의사가 철회되었다고 보아야 할 것이므로 설사 혼인신고서 용지에 피해자 도장이 미리 찍혀 있었다고 하더라도 피고인이 일방적으로 혼인신고서를 작성하여 혼인신고를 한 경우[3] 등에 있어서는 본죄가 성립한다.

하지만 ① 작성일자만을 공란으로 둔 채 완성된 대출금신청서와 차용금증서에 타인이 작성일자를 임의로 기입한 경우[4], ② 매도인 또는 매수인이 단독으로 신청할 수 있는 농지매매증명을 발급받음에 있어 신청용지의 신청인란 중에 매수인란에는 피고인의 이름을 기재하고 날인하였으나 매도인란에는 공소외인의 이름만 기재하고 날인을 하지 않은 경우[5], ③ 작성명의자의 승낙이나 위임이 없이 그 명의를 모용하여 토지사용에 관한 책임각서 등을 작성하면서 작성명의자의 서명이나 날인은 하지 않고 다만 피고인이 자신의 이름으로 보증인란에 서명·날인한 경우[6], ④ 세금계산서의 작성권한자(=공급자) 및 세금계산서상의 공급자가 임의로 공급받는 자 란에 다른 사람을 기재한 경우[7], ⑤ 이 사건 입금확인서의 경우 수기로 기재된 부분이 전혀 없이 컴퓨터 활자로만 작성되었고, 공동 작성명의자 중 피고인 이름 다음에는 날인이 되어 있으나 공소외인의 이름 다음에는 날인이 되어 있지 않은 경우[8] 등에 있어서는 본죄가 성립하지 아니한다.

③ 위조의 방법 및 정도

타인명의를 모용하여 문서를 작성하는 방법에는 제한이 없다. 본죄는 그 명의자가 진정으로 작성한 문서로 볼 수 있을 정도의 형식과 외관을 갖추어 일반인이 명의자의 진정한 사문서

---

1) 대법원 1979. 6. 26. 선고 79도908 판결.
2) 대법원 2004. 12. 23. 선고 2004도6483 판결.
3) 대법원 1987. 4. 11. 선고 87도399 판결.
4) 대법원 1983. 4. 26. 선고 83도520 판결.
5) 대법원 1986. 9. 23. 선고 86도1300 판결(위 문서는 그 형식이나 외관상 피고인 단독명의로 신청된 문서로 인정될 뿐 피고인과 공소외인이 공동으로 신청한 문서로는 볼 수 없으므로 위 사실만으로는 공소외인 명의의 농지매매사실증명확인원을 위조하였다고 볼 수 없다).
6) 대법원 1997. 12. 26. 선고 95도2221 판결.
7) 대법원 2007. 3. 15. 선고 2007도169 판결(이 사건 세금계산서는 부가가치세 과세사업자가 재화나 용역을 공급하는 때에 이를 공급받은 자에게 작성·교부하여야 하는 계산서이므로, 그 작성권자는 어디까지나 재화나 용역을 공급하는 공급자라고 보아야 할 것이고, 공급받는 자의 상호, 성명, 주소는 필요적 기재사항이 아닌 임의적 기재사항에 불과하여 공급받는 자의 상호, 성명, 주소가 기재되어 있지 않은 세금계산서라도 그 효력에는 영향이 없으며, 공급자가 세금계산서를 작성함에 있어 공급받은 자의 동의나 협조가 요구되지도 않는 점 등에 비추어 세금계산서상의 공급받는 자는 그 문서 내용의 일부에 불과할 뿐 세금계산서의 작성명의인은 아니라 할 것이니, 공급받는 자 란에 임의로 다른 사람을 기재하였다고 하여 그 사람에 대한 관계에서 사문서위조죄가 성립된다고 할 수 없다).
8) 대법원 2006. 9. 14. 선고 2005도2518 판결.

로 오신하기에 충분한 정도이면 성립하는 것이고[1], 반드시 그 작성명의자의 서명이나 날인이 있어야 하는 것은 아니다.[2] 피고인이 위조하였다는 국제운전면허증이 그 유효기간을 경과하여 본래의 용법에 따라 사용할 수는 없게 되었다고 하더라도, 이를 행사하는 경우 그 상대방이 유효기간을 쉽게 알 수 없도록 되어 있거나 위 문서 자체가 진정하게 작성된 것으로서 피고인이 명의자로부터 국제운전면허를 받은 것으로 오신하기에 충분한 정도의 형식과 외관을 갖추고 있다면 본죄에 해당한다.[3] 유효기간을 경과하여 실효된 문서의 유효일자를 변경하여 다시 쓸 수 있게 한 경우에도 위조가 된다.[4] 이러한 위조는 간접정범의 방법으로도 가능한데, 명의인을 기망하여 문서를 작성하게 하는 경우는 서명·날인이 정당히 성립된 경우에도 기망자는 명의인을 이용하여 서명 날인자의 의사에 반하는 문서를 작성하게 하는 것이므로 본죄가 성립한다.[5] 하지만 작성된 문서의 행사의 결과로 취득할 재산상의 이익의 액수나 내용 등 문서작성의 동기에 관하여 착오가 있을 뿐 문서의 내용과 작성 그 자체는 명의인의 의사에 기한 것인 경우에는 위조가 성립하지 아니한다.

2) 변 조

'변조'란 권한 없는 자가 이미 진정하게 성립된 타인명의 문서의 동일성을 해하지 않는 범위 내에서 문서내용을 변경하는 것을 말한다. 이와 같이 문서의 비본질적인 부분 또는 중요하지 않은 부분을 변경해야 변조가 되는데[6], 만약 본질적인 부분 또는 중요한 부분을 변경한 경

1) 대법원 2009. 5. 14. 선고 2009도5 판결(건설시행업자가 재개발사업 대상 토지 소유자들이 일정한 기한 내에 매매계약을 체결할 것을 동의한다는 내용의 매매계약동의서를 컴퓨터 및 필기구를 이용하여 작성하였지만, 위 매매계약동의서에는 동의 당사자들의 성명 및 주소만 기재되어 있을 뿐 날인은 없었던 점, 다른 토지 소유자들의 매매동의를 얻어 날인까지 받은 매매계약동의서와 함께 제시됨으로써 위 매매계약동의서의 소유자들은 확정적으로 매매계약에 동의하지 않았다는 사실을 쉽게 구별·확인가능 한 점, 매매계약동의서의 성격 등을 고려해 볼 때, 위 매매계약동의서가 진정한 문서로 오신하기에 충분한 정도의 형식과 외관을 갖춘 완성된 문서로 인정하기에 부족하다는 이유로 사문서위조죄의 성립을 부정한 사례).
2) 대법원 2000. 2. 11. 선고 99도4819 판결(사문서의 작성명의자의 인장이 찍히지 아니하였더라도 그 사람의 상호와 성명이 기재되어 그 명의자의 문서로 믿을 만한 형식과 외관을 갖춘 경우에는 사문서위조죄에 있어서의 사문서에 해당한다); 대법원 1987. 1. 20. 선고 86도1867 판결('부산 해운대구 반송2동 289번지 동원산업사 대표 이0수'라고 새겨진 고무명판을 찍었을 뿐 서명날인이 없는 문서라고 하더라도 외관상 그 명의자가 작성한 사문서로 볼수 있는 정도의 형식과 외관을 갖춘 이상 사문서위조죄는 성립한다); 대법원 1984. 10. 23. 선고 84도1729 판결(예금청구서에 작성명의자의 기명만 있고 날인이 빠져있다고 하여도 일반인이 그 작성명의자에 의하여 작성된 예금청구서라고 오신할 만한 형식과 외관을 갖추고 있는 이상 권한 없이 위 예금청구서를 작성한 행위는 사문서위조죄에 해당하고 날인이 없다고 하여 이를 미완성문서로 볼 수는 없다); 대법원 1982. 10. 12. 선고 81도3176 판결(피고인이 근무하던 증권회사에서는 위탁자의 서명이 있으면 날인이 누락된 위탁자 출금청구서라고 하여도 출금이 가능하였으므로 권한 없이 위탁자 본인의 의사에 의한 것처럼 가장하여 위탁자의 서명만 있고 날인이 없는 위탁자 출금청구서를 작성, 행사한 피고인의 소위를 사문서위조 동행사죄로 의률 처단하였음은 정당하다).
3) 대법원 1998. 4. 10. 선고 98도164 판결.
4) 대법원 1980. 11. 11. 선고 80도2126 판결.
5) 대법원 2000. 6. 13. 선고 2000도778 판결.
6) 대법원 2018. 9. 13. 선고 2016도20954 판결(이사가 이사회 회의록에 서명 대신 서명거부사유를 기재하고 그에 대한 서명을 하면, 특별한 사정이 없는 한 그 내용은 이사회 회의록의 일부가 되고, 이사회 회의록의 작성권한자인 이사장이라 하더라도 임의로 이를 삭제한 경우에는 이사회 회의록 내용에 변경을 가하여 새로운 증명력을 가져오게 되므로 사문서변조에 해당한다); 대법원 1995. 2. 24. 선고 94도2092 판결(공소외 망인이 피고인으로부

우에는 위조가 된다.[1] 예를 들면 추천장에 기재된 피추천인의 성명을 다른 사람의 성명으로 변경하거나 효력을 상실한 문서의 작성일자를 변경하여 새로운 효력을 가진 문서로 만든 경우에는 변조가 아니라 위조가 된다. 권한 없이 문서의 내용을 변경해야 하므로 명의자의 승낙이나 위임을 받고 그 내용을 변경한 경우에는 변조가 될 수 없다.[2] 행위 당시 명의자가 현실적으로 승낙하지는 않았지만 명의자가 그 사실을 알았다면 당연히 승낙했을 것이라고 추정되는 경우에도 본죄가 성립하지 아니한다.[3] 그러나 변조 당시 명의인의 명시적·묵시적 승낙 없이 한 것이면 변조된 문서가 명의인에게 유리하여 결과적으로 그 의사에 합치한다고 하더라도 본죄가 성립한다.[4] 또한 명의자의 명시적인 승낙이나 동의가 없다는 것을 알고 있으면서도 명의자 이외의 자의 의뢰로 문서를 작성하는 경우 명의자가 문서작성 사실을 알았다면 승낙하였을 것이라고 기대하거나 예측한 것만으로는 그 승낙이 추정된다고 단정할 수 없다.[5]

변조의 대상이 되는 문서는 원칙적으로 이미 진정하게 성립된 타인명의의 문서(진정문서)에 국한된다.[6] 권한 있는 변경인 경우에는 위임의 범위 내라면 그것이 허위사실이라고 하더라도 무형위조로서 본죄에 해당되지 아니하지만[7], 그 위임의 범위를 초과하여 임의로 변경하는 경우에는 본죄에 해당한다.[8] 이미 진정하게 성립된 타인 명의의 문서가 존재하지 않는다면 본죄

터 어음 1장을 발행·교부받으면서 그 증빙으로 작성하여 준 영수증에 그 망인이 '위 어음은 한국주택은행 이리지점의 융자에 따른 할부금 및 연체이자를 불입하기 위해 받은 것이다'는 사실내용을 기재하여 두었을 뿐이어서, 그 문면 자체만으로는 당초 그 어음 수수에 의한 변제목적이 된 해당 은행융자금 상환채무가 구체적으로 어떠한 채무를 가리키는지의 점이 분명치 않은 경우, 피고인이 나중에 관련 민사소송에서 그 어음을 그 계쟁 부동산을 담보물로 한 은행융자금채무의 상환을 위하여 교부받은 것이라는 주장사실을 입증하는 데 사용할 목적으로 당시 보관중이던 그 영수증 위의 '할부금'이라는 기재부분 옆에다 그 작성명의인인 망인의 승낙 없이 임의로 그 계쟁 부동산을 지칭하는 표시로서 '733−19번지'라고 써 넣은 것이라면, 그 변경 내용이 비록 객관적인 진실에 합치하는 것이라 하더라도, 이는 그 영수증에 새로운 증명력을 가져오게 한 것임이 분명하므로, 사문서변조죄의 구성요건을 충족한다).
1) 대법원 1991. 9. 10. 선고 91도1610 판결.
2) 대법원 2011. 9. 29. 선고 2010도14587 판결.
3) 대법원 2015. 11. 26. 선고 2014도781 판결.
4) 대법원 1985. 1. 22. 선고 84도2422 판결; 대법원 1977. 7. 12. 선고 77도1736 판결(문서에 2인 이상의 작성명의인이 있는 때에 그 명의자의 한사람이 타명의자와 합의 없이 행사할 목적으로 그 문서의 내용을 변경하였을 때는 사문서변조죄가 성립된다).
5) 대법원 2011. 9. 29. 선고 2010도14587 판결(피고인이 행사할 목적으로 권한 없이 甲 은행 발행의 피고인 명의 예금통장 기장내용 중 특정 일자에 乙 주식회사로부터 지급받은 월급여의 입금자 부분을 화이트테이프로 지우고 복사하여 통장 1매를 변조한 후 그 통장사본을 법원에 증거로 제출하여 행사하였다는 내용으로 기소된 사안에서, 관련 민사소송에서 피고인이 언제부터 乙 회사에서 급여를 받았는지가 중요한 사항이었는데 2006. 4. 25.자 입금자 명의를 가리고 복사하여 이를 증거로 제출함으로써 2006. 5. 25.부터 乙 회사에서 급여를 수령하였다는 새로운 증명력이 작출되었으므로 공공적 신용을 해할 위험성이 있었다고 볼 수 있고, 제반 사정을 종합할 때 통장 명의자인 甲 은행장이 행위 당시 그러한 사실을 알았다면 이를 당연히 승낙했을 것으로 추정된다고 볼 수 없으며, 피고인이 쟁점이 되는 부분을 가리고 복사함으로써 문서내용에 변경을 가하고 증거자료로 제출한 이상 사문서변조 및 동행사의 고의가 없었다고 할 수 없다); 대법원 2008. 4. 10. 선고 2007도9987 판결.
6) 대법원 1986. 11. 11. 선고 86도1984 판결.
7) 대법원 1970. 11. 25. 선고 70도1981 판결.
8) 대법원 1983. 3. 22. 선고 82도2300 판결.

가 성립할 수 없다.[1]

비록 자기명의의 문서라고 할지라도 이미 타인(타기관)에 접수되어 있는 문서에 대하여 함부로 이를 무효화시켜 그 용도에 사용하지 못하게 하였다면 문서손괴죄를 구성한다.[2] 즉 우리 형법은 사문서변조죄에서 무형위조를 처벌하지 않기 때문에 자기명의의 타인소유의 문서내용을 작성명의인이 권한 없이 변경하더라도 사문서변조죄가 성립하지 아니한다. 하지만 타인명의로 작성된 문서는 비록 자기소유라고 할지라도 명의인의 동의 없이 그 내용을 변경한 경우에는 본죄가 성립한다.

(3) 주관적 구성요건

본죄가 성립하기 위해서는 권리·의무 또는 사실증명에 관한 타인의 문서를 위조·변조한다는 점에 대한 의욕 또는 인용이 있어야 한다. 또한 본죄는 진정목적범이므로 행사할 목적이 있어야 한다. '행사할 목적'이란 위조 또는 변조한 사문서를 진정하게 성립한 문서로 또는 내용이 진실한 문서로 사용할 목적을 말한다. 행사할 목적은 적극적 의욕이나 확정적 인식을 요하지 아니하고 미필적 인식이 있으면 족하다.[3]

3. 죄수 및 다른 범죄와의 관계

(1) 죄 수

문서에 2인 이상의 작성명의인이 있을 때에는 각 명의자 마다 1개의 문서가 성립되므로 2인 이상의 연명으로 된 문서를 위조한 때에는 작성명의인의 수대로 수개의 문서위조죄가 성립하고, 그 연명문서를 위조하는 행위는 자연적 관찰이나 사회통념상 하나의 행위라고 할 것이어서 위 수개의 문서위조죄는 상상적 경합범에 해당한다.[4]

(2) 다른 범죄와의 관계

1) 위조문서행사죄와의 관계

행사할 목적으로 문서를 위조한 범인이 문서위조 후 행사한 경우의 죄책과 관련하여, ① 문서위조죄와 위조문서행사죄의 실체적 경합범이 된다는 견해[5], ② 문서위조죄와 위조문서행사죄의 상상적 경합범이 된다는 견해[6], ③ 문서위조죄는 위조문서행사죄에 대하여 법조경합 중 보충관계에 있다는 점, 위조는 행사에 대하여 필수적인 준비단계에 불과한 것으로서 예비와 기수의 관계에 유사하다는 점 등을 논거로 하여 위조문서행사죄만이 성립한다는 견해[7], ④ 문

1) 대법원 2017. 12. 5. 선고 2014도14924 판결.
2) 대법원 1987. 4. 14. 선고 87도177 판결; 대법원 1982. 7. 27. 선고 82도223 판결.
3) 대법원 2006. 1. 26. 선고 2004도788 판결.
4) 대법원 1987. 7. 21. 선고 87도564 판결; 대법원 1956. 3. 2. 선고 4283형상343 판결.
5) 김신규, 694면; 이형국/김혜경, 660면; 정성근/정준섭, 405면.
6) 배종대, 590면; 이재상/장영민/강동범, 594면.
7) 오영근, 586면; 임 웅, 754면.

서위조죄만 성립한다는 견해[1] 등의 대립이 있다.

이에 대하여 판례는 「피고인이 예금통장을 강취하고 예금자 명의의 예금청구서를 위조한 다음 이를 은행원에게 제출·행사하여 예금인출금 명목의 금원을 교부받았다면 강도, 사문서위조, 동행사, 사기의 각 범죄가 성립하고 이들은 실체적 경합관계에 있다.」라고 판시[2]하여, 실체적 경합범설의 입장을 취하고 있다.

생각건대 문서위조죄와 위조문서행사죄는 서로 다른 독립된 구성요건이며, 행위태양이 상이하므로 실체적 경합범으로 보는 것이 타당하다.

2) 신용카드부정사용죄와의 관계

여신전문금융업법상 신용카드부정사용죄의 구성요건적 행위인 '신용카드의 사용'이란 신용카드의 소지인이 신용카드의 본래 용도인 대금결제를 위하여 가맹점에 신용카드를 제시하고 매출표에 서명하여 이를 교부하는 일련의 행위를 가리키고 단순히 신용카드를 제시하는 행위만을 가리키는 것은 아니라고 할 것이므로, 매출표의 서명 및 교부가 별도로 사문서위조 및 동행사의 죄의 구성요건을 충족한다고 하여도 사문서위조 및 동행사의 죄는 신용카드부정사용죄에 흡수되어 신용카드부정사용죄의 1죄만이 성립하고 별도로 사문서위조 및 동행사의 죄는 성립하지 아니한다.[3]

Ⅲ. 자격모용에 의한 공문서작성죄

제226조(자격모용에 의한 공문서 등의 작성) 행사할 목적으로 공무원 또는 공무소의 자격을 모용하여 문서 또는 도화를 작성한 자는 10년 이하의 징역에 처한다.
제235조(미수범) 제225조 내지 제234조의 미수범은 처벌한다.
제237조(자격정지의 병과) 제225조 내지 제227조의2 및 그 행사죄를 범하여 징역에 처할 경우에는 10년 이하의 자격정지를 병과할 수 있다.

1. 의 의

자격모용에 의한 공문서작성죄는 행사할 목적으로 공무원 또는 공무소의 자격을 모용하여 문서 또는 도화를 작성함으로써 성립하는 범죄이다. 자격모용에 의한 사문서작성죄와 비교하여 불법이 가중되는 구성요건이다.

2. 구성요건

'자격모용'이란 공무원 또는 공무원 아닌 자가 작성권한 없는 사항에 대하여 자기명의로 문

1) 김선복, 535면; 김일수/서보학, 584면.
2) 대법원 1991. 9. 10. 선고 91도1722 판결; 대법원 1983. 7. 26. 선고 83도1378 판결.
3) 대법원 1992. 6. 9. 선고 92도77 판결.

서를 작성하는 것을 말한다. 즉 자신의 명의로 작성하되 자신이 일정한 권한 있는 공무원 또는 공무소의 자격이 없음에도 불구하고 그 지위에 있는 것처럼 가장하여 문서를 작성하여 기재하는 것이다. 위조죄가 타인의 명의를 모용하는 것임에 비하여 본죄는 명의는 자기명의를 사용하되 공무원·공무소의 자격을 모용하는 점에서 구별되지만, 자격을 모용한다는 점에서 유형위조의 일종에 해당한다. 공무원·공무소의 자격과 함께 명의를 모용한 경우에는 본죄가 아니라 공문서위조죄가 성립한다.

　판례에 의하면, ① 식당의 주·부식 구입 업무를 담당하는 공무원이 주·부식구입요구서의 과장결재란에 권한 없이 자신의 서명을 한 경우[1], ② 甲 구청장이 乙 구청장으로 전보된 후 甲 구청장의 권한에 속하는 건축허가에 관한 기안용지의 결재란에 서명을 한 경우[2], ③ 부동산매매계약서와 영수증을 작성함에 있어 매도인란 또는 영수인란에 '국방부 합참자료실장 이사관 피고인'이라는 이름을 기재하고 그 옆에 위 피고인의 도장을 압날한 다음 그 상단에 '국방부장관'이라는 고무인을 압날한 경우[3] 등에 있어서는 본죄가 성립한다.

Ⅳ. 자격모용에 의한 사문서작성죄

> 제232조(자격모용에 의한 사문서의 작성) 행사할 목적으로 타인의 자격을 모용하여 권리·의무 또는 사실증명에 관한 문서 또는 도화를 작성한 자는 5년 이하의 징역 또는 1천만원 이하의 벌금에 처한다.
> 제235조(미수범) 제225조 내지 제234조의 미수범은 처벌한다.

1. 의 의

　자격모용에 의한 사문서작성죄는 행사할 목적으로 타인의 자격을 모용하여 권리·의무 또는 사실증명에 관한 문서 또는 도화를 작성함으로써 성립하는 범죄이다. 본죄는 대리권 또는 대표권이 없는 자가 타인의 대리자격 또는 대표자격이 있는 것처럼 가장하여 자신의 명의로 문서 또는 도화를 작성하는 경우를 처벌하기 위한 것이다. 자격모용도 작성명의인의 자격 내지 권한이 진정한 것이 아니고 문서에 관한 법적 효과도 타인에게 귀속되기 때문에 유형위조에 해당한다. 자격모용에 의한 공문서작성죄와는 달리 자격정지를 병과할 수 없다.

2. 구성요건

(1) 행 위

　본죄의 실행행위는 타인의 자격을 모용하여 권리·의무 또는 사실증명에 관한 문서 또는

---

1) 대법원 2008. 1. 17. 선고 2007도6987 판결.
2) 대법원 1993. 4. 27. 선고 92도2688 판결.
3) 대법원 1993. 7. 27. 선고 93도1435 판결.

도화를 작성하는 것이다. '타인의 자격을 모용'하는 것이란 정당한 대표권이나 대리권이 없는 자가 마치 대표권이나 대리권이 있는 것처럼 가장하여 타인의 자격을 사칭하여 문서를 작성하는 경우를 말한다.[1] 예를 들면 양식계의 계장이나 그 직무를 대행하는 자가 아닌 자가 양식계의 계장 명의의 내수면사용동의신청서 하단의 계장란에 자신의 이름을 쓰게 하고 그 옆에 자신의 도장을 날인하여 사실증명에 관한 문서인 내수면사용동의신청서를 작성한 경우[2], 피고인이 甲주식회사 소유의 오피스텔에 대한 분양대행 권한을 가지게 되었을 뿐 甲회사의 동의 없이 오피스텔을 임대할 권한이 없는데도 임차인들과 임대차계약을 체결하면서 甲회사가 분양사업을 위해 만든 乙회사 명의로 계약서를 작성·교부하였는데, 임대차계약서에는 임대인 성명이 '乙회사(피고인)'로 기재되어 대표자 또는 대리인의 자격 표시가 없고, 피고인의 개인 도장이 찍혀있는 경우[3] 등이 이에 해당한다. 하지만 타인의 자격뿐만 아니라 명의까지 모용한 경우에는 본죄가 아니라 사문서위조죄가 성립한다.

본죄에서의 '타인'에는 자연인뿐만 아니라 법인·법인격 없는 단체를 비롯하여 거래관계에서 독립한 사회적 지위를 갖고 활동하고 있는 존재로 취급될 수 있으면 이에 해당된다.[4] 하지만 회사의 대표이사직에 있었던 자가 재직시에 발행한 약속어음의 발행명의인과 일치시키기 위하여 약속어음에 대한 회사명의의 지급각서를 작성함에 있어서 당시의 대표이사의 승낙을 받아 작성하였다면 이는 진정한 문서로서 타인의 자격을 모용하여 문서를 작성하였다고 볼 수 없다.[5] 본죄를 구성하는지 여부는 그 문서를 작성함에 있어 타인의 자격을 모용하였는지 아닌지의 형식에 의하여 결정하여야 하고, 그 문서의 내용이 진실한지 아닌지는 이에 아무런 영향을 미칠 수 없으므로, 타인의 대표자 또는 대리자가 그 대표 또는 대리명의로 문서를 작성할 권한을 가지는 경우에 그 지위를 남용하여 단순히 자기 또는 제3자의 이익을 도모할 목적으로 문서를 작성하였다고 하더라도 본죄가 성립하지 아니한다. 왜냐하면 그 목적이 본인을 위하여서이거나 자기 또는 제3자의 이익을 도모하기 때문이거나 또는 오직 본인과 대표자 또는 대리자 간에 있어서의 내부관계에 그치고 외부관계에 있어서는 아무런 차별이 있는 것이 아니며, 형식상 그 작성 명의에 허위가 없으므로 이러한 문서에 있어서 행하여진 의사표시는 사법상 유효하

---

1) 대법원 2010. 5. 13. 선고 2010도1040 판결(원래 주식회사의 지배인은 회사의 영업에 관하여 재판상 또는 재판 외의 모든 행위를 할 권한이 있으므로, 지배인이 직접 주식회사 명의 문서를 작성하는 행위는 위조나 자격모용사문서작성에 해당하지 않는 것이 원칙이고, 이는 그 문서의 내용이 진실에 반하는 허위이거나 대표권을 남용하여 자기 또는 제3자의 이익을 도모할 목적으로 작성된 경우에도 마찬가지이다); 대법원 1993. 7. 27. 선고 93도1435 판결.

2) 대법원 1991. 10. 8. 선고 91도1703 판결.

3) 대법원 2017. 12. 22. 선고 2017도14560 판결.

4) 대법원 2008. 2. 14. 선고 2007도9606 판결(부동산중개사무소를 대표하거나 대리할 권한이 없는 사람이 부동산매매계약서의 공인중개사란에 '○○부동산 대표 △△△(피고인의 이름)'라고 기재한 사안에서, '○○부동산'이라는 표기는 단순히 상호를 가리키는 것이 아니라 독립한 사회적 지위를 가지고 활동하는 존재로 취급될 수 있으므로 자격모용사문서작성죄의 '명의인'에 해당한다).

5) 대법원 1975. 11. 25. 선고 75도2067 판결.

고 직접 본인에 대하여 그 효력이 생기는 것이기 때문이다.[1] 그리하여 토지매수권한을 위임받은 대리인이 매도인측 대표자와 공모하여 매매대금 일부를 착복하기로 하고 위임받은 특정 매매금액보다 낮은 금액을 허위로 기재한 매매계약서를 작성한 경우에는 본죄가 성립하지 아니한다.[2]

　　민법상 법인의 이사 전원 또는 그 일부의 임기가 만료하였다고 하더라도 후임 이사가 선임되지 않았거나 또는 후임 이사가 선임되었다고 하더라도 그 선임결의가 무효이고 임기가 만료하지 아니한 다른 이사만으로는 정상적인 법인의 활동을 할 수 없는 경우에는, 임기가 만료한 구 이사로 하여금 법인의 업무를 수행케 함이 부적당하다고 인정할 만한 특별한 사정이 없는 한, 구 이사는 후임 이사가 선임될 때까지 종전의 직무를 수행할 수 있다. 종중의 신임 대표자 등이 선임되고 전임 대표자에 대한 직무집행정지가처분결정이 있은 후 위 가처분결정이 취소된 경우, 신임 대표자 선임결의가 무효라고 하더라도 전임 대표자가 위 가처분결정을 알면서 가처분결정시부터 취소시 사이에 대표자 자격으로 작성한 이사회 의사록 등은 자격을 모용하여 작성한 문서이지만, 선임결의가 무효라면 종전 임원의 가처분결정 이전에 작성한 이사회 의사록은 '자격을 모용하여 작성한 문서'가 아니고, 이를 가처분결정 이후에 행사하였다고 하더라도 자격모용작성사문서행사죄가 성립하지 아니한다.[3]

(2) 주관적 구성요건

　　본죄가 성립하기 위해서는 정당한 대표권이나 대리권이 없음을 알고도 마치 대표권이나 대리권이 있는 것처럼 가장하여 타인의 자격을 모용한다는 인식 이외에 행사할 목적이 있어야 한다.[4] '행사할 목적'이란 다른 사람으로 하여금 그 문서가 정당한 권한에 기하여 작성된 것으로 오신하게 할 목적을 말하므로, 사문서를 작성하는 자가 다른 사람의 대리인 또는 대표자로서의 자격을 모용하여 문서를 작성한다는 것을 인식·용인하면서 이를 진정한 문서로서 어떤 효용에 쓸 목적으로 사문서를 작성하였다면, 본죄의 행사의 목적과 고의가 있는 것으로 보아야 한다.[5] 공동주택건설사업을 추진하는 단체로부터 공사대행업자 선정권한을 위임받은 변호사인 피고인이 위 단체로부터 위임계약을 해지한다는 취지의 내용증명우편을 수령하고도 제3자와

1) 대법원 1983. 4. 12. 선고 83도332 판결.
2) 대법원 2007. 10. 11. 선고 2007도5838 판결.
3) 대법원 2007. 7. 26. 선고 2005도4072 판결.
4) 대법원 1996. 7. 12. 선고 93도2628 판결(교단이 한국천부교전도관부흥협회와 한국예수교전도관부흥협회로 분열됨으로써 위 각 분열된 교단 모두 원래의 교단과의 동일성을 상실하게 되었다고 하더라도 피고인 등은 자신들이 소속한 한국예수교전도관부흥협회가 원래의 교단의 교리를 따르고 있었으므로 동 교단이 동일성을 그대로 유지한다고 믿었을 것이라고 보이고, 그렇다면 위 한국예수교전도관부흥협회의 회장으로 선출된 피고인이 이 사건 진정서 등을 작성, 제출할 당시 타인의 자격을 모용한다는 범의가 있었다고 보기 어렵다).
5) 대법원 2007. 7. 27. 선고 2006도2330 판결(재건축조합의 조합장이 아닌 사람이 재건축조합 조합장의 직함을 사용하여 재건축사업에 관한 계약서를 작성하였다면, 계약의 상대방이 자격모용사실을 알고 있었다거나 그 계약서에 조합장의 직인이 아닌 다른 인장을 날인하였더라도 자격모용에 의한 사문서작성죄의 범의와 행사의 목적이 인정된다).

위 단체 명의로 공동주택단지 개발사업 공동추진계약을 체결하면서 자신을 위 단체의 대리인 으로 기재한 계약서를 작성한 경우에는 본죄의 고의가 인정된다.[1]

V. 공전자기록위작·변작죄

> 제227조의2(공전자기록위작·변작) 사무처리를 그르치게 할 목적으로 공무원 또는 공무소의 전자기록등 특 수매체기록을 위작 또는 변작한 자는 10년 이하의 징역에 처한다.
> 제235조(미수범) 제225조 내지 제234조의 미수범은 처벌한다.
> 제237조(자격정지의 병과) 제225조 내지 제227조의2 및 그 행사죄를 범하여 징역에 처할 경우에는 10년 이 하의 자격정지를 병과할 수 있다.

1. 의의 및 보호법익

공전자기록위작·변작죄는 사무처리를 그르치게 할 목적으로 공무원 또는 공무소의 전자기 록 등 특수매체기록을 위작 또는 변작함으로써 성립하는 범죄이다. 전자기록은 가독성이 없으 므로 문서로 보는 것은 피고인에게 불리한 유추해석이기 때문에 허용되는 해석이 될 수 없다. 그러나 오늘날 범죄의 양상은 전자기록을 위작·변작하는 경우가 다수 발생하고 있을 뿐만 아 니라 이러한 유형이 오히려 더 큰 위험성을 띠고 있는 것이 사실이다. 이에 적절히 대처하기 위 하여 1995. 12. 29. 형법 개정을 통하여 본죄를 신설하였다. 본죄의 보호법익은 공전자기록에 대한 공공의 신용과 거래의 안전이고, 보호의 정도는 추상적 위험범이다.

2. 구성요건

(1) 객 체

본죄의 객체는 공무원 또는 공무소의 전자기록 등 특수매체기록이다. 이는 공무원 또는 공 무소의 직무수행상 만들어지도록 되어 있거나 이미 만들어진 전자기록 등 특수매체기록을 말 한다. 예를 들면 주민등록·등기부등본·토지대장·가족관계등록·자동차등록·경찰범죄정보 등 의 파일이 이에 해당한다. 한편 그 행위주체가 공무원과 공무소가 아닌 경우에는 형법 또는 특 별법에 의하여 공무원 등으로 의제되는 경우를 제외하고는 계약 등에 의하여 공무와 관련되는 업무를 일부 대행하는 경우가 있더라도 공무원 또는 공무소가 될 수 없다.[2]

---

1) 대법원 2005. 4. 15. 선고 2004도6404 판결.

2) 대법원 2020. 3. 12. 선고 2016도19170 판결(한국환경공단이 환경부장관의 위탁을 받아 건설폐기물 인계·인수에 관한 내용 등의 전산처리를 위한 전자정보처리프로그램을 구축·운영하고 있다고 하더라도, 그 업무를 수행하는 한국환경공단 임직원을 공전자기록의 작성권한자인 공무원으로 보거나 한국환경공단을 공무소로 볼 수는 없다. 그리고 한국환경공단법 등이 한국환경공단 임직원을 형법 제129조 내지 제132조의 적용에 있어 공무원으로 본다 고 규정한다고 하여 그들 또는 그들이 직무를 행하는 한국환경공단을 형법 제227조의2에 정한 공무원 또는 공무 소에 해당한다고 보는 것은 형벌법규를 피고인에게 불리하게 확장해석하거나 유추해석하는 것이어서 죄형법정주 의 원칙에 반한다).

'전자기록'이란 매체에 전기적·자기적 방식으로 저장된 기록을 의미하는데, USB·CD·녹음
테이프 등과 같이 기록을 보관하고 있는 물건은 재물이므로 그 안에 저장되어 있는 기록만을
의미한다. '특수매체기록'은 전자기록 이외에 광기술이나 레이저기술을 이용하여 저장된 기록
을 말한다. 본죄의 객체는 기록이므로 저장되어 있지 않고 컴퓨터 화면상에 나타나 있는 데이
터나 전송중인 데이터는 객체가 될 수 없다. 마이크로필름기록은 단순히 문자의 축소 및 그 기
계적 확대에 의한 재생에 불과하므로 본죄의 객체에 해당하지 아니한다.

(2) 행 위

본죄의 실행행위는 위작 또는 변작하는 것이다. '위작'이란 권한 없이 기록을 만들어 내거
나 저장·기억하게 하는 것을 말하고, '변작'이란 이미 작성·저장되어 있는 기록을 변경하거나
말소하는 것을 말한다. 위작의 객체로 규정한 전자기록은, 그 자체로는 물적 실체를 가진 것이
아니어서 별도의 표시·출력장치를 통하지 아니하고는 보거나 읽을 수 없고, 그 생성 과정에 여
러 사람의 의사나 행위가 개재됨은 물론 추가 입력한 정보가 프로그램에 의하여 자동으로 기존
의 정보와 결합하여 새로운 전자기록을 작출하는 경우도 적지 않으며, 그 이용 과정을 보아도
그 자체로서 객관적·고정적 의미를 가지면서 독립적으로 쓰이는 것이 아니라 개인 또는 법인
이 전자적 방식에 의한 정보의 생성·처리·저장·출력을 목적으로 구축하여 설치·운영하는 시
스템에서 쓰임으로써 예정된 증명적 기능을 수행하는 것이므로, 위와 같은 시스템을 설치·운
영하는 주체와의 관계에서 전자기록의 생성에 관여할 권한이 없는 사람이 전자기록을 작출하
거나 전자기록의 생성에 필요한 단위 정보의 입력을 하는 경우는 물론 시스템의 설치·운영 주
체로부터 각자의 직무 범위에서 개개의 단위정보의 입력 권한을 부여받은 사람이 그 권한을 남
용하여 허위의 정보를 입력함으로써 시스템 설치·운영 주체의 의사에 반하는 전자기록을 생성
하는 경우도 전자기록의 위작에 포함된다. 이때 '허위의 정보'란 진실에 반하는 내용을 의미하
는 것으로서, 관계 법령에 의하여 요구되는 자격을 갖추지 못하였음에도 불구하고 고의로 이를
갖춘 것처럼 단위 정보를 입력하였다고 하더라도 그 전제 또는 관련된 사실관계에 대한 내용에
거짓이 없다면 허위의 정보를 입력하였다고 볼 수 없다.[1] 이에 따라 경찰관이 고소사건을 처리
하지 아니하였음에도 경찰범죄정보시스템에 그 사건을 검찰에 송치한 것으로 허위사실을 입력
한 행위는 본죄에서 말하는 위작에 해당한다.[2]

(3) 주관적 구성요건

본죄가 성립하기 위해서는 고의 이외에 '사무처리를 그르치게 할 목적'이 있어야 한다. 이

---

1) 대법원 2011. 5. 13. 선고 2011도1415 판결.
2) 대법원 2005. 6. 9. 선고 2004도6132 판결. 同旨 대법원 2007. 7. 27. 선고 2007도3798 판결(피고인 1의 업무를
   보조하는 공소외 1은 체비지 현장에 출장을 나간 사실이 없고 피고인 1만이 체비지 현장에 출장을 나갔음에도
   불구하고, 피고인 1과 위 공소외 1이 공모하여 마치 공소외 1이 직접 그 출장을 나간 것처럼 부천시청 행정지식관
   리시스템에 허위의 정보를 입력하여 출장복명서를 생성한 후 이를 그 정을 모르는 위 시청 도시과장에게 전송함
   으로써 피고인 1에게는 공전자기록등위작 및 위작공전자기록등행사의 범의가 있었음이 인정된다).

는 위작·변작된 기록을 사무처리전산시스템에 사용함으로써 시스템을 설치·운영하는 주체의 정상적인 사무처리를 하지 못하거나 비정상적인 사무처리를 하도록 하는 목적을 말한다.[1] 그러므로 사무처리를 용이하게 할 목적이 있는 경우에는 위작·변작을 하였다고 하더라도 본죄는 성립하지 아니한다.

Ⅵ. 사전자기록위작·변작죄

> 제232조의2(사전자기록위작·변작) 사무처리를 그르치게 할 목적으로 권리·의무 또는 사실증명에 관한 타인의 전자기록등 특수매체기록을 위작 또는 변작한 자는 5년 이하의 징역 또는 1천만원 이하의 벌금에 처한다.
> 제235조(미수범) 제225조 내지 제234조의 미수범은 처벌한다.

1. 의의 및 보호법익

사전자기록위작·변작죄는 사무처리를 그르치게 할 목적으로 권리·의무 또는 사실증명에 관한 타인의 전자기록 등 특수매체기록을 위작 또는 변작함으로써 성립하는 범죄이다. 본죄의 보호법익은 사전자기록에 대한 공공의 신용이고, 보호의 정도는 추상적 위험범이다. 또한 진정목적범에 해당한다.

2. 구성요건

(1) 객 체

본죄의 객체는 권리·의무 또는 사실증명에 관한 타인의 전자기록 등 특수매체기록이다. '권리·의무 또는 사실증명에 관한 타인의 전자기록 등 특수매체기록'이란 일정한 저장매체에 전자방식이나 자기방식에 의하여 저장된 기록을 말한다. 비록 컴퓨터의 기억장치 중 하나인 램(RAM(Random Access Memory))이 임시기억장치 또는 임시저장매체이기는 하지만, 형법이 전자기록위작·변작죄를 문서위조·변조죄와 별도로 처벌하고자 한 입법취지, 저장매체에 따라 생기는 그 매체와 저장된 전자기록 사이의 결합강도와 각 매체별 전자기록의 지속성의 상대적 차이, 전자기록의 계속성과 증명적 기능과의 관계, 본죄의 보호법익과 그 침해행위의 태양 및 가벌성 등에 비추어 볼 때, 램에 올려진 전자기록 역시 본죄에서 말하는 전자기록 등 특수매체기록에 해당한다.[2]

---

[1] 대법원 2010. 7. 8. 선고 2010도3545 판결(공군 복지근무지원단 예하 18지구대에서 부대매점 및 창고관리 부사관으로 근무하던 피고인이 창고 관리병 공소외인으로 하여금 위 복지근무지원단의 업무관리시스템인 복지전산시스템에 피고인이 그 전에 이미 이 사건 다른 공소사실 내용과 같이 횡령한 바 있는 면세주류를 2009. 7. 10.경 및 2009. 7. 14.경 마치 당일 정상적으로 판매한 것처럼 허위로 입력하게 한 것은 각 지구대의 판매량의 신뢰도에 직접 영향을 미쳐 그 관련 업무를 처리함에 있어 중요한 정보를 허위로 생성하게 한 것으로서 피고인에게는 사무처리를 그르치게 할 목적이 있었다); 대법원 2008. 6. 12. 선고 2008도938 판결.
[2] 대법원 2003. 10. 9. 선고 2000도4993 판결(램에 올려진 전자기록은 원본파일과 불가분적인 것으로 원본파일의

(2) 행 위

본죄의 실행행위는 위작 또는 변작하는 것이다. '위작'이란 처음부터 권한 없이 기록을 작
성하여 저장·기억시키는 경우(유형위작)만을 의미하고, 허위내용의 기록을 작성하여 저장·기억
시키는 경우(무형위작)는 포함하지 아니한다. 왜냐하면 권한 있는 자가 허위내용의 사문서를 작
성하는 경우에는 사문서의 무형위조를 처벌하지 않아 허위진단서작성죄라는 명문의 규정을 제
외하고는 불가벌에 해당한다는 점, 허위사전자기록작성죄라는 처벌규정이 없다는 점, 무형위작
을 포함시키는 것은 피고인에게 불리한 유추해석이라는 점 등을 그 논거로 할 수 있기 때문이
다. 하지만 이에 대하여 판례는「형벌규정이 보호하고자 하는 전자기록 내용의 진정성에 대한
공공의 신용은 권한 없는 사람이 전자기록의 작성 등에 관여한 경우뿐만 아니라, 권한이 있는
사람이 그 권한을 남용하여 허위의 정보를 입력하는 경우에도 위험성이 발생될 수 있다. 나아
가 시스템 관리자라고 하더라도 그가 시스템 설치·운영자로부터 부여받은 권한을 초월하거나
남용하여 전자기록의 작성 등을 한 경우에는 형벌규정이 보호하고자 하는 법익이 침해된다고
보기에 충분하다. 전자기록의 작성 등을 위해 시스템이 요구하는 본인확인 절차를 거친 사람은
특별한 사정이 없는 한 해당 전자기록의 작성 등을 할 권한이 있다. 그런데 전자기록은 작성
명의인을 특정하여 표시할 수 없고, 생성 과정에 여러 사람의 의사나 행위가 개재됨은 물론
개개의 입력한 정보가 컴퓨터 등 정보처리장치에 의하여 자동으로 기존의 정보와 결합하여
가공·처리됨으로써 새로운 전자기록이 만들어지므로 문서죄에서와 같은 작성명의인이란 개념
을 상정하기 어렵다. 이러한 전자기록의 특성 이외에도 사전자기록등위작죄를 사문서위조죄와
비교해 보면 두 죄는 범행의 목적, 객체, 행위 태양 등 구성요건이 서로 다르다. 이러한 사정을
종합적으로 고려하면, 형법 제232조의2가 정한 사전자기록등위작죄에서 '위작'의 의미를 작성
권한 없는 사람이 행사할 목적으로 타인의 명의를 모용하여 문서를 작성한 경우에 성립하는 사
문서위조죄의 '위조'와 반드시 동일하게 해석하여 그 의미를 일치시킬 필요는 없다.」라고 판시[1]
하여, '위작'의 포섭 범위에 권한 있는 사람이 그 권한을 남용하여 허위의 정보를 입력함으로써
시스템 설치·운영 주체의 의사에 반하는 전자기록을 생성하는 행위를 포함하고 있다.

'변작'이란 권한 없이 기존의 기록을 동일성을 해하지 않는 범위 내에서 부분적으로 고치거
나 말소하여 변경하는 경우를 말한다.

(3) 주관적 구성요건

본죄가 성립하기 위해서는 고의 이외에 사무처리를 그르치게 할 목적이 있어야 한다.[2] 여

개념적 연장선상에 있는 것이므로, 비록 원본파일의 변경까지 초래하지는 아니하였더라도 이러한 전자기록에 허
구의 내용을 권한 없이 수정입력한 것은 그 자체로 그러한 사전자기록을 변작한 행위의 구성요건에 해당된다고
보아야 할 것이며 그러한 수정입력의 시점에서 사전자기록변작죄의 기수에 이르렀다).

1) 대법원 2020. 8. 27. 선고 2019도11294 전원합의체 판결.
2) 대법원 2008. 6. 12. 선고 2008도938 판결(새마을금고의 예금 및 입·출금 업무를 총괄하는 직원이 전 이사장 명의
   예금계좌로 상조금이 입금되자 전 이사장에 대한 금고의 채권확보를 위해 내부 결재를 받아 금고의 예금 관련

기서 '사무처리를 그르치게 할 목적'이란 위작 또는 변작된 전자기록이 사용됨으로써 전자적 방식에 의한 정보의 생성·처리·저장·출력을 목적으로 구축·설치한 시스템을 운영하는 주체인 개인 또는 법인의 사무처리를 잘못되게 하는 것을 말한다.[1] 다만 문서위조죄와 달리 전자기록의 특성상 단순한 사용·행사의 목적을 넘어 증명작용에 실질적인 해를 발생시킬 목적이 있어야 한다.

Ⅶ. 허위공문서작성죄

> 제227조(허위공문서작성등) 공무원이 행사할 목적으로 그 직무에 관하여 문서 또는 도화를 허위로 작성하거나 변개한 때에는 7년 이하의 징역 또는 2천만원 이하의 벌금에 처한다.
> 제235조(미수범) 제225조 내지 제234조의 미수범은 처벌한다.
> 제237조(자격정지의 병과) 제225조 내지 제227조의2 및 그 행사죄를 범하여 징역에 처할 경우에는 10년 이하의 자격정지를 병과할 수 있다.

1. 의의 및 보호법익

허위공문서작성죄는 공무원이 행사할 목적으로 그 직무에 관하여 문서 또는 도화를 허위로 작성하거나 변개함으로써 성립하는 범죄이다. 본죄는 공문서에 대한 공공의 신뢰가 높다는 점에서 사문서와는 달리 공문서의 무형위조를 처벌하는 규정이다. 본죄의 법적 성격은 진정신분범이며, 목적범에 해당한다. 본죄의 보호법익은 공문서 내용의 진실성에 대한 공공의 신용이고, 보호의 정도는 추상적 위험범이다.[2]

컴퓨터 프로그램에 접속하여 전 이사장 명의 예금계좌의 비밀번호를 동의 없이 입력한 후 위 금원을 위 금고의 가수금계정으로 이체한 사안에서, 위 금고의 내부규정이나 여신거래기본약관의 규정에 비추어 이는 위 금고의 업무에 부합하는 행위로서 피해자의 비밀번호를 임의로 사용한 잘못이 있다고 하더라도 사전자기록위작·변작죄의 '사무처리를 그르치게 할 목적'을 인정할 수 없다).

1) 대법원 2020. 8. 27. 선고 2019도11294 전원합의체 판결(법인이 컴퓨터 등 정보처리장치를 이용하여 전자적 방식에 의한 정보의 생성·처리·저장·출력을 목적으로 전산망 시스템을 구축하여 설치·운영하는 경우 위 시스템을 설치·운영하는 주체는 법인이고, 법인의 임직원은 법인으로부터 정보의 생성·처리·저장·출력의 권한을 위임받아 그 업무를 실행하는 사람에 불과하다. 따라서 법인이 설치·운영하는 전산망 시스템에 제공되어 정보의 생성·처리·저장·출력이 이루어지는 전자기록 등 특수매체기록은 그 법인의 임직원과의 관계에서 '타인'의 전자기록등 특수매체기록에 해당한다); 대법원 2008. 4. 24. 선고 2008도294 판결.

2) 대법원 1983. 12. 27. 선고 82도3063 판결(준공검사조서를 작성함에 있어서 정산설계서를 확인하고 준공검사를 한 것이 아님에도 마치 한 것처럼 준공검사용지에 '정산설계서에 의하여 준공검사를 하였다는 내용을 기입하였다면 허위공문서작성의 범의가 있었음이 명백하여 그것만으로 곧 허위공문서작성죄가 성립하고 위 준공검사조서의 내용이 객관적으로 정산설계서 초안이나 그 후에 작성된 정산설계서 원본의 내용과 일치한다거나 공사현장의 준공상태에 부합한다고 하더라도 그 성립에 아무런 영향을 미치지 못한다); 대법원 1972. 12. 12. 선고 72도1233 판결; 대법원 1971. 11. 9. 선고 71도1775 판결; 대법원 1970. 11. 24. 선고 70도1791 판결; 대법원 1970. 6. 30. 선고 70도1122 판결; 대법원 1962. 9. 27. 선고 4294형상580 판결.

2. 구성요건

(1) 주 체

본죄의 주체는 공무원 중에서도 직무에 관하여 문서 또는 도화를 작성할 권한이 있는 공무원이다. 작성할 권한이 있다는 것은 사실상 그 사무를 담당하고 있다는 의미가 아니라 자기명의로 공문서를 작성할 권한이 있다는 의미이다. 그러므로 공무원이라고 할지라도 문서의 작성권한이 없는 경우에는 본죄의 주체가 될 수 없다.[1] 다만 작성명의인이 아니더라도 전결권을 위임받은 공무원은 본죄의 주체가 될 수 있다.[2] 하지만 신분상 공무원이 아닌 자를 본죄로 처벌하려면 그에 관한 특별규정이 있어야 할 것이고, 그들의 업무가 국가의 사무에 해당한다거나 그들이 소속된 영상물등급위원회의 행정기관성이 인정된다는 사정만으로는 본죄로 처벌할 수 없다.[3]

작성권한이 있는 공무원이 권한의 범위 내에서 권한을 남용하여 자기명의로 허위공문서를 작성한 경우에는 공문서위조죄가 아니라 본죄가 성립한다. 하지만 작성권한을 위임받은 자가 그 권한을 초월하여 공문서를 작성한 경우에는 본죄가 성립하지 않고 공문서위조죄가 성립한다.[4] 즉 본죄는 그 문서를 작성할 권한이 있는 공무원이 허위내용의 공문서를 작성한 경우에 성립하는 것이고, 그 공무원을 보조하는 직무에 종사하는 공무원이 작성권한을 가진 공무원의 결재도 받지 아니하고 임의로 허위내용의 공문서를 작성권한자 명의로 작성한 때에는 공문서위조죄가 성립한다.[5] 이는 공문서의 작성권한 없는 사람이 허위공문서를 기안하여 작성권자의 결재를 받지 않고 공문서를 완성한 경우에도 마찬가지이다. 나아가 작성권자의 직인 등을 보관하는 담당자는 일반적으로 작성권자의 결재가 있는 때에 한하여 보관 중인 직인 등을 날인할

---

1) 대법원 1984. 9. 11. 선고 84도368 판결(군청소속의 도축장 검사원에게 군수명의로 된 백지의 지방우육 서울반출증을 보관하면서 적법한 도축신청과 서울축산기업 납세조합에서 발행한 지방우육 서울반입 실수요자확인증의 제출이 있는 경우에 한하여 위 백지반출증에 실수요자증명서의 발행번호와 반출증의 발행일자, 유효기간 등을 보충기재하여 반입실수요자에 교부할 권한만이 위임되어 있었던 경우라면 동 검사원에게 위 반출증의 작성권한이 위임되어 있다고 볼 수 없으므로 동 검사원이 적법한 도축신청과 실수요자확인증의 제출이 없음에도 허위의 반출증을 작성교부하였다면 공문서위조죄가 성립한다); 대법원 1984. 3. 13. 선고 83도3152 판결; 대법원 1976. 10. 12. 선고 76도1682 판결(민원사무를 보조하는 동사무소 임시직원이 소재증명서를 작성하는 경우에는 허위공문서작성죄가 성립할 수 없다).
2) 대법원 1977. 1. 11. 선고 76도3884 판결.
3) 대법원 2009. 3. 26. 선고 2008도93 판결.
4) 대법원 1996. 4. 23. 선고 96도424 판결(공문서 작성권자로부터 일정한 요건이 구비되었는지 여부를 심사하여 그 요건이 구비되었음이 확인될 경우에 한하여 작성권자의 직인을 사용하여 작성권자 명의의 공문서를 작성하라는 포괄적인 권한을 수여받은 업무보조자인 공무원이, 그 위임의 취지에 반하여 공문서 용지에 허위내용을 기재하고 그 위에 보관하고 있던 작성권자의 직인을 날인하였다면, 그 업무보조자인 공무원에게 공문서위조죄가 성립할 것이고, 그에게 위와 같은 행위를 하도록 지시한 중간결재자인 공무원도 공문서위조죄의 공범으로서의 책임을 면할 수 없다).
5) 대법원 1990. 10. 12. 선고 90도1790 판결(면사무소 호적계장이 면장의 결재 없이 호적의 출생년란, 주민등록번호란에 허위내용의 호적정정 기재를 한 경우에는 공문서위조 및 동행사죄를 구성하는 것은 별론으로 하고 허위공문서작성죄에 해당할 수는 없다); 대법원 1974. 1. 29. 선고 73도1854 판결(관세청 심리분실 행정서기보는 사법경찰관 직무취급을 하는 권한이 없고 사법경찰리의 직무를 취급하는 자에 불과하므로 간접정범이 인정될 수 있는 특별한 사정이 없으면 허위공문서 작성의 주체가 될 수 없다).

수 있을 뿐이다. 이러한 경우 다른 공무원 등이 작성권자의 결재를 받지 않고 직인 등을 보관하는 담당자를 기망하여 작성권자의 직인을 날인하도록 하여 공문서를 완성한 때에도 공문서위조죄가 성립한다.[1]

(2) 객 체

본죄의 객체는 공무원 또는 공무소가 그 직무에 관하여 작성한 문서(공문서) 또는 도화(공도화)이다. '직무에 관한 문서'란 공무원이 그 직무권한 내에서 작성하는 문서를 말하고, 그 문서는 대외적인 것이거나 내부적인 것을 구별하지 아니하며, 그 직무권한이 반드시 법률상 근거가 있음을 필요로 하는 것이 아니고, 널리 명령·내규 또는 관례에 의한 직무집행의 권한으로써 작성하는 경우를 포함한다.[2] 공증사무 취급이 인가된 합동법률사무소 명의로 작성된 공증에 관한 문서[3], 노동청장의 위촉을 받은 검정위원이 작성한 기능검정시험의 실기채점표[4], 건축사무기술검사원으로 위촉된 건축사가 작성한 준공검사조서[5] 등은 공문서에 해당한다. 한편 작성권한 있는 공무원이 공정증서원본에 허위의 내용을 기재한 경우에는 공정증서원본부실기재죄가 아니라 본죄가 성립한다.

(3) 행 위

1) 허위의 작성

'허위의 작성'이란 작성권한 있는 자가 그 권한의 범위 내에서 진실에 반하는 허위내용을 기재하는 것을 말한다. 작성권한 있는 자가 작성한 허위문서이면 명의자가 누구라도 상관이 없다. '허위'란 표시된 내용과 진실이 부합하지 아니하여 그 문서에 대한 공공의 신용을 위태롭게 하는 경우를 말하는데, 이에는 사실에 관한 것뿐만 아니라 의견과 판단에 관한 것도 포함된다. 허위작성의 방법에도 제한이 없다. 검사가 피의자신문조서를 작성함에 있어서 피의자의 자백사실을 고의로 누락한 경우에는 부작위에 의한 허위공문서작성죄가 성립할 수 있다.

하지만 기재내용이 법규에 위반하여 무효인 경우에도 내용이 진실에 합치한다면 허위라고 할 수 없다.[6] 또한 공문서를 작성하는 과정에서 법령 등을 잘못 적용하거나 적용하여야 할 법령 등을 적용하지 아니한 잘못이 있더라도 그 적용의 전제가 된 사실관계에 관하여 거짓된 기재가 없다면 본죄가 성립할 수 없고, 이는 그와 같은 잘못이 공무원의 고의에 기한 것이라도 달리 볼 수 없다. 공문서 작성 과정에서 법령 등을 잘못 적용하였다고 하여 반드시 진실에 반하는 기재를 하여 공문서를 작성하게 되는 것은 아니므로, 공문서 작성 과정에서 법령 등의 적용에 잘못이 있다는 것과 기재된 공문서 내용이 허위인지 여부는 구별되어야 한다.[7]

---

1) 대법원 2017. 5. 17. 선고 2016도13912 판결.
2) 대법원 2015. 10. 29. 선고 2015도9010 판결; 대법원 1981. 12. 8. 선고 81도943 판결.
3) 대법원 1977. 8. 23. 선고 74도2715 전원합의체 판결.
4) 대법원 1976. 10. 12. 선고 76도2522 판결.
5) 대법원 1980. 5. 13. 선고 80도177 판결.
6) 대법원 1996. 5. 14. 선고 96도554 판결.

판례에 의하면, ① 인감증명서를 발행함에 있어 인감증명서의 인적사항과 인감 및 그 용도를 일치하게 기재하였어도 대리인에 의한 것을 본인의 신청에 의한 것으로 기재한 경우[1], ② 출납부에 고의로 수입 사실을 기재하지 않은 경우[2], ③ 신청인에게 농업경영능력이나 영농의사가 없음을 알거나 이를 제대로 알지 못하면서도 농지취득자격에 아무런 문제가 없다는 내용으로 농지취득자격증명통보서를 작성한 경우[3], ④ 사서증서 인증을 촉탁받은 공증인이 사서증서 인증서를 작성함에 있어서, 당사자가 공증인의 면전에서 사서증서에 서명 또는 날인을 하거나 당사자 본인이나 그 대리인으로 하여금 사서증서의 서명 또는 날인이 본인의 것임을 확인하게 한 바가 없음에도 불구하고, 당사자가 공증인의 면전에서 사서증서에 서명 또는 날인을 하거나 본인이나 그 대리인이 사서증서의 서명 또는 날인이 본인의 것임을 확인한 것처럼 인증서에 기재한 경우[4], ⑤ 세무공무원 명의로 작성된 특별조사종결보고서에 피고인의 감세지시에 의하여 약 23억원이라는 추징세액에 맞추기 위해 근거자료와는 상관없이 적출금액을 임의로 조정함으로써, 각종 증빙자료 등을 통하여 탈루세액임이 확실한 추징세액 약 55억 7,300만원을 고의로 누락시킨 채 작성한 경우[5], ⑥ 폐기물처리사업계획이 관계 법령의 규정에 적합하지 아니함을 알면서 적합하다는 내용으로 폐기물처리사업계획 적합통보서를 작성한 경우[6], ⑦ 임야도와 지적도상의 경계가 부합하지 아니하는 경우는 지적도의 경계 표시에 오류가 있음을 쉽게 확인할 수 있고, 측량을 하지 않고서도 그 정정이 가능한 경우에 해당한다고 볼 수는 없는 상황에서, 피고인이 임야도를 기준으로 하였다고 하더라도 토지 및 하천 등의 경계나 면적을 측량하지도 아니한 채 지적도상의 토지 및 하천 등의 경계를 정정한 경우[7], ⑧ 소유권이전등기와 근저당권설정등기의 신청이 동시에 이루어지고 그와 함께 등본의 교부신청이 있는 경우에는, 등기공무원은 소유권이전등기와 근저당권설정등기 모두에 관하여 등기부에의 기입을 마치고 그에 따른 등기부등본을 교부하여야 함에도 불구하고, 등기공무원이 소유권이전등기만 기입하고 근저당권설정등기는 기입하지 아니한 채 등기부등본을 발급한 경우[8], ⑨ 군직원이 농지전용허가를 하여 주어서는 안 됨을 알면서도 허가하여 줌이 타당하다는 취지의 현장출장복명서 및 심사의견서를 작성한 경우[9], ⑩ 연립주택이 당초의 설계도대로 공사되어 있지 아니한 것을 담당공무원이 세밀히 조사하지 아니하여 그 적합 여부를 제대로 알지 못하면서도 준공검사보고서 용지에 함부로 '적합'이라고 기재하고 서명날인을 한 경우[10], ⑪ 지방공무원인 피고인이 甲으로부터 부탁을 받고 1989. 4. 15.까지는 甲이 세대주이고 처인 乙은 동거가족에 불과하였음에도 불구하고 마치 1988. 3. 26.부터 乙이 세대주인 것처럼 된 세대별 주민등록표 1장을 작성하여 동사무소의 주민등록표 보관함에 비치한 경우[11], ⑫ 수사처리의 관례상 일부 상치된 내용을 일치시키기 위하여 적법하게 작성된 참고인진술조서를 찢어버리고 진술인의 진술도 듣지 아니하고 그 내용을 일치시킨 새로운 진술조서를 작성한 경우[12], ⑬ 공무원이 작성한 가옥

7) 대법원 2021. 9. 16. 선고 2019도18394 판결.
1) 대법원 1997. 7. 11. 선고 97도1082 판결; 대법원 1985. 6. 25. 선고 85도758 판결.
2) 대법원 1960. 5. 18. 선고 4293형상125 판결.
3) 대법원 2007. 1. 25. 선고 2006도3996 판결.
4) 대법원 2007. 1. 25. 선고 2006도3844 판결.
5) 대법원 2006. 12. 22. 선고 2004도7356 판결.
6) 대법원 2003. 2. 11. 선고 2002도4293 판결.
7) 대법원 1997. 12. 26. 선고 96도3057 판결.
8) 대법원 1996. 10. 15. 선고 96도1669 판결.
9) 대법원 1993. 12. 24. 선고 92도3334 판결.
10) 대법원 1990. 10. 16. 선고 90도1307 판결.
11) 대법원 1990. 10. 16. 선고 90도1199 판결.

증명서의 기재내용이 객관적인 사실에 부합되는 것으로 그 내용이 허위가 아닐지라도, 가옥증명서 자체가 시청에 비치한 가옥대장과 대조하여 상위가 없다는 증명서이고 보면, 가옥대장 기재와 다른 내용을 기재하여 가옥증명서를 발행한 경우1), ⑭ 경찰서 보안과장인 피고인이 甲의 음주운전을 눈감아주기 위하여 그에 대한 음주운전자 적발보고서를 찢어버리고, 부하로 하여금 일련번호가 동일한 가짜 음주운전 적발보고서에 乙에 대한 음주운전 사실을 기재하게 하여 그 정을 모르는 담당경찰관으로 하여금 주취운전자 음주측정처리부에 乙에 대한 음주운전 사실을 기재하도록 한 경우2), ⑮ 무허가 건물을 허가받은 건축물인 것처럼 가옥대장 등에 등재하게 한 경우3), ⑯ 공무원인 피고인이 그 직무에 관하여 실제로 원본과 대조함이 없이 문서 사본에 '원본대조필 토목기사 피고인'이라고 기재하고 피고인의 도장을 날인한 경우4), ⑰ 자생식물원 조성공사의 감리업체의 책임감리원인 甲이, 이 공사를 감독하는 담당공무원 乙과 공모하여 허위 내용의 준공검사조서를 작성한 다음 준공검사결과보고서에 첨부하여 乙에게 제출하여 공무원들의 결재를 받아 사무실에 비치한 경우5), ⑱ 면사무소 호병계장이 인감증명서 발급신청인 본인이 직접 출두한 바 없는데도 그가 직접 신청하여 발급받은 것처럼 그 명의의 인감증명서와 인감증명발급대장에 기재한 경우6) 등에 있어서는 본죄가 성립한다.

하지만 ① 고의로 법령을 잘못 적용하여 공문서를 작성하였다고 하더라도 그 법령적용의 전제가 된 사실관계에 대한 내용에 거짓이 없는 경우7), ② 준공검사관이 준공검사를 함에 있어 수중·지하 또는 구조물의 내부 등 시공 후 매몰된 부분의 검사는 공사감독관의 감독조서를 근거로 하여 검사를 행하면 되고, 이를 실제로 검사하지 아니한 채 준공조서를 작성한 경우8), ③ 건축담당공무원이 건축허가신청서를 접수·처리함에 있어 건축법상의 요건을 갖추지 못하고 설계된 사실을 알면서도 기안서인 건축허가통보서를 작성하여 건축허가서의 작성명의인인 군수의 결재를 받아 건축허가서를 작성한 경우, 건축허가서는 그 작성명의인인 군수가 건축허가신청에 대하여 이를 관계 법령에 따라 허가한다는 내용에 불과하고 건축허가신청서와 그 첨부서류에 기재된 내용(건축물의 건축계획)이 건축법의 규정에 적합하다는 사실을 확인하거나 증명하는 것은 아니라고 할 것이므로 군수가 건축허가통보서에 결재하여 건축허가신청을 허가한 경우9), ④ 공무원이 여러 차례의 출장반복의 번거로움을 회피하고 민원사무를 신속히 처리한다는 방침에 따라 사전에 출장조사한 다음 출장조사내용이 변동 없다는 확신하에 출장복명서를 작성하고 다만 그 출장일자를 작성일자로 기재한 경우10), ⑤ 교통사고 가해자가 사고발생 후 즉시 피해자를 구호조치하지 않고 사고현장으로부터 약 600m 정도 도주한 후 다시 사고현장으로 되돌아 와 경찰관에게 자신

12) 대법원 1978. 6. 27. 선고 76도2196 판결.
1) 대법원 1973. 10. 23. 선고 73도395 판결.
2) 대법원 1996. 10. 11. 선고 95도1706 판결.
3) 대법원 1983. 12. 13. 선고 83도1458 판결.
4) 대법원 1981. 9. 22. 선고 80도3180 판결(피고인이 문서작성자에게 전화로 원본과 상이없다는 사실을 확인하였다거나 객관적으로 그 사본이 원본과 다른 점이 없다고 하더라도 그러한 사정만으로는 본죄의 성립에 아무런 영향을 미치지 못한다).
5) 대법원 2010. 4. 29. 선고 2010도875 판결.
6) 대법원 1992. 10. 13. 선고 92도2060 판결(비록 본인으로부터 대리인을 통하여 인감증명을 발급받겠다는 의사를 확인받았다고 하더라도 그 범죄의 성립에는 아무런 영향이 없다).
7) 대법원 2003. 2. 11. 선고 2002도4293 판결.
8) 대법원 1995. 6. 13. 선고 95도491 판결.
9) 대법원 2000. 6. 27. 선고 2000도1858 판결.
10) 대법원 2001. 1. 5. 선고 99도4101 판결.

이 사고야기자라고 말한 사안에서, 교통사고 가해자의 사고 후의 행동이 기재된 가해자 및 피해자의 관련자 진술서만 첨부하고 교통사고 실황조사서의 사고원인기재란 중 사고도주 표시란에는 아무런 표시를 하지 않은 경우¹⁾, ⑥ 당사자로부터 뇌물을 받고 고의로 적용하여서는 안 될 조항을 적용하여 과세표준을 결정하고 그 과세표준에 기하여 세액을 산출하였다고 하더라도 그 세액계산서에 허위내용의 기재가 없는 경우²⁾, ⑦ 지방세과세대장은 과세행정청이 지방세를 적정하고도 원활하게 부과징수하기 위하여 내부적으로 작성·보관하는 것으로서 비록 그 용도에 따른 사용수익을 할 수 없을 정도로 미완공인 건축물이라고 할지라도 과세대상이 될 정도에 이른 건축물이라면 이를 재산세과세대장에 올려 그 납세의무자에게 소정의 지방세를 부과징수할 수 있는 것이므로 과세대상이 되는 미완공건축물을 재산세과세대장에 등재한 경우³⁾, ⑧ 대수선허가 면적보다 1층은 1.12평, 2층은 0.25평이 더 증축된 것을 알면서도 허가된 면적대로 준공되었다는 준공검사보고서를 작성하였으나 통상 있을 수 있는 사소한 차이인 경우⁴⁾, ⑨ 공무원이 신규주민등록신고를 한 자에 대하여 전입신고 사실이 없다는 내용의 확인서를 작성한 경우⁵⁾, ⑩ 집배원이 특별우체물의 수취인의 소재에 관하여 여러 사람에게 문의하기는 하였지만 실제로는 문의하지 않은 자들의 이름을 허위로 쓰고 반송처리한 경우⁶⁾, ⑪ 검사가 고발사건을 불기소결정하여 피고발인으로 하여금 처벌받게 하려는 고발인의 의도가 이루어질 수 없게 된 경우⁷⁾ 등에 있어서는 본죄가 성립하지 아니한다.

한편 사인(私人)의 신고에 의하여 공무원이 공문서를 작성하는 경우에 신고내용이 허위임을 알면서 그대로 기재한 경우에 있어서, 가옥대장·토지대장 등의 작성과 같이 작성공무원이 신고내용에 대하여 실질적 심사권을 가진 때에는 본죄가 당연히 성립한다. 하지만 등기부·가족관계등록부 등의 작성과 같이 형식적 심사권만을 가진 경우에 있어서 본죄의 성립 여부와 관련하여, ① 소극설⁸⁾, ② 적극설⁹⁾, ③ 작성공무원이 신고자와 공모하여 직무상의 의무를 불법하게 이용하여 작성한 경우에는 본죄가 성립하지만, 신고내용이 우연히 허위임을 알고 그대로 작성한 경우에는 본죄가 성립하지 않는다는 이원설 등의 대립이 있다.

이에 대하여 판례는 「신고사항이 허위인 것이 명백한 경우에는 호적리는 그 기재를 거부할 수 있다고 해석할 것이므로 허위임을 알고 있으면서 이를 호적부에 기재하였다면 허위공문서작성죄가 성립한다.」라고 판시¹⁰⁾하여, 적극설의 입장을 취하고 있다.

---

1) 대법원 1997. 3. 11. 선고 96도2329 판결.
2) 대법원 1996. 5. 14. 선고 96도554 판결.
3) 대법원 1987. 8. 18. 선고 87도1263 판결.
4) 대법원 1985. 5. 28. 선고 85도327 판결.
5) 대법원 1972. 12. 12. 선고 72도1233 판결.
6) 대법원 1974. 4. 23. 선고 74도716 판결.
7) 대법원 1986. 6. 30.자 86모12 결정.
8) 손해목, 397면.
9) 김선복, 546면; 김성천/김형준, 685면; 김신규, 706면; 김일수/서보학, 602면; 배종대, 602면; 손동권/김재윤, 651면; 신동운, 422면; 오영근, 594면; 이재상/장영민/강동범, 603면; 이형국/김혜경, 674면; 임 웅, 772면; 정성근/정준섭, 418면; 정영일, 355면; 최호진, 708면.
10) 대법원 1977. 12. 27. 선고 77도2155 판결.

생각건대 신고사실이 명백히 허위임을 인지하고서도 문서를 작성한다는 것은 공문서에 대한 공공의 신용을 침해하는 것으로 충분히 평가될 수 있다. 그러므로 아무리 형식적인 심사권만을 가진 공무원이라고 할지라도 이러한 경우에는 본죄의 성립을 인정할 필요성이 있다. 다만 형식적인 심사권을 가진 공무원이 허위사실에 대한 명백한 인식을 하지 못하는 경우에는 신고를 수리해야 하는 의무가 주어지므로 본죄의 성립이 부정된다.

2) 변 개

'변개'란 작성권한 있는 공무원이 진정하게 성립한 기존 문서의 내용을 허위로 고치는 것을 말한다. 기존 문서를 고친다는 점에서 변조와 유사하지만, 변조는 작성권한이 없음에 비하여 변개는 작성권한이 있음을 요한다는 점에서 구별된다. 또한 작성권한 있는 자의 행위라는 점에서는 '허위작성'과 동일하지만, 기존 문서의 내용의 동일성을 해하지 않는 범위 내에서의 허위변경이라는 점에서 처음부터 허위작성하는 경우와 구별된다.

(4) 주관적 구성요건

본죄가 성립하기 위해서는 공문서에 허위사실을 기재한다는 점에 대한 고의 이외에 행사할 목적이 요구된다. 본죄는 허위공문서를 작성함에 있어 그 내용이 허위라는 사실을 인식하면 성립하고, 허위공문서 작성 그 자체로서 문서에 대한 공공적 신용을 위태롭게 하여 처벌하는 것이므로 특정인에 대한 구체적인 손해가 생기거나 생길 위험이 있을 것을 요하지 아니한다.[1]

판례에 의하면, ① 피고인들을 비롯한 경찰관들이 피의자 4명을 현행범으로 체포하거나 현행범인체포서를 작성할 때 체포사유 및 변호인선임권을 고지하지 아니하였음에도 불구하고, '체포의 사유 및 변호인 선임권 등을 고지 후 현행범인 체포한 것임'이라는 내용의 허위의 현행범인체포서 4장과 '현행범인으로 체포하면서 범죄사실의 요지, 구속의 이유와 변호인을 선임할 수 있음을 고지하고 변명의 기회를 주었다'는 내용의 허위의 확인서 4장을 각 작성한 경우[2], ② 군 농로계장이 변태경리에 의하여 유용된 예산액지출의 내역에 대한 허위의 증빙서류를 작성한 것이 부득이한 사정하에 상사인 건설과장이나 군수의 양해를 얻은 후에 이루어진 경우[3], ③ 성명불상자 또는 공소외 2가 피고인 2의 담당구역에 소재한 각 불법건축물의 원상복구 여부에 대한 현장확인을 한 다음, 원상복구가 되지 않았음에도 마치 원상복구가 된 것처럼 피고인 2 명의의 출장복명서를 작성하고, 피고인 2는 자신이 현장확인을 한 사실이 없고, 원상복구 여부에 대해서도 제대로 알지 못하면서 마치 자신이 현장확인을 한 것처럼 각 출장복명서에 서명을 한 다음 결재를 올린 경우[4] 등에 있어서는 본죄의 고의가 인정된다.

하지만 ① 출장 복령서에 '11:00 출발'을 '11:00 현지도착'이라고 기재한 것과 같이 특별히 도착시간을 은폐하여야 할 이유가 없는 한 단순히 오기에 불과한 경우[5], ② 업무상 관행에 따른 허위기재[6], ③ 선

1) 대법원 1995. 11. 10. 선고 95도1395 판결.
2) 대법원 2010. 6. 24. 선고 2008도11226 판결.
3) 대법원 1970. 6. 30. 선고 70도1122 판결. 同旨 대법원 1971. 11. 9. 선고 71도177 판결.
4) 대법원 2013. 10. 24. 선고 2013도5752 판결.

례에 따른 허위기재[1] 등에 있어서는 본죄의 고의가 부정된다.

3. 실행의 착수시기 및 기수시기

본죄의 실행의 착수시기는 행사할 목적으로 허위공문서작성을 개시하는 시점이다. 본죄의 기수시기는 문서작성을 완료하는 시점이다. 즉 공문서에 허위의 내용을 기재하고 명의인의 표시행위를 함으로써 기수가 된다. 공문서에 허위기재를 하였으나 아직 작성명의인을 표시하지 못하였다면 본죄의 미수범이 된다. 1개의 공문서에 작성자가 2인 이상일 경우에도 1인의 작성행위의 완료로서 그 1인의 공문서 작성행위는 완료되는 것이며, 나머지 다른 사람의 서명·날인이 없어도 본죄가 성립한다.[2]

4. 공 범

(1) 작성권자(신분자)가 타인을 이용하는 경우

공문서를 작성할 권한이 있는 공무원이 권한 없는 자를 이용하거나 작성권한 있는 다른 공무원을 이용하여 허위공문서를 작성한 경우에는 본죄의 간접정범이 성립한다.

(2) 작성권자 이외의 자(비신분자)가 작성권자(신분자)를 이용하는 경우

1) 공무원 아닌 자가 작성권자를 이용하는 경우

공무원 아닌 자가 공무원을 기망하여 허위내용의 증명서를 작성하게 한 후 행사하였다고 하더라도 본죄는 성립되지 아니한다.[3] 왜냐하면 본죄는 진정신분범이기 때문에 비신분자는 본죄의 주체가 될 수 없기 때문이다. 형법은 소위 무형위조에 관하여서는 공문서에 관하여서만 이를 처벌하고, 일반 사문서의 무형위조를 인정하지 아니할 뿐만 아니라(다만 형법 제233조의 경우는 예외) 공문서의 무형위조에 관하여서도 제227조 이외에 특히 공무원에 대하여 허위의 신고를 하고 공정증서원본 등에 사실 아닌 기재를 하게 할 때에 한하여 제228조의 경우의 처벌규정을 두고 있다. 그러므로 공무원이 아닌 자가 허위의 공문서위조의 간접정범이 되는 때에는 제228조의 경우 이외에는 이를 처벌하지 아니하는 취지로 해석함이 상당하다. 어느 문서의 작성권한을 갖는 공무원이 그 문서의 기재 사항을 인식하고 그 문서를 작성할 의사로써 이에 서명·날인하였다면, 설령 그 서명·날인이 타인의 기망으로 착오에 빠진 결과 그 문서의 기재사항이 진실에 반함을 알지 못한 데 기인한다고 하여도, 그 문서의 성립은 진정하며 여기에 하등 작성명의

---

5) 대법원 1978. 4. 11. 선고 77도3781 판결. 同旨 대법원 1985. 5. 28. 선고 85도327 판결.

6) 대법원 1982. 7. 27. 선고 82도1026 판결.

1) 대법원 1975. 11. 25. 선고 75도2045 판결.

2) 대법원 1973. 6. 26. 선고 73도733 판결.

3) 대법원 1976. 8. 24. 선고 76도151 판결; 대법원 1970. 7. 28. 선고 70도1044 판결; 대법원 1962. 4. 24. 선고 4294 형상646 판결; 대법원 1962. 1. 31. 선고 4294형상595 판결; 대법원 1961. 12. 14. 선고 4292형상645 전원합의체 판결.

를 모용한 사실이 없다. 그러므로 공무원 아닌 자가 관공서에 허위 내용의 증명원을 제출하여 그 내용이 허위인 정을 모르는 담당공무원으로부터 그 증명원 내용과 같은 증명서를 발급받은 경우 공문서위조죄의 간접정범으로 의율할 수도 없다.[1] 하지만 비신분자도 제33조에 따라 신분자와 함께 본죄의 공동정범이 될 수는 있다.[2]

2) 공문서작성의 보조자가 작성권자를 이용하는 경우

본죄의 주체는 직무상 그 문서를 작성할 권한이 있는 공무원에 한하고, 작성권자를 보조하는 직무에 종사하는 공무원은 본죄의 주체가 되지 못한다. 그러나 이러한 보조직무에 종사하는 공무원이 그 직위를 이용하여 허위공문서를 기안하여 허위인 정을 모르는 작성권자에게 제출하고 그로 하여금 그 내용이 진실한 것으로 오신하게 하여 서명 또는 기명날인하게 함으로써 공문서를 완성한 경우의 죄책과 관련하여, ① 기안담당 공무원은 공문서의 명의인은 아니지만 사실상 또는 실질적으로 공문서를 작성하는 공무원이라는 점, 문서의 기안·작성은 보조자가 하고 여기에 상사가 서명·날인함으로써 완전한 공문서로서의 효력이 생긴다는 점 등을 논거로 하여, 본죄의 간접정범이 성립한다는 견해[3], ② 본죄의 주체는 작성권한 있는 공무원에 엄격히 제한되는 진정신분범이라는 점, 진정신분범에 신분 없는 자가 신분 있는 자를 이용한 간접정범은 성립할 수 없다는 점, 기안자는 경우에 따라 위계에 의한 공무집행방해죄 또는 직무유기죄 등으로 처벌될 수 있다는 점 등을 논거로 하여, 본죄의 간접정범이 성립하지 않는다는 견해[4] 등의 대립이 있다.

이에 대하여 판례는 「면의 호적계장이 정을 모른 면장의 결재를 받아 허위내용의 호적부를 작성한 경우 허위공문서작성, 동행사죄의 간접정범이 성립된다.」라고 판시[5]하여, 본죄의 간접정범을 인정하고 있다. 또한 「이와 공모한 자 역시 그 간접정범의 공범으로서의 죄책을 면할 수 없는 것이고, 여기서 말하는 공범은 반드시 공무원의 신분이 있는 자로 한정되는 것은 아니다.」라고 판시[6]하여, 그 성립범위를 넓히고 있다.

생각건대 본죄의 주체로서의 공무원을 반드시 작성권한이 있는 명의인이라고 좁게 해석할 필요가 없다는 점에서 본죄의 간접정범의 성립을 긍정하는 것이 타당하다.

3) 공문서작성의 보조자가 작성권자의 결재 없이 공문서를 완성한 경우

공무원을 보조하는 직무에 종사하는 공무원이 작성권한을 가진 공무원의 결재도 받지 아

---

1) 대법원 2001. 3. 9. 선고 2000도938 판결.
2) 대법원 2006. 5. 11. 선고 2006도1663 판결.
3) 김성천/김형준, 688면; 손동권/김재윤, 656면; 신동운, 424면; 정성근/정준섭, 420면; 정영일, 354면.
4) 김선복, 548면; 김신규, 711면; 김일수/서보학, 605면; 박상기, 777면; 오영근, 597면; 이재상/장영민/강동범, 606면; 이형국/김혜경, 675면.
5) 대법원 2010. 1. 14. 선고 2009도9963 판결; 대법원 1992. 1. 17. 선고 91도2837 판결; 대법원 1990. 10. 30. 선고 90도1912 판결; 대법원 1990. 2. 27. 선고 89도1816 판결; 대법원 1986. 8. 19. 선고 85도2728 판결; 대법원 1981. 7. 28. 선고 81도898 판결; 대법원 1977. 12. 13. 선고 74도1990 판결.
6) 대법원 2006. 5. 11. 선고 2006도1663 판결; 대법원 1992. 1. 17. 선고 91도2837 판결.

니하고 임의로 허위내용의 공문서를 작성권한자 명의로 작성한 때에는 공문서위조죄가 성립한다. 예를 들면 면사무소 호적계장이 면장의 결재 없이 호적의 출생년란·주민등록번호란에 허위내용의 호적정정 기재를 한 경우에는 공문서위조 및 동행사죄를 구성하는 것은 별론으로 하고 본죄에 해당할 수는 없다.[1]

4) 공문서작성의 보조자가 작성권자의 적극적인 착오를 유발하여 결재를 받아낸 경우

출원에 대한 심사업무를 담당하는 공무원이 출원인의 출원사유가 허위라는 사실을 알면서도 결재권자로 하여금 오인·착각·부지를 일으키게 하고 그 오인·착각·부지를 이용하여 인·허가처분에 대한 결재를 받아낸 경우에는 출원자가 허위의 출원사유나 허위의 소명자료를 제출한 경우와는 달리 더 이상 출원에 대한 적정한 심사업무를 기대할 수 없게 되었다고 할 것이어서 그와 같은 행위는 위계로써 결재권자의 직무집행을 방해한 것에 해당하므로 위계에 의한 공무집행방해죄가 성립한다.[2]

5. 죄수 및 다른 범죄와의 관계

(1) 직무유기죄와의 관계

공무원이 어떠한 위법사실을 발견하고도 직무상 의무에 따른 적절한 조치를 취하지 아니하고 위법사실을 적극적으로 은폐할 목적으로 허위공문서를 작성·행사한 경우에는 직무위배의 위법상태는 허위공문서작성 당시부터 그 속에 포함되는 것으로 작위범인 허위공문서작성 및 동행사죄만이 성립하고 부작위범인 직무유기죄는 별도로 성립하지 아니한다.[3] 하지만 복명서 및 심사의견서를 허위작성한 것이 농지일시전용허가를 신청하자 이를 허가하여 주기 위하여 한 것이라면 직접적으로 농지불법전용 사실을 은폐하기 위하여 한 것은 아니므로 허위공문서작성 및 동행사죄와 직무유기죄는 실체적 경합범의 관계에 있다.[4]

(2) 수뢰후부정처사죄와의 관계

예비군 중대장이 그 소속예비군으로부터 금원을 교부받고 그 예비군이 예비군훈련에 불참하였음에도 불구하고 참석한 것처럼 허위내용의 중대학급편성명부를 작성·행사한 경우라면 수뢰후부정처사죄 이외에 별도로 허위공문서작성 및 동행사죄가 성립하고, 양죄는 각각 상상적 경합관계에 있다.[5]

---

1) 대법원 1990. 10. 12. 선고 90도1790 판결; 대법원 1984. 9. 11. 선고 84도368 판결; 대법원 1981. 7. 28. 선고 81도898 판결.

2) 대법원 1997. 2. 28. 선고 96도2825 판결.

3) 대법원 1982. 12. 28. 선고 82도2210 판결; 대법원 1972. 5. 9. 선고 72도722 판결; 대법원 1971. 8. 31. 선고 71도1176 판결.

4) 대법원 1993. 12. 24. 선고 92도3334 판결.

5) 대법원 1983. 7. 26. 선고 83도1378 판결.

Ⅷ. 공정증서원본등부실기재죄

제228조(공정증서원본 등의 부실기재) ① 공무원에 대하여 허위신고를 하여 공정증서원본 또는 이와 동일한 전자기록등 특수매체기록에 부실의 사실을 기재 또는 기록하게 한 자는 5년 이하의 징역 또는 1천만원 이하의 벌금에 처한다.
② 공무원에 대하여 허위신고를 하여 면허증, 허가증, 등록증 또는 여권에 부실의 사실을 기재하게 한 자는 3년 이하의 징역 또는 700만원 이하의 벌금에 처한다.
제235조(미수범) 제225조 내지 제234조의 미수범은 처벌한다.

1. 의의 및 보호법익

공정증서원본등부실기재죄는 공무원에 대하여 허위신고를 하여 공정증서원본 또는 이와 동일한 전자기록 등 특수매체기록에 부실의 사실을 기재 또는 기록하게 하거나(제1항) 공무원에 대하여 허위신고를 하여 면허증·허가증·등록증 또는 여권에 부실의 사실을 기재하게 함으로써(제2항) 성립하는 범죄이다. 본죄는 공무원이 아닌 자도 허위공문서작성죄의 주체가 될 수 있는 예외를 규정한 것이다. 허위공문서작성죄는 작성권한 있는 공무원만을 주체로 하는 진정신분범이기 때문에 비신분자가 허위 여부를 알지 못하는 공무원을 이용할 경우에는 간접정범으로 처벌할 수가 없다. 이러한 처벌의 공백을 보완하기 위하여 일반 사인이 작성권한 있는 공무원을 이용하여 허위공문서작성죄를 범하도록 하는 간접정범의 형태를 독립된 범죄로 두게 된 것이다. 본죄의 보호법익은 특별히 신빙성이 인정되는 공정증서원본 등의 내용의 진실에 대한 공공의 신용이고, 보호의 정도는 추상적 위험범이다.

2. 구성요건

(1) 주 체

본죄의 주체에는 제한이 없다. 공무원 아닌 자 또는 공정증서원본 등에 대한 직무와 무관한 공무원도 본죄의 주체가 될 수 있다. 그러나 공정증서원본 등의 기재를 담당하는 공무원이 본죄를 범한 경우에는 본죄가 성립하지 않고, 허위공문서작성죄가 성립한다.

(2) 객 체

1) 공정증서원본

'공정증서'란 공무원이 직무상 작성하는 문서로서 권리·의무에 관한 것만을 가리키는 것이고, 사실증명에 관한 것은 이에 포함되지 아니한다.[1] 여기에서 말하는 권리·의무는 공법상의 것이든 사법상의 것이든 불문하고, 사법상의 권리·의무인 이상 재산상의 것이든 신분상의 것이든 불문한다. 예를 들면 부동산등기부·자동차등록부·선박등기부·상업등기부[2]·법인등기

---

1) 대법원 1988. 5. 24. 선고 87도2696 판결; 대법원 1971. 1. 29. 선고 69도2238 판결; 대법원 1970. 12. 29. 선고 69도2059 판결.

부[1])·가족관계등록부·민사분쟁사건처리특례법에 의하여 합동법률사무소 명의로 작성된 공증에 관한 문서[2])·위조하여 작성된 집행수락부 약속어음 공정증서[3]) 등이 이에 해당한다.

하지만 권리·의무관계를 증명하는 것이 아니라 단순히 사실증명을 목적으로 작성된 자동차운전면허대장[4])·토지대장[5])·주민등록부[6])·인감대장[7])·가옥대장[8])·공증인이 인증한 사서증서[9])·선거인명부·선박원부·주민등록증·민사조정법에 따른 조정절차에서 작성되는 조정조서[10])·시민증·단순히 채권양도가 있다는 사실만을 증명하는 공정증서[11]) 등은 이에 해당하지 아니한다. 판결문원본·지급명령원본 등은 공정증서이지만 증명을 직접적인 목적으로 하지 않고 주로 처분문서로서의 성격을 지니기 때문에 본죄의 객체가 되지 않지만, 화해조서는 재판서와 같은 처분문서이지만 증명문서의 성격도 지니므로 본죄의 객체에 해당한다.

본죄의 객체인 공정증서원본은 허위신고에 의하여 공무원이 부실기재를 할 수 있는 성격의 것이어야 한다. 따라서 신고에 의하여 작성되는 것이 아닌 피의자신문조서·진술조서·검증조서·감정조서 등 소송상의 각종 조서는 본죄의 객체가 될 수 없다. 또한 본죄의 객체는 공정증서'원본'이므로 정본[12])·등본·초본·사본 등은 본죄의 객체가 될 수 없다.

2) 공정증서원본과 동일한 전자기록 등 특수매체기록

'전자기록 등 특수매체기록'은 전자적 또는 광학적 방법에 의한 기록으로서 사람의 감각작용으로는 직접 인식할 수 없는 기록을 말한다. 이는 공정증서와 동일한 것이어야 하므로 권리·의무관계를 증명하는 기록에 한정된다. 예를 들면 전산자료화된 부동산등기파일·가족관계등록파일·자동차등록파일·세무자료파일·특허파일 등이 이에 해당한다.

2) 대법원 1986. 9. 9. 선고 85도2297 판결.
1) 대법원 2001. 8. 21. 선고 2000도5418 판결.
2) 대법원 1977. 8. 23. 선고 74도2715 판결.
3) 대법원 2006. 6. 27. 선고 2006도2864 판결.
4) 대법원 2010. 6. 10. 선고 2010도1125 판결(자동차운전면허대장은 운전면허 행정사무집행의 편의를 위하여 범칙자, 교통사고유발자의 인적사항·면허번호 등을 기재하거나 운전면허증의 교부 및 재교부 등에 관한 사항을 기재하는 것에 불과하며, 그에 대한 기재를 통해 당해 운전면허 취득자에게 어떠한 권리의무를 부여하거나 변동 또는 상실시키는 효력을 발생하게 하는 것으로 볼 수는 없다).
5) 대법원 1988. 5. 24. 선고 87도2696 판결.
6) 대법원 1969. 3. 25. 선고 69도163 판결. 다만 주민등록 또는 주민등록증에 관하여 거짓의 사실을 신고 또는 신청한 사람은 3년 이하의 징역 또는 1천만원 이하의 벌금에 처한다(주민등록법 제37조 제3의2호).
7) 대법원 1968. 11. 19. 선고 68도1231 판결.
8) 대법원 1971. 4. 20. 선고 71도359 판결.
9) 대법원 1984. 10. 23. 선고 84도1217 판결; 대법원 1975. 9. 9. 선고 75도331 판결.
10) 대법원 2010. 6. 10. 선고 2010도3232 판결(민사조정법상 조정신청에 의한 조정제도는 원칙적으로 조정신청인의 신청 취지에 구애됨이 없이 조정담당판사 등이 제반 사정을 고려하여 당사자들에게 상호 양보하여 합의하도록 권유·주선함으로써 화해에 이르게 하는 제도인 점에 비추어, 그 조정절차에서 작성되는 조정조서는 그 성질상 허위신고에 의해 불실한 사실이 그대로 기재될 수 있는 공문서로 볼 수 없어 공정증서원본에 해당하는 것으로 볼 수 없다).
11) 대법원 2004. 1. 27. 선고 2001도5414 판결.
12) 대법원 2002. 3. 26. 선고 2001도6503 판결.

3) 면허증·허가증·등록증·여권

'면허증'이란 일정한 기능을 가진 사람에게 그 기능을 수행할 수 있는 권능이 있다는 것을 증명하기 위하여 공무원 또는 공무소가 발행하는 증서를 말한다. 예를 들면 의사면허증·약사 면허증·자동차운전면허증·수렵면허증·침구사자격증[1] 등이 이에 해당한다. 하지만 단순히 일 정한 자격을 표시함에 불과한 시험합격증·교사자격증·공무원증 등은 이에 해당하지 아니한다.

'허가증'이란 특정인에게 일정한 업무 또는 영업을 하도록 허가하였음을 증명하기 위하여 공무원 또는 공무소가 발행하는 증서를 말한다. 예를 들면 음식점의 영업허가증·주류판매허가 증 등이 이에 해당한다. 이를 교부받은 자는 비치 또는 휴대하여야 한다.

'등록증'이란 일정한 자격을 취득한 자에게 그 자격에 따른 영업을 할 수 있는 권능을 부여 하였음을 증명하기 위하여 공무원 또는 공무소가 발행하는 증서를 말한다. 예를 들면 변호사, 법무사, 공인회계사, 전문의, 세무사, 변리사, 노무사 등의 등록증·자동차등록증·선박등록증 등이 이에 해당한다. 하지만 사업자등록증은 단순한 사업사실의 등록을 증명하는 증서에 불과 하고 그에 의하여 사업을 할 수 있는 자격이나 요건을 갖추었음을 인정하는 것은 아니라고 할 것이어서 본죄의 객체에 해당하지 아니한다.[2]

'여권'이란 공무원 또는 공무소가 발행하는 여행허가증을 말한다. 예를 들면 외국여행자에 게 교부하는 여권·가석방자에 대한 여행허가증 등이 이에 해당한다. 여권허가신청서에 허위사 실을 기재하여 여권을 발급받으면, 여권법 위반죄와 본죄의 상상적 경합이 된다.[3]

(3) 행 위

1) 공무원에 대한 허위신고

본죄에서의 공무원은 공정증서원본 등에 신고사항을 기재 또는 기록하는 업무를 담당하는 공무원을 말한다. 그러나 기재 또는 기록하는 업무를 담당하는 공무원뿐만 아니라 내부의 사무 분장에 의하여 기재 또는 기록업무를 담당하지 않고 신고접수업무만을 담당하는 공무원도 본 죄의 공무원이라고 할 수 있으므로 이 경우에도 본죄를 범할 수 있다. 한편 공무원은 실질적 심 사권뿐만 아니라 형식적 심사권만을 가진 공무원도 포함된다. 공무원은 허위신고임을 인식하지 않아야 하는데, 만약 공무원이 허위사실을 인식한 경우에는 허위공문서작성죄의 정범이 되고, 신고자는 허위공문서작성죄의 공범이 된다.

'허위신고'란 일정한 사실에 대하여 객관적 진실에 반하는 사실을 신고하는 것을 말한다. 본죄에 있어서의 불실의 기재는 당사자의 허위신고에 의하여 이루어져야 하므로 법원의 촉탁 에 의하여 이루어진 경우에는 가령 그 전제절차에 허위적 요소가 있다고 하더라도 그것은 법 원의 촉탁에 의하여 이루어진 것이지 당사자의 허위신고에 의하여 이루어진 것이 아니므로

---

1) 대법원 1976. 7. 27. 선고 76도1709 판결.
2) 대법원 2005. 7. 15. 선고 2003도6934 판결.
3) 대법원 1974. 4. 9. 선고 73도2334 판결.

본죄를 구성하지 아니한다.[1] 허위신고의 방법에는 제한이 없다. 등기부의 기재가 확정판결에 의하여 되었다고 하더라도 피고인이 그 확정판결의 내용이 진실에 반하는 것임을 알면서 이에 기하여 등기공무원에게 등기신청을 하는 것은 공무원에 대하여 허위신고를 하는 것에 해당한다.[2]

2) 부실의 사실을 기재 또는 기록

'부실의 사실을 기재 또는 기록하게 한다'는 것은 공무원으로 하여금 객관적 진실에 반하는 사실을 기록하게 하는 것을 말한다. 부실기재의 여부는 전체적으로 판단하여야 하고, 부분적으로 허위가 있다고 하더라도 전체적으로 진실하다고 할 수 있는 경우에는 부실기재라고 할 수 없다. 본죄가 성립한 이후에 피해자의 동의 또는 추인 등의 사정으로 문서에 기재된 대로 효과의 승인을 받거나 등기가 실체적 권리관계에 부합하게 되었다고 하더라도 이미 성립한 범죄에는 아무런 영향이 없다.[3]

그러나 '부실의 사실'이란 권리·의무관계에 중요한 의미를 갖는 사항이 진실에 반하는 것을 말하므로[4], 허위의 사실이라고 할지라도 권리·의무에 관한 사항에 영향을 주지 않거나[5] 전혀 관계가 없는 사항이면 부실의 사실을 기재한 것이 되지 아니한다.[6] 비록 당사자들의 합의가 없이 경료된 소유권이전등기라고 할지라도 그것이 민사실체법상의 권리관계에 부합되어 유효인 등기라고 할 수 있는 경우에는 형사상으로도 이러한 등기가 사실관계와 다른 이른바 불실의 등기라고는 볼 수 없다.[7] 공정증서원본에 기재된 사항이 외관상 존재하는 사실이라고 하더라도 이에 무효나 부존재에 해당되는 하자가 있다면 그 기재는 불실기재에 해당되지만[8], 그것이 객관적으로 존재하는 사실이고 이에 취소사유에 해당되는 하자가 있을 뿐인 경우에는 취소되기 전에 그 결의 내용이 공정증서원본에 기재된 이상 그 기재가 본죄를 구성하지는 아니한다.[9]

1) 대법원 1983. 12. 27. 선고 83도2442 판결; 대법원 1976. 5. 25. 선고 74도568 판결.
2) 대법원 1996. 5. 31. 선고 95도1967 판결; 대법원 1967. 5. 30. 선고 67도512 판결; 대법원 1965. 12. 21. 선고 65도938 판결.
3) 대법원 2007. 6. 28. 선고 2007도2714 판결.
4) 대법원 2013. 1. 24. 선고 2012도12363 판결.
5) 대법원 1972. 10. 31. 선고 72도1966 판결.
6) 대법원 1967. 7. 11. 선고 65도592 판결.
7) 대법원 1980. 12. 9. 선고 80도1323 판결.
8) 대법원 2006. 3. 10. 선고 2005도9402 판결(부동산 매수인이 매도인과 사이에 부동산의 소유권이전에 관한 물권적 합의가 없는 상태에서, 소유권이전등기신청에 관한 대리권이 없이 단지 소유권이전등기에 필요한 서류를 보관하고 있을 뿐인 법무사를 기망하여 매수인 명의의 소유권이전등기를 신청하게 한 경우, 이는 단지 소유권이전등기신청절차에 하자가 있는 것에 불과한 것이 아니라 허위의 사실을 신고한 것이라고 보아야 하고, 위 소유권이전등기는 원인무효의 등기로서 불실기재에 해당한다는 이유로, 공정증서원본부실기재죄가 성립한다); 대법원 2005. 10. 28. 선고 2005도3772 판결(교회의 교인들 간에 갈등이 심화되어 교회가 분열된 후에 일방의 교회가 타방의 교회를 배제한 채 소집·개최한 당회에서 교회 재산인 부동산을 총회유지재단에 증여하기로 하는 내용의 결의를 하고 등기공무원에게 위 결의에 따른 취지의 등기신청을 하여 위 부동산에 관하여 증여를 원인으로 한 소유권이전등기를 마친 사안에서, 위 당회의 결의가 그 소집 및 결의절차가 부적법하다는 이유로 공정증서원본불실기재죄 및 동행사죄가 성립한다); 대법원 2001. 11. 9. 선고 2001도3959 판결.
9) 대법원 2009. 2. 12. 선고 2008도10248 판결(주주총회의 소집절차 등에 관한 하자가 주주총회결의의 취소사유에

판례에 의하면, ① 발행인과 수취인 사이에 통정허위표시로서 무효인 어음발행행위를 공중인에게는 마치 진정한 어음발행행위가 있는 것처럼 허위로 신고함으로써 공증인으로 하여금 어음발행행위에 대하여 집행력 있는 어음공정증서원본을 작성하게 하고 이를 비치하게 한 경우1), ② 중국 국적의 조선족 여자들과 참다운 부부관계를 설정할 의사 없이 단지 그들의 국내 취업을 위한 입국을 가능하게 할 목적으로 형식상 혼인하기로 하고 혼인의 신고를 한 경우2), ③ 주금가장납입의 경우 현실적으로 주금액에 상당한 금원의 납입이라는 사실이 존재하기는 하나, 그 납입은 오로지 증자에 즈음하여 등기를 하기 위한 편법에 지나지 아니하고 실질적으로는 주금의 납입이 없는 가장납입으로서 이를 숨기고 마치 주식인수인에 의한 납입이 완료된 것처럼 등기공무원에 대하여 허위신고를 하여 증자를 한 취지의 등기신청을 함으로써 상업등기부원본에 그 기재를 하게 한 경우3), ④ 공동대표이사로 법인등기를 하기로 하여 이사회의사록 작성 등 그 등기절차를 위임받았음에도 단독대표이사 선임의 이사회의사록을 작성하여 단독대표이사로 법인등기한 경우4), ⑤ 이미 사망한 사람의 문서를 함부로 작성하여 등기공무원에게 제출하여 그로 하여금 부동산등기부에 사망한 사람 명의로 소유권보존등기의 사유를 기재하게 한 경우5), ⑥ 지교회가 소속된 교단의 헌법상 지교회의 부동산을 특정 재단법인 앞으로 등기하도록 하는 규정이 있다고 하더라도, 지교회의 대표자가 총회의 결의 없이 지교회 교인들의 총유에 속하는 교회 부지 및 건물을 위 재단법인 앞으로 소유권이전등기를 마친 경우6), ⑦ 비록 매도인과 매수인 사이에 실제의 원인과 달리 '증여'를 원인으로 한 소유권이전등기를 경료할 의사의 합치가 있더라도 토지거래 허가구역 안의 토지에 관하여 실제로는 매매계약을 체결하고서도 처음부터 토지거래허가를 잠탈하려는 목적으로 등기원인을 '증여'로 하여 소유권이전등기를 경료한 경우7), ⑧ 실제로는 채권·채무관계가 존재하지 아니함에도 공증인에게 허위신고를 하여 가장된 금전채권에 대하여 집행력이 있는 공정증서원본을 작성하고 이를 비치하게 한 경우8), ⑨ 유상증자 등기의 신청시 발행주식 총수 및 자본의 총액이 증가한 사실이 허위임을 알면서 증자등기를 신청하여 상업등기부원본에 그 기재를 하게 한 경우9), ⑩ 비록 종중 소유의 부동산은 종중 총회의 결의를 얻어야 유효하게 처분할 수 있다고 하더라도 거래 상대방으로서는 부동산등기부상에 표시된 종중 대표자를 신뢰하고 거래하는 것이 일반적이라는 점에 비추어 보면, 종중 대표자의 기재는 당해 부동산의 처분권한과 관련된 중요한 부분의 기재로서 이에 대한 공공의 신용을 보호할 필요가 있으므로 이를 허위로 등재한 경우10), ⑪ 당초부터 진실한 주금납입으로 회사의 자금을 확보할 의사 없이 형

불과하여 그 취소 전에 주주총회의 결의에 따른 감사변경등기를 한 것이 공정증서원본불실기재죄를 구성하지 않는다); 대법원 2004. 9. 24. 선고 2004도4012 판결(기망에 의하여 체결된 증여계약에 기하여 소유권이전등기를 경료한 경우 공정증서원본불실기재죄가 성립하지 아니한다); 대법원 1993. 9. 10. 선고 93도698 판결(대표이사 아닌 이사가 이사회의 소집 결의에 따라서 주주총회를 소집한 것이라면 위 주주총회에 있어서 소집절차상 하자는 주주총회결의의 취소사유에 불과하고 그것만으로 바로 주주총회결의가 무효이거나 부존재가 된다고 볼 수 없다).

1) 대법원 2012. 4. 26. 선고 2009도5786 판결.
2) 대법원 1996. 11. 22. 선고 96도2049 판결(위장결혼사건); 대법원 1985. 9. 10. 선고 85도1481 판결.
3) 대법원 1987. 11. 10. 선고 87도2072 판결; 대법원 1986. 9. 9. 선고 85도2297 판결.
4) 대법원 1994. 7. 29. 선고 93도1091 판결.
5) 대법원 1969. 1. 28. 선고 68도1596 판결.
6) 대법원 2008. 9. 25. 선고 2008도3198 판결.
7) 대법원 2007. 11. 30. 선고 2005도9922 판결.
8) 대법원 2008. 12. 24. 선고 2008도7836 판결; 대법원 2007. 7. 12. 선고 2007도3005 판결; 대법원 2003. 7. 25. 선고 2002도638 판결.
9) 대법원 2006. 10. 26. 선고 2006도5147 판결.

식상 또는 일시적으로 주금을 납입하고 이 돈을 은행에 예치하여 납입의 외형을 갖추고 주금납입증명서를 교부받아 설립등기나 증자등기의 절차를 마친 다음 바로 그 납입한 돈을 인출한 경우¹⁾, ⑫ 근저당권은 근저당물의 소유자가 아니면 설정할 수 없으므로 타인의 부동산을 자기 또는 제3자의 소유라고 허위의 사실을 신고하여 소유권이전등기를 경료한 후 나아가 그 부동산이 자기 또는 당해 제3자의 소유인 것처럼 가장하여 그 부동산에 관하여 자기 또는 당해 제3자 명의로 채권자와의 사이에 근저당권설정등기를 경료한 경우²⁾, ⑬ 해외이주의 목적으로 위장결혼을 하고 혼인신고를 하여 그 사실이 호적부에 기재된 경우³⁾, ⑭ 허위내용의 주식납입금 보관증서를 첨부하여 발행주식총수에 관한 변경등기를 경료한 경우⁴⁾, ⑮ 종중 대표자가 종중총회의 결의 없이 종중 재산 부동산에 근저당설정등기를 마친 경우⁵⁾, ⑯ 1인 주주회사의 1인 주주가 형식적인 절차를 거치지 않고 특정인을 이사로 선임한 후 자발적 사임을 등기원인으로 하여 사임등기를 경료한 경우⁶⁾, ⑰ 당사자 사이에 소유권이전의 의사 없이 허위의 매매를 원인으로 소유권이전등기를 신청한 경우⁷⁾, ⑱ 법원을 기망하여 승소판결을 받고 그 확정판결에 의하여 소유권이전등기를 경료한 경우⁸⁾, ⑲ 화해조서의 내용이 허위임을 알면서 등기신청을 한 경우⁹⁾, ⑳ 실제로는 채권·채무관계가 존재하지 않는데도 허위의 채무를 가장하고 이를 담보한다는 명목으로 허위의 근저당권설정등기를 마친 경우¹⁰⁾ 등에 있어서는 본죄가 성립한다.

하지만 ① 협의상 이혼의 의사표시가 기망에 의하여 이루어진 것일지라도 그것이 취소되기까지는 유효하게 존재하는 것이므로, 협의상 이혼의사의 합치에 따라 이혼신고를 하여 호적에 그 협의상 이혼사실이 기재된 경우¹¹⁾, ② 주식회사의 임시주주총회가 법령 및 정관상 요구되는 이사회의 결의나 소집절차 없이 이루어졌다고 하더라도, 주주 전원이 참석하여 총회를 개최하는데 동의하고 아무런 이의 없이 만장일치로 결의가 이루어지고 그 결의에 따른 등기를 한 경우¹²⁾, ③ 부동산의 거래당사자가 거래가액을 시장 등에게 거짓으로 신고하여 신고필증을 받은 뒤 이를 기초로 사실과 다른 내용의 거래가액이 부동산등기부에 등재되도록 한 경우¹³⁾, ④ 소유권보존등기나 소유권이전등기에 절차상 하자가 있거나 등기원인이 실제와 다르다고 하더라도 그 등기가 실체적 권리관계에 부합하게 하기 위한 것이거나 실체적 권리관계에 부합하는 유효한 등기인 경우¹⁴⁾, ⑤ 주식회사의 신주발행의 경우 신주발행에 법률상 무효사유가 존재한다고 하더라도 그 무효는 신주발행무효의 소에 의해서만 주장할 수 있고, 신주발행무효의 판결이 확정되더라도 그 판결은 장래에 대하여만 효력이 있으므로, 그 신주발행이 판결로써 무효로 확정되기 이

10) 대법원 2006. 1. 13. 선고 2005도4790 판결.
 1) 대법원 2004. 6. 17. 선고 2003도7645 전원합의체 판결.
 2) 대법원 1997. 7. 25. 선고 97도605 판결.
 3) 대법원 1985. 9. 10. 선고 85도1481 판결.
 4) 대법원 1982. 2. 23. 선고 80도2303 판결.
 5) 대법원 2005. 8. 25. 선고 2005도4910 판결.
 6) 대법원 1992. 9. 14. 선고 92도1564 판결; 대법원 1981. 6. 9. 선고 80도2641 판결.
 7) 대법원 1960. 9. 14. 선고 4293형상348 판결.
 8) 대법원 1983. 4. 26. 선고 83도188 판결; 대법원 1965. 12. 21. 선고 65도938 판결.
 9) 대법원 1981. 2. 24. 선고 80도1584 판결.
10) 대법원 2017. 2. 15. 선고 2014도2415 판결.
11) 대법원 1997. 1. 24. 선고 95도448 판결(위장이혼사건).
12) 대법원 2014. 5. 16. 선고 2013도15895 판결.
13) 대법원 2013. 1. 24. 선고 2012도12363 판결.
14) 대법원 2001. 11. 9. 선고 2001도3959 판결.

전에 그 신주발행사실을 담당 공무원에게 신고하여 공정증서인 법인등기부에 기재하게 한 경우¹⁾, ⑥ 1인 주주의 의사는 주주총회와 이사회의 의사와 같으므로 주주총회나 이사회의 결의에 의해야 할 임원변경등기가 불법하게 되었더라도 1인 주주의 의사와 합치되는 경우²⁾, ⑦ 대주주가 적법한 소집절차나 임시주주총회의 개최 없이 나머지 주주들의 의결권을 위임받아 자신이 임시의장이 되어 임시주주총회 의사록을 작성하여 법인등기를 마친 경우³⁾, ⑧ 재건축조합 임시총회의 소집절차나 결의방법이 법령이나 정관에 위반되어 임원개임결의가 사법상 무효라고 하더라도, 실제로 재건축조합의 조합총회에서 그와 같은 내용의 임원개임결의가 이루어졌고 그 결의에 따라 임원변경등기를 마친 경우⁴⁾, ⑨ 공증인이 채권양도·양수인의 촉탁에 따라 그들의 진술을 청취하여 채권의 양도·양수가 진정으로 이루어짐을 확인하고 채권양도의 법률행위에 관한 공정증서를 작성한 경우 그 공정증서가 증명하는 사항은 채권양도의 법률행위가 진정으로 이루어졌다는 것일 뿐 그 공정증서가 나아가 양도되는 채권이 진정하게 존재한다는 사실까지 증명하는 것으로 볼 수는 없으므로, 양도인이 허위의 채권에 관하여 그 정을 모르는 양수인과 실제로 채권양도의 법률행위를 한 이상, 공증인에게 그러한 채권양도의 법률행위에 관한 공정증서를 작성하게 한 경우⁵⁾, ⑩ 피고인과 매도인과의 사이에 매매계약이 이루어졌고 그 계약금과 대부분의 중도금이 지급되었으며 매도인이 법무사에게 소유권이전등기에 필요한 서류 일체를 맡기고 나중에 잔금지급이 되면 그 등기신청을 하도록 위임하였는데, 피고인이 법무사를 기망하였고 그가 피고인에게 기망당하여 잔금이 모두 지급된 것으로 잘못 알고 등기신청을 하여 그 소유권이전등기를 경료한 경우⁶⁾, ⑪ 1인주주회사에 있어서는 그 1인주주의 의사가 바로 주주총회 및 이사회의 결의로서 1인주주는 타인을 이사 등으로 선임하였다고 하더라도 언제든지 해임할 수 있으므로, 1인주주인 피고인이 특정인과의 합의가 없이 주주총회의 소집 등 상법 소정의 형식적인 절차도 거치지 않고 특정인을 이사의 지위에서 해임하였다는 내용을 법인등기부에 기재하게 한 경우⁷⁾, ⑫ 광업출원인이 부정한 방법을 사용하여 광업권설정허가를 받아 광업권등록원부에 그를 광업권자로 등록하게 한 경우⁸⁾, ⑬ 허위의 보증서를 발급받아 부동산소유권이전등기부에 관한 특별조치법에 의거 소유권이전등기를 거쳤더라도 그것이 권리의 실체관계에 부합하는 등기인 경우⁹⁾, ⑭ 어떤 부동산에 관하여 피상속인에게 실체상의 권리가 없었다고 하더라도 재산상속인이 상속을 원인으로 한 소유권이전등기를 경료한 경우¹⁰⁾, ⑮ 근저당설정등기는 등기권리자인 채권자와 등기의무자인 근저당권설정자와의 합의를 기초로 이루어지는 것이므로 설사 등기의 편의상 진정한 채무자가 아닌 제3자를 채무자로 등기부상 등재하게 한 경우¹¹⁾, ⑯ 이혼심판은 형성판결로서 그에 기한 이혼신고는 보고적 신고에 불과하고 피고인이 비록 사위의 방법에 의하여 이혼심판을 받았다고 하더라도 그 확정판결이 재심청구에 의하여 취소되지 아니하는 경우¹²⁾, ⑰ 정당하게 취득한 건물 소유권에 대

1) 대법원 2007. 5. 31. 선고 2006도8488 판결.
2) 대법원 1981. 6. 9. 선고 80도2641 판결.
3) 대법원 2008. 6. 26. 선고 2008도1044 판결.
4) 대법원 2004. 10. 15. 선고 2004도3584 판결.
5) 대법원 2004. 1. 27. 선고 2001도5414 판결.
6) 대법원 1996. 6. 11. 선고 96도233 판결.
7) 대법원 1996. 6. 11. 선고 95도2817 판결.
8) 대법원 1992. 11. 24. 선고 92도2450 판결.
9) 대법원 1984. 12. 11. 선고 84도2285 판결.
10) 대법원 1987. 4. 14. 선고 85도2661 판결.
11) 대법원 1985. 10. 8. 선고 84도2461 판결.
12) 대법원 1983. 8. 23. 선고 83도1430 판결.

한 소유권이전등기를 경유함에 있어서 관계 당사자들의 동의를 얻지 않고 함부로 피고인 앞으로 중간생략의 소유권이전등기를 경유한 경우[1], ⑱ 자신이 점유하고 있는 토지가 점유에 의한 소유권취득시효가 완성된 경우 그 토지에 대해 매매를 원인으로 하는 소유권이전등기소송을 제기하여 의제자백에 의한 승소판결을 받아 자신명의의 소유권이전등기를 경료한 경우[2], ⑲ 그 원인을 매매로 가장하였다고 하더라도 부동산을 관리·보존하는 방법으로 이를 타에 신탁하는 의사로서 그 소유권이전등기를 한 경우[3], ⑳ 피고인들이 해외로 이주할 목적으로 일시 이혼하기로 하고 이혼신고를 한 상황에서 피고인 등이 피고인 2의 해외이주허가신청서와 여권발급신청서에 독신이라고 기재한 경우[4], ㉑ 발기인 등이 회사를 설립할 당시 회사를 실제로 운영할 의사 없이 회사를 이용한 범죄 의도나 목적이 있었다거나 회사로서의 인적·물적 조직 등 영업의 실질을 갖추지 않은 경우[5] 등에 있어서는 본죄가 성립하지 아니한다.

(4) 주관적 구성요건

본죄가 성립하기 위해서는 허위신고에 의하여 부실의 사실을 기재한다는 점에 대한 인식이 있어야 한다. 그러므로 객관적으로 부실의 기재가 있다고 하여도 그에 대한 인식이 없는 경우에는 본죄가 성립하지 아니한다.

판례에 의하면, ① 자신의 부친이 적법하게 취득한 토지인 것으로 알고 실체관계에 부합하게 하기 위하여 소유권보존등기를 경료한 경우[6], ② 사망한 남편과 이름이 같은 타인의 소유 부동산에 관하여 피고인 앞으로 상속을 원인으로 한 소유권이전등기를 경료한 경우[7], ③ 정관에 정한 절차에 따라 임시주주총회를 개최하여 당시 임기가 만료되지 아니한 대표이사의 해임을 결의하고, 정관해석에 관하여 '전임자의 잔임기간 경과로 대표이사의 임기가 만료되었으니 해임등기보다 임기만료로 인한 퇴임등기를 하는 편이 낫다'는 법무사의 조언에 따라 그와 같은 내용의 임시주주총회 회의록을 작성하여 등기부상 퇴직사유를 임기만료로 인한 퇴임으로 변경등기한 경우[8], ④ 가장된 매매계약에 의한 소유권이전등기라고 할지라도 등기권리자와 등기의무자 간에 소유권이전의 합의가 있고 또한 관계당사자 간에 중간생략등기의 합의가 있는 경우[9] 등에 있어서는 부실기재에 대한 고의를 인정하지 아니한다.

---

1) 대법원 1967. 11. 28. 선고 66도1682 판결; 대법원 1967. 9. 29. 선고 67도1090 판결.
2) 대법원 1987. 3. 10. 선고 86도864 판결.
3) 대법원 2011. 7. 14. 선고 2010도1025 판결.
4) 대법원 1976. 9. 14. 선고 76도107 판결.
5) 대법원 2020. 2. 27. 선고 2019도9293 판결(주식회사의 발기인 등이 상법 등 법령에 정한 회사설립의 요건과 절차에 따라 회사설립등기를 함으로써 회사가 성립하였다고 볼 수 있는 경우 회사설립등기와 그 기재 내용은 특별한 사정이 없는 한 공정증서원본 등 불실기재죄에서 말하는 불실의 사실에 해당하지 않는다).
6) 대법원 1996. 4. 26. 선고 95도2468 판결.
7) 대법원 1995. 4. 28. 선고 94도2679 판결.
8) 대법원 1994. 11. 4. 선고 93도1033 판결.
9) 대법원 1991. 9. 24. 선고 91도1164 판결; 대법원 1970. 5. 26. 선고 69도826 판결; 대법원 1967. 9. 29. 선고 67도1090 판결. 同旨 대법원 1982. 7. 13. 선고 82도39 판결(부동산의 소유자로 하여금 근저당권자를 자금주라고 믿도록 속여서 근저당권설정등기를 경료케 한 경우라도 정당한 권한있는 자에 의하여 작성된 문서를 제출하여 그 등기가 이루어진 것이라면 당사자의 의사에 합치되는 등기라 할 것이므로 공정증서원본불실기재죄가 성립하지 않는다).

3. 실행의 착수시기 및 기수시기

본죄의 실행의 착수시기는 허위신고를 하는 시점이고, 기재공무원이 아니라도 신고접수를 담당하는 공무원에게 허위신고를 하여도 실행의 착수가 인정된다. 본죄의 기수시기는 공정증서 원본 등에 부실의 기재가 종료하는 시점이다. 허위신고를 하였으나 아직 기재되지 않았다면, 본죄의 미수가 된다. 부실의 기재 후에 이해관계인의 동의 또는 추인이 있거나 기록내용이 객관적 권리관계와 일치하게 되는 것은 기수의 인정에 영향을 미치지 아니한다.[1]

Ⅸ. 허위진단서작성죄

> 제233조(허위진단서등의 작성) 의사, 한의사, 치과의사 또는 조산사가 진단서, 검안서 또는 생사에 관한 증명서를 허위로 작성한 때에는 3년 이하의 징역이나 금고, 7년 이하의 자격정지 또는 3천만원 이하의 벌금에 처한다.
> 제235조(미수범) 제225조 내지 제234조의 미수범은 처벌한다.

1. 의의 및 보호법익

허위진단서작성죄는 의사·한의사·치과의사 또는 조산사가 진단서·검안서 또는 생사에 관한 증명서를 허위로 작성함으로써 성립하는 범죄이다. 본죄의 행위는 작성명의를 모용하는 유형위조와는 달리 작성명의자가 허위의 문서를 작성하는 무형위조에 해당한다. 형법은 사문서의 무형위조에 대하여는 원칙적으로 처벌하지 않지만, 의사 등이 작성하는 문서는 직업의 전문적 성격에 비추어 볼 때 신뢰성이 상당히 높은 점을 감안하여 예외적으로 사문서의 무형위조를 처벌하고 있다. 본죄의 보호법익은 진단서 등의 내용의 진실에 대한 공공의 신용이고, 보호의 정도는 추상적 위험범이다.

2. 구성요건

(1) 주 체

본죄의' 주체는 의사·한의사·치과의사 또는 조산사이며, 이는 예시적인 것이 아니라 열거적인 것으로 보아야 한다. 공무원인 의사가 허위진단서를 작성한 경우의 죄책과 관련하여, ① 허위진단서작성죄만 성립한다는 견해[2], ② 허위공문서작성죄만 성립한다는 견해[3], ③ 허위진단서작성죄와 허위공문서작성죄의 상상적 경합이 된다는 견해[4] 등의 대립이 있다.

---

1) 대법원 2001. 11. 9. 선고 2001도3959 판결; 대법원 1998. 4. 14. 선고 98도16 판결; 대법원 1976. 1. 13. 선고 74도 1959 판결.
2) 김일수/서보학, 597면.
3) 김선복, 548면; 김성천/김형준, 709면; 배종대, 605면; 손동권/김재윤, 657면; 오영근, 597면; 정성근/정준섭, 410 면; 정영일, 354면.

이에 대하여 판례는 「허위진단서작성죄의 대상은 공무원이 아닌 의사가 사문서로서 진단서를 작성한 경우에 한정되고, 공무원인 의사가 공무소의 명의로 허위진단서를 작성한 경우에는 허위공문서작성죄만이 성립하고 허위진단서작성죄는 별도로 성립하지 않는다.」라고 판시[1]하여, 허위공문서작성죄의 성립만을 인정하고 있다.

생각건대 허위진단서작성죄의 주체는 비록 공무원은 아니지만 공무원에 준하는 전문성을 인정하여 이에 대한 신뢰를 보장하기 위한 취지에서 규정된 것으로 보아야 하기 때문에, 허위진단서의 작성주체가 공무원이라면 허위공문서작성죄가 성립한다고 보아야 한다. 한편 의사가 아닌 자가 의사의 명의를 모용하여 허위진단서를 작성하면 사문서위조죄가 성립한다.

(2) 객 체

본죄의 객체는 진단서·검안서 또는 생사에 관한 증명서이다. '진단서'란 의사가 진찰의 결과에 대한 판단을 표시하여 사람의 건강상태를 증명하기 위하여 작성하는 문서를 말한다. 비록 그 문서의 명칭이 소견서로 되어 있더라도 그 내용이 의사가 진찰한 결과 알게 된 병명이나 상처의 부위·정도 또는 치료기간 등의 건강상태를 증명하기 위하여 작성된 것이라면 진단서에 해당한다.[2] 진단서에 해당하는지 여부는 서류의 제목·내용·작성목적 등을 종합적으로 고려하여 판단하여야 한다.[3] '검안서'란 보통 시체검안서라고 하는데, 사람의 시체를 검시한 의사가 사인(死因)·사기(死期) 등 검안의 결과를 기재한 서면을 말한다. '생사에 관한 증명서'란 출생확인서·사망확인서 등과 같이 사람의 출생과 사망에 대한 사실을 증명하는 문서를 말한다.

(3) 행 위

본죄의 실행행위는 진단서 등을 허위로 작성하는 것이다. 이는 작성권한 있는 자가 허위의 내용을 기재하여 허위문서를 작성하는 무형위조를 의미한다. 허위문서의 작성은 허위내용을 기재하여 새로운 문서를 창출하는 경우가 대부분이지만, 기존의 허위문서를 이용하거나 의사가 정을 모르는 간호사를 이용하여 간접정범의 형식으로 작성하는 것도 가능하다. '허위'란 객관적으로 진실에 반하는 것을 말한다. 예를 들면 타살로 인정되는 시체의 사망원인을 자살로 기재한 경우[4], 피하출혈(타박상)을 골절상이라고 기재한 경우 등이 이에 해당한다. 주관적으로 허위라고 생각하였어도 객관적으로 진실한 내용이면 허위가 아니다.[5] 이러한 허위의 기재는 사실

---

4) 박상기, 774면; 이재상/장영민/강동범, 606면; 임 웅, 767면.

1) 대법원 2004. 4. 9. 선고 2003도7762 판결; 대법원 1955. 7. 15. 선고 4288형상74 판결.

2) 대법원 1990. 3. 27. 선고 89도2083 판결.

3) 대법원 2013. 12. 12. 선고 2012도3173 판결(의사인 피고인이 환자의 인적사항, 병명, 입원기간 및 그러한 입원사실을 확인하는 내용이 기재된 '입퇴원 확인서'를 허위로 작성하였다고 하여 허위진단서작성으로 기소된 사안에서, 위 '입퇴원 확인서'는 문언의 제목, 내용 등에 비추어 의사의 전문적 지식에 의한 진찰이 없더라도 확인 가능한 환자들의 입원 여부 및 입원기간의 증명이 주된 목적인 서류로서 환자의 건강상태를 증명하기 위한 서류라고 볼 수 없어 허위진단서작성죄에서 규율하는 진단서로 보기 어렵다).

4) 대법원 2001. 6. 29. 선고 2001도1319 판결.

5) 반면에 본죄의 불능미수가 성립할 수 있다는 견해로는 김일수/서보학, 599면.

에 관한 것이든 판단에 관한 것이든 불문한다.[1] 의사가 환자의 수형생활 또는 수감생활의 가능 여부에 관하여 기재한 의견이 환자의 건강상태에 기초한 향후 치료 소견의 일부로서 의료적 판단을 기재한 것으로 볼 수 있다면, 현재의 진단명과 증상에 관한 기재뿐만 아니라 현재까지의 진찰 결과로서 발생 가능한 합병증과 향후 치료에 대한 소견을 기재한 경우에도 그로써 환자의 건강상태를 나타내고 있는 이상 허위진단서 작성의 대상이 될 수 있다.[2] 또한 의사가 진찰한 사실이 없음에도 불구하고 진단서를 작성하는 것도 본죄에 해당한다.

(4) 주관적 구성요건

본죄가 성립하기 위해서는 행위자가 자신의 신분을 인식할 뿐만 아니라 진단서 등의 내용이 허위라는 점에 대한 주관적 인식이 있어야 한다.[3] 하지만 의사가 주관적으로 진찰을 소홀히 한다든가 착오를 일으켜 오진한 결과로 객관적으로 진실에 반한 진단서를 작성한 경우[4], 환자의 허위언동에 속아서 상해진단서를 작성해 준 경우[5], 자상을 한 후 의사를 적극적으로 기망하여 상해진단서를 작성하게 한 경우[6] 등에 있어서는 허위진단서작성에 대한 인식이 있다고 할 수 없으므로 본죄가 성립하지 아니한다. 한편 행사할 목적은 요구되지 아니한다.

X. 위조등공문서행사죄

제229조(위조등 공문서의 행사) 제225조 내지 제228조의 죄에 의하여 만들어진 문서, 도화, 전자기록등 특수매체기록, 공정증서원본, 면허증, 허가증, 등록증 또는 여권을 행사한 자는 그 각 죄에 정한 형에 처한다.
제235조(미수범) 제225조 내지 제234조의 미수범은 처벌한다.

1. 의 의

위조등공문서행사죄는 제225조 내지 제228조의 죄에 의하여 만들어진 문서·도화·전자기록 등 특수매체기록·공정증서원본·면허증·허가증·등록증 또는 여권을 행사함으로써 성립하는 범죄이다. 본죄는 특별한 증명력을 가진 공문서라는 점에서 위조등사문서행사죄와 비교하여 불법이 가중된 구성요건이다.

---

1) 대법원 1978. 12. 13. 선고 78도2343 판결.
2) 대법원 2017. 11. 9. 선고 2014도15129 판결.
3) 대법원 1990. 3. 27. 선고 89도2083 판결.
4) 대법원 2006. 3. 23. 선고 2004도3360 판결.
5) 대법원 1976. 2. 10. 선고 75도1888 판결
6) 대법원 1975. 1. 14. 선고 74도2498 판결.

2. 구성요건

(1) 객 체

본죄의 객체는 위조·변조하거나 자격모용에 의해 작성되거나 허위작성된 공문서·공도화, 위작·변작된 공전자기록 등 특수매체기록, 부실기재된 공정증서원본·면허증·허가증·등록증· 여권이다. 반드시 위법·유책한 행위에 의하여 만들어진 것임을 요하지 아니하고, 구성요건에 해당하는 행위에 의하여 만들어진 것이면 미수에 그친 행위나 불가벌의 과실행위에 의하여 만들어진 것이라도 본죄의 객체가 된다.

(2) 행 위

본죄의 실행행위는 행사하는 것이다. '행사'란 본죄의 객체인 공문서 등을 진정한 것 또는 그 내용이 진실한 것으로 사용하는 것을 말한다. 위조공문서 등을 휴대·소지하고 있는 것만으로는 부족하고, 상대방이 인식할 수 있는 상태에 두어야 행사라고 할 수 있다. 그러므로 위조된 신분증을 항상 휴대하고 다니는 것은 상대방이 인식할 수 있는 상태가 아닐 뿐만 아니라 행사의 실행의 착수조차도 인정할 수 없다.[1] 또한 위조된 면허증을 소지하고 자동차를 운전하는 경우와 같이 상대방에게 기회가 되면 제공하기 위하여 자신이 소지하는 경우에도 행사에 해당하지 아니한다.[2] 인식할 수 있는 상태에 두면 족하고 반드시 상대방이 현실적으로 인식할 필요까지는 없다. 위조공문서 등을 제시·제출·교부하는 것뿐만 아니라 송부·비치하는 것도 행사라고 할 수 있다.[3] 소송자료로 법원에 제출하는 것도 행사에 해당하고[4], 그것이 판결에 영향을 미쳤는지 여부는 묻지 아니한다.[5] 모사전송으로 타인에게 제시하는 것도 행사에 해당한다.[6]

하지만 그 문서가 위조·변조·허위작성되었다는 정을 아는 공범자에게 제시·교부하는 경우는 원칙적으로 본죄가 성립하지 않지만[7], 간접정범을 통한 위조문서행사 범행에 있어 도구로 이용된 자라고 하더라고 문서가 위조된 것임을 알지 못하는 자에게 행사한 경우에는 본죄가 성립한다.[8] 또한 자신의 이름과 나이를 속이는 용도로 사용할 목적으로 주민등록증의 이름·주민등록번호란에 글자를 오려붙인 후 이를 컴퓨터 스캔 장치를 이용하여 이미지 파일로 만

---

1) 대법원 1959. 11. 2. 선고 4289형상240 판결.
2) 대법원 1956. 11. 2. 선고 4289형상240 판결.
3) 대법원 1989. 12. 12. 선고 89도1253 판결.
4) 대법원 1988. 1. 19. 선고 87도1217 판결.
5) 대법원 1967. 3. 7. 선고 67도90 판결.
6) 대법원 1994. 3. 22. 선고 94도4 판결.
7) 대법원 1986. 2. 25. 선고 85도2798 판결.
8) 대법원 2012. 2. 23. 선고 2011도14441 판결(피고인은 위조한 전문건설업등록증 등의 컴퓨터 이미지 파일을 공사 수주에 사용하기 위하여 발주자인 공소외 1 또는 ▽▽기술서비스의 담당직원 공소외 2에게 이메일로 송부한 사실, 공소외 1 또는 공소외 2는 피고인으로부터 이메일로 송부받은 컴퓨터 이미지 파일을 프린터로 출력할 당시 그 이미지 파일이 위조된 것임을 알지 못하였던 사실을 알 수 있으므로, 피고인의 위와 같은 행위는 형법 제229조의 위조·변조공문서행사죄를 구성한다).

들어 컴퓨터 모니터로 출력하는 한편 타인에게 이메일로 전송한 경우에는, 컴퓨터 모니터 화면에 나타나는 이미지는 형법상 문서에 관한 죄의 문서에 해당하지 않으므로 본죄에 해당하지 아니한다.[1]

XI. 위조등사문서행사죄

> 제234조(위조사문서등의 행사) 제231조 내지 제233조의 죄에 의하여 만들어진 문서, 도화 또는 전자기록등 특수매체기록을 행사한 자는 그 각 죄에 정한 형에 처한다.
> 제235조(미수범) 제225조 내지 제234조의 미수범은 처벌한다.

1. 의 의

위조등사문서행사죄는 제231조 내지 제233조의 죄에 의하여 만들어진 문서·도화 또는 전자기록 등 특수매체기록을 행사함으로써 성립하는 범죄이다.

2. 구성요건

(1) 주 체

본죄의 주체에는 제한이 없다. 반드시 사문서를 위조·변조·작성 또는 위작·변작한 자가 행사함을 요하지 아니한다. 사문서위조 등을 한 자가 이를 행사한 경우에는 사문서위조 등의 죄와 본죄의 실체적 경합이 된다.[2]

(2) 객 체

본죄의 객체는 위조·변조되거나 자격모용에 의해 작성된 사문서·사도화, 위작·변작된 사전자기록, 허위진단서 등이다. 원본뿐만 아니라 사본도 본죄의 객체가 된다.

(3) 행 위

본죄의 실행행위는 행사하는 것이다. '행사'란 위조된 사문서 등이라는 정을 알면서 진정한 문서인 것처럼 그 문서의 효용방법에 따라 이를 사용하는 것을 말한다. 위조된 문서를 제시 또는 교부하거나 비치하여 열람할 수 있게 두거나 우편물로 발송하여 도달하게 하는 등 위조된 문서를 진정한 문서인 것처럼 사용하는 한 그 행사의 방법에 제한이 없다. 위조된 차량통행증을 승용차에 부착하고 건물에 진입하는 것도 행사가 된다. 문서의 내용을 보았음을 요하지 아니하며, 행사의 결과로 인하여 실해가 발생하거나 실해의 위험성이 있을 필요도 없다.

또한 위조된 문서 그 자체를 직접 상대방에게 제시하거나 이를 기계적인 방법으로 복사하여 그 복사본을 제시하는 경우는 물론, 이를 모사전송의 방법으로 제시하거나 컴퓨터에 연결된

---

[1] 대법원 2007. 11. 29. 선고 2007도7480 판결.
[2] 대법원 1991. 9. 10. 선고 91도1722 판결.

스캐너(scanner)로 읽어 들여 이미지화한 다음 이를 전송하여 컴퓨터 화면상에서 보게 하는 경우에도 행사에 해당한다.[1] 그러므로 휴대전화 신규 가입신청서를 위조한 후 이를 스캔한 이미지 파일을 제3자에게 이메일로 전송한 경우, 이미지 파일 자체는 문서에 관한 죄의 문서에 해당하지 않으나, 이를 전송하여 컴퓨터 화면상으로 보게 한 행위는 이미 위조한 가입신청서를 행사한 것에 해당하므로 본죄가 성립한다.[2] 이는 문서의 형태로 위조가 완성된 것을 전제로 하는 것이므로, 사문서로서의 형식과 외관을 갖춘 문서에 해당하지 않아 사문서위조죄가 성립하지 않는 경우에는 위조사문서행사죄도 성립할 수 없다.[3]

한편 행사의 상대방에는 아무런 제한이 없고, 위조된 문서의 작성명의인이라고 하여 행사의 상대방이 될 수 없는 것은 아니다. 다만 행사의 상대방은 위조 내지 변조 등의 문서라는 정을 알지 못하는 자임을 요한다. 그러므로 문서가 위조된 것임을 이미 알고 있는 공범자 등에게 행사하는 경우에는 본죄가 성립하지 아니한다.[4] 또한 위조문서임을 밝혀서 제시한 경우에도 행사라고 할 수 없다.

3. 실행의 착수시기 및 기수시기

본죄는 상대방으로 하여금 위조된 문서를 인식할 수 있는 상태에 둠으로써 기수가 되고 상대방이 실제로 그 내용을 인식하여야 하는 것은 아니므로, 위조된 문서를 발송한 경우에는 그 문서가 상대방에게 도달한 때에 기수가 되고, 상대방이 실제로 그 문서를 보아야 하는 것은 아니다.[5]

XII. 문서부정행사죄

> **제230조(공문서 등의 부정행사)** 공무원 또는 공무소의 문서 또는 도화를 부정행사한 자는 2년 이하의 징역이나 금고 또는 500만원 이하의 벌금에 처한다.
> **제235조(미수범)** 제225조 내지 제234조의 미수범은 처벌한다.
> **제236조(사문서의 부정행사)** 권리·의무 또는 사실증명에 관한 타인의 문서 또는 도화를 부정행사한 자는 1년 이하의 징역이나 금고 또는 300만원 이하의 벌금에 처한다.

1. 공문서부정행사죄

(1) 의의 및 보호법익

공문서부정행사죄는 공무원 또는 공무소의 문서 또는 도화를 부정행사함으로써 성립하는

---

1) 대법원 1994. 3. 22. 선고 94도4 판결.
2) 대법원 2008. 10. 23. 선고 2008도5200 판결.
3) 대법원 2020. 12. 24. 선고 2019도8443 판결.
4) 대법원 2005. 1. 28. 선고 2004도4663 판결; 대법원 1986. 2. 25. 선고 85도2798 판결.
5) 대법원 2005. 1. 28. 선고 2004도4663 판결.

범죄이다. 본죄는 진정하게 성립된 공문서이지만, 그 행사방법이 부정한 경우를 처벌하는 것이다. 본죄의 보호법익은 공문서의 사용에 대한 공공의 신용이고, 보호의 정도는 추상적 위험범이다. 그러므로 공문서에 대한 공공의 신용 등을 해할 위험이 있으면 범죄가 성립하지만, 그러한 위험조차 없는 경우에는 범죄가 성립하지 아니한다. 본죄의 미수범은 처벌한다.

(2) 구성요건

1) 객 체

본죄의 객체는 진정하게 성립된 공무원 또는 공무소의 문서 또는 도화이다. 진정하게 성립된 공문서 또는 공도화를 객체(진정문서)로 한다는 점에서 부진정(공)문서를 객체로 하는 위조등공문서행사죄와 구별된다. 또한 본죄의 객체는 공문서 가운데 사용권한자와 용도가 특정되어 있는 공문서에 한정된다. 따라서 주민등록표등본[1] · 신원증명서[2] · 인감증명서[3] · 등기필증[4] · 화해조서경정신청에 대한 기각결정문[5] 등과 같이 사용권한자가 특정되어 있는 것도 아니고 그 용도도 다양한 공문서는 권한 없이 행사하더라도 본죄가 성립하지 아니한다.

한편 피고인이 甲인 것처럼 허위신고하여 피고인의 사진과 지문이 찍힌 甲명의의 주민등록증을 발급받은 이상 주민등록증의 발행목적상 피고인에게 주민등록증에 부착된 사진의 인물이 甲의 신원상황을 가진 사람이라는 허위사실을 증명하는 용도로 이를 사용할 수 있는 권한이 없다는 사실을 인식하고 있었다고도 할 것이므로, 이를 검문경찰관에게 제시하여 이러한 허위사실을 증명하는 용도로 사용한 것은 본죄를 구성한다.[6]

2) 행 위

본죄의 실행행위는 부정행사하는 것이다. 본죄는 사용권한자와 용도가 특정되어 작성된 공문서 또는 공도화를 사용권한 없는 자가 사용권한이 있는 것처럼 가장하여 부정한 목적으로 행사하거나 권한 있는 자라도 정당한 용법에 반하여 부정하게 행사하는 경우에 성립한다.[7] 운전면허증은 운전면허를 받은 사람이 운전면허시험에 합격하여 자동차의 운전이 허락된 사람임을

---

1) 대법원 1999. 5. 14. 선고 99도206 판결.
2) 대법원 1993. 5. 11. 선고 93도127 판결.
3) 대법원 1983. 6. 28. 선고 82도1985 판결; 대법원 1981. 12. 8. 선고 81도1130 판결; 대법원 1974. 7. 9. 선고 73도 1695 판결.
4) 대법원 1981. 12. 8. 선고 81도1130 판결.
5) 대법원 1984. 2. 28. 선고 82도2851 판결.
6) 대법원 1982. 9. 28. 선고 82도1297 판결.
7) 대법원 1998. 8. 21. 선고 98도1701 판결(자동차대여약관상 대여회사는 운전면허증 미소지자에게는 자동차 대여를 거절할 수 있도록 되어 있으므로, 자동차를 임차하려는 피고인들이 자동차 대여업체의 담당직원들로부터 임차할 자동차의 운전에 필요한 운전면허가 있고 또 운전면허증을 소지하고 있는지를 확인하기 위한 운전면허증의 제시 요구를 받자 타인의 운전면허증을 소지하고 있음을 기화로 자신이 타인의 자동차운전면허를 받은 사람들인 것처럼 행세하면서 자동차 대여업체의 직원들에게 이를 제시한 것이라면, 피고인들의 위와 같은 행위는 단순히 신분확인을 위한 것이라고는 할 수 없고, 이는 운전면허증을 사용권한이 없는 자가 사용권한이 있는 것처럼 가장하여 부정한 목적으로 사용한 것이기는 하나 운전면허증의 본래의 용도에 따른 사용행위라고 할 것이므로 공문서부정행사죄에 해당한다).

증명하는 공문서로서, 현실적으로 운전면허증은 주민등록증과 대등한 신분증명서로 널리 사용되고 있다. 따라서 제3자로부터 신분확인을 위하여 신분증명서의 제시를 요구받고 다른 사람의 운전면허증을 제시한 행위는 그 사용목적에 따른 행사로서 본죄에 해당한다.[1] 반면에 사용권한자와 용도가 특정되어 있는 공문서를 사용권한 없는 자가 사용한 경우에도 그 공문서 본래의 용도에 따른 사용이 아닌 경우에는 본죄가 성립하지 아니한다.

판례에 의하면, ① 주민등록증은 대상자의 신분을 확인하기 위하여 사용할 수 있도록 한 것이므로, 피고인이 이동전화기대리점 직원에게 기왕에 습득한 甲의 주민등록증을 내보이고 甲이 피고인의 어머니인데 어머니의 허락을 받았다고 속여 동인의 이름으로 이동전화 가입신청을 하더라도, 피고인이 甲의 주민등록증을 사용한 것이 타인의 주민등록증을 그 본래의 사용용도인 신분확인용으로 사용한 것이라고 볼 수 없어 본죄가 성립하지 아니한다.[2] ② 자동차의 운전자가 운전 중에 도로교통법 제92조 제2항에 따라 경찰공무원으로부터 운전면허증의 제시를 요구받은 경우 운전면허증의 특정된 용법에 따른 행사는 도로교통법 관계법령에 따라 발급된 운전면허증 자체를 제시하는 것이라고 보아야 한다. 이 경우 자동차의 운전자가 경찰공무원에게 다른 사람의 운전면허증 자체가 아니라 이를 촬영한 이미지파일을 휴대전화 화면 등을 통하여 보여주는 행위는 운전면허증의 특정된 용법에 따른 행사라고 볼 수 없는 것이어서 그로 인하여 경찰공무원이 그릇된 신용을 형성할 위험이 있다고 할 수 없으므로, 이러한 행위는 결국 본죄를 구성하지 아니한다.[3] ③ 어떤 선박이 사고를 낸 것처럼 허위로 사고신고를 하면서 그 선박의 선박국적증서와 선박검사증서를 함께 제출하였다고 하더라도, 선박국적증서와 선박검사증서는 위 선박의 국적과 항행할 수 있는 자격을 증명하기 위한 용도로 사용된 것일 뿐 그 본래의 용도를 벗어나 행사된 것으로 보기는 어려우므로, 이와 같은 행위는 본죄에 해당하지 아니한다.[4]

2. 사문서부정행사죄

(1) 의의 및 보호법익

사문서부정행사죄는 권리·의무 또는 사실증명에 관한 타인의 문서 또는 도화를 부정행사함으로써 성립하는 범죄이다. 본죄의 보호법익은 사문서의 행사에 대한 공공의 신용이고, 보호의 정도는 추상적 위험범이다. 본죄의 미수범은 벌하지 아니하는데, 문서에 관한 죄에서 유일하게 미수범을 처벌하지 않는 범죄에 해당한다.

(2) 구성요건

1) 객 체

본죄의 객체는 권리·의무 또는 사실증명에 관한 타인의 문서 또는 도화이다. 진정하게 성

---

1) 대법원 2001. 4. 19. 선고 2000도1985 전원합의체 판결.
2) 대법원 2003. 2. 26. 선고 2002도4935 판결.
3) 대법원 2019. 12. 12. 선고 2018도2560 판결.
4) 대법원 2009. 2. 26. 선고 2008도10851 판결; 대법원 1984. 2. 28. 선고 82도2851 판결(화해조서 갱정결정신청 기각결정문을 화해조서정본인 것처럼 등기서류로 제출행사하였다고 하더라도 공문서부정행사죄는 성립하지 아니한다).

립된 사문서만을 의미하고, 위조·변조된 사문서 또는 자격모용에 의해 작성된 사문서, 허위진
단서 등은 본죄의 객체가 될 수 없다.

2) 행 위

본죄의 실행행위는 부정행사하는 것이다. 예를 들면 타인의 학생증을 도서관 출입용으로
사용하는 경우가 이에 해당한다. 사용권한이 있는 자가 본래의 사용목적과 다른 용도로 사용하
는 행위를 부정행사의 범위에 포함할 것인지 여부와 관련하여, ① 적극설[1], ② 사문서는 일반
인이 그 본래의 사용용도를 쉽게 알 수 없다는 점을 논거로 하는 소극설[2] 등의 대립이 있다.

이에 대하여 판례는 「부정행사란 사용권한자와 용도가 특정되어 작성된 권리의무 또는 사
실증명에 관한 타인의 사문서 또는 사도화를 사용권한 없는 자가 그 문서명의자로 가장행세하
여 사용권한이 있는 것처럼 가장하여 부정한 목적으로 사용하거나 또는 사용할 권한 있는 자라
도 정당한 용법에 반하여 부정하게 행사하는 것(문서를 본래의 작성 목적 이외의 다른 사실을 직접 증명
하는 용도에 이를 사용하는 것)을 말한다.」라고 판시[3]하여, 적극설의 입장을 취하고 있다.

생각건대 적극설의 입장이 타당하다. 왜냐하면 부정행사는 권한 없는 자에 의해서 이루어
질 수도 있고, 권한 있는 자라고 할지라도 그 권한을 남용하는 방법으로도 이루어질 수 있기 때
문이다. 현금보관증이 자기 수중에 있다는 사실 자체를 증명하기 위하여 증거로서 법원에 제출
하는 행위는 본죄에 해당되지 않지만[4], 절취한 후불식 전화카드를 사용한 경우에는 본죄가 성
립한다.[5]

---

1) 배종대, 615면; 정영일, 366면.

2) 김선복, 556면; 김일수/서보학, 615면; 박상기, 785면; 이형국/김혜경, 687면; 임 웅, 792면; 정성근/정준섭, 429면.

3) 대법원 2007. 3. 30. 선고 2007도629 판결(실질적인 채권채무관계 없이 당사자 간의 합의로 작성한 '차용증 및
이행각서'는 그 작성명의인들이 자유의사로 작성한 문서로 그 사용권한자가 특정되어 있다고 할 수 없고 또 그
용도도 다양하므로, 설령 피고인이 그 작성명의인들의 의사에 의하지 아니하고 위 '차용증 및 이행각서'상의 채권
이 실제로 존재하는 것처럼 그 지급을 구하는 민사소송을 제기하면서 소지하고 있던 위 '차용증 및 이행각서'를
법원에 제출하였다고 하더라도 그것이 사문서부정행사죄에 해당하지 않는다).

4) 대법원 1985. 5. 28. 선고 84도2999 판결; 대법원 1978. 2. 14. 선고 77도2645 판결.

5) 대법원 2002. 6. 25. 선고 2002도461 판결(사용자에 관한 각종 정보가 전자기록되어 있는 자기띠가 카드번호와
카드발행자 등이 문자로 인쇄된 플라스틱 카드에 부착되어 있는 전화카드의 경우 그 자기띠 부분은 카드의 나머
지 부분과 불가분적으로 결합되어 전체가 하나의 문서를 구성하므로, 전화카드를 공중전화기에 넣어 사용하는
경우 비록 전화기가 전화카드로부터 판독할 수 있는 부분은 자기띠 부분에 수록된 전자기록에 한정된다고 할지
라도, 전화카드 전체가 하나의 문서로서 사용된 것으로 보아야 하고 그 자기띠 부분만 사용된 것으로 볼 수는
없으므로 절취한 전화카드를 공중전화기에 넣어 사용한 것은 권리의무에 관한 타인의 사문서를 부정행사한 경우
에 해당한다).

제 4 절 인장에 관한 죄

Ⅰ. 공인등위조·부정사용죄

제238조(공인 등의 위조, 부정사용) ① 행사할 목적으로 공무원 또는 공무소의 인장, 서명, 기명 또는 기호를 위조 또는 부정사용한 자는 5년 이하의 징역에 처한다.
③ 전 2항의 경우에는 7년 이하의 자격정지를 병과할 수 있다.
제240조(미수범) 본장의 미수범은 처벌한다.

1. 의의 및 보호법익

공인등위조·부정사용죄는 행사할 목적으로 공무원 또는 공무소의 인장·서명·기명 또는 기호를 위조 또는 부정사용함으로써 성립하는 범죄이다. 행위의 객체가 공무원 또는 공무소의 인장 등이라는 이유로 형이 가중된 구성요건이다. 본죄는 행사할 목적을 필요로 하는 진정목적범이다. 본죄의 보호법익은 공인장 등의 '성립의 진정'에 대한 공공의 신용이고, 보호의 정도는 추상적 위험범이다. 본죄는 공인장 등의 '내용의 진실'에 대해서는 문제삼지 아니한다.

2. 구성요건

(1) 객 체

본죄의 객체는 공무원 또는 공무소의 인장·서명·기명 또는 기호이다. 여기서의 공무원 또는 공무소는 우리나라의 공무원 또는 공무소를 의미하고, 외국의 공무원 또는 공무소의 인장 등은 사인등위조·부정사용죄의 객체가 된다. '공무원의 인장 등'이란 공무원이 공무상 사용하는 모든 인장 등을 말하고, '공무소의 인장 등'이란 공무소가 그 사무와 관련하여 문서에 사용하는 인장 등을 말한다. 공무원이 공무상 사용하는 인장이면 사인(私印)·공인을 묻지 아니한다. 예를 들면 청인(廳印)·서인(署印)·직인(職印)·계인(契印) 등이 이에 해당한다.

1) 인 장

'인장'(印章)이란 특정인의 인격과 동일성을 증명하기 위해 사용하는 일정한 상형을 말한다.[1] 상형(象形)은 반드시 문자로 표시될 필요가 없으므로 지장(指章)·무인(拇印)·도형도 인장에 해당하고, 반드시 성명일 것도 요하지 아니하므로 별명이나 약칭도 이에 해당한다. 인장은 인영과 인과 모두를 의미하는데, '인영'(印影)이란 일정한 사항을 증명하기 위해 문서나 물체상에 현출하게 한 상형 그 자체를 말하며, '인과'(印顆)란 인영을 만들어내는 물건 그 자체를 말하는데, 도장이 이에 해당한다.

구청 세무계장 명의의 소인(消印)을 세금 영수필 통지서에 날인하는 의미는 은행 등 수납기

---

1) 대법원 1995. 9. 5. 선고 95도1269 판결.

관으로부터 그 수납기관에 세금이 정상적으로 입금되었다는 취지의 영수필 통지서가 송부되어 와서 이에 기하여 수납부 정리까지 마쳤으므로 이제 그 영수필 통지서는 보관하면 된다는 점을 확인함에 있는데, 소인이 가지는 의미가 이러하다면 인장이 아니라 문서로 보아야 한다.[1] 또한 접수일부인(接受日附印)[2]·임대차계약서에 대한 확정일자인(確定日字印)·공무소의 지급전표·입금 전표 등과 같은 생략문서도 인장이 아니라 문서로 보아야 한다.

2) 서명·기명

'서명'이란 특정인이 자기임을 표시하기 위해 성명 기타 호칭을 문자로 표기한 것을 말한 다. 성명을 표기하는 것이 일반적이지만, 이름 또는 성만을 표기해도 무방하고, 약호·아호·옥 호 기타 부호문자를 사용하여 본명과 동일한 지칭을 한 것이면 모두 서명에 해당한다. 서명은 반드시 권리·의무에 관한 것임을 요하지 않으나 법률상·거래상 의미 있는 것이어야 한다. 그 러므로 운동선수·연예인의 싸인은 서명에 해당하지 않으나, 서화에 표시된 예술가의 낙관·아 호인 등은 서명에 해당한다.

한편 서명은 자필이어야 한다는 점에서 반드시 자필일 필요가 없는 기명과 구별된다. '기 명'이란 특정인이 자기를 표시한 문자로서 자서(自署) 이외의 것을 말한다. 그러므로 타인이 대 신 이름을 쓰거나 컴퓨터로 이름을 출력한 경우에는 서명이 아니라 기명에 해당한다.

3) 기 호

'기호'란 물건에 압날(押捺) 또는 기타의 방법으로 일정한 사항을 증명하는 문자 또는 부호 로서 광의의 인장에 속한다. 사람의 동일성을 증명하기 위한 것이 인장이고, 그 이외의 사항의 동일성을 증명하기 위한 것이 기호이다. '공기호'란 공무원 또는 공무소가 대상물의 동일성을 증명하기 위한 목적으로 사용하는 문자 또는 부호를 말한다. 예를 들면 자동차등록번호판[3]·택

---

[1] 대법원 1995. 9. 5. 선고 95도1269 판결.

[2] 대법원 1979. 10. 30. 선고 77도1879 판결.

[3] 대법원 2016. 4. 29. 선고 2015도1413 판결(피고인은 공소외인으로부터 크레인 화물차량의 수리를 의뢰받고 2013. 1. 25. 견인차량을 이용하여 이 사건 화물차량을 피고인 운영의 자동차공업사로 견인하여 오던 중 이 사건 화물차량의 등록번호판을 분실하였다. 공소외인은 피고인으로부터 위와 같은 사정을 들은 후 이 사건 화물차량이 프레임이 부러져 장거리 이동은 불가능하나 고정된 장소에서 크레인 용도로는 사용이 가능하므로 수리를 포기하 는 대신 이 사건 화물차량을 지게차 대용으로 사용하려고 하였고, 창고에서 지게차 대용으로 고정해 놓고 쓰더라 도 등록번호판이 있어야 한다고 판단하여 피고인에게 등록번호판을 찾아서 다시 부착하여 달라고 요구하였다. 피고인은 분실한 등록번호판을 찾지 못하고, 이 사건 화물차량의 등록원부상의 소유자와 실제 차주가 일치하지 않아 자동차등록번호판의 재교부도 신청하지 못하고 있는 상황에서 공소외인으로부터 견적이 적게 나오는 업체 로 이 사건 화물차량을 옮긴다는 말을 듣고 위 공업사 내에 보관 중이던 다른 차량인 차량의 등록번호판을 떼어 내 이 사건 공소사실 기재와 같은 방법으로 위조한 다음 이 사건 화물차량의 뒷부분에 부착하였다. 피고인이 등록 번호판을 위조한 방법은 다른 차량의 정상적인 등록번호판을 떼어 내 그 위에 흰색 페인트를 칠한 다음 검은색 페인트로 '(차량번호 1 생략)'이라고 기재한 것으로 정교한 수준에 이르지 못하였더라도 실제 자동차등록번호판 과 모양, 크기, 글자의 배열 등이 유사하여 일반인으로 하여금 진정한 번호판으로 오신하게 할 염려가 있다고 보인다); 대법원 1997. 7. 8. 선고 96도3319 판결(공기호인 자동차등록번호판의 부정사용이라 함은 진정하게 만들 어진 자동차등록번호판을 권한 없는 자가 사용하든가, 권한 있는 자라도 권한을 남용하여 부당하게 사용하는 행 위를 말하는 것이고, 같은 조 제2항에서 규정하고 있는 그 행사죄는 부정사용한 공기호인 자동차등록번호판을 마치 진정한 것처럼 그 용법에 따라 사용하는 행위를 말하는 것으로 그 행위개념을 달리하고 있다. 부정사용한

시미터기의 검정납봉의 봉인[1]·임산물 생산확인용 철제극인(鐵製棘人)[2]·전매청의 기호·검인(檢印)·장서인(藏書印)·도로교통표지판 등이 이에 해당한다.

(2) 행 위

1) 위 조

'위조'란 권한 있는 자가 작성 또는 기재한 것으로 일반인이 오인할 정도로 권한 없이 타인의 인장·서명·기명·기호를 작성 또는 기재하는 것을 말한다. 권한 없이 하는 경우뿐만 아니라 권한 이외의 사항에 대하여 작성 또는 기재하는 것도 포함된다. 위조의 방법에는 제한이 없다. 위조된 인장 등이 진정한 것과 반드시 비슷할 필요가 없으며, 그 명의인의 성명·호칭과 일치할 필요도 없다. 변조는 처벌의 대상이 아니다.

2) 부정사용

'부정사용'이란 타인의 진정한 인장·서명·기명·기호를 권한 없이 사용하거나 권한이 있더라도 권한 이외의 사항이나 권한을 초과하여 사용하는 것을 말한다. 위조가 인장이나 인영 등을 새로이 만들어내는 것과 비교하여 부정사용은 이미 진정하게 성립한 인장이나 인영 등을 그 대상으로 한다는 점에서 구별된다. 부정사용하면 본죄가 성립하고, 일반인이 현실적으로 인식하거나 손해가 발생하거나 발생할 위험이 있을 필요는 없다.

피고인이 절취한 쏘나타 승용차의 번호판을 떼어낸 후 미리 절취하여 소지하고 있던 포텐샤 승용차의 번호판을 임의로 부착하여 운행한 경우, 피고인의 절취행위는 특정범죄가중처벌법 제5조의4 제1항, 형법 제331조 제2항, 자동차등록번호판을 떼어낸 행위는 자동차관리법 제81조 제1호 및 제10조 제2항, 포텐샤 승용차의 번호판을 쏘나타 승용차에 부착함으로써 부정사용한 행위는 형법 제238조 제1항, 위와 같이 번호판을 부정사용한 자동차를 운행한 행위는 형법 제238조 제2항 및 제1항에 각각 해당하며, 이는 실체적 경합관계에 있다.[3]

공기호인 자동차등록번호판의 용법에 따른 사용행위인 행사라 함은 이를 자동차에 부착하여 운행함으로써 일반인으로 하여금 자동차의 동일성에 관한 오인을 불러일으킬 수 있는 상태, 즉 그것이 부착된 자동차를 운행함을 의미한다고 할 것이고, 그 운행과는 별도로 부정사용한 자동차등록번호판을 타인에게 제시하는 등 행위가 있어야 그 행사죄가 성립한다고 볼 수 없다).

1) 대법원 1982. 6. 8. 선고 82도138 판결(택시미터기의 수리는 계량법 시행규칙에 의하여 검정의무가 면제되는 간이수리에 해당하나, 택시미터기에 적법하게 부착된 검정납봉의 봉인철사를 일단 절단한 후에는 소관 검정기관만이 이를 다시 부착할 수 있는 것이므로 피고인이 임의로 한 검정납봉 재봉인부착행위는 형법 제238조 제2항 소정의 공무소기호부정사용에 해당한다).

2) 대법원 1981. 12. 22. 선고 80도1472 판결(부정사용된 공기호의 행사죄는 부정사용된 공기호를 이를 진정한 것으로 임의로 공범자 이외의 자에게 보이는 등 사용하는 행위를 말하므로 이는 타인에 대한 외부적 행위이다. 따라서 허가량을 초과하여 벌채한 나무에 임산물 생산확인용 철제극인이 타기되었다고 하여도 동 나무를 산판에 적치하거나 반출하였다고 하여 곧 공기호행사죄가 되지 아니한다).

3) 대법원 2007. 9. 6. 선고 2007도4739 판결.

II. 사인등위조·부정사용죄

> 제239조(사인등의 위조, 부정사용) ① 행사할 목적으로 타인의 인장, 서명, 기명 또는 기호를 위조 또는 부정사용한 자는 3년 이하의 징역에 처한다.
> 제240조(미수범) 본장의 미수범은 처벌한다.

1. 의 의

사인등위조·부정사용죄는 행사할 목적으로 타인의 인장·서명·기명 또는 기호를 위조 또는 부정사용함으로써 성립하는 범죄이다.

2. 구성요건

(1) 객 체

본죄의 객체는 타인의 인장·서명·기명 또는 기호이다. '타인'이란 공무원 또는 공무소를 제외한 타인을 말한다. 타인이 실재함을 요하지 않기 때문에 사자나 허무인 명의의 인장을 위조하는 것도 본죄에 해당한다.[1]

(2) 행 위

본죄의 실행행위는 위조 또는 부정사용하는 것이다. 본죄가 성립하기 위해서는 그 서명 등이 일반인으로 하여금 특정인의 진정한 서명 등으로 오신하게 할 정도에 이르러야 할 것이고, 일반인이 특정인의 진정한 서명 등으로 오신하기에 충분한 정도인지 여부는 그 서명 등의 형식과 외관, 작성경위 등을 고려하여야 할 뿐만 아니라 그 서명 등이 기재된 문서에 있어서의 서명 등 기재의 필요성, 그 문서의 작성경위, 종류, 내용 및 일반거래에 있어서 그 문서가 가지는 기능 등도 함께 고려하여 판단하여야 한다.[2]

한편 어떤 문서에 권한 없는 자가 타인의 서명 등을 기재하는 경우에는 그 문서가 완성되

---

1) 대법원 1984. 2. 28. 선고 82도2064 판결(이미 사망한 사람 명의의 문서를 위조하거나 이를 행사하더라도 사문서위조나 동행사죄는 성립하지 않는다는 문서위조죄의 법리에 비추어 이와 죄질을 같이하는 인장위조죄의 경우에도 사망자 명의의 인장을 위조, 행사하는 소위는 사인위조 및 동행사죄가 성립하지 않는다고 해석함이 상당하다). 하지만 사자나 허무인 명의의 사문서위조가 전원합의체 판결로 인정되고 있기 때문에 동 판례의 입장은 변경될 필요가 있다.
2) 대법원 2020. 12. 30. 선고 2020도14045 판결(피고인이 음주운전으로 단속되자 동생 공소외인의 이름을 대며 조사를 받다가 휴대용정보단말기(PDA)에 표시된 음주운전단속결과통보 중 운전자 공소외인의 서명란에 공소외인의 이름 대신 의미를 알 수 없는 부호를 기재한 행위는 공소외인의 서명을 위조한 것에 해당한다); 대법원 2010. 1. 14. 선고 2009도5929 판결(아파트 주민대표회 간부들이, 동대표로 당선된 공소외 甲이 사실은 대학을 졸업하지 않았음이 사립대학 교무처장 명의로 된 학력조회 회보서를 통해 확인되자, 甲의 허위학력 사실을 아파트 주민들에게 공고문 형식으로 알리면서 그 공고문의 신뢰성 제고를 위해 공고문 안에 대학 교무처장 명의의 직인을 함께 나타내어 사인장인 위 직인을 위조하였다); 대법원 2005. 7. 14. 선고 2005도3357 판결(피고인이 경찰에서 피의자로서 조사받으면서 자신의 형인 공소외인의 인적사항을 밝히면서 자신이 공소외인인 것처럼 행세를 하고, 자신에 대한 피의자신문조서의 말미에 위 공소외인의 서명을 하여 수사기록에 편철하게 한 행위는 사서명위조 및 동행사죄에 해당한다).

기 전이라도 일반인으로서는 그 문서에 기재된 타인의 서명 등을 그 명의인의 진정한 서명 등으로 오신할 수도 있으므로, 일단 서명 등이 완성된 이상 문서가 완성되지 아니한 경우에도 본죄는 성립한다.[1] 그리고 수사기관이 수사대상자의 진술을 기재한 후 진술자로 하여금 그의 면전에서 조서의 말미에 서명 등을 하도록 한 후 그 자리에서 바로 회수하는 수사서류의 경우에는 그 진술자가 그 문서에 서명 등을 하는 순간 바로 수사기관이 열람할 수 있는 상태에 놓이게 되는 것이므로, 그 진술자가 마치 타인인 것처럼 행세하며 타인의 서명 등을 기재한 경우 그 서명 등을 수사기관이 열람하기 전에 즉시 파기하였다는 등의 특별한 사정이 없는 이상 그 서명 등 기재와 동시에 본죄가 성립하는 것이며, 그와 같이 본죄가 성립된 직후에 수사기관이 위 서명 등이 위조된 것임을 알게 되었다고 하더라도 이미 성립한 본죄를 부정할 수 없다.[2]

(3) 주관적 구성요건

본죄가 성립하기 위해서는 고의 이외에 행사할 목적이 있어야 한다. 본죄는 그 명의인의 의사에 반하여 위법하게 행사할 목적으로 권한 없이 타인의 인장을 위조한 경우에 성립하므로, 타인의 인장을 조각할 당시에 그 명의자로부터 명시적이거나 묵시적인 승낙 내지 위임을 받았다면 본죄가 성립하지 아니한다.[3] 만약 타인의 인장을 조각할 당시에는 미처 그 명의인의 승낙을 얻지 아니하였다고 하더라도 인장을 조각하여 그 명의인의 승낙을 얻어 그 명의인의 문서를 작성하는 데 사용할 의도로 인장을 조각하였으나 그 명의인의 승낙을 얻지 못하여 이를 사용하지 아니하고 명의인에게 돌려주었다면, 특별한 사정이 없는 한 행사의 목적이 있었다고 인정할 수 없다.[4] 선거무효로 노동조합 지부장직을 상실한 자가 동 조합지부인과 지부장인을 동 지부장 직무대리에게 인계하지 아니하므로, 이에 대한 대응책으로 동 지부의 문서에 사용할 목적으로 동 지부장 직무대리의 승인하에 동 지부인과 지부장인을 조각한 행위는 부정한 방법으로 정당한 인장인 양 가장하기 위하여 직인 등을 위조한 것이라고 할 수 없다.[5]

3. 죄수 및 다른 범죄와의 관계

인장·서명 등의 위조 또는 부정사용이 유가증권위조 또는 문서위조의 수단으로 행해진 때에는 유가증권위조 또는 문서위조에 흡수된다. 흡수관계에 있는 인장위조죄와 사문서위조죄를

1) 대법원 2011. 3. 10. 선고 2011도503 판결(피고인이 공소외인으로 행세하면서 피의자로서 조사를 받은 다음 신분이 탄로나기 전에 이미 경찰관에 의하여 작성된 피의자신문조서의 말미에 공소외인의 서명 및 무인을 하고, 공소외인의 이름이 기재된 수사과정확인서에 무인을 한 경우에 사서명 등 위조죄 및 위조사서명 등 행사죄를 인정하였다).
2) 대법원 2005. 12. 23. 선고 2005도4478 판결(피고인이 음주운전 등으로 경찰서에서 조사를 받으면서 제3자로 행세하여 피의자신문조서의 진술자란에 제3자의 서명을 기재하였으나 그 이후 피고인의 간인이나 조사 경찰관의 서명날인 등이 완료되기 전에 그 서명위조 사실이 발각되었다고 하더라도 사서명위조죄 및 그 행사죄가 성립한다).
3) 대법원 2014. 9. 26. 선고 2014도9213 판결.
4) 대법원 1992. 10. 27. 선고 92도1578 판결.
5) 대법원 1981. 5. 6. 선고 81도721 판결.

경합범으로 잘못 기소한 경우에 인장위조사실 자체가 없는 것으로 밝혀진 경우에는 경합범으로 기소한 인장위조의 공소사실에 대한 판단으로서 별도로 무죄선고를 하여야 한다.[1] 그러나 문서위조죄 또는 유가증권위조죄가 성립하지 않은 때에는 인장위조죄가 성립한다.

Ⅲ. 위조공인등행사죄

> 제238조(공인 등의 위조, 부정사용)　② 위조 또는 부정사용한 공무원 또는 공무소의 인장, 서명, 기명 또는 기호를 행사한 자도 전항의 형과 같다.
> ③ 전 2항의 경우에는 7년 이하의 자격정지를 병과할 수 있다.
> 제240조(미수범)　본장의 미수범은 처벌한다.

　　위조공인등행사죄는 위조 또는 부정사용한 공무원 또는 공무소의 인장·서명·기명 또는 기호를 행사함으로써 성립하는 범죄이다. '행사'란 위조·부정사용한 인장 등을 진정한 것처럼 또는 권한 있는 자가 정당하게 사용하는 것처럼 그 용법에 따라 사용하는 것을 말한다. 부정사용한 공기호를 공범자 이외의 자에게 보이는 것도 본죄에 해당한다.[2]

Ⅳ. 위조사인등행사죄

> 제239조(사인등의 위조, 부정사용)　② 위조 또는 부정사용한 타인의 인장, 서명, 기명 또는 기호를 행사한 때에도 전항의 형과 같다.
> 제240조(미수범)　본장의 미수범은 처벌한다.

　　위조사인등행사죄는 위조 또는 부정사용한 타인의 인장·서명·기명 또는 기호를 행사함으로써 성립하는 범죄이다. '행사'란 위조된 인장을 진정한 것처럼 용법에 따라 사용하는 행위를 말한다. 그러므로 위조된 인영을 타인에게 열람할 수 있는 상태에 두든지, 인과의 경우에는 날인하여 일반인이 열람할 수 있는 상태에 두면 그것으로 행사가 되는 것이고, 위조된 인과 그 자체를 타인에게 교부한 것만으로는 본죄가 성립하지 아니한다.[3]

---

1) 대법원 1978. 9. 26. 선고 78도1787 판결.
2) 대법원 1981. 12. 22. 선고 80도1472 판결.
3) 대법원 1984. 2. 28. 선고 84도90 판결.

제4장 선량한 풍속에 관한 죄

제1절 성풍속에 관한 죄

Ⅰ. 음행매개죄

> 제242조(음행매개) 영리의 목적으로 사람을 매개하여 간음하게 한 자는 3년 이하의 징역 또는 1천500만원 이하의 벌금에 처한다.

1. 의의 및 보호법익

음행매개죄는 영리의 목적으로 사람을 매개하여 간음하게 함으로써 성립하는 범죄이다. 본죄는 음행을 교사 또는 방조하는 행위를 하는 것이지만, 음행 그 자체보다 영리의 목적으로 음행을 매개하는 행위의 사회적 해악성으로 말미암아 독립된 범죄로 규정하고 있는 것이다. 본죄의 보호법익은 선량한 성풍속이며, 보호의 정도는 침해범이다.[1] 종래에는 부수적 보호법익으로 피음행매개자 개인의 성적 자유도 인정하고 있었지만, 현행법에서는 객체의 변경으로 인하여 이러한 보호법익은 별도로 인정할 실익이 없다고 평가된다.

한편 성매매처벌법과 청소년성보호법에서는 성매매를 강요하거나 알선[2]하는 행위에 대하여 가중처벌규정을 두고 있다. 또한 아동복지법 제17조 제2호에서는 '아동에게 음란한 행위를 시키거나 이를 매개하는 행위'를 금지하고, 이를 위반한 경우에는 10년 이하의 징역 또는 5천만원 이하의 벌금에 처하고 있다.

2. 구성요건

(1) 주 체

본죄의 주체에는 제한이 없다. 하지만 음행매개자와 대향적 관계에 있는 실제 간음행위의 쌍방은 본죄로 처벌되지 아니한다. 다만 성매매에 대한 죄책이 부과될 수는 있다.

(2) 객 체

본죄의 객체와 관련하여, 기존에는 '미성년 또는 음행의 상습 없는 부녀'로 객체가 제한되

---

[1] 김신규, 758면; 김일수/서보학, 501면; 김혜정 외 4인, 642면; 배종대, 630면; 이재상/장영민/강동범, 645면; 정성근/정준섭, 473면; 정영일, 375면; 최호진, 733면.

[2] 대법원 2016. 2. 18. 선고 2015도15664 판결(아동·청소년의 성을 사는 행위를 알선하는 행위를 업으로 하는 사람이 알선의 대상이 아동·청소년임을 인식하면서 알선행위를 하였다면, 알선행위로 아동·청소년의 성을 사는 행위를 한 사람이 행위의 상대방이 아동·청소년임을 인식하고 있었는지는 알선행위를 한 사람의 책임에 영향을 미칠 이유가 없다).

어 있었지만, 2012. 12. 18. 형법 개정을 통하여 '사람'으로 변경하였다. 피해자가 13세 미만의
자인 경우에는 미성년자의제강간등죄의 교사·방조범과 본죄의 상상적 경합이 된다. 피매개자
가 음행에 동의를 하여도 본죄의 성립에는 영향이 없다.[1] 하지만 영리의 목적이 없이 음행을
매개하는 행위는 불가벌이다.

(3) 행 위

1) 매 개

본죄의 실행행위는 매개하여 간음하게 하는 것이다. '매개'란 사람을 간음에 이르도록 알선
하는 일체의 행위를 말한다. 처음부터 간음할 의사가 없는 사람을 교사하여 간음할 의사가 생
기도록 하는 경우뿐만 아니라 이미 간음할 의사가 있는 사람을 방조하여 간음의 상대방으로 소
개시켜주는 경우도 포함한다. 하지만 직접 간음을 알선하는 것이 아니라 조건만남·애인대행·
미팅·랜덤채팅·댄스파티 등의 주선을 하는 정도로는 매개라고 할 수 없다. 폭행 또는 협박이
사용되는 경우에도 매개라고 할 수 없다.

2) 간 음

'간음'이란 의사의 합치에 의한 성교행위를 말한다. 실제로 간음이 이루어져야 본죄의 기수
가 되며, 간음을 매개하였으나 응하지 않았거나 간음을 결의시켰으나 실행에 이르지 않은 경우
에는 미수가 되어 불가벌에 해당한다. 간음행위자가 재산적 대가를 취득하지 못한다고 할지라
도 매개자에게 영리의 목적이 있으면 본죄가 성립한다. 한편 간음 이외에 추행이나 유사성교행
위만으로는 본죄에 해당하지 아니한다. 참고로 유사성교행위에 대한 알선은 성매매처벌법과 청
소년성보호법에서 의율하고 있다.

(4) 주관적 구성요건

본죄가 성립하기 위해서는 고의 이외에 영리의 목적이 있어야 한다(진정목적범). '영리의 목
적'이란 재물 또는 재산상의 이익을 취득할 목적을 말한다. 현실적인 재산상의 이익의 취득 여
부는 본죄의 성립에 영향을 미치지 아니한다.

Ⅱ. 음란물반포·판매·임대·전시·상영죄

> 제243조(음화반포등) 음란한 문서, 도화, 필름 기타 물건을 반포, 판매 또는 임대하거나 공연히 전시 또는
> 상영한 자는 1년 이하의 징역 또는 500만원 이하의 벌금에 처한다.

1. 의의 및 보호법익

음란물반포·판매·임대·전시·상영죄는 음란한 문서·도화·필름 기타 물건을 반포·판매

---

[1] 대법원 1955. 7. 8. 선고 4288형상37 판결(형법 제242조 소정 미성년자에 대한 음행매개죄의 성립에는 그 미성년
자가 음행의 상습이 있거나 그 음행에 자진 동의한 사실은 하등 영향을 미치는 것이 아니다).

또는 임대하거나 공연히 전시 또는 상영함으로써 성립하는 범죄이다. 1995. 12. 29. 형법 개정을 통하여 행위의 객체에 '필름'을, 행위의 방법으로 '상영'을 추가하였다. 법적 성격과 관련하여, 반포·판매·임대행위는 즉시범이고, 공연전시·상영행위는 계속범이다. 본죄의 보호법익은 선량한 성풍속 내지 성도덕이고, 보호의 정도는 추상적 위험범이다.

2. 구성요건

(1) 객 체

1) '음란한' 문서·도화·필름 기타 물건

① 음란성의 개념

음란이라는 개념은 사회와 시대적 변화에 따라 변동하는 상대적인 것이고, 그 시대에 있어서 사회의 풍속·윤리·종교 등과도 밀접한 관계를 가지는 추상적인 것이다.[1] 구체적인 판단에 있어서는 사회통념상 일반 보통인[2]의 정서를 그 판단의 기준으로 삼을 수밖에 없다고 할지라도 이는 일정한 가치판단에 기초하여 정립할 수 있는 규범적인 개념이므로, 음란이라는 개념을 정립하는 것은 물론 구체적인 표현물의 음란성 여부도 종국적으로는 법원이 이를 판단하여야 한다.[3]

형사법이 도덕이나 윤리 문제에 함부로 관여하는 것은 바람직하지 않고, 특히 개인의 사생활 영역에 속하는 내밀한 성적 문제에 개입하는 것은 필요 최소한의 범위 내로 제한함으로써 개인의 성적 자기결정권 또는 행복추구권이 부당하게 제한되지 않도록 해야 한다는 점, 개인의 다양한 개성과 독창적인 가치 실현을 존중하는 오늘날 우리 사회에서의 음란물에 대한 규제 필요성은 사회의 성윤리나 성도덕의 보호라는 측면을 넘어서 미성년자 보호 또는 성인의 원하지 않는 음란물에 접하지 않을 자유의 측면을 더욱 중점적으로 고려하여야 한다는 점 등에 비추어 볼 때, '음란'이란 사회통념상 일반 보통인의 성욕을 자극하여 성적 흥분을 유발하고 정상적인 성적 수치심을 해하여 성적 도의관념에 반하는 것으로서, 표현물을 전체적으로 관찰·평가해 볼 때 단순히 저속하다거나 문란한 느낌을 준다는 정도를 넘어서서 존중·보호되어야 할 인격을 갖춘 존재인 사람의 존엄성과 가치를 심각하게 훼손·왜곡하였다고 평가할 수 있을 정도로, 노골적인 방법에 의하여 성적 부위나 행위를 적나라하게 표현 또는 묘사한 것으로서, 사회통념에 비추어 전적으로 또는 지배적으로 성적 흥미에만 호소하고 하등의 문학적·예술적·사상적·과학적·의학적·교육적 가치를 지니지 아니하는 것을 말한다.[4] 표현물의 음란 여부를 판단함에 있어서는 표현물 제작자의 주관적 의도가 아니라 그 사회의 평균인의 입장에서 그 시대의 건전한 사회통념에 따라 객관적이고 규범적으로 평가하여야 한다.[5]

---

1) 대법원 1995. 2. 10. 선고 94도2266 판결.
2) 예를 들면 영문서적의 음란성 여부를 판단함에 있어서는 영어를 독해할 수 있는 평균인을 그 기준으로 삼아야 한다는 의미이다.
3) 대법원 1995. 2. 10. 선고 94도2266 판결.
4) 대법원 2014. 6. 12. 선고 2013도6345 판결; 대법원 2012. 10. 25. 선고 2011도16580 판결.

헌법재판소에 의하면 '음란'이란 인간존엄 내지 인간성을 왜곡하는 노골적이고 적나라한 성표현으로서 오로지 성적 흥미에만 호소할 뿐 전체적으로 보아 하등의 문학적·예술적·과학적 또는 정치적 가치를 지니지 않은 것으로서, 사회의 건전한 성도덕을 크게 해칠 뿐만 아니라 사상의 경쟁메커니즘에 의해서도 그 해악이 해소되기 어려워 언론·출판의 자유에 의한 보장을 받지 않는 반면, '저속'은 이러한 정도에 이르지 않는 성표현 등을 의미하는 것으로서 헌법적인 보호영역 안에 있다고 한다. 즉 음란은 헌법상 보호되지 않는 성적 표현을 가리키는 것이다. 그러나 음란의 개념과는 달리 저속의 개념은 그 적용범위가 매우 광범위할 뿐만 아니라 법관의 보충적인 해석에 의한다고 하더라도 그 의미내용을 확정하기 어려울 정도로 매우 추상적이어서 명확성의 원칙에 반한다.[1] '저속'이란 그 외설성이 음란에는 달하지 않는 성적 표현뿐만 아니라 폭력적이고 잔인한 표현 및 욕설 등 상스럽고 천한 내용 등의 표현을 가리키는 것이라고 파악할 수 있다.

한편 「청소년 보호법」 제9조 제1항 제1호에 의하면 '청소년에게 성적인 욕구를 자극하는 선정적인 것이거나 음란한 것'을 청소년유해매체물[2]의 하나로 규정하고 있는데, 이는 청소년유해매체물의 범위가 음란물의 범위보다 훨씬 더 넓다는 점을 알 수 있다. 즉 음란한 유해매체물은 형사처벌의 대상이 되지만, 선정적인 유해매체물은 단지 행정상의 제재대상에 불과할 뿐이다.

② 음란성의 구체적 내용

'음란'이란 사회통념상 일반 보통인의 성욕을 자극하여 성적 흥분을 유발하고 정상적인 성적 수치심을 해하여 성적 도의관념에 반하는 것을 말한다.[3] 이에 따라 특정 표현물을 형사처벌의 대상이 될 음란표현물이라고 하기 위하여는 당해 표현물의 성에 관한 노골적이고 상세한 묘사·서술의 정도와 그 수법, 묘사·서술이 그 표현물 전체에서 차지하는 비중, 거기에 표현된 사상 등과 묘사·서술의 관련성, 표현물의 구성이나 전개 또는 예술성·사상성 등에 의한 성적 자극의 완화 정도, 이들의 관점으로부터 당해 표현물을 전체로서 보았을 때 주로 그 표현물을 보

---

5) 대법원 2019. 1. 10. 선고 2016도8783 판결(피고인 甲 주식회사의 대표이사 피고인 乙과 운영·관리자 피고인 丙, 丁이 공모하여, 甲 회사 사무실에서 대량문자메시지 발송사이트를 이용하여 불특정 다수의 휴대전화에 여성의 성기, 자위행위, 불특정 다수와의 성매매를 포함한 성행위 등을 저속하고 노골적으로 표현 또는 묘사하거나 이를 암시하는 문언이 기재된 31,342건의 문자메시지를 전송함으로써 정보통신망을 통하여 음란한 문언을 배포하였다); 대법원 2008. 3. 13. 선고 2006도3558 판결(영화나 비디오물 등에 관한 영상물등급위원회의 등급분류는 관람자의 연령을 고려하여 영화나 비디오물 등의 시청등급을 분류하는 것일 뿐 그 음란성 여부에 대하여 심사하여 판단하는 것이 아니므로, 법원이 영화나 비디오물 등의 음란성 여부를 판단하는 과정에서 영상물등급위원회의 등급분류를 참작사유로 삼을 수는 있겠지만, 영상물등급위원회에서 18세 관람가로 등급분류 하였다는 사정만으로 그 영화나 비디오물 등의 음란성이 당연히 부정된다거나 영상물등급위원회의 판단에 법원이 기속된다고 볼 수는 없다).

1) 헌법재판소 1998. 4. 30. 선고 95헌가16 결정.

2) 청소년유해매체물에 대하여 보다 자세한 논의로는 박찬걸, "청소년유해매체물의 결정 및 유통 규제에 대한 검토 ─2012. 9. 16. 시행된 개정 청소년보호법을 중심으로─", 소년보호연구 제20호, 한국소년정책학회, 2012. 10, 117면 이하 참조.

3) 대법원 2008. 6. 12. 선고 2007도3815 판결; 대법원 2006. 4. 28. 선고 2003도4128 판결.

는 사람들의 호색적 흥미를 돋우느냐의 여부 등 여러 점을 고려하여야 한다. 특히 풍속영업을 영위하는 장소에서 이루어진 행위가 형사처벌의 대상이 되는 '음란행위'에 해당하는지 여부는 당해 풍속영업의 종류, 허가받은 영업의 형태, 이용자의 연령 제한이나 장소의 공개 여부, 신체 노출로 인한 음란행위에서는 그 시간과 장소, 노출 부위와 방법 및 정도, 그 동기와 경위 등을 종합적으로 고려하여, 그것이 단순히 일반인에게 부끄러운 느낌이나 불쾌감을 준다는 정도를 넘어서서 사회적으로 유해한 영향을 끼칠 위험성이 있다고 평가할 수 있을 정도로 노골적인 방법에 의하여 성적 부위를 노출하거나 성적 행위를 표현한 것으로서, 사회 평균인의 입장에서 성욕을 자극하여 성적 흥분을 유발하고 정상적인 성적 수치심을 해하였다고 평가될 수 있는지를 기준으로 판단하여야 한다.[1]

③ 예술성과 음란성의 경계

학문의 자유 및 예술의 자유와 선량한 성풍속의 보호라는 두 법익이 충돌하는 영역의 문제로서 주로 학술성이나 예술성을 지닌 학술문헌이나 예술작품이 음란성을 지닐 수 있는지 여부와 관련하여, ① 학문성과 예술성은 기존의 관념을 부인·파괴하면서 발전하는 것이기 때문에 기성사회의 음란개념으로서 학문과 예술의 자유를 제한해서는 안 된다는 점을 논거로 하여, 실질적 학문·예술의 개념에 입각하여 학문성이나 예술성을 지닌 작품들은 음란성을 지닐 수 없다는 소극설[2], ② 학문과 예술의 무제한적인 자유는 보장되지 않는다는 점을 논거로 하여, 학문성이나 예술성을 지닌 작품이라고 할지라도 경우에 따라 음란성을 지닐 수 있다는 적극설[3] 등의 대립이 있다.

이에 대하여 판례는 「예술성과 음란성은 차원을 달리하는 관념이고 어느 예술작품에 예술성이 있다고 하여 그 작품의 음란성이 당연히 부정되는 것은 아니라고 할 것이며, 다만 그 작품의 예술적 가치, 주제와 성적 표현의 관련성 정도 등에 따라서는 그 음란성이 완화되어 결국은

---

1) 대법원 2011. 9. 8. 선고 2010도10171 판결(나이트댄서사건)(나이트클럽의 조명도와 공연내용 등에 비추어 보면 공연을 관람하는 대부분의 손님들은 모조 성기가 아니라 실제 성기라고 인식할 수밖에 없었을 것으로 보이는 점, 피고인 2의 공연은 성행위와 유사한 동작을 연출하거나 실제 성기로 오인될 수 있는 모조 성기를 노출함으로써 관객들의 색정적 흥미에 호소하는 목적을 가지고 있을 뿐 그 밖에 다른 예술적, 문화적 가치는 전혀 없는 것으로 보이는 점 등을 더하여 보면, 피고인 2의 이 사건 공연은 음란행위에 해당한다); 대법원 2009. 2. 26. 선고 2006도3119 판결(유흥주점접대부사건)(공소외 1이 스스로 손님으로 하여금 가슴을 만지도록 한 것이 아니라 손님이 공소외 1의 상의를 벗긴 후 브래지어 속으로 손을 넣으려고만 하였던 사실을 알 수 있는바, 이 사건 업소가 유흥주점영업 허가를 받은 곳이어서 여자 접대부로 하여금 손님과 함께 술을 마시거나 노래 또는 춤으로 손님의 유흥을 돋우게 하는 것이 허용되어 있고, 유흥주점에는 청소년의 출입이나 고용이 금지되어 있는 사정까지 함께 참작하여, 이 사건 음란 여부를 앞서 본 법리에 비추어 전체적으로 관찰·평가해 보면, 공소외 1 등의 행위와 노출 정도가 다른 일반인에게 부끄러운 느낌이나 불쾌감을 주는 것은 사실이라 할지라도 이를 넘어서서 형사법상 규제의 대상으로 삼을 만큼, 사회적으로 유해한 영향을 끼칠 위험성이 있다고 평가할 수 있을 정도로 노골적인 방법에 의하여 성적 부위를 노출하거나 성적 행위를 표현한 것이라고 단정하기에는 부족하다).
2) 배종대, 636면; 임 웅, 843면.
3) 김선복, 586면; 김성천/김형준, 745면; 김신규, 761면; 김일수/서보학, 506면; 김혜정 외 4인, 645면; 손동권/김재윤, 711면; 신동운, 486면; 오영근, 629면; 이영란, 695면; 이재상/장영민/강동범, 649면; 이정원/류석준, 515면; 이형국/김혜경, 722면; 정성근/정준섭, 476면; 정영일, 378면.

처벌대상으로 삼을 수 없게 되는 경우가 있을 뿐이다.」라고 판시[1]하여, 적극설의 입장을 취하고 있다. 즉 학술문헌이나 예술작품도 표현의 주제나 표현의 방식에 따라 음란성을 지닐 수도 있다는 것이다.

생각건대 학술문헌이나 예술작품에 대해 음란성의 척도를 적용하는 것 자체가 이에 대한 모독이라고 볼 여지도 있다. 그러나 학술문헌이나 예술작품이라도 그 정도가 낮은 학문성이나 예술성을 가진 작품들은 음란성을 지닐 수 있다고 해야 한다. 특히 현실에서는 법원이 명시적으로 음란물이라고 판시하는 것에 대해서도 학문성이나 예술성을 주장하는 경우가 많으므로 이에 대한 심사는 불가피하다. 이와 같은 취지에서 성표현물의 전체적인 관점에서는 음란하지 않지만, 그 표현물 중 일부를 분리하여 별도로 제작하는 경우에는 음란할 수 있다는 점에서 상대적 음란개념[2]은 긍정되어야 한다.[3] 음란개념은 전체적 관점에서 파악해야 하는데, 이는 전체적 관점에서는 음란이라고 할 수 없더라도 부분적인 관점에서는 음란이 될 수 있다는 것을 의미한다. 따라서 부분적인 관점에서는 음란이라고 인정되는 것들만을 편집하여 제작하는 경우

---

[1] 대법원 2005. 7. 22. 선고 2003도2911 판결(미술교사음란사건)(미술교사가 자신의 인터넷 홈페이지에 게시한 자신의 미술작품, 사진 및 동영상의 일부에 대하여 음란성이 인정된다).

[2] '상대적 음란개념'이란 성표현의 위치·장소·상황 등에 따라 음란성의 여부가 달라질 수 있다는 입장을 말한다.

[3] 대법원 2008. 6. 12. 선고 2008도76 판결(성인동영상물광고사건)(피고인이 이 사건 각 사이트의 초기화면에 게재한 성인 동영상물에 대한 광고용 선전문구 및 영상은 이 사건 각 사이트에서 유료회원에게 실제 제공하고 있는 영상물등급심의위원회 등급분류 심의를 거친 영상물의 선전문구나 영상에서 발췌한 그대로의 것으로서, 그 자체로도 상당한 정도의 성적 흥분 내지 수치심을 초래하는 것이기는 하지만, 남녀의 성기가 직접적·노골적으로 노출되지는 아니한 점에 있어서 그와 달리 남녀 성기 등이 노출된 영상을 초기화면에서부터 광고하는 성인사이트와는 분명한 차이가 있고, 이 사건 각 사이트의 경우 인터넷의 포털 사이트를 통한 두 차례의 성인인증절차를 거쳐 등록된 상호 및 사업자등록번호 등이 표기된 화면에 접속하여 회원으로 가입하도록 되어 있는 이상, 위 광고내용이 상당히 저속하고 문란한 느낌을 주는 것은 분명하다 하더라도 이를 넘어서 형사법상 규제의 대상으로 삼을 만큼 사람의 존엄성과 가치를 심각하게 훼손·왜곡하고, 사회적으로 유해한 것으로까지 평가할 수 있을 정도로 성적 부위나 행위를 노골적이고 적나라하게 표현 또는 묘사한 것이라고 단정하기에는 부족한 것으로 보아야 할 것이다); 대법원 2008. 3. 13. 선고 2006도3558 판결(에로비디오동영상사건)(이 사건 동영상들은 영상물등급위원회로부터 18세 관람가로 등급 분류를 받은 비디오물을 편집·변경함이 없이 그대로 옮겨 제작한 동영상들로서, 주로 남녀 간의 성교나 여성의 자위 장면 또는 여성에 대한 애무 장면 등을 묘사한 것이기는 하지만, 남녀 성기나 음모의 직접적인 노출은 없고 여성의 가슴을 애무하거나 팬티 안이나 팬티 위로 성기를 자극하는 장면을 가까이에서 촬영한 것을 보여주는 것이 대부분이라는 것인바 …); 대법원 1990. 10. 16. 선고 90도1485 판결(영화사방지사건)(공연윤리위원회(영상물등급판정위원회)의 심의를 마친 영화작품이라 하더라도 이것을 관람객의 범위가 제한된 영화관에서 상영하는 것이 아니고 관람객을 유치하기 위하여 영화장면의 일부를 포스타나 스틸사진 등으로 제작하였고, 제작된 포스타 등 도화가 그 영화의 예술적 측면이 아닌 선정적 측면을 특히 강조하여 그 표현이 과도하게 성욕을 자극시키고 일반인의 정상적인 성적 정서를 해치는 것이어서 건전한 성풍속이나 성도덕 관념에 반하는 것이라면 그 포스타 등 광고물은 음화에 해당한다); 대법원 1970. 10. 30. 선고 70도1879 판결(나신의마야사건)(침대위에 비스듬이 위를 보고 누워있는 본건 천연색 여자 나체화 카드 사진이 비록 명화집에 실려 있는 그림이라 하여도 이것을 예술, 문학, 교육 등 공공의 이익을 위해서 이용하는 것이 아니고, 성냥갑 속에 넣어서 판매할 목적으로 그 카드 사진을 복사 제조하거나 시중에 판매하였다고 하면 이는 그 명화를 모독하여 음화화시켰다고 할 것이므로, 이러한 견지에서 이를 음화라고 본 원심판단은 정당하고, 피고인들은 본건 그림의 음란성을 인식하지 못하였다 하여도 그 음란성의 유무는 그 그림 자체로서 객관적으로 판단해야 할 것이고, 그 제조자나 판매자의 주관적인 의사에 따라 좌우되는 것은 아니라 할 것이며, 그 음화의 제조 내지 판매죄의 범의성립에 있어서도 그러한 그림이 존재한다는 것과 이를 제조나 판매하고 있다는 것을 인식하고 있으면 되고, 그 이상 더 나가서 그 그림이 음란한 것인가 아닌가를 인식할 필요는 없다).

에는 음란하다고 할 수 있다.

2) 문서·도화·필름 기타 물건

대법원은 소설 '내게 거짓말을 해봐'[1], 소설 '즐거운 사라'[2], 소설 '아미티스타'[3], 인터넷야설[4] 등은 음란한 문서라고 판단하였지만, 소설 '반노'[5]는 음란하지 않다고 판단하였다. 또한 '오렌지걸' 화보집[6], '교복 입은 여고생' 화보집[7] 등은 음란한 도화라고 판단하였지만, '이브의 초상' 화보집[8]은 음란하지 않다고 판단하였다.

'필름'이란 사진이나 영화를 재생될 수 있도록 제작된 물건을 말한다. 예를 들면 카메라필름·비디오테이프·영화필름·마이크로필름 등이 이에 해당한다. '기타 물건'이란 성적 행위를 표현하는 녹음테이프·조각품·음반·CD·USB·남성용 자위기구인 모조여성성기 '체이시'[9] 등을

1) 대법원 2000. 10. 27. 선고 98도679 판결(내게거짓말을해봐사건)(소설 '내게 거짓말을 해봐'는 38세의 유부남인 작가 '제이'가 서울과 여러 도시들을 다니며 18세의 여고생 '와이'와 벌이는 괴벽스럽고 변태적인 섹스행각의 묘사가 대부분을 차지하고 있는 점(이 사건 소설책의 맨 뒤에 있는 작품해설에 의하더라도 이러한 부분이 3/4이라고 한다), 주인공인 '제이'는 여러 여자를 성적으로 탐닉하는 유부남이며, '와이'는 성 경험이 전혀 없는 상태에서 한달 여 동안 '제이'와 이른바 폰섹스를 하고 '제이'와 함께 괴벽스러운 섹스행각을 벌이면서도 이를 자연스럽게 받아들일 뿐만 아니라 이를 행복이라고 생각하는 점, 주인공 외에 위 소설에 등장하는 인물들도 학생을 성의 대상으로 보는 미술선생 및 교수, 동성에 대한 연애의 감정을 가지고 있는 듯한 여학생 등 성적으로 왜곡된 인물들인 점, '제이'가 '와이' 등과 하는 성애의 장면이 폰섹스, 구강성교, 항문성교, 가학 및 피학적인 성행위, 1남 2녀간의 섹스 등 매우 다양할 뿐만 아니라 그 묘사방법도 노골적이고도 아주 구체적인 점, 그러한 묘사부분이 양적으로나 질적으로 이 사건 소설의 중추를 차지하고 있는 점을 알 수 있다).
2) 대법원 1995. 6. 16. 선고 94도2413 판결(즐거운사라사건).
3) 대법원 1997. 12. 26. 선고 97누11287 판결(아미티스타사건).
4) 대법원 2008. 6. 12. 선고 2007도3815 판결(야설사건)(피고인들이 이른바 야설의 음란 여부에 대하여 한국간행물윤리위원회의 성인소설 심의기준에 따라 자체적으로 심사를 하고, 에스케이텔레콤 또는 엘지텔레콤의 검수를 받았으며, 이용자들에게 서비스를 제공함에 있어 성인인증절차를 거치도록 함으로써 청소년의 접근을 막기 위한 조치를 취하였다는 등의 사정이 있다고 하더라도, 그러한 사정으로 인하여 이 사건 이른바 야설의 음란성 여부에 대한 판단이 달라져야 한다거나 피고인들의 행위가 정당화되는 것은 아니라고 할 것이다).
5) 대법원 1975. 12. 9. 선고 74도976 판결(소설반노사건).
6) 대법원 1997. 8. 22. 선고 97도937 판결(오렌지걸사건)(비키니 수영복 차림으로 서서 한쪽 손을 팬티 속에 넣어 국부를 만지는 모습의 사진, 음모의 일부가 보이는 전라의 상태로 침대 위에 눈을 감고 누워있는 모습의 사진, 수영복 차림 또는 속이 비치는 잠옷과 끈 형태의 팬티 차림으로 침대 또는 방바닥에서 무릎을 꿇고 엎드려 있는 모습을 뒤쪽에서 촬영하여 엉덩이와 국부 부위를 유난히 강조한 사진, 전라로 엎드린 자세에서 다리를 벌리고 엉덩이를 치켜 세워 얇은 천으로 국부 주변을 가리고 있는 모습을 뒤쪽에서 촬영하여 역시 천으로 가려져 있는 국부 부위를 강조한 사진, 여자가 사무실에서 성적 감정에 도취된 표정으로 자신의 유방이나 국부를 만지면서 옷을 하나씩 벗어 나가다가 전라로 되어 책상 위에 누워 국부 위에 종이를 대고 눈을 감고서 손으로 국부를 만지는 모습의 일련의 사진들이 있다).
7) 대법원 2002. 8. 23. 선고 2002도2889 판결(교복입은여고생사건)(피고인이 제작한 도화는 교복을 입은 여고생이 성인 남자의 성기를 빨고 있는 모습, 교복을 입은 여고생이 팬티를 벗어 음부와 음모를 노출시킨 모습 등을 극히 사실적으로 묘사하고 있는 것들이고, 이 사건 문서 역시 그 표지 안쪽에 청소년 성매매를 옹호하는 듯한 문구를 기재하고 위 그림들을 그대로 수록한 것으로서 음란한 도화 및 문서에 해당한다).
8) 대법원 1995. 6. 29. 선고 94누2558 판결(이브의초상사건)(이 사건 화보집('소외인 이브의 초상')은 배우인 연예인 소외인을 대중에 홍보하기 위하여 발간된 것으로서, 그 내용을 보면 88면 정도에 달하는 소외인을 모델로 한 옥내외에서의 사진으로 구성되어 있는데 그 중 전라인 것(음부가 보이는 것은 없다), 반라로서 유두가 보이는 것, 속옷차림으로서 유두가 보이는 것만을 추려내면 20면 정도가 되고, 전체적으로 보아 일부 선정적인 자세를 한 것들이 있어 보인다. 위와 같은 정도의 내용을 담고 있는 이 사건 화보집이 예술성이 있거나 격조 높은 것은 아니라 하더라도 이를 음란한 것이라거나 저속한 것이라고 단정하기는 어렵다).

말한다. 그러나 여성용 자위기구인 돌출콘돔[1], 남자의 성기를 확대하는데 쓰려고 만든 도구인 해면체비대기[2], 남성용 자위기구인 '조잡한 인형'[3], 섹스링[4] 등은 음란한 물건에 해당하지 아니한다.

한편 음란한 영상이 수록된 컴퓨터프로그램파일은 본죄의 객체가 될 수 없다.[5] 하지만 보편적으로 음란물은 그 시대의 가장 발달한 매체를 이용하여 확산되고 있고, 그 결과 항상 많은 고객층을 확보하여 왔다. 인터넷이 보편화되면서 이를 통한 음란한 정보들이 홍수를 이루게 되자, 이에 대한 형법의 흠결을 보완하기 위하여 정보통신망법에서는, 누구든지 정보통신망을 통하여 음란한 부호·문언·음향·화상[6] 또는 영상을 배포·판매·임대하거나 공공연하게 전시[7]하

---

9) 대법원 2003. 5. 16. 선고 2003도988 판결(남성용자위기구사건)(이 사건 기구와 같은 남성용 자위기구가 그 시대적 수요가 있고 어느 정도의 순기능을 하고 있으며 은밀히 판매되고 사용되는 속성을 가진 것은 사실이나, 이 사건 기구는 사람의 피부에 가까운 느낌을 주는 실리콘을 재질로 사용하여 여성의 음부, 항문, 음모, 허벅지 부위를 실제와 거의 동일한 모습으로 재현하는 한편, 음부 부위는 붉은 색으로, 음모 부위는 검은 색으로 채색하는 등 그 형상 및 색상 등에 있어서 여성의 외음부를 그대로 옮겨놓은 것이나 진배없는 것으로서, 여성 성기를 지나치게 노골적으로 표현함으로써 사회통념상 그것을 보는 것 자체만으로도 성욕을 자극하거나 흥분시킬 수 있고 일반인의 정상적인 성적 수치심을 해치고 선량한 성적 도의관념에 반한다고 하지 않을 수 없다).

1) 대법원 2000. 10. 13. 선고 2000도3346 판결(여성용자위기구사건).

2) 대법원 1978. 11. 14. 선고 78도2327 판결(해면체비대기사건)(해면체비대기는 일부에 음경을 넣게는 되어있으나 원통으로 되어 있어 음경을 연상하게 함도 없고, 그 전체에서 성에 관련된 어떤 뜻이 나온다고도 인정될 수 없으니, 그 기구 자체가 성욕을 자극, 흥분 혹은 만족시키게 하는 음란물건이라고 할 수 없다).

3) 대법원 2014. 7. 24. 선고 2013도9228 판결(이 사건 물건은 남성용 자위기구로서 그 일부는 성인 여성의 엉덩이 윗부분을 본 떠 실제 크기에 가깝게 만들어졌고 그 재료로는 사람의 피부에 가까운 느낌을 주는 색깔의 실리콘을 사용함으로써 여성의 신체 부분을 실제와 비슷하게 재현하고 있기는 하나, 부분별 크기와 그 비율 및 채색 등에 비추어 그 전체적인 모습은 실제 사람 형상이라기보다는 조잡한 인형에 가까워 보이는 점, 이 사건 물건 가운데 여성의 성기를 형상화한 부분에 별도로 선홍색으로 채색한 것이 있으나, 그 모양과 색상 등 전체적인 형상에 비추어 여성의 외음부와 지나치게 흡사하도록 노골적인 모양으로 만들어졌다고 할 수 없고, 오히려 여성의 성기를 사실 그대로 표현하였다고 하기에는 크게 부족해 보이는 점 등을 종합하여 보면, 이 사건 물건이 사회통념상 일반 보통인의 성욕을 자극하여 성적 흥분을 유발하고 정상적인 성적 수치심을 해하여 성적 도의관념에 반하는 것이라고 보기 어렵다); 대법원 2014. 6. 12. 선고 2013도6345 판결(이 사건 물건은 사람의 피부에 가까운 느낌을 주는 실리콘을 소재로 하여 여성의 음부, 항문, 엉덩이 부위를 재현하였다고는 하나, 여성 성기의 일부 특징만을 정교하지 아니한 형상으로 간략하게 표현한 것에 불과하고 그 색상 또한 사람의 실제 피부색과는 차이가 있는 점 등을 알 수 있다); 대법원 2014. 5. 29. 선고 2013도15643 판결; 대법원 2014. 5. 29. 선고 2014도3312 판결.

4) 대법원 1987. 12. 22. 선고 87도2331 판결.

5) 대법원 1999. 2. 24. 선고 98도3140 판결.

6) 대법원 2008. 4. 11. 선고 2008도254 판결(인터넷폰팅광고사건)(피고인이 자신이 운영하는 인터넷 폰팅광고 및 연예인 누드광고 사이트에 게시한 것은 주로 전라의 여성 및 여성의 치마 속 등을 촬영한 사진이나 남녀의 성행위 장면을 묘사한 만화 등인데, 그 중 사진은 주로 전라 또는 반라의 여성이 혼자 포즈를 취하고 있는 것으로서 그 자체만으로 남녀 간의 성행위를 연상하게 하는 것도 아니고, 남녀 간의 성행위를 묘사하고 있는 만화 역시 남성이 여성의 가슴을 뒤에서 만지거나 앞에서 애무하는 장면을 그 상반신만 표현한 것으로서, 어느 것이나 남녀의 성기나 음모의 직접적인 노출은 전혀 없는 것임을 알 수 있다).

7) 대법원 2019. 7. 25. 선고 2019도5283 판결(토렌토파일사건)(음란물 영상의 토렌트 파일은 그 음란물 영상을 P2P 방식의 파일 공유 프로토콜인 토렌트를 통해 공유하기 위해 토렌트 클라이언트 프로그램(이하 '토렌트 프로그램'이라 한다)을 사용하여 생성된 파일이다. 음란물 영상의 토렌트 파일은 음란물 영상의 이름·크기·고유의 해쉬값 등의 메타데이터를 담고 있는 파일이고, 그 메타데이터는 수많은 토렌트 이용자들로부터 토렌트를 통해 전송받을 해당 음란물 영상을 찾아내는 색인(index)과 같은 역할을 한다. 그 토렌트 파일을 취득하여 토렌트 프로그램에서 실행하면 자동으로 다른 토렌트 이용자들로부터 그 토렌트 파일이 가리키는 해당 음란물 영상을 전송받을 수 있다. 이처럼 음란물 영상의 토렌트 파일은 음란물 영상을 공유하기 위해 생성된 정보이자 토렌트를 통해 공유

는 내용의 정보를 유통하여서는 아니 되는데(동법 제44조의7 제1항 제1호), 만약 이를 위반한 경우에는 1년 이하의 징역 또는 1천만원 이하의 벌금에 처하고 있다(동법 제74조 제1항 제2호).

(2) 행 위

1) 반포 · 판매 · 임대

'반포'란 불특정 또는 다수인에게 무상으로 교부하는 것을 말한다. 그러므로 특정인의 의뢰를 받고 음란사진을 복제하여 그 의뢰자에게 교부한 경우에는 반포에 해당하지 아니한다. 하지만 특정인에게 교부하더라도 이 특정인을 거쳐 불특정 또는 다수인에게 교부될 것을 예견한 경우에는 반포에 해당한다. 또한 반포는 현실로 인도되어야 하므로 우송하였으나 아직 도달하지 않으면 반포에 해당하지 아니한다. 반드시 자기가 반포할 것을 요하지 않고 제3자에게 반포하도록 하여도 무방하다. '판매'란 유상으로 양도하는 것을 말한다. 일회적이든 계속적이든 불문하며, 특정 · 소수인을 대상으로 하든 불특정 · 다수인을 대상으로 하든 불문한다. 판매는 매매계약만으로는 부족하고 현실의 인도가 있어야 한다. '임대'란 유상으로 대여하는 것을 말한다. 유상으로 대여하면 족하고 영업으로 하거나 계속적으로 하거나 불특정 또는 다수인을 대상으로 할 필요가 없다.

2) 공연전시 · 공연상영

'공연전시'란 불특정 또는 다수인이 실제로 음란물을 인식할 수 있는 상태에 두는 것을 말한다.[1] 반드시 동시에 다수인에게 보일 필요는 없으며, 순차적으로 관람하게 하여도 무방하다. 유상 · 무상을 불문하며, 인식가능한 상태에 두면 되고 반드시 현실적으로 인식할 필요는 없다. 특정소수인에게 전시하는 것은 공연성이 없으므로 본죄에 해당하지 아니한다.[2]

'공연상영'이란 불특정 또는 다수인이 관람할 수 있도록 영상자료를 화면에 비추어 보이는 것을 말한다. 또한 반드시 음란한 장면이 상영될 것을 요하지 아니한다. 음란비디오를 상영하기 시작한 때에 기수가 되고, 음란한 장면이 실제로 상영되어야 기수가 되는 것은 아니다. 특정

대상인 해당 음란물 영상을 전송받는 데에 필요한 정보이다. 위와 같이 P2P 방식의 파일 공유 프로토콜인 토렌트에서 토렌트 파일이 수행하는 역할과 기능, 음란물 영상을 공유하기 위해 그 토렌트 파일을 웹사이트 등에 게시하는 행위자의 의도 등을 종합하면, 음란물 영상을 공유하기 위해 생성된 정보이자 토렌트를 통해 그 음란물 영상을 전송받는 데에 필요한 정보인 해당 음란물 영상의 토렌트 파일은, 정보통신망법 제44조의7 제1항 제1호에서 정보통신망을 통한 유통을 금지한 '음란한 영상을 배포하거나 공공연하게 전시하는 내용의 정보'에 해당한다); 대법원 2008. 2. 1. 선고 2007도8286 판결(성인PC방사건).

1) 대법원 2009. 5. 14. 선고 2008도10914 판결(스와핑카페사건)(피고인이 인터넷사이트에서 집단 성행위(일명 '스와핑') 목적의 카페를 개설, 운영하면서 남녀 회원을 모집한 후 특별모임을 빙자하여 집단으로 성행위를 하고 그 촬영물이나 사진 등을 카페에 게시함으로써 정보통신망을 통하여 음란한 화상 등을 공연히 전시하였다고 하는 이 사건 공소사실에 대하여, 피고인의 주장처럼 위 카페가 회원제로 운영되는 등 제한적이고 회원들 상호간에 위 음란물을 게시, 공유하여 온 사정이 있다 하여도 위 카페의 회원수 등에 비추어 피고인은 정보통신망을 이용하여 음란물을 다수인이 인식할 수 있는 상태로 전시한 사실이 인정된다); 대법원 2003. 7. 8. 선고 2001도1335 판결.

2) 대법원 1973. 8. 21. 선고 73도409 판결(친구둘야동사건)(특정된 소수인만이 볼 수 있는 상태에 두는 것은 이에 해당되지 않는다. 그러므로 피고인이 1971. 9. 30. 00:30 공소외인의 방안에서 친구 두 사람이 보는 앞에서 영사기로 도색영화필름을 상영한 행위를 형법 제243조 소정의 공연 진열에 해당되지 않는다).

소수인에게 상영하는 것은 공연성이 없으므로 본죄에 해당하지 아니한다.

(3) 주관적 구성요건

본죄가 성립하기 위해서는 음란한 문서·도화·필름 기타 물건을 반포·판매·임대·공연전시·공연상영 등을 한다는 사실에 대한 고의가 있어야 한다. 음란은 규범적 구성요건요소이므로 문외한으로서의 소박한 인식이 있으면 족하고, 음란의 정확한 법적 개념까지 알고 있을 필요는 없다. 이러한 음란성에 대한 인식이 없는 경우에는 과실범이 되어 무죄가 된다.

이러한 고의 이외에 행위자에게 초과주관적 요소로서의 내적 경향이 요구되는지가 문제된다. 이에 대하여 음란성에 대한 인식 이외에 행위자의 내심적 경향을 별도의 주관적 요소로 요구하지 않으면 객관적으로 음란성이 인정되기만 하면 다른 목적으로 이루어지는 많은 영역의 진보가 이루어질 수 없다는 이유로 본죄를 경향범으로 파악하는 견해[1]가 있지만, 부정하는 것이 타당하다.

3. 위법성조각사유

음란물이 그 자체로는 하등의 문학적·예술적·사상적·과학적·의학적·교육적 가치를 지니지 아니하더라도, 음란성에 관한 논의의 특수한 성격 때문에, 그에 관한 논의의 형성·발전을 위해 문학적·예술적·사상적·과학적·의학적·교육적 표현 등과 결합되는 경우가 있다. 이러한 경우 음란 표현의 해악이 이와 결합된 위와 같은 표현 등을 통해 상당한 방법으로 해소되거나 다양한 의견과 사상의 경쟁메커니즘에 의해 해소될 수 있는 정도라는 등의 특별한 사정이 있다면, 이러한 결합 표현물에 의한 표현행위는 공중도덕이나 사회윤리를 훼손하는 것이 아니어서, 형법 제20조에 정하여진 '사회상규에 위배되지 아니하는 행위'에 해당된다.[2]

4. 공 범

본죄는 필요적 공범 가운에 대향범에 해당한다. 하지만 본죄의 상대방은 처벌받지 아니한

---

1) 김성돈, 714면.

2) 대법원 2017. 10. 26. 선고 2012도13352 판결(방송통신심의위원회 심의위원인 피고인이 자신의 인터넷 블로그에 위원회에서 음란정보로 의결한 '남성의 발기된 성기 사진'을 게시함으로써 정보통신망을 통하여 음란한 화상 또는 영상인 사진을 공공연하게 전시하였다고 하여 기소된 사안에서, 피고인의 게시물은 다른 블로그의 화면 다섯 개를 갈무리하여 옮겨온 남성의 발기된 성기 사진 8장과 벌거벗은 남성의 뒷모습 사진 1장을 전체 게시면의 절반을 조금 넘는 부분에 걸쳐 게시하고, 이어서 정보통신에 관한 심의규정 제8조 제1호를 소개한 후 피고인의 의견을 덧붙이고 있으므로 사진들과 음란물에 관한 논의의 형성·발전을 위한 학술적, 사상적 표현 등이 결합된 결합 표현물로서, 사진들은 오로지 남성의 발기된 성기와 음모만을 뚜렷하게 강조하여 여러 맥락 속에서 직접적으로 보여줌으로써 성적인 각성과 흥분이 존재한다는 암시나 공개장소에서 발기된 성기의 노출이라는 성적 일탈의 의미를 나타내고, 나아가 여성의 시각을 배제한 남성중심적인 성관념의 발로에 따른 편향된 관점을 전달하고 있어 음란물에 해당하나, 사진들의 음란성으로 인한 해악은 이에 결합된 학술적, 사상적 표현들과 비판 및 논증에 의해 해소되었고, 결합 표현물인 게시물을 통한 사진들의 게시는 목적의 정당성, 수단이나 방법의 상당성, 보호법익과 침해법익 간의 법익균형성이 인정되어 법질서 전체의 정신이나 그 배후에 놓여 있는 사회윤리 내지 사회통념에 비추어 용인될 수 있는 행위에 해당한다).

다. 그러므로 구매자가 적극적으로 판매를 교사하였다고 하더라도 본죄의 교사범이 성립하지 아니한다.[1] 반면에 구매자 이외의 제3자가 판매를 교사한 경우에는 본죄의 교사범이 성립할 수 있다.

5. 청소년성보호법상 아동·청소년성착취물범죄

> 청소년성보호법 제11조(아동·청소년성착취물의 제작·배포 등) ① 아동·청소년성착취물을 제작·수입 또는 수출한 자는 무기징역 또는 5년 이상의 유기징역에 처한다.
> ② 영리를 목적으로 아동·청소년성착취물을 판매·대여·배포·제공하거나 이를 목적으로 소지·운반·광고·소개하거나 공연히 전시 또는 상영한 자는 5년 이상의 징역에 처한다.
> ③ 아동·청소년성착취물을 배포·제공하거나 이를 목적으로 광고·소개하거나 공연히 전시 또는 상영한 자는 3년 이상의 징역에 처한다.
> ④ 아동·청소년성착취물을 제작할 것이라는 정황을 알면서 아동·청소년을 아동·청소년성착취물의 제작자에게 알선한 자는 3년 이상의 징역에 처한다.
> ⑤ 아동·청소년성착취물을 구입하거나 아동·청소년성착취물임을 알면서 이를 소지·시청한 자는 1년 이상의 징역에 처한다.
> ⑥ 제1항의 미수범은 처벌한다.
> ⑦ 상습적으로 제1항의 죄를 범한 자는 그 죄에 대하여 정하는 형의 2분의 1까지 가중한다.

(1) 의 의

청소년성보호법은 형법상 음화반포등죄(제243조) 및 음화제조등죄(제244조), 정보통신망법상 음란물유포죄(제74조 제1항 제2호 및 동법 제44조의7 제1항 제1호) 등과 비교하여 볼 때, 아동·청소년성착취물과 관련된 일련의 범죄행위에 대한 가중처벌규정을 두거나 다른 법령에서는 처벌의 대상이 되지 아니한 유형에 대해서도 처벌하는 규정을 두는 등의 방식으로 성인음란물에 대한 규제보다 훨씬 엄중한 제재를 가하고 있다. 특히 기존에는 아동·청소년이용음란물임을 알면서 이를 소지한 자는 1년 이하의 징역 또는 2천만원 이하의 벌금에 처하였지만, 2020. 6. 2. 개정을 통하여 아동·청소년성착취물을 구입하거나 아동·청소년성착취물임을 알면서 이를 소지·시청한 자는 1년 이상의 징역에 처하도록 하여, 무려 법정형의 30배 가중이라는 전대미문의 입법적 조치를 취한 바 있다.

(2) 아동·청소년성착취물의 개념

'아동·청소년성착취물'이란 아동·청소년 또는 아동·청소년으로 명백하게 인식될 수 있는 사람이나 표현물[2]이 등장하여 제4호[3]의 어느 하나에 해당하는 행위를 하거나 그 밖의 성적

---

[1] 반면에 본죄의 교사 또는 방조범의 성립을 긍정하는 견해로는 김성천/김형준, 749면.
[2] 대법원 2019. 5. 30. 선고 2015도863 판결(아동·청소년이용음란물 규정에서 말하는 '표현물'은 실제 사람과 달리 창작자가 만들어낸 것으로 표현물 고유의 나이는 존재하지 않고 다만 창작자가 그 나이를 설정한 것에 지나지 않는다. 표현물이 아동·청소년을 나타내고 있는지는 창작자가 그 표현물에 설정한 특징들을 통해 드러난다. '아동·청소년으로 인식될 수 있는 표현물'이란 사회 평균인의 시각에서 객관적으로 보아 명백하게 청소년으로 인식될 수 있는 표현물을 의미하고, 개별적인 사안에서 표현물이 나타내고 있는 인물의 외모와 신체발육에 대한 묘사, 음성 또는 말투, 복장, 상황 설정, 영상물의 배경이나 줄거리 등 여러 사정을 종합적으로 고려하여 신중하게 판단

행위를 하는 내용을 표현하는 것으로서 필름·비디오물·게임물 또는 컴퓨터나 그 밖의 통신매체[1]를 통한 화상·영상 등의 형태로 된 것을 말한다(청소년성보호법 제2조 제5호).[2] 아동·청소년을 대상으로 하는 음란물은 그 자체로 아동·청소년에 대한 성착취 및 성학대를 의미하는 것임에도 불구하고, 막연히 아동·청소년을 '이용'하는 음란물의 의미로 가볍게 해석되는 경향이 있다는 지적에 따라, 기존에 '아동·청소년이용음란물'이라는 용어를 2020. 6. 2. 개정을 통하여 '아동·청소년성착취물'이라는 용어로 변경함으로써 아동청소년이용음란물이 '성착취·성학대'를 의미하는 것임을 명확히 하였다.

(구) 청소년성보호법(2011. 9. 15. 법률 제11047호로 개정되고, 2012. 12. 18. 법률 제11572호로 전부개정되기 전의 것) 제2조 제5호에서는 '명백하게'라는 수식어가 없이 단순히 '아동·청소년으로 인식될 수 있는 사람이나 표현물'이라고 하여 아동·청소년이용음란물의 해석을 둘러싼 논란이 있었지만, 헌법재판소는 합헌결정[3]을 내린 바 있다.[4] 특히 2012. 12. 18. 개정 전에는 아동·청소년으로 인식될 수 있기만 하면 성인이 교복을 입고 출연한 음란물도 아동·청소년이용음란물로 보아 처벌되었으나[5], 개정 후부터는 아동·청소년으로 명백히 인식되어야 하므로 성인으로 인식될

하여야 한다).

3) 성교 행위 및 구강·항문 등 신체의 일부나 도구를 이용한 유사 성교 행위, 신체의 전부 또는 일부를 접촉·노출하는 행위로서 일반인의 성적 수치심이나 혐오감을 일으키는 행위, 자위 행위

1) 서울북부지방법원 2011. 11. 11. 선고 2011고합116 판결(휴대폰으로 전송되어 온 영상통화의 영상을 별도로 저장하는 방법으로 추후 재생, 배포 및 소지가 가능한 동영상을 생성한 경우에도 아동·청소년이용음란물에 해당할 수 있다).

2) 대법원 2013. 9. 12. 선고 2013도502 판결(사진관변태사건)(피고인이 'ㅇㅇㅇ사진관'을 운영하던 중 2012. 3. 1. 14:00경 위 사진관에 증명사진을 찍으러 찾아온 아동·청소년인 피해자(여, 15세)를 의자에 앉도록 한 다음 카메라가 피해자를 향하도록 한 후 촬영 타이머를 맞춘 상태에서 피해자가 앉아 있는 의자 바로 뒤쪽 옆으로 가서 자신의 트레이닝복 하의를 내리고 성기를 노출하여 자신이 피해자의 뒤에서 성기를 노출하고 있는 장면을 촬영하여 사진 파일을 제작한 것을 비롯하여 124회에 걸쳐 사진 파일을, 25회에 걸쳐 동영상 파일을 제작한 경우, 성기 노출 및 자위행위 등 성적 행위를 한 주체는 피고인이라는 것이고, 검사가 제출한 증거에 의하더라도 역시 피고인이 아동·청소년 또는 아동·청소년으로 인식될 수 있는 사람 부근에서 그들 몰래 본인의 신체 일부를 노출하거나 또는 자위행위를 하는 내용일 뿐 아동·청소년이 성적 행위를 하는 내용을 표현한 것은 아니므로, 피고인이 제작한 필름 또는 동영상이 위 법률에서 말하는 아동·청소년이용음란물에 해당한다고 보기는 어렵다).

3) 헌법재판소 2015. 6. 25. 선고 2013헌가17, 2013헌가24, 2013헌바85 결정. 이에 대하여 보다 자세한 논의로는 박찬걸, "아동·청소년이용음란물 관련 헌법재판소 결정에 대한 비판적 고찰", 소년보호연구 제29권 제3호, 한국소년정책학회, 2016. 8, 29면 이하 참조.

4) 아동·청소년이용음란물소지죄에 대하여 보다 자세한 논의로는 박찬걸, "아동·청소년이용음란물소지죄의 해석론 및 입법론에 대한 검토", 형사정책 제25권 제2호, 한국형사정책학회, 2013. 8, 269면 이하 참조.

5) 수원지방법원 2013. 2. 20. 선고 2012고단3926 판결('아동·청소년으로 인식될 수 있는 사람이나 표현물'에 해당하는지는 '음란물의 내용'을 기준으로 음란물에서 묘사된 구체적 상황, 표현 방식 등을 고려하여 일반인이 해당 인물이나 표현물을 아동·청소년으로 인식할 수 있는지에 따라 판별하여야 하고, 이와 달리 음란물의 내용은 감안하지 않은 채 오로지 해당 인물이나 표현물을 아동·청소년으로 오인할 가능성이 있는지에 따라 판단하는 것으로 제한하여 해석할 수 없다. 피고인들이 교복을 입은 여학생이 남성과 성행위를 하는 내용 등의 동영상 32건을 인터넷 사이트 게시판에 업로드하여 불특정 다수의 사람들이 이를 다운로드받을 수 있도록 함으로써 영리를 목적으로 아동·청소년이용음란물을 판매·대여·배포하거나 공연히 전시 또는 상영하였다고 하여 청소년성보호법 위반으로 기소된 사안에서, 위 동영상은 모두 교실과 대중교통수단 등의 장소에서 체육복 또는 교복을 입었거나 가정교사로부터 수업을 받는 등 학생으로 연출된 사람이 성행위를 하는 것을 내용으로 하고 있어 '아동·청소년으로 인식될 수 있는 사람'이 등장하는 '아동·청소년이용음란물'에 해당한다고 보아야 하고, 해당 인물이 실제 성인으

가능성이 있거나 실제 확인 결과 성인으로 입증될 경우에는 처벌의 대상에서 제외하여 범죄의 성립범위를 축소하였다. 한편 실무에서는 2012. 3. 16. 시행되고 2013. 6. 18. 사이에 발생한 아동·청소년이용음란물 관련 범죄에 대한 하급심의 유죄판결에 대하여 2013. 6. 18. 이후 상고심에서 파기환송하는 형태로 '명백성'의 해석을 보정하고 있다.[1]

　'아동·청소년'이란 원칙적으로 19세 미만의 자를 말하지만, 예외적으로 19세에 도달하는 해의 1월 1일을 맞이한 자는 제외한다(청소년성보호법 제2조 제1호). 여기에서 '아동·청소년'이란 후단에 '아동·청소년으로 명백하게 인식될 수 있는 사람'이라는 문구와의 관계상 실제 아동·청소년임을 요한다.

　　이에 대하여 판례는「국가형벌권의 자의적인 행사로부터 개인의 자유와 권리를 보호하기 위하여 형벌법규는 엄격히 해석되어야 하고 명문의 형벌 법규의 의미를 피고인에게 불리한 방향으로 지나치게 확장해석하거나 유추해석하는 것은 죄형법정주의의 원칙에 어긋나는 것으로 허용되지 않는 점, (구) 청소년성보호법 제2조 제5호의 아동·청소년이용음란물 정의 규정 중 '아동·청소년으로 인식될 수 있는 사람이나 표현물'이라는 문언이 다소 모호한 측면이 있고, 일선 수사기관의 자의적 판정으로 뜻하지 않게 처벌의 범위가 지나치게 넓어질 우려가 있게 되자, 그 의미를 분명히 하기 위해서 2012. 12. 18. 법률 제11572호로 (구) 청소년성보호법을 개정하면서 '명백하게'라는 문구를 추가하여 '아동·청소년으로 명백하게 인식될 수 있는 사람이나 표현물'이라고 규정한 점 등 (구) 청소년성보호법의 입법 목적과 개정 연혁, 그리고 법 규범의 체계적 구조 등에 비추어 보면, (구) 청소년성보호법 제2조 제5호의 '아동·청소년으로 인식될 수 있는 사람이 등장하는 아동·청소년이용음란물'이라고 하기 위해서는 그 주된 내용이 아동·청소년의 성교행위 등을 표현하는 것이어야 할 뿐만 아니라, 그 등장인물의 외모나 신체발육 상태, 영상물의 출처나 제작 경위[2], 등장인물의 신원 등에 대하여 주어진 여러 정보[3] 등을 종합적으로 고려하여 사회 평균인의 시각에서 (건전한 사회통념에 따라 규범적이고) 객관적으로 관찰할 때 외관상 의심의 여지없이 명백하게 아동·청소년으로 인식되는 경우라야 하고, 등장인물이 다소 어려 보인다는 사정만으로 쉽사리 '아동·청소년으로 인식될 수 있는 사람이 등장하는 아동·청소년이용음란물'이라고 단정해서는 아니 된다.」라고 판시[4]하여, '아동·청소년으로 인식

로 알려져 있다고 하여 달리 볼 수 없다).

1) 대표적인 예로 인천지방법원 2013. 4. 12. 선고 2012노3737 판결(외관상 청소년으로 인식될 수 있는 인물이 동영상에 등장하여 음란한 행위를 하는 장면이 묘사된 점, 교복으로 보이는 옷을 입고 학생으로 연출된 인물을 대상으로 음란한 행위를 하는 것을 내용으로 하고 있어 일반인으로서는 그 등장인물을 아동·청소년으로 인식할 수 있는 점 등을 종합하여 보면, 이 사건 각 동영상은 아동·청소년이용 음란물에 해당한다)은 대법원 2014. 9. 24. 선고 2013도4503 판결에 의하여 파기환송된다.

2) 해당 동영상 자체가 해당 국가에서 합법적으로 제작 및 판매되었다는 사실은 그 영상에 등장하는 사람이 성인이거나 성인일 가능성을 배제하지 못한다는 하나의 표지가 될 수 있을 것이다.

3) 법원은 동영상 시작 부분에 '18세 미만의 미성년자가 출연하는 작품에 대해서는 심사의 대상이 되지 않는다.'라는 일본 영상윤리기구의 안내문이 있는 경우 등장인물의 나이가 성년임을 드러내는 것이라고 보는 듯하다(대전지방법원 2013. 12. 18. 선고 2013노1321 판결).

될 수 있는 사람'은 '아동·청소년'과 대등한 개념으로서 그와 동일한 법적 평가를 받을 수 있는 사람을 의미한다고 하였다.[1]

　　생각건대 음란물에 등장하는 인물이 아동·청소년인지 아니면 성인인지가 명확히 구별되지 않는 한계사례는 충분히 상정할 수 있다. 이는 18세에 근접한 청소년의 경우 성인과 거의 외형이 비슷하여 육안으로는 쉽게 구별이 불가능하다는 점, 특히 애니메이션이나 만화[2]의 묘사만으로는 대상인물의 연령을 쉽게 파악하기가 불가능하다는 점, 여자청소년의 화장이나 성형이 대중화되었고 의상에 있어서도 성인의 것과 거의 대동소이한 모습을 취하고 있다는 점, 현행법상의 아동·청소년성착취물은 일반적으로 초등학생 이하의 연령대에 속하는 아동과 중·고등학생의 연령대에 속하는 청소년을 단일한 범주로 파악하기 때문에 육안으로 구별이 용이한 아동과 성인, 구별이 용이하지 않은 청소년과 성인을 동일선상에 두는 것은 합리적이지 못하다는 점 등이 그 원인일 것이다. 이러한 애매함으로 인하여 어려 보이는 성인이 청소년의 모습으로 등장하는 상황에서 어려 보이는 성인은 일반음란물제작죄로 처벌되는 반면에 이를 소지한 사람은 아동·청소년성착취물소지죄로 처벌되는 것은 불합리하다고 할 수 있다. 왜냐하면 실제 아동이나 청소년이 등장하는 음란물에 대해 처벌하는 것은 대상 아동·청소년의 성적인 피해를 방지한다는 확실한 보호법익이 있다고 할 수 있지만, 만화·애니메이션·게임 등에서 가상의 인물이 등장하는 것을 처벌하는 것은 그 매체를 보고 아동·청소년을 성적인 욕구의 대상으로 삼아 범죄를 일으킬 수 있다는 위험을 줄이는 효과 정도밖에 없기 때문에 실제 인물과 가상 인물의 구별 없이 동일한 기준으로 형사처벌하는 것은 비례성의 원칙에 부합하지 않기 때문이다. 또한 표현의 자유와 관련하여 가상 아동·청소년성착취물이 성범죄로 연결될 가능성이 있다고 할지라도 해악에 대한 명백한 증거도 없이 가능성에 대한 예측만으로 표현의 자유를 제한할 수는 없는 것이다. 특히 실제 아동·청소년의 등장과 아동·청소년으로 인식되는 애니메이션의 등

---

4) 대법원 2014. 9. 25. 선고 2014도5750 판결(이 사건 각 동영상의 제목과 특정 장면을 캡처한 10장 미만씩의 사진만으로는 이 사건 각 동영상에 등장하는 인물이 아동·또는 청소년으로 명백히 인식될 수 있는 사람이라는 점에 대한 증명이 부족하여 위 각 동영상이 구 아청법 제2조 제5호 소정의 "아동·청소년이용음란물"이라고 볼 수 없다는 취지로 판단한 다음, 제1심판결을 파기하고 위 공소사실에 대하여는 무죄를 선고하였다); 대법원 2014. 9. 24. 선고 2013도4503 판결(이 사건 각 동영상 중 하나는 다소 어려보이는 여자가, 다른 하나는 교복과 유사한 형태의 옷을 입은 여자가 각각 등장하여 성적 행위를 하는 영상물로 보이기는 하나, 위 각 동영상 전체가 증거로 채택되어 조사된 것이 아니라 단지 위 각 동영상의 스틸 사진 몇 장만 증거로 채택되어 조사된 것으로, 위 각 동영상의 내용과 출처, 제작 경위, 등장인물의 신원 등에 대한 배경 정보가 전혀 없는 점, 위 각 등장인물은 그 외모나 신체발육의 상태로 볼 때 성인일 가능성을 배제할 수 없는 점 등을 알 수 있고, 이를 앞서 본 법리에 비추어 보면, 위 각 등장인물을 구 아청법 제2조 제5호의 '아동·청소년으로 인식될 수 있는 사람'이라고 단정하기는 어렵다).

1) 대법원 2014. 9. 26. 선고 2013도12607 판결(이 사건 동영상의 파일명은 'Japan school girl.mpg'이고, 이 사건 동영상 중 일부를 캡처한 사진들에는 교복으로 보이는 옷을 입은 여성이 자신의 성기를 만지고 있는 모습 등이 나타나 있으나, 다른 한편 위 사진 속에 등장하는 여성의 외모나 신체발육 상태 등에 비추어 위 여성을 아청법에서 정한 아동·청소년으로 단정하기는 어려워 보인다. 이 사건 동영상에 명백하게 아동·청소년으로 인식될 수 있는 사람이 등장한다고 보기 어려우므로, 이 사건 동영상을 아동·청소년이용음란물에 해당한다고 단정할 수 없다).

2) 판례는 실제 사람이 등장하지 않는 만화나 그림도 널리 '표현물'로 파악하고 있다(대법원 2006. 4. 28. 선고 2003도4128 판결; 대법원 2005. 7. 22. 선고 2003도2911 판결).

장을 동일한 법정형으로 처리하는 것은 불법성 내지 비난가능성의 측면에서 불합리하다고 볼
수 있다. 결국 2012. 12. 18. 아청법 개정으로 인하여 '아동·청소년으로 명백하게 인식될 수 있
는 사람이나 표현물'로 다시 수정되어 이러한 논란이 조금이나마 해결되는 듯이 보이나 '명백하
게'의 해석은 우리에게 또 다른 어려운 과제를 제시해 주고 있기 때문에 보다 근본적인 조치를
강구할 필요성이 있다.

결론적으로 가상 아동·청소년성착취물에 대한 규제는 처벌의 범위가 지나치게 확장될 수
있다는 측면에서 입법론적인 재검토가 요구된다. 실제의 아동·청소년이 등장하여 음란한 행위
등을 하는 아동·청소년성착취물은 헌법상 표현의 자유에 대한 고려를 전혀 할 필요가 없는, 그
자체로서 아동·청소년에 대한 심각한 성착취행위에 해당하기 때문에 강력한 제재가 부과되어
야 함에는 이론(異論)의 여지가 없을 것이다. 하지만 가상 아동·청소년성착취물과 관련하여서는
이러한 직접적인 성착취의 문제가 전혀 발생하지 않기 때문에 양자[1]를 동일선상에서 비교하여
동일한 법적인 규율을 하는 것은 타당하지 않다. 그렇기 때문에 구성요건의 해석에 있어서도
보다 신중을 기하여 접근을 할 필요성이 있는데, 예를 들어 17세에 불과한 청소년이지만 객관
적으로 보아 일반인으로서는 성인으로 바라볼 수밖에 없는 외모를 가지고 있는 음란물에 대해
서는 아동·청소년성착취물 범죄에 대해서는 고의가 조각되기 때문에 성인음란물 관련 범죄로
처리해야 할 것이다. 이와는 반대로 20세에 이른 성인이지만 객관적으로 보아 일반인으로서는
청소년으로 바라볼 수밖에 없는 외모를 가지고 있는 음란물에 대해서도 성인음란물 관련 범죄
로 처리해야 할 것이다. 왜냐하면 등장인물의 신원은 명백하게 성인이라는 점을 부인할 수 없
고, 청소년으로 바라본다는 측면이 나이가 아주 어린 청소년이 아니라 성인에 근접한 정도에
이르러 육안으로는 정확한 판단이 어려운 수준에 해당하기 때문이다.

(3) 아동·청소년성착취물제작등죄

본죄는 아동·청소년성착취물을 제작·수입 또는 수출한 자는 무기징역 또는 5년 이상의 유
기징역에 처한다(청소년성보호법 제11조 제1항). 본죄의 미수범은 처벌하고(청소년성보호법 제11조 제6
항), 상습적으로 본죄를 범한 자는 그 죄에 대하여 정하는 형의 2분의 1까지 가중한다(청소년성보
호법 제11조 제7항). 아동·청소년성착취물은 그 직접 피해자인 아동·청소년에게는 치유하기 어려
운 정신적 상처를 안겨줄 뿐만 아니라, 이를 시청하는 사람들에게까지 성에 대한 왜곡된 인식
과 비정상적 가치관을 조장한다. 따라서 아동·청소년성착취물 '제작'을 원천적으로 봉쇄하여
아동·청소년을 성적 대상으로 보는 데서 비롯되는 잠재적 성범죄로부터 아동·청소년을 보호
할 필요가 있다. 특히 인터넷 등 정보통신매체의 발달로 성착취물이 일단 제작되면 제작 후 제
작자의 의도와 관계없이 언제라도 무분별하고 무차별적으로 유통에 제공될 가능성이 있다. 이

---

1) 미국의 경우에 있어서도 전자의 경우에는 New York v. Ferver 458 U.S. 747(1982), Osborne v. Ohio 495
U.S. 103(1990) 등을 통하여 강력한 처벌을 통한 규제를 인정한 반면에, 후자의 경우에는 Ashcroft v. Free
Speech Coalition 535 U.S. 234(2002)를 통하여 규제의 타당성에 대하여 의문점을 지적하고 있다.

러한 점에 아동·청소년성착취물 제작을 처벌하는 이유가 있다. 그러므로 아동·청소년의 동의가 있다거나 개인적인 소지·보관을 1차적 목적으로 제작하더라도 청소년성보호법 제11조 제1항의 '아동·청소년성착취물의 제작'에 해당한다고 보아야 한다.[1]

피고인이 아동·청소년으로 하여금 스스로 자신을 대상으로 하는 음란물을 촬영하게 한 경우 피고인이 직접 촬영행위를 하지 않았더라도 그 영상을 만드는 것을 기획하고 촬영행위를 하게 하거나 만드는 과정에서 구체적인 지시를 하였다면, 특별한 사정이 없는 한 아동·청소년성착취물 '제작'에 해당하고, 이러한 촬영을 마쳐 재생이 가능한 형태로 저장이 된 때에 제작은 기수에 이른다.[2] 이와 같이 아동·청소년성착취물의 제작에 있어서는 피고인이 해당 영상을 직접 촬영할 것을 요하지 않는 것으로 해석되는바, 그 취지는 ① 모바일기기의 보급이 일반화됨에 따라 아동·청소년성착취물의 제작은 매우 용이한 현실, ② 현재 정보통신매체의 기술 수준에서는 단순히 촬영한 영상물이 존재한다는 것만으로도 즉시 대량 유포 및 대량 복제가 가

---

1) 대법원 2018. 9. 13. 선고 2018도9340 판결(피고인이 직접 아동·청소년의 면전에서 촬영행위를 하지 않았더라도 아동·청소년이용음란물을 만드는 것을 기획하고 타인으로 하여금 촬영행위를 하게 하거나 만드는 과정에서 구체적인 지시를 하였다면, 특별한 사정이 없는 한 아동·청소년이용음란물 '제작'에 해당한다. 이러한 촬영을 마쳐 재생이 가능한 형태로 저장이 된 때에 제작은 기수에 이르고 반드시 피고인이 그와 같이 제작된 아동·청소년이용음란물을 재생하거나 피고인의 기기로 재생할 수 있는 상태에 이르러야만 하는 것은 아니다. 이러한 법리는 피고인이 아동·청소년으로 하여금 스스로 자신을 대상으로 하는 음란물을 촬영하게 한 경우에도 마찬가지이다).

2) 대법원 2021. 3. 25. 선고 2020도18285 판결(제2의N번방로리대장태범사건)(이 사건 공소사실은, 피고인이 공소외인 등 공범들과 공모하여 SNS 등을 통해 알게 된 아동·청소년들에게 거짓말을 하여 개인정보 탈취 사이트(이하 '이 사건 피싱사이트'라고 한다)에 접속하도록 유도하여 트위터 계정 아이디와 비밀번호를 탈취하고, 이를 이용해 청소년인 피해자들이 트위터에 비공개로 저장해 놓은 나체 사진과 신상정보를 수집한 다음 이를 빌미로 피해자들을 협박하여 피해자들로 하여금 음란 사진 및 동영상을 촬영하게 하고 이를 텔레그램 단체대화방에 전송·게시하도록 함으로써 아동·청소년이용음란물을 제작하고, 아동·청소년인 피해자들을 협박하여 강제추행함과 동시에 아동인 피해자들에게 음란한 행위를 하게 하였다는 내용이다. 원심은 피고인 등이 피해자들로 하여금 사진 등을 촬영, 전송하게 한 행위가 제작에 해당함을 전제로, ① 피고인이 이 사건 범행을 위해 만들어진 텔레그램 단체대화방에 참여하기 전부터 공소외인 등의 범행계획을 알고 있었고, 위 대화방 참여 이후 이 사건 범행의 전체 과정과 공범들의 역할이 기재된 문서를 확인하고 이에 관한 의견을 개진하기도 하였으며, 공범들과의 대화를 통해 공소외인 등 기존 공범들의 범행계획, 역할 분담 등에 관하여 더욱 구체적으로 알게 된 점, ② 피고인은 이 사건 피싱사이트의 개선 작업을 담당하여 공범들의 전체 범행이 가능하도록 하였고, 전체 범행 중 자신이 직접 담당하지 않은 부분에 관하여도 범행 진행 상황을 묻고 조언을 하거나, 범행이 이루어지는 대화방에 참여하는 등 범행에 지속적으로 관여한 점, ③ 이 사건 피싱사이트의 유지·보수 작업은 상당한 수준의 전문지식과 기술이 있는 사람만 할 수 있고, 피고인과 공범들이 저지른 전체 범행은 이 사건 피싱사이트를 통한 개인정보 탈취가 이루어져야만 가능하며, 피고인이 위 단체대화방에 참여한 이후 이루어진 이 사건 피싱사이트의 개선 내역, 실행된 범행의 내용, 공범들과의 대화 내용 등에 비추어 보면, 피고인이 이 사건 피싱사이트가 만들어진 이후 범행에 가담하였다는 사정만으로는 피고인의 행위가 '범행 실행 가능성과 무관한 이 사건 피싱사이트의 사소한 오류수정'에 불과하다고 볼 수 없는 점, ④ 오히려 피고인이 이 사건 범행에 가담한 후에 이 사건 피싱사이트의 정보 열람문제를 해결함으로써 이 사건 범행 계획을 실행하는데 중추적인 역할을 한 점, ⑤ 피고인은 이 사건 피싱사이트 프로그래밍에 대해서 논의하는 과정에서 수사기관에 적발될 경우 처벌받을 수 있음을 명확히 알고 있었던 것으로 보이는 점 등을 종합하면, 피고인이 범행의 구성요건적 행위를 직접 실행하지 아니하였다고 하더라도 공범들과의 의사연락 하에 이 사건 범죄의 실행에 필수불가결한 전제 조건이었던 이 사건 피싱사이트의 유지·보수 작업을 담당함으로써 이 사건 범행에 본질적으로 기여하였다고 봄이 타당하므로 피고인에게 이 사건 범행에 대한 범의, 공모관계 및 기능적 행위지배가 인정된다고 판단하였다. 위와 같은 이유로 원심은, 공범 공소외인이 텔레그램 단체대화방에 글을 게시하여 아동·청소년들을 상대로 그루밍, SNS 계정 해킹 및 협박을 통해 아동·청소년이용음란물을 함께 제작할 팀원을 구한다는 취지의 제안을 하고 피고인과 나머지 공범들이 순차 승낙한 후 그에 따라 실행행위를 하였다는 내용의 이 사건 공소사실을 유죄로 판단하였다); 대법원 2018. 1. 25. 선고 2017도18443 판결.

능하고, 제작에 관여한 사람의 의도와 관계없이 무차별적으로 유통에 제공될 가능성이 있고, 성착취물의 제작행위 자체에 그 유통의 위험성까지도 상당부분 내재되어 있는 점, ③ 청소년 성보호법의 입법목적, 아동·청소년성착취물이 미치는 사회적 영향력이 크고 성에 대한 왜곡된 인식과 비정상적 가치관을 심어줄 수 있는 점, 아동·청소년이 사회공동체 내에서 책임 있는 인격체로 성장할 때까지 사회로부터 보호되어야 할 필요성과 아동·청소년의 '인간으로서의 존엄성' 역시 온전히 보호되어야 할 필요성이 있는 점, 제작행위에 관여된 피해 아동·청소년에게 영구히 씻을 수 없는 기록을 남기고 그러한 피해는 쉽사리 해결되기 어려운 점 등을 고려하면 아동·청소년성착취물 제작행위는 인간의 존엄과 가치에 정면으로 반하는 범죄로서 죄질과 범정이 매우 무겁고 비난가능성 또한 대단히 높다는 점에서 찾을 수 있다.[1]

한편 청소년성보호법은 아동·청소년성착취물을 제작하는 등의 행위를 처벌하도록 규정하고 있을 뿐 그 범죄성립의 요건으로 제작 등의 의도나 성착취물이 아동·청소년의 의사에 반하여 촬영되었는지 여부 등을 부가하고 있지 아니하다. 다만 아동·청소년인 행위자 본인이 사적인 소지를 위하여 자신을 대상으로 '아동·청소년성착취물'에 해당하는 영상 등을 제작하거나 그 밖에 이에 준하는 경우로서, 영상의 제작행위가 헌법상 보장되는 인격권, 행복추구권 또는 사생활의 자유 등을 이루는 사적인 생활 영역에서 사리분별력 있는 사람의 자기결정권의 정당한 행사에 해당한다고 볼 수 있는 예외적인 경우에는 위법성이 없다고 볼 수 있을 것이다.[2]

(4) 영리목적의 아동·청소년성착취물판매등죄

영리를 목적으로 아동·청소년성착취물을 판매·대여·배포·제공하거나 이를 목적으로 소지·운반·광고·소개하거나 공연히 전시 또는 상영한 자는 5년 이상의 징역에 처한다(청소년성보호법 제11조 제2항). 여기서 '영리의 목적'이란 본죄가 정한 구체적 위반행위를 함에 있어서 재산적 이득을 얻으려는 의사 또는 이윤을 추구하는 의사를 말하며, 이는 널리 경제적인 이익을 취득할 목적을 말하는 것으로서 반드시 아동·청소년성착취물 판매 등 위반행위의 직접적인 대가가 아니라 위반행위를 통하여 간접적으로 얻게 될 이익을 위한 경우에도 영리의 목적이 인정된다.[3]

---

1) 헌법재판소 2019. 12. 27. 선고 2018헌바46 결정.

2) 대법원 2015. 2. 12. 선고 2014도11501 판결; 同旨 대법원 2015. 3. 20. 선고 2014도17346 판결(피고인은 20대 중반의 회사원으로서 자신의 나이를 속이면서 처음부터 피해자가 중학교 3학년생인 아동·청소년임을 알고도 단지 성적 행위를 목적으로 피해자에게 인터넷 채팅을 통해 접근하여 몇 차례 연락하고 만난 사이인 사실, 피해자는 지적 장애 3급으로서 사물을 분별하거나 의사를 결정할 능력이 미약한 사실, 피고인은 피해자와 처음 만난 날에 성관계를 2회 가지는 등 몇 차례 만나 성관계를 가지면서 사진 촬영을 하였는데 그 후 얼마 안 되어 다른 아동·청소년을 만나 성관계를 가지면서 유사한 방법으로 사진을 촬영하여 보관해 온 사실, 피고인이 모텔에서 피해자와 성관계를 갖는 장면 또는 피해자의 나체 사진을 촬영할 당시 피해자는 순간적으로 거부감을 표시하기도 하였으나 피고인의 계속된 요청에 할 수 없이 소극적으로 응한 것으로 보이고 일부 사진에 대해서는 지워 달라고 요청하기도 한 사실 등을 알 수 있다. 피고인이 사진을 각 촬영한 행위는 청소년성보호법 제11조 제1항에서 규정하는 아동·청소년이용음란물의 제작에 해당하고, 설령 피해자의 묵시적 동의가 있었다고 볼 여지가 있더라도 사리분별력이 충분한 아동·청소년이 성적 행위에 관한 자기결정권을 자발적이고 진지하게 행사한 것으로 보기 어려우므로, 예외적으로 위법성이 조각되는 사유에 해당하지 아니한다).

(5) 아동·청소년성착취물배포등죄

아동·청소년성착취물을 배포·제공하거나 이를 목적으로 광고·소개하거나 공연히 전시 또는 상영한 자는 3년 이상의 징역에 처한다(청소년성보호법 제11조 제3항). 기존에는 아동·청소년이용음란물을 배포하거나 공연히 전시 또는 상영한 자는 7년 이하의 징역 또는 5천만원 이하의 벌금에 처하고 있었는데, 2013. 6. 19. 개정을 통하여 '단순 제공'의 경우에도 처벌할 수 있도록 하였다. 이에 따라 기존에는 무상 교부행위의 경우 불특정 다수인에 대한 배포만 처벌했으나, 2013. 6. 19. 이후에는 아동·청소년이용음란물을 특정한 1인에게 전달하는 제공행위도 처벌이 가능해졌다. 또한 2020. 6. 2. 개정을 통하여 배포·제공을 목적으로 광고·소개하는 행위에 대한 구성요건을 신설하였고, 법정형도 3년 이상의 징역으로 상향조정하였다.

(6) 아동·청소년성착취물제작알선죄

아동·청소년성착취물을 제작할 것이라는 정황을 알면서 아동·청소년을 아동·청소년성착취물의 제작자에게 알선한 자는 3년 이상의 징역에 처한다(청소년성보호법 제11조 제4항).

(7) 아동·청소년성착취물구입·소지·시청죄

아동·청소년성착취물을 구입하거나 아동·청소년성착취물임을 알면서 이를 소지·시청한 자는 1년 이상의 징역에 처한다(청소년성보호법 제11조 제5항). 아동·청소년성착취물을 제작한 자가 그 성착취물을 소지하게 되는 경우 청소년성보호법 위반(성착취물소지)죄는 청소년성보호법 위반(성착취물제작·배포등)죄에 흡수된다. 다만 아동·청소년성착취물을 제작한 자가 제작에 수반된 소지행위를 벗어나 사회통념상 새로운 소지가 있었다고 평가할 수 있는 별도의 소지행위를 개시하였다면 이는 청소년성보호법 위반(성착취물제작·배포등)죄와 별개의 청소년성보호법 위반(성착취물소지)죄에 해당한다.[1]

Ⅲ. 음란물제조·소지·수입·수출죄

제244조(음화제조등) 제243조의 행위에 공할 목적으로 음란한 물건을 제조, 소지, 수입 또는 수출한 자는 1년 이하의 징역 또는 500만원 이하의 벌금에 처한다.

1. 의 의

음란물제조·소지·수입·수출죄는 반포·판매·임대·공연히 전시 또는 상영할 목적으로 음란

---

3) 대법원 2020. 9. 24. 선고 2020도8978 판결(사설 인터넷 도박사이트를 운영하는 사람이, 먼저 ○○○○ 오픈채팅방을 개설하여 아동·청소년이용음란 동영상을 게시하고 1:1대화를 통해 불특정다수를 위 오픈채팅방 회원으로 가입시킨 다음, 그 오픈채팅방에서 자신이 운영하는 도박사이트를 홍보하면서 회원들이 가입 시 입력한 이름, 전화번호 등을 이용하여 전화를 걸어 위 도박사이트 가입을 승인해주는 등의 방법으로 가입을 유도하고 그 도박사이트를 이용하여 도박을 하게 하였다면, 영리를 목적으로 도박공간을 개설한 행위가 인정됨은 물론, 나아가 영리를 목적으로 아동·청소년이용음란물을 공연히 전시한 행위도 인정된다).

1) 대법원 2021. 7. 8. 선고 2021도2993 판결.

한 물건을 제조·소지·수입 또는 수출함으로써 성립하는 범죄이다. 본죄는 음란물반포·판매·임대·수입·수출죄의 예비죄로서의 성격을 지닌 행위를 독립된 범죄로 규정하고 있는 특징이 있다.

2. 구성요건

(1) 행 위

본죄의 실행행위는 제조·소지·수입 또는 수출하는 것이다. '제조'란 음란한 물건을 만드는 것을 말한다. 창작이든 복제이든 불문한다. '소지'란 음란한 물건을 자신의 사실상 지배하에 두는 것을 말한다. '수입'이란 외국에서 국내로 반입하는 것을 말하고, '수출'이란 국내에서 외국으로 반출하는 것을 말한다.

(2) 주관적 구성요건

본죄가 성립하기 위해서는 고의 이외에 반포 등의 목적이 있어야 한다. 그러므로 반포 등의 목적이 없는 단순한 소지는 본죄에 해당하지 아니한다. 반포 등의 목적이 있는 이상 반드시 휴대할 필요가 없고, 자택에 두고 있어도 사실상 지배상태가 존재하므로 본죄에 해당한다.

(3) 죄수 및 다른 범죄와의 관계

본죄를 범한 후 제243조의 죄를 범하였을 경우에는 본죄는 성립하지 않고, 제243조의 죄만이 성립한다.

Ⅳ. 공연음란죄

> 제245조(공연음란)　공연히 음란한 행위를 한 자는 1년 이하의 징역, 500만원 이하의 벌금, 구류 또는 과료에 처한다.

1. 의의 및 보호법익

공연음란죄는 공연히 음란한 행위를 함으로써 성립하는 범죄이다. 제243조와 제244조는 음란한 '물건'과 관련된 범죄를 규정하고 있음에 반하여, 제245조는 음란한 '행위'와 관련된 범죄를 규정하고 있다. 본죄의 보호법익은 건전한 성풍속이고, 보호의 정도는 추상적 위험범이다.

2. 구성요건

(1) 행위상황

본죄가 성립하기 위해서는 '공연히'라는 행위상황이 존재해야 한다. '공연히'란 불특정 또는 다수인이 직접 인식할 수 있는 상태이면 족하고, 현실적으로 인식할 필요는 없다. 폐쇄된 공간에서 특정소수인 사이에서 음란한 행위를 한 때에는 본죄가 성립하지 아니한다. 하지만 장소가 실내라고 하더라도 공중이 모여 있는 상황에서는 본죄가 성립할 수 있다. 예를 들면 나이트클럽에서 이루어지는 반라상태 무희들의 공연[1]이 이에 해당한다.

(2) 행 위

본죄의 실행행위는 음란한 행위를 하는 것이다. '음란한 행위'란 일반 보통인의 성욕을 자극하여 성적 흥분을 유발하고 정상적인 성적 수치심을 해하여 성적 도의관념에 반하는 행위를 말한다.[2] 음란한 행위가 반드시 성행위를 묘사하거나 성적인 의도를 표출할 것을 요하는 것은 아니다.[3] 왜냐하면 본죄는 주관적으로 성욕의 흥분·만족 등의 성적인 목적이 있어야 성립하는 것은 아니고, 그 행위의 음란성에 대한 의미의 인식이 있으면 족하기 때문이다. 비록 신체의 노출행위[4]가 있었다고 하더라도 그 일시·장소 및 노출 부위·방법·정도·동기·경위 등 구체적 사정에 비추어, 그것이 일반 보통인의 성욕을 자극하여 성적 흥분을 유발하고 정상적인 성적 수치심을 해하는 것이 아니라 단순히 다른 사람에게 부끄러운 느낌이나 불쾌감을 주는 정도에 불과하다고 인정되는 경우에는 음란한 행위에 해당한다고 할 수 없다. 음담(淫談)의 정도로는 음란행위가 될 수 없다.[5]

---

1) 유흥업소에서 이루어지고 있는 '나체 춤'(strip show 또는 nude dancing)이 공연음란죄의 '음란행위'에 해당하는가를 둘러싸고는 대립이 있다. 생각건대 나체 춤이 매우 난잡하게 묘사되거나 도착적(倒錯的)인 모습을 띠어 성행위나 자위행위에 가까운 행태를 가진다면 공연음란죄의 대상이 될 것이나, 그에 미치지 않는 나체 춤은 공연음란죄의 규율대상에서 제외된다고 보아야 할 것이다. 최초로 나체 춤 문제를 다루었던 미국 연방대법원 판결은 1972년의 'California v. LaRue 판결'에서 나체 춤이 헌법적 보호를 받는 '표현의 자유'에 해당된다는 점을 인정하면서도, 수정 헌법 제21조에 의거하여 각 주는 명백하게 성적으로 노골적인 나체 춤을 금지할 수 있다고 판시하였다. 그런데 이후 1975년의 'Doran v. Salem Inn, Inc. 판결'은 모든 장소에서의 나체 춤을 금지하는 법규는 너무 광범위하여 위헌이라고 판시하였으며, 1981년의 'Schad v. Borough of Mount Ephraim 판결'은 동전을 넣으면 유리 건너편에서 나체 춤을 볼 수 있는 시설을 운영한 피고인의 행위를 심사하면서 나체로 행해지는 모든 유흥행위를 금지한 법규는 너무 광범위하여 위헌이라고 판시하였다. 또한 1991년 'Barnes v. Glen Theatre, Inc. 판결'이 있는데, 여기서의 쟁점은 나체 춤 무희는 반드시 유두가리개(pasties)와 음부가리개(G-string)를 착용하여야 하고 이를 위반하면 경범으로 처벌하는 인디애나 주법(Public Indecency Statute)이 수정 헌법 제1조의 표현의 자유를 침해하는가가 이 판결의 쟁점이었다. 법원은 나체 춤이 주변적(marginal)이기는 하지만 수정 헌법 제1조의 포괄범위 내에 들어가는 '표현적 행동'(expressive conduct)이라고 보면서도, 이를 금지하는 주법은 합헌이라고 판시하였다.
2) 김성돈, 716면; 김혜정 외 4인, 649면(성적 의미가 담겨 있지 않은 단순한 성기노출행위는 공연음란죄에 해당하지 않는다); 배종대, 639면(동성 및 이성간의 성행위 또는 자위행위로 제한하는 것이 바람직하다); 손동권/김재윤, 714면(나체를 보이는 것, 전라로 목욕하는 것은 음란행위가 아니다); 오영근, 632면; 이영란, 699면(단순히 성기를 노출하는 것은 음란행위가 아니다); 이재상/장영민/강동범, 653면(단순히 나체를 보이거나 목욕을 하거나 소변을 보는 것은 음란행위가 아니다); 이형국/김혜경, 727면; 정성근/정준섭, 479면; 정영일, 381면.
3) 대법원 2006. 1. 13. 선고 2005도1264 판결.
4) 미국의 판례를 검토해보면, 먼저 뉴욕 주 법원은 한 여성이 해수욕장에서 완전 나체로 일광욕과 수영을 한 행위 또는 남녀가 나체로 공놀이와 수영 등을 하는 행위 등은 음란한 방식의 신체노출이 아니므로 공연음란죄는 구성하지 않는다고 판시하였고, 늦은 밤 차량은 드물고 행인은 없는 주거지역 도로의 차안에서 여성 피고인이 남성에게 한 흡음(吸陰)행위에 대해서는 공연성 결여로 무죄를 선고하였으며, 캘리포니아 주법원도 해변의 외딴 곳에서 나체로 일광욕을 한 행위, 버려진 휴게시설의 벽에 소변을 보는 행위 등은 공연음란죄를 구성하지 않는다고 판시한 바 있다. 반면에 공연음란죄가 인정된 사례를 보면, 자신의 집밖에 나체로 서서 여성과 아동이 있는 앞에서 자신의 손을 성기 쪽으로 움직이는 행위, 여성 앞에서 자위행위를 하는 행위, 자신의 차안에서 나체로 앉아 있으면서 자신이 쫓아다니는 여성을 초대한 행위, 편의점 주차장에서 주차되어 있는 자신의 트럭 안에서의 자위행위, 성기노출이 집안에서 이루어졌더라도 바깥에서 볼 수 있도록 한 경우 등이 있다.
5) 반면에 음란한 행위에는 동작에 의한 경우 이외에 음란한 언어를 사용하는 경우도 포함된다는 견해로는 신동운,

한편 (구)「경범죄 처벌법」제3조 제1항 제33호에서는 "여러 사람의 눈에 뜨이는 곳에서 공공연하게 알몸을 지나치게 내놓거나 가려야 할 곳을 내놓아 다른 사람에게 부끄러운 느낌이나 불쾌감을 준 사람"에 대하여 과다노출죄를 인정하여 10만원 이하의 벌금, 구류 또는 과료의 형으로 처벌하고 있었다. 하지만 헌법재판소[1]는 「무엇이 지나친 알몸노출행위인지를 판단하는 것은 쉽지 않다. 여기서의 '지나치게'는 아래에서 보는 부분노출 금지와의 관계에서 볼 때 노출의 정도의 문제는 아니기 때문이다. 그런데 신체의 전부노출을 상정할 경우 '지나치게'라는 것이 순간적이고 일시적인 알몸노출은 허용되고 어느 정도 지속성이 있는 행위만 금지되는 것인지, 아니면 알몸이라는 것은 그 자체로 일반 사람들에게 받아들여지기 어려운 노출행위이므로 이 행위에는 이미 '지나치게'라는 의미가 내포되어 있어 알몸을 드러내 놓는 순간 여기의 행위에 해당하고, 다만 이러한 행위가 허용되지 않음을 강조하기 위해 '지나치게'라는 표현을 사용한 것에 불과한 것인지 이를 알기는 어렵다. 물론 심판대상조항의 범죄가 성립하기 위해서는 알몸노출의 결과 다른 사람에게 '부끄러운 느낌이나 불쾌감'을 주어야 하므로 이를 통해 그 의미를 확정할 수 있다는 견해가 있을 수 있으나, 심판대상조항에서 말하는 '부끄러운 느낌이나 불쾌감'은 사람마다 달리 평가될 수밖에 없는 주관적이고 정서적인 감정에 지나지 않아 이러한 행위유형이 무엇인지를 알기는 어렵다. 특히 신체노출행위와 관련하여서는 그 동안 허용 범위가 상당한 정도로 넓어져 왔고, 그 의미가 시대에 따라 변화하고 있기 때문이다. 과거에는 금기시 되던 신체노출이 현재에는 자연스러운 유행의 일부로 받아들여지고 있고, 최근에는 약간의 부끄러움이나 불쾌감을 줄 수도 있는 노출행위도 성도덕이나 성풍속을 해하는 사회적 문제로 인식되기보다 개인적 취향이나 개성의 문제로 받아들여지거나, 자신의 사상이나 의견을 자유롭게 표명하고 전달하기 위한 수단으로 인식되고 있다. 이러한 상황에서라면 심판대상조항의 의미를 그 입법목적을 고려하여 밝히는 것에도 한계가 있게 된다.」라고 판시[2]하여, 위헌결정을 하였다. 이에 따라 2017. 10. 24.「경범죄 처벌법」제3조 제1항 제33호를 "공개된 장소에서 공공연하게 성기·엉덩이 등 신체의 주요한 부위를 노출하여 다른 사람에게 부끄러운 느낌이나 불쾌감을 준 사람"으로 개정하였다.

판례에 의하면, ① 자위행위를 하는 장면을 7 내지 8분 동안 연기한 행위[3], ② 알몸을 완전히 드러내

491면. 신동운 교수는 성교시의 음란한 감정을 표현한 발성을 녹음한 뒤 이를 재생하여 불특정 또는 다수인에게 듣게 하는 행위는 음화등반포죄에 해당한다고 한다.

1) ○○경찰서장은 2015. 8. 16. 당해 사건 피고인에게 '피고인은 2015. 8. 16. 17:17경 양산시 ○○읍에 있는 아파트 앞 공원에서 일광욕을 하기 위해 상의를 탈의하는 방법으로 과다노출행위를 하였다.'는 범죄사실로 경범죄처벌법 제3조 제1항 제33호를 적용하여 통고처분을 하였다.

2) 헌법재판소 2016. 11. 24. 선고 2016헌가3 결정.

3) 대법원 1996. 6. 11. 선고 96도980 판결(연극미란다사건)(피고인은 옷을 모두 벗은 채 팬티만 걸친 상태로 침대 위에 누워 있고, 여주인공인 공소외인은 뒤로 돌아선 자세로 입고 있던 가운을 벗고 관객들에게 온몸이 노출되는 완전나체 상태로 침대위의 피고인에게 다가가서 끌어안고 서로 격렬하게 뒹구는 등 그녀가 피고인을 유혹하여 성교를 갈구하는 장면을 연기하고, 마지막 부분에 이르러 피고인이 위 공소외인을 폭행하여 실신시킨 다음 침대

어 음부 및 유방 등이 노출된 상태에서 무대를 돌며 관람객들을 향하여 요구르트를 던진 행위[1]), ③ 고속도로에서 시위조로 주위에 운전자 등 사람이 많이 있는 가운데 옷을 모두 벗어 알몸의 상태로 바닥에 드러눕거나 돌아다닌 행위[2]), ④ 참전비 앞길에서 바지와 팬티를 내리고 성기와 엉덩이를 노출한 채 위 참전비를 바라보고 서 있었고 참전비의 한쪽 끝 방향으로 걸어가다가 돌아서서 걷기도 하는 등 위와 같이 노출한 상태에서 참전비 앞에 서 있거나 그 주위를 서성거린 경우[3]) 등에 있어서는 본죄가 성립한다.

하지만 ① 말다툼 후 항의의 표시로 엉덩이를 노출한 행위[4]), ② 여종업원이 치마를 허벅지가 다 드러나도록 걷어 올리고 가슴이 보일 정도로 어깨끈을 내리면서 웃옷을 벗고 브래지어만 착용한 채 남자 손님이 가슴을 만지도록 한 행위[5]) 등에 있어서는 본죄가 성립하지 아니한다.

3. 죄수 및 다른 범죄와의 관계

(1) 죄 수

본죄는 음란행위의 수를 기준으로 죄수를 판단한다. 동일한 시간·장소에서 여러 번의 음란

위에 쓰러져 있는 그녀에게 다가가서 입고 있던 옷을 모두 벗기고 관객들에게 정면으로 그녀의 전신 및 음부까지 노출된 완전나체의 상태로 만든 다음, 그녀의 양손을 끈으로 묶어 창틀에 매달아 놓고 자신은 그 나신을 유심히 내려다보면서 자위행위를 하는 장면을 7 내지 8분 동안 연기한 사실 및 위 연기들은 평균 250명에 이르는 남녀 관객이 지켜보는 가운데 그들 관람석으로부터 4~5m도 되지 않는 거리 내에 설치되어 있는 무대 위에서 위 배우들의 신체 각 부분을 충분히 관찰할 수 있을 정도의 조명 상태하에서 행하여졌다).

1) 대법원 2006. 1. 13. 선고 2005도1264 판결(요구르트누드모델사건)(피고인들과 공소외 1, 공소외 2가 협동조합이 새로 개발하여 시판하는 요구르트 제품의 홍보를 위하여 전라의 여성 누드모델들을 출연시켜 공연을 하기로 순차 공모한 후, 2003. 1. 26. 16:10경부터 16:20경까지 사이에(실제공연시간은 약 3분간임), 화랑인 인사아트플라자 갤러리에서, 일반 관람객 70여 명 및 기자 10여 명 등을 입장시켜 관람하게 하면서, 여성 누드모델인 피고인 2, 3, 4가 알몸에 밀가루를 바르고 무대에 나와 분무기로 요구르트를 몸에 뿌려 밀가루를 벗겨내는 방법으로 알몸을 완전히 드러내어 음부 및 유방 등이 노출된 상태에서 무대를 돌며 관람객들을 향하여 요구르트를 던져 주었다).

2) 대법원 2000. 12. 22. 선고 2000도4372 판결(고속도로알몸노출사건)(피고인은 2000. 4. 10. 19:30경 하남시 천현동 소재 중부고속도로 하행선 서울기점 약 5㎞ 지점에서 승용차를 운전하여 가던 중 앞서가던 승용차가 진로를 비켜 주지 않는다는 이유로 그 차를 추월하여 정차하게 한 다음, 승용차를 손괴하고 그 안에 타고 있던 사람을 때려 상해를 가하는 등의 행패를 부리다가 신고를 받고 출동한 경찰관이 이를 제지하려고 하자, 시위조로 주위에 운전자 등 사람이 많이 있는 가운데 옷을 모두 벗어 알몸의 상태로 바닥에 드러눕거나 돌아다녔다).

3) 대법원 2020. 1. 16. 선고 2019도14056 판결(참전비노출사건)(여성들과 아이들을 포함하여 다수의 사람들이 이 사건 당시 피고인 근처에서 통행하고 있었고 그 주위가 어둡지 않았기 때문에 통행인들은 피고인의 행위와 옷차림, 모습 등을 쉽게 알아차릴 수 있었다. 피고인도 자신의 주변에 다수의 사람들이 통행하고 있다는 것을 충분히 인식할 수 있었다. 그럼에도 피고인은 당시 바지와 팬티를 내리고 성기와 엉덩이를 노골적으로 노출하였으며, 그 노출 상태에서 성기와 엉덩이를 가리려는 노력을 전혀 하지 아니하였고, 상당한 시간 동안 그 노출 행위를 지속하였다).

4) 대법원 2004. 3. 12. 선고 2003도6514 판결(엉덩이노출사건)(피고인은 자신의 동서가 주차 문제로 甲과 말다툼할 때, 甲이 피고인에게 '술을 먹었으면 입으로 먹었지 똥구멍으로 먹었냐'라고 말한 것에 화가 나 말다툼을 한 후 이를 항의하기 위하여 다시 甲이 경영하는 상점으로 찾아가서, 상점 카운터를 지키고 있던 甲의 딸인 乙(여, 23세)을 보고 '주인 어디 갔느냐고 소리를 지르다가 등을 돌려 엉덩이가 드러날 만큼 바지와 팬티를 내린 다음 엉덩이를 들이밀며 '똥구멍으로 어떻게 술을 먹느냐, 똥구멍에 술을 부어 보아라'라고 말한 사실, 피고인의 그러한 행위는 1분 정도 지속되었으나 피고인이 뒤로 돌아서서 乙에게 등을 보인 채 바지와 팬티를 내린 탓으로 乙이 피고인의 성기를 보기 어려운 상태였던 사실이 인정되는바, 비록 피고인이 乙 앞에서 바지와 팬티를 내린 후 엉덩이를 노출시키면서 위와 같은 말을 하였다고 하더라도 그러한 행위는 보는 사람에게 부끄러운 느낌이나 불쾌감을 주는 정도에 불과하다고 보여 지고, 일반 보통인의 성욕을 자극하여 성적 흥분을 유발하거나 정상적인 성적 수치심을 해할 정도에 해당한다고 보기는 어렵다).

5) 대법원 2009. 2. 26. 선고 2006도3119 판결(유흥주점여종업원사건).

행위를 한 경우에는 포괄일죄가 되지만, 시간과 장소가 상이할 경우에는 경합범이 될 여지가 있다. 하지만 영업적으로 행해진 경우에는 집합범 내지 연속범으로서 포괄일죄가 되는 경우도 있을 것이다.

(2) 다른 범죄와의 관계

공연히 강제추행할 경우의 죄책과 관련하여, ① 강제추행죄만이 성립한다는 견해[1], ② 공연음란죄와 강제추행죄의 상상적 경합범이 된다는 견해[2] 등의 대립이 있다.

생각건대 길거리에서 키스하는 행위는 공연음란죄에 해당하지 아니한다. 공연음란죄에 해당하려면 판례의 취지상 적어도 치부가 노출되어야만 하기 때문이다. 따라서 강제추행이 치부노출 이상의 형태로 발현된다면 양죄의 상상적 경합이 되겠지만, 그 이하의 형태로 발현된다면 강제추행죄만이 성립한다고 보아야 한다.

제 2 절　 도박과 복표에 관한 죄

I. 도박죄

> 제246조(도박)　① 도박을 한 사람은 1천만원 이하의 벌금에 처한다. 다만, 일시오락 정도에 불과한 경우에는 예외로 한다.

1. 의의 및 보호법익

도박죄는 도박을 함으로써 성립하는 범죄이다. 도박은 2인 이상의 사이에서만 행해질 수 있고, 도박한 상대방도 처벌하기 때문에 필요적 공범 가운데 관여자 모두가 처벌되는 대향범에 해당한다. 그러므로 도박에 관여한 내부가담자들에 대해서는 형법총칙상의 공범규정이 적용되지 아니한다.

본죄의 보호법익은 건전한 경제활동의 기초가 되는 국민의 건전한 근로의식 내지 공공의 미풍양속에 있다.[3] 노동의 대가로 정상적인 방법에 의하여 재물의 취득을 하지 아니하고 우연에 의하여 갑작스러운 재물취득을 기대하는 경우에는 경제윤리에 반할 뿐만 아니라 국민들의 바람직한 근로의식을 저하시킨다.

---

1) 김성돈, 718면; 오영근, 634면. 오영근 교수는 공연히 강제추행하는 것이 음란행위에 이르지 않아 강제추행죄만을 인정한다고 하므로, 음란행위에 이르면 상상적 경합을 인정하는 태도와 동일하다고 평가할 수 있다.

2) 김선복, 590면; 김성천/김형준, 752면; 김신규, 765면; 김일수/서보학, 513면; 배종대, 639면; 손동권/김재윤, 716면; 이재상/장영민/강동범, 653면; 이형국/김혜경, 727면; 임　웅, 849면; 정성근/정준섭, 480면.

3) 김선복, 591면; 김성돈, 718면; 김신규, 766면; 김일수/서보학, 514면; 손동권/김재윤, 716면; 오영근, 636면; 이영란, 700면; 이재상/장영민/강동범, 654면; 이형국/김혜경, 728면; 임　웅, 853면; 정성근/정준섭, 481면; 정영일, 382면.

이에 대하여 판례는 도박죄의 보호법익과 관련하여, 정당한 근로에 의하지 아니한 재물의 취득을 처벌함으로써 경제에 관한 건전한 도덕법칙을 보호[1]하는데 있다고 하며, 동시에 사행심에 의한 행위자의 재산일실위험을 제거하려는 한편 건전한 국민의 근로관념과 사회의 미풍양속을 보호[2]하는데 있다고도 한다.

생각건대 ① 불확실성과 우연성으로 이루어져 있는 현실에서 도박행위는 인간의 본성에 해당한다는 점, ② 국가적인 차원에서도 특정지역에서의 카지노 또는 경마·경륜·복권 등 특정행위에 대해서는 광범위하게 도박행위를 허용하고 있다는 점, ③ 보호법익으로 제시되고 있는 건전한 근로의식 내지 미풍양속이라는 것은 형법적 법익으로 평가하기에 부적절하다는 점, ④ 외국의 입법례를 보더라도, 독일은 공연히 행하는 도박만을 처벌하고, 프랑스는 도박개장죄만을 처벌하는 등 단순도박행위의 가벌성에 소극적이라는 점 등을 논거로 하여, 단순도박죄는 비범죄화하는 것이 타당하다.[3]

2. 구성요건

(1) 객 체

본죄의 객체는 재물 또는 재산상의 이익을 모두 포함한다. 기존에는 재물만을 도박죄의 객체로 규정하고 있었으나, 2013. 4. 5. 형법 개정을 통하여 재산상의 이익도 포함되는 것임을 분명하게 하기 위하여 '재물로써'라는 문구를 삭제하였다. 하지만 이로 인하여 '비'재산상의 이익도 본죄의 객체에 포함되는 결과를 야기하였다. 그러므로 재물뿐만 아니라 노동력·채권·성행위·인터넷상의 전자화폐·비트코인·비밀의 누설·투자기회의 제공 등 인간의 욕망을 충족시킬 수 있는 모든 사실상의 이익도 본죄의 객체에 해당한다. 그 가액의 다소 및 교환가치의 유무는 묻지 아니한다. 재물 또는 재산상의 이익이 도박 현장에 존재할 것도 요하지 아니하며, 그 대상 가액이 처음부터 확정될 필요도 없다. 또한 패자가 승자에게 직접 재물 등을 교부할 필요도 없다.

(2) 행 위

본죄의 실행행위는 도박하는 것이다. '도박'(賭博)이란 참여한 당사자가 우연한 승부에 의하여 재물 또는 재산상의 이익의 득실을 다투는 것을 말한다. '우연'이란 주관적으로 당사자에 있어서 확실히 예견 또는 자유로이 지배할 수 없는 사실에 관하여 승패를 결정하는 것을 말한다. 객관적으로 불확실할 것을 요구하지 아니하며, 당사자의 능력이 승패의 결과에 영향을 미친다고 하더라도 다소라도 우연성의 사정에 의하여 영향을 받게 되는 때에는 본죄가 성립할 수 있

1) 대법원 2008. 10. 23. 선고 2006도736 판결; 대법원 2002. 4. 12. 선고 2001도5802 판결; 대법원 1983. 3. 22. 선고 82도2151 판결.
2) 대법원 1984. 7. 10. 선고 84도1043 판결.
3) 同旨 배종대, 641면; 손동권/김재윤, 717면; 오영근, 635면.

다.[1] 따라서 우연은 주관적으로 불확실하고 절대적으로 지배할 수 없는 것일 필요는 없다.

1) 우연과 기술이 함께 작용하여 결과가 결정되는 경우

이는 우연뿐만 아니라 도박을 하는 사람의 기술도 어느 정도 작용하는 것으로서 블랙잭이나 포커게임 등이 대표적인 경우이다. 또한 경마나 경륜 등과 같은 스포츠도박에서도 기수나 말의 능력 등 정보를 수집하여 비교하고 이를 바탕으로 분석하고 판단하여 그 결과를 어느 정도 예측할 수 있는데, 여기서 조금이라도 우연에 의하여 승패가 결정되는 것은 도박이라고 인정하는 것이 판례[2]의 입장이다. 이에 따라 결과의 승패가 오직 우연에만 의하지 아니하고, 경기자의 실력이 영향을 미치는 도박, 즉 당구·야구·축구·골프·장기·바둑·마작 등의 활동을 도박과 다르게 취급하여야 하는가에 대한 논의[3]가 있다. 경우에 따라서는 육체적 기능의 게임과 지적 전략의 게임에서도 행해질 수 있다. 한편 프로운동선수나 국가대표 등에 대한 포상금 지급 및 병역혜택의 문제도 논란의 여지가 있다.

2) 우연이 당사자 일방에게만 있는 경우

우연성은 도박 가담자 모두에게 존재해야 한다. 그러므로 당사자 일방에게만 우연성이 있는 사기도박의 경우는 기망행위자에게만 사기죄가 인정되고, 피기망자에게는 아무런 죄가 성립하지 아니한다.[4] 그러므로 사기도박이나 접대도박과 같은 편면적 도박[5]은 부정된다.[6] 이 경우 피기망자는 도박죄의 불능미수가 될 수 있으나 도박죄는 미수범 처벌규정이 없기 때문에 불가벌이 되는 것이다. 한편 일방이 확실하게 알고 있는 사실의 존부에 대해 돈내기를 한 경우에는 도박죄가 성립할 수 없다.

3. 위법성조각사유

도박죄를 처벌하는 이유는 정당한 근로에 의하지 아니한 이익의 취득을 처벌함으로써 경제에 관한 건전한 도덕법칙을 보호하기 위한 것이다. 그 처벌은 국민의 행복추구권이나 사생활의 자유를 침해할 수 없고, 도박죄의 입법취지가 건전한 근로의식을 배양·보호함에 있다면 일반 서민대중이 여가를 이용하여 평소의 심신의 긴장을 해소하는 오락은 이를 인정함이 국가정책적 입장에서 허용된다. 이에 따라 일시오락의 정도에 불과한 도박행위는 처벌하지 아니하고

---

1) 대법원 2008. 10. 23. 선고 2006도736 판결(8억내기골프사건).
2) 대법원 2014. 6. 12. 선고 2013도13231 판결(마사회가 시행하는 경주를 이용하여 도박행위를 하였다).
3) 이재상/장영민/강동범, 657면.
4) 대법원 1985. 4. 23. 선고 85도583 판결.
5) 반면에 일방이 월등한 지능과 기술을 가지고 있거나 막강한 권좌에 있기 때문에 상대방을 자유자재로 조정할 수 있는 사정에서의 도박, 거액의 돈을 공무원에게 뇌물로 전달하기 위해 그 돈을 도금으로 걸고 일방적으로 져주는 방식의 도박도 편면적 도박이기 때문에 그 상대방에게도 도박죄가 성립한다는 견해로는 김일수/서보학, 516면. 이러한 견해는 필요적 공범인 도박죄는 구성요건상 2인 이상의 행위주체를 필요로 한다는데 불과하므로 행위주체가 2인 이상인 이상 반드시 관여자 전원에게 당해 범죄가 성립할 필요는 없고, 당해 범죄의 구성요건을 충족하는 자에게만 그 성립을 인정하여도 무방하다는 것을 이유로 한다.
6) 대법원 1960. 11. 16. 선고 4293형상743 판결.

있다. 그렇다면 재물이 바로 그 즉시 예정된 방법에 따라 소비되지 아니하고 어느 일방이 승패에 따라 그 재물을 차지하였다고 하더라도 그 재물의 득실이 승패결정의 흥미를 북돋우기 위한 것이고, 그 재물의 경제적 가치가 근소하여 건전한 근로의식을 침해하지 않을 정도라면 일시오락의 정도에 불과하다.[1] 이에 따라 도박의 목적과 동기, 도박시간, 도박의 장소, 행위자의 사회적 지위 및 재산정도, 행위자들 간의 관계, 도박 자체의 흥미성, 재물의 근소성, 취득한 재물의 사용 용도 등에 비추어 일시 오락의 정도에 지나지 않는 도박은 그 가벌성이 없다.

　　여기서 어느 정도의 도박이 일시 오락에 해당될 것인가에 대한 구체적인 기준은 없다. 또한 '일시'라는 기간의 설정도 없다. 그러나 그 무엇보다 애매한 것은 일시오락의 정도라는 요소가 소위 상대적인 요소라는 점이다. 예를 들면 일시오락의 정도를 절대적으로 판단한다면, 10만원 미만의 도금을 걸고 한 도박행위, 12시간 미만의 시간 동안 한 도박행위 등의 경우는 일시오락의 정도라는 공식이 나올 수 있다. 하지만 이러한 기준은 도박의 실태에 비추어 볼 때 비현실적이다. 도박에 가담하는 행위자들은 모두 동일한 입장이 아니기 때문이다. 결국 남는 것은 도박을 한 행위자의 입장이다. 도박행위자의 신분, 재산상태, 수입 규모 등과 도금으로 사용된 재물의 규모를 비교형량해서 행위자가 도금으로 사용한 재물을 모두 잃었다고 하더라도 심리적인 충격이나 재산상의 손실을 거의 느끼지 못하는 상황이 발생하면 일시오락의 정도이고, 그렇지 않으면 일시오락의 정도가 아닌 것이다.

　　생각건대 오락의 여부는 원칙적으로 재물의 경제적 가치가 근소한지의 여부에 따라 판단해야 한다. 경제적 가치가 근소한 때에는 근로에 의한 재산취득이라는 건전한 경제적 관념을 침해하지 않고, 도박이 개인적 법익에 대한 죄가 아니라 사회의 근로의식이나 건전한 도덕의식을 해치는 범죄라는 점을 고려해야 한다. 하지만 개인의 재산이나 사회적 지위에 따라 일시오락의 여부를 판단하는 것은 법적용의 형평성문제를 야기할 수도 있다. 경제적 가치의 근소성만으로 판단한다면 그것은 도박에 거는 재물의 용도가 근로에 의하지 아니한 재물의 취득인지 아니면 건전한 근로의식을 해치지 아니하는 단순한 일시오락의 정도인지를 판단하는 기준에 있어서 만약 도박에 거는 재물의 정도가 많다고 하더라도 당사자의 사회적 지위나 소유재산에 비추어 볼 때 경미하여 당사자에게는 단순오락의 정도로 경미한 정도라면 그것의 처벌에 있어서 명확한 판단을 하기 쉽지 아니할 것이며, 반대의 경우에도 비록 도박에 거는 재물이 아주 경미하다고 할지라도 그것이 당사자의 생계를 유지하기 위한 수단이었다면 이것은 일시오락의 정도를 넘어선 것이라고 할 수가 있다. 그러므로 재물의 근소성 이외에 심심풀이와 같은 기분전환용 놀이인지 여부도 함께 고려해야 한다.

　판례에 의하면, ① 피고인이 객지생활을 하고 있는 동료를 위로하기 위하여 동료 공소외인과 더불어 동료의 하숙방을 찾아 술내기 마작을 하기로 되어 세사람 각자가 500원씩을 내어 적립하고 적립한 돈이

---

1) 대법원 1984. 4. 10. 선고 84도194 판결.

1,000원이 남게 될 때까지만 승자가 1점에 20원씩 계산으로 돈을 찾아가되 남은 그 돈 1,000원으로 맥주와 안주를 사먹기로 하여 혼짱이란 마작을 3회한 경우[1], ② 생선회 3인분과 소주 2병 등 음식값을 마련하기 위하여 도박을 한 경우[2], ③ 피고인들이 화투 48매를 가지고 패자가 승자에게 200원씩 주기로 하고 약 20여분간 5회에 걸쳐 육백이라는 도박을 한 사실은 인정되지만, 피고인 1은 영업용 택시운전, 피고인 2는 행상, 피고인 3은 건재상 경영 등 생업에 종사하면서 한동네에 거주하고 있는 사람들이고, 마침 그날이 쉬는 날이라 동네복덕방에 모여 놀다가 점심때가 되어 점심 및 술내기 육백을 치게 된 것인데 피고인들 중에서 돈을 잃은 사람은 400원 또는 700원이고 돈을 딴 사람도 1,100원 정도이며 압수된 판돈 또한 4,800원에 불과한 경우[3], ④ 피고인등이 일시 오락으로 술과 국수내기를 하기 위하여 4, 5인이 일조가 되어 화투로서 속칭 '약단보기'를 하여 그 중 패자의 금전으로 거출된 1회 700환 내지 1,900환을 동일 동 장소에서 음식 값으로 소비한 경우[4], ⑤ 서로의 친교를 두텁게 하기 위해 술내기 화투놀이(속칭 고스톱)를 하기로 하고 그 중 한 사람인 공소외인의 정육점 내실에서 낮 3시경부터 7시경까지 1점당 100원을 걸고 화투를 친 결과, 잃은 사람의 돈 액수는 200원 내지 4,000원 정도, 딴 사람의 돈 액수는 8,000원 정도였으며, 그 화투놀이 후 피고인등 화투놀이에 참가한 사람은 모두 부근 포장마차에서 피고인이 딴 돈 8,000원과 그 외 일부 추렴한 돈을 합쳐 10,000원 상당의 술을 마신 경우[5], ⑥ 각자 1,000원 내지 7,000원을 판돈으로 내놓고 한 점에 100원짜리 속칭 고스톱을 한 경우[6], ⑦ 피고인이 평소에 친하게 사귀어오던 친구 3인과 함께 무허가 주점에서 만나 술을 마시게 된 자리에서 매판 1인당 금 100원씩을 걸고 속칭 민화투를 쳐서 매회 도금 합계 300원 중 100원은 술값으로 적립하고 나머지 200원은 승자가 취득하는 방법으로 2시간에 걸쳐 20여회 도박한 경우[7], ⑧ 피고인이 운영하는 여관 카운터에서 같은 동네에 거주하는 친구들과 함께 저녁을 시켜 먹은 후 그 저녁값을 마련하기 위하여 속칭 '홀라'라는 도박을 한 경우[8] 등에 있어서는 일시 오락의 정도에 불과한 때에 해당한다.

4. 실행의 착수시기 및 기수시기

본죄의 실행의 착수시기는 도박을 하기 위하여 화투나 카드를 잡은 시점이고, 본죄의 기수시기는 화투나 카드를 분배한 때이다. 승패가 결정되거나 재물 또는 재산상의 이익을 취득하지 않아도 무방하다(추상적 위험범). 본죄의 미수범은 처벌하지 아니한다.

5. 죄수 및 다른 범죄와의 관계

(1) 사기죄와의 관계

사기죄는 편취의 의사로 기망행위를 개시한 때에 실행에 착수한 것으로 보아야 하므로, 사

---

1) 대법원 1974. 3. 12. 선고 74도582 판결.
2) 대법원 1983. 5. 10. 선고 83도68 판결.
3) 대법원 1983. 12. 27. 선고 83도2545 판결.
4) 대법원 1959. 6. 12. 선고 4291형상335 판결.
5) 대법원 1985. 11. 12. 선고 85도2096 판결.
6) 대법원 1990. 2. 9. 선고 89도1992 판결.
7) 대법원 1983. 3. 22. 선고 82도2151 판결.
8) 대법원 2004. 4. 9. 선고 2003도6351 판결; 同旨 대법원 1984. 7. 10. 선고 84도1043 판결.

기도박에서도 도금을 편취하려고 하는 자가 상대방에게 도박에 참가할 것을 권유하는 등 기망행위를 개시한 때에 실행의 착수가 있는 것으로 보아야 하고, 그 후에 사기도박을 숨기기 위하여 정상적인 도박을 하였더라도 이는 사기죄의 실행행위에 포함된다.[1] 피해자의 도박이 피고인들의 기망행위에 의하여 이루어졌다면 그로써 사기죄는 성립하며, 이로 인하여 피고인들이 취득한 재물이나 재산상의 이익은 도박 당일 피해자가 잃은 도금 상당액이다.[2]

(2) 공갈죄와의 관계

공갈죄와 도박죄는 그 구성요건과 보호법익을 달리하고 있고, 공갈죄의 성립에 일반적·전형적으로 도박행위를 수반하는 것은 아니며, 도박행위가 공갈죄에 비하여 별도로 고려되지 않을 만큼 경미한 것이라고 할 수도 없으므로, 도박행위가 공갈죄의 수단이 되었다고 하여 그 도박행위가 공갈죄에 흡수되어 별도의 범죄를 구성하지 않는다고 할 수 없다.[3]

6. 외국에서 도박한 경우의 죄책

국가 정책적 견지에서 도박죄의 보호법익보다 좀 더 높은 국가이익을 위하여 예외적으로 내국인의 출입을 허용하는 「폐광지역 개발 지원에 관한 특별법」 제11조에 따라 카지노에 출입하는 것은 법령에 의한 행위로 위법성이 조각된다. 하지만 도박죄를 처벌하지 않는 외국 카지노에서의 도박이라는 사정만으로 그 위법성이 조각된다고 할 수는 없다.[4] 왜냐하면 형법 제3조는 "본법은 대한민국 영역 외에서 죄를 범한 내국인에게 적용한다."라고 하여 형법의 적용범위에 관한 속인주의를 규정하고 있기 때문이다. 이와 같이 외국정부에 의해서 합법적으로 인정되어, 한국인은 물론 제3국의 관광객과 자국인의 출입조차 허용되는 외국 카지노에서 도박을 한 한국인을 처벌하는 것이 과연 타당한 것인가?

대법원의 판단에 따라 다음과 같은 4가지 경우를 나누어 생각해 볼 수 있다. ① 합법적인 외국카지노에서 도박한 외국인은 처벌되지 아니한다. ② 합법적인 외국카지노에서 도박한 한국인은 속인주의에 따라 처벌된다. ③ 한국카지노에서 도박한 외국인은 관광진흥법에 따라 적어도 우리나라에서는 처벌되지 아니한다. 하지만 그 외국인의 본국에서 자국의 형법에 따라 (그 국가의 형법이 우리나라처럼 속인주의의 원칙을 채택하고, 도박죄를 처벌하고 있다면) 처벌된다. ④ 한국카지

---

1) 대법원 2011. 1. 13. 선고 2010도9330 판결.
2) 대법원 2015. 10. 29. 선고 2015도10948 판결.
3) 대법원 2014. 3. 13. 선고 2014도212 판결.
4) 대법원 2017. 4. 13. 선고 2017도953 판결(피고인은 상습으로 2015. 1. 24.경 필리핀 마닐라에 있는 ○○○호텔 내 공소외 1, 공소외 2 운영 정켓방에서, 페소화 단위로 통용되는 카지노 칩을 그 표시액 상당의 홍콩달러로 계산하는 일명 '홍콩달러게임' 방식으로 상호 대금을 정산키로 합의하고, 그들로부터 제공받은 3,000만 홍콩달러 상당의 카지노 칩(한화 약 45억 원, 카지노 칩 표시는 3,000만 페소)을 이용하여 바카라 도박을 하였다); 대법원 2004. 4. 23. 선고 2002도2518 판결(네바다주카지노사건)(피고인이 상습으로 1996. 9. 19.부터 1997. 8. 25.경까지 사이에 미국의 네바다주에 있는 미라지 호텔 카지노에서 도박하였다는 공소사실에 대하여 유죄를 인정한 것은 정당하다); 대법원 2001. 9. 25. 선고 99도3337 판결(필리핀카지노사건)(필리핀국에서 카지노의 외국인 출입이 허용되어 있다고 하여도, 형법 제3조에 따라 필리핀국에서 도박을 한 피고인에게 우리나라 형법이 당연히 적용된다).

노에서 도박한 한국인은 정선카지노에서 이외의 장소에서 도박하면 처벌된다.

생각건대 위의 4가지 경우를 종합하여 보면 합법적인 국내 카지노에서 도박을 한 내국인은 처벌되지 아니하는 반면에 합법적인 외국 카지노에서 도박을 한 내국인은 처벌되는 불평등한 결과가 야기된다. 또한 국내 카지노에서 도박을 한 외국인은 형법 제2조의 속지주의에 따라 처벌하지 아니하는 반면에 외국 카지노에서 도박을 한 내국인은 형법 제3조의 속인주의에 따라 처벌하여 역시 불평등한 결과가 야기된다. 우리나라는 국내 카지노를 합법화함으로써 외화유출을 억제하고 자국내 관광수입의 증대와 외화획득을 증진시키는 입법 목적을 달성하기 위해 외국인의 국내 카지노에서의 도박을 강력히 권장·유도하고 있고, 현실적으로 국내 카지노가 관광수입증대와 외화획득에 상당한 기여를 하고 있음에도 불구하고 그와 반대로 외국 카지노에서 도박을 하고 돌아온 내국인에게는 단호하게 형법 제3조를 적용하여 형벌권을 행사하는 것은 자국의 이익만을 중시하는 자국이기주의에 기초한 것이라는 비난을 받을 수 있고, 외국과의 상호주의의 관점에서도 많은 문제를 야기할 소지가 있다.

그러므로 합법적인 외국 카지노에서의 도박행위에 대하여는 국내 카지노에서의 도박행위와 마찬가지로 동등하게 취급하여 형법 제3조의 적용을 완화하는 것이 타당하다. 결국 국내의 합법적인 카지노에서 도박을 한 외국인을 자국내에서 처벌하지 않는 것이 국내의 관광 진흥을 위해 필요한 것과 마찬가지로 외국의 합법적인 카지노에서 도박을 하고 돌아온 내국인 역시 처벌하지 아니하고 형벌권을 유보함이 외국과의 상호주의 관점에 부합하는 것이다.

Ⅱ. 상습도박죄

> 제246조(상습도박)　② 상습으로 제1항의 죄를 범한 사람은 3년 이하의 징역 또는 2천만원 이하의 벌금에 처한다.
> 제249조(벌금의 병과)　제246조 제2항, 제247조와 제248조 제1항의 죄에 대하여는 1천만원 이하의 벌금을 병과할 수 있다.

1. 의 의

상습도박죄는 상습으로 도박함으로써 성립하는 범죄이다. 단순도박죄와 비교하여 상습성이라는 행위자의 습성으로 인하여 책임이 가중되는 구성요건이다(부진정신분범).

2. 구성요건

'상습성'이란 반복하여 도박행위를 하는 습벽으로서 행위자의 속성을 말한다. 이러한 습벽의 유무를 판단함에 있어서는 도박의 전과나 도박횟수 등이 중요한 판단자료가 되지만, 도박전과가 없다고 하더라도 도박의 성질·방법·도금의 규모·도박에 가담하게 된 태양 등의 모든 사정을 참작하여 도박의 습벽이 인정되는 경우에는 상습성을 인정하여도 무방하다. 한편 본죄에 있어서 도박성과 상습성의 개념은 구별하여 해석하여야 한다.[1] 상습자라면 1회의 도박행위로도 상습도박죄가 성립한다. 그러나 상습성이 없는 자라면 우연히 수차 도박행위를 반복하였다고 하더라도 단순도박죄의 경합범이 성립할 뿐이며, 도박행위를 수차 반복하는 것은 객관적으로 도박의 이행인 경우이지만, 그것이 주관적으로 도박을 하는 습벽이 있는 것으로 인정되면 본죄의 성립이 인정된다. 또한 반드시 연일 계속하여 도박행위를 할 것을 필요로 하지 아니하며, 동일한 의사에 기인하여 반복한 것인가 아니면 개개의 의사로써 수회 도박을 성행했느냐는 구별할 필요가 없다.

판례에 의하면, ① 피고인에게 아무런 전과가 없다고 하더라도 2월 10일 동안 9회에 걸쳐 범행이 반복된 경우[2], ② 피고인이 1990. 12. 26. 상습도박죄로 징역 10월에 집행유예 3년의 형을 선고받고, 그 유예기간중인 1991. 10. 4.경 상해죄 등으로 징역 8월의 형을 선고받음으로써 위 집행유예가 실효되어 1992. 8. 6. 형의 집행을 종료한 후, 불과 6개월만인 1993. 2. 3. 22:00경부터 그 다음날 06:30경까지 다시 도박행위를 한 경우[3], ③ 1회 판돈 150,000~1,000,000원으로 2박 3일 동안 같은 장소에서 계속 도박을 하고 주도적인 역할을 맡았던 자가 돈을 잃자 그로부터 3일 후에 호텔을 예약하여 제2회 도박을 성사시킨 경우[4] 등에 있어서는 상습성을 인정하고 있다.

하지만 ① 미역가공업에 종사하는 도박의 전과가 없는 피고인들이 18:00경부터 같은 날 23:15경까지의 사이에 공소외 경영의 가게 내실에서 화투 48매를 사용하여 100끗에 10,000원씩 걸고 120여회에 걸쳐 속칭 '삼봉'이라는 도박을 한 경우[5], ② 피고인 2는 1990. 3.초 피고인 1이 유실물인 피해자 소유의 자기앞수표 금 1,000,000원권 10매를 사용해 보라고 건네주자 유실물이라는 정을 알면서 이를 건네받아, 같은 해 3.초 일자불상경 21:00경부터 이튿날 09:00경까지 사이에 위 수표를 가지고 공소외 1, 2, 3, 4 등과 함께 화투 40매를 사용하여 1회 도금 최고 금 100,000원씩을 걸고 약 200회에 걸쳐 속칭 '모이쪼'라는 도박을 한 경우[6], ③ 피고인은 공소외 1, 2 또는 공소외 1, 2, 3과 더불어 1982. 3. 15. 19:00경부터 21:00경까지 사이 같은 달 17. 17:30경부터 18:30경까지 사이 같은 달 21. 17:00부터 22:00경까지 사이에 1회 20,000원 내지 100,000원씩의 판돈을 걸고 '도리짓고땡'이라는 도박을 수십회 한 경우[7] 등에 있어서는 상습성을 부정하고 있다.

3. 공 범

본죄는 부진정신분범이므로 상습성 있는 자와 상습성 없는 자가 도박을 한 경우 상습성 있는 자는 본죄, 상습성 없는 자는 단순도박죄의 공동정범으로 처벌된다. 상습성 없는 자가 상습

1) 대법원 1990. 12. 11. 선고 90도2250 판결.
2) 대법원 1983. 10. 25. 선고 83도2448 판결.
3) 대법원 1994. 3. 8. 선고 93도3608 판결.
4) 대법원 1995. 7. 11. 선고 95도955 판결.
5) 대법원 1989. 4. 11. 선고 88도2493 판결.
6) 대법원 1991. 10. 8. 선고 91도1894 판결.
7) 대법원 1985. 9. 24. 선고 85도1272 판결.

성 있는 자의 도박을 교사 또는 방조한 경우 상습성 있는 자는 본죄의 정범, 상습성 없는 자는 단순도박죄의 교사 또는 방조범으로 처벌된다.

4. 죄수 및 다른 범죄와의 관계

본죄는 집합범이므로 수회에 걸쳐 도박행위를 하더라도 포괄일죄가 된다.[1] 또한 상습성이 있는 자가 도박죄와 도박방조죄를 범한 때에도 본죄만 인정된다.[2]

Ⅲ. 도박장소등개설죄

제247조(도박장소 등 개설) 영리의 목적으로 도박을 하는 장소나 공간을 개설한 사람은 5년 이하의 징역 또는 3천만원 이하의 벌금에 처한다.
제249조(벌금의 병과) 제246조 제2항, 제247조와 제248조 제1항의 죄에 대하여는 1천만원 이하의 벌금을 병과할 수 있다.

1. 의 의

도박장소등개설죄는 영리의 목적으로 도박을 하는 장소나 공간을 개설함으로써 성립하는 범죄이다. 본죄는 영리의 목적으로 스스로 주재자가 되어 그 지배하에 도박장소나 공간을 개설함으로써 성립하는 것으로서, 도박죄와는 별개의 독립된 범죄이다. 성질상 도박행위를 교사하거나 방조하는 예비행위에 불과하지만 이를 독립된 범죄로 하고 있는데, 이는 도박장소 등의 개설로 인하여 수입이 범죄단체의 운영자금으로 사용되고, 불특정·다수인이 도박을 동시에 할 수 있는 기회를 제공하는 등으로 인하여 불법이 가중되기 때문이다. 본죄는 기수 이후에도 범죄행위가 계속되고, 도박장소를 폐쇄할 때 종료되므로 계속범에 해당한다.

한편 2013. 4. 5. 형법 개정을 통하여 도박'공간'을 개설하는 경우에도 본죄가 될 수 있도록 하였는데, 이는 인터넷상 사이버공간을 제공하는 유형을 포섭하기 위한 것으로 해석된다. 또한 법정형을 기존 3년 이하에서 5년 이하로 상향조정하였는데, 이는 '국제연합 국제조직범죄 방지협약'의 대상범죄가 될 수 있도록 하기 위함이다.

2. 구성요건

(1) 행 위

본죄의 실행행위는 영리의 목적으로 도박을 하는 장소나 공간을 개설하는 것이다. '도박장

---

1) 대법원 1982. 9. 28. 선고 82도1669 판결.
2) 대법원 1984. 4. 24. 선고 84도195 판결. 하지만 공범은 정범의 성립과 처벌에 종속되고, 제33조 단서는 '중한 죄로 벌하지 아니한다'고 하고 있으므로 상습성 있는 자를 단순도박죄의 교사 또는 방조범의 형벌로 처벌해야 할 것이다.

소나 도박공간을 개설'한다는 것은 행위자의 지배하에 도박의 장소나 공간을 개설하는 것을 말한다. 도박의 주재자가 되어 그 장소나 공간에 대한 지배권을 가져야만 하는지의 여부와 관련하여, ① 본죄의 법정형이 도박죄에 비하여 중하다는 점, 주재자가 되지 않고 단순히 도박장소나 공간을 세공함에 그친 경우에는 도박죄의 방조범이 될 뿐이라는 점 등을 논거로 하여, 주재자만이 본죄의 주체가 된다는 견해[1], ② 주재자의 의미가 불분명하다는 점, 도박장소의 단순한 제공도 영리의 목적으로 행해진 경우에 처벌의 대상이 된다는 점 등을 논거로 하여, 주재자가 아니라고 할지라도 본죄의 주체가 된다는 견해[2] 등의 대립이 있다.

생각건대 비록 본죄의 구성요건에서 명시적으로 '주재'의 요소를 요구하지는 않지만, 도박방조죄와의 구별을 위해서 단순히 장소나 공간을 개설한 경우에는 본죄가 성립하지 않는다고 보아야 한다.

판례에 의하면, ① 성인PC방 운영자가 손님들로 하여금 컴퓨터에 접속하여 인터넷 도박게임을 하고 게임머니의 충전과 환전을 하도록 하면서 게임머니의 일정 금액을 수수료 명목으로 받은 경우[3], ② 유료낚시터를 운영하는 사람이 입장료 명목으로 요금을 받은 후 낚인 물고기에 부착된 시상번호에 따라 경품을 지급한 경우[4], ③ 인터넷 고스톱게임 사이트를 유료화하는 과정에서 사이트를 홍보하기 위하여 고스톱대회를 개최하면서 참가자들로부터 참가비를 받고 입상자들에게 상금을 지급한 경우[5], ④ 인터넷 사이트 운영자가 회원들로 하여금 온라인에서 현금화할 수 있는 게임코인을 걸고 속칭 고스톱·포커 등을 하도록 하고, 수수료 명목으로 일정액을 이익으로 취한 경우[6] 등에 있어서는 본죄가 성립한다.

(2) 주관적 구성요건

본죄가 성립하기 위해서는 고의 이외에 영리의 목적이 있어야 한다. '영리의 목적'이란 도박개설의 대가로 불법한 재물 또는 재산상의 이익을 얻을 목적을 말한다.[7] 재물 또는 재산상의 이익은 입장료·수수료·딜러몫 등으로 대가를 얻는 것이어야 하고, 도박으로 인해서 얻는 이익은 포함되지 아니한다. 반드시 도박개설의 직접적 대가가 아니라 도박개설을 통하여 간접적으

---

1) 김선복, 596면; 김신규, 770면; 김일수/서보학, 520면; 배종대, 645면; 손동권/김재윤, 721면; 이영란, 709면; 이재상/장영민/강동범, 661면; 정성근/정준섭, 485면; 정영일, 385면.

2) 임 웅, 860면.

3) 대법원 2008. 10. 23. 선고 2008도3970 판결.

4) 대법원 2009. 2. 26. 선고 2008도10582 판결(실내낚시터경품사건)(피고인은 2007. 2. 16.경부터 같은 달 26.경까지 이 사건 실내낚시터를 운영하면서, 물고기 1,700여 마리를 구입하여 그 중 600마리의 등지느러미에 1번부터 600번까지의 번호표를 달고 나머지는 번호표를 달지 않은 채 대형 수조에 넣고, 손님들로부터 시간당 3만 원 내지 5만 원의 요금을 받고 낚시를 하게 한 후, 손님들이 낚은 물고기에 부착된 번호가 시간별로 우연적으로 변동되는 프로그램상의 시상번호와 일치하는 경우 손님들에게 5천 원 내지 3백만 원 상당의 문화상품권이나 주유상품권을 지급하는 방식으로 영업한 사실을 알 수 있다).

5) 대법원 2002. 4. 12. 선고 2001도5802 판결.

6) 대법원 2008. 9. 11. 선고 2008도1667 판결.

7) 대법원 2009. 2. 26. 선고 2008도10582 판결.

로 얻게 될 이익을 위한 경우에도 영리의 목적이 인정된다. 영리의 목적이 있으면 족하고 현실적으로 재물 또는 재산상의 이익을 취득하였는지 여부는 묻지 아니한다.[1] 만약 영리의 목적이 없는 경우에는 본죄가 성립하지 않고 단순도박의 교사범 또는 방조범이 성립할 뿐이다.

3. 실행의 착수시기 및 기수시기

본죄는 영리의 목적으로 도박장소나 공간을 개설하면 기수에 이르고, 현실로 도박이 행하여졌음은 묻지 아니한다. 영리의 목적으로 속칭 포커·바둑이·고스톱 등의 인터넷 도박게임 사이트를 개설하여 운영하는 경우, 현실적으로 게임이용자들로부터 돈을 받고 게임머니를 제공하고 게임이용자들이 도박게임 사이트에 접속하여 도박을 하여, 게임으로 획득한 게임머니를 현금으로 환전해 주는 방법 등으로 게임이용자들과 게임회사 사이에 있어서 재물이 오고갈 수 있는 상태에 있으면 게임이용자가 도박게임 사이트에 접속하여 실제 게임을 하였는지 여부와 관계없이 본죄의 기수에 이른다.[2]

4. 죄수 및 다른 범죄와의 관계

본죄를 범한 자가 도박을 한 경우에는 본죄와 도박죄의 실체적 경합관계가 성립한다. 한편 무허가 카지노영업으로 인한 관광진흥법 위반죄와 본죄는 상상적 경합범 관계에 있다.[3]

Ⅳ. 복표발매·중개·취득죄

제248조(복표의 발매 등) ① 법령에 의하지 아니한 복표를 발매한 사람은 5년 이하의 징역 또는 3천만원 이하의 벌금에 처한다.
② 제1항의 복표발매를 중개한 사람은 3년 이하의 징역 또는 2천만원 이하의 벌금에 처한다.
③ 제1항의 복표를 취득한 사람은 1천만원 이하의 벌금에 처한다.
제249조(벌금의 병과) 제246조 제2항, 제247조와 제248조 제1항의 죄에 대하여는 1천만원 이하의 벌금을 병과할 수 있다.

---

1. 의의 및 보호법익

복표발매·중개·취득죄는 법령에 의하지 아니한 복표를 발매하거나(제1항) 복표발매를 중개하

---

1) 대법원 2008. 10. 23. 선고 2008도3970 판결; 대법원 2002. 4. 12. 선고 2001도5802 판결.
2) 대법원 2009. 12. 10. 선고 2008도5282 판결(도박가맹점기수사건)(피고인들이 단순히 가맹점만을 모집한 상태에서 도박게임 프로그램을 시험가동한 정도에 그친 것이 아니라 가맹점을 모집하여 인터넷 도박게임이 가능할 수 있도록 시설 등을 설치하고 도박게임 프로그램을 가동하던 중 문제가 발생하여 더 이상의 영업으로 나아가지 못한 것으로 볼 여지가 없지 아니하고, 사정이 이러하다면 이로써 이미 도박개장죄는 기수에 이르렀다고 볼 수 있으며, 더 나아가 피고인들이 모집한 PC방의 업주들이 그곳을 찾은 이용자들에게 피고인들이 개설한 도박게임 사이트에 접속하여 도박을 하게 한 사실이 없다고 하여 도박개장죄의 성립이 부정된다고 할 수는 없다).
3) 대법원 2009. 12. 10. 선고 2009도11151 판결.

거나(제2항) 복표를 취득함으로써(제3항) 성립하는 범죄이다. 복표의 당첨 여부도 우연에 의하여 결정되므로 복표취득죄는 도박죄, 복표발매 및 발매중개죄는 도박장소등개설죄와 유사한 성격의 범죄라고 할 수 있지만, 복표에 관한 죄는 불특정 다수인을 상대로 하는 성격이 있기 때문에 독립된 범죄로 규정하고 있는 것이다. 복표발매죄와 복표취득죄는 필요적 공범 중 대향범에 해당한다. 본죄의 보호법익은 사회의 건전한 근로의식 내지 경제관념이고, 보호의 정도는 추상적 위험범이다. 한편 「사행행위 등 규제 및 처벌 특례법」은 복표발행업을 사행행위영업의 하나로 규정하고 있기 때문에 본죄는 영업이 아닌 형태로 복표를 발매하는 경우를 그 대상으로 하고 있다.

2. 구성요건

(1) 객 체

본죄의 객체는 법령에 의하지 아니한 복표이다. 그러므로 로또복권이나 스포츠토토복권 등과 같이 법령에 의하여 발매되는 복표는 본죄의 객체가 되지 아니한다. '복표'(福票)란 특정한 표찰을 발매하여 다수인으로부터 금품을 모아 추첨 등의 방법에 의하여 당첨자에게 재산상의 이익을 주고 다른 사람에게 손실을 주는 것을 말한다(「사행행위 등 규제 및 처벌 특례법」 제2조 제1항 제2호 가목). 복표의 개념요소는 ① 특정한 표찰일 것, ② 그 표찰을 발매하여 다수인으로부터 금품을 모을 것, ③ 추첨 등의 우연한 방법에 의하여 그 다수인 중 일부 당첨자에게 재산상의 이익을 주고 다른 참가자에게 손실을 줄 것의 세 가지로 파악할 수 있다. 이 점에서 경제상의 거래에 부수하는 특수한 이익의 급여 내지 가격할인에 불과하고 발매자가 자신의 비용으로 부담하는 경품권이나 사은권 등과는 그 성질이 다르다. 하지만 어떠한 표찰이 복표에 해당하는지 여부는 그 표찰 자체가 갖는 성질에 의하여 결정되어야 하고, 그 기본적인 성질이 위와 같은 개념요소를 갖추고 있다면, 거기에 광고 등 다른 기능이 일부 가미되어 있는 관계로 당첨되지 않은 참가자의 손실을 그 광고주 등 다른 사업주들이 대신 부담한다고 하더라도, 특별한 사정이 없는 한 복표로서의 성질을 상실하지는 아니한다.[1]

(2) 행 위

본죄의 실행행위는 복표의 발매·발매중개·취득이다. '발매'란 복표를 발행하여 판매하는 것을 말하고, '발매중개'란 발매자와 취득자 사이에서 발매를 알선하는 일체의 행위를 말한다.

---

[1] 대법원 2003. 12. 26. 선고 2003도5433 판결(피고인들은 '광고복권'을 발매함에 있어서 특정한 사업자가 아닌 불특정 다수의 사업자들을 상대로 하여 그 전체의 당첨확률과 발행비용 및 이윤 등을 감안한 가격으로 이 사건 표찰을 계속적으로 발매함으로써 스스로의 계산 아래 다수인으로부터 금품을 모은 점, 이에 따라 이 사건 표찰은 주택복권의 추첨결과를 이용한 우연성에 의하여 일부 당첨자만 이익을 얻고 그 이외의 사람들은 당연히 손실을 볼 수밖에 없는 구조를 갖추고 있는 점, 이 사건 표찰을 구입한 사업자들은 통상의 경우 홍보 및 판촉 수단으로 고객들에게 이 사건 표찰을 무료로 교부하지만, 이 사건 표찰 자체에 그러한 제한이 설정되어 있는 것은 아니고, 사업자들이 이 사건 표찰을 고객 등에게 다시 팔거나 그 구입비용을 상품의 가격에 전가할 수도 있으며, 사업자 자신이 직접 당첨에 응할 수도 있는 점 등을 알 수 있고, 형법 제248조 제3항이 규정하는 복표취득죄에 있어서 그 취득은 유상이건 무상이건 가리지 않는다).

'취득'이란 복표에 대한 사실상의 소유권을 취득하는 것을 말하고, 유·무상을 불문한다.

제 3 절   신앙에 관한 죄

I. 장례식등방해죄

> 제158조(장례식 등의 방해) 장례식, 제사, 예배 또는 설교를 방해한 자는 3년 이하의 징역 또는 500만원 이
> 하의 벌금에 처한다.

1. 의의 및 보호법익

장례식등방해죄는 장례식·제사·예배 또는 설교를 방해함으로써 성립하는 범죄이다. 본죄의 보호법익은 장례식·제사·예배 또는 설교 등의 평온 및 공중의 종교생활의 평온과 종교감정이고, 보호의 정도는 추상적 위험범이다.

2. 구성요건

(1) 주 체

본죄의 주체에는 제한이 없다. 추모 감정 및 공공의 평온을 저해하는 행위를 한 경우에는 비록 장의위원이라고 하더라도 본죄의 주체가 될 수 있다.

(2) 객 체

본죄의 객체는 장례식·제사·예배 또는 설교이다. 그러므로 결혼식·학술대회·강연회·기념식·생일잔치·돌잔치 등은 본죄의 객체가 될 수 없고, 경우에 따라 업무방해죄가 문제될 뿐이다. '장례식'이란 사자(死者)를 장사지내는 의식을 말한다. 장례식은 분향장소에서의 의식만을 의미하지 않고 관련된 행사를 모두 포함한다. 장례식에 시체가 현존할 필요도 없다. '제사'란 조상 또는 숭배대상이 되는 존재에 대한 추모와 존경을 표하는 의식을 말한다. 문중시제와 같이 윤리적 관습에 의한 의식뿐만 아니라 종묘대제와 같이 종교적 의식도 포함된다. 하지만 단오제·춘향제·율곡제 등의 문화행사는 이에 해당하지 아니한다.

'예배'란 종교단체의 규칙과 관례에 따라 다수인이 모여서 그 종교의 교리에 따라 행하는 의식을 말한다. 예배의 장소는 묻지 아니한다. 예배라고 하기 위해서는 다수인이 참여하여야 하므로 혼자서 보고 있는 예배는 이에 해당하지 아니한다. 결혼예배나 영결예배도 종교적 관례와 형식에 따라 진행되면 예배에 해당한다. 종전 교회의 교인들의 예배를 방해한 경우에는 본죄에서 보호하는 예배에 해당하지 아니한다.[1]

---

1) 대법원 2008. 2. 28. 선고 2006도4773 판결(공소외인은 대한예수교장로회 서울동노회 소속교회의 담임목사로 있

'설교'란 종교상의 교리를 가르치는 것을 말한다. 정식절차를 밟은 위임 목사가 아닌 자가 당회의 결의에 반하여 설교와 예배인도를 한 경우라고 할지라도 그가 그 교파의 목사로서 그 교의를 신봉하는 신도 약 350여 명 앞에서 그 교지에 따라 설교와 예배인도를 한 것이라면, 다른 특별한 사정이 없는 한 그 설교와 예배인도는 형법상 보호를 받을 가치가 있다.[1] 설교는 예배 등의 의식에 준하는 형태를 갖춘 경우에만 본죄의 객체에 포함되므로, 지하철이나 길거리에서 행하는 전도(傳道)행위는 이에 해당하지 아니한다.[2]

(3) 행 위

본죄의 실행행위는 방해하는 것이다. '방해'란 장례식 등의 평온한 수행에 지장을 주어 정상적인 진행을 곤란하게 하는 일체의 행위를 말한다. 방해의 수단과 방법에도 아무런 제한이 없으며 일시적인 행위라고 하더라도 무방하지만, 적어도 객관적으로 보아 장례식 등의 평온한 수행에 지장을 줄 만한 행위를 함으로써 장례식의 절차와 평온을 저해할 위험이 초래될 수 있는 정도는 되어야 비로소 방해가 있다고 보아 본죄가 성립한다.[3] 본죄는 방해가 있음으로써 기수가 되고 현실적으로 의식이 중단되는 등 방해의 결과 발생은 필요로 하지 아니한다. 본죄는 예배(제사)중이거나 예배(제사)와 시간적으로 밀접불가분의 관계에 있는 준비단계에서 이를 방해하는 경우에만 성립한다.[4] 하지만 방해는 장례식 등 구체적인 의식을 대상으로 해야 하므로, 문서를 반포하여 종교를 비방하거나 예배자의 수를 감소시킨 경우에는 방해라고 할 수 없다.

다가 서울동노회 재판국으로부터 목사면직의 판결을 받자 일부 신도들과 함께 대한예수교장로회 교단을 탈퇴한다는 결의를 하고 2000. 12. 1. 교회를 떠난 후 이 사건이 일어난 2003. 4. 20.까지는 교회 건물에서 예배를 한 적이 없는 점, 교회에서는 2003. 4. 20. 11:00에 부활절 예배가 예정되어 있었는데, 그러한 사정을 잘 아는 공소외인이 그를 따르는 신도들과 함께 아무런 통보나 예고도 없이 갑자기 10:10경에 부활절 예배를 준비 중이던 교회 예배당으로 들어와서는 찬송가를 부르는 등의 행위를 하기 시작한 점, 공소외인 및 그를 따르는 신도들은 피고인들을 포함한 교회의 교인들로부터 부활절 예배가 곧 시작되므로 예배당을 비워달라는 요구를 받았음에도 불구하고 이를 계속해서 거부하였고, 이에 결국 피고인들을 포함한 교회 교인들이 그 판시와 같은 방해행위에 이르게 된 사실 등을 종합해 보면, 공소외인 및 그를 따르는 신도들의 위와 같은 행위는 교회 교인들의 예배를 방해하기 위한 행위라고 볼 수밖에 없어 예배방해죄에서 보호하는 '예배'에 해당된다고 보기는 어렵다).

1) 대법원 1971. 9. 28. 선고 71도1465 판결.
2) 정영일, 389면.
3) 대법원 2013. 2. 14. 선고 2010도13450 판결(노무현대통령국민장사건)(피고인이 이 사건 영결식장에서 한 행위, 즉 이명박 대통령의 헌화 순서에 맞추어 헌화대 쪽을 향하여 몇 걸음을 옮기면서 크게 소리를 지른 행위가 비록 피고인이 대통령의 헌화를 방해하려는 의도를 가지고 한 행동이라 하더라도, 그 행위의 내용, 경호원들의 제압에 대한 피고인의 반응, 소란이 있었던 시간 등 여러 객관적 사정으로 보아 피고인의 위와 같은 행위가 이 사건 영결식의 평온한 수행에 지장을 줄 만한 행위로서 이로 말미암아 이 사건 영결식의 절차와 평온을 저해할 위험이 초래될 정도라고 단정하기는 어렵다고 할 것이다).
4) 대법원 2008. 2. 1. 선고 2007도5296 판결(피고인이 2005. 6. 2. 이 사건 예배당 건물에 침입한 후 출입문 자물쇠를 교체하여 교인들의 출입을 막음으로써 그 때부터 2006. 1. 12.까지 무려 7개월 이상 공소외인 등 교인들의 예배를 방해하였다는 것인바, 위 법리에 비추어 피고인이 장기간 예배당 건물의 출입을 통제한 사실만으로 예배방해죄가 성립한다고 볼 수는 없다); 대법원 1982. 2. 23. 선고 81도2691 판결(피고인이 피해자의 집에 가서 시비 중에 마침 제사상에 사용할 음식을 마련하여 임시로 작은 상 위에 올려놓은 것을 발로 찼다는 정도의 행위는 제사방해죄에 해당되지 않는다).

(4) 주관적 구성요건

본죄가 성립하기 위해서는 자신의 행위로 인하여 장례식 등이 방해될 수 있다는 인식과 의사가 있어야 한다. 또한 장례식 등 전체에 대한 방해뿐만 아니라 장례식 등을 구성하는 개별 의식 또는 그 의식 중 일부 절차에 대한 방해의 인식과 의사로도 충분하다.

Ⅱ. 시체등오욕죄

> 제159조(시체 등의 오욕) 시체, 유골 또는 유발(遺髮)을 오욕한 자는 2년 이하의 징역 또는 500만원 이하의 벌금에 처한다.

1. 의의 및 보호법익

시체등오욕죄는 시체·유골 또는 유발(遺髮)을 오욕함으로써 성립하는 범죄이다. 본죄의 보호법익은 사자에 대한 '일반인'의 존중의 감정이고, 보호의 정도는 추상적 위험범이다. 본죄는 유족의 추모감정을 보호하기 위한 것은 아니다.

2. 구성요건

(1) 객 체

본죄의 객체는 시체·유골 또는 유발이다. '시체'(屍體)란 사망한 사람의 신체를 말한다. 시체는 신체의 전부뿐만 아니라 일부분밖에 없는 경우에도 본죄의 객체가 된다. 사태(死胎)도 인체의 형태를 갖추고 있으면 시체의 일종이라고 보아야 한다. 왜냐하면 「장사 등에 관한 법률」 제2조 제1호에 의하면 '임신 4개월 이후에 죽은 태아'를 시신에 포함하고 있기 때문이다. '유골'(遺骨)이란 화장·매장 등에 의해 남아 있는 백골을 말한다. '유발'(遺髮)이란 사자에 대한 추모·공경을 나타내기 위해 보관하고 있는 모발을 말한다. 혼백의 상징물로 전통적 제례풍습에서는 사자의 모발을 잘라 위패와 함께 모시는 습속이 있었는데, 이 경우 그 모발은 본죄의 객체가 된다.[1] 여기서 유골 및 유발은 모두 사자를 제사·기념하기 위하여 보존하는 대상에 한한다. 그러므로 학술표본용은 본죄의 객체에 해당하지 아니한다.

(2) 행 위

본죄의 실행행위는 오욕하는 것이다. '오욕'이란 폭행 기타 유형력의 행사에 의한 모욕을 말한다. 예를 들면 시체에 침을 뱉는 행위, 시간(屍姦) 등이 이에 해당한다. 하지만 언어에 의한 모욕은 오욕이라고 할 수는 없고, 경우에 따라 사자에 대한 명예훼손죄가 문제될 수 있을 뿐이다. 시체 등이 손괴되면 시체등손괴죄에 해당하므로, 본죄의 오욕은 손괴에 이르지 않는 정도

---

1) 김일수/서보학, 525면.

이어야 한다.

Ⅲ. 분묘발굴죄

> 제160조(분묘의 발굴) 분묘를 발굴한 자는 5년 이하의 징역에 처한다.
> 제162조(미수범) 전2조의 미수범은 처벌한다.

1. 의의 및 보호법익

분묘발굴죄는 분묘를 발굴함으로써 성립하는 범죄이다. 본죄의 보호법익과 관련하여, 판례[1]는 종교감정의 공서양속이라고 하지만, 사자에 대한 일반인의 존중심 내지 숭상심이라고 해야 하며, 보호의 정도는 침해범이다.

2. 구성요건

(1) 객 체

본죄의 객체는 분묘이다. '분묘'란 사람의 시체·유골·유발 등을 매장하여 제사나 예배 또는 기념의 대상으로 하는 장소를 말한다. 인체의 형태를 갖춘 사태가 매장된 장소도 분묘에 해당한다. 시체나 유골이 토괴화하였을 때에도 분묘인 것이며, 그 사자가 누구인지 불명하다고 할지라도 현재 제사숭경하고 종교적 예의의 대상으로 되어 있고 이를 수호·봉사하는 자가 있으면 분묘에 해당한다.[2] 분묘에 대한 소유권자나 관리자가 존재함을 요하지 아니하며, 반드시 적법하게 매장된 분묘임도 요하지 아니하므로 암매장·가매장된 분묘도 본죄의 객체가 된다. 하지만 시체·유골·유발 등이 매장되어 있지 않은 경우에는 분묘의 형태를 갖추고 있더라도 분묘라고 할 수 없으며, 고분과 같이 제사의 대상이 되지 아니하는 것도 분묘라고 할 수 없다.

(2) 행 위

본죄의 실행행위는 발굴하는 것이다. '발굴'이란 복토(覆土)의 전부 또는 일부를 제거하거나 묘석(墓石) 등을 파괴하여 분묘를 손괴하는 것을 말한다. 분묘의 손괴 정도와 관련하여, ① 분묘 안의 관이나 시체·유골 등이 외부에서 인식할 수 있는 상태가 되어야 한다는 외부인지설[3], ② 반드시 관이나 시체·유골 등이 드러날 필요는 없고, 복토의 제거만 있으면 족하다는 복토제거

---

1) 대법원 1971. 10. 25. 선고 71도1727 판결.

2) 대법원 1990. 2. 13. 선고 89도2061 판결; 대법원 1976. 10. 29. 선고 76도2828 판결(묘의 봉분이 없어지고 평토화가까이 되어 있고 묘비 등 표식이 없어 그 묘 있음을 확인할 수 없는 분묘라고 하더라도 현재 이를 제사 숭경하고 종교적 의례의 대상으로 하는 자가 있는 경우에는 그가 바로 무연고분으로서 제사와 신앙의 대상이 되는 분묘라고 할 수 없다거나 분묘발굴죄의 객체인 분묘에 해당되지 않는다고는 할 수 없다. 암장된 분묘라고 하더라도 당국의 허가 없이 자구행위로 이를 발굴하여 개장할 수는 없는 것이다).

3) 김선복, 602면; 김신규, 778면; 김일수/서보학, 526면; 김혜정 외 4인, 638면; 배종대, 649면; 이영란, 717면; 이재상/장영민/강동범, 669면; 이형국/김혜경, 741면; 정성근/정준섭, 492면; 정영일, 392면.

설[1] 등의 대립이 있다.

이에 대하여 판례는 「발굴행위는 유골이나 사체가 외부로부터 인지할 수 있는 상태까지 현출함을 요하지 아니한다.」라고 판시[2]하여, 복토제거설의 입장을 취하고 있다.

생각건대 본죄는 미수범 처벌규정을 두고 있으므로 외부인지설이 타당하다.

3. 위법성조각사유

본죄는 그 분묘에 대하여 아무런 권한이 없는 자 또는 권한이 있는 자라도 시체에 대한 종교적 양속에 반하여 함부로 이를 발굴하는 경우만을 처벌대상으로 삼는 취지라고 보아야 할 것이므로, 법률상 그 분묘를 수호·봉사하며 관리하고 처분할 권한이 있는 자 또는 그로부터 정당하게 승낙을 얻은 자가 시체에 대한 종교적·관습적 양속에 따른 존숭의 예를 갖추어 이를 발굴하는 경우에는 그 행위의 위법성은 조각된다.[3] 하지만 토지구획정리사업 시행자로부터 분묘의 개장명령을 받은 경우에도 그 분묘를 보존·수호하는 권한이 있는 자의 승낙을 받지 못한 경우에는 위법성이 조각되지 아니한다.[4] 또한 생모의 묘를 관리하는 자의 의사에 반하여 그 묘를 발굴한 경우에는 설령 그 묘가 자기의 생모의 묘라도 죄가 성립한다.[5]

Ⅳ. 시체등손괴·유기·은닉·영득죄

제161조(시체 등의 영득) ① 시체, 유골, 유발 또는 관 속에 넣어 둔 물건을 손괴(損壞), 유기, 은닉 또는 영득(領得)한 자는 7년 이하의 징역에 처한다.
② 분묘를 발굴하여 제1항의 죄를 지은 자는 10년 이하의 징역에 처한다.
제162조(미수범) 전2조의 미수범은 처벌한다.

1. 의의 및 보호법익

시체등손괴·유기·은닉·영득죄는 시체·유골·유발 또는 관내에 장치한 물건을 손괴·유기·은닉 또는 영득하거나(제1항) 분묘를 발굴하여 시체·유골·유발 또는 관내에 장치한 물건을

---

1) 김성천/김형준, 766면; 신동운, 260면.
2) 대법원 1962. 3. 29. 선고 4294형상539 판결.
3) 대법원 2007. 12. 13. 선고 2007도8131 판결(분묘에 대한 봉사, 수호 및 관리, 처분권은 종중이나 그 후손들 모두에게 속하여 있는 것이 아니라 오로지 그 분묘에 관한 호주상속인에게 전속한다. 피고인은 이 사건 분묘에 관한 구 민법상의 호주상속인이고, 이 사건 분묘를 발굴하여 납골당에 안치한 행위는 종교적, 관습적 양속에 반하지 아니하여 위법성이 조각된다); 대법원 1995. 2. 10. 선고 94도1190 판결(이 사건 분묘에 매장된 甲의 家를 계승한 사람은 망인의 사망 당시 호주였던 乙의 사후양자로 그를 호주상속한 것으로 되어 있는 丙이고, 고소인들은 단지 출가 등의 사유로 오래 전에 가를 떠난 甲의 양손녀들일 뿐임이 명백하므로 사실상 분묘를 관리, 수호하고 봉제사를 행하여 오던 피고인이 실질상 손이 끊겨 수호 관리하기 힘든 조상들의 묘를 화장방식으로 바꾸기로 한 종중의 결의에 따라 丙의 승낙하에 종교적 예를 갖추어 이 사건 분묘를 발굴하였다면 비록 발굴 전에 甲의 출가한 양손녀들인 고소인들의 승낙을 얻지 아니하였다고 하더라도 이를 위법한 행위라고 단정할 수는 없는 것이다).
4) 대법원 1978. 5. 9. 선고 77도3588 판결.
5) 대법원 1971. 10. 25. 선고 71도1727 판결.

손괴·유기·은닉 또는 영득함으로써(제2항) 성립하는 범죄이다. 본죄의 보호법익은 사자에 대한 사회적 풍속으로서의 종교적 감정 또는 종교적 평온이고[1], 보호의 정도는 침해범이다.

2. 구성요건

(1) 객 체

본죄의 객체는 시체·유골·유발 또는 관내에 장치한 물건이다. '관내에 장치한 물건'이란 사자에 대한 존경 또는 추모를 위하여 시체와 함께 관내에 묻어둔 부장품을 말한다. 그러나 관 자체는 관내의 부장물이 아니므로 관내장치물이 될 수 없다. 또한 관을 사용하지 않고 시체만 매장한 경우에 있어서 시체와 함께 놓아둔 부장물은 본죄의 객체가 되지 아니한다.

(2) 행 위

본죄의 실행행위는 손괴·유기·은닉 또는 영득하는 것이다. '손괴'란 손괴죄에서 의미하는 것과 달리 효용을 상실·감소시키는 것을 의미하는 것이 아니라 사자에 대한 존중심 내지 숭상심을 해할 정도로 물리적으로 훼손하는 것을 말한다. 시체는 비록 그 근육이 부패하여 자연적으로 분골이 된 경우라고 할지라도 그 생전의 위치와 순서를 그대로 보존할 것이고, 가령 이장하는 경우라고 할지라도 그 자연적 태세를 변경혼란 함이 없이 계골함이 관례이므로 계골함이 없이 그 전체 유골에서 일부를 분리함은 손괴에 해당한다.[2]

'유기'란 시체 등을 매장상태에서 관리·수호받지 못하는 상태로 놓는 것을 말한다. 종교적·사회적 관례상 매장이라고 인정되는 방법에 의하지 아니하고 시체 등을 방기하는 것을 말하므로 유기죄에서 말하는 유기와 구별된다. 시체 등을 장소적으로 이전할 것을 요하지 아니한다. 매장할 작위의무 없는 자는 단순한 방치만으로 유기가 될 수 없으므로 타인을 살해하고 그 시체를 현장에 방치하여도 살인죄 이외에 별도로 시체유기죄가 성립하지 아니하지만[3], 자기가 지배할 수 있는 지역 내에서 자살사태가 발생하였는데 이를 관할관청 또는 유가족에게 통보·연락하지 아니하고 시체를 매장한 경우에는 시체유기죄가 성립한다.[4] 한편 사람을 살해한 자가 그 범죄의 흔적을 은폐하기 위하여 그 시체를 다른 장소로 옮겨 유기하였을 때에는 별도로 시체유기죄가 성립한다.[5]

---

1) 대법원 1998. 3. 10. 선고 98도51 판결(은폐화장사건)(법률, 계약 또는 조리상 사체에 대한 장제 또는 감호할 의무가 있는 자가 이를 방치하거나 그 의무 없는 자가 그 장소적 이전을 하면서 종교적, 사회적 풍습에 따른 의례에 의하지 아니하고 이를 방치하는 경우에 성립한다. 피고인이 일반 화장절차에 따라 피해자의 시신을 화장하여 장제의 의례를 갖추었다면 비록 그것이 피고인이 자신의 범행을 은폐할 목적이었고 유족들에게 이를 알리지 아니하였다고 하더라도 그러한 사정만으로는 사자에 대한 종교적 감정을 침해한 것이라고 보기는 어렵다).

2) 대법원 1957. 7. 5. 선고 4290형상148 판결.

3) 대법원 1948. 6. 8. 선고 4281형상48 판결.

4) 대법원 1961. 1. 18. 선고 4293형상859 판결.

5) 대법원 1997. 7. 25. 선고 97도1142 판결; 대법원 1984. 11. 27. 선고 84도2263 판결; 대법원 1968. 7. 2. 선고 68도697 판결.

'은닉'이란 시체 등의 발견을 불가능하게 하거나 심히 곤란하게 하는 것을 말한다. 그러므로 살인·강도살인 등의 목적으로 사람을 살해한 자가 그 살해의 목적을 수행함에 있어 사후 시체의 발견이 불가능 또는 심히 곤란하게 하려는 의사로 인적이 드문 장소로 피해자를 유인하거나 실신한 피해자를 숲속으로 끌고 가서 그 곳에서 살해하고 시체를 그대로 둔 채 도주한 경우에는 비록 결과적으로 시체의 발견이 현저하게 곤란을 받게 되는 사정이 있다고 하더라도 별도로 시체은닉죄가 성립되지 아니한다.[1]

'영득'이란 시체 등에 대한 사실상의 소유자의 지위를 얻는 행위를 하는 것을 말한다. 사자에 대한 숭경의 대상이 되는 시체 등은 소유의 대상이 아니므로 재물이 될 수 없기 때문에 영득하여도 별도로 재산범죄는 성립하지 아니한다는 견해[2]가 있지만, 사실상 거래의 대상이 되는 경우에 있어서는 재산범죄가 성립할 수도 있다고 보아야 한다.

'분묘를 발굴하여' 시체·유골·유발 또는 관내에 장치한 물건을 손괴·유기·은닉 또는 영득하면 형이 가중되는데, 여기서 분묘의 발굴은 위법한 것이어야 한다.

V. 변사체검시방해죄

> 제163조(변사체검시방해) 변사자의 시체 또는 변사(變死)로 의심되는 시체를 은닉하거나 변경하거나 그 밖의 방법으로 검시(檢視)를 방해한 자는 700만원 이하의 벌금에 처한다.

1. 의의 및 보호법익

변사체검시방해죄는 변사자의 시체 또는 변사로 의심되는 시체를 은닉하거나 변경하거나 그 밖의 방법으로 검시를 방해함으로써 성립하는 범죄이다. 본죄는 신앙에 관한 범죄로서의 성격을 지니는 것이 아니라 공무방해죄로서의 성격을 지니고 있다. 본죄의 보호법익은 국가의 형사사법작용이고, 보호의 정도는 추상적 위험범이다.

2. 구성요건

(1) 객 체

본죄의 객체는 변사자의 시체 또는 변사로 의심되는 시체이다. '변사자'란 자연사 또는 통상적인 병사(病死) 이외의 원인으로 사망한 자로서, 사인이 불분명한 자를 말한다. 그러므로 질병으로 의사의 치료를 받아오다가 그 약효 없이 사망하여 그 사인이 명백한 경우[3], 범죄로 인하여 사망한 것이 명백한 경우 등의 시체는 본죄의 객체가 될 수 없다.[4] 왜냐하면 이러한 경우

---

1) 대법원 1986. 6. 24. 선고 86도891 판결.
2) 김선복, 604면; 김성돈, 733면; 신동운, 261면; 이재상/장영민/강동범, 670면.
3) 대법원 1970. 2. 24. 선고 69도2272 판결.

에는 검시가 아닌 검증(형사소송법 제215조)의 대상이 되기 때문이다. 한편 '변사로 의심되는'이란
사인에 관한 병리학적 관점에서 그러한 의심이 있는 것을 의미하는 것이 아니라 법의학적인 관
점에서 의심이 있는 경우를 가리킨다고 해석되고, 이를 판단함에 있어서는 시체 자체로부터 인
식할 수 있는 이상뿐만 아니라 시체가 발견된 경위·장소·상황·성별 등 제반 사정까지 고려하
여야 한다.[1]

(2) 행 위

본죄의 실행행위는 은닉하거나 변경하거나 그 밖의 방법으로 검시를 방해하는 것이다. '은
닉'이란 변사체의 소재를 불분명하게 하여 그 발견을 곤란하게 하는 일체의 행위를 말한다. '변
경'이란 변사체의 원상을 변화시키는 행위로서 변사체의 외형적 변화뿐만 아니라 내부적 변화도
포함한다. '그 밖의 방법'이란 은닉 또는 변경 이외의 방법에 해당하는 검시관에 대한 폭행·협박,
변사체에 대한 화장, 변사체가 있는 장소의 출입을 곤란하게 하는 행위 등을 말한다.[2] '검시'란
사망의 원인이 범죄로 인한 것인지를 판단하기 위하여 수사기관이 변사자의 상황을 조사하는 것
을 말한다(형사소송법 제222조). 범죄의 의심이 있는 때에 행하는 사법검시와 전염병사의 의심이 있
는 때에 행하는 행정검시가 본죄의 검시에 해당한다.

---

4) 대법원 2003. 6. 27. 선고 2003도1331 판결.

1) 대법원 2001. 3. 23. 선고 2000도4464 판결.

2) 이에 대하여 '그 밖의 방법'은 어디까지나 변사체에 대하여 행해진 것에 국한되어야 하기 때문에 검시를 하는
   수사기관에 대하여 행해지는 방해행위는 본죄가 아니라 공무집행방해죄의 성립이 가능하다는 견해로는 이재상/
   장영민/강동범, 673면; 정영일, 394면.

제 3 편

국가적 법익에 관한 죄

제 1 장   국가의 존립과 권위에 관한 죄

제 1 절   내란의 죄

I. 내란죄

제87조(내란) 대한민국 영토의 전부 또는 일부에서 국가권력을 배제하거나 국헌을 문란하게 할 목적으로 폭동을 일으킨 자는 다음 각 호의 구분에 따라 처벌한다.
  1. 우두머리는 사형, 무기징역 또는 무기금고에 처한다.
  2. 모의에 참여하거나 지휘하거나 그 밖의 중요한 임무에 종사한 자는 사형, 무기 또는 5년 이상의 징역이나 금고에 처한다. 살상, 파괴 또는 약탈 행위를 실행한 자도 같다.
  3. 부화수행(附和隨行)하거나 단순히 폭동에만 관여한 자는 5년 이하의 징역이나 금고에 처한다.
제89조(미수범) 전2조의 미수범은 처벌한다.
제91조(국헌문란의 정의) 본장에서 국헌을 문란할 목적이라 함은 다음 각호의 1에 해당함을 말한다.
  1. 헌법 또는 법률에 정한 절차에 의하지 아니하고 헌법 또는 법률의 기능을 소멸시키는 것
  2. 헌법에 의하여 설치된 국가기관을 강압에 의하여 전복 또는 그 권능행사를 불가능하게 하는 것

1. 의의 및 보호법익

내란죄는 대한민국 영토의 전부 또는 일부에서 국가권력을 배제하거나 국헌을 문란하게 할 목적으로 폭동을 일으킴으로써 성립하는 범죄이다. 본죄의 법적 성격은 필요적 공범 중 집단범이며, 목적범·상태범[1]에 해당한다. 그러므로 국헌문란 등의 목적이 없으면 소요죄가 될 뿐이다. 내란죄는 국가 '내부'로부터 국가의 존립과 질서를 위태롭게 한다는 점에서 국가 '외부'로부터 국가의 존립과 질서를 위태롭게 하는 외환죄와 구별된다. 본죄의 보호법익은 국가의 존립과 헌법적 질서를 포함한 국가의 내적 안전이고, 보호의 정도는 추상적 위험범이다.[2]

2. 구성요건

(1) 주 체

본죄의 주체에는 제한이 없다. 하지만 대한민국 영토의 전부 또는 일부에서 국가권력을 배제하거나 국헌을 문란하게 할 목적을 달성할 수 있을 정도로 조직화된 집단으로서 다수의 자이어야 하고, 그 역할도 ① 우두머리, ② 모의참여자·지휘자 기타 중요임무종사자, ③ 부화수행자·단순관여자 등으로 구별하여 처벌을 달리하고 있다. '우두머리'란 폭동을 조직·지휘·통솔하는 최고 지휘자의 지위에 있는 자를 말하는데, 반드시 1인임을 요하지 아니한다. 또한 내란의 발의자

---

1) 대법원 1997. 4. 17. 선고 96도3376 전원합의체 판결(5·18사건).
2) 반면에 구체적 위험범으로 파악하는 견해로는 김신규, 788면; 김일수/서보학, 743면; 배종대, 658면; 손동권/김재윤, 730면; 정성근/정준섭, 587면; 최호진, 758면.

또는 주모자에 한하지 않기 때문에 나중에 가담한 사람이라도 상관이 없으며, 반드시 폭동의 현장에서 지휘·통솔할 필요도 없다. '모의참여자'란 수괴를 보좌하여 폭동계획에 참여한 자를 말하고, '지휘자'란 폭동에 가담한 다수인의 전부 또는 일부를 지휘하는 자를 말하며, '중요임무 종사자'란 모의참여자 또는 지휘자 이외의 자로서 내란에 중요한 역할을 담당하는 자를 말한다. '부화수행자' 또는 '단순관여자'란 폭동현장에 참가하여 폭동의 세력을 확장·증대시키는 자를 말한다.

(2) 행 위

본죄의 실행행위는 폭동을 일으키는 것이다. '폭동'이란 다수인이 결합하여 폭행·협박하는 것을 말한다. 다수인의 결합은 어느 정도 조직화될 필요는 있으나, 그 수효를 특정할 수는 없는 것이고, 폭동의 내용으로서의 폭행·협박은 최광의의 것으로서 이를 준비하거나 보조하는 행위를 총체적으로 파악한 개념이라고 할 것이다.[1] 폭동행위는 살상·파괴·약탈·단순 폭동 등 여러 가지 폭력행위가 혼합되어 있고, 그 정도가 한 지방의 평온을 해할 정도의 위력이 있음을 요한다.[2] 다수인이 결합하여 위와 같은 목적으로 한 지방의 평온을 해할 정도의 폭행·협박행위를 하면 본죄의 기수가 되고, 그 목적의 달성 여부는 문제되지 아니한다.

(3) 주관적 구성요건

본죄가 성립하기 위해서는 다수인이 집합하여 폭동한다는 인식과 의사가 있어야 하고, 이러한 고의 이외에 초과주관적 구성요건으로서 대한민국 영토의 전부 또는 일부에서 국가권력을 배제하거나 국헌을 문란하게 할 목적이 있어야 한다. 만약 이러한 목적이 없이 집합한 다중이 폭행·협박행위를 하면 소요죄가 될 뿐이다. '대한민국 영토의 전부 또는 일부에서 국가권력을 배제할 목적'이란 대한민국의 통치권이 미치는 영토의 일부 또는 전부에 대하여 불법적으로 영토고권을 배제하려는 목적(영토내란의 목적)을 말한다. '국헌을 문란하게 할 목적'이란 현행의 헌법 또는 법률이 정한 정치적 기본조직을 불법으로 파괴하려는 목적(헌법내란의 목적)을 말한다. 보다 구체적으로 ① 헌법 또는 법률에 정한 절차에 의하지 아니하고 헌법 또는 법률의 기능을 소멸시키는 것(제91조 제1호), ② 헌법에 의하여 설치된 국가기관을 강압에 의하여 전복 또는 그 권능행사를 불가능하게 하는 것(제91조 제2호) 중 어느 하나를 말한다. 전자는 민주적 기본질서에 기초한 국가의 통치작용을 의미하고, 후자는 제도로서의 헌법기관의 존속과 기능을 의미한다. 여기에서 '권능행사를 불가능하게 한다'는 것은 그 기관을 제도적으로 영구히 폐지하는 경우만을 가리키는 것은 아니고, 사실상 상당기간 기능을 제대로 할 수 없게 만드는 것을 포함한다. 대통령제 또는 내각제를 폐지하고 그 권한을 정지시키는 것은 헌법내란이 될 수 있지만, 특정한 정부 또는 내각을 타도하거나[3] 대통령·국무총리 등을 살해하고 이를 경질하는 것은 헌법내

1) 대법원 1980. 5. 20. 선고 80도306 전원합의체 판결(10·26사건).
2) 대법원 2015. 1. 22. 선고 2014도10978 전원합의체 판결(이ㅇ기의원사건).
3) 대법원 1977. 2. 22. 선고 72도2265 판결(피고인들은 한일회담이 우리나라에 불리하게 체결될 것을 우려한 나머

란이 되지 아니한다. 이와 같이 구체적인 국가기관인 자연인만을 살해하거나 그 계승을 기대하는 것은 이에 해당되지 않으나 반드시 초법규적인 의미는 아니라고 할 것이며, 공산·군주·독재제 등으로 변경하여야 하는 것은 더욱 아니다. 판례[1]에 의하면 미필적 인식으로도 국헌문란의 목적을 인정하고 있다.

3. 공 범

본죄는 필요적 공범의 일종인 집단범에 해당하므로 '집단 내의 가담자'에 대해서는 단독범에 대한 임의적 공범을 전제로 한 총칙상의 공범규정이 원칙적으로 적용되지 아니한다. 하지만 '집단 외의 가담자'와 관련하여, ① 필요적 공범을 교사 또는 방조할 수 없다고 한다면 내란집단 밖에서 폭동에 관여하지 않고 교사 또는 방조한 자를 처벌대상에서 제외시키는 결과를 초래하는데, 이는 불합리하다는 점에서 공동정범의 규정은 적용될 수 없지만, 협의의 공범인 교사범 및 방조범의 규정은 적용이 가능하다는 견해[2], ② 법률이 규정하고 있는 이외의 관여행위는 처벌을 배제한다는 취지로 보아 단독범을 전제로 한 총칙의 공범규정은 적용될 수 없다는 점, 내란죄의 구성요건 중에는 이미 상당한 범위의 교사·방조행위가 세분하여 규정되어 있다는 점, 교사보다 의미의 폭이 넓은 선동행위도 제90조 제2항에 별도로 규정되어 있다는 점 등을 논거로 하여, 총칙상의 공범 규정은 적용이 불가능하다는 견해[3] 등의 대립이 있다.

생각건대 처벌의 공백을 배제하기 위해서 협의의 공범규정은 적용이 가능하다고 보아야 한다. 한편 본죄의 경우에도 '국헌문란의 목적'을 가진 자가 그러한 목적이 없는 자를 이용하여 이를 실행할 수 있기 때문에[4], 간접정범의 형태로 본죄를 실행할 수도 있다.

지 국민여론을 환기시켜 이를 시정하거나 정권교체를 기도하였을 뿐이고 피고인들이 현정치적 기본조직제도 자체의 변격을 기도하여 직접적으로 국가의 기본조직을 강압으로 전부 또는 그 권능행사를 불가능케 할 목적으로 폭동을 선동한 것이라 단정할 증거가 없으므로 원심이 내란선동죄에 대하여 무죄를 선고한 것은 수긍된다); 대법원 1968. 3. 5. 선고 66도1056 판결.

1) 대법원 1997. 4. 17. 선고 96도3376 전원합의체 판결(5·18 내란 행위자들이 1980. 5. 17. 24:00를 기하여 비상계엄을 전국으로 확대하는 등 헌법기관인 대통령, 국무위원들에 대하여 강압을 가하고 있는 상태에서, 이에 항의하기 위하여 일어난 광주시민들의 시위는 국헌을 문란하게 하는 내란행위가 아니라 헌정질서를 수호하기 위한 정당한 행위였음에도 불구하고 이를 난폭하게 진압함으로써, 대통령과 국무위원들에 대하여 보다 강한 위협을 가하여 그들을 외포하게 하였다면, 그 시위진압행위는 내란행위자들이 헌법기관인 대통령과 국무위원들을 강압하여 그 권능행사를 불가능하게 한 것으로 보아야 하므로 국헌문란에 해당한다).

2) 김선복, 613면; 김성천/김형준, 776면; 김신규, 792면; 김혜정 외 4인, 670면; 박상기, 809면; 손동권/김재윤, 731면; 신동운, 13면; 오영근, 665면; 이영란, 734면; 이재상/장영민/강동범, 680면; 이형국/김혜경, 752면; 정성근/정준섭, 589면; 정영일, 400면.

3) 김일수/서보학, 746면.

4) 대법원 1997. 4. 17. 선고 96도3376 전원합의체 판결.

4. 죄수 및 다른 범죄와의 관계

(1) 죄 수

내란 가담자들이 하나의 내란을 구성하는 일련의 폭동행위 전부에 대하여 이를 모의하거나 관여한 바가 없다고 하더라도, 내란집단의 구성원으로서 전체로서의 내란에 포함되는 개개 행위에 대하여 부분적으로라도 그 모의에 참여하거나 기타의 방법으로 기여하였음이 인정된다면, 그 일련의 폭동행위 전부에 대하여 내란죄의 책임을 면할 수 없다.

한편 내란죄는 그 구성요건의 의미 또는 내용 그 자체가 목적에 의하여 결합된 다수의 폭동을 예상하고 있는 범죄라고 할 것이므로, 내란행위자들에 의하여 애초에 계획된 국헌문란의 목적을 위하여 행하여진 일련의 폭동행위는 단일한 내란죄의 구성요건을 충족하는 것으로서 이른바 단순일죄로 보아야 한다.[1]

(2) 다른 범죄와의 관계

내란목적살인죄는 국헌을 문란할 목적을 가지고 직접적인 수단으로 사람을 살해함으로써 성립하는 범죄인데, 국헌문란의 목적을 달성함에 있어 내란죄가 '폭동'을 그 수단으로 함에 비하여 내란목적살인죄는 '살인'을 그 수단으로 하는 점에서 두 죄는 엄격히 구별된다. 따라서 내란의 실행과정에서 폭동행위에 수반하여 개별적으로 발생한 살인행위는 내란행위의 한 구성요소를 이루는 것이므로 내란행위에 흡수되어 내란목적살인의 별죄를 구성하지 아니한다. 그러나 특정인 또는 일정한 범위 내의 한정된 집단에 대한 살해가 내란의 와중에 폭동에 수반하여 일어난 것이 아니라 그것 자체가 의도적으로 실행된 경우에는 이러한 살인행위는 내란에 흡수될 수 없고 내란목적살인의 별죄를 구성한다.[2]

여기서 '폭동에 수반된 살인'이란 폭동행위시 군중심리에 지배되어 행해진 살인을 말하고, '폭동에 수반되지 않고 별개로 행해진 살인'이란 폭동의 전후를 불문하고 폭동과는 무관하게 살인행위 자체가 내란목적을 달성하기 위한 수단으로서 계획적으로 행해진 경우를 말한다.[3]

Ⅱ. 내란목적살인죄

제88조(내란목적의 살인) 대한민국 영토의 전부 또는 일부에서 국가권력을 배제하거나 국헌을 문란하게 할 목적으로 사람을 살해한 자는 사형, 무기징역 또는 무기금고에 처한다.
제89조(미수범) 전2조의 미수범은 처벌한다.

---

[1] 대법원 1997. 4. 17. 선고 96도3376 전원합의체 판결.
[2] 대법원 1997. 4. 17. 선고 96도3376 전원합의체 판결.
[3] 임 웅, 880면.

1. 의 의

내란목적살인죄는 대한민국 영토의 전부 또는 일부에서 국가권력을 배제하거나 국헌을 문란하게 할 목적으로 사람을 살해함으로써 성립하는 범죄이다. 본죄는 내란행위 중 폭동에 수반되지 않고 계획적으로 이루어진 살해행위를 특별히 취급하기 위한 규정이다.

2. 구성요건

(1) 객 체

내란의 폭동에 수반되지 않는 한 어떠한 사람이든 본죄의 객체가 될 수 있다.[1] 요인이 아닌 사람을 살해함으로써 내란의 목적을 달성할 수도 있다는 점, 요인과 비요인의 구별이 명확하지 않다는 점, 요인을 살해하기 위하여 요인의 주변에 있는 사람을 살해하는 경우에도 본죄의 성립을 인정해야 한다는 점 등을 그 논거로 할 수 있다.

(2) 행 위

본죄의 실행행위는 내란목적을 가지고 살해하는 것이다. 살해행위는 반드시 폭동의 시점에 행해질 필요가 없다. 만약 내란목적으로 폭동에 수반하여 살해하면 그 살해행위는 내란죄에 흡수되어 내란죄만 성립한다. 폭동 없이 암살 등의 방법으로 사람을 살해하는 것이 본죄의 전형적인 유형이다. 본죄는 필요적 공범이 아니기 때문에 공동정범은 물론 교사범 및 방조범의 형태로도 이루어질 수 있다.

(3) 주관적 구성요건

본죄가 성립하기 위해서는 사람을 살해한다는 고의 이외에 대한민국 영토의 전부 또는 일부에서 국가권력을 배제하거나 국헌을 문란하게 할 목적이 있어야 한다(부진정목적범). 만약 이러한 목적이 없으면 단순살인죄가 성립한다. 목적이 있는 한 목적의 달성 여부는 본죄의 성립에 영향이 없다.

Ⅲ. 내란예비·음모·선동·선전죄

제90조(예비, 음모, 선동, 선전) ① 제87조 또는 제88조의 죄를 범할 목적으로 예비 또는 음모한 자는 3년 이상의 유기징역이나 유기금고에 처한다. 단, 그 목적한 죄의 실행에 이르기 전에 자수한 때에는 그 형을 감경 또는 면제한다.
② 제87조 또는 제88조의 죄를 범할 것을 선동 또는 선전한 자도 전항의 형과 같다.

---

[1] 반면에 일반인이 아닌 요인만이 본죄의 객체가 된다는 견해로는 김일수/서보학, 748면; 박상기, 811면; 정영일, 401면.

1. 내란예비·음모죄

(1) 의 의

내란예비·음모죄는 내란죄 또는 내란목적살인죄를 범할 목적으로 예비 또는 음모함으로써 성립하는 범죄이다.

(2) 구성요건

'예비'란 내란을 범할 목적으로 하는 외부적 형태의 준비행위를 말한다. '음모'란 실행의 착수 이전에 2인 이상의 자 사이에 성립한 범죄실행의 합의를 말한다. 여기서 합의 자체는 행위로 표출되지 않은 합의 당사자들 사이의 의사표시에 불과한 만큼 실행행위로서의 정형이 없고, 따라서 합의의 모습 및 구체성의 정도도 매우 다양하게 나타날 수밖에 없다. 그런데 어떤 범죄를 실행하기로 막연하게 합의한 경우나 특정한 범죄와 관련하여 단순히 의견을 교환한 경우까지 모두 범죄실행의 합의가 있는 것으로 보아 음모죄가 성립한다고 한다면 음모죄의 성립범위가 과도하게 확대되어 국민의 기본권인 사상과 표현의 자유가 위축되거나 그 본질이 침해되는 등 죄형법정주의 원칙이 형해화될 우려가 있으므로, 확대해석의 위험성을 고려하여 엄격하게 제한하여야 한다.

2인 이상의 자 사이에 어떠한 폭동행위에 대한 합의가 있는 경우에도 공격의 대상과 목표가 설정되어 있지 않고, 시기와 실행방법이 어떠한지를 알 수 없으면 그것이 '내란'에 관한 음모인지를 알 수 없다. 따라서 내란음모가 성립하였다고 하기 위해서는 개별 범죄행위에 관한 세부적인 합의가 있을 필요는 없으나, 공격의 대상과 목표가 설정되어 있고, 그 밖의 실행계획에 있어서 주요 사항의 윤곽을 공통적으로 인식할 정도의 합의가 있어야 한다. 나아가 합의는 실행행위로 나아간다는 확정적인 의미를 가진 것이어야 하고, 단순히 내란에 관한 생각이나 이론을 논의한 것으로는 부족하다. 또한 내란음모가 단순히 내란에 관한 생각이나 이론을 논의 내지 표현한 것인지 실행행위로 나아간다는 확정적인 의미를 가진 합의인지를 구분하기가 쉽지 않다는 점을 고려하면, 내란음모죄에 해당하는 합의가 있다고 하기 위해서는 단순히 내란에 관한 범죄결심을 외부에 표시·전달하는 것만으로는 부족하고 객관적으로 내란범죄의 실행을 위한 합의라는 것이 명백히 인정되고, 그러한 합의에 실질적인 위험성이 인정되어야 한다.[1]

한편 내란을 예비·음모한 자가 실행에 이르기 전에 자수한 때에는 그 형을 필요적으로 감

1) 대법원 2015. 1. 22. 선고 2014도10978 전원합의체 판결(특정 정당 소속의 국회의원 피고인 甲 및 지역위원장 피고인 乙을 비롯한 피고인들이, 이른바 조직원들과 회합을 통하여 회합 참석자 130여 명과 한반도에서 전쟁이 발발하는 등 유사시에 상부 명령이 내려지면 바로 전국 각 권역에서 국가기간시설 파괴 등 폭동을 할 것을 통모함으로써 내란의 죄를 범할 목적으로 음모하였다는 내용으로 기소된 사안에서, 피고인들을 비롯한 회합 참석자들이 전쟁 발발시 대한민국의 체제를 전복하기 위하여 구체적인 물질적 준비방안을 마련하라는 피고인 甲의 발언에 호응하여 선전전, 정보전, 국가기간시설 파괴 등을 논의하기는 하였으나, 1회적인 토론의 정도를 넘어서 내란의 실행행위로 나아가겠다는 확정적인 의사의 합치에 이르렀다고 보기 어려워 형법상 내란음모죄 성립에 필요한 '내란범죄 실행의 합의'를 하였다고 할 수 없다).

경 또는 면제한다. 이는 내란죄의 성립 방지라는 형사정책적인 의미도 있지만, 이론적인 측면
에서 중지미수규정의 유추적용 여부 문제를 입법적으로 해결한 것으로 평가된다. 다만 내란선
동·선전죄에 대해서는 필요적 자수감면규정이 적용되지 아니한다.

2. 내란선동·선전죄

(1) 의 의

내란선동·선전죄는 내란죄 또는 내란목적살인죄를 범할 것을 선동 또는 선전함으로써 성
립하는 범죄이다. 내란선동죄는 내란이 실행되는 것을 목표로 선동함으로써 성립하는 독립한
범죄이고, 선동으로 말미암아 피선동자들에게 반드시 범죄의 결의가 발생할 것을 요건으로 하
지 아니한다. 범죄의 고의를 가진 자에 대해서도 선동할 수 있다는 점에서 교사와 구별된다. 즉
내란선동은 주로 내란행위의 외부적 준비행위에도 이르지 않은 단계에서 이루어지지만, 다수인
의 심리상태에 영향을 주는 방법으로 내란의 실행욕구를 유발 또는 증대시킴으로써 집단적인
내란의 결의와 실행으로 이어지게 할 수 있는 파급력이 큰 행위이다. 따라서 내란을 목표로 선
동하는 행위는 그 자체로 내란예비·음모에 준하는 불법성이 있다고 보아 내란예비·음모와 동
일한 법정형으로 처벌되는 것이다.

(2) 구성요건

'선동'이란 내란이 실행되는 것을 목표로 하여 피선동자들에게 내란행위를 결의·실행하도
록 충동하고 격려하는 일체의 행위를 말한다. 내란선동은 주로 언동·문서·도화 등에 의한 표
현행위의 단계에서 문제된다. 따라서 내란을 실행시킬 목표를 가지고 있다고 하여도 단순히 특
정한 정치적 사상이나 추상적인 원리를 옹호하거나 교시하는 것만으로는 내란선동이 될 수 없
고, 그 내용이 내란에 이를 수 있을 정도의 폭력적인 행위를 선동하는 것이어야 하고, 나아가
피선동자의 구성 및 성향, 선동자와 피선동자의 관계 등에 비추어 피선동자에게 내란 결의를
유발하거나 증대시킬 위험성이 인정되어야만 내란선동으로 볼 수 있다. 선동행위는 선동자에
의하여 일방적으로 행해지고, 그 이후 선동에 따른 범죄의 결의 여부 및 그 내용은 선동자의 지
배영역을 벗어나 피선동자에 의하여 결정될 수 있으며, 내란선동을 처벌하는 근거가 선동행위
자체의 위험성과 불법성에 있다는 점 등을 전제하면, 내란선동에 있어 시기와 장소, 대상과 방
식, 역할분담 등 내란 실행행위의 주요 내용이 선동 단계에서 구체적으로 제시되어야 하는 것
은 아니고, 선동에 따라 피선동자가 내란의 실행행위로 나아갈 개연성이 있다고 인정되어야만
내란선동의 위험성이 있는 것으로 볼 수도 없다.[1]

1) 대법원 2015. 1. 22. 선고 2014도10978 전원합의체 판결(특정 정당 소속의 국회의원 피고인 甲 및 지역위원장
피고인 乙이 공모하여, 이른바 조직원들과 두 차례 회합을 통하여 회합 참석자 130여 명에게 한반도에서 전쟁이
발발하는 등 유사시에 상부 명령이 내려지면 바로 전국 각 권역에서 국가기간시설 파괴 등 폭동을 할 것을 주장
함으로써 내란의 죄를 범할 것을 선동하였다는 내용으로 기소된 사안에서, 당시의 한반도 정세, 각 회합의 내용
및 경위, 회합 참석자들의 성향·구성 및 피고인들과 관계, 피고인들의 경력과 범죄전력, 피고인들이 각 회합에서

'선전'이란 내란의 필요성에 관한 취지를 불특정 다수인에게 이해시키고 그들의 찬동을 얻기 위한 일체의 의사전달 행위를 말한다. 반드시 상대방에게 직접적으로 전달할 필요는 없고, 수단 및 방법에는 제한이 없다.

제 2 절   외환의 죄

Ⅰ. 외환유치죄

제92조(외환유치)   외국과 통모하여 대한민국에 대하여 전단을 열게 하거나 외국인과 통모하여 대한민국에 항적한 자는 사형 또는 무기징역에 처한다.
제100조(미수범)   전8조의 미수범은 처벌한다.
제101조(예비, 음모, 선동, 선전)   ① 제92조 내지 제99조의 죄를 범할 목적으로 예비 또는 음모한 자는 2년 이상의 유기징역에 처한다. 단 그 목적한 죄의 실행에 이르기 전에 자수한 때에는 그 형을 감경 또는 면제한다.
② 제92조 내지 제99조의 죄를 선동 또는 선전한 자도 전항의 형과 같다.
제104조(동맹국)   본장의 규정은 동맹국에 대한 행위에 적용한다.

---

1. 의의 및 보호법익

외환유치죄는 외국과 통모하여 대한민국에 대하여 전단을 열게 하거나 외국인과 통모하여 대한민국에 항적함으로써 성립하는 범죄이다. 본죄의 보호법익은 국가의 외적 안전이고, 보호의 정도는 추상적 위험범이다.

2. 구성요건

(1) 주 체

본죄의 주체는 내국인뿐만 아니라 외국인을 포함한다. 적국인이라고 할지라도 '적국과 합세하여' 행한 경우에는 여적죄가 될 것이지만, '외국이나 외국인과 통모하여' 행한 경우에는 본죄에 해당한다.

(2) 행 위

본죄의 실행행위는 외국과 통모하여 대한민국에 대하여 전단을 열게 하거나 외국인과 통모하여 대한민국에 항적하는 것이다. 여기서 '외국'이란 대한민국 이외의 국가로서 반드시 국제법상 승인된 국가임을 요하지 아니한다. 하지만 적국은 여적죄와의 체계상 제외된다. '통모'란 의사연락에 의한 합의를 말한다. 그러므로 일방적인 의사표시는 통모가 되지 아니한다. '전단을

맡은 역할과 발언 내용, 회합 참석자들의 강연 청취태도 및 발언 등 제반 사정을 종합할 때, 피고인들의 발언은 아직 전쟁 위기가 완전히 해소된 상태가 아니고 북한의 도발이 계속되는 당시의 상황에서 각 회합 참석자들에게 특정 정세를 전쟁 상황으로 인식하고 가까운 장래에 구체적인 내란의 결의를 유발하거나 증대시킬 위험성이 충분하므로, 피고인들의 행위는 그 자체로 위험성이 있는 내란 선동행위에 해당한다).

연다'는 것은 전투행위를 개시하는 일체의 행위를 말한다. 국제법상의 전쟁개시뿐만 아니라 사실상의 전쟁도 포함한다.

본죄에서 '외국인'이란 외국을 대표하는 정부기관 이외의 외국의 사인과 사적 단체를 말한다. '항적'이란 외국을 위하여 외국의 군무에 종사하면서 대한민국에 적대하는 일체의 행위를 말한다. 전투원이든 비전투원이든 불문한다.

Ⅱ. 여적죄

제93조(여적) 적국과 합세하여 대한민국에 항적한 자는 사형에 처한다.
제100조(미수범) 전8조의 미수범은 처벌한다.
제101조(예비, 음모, 선동, 선전) ① 제92조 내지 제99조의 죄를 범할 목적으로 예비 또는 음모한 자는 2년 이상의 유기징역에 처한다. 단 그 목적한 죄의 실행에 이르기 전에 자수한 때에는 그 형을 감경 또는 면제한다.
② 제92조 내지 제99조의 죄를 선동 또는 선전한 자도 전항의 형과 같다.
제102조(준적국) 제93조 내지 전조의 죄에 있어서는 대한민국에 적대하는 외국 또는 외국인의 단체는 적국으로 간주한다.
제104조(동맹국) 본장의 규정은 동맹국에 대한 행위에 적용한다.

여적죄는 적국과 합세하여 대한민국에 항적함으로써 성립하는 범죄이다. 형법전에서 유일한 절대적 법정형을 규정하고 있는 특징이 있다. 본죄에서 '적국'이란 대한민국과 교전상태에 있는 외국을 말한다. 대한민국에 적대하는 외국 또는 외국인의 단체도 적국으로 간주된다(제102조). 국제법상 선전포고를 하고 대한민국과 전쟁을 수행하는 상대국뿐만 아니라 사실상 전쟁을 수행하고 있는 외국도 포함한다. '항적'이란 적국을 위하여 대한민국에 대해 적대행위를 하는 것을 말한다. '합세하여'란 자발적으로 힘을 모으는 것을 말한다. 항적행위가 현실적으로 이루어졌을 때 기수가 되며, 이에 이르지 아니한 때에는 미수가 된다.

Ⅲ. 이적죄

제94조(모병이적) ① 적국을 위하여 모병한 자는 사형 또는 무기징역에 처한다.
② 전항의 모병에 응한 자는 무기 또는 5년 이상의 징역에 처한다.
제95조(시설제공이적) ① 군대, 요새, 진영 또는 군용에 공하는 선박이나 항공기 기타 장소, 설비 또는 건조물을 적국에 제공한 자는 사형 또는 무기징역에 처한다.
② 병기 또는 탄약 기타 군용에 공하는 물건을 적국에 제공한 자도 전항의 형과 같다.
제96조(시설파괴이적) 적국을 위하여 전조에 기재한 군용시설 기타 물건을 파괴하거나 사용할 수 없게 한 자는 사형 또는 무기징역에 처한다.
제97조(물건제공이적) 군용에 공하지 아니하는 병기, 탄약 또는 전투용에 공할 수 있는 물건을 적국에 제공한 자는 무기 또는 5년 이상의 징역에 처한다.
제99조(일반이적) 전7조에 기재한 이외에 대한민국의 군사상 이익을 해하거나 적국에 군사상 이익을 공여

한 자는 무기 또는 3년 이상의 징역에 처한다.
제100조(미수범) 전8조의 미수범은 처벌한다.
제101조(예비, 음모, 선동, 선전) ① 제92조 내지 제99조의 죄를 범할 목적으로 예비 또는 음모한 자는 2년 이상의 유기징역에 처한다. 단 그 목적한 죄의 실행에 이르기 전에 자수한 때에는 그 형을 감경 또는 면제한다.
② 제92조 내지 제99조의 죄를 선동 또는 선전한 자도 전항의 형과 같다.
제102조(준적국) 제93조 내지 전조의 죄에 있어서는 대한민국에 적대하는 외국 또는 외국인의 단체는 적국으로 간주한다.
제104조(동맹국) 본장의 규정은 동맹국에 대한 행위에 적용한다.

1. 모병이적죄

모병이적죄는 적국을 위하여 모병하거나 모병에 응함으로써 성립하는 범죄이다. '모병'이란 전투에 종사할 사람을 모집하는 것을 말하고, '모병에 응한 자'란 자발적으로 이에 지원한 자를 말한다. 그러므로 징병의 경우에는 본죄에 해당하지 아니한다. 본죄가 성립하기 위해서는 고의 이외에 적국을 이롭게 할 이적의사가 있어야 한다(목적범).

2. 시설제공이적죄

시설제공이적죄는 군대·요새·진영 또는 군용에 공하는 선박이나 항공기 기타 장소·설비 또는 건조물을 적국에 제공하거나(제1항) 병기 또는 탄약 기타 군용에 공하는 물건을 적국에 제공함으로써(제2항) 성립하는 범죄이다. 비군용에 공하는 물건을 제공한 경우에는 물건제공이적죄가 성립할 뿐이다.

3. 시설파괴이적죄

시설파괴이적죄는 적국을 위하여 시설제공이적죄에 기재한 군용시설 기타 물건을 파괴하거나 사용할 수 없게 함으로써 성립하는 범죄이다. 이적의사가 있어야 하는 목적범이기 때문에, 적국의 수중에 넘어가는 것을 방지하기 위하여 시설을 파괴할 경우에는 본죄가 성립하지 아니한다. 이적의사 없이 군사시설 또는 군용항공기를 손괴하거나 그 기능을 손상시킨 자는 3년 이상의 유기징역에 처한다(「군사기지 및 군사시설 보호법」 제24조 제1항).

4. 물건제공이적죄

물건제공이적죄는 군용에 공하지 아니하는 병기·탄약 또는 전투용에 공할 수 있는 물건을 적국에 제공함으로써 성립하는 범죄이다.

5. 일반이적죄

일반이적죄는 제92조 내지 제98조에 기재한 이외에 대한민국의 군사상 이익을 해하거나 적국에 군사상 이익을 공여함으로써 성립하는 범죄이다. 제92조 내지 제98조의 죄에 대한 보충규정이기 때문에 제92조 내지 제98조의 죄가 성립하면 본죄는 성립하지 아니한다. 직무에 관계없이 지득한 군사상 기밀을 적국에 누설한 경우[1], 표지관리소 소속의 선박을 제공하는 경우[2], 이중첩자가 대한민국의 군사상의 이익을 해하는 경우[3] 등이 이에 해당한다.

Ⅳ. 간첩죄

제98조(간첩) ① 적국을 위하여 간첩하거나 적국의 간첩을 방조한 자는 사형, 무기 또는 7년 이상의 징역에 처한다.
② 군사상의 기밀을 적국에 누설한 자도 전항의 형과 같다.
제100조(미수범) 전8조의 미수범은 처벌한다.
제101조(예비, 음모, 선동, 선전) ① 제92조 내지 제99조의 죄를 범할 목적으로 예비 또는 음모한 자는 2년 이상의 유기징역에 처한다. 단 그 목적한 죄의 실행에 이르기 전에 자수한 때에는 그 형을 감경 또는 면제한다.
② 제92조 내지 제99조의 죄를 선동 또는 선전한 자도 전항의 형과 같다.
제102조(준적국) 제93조 내지 전조의 죄에 있어서는 대한민국에 적대하는 외국 또는 외국인의 단체는 적국으로 간주한다.
제104조(동맹국) 본장의 규정은 동맹국에 대한 행위에 적용한다.

1. 의의 및 보호법익

간첩죄는 적국을 위하여 간첩하거나 적국의 간첩을 방조하거나(제1항) 군사상의 기밀을 적국에 누설함으로써(제2항) 성립하는 범죄이다. 본죄의 보호법익은 국가의 외부적 안전이고, 보호의 정도는 추상적 위험범이다.

2. 구성요건

(1) 적국을 위한 간첩

1) 적 국

'적국'이란 대한민국과 사실상 교전상태에 있는 외국을 말한다. 대한민국에 적대하는 외국 또는 외국인의 단체도 적국으로 간주된다(제102조). 국제법상 선전포고를 하고 대한민국과 전쟁을 수행하는 상대국뿐만 아니라 사실상 전쟁을 수행하고 있는 외국도 포함한다. 북한괴뢰집단은 우리 헌법상 반국가적인 불법단체로서 국가로 볼 수 없으나, 간첩죄의 적용에 있어서는 이를 국가에 준하여 취급하여야 한다.[4]

---

1) 대법원 1982. 11. 23. 선고 82도2201 판결; 대법원 1982. 11. 9. 선고 82도2239 판결; 대법원 1982. 7. 13. 선고 82도968 판결; 대법원 1972. 6. 27. 선고 72도963 판결; 대법원 1971. 8. 10. 선고 71도1143 판결; 대법원 1971. 2. 25. 선고 70도2417 판결.
2) 대법원 1954. 2. 13. 선고 4286형상202 판결.
3) 대법원 1959. 7. 10. 선고 4292형상197 판결.

입법론적으로는 '적국'이라는 용어보다는 '외국' 또는 '타인'이라는 용어의 사용이 타당한데, 적국과 비적국의 구별이 용이하지 않다는 점, 적국이 아니라고 할지라도 우리나라의 외적인 안전을 보호할 필요성이 있다는 점, 우방국이라고 할지라도 급변하는 국제정서에 비추어 볼 때 얼마든지 적국으로 변모될 수 있다는 점 등을 그 논거로 들 수 있다.

2) 간 첩

'간첩'이란 적국에 제보하기 위하여 은밀한 방법으로 우리나라의 군사상은 물론 정치·경제·사회·문화·사상 등 기밀에 속한 사항 또는 도서·물건을 탐지·수집하는 것을 말한다.[1] 그러므로 국가기밀을 탐지·수집한 때에 본죄의 기수가 된다. 적국을 위하여 간첩한 것이어야 하므로 적어도 적국과의 의사연락이 있어야 하며, 편면적 간첩은 인정되지 아니한다. 그러므로 적국과 의사연락 없이 일방적으로 적국을 위하여 기밀을 수집하는 행위는 간첩예비죄에 해당할 뿐이다.

'국가기밀'이란 대한민국의 외적 안전에 중대한 불이익이 될 위험을 방지하기 위하여 타국에 비밀로 하여야 할 사실·대상 또는 지식으로서 제한된 범위의 사람에게만 알려져 있는 것을 말한다. 국가기밀은 순전한 의미에서의 국가기밀에만 국한할 것이 아니고 정치·경제·사회·문화 등 각 방면에 걸쳐서 대한민국의 국방정책상 적국에 알리지 아니하거나 확인되지 아니함이 이익이 되는 모든 기밀사항을 포함하고(실질적 기밀개념), 지령에 의하여 민심동향을 파악·수집하는 것도 이에 해당되며[2], 그 탐지·수집의 대상이 우리 국민의 해외교포사회에 대한 정보여서 그 기밀사항이 국외에 존재한다고 하여도 국가기밀에 포함된다.[3] 이와 같이 그 내용이 누설되는 경우 국가의 안전에 위험을 초래할 우려가 있어 기밀로 보호할 실질적 가치를 갖춘 것이어야 한다.[4] 위법한 기밀이라고 할지라도 그 사실이 적국에 알려짐으로써 국가의 외적 안전이 위협을 받을 수 있기 때문에 국가기밀로 보호할 가치가 있으면 국가기밀이 될 수 있다.[5] 한편 국가기밀은 국내에서의 적법한 절차 등을 거쳐 이미 일반인에게 널리 알려진 공지의 사실·물건 또는 지식에 속하지 아니한 것이어야 한다.[6]

(2) 적국의 간첩방조

'간첩방조'란 적국의 간첩이라는 정을 알면서 그의 간첩행위를 원조하여 그 실행을 용이하

---

4) 대법원 1983. 3. 22. 선고 82도3036 판결; 대법원 1959. 7. 18. 선고 4292형상180 판결.

1) 반면에 간첩의 개념에 누설행위를 포함시켜야 한다는 견해로는 임 웅, 899면.

2) 대법원 1985. 11. 12. 선고 85도1939 판결.

3) 대법원 1988. 11. 8. 선고 88도1630 판결.

4) 대법원 1997. 7. 16. 선고 97도985 전원합의체 판결; 대법원 1978. 1. 10. 선고 77도3571 판결(반국가단체 구성원으로부터 간첩지령을 받고 입국한 자가 출입국 검사관의 책상위에 있는 수배자 명단이 우연히 눈에 띈 것이라고 할지라도 이를 유심히 살핀 결과 특정 수배자를 알아냈다면 이는 간첩행위라고 보아야 한다).

5) 同旨 김선복, 623면; 김성천/김형준, 790면; 김신규, 804면; 김혜정 외 4인, 681면; 손동권/김재윤, 740면; 이영란, 748면.

6) 대법원 1997. 7. 16. 선고 97도985 전원합의체 판결.

게 하는 일체의 행위를 말한다. 본죄의 간첩방조는 독립된 범죄이기 때문에 총칙상의 방조범과 그 성격을 달리한다. 그러므로 정범의 성립이 전제될 필요가 없으며[1], 방조범 감경의 규정도 그 적용이 없다.[2] 또한 간첩방조행위는 총칙상 방조와 무관한 독립된 범죄이므로, 간첩방조죄의 미수는 방조행위 자체가 미수에 그친 경우에 성립한다.[3]

　판례에 의하면, ① 남파된 대남공작원을 상륙시킨 경우[4], ② 남파공작원의 신분을 합법적으로 가장시킨 경우[5], ③ 간첩과의 접선방법을 합의한 경우[6] 등에 있어서는 간첩방조죄가 성립한다.
　하지만 ① 간첩활동과 무관하게 간첩에게 단순히 숙식의 편의를 제공한 경우[7], ② 국가기밀을 탐지·수집할 의사가 없는 간첩을 숨겨준 사실이 있는 경우[8], ③ 무전기를 매몰하는데 망을 보아준 경우[9], ④ 안부편지를 전달해 주는 경우[10], ⑤ 조총련간첩에 소개하여 일본국에 밀항하게 하거나 공동묘지를 촬영한 필름을 조총련간첩에게 준 경우[11] 등에 있어서는 간첩방조죄가 성립하지 아니한다.

(3) 군사상의 기밀누설

　'군사상의 기밀누설'이란 군사상의 기밀을 지득한 자가 그 기밀을 적국에 알리는 것을 말한다. 탐지·수집행위 없이 기밀을 누설하는 것을 말하므로, 직무와 관련하여 직무상 알게 된 군사기밀을 누설한 경우로 제한해야 한다(진정신분범).[12] 이에 따라 직무와 관계없이 알게 된 군사상의 기밀을 누설한 때에는 일반이적죄가 성립할 뿐이다.[13] 여기서 '군사상 기밀'이란 현대전의 양상에 비추어 순수한 군사상 기밀뿐만 아니라 군사력에 직결되고 군작전 수행과 관련이 있는 정치·경제·사회·문화 등 국가의 모든 분야에 걸쳐 적국에 알려짐으로써 우리나라에 군사상 불이익이 되는 일체의 기밀을 포함한다.[14] 누설한 사항 중 일부내용이 실제 군사기밀 내용과 다른 경우에도 나머지 부분이 군사기밀인 내용을 제대로 담고 있다면 전체적으로 보아 군사기밀

---

1) 대법원 1954. 4. 30. 선고 4292형상109 판결(남파된 간첩을 북한으로 호송할 목적으로 제반 준비를 갖추고 남한에 도착하자마자 체포되었을 경우 간첩방조 미수가 성립한다).
2) 대법원 1971. 9. 28. 선고 71도1333 판결; 대법원 1959. 6. 30. 선고 4292형상195 판결.
3) 대법원 1959. 6. 12. 선고 4292형상131 판결.
4) 대법원 1961. 1. 27. 선고 4293형상807 판결.
5) 대법원 1970. 10. 30. 선고 70도1870 판결.
6) 대법원 1971. 9. 28. 선고 71도1333 판결; 대법원 1971. 2. 25. 선고 70도2417 판결.
7) 대법원 1967. 1. 31. 선고 66도1661 판결.
8) 대법원 1979. 10. 10. 선고 75도1003 판결.
9) 대법원 1983. 4. 26. 선고 83도416 판결.
10) 대법원 1966. 7. 12. 선고 66도470 판결.
11) 대법원 1970. 6. 30. 선고 70도896 판결.
12) 대법원 1972. 6. 27. 선고 72도963 판결; 대법원 1971. 6. 30. 선고 71도774 판결.
13) 대법원 1982. 11. 23. 선고 82도2201 판결; 대법원 1982. 7. 13. 선고 82도968 판결; 대법원 1971. 2. 25. 선고 70도2417 판결.
14) 대법원 2000. 1. 28. 선고 99도4022 판결; 대법원 1994. 4. 26. 선고 94도348 판결; 대법원 1983. 6. 14. 선고 83도863 판결; 대법원 1982. 11. 23. 선고 82도2201 판결; 대법원 1980. 9. 9. 선고 80도1430 판결.

에 해당한다. 또한 누설한 군사기밀사항이 누설행위 이후 평문으로 저하되었거나 군사기밀이
해제되었다고 하더라도 이를 법률의 변경으로 볼 수 없으므로 재판시 법적용 여부가 문제될 여
지는 없다. 적국과 아무런 연락 없이 편면적[1]으로 취학을 주된 목적으로 하고 월북하여 그곳
관헌의 호의를 사기 위하여 누설하고자 군사에 관한 정보를 수집하였다면 군사상 기밀누설의
예비행위이지만[2], 월북기도 자체만으로는 간첩예비죄를 인정할 수 없다.[3]

3. 실행의 착수시기 및 기수시기

본죄의 실행의 착수시기와 관련하여, 대법원은 '침투'간첩의 경우에는 간첩활동을 위하여
국내에 잠입·침투·상륙·입국한 때에 실행의 착수를 인정하고 있다.[4] 하지만 이러한 행위만으
로는 국가기밀의 탐지·수집에 대한 직접적인 개시행위를 하였다고 할 수 없다. 그러므로 국가
기밀을 직접적으로 탐지·수집하는 행위가 개시되었을 때 실행의 착수를 인정해야 한다. 한편
대법원은 '고정'간첩의 경우에는 국가기밀의 탐지·수집에 대한 직접적인 개시행위가 존재할 때
실행의 착수를 인정하고 있다.[5]

간첩행위는 기밀에 속한 사항 또는 도서·물건을 탐지·수집한 때에 기수가 된다. 그러므로
간첩이 이미 탐지·수집하여 지득하고 있는 사항을 타인에게 보고·누설하는 행위는 간첩의 사
후행위로서 간첩행위 자체라고 할 수 없다.[6] 기수가 되기 위하여 국내에 잠입하여 활동무대를
구축하거나 동지를 포섭 또는 접선한 것만으로는 부족하지만, 탐지·수집한 국가기밀을 지령자
또는 접선자에게 전달할 필요까지는 없다.[7]

V. 전시군수계약불이행죄

제103조(전시군수계약불이행) ① 전쟁 또는 사변에 있어서 정당한 이유없이 정부에 대한 군수품 또는 군용
공작물에 관한 계약을 이행하지 아니한 자는 10년 이하의 징역에 처한다.
② 전항의 계약이행을 방해한 자도 전항의 형과 같다.
제104조(동맹국) 본장의 규정은 동맹국에 대한 행위에 적용한다.

---

1) 대법원 1975. 9. 23. 선고 75도1773 판결(북괴의 지령 사주 기타의 의사의 연락 없이 단편적으로 지득하였던 군사
   상의 기밀사항을 북괴에 납북된 상태하에서 제보한 행위는 간첩죄에 해당하지 아니하고 다만 반공법 제4조 제1
   항 소정의 반국가단체를 이롭게 하는 행위에 해당한다).
2) 대법원 1959. 5. 18. 선고 4292형상34 판결.
3) 대법원 1960. 10. 7. 선고 4292형상1070 판결.
4) 대법원 1984. 9. 11. 선고 84도1381 판결; 대법원 1964. 9. 22. 선고 64도290 판결; 대법원 1963. 6. 5. 선고 63도125
   판결; 대법원 1961. 5. 12. 선고 4294형상115 판결; 대법원 1958. 10. 10. 선고 4291형상294 판결.
5) 대법원 1974. 11. 12. 선고 74도2662 판결(간첩미수죄는 국가기밀을 탐지·수집하라는 지령을 받았거나 소위 무인
   포스트를 설정하는 것만으로는 부족하고 그 지령에 따라 국가기밀을 탐지·수집하는 행위의 실행의 착수가 있어
   야 성립된다).
6) 대법원 2011. 1. 20. 선고 2008재도11 전원합의체 판결.
7) 대법원 1982. 2. 23. 선고 81도3063 판결; 대법원 1963. 12. 12. 선고 63도312 판결.

1. 의 의

전시군수계약불이행죄는 전쟁 또는 사변에 있어서 정당한 이유 없이 정부에 대한 군수품 또는 군용공작물에 관한 계약을 이행하지 아니하거나(제1항) 계약이행을 방해함으로써(제2항) 성립하는 범죄이다. 본죄는 과거 군국주의 시대의 산물로서, 단순한 계약 위반사항을 형사처벌의 대상으로 한다는 점에서 입법론상 폐지하는 것이 타당하다.

2. 구성요건

(1) 주 체

본죄의 주체는 자연인에 국한된다. 왜냐하면 법정형으로 징역형만이 규정되어 있기 때문이다. 이 점에서 전시공수계약불이행죄와 차이가 있다.

(2) 객 체

본죄의 객체는 정부에 대한 군수품 또는 군용공작물에 관한 계약이다. '정부'란 행정부를 통칭하지만 정부를 대표하여 군수계약을 체결할 수 있는 지방자치단체도 포함하며, '군수품·군용공작물'이란 군작전상 필요로 하는 일체의 물자와 시설을 말한다. '계약'의 내용은 공급·수리·유지·보수 등 일체의 행위가 포함된다. 왜냐하면 전시공수계약불이행죄에서는 계약의 내용이 '공급'으로 한정되어 있지만, 본죄에서는 단순히 '계약'으로만 규정되어 있기 때문에 공급뿐만 아니라 수리·유지·보수·관리 등의 용역계약도 이에 포함되기 때문이다.

(3) 행 위

본죄의 실행행위는 전쟁 또는 사변에 있어서 정당한 이유 없이 정부에 대한 군수품 또는 군용공작물에 관한 계약을 이행하지 아니하거나 계약이행을 방해하는 것이다.

제 3 절 국기에 관한 죄

I. 국기·국장모독죄

> 제105조(국기, 국장의 모독) 대한민국을 모욕할 목적으로 국기 또는 국장을 손상, 제거 또는 오욕한 자는 5년 이하의 징역이나 금고, 10년 이하의 자격정지 또는 700만원 이하의 벌금에 처한다.

1. 의의 및 보호법익

국기·국장모독죄는 대한민국을 모욕할 목적으로 국기 또는 국장을 손상·제거 또는 오욕함으로써 성립하는 범죄이다. 본죄는 모욕죄와 손괴죄의 결합범이며, 목적범에 해당한다. 본죄의 보호법익은 국가의 권위와 대외적 체면이다.

보호의 정도와 관련하여, ① 추상적 위험범설[1], ② 구체적 위험범설[2] 등의 대립이 있지만, 손상·제거·오욕 등이라는 구체적 행위가 별도로 필요하다는 점에서 구체적 위험범설이 타당하다.

2. 구성요건

(1) 객 체

본죄의 객체는 국기 또는 국장이다. '국기'란 국가의 권위를 상징하기 위하여 일정한 형식에 따라 제작된 기를 말하는데, 태극기가 이에 해당한다. '국장'(國章)이란 국가를 상징하는 국기 외의 일체의 휘장을 말한다. 예를 들면 육·해·공군의 군기, 대사관·공관의 휘장, 나라 문장(紋章) 등이 이에 해당한다. 국기·국장은 공용에 공하는 것임을 요하지 않기 때문에 사적인 용도에 공하는 것도 객체가 될 수 있으며, 소유권의 귀속 여부도 묻지 아니한다. 그러므로 자기 소유의 국기·국장이라고 할지라도 모욕할 목적으로 손상·제거·오욕하면 본죄가 성립한다.

(2) 행 위

본죄의 실행행위는 손상·제거 또는 오욕하는 것이다. '손상'이란 물질적으로 국기·국장의 전부 또는 일부를 훼손하는 것을 말한다. '제거'란 국기·국장을 손상함이 없이 현재 게양되고 있는 장소에서 철거하거나 장소적인 이전 없이 다른 물건으로 가려서 보이지 않게 하는 것을 말한다. '오욕'이란 국기·국장을 불결하게 하는 일체의 행위를 말한다. 예를 들면 오물을 투척하는 경우, 침을 뱉는 경우, 먹물을 붓는 경우, 발로 짓밟는 경우 등이 이에 해당한다.

(3) 주관적 구성요건

본죄가 성립하기 위해서는 고의 이외에 대한민국을 모욕할 목적이 있어야 한다. 목적의 달성 여부는 본죄의 성립에 영향이 없다.

Ⅱ. 국기·국장비방죄

> 제106조(국기, 국장의 비방) 전조의 목적으로 국기 또는 국장을 비방한 자는 1년 이하의 징역이나 금고, 5년 이하의 자격정지 또는 200만원 이하의 벌금에 처한다.

국기·국장비방죄는 대한민국을 모욕할 목적으로 국기 또는 국장을 비방함으로써 성립하는 범죄이다. '비방'이란 언어·거동·문장 등에 의하여 모욕의 의사를 표현하는 것을 말하는 것으

---

1) 김선복, 626면; 오영근, 682면; 이영란, 753면; 임 웅, 905면.
2) 김신규, 808면; 배종대, 670면; 손동권/김재윤, 745면; 이재상/장영민/강동범, 699면; 이형국/김혜경, 767면; 정성 근/정준섭, 601면; 정영일, 412면.

로서, 물질적·물리적 훼손 이외의 모욕의 의사표시를 말한다. 비방에 의하여 국가의 권위와 체면을 손상시킬 정도가 되기 위해서는 공연성이 있어야 한다.[1] 그러므로 밀실에서 국기·국장에 대하여 조소하는 언동을 한 경우에는 본죄가 성립하지 아니한다. 한편 교리상 국기에 대하여 절을 해서는 안 되지만, 국가를 존중하는 의미에서 가슴에 손을 얹고 주목하는 방법으로 경의를 표할 수 있다고 말한 것은 국기에 대한 비방에 해당하지 아니한다.[2]

제 4 절   국교에 관한 죄

Ⅰ. 외국원수에 대한 폭행등죄

> 제107조(외국원수에 대한 폭행 등) ① 대한민국에 체재하는 외국의 원수에 대하여 폭행 또는 협박을 가한 자는 7년 이하의 징역이나 금고에 처한다.
> ② 전항의 외국원수에 대하여 모욕을 가하거나 명예를 훼손한 자는 5년 이하의 징역이나 금고에 처한다.
> 제110조(피해자의 의사) 제107조 내지 제109조의 죄는 그 외국정부의 명시한 의사에 반하여 공소를 제기할 수 없다.

1. 의의 및 보호법익

외국원수에 대한 폭행등죄는 대한민국에 체재하는 외국의 원수에 대하여 폭행 또는 협박을 가하거나(제1항) 모욕을 가하거나 명예를 훼손함으로써(제2항) 성립하는 범죄이다. 행위의 객체가 외국원수라는 점에서 일반인에 대한 범죄와 비교하여 불법이 가중된 구성요건이다. 본죄의 보호법익은 외국의 이익 및 대한민국의 대외적 지위이고, 보호의 정도는 추상적 위험범이다.

2. 구성요건

(1) 객 체

본죄의 객체는 대한민국에 체재하는 외국의 원수이다. '외국'이란 국가로서의 실질적 요건을 갖추고 있는 대한민국 이외의 국가로서 대한민국의 정식승인을 받았거나 대한민국과 외교관계를 맺고 있음을 요하지 아니한다. 하지만 외국의 망명정부는 이에 해당하지 아니한다. '원수'란 외국의 헌법에 의하여 국가를 대표할 권한이 있는 자를 말한다. 외국의 대통령과 군주는 원수에 해당하지만, 내각책임제 국가의 수상은 원수에 해당하지 아니한다. 또한 외국원수에 한하므로 그 원수의 가족은 본죄의 객체가 되지 아니한다. '대한민국에 체재하는' 외국의 원수이어야 하기 때문에 반드시 공적으로 방문하는 경우일 것이 요구되지 아니한다. 이 점에서 외국

---

1) 반면에 공연성을 요구하지 않는 견해로는 신동운, 43면.
2) 대법원 1975. 5. 13. 선고 74도2183 판결.

사절에 대한 폭행등죄의 '파견'과 구별된다. 그러므로 제3국으로 가는 도중에 대한민국에 일시
적으로 체재하는 경우에도 본죄의 객체가 될 수 있다.

(2) 행 위

본죄의 실행행위는 폭행·협박·모욕 또는 명예훼손하는 것이다. 모욕과 명예훼손에 있어서
는 공연성이 별도로 요구되지 않으며, 모욕죄가 친고죄임에 비하여 본죄의 모욕행위는 반의사
불벌죄로 규정되어 있다.

Ⅱ. 외국사절에 대한 폭행등죄

> 제108조(외국사절에 대한 폭행 등) ① 대한민국에 파견된 외국사절에 대하여 폭행 또는 협박을 가한 자는
> 5년 이하의 징역이나 금고에 처한다.
> ② 전항의 외국사절에 대하여 모욕을 가하거나 명예를 훼손한 자는 3년 이하의 징역이나 금고에 처한다.
> 제110조(피해자의 의사) 제107조 내지 제109조의 죄는 그 외국정부의 명시한 의사에 반하여 공소를 제기할 수
> 없다.

외국사절에 대한 폭행등죄는 대한민국에 파견된 외국사절에 대하여 폭행 또는 협박을 가
하거나(제1항) 모욕을 가하거나 명예를 훼손함으로써(제2항) 성립하는 범죄이다. 행위의 객체가
외국사절이라는 점에서 일반인에 대한 범죄와 비교하여 불법이 가중된 구성요건이다. 본죄의
보호법익은 외국의 이익 및 대한민국의 대외적 지위이고, 보호의 정도는 추상적 위험범이다.

'외국사절'이란 대사·공사를 말하고, 총영사·영사는 포함되지 아니한다.[1] 외국사절의 가
족·수행원 등도 본죄의 객체가 되지 아니한다. '대한민국에 파견된' 외국사절이어야 한다. 그러
므로 외국사절이 대한민국을 공적으로 방문하는 경우이어야 한다. 일시적으로 체재하거나 제3
국을 공적으로 방문하는 외국사절이 우리나라에 일시 체류하는 경우는 이에 해당하지 아니한
다. 하지만 대한민국에 파견된 이상 외국사절이 대한민국 영역 안에 체재하고 있을 것을 요하
지는 아니한다. 그러므로 대한민국에 파견된 사절이 부임하기 위하여 오고 있는 중이거나 부임
중 일시 대한민국 영역 외에 나가 있는 경우에도 본죄의 객체가 된다.

Ⅲ. 외국국기·국장모독죄

> 제109조(외국의 국기, 국장의 모독) 외국을 모욕할 목적으로 그 나라의 공용에 공하는 국기 또는 국장을 손

---

1) 대사관·공사관·총영사관과 영사관의 장은 각각 특명전권대사, 특명전권공사, 총영사와 영사로 하고, 대표부의
   장은 특명전권대사 또는 특명전권공사로 한다. 특명전권대사와 특명전권공사는 외교부장관의 명을 받아 해당 공
   관사무를 총괄하며 소속 공무원을 지휘·감독한다. 총영사와 영사는 외교부장관과 특명전권대사 또는 특명전권공
   사의 명을 받아 해당 공관사무를 총괄하며 소속 공무원을 지휘·감독한다.

상, 제거 또는 오욕한 자는 2년 이하의 징역이나 금고 또는 300만원 이하의 벌금에 처한다.
제110조(피해자의 의사) 제107조 내지 제109조의 죄는 그 외국정부의 명시한 의사에 반하여 공소를 제기할
수 없다.

　　외국국기·국장모독죄는 외국을 모욕할 목적으로 그 나라의 공용에 공하는 국기 또는 국장
을 손상·제거 또는 오욕함으로써 성립하는 범죄이다. '공용에 공한다'란 국가의 권위를 상징하
기 위하여 그 나라의 공적 기관이나 공무소에서 사용되는 것을 말한다. 그러므로 장식용 만국
기·사인이 소지하고 있는 외국 국기 등은 본죄의 객체가 되지 아니한다. 유엔과 같은 국제조직
은 본죄의 외국에 해당하지 않기 때문에 국제연합기는 본죄의 객체가 될 수 없다.

Ⅳ. 외국에 대한 사전죄

제111조(외국에 대한 사전) ① 외국에 대하여 사전한 자는 1년 이상의 유기금고에 처한다.
② 전항의 미수범은 처벌한다.
③ 제1항의 죄를 범할 목적으로 예비 또는 음모한 자는 3년 이하의 금고 또는 500만원 이하의 벌금에 처한
다. 단 그 목적한 죄의 실행에 이르기 전에 자수한 때에는 감경 또는 면제한다.

　　외국에 대한 사전죄는 외국에 대하여 사전(私戰)함으로써 성립하는 범죄이다. 여기서 외국
은 우리나라에 의하여 승인된 것일 필요는 없지만, 개인인 외국인 또는 외국인의 집단이나 단
체는 이에 해당하지 아니한다. '사전'이란 국가의 전투명령에 의하지 않고 국가의사와 무관하게
개인 또는 집단이 외국에 대하여 전투행위를 하는 것을 말한다. 단순한 폭력행사는 사전이라고
할 수 없고, 외국에 대하여 적어도 무력에 의한 조직적인 공격이 있어야 한다. 한편 지휘관이
정당한 사유 없이 외국에 대하여 전투를 개시한 경우에는 사형에 처한다(군형법 제18조).

Ⅴ. 중립명령위반죄

제112조(중립명령위반) 외국간의 교전에 있어서 중립에 관한 명령에 위반한 자는 3년 이하의 금고 또는 500
만원 이하의 벌금에 처한다.

　　중립명령위반죄는 외국간의 교전에 있어서 중립에 관한 명령에 위반함으로써 성립하는 범
죄이다. 구성요건의 내용이 중립명령에 의하여 보충되도록 위임되어 있으므로 백지형법에 해당
한다. 또한 중립명령이 내려져 있는 동안에만 성립할 수 있으므로 한시법에 해당한다.
　　'외국간의 교전'이란 우리나라가 참가하지 않는 전쟁이 2개국 이상의 외국 사이에 행해지고
있는 상태를 말한다. 여기서의 교전은 국제법상의 전쟁일 필요는 없고, 국내법상의 중립명령이

존재하는 경우에만 본죄에 해당한다. '중립명령'이란 우리나라가 교전국의 어느 한쪽에도 가담하지 않고 국외중립을 지키도록 하는 명령을 말한다. 여기서의 명령은 대통령령·총리령·부령 등에 한하지 아니한다. 중립명령에 대한 위반행위는 전투행위에 국한되지 않고, 일체의 협력행위를 포함한다. 국제법상 중립위반이 있다고 할지라도 우리나라의 중립명령에서 금지하는 사항이 아니면 본죄에 해당하지 아니한다.

Ⅵ. 외교상 기밀누설죄

> 제113조(외교상 기밀의 누설) ① 외교상의 기밀을 누설한 자는 5년 이하의 징역 또는 1천만원 이하의 벌금에 처한다.
> ② 누설할 목적으로 외교상의 기밀을 탐지 또는 수집한 자도 전항의 형과 같다.

1. 의 의

외교상 기밀누설죄는 외교상의 기밀을 누설하거나(제1항) 누설할 목적으로 외교상의 기밀을 탐지 또는 수집함으로써(제2항) 성립하는 범죄이다.

2. 구성요건

(1) 객 체

본죄의 객체는 외교상의 기밀이다. '외교상의 기밀'이란 외국과의 관계에서 국가가 지켜야 할 기밀을 말하는데, 외교정책상 외국에 대하여 비밀로 하거나 확인되지 아니함이 대한민국의 이익이 되는 모든 정보자료를 말한다. 이미 국내에서 공지에 속한 사실은 아직 외국에 알려져 있지 않은 때에도 이를 비밀로 해야 할 이익이 없으므로 객체가 될 수 없다. 오늘날 각종 언론 매체의 성장과 정보산업의 급속한 발전 및 그에 따른 정보교환의 원활성 등을 감안해 볼 때 공개 전에 이미 외국 언론에 보도된 내용들이거나 외신을 통하여 국내 언론사에 배포된 것으로 추단되는 경우에는 보도된 나라 이외의 다른 외국도 그 내용을 쉽게 지득할 수 있었다고 봄이 상당하고, 이와 같은 경위로 외국에 이미 널리 알려져 있는 사항은 특단의 사정이 없는 한 이를 비밀로 하거나 확인되지 아니함이 외교정책상의 이익이 된다고 할 수 없는 것이어서 외교상의 기밀에 해당하지 아니한다.[1] 외국에 널리 알려진 사항이라고 하더라도 대한민국 정부가 외교정책상 그 사항의 존재 또는 진위 여부 등을 외국에 대하여 공식적으로 알리지 아니하거나 확인하지 아니함이 외교정책상의 이익으로 되는 예외적인 경우가 있을 수 있다. 외국에 널리 알려진 사항 그 자체가 외교상의 기밀이 되는 것은 아니고 다만 그러한 사항의 존재나 진위 여부

---

1) 대법원 1995. 12. 5. 선고 94도2379 판결.

에 대한 대한민국 정부의 공식적인 입장이나 견해가 외교상의 기밀이 될 수 있을 뿐이라고 할 것이다.

(2) 행 위

본죄의 실행행위는 누설하거나 누설할 목적으로 외교상의 기밀을 탐지·수집하는 것이다. '누설'이란 직접·간접으로 타인에게 알리는 것을 말한다. 외교상의 기밀을 적국에 누설하면 간첩죄가 되기 때문에 본죄는 외교상의 기밀을 적국 아닌 국가에 누설한 경우에 성립한다. 누설할 목적으로 외교상의 기밀을 탐지·수집하는 행위는 기밀누설에 대해 예비단계에 해당하는 행위이지만 독립된 범죄로 규정한 것이다. 외교상의 기밀을 탐지·수집하는 때에는 고의 이외에 누설할 목적이 있어야 한다.

제 2 장   국가의 기능에 관한 죄

제 1 절   공무원의 직무에 관한 죄

I. 직무유기죄

> 제122조(직무유기) 공무원이 정당한 이유없이 그 직무수행을 거부하거나 그 직무를 유기한 때에는 1년 이하의 징역이나 금고 또는 3년 이하의 자격정지에 처한다.

1. 의의 및 보호법익

직무유기죄는 공무원이 정당한 이유 없이 그 직무수행을 거부하거나 그 직무를 유기함으로써 성립하는 범죄이다. 본죄의 보호법익은 공무수행의 질서와 이에 따른 국가·국민의 이익이고, 보호의 정도와 관련하여, ① 구체적 위험범설[1], ② 추상적 위험범설[2] 등의 대립이 있다.

이에 대하여 판례는 「휴가 중인 자의 경우 구체적인 작위의무 내지 국가기능의 저해에 대한 구체적인 위험성이 있다고 할 수 없어 직무유기죄의 주체로 될 수는 없다.」라고 판시[3]하여, 구체적 위험범설의 입장을 취하고 있다.

생각건대 본죄의 성립범위를 제한한다는 측면에서 구체적 위험범으로 파악하는 것이 타당하다.

2. 구성요건

(1) 주 체

본죄의 주체는 공무원이다. '공무원'이란 광의로는 법령에 의하여 국가 또는 지방자치단체의 공무를 담당하는 일체의 자를 말하며, 협의로는 국가 또는 공공단체와 공법상 근무관계에 있는 모든 자를 말한다.[4] 공무원은 경력직 공무원과 특수경력직 공무원으로 구분되는데, 경력직

---

1) 김신규, 818면; 김일수/서보학, 627면; 배종대, 676면; 이상돈, 1457면; 이영란, 769면; 이재상/장영민/강동범, 711면; 이형국/김혜경, 779면; 정성근/정준섭, 501면; 정영일, 421면; 최호진, 780면.

2) 김선복, 636면; 김성돈, 767면; 김성천/김형준, 803면; 박상기, 826면; 오영근, 694면; 임 웅, 919면.

3) 대법원 1997. 4. 22. 선고 95도748 판결(쟁의행위에 참가한 일부 조합원이 병가 중이어서 직무유기죄의 주체로 될 수는 없다고 하더라도 직무유기죄의 주체가 되는 다른 조합원들과의 공범관계가 인정된다); 대법원 1983. 3. 22. 선고 82도3065 판결(직무유기죄는 이른바 부진정 부작위범으로서 구체적으로 그 직무를 수행하여야 할 작위의무가 있는데도 불구하고 이러한 직무를 버린다는 인식하에 그 작위의무를 수행하지 아니함으로써 성립하는 것이다).

4) 대법원 1997. 3. 11. 선고 96도1258 판결(지방의회의원은 형법상 공무원에 해당한다).

공무원은 실적과 자격에 의하여 임용되고 그 신분이 보장되는 공무원으로서 일반직 공무원·특
정직 공무원·기능직 공무원 등으로 구성된다. 특수경력직 공무원은 경력직 공무원을 제외한
정무직 공무원·별정직 공무원·계약직 공무원·고용직 공무원 등으로 구성된다. 그 밖에도 특
별법에 의한 공무원으로 한국은행의 임원과 직원, 한국산업은행·한국수출입은행·중소기업은
행의 임원, 특별검사, 특별검사보, 특별수사관, 청원경찰관 등이 있다. 세무수습행정원¹⁾, 시·구
도시계획위원회 위원²⁾, 세관장이 채용한 특채관리³⁾, 사병인 군인⁴⁾, 우편집배원, 공증인 등도
공무원에 해당한다. 그러나 공무원이라고 할지라도 단순한 기계적·육체적 노무는 직무범죄에
의하여 형법적으로 보호할 가치가 있는 것이 아니므로 특수경력직 공무원 가운데 환경미화원·
공원·인부·사환 등의 고용직 공무원은 직무범죄의 주체인 공무원의 범위에서 제외된다.⁵⁾

    한편 사법경찰관리로서 이 법에 규정된 죄를 범한 사람을 수사하지 아니하거나 범인을 알
면서 체포하지 아니하거나 수사상 정보를 누설하여 범인의 도주를 용이하게 한 사람은 1년 이
상의 유기징역에 처하고(폭력행위처벌법 제9조 제1항), 범죄 수사의 직무에 종사하는 공무원이 이
법에 규정된 죄를 범한 사람을 인지하고 그 직무를 유기한 경우에는 1년 이상의 유기징역에 처
한다(특정범죄가중처벌법 제15조).

(2) 행 위

    본죄의 실행행위는 정당한 이유 없이 직무수행을 거부하거나 직무를 유기하는 것이다. '직
무'란 공무원이 그 지위에 따라 수행해야 할 공무원법상 본래의 직무 또는 고유한 직무를 말한
다. 그러므로 공무원이라는 신분관계로 인하여 부수적·파생적으로 발생하는 일반적 고발의무⁶⁾
는 이에 해당하지 아니한다. 직무의 내용도 구체적인 것이어야 하므로 법령에 근거하지 않거나
특별한 지시·명령에 따른 것이 아니면 직무라고 할 수 없다.⁷⁾ 그러므로 근무시간 중 단순히 잠
을 자는 행위는 본죄를 구성하지 아니한다.⁸⁾

---

1) 대법원 1961. 12. 14. 선고 4294형상99 판결.
2) 대법원 1997. 6. 13. 선고 96도1703 판결.
3) 대법원 1958. 5. 30. 선고 4291형상208 판결.
4) 육군 1981. 4. 24. 선고 고군형항280 판결(피고인이 비록 취사병이라고는 하나 근로봉사대원을 관리하는 군부대
   의 소속원으로서 자기의 직무를 이용하여 면회를 시켜 주는 등의 행위를 하고 그 대가로서 받은 금품 및 향응은
   이를 뇌물이라고 보아야 할 것이다); 대법원 1969. 9. 23. 선고 69도1214 판결.
5) 대법원 2002. 11. 22. 선고 2000도4593 판결; 대법원 1978. 4. 25. 선고 77도3709 판결.
6) 대법원 1997. 4. 11. 선고 96도2753 판결; 대법원 1969. 2. 4. 선고 67도184 판결(약사감시원이 무허가 약국개설자
   를 적발하고 상사에 보고하여 그 지시에 따라 약국을 폐쇄토록 하였다면 수사관서에 고발하지 아니하였다고 하
   여 직무를 유기했다고 할 수 없다).
7) 대법원 1976. 10. 12. 선고 75도1895 판결(하사관인 피고인은 군사법경찰업무에 종사하는 자가 아니므로 군무이
   탈자를 체포 연행할 의무가 있다 할 수 없고 설사 상관으로부터 군무이탈자를 체포 동행하라는 명령지시가 있다
   고 하여도 이 명령은 군사법경찰관리가 아닌 피고인에 대한 위법한 것이라고 할 것이므로 피고인에게 그런 직무
   가 있다고 할 수 없으니 군무이탈자를 동행중 놓쳤다고 하여 직무유기로 단정할 수 없다).
8) 대법원 1984. 3. 27. 선고 83도3260 판결(피고인이 순찰 및 검사 등을 하지 아니하고 잠을 잔 것은 일직사관으로
   서의 직무를 성실하게 수행하지 아니하여 충근의무에 위반한 허물이 있다고 하겠으나 근무장소에서 유사시에
   깨어 직무수행에 임할 수 있는 상황(상황실로부터 피고인이 누운 침상까지는 2m 정도의 거리로서 판자칸막이가

'직무수행의 거부'란 직무를 능동적으로 수행할 의무가 있음에도 불구하고 이를 수행하지 않는 것을 말한다. '직무의 유기'란 공무원이 법령·내규 등에 의한 추상적 성실의무를 태만히 하는 일체의 경우에 성립하는 것이 아니라 직장의 무단이탈, 직무의 의식적인 포기 등과 같이 국가의 기능을 저해하고 국민에게 피해를 야기시킬 가능성이 있는 경우를 말한다.[1]

일단 직무집행의 의사로 자신의 직무를 수행한 경우에는 직무집행의 내용이 위법한 것으로 평가된다는 점만으로 본죄의 성립을 인정할 것은 아니고[2], 공무원이 태만·분망 또는 착각 등으로 인하여 직무를 성실히 수행하지 아니한 경우나 형식적으로 또는 소홀히 직무를 수행한 탓으로 적절한 직무수행에 이르지 못한 것에 불과한 경우에도 본죄는 성립하지 아니한다.[3] 같은 맥락에서 공무원이 구체적 상황에 비추어 그 인적·물적 능력의 범위 내에서 적절한 조치라는 판단에 따라 직무를 수행한 경우에는, 그러한 직무수행이 객관적 정당성을 상실하여 현저하게 불합리한 것으로 인정되지 않는 한 이를 위법하다고 할 수 없다.[4] 그러므로 사법경찰관리가 직무집행의사로 위법사실을 조사하여 훈방하는 등 어떤 형태로든지 그 직무집행행위를 하였다면 형사피의사건으로 입건수사하지 않았다고 하여 본죄가 성립한다고 볼 수는 없다.[5] 또한 교육기관·교육행정기관·지방자치단체 또는 교육연구기관의 장이 징계의결을 집행하지 못할 법률상·사실상의 장애가 없는데도 징계의결서를 통보받은 날로부터 법정 시한이 지나도록 집행을 유보하는 모든 경우에 본죄가 성립하는 것은 아니고[6], 그러한 유보가 직무에 관한 의식적인 방임이나 포기에 해당한다고 볼 수 있는 경우에 한하여 본죄가 성립한다.[7] 한편 직무수행의 거

있는데 불과함)에서 잠을 잔 것이므로 피고인이 고의로 일직사관으로서의 직무를 포기하거나 직장을 이탈한 것이라고는 볼 수 없다).
1) 대법원 2011. 7. 28. 선고 2011도1739 판결; 대법원 2007. 7. 12. 선고 2006도1391 판결.
2) 대법원 2007. 7. 12. 선고 2006도1390 판결; 대법원 1961. 8. 23. 선고 4294형상223 판결(면장이 면소유 물품의 매매와 면 경영공사의 도급 등 계약을 체결함에 있어서 경쟁입찰에 의하지 아니하고 수의계약에 의한 것은 그 직무를 수행함에 있어서 필요로 하는 법적 절차를 이행하지 아니함에 불과한 경우로서 직무유기라고 할 수 없다).
3) 대법원 2013. 4. 26. 선고 2012도15257 판결; 대법원 2012. 8. 30. 선고 2010도13694 판결; 대법원 1983. 1. 18. 선고 82도2624 판결(우범곤총기난동대처사건)(우범곤의 총기난동사건에 대처하는 피고인의 당시 거동은 관내 치안책임자로서 십분 규탄되어 마땅하다고 할 것이나 그 조치가 다만 적절하지 못하였다는 사정만으로서는 형법상 직무유기죄가 성립할 수 없는 것이므로 피고인이 주관적으로 직무를 버린다는 인식이 있었고 객관적으로 그 직무를 버리거나 또는 그 직장을 벗어났다는 증명이 없는 이 사건에서 피고인을 직무유기죄로 다스린 제1심 판결을 유지한 원심조치에는 위법이 있다); 대법원 1969. 8. 19. 선고 69도932 판결.
4) 대법원 2021. 9. 16. 선고 2015도12632 판결.
5) 대법원 1982. 6. 8. 선고 82도117 판결.
6) 대법원 2013. 6. 27. 선고 2011도797 판결(지방자치단체의 교육기관 등의 장이 국가위임사무인 교육공무원에 대한 징계사무를 처리함에 있어 주무부장관의 직무이행명령을 받은 경우에도 이의가 있으면 대법원에 소를 제기할 수 있으므로, 수사기관 등으로부터 징계사유를 통보받고도 징계요구를 하지 아니하여 주무부장관으로부터 징계요구를 하라는 직무이행명령을 받았다고 하더라도 그에 대한 이의의 소를 제기한 경우에는, 수사기관 등으로부터 통보받은 자료 등으로 보아 징계사유에 해당함이 객관적으로 명백한 경우 등 특별한 사정이 없는 한 징계사유를 통보받은 날로부터 1개월 내에 징계요구를 하지 않았다는 것만으로 곧바로 직무를 유기한 것에 해당한다고 볼 수는 없다).
7) 대법원 2014. 4. 10. 선고 2013도229 판결(시국선언징계사건)(시국선언에 참여한 교사들에 대한 형사재판의 진행 경과 및 시국선언 참여행위의 정당성 여부에 관한 찬반양론이 대립하였던 점, 전임 전라북도 교육감 공소외인이 재직 당시 위 교사들에 대한 이 사건 징계의결의 집행 유보를 선언하였던 점, 이후 피고인이 이 사건 징계의결의

부와 직무의 유기는 부작위뿐만 아니라 작위의 형태로도 얼마든지 가능하다.

　　판례에 의하면, ① 징계의결요구권을 갖는 교육기관 등의 장이 수사기관 등의 장으로부터 통보받은 자료 등을 통해 징계사유에 해당함이 객관적으로 명백하고, 달리 징계의결을 요구하지 아니할 상당한 이유가 없는데도 1월 이내에 관할 징계위원회에 징계의결을 요구하지 아니한 경우[1], ② 경찰관인 피고인이 벌금미납자로 지명수배되어 있던 자를 세 차례에 걸쳐 만나고도 그를 검거하여 검찰청에 신병을 인계하는 등의 필요한 조치를 취하지 않은 경우[2], ③ 경찰관들이 현행범으로 체포한 도박혐의자 17명에 대해 현행범인체포서 대신에 임의동행동의서를 작성하게 하고, 그나마 제대로 조사도 하지 않은 채 석방하였으며, 현행범인 석방사실을 검사에게 보고도 하지 않았고, 석방일시·사유를 기재한 서면을 작성하여 기록에 편철하지도 않았으며, 압수한 일부 도박자금에 관하여 압수조서 및 목록도 작성하지 않은 채 검사의 지휘도 받지 않고 반환한 경우[3], ④ ○○시장과 절친하며 피고인과도 가깝게 지내온 공소외인의 이 사건 물건적치기간 연장신청이 허가대상토지를 골재생산영업을 위한 부대시설로 편법적으로 사용하기 위한 것이라는 점을 잘 알면서도, 그 허가업무를 담당하던 피고인이 허가요건 등을 자세히 검토하지도 않고 그 신청한 내용대로 물건적치기간 연장허가를 내준 경우[4], ⑤ 경찰관이 불법체류자의 신병을 출입국관리사무소에 인계하지 않고 훈방하면서 이들의 인적사항조차 기재해 두지 아니한 경우[5], ⑥ 경찰관이 장기간에 걸쳐 여러 번 오토바이를 오토바이 상회 운영자에게 보관시키고도 경찰관 스스로 소유자를 찾아 반환하도록 처리하거나 상회 운영자에게 반환 여부를 확인한 일이 전혀 없고, 상회 운영자로부터 오토바이를 보내 준 대가 또는 그 처분대가로 돈까지 지급받은 경우[6], ⑦ 농지사무를 담당하고 있는 군 직원이 농지불법전용 사실을 외면하고 아무런 조치를 취하지 아니한 경우[7], ⑧ 학생군사교육단의 당직사관으로 주번근무를 하던 육군 중위가 당직근무를 함에 있어서 훈육관실에서 학군사관후보생 2명과 함께 술을 마시고 내무반에서 학군사관후보생 2명 및 애인 등과 함께 화투놀이를 한 다음 애인과 함께 자고 난 뒤 교대할 당직근무자에게 당직근무의 인계·인수도 하지 아니한 채 퇴근한 경우[8], ⑨ 소속대 수송관 겸 3종 출납관으로서 소속대 유류수령과 불출 및 그에 따른 결산 기타 업무를 수행할 직무있는 자가 신병치료를 이유로 상부의 승인 없이 3종 출납관 도장과 창고열쇠를 포함한 3종 업무일체를 계원에게 맡겨두고 이에 대한 일체의 확인감독마저 하지 않은 경우[9], ⑩ 피고인이 세무서 소득세과 재산세계에 근무하면서 과세자료처리 및 정리 등의 사무를 취급하였는데 같은 계 근무직원인 소외(甲)의 책상서랍 속에 공동피고인(乙)에 대한 양도소득세 과세자료전들이 은닉되어 있는 것을 발견하였는데 그 당시

집행을 유보하게 된 경위와 위 교사들에 대한 형사사건의 대법원판결이 있던 당일 징계의결을 집행한 점, 이 사건 징계의결의 집행 유보로 학생들의 학습권이 침해되었다고 볼 만한 자료가 없는 점 등의 사정을 들어, 피고인은 이 사건 징계의결의 집행을 유보한 행위를 직무의 의식적인 방임이나 포기로 볼 수 없다).

1) 대법원 2013. 6. 27. 선고 2011도797 판결.
2) 대법원 2011. 9. 8. 선고 2009도13371 판결.
3) 대법원 2010. 6. 24. 선고 2008도11226 판결.
4) 대법원 2009. 3. 26. 선고 2007도7725 판결.
5) 대법원 2008. 2. 14. 선고 2005도4202 판결.
6) 대법원 2002. 5. 17. 선고 2001도6170 판결.
7) 대법원 1993. 12. 24. 선고 92도3334 판결.
8) 대법원 1990. 12. 21. 선고 90도2425 판결.
9) 대법원 1986. 2. 11. 선고 85도2471 판결.

피고인이 위 과세자료들을 자료대장에 등재할 직무를 직접 담당하고 있지는 않았다고 하더라도 이러한 업무의 보조업무에 해당하는 업무를 담당하고 있었고, 또 위 자료전의 은닉이 乙에 대한 양도소득세가 부과되지 않도록 하기 위한 고의적 은닉이라는 사실과 乙이 주민등록을 여러 차례 옮겨 전출한 사실을 알고 있었던 상황에서, 피고인이 甲에 대하여 위 과세자료를 자료정리부에 등재하여 자기에게 넘겨 달라고 촉구만 하고 그대로 이를 방치한 경우1), ⑪ 차량번호판의 교부담당직원이 행정처분에 의하여 자동차의 사용이 정지된 경우임에도 그 번호판을 재교부한 경우2), ⑫ 사법경찰관리가 피고인의 신호위반 사실을 알고 있으면서도 수사에 착수하지 아니하고 그 후에도 그 작위의무를 수행하지 아니하는 위법한 부작위상태가 계속된 경우3), ⑬ 가축도축업체에 배치되어 가축검사원으로 재직하는 공무원으로서 도축장에서 소에 대한 강제급수의 방지와 사료의 소화·신선한 육질의 유지를 위해 퇴근시에는 소 계류장에 들어온 소의 숫자와 상태를 확인하고 소 계류장 출입문의 시정·봉인조치를 이행하고, 부득이 퇴근 후 도축의뢰되는 소를 계류장에 입사시킬 경우에는 검사원이 나가 계류장 문을 열고 입사시킨 후 다시 시정·봉인하여 소에 대한 강제급수를 미리 방지하는 등 검사원으로서의 직무를 철저히 해야 함에도, 퇴근시 소 계류장의 시정·봉인조치를 취하지 아니하고 그 관리를 도축장 직원에게 방치한 경우4), ⑭ 세관감시과 소속 공무원으로서 항구에 정박 중인 외항선에 머무르면서 밀수여부의 감시, 방지 등 근무명령을 받았음에도 불구하고 감기가 들어 몸이 불편하다는 구실로 위 임무를 도중에 포기하고 집에 돌아와 자버린 경우5) 등에 있어서는 본죄가 성립한다.

하지만 ① 통고처분이나 고발을 할 권한이 없는 세무공무원이 그 권한자에게 범칙사건 조사 결과에 따른 통고처분이나 고발조치를 건의하는 등의 조치를 취하지 않은 경우6), ② 교도소 보안과 출정계장과 감독교사가 호송지휘관 및 감독교사로서 호송교도관 5명을 지휘하여 재소자 25명을 전국의 각 교도소로 이감하는 호송업무를 수행함에 있어서, 시간이 촉박하여 호송교도관들이 피호송자 개개인에 대하여 규정에 따른 검신 등의 절차를 철저히 이행하지 아니한 채 호송하는 데도 위 호송교도관들에게 호송업무 등을 대강 지시한 후에는 그들이 이를 제대로 수행할 것으로 믿고 구체적인 확인, 감독을 하지 아니한 잘못으로 말미암아 피호송자들이 집단도주하는 결과가 발생한 경우7), ③ 예비군 교관이 분대전투에 관한 수업을 하는 대신 정신교육으로 수업시간을 마친 경우8), ④ 피고인들이 차량부속품을 불출받는 직무를 수행함에 있어서 그 중 일부의 품목을 임의로 불출관에게 공제해 줌으로써 이를 불출받지 아니하고도 받은 것처럼 한 경우(그 수령과정에서 일부품목에 관하여 권한 없는 행위를 한 위법이 있다고 할 수 있을 뿐 그 직무를 수행하지 아니한 경우에 해당한다고는 할 수 없다)9), ⑤ 세관감시과 소속 감시반의 운전사무에 종사하는 자가 관세포탈사범을 검거하지 않은 경우10), ⑥ 전매공무원인 피고인이 외제담배를 긴급압수한 후 도주한 범칙자를 찾는데 급급하여 미처 압수·수색영장을 신청하지 못한

---

1) 대법원 1984. 4. 10. 선고 83도1653 판결.
2) 대법원 1972. 6. 27. 선고 72도969 판결.
3) 대법원 1997. 8. 29. 선고 97도675 판결.
4) 대법원 1990. 5. 25. 선고 90도191 판결.
5) 대법원 1970. 9. 29. 선고 70도1790 판결.
6) 대법원 1997. 4. 11. 선고 96도2753 판결.
7) 대법원 1991. 6. 11. 선고 91도96 판결(지강헌도주사건).
8) 대법원 1979. 3. 27. 선고 79도291 판결.
9) 대법원 1977. 11. 22. 선고 77도2952 판결.
10) 대법원 1959. 8. 28. 선고 4291형상482 판결.

경우[1], ⑦ 중대장의 보고의무는 특단의 사정이 없는 한 그 직속 상관인 대대장에게 보고함으로써 족하다고 할 것이고 중대장이 대대장에게 뿐만 아니라 연대장에게도 직접 보고의무가 있다는 성문된 법령상의 근거가 없다면 적어도 군대내의 특단의 지시 또는 명령이 있어 피고인에게 연대장에 대한 보고의무가 있음을 확정한 후가 아니면 피고인이 연대장에게 보고를 하지 아니한 경우[2] 등에 있어서는 본죄가 성립하지 아니한다.

3. 죄수 및 다른 범죄와의 관계

(1) 죄 수

본죄는 그 직무를 수행하여야 하는 작위의무의 존재와 그에 대한 위반을 전제로 하고 있는데, 그 작위의무를 수행하지 아니함으로써 구성요건에 해당하는 사실이 있었고 그 후에도 계속하여 그 작위의무를 수행하지 아니하는 위법한 부작위상태가 계속되는 한 가벌적 위법상태는 계속 존재한다. 그러므로 본죄는 이를 전체적으로 보아 포괄일죄로 처벌하는 취지로 해석되므로 즉시범이라고 할 수 없다.[3]

(2) 다른 범죄와의 관계

1) 범인도피죄와의 관계

피고인이 검사로부터 범인을 검거하라는 지시를 받고서도 그 직무상의 의무에 따른 적절한 조치를 취하지 아니하고 오히려 범인에게 전화로 도피하라고 권유하여 그를 도피하게 하였다는 범죄사실만으로는 직무위배의 위법상태가 범인도피행위 속에 포함되어 있는 것으로 보아야 할 것이므로, 이와 같은 경우에는 작위범인 범인도피죄만이 성립하고 부작위범인 직무유기죄는 따로 성립하지 아니한다.[4]

2) 증거인멸죄와의 관계

경찰서 방범과장이 부하직원으로부터 「음반·비디오물 및 게임물에 관한 법률」 위반 혐의로 오락실을 단속하여 증거물로 오락기의 변조 기판을 압수하여 사무실에 보관중임을 보고받아 알고 있었음에도 그 직무상의 의무에 따라 위 압수물을 수사계에 인계하고 검찰에 송치하여 범죄 혐의의 입증에 사용하도록 하는 등의 적절한 조치를 취하지 않고, 오히려 부하직원에게 위와 같이 압수한 변조 기판을 돌려주라고 지시하여 오락실 업주에게 이를 돌려준 경우, 작위

---

1) 대법원 1982. 9. 28. 선고 82도1633 판결.
2) 대법원 1965. 9. 7. 선고 65도464 판결.
3) 대법원 2013. 4. 26. 선고 2012도15257 판결; 대법원 1997. 8. 29. 선고 97도675 판결; 대법원 1965. 12. 10. 선고 65도826 판결.
4) 대법원 1996. 5. 10. 선고 96도51 판결; 대법원 1993. 12. 24. 선고 92도3334 판결; 대법원 1972. 5. 9. 선고 72도722 판결; 대법원 1971. 8. 31. 선고 71도1176 판결. 同旨 대법원 1980. 3. 25. 선고 79도2831 판결(위법건축물이 발생하지 않도록 자신은 물론 소관 부하직원들로 하여금 이를 예방단속하게 하여야 할 직무상 의무 있는 자가 위법건축을 하도록 타인을 교사한 경우, 위 직무위배의 위법상태는 건축법위반 교사행위에 내재하고 있는 것이므로 건축법위반교사죄와 직무유기죄는 실체적 경합범이 되지 않고 직무유기죄는 건축법위반교사죄에 흡수된다).

범인 증거인멸죄만이 성립하고 부작위범인 직무유기죄는 따로 성립하지 아니한다.[1]

3) 허위공문서작성죄와의 관계

공무원이 어떠한 위법사실을 발견하고도 직무상 의무에 따른 적절한 조치를 취하지 아니하고 위법사실을 적극적으로 은폐할 목적으로 허위공문서를 작성·행사한 경우에는 직무위배의 위법상태는 허위공문서 작성 당시부터 그 속에 포함되는 것으로 작위범인 허위공문서작성 및 동행사죄만이 성립하고 부작위범인 직무유기죄는 따로 성립하지 아니한다.[2]

하지만 허위공문서의 작성 및 행사가 위법사실을 은폐하기 위한 것이 아니라 그 공무원이나 이해관계인에게 다른 이익을 제공하는 등의 방법을 통하여 새로운 위법상태를 만들어 내거나 기왕에 존재하는 자신의 직무유기사실을 은폐하기 위한 경우에는 직무유기죄도 성립하고, 양죄는 실체적 경합관계에 있다.[3]

한편 공무원이 그 직무상의 의무에 위배하여 허위공문서를 작성·행사한 경우 직무위배의 위법 상태는 허위공문서작성 당시부터 그 속에 포함되어 별도로 형법 제122조의 직무유기죄가 성립되지 않는다는 판결은 형법 제122조의 직무유기죄와는 별도의 범죄인 특정범죄가중처벌법 제15조의 특수직무유기죄에는 적절한 것이 될 수 없다고 할 것이므로, 사법경찰리 직무취급을 겸하여 산림법 위반의 범죄수사에 종사하는 공무원이 특정범죄가중처벌법 위반의 범죄사실을 인지하고도 필요한 조치를 취하지 아니하고 그 범죄사실을 은폐하기 위하여 그 직무에 관한 허위의 공문서를 작성·행사하였다면 특정범죄가중처벌법 제15조의 특수직무유기죄가 성립한다.[4]

4) 위계에 의한 공무집행방해죄와의 관계

공무원이 어업허가를 받을 수 없는 자라는 사실을 알면서도 그 직무상의 의무에 따른 적절한 조치를 취하지 않고 오히려 부하직원으로 하여금 어업허가 처리기안문을 작성하게 한 다음 피고인 스스로 중간결재를 하는 등 위계로써 농수산국장의 최종결재를 받았다면, 직무위배의 위법상태가 위계에 의한 공무집행 방해행위 속에 포함되어 있는 것이라고 보아야 할 것이므로, 이와 같은 경우에는 작위범인 위계에 의한 공무집행방해죄만이 성립하고 부작위범인 직무유기죄는 따로 성립하지 아니한다.[5]

5) 인권옹호직무명령불준수죄와의 관계

검사가 긴급체포 등 강제처분의 적법성에 의문을 갖고 대면조사를 위한 피의자 인치를 2회에 걸쳐 명하였으나 사법경찰관이 이를 이행하지 않은 경우, 인권옹호직무명령불준수죄와 직무유기죄의 각 구성요건과 보호법익 등을 비교하여 볼 때, 인권옹호직무명령불준수죄가 직무유

1) 대법원 2006. 10. 19. 선고 2005도3909 전원합의체 판결.
2) 대법원 2004. 3. 26. 선고 2002도5004 판결; 대법원 1999. 12. 24. 선고 99도2240 판결; 대법원 1982. 12. 28. 선고 82도2210 판결.
3) 대법원 1993. 12. 24. 선고 92도3334 판결.
4) 대법원 1984. 7. 24. 선고 84도705 판결.
5) 대법원 1997. 2. 28. 선고 96도2825 판결.

기죄에 대하여 법조경합 중 특별관계에 있다고 보기는 어렵기 때문에 양죄는 상상적 경합관계로 보아야 한다.[1]

Ⅱ. 직권남용죄

> **제123조(직권남용)** 공무원이 직권을 남용하여 사람으로 하여금 의무 없는 일을 하게 하거나 사람의 권리행사를 방해한 때에는 5년 이하의 징역, 10년 이하의 자격정지 또는 1천만원 이하의 벌금에 처한다.

1. 의의 및 보호법익

직권남용죄는 공무원이 직권을 남용하여 사람으로 하여금 의무 없는 일을 하게 하거나 사람의 권리행사를 방해함으로써 성립하는 범죄이다. 본죄는 강요죄와 비교하여 보호법익·행위태양 등이 상이하므로 독립된 진정신분범으로 파악해야 한다. 그러므로 공무원이 직권을 남용하여 폭행·협박으로 권리행사를 방해한 경우에는 본죄와 강요죄의 상상적 경합이 성립한다.

한편 본죄의 보호법익은 국가기능의 공정한 행사이고, 보호의 정도는 침해범이다.[2] 그러므로 공무원의 직권남용행위가 있었다고 할지라도 현실적으로 권리행사의 방해라는 결과가 발생하지 아니하였다면 본죄의 기수를 인정할 수 없다.[3] 또한 공무원이 동일한 사안에 관한 일련의 직무집행 과정에서 단일하고 계속된 범의로 일정 기간 계속하여 저지른 직권남용행위에 대하여는 설령 그 상대방이 여러 명이더라도 포괄일죄가 성립할 수 있다.[4]

2. 구성요건

(1) 주 체

본죄의 주체는 공무원이다. 본죄는 공무원이 그 일반적 직무권한에 속하는 사항에 관하여

---

[1] 대법원 2010. 10. 28. 선고 2008도11999 판결.

[2] 同旨 김선복, 644면.

[3] 대법원 1978. 10. 10. 선고 75도2665 판결(도청장치를 하였다가 뜯겨서 도청을 못하였다면 회의진행을 도청당하지 아니할 권리가 침해된 현실적인 사실은 없다고 하리니 직권남용죄의 기수로 논할 수 없음이 뚜렷하고, 미수의 처벌을 정한 바 없으니 도청을 걸었으나 뜻을 못 이룬 피고인의 행위는 다른 죄로는 몰라도 형법 제123조를 적용하여 죄책을 지울 수는 없다).

[4] 대법원 2021. 9. 9. 선고 2021도2030 판결(기무사여론조작사건)(피고인 등 국군기무사령부 지휘부는 '대통령의 국정 운영 지원' 또는 '보수 정권 재창출'이라는 공통된 목적으로 국군기무사령부 내의 유기적 지휘체계에 따라 대북첩보계원들 및 예하 기무부대 사이버 전담관들에게 정치관여 글 게시 등 온라인 여론조작 관련 부분 공소사실 기재와 같은 트위터 활동(이하 '이 사건 트위터 활동'이라 한다)을 지시하였다. 위와 같은 지시에 따라 대북첩보계원들 및 예하 기무부대 사이버 전담관들은 상당 기간에 걸쳐 지속적으로 이 사건 트위터 활동을 수행하였고, 그 기간에 활동의 구체적인 방식이 크게 달라진 바 없었다. 이 사건 트위터 활동을 지시받은 대북첩보계원들 및 예하 기무부대 사이버 전담관들은 제주 해군기지 건설 문제, 천안함 사건, 야권 정치인에 대한 비판 등 여러 주제를 다루기는 하였으나, 정부 정책을 옹호하는 트위터 글의 게시 등 그 활동의 전체적인 방향은 일관되게 유지되었고, 각각의 업무 수행자들별로 업무처리의 내용이 특별히 구분되지도 않았다).

직권의 행사에 가탁하여 실질적·구체적으로 위법·부당한 행위를 한 경우에 성립하고, 그 일반적 직무권한은 반드시 법률상의 강제력을 수반하는 것임을 요하지 아니하며, 그것이 남용될 경우 직권행사의 상대방으로 하여금 법률상 의무 없는 일을 하게 하거나 정당한 권리행사를 방해하기에 충분한 것이면 된다.[1] 이에 따라 대통령·재정경제원장관[2]·대통령비서실 민정수석비서관·구청장 및 구청 주택과장·시장[3] 등도 본죄의 주체가 된다.

(2) 행 위

1) 직권남용

'직권남용'이란 공무원이 일반적 직무권한에 속하는 사항을 불법하게 행사하는 것, 즉 형식적·외형적으로는 직무집행으로 보이지만 그 실질은 정당한 권한 이외의 행위를 하는 경우를 말하고[4], 공무원이 그의 일반적 직무권한에 속하지 않는 행위를 하는 경우인 지위를 이용한 불법행위와는 구별된다.[5] 하지만 공무원이 직무와는 상관없이 단순히 개인적인 친분에 근거하여 문화예술 활동에 대한 지원을 권유하거나 협조를 의뢰한 것에 불과한 경우까지 직권남용에 해당한다고 할 수는 없다.[6] 그리고 어떠한 직무가 공무원의 일반적 권한에 속하는 사항이라고 하기 위해서는 그에 관한 법령상의 근거가 필요하지만, 법령상의 근거는 반드시 명문상의 근거만을 의미하는 것이 아니라 명문이 없는 경우라도 법·제도를 종합적·실질적으로 관찰해서 그것이 해당 공무원의 직무권한에 속한다고 해석되고, 이것이 남용된 경우 상대방으로 하여금 사실상 의무 없는 일을 행하게 하거나 권리를 방해하기에 충분한 것이라고 인정되는 경우에는 본죄에서 말하는 일반적 권한에 포함된다.[7] 직권남용에 해당하는지 여부는 공무원의 구체적인 직무행위가 그 목적과 그것이 행하여진 상황에서 볼 때 필요성·상당성이 있었는지, 직권행사가 허용되는 법령상의 요건을 충족하였는지 등의 제반 요소를 고려하여 결정하여야 한다.[8]

---

1) 대법원 2015. 3. 26. 선고 2013도2444 판결; 대법원 2004. 5. 27. 선고 2002도6251 판결.
2) 대법원 2004. 5. 27. 선고 2002도6251 판결.
3) 대법원 2012. 1. 27. 선고 2010도11884 판결.
4) 대법원 2013. 9. 12. 선고 2013도6570 판결.
5) 대법원 2019. 3. 14. 선고 2018도18646 판결(국가정보원 △△△△△국장인 피고인 2와 △△△△△국 ㅁㅁ단 소속 기업 담당 I/O(Intelligence Officer, 정보 담당관)에게는 사기업에 보수단체에 대한 자금지원을 요청할 수 있는 일반적 직무권한이 없으므로, 피고인 2가 ◇◇그룹과 ☆☆그룹으로 하여금 특정 보수단체에 자금을 지원하게 한 행위는 국가정보원 △△△△△국장의 지위를 이용한 불법행위에 해당할지언정 그 직권을 남용한 행위로 볼 수 없다고 보아, 피고인 2의 보수단체 자금지원 관련 국가정보원법 위반의 점을 무죄로 판단하였다); 대법원 2013. 11. 28. 선고 2011도5329 판결; 대법원 2008. 4. 10. 선고 2007도9139 판결.
6) 대법원 2009. 1. 30. 선고 2008도6950 판결(대통령비서실 정책실장이 기업관계자들에게 기업 메세나(Mecenat) 활동의 일환인 미술관 전시회 후원을 요청하여 기업관계자들이 특정 미술관에 후원금을 지급한 사안에서, 직권남용권리행사방해죄 및 제3자뇌물공여죄가 성립하지 않는다).
7) 대법원 2019. 8. 29. 선고 2018도14303 전원합의체 판결; 대법원 2011. 7. 28. 선고 2011도1739 판결(피고인은 해군 검찰업무 뿐만 아니라 소송, 징계업무 등 법무업무 전반에 관하여 해군참모총장을 보좌하는 해군 법무실장으로서 해군 소속 인원에 대한 사법처리와 관련된 중요 사항에 관하여 보고를 받을 일반적인 직무권한은 있다고 할 것이나, 여기서 나아가 국방부 검찰단의 향후 수사의 방향에 대한 내용 등의 수사기밀사항에 대한 보고를 요구하는 행위는 형식적, 외형적으로는 직무집행으로 보이나 그 실질은 일반적 직무권한의 범위를 넘어 직무의 행사에 가탁한 부당한 행위이다); 대법원 2004. 11. 12. 선고 2004도4044 판결.

판례에 의하면, ① 재정경제부장관이 대기업에 해당되지도 아니하며 회생가능성도 불투명하여 대출이 가능한 요건을 갖추었다고 보기 어려운 기업에 대하여 은행감독원장으로부터 경영개선명령을 받아 신규 대출을 기피하고 있던 기업의 주거래 은행의 은행장에게 개인적 친분이 있는 기업을 도와주기 위한 목적으로 대출을 실행하여 줄 것을 요구하고, 요구에 따라 은행장이 이미 같은 은행으로부터 대출신청이 거절당한 바 있는 기업에 대하여 새로이 다른 채권은행장들과 협조융자를 추진하고 대출하도록 한 경우¹⁾, ② 시흥시 자치행정국장이 허가신청과 관련하여 그 업무담당자인 공소외인에게 동인의 승진문제를 언급하고 허가처리가 지연되면 감사를 시키겠다고 함으로써 공소외인으로 하여금 허가요건을 갖추지 못한 허가신청을 허가하도록 한 경우²⁾, ③ 검찰의 고위 간부가 내사 담당 검사로 하여금 내사를 중도에서 그만두고 종결처리하도록 한 경우³⁾, ④ 평정대상 공무원에 대한 평정권자나 확인권자가 아니라 지방자치단체의 장이자 인사관리에 관한 일반적 권한을 가지고 소속 공무원의 업무를 지휘·감독하는 지위에 있을 뿐인 용인시장과 그를 보좌하며 인사 관련 업무를 처리하는 용인시 행정과장이 관련 법령에서 정해진 절차에 따라 평정대상 공무원에 대한 평정단위별 서열명부가 작성되고 이에 따라 평정대상 공무원의 순위가 정해졌는데도 평정권자나 실무 담당자 등으로 하여금 특정 공무원들에 대한 평정순위 변경을 구체적으로 지시하여 평정단위별 서열명부를 새로 작성하도록 한 경우⁴⁾, ⑤ 대통령비서실 비서관이 대통령의 근친관리업무와 관련하여 정부 각 부처에 대한 지시와 협조 요청을 할 수 있는 일반적 권한을 갖고 있었음에 비추어 그가 농수산물 시장 관리공사 대표이사에게 요구하여 위 시장 내의 주유소와 서비스동을 당초 예정된 공개입찰방식이 아닌 수의계약으로 대통령의 근친이 설립한 회사에 임대하도록 한 경우⁵⁾, ⑥ 서울특별시 구청장으로 재직 중이던 피고인 1과 주택과장으로 재직 중이던 피고인 2가 공모하여, 직권을 남용하여 주택재개발정비사업조합으로 하여금 조합원이 아닌 공소외 1에게 보류지 아파트를 조합원 가격으로 배정·분양하도록 한 경우⁶⁾ 등에 있어서는 본죄가 성립한다.

하지만 ① 치안본부장이 국립과학수사연구소 법의학과장에게 고문치사자의 사인에 관하여 기자간담회에 참고할 메모를 작성하도록 요구한 경우⁷⁾, ② 당직대의 조장이 당직근무를 마치고 내무반에 들어와 하급자에게 다른 이유로 기합을 준 경우⁸⁾, ③ 대통령 경호실장이 대통령의 별도 주거지를 마련하기 위하여 시장이나 장관에게 공용청사부지 지정을 요청한 경우⁹⁾ 등에 있어서는 본죄가 성립하지 아니한다.

2) 의무 없는 일의 강요

'의무 없는 일을 하게 한 때'란 사람으로 하여금 법령상 의무 없는 일을 하게 하는 것을 말한다.¹⁰⁾ 전혀 의무 없는 자는 물론, 의무 있는 자라고 할지라도 그 의무의 태양을 변경하여 하게

8) 대법원 2012. 1. 27. 선고 2010도11884 판결; 대법원 2011. 7. 28. 선고 2011도1739 판결; 대법원 2007. 2. 22. 선고 2006도3339 판결.
1) 대법원 2004. 5. 27. 선고 2002도6251 판결.
2) 대법원 2004. 10. 15. 선고 2004도2899 판결.
3) 대법원 2007. 6. 14. 선고 2004도5561 판결.
4) 대법원 2012. 1. 27. 선고 2010도11884 판결.
5) 대법원 1992. 3. 10. 선고 92도116 판결.
6) 대법원 2015. 3. 26. 선고 2013도2444 판결
7) 대법원 1991. 12. 27. 선고 90도2800 판결.
8) 대법원 1985. 5. 14. 선고 84도1045 판결.
9) 대법원 1994. 4. 12. 선고 94도128 판결.

하는 것도 이에 해당한다. 예를 들면 불필요한 조건의 부과·의무이행시기의 단축·전별금 명목의 금품 요구 등이 이에 해당한다. 하지만 단순한 심리적 의무감 또는 도덕적 의무는 이에 해당하지 아니한다.

공무원이 자신의 직무권한에 속하는 사항에 관하여 실무 담당자로 하여금 그 직무집행을 보조하는 사실행위를 하도록 하더라도 이는 공무원 자신의 직무집행으로 귀결될 뿐이므로 원칙적으로 본죄에서 말하는 '의무 없는 일을 하게 한 때'에 해당한다고 할 수 없으나[1], 직무집행의 기준과 절차가 법령에 구체적으로 명시되어 있고 실무 담당자에게도 직무집행의 기준을 적용하고 절차에 관여할 고유한 권한과 역할이 부여되어 있다면 실무 담당자로 하여금 그러한 기준과 절차에 위반하여 직무집행을 보조하게 한 경우에는 '의무 없는 일을 하게 한 때'에 해당한다.[2]

한편 공무원이 한 행위가 직권남용에 해당한다고 하여 그러한 이유만으로 상대방이 한 일이 '의무 없는 일'에 해당한다고 인정할 수는 없다. '의무 없는 일'에 해당하는지는 직권을 남용하였는지와 별도로 상대방이 그러한 일을 할 법령상 의무가 있는지를 살펴 개별적으로 판단하여야 한다. 직권을 남용한 행위가 위법하다는 이유로 곧바로 그에 따른 행위가 의무 없는 일이 된다고 인정하면 '의무 없는 일을 하게 한 때'라는 범죄성립요건의 독자성을 부정하는 결과가 되고, '권리행사를 방해한 때'의 경우와 비교하여 형평에도 어긋나게 된다.[3] 직권남용 행위의

---

10) 대법원 2012. 1. 27. 선고 2010도11884 판결.

1) 대법원 2020. 1. 9. 선고 2019도11698 판결(검사의 전보인사에 광범위한 재량이 인정되고, 인사기준 역시 다양한 기준과 고려사항들을 종합적으로 참작할 것을 전제로 하고 있으며, 검사의 전보인사는 다수 인사대상자들의 보직과 근무지를 일괄적으로 정하는 방식으로 이루어져 상호 연쇄적인 영향을 미치는 등의 사정에 비추어 보면, 인사권자의 지시나 위임에 따라 인사안을 작성하는 실무 담당자는 인사대상자 전원에 대하여 여러 기준 또는 고려사항을 종합하여 인사안을 작성할 재량이 있고, 그 과정에 각 기준 또는 고려사항을 모두 충족할 수 없는 경우에는 재량의 범위 내에서 우열을 판단하여 적용할 수 있다고 보아야 한다. 따라서 이 사건 인사안이 부치지청인 ㅁㅁ지청에 근무하고 있던 경력검사인 공소외2를 부치지청인 ☆☆지청으로 다시 전보시키는 내용이라 하더라도 그러한 사정만으로 경력검사 부치지청 배치제도의 본질에 반한다거나 검사인사의 원칙과 기준에 반하는 것이라고 단정할 수 없다. 또한 인사대상자가 곧바로 사직서를 제출한 사실이 있다는 것만으로 이 사건 인사안이 검사인사의 원칙과 기준에 반한다고 인정할 수도 없다. 결국 이 사건 공소사실과 원심판결의 이유에 의하더라도 피고인(법무부 검찰국장)이 공소외 1(검사인사담당 검사)로 하여금 이 사건 인사안을 작성하게 한 것을 두고 법령에서 정한 검사 전보인사의 원칙과 기준을 위반하여 직권남용죄에서 말하는 '의무 없는 일을 하게 한 때'에 해당한다고 볼 수는 없다).

2) 대법원 2021. 9. 9. 선고 2021도2030 판결; 대법원 2019. 3. 14. 선고 2018도18646 판결; 대법원 2015. 12. 23. 선고 2015도3468 판결; 대법원 2011. 2. 10. 선고 2010도13766 판결(서울특별시 교육감인 피고인은 중등인사담당장학관 공소외 1에게 승진후보자명부상 3배수에 들지 않는 공소외 2를 승진시키도록 지시하여, 공소외 1은 공소외 2가 승진후보자명부상 3배수에 들지 않는다는 것을 숨긴 채, 중등인사담당장학관으로서 인사실무위원회에 참석하여 공소외 2를 승진후보자로 추천하는 안건을 제안하고, 이어 중등간사로서 승진·전직사전심사위원회에 참석하여 공소외 2를 추천한 사실, 그 후 서울특별시교육청 공무원인사위원회를 거쳐 서울특별시 교육감 명의로 공소외 2에 대한 승진인사가 발령된 사실, 피고인은 또 장학관 공소외 3과 공모하여 인사담당장학사 공소외 4, 5에게 근무성적평정에 따른 승진후보자명부상으로는 승진 및 자격연수 대상이 될 수 없는 자들을 승진 및 자격연수 대상자가 되도록 지시하여, 공소외 4, 5가 교육정책국장의 권한사항인 확인자 평정점을 부여하는 과정에서 '혁신성', '교육력 제고'라는 주관적 평가 기준을 만들어 지시받은 특정인에게는 높은 가점을 부여하고 기존의 고순위자는 감점을 부여하는 방법으로 임의로 확인자 평정점을 조정하여 승진 및 자격연수 대상자가 되도록 한 사실을 알 수 있다).

상대방이 일반 사인인 경우 특별한 사정이 없는 한 직권에 대응하여 따라야 할 의무가 없으므로 그에게 어떠한 행위를 하게 하였다면 '의무 없는 일을 하게 한 때'에 해당할 수 있다. 그러나 상대방이 공무원이거나 법령에 따라 일정한 공적 임무를 부여받고 있는 공공기관 등의 임직원인 경우에는 법령에 따라 임무를 수행하는 지위에 있으므로 그가 직권에 대응하여 어떠한 일을 한 것이 의무 없는 일인지 여부는 관계 법령 등의 내용에 따라 개별적으로 판단하여야 한다.[1]

3) 권리행사의 방해

'권리행사를 방해'한다는 것은 법령상 행사할 수 있는 권리의 정당한 행사를 방해하는 것을 말한다. 이에 해당하려면 구체화된 권리의 현실적인 행사가 방해된 경우라야 할 것인데[2], 여기서 말하는 '권리'는 법률에 명기된 권리에 한하지 않고 법령상 보호되어야 할 이익이면 족한 것으로서, 공법상의 권리인지 사법상의 권리인지를 묻지 아니한다. 「경찰관 직무집행법」의 관련 규정을 근거로 경찰관은 범죄를 수사할 권한을 가지고 있기 때문에, 이러한 범죄수사권은 본죄에서 말하는 '권리'에 해당한다.[3]

---

3) 대법원 2020. 1. 30. 선고 2018도2236 판결(직권남용 행위의 상대방이 일반 사인인 경우 특별한 사정이 없는 한 직권에 대응하여 따라야 할 의무가 없으므로 그에게 어떠한 행위를 하게 하였다면 '의무 없는 일을 하게 한 때'에 해당할 수 있다. 그러나 상대방이 공무원이거나 법령에 따라 일정한 공적 임무를 부여받고 있는 공공기관 등의 임직원인 경우에는 법령에 따라 임무를 수행하는 지위에 있으므로 그가 직권에 대응하여 어떠한 일을 한 것이 의무 없는 일인지 여부는 관계 법령 등의 내용에 따라 개별적으로 판단하여야 한다).

1) 대법원 2020. 12. 10. 선고 2019도17879 판결(지방자치단체의 장이 승진후보자명부 방식에 의한 5급 공무원 승진임용 절차에서 인사위원회의 사전심의·의결 결과를 참고하여 승진후보자명부상 후보자들에 대하여 승진임용 여부를 심사하고서 최종적으로 승진대상자를 결정하는 것이 아니라, 미리 승진후보자명부상 후보자들 중에서 승진대상자를 실질적으로 결정한 다음 그 내용을 인사위원회 간사, 서기 등을 통해 인사위원회 위원들에게 '승진대상자 추천'이라는 명목으로 제시하여 인사위원회로 하여금 자신이 특정한 후보자들을 승진대상자로 의결하도록 유도하는 행위는 인사위원회 사전심의 제도의 취지에 부합하지 않는다는 점에서 바람직하지 않다고 볼 수 있지만, 그것만으로는 직권남용권리행사방해죄의 구성요건인 '직권의 남용' 및 '의무 없는 일을 하게 한 경우'로 볼 수 없다. … 지방자치법은 인사위원회의 심의사항과 의결사항을 분명하게 구분하여 규율하고 있고(제8조 제1항), 징계에 관해서는 인사위원회의 징계의결 결과에 따라 징계처분을 하여야 한다고 분명하게 규정하고 있는 반면(제69조 제1항), 승진임용에 관해서는 인사위원회의 사전심의를 거치도록 규정하였을 뿐(제39조 제4항) 그 심의·의결 결과에 따라야 한다고 규정하지 않았으므로, 임용권자는 인사위원회의 심의·의결 결과와는 다른 내용으로 승진대상자를 결정하여 승진임용을 할 수도 있다. … 따라서 승진후보자명부에 포함된 후보자들 중에서 승진대상자를 결정할 최종적인 권한은 임용권자에게 있다. 임용권자가 인사위원회의 심의·의결 결과와는 다른 내용으로 승진대상자를 결정하여 승진임용을 하는 것이 허용되는 이상, 임용권자가 미리 의견을 조율하는 차원에서 승진대상자 선정에 관한 자신의 의견을 인사위원회에 제시하는 것이 위법하다고 볼 수는 없다).

2) 대법원 2006. 2. 9. 선고 2003도4599 판결(정보통신부장관이 개인휴대통신 사업자선정과 관련하여 서류심사는 완결된 상태에서 청문심사의 배점방식을 변경함으로써 직권을 남용하였다고 하더라도, 이로 인하여 최종 사업권자로 선정되지 못한 경쟁업체가 가진 구체적인 권리의 현실적 행사가 방해되는 결과가 발생하지는 아니하였다는 이유로 무죄를 선고한 원심의 판단을 수긍한 사례); 대법원 2005. 4. 15. 선고 2002도3453 판결.

3) 대법원 2010. 1. 28. 선고 2008도7312 판결(상급 경찰관이 직권을 남용하여 부하 경찰관들의 수사를 중단시키거나 사건을 다른 경찰관서로 이첩하게 한 경우, 일단 '부하 경찰관들의 수사권 행사를 방해한 것'에 해당함과 아울러 '부하 경찰관들로 하여금 수사를 중단하거나 사건을 다른 경찰관서로 이첩할 의무가 없음에도 불구하고 수사를 중단하게 하거나 사건을 이첩하게 한 것'에도 해당된다고 볼 여지가 있다. 그러나 이는 어디까지나 하나의 사실을 각기 다른 측면에서 해석한 것에 불과한 것으로서, 권리행사를 방해함으로 인한 직권남용권리행사방해죄와 의무 없는 일을 하게 함으로 인한 직권남용권리행사방해죄가 별개로 성립하는 것이라고 할 수는 없다. 따라서 위 두 가지 행위 태양에 모두 해당하는 것으로 기소된 경우, 권리행사를 방해함으로 인한 직권남용권리행사방해죄만 성립하고 의무 없는 일을 하게 함으로 인한 직권남용권리행사방해죄는 따로 성립하지 아니하는 것으로 봄

(3) 주관적 구성요건

본죄가 성립하기 위해서는 공무원이 직권을 남용하여 사람으로 하여금 의무 없는 일을 하게 하거나 사람의 권리행사를 방해한다는 점에 대한 인식 및 의사가 있어야 한다. 그러므로 교도소에서 접견업무를 담당하던 교도관이 접견신청에 대하여 (구) 행형법 제18조 제2항 소정의 '필요한 용무'가 있는 때에 해당하지 아니한다고 판단하여 그 접견신청을 거부하였다면, 단지 접견신청거부행위의 위법성에 대한 인식이 없었던 것에 불과한 것이 아니라 애초부터 직권남용에 대한 범의 자체가 없어 본죄를 구성하지 아니한다.[1]

Ⅲ. 불법체포·감금죄

> **제124조(불법체포, 불법감금)** ① 재판, 검찰, 경찰 기타 인신구속에 관한 직무를 행하는 자 또는 이를 보조하는 자가 그 직권을 남용하여 사람을 체포 또는 감금한 때에는 7년 이하의 징역과 10년 이하의 자격정지에 처한다.
> ② 전항의 미수범은 처벌한다.

1. 의의 및 보호법익

불법체포·감금죄는 재판·검찰·경찰 기타 인신구속에 관한 직무를 행하는 자 또는 이를 보조하는 자가 그 직권을 남용하여 사람을 체포 또는 감금함으로써 성립하는 범죄이다. 본죄의 주된 보호법익은 인신구속에 관한 국가기능의 공정한 행사이며, 부수적 보호법익은 개인의 신체활동의 자유이다. 보호의 정도는 침해범이고, 계속범에 해당한다.

본죄의 법적 성격과 관련하여, ① 일반인의 체포·감금죄에 대하여 책임이 가중되는 부진정신분범이라는 견해[2], ② 일반인의 체포·감금죄의 보호법익과 성격을 달리하는 독립된 진정신분범이라는 견해[3] 등의 대립이 있다.

생각건대 진정신분범으로 파악하는 것이 타당하다. 왜냐하면 체포·감금죄와 달리 '그 직권을 남용하여'라는 별도의 구성요건이 요구되고 있으며, 주된 보호법익이 매우 이질적이기 때문이다.

2. 구성요건

(1) 주 체

본죄의 주체는 재판·검찰·경찰 기타 인신구속에 관한 직무를 행하는 자 또는 이를 보조하

이 상당하다).
1) 대법원 1993. 7. 26.자 92모29 결정.
2) 김선복, 647면; 김신규, 835면; 박상기, 834면; 오영근, 707면; 이영란, 780면; 이형국/김혜경, 789면.
3) 손동권/김재윤, 764면; 신동운, 93면; 이재상/장영민/강동범, 720면; 정성근/정준섭, 509면; 정영일, 431면.

는 자이다. '기타 인신구속에 관한 직무를 행하는 자'란 교도소장·구치소장·소년원장·보호관
찰소장·소년분류심사원장·산림보호공무원·선장·군사경찰·집행관[1] 등을 말한다. '이를 보조
하는 자'란 6급 이하 법원공무원·6급 이하 검찰공무원·사법경찰리 등을 말한다. 하지만 현행범
을 체포한 사인과 같은 사실상의 보조자는 본죄의 주체에 해당하지 아니한다.

(2) 행 위

본죄의 실행행위는 직권을 남용하여 체포·감금하는 것이다. 직권을 남용하여야 하므로 직
권과 관계없이 행한 체포·감금행위는 본죄가 아니라 체포·감금죄가 성립할 뿐이다. 인신구속
에 관한 직무를 행하는 자 또는 이를 보조하는 자가 피해자를 구속하기 위하여 진술조서 등을
허위로 작성한 후 이를 기록에 첨부하여 구속영장을 신청하고, 진술조서 등이 허위로 작성된
정을 모르는 검사와 영장전담판사를 기망하여 구속영장을 발부받은 후 그 영장에 의하여 피해
자를 구금하였다면 본죄가 성립하므로, 간접정범의 형태로도 행하여질 수 있다.[2]

판례에 의하면, ① 즉결심판 피의자의 정당한 귀가요청을 거절한 채 다음날 즉결심판법정이 열릴 때까
지 피의자를 경찰서 보호실에 강제유치시키려고 함으로써 피의자를 경찰서 내 즉결피의자 대기실에
10~20분 동안 있게 한 경우[3], ② 설사 피해자가 경찰서 안에서 직장동료인 피의자들과 같이 식사도 하
고 사무실 안팎을 내왕하였다고 하여도 피해자를 경찰서 밖으로 나가지 못하도록 그 신체의 자유를 제
한하는 유형·무형의 억압이 있었던 경우[4], ③ 수사의 필요상 피의자를 임의동행한 경우에도 조사 후 귀
가시키지 아니하고 그의 의사에 반하여 경찰서 조사실 또는 보호실 등에 계속 유치한 경우[5], ④ 법정의
절차 없이 피의자를 경찰서 보호실에 감금한 경우[6], ⑤ 피고인이 인신구속에 관한 직무를 집행하는 사
법경찰관으로서 체포 당시 상황을 고려하여 경험칙에 비추어 현저하게 합리성을 잃지 않은 채 판단하면
체포 요건이 충족되지 아니함을 충분히 알 수 있었는데도, 자신의 재량 범위를 벗어난다는 사실을 인식
하고 그와 같은 결과를 용인한 채 사람을 체포하여 권리행사를 방해한 경우[7], ⑥ 정신보건법 제23조 제
2항은 '정신의료기관의 장은 자의로 입원 등을 한 환자로부터 퇴원 신청이 있는 경우에는 지체 없이 퇴
원을 시켜야 한다.'고 정하고 있는데, 환자로부터 퇴원 요구가 있는데도 정신보건법에 정해진 절차를 밟
지 않은 채 방치한 경우[8] 등에 있어서는 본죄가 성립한다.

3. 위법성조각사유

본죄는 원칙적으로 국가적 법익을 보호의 대상으로 하고 있기 때문에 피해자의 승낙이 있

---

1) 대법원 1969. 6. 24. 선고 68도1218 판결.
2) 대법원 2006. 5. 25. 선고 2003도3945 판결.
3) 대법원 1997. 6. 13. 선고 97도877 판결.
4) 대법원 1991. 12. 30.자 91모5 결정.
5) 대법원 1985. 7. 29.자 85모16 결정.
6) 대법원 1971. 3. 9. 선고 70도2406 판결.
7) 대법원 2017. 3. 9. 선고 2013도16162 판결.
8) 대법원 2017. 8. 18. 선고 2017도7134 판결.

더라도 본죄의 성립에는 영향이 없다.

Ⅳ. 폭행·가혹행위죄

> 제125조(폭행, 가혹행위) 재판, 검찰, 경찰 그 밖에 인신구속에 관한 직무를 수행하는 자 또는 이를 보조하는 자가 그 직무를 수행하면서 형사피의자나 그 밖의 사람에 대하여 폭행 또는 가혹행위를 한 경우에는 5년 이하의 징역과 10년 이하의 자격정지에 처한다.

1. 의의 및 보호법익

폭행·가혹행위죄는 재판·검찰·경찰 그 밖에 인신구속에 관한 직무를 수행하는 자 또는 이를 보조하는 자가 그 직무를 수행하면서 형사피의자나 그 밖의 사람에 대하여 폭행 또는 가혹행위를 함으로써 성립하는 범죄이다. 본죄의 주된 보호법익은 인신구속에 관한 국가기능의 공정한 행사이며, 부수적 보호법익은 개인의 신체의 안전이다. 보호의 정도는 추상적 위험범이다.

한편 특정범죄가중처벌법 제4조의2(체포·감금 등의 가중처벌)에 의하면, 형법 제125조에 규정된 죄를 범하여 사람을 상해에 이르게 한 경우에는 1년 이상의 유기징역에 처하고, 사람을 사망에 이르게 한 경우에는 무기 또는 3년 이상의 징역에 처하고 있다. 또한 군형법 제62조(가혹행위)에 의하면, 직권을 남용하여 학대 또는 가혹한 행위를 한 사람은 5년 이하의 징역에 처하고, 위력을 행사하여 학대 또는 가혹한 행위를 한 사람은 3년 이하의 징역 또는 700만원 이하의 벌금에 처하고 있다.[1]

2. 구성요건

(1) 주 체

본죄의 주체는 재판·검찰·경찰 그 밖에 인신구속에 관한 직무를 수행하는 자 또는 이를 보조하는 자이다(진정신분범).[2]

(2) 객 체

본죄의 객체는 형사피의자나 그 밖의 사람이다. '그 밖의 사람'에는 형사피고인·증인·참고인 등 수사나 재판에 있어서 조사의 대상이 된 자뿐만 아니라 행정경찰상의 감독·보호를 받는 자 또는 그 관계인도 포함된다. 또한 교도소·구치소·소년원·소년분류심사원 등에 수용된 자

---

1) 가혹행위에 대하여 보다 자세한 논의로는 박찬걸, "군형법상 가혹행위죄 적용의 합리화 방안", 형사정책 제28권 제2호, 한국형사정책학회, 2016. 8, 83면 이하 참조.
2) 대법원 1948. 1. 30. 선고 4280형상151 판결(경찰서에서 주로 회계사무를 담당하던 경찰관도 상사의 명령에 의해 일시 형사피의자를 신문하는 자리에 임했다면 이 죄의 주체가 된다).

도 이에 해당한다.

(3) 행 위

본죄의 실행행위는 직무를 수행하면서 형사피의자나 그 밖의 사람에 대하여 폭행 또는 가혹행위를 하는 것이다. 협박은 제외되어 있다. '직무를 수행하면서'란 직무를 행하는 기회에 있어서라는 의미이다. '직권을 남용하여'라는 표현 대신 '직무를 수행하면서'라는 표현을 한 것은 폭행·가혹행위가 어떠한 경우에도 직무행위가 될 수 없음을 고려한 것이다. 그러므로 직무행위는 아니더라도 직무와 시간적·사항적·내적 관련성이 있으면 족하다. 하지만 직무와 무관하게 개인적 이유로 가해진 폭행·가혹행위는 본죄에 해당하지 아니한다. '폭행'이란 사람의 신체에 대한 유형력의 행사를 말하며, '가혹행위'란 폭행 이외의 방법으로 육체적 또는 정신적으로 고통을 가하는 일체의 행위를 말한다.

Ⅴ. 피의사실공표죄

제126조(피의사실공표) 검찰, 경찰 그 밖에 범죄수사에 관한 직무를 수행하는 자 또는 이를 감독하거나 보조하는 자가 그 직무를 수행하면서 알게 된 피의사실을 공소제기 전에 공표(公表)한 경우에는 3년 이하의 징역 또는 5년 이하의 자격정지에 처한다.

1. 의의 및 보호법익

피의사실공표죄는 검찰·경찰 그 밖에 범죄수사에 관한 직무를 수행하는 자 또는 이를 감독하거나 보조하는 자가 그 직무를 수행하면서 알게 된 피의사실을 공소제기 전에 공표(公表)함으로써 성립하는 범죄이다. 본죄의 주된 보호법익은 국가의 범죄수사기능이며, 부수적 보호법익은 피의자의 명예이다. 보호의 정도는 추상적 위험범이다.

2. 구성요건

(1) 주 체

본죄의 주체는 검찰·경찰 그 밖에 범죄수사에 관한 직무를 수행하는 자 또는 이를 감독하거나 보조하는 자이다. '검찰'에는 검사 이외에 검찰수사관이 포함된다. '경찰'에는 일반사법경찰관리 이외에 특별사법경찰관리가 포함된다. '그 밖에 범죄수사에 관한 직무를 수행하는 자'란 특별검사·수사처검사·군검사 이외의 검찰직원 등을 말하고, '이를 감독하는 자'란 법무부장관·검찰총장·수사처장·검사장·지청장·경찰청장·지방경찰청장·경찰서장·군사경찰부대의 장 등을 말한다. 법관도 범죄수사에 관한 직무를 감독하는 자의 지위에 있게 되는 경우에는 본죄의 주체가 될 수 있다. 예를 들면 구속영장을 발부하면서 알게 된 피의사실을 공표할 경우가 이에 해당한다. 하지만 영장발부의 업무를 수행하는 법관의 소속 법원장은 감독하는 자에 해당하지 아니한다. 왜냐하면 영장발부의 업무는 담당법관의 전권사항이기 때문이다.

(2) 객 체

본죄의 객체는 직무를 수행하면서 알게 된 피의사실이다. 따라서 직무와 관련 없이 알게 된 사실은 이에 해당하지 아니한다. 피의사실은 형사피의사실로서 고소장·고발장·범죄인지서·체포영장·구속영장 등에 기재된 사실을 포함하며, 그 진실성 여부는 묻지 아니한다.

(3) 행 위

본죄의 실행행위는 공소제기 전에 피의사실을 공표하는 것이다. 기존에는 '공판청구 전'이라고 규정하고 있어서 '약식재판'의 청구 전에 피의사실을 공표하는 것은 본죄의 적용대상이 아니었지만, 2020. 12. 8. 개정을 통하여 '공소제기 전'이라고 수정함으로서 '약식재판'의 청구 전이라고 할지라도 본죄의 적용대상으로 파악해야 한다. '공표'란 불특정 또는 다수인에게 그 내용을 알리는 것을 말한다. 공공연히 알리는 경우뿐만 아니라 특정한 1인에게 알린 경우에도 이로 인하여 불특정 또는 다수인이 알 수 있었을 때에는 공표가 된다. 하지만 피의자의 가족이나 변호인에게 알리는 것은 공연성이 부정되기 때문에 이에 해당하지 아니한다. 공표의 수단이나 방법에는 제한이 없고, 부작위의 형태로도 가능하다. 피의사실을 공표함으로써 곧바로 기수가 되고, 불특정 또는 다수인이 인식하였음은 요하지 아니한다. 한편 공소제기 이후에는 피의사실을 공표하더라도 본죄를 구성하지 아니한다.

3. 위법성조각사유

수사기관의 피의사실 공표행위는 공권력에 의한 수사결과를 바탕으로 한 것으로 국민들에게 그 내용이 진실이라는 강한 신뢰를 부여함은 물론 그로 인하여 피의자나 피해자 나아가 그 주변 인물들에 대하여 치명적인 피해를 가할 수도 있다는 점을 고려할 때, 수사기관의 발표는 원칙적으로 일반 국민들의 정당한 관심의 대상이 되는 사항에 관하여 객관적이고도 충분한 증거나 자료를 바탕으로 한 사실 발표에 한정되어야 하고, 이를 발표함에 있어서도 정당한 목적 아래 수사결과를 발표할 수 있는 권한을 가진 자에 의하여 공식의 절차에 따라 행하여져야 하며, 무죄추정의 원칙에 반하여 유죄를 속단하게 할 우려가 있는 표현이나 추측 또는 예단을 불러일으킬 우려가 있는 표현을 피하는 등 그 내용이나 표현 방법에 대하여도 유념하지 않으면 안 된다.[1] 본죄는 피의자의 동의가 있어도 위법성이 조각되지 아니한다.

한편 검사와 사법경찰관은 ① 범행수단이 잔인하고 중대한 피해가 발생한 특정강력범죄사건일 것, ② 피의자가 그 죄를 범하였다고 믿을 만한 충분한 증거가 있을 것, ③ 국민의 알권리

---

[1] 대법원 2001. 11. 30. 선고 2000다68474 판결(피해자의 진술 외에는 직접 증거가 없고 피의자가 피의사실을 강력히 부인하고 있어 보강수사가 필요한 상황이며, 피의사실의 내용이 국민들에게 급박히 알릴 현실적 필요성이 있다고 보기 어려움에도 불구하고, 검사가 마치 피의자의 범행이 확정된 듯한 표현을 사용하여 검찰청 내부절차를 밟지도 않고 각 언론사의 기자들을 상대로 언론에 의한 보도를 전제로 피의사실을 공표한 경우, 피의사실 공표행위의 위법성이 조각되지 않는다).

보장, 피의자의 재범방지 및 범죄예방 등 오로지 공공의 이익을 위하여 필요할 것, ④ 피의자가 「청소년 보호법」 제2조 제1호의 청소년에 해당하지 아니할 것 등의 요건을 모두 갖춘 특정강력범죄사건의 피의자의 얼굴·성명 및 나이 등 신상에 관한 정보를 공개할 수 있다(「특정강력범죄의 처벌에 관한 특례법」 제8조의2 제1항).[1]

Ⅵ. 공무상 비밀누설죄

> 제127조(공무상 비밀의 누설) 공무원 또는 공무원이었던 자가 법령에 의한 직무상 비밀을 누설한 때에는 2년 이하의 징역이나 금고 또는 5년 이하의 자격정지에 처한다.

1. 의의 및 보호법익

공무상 비밀누설죄는 공무원 또는 공무원이었던 자가 법령에 의한 직무상 비밀을 누설함으로써 성립하는 범죄이다. 본죄의 보호법익은 비밀누설로 인하여 위협받게 되는 국가의 기능이고[2], 보호의 정도는 추상적 위험범이다.

2. 구성요건

(1) 주 체

본죄의 주체는 현직 공무원뿐만 아니라 퇴직한 공무원도 포함한다.

(2) 객 체

본죄의 객체는 법령에 의한 직무상 비밀이다. '비밀'이란 일반적으로 알려져 있지 않은 사항으로서 그것을 알리지 아니하는 것이 특히 국가나 공공단체의 이익이 되는 것을 말한다. '직무상 비밀'이란 직무와 관련하여 알게 된 비밀을 말하며, 자기의 직무에 관한 비밀뿐만 아니라 다른 공무원의 직무에 관한 비밀도 포함한다.

한편 본죄에서 '법령에 의한 직무상 비밀'이란 반드시 법령에 의하여 비밀로 규정되었거나 비밀로 분류·명시된 사항에 한하지 아니하고 정치·군사·외교·경제·사회적 필요에 따라 비밀로 된 사항은 물론 정부나 공무소 또는 국민이 객관적·일반적인 입장에서 외부에 알려지지 않는 것에 상당한 이익이 있는 사항도 포함하는 것이나[3], 실질적으로 그것을 비밀로서 보호할 가

---

1) 이에 대하여 보다 자세한 논의로는 박찬걸, "강력범죄 피의자 신상공개제도에 대한 비판적 고찰", 형사정책 제31권 제3호, 한국형사정책학회, 2019. 10, 33면 이하 참조.

2) 대법원 2003. 6. 13. 선고 2001도1343 판결(본죄는 기밀 그 자체를 보호하는 것이 아니라 공무원의 비밀엄수의무의 침해에 의하여 위험하게 되는 이익, 즉 비밀의 누설에 의하여 위협받는 국가의 기능을 보호하기 위한 것이다); 대법원 1996. 5. 10. 선고 95도780 판결.

3) 대법원 2009. 6. 11. 선고 2009도2669 판결(피고인이 유출한 이 사건 문건은 미국과의 자유무역협정 체결 협상을 위한 협상전략과 분야별 쟁점에 대한 대응방향 등을 담고 있는 것으로서, 그와 같은 내용이 일반에 알려진 공지의 사실에 해당하는 것으로 볼 수 없고, 또한 그 내용이 공개될 경우 협상상대방인 미국으로서는 우리나라의 우선

치가 있다고 인정할 수 있는 것이어야 한다. 이에 대하여 '법령에 의한 비밀'로 규정한 구성요건
의 취지상 반드시 법령에 의하여 비밀로 분류된 것에 국한해야 한다는 견해[1]가 있지만, '법령
에 의한 직무'로 해석하는 것이 바람직하기 때문에 판례의 입장이 타당하다.

    판례에 의하면, ① 공무원선발시험의 정리원이 그 직무상 지득한 구술시험문제 중 수험생의 부탁으로
알려준 시험문제[2], ② 지방자치단체의 장 또는 계약담당공무원이 수의계약에 부칠 사항에 관하여 당해
규격서 및 설계서 등에 의하여 결정한 예정가격[3], ③ 검찰 등 수사기관이 특정 사건에 대하여 수사를
진행하고 있는 상태에서, 수사기관이 현재 어떤 자료를 확보하였고 해당 사안이나 피의자의 죄책, 신병
처리에 대하여 수사책임자가 어떤 의견을 가지고 있는지 등의 정보[4], ④ 형사사건에 있어서 제출된 증
거에 관한 정보[5], ⑤ 검사가 수사의 대상, 방법 등에 관하여 사법경찰관리에게 지휘한 내용을 기재한
수사지휘서[6], ⑥ 제18대 대통령 당선인 甲의 비서실 소속 공무원인 피고인이 당시 甲을 위하여 중국에
파견할 특사단 추천 의원을 정리한 문건[7] 등에 있어서는 '법령에 의한 직무상 비밀'에 해당한다.
    하지만 ① 경찰청 소속 차량으로 잠복수사에 이용될 수도 있고 그 경우 그 소속이 외부에 드러나지
말아야 할 사실상의 필요성이 있다고 하더라도 피고인이 공소외인에게 제공한 차량의 소유관계(경찰청
소속)에 관한 정보[8], ② 피의사실, 피의자 및 피해자의 각 인적사항, 피해자의 상해 정도 또는 피의자의
신병처리 지휘내용 등에 관한 내용[9], ③ 비공지의 사실에 해당하는 옷값 대납 사건의 내사결과보고서의

    관심사항과 구체적인 협상전략을 미리 파악하여 보다 유리한 조건에서 협상에 임할 수 있게 되는 반면, 우리나라
    로서는 당초 준비한 협상전략이 모두 노출됨으로 인하여 불리한 지위에서 협상에 임할 수밖에 없게 되어, 당초의
    협상목표를 달성하지 못하게 되는 결과를 불러올 우려가 있었던 점 등을 종합해 보면, 적어도 이 사건 문건 중
    그 판시와 같은 기재 부분은 실질적으로 비밀로서 보호할 가치가 있는 직무상 비밀에 해당한다); 대법원 1982.
    6. 22. 선고 80도2822 판결(가결된 도시계획시설 결정은 그것이 법 소정의 절차를 거쳐 일반에게 공고 또는 고시
    등에 의하여 공개되기 전에 관계공무원이 이를 미리 특정인에게 누설하는 경우, 부동산 투기를 조장하여 특정인
    에게 부당한 이익을 줄 염려가 있는 한편, 선량한 시민에게 부당한 피해를 주어 도시계획의 건전한 발전을 저해하
    는 요소로 작용될 수 있는 사항이라고 할 것이므로, 비록 도시계획사업을 규율하는 도시계획법 등에 도시계획시
    설 결정사실을 비밀 사항으로 규정한 바 없다고 하더라도 도시계획시설 결정사실은 실질적으로 비밀성을 지녔
    다).
 1) 김선복, 643면; 김성돈, 773면; 김신규, 828면; 김일수/서보학, 636면; 손동권/김재윤, 769면; 오영근, 701면; 이형
    국/김혜경, 785면; 임　웅, 930면; 정성근/정준섭, 506면.
 2) 대법원 1970. 6. 30. 선고 70도562 판결.
 3) 대법원 2008. 3. 14. 선고 2006도7171 판결.
 4) 대법원 2007. 6. 14. 선고 2004도5561 판결.
 5) 대법원 2005. 9. 14. 선고 2005도4843 판결.
 6) 대법원 2018. 2. 13. 선고 2014도11441 판결(수사지휘서는 당시까지 진행된 수사의 내용뿐만 아니라 향후 수사의
    진행방향까지 가늠할 수 있게 하는 수사기관의 내부문서이다. 수사기관이 특정 사건에 대하여 내사 또는 수사를
    진행하고 있는 상태에서 수사지휘서의 내용이 외부에 알려질 경우 피내사자나 피의자 등이 증거자료를 인멸하거
    나 수사기관에서 파악하고 있는 내용에 맞추어 증거를 준비하는 등 수사기관의 증거 수집 등 범죄수사 기능에
    장애가 생길 위험이 있다. 또한 수사지휘서의 내용이 누설된 경로에 따라서는 사건관계인과의 유착 의혹 등으로
    수사의 공정성과 신뢰성이 훼손됨으로써 수사의 궁극적인 목적인 적정한 형벌권 실현에 지장이 생길 우려도 있
    다. 그러므로 수사지휘서의 기재 내용과 이에 관계된 수사상황은 해당 사건에 대한 종국적인 결정을 하기 전까지
    는 외부에 누설되어서는 안 될 수사기관 내부의 비밀에 해당한다).
 7) 대법원 2018. 4. 26. 선고 2018도2624 판결(위 문건이 사전에 외부로 누설될 경우 대통령 당선인의 인사 기능에
    장애를 초래할 위험이 있으므로, 종국적인 의사결정이 있기 전까지는 외부에 누설되어서는 아니 되는 비밀로서
    보호할 가치가 있는 직무상 비밀에 해당한다).
 8) 대법원 2012. 3. 15. 선고 2010도14734 판결.

내용[1]), ④ 국가정보원 내부의 감찰과 관련하여 감찰조사 개시시점, 감찰대상자의 소속 및 인적사항[2]),
⑤ 감사원 감사관이 공개한 기업의 비업무용 부동산 보유실태에 관한 감사원 보고서의 내용[3]) 등에 있어
서는 실질적으로 비밀로서 보호할 가치가 있는 것이라고 인정할 수 없어 '법령에 의한 직무상 비밀'에
해당하지 아니한다.

(3) 행 위

본죄의 실행행위는 누설하는 것이다. '누설'이란 비밀사항을 모르는 제3자에게 알리는 것을
말한다. 그러므로 이미 알고 있는 사람에게 알리는 것은 누설에 해당하지 아니한다. 누설함으로
써 바로 기수가 되며, 국가기능에 대한 구체적인 위험이 발생해야 하는 것은 아니다. 2인 이상
서로 대향된 행위의 존재를 필요로 하는 대향범에 대하여는 공범에 관한 형법총칙 규정이 적용
될 수 없는데, 본죄는 공무원 또는 공무원이었던 자가 법령에 의한 직무상 비밀을 누설하는 행
위만을 처벌하고 있을 뿐 직무상 비밀을 누설받은 상대방을 처벌하는 규정이 없는 점에 비추어,
직무상 비밀을 누설받은 자에 대하여는 공범에 관한 형법총칙 규정이 적용될 수 없다.[4])

한편 본죄는 공무상 비밀 그 자체를 보호하는 것이 아니라 공무원의 비밀엄수의무의 침해
에 의하여 위험하게 되는 이익, 즉 비밀누설에 의하여 위협받는 국가의 기능을 보호하기 위한
것이다. 그러므로 공무원이 직무상 알게 된 비밀을 그 직무와의 관련성 혹은 필요성에 기하여
해당 직무의 집행과 관련 있는 다른 공무원에게 직무집행의 일환으로 전달한 경우에는, 관련
각 공무원의 지위 및 관계, 직무집행의 목적과 경위, 비밀의 내용과 전달 경위 등 제반 사정에
비추어 비밀을 전달받은 공무원이 이를 그 직무집행과 무관하게 제3자에게 누설할 것으로 예상
되는 등 국가기능에 위험이 발생하리라고 볼 만한 특별한 사정이 인정되지 않는 한, 위와 같은
행위가 비밀의 누설에 해당한다고 볼 수 없다.[5])

---

9) 대법원 2003. 6. 13. 선고 2001도1343 판결.

1) 대법원 2003. 12. 26. 선고 2002도7339 판결.

2) 대법원 2003. 11. 28. 선고 2003도5547 판결.

3) 대법원 1996. 5. 10. 선고 95도780 판결.

4) 대법원 2011. 4. 28. 선고 2009도3642 판결(변호사 사무실 직원인 피고인 甲이 법원공무원인 피고인 乙에게 부탁
하여, 수사 중인 사건의 체포영장 발부자 53명의 명단을 누설받은 사안에서, 피고인 乙이 직무상 비밀을 누설한
행위와 피고인 甲이 이를 누설받은 행위는 대향범 관계에 있으므로 공범에 관한 형법총칙 규정이 적용될 수 없는
데도, 피고인 甲의 행위가 공무상 비밀누설교사죄에 해당한다고 본 원심판단에 법리오해의 위법이 있다).

5) 대법원 2021. 11. 25. 선고 2021도2486 판결(피고인들에 대한 공소사실 기재 '수사정보 중 일부를 제외한 나머지
부분 및 수사보고서 사본'이 '영장재판 과정에서 취득한 정보'라고 인정하기 어렵고, 피고인들이 현직 법관에 대한
검찰 수사를 저지하여 법관 비리를 은폐·축소하려는 의사를 상호 연락하거나 영장기록에 있는 수사정보를 법원
행정처 차장 공소외인에게 보고할 것을 '공모'한 사실이 인정되지 않으며, 피고인 1이 공소외인에게 한 보고는
일선 법원 사법행정업무 담당자가 그 직무수행의 일환으로 법원행정처에 대해 법관 비위 정보를 보고한 행위로
서 해당 정보를 전달받은 법원행정처 차장 공소외인이 이를 일반에게 유포하는 등 국가의 수사·재판기능을 저해
하는 행위를 할 우려가 있다고 보기 어렵고, 오히려 재판 제도 존립의 핵심이 되는 법관의 공정성과 청렴성 및
불가매수성에 대한 일반 국민의 신뢰 확보의 차원에서 비리 혐의를 받고 있는 해당 법관에 대해 형사재판이 확정
되기 전이라도 그 사실관계를 파악하여 「법관등의 사무분담 및 사건배당에 관한 예규」 제6조 제1항 제4호에 따른
해당 법관의 사무분담 변경이나 징계 처분 등 사법행정의 측면에서 요구되는 조치를 신속하면서도 신중하게 검

3. 위법성조각사유

비밀의 '유지'가 아니라 비밀의 '누설'이 국가의 기능보호에 도움이 되는 경우에는 정당행위로서 위법성이 조각될 수 있다. 예를 들면 정부의 민간인 사찰, 정보기관의 정치개입, 정부기관과 기업과의 유착관계, 국가기관의 선거개입 등 국가기관 내부의 불법행위에 대해서는 적극적인 내부고발의 필요성이 있으므로 위법성을 조각시킬 필요성이 있다.

Ⅶ. 선거방해죄

> 제128조(선거방해) 검찰, 경찰 또는 군의 직에 있는 공무원이 법령에 의한 선거에 관하여 선거인, 입후보자 또는 입후보자되려는 자에게 협박을 가하거나 기타 방법으로 선거의 자유를 방해한 때에는 10년 이하의 징역과 5년 이상의 자격정지에 처한다.

1. 의의 및 보호법익

선거방해죄는 검찰·경찰 또는 군의 직에 있는 공무원이 법령에 의한 선거에 관하여 선거인·입후보자 또는 입후보자가 되려는 자에게 협박을 가하거나 기타 방법으로 선거의 자유를 방해함으로써 성립하는 범죄이다. 본죄의 보호법익은 선거권·피선거권의 자유로운 행사이고, 보호의 정도는 추상적 위험범이다. 한편 공직선거법 제230조 이하에서는 여러 가지 선거방해의 유형에 대하여 가중처벌하고 있다.

2. 구성요건

(1) 주 체

본죄의 주체는 검찰·경찰 또는 군의 직에 있는 공무원이다. 반드시 인신구속에 관한 직무를 수행하는 자일 필요는 없다. 군의 직에 있는 공무원은 군인과 군무원 등을 의미한다.

(2) 행 위

본죄의 실행행위는 법령에 의한 선거에 관하여 선거인·입후보자 또는 입후보자가 되려는 자에게 협박을 가하거나 기타 방법으로 선거의 자유를 방해하는 것이다. 방해의 대상은 법령에 의한 선거에 국한되므로 법령에 의하지 않은 공공단체와 사적 단체의 선거는 이에 해당하지 아니한다. 예를 들면 대통령선거·국회의원선거·지방자치단체의 장 및 지방의회의원선거·교육감 및 교육위원선거 등이 이에 해당하지만, 국립대학교 총장선거는 이에 해당하지 아니한다. '입후보자가 되려는 자'란 정당의 공천을 받으려는 자 또는 입후보등록절차를 밟고 있는 자 등을 말

토, 실행할 필요성 하에 해당 사법행정업무를 직·간접적으로 담당하고 그에 관한 비밀엄수의무를 부담하는 자들 사이에 그 직무집행에 필요한 정보를 주고받은 행위로 볼 수 있으므로 공무상 비밀누설죄의 처벌대상이 되는 공무상 비밀의 누설행위에 해당하지 않는다).

한다. 선거의 자유를 방해하는 행위를 하면 기수가 되며, 현실적으로 선거방해의 결과가 발생하였음을 요구하지 아니한다.

VIII. 수뢰죄

제129조(수뢰) ① 공무원 또는 중재인이 그 직무에 관하여 뇌물을 수수, 요구 또는 약속한 때에는 5년 이하의 징역 또는 10년 이하의 자격정지에 처한다.
제134조(몰수, 추징) 범인 또는 사정을 아는 제3자가 받은 뇌물 또는 뇌물로 제공하려고 한 금품은 몰수한다. 이를 몰수할 수 없을 경우에는 그 가액을 추징한다.

1. 의의 및 보호법익

수뢰죄는 공무원 또는 중재인이 그 직무에 관하여 뇌물을 수수·요구 또는 약속함으로써 성립하는 범죄이다. 본죄의 보호법익은 공무원의 직무집행의 공정과 그에 대한 사회의 신뢰 및 직무행위에 대한 불가매수성이고[1], 보호의 정도는 추상적 위험범이다. 본죄의 법적 성격은 진정신분범에 해당한다. 뇌물을 받고 부정한 행위까지 한 경우에는 본죄가 아니라 수뢰후부정처사죄가 성립한다.

한편 특정범죄가중처벌법 제2조에 의하면, 형법 제129조·제130조 또는 제132조에 규정된 죄를 범한 사람은 그 수수·요구 또는 약속한 뇌물의 가액에 따라 수뢰액이 1억원 이상인 경우에는 무기 또는 10년 이상의 징역, 수뢰액이 5천만원 이상 1억원 미만인 경우에는 7년 이상의 유기징역, 수뢰액이 3천만원 이상 5천만원 미만인 경우에는 5년 이상의 유기징역에 처하고 있으며(동조 제1항), 그 죄에 대하여 정한 형(제1항의 경우를 포함한다)에 수뢰액의 2배 이상 5배 이하의 벌금을 병과하고 있다(동조 제2항).[2] 형법상 수뢰죄에는 법정형으로 벌금형이 규정되어 있지 않지만, 수뢰액이 일정 금액 이상인 경우에 적용되는 특정범죄가중처벌법에서는 벌금형의 필요적 병과규정이 적용된다.

2. 구성요건

(1) 주 체

1) 공무원

제129조 내지 제132조에서 정한 '공무원'이란 국가공무원법과 지방공무원법상 공무원 및 다른 법률[3]에 따라 위 규정들을 적용할 때 공무원으로 간주되는 자 이외에 법령에 기하여 국

---

[1] 대법원 2014. 3. 27. 선고 2013도11357 판결; 대법원 2001. 10. 12. 선고 2001도3579 판결.
[2] 대법원 1999. 8. 20. 선고 99도1557 판결(수인이 공동하여 뇌물수수죄를 범한 경우에 공범자는 자기의 수뢰액뿐만 아니라 다른 공범자의 수뢰액에 대하여도 그 죄책을 면할 수 없는 것이므로, 특정범죄가중처벌법 제2조 제1항의 적용 여부를 가리는 수뢰액을 정함에 있어서는 그 공범자 전원의 수뢰액을 합한 금액을 기준으로 하여야 할 것이고, 각 공범자들이 실제로 취득한 금액이나 분배받기로 한 금액을 기준으로 할 것이 아니다).

가 또는 지방자치단체 및 이에 준하는 공법인의 사무에 종사하는 자로서, 노무의 내용이 단순한 기계적·육체적인 것에 한정되어 있지 않은 자를 말한다.[1] 이에 따라 지방건설기술심의위원회 위원[2]·설계심의분과위원회 위원[3]·기한부로 채용된 임시직[4]·지방의회의원[5]·시의회의장[6]·공정거래위원장[7]·농어촌진흥공사 직원[8] 등은 공무원에 해당하지만, 서울특별시 후생복지심의위원회가 정한 서울특별시 후생복지시설 운영규정 제6조에 따라 후생복지심의위원회 위원장에 의해 서울시청 구내식당 소속 시간제 종사원으로 고용된 사람[9]·건축위원회 위원[10]·집행관사무소의 사무원[11] 등은 본죄에서 말하는 공무원에 해당하지 아니한다.

본죄의 주체는 현재 공무원 또는 중재인의 직에 있는 자에 한정되므로, 공무원이 직무와 관련하여 뇌물수수를 약속하고 퇴직 후 이를 수수하는 경우에는, 뇌물약속과 뇌물수수가 시간적으로 근접하여 연속되어 있다고 하더라도 뇌물약속죄 및 사후수뢰죄가 성립할 수 있음은 별론으로 하고, 뇌물수수죄는 성립하지 아니한다.[12] 전직한 공무원이 전직 전의 직무에 관하여 뇌물을 수수·요구·약속한 경우에도 본죄가 성립한다. 그리고 법령에 기한 임명권자에 의하여 임

---

3) 특정범죄가중처벌법 제4조(뇌물죄 적용대상의 확대) ① 다음 각 호의 어느 하나에 해당하는 기관 또는 단체로서 대통령령으로 정하는 기관 또는 단체의 간부직원은 형법 제129조부터 제132조까지의 규정을 적용할 때에는 공무원으로 본다.
  1. 국가 또는 지방자치단체가 직접 또는 간접으로 자본금의 2분의 1 이상을 출자하였거나 출연금·보조금 등 그 재정지원의 규모가 그 기관 또는 단체 기본재산의 2분의 1 이상인 기관 또는 단체
  2. 국민경제 및 산업에 중대한 영향을 미치고 있고 업무의 공공성이 현저하여 국가 또는 지방자치단체가 법령에서 정하는 바에 따라 지도·감독하거나 주주권의 행사 등을 통하여 중요 사업의 결정 및 임원의 임면 등 운영 전반에 관하여 실질적인 지배력을 행사하고 있는 기관 또는 단체
  ② 제1항의 간부직원의 범위는 제1항의 기관 또는 단체의 설립목적, 자산, 직원의 규모 및 해당 직원의 구체적인 업무 등을 고려하여 대통령령으로 정한다.
  특정경제범죄가중처벌법 제5조(수재 등의 죄) ① 금융회사 등의 임직원이 그 직무에 관하여 금품이나 그 밖의 이익을 수수, 요구 또는 약속하였을 때에는 5년 이하의 징역 또는 10년 이하의 자격정지에 처한다.
1) 대법원 2011. 3. 10. 선고 2010도14394 판결; 대법원 1997. 6. 13. 선고 96도1703 판결.
2) 대법원 2013. 11. 28. 선고 2013도10011 판결.
3) 대법원 2013. 11. 14. 선고 2012도15254 판결.
4) 대법원 1971. 10. 19. 선고 71도1113 판결.
5) 대법원 1997. 3. 11. 선고 96도1258 판결.
6) 대법원 1996. 11. 15. 선고 95도1114 판결.
7) 대법원 2006. 6. 15. 선고 2004도3424 판결.
8) 대법원 1998. 4. 28. 선고 96도2828 판결.
9) 대법원 2012. 8. 23. 선고 2011도12639 판결.
10) 대법원 2012. 7. 26. 선고 2012도5692 판결.
11) 대법원 2011. 3. 10. 선고 2010도14394 판결(집행관사무소의 사무원은 법원 및 검찰청 9급 이상의 직에 근무한 자 또는 이와 동등 이상의 자격이 있다고 인정되는 자 중에서 소속지방법원장의 허가를 받아 대표집행관이 채용하는 자로서, 법원일반직 공무원에 준하여 보수를 지급받는 한편 근무시간, 휴가 등 복무와 제척사유, 경매물건 등의 매수금지 의무 등에서는 집행관에 관한 법령의 규정이 준용된다는 점에서 형법 제129조 내지 제132조의 경우 공무원으로 취급되는 집행관의 지위와 비슷한 면이 있기는 하지만, '지방법원에 소속되어 법률이 정하는 바에 따라 재판의 집행, 서류의 송달 그 밖에 법령에 따른 사무에 종사'하는 집행관(집행관법 제2조)과 달리 그에게 채용되어 업무를 보조하는 자에 불과할 뿐(같은 규칙 제21조 제1항), 그를 대신하거나 그와 독립하여 집행에 관한 업무를 수행하는 자의 지위에 있지는 않다).
12) 대법원 2008. 2. 1. 선고 2007도5190 판결.

용되어 공무에 종사하여 온 사람이 나중에 그가 임용결격자이었음이 밝혀져 당초의 임용행위가 무효라고 하더라도, 그가 임용행위라는 외관을 갖추어 실제로 공무를 수행한 이상 공무 수행의 공정과 그에 대한 사회의 신뢰 및 직무행위의 불가매수성은 여전히 보호되어야 하기 때문에 이러한 사람도 제129조에서 규정한 공무원으로 보아야 한다.[1]

한편 비공무원이 공무원과 공동가공의 의사와 이를 기초로 한 기능적 행위지배를 통하여 공무원의 직무에 관하여 뇌물을 수수하는 범죄를 실행하였다면 공무원이 직접 뇌물을 받은 것과 동일하게 평가할 수 있으므로 공무원과 비공무원에게 제129조 제1항에서 정한 뇌물수수죄의 공동정범이 성립한다.[2]

2) 중재인

'중재인'이란 법령에 의하여 중재의 직무를 담당하는 자 중 공무원 아닌 자를 말한다. 예를들면 「노동조합 및 노동관계조정법」에 의한 중재위원·「언론중재 및 피해구제 등에 관한 법률」에 의한 중재위원·중재법에 의한 중재인·민사조정법에 의한 조정위원 등이 이에 해당한다. 하지만 단순한 사적인 조정자는 본죄의 중재인에 해당하지 아니한다. 중재인의 경우에도 현재 중재인의 지위에 있는 자만이 본죄의 주체가 된다.

(2) 객 체

본죄의 객체는 뇌물이다. '뇌물'이란 공무원 또는 중재인이 그 직무에 관하여 받은 일체의 부정한 이익을 말한다.

1) 직무관련성

본죄에 있어 '직무'란 공무원 또는 중재인이 그 지위에 수반하여 공무로서 처리하는 일체의 직무를 말한다. 이러한 직무는 공무원이 법령상 관장하는 직무 그 자체뿐만 아니라 그 직무와 밀접한 관계가 있는 행위, 관례상이나 사실상 소관하는 직무행위[3], 결정권자를 보좌하거나 영향을 줄 수 있는 직무행위, 과거에 담당하였거나 장래에 담당할 직무 외에 사무분장에 따라 현실적으로 담당하고 있지 않아도 법령상 일반적인 직무권한에 속하는 직무 등 공무원이 그 직위에 따라 담당할 일체의 직무를 포함한다.[4] '직무와 밀접한 관계가 있는 행위'란 보통 직무상의 지위를 이용하거나 그 직무에 기한 세력을 기초로 공무의 공정에 영향을 줄 수 있는 행위를 말한다. 여기서 구체적인 행위가 공무원의 직무에 속하는지 여부는 그것이 공무의 일환으로 행하여졌는가 하는 형식적인 측면과 함께 그 공무원이 수행하여야 할 직무와의 관계에서 합리적으로 필요하다고 인정되는 것인가 하는 실질적인 측면을 아울러 고려하여 결정하여야 한다.[5] 따

---

1) 대법원 2014. 3. 27. 선고 2013도11357 판결.
2) 대법원 2019. 8. 29. 선고 2018도13792 판결.
3) 대법원 2000. 6. 15. 선고 98도3697 전원합의체 판결.
4) 대법원 2011. 3. 24. 선고 2010도17797 판결; 대법원 2010. 12. 23. 선고 2010도10910 판결; 대법원 2002. 5. 10. 선고 2000도2251 판결; 대법원 2001. 1. 19. 선고 99도5753 판결; 대법원 1998. 2. 27. 선고 96도582 판결; 대법원 1982. 11. 23. 선고 82도1549 판결.

라서 부하 공무원이 관례상 또는 상사의 지휘감독 아래 명령을 받아 취급하는 업무는 독립적인 결재권이 없더라도 직무에 포함된다.[1]

한편 법령상 공무원의 일반적인 직무권한에 속하는 것이면 충분하고 현재 구체적으로 담당하고 있는 사무임을 요하지 아니한다. 그러므로 과거에 담당하였거나 장래 담당할 직무 및 사무분장에 따라 현실적으로 담당하지 않는 직무라고 하더라도 법령상 일반적인 직무권한에 속하는 직무 등 공무원이 그 직위에 따라 공무로 담당할 일체의 직무를 말한다.[2] 다만 뇌물을 수수할 당시 이미 공무원의 지위를 떠난 경우에는 본죄로 처벌할 수는 없고, 사후수뢰죄의 요건에 해당할 경우에 한하여 그 죄로 처벌할 수 있을 뿐이다.[3] 공무원이 장래에 담당할 직무에 대한 대가로 이익을 수수한 경우에도 뇌물수수죄가 성립할 수 있지만, 그 이익을 수수할 당시 장래에 담당할 직무에 속하는 사항이 그 수수한 이익과 관련된 것임을 확인할 수 없을 정도로 막연하고 추상적이거나 장차 그 수수한 이익과 관련지을 만한 직무권한을 행사할지 자체를 알 수 없다면 그 이익이 장래에 담당할 직무에 관하여 수수되었다거나 그 대가로 수수되었다고 단정하기 어렵다. 직무행위는 작위·부작위를 묻지 아니하고, 직무행위의 적법·위법의 여부도 묻지 아니한다. 재량권을 가진 공무원이 재량행위와 관련하여 금품을 수령한 경우에도 본죄가 성립할 수 있다.

판례에 의하면, ① 한국토지개발공사 간부가 수급인에 대하여 하도급업체의 선정을 알선하고 하도급업체로부터 금원을 수수한 경우[4], ② 국회 정무위원회 수석전문위원이 그 소관 기관 등의 업무에 관한 청탁 또는 부탁을 받고 금품을 수수한 경우[5], ③ 국회의원이 특정 협회로부터 요청받은 자료를 제공하고 그 대가로서 후원금 명목으로 금원을 교부받은 경우[6], ④ 경찰관이 재건축조합 직무대행자에 대한 진정사건을 수사하면서 진정인 측에 의하여 재건축 설계업체로 선정되기를 희망하던 건축사사무소 대표로부터 금원을 수수한 경우[7], ⑤ 도시계획국장이 건설회사를 운영하는 자의 부탁을 받고 위 회사로 하여금 자신이 관리·감독하는 공사 중 일부를 하도급받도록 해 준 다음 그 대가로 돈을 받은 경우[8], ⑥ 국립대학 교수가 농림부로부터 연구과제를 용역 받아 연구를 행하던 중, 공소외 1에게 연구비 지원을 해 달라는 취지로 금품을 요

5) 대법원 2011. 5. 26. 선고 2009도2453 판결; 대법원 2002. 5. 31. 선고 2001도670 판결.
1) 대법원 1961. 4. 15. 선고 4290형상201 판결.
2) 대법원 1995. 6. 30. 선고 94도993 판결; 대법원 1994. 3. 22. 선고 93도2962 판결.
3) 대법원 2013. 11. 28. 선고 2013도10011 판결(위촉공무원사후뇌물사건)(국가공무원이 지방자치단체의 업무에 관하여 전문가로서 위원 위촉을 받아 한시적으로 그 직무를 수행하는 경우와 같이 공무원이 그 고유의 직무와 관련이 없는 일에 관하여 별도의 위촉절차 등을 거쳐 다른 직무를 수행하게 된 경우에는 그 위촉이 종료되면 그 위원 등으로서 새로 보유하였던 공무원 지위는 소멸한다고 보아야 할 것이므로, 그 이후에 종전에 위촉받아 수행한 직무에 관하여 금품을 수수하더라도 이는 사후수뢰죄에 해당할 수 있음은 별론으로 하고 일반 수뢰죄로 처벌할 수는 없다).
4) 대법원 1998. 2. 27. 선고 96도582 판결.
5) 대법원 2010. 12. 23. 선고 2010도10910 판결.
6) 대법원 2009. 5. 14. 선고 2008도8852 판결.
7) 대법원 2007. 4. 27. 선고 2005도4204 판결.
8) 대법원 2011. 3. 24. 선고 2010도17797 판결.

구한 후, 장차 피고인이 연구·개발할 부루세라 백신 기술을 공소외 2 연구소에 우선적으로 전수하여 달라는 청탁의 뜻으로 돈을 받은 경우[1], ⑦ 음주운전을 적발하여 단속에 관련된 제반 서류를 작성한 후 운전면허 취소업무를 담당하는 직원에게 이를 인계하는 업무를 담당하는 경찰관이 피단속자로부터 운전면허가 취소되지 않도록 하여 달라는 청탁을 받고 금원을 교부받은 경우[2], ⑧ 유흥업소를 경영하는 사람으로부터 구청 위생계장이 건물용도변경허가와 관련하여 금품을 수수한 경우[3], ⑨ 토지구획정리사업에 대한 시의회의 심의와 관련하여 영향을 미칠 수 있는 지위에 있는 시의회 의장이 금품을 수수한 경우[4] 등에 있어서는 직무관련성이 인정된다.

하지만 ① 서울대학교 의과대학 교수 겸 서울대학교병원 의사가 구치소로 왕진을 나가 진료하고 진단서를 작성해 주거나 법원의 사실조회에 대하여 회신을 해주는 업무[5], ② 국립대학교 부설 연구소가 법률에 근거하지 아니하고 국가와는 별개의 지위에서 연구소라는 단체의 명의로 체결한 어업피해조사용역계약상의 과업 내용에 의하여 국립대학교 교수가 위 연구소 소속 연구원으로서 수행하는 조사용역업무[6], ③ 경찰청 정보과 근무 경찰관의 직무와 중소기업협동조합중앙회장의 외국인산업연수생에 대한 국내 관리업체 선정업무[7], ④ 법원의 공판참여주사가 공판에 참여하여 양형에 관한 사항의 심리내용을 공판조서에 기재한 경우[8], ⑤ 경찰공무원의 승진 여부는 치안본부의 인사에 관한 고유의 직무에 속하는 것이므로 보안부대 소속 치안본부 연락관이 경찰서장에게 경찰공무원의 승진을 부탁한 경우[9] 등에 있어서는 직무관련성이 부정된다.

2) 부정한 이익

① 대가관계

뇌물은 직무행위와 사이에 급부와 반대급부라는 대가적인 관계가 존재해야 한다. 그리고 수수한 금품에 직무행위에 대한 대가로서의 성질과 직무 이외의 행위에 대한 사례로서의 성질이 불가분적으로 결합되어 있는 경우에는 그 전부가 불가분적으로 직무행위에 대한 대가로서의 성질을 가진다.[10] 또한 뇌물죄는 직무에 관한 청탁이나 부정한 행위를 필요로 하는 것은 아니기 때문에 수수된 금품의 뇌물성을 인정하는데 특별한 청탁이 있어야만 하는 것은 아니고, 금품이 직무에 관하여 수수된 것으로 족하고 개개의 직무행위와 대가적 관계에 있을 필요는 없으며, 그 직무행위가 특정된 것일 필요도 없다.

공무원이 얻는 어떤 이익이 직무와 대가관계가 있는 부당한 이익으로서 뇌물에 해당하는지 여부는 당해 공무원의 직무의 내용, 직무와 이익제공자와의 관계, 쌍방간에 특수한 사적인

---

 1) 대법원 2005. 10. 14. 선고 2003도1154 판결.
 2) 대법원 1999. 11. 9. 선고 99도2530 판결.
 3) 대법원 1989. 9. 12. 선고 89도597 판결.
 4) 대법원 1996. 11. 15. 선고 95도1114 판결.
 5) 대법원 2006. 6. 15. 선고 2005도1420 판결.
 6) 대법원 2002. 5. 31. 선고 2001도670 판결.
 7) 대법원 1999. 6. 11. 선고 99도275 판결.
 8) 대법원 1980. 10. 14. 선고 80도1373 판결.
 9) 대법원 1983. 10. 11. 선고 83도425 판결.
10) 대법원 2017. 1. 12. 선고 2016도15470 판결; 대법원 2015. 7. 23. 선고 2015도3080 판결; 대법원 2009. 7. 9. 선고 2009도3039 판결; 대법원 2002. 8. 23. 선고 2002도46 판결.

친분관계가 존재하는지의 여부, 이익의 다과, 이익을 수수한 경위와 시기 등의 제반 사정을 참작하여 결정하여야 할 것이고, 공무원이 그 이익을 수수하는 것으로 인하여 사회일반으로부터 직무집행의 공정성을 의심받게 되는지 여부[1]도 뇌물죄의 성부를 판단함에 있어서의 판단 기준이 된다.[2] 공무원이 그 직무의 대상이 되는 사람으로부터 금품 기타 이익을 받은 때에는 그것이 그 사람이 종전에 공무원으로부터 접대 받거나 수수한 것을 갚는 것으로서 사회상규에 비추어 볼 때에 의례상의 대가에 불과한 것이라고 여겨지거나 개인적인 친분관계가 있어서 교분상의 필요에 의한 것이라고 명백하게 인정할 수 있는 경우[3] 등 특별한 사정이 없는 한 직무와의 관련성이 없는 것으로 볼 수 없고, 공무원의 직무와 관련하여 금품을 수수하였다면 비록 사교적 의례의 형식을 빌어 금품을 주고받았다고 하더라도 그 수수한 금품은 뇌물이 되는 것이다.[4] 또한 정치자금[5]·선거자금 등의 명목으로 이루어진 금품의 수수라고 하더라도 그것이 정치인인 공무원의 직무행위에 대한 대가로서의 실체를 가지는 한 뇌물로서의 성격을 잃지 아니하고, 설령 수수된 금품 중 순수한 정치자금의 성격이 일부 포함되어 있는 경우가 있다고 하더라도 이를 뇌물로 보는 데에는 지장이 없으며[6], 다만 그 금품의 수수가 수회에 걸쳐 이루어졌고 각 수수 행위별로 직무관련성 유무를 달리 볼 여지가 있는 경우에는 그 행위마다 직무와의 관련성 여부를 가릴 필요가 있을 뿐이다.[7] 그리고 횡령 범행으로 취득한 돈을 공범자끼리 수수한 행위가 공동정범들 사이의 범행에 의하여 취득한 돈을 공모에 따라 내부적으로 분배한 것에 지나지

---

1) 대법원 2019. 11. 28. 선고 2019도1056 판결(대통령이 국정원에 대하여 가지는 막대한 권한 및 이에 대한 공소외 2의 인식, 2016년 9월경 수수된 2억 원은 기존에 전달되던 특별사업비와 달리 공소외 2가 전 대통령이 어렵다는 말을 듣고 전 대통령이 추석에 사용하라는 취지에서 자진하여 교부하였고, 기존에 정기적으로 상납하던 특별사업비가 피고인 1에게 전달되어 피고인 1의 관리 하에 사용되던 것과 달리 위 2억 원은 피고인 3을 통하여 전 대통령에게 직접 전달되어 전 대통령에 의하여 사용되었고 피고인 1에게 전달되지 않은 것으로 보이며, 대통령과 국정원장 사이의 특수 관계를 고려하더라도 2억원은 명절에 사용하라고 의례적으로 주고받기에는 고액이고, 국정원의 인사·조직·예산 등 국정원의 전반적 운영에 관하여 법률상·사실상 막대한 영향력을 가지고 있는 대통령에게 국정원장이 2억 원이라는 거액의 금품을 제공하는 것 자체로 직무집행의 공정성을 의심받기에 충분하다는 사정을 종합하여, 위 2억 원은 대통령의 직무에 관하여 교부한 뇌물이라고 인정된다).

2) 대법원 2014. 10. 15. 선고 2014도8113 판결; 대법원 2002. 3. 15. 선고 2001도970 판결.

3) 대법원 1982. 9. 14. 선고 81도2774 판결(피고인의 아들들의 결혼식장에서 공소외인들이 축의금으로 낸 것을 사후에 전달받은 것일 뿐만 아니라 피고인이 동 공소외인들과는 개인적으로도 친분관계를 맺어온 사이였다면 비록 동 공소외인들이 피고인의 직무와 관련이 있는 사업을 경영하는 사람들이었다고 하더라도 그 사정만으로 위 금원이 축의금을 빙자하여 뇌물로 수수된 것이라고 단정할 수 없다).

4) 대법원 2019. 11. 28. 선고 2018도20832 판결; 대법원 2017. 1. 12. 선고 2016도15470 판결; 대법원 2010. 4. 29. 선고 2010도1082 판결; 대법원 2002. 7. 26. 선고 2001도6721 판결; 대법원 1999. 7. 23. 선고 99도390 판결; 대법원 1997. 4. 17. 선고 96도3378 판결.

5) 대법원 2017. 3. 22. 선고 2016도21536 판결(정치자금의 기부행위는 정치활동에 대한 재정적 지원행위이고, 뇌물은 공무원의 직무행위에 대한 위법한 대가로서, 양자는 별개의 개념이다. 정치자금의 명목으로 금품을 주고받았고 정치자금법에 정한 절차를 밟았다고 할지라도, 정치인의 정치활동 전반에 대한 지원의 성격을 갖는 것이 아니라 공무원인 정치인의 특정한 구체적 직무행위와 관련하여 금품 제공자에게 유리한 행위를 기대하거나 그에 대한 사례로서 금품을 제공함으로써 정치인인 공무원의 직무행위에 대한 대가로서의 실체를 가진다면 뇌물성이 인정된다).

6) 대법원 1997. 12. 26. 선고 97도2609 판결.

7) 대법원 2012. 1. 12. 선고 2011도12642 판결; 대법원 2011. 5. 26. 선고 2009도2453 판결.

않는다면 별도로 그 돈의 수수행위에 관하여 뇌물죄가 성립하는 것은 아니다. 그와 같이 수수한 돈의 성격을 뇌물로 볼 것인지 횡령금의 분배로 볼 것인지 여부는 돈을 공여하고 수수한 당사자들의 의사, 수수된 돈의 액수, 횡령 범행과 수수 행위의 시간적 간격, 수수한 돈이 횡령한 그 돈인지 여부, 수수한 장소와 방법 등을 종합적으로 고려하여 객관적으로 평가하여 판단하여야 한다.[1]

국회의원이 그 직무권한의 행사로서의 의정활동과 전체적·포괄적으로 대가관계가 있는 금원을 교부받았다면 그 금원의 수수가 어느 직무행위와 대가관계에 있는 것인지 특정할 수 없다고 하더라도 이는 국회의원의 직무에 관련된 것으로 보아야 한다. 한편 국회의원이 다른 의원의 직무행위에 관여하는 것이 국회의원의 직무행위 자체라고 할 수는 없으나, 국회의원이 자신의 직무권한인 의안의 심의·표결권 행사의 연장선상에서 일정한 의안에 관하여 다른 동료의원에게 작용하여 일정한 의정활동을 하도록 권유·설득하는 행위 역시 국회의원이 가지고 있는 위 직무권한의 행사와 밀접한 관계가 있는 행위로서 그와 관련하여 금원을 수수하는 경우에도 뇌물수수죄가 성립한다.

② 이 익

본죄에서 뇌물의 내용인 '이익'이란 금전·물품 기타의 재산적 이익뿐만 아니라 사람의 수요와 욕망을 충족시키기에 족한 일체의 유형·무형의 이익을 포함한다.[2] 예를 들면 투기적 사업에 참여할 기회[3], 연대보증[4], 조합아파트 가입권에 붙은 소위 프리미엄[5], 장래 시가앙등이 예상되는 체비지의 지분을 낙찰원가에 매수한 경우[6] 등이 이에 해당한다. 금전으로 환산가능한지의 여부도 문제되지 아니한다. 또한 제공된 것이 성적 욕구의 충족이라고 하여 달리 볼 것이 아니기 때문에 유사성교행위 및 성교행위도 뇌물에 해당한다.[7] 약속 또는 제공 당시에 현존하거나

---

1) 대법원 2019. 11. 28. 선고 2019도11766 판결(국정원장특활비사건)(대통령은 행정부의 수반이면서 국정원장에 대한 지휘·감독 및 인사권자이다. 피고인은 이러한 대통령의 지위에서 국정원장들에게 국정원 자금을 횡령하여 교부할 것을 지시하고 국정원장들로부터 그들이 횡령한 특별사업비를 교부받았다. 국정원장들은 위와 같이 피고인의 지시에 따르기 위하여 특별사업비를 횡령하고, 횡령한 돈을 그대로 피고인에게 교부하였다. 이러한 사정을 종합하면, 피고인과 국정원장들 사이에 국정원 자금을 횡령하여 이를 모두 피고인에게 귀속시키기로 하는 공모가 있었고 그에 따라 이 부분 특별사업비의 횡령 및 교부가 이루어진 것으로 볼 수 있다. 피고인은 횡령범행의 실행행위를 직접 수행하지는 않았으나 국정원장들에 대한 우월하고 압도적인 지위에서 범행을 지시하고 이를 따른 국정원장들로부터 이 부분 특별사업비를 교부받았다. 결국 피고인은 자신이 적극적으로 가담하여 이루어진 횡령범행 과정에서 공범자 중 일부가 취득한 돈을 공모의 내용에 따라 내부적으로 분배받은 것에 불과하다. 따라서 피고인이 교부받은 이 부분 특별사업비를 뇌물로 보기 어렵고, 피고인에게 뇌물에 관한 고의가 있었다고 보기도 어려우므로 특정범죄가중처벌법 위반(뇌물)죄가 성립하지 않는다).
2) 대법원 2011. 7. 28. 선고 2009도9122 판결; 대법원 1995. 9. 5. 선고 95도1269 판결.
3) 공무원이 뇌물로 투기적 사업에 참여할 기회를 제공받은 경우, 뇌물수수죄의 기수시기는 투기적 사업에 참여하는 행위가 종료한 때로 보아야 한다.
4) 대법원 2001. 1. 5. 선고 2000도4714 판결.
5) 대법원 2002. 11. 26. 선고 2002도3539 판결; 대법원 1992. 12. 22. 선고 92도1762 판결.
6) 대법원 1994. 11. 4. 선고 94도129 판결.
7) 대법원 2014. 1. 29. 선고 2013도13937 판결(로스쿨출신초임검사사건).

확정적 또는 영속적일 필요가 없으며, 장차 예상할 수 있거나 조건부 이익이라도 무방하다. 뇌물로 공여된 당좌수표가 수수 후 부도가 되었다고 하더라도 본죄의 성립에는 영향이 없다.[1]

　　한편 뇌물수수의 공범자들 사이에 직무와 관련하여 금품이나 이익을 수수하기로 하는 명시적 또는 암묵적 공모관계가 성립하고 그 공모 내용에 따라 공범자 중 1인이 금품이나 이익을 수수하였다면, 사전에 특정 금액 이하로만 받기로 약정하였다든가 수수한 금액이 공모 과정에서 도저히 예상할 수 없는 고액이라는 등과 같은 특별한 사정이 없는 한, 그 수수한 금품이나 이익 전부에 관하여 특정범죄가중처벌법 위반(뇌물)죄 또는 뇌물수수죄의 공모공동정범이 성립하며, 수수할 금품이나 이익의 규모나 정도 등에 대하여 사전에 서로 의사의 연락이 있거나 수수한 금품 등의 구체적 금액을 공범자가 알아야 공모공동정범이 성립하는 것은 아니다.[2] 금품이나 이익 전부에 관하여 뇌물수수죄의 공동정범이 성립한 이후에 뇌물이 실제로 공동정범인 공무원 또는 비공무원 중 누구에게 귀속되었는지는 이미 성립한 뇌물수수죄에 영향을 미치지 않는다. 공무원과 비공무원이 사전에 뇌물을 비공무원에게 귀속시키기로 모의하였거나 뇌물의 성질상 비공무원이 사용하거나 소비할 것이라고 하더라도 이러한 사정은 뇌물수수죄의 공동정범이 성립한 이후 뇌물의 처리에 관한 것에 불과하므로 뇌물수수죄가 성립하는 데 영향이 없다.[3]

(3) 행 위

1) 수 수

　'수수'란 뇌물을 현실적으로 취득하는 것을 말한다. 여기에서 '취득'이란 뇌물에 대한 사실상의 처분권을 획득하는 것을 의미하고, 뇌물인 물건의 법률상 소유권까지 취득하여야 하는 것은 아니다. 뇌물수수자가 법률상 소유권 취득의 요건을 갖추지는 않았더라도 뇌물로 제공된 물건에 대한 점유를 취득하고 뇌물공여자 또는 법률상 소유자로부터 반환을 요구받지 않는 관계에 이른 경우에는 그 물건에 대한 실질적인 사용·처분권한을 갖게 되어 그 물건 자체를 뇌물로 받은 것으로 보아야 한다. 뇌물수수자가 뇌물공여자에 대한 내부관계에서 물건에 대한 실질적인 사용·처분권한을 취득하였으나 뇌물수수 사실을 은닉하거나 뇌물공여자가 계속 그 물건에 대한 비용 등을 부담하기 위하여 소유권 이전의 형식적 요건을 유보하는 경우에는 뇌물공여자와 뇌물수수자 사이에서는 소유권을 이전받은 경우와 다르지 않으므로 그 물건을 뇌물로 받았다고 보아야 한다.

　수뢰한 금품의 용도는 그것을 개인의 용도에 사용하였든 행정에 소요되는 비용에 충당하였든 본죄의 성립에 영향이 없다.[4] 공무원이 직접 뇌물을 받지 아니하고 증뢰자로 하여금 다른

---

1) 대법원 1983. 2. 22. 선고 82도2964 판결.
2) 대법원 2014. 12. 24. 선고 2014도10199 판결.
3) 대법원 2019. 8. 29. 선고 2018도13792 판결.
4) 대법원 1985. 5. 14. 선고 83도2050 판결; 대법원 1984. 2. 14. 선고 83도3218 판결.

사람에게 뇌물을 공여하도록 한 경우, 그 다른 사람이 공무원의 사자 또는 대리인으로서 뇌물을 받은 경우나 평소 공무원이 그 다른 사람의 생활비 등을 부담하고 있었다거나 그 다른 사람에 대하여 채무를 부담하고 있었다는 등의 사정이 있어서 그 다른 사람이 뇌물을 받음으로써 공무원은 그만큼 지출을 면하게 되는 경우 등 사회통념상 그 다른 사람이 뇌물을 받은 것을 공무원이 직접 받은 것과 같이 평가할 수 있는 관계가 있는 경우에는 제3자뇌물제공죄가 아니라 본죄가 성립한다.[1] 이러한 법리는 공무원으로 의제되는 정비사업전문관리업자의 임·직원이 직무에 관하여 자신이 아닌 정비사업전문관리업자 또는 그 밖의 제3자에게 뇌물을 공여하게 하는 경우에도 마찬가지이다.[2]

뇌물을 수수한다는 것은 영득의 의사로 받는 것을 말하므로[3], 영득의 의사가 없으면 뇌물을 수수하였다고 할 수 없다.[4] 이와 같이 뇌물죄는 공여자의 출연에 의한 수뢰자의 영득의사의 실현으로서, 공여자의 특정은 직무행위와 관련이 있는 이익의 부담 주체라는 관점에서 파악하여야 할 것이므로, 금품이나 재산상 이익 등이 반드시 공여자와 수뢰자 사이에 직접 수수될 필요는 없다.[5] 하지만 뇌물인지 모르고 이를 수수하였다가 뇌물임을 알고 즉시 반환하거나 증뢰자가 일방적으로 뇌물을 두고 가므로 후일 기회를 보아 반환할 의사로 어쩔 수 없이 일시 보관하다가 반환[6]하는 등 그 영득의 의사가 없었다고 인정되는 경우라면 뇌물을 수수하였다고 할 수 없다.

반면에 일단 피고인이 영득의 의사로 뇌물을 수령한 이상 후에 이를 반환하였다고 하더라

---

1) 대법원 2004. 3. 26. 선고 2003도8077 판결(공무원이 실질적인 경영자로 있는 회사가 청탁 명목의 금원을 회사 명의의 예금계좌로 송금받은 경우에 사회통념상 위 공무원이 직접 받은 것과 같이 평가할 수 있어 뇌물수수죄가 성립한다); 대법원 2002. 4. 9. 선고 2001도7056 판결; 대법원 1998. 9. 22. 선고 98도1234 판결.

2) 대법원 2011. 11. 24. 선고 2011도9585 판결; 대법원 2010. 5. 13. 선고 2008도5506 판결; 대법원 2008. 9. 25. 선고 2008도2590 판결.

3) 반면에 뇌물수수에 영득의사가 필요 없다는 견해로는 김선복, 637면(뇌물은 재물에 제한되지 않으므로 영득의사가 필요 없다); 김일수/서보학, 659면; 이형국/김혜경, 804면; 정성근/정준섭, 520면; 정영일, 441면(다만 이익을 향수하겠다는 의사는 갖추고 있어야 한다).

4) 대법원 2012. 2. 23. 선고 2011도7282 판결; 대법원 1996. 6. 28. 선고 92도1803 판결; 대법원 1983. 3. 22. 선고 83도113 판결; 대법원 1982. 11. 23. 선고 82도1431 판결; 대법원 1979. 6. 12. 선고 78도2125 판결.

5) 대법원 2020. 9. 24. 선고 2017도12389 판결(새우젓뇌물사건)(○○도청 △△△△국 ㅁㅁ과장 피고인 2는 2013. 11.경 ◇◇◇◇◇ 계장 피고인 1로부터 "선물을 할 사람이 있으면 새우젓을 보내 주겠다."라는 말을 듣고 이를 승낙한 뒤 새우젓을 보내고자 하는 사람들의 명단을 피고인 1에게 보내주고 피고인 1로 하여금 위 사람들에게 피고인 2의 이름을 적어 마치 피고인 2가 선물을 하는 것처럼 새우젓을 보내도록 하였다. 피고인 2는 위와 같은 방법으로 2013. 11. 12.경부터 2014. 11. 12.경까지 원심판결 별지 범죄일람표 기재와 같이 새우젓을 선물하고자 하는 329명의 사람들에게 총 11,186,000원 상당의 새우젓을 피고인 1로 하여금 보내게 하고 그 대금을 지급하지 않는 방법으로 공무원의 직무에 관하여 뇌물을 교부받았고, 피고인 1은 공무원의 직무에 관하여 피고인 2에게 뇌물을 공여하였다. … 피고인 1은 피고인 2가 지정한 사람들에게 피고인 2의 이름을 발송인으로 기재하여 배송업체를 통하여 배송업무를 대신하여 주었을 뿐이고, 위 새우젓을 받은 사람들은 새우젓을 보낸 사람을 피고인 1이 아닌 피고인 2로 인식하였으며, 한편 피고인 1과 피고인 2 사이에 새우젓 제공에 관한 의사의 합치가 존재하고 위와 같은 제공방법에 관하여 피고인 2가 양해하였다고 보이므로, 피고인 1의 새우젓 출연에 의한 피고인 2의 영득의사가 실현되어 형법 제129조 제1항의 뇌물공여죄 및 뇌물수수죄가 성립한다고 보아야 한다).

6) 대법원 1989. 7. 25. 선고 89도126 판결; 대법원 1985. 1. 22. 선고 84도2082 판결; 대법원 1979. 7. 10. 선고 79도1314 판결.

도 본죄의 성립에는 영향이 없다.[1] 또한 일단 영득의 의사로 뇌물을 수수하였지만 그 액수가 너무 많아서 나중에 반환할 의사로 보관하였다고 하더라도 본죄의 성립에는 영향이 없고[2], 경찰관이 피의자로부터 뇌물을 받음에 있어서 상관의 승인을 얻었거나 상관과 같이 향응을 받았다고 하여 수뢰죄의 성립을 부정할 수 없고, 그 동기가 직원의 후생관계를 위한 것이라고 할지라도 범죄조각사유에 해당한다고 할 수 없다.[3] 특히 금품을 수수한 장소가 공개된 장소이고, 금품을 수수한 공무원이 이를 부하직원들을 위하여 소비하였을 뿐 자신의 사리를 취한 바 없다고 하더라도 그 뇌물성이 부인되지 아니한다.[4]

2) 요 구

'요구'란 취득의사로 상대방에게 뇌물공여를 청구하는 것을 말한다. 뇌물제공의 약속을 청구하는 것도 이에 해당한다. 일방적 행위이기 때문에 상대방이 이에 응하였는지 여부는 문제되지 아니한다. 요구가 있으면 족하고 현실적으로 교부가 있을 필요는 없다. 그러므로 요구가 있으면 기수가 되고, 요구하여 수수한 때에는 포괄하여 뇌물수수죄만 성립한다. 한편 피고인이 먼저 뇌물을 요구하여 증뢰자로부터 돈을 받았다면 피고인에게는 받은 돈 전부에 대한 영득의 의사가 인정된다.[5]

3) 약 속

'약속'이란 양 당사자 사이에서 뇌물수수의 합의를 하는 것을 말한다. 여기에서 '합의'란 그 방법에 아무런 제한이 없고 명시적일 필요도 없지만, 장래 공무원의 직무와 관련하여 뇌물을 주고받겠다는 양 당사자의 의사표시가 확정적으로 합치하여야 한다.[6] 뇌물의 목적물인 이익은 약속 당시에 현존할 필요는 없고 약속 당시에 예기할 수 있는 것이라도 무방하며, 뇌물의 목적물이 이익인 경우에는 그 가액이 확정되어 있지 않아도 본죄가 성립한다.[7] 일단 약속이 이루어

---

1) 대법원 2012. 8. 23. 선고 2010도6504 판결(공무원인 피고인은 부동산업자인 공소외 1로부터 이 사건 을왕동 토지에 관하여 건축허가를 내 줄 것을 부탁받고 그로부터 1~2일 후 만나 3,000만원권 자기앞수표가 든 봉투를 건네받았는데, 그 후 공소외 1과 수시로 통화하면서도 이를 즉시 공소외 1에게 돌려주지 않고 위 자기앞수표를 10일 가량 가지고 있다가 돌려준 사실을 인정한 다음, 자신이 담당하는 건축허가 등 업무와 관련하여 공소외 1로부터 영득의 의사로 위 자기앞수표를 수수하였다가 공무원으로서 고액의 수표를 사용하는 것이 용이하지 아니하고 문제가 될 수도 있다는 생각에 이를 반환한 것으로 보아, 피고인이 영득의 의사로 위 자기앞수표를 뇌물로 받은 것으로 판단하였다); 대법원 2007. 3. 29. 선고 2006도9182 판결(손가락한개사건).
2) 대법원 1992. 2. 28. 선고 91도3364 판결.
3) 대법원 1955. 10. 18. 선고 4288형상235 판결.
4) 대법원 1996. 6. 14. 선고 96도865 판결.
5) 대법원 2017. 3. 22. 선고 2016도21536 판결.
6) 대법원 2012. 11. 15. 선고 2012도9417 판결; 대법원 2007. 7. 13. 선고 2004도3995 판결.
7) 대법원 2001. 9. 18. 선고 2000도5438 판결(사단장토지교환계약사건)(甲 토지(안성)의 시가가 乙 토지(강화)의 시가보다 비싸다고 하더라도 피고인으로서는 장기간 처분하지 못하던 토지를 처분하는 한편 매수를 희망하던 전원주택지로 향후 개발이 되면 가격이 많이 상승할 토지를 매수하게 되는 무형의 이익을 얻었다); 대법원 1981. 8. 20. 선고 81도698 판결(공무원이 건축업자로부터 그가 건축할 주택을 공사비 상당액으로 분양받기로 약속한 경우에는 매매시가 중 공사비를 초과하는 액수만큼의 이익을 뇌물로서 약속한 것이 되어 뇌물약속죄가 성립한다).

지면 기수가 되며, 나중에 약속을 이행하지 않아도 범죄의 성립에 영향이 없다.

(4) 주관적 구성요건

본죄가 성립하기 위해서는 공무원 또는 중재인이 직무에 관하여 부정한 이익을 수수·요구·약속한다는 사실에 대한 고의가 있어야 한다. 뇌물을 받은 대가로 공무원이 실제로 직무행위를 할 의사가 있었느냐는 문제되지 아니한다. 본죄의 고의에는 공무원 또는 중재인이라는 신분에 대한 인식도 필요하다.

판례에 의하면, 피고인이 甲으로부터 입력송출의 부탁과 함께 사례조로 교부받은 자기앞수표를 약 2주일 후 반환하여 주었다고 하더라도, 위 수표를 일단 피고인의 은행구좌에 예치시켰다가 그 뒤 동료직원들에게 甲에 대하여 탐문해 본 결과 믿을 수 없다고 하므로 후환을 염려하여 甲에게 반환한 경우1)에는 본죄의 고의를 인정하고 있다.

하지만 ① 피고인이 택시를 타고 떠나려는 순간 뒤쫓아 와서 돈뭉치를 창문으로 던져 넣고 가버려 의족을 한 불구의 몸인 피고인으로서는 도저히 뒤따라가 돌려줄 방법이 없어 부득이 그대로 귀가하였다가 다음날 바로 다른 사람을 시켜 이를 반환한 경우2), ② 피고인이 2차의 주연(酒宴)에 모두 참석하였다고 하더라도 제1차의 주식접대시에 제8군 유조차량 청소작업계약에 관한 청탁을 하기 위하여 베푸는 주연임을 알았다는 사실이 부정되는 경우3), ③ 자기도 모르는 사이에 돈뭉치를 놓고 간 것을 발견하고 연락하여 반환한 경우4), ④ 비록 甲이 미필적으로나마 피고인에 대한 뇌물공여의 의사로 금원을 교부하였다고 하더라도, 피고인은 평소 도움을 주고받으며 돈독하게 지내야 할 甲이 교부하는 각 금원을 불우이웃돕기 성금이나 춘천연극제에 전달할 의사로 받은 것에 불과한 경우5) 등에 있어서는 본죄의 고의를 부정하고 있다.

3. 죄수 및 다른 범죄와의 관계

(1) 죄 수

뇌물을 요구 또는 약속한 후 이를 수수한 때에는 포괄하여 뇌물수수죄가 성립한다. 뇌물을 여러 차례에 걸쳐 수수함으로써 그 행위가 다수이더라도 그것이 단일하고 계속적 범의에 의하여 이루어지고 동일한 법익을 침해한 때에는 포괄일죄로 처벌된다.6) 하지만 수개의 수뢰행위가 각각 다른 직무행위의 대가인 경우에는 경합범이 된다.7)

---

1) 대법원 1984. 4. 10. 선고 83도1499 판결.
2) 대법원 1979. 7. 10. 선고 79도1124 판결.
3) 대법원 1966. 12. 27. 선고 66도1378 판결.
4) 대법원 1978. 1. 31. 선고 77도3755 판결.
5) 대법원 2010. 4. 15. 선고 2009도11146 판결.
6) 대법원 2000. 1. 21. 선고 99도4940 판결; 대법원 1999. 1. 29. 선고 98도3584 판결; 대법원 1978. 12. 13. 선고 78도2545 판결.
7) 대법원 1998. 2. 10. 선고 97도2836 판결.

(2) 다른 범죄와의 관계

1) 증뢰죄와의 관계

수뢰죄와 증뢰죄의 관계와 관련하여, ① 뇌물죄는 수뢰자와 증뢰자의 협동을 필요로 하므로 양죄는 1개의 범죄의 양면에 불과하고, 다만 범인의 신분에 따라 형의 경중을 달리하는 필요적 공범이라는 견해[1], ② 수뢰죄는 신분범인 반면에 증뢰죄는 비신분범이라는 점, 수뢰죄는 공무원에 의한 직무범죄인 반면에 증뢰죄는 공무원에 대한 일종의 공무집행방해죄라는 점, 증뢰죄의 처벌이 수뢰죄의 처벌보다 가볍다는 점 등을 논거로 하여, 양죄는 성질을 달리하는 별개의 독립된 범죄라는 견해[2], ③ 뇌물죄 가운데 '수수·공여·약속'은 필요적 공범이지만, '요구·공여의 의사표시'는 일방적 의사표시로도 가능하므로 독립된 범죄라는 견해[3], ④ 뇌물죄 가운데 '수수·약속'은 필요적 공범이지만, '요구·공여·공여의 의사표시'는 독립된 범죄라는 견해[4] 등의 대립이 있다.

이에 대하여 판례는 「뇌물수수죄는 필요적 공범으로서 형법총칙의 공범이 아니므로 따로 본조를 적용할 필요가 없다.」라고 판시[5]하여 원칙적으로 필요적 공범설을 취하면서도, 뇌물공여죄의 상대방인 수뢰자가 처벌을 받지 않은 상태에서 뇌물공여자만 처벌을 받게 된다고 하여 헌법 제11조 제1항에 위배된다고 할 수 없으며[6], 필요적 공범이라는 것은 법률상 범죄의 실행이 다수인의 협력을 필요로 하는 것을 가리키는 것으로서 이러한 범죄의 성립에는 행위의 공동을 필요로 하는 것에 불과하고 반드시 협력자 전부가 책임이 있음을 필요로 하는 것은 아니기 때문에, 뇌물공여죄가 성립되기 위하여는 뇌물을 공여하는 행위와 상대방측에서 금전적으로 가치가 있는 그 물품 등을 받아들이는 행위(부작위 포함)가 필요할 뿐이지 반드시 상대방측에서 뇌물수수죄가 성립하여야 하는 것은 아니라고 한다.[7] 또한 함정에 빠뜨릴 의사로 공무원에게 금품을 공여하여 공무원이 그 금품을 직무와 관련하여 수수한 경우에도 뇌물수수죄가 성립하며, 피고인의 뇌물수수가 공여자들의 함정교사에 의한 것이기는 하지만, 뇌물공여자들에게 피고인을 함정에 빠뜨릴 의사만 있었고 뇌물공여의 의사가 전혀 없었다고 보기 어려울 뿐만 아니라 뇌물공여자들의 함정교사라는 사정은 피고인의 책임을 면하게 하는 사유가 될 수 없다.[8]

생각건대 뇌물죄의 행위태양 가운데 수수·약속은 쌍방의 의사합치를 필요로 하기 때문에

---

1) 김성돈, 785면.

2) 김성천/김형준, 829면.

3) 김선복, 661면; 김일수/서보학, 650면; 김혜정 외 4인, 725면; 배종대, 690면; 손동권/김재윤, 774면; 신동운, 151면; 이상돈, 1486면; 이영란, 792면; 이재상/장영민/강동범, 726면; 임 웅, 946면; 정성근/정준섭, 514면; 정영일, 449면; 최호진, 805면.

4) 김신규, 842면; 오영근, 718면.

5) 대법원 1971. 3. 9. 선고 70도2536 판결.

6) 대법원 1996. 8. 23. 선고 96도1231 판결.

7) 대법원 2013. 11. 28. 선고 2013도9003 판결; 대법원 2006. 2. 24. 선고 2005도4737 판결(인천시장2억원굴비상자사건); 대법원 1987. 12. 22. 선고 87도1699 판결.

8) 대법원 2008. 3. 13. 선고 2007도10804 판결.

필요적 공범으로 보아야 하지만, 요구의 의사표시·공여의 의사표시·공여 등은 일방의 의사표
시만으로도 충분히 성립할 수 있기 때문에 독립된 범죄로 파악하는 것이 타당하다.

2) 공갈죄와의 관계

공무원이 직무집행의 의사 없이 또는 직무처리와 대가적 관계없이 타인을 공갈하여 재물
을 교부하게 한 경우에는 공갈죄만이 성립하고, 이러한 경우 재물의 교부자가 공무원의 해악의
고지로 인하여 외포의 결과 금품을 제공한 것이라면 그는 공갈죄의 피해자가 될 것이고 뇌물공
여죄는 성립될 수 없다.[1] 이 경우 비록 피해자에게 뇌물을 공여할 의사가 있었다고 하더라도
뇌물수수죄를 구성하지 아니하고, 공갈죄를 구성한다.[2] 하지만 공무원이 직무집행의 의사로 직
무에 관하여 공갈하여 금품을 교부받은 경우에는 수뢰죄와 공갈죄의 상상적 경합이 된다.[3]

3) 사기죄와의 관계

뇌물을 수수함에 있어서 공여자를 기망한 점이 있다고 하여도 뇌물수수죄 및 뇌물공여죄
의 성립에는 영향이 없고[4], 이 경우 뇌물을 수수한 공무원에 대하여는 한 개의 행위가 뇌물죄
와 사기죄의 각 구성요건에 해당하므로 상상적 경합으로 처단하여야 한다.[5]

4. 뇌물의 몰수 및 추징

(1) 필요적 몰수·추징

형법은 임의적 몰수를 원칙으로 하고 있지만(제48조), 뇌물죄의 경우에는 제134조에서 "범인
또는 사정을 아는 제3자가 받은 뇌물 또는 뇌물로 제공하려고 한 금품은 몰수한다. 이를 몰수
할 수 없을 경우에는 그 가액을 추징한다."라고 하여, 필요적 몰수를 인정하고 있다.[6] 이와 같
은 제134조의 규정에 의한 필요적 몰수·추징은 제129조 내지 제133조를 위반한 자에게 제공되
거나 공여될 금품 기타 재산상의 이익을 박탈하여 그들로 하여금 부정한 이익을 보유하지 못하
게 함에 그 목적이 있다. 몰수·추징의 대상은 수수한 뇌물에 한하지 않고, 제공되었으나 수수
되지 않은 뇌물과 제공이 약속된 뇌물까지 포함한다. 하지만 뇌물을 요구만 한 경우에는 특정
되지 않았기 때문에 이를 몰수할 수 없다.[7] 이와 같이 몰수는 특정된 물건에 대한 것이고, 추징
은 본래 몰수할 수 있었음을 전제로 하는 것임에 비추어 볼 때, 뇌물에 공할 금품이 특정되지

---

1) 대법원 1994. 12. 22. 선고 94도2528 판결.
2) 대법원 1966. 4. 6. 선고 66도12 판결.
3) 대법원 1969. 7. 22. 선고 65도1166 판결.
4) 대법원 1985. 2. 8. 선고 84도2625 판결.
5) 대법원 2015. 10. 29. 선고 2015도12838 판결; 대법원 1977. 6. 7. 선고 77도1069 판결.
6) 대법원 2018. 5. 30. 선고 2018도3619 판결(비트코인은 경제적인 가치를 디지털로 표상하여 전자적으로 이전,
   저장 및 거래가 가능하도록 한, 이른바 '가상화폐'의 일종인 점, 피고인은 음란사이트를 운영하면서 사진과 영상
   을 이용하는 이용자 및 음란사이트에 광고를 원하는 광고주들로부터 비트코인을 대가로 지급받아 재산적 가치가
   있는 것으로 취급한 점에 비추어 비트코인은 재산적 가치가 있는 무형의 재산이라고 보아야 하고, 몰수의 대상인
   비트코인이 특정되어 있다는 이유로, 피고인이 취득한 비트코인을 몰수할 수 있다).
7) 대법원 2015. 10. 29. 선고 2015도12838 판결.

않았던 것은 몰수할 수 없고 그 가액을 추징할 수도 없다.[1]

(2) 몰수·추징의 상대방

뇌물이 수뢰자에게 있는 때에는 수뢰자가, 증뢰자에게 있는 때에는 증뢰자가 각각 몰수·추징의 상대방이 된다. 따라서 수뢰자가 뇌물을 그대로 보관하였다가 증뢰자에게 반환한 때에는 증뢰자가 몰수·추징의 상대방이 된다.[2] 그러나 수뢰자가 자기앞수표를 뇌물로 받아 이를 소비한 후 자기앞수표 상당액을 증뢰자에게 반환하였다고 하더라도 뇌물 그 자체를 반환한 것은 아니므로 이를 몰수할 수 없고, 수뢰자로부터 그 가액을 추징하여야 할 것이다.[3] 또한 뇌물로 받은 돈을 은행에 예금한 경우 그 예금행위는 뇌물의 처분행위에 해당하므로 그 후 수뢰자가 같은 액수의 돈을 증뢰자에게 반환하였다고 하더라도 이를 뇌물 그 자체의 반환으로 볼 수 없으니, 이러한 경우에도 수뢰자로부터 그 가액을 추징하여야 한다.[4] 하지만 예금행위라고 할지라도 금전의 동일성이 인정되는 단기간 내의 반환인 경우에는 증뢰자로부터 몰수·추징해야 하는 경우도 얼마든지 상정할 수 있다.

한편 공무원의 직무에 속한 사항의 알선에 관하여 금품을 받고 그 금품 중의 일부를 실제로 금품을 받은 취지에 따라 청탁과 관련하여 관계 공무원에게 뇌물로 공여하거나 다른 알선행위자에게 청탁의 명목으로 교부한 경우에는 그 부분의 이익은 실질적으로 범인에게 귀속된 것이 아니므로 그 부분을 제외한 나머지 금품만을 몰수하거나 그 가액을 추징하여야 한다. 하지만 공무원의 직무에 속한 사항의 알선에 관하여 금품을 받은 자가 그 금품 중의 일부를 다른 알선행위자에게 청탁의 명목으로 교부하였다고 하더라도 당초 금품을 받을 당시부터 그 금품을 그와 같이 사용하기로 예정되어 있었기 때문에 금품을 받은 취지에 따라 그와 같이 사용한 것이 아니라, 범인이 독자적인 판단에 따라 경비로 사용한 것이라면 이는 범인이 받은 돈을 소비하는 방법에 지나지 아니하므로 그 금액 역시 범인으로부터 추징하여야 할 것이다.[5] 같은 맥락에서 피고인이 뇌물로 받은 돈을 그 후 다른 사람에게 다시 뇌물로 공여하였다고 하더라도 그 수뢰의 주체는 어디까지나 피고인이고, 그 수뢰한 돈을 다른 사람에게 공여한 것은 수뢰한 돈을

---

1) 대법원 1996. 5. 8. 선고 96도221 판결.

2) 대법원 2020. 6. 11. 선고 2020도2883 판결; 대법원 2008. 3. 27. 선고 2007도10290 판결; 대법원 1984. 2. 28. 선고 83도2783 판결; 대법원 1978. 2. 28. 선고 77도4037 판결.

3) 대법원 1999. 1. 29. 선고 98도3584 판결.

4) 대법원 1996. 10. 25. 선고 96도2022 판결; 대법원 1986. 12. 23. 선고 86도2021 판결(입금3개월후뇌물반환사건)(1985. 6. 초에 교부받은 뇌물 200만원 상당액을 1985. 9. 3에 증뢰자의 거래은행구좌에 온라인으로 입금하여 반환하였다면 그 반환시기 등에 비추어 반환한 돈 200만원이 뇌물로 교부받았던 바로 그 돈이었다고 보기 어려우므로 그 가액상당을 수뢰자로부터 추징한 조치는 적법하다); 대법원 1986. 10. 14. 선고 86도1189 판결; 대법원 1985. 9. 10. 선고 85도1350 판결; 대법원 1983. 12. 27. 선고 83도1313 판결.

5) 대법원 2008. 10. 9. 선고 2008도6944 판결; 대법원 2008. 8. 21. 선고 2008도4378 판결; 대법원 2000. 5. 26. 선고 2000도440 판결; 대법원 1999. 5. 11. 선고 99도963 판결; 대법원 1989. 2. 28. 선고 88도2405 판결(甲이 피해자 乙로부터 공무원이 취급하는 사무에 대한 청탁명목으로 받은 금 300만원 중 금 20만원은 경비로 사용하고 금 280만원은 乙에게 반환하라고 공범인 丙에게 돌려 주자 丙이 이를 소비한 경우에는 甲으로부터 금 300만원을 추징하여야 한다).

소비하는 방법에 지나지 아니하므로 피고인으로부터 그 수뢰액 전부를 추징하여야 한다.[1]

(3) 몰수 · 추징의 방법

수인이 공동하여 수수한 뇌물을 분배한 경우에는 각자로부터 실제로 분배받은 금품만을 개별적으로 몰수하거나 그 가액을 추징하여야 한다.[2] 수인이 공모하여 뇌물을 수수한 경우에 몰수불능으로 그 가액을 추징하려면 개별적으로 추징하여야 하고, 수수금품을 개별적으로 알수 없을 때에는 평등하게 추징하여야 한다.[3] 공동정범뿐만 아니라 교사범 또는 종범도 뇌물의 공동수수자에 해당할 수 있으나[4], 공동정범이 아닌 교사범 또는 종범의 경우에는 정범과의 관계, 범행 가담 경위 및 정도, 뇌물 분배에 관한 사전약정의 존재 여부, 뇌물공여자의 의사, 종범 또는 교사범이 취득한 금품이 전체 뇌물수수액에서 차지하는 비중 등을 고려하여 공동수수자에 해당하는지를 판단하여야 한다. 그리고 뇌물을 수수한 자가 공동수수자가 아닌 교사범 또는 종범에게 뇌물 중의 일부를 사례금 등의 명목으로 교부하였다면 이는 뇌물을 수수하는 데에 따르는 부수적 비용의 지출 또는 뇌물의 소비행위에 지나지 아니하므로, 뇌물수수자로부터 그 수뢰액 전부를 추징하여야 한다.[5] 하지만 이성과의 정교(情交)와 같이 가액을 산정할 수 없는 경우에는 추징을 할 수 없다.

공무원이 뇌물을 받음에 있어서 그 취득을 위하여 상대방에게 뇌물의 가액에 상당하는 금원의 일부를 비용의 명목으로 출연하거나 그 밖에 경제적 이익을 제공하였다고 하더라도, 이는 뇌물을 받는데 지출한 부수적 비용에 불과하다고 보아야 할 것이지, 이로 인하여 공무원이 받은 뇌물이 그 뇌물의 가액에서 위와 같은 지출액을 공제한 나머지 가액에 상당한 이익에 한정되는 것이라고 볼 수는 없으므로, 그 공무원으로부터 뇌물죄로 얻은 이익을 몰수 · 추징함에 있어서는 그 받은 뇌물 자체를 몰수하여야 하고, 그 뇌물의 가액에서 위와 같은 지출을 공제한 나머지 가액에 상당한 이익만을 몰수 · 추징할 것은 아니다.[6] 피고인이 증뢰자와 함께 향응을 하고 증뢰자가 이에 소요되는 금원을 지출한 경우 이에 관한 피고인의 수뢰액을 인정함에 있어서는, 먼저 피고인의 접대에 요한 비용과 증뢰자가 소비한 비용을 가려내어 전자의 수액을 가지고 피고인의 수뢰액으로 하여야 하고, 만일 각자에 요한 비용액이 불명일 때에는 이를 평등하게 분할한 액을 가지고 피고인의 수뢰액으로 인정하여야 할 것이고, 피고인이 향응을 제공받는 자리에 피고인 스스로 제3자를 초대하여 함께 접대를 받은 경우에는, 그 제3자가 피고인과는 별도의 지위에서 접대를 받는 공무원이라는 등의 특별한 사정이 없는 한, 그 제3자의 접대에

---

1) 대법원 1986. 11. 25. 선고 86도1951 판결; 대법원 1982. 6. 22. 선고 81도2459 판결.
2) 대법원 1993. 10. 12. 선고 93도2056 판결.
3) 대법원 1975. 4. 22. 선고 73도1963 판결.
4) 대법원 2004. 10. 27. 선고 2003도6738 판결; 대법원 2001. 3. 9. 선고 2000도794 판결.
5) 대법원 2011. 11. 24. 선고 2011도9585 판결.
6) 대법원 2017. 3. 22. 선고 2016도21536 판결(뇌물을 받는 주체가 아닌 자가 수고비로 받은 부분이나 뇌물을 받기 위하여 형식적으로 체결된 용역계약에 따른 비용으로 사용된 부분은 뇌물수수의 부수적 비용에 지나지 않는다); 대법원 1999. 10. 8. 선고 99도1638 판결.

요한 비용도 피고인의 접대에 요한 비용에 포함시켜 피고인의 수뢰액으로 보아야 한다.[1]

금품의 무상대여를 통하여 위법한 재산상의 이익을 취득한 경우 범인이 받은 부정한 이익은 그로 인한 '금융이익 상당액'이라고 할 것이므로, 추징의 대상이 되는 것은 무상으로 대여받은 금품 그 자체가 아니라 금융이익 상당액이다.[2] 뇌물수수에 이용된 공급계약이 실제 공급이 없는 형식적 계약에 불과하여 부가가치세 과세대상이 아니라면 그에 관한 납세의무가 없으므로, 설령 부가가치세 명목의 금전을 포함한 대가를 받았다고 하더라도 그 일부를 부가가치세로 거래 징수하였다고 할 수 없어 수수한 금액 전부가 범죄로 얻은 이익에 해당하여 추징대상이 되며, 그 후에 이를 부가가치세로 신고·납부하였다고 하더라도 달리 볼 수 없다.[3] 몰수나 추징을 선고하기 위해서는 몰수나 추징의 요건이 공소가 제기된 범죄사실과 관련되어 있어야 하므로, 법원으로서는 범죄사실에서 인정되지 아니한 사실에 관하여는 몰수나 추징을 선고할 수 없다.[4]

(4) 추징가액의 산정시기

뇌물의 추징가액 산정시기와 관련하여, ① 판결선고시를 기준으로 해야 한다는 견해[5], ② 몰수할 수 없게 된 사유가 발생한 때를 기준으로 해야 한다는 견해[6] 등의 대립이 있다.

이에 대하여 판례는 「몰수는 범죄에 의한 이득을 박탈하는데 그 취지가 있고, 추징도 이러한 몰수의 취지를 관철하기 위한 것인 점 등에 비추어 볼 때, 몰수할 수 없는 때에 추징하여야 할 가액은 범인이 그 물건을 보유하고 있다가 몰수의 선고를 받았더라면 잃었을 이득상당액을 의미하므로, 다른 특별한 사정이 없는 한 그 가액산정은 재판선고시의 가격을 기준으로 하여야 한다.」라고 판시[7]하여, 판결선고시설의 입장을 취하고 있다.

1) 대법원 2001. 10. 12. 선고 99도5294 판결.
2) 대법원 2014. 5. 16. 선고 2014도1547 판결(여기에서 추징의 대상이 되는 금융이익 상당액은 객관적으로 산정되어야 할 것인데, 범인이 금융기관으로부터 대출받는 등 통상적인 방법으로 자금을 차용하였을 경우 부담하게 될 대출이율을 기준으로 하거나 그 대출이율을 알 수 없는 경우에는 금품을 제공받은 피고인의 지위에 따라 민법 또는 상법에서 규정하고 있는 법정이율을 기준으로 하여, 변제기나 지연손해금에 관한 약정이 가장되어 무효라고 볼 만한 사정이 없는 한 금품수수일로부터 약정된 변제기까지 금품을 무이자로 차용하여 얻은 금융이익의 수액을 산정한 뒤 이를 추징하여야 한다. 나아가 그와 같이 약정된 변제기가 없는 경우에는, 판결 선고일 전에 실제로 차용금을 변제하였다거나 대여자의 변제 요구에 의하여 변제기가 도래하였다는 등의 특별한 사정이 없는 한, 금품수수일로부터 판결선고시까지 금품을 무이자로 차용하여 얻은 금융이익의 수액을 산정한 뒤 이를 추징하여야 할 것이다); 대법원 2012. 2. 23. 선고 2011도7282 판결(공소시효는 범죄행위를 종료한 때로부터 진행하는 것인데, 공무원이 그 직무에 관하여 금전을 무이자로 차용한 경우에는 그 차용 당시에 금융이익 상당의 뇌물을 수수한 것으로 보아야 하므로, 그 공소시효는 금전을 무이자로 차용한 때로부터 기산한다); 대법원 2008. 9. 25. 선고 2008도2590 판결; 대법원 1976. 9. 28. 선고 75도3607 판결(수뢰의 목적이 금전소비대차계약에 의한 금융이익이어서 그 금융이익이 뇌물이 되는 경우 소비대차의 목적인 금원 그 자체는 뇌물이 아니므로 대여로 받은 그 금원 자체는 형법 제134조에 의하여 몰수 또는 추징할 수 없고 이는 범죄행위로 인하여 취득한 물건으로서 피고인 이외의 자의 소유에 속하지 아니하므로 형법 제48조 제1항 제2호에 의하여 몰수할 것이다).
3) 대법원 2015. 1. 15. 선고 2012도7571 판결.
4) 대법원 2009. 8. 20. 선고 2009도4391 판결.
5) 김선복, 665면; 김신규, 852면; 김일수/서보학, 657면; 김혜정 외 4인, 728면; 이정원/류석준, 588면; 정영일, 453면.
6) 김성천/김형준, 832면; 배종대, 713면; 손동권/김재윤, 786면; 오영근, 726면; 이영란, 795면; 이재상/장영민/강동범, 737면; 이형국/김혜경, 806면; 임 웅, 969면; 정성근/정준섭, 519면.
7) 대법원 2020. 6. 11. 선고 2020도2883 판결; 대법원 2008. 10. 9. 선고 2008도6944 판결; 대법원 2001. 11. 27. 선고

생각건대 추징은 손해배상이 아니라 몰수에 대신하는 것이라는 점, 몰수는 부정한 이익을 범인에게 귀속시키지 않기 위한 것이라는 점 등을 논거로 하여, 몰수할 수 없게 된 사유가 발생한 때를 기준으로 하는 것이 타당하다.

한편 피고인이 범죄행위로 취득한 주식이, 판결 선고 전에 그 발행회사가 다른 회사에 합병됨으로써 판결 선고시의 주가를 알 수 없을 뿐만 아니라 무상증자 받은 주식과 다시 매입한 주식까지 섞여서 처분되어 그 처분가액을 정확히 알 수 없는 경우에는, 주식의 시가가 가장 낮을 때를 기준으로 산정한 가액을 추징하여야 한다.[1]

IX. 사전수뢰죄

> 제129조(사전수뢰) ② 공무원 또는 중재인이 될 자가 그 담당할 직무에 관하여 청탁을 받고 뇌물을 수수, 요구 또는 약속한 후 공무원 또는 중재인이 된 때에는 3년 이하의 징역 또는 7년 이하의 자격정지에 처한다.

1. 의 의

사전수뢰죄는 공무원 또는 중재인이 될 자가 그 담당할 직무에 관하여 청탁을 받고 뇌물을 수수·요구 또는 약속한 후 공무원 또는 중재인이 됨으로써 성립하는 범죄이다. 본죄는 공무원으로 취임하기 전의 수뢰행위를 처벌하기 위한 규정이며, 수뢰죄에 비하여 불법이 감경된 구성요건이다.

2. 구성요건

(1) 주 체

본죄의 주체는 공무원 또는 중재인이 될 자이다. '공무원 또는 중재인이 될 자'란 공무원채용시험에 합격하여 발령을 대기하고 있는 자 또는 선거에 의해 당선이 확정된 자 등[2] 공무원 또는 중재인이 될 것이 예정되어 있는 자뿐만 아니라 공직취임의 가능성이 확실하지는 않더라도 어느 정도의 개연성을 갖춘 자를 포함한다.[3] 예를 들면 상당한 지지율을 보이고 있는 공직선거 입후보자 또는 인사청문회를 준비하고 있는 장관임명후보자 등이 이에 해당한다.[4]

2001도4829 판결; 대법원 1991. 5. 28. 선고 91도352 판결.

[1] 대법원 2005. 7. 15. 선고 2003도4293 판결.

[2] 대법원 2014. 12. 24. 선고 2014도10034 판결(공무원으로 의제되는 공공기관의 장이 공모절차를 거쳐서 임명되는 상황에서 피고인이 공공기관의 장에 지원서를 내기 전에 금품을 수수한 경우에도 '공무원이 될 자'가 뇌물을 수수한 것으로 보아야 한다).

[3] 대법원 2010. 5. 13. 선고 2009도7040 판결(이 사건 당시 피고인들이 법칙적용에 있어서 공무원으로 의제되는 이 사건 조합의 임원인 조합장 또는 상무이사로 선출될 상당한 개연성이 있었다고 보기에 충분하다).

[4] 반면에 선거직 공무원의 경우에는 아무리 유력한 후보라고 하더라도 당선이 확정되기 전까지는 본죄의 주체가 될 수 없다는 견해로는 김성천/김형준, 834면.

(2) 행 위

본죄의 실행행위는 담당할 직무에 관하여 청탁을 받고 뇌물을 수수·요구·약속하는 것이다. '담당할 직무'란 장차 공무원 또는 중재인이 되었을 때 담당할 것으로 예정되어 있는 직무를 말한다. '직무에 관하여'란 그 직무행위나 이와 밀접한 관계가 있는 행위와 뇌물 사이에 대가관계가 인정되는 것을 말한다. 본죄는 단순수뢰죄의 경우와는 달리 청탁을 받을 것을 요건으로 하고 있는데, 여기에서 '청탁'이란 공무원에 대하여 일정한 직무행위를 할 것을 의뢰하는 것을 말하는 것으로서, 그 직무행위가 부정한 것인지의 여부는 묻지 않으며, 그 청탁이 반드시 명시적이어야 하는 것도 아니다.[1] 청탁을 '받고'란 그러한 의뢰에 응할 것을 약속하는 것을 말한다.

3. 객관적 처벌조건

본죄는 행위자가 공무원 또는 중재인으로 된 때에 처벌한다. 그러므로 공무원 또는 중재인이 된다는 요건은 본죄의 구성요건이 아니라 객관적 처벌조건에 해당한다. 왜냐하면 본죄의 고의가 인정되기 위해서는 행위자가 행위시에 공무원 또는 중재인이 될 자라는 인식과 직무에 관한 부정한 이익이라는 인식이 있으면 족하기 때문이다. 만약 사후적으로 공무원 또는 중재인이 되었다는 점에 대한 인식을 요구하면 사후고의를 인정하는 결과를 초래하여 부당한 것이다.

X. 제3자뇌물제공죄

제130조(제삼자뇌물제공) 공무원 또는 중재인이 그 직무에 관하여 부정한 청탁을 받고 제3자에게 뇌물을 공여하게 하거나 공여를 요구 또는 약속한 때에는 5년 이하의 징역 또는 10년 이하의 자격정지에 처한다.

1. 의 의

제3자뇌물제공죄는 공무원 또는 중재인이 그 직무에 관하여 부정한 청탁을 받고 제3자에게 뇌물을 공여하게 하거나 공여를 요구 또는 약속함으로써 성립하는 범죄이다. 부정한 청탁의 객체와 수뢰의 주체가 동일인이 아니라는 점에서 단순수뢰죄와 구별된다. 뇌물로 거래되는 사익의 추구는 공무원 또는 중재인뿐만 아니라 그와 특별한 인적 관계가 있는 자에게도 미친다는 점을 반영한 규정이라고 할 수 있다.

2. 구성요건

(1) 주 체

본죄의 주체는 공무원 또는 중재인이다. 제3자로 하여금 뇌물을 공여 받게 하는 공무원 또

---

1) 대법원 1999. 7. 23. 선고 99도1911 판결.

는 중재인으로 그 제3자와 이해관계가 있을 필요가 없으며, 간접적으로 이익을 향유할 필요도 없다.

(2) 행 위

본죄의 실행행위는 직무에 관하여 부정한 청탁을 받고 제3자에게 뇌물을 공여하게 하거나 공여를 요구 또는 약속하는 것이다. 여기서 '부정한 청탁'이란 의뢰한 직무집행 자체가 위법·부당한 경우뿐만 아니라 의뢰한 직무집행 자체는 위법하거나 부당하지 않더라도 해당 직무집행을 어떤 대가관계와 연결시켜 그 직무집행에 관한 대가의 교부를 내용으로 하는 청탁을 말한다.[1] 반드시 명시적 의사표시에 의해서 뿐만 아니라 묵시적 의사표시에 의해서도 가능하지만, 묵시적 의사표시에 의한 부정한 청탁이 있다고 하기 위해서는 청탁의 대상이 되는 직무집행의 내용과 제3자에게 제공되는 금품이 그 직무집행에 대한 대가라는 점에 대하여 당사자 사이에 공통의 인식이나 양해가 있어야 한다.[2] 따라서 그러한 인식이나 양해 없이 막연히 선처하여 줄 것이라는 기대나 직무집행과는 무관한 다른 동기에 의하여 제3자에게 금품을 공여한 경우에는 묵시적 의사표시에 의한 부정한 청탁이 있다고 볼 수 없고, 이는 공무원이 먼저 제3자에게 금품을 공여할 것을 요구하였다고 하여 달리 볼 것도 아니다.[3]

단순수뢰죄의 경우 공무원의 직무와 금원의 수수가 전체적으로 대가관계에 있으면 뇌물수수죄가 성립하고 특별히 청탁의 유무나 특정 직무행위와의 대가적 관계를 증명할 필요가 없어 공무원이 그 직무의 대상이 되는 사람으로부터 금품 기타 이익을 받은 때에는 특별한 사정이 없는 한 직무와 관련이 있다고 보게 되는 것과는 달리, 본죄의 경우 '부정한 청탁'을 범죄성립의 구성요건으로 하고 있고, 이는 처벌의 범위가 불명확해지지 않도록 하려는 데에 그 취지가 있으므로, 당사자 사이에 청탁의 부정성을 규정짓는 대가관계에 관한 양해가 없었다면 단지 나중에 제3자에 대한 금품제공이 있었다는 사정만으로 어떠한 직무가 소급하여 부정한 청탁에 의한 것이라고 평가될 수는 없다.[4]

본죄에서 '제3자'란 행위자와 공동정범 이외의 사람을 말하고, 교사자나 방조자도 포함될 수 있다. 그러므로 공무원 또는 중재인이 부정한 청탁을 받고 제3자에게 뇌물을 제공하게 하고

---

1) 대법원 2006. 6. 15. 선고 2004도3424 판결(공정거래위원회 위원장인 피고인이 이동통신회사가 속한 그룹의 구조조정본부장으로부터 당해 이동통신회사의 기업결합심사에 대하여 선처를 부탁받으면서 특정 사찰에의 시주를 요청하여 시주금을 제공하게 한 사안에서, 그 부탁한 직무가 피고인의 재량권한 내에 속하더라도 형법 제130조에 정한 '부정한 청탁'에 해당한다).
2) 대법원 2014. 9. 4. 선고 2011도14482 판결(공무원이 직무와 관련 있는 사람에게 제3자를 거래 상대방으로 소개·추천하였다는 것만으로 곧바로 직무에 관한 부정한 이익을 제3자에게 공여하게 하는 행위에 해당한다고 쉽게 단정하여서는 아니 된다).
3) 대법원 2011. 4. 14. 선고 2010도12313 판결; 대법원 2009. 1. 30. 선고 2008도6950 판결(피고인의 후원요청을 받은 기업관계자들이 자신들의 일상적인 모든 현안에 관하여 유리하게 해달라는 부정한 청탁의 취지로 피고인의 직무에 대한 대가로 성곡미술관에 후원금을 지급하였다고 인정하기 부족하다); 대법원 2008. 6. 12. 선고 2006도8568 판결; 대법원 2007. 1. 26. 선고 2004도1632 판결.
4) 대법원 2011. 4. 14. 선고 2010도12313 판결.

제3자가 그러한 공무원 또는 중재인의 범죄행위를 알면서 방조한 경우에는 그에 대한 별도의 처벌규정이 없더라도 방조범에 관한 형법총칙의 규정이 적용되어 제3자뇌물수수방조죄가 인정될 수 있다.[1] 한편 제3자에는 자연인 이외에 법인이나 법인격 없는 단체를 포함한다. 제3자가 그 정을 알았는지 여부는 문제되지 않으며, 제3자가 뇌물수수를 거절하였다고 하더라도 본죄는 성립한다. 그러나 공무원이 뇌물공여자로 하여금 공무원과 뇌물수수죄의 공동정범 관계에 있는 비공무원에게 뇌물을 공여하게 한 경우에는 공동정범의 성질상 공무원 자신에게 뇌물을 공여하게 한 것으로 볼 수 있다. 공무원과 공동정범 관계에 있는 비공무원은 제3자뇌물수수죄에서 말하는 제3자가 될 수 없고, 공무원과 공동정범 관계에 있는 비공무원이 뇌물을 받은 경우에는 공무원과 함께 뇌물수수죄의 공동정범이 성립하고 제3자뇌물수수죄는 성립하지 않는다.[2]

XI. 수뢰후부정처사죄

> 제131조(수뢰후부정처사) ① 공무원 또는 중재인이 전2조의 죄를 범하여 부정한 행위를 한 때에는 1년 이상의 유기징역에 처한다.
> ④ 전3항의 경우에는 10년 이하의 자격정지를 병과할 수 있다.

1. 의 의

수뢰후부정처사죄는 공무원 또는 중재인이 단순수뢰죄·사전수뢰죄·제3자뇌물제공죄를 범하여 부정한 행위를 함으로써 성립하는 범죄이다. 단순수뢰죄·사전수뢰죄·제3자뇌물제공죄와 비교하여 부정한 행위를 함으로써 불법이 가중된 구성요건이다. 부정한 행위를 함으로써 기수가 되고, 그로 인하여 현실적인 손해가 발생할 필요가 없기 때문에 추상적 위험범에 해당한다. 본죄는 수뢰행위와 부정행위가 결합된 결합범에 해당한다.

2. 구성요건

(1) 주 체

본죄의 주체는 공무원 또는 중재인이다. 하지만 사전수뢰죄와의 관계상 공무원 또는 중재인이 될 자도 여기에 포함된다고 해석해야 한다.

(2) 행 위

본죄의 실행행위는 단순수뢰죄·사전수뢰죄·제3자뇌물제공죄를 범하여 부정한 행위를 하는 것이다. 여기에서 '형법 제129조 및 제130조의 죄를 범하여'란 반드시 뇌물수수 등의 행위가 완료된 이후에 부정한 행위가 이루어져야 함을 의미하는 것은 아니고, 결합범 또는 결과적 가

---

[1] 대법원 2017. 3. 15. 선고 2016도19659 판결.
[2] 대법원 2019. 8. 29. 선고 2018도13792 판결(국정농단사건).

중범 등에서의 기본행위와 마찬가지로 뇌물수수 등의 행위를 하는 중에 부정한 행위를 한 경우도 포함하는 것으로 보아야 한다. 따라서 단일하고도 계속된 범의 아래 일정 기간 반복하여 일련의 뇌물수수 행위와 부정한 행위가 행하여졌고 그 뇌물수수 행위와 부정한 행위 사이에 인과관계가 인정되며 피해법익도 동일하다면, 최후의 부정한 행위 이후에 저질러진 뇌물수수 행위도 최후의 부정한 행위 이전의 뇌물수수 행위 및 부정한 행위와 함께 수뢰후부정처사죄의 포괄일죄로 처벌함이 타당하다.[1]

'부정한 행위'란 직무에 위배되는 일체의 행위를 말하는 것으로 직무행위 자체는 물론 그것과 객관적으로 관련 있는 행위까지를 포함한다. 위법·부당한 행위뿐만 아니라 직권남용행위도 포함한다. 위배되는 직무행위에는 권한 내의 직무행위는 물론 그와 밀접하게 관련되어 있는 직무행위도 포함된다. 이에 따라 범죄를 예방하거나 진압하고 수사하여야 할 일반적 직무권한을 가지는 경찰관이 도박장개설 및 도박범행을 묵인하고 편의를 봐주는데 대한 사례비 명목으로 금품을 수수하고, 나아가 도박장개설 및 도박범행사실을 잘 알면서도 이를 단속하지 아니하였다면, 이는 경찰관으로서 직무에 위배되는 부정한 행위를 한 것이라고 할 것이고, 비록 피고인이 범행 당시 경찰서 교통계에 근무하고 있어 도박범행의 수사 등에 관한 구체적인 사무를 담당하고 있지 아니하였다고 하여도 달리 볼 것은 아니다.[2] 하지만 과세 대상에 관한 규정이 명확하지 않고 그에 관한 확립된 선례도 없었던 경우, 공무원이 주식회사로부터 뇌물을 받은 후 관계 법령에 대한 충분한 연구·검토 없이 위 회사에 유리한 쪽으로 법령을 해석하여 감액처분하였더라도 위 감액처분이 위법하지 않으면 그 공무원이 수뢰 후 '부정한 행위'를 한 것으로서 본죄를 범하였다고 볼 수는 없다.[3]

3. 죄수 및 다른 범죄와의 관계

본죄에 있어서 공무원이 수뢰 후 행한 부정행위가 공도화변조 및 동행사죄와 같이 보호법익을 달리하는 별개 범죄의 구성요건을 충족하는 경우에는 본죄 이외에 별도로 공도화변조 및 동행사죄가 성립하고 이들 죄와 본죄는 각각 상상적 경합의 관계에 있다. 이와 같이 공도화변조죄와 동행사죄가 본죄와 각각 상상적 경합의 관계에 있을 때에는 공도화변조죄와 동행사죄 상호간은 실체적 경합범 관계에 있다고 할지라도 상상적 경합범 관계에 있는 본죄와 대비하여 가장 중한 죄에 정한 형으로 처단하면 족한 것이고, 별도로 경합범 가중을 할 필요가 없다.[4]

---

1) 대법원 2021. 2. 4. 선고 2020도12103 판결.
2) 대법원 2003. 6. 13. 선고 2003도1060 판결.
3) 대법원 1995. 12. 12. 선고 95도2320 판결.
4) 대법원 2001. 2. 9. 선고 2000도1216 판결; 同旨 대법원 1983. 7. 26. 선고 83도1378 판결(예비군 중대장이 그 소속 예비군으로부터 금원을 교부받고 그 예비군이 예비군훈련에 불참하였음에도 불구하고 참석한 것처럼 허위내용의 중대학급편성명부를 작성, 행사한 경우라면 수뢰후부정처사죄 외에 별도로 허위공문서작성 및 동행사죄가 성립하고 이들 죄와 수뢰후부정처사죄는 각각 상상적 경합관계에 있다. 허위공문서작성죄와 동행사죄가 수뢰후부정처사죄와 각각 상상적 경합관계에 있을 때에는 허위공문서작성죄와 동행사죄 상호간은 실체적 경합범관계에 있

한편 본죄는 공무원 또는 중재인이 형법 제129조, 제130조의 죄를 범한 후에 부정한 행위를 한 때에 가중처벌한다는 규정이므로, 본죄를 범한 자는 특정범죄가중처벌법 제2조 제1항 소정의 형법 제129조, 제130조에 규정된 죄를 범한 자에 해당된다.[1]

XⅡ. 사후수뢰죄

> 제131조(사후수뢰) ② 공무원 또는 중재인이 그 직무상 부정한 행위를 한 후 뇌물을 수수, 요구 또는 약속하거나 제삼자에게 이를 공여하게 하거나 공여를 요구 또는 약속한 때에도 전항의 형과 같다.
> ③ 공무원 또는 중재인이었던 자가 그 재직 중에 청탁을 받고 직무상 부정한 행위를 한 후 뇌물을 수수, 요구 또는 약속한 때에는 5년 이하의 징역 또는 10년 이하의 자격정지에 처한다.
> ④ 전3항의 경우에는 10년 이하의 자격정지를 병과할 수 있다.

사후수뢰죄는 공무원 또는 중재인이 그 직무상 부정한 행위를 한 후 뇌물을 수수·요구 또는 약속하거나 제3자에게 이를 공여하게 하거나 공여를 요구 또는 약속하거나(제2항) 공무원 또는 중재인이었던 자가 그 재직 중에 청탁을 받고 직무상 부정한 행위를 한 후 뇌물을 수수·요구 또는 약속함으로써(제3항) 성립하는 범죄이다. 특히 제2항의 사후수뢰죄를 부정처사후수뢰죄라고 한다. 퇴직하지 않고 단순히 공무원으로서 인사이동만을 한 경우에는 제3항의 죄가 아니라 제2항의 죄가 성립한다. 직무상 부정한 행위를 요건으로 하므로 재직 중 정당한 행위를 하고 퇴직 후에 뇌물을 수수하면 본죄가 성립하지 아니한다.

공사의 입찰업무를 담당하고 있는 장교가 비밀로 하여야 할 그 공사의 입찰예정가격을 응찰자에게 미리 알려준 소위는 직무에 위배되는 행위로서 부정한 행위에 해당한다고 할 것이어서 입찰이 끝난 후 20여일이 경과한 후 전속시의 전별금 명목으로 금원을 받았다고 하더라도 이는 직무행위의 부정행위와 관련된 금품의 수수에 해당하므로 본죄를 구성한다.[2]

XⅢ. 알선수뢰죄

> 제132조(알선수뢰) 공무원이 그 지위를 이용하여 다른 공무원의 직무에 속한 사항의 알선에 관하여 뇌물을 수수, 요구 또는 약속한 때에는 3년 이하의 징역 또는 7년 이하의 자격정지에 처한다.

다고 할지라도 상상적 경합범관계에 있는 수뢰후부정처사죄와 대비하여 가장 중한 죄에 정한 형으로 처단하면 족한 것이고 따로 경합가중을 할 필요가 없다).
 1) 대법원 2004. 3. 26. 선고 2003도8077 판결.
 2) 대법원 1983. 4. 26. 선고 82도2095 판결.

1. 의 의

알선수뢰죄는 공무원이 그 지위를 이용하여 다른 공무원의 직무에 속한 사항의 알선에 관하여 뇌물을 수수·요구 또는 약속함으로써 성립하는 범죄이다. 본죄는 공무원이 자신의 지위나 영향력을 이용하여 다른 공무원의 직무에 관한 사항을 알선하고 수뢰함으로써 간접적으로 직무행위의 공정성을 해하는 행위를 방지하기 위한 규정이다.

2. 구성요건

(1) 주 체

본죄의 주체는 공무원이다. 하지만 공무원이라고 할지라도 그의 지위를 이용한 것이 아니라 단순히 사적인 입장에서 행한 때에는 본죄에 해당하지 아니한다. 또한 본죄의 주체가 되기 위해서는 적어도 해당 직무를 처리하는 공무원과 직무상 직접·간접의 연관관계를 가지고 법률상 또는 사실상 어떠한 영향력을 미칠 수 있는 지위에 있는 공무원이어야 한다.[1]

판례에 의하면, ① 남광주세무서 징세계장인 공소외인의 전임자였고 이 사건 당시에 서광주세무서 징세계장으로 근무하고 있었다면 압류재산의 공매담당자(공소외인)의 직무에 대하여[2], ② 지방법원장은 예하 법관에 대하여[3], ③ 군교육청 관리과 서무계장은 그 교육청 관내 국민학교 고용원의 인사교류 및 조정의 실무책임을 맡고 있는 자로서, 국민학교 고용원의 임명권자인 국민학교 교장에 대하여[4], ④ 구청 지역경제계장이 직전의 보직이었던 지적과 지정계장에 대하여[5], ⑤ 노동부 직업안정국 고용대책과장은 그 관장업무에 비추어 연예인 국외공급사업에 관한 실무담당자인 해외고용과장 및 최종 허가권자인 노동부장관의 허가업무에 대하여[6], ⑥ 육군본부 인사과에서 근무하다가 병무청에 파견된 모병관은 병무청의 관계공무원에 대하여[7], ⑦ 기무부대장은 전투비행단 시설대대장의 직무에 대하여[8], ⑧ 서울시 지역경제국장은 서울시 지하철공사 소속 관계 공무원이나 사장의 직무에 대하여[9] 각각 본죄의 주체로 인정할 수 있다.

하지만 ① 검찰주사는 검사의 직무에 대하여[10], ② 도교육위원회 사회체육과 보건계에서 아동급식과 아동 및 교원의 신체검사에 관한 업무를 담당하는 지방보건기사는 도 보건사회국에서 카바레 영업허가 업무를 담당하는 시 등의 환경위생과 식품위생계를 감독하고 그 영업허가에 앞서 사전승인하는 업무를

---

1) 대법원 1973. 2. 13. 선고 66도403 판결.
2) 대법원 1989. 12. 26. 선고 89도2018 판결.
3) 대법원 1956. 3. 2. 선고 4288형상179 판결.
4) 대법원 1988. 1. 19. 선고 86도1138 판결.
5) 대법원 1990. 7. 27. 선고 90도890 판결.
6) 대법원 1989. 9. 12. 선고 89도1297 판결.
7) 대법원 1999. 6. 25. 선고 99도1900 판결.
8) 대법원 2005. 11. 10. 선고 2004도42 판결.
9) 대법원 2001. 10. 12. 선고 99도5294 판결.
10) 대법원 1982. 6. 8. 선고 82도403 판결.

담당하는 지방행정주사보의 직무에 대하여¹), ③ 전라북도 경찰국 면허계 기능반 경찰공무원(경장)으로 근무를 하였고, 이 사건 당시 전라북도 경찰국 산하 진안경찰서 수사과 수사계장으로서 근무한 자가 전라북도 자동차운전면허 발급담당공무원의 직무에 대하여²), ④ 군청 건설과 농지계에 근무하던 자는 도지사의 직무에 대하여³) 각각 법률상 또는 사실상 어떠한 영향을 미칠만한 지위에 있는 자라고 볼 수 없기 때문에 본죄의 주체로 인정할 수 없다.

한편 공무원의 직무에 속한 사항의 알선에 관하여 금품이나 이익을 수수·요구 또는 약속한 사람은 5년 이하의 징역 또는 1천만원 이하의 벌금에 처하고(특정범죄가중처벌법 제3조)⁴), 금융회사 등의 임직원의 직무에 속하는 사항의 알선에 관하여 금품이나 그 밖의 이익을 수수·요구 또는 약속한 사람 또는 제3자에게 이를 공여하게 하거나 공여하게 할 것을 요구 또는 약속한 사람은 5년 이하의 징역 또는 5천만원 이하의 벌금에 처하며(특정경제범죄가중처벌법 제7조), 공무원이 취급하는 사건 또는 사무에 관하여 청탁 또는 알선을 한다는 명목으로 금품·향응 그 밖의 이익을 받거나 받을 것을 약속한 자 또는 제3자에게 이를 공여하게 하거나 공여하게 할 것을 약속한 자는 5년 이하의 징역 또는 1천만원 이하의 벌금에 처한다(변호사법 제111조 제1항). 이는 비공무원이라고 할지라도 알선수'재'죄로 의율하고 있는 특별조항인데, 공무원도 이러한 형사특별법상 범죄의 주체가 될 수 있다는 점에 유의해야 한다. 형법상의 알선수뢰죄는 '지위를 이용하여'야 하지만, 특별법상의 알선수재죄는 이러한 구성요건이 없다는 점에 차이가 있다.

(2) 행 위

본죄의 실행행위는 지위를 이용하여 다른 공무원의 직무에 속한 사항의 알선에 관하여 뇌물을 수수·요구·약속하는 것이다.

1) 지위를 이용하여

'공무원이 그 지위를 이용하여'란 친구·친족관계 등 사적인 관계를 이용하는 경우이거나 단순히 공무원으로서의 신분이 있다는 것만을 이용하는 경우에는 이에 해당하지 아니한다.⁵)

---

1) 대법원 1983. 8. 23. 선고 82도956 판결.
2) 대법원 1995. 1. 12. 선고 94도2687 판결.
3) 대법원 1984. 1. 31. 선고 83도3015 판결.
4) 대법원 2014. 6. 26. 선고 2011도3106 판결(피고인이 국공립학교 교장 등에게 청탁하여 인조잔디 제품 납품업체들이 학교에 제품 등을 납품하게 해 준 후 그 대가로 금품을 수수하였다고 하여 특정범죄가중처벌법 위반(알선수재)으로 기소된 사안에서, 피고인이 비록 중개대리상의 외형을 가지고 있더라도 실질은 학교장 등 공무원과의 친분관계 및 인맥을 통해 그들에게 청탁하여 인조잔디 제품 납품업체들이 학교의 납품업체로 선정되게 해 주는 대가로 금품을 수수한 것이어서 피고인의 행위가 특정범죄가중처벌법 제3조의 알선수재죄에 해당한다).
5) 대법원 2010. 11. 25. 선고 2010도11460 판결(피고인은 2003. 2. 15.경부터 2006. 6. 30.경까지 국방부 기획조정실에서 현역 중령으로 근무하다가 전역하여 2006. 7. 1.경부터 현재까지 육군본부 정보작전지원참모부에서 육군의 각 부대별 조직과 편성의 타당성을 검토하여 부대를 창설 또는 해체하거나 편제를 증가 또는 감소시키는 등 조직의 구조와 기능을 진단·조정하는 업무를 담당하는 조직진단관으로 근무하고 있는 3급 군무원으로서, 장군진급심사를 앞두고 있던 공소외 1로부터 육군본부 인사참모부의 선발관리실장인 공소외 2 준장에게 부탁하여 장군진급이 되도록 하여 달라는 부탁을 받고 공소외 1이 제공하는 합계 5,000만원을 받은 경우, 피고인이 공소외 1로부터 이 사건 금원을 수수할 당시 자신의 지위를 이용하여 선발관리실장이던 공소외 2의 진급업무와 관련하여 사실상

그러므로 적어도 다른 공무원이 취급하는 사무처리에 법률상이거나 사실상으로 영향을 줄 수 있는 관계에 있는 공무원이 그 지위를 이용하는 경우에는 여기에 해당하고, 그 사이에 반드시 상하관계[1]·협동관계·감독권한 등의 특수한 관계에 있음을 요하지 아니한다.[2]

2) 알 선

'알선'이란 형식을 불문하고 일정한 사항에 관하여 어떤 사람과 그 상대방의 사이에 서서 중개하거나 편의를 도모하는 것을 말한다. 그러므로 어떤 사람이 청탁한 취지를 상대방에게 전하거나 그 사람을 대신하여 스스로 상대방에게 청탁을 하는 행위도 알선에 해당한다.[3] 알선행위는 장래의 것이라도 무방하므로 본죄가 성립하기 위해서는 뇌물을 수수할 당시 반드시 상대방에게 알선에 의하여 해결을 도모하여야 할 현안이 존재하여야 할 필요가 없다.[4] 알선행위는 직무에 속하는 사항에 관한 것이면 되는 것이지 그것이 반드시 부정행위라거나 그 직무에 관하여 결정권을 가지고 있어야만 하는 것은 아니다.[5] 또한 반드시 알선의 상대방인 다른 공무원이나 그 직무의 내용이 구체적으로 특정될 필요까지는 없다.

하지만 본죄가 성립하기 위해서는 알선할 사항이 다른 공무원의 직무에 속하는 사항으로서, 뇌물요구의 명목이 그 사항의 알선에 관련된 것임이 어느 정도 구체적으로 나타나야 하고, 단지 상대방으로 하여금 뇌물을 요구하는 자에게 잘 보이면 그로부터 어떤 도움을 받을 수 있다거나 손해를 입을 염려가 없다는 정도의 막연한 기대감을 갖게 하는 정도에 불과하고, 뇌물을 요구하는 자 역시 상대방이 그러한 기대감을 가질 것이라고 짐작하면서 뇌물을 요구하였다는 정도의 사정만으로는 본죄가 성립한다고 볼 수 없다.[6]

영향을 줄 수 있는 관계에 있었다고 하기에 부족하다); 대법원 2001. 10. 12. 선고 99도5294 판결; 대법원 1984. 4. 10. 선고 82도766 판결.

1) 이와 같이 하급공무원이 상급공무원의 직무에 속한 사항을 알선수뢰하는 경우도 얼마든지 가능하다는 견해로는 김혜정 외 4인, 735면; 배종대, 707면; 오영근, 733면; 이영란, 807면; 이재상/장영민/강동범, 742면; 임 웅, 976면; 정영일, 447면.

2) 대법원 2006. 4. 27. 선고 2006도735 판결(자동차를 뇌물로 제공한 경우 자동차등록원부에 뇌물수수자가 그 소유자로 등록되지 않았다고 하더라도 자동차의 사실상 소유자로서 자동차에 대한 실질적인 사용 및 처분권한이 있다면 자동차 자체를 뇌물로 취득한 것으로 보아야 한다); 대법원 2001. 10. 12. 선고 99도5294 판결; 대법원 1995. 1. 12. 선고 94도2687 판결; 대법원 1994. 10. 21. 선고 94도852 판결; 대법원 1993. 7. 13. 선고 93도1056 판결.

3) 대법원 2013. 2. 15. 선고 2011도13606 판결; 대법원 1997. 12. 26. 선고 97도2609 판결.

4) 대법원 2013. 4. 11. 선고 2012도16277 판결; 대법원 2009. 7. 23. 선고 2009도3924 판결.

5) 대법원 1999. 6. 25. 선고 99도1900 판결; 대법원 1992. 5. 8. 선고 92도532 판결; 대법원 1989. 12. 26. 선고 89도2018 판결.

6) 대법원 2017. 12. 22. 선고 2017도12346 판결(피고인 1에게 검사의 직분에 근거하여 필요한 경우 수사를 진행할 수 있는 일반적 직무권한이 있었지만, 공소사실에 의하더라도 피고인 1이 받았다는 청탁이 '장래 검찰에서 피고인 2나 공소외 1 회사 등이 관련된 사건을 처리하게 될 경우 피고인 1의 직무권한 범위 내에 들어오는 사건이면 직접 유리한 처분이나 편의를 제공해주고, 그 범위 내에 들어오지 않는 사건이면 담당 검사에게 영향력을 행사하여 유리한 처분이나 편의를 제공 받게 해 달라'는 정도에 지나지 아니하고, 피고인 1이 이익을 수수할 당시 그 직무권한에 속한 사항과 관련한 어떠한 사건이 장래에 발생할 개연성이 있었다고 볼만한 사정도 없었을 뿐 아니라 그 사건 자체를 특정하기도 어려운 상황이었다. 따라서 피고인 1이 장래에 담당할 직무와 관련되는 사건이 어떠한 것인지 또는 과연 그러한 사건과 관련지을 만한 정도의 직무권한을 행사 가능성이 있는지 여부를 확인하기 어려울 정도로 위 피고인이 받은 돈과 관련된 사건 내지 위 피고인의 직무에 속하는 사항이 추상적이고

한편 알선의뢰인과 알선상대방 사이의 중개를 스스로 하지 아니하고 알선행위를 할 사람을 소개시켜 주는 경우에는 그 소개로 인하여 실제로 알선행위를 한 사람(알선행위자)의 알선행위에 대하여 공동가공의 의사를 가지고 공모 내지 실행행위의 분담을 통하여 본죄의 실행행위에 관여한 것으로 평가할 수 있는 경우는 별론으로 하고, 단순히 알선행위자를 소개한 것 자체만으로는 본죄의 구성요건에 해당한다고 할 수는 없다.[1]

3) 뇌물수수·요구·약속

알선한다는 명목으로 뇌물을 수수·요구·약속해야 한다. 알선에 관하여 뇌물을 수수·요구·약속한 때에 기수가 되고, 현실적으로 알선행위가 있어야 하는 것은 아니다. 하지만 공무원이 직접 뇌물을 수수하지 않고 제3자에게 이를 제공하도록 하는 경우에는 처벌할 수 없는 입법상의 흠결이 있다.

XIV. 뇌물공여죄

제133조(뇌물공여등) ① 제129조부터 제132조까지에 기재한 뇌물을 약속, 공여 또는 공여의 의사를 표시한 자는 5년 이하의 징역 또는 2천만원 이하의 벌금에 처한다.

1. 의 의

뇌물공여죄(증뢰죄)는 뇌물을 약속·공여 또는 공여의 의사를 표시함으로써 성립하는 범죄이다. 수뢰죄가 공무원 또는 중재인의 직무범죄임에 비하여 본죄는 비직무범죄에 해당한다. 본죄에서 말하는 약속은 수뢰죄의 수수·약속과 필요적 공범관계에 있으며, 공여의 의사표시는 일방적인 것이므로 수뢰죄와는 별개의 독립된 범죄를 구성한다. 다만 뇌물을 공여받은 상대방과는 필요적 공범관계에 있다.

2. 구성요건

(1) 주 체

본죄의 주체에는 제한이 없다. 비공무원은 물론 공무원도 본죄의 주체가 될 수 있다.

(2) 행 위

본죄의 실행행위는 뇌물을 약속·공여·공여의 의사표시를 하는 것이다. '약속'이란 뇌물에

___
막연하였다. 그러니 피고인 1이 받은 이익이 그가 장래에 담당할 직무에 관하여 수수되었다거나 그 대가로 수수되었다고 단정하기는 어렵다); 대법원 2009. 7. 23. 선고 2009도3924 판결(피고인은 공소외인에게 '유흥주점 영업과 관련하여 세금문제나 영업허가 등에 관하여 문제가 생기면 다른 담당공무원에게 부탁하여 도움을 줄 테니 그 대가로 1,000만원을 달라'는 취지로 말하였다는 것으로서, 그 내용 자체로 피고인이 알선할 사항이 다른 공무원의 직무에 속하는 사항임이 명백하며, 뇌물요구의 명목도 그 사항의 알선에 관련된 것임이 구체적으로 나타났다고 보기에 충분하다).

1) 대법원 2000. 10. 24. 선고 99도3115 판결.

관하여 증뢰자와 수뢰자 사이에 의사가 합치하는 것을 말한다. '공여'란 뇌물을 제공하여 상대
방이 수수하도록 제공하는 것을 말한다. 공여의 상대방은 반드시 공무원 또는 중재인일 필요가
없다.[1] 그러므로 공무원에게 제공할 취지로 배우자나 동거가족에게 주는 것도 공여가 된다. 또
한 공여자가 반드시 부정한 청탁을 전제하고 공여해야 하는 것은 아니다.[2] 상대방이 수수할 수
있는 상태에 두면 족하고 현실적으로 수수할 필요는 없다. '공여의 의사표시'란 상대방에게 뇌
물을 공여하겠다는 일방적 의사표시를 말한다. 묵시의 방법으로도 가능하다.[3] 금액이나 수량
등을 구체적으로 명시하지 않아도 무방하다.

XV. 증뢰물전달죄

> 제133조(뇌물공여등) ② 제1항의 행위에 제공할 목적으로 제3자에게 금품을 교부한 자 또는 그 사정을 알면
> 서 금품을 교부받은 제3자도 제1항의 형에 처한다.

1. 의 의

증뢰물전달죄는 뇌물공여행위에 제공할 목적으로 제3자에게 금품을 교부하거나 그 사정을
알면서 금품을 교부를 받음으로써 성립하는 범죄이다. 본죄는 제3자뇌물교부죄와 제3자뇌물취
득죄로 구성되어 있다. 제3자뇌물교부죄의 경우에는 목적범으로 규정되어 있다. 금품을 교부한
자와 그 정을 알면서 교부받은 자는 필요적 공범 중 대향범의 관계에 있다. 엄밀한 의미에서 살
펴보면, 제3자뇌물교부죄는 뇌물공여죄의 예비행위이며, 제3자뇌물취득죄는 뇌물공여죄의 방
조에 해당하지만, 이를 독립된 범죄로 하여 형사적 제재를 가하고 있는 것이다.

2. 구성요건

(1) 주 체

증뢰물전달죄는 제3자가 증뢰자로부터 교부받은 금품을 수뢰할 사람에게 전달하였는지의
여부에 관계없이 제3자가 그 정을 알면서 금품을 교부받음으로써 성립하는 것이고, 본죄의 주
체는 비공무원을 예정한 것이나 공무원일지라도 직무와 관계되지 않는 범위 내에서는 본죄의
주체에 해당될 수 있다. 그러므로 피고인이 자신의 공무원으로서의 직무와는 무관하게 군의관
등의 직무에 관하여 뇌물에 공할 목적의 금품이라는 정을 알고 이를 전달해준다는 명목으로 취
득한 경우라면 제3자뇌물취득죄가 성립된다.[4]

---

1) 대법원 1968. 10. 8. 선고 68도1066 판결.
2) 대법원 1969. 3. 18. 선고 68도816 판결.
3) 대법원 1959. 9. 4. 선고 4291형상284 판결.
4) 대법원 2002. 6. 14. 선고 2002도1283 판결.

(2) 행 위

'금품교부'란 뇌물에 제공할 목적으로 제3자에게 금품을 교부하는 것을 말한다(제3자뇌물교부죄). '금품'이란 금전적 가치를 가지는 물품을 말한다. 금품은 뇌물보다는 좁은 개념인데, 이 경우는 공무원 또는 중재인에게 공여되기 前 단계의 죄이기 때문에 아직 직무관련성을 인정하기 어려우므로 뇌물의 개념을 사용하지 않은 것이다. 그러므로 뇌물이 금품 이외의 형태를 취하고 있는 경우에는 본죄가 적용되지 아니한다. '교부받음'이란 제3자가 그 정을 알면서 교부받는 것을 말한다(제3자뇌물취득죄). 여기서의 제3자란 행위자와 공동정범 이외의 자를 말하며[1], 제3자가 금품을 수뢰할 사람에게 전달하였는지 여부는 본죄의 성립에 영향이 없다.[2] 나아가 제3자가 그 교부받은 금품을 수뢰할 사람에게 전달하였다고 하여 증뢰물전달죄 이외에 별도로 뇌물공여죄가 성립하는 것은 아니다.[3] 제3자로부터 전달받은 금품을 곧바로 증뢰자에게 반환한 경우에도 본죄가 성립한다.[4] 증뢰물전달죄는 증뢰자나 수뢰자가 아닌 제3자가 증뢰자로부터 수뢰할 사람에게 전달될 금품이라는 정을 알면서 그 금품을 받은 때에 성립한다.[5]

제 2 절   공무방해에 관한 죄

I. 공무집행방해죄

> 제136조(공무집행방해) ① 직무를 집행하는 공무원에 대하여 폭행 또는 협박한 자는 5년 이하의 징역 또는 1천만원 이하의 벌금에 처한다.

1. 의의 및 보호법익

공무집행방해죄는 직무를 집행하는 공무원에 대하여 폭행 또는 협박함으로써 성립하는 범죄이다. 본죄의 보호법익은 국가 또는 공공기관의 기능적 작용인 공무 그 자체이고, 보호의 정도는 추상적 위험범이다. 그러므로 구체적으로 직무집행의 방해라는 결과발생을 요하지 아니한다.[6] 물론 공무를 보호함에 따라 공무원의 지위가 간접적으로 보호되는 것은 사실이지만, 이 경우에도 공무원의 지위의 보호는 반사적 효과에 불과하기 때문에 공무원은 본죄의 행위의 객체일 뿐이지 보호법익이 되는 것은 결코 아니다. 미수범 처벌규정은 없다.

---

1) 대법원 2012. 12. 27. 선고 2012도11200 판결; 대법원 2006. 6. 15. 선고 2004도756 판결.
2) 대법원 1985. 1. 22. 선고 84도1033 판결.
3) 대법원 1997. 9. 5. 선고 97도1572 판결.
4) 대법원 1983. 6. 28. 선고 82도3129 판결.
5) 대법원 2008. 3. 14. 선고 2007도10601 판결.
6) 대법원 2018. 3. 29. 선고 2017도21537 판결.

2. 구성요건

(1) 객 체

1) 공무원

본죄의 객체는 직무를 집행하는 공무원이다. 하지만 이는 공무원 그 자체를 보호하기 위한 것이 아니라 공무를 보호하기 위한 것이다. 그러므로 공무를 처리하지 않는 공무원은 본죄의 객체가 되지 아니한다. 공무원은 법령에 의하여 국가 또는 공공단체의 공무에 종사하는 자를 말하는데, 단순히 육체적·기계적 사무에 종사하는 공무원도 본죄의 객체에 해당한다. 예를 들면 청원경찰관[1]·세무수습행정원[2]·전투경찰순경[3]·지방고용직 공무원인 파출소에 근무하는 방범원[4] 등은 본죄에서 말하는 공무원에 해당하지만, 국민권익위원회 운영지원과 소속 기간제 근로자로서 청사 안전관리 및 민원인 안내 등의 사무를 담당하는 자[5]·자율방범대원[6]·자활근로자로 선정되어 사회복지담당 공무원의 복지도우미로 근무하는 자[7]·외국의 공무원 등은 본죄에서 말하는 공무원에 해당하지 아니한다.

2) 직무집행

① 직무집행의 범위

직무의 범위는 강제력을 행사하는 권력적 직무일 필요가 없으며[8], 공무원이 직무상 행해야 할 처분행위이면 족하다. 공무원이 직무수행에 직접 필요한 행위를 현실적으로 행하고 있는 때만을 가리키는 것이 아니라 공무원이 직무수행을 위하여 근무 중인 상태에 있는 때를 포괄한다.[9] 직무의 성질에 따라서는 그 직무수행의 과정을 개별적으로 분리하여 부분적으로 각각의

---

1) 대법원 1986. 1. 28. 선고 85도2448 판결.

2) 대법원 1961. 12. 14. 선고 4294형상99 판결.

3) 대법원 1992. 8. 18. 선고 92도1244 판결.

4) 대법원 1991. 3. 27. 선고 90도2930 판결.

5) 대법원 2015. 5. 29. 선고 2015도3430 판결(甲은 국민권익위원회 위원장과 계약기간 1년의 근로계약을 체결한 점, 공무원으로 임용된 적이 없고 공무원연금이 아니라 국민연금에 가입되어 있는 점, 국민권익위원회 훈령으로 '무기계약근로자 및 기간제 근로자 관리운용 규정'이 있으나 국민권익위원회 내부규정으로 그 내용도 채용, 근로조건 및 퇴직 등 인사에 관한 일반적인 사항을 정하는 것에 불과하고, 달리 甲이 법령의 근거에 기하여 위 사무에 종사한 것이라고 볼 만한 자료가 없는 점 등 제반 사정에 비추어 甲은 법령의 근거에 기하여 국가 등의 사무에 종사하는 형법상 공무원이라고 보기 어렵다).

6) 대법원 1983. 2. 22. 선고 82도794 판결(방범대원의 근무명령은 파출소장이 한다는 내무부예규가 있다고 하더라도 방범대원이 주민의 자치적 방범활동을 위하여 갹출한 비용으로 구성된 방범위원회에서 위촉되고, 보수를 받는 사람인 이상 주민의 자치적 방범활동의 대행자일지언정 경찰관의 범인검거를 위한 공무집행의 보조자라고는 볼 수 없고 그 법령상의 근거도 없으므로 범인을 추격 중인 방범대원에게 협박을 가하였다고 하더라도 공무집행방해죄가 성립하지 아니한다).

7) 대법원 2011. 1. 27. 선고 2010도14484 판결.

8) 반면에 국가 또는 공공기관이 사기업과 동일한 지위에서 행하는 사업(철도, 국공립학교, 국공립병원)에서 공무소 또는 공무원은 공권력주체가 아니라 사경제주체에 불과하므로 이는 직무범위에서 제외해야 한다는 견해로는 김일수/서보학, 677면.

9) 대법원 2018. 3. 29. 선고 2017도21537 판결(피고인이 甲과 주차문제로 언쟁을 벌이던 중, 112 신고를 받고 출동

개시와 종료를 논하는 것이 부적절하거나 여러 종류의 행위를 포괄하여 일련의 직무수행으로 파악함이 상당한 경우도 있다.[1] 나아가 현실적으로 구체적인 업무를 처리하고 있지는 않다고 하더라도 자기 자리에 앉아 있는 것만으로도 업무의 집행으로 볼 수 있을 때에는 역시 직무집행 중에 있는 것으로 보아야 하고[2], 직무 자체의 성질이 부단히 대기하고 있을 것을 필요로 하는 것일 때에는 대기 자체를 곧 직무행위로 보아야 할 경우도 있다.[3]

시간적으로는 원칙적으로 직무집행을 개시하여 종료되기 이전일 것을 요하지만, 직무집행과 밀접불가분의 관계가 있는 행위도 직무집행 중인 것으로 포함해야 한다.[4] 그러므로 직무집행에 착수하기 전의 준비행위, 일시적 휴식행위는 직무집행에 포함되지만, 직무집행을 위하여 출근하는 행위와 같이 직무집행이 있을 것으로 예상되는 것만으로는 직무집행이라고 할 수 없다.[5]

② 직무집행의 적법성

본죄가 성립하기 위해서는 공무원의 적법한 직무집행이 전제[6]되어야 한다.[7] 직무집행은

한 경찰관 乙이 甲을 때리려는 피고인을 제지하자 자신만 제지를 당한 데 화가 나서 손으로 乙의 가슴을 1회 밀치고, 계속하여 욕설을 하면서 피고인을 현행범으로 체포하며 순찰차 뒷좌석에 태우려고 하는 乙의 정강이 부분을 양발로 2회 걷어차는 등 폭행함으로써 경찰관의 112 신고처리에 관한 직무집행을 방해하였다는 내용으로 기소된 사안에서, 피고인이 손으로 乙의 가슴을 밀칠 당시 乙은 112 신고처리에 관한 직무 내지 순찰근무를 수행하고 있었고, 이와 같이 공무를 집행하고 있는 乙의 가슴을 밀치는 행위는 공무원에 대한 유형력의 행사로서 공무집행방해죄에서 정한 폭행에 해당한다).

1) 대법원 2009. 1. 15. 선고 2008도9919 판결(야간 당직 근무중인 청원경찰이 불법주차 단속요구에 응하여 현장을 확인만 하고 주간 근무자에게 전달하여 단속하겠다고 했다는 이유로 민원인이 청원경찰을 폭행한 사안에서, 야간 당직 근무자는 불법주차 단속권한은 없지만 민원 접수를 받아 다음날 관련 부서에 전달하여 처리하고 있으므로 불법주차 단속업무는 야간 당직 근무자들의 민원업무이자 경비업무로서 공무집행방해죄의 '직무집행'에 해당하여 공무집행방해죄가 성립한다).
2) 대법원 1957. 3. 29. 선고 4290형상48 판결.
3) 대법원 2002. 4. 12. 선고 2000도3485 판결(노동조합 관계자들과 사용자측 사이의 다툼을 수습하려 하였으나 노동조합측이 지시에 따르지 않자 경비실 밖으로 나와 회사의 노사분규 동향을 파악하거나 파악하기 위해 대기 또는 준비 중이던 근로감독관을 폭행한 행위는 공무집행방해죄를 구성한다).
4) 대법원 1999. 9. 21. 선고 99도383 판결(불법주차 차량에 불법주차 스티커를 붙였다가 이를 다시 떼어 낸 직후에 있는 주차단속 공무원을 폭행한 경우, 폭행 당시 주차단속 공무원은 일련의 직무수행을 위하여 근무중인 상태에 있었다고 보아야 한다는 이유로 공무집행방해죄의 성립을 인정하였다).
5) 대법원 1979. 7. 24. 선고 79도1201 판결(시청 소속 수도검침원인 피해자가 수도검침차 피고인 집으로 가다가 그 집과 약 32m 떨어진 공터에서 피고인으로부터 폭행을 당한 경우, 피고인이 피해자가 공무원인 사실을 알았다거나 나아가 피해자가 폭행을 당할 당시 공무집행 중이었고 또는 공무집행중이라고 볼만한 근접한 행위가 있었다고 볼 수 없으면 범죄의 증명이 없는 경우에 해당된다).
6) 독일 형법 제113조 제3항('제1항 및 제2항의 행위는 직무행위가 적법하지 아니한 경우에는 동조에 의하여 처벌할 수 없다. 행위자가 직무행위를 적법한 것으로 오인한 경우에도 또한 같다'), 스위스 형법 제286조('관청, 관청의 구성원 또는 공무원의 직무권한 내의 행위를 방해한 자는 30일수 이하의 벌금에 처한다'), 오스트리아 형법 제269조 제4항('공무소 또는 공무원이 직무행위를 할 권한이 없거나 직무행위가 형법규정에 위반한 때에는 벌하지 아니한다') 등에서는 공무집행방해죄의 객체를 '적법한' 공무를 집행하는 공무원이라고 명시하고 있는 반면에 우리나라의 경우에는 명시적인 규정을 두고 있지 않다는 점에서 일종의 축소해석이라고 볼 여지가 있다. 이러한 해석상의 문제로 인하여 적법성의 체계적인 지위를 반드시 구성요건요소로 파악할 필요가 없다는 위법성조각사유설이 등장하고 있다.
7) 권오걸, 1337면; 김성돈, 813면; 김신규, 874면; 김일수/서보학, 678면; 김혜정 외 4인, 745면; 신동운, 161면; 오영근, 741면; 이형국/김혜경, 819면; 임 웅, 986면; 정성근/정준섭, 533면; 정영일, 456면.

제 2 장 국가의 기능에 관한 죄

보호의 객체이기 때문에 위법한 공무집행까지 형법이 보호해서는 안 된다는 점, 위법한 직무집행에 대해서는 국민이 복종할 의무가 없다는 점, 위법한 공무집행에 대해서는 오히려 국민의 저항권 또는 정당방위를 인정하는 것이 자유민주국가의 법치질서와 상통하다는 점, 개인의 인권보호를 위하여 국가의 작용을 엄격히 제한해야 할 필요성이 있다는 점, 국가의 기능적 작용도 엄격히 법의 한계를 지킬 것이 요구되므로 위법한 공무집행에 대한 반항을 처벌하는 것은 법의 적정한 집행을 저해하는 결과를 초래한다는 점 등을 그 논거로 하고 있다. 결국 위법한 직무행위를 하는 공무원에 대항하여 폭행을 가하였다고 하더라도 공무집행방해죄를 구성하지 아니한다.[1]

다만 적법성의 개념을 실질적 정당성개념이 아닌 형법적 적법성개념에 따라 판단하여, 행정법적 위반이나 소송법적 위반이더라도 중대하지도 명백하지도 않은 사소한 절차의 위반인 경우, 효력규정의 위반이 아닌 훈시규정의 위반인 경우, 임의규정의 위반인 경우, 단순한 부당의 정도에 그친 경우 등[2]에서는 적법한 공무집행이 될 수 있다.[3] 만약 형법적 적법성개념을 행정법적·소송법적 적법성개념과 일치시킨다면, 공무집행에 대한 보호가 소홀해질 수밖에 없고, 직무집행으로 인한 국민의 권리침해보다 그로 인한 국가적 이익이 더 클 경우에는 직무집행의 적법성을 인정할 필요가 있기 때문이다. 이와 같은 형식적 적법성이 갖는 한계는 행정소송이나 국가배상 등을 통해서 얼마든지 보완할 수 있다.

공무집행이 적법하기 위해서는 그 행위가 해당 공무원의 추상적 직무권한에 속할 뿐만 아니라 구체적으로도 그 권한 내에 있어야 하며, 직무행위로서의 법령이 정한 중요한 방식을 갖추어야 한다.[4] 우선 행위가 당해 공무원의 추상적 직무권한에 속하는지 여부는 법률에 의하여 정해진다. 다만 공무원의 내부적 사무분담은 이에 영향을 미치지 아니한다. 예를 들면 정보과 경찰이 교통단속을 하는 것도 적법한 공무집행이 되지만, 경찰이 세금을 징수하는 것은 추상적인 직무권한의 범위를 초과하는 것이므로 위법한 공무집행이 된다.

추상적인 권한에 속하는 공무원의 어떠한 공무집행이 적법한지 여부는 행위 당시의 구체적 상황에 기하여 객관적·합리적으로 판단하여야 하고, 사후적으로 순수한 객관적 기준에서

1) 대법원 2019. 1. 10. 선고 2016도21311 판결; 대법원 1992. 2. 11. 선고 91도2797 판결.
2) 그러므로 중대하고 명백한 위법(무효사유), 중대하지만 명백하지 않은 위법, 명백하지만 중대하지 않은 위법(취소사유 중 무효에 근접할 만큼 중한 사유) 등에 해당할 때에는 위법한 공무집행이라고 보아야 한다(김일수/서보학, 680면).
3) 김일수/서보학, 678면.
4) 대법원 2018. 12. 27. 선고 2016도19371 판결; 대법원 2011. 5. 26. 선고 2011도3682 판결; 대법원 2011. 4. 28. 선고 2008도4721 판결; 대법원 2010. 11. 11. 선고 2010도7621 판결; 대법원 2007. 10. 12. 선고 2007도6088 판결; 대법원 2006. 11. 23. 선고 2006도2732 판결; 대법원 2006. 9. 8. 선고 2006도148 판결; 대법원 2005. 10. 28. 선고 2004도4731 판결; 대법원 1996. 12. 23. 선고 96도2673 판결; 대법원 1994. 10. 25. 선고 94도2283 판결; 대법원 1994. 9. 27. 선고 94도886 판결; 대법원 1994. 3. 11. 선고 93도958 판결; 대법원 1992. 2. 11. 선고 91도2797 판결; 대법원 1992. 5. 22. 선고 92도506 판결; 대법원 1991. 5. 10. 선고 91도453 판결; 대법원 1978. 10. 10. 선고 78도2134 판결.

판단할 것은 아니다.[1] 이러한 적법성이 결여된 직무행위를 하는 공무원에게 대항하여 폭행이나 협박을 가하였다고 하더라도 본죄가 성립한다고 볼 수는 없다.[2]

판례에 의하면, ① 면사무소에 설계도면을 제출할 의무나 설계에 필요한 금원을 지급할 의무가 없다면 피고인이 설계도를 제출하지 않음으로써 건축시공상의 어떤 불이익을 받는 것은 별론으로 하고 면사무소 공무원으로서도 이를 적법하게 강제할 권한이 없는 것이므로 면사무소 공무원이 자신의 행정사무의 편의를 위한 목적으로 설계도의 제출을 요구한 행위[3], ② 범죄의 사전 진압이나 교통단속의 목적만을 이유로 그에게 임의동행을 강요할 수 없으므로, 경찰관이 그의 의사에 반하여 강제로 연행하려고 한 행위[4], ③ 검사나 사법경찰관이 수사기관에 자진출석한 사람을 긴급체포의 요건을 갖추지 못하였음에도 실력으로 체포하려고 한 행위[5], ④ 경찰관이 현행범인 체포 요건을 갖추지 못하였는데도 실력으로 현행범인을 체포하려고 한 행위[6], ⑤ 특정 지역에서의 불법집회에 참가하려는 것을 막기 위하여 시간적·장소적으로 근접하지 않은 다른 지역에서 집회예정장소로 이동하는 것을 제지하는 행위[7], ⑥ 출입국관리 공무원이 관리자의 사전 동의 없이 사업장에 진입하여 불법체류자 단속업무를 개시한 행위[8], ⑦ 비록 사법경찰관 등이 피의자에 대한 구속영장을 소지하였다고 하더라도 피의자를 체포하기 위하여는 체포 당시에 피의자에 대한 범죄사실의 요지, 구속의 이유와 변호인을 선임할 수 있음을 말하고 변명할 기회를 준 후가 아니면 체포할 수 없고, 이와 같은 절차를 밟지 아니한 채 실력으로 연행하려 한 행위[9], ⑧ 계고처분의 주된 목적이 요양병원 건물 및 반출된 물품을 포함한 의료기기 등 일체에 대한 피고인들의 점유를 배제하고 그 점유를 이전받는 것에 있는데, 이러한 의무는 그것을 강제적으로 실현함에 있어 직

1) 대법원 2014. 5. 19. 선고 2013도2285 판결; 대법원 2014. 2. 27. 선고 2013도9990 판결; 대법원 2013. 8. 23. 선고 2011도4763 판결; 대법원 2002. 4. 12. 선고 2000도3485 판결; 대법원 1992. 5. 22. 선고 92도506 판결; 대법원 1991. 5. 10. 선고 91도453 판결.
2) 대법원 2013. 3. 14. 선고 2011도7259 판결; 대법원 2008. 12. 11. 선고 2008도8214 판결; 대법원 2005. 10. 28. 선고 2004도4731 판결; 대법원 2000. 7. 4. 선고 99도4341 판결.
3) 대법원 1982. 11. 23. 선고 81도1872 판결.
4) 대법원 1992. 5. 22. 선고 92도506 판결.
5) 대법원 2006. 9. 8. 선고 2006도148 판결.
6) 대법원 2017. 3. 15. 선고 2013도2168 판결; 대법원 2011. 5. 26. 선고 2011도3682 판결; 대법원 1991. 9. 24. 선고 91도1314 판결.
7) 대법원 2009. 6. 11. 선고 2009도2114 판결(피고인들을 비롯한 대학생 및 민노총 광주지역본부 회원 등 800여 명은 2007. 11. 11. 08:10경부터 09:40경까지 광주 서구 유촌동에 있는 기아자동차 광주공장 앞 도로에서, 위 집회에 참가하기 위해 버스 22대를 대절하여 나누어 타고 상경하려다가 경찰에 의해 차단된 사실, 이에 피고인들을 비롯한 참가자 200여 명은 경찰이 상경을 차단하였다는 이유로 버스에서 내려 광주지방경찰청 북부경찰서 방범순찰대 소속 의경 공소외 1, 2, 3 등 대비병력을 향해 PVC파이프를 휘두르거나 돌을 던지고, 진압방패와 채증장비를 빼앗고, 주먹과 발로 마구 때리고, 경찰버스 유리창 등을 부순 사실, 그때 피고인들은 제1심 약식명령 공동피고인 1, 3, 4, 5, 7과 함께 도로를 가로막고 있는 대비병력 사이로 관광버스가 지날 수 있는 길을 뚫기 위하여 병력과 밀고 당기는 등의 몸싸움을 한 사실을 인정할 수 있는바, 위 법리에 비추어 보면, 비록 경찰관들의 위법한 상경 제지 행위에 대항하기 위하여 한 것이라 하더라도, 피고인들이 다른 시위참가자들과 공동하여 위와 같이 경찰관들을 때리고 진압방패와 채증장비를 빼앗는 등의 폭행행위를 한 것은 소극적인 방어행위를 넘어서 공격의 의사를 포함하여 이루어진 것으로서 그 수단과 방법에 있어서 상당성이 인정된다고 보기 어려우며 긴급하고 불가피한 수단이었다고 볼 수도 없으므로, 이를 사회상규에 위배되지 아니하는 정당행위나 현재의 부당한 침해를 방어하기 위한 정당방위에 해당한다고 볼 수 없다); 대법원 2008. 11. 13. 선고 2007도9794 판결.
8) 대법원 2009. 3. 12. 선고 2008도7156 판결.
9) 대법원 1996. 12. 23. 선고 96도2673 판결.

접적인 실력행사가 필요한 것이지 대체적 작위의무에 해당하는 것이 아니어서 행정대집행의 대상이 되지 아니하므로, 계고처분을 실행한 행위[1], ⑨ 피고인이 교통단속 경찰관의 면허증 제시 요구에 응하지 않자 경찰관의 오만한 단속 태도에 항의한다고 하여 피고인을 그 의사에 반하여 교통초소로 연행한 행위[2], ⑩ 법정형이 긴급구속사유에 해당하지 않는 범죄혐의로 기소중지된 공소외인을 경찰관들이 검거하는 행위[3], ⑪ 구속영장을 발부받음이 없이 피의자를 보호실에 유치하는 행위[4], ⑫ 음주운전을 종료한 후 40분 이상이 경과한 시점에서 길가에 앉아 있던 운전자를 술냄새가 난다는 점만을 근거로 음주운전의 현행범으로 체포한 행위[5], ⑬ 피고인에 대하여 확정된 벌금형의 집행을 위하여 형집행장이 이미 발부되어 있었으나, 甲이 피고인을 구인하는 과정에서 형집행장이 발부되어 있는 사실은 고지하지 않았던 사정에 비추어, 경찰관 甲이 도로를 순찰하던 중 벌금 미납으로 지명수배된 피고인과 조우하게 되어 벌금 미납 사실을 고지하고 벌금납부를 유도하였으나 피고인이 이를 거부하자 벌금 미납으로 인한 노역장 유치의 집행을 위하여 구인하려 하였는데, 피고인이 이에 저항하여 甲의 가슴을 양손으로 수차례 밀친 경우[6] 등에 있어서는 적법한 공무집행을 부정하고 있다.

(2) 행 위

본죄의 실행행위는 폭행 또는 협박하는 것이다. '폭행'이란 공무를 집행하는 공무원에 대한 직접·간접의 유형력의 행사를 말한다. 반드시 공무원의 신체에 대한 유형력의 행사가 아니더라도 공무원에 대한 유형력의 행사이면 족하다. 그러므로 공무원의 보조자에 대한 유형력의 행사[7], 물건에 대한 유형력의 행사이더라도 본죄의 폭행에 해당한다. '협박'이란 공무를 집행하는 공무원에게 공포심을 일으킬만한 일체의 해악의 고지를 말한다. 하지만 본죄에 있어서의 폭행·협박은 성질상 공무원의 직무집행을 방해할 만한 정도의 것이어야 하므로, 경미하여 공무원이 개의치 않을 정도의 것이라면 여기의 폭행·협박에는 해당하지 아니한다.[8] 또한 잠긴 문을 열어주지 않는 소극적인 반항이나 단순한 불복종의 경우에도 본죄에 해당하지 아니한다.

판례에 의하면, ① 甲시에서 관리하는 도로의 보도에서 농성용 천막을 설치하던 중 이를 제지하려는

---

1) 대법원 2013. 3. 14. 선고 2011도7259 판결.
2) 대법원 1992. 2. 11. 선고 91도2797 판결.
3) 대법원 1991. 5. 10. 선고 91도453 판결.
4) 대법원 1994. 3. 11. 선고 93도958 판결.
5) 대법원 2007. 4. 13. 선고 2007도1249 판결.
6) 대법원 2017. 9. 26. 선고 2017도9458 판결.
7) 대법원 1970. 5. 12. 선고 70도561 판결(폭행의 상대방이 집달리 대리가 아니고 그 인부라 하더라도 동인에게 폭행을 가함으로써 집달리 대리에 대하여 간접으로 폭행을 가한 것이 되어 공무집행방해죄가 성립한다).
8) 대법원 2007. 6. 1. 선고 2006도4449 판결; 대법원 2006. 1. 13. 선고 2005도4799 판결(대구광역시 동구청 정보통신과장인 공소외 1의 노조원들을 향한 부적절한 언사에 흥분한 노조원 공소외 2, 공소외 3 등이 이에 대항하여 공소사실 기재와 같은 폭언을 하고 이어 동구청 실·과장들과 노조원들이 언쟁을 한 점, 당시 현장에는 노조원 10여 명이 있었고 동구청 간부들로는 공소외 1 외에 실·과장 약 15명 가량이 더 있었던 점, 피고인을 비롯한 노조원과 폭언의 상대방인 공소외 1이 같은 동구청에 근무하는 공무원들로서 평소 잘 알고 지내는 사이인 점, 노조원과 실·과장들이 언쟁 후에 화해를 하고 같이 식사를 하러 간 점, 피고인에게 협박 등 폭력행위 전력이 없는 점 등과 앞서 본 법리에 비추어 보면, 노조원들의 공소사실 기재 욕설은 공소외 1로 하여금 공포심을 느끼게 하는 정도의 것이라고 보기 어렵다); 대법원 1976. 5. 11. 선고 76도988 판결; 대법원 1970. 6. 30. 선고 70도1121 판결.

甲시청 소속 공무원들에게 상해 또는 폭행을 가한 경우[1]), ② 경찰관들이 참고인들에 대한 확인절차를 거쳐 피고인이 범인이라고 의심할 만한 상당한 이유가 있었던 상황에서 경찰관들의 검문에 불응하고 막무가내로 밖으로 나가려고 하는 피고인을 막아선 정도로 유형력을 행사한 경우[2]), ③ 정당한 사유 없이 보도에 천막을 설치하여 교통에 지장을 끼치는 등 도로법 제45조에 규정된 금지행위를 하는데 대하여 도로 관리청 소속 공무원이 도로관리의 목적으로 이를 제지하고 시설물의 설치를 완성하지 못하도록 막는 등의 행위에 대하여 폭행을 가한 경우[3]), ④ 교육인적자원부 장관이 약학대학 학제개편에 관한 공청회를 개최하면서 행정절차법상 통지 절차를 위반하였더라도, 위 공청회 개최업무과정에서 폭행한 경우[4]), ⑤ 수용자에게 부착물의 내용, 부착의 경위 등에 비추어 교정시설의 소장에 의하여 허용된 범위를 넘은 부착 행위를 하게 된 정당한 사유가 인정되는 등의 특별한 사정이 없는 한, 교정시설의 소장에 의하여 허용된 범위를 넘어 사진 또는 그림 등을 부착한 수용자에 대하여 교도관이 부착물의 제거를 지시한 행위에 대하여 폭행한 경우[5]), ⑥ 피고인이 승용차에 가족을 태우고 가다가 의경으로부터 음주측정을 받음에 있어서 의경이 시키는 대로 두 번이나 후렛쉬봉에 입김을 불었는데도 잘 모르겠다면서 그 앞에 있던 의경 甲에게 다시 음주확인을 부탁하여 또 甲이 시키는 대로 입김을 불었으나 그도 잘 모르겠다고 하면서 음주측정기로 검사하자고 말하자 지나친 단속에 화가 난 피고인이 차에서 내려 甲의 뺨을 때리고 멱살을 잡고 밀어 그에게 전치 10일 간의 전경부찰과상을 입게 한 경우[6]), ⑦ 부안군수인 피고인 2와 같은 군 내무과장인 피고인 1이 같은 군 부군수인 공소외인 등과 함께 부안군의회에서 군수불신임결의안을 채택하려는 군의회 의원들의 직무집행을 군청 직원들을 동원하여 실력으로 저지하기로 공모한 다음, 피고인 1이 구내방송을 통하여 청사 내에 있는 직원 150여 명을 집합시켜 그들로 하여금 의원들이 본회의장에 들어가려는 것을 계단에서부터 가로막아 입장하지 못하게 하고, 의원들이 소회의실에 들어가 의사를 진행하려 하자 다시 직원 50여 명으로 하여금 그 곳에 난입, 회의장을 점거하게 하여 의사진행을 못하게 한 경우[7]), ⑧ 경찰관이 공무를 집행하고 있는 파출소 사무실의 바닥에 인분이 들어있는 물통을 집어던지고 책상위에 있던 재떨이에 인분을 퍼담아 사무실 바닥에 던지는 경우[8]), ⑨ 의사전달수단으로서 합리적 범위를 넘어서 상대방에게 고통을 줄 의도로 음향을 이용한 경우[9]), ⑩ 폭력행위 등 전과 12범인 피고인이 그 경영의 술집에서 떠들며 놀다가 주민의 신고를 받고 출동한 경찰로부터 조용히 하라는 주의를 받은 것뿐인데 그 후 새벽 4시의 이른 시각에 파출소에까지 뒤쫓아가서 '우리 집에 무슨 감정이 있느냐, 이 순사새끼들 죽고 싶으냐'는 등의 폭언을 한 경우[10]), ⑪ 甲 정당의 당원들인 피고인 등이 甲 정당 당원명부 등을 관리하는 서버에 대한 수사기관의 압수·수색을 폭행·협박으로 저지한 경우[11]), ⑫ 피고인은 평소 집에서 심한 고성과 욕설, 시끄러운 음악 소리 등으로 이웃 주민들로부터 수회에 걸쳐 112

1) 대법원 2014. 2. 27. 선고 2013도5356 판결.
2) 대법원 2014. 12. 11. 선고 2014도7976 판결.
3) 대법원 2014. 2. 13. 선고 2011도10625 판결.
4) 대법원 2007. 10. 12. 선고 2007도6088 판결.
5) 대법원 2014. 9. 25. 선고 2013도1198 판결.
6) 대법원 1992. 4. 28. 선고 92도220 판결.
7) 대법원 1998. 5. 12. 선고 98도662 판결.
8) 대법원 1981. 3. 24. 선고 81도326 판결.
9) 대법원 2009. 10. 29. 선고 2007도3584 판결.
10) 대법원 1989. 12. 26. 선고 89도1204 판결.
11) 대법원 2014. 5. 29. 선고 2013도2285 판결.

신고가 있어 왔던 사람인데, 피고인은 2016. 6. 8. 23:40경 부산 부산진구 ○○○○○빌라 △△△호에서 이웃 주민으로부터 '△△△호에서 난리가 났다.'는 112신고를 받고 출동한 부산진경찰서 ㅁㅁ지구대 소속 경위 공소외 1과 순경 공소외 2가 인터폰으로 소란스럽다는 신고를 받고 왔으니 문을 열어달라고 하였으나, '야, 씨발놈아, 개새끼야, 꺼져라.'라고 욕설을 하고 경찰관들이 피고인을 만나기 위해 전기차단기를 내리자 화가 나 위험한 물건인 식칼(전체 길이 약 37cm, 칼날 길이 약 24cm)을 들고 나와 경찰관들에게 '야이, 씨발새끼야, 빨리 불 안키나, 이 씹새끼들이 죽어 볼래? 불 안키면 다 죽여버린다.'라고 하면서 식칼로 경찰관들을 향해 찌를 듯이 협박한 경우[1], ⑬ 음주운전 신고를 받고 출동한 경찰관이 만취한 상태로 시동이 걸린 차량 운전석에 앉아있는 피고인을 발견하고 음주측정을 위해 하차를 요구함으로써 도로교통법 제44조 제2항이 정한 음주측정에 관한 직무에 착수하였다고 할 것이고, 피고인이 차량을 운전하지 않았다고 다투자 경찰관이 지구대로 가서 차량 블랙박스를 확인하자고 한 것은 음주측정에 관한 직무 중 '운전' 여부 확인을 위한 임의동행 요구에 해당하고, 피고인이 차량에서 내리자마자 도주한 것을 임의동행 요구에 대한 거부로 보더라도, 경찰관이 음주측정에 관한 직무를 계속하기 위하여 피고인을 추격하여 도주를 제지하자 피고인이 위 경찰관의 뺨을 때린 경우[2] 등에 있어서는 본죄가 성립한다.

　하지만 ① 경찰관들이 주류 판매여부를 확인하기 위하여 노래연습장을 검색하는 행위는 「풍속영업의 규제에 관한 법률」 제9조 제1항에서 규정하고 있는 '검사'에 해당하지 아니하고 또 이를 일반적으로 허용하는 법령도 없어서, 법관이 발부한 영장 없이는 노래연습장 업주의 의사에 반하여 이를 행할 수 없다고 할 것인데, 경찰관들이 피고인의 의사에 반함에도 불구하고 영장 없이 이를 행하던 중 피고인이 방해한 경우[3], ② 교통경찰관이 교통단속 업무를 수행함에 있어 피고인이 신호위반을 하였다고 하더라도 범칙금납부통고서를 받지 않겠다는 의사를 분명히 밝힌 이상, 피고인에 대하여 지체 없이 즉결심판 출석통지서를 교부 또는 발송하고 즉결심판청구서를 작성하여 관할 법원에 제출하는 등 즉결심판청구의 절차로 나아가야 함에도, 이러한 절차를 밟지 아니한 채 범칙금납부 통고처분을 강행할 목적으로 무리하게 운전면허증을 제시할 것을 계속 요구한 것은 적법한 교통단속 업무라고 할 수 없으며, 이와 같이 적법성이 결여된 직무행위를 하는 교통경찰관에 대항하여 피고인이 폭행을 가한 경우[4], ③ 경찰관들이 현행범이나 준현행범도 아닌 피의자를 체포하기 위하여(비록 법원의 영장을 가지고 있었다고 하더라도) 피의자의 집에 불시에 강제로 들어가려고 하여 피고인이 방어차원에서 이를 제지하는 행위를 한 경우[5], ④ 경찰관이 안전띠를 미착용한 피고인의 차량을 정차시키고 운전사쪽 열린 유리창 윗부분을 손으로 잡고서 피고인에게 운전면허증 제시를 요구하였는데 피고인이 그의 처가가 바로 앞에 있으니 차를 세워놓고 오겠다고 하면서 면허증 제시에 응하지 않다가 그대로 출발하려 하므로 잡고 있던 위 차량 운전사쪽 열린 유리창 윗부분을 놓지 않은 채 10 내지 15m 가량을 걸어서 따라가다가 위 차량의 속도가 빨라지자 더 이상 차량을 잡은 채로 있을 수 없어 손을 놓게 된 경우[6], ⑤ 교통단속 경찰관이 피고인에게 면허증제시를 요구하자 피고인이 이를 거부하면서 약 5분간 실랑이를 하다가 고발을 하라면서 화물차량을 출발하려 할 때, 위 화물차량의 왼쪽문 손잡이를 잡고 2~3m를 따라 가다가 차량발판에 뛰어 올랐고, 이에 피고인은 곧 정차를 하였으며, 화물차량이 진행한 거리는 약 7~8m였는데, 이 사건 상해는 피고인이 위

1) 대법원 2018. 12. 13. 선고 2016도19417 판결.
2) 대법원 2020. 8. 20. 선고 2020도7193 판결.
3) 대법원 2005. 10. 28. 선고 2004도4731 판결.
4) 대법원 2004. 7. 9. 선고 2003도8336 판결.
5) 대법원 1996. 12. 23. 선고 96도2673 판결.
6) 대법원 1996. 4. 26. 선고 96도281 판결.

차량의 발판에 뛰어 오르다가 그 자신의 부주의로 인하여 왼쪽 앞 타이어에 왼쪽 무릎을 부딪힘으로써 입게 된 경우[1], ⑥ 경찰관이 피고인에게 임의동행을 요구하자 피고인이 자기 집 안방으로 피하여 문을 잠궜다면 이는 임의동행 요구를 거절하였다고 볼 것이고, 피요구자의 승낙을 조건으로 하는 임의동행하려는 직무행위는 끝났다고 할 것이니 피고인이 문을 잠근 방안에서 면도칼로 앞가슴 등을 그어 피를 보이면서 '나는 폭력전과자로 형무소에 가게 되느니 차라리 여기서 죽어버리겠다. 나 죽어버리면 그만이다'라고 한 경우[2], ⑦ 경찰관이 벌금형에 따르는 노역장 유치의 집행을 위하여 형집행장을 소지하지 아니한 채 피고인을 구인할 목적으로 그의 주거지를 방문하여 임의동행의 형식으로 데리고 가다가, 피고인이 동행을 거부하며 다른 곳으로 가려는 것을 제지하면서 체포·구인하려고 하자 피고인이 이를 거부하면서 경찰관을 폭행한 경우[3], ⑧ 경찰관들이 체포영장을 소지하고 메트암페타민(일명 필로폰) 투약 등 혐의로 피고인을 체포하려고 하자, 피고인이 이에 거세게 저항하는 과정에서 경찰관들에게 상해를 가하였다고 하여 공무집행방해 및 상해의 공소사실로 기소된 사안에서, 경찰관들이 체포를 위한 실력행사에 나아가기 전에 체포영장을 제시하고 미란다 원칙을 고지할 여유가 있었음에도 애초부터 미란다 원칙을 체포 후에 고지할 생각으로 먼저 체포행위에 나선 경우[4] 등에 있어서는 본죄가 성립하지 아니한다.

(3) 주관적 구성요건

1) 고 의

본죄가 성립하기 위해서는 상대방이 직무를 집행하는 공무원이라는 사실 및 이에 대하여 폭행 또는 협박을 한다는 사실을 인식하여야 한다. 하지만 그 직무집행을 방해할 의사를 필요로 하지 아니한다.[5]

2) 적법성에 대한 행위자의 착오

본죄가 성립하기 위해서는 공무원의 직무가 적법하다는 점에 대한 인식도 있어야 하는데, 만약 행위자가 공무원의 적법한 직무행위를 위법한 것으로 오인한 경우에 이를 어떻게 처리할 것인지가 문제될 수 있다. 직무집행의 적법성에 대한 체계적인 지위와 관련하여, ① 구성요건요소설[6], ② 위법성요소설[7], ③ 행위상황에 대한 착오는 구성요건요소로 파악하고, 적법성 자

---

1) 대법원 1994. 9. 9. 선고 94도701 판결.

2) 대법원 1976. 3. 9. 선고 75도3779 판결.

3) 대법원 2010. 10. 14. 선고 2010도8591 판결.

4) 대법원 2017. 9. 21. 선고 2017도10866 판결.

5) 대법원 1995. 1. 24. 선고 94도1949 판결(의무경찰이 학생들의 가두캠페인 행사관계로 직진하여 오는 택시의 운전자에게 좌회전 지시를 하였음에도 택시의 운전자가 계속 직진하여 와서 택시를 세우고는 항의하므로 그 의무경찰이 택시 약 30cm 전방에 서서 이유를 설명하고 있는데 그 운전자가 신경질적으로 갑자기 좌회전하는 바람에 택시 우측 앞 범퍼부분으로 의무경찰의 무릎을 들이받은 사안에서, 그 사건의 경위, 사고 당시의 정황, 운전자의 연령 및 경력 등에 비추어 특별한 사정이 없는 한 택시의 회전반경 등 자동차의 운전에 대하여 충분한 지식과 경험을 가졌다고 볼 수 있는 운전자에게는, 사고 당시 최소한 택시를 일단 후진하였다가 안전하게 진행하거나 의무경찰로 하여금 안전하게 비켜서도록 한 다음 진행하지 아니하고 그대로 좌회전하는 경우 그로부터 불과 30cm 앞에서 서 있던 의무경찰을 충격하리라는 사실을 쉽게 알고도 이러한 결과발생을 용인하는 내심의 의사, 즉 미필적 고의가 있었다).

6) 김선복, 689면; 김성돈, 815면; 김성천/김형준, 845면; 김신규, 877면; 김일수/서보학, 678면; 김혜정 외 4인, 748면; 배종대, 720면; 손동권/김재윤, 804면; 이재상/장영민/강동범, 756면; 이형국/김혜경, 820면; 정영일, 458면.

체에 대한 착오는 위법성요소로 파악하는 이원설[1] 등의 대립이 있다.

이에 대하여 판례는「피고인은 자신을 추격하는 경찰관들을 피하여 도망하다가 넘어졌는데, 당시는 새벽 02:20경으로 상당히 어두웠던 심야였고 경찰관들도 정복이 아닌 사복을 입고 있었던 사실, 자신을 추격하는 차량(일반 승용차였던 것으로 보인다)을 피하려다 넘어진 피고인은 주변에 고성으로 '경찰을 불러달라'고 요청하여 지나가던 택시기사도 이 소리를 듣고 정차하였던 사실 등을 알 수 있고 여기에 피고인은 원심 법정에 이르기까지 일관하여 이 사건 경찰관들을 소위 '퍽치기'를 하려는 자들로 오인하였던 것이라고 진술하고 있는 사정 등을 종합하면, 피고인은 당시 경찰관들을 치한이나 강도로 오인함으로써 이 사건 공무집행 자체 내지 그 적법성이나 자신의 경찰관들에 대한 유형력 행사의 위법성 등에 관하여 착오를 일으켰을 가능성을 배제하기 어려우므로, 원심으로서는 당시 피고인이 자신이 처한 상황을 어떻게 인식하였는지, 피고인에게 착오가 인정된다면 그러한 착오에 정당한 사유가 존재하는지 여부 등에 관하여 면밀히 심리한 다음 범죄성립이 조각될 수 있는지 여부를 신중히 판단하여야 한다는 점을 덧붙여 지적하여 둔다.」라고 판시[2]하여, 위법성요소설의 입장을 취하고 있다.

생각건대 형법이 적법성을 구성요건요소로 규정하고 있지 않다는 점, 적법성을 구성요건요소로 파악할 경우 일반인은 적법하다고 인식하고 있음에도 불구하고 행위자만 경솔하게 위법하다고 오신한 경우에 고의가 조각되어 본죄의 성립이 부정된다는 것은 부당하다는 점 등을 논거로 하는 위법성요소설이 타당하다.

3. 죄수 및 다른 범죄와의 관계

(1) 죄 수

본죄의 죄수는 공무의 수를 기준으로 결정한다.[3] 그러므로 하나의 공무를 여러 공무원이 공동으로 집행하는 것을 방해하면 포괄일죄가 된다. 하지만 판례는「여러 사람이 함께 공무를 집행하는 경우에 이에 대하여 폭행을 하고 공무집행을 방해하는 경우에는 하나의 행위로서 여러 죄명에 해당하는 소위 상상적 경합관계에 있다.」라고 판시[4]하여, 공무원의 수를 기준으로 죄수를 결정하고 있다.

생각건대 본죄의 보호법익은 공무 그 자체이지 공무원이 아니기 때문에 판례의 태도는 부당하다.

---

7) 권오걸, 1342면; 박상기, 853면; 오영근, 744면; 이영란, 818면; 임 웅, 990면; 정성근/정준섭, 535면; 최호진, 843면.

1) 신동운, 170면.

2) 대법원 2014. 2. 27. 선고 2011도13999 판결.

3) 김성천/김형준, 851면; 김신규, 879면; 김일수/서보학, 682면; 김혜정 외 4인, 750면; 배종대, 725면; 손동권/김재윤, 807면; 이영란, 820면; 이재상/장영민/강동범, 757면; 이형국/김혜경, 825면; 임 웅, 992면; 정성근/정준섭, 536면.

4) 대법원 2009. 6. 25. 선고 2009도3505 판결; 대법원 1961. 9. 28. 선고 4294형상415 판결.

(2) 다른 범죄와의 관계

절도범인이 체포를 면탈할 목적으로 경찰관에게 폭행을 가한 때에는 준강도죄와 공무집행방해죄를 구성하고 양죄는 상상적 경합관계에 있으나, 강도범인이 체포를 면탈할 목적으로 경찰관에게 폭행을 가한 때에는 강도죄와 공무집행방해죄는 실체적 경합관계에 있다.[1]

Ⅱ. 직무·사직강요죄

> 제136조(공무집행방해) ② 공무원에 대하여 그 직무상의 행위를 강요 또는 저지하거나 그 직을 사퇴하게 할 목적으로 폭행 또는 협박한 자도 전항의 형과 같다.

1. 의의 및 보호법익

직무·사직강요죄는 공무원에 대하여 그 직무상의 행위를 강요 또는 저지하거나 그 직을 사퇴하게 할 목적으로 폭행 또는 협박함으로써 성립하는 범죄이다. 현재 직무집행 중의 공무가 아니라 장래의 공무집행을 보호대상으로 하고, 목적범으로 규정되어 있다는 점에서 공무집행방해죄와 구별된다. 본죄의 보호법익은 공무 및 공무원의 지위와 안전이고, 보호의 정도는 추상적 위험범이다.

2. 구성요건

(1) 객 체

본죄의 객체는 공무원이다. 공무집행방해죄와 달리 직무집행 중인 공무원뿐만 아니라 장래에 직무를 집행할 공무원도 본죄의 객체에 해당한다.

(2) 행 위

본죄의 실행행위는 폭행 또는 협박하는 것이다. 직무상의 행위를 강요 또는 저지하거나 그 직을 사퇴하게 할 목적으로 폭행 또는 협박을 가하면 곧바로 기수가 되며, 이러한 목적의 달성 여부는 죄의 성립에 영향을 미치지 아니한다.

(3) 주관적 구성요건

본죄가 성립하기 위해서는 공무원에 대한 폭행 또는 협박을 가한다는 인식 및 의사가 있어야 할 뿐만 아니라 직무상의 행위를 강요 또는 저지하거나 그 직을 사퇴하게 할 목적이 있어야 한다. '직무상의 행위'란 공무원이 직무에 관하여 수행하는 행위를 말한다.

직무상의 행위의 범위와 관련하여, ① 당해 공무원의 추상적인 권한에 속하는 것이면 충분하고 반드시 구체적인 권한에 속할 것을 요하지 않는다는 견해[2], ② 강요의 경우에는 위법한

---

1) 대법원 1992. 7. 28. 선고 92도917 판결.
2) 김성천/김형준, 852면; 김신규, 882면; 김일수/서보학, 684면; 김혜정 외 4인, 752면; 배종대, 727면; 오영근, 748면;

직무집행도 포함하기 때문에 구체적인 직무권한에 속할 필요가 없지만, 저지의 경우에는 구체적인 직무권한 내의 적법한 직무행위에 해당해야 한다는 견해[1] 등의 대립이 있다.

생각건대 본죄의 보호법익으로서 공무원의 지위는 공무와 관련된 범위에 한하여 보호되는 것이 타당하므로, 공무원의 추상적인 권한에 속하는 것이면 충분하고 반드시 구체적인 권한에 속할 것이 요구되지는 아니한다.

'강요'는 직무에 관계된 처분을 적극적으로 하게 하는 것을 말한다. '저지'란 공무원에게 부작위를 강요하는 것을 말한다. '그 직을 사퇴하게 한다'는 것은 직무집행을 방해하기 위하여 사직하게 하는 경우뿐만 아니라 직무집행과 관계없이 개인적 사정으로 그 직을 사직하게 하는 경우를 포함한다.

3. 죄수 및 다른 범죄와의 관계

(1) 죄 수

폭행·협박의 상대방인 공무원의 수가 다수이더라도 하나의 직무강요행위를 한 경우에는 단순일죄가 성립한다.

(2) 다른 범죄와의 관계

본죄와 강요죄는 보호법익이 다르기 때문에 상상적 경합관계에 있다.[2]

Ⅲ. 위계에 의한 공무집행방해죄

제137조(위계에 의한 공무집행방해) 위계로써 공무원의 직무집행을 방해한 자는 5년 이하의 징역 또는 1천만원 이하의 벌금에 처한다.

1. 의의 및 보호법익

위계에 의한 공무집행방해죄는 위계로써 공무원의 직무집행을 방해함으로써 성립하는 범죄이다. 본죄는 행위방법이 폭행 또는 협박이 아니라 위계라는 점, 현재 직무를 집행하는 공무원뿐만 아니라 장래에 직무집행할 공무원도 객체가 된다는 점, 공무원의 직무집행과 관련 있는 제3자도 위계의 상대방이 될 수 있다는 점 등에서 공무집행방해죄와 구별된다.

본죄의 보호법익은 국가기능으로서의 공무이며, 보호의 정도와 관련하여, ① 추상적 위험범설[3], ② 제136조와는 달리 제137조는 '직무집행을 방해한 자'라고 규정되어 있고 형법해석은 엄

이영란, 822면; 이재상/장영민/강동범, 759면; 이형국/김혜경, 827면; 임 웅, 995면; 정성근/정준섭, 538면; 정영일, 460면.

1) 김선복, 692면; 김성돈, 819면; 손동권/김재윤, 809면.
2) 반면에 강요죄가 본죄에 흡수된다는 견해로는 손동권/김재윤, 810면.
3) 김선복, 693면; 김성돈, 821면; 김신규, 883면; 김일수/서보학, 684면; 김혜정 외 4인, 755면; 손동권/김재윤, 812면;

격해야 하므로 공무집행방해의 현실적 결과가 발생해야 한다는 침해범설[1] 등의 대립이 있다.

이에 대하여 판례는「피의자 등이 수사기관에 대하여 허위사실을 진술하거나 피의사실 인정에 필요한 증거를 감추고 허위의 증거를 제출하였다고 하더라도, 수사기관이 충분한 수사를 하지 않은 채 이와 같은 허위의 진술과 증거만으로 증거의 수집·조사를 마쳤다면, 이는 수사기관의 불충분한 수사에 기인한 것으로서 피의자 등의 위계로 수사가 방해되었다고 볼 수 없어 위계 공무집행방해죄가 성립한다고 할 수 없다.」라고 판시[2]하여, 침해범설의 입장을 취하고 있다.

생각건대 추상적 위험범으로 파악하는 것이 타당하다. 미수범 처벌규정은 없다.[3]

2. 구성요건

(1) 객 체

본죄의 객체는 공무원의 직무집행이다. 이는 직무집행 중에 있는 공무원·장래에 직무집행의 수행이 예상되는 공무원·직무집행과 관련되는 제3자 등을 통하여 이루어진다.

(2) 행 위

1) 위 계

'위계'란 행위목적을 달성하기 위하여 타인의 부지 또는 착오를 이용하는 일체의 행위를 말한다. 위계의 상대방은 직접 직무를 담당하고 있는 공무원일 필요가 없고, 제3자를 기망하여 공무원의 직무를 방해하는 경우에도 성립할 수 있다. 하지만 담당 공무원들 모두의 공모 또는 양해 아래 부정한 행위가 이루어졌다면 이로 말미암아 오인 등을 일으킨 상대방이 있다고 할 수 없으므로, 그러한 행위는 본죄에서의 위계에 해당한다고 볼 수 없다.[4]

판례에 의하면, ① 음주운전을 하다가 교통사고를 야기한 후 그 형사처벌을 면하기 위하여 타인의 혈액을 자신의 혈액인 것처럼 교통사고조사 경찰관에게 제출하여 감정하도록 한 경우[5], ② 타인의 소변을

이영란, 821면; 이재상/장영민/강동범, 762면; 이형국/김혜경, 829면; 정성근/정준섭, 539면; 정영일, 461면.

1) 오영근, 749면.

2) 대법원 2020. 2. 13. 선고 2019도12194 판결.

3) 대법원 2021. 4. 29. 선고 2018도18582 판결; 대법원 2003. 2. 11. 선고 2002도4293 판결(만약 범죄행위가 구체적인 공무집행을 저지하거나 현실적으로 곤란하게 하는 데까지는 이르지 아니하고 미수에 그친 경우에는 위계에 의한 공무집행방해죄로 처벌할 수 없다. 피고인 2가 이 사건 통보서를 입찰서류에 첨부하여 제출하여 전주시청의 폐기물이전매립공사 입찰업체심사업무를 위계로써 방해할 가능성이 있기는 하였으나, 그 제출 이전에 피고인 1이 이 사건 통보서가 무효임을 전주시청에 통보함으로써 전주시청 담당공무원으로서는 오인, 착각, 부지상태가 될 가능성이 전혀 없음을 알 수 있는바, 그렇다면 이 사건 통보서를 제출하였다고 하여도 전주시의 구체적인 공무집행을 저지하거나 현실적으로 곤란하게 하는 데까지 이른 적이 없다); 대법원 2000. 3. 24. 선고 2000도102 판결.

4) 대법원 2015. 2. 26. 선고 2013도13217 판결; 대법원 2007. 12. 27. 선고 2005도6404 판결.

5) 대법원 2003. 7. 25. 선고 2003도1609 판결(수사기관이 범죄사건을 수사함에 있어서는 피의자나 참고인의 진술 여하에 불구하고 피의자를 확정하고 그 피의사실을 인정할 만한 객관적인 제반 증거를 수집·조사하여야 할 권리와 의무가 있는 것이고, 한편, 피의자는 진술거부권과 자기에게 유리한 진술을 할 권리와 유리한 증거를 제출할 권리가 있지만 수사기관에 대하여 진실만을 진술하여야 할 의무가 있는 것은 아니며, 또한 수사기관에서의 참고인은 형사소송절차에서 선서를 한 증인이 허위로 공술을 한 경우에 위증죄가 성립하는 것과 달리 반드시 진실만

마치 자신의 소변인 것처럼 건네주어 필로폰 음성반응이 나오게 한 경우[1], ③ 개인택시 운송사업면허를
받은 지 5년이 경과되지 아니하여 원칙적으로 개인택시 운송사업을 양도할 수 없는 사람 등과 사이에
마치 그들이 1년 이상의 치료를 요하는 질병으로 인하여 직접 운전할 수 없는 것처럼 가장하여 개인택
시 운송사업의 양도·양수 인가를 받기로 공모한 후 질병이 있는 노숙자들로 하여금 그들이 개인택시 운
송사업을 양도하려고 하는 사람인 것처럼 위장하여 의사의 진료를 받게 한 다음 그 정을 모르는 의사로
부터 환자가 개인택시 운송사업의 양도인으로 된 허위의 진단서를 발급받아 행정관청에 개인택시 운송
사업의 양도·양수 인가신청을 하면서 이를 소명자료로 제출하여 진단서의 기재 내용을 신뢰한 행정관청
으로부터 인가처분을 받은 경우[2], ④ 담당자가 아닌 공무원이 공소외인의 청탁을 들어 줄 목적으로 자
신의 업무 범위에 속하지도 않는 업무에 관하여 위계를 써서 담당공무원으로 하여금 착오를 일으키게
하였고, 그 착오를 이용하여 용도변경 신청에 대한 승인서를 발급하게 한 경우[3], ⑤ 병역법상 지정업체
에서 전문연구요원으로 근무할 의사가 없음에도 해당 지정업체의 장과 공모하여 허위내용의 편입신청서
를 제출하여 관할관청으로부터 전문연구요원 편입을 승인받고, 나아가 관할관청의 실태조사를 회피하기
위하여 허위 서류를 작성·제출하는 등의 방법으로 파견근무를 신청하여 관할관청으로부터 파견근무를
승인받은 경우[4], ⑥ 감척어선 입찰에 참가할 자격이 없음에도 불구하고 이를 숨기고 원심공동피고인의
명의로 감척어선을 낙찰받은 경우[5], ⑦ 금호산업 주식회사가 국내외 단일공사 종합운동장 또는 축구전
용경기장 관람석 22,500석 이상의 준공실적이 없었으므로 광주시가 발주하는 염주종합경기장 입찰에 대
한 참가자격을 갖추지 못하였음에도 공사실적에 관련된 사문서를 변조한 다음 이를 첨부한 실적증명발
급요청서를 해외건설협회에 제출하여 위 입찰참가자격에 적합한 실적증명서를 받아내고, 이를 염주종합

을 말하도록 법률상의 의무가 부과되어 있는 것은 아니므로, 피의자나 참고인이 피의자의 무고함을 입증하는
등의 목적으로 수사기관에 대하여 허위사실을 진술하거나 허위의 증거를 제출하였다 하더라도, 수사기관이 충
분한 수사를 하지 아니한 채 이와 같은 허위의 진술과 증거만으로 잘못된 결론을 내렸다면, 이는 수사기관의
불충분한 수사에 의한 것으로서 피의자 등의 위계에 의하여 수사가 방해되었다고 볼 수 없어 위계에 의한 공무
집행방해죄가 성립된다고 할 수 없을 것이나, 피의자나 참고인이 피의자의 무고함을 입증하는 등의 목적으로
적극적으로 허위의 증거를 조작하여 제출하였고 그 증거 조작의 결과 수사기관이 그 진위에 관하여 나름대로
충실한 수사를 하더라도 제출된 증거가 허위임을 발견하지 못하여 잘못된 결론을 내리게 될 정도에 이르렀다면,
이는 위계에 의하여 수사기관의 수사행위를 적극적으로 방해한 것으로서 위계에 의한 공무집행방해죄가 성립된
다. 그리고 헌법에 의하여 누구든지 형사상 자기에게 불리한 진술을 강요당하지 아니할 특권이 부여되어 있으나,
그렇다고 하여 자기의 형사처벌을 면하기 위하여 위법한 방법으로 허위의 증거를 조작하는 것까지 허용되는 것
은 아니다).

1) 대법원 2007. 10. 11. 선고 2007도6101 판결.
2) 대법원 2002. 9. 4. 선고 2002도2064 판결(행정관청이 출원에 의한 인·허가처분을 함에 있어서는 그 출원사유가
   사실과 부합하지 아니하는 경우가 있음을 전제로 하여 인·허가할 것인지의 여부를 심사, 결정하는 것이므로 행정
   관청이 사실을 충분히 확인하지 아니한 채 출원자가 제출한 허위의 출원사유나 허위의 소명자료를 가볍게 믿고
   인가 또는 허가를 하였다면 이는 행정관청의 불충분한 심사에 기인한 것으로서 출원자의 위계가 결과 발생의
   주된 원인이었다고 할 수 없어 위계에 의한 공무집행방해죄를 구성하지 않는다고 할 것이지만, 출원자가 행정관
   청에 허위의 출원사유를 주장하면서 이에 부합하는 허위의 소명자료를 첨부하여 제출한 경우 허가관청이 관계
   법령이 정한 바에 따라 인·허가요건의 존부 여부에 관하여 나름대로 충분히 심사를 하였으나 출원사유 및 소명
   자료가 허위임을 발견하지 못하여 인·허가처분을 하게 되었다면 이는 허가관청의 불충분한 심사가 그의 원인이
   된 것이 아니라 출원인의 위계행위가 원인이 된 것이어서 위계에 의한 공무집행방해죄가 성립된다); 대법원 2005.
   3. 10. 선고 2004도8470 판결; 대법원 1989. 3. 28. 선고 88도898 판결; 대법원 1989. 1. 17. 선고 88도709 판결;
   대법원 1975. 7. 8. 선고 75도324 판결.
3) 대법원 2008. 3. 13. 선고 2007도7724 판결.
4) 대법원 2008. 6. 26. 선고 2008도1011 판결.
5) 대법원 2003. 12. 26. 선고 2001도6349 판결.

경기장 입찰참가신청서에 첨부하여 제출함으로써 그 입찰에서 금호산업 주식회사가 낙찰자로 결정되고 공사계약을 체결하게 된 경우[1], ⑧ 전라북도청 수산과 계장으로서 어업허가 신청업무를 담당하고 있던 피고인이 공소외 1의 어업허가처리를 부탁받은 전라북도청 수산과 직원인 공소외 2으로부터 어선이 없고 선박증서만 있는 공소외 1의 선박에 대한 어업허가장이 발부되도록 처리하여 달라는 청탁을 받고 이를 승낙한 다음 어업허가담당자인 공소외 3에게 어업허가시 필요한 선박실체확인 등 어업허가 실태조사를 하지 말고 어업허가 처리기안문을 작성하도록 지시하여 동인으로 하여금 어업허가 처리기안문을 작성하게 한 다음 피고인 스스로 중간결재를 하고 그 정을 모르는 농수산국장으로부터 최종결재를 받아 전라북도지사 명의의 허가장을 발급하게 한 경우[2], ⑨ 피고인이 마치 그의 형 공소외인인양 시험감독자를 속이고 원동기장치 자전거운전면허시험에 대리로 응시한 경우[3], ⑩ 고등학교입학원서 추천서란을 사실과 다르게 조작·허위기재하여 그 추천서 성적이 고등학교입학 전형의 자료가 된 경우[4], ⑪ 5급 을류 행정직 국가공무원 공개경쟁 시험장소인 청주고등학교 제1시험 교실에서 필기시험 응시 중 피고인이 작성한 시험답안지의 해답을 종이쪽지에 적어서 이를 같은 응시자인 공소외 1에게 전달해 주었으나, 공소외 1은 이를 펴보지도 아니하고, 즉시 동인의 책상 앞 교실바닥에 버린 경우[5], ⑫ 지방의회 의장 선거의 감표위원이 되어 투표용지에 사전에 날인하게 된 것을 기화로 누가 어떤 후보에게 투표를 하였는지 구별할 수 있도록 그 용지에 표시를 한 경우[6], ⑬ 피고인이 2000. 10.경 국내에 입국하였다가 2004. 5. 7. 공문서위조죄 등으로 징역형의 집행유예 판결을 선고받고 2004. 5. 28. 강제출국당한 사실, 그 후 피고인은 중국 불상지에서 정상적인 절차를 거치지 아니하고 브로커를 통하여 중국의 담당관청으로부터 이름을 김○○, 생년월일을 '1961. 10. 10.'로 변경한 호구부를 발급받아, 이를 선양주재 대한민국 총영사관에 제출하여 2005. 5. 20. 김○○ 명의의 사증을 발급받고, 같은 달 21. 다시 입국한 후 서울출입국관리사무소에 김○○ 명의의 외국인등록신청서를 제출하여 같은 달 26. 그 명의로 외국인등록증을 발급받은 경우[7], ⑭ 등기의무자인 공소외인이 등기필증을 멸실하였기 때문에 공소외인 소유의 부동산에 관하여 피고인 1 앞으로 소유권이전등기신청을 하기 위해서는 공소외인이 등기소에 출석하거나 변호사 또는 법무사가 등기의무자인 공소외인으로부터 위임을 받아 이를 확인하는 서면을 등기신청서에 첨부하여야 하는데, 피고인 1과 법무사인 피고인 2가 공모하여 등기신청에 필요한 확인서면에 등기의무자인 공소외인의 무인 대신 피고인 1의 무인을 찍어 이를 등기관에게 제출하였고, 이에 따라 등기가 마쳐진 경우[8], ⑮ 간호보조원자격시험 응시자격을 증명하는 수료증명서의 용도와 그 사용의 결과를 인식하고 공소외인들로 하여금 사용하게 할 의도로 작성교부한 것이고 그들이 위 문서를 진정한 문서인 것처럼 시험관리

---

1) 대법원 2003. 10. 9. 선고 2000도4993 판결.
2) 대법원 1997. 2. 28. 선고 96도2825 판결.
3) 대법원 1986. 9. 9. 선고 86도1245 판결. 이와 같은 시험 대리응시의 경우에는 본죄 이외에 공문서부정행사죄, 건조물침입죄 등이 일반적으로 함께 성립한다.
4) 대법원 1983. 9. 27. 선고 83도1864 판결.
5) 대법원 1967. 5. 23. 선고 67도650 판결.
6) 대법원 2009. 9. 10. 선고 2009도6541 판결.
7) 대법원 2009. 2. 26. 선고 2008도11862 판결.
8) 대법원 2016. 1. 28. 선고 2015도17297 판결(등기신청은 단순한 '신고'가 아니라 신청에 따른 등기관의 심사 및 처분을 예정하고 있으므로, 등기신청인이 제출한 허위의 소명자료 등에 대하여 등기관이 나름대로 충분히 심사를 하였음에도 이를 발견하지 못하여 등기가 마쳐지게 되었다면 위계에 의한 공무집행방해죄가 성립할 수 있다. 등기관이 등기신청에 대하여 부동산등기법상 등기신청에 필요한 서면이 제출되었는지 및 제출된 서면이 형식적으로 진정한 것인지를 심사할 권한은 갖고 있으나 등기신청이 실체법상의 권리관계와 일치하는지를 심사할 실질적인 심사권한은 없다고 하여 달리 보아야 하는 것은 아니다).

당국에 제출하여 응시자격을 인정받아 응시한 경우¹⁾, ⑯ 변호사가 접견을 핑계로 수용자를 위하여 휴대전화와 증권거래용 단말기를 구치소 내로 몰래 반입하여 이용하게 한 경우²⁾, ⑰ 병역법상의 지정업체에서 산업기능요원으로 근무할 의사가 없음에도 허위내용으로 편입신청이나 파견근무신청을 하여 관할관청의 승인을 받은 경우³⁾, ⑱ 피고인들이 압수수색에 대비하여 심리전단 사무실을 새롭게 조성하고, 심리전단의 활동의 정당성을 드러내기 위한 허위 문건을 작출하여 비치하는 한편, 존재하지 않는다거나 국가기밀에 해당한다는 이유를 내세워 국가정보원이 보관하고 있는 자료의 제출을 거부하였으며, 이로 인하여 압수수색을 실시한 검찰 공무원들이 오인·착각·부지에 빠진 것으로 충분히 평가할 수 있는 경우⁴⁾ 등에 있어서는 본죄가 성립한다.

하지만 ① 초등학교를 졸업하였음에도 초등학교 중퇴 이하의 학력자라는 허위 내용의 인우보증서를 첨부하여 구술시험에 응시한 경우⁵⁾, ② 서울구치소의 수용자인 피고인 2가 교도관인 피고인 1 또는 공소외 1이나 공소외 2 등과 공모하여 그들로부터 담배를 교부받아 이를 흡연하거나 같은 수용자인 피고인 3, 피고인 4에게 건네주어 피우게 하거나 공소외 1로부터 휴대폰을 건네받아 외부와 전화통화를 한 경우⁶⁾, ③ 민사소송을 제기함에 있어 피고의 주소를 허위로 기재하여 법원공무원으로 하여금 변론기일소환장 등을 허위주소로 송달하게 한 경우⁷⁾, ④ 허위의 매매계약서 및 영수증을 소명자료로 첨부하여 가처분신청을 하여 법원으로부터 유체동산에 대한 가처분결정을 받은 경우⁸⁾, ⑤ 이미 허가를 받아 적법하게 사업을 영위하는 피고인이 이 사건 신고를 하는 과정에서 신고서에 허위사실을 기재하고 그에 관

1) 대법원 1982. 7. 27. 선고 82도1301 판결.
2) 대법원 2005. 8. 25. 선고 2005도1731 판결.
3) 대법원 2009. 3. 12. 선고 2008도1321 판결.
4) 대법원 2019. 3. 14. 선고 2018도18646 판결.
5) 대법원 2007. 3. 29. 선고 2006도8189 판결(초등학교 졸업 이상의 학력을 가진 문맹자가 구술시험을 통하여 운전면허를 취득할 수 있는 기회를 합리적인 근거 없이 제한한 것으로서 모법의 위임범위를 벗어나 무효라고 하지 않을 수 없다).
6) 대법원 2003. 11. 13. 선고 2001도7045 판결(법령에서 어떤 행위의 금지를 명하면서 이를 위반하는 행위에 대한 벌칙을 두는 한편, 공무원으로 하여금 그 금지규정의 위반 여부를 감시, 단속하게 하고 있는 경우 그 공무원에게는 금지규정 위반행위의 유무를 감시하여 확인하고 단속할 권한과 의무가 있으므로 단순히 공무원의 감시, 단속을 피하여 금지규정에 위반하는 행위를 한 것에 불과하다면 그에 대하여 벌칙을 적용하는 것은 별론으로 하고 그 행위가 위계에 의한 공무집행방해죄에 해당하는 것이라고는 할 수 없다. 수용자에게는 흡연하거나 담배를 소지·수수·교환하거나 허가 없이 전화 등의 방법으로 다른 사람과 연락하는 등의 규율위반행위를 하여서는 아니될 금지의무가 부과되어 있고, 교도관은 수용자의 규율위반행위를 감시, 단속, 적발하여 상관에게 보고하고 징벌에 회부되도록 하여야 할 일반적인 직무상 권한과 의무가 있다고 할 것인바, 구체적이고 현실적으로 감시, 단속업무를 수행하는 교도관에 대하여 위계를 사용하여 그 업무집행을 못하게 한다면 이에 대하여 위계에 의한 공무집행방해죄가 성립한다고 할 것이지만, 수용자가 교도관의 감시, 단속을 피하여 규율위반행위를 하는 것만으로는 단순히 금지규정에 위반되는 행위를 한 것에 지나지 아니할 뿐 이로써 위계에 의한 공무집행방해죄가 성립한다고는 할 수 없고, 수용자가 아닌 자가 교도관의 검사 또는 감시를 피하여 금지물품을 교도소 내로 반입되도록 하였다고 하더라도 교도관에게 교도소 등의 출입자와 반출·입 물품을 단속, 검사하거나 수용자의 거실 또는 신체 등을 검사하여 금지물품 등을 회수하여야 할 권한과 의무가 있는 이상, 그러한 수용자 아닌 자의 행위를 위계에 의한 공무집행방해죄에 해당하는 것으로는 볼 수 없으며, 교도관이 수용자의 규율위반행위를 알면서도 이를 방치하거나 도와주었더라도, 이를 다른 교도관 등에 대한 관계에서 위계에 의한 공무집행방해죄가 성립한다고 볼 것은 아니다).
7) 대법원 1996. 10. 11. 선고 96도312 판결; 대법원 1977. 9. 13. 선고 77도284 판결.
8) 대법원 2012. 4. 26. 선고 2011도17125 판결(법원은 당사자의 허위 주장 및 증거 제출에도 불구하고 진실을 밝혀야 하는 것이 그 직무이므로, 가처분신청 시 당사자가 허위의 주장을 하거나 허위의 증거를 제출하였다 하더라도 그것만으로 법원의 구체적이고 현실적인 어떤 직무집행이 방해되었다고 볼 수 없으므로 이로써 바로 위계에 의한 공무집행방해죄가 성립한다고 볼 수 없다); 대법원 1996. 10. 11. 선고 96도312 판결.

한 허위의 서류를 첨부하여 제출한 경우[1]), ⑥ 화물자동차 운송주선사업자인 피고인이 관할 행정청에 주기적으로 허가기준에 관한 사항을 신고하는 과정에서 가장납입에 의하여 발급받은 허위의 예금잔액증명서를 제출하는 부정한 방법으로 허가를 받은 경우[2]), ⑦ 과속으로 인하여 과속단속카메라에 촬영되더라도 불빛을 반사시켜 차량 번호판이 식별되지 않도록 하는 기능이 있는 '파워매직세이퍼'를 차량 번호판에 뿌린 상태로 차량을 운행한 경우[3]), ⑧ 국립대학교의 전임교원 공채와 관련하여 학과장인 피고인 1이 서류전형에서 연구실적심사의 일부 심사기준을 강화하는 제안을 한 것이 공채에 지원하려는 피고인 2에게 유리한 결과가 되었다고 하더라도, 그러한 제안은 당초 사회과교육과가 전임교원을 새로 임용하려는 목적에 부합하는 것으로서 전문성을 가진 모든 사람에게 가점을 주는 공정한 경우에 해당하고, 또한 그 제안이 학과회의를 거쳐 적정한 수준으로 변경되었으며, 피고인 1이 피고인 2가 논문을 추가게재할 수 있도록 도운 행위가 공채심사위원으로서 다소 부적절한 행위라고 볼 측면이 없지 않다고 하더라도, 피고인 2로서는 자신의 노력에 의한 연구결과물로써 그러한 심사기준을 충족한 것이고 이후 어학시험, 교수능력심사, 면접심사 등의 전형 절차를 거쳐 최종 선발된 경우[4]), ⑨ 수출입화물방제업체 운영자인 피고인이 국립식물검역소 출장소에 허위의 소독작업결과서가 첨부된 수출식물검사신청서를 제출하여 수출검사합격증명서를 발급받은 경우[5]), ⑩ 개인택시 운송사업면허 신청은 출원에 의한 행정관청의 일반적인 인·허가처분과 마찬가지로 행정관청이 면허요건에 해당하는 여부를 심리하여 면허 여부를 결정하는 것이고 그 신청서에 첨부된 소명자료가 진실한 것인지를 가리지 않고 면허를 결정하는 것이 아니므로 그 면허신청서에 허위의 소명자료를 첨부한 경우[6]), ⑪ 시험감독관이 응시자의 경미한 부정행위를 눈감아 준 경우[7]) 등에 있어서는 본죄가 성립하지 아니한다.

2) 공무집행방해

본죄는 행위목적을 이루기 위하여 상대방에게 오인·착각·부지를 일으키게 하여 이를 이용함으로써 법령에 의하여 위임된 공무원의 적법한 직무에 관하여 그릇된 행위나 처분을 하게 하는 경우에 성립한다. 만약 그러한 행위가 구체적인 직무집행을 저지하거나 현실적으로 곤란하게 하는 데까지는 이르지 않은 경우에는 본죄로 처벌할 수 없다.[8]) 여기에서 '공무원의 직무집

---

1) 대법원 2011. 9. 8. 선고 2010도7034 판결.

2) 대법원 2011. 8. 25. 선고 2010도7033 판결(신고인이 허위사실을 신고서에 기재하거나 허위의 소명자료를 첨부하여 제출하였더라도 관계 법령에 별도의 처벌규정이 있어 이를 적용하는 것은 별론으로 하고, 일반적으로 위와 같은 허위 신고가 형법상 위계에 의한 공무집행방해죄를 구성한다고 볼 수 없다. 다만 관계 법령이 비록 신고라는 용어를 사용하고 있지만 거기에 비교적 중대한 법률효과가 결부되어 있고, 이에 따라 행정청이 신고에 대하여 형식적·절차적 심사가 아닌 실질적·내용적 심사를 거친 후 수리 여부를 결정할 것을 예정함으로써 사실상 인·허가 등 처분의 신청행위와 다를 바 없다고 평가되는 예외적인 경우에는 위계에 의한 공무집행방해죄가 성립할 여지가 있으나, 이때에도 행정청이 나름대로 충분히 사실관계를 확인하더라도 신고내용이 허위이거나 법령의 취지에 맞지 아니함을 발견할 수 없었던 경우가 아니라면 심사를 담당하는 행정청이 신고내용이나 자료의 진실성을 충분히 따져보지 않은 채 경솔하게 이를 믿고 어떠한 행위나 처분에 나아갔다고 하여 이를 신고인의 위계에 의한 결과로 볼 수 없으므로, 위계에 의한 공무집행방해죄는 성립하지 아니한다).

3) 대법원 2010. 4. 15. 선고 2007도8024 판결.

4) 대법원 2009. 4. 23. 선고 2007도1554 판결.

5) 대법원 2010. 10. 28. 선고 2008도9590 판결.

6) 대법원 1988. 9. 27. 선고 87도2174 판결.

7) 대법원 1996. 1. 26. 선고 95도2461 판결.

행'이란 법령의 위임에 따른 공무원의 적법한 직무집행인 이상 공권력의 행사를 내용으로 하는 권력적 작용뿐만 아니라 사경제주체로서의 활동을 비롯한 비권력적 작용도 포함된다.[1] '방해' 란 공무집행 자체에 지장을 주거나 줄 위험성이 있는 일체의 행위를 말한다. 따라서 공무집행 자체를 방해하는 경우뿐만 아니라 공무집행을 위한 사무를 저해하는 것도 포함한다. 단순한 소 극적 저항이나 불복종은 방해가 되지 않기 때문에 사실상 직무를 곤란하게 하는 적극적 거동이 어야 한다. 집행이 예상되는 직무는 포함되지만 성질상 방해의 대상이 될 수 없는 직무는 본죄 의 공무원의 직무에 포함되지 아니한다.[2]

(3) 주관적 구성요건

본죄가 성립하기 위해서는 위계를 수단으로 공무원의 직무집행을 방해한다는 점에 대한 인식과 의사가 있어야 한다. 특히 자기의 위계행위로 인하여 공무집행을 방해하려는 의사가 있 어야 한다.[3] 폭행 또는 협박으로 공무집행을 방해하는 경우와 달리 본죄에서 방해의 의사가 요 구되는 것은 위계라는 구성요건요소가 상대적으로 의도성이 강한 점에 기인한다.

3. 죄수 및 다른 범죄와의 관계

(1) 범인은닉죄와의 관계

수사기관이 범죄사건을 수사함에 있어서는 피의자나 피의자로 자처하는 자 또는 참고인의 진술 여하에 불구하고 피의자를 확정하고 그 피의사실을 인정할 만한 객관적인 제반증거를 수 집·조사하여야 할 권리와 의무가 있는 것이라고 할 것이므로, 피의자나 참고인이 아닌 자가 자 발적이고 계획적으로 피의자를 가장하여 수사기관에 대하여 허위사실을 진술하였다면 범인은 닉죄가 성립하고, 본죄가 성립된다고 할 수 없다.[4]

(2) 경매·입찰방해죄와의 관계

국가나 공공단체의 경매·입찰이라고 하더라도 위계로써 그 공정을 해하는 행위는 위계에 의한 공무집행방해죄가 아니라 그 특별죄로서의 성질을 겸비하는 경매·입찰방해죄에만 해당하

---

8) 대법원 2015. 2. 26. 선고 2013도13217 판결; 대법원 2009. 4. 23. 선고 2007도1554 판결.

1) 대법원 2003. 12. 26. 선고 2001도6349 판결; 대법원 2003. 10. 9. 선고 2000도4993 판결.

2) 대법원 1995. 5. 9. 선고 94도2990 판결(검사의 몰수판결 집행업무란 몰수를 명한 판결이 확정된 후 검사의 집행 지휘에 의하여 몰수집행을 하는 것을 뜻하는 것으로서 몰수물이 압수되어 있는 경우에는 집행지휘만으로 집행이 종료되게 되며, 몰수물이 압수되어 있지 아니한 경우에는 검사가 몰수선고를 받은 자에게 그 제출을 명하고, 이에 불응할 경우 몰수집행명령서를 작성하여 집달관에게 강제집행을 명하는 방법으로 집행하는 것으로 족하므로, 몰 수물이 압수되어 있는 이상 검사의 몰수판결 집행업무는 타인의 위계에 의하여 방해당할 수 없는 성질의 업무이 다).

3) 대법원 1977. 12. 27. 선고 77도3199 판결; 대법원 1974. 12. 10. 선고 74도2841 판결; 대법원 1973. 6. 26. 선고 72도2698 판결; 대법원 1971. 3. 9. 선고 71도186 판결; 대법원 1970. 1. 27. 선고 69도2260 판결(피고인이 경찰관서 에 허구의 범죄를 신고한 까닭은 피고인이 생활에 궁하여 오로지 직장을 구하여 볼 의사로서 허위로 간첩이라고 자수를 한 데 불과하고, 그로 말미암아 공무원의 직무집행을 방해하려는 의사까지 있었던 것이라고는 인정되지 아니한다).

4) 대법원 1996. 6. 14. 선고 96도1016 판결; 대법원 1977. 2. 8. 선고 76도3685 판결.

고, 본죄로 의율할 수는 없다.[1]

(3) 직무유기죄와의 관계

출원인이 어업허가를 받을 수 없는 자라는 사실을 알면서도 그 직무상의 의무에 따른 적절한 조치를 취하지 않고 오히려 부하직원으로 하여금 어업허가 처리기안문을 작성하게 한 다음 피고인 스스로 중간결재를 하는 등 위계로써 농수산국장의 최종결재를 받았다면, 직무위배의 위법상태가 위계에 의한 공무집행방해행위 속에 포함되어 있는 것이라고 보아야 할 것이므로, 이와 같은 경우에는 작위범인 본죄만이 성립하고 부작위범인 직무유기죄는 따로 성립하지 아니한다.[2]

Ⅳ. 법정·국회회의장모욕죄

> 제138조(법정 또는 국회회의장모욕) 법원의 재판 또는 국회의 심의를 방해 또는 위협할 목적으로 법정이나 국회회의장 또는 그 부근에서 모욕 또는 소동한 자는 3년 이하의 징역 또는 700만원 이하의 벌금에 처한다.

1. 의의 및 보호법익

법정·국회회의장모욕죄는 법원의 재판 또는 국회의 심의를 방해 또는 위협할 목적으로 법정이나 국회회의장 또는 그 부근에서 모욕 또는 소동함으로써 성립하는 범죄이다. 본죄의 보호법익은 법원과 국회의 기능이고, 보호의 정도는 추상적 위험범이다.

2. 구성요건

(1) 행 위

본죄의 실행행위는 법정이나 국회회의장 또는 그 부근에서 모욕 또는 소동하는 것이다.

1) 법정이나 국회회의장 또는 그 부근

법원이나 국회회의장의 내부건물에 국한되지 아니한다. 법원의 심리나 국회의 회의가 있는 장소라면 어디든지 무방하다. '부근'이란 심리나 회의에 영향을 미칠 수 있는 범위의 장소를 말한다. 그러므로 법원이나 국회의사당 정문 밖은 이에 해당하지 아니한다.

2) 모욕 또는 소동

'모욕'이란 경멸의 의사표시를 하는 것을 말한다. 모욕의 상대방은 법관·국회의원에 한정되지 않고, 증인·방청인·검사·변호인 등도 그 대상이 될 수 있다. 본죄에서 말하는 모욕은 법원의 재판기능이나 국회의 입법기능을 방해 또는 위협할 정도가 되어야 하므로 적극적인 거동

---

1) 대법원 2000. 3. 24. 선고 2000도102 판결.
2) 대법원 1997. 2. 28. 선고 96도2825 판결; 대법원 1996. 5. 10. 선고 96도51 판결; 대법원 1972. 5. 9. 선고 72도722 판결; 대법원 1971. 8. 31. 선고 71도1176 판결.

이 아니라 소극적인 부작위 또는 단순한 지시불이행만으로는 모욕에 해당하지 아니한다.

'소동'이란 법원의 재판 또는 국회의 심의를 방해할 정도의 질서를 혼란시키거나 소음을 내는 행위를 말한다. 예를 들면 소리를 지르는 행위·물건을 던지는 행위·발을 구르는 행위·정당의 당직자인 피고인들이 국회 외교통상 상임위원회 회의장 앞 복도에서 출입이 봉쇄된 회의장 출입구를 뚫을 목적으로 회의장 출입문 및 그 안쪽에 쌓여있던 책상·탁자 등 집기를 손상하거나 국회의 심의를 방해할 목적으로 소방호스를 이용하여 회의장 내에 물을 분사한 행위[1] 등이 이에 해당한다. 이와 같은 모욕 또는 소동은 반드시 재판 중 또는 심의 중에 있을 것을 요하지 아니하며, 재판 또는 심의의 개시 직전 및 직후는 물론 휴식 중에도 가능하다.[2]

(2) 주관적 구성요건

본죄가 성립하기 위해서는 고의 이외에 법원의 재판 또는 국회의 회의를 방해 또는 위협할 목적이 필요하다. '재판 또는 심의를 방해 또는 위협할 목적'이란 국가의 사법작용 또는 입법작용을 방해·위협하여 적정한 국가기능을 해하겠다는 목적을 말한다. 목적의 달성 여부는 본죄의 성립에 영향이 없다.

3. 입법론

본죄의 구성요건은 "법원은 직권으로 법정내외에서 제58조 제2항의 명령 또는 제59조에 위배되는 행위를 하거나 폭언·소란 등의 행위로 법원의 심리를 방해하거나 재판의 위신을 현저하게 훼손한 자에 대하여 결정으로 20일 이내의 감치 또는 100만원 이하의 과태료에 처하거나 이를 병과할 수 있다."라고 규정한 법원조직법 제61조 제1항의 법정경찰권 규정과 중복된다.

생각건대 불특정인에 대하여 모욕하거나 소동을 피우는 행위에 대하여 3년 이하의 징역에 처하는 것은 과도하므로 법원조직법으로 해결하는 것이 바람직하다. 그러므로 법정모욕죄는 폐지하여야 한다.[3] 특히 법정모욕죄의 구성요건에 해당하는 행위 중 모욕행위를 한 경우에는 모욕죄로 처벌하면 족하다. 또한 국회회의장모욕죄도 폐지하고 법정경찰권과 유사한 제재만을 유지하는 것이 바람직하다.

Ⅴ. 인권옹호직무방해죄

> 제139조(인권옹호직무방해) 경찰의 직무를 행하는 자 또는 이를 보조하는 자가 인권옹호에 관한 검사의 직무집행을 방해하거나 그 명령을 준수하지 아니한 때에는 5년 이하의 징역 또는 10년 이하의 자격정지에 처한다.

---

1) 대법원 2013. 6. 13. 선고 2010도13609 판결.
2) 서울고등법원 1989. 6. 12. 선고 89노974 판결.
3) 이재상/장영민/강동범, 764면.

1. 의의 및 보호법익

인권옹호직무방해죄는 경찰의 직무를 행하는 자 또는 이를 보조하는 자가 인권옹호에 관한 검사의 직무집행을 방해하거나 그 명령을 준수하지 아니함으로써 성립하는 범죄이다. 본죄의 보호법익은 국가의 기능 중 검사의 인권옹호직무이다. 보호의 정도와 관련하여, ① 추상적 위험범설[1], ② 직무방해의 경우에는 침해범이고, 명령불준수의 경우에는 추상적 위험범이라는 설[2], ③ 구체적 위험범설[3] 등의 대립이 있다.

생각건대 직무집행을 방해하는 것은 현실적으로 이루어 질 필요가 없으므로 추상적 위험범으로 파악하고, 명령을 준수하지 않는 것도 현실적으로 직무집행의 방해가 이루어질 필요가 없으므로 역시 추상적 위험범으로 파악하는 것이 타당하다.

한편 본죄의 입법론과 관련하여, ① 검사의 직무집행을 방해하는 경우에는 공무집행방해죄나 위계에 의한 공무집행방해죄로 처벌하면 되고, 명령불준수에 대해서는 직무유기죄로 처벌하거나 징계처분도 가능하므로 폐지하자는 견해[4], ② 검사의 인권옹호에 관한 검사의 직무명령을 준수하지 않는 것은 피의자나 피고인 등의 인권에 대한 직접적 침해 또는 구체적 위험을 수반할 가능성이 있으므로 이를 징계처분의 대상으로 하는 것은 제재가 너무 가볍고 명령불준수를 바로 직무유기행위라고 할 수 없는 경우가 많을 것이므로 존치하자는 견해 등의 대립이 있다.

생각건대 공무집행방해죄에서 말하는 폭행·협박·위계 등을 사용하지 않은 경우에는 원칙적으로 처벌의 대상으로 삼아서는 안 될 것이다. 또한 명령을 준수하지 않은 행위가 직무유기의 정도에 이르지 않는다면 불가벌의 영역으로 두어야 할 것이다. 그러므로 본죄는 폐지하는 것이 타당하다.

2. 구성요건

(1) 주 체

본죄의 주체는 경찰의 직무를 행하는 자(사법경찰관) 또는 이를 보조하는 자(사법경찰리)이다. '경찰의 직무를 보조하는 자'란 법적인 보조자로서의 지위를 지닌 자를 말한다. 의무경찰은 이에 포함되지만, 사실상 보조하는 자(정보원 등의 私人)는 포함되지 아니한다. 일반사법경찰리 이외에 특별사법경찰리를 포함한다.

(2) 행 위

본죄의 실행행위는 인권옹호에 관한 검사의 직무집행을 방해하거나 그 명령을 준수하지

---

1) 김선복, 698면; 김성돈, 827면; 김신규, 891면; 김일수/서보학, 689면; 임 웅, 1001면; 정성근/정준섭, 543면.
2) 오영근, 755면.
3) 배종대, 732면.
4) 김선복, 698면; 김성천/김형준, 860면; 김신규, 890면; 배종대, 732면; 오영근, 755면; 이재상/장영민/강동범, 765면.

않는 것이다. 인권옹호에 관한 검사의 직무집행으로는 각종의 강제처분에 대한 집행, 체포·구속장소 감찰, 형의 집행 등을 들 수 있다. 인권옹호에 관한 것이면 충분하며, 반드시 강제성을 띤 것에 제한되지 아니한다. 이러한 측면에서 특별사법경찰관리에 대한 검사의 수사지휘는 수사과정에서의 인권침해를 방지하는 '인권옹호'를 당연히 포함한다. 인권의 내용을 이렇게 볼 때 '인권옹호에 관한 검사의 명령'은 사법경찰관리의 직무수행에 의하여 침해될 수 있는 인신 구속 및 체포와 압수수색 등 강제수사를 둘러싼 피의자·참고인 기타 관계인에 대하여 헌법이 보장하는 인권 가운데 주로 그들의 신체적 인권에 대한 침해를 방지하고 이를 위해 필요하고도 밀접 불가분의 관련성 있는 검사의 명령 중 '그에 위반할 경우 사법경찰관리를 형사처벌까지 함으로써 준수되도록 해야 할 정도로 인권옹호를 위해 꼭 필요한 검사의 명령'으로 보아야 하고, 나아가 법적 근거를 가진 적법한 명령[1]이어야 한다.[2]

직무집행을 방해하는 방법에는 제한이 없다. '명령불준수'는 인권옹호에 관한 검사의 명령을 이행하지 않는 것을 말한다. 명령의 전부를 준수하지 않는 경우뿐만 아니라 일부를 준수하지 않는 경우도 포함한다. 또한 명령불준수는 검사의 직무집행을 현실적으로 방해할 것을 요하지 아니한다.

3. 죄수 및 다른 범죄와의 관계

본죄와 직무유기죄의 각 구성요건과 보호법익 등을 비교하여 볼 때, 본죄가 직무유기죄에 대하여 법조경합 중 특별관계에 있다고 보기는 어렵기 때문에 양죄는 상상적 경합관계로 보아야 한다.[3]

---

1) 대법원 2010. 10. 28. 선고 2008도11999 판결(사법경찰관이 검사에게 긴급체포된 피의자에 대한 긴급체포 승인 건의와 함께 구속영장을 신청한 경우, 검사는 긴급체포의 승인 및 구속영장의 청구가 피의자의 인권에 대한 부당한 침해를 초래하지 않도록 긴급체포의 적법성 여부를 심사하면서 수사서류 뿐만 아니라 피의자를 검찰청으로 출석시켜 직접 대면조사할 수 있는 권한을 가진다고 보아야 한다. 따라서 이와 같은 목적과 절차의 일환으로 검사가 구속영장 청구 전에 피의자를 대면조사하기 위하여 사법경찰관리에게 피의자를 검찰청으로 인치할 것을 명하는 것은 적법하고 타당한 수사지휘 활동에 해당하고, 수사지휘를 전달받은 사법경찰관리는 이를 준수할 의무를 부담한다. 다만 체포된 피의자의 구금 장소가 임의적으로 변경되는 점, 법원에 의한 영장실질심사 제도를 도입하고 있는 현행 형사소송법하에서 체포된 피의자의 신속한 법관 대면권 보장이 지연될 우려가 있는 점 등을 고려하면, 위와 같은 검사의 구속영장 청구 전 피의자 대면조사는 긴급체포의 적법성을 의심할 만한 사유가 기록 기타 객관적 자료에 나타나고 피의자의 대면조사를 통해 그 여부의 판단이 가능할 것으로 보이는 예외적인 경우에 한하여 허용될 뿐, 긴급체포의 합당성이나 구속영장 청구에 필요한 사유를 보강하기 위한 목적으로 실시되어서는 아니 된다. 나아가 검사의 구속영장 청구 전 피의자 대면조사는 강제수사가 아니므로 피의자는 검사의 출석 요구에 응할 의무가 없고, 피의자가 검사의 출석 요구에 동의한 때에 한하여 사법경찰관리는 피의자를 검찰청으로 호송하여야 한다).

2) 헌법재판소 2007. 3. 29. 선고 2006헌바69 결정.

3) 대법원 2010. 10. 28. 선고 2008도11999 판결.

Ⅵ. 공무상 강제처분표시무효죄

> 제140조(공무상 비밀표시무효) ① 공무원이 그 직무에 관하여 실시한 봉인 또는 압류 기타 강제처분의 표시를 손상 또는 은닉하거나 기타 방법으로 그 효용을 해한 자는 5년 이하의 징역 또는 700만원 이하의 벌금에 처한다.
> 제143조(미수범) 제140조 내지 전조의 미수범은 처벌한다.

1. 의의 및 보호법익

공무상 강제처분표시무효죄는 공무원이 그 직무에 관하여 실시한 봉인 또는 압류 기타 강제처분의 표시를 손상 또는 은닉하거나 기타 방법으로 그 효용을 해함으로써 성립하는 범죄이다. 본죄의 보호법익은 국가기능으로서의 공무 가운데 특히 강제처분의 표시기능이고, 보호의 정도는 침해범이다.

2. 구성요건

(1) 객 체

본죄의 객체는 공무원이 그 직무에 관하여 실시한 봉인 또는 압류 기타 강제처분의 표시이다. 직무에 관하여 실시한 것이어야 하므로 사직 또는 퇴직 후에 실시한 것은 제외된다. '봉인'이란 물건에 대한 임의적 처분을 금지하기 위하여 그 외장에 시행한 봉함 기타 이와 유사한 장치를 말한다. 예를 들면 방부제·물 등 다른 성분을 섞은 주류판매를 금지하는 방법으로 권한 있는 공무원이 그 양주병의 뚜껑 및 마개에 종이쪽지를 첨부하고 봉함하는 것이 이에 해당한다. 봉인은 반드시 인장을 사용할 필요가 없으나, 단순히 그 물건에 부착되어 있는 자물쇠를 잠그는 것만으로는 봉인이라고 할 수 없다.

'압류 기타 강제처분의 표시'는 압류나 강제처분이 있다는 것을 명시하기 위하여 시행한 표시로서 봉인 이외의 것을 말한다. '압류'란 공무원이 그 직무상 보전해야 할 물건을 자기의 점유로 옮기는 강제처분을 말한다. 예를 들면 민사집행법에 의한 유체동산의 압류·가압류·가처분, 국세징수법에 의한 압류 등이 이에 해당한다. '기타 강제처분'은 물건을 공무원의 점유 아래로 옮기지 않고 타인에게 일정한 작위 또는 부작위를 명하는 처분을 말한다. 예를 들면 민사집행법에 의한 부동산·금전채권의 압류 등이 이에 해당한다.

본죄가 성립하기 위해서는 행위 당시에 강제처분의 표시가 현존할 것을 요한다.[1] 하지만 채무자가 채권가압류결정의 정본을 송달받고서 제3채무자에게 가압류된 돈을 지급하였어도 채권가압류결정의 송달을 받은 것만으로는 강제처분의 표시가 있었다고 볼 수 없기 때문에 본죄가 성립하지 아니한다.[2]

---

[1] 대법원 1997. 3. 11. 선고 96도2801 판결.
[2] 대법원 1975. 5. 13. 선고 73도2555 판결.

압류 기타 강제처분의 표시는 강제처분의 효력이 유효할 것을 전제로 한다.[1] 그러므로 집달관이 채무자 겸 소유자의 건물에 대한 점유를 해제하고 이를 채권자에게 인도한 후 채무자의 출입을 봉쇄하기 위하여 출입문을 판자로 막아둔 것을 채무자가 이를 뜯어내고 그 건물에 들어갔다고 하더라도 이는 강제집행이 완결된 후의 행위로서 채권자들의 점유를 침범하는 것은 별론으로 하고 본죄가 성립하지 아니한다.[2] 공무원이 그 직권을 남용하여 위법하게 실시한 봉인 또는 압류 기타 강제처분의 표시임이 명백하여 법률상 당연무효 또는 부존재라고 볼 수 있는 경우에는 그 봉인 등의 표시는 본죄의 객체가 되지 아니한다. 하지만 공무원이 실시한 봉인 등의 표시에 절차상 또는 실체상의 하자가 있다고 하더라도 객관적·일반적으로 그것이 공무원이 그 직무에 관하여 실시한 봉인 등으로 인정할 수 있는 상태에 있다면 적법한 절차에 의하여 취소되지 아니하는 한 본죄의 객체가 된다.[3] 채권자 甲에 의하여 압류된 피고인 소유 유체동산에 대하여 다시 채권자 乙에 의하여 조사절차가 취하여진 경우에는 乙에 대한 관계에 있어서도 압류의 효력이 미친다. 피고인이 甲에 대한 채무를 변제하였다고 하여도 그 압류가 해제되지 아니한 한 압류상태에 있다고 할 것이니 甲에 대한 변제사실만 가지고는 압류의 효력이 없다고 할 수 없다.[4]

(2) 행 위

본죄의 실행행위는 손상 또는 은닉하거나 기타 방법으로 그 효용을 해하는 것이다. '손상'이란 봉인 등을 물질적으로 훼손하는 것을 말한다. 영구적 손상뿐만 아니라 일시적 손상도 이에 해당한다. '은닉'이란 봉인 등의 소재를 불분명하게 하여 발견을 곤란하게 하는 행위를 말한다. '기타 방법으로 그 효용을 해하는 것'이란 손상 또는 은닉 이외의 방법으로 그 표시 자체의 효력을 사실상으로 감살 또는 멸각시키는 것을 말한다. 그 표시의 근거인 처분의 법률상의 효력까지 상실하게 한다는 의미는 아니다.[5] 하지만 압류의 표시가 이미 제3자에 의하여 뜯어졌거

1) 대법원 1965. 9. 25. 선고 65도495 판결.
2) 대법원 1985. 7. 23. 선고 85도1092 판결.
3) 대법원 2005. 6. 9. 선고 2005도1085 판결; 대법원 2001. 1. 16. 선고 2000도1757 판결(유체동산의 가압류집행에 있어 그 가압류공시서의 기재에 다소의 흠이 있으나 그 기재 내용을 전체적으로 보면 그 가압류목적물이 특정되었다고 인정할 수 있어 그 가압류가 유효하다).
4) 대법원 2007. 3. 15. 선고 2007도312 판결; 대법원 1981. 10. 13. 선고 80도1441 판결.
5) 대법원 2018. 7. 11. 선고 2015도5403 판결(집행관이 유체동산을 가압류하면서 이를 채무자에게 보관하도록 한 경우 그 가압류의 효력은 압류된 물건의 처분행위를 금지하는 효력이 있으므로, 채무자가 가압류된 유체동산을 제3자에게 양도하고 그 점유를 이전한 경우, 이는 가압류집행이 금지하는 처분행위로서, 특별한 사정이 없는 한 가압류표시 자체의 효력을 사실상 감쇄 또는 멸각시키는 행위에 해당한다. 이는 채무자와 양수인이 가압류된 유체동산을 원래 있던 장소에 그대로 두었다고 하더라도 마찬가지이다); 대법원 2004. 10. 28. 선고 2003도8238 판결(이 사건 점유이전금지가처분 채무자인 피고인은 집행관이 이 사건 건물에 관하여 가처분을 집행하면서 '채무자는 점유를 타에 이전하거나 또는 점유명의를 변경하여서는 아니된다.'라는 등의 집행 취지가 기재되어 있는 고시문을 이 사건 건물에 부착한 이후에 제3자로 하여금 이 사건 건물 중 3층에서 카페 영업을 할 수 있도록 이를 무상으로 사용하게 하였다는 것인바, 이러한 피고인의 행위는 위 고시문의 효력을 사실상 멸각시키는 행위라 할 것이고, 가족, 고용인 기타 동거자 등 가처분 채무자에게 부수하는 사람을 거주시키는 것과 같이 가처분 채무자가 그 목적물을 사용하는 하나의 태양에 지나지 아니하는 행위라고 보기는 어려우므로 공무상표시무효죄

나 손괴된 이후에 압류된 물건을 반출하는 행위는 본죄에 해당하지 아니한다.

　　판례에 의하면, ① 피고인이 채권자나 집달관 몰래 원래의 보관장소로부터 상당한 거리에 있는 다른 장소로 압류물을 이동시킨 경우[1], ② 건물점유이전금지의 가처분집행 후 다른 사람으로 하여금 건물 일부를 점유하게 한 경우[2], ③ 압류물을 집달관의 승인 없이 임의로 그 관할구역 밖으로 옮긴 경우[3], ④ 가처분에 의한 피담보권리의 적법요건의 존부를 막론하고 그 결정의 집행으로서 집달리가 실시한 고시의 효력 자체를 해치는 경우[4], ⑤ 압류된 골프장시설을 보관하는 회사의 대표이사가 위 압류시설의 사용 및 봉인의 훼손을 방지할 수 있는 적절한 조치 없이 골프장을 개장하게 하여 봉인이 훼손되게 한 경우[5], ⑥ 피고인이 특허권을 침해하였다는 소명이 있다는 이유로 가처분집행이 행하여졌으나 후일 그 본안소송에서 위 특허가 무효라는 취지의 대법원 판결이 선고되어 그 피보전권리의 부존재가 확정된 경우[6] 등에 있어서는 본죄가 성립한다.

　　하지만 ① 집행관이 법원으로부터 피신청인에 대하여 부작위를 명하는 가처분이 발령되었음을 고시하는 데 그치고 나아가 봉인 또는 물건을 자기의 점유로 옮기는 등의 구체적인 집행행위를 하지 아니한 상황에서, 단순히 피신청인이 가처분의 부작위명령을 위반한 경우[7], ② 집행관이 그 점유를 옮기고 압류표시를 한 다음 채무자에게 보관을 명한 유체동산에 관하여 채무자가 이를 다른 장소로 이동시켜야 할 특별한 사정이 있고, 그 이동에 앞서 채권자에게 이동사실 및 이동장소를 고지하여 승낙을 얻은 때에는 비록 집행관의 승인을 얻지 못한 채 압류물을 이동시킨 경우[8], ③ 압류는 채무자의 처분행위를 금하는 것이므로 압류의 효용을 손상하지 않는다면 압류상태에서 그 용법에 따라 종전대로 사용하는 것은 허용된다고 할 것이므로 피고인이 압류표시된 원동기를 가동한 경우[9], ④ 남편을 채무자로 한 출입금지 가처분 명령의 효력은 그 처에게는 미치지 아니하므로 그 처가 이를 무시하고 출입금지된 밭에 들어가 작업을 한 경우[10], ⑤ 제3자가 법원으로부터 받은 건축공사중지명령의 가처분집행은 어디까지나 甲회사에 대하여 부작위 명령을 집행한데 불과한 것이므로 위 가처분집행이 완료된 뒤 피고인이 본건 시공중인 건축허가 명의를 자기가 대표이사로 있는 乙회사로 변경하여 위 가처분집행을 그대로 둔 채 그 건축공사를 계속하였다는 사실이 있는 경우[11], ⑥ 온천수 사용금지 가처분결정이 있기 전부터 온천이용허가권자인 가처분 채무자로부터 이를 양수하고 임대차계약의 형식을 빌어 온천수를 이용하여 온 제3자가 위 금지명령을 위반하여 계속 온천수를 사용한 경우[12], ⑦ 출입금지가처분은 그 성질상 가처분 채권자의

　　에 해당한다. 비록 점유이전금지가처분 채권자가 가처분이 가지는 당사자항정효로 인하여 가처분 채무자로부터 점유를 이전받은 제3자를 상대로 본안판결에 대한 승계집행문을 부여받아 가처분의 피보전권리를 실현할 수 있다 하더라도 달리 볼 것은 아니다).
　1) 대법원 1986. 3. 25. 선고 86도69 판결.
　2) 대법원 1972. 9. 12. 선고 72도1441 판결.
　3) 대법원 1992. 5. 26. 선고 91도894 판결; 대법원 1980. 12. 23. 선고 80도1963 판결.
　4) 대법원 1971. 3. 23. 선고 70도2688 판결.
　5) 대법원 2005. 7. 22. 선고 2005도3034 판결.
　6) 대법원 2007. 3. 15. 선고 2007도312 판결.
　7) 대법원 2010. 9. 30. 선고 2010도3364 판결; 대법원 2008. 12. 24. 선고 2006도1819 판결.
　8) 대법원 2004. 7. 9. 선고 2004도3029 판결.
　9) 대법원 1984. 3. 13. 선고 83도3291 판결.
10) 대법원 1979. 2. 13. 선고 77도1455 판결.
11) 대법원 1976. 7. 27. 선고 74도1896 판결.

의사에 반하여 건조물 등에 출입하는 것을 금지하는 것이므로 비록 가처분결정이나 그 결정의 집행으로서 집행관이 실시한 고시에 그러한 취지가 명시되어 있지 않다고 하더라도 가처분 채권자의 승낙을 얻어 그 건조물 등에 출입하는 경우1), ⑧ 집행관이 이 사건 부동산에 관한 점유이전금지가처분을 집행하면서 '채무자는 점유를 타에 이전하거나 또는 점유명의를 변경하여서는 아니 된다'는 등의 집행취지가 기재되어 있는 고시문을 이 사건 부동산에 부착하였는데, 피고인이 이 사건 부동산을 사업장 소재지로 하는 'K마트1호(신촌점)'의 사업자등록명의를 피고인 단독 명의에서 피고인과 공소외인의 공동 명의로 변경한 경우2) 등에 있어서는 본죄가 성립하지 아니한다.

(3) 주관적 구성요건

본죄가 성립하기 위해서는 봉인 또는 압류 기타 강제처분의 표시를 손상 또는 은닉하거나 기타 방법으로 그 효용을 해한다는 인식과 의사가 있어야 한다. 고의의 내용으로서 강제처분의 유효성과 적법성에 대한 인식도 필요하다.3) 하지만 공무원이 그 직무에 관하여 실시한 봉인 등의 표시를 손상 또는 은닉 기타의 방법으로 그 효용을 해함에 있어서 그 봉인 등의 표시가 법률상 효력이 없다고 믿은 것은 법규의 해석을 잘못하여 행위의 위법성을 인식하지 못한 것이라고 할 것이므로 그와 같이 믿은 데에 정당한 이유가 없는 이상, 그와 같이 믿었다는 사정만으로는 본죄의 죄책을 면할 수 없다.4)

VII. 공무상 비밀침해죄

제140조(공무상 비밀표시무효) ② 공무원이 그 직무에 관하여 봉함 기타 비밀장치한 문서 또는 도화를 개봉한 자도 제1항의 형과 같다.
③ 공무원이 그 직무에 관하여 봉함 기타 비밀장치한 문서, 도화 또는 전자기록등 특수매체기록을 기술적 수단을 이용하여 그 내용을 알아낸 자도 제1항의 형과 같다.
제143조(미수범) 제140조 내지 전조의 미수범은 처벌한다.

---

12) 대법원 2007. 11. 16. 선고 2007도5539 판결(제3자가 위 가처분 사건 당사자 사이의 권리관계 내용을 잘 알고 있었다거나 그가 실질적으로는 가처분 채무자와 같은 당사자 위치에 있었다는 등의 사정이 있다고 하여도 위 위반행위가 공무상표시무효죄를 구성하지 않는다. 왜냐하면 가처분은 가처분 채무자에 대한 부작위 명령을 집행하는 것이므로 가처분의 채무자가 아닌 제3자가 그 부작위 명령을 위반한 행위는 그 가처분집행 표시의 효용을 해한 것으로 볼 수 없기 때문이다).
1) 대법원 2006. 10. 13. 선고 2006도4740 판결.
2) 대법원 2016. 5. 12. 선고 2015도20322 판결.
3) 대법원 1972. 11. 14. 선고 72도1248 판결(채권자가 채무자소유의 동산을 가압류한 후 그 본안사건에 관한 합의가 성립되어 그 가압류물건을 인수하기로 하고 담보취소까지 된 경우에 있어서 가압류취소절차를 거침이 없이 가압류목적물건을 가져간 경우 공무상 비밀표시무효의 범의가 있다고는 할 수 없다); 대법원 1970. 9. 22. 선고 70도1206 판결(민사소송법 기타 공법의 해석을 잘못하여 압류물의 효력이 없어진 것으로 착오하였거나 또는 봉인 등을 손상 또는 효력을 해할 권리가 있다고 오신한 경우에는 형벌법규의 부지와 구별되어 범의를 조각한다고 해석할 것이다).
4) 대법원 2000. 4. 21. 선고 99도5563 판결.

공무상 비밀침해죄는 공무원이 그 직무에 관하여 봉함 기타 비밀장치한 문서 또는 도화를 개봉하거나(제2항), 공무원이 그 직무에 관하여 봉함 기타 비밀장치한 문서·도화 또는 전자기록 등 특수매체기록을 기술적 수단을 이용하여 그 내용을 알아냄으로써(제3항) 성립하는 범죄이다. 제2항의 죄는 추상적 위험범인 반면에, 제3항의 죄는 침해범에 해당한다. 왜냐하면 제2항의 경우에는 개봉하는 것만으로 기수가 되고, 문서 또는 도화의 내용을 알아낼 필요가 없지만, 제3항의 경우에는 그 내용을 알아낸 때 기수가 되기 때문이다.

VIII. 부동산강제집행효용침해죄

제140조의2(부동산강제집행효용침해) 강제집행으로 명도 또는 인도된 부동산에 침입하거나 기타 방법으로 강제집행의 효용을 해한 자는 5년 이하의 징역 또는 700만원 이하의 벌금에 처한다.
제143조(미수범) 제140조 내지 전조의 미수범은 처벌한다.

1. 의의 및 보호법익

부동산강제집행효용침해죄는 강제집행으로 명도 또는 인도된 부동산에 침입하거나 기타 방법으로 강제집행의 효용을 해함으로써 성립하는 범죄이다. 본죄는 법원의 강제집행에 의하여 채권자에게 일단 명도 또는 인도된 부동산에 대하여 채무자가 다시 침입하거나 기타의 방법으로 효용을 해하는 것에 대처하기 위한 규정이다. 본죄의 보호법익은 국가의 강제집행의 효용이고, 보호의 정도는 침해범이다. 본죄는 1995. 12. 29. 형법 개정을 통하여 신설된 범죄이다.

2. 구성요건

(1) 주 체

본죄의 주체에는 제한이 없다. 채무자뿐만 아니라 채무자와 관련이 있는 가족·동거인·고용인 등 제3자도 본죄의 주체가 될 수 있다.

(2) 객 체

본죄의 객체는 강제집행으로 명도 또는 인도된 부동산이다. '강제집행'이란 민사집행법에 의한 적법한 집행을 말한다. '명도'는 채무자 기타의 사람이 거주하거나 점유하고 있는 부동산에 대해서 채무자 등의 거주 또는 점유를 배제하고 채권자 또는 권리자에게 완전한 점유를 이전시키는 것을 말하고, '인도'는 부동산의 점유만 이전하는 것을 말한다.[1] 본죄의 객체인 강제집행으로 명도 또는 인도된 부동산에는 강제집행으로 퇴거집행된 부동산을 포함한다.[2]

---

1) 부동산 점유 이전에 대하여 (구) 민사소송법 제690조 제1항은 '인도 또는 명도'라는 표현을 사용하였으나, 현행 민사집행법 제258조 제1항에서는 '인도'라는 표현만을 사용하고 있다. 이에 본죄의 구성요건도 수정할 필요가 있다.
2) 대법원 2003. 5. 13. 선고 2001도3212 판결.

(3) 행 위

본죄의 실행행위는 침입하거나 기타 방법으로 강제집행의 효용을 해하는 것이다. '침입'이란 권리자 또는 점유자의 의사에 반하여 부동산의 경계 안으로 들어가는 것을 말한다. '기타 방법'이란 강제집행의 효용을 해할 수 있는 수단이나 방법에 해당하는 일체의 방해행위를 말한다.[1] '강제집행의 효용을 해하는 것'이란 강제집행으로 인도 또는 명도받은 부동산에 대하여 권리자가 그 용도에 따라 사용·수익하거나 권리를 행사하는데 지장을 초래하는 일체의 행위를 말한다.[2]

Ⅸ. 공용서류등무효죄

제141조(공용서류 등의 무효) ① 공무소에서 사용하는 서류 기타 물건 또는 전자기록등 특수매체기록을 손상 또는 은닉하거나 기타 방법으로 그 효용을 해한 자는 7년 이하의 징역 또는 1천만원 이하의 벌금에 처한다.
제143조(미수범)　제140조 내지 전조의 미수범은 처벌한다.

1. 의의 및 보호법익

공용서류등무효죄는 공무소에서 사용하는 서류 기타 물건 또는 전자기록 등 특수매체기록을 손상 또는 은닉하거나 기타 방법으로 그 효용을 해함으로써 성립하는 범죄이다. 손괴죄와 비교하여 행위객체가 공용서류 등이라는 점에서 불법이 가중된 구성요건이다. 본죄의 보호법익은 공용서류 등의 효용이고, 보호의 정도는 침해범이다.

2. 구성요건

(1) 객 체

본죄의 객체는 공무소에서 사용하는 서류 기타 물건 또는 전자기록 등 특수매체기록이다. '공무소'란 공무원이 직무를 집행하는 조직체의 장소를 말한다. 한국은행[3]도 국고금예수관계에서는 공무소에 해당하지만, 사립중·고등학교[4]는 이에 해당하지 아니한다. 서류 기타 물건 또는 전자기록 등 특수매체기록은 공무소에서 사용·보관하는 일체의 것을 의미한다. 공무소에

---

1) 대법원 2014. 1. 23. 선고 2013도38 판결(공소외인은 2011. 9. 29. 전남 완도군 토지 및 건물을 강제경매절차에서 매수하고 2012. 2. 29. 인도집행을 마친 사실, 이 사건 토지 및 건물에서 어린이집을 운영하던 피고인은 2012. 3. 12.경 이 사건 건물의 정문 쪽 철제 울타리 부분에 가로 1,550cm, 세로 120cm의 시멘트 벽돌담을 설치한 사실, 피고인이 이 사건 벽돌담을 설치한 곳은 이 사건 토지와 접하는 피고인 소유의 지상으로, 위 각 토지는 공중이 통행하는 도로로 이용되고 있는데, 이 사건 벽돌담이 이 사건 건물의 정문을 가로막는 위치와 방향으로 설치됨으로써 이 사건 건물의 이용자들은 이 사건 건물과 그 옆 건물 사이에 생긴 좁은 공간을 통하여 출입할 수밖에 없었던 사실 등을 알 수 있다).
2) 대법원 2002. 11. 8. 선고 2002도4801 판결.
3) 대법원 1969. 7. 29. 선고 69도1012 판결.
4) 대법원 1966. 4. 26. 선고 66도30 판결.

보관된 것이라면 서류의 작성자·소유권자가 개인이라도 무방하며, 그 작성목적이 공무소를 위한 것이든 개인을 위한 것이든 상관이 없다. 정부공문서규정에 따라 접수되고 결재된 것에 한하지 않으며[1], 공무소에서 사용되는 서류인 이상, 정식절차를 밟아 접수되었는지 또는 완성되어 효력이 발생되었는지의 여부를 묻지 아니한다.[2]

    또한 경찰이 작성한 진술조서가 미완성이고 작성자와 진술자가 서명·날인 또는 무인한 것이 아니어서 공문서로서의 효력이 없는 경우[3], 허위문서·위조문서 또는 보존기간 경과 후의 문서[4], 작성권한 없는 기관이 작성하여 공문서가 될 수 없는 문서[5], 증거로서 검찰청에 제출된 사문서[6] 등도 본죄의 객체가 된다. 하지만 형사사건을 조사하던 경찰관이 스스로의 판단에 따라 자신이 보관하던 진술서를 임의로 피고인에게 넘겨준 것이라면, 진술서의 보관책임자인 경찰관은 장차 이를 공무소에서 사용하지 아니하고 폐기할 의도하에 처분한 것이라고 보아야 할 것이므로, 그 진술서는 본죄의 객체가 되지 아니한다.[7] '기타 물건'은 서류를 제외한 모든 동산·부동산 및 도화 등을 말하고, '전자기록 등 특수매체기록'은 전기적 기록·전자적 기록·광기술이나 레이저기술을 이용한 기록 등을 말한다.

(2) 행 위

    본죄의 실행행위는 손상·은닉 기타 방법으로 그 효용을 해하는 것이다. '손상'이란 서류 등을 물질적으로 파손하여 그 효용을 감소시키는 일체의 행위를 말한다. 본죄는 권한 있는 자의 정당한 처분에 의한 공용서류의 파기에는 적용의 여지가 없다. 공무원이 작성하는 공문서는 그것이 작성자의 지배를 떠나 작성자로서도 그 변경·삭제가 불가능한 단계에 이르렀다면 모르되, 그렇지 않고 상사가 결재하는 단계에 있어서는 작성자는 결재자인 상사와 상의하여 언제든지 그 내용을 변경 또는 일부 삭제할 수 있는 것이며, 그 내용을 정당하게 변경하는 경우는 물

1) 대법원 1971. 3. 30. 선고 71도324 판결.
2) 대법원 2020. 12. 10. 선고 2015도19296 판결(정상회담회의록문서관리카드파기사건)(이 사건 회의록이 첨부된 이 사건 문서관리카드는 공소외 1 전 대통령이 결재의 의사로 서명을 생성함으로써 대통령기록물로 생산되었을 뿐 아니라 첨부된 '지시사항'에 따른 후속조치가 예정되어 있으므로 이 사건 문서관리카드에 기록된 정보들은 후속 업무처리의 근거가 된다는 점 등을 종합하면, 이 사건 문서관리카드는 '공무소에서 사용하는 전자기록'에 해당한다. 따라서 피고인들이 e지원시스템이 이 사건 문서관리카드를 인식하지 못하도록 그 기본정보를 삭제한 행위는 형법 제141조 제1항의 공용전자기록등손상죄를 구성한다); 대법원 1998. 8. 21. 선고 98도360 판결; 대법원 1990. 10. 27. 선고 80도1127 판결; 대법원 1987. 4. 14. 선고 86도2799 판결; 대법원 1982. 10. 12. 선고 82도368 판결(피고인이 작성한 이 사건 진술조서가 상사에게 정식으로 보고되어 수사기록에 편철된 문서가 아니라거나 완성된 서류가 아니라고 하여 형법 제141조 제1항 소정의 공무소에서 사용하는 서류에 해당하지 않는 것이라고 할 수 없으니, 피고인이 진술자의 서명무인과 간인까지 받아 작성한 진술조서를 수사기록에 편철하지 않은 채 보관하고 있다가 휴지통에 버려 폐기한 소위는 공용서류무효죄에 해당한다); 대법원 1980. 10. 27. 선고 80도1127 판결.
3) 대법원 2006. 5. 25. 선고 2003도3945 판결.
4) 대법원 1972. 9. 26. 선고 72도1132 판결.
5) 대법원 1961. 8. 26. 선고 4294형상262 판결.
6) 대법원 1948. 9. 14. 선고 4281형상81 판결.
7) 대법원 1999. 2. 24. 선고 98도4350 판결.

론 내용을 허위로 변경하였다고 하여도 그 행위가 허위공문서작성죄에 해당할지언정 따로 공용서류의 효용을 해하는 행위에 해당한다고는 할 수 없다.[1] 손상된 문서를 다시 작성할 수 있는지 여부는 묻지 아니한다.[2] '은닉'이란 서류 등을 일시 사용할 수 없는 상태에 두는 것을 말한다. '기타 방법'이란 물질적으로 파손하지 않고 그 효용을 해하는 일체의 행위를 말한다. 예를 들면 세무공무원이 상속세신고서 및 세무서 작성의 부과결정서 등을 임의로 반환한 경우[3], 군청에 보관중인 피고인 명의의 건축허가신청서에 첨부된 설계도면을 떼어내고 별개의 설계도면으로 바꿔 넣은 경우[4], 판결원본의 일부를 말소하는 경우[5] 등이 이에 해당한다.

X. 공용물파괴죄

> 제141조(공용물파괴) ② 공무소에서 사용하는 건조물, 선박, 기차 또는 항공기를 파괴한 자는 1년 이상 10년 이하의 징역에 처한다.
> 제143조(미수범) 제140조 내지 전조의 미수범은 처벌한다.

1. 의의 및 보호법익

공용물파괴죄는 공무소에서 사용하는 건조물·선박·기차 또는 항공기를 파괴함으로써 성립하는 범죄이다. 본죄의 보호법익은 특수한 공용물의 효용이고, 보호의 정도는 침해범이다.

2. 구성요건

본죄의 주체에는 제한이 없기 때문에 공용물의 소유자도 본죄의 주체가 될 수 있다. 본죄의 객체는 공무소에서 사용하는 건조물·선박·기차 또는 항공기이다. 그러므로 공익에 공하는 건조물[6]·자동차 등은 제외된다. '파괴'는 손괴보다 물질적 훼손의 정도가 큰 경우를 말한다. 본죄는 공용물이 파괴된 때에 기수가 된다.

XI. 공무상 보관물무효죄

> 제142조(공무상 보관물의 무효) 공무소로부터 보관명령을 받거나 공무소의 명령으로 타인이 관리하는 자기의 물건을 손상 또는 은닉하거나 기타 방법으로 그 효용을 해한 자는 5년 이하의 징역 또는 700만원 이하의

---

1) 대법원 1995. 11. 10. 선고 95도1395 판결.
2) 대법원 1961. 8. 26. 선고 4294형상262 판결.
3) 대법원 1981. 8. 25. 선고 81도1830 판결.
4) 대법원 1982. 12. 14. 선고 81도81 판결.
5) 대법원 1960. 5. 18. 선고 4292형상652 판결.
6) 이는 공익건조물파괴죄의 객체가 될 뿐이다.

벌금에 처한다.
제143조(미수범) 제140조 내지 전조의 미수범은 처벌한다.

1. 의의 및 보호법익

공무상 보관물무효죄는 공무소로부터 보관명령을 받거나 공무소의 명령으로 타인이 관리하는 자기의 물건을 손상 또는 은닉하거나 기타 방법으로 그 효용을 해함으로써 성립하는 범죄이다. 본죄는 권리행사방해죄와 비교하여 불법이 가중된 구성요건이다. 본죄의 보호법익은 공무소로부터 보관명령을 받은 물건의 효용이며, 보호의 정도는 침해범[1]이다.

2. 구성요건

(1) 주 체

본죄의 주체는 공무소로부터 보관명령을 받거나 공무소의 명령으로 타인이 관리하는 물건의 소유자이다(진정신분범).

(2) 객 체

본죄의 객체는 공무소로부터 보관명령을 받거나 공무소의 명령으로 타인이 관리하는 자기의 물건이다. '보관명령'이란 공무소의 위탁에 의하여 사실상·법률상의 지배를 할 수 있는 명령으로서 적법한 명령을 말한다. 예를 들면 법원의 압류 또는 가압류의 결정을 집행한 집행관이 그 물건의 보관을 채무자에 명한 경우, 수사기관이 압수물의 소유자에게 그 물건의 보관을 위탁한 경우 등이 이에 해당한다. 물건에 대한 보관명령을 받아야 하므로 단순히 채권압류결정의 정본을 송달받은 것만으로는 보관명령을 받은 것이라고 할 수 없다.[2] '공무소의 명령으로 타인이 관리하는 자기의 물건'이란 공무소의 처분에 의하여 자기의 사실상의 지배력이 배제되고 공무소의 사실상의 지배하에 옮겨진 것을 제3자가 공무소의 명령을 받아 그의 사실상의 지배하에 두는 것을 말한다.

XII. 특수공무방해죄·특수공무방해치사상죄

제144조(특수공무방해) ① 단체 또는 다중의 위력을 보이거나 위험한 물건을 휴대하여 제136조, 제138조와 제140조 내지 전조의 죄를 범한 때에는 각조에 정한 형의 2분의 1까지 가중한다.
② 제1항의 죄를 범하여 공무원을 상해에 이르게 한 때에는 3년 이상의 유기징역에 처한다. 사망에 이르게 한 때에는 무기 또는 5년 이상의 징역에 처한다.

---

1) 반면에 추상적 위험범으로 파악하는 견해로는 정성근/정준섭, 552면; 정영일, 472면.
2) 대법원 1983. 7. 12. 선고 83도1405 판결; 대법원 1975. 5. 13. 선고 73도2555 판결.

특수공무방해죄는 단체 또는 다중의 위력을 보이거나 위험한 물건을 휴대하여 공무집행방해죄, 직무·사직강요죄, 법정·국회회의장모욕죄, 공무상 강제처분표시무효죄, 공무상 비밀침해죄, 부동산강제집행효용침해죄, 공용서류등무효죄, 공용물파괴죄, 공무상 보관물무효죄 및 그 미수의 죄를 범함으로써 성립하는 범죄이다. 본죄는 행위방법의 위험성으로 인하여 불법이 가중된 구성요건이다.

특수공무방해치사상죄[1]는 특수공무방해죄를 범하여 공무원을 상해 또는 사망에 이르게 함으로써 성립하는 범죄이다. 특수공무방해치사죄의 경우에는 진정결과적 가중범이지만, 특수공무방해치상죄의 경우에는 부진정결과적 가중범으로 해석된다.[2] 직무를 집행하는 공무원에 대하여 위험한 물건을 휴대하여 고의로 상해를 가한 경우에는 특수공무집행방해치상죄만 성립할 뿐, 이와는 별도로 폭력행위처벌법 위반(집단·흉기 등 상해)죄를 구성하지 아니한다.[3]

제 3 절 도주와 범인은닉의 죄

Ⅰ. 도주죄

> 제145조(도주) ① 법률에 따라 체포되거나 구금된 자가 도주한 경우에는 1년 이하의 징역에 처한다.
> 제149조(미수범) 전4조의 미수범은 처벌한다.

---

1) 대법원 2010. 12. 23. 선고 2010도7412 판결(각 피해자들은 피고인 등이 미리 바닥에 뿌려 놓은 윤활유에 미끄러져 넘어지거나 미리 뿌려 놓은 철판조각에 찔려 다쳤다는 것에 지나지 아니하는바, 피고인 등이 위 윤활유나 철판조각을 위 각 피해자들의 면전에서 그들의 공무집행을 방해할 의도로 뿌린 것이라는 등의 특별한 사정이 있는 경우는 별론으로 하고, 단순히 위 피해자 등이 위 공장에 진입할 경우에 대비하여 그들의 부재 중에 미리 뿌려 놓은 것에 불과하다면, 이를 가리켜 위 피해자들에 대한 유형력의 행사, 즉 폭행에 해당하는 것으로 볼 수 없다); 대법원 2010. 11. 11. 선고 2009도11523 판결(이 사건 서울광장은 도로법 제65조 제1항 소정의 행정대집행의 특례 규정이 적용되는 도로법상 도로라고 할 수 없으므로, 서울시청 및 중구청 공무원들이 위와 같이 계고 및 대집행영장에 의한 통지절차를 거치지 아니한 채 한 이 사건 철거대집행은 구체적 직무집행에 관한 법률상 요건과 방식을 갖추지 못한 것으로서 적법성이 결여되었다고 할 것이고, 따라서 피고인들이 이 사건 철거대집행직무를 행하는 공무원들에 대항하여 폭행이나 협박을 가하였다고 하더라도 특수공무집행방해죄는 성립되지 아니한다).
2) 대법원 1995. 1. 20. 선고 94도2842 판결; 대법원 1990. 6. 26. 선고 90도765 판결; 대법원 1990. 6. 22. 선고 90도764 판결(부산동의대사건)(100여 명의 학생들에 의하여 감금당한 전투경찰대원들을 구출하기 위하여 경찰관들이 대학교 도서관으로 진입하려 하자 피고인들이 이를 저지하기 위하여 화염병을 사용하려고 하였는바, 화염병을 도서관 실내 등에 던지게 되면 화염병의 불길이 인화성물질에 번져 도서관이 소훼될 수 있고, 나아가 도서관으로 진입한 경찰관들이 위와 같은 화염병에 의한 불길로 말미암아 사상할 위험이 있다는 것을 충분히 예견할 수 있었음에도 불구하고, 피고인들이 농성학생들과 함께 도서관의 입구 등에 장애물을 설치하고 화염병을 만들어 나누어 가지고 있다가 경찰관들이 도서관으로 진입하면 화염병을 경찰관들이나 도서관의 입구 등에 설치된 장애물 및 도서관의 실내 등에 던져 경찰관들의 진입을 저지함으로써 경찰관들의 구출임무를 방해하기로 순차 공모하고, 이에 따라 피고인들도 그 실행행위를 분담한 후 농성학생들 중 일부가 도서관 복도 중앙에 널려있는 화염병 상자 주위에 석유를 뿌리고, 불을 붙인 화염병을 상자쪽으로 던짐으로써 화재가 발생하고, 도서관으로 진입하던 경찰관들 중 일부가 화염병의 유리조각이나 의자 등에 의하여 상해를 입고, 도서관 복도에서 발생한 화재로 말미암아 일부 경찰관들이 사상에 이르렀다면, 피고인들의 위 행위는 특수공무방해치사상죄를 구성한다).
3) 대법원 2008. 11. 27. 선고 2008도7311 판결.

1. 의의 및 보호법익

도주죄는 법률에 따라 체포되거나 구금된 자가 도주함으로써 성립하는 범죄이다. 본죄는 도주원조죄와 필요적 공범관계에 있다. 본죄의 법적 성격과 관련하여, ① 도주행위의 기수 이후에 도주를 용이하게 한 자에 대해서는 범인은닉죄로 처벌이 가능하다는 점, 도주죄의 공소시효를 도주자의 체포시점부터 기산하게 되면 사실상 공소시효의 완성이 불가능하다는 점 등을 논거로 하여, 즉시범이라는 견해[1], ② 도주죄의 기수 이후 공범성립이 가능하다는 점, 공소시효는 도주자가 체포되어 도주행위가 종료된 시점부터 진행되어야 한다는 점 등을 논거로 하여, 계속범이라는 견해[2], ③ 간수자의 실력적 지배를 이탈함으로써 곧 도주의 기수가 되고 도주행위도 종료한 것이 되지만, 그 이후 국가의 구금권이라는 보호법익의 침해상태가 일정기간 계속된다는 것을 논거로 하여, 상태범이라는 견해[3] 등의 대립이 있다.

이에 대하여 판례는 「도주죄는 즉시범으로서 범인이 간수자의 실력적 지배를 이탈한 상태에 이르렀을 때에 기수가 되어 도주행위가 종료하는 것이고, 도주원조죄는 도주죄에 있어서의 범인의 도주행위를 야기시키거나 이를 용이하게 하는 등 그와 공범관계에 있는 행위를 독립한 구성요건으로 하는 범죄이므로, 도주죄의 범인이 도주행위를 하여 기수에 이른 이후에 범인의 도피를 도와주는 행위는 범인도피죄에 해당할 수 있을 뿐 도주원조죄에는 해당하지 아니한다.」라고 판시[4]하여, 즉시범설의 입장을 취하고 있다.

생각건대 계속범설에 의하면 도주죄가 기수에 이른 후에도 공범이 성립할 수 있고, 도주자가 체포되어야 범행이 종료되므로 사실상 공소시효는 완성될 수 없다는 점에서 부당하다. 그러므로 즉시범설이 타당하다. 한편 본죄의 보호법익은 국가형벌권으로서의 구금기능이고, 보호의 정도는 침해범[5]이다.

2. 구성요건

(1) 주 체

본죄의 주체는 법률에 따라 체포되거나 구금된 자이다. '법률에 따라'란 형식적 적법성이 있으면 족하고 실질적 적법성까지 요하지 아니한다. 그러므로 미결구금된 자가 도주한 후 미결구금의 원인이 된 범죄에 대하여 무죄판결이 확정된다고 할지라도 본죄에 해당한다. 하지만 불법체포된 자[6]는 본죄의 주체에 해당하지 아니한다. '체포된 자'란 영장에 의해 체포된 자·긴급

---

1) 김선복, 712면; 김신규, 906면; 김일수/서보학, 704면; 박상기, 864면; 배종대, 741면; 손동권/김재윤, 830면; 신동운, 201면; 이재상/장영민/강동범, 778면; 이형국/김혜경, 844면; 정영일, 476면.
2) 임 웅, 1017면.
3) 김성돈, 841면; 정성근/정준섭, 556면.
4) 대법원 1991. 10. 11. 선고 91도1656 판결.
5) 반면에 추상적 위험범으로 파악하는 견해로는 김선복, 709면.

체포된 자·현행범인으로 체포된 자 등을 말한다. 하지만 사인에 의하여 현행범인으로 체포된 자는 수사기관에 인도되기 전이라면 본죄의 주체가 될 수 없다.[1] 왜냐하면 사인의 현행범 체포는 국가의 구금권 행사라고 볼 수 없기 때문이다. '구금된 자'란 수형자(기결수)이든 미결수이든 묻지 아니한다. 여기서 수형자는 교도소에 복역중인 자 뿐만 아니라 환형처분으로 노역장에 유치된 자를 포함한다. 미결수는 구속영장에 의한 구금된 자 뿐만 아니라 감정유치 중인 자를 포함한다. 또한 형사소송법상 구인과 구금은 서로 구별되는 개념이기 때문에 구인된 피고인·피의자, 형집행장의 집행에 의하여 구인된 자는 본죄의 주체가 되지 않고[2], 구인된 증인은 국가형벌권의 직접적인 대상이 아니기 때문에 본죄의 주체가 될 수 없다.

　　치료감호 등과 같은 보안처분을 받은 자[3], 출입국관리법에 의한 피수용자 등도 본죄의 주체가 될 수 있다. 하지만 소년원·소년분류심사원 등에 수용되어 있는 소년[4], 아동복지법에 의한 아동복지시설에 수용된 자, 「경찰관 직무집행법」에 의한 보호 중에 있는 자, 「감염병의 예방 및 관리에 관한 법률」에 의한 격리수용된 자 등은 국가형벌권의 직접적인 대상이 아니기 때문에 본죄의 주체가 될 수 없고, 가석방 중에 있는 자·보석 중에 있는 자·형집행정지 또는 구속집행정지 중에 있는 자 등은 구금의 상태에서 벗어나 있기 때문에 본죄의 주체가 될 수 없다.

(2) 행 위

　　본죄의 실행행위는 도주하는 것이다. '도주'란 체포·구금된 상태에서 이탈하는 것을 말한다. 특수도주죄에서 규정한 방법을 제외하고는 도주의 방법에는 제한이 없으며, 부작위에 의한 도주도 가능하다. 일시적 이탈도 이에 해당한다. 본죄는 체포자 또는 간수자의 실력적 지배로부터 완전히 벗어났을 때 기수가 되기 때문에 교도소의 외벽을 넘었다고 할지라도 추적 중에 있는 경우에는 미수에 불과하다.[5]

---

6) 대법원 2006. 7. 6. 선고 2005도6810 판결.

1) 반면에 본죄의 주체가 된다는 견해로는 김성천/김형준, 871면(이 역시 형사소송법에서 정한 체포이므로 국가의 강제처분권에 대한 침해라고 보아야 한다); 오영근, 772면; 정영일, 475면.

2) 이러한 점에서 필자의 기존 견해(초판)를 변경하기로 한다.

3) 반면에 보안처분인 치료감호의 집행을 받고 있는 자가 도주한 때에는 치료감호법 제52조 제1항에 의하여 처벌받게 되므로 본죄가 성립하지 않는다는 견해로는 김선복, 711면; 김신규, 906면; 김혜정 외 4인, 771면; 박상기, 864면; 손동권/김재윤, 830면; 이재상/장영민/강동범, 777면.

4) 소년법 제32조에서 정한 10가지의 보호처분은 그 효력이 동일함에도 불구하고 1호 처분을 받은 소년이 가출을 하거나 6호 처분을 받은 소년이 시설을 이탈하는 경우와 달리 소년원 송치처분을 받은 소년이 소년원을 이탈한 경우에만 도주죄를 적용하는 것은 타당하지 않다는 점, 소년원 송치처분은 공공의 복지를 위한 자유의 제한이 아니라 소년법이 지향하는 소년의 건전한 성장을 돕기 위한 조치라는 점, 보호처분은 소년의 범죄적 위험성으로부터 사회를 방위한다고 하는 보안처분의 성격이 없을 뿐만 아니라 형사처분에서와 같은 일반예방효과를 예정하고 있지 않으며 사회방위적인 효과는 반사적 이익에 불과하다는 점, 소년원 송치처분은 비행소년으로부터 사회를 보호하는 것이 아니라 수용이라는 방법을 이용하여 일정기간 유해환경으로부터 소년을 보호하기 위한 조치라는 점 등을 그 논거로 할 수 있다.

5) 대법원 1991. 10. 11. 선고 91도1656 판결.

Ⅱ. 집합명령위반죄

제145조(집합명령위반) ② 제1항의 구금된 자가 천재지변이나 사변 그 밖에 법령에 따라 잠시 석방된 상황
에서 정당한 이유없이 집합명령에 위반한 경우에도 제1항의 형에 처한다.
제149조(미수범) 전4조의 미수범은 처벌한다.

1. 의 의

집합명령위반죄는 법률에 따라 구금된 자가 천재지변이나 사변 그 밖에 법령에 따라 잠시
석방된 상황에서 정당한 이유없이 집합명령에 위반함으로써 성립하는 범죄이다. 본죄의 법적
성격은 진정신분범이며, 진정부작위범에 해당한다. 또한 집합명령에 응하지 아니하는 부작위가
계속되는 한, 본죄는 종료되지 아니하고 계속되므로 계속범에 해당한다.

2. 구성요건

(1) 주 체

본죄의 주체는 법률에 따라 구금되었다가 천재지변이나 사변 그 밖에 법령에 따라 잠시 석
방된 자이다. 구금된 자를 전제로 하기 때문에 체포 또는 구인된 자는 제외된다. 천재지변이나
사변의 경우라고 할지라도 법령에 의하지 않고 불법출소한 자는 본죄의 주체가 될 수 없다. 그
러므로 6·25 사변시 각 교도소 및 경찰서에 구금되었다가 불법출소하여 그 후 법무부장관이
공고한 기일 내에 자수하지 않은 자에 대하여는 본죄가 아니라 도주죄가 인정된다.[1]

(2) 행 위

본죄의 실행행위는 정당한 이유 없이 집합명령에 위반하는 것이다. '정당한 이유'란 집합명
령에 응하는 것이 기대하기 어렵거나 불가항력적 사유가 있는 경우를 말한다. '집합명령'이란
다수인에게 일정한 장소에 집결하라는 작위명령을 말하고, 이에 응하지 않는 부작위가 있으면
본죄의 기수가 된다.

한편 소장은 교정시설의 안에서 천재지변이나 그 밖의 사변에 대한 피난의 방법이 없는 경
우에는 수용자를 다른 장소로 이송할 수 있는데, 이러한 이송이 불가능하면 수용자를 일시 석
방할 수 있고, 이에 따라 석방된 자는 석방 후 24시간 이내에 교정시설 또는 경찰관서에 출석
하여야 한다(「형의 집행 및 수용자의 처우에 관한 법률」 제102조). 정당한 사유 없이 이를 위반하여 일
시석방 후 24시간 이내에 교정시설 또는 경찰관서에 출석하지 아니하면 1년 이하의 징역에 처
한다(동법 제133조 제1호).

---

1) 대법원 1954. 7. 3. 선고 4287형상45 판결.

Ⅲ. 특수도주죄

> 제146조(특수도주) 수용설비 또는 기구를 손괴하거나 사람에게 폭행 또는 협박을 가하거나 2인 이상이 합동하여 전조 제1항의 죄를 범한 자는 7년 이하의 징역에 처한다.
> 제149조(미수범) 전4조의 미수범은 처벌한다.

1. 의 의

특수도주죄는 체포 또는 구금된 자가 수용설비 또는 기구를 손괴하거나 사람에게 폭행 또는 협박을 가하거나 2인 이상이 합동하여 도주함으로써 성립하는 범죄이다. 단순도주죄와 비교하여 행위태양의 위험성으로 인하여 불법이 가중된 구성요건이다.

2. 구성요건

(1) 수용설비 또는 기구를 손괴하여 도주

'수용설비'는 사람의 신체의 자유를 계속적으로 구금하기 위한 장소·시설을 말한다. 예를 들면 교도소·구치소·소년원·경찰서의 유치장 등이 이에 해당한다. 구금장소 뿐만 아니라 구금장소에 설치된 자물쇠, 호송차량 등도 이에 해당한다. '기구'란 신체의 자유를 직접 구속하는데 사용되는 장비를 말한다. 예를 들면 포승·수갑·사슬·안면보호구 등의 계구가 이에 해당한다.

본죄에서 말하는 손괴는 물리적인 손괴를 의미하기 때문에 구금장소의 자물쇠를 열거나 단순히 수갑을 풀고 도주하는 경우에는 본죄가 아니라 단순도주죄에 해당할 뿐이다. 손괴는 도주의 수단으로 이루어져야 한다. 그러므로 수갑을 찬 채로 도주하고 나서 수갑을 풀기 위하여 손괴한 경우에는 본죄에 해당하지 아니한다.

(2) 사람에게 폭행 또는 협박하여 도주

도주의 수단으로 간수자 또는 그 협력자에게 폭행 또는 협박을 하는 것을 말한다. 여기서의 폭행·협박은 광의의 개념을 의미한다.

(3) 2인 이상이 합동하여 도주

'2인 이상이 합동하여'란 2인 이상이 의사연락하여 시간적·장소적으로 협력관계를 이루어 도주하는 것을 말한다. 여기서 '2인 이상의 자'는 모두 법률에 의하여 구금된 자임을 요한다. 그러므로 도주를 협력한 제3자는 본죄와 필요적 공범관계에 있는 도주원조죄의 성립이 가능하지만, 합동도주죄로는 처벌할 수 없다.[1] 합동도주는 합동한 각자가 모두 도주에 착수하여야 한다. 반드시 동시에 할 필요는 없지만, 동일한 기회에 도주하여야 한다.

---

1) 반면에 피구금자합동도주에 대한 제3자의 공범은 부인되지만, 피체포자합동도주에 대한 제3자의 공범은 가능하다는 견해로는 김일수/서보학, 710면.

Ⅳ. 도주원조죄

제147조(도주원조) 법률에 의하여 구금된 자를 탈취하거나 도주하게 한 자는 10년 이하의 징역에 처한다.
제149조(미수범) 전4조의 미수범은 처벌한다.
제150조(예비, 음모) 제147조와 제148조의 죄를 범할 목적으로 예비 또는 음모한 자는 3년 이하의 징역에
처한다.

1. 의 의

도주원조죄는 법률에 의하여 구금된 자를 탈취하거나 도주하게 함으로써 성립하는 범죄이다. 도주죄의 교사 또는 방조에 해당하는 행위를 독립된 범죄로 규정하면서 자기도주에 비하여 형을 가중하고 있다. 도주죄와 필요적 공범관계에 있으므로 총칙상의 임의적 공범규정은 그 적용이 없다. 그러므로 구금된 자는 타인을 교사하여 자기를 도주하게 하였어도 본죄의 교사범이 아니라 도주죄만 성립한다.

2. 구성요건

(1) 주 체

본죄의 주체는 간수자도주원조죄와의 관계상 법률에 의하여 구금된 자를 간수 또는 호송하는 자 이외의 제3자이다. 법률에 의하여 구금되어 있는 자도 다른 구금자를 도주하게 한 때에는 본죄에 해당한다. 하지만 피구금자가 함께 도주한 때에는 경우에 따라 합동도주죄가 성립할 수 있다.

(2) 객 체

본죄의 객체는 법률에 의하여 구금된 자이다. 구금은 적법한 것이어야 한다. 아직 구금단계에 이르지 못하고, 체포되어 연행 중인 자는 본죄의 객체가 될 수 없다.[1] 본죄는 도주죄에 있어서의 범인의 도주행위를 야기시키거나 이를 용이하게 하는 등 그와 공범관계에 있는 행위를 독립한 구성요건으로 하는 범죄이므로, 도주죄의 범인이 도주행위를 하여 기수에 이른 이후에 범인의 도피를 도와주는 행위는 범인도피죄에 해당할 수 있을 뿐 본죄에는 해당하지 아니한다.[2]

(3) 행 위

본죄의 실행행위는 탈취하거나 도주하게 하는 것이다. '탈취'란 피구금자를 간수자의 실력적 지배로부터 이탈시켜 자기 또는 제3자의 실력적 지배로 옮기는 것을 말한다. 피구금자의 동의 여부나 도주의사의 여부도 묻지 아니한다. '도주하게 하는 것'은 피구금자의 도주를 야기시키거나 이를 용이하게 하는 일체의 행위를 말한다. 도주의 의사가 없던 피구금자로 하여금 도주의사를 갖도록 교사하거나 방조하는 것이 이에 해당한다.

---

[1] 반면에 본죄가 성립한다는 견해로는 신동운, 203면.
[2] 대법원 1991. 10. 11. 선고 91도1656 판결.

Ⅴ. 간수자도주원조죄

> 제148조(간수자의 도주원조) 법률에 의하여 구금된 자를 간수 또는 호송하는 자가 이를 도주하게 한 때에는 1년 이상 10년 이하의 징역에 처한다.
> 제149조(미수범) 전4조의 미수범은 처벌한다.
> 제150조(예비, 음모) 제147조와 제148조의 죄를 범할 목적으로 예비 또는 음모한 자는 3년 이하의 징역에 처한다.

1. 의 의

간수자도주원조죄는 법률에 의하여 구금된 자를 간수 또는 호송하는 자가 이를 도주하게 함으로써 성립하는 범죄이다. 본죄는 도주원조죄와 비교하여 직무위반적 성질로 인하여 불법이 가중된 구성요건이다.

2. 구성요건

(1) 주 체

본죄의 주체는 법률에 의하여 구금된 자를 간수 또는 호송하는 자이다(부진정신분범). 간수 또는 호송의 임무는 법령의 근거를 가질 필요가 없으며, 사실상 그 임무에 종사하고 있으면 충분하다. 그러므로 공무원에 국한되지 아니한다.

(2) 객 체

본죄의 객체는 법률에 의하여 구금된 자이다. 체포된 자는 본죄의 객체가 되지 아니한다. 현행범인을 체포한 사인이 아직 체포단계에 있는 자를 수사기관에 인도하지 않고 풀어준 것은 본죄에 해당하지 아니한다.

(3) 행 위

본죄의 실행행위는 피구금자를 도주하게 하는 것이다. 그 방법에는 제한이 없으며, 이미 도주의 의사를 가진 자에 대하여 그 실행을 용이하게 하는 것도 포함한다. 부작위에 의한 방법으로도 가능하다. 피구금자가 간수자나 호송자의 실력적 지배를 벗어난 때에 기수가 되며, 피구금자가 도주에 완전히 성공하였는지 여부는 불문한다.

Ⅵ. 범인은닉 · 도피죄

> 제151조(범인은닉과 친족간의 특례) ① 벌금 이상의 형에 해당하는 죄를 범한 자를 은닉 또는 도피하게 한 자는 3년 이하의 징역 또는 500만원 이하의 벌금에 처한다.
> ② 친족 또는 동거의 가족이 본인을 위하여 전항의 죄를 범한 때에는 처벌하지 아니한다.

1. 의의 및 보호법익

범인은닉·도피죄는 벌금 이상의 형에 해당하는 죄를 범한 자를 은닉 또는 도피하게 함으로써 성립하는 범죄이다. 본죄의 보호법익은 국가의 형사사법기능이고, 보호의 정도는 추상적 위험범[1]이며, 법적 성격은 계속범[2]에 해당한다.

2. 구성요건

(1) 주 체

본죄의 주체는 본범 이외의 모든 제3자이다. 범인의 자기은닉·도피는 본죄의 구성요건해 당성이 없다. 이와 같이 본죄는 타인을 도피하게 하는 경우에 성립할 수 있는데, 여기에서 타인에는 공범도 포함되지만 범인 스스로 도피하는 행위는 처벌되지 아니한다. 또한 공범 중 1인이 그 범행에 관한 수사절차에서 참고인 또는 피의자로 조사받으면서 자기의 범행을 구성하는 사실관계에 관하여 허위로 진술하고 허위 자료를 제출하는 것은 자신의 범행에 대한 방어권 행사의 범위를 벗어난 것으로 볼 수 없다. 이러한 행위가 다른 공범을 도피하게 하는 결과가 된다고 하더라도 범인도피죄로 처벌할 수 없다. 이때 공범이 이러한 행위를 교사하였더라도 범죄가 될 수 없는 행위를 교사한 것에 불과하여 범인도피교사죄가 성립하지 않는다.[3] 하지만 공동정범 중의 1인이 다른 공동정범을 도피하게 한 경우에는 본죄가 성립한다.[4]

한편 본범이 자신을 위하여 타인으로 하여금 허위의 자백을 하게 하여 범인도피죄를 범하게 하는 행위의 죄책과 관련하여, ① 자기비호의 한계를 벗어나 방어권을 남용한 것이라는 점을 논거로 하여, 범인도피죄의 교사범의 성립을 긍정하는 견해[5], ② 범인도피죄의 교사범의 성립을 부정하는 견해[6], ③ 범인이 자신을 은닉·도피시키는 타인의 행위에 기본적으로 협력하면서 통상적으로 가담한 경우에는 자기비호의 연장에 불과하지만, 타인의 행위를 적극적으로 야

---

1) 대법원 2003. 12. 12. 선고 2003도4533 판결(범인도피죄는 범인은닉 이외의 방법으로 범인에 대한 수사, 재판 및 형의 집행 등 형사사법의 작용을 곤란 또는 불가능하게 하는 행위를 말하는 것으로서 그 방법에는 어떠한 제한이 없고, 또 위 죄는 위험범으로서 현실적으로 형사사법의 작용을 방해하는 결과가 초래될 것이 요구되지 아니한다).

2) 대법원 2012. 8. 30. 선고 2012도6027 판결(범인도피죄는 범인을 도피하게 함으로써 기수에 이르지만 범인도피행위가 계속되는 동안에는 범죄행위도 계속되고 행위가 끝날 때 비로소 범죄행위가 종료되고, 공범자의 범인도피행위의 도중에 그 범행을 인식하면서 그와 공동의 범의를 가지고 기왕의 범인도피상태를 이용하여 스스로 범인도피행위를 계속한 자에 대하여는 범인도피죄의 공동정범이 성립한다. 이는 그 공범자의 범행을 방조한 종범의 경우도 마찬가지이다); 대법원 1995. 9. 5. 선고 95도577 판결.

3) 대법원 2018. 8. 1. 선고 2015도20396 판결.

4) 대법원 1983. 11. 14. 선고 83도47 판결; 대법원 1958. 1. 14. 선고 4290형상393 판결.

5) 김혜정 외 4인, 777면; 신동운, 212면; 정영일, 482면.

6) 김선복, 718면; 김신규, 915면; 김일수/서보학, 714면; 박상기, 869면; 배종대, 745면; 손동권/김재윤, 836면; 오영근, 785면; 이영란, 849면; 이재상/장영민/강동범, 782면; 이형국/김혜경, 849면; 임 웅, 1025면; 정성근/정준섭, 562면.

기하거나 자신의 은닉·도피를 주도하는 자로 하여금 허위의 자백을 하게 하는 등 방어권의 남용으로 볼 수 있는 경우에는 교사범의 성립을 긍정하는 절충적인 견해[1] 등의 대립이 있다.

이에 대하여 판례는 「범인 스스로 도피하는 행위는 처벌되지 아니하므로, 범인이 도피를 위하여 타인에게 도움을 요청하는 행위 역시 도피행위의 범주에 속하는 한 처벌되지 아니하며, 범인의 요청에 응하여 범인을 도운 타인의 행위가 범인도피죄에 해당한다고 하더라도 마찬가지이다. 다만 범인이 타인으로 하여금 허위의 자백을 하게 하는 등으로 범인도피죄를 범하게 하는 경우와 같이 그것이 방어권의 남용으로 볼 수 있을 때에는 범인도피교사죄에 해당할 수 있다. 이 경우 방어권의 남용이라고 볼 수 있는지 여부는 범인을 도피하게 하는 것이라고 지목된 행위의 태양과 내용, 범인과 행위자의 관계, 행위 당시의 구체적인 상황, 형사사법의 작용에 영향을 미칠 수 있는 위험성의 정도 등을 종합하여 판단하여야 한다.」라고 판시[2]하여, 절충설의 입장을 취하고 있다. 이와 같은 법리는 범인을 위해 타인이 범하는 범인도피죄를 범인 스스로 방조하는 경우에도 마찬가지로 적용된다.[3]

생각건대 범인의 자기은닉·도피의 교사는 자기비호의 연장에 불과하다는 점, 정범이 될 수 없는 자가 공범으로 처벌되는 것은 논리적 모순이라는 점, 친족 또는 가족이 범인을 위하여 은닉·도피하게 하는 행위를 처벌하지 않는다는 점 등을 논거로 하여, 범인도피죄의 교사범의 성립을 부정하는 것이 타당하다.

(2) 객 체
1) 벌금 이상의 형에 해당하는 죄를 범한 자

본죄의 객체는 벌금 이상의 형에 해당하는 죄를 범한 자이다. 여기서 벌금 이상의 형은 법정형을 의미하는데, 형법에 규정된 죄는 모두 벌금 이상의 형에 해당한다. '죄를 범한 자'란 정범뿐만 아니라 교사범·방조범, 미수범·예비·음모한 자 등을 모두 포함한다. 다만 구성요건에 해당하고 위법·유책한 행위를 한 자이어야 하며, 처벌조건이나 소추조건을 구비해야 하는 범죄에 있어서는 이러한 요건까지 구비하고 있어야 한다.

본죄에서 '죄를 범한 자'란 반드시 공소제기가 되거나 유죄의 판결을 받은 자 뿐만 아니라 범죄의 혐의를 받아 수사 중인 자도 포함되므로[4], 경찰에서 수배중인 자임을 인식하면서 동인을 투숙하게 하여 체포를 면하게 한 경우에는 본죄가 성립한다.[5] 나아가 벌금 이상의 형

1) 김성돈, 848면.
2) 대법원 2014. 4. 10. 선고 2013도12079 판결(공소외인은 피고인이 평소 가깝게 지내던 후배인 점, 피고인은 자신의 휴대폰을 사용할 경우 소재가 드러날 것을 염려하여 공소외인에게 요청하여 대포폰을 개설하여 받고, 공소외인에게 전화를 걸어 자신이 있는 곳으로 오도록 한 다음 공소외인이 운전하는 자동차를 타고 청주시 일대를 이동하여 다닌 것으로서, 피고인의 이러한 행위는 형사사법에 중대한 장애를 초래한다고 보기 어려운 통상적 도피의 한 유형으로 볼 여지가 충분하다); 대법원 2014. 3. 27. 선고 2013도152 판결.
3) 대법원 2008. 11. 13. 선고 2008도7647 판결.
4) 대법원 1982. 1. 26. 선고 81도1931 판결.
5) 대법원 1983. 8. 23. 선고 83도1486 판결.

에 해당하는 죄를 범한 자라는 것을 인식하면서도 도피하게 한 경우에는 그 자가 당시에는 아직 수사대상이 되어 있지 않았다고 하더라도 본죄가 성립한다.[1] 하지만 사실상 죄를 범한 경우라고 할지라도 무죄·면소의 판결이 확정된 자, 공소시효의 완성·형의 폐지·사면 등으로 처벌이 불가능한 자, 친고죄에서 고소기간이 도과되거나 고소가 취소된 자 등은 본죄의 객체가 될 수 없다.

한편 본범이 검사에 의하여 불기소처분을 받은 경우에 본죄의 객체가 되는지 여부와 관련하여, ① 사실상 형사절차가 종결된다는 점에서 본죄의 객체가 될 수 없다는 소극설[2], ② 검찰의 불기소처분은 궁극적인 유·무죄의 판단이 아니라는 점에서 본죄의 객체가 될 수 있다는 적극설[3] 등의 대립이 있다.

이에 대하여 판례는「구속수사의 대상이 된 소송외인이 그 후 무혐의로 석방되었다고 하더라도 범인은닉죄의 성립에 영향이 없다.」라고 판시[4]하여, 적극설의 입장을 취하고 있다.

생각건대 검찰의 불기소처분이 이루어진다고 하여 모든 형사절차가 궁극적으로 종결되는 것은 아니다. 왜냐하면 불기소처분에 대한 불복의 방법으로 검찰항고·재정신청·헌법소원 등의 구제절차가 진행되는 경우도 있기 때문이다. 그러므로 불기소처분에 대한 불복방법이 모두 종료되어 완전한 의미의 불기소가 이루어진 경우에 한하여 본죄의 객체성을 부정하는 것이 타당하다.

2) 진범의 요부

벌금 이상의 형에 해당하는 죄를 범한 자가 진범임을 요하는지 여부와 관련하여, ① 본죄의 구성요건이 죄를 '범한' 자로 되어 있다는 점, 진범이 아닌 자의 은닉행위는 국가의 형사사법 기능을 해할 위험이 없다는 점 등을 논거로 하여, 진범일 것을 요한다는 견해(적극설)[5], ② 진범일 필요는 없고 수사 또는 소추를 받고 있는 자이면 족하다는 견해(소극설)[6], ③ 수사개시 전이라면 진범임을 요하나, 수사개시 후라면 진범이거나 적어도 진범이라고 강하게 의심받는 자이어야 하며, 소추 이후라면 진범 여부를 불문한다는 견해(절충설)[7], ④ 진범인은 당연히 본죄의 객체에 해당하지만, 은닉하거나 도피시키는 행위가 있는 단계에서 객관적이고 합리적인 판단에 의하여 진범인이라고 강하게 의심받는 자도 객체에 해당한다는 견해(강력혐의자포함설)[8] 등의 대립이 있다.

1) 대법원 2003. 12. 12. 선고 2003도4533 판결.
2) 김선복, 719면; 김혜정 외 4인, 778면; 손동권/김재윤, 837면; 이영란, 851면; 이형국/김혜경, 850면; 최호진, 877면.
3) 김성천/김형준, 878면; 김신규, 916면.
4) 대법원 1982. 1. 26. 선고 81도1931 판결.
5) 김선복, 719면; 오영근, 782면; 이영란, 851면; 이재상/장영민/강동범, 785면; 정성근/정준섭, 563면.
6) 김성돈, 850면; 김성천/김형준, 878면; 김신규, 916면; 김혜정 외 4인, 777면; 박상기, 867면; 배종대, 746면; 손동권/김재윤, 838면; 이형국/김혜경, 850면; 임 웅, 1027면; 정영일, 483면.
7) 김일수/서보학, 716면.
8) 신동운, 207면.

이에 대하여 판례는 「제151조 제1항에서 정한 '죄를 범한 자'는 범죄의 혐의를 받아 수사대상이 되어 있는 사람이면 그가 진범인지 여부를 묻지 않고 이에 해당한다.」라고 판시[1]하여, 소극설의 입장을 취하고 있다.

생각건대 적극설에 의하면 아직 진범인지의 여부가 불확실한 피의자·피고인을 은닉시킨 경우에는 본죄의 성립을 불가능하게 하는 문제가 있다는 점, 본범이 진범이 아니라고 오신하면 본죄의 고의가 항상 부정되는 불합리가 발생한다는 점 등을 논거로 하여, 진범일 필요는 없고 수사 또는 소추를 받고 있는 자이면 족하다는 소극설이 타당하다.

(3) 행 위

1) 은 닉

'은닉'이란 죄를 범한 자임을 인식하면서 장소를 제공하여 체포를 면하게 하는 것을 말한다. 죄를 범한 자에게 장소를 제공한 후 동인에게 일정 기간 동안 경찰에 출두하지 말라고 권유하는 언동을 하여야만 본죄가 성립하는 것이 아니며, 그 권유에 따르지 않을 경우 강제력을 행사하여야만 한다거나 죄를 범한 자가 은닉자의 말에 복종하는 관계에 있어야만 본죄가 성립하는 것도 아니다.[2] 은닉의 방법에는 제한이 없기 때문에 부작위에 의해서도 가능하다. 하지만 범인에 대한 신고의무가 없는 일반인은 부작위에 의한 은닉이 인정될 수 없다.[3]

2) 도 피

'도피'란 은닉 이외의 방법으로 범인에 대한 수사·재판 및 형의 집행 등 형사사법의 작용을 곤란 또는 불가능하게 하는 일체의 행위로서 그 수단과 방법에는 아무런 제한이 없다. 은닉이 일정한 장소적 관련성을 갖는 행위태양인 반면에, 도피는 장소적 관련성을 넘어 상황적 관련성을 갖는 행위태양이라는 점에서 구별된다. 또한 범인도피죄는 위험범으로서 현실적으로 형사사법의 작용을 방해하는 결과를 초래할 필요는 없으나, 다른 한편 형사사법의 작용을 방해하는 모든 행위 내지 범인을 돕는 모든 행위가 범인도피죄의 구성요건에 해당한다고 본다면 이는 일반 국민의 행동의 자유를 지나치게 제한하는 것으로서 부당하므로, 적어도 함께 규정되어 있는 은닉행위에 비견될 정도로 수사기관으로 하여금 범인의 발견·체포를 곤란하게 하는 행위, 즉 직접 범인을 도피시키는 행위 또는 도피를 직접적으로 용이하게 하는 행위에 한정된다.[4] 그러므로 그 자체가 도피시키는 것을 직접의 목적으로 한 것이라고는 보기 어려운 행위로 말미암아 간접적으로 범인이 안심하여 도피할 수 있도록 하는 것과 같은 경우는 이에 포함되지 아니한다.[5] 나아가 어떤 행위가 범인도피죄에 해당하는 것처럼 보이더라도 그것이 사회적으로 상당

---

1) 대법원 2014. 3. 27. 선고 2013도152 판결; 대법원 2007. 2. 22. 선고 2006도9139 판결; 대법원 2003. 12. 12. 선고 2003도45338 판결; 대법원 1960. 2. 24. 선고 4292형상555 판결.
2) 대법원 2002. 10. 11. 선고 2002도3332 판결.
3) 대법원 1984. 2. 14. 선고 83도2209 판결.
4) 대법원 2013. 1. 10. 선고 2012도13999 판결.
5) 대법원 1995. 3. 3. 선고 93도3080 판결.

성이 있는 행위일 때에는 처벌할 수 없다.

   판례에 의하면, ① 피의자가 실제 업주로부터 금전적 이익 등을 제공받기로 하고 단속이 되면 실제 업주를 숨기고 자신이 대신하여 처벌받기로 하는 역할(이른바 '바지사장')을 맡기로 하는 등 수사기관을 착오에 빠뜨리기로 하고, 단순히 실제 업주라고 진술하는 것에서 나아가 게임장 등의 운영 경위, 자금 출처, 게임기 등의 구입 경위, 점포의 임대차계약 체결 경위 등에 관하여서까지 적극적으로 허위로 진술하거나 허위 자료를 제시한 경우[1], ② 음주운전 혐의로 적발되자 평소 알고 지내던 육군 헌병대 소속 공소외 1을 불러내어 그로 하여금 단속경찰관인 공소외 2가 피고인에 대한 주취운전자 적발보고서를 작성하거나 재차 음주측정을 하지 못하도록 제지한 경우[2], ③ 범인으로 혐의를 받아 수사기관으로부터 수사 중인 경우에 범인 아닌 다른 자로 하여금 범인으로 가장하게 하여 수사를 받도록 함으로서 범인체포에 지장을 초래하게 한 경우[3], ④ 피고인이 수사기관에 적극적으로 범인임을 자처하고 허위사실을 진술함으로써 실제 범인을 도피하게 한 경우[4], ⑤ 범인이 기소중지자임을 알고도 범인의 부탁으로 다른 사람의 명의로 대신 임대차계약을 체결해 준 경우[5], ⑥ 피고인이 국방부 합동조사단장으로부터 공소외 1의 병무비리사건과 관련하여 뇌물수수 등의 혐의로 수배 중인 공소외 2를 체포하도록 구체적인 임무를 부여받아 그 직무를 수행함에 있어 공소외 2와 여러 차례에 걸쳐 전화통화를 하고, 나아가 공소외 2를 위하여 서류를 전달해주는 한편 그의 예금통장까지 개설해 준 경우[6], ⑦ 피고인이 검사로부터 범인을 검거하라는 지시를 받고서도 그 직무상의 의무에 따른 적절한 조치를 취하지 아니하고 오히려 범인에게 전화로 도피하라고 권유하여 그를 도피하게 한 경우[7], ⑧ 공범이 더 있다는 사실을 숨긴 채 허위보고를 하고 조사를 받고 있는 범인에게 다른 공범이 더 있음을 실토하지 못하도록 한 경우[8], ⑨ 사제가 죄지은 자를 능동적으로 고발하지 않는 것에 그치지 아니하고 은신처마련, 도피자금 제공 등 범인을 적극적으로 은닉·도피하게 한 경우[9], ⑩ 공소외인이 벌금 이상의 형에 해당하는 죄를 범한 자라는 것을 인식하면서도 사건 당일 그 증거물인 사고 차량을 치워 수리하도록 하는 한편, 공소외인을 외국으로 도피하게 한 경우[10], ⑪ 피고인이 살인미수의 피의자를 상피고인에게 연락하여 만나게 해주고 동인으로 하여금 도피를 용이하게 한 경우[11], ⑫ 변호인이 의뢰인의 요청에 따른 변론행위라는 명목으로 수사기관이나 법원에 대하여 적극적으로 허위의 진술을 하거나 피고인 또는 피의자로 하여금 허위진술을 하도록 하는 경우[12] 등에 있어서는 본죄가 성립한다.

   하지만 ① 참고인이 수사기관에서 범인에 관하여 조사를 받으면서 그가 알고 있는 사실을 묵비하거나

---

1) 대법원 2010. 1. 28. 선고 2009도10709 판결.

2) 대법원 2006. 5. 26. 선고 2005도7528 판결.

3) 대법원 1967. 5. 23. 선고 67도366 판결.

4) 대법원 2000. 11. 24. 선고 2000도4078 판결; 대법원 1996. 6. 14. 선고 96도1016 판결; 대법원 1977. 2. 22. 선고 76도3685 판결.

5) 대법원 2004. 3. 26. 선고 2003도8226 판결.

6) 대법원 1999. 11. 26. 선고 99도1904 판결.

7) 대법원 1996. 5. 10. 선고 96도51 판결.

8) 대법원 1995. 12. 26. 선고 93도904 판결.

9) 대법원 1983. 3. 8. 선고 82도3248 판결.

10) 대법원 2003. 12. 12. 선고 2003도4533 판결.

11) 대법원 1990. 12. 26. 선고 90도2439 판결.

12) 대법원 2012. 8. 30. 선고 2012도6027 판결.

허위로 진술하였다고 하더라도, 그것이 적극적으로 수사기관을 기만하여 착오에 빠지게 함으로써 범인의 발견 또는 체포를 곤란 내지 불가능하게 할 정도의 것이 아닌 경우[1], ② 「게임산업 진흥에 관한 법률」 위반의 혐의로 수사기관에서 조사받는 피의자가 사실은 게임장의 실제 업주가 아니라 그 종업원임에도 불구하고 자신이 실제 업주라고 허위로 진술한 경우[2], ③ 참고인이 실제의 범인이 누군지도 정확하게 모르는 상태에서 수사기관에서 실제의 범인이 아닌 어떤 사람을 범인이 아닐지도 모른다고 생각하면서도 그를 범인이라고 지목하는 허위의 진술을 한 경우에는 참고인의 허위 진술에 의하여 범인으로 지목된 사람이 구속기소됨으로써 실제의 범인이 용이하게 도피하는 결과를 초래한 경우[3], ④ 수사절차에서 작성되는 신원보증서는 체포된 피의자 석방의 필수적인 요건이거나 어떠한 법적 효력이 있는 것은 아니고, 다만 피의사건이 비교적 경미한 경우 피의자와 일정한 관계에 있는 신원보증인이 수사기관에 대하여 피의자의 신분, 직업, 주거 등을 보증하고 향후 수사기관이나 법원의 출석요구에 사실상 협조하겠다는 의사를 표시하는 것으로서 피의자나 신원보증인에게 심리적인 부담을 줌으로써 수사기관이나 재판정에의 출석 또는 형 집행 등 형사사법절차상의 편의를 도모하는 것에 불과하여 보증인에게 법적으로 진실한 서류를 작성·제출할 의무가 부과된 것은 아니므로, 신원보증서를 작성하여 수사기관에 제출하는 보증인이 피의자의 인적사항을 허위로 기재한 경우[4], ⑤ 참고인의 허위진술로 말미암아 증거가 불충분하게 되어 범인을 석방하게 되는 결과가 되었다고 하더라도 참고인이 수사기관에서 진술을 함에 있어 단순히 범인으로 체포된 사람과 동인이 목격한 범인이 동일함에도 불구하고 동일한 사람이 아니라고 허위진술을 한 정도의 경우[5], ⑥ 피고인이 절도사건과 관련하여 사법경찰리로부터 조사받는 과정에서 공범인 상피고인들의 이름을 단순히 묵비한 경우[6], ⑦ 폭행사건 현장의 참고인이 출동한 경찰관에게 범인의 이름 대신 허무인의 이름을 대면서 구체적인 인적사항에 대한 언급을 피한 경우[7], ⑧ 지명수배자인 공소외 1이 공소외인과 술을 마시다가 검문을 받아 도주한 사실을 알면서도 검찰에서 참고인으로 진술함에 있어서 공소외 1을 잘 알지 못할 뿐만 아니라 공소외인과 함께 술을 마신 사람 가운데 공소외 1은 없었다고 허위진술한 경우[8], ⑨ 단순히 안부를 묻거나 통상적인 인사말 등만으로는 범인을 도피하게 한 것이라고 할 수 없을 것인바, 주점 개업식 날 찾아 온 범인에게 '도망다니면서 이렇게 와 주니 고맙다. 항상 몸조심하고 주의하여 다녀라. 열심히 살면서 건강에 조심하라.'고 말한 경우[9], ⑩ 이 사건 오락실은 피고인 1이 주로 운영하였으나 피고인 2도 등록명의만을 빌려준 것이 아니라 피고인 1과 공동으로 이를 운영하였다고 봄이 상당한 점 등에 비추어 볼 때, 피고인 2가 수사기관에서 '이 사건 오락실의 실제 업주로서 이를 단독으로 운영하였다'는 취지로 허위진술하여 공범인 피고인 1의 존재를 숨긴 경우[10], ⑪ 공소외인으로부터 공소외 1에게 송금하여 달라는 부탁과 함께 자기앞수표를 받아 이를 가명으로 예금하여 두었지만 피고인이 현실적으로 공소외 1에게 송금하지 아니한 경우[11], ⑫ 피고인 3이 원심공동피

---

1) 대법원 2013. 1. 10. 선고 2012도13999 판결.
2) 대법원 2012. 8. 30. 선고 2010도13694 판결; 대법원 2010. 2. 11. 선고 2009도12164 판결.
3) 대법원 1997. 9. 9. 선고 97도1596 판결.
4) 대법원 2003. 2. 14. 선고 2002도5374 판결.
5) 대법원 1987. 2. 10. 선고 85도897 판결.
6) 대법원 1984. 4. 10. 선고 83도3288 판결.
7) 대법원 2008. 6. 26. 선고 2008도1059 판결.
8) 대법원 1991. 8. 27. 선고 91도1441 판결.
9) 대법원 1992. 6. 12. 선고 92도736 판결.
10) 대법원 2008. 12. 24. 선고 2007도11137 판결.

고인으로부터 받은 돈 중 일부를 공소외 1의 자녀들의 생활비로 교부하고 일부는 원심공동피고인의 변호사 선임비로 사용하였으며, 피고인 3이 공소외 1의 부탁을 받고 공소외 1의 자녀들을 미국으로 보내기 위하여 김포공항까지 안내하여 주어 공소외 1을 도피하게 한 경우[1] 등에 있어서는 본죄가 성립하지 아니한다.

(4) 주관적 구성요건

본죄에 있어서 벌금 이상의 형에 해당하는 자에 대한 인식은 실제로 벌금 이상의 형에 해당하는 범죄를 범한 자라는 것을 인식함으로써 족하고, 그 법정형이 벌금 이상이라는 것까지 알 필요는 없는 것이고, 범죄의 구체적인 내용이나 범인의 인적사항 및 공범이 있는 경우 공범의 구체적인 인원수 등까지 알 필요는 없다.[2] 범인은닉의 목적이나 동기도 불문한다. 본범의 죄가 벌금 이상의 형에 해당하는 죄가 아니라고 오인한 경우에는 사실의 착오로서 고의가 조각된다.

3. 친족 간의 특례

(1) 의 의

범인의 친족 또는 동거의 가족이 범인을 위하여 범인은닉·도피죄를 범한 때에는 처벌하지 아니한다(제151조 제2항). 이는 적법행위에 대한 기대가능성이 없기 때문에 책임이 조각되는 것으로 파악된다.[3] 그러므로 이에 해당할 경우에는 형면제판결이 아니라 무죄판결을 선고해야 한다.[4]

(2) 적용요건

친족 간의 특례가 적용되기 위해서는 범인의 친족 또는 동거의 가족이 본인을 위하여 본죄를 범해야 한다. 사실혼관계에 있는 자는 민법 소정의 친족이라고 할 수 없어 여기서 말하는 친족에 해당하지 아니한다.[5] 가족은 동거가족에 한정되므로 분가한 가족은 친족이 아니면 특례가 적용되지 아니한다. 한편 친족에는 모든 가족이 포함되기 때문에 법문상 '동거의 가족'이라는 부분은 사족에 불과하다. 그러므로 가족은 동거의 유무를 불문하고 친족 간의 특례가 적용된다.

---

11) 대법원 1995. 3. 3. 선고 93도3080 판결.
 1) 대법원 1995. 3. 3. 선고 93도3080 판결.
 2) 대법원 1995. 12. 26. 선고 93도904 판결(피고인들이 물고문에 가담한 자가 공소외 1, 2 이외에 더 있었다는 사실을 충분히 인식하고도 변사사건 발생보고서를 받아 보고 이를 그대로 용인한 다음 이를 치안본부장 및 검찰에 이르도록 하고 나아가 공소외 1 등에게 예행연습을 시키거나 조사를 받고 있는 공소외 1, 2에게 다른 범인이 더 있음을 실토하지 아니하도록 설득까지 하였다면 피고인들에게는 물고문 도중에 일어난 사고를 변사사건 발생보고서에 기재된 대로 단순 쇼크사로 은폐하거나 축소함으로써 그 범인들을 도피하게 하려는 고의가 있었다).
 3) 반면에 인적 처벌조각사유로 판단하는 견해로는 신동운, 216면.
 4) 대법원 2007. 11. 29. 선고 2007도7062 판결.
 5) 대법원 2003. 12. 12. 선고 2003도4533 판결; 대법원 2001. 6. 29. 선고 2001도2514 판결; 대법원 1980. 4. 22. 선고 80도485 판결. 반면에 내연관계에 있는 자와 그 자녀도 특례를 적용해야 한다는 견해로는 김성천/김형준, 881면.

'본인의 이익을 위하여'란 본인의 형사책임상의 이익을 위한 것을 말한다. 본인의 이익과 함께 공범자의 이익을 위한 경우에도 특례가 적용되는지 여부와 관련하여, ① 부정해야 한다는 견해[1], ② 적법행위에 대한 기대불가능성을 특례의 존재근거로 보아야 하기 때문에 긍정해야 한다는 견해[2] 등의 대립이 있다.

생각건대 본인이 제3자와 범행을 한 경우라고 할지라도 친족의 입장에서는 본인을 위하여 은닉·도피시키는 것이 인지상정이며, 이로 인하여 제3자의 은닉·도피에 도움을 주었다고 할지라도 이는 반사적인 이익에 불과하기 때문에 친족 간의 특례를 적용하는 것이 타당하다.

(3) 공범관계

친족간의 특례는 범인과 친족인 자와 친족관계가 없는 자가 공범관계에 있는 경우에는 공범과 신분에 관한 제33조가 적용되지 아니한다. 그러므로 친족과 비친족이 공동정범이 되는 경우에도 특례규정은 친족에게만 적용되어 친족은 불가벌이 되므로, 궁극적으로 공동정범은 인정되지 아니한다. 비친족이 친족을 교사·방조하여 본죄를 범하게 한 경우에 친족은 처벌되지 않지만, 비친족에게는 본죄의 교사·방조범이 성립한다.

범인이 자신을 위하여 타인으로 하여금 허위의 자백을 하게 하여 범인도피죄를 범하게 하는 행위는 방어권의 남용으로 범인도피교사죄에 해당하는데, 이 경우 그 타인이 제151조 제2항에 의하여 처벌을 받지 아니하는 친족 또는 동거의 가족에 해당한다고 하여 달리 볼 것은 아니다.[3]

(4) 군형법상 이탈자비호죄

군형법 제30조(군무이탈죄) 또는 제31조(특수군무이탈죄)의 죄를 범한 사람을 숨기거나 비호한 사람은 전시, 사변 시 또는 계엄지역인 경우에는 5년 이하의 징역, 그 밖의 경우에는 3년 이하의 징역에 처한다(군형법 제32조). 이와 같은 군형법상 이탈자비호죄는 형법상 범인은닉죄에 대하여 특별법적 성격을 가지는 범죄이므로, 군인의 친족 등이 이탈자를 은닉·비호한 경우에는 형법 제151조 제2항의 친족상도례가 적용되지 아니한다.

---

1) 김선복, 723면; 배종대, 750면; 이재상/장영민/강동범, 788면; 정성근/정준섭, 565면; 정영일, 486면.
2) 김성돈, 854면; 김성천/김형준, 881면; 김신규, 920면; 김일수/서보학, 719면; 김혜정 외 4인, 781면; 손동권/김재윤, 843면; 오영근, 787면; 임 웅, 1031면.
3) 대법원 2008. 11. 13. 선고 2008도7647 판결; 대법원 2006. 12. 7. 선고 2005도3707 판결(무면허 운전으로 사고를 낸 사람이 동생을 경찰서에 대신 출두시켜 피의자로 조사받도록 한 행위는 범인도피교사죄를 구성한다); 대법원 2000. 3. 24. 선고 2000도20 판결.

제 4 절   위증과 증거인멸의 죄

Ⅰ. 위증죄

> **제152조(위증)** ① 법률에 의하여 선서한 증인이 허위의 진술을 한 때에는 5년 이하의 징역 또는 1천만원 이하의 벌금에 처한다.
> **제153조(자백, 자수)** 전조의 죄를 범한 자가 그 공술한 사건의 재판 또는 징계처분이 확정되기 전에 자백 또는 자수한 때에는 그 형을 감경 또는 면제한다.

1. 의의 및 보호법익

위증죄는 법률에 의하여 선서한 증인이 허위의 진술을 함으로써 성립하는 범죄이다. 본죄는 허위의 진술이라는 무형적 방법에 의해 국가의 사법기능을 해하는 죄이다. 본죄는 타인을 생명이 있는 도구로 이용하여 범할 수 없는 자수범이며, 법률에 의하여 선서한 증인만이 본죄의 주체가 될 수 있기 때문에 진정신분범이다. 그러므로 선서한 증인이 증인 아닌 자를 이용하거나 증인 아닌 자가 선서한 증인을 이용하는 간접정범의 형태로 본죄를 범할 수 없다. 다만 증언을 할 사람에게 허위의 사실을 알려주어 허위의 진술을 하게 만든 경우, 증언하는 사람에게 허위진술의 고의가 있는 경우에 한하여 교사 또는 방조의 성립은 가능하다.

본죄의 보호법익은 국가의 사법작용 및 징계작용이고[1], 선서에 의하여 담보된 증인 진술의 정확성을 확보함으로써 법원 또는 심판기관의 진실 발견을 위한 심리를 해하여 정당한 판단이 위태롭게 되는 것을 방지하는 기능을 수행한다. 보호의 정도는 추상적 위험범이다.

2. 구성요건

(1) 주 체

본죄의 주체는 법률에 의하여 선서한 증인이다.

1) 법률에 의한 선서

'법률에 의하여 선서한 증인'이란 법률에 근거하여 법률이 정한 절차에 따라 유효한 선서를 한 증인을 말한다. 증인신문은 법률이 정한 절차 조항을 준수하여 적법하게 이루어진 경우여야 한다. 그러므로 선서를 하지 않거나 법률에 의하지 않은 선서를 한 증인은 본죄의 주체가 될 수 없다. 본죄에서 말하는 법률로는 형사소송법 제156조 이하, 민사소송법 제319조 이하, 비송사건절차법 제10조, 법관징계법 제27조, 검사징계법 제26조, 특허법 제227조, 「국회에서의 증언·감정 등에 관한 법률」 제14조 등이 있다. 형사소송법상 선서인 경우에는 피고사건·피의사건(제184조, 제221조의2) 모두를 포함한다.

---

1) 대법원 2010. 1. 21. 선고 2008도942 판결; 대법원 1987. 7. 7. 선고 86도1724 전원합의체 판결.

선서는 법률에 정한 자격자가 그 절차와 방식에 따라 행해져야 하지만, 사소한 절차상의 하자가 있는 경우에는 본죄가 성립할 수 있다. 예를 들어 선서한 법원에 관할위반이 있거나 기소절차가 부적법하더라도 선서한 증인이 위증을 하면 본죄가 성립할 수 있다. 하지만 형사소송법 제159조 및 민사소송법 제322조 등에서 말하는 선서무능력자가 선서를 하고 증언을 한 경우에는 그 증언을 증거로 할 수는 있지만 선서가 무효이므로[1], 그 증인이 위증을 하더라도 본죄는 성립하지 아니한다. 제3자가 심문절차로 진행되는 소송비용확정신청사건[2]이나 가처분신청사건[3]에서 증인으로 출석하여 선서를 하고 진술한 경우에도 그 선서는 법률상 근거가 없어 무효이므로 본죄는 성립하지 아니한다.

2) 증 인

① 당사자의 증인적격

'증인'이란 재판 또는 심판 등에서 자신이 과거에 경험한 사실을 진술함으로써 사실인정에 필요한 증거를 제공하는 당사자 이외의 제3자를 말한다. 그러므로 증인능력이 없는 사람은 본죄의 주체가 될 수 없는데, 민사소송의 당사자는 증인능력이 없으므로 증인으로 선서하고 증언하였다고 하더라도 본죄의 주체가 될 수 없고, 이러한 법리는 민사소송에서의 당사자인 법인의 대표자의 경우에도 마찬가지로 적용된다.[4] 다만 민사소송법에 따르면 법원은 직권으로 또는 당사자의 신청에 따라 당사자 본인을 신문할 수 있고, 이 경우 당사자에게 선서를 하게 하여야 하는데(민사소송법 제367조), 만약 선서한 당사자가 거짓 진술을 한 때에는 법원은 결정으로 500만 원 이하의 과태료에 처하고 있다(민사소송법 제370조 제1항). 또한 피고인이 자신의 사건에 대하여 증인으로 선서하고 위증을 하였다고 하더라도 이러한 형사소송의 당사자인 피고인은 증인적격이 부정되기 때문에 본죄의 주체가 될 수 없다.[5]

② 공동피고인의 증인적격

피고인과 별개의 범죄사실로 기소되어 병합심리중인 공동피고인, 즉 공범 아닌 공동피고인은 피고인의 범죄사실에 관하여는 실질적인 이해관계가 인정되기 어렵기 때문에 증인의 지위에 있다.[6] 하지만 공범인 공동피고인은 당해 소송절차에서는 피고인의 지위에 있어 다른 공동

---

1) 대법원 1957. 3. 8. 선고 4290형상23 판결.
2) 대법원 1995. 4. 11. 선고 95도186 판결(소송비용확정사건이 변론절차에 의하여 진행될 때에는 제3자를 증인으로 선서하게 하고 증언을 하게 할 수 있으나 심문절차에 의할 경우에는 법률상 명문의 규정도 없고, 또 민사소송법의 증인신문에 관한 규정이 준용되지도 아니하므로 선서를 하게 하고 증언을 시킬 수 없다고 할 것이다. 따라서 제3자가 심문절차로 진행되는 소송비용확정신청사건에서 증인으로 출석하여 선서를 하고 진술함에 있어서 허위의 공술을 하였다고 하더라도 그 선서는 법률상 근거가 없어 무효라고 할 것이므로 위증죄는 성립하지 않는다).
3) 대법원 2003. 7. 25. 선고 2003도180 판결(가처분사건이 변론절차에 의하여 진행될 때에는 제3자를 증인으로 선서하게 하고 증언을 하게 할 수 있으나 심문절차에 의할 경우에는 법률상 명문의 규정도 없고, 또 민사소송법의 증인신문에 관한 규정이 준용되지도 아니하므로 선서를 하게 하고 증언을 시킬 수 없다).
4) 대법원 2012. 12. 13. 선고 2010도14360 판결; 대법원 1998. 3. 10. 선고 97도1168 판결.
5) 헌법재판소 2001. 11. 29. 선고 2001헌바41 결정.
6) 대법원 1982. 9. 14. 선고 82도1000 판결.

피고인에 대한 공소사실에 관하여 증인이 될 수 없으나, 소송절차가 분리되어 피고인의 지위에서 벗어나게 되면 다른 공동피고인에 대한 공소사실에 관하여 증인이 될 수 있다.[1] 왜냐하면 공동피고인 상호간에 이해관계를 공통으로 하는 공범관계가 인정되는 경우에 있어서 당해 공동피고인들은 모두 피고인으로서의 성질을 가지며 그들에게는 진술거부권이 인정되는 결과 피고인의 지위에서의 허위의 진술은 처벌의 대상이 되지 않는 반면 증인의 지위에서의 허위의 진술은 처벌의 대상이 되므로 만약 위와 같이 상호간에 이해관계를 공통으로 하는 공범관계에 있는 피고인에게까지 증인적격을 인정한다면 우리 형사소송법이 피고인의 방어권과 진술거부권을 보장하기 위해 피고인의 증인적격을 인정하지 않는 것과 배치될 뿐만 아니라 법원이 진술거부권을 갖는 피고인에게 그 진술거부권을 포기하고 선서하여 진실을 말하도록 강제하는 모순된 요구를 하는 것이 되어 부당한 결과를 초래하기 때문이다.[2] 그러므로 증인신문절차에서 증언거부권이 고지되었음에도 불구하고 공범인 공동피고인이 자기의 범죄사실에 대하여 증언거부권을 행사하지 아니한 채 허위로 진술하였다면 위증죄가 성립된다.[3]

한편 이미 유죄의 확정판결을 받은 경우에는 일사부재리의 원칙에 의해 다시 처벌받지 아니하므로 자신에 대한 유죄판결이 확정된 증인은 공범에 대한 사건에서 증언을 거부할 수 없고, 설령 증인이 자신에 대한 형사사건에서 시종일관 범행을 부인하였더라도 그러한 사정만으로 증인이 진실대로 진술할 것을 기대할 수 있는 가능성이 없는 경우에 해당한다고 할 수 없으므로 허위의 진술에 대하여 위증죄 성립을 부정할 수 없다.[4] 같은 맥락에서 자신에 대한 유죄판결이 확정된 증인이 공범에 대한 피고사건에서 증언할 당시 앞으로 재심을 청구할 예정이라고 하여도, 이를 이유로 증인에게 형사소송법 제148조에 의한 증언거부권이 인정되지는 아니한다.[5]

③ 증언거부권과 증인적격

형사소송법은 자신에 대한 소송절차가 아님에도 불구하고 법정에 출석하여 선서하고 경험한 사실을 진술하여야 하는 의무를 부담하는 증인을 위하여 일정한 경우에는 진술 대신 침묵할 수 있는 증언거부권 제도를 두고 있다. 즉 자기나 친족 또는 친족관계가 있었던 자, 법정대리인, 후견감독인에 해당한 관계있는 자가 형사소추[6] 또는 공소제기를 당하거나 유죄판결을 받을 사실이 발로될 염려있는 경우(제148조)[7]와 변호사 등이 그 업무상 위탁을 받은 관계로 알게

---

1) 대법원 2012. 12. 13. 선고 2010도10028 판결; 대법원 2012. 3. 29. 선고 2009도11249 판결(대향범인 공동피고인의 경우에도 적용된다); 대법원 2008. 6. 26. 선고 2008도3300 판결; 대법원 2007. 11. 29. 선고 2007도2661 판결; 대법원 1999. 9. 17. 선고 99도2449 판결.
2) 수원지방법원 2008. 4. 1. 선고 2008노869 판결.
3) 대법원 2012. 10. 11. 선고 2012도6848 판결.
4) 대법원 2008. 10. 23. 선고 2005도10101 판결.
5) 대법원 2011. 11. 24. 선고 2011도11994 판결.
6) 대법원 2011. 12. 8. 선고 2010도2816 판결(형사소송법 제148조에서 '형사소추'는 증인이 이미 저지른 범죄사실에 대한 것을 의미한다고 할 것이므로, 증인의 증언에 의하여 비로소 범죄가 성립하는 경우에는 형사소송법 제160조, 제148조 소정의 증언거부권 고지대상이 된다고 할 수 없다).
7) 대법원 2012. 12. 13. 선고 2010도10028 판결(형사소송법에서 증언거부권의 대상으로 규정한 '공소제기를 당하거

된 사실로서 타인의 비밀에 관한 것으로 본인의 승낙이 있거나 중대한 공익상 필요있는 때에 해당하지 않는 경우(제149조)에는 증언을 거부할 수 있는데, 이러한 경우에 재판장은 신문 전에 증언을 거부할 수 있음을 설명하여야 한다(제160조). 만약 증인이 정당한 이유 없이 선서나 증언을 거부한 때에는 결정으로 50만원 이하의 과태료에 처할 수 있다(제161조).

　　형사소송법에 규정된 증언거부권 제도는 증인에게 증언의무의 이행을 거절할 수 있는 권리를 부여한 것이고, 증언거부권의 고지 제도는 증인에게 그러한 권리의 존재를 확인시켜 침묵할 것인지 아니면 진술할 것인지에 관하여 심사숙고할 기회를 충분히 부여함으로써 침묵할 수 있는 권리를 보장하기 위한 것이다. 그러므로 소송절차에서 증인으로 선서하기 전에, 재판장이 피고인에게 당해 피고인이 형사소송법 제148조에 해당하여 증언을 거부할 수 있음을 설명한 사실이 인정된다면 이후의 위증에 대하여 처벌하는 것은 별 무리가 없다.[1]

　　하지만 증언거부권자에 해당하는 증인에게 증언거부권을 고지하지 않고 진술하게 한 경우에 있어서의 법적인 효과가 문제될 수 있는데, 이에 대하여 판례는 「증인신문절차에서 법률에 규정된 증인 보호를 위한 규정이 지켜진 것으로 인정되지 않은 경우에는 증인이 허위의 진술을 하였다고 하더라도 위증죄의 구성요건인 '법률에 의하여 선서한 증인'에 해당하지 아니한다고 보아 이를 위증죄로 처벌할 수 없는 것이 원칙이다. 다만 법률에 규정된 증인 보호절차라고 하더라도 개별 보호절차 규정들의 내용과 취지가 같지 아니하고, 당해 신문 과정에서 지키지 못한 절차규정과 그 경위 및 위반의 정도 등 제반 사정이 개별 사건마다 각기 상이하므로, 이러한 사정을 전체적·종합적으로 고려하여 볼 때, 당해 사건에서 증인 보호에 사실상 장애가 초래되었다고 볼 수 없는 경우에까지 예외 없이 위증죄의 성립을 부정할 것은 아니라고 할 것이다. 재판장이 신문 전에 증인에게 증언거부권을 고지하지 않은 경우에도 당해 사건에서 증언 당시 증인이 처한 구체적인 상황, 증언거부사유의 내용, 증인이 증언거부사유 또는 증언거부권의 존재를 이미 알고 있었는지, 증언거부권을 고지받았더라도 허위진술을 하였을 것이라고 볼 만한 정황이 있는지 등을 전체적·종합적으로 고려하여 증인이 침묵하지 아니하고 진술한 것이 자신의 진정한 의사에 의한 것인지를 기준으로 위증죄의 성립 여부를 판단하여야 한다. 그러므로 헌법 제12조 제2항에 정한 불이익 진술의 강요금지 원칙을 구체화한 자기부죄거부특권에 관한 것이거나 기타 증언거부사유가 있음에도 증인이 증언거부권을 고지받지 못함으로 인하여 그 증언거부권을 행사하는 데 사실상 장애가 초래되었다고 볼 수 있는 경우에는 위증죄의 성립을 부정

_____

나 유죄판결을 받을 사실이 발로될 염려 있는 증언'에는 자신이 범행을 한 사실뿐만 아니라 범행을 한 것으로 오인되어 유죄판결을 받을 우려가 있는 사실 등도 포함된다고 할 것이다. 따라서 범행을 하지 아니한 자가 범인으로 공소제기가 되어 피고인의 지위에서 범행사실을 허위자백하고, 나아가 공범에 대한 증인의 자격에서 증언을 하면서 그 공범과 함께 범행하였다고 허위의 진술을 한 경우에도 그 증언은 자신에 대한 유죄판결의 우려를 증대시키는 것이므로 증언거부권의 대상은 된다).

1) 대법원 1990. 2. 23. 선고 89도1212 판결(이 경우에 있어서 법원이 위증공소사실을 유죄로 인정하여 형의 선고를 하는 때 판결이유에 범죄된 사실을 명시함에 있어서 피고인이 위증을 한 당해 사건의 재판장이 피고인에게, 피고인의 형사소송법 제148조에 해당하여 증언을 거부할 수 있음을 설명한 사실까지 기재할 필요는 없다).

하여야 할 것이다.」라고 판시[1]함으로써, 증언거부권 미고지의 법적인 효과를 구성요건해당성이 없는 것으로 파악하면서 증언거부권을 고지하지 않은 상황이라고 할지라도 경우에 따라 위증죄의 성립이 가능하다고 보고 있다.

생각건대 판례에서와 같이 '당해 사건에서 증인 보호에 사실상 장애가 초래되었다고 볼 수 있는지' 또는 '증인이 침묵하지 아니하고 진술한 것이 자신의 진정한 의사에 의한 것인지' 등을 기준으로 하여 위증죄의 성부를 판단하는 것은 당해 증인에게 불리하게 작용할 수 있다. 왜냐하면 '사실상 장애의 초래 여부'라는 기준에서 말하는 '사실상'의 범위는 무한히 확대될 수 있으며, '진정한 의사'라는 순수한 내심의 영역에 속하는 기준은 정확한 판단이 매우 어렵기 때문이다. 이와 같은 애매모호한 판단기준을 바탕으로 위증죄의 성부를 결정하는 판례의 입장은 비판받아 마땅하다. 특히 증언거부권을 고지하지 아니하였다는 명백한 불법이 피고인의 증언거부권이 사실상 침해당한 것으로 평가할 수는 없다는 전혀 다른 관점의 판단으로 둔갑해 버린 것은 재판부의 실책을 피고인에게 위증죄를 부과함으로서 피해가는 형국에 불과하다. 또한 판례는 증언거부권의 미고지에 대한 효과에 대해서 위증죄의 주체가 부정되어 구성요건해당성이 인정되지 않는다고 하고 있는데, '법률에 의하여 선서한 증인'이라는 표현은 증인선서절차가 적법한 경우를 말하는 것이지 증인신문절차가 적법한 경우를 말하는 것이 아니기 때문에 행위의 주체성을 부정하는 것은 타당하지 않다.[2]

한편 모든 국민은 형사상 자기에게 불리한 진술을 강요당하지 아니한다는 자기부죄거부특권을 인정하고 있는 헌법 제12조 제2항의 정신에 비추어 볼 때, 재판장의 증언거부권 고지의무는 강행법규적인 의무라고 파악해야 한다. 이는 수사기관이 피의자를 신문함에 있어서 피의자에게 미리 진술거부권을 고지하지 않은 때에는 그 피의자의 진술은 위법하게 수집된 증거로서 진술의 임의성이 인정되는 경우라도 증거능력이 부인되어야 한다는 논리[3]와 일맥상통하는 부분이다. 그러므로 증인신문절차에 있어서 증언거부권의 미고지라는 절차위반으로 말미암아 증언거부권을 고지 받지 못한 증인에게 자기부죄의 우려 때문에 허위진술을 하지 아니할 것을 기

---

1) 대법원 2013. 5. 23. 선고 2013도3284 판결; 대법원 2010. 1. 21. 선고 2008도942 전원합의체 판결; 대법원 2010. 2. 25. 선고 2007도6273 판결(피고인은 위 공소외인에 대한 도로교통법 위반(음주운전) 사건에서 자신은 음주운전한 사실이 없고 그의 처였던 피고인이 운전하던 차에 타고 있었을 뿐이라고 공소사실을 적극적으로 부인하던 공소외인의 증인으로 법정에 출석하여 증언을 하기에 이르렀던 사실, 당시 피고인은 공소외인의 변호인의 신문에 대하여 술에 만취한 공소외인을 집으로 돌려보내기 위해 피고인 자신이 공소외인을 차에 태우고 운전하였다고 공소외인의 변명에 부합하는 내용을 적극적으로 진술하였던 사실, 피고인은 이 사건 제1심 제8회 공판기일에 재판장이 증언을 하지 않을 수 있다는 사실을 알았다면 증언을 거부했을 것이냐는 신문에 대하여 그렇다 하더라도 증언을 하였을 것이라는 취지로 답변을 하였던 사실 등을 알 수 있는바, 피고인이 위 형사사건의 증인으로 출석하여 증언을 한 경위와 그 증언 내용, 피고인의 이 사건 제1심 제8회 공판기일에서의 진술 내용 등을 전체적·종합적으로 고려하여 보면 피고인이 선서 전에 재판장으로부터 증언거부권을 고지받지 아니하였다고 하더라도 이로 인하여 피고인의 증언거부권이 사실상 침해당한 것으로 평가할 수는 없다).

2) 위증죄와 증언거부권의 관계에 대하여 보다 자세한 논의로는 박찬걸, "위증죄에 관한 실체법적 및 절차법적 쟁점", 형사법의 신동향 제49호, 대검찰청, 2015. 12, 1면 이하 참조.

3) 대법원 2011. 11. 10. 선고 2010도8294 판결.

대하기 어렵다고 인정되는 경우에는 적법행위의 기대가능성이 없어 위증죄로 처벌할 수 없다고 보아야 한다.[1] 또한 증언거부권을 고지 받지 못한 상황에서 얻은 증거는 헌법상 적법절차의 원칙에 대한 위반임과 동시에 형사소송법 제308조의2(위법수집증거배제법칙)의 위반이기 때문에 증거능력을 부정해야 하겠다.

다만 민사소송법[2]이나 「국회에서의 증언·감정 등에 관한 법률」[3] 등에서는 증언거부권 제도를 두고 있으면서도 증언거부권의 고지에 관한 규정을 두고 있지 아니한다. 이는 각각의 절차에 존재하는 목적·적용원리 등의 차이를 염두에 둔 입법적 선택으로 파악되기 때문에 증언거부권을 고지받을 권리가 형사상 자기에게 불리한 진술을 강요당하지 아니함을 규정한 헌법 제12조 제2항에 의하여 바로 국민의 기본권으로 보장받아야 한다고 볼 수는 없다. 그러므로 증언거부권 고지 규정을 두지 아니한 것이 입법의 불비라거나 증언거부권이 있는 증인의 침묵할 수 있는 권리를 부당하게 침해하는 입법이라고 볼 수도 없다. 그렇다면 민사소송절차 또는 국회에서의 증언절차에서 증인에게 증언거부권을 고지하지 아니하였다고 하여 절차위반의 위법이 있다고 할 수는 없다. 따라서 현행법상 적법한 선서절차를 마쳤는데도 허위진술을 한 증인에 대해서는 달리 특별한 사정이 없는 한 위증죄가 성립한다고 보아야 하겠지만, 입법론적으로는 민사소송법과 「국회에서의 증언·감정 등에 관한 법률」에서도 형사소송법과 마찬가지로 증언거부권 고지제도를 신설하는 것이 타당하다.

(2) 행 위

본죄의 실행행위는 허위의 진술을 하는 것이다.

1) 허 위

① 객관설

객관설[4]에 의하면 허위의 의미를 객관적 진실에 반하는 것이라고 한다. 그러므로 증인의 기억에 반하는 진술이라고 할지라도 객관적 진실에 부합하는 경우에는 허위의 진술이 되지 않지만, 증인의 기억에 부합하는 진술이라고 할지라도 객관적 진실에 반할 경우에는 허위의 진술이 된다.

동설은 다음과 같은 논거를 제시하고 있는데, ① 위증죄는 증인의 진실의무위반을 벌하는데에 목적이 있는 것이 아니라 국가의 사법기능을 보호하는 데에 있는데, 국가의 심판기능은 '기억에 반하는 진술'에 의하여 침해되는 것이 아니라 '진실에 반하는 진술'에 의해 침해되기 때

---

1) 과거에 이러한 입장을 취한 판결의 예로는 대법원 1961. 7. 13. 선고 4294형상194 판결; 대법원 1987. 7. 7. 선고 86도1724 판결.

2) 대법원 2011. 7. 28. 선고 2009도14928 판결.

3) 대법원 2012. 10. 25. 선고 2009도13197 판결.

4) 김선복, 728면; 김일수/서보학, 731면; 손동권/김재윤, 850면; 이재상/장영민/강동범, 796면. 독일에서는 선서 없는 경우에도 허위진술을 처벌하고 심지어 과실위증도 처벌하고 있다는 점에서 객관설을 취하는 것이 다수설 및 판례의 입장이다.

문에 객관적 진실에 부합하는 진술은 위증죄의 보호법익인 국가의 사법기능을 해할 위험성이 없다는 점, ② 위증죄에 있어 허위성 판단에 대하여 주관설을 취하면서 무고죄의 그것에 대해 객관설을 취하는 것은 논리적으로 모순이라는 점, ③ 객관적 진실에 반하는 진술을 진실이라고 착오하고 증언을 한 경우에는 위증의 고의를 인정할 수 없기 때문에 처벌의 범위가 확대될 위험성이 적다는 점, ④ 위증죄에서의 허위는 객관적 구성요건요소라는 점에서 오히려 주관적 구성요건요소와 개념적으로 구분한 뒤에 구성요건고의의 측면에서 범죄의 성립을 부인해야 한다는 점 등이 그것이다.

② 주관설

주관설[1]에 의하면 허위의 의미를 증인의 기억에 반하는 것이라고 한다. 그러므로 증인의 기억에 반하는 진술이라면 그것이 객관적 진실에 부합한다고 할지라도 허위의 진실이 되는 반면에, 증인의 기억에 부합하는 진술이라면 그것이 객관적 진실에 반하는 진술이라고 할지라도 허위의 진술이 되지 아니한다.

동설은 다음과 같은 논거를 제시하고 있는데, ① 증인에게 자신이 기억하는 것 이상을 요구하는 것은 기대가능성이 없다는 점, ② 증인의 기억에 반하는 진술도 국가의 사법기능을 해할 위험성이 상존한다는 점, ③ 증인에게 객관적 진실을 말할 것을 요구하기보다는 본인이 알고 있는 사실을 진술할 것을 요구하고, 그 진술들을 법관이 자유심증에 의하여 판단하는 것이 보다 합리적이라는 점, ④ 자신의 기억에 부합하지만 객관적 진실에 반하는 진술을 한 증인에게 자신에게 위증의 고의가 없다는 것을 입증해야 할 사실상의 부담을 지우는 것은 가혹하다는 점, ⑤ 전통적으로 위증죄는 선서의무위반죄로서의 성격[2]을 가지고 있다는 점을 부인할 수 없다는 점 등이 그것이다.

③ 판례의 입장

본죄에 있어서의 '허위의 진술'이란 증인이 자기의 기억에 반하는 사실을 진술하는 것을 말하는 것으로서 그 내용이 객관적 사실과 부합한다고 하여도 위증죄의 성립에 장애가 되지 않고[3], 그 진술이 객관적 사실과 부합하지 않는다고 하여 그 증언이 곧바로 위증이라고 단정할 수는 없다[4]고 하여 일관되게 주관설의 입장을 취하고 있다. 또한 형사재판의 증인은 스스로 체험한 사실을 기억나는 대로 진술하면 되고, 객관적 사실에 일치하는 진술을 할 의무가 있는 것은 아니라고 한다.[5]

---

1) 김성돈, 861면; 김성천/김형준, 886면; 김신규, 927면; 배종대, 756면; 신동운, 225면; 오영근, 792면; 이상돈, 1581면; 이영란, 858면; 임 웅, 1040면; 정성근/정준섭, 570면; 정영일, 492면.
2) 선서서에는 「양심에 따라 숨김과 보탬이 없이 사실 그대로 말하고 만일 거짓이 있으면 위증의 벌을 받기로 맹세합니다」라고 기재하여야 한다(형사소송법 제157조 제2항).
3) 대법원 1989. 1. 17. 선고 88도580 판결.
4) 대법원 1996. 8. 23. 선고 95도192 판결; 대법원 1988. 12. 13. 선고 88도80 판결.
5) 대법원 1984. 2. 28. 선고 84도114 판결.

　판례에 의하면, ① 기억이 확실하지 못한 사실을 확실히 기억하고 있다고 진술한 경우¹⁾, ② 모르는 사실을 잘 안다고 진술한 경우²⁾, ③ 전해 들은 금품의 전달사실을 마치 증인이 전달한 것처럼 진술한 경우³⁾, ④ 전해 들어서 알게 된 사실을 마치 목격하여 알게 된 것처럼 진술한 경우⁴⁾ 등에 있어서는 허위의 진술에 해당한다.

　하지만 부동산을 매수한 지 20여 년이 경과한 후여서 그 매도 당시의 입회인을 매수 당시 입회한 것으로 잘못 기억하고 증언하였다면 이는 기억에 반하는 허위의 진술이라고 보기는 어렵다.⁵⁾

④ 검 토

　생각건대 증인의 주관적 기억에 부합하는 진술이 객관적 진실에 반하는 경우, 먼저 주관설에 의하면 증인의 주관적 기억과 일치하는 진술이었기 때문에 위증죄의 성립이 부정되며, 객관설에 의하면 객관적 구성요건요소에 대한 착오로 인하여 고의가 부정되어 역시 위증죄의 성립이 부정된다. 그러므로 객관설과 주관설 사이에 있어서 결론의 차이점은 증인의 주관적 기억에 반하는 진술이 객관적 진실과 일치하는 경우에만 나타난다고 볼 수 있다. 이와 같이 객관적 진실에 일치하는 진술은 비록 증인의 주관적 기억에 반하는 것이라고 할지라도 위증죄의 보호법익인 국가의 사법기능에 대한 추상적 위험을 초래한다고 보기 어렵기 때문에 본죄의 성립을 부정하는 것이 적절하므로 객관설이 보다 타당하다고 판단되며, 이에 대한 추가적인 논거는 다음과 같다.

　첫째, 위증죄를 범한 자가 그 공술⁶⁾한 사건의 재판 또는 징계처분이 확정되기 전에 자백 또는 자수한 때에는 그 형을 감경 또는 면제하고 있는데(제153조)⁷⁾, 자백에 있어서 위증한 사실을 고백하면 족하고, 진실한 사실을 진술할 필요는 없다. 또한 자발적인 고백은 물론 위증사건의 피고인 또는 피의자로서 법원이나 수사기관에서의 심문에 의한 고백도 포함한다.⁸⁾ 이와 같이 형법에서 위증죄에 대하여 자수 또는 자백에 대한 특례규정을 두고 있고, 이에 대한 효과로서 필요적 감면의 혜택을 부여하고 있는 결정적인 이유는 당해 사건의 재판에 있어서 확정 전에 위증의 사실을 알리게 되면 적어도 국가의 사법작용에 치명적인 악영향은 최소한 방지가 된

---

1) 대법원 1985. 8. 20. 선고 85도868 판결; 대법원 1971. 7. 6. 선고 71도815 판결.

2) 대법원 1986. 9. 9. 선고 86도57 판결.

3) 대법원 1990. 5. 8. 선고 90도448 판결.

4) 대법원 1985. 10. 8. 선고 85도783 판결.

5) 대법원 1985. 3. 26. 선고 84도1098 판결.

6) 제152조 제1항에서는 '진술'이라고 표현하고 있으나 제153조에서는 '공술'이라는 표현을 하고 있는데, 이는 1995. 12. 29. 형법 개정 당시 제152조 제1항에 규정되어 있었던 '공술'을 '진술'로 변경을 하였지만, 제153조에 대해서는 아무런 조치를 취하지 않은데서 그 이유가 있다.

7) 다른 법률에서 규정하고 있는 위증범죄와 비교해 보면, 국가보안법과 해양사고심판법에 규정된 위증죄를 제외한 모든 위증죄는 자수 또는 자백한 경우에 형을 감경 또는 면제하도록 규정하고 있는데, 국회증언감정법은 '자백'에 대한 형의 감면규정만을 두고 있음에 반하여, 특허법, 상표법, 디자인보호법 등에서는 '자수'에 대한 형의 감면규정만을 두고 있다. 또한 형법은 필요적 감면사유로 규정한 반면에 다른 법률에서는 모두 임의적 감면사유로 규정하고 있다.

8) 대법원 1977. 2. 22. 선고 75도3316 판결.

다고 보기 때문이다. 이는 당해 증인신문절차가 비록 종료된 이후라고 할지라도 기왕의 증인신문절차를 통해 재판부가 얻게 된 증거의 그릇된 가치평가를 증인이 적극적으로 상쇄하려고 노력한 점을 반영한 것인데, 만약 주관설을 고수하게 된다면 기왕에 있었던 증인의 기억에 반하는 진술 자체가 부정될 수 없는 상황에서 특례규정을 제대로 설명할 수가 없게 된다.

둘째, 무고죄의 주된 보호법익도 위증죄의 그것과 마찬가지로 '국가의 적정한 사법작용'이라고 할 수 있음에도 불구하고, 위증죄에서의 '허위의 진술'과 관련하여 주관설의 입장을 취하고 있는 견해에서도 무고죄에서의 '허위의 사실'과 관련하여서는 객관설의 입장을 취하는 태도는 논리적으로 타당하지 않다. 특히 무고죄의 경우에는 법정형이 위증죄의 2배에 해당하는 '10년 이하의 징역 또는 1,500만원 이하의 벌금'으로 규정되어 있음에도 불구하고, '객관적 진실에 반하는 사실'을 신고하는 것을 처벌의 대상으로 삼고 있다는 다수설의 태도에서 이를 위증죄와 달리 해석하는 논거에 대한 제시는 거의 없는 실정이다. 양죄의 보호법익이 동일하게 국가의 사법작용이라고 한다면, 이러한 보호법익에 대한 침해 내지 위태화의 행위태양은 '기억에 반하는 진술'이 아니라 '진실에 반하는 진술'이라고 보는 것이 상대적으로 타당하다.

셋째, 위증죄의 기수시기와 관련하여 대법원은 증인의 증언은 그 전부를 일체로 관찰·판단하는 것이므로, 선서한 증인이 일단 기억에 반한 허위의 진술을 하였더라도 그 신문이 끝나기 전에 그 진술을 취소 내지 철회를 하여 시정을 한 경우에는 위증이 되지 아니한다고 판시[1]하고 있다. 하지만 위증죄에서 실행의 착수시기는 허위의 진술을 한 때라고 파악되기 때문에, 일단 기억에 반한 허위의 진술을 한 이후에는 위증죄가 성립되지 않는 것이 아니라 위증죄의 미수범이 성립하지만, 이에 대한 처벌규정이 없기 때문에 불가벌의 영역에 머물러 있다고 보는 것이 바람직하다. 이와 같이 위증죄에 대해서 기수범만을 처벌하고 있는 현행 법규의 태도는 객관설의 입장에서 보다 효과적으로 설명이 가능한데, 주관설에 따르면 일단 증인 자신의 기억에 반하는 허위의 진술을 행한 사실 자체가 부정되지 않으므로 위증죄의 미수범도 처벌하는 것이 마땅하다. 하지만 이러한 경우를 처벌하지 않는 입법의 태도를 취하고 있는 것은 허위의 진술 이후에도 이를 바로잡아 사법작용을 그르치지 않게 하였다는 것을 중시한 것이라고 할 수 있다. 즉 위증죄의 보호법익에 대한 침해 내지 위태화가 없다면 위증죄로 의율하지 않겠다는 의도로 파악된다.

2) 진 술

① 진술의 대상

'진술'이란 원칙적으로 사실에 대한 언급을 말하기 때문에, 증인의 진술이 경험한 사실에 대한 법률적 평가이거나 단순한 의견에 지나지 아니하는 경우에는 본죄에서 말하는 허위의 진술이라고 할 수 없으며[2], 경험한 객관적 사실에 대한 증인 나름의 법률적·주관적 평가나 의견

---

1) 대법원 2008. 4. 24. 선고 2008도1053 판결; 대법원 1993. 12. 7. 선고 93도2510 판결; 대법원 1983. 2. 8. 선고 81도967 판결; 대법원 1974. 6. 25. 선고 74도1231 판결.

을 부연한 부분에 다소의 오류나 모순이 있더라도 위증죄가 성립하는 것은 아니다.[1] 하지만 자기가 지득하지 아니한 어떤 사실관계를 단순히 법률적 표현을 써서 진술한 것이라면 이는 객관적 사실을 토대로 한 증인 나름의 법률적 견해를 진술한 것과 다르므로 위증죄의 성립을 부인할 수 없다.[2] 또한 증언의 내용이 타인이 경험한 바를 전해 들은 것이거나 기록 또는 문서를 보고 간접적으로 알게 된 것이라면 그 진술이 전해 준 내용이나 알게 된 문서의 내용에 일치되지 아니하는 때에는 그 진술은 기억에 반한 것으로 보아야 할 것이다.[3]

한편 본죄는 위증의 경고를 수반하는 법률에 의한 선서절차를 거친 법정에서 구체적으로 이루어진 진술을 그 대상으로 하는바, 증인이 법정에서 선서 후 증인진술서에 기재된 구체적인 내용에 관하여 진술함이 없이 단지 그 증인진술서에 기재된 내용이 사실대로라는 취지의 진술만을 한 경우에는 그것이 증인진술서에 기재된 내용 중 특정 사항을 구체적으로 진술한 것과 같이 볼 수 있는 등의 특별한 사정이 없는 한 증인이 그 증인진술서에 기재된 구체적인 내용을 기억하여 반복 진술한 것으로는 볼 수 없으므로, 가사 거기에 기재된 내용에 허위가 있다고 하더라도 그 부분에 관하여 법정에서 증언한 것으로 보아 위증죄로 처벌할 수는 없다.[4] 이는「국회에서의 증언·감정 등에 관한 법률」제14조 제1항[5]에서 '선서한 증인 또는 감정인이 허위의 진술(서면답변을 포함한다)이나 감정을 한 경우'를 처벌하고 있으면서 허위의 진술에 대한 부연설명으로서 '서면답변을 포함'한다고 규정하고 있는 것과 비교할 필요가 있는데, 이러한 부연설명이 적시되어 있지 않는 상황에서는 원칙적으로 '서면답변'을 통한 허위의 진술은 위증죄로 의율할 수 없다고 보아야 한다.[6]

② 진술의 내용

진술의 내용에는 제한이 없기 때문에 그 진술의 내용이 당해 사건의 요증사실에 관한 것인지의 여부나 판결에 영향을 미친 것인지의 여부는 본죄의 성립과 아무런 관계가 없다.[7] 또한 증

---

2) 대법원 2007. 9. 20. 선고 2005도9590 판결; 대법원 1996. 2. 9. 선고 95도1797 판결; 대법원 1988. 9. 27. 선고 88도236 판결; 대법원 1987. 10. 13. 선고 87도1501 판결.

1) 대법원 2009. 3. 12. 선고 2008도11007 판결(피고인이 공소외 2와의 사이를 원장과 직원 관계라고 한 것이나 다른 직원과 똑같이 대했다고 한 것은 사실 그대로이거나 주관적 평가 내지 의견을 말한 것에 지나지 않는다); 대법원 2001. 3. 23. 선고 2001도213 판결.

2) 대법원 1986. 6. 10. 선고 84도2039 판결.

3) 대법원 1985. 4. 9. 선고 83도44 판결.

4) 대법원 2010. 5. 13. 선고 2007도1397 판결.

5) 2010. 3. 12. 개정(법률 제10051호)으로 위증죄를 규정한 제14조 제1항 본문 중 "진술"을 "진술(서면답변을 포함한다)"로 개정하여 증인이 서면으로 허위의 답변을 하는 경우에도 허위의 진술의 경우와 마찬가지로 처벌하도록 하였다.

6) 일반적으로 진술이란 언어적 표출, 즉 생각이나 지식, 경험사실을 정신작용의 일환인 언어를 통하여 표출하는 것을 의미하는데, 진술인 이상 구두에 의한 진술뿐만 아니라 서면(예를 들어 진술서의 제출요구 등)에 기재된 진술도 포함된다. 그러므로 수사기관이 요구하는 자술서의 제출도 진술거부권 행사의 대상이 될 수 있다. 이와 같이 진술거부권에서 말하는 진술의 대상과 위증죄의 행위태양에서 말하는 진술의 대상을 다르게 파악하는 것은 전자의 경우와 달리 후자의 경우에는 이를 확장해석할 경우 피고인에게 불리한 영향을 초래하기 때문인 것으로 보아야 한다.

언이 기본적인 사항에 관한 것이 아니고 지엽적인 사항에 관한 진술인 경우[1], 사실의 동기·내력에 관한 진술인 경우[2], 인정신문에 대한 진술내용 뿐만 아니라 반대신문에 대한 진술내용인 경우[3] 등이라고 하더라도 그것이 허위의 진술인 이상 본죄의 성립에는 영향이 없다.

(3) 주관적 구성요건

본죄가 성립하기 위해서는 법률에 의해 선서한 증인이 허위의 진술을 한다는 점에 대한 고의가 필요하다.[4] 여기서 증인의 증언이 기억에 반하는 허위의 진술인지 여부를 가릴 때에는 그 증언의 단편적인 구절에 구애될 것이 아니라 당해 신문절차에서 한 증언 전체를 일체로 파악하여야 하고, 그 결과 증인이 무엇인가 착오에 빠져 기억에 반한다는 인식 없이 증언하였음이 밝혀진 경우에는 위증의 고의를 인정할 수 없다.[5] 그러므로 피고인이 객관적 사실과 상반되는 증언을 하였다고 하여 곧바로 기억에 반하여 그러한 증언을 한 것이라고 하기 어렵고, 오히려 무엇인가 착오에 빠져 기억에 반한다는 인식 없이 그러한 증언을 하게 된 것인지도 모른다고 추측함이 사리에 합당하다.[6] 또한 증언의 전체적 취지가 객관적 사실과 일치되고 그것이 기억에 반하는 진술이 아니라면 사소한 부분에 관하여 기억과 불일치하더라도 그것이 신문취지의 몰이해 또는 착오에 기인한 것이라면 위증이 될 수 없고[7], 증언 당시 판사의 신문취지를 오해 내지 착각하고 진술한 것이라면 위증의 고의가 있었다고 보기 어렵다.[8] 한편 타인을 모해할 목적이 있는 경우에는 본죄가 아니라 모해위증죄가 성립한다.

3. 실행의 착수시기 및 기수시기

(1) 사후선서와 관련하여

위증죄는 미수범 처벌규정이 없으며, 본죄의 실행의 착수시기는 허위의 진술을 개시한 때이다. 판례에 의하면, 위증죄의 기수시기는 신문 진술이 종료한 때로 해석하고, 만약 진술 후에 선서를 명하는 경우에 있어서는 선서를 종료한 때에 기수가 된다고 한다.[9] 이와 관련하여 형사

---

7) 대법원 1990. 2. 23. 선고 89도1212 판결; 대법원 1988. 5. 24. 선고 88도350 판결; 대법원 1987. 3. 24. 선고 85도2650 판결; 대법원 1986. 3. 25. 선고 86도159 판결.

1) 대법원 1982. 6. 8. 선고 81도3069 판결.

2) 대법원 1969. 6. 24. 선고 68도1593 판결.

3) 대법원 1967. 4. 18. 선고 67도254 판결.

4) 독일에서는 과실위증죄(독일 형법 제161조)를 별도로 규정하고 있다.

5) 대법원 2001. 12. 27. 선고 2001도5252 판결; 대법원 1988. 12. 6. 선고 88도935 판결; 대법원 1968. 2. 20. 선고 66도1512 판결.

6) 대법원 1991. 5. 10. 선고 89도1748 판결.

7) 대법원 1996. 3. 12. 선고 95도2864 판결; 대법원 1994. 4. 26. 선고 92도3317 판결; 대법원 1993. 9. 28. 선고 93도425 판결; 대법원 1993. 6. 29. 선고 93도1044 판결; 대법원 1991. 5. 10. 선고 89도1748 판결.

8) 대법원 1986. 7. 8. 선고 86도1050 판결.

9) 대법원 1974. 6. 25. 선고 74도1231 판결(증인의 증언은 그 전부를 일체로 관찰 판단하는 것이므로 선서한 증인이 일단 기억에 반한 허위의 진술을 하였더라도 그 신문이 끝나기 전에 그 진술을 취소 시정한 경우에는 위증이 되지 아니한다고 봄이 상당하며 따라서 위증죄의 기수시기는 신문 진술이 종료한 때로 해석할 것이다(진술 후에

소송법 제156조(증인에게는 신문 전에 선서하게 하여야 한다. 단 법률에 다른 규정이 있는 경우에는 예외로 한다.) 및 민사소송법 제319조(재판장은 증인에게 신문에 앞서 선서를 하게 하여야 한다. 다만 특별한 사유가 있는 때에는 신문한 뒤에 선서를 하게 할 수 있다.)에 의하면 사전선서를 원칙으로 하고 있는 것으로 보아야 한다. 그러므로 위증죄의 주체는 '법률에 의하여 이미 선서한 증인'이지 '법률에 의하여 장차 선서할 증인'이 아니기 때문에 사후선서의 경우에는 위증죄의 주체를 부정하는 것이 타당하다. 즉 증인신문 전에 증인선서를 하게 하여야 한다는 순서를 위반한 경우에는 위증죄의 성립에 영향을 미친다.

(2) 증인신문절차의 종료시기와 관련하여

증인의 증언은 그 전부를 일체로 관찰·판단하는 것이므로, 선서한 증인이 일단 기억에 반한 허위의 진술을 하였더라도 그 신문이 끝나기 전에 그 진술을 취소 내지 철회를 하여 시정을 한 경우에는 위증이 되지 아니한다.[1] 그러나 증인이 1회 또는 수회의 기일에 걸쳐 이루어진 1개의 증인신문절차에서 허위의 진술을 하고 그 진술이 철회·시정된 바 없이 그대로 증인신문절차가 종료된 경우에는 그로써 위증죄는 기수에 달한다고 보아야 한다. 그러므로 그 후 별도의 증인 신청 및 채택 절차를 거쳐 그 증인이 다시 신문을 받는 과정에서 종전 신문절차에서의 진술을 철회·시정한다고 하더라도 그러한 사정은 제153조가 정한 형의 감면사유에 해당할 수 있을 뿐, 이미 종결된 종전 증인신문절차에서 행한 위증죄의 성립에 어떤 영향을 주는 것은 아니다.[2] 또한 이러한 법리는 증인이 별도의 증인신문절차에서 새로이 선서를 한 경우뿐만 아니라 종전 증인신문절차에서 한 선서의 효력이 유지됨을 고지 받고 진술한 경우에도 마찬가지로 적용된다.

4. 공 범

본죄는 자수범에 해당하기 때문에 선서하지 않은 사람이 선서한 증인을 생명 있는 도구로 이용하여 범할 수 없다. 그러므로 법률에 의하여 선서한 증인 이외의 사람은 본죄의 간접정범이나 공동정범이 될 수 없다. 그러나 본죄에 대한 교사 또는 방조는 충분히 가능하다.

한편 피고인이 자기의 형사사건에서 타인을 교사하여 위증하게 한 경우에 있어서 위증죄의 교사범이 성립하는지의 여부와 관련하여, ① 피고인이 자기의 사건에 대하여 증거를 위조 또는 인멸하는 것은 죄가 되지 않지만, 위증을 교사한 경우에는 변호권의 남용이라고 할 수 있다는 점, 피고인 자신이 위증을 하는 경우와는 달리 타인의 위증을 교사하는 경우에는 책임을 부과할 수 있다는 점, 정범에게 위증죄가 성립하는 이상 교사범의 성립도 인정해야 한다는 점

선서를 명하는 경우는 선서종료한 때 기수가 될 것이다)).
1) 대법원 2008. 4. 24. 선고 2008도1053 판결; 대법원 1993. 12. 7. 선고 93도2510 판결; 대법원 1983. 2. 8. 선고 81도967 판결; 대법원 1974. 6. 25. 선고 74도1231 판결.
2) 대법원 2010. 9. 30. 선고 2010도7525 판결.

등을 논거로 하는 적극설[1], ② 피고인은 증인적격이 없어서 정범으로 처벌되지 않음에도 불구하고 교사범으로 처벌하는 것은 부당하다는 점, 피고인이 타인을 교사하여 위증하게 하는 것은 자신이 위증하는 것과 차이가 없다는 점, 자기의 형사사건에 관한 증거를 인멸하는 것도 처벌하지 않는 것과 차별을 두는 것은 부당하다는 점 등을 논거로 하는 소극설[2] 등의 대립이 있다.

이에 대하여 판례는 「피고인이 자기의 형사사건에 관하여 허위의 진술을 하는 행위는 피고인의 형사소송에 있어서의 방어권을 인정하는 취지에서 처벌의 대상이 되지 않으나, 법률에 의하여 선서한 증인이 타인의 형사사건에 관하여 위증을 하면 형법 제152조 제1항의 위증죄가 성립되므로 자기의 형사사건에 관하여 타인을 교사하여 위증죄를 범하게 하는 것은 이러한 방어권을 남용하는 것이라고 할 것이어서 교사범의 죄책을 부담하게 함이 상당하다.」라고 판시[3]하여, 적극설의 입장을 취하고 있다.

생각건대 피고인은 증인적격이 부정되기 때문에 자기의 형사사건에서는 증인으로서 위증죄의 주체가 될 수 없음은 자명하다. 이는 진술거부권이라는 기본권을 우선시하는 것이기도 한데, 그렇다고 하여 피고인이 이러한 기본권을 남용하여 적극적으로 허위의 사실에 대한 진술을 부추기는 일련의 행위를 방치해서는 곤란하다. 특히 전혀 위증에 대한 의도가 없는 증인에게 접근하여 유혹·사술 등을 활용하여 자신에게 유리한 허위의 진술을 강제하는 것은 아무리 피고인이라고 할지라도 허용되어서는 안 되는 것이며, 이는 제3자(증인)가 개입됨이 없이 피고인 스스로 법정에서 허위의 진술을 하는 것과는 차원이 다른 문제라고 하겠다. 그러므로 자기의 형사사건에 관하여 타인을 교사하여 위증을 하게 한 경우에는 위증죄의 교사범으로 처리하는 것이 타당하다.

5. 자백·자수의 특례

(1) 의의 및 내용

본죄를 범한 자가 그 진술한 사건의 재판 또는 징계처분이 확정되기 전에 자백 또는 자수한 때에는 그 형을 필요적으로 감경 또는 면제한다(제153조). 이는 위증으로 인한 오판을 방지하기 위한 규정이다. '자백'이란 법원이나 수사기관에 자신이 위증한 사실을 고백하는 것을 말한다. 자백의 절차에 관하여는 아무런 제한이 없으므로 그가 신고한 사건을 다루는 기관에 대한 자발적인 고백은 물론, 위증사건의 피고인 또는 피의자로서 법원이나 수사기관의 심문에 의한 고백도 자백의 개념에 포함된다.[4] 위증한 사실을 고백하면 족하고, 진실한 사실을 진술할 필요는 없다. '자수'란 범인이 자발적으로 수사기관에 대하여 자기의 범죄사실을 신고하여 소추

1) 김성돈, 864면; 김성천/김형준, 889면; 김혜정 외 4인, 790면; 손동권/김재윤, 855면; 신동운, 229면; 정영일, 490면.
2) 김선복, 731면; 김신규, 930면; 김일수/서보학, 732면; 박상기, 875면; 배종대, 758면; 오영근, 794면; 이재상/장영민/강동범, 802면; 이형국/김혜경, 864면; 임 웅, 1043면; 정성근/정준섭, 571면.
3) 대법원 2004. 1. 27. 선고 2003도5114 판결.
4) 대법원 1977. 2. 22. 선고 75도3316 판결; 대법원 1973. 11. 27. 선고 73도1639 판결.

를 구하는 의사표시를 말한다. 비자발적인 경우도 포함하는 자백과 달리 반드시 자발적이어야 한다. 자수는 수사기관에 대해서만 가능하고 법원에 대해서는 불가능하다.

(2) 적용범위

자백 또는 자수는 시간적으로 위증죄의 기수 이후에 재판 또는 징계처분이 확정되기 전에 이루어져야 한다. 이미 자신의 진술이 허위라는 사실이 발각된 이후라고 하여도 상관이 없다. 신문절차가 종결되기 전 위증이 기수가 되지 않은 상태에서의 자백은 이에 해당하지 아니한다. 한편 자백·자수의 특례는 자백·자수한 본인에게만 적용되고, 이외의 정범 또는 공범에게는 적용되지 아니한다.

6. 죄수 및 다른 범죄와의 관계

하나의 사건에 관하여 증인으로 한번 선서한 사람이 같은 기일에서 여러 가지 사실에 관하여 기억에 반하는 허위의 진술을 한 경우라도, 하나의 범죄의사로 계속하여 허위의 진술을 한 것으로서 포괄하여 1개의 위증죄를 구성하는 것으로 보아야 하고 각 진술마다 각기 수개의 위증죄를 구성하는 것으로 볼 것은 아니다.[1] 그러므로 당해 위증 사건의 허위진술 일자와 같은 날짜에 한 다른 허위진술로 인한 위증 사건에 관한 판결이 확정되었다면, 비록 종전 사건 공소사실에서 허위의 진술이라고 한 부분과 당해 사건 공소사실에서 허위의 진술이라고 한 부분이 다르다고 하여도 종전 사건의 확정판결의 기판력은 당해 사건에도 미치게 되어 당해 위증죄 부분은 면소되어야 한다.[2] 나아가 같은 심급에서 변론기일을 달리하여 수차 증인으로 나가 수 개의 허위진술을 하더라도 최초 한 선서의 효력을 유지시킨 후 증언한 이상 1개의 위증죄를 구성함에 그친다.[3]

7. 법정형의 불균형

본죄는 다양한 형식으로 형법 또는 다른 법률에서 규정되어 있는데, 본죄와 동일한 법정형을 두고 있는 것으로서, 특허법 제227조 제1항, 상표법 제94조 제1항, 디자인보호법 제221조 제1항, 국가보안법 제12조 등이 있는 반면에, 제152조 제2항에서는 '형사사건 또는 징계사건에 관하여 피고인, 피의자 또는 징계혐의자를 모해할 목적으로 전항의 죄를 범한 때에는 10년 이하의 징역에 처한다.'라고 하여 모해위증죄라는 가중적 구성요건을 두고 있다. 또한「국회에서의 증언·감정 등에 관한 법률」제14조 제1항(이 법에 의하여 선서한 증인 또는 감정인이 허위의 진술 (서면답변을 포함한다)이나 감정을 한 때에는 1년 이상 10년 이하의 징역에 처한다)[4]에서는 벌금형의 처벌을

---

1) 대법원 1992. 11. 27. 선고 92도498 판결; 대법원 1990. 2. 23. 선고 89도1212 판결.
2) 대법원 1998. 4. 14. 선고 97도3340 판결.
3) 대법원 2007. 3. 15. 선고 2006도9463 판결; 대법원 2005. 3. 25. 선고 2005도60 판결.
4) 대법원 2018. 5. 17. 선고 2017도14749 전원합의체 판결(제15조 제1항 본문은 본회의 또는 위원회는 증인이 제14조 제1항 본문의 죄를 범하였다고 인정한 때에는 고발하여야 한다고 규정하며, 제15조 제2항은 제1항의 규정에

원천적으로 봉쇄하고 있기도 하다.[1] 반면에「해양사고의 조사 및 심판에 관한 법률」제90조 제2항 제6호에서는 선서를 위배하여 거짓 사실을 진술한 증인에 대하여 200만원 이하의 과태료를 부과하고 있다.

　　형법상 위증죄는 민사소송에서의 위증과 형사소송에서의 위증 등을 모두 포함하는데, 민사소송이나 형사소송은 그 목적과 절차, 기능에 현저한 차이가 있음에도 형법상 위증죄로 똑같이 처벌됨에도 불구하고, 국회에서의 위증을 형법상 위증죄보다 무겁게 처벌하는 것은 그 합리성을 인정하기 어려울 뿐만 아니라, 형법상 위증죄와 같은 법정형으로도 그 처벌의 목적을 충분히 달성할 수 있으므로 이러한 입법적인 조치의 필요성을 인정하기도 어렵다. 특히 형법상 위증은 법관의 심증형성에 곧바로 영향을 미쳐 사람의 생명·신체·재산 등에 직접적 불이익을 가져올 수 있음에 반하여, 국회에서의 위증은 위와 같은 불이익에 비하여 그 효과가 간접적인 측면이 있으므로, 형법상 위증죄보다 반드시 그 불법의 정도가 더 무겁다고 볼 수도 없다.[2]

　　생각건대 국회에서의 위증을 가중처벌하는 가장 큰 원인은 아마도 국회의 권위를 훼손하는 행위에 대한 강력한 처벌을 위한 것이라고 보여 진다. 하지만 외국의 입법례를 보더라도 국회에서의 위증에 대하여 별도의 처벌규정을 두고 있는 경우가 매우 드물고, 일본의 경우에는 형법상 위증죄와 동일하게 처벌하고 있는 실정을 감안해 보면, 독립된 가중처벌 규정을 별도로 두어야 할 필요성은 인정되지 아니한다.

Ⅱ. 모해위증죄

> 제152조(모해위증)　② 형사사건 또는 징계사건에 관하여 피고인, 피의자 또는 징계혐의자를 모해할 목적으로 전항의 죄를 범한 때에는 10년 이하의 징역에 처한다.
> 제153조(자백, 자수)　전조의 죄를 범한 자가 그 공술한 사건의 재판 또는 징계처분이 확정되기 전에 자백 또는 자수한 때에는 그 형을 감경 또는 면제한다.

1. 의 의

　　모해위증죄는 형사사건 또는 징계사건에 관하여 피고인·피의자 또는 징계혐의자를 모해할 목적으로 위증죄를 범함으로써 성립하는 범죄이다. 다수설[3]은 목적범의 목적은 행위요소이므

　　불구하고 범죄가 발각되기 전에 자백한 때에는 고발하지 아니할 수 있다고 규정하고 있다. 위와 같은 국회증언감정법의 목적과 위증죄 관련 규정들의 내용에 비추어 보면, 국회증언감정법은 국정감사나 국정조사에 관한 국회 내부의 절차를 규정한 것으로서 국회에서의 위증죄에 관한 고발 여부를 국회의 자율권에 맡기고 있고, 위증을 자백한 경우에는 고발하지 않을 수 있게 하여 자백을 권장하고 있으므로 국회증언감정법 제14조 제1항 본문에서 정한 위증죄는 같은 법 제15조의 고발을 소추요건으로 한다고 봄이 타당하다).

1) 국회에서의 위증에 대하여 형사소송·민사소송 등에서의 위증보다 무거운 법정형을 정하였다고 하더라도 이를 그 범죄의 죄질 및 이에 따른 행위자의 책임에 비하여 지나치게 가혹한 것이어서 현저히 형벌체계상 균형을 잃고 있다고 할 수 없다(헌법재판소 2015. 9. 24. 선고 2012헌바410 결정; 대법원 2012. 10. 25. 선고 2009도13197 판결).

2) 헌법재판소 2015. 9. 24. 선고 2012헌바410 결정 가운데 재판관 이진성, 재판관 서기석, 재판관 조용호의 반대의견.

로, 본죄는 행위불법이 가중된 구성요건이라고 한다. 하지만 판례[1]는 목적범의 목적은 신분요소이므로, 본죄는 신분관계로 인해 책임이 가중되는 부진정신분범이라고 한다.

2. 구성요건

형사사건 또는 징계사건에서 위증을 해야 하고, 행정·민사·가사·비송사건 등에서 위증을 하는 것은 본죄에 해당하지 않고, 단순위증죄에 해당한다. '모해할 목적'이란 피고인·피의자 또는 징계혐의자를 불리하게 할 목적을 말한다. 본죄에 있어서 허위진술의 대상이 되는 사실에는 공소사실을 직접·간접적으로 뒷받침하는 사실은 물론 이와 밀접한 관련이 있는 것으로서 만일 그것이 사실로 받아들여진다면 피고인이 불리한 상황에 처하게 되는 사실도 포함된다. 그리고 이러한 모해할 목적은 허위의 진술을 함으로써 피고인에게 불리하게 될 것이라는 인식이 있으면 충분하고 그 결과의 발생을 희망할 필요까지는 없다.[2] 목적의 달성 여부는 본죄의 성립에 영향이 없다.

선서한 증인은 보통 재판단계에서나 있을 수 있고, 수사단계에서의 참고인은 본죄의 주체가 되지 않지만, 피의자를 포함시킨 것은 공소제기 전의 증거보전절차(형사소송법 제184조), 참고인에 대한 증인신문(형사소송법 제221조의2) 등에서는 선서한 증인이 있을 수 있기 때문이다.

3. 공 범

모해할 목적으로 이러한 목적이 없는 타인을 교사하여 위증을 하게 한 경우에 목적 있는 교사자의 죄책과 관련하여, ① 모해목적을 신분으로 이해하여 본죄가 부진정신분범이 되므로, 제33조 단서를 적용하여 비신분자는 단순위증죄가 되고, 신분자는 모해위증죄의 교사범이 된다는 견해[3], ② 모해목적은 신분이 아니므로 제33조가 적용될 수 없고, 공범종속성의 일반원칙에 따라 단순위증죄의 교사범이 된다는 견해[4] 등의 대립이 있다.

이에 대하여 판례는 「제33조 소정의 이른바 신분관계라고 함은 남녀의 성별, 내·외국인의 구별, 친족관계, 공무원인 자격과 같은 관계뿐만 아니라 널리 일정한 범죄행위에 관련된 범인의 인적관계인 특수한 지위 또는 상태를 지칭하는 것인데, 위증을 한 범인이 형사사건의 피고인 등을 '모해할 목적'을 가지고 있었는가 아니면 그러한 목적이 없었는가 하는 범인의 특수한 상태의 차이에 따라 범인에게 과할 형의 경중을 구별하고 있으므로, 이는 바로 제33조 단서 소

---

3) 김선복, 733면; 김성돈, 865면; 김신규, 932면; 김일수/서보학, 734면; 김혜정 외 4인, 791면; 박상기, 877면; 오영근, 796면; 이재상/장영민/강동범, 803면; 이형국/김혜경, 864면; 임 웅, 1045면; 정성근/정준섭, 573면.
1) 대법원 1994. 12. 23. 선고 93도1002 판결.
2) 대법원 2007. 12. 27. 선고 2006도3575 판결.
3) 손동권/김재윤, 857면.
4) 김선복, 733면; 김성돈, 866면; 김일수/서보학, 735면; 박상기, 877면; 배종대, 762면; 오영근, 796면; 이형국/김혜경, 865면; 임 웅, 1045면; 정성근/정준섭, 573면.

정의 '신분관계로 인하여 형의 경중이 있는 경우'에 해당한다. 피고인이 甲을 모해할 목적으로 공소외인에게 위증을 교사 한 이상, 가사 정범인 공소외인에게 모해의 목적이 없었다고 하더라도, 제33조 단서의 규정에 의하여 피고인을 모해위증교사죄로 처단할 수 있다.」라고 판시[1]하여, 교사자는 모해위증죄의 교사범, 피교사자는 단순위증죄의 정범이 된다고 한다.

　　생각건대 목적을 신분요소라고 하는 것은 신분이라는 일상의 의미를 벗어나는 것이고, 목적을 신분요소라고 파악한다면 피고인에게 불리한 유추해석이 된다. 판례의 태도는 교사자에게 단순위증교사죄를 인정할 경우에는 공소시효의 만료로 처벌할 수 없게 되자, 목적을 신분이라고 무리하게 해석한 것이라고 할 수 있다. 이는 법적 안정성을 해치면서 구체적 타당성을 중시한 것인데, 이러한 태도는 규범적 타당성을 무시한 처사라고 판단된다.

Ⅲ. 허위감정·통역·번역죄

> 제154조(허위의 감정, 통역, 번역)　법률에 의하여 선서한 감정인, 통역인 또는 번역인이 허위의 감정, 통역 또는 번역을 한 때에는 전2조의 예에 의한다.

1. 의의 및 보호법익

　　허위감정·통역·번역죄는 법률에 의하여 선서한 감정인·통역인 또는 번역인이 허위의 감정·통역 또는 번역을 함으로써 성립하는 범죄이다. 본죄의 보호법익은 국가의 사법기능이고, 보호의 정도는 추상적 위험범이다.

2. 구성요건

(1) 주 체

　　본죄의 주체는 법률에 의하여 선서한 감정인·통역인 또는 번역인이다. '감정인'이란 특수한 지식·경험을 가진 자로서 이를 기초로 하여 알 수 있는 법칙이나 이를 통해 얻은 판단을 법원 또는 법관에게 보고하는 자이다(형사소송법 제169조 이하). 하지만 수사기관으로부터 감정을 위촉받은 감정수탁자(형사소송법 제221조) 또는 감정서의 설명자(민사소송법 제341조 제2항)는 선서를 요건으로 하지 않기 때문에 본죄의 주체가 되지 아니한다. 특수한 지식·경험에 의하여 지득한 사실을 보고하는 감정증인도 증인에 해당할 뿐, 본죄에서 말하는 감정인이 아니다. 통역자 또는 번역자에 대해서는 형사소송법 제180조 이하에서 규정하고 있다. 수사기관에 대하여 통역·번역하는 자도 본죄의 주체가 될 수 없다.

(2) 행 위

　　본죄의 실행행위는 허위의 감정·통역 또는 번역을 하는 것이다. 여기서 말하는 허위의 내

---

1) 대법원 1994. 12. 23. 선고 93도1002 판결.

용은 위증죄의 그것과 같다. 그러므로 주관적 판단에 반하더라도 객관적 진실에 합치되면 본죄가 성립하지 아니한다. 또한 감정내용이 객관적 사실에 반한다고 하더라도 감정인의 주관적 판단에 반하지 않는 이상 허위의 인식이 없어 허위감정죄로 처벌할 수 없다. 하나의 소송사건에서 동일한 선서 하에 이루어진 법원의 감정명령에 따라 감정인이 동일한 감정명령사항에 대하여 수차례에 걸쳐 허위의 감정보고서를 제출하는 경우에는 각 감정보고서 제출행위시마다 허위감정죄가 성립한다고 할 것이지만, 이는 단일한 범의 하에 계속하여 허위의 감정을 한 것으로서 포괄하여 1개의 허위감정죄를 구성한다.[1]

Ⅳ. 증거인멸죄

> 제155조(증거인멸 등과 친족간의 특례) ① 타인의 형사사건 또는 징계사건에 관한 증거를 인멸, 은닉, 위조 또는 변조하거나 위조 또는 변조한 증거를 사용한 자는 5년 이하의 징역 또는 700만원 이하의 벌금에 처한다. ④ 친족 또는 동거의 가족이 본인을 위하여 본조의 죄를 범한 때에는 처벌하지 아니한다.

1. 의의 및 보호법익

증거인멸죄는 타인의 형사사건 또는 징계사건에 관한 증거를 인멸·은닉·위조 또는 변조하거나 위조 또는 변조한 증거를 사용함으로써 성립하는 범죄이다. 본죄의 보호법익은 국가의 형사사법기능이고, 보호의 정도는 추상적 위험범이다.

2. 구성요건

(1) 객 체
1) 타 인

본죄의 객체는 타인의 형사사건 또는 징계사건에 관한 증거이다. 여기서 타인은 행위자 이외의 자를 말하기 때문에 자기사건에 관한 증거는 본죄의 객체가 되지 아니한다. 또한 본죄에서 말하는 타인의 형사사건이란 행위시에 아직 수사절차가 개시되기 전이라도 장차 형사사건이 될 수 있는 것까지 포함하며[2], 그 형사사건이 기소되지 아니하거나 무죄가 선고되더라도 본죄의 성립에 영향이 없다.[3] 그러므로 형사'피의'사건도 본죄의 객체에 포함된다.

---

[1] 대법원 2000. 11. 28. 선고 2000도1089 판결.

[2] 대법원 2013. 11. 28. 선고 2011도5329 판결; 대법원 1982. 4. 27. 선고 82도274 판결.

[3] 대법원 2011. 2. 10. 선고 2010도15986 판결(기부금 횡령 사건의 수사가 개시되기 전이라도 장차 형사사건이 될 수 있는 상태에서 풍어제 경비 지출 관련 공문을 허위로 작성한 행위는 위 공문 작성일자로 기재된 날에 실제 존재하지 아니한 문서를 그 당시 존재하는 것처럼 작출하는 것으로서 문서의 작성 명의, 내용의 진위 여부에 불구하고 증거위조 행위에 해당하고, 피고인 2가 자신의 형사사건에 관하여 위 공소외 12 등에게 증거위조 및 위조증거의 사용을 교사한 이상 나중에 기부금 횡령 사건에 관하여 불기소처분을 받았다고 하더라도 증거위조교사죄 및 위조증거사용교사죄가 성립된다).

타인을 교사하여 자기의 형사사건이나 징계사건에 관한 증거를 인멸한 경우에 본죄의 교사범이 성립하는지 여부와 관련하여, ① 자기사건의 증거인멸교사는 자기비호의 연장으로서 증거인멸을 교사하지 않도록 기대할 수 없다는 점을 논거로 하는 소극설[1], ② 적극적으로 타인으로 하여금 증거인멸을 교사한 경우에는 자기비호권의 범위를 벗어난 경우라는 점을 논거로 하는 적극설[2] 등의 대립이 있다.

이에 대하여 판례는「자기의 형사사건에 관한 증거를 위조하기 위하여 타인을 교사하여 죄를 범하게 한 자에 대하여는 증거위조교사죄가 성립한다.」라고 판시[3]하여, 적극설의 입장을 취하고 있다. 생각건대 소극설이 타당하다.

한편 공범자의 형사피고사건에 관한 증거를 타인의 형사사건에 관한 증거라고 할 수 있는지 여부와 관련하여, ① 공범자의 사건은 타인의 사건이 아니므로 본죄의 객체가 될 수 없다는 소극설[4], ② 공범자의 이익을 위하여 증거를 인멸한 때에는 타인의 형사사건이 되지만, 자기만을 위하거나 자기 또는 공범자의 이익을 위해 증거를 인멸한 때에는 자기의 사건이 된다는 적극설[5] 등의 대립이 있다.

이에 대하여 판례는「피고인 자신이 직접 형사처분이나 징계처분을 받게 될 것을 두려워한 나머지 자기의 이익을 위하여 그 증거가 될 자료를 인멸하였다면, 그 행위가 동시에 다른 공범자의 형사사건이나 징계사건에 관한 증거를 인멸한 결과가 된다고 하더라도 이를 증거인멸죄로 다스릴 수는 없다. 이러한 법리는 그 행위가 피고인의 공범자가 아닌 자의 형사사건이나 징계사건에 관한 증거를 인멸한 결과가 된다고 하더라도 마찬가지라고 하여야 할 것이다.」라고 판시[6]하여, 소극설의 입장을 취하고 있다.

생각건대 공범자의 형사피고사건에 관한 증거를 타인의 형사사건에 관한 증거라고 평가할 수는 없기 때문에 소극설이 타당하다.

---

1) 김선복, 735면; 김신규, 935면; 김혜정 외 4인, 793면; 박상기, 879면; 배종대, 765면; 손동권/김재윤, 859면; 이영란, 862면; 이재상/장영민/강동범, 805면; 이형국/김혜경, 867면; 임 웅, 1048면; 정성근/정준섭, 575면.

2) 김성돈, 868면; 김일수/서보학, 721면; 정영일, 496면.

3) 대법원 2016. 7. 29. 선고 2016도5596 판결; 대법원 2011. 2. 10. 선고 2010도15986 판결; 대법원 2000. 3. 24. 선고 99도5275 판결; 대법원 1965. 12. 10. 선고 65도826 판결.

4) 김선복, 734면; 김신규, 935면; 김혜정 외 4인, 794면; 박상기, 879면; 배종대, 765면; 손동권/김재윤, 860면; 오영근, 800면; 이재상/장영민/강동범, 805면.

5) 김성돈, 869면; 김일수/서보학, 721면; 신동운, 233면; 이형국/김혜경, 868면; 임 웅, 1048면; 정성근/정준섭, 576면; 정영일, 496면.

6) 대법원 2011. 7. 14. 선고 2009도13151 판결(간접정범도 정범의 일종인 이상 증거변조죄 및 변조증거사용죄의 정범으로 처벌되지 아니하는 피고인 1을 같은 죄의 간접정범으로 처벌할 수는 없고, 비록 자기의 형사사건에 관한 증거를 변조·사용하기 위하여 타인을 교사하여 증거를 변조·사용하도록 하였더라도 피교사자인 타인이 같은 형사사건의 공범에 해당하여 증거변조죄 및 변조증거사용죄로 처벌되지 않은 이상 본죄의 교사범을 처벌하는 취지와 달리 자기 방어권 행사를 위해 제3자로 하여금 새로운 범죄를 저지르게 함으로써 자기 방어권의 한계를 일탈하여 새로이 국가의 형사사법기능을 침해한 경우라고도 보기 어렵다는 이유로, 피고인 1에 대하여 증거변조죄 및 변조증거사용죄의 간접정범도 성립하지 않는다); 대법원 1995. 9. 29. 선고 94도2608 판결; 대법원 1976. 6. 22. 선고 75도1446 판결.

2) 형사사건·징계사건

본죄의 객체인 증거는 형사사건 또는 징계사건에 관한 것에 국한되기 때문에 민사사건·행정사건·선거사건·비송사건 등은 제외된다. 형사사건인 이상 재심사건이나 비상상고사건도 포함된다. 징계사건은 무고죄와 같이 공법상의 특별권력관계에 기한 징계사건에 국한되고, 사인간의 징계사건은 포함되지 아니한다.[1]

3) 증 거

'증거'란 타인의 형사사건 또는 징계사건에 관하여 수사기관이나 법원 또는 징계기관이 국가의 형벌권 또는 징계권의 유무를 확인하는데 관계있다고 인정되는 일체의 자료를 말한다. 따라서 범죄 또는 징계사유의 성립 여부에 관한 것뿐만 아니라 형 또는 징계의 경중에 관계있는 정상을 인정하는데 도움이 될 자료까지도 본조가 규정한 증거에 포함된다.[2] 또한 타인에게 유리한 것이든 불리한 것이든 가리지 아니하며, 증거가치의 유무 및 정도를 불문한다.[3] 수사 개시 이전의 증거도 이에 해당한다. 다만 증인에 대하여는 별도로 증인은닉·도피죄가 성립하므로 본죄의 증거에는 해당하지 아니한다.[4] 여기서 말하는 증거는 원칙적으로 증거방법(증인, 증거물, 증거서류 등)을 말하지만, 이미 증거조사를 마친 경우에는 증거자료(증인의 증언, 증거서류의 내용, 감정인의 감정)도 본죄의 객체가 될 수 있다.

(2) 행 위

1) 인 멸

'인멸'이란 증거에 대한 물질적 훼손뿐만 아니라 효용을 해하는 일체의 행위를 말한다. 증거의 사용방해 또는 현출방해도 이에 해당한다.[5]

2) 은 닉

'은닉'이란 적극적으로 증거를 숨기거나 그 발견을 곤란하게 하는 일체의 행위를 말한다. 하지만 단순한 증거제출의 거부 또는 소지사실의 부인은 이에 해당하지 아니한다. 한편 증인을 숨기거나 도망하게 하는 경우에는 본죄가 아니라 증인은닉·도피죄가 성립한다.

3) 위 조

'위조'란 문서에 관한 죄에 있어서의 위조 개념과는 달리 새로운 증거의 창조를 말한다. 그러므로 존재하지 아니한 증거를 이전부터 존재하고 있는 것처럼 작출하는 행위도 증거위조에 해당하며, 증거가 문서의 형식을 갖는 경우 본죄에 있어서의 증거에 해당하는지 여부가 그 작성권한의 유무나 내용의 진실성에 좌우되는 것은 아니다.[6] 하지만 사실의 증명을 위해 작성된

---

1) 대법원 2007. 11. 30. 선고 2007도4191 판결.
2) 대법원 2021. 1. 28. 선고 2020도2642 판결.
3) 대법원 2015. 10. 29. 선고 2015도9010 판결; 대법원 2013. 11. 28. 선고 2011도5329 판결.
4) 반면에 증인을 살해하거나 감금한 경우에는 본죄에 해당한다는 견해로는 김일수/서보학, 722면.
5) 대법원 1961. 10. 19. 선고 4294형상347 판결.
6) 대법원 2007. 6. 28. 선고 2002도3600 판결.

문서가 그 사실에 관한 내용이나 작성명의 등에 아무런 허위가 없다면 '증거위조'에 해당한다고 볼 수 없다. 가사 사실증명에 관한 문서가 형사사건 또는 징계사건에서 허위의 주장에 관한 증거로 제출되어 그 주장을 뒷받침하게 되더라도 마찬가지이다.[1]

그리고 타인의 형사사건 등에 관한 증거를 위조한다고 함은 증거 자체를 위조함을 말하는 것이고, 참고인이 수사기관에서 허위의 진술을 하는 것은 여기에 포함되지 아니한다.[2] 참고인이 타인의 형사사건 등에서 직접 진술 또는 증언하는 것을 대신하거나 그 진술 등에 앞서서 허위의 사실확인서나 진술서를 작성하여 수사기관 등에 제출하거나 또는 제3자에게 교부하여 제3자가 이를 제출한 것은 존재하지 않는 문서를 이전부터 존재하고 있는 것처럼 작출하는 등의 방법으로 새로운 증거를 창조한 것이 아닐뿐더러, 참고인이 수사기관에서 허위의 진술을 하는 것과 차이가 없으므로, 증거위조죄를 구성하지 아니한다.[3] 또한 선서무능력자로서 범죄 현장을 목격하지도 못한 사람으로 하여금 형사법정에서 범죄 현장을 목격한 것처럼 허위의 증언을 하도록 하는 것도 본죄의 위조에 해당하지 아니한다.[4]

하지만 참고인의 허위 진술이 담긴 대화 내용을 녹음한 녹음파일 또는 이를 녹취한 녹취록을 만들어 내는 행위는 무엇보다도 그 녹음의 자연스러움을 뒷받침하는 현장성이 강하여 단순한 허위진술 또는 허위의 사실확인서 등에 비하여 수사기관 등을 그 증거가치를 판단함에 있어 오도할 위험성을 현저히 증대시킨다고 할 것이므로, 이러한 행위는 허위의 증거를 새로이 작출하는 행위로서 증거위조죄에서 말하는 '위조'에 해당한다.[5]

4) 변 조

'변조'란 기존의 진정한 증거를 가공하여 증거가치를 변경시키는 것을 말한다. 예를 들면 문서의 내용에 허위의 내용을 첨가하거나 절취한 자전거를 도색하는 경우 등이 이에 해당한다.

---

1) 대법원 2021. 1. 28. 선고 2020도2642 판결(본조가 규정한 '증거의 위조'란 '증거방법의 위조'를 의미하므로, 위조에 해당하는지 여부는 증거방법 자체를 기준으로 하여야 하고 그것을 통해 증명하려는 사실이 허위인지 진실인지 여부에 따라 위조 여부가 결정되어서는 안 된다. 제출된 증거방법의 증거가치를 평가하고 이를 기초로 사실관계를 확정할 권한과 의무는 법원에 있기 때문이다. … 비록 피고인이 공소외 4 명의 ㅁㅁ은행 계좌에서 공소외 2 회사 명의 △△은행 계좌에 금원을 송금하고 다시 되돌려 받는 행위를 반복한 후 그 중 송금자료만을 발급받아 이를 3억 5,000만원을 변제하였다는 허위 주장과 함께 법원에 제출한 행위는 형법상 증거위조죄의 보호법익인 사법기능을 저해할 위험성이 있다. 그러나 앞서 본 법리에 비추어 보면, 피고인이 제출한 입금확인증 등은 금융기관이 금융거래에 관한 사실을 증명하기 위해 작성한 문서로서 그 내용이나 작성명의 등에 아무런 허위가 없는 이상 이를 증거의 '위조'에 해당한다고 볼 수 없고, 나아가 '위조한 증거를 사용'한 행위에 해당한다고 볼 수도 없다).
2) 대법원 1995. 4. 7. 선고 94도3412 판결.
3) 대법원 2015. 10. 29. 선고 2015도9010 판결; 대법원 2011. 7. 28. 선고 2010도2244 판결.
4) 대법원 1998. 2. 10. 선고 97도2961 판결.
5) 대법원 2013. 12. 26. 선고 2013도8085 판결(피고인이 친딸인 피해자 공소외 1을 강간하였다는 등의 범죄사실로 재판을 받던 중 누나인 공소외 2로 하여금 위 공소외 1이 공소외 2의 딸인 공소외 3과 대화를 하면서 '아빠가 때려서 그것 때문에 화나서 아빠 몸에다 손댔다고 거짓말하였다'는 취지로 허위진술하는 것을 공소외 2의 휴대폰에 녹음하게 한 다음 위와 같은 허위진술이 담긴 대화 내용을 녹취한 이 사건 녹취록을 만들어 담당재판부에 증거로 제출하게 하였다는 이 부분 공소사실이 증거위조교사죄에 해당한다).

5) 위조·변조한 증거의 사용

'위조·변조한 증거를 사용'한다는 것은 위조·변조된 증거를 진정한 것처럼 법원이나 수사기관 또는 징계기관에 제출하는 것을 말한다. 반드시 자발적일 필요가 없기 때문에 당해 기관의 요구로 제공한 경우도 포함한다.

Ⅴ. 증인은닉·도피죄

> 제155조(증거인멸 등과 친족간의 특례) ② 타인의 형사사건 또는 징계사건에 관한 증인을 은닉 또는 도피하게 한 자도 제1항의 형과 같다.
> ④ 친족 또는 동거의 가족이 본인을 위하여 본조의 죄를 범한 때에는 처벌하지 아니한다.

1. 의 의

증인은닉·도피죄는 타인의 형사사건 또는 징계사건에 관한 증인을 은닉 또는 도피하게 함으로써 성립하는 범죄이다. 본죄는 증거인멸죄에 대한 수정적 구성요건이다.

2. 구성요건

(1) 객 체

본죄의 객체는 타인의 형사사건 또는 징계사건에 관한 증인이다. 증인뿐만 아니라 참고인도 포함된다는 견해[1]가 있지만, 증인에 국한된다고 보아야 한다. 피고인은 본죄의 증인이 될 수 없다. 피고인 자신이 직접 형사처분이나 징계처분을 받게 될 것을 두려워한 나머지 자기의 이익을 위하여 증인이 될 사람을 도피하게 하였다면, 그 행위가 동시에 다른 공범자의 형사사건이나 징계사건에 관한 증인을 도피하게 한 결과가 된다고 하더라도 본죄가 성립하지 아니한다.[2] 또한 단순히 타인의 피의사건에 관하여 수사기관에 허위진술을 하거나 이를 교사하는 것도 본죄에 해당하지 아니한다.[3]

(2) 행 위

본죄의 실행행위는 증인을 은닉 또는 도피하게 하는 것이다. '은닉'이란 장소적 관련성과 결부하여 증인의 출석을 방해 또는 곤란하게 하는 일체의 행위를 말한다. '도피하게 하는 것'이란 은닉 이외의 방법으로 증인의 출석을 곤란 또는 불가능하게 하는 일체의 행위를 말한다.

---

1) 김선복, 737면; 김성돈, 872면; 김성천/김형준, 894면; 김신규, 938면; 김일수/서보학, 724면; 김혜정 외 4인, 796면; 박상기, 880면; 배종대, 768면; 손동권/김재윤, 862면; 신동운, 237면; 오영근, 802면; 이재상/장영민/강동범, 808면; 이형국/김혜경, 870면; 임 웅, 1051면; 정성근/정준섭, 578면; 정영일, 498면.
2) 대법원 2003. 3. 14. 선고 2002도6134 판결; 대법원 1995. 9. 29. 선고 94도2608 판결; 대법원 1976. 6. 22. 선고 75도1446 판결.
3) 대법원 1977. 9. 13. 선고 77도997 판결.

Ⅵ. 모해증거인멸·은닉·도피죄

> 제155조(증거인멸 등과 친족간의 특례) ③ 피고인, 피의자 또는 징계혐의자를 모해할 목적으로 전2항의 죄
> 를 범한 자는 10년 이하의 징역에 처한다.
> ④ 친족 또는 동거의 가족이 본인을 위하여 본조의 죄를 범한 때에는 처벌하지 아니한다.

1. 의 의

모해증거인멸·은닉·도피죄는 피고인·피의자 또는 징계혐의자를 모해할 목적으로 타인의
형사사건 또는 징계사건에 관한 증거를 인멸·은닉·위조 또는 변조하거나 위조 또는 변조한 증
거를 사용하거나 타인의 형사사건 또는 징계사건에 관한 증인을 은닉 또는 도피하게 함으로써
성립하는 범죄이다. 본죄는 모해목적으로 인하여 증거인멸죄 및 증인은닉·도피죄와 비교하여
불법이 가중된 구성요건이다.

2. 구성요건

본죄에서 '피의자'라고 하기 위해서는 수사기관에 의하여 범죄의 인지 등으로 수사가 개시
되어 있을 것을 필요로 하고, 그 이전의 단계에서는 장차 형사입건될 가능성이 크다고 하더라도
그러한 사정만으로 피의자에 해당한다고 볼 수는 없다.[1] '모해할 목적'이란 피고인·피의자·징계
혐의자에게 형사처분 또는 징계처분을 받게 할 목적을 말한다. 목적의 달성 여부는 본죄의 성
립에 영향이 없다.

제 5 절   무고의 죄

Ⅰ. 무고죄

> 제156조(무고) 타인으로 하여금 형사처분 또는 징계처분을 받게 할 목적으로 공무소 또는 공무원에 대하여
> 허위의 사실을 신고한 자는 10년 이하의 징역 또는 1천500만원 이하의 벌금에 처한다.
> 제157조(자백·자수) 제153조는 전조에 준용한다.

---

1) 대법원 2010. 6. 24. 선고 2008도12127 판결(사법경찰관리 집무규칙 제21조에 의하면 사법경찰관이 범죄를 인지
하는 경우에는 범죄인지보고서를 작성하는 절차를 거치도록 되어 있으므로 특별한 사정이 없는 한 수사기관이
그와 같은 절차를 거친 때에 범죄 인지가 된 것으로 볼 수 있겠으나, 사법경찰관이 그와 같은 절차를 거치기 전에
범죄의 혐의가 있다고 보아 수사에 착수하는 행위를 한 때에는 이때에 범죄를 인지한 것으로 보아야 하고 그
뒤 범죄인지보고서를 작성한 때에 비로소 범죄를 인지하였다고 볼 것은 아니다).

1. 의의 및 보호법익

무고죄는 타인으로 하여금 형사처분 또는 징계처분을 받게 할 목적으로 공무소 또는 공무원에 대하여 허위의 사실을 신고함으로써 성립하는 범죄이다. 본죄의 보호법익과 관련하여, ① 국가의 적정한 사법기능 내지 징계기능을 해하는 죄로서 국가적 법익에 대한 죄라고 파악하는 견해[1], ② 국가의 적정한 사법기능과 징계기능을 해하는 죄로서의 성격과 피무고자의 개인적 법익도 동시에 해하는 죄로서의 성격을 모두 가지고 있는 것으로 파악하는 견해[2] 등의 대립이 있다.

이에 대하여 판례는 「무고죄는 국가의 형사사법권 또는 징계권의 적정한 행사를 주된 보호법익으로 하고 다만, 개인의 부당하게 처벌 또는 징계받지 아니할 이익을 부수적으로 보호하는 죄이다.」라고 판시[3]하여, 후자의 견해를 취하고 있다.

생각건대 후자의 견해가 타당하다. 하지만 본죄의 주된 법적 성격은 국가적 법익을 해하는 죄이므로 피해자의 승낙이 있더라도 위법성을 조각시키지 못한다. 보호의 정도는 추상적 위험범이다.

본죄에 대하여는 제153조가 준용되므로(제157조), 본죄를 범한 자가 그 공술한 사건의 재판 또는 징계처분이 확정되기 전에 자백 또는 자수한 때에는 그 형을 감경 또는 면제한다(제153조). 여기서 자백의 절차에 관해서는 아무런 법령상의 제한이 없으므로 그가 신고한 사건을 다루는 기관에 대한 고백이나 그 사건을 다루는 재판부에 증인으로 다시 출석하여 전에 그가 한 신고가 허위의 사실이었음을 고백하는 것은 물론 무고 사건의 피고인 또는 피의자로서 법원이나 수사기관에서의 신문에 의한 고백 또한 자백의 개념에 포함된다.[4] 또한 제153조에서 정한 '재판이 확정되기 전'에는 피고인의 고소사건 수사 결과 피고인의 무고 혐의가 밝혀져 피고인에 대한 공소가 제기되고, 피고소인에 대해서는 불기소결정이 내려져 재판절차가 개시되지 않은 경우도 포함된다.[5] 한편 국가보안법 제12조 제1항[6], 특정범죄가중처벌법 제14조[7] 등에서는 가중

---

1) 정영일, 499면.
2) 김선복, 739면; 김성돈, 873면; 김신규, 939면; 김일수/서보학, 736면; 김혜정 외 4인, 798면; 박상기, 882면; 배종대, 769면; 손동권/김재윤, 864면; 신동운, 239면; 오영근, 804면; 이영란, 865면; 이재상/장영민/강동범, 810면; 이형국/김혜경, 871면; 임 웅, 1053면; 정성근/정준섭, 580면.
3) 대법원 2017. 5. 30. 선고 2015도15398 판결; 대법원 2005. 9. 30. 선고 2005도2712 판결(설사 무고에 있어서 피무고자의 승낙이 있었다고 하더라도 무고죄의 성립에는 영향을 미치지 못한다. 그리고 무고죄에 있어서 형사처분 또는 징계처분을 받게 할 목적은 허위신고를 함에 있어서 다른 사람이 그로 인하여 형사 또는 징계처분을 받게 될 것이라는 인식이 있으면 족한 것이고 그 결과발생을 희망하는 것까지를 요하는 것은 아니므로, 고소인이 고소장을 수사기관에 제출한 이상 그러한 인식은 있었다고 보아야 할 것이다).
4) 대법원 2012. 6. 14. 선고 2012도2783 판결; 대법원 1973. 11. 27. 선고 73도1639 판결.
5) 대법원 2018. 8. 1. 선고 2018도7293 판결.
6) 국가보안법 제12조(무고, 날조) ① 타인으로 하여금 형사처분을 받게 할 목적으로 이 법의 죄에 대하여 무고 또는 위증을 하거나 증거를 날조·인멸·은닉한 자는 그 각조에 정한 형에 처한다.
7) 특정범죄가중처벌법 제14조(무고죄) 이 법에 규정된 죄에 대하여 형법 제156조에 규정된 죄를 범한 사람은 3년

처벌하는 조항을 두고 있다.[1]

2. 구성요건

(1) 주 체

본죄의 주체에는 제한이 없다. 다만 공무원이 직권을 이용하여 본죄를 범한 때에는 형의 2분의 1을 가중한다(제135조). 고발은 피해자 본인 및 고소권자를 제외하고는 누구나 할 수 있는 것이어서 고발의 대리는 허용되지 않고 고발의 의사를 결정하고 고발행위를 주재한 자가 고발인이라고 할 것이므로, 타인명의의 고소장 제출에 의해 위증사실의 신고가 행하여졌더라도 피고인이 고소장을 작성하여 수사기관에 제출하고 수사기관에 대하여 고발인 진술을 하는 등 피고인의 의사로 고발행위를 주도하였다면 그 고발인은 피고인이다.[2]

(2) 행 위

본죄의 실행행위는 공무소 또는 공무원에 대하여 허위의 사실을 신고하는 것이다.

1) 공무소 또는 공무원

무고행위는 공무소 또는 공무원에 대하여 해야 한다. 여기서 '공무소 또는 공무원'이란 형사처분의 경우에는 검사, 사법경찰관리 등 형사소추 또는 수사를 할 권한이 있는 관청과 그 감독기관 또는 그 소속 공무원을 말하고, 징계처분의 경우에는 징계권자 또는 징계권의 발동을 촉구하는 직권을 가진 자와 그 감독기관 또는 그 소속 구성원을 말한다.[3] 따라서 군인에 대한 무고죄의 경우에 공무소 또는 공무원에 대한 신고는 반드시 해당 군인에 대하여 징계처분 또는 형사처분을 심사 결행할 직권 있는 소속 상관에게 직접 하여야 하는 것은 아니지만, 지휘명령계통이나 수사관할 이첩을 통하여 그런 권한 있는 상관에게 도달되어야 무고죄가 성립한다.[4]

판례에 의하면, ① 그 산하에 수사기관인 경찰국을 두고 그 직원을 지휘·감독하고, 관내 경찰서장을 지휘·감독하는 지위에 있는 도지사[5], ② 군지휘 명령계통과 수사관할이첩을 통하여 징계 및 형사처분권 있는 육군참모총장에 도달하게 할 수 있는 제1군사령관과 중앙정보부장[6], ③ 법무부장관에 대한 지휘·

이상의 유기징역에 처한다.

[1] 특정범죄가중처벌법 제14조의 '이 법에 규정된 죄'에 특정범죄가중처벌법 제14조 자체를 위반한 죄는 포함되지 않는다(대법원 2018. 4. 12. 선고 2017도20241 판결).

[2] 대법원 2007. 3. 30. 선고 2006도6017 판결; 대법원 2006. 7. 13. 선고 2005도7588 판결; 대법원 1989. 9. 26. 선고 88도1533 판결.

[3] 대법원 2010. 11. 25. 선고 2010도10202 판결.

[4] 대법원 2014. 12. 24. 선고 2012도4531 판결(공소사실에서 무고의 대상은 군인인 공소외 2이므로, 포항지청이 군인신분인 공소외 2를 형사소추하거나 징계할 권한을 가진다고 볼 수는 없다. 피고인이 공소외 1을 통하여 공소외 2에 관한 '쌀군납 사건 및 진급로비 사건'을 포항지청에 알린 행위가 무고죄에 해당하기 위해서는 공소외 1에 의하여 포항지청에 제공된 자료가 수사관할 이첩 등을 통하여 공소외 2에 대하여 수사권한이 있는 국방부 조사본부 등에 도달한 사실이 인정되어야 한다); 대법원 1973. 1. 16. 선고 72도1136 판결.

[5] 대법원 1982. 11. 23. 선고 81도2380 판결.

[6] 대법원 1973. 1. 16. 선고 72도1136 판결.

감독을 통해서 수사기관의 직권발동을 촉구시킬 수 있는 대통령[1], ④ 조세범칙행위에 대하여 벌금 상당액의 통고처분을 하거나 검찰에 이를 고발할 권한이 있는 국세청장[2], ⑤ 마산지방검찰청 검사장에게 수사이첩할 권한이 있는 검찰총장[3], ⑥ 징계 개시의 신청권이 있는 지방변호사회 장[4] 등에 있어서는 본죄의 행위 상대방이 된다.

하지만 농업협동조합중앙회 또는 농업협동조합중앙회장[5]은 본죄의 행위 상대방이 되지 아니한다.

2) 허위의 사실

'허위의 사실'이란 객관적 진실에 반하는 사실을 말한다. 객관적 사실과 일치하지 않는 것이라도 신고자가 진실이라고 확신하고 신고하였을 때에는 무고죄가 성립하지 아니한다. 여기서 '진실이라고 확신'한다는 것은 신고자가 알고 있는 객관적인 사실관계에 의하더라도 신고사실이 허위라거나 허위일 가능성이 있다는 인식을 하지 못하는 경우를 말하는 것이지, 신고자가 알고 있는 객관적 사실관계에 의하여 신고사실이 허위라거나 허위일 가능성이 있다는 인식을 하면서도 이를 무시한 채 무조건 자신의 주장이 옳다고 생각하는 경우까지 포함되는 것은 아니다.[6] 이와 같이 신고자가 그 신고내용을 허위라고 믿었다고 하더라도 그것이 객관적으로 진실한 사실에 부합할 때에는 허위사실의 신고에 해당하지 않아 본죄가 성립하지 아니한다. 또한 진실한 사실을 허위의 사실로 오인하고 신고를 한 경우에도 본죄가 성립하지 아니한다.[7] 이 경우에는 본죄의 불능미수가 될 수 있지만, 미수범 처벌규정이 없기 때문에 불가벌이 된다. 행위자가 허위의 사실을 진실한 사실로 착오하고 신고한 경우에는 본죄의 고의가 조각된다.[8]

한편 본죄가 성립하기 위해서는 신고된 사실 자체가 형사처분의 원인이 될 수 있어야 한다. 그러므로 허위의 사실을 신고하였다고 하더라도 그 사실 자체가 형사범죄로 구성되지 아니한다면 본죄는 성립하지 아니한다.[9] 신고한 사실이 객관적 진실에 반하는 허위사실이라는 요건은 적극적 증명이 있어야 하고, 신고사실의 진실성을 인정할 수 없다는 소극적 증명만으로 곧 그 신고사실이 객관적 진실에 반하는 허위의 사실이라 단정하여 무고죄의 성립을 인정할 수는 없으며[10], 비록 신고내용에 일부 객관적 진실에 반하는 내용이 포함되었다고 하더라도 그것이 독립하여 형사처분 등의 대상이 되지 아니하고 단지 신고사실의 정황을 과장하는데 불과하

1) 대법원 1977. 6. 28. 선고 77도1445 판결.
2) 대법원 1991. 12. 13. 선고 91도2127 판결.
3) 대법원 1985. 12. 10. 선고 84도2380 판결.
4) 대법원 2010. 11. 25. 선고 2010도10202 판결.
5) 대법원 1980. 2. 12. 선고 79도3109 판결.
6) 대법원 2000. 7. 4. 선고 2000도1908 판결.
7) 대법원 1991. 10. 11. 선고 91도1950 판결.
8) 대법원 1987. 12. 22. 선고 87도1977 판결.
9) 대법원 2013. 9. 26. 선고 2013도6862 판결; 대법원 2007. 4. 13. 선고 2006도558 판결; 대법원 1992. 10. 13. 선고 92도1799 판결.
10) 대법원 1984. 1. 24. 선고 83도1401 판결.

거나 허위의 일부 사실의 존부가 전체적으로 보아 범죄사실의 성립 여부에 직접 영향을 줄 정도에 이르지 아니하는 내용에 관계되는 것이라면 본죄가 성립하지 아니한다.[1] 하지만 그 일부 허위인 사실이 국가의 심판작용을 그르치거나 부당하게 처벌을 받지 아니할 개인의 법적 안정성을 침해할 우려가 있을 정도로 고소사실 전체의 성질을 변경시키는 때에는 본죄가 성립될 수 있다.[2] 또한 신고한 사실이 객관적 진실에 반하는 허위사실이라는 점에 관하여는 적극적인 증명이 있어야 하며, 신고사실의 진실성을 인정할 수 없다는 점만으로 곧 그 신고사실이 객관적 진실에 반하는 허위사실이라고 단정하여 본죄의 성립을 인정할 수는 없다.[3] 신고자가 객관적 사실관계를 사실 그대로 신고한 이상 그 객관적 사실을 토대로 한 나름대로의 주관적 법률평가를 잘못하고 이를 신고하였다고 하여 그 사실만을 가지고 허위사실을 신고한 것에 해당하여 본죄가 성립한다고 단정할 수는 없다.[4] 예를 들면 횡령을 절도라고 기재하였다고 하더라도 허위신고라고 할 수는 없는 것이다.[5]

  판례에 의하면, ① 객관적으로 고소사실에 대한 공소시효가 완성되었더라도 고소를 제기하면서 마치 공소시효가 완성되지 아니한 것처럼 고소한 경우[6], ② 영수증을 정당하게 작성·교부하거나 적법하게 백지보충권을 수여하여 그에 따라 백지보충이 이루어졌음에도 불구하고 상대방이 그 영수증을 위조하였다고 신고한 경우[7], ③ 피고인이 위법성조각사유가 있음을 알면서도 '피고소인이 허위사실을 공표하였다.'라고 고소함으로써 결국 적극적으로 피고소인이 처벌되어야 한다고 주장한 경우[8] 등에 있어서는 본죄가 성립한다.
  하지만 ① 고소인이 피고소인들이 저지른 불법행위에 관하여 고소를 제기함에 있어 법의 무지로 비록 죄명을 잘못 적었다고 하더라도 그 고소내용이 객관적인 사실관계를 거짓 없이 신고한 경우[9], ② 신고 사실 자체가 형사범죄로 구성되지 아니한 경우[10], ③ 허위의 사실을 신고하였다고 하더라도 신고된 범죄 사실에 대한 공소시효가 완성되었음이 그 신고의 내용 자체에 의하여 분명한 경우[11], ④ 허위의 사실을

---

1) 대법원 2011. 1. 13. 선고 2010도14028 판결; 대법원 2010. 11. 11. 선고 2008도7451 판결; 대법원 2003. 1. 24. 선고 2002도5939 판결; 대법원 1996. 5. 31. 선고 96도771 판결; 대법원 1994. 1. 11. 선고 93도2995 판결; 대법원 1986. 7. 22. 선고 86도582 판결.

2) 대법원 2012. 5. 24. 선고 2011도11500 판결; 대법원 2010. 4. 29. 선고 2010도2745 판결; 대법원 2009. 1. 30. 선고 2008도8573 판결; 대법원 2004. 1. 16. 선고 2003도7178 판결.

3) 대법원 2014. 2. 13. 선고 2011도15767 판결; 대법원 2004. 1. 27. 선고 2003도5114 판결.

4) 대법원 1985. 6. 25. 선고 83도3245 판결; 대법원 1984. 3. 27. 선고 83도2826 판결.

5) 대법원 1985. 9. 24. 선고 84도1737 판결.

6) 대법원 1995. 12. 5. 선고 95도1908 판결.

7) 대법원 2007. 6. 1. 선고 2007도2299 판결.

8) 대법원 1998. 3. 24. 선고 97도2956 판결.

9) 대법원 1984. 5. 29. 선고 83도3125 판결.

10) 대법원 2002. 11. 8. 선고 2002도3738 판결. 하지만 허위로 신고한 사실이 무고행위 당시 형사처분의 대상이 될 수 있었던 경우에는 국가의 형사사법권의 적정한 행사를 그르치게 할 위험과 부당하게 처벌받지 않을 개인의 법적 안정성이 침해될 위험이 이미 발생하였으므로 무고죄는 기수에 이르고, 이후 그러한 사실이 형사범죄가 되지 않는 것으로 판례가 변경되었더라도 특별한 사정이 없는 한 이미 성립한 무고죄에는 영향을 미치지 않는다(대법원 2017. 5. 30. 선고 2015도15398 판결).

신고하였다고 하더라도 그 사실이 친고죄로서 그에 대한 고소기간이 경과하여 공소를 제기할 수 없음이
그 신고내용 자체에 의하여 분명한 경우[1], ⑤ 허위 사실을 신고한 경우라도 그 사실이 사면되어 공소권
이 소멸된 것이 분명한 경우[2], ⑥ 피고인 자신이 상대방의 범행에 공범으로 가담하였음에도 자신의 가
담사실을 숨기고 상대방만을 고소한 경우[3], ⑦ 서로 멱살을 잡고 밀고 당기는 과정에서 상해를 입게 된
이상 피고인이 공소외인으로부터 폭행당하여 상해를 입었다고 고소한 경우[4], ⑧ 피고인이 공소외인으로
부터 강간을 당한 것이 사실인 이상 이를 고소함에 있어서 강간으로 입은 것이 아닌 상해사실을 포함시
킨 경우[5], ⑨ 신고내용이 허위라고 할지라도 처벌법규가 없어서 범죄가 되지 아니하는 경우[6], ⑩ 형사
책임을 져야 할 자를 잘못 기재하였더라도 신고한 사실이 진실인 경우[7], ⑪ 본안소송을 제기하지 아니
한 채 가압류를 한 것만으로는 사기죄의 실행에 착수하였다고 할 수 없으므로, '이미 채무를 변제받았음
에도 공정증서를 보관하고 있음을 기화로 주택을 가압류하였다.'는 취지의 허위의 고소장을 제출한 경
우[8] 등에 있어서는 본죄가 성립하지 아니한다.

　　본죄에 있어서 허위사실의 여부는 신고사실의 핵심적 내용 또는 중요내용이 허위인지의
여부에 따라 판단한다.[9] 이와 같이 제한적으로 해석하는 이유는 사소한 내용에 허위가 있다고
하여 모두 본죄의 성립을 인정한다면 그 처벌범위가 지나치게 넓어지고 사실상 고소·고발을
봉쇄하는 결과가 초래될 것이기 때문이다. 그러나 실무상으로는 어떤 것이 핵심적 또는 중요
내용인지 분별하는 것이 쉽지 않은 경우가 많다. 예를 들면 '구타당하여 상해를 입었다'는 고소
사실과 '강간을 당하여 상해를 입었다'는 고소사실에서 상해부분은 중요 또는 핵심적 내용이
아니라 단순한 정황의 과장에 불과한 것으로 보고 있다.[10] 또한 피고인들이 싸움을 만류하다가
옆에서 보고만 있었음에도 불구하고 '피고인들이 양팔을 잡아 가세하고 제3자가 때려 상해를
입었다'고 고소한 것에 대하여 정황의 과장이 아니라고 판단하고 있다. 이와 같은 판례의 입장
을 분석해 보면, 원칙적으로 범죄혐의를 주장할 수 있는 근거가 되는 기본적인 사실관계가 있
다면 그 기본적인 사실관계의 전후 사실관계에 다소 과장이나 허위내용이 포함되어 있더라도

11) 대법원 1994. 2. 8. 선고 93도3445 판결.
 1) 대법원 2018. 7. 11. 선고 2018도1818 판결; 대법원 1998. 4. 14. 선고 98도150 판결.
 2) 대법원 1970. 3. 24. 선고 69도2330 판결.
 3) 대법원 2010. 2. 25. 선고 2009도1302 판결; 대법원 2008. 8. 21. 선고 2008도3754 판결(피고인의 고소내용이 상대
　　방의 범행 부분에 관한 한 진실에 부합하므로 이를 허위의 사실로 볼 수 없고, 상대방의 범행에 피고인이 공범으
　　로 가담한 사실을 숨겼다고 하여도 그것이 상대방에 대한 관계에서 독립하여 형사처분 등의 대상이 되지 아니할
　　뿐더러 전체적으로 보아 상대방의 범죄사실의 성립 여부에 직접 영향을 줄 정도에 이르지 아니하는 내용에 관계
　　되는 것이므로 무고죄가 성립하지 않는다).
 4) 대법원 1986. 7. 22. 선고 86도582 판결.
 5) 대법원 1983. 1. 18. 선고 82도2170 판결.
 6) 대법원 1976. 10. 26. 선고 75도1657 판결.
 7) 대법원 1982. 4. 27. 선고 81도2341 판결.
 8) 대법원 2003. 6. 13. 선고 2003도1672 판결.
 9) 대법원 1991. 10. 11. 선고 91도1950 판결.
10) 대법원 1983. 1. 18. 선고 82도2170 판결; 대법원 1973. 12. 26. 선고 73도2771 판결.

허위사실로 판단하지 않는 것으로 해석된다.[1] 그러나 사실관계 자체가 다른 경우에는 허위 여부를 각 고소사실별로 판단하여야 한다. 예컨대 절도와 사문서위조로 고소하였으나 절도는 객관적 진실에 부합하고 사문서위조는 허위인 경우에는 무고죄가 성립할 수 있다. 무고사실 중 일부가 '혐의없음'이 밝혀졌다고 하더라도 나머지 무고사실이 인정되는 이상 본죄의 죄책을 면할 수 없다.[2]

3) 신 고

'신고'는 자발적으로 사실을 고지하는 것을 말한다. 그러므로 수사기관이 추궁하여 캐어묻거나(推問) 진술을 이끌어내는 과정에서 허위의 진술을 하는 경우[3], 정보원 또는 수사관의 요청을 받고 자신이 알고 있는 정보를 제공하는 경우[4] 등에 있어서는 본죄가 성립하지 아니한다. 하지만 당초 고소장에 기재하지 않은 사실을 수사기관[5]에서 고소보충조서를 받을 때 자진하여 진술하였다면 이 진술 부분까지 신고한 것으로 보아야 할 것이다.[6]

허위사실의 신고방식은 구두에 의하든 서면에 의하든 관계가 없고, 서면에 의하는 경우에도 그 신고내용이 타인으로 하여금 형사처분 또는 징계처분을 받게 할 목적의 허위사실이면 충분하며 그 명칭을 반드시 고소장이라고 하여야만 본죄가 성립하는 것은 아니다.[7] 그 후 그 고소장을 되돌려 받았다는 점은 이미 기수에 이른 본죄의 성립에 영향을 미치지 아니한다.[8] 반드시 피무고자의 성명을 명시할 것까지 요구되지 않고, 누구인지 알 수 있을 정도로 특정하면 된다. 부작위에 의한 신고도 가능하다. 예를 들어 허위사실이 기재된 고소장을 실수로 공무원 또는 공무소에 발송한 사람은 그것이 공무소에 도달되지 않거나 도달되더라도 그것을 회수해야 할 작위의무가 존재하기 때문에 부작위범이 될 수 있다.[9] 그리고 본죄에서의 허위사실 적시의 정도는 수사

1) 대법원 1996. 5. 31. 선고 96도771 판결; 대법원 1995. 12. 22. 선고 95도414 판결; 대법원 1994. 1. 11. 선고 93도2995 판결.
2) 대법원 1983. 6. 28. 선고 81도2546 판결.
3) 대법원 2005. 12. 22. 선고 2005도3203 판결; 대법원 1990. 8. 14. 선고 90도595 판결; 대법원 1985. 7. 26.자 85모14 결정; 대법원 1984. 12. 11. 선고 84도1953 판결.
4) 대법원 1955. 3. 18. 선고 4287형상209 판결.
5) 대법원 1986. 10. 14. 선고 86도1606 판결(허위사실을 기재한 고소장을 작성하여 수사기관에 제출한 이상 고소장을 작성할 때 변호사 등 법조인의 자문을 받았다고 하더라도 무고죄의 구성요건이 충족된다면 무고죄의 성립에는 소장이 없다).
6) 대법원 2014. 2. 21. 선고 2013도4429 판결(피고인은 2011. 5. 2.자 진술을 통해 이 사건 토지와 관련된 부분에 대해서도 공소외 1을 고소하는 것임을 명백히 밝혔으므로 이는 무고죄에 있어서 '신고'라고 보기에 충분하다. 또한 비록 이 사건 토지와 관련된 부분이 당초 고소장에는 포함되어 있지 않았고 그에 관한 이야기는 공소외 1이 먼저 꺼내었다 하더라도, 2011. 5. 2.자 진술 당시 담당 경찰관이 주도적으로 피고인으로부터 위와 같은 진술을 이끌어 내었다기보다는 단순히 고소 범위에 대한 확인 차원에서 피고인에게 질문을 하자 이에 대해서 피고인이 자신의 의사에 따라 답변을 한 것으로 보이므로, 피고인의 위와 같은 진술이 수사기관의 추궁에 의한 것이라고 볼 수도 없다); 대법원 1996. 2. 9. 선고 95도2652 판결; 대법원 1988. 2. 23. 선고 87도2454 판결; 대법원 1984. 12. 11. 선고 84도1953 판결.
7) 대법원 1985. 12. 10. 선고 84도2380 판결.
8) 대법원 1985. 2. 8. 선고 84도2215 판결.
9) 이에 반대하는 견해로는 손동권/김재윤, 869면; 이재상/장영민/강동범, 814면; 임 웅, 1058면.

관서 또는 감독관서에 대하여 수사권 또는 징계권의 발동을 촉구하는 정도의 것이면 충분하고 반드시 범죄구성요건 사실이나 징계요건 사실을 구체적으로 명시하여야 하는 것은 아니다.[1]

(3) 주관적 구성요건

1) 고 의

본죄가 성립하기 위해서는 공무소 또는 공무원에 대하여 허위의 사실을 신고한다는 고의가 있어야 한다. 본죄에 있어서 고의는 반드시 확정적 고의임을 요하지 아니하고 미필적 고의로서도 족하다.[2] 본죄는 신고자가 진실하다는 확신 없는 사실을 신고함으로써 성립하고[3], 그 신고사실이 허위라는 것을 확신함을 필요로 하지 아니한다.[4] 또한 고소를 한 목적이 상대방을 처벌받도록 하는 데 있지 않고 시비를 가려달라는 데에 있다고 하여 본죄의 범의가 없다고 할 수는 없다.[5] 어떤 죄로 고소를 당한 사람이 그 죄의 혐의가 없다면 고소인이 자신을 무고한 것이므로 처벌을 해달라는 고소장을 제출한 것은 설사 그것이 자신의 결백을 주장하기 위한 것이라고 하더라도 방어권의 행사를 벗어난 것으로서 고소인을 무고한다는 범의를 인정할 수 있다.[6]

하지만 설령 고소사실이 객관적 사실에 반하는 허위의 것이라고 할지라도 그 허위성에 대한 인식이 없거나 신고자가 진실이라고 확신하고 신고한 경우[7]에는 무고에 대한 고의가 부정된다. 고소내용이 터무니없는 허위사실이 아니고 사실에 기초하여 그 정황을 다소 과장한 데 지나지 아니한 경우에는 본죄가 성립하지 아니한다.[8] 진실한 객관적인 사실들에 근거하여 고소인이 피고소인의 주관적인 의사에 관하여 갖게 된 의심을 고소장에 기재하였을 경우에 법률전문가 아닌 일반인의 입장에서 볼 때 그와 같은 의심을 갖는 것이 충분히 합리적인 근거가 있다고 볼 수 있다면, 비록 그 의심이 나중에 진실하지 않는 것으로 밝혀졌다고 하여 곧바로 고소인에게 무고의 미필적 고의가 있었다고 단정하여서는 안 된다.[9]

한편 성폭행이나 성희롱 사건의 피해자가 피해사실을 알리고 문제를 삼는 과정에서 오히려 피해자가 부정적인 여론이나 불이익한 처우 및 신분 노출의 피해 등을 입기도 하여 온 점

---

1) 대법원 2006. 5. 25. 선고 2005도4642 판결; 대법원 1987. 3. 24. 선고 87도231 판결.
2) 반면에 확정적 고의를 요구하는 견해로는 김선복, 743면; 김일수/서보학, 740면; 배종대, 775면; 이재상/장영민/강동범, 815면(허위에 대한 미필적 고의로 족하다고 할 때에는 진실이라는 확신 없이 고소하는 대부분의 고소인을 본죄로 처벌할 수 있게 되어 본죄의 성립을 부당하게 확대하는 결과가 된다); 이형국/김혜경, 877면; 임 웅, 1060면.
3) 대법원 1991. 12. 13. 선고 91도2127 판결.
4) 대법원 2007. 3. 29. 선고 2006도8638 판결; 대법원 1997. 3. 28. 선고 96도2417 판결; 대법원 1990. 10. 12. 선고 90도1065 판결.
5) 대법원 2007. 4. 26. 선고 2007도1423 판결; 대법원 1995. 12. 12. 선고 94도3271 판결.
6) 대법원 2007. 3. 15. 선고 2006도9453 판결.
7) 대법원 1982. 12. 28. 선고 82도1622 판결.
8) 대법원 1998. 9. 8. 선고 98도1949 판결; 대법원 1990. 11. 9. 선고 90도1706 판결; 대법원 1985. 4. 9. 선고 85도283 판결.
9) 대법원 1996. 3. 26. 선고 95도2998 판결.

등에 비추어 보면, 성폭행 피해자의 대처 양상은 피해자의 성정이나 가해자와의 관계 및 구체적인 상황에 따라 다르게 나타날 수밖에 없다. 따라서 개별적·구체적인 사건에서 성폭행 등의 피해자가 처하여 있는 특별한 사정을 충분히 고려하지 않은 채 피해자 진술의 증명력을 가볍게 배척하는 것은 정의와 형평의 이념에 입각하여 논리와 경험의 법칙에 따른 증거판단이라고 볼 수 없다.[1] 그러므로 성추행 피해자가 추행 즉시 행위자에게 항의하지 않은 사정이나 피해 신고 시 성폭력이 아닌 다른 피해사실을 먼저 진술한 사정만으로 곧바로 피해자 진술의 신빙성을 부정할 것이 아니고, 가해자와의 관계와 피해자의 구체적 상황을 모두 살펴 판단하여야 한다.[2]

이와 같은 법리는, 피해자임을 주장하는 자가 성폭행 등의 피해를 입었다고 신고한 사실에 대하여 증거불충분 등을 이유로 불기소처분되거나 무죄판결이 선고된 경우 반대로 이러한 신고내용이 객관적 사실에 반하여 무고죄가 성립하는지 여부를 판단할 때에도 마찬가지로 고려되어야 한다. 따라서 성폭행 등의 피해를 입었다는 신고사실에 관하여 불기소처분 내지 무죄판결이 내려졌다고 하여, 그 자체를 무고를 하였다는 적극적인 근거로 삼아 신고내용을 허위라고 단정하여서는 아니 됨은 물론, 개별적·구체적인 사건에서 피해자임을 주장하는 자가 처하였던 특별한 사정을 충분히 고려하지 아니한 채 진정한 피해자라면 마땅히 이렇게 하였을 것이라는 기준을 내세워 성폭행 등의 피해를 입었다는 점 및 신고에 이르게 된 경위 등에 관한 변소를 쉽게 배척하여서는 아니 된다.[3]

2) 목 적

본죄는 고의 이외에 초과주관적 구성요건요소로서 '타인으로 하여금 형사처분 또는 징계처분을 받게 할 목적'이 있어야 성립하는 진정목적범이다.

① 타 인

'타인'이란 신고자 이외의 자로서 자연인뿐만 아니라 법인도 포함된다. 자기 자신을 무고하는 행위는 구성요건해당성이 부정되어 본죄가 성립하지 아니한다. 따라서 자기 자신을 무고하기로 제3자와 공모하고 이에 따라 무고행위에 가담하였더라도 이는 자기 자신에게는 무고죄의 구성요건에 해당하지 않아 범죄가 성립할 수 없는 행위를 실현하고자 한 것에 지나지 않아 무고죄의 공동정범으로 처벌할 수 없다.[4] 하지만 자기와 타인이 공범관계에 있다고 허위사실을

---

1) 대법원 2018. 10. 25. 선고 2018도7709 판결.

2) 대법원 2020. 9. 24. 선고 2020도7869 판결(피고인의 피해자 공소외 1에 대한 범행 장소와 시간, 경위를 구체적으로 살펴보면 주변에서 쉽게 피해상황을 목격하기 어려워 보이고, 피해자 공소외 1, 피해자 공소외 2가 피해사실을 최초 진술할 당시 징계에 회부될 수 있는 상황이었다거나 그런 말을 전해 듣고 허위로 피해사실을 꾸며낸 것으로는 보이지 않으며, 일부 피해자들이 범행 약 1개월 후 피고인의 교육태도 등에 관하여 강력히 항의하였는데 이는 피고인의 신체접촉으로 인한 거부감이 피해자들로 하여금 피고인과 소통이 되지 않는다고 느끼는 데 영향을 미쳤던 것으로 보이고 그 상황에서 일부 피해자들이 피고인과 큰 갈등을 빚게 되자 친분 있는 다른 교사에게 피해사실을 알리게 되고 수사기관에서도 이 사건을 인지하여 수사가 개시되었다고 판단하여, 그 판시와 같은 인정사실들과 더불어 피해자들 진술의 신빙성을 긍정하였다).

3) 대법원 2019. 7. 11. 선고 2018도2614 판결.

4) 대법원 2017. 4. 26. 선고 2013도12592 판결.

신고한 공동무고의 경우에는 타인의 범행부분에 한하여 본죄가 성립할 수 있다. 또한 타인을 교사하여 자신을 무고하도록 한 경우에는 본죄의 교사범이 성립한다.[1] 무고에 있어서 피무고자의 승낙이 있었다고 하더라도 무고죄의 성립에는 영향을 미치지 못한다.[2]

한편 사자[3]·허무인 등에 대해서 형사처분을 받게 할 목적으로 무고하거나 비공무원에 대해 징계처분을 받게 할 목적으로 무고하는 경우와 같이 타인이 형사처분이나 징계처분을 받을 자격이 없는 경우에는 본죄가 성립하지 아니한다. 다만 형사미성년자·심신상실자에 대해서는 소년법상의 보호처분이나 치료감호법상의 치료감호가 가능하기 때문에 본죄가 성립한다.

② 형사처분 또는 징계처분

'형사처분'이란 형벌 이외의 형사제재를 포함하는 개념이다. 예를 들면 치료감호법상의 치료감호처분, 소년법상의 보호처분, 「가정폭력방지 및 피해자보호 등에 관한 법률」상의 보호처분[4], 「청소년 보호법」상의 보호처분, 성매매처벌법상의 보호처분 등이 이에 해당한다.

'징계처분'이란 공법상의 감독관계에서 질서유지를 위하여 부과하는 신분적 제재를 말한다. 그런데 사립학교 교원은 학교법인 또는 사립학교 경영자가 임면하고, 그 임면은 사법상 고용계약에 의하며, 사립학교 교원은 학생을 교육하는 대가로 학교법인 등으로부터 임금을 지급받으므로 학교법인 등과 사립학교 교원의 관계는 원칙적으로 사법상 법률관계에 해당한다. 따라서 학교법인 등의 사립학교 교원에 대한 인사권의 행사로서 징계 등 불리한 처분은 사법적 법률행위의 성격을 가지므로, 사립학교 교원에 대한 학교법인 등의 징계처분은 '징계처분'에 포함되지 아니한다.[5] 하지만 변호사에 대한 징계처분은 제156조에서 정하는 '징계처분'에 포함된다.[6]

③ 목적의 인식 정도

형사처분 또는 징계처분을 받게 할 목적은 허위신고를 함에 있어서 다른 사람이 그로 인하

---

1) 대법원 2008. 10. 23. 선고 2008도4852 판결(스스로 본인을 무고하는 자기무고는 무고죄의 구성요건에 해당하지 아니하여 무고죄를 구성하지 않는다. 그러나 피무고자의 교사·방조 하에 제3자가 피무고자에 대한 허위의 사실을 신고한 경우 제3자의 행위는 무고죄의 구성요건에 해당하여 무고죄를 구성하므로, 제3자를 교사·방조한 피무고자에 대하여도 교사·방조범으로서의 죄책을 부담하게 함이 상당하다).
2) 대법원 2005. 9. 30. 선고 2005도2712 판결.
3) 반면에 사자를 위한 재심이 있을 수 있으므로, 재심이 문제되는 경우에는 예외적으로 사자를 대상으로 한 무고가 성립할 수 있다는 견해로는 정영일, 504면.
4) 가정폭력특별법상의 보호처분에 대하여 보다 자세한 논의로는 박찬걸, "가정폭력행위자 대상 상담조건부 기소유예처분의 문제점 및 개선방안", 형사법의 신동향 제42호, 대검찰청, 2014. 3. 152면 이하 참조.
5) 대법원 2014. 7. 24. 선고 2014도6377 판결(피고인이 사립대학교 교수인 피해자들로 하여금 징계처분을 받게 할 목적으로 국민권익위원회에서 운영하는 범정부 국민포털인 국민신문고에 민원을 제기한 사안에서, 피해자들은 사립학교 교원이므로 피고인의 행위가 무고죄에 해당하지 않는다).
6) 대법원 2010. 11. 25. 선고 2010도10202 판결(변호사에 대한 징계가 대한변호사협회 변호사징계위원회를 거쳐 최종적으로 법무부의 변호사징계위원회에서 결정되고 이에 불복하는 경우에는 행정소송을 할 수 있는 점, 판사 2명과 검사 2명이 위원으로 참여하여 대한변호사협회 변호사징계위원회나 법무부의 변호사징계위원회를 구성하고, 서류의 송달, 기일의 지정이나 변경 및 증인·감정인의 선서와 급여에 관한 사항에 대하여 '형사소송법'과 '형사소송비용 등에 관한 법률'의 규정을 준용하도록 정하고 있는 점, 위와 같은 절차를 마련한 것은 변호사의 공익적 지위에 기인하여 공법상의 특별권력관계에 준하여 징계에 관하여도 공법상의 통제를 하려는 의도로 보여지는 점 등을 고려하여 …).

여 형사처분 또는 징계처분을 받게 될 것이라는 인식이 있으면 족하고, 그 결과발생을 희망하는 것까지를 요하는 것은 아니다.[1] 진정서의 전체 내용이 공정한 수사를 하여 흑백을 가려달라는 취지로 이해할 수도 있는 경우에는 타인을 무고할 목적은 아니었다고 볼 여지가 있다.[2]

3. 실행의 착수시기 및 기수시기

본죄의 실행의 착수시기는 허위사실을 신고하는 행위를 개시한 때이고, 본죄의 기수시기는 허위사실의 신고가 공무소 또는 공무원에 도달한 시점이다. 허위사실을 신고하는 문서를 발송하였으나 도달하지 않은 경우에는 본죄의 미수가 되므로 불가벌이다. 공무소 또는 공무원에 도달한 이상 공무원이 그 내용을 인식하거나 수사를 개시하거나 공소를 제기하거나 징계절차를 개시할 것을 요하지 아니한다.

4. 죄수 및 다른 범죄와의 관계

(1) 죄 수

본죄는 피무고자의 수를 기준으로 죄수가 결정된다. 그러므로 하나의 서면으로 수인을 무고한 경우에는 본죄의 상상적 경합이 된다. 하나의 고소·고발장에 의하여 수개의 혐의사실을 들어 무고로 고소·고발한 경우 그 중 일부사실은 진실이나 다른 사실은 허위인 때에는 그 허위사실 부분만이 독립하여 본죄를 구성한다.[3]

(2) 다른 범죄와의 관계

무고를 한 후 피무고자에 대한 재판에서 위증을 한 경우에는 본죄와 위증죄의 실체적 경합범이 된다. 한편 부정수표단속법 제4조는 수표금액의 지급 또는 거래정지처분을 면할 목적으로 금융기관에 거짓 신고를 한 자를 처벌하도록 규정하고 있는바, 이러한 허위신고죄는 타인으로 하여금 형사처분 또는 징계처분을 받게 할 목적으로 공무소 또는 공무원에 대하여 허위의 사실을 신고하는 때에 성립하는 무고죄와는 행위자의 목적·신고의 상대방·신고 내용·범죄의 성립시기 등을 달리하는 별개의 범죄로서 서로 보호법익이 다르고, 법률상 1개의 행위로 평가되는 경우에도 해당하지 않으므로 양죄는 실체적 경합관계로 보아야 한다.[4]

5. 자백·자수에 대한 특례

무고한 자가 무고한 사건의 형사처분 또는 징계처분이 확정되기 전에 자백 또는 자수한 때에는 그 형을 감경 또는 면제한다(제157조). 여기서 '자백'이란 자신의 범죄사실, 즉 타인으로 하

---

1) 대법원 2014. 3. 13. 선고 2012도2468 판결; 대법원 1991. 5. 10. 선고 90도2601 판결; 대법원 1986. 8. 19. 선고 86도1259 판결; 대법원 1973. 1. 16. 선고 72도1136 판결.
2) 대법원 1978. 8. 22. 선고 78도1357 판결.
3) 대법원 2007. 3. 29. 선고 2006도8638 판결; 대법원 1989. 9. 26. 선고 88도1533 판결.
4) 대법원 2014. 1. 23. 선고 2013도12064 판결.

여금 형사처분 또는 징계처분을 받게 할 목적으로 공무소 또는 공무원에 대하여 허위의 사실을
신고하였음을 자인하는 것을 말하고, 단순히 그 신고한 내용이 객관적 사실에 반한다고 인정함
에 지나지 아니하는 것은 이에 해당하지 아니한다.[1]

---

1) 대법원 1995. 9. 5. 선고 94도755 판결.

사항색인

저자약력

경희대학교 법과대학 졸업(법학사)
한양대학교 대학원 석사과정 졸업(법학석사)
한양대학교 대학원 박사과정 졸업(법학박사)
한양대학교·건양대학교 강사
교수사관 6기 임관
육군3사관학교 법학과 교수
법무부 정책자문위원(성범죄 분과)
여성가족부 정책자문위원(성매매 분과)
대구광역시 정책자문위원(인권증진 분과·여성행복 분과)
경북지방경찰청 누리캅스 회장
병무청 정보공개심의위원회·징계위원회·성폭력 고충심의위원회 위원
한국형사법학회 총무간사
한국형사정책학회 홍보이사
한국비교형사법학회 섭외이사
한국소년정책학회 재무이사
한국보호관찰학회 연구이사
한국교정학회 출판이사
한양법학회 기획이사
한국법정책학회 상임이사
5급·7급·9급·소방·경찰공무원시험 출제·선정·면접위원
현재 대구가톨릭대학교 사회과학대학 경찰행정학과 부교수

주요 저서

 1. 『형법총론 쟁점연구』, 한국학술정보, 2012.
 2. 『형법각론 쟁점연구』, 한국학술정보, 2012.
 3. 『형사법 쟁점연구 제1권』, 한국학술정보, 2013.
 4. 『생활법률』(공저), 오래, 2014.
 5. 『형사법 쟁점연구 제2권』, 한국학술정보, 2014.
 6. 『법정책학이란 무엇인가』(공저), 삼영사, 2015.
 7. 『형사법 쟁점연구 제3권』, 한국학술정보, 2016.
 8. 『형법판례 150선』(공저), 박영사, 2016.
 9. 『법의 통섭』(공저), 한국학술정보, 2018.
10. 『형법각론』, 박영사, 2018.
11. 『형사소송법』, 박영사, 2020.
12. 『군형법』, 박영사, 2021.
13. 『소년법』(공저), 박영사, 2021.
14. 『형법각론(제2판)』, 박영사, 2022.

주요 연구보고서

 1. 보호소년 등의 처우에 관한 법률 개정 예비연구, 법무부, 2011. 12.
 2. 동남아시아 아동 성매매 관광의 현황과 대책, 한국형사정책연구원, 2012. 12.
 3. 우리나라 형사법제 하에서 검·경 합동수사기구 상설화 가능성에 대한 연구, 대검찰청, 2012. 12.
 4. 가정폭력행위자 대상 상담조건부 기소유예의 효과성 분석, 국회입법조사처, 2013. 9.
 5. 성매매방지법상 성매매피해자 개념 확대에 관한 연구, 한국여성인권진흥원, 2013. 10.

6. 스마트 융·복합 통신환경에서의 통신비밀자료 수집·제공 등에 관한 제도 개선방안 연구, 미래창조과학부, 2013. 12.
7. 성매매특별법 10주년 성과와 과제, 한국여성인권진흥원, 2014. 9.
8. 소년의료보호시설 실태 분석 및 선진운영모형 연구, 법무부, 2014. 12.
9. 2016년 성매매 실태조사, 여성가족부, 2016. 12.
10. 교정단계에서 회복적 사법이념의 실천방안, 법무부, 2016. 12.
11. 청소년 성매매 비범죄화와 보호처분에 관한 주요국 비교 연구, 한국여성정책연구원, 2017. 12.
12. 프랑스, 독일 등 선진국 제도를 고려한 통합수사기구 연구, 대검찰청, 2017. 12.
13. 외국의 수사·기소기관간 상호협력제도 및 그 운영에 관한 연구, 경찰청, 2018. 12.
14. 다중피해 사기범죄의 유형 및 양형에 관한 연구, 대검찰청, 2019. 11.
15. 성매매 조장 사이트의 법·제도적 규제방안, 한국여성인권진흥원, 2019. 11.
16. 인신매매등방지 및 피해자보호 등에 관한 법률 하위법령 제정 연구, 여성가족부, 2021. 12.

주요 논문

1. 죄수결정기준에 관한 비판적 검토, 3사논문집 제64집, 육군3사관학교 논문집, 2007. 3.
2. 중지미수의 자의성에 관한 학설의 연구, 3사논문집 제65집, 육군3사관학교 논문집, 2007. 9.
3. 성매매죄의 목적에 관한 연구, 3사논문집 제66집, 육군3사관학교 논문집, 2008. 3.
4. 녹음테이프의 증거능력에 관한 연구, 3사논문집 제67집, 육군3사관학교 논문집, 2008. 9.
5. 낙태죄의 비범죄화 방안에 관한 연구, 3사논문집 제68집, 육군3사관학교 논문집, 2009. 3.
6. 성매매죄의 개념에 관한 연구, 법학논총 제26집 제1호, 한양대학교 법학연구소, 2009. 3.
7. 강간죄의 객체로서 '아내'의 인정 여부에 관한 소고, 법학논총 제26집 제2호, 한양대학교 법학연구소, 2009. 6.
8. 청소년성매수 관련 범죄의 개념에 관한 고찰, 소년보호연구 제13호, 한국소년정책학회, 2009. 12.
9. 낙태죄의 합리화 정책에 관한 연구, 법학논총 제27집 제1호, 한양대학교 법학연구소, 2010. 3.
10. 강간피해자로서 '성전환자'의 인정 여부에 관한 검토, 피해자학연구 제18권 제1호, 한국피해자학회, 2010. 4.
11. 사형폐지론의 입장에서 본 사형제도, 한양법학 제21권 제2집, 한양법학회, 2010. 5.
12. 아동대상 강력범죄방지를 위한 최근의 입법에 대한 검토, 소년보호연구 제14호, 한국소년정책학회, 2010. 6.
13. 존속대상범죄의 가중처벌규정 폐지에 관한 연구: 존속살해죄를 중심으로, 형사정책연구 제21권 2호, 한국형사정책연구원, 2010. 6.
14. 간통죄 폐지의 정당성에 관한 고찰, 경희법학 제45권 제2호, 경희대학교 법학연구소, 2010. 6.
15. 군형법상 군무이탈죄와 관련된 문제점과 개선방안, 형사정책 제22권 제1호, 한국형사정책학회, 2010. 6.
16. 비범죄화의 유형에 관한 연구, 저스티스 제117호, 한국법학원, 2010. 6.
17. 전자감시제도의 소급적용에 관한 비판적 검토, 교정학 반세기, 한국교정학회, 2010. 9.
18. 자기명의 신용카드의 '발급'과 관련된 죄책, 법과 정책연구 제10집 제3호, 한국법정책학회, 2010. 12.
19. 학교폭력대책법에 대한 비판적 검토, 소년보호연구 제15호, 한국소년정책학회, 2010. 12.
20. '흉기 기타 위험한 물건을 휴대하여'의 개정방안, 법학논총 제17집 제3호, 조선대학교 법학연구원, 2010. 12.
21. 특정성범죄자의 신상정보 활용제도의 문제점과 개선방안 — 성범죄자 등록·고지·공개 제도를 중심으로 — , 법학논총 제27집 제4호, 한양대학교 법학연구소, 2010. 12.
22. 교원에 의한 체벌행위의 정당성과 그 허용범위, 형사정책연구 제22권 제1호, 한국형사정책연구원, 2011. 3.
23. 중지미수의 '자의성'에 대한 비판적 검토, 법학논문집 제35집 제1호, 중앙대학교 법학연구원, 2011. 4.
24. 사면제도의 적절한 운영방안에 관한 연구 — 사면심사위원회 등에 의한 통제를 중심으로 — , 교정연구 제51호, 한국교정학회, 2011. 6.
25. 성충동 약물치료제도 도입의 문제점과 개선방안, 형사정책 제23권 제1호, 한국형사정책학회, 2011. 6.
26. 우범소년 처리의 합리화 방안에 관한 연구, 소년보호연구 제16호, 한국소년정책학회, 2011. 6.
27. 절도죄의 객체로서 재물의 '재산적 가치'에 대한 검토, 형사판례연구 제19권, 형사판례연구회, 2011. 6.
28. 군형법상 추행죄의 문제점과 개선방안, 한양법학 제22권 제3집, 한양법학회, 2011. 8.
29. 주취운전죄와 관련된 최근의 입법과 판례의 동향, 법학논총 제28집 제3호, 한양대학교 법학연구소, 2011. 9.
30. 군형법상 명령위반죄의 문제점과 개선방안, 형사법연구 제23권 제3호, 한국형사법학회, 2011. 9.

31. 음주측정불응에 대한 합리적 대응방안, 형사정책연구 제22권 제3호, 한국형사정책연구원, 2011. 9.
32. 함정수사의 허용요건과 법적 효과 — 대법원 2008. 10. 23. 선고 2008도7362 판결을 중심으로 — , 홍익법학 제12권 제3호, 홍익대학교 법학연구소, 2011. 10.
33. 장애인 대상 성폭력범죄에 관한 최근의 입법과 합리적 대처방안 — 일명 '도가니법'에 대한 비판적 검토를 중심으로 — , 형사정책 제23권 제2호, 한국형사정책학회, 2011. 12.
34. 제18대 국회에 제출된 소년법 개정법률안에 대한 검토, 소년보호연구 제17호, 한국소년정책학회, 2011. 12.
35. 소년형사사건의 심판에 있어서 특례조항에 대한 검토 — 소년법 제56조 내지 제67조를 중심으로 — , 소년보호연구 제18호, 한국소년정책학회, 2012. 12.
36. 사형제도의 합리적 대안에 관한 연구, 법학논총 제29권 제1호, 한양대학교 법학연구소, 2012. 3.
37. 공소시효의 정지, 연장, 배제에 관한 최근의 논의, 형사법의 신동향 제34호, 대검찰청, 2012. 3.
38. 성풍속범죄에 대한 비판적 검토 — '건전한 성풍속'이라는 보호법익을 중심으로 — , 법무연구 제3권, 대한법무사협회 법제연구소, 2012. 4.
39. 성매매처벌법상 성매매피해자규정에 대한 검토, 피해자학연구 제20권 제1호, 한국피해자학회, 2012. 4.
40. 개정 경범죄처벌법의 내용에 대한 평가 및 향후과제, 경찰학논총 제7권 제1호, 원광대학교 경찰학연구소, 2012. 5.
41. 양심적 병역거부자에 대한 형사처벌의 타당성 여부, 한양법학 제23권 제2호, 한양법학회, 2012. 5.
42. 공정거래법상 전속고발과 관련된 법리의 검토, 서울법학 제20권 제1호, 서울시립대학교 법학연구소, 2012. 5.
43. 우리나라 성매매입법의 변천과정에 대한 검토 — 2004년 성매매처벌법 제정 이전까지를 중심으로 — , 홍익법학 제13권 제2호, 홍익대학교 법학연구소, 2012. 6.
44. 청소년비행예방센터의 효율적인 운영방안 — 관련 법령의 정비방안을 중심으로 — , 소년보호연구 제19호, 한국소년정책학회, 2012. 6.
45. 스토킹의 개념 정립 및 피해자 보호방안에 관한 연구, 가천법학 제5권 제2호, 가천대학교 법학연구소, 2012. 8.
46. 청소년유해매체물의 결정 및 유통 규제에 대한 검토, 소년보호연구 제20호, 한국소년정책학회, 2012. 10.
47. 공원범죄의 피해방지를 위한 합리적인 방안, 피해자학연구 제20권 제2호, 한국피해자학회, 2012. 10.
48. 군사재판에 있어서 관할관제도 및 심판관제도의 문제점과 개선방안, 형사정책연구 제23권 제4호, 한국형사정책연구원, 2012. 12.
49. 보호처분의 결정 등에 대한 항고권자에 검사 또는 피해자 등을 포함시키지 않는 것의 타당성 여부, 소년보호연구 제21호, 한국소년정책학회, 2013. 2.
50. 성충동 약물치료제도의 시행과 향후 과제, 형사정책연구 제24권 제1호, 한국형사정책연구원, 2013. 3.
51. 성폭력피해자에 대한 의료지원의 강화 방안, 형사정책연구소식 제125호, 한국형사정책연구원, 2013. 3.
52. 성폭력범죄 대처를 위한 최근(2012. 12. 18.) 개정 형법에 대한 검토, 한양법학 제42집, 한양법학회, 2013. 5.
53. 불량식품범죄에 대한 효과적인 대응방안, 형사정책연구 제24권 제2호, 한국형사정책연구원, 2013. 6.
54. 성구매자 재범방지교육의 함축적 의미, 홍익법학 제14권 제2호, 홍익대학교 법학연구소, 2013. 6.
55. 업무방해죄에 있어서 업무의 보호가치에 대한 검토 — 대법원 2011. 10. 13. 선고 2011도7081 판결을 중심으로 — , 형사판례연구 제21권, 한국형사판례연구회, 2013. 6.
56. 배임죄의 양형기준과 구체적 사례에 있어서 형량의 문제점, 법과 정책연구 제13집 제2호, 한국법정책학회, 2013. 6.
57. 형법상 미성년자 연령 설정과 소년법상 보호처분제도와의 관계, 소년보호연구 제22호, 한국소년정책학회, 2013. 6.
58. 아동·청소년이용음란물소지죄에 대한 해석론 및 입법론적 검토, 형사정책 제25권 제2호, 한국형사정책학회, 2013. 8.
59. 해외 청소년성매매에 대한 실효적인 대응방안, 소년보호연구 제23호, 한국소년정책학회, 2013. 10.
60. 위치추적 전자감시제도의 소급적용에 대한 비판적 고찰, 헌법논총 제24집, 헌법재판소, 2013. 11.
61. 부동산 이중매매에 있어서 배임죄의 성립시기, 경희법학 제48권 제4호, 경희대학교 법학연구소, 2013. 12.
62. 아동학대의 대처현황과 가해자 및 피해자 처우의 개선방안, 소년보호연구 제24호, 한국소년정책학회, 2014. 2.
63. 가정폭력행위자 대상 상담조건부 기소유예처분의 문제점 및 개선방안, 형사법의 신동향 제42호, 대검찰청, 2014. 3.

64. 전기통신사업법상 통신자료 제공행위의 문제점과 개선방안, 법과 정책연구 제14집 제1호, 한국법정책학회, 2014. 3.
65. 최근의 성매매피해자 개념 확대 논의에 대한 검토, 형사정책연구 제25권 제1호, 한국형사정책연구원, 2014. 3.
66. 성매매범죄의 양형기준안에 대한 검토, 형사법연구 제26권 제1호, 한국형사법학회, 2014. 3.
67. 통신제한조치 협조의 현황 및 요건의 개선방안, 법학논총 제30집 제1호, 한양대학교 법학연구소, 2014. 3.
68. 통신제한조치의 집행과 관련된 쟁점 검토, 법과정책 제20집 제1호, 제주대학교 법과정책연구소, 2014. 3.
69. 7호 처분 집행의 법적 근거 명확화에 관한 연구, 소년보호연구 제25호, 한국소년정책학회, 2014. 5.
70. 「보호소년 등의 처우에 관한 법률」 제17차 개정의 주요내용과 평가, 소년보호연구 제26호, 한국소년정책학회, 2014. 8.
71. 통신사실확인자료 제공제도의 현황 및 개선방안, 형사법의 신동향 제44호, 대검찰청, 2014. 9.
72. 최근 형법정책의 현황 및 과제, 법과 정책연구 제14집 제3호, 한국법정책학회, 2014. 9.
73. 군형법상 무단이탈죄의 문제점과 개선방안, 형사정책연구 제25권 제3호, 한국형사정책연구원, 2014. 9.
74. 우리나라 의료재활교육소년원의 현황 및 발전방안, 소년보호연구 제27호, 한국소년정책학회, 2014. 11.
75. 성매매의 개념과 관련된 최근의 쟁점, 형사정책 제26권 제3호, 한국형사정책학회, 2014. 12.
76. 성매매신고보상금제도의 활성화 방안, 형사법의 신동향 제45호, 대검찰청, 2014. 12.
77. 소년보호처분의 전력을 전자장치부착명령의 요건으로 할 수 있는지 여부에 대한 검토, 소년보호연구 제28권 제1호, 한국소년정책학회, 2015. 2.
78. 성매매 알선범죄에 대한 대책으로서 행정처분 및 몰수·추징의 활용방안, 형사법의 신동향 제46호, 대검찰청, 2015. 3.
79. 우리나라 소년범죄의 최근 동향 및 평가, 소년보호연구 제28권 제2호, 한국소년정책학회, 2015. 5.
80. 청소년성매매 예방 및 피해자지원 관련 법령의 검토, 소년보호연구 제28권 제4호, 한국소년정책학회, 2015. 12.
81. 위증죄에 관한 실체법적 및 절차법적 쟁점, 형사법의 신동향 제49호, 대검찰청, 2015. 12.
82. 형법 제20조에 규정된 '사회상규에 위배되지 아니하는 행위'의 의미 및 다른 위법성조각사유와의 관계, 형사법연구 제28권 제1호, 한국형사법학회, 2016. 3.
83. 제19대 국회에 제출된 소년법 개정법률안에 대한 검토, 소년보호연구 제29권 제2호, 한국소년정책학회, 2016. 5.
84. 자유형에 대한 형집행정지제도의 문제점 및 개선방안, 형사정책연구 제27권 제2호, 한국형사정책연구원, 2016. 6.
85. 군형법상 가혹행위죄 적용의 합리화 방안, 형사정책 제28권 제2호, 한국형사정책학회, 2016. 8.
86. 아동·청소년이용음란물 관련 헌법재판소 결정에 대한 비판적 고찰, 소년보호연구 제29권 제3호, 한국소년정책학회, 2016. 8.
87. 정상적으로 발급받은 자기명의 신용카드의 '사용'과 관련된 죄책, 형사법의 신동향 제52호, 대검찰청, 2016. 9.
88. 성매매 알선범죄에 대한 행정처분의 활용방안, 형사정책연구 제27권 제3호, 한국형사정책연구원, 2016. 9.
89. 성매매 수익에 대한 몰수 및 추징제도의 활성화방안, 저스티스 제156호, 한국법학원, 2016. 10.
90. 북한형법의 변천과정 및 특징, 사회과학논총 제15집, 대구가톨릭대학교 사회과학연구소, 2016. 12.
91. 랜덤채팅을 통한 청소년 성매매의 효과적인 대응방안, 소년보호연구 제30권 제1호, 한국소년정책학회, 2017. 2.
92. 군영창제도의 문제점과 개선방안, 홍익법학 제18권 제1호, 홍익대학교 법학연구소, 2017. 2.
93. 한국 남성의 해외성매매에 대한 대응방안, 형사정책 제29권 제1호, 한국형사정책학회, 2017. 4.
94. 성접대에 대한 형사법적 대응방안, 안암법학 제53호, 안암법학회, 2017. 5.
95. 소년범에 대한 벌금형 선고의 문제점과 보호처분으로 대체의 당위성에 대한 고찰, 한양법학 제58집, 한양법학회, 2017. 5.
96. 위장형 성매매 규제를 위한 법·제도적 대응방안, 여성과 인권 제17호, 한국여성인권진흥원, 2017. 6.
97. 기소재량의 통제방안으로써 검찰시민위원회의 합리적인 운영방안, 한양법학 제59집, 한양법학회, 2017. 8.
98. 청소년성보호법상 '대상'아동·청소년을 '피해'아동·청소년으로 변경하는 입법안에 대한 비판적 고찰, 소년보호연구 제30권 제4호, 한국소년정책학회, 2017. 11.
99. 의료소년원의 운영현황과 발전방안, 형사정책 제29권 제3호, 한국형사정책학회, 2017. 12.
100. 형법각칙의 합동범 개념 폐지에 관한 시론, 홍익법학 제19권 제1호, 홍익대학교 법학연구소, 2018. 2.
101. 소년법 제67조의 위헌성에 대한 검토 ─ 집행유예를 선고받은 소년범을 자격에 관한 특례조항의 적용대상

에서 제외할 수 있는가? ─, 소년보호연구 제31권 제1호, 한국소년정책학회, 2018. 2.
102. 경찰권과 검찰권의 조정을 통한 '국가수사청' 설치에 대한 시론, 비교형사법연구 제20권 제1호, 한국비교형
사법학회, 2018. 4.
103. 부동산 이중매매가 과연 형사처벌의 대상인가, 형사정책 제30권 제1호, 한국형사정책학회, 2018. 4.
104. 미투(Me Too)운동이 야기한 형사법적 쟁점 검토 ─ 형법 및 성폭력처벌법에 대한 개정법률안을 중심으로 ─,
형사정책 제30권 제2호, 한국형사정책학회, 2018. 8.
105. 청소년성보호법상 위계에 의한 아동·청소년 간음죄에 있어서 '위계'의 해석, 소년보호연구 제31권 제3호,
한국소년정책학회, 2018. 8.
106. 성폭력피해자의 2차 피해 방지를 위한 몇 가지 쟁점에 대한 검토, 법학논총 제35집 제3호, 한양대학교 법학
연구소. 2018. 9.
107. 소년범에 대한 형벌 부과의 문제점 및 개선방안, 비교형사법연구 제20권 제3호, 한국비교형사법학회, 2018. 10.
108. 업무상 위력에 의한 성범죄의 적용상 한계 및 개선방안에 대한 비판적 검토, 형사정책연구 제29권 제4호,
한국형사정책연구원, 2018. 12.
109. 검사의 독점적 영장청구권 인정의 타당성 및 이에 대한 견제방안, 형사법의 신동향 제62호, 대검찰청, 2019. 3.
110. 전자감독제도의 성과분석과 발전방향, 보호관찰 제19권 제1호, 한국보호관찰학회, 2019. 6.
111. 강력범죄 피의자 신상공개제도에 대한 비판적 검토, 형사정책 제31권 제3호, 한국형사정책학회, 2019. 10.
112. 7호 처분의 성과분석 및 개선방안, 소년보호연구 제32권 제2호, 한국소년정책학회, 2019. 12.
113. 미국의 사기죄에 대한 양형기준과 시사점, 법학논총 제36집 제4호, 한양대학교 법학연구소, 2019. 12.
114. 성매매 조장 사이트 규제의 집행력 강화를 위한 제언, 형사정책연구 제30권 제4호, 한국형사정책연구원,
2019. 12.
115. 성매매 조장 사이트와 이에 대한 형사법적 규제 분석, 홍익법학 제21권 제1호, 홍익대학교 법학연구소,
2020. 2.
116. 검·경 수사권조정에 대한 비판적 분석 ─ 2020. 2. 4.자 개정 형사소송법 및 검찰청법의 내용을 중심으로 ─,
형사정책연구 제31권 제1호, 한국형사정책연구원, 2020. 3.
117. 고위공직자범죄수사처의 독립성 및 정치적 중립성 확보방안 검토, 형사정책 제32권 제1호, 한국형사정책학
회, 2020. 4.
118. 다중피해 사기범죄의 양형인자 적용에 대한 개선방안 ─ 형량 강화의 구체적인 방안을 중심으로 ─, 법학연
구 제23집 제2호, 인하대학교 법학연구소, 2020. 6.
119. 제20대 국회에 제출된 소년법 개정법률안에 대한 검토 ─ 소년범의 인권 강화방안을 중심으로 ─, 소년보
호연구 제33권 제1호, 한국소년정책학회, 2020. 6.
120. 제20대 국회에 제출된 소년법 개정법률안에 대한 검토 ─ 제재강화에 대한 비판을 중심으로 ─, 형사정책
제32권 제2호, 한국형사정책학회, 2020. 7.
121. 전기통신금융사기 관련 범죄의 가벌성 검토, 홍익법학 제21권 제3호, 홍익대학교 법학연구소, 2020. 9.
122. 군형법상 추행죄의 합리적인 존치 방안, 형사법연구 제32권 제4호, 한국형사법학회, 2020. 12.
123. 소년조사제도의 문제점과 개선방안, 형사정책 제32권 제4호, 한국형사정책학회, 2021. 1.
124. 소년사건 피해자의 인권 강화방안에 대한 검토, 형사법의 신동향 제71호, 대검찰청, 2021. 6.
125. 호텔·유흥비자(E-6-2) 소지 외국인 여성에 대한 인신매매의 합리적인 대응방안, 형사정책 제33권 제2호,
한국형사정책학회, 2021. 7.
126. 최근 제정된 스토킹처벌법의 개정에 대한 소고, 형사법연구 제33권 제3호, 한국형사법학회, 2021. 9.
127. 우리나라 위치추적 전자감독제도의 과제, 범죄방지포럼 제45호, 한국범죄방지재단, 2021. 11.
128. 스토킹처벌법 제정의 의의 및 향후 과제, 치안정책리뷰 제73호, 경찰대학 치안정책연구소, 2021. 12.
129. 소년법상 우범소년에 대한 합리적인 개입 방안, 형사법연구 제33권 제4호, 한국형사법학회, 2021. 12.

제2판
형법각론

초판발행   2018년 1월 31일
제2판발행   2022년 1월 30일

지은이   박찬걸
펴낸이   안종만·안상준

편 집   이승현
기획/마케팅 장규식
표지디자인   이수빈
제 작   고철민·조영환

발행처   ㈜ **박영사**
          서울특별시 금천구 가산디지털2로 53, 210호(가산동, 한라시그마밸리)
          등록 1959. 3. 11. 제300-1959-1호(倫)

전 화   02)733-6771
f a x   02)736-4818
e-mail   pys@pybook.co.kr
homepage   www.pybook.co.kr
I S B N   979-11-303-4101-9   93360

copyright©박찬걸, 2022, Printed in Korea

정 가   48,000원